Handbücher für die Beratungspraxis

Unternehmens- und Praxisübertragungen

Kauf · Verkauf · Anteilsübertragung
Nachfolgeregelungen
in Zivil- und Steuerrecht

Von

Dr. Paul Wollny, Richter am Bundesfinanzhof a. D.
unter Mitarbeit von
Dr. Paul M. Wollny, Rechtsanwalt

6., völlig überarbeitete und aktualisierte Auflage

Verlag Neue Wirtschafts-Briefe
Herne/Berlin

The title has been selected for cataloging by the
Library of Congress, Washington, D. C., USA,
and the card number is **91-113620.**

ISBN 3-482-**42456**-X – 6., völlig überarbeitete und aktualisierte Auflage 2005

Kiehl-Verlag 1988

Alle Rechte vorbehalten.

Dieses Buch und alle in ihm enthaltenen Beiträge sind urheberrechtlich geschützt. Mit Ausnahme der gesetzlich zugelassenen Fälle ist eine Verwertung ohne Einwilligung des Verlages unzulässig.

Druck: Griebsch & Rochol Druck GmbH, Hamm

Vorwort

Gegenstand der Darstellung ist der Wechsel des Inhabers eines mittelständischen Unternehmens (einer Freiberuflerpraxis oder -kanzlei).

Der Inhaber eines Unternehmens denkt während des Betreibens nicht an die Beendigung seiner Tätigkeit und vielfach auch nicht an die erforderliche Zukunftsvorsorge; er greift infolgedessen die zu lösenden Fragen nicht auf. Das Buch führt ihn in die Fragen der Unternehmernachfolge ein. Er wird in die Lage versetzt, seinem Berater sachkundige Aufgaben zu stellen.

Das Buch hilft dem Berater, den Mandanten in die Probleme der Unternehmernachfolge, des Unternehmensverkaufs und der Unternehmensübertragung einzuführen, ihm Vorstellungen des Regelungsbedarfs zu verschaffen, konkrete Lösungsansätze zu bieten und darüber hinaus in diesem Zusammenhang auch auf fachübergreifende Probleme eingehen zu können. Denn der Unternehmer möchte für die Vielzahl der Fragen aus unterschiedlichen Bereichen am liebsten Hilfe aus einer Hand erhalten.

Selbstverständlich kann dies der Einzelberater nicht alles allein und sofort bieten. Den für die Beratung erforderlichen Wissensstoff zum Thema der Unternehmensübertragung und der Nachfolgeprobleme kann auch ein einzelnes Buch nicht abschließend darstellen. Die vielfältigen Gesichtspunkte wurden aber möglichst umfassend aufgezeigt; für Spezialfragen findet der Benutzer umfangreiche Verweise auf einschlägiges weiterführendes Schrifttum. Wer als Berater bereit ist, umfassend Ansprechpartner des Unternehmers zu sein, sich in angemessener Zeit zu informieren und zu tragbaren Vergütungen weiterzuhelfen, wird im mittelständischen Rahmen überraschend erfolgreich sein. Dazu will das Buch eine zeitsparende Arbeitshilfe bieten. Der Berater muss vor allem die individuellen Bedürfnisse seines Mandanten – dessen Interessen – zum Maßstab seiner Beratung machen. Das Buch enthält auch aus diesem Grund keine Musterverträge.

Beim Unternehmenskauf wurde das vorvertragliche Stadium in die Darstellung einbezogen.

Der Text ist so verfasst, dass einzelne Abschnitte oder Randnummern aus sich heraus verständlich sind. Aufgezeigt wird der „Ist-Zustand" der Rechtslage, von dem angenommen werden kann, er werde über den Tag dauern.

Inhalts- und Stichwortverzeichnis, Randnummern sowie Entscheidungsregister erlauben es, die Texte rasch zu finden, auf ihre fortdauernde Gültigkeit zu kontrollieren und ggf. handbuchartig zu benutzen.

Ich bin glücklich, dass ich drei herausragende Kenner ihrer Materie zur Mitarbeit gewinnen konnte, und zwar die Herren Dr. Gerd Albrecht, Richter am BFH a. D. für das Erbschaft- und Schenkungsteuerrecht, den Vorsitzenden Richter am BFH Prof. Dr. Peter Fischer für die wiederkehrenden Bezüge und Herrn Richter am BFH a. D. Dr. Rolf-Detlev Scholtz für das Stiftungsrecht. RA Dr. Paul M. Wollny hat wiederum die Teile Firma, Firmenfortführung, Haftung bei der Unternehmensnachfolge und Preisklauseln (Wertsicherungsklauseln) betreut.

München, im Herbst 2004   Paul Wollny

Inhaltsübersicht

Erster Teil: Zivilrecht

	Seite
A. Vorbemerkungen	53
I. Zielvorstellungen des Unternehmers oder Freiberuflers	53
II. Einige rechtliche Grundbegriffe	165
III. Ausdrucksvielfalt beim „Unternehmens"-Begriff	182
IV. Aufgabe des Beraters	194
B. Unternehmensveräußerung, Unternehmensübertragung	203
I. Zum Begriff „Veräußerung"	203
II. Schuldrechtliche Rechtsgeschäfte und Übertragungsakte	210
III. Das vorvertragliche Stadium	232
IV. Kaufvertrag	239
V. Sonstige Fälle der Unternehmensübertragung	331
VI. Abfindungsklauseln	333
VII. Übertragung unter besonderen Umständen	351
C. Umwandlung der Rechtsform	355
I. Allgemeines	355
II. Verschiedene Sachverhalte der Umwandlung	356
III. Verschiedene Einzelheiten	359
D. Der Wert eines Unternehmens	363
I. Allgemeines	367
II. Begriffe	382
III. Verfahren zur Ermittlung des Ertragswertes	389
IV. Methoden der Ermittlung des Substanzwertes	408
V. Ermittlung des Geschäftswertes	445
VI. Der Wert des Unternehmens	455
VII. Berechnungsbeispiel	465
E. Übertragung einer freiberuflichen Praxis	467
I. Unterschiedlichkeit von Unternehmens- und Praxisübertragung	468
II. Veräußerungspreis	498
III. Verpflichtungen des Übertragenden aus der Kanzlei- oder Praxisveräußerung	520
IV. Verpflichtung des Erwerbers	528
V. Ausscheiden eines Sozius aus einer fortbestehenden Sozietät	528
VI. Tod des Freiberuflers	530
VII. Verschiedene Einzelheiten	531

Seite

Zweiter Teil: Steuerrecht

F. Einkommensteuer beim Übertragenden (Veräußerer des Unternehmens) und beim Erwerber 537
    I. Veräußerungsgewinn (Veräußerungsverlust) 538
    II. Aufgabegewinn 693
    III. Besonderheiten bei der Praxisübertragung 720

G. Umsatzsteuer 737
    I. Allgemeines 737
    II. Erbe, Erbengemeinschaft, Vorweggenommene Erbfolge 739
    III. Betriebsaufgabe 740
    IV. Büro- oder Praxisgemeinschaft 740

H. Grunderwerbsteuer 743
    I. Allgemeines 743
    II. Die Besteuerung nach dem Grunderwerbsteuergesetz 743
    III. Verschiedene Einzelheiten 745

I. Gewerbesteuer 749

J. Bewertung des Betriebsvermögens 755

K. Haftung 757
    I. Allgemeines 757
    II. Haftung gem. § 75 AO 759
    III. Haftung gem. § 25 HGB 763
    IV. Haftung gem. § 27 HGB 764
    V. Haftung des Erbschaftskäufers 764
    VI. Haftungsbescheid 764
    VII. Verfahrensfragen 765

L. Erbschaft- und Schenkungsteuer 767
    I. Allgemeines 769
    II. Der Erwerb von Todes wegen 769
    III. Steuerklassen 779
    IV. Steuersätze 780
    V. Steuervergünstigungen 781
    VI. Veranlagung und Erhebung 787
    VII. Erwerb von Betriebsvermögen 789
    VIII. Die vorweggenommene Erbfolge 790

Verschiedene andere Sachverhalte im Zusammenhang mit der Unternehmensnachfolge. 793

M. Verpachtung von Unternehmen 795
    I. Allgemeines 795
    II. Gegenstände des Pachtvertrags 796
    III. Einzelheiten 796

Seite

 IV. Dauer des Pachtvertrages 799
 V. Steuerliche Folgen der Unternehmensverpachtung 799

N. Betriebsaufspaltung 805
 I. Begriff der Betriebsaufspaltung 805
 II. Einzelheiten zur Vornahme einer Betriebsaufspaltung 810
 III. Steuerliche Einzelheiten 812

O. Nießbrauch an Unternehmen und Unternehmensteilen 819
 I. Allgemeines 819
 II. Unternehmensnießbrauch 820
 III. Die Nutzung des Nießbrauchers 821
 IV. Nießbrauch und Einkünfteerzielung 822
 V. Nießbrauchsvorbehalt 825

P. Blick über die Grenze 827
 I. Allgemeines 834
 II. Länderteil 837

Entscheidungsregister 863
Stichwortverzeichnis 905

Inhaltsverzeichnis

	Rn	Seite
Vorwort		5
Inhaltsübersicht		6
Abkürzungsverzeichnis		35
Schrifttumsverzeichnis		47

Erster Teil: Zivilrecht

	Rn	Seite
A. Vorbemerkungen	1–1331	53
I. Zielvorstellungen des Unternehmers oder Freiberuflers	1–899	53
1. Allgemeine Überlegungen	1–13	53
2. Eine Auswahl von Gesichtspunkten	16–899	55
a) Allgemeines	16–23	55
b) Aufgabe der unternehmerischen Betätigung	26–32	56
aa) Aufgabe des Betriebs oder der Praxis	27	56
bb) Betriebsveräußerung, Praxisübertragung	28	56
cc) Verpachtung des Unternehmen	31–32	56
c) Fortführung des Unternehmens	36–200	57
aa) Allgemeines	37–47	57
bb) Einzelunternehmer und Venture-Kapital	48–49	59
(1) Einzelunternehmer	48	59
(2) Venture-Kapital	49	60
cc) Kurzcharakteristik einzelner Rechtsformen für das Unternehmen	51	61
dd) Stille Gesellschaft	52–60	63
ee) Personengesellschaften	64–76	65
(1) Allgemeines	64	65
(2) Gesellschaft bürgerlichen Rechts (GbR)	65–67	65
(3) Offene Handelsgesellschaft, Kommanditgesellschaft	69–70	65
(4) Partnerschaftsgesellschaft	71	66
(5) Europäische Wirtschaftliche Interessengemeinschaft	72–74	67
(6) Mitunternehmerschaften	76	67
ff) Kapitalgesellschaften	80–160	68
(1) GmbH	82–93	70
(2) GmbH und Still	94–97	74
(3) GmbH & Co. KG	101–106	75
(4) GmbH & Co KG aA	109	76
(5) Doppelgesellschaften	111	76
gg) Betriebsaufspaltung	112–116	76
hh) Wiesbadener Modell	119	77

			Rn	Seite
ii)	Aktiengesellschaft		131–157	78
jj)	AG & Still		158	83
kk)	KGaA und GmbH & Co. KG auf Aktien		159–160	83
ll)	Weitere Überlegungen zur Gesellschaftsform		171–176	83
mm)	Fortführung des Unternehmens in der Rechtsform einer Stiftung		181–200	84
d) Aufgabe der freiberuflichen Betätigung			201	93
e) Familienrechtliche Gesichtspunkte			211–296	93
	aa)	Ehe- und Unterhaltsverträge	221–233	94
	bb)	Eigentumsvermutung	236–239	95
	cc)	Zugewinnausgleich	246–266	96
	dd)	Gütergemeinschaft	271–273	99
	ee)	Gütertrennung	274	99
	ff)	Beteiligung von Kindern an Unternehmen	276–279	100
	gg)	Unterhaltsberechtigte	286	101
	hh)	Eheähnliche Gemeinschaften	287–289	101
	ii)	Adoption	296	102
f) Schenkungsrechtliche Überlegungen			301–325	102
g) Erbrechtliche Gesichtspunkte			331–831	106
	aa)	Regelungen für den Todesfall	332–370	107
	bb)	Vollmachten	380–391	115
		(1) Vorsorge	381	115
		(2) Vollmacht auf den Tod	382–386	115
		(3) Vollmachten zu Lebzeiten	387–391	116
	cc)	Erbrechtliche Ansprüche	392–440	118
	dd)	Erbschaftsteuer	451–462	124
	ee)	Rechtsfolgen beim Tod	466–476	125
	ff)	Erbauseinandersetzung	481–484	126
	gg)	Testamentsvollstreckung	485–487	127
	hh)	Rechtsfolgen beim Tod des Unternehmers	491–571	127
		(1) Einzelunternehmen	491–495	127
		(2) Erblasser als Gesellschafter einer Personengesellschaft	501–505	128
		(3) Erblasser als Gesellschafter einer OHG	511–525	130
		(4) Erblasser als Gesellschafter einer KG	531–536	133
		(5) Erblasser als Gesellschafter einer GbR	541–543	134
		(6) Erblasser als stiller Gesellschafter	551	134
		(7) Erblasser als Anteilseigner einer Kapitalgesellschaft	561–568	134
		(8) Fortführung eines Unternehmens durch eine Erbengemeinschaft, an der Minderjährige beteiligt sind	571	135
	ii)	Pflichtteil, Erbverzicht	581–677	135
	jj)	Fragestellungen, den Tod des Unternehmers betreffend	691–697	142
	kk)	Nicht eheliche Kinder	711–796	143
		(1) Güterrechtliche Vereinbarungen	741–747	144
		(2) Schenkungen	761–767	146
		(3) Ausstattungen	781	146

	Rn	Seite
(4) Gesellschaftsrechtliche Vereinbarungen	791	147
(5) GbR unter Eheleuten	796	147
ll) Teilungsanordnung und Vorausvermächtnis	801–811	147
mm) Sicherung der im Unternehmen mitarbeitenden Ehefrau	816–820	148
nn) Wiederverheiratungsklausel	826–828	149
oo) Gleichbehandlung von Erben und wertbeeinflussende Faktoren	831	149
h) Weitere Gesichtspunkte des Zieles der Unternehmensübertragung	836–848	149
i) Überlegungen der Banken (Rating)	849–855	151
j) Familiengesellschaften	856–870	155
k) Beispiele für eine Regelung der Unternehmernachfolge:	876–897	158
l) Betriebsführungsvertrag	898–899	164
II. Einige rechtliche Grundbegriffe	951–1120	165
1. Ungeregelter Unternehmenskauf	951–952	165
2. Vertrag und Vertragsfreiheit	954	165
3. Vertragsgestaltung	956–957	165
4. Gesellschaftsrechtliche Bindungen	961–962	166
5. Arbeitsverhältnisse	966–1069	166
(1) Betriebe	971–972	167
(2) Betriebsteil	976–982	168
(3) Betriebsinhaberwechsel	985–992	168
(4) Rechtsgeschäftlicher Übergang	996	170
(5) Bestehende Arbeitsverhältnisse	998	170
6. Auslandsberührung	1081–1091	178
7. Vorrang bürgerlichen Rechts	1096	179
8. Unternehmensübertragungen im Wege des buy-out	1101–1105	179
9. Missbrauch von Gestaltungsmöglichkeiten	1116–1120	181
III. Ausdrucksvielfalt beim „Unternehmens"-Begriff	1126–1283	182
1. Betrieb	1127–1130	182
2. Erwerbsgeschäft	1131	182
3. Unternehmen	1132–1140	183
4. Handelsgeschäft	1146–1160	184
5. Gewerbebetrieb	1171–1180	186
6. Zweigniederlassung	1186–1197	187
7. Betriebstätte	1206–1211	188
8. Teilbetrieb	1221–1226	189
9. Andere Unternehmen	1236	189
10. Begriffsverwendung	1241	190
11. Entstehen eines veräußerbaren „Geschäfts"	1246–1266	190
a) Allgemeines	1246–1253	190
b) Bestehen eines Geschäfts	1261–1266	191
12. Ende eines veräußerbaren „Geschäfts"	1271–1283	192
IV. Aufgabe des Beraters	1291–1331	194
1. Umstände des Einzelfalls	1291	194
2. Überlegungen des Beraters	1292–1294	194
3. Vorarbeiten des Beraters	1295–1306	194

	Rn	Seite
a) Tatsächliche Umstände	1297	195
b) Rechtliche Umstände	1298	195
c) Weitere klärungsbedürftige Umstände/Alternativen	1299	196
d) Auflistung gegensätzlicher Interessen	1300–1301	196
e) Due-Diligence-Untersuchungen	1302–1304	196
f) Anmeldepflicht/Anzeigepflicht von Unternehmenszusammenschlüssen	1305–1306	198
4. Beratung	1311–1324	199
5. Arbeitsplan	1331	201
B. Unternehmensveräußerung, Unternehmensübertragung	1336–2570	203
I. Zum Begriff „Veräußerung"	1336–1381	203
1. Allgemeines	1336–1343	203
2. Veräußerung eines Geschäfts im Ganzen	1346–1362	204
3. Veräußerung eines Teilbetriebs	1366–1371	207
4. Veräußerung einer Zweigniederlassung	1376	208
5. Veräußerung anderer Unternehmen	1377–1381	208
II. Schuldrechtliche Rechtsgeschäfte und Übertragungsakte	1386–1568	210
1. Schuldrechtliche Rechtsgeschäfte	1387–1421	210
a) Kauf	1388–1418	210
b) Tausch	1419	214
c) Schenkung	1420	214
d) Sonstige Verträge	1421	214
2. Übertragungsakte	1426–1431	214
3. Die einzelnen Übertragungsformen	1436–1568	215
a) Unterschiedliche Übertragungsformen	1436–1437	215
b) Bewegliche Sachen	1438–1454	215
aa) Grundfälle	1439–1445	216
bb) Besonderheiten	1446	216
cc) Gutgläubiger Erwerb	1447–1454	216
c) Grundstücke	1461–1473	218
d) Grundstückszubehör	1476–1481	219
e) Rechte	1486–1526	220
aa) Forderungen	1486–1498	220
bb) Sonstige Rechte	1499–1524	222
(1) Lizenzvertrag	1501–1508	223
(2) Rack-Jobber-Vertrag	1511	224
(3) Franchise-Vertrag	1513–1517	224
(4) Know-how	1519–1524	225
cc) Sonstige Vermögensgegenstände	1525–1526	226
f) Übernahme der Schulden	1531–1547	226
aa) Befreiende Schuldübernahme	1532–1536	226
bb) Kumulative Schuldübernahme	1537–1540	227
cc) Erfüllungsübernahme	1543–1544	228
dd) Sonderregelung gemäß §§ 25 ff. HGB	1547	228
g) Eintritt in Vertragsverhältnisse	1548–1568	228
aa) Mietverträge	1556–1559	229

	Rn	Seite
bb) Versicherungsverträge	1561	230
cc) Arbeitsverträge	1563	230
dd) Sonstige Dauerschuldverhältnisse	1564	230
ee) Sicherungsrechte	1565–1568	230
III. Das vorvertragliche Stadium	1571–1635	232
1. Problemfolge	1572–1584	232
2. Offenbarungspflichten, Aufklärungspflichten, Hinweispflichten	1585	234
3. Geheimhaltungspflichten (Verschwiegenheitspflichten)	1586	234
4. Sonstige Verhaltenspflichten	1587–1588	234
5. Schadensersatzanspruch bei Verstoß gegen vorvertragliche Pflichten	1589–1590	234
6. Option, Vorkaufsrecht, Vorvertrag, Rahmenvertrag	1596–1598	235
7. Rechte Dritter	1599–1602	235
a) Ehegattenzustimmung	1599	235
b) Vormundschaftsgerichtliche Zustimmung	1600	235
c) Öffentlich-rechtliche Beschränkungen	1601	235
d) Sonstige Rechte Dritter	1602	235
8. Interessengegensätze	1606	236
9. Kaufpreis	1607–1611	236
10. Sonstige klärungsbedürftige Fragen	1612–1616	236
11. Vertragsinhalt	1621–1635	237
IV. Kaufvertrag	1651–2419	239
1. Verkauf des Unternehmens oder der freiberuflichen Praxis	1652–1713	239
a) Allgemeines (Aufbewahrungs- und Buchführungspflichten)	1652–1666	239
b) Unternehmensveräußerung durch eine Personengesellschaft	1667–1675	241
c) Gegenstand des Unternehmenskaufs	1676–1712	243
aa) Unternehmenskauf	1678–1692	243
bb) Anteilskauf	1701–1710	245
cc) Unternehmenskauf/Anteilskauf	1711–1712	247
d) Zeitpunkt der Rechtsverschaffung	1713	248
2. Form des Vertrages	1716–1735	248
a) Grundsatz	1717–1725	248
b) Vermögensübertragung	1726–1731	249
c) Grundstücksveräußerung	1732	250
d) Rechtsfolgen von Formverstößen	1733–1735	250
3. Mängel beim Vertragsabschluss	1741–1760	251
a) Mögliche Mängel	1742–1752	251
b) Gesetzliche Verbote	1756	253
c) Sittenwidrige Geschäfte	1758–1760	253
4. Rechte des Veräußerers	1766–1801	254
a) Anspruch auf den Kaufpreis	1767–1791	254
b) Beteiligung des Veräußerers an schwebenden Geschäften	1792–1793	257
c) Abnahme des Unternehmens durch den Erwerber	1801	257
5. Euro-Einführung und Preisklauseln (Wertsicherungsklauseln)	1811–1831	257
a) Allgemeines	1812–1816	258
b) Einführung des Euro	1817–1819	258

	Rn	Seite
c) Preisklauseln (Wertsicherungsklauseln) nach Einführung des Euro	1820–1831	259
aa) Grundsatz	1821–1822	259
bb) Genehmigungsfreie Preisklauseln	1823	260
cc) Genehmigungspflichtige Preisklauseln, die als genehmigt gelten (Vertragsspezifische Klauseln)	1824	261
dd) Genehmigungspflichtige Preisklauseln	1825–1831	261
6. Pflichten des Verkäufers	1881–1910	262
a) Allgemeines	1881–1882	262
b) Übergabe	1883–1886	263
c) Übereignung	1887–1888	263
d) Nebenpflichten	1889–1890	264
e) Wettbewerbsverbote	1891–1908	264
f) Weitere Pflichten	1909–1910	268
7. Gewährleistung	1921–2094	268
a) Gesetzliche Regelung	1922–1996	269
aa) Sach- oder Rechtsmängel	1922–1950	269
bb) Beschaffenheitsangabe und Garantie	1954	272
cc) Sachmangel	1955–1996	272
b) Vertragliche Gestaltung	2001–2094	278
aa) Allgemeines	2001–2002	278
bb) Abrechnungsbilanz	2006–2013	278
cc) Zusagen	2021–2024	280
dd) Vereinbarungen über Verjährungsfristen	2031–2035	281
ee) Ausschluss der Gewährleistungsansprüche	2046–2049	281
ff) Grenzen der Vereinbarungen	2061–2063	282
gg) Untersuchungs- und Rügepflichten	2071–2075	283
hh) Rücktritt	2081–2082	283
ii) Schadensbegrenzung	2084–2085	284
jj) Ansprüche, die durch das Verhalten von Mitarbeitern des Unternehmens verursacht werden	2087	284
kk) Produzentenhaftung	2091–2094	284
8. Rechte des Käufers	2101–2152	285
a) Allgemeines	2101	285
b) Ansprüche bei Mängeln	2102–2103	285
aa) Nacherfüllung	2104	285
bb) Rücktritt	2105–2113	285
cc) Minderung	2114–2118	287
dd) Schadensersatz	2121–2125	288
ee) Wahlrecht	2131	288
ff) Vertragliche Regelung des Gewährleistungsrechts	2133	289
c) Geltendmachung der Gewährleistungsansprüche	2135–2152	289
aa) Allgemeines	2135–2143	289
bb) Wirksamer Kaufvertrag	2146	290
cc) Beschaffenheitsmangel	2147	290
dd) Verjährungsfristen	2148–2149	290
ee) Unterbrechung und Hemmung der Verjährung	2151	290
ff) Erhaltung des Anspruchs	2152	291

	Rn	Seite
9. Pflichten des Käufers	2161–2206	291
a) Allgemeines	2161	291
b) Zahlung des Kaufpreises	2162–2179	291
c) Raten und wiederkehrende Leistungen als Kaufpreis	2181–2191	293
aa) Raten	2182	293
bb) Leibrente als Kaufpreis	2183–2190	293
cc) Sonstige wiederkehrende Leistungen als Kaufpreis	2191	295
d) Abnahme	2201–2205	295
e) Nebenpflichten	2206	295
10. Wirkung der Unternehmensübertragung	2211–2419	296
a) Fortführung der Firma bei Handelsgeschäften	2211–2269	296
aa) Allgemeines zu handelsrechtlichen Grundbegriffen sowie zur Firma und Geschäftsbezeichnung	2212–2228	296
(1) Kaufmannseigenschaft	2212–2214	296
(2) Handelsgeschäft	2215	297
(3) Firma	2216	297
(4) Fortführung der Firma	2217	298
(5) Haftung des Erwerbers bei Fortführung der Firma	2218	298
(6) Handelsregister	2219	299
(7) Pflicht zur Führung des Firmennamens	2220–2228	299
bb) Voraussetzungen der Fortführung einer Firma	2236–2257	300
(1) Allgemeines	2236–2240	300
(2) Keine Leerübertragung einer Firma	2241	301
(3) Unveränderte Firmenfortführung	2242	302
(4) Zulässige Änderungen der fortgeführten Firma	2243–2247	302
(5) Firmenfortführung mit Nachfolgevermerk	2248	303
(6) Firmenfortführung, wenn der Erwerber bereits eine Firma führt	2249–2251	303
(7) Bestehendes Handelsgeschäft	2252–2253	304
(8) Erwerb unter Lebenden oder von Todes wegen	2254–2256	304
(9) Einwilligung	2257	305
cc) Rechtsfolgen der Fortführung der Firma	2258–2260	305
dd) Firmenfortführung bei Änderungen im Gesellschafterbestand (§ 24 HGB)	2266–2267	306
ee) Anbringung von Namen und Firma am Geschäftslokal	2268	307
ff) Anmeldung und Eintragung der Firma	2269	307
b) Allgemeines zu den Rechtsfolgen der Firmen- und Unternehmensfortführung (§§ 25–28 HGB)	2280–2284	307
aa) Allgemeines	2281–2282	307
bb) Beratungspflichten des Anwalts	2283–2284	309
c) Die Haftung nach einem Erwerb unter Lebenden	2286–2357	309
aa) Allgemeines	2286–2287	309
bb) Voraussetzungen des § 25 Abs. 1 Satz 1 HGB	2288–2312	310
(1) Erwerb eines Handelsgeschäfts unter Lebenden	2289–2290	310
(2) Fortführung der Firma	2291–2299	311
(3) Fortführung des bisherigen Handelsgeschäfts	2300–2302	313
(4) Haftungsausschluss nach § 25 Abs. 2 HGB	2303–2312	314
cc) Rechtsfolgen des § 25 Abs. 1 Satz 1 HGB	2314–2321	316

	Rn	Seite
(1) Allgemeines	2315	316
(2) Haftung des Erwerbers für Geschäftsverbindlichkeiten	2316–2321	316
dd) Besonderer Verpflichtungsgrund	2326–2329	318
ee) Haftung des Veräußerers	2346–2357	319
(1) Allgemeines	2346–2350	319
(2) Begrenzung der Ansprüche gegen den Veräußerer gem. § 26 HGB	2352–2357	319
d) Übergang der Forderungen bei Firmenfortführung	2366–2378	320
aa) Allgemeines	2366–2369	320
bb) Voraussetzungen	2370–2373	321
cc) Rechtsfolgen	2374–2378	322
e) Haftung bei Erwerb von Todes wegen	2381–2403	322
aa) Allgemeines	2382	322
bb) Voraussetzungen des § 27 Abs. 1 HGB	2383–2393	323
cc) Haftungsausschluss	2394–2402	325
dd) Rechtsfolgen des § 27 Abs. 1 HGB	2403	327
f) Haftung einer nach § 28 HGB entstandenen Gesellschaft für die Verbindlichkeiten des Einzelkaufmanns	2406–2415	327
aa) Allgemeines	2406–2407	327
bb) Voraussetzungen des § 28 HGB	2408–2412	327
cc) Rechtsfolgen des § 28 HGB	2413	328
dd) Forderungen	2414	329
ee) Haftungsausschluss	2415	329
g) Haftung des in eine Personenhandelsgesellschaft neu eintretenden Gesellschafters	2416	329
h) Haftung des aus einer Personenhandelsgesellschaft ausscheidenden Gesellschafters	2417–2418	329
i) Haftung bei der Übernahme von GmbH-Anteilen	2419	330
V. Sonstige Fälle der Unternehmensübertragung	2421–2429	331
1. Schenkung	2422	331
2. Erbschaft	2423	331
3. Ausscheiden eines Gesellschafters aus einer Gesellschaft	2424–2429	331
VI. Abfindungsklauseln	2431–2556	333
1. Allgemeines	2432–2495	333
a) Gesetzliche Abfindungsregelung	2432–2441	333
b) Abfindungsklauseln	2452–2464	336
c) Grenzen vertraglicher Abfindungsklauseln	2465–2495	338
2. Abfindungsausschluss	2497–2502	341
3. Abfindungsklauseln im Einzelnen	2505–2551	342
a) Klauseln betreffend die Auszahlung des Abfindungsanspruchs	2505–2511	342
b) Schwebende Geschäfte	2513–2514	342
c) Kündigungsfristen	2515–2516	343
d) Buchwertklauseln	2519–2541	343
aa) Allgemeines	2519–2534	343
bb) Einzelheiten bei zulässigen Buchwertklauseln	2536–2538	346
cc) Ersatz für Buchwertklauseln	2540–2541	347

	Rn	Seite
e) Klauseln zum Bewertungsverfahren	2543–2551	347
4. Weitere Einzelheiten	2553–2556	349
VII. Übertragung unter besonderen Umständen	2561–2570	351
C. Umwandlung der Rechtsform	2576–2614	355
I. Allgemeines	2578–2582	355
II. Verschiedene Sachverhalte der Umwandlung	2586–2607	356
1. Verschmelzung	2594–2595	357
2. Spaltung	2596–2602	357
3. Übertragende Umwandlung	2603	358
4. Formwechsel	2604–2607	358
III. Verschiedene Einzelheiten	2608–2614	359
1. Umwandlung einer Kapitalgesellschaft in eine Personengesellschaft	2608	359
2. Spaltung einer Kapitalgesellschaft	2609–2610	360
3. Einbringung eines Betriebs, Teilbetriebs oder Mitunternehmeranteils in eine Kapitalgesellschaft gegen Gewährung von Gesellschaftsanteilen	2611	360
4. Einbringung eines Betriebs, Teilbetriebs oder Mitunternehmeranteils in eine Personengesellschaft	2612	361
5. Formwechsel einer Personengesellschaft in eine Kapitalgesellschaft	2613–2614	362
D. Der Wert eines Unternehmens	2701–3370	363
I. Allgemeines	2702–2805	367
1. Bilanzanalyse	2736–2754	371
2. Unternehmerlohn	2761	373
3. Cash-flow	2764–2771	373
a) Überschussrechnung	2765–2766	374
b) Wertsteigerungsanalyse	2768–2769	375
c) Unterschiede der Ertragswertmethode von der Discounted-Cash-flow-Methode	2770	375
d) Strategisch-dynamische Wertelemente	2771	376
4. Weitere Überlegungen	2776–2784	376
5. Verschiedene Bewertungszwecke	2786–2788	377
6. Bewertungsstichtag	2791–2799	379
7. Allgemeine Überlegungen zu Methoden der Wert- und Preisbestimmung	2801–2805	379
II. Begriffe	2811–2849	382
1. Ertragswert des Unternehmens	2812–2817	382
2. Substanzwert des Unternehmens	2818–2821	383
3. Wiederbeschaffungswert	2823	383
4. Liquidationswert	2824–2826	383
5. Funktionswert	2827	384
6. Teilwert	2828–2829	384
7. Geschäftswert	2831–2836	385
8. Fortführungswert, Going-Concern-Wert	2841–2846	386

	Rn	Seite
9. Börsenkurs	2847–2848	387
10. Wert des Unternehmens	2849	388
III. Verfahren zur Ermittlung des Ertragswertes	2851–2970	389
1. Allgemeines	2852–2877	389
2. Der künftig erwartete Ertrag	2881–2916	393
a) Jahresertrag	2884–2892	394
b) Normalisierter Gewinn	2894–2907	396
c) Durchschnittlicher Gewinn	2911–2915	398
d) Verfahrenshinweise zur Prognose der künftigen Gewinne	2916	400
3. Kapitalisierungszinsfuß	2921–2929	400
4. Formeln für die Ertragswertberechnung	2936–2942	402
5. Vorgehensweise bei der Ermittlung des Unternehmenswertes nach dessen Ertragskraft	2946–2950	403
6. Weitere Ertragswertmethoden	2951–2959	404
a) Investitionsformeln	2952	405
b) Ertragsüberschussrechnung	2953	405
c) Ertragswertermittlung bei Abfindungsansprüchen	2954–2959	405
7. Abhängigkeiten der Ertragswert-Ermittlungsmethoden	2966–2970	406
a) Abhängigkeit vom geschätzten künftigen Ertrag	2966	406
b) Zinsfußabhängigkeit der Ertragswert-Ermittlungsmethoden	2967–2969	406
c) Weitere Abhängigkeiten	2970	407
IV. Methoden der Ermittlung des Substanzwertes	2971–3278	408
1. Allgemeines	2972–2991	408
2. Zu verschiedenen Verfahren der Ermittlung des Substanzwertes	2996–3023	410
a) Grundfall	2996	410
b) Mittelwert-Methode (auch „Berliner Verfahren" genannt)	2997–3001	410
c) Verfahren der unbefristeten Übergewinnkapitalisierung	3003	411
d) Methode der Übergewinnabgeltung (Übergewinnverrentung)	3004–3007	411
e) Stuttgarter Verfahren	3008–3014	412
f) Verfahren der Minderabschreibung (Verfahren Schnettler)	3020	414
g) Verfahren, Leistungswerte zu vergleichen	3021	414
h) Umsatzverfahren	3022	414
i) Kölner Verfahren	3023	415
3. Methodische Bemerkungen und einzelne Bilanzposten	3026–3278	415
a) Allgemeines	3027–3038	415
b) Abnutzbares bewegliches Anlagevermögen (Substanzwert)	3041–3043	417
c) Auf- und Abzinsungen	3045–3048	417
d) Fertigwaren und teilfertige Waren	3051–3052	418
e) Firmenwertähnliche Wirtschaftsgüter	3054–3055	418
f) Forderungen	3057–3082	418
aa) Forderungserwerb	3058–3065	418
bb) Forderungen gegen Gesellschafter	3066	420
cc) Factoring-Vertrag	3068–3073	420
dd) Forfaitierung	3076–3078	420
ee) Confirming-credit	3081–3082	421
g) Gesamtpreis	3084–3090	421
h) Grundstücke und Gebäude	3091–3097	422

	Rn	Seite
i) Joint Ventures (filiale commune)	3101–3102	423
j) Leasing	3104–3116	423
k) Maschinen	3119–3122	424
l) Pensionsrückstellungen	3124–3128	425
m) Preissteigerungsrücklage	3129–3130	426
n) Rücklagen	3132–3137	426
aa) Offene Rücklagen	3133	427
bb) Sonderposten mit Rücklageanteil	3134	427
cc) Andere Rücklagen	3135	427
dd) Rücklagen und Einkommensteuer, steuerfreie Rücklagen	3136–3137	427
o) Rücknahmeverpflichtung	3138–3139	427
p) Rückstellungen	3141–3215	428
aa) Allgemeines	3142–3148	428
bb) Rückstellung für Ausgleichsansprüche der Handelsvertreter	3151–3152	430
cc) Rückstellung wegen Erneuerungsverpflichtung	3155	430
dd) Rückstellung wegen Gewährleistungsverpflichtung	3156–3161	430
ee) Rückstellung wegen Haftpflichtansprüchen	3165–3167	431
ff) Rückstellung wegen Jubiläumsverpflichtungen	3171	431
gg) Rückstellung wegen Unausgeglichenheit von Mietverträgen	3177–3180	431
hh) Rückstellung wegen Patentverletzung	3182	432
ii) Rückstellung wegen Produzentenhaftung	3184–3189	432
jj) Rückstellung wegen Schadensersatzverpflichtungen	3191	433
kk) Rückstellung für Sozialplan	3192	433
ll) Rückstellung für latente Steuern	3194–3204	433
mm) Rückstellung für Ansprüche aus Umweltschäden	3206–3208	435
nn) Rückstellung für Urlaubsverpflichtung	3209	436
oo) Rückstellung für Vorruhestandsgeld	3211–3214	436
pp) Rückstellung wegen Wegfall negativen Kapitalkontos	3215	437
q) Schwebende Geschäfte	3216–3223	437
r) Sicherungsrechte	3224	438
s) Software	3226–3237	438
t) Verbindlichkeiten	3239–3249	440
u) Verpflichtungen	3250	441
v) Waren, Rohstoffe, Hilfsstoffe	3256–3260	442
w) Warenzeichen	3262–3263	442
x) Wertberichtigungen	3265–3268	443
y) Bewertung von Anteilen oder Beteiligungen	3270–3271	443
z_1) Zinsbegrenzungsverträge (Caps, Floors, Collars)	3273–3277	443
z_2) Zur Zurechnung und Bewertung von verschiedenen Vermögensgegenständen	3278	444
V. Ermittlung des Geschäftswertes	3281–3321	445
1. Allgemeines zum Geschäftswert	3282–3303	445
2. Methoden der Ermittlung des Geschäftswertes	3306–3316	449
a) Indirekte Methode	3306–3308	449
b) Mittelwertmethode	3310–3312	449

	Rn	Seite
c) Direkte Methode	3314–3316	450
3. Bemessung des Entwertungsfaktors für den Geschäftswert	3318–3320	451
4. Ermittlung des Geschäftswertes auf Grund von Erfahrungssätzen	3321	452
VI. Der Wert des Unternehmens	3322–3363	455
1. Bierle	3323	455
2. Piltz	3324	457
3. Zusammenfassung	3325–3363	457
VII. Berechnungsbeispiel	3364–3370	465
1. Berechnung des Substanzwertes	3364	465
2. Berechnung des Ertragswertes	3365–3367	465
3. Berechnung des Gesamtwertes	3368	466
4. Berechnung des Geschäftswertes	3369	466
5. Aufstellung der Eröffnungsbilanz	3370	466
E. Übertragung einer freiberuflichen Praxis	3401–3878	467
I. Unterschiedlichkeit von Unternehmens- und Praxisübertragung	3402–3649	468
1. Allgemeines	3402–3403	468
2. Begriff der Praxis (Kanzlei)	3404–3408	468
3. Unterscheidung der Praxis vom Gewerbebetrieb	3409–3418	468
a) Standesrichtlinien	3409–3413	468
b) Übertragbarkeit von Praxen (Kanzleien)	3414–3417	469
c) Fachliche Qualifikation des Erwerbers	3418	470
4. Praxisveräußerung	3419–3435	471
a) Praxis als Kaufgegenstand	3419–3425	471
b) Praxis als Erwerbsgeschäft	3426	472
c) Wesentliche Grundlagen der Praxis	3427–3430	473
d) Veräußerung einer Teilpraxis	3431–3433	473
e) Arbeitsverhältnisse	3434	474
f) Klienten, Mandanten, Patienten	3435	474
5. Gründung und Auflösung einer Sozietät; Partnerschaftsgesellschaft	3436–3614	474
a) Allgemeines	3437–3445	474
b) Gründung einer Sozietät in der Rechtsform der Gesellschaft bürgerlichen Rechts	3446–3449	476
c) Sozietätsbezeichnung	3450	477
d) Zustellungen bei überörtlichen Sozietäten	3451	477
e) Sozietätsvertrag	3452	477
f) Gesellschafterversammlung und Gesellschafterstimmrecht	3453–3467	478
g) Einbringung von Wirtschaftsgütern in eine Sozietät (Praxis) oder Nutzungsüberlassung	3471–3484	479
h) Feststellung des Jahresabschlusses	3486	480
i) Gewinnverteilung	3487–3496	481
j) Entnahmen	3497–3502	483
k) Mandatsbearbeitung	3505–3510	483
l) Honorarabrechnung	3511	484
m) Vertretungs- und Abwesenheitsregelungen	3512–3515	484

	Rn	Seite
n) Zuständigkeitsregelungen (Büro-Organisation usw.), Fremdgelder, Berufshaftpflicht.	3516–3521	485
o) Sozietätsfremde Geschäfte	3522–3526	486
p) Alters- und Witwenversorgung	3527	486
q) Ausscheiden eines Partners aus der Sozietät	3528–3531	486
r) Ausschließung eines Gesellschafters	3532–3538	487
s) Auflösung der Sozietät	3541–3551	488
t) Anteilsübertragung	3596–3597	489
u) Tod eines Gesellschafters	3598	489
v) Abfindungsklauseln	3599	489
w) Schiedsgericht	3600	489
x) Partnerschaftsgesellschaft	3601–3614	490
6. Freiberufler und Kapitalgesellschaften	3616–3634	493
a) Allgemeines	3617	493
b) Einbringung einer Praxis (Kanzlei, Sozietät) in eine Kapitalgesellschaft	3618–3627	494
c) Freiberufler-GmbH oder Freiberufler-AG	3629–3634	496
7. Begründung einer Büro- oder Praxisgemeinschaft	3641–3648	496
8. Praxisaufgabe	3649	497
II. Veräußerungspreis	3661–3783	498
1. Kaufpreis für die Praxiseinrichtung	3661–3671	498
a) Allgemeines	3661–3664	498
b) Art des Veräußerungsentgelts	3666–3670	498
c) Makler	3671	499
2. Praxiswert	3673–3745	499
a) Allgemeines	3680–3694	502
b) Einzelne Berufe	3695–3745	504
(1) Arzt	3695–3707	504
(2) Ingenieur	3708–3714	507
(3) Rechtsanwalt	3715–3723	508
(4) Steuerberater	3726–3730	512
(5) Wirtschaftsprüfer	3736–3745	514
3. Verschiedene weitere Einzelheiten	3751–3783	515
a) Arbeitsrückstände, Mangel einer Belegarztpraxis	3751	515
b) Praxisgebäude	3752–3753	515
c) Zahlungsart und Zahlungsweise	3754–3768	516
d) Regelungen für bestehende Vertragsverhältnisse	3771–3773	517
e) Abschreibung des Praxiswertes	3774–3775	518
f) Umsatzsteuer	3776	518
g) Vermittlung von Praxen	3781–3782	518
h) Schiedsvereinbarung	3783	519
III. Verpflichtungen des Übertragenden aus der Kanzlei- oder Praxisveräußerung	3786–3837	520
1. Allgemeines	3787–3802	520
2. Übergabe der Handakten durch Angehörige der beratenden Berufe	3804–3808	524
3. Übergabe der Patientenkartei	3810–3812	524

	Rn	Seite
4. Übergabe der Handakten durch Angehörige der Ingenieurberufe	3816–3817	525
5. Mandatsschutz	3821–3825	526
6. Wettbewerbsbeschränkungen	3831–3837	526
IV. Verpflichtung des Erwerbers	3841	528
V. Ausscheiden eines Sozius aus einer fortbestehenden Sozietät	3842–3853	528
1. Auseinandersetzung und Abfindung	3843–3851	528
2. Wettbewerbsbeschränkungen und Mandatsschutz	3852–3853	529
VI. Tod des Freiberuflers	3856–3860	530
VII. Verschiedene Einzelheiten	3871–3878	531
1. Geheimhaltung der Kanzlei- oder Praxisveräußerung	3871–3873	531
2. Organisation der Steuerberatungspraxis	3877–3878	531

Zweiter Teil: Steuerrecht

	Rn	Seite
F. Einkommensteuer beim Übertragenden (Veräußerer des Unternehmens) und beim Erwerber	3902–5394	537
I. Veräußerungsgewinn (Veräußerungsverlust)	3903–5067	538
1. Allgemeines	3903–3920	538
2. Veräußerung	3926–3948	540
a) Einkommensteuerliche Folgen bei gemischter Schenkung beim Schenker	3938–3947	542
b) Einkommensteuerliche Folgen bei gemischter Schenkung beim Beschenkten	3948	543
3. Veräußerung des ganzen Unternehmens (Gewerbebetriebs)	3949–4015	543
a) Merkmale im Überblick	3949–3950	543
b) Allgemeines	3951–3956	544
c) Wesentliche Betriebsgrundlagen	3957–3975	546
aa) Allgemeines	3957–3964	546
bb) Verschiedene Einzelheiten	3965–3975	547
(1) Konzertdirektion	3965	547
(2) Betriebsverlegung	3966	547
(3) Veräußerung des ganzen Gewerbebetriebs einer Personengesellschaft	3967	547
(4) Übertragung einer Handelsvertretung	3968	548
(5) Veräußerung einer Buchhandlung	3969	548
(6) Beginn und Ende eines Unternehmens	3970–3974	548
(7) Mängelbehafteter Betrieb	3975	549
d) Übertragung des Unternehmens unter Aufrechterhaltung des geschäftlichen Organismus	3981–3983	549
e) Übertragung des Unternehmens in einem einheitlichen Vorgang	3984	549
f) Übertragung des Unternehmens auf einen Erwerber	3985–3990	549
g) Aufgabe oder Einstellung einer bestimmten bisherigen gewerblichen Tätigkeit	3991–3999	550
h) Veräußerung einzelner Wirtschaftsgüter	4001	552
i) Zurückbehaltung von Wirtschaftsgütern	4002–4015	552

Inhaltsverzeichnis

	Rn	Seite
4. Veräußerung eines Teilbetriebs	4021–4091	554
a) Merkmale im Überblick	4022	554
b) Allgemeines	4023–4030	554
c) Begriff des Teilbetriebs	4036–4043	555
d) Zu den weiteren Merkmalen	4044–4047	556
e) Übertragung des Teilbetriebs auf einen Erwerber	4048–4049	557
f) Aufdeckung der stillen Reserven des Teilbetriebs	4050–4051	557
g) Aufgabe einer bestimmten gewerblichen oder freiberuflichen Tätigkeit	4052	557
h) Beispiele für Teilbetriebe	4053–4091	557
Filialbetriebe	4054–4060	558
aa) Einzelhandelsfilialen:	4054–4059	558
bb) Andere Filialbetriebe, Niederlassungen usw.	4060–4091	559
5. Veräußerung eines Mitunternehmeranteils	4101–4119	563
6. Abgrenzung der Veräußerung von anderen Sachverhalten	4126–4203	566
a) Einbringung von Unternehmen, Teilbetrieben und Mitunternehmeranteilen	4126–4147	566
aa) Gründung einer Personengesellschaft und Einbringung einer wesentlichen Beteiligung	4128	566
bb) Bestehen einer Personengesellschaft und Einbringung einer wesentlichen Beteiligung	4129–4230	566
cc) Einbringung eines Unternehmens in eine Personengesellschaft	4131–4135	567
dd) Einbringung eines Unternehmens in eine Kapitalgesellschaft	4136–4147	567
b) Unentgeltliche Überführung von Wirtschaftsgütern aus dem Gesellschaftsvermögen in das Betriebsvermögen eines Gesellschafters	4149	568
c) Umwandlung	4151–4172	568
d) Eintritt eines Gesellschafters in eine bereits bestehende Personengesellschaft ohne Ausscheiden eines der bisherigen Gesellschafter	4173–4175	570
e) Ausscheiden von Mitunternehmern aus einer Mitunternehmerschaft	4181–4185	571
f) Realteilung einer Mitunternehmerschaft	4191	571
g) Abgrenzung vom unentgeltlichen Erwerb in besonderen Fällen	4192–4194	572
h) Einräumung einer Unterbeteiligung	4201–4203	572
7. Zeitpunkt der Veräußerung	4211–4241	573
a) Allgemeines	4212–4216	573
b) Rückwirkung von Vereinbarungen	4217–4221	574
c) Übergang zum Jahreswechsel	4222–4225	575
d) Weitere Einzelheiten	4227–4241	575
8. Veräußerungspreis	4246–4404	578
a) Begriff des Veräußerungspreises	4247–4268	578
b) Zeitpunkt der Bemessung des Veräußerungspreises	4269	582
c) Bemessung des Veräußerungspreises	4271–4279	582
d) Wiederkehrende Bezüge	4286–4359	584
aa) Allgemeines	4287–4297	584

			Rn	Seite
	(1)	Grundlegende Unterscheidung („Renten-Trias")...	4287–4290	584
	(2)	Weitere wiederkehrende Bezüge: Betriebliche Versorgungsrenten..................	4291	585
	(3)	Keine Abziehbarkeit / Steuerbarkeit „nach der äußeren Form der Wiederkehr"...........	4295–4296	585
	(4)	Verwaltungsanweisungen: BMF-Schreiben vom 26. 8. 2002..........................	4297	586
bb)	Gegenleistungsrenten...................		4298–4307	586
	(1)	Allgemeines......................	4298–4303	586
	(2)	„Gegenleistungsrenten" beim Erwerb in ein Betriebsvermögen (betriebliche Erwerbsrente)...	4304–4307	589
cc)	Betriebliche Veräußerungsrente; Veräußerungswahlrecht		4308–4314	590
	(1)	Allgemeines......................	4308	590
	(2)	Wahlrecht bei festem Entgelt und wiederkehrenden Leistungen; Ausübung des Wahlrechts......	4309	591
	(3)	Sofortversteuerung..................	4310	591
	(4)	Feststellung eines Veräußerungsgewinns........	4311–4312	591
	(5)	Zuflussbesteuerung..................	4313	592
	(6)	Ablösung der Rente..................	4314	592
dd)	Vermögensübergabe gegen Versorgungsleistungen....		4316–4318	592
	(1)	Allgemeines......................	4316	592
	(2)	Vergleich mit dem Vorbehaltsnießbrauch.......	4317	593
	(3)	Bemessung der Versorgungsleistungen........	4318	593
ee)	Einzelelemente des Typus „Vermögensübergabe gegen Versorgungsleistungen"......................		4320–4359	594
	(1)	Gegenstand der Vermögensübergabe..........	4320–4323	594
	(2)	„Gleitende Vermögensübergabe" (Ablösung von Nutzungsrechten)..................	4324	595
	(3)	Beteiligte der Vermögensübergabe..........	4325	595
	(4)	Empfänger der Versorgungsleistungen.........	4326	596
	(5)	Sachverhalte mit erbrechtlichem Bezug........	4327–4329	597
	(6)	Versorgungsleistungen auf Lebenszeit.........	4330	598
	(7)	Abänderbarkeit nach der „Rechtsnatur des Versorgungsvertrages"........................	4331–4333	598
	(8)	Einzelne Versorgungsleistungen............	4334	599
	(9)	Vorbehalt der Vermögenserträge............	4335	600
	(10)	Beweiserleichterungen bei Unternehmensübertragungen...........................	4337–4338	601
	(11)	Vereinbarung und Durchführung der Vermögensübergabe gegen Versorgungsleistungen.........	4339	602
	(12)	Beendigung der privaten Versorgungsrente, insbesondere durch Ablösung...................	4340–4341	603
	(13)	Offene Fragen.....................	4342–4346	604
	(14)	Erbrechtliche Variante der Versorgungsrente.....	4347	606
	(15)	Gestaltungshinweise..................	4348	606
	(16)	Abgrenzung zur Gegenleistungsrente.........	4349–4352	607
	(17)	Zeitlich gestreckte Auszahlung von erbrechtlichen Ansprüchen......................	4353	608

	Rn	Seite
(18) Abgrenzung der privaten Versorgungsrente von der nicht abziehbaren Unterhaltsrente.	4354–4359	609
e) Weitere Einzelheiten zum Veräußerungspreis	4366–4404	611
aa) Übernahme von Schulden	4366	611
bb) Entnahme von Wirtschaftsgütern	4367–4370	611
cc) Leistungen Dritter als Veräußerungspreis	4371–4374	611
dd) Weiterbestehende Beteiligung an schwebenden Geschäften.	4376	612
ee) Unbestimmbarer Wert	4377	612
ff) Beteiligung an nach der Veräußerung aufgedeckten stillen Reserven.	4379–4383	612
gg) Verlagerung des Kaufpreises	4384	613
hh) Nachträgliche Änderung des Veräußerungspreises	4386–4392	614
(1) Nachträgliche Erhöhung des Veräußerungspreises.	4386	614
(2) Nachträgliche Minderung des Kaufpreises	4387	614
(3) Veränderungen des Kaufpreises auf Grund nachträglich eingetretener Umstände.	4388	614
(4) Andere nachträgliche Änderungen	4389–4392	614
ii) Spätere Eingänge auf den Veräußerungspreis	4396–4397	615
jj) Unangemessener Preis.	4401–4403	615
kk) Unterschlagung des Kaufpreises.	4404	616
9. Buchwert des Betriebsvermögens im Zeitpunkt der Veräußerung.	4411–4486	616
a) Allgemeines	4411–4414	616
aa) Betriebsvermögensvergleich.	4411	616
bb) Überschussrechnung	4412	616
cc) Abgrenzung des Betriebsvermögens vom Privatvermögen	4413	616
dd) Buchwert des veräußerten Mitunternehmeranteils. . . .	4414	617
b) Abgrenzung des Veräußerungsgewinns (Veräußerungsverlustes) vom laufenden Gewinn.	4415–4423	617
c) Verschiedene Einzelheiten	4424–4428	618
aa) Abfindungsbilanz/Abschichtungsbilanz.	4424–4426	618
bb) Ausscheiden eines Gesellschafters aus einer OHG oder KG	4427	619
cc) Schwebende Geschäfte	4428	620
d) Abschlussvermögen in anderen Fällen und Buchwert.	4429–4440	620
aa) Einkommensteuerliche Behandlung beim Verkäufer . . .	4429–4432	620
bb) Einkommensteuerliche Behandlung beim Käufer	4433–4440	621
(1) Gewinnermittlung durch Betriebsvermögensvergleich	4433–4438	621
(2) Gewinnermittlung durch Einnahme-Überschussrechnung	4439–4440	621
e) Umfang des Betriebsvermögens.	4451–4474	621
aa) Betriebsvermögen bei der Betriebsveräußerung i. S. v. § 16 Abs. 1 Nr. 1 EStG	4451–4457	621
bb) Betriebsvermögen bei Anteilsveräußerung i. S. v. § 16 Abs. 1 Nr. 2 EStG	4461–4471	622
cc) Teilanteilsübertragung	4472	625

	Rn	Seite
dd) Einbringung einer Personengesellschaft in eine Kapitalgesellschaft	4474	625
f) Negatives Kapitalkonto	4476–4485	625
g) Veräußerungsgewinn bei Betrieben, deren Gewinn geschätzt worden ist	4486	626
10. Veräußerungsgewinn	4491–4515	626
a) Allgemeines	4492–4496	627
b) Veräußerungskosten	4501–4504	627
c) Wahlrechte	4506–4515	628
11. Sonderfälle	4521–4676	629
a) Veräußerung eines Mitunternehmeranteils	4522–4575	629
aa) Wirkungen aufseiten der Gesellschaft (Mitunternehmerschaft)	4523–4553	629
(1) Barabfindung	4531–4547	630
(2) Sachwertabfindung	4551–4553	632
bb) Wirkungen aufseiten des ausscheidenden Mitunternehmers (Gesellschafters)	4555–4571	632
(1) Barabfindung	4556–4570	632
(2) Sachabfindung	4571	634
cc) Beispiele:	4574–4575	634
b) Gemischte Schenkung	4576–4577	636
c) Weitere Sonderfälle	4578–4580	636
d) Lästiger Gesellschafter	4586–4591	637
e) Negatives Kapitalkonto	4596–4608	637
aa) Allgemeines	4596	637
bb) Ausscheiden eines Gesellschafters mit negativem Kapitalkonto	4597–4608	637
f) Realteilung einer Personengesellschaft (Mitunternehmerschaft)	4611–4637	639
aa) Allgemeines	4612–4622	639
bb) Verschiedene Einzelheiten und Beispiele	4623–4636	641
cc) Realteilung bei Teilbetrieben und Einzelwirtschaftsgütern	4637	643
g) Tausch	4641	644
h) Einbringung eines Betriebs, Teilbetriebs oder eines Mitunternehmeranteils in eine Personengesellschaft nach dem Umwandlungssteuergesetz	4642–4651	644
i) Verkauf eines Einzelunternehmens oder einer wesentlichen Betriebsgrundlage eines solchen Unternehmens an eine GmbH zu Buchwerten	4656–4660	645
j) Erzielung des Veräußerungsgewinns/Aufgabegewinns in mehreren Veranlagungszeiträumen	4661–4662	648
k) Erzielung des Veräußerungsgewinns bei Verpachtung	4666–4675	648
l) Gewinn bei Unternehmensveräußerung mit Rückwirkung	4676	649
12. Erbfall, Erbauseinandersetzung, vorweggenommene Erbauseinandersetzung, sonstige Fälle der unentgeltlichen Übertragung des Unternehmens	4681–4901	650
a) Allgemeines	4682	650
b) Erbfall und Einkünfte	4683–4757	651

			Rn	Seite
	aa)	Steuerliche Folgen beim Erblasser	4683–4685	651
		(1) Zurechnung des laufenden Gewinns	4683	651
		(2) Ermittlung des laufenden Gewinns auf den Todestag	4684	651
		(3) Schätzung des Gewinns	4685	651
	bb)	Steuerliche Folgen beim Erben	4686–4726	651
		(1) Folgen des Erbfalls allgemein	4687–4692	652
		(2) Buchwertfortführung und allgemeine Grundsätze	4693–4700	652
		(3) Fortführung des Unternehmens durch den oder die Erben	4711–4715	653
		(4) Fortführung des Unternehmens durch nur einen Erben	4717–4721	654
		(5) Veräußerungsgewinn bei Veräußerung des Unternehmens durch die Erben an Dritte	4726	655
	cc)	Aufgabegewinn	4731	655
	dd)	Fortführung des vom Erblasser verpachteten Unternehmens durch die Erben	4732	655
	ee)	Ruhender Betrieb	4733	655
	ff)	Mitunternehmeranteil und Erbfall	4736–4748	656
	gg)	Erwerb auf Grund von Auflagen, Vermächtnissen, Pflichtteilen, Erbteilungsanordnungen	4749–4753	658
	hh)	Exkurs	4754–4757	659
		(1) Zum Privatvermögen gehörender Nachlass	4754	659
		(2) Zum Privatvermögen des Erblassers gehörendes Grundstück	4755–4757	659
c)	Erbauseinandersetzung		4761–4829	660
	aa)	Allgemeines	4762	660
	bb)	Auseinandersetzung über aus Betriebsvermögen bestehendem Nachlass	4763–4776	660
	cc)	Auflösung des Betriebs durch die Erbengemeinschaft	4777–4781	662
	dd)	Auseinandersetzung über aus Privatvermögen bestehendem Nachlass	4791–4792	663
	ee)	Auseinandersetzung über Mischnachlass	4796–4801	663
	ff)	Beispiele	4811–4822	664
	gg)	Erbteilsübertragung	4823	668
	hh)	Weitere Einzelheiten	4825–4829	668
d)	Unternehmensübertragung bei vorweggenommener Erbfolge		4836–4875	669
	aa)	Allgemeines	4837–4863	669
		(1) Unternehmensübertragung von Eltern auf Kinder	4838–4840	669
		(2) Entgeltliche oder unentgeltliche Übertragung	4841–4852	669
		(3) Übertragung von Privatvermögen	4853–4855	671
		(4) Anforderungen an die Anerkennung von Verträgen	4857	671
		(5) Übertragung auf alle Kinder	4858	672
		(6) Übertragung auf ein Kind	4859	672
		(7) Abfindung für oder bei Erbverzicht	4860–4863	672
	bb)	Behandlung beim Übertragenden	4865–4868	673
		(1) Zurückbehaltung von Wirtschaftsgütern	4866–4867	673
		(2) Gemischte Schenkung	4868	673

	Rn	Seite
cc) Behandlung (Folgen) beim Erwerber	4871–4875	673
(1) Allgemeines	4871	673
(2) Vorwegnahme der Erbfolge ohne oder mit Spitzenausgleich	4872–4875	674
e) Sonstige Fälle der unentgeltlichen Übertragung des Unternehmens	4881–4898	674
aa) Schenkung	4881–4882	674
bb) Erbverzicht	4884–4885	674
cc) Teilentgeltliche Rechtsgeschäfte	4891–4898	674
f) Weitere Einzelheiten	4899–4901	676
13. Vergünstigungen	4911–5037	676
a) Allgemeine Bedeutung von § 16 EStG	4912–4930	676
b) Veräußerungssachverhalte	4931–4977	678
aa) Veräußerung des ganzen Gewerbebetriebes oder eines Teilbetriebes (§ 16 Abs. 1 Nr. 1 EStG)	4931–4936	678
bb) Veräußerung und Aufgabe eines Mitunternehmeranteils (§ 16 Abs. 1 Nr. 2 EStG)	4941–4949	679
cc) Sonderbetriebsvermögen	4951–4955	680
dd) Einbringen von Unternehmen und Praxen	4961–4965	681
ee) Wahlrechte und Besteuerung	4966–4976	681
ff) Übergang zur oder von der Liebhaberei	4977	682
c) Freibetrag nach § 16 Abs. 4 EStG	4981–4990	682
aa) Allgemeines zur alters- oder gesundheitsbedingten Betriebsveräußerung oder Betriebsaufgabe	4982–4984	683
bb) Weiteres zum Freibetrag nach § 16 Abs. 4 EStG	4985–4990	683
d) Begünstigung gemäß § 34 EStG	4996–5031	684
aa) Allgemeines	4997–5003	684
bb) Einzelne Voraussetzungen für die Steuerbegünstigung gemäß § 34 EStG	5006–5031	685
e) Nachträgliche Änderungen des Kaufpreises	5034	688
f) Ermäßigung der Einkommensteuer um die Gewerbesteuer	5036–5037	688
14. Rückgängigmachung der Veräußerung	5041–5043	688
15. Nachträgliche Gewinne oder Verluste	5046–5058	689
16. Anschaffungskosten des Erwerbers	5061	691
17. Eröffnungsbilanz des Erwerbers	5062–5065	692
18. Erklärungspflicht bei Unternehmensveräußerung	5067	692
II. Aufgabegewinn	5071–5279	693
1. Allgemeines	5072–5073	693
2. Unternehmensaufgabe/Betriebsaufgabe	5074–5099	693
a) Merkmale im Überblick	5074	693
b) Abgrenzung der Betriebsaufgabe von anderen Vorgängen	5075–5078	694
c) Folgen der Aufgabe des ganzen Unternehmens (Gewerbebetriebs), Teilbetriebs oder Mitunternehmeranteils	5079–5085	694
d) Verschiedene Einzelheiten	5086–5099	695
aa) Betriebsunterbrechung	5086	695
bb) Betriebsverlegung ins Ausland	5087–5090	695
cc) Veräußerung eines einzelnen Wirtschaftsguts	5096–5097	696

	Rn	Seite

dd) Keine Betriebsaufgabe bei teilweiser Verpachtung und teilweiser Stilllegung ... 5098–5099 696
3. Aufgabe des ganzen Unternehmens ... 5101–5184 696
   a) Entschluss zur Aufgabe ... 5102 696
   b) Einstellung werbender Tätigkeit ... 5103–5109 697
   c) Ausscheiden der wesentlichen Grundlagen aus dem Betriebsvermögen ... 5116–5120 697
   d) Einheitlicher Vorgang ... 5122–5143 698
   e) Aufdeckung aller stillen Reserven ... 5144 701
   f) Arten des Ausscheidens der Wirtschaftsgüter aus dem Betriebsvermögen ... 5145–5149 701
   g) Ende des Unternehmens ... 5150–5151 702
   h) Verschiedene Einzelheiten ... 5152–5184 703
      aa) Betriebsverlegung/Betriebsunterbrechung/Betriebsverpachtung 5152–5154 703
      bb) Grundstücke ... 5156–5163 703
      cc) Übertragung des Betriebs unter Zurückbehaltung von Wirtschaftsgütern ... 5164–5169 704
      dd) Aufgabe des ganzen Gewerbebetriebs einer Personengesellschaft ... 5171–5175 705
      ee) Betriebsaufgabe bei Wegfall der Voraussetzungen einer Betriebsaufspaltung ... 5176 706
      ff) Mischfälle ... 5177 706
      gg) Entnahme von Sonderbetriebsvermögen ... 5178 706
      hh) Fortführung einer Rückstellung nach Betriebseinstellung ... 5179 707
      ii) Betriebseinstellung ohne Betriebsaufgabeerklärung ... 5180 707
      jj) Auflösung steuerfreier Rücklagen, Importwarenabschlag ... 5181 707
      kk) Ruhender Betrieb und spätere Betriebsübertragung ... 5182 707
      ll) Verpachtung einer Freiberuflerpraxis durch den Vermächtnisnehmer ... 5183 707
      mm) Ablösung einer betrieblich veranlassten Rentenverpflichtung nach Betriebsaufgabe ... 5184 708
4. Aufgabe eines Teilbetriebs ... 5191–5206 708
   a) Allgemeines ... 5192–5194 708
   b) Einstellung und Wiederaufnahme der Tätigkeit ... 5195 708
   c) Wesentliche Grundlagen des Teilbetriebs ... 5196–5199 709
   d) Entscheidungsgrundsätze bei den weiteren Merkmalen ... 5200–5201 709
   e) Verschiedene Einzelheiten ... 5203–5206 710
5. Aufgabe eines Mitunternehmeranteils ... 5208–5212 710
6. Betriebsaufgabeerklärung ... 5214–5222 711
7. Aufgabewert ... 5224–5227 712
8. Buchwert bei Aufgabe ... 5230 712
9. Aufgabegewinn ... 5231–5258 713
   a) Begriff des Aufgabegewinns ... 5231 713
   b) Zeitpunkt, Zeiträume ... 5232 713
   c) Aufgabekosten ... 5233 713
   d) Ermittlungsschema ... 5234 713

	Rn	Seite
e) Abgrenzung des Aufgabegewinns vom laufenden Gewinn	5235–5238	713
f) Wahlrechte	5239	714
g) Verschiedene Einzelheiten	5240–5258	714
10. Steuerliche Begünstigungen	5259–5261	717
11. Sonderfälle	5266–5276	717
a) Aufgabe eines Mitunternehmeranteils	5266	717
b) Verpachtung eines Unternehmens	5267–5272	718
c) Einkünfte aus Gewerbebetrieb nach Betriebsaufgabe	5273–5274	719
d) Erzielung des Aufgabegewinns in mehreren Veranlagungszeiträumen	5275	719
e) Aufgabegewinn bei Betriebsaufgabe durch Erben	5276	719
12. Verfahrensrecht	5279	719
III. Besonderheiten bei der Praxisübertragung	5281–5394	720
1. Veräußerung, Einbringung in eine Sozietät	5282–5323	720
a) Allgemeines	5282–5300	720
b) Veräußerungspreis	5306	724
c) Buchwert, Veräußerungskosten und Veräußerungsgewinn	5307–5308	724
d) Freibeträge	5309	724
e) Einzelheiten	5310–5323	724
2. Einkommensteuerliche Folgen der Veräußerung beim Erwerber	5326–5362	727
a) Fester Kaufpreis	5326–5339	727
aa) Gewinnermittlung nach § 4 Abs. 1 EStG	5326	727
bb) Gewinnermittlung nach § 4 Abs. 3 EStG	5327–5329	727
cc) Sozietätsgründung und Partneraufnahme	5330–5339	727
b) Kaufpreisraten	5340–5345	729
aa) Gewinnermittlung nach § 4 Abs. 1 EStG	5340–5341	729
bb) Gewinnermittlung nach § 4 Abs. 3 EStG	5342–5343	730
cc) Weitere Einzelheiten	5344–5345	730
(1) Wiederkehrende Leistungen über mehr als 10 Jahre	5344	730
(2) Verzinsung/Zinslosigkeit	5345	730
c) „Betriebliche" Veräußerungsleibrenten	5347–5353	730
aa) Gewinnermittlung nach § 4 Abs. 1 EStG	5347–5350	730
bb) Gewinnermittlung nach § 4 Abs. 3 EStG	5352–5353	731
d) Betriebliche Veräußerungszeitrenten	5355–5356	731
e) Andere laufende Bezüge	5357–5358	732
f) Mischformen	5359	732
g) Abschreibung des Praxiswerts	5360–5362	732
3. Unentgeltliche Übertragung einer Einzelpraxis	5366–5377	732
a) Allgemeines	5366–5368	732
b) Betriebliche Versorgungsrenten	5369–5371	733
c) Private Versorgungsrenten	5372–5374	733
d) Unterhaltsrenten	5376	733
e) Andere laufende Bezüge	5377	733
4. Schenkung notwendigen Betriebsvermögens	5381	733
5. Übertragung einer Teilkanzlei oder einer Teilpraxis	5383–5385	734
a) Allgemeines	5384	734
b) Übertragung der Teilkanzlei eines Rechtsanwalts	5385	734

	Rn	Seite
6. Übertragung eines Praxis- oder Sozietätsanteils	5386–5389	734
7. Praxisaufgabe, Kanzleiaufgabe, Aufgabe des Praxis- oder des Sozietätsanteils	5391–5394	735
G. Umsatzsteuer	5401–5541	737
I. Allgemeines	5402–5406	737
II. Erbe, Erbengemeinschaft, Vorweggenommene Erbfolge	5501–5518	739
1. Erbe	5502–5510	739
2. Erbengemeinschaft	5516–5518	740
III. Betriebsaufgabe	5531–5535	740
IV. Büro- oder Praxisgemeinschaft	5541	740
H. Grunderwerbsteuer	5601–5663	743
I. Allgemeines	5602–5603	743
II. Die Besteuerung nach dem Grunderwerbsteuergesetz	5611–5645	743
1. Besteuerungstatbestände	5611	743
2. Ausnahmen von der Besteuerung	5612–5619	743
3. Bemessungsgrundlage	5626–5635	744
4. Steuersatz	5641	745
5. Steuerschuldner	5642–5645	745
a) Steuerschuldner	5642	745
b) Entstehung der Steuer	5643–5644	745
c) Fälligkeit	5645	745
III. Verschiedene Einzelheiten	5651–5663	745
1. Gesamthand	5651	745
2. Erbengemeinschaft, Erbteil	5652	746
3. Personengesellschaften	5656–5663	746
I. Gewerbesteuer	5701–5738	749
1. Allgemeines	5702–5703	749
2. Veräußerungsgewinn kein Gewerbeertrag	5706–5709	749
3. Teilbetriebsveräußerung	5710	750
4. Nachträgliche Einnahmen	5711	750
5. Einbringung eines Einzelunternehmens in eine Personengesellschaft	5712–5722	751
6. Veräußerung von Baugrundstücken	5726–5728	752
7. Partiarisches Darlehen	5729	753
8. Freiberufler	5731–5736	753
9. Schuldner der Gewerbesteuer	5737	754
10. Umwandlungs-Steuerrecht	5738	754
J. Bewertung des Betriebsvermögens	5801–5803	755
K. Haftung	5851–5921	757
I. Allgemeines	5852–5862	757
II. Haftung gem. § 75 AO	5866–5903	759
1. Rechtfertigender Grund für die Haftung	5866	759

	Rn	Seite
2. Erwerberhaftung	5867	759
3. Beschränktheit der Haftung	5868–5870	759
4. Voraussetzungen der Haftung	5874–5885	759
5. Ausschluss der Haftung	5887	761
6. Umfang der Haftung	5888–5903	762
a) Sachliche Beschränkung der Haftung	5888–5892	762
b) Zeitlicher Umfang der Haftung	5894–5898	762
c) Gegenständliche Beschränkung der Haftung	5900	763
d) Kenntnis des Erwerbers vom Bestehen von Steuerschulden	5901	763
e) Akzessorietät der Haftung	5902–5903	763
III. Haftung gem. § 25 HGB	5905–5906	763
IV. Haftung gem. § 27 HGB	5907	764
V. Haftung des Erbschaftskäufers	5908	764
VI. Haftungsbescheid	5909–5919	764
1. Haftungsbescheid, Duldungsbescheid	5909	764
2. Festsetzungsfrist	5910–5911	764
3. Ermessen des Finanzamts	5912–5913	764
4. Rechtsbehelfe	5914–5919	765
VII. Verfahrensfragen	5921	765
L. Erbschaft- und Schenkungsteuer	**5931–6132**	**767**
I. Allgemeines	5932	769
II. Der Erwerb von Todes wegen	5933–6006	769
1. Der Erbfall	5933	769
2. Der Nachlass	5934–5935	769
3. Die Erbschaft	5941–5970	769
4. Steuerentstehung/Steuerschuldner/Haftung	5976–5985	775
5. Pflichtteil	5987–5994	776
6. Vorerbschaft, Nacherbschaft	5996–5997	777
7. Berücksichtigung früherer Erwerbe	5999–6002	777
8. Vermächtnis und Auflagen	6003–6006	778
III. Steuerklassen	6011–6023	779
IV. Steuersätze	6031–6033	780
V. Steuervergünstigungen	6037–6072	781
1. Freibeträge	6037–6052	781
2. Versorgungsfreibeträge	6053–6054	785
3. Steuerbefreiung für besondere Gegenstände und Erwerbsarten (§ 13 ErbStG)	6055–6062	785
4. Mehrfacher Erwerb desselben Vermögens	6063	786
5. Stundung der Erbschaftsteuer	6064	786
6. Betriebsübertragungen unter Nießbrauchsvorbehalt	6071	787
7. Verzicht auf künftigen Erb- und Pflichtteil	6072	787
VI. Veranlagung und Erhebung	6073–6085	787
1. Anmelde- und Erklärungspflicht	6073–6074	787
2. Steuerfestsetzung	6075–6078	788

	Rn	Seite
3. Erstattung	6081–6084	788
4. Doppelbelastung mit Erbschaftsteuer und Einkommensteuer	6085	788
VII. Erwerb von Betriebsvermögen	6086–6112	789
VIII. Die vorweggenommene Erbfolge	6121–6132	790
Verschiedene andere Sachverhalte im Zusammenhang mit der Unternehmensnachfolge	6301	793
M. Verpachtung von Unternehmen	6302–6487	795
I. Allgemeines	6303–6308	795
II. Gegenstände des Pachtvertrags	6311	796
III. Einzelheiten	6312–6351	796
1. Warenlager	6312–6313	796
2. Laufende Verträge	6321–6324	796
3. Verkehrssicherungspflicht	6331	797
4. Rückgabeverpflichtung	6332	797
5. Instandhaltung	6333	797
6. Erneuerungsverpflichtung	6334–6336	797
7. Kontrollrechte	6337–6338	798
8. Unterverpachtung	6339	798
9. Fortführung der Firma	6340	798
10. Lastentragung	6346–6348	798
11. Sonstiges	6351	798
IV. Dauer des Pachtvertrages	6381–6383	799
V. Steuerliche Folgen der Unternehmensverpachtung	6391–6487	799
1. Verpächter	6391–6436	799
2. Pächter	6451–6453	803
3. Beendigung des Pachtverhältnisses	6471–6473	803
4. Haftung	6481–6487	803
N. Betriebsaufspaltung	6501–6778	805
I. Begriff der Betriebsaufspaltung	6502–6536	805
II. Einzelheiten zur Vornahme einer Betriebsaufspaltung	6537–6593	810
III. Steuerliche Einzelheiten	6701–6778	812
1. Allgemeines	6701–6702	812
2. Sachliche Verflechtung	6703–6717	812
3. Personelle Verflechtung	6721–6736	814
4. Weitere Einzelheiten	6751–6778	816
O. Nießbrauch an Unternehmen und Unternehmensteilen	6801–7017	819
I. Allgemeines	6802–6808	819
II. Unternehmensnießbrauch	6821–6841	820
III. Die Nutzung des Nießbrauchers	6851–6890	821
IV. Nießbrauch und Einkünfteerzielung	6901–6971	822
1. Allgemeines	6901–6903	822

	Rn	Seite
2. Versteuerung	6911–6971	822
V. Nießbrauchsvorbehalt	7001–7017	825
P. Blick über die Grenze		827
I. Allgemeines		834
II. Länderteil		837
Entscheidungsregister		863
Stichwortverzeichnis		905

Abkürzungsverzeichnis

aA	anderer Ansicht
aaO	am angegebenen Ort
ABl	Amtsblatt
Abs.	Absatz
Abschn.	Abschnitt
AcP	Archiv für civilistische Praxis (Zeitschrift)
A/D/S	Adler/Düring/Schmaltz vgl. Schrifttumsverzeichnis
aE	am Ende
ÄndG, ÄndVO	Änderungsgesetz, Änderungsverordnung
aF	alte Fassung
AfA	Absetzung(en) für Abnutzung
AfaA	Absetzung(en) für außergewöhnliche Abnutzung
AfS	Absetzung(en) für Substanzverringerung
AG	Aktiengesellschaft; (auch Zeitschrift „Die Aktiengesellschaft"); Amtsgericht; Ausführungsgesetz
AGB	Allgemeine Geschäftsbedingungen
AGBG	Gesetz zur Regelung des Rechts der Allgemeinen Geschäftsbedingungen
AktG	Aktiengesetz
Anh.	Anhang
Anl.	Anlage
Anm.	Anmerkung
AnwBl	Anwaltsblatt
AO	Abgabenordnung
Art.	Artikel
AStG	Außensteuergesetz
Aufl.	Auflage
Az	Aktenzeichen
B	Beschluss
BA	Betriebsausgabe
BAG	Bundesarbeitsgericht
BAGE	Sammlung der Entscheidungen des BAG
Bank	Die Bank (Zeitschrift)
BAnz	Bundesanzeiger
BB	Betriebs-Berater (Zeitschrift)
Bd., Bde.	Band, Bände

BdF	Bundesminister der Finanzen
BE	Betriebseinnahme
Beil.	Beilage
BerlinFG	Gesetz zur Förderung der Berliner Wirtschaft
Beschl.	Beschluss
Bespr.	Besprechung
bestr.	bestritten
BetrAVG	Gesetz zur Verbesserung der betrieblichen Altersversorgung (Betriebsrentengesetz)
BewDV	Durchführungsverordnung zum Bewertungsgesetz
BewG	Bewertungsgesetz
Bf	Beschwerdeführer; Buchführung
BFH	Bundesfinanzhof
BFHE	Sammlung der Entscheidungen des BFH
BFH/NV	Sammlung nicht veröffentlichter Entscheidungen des BFH
BFM	Bundesfinanzministerium, Bundesfinanzminister
BFuP	Betriebswirtschaftliche Forschung und Praxis
Bg	Beschwerdegegner
BGB	Bürgerliches Gesetzbuch
BGBl	Bundesgesetzblatt
BGB-RGRK	Kommentar zum BGB, herausgegeben von Mitgliedern des Reichsgerichts oder des Bundesgerichtshofs
BGH	Bundesgerichtshof
BGHZ	Sammlung der Entscheidungen des BGH in Zivilsachen
BHG	Berlinhilfegesetz
BiRiLiG	Bilanzrichtlinien-Gesetz
Bl	Blatt
BMF	Bundesminister (Bundesministerium) der Finanzen
BMWi	Bundesministerium für Wirtschaft und Technologie
BNotO	Bundesnotarordnung
Bp	Betriebsprüfung
BR	Bundesrat
BRAO	Bundesrechtsanwaltsordnung
BR-Drs	Bundesrats-Drucksache
BReg	Bundesregierung
BSG	Bundessozialgericht
BSGE	Sammlung der Entscheidungen des BSG
BStBl	Bundessteuerblatt
BT	Bundestag
BT-Drs	Bundestags-Drucksache
Buchst.	Buchstabe

BuW	Betrieb und Wirtschaft
BV	Betriebsvermögen
BVerfG	Bundesverfassungsgericht
BVerfGE	Sammlung der Entscheidungen des BVerfG
BVerwG	Bundesverwaltungsgericht
BVerwGE	Sammlung der Entscheidungen des BVerwG
bzw.	beziehungsweise
cic	culpa in contrahendo
DATEV	Datenverarbeitungsorganisation der steuerberatenden Berufe in der BRD e. G.
DB	Der Betrieb (Zeitschrift); Durchführungsbestimmungen
DBA	Doppelbesteuerungsabkommen
ders.	derselbe
d. h.	das heißt
DIN	Deutsche Industrie-Norm
Diss.	Dissertation
DNotZ	Deutsche Notar-Zeitschrift
DRiZ	Deutsche Richterzeitung (Zeitschrift)
Drs	Drucksache
DStR	Deutsches Steuerrecht (Zeitschrift)
DStZ	Deutsche Steuerzeitung (Zeitschrift)
DStZ/E	Deutsche Steuerzeitung/Eildienst
DtZ	Deutsch-deutsche Zeitschrift
DV, DVO	Durchführungsverordnung
DVBl	Deutsches Verwaltungsblatt
DZWiR	Deutsche Zeitung für Wirtschaftsrecht
EDV	Elektronische Datenverarbeitung
EFG	Entscheidungen der Finanzgerichte
EG	Einführungsgesetz; Europäische Gemeinschaft
Einl.	Einleitung
Einspr.	Einspruch
EJIL	European Journal of International Law
EK	Eigenkapital
EKG	Einheitliches Gesetz über den Abschluss von internationalen Kaufverträgen über bewegliche Sachen v. 17. 7. 1973, BStBl I 868
ErbSt	Erbschaftsteuer
ErbStG	Erbschaftsteuergesetz
ErbStH	Hinweise zu den ErbStR 2003 (gleichlautende Erlasse der obersten Finanzbehörden der Länder vom 17. März 2003, BStBl I, Sonder-Nr. 1/2003, S. 91)

ErbSt-Handbuch	Amtliches Erbschaftsteuer-Handbuch (und Jahrgang – Jg 2003)
ErbStR 2003	Erbschaftsteuer-Richtlinien vom 17. März 2003, BStBl I, Sonder-Nr. 1/2003, S. 2
Erl.	Erläuterung; Erlass
ESt	Einkommensteuer
EStB	Ertrag-Steuer-Berater
EStDV	Einkommensteuerdurchführungsverordnung
EStG	Einkommensteuergesetz
EStH	amtliches Einkommensteuerhandbuch
EStR	Einkommensteuerrichtlinien
EU	Europäische Union
EuGH	Gerichtshof der Europäischen Gemeinschaft
EuŻW	Europäische Zeitschrift für Wirtschaftsrecht
e. V.	eingetragener Verein
EW	Einheitswert
EWG	Europäische Wirtschaftsgemeinschaft
EWiR	Entscheidungen zum Wirtschaftsrecht
EWIV	Europäische Wirtschaftliche Interessenvereinigung
EWR	Europäischer Wirtschaftsraum
EWS	Europäisches Wirtschafts- und Steuerrecht
f.	folgende
FA	Finanzamt
FamRZ	Zeitschrift für das gesamte Familienrecht
FArch	Finanzarchiv
FB	Finanzbetrieb, Zeitschrift für Unternehmensfinanzierung und Finanzierungsmanagement (mit KoR)
ff.	folgende Seiten
FG	Finanzgericht
FGO	Finanzgerichtsordnung
FinVerw	Finanzverwaltung
FN	Fachnachrichten des Instituts der Wirtschaftsprüfer
Fn	Fußnote
FR	Finanz-Rundschau (Zeitschrift)
FS	Festschrift
G	Gesellschaft; Gericht; Gesetz; Gesetzbuch
GB	Grundbuch
GBl	Gesetzblatt
GBO	Grundbuchordnung
GbR	Gesellschaft bürgerlichen Rechts
gem.	gemäß

GenG	Genossenschaftsgesetz
GewO	Gewerbeordnung
GewSt	Gewerbesteuer
GewStDV	Gewerbesteuer-Durchführungsverordnung
GewStG	Gewerbesteuergesetz
GewStR	Gewerbesteuer-Richtlinien
Gf	Geschäftsführer
GG	Grundgesetz
ggf	gegebenenfalls
GKG	Gerichtskostengesetz
glA	gleicher Ansicht
GmbH	Gesellschaft mit beschränkter Haftung
GmbH-StB	Der GmbH-Steuer-Berater
GmbHG	Gesetz betreffend die Gesellschaften mit beschränkter Haftung
GmbHR	GmbH-Rundschau (Zeitschrift)
GoB	Grundsätze ordnungsmäßiger Buchführung
GrESt	Grunderwerbsteuer
GrEStG	Grunderwerbsteuergesetz
GrS	Großer Senat
GrSt	Grundsteuer
GRUR	Gewerblicher Rechtsschutz und Urheberrecht
GStB	Gestaltende Steuerberatung
GuG	Grundstücksmarkt und Grundstückswert, Zeitschrift (1. Jg. 1990)
GuV	Gewinn und Verlust
GVBl, GVOBl	Gesetz- und Verordnungsblatt
GWB	Gesetz gegen Wettbewerbsbeschränkungen
HB	Handelsbilanz
HdB	Handbuch
HFA	Hauptfachausschuss des Instituts der Wirtschaftsprüfer
HFR	Höchstrichterliche Finanzrechtsprechung
HGB	Handelsgesetzbuch
H/H/R	Herrmann/Heuer/Raupach vgl. Schrifttumsverzeichnis
H/H/Sp	Hübschmann/Hepp/Spitaler vgl. Schrifttumsverzeichnis
hM	herrschende Meinung
Hölters	vgl. Schrifttumsverzeichnis
HR	Handelsregister
Hrsg.	Herausgeber
hrsg.	herausgegeben
Hs	Halbsatz
HwStR	Handwörterbuch des Steuerrechts, 2. Aufl., München 1981

i. d. F.	in der Fassung
i. d. R.	in der Regel
i. d. S.	in dem (diesem) Sinn
IdW	Institut der Wirtschaftsprüfer
i. e. S.	im engeren Sinne
IFSt	Institut Finanzen und Steuern e. V. Bonn
IHK	Industrie und Handelskammer
iL	in Liquidation
INF	Die Information über Steuer und Wirtschaft (Zeitschrift)
insbes.	insbesondere
InsO	Insolvenzordnung
InsOVV	Insolvenzordnung Vergütungsverordnung
IPR	Internationales Privatrecht
i. S.	im Sinn
i. S. d.	im Sinne des
IStR	Internationales Steuerrecht
i. S. v.	im Sinn von
i. V. m.	in Verbindung mit
IWB	Internationale Wirtschaftsbriefe
i. w. S.	im weiteren Sinn
JA	Juristische Arbeitsblätter
Jb	Jahrbuch
JbFStR	Jahrbuch der Fachanwälte für Steuerrecht
JbDStG	Jahrbuch der Deutschen Steuerjuristischen Gesellschaft e. V.
jew.	jeweils
Jg.	Jahrgang
JOR	Jahrbuch für Ostrecht (Bd. . . . S. . . . oder Halbband/Jg. . . ., S. . . .)
JR	Juristische Rundschau
JuS	Juristische Schulung
JW	Juristische Wochenschrift
JZ	Juristenzeitung
KAGG	Gesetz über Kapitalanlagegesellschaften
Kap.	Kapitel
KapErtrSt	Kapitalertragsteuer
KapG	Kapitalgesellschaft
Kfm.	Kaufmann
Kfz	Kraftfahrzeug
KG	Kammergericht; Kommanditgesellschaft
KiSt	Kirchensteuer
Kj	Kalenderjahr

Kl(in)	Kläger(in)
KO	Konkursordnung
KÖSDI	Kölner Steuerdialog
KoR	Zeitschrift für kapitalmarktorientierte Rechnungslegung
KSchG	Kündigungsschutzgesetz
KStG	Körperschaftsteuergesetz
KStR	Körperschaftsteuerrichtlinien
KVStG	Kapitalverkehrsteuergesetz
K/W	Küting/Weber, vgl. Schrifttumsverzeichnis
K/W, K	Küting/Weber, Handbuch der Konzern-Rechnungslegung, Stuttgart 2. Aufl.
KWG	Kreditwesengesetz
LBO	Leveraged Buy-Out
lfd.	laufend
Lfg	Lieferung
LG	Landgericht
Lkw	Lastkraftwagen
LM	Lindenmaier/Möhring, Nachschlagewerk des Bundesgerichtshofs
l. Sp.	linke Spalte
LSt	Lohnsteuer
LSW	Lexikon des Steuer- und Wirtschaftsrechts, Freiburg i. Br.
lt.	laut
LuF	Land- und Forstwirtschaft
M & A	Mergers and Acquisitions
m. a. W.	mit anderen Worten
MBO	Management Buy-Out
MDR	Monatsschrift für Deutsches Recht
m. E.	meines Erachtens
MinBl	Ministerialblatt
MünchKomm	Münchener Kommentar zum Bürgerlichen Gesetzbuch
m. w. N.	mit weiteren Nachweisen
MwSt	Mehrwertsteuer
ND	Nutzungsdauer
nF	neue Fassung
NJW	Neue Juristische Wochenschrift
NJW-RR	Neue Juristische Wochenschrift Rechtsprechungs-Report
NJW-VHR	siehe NVersZ
Nr.	Nummer
nrkr.	nicht rechtskräftig

nv, NV	nicht veröffentlicht
NVersZ	Neue Zeitschrift für Versicherung und Recht
NWB	Neue Wirtschafts-Briefe
NZA	Neue Zeitschrift für Arbeits- und Sozialrecht
NZB	Nichtzulassungsbeschwerde
NZG	Neue Zeitschrift für Gesellschaftsrecht
NZI	Neue Zeitschrift für das Recht in der Insolvenz und Sanierung
obj.	objektiv
OFD	Oberfinanzdirektion
OFH	Oberster Finanzgerichtshof
OHG	Offene Handelsgesellschaft
OLG	Oberlandesgericht
o. V.	ohne Verfasserangabe
OVG	Oberverwaltungsgericht
PatG	Patentgesetz
PersG	Personengesellschaft
Pkw	Personenkraftwagen
PV	Privatvermögen
pVv	positive Vertragsverletzung
R	Rechtsspruch
RA	Rechtsanwalt
RAG	Rechtsanwendungsgesetz der ehemaligen DDR
RAP	Rechnungsabgrenzungsposten
RdErl	Runderlass
RdF	Reichsminister der Finanzen
RdNr., Rdnr.	Randnummer(n)
RdW	Das Recht der Wirtschaft (Zeitschrift)
RdSchr	Rundschreiben
RdVfg	Rundverfügung
Reg	Regierung
Rev	Revision
RFH	Reichsfinanzhof
RFHE	Sammlung der Entscheidungen des RFH
RFM	Reichsfinanzministerium
RG	Reichsgericht
RGBl	Reichsgesetzblatt
RGRK	Reichsgerichtsrätekommentar
RGZ	Sammlung der Entscheidungen des Reichsgerichts in Zivilsachen

RIW	Recht der internationalen Wirtschaft, Außenwirtschaftsdienst des Betriebs-Beraters
rkr.	rechtskräftig
RL	Richtlinien
Rn	Randnummer(n)
RPfl	Rechtspfleger
r. Sp.	rechte Spalte
Rspr.	Rechtsprechung
RStBl	Reichssteuerblatt
RVO	Rechtsverordnung
RWP	Rechts- und Wirtschaftspraxis
Rz	Randziffer
s.	siehe
S.	Seite
s. a.	siehe auch
SA	Sonderausgaben
Schr.	Schreiben
Slg	Amtliche Sammlung von Entscheidungen
s. o.	siehe oben
sog.	so genannt
Sp	Spalte
SpTrvG	Gesetz über die Spaltung der von der Treuhandanstalt verwalteten Unternehmen
StÄndG	Steueränderungsgesetz
StAnpG	Steueranpassungsgesetz
StAnz	Staatsanzeiger
StB	Steuerbilanz; Steuerberater; Der Steuerberater
StBerG	Steuerberatungsgesetz
Stbg	Die Steuerberatung
StbJb	Steuerberater-Jahrbuch
StbKongrRep	Steuerberater-Kongress-Report
StBp	Die steuerliche Betriebsprüfung
StEK	Steuer-Erlass-Kartei
StEntlG	Steuerentlastungsgesetz
stfrei	steuerfrei
StGB	Strafgesetzbuch
StKl	Steuerklasse
StKongrRep	Steuer-Kongress-Report
stl	steuerlich
Stpfl., stpfl.	Steuerpflicht, Steuerpflichtiger, steuerpflichtig
StPO	Strafprozessordnung

str.	strittig
StR	Steuerrecht
StRK	Steuerrecht in Karteiform
stRSpr	ständige Rechtsprechung
StuB	Steuern und Bilanzen (Zeitschrift)
StuW	Steuer und Wirtschaft (Zeitschrift)
StWa	Steuerwarte (Zeitschrift)
StWK	Steuer- und Wirtschafts-Kurzpost (Zeitschrift)
s. u.	siehe unten
subj.	subjektiv
teilw.	teilweise
Tz	Textziffer
U	Urteil
u. a.	und andere; unter anderem
u. Ä.	und Ähnliche(s)
u. dgl. m.	und dergleichen mehr
uE	unseres Erachtens
UKlaG	Gesetz über Unterlassungsklagen bei Verbraucherschutz- und anderen Verstößen
UM	Unternehmensberatung & Management
umstr.	umstritten
UmwG	Umwandlungsgesetz
UmwStG	Umwandlungssteuergesetz
unzutr.	unzutreffend
UR	Umsatzsteuer-Rundschau (Zeitschrift)
USt	Umsatzsteuer
UStDV	Umsatzsteuer-Durchführungsverordnung
UStG	Umsatzsteuergesetz
UStR	Umsatzsteuer-Richtlinien
usw.	und so weiter
u. U.	unter Umständen
UVR	Umsatzsteuer- und Verkehrsteuer-Recht (Zeitschrift)
UWG	Gesetz gegen unlauteren Wettbewerb
v.	von, vom
VAG	Vermögensanlagegesetz
VerglO	Vergleichsordnung
VersR	Versicherungsrecht
VersSt	Versicherungsteuer
VerwG	Verwaltungsgericht

Abkürzungsverzeichnis 45

Vfg.	Verfügung
VG	Verwaltungsgericht
vGA	verdeckte Gewinnausschüttung
VGFG-EntlG	Gesetz zur Entlastung in der Verwaltungs- und Finanzgerichtsbarkeit
VGH	Verwaltungsgerichtshof
vgl.	vergleiche
vH	vom Hundert
VO	Verordnung
Vorbem.	Vorbemerkung(en)
VorSt	Vorsteuer
VSt	Vermögensteuer
VStDV	Vermögensteuer-Durchführungsverordnung
VStG	Vermögensteuergesetz
VStR	Vermögensteuer-Richtlinien
VuV	Vermietung und Verpachtung
VVG	Gesetz über den Versicherungsvertrag
VwGO	Verwaltungsgerichtsordnung
VwZuStG	Verwaltungszustellungsgesetz
Vz	Veranlagungszeitraum
WährG	Währungsgesetz
WEG	Wohnungseigentumsgesetz
WertV	Wertermittlungsverordnung
WG	Wechselgesetz; Wirtschaftsgut
WiB	Wirtschaftliche Beratung (Zeitschrift)
WiRO	Wirtschaft und Recht in Osteuropa (Zeitschrift)
WiSt	Wirtschaftswissenschaftliches Studium (Zeitschrift)
Wj	Wirtschaftsjahr
WK	Werbungskosten
WM	Wertpapier-Mitteilungen (Zeitschrift)
W/M	Widmann/Mayer, Umwandlungsrecht, Kommentar
Wpg, WPg	Die Wirtschaftsprüfung (Zeitschrift)
WPr	Zeitschrift „Der Wirtschaftsprüfer"
WT	Zeitschrift „Der Wirtschaftstreuhänder"
WuB	Entscheidungen zum Wirtschafts- und Bankrecht (Zeitschrift)
WZG	Warenzeichengesetz
z. B.	zum Beispiel
ZERB	Zeitschrift für die Steuern- und Erbrechtspraxis
ZEuP	Zeitschrift für Europäisches Privatrecht
ZEV	Zeitschrift für Erbrecht und Vermögensnachfolge
ZfB	Zeitschrift für Betriebswirtschaft

zfbf	Zeitschrift für betriebswirtschaftliche Forschung
ZfhF	Zeitschrift für handelswissenschaftliche Forschung
ZGB-DDR	Zivilgesetzbuch der ehemaligen DDR
ZGR	Zeitschrift für Unternehmens- und Gesellschaftsrecht
ZHR	Zeitschrift für das gesamte Handels- und Wirtschaftsrecht
Ziff	Ziffer
ZIP	Zeitschrift für Wirtschaftsrecht
ZKF	Zeitschrift für Kommunalfinanzen
ZNotP	Zeitschrift für die Notar-Praxis
ZPO	Zivilprozessordnung
z. T.	zum Teil
zust.	zustimmend
zutr.	zutreffend
ZVG	Gesetz über die Zwangsversteigerung und die Zwangsverwaltung
ZwVerstG	Zwangsversteigerungsgesetz
ZwVollstr	Zwangsvollstreckung
z. Z.	zurzeit

Schrifttumsverzeichnis

Adler/Düring/Schmaltz, Rechnungslegung und Prüfung des Unternehmens, 5. Aufl., Stuttgart, 4 Bände, 1986, 6. Aufl. 1995 (8 Teilbände)

Baetge/Kirsch/Thiele, Bilanzrecht, Kommentar, 2 Bände, Bonn/Berlin 2002;
Ballof u. a. (Bearbeiter), Praxishandbuch Gesellschaftsrecht, Nürnberg 2001;
Bamberger/Roth, BGB, (3 Bände) München 2003
Baumbach/Hopt, Handelsgesetzbuch, München, 31. Aufl., 2003; ab 29. Aufl. 1995 s. Hopt oder Baumbach/Hopt
Baumbach/Lauterbach/Albers/Hartmann, Zivilprozessordnung, 61. Aufl., München 2003
Bayerlein, Praxis Handbuch Sachverständigenrecht, München 1990
Beck'scher Bilanzkommentar, Hrsg. Budde/Clemm/Pankow/Sarx, 5. Aufl., München 2003
Beck'sches Handbuch des Gesellschaftsrechts, Bd. 3 GmbH, 2. Aufl. 2002;
Beck'sches Handbuch der Personengesellschaften, 2. Aufl. München 2002
Beck'sches Handbuch der Rechnungslegung, München 1993, s. Castan u. a. (Hrsg.), (Loseblatt)
Beck'sches Notar-Handbuch, 3. Aufl., München 2000
Beck'sches Rechtsanwalts-Handbuch, München 2001/2002
Beck'sches StB-Handbuch 2002/2003, München
Beisel/Klumpp, Der Unternehmenskauf, 4. Aufl., München 2003
BGB-RGRK, Das Bürgerliche Gesetzbuch, 12. Aufl., Berlin/New York 1974 ff.
Blümich, Einkommensteuergesetz, Körperschaftsteuergesetz, Gewerbesteuergesetz, München (Loseblatt)
Boujong/Ebenroth/Joost, Handelsgesetzbuch (HGB), München 2001;
Brandmüller/Sauer, Bonner Handbuch der Personengesellschaften, Bonn (Loseblatt, 3 Bände);
Brönner u. a., Die Besteuerung der Gesellschaften, des Gesellschafterwechsels und der Umwandlungen, 17 Aufl., Stuttgart 1999
Brüggemann/Fischer/Schilling u. a., Handelsgesetzbuch, Berlin 3. Aufl., 1967/82; 4. Aufl., 1983
Budde/Förschle (Hrsg.), Sonderbilanzen, 3. Aufl., München 2002
Budde u. a., Wirtschaftsprüfer-Handbuch 1996, 1998 (2 Bände), Düsseldorf

Canaris, Handelsrecht, 23. Aufl., München 2000

Deutsches Steuerberatungsinstitut e. V., Steuerberater-Branchenhandbuch, Bonn Loseblatt, 4 Ordner
Deutsches Steuerberaterinstitut e. V., Steuerberater-Handbuch, 2004/05, Bonn
Deutsches Steuerberaterinstitut e. V., Verlautbarungen zum Handels- und Steuerrecht, Bonn 1992

Deutsches wissenschaftliches Steuerinstitut, Handwörterbuch des Steuerrechts und der Steuerwissenschaften, 2. Aufl., München und Bonn 1981

Dittman/Reimann/Bengel/Geck/Lichtenberger/Limma/Mayer/Reimann/Voit, Handkommentar mit Gestaltungshinweisen für die kautelarjuristische Praxis, 3. Aufl., Neuwied 2000

Erman, Handkommentar zum Bürgerlichen Gesetzbuch, 11. Aufl., Köln 2000 (zwei Bände)

Esch/Schulze zur Wiesche, Handbuch der Vermögensnachfolge, 6. Aufl., Berlin/Bielefeld/München 2001

Fingerhut, Formularbuch für Verträge, Köln/Berlin u. a., 10. Aufl. 2002

Frotscher, Kommentar zum Einkommensteuergesetz, Loseblatt, Freiburg i. Br., 1981 ff.

Glanegger/Güroff/Kirnberger/Kusterer/Peuker/Ruß/Selder/Stuhlfelner, Handelsgesetzbuch, Handelsrecht – Bilanzrecht – Steuerrecht, Heidelberg, 6. Aufl. Heidelberg 2002

Gnam, Handbuch der Bilanzierung, Freiburg i. Br. 1978 ff. (Loseblatt)

Großfeld, Bilanzrecht, 4. Aufl., Köln 2002

Großkommentar Handelsgesetzbuch s. Staub/Brüggemann

Günther, Unternehmenskauf in Münchener Vertragshandbuch, 2. Aufl., München, Band 2, 1987 (S. 325 ff.)

Gürsching/Stenger, Kommentar zum Bewertungsgesetz und Vermögensteuergesetz, 9. Aufl. 1992/1998

Halaczinsky/Obermeier/Obermeier/Teß, Grundstücksbewertung, Erbschaft- und Schenkungsteuer, 2. Aufl., Herne/Berlin 2003

Hartung/Römermann (Hrsg.), Marketing- und Managementhandbuch für Rechtsanwälte, München 1999

Heidelberger Musterverträge, Anleitungen zur zweckmäßigen Vertragsgestaltung, Heidelberg

Herrmann/Heuer/Raupach, Einkommensteuergesetz und Körperschaftsteuergesetz mit Nebengesetzen, 20. Aufl., Loseblatt, Köln

Hesse/Fraling, Wie beurteilt man eine Bilanz?, 20. Aufl., Wiesbaden 2000

Heymann, HGB, Kommentar, 2. Aufl., Berlin/New York 1995 ff. (3 Bände)

Hölters u. a., Handbuch des Unternehmens- und Beteiligungskaufs, 5. Aufl., Köln 2002

Holzapfel/Pöllath, Recht und Praxis des Unternehmenskaufs, Rechtliche und steuerliche Aspekte, 11. Aufl., Köln 2003, RWS-Skript 135

Hommelhoff/Hopt/v. Werder, Handbuch Corporate Governance

Hopt, Handelsgesetzbuch, 30. Aufl., München 2000

Huber, Vermögensanteil, Kapitalanteil und Gesellschaftsanteil an Personengesellschaften des Handelsrechts, Heidelberg 1970

Hübschmann/Hepp/Spitaler, Kommentar zur Abgabenordnung und Finanzgerichtsordnung, 9. Aufl., Loseblatt, Köln

Ibielski/Sebode, Handbuch der Unternehmens-Beratung, Berlin/Bielefeld/München

IDW, Die Fachgutachten und Stellungnahmen des Instituts der Wirtschaftsprüfer auf dem Gebiet der Rechnungslegung und Prüfung, Düsseldorf (Loseblatt)

IDW, Wirtschaftsprüfer-Handbuch 1992, Handbuch für Rechnungslegung, Prüfung und Beratung, 12. Aufl., Düsseldorf 2001

Jansen/Wrede, Renten, Raten, Dauernde Lasten, 12. Aufl., Herne/Berlin 1998
Jauernig, Bürgerliches Gesetzbuch, 8. Aufl., München 1997

Kirchhof, EStG, 4. Aufl., Heidelberg 2004
Knobbe-Keuk, Bilanz- und Unternehmenssteuerrecht, 9. Aufl., Köln 1993
Knott/Mielke/Weidlich, Unternehmenskauf, Köln 2001
Koblenzer, Familienunternehmen vor dem Generationswechsel, Herne/Berlin 2004
Koch/Scholtz, AO, 5. Aufl., Köln 1996
Koller/Roth/Morck, HGB, 4. Aufl. München 2003
Krüger, Zweckmäßige Wahl der Unternehmensform, 7. Aufl., Bonn 2002
Küting/Weber, Handbuch der Rechnungslegung, 4. Aufl., Stuttgart 1995

Littmann, Das Einkommensteuerrecht, Stuttgart (Loseblatt)
Löwe/Westphalen/Trinkner, Großkommentar zum AGB-Gesetz, Heidelberg, Bücher des Betriebsberaters, Heidelberg (3 Bände)

Moench, Erbschaft- und Schenkungsteuer, Kommentar (Loseblatt), Stand Juni 2004, Neuwied
Moxter, Bilanzlehre Bd. II: Einführung in das neue Bilanzrecht, 3. Aufl., Wiesbaden 1986
Moxter, Bilanzrechtsprechung, 4. Aufl., Tübingen 1996
Moxter, Grundsätze ordnungsmäßiger Unternehmensbewertung, 2. Aufl., Wiesbaden 1983
Moxter, Zur wirtschaftlichen Betrachtungsweise im Bilanzrecht, StuW 1989, 232
Münchener Handbuch des Gesellschaftsrechts, München 1996 (4 Bände), Band 2: 2. Aufl. 2004; Band 4: AG; 2. Aufl. 1999
Münchener Kommentar zum BGB, 2. Aufl., München 1984 ff., 3. Aufl., 1992 ff.
Münchener Kommentar zum HGB (7 Bde. vorgesehen, seit 1996)

Palandt, Bürgerliches Gesetzbuch mit Einführungsgesetz, 62. Aufl., München 2003
Peter/Crezelius, Gesellschaftsverträge und Unternehmensformen, 6. Aufl., Herne/Berlin 1995
Picot, Kauf und Restrukturierung von Unternehmen, 2. Aufl., München 1998

RGRK, Das Bürgerliche Gesetzbuch, 12. Aufl., Berlin/New York 1975
Richter, Handbuch der Rentenbesteuerung, Köln (Loseblatt seit 1985)
Riegger/Weipert/Priester/Mayer/Hoffmann-Becking, Münchener Handbuch des Gesellschaftsrechts, München, Band I 1995, Band II 1991, Band III 1996, Band IV 1988
Rödder/Hötzel/Moeller-Thuns, Unternehmenskauf/Unternehmensverkauf, München 2003
Röhricht/v. Westphalen (Hrsg.), HGB, 2. Aufl., Köln 2001
Rummel, Kommentar zum Allgemeinen bürgerlichen Gesetzbuch, Wien 1984

Sattler, Unternehmensverkauf, Handbuch für Selbständige und Unternehmer (Loseblatt-Ausgabe)
Schmidt, Einkommensteuergesetz, 23. Aufl., München 2004
Schmidt, Karsten, Gesellschaftsrecht, 4. Aufl., Köln/Berlin/Bonn/München 2002

Schmidt, Karsten, Handelsrecht, 5. Aufl., Köln/Berlin/Bonn/München 1999
Schneider, Investition, Finanzierung und Besteuerung, 7. Aufl., Wiesbaden 1992
Semler/Vollhard, Arbeitshandbuch für Unternehmensübernahmen (2 Bände) München 2003
Serick, Eigentumsvorbehalt und Sicherungsübereignung, Heidelberg (6 Bände)
Serick, Rolf, Deutsche Mobiliarsicherheiten _ Aufriss und Grundgedanken, Heidelberg 1988
Sieben/Sielaff (Hrsg.), Unternehmensakquisition, Stuttgart 1989
Soergel, BGB, Bürgerliches Gesetzbuch mit Einführungsgesetz und Nebengesetzen, Stuttgart, 11. Aufl., 1978 ff., 12. Aufl., 1987 ff.
Staub (Hrsg. Canaris), Handelsgesetzbuch, Großkommentar der Praxis, Berlin 2002
Staudinger u. a., Kommentar zum Bürgerlichen Gesetzbuch, 12. Aufl., Berlin 2002

Thomas/Putzo, Zivilprozessordnung, 22. Aufl., München 1999
Tipke/Kruse, Kommentar zur Abgabenordnung/Finanzgerichtsordnung, Loseblatt, Köln

Ulmer, AGB-Gesetz, 9. Aufl., Köln 2001

Viskorf/Glier/Hübner/Knobel/Schuck, Erbschaftsteuer- und Schenkungsteuergesetz, Bewertungsgesetz, Kommentar, 2. Aufl., Herne/Berlin 2004

Wiedmann, Bilanzrecht, 2. Aufl., München 2003
Winnefeld, Bilanz-Handbuch: Handels- und Steuerbilanz, rechtsformspezifisches Bilanzrecht, bilanzielle Sonderfragen, Sonderbilanzen, München 1997
Würdinger in Großkommentar HGB (Staub), 3. Aufl., Berlin 1967

Auswahl von Formularbüchern

Hoffmann-Becking/Schippel, Beck'sches Formularbuch zum Bürgerlichen Handels- und Wirtschaftsrecht, München, 7. Aufl., 1998
Hopt, Vertrags- und Formularbuch zum Handels-, Gesellschafts-, Bank- und Transportrecht, München 1995
Münchener Vertragshandbuch, München 5. Aufl. 2000/2003, Bd 2–4 Wirtschaftsrecht I, II und III, Bd 5 und 6 Bürgerliches Recht I und II

Erster Teil:
Zivilrecht

A. Vorbemerkungen

I. Zielvorstellungen des Unternehmers oder Freiberuflers

1. Allgemeine Überlegungen

Vielfältige Beweggründe können einen Unternehmer oder Freiberufler veranlassen, sich ganz oder teilweise aus dem Geschäfts- oder Arbeitsleben zurückzuziehen. 1

Ebenso mannigfaltig werden die Ziele sein, die dabei erreicht werden sollen.

Die Veräußerung des Gewerbebetriebes oder die Übertragung der freiberuflichen Praxis, die Aufgabe oder die Fortführung der Betätigung in veränderter Form oder mit anderen Personen sowie eine etwaig angestrebte Regelung der Rechtsnachfolge erfordern die Beachtung vieler und jeweils unterschiedlicher Gesichtspunkte.

Wie bei der Abfassung eines Testament gilt es zuerst die **Zielvorstellungen** für die erstrebte Rechtsänderung zu bestimmen, die Interessen des Geschäftspartners oder Rechtsnachfolgers zu bedenken und die Bandbreite des Erreichbaren abzuschätzen. 2

Die Frage, was der Gewerbetreibende oder Freiberufler will, stellt sich erneut, wenn für die Verwirklichung des angestrebten Ziels verschiedene bürgerlich-rechtliche Regelungen zur Auswahl stehen; erst danach muss herausgefunden werden, welche steuerliche Gestaltung gewählt werden soll.

Nicht eingegangen werden soll auf Sachverhalte, die eine anderweitige Beteiligung am Wirtschaftsleben zum Ziel haben, ohne dass ein Betrieb veräußert, aufgegeben oder eine Praxis übertragen wird, wie z. B. Fusion[1], Joint Venture[2], Kooperationsverträge, allmählicher Unternehmenserwerb durch Erwerb von Anteilen[3]. 3

Zu einer Betriebsübertragung kann es auch kommen, wenn der Unternehmer die Betätigung beibehalten, aber die Rechtsform, in der das Unternehmen künftig geführt werden soll, verändern will; beispielsweise, weil der Unternehmer seine Haftung als Einzelkaufmann durch Gründung einer Ein-Mann-GmbH, beschränken will. 4

Den Zielen des Veräußerers stehen die des Erwerbers gegenüber. 5

(1) Sie können darin bestehen,

- dass er sich unternehmerisch betätigen will,
- dass er eine finanzielle Beteiligung erstrebt oder
- dass es ihm um eine Marktbereinigung durch Stilllegung des erworben Unternehmens geht.

(2) Die Beweggründe des Unternehmers zum Verkauf, seine Zielvorstellungen und seine Interessenlage werden vielfach jeweils das Spiegelbild der Interessenlage des Erwerbers sein.

---

1 Vgl. aber Rn 2576–2614.
2 Vgl. Rn 3101–3103.
3 Vgl. dazu Rn 1392 ff. und Rn 1701–1708.

6 (3) Wer sich am Wirtschaftsleben unternehmerisch beteiligen will, wird u. a. auch prüfen, ob er, anstatt ein Unternehmen zu erwerben, ein Unternehmen selbst aufbauen, selbst gründen soll.[1]

7 In diesen Fällen ist zu fragen:

Verfügt der Gründer über

- **kaufmännische Kenntnisse,**
- besitzt er **Branchenkenntnisse** und **Fachwissen,**
- bedarf er **Kapital** und ggf **Sicherheiten** für Kredite, die er aufnehmen muss?

8 Danach kommt es zu den Überlegungen:

Der zukünftige Unternehmer muss erst den Markt erschließen, und zwar unabhängig davon, ob er neue Produkte entwickelt, ob er in unerschlossenen Nischen innerhalb des Wirtschaftslebens stoßen oder Konkurrent zu vorhandenen Unternehmen werden will.

9 Er wird sich über

- **öffentliche Fördermittel** informieren. die nicht nur für Investitionen gewährt werden, die das Anlagevermögen und Warenlager betreffen, sondern auch bei der Betriebsmittelfinanzierung, insbesondere von technologie- und innovationsorientierten Unternehmen.
- Er wird bedenken, dass Aufwendungen anfallen, bevor das Unternehmen läuft, z. B. für die
- Vorfinanzierung von Aufträgen.

10 Die Geschäftsidee und das Unternehmenskonzept müssen überzeugen sowohl

- die Kreditgeber, die gewonnen werden sollen[2] – es sollte immer mit mehreren Banken verhandelt werden – als auch
- die Industrie- und Handelskammer-Gutachter, die vor der Gewährung von Fördermitteln eingeschaltet werden.

Unternehmen in den neuen Ländern erhalten zur Förderung der Existenzgründung z. B. beim ERP-Programm mit 5,5 vH statt mit 6 vH zu verzinsende Kredite. Darüber hinaus helfen staatliche Eigenkapitalhilfe-Programme.

11 Der Existenzgründer muss vor allem wissen, dass die Gründung keinen bequemen Arbeitsalltag verheißt, sondern Jahre eines mehr als ausgefüllten Tagesablaufs, und dass der Anfang nicht Gewinne, sondern Verluste mit sich bringen wird. Die Aussage soll jedoch keinen abschrecken, der die Selbständigkeit sucht.

12 Der Kauf eines Unternehmens entlastet den Erwerber von einem Teil der Probleme, denen sich ein Existenzgründer[3] gegenüber sieht.

---

[1] *Wessel/Zwernemann/Kögel,* Die Firmengründung, 7. Aufl. Heidelberg 2001.
[2] Beispielhaft genannt seien außer der jeweiligen Hausbank Deutsche Ausgleichsbank, Bonn-Bad Godesberg, Kreditanstalt für Wiederaufbau, Mittelständische Beteiligungsgesellschaften.
[3] *Kirschbaum (Hrsg.),* Existenzgründung, Handbuch (Loseblatt); *Wollny,* Existenzgründung, Herne/Berlin 1998.

In verschiedenen Städten gibt es zu mietende, von mehreren Unternehmern genutzte 13
Büroräume, die es ermöglichen, die Anlaufkosten niedrig zu halten.

(unbesetzt) 14–15

2. Eine Auswahl von Gesichtspunkten

a) Allgemeines

Gesichtspunkte, ein Unternehmen zu veräußern oder aufzugeben oder eine Praxis zu über- 16
tragen, können sein:

- Der Unternehmer oder Freiberufler will sich aus Altersgründen zur Ruhe setzen oder 17
  wegen Krankheit aus dem Berufsleben zurückziehen.

  Sollen die Wirtschaftsgüter des Gewerbebetriebs oder der Praxis veräußert werden oder soll der Gewerbebetrieb (die Praxis) als lebender Organismus veräußert (übertragen) werden?

  Soll durch die Art der Vereinbarung des Entgelts die Zukunft des Veräußerers (Übertragenden) gesichert werden[1]?

- Der Unternehmer oder Freiberufler will die Nachfolge durch einen Familienangehöri- 18
  gen in die Wege leiten[2].

  Soll die Nachfolge mit dem allmählichen oder dem sofortigen Ausscheiden des Inhabers verbunden sein[3]?

  Soll neben der Nachfolge auch die Erbfolge vorweg geregelt werden[4]?

  Sollen die vermögensrechtlichen Folgen im Todesfall des Unternehmers vorweg geregelt werden, ihm aber die Nutzung durch Vorbehaltsnießbrauch erhalten bleiben[5]?

- Der Unternehmer will das Weiterbestehen des Unternehmens nach seinem Ausscheiden 19
  sichern[6].

- Der Unternehmer oder Freiberufler will sich auch künftig betätigen, sucht aber aus 20
  finanziellen Gründen (Kapitalbedarf) oder zur Arbeitsentlastung Partner oder will Familienangehörige oder Arbeitnehmer beteiligen[7].

- Der Unternehmer oder Freiberufler strebt die zeitweilige Weiterführung seines Unter- 21
  nehmens oder seiner Praxis durch einen Dritten an[8].

- Unternehmensverkäufe und Unternehmenskäufe können motiviert sein durch das Stre- 22
  ben nach Verbesserung der Wettbewerbsfähigkeit, Kapazitätsausweitung oder -einschränkung.

- Der Unternehmer kann seine Haftung beschränken wollen[9]. 23

(unbesetzt) 24–25

---

1 Rn 2181–2191.
2 Rn 276, 301 ff., 331 ff.
3 Rn 27.
4 Rn 331 ff.
5 Rn 6801 ff.
6 Rn 36 ff., 181 ff., 4711 ff.
7 Rn 36 ff.
8 Rn 31, 32, 6301 ff.
9 Rn 41, 51.

b) Aufgabe der unternehmerischen Betätigung

26 Obwohl kein Fall dem anderen gleicht, werden die Zielvorstellungen, die unternehmerische Betätigung ganz oder zeitweilig aufzugeben oder in anderer Weise fortzusetzen, gleichwohl in der Regel durch einen der folgenden Grundfälle verwirklicht werden können:

- Veräußerung des Betriebs oder der Praxis[1],
- Verpachtung des Unternehmens[2],
- Gesellschafts- bzw. Sozietätsgründung[3],
- Aufgabe der Betätigung und damit des Unternehmens oder der Praxis[4].

aa) Aufgabe des Betriebs oder der Praxis

27 Will der Unternehmer oder Freiberufler seine Tätigkeit endgültig beenden, muss er sich schlüssig werden, ob dies geschehen soll

- allmählich durch Veräußerung der einzelnen Wirtschaftsgüter des Betriebsvermögens[5],
- aus steuerlichen Gründen durch einen Akt der Betriebsaufgabe[6] oder
- durch Veräußerung des Betriebs im Ganzen[7].

bb) Betriebsveräußerung, Praxisübertragung

28 Da die Zusammenfassung aller Wirtschaftsgüter in einem lebenden Organismus regelmäßig einen Wert für sich darstellt, kann durch die Veräußerung des Betriebs im Ganzen ein höherer Preis erzielbar sein als durch allmähliche Veräußerung der zum Betriebsvermögen gehörenden Wirtschaftsgüter.

Der Erwerber kann in die Betriebserfahrungen, die Kundschaft (Kundenkreis, Klientel usw.) eingeführt werden.

Soll der Betrieb veräußert werden, ist zu entscheiden, ob die Veräußerung des Betriebs auf einen Erwerber gegen Einmalzahlung, unter Einräumung von Raten, Verrentung des Kaufpreises[8] und bei Raten und Renten jeweils mit Sicherung des Geldwertes der Raten und Renten oder

schließlich – wenn möglich – auf andere Weise mit der Sicherstellung der Zukunft des Veräußerers verbunden werden soll.

29–30 *(unbesetzt)*

cc) Verpachtung des Unternehmens

31 **Schrifttum:** Vgl. Rn 6302 ff.

---

1 Rn 1336 ff., 1651 ff., 3419, 3902 ff., 5282 ff.
2 Rn 31, 32, 6301 ff.
3 Rn 36–200, 962, 3436 ff.
4 Rn 3906, 5071 ff.
5 Rn 4001.
6 Rn 5071.
7 Rn 3949 ff.
8 Rn 2181–2191.

Will sich der Unternehmer von seinem Betrieb noch nicht endgültig trennen, so kommt eine Verpachtung des Unternehmens in Betracht[1]. Sie kann z. B. angeraten sein, wenn der Gewerbetreibende noch unschlüssig ist, ob die gewerbliche Betätigung endgültig beendet werden soll. 32

Die Verpachtung des Betriebs wird auch meist die anzustrebende Regelung sein, wenn der Unternehmer stirbt und eine bestimmte Zeit zu überbrücken ist, bis z. B. ein Kind des Verstorbenen das Geschäft übernehmen kann.

Zu bedenken ist, dass der Wert eines Unternehmens nicht nur durch den Unternehmer geschaffen worden ist, sondern ständig auch durch Leistung erhalten werden muss. Durch einen Pächter, der das Unternehmen schlecht (oder unglücklich) führt, kann der Wert des Geschäfts schnell sinken.

Es kann sich anbieten, die Betriebsveräußerung oder Verpachtung des Betriebs im Ganzen mit dem Verkauf einzelner Wirtschaftsgüter des Betriebsvermögens zu kombinieren.

(unbesetzt) 33–35

c) Fortführung des Unternehmens

Schrifttum: *Buyer,* Änderung der Unternehmensformen, 8. Aufl., Herne/Berlin 2002; *Esch u. a.,* Handbuch der Vermögensnachfolge, 6. Aufl., Berlin/Bielefeld/München 2001; *Jacobs/Spengel/Hermann/Stetter,* Steueroptimale Rechtsformwahl, StuW 2003, (dort S. 325 Thesen zu Steuerbelastungsvergleichen); *Jorde/Götz,* Maßgebende Gesichtspunkte die Rechtsformwahl unter Steuer-, Liquiditäts- und Beratungsaspekten, BB 2003, 1813; *Kraft,* Die handels- und steuerrechtliche Bedeutung des Bilanzstichtags bei gesellschaftsrechtlichen Vermögensübertragungen durch Gesamtrechtsnachfolge, DB 1993, 693; *Krüger,* Zweckmäßige Wahl der Unternehmensform, 7. Aufl., Bonn 2002; *Ottersbach,* Praxishandbuch Unternehmensbeteiligung, München 2003; *Pöhlmann,* Der Steuerberater als Nachfolgeberater, Nürnberg 2002; *Rose/Glorius-Rose,* Unternehmen – Rechtsformen und Verbindungen, Köln 2001, Rz 377; *Wagner,* Checklisten zu rechtlichen Gestaltungsfragen bei Personengesellschaften, WiB 1995, 45 ff., 92 ff., 133 ff., 181 ff., 229 ff.; *Zacharias,* Börseneinführung mittelständischer Unternehmen, 2. Aufl., Bonn/Berlin/München 2000. 36

aa) Allgemeines

Will der Unternehmer oder Freiberufler weiterhin tätig bleiben, aber zusammen mit einem oder mehreren Partnern, kommt die Gründung einer Gesellschaft (z. B. OHG, KG, GmbH usw.) oder Sozietät in Betracht. Dabei gilt es, die entsprechenden Partner und die zweckmäßige Unternehmensform zu finden, also die Vor- und Nachteile der jeweiligen Unternehmensform abzuwägen. 37

Will der Verkäufer jemanden als Mitgesellschafter gewinnen, muss er sich klar sein, ob er dem Erwerber einen Minderheitsanteil oder einen Mehrheitsanteil einräumen will.

Der Veräußerer muss sich ferner klar werden, innerhalb welchen Zeitraums die Veräußerung oder Beteiligung stattfinden soll und wie er sich ggf seine weitere Mitwirkung vorstellt.

Dabei ist zu bedenken, Gesellschaftsverhältnisse erfordern Vertrauen zum anderen oder zu den anderen Gesellschaftern. 38

---

1 Rn 6302 ff.

Arbeiten die Gesellschafter in der Gesellschaft mit, können Regelungen über Urlaub, Vertretung bei Erkrankungen und das Tragen der Kosten für den Vertreter, für den Fall von Schwangerschaft usw. erforderlich werden[1].

39 Alle Gesellschaftsformen haben ihre eigenen Vor- und Nachteile. Die Wahl der Unternehmensform muss unter Abwägung aller Umstände getroffen werden, insbesondere unter den Gesichtspunkten der

- Leitungsmacht (Befugnis, Verträge abzuschließen; Bestimmung von Geschäftsführung im Innenverhältnis: Vertretung, Kontrolle, Entnahme- und Einlagerecht usw.),
- Vermögens- und Erfolgsbeteiligung,
- Haftung,
- Kapitalbeschaffung (Finanzierung),
- Informationspflichten (Jahresabschluss, Publikationspflicht),
- Aufwendungen für die Unternehmensform (Pflichtprüfung),
- Art und Umfang der Mitbestimmung,
- steuerlichen Belastungen,
- sonstigen Umstände (Nachfolge in die Unternehmerposition, Erbfolge, Folgen des Todes eines Gesellschafters usw.).

40 Gesichtspunkte der Haftungsbeschränkung und später der Steuerersparnis führten dazu, dass zu den Rechtsformen der OHG, KG und stillen Gesellschaft die Rechtsformen der GmbH, Einmann-GmbH, GmbH & Co. KG, der mehrstöckigen GmbH & Co. KG, der GmbH & Still, der GmbH & Co KG a. A. der Betriebsaufspaltung und des Wiesbadener Modells zunehmend in die Vertragsgestaltung Eingang gefunden haben.

Diese Entwicklung beruht auf der Vertragsfreiheit und der aus ihr abgeleiteten Freiheit, Gesellschaftsformen entwickeln zu können.

41 So kann der Alleinunternehmer beispielsweise

- sein Unternehmen als Einzelgewerbetreibender führen,
- eine Einmann-GmbH gründen oder seine einzelkaufmännische Unternehmung in eine Einmann-AG oder Einmann-GmbH umwandeln,
- sich als stiller Gesellschafter an seiner Einmann-Kapitalgesellschaft beteiligen,
- mit seiner Einmann-Kapitalgesellschaft als Komplementärin eine Kommanditgesellschaft gründen, in welcher er selbst der einzige Kommanditist ist,
- mit seiner Einmann-Kapitalgesellschaft als Betriebsunternehmung und seinem Einzelgewerbebetrieb als Besitzunternehmung das Unternehmen als Doppelgesellschaft betreiben (Einmann-Betriebsaufspaltung),
- mehrere gewerbliche Unternehmungen nebeneinander betreiben, und zwar sowohl jeweils als Einzelfirma oder als Einmann-Gesellschaft.

42 Die Frage, in welcher Rechtsform das Unternehmen künftig betrieben werden soll, sollte etwa alle fünf Jahre gestellt und beantwortet werden[2].

---

1 Vgl. Rn 3512–3515.
2 Vgl. dazu *Buyer*, Änderung der Unternehmensform, 7. Aufl., Herne/Berlin 1999.

Bei Gesellschaften kann der fachliche Rat von Unabhängigen institutionell verankert werden, z. B. in der Weise: Die Empfehlung der Unabhängigen ist verpflichtend, wenn ihr nicht mit einer – gegebenenfalls qualifizierten – Mehrheit der Gesellschafter widersprochen wird. 43

Die OHG kann in eine KG umgewandelt werden. Der Komplementär kann seine Komplementärstellung in eine Kommanditbeteiligung umwandeln wollen, 44

- sei es, weil er in den Ruhestand treten will,
- sei es, weil die Gesellschaft in eine GmbH & Co. KG umgewandelt werden soll und der bisherige persönlich haftende Gesellschafter Geschäftsführer der GmbH und Kommanditist der KG werden will.

Der Tod des Komplementärs löst eine KG nicht auf (§ 131 Abs. 3 Nr. 1 HGB). Der Erbe eines persönlich haftenden Gesellschafters übt das Umwandlungsrecht nach § 139 HGB aus. § 139 HGB regelt die Fortführung der Gesellschaft mit den Erben. 45

Bei der Entscheidung, ob die Unternehmensform der Personengesellschaft oder der Kapitalgesellschaft gewählt werden sollte, kann von folgenden Faustregeln ausgegangen werden: 46

- Umfangreicher Grundbesitz schafft bei der Kapitalgesellschaft eine höhere Besteuerungsgrundlage, weil die Wertansätze im Rahmen der Anteilsbewertung höher sind als beim Betriebsvermögen der Personengesellschaft.
- Eine besonders hohe Rendite (beginnend ab 10 vH, bezogen auf den Vermögenswert) spricht gegen die Wahl einer Kapitalgesellschaft, weil bei ihr die Ertragsverhältnisse – im Gegensatz zur Personengesellschaft – berücksichtigt werden. Bei einem Vermögenswert von 100 vH des Stammkapitals und einem Ertragshundertsatz von 100 vH beträgt der gemeine Wert der Anteile beispielsweise knapp das Vierfache des Substanzwertes.
- Eine sehr geringe oder fehlende Rendite kann für die Wahl der Rechtsform der GmbH sprechen. Bei einem Ertragshundertsatz von 0 vH beträgt der gemeine Wert nicht notierter Anteile 45,5 vH des Substanzwertes.

Der Gewerbetreibende kann als Einzelunternehmer im Rahmen der Gründung einer Gesellschaft 47

- einzelne Wirtschaftsgüter des bisherigen Betriebsvermögens und den Betrieb im Übrigen aufgeben,
- den Gewerbebetrieb im Ganzen einbringen.

bb) Einzelunternehmer und Venture-Kapital

(1) Einzelunternehmer

Seine Betätigung ist in den §§ 1 bis 104 HGB geregelt. Er vertritt das Unternehmen allein nach außen, führt die Geschäfte, ihm steht der Gewinn zu, er trägt die Verluste und haftet mit seinem gesamten Vermögen. Der Einzelunternehmer ist Gewerbetreibender im Gegensatz zum Freiberufler. Das hat u. a. Bedeutung für das Anmeldeverfahren. Der Gewerbetreibende muss die Betriebseröffnung bei der Gemeinde anmelden, während der Freiberufler seine Kanzlei oder Praxis unmittelbar beim Finanzamt anzeigt. Unterschiede bestehen z. B. ferner bei der Gewinnermittlung, der Gewerbesteuerpflicht, der Berechtigung zur Inanspruchnahme von Zulagen usw. 48

Der Unternehmer kann zu seiner Entlastung einen Prokuristen bestellen, der mit Wirkung für und gegen den Inhaber des Unternehmens Geschäfte schließen, ihn also im geschäftlichen und rechtlichen Verkehr vertreten kann. Die **Prokura** ist eine allumfassende und unabänderliche Rechtsstellung; sie ist unbeschränkbar.

Der Unternehmer kann auch eine **Handlungsvollmacht** erteilen, die er i. d. R. auf solche Rechtsgeschäfte beschränken wird, die das von ihm betriebene Handelsgeschäft gewöhnlich mit sich bringt.

Die Buchführungspflichten ergeben sich aus §§ 238 – 263 HGB.

Der Einzelunternehmer unterliegt keiner Publizitätspflicht.

Beim Einzelunternehmen ist eine Mitbestimmung nicht vorgesehen.

Im Übrigen gelten die Vorschriften des

– Betriebsverfassungsgesetzes und des

– Gesetzes über Sprecherausschüsse der leitenden Angestellten,

sofern die entsprechenden Kriterien vorliegen (mindestens 5 ständig Beschäftigte Arbeitnehmer bzw. mindestens 10 leitende Angestellte). Das Betriebsverfassungsgesetz sieht vor, dass in Betrieben mit i. d. R. 5 ständigen wahlberechtigten Arbeitnehmern, von denen 3 wählbar sind, Betriebsräte gewählt werden; § 9 BetrVerfG nennt die von der Zahl der Arbeitnehmer abhängige Zahl der Betriebsratsmitglieder.

Der Einzelunternehmer ist einkommensteuerpflichtig, und er ist Unternehmer i. S. des Umsatzsteuerrechts.

Eine Entlohnung für den Unternehmer ist nicht als Betriebsausgabe abziehbar.

Bei einem risikoarmen, ertragschwachen Unternehmen ohne Grundstücke oder andere wesentliche Betriebsgrundlagen empfiehlt sich die Rechtsform des Einzelunternehmers (z. B. Handwerker, kleine Handelsunternehmen), insbesondere wenn der Unternehmer unabhängig bleiben möchte.

(2) Venture-Kapital

49 Eine weitere Form der Kapitalbeteiligung – insbesondere von größeren Summen – ist das **Venture-Kapital.**

Unter Venture-Kapital wird i. d. R. eine Kapitalbeteiligung verstanden, bei der sich andere Gesellschafter oder Gesellschaften an einem Unternehmen beteiligen, das als innovatives Unternehmen angesehen wird, also als ein Unternehmen, das z. B.

– Erfindungen zur Patentreife entwickelt,

– neue Verfahren weiterentwickelt oder

– zukunftsträchtige Projekte herzustellen beabsichtigt.

Die Kapitalgeber erstreben häufig nicht einen kurzfristigen Erfolg, sondern einen langfristig später zu erwartenden und dann umso höheren Gewinn. Sie verzichten deshalb vielfach in den ersten Jahren der Beteiligung auf die Verzinsung des von ihnen hingegebenen Kapitals und erzielen ihren Erfolg später durch Veräußerung der Beteiligung, Börsengang oder auf sonstige Weise. Vielfach wird der Beteiligungszeitraum von vornherein begrenzt mit der Option, ihn verlängern zu können.

Häufig unterstützen Fachleute des oder der Kapitalgeber den Kapitalnehmer durch sachliche oder organisatorische Beratung. Statt eines Mitspracherechts bei der Unternehmensführung wird eine regelmäßig umfassende Berichterstattung und die Verpflichtung vereinbart, von einer bestimmten Entwicklungsreife des Produkts (oder des Verfahrens) an, es auch zu vermarkten. Dabei geht der Kapitalgeber vielfach von einer Mindestschwelle für die künftigen Jahresumsätze aus.

(unbesetzt)

cc) Kurzcharakteristik einzelner Rechtsformen für das Unternehmen

Unternehmensform	Haftung	Nachfolge	Eignung	Erfolgsbeteiligung	Geschäftsführung und Vertretung
Einzelunternehmen	Der Unternehmer haftet mit seinem gesamten Vermögen, auch mit seinem gesamten Privatvermögen.	Nach dem Tode des Unternehmers steht und fällt das Unternehmen mit einem geeigneten Nachfolger.	Kleinere Handwerksbetriebe (zum Beispiel Bäcker, Installateur, Maler) und kleinere Einzelhandelsunternehmen, bei denen der Inhaber unabhängig bleiben möchte.	Inhaber allein	Inhaber
GbR	Alle Gesellschafter	Gesellschaft wird durch Tod eines Gesellschafters aufgelöst. Abweichende Vereinbarung möglich.	Eine gemeinschaftliche freiberufliche Tätigkeit (z. B. Gemeinschaftspraxis, Architektenbüro) kann nur als GbR, nicht aber in Form einer OHG betrieben werden.	Alle Gesellschafter zu gleichen Teilen.[1]	Alle Gesellschafter sind zur Geschäftsführung und Vertretung gemeinschaftlich berechtigt und verpflichtet. Für jedes Geschäft ist die Zustimmung aller Gesellschafter erforderlich.[1]
OHG	Jeder Gesellschafter haftet mit seinem gesamten Privatvermögen für die Verbindlichkeiten unabhängig von der Höhe seiner Beteiligung an der Gesellschaft.	Soll die Gesellschaft über den Tod eines Gesellschafters hinaus fortgeführt werden, muss das im Gesellschaftsvertrag besonders vereinbart werden.	Unternehmen, bei denen die unternehmerischen Aufgaben arbeitsteilig von mehreren gleichberechtigten Gesellschaftern wahrgenommen werden und bei denen das Haftungsrisiko nicht zu hoch ist.	Zunächst Verzinsung der Geschäftseinlage mit 4 vH p. a., der Rest wird nach Köpfen verteilt.[1]	Alle Gesellschafter sind zur Geschäftsführung und Vertretung berechtigt und verpflichtet.[1]

---

1 Im Gesellschaftsvertrag kann eine andere Vereinbarung getroffen werden.

Unternehmensform	Haftung	Nachfolge	Eignung	Erfolgsbeteiligung	Geschäftsführung und Vertretung
KG	Die Komplementäre haften mit ihrem Privatvermögen, die Kommanditisten lediglich mit ihrer Einlage.	Die Nachfolge kann differenziert geregelt werden; ein Unternehmer mit mehreren Kindern kann die einen als Komplementäre vorsehen, die anderen als Kommanditisten. Der Gesellschaftsvertrag muss beim Ausscheiden des Komplementärs eine Fortführungsklausel enthalten.	Handelsgewerbe mit nicht allzu hohem Haftungsrisiko und/oder die Beteiligung von Familienmitgliedern als Kommanditisten.	Zunächst Verzinsung der Geschäftseinlage mit 4 vH p. a., der Rest wird nach Köpfen verteilt.[1]	Alle Komplementäre sind zur Geschäftsführung und Vertretung berechtigt und verpflichtet.[1]
PartnerG	Jeder Partner als Gesamtschuldner; Beschränkung der Haftung für Schäden aus fehlerhafter Berufsausübung auf die Leistung erbringenden Partner.	Partnerschaftsgesellschaftsvertrag wird Aufrechterhaltung der Gesellschaft bei Tod eines Partners vorsehen.	Gesellschaftsform für Freiberufler, z. B. überörtliche Sozietät von Rechtsanwälten, Steuerberatern usw.	Entsprechend Partnerschaftsvertrag	Alle Partner[1]
GmbH	Die Gläubiger können nur auf das Gesellschaftsvermögen zurückgreifen. Das Privatvermögen des einzelnen Gesellschafters haftet nicht.	Der einzelne Gesellschafter kann seinen Nachfolger in der Gesellschaft testamentarisch z. B. auf Grund dessen Qualifikation bestimmen. Die Gesellschaft bleibt nach seinem Tode bestehen.	Betriebe mit größerem Haftungsrisiko, die die steuerlich unterschiedliche Behandlung in Kauf nehmen können (z. B. Bauunternehmen).	Verteilung nach der Höhe der Geschäftsanteile am Stammkapital.[1]	Alle Geschäftsführer führen und vertreten die Gesellschaft. Anteilseigner können sich selbst oder Dritte mit der Geschäftsführung beauftragen.
GmbH & Co. KG	Bei der GmbH & Co. KG ist die GmbH der haftende Komplementär. Die anderen Gesellschafter haften als Kommanditisten nur mit ihrer Haft-Einlage, die von der Pflichteinlage zu unterscheiden ist.	Die GmbH gewährleistet als Komplementär ein Höchstmaß an Kontinuität, weil der Tod eines Gesellschafters nicht zur Auflösung führt. Besonders bei einem Familienunternehmen ermöglicht die GmbH & Co. KG verschiedene Nachfolgeregelungen.	Betriebe, die den Nachteil einer zweifachen Buchführung in Kauf nehmen, dafür aber die Haftung der Gesellschafter-Geschäftsführer auf das GmbH-Vermögen begrenzen wollen.	Wie KG	Wie KG

1 Im Gesellschaftsvertrag kann eine andere Vereinbarung getroffen werden.

Unternehmensform	Haftung	Nachfolge	Eignung	Erfolgsbeteiligung	Geschäftsführung und Vertretung
AG	Gläubiger können nur auf das Gesellschaftsvermögen zurückgreifen.	Anteile gehen auf die Erben über. Die AG ist vom Leben des Unternehmers unabhängig.	Gesellschaft mit Zugang zum Kapitalmarkt.	Nach Anteilen	Die Organe der AG

Zu weiteren (ausländischen) Rechtsformen vgl. Blick über die Grenze zu II. Länderteil.

dd) Stille Gesellschaft[1]

Schrifttum: *Albracht,* Die Stille Gesellschaft im Recht der Publikumspersonengesellschaften, Frankfurt/M. u. a. 1990 (Europäische Hochschulschriften: Reihe 2, Rechtswissenschaft, Bd. 985; zugleich Gießen, Universitätsdissertation 1990); *Blaurock,* Handbuch der Stillen Gesellschaft, 6. Aufl., Köln 2003; *Hense,* Die stille Gesellschaft im handelsrechtlichen Jahresabschluss, Düsseldorf 1990; *Lienau/Lotz,* Die Abgrenzung zwischen stiller Gesellschaft und partiarischen Darlehen und die steuerlichen Konsequenzen, DStR 1991, 618; *Vollmer,* Das Stuttgarter Modell der mittelbaren Anlegerbeteiligung, Sonderbeilage 2/1991 der WM zu Nr. 3/1991; *Weimar,* Die GmbH & Still im Fortschritt des Gesellschaftsrechts, ZIP 1993, 1509; *Zacharias/Hebig/Rinnewitz,* Die atypische stille Gesellschaft: Recht, Steuern, Betriebswirtschaft, Bielefeld 1996.

52

Benötigt der Unternehmer Geld und will der Geldgeber nach außen nicht hervortreten, aber an der wirtschaftlichen Entwicklung teilnehmen, kann eine stille Gesellschaft eingegangen werden. Bei ihr beteiligt sich jemand an dem Handelsgewerbe eines anderen mit einer in dessen Vermögen übergehenden Einlage gegen Gewinnbeteiligung (§§ 230, 231 Abs. 2 HGB). Ein Kaufmann kann mit mehreren Kapitalgebern stille Gesellschaftsverträge abschließen; dann entstehen ebenso viele stille Gesellschaften, wie solche Verträge abgeschlossen worden sind. Die stillen Gesellschafter stehen untereinander in keiner gesellschaftlichen Beziehung; die verschiedenen stillen Beteiligungen können allerdings auch in einem einheitlichen Gesellschaftsvertrag zusammengefasst werden.

53

Bei der stillen Gesellschaft, die eine reine **Innen**-gesellschaft ist, wird kein gemeinsames Gesellschaftsvermögen gebildet. Die Einlage wird Eigentum des tätigen Teilhabers. Der stille Gesellschafter **muss** am Gewinn beteiligt sein. Er nimmt i. d. R. am Verlust teil, doch kann die Verlustbeteiligung ausgeschlossen werden (§ 231 Abs. 2 HGB).

54

Einkommensteuerrechtlich wird zwischen der typischen und der atypischen stillen Gesellschaft unterschieden.

55

Bei der **atypischen stillen Gesellschaft** ist der stille Gesellschafter an den stillen Reserven beteiligt (Form der Mitunternehmerschaft, § 15 Abs. 1 Nr. 2 EStG), bei der **typischen stillen Gesellschaft** dagegen nicht.[2]

56

Mitunternehmer ist ein stiller Gesellschafter regelmäßig, wenn er nicht nur am laufenden Gewinn und Verlust des vom tätigen Teilhaber betriebenen Unternehmens teilhat, sondern im Innenverhältnis schuldrechtlich auch an den stillen Reserven und an einem Geschäfts-

---

1 Hingewiesen werden soll auf das „Gesetz über Unternehmensbeteiligungsgesellschaften (UBGG)", BGBl I 1986, 2488; vgl. auch *Spaeth,* Zusammenarbeit mit Unternehmensbeteiligungsgesellschaften, Wirtschaftsprüferkammer-Mitteilungen 1991, (Heft 1), 10.

2 BGH-Urteil vom 11. Dezember 2002 XII ZR 27/00, MDR 2003, 334 = FamRZ 2003, 432 behandelt die Bewertung einer stillen Beteiligung beim Unterhalt und im Zugewinnausgleich.

wert beteiligt sein soll, etwa in der Weise, dass er bei einer Auflösung des Gesellschaftsverhältnisses nach Maßgabe einer Auseinandersetzungsbilanz und seiner prozentualen Gewinnbeteiligung auch einen Anteil an den Wertsteigerungen des Betriebsvermögens erhalten soll. Insgesamt muss sich aus der gebotenen Gesamtwürdigung der Umstände des Einzelfalls ergeben, dass der Beteiligte auf der Grundlage des Gesellschaftsvertrags Mitunternehmerrisiko trägt und Mitunternehmerinitiative entfalten kann[1].

Die Beendigung der Beteiligung des typischen stillen Gesellschafters führt zur Rückzahlung der Einlage und ist eine einkommensteuerlich unbeachtliche Vermögensumschichtung. Etwas anderes gilt für zusätzliche Zahlungen, die gezahlt werden für in früheren Jahren angefallene, noch nicht versteuerte Gewinne. Gleiches gilt für etwaige Abfindungen.

Die Veräußerung einer im Privatvermögen gehaltenen typischen stillen Beteiligung außerhalb der Spekulationsfrist – ohne noch nicht versteuerte Gewinnanteile – unterliegt nicht der Einkommensteuer.

Die Beendigung der Beteiligung des atypischen stillen Gesellschafters wird einkommensteuerrechtlich behandelt wie das Ausscheiden eines Gesellschafters aus einer im Übrigen fortbestehenden Personengesellschaft. Ein Veräußerungsgewinn kann gem. §§ 16, 34 EStG begünstigt sein.

Wird über das Vermögen des Inhabers des Handelsgeschäfts das Insolvenzverfahren eröffnet, kann der typisch stille Gesellschafter wegen der Einlage, soweit sie den Betrag des auf ihn entfallenden Anteils am Verlust übersteigt, seine Forderung als Insolvenzgläubiger geltend machen (§ 236 Abs. 1 HGB). Ist die Einlage des atypischen stillen Gesellschafters als materielles Eigenkapital zu qualifizieren, ist fraglich, ob er seine Einlage als Insolvenzgläubiger zurückfordern kann.[2]

57 Bei der **typischen stillen Gesellschaft** erzielt der stille Gesellschafter Einkünfte aus Kapitalvermögen (§ 20 Abs. 1 Nr. 4 EStG), bei der atypischen stillen Gesellschaft dagegen Einkünfte aus Gewerbebetrieb.

58 (1) Von der stillen Gesellschaft ist das **partiarische Darlehen** zu unterscheiden. Die beiden Rechtsinstitute sind auf Grund einer Gesamtschau von Vertragsinhalt und Vertragszweck sowie der wirtschaftlichen Ziele der Beteiligten voneinander abzugrenzen. Beim partiarischen Darlehen besteht die Vergütung für die Darlehenshingabe in der Beteiligung am Gewinn des Darlehensnehmers. Die Vereinbarung einer Festverzinsung spricht für ein partiarisches Darlehen. Ist der „Darlehensgeber" auch am Verlust beteiligt, spricht dieser Umstand für das Vorliegen einer stillen Gesellschaft[3]. Entscheidend für die Abgrenzung der stillen Gesellschaft vom partiarischen Darlehen ist, ob eine Zweckgemeinschaft oder bloße Kreditgewährung gewollt ist. Anhaltspunkte sind dabei die Ausgestaltung der Kontroll- und Aufsichtsrechte, die Zustimmungsbedürftigkeit zu wichtigen Geschäften u. dg. m.

59 (2) Ist der alleinige Anteilseigner einer Komplementär-GmbH zugleich Gesellschafter einer zwischen ihm und der GmbH & Co. KG bestehenden stillen Gesellschaft und führt er als Geschäftsführer der Komplementär-GmbH auch die Geschäfte der GmbH & Co.

---

1 BFH-Urteil vom 27. Mai 1993 IV R 1/92, BFHE 171, 510, BStBl II 1994, 700.
2 *Renner*, Die Stellung des atypischen stillen Gesellschafters in der Insolvenz des Geschäftsinhabers, ZIP 2002, 1430.
3 OLG Dresden, Urteil vom 8. September 1999 – 19 U 101/99, NZG 2000, 302, nrkr., Revision BGH Az II ZR 292/99.

KG, so ist er selbst dann atypisch stiller Gesellschafter (Mitunternehmer), wenn er weder am Verlust noch an den stillen Reserven noch am Geschäftswert der GmbH & Co. KG beteiligt ist.

(3) Bei einer atypisch stillen Gesellschaft liegt Sonderbetriebsvermögen I vor, wenn der stille Gesellschafter ein ihm gehörendes Wirtschaftsgut dem Unternehmen des Inhabers des Handelsgewerbes, an dem er beteiligt ist, zur Nutzung überlässt[1]. 60

(unbesetzt) 61–63

ee) Personengesellschaften

Schrifttum: *Lange,* Personengesellschaften im Steuerrecht, 6. Aufl., Herne/Berlin 2005.

(1) Allgemeines

Die Grundform der Personengesellschaft ist die Gesellschaft bürgerlichen Rechts (GbR). 64
Personengesellschaften sind Gesamthandsgemeinschaften. Soll die Personengesellschaft nur Vermögen verwalten, übt sie keine gewerbliche Tätigkeit aus. Es gibt kein Betriebsvermögen und bei einer Veräußerung müssen keine stillen Reserven versteuert werden. Der Verwaltungsaufwand ist bei der Personengesellschaft regelmäßig geringer als bei der Kapitalgesellschaft und ihren Mischformen.

(2) Gesellschaft bürgerlichen Rechts (GbR)

Schrifttum: *Griefers/Ott,* Die Gesellschaft bürgerlichen Rechts als Unternehmensform, 4. Aufl., Freiburg i. Br. 1999; *Ulmer,* Die Gesellschaft bürgerlichen Rechts, 3. Aufl., München 1997. 65

Die GbR ist als Rechtsform ungeeignet, ein Unternehmen zu führen. 66

Die (Außen-)Gesellschaft bürgerlichen Rechts besitzt Rechtsfähigkeit, soweit sie durch Teilnahme am Rechtsverkehr eigene Rechte und Pflichten begründet. In diesem Rahmen ist sie zugleich im Zivilprozess aktiv und passiv parteifähig.

Soweit der Gesellschafter für die Verbindlichkeiten der Gesellschaft bürgerlichen Rechts persönlich haftet, entspricht das Verhältnis zwischen der Verbindlichkeit der Gesellschaft und der Haftung des Gesellschafters derjenigen bei der OHG (Akzessorietät) – Fortführung von BGHZ 142, 315, DStR 1999, 1704.[2]

Die GbR ist scheckausstellungsfähig.[3]

Eine Eigentümergemeinschaft besitzt keine Rechtsfähigkeit (BayObLG-Entscheidung v. 14. Februar 2002).

(unbesetzt) 67–68

(3) Offene Handelsgesellschaft, Kommanditgesellschaft

Schrifttum: *Beck'sches* Handbuch der Personengesellschaften, 2. Aufl. München 2002; *Brandmüller/Sauer,* Bonner Handbuch der Personengesellschaften, 2. Aufl., Bonn (Loseblatt); *Ley,* Gesellschafterkonten der OHG und KG: Gesellschaftsrechtliche und steuerrechtliche Charakterisierung und Bedeutung, KÖSDI 1994, 9972; *Martinek,* Der Kommanditanteil als Nachlasssurrogat – ein neuer Konflikt zwischen Erb- und Gesellschaftsrecht?, ZGR 1991, 74; *Mayer, Dr. Kurt,* Zur Mitwirkungspflicht beim Ausschluss von Personengesellschaftern, BB 1992, 1479; *Reichhold,* Die Haftung des ausgeschiedenen Personengesellschafters für Ruhegeldverbindlichkeiten, Köln 1986 (Erlanger juris- 69

---

[1] BFH-Urteil vom 11. Dezember 1990 VIII R 122/86, BFHE 163, 346.
[2] BGH-Urteil vom 29. Januar 2001 II ZR 331/00, DStR 2001, 310.
[3] BGH-Urteil vom 15. Juli 1997 XI ZR 154/96, ZIP 1997, 1496, WM IV 1997, 1666, DB 1997, 1817.

tische Abhandlungen 34); *Regniet,* Ergänzungsbilanzen bei der Personengesellschaft, Köln 1990; *Saßenrath,* Die Umwandlung von Komplementär- in Kommanditbeteiligungen, Heidelberg 1988 (Abhandlung zum Arbeits- und Wirtschaftsrecht, Bd. 54); *Stork,* Haftungsprobleme beim Kommanditistenwechsel, DStR 1991, Teil I:) 385, (Teil II:) 418.

70 (1) Die OHG ist eine Gesellschaft, deren Zweck auf den Betrieb eines Handelsgewerbes unter gemeinschaftlicher Firma gerichtet ist, und bei der sämtliche Gesellschafter unbeschränkt haften.

Erforderlich ist der Abschluss eines Gesellschaftsvertrages. Mangels abweichender Vereinbarung gilt der Grundsatz der Einzelgeschäftsführung. Gesellschafterbeschlüsse sind grundsätzlich einstimmig zu fassen. Der Gesellschaftsvertrag kann auch Mehrheitsbeschlüsse vorsehen. Im Zweifel ist die Mehrheit nach Köpfen zu berechnen.

Der Kapitalanteil ist lediglich eine Rechnungsziffer. Er hat Bedeutung

– für die Verteilung des Gewinns,

– für das Entnahmerecht und

– die Berechnung eines Abfindungs- und Auflösungsguthabens.

Die Bilanz wird von den geschäftsführenden Gesellschaftern aufgestellt. Die OHG ist ins Handelsregister einzutragen.

Sie kann unter ihrer Firma handeln, Rechte erwerben und Pflichten eingehen. Die Haftung für Gesellschaftsschulden ist zwingend.

(2) Für die OHG besteht keine Publizitätspflicht, es sei denn, sie gilt als Großunternehmen. Als Großunternehmen gilt eine OHG, wenn für den Tag des Ablaufs eines Geschäftsjahrs und für die 2 darauf folgenden Abschlussstichtage jeweils mindestens zwei der drei folgenden Merkmale vorliegen

– Bilanzsumme 65 Millionen €,

– Jahresumsatz 130 Millionen €,

– durchschnittliche Arbeitnehmerzahl mehr als 5000.

Für die Mitbestimmung in der OHG gelten die gleichen Regeln wie für das Einzelunternehmen.

(3) Wird über das Vermögen einer im Handelsregister als Kommanditgesellschaft eingetragenen Gesellschaft bürgerlichen Rechts das Insolvenzverfahren eröffnet, haften die „Kommanditisten" einer solchen Gesellschaft, deren Vertragsgläubigern außer mit dem Gesellschaftsvermögen persönlich in Höhe der jeweiligen Einlage, und zwar nach Maßgabe der §§ 171 Abs. 1, 172 HGB. In der Insolvenz sind diese Ansprüche der Gesellschaftsgläubiger entsprechend § 171 Abs. 2 HGB geltend zu machen.

(4) Die KG unterscheidet sich von der OHG dadurch, dass der Komplementär oder die Komplementare persönlich wie die Gesellschafter der OHG haften, der oder die Kommanditisten aber nur beschränkt mit ihrer Einlage. Soweit die Einlage eines Kommanditisten zurückgezahlt wurde, gilt sie Gläubigern gegenüber als nicht geleistet (§ 172 Abs. 4 HGB; es ist ferner, die GmbH & Co. KG betreffend § 172a HGB zu beachten).

Die Kommanditisten sind von der Geschäftsführung ausgeschlossen (§ 164 HGB).

71 **(4) Partnerschaftsgesellschaft**

Vergleiche Rn 3601 ff.

(5) Europäische Wirtschaftliche Interessengemeinschaft

Schrifttum: *Autenrieth,* Die inländische Europäische Wirtschaftliche Interessenvereinigung (EWIV) als Gestaltungsmittel, BB 1989, 305; *Bach,* Die BGB-Gesellschaft als Mitglied einer Europäischen Wirtschaftlichen Interessenvereinigung (EWIV)?, BB 1990, 1432; *Busl,* Die steuerliche Behandlung der Europäischen Wirtschaftlichen Interessenvereinigung mittelständischer Unternehmer, DStZ 1992, 773; *Ganske,* Das Recht der Europäischen Wirtschaftlichen Interessenvereinigung (EWIV), 1988; *Grüninger,* Die Europäische Wirtschaftliche Interessenvereinigung beratender Freiberufler – Steuerliche Vor- und Nachteile –, BB 1990, 2161; *Hartard,* Die europäische wirtschaftliche Interessenvereinigung im deutschen, englischen und französischen Recht, Köln/Berlin/New York 1991 (RiWV Bd. 7); *Hatzig,* Die Europäische Wirtschaftliche Interessenvereinigung, Frankfurt/M./New York/Paris 1990; *Hauschka/v. Saalfeld,* Die Europäische wirtschaftliche Interessenvereinigung (EWIV) als Kooperationsinstrument für die Angehörigen der freien Berufe, DStR 1991, 1083; *Jahndorf,* Die EWIV im Ertragssteuerrecht, Köln 1995; *Knobbe-Keuk,* Die EWIV im nationalen und internationalen Steuerrecht, EWS 1992, 1; *Müller-Gugenberger/Schoffhöfer,* Die Europäische Wirtschaftliche Interessenvereinigung, München 1995; *Selbherr/Marx* (Hrsg.), Kommentar zur Europäischen wirtschaftlichen Interessenvereinigung (EWIV), Baden-Baden 1995; *Strauch/Walter,* EWIV in Langefeld-Wirth, Joint-Ventures im internationalen Wirtschaftsverkehr, 1990, 493 (498 ff.).

72

Zur europäischen wirtschaftlichen Interessenvereinigung (EWIV) bedarf es in diesem Zusammenhang keiner Ausführungen.

73

Ihr Zweck besteht darin, die wirtschaftliche Tätigkeit ihrer Mitglieder zu fördern, nicht aber, Gewinne zu erzielen. Ein Gewinnerzielungsverbot besteht jedoch nicht. Die Tätigkeit der EWIV muss Hilfstätigkeit im Zusammenhang mit der wirtschaftlichen Tätigkeit ihrer Mitglieder sein. Die Begrenzung des Zwecks der EWIV als Hilfstätigkeit bedeutet insbesondere, dass der Unternehmensgegenstand der EWIV nicht einen solchen bei einem Mitglied vollständig ersetzen darf. Eine EWIV kann jedoch Teile der Tätigkeiten eines Mitglieds zu ihrem Geschäftsgegenstand machen, wie etwa bei Kooperationen zur Nutzung von Produktions- und Betriebsanlagen, bei gemeinsamer Nutzung oder Anschaffung von Verkehrsmitteln, bei der Zusammenarbeit im unternehmensexternen Informations- und Kommunikationswesen u. dgl. m.

Ist Nebenzweck der EWIV, Gewinne zu erzielen, tragen die Mitglieder Mitunternehmerrisiko, und besitzen sie Mitunternehmerinitiative, ist die EWIV Mitunternehmerschaft; ist die EWIV dagegen nur Kostengemeinschaft, betreibt sie keinen Gewerbebetrieb (§ 15 Abs. 2 EStG).

74

(unbesetzt)

75

(6) Mitunternehmerschaften

(a) Im Einkommensteuerrecht zählen zu den gewerblichen Einkünften auch die Gewinnanteile jeder anderen Gesellschaft, bei der der Gesellschafter als Unternehmer (**Mitunternehmer**) des Betriebs anzusehen ist. Der mittelbar über eine oder mehrere Personengesellschaften beteiligte Gesellschafter steht dem unmittelbar beteiligten Gesellschafter gleich.

76

(b) Die wesentliche Merkmale für den Unternehmer wie für den Mitunternehmer sind das **Unternehmerrisiko** und **die Unternehmerinitiative** und für Letzteren noch die **gesellschaftsrechtliche Verbundenheit**.

(c) Mitunternehmer ist, wer zusammen mit einem oder mehreren anderen auf gemeinsame Rechnung und Gefahr ein Unternehmen betreibt, also gesellschaftsrechtliche Teilhabe an Erfolg und Misserfolg, am Gewinn und Verlust, an den stillen Reserven des Gesellschaftsvermögens und am Geschäftswert hat. Dabei steht die Nichtbeteiligung am Verlust der KG dem Mitunternehmerrisiko nicht entgegen, wohl aber der Ausschluss der Beteiligung am Geschäftswert oder die Möglichkeit, dass er aus der Gesellschaft gegen eine Abfindung zum Buchwert abgefunden werden kann.

(d) Mitunternehmerinitiative ist in erster Linie Teilhabe an den unternehmerischen Entscheidungen, also der Möglichkeit, Stimmrecht, Kontroll- und Widerspruchsrechte auszuüben, wie sie z. B. in der KG einem Kommanditisten nach dem HGB zustehen. An die Mitunternehmerinitiative können für deren Beurteilung nicht weitergehende Anforderungen gestellt werden, als dem Kommanditisten nach dem HGB zustehen. Darf er allerdings in der Gesellschafterversammlung nicht mitstimmen und ist sein Widerspruchsrecht gem. § 164 HGB abbedungen (z. B. beim Ausschluss von der Verwaltung seines Kommanditanteils), ist er kein Mitunternehmer.

(e) Außer der atypischen stillen Gesellschaft werden wie mitunternehmerische Innengesellschaften behandelt wie Unterbeteiligungen an Gesellschaftsanteilen. Es sind die gleichen Überlegungen maßgebend wie bei der typischen und der atypischen Stillen Gesellschaft.

(f) Die Veräußerung eines Teils eines Mitunternehmeranteils ist sei dem 1. 1. 2002 laufender Gewinn und damit gewerbesteuerpflichtig.

(g) Meta-Gesellschaften können Innengesellschaften sein. Sie werden vielfach nur schuldrechtliche Gewinnabsprachen zweier selbständiger und im eigenen Namen am wirtschaftlichen Verkehr teilnehmender Unternehmen wegen einzelner Geschäfte zum Inhalt haben, also keine Mitunternehmerschaften sein.

77–79 *(unbesetzt)*

ff) Kapitalgesellschaften

80 Schrifttum: *Borgmann,* Der Organstreit in der Kapitalgesellschaft, ZGR 1998, 120; *Brandmüller,* Der GmbH-Geschäftsführer im Gesellschafts-, Steuer- und Sozialversicherungsrecht, 15. Aufl. Bonn 2003; *Dörner,* Die Steuern der GmbH und ihrer Gesellschafter, 3. Aufl., Freiburg 1998; *Fiebig,* Die Außenhaftung des GmbH-Geschäftsführers, BuW 2000, (1:) 591, (2:) 677; *Heidemann,* Rechtsformwahl für Ein-Mann-Unternehmen, Düsseldorf 1992; *Henze,* Handbuch zum GmbH-Recht, Köln 1997; *Kallmeyer,* Der Formwechsel der GmbH oder GmbH & Co. in die AG oder KGaA zur Vorbereitung des Going public, GmbHR 1995, 888; *Langenfeld,* GmbH-Vertragspraxis, 4. Aufl. 2003; *Lutter/Hommelhof,* GmbH-G, Kommentar, 14. Aufl., Köln 1995; *Möller,* Firmenbildung von Kapitalgesellschaften in den EG-Mitgliedsstaaten, GmbHR 1993, 640; *Peter/Crezelius,* Gesellschaftsverträge und Unternehmensformen, 6. Aufl. Herne/Berlin 1995; *Priester (Hrsg.),* Gesellschaft mit beschränkter Haftung, 2. Aufl. München 2002; *Raiser,* Recht der Kapitalgesellschaften, Handbuch für Praxis und Wissenschaft, Aktiengesellschaft, Gesellschaft mit beschränkter Haftung, Kapitalgesellschaft & Co.; Konzernrecht, 2. Aufl., München 1992; *Schmidt, Karsten,* Gesellschaftsrecht, 4. Aufl. Köln 2002.

81 (1) Die Kapitalgesellschaft ist Juristische Person, also Träger von Rechten und Pflichten.

Die Kapitalgesellschaften sind kraft Rechtsform Gewerbetreibende (§ 6 Abs. 2 HGB; § 278 AktG; § 13 Abs. 3 GmbHG).

Die Rechnungslegung ist für alle Kapitalgesellschaften einheitlich in den §§ 264 bis 335 HGB geregelt.

Kapitalgesellschaften müssen eine Jahresabschluss aufstellen (§ 264 HGB). Dieser muss bestehen aus

- Bilanz (§§ 266 bis 274a HGB),
- Gewinn- und Verlustrechnung (§§ 275 bis 278 HGB) und
- erläuterndem Anhang (§§ 242, 267 Abs. 1, 284 bis 289 HGB).

Es gelten die Grundsätze ordnungsmäßiger Buchführung.

Der Jahresabschluss und der Lagebericht von Kapitalgesellschaften, die nicht kleine i. S. des § 267 Abs. 1 HGB sind, müssen durch einen Abschlussprüfer geprüft werden.

Der Jahresabschluss muss zum Handelsregister des Sitzes der Kapitalgesellschaft eingereicht werden.

Kapitalgesellschaften unterliegen der Körperschaftsteuer.

Die in Deutschland 1920 eingeführte Körperschaftsteuer war die Einkommensteuer der Juristischen Personen. Sie knüpfte daran an, dass die Juristische Person in der Rechtsordnung ein eigenes Rechtssubjekt ist. Das System führt bewusst zu einer Doppelbelastung des Gewinns, einmal bei der Kapitalgesellschaft, und anschließend als Einkunft beim Anteilseigner. Wirtschaftspolitisch hatte die Doppelbelastung zugleiche eine Schutzfunktion für die mittelständischen Unternehmen gegenüber den Großunternehmen. Das Schlagwort war Einzelhandelsgeschäft gegen Warenhaus. Inzwischen ist dieser Ausgangspunkt der Besteuerung verlassen worden.

Einem gespaltenen Körperschaftsteuertarif folgte das Anrechnungsverfahren und nun das Halbeinkünfteverfahren.

Beim Anrechnungsverfahren unterlagen Gewinnausschüttungen der Kapitalgesellschaft der Ausschüttungsbelastung. Die von ihr entrichtete Körperschaftsteuer wurde auf die persönliche Einkommensteuerschuld des Anteilseigners angerechnet, war also für ihn eine Art Einkommensteuervorauszahlung.

Beim **Halbeinkünfteverfahren** werden die Einnahmen und Ausgaben des Anteilseigners jeweils zur Hälfte angesetzt.

Einkünfte i. S. des Halbeinkünfteverfahrens sind

- Einnahmen, die bei den Einkünften aus Kapitalvermögen erfasst werden,
- Veräußerungsgewinne und -verluste im betrieblichen Bereich,
- Veräußerungsgewinne und -verluste i. S. des § 17 EStG.

Das Halbeinkünfteverfahren wirkt sich besonders günstig aus bei Steuerpflichtigen mit hohen Auslandseinkünften, die im Ausland niedrig besteuert werden.

(2) Außerhalb des Montanmitbestimmungsgesetzes gilt das Mitbestimmungsrecht für die AG, GmbH, Bergrechtliche Gewerkschaft und Erwerbs- und Wirtschaftsgenossenschaften mit mehr als 2 000 Arbeitnehmern.

(3) Bei der Besteuerung der Kapitalgesellschaften ist zu bedenken, dass seit Einführung des Halbeinkünfteverfahrens die mit den Halbeinkünften in Zusammenhang stehenden Werbungskosten nur zur Hälfte abgezogen werden dürfen. Das gilt jedoch nicht für den Werbungskosten-Pauschbetrag und auch nicht für den Sparerfreibetrag.

(4) Es gibt Unternehmen, die Gesellschaftsmäntel vorrätig halten, die es also erlauben, schnell einen Betrieb in der betreffenden Rechtsform aufzunehmen.

(1) GmbH

82 **Schrifttum:** *Ammon,* Die GmbH. Recht und Steuer, Berlin/Bielefeld 1995; *Bartl/Fichtelmann/Henkes/Schlarb/Schulze,* GmbH-Recht, Handbuch und Kommentar, 4. Aufl., Heidelberg 1997; *Baumbach,* GmbH-Gesetz, 17. Aufl., München 2001; *Bea/Scheurer,* Die Kontrolle bei der GmbH, DB 1995, 1289; *Beck'sches Handbuch* der GmbH, 3. Aufl., München 2002; *Blaurock,* Die GmbH & Still im Steuerrecht, BB 1992, 1969; *Brandmüller,* Der GmbH-Geschäftsführer im Gesellschafts-, Steuer- und Sozialversicherungsrecht, 11. Aufl., Bonn/Berlin 1999; *Brandmüller/Küffner,* Bonner Handbuch GmbH, Bonn 1990 ff.; *Carlé,* Zivilrechtliche und steuertaktische Erwägungen für den Kauf von Unternehmen in der Rechtsform einer GmbH, KÖSDI 1994, 9988; *Daumke/Keßler,* Der GmbH-Geschäftsführer, Herne/Berlin 1999; *Dörner,* Die Steuern der GmbH und ihrer Anteilseigner, 4. Aufl., Freiburg i. Br. 2001; *Dreher,* Die Gründungshaftung bei der GmbH, DStR 1992, 33; *Eder/Heuser/Tillmann/Gaul,* GmbH-Handbuch, 13. Aufl., Köln 1990 ff.; *Eilers/Sieger/Wienands,* Die Finanzierung der GmbH durch ihre Gesellschafter, 2. Aufl. 2001; *Espey/v. Bitter,* Haftungsrisiken des GmbH-Geschäftsführers, Düsseldorf 1990; *Evers/Grätz/Näser,* Die Gehaltsfestsetzung bei Geschäftsführern der GmbH und GmbH & Co., 3. Aufl., Köln 1991; *Fischer, Michael,* Formwechsel zwischen GmbH und GmbH & Co. KG, BB 1995, 2173; *Flore,* Beteiligungsformen am Geschäftsanteil – Stille Beteiligung, Unterbeteiligung, Treuhand und Nießbrauch am Anteil – GmbH-StB 2003, 102; *Goette,* Die GmbH, 2. Aufl. München 2002; *Hachenburg,* GmbHG, 8. Aufl., Berlin/New York 1992 ff.; *Hoffmann/Liebs,* Der GmbH-Geschäftsführer, München 1995; *Hattmann,* Die GmbH im Steuerrecht; *Jula,* (Ex)Geschäftsführer-Prozess, GmbH-Steuerpraxis 2003, 157; *Keim,* Gesellschaft mit beschränkter Haftung (GmbH), München 1985 ff.; *Kindler,* Gemeinschaftsrechtliche Grenzen der Konzernhaftung in der Einmann-GmbH, ZHR 157 (1993) 1 ff.; *Klamroth,* Der GmbH-Geschäftsführer-Vertrag, 10. Aufl., Heidelberg 1991; *Klauss/Birle,* Die GmbH, 5. Aufl., Ludwigshafen 1992; *Korte,* Die Rechtsanwalts-GmbH, Heidelberg 1995; *Kraft, Cornelia/Kraft, Gerhard,* Steuerliche Konsequenzen aus der Verlustausgleichsverpflichtung des beherrschenden GmbH-Gesellschafters, BB 1992, 2465; *Kremer/Lausk,* Die Rechtsstellung der vermeintlichen Erben in der GmbH, BB 1992, 159; *Lehmann, Michael,* Schranken der beschränkten Haftung, Zur ökonomischen Legitimation des Durchgriffs bei der GmbH, GmbHR 1992, 200; *Lieb/Eckardt,* Der GmbH-Geschäftsführer in der Grauzone zwischen Arbeits- und Gesellschaftsrecht, 2. Aufl., Deutscher Anwaltverlag; *Lutter/Hommelhoff,* GmbH-Gesetz, 16. Aufl., Köln 2004; *Lutz,* Die richtige Altersversorgung des GmbH-Geschäftsführers, 6. Aufl., 1991; *Michalski (Hrsg.),* GmbH-Gesetz, München 2002; *Michalski,* Missbrauch der Vertretungsmacht bei Überschreiten der Geschäftsführerbefugnis, GmbHR 1991, 349; *Münchner Anwalts-Handbuch* GmbH-Recht, München 2002; *Neu/Neumann/Neumagen,* Handbuch GmbH-Besteuerung, Köln 1999; *Ossola/Haring,* Der Anstellungsvertrag des GmbH-Geschäftsführers, 4. Aufl., 1990; *Ott,* Steuerliche Auswirkungen erbfallbezogener Klauseln im Gesellschaftsvertrag der GmbH, GmbHR 1995, 567; *Otte* (Hrsg.), Praxis der GmbH-Rechnungslegung, Sonderfragen der Bilanzierung, Herne/Berlin 1992; *Otte* (Hrsg.), Praxis der GmbH-Rechnungslegung, Von der Buchführung zum Jahresabschluss, Herne/Berlin 1994; *Post/Hoffmann,* Die stille Beteiligung am Unternehmen der Kapitalgesellschaft – GmbH und Still –, 3. Aufl., Berlin/Bielefeld/München 1992; *Priester und Mayer* (Hrsg.), Münchener Handbuch des Gesellschaftsrechts, Bd. 3: Gesellschaft mit beschränkter Haftung, München 1996; *Reichert,* Der Gesellschaftsvertrag der GmbH, München 1997; *Roth/Altmeppen,* GmbHG, 4. Aufl., München 2003; *Rowedder/Fuhrmann/Koppensteiner,* Gesetz betreffend die Gesellschaft mit beschränkter Haftung, 3. Aufl., München 1997; *Schaub,* Die Haftung des GmbH-Geschäftsführers im Außenverhältnis, DStR 1992, (Teil I:) 1728, (Teil II:) 1766; *Schmidt, Karsten,* Einmanngründung und Einmann-Vorgesellschaft, ZHR 145 (1981), 540; *Schmidt, Karsten,* Zur Rechtslage der gescheiterten Einmann-Vor-GmbH, GmbHR 1988, 89; *Scholz/Emmerich,* GmbH-Gesetz, Kommentar, Köln, 9. Aufl., Bde. 2000/2002; *Schuler,* Angemessenheit der GmbH-Geschäftsführerbezüge aus steuerlicher und wirtschaftlicher Sicht, 1990 ff.; *Schulze zur Wiesche/Hohlfeld/Hansen,* GmbH-Taschenbuch, 5. Aufl., Köln 1995; *Seitz,* Rechtsfolgen der unterlassenen Pflichtprüfung bei einer mittelgroßen GmbH, DStR 1991, 315; *Spitaler/Niemann,* Die Angemessenheit der Bezüge geschäftsführender Gesellschafter, 6. Aufl., Köln 1991; *Spörlein/Tausend,* Handbuch für den Geschäftsführer der GmbH, 16. Aufl., Stuttgart 1995; *Sudhoff,* Der Gesellschaftsvertrag der GmbH, 8. Aufl., München 1992; *Tillmann/Mohr,* GmbH-Geschäftsführer, 8. Aufl. Köln 2003; *Tillmann/Winter,* Die GmbH im Gesellschafts- und Steuerrecht, 4. Aufl. Köln 2004; *Tillmann/*

Winter, GmbH-Praktikum-Gründung, Gestaltung, Führung, Beendigung im Gesellschafts- und Steuerrecht, 2. Aufl., Köln 1996; *Uhlenbruck,* Die Abwicklung der GmbH nach der neuen Insolvenzordnung; *Wegmann,* Verdeckte Sacheinlagen bei der GmbH, BB 1991, 1006; *Weitbrecht,* Haftung der Gesellschafter bei materieller Unterkapitalisierung der GmbH, Köln 1990; *Winter/Posdziech/Geissen/Fichtelmann,* Handbuch der GmbH-Besteuerung, Rechnungslegung und Prüfung, Heidelberg 1995.

Zur Durchgriffshaftung eines GmbH-Gesellschafters für Beiträge zur Unfallversicherung s. BSG-Urt. v. 1. Februar 1996 - 2 RV 7/95, WiB 1997, 26.

Die Verwendung des Mantels einer „auf Vorrat" gegründeten GmbH stellt wirtschaftlich eine Neugründung dar, auf die die Gründungsvorschriften des GmbHG einschließlich der registergerichtlichen Kontrolle entsprechend anzuwenden sind.[1] Es müssen bei Anmeldung der mit der wirtschaftlichen Neugründung einhergehenden Änderungen des Gesellschaftsvertrags und des Wechsels der Geschäftsführung der Vorratsgesellschaft die Geschäftsführer die Versicherungen nach § 8 Abs. 2, § 7 Absätze 2 und 3 GmbHG abgeben. Soll die Haftung vermieden werden, muss ferner die Anmeldung zum Handelsregister vor Aufnahme der Geschäfte durch die Vorratsgesellschaft vorgenommen werden.[2] 83

(1) Die GmbH ist als juristische Person selbständiger Träger von Rechten und Pflichten. Ihre Gesellschafter sind mit Stammeinlagen an ihr beteiligt und haften – von Durchgriffsfällen abgesehen – nur mit ihren Einlagen, ggf für Nachschusspflichten und zurückgezahlte Darlehen (§ 32b GmbHG). Ein Missbrauch der Rechtsform durch die Gesellschafter hat den Verlust des Haftungsprivilegs zur Folge. Zugriffe der Gesellschafter auf das Gesellschaftsvermögen, welche die Rücksichtnahme auf die Erhaltung der Fähigkeit der Gesellschaft zur Bedienung ihrer Verbindlichkeiten in einem ins Gewicht fallenden Maße vermissen lassen, führen zur Durchgriffshaftung. Unter Haftungsgesichtspunkten ist die GmbH die gleichwohl die ideale Rechtsform. 84

(2) Die GmbH wird durch einen notariell zu beurkundenden Gesellschaftsvertrag, der von sämtlichen Gesellschaftern zu unterzeichnen ist, errichtet. Minderjährige können Gesellschafter einer GmbH werden. Sie müssen durch ihren gesetzlichen Vertreter vertreten werden, der seinerseits hierzu die Zustimmung des Vormundschaftsgerichts bedarf (§§ 1642 Abs. 1, 1822 Satz 1 Nr. 3 und Nr. 10 BGB).

Der Gesellschaftsvertrag muss mindestens Firma und Sitz der Gesellschaft, Gegenstand des Unternehmens, Betrag des Stammkapitals und den Betrag der von jedem Gesellschafter auf das Stammkapital zu leistenden Einlage enthalten. Das aus der Summe der Stammeinlagen (eine Stammeinlage = mindestens 100 €) bestehende Stammkapital muss mindestens 25 000 € betragen. Jeder Gründer kann nur einen Geschäftsanteil übernehmen. Die Stammeinlagen können aber unterschiedlich hoch sein. Die Mindesteinlage beträgt 100 €, der Teilungsfaktor 50 €.

Die Einlagen können als Bareinlagen oder Sacheinlagen erbracht werden. Sacheinlagen müssen nach Gegenstand und Betrag im Gesellschaftsvertrag festgesetzt werden. In einem Sachgründungsbericht müssen die für die Angemessenheit der Leistungen wesentlichen Umstände dargelegt werden. Sacheinlage kann auch ein Unternehmen sein. Die GmbH muss zur Eintragung in das Handelsregister angemeldet werden, und zwar wenn die Sacheinlagen vollständig, Bareinlagen mindestens zu einem Viertel und Sacheinlagen und Bareinlagen insgesamt zu mindestens 12 500 € geleistet sind. Bei der Einmanngründung muss für den verbleibenden Restbetrag eine Sicherheit bestellt werden.

---

1 BGH-Urteil vom 9. Dezember 2002 – II ZB 12/02, GmbHR 2003, 227.
2 *Bärwaldt/Balda,* GmbHR 2004, 50, insbesondere 53.

Die Satzung sollte im Falle eines Gesellschafterwechsels die Zustimmung aller Gesellschafter vorsehen.

Soll eine Einmann-GmbH errichtet werden, tritt an die Stelle des Vertrags die Erklärung des Alleingesellschafters.

Die GmbH entsteht mit der Eintragung ins Handelsregister. Die Anmeldung bedarf der öffentlichen Beglaubigung.

Ist die GmbH als Einmann-GmbH errichtet worden, darf sie zum Handelsregister erst angemeldet werden, wenn die Einzahlungen gem. § 7 Abs. 2 GmbHG geleistet worden sind und der Gesellschafter für den übrigen Teil der Geldeinlage Sicherheiten gestellt hat.

Wer zur Gründung einer Gesellschaft mit beschränkter Haftung sich eines Strohmanns bedient, ist auch hinsichtlich der aus § 19 GmbHG und § 24 GmbHG folgenden Verpflichtungen zur Aufbringung des Stammkapitals wie ein Gesellschafter zu behandeln[1].

(3) Gesellschafter können als Geschäftsführer bei der GmbH tätig werden und dafür eine Vergütung erhalten, die steuerlich von der Gesellschaft als Betriebsausgabe geltend gemacht werden kann.

Durch schuldrechtliche Verträge lassen sich Gewinnminderungen erzielen, die Einzel- oder Mitunternehmern nicht möglich sind, wie z. B. Vergütungen für Geschäftsführertätigkeit eines Gesellschafters, für die Verzinsung von Gesellschafterdarlehen, für Miet- oder Pachtzinsen bei der Überlassung von Wirtschaftsgütern durch einen Gesellschafter.

Diese Gesichtspunkte, durch die bei der GmbH Gewinn abgeschöpft werden kann, lassen die GmbH zu einer empfehlenswerten Rechtsform werden.

85 (4) Die Publizitätspflicht und die Pflichten zur Gliederung der Bilanz, zum Ausweis bestimmter Posten und ggf ihrer Erläuterungen richten sich nach der Größe der Kapitalgesellschaft, also auch nach der Größe der GmbH.

Größenklasseneinteilung der Kapitalgesellschaften

	Kleine Kapitalgesellschaft	Mittlere Kapitalgesellschaft	Große Kapitalgesellschaft
Bilanzsumme	bis 3 438 000 €	bis 13 750 000 €	über 13 750 000 €
Umsatz	bis 6 875 000 €	bis 27 500 000 €	über 27 500 000 €
Beschäftigte	bis 50	bis 250	über 250

86 Kleine Kapitalgesellschaften sind befreit
– von der Aufstellung eines „Anlagengitters" (§ 268 Abs. 2 HGB),
– von der Pflicht zur Erläuterung bestimmter Forderungen und Verbindlichkeiten im Anhang,
– von der Darstellung von Rechnungsabgrenzungsposten (§§ 250 Abs. 3, 268 Abs. 6 HGB) und von Aufwendungen für die Ingangsetzung und Erweiterung des Geschäftsbetriebs im Anhang,

---

1 BGH-Urteil vom 24. Juni 2002 II ZR 300/00, DZWiR 2003, 72.

– von der Pflicht, die Posten „außerordentliche Erträge" und „außerordentliche Aufwendungen" zu erläutern,

– im Anhang den Umfang anzugeben, in dem die Steuern vom Einkommen und vom Ertrag das Ergebnis der gewöhnlichen Geschäftstätigkeit und das außerordentliche Ergebnis belasten.

(3) Die GmbH kann dem Gesellschafter-Geschäftsführer auf Grund des Anstellungsvertrags eine angemessene Vergütung zahlen. Zur Vergütung werden das Gehalt, Tantiemen, Weihnachts- und Urlaubsgeld und die Altersversorgung gerechnet. Angemessen ist, was ein nach Größe, Umsatz und Branche vergleichbarer Betrieb seinem Geschäftsführer zahlt.[1] Dadurch darf jedoch der Gewinn nicht abgesaugt werden; vom Gewinn muss so viel übrig bleiben, dass das Stammkapital – mit mindestens 15 vH – verzinst wird. Die mit dem Gesellschafter-Geschäftsführer vereinbarte angemessene Altersversorgung (75 vH des Gehalts für die aktive Tätigkeit) kann für den Insolvenzfall durch den Abschluss einer Rückdeckungsversicherung gesichert werden. Eine Abfindung des Pensionsanspruchs sollte geregelt werden und einem Fremdvergleich standhalten. Regelungsbedürftig sind auch die Nebenleistungen zum Gehalt (Reisekostenerstattungen, Weihnachts- und Urlaubsgeld, Überstundenvergütung, Erstattung von Repräsentationsaufwendungen). 87

(4) Die GmbH haftet nur mit dem Stammkapital, sie darf aber auch nur bis zu dessen Höhe Schulden eingehen. Werden die Schulden höher, ist die GmbH „überschuldet"; es muss innerhalb von drei Wochen die Insolvenz angemeldet oder der Vergleich beantragt werden. Bestehen Schulden in Höhe der Hälfte des Stammkapitals, muss das dem Amtsgericht angezeigt werden. Geschäftsführer, die das Insolvenzverfahren verzögern, machen sich strafbar und sind den Gläubigern schadensersatzpflichtig. 88

Zahlungsunfähigkeit ist ebenfalls ein Insolvenzgrund

(5) Der wirtschaftliche Alleingesellschafter einer GmbH haftet der Gesellschaft grundsätzlich nicht aus Geschäften, die er während seiner Alleingesellschafterstellung für die GmbH geschlossen hat[2]. 89

(6) Ein Gesellschafter einer GmbH kann im Wege einer Durchgriffshaftung wegen Unterkapitalisierung für Verbindlichkeiten der Gesellschaft in Anspruch genommen werden, wenn nach dem nach Art und Umfang der beabsichtigten oder der tatsächlichen Geschäftstätigkeit bestehenden Finanzbedarf und dem haftenden Eigenkapital eine gewisse Relation nicht gewährleistet worden ist (im Anschluss an BSGE 56, 76)[3]. 90

(7) Erweist sich die GmbH als ungeeignete Rechtsform, kann sie aufgelöst oder umgewandelt werden. 91

Sind keine stillen Reserven vorhanden, empfiehlt sich die Auflösung.

---

1 Zur Angemessenheit der Gesamtbezüge eines Gesellschafter-Geschäftsführers s. BMF-Schreiben vom 14. Oktober 2002 – VI A 2 – S 2742 – 62/02, DB 2002, 2243 = BStBl I 2002, 972. Die Finanzverwaltung prüft die einzelnen Vergütungsbestandteile, ob sie dem Grunde und der Höhe nach durch das Gesellschaftsverhältnis veranlasst sind. Die Vergütung muss angemessen sein nach Art und Umfang der Tätigkeit, im Verhältnis zum Gesamtgewinn der Gesellschaft und zur verbleibenden Eigenkapitalverzinsung und hinsichtlich des internen und des externen Betiebsvergleichs. Die OFD Karlsruhe hat mit Verfügung vom 17. April 2001 (DStR 2001, 792) zum Fremdvergleich eine nach Branchen gegliederte Struktur der Vergütungen veröffentlicht. S. dazu AktStR 2003, 369 (S. 114).
2 BGH-Urteil vom 28. September 1992 II ZR 299/91, BB 1993, 1162, m. Anm. Döllerer in BB 1993, 1498, Steuerrechtliche verdeckte Gewinnausschüttung und Wettbewerbsverbot.
3 BSG-Urteil vom 1. Februar 1996 – 2 RV 7/95, WiB 1997, 26.

Sind hohe stille Reserven vorhanden, kann es sich empfehlen, dass die GmbH zunächst das Unternehmen verpachtet. Der Alleingesellschafter kann eine Einzelfirma gründen, mehrere Gesellschafter eine Personengesellschaft, die das Unternehmen pachten. Wird das Anlage- und Umlaufvermögen der GmbH nicht erneuert und werden Maschinen und sonstiges Betriebsvermögen von der neuen Firma gekauft, schwinden allmählich die stillen Reserven. Durch geringen Umsatz kann sich die GmbH zu einer kleinen GmbH wandeln und damit auch ihre Publizitätspflichten mindern.

92 (8) Bei der Umwandlung einer GmbH sind verschiedene Sachverhalte zu unterscheiden.

a) Bei der GmbH mit Gewinn führt die

– Aufstockung der Buchwerte zu einer Besteuerung aller offenen Rücklagen und stillen Reserven (letztere außer originären immateriellen Wirtschaftsgütern) zum Steuersatz des Anteilseigners zuzüglich der Gewerbesteuer auf der Ebene der GmbH auf die stillen Reserven,

– Buchwertfortführung zur Besteuerung aller offenen Rücklagen zum Steuersatz des Anteilseigners.

b) Bei der GmbH mit Verlust, deren Buchkapital positiv ist und bei der stille Reserven vorhanden sind, kommt es zwingend zu einer steuerfreien Aufstockung der stillen Reserven, und zwar entweder bei der GmbH oder der KG.

– Bei Verschmelzung hat der Steuerpflichtige die Wahl, die Aufstockung bei der GmbH vorzunehmen (ohne originäre immaterielle Wirtschaftsgüter); die Aufstockung wirkt auch gewerbesteuerrechtlich. Ein verbleibender Übernahmeverlust, der durch stille Reserven gedeckt ist, führt zur Aufstockung der Buchwerte bei der neuen KG; diese Aufstockung wirkt nicht gewerbesteuerrechtlich. Bei der GmbH mit Verlust, deren Buchkapital positiv ist und bei der keine stillen Reserven vorhanden sind, ist kein Aufstockungspotenzial vorhanden; infolgedessen entsteht ein Übernahmeverlust.

c) Bei der GmbH mit Verlust, deren Buchkapital negativ ist, bei der aber stille Reserven vorhanden sind, können die stillen Reserven bei der GmbH steuerfrei aufgestockt werden.

– Bei der GmbH mit Verlust, deren Buchkapital negativ ist und bei der keine stillen Reserven vorhanden sind, geht der Überschuldungsteil verloren.

d) Gesellschafterdarlehen verwandeln sich in all diesen Fällen aus Privatvermögen in mitunternehmerisches Eigenkapital.

93 (9) Bedacht werden muss auch, wer die GmbH in organrechtlichen Rechtsstreitigkeiten mit ihrem Geschäftsführer vertritt. Gibt es nur einen Geschäftsführer oder sind die übrigen Geschäftsführer nicht alleinvertretungsberechtigt, muss die Gesellschafterversammlung einen weiteren Geschäftsführer oder einen Prozessvertreter bestellen. Eine Satzungsbestimmung sollte regeln, wer ersatzweise für die Gesellschafterversammlung die GmbH vertreten soll.

(2) GmbH und Still

94 **Schrifttum:** *Blaurock,* Handbuch der Stillen Gesellschaft, 6. Aufl. Köln 2003; *Fichtelmann,* GmbH & Still im Steuerrecht, 4. Aufl., Heidelberg 1995; *Schoor,* Die GmbH und Still im Steuerrecht, 3. Aufl., Herne/Berlin 2001; *Schulze zur Wiesche,* Die GmbH & Still, 4. Aufl., München 2003; *Weimar,* Die GmbH & Still im Fortschritt des Gesellschaftsrechts, ZIP 1993, 1509.

Die GmbH & Still ermöglicht es, der GmbH Kapital zuzuführen, ohne dass der Kapitalgeber nach außen in Erscheinung tritt. Sie erlaubt z. B. – ohne Eintragung ins Handelsregister –, die Haftungsvorteile der Kapitalgesellschaft mit den Einkünfteverlagerungsmöglichkeiten der Stillen Gesellschaft – eingeschränkt allerdings bei der atypischen Stillen Gesellschaft – zu kombinieren. 95

Der Anteil des stillen Gesellschafters am Gewinn mindert den Gewinn der GmbH.

Der rechtsformspezifische Rechnungslegungsaufwand entspricht dem der GmbH, denn der Aufwand aufgrund der stillen Beteiligung ist nur geringfügig größer.

Beherrscht der stille Gesellschafter die GmbH & Still muss auf die Gefahr verdeckter Gewinnausschüttungen geachtet werden. 96

Zahlt eine Kapitalgesellschaft einem ausscheidenden atypischen stillen Gesellschafter eine Abfindung, die auch den selbst geschaffenen, bisher nicht bilanzierten Geschäftswert abgilt, hat sie den darauf entfallenden Anteil der Abfindung als derivativen Geschäftswert zu aktivieren. Nur dieser derivative Anteil am Geschäftswert ist bei einer anschließenden Umwandlung der Kapitalgesellschaft auf den Alleingesellschafter nach § 3 Satz 1 UmwStG 1977 in der Schlussbilanz (Umwandlungsbilanz) der Kapitalgesellschaft anzusetzen. Da es sich bei der Umwandlung nicht um einen marktoffenen Vorgang handelt, der zu einer Bestätigung des selbst geschaffenen Geschäftswerts am Markt führt, bleibt der auf den originären Geschäftswert entfallende Anteil außer Ansatz.[1] 97

(unbesetzt) 98–100

(3) GmbH & Co. KG

Schrifttum: *Binz/Sorg,* Die GmbH & Co., 9. Aufl., München 2003; *Binz/Sorg,* Die GmbH & Co. KG auf Aktien, BB 1988, 2041; *Brönner u. a.,* Die GmbH & Co. KG, 8. Aufl., Freiburg i. Br. 1998; *Bühler,* Zur (Rechtsschein-)Haftung einer GmbH, GmbHR 1991, 356; *Dieterle/Winckler,* Unternehmensbegründung, München 1990; *Fichtelmann,* Die GmbH & Co. KG im Steuerrecht, 7. Aufl., Heidelberg 1994; *Graf,* Die Kapitalgesellschaft & Co. KG auf Aktien, Heidelberg 1993; *Hennerkes/Binz,* Die GmbH & Co. KG, 8. Aufl., München 1991; *Hesselmann/Tillmann,* Handbuch der GmbH & Co., 18. Aufl., Köln 1997; *Jestädt,* GmbH und Co. GbR – Steuerverstrickungsmodell, DStR 1992, 349; *Junker,* Die Anwendung von Kapitalgesellschaftsrecht auf die KG bei der GmbH & Co. KG, DStR 1993, 1786; *Klamroth,* Die GmbH & Co. KG, 7. Aufl., Heidelberg 1993; *Schmidt, Karsten,* Handelsrechtliche Probleme der doppelstöckigen GmbH & Co. KG, DB 1990, 93; *Schmidt, Karsten,* Gesellschafterbeschlüsse in der typischen GmbH & Co. KG – Ein Beitrag zum „Verzahnungsproblem" bei der Vertragsgestaltung, in Freundesgabe Haas „Steuerrecht und Gesellschaftsrecht als Gestaltungsaufgabe", Herne/Berlin 1995; *Schulze zur Wiesche,* GmbH & Co. KG, 2. Aufl., Wiesbaden 1991; *Sudhoff,* GmbH & Co. KG, 5. Aufl. München 2000; *Sudhoff,* Rechte und Pflichten des Geschäftsführers einer GmbH und einer GmbH & Co., 14. Aufl., Köln 1994; *Tillmann,* Handbuch der GmbH & Co., 18. Aufl., Köln 1997 (1.–16. Aufl. = Hesselmann); *Wagner/Rux,* Die GmbH & Co KG, 9. Aufl. Berlin 2001. 101

Die **GmbH & Co.** KG ist eine Kommanditgesellschaft. Die GmbH ist Komplementärin. Haftet neben der GmbH noch eine natürliche Person als persönlich haftender Gesellschafter, wird auch von einer „unechten" GmbH & Co. KG gesprochen. Gegründet wird die GmbH & Co. KG dadurch, dass die Komplementär-GmbH und mindestens ein Kommanditist einen Vertrag über die Errichtung einer Kommanditgesellschaft abschließen. 102

---

1 BFH-Urteil vom 16. Mai 2002 III R 45/98, DB 2002, 2411.

Von der unechten GmbH & Co. KG abgesehen hat die GmbH & Co. KG den Vorteil, dass keine an dem Unternehmen beteiligte natürliche Person persönlich haftet. Geschäftsführer der GmbH & Co. KG kann jeder beliebige Dritte sein.

Der Gesellschaftsvertrag der GmbH & Co. KG kann nahezu unbeschränkt frei gestaltet werden.

Hinsichtlich der Einzelheiten wird auf die Ausführungen zur KG und zur GmbH verwiesen.

103 Bei der Einmann-GmbH & Co. KG ist der Alleingesellschafter der GmbH zugleich der einzige Kommanditist.

104 Das Verbot des Selbstkontrahierens gilt auch für den Gesellschafter-Geschäftsführer[1] der GmbH[2].

105 Bei einer GmbH & Co. KG gehört grundsätzlich der Geschäftsanteil eines Kommanditisten an der Komplementär-GmbH zum Sonderbetriebsvermögen II des Kommanditisten, weil dieser Geschäftsanteil es dem Kommanditisten ermöglicht, über seine Stellung in der Komplementär-GmbH Einfluss auf die Geschäftsführung der GmbH & Co. KG auszuüben.

106 Bei einer doppelstöckigen GmbH & Co. KG wird die Stellung eines Kommanditisten der Untergesellschaft durch seine Beteiligung an der Komplementär-GmbH der Obergesellschaft nur dann verstärkt, wenn der betreffende Kommanditist in der Obergesellschaft einen beherrschenden Einfluss ausüben kann[3].

107–108 *(unbesetzt)*

(4) GmbH & Co KG aA

109 **Schrifttum:** *Binz/Sorg,* Die GmbH & Co KG auf Aktien, BB 1988, 2041; *Graf,* Die Kapitalgesellschaft und Co. KG auf Aktien, Heidelberg 1993; *Halasz/Kloster/Kloster,* Die GmbH & Co. KGaA, Eine Rechtsformalternative zur GmbH & Co. KG?, GmbHR 2002, 77.

Siehe dazu auch Rn 158 – 170

110 *(unbesetzt)*

(5) Doppelgesellschaften

111 Wieder andere Gesichtspunkte sind dafür maßgebend, dass ein Unternehmen als **Doppelgesellschaft** betrieben wird[4].

gg) Betriebsaufspaltung

112 **Schrifttum:** Vgl. Rn 6501.

113 Wird ein (wirtschaftlich) einheitliches Unternehmen als Doppelgesellschaft betrieben, spricht man von Betriebsaufspaltung[5], wenn an beiden Gesellschaften die gleichen Gesellschafter im gleichen Verhältnis unmittelbar beteiligt sind. Unerheblich ist, ob die Dop-

---

1 BGH-Urteil vom 24. September 1990 II ZR 167/89, BB 1991, 85.
2 Vgl. auch Rn 88.
3 BFH-Urteil vom 11. Dezember 1990 VIII R 14/87, BFHE 164, 20, BStBl II 1991, 510.
4 Vgl. Rn 6501 ff.; ferner *Loos,* Die steuerliche Behandlung der Spaltung von Kapitalgesellschaften, DB 1990, 1359.
5 Vgl. Rn 6501 ff.

pelgesellschaft durch Ausgründung entstanden ist oder ob die beiden Gesellschaften zeitlich miteinander oder nacheinander gegründet wurden.

Das Besitzunternehmen – i. d. R. ein Einzelunternehmen oder eine Personengesellschaft – verpachtet sein Anlagevermögen i. d. R. an eine Betriebs-GmbH, die Produktion und Vertrieb übernimmt.

Vorteilhaft ist die Haftungsbeschränkung; denn in der Insolvenz der Betriebs-GmbH fällt das verpachtete Anlagevermögen nicht in die Insolvenzmasse.

Das Betreiben eines Unternehmens durch eine Besitz-Personengesellschaft und eine Betriebs-Kapitalgesellschaft eröffnet den Gesellschaftern die Möglichkeit, einen Teil des erwirtschafteten Gewinns des Betriebsunternehmens den Gesellschaftern in Form von Gehältern an die Gesellschafter-Geschäftsführer, von Darlehenszinsen, Miet- und Pachtzahlungen an die Gesellschafter zu leisten, und, wenn die Besitz-Personengesellschaft nur Einkünfte nicht gewerblicher Art erzielt, Gewerbesteuer zu sparen. Gehören Grundstücke, die an die Kapitalgesellschaft verpachtet werden, zum Privatvermögen des verpachtenden Gesellschafters, lösten ihre Veräußerung und der dabei erzielte Gewinn außerhalb des Spekulationstatbestandes keine Einkommensteuer aus. 114

Beherrschen die hinter den Unternehmen stehenden Personen kraft ihres einheitlichen geschäftlichen Betätigungswillens die rechtlich und wirtschaftlich selbstständigen Unternehmen, liegt eine Betriebsaufspaltung im steuerrechtlichen Sinne vor. 115

Regelmäßig aber wird von der Aufspaltung des Unternehmens das verpachtete Vermögen des Besitzunternehmens Betriebsvermögen gewesen sein; an dem Betriebsvermögenscharakter ändert sich dann durch die Aufgliederung des einstmals einheitlichen Unternehmens nichts.

Ebenso bleiben etwaige Gesellschafterdarlehen an die Betriebsgesellschaft notwendiges Betriebsvermögen, und die Anteile an der Betriebs-Kapitalgesellschaft werden notwendiges Betriebsvermögen des Besitzunternehmens. Das Besitzunternehmen bleibt auch regelmäßig gewerbesteuerpflichtig.

Eine Betriebsaufspaltung entfällt, wenn Besitzunternehmen und Betriebsunternehmen keine gemeinsamen Gesellschafter (Unternehmer) haben (Wiesbadener Modell)[1]. Bei der Beurteilung der personellen Verflechtung zwischen Besitz- und Betriebsunternehmen als Voraussetzung für die Annahme einer Betriebsaufspaltung darf nicht von der Vermutung ausgegangen werden, Eheleute verfolgten gleichgerichtete wirtschaftliche Interessen[2]. 116

(unbesetzt) 117–118

hh) Wiesbadener Modell

Das Wiesbadener Modell[3] ist eine Betriebsaufspaltung, bei der das Besitzunternehmen keinen gewerblichen Charakter hat, sondern Einkünfte aus Vermietung und Verpachtung erzielt. Die sachliche Verflechtung kann i. d. R. nicht verhindert werden; deshalb wird das Wiesbadener Modell dadurch verwirklicht, dass eine personelle Verflechtung zwischen dem Besitz- und dem Betriebsunternehmen vermieden wird[4]. 119

---

1 Vgl. BFH-Urteil vom 30. Juli 1985 VIII R 263/81, BFHE 145, 129, BStBl II 1986, 359.
2 Vgl. BVerfG-Beschluss vom 12. März 1985 I BvR 571/81, I BvR 494/82, I BvR 47/83, BVerfGE 69, 188; BFH-Urteil vom 27. November 1985 I R 115/85, BFHE 145, 221, BStBl II 1986, 362.
3 Vgl. dazu *Pelka,* Strategien gegen die Zwangsrealisierung von stillen Reserven, FR 1987, 321.
4 Vgl. BFH-Urteil vom 30. Juli 1985 VIII R 263/81, BFHE 145, 129, BStBl II 1986, 359.

Von der reinen GmbH unterscheidet sich das Wiesbadener Modell dadurch, dass die GmbH den betrieblich genutzten Grundbesitz oder auch andere Wirtschaftsgüter nicht erwirbt, sondern mietet. Das Besitzunternehmen ist nicht gewerbesteuerpflichtig, und die Wertsteigerung des Grundbesitzes unterliegt nicht den Ertragsteuern.

120–130 *(unbesetzt)*

ii) Aktiengesellschaft

131 Schrifttum: *Balser/Bokelmann/Ott/Piorreck,* Die Aktiengesellschaft, Freiburg i. Br., 4. Aufl., Berlin 2001; *Bartone,* Die kleine Aktiengesellschaft, Bielefeld 2002, Beck'sches Handbuch der AG, München 2004; *Bierling,* Alle Haftungsrisiken für Vorstand und Aufsichtsrat der kleinen Aktiengesellschaft, Offenburg 2002; *Blättchen,* Going Public von Familienunternehmen, Finanz Betrieb 0/99, S. 1; *Borgmann,* Der Organstreit in der Kapitalgesellschaft, ZGR 1998, 120; *Ederer,* Going Public – Der Gang zur Börse, BuW 2001, (I) 353, (II) 397; *Fritsch/Fleischer,* Das neue Recht des Squeeze out, ZGR 2002, 757; *Geßler,* Aktiengesetz, Neuwied 1995; *Hahn,* „Kleine AG", eine rechtspolitische Idee zum unternehmerischen Erfolg, DB 1994, 1659; *Happ,* Aktienrecht, Handbuch – Mustertexte – Kommentar, Heidelberg 1995; *Harrez/Heidemann,* Going Public – Einführung in die Thematik, DStR 1999, 254; *Heidel (Hrsg.),* Aktienrecht, Bonn 2003; *Henn,* Handbuch des Aktienrechts, 4. Aufl., Heidelberg 1991; *Höffer,* Aktiengesetz, 2. Aufl., München 1995; *Hölters/Deilmann/Buchta,* Die kleine Aktiengesellschaft, 2. Aufl. München 2002; *Hoffmann-Becking,* Aktiengesellschaft (Bd. 4 des Münchener Handbuchs des Gesellschaftsrechts), München 1998; *Hommelhoff,* „Kleine Aktiengesellschaften" im System des deutschen Rechts, AG 1995, 529; *Hopt/Wiedemann,* Aktiengesetz, 4. Aufl., 1992 ff.; *Hüffer,* Aktiengesetz, 5. Aufl., München 2002; *Kindler,* Die Aktiengesellschaft für den Mittelstand, NJW 1994, 3041; *Kölner Kommentar* zum Aktiengesetz, 2. Aufl., Köln 1996; *Koch/Jensen/Steinhoff,* Going Public, Köln 1991; *Kraft,* Gesellschaftsrechtliche Probleme der Vorratsgründung einer Aktiengesellschaft und einer Gesellschaft mit beschränkter Haftung, DStR 1993, 101; *Kürten,* Die Besteuerung von Unternehmensbeteiligungsgesellschaften, DB 1991, 623; *Lutter/Kremer,* Die Beratung der Gesellschaft durch Aufsichtsratsmitglieder, ZRG 1992 (21. Jg.), 87; *Möhring,* Handbuch der Aktiengesellschaft, Köln (Loseblatt, 2 Ordner); *Münchener Kommentar zum Aktiengesetz,* 2. Aufl. München 2003; *Nirk/Brezing/Bächle,* Handbuch der Aktiengesellschaft, 2. Aufl., Köln; *Planck,* Kleine AG als Rechtsform – Alternative zur GmbH, GmbHR 1994, 501; *Potthoff/Trescher,* Das Aufsichtsratsmitglied, 3. Aufl., Stuttgart 1996; *Schindhelm,* Die AG & Co. KG, GmbHR 1993, 411; *Seibert/Kiem (Hrsg.),* Handbuch der kleinen AG, 4. Aufl. Köln 2000; *Volk,* Going Public, 3. Aufl., Stuttgart 2000; *Verspay,* Die kleine AG, 3. Aufl. Rennigen-Malmsheim 2001; *Wegmann/Koch,* Die Emissionspreisfindung im Zusammenhang mit der Börseneinführung von mittelständischen Unternehmen am Markt, DStR 1999, 514.

132 (1) Manchem Unternehmer macht das zu geringe Eigenkapital Sorge. Vielfach besteht gleichzeitig ein steigender Kapitalbedarf. Die Produktionsmittel müssen erneuert, die Produktion muss ausgeweitet oder es müssen beide Ziele verfolgt werden, um die Konkurrenzfähigkeit zu erhalten.

Die Nachfolge zu regeln und zugleich die Erben gerecht zu behandeln, scheint ein unerreichbares Ziel zu sein.

Zu prüfen ist unter solchen Umständen, ob die Umwandlung des Unternehmens in eine Aktiengesellschaft möglich ist.

133 Die Aktiengesellschaft (AG) ist als juristische Person in ihrem rechtlichen Bestand von dem Schicksal ihrer Anteilseigner unabhängig; sie ist dem Werden und Vergehen, dem der Mensch ausgesetzt ist, nicht unterworfen.

Der gesetzliche Grundfall der Gründung einer AG ist die Bargründung, bei der die Gründer (eine oder mehrere Personen) die von ihnen übernommenen Aktien durch Bareinlagen zu belegen haben.

Die Stückelung des Grundkapitals in Aktien ermöglicht es, in einfacher Weise den Nachlass (das Vermögen des Erblassers) im Erbfall auf die Erben gerecht zu verteilen. Die Aktien können verschiedene Rechte gewähren, namentlich bei der Verteilung des Gewinns und des Gesellschaftsvermögens. Vorzugsaktien können ohne Stimmrecht ausgegeben werden. 134

Unternehmensführung und Eigentum können getrennt werden; das kann für die Nachfolgeregelung bedeutsam sein.

Der Zugang zum Kapitalmarkt kann die Fragen des Kapitalbedarfs lösen. 135

Die Einwendungen gegenüber der Wahl der Rechtsform der AG, nämlich 136

- verringerter Einfluss auf die Geschäftsführung,
- Steuernachteile,
- rechtsformbedingte Kosten,
- Publizitätsverpflichtung,
- Mitbestimmung

erweisen sich vielfach als Vorurteile und werden von den Vorteilen wettgemacht, nämlich

- der dauerhaften Sicherung des betrieblich erforderlichen Eigenkapitals,
- dem Wegfall von Abfindungsansprüchen bei Ausscheiden von Gesellschaftern,
- der leichten Übertragbarkeit der Aktie,
- der Trennung von Herrschaftsmacht und Eigentümerstellung,
- der Unabhängigkeit des Vorstands von den Anteilseignern und letztlich auch
- der Unternehmenspublizität.

Die Prüfung, ob ein Unternehmen von einem Einzelunternehmen oder einer Familienpersonengesellschaft in eine AG umwandelbar ist, also emissions- und börsenfähig ist, sollte nicht unterbleiben.

(2) Der Mindestnennbetrag des in Aktien zerlegten Grundkapitals einer Aktiengesellschaft beträgt 50 000 €, Nennbetragsaktien müssen auf mindestens 1 € lauten; höhere Aktiennennbeträge müssen auf volle € lauten. 137

(a) An der Gründung einer Aktiengesellschaft – der Feststellung des Gesellschaftsvertrags der AG – müssen sich eine oder mehrere Personen beteiligen, welche die Aktien gegen Einlagen übernehmen. 138

(b) Bei Bargründung und gemischten Bar- und Sachgründungen kann die Gesellschaft erst dann zur Eintragung in das Handelsregister angemeldet werden, wenn auch auf jede Aktie der eingeforderte Betrag ordnungsgemäß gezahlt worden ist. Bei Bareinlagen beträgt die Mindestleistung für jede Aktie ein Viertel des Nennbetrages der Aktien zuzüglich des vollen Aufgeldes bei der Ausgabe der Aktien für einen höheren als den Nennbetrag. 139

Beispiel: 140
Nennbetrag der Aktien 50 €
Aufgeld 100 €.
Der Aktionär hat in diesem Fall je übernommener Aktie einen Betrag von 112,50 € zu leisten (¼ von 50 € = 12,50 €; zuzüglich 100 €). Die ungesicherte Bareinlage beträgt danach ¾ des Nennbetrages, also 37,50 €.

141 (c) Im Fall der Einmann-Gründung ist die Bareinlageverpflichtung in der Form zu erfüllen, dass der Gründer insoweit eine Sicherheit bestellt (§ 36 Abs. 2 Satz 2 AktG, der § 7 Abs. 2 Satz 3 GmbHG entspricht).

Als Sicherungsmittel kommen insbesondere Bankbürgschaften, Bankgarantien, Bürgschaften und Garantien anderer Art in Betracht.

142 (d) Die Tatsachen, dass eine Einpersonengesellschaft gegründet wird, dass alle Anteile in einer Hand vereint wurden sowie dass Identität des einzelnen Gesellschafters mit der Gesellschaft besteht, sind offen zu legen.

Das Entstehen einer Einpersonen-AG sowie Name, Vorname, Beruf und Wohnort des Alleinaktionärs sind bei dem Gericht anzumelden.

143 (e) Für die Richtigkeit der Angaben über Sicherungen noch ausstehender Geldanlagen haftet der Gründer.

144 (f) Die Hauptversammlung kann mittels eingeschriebenen Briefs einberufen werden. Dies entspricht der Form der Einberufung der Gesellschafterversammlung bei der GmbH. Gleiches gilt für die Bekanntmachung der Tagesordnung und der Minderheitsverlangen. Der Tag der Absendung des Briefs gilt als Tag der Bekanntmachung der Einberufung.

Die Willensbildung in der Hauptversammlung wird bei nicht börsenzugelassenen Aktiengesellschaften durch die Aufnahme einer vom Vorsitzenden des Aufsichtsrats zu unterzeichnenden Niederschrift dokumentiert. Nur bei Beschlüssen, für die gesetzlich eine Dreiviertel- oder größere Mehrheit bestimmt ist, also den sog. Grundlagenbeschlüssen, besteht Beurkundungszwang.

145 (g) Bei nicht börsenzugelassenen Aktiengesellschaften besteht die Möglichkeit, in der Satzung die Kompetenzen von Vorstand und Aufsichtsrat zur Gewinnrücklagenbindung auf einen geringeren Teil als die Hälfte des Jahresüberschusses zu beschränken.

146 (h) Neu zu gründende Aktiengesellschaften mit weniger als 500 Arbeitnehmern sind von der Drittel-Mitbestimmung befreit. Aktiengesellschaft und GmbH sind also auch insoweit gleichbehandelt. Altgesellschaften – soweit sie keine „Familiengesellschaften" und damit mitbestimmungsfrei sind – wurden nicht aus der Mitbestimmung herausgenommen.

147 (i) Das Mindestnennbetrag der Aktie beträgt 1 €.

148 (3) Die Gestaltung einer Aktiengesellschaft mit Namensaktien oder mit vinkulierten Namensaktien (die Veräußerung der Aktien ist an die Zustimmung der Gesellschaft gebunden, §§ 10, 55 AktG) und der einer AG mit Nebenleistungsverpflichtungen (§ 55 AktG) ermöglicht es, die Gesellschaft der GmbH oder der Personengesellschaft anzunähern.

Sobald einem Unternehmen mehr als 25 vH der Aktien einer AG mit Sitz in der Bundesrepublik gehören, hat es dies der Gesellschaft unverzüglich schriftlich mitzuteilen. Das Gleiche gilt, sobald dem Unternehmen einer Mehrheitsbeteiligung gehört. Die Aktiengesellschaft hat das Bestehen einer solchen Minderheits- oder Mehrheitsbeteiligung unverzüglich nach den Bestimmungen des Aktiengesetzes bekannt zu machen. Dabei ist das Unternehmen anzugeben, dem die Beteiligung gehört. Unterlässt das mitteilungspflichtige Unternehmen die vorgeschriebene Mitteilung, kann es Rechte aus den betreffenden Aktien nicht ausüben.

149 (4) Die Einhaltung der Gründungsbestimmungen ist ein Teil des Preises für die Sicherheit vor einem Haftungsdurchgriff auf die hinter der juristischen Person stehenden natürlichen Personen.

Der Einblick der Öffentlichkeit durch den Publizitätszwang erhöht den Bekanntheitsgrad des Unternehmens – das wirkt günstig in der Werbung, beim Absatz und für den Ruf des Unternehmens –, fördert ein Verhalten der Unternehmensleitung, das der Außenkritik standhält und auf den Vorteil des Unternehmens bedacht ist.

Die börsennotierte Aktiengesellschaft steht mit anderen Worten zwar stärker im Blickpunkt der Öffentlichkeit als andere nach Größenordnung und Art vergleichbare Unternehmen, wird dabei aber für die Außenwelt ein berechenbareres Objekt als die Personengesellschaft. Die Wirtschaftspresse berichtet über alle Veränderungen, kommentiert die Zwischenberichte und Jahresabschlüsse und informiert über die Hauptversammlungen, erwähnt außergewöhnliche Kursveränderungen und versucht, sie zu erklären. Auch die „vertraulichen Informationen" der verschiedenen Wirtschaftsdienste wirken sich im Ergebnis günstig für das Unternehmen aus.

(5) Für qualifizierte Fremdmanager – das ist z. B. ein wichtiger Gesichtspunkt, wenn geeignete Familienangehörige als Nachfolger nicht in Betracht kommen – ist eine börsennotierte Aktiengesellschaft, auch wenn sie unter Familieneinfluss steht, wesentlich interessanter als Unternehmen anderer Rechtsformen. Vom Gesetz ist dem Vorstand die eigenverantwortliche und selbstständige Unternehmerfunktion zugewiesen und unabdingbar die entsprechenden Entscheidungskompetenzen verliehen worden. Der Vorstand unterliegt zwar der Kontrolle des Aufsichtsrats, aber nicht dessen Weisungen, ebenso wenig denen der Hauptversammlung. Das zieht Führungskräfte an. 150

(6) Die Zugehörigkeit von Arbeitnehmervertretern im Aufsichtsrat wird bei der reinen Familienaktiengesellschaft vermieden. 151

Denn ausgenommen von der Mitbestimmung sind Familienaktiengesellschaften mit weniger als 500 Arbeitnehmern (§ 129 Abs. 1 BetrVG i. V. m. § 76 Abs. 4 BetrVG 1972). Als Familiengesellschaften gelten solche Aktiengesellschaften, deren Aktionär eine einzelne natürliche Person ist oder deren Aktionäre untereinander i. S. v. § 15 Abs. 1 Nr. 2–8, Abs. 2 AO 1977 verwandt oder verschwägert sind.

(7) Durch die zwingenden Bilanzierungsbestimmungen des Aktiengesetzes, die Formstrenge, die Verpflichtung zur Abschlussprüfung und zum Geschäftsbericht wird die Kreditwürdigkeit erhöht. Die Finanzierung von Vorhaben wird dadurch erleichtert, und das gilt auch für Vorhaben der Zusammenarbeit mit anderen Unternehmen. 152

(8) Außer der breiten Basis für die Kapitalaufbringung durch Zugang zum öffentlichen Kapitalmarkt erweist sich die Stückelung der Anteile – also die leichte Teilbarkeit des Aktienbesitzes – als geeignetes Instrument, Erbfälle zu regeln. 153

Die Fungibilität der Aktie einerseits und die Marktfunktion der Börse andererseits bieten zudem vorteilhafte Voraussetzungen für die Einführung und Handhabung von Mitarbeiterbeteiligungen.

(9) Liegen die Voraussetzungen für die Gründung einer Aktiengesellschaft vor, sind also die Probleme des Kapitalbedarfs, der Nachfolge in die Unternehmerfunktion und die einer gerechten Erbregelung in einer Weise lösbar, die für den Einzelunternehmer unerreichbar erscheinen. 154

Beim zeitlichen Ablauf des Gangs zur Börse sind zu bedenken

– die alternativen Maßnahmen der Kapitalbeschaffung,
– die Prüfung der Börsenreife,

- die Wahl des Börsensegments,
- die Wahl der richtigen Rechtsform,
- die Emissionspartner,
- der Emissionsvertrag,
- das Emissionskonzept,
- die Platzierungsstrategie,
- etwaige Besonderheiten, insbesondere bei Familienunternehmen,
- die begleitenden Maßnahmen der Veröffentlichung.

155 (10) Bei der kleinen Kapitalgesellschaft – also einer Aktiengesellschaft mit einer Bilanzsumme bis zu 3 438 000 €, bis zu 6 875 000 € Umsatz und bis zu 50 Beschäftigten – betragen die Fristen zur Bilanzaufstellung sechs Monate, zur Bilanzfeststellung 11 Monate und zur Offenlegung dieser Daten 12 Monate. Es besteht keine Pflicht zur Prüfung durch Wirtschaftsprüfer oder vereidigte Buchprüfer.

Zwar müssen die Unterlagen beim Handelsregister hinterlegt werden, aber es besteht keine Pflicht zur Publikation im Bundesanzeiger.

Die Bilanz ist in Kurzform vorzulegen, ebenso der Anhang. Außer der Gesellschafterliste müssen zwar das Jahresergebnis, der Ergebnisverwendungsvorschlag und der Ergebnisverwendungsbeschluss dargelegt werden, nicht aber die Gewinn- und Verlustrechnung, der Lagebericht, der Prüfungsvermerk und der Bericht des Aufsichtsrats.

156 (11) Nachteilig ist der Umstand, dass sich die für die Ermittlung der Erbschaftsteuer maßgebliche Bemessungsgrundlage durch den nach der Börseneinführung zu Grunde zu legenden Börsenkurs regelmäßig nicht unerheblich gegenüber dem bis dahin angewandten Stuttgarter Verfahren oder dem der Zugrundelegung von gelegentlichen Anteilsverkäufen erhöht. Dieser Nachteil ist als Preis dafür zu sehen, dass das Unternehmen in seiner Eigenständigkeit gesichert ist und den Kapitalmarkt in Anspruch nehmen kann.

157 (12) Bedacht werden muss, dass die Aktionäre einer Gesellschaft durch öffentliche Übernahmeangebote (take-over-bids) veranlasst werden können, ihre Aktien an den Bieter zu dem angebotenen Kurs zu verkaufen. Zweck solcher Angebote ist es, die Mehrheit oder eine qualifizierte Mehrheit der Aktien eines Unternehmens zu erwerben. Dies geschieht zuweilen mit dem Ziel, ein Unternehmen aufzukaufen, um es Gewinn bringend wieder zu veräußern. Diese ango-amerikanische Praxis wird auch in Deutschland vordringen.

Mehrheitsaktionäre können Kleinaktionäre mittels Barabfindung aus der AG ausschließen (man liest diesen Vorgang vielfach unter dem Ausdruck squeeze-out beschrieben).

(13) Wird eine AG in eine AG & Co. KG umgewandelt, wird zur Wahrnehmung der Stimmrechte der unbekannten Aktionäre/Kommanditisten ein Pfleger bestellt.[1]

(14) Börsennotierte AG'en müssen jährlich eine Entsprechenserklärung zu den Empfehlungen des Deutsche Corporate Governance Kodex abgeben.[2] Darin haben die Unternehmen darzulegen, ob sie die Empfehlungen des Kodex beachtet haben und künftig beachten werden, von welchen Empfehlungen ggf abgewichen wurde und weiterhin abgewichen werden wird oder ob alle Empfehlungen abgelehnt werden.

---

1 Vgl. OLG Hamm Beschluss vom 12. Juli 2002 – 15 W 162/02, DB 2002, 2428.
2 Transparenz- und Publizitätsgesetz, BGBl I 2002, 2681.

jj) AG & Still

Es gilt, was zur Stillen Gesellschaft gesagt worden ist, entpsrechend. 158

kk) KGaA und GmbH & Co. KG auf Aktien

Schrifttum: *Binz/Sorg,* Die GmbH & Co. KG auf Aktien, BB 1988, 2041; *Binz/Sorg,* Die KGaA mit beschränkter Haftung – quo vadis?, DB 1997, 313; *Hennerkes/Lorz,* Roma locuta causa finita: Die GmbH & Co. KGaA ist zulässig, DB 1997, 1388; *Fischer, Michael,* Die Besteuerung der KGaA und ihrer Gesellschafter, DStR 1997, 1519; *Graf,* Die Kapitalgesellschaft & Co. KG auf Aktien, Heidelberg 1993; *Haase,* Die Vorteile der GmbH & Co. KG in gesellschaftsrechtlicher Sicht, GmbHR 1997, 917; *Halasz/Kloster/Kloster,* Die GmbH & Co. KG aA, Eine Rechtsformalternative zur GmbH & Co. KG?, GmbHR 2002, 77; *Hartel,* Die GmbH & Co. KG auf Aktien; *Ladwig/Motte,* Die Kommanditgesellschaft auf Aktien – Eine Alternative für börsenwillige mittelständische Unternehmen?, DStR 1996, 800; *Ladwig/Motte,* Die GmbH & Co. KG nach der Zulassung durch den BGH – die neue Rechtsform für den Mittelstand?, DStR 1997, 1539; *Niedner/Kusterer,* Die atypisch ausgestaltete Familien-KGaA aus der Sicht des Kommanditaktionärs, DB 1997, 1451; *Schmidt, Karsten,* Deregulierung des Aktienrechts durch Denaturierung der Kommanditgesellschaft auf Aktien, ZHR 1996, 265; *Uelner,* Ertragsteuerliche Grundprobleme beim Formwechsel einer KGaA, FS für Haas, Herne/Berlin 1996, 365. 159

Die KGaA ist eine Rechtsform, von der sich grob sagen lässt, 160

- sie ist in ihrer Führungsstruktur an der KG orientiert,

- sie ist von der Kapitalstruktur her gesehen an der AG orientiert, und

- bei ihr sind unternehmerische Funktion und Finanzierung getrennt.

Die GmbH & Co. KG auf Aktien ist eine Kombination von Aktien- und Personengesellschaft. Sie verbindet die Vorteile der GmbH & Co. KG mit der Möglichkeit der Kapitalbeschaffung über die Börse wie bei einer Aktiengesellschaft.

(unbesetzt) 161–170

ll) Weitere Überlegungen zur Gesellschaftsform

Es gibt keine Rechtsform, die für jedes Unternehmen und die auf Dauer ideal ist. 171

Aus den zahlreichen möglichen Gesellschaftsformen gilt es daher diejenige zu wählen, die für die vorgesehene Betätigung am zweckmäßigsten ist[1]. Der Gesellschaftsvertrag ist dann entsprechend zu ergänzen oder zu ändern. Eine Verfassung des Unternehmens sollte, bezogen auf die besonderen Umstände, maßgeschneidert werden.

Regelungsbedürftig sind insbesondere 172

- das Stimmrecht,

- die Geschäftsführung und Vertretungsbefugnisse[2],

- die Gewinnermittlung und Gewinnverteilung,

- die Tätigkeitspflichten der Gesellschafter einschließlich etwaiger Verpflichtungen zur Wettbewerbsbeschränkung,

- die Vertretung der einzelnen Geschäftsführer bei kürzeren und bei längerem Ausfall,

---

1 Zur Umwandlung der Rechtsform vgl. Rn 2576 ff.
2 Fällt z. B. einer von zwei gesamtvertretungsberechtigten Geschäftsführern einer GmbH weg, so erweitert sich die Vertretungsmacht des verbleibenden Geschäftsführers nicht zu einer Alleinvertretungsbefugnis. Vgl. Hanseatisches OLG, Beschluss vom 11. September 1987 11 W 55/87, GmbHR 1988, 67.

- die Kündigung,
- die Auseinandersetzung und
- die Folgen, die im Erbfall eintreten sollen.

173 Bevor eine GmbH oder GmbH & Co. KG gegründet wird, ein Unternehmen in eine dieser Rechtsformen umgewandelt oder eine Betriebsaufspaltung durchgeführt wird, muss der künftige Kapitalbedarf ermittelt werden. Wird die Höhe des Stamm- oder Festkapitals zu niedrig festgesetzt, wird die Überschuldungs- und Insolvenzgefahr in Verlustjahren erhöht.

174 Vor Umwandlung einer Personengesellschaft in eine GmbH oder der Gestaltung einer Betriebsaufspaltung müssen Steuerbelastungsvergleiche angestellt werden. Geschäftsführergehälter, Pensionszusagen und Pachtzinsen müssen in steuerlich zulässiger Weise vereinbart werden. Zugleich ist aber auch zu prüfen, ob deren Höhe zu mehrjährigen steuerlich nicht ausgleichbaren Verlusten sowie zur Überschuldung der Gesellschaft führen kann.

175 Da bei der GmbH und GmbH & Co. KG die Haftung der Gesellschafter bzw. der Kommanditisten auf deren Kapitaleinlagen beschränkt ist, gilt es, diese Gesellschaften mit dem notwendigen Eigenkapital und sicherungsgeeignetem Vermögen auszustatten. Eigenkapital und Vermögen der Gesellschaft müssen so hoch sein, dass eine zusätzliche Haftung der Gesellschafter für Kredite nicht notwendig wird. Eine solche Zielsetzung erfordert

- die Festlegung der Höhe des Gesellschaftskapitals,
- Vereinbarungen über die Bildung offener Rücklagen aus dem Gewinn,
- Regelungen bezüglich der Entnahmen und Einlagen der Gesellschafter,
- Regelungen über etwaige Gesellschafterdarlehen,
- Abreden über die Ermittlung und Auszahlung der Abfindungsentgelte beim Ausscheiden eines Gesellschafters und
- Vereinbarungen über den Erbfall, die es ermöglichen, dass das Eigenkapital erhalten werden kann.

176 Die GmbH unterliegt der Pflichtprüfung und der Offenlegung ihres Jahresabschlusses.

Der Rat der Europäischen Gemeinschaft hat vorgeschlagen, Personengesellschaften, deren persönlich haftende Gesellschafter ausschließlich Kapitalgesellschaften sind, unter die Bilanzrichtlinien fallen zu lassen, d. h. wie Kapitalgesellschaften zu behandeln. Die Auswahl der Unternehmensformen – z. B. die der GmbH & Co. KG – muss auch diesen Gesichtspunkt berücksichtigen; denn Deutschland kann sich diesem Ansinnen auf Dauer nicht entziehen.

177–180 *(unbesetzt)*

mm) Fortführung des Unternehmens in der Rechtsform einer Stiftung

181 **Schrifttum:** *Andrick/Suerbaum*, Stiftung und Aufsicht, München 2001; *Arbeitskreis „Unternehmensnachfolge" des Instituts der Wirtschaftsprüfer*, Gestaltungen zur Unternehmensfortführung -. Die Stiftung, Düsseldorf 1985; *Benicke*, Die Bedeutung des EG-Rechts für gemeinnützige Einrichtungen, EuZW 1996, 165; *Berkel/Krüger/Merking/Schindler/Steinsdörfer*, Treuhänderische Stiftungen, 5. Aufl., Essen 1995; *Berkel/Neuhoff/Schindler/Steinsdörfer*, Stiftungshandbuch, 3. Aufl. 1990; *Berndt*, Stiftung und Unternehmen, 7. Aufl., Herne/Berlin 2003; *Berndt*, Die Stiftung als Rechtsform zur Sicherung der Unternehmensnachfolge, NWB F. 18, 3505, 4003; *Binz/Sorg*, Die Stiftung,

3. Aufl., Heidelberg 1997; *Brandmüller,* Gewerbliche Stiftungen, 2. Aufl., Bielefeld 1998; *Carstensen,* Vermögensverwaltung, Vermögenserhaltung und Rechnungslegung gemeinnütziger Stiftungen, Diss. Hannover 1994; *v. Campenhausen/Kronke/Werner,* Stiftungen in Deutschland und Europa, IDW Verlag, Düsseldorf 1998; *Crezelius,* Das Gesetz zur weiteren steuerlichen Förderung von Stiftungen, ZEV 2000, 421; *Furtner,* Fallstudie einer Stiftung zur Unternehmensfortführung, DSWR 2003, 27; *Delp,* Die Stiftung & Co. KG, Heidelberg 1991; *Dietlein/Thiel,* Ringen um eine „Kultur des Gebens" – Renaissance des Stiftungswesens?, ZRP 2001, Heft 2, 72; *Gierlich,* Kultur- und Stiftungsförderungsgesetz, NWB, F. 2, 5601; *Goerdeler,* Zur Problematik der Unternehmensträgerstiftung, NJW 1992, 1487; *Götz,* Die gemeinnützige Stiftung im Zivil- und Steuerrecht, NWB F. 2, 7321; *Hennerkes,* Unternehmenshandbuch Familiengesellschaften – Sicherung von Unternehmen, Vermögen und Familie, Köln 1995; *Hennerkes/Binz/Sorg,* Die Stiftung als Rechtsform für Familienunternehmen – Die unternehmensverbundene Stiftung unter besonderer Berücksichtigung der Stiftung & Co. KG, DB 1986, 2217 und 2269; *Hennerkes/Schiffer,* Regelung der Unternehmensnachfolge durch Stiftungskonstruktionen?, BB 1992, 1940; *Hof/Hartmann/Richter,* Stiftungen, München 2002; *Hopt/Reuter,* Stiftungsrecht in Europa, Köln 2001; *Koss,* Rechnungslegung von Stiftungen, Düsseldorf 2003; *Muscheler,* Die Rechtsstellung der Stiftungsdestinatäre, WM 2003, 2213; *Hennerkes/Schiffer/Fuchs,* Die unterschiedliche Behandlung der unternehmensverbundenen Familienstiftung in der Praxis der Stiftungsbehörden, BB 1995, 209; *Heuel,* Unternehmensträgerstiftungen in Deutschland, Baden-Baden 2001; *Hüttemann,* Das Gesetz zur weiteren steuerlichen Förderung von Stiftungen, DB 2000, 1584; *Klein, F.,* Die Familienstiftung in der Erbschaftsteuerreform, DB 1973, 2323; *Krieglmeier/Schreiner,* Stiftungsfonds: Eine risikoarme Anlageform nicht nur für Stifter, Bank 2003, 468; *Kronke,* Stiftungstypus und Unternehmensträgerstiftung, Tübingen 1988; *Lechleiter,* Die Familienstiftung als Instrument zur Sicherung der Unternehmenskontinuität bei Familienunternehmen, Frankfurt a. M. 1996; *Maier,* Die Besteuerung der Stiftung nach der Reform, BB 2001, 494; *Matyschick/Schiffer,* Förderung von Stiftungen durch den BFH, StuB 2000, 1102; *Mattheus,* Eckpfeiler einer stiftungsrechtlichen Publizität, DStR 2003, 254; *Müller, T./Schubert,* Die Stifterfamilie und die Sicherstellung ihrer Versorgung im Rahmen einer gemeinnützigen Stiftung, DStR 2000, 1289; *Myßen,* Änderungen durch das Gesetz zur weiteren steuerlichen Förderung von Stiftungen, NWB, F. 2, 7429; *Neuhoff,* Das Stiftungsgesetz für die neuen Bundesländer, DtZ 1991, 435; *Niemann,* Teilhabe gemeinnütziger Körperschaften an unternehmerischer Tätigkeit, IFSt-Schrift Nr. 330; *dies.,* Steuerentstrickung für gemeinnützige Zwecke (§ 13 Abs. 4 und 5 KStG), IFSt-Schrift Nr. 332; *dies.,* Unentgeltliche Zuwendungen betrieblichen Vermögens an gemeinnützige Körperschaften, IFSt-Schrift Nr. 338; *Niemeyer,* Die Stiftung als eine Grundform der europäischen Gesellschaft – Vom Conto per Dio der causa pia zur Gemeinnützigkeit mit einer causa utilis –, FS Havermann, 561; *Orth,* Der gemeinnützige Verein als Unternehmensträger, JbFStR 1993/94, 342; *ders.,* Die Stiftung als Unternehmensträger und mit (mit-)unternehmerischer Beteiligung, JbFStR 1993/94, 417; *ders.,* Gemeinnützigkeit und Wirtschaftstätigkeit, FR 1995, 253; *ders.,* Zur Rechnungslegung von Stiftungen, DB 1997, 1341; *ders.,* Stiftungen und Unternehmenssteuerreform, DStR 2001, 325; *Piltz,* Die neue Erbschaftbesteuerung des unternehmerischen Vermögens, ZEV 1997, 61; *Pöllath,* Stiftung, Trust und andere Formen der Vermögenssicherung, DStJG 1987 (Bd. 10), 159; *ders.,* Das Kultur- und Stiftungsförderungsgesetz – Steuerliche Förderung von Kunst, Kultur und Stiftungen, NJW 1991, 2608; *Prinz,* Die Stiftung als Familienstiftung, JbFSt 1993/94, 426; *Breuninger/Orth/Prinz/Raupach,* Vereine, Stiftungen, Trusts und verwandte Rechtsformen als Instrumente des Wirtschaftsverkehrs, JbFStR 1993, 341; *Rawert,* Das Stiftungsrecht der neuen Bundesländer, BB 1991, Beil. 6; *Roll/Grochut,* Die Stiftung als Kommanditistin, WiB 1995, 743; *Saenger/Arndt,* Reform des Stiftungsrechts: Auswirkungen auf unternehmensverbundene und privatnützige Stiftungen, ZRP 2000, Heft 1, 13; *Schauhoff (Hrsg.),* Handbuch der Gemeinnützigkeit, München 2000; *ders.,* Gemeinnützige Stiftung und Versorgung des Stifters und seiner Nachkommen, DB 1996, 1693; *ders.,* Neue Entwicklungen im Stiftungs- und Stiftungssteuerrecht, ZEV 1999, 121; *Schick,* Die Beteiligung einer gemeinnützigen Körperschaft an einer GmbH und der wirtschaftliche Geschäftsbetrieb, DB 1985, 1812; *ders.,* Die Beteiligung einer steuerbegünstigten Körperschaft an Personen- und Kapitalgesellschaften, DB 1999, 1187; *Schiffer,* Die unternehmensverbundene Stiftung ist im Gerede, ZEV 1999, 424; *Schiffer/Swoboda,* Stiftungen und Gemeinnützigkeit: Neue Impulse durch das neue Steuerrecht, StuB 2001, 317; *Schindler,* Auswirkungen des Gesetzes zur weiteren steuerlichen Förderung von Stiftungen, BB 2000, 2077; *ders.,* Auswirkungen der Unternehmenssteuerreform auf steuerbefreite Körperschaften, DB 2001, 448;

ders., Vermögensanlage von Stiftungen im Zielkonflikt zwischen Rendite, Risiko und Erhaltung der Leistungskraft, DB 2003, 297; *Schindler/Steinsdörfer,* Treuhänderische Stiftungen, 6. Aufl., Essen 1998; *Schmidt, O.*, Die Errichtung von Unternehmensträgerstiftungen durch Verfügung von Todes wegen, Frankfurt a. M. 1997; *ders.*, Die Stiftung von Todes wegen im Errichtungsstadium: Gibt es die Vorstiftung?, ZEV 1998, 81; *Schwarz,* Die Stiftung als Instrument für die mittelständische Unternehmensnachfolge, BB 2001, 2381; *ders.*, Zur Zulässigkeit landesrechtlicher Vorschriften über die Familien- und Unternehmensstiftung, ZEV 2003, 306; *Seifart,* Vermögensverwaltung bei Stiftungen, BB 1987, 1889; *Seifart/v. Campenhausen,* Handbuch des Stiftungsrechts, 2. Aufl., München 1999, dort zur steuerlichen Behandlung Pöllath, S. 270 ff. und S. 487 ff.; *Soergel/Neuhoff,* BGB, 11. Aufl., vor § 80 Rdnr. 53 ff.; *Stengel,* Stiftung und Personengesellschaft, Baden-Baden 1993; *Syrbe,* Die Doppelstiftung – eine Möglichkeit der Unternehmensfolge bei mittelständischen Unternehmen, Frankfurt a. M./Berlin/Bern/New York/Paris/Wien 1995; *Thiel,* Die Neuordnung des Spendenrechts, DB 2000, 392; *Thiel/Eversberg,* Gesetz zur steuerlichen Förderung von Kunst, Kultur und Stiftung sowie zur Änderung steuerlicher Vorschriften, DB 1991, 118; *Thömmes/Stockmann,* Familienstiftung und Gemeinschaftsrecht, IStR 1999, 261; *Troll,* Zur erbschaftsteuerlichen Vorschrift in dem neuen Kultur- und Stiftungsförderungsgesetz, DB 1991, 672; *Troll/Wallenhorst/Halaczinsky,* Die Besteuerung gemeinnütziger Vereine und Stiftungen, 4. Aufl., München 2000; *Turner,* Die Stiftung – eine Möglichkeit zukunftsorientierter Vermögensbindung, DB 1995, 413; *ders.*, Die Stiftung – eine Möglichkeit individueller Nachfolgegestaltung, DStR 1996, 1448; *Verstl,* Das Rechtsinstitut „Stiftung" – Allheilmittel für die Unternehmensnachfolgeregelung?, DStR 1997, 674; *Wachter,* Stiftungen, Zivil- und Steuerrecht in der Praxis, Köln 2001; *Weimar/Geitzhaus/Delp,* Die Stiftung & Co. KG als Rechtsform der Unternehmung, BB 1986, 1999; *Wernicke,* Vorstandskontrolle in der Stiftung, ZEV 2003, 301; *Wochner,* Die Stiftungs-GmbH, DStR 1998, 1835; *ders.*, Die unselbständige Stiftung, ZEV 1999, 125; *ders.*, Rechtsfähige Stiftungen – Grundlagen und aktuelle Reformbestrebungen, BB 1999, 1441; *Zeininger,* Die deutsche Stiftung nach der Reform des Stiftungssteuerrechts durch Gesetz vom 14. Juli 2000 und ihre transnationale Offenheit anhand eines Vergleichs mit dem Stiftungsrecht in Österreich, Frankfurt am Main 2003.

182   Ein Unternehmer, der seinem Werk Dauer verleihen will, wird die Einbringung des Unternehmens in eine Stiftung erwägen. Die Attraktivität der Stiftung ist in jüngerer Zeit durch Erleichterungen bei den zivilrechtlichen Grundlagen und durch steuerrechtliche Maßnahmen weiter erhöht worden. Zu erwähnen sind vor allem das Gesetz zur Modernisierung des Stiftungsrechts[1] und das Gesetz zur weiteren steuerlichen Förderung von Stiftungen[2].

183   Stiftungen können **Träger von Unternehmen** sein, und zwar entweder dadurch, dass sie selbst ein Unternehmen betreiben oder persönlich haftender Gesellschafter in einer Offenen Handelsgesellschaft oder Kommanditgesellschaft sind (unmittelbare Trägerschaft), oder dass sie auf ein in anderer Rechtsform betriebenes rechtlich selbstständiges Unternehmen – z. B. auf Grund einer Mehrheitsbeteiligung an diesem Unternehmen – unmittelbar oder mittelbar einen beherrschenden Einfluss ausüben können (mittelbare Trägerschaft).

184   Potenzielle Stifter können Vermögen einer rechtsfähigen BGB-Stiftung (§§ 80–88 BGB) oder einer unselbstständigen Stiftung widmen.

185   (1) Die rechtsfähige BGB-Stiftung entsteht durch Stiftungsgeschäft unter Lebenden oder von Todes wegen.

---

[1] Gesetz vom 15. Juli 2002, BGBl I, 2634, BStBl I, 706.
[2] Gesetz vom 14. Juli 2000, BGBl I, 1034; BStBl I, 1192. Näher dazu *Crezelius,* ZEV 2000, 421; *Hüttemann,* DB 2000, 1584; *Maier,* BB 2001, 494; *Myßen,* NWB, F. 2, 7429; *Schiffer/Swoboda,* StuB 2001, 317; *Schindler,* BB 2000, 2077; *Thiel,* DB 2000, 392; *Thiel/Eversberg,* DB 1991, 118.

(2) Zur **Entstehung einer rechtsfähigen Stiftung privaten Rechts** sind das Stiftungsgeschäft und die Anerkennung durch die zuständige Behörde des Landes erforderlich, in dem die Stiftung ihren Sitz haben soll (§ 80 Abs. 1 BGB). Die Stiftung ist als rechtsfähig anzuerkennen, wenn das Stiftungsgeschäft den Anforderungen des § 81 Abs. 1 BGB – schriftliche Form des Stiftungsgeschäfts, verbindliche Widmung eines Vermögens zur Erfüllung eines vorgegebenen Zwecks, Satzung mit Mindestanforderungen – genügt, die dauernde und nachhaltige Erfüllung des Stiftungszwecks gesichert erscheint und der Stiftungszweck das Gemeinwohl nicht gefährdet (§ 80 Abs. 2 BGB). Besteht das Stiftungsgeschäft in einer Verfügung von Todes wegen, so hat das Nachlassgericht dies der zuständigen Behörde zur Anerkennung mitzuteilen, sofern sie nicht von dem Erben oder Testamentsvollstrecker beantragt wird (§§ 83, 84 BGB).

(3) Weitere Regelungen sind durch die **Stiftungsgesetze der Länder** getroffen. Die landesrechtlichen Bestimmungen sind unterschiedlich. Einen Überblick über die in Betracht kommenden Gesetze gibt Berndt[1] mit kurzer Charakteristik der Regelungen und weiterführenden Hinweisen. Eingehend werden dort[2] auch die Regelungen zur Stiftungsaufsicht wiedergegeben. Auf der Grundlage von Art. 2 Abs. 1 GG besteht nach hM ein Rechtsanspruch auf Anerkennung einer Stiftung, wenn weder eine Gefährdung des Gemeinwohls noch eine Unmöglichkeit des Stiftungszwecks anzunehmen sind[3]. Auch die Stiftungsaufsicht hat den Stifterwillen zu beachten (Art. 2 Abs. 1 GG) und muss sich auf eine Rechtsaufsicht beschränken[4].

Bei der **unselbstständigen Stiftung,** die nicht den Regeln der §§ 80 ff. BGB unterliegt, ist Rechtsträger des Stiftungsvermögens meist eine vorhandene – juristische – Person, die bei der Verwaltung des Stiftungsvermögens treuhänderisch an den Stiftungszweck gebunden ist. Bei ihr entfällt die staatliche Stiftungsaufsicht. Das gestiftete Vermögen geht in das Eigentum des Rechtsträgers über. 186

Betreibt eine Unternehmensträgerstiftung ein Unternehmen selbst, unterliegt sie den Vorschriften über den Einzelkaufmann und ist ggf in das Handelsregister einzutragen. 187

Wird eine GmbH zwecks Verwaltung eines Stiftungsvermögens gegründet, darf die GmbH das Wort „Stiftung" in ihren Namen aufnehmen; auf sie sind die §§ 80 ff. BGB nicht anwendbar. 188

Bei Grundstücksstiftungen verlangt die Anerkennungsbehörde regelmäßig eine „Beistiftung" von liquiden Vermögenswerten, damit aus diesem Fonds Unterhaltskosten bestritten werden können. 189

Die Errichtung einer Stiftung gilt vom Standpunkt der Pflichtteilsberechtigten aus als Schenkung[5]. 190

Der Vermögensübergang auf die Stiftung auf Grund einer Verfügung von Todes wegen löst Erbschaftsteuer aus. Familienstiftungen unterliegen einer Erbersatzsteuer, die auf der Grundlage eines jeweils mit Abstand von 30 Jahren fingierten Erbfalls erhoben wird (§ 1 Abs. 1 Nr. 4 ErbStG). 191

---

1 AaO (Rn 181) dort in den Rn 71 ff.
2 Berndt, aaO (Rn 181), dort in den Rn 61 ff.
3 Berndt, aaO (Rn 181), dort in den Rn 44 m. w. N.
4 Berndt, aaO (Rn 181), dort in den Rn 45 m. w. N.
5 Vgl. *Dittmann/Reimann/Bengel,* Testament und Erbvertrag, D RdNr. 269; *Palandt,* BGB, 62. Aufl. 2003, § 2325 Rn 9 m. w. N.

192 Ein allein stehender Unternehmer, der weder Frau noch Kinder noch sonstige nahe Angehörige hat, kann, um das Unternehmen zu erhalten, dessen Einbringung in eine gemeinnützige Stiftung vorsehen. Durch die Einbringung des Betriebsvermögens in die Stiftung wird die Zerschlagung des Unternehmens verhindert. Eine solche Stiftung ist gemeinnützig, wenn durch sie die Allgemeinheit und nicht nur ein auf Familien- oder Belegschaftsangehörige beschränkter Personenkreis auf materiellem, geistigem oder sittlichem Gebiet selbstlos gefördert wird.

193 (1) Steuerbegünstigte Zwecke sind **gemeinnützige Zwecke** (§ 52 AO), mildtätige Zwecke (§ 53 AO) oder kirchliche Zwecke (§ 54 AO). Sie müssen selbstlos (§ 55 AO), ausschließlich (§ 56 AO) und unmittelbar (§ 57 AO) verfolgt werden. Die steuerbegünstigten Zwecke müssen in der Satzung festgelegt sein (§ 60, § 61 AO). Die tatsächliche Geschäftsführung muss der Satzung entsprechen (§ 63 AO)[1].

(2) Einkünfte und Vermögen, die gemeinnützigen, mildtätigen oder kirchlichen Zwecken dienen, werden steuerlich geschont, weil damit Ziele verfolgt werden, die im Interesse der Allgemeinheit liegen. Die steuerliche Schonung muss aber dort ihre Grenzen finden, wo eine wirtschaftliche Betätigung gegeben ist, die nicht zwingend aus der steuerbegünstigten Tätigkeit folgt, weil sonst der Gleichheitssatz verletzt würde. Die Steuervergünstigung soll die freien Kräfte der Gesellschaft anreizen, gemeinnützige, mildtätige und kirchliche Zwecke zu fördern[2].

(3) Ausgaben zur Förderung mildtätiger, kirchlicher, religiöser, wissenschaftlicher und der als besonders förderungswürdig anerkannten gemeinnützigen Zwecke sind im Rahmen von Höchstbeträgen **bei der Einkommensermittlung des Spenders abziehbar** (§ 10b Abs. 1 EStG, § 9 Abs. 1 Nr. 2 KStG, §§ 48, 49, 50 EStDV, §§ 25, 26 KStDV aF). Durch das Gesetz zur weiteren steuerlichen Förderung von Stiftungen[3] sind für Zuwendungen an Stiftungen zusätzliche Erleichterungen – erhöhter Abzugsbetrag (§ 10b Abs. 1 Satz 3 EStG), Verteilung von Großspenden (§ 10b Abs. 1 Satz 4 EStG), Abzug von Zuwendungen anlässlich der Neugründung in den Vermögensstock einer Stiftung (§ 10b Abs. 1a Satz 1 EStG) – geschaffen worden.

(4) In den §§ 51 ff. AO wird lediglich bestimmt, unter welchen Voraussetzungen steuerbegünstigte Zwecke gegeben sind. Die Rechtsfolgen – i. d. R. Steuerbefreiung, mitunter Steuerermäßigung oder eingeschränkte Steuerbefreiung – werden in den Einzelsteuergesetzen festgelegt (z. B. § 5 Abs. 1 Nr. 9 KStG, § 3 Nr. 6 GewStG, § 4 Nr. 16 UStG, § 4 Nr. 18 UStG, § 12 Abs. 2 Nr. 8 UStG). Sieht das Einzelsteuergesetz eine Steuervergünstigung wegen Verfolgung steuerbegünstigter Zwecke nicht vor, kann eine Befreiung oder Ermäßigung auch im Billigkeitsweg grundsätzlich nicht gewährt werden.[4]

194 (1) Wird ein **wirtschaftlicher Geschäftsbetrieb** (§ 14 AO) unterhalten, so wird, soweit nicht ein Zweckbetrieb (§ 65 AO) vorliegt, die Steuervergünstigung insoweit grundsätzlich nicht gewährt (§ 64 AO).

(2) Die Steuervergünstigung wird aber nicht dadurch ausgeschlossen, dass eine Stiftung einen Teil, jedoch höchstens ⅓ ihres Einkommens dazu verwendet, um in angemes-

---

1 Näheres zu diesen Merkmalen: *Koch/Scholtz,* Abgabenordnung, 5. Aufl. vor § 51 Rz 3 ff. m. w. N.
2 Gutachten der Unabhängigen Sachverständigenkommission zur Prüfung des Gemeinnützigkeits- und Spendenrechts, Schriftenreihe des BMF, Heft 40, 1988, Bonn, 92 ff.; *Isensee,* Festschrift Dürig, 33, 57 ff.
3 Gesetz vom 14. Juli 2000, BGBl I, 1034, BStBl I, 1192. Eingehend dazu: *Schindler,* BB 2000, 2077, 2078.
4 Vgl. Erl. FinMin. Niedersachsen vom 18. Oktober 1988, DStR 1988, 752.

sener Weise den Stifter und seine nächsten Angehörigen zu unterhalten, ihre Gräber zu pflegen und ihr Andenken zu ehren (§ 58 Nr. 5 AO).

(3) Das Vermögen einer Familienstiftung unterliegt in Zeitabständen von je 30 Jahren der Erbschaftsteuer (§ 1 Abs. 1 Nr. 4 ErbStG). Diese Erbersatzsteuer wird nach Abzug eines Freibetrags nach dem Steuersatz der Steuerklasse I berechnet, der für die Hälfte des dann steuerpflichtigen Stiftungsvermögens gelten würde. Die Steuer kann in 30 gleichen jährlichen Teilbeträgen entrichtet werden (§ 15 Abs. 2, § 24 ErbStG).

Problemfelder bei einer Stiftung sind insbesondere die Bestimmungen, die die personelle Auswahl der Unternehmensleitung betreffen (Bestellung außenstehender Führungskräfte, Kooperationen u. dgl. m.), und die Regeln, die Kapitalbedürfnisse (Kapitalzufuhr, Rücklagenbildung usw.) gewährleisten.

Eine **Stiftung des öffentlichen Rechts** entsteht, wenn sie vom Staat durch Gesetz oder Verwaltungsakt als Stiftung des öffentlichen Rechts errichtet wird. Die Art ihrer Entstehung entscheidet, ob eine Stiftung dem öffentlichen oder dem privaten Recht zuzuordnen ist[1].

Grundsätzlich gelten die Stiftungsgesetze der Länder auch für öffentlich-rechtliche Stiftungen, soweit sie selbst nichts anderes bestimmen und soweit es nicht um bundesunmittelbare Stiftungen geht[2]. Im BGB wird die Stiftung des öffentlichen Rechts in § 89 BGB behandelt, durch den die Organhaftung des § 31 BGB für Stiftungen des öffentlichen Rechts als entsprechend anwendbar bestimmt wird. Für eine Unternehmensträgerstiftung wird man i. d. R. der Stiftung des privaten Rechts wegen ihrer größeren Flexibilität den Vorzug geben.

---

1 BVerfGE 15, 46; *Palandt*, BGB, 62. Aufl. 2003, Vorb. v. § 80 Rn 9; BFH-Urteil vom 29. Januar 2003 I R 106/00, BFH/NV 2003, 868 n. w. N.
2 *Berndt*, aaO (Rn 181), dort in den Rn 151 ff. m. w. N.; *Strickrodt*, NJW 1962, 1480.

Besteuerung der Errichtung der Stiftung

197

	Steuerpflicht des Stifters bei Einbringung						Steuerpflicht der Stiftung bei Einbringung					
	eines Einzelunternehmens/ von Mitunternehmeranteilen in eine			von Anteilen an Kapitalgesellschaft in eine			eines Einzelunternehmens/ von Mitunternehmeranteilen in eine			von Anteilen an Kapitalgesellschaft in eine		
	Allgemeine Stiftung	Familienstiftung	Gemeinnützige Stiftung	Allgemeine Stiftung	Familienstiftung	Gemeinnützige Stiftung	Allgemeine Stiftung	Familienstiftung	Gemeinnützige Stiftung	Allgemeine Stiftung	Familienstiftung	Gemeinnützige Stiftung
	1	2	3	4	5	6	7	8	9	10	11	12
I. Einkommen-/ Körperschaftsteuerpflicht	nein; Buchwertfortführung nach § 7 EStDV, soweit zeitlich noch anwendbar (§ 84 Abs. 1a EStDV)			ja; bei Entnahme aus Betriebsvermögen; ggf §§ 16 Abs. 3, 34 EStG / nein, bei § 6 Abs. 1 Nr. 4 Satz 4 EStG / nein; bei Überführung von Privatvermögen			nein; Buchwertfortführung nach § 7 EStDV, soweit zeitlich noch anwendbar (§ 84 Abs. 1a EStDV)			nein; ggf Buchwertfortführung nach § 17 EStG oder § 21 UmwStG		
II. Gewerbesteuerpflicht	nein	nein	nein	ja, bei Entnahme aus dem Betriebsvermögen / nein, bei § 6 Abs. 1 Nr. 4 Satz 4 EStG / nein; bei Überführung aus Privatvermögen			nein	nein	nein	nein	nein	nein
III. Erbschaft-/ Schenkungsteuerpflicht	entfällt	entfällt	entfällt	entfällt	entfällt	entfällt	ja	ja	nein	ja	ja	nein
IV. Umsatzsteuerpflicht	nein	entfällt	entfällt	entfällt			keine Steuerpflicht			entfällt	entfällt	entfällt
V. Grunderwerbsteuerpflicht	nein; wegen § 3 (2) GrEStG			entfällt	entfällt	entfällt	nein; wegen § 3 (2) Ausnahme bei Anteilsvereinigung			nein; Ausnahme bei Anteilsvereinigung		

Laufende Besteuerung der Stiftung und der Begünstigten

198

	Nach Einbringung					
	eines Einzelunternehmens/ von Mitunternehmeranteilen in eine			von Anteilen an Kapitalgesellschaften in eine		
	Allgemeine Stiftung	Familien-Stiftung	Gemeinnützige Stiftung	Allgemeine Stiftung	Familien-Stiftung	Gemeinnützige Stiftung
	1	2	3	4	5	6
I. Einkommen-/Körperschaftsteuerpflicht	ja; grundsätzlich keine Minderung des steuerpflichtigen Einkommens durch Leistungen an Destinatäre		nein; Ausnahme wirtschaftlicher Geschäftsbetrieb	ja; Einkünfte aus Kapitalvermögen; bei wirtschaftlichem Geschäftsbetrieb Einkünfte aus Gewerbebetrieb		nein; Erstattung von einbehaltener KESt, Ausnahme: wirtschaftlicher Geschäftsbetrieb (§ 44c Abs. 1 EStG)
II. Gewerbesteuerpflicht	nein; Ausnahme: wirtschaftlicher Geschäftsbetrieb (vgl. Abschn. 18 GewStR)			nein; Ausnahme: wirtschaftlicher Geschäftsbetrieb		
		Rentenverpflichtung nicht abziehbar (str.); Gewinn aus Kommanditbeteiligung ist durch § 9 Nr. 2 GewStG steuerfrei				
III. Vermögensteuerpflicht	Auf Grund des BVerfG-Beschlusses vom 22. Juni 1995 (BGBl I, 1191, BStBl II, 655) kann die Vermögensteuer wegen ihrer teilweisen Verfassungswidrigkeit ab 1997 nicht mehr erhoben werden.					
IV. Erbschaft-/Schenkungsteuerpflicht	ja; bei Zustiftungen	zusätzlich: Erbersatzsteuer	nein	ja; bei Zustiftungen	zusätzlich: Erbersatzsteuer	nein
V. Grundsteuer	ja	ja	nein; soweit unmittelbar für gemeinnützige Zwecke	entfällt	entfällt	entfällt

Stiftungsleistungen waren bei den Destinatären grds. steuerfrei. Durch das Gesetz zur Senkung der Steuersätze und zur Reform der Unternehmensbesteuerung[1] wurden als Folge der Einführung des Halbeinkünfte-Verfahrens die Nummern 9 und 10 in § 20 Abs. 1 EStG eingefügt.

199

Danach sind die Zuwendungen aus einer Stiftung beim Destinatär als Einnahmen aus Kapitalvermögen zu erfassen. Die Neuregelung gilt für Zuwendungen einer nicht von der Körperschaftsteuer befreiten Stiftung (Nr. 9 und 10a), aber auch für Zuwendungen eines nicht von der Körperschaftsteuer befreiten Betriebes gewerblicher Art von Stiftungen des

---

1 Gesetz vom 23. Oktober 2000, BGBl I, 1433, BStBl I 1428.

öffentlichen Rechts und von wirtschaftlichen Geschäftsbetrieben von körperschaftsteuerbefreiten anderen Stiftungen (Nr. 10b).

Sofern nicht ein Freistellungsauftrag oder eine Nichtveranlagungs-Bescheinigung vorgelegt wird, ist von den Zuwendungen Kapitalertragsteuer in Höhe von 20 vH zu erheben (§ 43 Abs. 1 Nr. 7a – c, § 43a Abs. 1, § 44a EStG)[1].

200 Besteuerung der Auflösung, Liquidation, Umwandlung und Verschmelzung der Stiftung

		in die eingebracht wurden				
	Einzelunternehmen/Mitunternehmeranteile			Anteile von Kapitalgesellschaften		
	Allgemeine Stiftung	Familien- Stiftung	Gemeinnützige Stiftung	Allgemeine Stiftung	Familien- Stiftung	Gemeinnützige Stiftung
	1	2	3	4	5	6
I. Einkommensteuer	**Aufhebung (Auflösung):** ja; bei Veräußerung des Betriebsvermögens des wirtschaftlichen Geschäftsbetriebs	**Aufhebung (Auflösung):** ja; bei Veräußerung des Betriebsvermögens des wirtschaftlichen Geschäftsbetriebs		**Aufhebung (Auflösung):** ja; bei Veräußerung des Betriebsvermögens des wirtschaftlichen Geschäftsbetriebs, wenn die Anteile zum Betriebsvermögen gehören sowie wenn §§ 17 EStG und 21 UmwStG anzuwenden sind	**Aufhebung (Auflösung):** ja; bei Veräußerung des Betriebsvermögens des wirtschaftlichen Geschäftsbetriebs, wenn die Anteile zum Betriebsvermögen gehören; Anwendung §§ 17 EStG und 21 UmwStG umstr.	
	nein; bei Rückübertragung (Buchwertfortführung § 7 EStDV), soweit dieser noch zeitlich anwendbar ist (§ 84 Abs. 1a EStDV).	nein; bei Rückübertragung (Buchwertfortführung § 7 EStDV), soweit dieser noch zeitlich anwendbar ist (§ 84 Abs. 1a EStDV). Es darf nur das eingebrachte Vermögen auf berechtigte Personen (rück-)übertragen werden (evtl. Wertausgleich, Wegfall der Spendenvergünstigung nach § 10b EStG). Das Mehrvermögen darf nur für steuerliche Zwecke verwandt bzw. auf eine andere steuerbegünstigte Einrichtung übertragen werden.		nein; bei Rückübertragung des Betriebsvermögens (Buchwertfortführung) sowie wenn Anteile zur Vermögensverwaltung zählen (Ausnahme §§ 17 EStG, 21 UmwStG).	nein; bei Rückübertragung des Betriebsvermögens (Buchwertfortführung) sowie wenn Anteile zur Vermögensverwaltung zählen. Es darf nur das eingebrachte Vermögen auf berechtigte Personen (rück-)übertragen werden (evtl. Wertausgleich, Wegfall der Spendenvergünstigung nach § 10b EStG). Das Mehrvermögen darf nur für steuerliche Zwecke verwandt bzw. auf eine andere steuerbegünstigte Einrichtung übertragen werden.	
	Umwandlung: (Zweckänderung) ja; bei U. in gemeinnützige Stiftung (stille Reserven)	**Umwandlung:** nein; bei U. in eine andere steuerbefreite Stiftung		**Umwandlung: (Zweckänderung)** ja; bei U. in gemeinnützige Stiftung (stille Reserven)	**Umwandlung:** nein; bei U. in eine andere steuerbefreite Stiftung	
	nein; bei U. in eine andere (nicht steuerbefreite) Stiftung (Buchwertfortführung)			nein; bei U. in eine andere (nicht steuerbefreite) Stiftung (Buchwertfortführung)		
	Vermögensübertragung: nein; (Buchwertfortführung)	**Vermögensübertragung:** nein; bei Übertragung auf andere steuerbefreite Stiftung		**Vermögensübertragung:** nein; (Buchwertfortführung)	**Vermögensübertragung:** nein; bei Übertragung auf andere steuerbefreite Stiftung	
	Verschmelzung: nein; (Buchwertfortführung) (Ausschüttung an berechtigte Personen sind bei diesen nicht steuerpflichtig).	**Verschmelzung:** nein; bei V. mit anderer steuerbefreiter Stiftung		**Verschmelzung:** nein; (Buchwertfortführung) (Ausschüttung an berechtigte Personen sind bei diesen nicht steuerpflichtig).	**Verschmelzung:** nein; bei V. mit anderer steuerbefreiter Stiftung	
II. Gewerbesteuerpflicht	keine	keine	keine	keine	keine	keine

---

1 *Berndt,* aaO (Rn 181), Rn 1318 m. w. N.

Zielvorstellungen des Unternehmers oder Freiberuflers

III. Erbschaft-/ Schenkungsteuerpflicht	ja; Ausnahme: Ausschüttungen an Stifter; ggf anteilige Anrechnung von Erbersatzsteuer	ja; Ausnahme: Ausschüttungen an Stifter; weitere Ausnahme: Übertragung auf eine andere steuerbegünstigte Stiftung	ja; Ausnahme: Ausschüttungen an Stifter; ggf anteilige Anrechnung von Erbersatzsteuer	ja; Ausnahme: Ausschüttungen an Stifter; weitere Ausnahme: Übertragung auf eine andere steuerbegünstigte Stiftung
IV. Grunderwerbsteuerpflicht		nein, wenn keine Schulden mit übertragen werden		
V. Verkehrsteuerpflicht		Es gelten die allgemeinen Regeln.		

d) Aufgabe der freiberuflichen Betätigung

Für die Ziele des Freiberuflers, seine Praxistätigkeit zu beenden, gilt, was für Gewerbetreibende ausgeführt worden ist. Bei der Darstellung der Übertragung einer freiberuflichen Praxis brauchen daher nur die Besonderheiten aufgezeigt zu werden, auf die es bei Freiberuflern ankommt. 201

(unbesetzt) 202–210

e) Familienrechtliche Gesichtspunkte

Schrifttum: *Haußleiter/Schulz,* Vermögensauseinandersetzung bei Trennung und Scheidung, 3. Aufl. München 2002; *Langenfeld,* Handbuch der Eheverträge und Scheidungsvereinbarungen, 4. Aufl. München 2000; *Luthin,* Handbuch des Unterhaltsrechts, 9. Aufl. München 2002; *Scholz/Stein,* Praxishandbuch Familienrecht, München 2001; *Wendl/Staudigl,* Das Unterhaltsrecht in der familienrechtlichen Praxis auf CD, München 2000. 211

Scheidung, Tod und Generationswechsel sind Ereignisse, die der Unternehmer bedenken muss, damit sie nicht eines Tages sein Lebenswerk bedrohen oder gar vernichten[1]. 212

Der Zugewinnausgleichsanspruch z. B. wird nach den Verkehrswerten berechnet und ist sofort zahlbar. Wie kann er finanziert werden, und wie kann das Unternehmen den Liquiditätsabfluss verkraften? 213

Jedes Mitglied einer Erbengemeinschaft kann durch das Begehren auf Beendigung dieser Gemeinschaft die Zerschlagung des Unternehmens bewirken. 214

Auch der Pflichtteilsanspruch wird vom Verkehrswert des Nachlasses berechnet. 215

Was ist erforderlich, einen Unternehmensnachfolger aufzubauen? 216

Die Aufgabe, die einheitliche Willensbildung im Unternehmen zu sichern und zugleich das Vermögen unter Vermeidung von Pflichtteils- und güterrechtlichen Ansprüchen gerecht zu verteilen, lässt sich vielfach gesellschaftsrechtlich und dabei durch bedingte Mehrstimmrechte des Unternehmernachfolgers und Pflichtteilsverzichte der nicht zur Nachfolge berufenen Erben sowie durch Modifizierung der Zugewinngemeinschaft bewältigen.

Zur Nachfolgeplanung bedarf es also

- der Prüfung der Betriebsstruktur,
- der rechtzeitigen Ausbildung des Nachwuchses,
- der Auswahl des Nachfolgers,

---

1 Nur jeder siebte Unternehmer hat die Unternehmensnachfolge eingehend und schriftlich geregelt; 27,2 vH der Unternehmer haben die Nachfolge überhaupt nicht geregelt; vgl. *Albach/Freund,* Generationswechsel und Unternehmenskontinuität – Chancen, Risiken, Maßnahmen, Gütersloh 1989, S. 25.

- der Einführung des Nachfolgers in den Betrieb
- sowie der Einleitung begleitender Maßnahmen.

217–220 *(unbesetzt)*

aa) Ehe- und Unterhaltsverträge

221 **Schrifttum:** *Arens,* Unternehmensbeteiligungen und ehelicher Güterstand, Stbg 1996, 422, 460; *Brambring,* Ehevertrag und Vermögenszuordnung unter Ehegatten, 4. Aufl. München 2000; *Fischer-Winkelmann,* Der Einkommensnachweis von Selbständigen aus der unterhaltsrechtlichen Perspektive, FuR 1995, 259; *Gerhardt,* Neubewertung der ehelichen Lebensverhältnisse, FamRZ 2003, 272; *Götz/Jorde,* Gestaltungsmöglichkeiten zur steuerfreien Beteiligung eines Ehegatten am Vermögenszuwachs des anderen, BB 2002, 2412. Vgl. auch Rn 211.

222 (1) Der Unternehmer und der Freiberufler sollten bei der Gestaltung ihrer wirtschaftlichen Betätigung familienrechtliche Gesichtspunkte bedenken[1]. Vor allem wird je nach den persönlichen Verhältnissen der Abschluss von Ehe- und Erbverträgen zu erwägen sein.

Beim gesetzlichen Güterstand der Zugewinngemeinschaft werden die Einzelvermögen der Eheleute durch die Heirat nicht zu gemeinschaftlichem Vermögen. Vermögen, das ein Ehepartner während der Ehe hinzuwirbt (Zugewinn), bleibt Einzelvermögen des Erwerbenden. Das Haftungsrisiko ist nicht größer als bei der Gütertrennung. Erst durch Scheidung, vertragliche Änderung des Güterstands oder durch Tod endet die Zugewinngemeinschaft, und es kommt zum Ausgleich des Zugewinns.

Für den Fall der Scheidung kann aber z. B. ehevertraglich eine modifizierte Zugewinngemeinschaft vereinbart werden, durch die der Ausgleich des Zugewinns ausgeschlossen oder eingeschränkt werden kann.

Im Todesfall hat der überlebende Ehegatte die Wahl: Er kann, statt den tatsächlichen Zugewinn durchzuführen, den erbrechtlichen Zugewinnausgleich beanspruchen; in diesem Fall erhöht sich sein gesetzlicher Erbteil um ein Viertel. Neben Kindern erbt der überlebende Ehegatte die Hälfte; sind keine Kinder vorhanden, erbt er neben Eltern und Geschwistern des Erblassers drei Viertel.

223 (2) Vielfach wollen sich junge Eheleute gegen die finanziellen Folgen der Ehescheidung nach kurzzeitiger Ehe sichern. Sie können z. B. Vereinbarungen dahingehend treffen, dass der Versorgungsausgleich und die nachehelichen Unterhaltsansprüche für den Fall der Scheidung vor Ablauf von n-Ehejahren ausgeschlossen werden.

224 (3) Berufstätige kinderlose Ehegatten vereinbaren z. B. den Ausschluss des Zugewinnausgleichs für den Fall der Auflösung der Ehe auf andere Weise als durch den Tod eines Ehegatten; in diesem Fall wird die Zugewinngemeinschaft für den Fall der Auflösung der Ehe durch den Tod beibehalten.

225 (4) Bei erheblichem Anfangsvermögen kann z. B. vereinbart werden, dass das voreheliche Vermögen weder im Anfangsvermögen noch beim Endvermögen zur Berechnung des Zugewinnausgleichs angesetzt wird.

226 (5) Bestehen in einer Ehe zwischen den Ehegatten sehr erhebliche Unterschiede in den Vermögens- oder Einkommensverhältnissen, kann es sich anbieten, dass für den Fall einer etwaigen Ehescheidung der voreheliche, beruflich gekennzeichnete Lebensstandard des einen Ehepartners als Unterhaltsmaßstab vereinbart wird. Es kann ferner die Dauer der

---

1 Zu bedenken sind auch die Folgen bei Ehegattenmitarbeit im Unternehmen. Vgl. dazu *Hausmann,* Ausgleichsansprüche für Ehegattenmitarbeit nach § 242 BGB, ZEV 1995, 129.

Verpflichtung, nachehelichen Unterhalt zu leisten, unter Berücksichtigung der Ehedauer begrenzt werden (etwa bei bis zu dreijähriger Ehe auf höchstens ein Jahr, bei bis zu fünfjähriger Ehe auf höchstens drei Jahre, bei bis zu zehnjähriger Ehe auf höchstens fünf Jahre), während danach das gesetzliche Unterhaltsrecht voll anzuwenden ist[1].

(6) Es sollte geregelt werden, wer die Steuerbelastung zu tragen hat, die sich aus den Vereinbarungen über den Zugewinnausgleich oder den Unterhalt – mit der Scheidung ändert sich i. d. R. die Steuerklasse, und dem Steuerpflichtigen steht demzufolge weniger Liquidität zur Verfügung – ergibt, ob die Einkommensteuer- und Kirchensteuerbelastung für einen etwa anzusetzenden Geschäfts- oder Praxiswert berücksichtigt und wer dadurch belastet werden soll. 227

(7) Bei Ehen von Unternehmern und Freiberuflern wird vielfach vereinbart, im Fall der Scheidung das Betriebsvermögen aus dem Zugewinnausgleich auszuscheiden und den Zugewinnausgleich nur für das Privatvermögen vorzusehen. 228

(8) Sind so weit reichende Folgen nicht beabsichtigt, können Vereinbarungen getroffen werden, wie das Betriebsvermögen im Falle einer Auseinandersetzung bewertet werden soll. Wird der Zugewinnausgleich im Scheidungsfall ausgeschlossen, ist zu berücksichtigen, ob auch der Versorgungsausgleich ausgeschlossen werden soll, um die jeweilige Altersversorgung ungeschmälert zu erhalten. 229

(9) Beabsichtigen ältere Menschen eine Wiederverheiratung, sind beiderseits Kinder vorhanden und besteht beiderseits vermögens- und versorgungsmäßige Sicherheit, werden die künftigen Ehegatten Gütertrennung unter Ausschluss des Versorgungsausgleichs, gegenseitigen Unterhaltsverzicht und einen gegenseitigen Erb- oder Pflichtteilsverzicht vereinbaren. 230

(10) Bei gemisch-nationalen Ehen eröffnen die Art. 14, 15 EGBGB ausländischen Ehegatten den Weg ins deutsche Ehewirkungs- und Ehegüterrecht. Den ausländischen Ehepartnern stehen dann sämtliche Güterstände und ihre Abwandlungen zur ehevertraglichen Vereinbarung zur Verfügung. 231

(11) Beispielhaft sei auf die **Folgen der Vereinbarung einer ehelichen Gütergemeinschaft** hingewiesen: Schließt ein an einer KG als Mitunternehmer beteiligter Stpfl. mit seiner Ehefrau einen Ehevertrag ab, worin der Güterstand der Gütergemeinschaft vereinbart wird, so wird die an die KG nicht beteiligte Ehefrau dadurch nicht automatisch Mitgesellschafterin. 232

(12) Die im Eigentum des Stpfl. stehenden und infolge betrieblicher Nutzung durch die KG zu seinem Sonderbetriebsvermögen gehörenden Grundstücke fallen mit Abschluss des Ehevertrags in das Gesamtgut der Eheleute und sind damit zur Hälfte aus dem Sonderbetriebsvermögen des Stpfl. entnommen[2]. 233

(unbesetzt) 234–235

bb) Eigentumsvermutung

Für nicht getrennt lebende Ehegatten gilt sowohl bei der Zugewinngemeinschaft als auch bei Gütertrennung zu Gunsten von Gläubigern die Vermutung, dass die im Besitz beider 236

---

1 *Langenfeldt,* Handbuch der Eheverträge und Scheidungsvereinbarungen, 4. Aufl., München 2000, S. 104 Rdnr 258 ff., zum Auskunftsanspruch vgl. Rdnr 298 ff.
2 FG Düsseldorf, Urteil vom 12. Juni 1985 VIII 162/80 F, EFG 1986, 11 Nr. 11.

oder eines Ehegatten befindlichen **beweglichen Sachen** im Eigentum des Schuldner-Ehegatten allein stehen (§ 1362 BGB).

237 Die Eigentums- und Gewahrsamsvermutung erstreckt sich auch auf den Inhalt eines Bankschließfachs, und zwar selbst dann, wenn der Nicht-Schuldner-Ehegatte das Schließfach gemietet hat (§ 1362 BGB, § 739 ZPO).

238 Der von der Zwangsvollstreckung betroffene Ehegatte kann die Vermutung widerlegen (Drittwiderspruchsklage: § 771 ZPO). In diesem Fall muss er sein Eigentumsrecht beweisen. Er muss dabei nicht nur Art und Weise des Erwerbs dartun, sondern auch angeben, aus welchen Mitteln der Kaufpreis bezahlt wurde und wie die Sache übereignet wurde.

239 Hat ein Versicherungsnehmer seinen Ehegatten nur widerruflich als Bezugsberechtigten bestimmt, kann ein Gläubiger auf Grund Pfändung und Überweisung der Rechte aus der Lebensversicherung die Bezugsberechtigung widerrufen. Der Gläubiger kann die Versicherung kündigen; ihm steht der Rückkaufswert zur Befriedigung zur Verfügung. Eine unwiderrufliche Bezugsberechtigung kann der Gläubiger nur anfechten, sofern sie innerhalb der Frist des § 3 AnfG eingeräumt worden ist.

240-245 *(unbesetzt)*

cc) Zugewinnausgleich

Schrifttum: *Voit*, Der Zugewinnausgleich in der Unternehmer-Hausfrau-Ehe, Augsburg 1999.

246 Bei Beendigung der Ehe wird der Zugewinn des einen Ehegatten während der Ehe dem Zugewinn des anderen Ehegatten gegenübergestellt. Zugewinn ist der Überschuss des Endvermögens gegenüber dem Anfangsvermögen. Der Zugewinnüberschuss des einen Ehegatten gebührt zur Hälfte dem anderen Ehegatten (§§ 1373, 1378 HGB).

247 (1) Haben die Ehegatten zu Beginn der Ehe ihr Anfangsvermögen gemeinsam listenmäßig erfasst, um spätere Streitigkeiten über dessen Vorhandensein und Höhe zu vermeiden, wird die Richtigkeit eines derartigen Verzeichnisses vermutet (§ 1377 Abs. 1 BGB).

248 (2) Ist ein solches Verzeichnis nicht angelegt, wird vermutet, dass das Anfangsvermögen gleich null DM war (§ 1377 Abs. 3 BGB). Die Vermutungen des § 1377 Abs. 1 und 3 BGB sind widerlegbar.

249 (3) Zum Anfangsvermögen gehören alle objektiv bewertbaren Sachen und Rechte einschließlich der Forderungen eines Handelsunternehmens. Deshalb sind Gebäude, die ein Ehegatte auf fremdem Grundstück errichtet hatte, mit ihrem vollen Wert anzusetzen, wenn der Ehegatte vor dem Bewertungsstichtag das Grundstück gekauft hat, mag auch der Eigentumserwerb erst später erfolgt sein.

Zum Anfangsvermögen wird hinzugerechnet Vermögen, das ein Ehegatte nach Eintritt des Güterstandes erbt oder geschenkt erhält – also auch Zuwendungen in vorweggenommener Erbfolge – oder als Ausstattung erwirbt, und zwar das Vermögen abzüglich der mit seinem Erwerb zusammenhängenden Verbindlichkeiten (§ 1374 Abs. 2 BGB).

250 (4) Veräußert ein Unternehmer Anlagevermögen und Warenbestand ohne das Betriebsgrundstück und beschränkt er sich künftig auf die Vermietung des Grundstücks, hat er seine gewerbliche Tätigkeit i. S. des § 16 EStG aufgegeben.

Kann der Unternehmer den Anspruch seines Ehegatten auf Zugewinnausgleich nicht ohne Veräußerung des Betriebsgrundstücks erfüllen, muss die Steuerverbindlichkeit nach § 16 EStG als Passivum bei der Bewertung des Endvermögens berücksichtigt werden[1].

(5) Der Zugewinnausgleich ist bar zu zahlen. Die flüssigen Mittel werden dem Vermögen des/der Verpflichteten und im Regelfall dem Unternehmen entzogen, das der Verpflichtete fortzuführen gedenkt. Bei der Höhe der jeweils in Rede stehenden Beträge entfällt dadurch oft die Möglichkeit für die Fortführung des Unternehmens. Sollte der Ausgleich auf dem Kreditwege finanzierbar sein, dann entsteht für die Bewertung im Rahmen des Endvermögens die zusätzliche Frage, ob die Zinsen, die das Unternehmen künftig belasten, auch für die prognoseorientierte Ertragsermittlung berücksichtigt werden müssen oder dürfen. 251

Tatsächlich werden die Geschäftsaussichten des Unternehmens mit erhöhter Verschuldung nicht nur durch die zusätzlichen Zinsen belastet. Es geht auch die finanzielle Beweglichkeit verloren bis hin zu dem Zwang, das Unternehmen zu verkaufen – wie es in der Praxis mit dem gemeinsamen Wohnhaus als Teil des Endvermögens schon üblich geworden ist.

Daraus folgt für die Bewertungsüberlegung, ob nicht auch ein Unternehmen als Bestandteil eines Endvermögens grds. nur zum erzielbaren Einzelveräußerungspreis bis herunter zum Liquidationswert zu bewerten ist, und zwar auch dann, wenn sich der zum Zugewinnausgleich Verpflichtete entschließen sollte, wie ein fremder Dritter das Unternehmen fortzuführen.

Zum Endvermögen gehören nicht Anwartschaften, die dem Versorgungsausgleich unterliegen (vgl. § 1587 Abs. 3 BGB). 252

Maßgebender Zeitpunkt für die Berechnung des Endvermögens ist bei einem Antrag auf Scheidung der Tag der Rechtshängigkeit des Antrages. 253

Eine Ausgleichspflicht kann entfallen, wenn der Zuwachs des Vermögens auf Geldentwertung beruht. 254

Beispiel[2]: 255

		€	€
Endvermögen 1968			176 116
Anfangsvermögen 1958		124 787	
Lebenshaltungsindex	1958: 92,7		
	1968: 116,1		
Daraus ergibt sich nach den Preisen von 1968 ein für das Jahr 1958 umgerechnetes Anfangsvermögen von			
$\dfrac{124\,787 \times 116{,}1}{92{,}7} = 155\,984$			155 984
Bereinigter Zugewinn			20 132
Ausgleichsforderung			10 061

Zu einer Umrechnung kann es nicht kommen, wenn das Anfangsvermögen 0 € betragen hat[3]. 256

---

1 OLG Düsseldorf, Urteil vom 4. November 1988 6 UF 27/88, rkr., DB 1989, 2019.
2 BGH-Urteil vom 14. November 1973 IV ZR 147/72, BGHZ 61, 385.
3 BGH-Urteil vom 13. Oktober 1983 IX ZR 106/82, NJW 1984, 434; vgl. auch OLG Hamm, Urteil vom 28. Oktober 1982 1 UF 87/82, FamRZ 1983, 918.

257 (1) Beim Zugewinnausgleich unter Lebenden ist beispielsweise ein GmbH-Anteil im Endvermögen nicht deswegen nach einer gesellschaftsvertraglichen Abfindungsklausel zu bewerten, weil diese bei einem für den Bewertungsstichtag unterstellten Erbfall eingreifen würde[1]. Durch den Zugewinnausgleich soll der Ehegatte an dem Vermögen teilhaben, das im Erbgang auf andere Personen übergehen kann, aber auch nur an diesem und nicht an Gütern, die im Erbfall mit ihrem bisherigen Inhaber untergingen[2].

258 (2) Einem Handelsvertreterunternehmen wurde außer dem Substanzwert ein Goodwill nicht beigemessen, weil der von dem Handelsvertreter aus dem Unternehmen gezogene Nutzen seine Grundlage ausschließlich in seinen kaufmännischen Fähigkeiten und dem auf andere nicht übertragbaren Handelsvertretervertrag gehabt hatte, also in vollem Umfang subjektbezogen war[4].

259 (3) Im Rahmen des Zugewinnausgleichs unter Lebenden soll der andere Ehegatte jedoch an allem teilhaben, was nach der Verkehrsauffassung einen objektiv bewertbaren wirtschaftlichen Wert darstelle, auch wenn es nicht auf einen Erben übergehen könne[3]. Bei einer nicht frei verwertbaren Unternehmensbeteiligung bestimmt die weitere Nutzungsmöglichkeit durch den Inhaber maßgeblich den wahren Wert[4]. Wenn diese Nutzungs- und Gewinnerzielungsmöglichkeit während der Ehe aufgebaut worden ist, wäre es nicht sachgerecht, den anderen Ehegatten nicht daran teilhaben zu lassen und beim Zugewinnausgleich unter Lebenden nur einen Betrag zu berücksichtigen, der bei einem fiktiven Erbfall zum Bewertungsstichtag zu zahlen wäre.

260 Negative Kapitalkonten, die für den Zugewinnausgleichsverpflichteten bei Abschreibungsgesellschaften bestehen, sind keine Verbindlichkeiten, die vom Endvermögen gem. § 1375 Abs. 1 Satz 1 BGB abzuziehen sind[5]. Denn das negative Kapitalkonto eines Mitgesellschafters besagt nicht, dass in derselben Höhe oder dass überhaupt Verbindlichkeiten des Kontoinhabers bestehen.

261 Als Wert von gewerblichen Unternehmen und Beteiligungen sowie freiberuflichen Praxen ist deren Verkehrswert anzusetzen; der Firmen- oder Praxiswert ist also in die Berechnung einzubeziehen[6].

262 Bei Sozietäten bestimmt sich der Ansatz des Praxiswertes nach dem Sozietätsvertrag[7].

263 Die Ehegatten können durch Ehevertrag abweichende Bestimmungen vereinbaren (notariell zu beurkundende modifizierte Zugewinngemeinschaft). Es kann ehevertraglich bestimmt werden, dass das Betriebsvermögen oder bestimmte Beteiligungen sowohl im Anfangs- als auch im Endvermögen nicht anzusetzen sind. Die Vereinbarung darf jedoch nicht gegen die guten Sitten verstoßen.

Der Zugewinn kann im Fall der Scheidung vor n Jahren des Bestands der Ehe ausgeschlossen oder begrenzt werden. Es können für das Betriebsvermögen Bewertungsregeln vereinbart werden.

---

1 BGH-Urteil vom 1. Oktober 1986 IV b ZR 69/85, GmbHR 1987, 19, in Ergänzung zu BGHZ 68, 163 und 75, 195; vgl. zuvor OLG Bremen, Urteil vom 25. April 1978 1 U 18/78 b, FamRZ 1979, 434.
2 BGH-Urteil vom 9. März 1977 IV ZR 166/75, BGHZ 68, 163, 165.
3 BGH-Urteil vom 28. Oktober 1982 IX ZR 85/81, nv.
4 BGH-Urteil vom 10. Oktober 1979 IV ZR 79/87, BGHZ 75, 195, 201.
5 BGH-Urteil vom 23. Oktober 1985 IV b ZR 62/84, HFR 1987, 36, 40.
6 Vgl. dazu Rn 2701 ff., 3718.
7 OLG Saarbrücken, Urteil vom 28. Juni 1984 6 UF 181/82, FamRZ 1984, 794.

Beteiligungen oder andere Wirtschaftsgüter können dem Ehegatten unter Vereinbarung der Rückgabeverpflichtung im Falle der Ehescheidung eingeräumt oder übertragen werden. 264

Der Ausschluss des Versorgungsausgleichs durch Ehevertrag ist zulässig[1]. 265

Ist bei einer Scheidung noch nicht zu übersehen, welche steuerrechtlichen Forderungen entstehen werden, oder steht noch eine Betriebsprüfung bevor, sollte die Vermögensauseinandersetzung den Vorbehalt der Abänderbarkeit entsprechend den späteren steuerlichen Folgen enthalten und auf keinen Fall eine Erledigungsklausel vereinbart werden. 266

(unbesetzt) 267–270

dd) Gütergemeinschaft

Besteht zwischen Ehegatten Gütergemeinschaft (§§ 1415 ff. BGB) und wird sie durch den Tod des Ehegatten aufgelöst, so gehört der Anteil des verstorbenen Ehegatten am Gesamtgut zu seinem Nachlass (§ 1482 Satz 1 BGB). Die Erbfolge richtet sich nach den allgemeinen Regeln, also das Ehegattenerbrecht nach § 1931 Abs. 1 BGB und das Kindeserbrecht nach § 1924 BGB. 271

Wird die Gütergemeinschaft zwischen dem überlebenden Ehegatten und den gemeinschaftlichen Abkömmlingen fortgesetzt (**fortgesetzte Gütergemeinschaft;** §§ 1483 ff. BGB), gehört der Anteil des Verstorbenen am Gesamtgut nicht zu seinem Nachlass (§ 1483 Abs. 1 Satz 3 BGB). Vererbt wird das Sonder- oder Vorbehaltsgut (§§ 1417, 1418 BGB). Der Anteil des verstorbenen Ehegatten am Gesamtgut gehört zum Gesamtgut der fortgesetzten Gütergemeinschaft und wird infolgedessen im Zeitpunkt seines Todes nicht vererbt. 272

Gehört bei Ehegatten, die im Güterstand der Gütergemeinschaft leben, ein Betrieb zum Gesamtgut der Gütergemeinschaft, gelten die Ehegatten als Mitunternehmer. Die Auflösung der Gütergemeinschaft und die Fortführung des Betriebs durch einen Ehegatten haben zur Folge, dass der andere Ehegatte aus einer zweigliedrigen Personengesellschaft ausscheidet. Dadurch tritt eine Gewinnverwirklichung ein, bei der die vermögensmäßigen Auswirkungen der steuerlichen Belastung zu berücksichtigen sind.

Im Zeitpunkt der Auseinandersetzung sind die steuerlichen Folgen zu berücksichtigen, die z. B. dadurch entstehen, dass der Hälfteanteil an einem zum Betriebsvermögen gehörenden Hausgrundstück aus dem Betriebsvermögen ausscheidet; Folgen dieser Art können auch eintreten, wenn ein Kommanditist mit seiner Frau in Gütergemeinschaft lebt und zum Sonderbetriebsvermögen Grundstücke gehören, die von der KG betrieblich genutzt werden. 273

ee) Gütertrennung

Bei der Gütertrennung erhalten die Kinder höhere Erb- und Pflichtteilsquoten. Für die Ehefrau geht die erbschaftsteuerliche Begünstigung des Zugewinns verloren. Denn im Fall der Zugewinngemeinschaft geht der Teil des Nachlasses, der dem Zugewinn entspricht, erbschaftsteuerfrei auf die überlebende Ehefrau über. Die modifizierte Zugewinngemeinschaft ist daher insoweit vorzuziehen. 274

---

1 Vgl. BVerfG-Beschluss vom 4. Juni 1985 1 BvL 7/85, NJW 1987, 179, auch wenn diese Entscheidung den Vorlagebeschluss des Amtsgerichts für unzulässig erklärte und damit nur eine verfahrensrechtliche Entscheidung enthielt.

Die scheidungsrechtlichen Folgen des Zugewinnausgleichs bei Scheidung können ehevertraglich ausgeschlossen oder begrenzt werden.

275 *(unbesetzt)*

ff) Beteiligung von Kindern an Unternehmen

276 Werden Kinder – insbesondere minderjährige Kinder – an Unternehmen beteiligt, sind die folgenden Fragen prüfungsbedürftig:

- Sind die Verträge ernsthaft gewollt?
- Weisen die Verträge bürgerlich-rechtliche Mängel auf? Sind z. B. Formvorschriften verletzt?
- Entsprechen die Vereinbarungen nach ihrem rechtlichen Inhalt und ihrer tatsächlichen Durchführung den zwischen Fremden üblichen Verträgen?
- Ist das Verfügungsrecht über den Gegenstand, durch den die Einkünfte i. S. des Einkommensteuertatbestandes erzielt werden, übergegangen?
- Soll bei Eintritt bestimmter Umstände (z. B. Tod des Kindes; Ehescheidung des Schwiegerkindes) eine Rückholklausel wirksam werden?
- Sollten im Zuge der betrieblichen Beteiligung die stillen Reserven ganz oder teilweise aufgedeckt werden oder sollen die Buchwerte fortgeführt werden? Bestimmte Sonderabschreibungen oder erhöhte Absetzungen für Abnutzung kann nur der unentgeltliche Erwerber eines Betriebs oder Teilbetriebs fortführen, nicht aber der entgeltliche Erwerber, wie z. B. die degressive Gebäude-AfA (§ 7 Abs. 5 EStG) oder Absetzungen für nachträgliche Herstellungskosten bei Wirtschaftsgütern, die dem Umweltschutz dienen.
- Soll eine Mitunternehmerschaft begründet oder vermieden werden[1]?

277 Der als Unternehmensnachfolger vorgesehene Erbe wird z. B. bereits zu Lebzeiten in den Betrieb eingegliedert – bei Einzelfirmen durch deren Umwandlung in eine Gesellschaft (OHG, KG, Stille Gesellschaft), bei Gesellschaften durch Voll- oder Teilabtretung des Anteils oder durch eine Unterbeteiligung.

Vor einer Fehlentwicklung des „Nachfolgers" ist der Unternehmer nicht sicher. Er kann sich aber vorbehalten,

- entweder den vorgesehenen Nachfolger einseitig gegen Abfindung wieder auszuschließen (Beteiligung mit Ausschließungsrecht) oder
- die Beteiligung des vorgesehenen Nachfolgers und Erben – ohne Entschädigung – zu widerrufen, regelmäßig unter Auszahlung der während der Beteiligung angefallenen Gewinne.

278 Bei einer Schenkung mit Nießbrauchsvorbehalt oder einer betagten Aufnahme (also einem Vertrag, bei dem die Wirksamkeit der Aufnahme bis zum Tode des Erblassers hinausgeschoben ist) wird zwar die Nachfolge geregelt, der Unternehmer gibt aber seine Position

---

1 Vgl. dazu BFH-Beschluss vom 25. Juni 1984 GrS 4/82, BFHE 141, 405, BStBl II 1984, 751; BFH-Urteile vom 11. Oktober 1988 VIII R 328/83, BFHE 155, 514, BStBl II 1989, 762, und vom 10. November 1987 VIII R 166/84, BFHE 152, 325, BStBl II 1989, 758; sowie BMF-Schreiben vom 5. Oktober 1989 IV B 2 - S 2241 - 48/89, BStBl I 1989, 378; und auch BFH-Urteil vom 16. Mai 1989 VIII R 194/84, BFHE 157, 508, BStBl II 1980, 877.

nicht auf. Der Erbe wird erst mit dem Erbanfall zum Unternehmer. Für die Zehn-Jahres-Frist kommt es auf den Zeitpunkt des Vertragsschlusses an, also nicht auf den des späteren Anfalls der Erbschaft. Die Schekungsteuer fällt erst mit dem Erbfall an (§ 9 Abs. 1 Nr. 1a ErbStG).

Beachtet werden muss allerdings, dass bei Gestaltungen mit starken Vorbehalten zu Gunsten des Unternehmers fraglich wird, ob der Nachfolger einkommensteuerlich Mitunternehmer geworden ist. 279

Nicht nur bei Familienpersonengesellschaften, bei denen minderjährigen Kindern Kommanditanteile schenkweise zugewendet worden sind, sondern bei jeder KG ist die Mitunternehmereigenschaft eines Kommanditisten nur dann zu bejahen, wenn er nach dem Gesellschaftsvertrag und der tatsächlichen Durchführung zumindest eine Stellung hat, die nicht wesentlich hinter derjenigen zurückbleibt, die handelsrechtlich das Bild eines Kommanditisten bestimmt. Dabei kommt dem Umstand, dass der betreffende Kommanditist nicht gegen seinen Willen durch Kündigung zum Buchwert aus der KG hinausgedrängt werden kann, eine besondere Bedeutung zu[1].

(unbesetzt) 280–285

gg) Unterhaltsberechtigte

Ansprüche des geschiedenen Ehegatten und die sonstiger unterhaltsberechtigter Personen müssen bedacht und bei den Vertragsgestaltungen berücksichtigt, ggf Scheidungsvereinbarungen getroffen werden. 286

Letztere werden unterschiedlich sein, je nachdem, ob sie

- nachehelichen Unterhalt kinderloser Ehegatten (§ 1585c BGB) oder
- den Unterhalt des Ehegatten und den gemeinsamer Kinder betreffen,
- den Ausschluss des Versorgungsausgleichs ohne oder gegen private Lebensversicherung (§ 1587o BGB) oder
- eine Vereinbarung über die Leistung des Versorgungsausgleichs (§§ 1587o, 1587g BGB) zum Inhalt oder
- den Einkauf in die gesetzliche Rentenversicherung (§ 1587o BGB)

zum Ziel haben.

hh) Eheähnliche Gemeinschaften

Schrifttum: *Grziwotz,* Partnerschaftsvertrag für die nichteheliche und nicht eingetragene Lebensgemeinschaft, 4. Aufl. München 2002; MittBayNot Verein 2001 (Sonderheft November 2001), Lebenspartnerschaften; *Jülicher,* Erbschaftsteuergünstiger Vermögensausgleich unter registrierten Lebenspartnern, ZErb 2003, 287. 287

Eheähnliche Gemeinschaften lösen zwar keine Unterhaltsrechte aus; gleichwohl können aus dem eheähnlichen Verhältnis Rechtsfolgen erwachsen. Eine Wohn- und Wirtschaftsgemeinschaft zwischen einem Mann und einer Frau, die nicht Ehegatten sind, ist z. B. auch dann eine eheähnliche Gemeinschaft i. S. d. § 122 Satz 1 BSHG, wenn der eine Partner pflegebedürftig i. S. d. § 59 Abs. 3 Satz 1 BSHG ist, der andere Partner die erfor- 288

---

1 BFH-Urteil vom 10. November 1987 VIII R 166/84, BFHE 152, 325, BStBl II 1989, 758; vgl. Fn zu Rn 276.

derliche häusliche Wartung und Pflege übernimmt und diese Umstände das Zusammenleben der Partner prägen[1].

289 Bei einer nichtehelichen Lebensgemeinschaft wird sich zur Regelung der Vermögensverhältnisse der Abschluss eines Erbvertrages anbieten. Die Partner können schon zu Lebzeiten wechselseitig bindende Verfügungen über ihren Nachlass treffen. Dabei gilt es auch Vorsorge für den Fall des Scheiterns der Partnerschaft zu treffen. Bei Abschluss eines Erbvertrages, der anders als der Ehegattenerbvertrag bei der Scheidung, bei Auflösung der Partnerschaft nicht unwirksam wird, ist daher die Vereinbarung eines freien, nicht an bestimmte Bedingungen geknüpften Rücktritts unverzichtbar. Die Anfechtung wegen Motivirrtums nach § 2078 Abs. 2 BGB sollte gegenseitig ausgeschlossen werden, um nach dem Tod eines Partners Drittanfechtungen vorzubeugen.

290–295 *(unbesetzt)*

ii) Adoption

296 Hat ein Unternehmer keine Nachkommen, wohl aber einen ihm vertrauten entfernten jungen Verwandten, dem er das Unternehmen nach seinem Tod übertragen möchte, kann es sich im Hinblick auf die Erbschaftsteuerbelastung empfehlen, dass der Unternehmer den in Aussicht genommenen Übernehmer adoptiert (§§ 17, 67 ff. BGB).

297–300 *(unbesetzt)*

f) Schenkungsrechtliche Überlegungen

301 **Schrifttum:** *Carlé,* Vermögensübergabe gegen Versorgungsleistungen, ErbStB 2003, 89; *Dänzer-Vanotti,* Unternehmensübertragung durch die aufschiebend auf den Tod bedingte Schenkung, JZ 1981, 432; *Meincke,* Wandlungen in der Rechtsprechung des BFH zur gemischten Schenkung, ZEV 1994, 17; *Reiff,* Unternehmensnachfolge durch Schenkung unter Nießbrauchsvorbehalt, BB 1990, 968.

302 Vermögen vorzeitig aus der Hand zu geben, ohne an die eigene Sicherstellung und finanzielle Unabhängigkeit im Alter zu denken, ist unklug und gefährlich. Andererseits erfordert die Vorsorge, rechtzeitig die Unternehmensnachfolge zu bedenken, den Generationswechsel vorzubereiten und einzuleiten sowie das Vermögen unter möglichst geringer Erbschaftsteuerbelastung auf die Erben überzuleiten.

303 Schenkt ein Unternehmer frühzeitig seinen Kindern Anteile oder Beteiligungen am Vermögen, können dadurch u. U. die Freibeträge des Erbschaftsteuergesetzes mehrfach ausgenutzt werden.

Nach § 14 Abs. 1 ErbStG sind mehrere innerhalb von zehn Jahren bei derselben Person anfallende Vermögensvorteile zusammenzurechnen. Mehrere Schenkungen werden damit zu einer einheitlichen Zuwendung zusammengefasst. Die persönlichen Freibeträge des § 16 ErbStG können innerhalb dieses Zehnjahreszeitraums nur einmal ausgenutzt werden. Bei der Zusammenrechnung ist es ohne Bedeutung, ob die früheren Zuwendungen der Schenkungsteuer unterlegen haben oder ob sie steuerfrei geblieben sind, weil ihr Wert die sachlichen Freibeträge bisher nicht überschritten hatte. Die Zuwendungen sind jeweils mit dem Wert im **Zeitpunkt der Zuwendung** anzusetzen. Nach Ablauf des Zeitraums von zehn Jahren scheidet eine Zuwendung aus der Zusammenrechnung aus, d. h. nach Ablauf des Zeitraums von zehn Jahren können sich die Freibeträge des § 16 ErbStG erneut aus-

---

[1] Vgl. BVerwG-Urteil vom 20. November 1984 5 C 17/84; *Buchholz,* BVerwG 436.0 § 122 BSHG Nr. 4; vgl. auch Rn 652.

wirken. Es können dadurch dem Ehegatten alle zehn Jahre 307 000 € oder den Kindern alle zehn Jahre jeweils 205 000 € oder Enkeln 51 200 € steuerfrei zugewendet werden.

Bei Nießbrauchsbestellung ist § 25 Abs. 1 ErbStG zu beachten.

Schenkungen unter Lebenden sollten zweckmäßigerweise mit der Bestimmung der Pflichtteilsanrechnung erfolgen. 304

Zweckmäßig ist vielfach, dass der Ehemann einen Teil der Zuwendung zuerst der Ehefrau zur freien Verfügung überträgt, und die Ehefrau später aufgrund eigener Entscheidung das Kind beschenkt (Kettenschenkung). Auf diese Weise können einem Kind 410 000 € steuerfrei zugewendet werden. 305

Der Erstbeschenkte muss in der Weiterverfügung frei sein, weil sonst von vornherein ein Durchgangserwerb vorliegt.

Die Freibeträge (persönliche, für das Betriebsvermögen samt Bewertungsabschlag) können durch zeitliche Staffelung mehrfach ausgenutzt werden und dadurch zu erheblichen Steuerersparnissen führen.

(1) Als vorzeitige Vermögensübertragungen auf (minderjährige) Kinder kommen in Betracht 306

- Einzahlung auf Sparkonten,

- die Schenkung von Wertpapieren aus dem Streifband- oder Sammeldepot,

- die Übertragung von Grundstücken,

- die Beteiligung der Minderjährigen an einer Familiengesellschaft, z. B. durch Gründung einer stillen Gesellschaft und schenkweise Übertragung einer Vermögenseinlage oder

- durch Aufnahme des Kindes als Mitunternehmer (z. B. Kommanditist in einer KG).

(2) Der Umstand, dass eine vollzogene Schenkung unter freiem Widerspruchsvorbehalt steht oder auch den Zuwendern eine Verfügungsvollmacht des Zuwendungsempfängers erteilt wird, steht der Schenkungsteuerpflicht nicht entgegen[1]. 307

(3) Werden minderjährigen Kindern Sparkonten eingerichtet und Geldbeträge auf diese Konten eingezahlt, hat der Schenker (Elternteil, Großeltern usw.) häufig das Interesse, dass das beschenkte Kind nicht vorzeitig über den geschenkten Betrag verfügen darf. Das ist erreichbar, ohne dass Zweifel an einer freigebigen Zuwendung entstehen können, dadurch, dass ein Angestellter des Kreditinstituts als Treuhänder für das Kind bestellt wird oder dass für die eingezahlten Beträge eine so lange Kündigungsfrist festgelegt wird, dass das Geld z. B. erst nach Eintritt der Volljährigkeit abgehoben werden kann. 308

(4) Möglich sind z. B. auch Forderungsschenkungen, z. B. wenn einem Kind eine Einlage als stiller Gesellschafter oder eine Unterbeteiligung zugewendet wird. 309

Auf diese Weise erwerben die Kinder eigenes Vermögen und im Umfang der darauf entfallenden Erträge auch eigenes Einkommen. Sie können somit eine eigene Einkommensteuererklärung abgeben und dadurch, dass sie in den Genuss der Pauschbeträge kommen, die steuerliche Belastung insgesamt senken. Die spätere Erbschaftsteuerbelastung wird zudem dadurch gemindert. 310

---

1 Das BFH-Urteil vom 28. November 1984 II R 133/83, BFHE 142, 511, BStBl II 1985, 159, wurde durch das Urteil vom 13. September 1989 II R 67/86, BFHE 157, 572, BStBl II 1989, 1034, eingeschränkt.

Beteiligt der Unternehmer Kinder gesellschaftsrechtlich am Unternehmen, kann der Schwächung des Eigenkapitals bei Eintritt des Erbfalls entgegengewirkt werden, wenn alle Beteiligten sich an die Maxime „Beteiligung statt Auszahlung" halten.

311 Wird eine KG gegründet und werden den Kindern Kommanditbeteiligungen eingeräumt, ist darauf zu achten, dass die Gewinnverteilung auf längere Sicht nicht eine angemessene Verzinsung des tatsächlichen Werts des Geschäftsanteils (15 vH) übersteigt[1].

312 Im Falle des Ausscheidens muss der Ausscheidende voll am Geschäftswert beteiligt sein[2].

313 Sollen Kinder Grundbesitz geschenkt erhalten und soll er möglichst langfristig im Familienbesitz bleiben, wird er am zweckmäßigsten auf die Kinder in Gemeinschaft zur gesamten Hand (Gesamthandseigentum) übertragen. Die Gesamthandseigentümer können nur gemeinsam über den Grundbesitz verfügen, müssen sich also einig sein, wenn sie ihn z. B. belasten, verkaufen oder verschenken wollen. Darüber hinaus kann mit der Übertragung bestimmt werden, dass eine Auseinandersetzung auf lange Zeit (z. B. 30 Jahre) ausgeschlossen ist. Sind sich die Gesamthandseigentümer einig, können sie allerdings anders handeln. Solange jedoch noch ein Gesamthandseigentümer am Grundbesitz interessiert ist, wird eine Auseinandersetzung, die meist den Übergang des Grundbesitzes in fremde Hände zur Folge hat (z. B. Zwangsversteigerung), verhindert.

314 Sind mehrere Kinder vorhanden, von denen einige erwachsen und versorgt sind oder ihre Berufsausbildung beendet haben, während andere noch minderjährig sind oder ihre Ausbildung noch nicht beendet haben, kann bei der Schenkung des Grundbesitzes bestimmt werden, dass die Erträgnisse den jüngeren Kindern so lange allein zufließen, bis sie ein bestimmtes Alter erreicht oder ihre Berufsausbildung beendet haben. Es kann auch bestimmt werden, dass diesen Kindern z. B. die Hälfte der Erträgnisse zufließt, die andere Hälfte dagegen allen Kindern zu gleichen Teilen.

315 Bei Gewährung einer Ausstattung (oder Aussteuer) sollte eine etwaige Ausgleichspflicht abbedungen werden.

316 Bei der Zuwendung sollte bestimmt werden, welches der Kinder die Verwaltung des Grundbesitzes übernehmen soll. Für die Verwaltung kann ein Entgelt bestimmt werden, sodass dem verwaltenden Kind zusätzliche Beträge zufließen.

317 Bei der stillen Gesellschaft beteiligt sich der stille Gesellschafter am Gewinn des Unternehmens, ohne dass die stille Gesellschaft nach außen in Erscheinung tritt[3].

Der typisch stille Gesellschafter ist lediglich mit seiner Kapitaleinlage beteiligt, während der atypisch stille Gesellschafter auch an den stillen Reserven beteiligt ist. Der atypisch stille Gesellschafter ist Mitunternehmer i. S. des Einkommensteuerrechts mit der sich daraus ergebenden Konsequenz, dass ein an den atypisch still beteiligten Gesellschafter gezahltes Gehalt nicht Betriebsausgabe, sondern Gewinnvorweg ist.

318 (1) Die typisch stille Beteiligung erweist sich als Anfangsstadium gesellschaftsrechtlicher Beteiligung der Kinder deshalb als vorteilhaft, weil sie keine Beteiligung an den stillen Reserven mit sich bringt.

---

1 BFH-Beschlüsse vom 29. Mai 1972 GrS 4/71, BFHE 106, 504, BStBl II 1973, 5, und vom 25. Juni 1984 GrS 4/82, BFHE 141, 405, BStBl II 1984, 751, sowie beispielsweise BFH-Urteil vom 5. November 1985 VIII R 275/81, BFH/NV 1986, 327.

2 BFH-Urteile vom 29. April 1981 IV R 131/78, BFHE 133, 392, BStBl II 1981, 663; vom 15. Oktober 1981 IV R 52/79, BFHE 135, 179, BStBl II 1982, 342.

3 Vgl. Rn 54 ff.

Darlehen und stille Beteiligungen können weit unproblematischer rückwärts abgewickelt werden, falls dies auf Grund von Schwierigkeiten mit Kindern erforderlich sein sollte, als dies der Fall ist, wenn der Unternehmer – wie bei der atypisch stillen Beteiligung oder anderen Gesellschaftsformen – auch die stillen Reserven auf die Kinder übertragen hat.

(2) Stille Beteiligungen und Verträge über eine Unterbeteiligung am Gesellschaftsanteil sind wie auch sonst Vertragsverhältnisse zwischen nahen Angehörigen einkommensteuerrechtlich zu berücksichtigen, wenn 319

- sie bürgerlich-rechtlich wirksam sind,
- inhaltlich dem unter Fremden Üblichen entsprechen
- und wie unter Fremden vollzogen werden.

Der Abschluss des Vertrages kann durch betriebliche oder private Erwägungen veranlasst sein[1].

(3) Beteiligt sich ein minderjähriges Kind mit ihm von seinem Vater geschenkten Mitteln an einer GmbH als stiller Gesellschafter, so ist die Anrechnung des Kindes als Mitunternehmer wegen fehlender tatsächlicher Durchführung der getroffenen Vereinbarungen dann zu versagen, wenn der Vater die GmbH beherrscht[2]. 320

Eine Vereinbarung über eine stille Gesellschaft wird tatsächlich nicht durchgeführt, wenn der Gewinnanteil des stillen Gesellschafters nicht vereinbarungsgemäß ausgezahlt wird und auch keine Vereinbarung über das darlehensweise Stehenlassen des Gewinnanteils vorliegt.

Der Vertrag über die stille Beteiligung oder Unterbeteiligung ist also nur dann durchgeführt, wenn die Gewinnanteile entweder ausgezahlt werden oder im Falle einer Gutschrift bis zur Auszahlung jederzeit abrufbar gutgeschrieben werden oder wenn bürgerlich-rechtlich wirksame Darlehensverträge abgeschlossen werden, die der Auszahlung gleichstehen[3].

Die gesellschaftsrechtlichen Informationsrechte eines Unterbeteiligten richten sich allerdings nur gegen den Hauptbeteiligten[4]. 321

(4) Darf ein Kommanditist in der Gesellschafterversammlung nicht mitstimmen und ist für ihn das Widerspruchsrecht nach § 164 HGB abbedungen, ist er kein Mitunternehmer. Dem Ausschluss des Stimmrechts steht gleich, wenn Kommanditisten in keinem Fall den Mehrheitsgesellschafter an einer Beschlussfassung hindern können, z. B. auch dann nicht, wenn es um die Änderung der Satzung oder die Auflösung der Gesellschaft geht[5]. 322

Werden zu Gunsten des Übertragenden wiederkehrende Leistungen vereinbart, ist es derzeit steuerlich am günstigsten, diese Form der dauernden Last zu gestalten, die in vollem Umfang beim Verpflichteten als Sonderausgabe abziehbar ist und beim Empfänger versteuert werden muss, wobei davon ausgegangen wird, dass der Steuersatz des verpflichteten Unternehmenserwerbers höher ist als der des Empfängers der Zahlungen, der das Unternehmen übertragen hat[6]. Die Qualifizierung der Versorgungsrente als dauernde Last 323

---

1 BFH-Urteil vom 21. Februar 1991 IV R 35/89, BFHE 164, 238, BStBl II 1995, 449.
2 BFH-Urteil vom 13. Juni 1989 VIII R 47/85, BFHE 157, 192, BStBl II 1989, 720.
3 BFH-Urteil vom 18. Oktober 1989 I R 203/84, BFHE 158, 421, BStBl II 1990, 68.
4 BFH-Urteil vom 21. Februar 1991 IV R 35/89, BFHE 164, 238, BStBl II 1995, 449, dort unter 4b.
5 BFH-Urteil vom 11. Oktober 1988 VIII R 328/83, BFHE 155, 514, BStBl II 1989, 762.
6 Vgl. Rn 4286–4363.

lässt sich dadurch erreichen, dass in der Vereinbarung die jederzeitige Anpassung an veränderte wirtschaftliche Verhältnisse beider Vertragspartner – z. B. durch ausdrückliche Bezugnahme auf § 323 ZPO oder in anderer Weise – im Vertrag festgelegt wird[1]. Eine dauernde Last liegt auch dann vor, wenn bei der Bemessung der wiederkehrenden Leistungen nicht die Zahlung eines monatlichen festen Betrages vereinbart wird, sondern schwankende Größen wie z. B. ein Anteil am Umsatz des Unternehmens.

324 Ein Unternehmen kann unter Nießbrauchsvorbehalt übertragen werden. Die Vermögensnachfolge ist dann geregelt; im Übrigen bleibt alles beim alten[2]. Die Beteiligung des Nießbrauchers kann durch einen Quotennießbrauch auf einen Teil der Erträge beschränkt werden.

325 Zurzeit lässt sich bei der Übertragung einer Immobilie des Privatvermögens deren günstige steuerliche Bewertung nutzen.

Bei Übertragung des Anteils an einer gewerblich geprägten Grundstücksgesellschaft entstehen für den Beschenkten Vorteile durch den Betriebsvermögensfreibetrag samt Bewertungsabschlag und die günstige Steuerklasse.

326–330 *(unbesetzt)*

g) Erbrechtliche Gesichtspunkte

331 **Schrifttum:** *Backhaus,* Vererben und Erben, 5. Aufl. Berlin 2002; *Bengel/Reimann,* Handbuch der Testamentsvollstreckung, München, 2. Aufl., 1998; *Braunhofer,* Unternehmens- und Anteilsberechnung zur Bemessung von familien- und erbrechtlichen Ausgleichsansprüchen, Köln 1995 (Diss.); *Christoffel/Weinmann,* Erbschaft – Schenkung – Besteuerung, 3. Aufl., Freiburg 1997; *Damrau,* Der Minderjährige im Erbrecht, Angelbachtal 2002; *Deutsche Gesellschaft für Erbrechtskunde (Hrsg.),* Deutscher Erbrechtskommentar, Köln 2003; *Dittmann/Reimann/Bengel,* Testament und Erbvertrag, 4. Aufl. Neuwied 2003; *Damrau,* Der Erbverzicht als Mittel zweckmäßiger Vorsorge für den Todesfall, Bielefeld 1966; *Dörrie,* Erbrecht und Gesellschaftsrecht bei Verschmelzung, Spaltung und Formwechsel, GmbHR 1996, 245; *Ebenroth/Lorz,* Das Unternehmertestament als Bestandteil umfassender Nachfolgeplanung, WiB 1995, (Teil I:) 609, (Teil II:) 656, (Teil III:) 689; *Eden,* Treuhandschaft an Unternehmen und Unternehmensanteilen, 2. Aufl., Bielefeld 1989; *Flick/Kappe,* Rechtzeitige Erbfolgeplanung, Rechtliche und steuerliche Konzeption, Praktische Umsetzung, Frankfurt a. M. 1997; *Flick/Kappe,* Familienunternehmen und Zukunftssicherung, Rechtzeitige Planung, Individuelle Konzeption, Nachfolgemanagement, Frankfurt a. M. 1997; *Fuhrmann,* Modelle lebzeitiger Unternehmensübertragung: Erbvertrag, Testamentsvollstreckung, Fortsetzungsklausel, Stiftung und Trust im zivil- und steuerrechtlichen Vergleich, Konstanz 1990 (Dissertation); *Gebel,* Betriebsvermögensnachfolge: Erbfall und vorweggenommene Erbfolge; Einkommensteuer und Erbschaftsteuer, 2. Aufl. München 2002; *Groll* (Hrsg.), Praxishandbuch Erbrechtsberatung, Köln 2001; *Halaczinsky,* Lebensversicherungen im Erbschaftsteuerrecht, Zerb 2003, 306; *Haegele/Winkler,* Der Testamentsvollstrecker nach bürgerlichem, Handels- und Steuerrecht, 14. Aufl., Regensburg u. a. 1996; *Harenberg,* Ertragsteuerliche Zurechnung von Kapitalerträgen im Erbfall, ErbStB 2003, 99; *Hehemann,* Testamentsvollstreckung bei Vererbung von Anteilen an Personengesellschaften, BB 1995, 1301; *Hörger/Stephan* (Hrsg.), Die Vermögensnachfolge im Erbschaft- und Ertragsteuerrecht, Stuttgart 1998; *Joachim,* Die Haftung des Erben für Nachlassverbindlichkeiten: Haftungssituation – Ausschlagung – Haftungsbeschränkung – prozessuale Durchsetzung, Bielefeld 2002; *Johannsen,* Der Schutz der durch gemeinschaftliches Testament und Erbvertrag berufenen Erben, Sonderheft 1977: „75 Jahre Deutsche Notar-Zeitschrift"; *Kapp/Ebeling,* Handbuch der Erbengemeinschaft und Erbauseinandersetzung in Zivil- und Steuerrecht, 4. Aufl., Köln 1994 (Loseblatt); *Kerscher/Tanck/Krug,* Das erbrechtliche Mandat, 3. Aufl. 2002; *Kracht,* Checkbuch Testamentsgestaltung, 2. Aufl. München

---

1 BFH-Beschluss vom 15. Juni 1991 GrS 1/90, BFHE 165, 225, BStBl II 1992, 78.
2 Vgl. Rn 7012 ff.

2003; *Lange/Werkmüller,* Der Erbfall in der Bankpraxis, München 2002; *Langenfeld,* Das Ehegattentestament, Testamente und Erbverträge von Ehegatten im privaten und unternehmerischen Bereich, Köln 1994; *Langenfeld/Gail,* Handbuch der Familienunternehmen, 7. Aufl., Köln (Loseblatt-Ausgabe); *Sarres,* Auskunftspflichten zwischen Miterben über lebzeitige Zuwendungen gem. § 2057 BGB, ZEV 2000, 349; *Schumann,* Erbvertragsrecht, Berlin 2002; *Waldner/Rausch,* Das Testament des Unternehmers, München 1997; *Weidlich,* Die Testamentsvollstreckung im Recht der Personengesellschaften, Köln 1993.

BFH-Urteil v. 13. 6. 1995 IX R 121/94, DB 1995, 1854, betr. Anwaltshaftung für fehlerhafte Beratung bei Errichtung eines Testaments.

aa) Regelungen für den Todesfall

(1) Unterlässt der Unternehmer, ein Testament zu errichten, tritt die gesetzliche Erbfolge ein. **332**

Wie bei der Planung der Unternehmensnachfolge erfordern es die Überlegungen zu den Regelungen für den Todesfall, den zu regelnden Ist-Zustand festzustellen einschließlich der Ermittlung des dabei entstehenden Finanzbedarfs (Anfall von Steuern, Gebühren, güterrechtlicher Ansprüche, von Pflichtteilsansprücheen usw.).

Die Planungen sollten für einen Zeitraum von 5 bis 10 Jahren den Regelungsbedarf aufzeigen für

– den unmittelbar eintretenden Fall,

– den Fall der vorweggenommenen Erbfolge sowie die

– Festlegung des Zeitpunkts, zu dem die vorgesehenen Regelungen zu überprüfen sind.

(2) Der verantwortungsbewusste Unternehmer wird Regelungen für seinen Todesfall treffen. Das Testament darf keine unklaren Klauseln enthalten.[1] **333**

(3) Das Testament wird zweckmäßigerweise hinterlegt. Die Hinterlegung sichert die Verfügung von Todes wegen vor Unterdrückung und Verfälschung, schneidet Einwendungen enttäuschter Erbanwärter ab, sichert die Geheimhaltung ihres Inhalts und führt dazu, dass die Verfügung mit Sicherheit dem Nachlassgericht zur Kenntnis kommt. Für die besondere amtliche Verwahrung der Testamente sind die Amtsgerichts zuständig (§ 2258a BGB). Der Erblasser kann jederzeit die Verwahrung bei einem anderen Amtsgericht als dem verlangen, das nach dieser Vorschrift als örtlich zuständig bestimmt ist. **334**

Wird ein privatschriftliches oder ein beurkundetes Testament dem Amtsgericht zur amtlichen Verwahrung übergehen, ist das Amtsgericht nach dem Erlass für die Benachrichtigung in Nachlasssachen verpflichtet, dies mit der dafür vorgesehenen Karteikarte dem Standesbeamten des Geburtsortes des Erblassers mitzuteilen. Der Standesbeamte des Geburtsortes nummeriert diese Mitteilung und stellt sie nach der Nummernfolge in seine Testamentskarte ein; er vermerkt die Nummer durch einen Randvermerk neben der Geburtseintragung des Erblassers im Geburtenbuch. Liegt der Geburtsort des Erblassers außerhalb des Gebiets der Bundesrepublik Deutschland, wird die Mitteilung an die Hauptkartei für Testamente beim Amtsgericht in Berlin-Schöneberg übersandt. Zweck der Registrierung ist es, sicherzustellen, dass nach dem Eintritt des Erbfalls das Testament von dem verwahrenden Amtsgericht eröffnet (also amtlich zur Kenntnis genommen) wird und an das zuständige Nachlassgericht gelangt (§ 2261 BGB). Das Standesamt des Sterbeorts benachrichtigt also das Standesamt des Geburtsorts zwecks Austragung im Geburtenbuch. **335**

---

1 Mach einer demoskopischen Erhebung sollen nur 3 vH aller Testamente mängelfrei sein.

Der Standesbeamte des Geburtsorts ersieht aus dem Geburtenbuch den dort angebrachten Randvermerk, der ihn auf die Karteikarte verweist. Er nimmt die Karte aus der Kartei und teilt dem darauf angegebenen verwahrenden Amtsgericht zum Aktenzeichen der Hinterlegung den Todesfall mit, worauf das Eröffnungsverfahren eingeleitet wird.

336 (4) Der Fassung des Testaments muss die Bestimmung der Ziele vorausgehen, die durch das Testament erreicht werden sollen.

Das setzt voraus

- die Bestandsaufnahme des **gesamten** Vermögens des Erblassers; dabei ist zu unterscheiden zwischen Betriebsvermögen, Privatvermögen, betrieblich gebundenem oder für den Fortbestand des Unternehmens erforderlichen Privatvermögen;

  es sind ferner die etwaige gesellschaftsrechtliche Stellung des Testators und die gesellschaftsrechtlichen Regelungen auf den Todesfall zu ermitteln;

- die Ermittlung der persönlichen Daten des Testators und seiner Familie (Ehegatte, Abkömmlinge, nicht eheliche Kinder des Testators und seines Ehegatten; Güterstand usw.; Ehe- und/oder Erbverträge);

- die Ermittlung der Ziele der testamentarischen Regelungen einschließlich der Rangfolge, in der sie zu berücksichtigen sind;

- die Ermittlung der Störfaktoren

  (Pflichtteilsrechte, Abfindungen für weichende Erben, minderjährige Kinder und sonstige abhängige Personen, ggf wie sie zu versorgen sind);

- die etwaigen weiteren durchzuführenden flankierenden Maßnahmen

  (Änderung und zweckmäßige Gestaltung von Gesellschaftsverträgen, Eheverträgen usw.; der Abschluss von Erb- und/oder Pflichtteilsverzichten; Maßnahmen der vorweggenommenen Erbfolge).

337 Die Vorkehrungen des jungen Unternehmers sehen anders aus als die Planung des Generationswechsels beim älteren Unternehmer.

Es müssen geplant werden

- eine Nachfolgeregelung für den gegenwärtigen Zeitpunkt, also eine Regelung mit einer Art Versicherungsfunktion für das unerwartete Ausscheiden des Unternehmers (z. B. Tod aufgrund eines Verkehrsunfalls),

- eine vorweggenommene Erbfolge mit Sicherheiten und Rückholmöglichkeiten für den Übertragenden,

- regelmäßige Überprüfungen und Anpassungen der vorerwähnten Regelungen darauf, ob sie noch den gegenwärtigen Interessen entsprechen (s. die nachstehenden Rn).

338 (5) Letztwillige Verfügungen, die auf der Grundlage der derzeit gültigen rechtlichen und steuerlichen Gegebenheiten und unter Berücksichtigung der gegenwärtigen familiären und vermögensmäßigen Verhältnisse errichtet worden sind, müssen von Zeit zu Zeit (alle zwei bis spätestens fünf Jahre) überprüft und erforderlichenfalls den geänderten familiären und wirtschaftlichen, rechtlichen und steuerrechtlichen Umständen angepasst werden. Ggf muss das alte Testament aufgehoben und durch ein neues ersetzt werden.

Es müssen bedacht werden

- Vorversterbensfälle (des Ehegatten, von kinderlosen Kindern mit oder ohne Hinterlassung von Ehegatten, des vorgesehenen Testamentsvollstreckers),
- Scheidungen von Kindern und Enkeln, gerichtliche Regelungen des Vermögenssorgerechts,
- Pflichtteilsberechtigte, die neu hinzutreten oder weggefallen sind,
- Änderungen des Erbschaftssteuerrechts, des Gesellschaftsrechts,
- Eintritt der Pflege- oder Fürsorgebedürftigkeit von Familienangehörigen,
- Wegfall von Vermächtnisgegenständen oder von Wirtschaftsgütern, für die eine Teilungsanordnung vorgesehen war.

(6) Letztwillige Verfügungen müssen der Struktur und der Rechtsform des Unternehmens sowie dem Kreis der möglichen Erben und deren Eignung als Unternehmensnachfolger angepasst werden.

(7) Die erbrechtlichen Ansprüche der Ehefrau sind zu berechnen und festzulegen, wie sie ggf abzugelten sind.

(8) Mit dem Tode des Erblassers geht sein Vermögen als Ganzes auf den oder die Erben über. Es gelten also nicht die Regeln des rechtsgeschäftlichen Erwerbs. Das Grundbuch wird durch den Erbfall unrichtig und muss berichtigt werden. Es bedarf also im Gegensatz zum rechtsgeschäftlichen Erwerb oder beispielsweise beim Erwerb des Vermächtnisnehmers bei Grundstücken keiner rechtsgeschäftlichen Auflassung vor einem Notar.

(9) Daraus folgt, dass grundsätzlich – wenn irgend möglich – der Nachlass auf einen Erben gehen sollte und alle anderen Nachlassbeteiligten die Stellung von Vermächtnisnehmern erhalten sollten. In einem solchen Fall erhält der Alleinerbe eine dem Testamentsvollstrecker vergleichbare Stellung. „Pflichtteilsrechtliche" Schranken stehen einer derartigen Lösung nicht entgegen, obwohl die Stellung des Vermächtnisnehmers rechtlich in der beschriebenen Weise schwächer ist als diejenige des Erben. Denn das Pflichtteilsrecht stellt lediglich auf den Wert des Erwerbs, nicht auf seine Modalitäten ab[1].

(10) **Beispiel:**
Eltern leben in Zugewinngemeinschaft.
Es ist ein Kind vorhanden.
Das Vermögen setzte sich und setzt sich wie folgt zusammen:

	Vermögen Ehemann in €	Vermögen Ehefrau in €
Anfangsvermögen	0	0
Endvermögen	1 700 000	100 000
Endvermögen des Mannes	1 700 000	
./. Endvermögen der Ehefrau	100 000	
= Zugewinn	1 600 000	
Zugewinnausgleich	800 000	

a) Nach der erbrechtlichen Lösung erhielte die Ehefrau zu ihrem Erbteil von ¼ (§ 1931 Abs. 1 BGB) nach § 1371 Abs. 1 BGB ein weiteres Viertel, also ½ des Nachlasses, somit (½ von 1 700 000 € Nachlass=) 850 000 €.

b) Ist das Kind als Alleinerbe eingesetzt worden und beansprucht die Ehefrau den Pflichtteil, ergibt sich folgende Berechnung:

---

1 *Langenfeld,* Probleme und Risiken des Unternehmertestaments, StBJb 1987/88, 211.

Nach der gesetzlichen Erbfolge steht der Ehefrau ¼ des Nachlasses des Ehemannes zu, also ¼ von (1 700 000 € abzüglich Zugewinnausgleichsanspruch 800 000 € =) 900 000 €, das sind 225 000 €.

Der Pflichtteil hiervon beträgt 50 vH, das sind 112 500 €. Rechnet man zum Pflichtteil den Zugewinnausgleichsanspruch hinzu, kann die Ehefrau als Überlebende (112 500 + 800 000 € =) 912 500 € geltend machen, wenn sie die Erbschaft ausschlägt und die güterrechtliche Lösung wählt.

344 (11) Zu beachten ist auch, dass anders als bei der gesetzlichen Erbfolge an die Stelle eines testamentarisch eingesetzten Erben, der vor dem Erbfall durch Tod oder wegen anderer Gründe wegfällt, nicht ohne weiteres dessen Abkömmlinge treten.

345 (12) Die Erbfolge kann statt durch Testament auch mithilfe eines **Erbvertrags** (§ 1941 BGB) geregelt werden. Der Erbvertrag unterscheidet sich von dem gemeinschaftlichen Testament von Ehegatten dadurch, dass schon zu Lebzeiten beider Vertragsschließenden eine stärkere Bindung einsetzt als bei einem gemeinschaftlichen Testament, das – wenn auch unter erschwerten Bedingungen – jederzeit einseitig widerrufen werden kann. Der Erbvertrag kann auch mit Nichtehegatten und von mehr als zwei Personen abgeschlossen werden[1].

346 Beim Testament ist die der Eigenart des Unternehmens und die den Interessen der beteiligten Personen angemessene sachgerechte Lösung zu ermitteln.

(1) Soll das Unternehmen allen gesetzlichen Erben zugewiesen werden, muss die Unternehmensstruktur (Rechtsform des Unternehmens) vom Testator vorgegeben werden.

347 (2) Soll das Unternehmen an einen gesetzlichen Erben oder an einige der gesetzlichen Erben zugewiesen werden, muss die Versorgung der weichenden Erben geregelt werden. Dies kann geschehen durch

- Rechte, die am Unternehmen begründet werden (Beteiligungen, Nießbrauch, Darlehen usw.),
- durch Zuweisung von Gegenständen des Privatvermögens,
- Veräußerung oder Verpachtung des Unternehmens,
- Liquidierung des Unternehmens und Zuweisung entsprechender Teile des Liquidationserlöses an die gesetzlichen Erben.

348 (3) Soll – z. B. mangels zur Fortführung des Unternehmens geeigneter Erben – das Unternehmen veräußert werden, kann der Erblasser durch eine Auflage den Verkauf des Unternehmens anordnen und die Erfüllung der Auflage, die Verteilung und Anlegung des Gewinns sachkundigen Testamentsvollstreckern übertragen.

349 (4) Bei Unternehmensbeteiligungen muss die Nachfolge von Todes wegen mit den gesellschaftsvertraglichen Regelungen übereinstimmen.

Die Unternehmensnachfolge erfordert also für den Gesellschafter einer Personengesellschaft eine Harmonisierung zwischen Gesellschaftsvertrag und Testament.

350 (5) Besondere Bedeutung kommt dem Abschluss von Abfindungs- und Pflichtteilsverzichtsverträgen mit den weichenden Erben zu. Zu den Erbenbelastungen zählen insbesondere die

---

1 *Ebenroth/Fuhrmann*, Konkurrenzen zwischen Vermächtnis- und Pflichtteilsansprüchen bei erbvertraglicher Unternehmensnachfolge, BB 1989, 2049.

- Pflichtteilsansprüche,
- Auseinandersetzungsansprüche und die
- Erbschaftsteuer.

(6) Sachlich richtige Ergebnisse erfordern die Einhaltung der Prüfung der Sachfragen in dieser Reihenfolge, um unvernünftige, nicht funktionierende und prozessauslösende Regelungen zu vermeiden. Wie immer bei Sachgestaltungen hat die Prüfung der bürgerlich-rechtlichen Überlegungen Vorrang vor denen des Steuerrechts. 351

(7) Setzt der Testator mehrere Personen zu Erben ein, kann er das Unternehmen durch **Teilungsanordnung** oder **Vermächtnis** einem Miterben oder durch Vermächtnis einem Dritten als Unternehmensnachfolger zuweisen. Ob eine Teilungsanordnung oder ein Vermächtnis gewählt wird, ist bei gemeinschaftlichen Testamenten und Erbverträgen für die Bindungswirkung von Bedeutung. Nur das Vermächtnis, nicht auch die Teilungsanordnung, nimmt an der Bindungswirkung teil (§§ 2270 Abs. 3, 2278 Abs. 2 BGB). 352

Teilungsanordnungen können zu ungewolltem Anfall von Einkommensteuer führen. Vorausvermächtnisse zugunsten einzelner Miterben können einkommensteuersparend wirken.

Bei der Teilungsanordnung gehen zunächst alle Nachlassgegenstände auf die Erbengemeinschaft über und nicht etwa unmittelbar auf den Miterben, der sie aufgrund der Teilungsanordnung erhalten soll. Dies gilt auch bei Anordnung einer Testamentsvollstreckung.

Verhalten sich die Miterben bereits vor der Erbauseinandersetzung entsprechend der Teilungsanordnung, wird dies auch steuerrechtlich anerkannt, solange die tatsächliche Auseinandersetzung innerhalb einer sich nach den Umständen des Einzelfalls orientierenden Frist vorgenommen wird.

Setzen sich die Erben einverständlich über die Teilungsanordnung hinweg, ist für die steuerliche Beurteilung die tatsächliche Auseinandersetzung maßgeblich.

(8) Will der Erblasser sicherstellen, dass der Erbe bzw. Miterbe den Betrieb tatsächlich übernimmt, so kann er anordnen, dass die Erbeinsetzung nur wirksam sein solle, wenn der Nachfolger der Übernahmepflicht nachkommt. Es ist Auslegungsfrage, ob es sich bei einer solchen Bestimmung um eine aufschiebende oder um eine auflösend bedingte Erbeinsetzung handelt. 353

(9) Will der Unternehmer sicherstellen, dass beim Ableben des Unternehmensnachfolgers, falls dieser nach Antritt der Erbschaft kinderlos verstirbt, nicht seine Ehefrau, sondern seine Kinder zum Zuge kommen, kann er bestimmen, dass seine anderen Kinder Nacherben sein sollen, wenn der als Unternehmensnachfolger zum Zuge kommende Erbe ohne Hinterlassung von Abkömmlingen stirbt. 354

(10) Eine solche Regelung ist auch möglich, wenn nur bestimmte Personengruppen (z. B. Kinder aus einer ersten Ehe des Erben) von der Erbeserbschaft fern gehalten werden sollen. 355

Der Erbe kann auch durch ein Vermächtnis des Inhalts belastet werden, dass das vom Unternehmer geerbte Vermögen (Betriebsvermögen) beim Ableben des Erben von dessen Erben an bestimmte Dritte herauszugeben sei. Damit tritt der gleiche Effekt ein wie bei der Einsetzung von Erbe und Erbeserbe.

356 (11) Will ein Unternehmer ein minderjähriges Kind aus einer geschiedenen Ehe zum Unternehmensnachfolger bestimmen, kann sein Interesse darauf gerichtet sein, dass er dem geschiedenen Elternteil die Verwaltungsbefugnis entzieht. Das ist nach § 1638 Abs. 1 BGB möglich. Der Unternehmer kann nach § 1917 Abs. 1 BGB den Pfleger benennen.

357 (12) Im Testament sollten Ersatz- und Nacherben sowie Ersatztestamentsvollstrecker bestimmt sein.

358 Treten sämtliche Erben als Gesellschafter in das Unternehmen des früheren Einzelunternehmers oder Mitunternehmers ein, können Führungsprobleme entstehen, sei es wegen sachlicher Inkompetenz einzelner Erben, sei es wegen der Meinungsvielfalt, die eine Vielzahl von Erben mit sich bringt.

Werden nicht alle Erben Gesellschafter, sei es wegen der gesellschaftsrechtlichen oder der erbrechtlichen Regelung, entstehen Abfindungsprobleme.

359 Der Unternehmer muss Vorsorge treffen gegenüber dem Liquiditätsabfluss

- zur Abfindung weichender Erben,
- der durch die Rückzahlung von Krediten erforderlich wird (z. B. wenn die Kredite als Personalkredite gestaltet sind),
- zur Abfindung beim Erwerb oder Anwachsen von Gesellschaftsanteilen,
- zur Begleichung der Erbschaftsteuer.

360 Die **Errichtung eines Testaments** erfordert die **Prüfung folgender Fragen** (vgl. Nieder, Handbuch der Testamentsgestaltung, 2. Aufl., München 2000):

- Person und Testierfähigkeit des Erblassers,
- Familienstand des Erblassers und seiner Abkömmlinge,
- Vorhandensein nicht ehelicher Kinder in der ersten und zweiten Erbordnung oder im Einzelfall in Betracht kommender Erbordnungen,
- Vorhandensein adoptierter und für ehelich erklärter Kinder,
- Güterstand des Erblassers,
- Staatsangehörigkeit des Erblassers,
- Bindung an früher gemeinschaftliche Testamente oder Erbverträge,
- Vorhandensein von Pflichtteilsberechtigten,
- Möglichkeit der Nachgeburt von Kindern,
- Möglichkeit der Veränderung des Vermögensstands bis zum Erbfall,
- Möglichkeit der Weitervererbung von Nachlassgegenständen beim Zuwendungsempfänger,
- Pflichtteilsrechte entfernter Abkömmlinge nach dem Vorversterben unmittelbarer Abkömmlinge,
- Erbeinsetzung dessen, dem der Erblasser den Kern seines Vermögens abweichend von der gesetzlichen Erbfolge zuwenden will.
- Soll das Vermögen im Ganzen, zu Bruchteilen oder sollen nur einzelne Nachlassgegenstände zugewendet werden, soll also eine Erbeinsetzung, die Zuwendung eines Ver-

mächtnisses, eines Vorausvermächtnisses, eine Auflage, eine Teilungsanordnung usw. vorgenommen werden?
- Soll dem Erstbedachten die Nachlassnutzung oder die Substanz zugewendet werden, wird Vor- und Nacherbschaft, Vor- und Nachvermächtnis oder ein Nießbrauch-Vermächtnis angestrebt?
- Will der Erblasser Teilungsanordnungen, Teilungsverbote, Verwirkungsklauseln, Schiedsklauseln, familienrechtliche Anordnungen, Testamentsvollstreckung oder dergl. mehr anordnen, um über den Tod hinaus Einfluss zu nehmen?
- Sollen Ausgleichs- und Anrechnungspflichten angeordnet werden?
- Sollen Ersatznacherben und Ersatzvermächtnisnehmer eingesetzt werden?
- Welche Regelung wird für den Wiederverheiratungsfall des überlebenden Ehegatten getroffen?
- Stimmen die Verfügungen im Testament mit den Nachfolgebestimmungen im Gesellschaftsvertrag überein?
- Ist ein Widerruf früher errichteter Testamente erforderlich?
- Soll die Verfügung von Todes wegen frei widerruflich gestaltet sein oder eine Bindungswirkung eintreten?
- Wie soll bei gemeinschaftlichem Ehegatten-Testament (Berliner Testament, Ehegattenerbvertrag, bedingte Vermächtnisse für Abkömmlinge usw.) die Bindung gestaltet werden?
- Sollen die Bedachten von Bindungen freigestellt werden durch evtl. gegenseitigen Pflichtteilsverzicht oder gegenseitigen ehevertraglichen Verzicht auf güterrechtlichen Zugewinnausgleich im Todesfall,
- gegenseitigen Verzicht auf Anfechtungsrechte,
- Ersatzerbregelung,
- Wiederverheiratungsklausel?
- Soll beim Erbvertrag die Bindung eingeschränkt,
- ein Rücktrittsvorbehalt vorgesehen,
- ein Verzicht auf das Anrechnungsrecht vereinbart,
- das freie Verfügungsrecht unter Lebenden eingeschränkt werden, ggf unter welchen Umständen?
- Sind Anordnungen über Wohnrechte erforderlich?

Unnötige Erbgänge sollten vermieden werden. 361

Soll bei Eheleuten der überlebende Ehegatte besonders umfangreich gesichert werden, ist zu prüfen, ob es angesichts der erbschaftsteuerlichen Vorschriften angebracht ist, statt der gegenseitigen Erbeinsetzung (Berliner Testament) die gesetzliche Erbfolge vorzusehen, dem überlebenden Ehegatten den lebenslangen Nießbrauch an der Erbschaft oder einzelnen Gegenständen einzuräumen und ihn außerdem zum Testamentsvollstrecker zu bestimmen[1]. 362

---

1 Zu den Folgen siehe Rn 391 ff.

363 Soll ein Unternehmen zur vorweggenommenen Erbfolge einem unverheirateten oder kinderlos verheirateten Kind übertragen werden, müssen auch die Folgen bedacht werden, die bei einem, von der Lebenserwartung her gesehen, unerwarteten Tod des Kindes (z. B. durch einen Verkehrsunfall) eintreten.

364 Stirbt der Einzelunternehmer, tritt an seine Stelle die Erbengemeinschaft. Will diese das Unternehmen in der Rechtsform der OHG weiterführen, müssen die Wirtschaftsgüter des Unternehmens auf die OHG übertragen werden.

365 Die Erbengemeinschaft ist regelmäßig als Träger des Unternehmens die ungeeignete Rechtsform[1].

366 Will der Unternehmer verhindern, dass das Unternehmen in der Form der Erbengemeinschaft weitergeführt wird, kann er durch testamentarische Auflage die Erben zur Gründung einer Gesellschaft verpflichten (Gesellschaftsgründungsklausel). Erforderlich ist, dass auch das Instrumentarium zur Durchsetzung dieser Klausel geschaffen wird, also z. B. ein Schiedsgericht bestimmt wird, das dem Testamentsvollstrecker die Befugnis zur Durchführung der Gesellschaftsgründung einräumt o. dgl. m.

367 Miterben sollten das ererbte Unternehmen so bald wie möglich in eine andere Rechtsform kleiden. Ist dies nicht alsbald möglich, sollte die Handlungsfähigkeit der Erbengemeinschaft durch Vereinbarungen übergangsweise verbessert werden, z. B. indem einer oder mehrere Miterben, ein Dritter oder mehrere Dritte begrenzt oder unbegrenz bevollmächtigt werden, die Geschäfte zu führen.

Führt ein Miterbe das Einzelunternehmen mit Wissen der übrigen Erben fort, so liegt in der Duldung dieser Tätigkeit regelmäßig die stillschweigende Erteilung einer Duldungsvollmacht zu Gunsten des fortführenden Miterben.

368 Jeder Miterbe kann jederzeit die Auseinandersetzung verlangen, soweit nichts anderes bestimmt ist (§ 2042 BGB). Die Auseinandersetzung ist ausgeschlossen, solange die Erbteile der Miterben noch unbestimmt sind, etwa weil die Geburt eines Miterben zu erwarten ist oder die Entscheidung über eine Ehelicherklärung aussteht.

369 Der Erblasser kann durch letztwillige Verfügung die Auseinandersetzung über den Nachlass oder einzelne Nachlassgegenstände ausschließen oder von der Einhaltung einer Kündigungsfrist abhängig machen (§ 2044 BGB).

Eine solche Klausel verpflichtet die Miterben; sie wirkt aber nur obligatorisch, ohne eine etwaige tatsächliche Auseinandersetzung verhindern zu können. Die Miterben können sich z. B. einstimmig über das Auseinandersetzungsverbot des Erblassers hinwegsetzen. Ein solches Verbot kann der Erblasser nur dadurch erreichen, dass er

- entweder Testamentsvollstreckung anordnet oder

- die Erben unter der auflösenden Bedingung der Auseinandersetzung einsetzt.

Scheitert eine gütliche Teilung, so kann jeder Miterbe gegen die übrigen die Erbteilungsklage erheben. Sie ist auf Zustimmung zu dem vom klagenden Miterben in der Klage enthaltenen Teilungsplan zu richten, also auf Abschluss eines Auseinandersetzungsvertrags.

---

1 Vgl. auch *Strothmann*, Einzelkaufmännisches Unternehmen und Erbenmehrheit im Spannungsfeld von Handels-, Gesellschafts-, Familien- und Erbrecht – Zugleich Besprechung des BGH-Urteils vom 8. Oktober 1984 II ZR 223/83, ZIP 1984, 1469, BGHZ 92, 259, NJW 1985, 136 –, ZIP 1985, 969, 975.

Sie setzt nicht voraus, dass zuvor die Vermittlung des Nachlassgerichts bei der Auseinandersetzung versucht worden ist.

Verkauft ein Miterbe seinen Anteil an einen Dritten, so sind die übrigen Miterben zum Vorkauf berechtigt. 370

Im Übrigen kann jeder Miterbe über seinen Anteil an dem Nachlass verfügen (§ 2033 BGB), nicht jedoch über seinen Anteil an den einzelnen Nachlassgegenständen. Auf Grund der gesamthänderischen Bindung des einzelnen Nachlassgegenstandes können diesen nur alle Miterben gemeinsam übertragen.

(unbesetzt) 371–379

bb) Vollmachten

Schrifttum: *Langenfeld,* Vorsorgevollmacht und Patientenverfügung, Weniger frech – mehr Rechtssicherheit, ZEV 2003, 449 (Formulierungsvorschlag S. 452); *Merkel,* Die Anordnung bei Testamentsvollstreckung – Auswirkungen auf eine postmortale Bankvollmacht?, WM 1987, 1001; *Trapp,* Die Post-transmortale Vollmacht zum Vollzug lebzeitiger Zuwendungen, ZEV 1995, 314. 380

(1) Vorsorge

Vorsorge zu treffen für die Fälle von Tod, Unfall, Krankheit und Alter, gehört zu dem Gebot, dem sich kein Unternehmer verschließen sollte, gleichgültig wie alt er ist. Zur Vollmacht auf den Tod siehe Rn 382 bis 386. 381

Zur Vorsorge für Unfall, Krankheit und Alter siehe Rn 387 bis 391.

(2) Vollmacht auf den Tod

Die Eröffnung eines Testaments oder Erbvertrags durch das Nachlassgericht und die Erteilung eines Erbscheins beanspruchen einige Zeit. Die Hinterbliebenen müssen jedoch häufig Verpflichtungen erfüllen (z. B. Krankenhauskosten, Begräbniskosten begleichen usw.), bevor ihnen der Erbschein erteilt wird. Nach dem Todesfall benötigen sie daher eine Urkunde, die sie befugt, gegenüber Post, Bank, Sparkasse, Behörden usw. auftreten zu können. Deshalb empfiehlt es sich, dass der Erblasser eine allgemeine **Vollmacht** für eine Vertrauensperson ausstellt. Die Vollmacht wird zweckmäßigerweise in einer besonderen Urkunde erteilt und an einer den Hinterbliebenen mitzuteilenden Stelle aufbewahrt, damit sie gleich zur Hand ist und nicht die Eröffnung des Testaments abgewartet werden muss. Die Vollmacht kann der Erblasser, wenn er will, bereits zu seinen Lebzeiten dem Bevollmächtigten aushändigen. 382

Soll der Bevollmächtigte auch Grundstücksgeschäfte vornehmen dürfen, so ist die notarielle Beurkundung der Vollmachtserteilung erforderlich (§ 313 BGB). Eine solche Beurkundung der Vollmacht kann auch aus anderen Gründen zweckmäßig sein. Zumindest sollte der Erblasser auf der Vollmacht seine Unterschrift notariell beglaubigen lassen. 383

Die Vertretungsbefugnis kann auch auf den Todesfall erteilt werden. Eine solche Vollmachtserteilung hat den Nachteil, dass der Bevollmächtigte auf Verlangen den Tod des Vollmachtgebers nachweisen muss (z. B. durch eine Sterbeurkunde), wenn von der Vollmacht Gebrauch gemacht werden soll. 384

Hat der Erblasser – z. B. wegen der geschäftlichen Unerfahrenheit seines Unternehmensnachfolgers – den Wunsch, dass das Unternehmen in einer Übergangszeit nach seinem Ableben von einer Person seines Vertrauens als Bevollmächtigtem geführt wird, kommt ebenfalls die Erteilung einer Vollmacht durch den Erblasser mit Wirkung über seinen Tod 385 hinaus in Betracht, und zwar durch Rechtsgeschäft unter Lebenden oder durch Verfügung von Todes wegen.

386 Die Vollmacht erlischt nicht mit dem Tod des Vollmachtgebers, es sei denn, dass sich aus dem Innenverhältnis etwas anderes ergibt. Die Erben können sie aber unter denselben Voraussetzungen wie der Erblasser widerrufen, und zwar bei einer Miterbengemeinschaft jeder Miterbe mit Wirkung für sich.

(3) Vollmachten zu Lebzeiten

387 Der Unternehmer sollte vorsorgen für den Fall eines Unfalls, einer schweren Erkrankung oder des Nachlasses seiner geistigen Fähigkeit, Entscheidungen zu treffen. Er muss sich fragen, **wer** soll in solchen Fällen für mich handeln und entscheiden. Er kann einer Person seines Vertrauens eine umfassende Vollmacht oder für verschiedene Bereiche mehreren Personen unterschiedliche Vollmachten erteilen. Tut er das nicht, muss in diesen Fällen das Vormundschaftsgericht einen Betreuer zur gesetzlichen Vertretung bestellen.

Als Vorsorgeregelungen kommen z. B. in Betracht:

- **Allgemeine Vollmacht**

  (Vorsorgevollmacht; Generalvollmacht; Vollmacht zur Vertretung in allen Angelegenheiten)

388 Eine Vorsorgevollmacht zu erteilen, bietet sich an, wenn jemand eine Person kennt, der er voll vertraut und die ihn im Zeitpunkt der eigenen Hilflosigkeit rechtswirksam vertreten kann und vertreten soll und wenn eine Kontrolle durch das Vormundschaftsgericht nicht für notwendig gehalten wird. Sie kann dazu dienen, dass der Bevollmächtigte befugt wird,

- das Einkommen und Vermögen des Vollmachtgebers zu verwalten, Zahlungen und Wertgegenstände entgegen zu nehmen, insbesondere über Konten bei Bankinstituten zu verfügen (Banken erkennen vielfach eine privatschriftliche Vollmacht nur an, wenn die Unterschrift bankintern oder notariell beglaubigt ist),

- das Vermögen für die häusliche Pflege zu verbrauchen oder zur finanziellen Regelung einer Heimeinweisung einzusetzen,

- den Vollmachtgeber gegenüber Ärzten, Behörden und sonstigen Institutionen zu vertreten, Ärzte ihm gegenüber von der Schweigepflicht entbunden sind und Krankenunterlagen einsehen lassen dürfen,

- Rechtsstreitigkeiten zu führen,

- Post zu öffnen, das Telefon abzumelden, einen Mietvertrag zu kündigen, den Haushalt aufzulösen usw.,

- den Vollmachtgeber bei Behörden, Versicherungen und Sozialleistungsträgern zu vertreten,

- den Vollmachtgeber gegenüber Gerichten zu vertreten und Prozesshandlungen vorzunehmen.

- **Patientenverfügung**

389 Mit ihr legt der Vollmachtgeber für den Fall seiner Entscheidungsunfähigkeit oder dass er sich dauerhaft nicht mehr verständlich machen kann, im Voraus die Art und Weise einer ärztlichen Behandlung fest.

Er kann darüber entscheiden, wie und wo er bei Pflegebedürftigkeit versorgt werden will und dergleichen mehr. Er kann z. B. Aussagen zu Wiederbelebungsversuchen, zu künstlicher Beatmung und Ernährung, zu Dialyse und Organersatz treffen und Anweisungen für die Sterbephase erteilen.

Der Arzt muss eine Patientenverfügung beachten. Sie sollte möglichst konkret gefasst sein und etwa alle 2–3 Jahre aktualisiert werden. In ihr kann ausgedrückt werden, ob der Vollmachtgeber wünscht, dass

– alle ärztlichen Maßnahmen ergriffen werden, die möglich sind, das Leben
– zu verlängern, oder
– wenn keine Heilung oder Besserung des Leidens möglich ist, keine lebensverlängernden medizinischen Maßnahmen getroffen werden sollen, wenn z. B. zwei Ärzte bestätigen, dass keine Heilung oder Besserung des Leidens möglich ist,
– dass eine umfassende Schmerztherapie ohne Rücksicht auf Nebenwirkungen (z. B. Suchtgefahr) vorgenommen wird,
– dass eine Magensonde zur künstlichen Ernährung nicht gelegt werden darf, wenn dies das Sterben und Leiden nur verlängert, usw.

- **Betreuungsverfügung**

Wird jemand betreuungsbedürftig und hat er niemanden als Betreuer bestimmt, setzt das Vormundschaftsgericht einen Betreuer ein. Liegt eine Betreuungsverfügung vor, ist das Vormundschaftsgericht an sie gebunden. Es darf niemand anderen als Betreuer bestellen. Die Bestellung eines Betreuers durch eine Betreuungsverfügung des Vormundschaftsgerichts ist mit einem gerichtlichen Verfahren verbunden und daher umständlich und langwierig. Das vormundschaftsgerichtliche Verfahren kann allerdings dadurch verhindert werden, dass der Unternehmer für den Betreuungsfall eine umfassende Vollmacht erteilt, die nicht der vormundschaftsgerichtlichen Kontrolle unterliegt. Siehe dazu vorstehend Rn 388 „Allgemeine Vollmacht". 390

- **Besondere Vollmacht**

Eine allgemeine Vollmacht (Rn 388) kann je nach Gestaltung am umfassendsten wirken. Sie kann sich als Generalvollmacht auf alle Gebiete erstrecken. Das gilt insbesondere für Vermögensangelegenheiten. Allerdings greift auch eine solche umfassend gewollte Vollmacht nicht immer; sie genügt z. B. **nicht** zur Erteilung der Zustimmung zu lebensgefährlichen medizinischen Eingriffen, bei freiheitsbeschränkenden Maßnahmen (z. B. Anbringen eines Bettgitters, Bauchgurts, Fesselung von Händen und Beinen zur Sicherung von Infusionsschläuchen), zur Unterbringung in einer geschlossenen Anstalt und bei der Einwilligung zur Organspende. 391

Insoweit muss eine **schriftliche** Vollmacht diese Befugnisse ausdrücklich nennen und bei den beiden ersten Fallgruppen sogar die Genehmigung des Vormundschaftsgerichts eingeholt werden.

Die Vollmacht kann – wie gesagt – umfassend gestaltet oder auf bestimmte Aufgabengebiete beschränkt werden. Im letzteren Fall muss für die ausgesparten Aufgabengebiete ein Betreuer bestellt werden. M. E. sollte ein Nebeneinander von Bevollmächtigten und Betreuer vermieden werden. Nichts einzuwenden ist dagegen gegen eine Kombination der allgemeinen Vollmacht an eine Vertrauensperson und der Betrauung der Befugnisse aus der Patientenverfügung an eine andere Vertrauensperson. Die Vollmachten dürfen auf keinen Fall an Bedingungen geknüpft werden, denn dadurch bleibt für den Rechtsverkehr offen, ob die Voraussetzungen für die Wirksamkeit der Vollmacht vorliegen.

Es sollte bestimmt werden, ob die Vollmacht erst bei Nachweis durch ein ärztliches Zeugnis der Geschäftsunfähigkeit oder der körperlichen Unfähigkeit gelten soll oder ohne diese Einschränkung.

Soll der Bevollmächtigte auch zu Grundstücksgeschäften ermächtigt sein, ist eine notarielle Vollmacht erforderlich; sie ist auch sinnvoll, wenn ein Handelsgewerbe betrieben wird oder jemand Gesellschafter einer Personen- oder Kapitalgesellschaft ist. Der Aufwand für die Gebühren lohnt sich (sie betragen zurzeit höchstens 403 €/mindestens 10 € und liegen i. d. R. zwischen 40 und 150 €).

cc) Erbrechtliche Ansprüche

392 Rechtliche Besonderheiten ergeben sich aus dem ehelichen Güterrecht.

393 Haben Ehegatten im gesetzlichen Güterstand der Zugewinngemeinschaft gelebt, erhält der überlebende Ehegatte zum Ausgleich des Zugewinns ein weiteres Viertel des Nachlasses (vgl. dazu § 1371 BGB).

394 Der geschiedene Ehegatte hat kein gesetzliches Erbrecht.

Für den Ausschluss des Ehegatten-Erbrechts ist Voraussetzung, dass das Scheidungsbegehren rechtshängig, der Scheidungsantrag also zugestellt ist[1].

395 Werden Kinder oder Enkel des Erblassers gesetzliche Erben und hat der Verstorbene bei Lebzeiten einem Abkömmling erhebliche Vermögenszuwendungen gemacht, so werden diese Zuwendungen als Abschlagszahlungen auf den künftigen Erbteil angesehen, um eine ungerechtfertigte Bevorzugung einzelner gegenüber der Gesamtheit der Erben zu vermeiden. Der Empfänger solcher Zuwendungen ist also verpflichtet, bei der Auseinandersetzung des Nachlasses das Vorempfangene auszugleichen.

396 Bei der Adoption ist zwischen den Fällen zu unterscheiden, ob ein Minderjähriger oder ein Volljähriger als Kind angenommen wird.

Die Annahme eines minderjährigen Kindes führt dazu, dass das angenommene Kind in vollem Umfang die Rechtsstellung eines ehelichen Kindes erlangt und zugleich die Verwandtschaftsverhältnisse zu seinen bisherigen Verwandten erlöschen.

Die Adoption eines Volljährigen führt im Regelfall dazu, dass die Verwandtschaft zwischen dem Annehmenden und dem Adoptierten sowie dessen Abkömmlingen begründet wird und die Verwandtschaft des Adoptierten mit seinen leiblichen Vorfahren erhalten bleibt.

Testamentarisch muss der Annehmende bedenken, dass beim Tode des volljährigen Adoptierten das ihm vom Annehmenden zugefallene Vermögen an die leiblichen Eltern des Adoptierten und deren Verwandte fällt, wenn nicht der Annehmende ggf abweichend testiert hat.

397 Nichteheliche Kinder haben ebenfalls erbrechtliche Ansprüche[2].

398 (1) Die nachstehende Tabelle gibt die Anteile am Nachlasswert bei gesetzlicher Erbfolge einschließlich der Regelung von § 1371 BGB an.

---

1 BGH-Urteil vom 6. Juni 1990 IV ZR 88/89, NJW 1990, 2382, JuS 1991, 78, FamRZ 1990, 1109.
2 Vgl. dazu Rn 711 ff.

(2) Der verwitwete Ehegatte kann nach § 1371 Abs. 3 BGB an Stelle des erhöhten gesetzlichen Erbteils einen Zugewinnausgleich nach der güterrechtlichen Lösung (§§ 1372–1390 BGB) verlangen, wenn er die Erbschaft ausschlägt. Neben der Zugewinnausgleichsforderung nach § 1378 Abs. 1 BGB steht ihm in diesem Fall außerdem ein Pflichtteilsanspruch zu (§ 2303 Abs. 1 BGB), der sich nach dem nicht erhöhten gesetzlichen Erbteil bemisst („kleiner Pflichtteil", § 1931 BGB). 399

(3) Hat der Verstorbene den überlebenden Ehegatten als Allein- oder Miterben eingesetzt, kann der überlebende Ehegatte, sofern der hinterlassene Erbteil geringer als die Hälfte des gesetzlichen Erbteils ist, den Pflichtteils-Restanspruch (§ 2305 BGB), ggf den Pflichtteils-Ergänzungsanspruch (§§ 2325 ff. BGB) geltend machen. Bei Berechnung dieser Ansprüche ist von dem „großen Pflichtteil" auszugehen. 400

Der überlebende Ehegatte kann in einem solchen Fall aber auch den ihm zugewandten Erbteil ausschlagen und nach § 1371 Abs. 3 BGB neben dem „kleinen Pflichtteil" den Zugewinnausgleich nach der güterrechtlichen Lösung fordern.

(4) Ist dem überlebenden Ehegatten ein Vermächtnis zugewendet worden, so kann der überlebende Ehegatte, falls der Wert des Vermächtnisses den Pflichtteilsanspruch nicht erreicht, in Höhe der Differenz den Pflichtteils-Restanspruch (§ 2307 BGB) geltend machen. Dieser Anspruch wird auf der Grundlage des „großen Pflichtteils" errechnet. Daneben stehen dem überlebenden Ehegatten jedoch keine Zugewinnausgleichsansprüche nach den §§ 1372–1390 BGB zu. Der überlebende Ehegatte hat ferner die Möglichkeit, das Vermächtnis auszuschlagen (§ 2180 BGB) und nach § 1371 Abs. 3 BGB neben dem „kleinen Pflichtteil" den Zugewinnausgleich nach der güterrechtlichen Lösung zu fordern (§§ 1372–1390 BGB). 401

402

Ordnungen und Ehegatte	Zugewinngemeinschaft		Gütertrennung	
	Kinder	Ehegatte	Kinder	Ehegatte
Erben I. Ordnung Kinder, Enkel, Urenkel (§ 1924 BGB), Ehegatte (§ 1931 BGB)	Anzahl unerheblich ½	¼ (§ 1931 BGB) + ¼ (§ 1371 BGB) = ½	1 Kind ½ 2 Kinder je ⅓ 3 Kinder je ¼ 4 u. mehr Kinder zusammen ¾	½ } (§ 1931 ⅓ } Abs. 4 BGB) ¼ ¼
Erben II. Ordnung Eltern und deren Abkömmlinge (§ 1926 BGB)	¼	½ (§ 1931 BGB) + ¼ (§ 1371 BGB) = ¾ + Voraus (§ 1932 BGB)	½	½
Erben III. Ordnung Großeltern und deren Abkömmlinge (§ 1926 BGB)	¼	½ (§ 1931 BGB) + ¼ (§ 1371 BGB) = ¾ + Voraus (§ 1932 BGB)	½	½
Erben IV. Ordnung Urgroßeltern und deren Abkömmlinge	–	1/1 (§ 1931 Abs. 2 BGB)	–	1/1

403 (5) Ist der überlebende Ehegatte durch Verfügung von Todes wegen enterbt worden (§ 1938 BGB) und ist ihm auch kein Vermächtnis zugewendet worden, so erhält er nach § 1371 Abs. 2 BGB neben dem „kleinen Pflichtteil" den Zugewinnausgleich nach der güterrechtlichen Lösung (§§ 1372–1390 BGB).

404 (6) Die Entscheidung des überlebenden Ehegatten, ob es für ihn finanziell günstiger ist, es entweder bei dem das Zusatzviertel erhöhten Ehegattenerbteil zu belassen oder die Erbschaft auszuschlagen und von den Erben den rechnerischen Zugewinnausgleich sowie den kleinen Pflichtteil zu verlangen, hängt davon ab, neben welchen Verwandten der überlebende Ehegatte erbt und in welchem Verhältnis der in der Ehe erzielte Zugewinn des verstorbenen Ehegatten zur gesamten Erbmasse steht und ob und welchen Zugewinn der überlebende Ehegatte selbst in der Ehe erzielt hat. Die güterrechtliche Lösung ist dann vorzuziehen, wenn der Anteil des Zugewinns am Gesamtnachlass zwischen $6/7$ und Hundert vH beträgt.

Der überlebende Ehegatte kann sich allerdings durch die Wahl der güterrechtlichen Lösung von ihm lästigen letztwilligen Anordnungen (Einsetzung eines Nacherben, Anordnung der Testamentsvollstreckung, Belastung mit Vermächtnissen und Auflagen, Teilungsanordnungen u. dgl. m.) befreien.

405 (7) Lag der Wohnsitz des Erblassers vor dem 3. Oktober 1990 in der damaligen DDR, ist das ZGB-DDR maßgebend.

Der überlebende Ehegatte war Erbe in der ersten Ordnung. Die Erben erster Ordnung erbten zu gleichen Teilen, der überlebende Ehegatte mindestens zu ¼ (vgl. § 365 ZGB-DDR). Daneben wirkt sich der familienrechtliche Ausgleichsanspruch in Höhe der Hälfte des während der Ehe erworbenen gemeinschaftlichen Vermögens der Ehegatten aus[1].

406 Sind keine Nachkommen des Erblassers vorhanden erbt der Ehegatte allein. An Stelle der vierten Ordnung erbt der Staat.

Pflichtteilsberechtigt ist der Ehegatte; Kinder, Enkel und Eltern des Erblassers sind nur pflichtteilsberechtigt, soweit sie im Zeitpunkt des Erbfalls unterhaltsberechtigt waren. Der in Geld zu entrichtende Pflichtteilsanspruch beträgt ⅔ des Wertes des gesetzlichen Erbteils des Pflichtteilsberechtigten (vgl. § 396 ZGB-DDR).

407 Hatte bei Erbfällen vor dem 3. Oktober der Erblasser seinen Wohnsitz in der BRD oder Berlin-West und gehörten zum Nachlass Grundstücke oder Gebäude, die in der damaligen DDR belegen waren, trat eine Nachlassspaltung ein. Der Erblasser wurde nach dem BGB, hinsichtlich des in der damaligen DDR belegenen Vermögens nach dem ZGB-DDR beerbt (vgl. § 25 RAG-DDR).

408–410 (unbesetzt)

411 Der Erblasser kann durch Verfügung von Todes wegen bestimmen, dass sein Vermögen zunächst einem Vorerben zugewendet wird, zugleich aber, dass es nach einer bestimmten Zeit oder mit einem bestimmten Ergebnis auf einen anderen – den Nacherben – übergeht (**Vor- und Nacherbschaft**). Vorerbe und Nacherbe sind beide Gesamtnachfolger des Erblassers; der Nacherbe beerbt also erbrechtlich nicht den Vorerben, sondern den Erblasser unmittelbar. Das Erbschaftsteuerrecht behandelt allerdings den Nacherben als Erben des Vorerben mit der regelmäßig ungünstigen Folge, dass der Nachlass grundsätzlich zweimal

---

1 Zu nichtehelichen Kindern s. Rn 711.

zu versteuern ist (§ 6 ErbStG). Auf Antrag ist jedoch der Versteuerung das Verhältnis des Nacherben zum Erblasser zu Grunde zu legen (§ 6 Abs. 2 Satz 2 ErbStG).

Der Vorerbe darf den Nachlass zwar auf eigene Rechnung nutzen, muss die Substanz aber für den Nacherben erhalten. Deshalb ist er auch nur mit Zustimmung des Nacherben zu Verfügungen über Nachlassgegenstände befugt. Zur wirksamen Beaufsichtigung des Vorerben kann der Erblasser einen Testamentsvollstrecker für den Nacherben ernennen (§ 2222 BGB); der Nacherbentestamentsvollstrecker hat während der Vorerbschaft die Rechte und Pflichten des Nacherben wahrzunehmen. Der Erblasser kann den Vorerben durch ausdrückliche Anordnung von bestimmten Verfügungsbeschränkungen freistellen („befreite Vorerbschaft"), sodass der Nacherbe nur erhält, was von der Erbschaft übrig bleibt. Der Vorerbe kann aber z. B. ohne Zustimmung der Nacherben nicht etwa das zu große und zu teuer gewordene Einfamilienhaus verkaufen oder belasten. 412

Gewinnanteile an einer Personengesellschaft stehen dem Vorerben zu, nach d. M. jedoch nur, soweit sie nach dem Gesellschaftsvertrag entnahmefähig sind. Freiwillig, für einen gewissen Zeitraum stehen gelassene Gewinne gebühren dem Vorerben. Ist der Vorerbe Komplementär, kann er durch legale Ausnutzung von Bilanzspielräumen die Höhe des ihm zustehenden Gewinns zulasten des Nacherben beeinflussen. 413

Sinnvoll kann die Anordnung von Vor- und Nacherbschaft in folgenden Fällen sein: 414

(1) Ehegatten haben zwei gemeinschaftliche Kinder und der Ehemann ein nichteheliches Kind, zu dem er keine Kontakte mehr hat. Es ist sinnvoll, dass die Ehefrau ihren Ehemann zum Vorerben einsetzt und die gemeinsamen Kinder zu Nacherben. Beim Ableben des Ehemannes scheidet der Nachlass der Ehefrau bei der Berechnung der Pflichtansprüche des nicht ehelichen Kindes aus. 415

(2) Haben Ehegatten keine gemeinsamen Kinder, jedoch aus erster Ehe jeweils ein Kind, so kann jeder Ehegatte den überlebenden Ehegatten zum Vorerben und sein eigenes Kind zum Nacherben einsetzen; der überlebende Ehegatte wird dadurch von seinem Kind als Alleinerben beerbt. 416

(3) Will der Erblasser seinen nach seiner Ansicht missratenen Kindern seinen Nachlass nicht überlassen, wohl aber seinen Enkeln, so kann er seine Kinder zu nicht befreiten Vorerben und die Enkel zu Nacherben einsetzen. Es ist auch möglich, dass als Nacherben Personen eingesetzt werden können, die zurzeit des Erbfalls noch nicht erzeugt sind (§ 2101 BGB). 417

(4) Sind Ehegatten geschieden, so wollen sie zwar ihre Kinder zu Erben einsetzen, aber gleichzeitig verhindern, dass bei deren Tod ohne Abkömmlinge der geschiedene Ehegatte Erbe wird. Hat etwa eine vermögende Frau aus der geschiedenen Ehe einen Sohn, so würde dieser, zum unbeschränkten Erben eingesetzt und nach dem Erbfall unverheiratet, kinderlos und ohne Testament verstorben, vom geschiedenen Ehemann allein beerbt werden. Auch in diesem Fall lässt sich das Ergebnis durch Anordnung einer Vor- und Nacherbschaft verhindern. 418

(5) Ist der Vorerbe überschuldet, kann durch die Anordnung einer Vor- und Nacherbschaft bewirkt werden, dass Gläubiger des Vorerben nicht in den Nachlass vollstrecken können, soweit die Vollstreckung das Recht des Nacherben vereiteln oder beeinträchtigen würde (§ 2115 BGB). 419

(6) Ist der überlebende Ehegatte als Erbe mit einer Wiederverheiratungsklausel eingesetzt und ist die Verfügung nicht Kraft besonderer Anhaltspunkte im Sinne der Vermächtnis- 420

lösung oder der auf Wiederverheiratung oder Tod abgestellten Nacherbfolge zu deuten, so ist eine solche auf die Nachfolge nach dem Erstversterbenden bezogene Erbeinsetzung eine Anordnung von Vor- und Nacherbfolge i. S. v. §§ 2100 ff. BGB. Die Wiederverheiratungsklausel macht den überlebenden Ehegatten zum Vorerben[1].

421 (7) Ist im Unternehmertestament eine Dauer-Testamentsvollstreckung angeordnet, entstehen für die Fortführung des Einzelunternehmens Schwierigkeiten. Wird ein Einzelunternehmen vererbt und fortgeführt, muss nach Handelsrecht der Erbe als Inhaber des Handelsgeschäfts für die Neuschulden des Unternehmens uneingeschränkt sowohl mit dem Nachlass als auch mit seinem Privatvermögen haften. Ein Testamentsvollstrecker hat jedoch nach Erbrecht (§§ 2206, 2207 BGB) nur eine auf den Nachlass beschränkte Verpflichtungsmacht; er ist kraft Amtes nicht in der Lage, den Erben so zu vertreten, dass dieser auch mit seinem Privatvermögen haftet. Der Testamentsvollstrecker kann daher ein Einzelunternehmen nur fortführen, wenn er entweder vom Erben eine Vollmacht erhält und damit den Erben auch mit seinem Privatvermögen verpflichten kann (Vollmachtslösung) oder wenn ihm das Unternehmen vom Erben treuhänderisch übertragen wird (Treuhandlösung). Im letzteren Fall wird der Testamentsvollstrecker selbst Inhaber des Handelsgeschäfts, das er im eigenen Namen, jedoch für Rechnung des Erben, fortführt. Er haftet den Gläubigern persönlich auch mit seinem eigenen Vermögen und hat lediglich einen Freistellungsanspruch gegen den Erben. DieselbenSchwierigkeiten ergeben sich bei Testamentsvollstreckung für einen OHG-Anteil oder hinsichtlich der Stellung als Komplementär einer KG.

422–430 *(unbesetzt)*

431 Mithilfe des Vermächtnisses kann der Erblasser durch Verfügung von Todes·wegen einem anderen einen Vermögensvorteil zuwenden, ohne ihn als Erben einzusetzen (§ 2139 BGB).

432 Das **Vermächtnis** begründet für den Bedachten das Recht, von dem Beschwerten die Leistung des vermachten Gegenstandes zu fordern (§ 2174 BGB). Von der Erbeinsetzung unterscheidet sich das Vermächtnis daher vor allem dadurch, dass nur ein oder mehrere einzelne Gegenstände zugewendet werden und es sich nicht um Gesamtnachfolge handelt. Der Vermächtnisnehmer erwirbt nicht unmittelbar den vermachten Gegenstand, wird also nicht etwa mit dem Tod des Erblassers automatisch Eigentümer, sondern bekommt nur einen schuldrechtlichen Anspruch auf Leistung dieses Gegenstandes gegen den Nachlass.

433 Am häufigsten sind Vermächtnisse, die auf einen bestimmten Geldbetrag oder Gegenstand gerichtet sind. Bei Geldvermächtnissen ist häufig ein Zusatz empfehlenswert, wonach die Geldbeträge entsprechend zu kürzen sind, wenn das gesamte Barvermögen im Zeitpunkt des Erbfalls geringer als zurzeit der Abfassung des Testaments ist. Geldvermächtnisse können wertgesichert werden, indem der Erblasser zusätzlich zum bestimmten Geldbetrag die Summe vermacht, die der Geldentwertung entspricht. Bei Grundstücken ist zu klären, ob der Vermächtnisnehmer die eingetragenen Belastungen zu übernehmen hat oder nicht (§§ 2165 ff. BGB). Ferner sollte erwähnt werden, wer die Kosten der Erfüllung des Vermächtnisses trägt, also insbesondere Notar- und Gerichtskosten.

---

[1] Vgl. dazu *Wilhelm*, Wiederverheiratungsklausel, bedingte Erbeinsetzung und Vor- und Nacherbfolge, NJW 1990, 2857, 2863.

Beispiel: 434
Meine alleinige Erbin soll meine Tochter T sein. Meine Schwester S soll aus meinen Schmuckstücken eines aussuchen können. Die Schwester S hat einen Anspruch gegen die Tochter T auf Übereignung des von ihr ausgewählten Schmuckstücks.

Mit einem Vermächtnis kann der Erbe oder ein Vermächtnisnehmer beschwert werden.Die 435
Forderung des Vermächtnisnehmers entsteht regelmäßig mit dem Erbfall (§ 2176 BGB). Im Zweifel ist das Vermächtnis sofort fällig (§ 271 BGB). Beim **Nießbrauchsvermächtnis** wird dem Vermächtnisnehmer das Recht eingeräumt, von dem Erben die Bestellung des Nießbrauchs am Unternehmen, einer Unternehmensbeteiligung, einem Grundstück usw. zu fordern.

Auflage ist eine dem Erben oder Vermächtnisnehmer auferlegte Verpflichtung, etwas 436
Bestimmtes zu tun oder nicht zu tun. Durch die Auflage kann der Erblasser in seiner Verfügung von Todes wegen den Erben oder einen Vermächtnisnehmer zu einer Leistung verpflichten, ohne einem anderen ein Recht auf die Leistung zuzuwenden (§ 1940 BGB). Die Leistung besteht in der Verpflichtung, etwas Bestimmtes zu tun (z. B. Art der Bestattung, Grabpflege, Versorgung von Tieren, Verteilung einer bestimmten Geldsumme zu wohltätigen Zwecken).

Der Erblasser kann im Wege der Auflage bestimmen, dass ein zum Gesellschafter gewor- 437
dener Erbe die Ausübung der Gesellschafterrechte einem Testamentsvollstrecker zu überlassen hat oder dass das Gesellschaftsverhältnis vor einem bestimmten Zeitpunkt nicht gekündigt werden darf.

Die Erfüllung der Auflage kann nur gesichert werden, wenn ein Dritter eingesetzt wird 438
(z. B. Testamentsvollstrecker), der für die Vollziehung der Auflage zu sorgen hat. Statt unter einer Auflage kann der Erblasser jemanden unter einer aufschiebenden **Bedingung** begünstigen, und zwar in der Weise, dass sie z. B. nur eintritt, wenn der Begünstigte eine bestimmte Berufsausbildung erfolgreich abschließt. Denkbar ist auch eine Anordnung eines bedingten **Herausgabevermächtnisses,** um auf den Bedachten einzuwirken[1].

Die **Enterbung** erstreckt sich im Zweifel nicht auf die Abkömmlinge des Enterbten, denn 439
sie erben kraft eigenen Rechts und nicht kraft Erbrechts ihres Vorfahren. Aus der Auslegung eines Testaments kann sich allerdings ergeben, dass auch die Abkömmlinge von der Erbfolge ausgeschlossen sein sollen. Der enterbte Ehegatte kann den Voraus nicht beanspruchen, da ihm dieser nur neben dem Erbteil zusteht (§ 1932 Abs. 1 Satz 1 BGB).

Bei der Nachlassteilung kann ein zu versteuernder Veräußerungsgewinn dadurch entste- 440
hen, dass die Abfindung zum Wertausgleich eines anteiligen Mitunternehmeranteils höher ist als der anteilige Buchwert. Einkommensteuerlich führt dies zu einem zu versteuernden Veräußerungsgewinn.

Ein solches Ergebnis kann dadurch vermieden werden, dass der Erblasser den einen Erben als Alleinerben einsetzt und ihn im Wege des Vermächtnisses verpflichtet, die Ausgleichssumme als Abfindung zu leisten. Die Erfüllung des Vermächtnisses ist kein Entgelt, keine Veräußerung und damit auch kein Veräußerungsgewinn.

(unbesetzt) 441–450

---

[1] RG-Urteil vom 10. Januar 1944 II 103/43, RGZ 172, 199, 204.

dd) Erbschaftsteuer

451 Der Tod des Unternehmers löst Erbschaftsteuer aus. Die materiellen Grundlagen ergeben sich aus dem Erbschaftsteuergesetz[1].

452 **Beispielhaft** sei nur erwähnt:
Erwirbt die Ehefrau eines persönlich haftenden Gesellschafters auf Grund eines Gesellschaftsvertrages nach dessen Tod gegen die Personenhandelsgesellschaft einen Anspruch auf ein Witwengeld, so unterliegt dieser Erwerb auch dann der Erbschaftsteuer, wenn davon auszugehen ist, dass ihr Ehemann kraft Unterhaltsrechts verpflichtet war, für ihre Altersversorgung zu sorgen[2]. Eine Ausnahme von der Steuerbarkeit gilt allerdings dann, wenn die Versorgungsansprüche der Hinterbliebenen auf einem Arbeits- oder Dienstvertrag beruhen. Dies ist nach der BFH-Rechtsprechung der Fall, wenn „der persönlich haftende Gesellschafter im Innenverhältnis wie ein Angestellter gegenüber den die Gesellschaft beherrschenden anderen Gesellschaftern gebunden war."[3]

453 Der Anfall von Erbschaftsteuer ist eine finanzielle Belastung der Erben, die bei gebundenem Vermögen (wie z. B. bei einem Unternehmen) und beim Zusammentreffen mit anderen Ansprüchen (z. B. Pflichtteilsansprüchen, güterrechtlichen Ansprüchen, Zugewinnausgleich) liquide Mittel in einem Umfang erfordern kann, dass der oder die Erben zur Veräußerung von Vermögensgegenständen gezwungen sind.

454 Nach § 28 ErbStG kann die Erbschaftsteuer zwar beim Erwerb von Betriebsvermögen oder von land- und forstwirtschaftlichem Vermögen auf Antrag bis zu zehn Jahren zinslos gestundet werden, soweit dies zur Erhaltung des Betriebs notwendig ist. Von einer Sicherheitsleistung wird regelmäßig abzusehen sein.

Hinsichtlich der Steuerklassen, der Freibeträge, der Steuersätze und der Behaltefristen wird auf die Ausführungen unter L. Erbschaft- und Schenkungsteuer verwiesen.

455 Vor der Erbschaftsteuerreform 1974 war es möglich, die Erbschaftsteuerschuld durch eine **Erbschaftsteuerversicherung** auf den Todesfall zu versichern[4]. Erbschaftsteuerversicherungen können derzeit nur in der Weise abgeschlossen werden, dass nicht der Erblasser, sondern der künftige Erbe als Versicherungsnehmer auftritt. Schließt er mit Zustimmung des Erblassers auf dessen Ableben eine Versicherung ab, so hat er beim Tode des Erblassers unmittelbar Anspruch auf die Versicherungssumme. Bei einer derartigen Versicherung kann der Erbe während der Dauer der Versicherung die Versicherungsprämien im Rahmen der gesetzlich zugelassenen Höchstbeträge bei der Einkommensteuer als Sonderausgaben absetzen.

456 Diese Möglichkeit steht auch den Gesellschaftern offen, denen im Falle des Todes eines Gesellschafters dessen Anteil zuwächst und die eine Abfindung an die Erben des Anteils zu zahlen haben (vgl. § 7 Abs. 7 ErbStG). Die erbschaftsteuerpflichtigen verbleibenden Gesellschafter werden ihren Erwerb häufig nach der Steuerklasse III versteuern müssen. Der Abschluss von Lebensversicherungsverträgen auf den Tod der Mitgesellschafter kann dann die anfallende, bisweilen sehr hohe Erbschaftsteuer auffangen.

457 Sofortige Abfindungszahlungen für die Erben eines Gesellschafters, die für das Unternehmen meist nicht tragbar sind, sollen häufig durch sog. Stillhalteklauseln vermieden werden. Trotz solcher Klauseln wird vielfach gleichwohl eine schnelle Abfindung ange-

---

1 Vgl. dazu unter L: Rn 5931 ff.
2 Vgl. dazu BFH-Urteil vom 27. November 1985 II R 148/82, BFHE 145, 443, BStBl II 1986, 265.
3 BFH-Urteil vom 13. Dezember 1989 II R 31/89, BStBl II 1990, 325; vgl. auch BVerfG-Entscheidung vom 5. Mai 1994 2 BvR 397/90, BStBl II 1994, 547.
4 Vgl. dazu auch *Geck*, Lebensversicherungen und Erbschaftsteuer, ZEV 1995, 140.

strebt. Die notwendigen Mittel können z. B. über die eben erwähnte Lebensversicherung bereitgestellt werden.

Schließt das Unternehmen die Versicherung als Versicherungsnehmer auf das Leben des Teilhabers ab, dessen Erben abgefunden werden sollten, muss die Gesellschaft aus dem Versicherungsvertrag bezugsberechtigt sein (Teilhaberversicherung). Dann kann der Betrag vom Unternehmen als Betriebsausgabe abgesetzt werden, während der jeweilige Versicherungswert zu aktivieren ist. 458

Schließen die zur Abfindung verpflichteten Teilhaber Versicherungen privat ab (sog. unechte Teilhaberversicherungen), sind sie bei Tod des versicherten Teilhabers bezugsberechtigt und können mit der Versicherungssumme die Erben abfinden. 459

Bei mindestens zwölfjähriger Vertragslaufzeit steht die Versicherungssumme zum Zeitpunkt des Liquiditätsbedarfs einkommensteuerfrei voll zur Verfügung. Da der Versicherungsnehmer bezugsberechtigt ist, fällt auch keine Erbschaftsteuer an. 460

Sind die Erben im Rumpfgeschäftsjahr am Gewinn zu beteiligen und liegt eine betriebliche Teilhaberversicherung vor, empfiehlt sich eine Vereinbarung, dass eine etwaige Gewinnerhöhung durch die Versicherungssumme bei der Abfindung nicht berücksichtigt wird (z. B. „Eine etwaige Gewinnerhöhung, die durch die Fälligkeit der Teilhaberversicherung im Rumpfgeschäftsjahr entsteht, bleibt bei der Ermittlung des Abfindungsguthabens unberücksichtigt."). 461

Hat der Unternehmer in einem Lebensversicherungsvertrag seine Erben als Bezugsberechtigte nach seinem Tod eingesetzt, geht die Rechtsprechung davon aus, dass der Zuwendungsbegünstigte den Anspruch auf Auszahlung der Versicherungssumme unmittelbar erhält, also ohne einen denkbaren Gläubigerzugriff. Denn es liegt ein Vertrag zugunsten Dritter vor, den der Versicherungsnehmer vor seinem Tode mit dem Versicherer abgeschlossen hat. Der Bezugsberechtigte erhält die Versicherungssumme vom Versicherer und nicht etwa als Schenkung aus dem Vermögen des Erblassers. Schenkung waren nur die zuvor entrichteten Prämien. Die Versicherungssumme fällt also nicht in den Nachlass[1]. 462

(unbesetzt) 463–465

ee) Rechtsfolgen beim Tod

Vererblich sind das Eigentum, die beschränkten dinglichen Rechte und der Besitz (§ 1922 BGB). 466

Bei Forderungen und sonstigen schuldrechtlichen Ansprüchen übernimmt der Erbe die Rechtsstellung, die der Erblasser hatte, d. h. mit allen Gegenrechten, Einreden. 467

Auftragsverhältnisse erlöschen im Zweifel mit dem Tod des Beauftragten (§ 673 BGB), ebenso Vollmachten zu Gunsten des Erblassers (§§ 168, 673 BGB). 468

Ansprüche aus Bankkonten und Lebensversicherungsansprüche gehen auf die Erben über (§ 1922 BGB). 469

Der Inhaber eines Bankkontos kann durch Verfügung unter Lebenden bestimmen, dass ein Guthaben außerhalb des Nachlasses auf einen Dritten übergeht. 470

---

1 A. A. *Heck*, Grundriss des Schuldrechts, 1929, § 50 unter 4. S. 149.

471 Ist bei einer Lebensversicherung im Vertrag ein Bezugsberechtigter benannt, liegt ein Vertrag zu Gunsten Dritter vor, sodass sich der Rechtserwerb des Bezugsberechtigten außerhalb der Erbfolge vollzieht[1].

Für die Erbschaftsteuer ist gem. § 3 Abs. 1 Nr. 4 ErbStG dennoch ein Erwerb von Todes wegen anzunehmen.

472 Vererblich sind auch Gestaltungsrechte – ausgenommen das zeitlich unbeschränkte Vorkaufsrecht (§ 514 Satz 1 BGB) –, immaterielle Güterrechte, das Handelsgeschäft – auch die Kaufmannseigenschaft, wenn der Erbe oder die Erbengemeinschaft das Handelsgeschäft fortführt –, Mitgliedschaftsrechte an juristischen Personen und Gesamthandsgemeinschaften, Aktien, Anteile an einer GmbH, Treuhand- und Sicherungsrechte an Sachen und Forderungen.

473 Mit dem Tod des Erblassers erlöschen grundsätzlich die Persönlichkeitsrechte und Unterhaltsansprüche, soweit sie nicht auf Erfüllung oder Schadensersatz wegen Nichterfüllung für die Vergangenheit oder auf solche im Voraus zu bewirkende Leistungen gerichtet sind, die zurzeit des Todes des Berechtigten oder des Verpflichteten fällig waren (§§ 1616 Abs. 1, 1586 BGB). Regelmäßig erlöschen die Mitgliedschaft in einem rechtsfähigen Verein (§ 38 Satz 1 BGB), wenn nicht die Satzung etwas anderes bestimmt (§ 40 BGB), und die Mitgliedschaft in einer eingetragenen Genossenschaft.

474 Während der Tod des Arbeitnehmers das **Arbeitsverhältnis** beendet (§ 613 Satz 1 BGB), wird das Arbeitsverhältnis im Falle des Todes des Arbeitgebers von dessen Erben fortgesetzt.

475 Der **Unterhaltsanspruch** des geschiedenen Ehegatten besteht beim Tode des Verpflichteten gegen dessen Erben fort.

476 Ist nicht zu übersehen, ob die Gläubiger für die Nachlassverbindlichkeiten aus dem Nachlass befriedigt werden können, wird der Erbe erwägen, die Anordnung der Nachlassverwaltung beim Nachlassgericht zu beantragen (§ 1981 BGB). Dadurch wird die Haftung der Erben auf die **Nachlassverbindlichkeiten** beschränkt (§ 1975 BGB).

477–480 *(unbesetzt)*

ff) Erbauseinandersetzung

481 (1) Mehrere Erben bilden zunächst als Miterben eine **gesamthänderische Erbengemeinschaft**. Nur wenn zum Nachlass eine vererbliche Beteiligung des Erblassers an eine Personengesellschaft gehört, geht diese im Wege der **Sondererbfolge** auf die Erben im Verhältnis ihrer Erbteile über.

482 (2) Jeder Miterbe hat das Recht, jederzeit die **Auseinandersetzung** des in der Erbengemeinschaft gesamthänderisch gebundenen Nachlasses zu verlangen. Zunächst sind die Nachlassverbindlichkeiten aus dem Nachlass zu berichtigen (§ 2046 BGB). Der danach verbleibende Nachlass ist unter den Erben im Verhältnis ihrer Erbteile in Natur zu verteilen.

Soweit sich die Nachlassgegenstände nicht in gleichwertige, den Erbteilen entsprechende Anteile aufteilen lassen, sind sie zu verkaufen, und der Erlös ist entsprechend zu teilen.

---

1 BGH-Urteil vom 8. Februar 1960 II ZR 136/58, BGHZ 32, 44, betr. Insassenunfallversicherung.

(3) Die Anordnungen des Erblassers durch 483

• Vorausvermächtnis,

• Teilungsanordnung,

• Bestimmung eines Dritten, die Auseinandersetzung des Nachlasses vorzunehmen,

wirken nur schuldrechtlich.

(4) Im Regelfall wird unter den Erben ein **Auseinandersetzungsvertrag** geschlossen. 484
Einigen sich die Miterben nicht, kann der einzelne Miterbe entweder die Vermittlung des Nachlassgerichts begehren oder er kann gegen die Miterben auf Zustimmung zu einem von ihm vorgelegten Auseinandersetzungsplan klagen.

gg) Testamentsvollstreckung

Schrifttum: *Bengel/Reimann,* Handbuch der Testamentsvollstreckung, 3. Aufl. München 2001; *Gru-* 485
be, Zum einkommensteuerlichen Abzug der Kosten von Erbauseinandersetzung und Nachlassverwaltung bei Testamentsvollstreckung, DB 2003, 2300 (2306); *Langenfeld,* Testamentsvollstreckung, 3. Aufl. Köln 2002; *Mayer/Bonefeld/Daragan,* Praxishandbuch Testamentsvollstreckung, Angelbachtal 2000.

Der Erblasser kann die Testamentsvollstreckung durch Testament anordnen. Er kann einen 486
oder mehrere Testamentsvollstrecker benennen und Ersatztestamentsvollstrecker und Testamentsvollstreckernachfolger bestimmen.

Der Testamentsvollstrecker hat die letztwilligen Verfügungen des Erblassers auszuführen und die Auseinandersetzung des Nachlasses unter den Erben vorzunehmen.

Der Testamentsvollstrecker hat die Erbschaftsteuererklärung abzugeben (§ 31 Abs. 5 ErbStG, § 149 AO). Ihm ist auch der Erbschaftsteuerbescheid bekannt zu geben, und er hat die Erbschaftsteuer zu entrichten.

Die Tätigkeit als Testamentsvollstrecker ist, auch wenn sie von einem Steuerberater oder 487
Wirtschaftsprüfer ausgeübt wird, keine Beratungsleistung i. S. d. § 3a Abs. 4 Nr. 3 UStG[1].

(unbesetzt) 488–490

hh) Rechtsfolgen beim Tod des Unternehmers

Schrifttum: *Schoor,* Steuerliche Folgen beim Tod eines Einzelunternehmers, DStZ 2003, 791.

(1) Einzelunternehmen

Das Unternehmen hört im Falle des Todes seines Inhabers regelmäßig nicht auf zu beste- 491
hen. Es geht mit dem übrigen Nachlass auf den oder die Erben über (§ 1922 Abs. 1 BGB). Unvererblich sind öffentlich-rechtliche Gewerbeberechtigungen.

Die Erben können das Unternehmen weiterführen, veräußern, verpachten oder aufgeben. 492

Mehrere Miterben können ein zum Nachlass gehörendes Unternehmen als Erbengemein- 493
schaft fortführen. Eine Umwandlung der Erbengemeinschaft in eine OHG ist darin nicht zu erblicken. Zur Errichtung einer OHG ist stets der Abschluss eines Gesellschaftsvertrages erforderlich. Der Abschluss eines Gesellschaftsvertrages kann allerdings auch still-

---

1 BFH-Urteil v. 5. Juni 2003 V R 25/02, BB 2003, 1882.

schweigend erfolgen. Die **Erbengemeinschaft als Rechtsform** ist für den Verkehr im wirtschaftlichen Leben **ungeeignet.** Schwierigkeiten treten z. B. bei der Vertretung der Erbengemeinschaft auf. Zu jeder Verfügung, die getroffen werden soll, ist die Zustimmung aller Erben erforderlich.

494 Die Erbengemeinschaft ist grundsätzlich nicht auf Dauer angelegt. Jeder Miterbe kann **jederzeit Auseinandersetzung und Auflösung der Gemeinschaft** verlangen. Die Erbengemeinschaft bildet eine Abwicklungsgemeinschaft und ist – wie gesagt – zur längerfristigen Fortführung eines gewerblichen Unternehmens nicht geeignet.

495 Für die zurzeit des Erbfalls bestehenden Geschäftsverbindlichkeiten haften die Erben nach erbrechtlichen Grundsätzen, also grundsätzlich unbeschränkt (§ 1967 BGB). Sie können ihre Haftung auf den Nachlass beschränken (§§ 1975 ff. BGB). Führt die Erbengemeinschaft das Geschäft unter der bisherigen Firma fort, so haften die Erben für die bestehenden Nachlassverbindlichkeiten aus dem Geschäftsbetrieb nach handelsrechtlichen Grundsätzen unbeschränkt (§ 27 HGB). Gegenüber den Gesellschaftsgläubigern verlieren sie auch die Möglichkeit, die Haftung auf den Nachlass zu beschränken[1].

496–500 (*unbesetzt*)

(2) Erblasser als Gesellschafter einer Personengesellschaft

501 **Schrifttum:** *Feddersen,* Die Behandlung der Abkömmlinge bei der Erbfolge in Gesellschaftsanteile unter vorrangiger Erhaltung der Kontinuität des Unternehmens und unter Beachtung des Primats der Unternehmensnachfolge, in Festschrift für Stiefel, hrsg. von Lutter/Oppenhoff/Sandrock/Winkhaus, München 1987, S. 197; *Feddersen/Kiem,* Steuerliche Gestaltungsprobleme bei der Vererbung von Anteilen an Personengesellschaften, ZHR 159 (1995), 479; *Fischer,* Fortführung eines Handelsgeschäfts durch eine Erbengemeinschaft?, ZHR 144 (1988), 1 ff.; *Flick,* Typische Fehler: Auseinanderfallen von Gesellschaftsvertrag und letztwilliger Verfügung, DStR 1987, 41; *Flume,* Die Erbennachfolge in den Anteilen an einer Personengesellschaft und die Zugehörigkeit des Anteils zum Nachlass, NJW 1988, 161; *Flume,* Die Erben-Nachfolge in die Beteiligung an einer Personengesellschaft und die sonstige Erbfolge in Hinsicht auf die Problematik von Nachlassverwaltung, Nachlasskonkurs und Testamentsvollstreckung, in Festschrift Müller-Freienfels, hrsg. von Dieckmann/Frank/Hanisch/Simitis, Baden-Baden 1986, S. 113; *Hehemann,* Testamentsvollstreckung bei Vererbung von Anteilen an Personengesellschaften, BB 1995, 1301; *Klein, Erberhard,* Die Testamentsvollstreckung in Gesellschaftsbeteiligungen an offenen Handelsgesellschaften und Kommanditgesellschaften, DStR 1992, (Teil I:) 292, (Teil II:) 326; *Konzen,* Der vermeintliche Erbe in der OHG, ZHR 1945 (1982), 29 ff.; *Marotzke,* Haftungsverhältnisse und Probleme der Nachlassverwaltung bei der Beerbung des einzigen Komplementärs durch den einzigen Kommanditisten, ZHR 1992 (165. Bd.), 17; *Wolf,* Die Fortführung eines Handelsgeschäfts durch die Erbengemeinschaft, AcP 181 (1981), 180.

502 Die Nachfolge von Todes wegen in die Mitgliedschaft einer Personengesellschaft erfordert, dass Testament und Gesellschaftsvertrag aufeinander abgestimmt sind. Jede Änderung des Testaments erfordert die Prüfung, ob das Testament noch mit dem Gesellschaftsvertrag verträglich ist.

503 Die vererblich gestellte Mitgliedschaft in einer Personengesellschaft wird im Erbfall nicht gemeinschaftliches Vermögen der mehreren Nachfolger-Erben, sondern gelangt im Wege der Sondererbfolge unmittelbar und geteilt ohne weiteres Dazutun an die einzelnen Nachfolger.

M. a. W. die Erbengemeinschaft kann nicht Gesellschafter einer Personengesellschaft werden.

---

1 Vgl. aber Rn 2394.

Die so aufgeteilten Gesellschaftsanteile der Nachfolger gehören dennoch zum Nachlass[1].

Die Behandlung des Sonderbetriebsvermögens bedarf besonderer Beachtung, ebenso die Frage, ob im Falle des Todes des Erblassers Sonderbetriebsvermögen entsteht oder wegfällt.

Es muss für den Fall des Todes eines Gesellschafters geregelt werden, 504

- ob die Gesellschaft aufgelöst oder fortgeführt werden soll,
- ob sie im Fall der Fortführung nur mit den restlichen Gesellschaftern oder auch mit Dritten weitergeführt werden soll, und zwar
- nur mit Gesellschafter-Erben oder auch mit fremden Dritten, dazu bedarf es ggf der Vereinbarung von
  - Eintrittsklauseln und/oder
  - Nachfolgeklauseln, die sich auf den unmittelbaren Erwerb der Gesellschafterstellung mit dem Erbfall beziehen, und zwar bezüglich einzelner oder mehrerer Erben (einfache und qualifizierte Nachfolgeklauseln);
- für den Fall des Ausscheidens eines Gesellschafters sind angemessene Kündigungsfristen und Abfindungen vorzusehen.

---

[1] BGH-Urteil vom 4. Mai 1983 IVa ZR 229/81, NJW 1983, 2376, und vom 14. Mai 1986 IV a ZR 155/84, NJW 1986, 2431.

505 Gesellschaftsvertragliche Klauseln beim Tod eines Gesellschafters

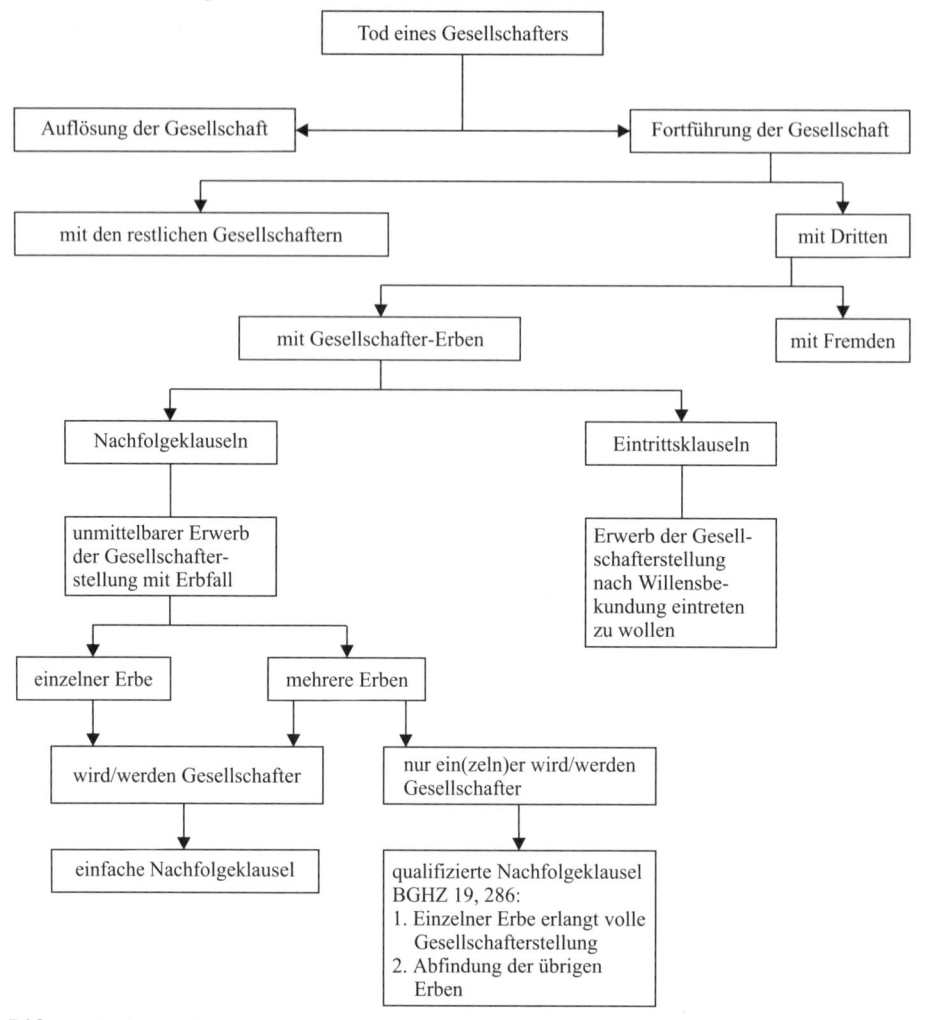

```
                          Tod eines Gesellschafters
                                    │
              ┌─────────────────────┴─────────────────────┐
    Auflösung der Gesellschaft ←───────────────→ Fortführung der Gesellschaft
              │                                           │
              ▼                                ┌──────────┴──────────┐
   mit den restlichen Gesellschaftern                              mit Dritten
                                               │                     │
                                     ┌─────────┴─────────┐           ▼
                                 mit Gesellschafter-Erben        mit Fremden
                                     │
                          ┌──────────┴──────────┐
                    Nachfolgeklauseln      Eintrittsklauseln
                          │                     │
                 unmittelbarer Erwerb    Erwerb der Gesell-
                 der Gesellschafter-     schafterstellung
                 stellung mit Erbfall    nach Willensbe-
                          │              kundung eintreten
                   ┌──────┴──────┐       zu wollen
              einzelner Erbe  mehrere Erben
                   │             │
           wird/werden      nur ein(zeln)er wird/werden
           Gesellschafter   Gesellschafter
                   │             │
           einfache          qualifizierte Nachfolgeklausel
           Nachfolgeklausel  BGHZ 19, 286:
                             1. Einzelner Erbe erlangt volle
                                Gesellschafterstellung
                             2. Abfindung der übrigen
                                Erben
```

506–510 *(unbesetzt)*

(3) Erblasser als Gesellschafter einer OHG

511 Schrifttum: *Schmidt, Karsten,* Zur kombinierten Nachfolge- und Umwandlungsklausel bei OHG- oder Komplementäranteilen, BB 1989, 1702; *Ulmer,* Die Sonderzuordnung des vererbten OHG-Anteils, in Festschrift für Schilling, Berlin/New York 1973, S. 79 ff., 103.

512 Als Folge des Todes eines Gesellschafters einer OHG sieht das Gesetz regelmäßig die Auflösung der Gesellschaft vor (§ 131 Nr. 4 HGB), es sei denn, die Gesellschafter haben im Gesellschaftsvertrag eine abweichende Regelung getroffen (§§ 131 Nr. 4, 138, 139, 177 HGB).

Der Gesellschaftsvertrag hat Vorrang vor erbrechtlichen und testamentarischen Regelungen.

Enthält der Gesellschaftsvertrag keine den Tod eines Gesellschafters betreffende Regelung, wird die OHG mit dem Tode eines Gesellschafters aufgelöst. Bis zur Beendigung besteht die OHG als Handelsgesellschaft weiter. Ihr Zweck richtet sich nunmehr nicht mehr auf den Betrieb eines Handelsgewerbes, sondern auf die Liquidation der Rechtsbeziehungen. Die Erben des verstorbenen Gesellschafters treten in Erbengemeinschaft in die Liquidations-OHG ein (vgl. auch § 146 Abs. 1 Satz 2 HGB). 513

Sieht der Gesellschaftsvertrag die Fortsetzung der OHG unter den verbleibenden Gesellschaftern vor (§ 138 HGB; **Fortsetzungsklausel**), dann ist der verstorbene Gesellschafter mit dem Tod aus der OHG ausgeschieden. Die OHG besteht jedoch fort. Der Anteil des Ausgeschiedenen an der Gesamthand wächst den übrigen Gesellschaftern zu (§ 105 Abs. 2 HGB, § 738 Abs. 1 Satz 1 BGB). Der schuldrechtliche Abfindungsanspruch gegen die OHG (§ 738 Abs. 1 Satz 2 BGB) fällt in den Nachlass. 514

Gleiches gilt, wenn der Gesellschaftsvertrag vorsieht, dass die verbleibenden Gesellschafter die OHG fortsetzen können, diese Folge aber nicht ohne Gesellschafterbeschluss eintritt. 515

Anders als beim Tod eines BGB-Gesellschafters (§ 727 BGB) stellt der Tod des Gesellschafters einer OHG und des Komplementärs einer KG (§ 131 Abs. 3 Nr. 1 HGB) oder des Partners einer Partnerschaftsgesellschaft (§ 9 Abs. 3 Nr. 1 PartGG) keinen Auflösungsgrund mehr dar, sondern nur noch einen Ausscheidungsgrund (§ 131 Abs. 3 Nr. 1 HGB)[1], wenn nicht der Gesellschaftsvertrag eine andere Regelung enthält. Der Berater muss je nach der Interessenlage der Gesellschafter abweichende vertragliche Vereinbarungen anraten, also Nachfolge- oder Auflösungsklauseln. Das gilt auch für die Stille Gesellschaft, ob sie also mit den Erben fortgesetzt werden oder die Auflösung des Gesellschaftsverhältnisses eintreten soll. Im letzteren Fall sollte insbesondere die Abfindung im Gesellschaftsvertrag geregelt werden.[2] 516

Bestimmt der Gesellschaftsvertrag, dass im Falle des Todes eines Gesellschafters die Gesellschaft mit dessen Erben fortgeführt wird (§ 139 Abs. 1 HGB; **einfache Nachfolgeklausel**), treten die Erben sowohl in vermögens- wie in personenrechtlicher Hinsicht in die Stellung des verstorbenen Gesellschafters ein.

Da eine Erbengemeinschaft nach beherrschender Meinung nicht Mitglied einer OHG werden kann, werden die Erben durch eine „Sondernachfolge" einzeln Gesellschafter je mit der ihrem Erbteil entsprechenden Quote des Gesellschaftsanteils des Verstorbenen. Das quotenmäßige Nachrücken der Erben bezieht sich auf die vermögensrechtlichen Elemente der Mitgliedschaft. Sieht der Gesellschaftsvertrag keine besondere Regelung vor, steht im Übrigen jedem Erben die volle personenrechtliche Beteiligung an der OHG zu, sodass an die Stelle des verstorbenen Gesellschafters seine Erben als je selbständige Gesellschafter mit Stimmrecht, Geschäftsführungsbefugnis, Vertretungsmacht und Kontrollrecht treten; dabei können bei einem satzungsmäßigen Stimmrecht nach Köpfen die Altgesellschafter in die Minderheit geraten.

Sieht der Gesellschaftsvertrag vor, dass die OHG nur mit einem von mehreren Miterben fortgesetzt werden soll (**qualifizierte Nachfolgeklausel**), erlangt der als Gesellschafter-Nachfolger vorgesehene Erbe im Erbfall unmittelbar kraft Erbrecht die Stellung als Gesellschafter. 517

---

[1] Die vor der Handelsrechtsreform bestehende Regelung gilt in Österreich weiter.
[2] Vgl. dazu *Stuhlfelner* in Glanegger u. a. § 131 Rz 21 (6) und 22 bis 46 und für die steuerrechtlichen Folgen Rz 47 bis 58.

518 Der Gesellschaftsvertrag kann schließlich vorsehen, dass der persönlich haftende Gesellschafter das Recht hat, für den Fall seines Todes einen seiner leiblichen Erben zum persönlich haftenden Gesellschafter zu bestimmen.

519 Wenn es die Vorsorge für die Zukunft des Gesellschaftsunternehmens erfordert, kann der Gesellschafter einer OHG aus dem Gesichtspunkt der gesellschaftlichen Treuepflicht gehalten sein, dem Verlangen seines Mitgesellschafters zuzustimmen, dass dieser seine Stellung als persönlich haftender Gesellschafter schon bei Lebzeiten auf seinen zur Nachfolge berufenen Erben überträgt. Dies gilt auch dann, wenn der Gesellschaftsvertrag vorsieht, dass die Erben eines persönlich haftenden Gesellschafters, die nicht schon persönlich haftende Gesellschafter sind, als Kommanditisten mit dem Kapitalanteil ihres Erblassers eintreten[1].

520 Statt einer erbrechtlichen Nachfolgeklausel kann im Gesellschaftsvertrag vorgesehen werden, dass nach dem Tode eines Gesellschafters einer oder mehrere Erben (oder auch ein Dritter) das Recht haben sollen, mit den Rechten und Pflichten des Verstorbenen in die Gesellschaft einzutreten (**Eintrittsklausel**); die Klausel wirkt als Vertrag zu Gunsten Dritter (§§ 328, 331 BGB).

521 Im Gesellschaftsvertrag kann aber auch für den Fall des Todes eines Gesellschafters durch Vertrag zu Gunsten Dritter (§§ 328 ff. BGB) vereinbart werden, dass einer bestimmten Person, die nicht als Erbe in Betracht kommt, das Recht eingeräumt wird, von den übrigen Gesellschaftern verlangen zu können, an Stelle des verstorbenen Gesellschafters in die Gesellschaft aufgenommen zu werden (Eintrittsklausel). Diese Klausel ist im Zweifel dahin auszulegen, dass der Gesellschaftsanteil des Verstorbenen nicht Bestandteil des Nachlasses werden soll. Eine solche Eintrittsklausel umfasst i. d. R. eine Fortsetzungsklausel; der Anteil des Erblassers wächst also den übrigen Gesellschaftern zu, die ihrerseits schuldrechtlich verpflichtet sind, diesen Zuwachs an den in der Eintrittsklausel bezeichneten Nachfolger des Erblassers weiterzugeben.

522 Durch eine kombinierte Nachfolge- und Umwandlungsklausel kann dafür gesorgt werden, dass die Erben oder einzelne Erben eines OHG-Gesellschafters oder des Komplementärs einer Kommanditgesellschaft Kommanditisten werden[2].

Die Klausel kann als obligatorische Umwandlungsklausel, als Optionsklausel oder als Automatikklausel vereinbart werden.

523 Wird auf Grund einer solchen Klausel die Mitgliedschaft binnen der Dreimonatsfrist des § 139 Abs. 2 HGB in einen Kommanditanteil umgewandelt, so haftet der Kommanditist nur insoweit summenmäßig beschränkt in Höhe der Einlage, als der Erblasser die Einlage noch schuldete oder unzulässige Entnahmen getätigt hat. Darauf, ob die Einlage im Zeitpunkt des Erbfalls oder im Zeitpunkt der Registereintragung noch einen der Haftsumme entsprechenden Wert hatte, kommt es jedenfalls bei richtiger Registereintragung nicht an.

Die kombinierte Nachfolge- und Umwandlungsklausel kann, muss aber nicht, auch die Einlage und die Haftungssumme des Nachfolgers näher bestimmen. Es sollte sichergestellt werden, dass die lebzeitige Einlageleistung durch den Erblasser zuverlässig dokumentiert ist.

---

1 BGH-Urteil vom 20. Oktober 1986 II ZR 86/85, NJW 1987, 952.
2 *Schmidt, Karsten,* Zur kombinierten Nachfolge- und Umwandlungsklausel bei OHG- oder Komplementäranteilen, BB 1989, 1702, 1709.

Registeranmeldung und Eintragung sollen deutlich machen, dass kein schlichter Eintritt nach dem Muster einer Eintrittsklausel, sondern eine Nachfolge in den Anteil von Todes wegen unter Umwandlung in einen Kommanditanteil vorliegt. 524

Wird durch die Eintragung ein Neueintritt des Erben in die Gesellschaft vorgespiegelt, so haftet der Erbe und muss gegebenenfalls noch nach Jahren die Werthaltigkeit des Anteils im Zeitpunkt des Erbfalls darlegen und beweisen. 525

(unbesetzt) 526–530

(4) Erblasser als Gesellschafter einer KG

Schrifttum: *Herfs,* Haftung des Erben als Nachfolger eines Kommanditisten, DB 1991, 1713; *Martinek,* Der Kommanditanteil als Nachlasssurrogat – ein neuer Konflikt zwischen Erb- und Gesellschaftsrecht –, ZGR 1991, 74. 531

Im Falle des Todes des Komplementärs einer KG gilt das, was beim Tode des Gesellschafters der OHG maßgebend ist. 532

Für den Fall, dass der Komplementär stirbt, muss Vorsorge getroffen werden, wer an seine Stelle treten soll.

Der Tod eines Kommanditisten löst die Gesellschaft nicht auf (§ 177 HGB). Sein Gesellschaftsanteil fällt an die Erben. Die Erben rücken nicht als Erbengemeinschaft in die Gesellschafterstellung des Verstorbenen ein, sondern einzeln entsprechend dem der jeweiligen Erbquote entsprechenden Anteil[1]. 533

Die Fortsetzung der Gesellschaft als Kommanditgesellschaft ist allerdings nur möglich, wenn mindestens ein Komplementär vorhanden ist. 534

Bei einer KG steht dem Erben des persönlich haftenden Gesellschafters das Recht zu, gem. § 139 Abs. 1 HGB zu verlangen, dass seine Mitgliedschaft in eine Kommanditisten-Beteiligung umgewandelt wird. In diesem Fall muss Vorsorge dafür getroffen werden, dass im Fall des Todes eines Komplementärs ein anderer als Komplementär eintritt. Die Liquidation kann beispielsweise durch die Aufnahme einer GmbH als Komplementär vermieden werden; für diesen Fall kann vorsorglich eine GmbH gegründet werden. 535

Einem ausscheidenden Kommanditisten steht gegen die Gesellschaft ein Abfindungsanspruch zu (§ 738 Abs. 1 Satz 2 BGB, § 161 Abs. 2 HGB), der – bei Fortsetzung der Gesellschaft unter den verbleibenden Gesellschaftern – mit dem Erbfall auf die Erben übergeht. 536

Leistet die Gesellschaft die Abfindung, lebt die Außenhaftung des Kommanditisten (§ 172 Abs. 4 Satz 1 HGB) mit Wirkung gegen die Erben auf, soweit die Abfindung eine Rückzahlung der Hafteinlage des verstorbenen Gesellschafters darstellt.

Das Aufleben der Außenhaftung wird vermieden, wenn der Gesellschaftsvertrag bestimmt, dass Schuldner eines solchen Abfindungsanspruchs die verbleibenden Gesellschafter sind.

(unbesetzt) 537–540

---

1 Vgl. Rn 516 und *Schmidt, Karsten,* Gesellschaftsrecht, § 45 V 3. und 4. sowie *Stuhlfelner* in Glanegger u. a., HGB, § 131 Rz 1b.

(5) Erblasser als Gesellschafter einer GbR

541 Eine Gesellschaft bürgerlichen Rechts (GbR) wird im Zweifel mit dem Tod eines Gesellschafters aufgelöst (§ 727 Abs. 1 BGB). Die Gesellschaft wird zur Liquidationsgesellschaft.

542 Sieht der Gesellschaftsvertrag die Fortsetzung der Gesellschaft unter den verbleibenden Gesellschaftern vor, so wächst der Anteil des Verstorbenen den übrigen Gesamthändern zu (§ 738 Abs. 1 Satz 1 BGB). Die Erben haben in diesem Fall einen Abschichtungsanspruch (§§ 738–740 BGB).

543 Auch bei der GbR kann die Nachfolge eines, einiger oder aller Erben gesellschaftsvertraglich vereinbart werden.

544–550 *(unbesetzt)*

(6) Erblasser als stiller Gesellschafter

551 Die stille Gesellschaft wird durch den Tod des stillen Gesellschafters nicht aufgelöst (§ 234 Abs. 2 HGB). Der Erbe tritt an die Stelle des Verstorbenen, mehrere Erben in Erbengemeinschaft. Der Vertrag über die stille Gesellschaft kann abweichende Vereinbarungen vorsehen.

Der Tod des Geschäftsinhabers löst die stille Gesellschaft auf.

552–560 *(unbesetzt)*

(7) Erblasser als Anteilseigner einer Kapitalgesellschaft

561 **Schrifttum:** *Kremer/Laux,* Die Rechtsstellung des vermeintlichen Erben in der GmbH, BB 1992, 159; *Lommer,* Die Unternehmensnachfolge in eine Familien-Kapitalgesellschaft nach Gesellschafts-, Zivil- und Steuerrecht, BB 2003, 1909; *Ott,* Steuerliche Auswirkungen erbfallbezogener Klauseln im Gesellschaftsvertrag der GmbH, GmbHR 1995, 567.

562 Die Beteiligung an einer Kapitalgesellschaft (Mitgliedschaftsrechte) ist grundsätzlich ohne weiteres vererblich.

Bei der GmbH[1] kann die Vererblichkeit des Geschäftsanteils durch die Satzung ausgeschlossen werden.

563 (1) Durch Erbfolge können GmbH-Anteile zersplittert und die Gesellschaft kann überfremdet werden.

Mit einer Einziehungs- oder einer Abtretungsklausel im Gesellschaftsvertrag kann dem entgegengewirkt werden, ohne dass die Vererblichkeit des Geschäftsanteils durch die Satzung ausgeschlossen werden muss.

Es kann bewirkt werden, dass nur bestimmte Erben in der Gesellschaft bleiben dürfen.

Im Falle des Ausscheidens müssen angemessene Kündigungsfristen und Abfindungsregeln vorgesehen werden.

564 (2) Die Einziehungsklausel führt zum Untergang des bestehenden Geschäftsanteils und ist nur unter Beachtung der gesellschaftsrechtlich vorgesehenen Voraussetzungen (z. B. Verbot der Stammkapitalrückzahlung) möglich.

---

1 *Kremer/Laux,* Die Rechtsstellung der vermeintlichen Erben in der GmbH, BB 1992, 159.

(3) Bei der Abtretungsklausel bleibt der Anteil erhalten und kann unmittelbar auf die vorgesehenen Nachfolger übertragen werden. 565

(4) Einkommensteuerrechtlich führt die Einziehungsklausel zu einer – meist nicht gewollten – Aufwertung der übrigen Geschäftsanteile zu wesentlichen Beteiligungen i. S. d. § 17 EStG. Bei der Abtretungsklausel wird dieses Ergebnis vermieden, wenn der Anteil auf den neueintretenden Gesellschafter übertragen wird. 566

(5) Die Abtretungsklausel wird im Allgemeinen bürgerlich-rechtlich wie auch steuerrechtlich vorteilhaft gegenüber der Einziehungsklausel sein. 567

Sieht der Gesellschaftsvertrag beide Nachfolgeklauseln vor, ist gegen unvorhergesehene Entwicklungen am besten Vorsorge getroffen. 568

(unbesetzt) 569–570

(8) Fortführung eines Unternehmens durch eine Erbengemeinschaft, an der Minderjährige beteiligt sind

Auch Minderjährige können an einer Erbengemeinschaft beteiligt sein, die Erbe eines Unternehmens ist. Das Geschäft wird von der Erbengemeinschaft fortgeführt. Grundsätzlich haften alle Miterben unbeschränkt[1]. Ein Minderjähriger kann seine Haftung für die zuvor in seinem Namen begründeten Verbindlichkeiten auf das bei Eintritt der Volljährigkeit vorhandene Vermögen beschränken (§ 1629a BGB). 571

(unbesetzt) 572–580

ii) Pflichtteil, Erbverzicht

Schrifttum: *Baumgärtel*, Das Verhältnis der Beweisverteilung im Pflichtteilsrecht zu den Auskunfts- und Wertermittlungsansprüchen in diesem Rechtsgebiet, in Festschrift für Hübner, 1984, S. 395; *Coing*, Der Auskunftsanspruch des Pflichtteilsberechtigten im Fall der Pflichtteilsergänzung, NJW 1970, 729; *Lorz,* Latente Steuern und Pflichtteilsrecht, ZErb 2003, 302; *Mandl/Rabel*, Unternehmensbewertung und Pflichtteilsbemessung, Zur Relevanz von Finanzierungs- und Ertragsteuerwirkungen, in: Aktuelle Fragen der Finanzwirtschaft und der Unternehmensbesteuerung, Festschrift für Erich Loitlsberger, hrsg. von Rückle, Wien 1991, S. 447; *Mayer/Süß/Tanck/Bittler/Wälzholz*, Handbuch zum Pflichtteilsrecht, Angelbachtal/Heidelberg, 2003; *Miksch*, Die so genannte Pflichtschenkung, AcP 173, 46; *Phillip*, Zur Berücksichtigung des Kaufkraftschwundes bei der Berechnung von Pflichtteilsansprüchen, DB 1976, 664; *Pühringer,* Erbverzicht und Pflichtteilsabfindung in der Nachfolgeplanung, BB, Beilage 6 zu Heft 9/1989; *Raape,* Die Einrede der Erbunwürdigkeit aus § 2345 Abs. 2 i. V. m. § 2083 mit Bezug auf § 2309 BGB, in Festschrift für Haff, 1950, 317; *Winkler,* Reduzierung der Ansprüche der bei der Gesellschafter-Nachfolge übergangenen Pflichtteilsberechtigten durch gesellschaftsvertragliche Abfindungspauschale?, BB 1997, 1697. 581

Pflichtteil

Besondere Sorgfalt erfordert die Berücksichtigung von Pflichtteilsansprüchen. 582

Pflichtteilsberechtigte sind die Abkömmlinge des Erblassers (§ 2303 Abs. 1 BGB), der Ehegatte des Erblassers und seine Eltern (§ 2303 Abs. 2 BGB). 583

Der Pflichtteil besteht als Geldanspruch in der Hälfte des Wertes des gesetzlichen Erbteils (§ 2303 Abs. 1 Satz 2 BGB). 584

---

1 Vgl. BGH-Urteil vom 8. Oktober 1984 II ZR 175/83, BGHZ 92, 259, NJW 1985, 136, m. Anm. Karsten Schmidt.

Ein Pflichtteilsanspruch besteht auch dann, wenn der Pflichtteilsberechtigte einen Erbteil erhalten hat, der geringer ist als die Hälfte des gesetzlichen Erbteils. Ist die Pflichtteilsmasse durch Vorabschenkungen innerhalb der letzten 10 Jahre vor dem Erbfall gemindert worden, hat der Pflichtteilsberechtigte einen Pflichtteilsergänzungsanspruch.

585 Bei der Berechnung des Pflichtteils werden der Bestand und der Wert des Nachlasses zurzeit des Erbfalls zu Grunde gelegt. Dabei bleibt der dem überlebenden Ehegatten gebührende Voraus außer Ansatz (§ 2311 Abs. 1 BGB). Wertsteigerungen und Wertminderungen nach dem Erbfall wirken sich demgemäß nicht aus.

Wird im Zusammenhang mit dem Erbfall das Unternehmen veräußert oder aufgegeben, sind die dadurch anfallenden Steuern bei der Berechnung der Höhe des Pflichtteils zu berücksichtigen.

Der Wert ist, soweit erforderlich, durch Schätzung zu ermitteln. Eine vom Erblasser getroffene Wertbestimmung ist nicht maßgebend (§ 2311 Abs. 2 BGB).

586 Der Pflichtteilsberechtigte kann von dem Erben verlangen, dass dieser für ihn auf eigene Kosten ein Sachverständigengutachten über den Wert auch eines solchen Gegenstandes einholt[1], der nur gemäß § 2325 BGB zum Nachlass hinzuzurechnen ist. Ist der Nachlass wertlos, dann kann der Erbe die Einholung des Gutachtens auf eigene Kosten verweigern[2].

Der Beschenkte haftet mit dem „Erlangten" nur bis zur Höhe des Fehlbetrages i. S. v. § 2329 Abs. 2 BGB. Darüber hinaus kann er nicht auch noch mit einer kostenträchtigen Wertermittlungspflicht belastet werden.

587 Ist der hinterlassene Erbteil größer als der Pflichtteil, aber eine Nacherbschaft, Testamentsvollstreckung oder Teilungsanordnung angeordnet oder mit einem Vermächtnis oder einer Auflage beschwert, hat der Erbe die Wahl, die Zuwendung mit der Belastung anzunehmen oder sie auszuschlagen und den Pflichtteil zu verlangen (§ 2306 BGB).

588 Pflichtteilsansprüche können vom Erblasser gegen den Willen des Berechtigten nicht ausgeschlossen werden[3].

Will ein Unternehmer sein Unternehmen auf einen Nachfolger-Erben übertragen, wird es zweckmäßig sein, das Unternehmertestament mit Pflichtteilsverzichtsverträgen zu verbinden (§§ 2346 ff. BGB). Der Unternehmer wird seinen Nachfolger-Erben dadurch gegen Forderungen, die die Liquidität des Betriebs gefährden, absichern, dass er den Verzichtenden Abfindungen unter Lebenden zahlt, deren Fälligkeit frei vereinbart werden kann.

Wird ein Unternehmen im Wege der vorweggenommenen Erbfolge übertragen, sollte mit den weichenden Erben ein notariell beurkundeter Pflichtteilsverzicht vereinbart werden. Mit dem Verzicht werden regelmäßig die Einzelheiten der Abfindung geregelt.

589 Pflichtteilsberechtigten können durch Vermächtnis Gegenstände, die nicht zum Betriebsvermögen gehören, zugewendet werden. Ist ein Pflichtteilsberechtigter mit einem Vermächtnis bedacht worden, kann er den Pflichtteil nur geltend machen, wenn er das Vermächtnis ausschlägt. Schlägt er das Vermächtnis nicht aus, kann er seinen Pflichtteilsan-

---

1 BGH-Urteil vom 30. Oktober 1974 IV 41/73, DB 1975, 201.
2 BGH-Urteil vom 19. April 1989 IV a ZR 85/88, FamRZ 1989, 856.
3 Für die der Pflichtteilsberechnung zugrunde liegende Unternehmensbewertung kann die Einkommensteuerbelastung zu berücksichtigen sein; vgl. BGH-Urteil vom 26. April 1972 IV ZR 114/70, NJW 1972, 1269, DB 1972, 1229.

spruch nur in der Höhe fordern, in der der Wert des Pflichtteils den Wert des Vermächtnisses überschreitet (§ 2307 BGB).

Es können gesetzliche Erben, die nicht als Unternehmensnachfolger ausersehen sind – je nach den Umständen des Einzelfalls –, als Gesellschafter mit geringer Beteiligung und geringen Mitwirkungsrechten in das Unternehmen – auf Dauer oder Zeit – aufgenommen und auf diese Weise auf ein besonderes gesellschaftsvertragliches Abfindungsverfahren (z. B. Zahlungsraten) festgelegt werden. 590

Pflichtteilsansprüche können durch eine Vorwegnahme der Erbfolge auf Raten verringert werden, wenn die Zehn-Jahres-Frist des § 2325 BGB beachtet wird. 591

Bei jeder Zuwendung unter Lebenden an Pflichtteilsberechtigte sollte vorsorglich nach § 2315 BGB bestimmt werden, dass die Zuwendung auf den Pflichtteil anzurechnen ist. 592

(unbesetzt) 593–600

Erbverzicht
Schrifttum: S. Rn 581. 601

(1) Verwandte und der Ehegatte eines Erblassers können durch notariellen Vertrag auf ihr gesetzliches Erbe verzichten (§ 2346 Abs. 1 Satz 1 BGB). Wer auf das gesetzliche Erbe verzichtet, hat auch kein Pflichtteilsrecht. 602

(2) Jeder Verzicht kann jedoch auf das Pflichtteilsrecht beschränkt werden (§ 2346 Abs. 2 BGB). 603

(3) Der Verzicht umfasst auch den Ergänzungsanspruch gem. § 2325 BGB. Es ist zulässig, auf den Verzicht auf einen Bruchteil des Pflichtteilsrechts, auf eine feste Summe oder eine betragsmäßige Obergrenze oder auch nur auf den Ergänzungsanspruch zu beschränken. 604

Anders als beim Erbverzicht ist beim Pflichtteilsverzicht auch eine gegenständliche Beschränkung in der Weise zulässig, dass bestimmte Gegenstände bei der Nachlassbewertung zum Zwecke der Anspruchsberechnung (§ 2311 BGB) außer Betracht bleiben.

(4) In der Literatur wird die Abfindung für einen Erb- oder Pflichtteilsverzicht als unentgeltliches Rechtsgeschäft[1] oder als Schenkung beurteilt, die einen Pflichtteilsergänzungsanspruch auslöst[2]. 605

(5) Im Zweifel erstreckt sich die Wirkung des Verzichts auch auf die Abkömmlinge des Verzichtenden. Diese werden dann beim Tode des Erblassers ebenfalls nicht Erben oder Pflichtteilsberechtigte[3]. 606

(6) In dem Verzicht auf das Pflichtteilsrecht (§ 2346 Abs. 2 BGB) liegt der Schwerpunkt des Erbverzichts, weil der Erblasser das Erbrecht jederzeit einseitig durch Verfügung von Todes wegen ausschließen kann, sofern er sich nicht durch einen Erbvertrag oder ein gemeinschaftliches Testament gebunden hat. Der Erbverzicht kann der Erhaltung größerer 607

---

1 Vgl. *Frank* in Münchener Kommentar, aaO, § 2325 Rdnr. 14.
2 Vgl. *Friedrich*, Testaments- und Erbrecht, 10. Aufl., München 1981, S. 70: aA *Rheinbay*, Erbverzicht – Abfindung - Pflichtteilsergänzung, Frankfurt a. M./Bern/New York 1983, S. 190, der der Ansicht ist, ob die Abfindung für einen Erbverzicht eine zur Pflichtteilsergänzung heranzuziehende Schenkung oder ein entgeltliches Geschäft sei, hänge vom Einzelfall ab; demzufolge seien nicht die §§ 2325 ff. BGB, sondern § 2310 Abs. 2 BGB die Schutzbestimmung für den Pflichtteilsberechtigten gegenüber Abfindungen für einen Erbteilsverzicht.
3 Vgl. dazu *Damrau*, Der Erbverzicht als Mittel zweckmäßiger Vorsorge für den Todesfall, Bielefeld 1966.

Wirtschaftseinheiten dienen, die durch eine plötzliche Fälligkeit großer Pflichtteilsbeträge am Tage des Erbfalls zu sehr verschuldet würden.

So kann der Verzichtende mit dem Erblasser durch Vertrag unter Lebenden auf den Todesfall seine Beteiligung am Nachlass vorweg regeln.

608 (7) Der Erbverzicht ist allerdings sowohl für den künftigen Erben als auch für den Erblasser mit Risiken verbunden. Denn zwischen dem Verzicht und dem Erbfall liegt häufig ein erheblicher Zeitraum, in dem sich der Nachlass wesentlich verändern kann. Zudem hat der künftige Erbe beim Abschluss des Vertrages nur ungenaue Vorstellungen vom Umfang des Nachlasses.

Der Erbverzicht wird in der Regel mit einer Abfindung der künftigen Erben, namentlich der Kinder, verbunden werden. Sie lassen sich auszahlen und sichern sich damit schon zu Lebzeiten des Erblassers ihren Anteil an seinem Erbgut. Damit nehmen sie die Erbfolge oder den sonstigen Erwerb von Todes wegen vorweg.

Der Erbverzicht kann daher bei richtiger Anwendung die gesetzliche Erbfolge der Besonderheit des Einzelfalles anpassen und gleichzeitig Streit zwischen künftigen Miterben nach dem Tod des Erblassers ausschließen. Daher können auch Erklärungen in einem Erbvertrag, den Ehegatten und ihre Kinder abgeschlossen haben, als Erbverzicht der Kinder ausgelegt werden.

609 (8) Der Erbverzicht ändert die gesetzliche oder gewillkürte Erbfolge, mitunter nur zu Gunsten bestimmter Personen (§ 2350 BGB), und hebt sogar die vom Gesetz im Pflichtteilsrecht gesicherte Mindestbeteiligung der nächsten Angehörigen am Erbgut des Erblassers auf.

610 (9) Verzichtet ein Abkömmling auf seinen künftigen gesetzlichen Erbteil, weil der Erblasser ihn zu seinen Lebzeiten abgefunden hat, so kombinieren sich Erbverzicht und Abfindung.

611 (10) Das Gesetz gestattet ausdrücklich, nur auf das Pflichtteilsrecht zu verzichten, wodurch der Erblasser die volle Testierfreiheit erlangt (§ 2346 Abs. 2 BGB).

612 (11) Zulässig war vor dem 1. 4. 1998 der Verzicht auf den Erbersatzanspruch des nicht ehelichen Kindes unter Vorbehalt des Pflichtteilsrechts.

613 (12) Der Verzicht kann auf einen Bruchteil der Erbschaft oder des Pflichtteilsanspruchs beschränkt werden, nicht dagegen auf bestimmte Gegenstände.

614 (13) Der Verzicht kann bedingt sein (§ 2350 BGB).

Es können also die Gültigkeit des Abfindungsvertrages oder die pünktliche Erfüllung der Abfindungsleistungen zur Bedingung des Erbverzichts erhoben werden. Zweckmäßig ist eine Verknüpfung des Erbverzichts mit der Abfindung besonders dann, wenn die Fälligkeit der Abfindung hinausgeschoben oder eine längerfristige Ratenzahlungsregelung getroffen werden soll.

615 (14) Der Erbverzicht des Ehegatten erfasst nicht nur den Anspruch auf Zugewinnausgleich. Hatte sich der überlebende Ehegatte den Pflichtteil vorbehalten, dann kann er den (kleinen) Pflichtteil und den Ausgleich des Zugewinns beanspruchen (§ 1371 Abs. 2 BGB). Beschränkt er den Verzicht auf den Pflichtteil, dann wird er Erbe, sodass die güterrechtliche Lösung ausscheidet (§ 1371 Abs. 1 BGB). Ausgleich des Zugewinns kann der überlebende Ehegatte, der verzichtet hat, nur verlangen, wenn er enterbt wurde oder wenn

er ausschlägt; ein Pflichtteilsanspruch steht ihm daneben nicht zu (§ 1371 Abs. 3 Halbsatz 2 BGB).

Die Beschränkung des Erbverzichts auf einen einzelnen Nachlassgegenstand oder einen Inbegriff von Nachlassgegenständen ist unzulässig, weil dies dem Grundsatz der Gesamtrechtsnachfolge widerspräche. 616

Zulässig ist ein Verzicht des Inhalts, dass der Verzichtende sein gesetzliches Erbrecht behält, sich aber hinsichtlich seines Erbrechts (oder wegen seines Pflichtteils) Beschränkungen (Einsetzung des Verzichtenden oder eines Dritten als Nacherbe, Anordnung einer Testamentsvollstreckung) oder Beschwerungen (Vermächtnis, Auflage) unterwirft. 617

Möglich ist auch ein teilweiser Verzicht der Art, dass sich der Verzichtende eine Zuwendung (Vorempfang) des Erblassers oder eines Dritten auf sein Erbe (Pflichtteil) anrechnen lassen muss. 618

Da der Pflichtteilsanspruch auf eine Geldforderung gerichtet ist (§ 2303 Abs. 1 Satz 2 BGB), ist ein beschränkter Verzicht (Teilverzicht) in jeder Weise möglich, die mit dem Charakter einer Geldforderung vereinbar ist[1]. 619

Abfindungsklauseln können den Pflichtteilsanspruch nicht beschränken; deshalb ist für die Bemessung des Pflichtteilsanspruchs vom Verkehrswert der Erbmasse auszugehen. 620

Der Erblasser kann durch letztwillige Verfügung die Auseinandersetzung des Nachlasses oder über einzelne Nachlassgegenstände ausschließen oder von der Einhaltung einer Kündigungsfrist abhängig machen (vgl. § 2044 Abs. 1 Satz 1 BGB). Die Verfügung wird unwirksam, wenn 30 Jahre seit dem Eintritt des Erbfalls verstrichen sind (vgl. § 2044 Abs. 2 BGB). Ohne diese zeitliche Beschränkung kann der Erblasser anordnen, dass die Auseinandersetzung bis zum Eintritt eines bestimmten Ereignisses in der Person eines Miterben oder, falls er eine Nacherbfolge oder ein Vermächtnis angeordnet hat, bis zum Eintritt der Nacherbfolge oder bis zum Anfall des Vermächtnisses ausgeschlossen sein soll. Ein solches Teilungsverbot kann dazu dienen, Erben einen Nachlassgegenstand zu erhalten – z. B. ein Betriebsgrundstück –, aus dem sie ihren Lebensunterhalt ziehen sollen. Denn jeder Erbe ist Miteigentümer an jedem einzelnen Erbschaftsgegenstand und berechtigt, bezüglich jeden Erbschaftsgegenstandes Auseinandersetzung zu verlangen. 621

Die Auseinandersetzung kann durch außergerichtlichen Vertrag zwischen den Miterben, durch Testamentsvollstreckung[2], durch Vermittlung staatlicher Stellen (Nachlassgericht) oder im Wege der Auseinandersetzungsklage durch das Prozessgericht geschehen (vgl. dazu § 2042 BGB). 622

Der Erblasser kann durch letztwillige Verfügung Anordnungen für die Auseinandersetzung treffen (§ 2048 Satz 1 BGB), um Unstimmigkeiten vorzubeugen. Weist er bestimmte Nachlassgegenstände einem einzelnen Erben zu, so sollte er Bestimmungen über die Anrechnung auf dessen Erbteil treffen[3]. 623

Eine Schiedsgerichtsklausel kann auch hier langwierigen Prozessen vorbeugen.

Möglich ist es auch, in Testamenten und Erbverträgen einen oder mehrere Erbteile von Miterben mit einem Nießbrauch (§ 1030 BGB) zu Gunsten Dritter zu belasten. 624

(unbesetzt) 625–640

---

[1] Steuerlich vgl. Rn 4687.
[2] *Hüfner*, Testamentsvollstreckung an Personengesellschaftsanteilen, Baden-Baden 1990.
[3] Vgl. dazu Rn 803.

Verschiedene Einzelheiten

641 Schenkungen können Pflichtteilsergänzungsansprüche auslösen (§ 2325 BGB); solche Ansprüche sind zu berücksichtigen[1].

Die Aufnahme eines Gesellschafters in eine OHG ist aber beispielsweise auch dann keine Schenkung mit der Folge, dass ein Pflichtteilsergänzungsanspruch entsteht, wenn der aufgenommene Gesellschafter nur seine Arbeitskraft einbringt und ihm das Vermögen der Gesellschaft ansonsten unentgeltlich zuwächst[2].

642 (1) Haben sich Ehegatten gegenseitig als Erben eingesetzt (Berliner Testament), schützt diese Testierung nicht davor, dass z. B. ein Kind seinen Pflichtteil fordert. Ein solches Begehren kann nicht verhindert, ihm kann aber entgegengewirkt werden.

643 Im Testament kann bestimmt werden, dass ein Kind, das nach dem Tode des Erstversterbenden seinen Pflichtteil fordert, vom überlebenden Ehegatten ebenfalls auf den Pflichtteil gesetzt wird. Da sich in diesem Fall der Pflichtteil nach dem Letztversterbenden nach dem bei ihm vorhandenen Vermögen bemisst, erhält ein solches Kind jedoch nochmals einen Anteil am Vermögen des Erstversterbenden.

644 Das letztgenannte Ergebnis kann auf folgende Weise ausgeschlossen werden: Es wird für den Fall, dass ein Kind seinen Pflichtteil beansprucht, den Kindern, die keinen Pflichtteil beanspruchen, ein der Höhe des Erbteils entsprechendes, durch die Pflichtteilsforderung bedingtes Vermächtnis ausgesetzt, das beim ersten Erbfall anfällt, aus dem Vermögen des Erstversterbenden zu entrichten ist und bis zum zweiten Erbfall gestundet wird. Auf diese Weise entfällt die Doppelbeteiligung des den Pflichtteil beanspruchenden Kindes.

Zur Rettung der steuerlichen Freibeträge bei der Erbschaftsteuer kann ein Vermächtnis nach dem Tode des Erstversterbenden ausgesetzt werden in Höhe der Freibeträge mit Einräumung eines Nießbrauchsvorbehalts zu Gunsten des überlebenden Ehegatten.

---

1 *Jastrow*, Wie können sich Eheleute bei einem Testament nach § 2269 BGB gegen die Vereitelung ihrer Absichten durch Pflichtteilsansprüche der Kinder sichern?, Zeitschrift des Deutschen Notarvereins, 1904, 424, – Jastrowsche Formel; zu Auskunftsansprüchen über Geschenke vgl. BGH-Urteile vom 4. Mai 1964 III ZR 159/63, NJW 1964, 1414; vom 21. Dezember 1964 III ZR 226/62, FamRZ 1965, 135; vom 10. Juli 1975 II ZR 154/72, BB 1975, 1083, und vom 8. Juli 1985 II ZR 150/84, DB 1985, 2295; sowie OLG München, Urteil vom 15. Januar 1988 14 UF 572/87, rkr., BB 1988, 429 (der Wertermittlungsanspruch steht selbständig neben dem Auskunftsanspruch); *Mayer,* J zu „Jastrow"? – Pflichtteilsklausel auf dem Prüfstand, ZEV 1995, 136. *Kerbaum* schlägt in JuS 2002, 353 folgende Formulierung vor: „Gemeinschaftliches Testament
I. Wir setzen uns, also der Erstversterbende den Überlebenden, zu alleinigen und unbeschränkten Erben ein.
II. Schlusserben beim Tod des Überlebenden von uns beiden im Falle unseres gleichzeitigen Versterbens sind unsere gemeinschaftlichen Abkömmlinge, und zwar einschließlich adoptierter und nichtehelicher Abkömmlinge, unter sich nach den Regeln der gesetzlichen Erbfolge erster Ordnung zum Zeitpunkt des zweiten Erbfalls.
III. Derjenige unserer Abkömmlinge, der beim Tod des Erstversterbenden seinen Pflichtteil durchsetzt, wird samt seinen Abkömmlingen vom Überlebenden einseitig testamentarisch auf den Pflichtteil gesetzt.
IV. Nimmt der überlebende Ehegatte die Erbschaft an und wird so Alleinerbe, so erhalten die gemeinsamen Kinder, ersatzweise deren Abkömmlinge einschließlich adoptierter und nichtehelicher Abkömmlinge vom erstversterbenden Ehegatten ein Vermächtnis i. S. von § 2156 BGB zum Zweck der ganzen oder teilweisen Ausnutzung ihrer Freibeträge bei der Erbschaftsteuer.
Der überlebende Ehegatte kann bestimmen
– den Gegenstand, die Bedingungen und den Zeitpunkt der Leistungen, § 2156 BGB, dies im Rahmen von §§ 2156 Satz 2, 315 BGB, insbesondere auch unter Berücksichtigung seines eigenen Versorgungsinteresses,
– die Zeit der Erfüllung, § 2181 BGB,
– diejenigen, die aus dem Kreis der oben Benannten das Vermächtnis erhalten sollen, § 2151 BGB, sowie
– deren Anteile an dem Vermächtnis, § 2153 BGB."
2 Vgl. Rn 2457, 2458, 2499.

(2) Reicht das vorhandene Vermögen nicht aus, um die Vermächtnisse zu erfüllen, dann erhalten die mit dem Vermächtnis Bedachten das gesamte Vermögen; der überlebende Ehegatte hinterließe selbst kein Vermögen, sodass nach seinem Tode die Schlusserben leer ausgehen und auch keine Pflichtteilsansprüche geltend gemacht werden können[1]. 645

(3) Nicht nur, dass Pflichtteile geltend gemacht werden können, ist zu berücksichtigen, sondern es sind auch die erbschaftsteuerrechtlichen Folgen beim Berliner Testament zu beachten. Es fällt beim Tode des Letztversterbenden ein Erbfall an, der nunmehr das gesamte Vermögen umfasst; dieser Erbfall unterliegt i. d. R. einer höheren Tarifstufe (§ 19 ErbStG), und es fallen nur einmal die Freibeträge an. 646

(4) Stirbt der vermögende Ehegatte zuerst, wird es zur Sicherung des Lebensunterhaltes des anderen Ehegatten meist erforderlich sein, die Erbschaft anzunehmen. Stirbt der „ärmere" Ehegatte zuerst, ist es dagegen oft nicht sinnvoll, sein Vermögen zunächst dem finanziell ohnehin abgesicherten überlebenden Ehegatte zukommen zu lassen; er kann die Erbschaft ausschlagen mit der Folge, dass das Vermögen unmittelbar den Kindern zufällt. Die Ausschlagung kann auch an eine Abfindung gekoppelt werden, sodass hier maßgeschneiderte Lösungen möglich sind. Der ausschlagende Ehegatte versteuert dann nur die Abfindung (§ 3 Abs. 2 Nr. 4 EStG). 647

Beim Berliner Testament sind die Kinder beim Tod des zuerst versterbenden Ehegatten von der Erbfolge ausgeschlossen. Ihnen steht demzufolge ein Pflichtteil zu. Eine steueroptimale Gestaltung ist oft zu erreichen, wenn die Kinder den Pflichtteil teilweise, z. B. in Höhe des Freibetrages von 205 000 €, geltend machen. Die Verwendung der Jastrow-'schen Klausel kann in solchen Fällen hinderlich sein. 648

(5) Die Zielsetzungen der Versorgung des überlebenden Ehegatten und der Minimierung der Pflichtteilsansprüche sowie der Höhe der Erbschaftsteuer lassen sich i. d. R. durch andere Gestaltungen als das „Berliner Testament" weniger risikobehaftet und billiger erreichen[2]. 649

(6) Die Einsetzung der Kinder als Schlusserben gilt als wechselbezügliche Verfügung. 650

(7) Das Berliner Testament ist zu Lebzeiten nur unter erschwerten Bedingungen (§ 2296 BGB), nach dem Tod eines Ehegatten nicht widerrufbar (§ 2271 Abs. 2 BGB). 651

(1) Der Partner einer nicht ehelichen Lebensgemeinschaft ist nicht erbberechtigt. Zuwendungen eines Partners an den anderen können bei Beendigung der Partnerschaft grundsätzlich nicht zurückgefordert werden. Dies gilt auch für die Erben der Zuwendenden. Ausgleichsansprüche können ausnahmsweise bestehen, wenn die Partner hinsichtlich eines Vermögensgegenstandes, der im Alleineigentum eines Partners steht, einen Wert schaffen wollten, der von ihnen nicht nur gemeinsam genutzt werden sollte, sondern ihnen auch gemeinsam gehören sollte. 652

(2) Partner einer nicht ehelichen Lebensgemeinschaft können sich erbvertraglich gegenseitig als Erben einsetzen. Dabei sollte bedacht werden, dass eine eheähnliche Lebensgemeinschaft auseinander gehen kann; für diesen Fall sollten Vereinbarungen über den Inhalt eines Rücktrittsrechts getroffen werden. 653

(unbesetzt) 654–670

---

1 Vgl. Rn 2457, 2458, 2499.
2 Vgl. die Beispiele bei *Flick/Schauhoff,* DStR 1992, 1794, 1975.

671 (1) Verzichtet ein Abkömmling oder ein Seitenverwandter des Erblassers auf das gesetzliche Erbrecht, so erstreckt sich die Wirkung des Verzichts auf seine Abkömmlinge, sofern nicht ein anderes bestimmt wird. (§ 2349 BGB).

Zu den Abkömmlingen zählen das nicht eheliche Kind des Vaters ebenso wie eheliche Kinder oder eine als Kind angenommene Person.

672 (2) Der Verzicht eines Vorfahren oder des Ehegatten des Erblassers bindet nicht dessen Abkömmlinge – Geschwister des Erblassers –, denn sie sind keine Abkömmlinge i. S. v. § 2349 BGB, wohl aber der Verzicht des Bruders dessen Abkömmlinge – also die Neffen und Nichten des Erblasser –. In den Fällen des Verzichts eines Vorfahren oder des Ehegatten müssen ggf mit den Abkömmlingen Erbverzichtsverträge geschlossen werden (§ 2346 f. BGB).

673 (3) Der Verzicht i. S. v. § 2349 BGB erstreckt sich auf das gesamte Erbrecht; dem Verzichtenden steht also auch kein Pflichtteilsrecht zu, und diese Wirkung erstreckt sich auf seinen ganzen Stamm. Der Verzicht auf das gesetzliche Erbrecht ist daher ein geeigneter Weg, um Erb- und Pflichtteilsansprüche „lästiger" Enkel, insbesondere etwa einen Erbersatzanspruch des nicht ehelichen Enkels auszuschließen.

674 (4) Bei der Vereinbarung eines Erbverzichts ist zu bedenken, dass sich dadurch die gesetzlichen Erb- und Pflichtteilsansprüche der übrigen Erbberechtigten erhöhen. Denn § 2310 BGB besagt:

Bei der Feststellung des für die Berechnung des Pflichtteils maßgebenden Erbteils werden diejenigen mitgezählt, welche durch letztwillige Verfügung von der Erbfolge ausgeschlossen sind oder die Erbschaft ausgeschlagen haben oder für erbunwürdig erklärt sind. Wer durch Erbverzicht von der gesetzlichen Erbfolge ausgeschlossen ist, wird nicht mitgezählt.

Hat beispielsweise ein Erblasser vier eheliche und ein uneheliches Kind und hat er ein eheliches Kind als Unternehmensnachfolger ausersehen und mit den drei anderen ehelichen Kindern Erbverzichtsverträge abgeschlossen, ist die Folge einer solchen Handlungsweise, dass sich dadurch der Anspruch des nicht ehelichen Kindes vervielfacht hat.

Soll diese Wirkung vermieden werden, kann das wirtschaftliche Ergebnis des Erbverzichts durch einen Pflichtteilsverzichtsvertrag und Erbausschluss im Testament erreicht werden.

675 (5) Wird ein Pflichtteilsberechtigter auf die Hälfte seiner gesetzlichen Erbquote eingesetzt, kann er nicht die Erbschaft ausschlagen und den „Geld"-Anspruch seines Pflichtteils geltend machen.

676 (6) Der auf das Pflichtteilsrecht beschränkte Verzicht hat den Vorteil, dass Pflichtteilsansprüche des gesamten Stammes des Verzichtenden – einschließlich etwaiger Ansprüche i. S. d. § 2338a BGB – entfallen, durch den Verzicht aber keine Neubegründung oder Erweiterung der Pflichtteilsrechte anderer gesetzlicher Erben eintreten kann, weil bei dieser Art des Verzichts der Verzichtende nicht i. S. d. § 2310 Satz 2 BGB von der gesetzlichen Erbfolge ausgeschlossen ist.

677 (7) § 2349 BGB ist nicht auf den Zuwendungsverzicht anwendbar (§ 2352 BGB).

678–690 *(unbesetzt)*

jj) Fragestellungen, den Tod des Unternehmers betreffend

691 Im Falle des Todes des Unternehmers ergeben sich vor allem folgende Fragen:
- Wer folgt in die Unternehmerstellung oder die Gesellschafterstellung nach?

- Wer übernimmt die bisher vom Verstorbenen getragene persönliche Haftung?
- Wer leitet das Unternehmen künftig?

Außer den Überlegungen, was im Falle des Todes des Unternehmers in Bezug auf seine Unternehmerstellung geschehen soll, bedarf es noch vorbereitender Regelungen für die Fälle, dass 692

- die Ehefrau des Unternehmers wegfällt, sei es durch Tod oder im Falle der Scheidung, und
- wie die Ansprüche ehelicher und nicht ehelicher Kinder abgegolten werden sollen.

Bei der Nachfolgeregelung gerät der Unternehmer in vielen Fällen in einen Zielkonflikt, wenn der gleichzeitig den Nachlass möglichst gerecht aufteilen, seinen Ehegatten wirtschaftlich absichern und das Weiterbestehen des Unternehmens möglichst zuverlässig erreichen will. Für jedes Problem gibt es Lösungen mit Vor- und Nachteilen. 693

So erlaubt die Gründung einer Familiengesellschaft zwar eine gerechte Verteilung der Erbmasse, führt aber zur Schwächung der Unternehmensführung, wenn alle Familienmitglieder voll stimmberechtigt sind. Ist nach dem Tod des Erblassers die Geschäftsführung nur durch einen Erben vorgesehen, führt dies i. d. R. zu Unzuträglichkeiten zwischen diesem Erben und seinen Verwandten. 694

Haben sich Ehegatten im „Berliner Testament" zu Alleinerben eingesetzt, so können die Kinder beim Eintritt des ersten Erbfalls ihren Pflichtteil fordern[1]. Sind beispielsweise zwei gemeinschaftliche Kinder vorhanden und lebten die Ehegatten im Güterstand der Gütertrennung, so beträgt der gesetzliche Erbteil der Kinder je $1/3$, der Pflichtteil also je $1/6$ des Nachlasses, wobei bei dessen Bewertung von den Verkehrswerten auszugehen ist. 695

Die **Gebühren,** die für die Errichtung, die Aufbewahrung und den Widerruf notarieller Testamente und Erbverrträge anfallen, berechnen sich nach dem Gesetz über die Kosten in Angelegenheiten der freiwilligen Gerichtsbarkeit (Kostenordnung). Berechnungsgrundlage für die Gebührensätze der Kostenordnung ist der Geschäftswert. Dieser richtet sich nach dem gemeinen Wert (Verkehrswert) des Vermögens des Erblassers im Zeitpunkt der Beurkundung, oder, wenn nur über einen Teil des Vermögens letztwillig verfügt wird, des entsprechenden Vermögensbruchteils; um zum Geschäftswert der Verfügung von Todes wegen zu kommen, sind vom Wert des Vermögens des Erblassers die Verbindlichkeiten abzusetzen. 696

Besteht eine Betriebsaufspaltung, kann durch Erbgang ihre Beendigung eintreten. 697

Kraft Erbfolge kann auch erstmalig eine Betriebsaufspaltung entstehen.

Erben müssen beide Fallkonstellationen in ihre Überlegungen einbeziehen.

(unbesetzt) 698–710

kk) Nicht eheliche Kinder

Sind **nicht eheliche** Kinder vorhanden, muss der Unternehmer deren Rechte berücksichtigen und Vorsorge dafür treffen, dass die Ansprüche jederzeit befriedigt werden können. 711

Als Ansprüche kommen in Betracht

- der Erbanspruch (Rn 396, 718),

---

1 Siehe dazu Rn 642.

• der Pflichtteilsanspruch (Rn 714).

712 Das „nicht eheliche" Kind ist Erbe wie ein eheliches Kind, wenn die mit dem Tode des Vaters entstehende Erbengemeinschaft **nicht** aus dem Ehegatten und aus ehelichen Abkömmlingen des Erblassers gebildet wird.

713 **Beispiel:**
Der Vater hinterlässt weder einen Ehegatten noch eheliche Abkömmlinge, sondern nur zwei nicht eheliche Kinder. Die nicht ehelichen Kinder werden Erben zu gleichen Teilen.

714 Die Großeltern können ihr nicht eheliches Enkelkind enterben. Der dadurch entstehende Pflichtteilsanspruch beträgt die Hälfte des gesetzlichen Erbteils (§ 2303 BGB). Eine vom Erblasser getroffene Wertminderung ist nicht maßgebend (§ 2311 Abs. 2 BGB).

715 Der Pflichtteilsanspruch entsteht mit dem Tode des Erblassers.

716 Unter bestimmten Voraussetzungen kann das Nachlassgericht eine Stundung des Pflichtteilsanspruchs bewilligen (§ 2331a BGB).

717 Das nicht eheliche Kind hat im Rahmen des § 1934d BGB aber keinen Anspruch gegen seinen Vater, dass dieser auf seine Kosten den Wert von Vermögensgegenständen durch einen Sachverständigen ermitteln lässt[1].

Ist über den Erbausgleich eine wirksame Vereinbarung geschlossen oder ist er durch rechtskräftiges Urteil zuerkannt, so entfallen alle gesetzlichen Erbberechtigungen und Pflichtteilsrechte (§ 1934e BGB).

718 Das nicht eheliche Kind kann durch Vertrag mit seinem Vater auf sein gesetzliches Erbrecht und das Pflichtteilsrecht verzichten (§ 2346 BGB); als Gegenleistung wird eine Abfindung vereinbart werden[2].

719 Der Erblasser muss den notariell zu beurkundenden Erbverzichtsvertrag (§ 1934d Abs. 4 BGB) höchstpersönlich abschließen. Ein etwaig minderjähriges nicht eheliches Kind bedarf, wenn es unter Vormundschaft steht, der Genehmigung des Vormundschaftsgerichts (§ 2347 Abs. 1 BGB). Dies gilt auch, wenn für das Kind gem. § 1706 Nr. 3 BGB ein Pfleger bestellt worden ist.

720 Durch die Vereinbarung wird bewirkt, dass das gegenseitige Erb- und Pflichtteilsrecht zwischen Vater und Kind einschließlich der jeweiligen Verwandten wegfällt. Das Kind und seine Verwandtschaft scheiden als künftige Erben und Pflichtteilsberechtigte endgültig aus. Ein Unternehmer wird deshalb häufig, zum Teil mit höheren als den gesetzlich vorgesehenen Beträgen den vorzeitigen Erbausgleich erkaufen.

721–740 *(unbesetzt)*

(1) Güterrechtliche Vereinbarungen

741 a) Vereinbaren Eheleute Gütertrennung, wird der überlebende Ehegatte bei Vorhandensein eines Kindes – gleich, ob es ehelich oder nicht ehelich ist – gesetzlicher Erbe zu ½, bei Vorhandensein von zwei Kindern Erbe zu ⅓.

Ist nur ein nicht eheliches Kind vorhanden, so ist die vermögensrechtliche Lage der überlebenden Ehefrau bei Gütertrennung im Vergleich zur Zugewinngemeinschaft insoweit besser, als die in Zugewinngemeinschaft verheiratete Ehefrau bei gesetzlicher Erbfolge

---

1 OLG Düsseldorf, Entscheidung vom 20. Januar 1989 7 U 175/88, NJW-RR 1989, 835.
2 Vgl. dazu auch BFH-Urteil vom 23. Oktober 1987 III R 219/83, BFHE 152, 70, BStBl II 1988, 332.

mit dem Ausbildungsanspruch des nicht ehelichen Kindes belastet ist (§ 1371 Abs. 4 BGB). Der in Gütertrennung verheirateten Ehefrau gegenüber besteht kein Ausbildungsanspruch des nicht ehelichen Kindes.

b) Bei bestehender Zugewinngemeinschaft führt die Vereinbarung der Gütergemeinschaft zur Pflichtteilsverkürzung des nicht ehelichen Kindes des Vaters, wenn das Vermögen des Ehemannes dreimal so groß oder noch größer ist als das Vermögen der Ehefrau, kein Vorbehalts- oder Sondergut für den Ehemann vereinbart wird und der weitere Wertzuwachs des Gesamtguts sich in etwa gleichem Verhältnis vollzieht. 742

Eine weitere Pflichtteilsverkürzung könnte rechnerisch dadurch erreicht werden, dass die Ehefrau Vermögen zum Vorbehalts- oder Sondergut erklärt. 743

Sittenwidrig dürfte es allerdings sein, wenn die Ehefrau ihr ganzes oder doch wesentliches Vermögen zum Vorbehaltsgut erklärt und in der Vereinbarung eine Schenkung des Ehemannes an die Ehefrau zu sehen ist; dies hätte zur Folge, dass gem. § 2325 Abs. 3 BGB die Schenkung für die Berechnung des Pflichtteilsergänzungsanspruchs heranzuziehen ist.

c) Die Vereinbarung der Gütergemeinschaft führt weiter zur Pflichtteilsverkürzung, wenn der Vater des nicht ehelichen Kindes bisher in Gütertrennung verheiratet ist und wenn nur ein Kind – gleich ob ehelich oder nicht ehelich – vorhanden ist und der Ehemann mehr als das dreifache Vermögen der Ehefrau in das Gesamtgut einbringt, wenn nur zwei Kinder vorhanden sind und der Ehemann mehr als die Hälfte des Gesamtgutes aufbringt, wenn drei oder mehr Kinder vorhanden sind und der Ehemann mehr als das 1,285-fache der Ehefrau zum Gesamtgut leistet. 744

d) Besteht Gütergemeinschaft zwischen den Ehegatten, dann führt bei Vereinbarung der Zugewinngemeinschaft, abgesehen von der Möglichkeit der Zuteilung des größeren Teils des Gesamtgutes an die Ehefrau zum Alleineigentum, der nach § 1371 Abs. 1 BGB erhöhte Erbteil der Ehefrau immer zu einer Minderung des Pflichtteilrechts. 745

e) Besteht Gütertrennung oder Zugewinngemeinschaft und wird zunächst Gütergemeinschaft vereinbart und alsbald dann wiederum, um den Pflichtteil zu verkürzen, die Gütergemeinschaft aufgehoben und erneut Zugewinngemeinschaft vereinbart und hierbei außerdem der größte Teil des Gesamtgutes der Ehefrau zum Alleineigentum zugewiesen, dient eine solche Vereinbarung der Aushöhlung des Pflichtteilsrechtes. Ein solcher Sachverhalt dürfte als Schenkung zu beurteilen sein, der bei Berechnung des Pflichtteilsergänzungsanspruchs heranzuziehen ist. 746

f) Ehegatten können für den Fall des Vorablebens der Ehefrau erbrechtliche Regelungen treffen, und zwar in der Weise, dass sich durch Beerbung der Ehefrau nicht das Vermögen des Ehemannes vergrößert. Der Ehemann kann beispielsweise gegenüber der Ehefrau einen Pflichtteilsverzicht erklären. Die Ehefrau kann dann die gemeinschaftlichen Kinder oder bei Nichtvorhandensein die sonst als Erben erwünschten Personen zu Erben berufen und dem überlebenden Ehemann den Nießbrauch am gesamten Nachlass als Vermächtnis zuwenden. Der überlebende Ehemann könnte auch als befreiter Vorerbe eingesetzt werden und die gemeinschaftlichen Abkömmlinge als Nacherben berufen werden. 747

Es könnte aber auch der Ehemann zum Alleinerben berufen werden, und zwar unter gleichzeitiger Zuwendung eines Vermächtnisses an die gemeinsamen Kinder in Höhe des gesamten Nachlasses, wobei das Vermächtnis erst im Ablebenszeitpunkt des Ehemannes zu erfüllen ist.

(unbesetzt) 748–760

(2) Schenkungen

761 Das Vermögen kann durch Schenkung gemindert werden.

762 a) Der Pflichtteilsberechtigte wird gegen die Minderung des Vermögens durch die Bestimmungen über die Pflichtteilsergänzung geschützt (§§ 2325 ff. BGB). Dieser Schutz ist jedoch zeitlich begrenzt, und zwar werden nur Schenkungen der letzten zehn Jahre herangezogen (§ 2325 Abs. 3 BGB). Die Frist beginnt unter Ehegatten allerdings nicht vor Auflösung der Ehe.

763 b) Zeitpunkt der Leistung ist der, in dem der Schenker alles getan hat, was von seiner Seite für den Erwerb des Leistungsgegenstandes durch den Beschenkten erforderlich ist. Der Zeitpunkt des Eintritts des Leistungserfolges ist nicht maßgebend. Die Frist beginnt also schon bei Erwerb eines Erwerb- oder Anwartschaftsrechtes. Das hat zur Folge, dass der Erblasser durch Vermögensschenkungen unter Lebenden ohne für ihn spürbare Vermögensverluste Pflichtteilsansprüche in ihrer wertmäßigen Höhe vermindern kann, sofern er den Schenkungszeitpunkt um mehr als zehn Jahre überlebt.

764 c) Bei gemischten Schenkungen ist die Gegenleistung des Beschenkten abzuziehen.

765 d) Schenkungen wirken aber auch bei einem Erbfall innerhalb der Zehnjahresfrist pflichtteilsmindernd, nämlich dann, wenn für den Gegenstand der Schenkung eine nicht unerhebliche Wertsteigerung zu erwarten ist und diese nach der Schenkung, aber noch vor Ablauf der Frist eintritt. Der Schenker kann sich durch Nießbrauchsvorbehalt weitgehend die Einnahme aus der verschenkten Sache auf Lebenszeit sichern, jedenfalls dann, wenn er sich auch Verfügungsbeschränkungen vorbehält. So kann er sich z. B. weiterhin bei Grundstücken die unwiderrufliche Vollmacht erteilen lassen, die Vertragsobjekte mit Grundpfandrechten bis zu einem bestimmten Betrag nebst Zinsen zu belasten.

766 e) Für den Fall, dass der Beschenkte vor dem Schenker stirbt und verhindert werden soll, dass die geschenkte Sache durch den Beschenkten an eine dem Schenker nicht genehme Person vererbt wird, kann dadurch Vorsorge getroffen werden, dass eine Rückauflassungsverpflichtung vereinbart wird, die durch entsprechende Vormerkung nach § 883 BGB zu sichern ist.

767 f) Im Gegensatz zum Erbschaftsteuerrecht wird selbst ein Widerruf, der in das freie Belieben des Schenkers gestellt ist, nicht als Hindernis dafür angesehen, dass bürgerlich-rechtlich eine Schenkung vorliegt[1]. Erbschaftsteuerlich hilft die bedingte Schenkung mit unbedingter Auflassung weiter.

768–780 *(unbesetzt)*

(3) Ausstattungen

781 Gewährt der Erblasser ehelichen Abkömmlingen Ausstattungen (§ 1624 BGB), so unterliegen diese der Ausgleichspflicht unter den als gesetzliche Erben zur Erbfolge berufenen Abkömmlingen (§ 2050 BGB). Ausstattungen sind bei der Berechnung des Pflichtteilsergänzungsanspruchs nur insoweit heranzuziehen, als sie ein Übermaß darstellen, das wie eine Schenkung behandelt wird[2]. Ausstattungen sind danach, auch wenn zu ihrer Gewährung keine Rechtspflicht besteht, nur dann als Schenkungen anzusehen, wenn sie das den Umständen, insbesondere den Vermögensverhältnissen des Ausstattenden entsprechende

---

[1] *Sudhoff,* Vorweggenommene Erbfolge und Pflichtteilsanspruch, BB 1971, 225; *Kapp,* Widerrufsvorbehalt bei Schenkungen und Schenkungsteuer, BB 1971, 57.
[2] Vgl. dazu *Nieder,* Handbuch der Testamentsgestaltung, München 1992, Rn 296.

Maß übersteigen. Für die Beurteilung dieser Frage ist der Zeitpunkt des Versprechens maßgebend[1].

(unbesetzt) 782–790

(4) Gesellschaftsrechtliche Vereinbarungen

Das Vermögen kann, ohne den Pflichtteilsergänzungsanspruch auszulösen, durch gesellschaftsrechtliche Vereinbarungen verringert werden. 791

Das ist möglich,
- durch die Aufnahme der ehelichen Kinder in die Gesellschaft oder
- Gründung einer Gesellschaft mit Kindern und gesellschaftsvertragliche Abfindungsklauseln.

(unbesetzt) 792–795

(5) GbR unter Eheleuten

Eheleute können ein Grundstück in einer zwischen ihnen bestehenden Gesellschaft bürgerlichen Rechts halten und Abfindungsansprüche der Erben gegenseitig ausschließen. 796

Auf diese Weise können Pflichtteilsansprüche ausgehöhlt werden.

(unbesetzt) 797–800

ll) Teilungsanordnung und Vorausvermächtnis

Schrifttum: *Loritz,* Teilungsanordnung und Vorausvermächtnis, NJW 1988, 2697; *Piltz,* Die Teilungsanordnung als Instrument der Nachfolgeplanung, DStR 1991, 1075. 801

Als Instrumente der Vermögensnachfolge kann der Testator auch Teilungsanordnungen (§ 2048 BGB) und Vorausvermächtnisse (§ 2150 BGB) einsetzen. 802

Wird ein bestimmter Nachlassgegenstand einem Miterben zugewiesen, handelt es sich grundsätzlich um eine Teilungsanordnung, wenn der Nachlassgegenstand voll auf den Miterbenanteil angerechnet werden soll und der Erblasser den Bedachten durch die Zuweisung nicht besonders begünstigen will. 803

Testamentarische Teilungsanordnung unter Ausschluss von Ausgleichszahlungen verhindern, dass die Zuweisung einkommensteuerrechtlich als Entgelt beurteilt wird.

Hat der Erblasser dagegen dem Bedachten den Nachlassgegenstand in der Weise zugewendet, dass dessen Wert bei der Verteilung des übrigen Nachlasses überhaupt nicht berücksichtigt werden soll, liegt ein Vorausvermächtnis vor. 804

Die Zuweisung eines bestimmten Nachlassgegenstandes an einen einzelnen Miterben kann über die bloße Teilungsanordnung hinaus ein Vorausvermächtnis darstellen, und zwar dann, wenn der Erblasser zwar dem Begünstigten einen Vermögensvorteil vor den übrigen Miterben zuwenden will, aber ein Teil des vorgestellten Wertes dieses Gegenstandes auf den Erbteil angerechnet werden soll. Einem Miterben kann beispielsweise ein Übernahmerecht an einem Nachlassgegenstand gegen Wertausgleich zugewiesen werden. Dem Bedachten wird dadurch ein Gestaltungsrecht eingeräumt; denn erst auf Grund seiner Erklärung, dass er von dem Übernahmerecht Gebrauch macht, entsteht der Anspruch auf Übertragung des zugewiesenen Gegenstands im Auseinandersetzungsverfahren. 805

---

1 RG-Urteil vom 13. Juli 1933 IV 139/33, RGZ 141, 359.

806 Das Vorausvermächtnis kann von dem Bedachten ausgeschlagen werden (§ 2180 BGB).

807 Beim gemeinschaftlichen Testament und beim Erbvertrag kann eine Teilungsanordnung vom Überlebenden jederzeit einseitig widerrufen werden, nicht dagegen ein Vorausvermächtnis (vgl. §§ 2270, 2271, 2278 BGB).

808 Will der Erblasser die gegenständliche Verteilung des Nachlasses ohne Anrechnungs- und Ausgleichspflichten vornehmen, dann kann er anordnen, dass entweder der Gesamtnachlass gegenständlich verteilt wird oder ein verbleibender Restnachlass entsprechend den Erbteilen verteilt werden soll, indem er Vorausvermächtnisse auswirft.

809 Sonderbetriebsvermögen sollte i. d. R. testamentarisch als anrechnungspflichtiges ggf nicht anerkennungspflichtiges Vorausvermächtnis zugewiesen werden.

810 Vorausvermächtnisse werden wie Vermächtnisse erbschaftsteuerlich berücksichtigt, und zwar in der Weise, dass dem begünstigten Erben der Steuerwert des vermachten Gegenstandes zugerechnet wird, dieser Wert aber gleichzeitig vom Nachlass abgezogen wird.

811 Weist der Erblasser einem (oder einzelnen) Miterben Gegenstände zu, deren Wert höher ist, als diesem seiner Erbquote nach bei der Auseinandersetzung zukämen, stellt sich, da es eine wertverschiebende Teilungsanordnung grundsätzlich nicht geben kann (Ausnahme: § 2049 BGB), die Frage, ob der Mehrbetrag (Mehrwert) zusätzlich zu dem Erbteil zugewendet sein soll. Ist dies der Fall, dann handelt es sich (jedenfalls wegen des Mehrwerts) um ein Vorausvermächtnis. Ist der Verfügung von Todes wegen eine entsprechende (zusätzliche) Zuwendung nicht zu entnehmen, dann kann es sich nur um eine Teilungsanordnung handeln. Eine derartige Teilungsanordnung hat zur Folge, dass der durch sie „überquotal" ausgestattete Miterbe den ihm gebührenden Mehrwert im Rahmen der Auseinandersetzung auf andere Weise wieder auszugleichen hat[1].

812–815 *(unbesetzt)*

mm) Sicherung der im Unternehmen mitarbeitenden Ehefrau

816 Ein Unternehmer und seine Ehefrau sind gemeinsam im Unternehmen tätig. Das Betriebsgrundstück gehört den Eheleuten je zur Hälfte. Es sind drei Kinder vorhanden. Wie kann die Ehefrau gesichert werden?

817 (1) Die Ehefrau kann als Alleinerbin eingesetzt werden. In diesem Fall sind die Pflichtteilsansprüche der Kinder zu bedenken.

818 (2) Ehefrau und Kinder können entsprechend der gesetzlichen Regelung als Erben eingesetzt werden; der Ehefrau wird durch Teilungsanordnung das Unternehmen zugewiesen, die Kinder erhalten eine stille Beteiligung.

819 (3) Die Kinder können als Erben eingesetzt werden. Zu Gunsten der Ehefrau wird ein Unternehmensnießbrauch angeordnet und ihre Einsetzung als Testamentsvollstreckerin.

820 (4) Als weiteres Sicherungsinstrument kommt in Betracht, dass testamentarisch die Auseinandersetzung für n-Jahre ausgeschlossen wird.

821–825 *(unbesetzt)*

---

1 BGH-Urteil vom 27. Juni 1990 IV ZR 104/89, WM 1990, 1760.

nn) Wiederverheiratungsklausel

In keinem gegenseitigen Testament darf eine Wiederverheiratungsklausel fehlen. 826
Sie besagt, dass entweder

a) bei Wiederheirat sofort die Kinder das Erbe antreten (und der wiederverheiratete Ehegatte nur den Nießbrauch erhält) oder

b) eine andere Sicherung der Kinder erfolgt, wie z. B. durch Sicherungshypotheken.

Beispiel: 827
„Schreitet der Überlebende von uns zu einer zweiten Ehe, wobei ständiges Zusammenleben einer Ehe gleichgestellt ist, so wird dadurch seine Stellung als Erbe nicht verändert. Er ist aber verpflichtet, für die gemeinschaftlichen Kinder Sicherungshypotheken in Höhe ihrer gesetzlichen Erbteile eintragen zu lassen.Die auf die einzelnen Kinder entfallenden Anteile sind jeweils bei Volljährigkeit der Kinder fällig. Dies ist ein Vermächtnis zur Abfindung aller Rechte der Kinder an dem Nachlass des verstorbenen Elternteils."

Sollen die Freibeträge der Erbschaftsteuer, die jedes Kind gegenüber jedem der Elternteile 828
hat, gerettet werden, kann der überlebende Ehegatte, der als Alleinerbe eingesetzt wird, mit einem Vermächtnis in Höhe der steuerlichen Freibeträge belastet werden, wobei diese auf dessen Todestag fälliggestellt werden können, damit kein Geldabfluss erfolgen muss.

(unbesetzt) 829–830

oo) Gleichbehandlung von Erben und wertbeeinflussende Faktoren

Einem Erblasser gehören die Anteile an einer GmbH und mehrere Miethäuser. Die GmbH 831
soll der Erbe 1, die Miethäuser der Erbe 2 erhalten.

Angenommen die Verkehrswerte der GmbH und der Häuser seien gleich hoch. Die Erbschaftsteuerwerte werden unterschiedlich sein und infolgedessen wahrscheinlich auch die Belastung mit Erbschaftsteuer. Nimmt man an, Verkehrswerte und Erbschaftsteuerwerte seien gleich (was, wie gesagt, unwahrscheinlich ist), dann tritt eine unterschiedliche steuerliche Belastung ein, wenn der Erbe 1 ein Betriebsgrundstück veräußert und der Erbe 2 ein Miethaus, dessen Verkehrswert gleich hoch ist. Denn der Veräußerungsgewinn des Erben 1 löst Einkommensteuer und Gewerbesteuer aus, während der Erlös des Erben 2 einkommensteuerfrei sein wird.

(unbesetzt) 832–835

h) Weitere Gesichtspunkte des Zieles der Unternehmensübertragung

Schrifttum: *Felden,* Unternehmensnachfolge, Stuttgart 2003; *Hering,* Unternehmensnachfolge, 836
München/Wien 2003; *Hörger/Stephan/Pohl* (Hrsg.), Unternehmens- und Vermögensnachfolge, 2. Aufl. Stuttgart 2002; *Schließmann/Fandrich/Bloehs,* Unternehmernachfolge, Neuwied 2001; *Vorwold,* Unternehmensnachfolge, Köln 2001.

(1) Die Unternehmensübertragung kann, wie in den vorstehenden Ausführungen dargelegt 837
wurde, den Zielen der Regelung der Unternehmensnachfolge, denen des Erbrechts oder beiden Zielen dienen.

Das Bestreben, einem fachlich und persönlich geeigneten Nachfolger die eigene Stellung 838
möglichst ungeschmälert zu verschaffen, steht vielfach in Widerspruch zu den Bestimmungen des Erbrechts und führt zu Überlegungen, wie diese Stellung am Nachlass vorbeigelenkt werden kann. Das geschieht z. B., indem der Unternehmer den Nachfolger bereits zu Lebzeiten beteiligt, sich bis zu seinem Lebensende statt der Kapitalmehrheit nur

noch die Stimmenmehrheit vorbehält und den in den Nachlass fallenden Abfindungsanspruch auf ein Minimum drückt.

839 (2) Die Ausgleichspflicht der Abkömmlinge untereinander, die Ausbildungsansprüche bestimmter ehelicher Abkömmlinge und die nichtehelichen Kinder, die Erbansprüche nicht ehelicher Kinder, Pflichtteilsansprüche, die Folgen einer etwaigen Ausschlagung der Erbschaft und der Anfall von Erbschaftsteuer müssen ebenso bedacht werden wie die vom Erblasser gewünschte Erbauseinandersetzung über den Nachlass. Außer Erbvertrag und Testament kann die Fortführung des Unternehmens in geänderter Rechtsform besondere Bedeutung gewinnen.

840 (3) Es müssen die Sicherheitsbedürfnisse

- für den scheidenden Inhaber oder die Eltern,
- für den Nachfolger oder die Miterben,
- für den Fortbestand des Betriebes,
- für die Erhaltung des Familienfriedens und
- vor nicht notwendigen steuerlichen Belastungen aufeinander abgestimmt werden.

841 (4) Die Formulierung des Auseinandersetzungsvertrages bedarf der besonderen steuerlichen Prüfung.

842 (5) Schlagen sowohl der Erbe als auch ein nach ihm zum Alleinerben berufener Abkömmling jeweils die Erbschaft aus, um existenzsicherndes Vermögen den Enkeln bzw. Kindern zukommen zu lassen, und verpflichten sich Letztere, dem zuerst berufenen Erben lebenslängliche Versorgungsleistungen zu zahlen, können diese Leistungen als Sonderausgaben (Leibrente oder dauernde Last) abziehbar sein.

843 (6) Zur Vermeidung von unbefriedigenden gesetzlichen Folgen eines vorzeitigen Ablebens des Unternehmers sollte neben dem eigentlichen Unternehmertestament auch eine gesellschaftsvertragliche Absicherung berücksichtigt werden. Der Abstimmung von gesellschaftsvertraglichen Regelungen und Verfügungen von Todes wegen kommt dabei entscheidende Bedeutung zu, da bei inkongruenter Rechtslage im Zweifel die gesellschaftsrechtliche der erbrechtlichen Regelung vorgeht.

Die Frage der Abfindung weichender Erben ist von zentraler Bedeutung, da eine hohe Liquiditätsbelastung die Unternehmenskontinuität gefährden kann. Die Nichtbeachtung steuerlicher Belastungen kann ein Übriges dazu beitragen.

(7) Einsatz von Lebensversicherungen zur Sicherung des Unternehmensübergangs

844 **Schrifttum:** *Hille,* Unternehmensnachfolge – Thematische Grundlagen und Einsatzmöglichkeiten von Lebensversicherungen, Versicherungswirtschaft 1998, Heft 19.

845 Sowohl bei der vorweggenommenen Erbfolge als auch im Todesfallbereich kann sich der Einsatz von Lebensversicherungen anbieten.

Bei einer entgeltlichen Übertragung von Betriebsvermögen können z. B. die Abstandszahlungen über ein Lebensversicherungsdarlehen finanziert werden, sodass die Finanzierungslücke optimal gedeckt wird.

Im Todesfallbereich können Liquiditätsbelastungen aus Pflichtteilsansprüchen, Vermächtnislasten, Erbschaftsteuer und insbesondere Abfindungen an weichende Erben die Unternehmenskontinuität gefährden. Vorsorge ist zu treffen.

Abhängig von der jeweiligen gesellschaftsvertraglichen Klausel kann eine unterschiedliche Vertragsgestaltung sinnvoll sein.

Bei einer Personengesellschaft kann z. B. jeder Teilhaber als Versicherungsnehmer eine Versicherung auf das Leben eines anderen Teilhabers abschließen. Der jeweilige Versicherungsnehmer ist Beitragszahler und Bezugsberechtigter. Die Versicherung wird so bemessen, dass der voraussichtliche Kapitalbedarf beim Ausscheiden des Teilhabers durch die Versicherungsleistung gedeckt ist. Die Beiträge sind Vorsorgeaufwendungen i. S. d. § 10 EStG. Die Versicherungsleistungen fließen dem Versicherungsnehmer einkommensteuerfrei zu.

Entsprechend können Ansprüche leitender Kräfte bei deren Ausscheiden abgesichert werden.

Beim Allianz 3 Plus Plan schließt der Unternehmer als Versicherungsnehmer eine Kapitallebensversicherung ab. Er ist Beitragszahler und Bezugsberechtigter. Der Erbe ist der Versicherte. Bei dieser Konstruktion wird bei der Erbschaftsteuer der Wert der Versicherung mit ⅔ der eingezahlten Beiträge angesetzt.

(8) Fortsetzungs-, Eintritts-, Nachfolgeklauseln   846

Bei der **Fortsetzungsklausel** sowie der **Eintrittsklausel** sollten die Personengesellschaft Versicherungsnehmer und der jeweilige Gesellschafter versicherte Person sein. Bezugsberechtigt im Todesfall ist die Personengesellschaft. Die Todesfallsumme dient zur Abdeckung von Abfindungsansprüchen. Die Auszahlung der Todesfallsumme ist erbschaftsteuerfrei. Es liegt kein Erwerb i. S. des § 3 Abs. 1 Nr. 4 ErbStG vor.

Bei der **qualifizierten Nachfolgeklausel** sollte der potenzielle Erblasser Versicherungsnehmer und versicherte Person sein. Bezugsberechtigt im Todesfall ist der qualifizierte Nachfolger. Zwar ist die Auszahlung der Todesfallsumme zur Deckung der Ausgleichsansprüche erbschaftsteuerpflichtig, doch kann der potenzielle Erblasser seine Begünstigung jederzeit flexibel ändern.   847

Diese Vertragsgestaltung kann auch bei der Abtretungs- und Einziehungsklausel sinnvoll sein, will man den Liquiditätsbedarf aus Erbschaftsteuer, Pflichtteilsansprüchen und Vermächtnislasten bei dem jeweiligen Erben decken. Zur Abdeckung der Abfindungsansprüche im Fall der Abtretungsklausel muss der Nachfolger als Bezugsberechtigter im Todesfall eingesetzt werden.

Bei der **Einziehungsklausel** sollten sich die Gesellschafter gegenseitig als Versicherungsnehmer bzw. versicherte Person einsetzen. Die Auszahlung der Todesfallsumme ist dann erbschaftsteuerfrei.   848

i) Überlegungen der Banken (Rating)

Schrifttum: *Kley/Everling*, Anerkennung von Ratingagenturen im Rahmen von Basel II, FB 2002, 137; *Füser/Rödel*, Prüfung von Ratingverfahren, Wpg 2003, 1289; *Wambach/Kirchmer*, Unternehmensrating: Weitreichende Konsequenzen für mittelständische Unternehmen und für Wirtschaftsprüfer, BB 2002, 400.   849

Der Baseler Ausschuss für Bankenaufsicht (Gremium der Zentralbanken und Bankaufsichtsinstanzen der wichtigsten Industrieländer) hat für die Banken Vorgaben entwickelt, auf welche Weise das Kreditausfallrisiko abgesichert werden soll (Basel I, Regelungen von 1988; Basel II, Regelungen als Vorschläge seit 1999). Sie betreffen u. a. die Eigenkapitalhinterlegung, die Banken bei der Vergabe von Krediten einhalten müssen.   850

Die Sicherungsvorgaben sind
- die Überprüfung der Banken durch die Bankenaufsicht, welche die von den Banken eingegangenen Risiken untersuchen,
- erweiterte Offenlegungspflichten für die Banken und
- die Mindestkapitalanforderungen an den Kreditnehmer.

Jede Bank ist verpflichtet, 8 vH des vergebenen Kreditvolumens durch Eigenkapital zu unterlegen. Die Höhe des haftenden Eigenkapitals bestimmt den Umfang des von ihr höchstens zu gewährenden Kreditvolumens. Praktisch kann jede Bank bis zum 12,5fachen ihres Eigenkapitals als Kredit an Unternehmen und Privatpersonen ausgeben.

Basel II bestimmt, dass eine Bank den Kredit, den sie einem Kunden gewährt, je nach Risikoeinschätzung des Kunden mit 20 % bis 150 % Eigenkapital unterlegen muss. Die Risikoeinordnung des Kunden wirkt also auf das Kreditvolumen der Bank ein, das die Bank insgesamt gewähren kann.

Die Einordnung eines Unternehmens in eine der 10 Risikoklassen (AAA bis D) hat Folgen für dessen Kreditwürdigkeit überhaupt und für die Höhe des Zinssatzes des Kredits.

851 Die Banken haben Methoden zur Risikomessung und Risikosteuerung für ihre Kreditvergabe entwickelt. Die Informationsanforderungen an die Unternehmen steigen dadurch. Die Unternehmensbeurteilung wird umfassender (Qualität der Führungskräfte, Produktsortiment und Produktqualität usw.) und stärker zukunftsgerichtet, und die Bewertung der Bonität immer mehr entpersonalisiert. Die Forderungen werden auf ihre Ausfallwahrscheinlichkeit gewichtet.

852 (1) Der Berater muss sich auf die Arbeitsweise der Banken einstellen, um das Unternehmen bilanziell und/oder durch zusätzliche Erklärungen kreditwürdig darzustellen. Das Verfahren der Bank zur Ermittlung der Daten, das der Beurteilung der künftigen wirtschaftlichen Fähigkeit des Kreditnehmers dient, seine Zins- und Tilgungsverpflichtungen zu erfüllen, wird Rating genannt (Bewertung, Beurteilung, Klassifizierung). Wichtig ist dabei die Plausibilität aller Angaben.

(2) Die Vorgehensweise der einzelnen Banken weist Unterschiede auf, insbesondere bei der Gliederung des Prüfschemas, aber auch bei der Gewichtung der einzelnen Kriterien. Regelmäßig wird versucht, die Bonität eines Kreditnehmers in einer Gesamtkennzahl auszudrücken. Die Teilkennzahlen, die das Bankinstitut ansetzt, sind aber oft von miteinander unvereinbarer Qualität. Die Punktevergaben für die Teilurteile, die anschließend im Gesamturteil eine Gesamtkennzahl ergeben sollen, werden als Scoringsystem oder Scorewertermittlung bezeichnet.

Die dazu erforderlichen Daten werden regelmäßig für einen Mindestzeitraum von 3 Jahren erhoben.

Unaufhebbar ist die entgegengesetzte Interessenlage gegenüber Finanzamt und Bank. Gegenüber dem Finanzamt ist der Unternehmer bestrebt, den Gewinn niedrig zu gestalten; gegenüber dem Kreditinstitut will er die Ertragslage günstig darstellen.

(3) Beeinflusst wurde die Kreditwürdigkeit des Unternehmens schon bisher durch
- das zu erwartende Ertragsniveau,
- die Risiken des Unternehmens,
- die Finanzstruktur und das Risikodeckungspotential sowie
- die Transparenz und Glaubwürdigkeit des Unternehmers.

(4) Zu den Kriterien, die das Kreditinstitut prüft, gehören z. B.

- bei den **betrieblichen Verhältnissen** die Fragen: Wie steht es um die Qualität der Angebote (Attraktivität der Produkte am Markt? Ihre Lebensdauer, Vertriebsstärke, Abhängigkeit von Dritten), Abnehmerstruktur, Nachfolgeregelungen bei Unternehmern ab derem 45. Lebensjahr, Auslastung der Kapazität, zu geringe oder zu umfangreiche Lagerhaltung, Aufschlüsselung der Verbindlichkeiten, Gewährnahmeverhalten und Gehaltspolitik usw.;

- die **Qualität des Führungspersonals** (Managements) – Alter und Vorbildung der Führungskräfte, deren Zielstrebigkeit, Durchsetzungsvermögen, Wirklichkeitssinn, Einsichtsfähigkeit, Überzeugungskraft, Verlässlichkeit, Glaubwürdigkeit, Verantwortungsbewusstsein, Fachwissen, Flexibilität, Erfahrung und soweit erkennbar Führungs- und Steuerungsqualitäten, Personalplanung und Personalzufriedenheit;

- die **wirtschaftlichen Verhältnisse** wie Ertragslage, Gesamtkapitalrentabilität, Finanzsituation, Kontoführungsverhalten, Kostenaufgliederung, Planungsunterlagen, Abrufbarkeit der Daten des Rechnungswesens, Nachkalkulation, Marktbeobachtung.

Weitere Prüfkriterien sind

- **Liquidität** (Sie zeigt die Fähigkeit eines Unternehmens, seine Zahlungsverpflichtungen fristgerecht zu erfüllen. Der Liquiditätsgrad gibt Auskunft darüber, innerhalb welchen Zeitraums die flüssigen Mittel und Kundenforderungen ausreichen, um kurzfristige Schulden ohne Beeinträchtigung bezahlen zu können. Die Liquiditätsreserve gibt an, wie lange die finanziellen Mittel ausreichen, um den Zahlungsverpflichtungen in einem bestimmten Zeitraum nachzukommen. Die Liquiditätsrechnung umfasst i. d. R. den Zeitraum der nächsten 6 bis 12 Monate);

- **Eigenkapitalquote** (Ist im Verhältnis zur Bilanzsumme genügend Eigenkapital oder sind zu viele Schulden vorhanden?);

- **Cash Flow** (Als Cash Flow wird der Umsatzüberschuss bezeichnet. Das ist der Teil des Umsatzes, der als Liquidität im Unternehmen zurückbehalten wird und für Investitionen, zur Schuldentilgung und zur Gewinnverwendung zur Verfügung steht. Wird Kontokorrent in Anspruch genommen? Wie steht das Unternehmen im Markt da? Ist für jedes Vorhaben die richtige Finanzierung gewählt?);

- das Verhalten in den **bisherigen Geschäftsbeziehungen**, Einhaltung von Absprachen, Gespräche mit dem Kreditinstitut über dessen Informationsbedürfnisse, Dauer der Kundenbeziehungen, Art und Weise der Rechnungserteilung (Wann werden den Abnehmern Rechnungen erteilt? Welche Zahlungsziele werden gewährt? Ab wann kann tatsächlich über die Zahlungseingänge verfügt werden?).

Die Kennzahlen müssen standardisiert sein, sonst sind die verschiedenen Unternehmen für das Bankinstitut nicht vergleichbar.

Gleichwohl kann der Berater durch das Ausschöpfen von Bewertungsspielräumen und Schätzungen (Prognosespielräumen) das Ratingergebnis beeinflussen.

Der Bundesverband der Deutschen Volksbanken und Raiffeisenbanken hat in seiner Broschüre „Rating als Chance" (Berlin 2002), um die Arbeitsweise der Banken verständlich zu machen, zwei Grafiken wiedergegeben. Weil sie es dem Steuerberater erleichtern, sich in die Rolle des Kreditbearbeiters zu versetzen, werden sie nachstehend wiedergegeben.

Der Berater kann den Mandanten anregen, Fragen zu seinem Unternehmen zu beantworten (s. dazu die Bewertungsfragen im Anschluss an die Grafiken). Das Bankinstitut wird statt der einfachen Antworten diese gewichten, um daraus Kennzahlen zu entwickeln.

855 Bei der Kalkulation des Kredits sind die Refinanzierungs- oder Opportunitätskosten Ausgangsbasis. Auf diese werden die Eigenkapital-, Risiko- und Standardstückkosten aufgeschlagen (s. Grafik **Risikoadäquate Kreditkonditionen**).

Risikoadäquate Kreditkonditionen

- ☐ Risikoprämie
- ☐ Eigenkapitalkosten
- ■ Standardstückkosten
- ■ Refinanzierungs- oder Opportunitätskosten

Ratingklasse: 1a 1b 1c 1d 1e 2a 2b 2c 2d 2e 3a 3b 3c 3d 3e 4a 4b 4c 4d 4e

Standardstückkosten für Kreditprozesse

Bearbeitungskosten bei einem guten Kreditnehmer z. B. 0,25 % p. a.

Kreditvergabe — laufende Kreditbereitstellung und -überwachung — Kreditbeendigung

Die voraussichtlich anfallenden Bearbeitungskosten werden zum Zeitpunkt der Kreditgewährung auf der Basis von Erfahrungswerten ermittelt. Im Rahmen der Kalkulation wird berechnet, welche Zinsmarge benötigt wird, um diese Kosten zu decken.

Bearbeitungskosten bei einem schlechten Kreditnehmer z. B. 0,60 % p. a.

Kreditvergabe — laufende Kreditbereitstellung und -überwachung — Kreditbeendigung

Bei einem guten Kreditnehmer sollen die Standardstückkosten bezogen auf das Nominalvolumen beispielsweise 0,25 % p. a. betragen. Bei einem schlechteren Kreditnehmer müssen durch die intensivere Überwachung Standardstückkosten bezogen auf das Nominalvolumen von beispielsweise 0,60 % p. a. kalkuliert werden.

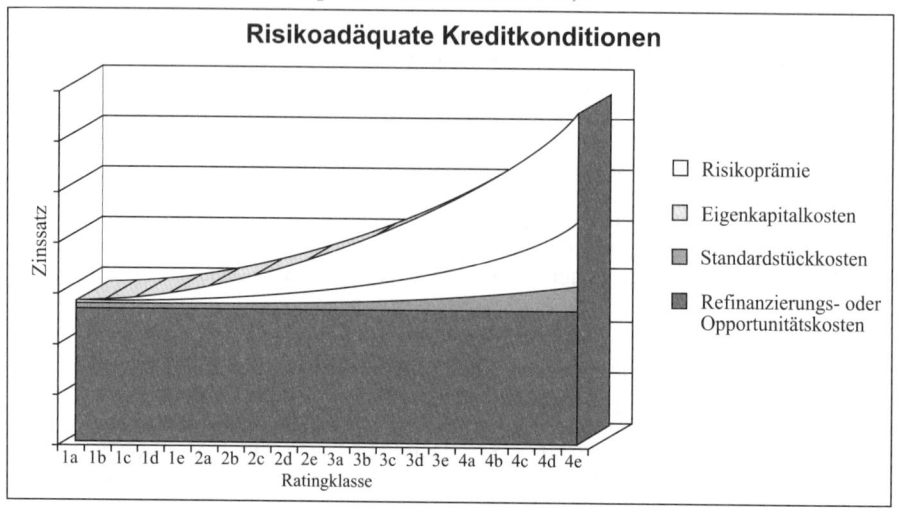

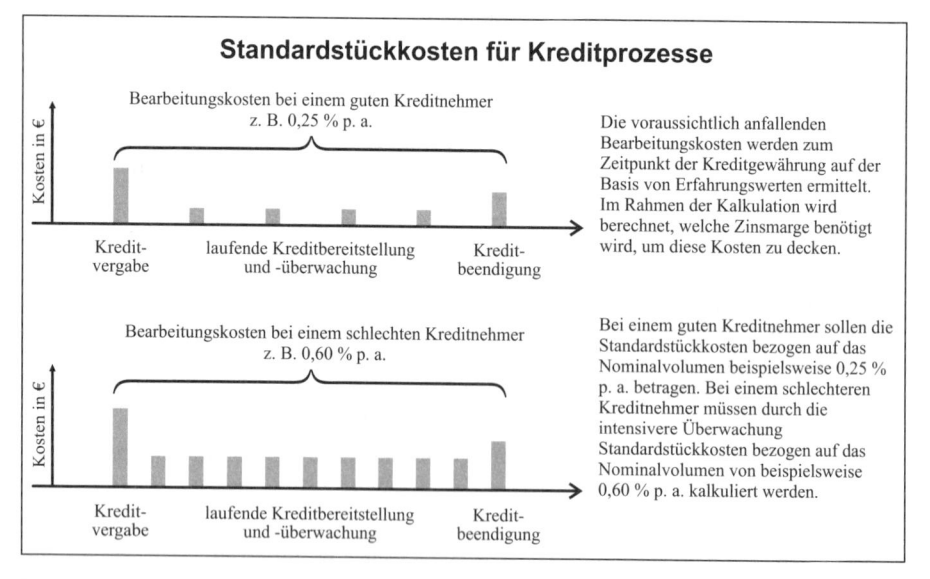

Dem Kredit direkt zurechenbare Kosten, die im persönlichen und sachlichen Bereich anfallen können, gehören zu den Standardstückkosten. Bei bonitätsmäßig guten Kreditnehmern lässt sich die Kreditsachbearbeitung und die laufende Überwachung des Kredits regelmäßig mit geringerem Aufwand abwickeln als bei einem bonitätsmäßig weniger guten Kreditnehmer. Bei einer schlechten Bonität dessen, der einen Kredit begehrt, werden dagegen eine größere Anzahl von Bediensteten der Bank mit dem Kreditantrag befasst, meist auf höherer Kompetenzebene bis hin zum Vorstand der Bank. Denn es müssen in kürzeren Zeiträumen immer wieder umfangreiche Unterlagen ausgewertet werden.

Standardstückkosten fallen z. B. an im Zusammenhang mit der

– Kreditvergabe (Kundengespräche, Prüfung, Sicherheitenbestellung, Vertragsabschluss),

– laufenden Kreditbereitstellung (Überwachung der Bonität, der Werterhaltung der Sicherheiten, Führung von Kreditakte und Darlehenskonto),

– Kreditbeendigung (Sicherheitenfreigabe usw.).

Die Risikoprämie, die die Bank kalkuliert, soll die Kreditnehmerausfälle decken. Sie wird als prozentualer Zinsaufschlag angegeben.

j) Familiengesellschaften

Schrifttum: *Ahrens,* Familiengesellschaften in der familien-, gesellschafts- und steuerrechtlichen Praxis, Herne/Berlin 1997; *Bünz,* Praxishandbuch Familiengesellschaften, Freiburg i. Br. 1998 (Loseblatt); *Hennerkes/Kirchdörfer,* Unternehmenshandbuch Familienunternehmen, 2. Aufl., 1998; *Jeschke/Kirchdörfer/Lorz* (Hrsg.), Planung, Finanzierung und Kontrolle im Familienunternehmen; *Langenfeld/Gail,* Handbuch der Familienunternehmen, Köln (Loseblatt); *Lohse/Triebel,* Vermögensverwaltende Gesellschaften bürgerlichen Rechts mit minderjährigen Gesellschaftern und gerichtliche Genehmigungspraxis, ZEV 2000, 337.

856

(1) Die Gründung einer Familiengesellschaft kann zu steuerlichen Vorteilen führen. Der Gewinn des Unternehmens wird auf mehrere Personen aufgeteilt.

857

Der Gewinn kann – das wird der Regelfall sein – von den Eltern teilweise auf die Kinder verlagert werden[1].

Die den Kindern zuzurechnenden Gewinnanteile sind in einem solchen Fall bei der Veranlagung der Kinder zur Einkommensteuer deren eigene Einkünfte. Den Kindern stehen eigene Grundfreibeträge und andere Abzugsbeträge zu (z. B. der Sonderausgabenpauschbetrag nach § 10c Abs. 1 EStG). Der auf das Einkommen der Kinder anzuwendende Einkommensteuersatz ist in aller Regel erheblich geringer als der auf das elterliche Einkommen anzuwendende Steuersatz.

Werden Ehegatten zusammen veranlagt, bringt die Aufteilung des Gewinns einkommensteuerrechtlich nichts. Denn die Einkünfte von Ehegatten werden im Rahmen der Zusammenveranlagung zusammengerechnet (§ 26b EStG); eine Verlagerung des Gewinns von einem Ehegatten auf den anderen würde somit nichts an der der Veranlagung zu Grunde zu legenden Gesamthöhe der Ehegatteneinkünfte – und damit an der Höhe der Steuer – ändern.

(2) Die Gründung einer Familiengesellschaft kann auch Vorteile bei der Schenkung- und Erbschaftsteuer nach sich ziehen. Schenkt der Unternehmer seinen Angehörigen eine Beteiligung an seinem Unternehmen, bleibt der Erwerb von Betriebsvermögen ab 1. 1. 2004 gem. § 13a Abs. 1 ErbStG i. d. F. des Haushaltsbegleitgesetzes 2004 vom 29. 12. 2003[2] bis zu einem Wert von 225 000 € außer Ansatz; der nach Abzug des Frei-

858

---

1 BFH-Urteil vom 17. April 1996 X R 160/94, BFHE 180, 566, BStBl II 1997, 32.
2 BGBl I 2003, 3076; zur Frage der Verfassungswidrigkeit des Art. 7c des Haushaltsbegleitgesetzes s. *Wachter,* DB 2004, 31 und *Leisner,* DStR 2004, 804.

betrags verbleibende Wert des Betriebsvermögens wird gem. § 13a Abs. 2 ErbStG nur mit 65 v H angesetzt. Hinzu kommen die persönlichen Freibeträge gem. § 16 ErbStG sowie – bei Erwerbern der Steuerklasse II oder III – die Gewährung eines Steuererstattungsbetrags, der nach § 19a ErbStG durch Vergleich der Besteuerung des Erwerbs des begünstigten Vermögens nach dem Tarif der ungünstigen Steuerklasse II oder III und der günstigen Steuerklasse I berechnet und ab 1. 1. 2004 nur noch in Höhe von 88 vH abgezogen wird.

Erhalten Angehörige eines Unternehmers Beteiligungen an dem Unternehmen geschenkt und liegt der Wert der Zuwendungen im Rahmen der Freibeträge des Schenkung- und Erbschaftsteuergesetzes, so können auf diese Weise Teile des Betriebsvermögens erbschaft- und schenkungsteuerfrei übertragen werden.

859 (3) Die Gründung einer Familien-Kommanditgesellschaft kann verschiedene Probleme lösen helfen. Im Gegensatz zur OHG braucht nur ein Gesellschafter (der Komplementär) für die Gesellschaftsschulden unbeschränkt zu haften, während sich die Haftung der anderen Gesellschafter (oder Kommanditisten) auf den Betrag einer bestimmten Vermögenseinlage beschränkt (§ 161 Abs. 1 HGB).

Infolgedessen bietet sich die Rechtsform der KG insbesondere zur (kapitalmäßigen) Beteiligung minderjähriger Kinder an. Die nur kapitalmäßige Beteiligung eines Kindes bewirkt eine Aufteilung des Gewinns, ohne dass hierdurch die Geschäftsführung der Eltern wesentlich berührt wird.

860 (4) Bei Familiengesellschaften muss darauf geachtet werden, dass sie steuerrechtlich anerkannt werden können.

Die Gesellschafter sind zwar frei, wie sie den Gesellschaftsvertrag gestalten.

Sie können unter den im Gesetz geregelten Gesellschaftsformen (GbR, OHG, KG, Stille Gesellschaft) wählen und die für die gewählte Gesellschaftsform jeweils geltenden (dispositiven) gesetzlichen Vorschriften durch eigene vertragliche Regelungen ersetzen.

Das Vertragsverhältnis zwischen nahen Angehörigen muss jedoch einem **„Fremdvergleich"** standhalten, d. h. es muss so gestaltet sein, wie es einander fremde Personen auch gestalten würden.

861 aa) Einkommensteuerrechtlich können Einkünfte nur dann jemandem zugerechnet werden, wenn er „den Tatbestand der Erzielung der Einkünfte erfüllt".

Das gilt auch für gewerbliche Einkünfte, die im Rahmen einer Familienpersonengesellschaft erzielt werden. Die in § 15 Abs. 1 Nr. 2 EStG als Einkünfte aus Gewerbebetrieb bezeichneten „Gewinnanteile" der Gesellschafter können nur demjenigen zugerechnet werden, der „Mitunternehmer" ist.

862 Mitunternehmer ist jemand nur, wenn ihm in der Gesellschaft eine echte Gesellschafterstellung eingeräumt worden ist; er muss zumindest annähernd die Rechte erhalten haben, die das Gesetz (BGB, HGB) für die betreffende Gesellschafterstellung vorsieht. Die Mitunternehmerschaft eines Kommanditisten setzt voraus, dass der Gesellschafter nach dem Gesellschaftsvertrag und nach der tatsächlichen Durchführung des Vertrages zumindest eine Stellung hat, die nicht wesentlich hinter derjenigen zurückbleibt, die handelsrechtlich das Bild des Kommanditisten bestimmt. Darf ein Kind seine Gewinnanteile nicht entnehmen und erhält es für die stehen gelassenen Anteile keine angemessene Verzinsung oder hat sich der Vater vorbehalten, jederzeit die Anteile des Kindes zum Buchwert übernehmen zu können, entspricht die Stellung nicht der, die den Kommanditisten kennzeichnet.

Der private Entstehungsgrund der Gesellschaft (insbesondere die Schenkung einer Beteiligung) bleibt bei der einkommensteuerrechtlichen Würdigung außer Betracht.

bb) Ob bürgerlich-rechtliche Formvorschriften eingehalten worden sind, ist für die steuerrechtliche Würdigung eines Sachverhalts i. d. R. nicht entscheidend. Ein formunwirksames Rechtsgeschäft ist i. d. R. für die Besteuerung maßgebend, wenn die Beteiligten das wirtschaftliche Ergebnis dieses Rechtsgeschäfts eintreten und bestehen lassen (§ 41 Abs. 1 Satz 1 AO). 863

Bei Familienpersonengesellschaften ist die bürgerlich-rechtliche Wirksamkeit des Gesellschaftsvertrags dagegen ein maßgebliches **Beweisanzeichen** für die Ernsthaftigkeit eines Gesellschaftsverhältnisses unter Familienangehörigen.

Beim Abschluss eines Gesellschaftsvertrags mit minderjährigen Kindern muss ein Ergänzungspfleger bestellt werden (§ 1909 BGB), der die für den Vertrag erforderlichen Erklärungen im Namen des Kindes abgibt. Der Vertrag, durch den ein minderjähriges Kind als Gesellschafter in eine OHG oder KG aufgenommen wird, bedarf ferner der vormundschaftsgerichtlichen Genehmigung (§§ 1643 Abs. 1, 1822 Nr. 3 BGB); das gilt regelmäßig auch für die Einräumung einer stillen Beteiligung eines minderjährigen Kindes sowie für die Einräumung einer Unterbeteiligung an einem Gesellschaftsanteil. Die vormundschaftsgerichtliche Genehmigung wirkt bürgerlich-rechtlich auf den Zeitpunkt des Vertragsabschlusses zurück; steuerrechtlich gilt das jedoch nur, wenn die Genehmigung unverzüglich beantragt und erteilt wird. 864

Die Schenkung einer Einlage erfordert zwar, dass der Vertrag notariell beurkundet wird (§ 518 BGB); der Mangel der notariellen Form wird jedoch durch die Einbuchung der Einlage auf dem Kapitalkonto des Beschenkten geheilt.

cc) Die steuerrechtliche Anerkennung eines Gesellschaftsvertrages erfordert ferner, dass die tatsächliche Handhabung des Vertrages mit seinem Inhalt übereinstimmt. Der formgemäß abgeschlossene Vertrag muss tatsächlich entsprechend seinem Inhalt vollzogen werden. 865

Dem tatsächlichen Vollzug eines Gesellschaftsvertrags mit minderjährigen Kindern steht nicht entgegen, dass die Eltern als gesetzliche Vertreter der Kinder deren Mitgliedschaftsrechte ausüben; es müssen für die Kinder während der Dauer der Minderjährigkeit keine Ergänzungspfleger (Dauerpfleger) bestellt werden.

dd) Im Rahmen einer Gesellschaft erzielte Einkünfte werden bei Gesellschaftern, die einander fremd sind, grundsätzlich dem Gesellschafter zugerechnet, der sie auf Grund der vertraglichen Gewinnverteilungsvereinbarung zu beanspruch hat. Bei Familiengesellschaften lässt sich aus den Vereinbarungen der Beteiligten über die Gewinnverteilung häufig nicht entnehmen, ob die Bezüge der Gesellschafter ihre Grundlage in der Gesellschafterstellung oder in privaten, nicht gesellschaftsrechtlichen Erwägungen haben. Gewinnverteilungsabreden bei Familienpersonengesellschaften werden von der Finanzverwaltung deshalb darauf geprüft, ob sie auch unter Fremden in dieser oder ähnlicher Weise getroffen worden wären. Nur wenn die Gewinnverteilungsvereinbarungen in einer Familiengesellschaft denen untereinander fremden Gesellschaftern entsprechen, sind sie „angemessen" und werden der steuerrechtlichen Zurechnung des Gewinns zu Grunde gelegt. 866

Was als „angemessen" in diesem Sinne anzusehen ist, richtet sich nach den Umständen des Einzelfalls. Maßgebend für die Höhe einer angemessenen Gewinnbeteiligung sind z. B. die Höhe der Kapitalbeteiligung, der Umfang der Arbeitsleistung sowie das Haftungsrisiko des einzelnen Gesellschafters. Zur Angemessenheit der Gewinnverteilung 867 gehört, dass sie dem wirtschaftlichen Einsatz der Gesellschafter von Kapital und Arbeit entspricht.

868 Sind nicht mitarbeitende Familienangehörige an einem Gewerbebetrieb unentgeltlich beteiligt worden, wird der Gewinn dieser Kommanditisten (oder stillen Gesellschafter) in der Weise errechnet, dass von ihm angemessene Beträge zur Abgeltung der Geschäftsführertätigkeit und der Übernahme des Haftungsrisikos durch den persönlich haftenden Gesellschafter abgezogen werden; von dem verbleibenden Betrag wird ihnen eine Verzinsung ihrer Einlage zugerechnet. Die angemessene Gewinnbeteiligung darf in solchen Fällen im Allgemeinen nicht mehr als 15 vH des gemeinen Werts (also nicht des Buchwerts) des Anteils ausmachen[1].

869 Die Gründung einer Familiengesellschaft mit dem Ziel, dem Unternehmen Dauer zu verleihen, wird dazu führen, dass die Rechte und Pflichten der Familiengesellschafter nicht unter dem Gesichtspunkt eines gerechten Interessenausgleichs zwischen den Gesellschaftern, sondern unter dem der Sicherung und Fortentwicklung des Unternehmens geregelt werden.

Der Gesellschaftsvertrag wird insbesondere Bestimmungen treffen, die die Leitungsmacht am Unternehmen und die Verantwortlichkeit gegenüber der Familie betreffen.

870 Zu den Grundregeln für Familienunternehmen, die zu beachten sind, gehören

– die Klarheit und Verständlichkeit der Regelungen,

– die Gleichbehandlung der Familienmitglieder dem Grundsatz nach,

– die Trennung von Familie und Unternehmen,

– der Vorrang des Unternehmensinteresses vor den individuellen Ansprüchen der Familienmitglieder, und

– eine Nachfolgeregelung, die wechselnden Mehrheitsverhältnissen gegenüber möglichst widerstandsfähig ist.

871–875 *(unbesetzt)*

k) Beispiele für eine Regelung der Unternehmernachfolge:

876 **Fall 1:** Ein Bauunternehmer ist verheiratet und hat drei Söhne, von denen aber keiner als Nachfolger in Betracht kommt. Auf die Ehefrau hat der Unternehmer im Laufe seines Lebens ausreichend Grundbesitz übertragen, durch dessen Erträge die Ehefrau versorgt ist. Er gründet eine GmbH & Co. KG. Die GmbH ist Geschäftsführerin der KG; der Bauunternehmer und der als Nachfolger für die Unternehmensleitung vorgesehene bisherige Prokurist sind Gesellschafter-Geschäftsführer der GmbH. Kommanditisten sind die drei Söhne. Je nach den Umständen hätten auch für den Bauunternehmer selbst, seine Ehefrau und ggf auch den Prokuristen Kommanditanteile vorgesehen werden können.

Die Konstruktion ermöglicht dem Bauunternehmer den allmählichen Rückzug aus der geschäftlichen Tätigkeit oder einen Rückzug nach festem Zeitplan; sie gibt ihm und der Familie Sicherheit im Falle unerwarteten Ablebens. Die den Anforderungen an die unternehmerische Leistung nicht gewachsenen Familienangehörigen werden von der Unternehmensleitung fern gehalten. Der Erbfall braucht den Bestand des Unternehmens nicht

---

[1] Vgl. hierzu BFH-Beschluss vom 29. Mai 1972 GrS 4/71, BFHE 106, 504, BStBl II 1973, 5, und Urteile vom 29. März 1973 IV R 158/28, BFHE 109, 47, BStBl II 1973, 489, sowie vom 14. Februar 1978 VIII R 11/75, BFHE 125, 35, BStBl II 1978, 427.

Zielvorstellungen des Unternehmers oder Freiberuflers

zu gefährden, wenn die Zulässigkeit gesellschaftsrechtlicher Kündigung unternehmenserhaltend geregelt wurde.

Die GmbH & Co. KG hat mit der Komplementär-GmbH einen geschäftsführenden Gesellschafter, der als juristische Person nicht sterben kann. Einem Außenstehenden kann die Geschäftsführergestellung in der Komplementär-GmbH und damit die Geschäftsführerstellung für die gesamte Firma eingeräumt werden, ohne dass er als Gesellschafter der GmbH oder der KG gesellschaftsrechtlich beteiligt werden muss. Die GmbH & Co. KG ermöglicht auf diese Weise die Trennung der Geschäftsleitung und der Gesellschafterstellung.

Möchte ein Unternehmer die Rechtsform des Einzelunternehmens oder die persönliche Haftung in einer Personengesellschaft nicht aufgeben, das Unternehmen und die Familie aber nicht den Risiken seines vorzeitigen Todes aussetzen, kann die Gründung einer Vorrats-GmbH hilfreich sein. Durch Testament und Gesellschaftsvertrag kann beispielsweise die Umwandlung des Unternehmens in eine GmbH & Co. KG vorbereitet werden. Diese Umwandlung ist bei Bestehen einer Personengesellschaft einfacher zu bewerkstelligen als bei einem Einzelunternehmen, weil im Falle des Einzelunternehmers mangels eines Gesellschaftsvertrags nur eine unvollkommene Lösung vorbereitet werden kann. 877

Will ein Fabrikant, dessen Nachkommen nicht Unternehmensnachfolger werden sollen, dafür sorgen, dass rechtzeitig sowohl die künftige technische Leitung im Unternehmen geregelt wie auch für dessen künftigen wachsenden Finanzbedarf gesorgt wird, ohne dass der Fabrikant sofort aus dem Geschäftsleben ausscheidet, kann der schrittweise Rückzug aus dem Unternehmen in der Weise geschehen, dass der Eintritt des Kaufinteressenten als Gesellschafter mit einer Minderheitsbeteiligung zu einem späteren, aber bereits jetzt festgelegten Termin vereinbart wird. 878

Geprüft werden sollte, ob – statt dieser Lösung – das Unternehmen von der Größe her ggf in eine (Familien-)AG umgewandelt werden könnte[1]. 879

Fall 2: Ein Rechtsanwalt und Steuerberater, der für seine Mandantschaft auch deren Buchführung erstellt, will sich mit einem Kollegen soziieren. 880

- Er gliedert den die Buchführung erledigenden Teil seiner Kanzlei aus und bringt ihn in eine Buchführungs-GmbH ein, deren Anteile er und seine Frau halten.
- Die Mandantschaft, die er laufend steuerlich berät, lässt er künftig durch die Beratungs-GmbH & Co. KG beraten; die Anteile an der die Geschäftsführung der KG übernehmenden GmbH halten er und der eintretende Sozius.
- Die anwaltliche Betreuung führt der Rechtsanwalt unverändert fort.

Die ursprüngliche Kanzlei ist in diesem Fall beibehalten, also nicht aufgegeben worden.

Die Übertragung des Teils der ursprünglich einheitlichen Kanzlei, in dem die Buchführung ausgeführt wird, ist bei Buchwertfortführung ohne Gewinnverwirklichung möglich.

Die „Übertragung" der Mandantschaft, die steuerlich beraten wird, ist, wenn eine Gewinnverwirklichung vermieden werden soll, in der Weise durchführbar, dass für eine Reihe von Jahren der übertragende Anwalt eine höhere Gewinnbeteiligung erhält, als seiner Beteiligung entspricht. Die höhere Gewinnbeteiligung ist dadurch gerechtfertigt, dass der ein-

---

1 Vgl. Rn 131 ff.

bringende Anwalt den eintretenden Kollegen jeweils mit den Verhältnissen vertraut macht, die die von dem eintretenden Kollegen betreuten Mandanten betreffen.

Der eintretende Anwalt kann eine Zahlung in Höhe der Hälfte des Wertes der Wirtschaftsgüter leisten, die Betriebsvermögen der Kanzlei sind. Der Praxiswert und die künftigen Gewinne lassen sich schätzen. Daraus lässt sich errechnen, ein wie viel höherer Gewinnanteil in „n" Jahren erforderlich ist, um den Praxiswert des übertragenden Anwalts abzugelten.

Statt einer Abgeltung in dieser Weise kann vereinbart werden, dass der eintretende Anwalt eine Zahlung in Höhe der Hälfte des Wertes der Wirtschaftsgüter, die Betriebsvermögen der Kanzlei sind, und der Hälfte des Praxiswertes leistet.

881 Es muss abgewogen werden, ob die Steuerersparnis des Veräußerungsgewinns es rechtfertigt, die gewerbesteuerrechtlichen Folgen in Kauf zu nehmen. Zeitlich können sie insoweit begrenzt werden, als die Erwerber die GmbH und die GmbH & Co. KG jeweils wiederum in ein Einzelunternehmen umwandeln können.

Die Begünstigungen können allerdings nicht dadurch erreicht werden, dass zwei unterschiedliche Sozietäten in Form jeweils der GbR gegründet werden. Denn es werden nicht alle wesentlichen vermögensmäßigen Grundlagen der freiberuflichen Tätigkeit übertragen[1]. Deshalb scheidet eine Begünstigung des Veräußerungsgewinns bei sofortiger Gewinnverwirklichung aus. Geschieht die Übertragung durch Buchwertfortführung ohne Gewinnverwirklichung, bleiben die Sozietätsanteile Teile des der freiberuflichen Tätigkeit dienenden Vermögens; ihre spätere Veräußerung führt zu Gewinnen, die Teil des laufenden Gewinns der zurückbehaltenen Praxis sind.

882–885 *(unbesetzt)*

886 **Fall 3:** Ein Zahnarzt will seine Praxis auf seinen Sohn, der seine Prüfung als Zahnarzt bestanden und anderwärts bei einem Kollegen gearbeitet hat, überleiten. Er schließt mit seinem Sohn einen Vertrag über die Gründung einer gemeinsam zu betreibenden Praxis in der Form einer Gesellschaft bürgerlichen Rechts oder einer Partnerschaftsgesellschaft. Die Praxis des Vaters soll unentgeltlich in die Gemeinschaftspraxis eingebracht werden. Die Beteiligung des Vaters soll vom hälftigen Anteil im Gründungsjahr in einem 10-Jahres-Zeitraum in gleichmäßigen Raten auf null € sinken, also um je 5 vH jährlich sich mindern, die des Sohnes entsprechend steigen. Es soll für den Fall des Ausscheidens des Vaters eine am Wert der Praxis einschließlich ihres Praxiswertes bemessene Abfindung vereinbart werden, die in gleicher Höhe auch im Falle des Todes des Vaters der Mutter zustehen soll und ebenfalls im 10-Jahres-Zeitraum sich anteilig auf null € ermäßigen soll.

In einem solchen Fall wird der Berater statt eines unbezifferten, vom Wert der Praxis abzuleitenden Abfindungsbetrages die Vereinbarung eines festen – ggf wertgesicherten –, also bezifferten Abfindungsbetrages vorschlagen, um späteren Streitigkeiten über die Werthöhe vorzubeugen.

Die Einbringung der Praxis selbst führt bei Buchwertfortführung nicht zur Gewinnverwirklichung.

Bei einem etwaigen Ausscheiden des Vaters führt der Abfindungsbetrag bei ihm zu einem tarifbegünstigten Gewinn.

---

[1] BFH-Urteil vom 7. November 1985 IV R 44/83, BFHE 145, 522, BStBl II 1986, 335.

Der Sohn muss die Buchwerte fortführen.

(unbesetzt) 887–890

Fall 4: Ein Unternehmer sieht einen Erben als Unternehmensnachfolger vor. 891
Er nimmt ihn bereits zu Lebzeiten in das Unternehmen auf

- bei einer Einzelfirma durch deren Umwandlung in eine Gesellschaft (OHG, KG, Stille Gesellschaft) und Aufnahme als Gesellschafter;
- als Gesellschafter durch Voll- oder Teilabtrennung seines Anteils, wenn dies der Gesellschaftsvertrag zulässt, oder
- durch eine Unterbeteiligung.

Vor einer Fehlentwicklung des „Nachfolgers" ist der Unternehmer nicht sicher. Er kann sich aber vorbehalten,

- entweder den vorgesehenen Nachfolger einseitig gegen Abfindung wieder auszuschließen (Beteiligung mit Ausschließungsrecht) oder
- die Beteiligung des vorgesehenen Nachfolgers und Erben – ohne Entschädigung – zu widerrufen, regelmäßig unter Auszahlung der während der Beteiligung angefallenen Gewinne.

Bei einer Schenkung mit Nießbrauchsvorbehalt oder einer betagten Aufnahme (also einem Vertrag, bei dem die Wirksamkeit der Aufnahme bis zum Tode des Erblassers hinausgeschoben ist) wird zwar die Nachfolge geregelt, der Unternehmer gibt aber seine Position nicht auf. Der Erbe wird erst mit dem Erbanfall zum Unternehmer. Die Schenkungsteuer fällt erst mit dem Erbfall an (§ 9 Abs. 1 Nr. 1a ErbStG).

Beachtet werden muss allerdings, dass bei Gestaltungen mit starken Vorbehalten zu Gunsten des Unternehmers fraglich wird, ob der Nachfolger einkommensteuerlich Mitunternehmer geworden ist[1].

Fall 5: Ein Unternehmer ist verheiratet und lebt in Gütertrennung. Er hat zwei minder- 892
jährige Kinder. Wesentliches Privatvermögen ist nicht vorhanden. Er möchte denjenigen seiner Söhne zum alleinigen Nachfolger seines einzelkaufmännischen Unternehmens machen, der zur Fortführung des Unternehmens am besten geeignet sein wird. Das andere Kind soll angemessen abgefunden werden. Gleiches gilt auch für seine Ehefrau.

a) Der Unternehmer kann seine Söhne zu gleichen Anteilen als Erben einsetzen, wobei der Unternehmensnachfolger durch – ggf vermächtnisweise – Teilungsanordnung von einem Dritten zu bestimmen wäre, und zwar nach dem Kriterium der Eignung zur Unternehmensfortführung.

Die Auswahl des Unternehmensnachfolgers kann jedem beliebigen Dritten, insbesondere der Ehefrau oder einem mit dem Unternehmen vertrauten Testamentsvollstrecker übertragen werden.

b) Der Unternehmer kann vorsehen, dass der weichende Sohn durch eine stille Beteiligung abgefunden werden soll; deren Einzelheiten könnten ggf von einem Dritten festgelegt werden.

---

1 Vgl. Rn 317.

c) Die Zeit, in der der Unternehmensnachfolger noch nicht feststeht, kann dadurch überbrückt werden, dass ein Testamentsvollstrecker bestellt und mit entsprechenden Rechten ausgestattet wird. Testamentsvollstrecker kann auch die mit einem Nießbrauchsvermächtnis bedachte Ehefrau sein.

d) Die Ehefrau kann durch eine Leibrente oder dauernde Last versorgt werden, ggf auch, wenn ihr der Dispositionsnießbrauch vermacht ist, gegen Verzicht hierauf.

893 **Fall 6:** Ein Unternehmer ist in zweiter Ehe verheiratet. Der ersten Ehe, die durch Tod seiner ersten Ehefrau aufgelöst wurde, entstammen zwei Kinder, die im Unternehmen mitarbeiten, der zweiten Ehe (Gütertrennung) entstammt ein noch minderjähriges Kind. Der Unternehmer möchte das Unternehmen auf seine beiden Söhne aus erster Ehe überleiten, jedoch den Sohn aus zweiter Ehe und seine Ehefrau ausreichend sichern.

a) Der Unternehmer kann seine beiden Söhne aus der ersten Ehe – mit entsprechenden Erbquoten – als Erben einsetzen, wobei durch Teilungsanordnung auch die Gesellschaftsstruktur vorgegeben werden kann.

b) Die Ehefrau kann durch eine Leibrente oder dauernde Last gesichert werden, aber auch durch ein Kapitalvermächtnis – ggf mit Rentenoption –.

aa) Für den Fall, dass wesentliches Privatvermögen vorhanden ist, kann das Kind aus zweiter Ehe durch Gegenstände des Privatvermögens – ganz oder teilweise – abgefunden werden.

bb) In Betracht kommt auch die Begründung einer stillen Beteiligung zu Gunsten des Kindes aus zweiter Ehe am Unternehmen, und zwar auf Dauer oder auf Zeit.

894 **Fall 7:** Ein Unternehmer ist geschieden, nicht wieder verheiratet. Er hat aus der geschiedenen Ehe einen minderjährigen Sohn. Der Unternehmer möchte diesen Sohn mit der Unternehmensnachfolge betrauen, aber den Einfluss der geschiedenen Ehefrau hintanhalten.

a) Um zu vermeiden, dass die geschiedene Ehefrau und deren Verwandte als Erbeserben zum Zuge kommen, ist eine Nacherbeneinsetzung geboten.

Nacherben erster Ordnung können die Erben des Erben sein mit Ausnahme der geschiedenen Ehefrau des Erblassers und deren Verwandten, ersatzweise sonstige Personen, die dem Erblasser nahe stehen.

Die Nacherbenanwartschaft zwischen Erbfall und Nacherbfall dürfen nicht unerheblich und nicht übertragbar sein.

Die Nacherbeneinsetzung kann mehrstufig erfolgen.

b) Es ist familienrechtlich anzuordnen, dass der geschiedenen Ehefrau das Verwaltungsrecht am Nachlass nicht zusteht.

c) Zweckmäßig kann eine Testamentsvollstreckung sein, um die Fortführung des Betriebes übergangsweise zu gewährleisten.

895 **Fall 8:** Ein Unternehmer lebt in nichtehelicher Lebensgemeinschaft mit seiner Freundin zusammen. Beide sind unverheiratet. Beide Teile legen Wert darauf, dass nicht Verwandte des einen Teils bei dessen Ableben die gemeinsame Existenzgrundlage durch Erbansprüche vernichten.

a) Die in nichtehelicher Lebensgemeinschaft zusammenlebenden Personen können sich erbvertraglich gegenseitig zu Erben einsetzen.

Zielvorstellungen des Unternehmers oder Freiberuflers 163

Es ist ein Rücktrittsrecht zu vereinbaren, und zwar entweder ohne tatbestandsmäßige Voraussetzungen oder unter der Voraussetzung, dass die Lebensgemeinschaft der Vertragsteile objektiv beendet wird. Die Rücktrittsvoraussetzungen können in der Weise eingeschränkt werden, dass ein Rücktritt nur möglich ist, wenn der andere Partner durch sein Verhalten die Lebensgemeinschaft so zerrüttet hat, dass die Fortsetzung dem anderen Teil unzumutbar ist.

b) Wollen der Unternehmer und seine Freundin keine erbvertragliche Bindung, könnten zwei Einzeltestaments errichtet werden, wobei die Wirksamkeit der Verfügung des anderen jeweils zur Bedingung der Wirksamkeit der eigenen Verfügung gemacht werden könnte.

Sind beide Partner – anderweitig – verheiratet, ist § 138 BGB zu beachten.

c) Gesellschaftsvertragliche Regelungen können einem Rücktritt vom Erbvertrag die Schärfe nehmen.

Fall 9: Ein Handwerksmeister und seine Ehefrau haben gemeinsam einen florierenden Betrieb errichtet. Die Ehefrau bearbeitet den kaufmännischen Bereich, der Ehemann den technischen. Die Betriebsgrundstücke stehen im Eigentum beider Ehegatten – je zur Hälfte –. Es sind zwei Kinder vorhanden. Der Ehemann möchte im Fall seines Ablebens seine Frau so stark wie möglich sichern und ihr auch die Unternehmensleitung anvertrauen, jedoch auch seine Kinder sichern, und zwar auch bezüglich des Unternehmens. 896

a) Der Handwerksmeister kann seine Ehefrau zur Alleinerbin einsetzen. Pflichtteilsansprüche der Kinder müssen in Kauf genommen werden, soweit sie nicht eingedämmt worden (z. B. durch die Jastrow'sche Formel[1]). Die Ehefrau kann dann die Unternehmensnachfolge ihrerseits nach eigenem Ermessen regeln.

b) Der Handwerksmeister kann die Ehefrau und die Kinder als Erben einsetzen. Der Handwerksmeister legt eine Teilungsanordnung etwa in der Weise fest, dass die Ehefrau das Unternehmen und die Kinder stille Beteiligung daran erhalten.

c) Der Handwerksmeister setzt die Kinder als Erben ein, begründet einen Unternehmensnießbrauch zu Gunsten der Ehefrau und ernennt die Ehefrau zum Testamentsvollstrecker mit dem Recht, ihrerseits eine Teilungsanordnung zwischen den Kindern zu erlassen und dabei die endgültige Unternehmensnachfolge zu regeln.

Fall 10: Ein Unternehmer hat drei Kinder, von denen eines den Betrieb erhalten soll. Das Vermögen soll sich – wie folgt – zusammensetzen[2]: 897

	€
1. Betriebsvermögen ohne Grundvermögen	240 000
2. Betriebliches Grundvermögen	350 000
3. Grundvermögen	260 000
4. Lagerhaus	400 000
5. Einfamilienhaus	250 000
	1 500 000
30 vH-Risiko-Abschlag für das Betriebsvermögen	72 000
	1 428 000
Gesetzlicher Erbteil je Kind ⅓	476 000

---

[1] Rn 642 – 644 und Fußnote zu Rn 641.
[2] Beispiel bei *Kallweit,* Rechtliche, steuerliche und betriebswirtschaftliche Regelungen der Unternehmernachfolge, Köln 1983, S. 76.

Der Risikoabschlag berücksichtigt die erheblichen Risiken in betrieblichen Vermögen.

Teilungsanordnung

	Kind 1 (€)	Kind 2 (€)	Kind 3 (€)	Gesamt (€)
Erbausfall	476 000	476 000	476 000	1 428 000
Korrektur Risikoausgleich	72 000	–	–	72 000
Sollerhalt	548 000	476 000	476 000	1 500 000
Ist				
Betriebsvermögen (einschl. betr. Grundvermögen und Lagerhaus)	990 000	–	–	990 000
Grundvermögen	–	260 000	–	260 000
Einfamilienhaus	–	–	250 000	250 000
Ist-Erhalt	990 000	260 000	250 000	1 500 000
zu viel	442 000	–	–	–
zu wenig	–	216 000	226 000	–
Gleichstellungszahlung	– 442 000	+ 216 000	+ 226 000	–

Der Pflichtteil wurde ⅙ von 1 500 000 € für jedes Kind betragen, also 250 000 €. Nach Berücksichtigung des Risikoabschlags von 30 vH erhält auf Grund der Teilungsanordnung jedes Kind, das den Betrieb nicht übernimmt, 476 000 €. Die Zuwendungen an die in Zukunft nicht am Unternehmen beteiligten Kinder liegen also über den Pflichtteilsansprüchen. Unter diesen Umständen ist nicht zu erwarten, dass ein Kind die Erbschaft ausschlägt und Pflichtteilsansprüche geltend macht. Der Erblasser wird bei der Höhe der Ausgleichszahlungen für deren Erfüllung mindestens einen Zeitraum von zehn Jahren ansetzen.

l) Betriebsführungsvertrag

898 **Schrifttum:** *Weißmüller,* Der Betriebsführungsvertrag – eine Alternative zum Unternehmenskauf?, BB 2000, 1949.

899 Beim Betriebsführungsvertrag zieht sich der Inhaber des Unternehmens aus der Leitung des Unternehmens zurück, und ein Dritter übernimmt die wirtschaftliche Leitung des Unternehmens (Betriebsführer). Anders als beim Pachtvertrag kommt dem Inhaber der wirtschaftliche Erfolg und nicht nur ein Pachtzins zugute. Im Vertrag werden die Einwirkungsmöglichkeiten festgelegt (Eingriffs- und Weisungsrecht, Zustimmungsvorbehalte). Der Betriebsführungsvertrag kann es Inhaber und Betriebsführer ermöglichen, Chancen und Risiken eines etwaigen Unternehmens(ver-)kaufs abzuwägen und interessengerecht vorzubereiten.

900–950   *(unbesetzt)*

II. Einige rechtliche Grundbegriffe

1. Ungeregelter Unternehmenskauf

Schrifttum: *Carlé/Bauschatz,* Erwerb mittelständischer Unternehmen im Zivil- und Steuerrecht, KÖSDI 2003, 13803; *Gaul,* Die neue EG-Richtlinie zum Betriebs- und Unternehmensübergang, BB 1999, 526; *Häger/Reschke,* Checkbuch Unternehmenskauf, 2. Aufl. Köln 2002; *Hommelhoff,* Der Unternehmenskauf als Gegenstand der Rechtsgestaltung, ZHR Bd. 150 (1986) 254; *Klein-Blenkers,* Rechtsprechungsbericht: Unternehmenskauf (Zivilrecht), NZG 1999, 185; *Staudinger,* BGB-Kommentar, 13. Aufl., 2. Buch, § 459 Rn 86 ff. 951

Der Erwerb eines Unternehmens (Übernahme einer Praxis) und sein Verkauf (ihre Übertragung) sind vom Gesetz[1] nicht zusammenfassend geregelt. Verkauf (Übertragung einer Praxis) und Erwerb (Übernahme einer Praxis) unterliegen den Vorschriften des Bürgerlichen Rechts – also z. B. denen über Kauf, Pacht, Übereignung, Nießbrauch, Erbrecht –, des Handelsrechts – z. B. Namensrecht (Firmenrecht) – und des Gesellschaftsrechts; das Umwandlungsgesetz und das Umwandlungssteuergesetz enthalten Regelungen, die Teilgebiete umfassen. Die Vertragsübernahme wird als einheitliches Rechtsgeschäft eigener Art angesehen. 952

Da das Unternehmen nicht durch einen einheitlichen Akt übertragen werden kann, die zum Unternehmen gehörenden Einzelgegenstände (Sachen, Rechte und andere Vermögensgegenstände) vielmehr nach den für sie geltenden Vorschriften gesondert übertragen werden müssen, wird die Einheitlichkeit des Verpflichtungsgeschäfts (Veräußerung des Geschäfts im Ganzen) bei den Erfüllungsgeschäften aufgelöst.

(unbesetzt) 953

2. Vertrag und Vertragsfreiheit

In unserer Rechtsordnung regelt jeder seine Lebensverhältnisse im Rahmen der Rechtsordnung in eigener Verantwortung (Prinzip der Vertragsfreiheit, Privatautonomie). Das wichtigste Regelungsmittel ist der Vertrag (§ 305 BGB). Ein Vertrag kommt regelmäßig durch die übereinstimmenden Willenserklärungen mindestens zweier Personen, nämlich durch das Angebot (§ 145 BGB) einer Person und die Annahme dieses Angebots durch eine zweite Person (§§ 146, 147, 151 BGB) zu Stande. 954

Die Vertragsfreiheit umfasst auch die Freiheit, Gesellschaftsverträge nach dem übereinstimmenden Willen der Gesellschafter frei zu gestalten, soweit das Gesetz nicht bestimmte Regelungen zwingend vorschreibt.

Dieser Freiheit sind andererseits auch überraschende Grenzen gesetzt[2].

Es empfiehlt sich nicht, eine Interessenlage einseitig begünstigend zu vereinbaren. Verträge, die in dieser Weise abgeschlossen werden, sind konfliktträchtig und weniger dauerhaft als Verträge, die einen jeweils angemessenen Interessenausgleich anstreben.

(unbesetzt) 955

3. Vertragsgestaltung

Schrifttum: Zur Vertragsgestaltung ist auf die zahlreichen Vertragshandbücher zu verweisen; z. B.: *Münchener Vertragshandbuch,* Bd. 1: Gesellschaftsrecht, München, 5. Aufl., 2000; Bd. 2: Handels- und Wirtschaftsrecht, München, 4. Aufl., 1997. Siehe auch Schrifttumsverzeichnis S. 47. 956

---

1 Vgl. §§ 302, 1409 ABGB-Österreich.
2 Vgl. VI. Abfindungsklauseln, Rn 2431 ff.

957 Die Formular- und Vertragshandbücher ersetzen nicht den individuell vom Anwalt ausgestalteten und vom Steuerberater auf seine steuerlichen Auswirkungen geprüften Vertrag.

Ein Vertrag oder Vertragsbündel zur Neu- oder Umgründung einer Gesellschaft sollte **nicht** im Notartermin abweichend vom Vertragsentwurf abgeschlossen werden, wenn nicht der Hausanwalt und der Steuerberater zugegen sind und ebenfalls zu der vorgeschlagenen Änderung raten.

Die Gründung von Gesellschaften durch Freiberufler erfordert i. d. R. andere Vereinbarungen als die durch Gewerbetreibende. Sollen die persönlichen Rechte und Pflichten bestimmt werden, können auch Fragen eine Rolle spielen, wie sie bei Gesellschaften von Freiberuflern regelungsbedürftig sind[1].

958–960 *(unbesetzt)*

4. Gesellschaftsrechtliche Bindungen

961 **Schrifttum:** *Schmidt, Karsten,* Gesellschaftsrecht, 4. Aufl., Köln/Berlin/Bonn/München 2002.

962 Das Eingehen einer gesellschaftsrechtlichen Bindung setzt eingehendere Kenntnisse über den künftigen Partner voraus als beim Abschluss eines Lieferungs- oder Leistungsvertrages. Eine gesellschaftsrechtliche Bindung ist eine Frage des Vertrauens der Beteiligten zueinander und sollte Regelungen über alle Punkte enthalten, hinsichtlich deren unterschiedliche Interessen voraussehbar sind. Sie sollte insbesondere die Folgen der Auflösung des gesellschaftsrechtlichen Verhältnisses regeln.

963–965 *(unbesetzt)*

5. Arbeitsverhältnisse

966 **Schrifttum:** *Bürger/Oehmann/Matthes,* Handwörterbuch des Arbeitsrechts, 7. Aufl., Wiesbaden (Loseblatt-Ausgabe); *Fuchs,* Betriebliche Sozialleistungen beim Betriebsübergang, Köln 2000; *Gaul,* Der Betriebsübergang, 2. Aufl., Ehningen/Köln 1992; *Gaul,* Der Einfluss eines Betriebsübergangs auf Arbeitnehmererfindungen, GRUR 1987, 590 ff.; *Hunold,* Unzureichende Arbeitsleistung als Abmahn- und Kündigungsgrund, BB 2003, 2345 (2351); *Kasseler,* Handbuch zum Arbeitsrecht, Neuwied 1996; *Kempen,* Betriebsübergang und Tarifvertrag, BB 1991, 2006; *Pietrek,* Erstattung des Arbeitslosengeldes beim Unternehmenskauf, DB 2003, 2065; *Ring,* Arbeitnehmerhaftung – Welche Ansprüche hat der Arbeitgeber?, BuW 2003, 914; *ders.,* Arbeitnehmerhaftung – Innerbetrieblicher Schadensausgleich, BuW 2003, 958; *Schiefer,* Der EuGH und seine neue Definition des Betriebsübergangs, MDR 1995, 330; *Schleifenbaum,* Gesellschafterwechsel als Betriebsübergang bei der Gesellschaft bürgerlichen Rechts, BB 1991, 1705; *Welslau/Haupt/Lepsien,* Sozial- und steuerrechtliche Folgen der Beendigung von Arbeitsverhältnissen, Köln 2003; zu beachten ist das Gesetz zur Verbesserung der betrieblichen Altersversorgung (BetrAVG).

Allgemeines

967 Geht ein Betrieb oder Betriebsteil durch Rechtsgeschäft auf einen anderen Inhaber über, so tritt dieser in die Rechte und Pflichten der im Zeitpunkt des Übergangs bestehenden Arbeitsverhältnisse ein. Diese Folge ist nicht abdingbar.

Bei einem Unternehmenskauf ist der neue Inhaber verpflichtet, die Arbeitsverhältnisse mit den vom Übergang betroffenen Arbeitnehmern unverändert fortzusetzen. Der neue Inhaber kann nicht die Übernahme einzelner Arbeitnehmer verweigern, also keine negative Auswahl treffen (§ 613a BGB).

---

1 Vgl. dazu Rn 3436–3614.

Einige rechtliche Grundbegriffe 167

Eine allein wegen des Betriebsübergangs ausgesprochene Kündigung ist selbst dann rechtsunwirksam, wenn sie Voraussetzung dafür ist, dass der Betriebsübergang überhaupt zu Stande kommt. § 613a BGB enthält also ein vom Kündigungsschutzgesetz unabhängiges Kündigungsverbot.

Möglich ist die betriebsbedingte Kündigung. Demgemäß ist jede Kündigung rechtmäßig, die – den Betriebsübergang hinweggedacht – sozial gerechtfertigt wäre.   968

Die Kündigung des Betriebsveräußerers aufgrund eines Erwerberkonzepts verstößt dann nicht gegen § 613a Abs. 4 BGB, wenn ein verbindliches Konzept oder ein Sanierungsplan des Erwerbers vorliegt, dessen Durchführung im Zeitpunkt des Zugangs der Kündigungserklärung bereits greifbare Formen angenommen hat.

Voraussetzungen der Regelung des § 613a BGB   969

Die Regelung des § 613a BGB setzt also voraus, dass

- ein Betrieb oder ein Betriebsteil
- auf einen Erwerber übergeht,
- und zwar durch Rechtsgeschäft, und dass
- in diesem Zeitpunkt Arbeitsverhältnisse bestehen.

Zu einigen **Begriffen:**   970

(1) Betriebe

Betriebe i. S. v. § 613a BGB sind Gewerbebetriebe, Praxen von Ärzten, Kanzleien von Rechtsanwälten und Steuerberatern, Kliniken usw.   971

Der Begriff ist eigenständig: er ist dem der „wesentlichen Grundlagen" eines Unternehmens im Steuerrecht am ehesten vergleichbar.

Der rechtsgeschäftliche Übergang eines Betriebes oder Betriebsteils i. S. v. § 613a Abs. 1 Satz 1 BGB erfordert bei Produktionsbetrieben den Übergang der wesentlichen sächlichen und immateriellen Betriebsmittel.

Wird allein die von einem Betrieb geplante, aber nicht verwirklichte Produktion aufgenommen, so reicht das für die Annahme eines **Betriebsübergangs** auch dann nicht aus, wenn eine für die Produktion geschulte Belegschaft übertritt. Der Übergang der Arbeitsverhältnisse nach § 613 Abs. 1 Satz 1 BGB ist Rechtsfolge eines Betriebsübergangs. Die Übernahme einer Belegschaft kann für sich nicht ein Rechtsgeschäft i. S. v. § 613a Abs. 1 Satz 1 BGB sein[1].   972

Ein Betriebsübergang i. S. v. § 613a Abs. 1 Satz 1 BGB kann aber auch schon dann vorliegen, wenn der Erwerber die für die Betriebsführung wesentlichen sächlichen Betriebsmittel von Dritten erhält, die als Sicherungseigentümer oder auf Grund ähnlicher Rechtsstellung über das Betriebsvermögen verfügen können.

Dabei kommt es darauf an, dass die Rechtsgeschäfte insgesamt dazu dienen, einen funktionsfähigen Betrieb zu erwerben[2].

(unbesetzt)   973–975

---

1 BAG-Urteil vom 22. Mai 1985 5 AZR 30/84, NJW 1986, 451.
2 BAG-Urteil vom 22. Mai 1985 5 AZR 173/84, NJW 1986, 448.

(2) Betriebsteil

976 Ein Betriebsteil i. S. v. § 613a BGB liegt vor, wenn Betriebsmittel organisatorisch so zusammengefasst sind, dass bei ihrem Erwerb die Möglichkeit besteht, sie in ihrer bisherigen arbeitstechnischen Zielsetzung für den Betrieb weiter im Wirtschaftsleben einzusetzen. Der Begriff stimmt nicht mit dem des „Teilbetriebs" im Steuerrecht überein.

977 Die Übertragung eines Betriebsteils i. S. v. § 613a BGB setzt nicht voraus, dass der Betriebserwerber **alle** Betriebsmittel übernimmt, die bisher in dem entsprechenden Betriebsteil eingesetzt wurden. Bei einem Unternehmen, das Maschinen herstellt, vertreibt und wartet, liegt beispielsweise eine Betriebsteilveräußerung schon dann vor, wenn ein Erwerber Vertrieb und Kundendienst übernimmt und zu diesem Zweck einen wesentlichen Firmenbestandteil, die Kundenanschriften sowie das Recht erhält, bereits erteilte Aufträge auszuführen. Sächliche Betriebsmittel wie Büroeinrichtungen und Werkzeuge müssen nicht notwendigerweise mitübertragen werden. Für einen Betriebsübergang im Bewachungsgewerbe reicht es z. B. nicht aus, dass der neue Unternehmer nur von dem früheren Unternehmer für die Bewachung eines Objekts verwendete sachliche Betriebsmittel übernimmt sowie die Mehrheit des bisher dort eingesetzten Wachpersonals einstellt, selbst wenn der beendete Bewachungsvertrag für den früheren Unternehmer das „wesentliche Substrat" seines Betriebs oder Betriebsteils gewesen ist[1].

978 Ein Betriebsteil ist nicht allein deswegen ein wesentlicher Betriebsteil, weil in ihm ein notwendiges Vorprodukt gefertigt wird.

979 Die Aufgabe der Eigenfertigung eines notwendigen Vorproduktes kann allerdings eine grundlegende Änderung des Arbeitsverfahrens i. S. v. § 111 Satz 2 Nr. 5 BetrVG sein.

980 Im Regelfall kann ein Betriebsteil nur dann als wesentlicher Betriebsteil angesehen werden, wenn in ihm auch eine **erhebliche Zahl** (i. S. v. § 17 Abs. 1 KSchG) **der Arbeitnehmer** des Betriebs beschäftigt wird[2].

981 Die mit dem veräußerten Betriebsteil zum Erwerber überwechselnden Arbeitnehmer werden vor Nachteilen aus der Betriebsteil-Veräußerung ausschließlich durch § 613a BGB geschützt. Sie haben keinen Abfindungsanspruch aus § 113 Abs. 3 BetrVG gegenüber dem früheren Arbeitgeber[3].

982 Etwas anderes kann wiederum für die im Restbetrieb verbleibenden Arbeitnehmer gelten, sofern für diese (oder einen erheblichen Teil derselben) die Veräußerung des Betriebsteils wesentliche Nachteile zur Folge haben kann.

983–984 *(unbesetzt)*

(3) Betriebsinhaberwechsel

985 Der Betriebsinhaber – also derjenige, der die Leitungsmacht besitzt – muss wechseln. Bei der Betriebsstilllegung gibt es keinen Inhaberwechsel.

Stilllegung ist die Auflösung der die Einheit des Betriebs oder Betriebsteils gestaltenden Organisation. Der Unternehmer gibt den Betriebszweck auf. Bei der Veräußerung der zum Betrieb oder Betriebsteil gehörenden Wirtschaftsgüter wird das Unternehmen sozusagen zerschlagen.

---

1 BAG-Urteil vom 29. September 1988 2 AZR 107/88, DB 1989, 2176.
2 BAG-Urteil vom 7. August 1990 1 AZR 445/89, DB 1991, 760.
3 BAG-Urteil vom 24. Juli 1979 1 AZR 219/77, DB 1988, 164.

Bei alsbaldiger Wiedereröffnung des Betriebs oder Betriebsteils spricht eine tatsächliche Vermutung gegen eine ernsthafte Stilllegungsabsicht.

Werden im Rahmen einer Betriebsveräußerung eine nicht unerhebliche räumliche Verlegung des Betriebs vorgenommen, die alte Betriebsgemeinschaft tatsächlich und rechtsbeständig aufgelöst und der Betrieb an einem neuen Ort mit einer im Wesentlichen neuen Belegschaft fortgeführt, so liegt eine Betriebsstilllegung und deshalb kein Betriebsübergang nach § 613a Abs. 2 BGB vor[1]. 986

Die Verpachtung eines Betriebs oder Betriebsteils kann ein Inhaberwechsel mit der Folge des Eingreifens von § 613a BGB sein, wenn die Dispositionsbefugnis über die dem Betrieb oder Betriebsteil gewidmeten Wirtschaftsgüter übergeleitet wird. 987

Kein Inhaberwechsel sind der Gesellschafterwechsel durch Übertragung der Gesellschaftsanteile, der Wechsel einzelner Gesellschafter einer Personengesellschaft, das Ausscheiden oder der Eintritt eines Gesellschafters in eine KG.

Ein Betriebs- oder Betriebsteilübergang liegt bei treuhänderischer Vermögensübernahme nur vor, wenn der **Treuhänder** auch die Befugnis zur Betriebsführung erhält, nicht aber, wenn zwar das Eigentum an den wesentlichen Betriebsgrundlagen sicherungsübereignet wird, der Betriebsinhaber aber betriebsführungsbefugt bleibt. 988

Kein Betriebsübergang i. S. v. § 613a BGB liegt vor, wenn Insolvenzverwalter und Testamentsvollstrecker ihr Amt ausüben[2]. 989

Ein Betrieb ist i. S. v. § 613a BGB auch dann übergegangen, wenn ein organisatorisch eigenständiger Betriebsteil (z. B. Außendienst) auf einen Dritten übertragen wird. Es ist dabei nicht erforderlich, dass der Erwerber in bestehende Verpflichtungen oder Verträge eintritt, wenn die Aufgabe des angestellten Außendienstes allein in der Vermittlung von Verträgen bestand. 990

Für die Annahme eines Betriebsübergangs bei der Übertragung des Außendienstes ist auch nicht Voraussetzung, dass ein irgendwie geartetes sachliches Substrat übergeht; entscheidend kommt es vielmehr allein darauf an, dass der Erwerber in einem bestimmten Gebiet ausschließlich berechtigt ist, Kunden für das vertretene Produkt zu werben und Verträge zu vermitteln (Betriebsschutz) oder in der Lage ist, auf einen bestimmten Kundenstamm zurückzugreifen. 991

Der Annahme eines Betriebsübergangs steht nicht entgegen, dass das vom angestellten Außendienst zu betreuende Gebiet auch gespalten und auf mehrere Erwerber übertragen wird. Es handelt sich in jedem Fall um mehrere Betriebsteil-Übergänge, jedenfalls so lange, als nicht nur kleinste Gebiete übertragen werden, die nicht mehr als lebensfähige betriebliche Einheiten betrachtet werden können.

Der Abschluss eines Handelsvertretervertrages genügt zur Annahme einer rechtsgeschäftlichen Betriebsteilübertragung. 992

(unbesetzt) 993–995

---

1 BAG-Urteil vom 12. Februar 1987 2 AZR 247/86, DB 1988, 126.
2 *Richardi* in Staudinger, § 613a BGB Rn 85.

(4) Rechtsgeschäftlicher Übergang

996 Der Betrieb muss durch Rechtsgeschäft übergehen.

Erbfolge ist Rechtsnachfolge kraft Gesetzes, also kein Tatbestand i. S. v. § 613a BGB.

Überträgt der Erbe einen Betrieb oder Betriebsteil auf einen Vermächtnisnehmer, greift dagegen § 613a BGB ein, denn in diesem Fall geht der Betrieb oder Betriebsteil kraft Rechtsgeschäft über.

§ 613a Abs. 2 BGB gilt nicht, wenn eine juristische Person durch Verschmelzung, Aufspaltung oder Umwandlung erlischt.

Ein Rechtsgeschäft zur Übertragung eines Betriebes kann auch in einem Gesellschaftsvertrag bestehen, in welchem der Betriebsveräußerer mit Dritten eine **Auffanggesellschaft** gründet, um Teile seines Betriebes durch diese fortführen zu lassen[1].

997 *(unbesetzt)*

(5) Bestehende Arbeitsverhältnisse

998 Der Übergang gem. § 613a Abs. 1 BGB erfasst sämtliche Arbeitsverhältnisse, auch die der Auszubildenden einschließlich der Volontäre und Praktikanten, der Teilzeitbeschäftigten, der Arbeitnehmerinnen, die Mutterschutz genießen, der Schwerbehinderten, „Arbeitnehmer" auf Grund faktischer Arbeitsverhältnisse (z. B. auf Grund unwirksamer Arbeitsverträge, auf Grund gekündigter Arbeitsverhältnisse), nicht jedoch die Verträge vertretungsberechtigter Organe juristischer Personen, auch nicht die Vertragsverhältnisse von Heimarbeitern oder Handelsvertretern, die nur für eine Firma tätig sind.

Hat sich der Betriebserwerber mit einem Arbeitnehmer über die Fortsetzung des Arbeitsverhältnisses geeinigt, ist er daran auch gegenüber dem Veräußerer gebunden, selbst wenn er mit diesem eine von § 613a BGB abweichende Vereinbarung getroffen hatte[2].

Der Anstellungsvertrag eines GmbH-Geschäftsführers geht nicht nach § 613a BGB auf einen Betriebserwerber über[3].

Widerspruchsrecht des Arbeitnehmers

999 Nach § 613a BGB setzt der Eintritt des Betriebserwerbers in die Rechte und Pflichten aus den zum Zeitpunkt des Betriebsübergangs bestehenden Arbeitsverhältnissen nicht die Einwilligung (Zustimmung oder Genehmigung) des Arbeitnehmers voraus. Der Arbeitnehmer kann allerdings der bevorstehenden oder bereits eingetretenen Rechtsfolge widersprechen.

1000 Das BAG hat dem Arbeitnehmer in stRSpr dieses Recht auf Widerspruch gegen den Übergang seines Arbeitsverhältnisses auf den Betriebs- oder Betriebsteilerwerber im Wege der verfassungskonformen Auslegung des § 613a Abs. 1 Satz 1 BGB eingeräumt.

1001 Für eine nach Betriebsübergang mögliche Ausübung des Widerspruchsrechts beginnt die Erklärungsfrist im Regelfall mit der ausreichenden Unterrichtung des Arbeitnehmers über den Betriebsinhaberwechsel. Der Betriebsveräußerer oder der Betriebserwerber muss dem widerspruchsberechtigten Arbeitnehmer keine Erklärungsfrist setzen. Der Arbeitnehmer

---

[1] BAG-Urteil vom 25. Juni 1985 3 AZR 254/83, NJW 1986, 450.
[2] BGH-Urteil vom 26. März 1987 IX ZR 69/87, NJW 1987, 2874.
[3] BAG-Urteil vom 13. Februar 2003 – 8 AZR 654/01, DB 2003, 942.

muss unverzüglich dem Betriebsübergang widersprechen. In der Regel muss der Widerspruch spätestens innerhalb von 3 Wochen erklärt werden[1].

Widerspricht der Arbeitnehmer dem Übergang seines Arbeitsverhältnisses auf einen Betriebs(teil)übernehmer (§ 613a BGB), dann kann er sich auf eine fehlerhafte Sozialauswahl nach § 1 Abs. 3 KSchG nur berufen, wenn für den Widerspruch ein sachlicher Grund vorliegt[2]. 1002

Tarifvertrag, Betriebsvereinbarung

Sind die Rechte und Pflichten aus den Arbeitsverhältnissen durch Rechtsnormen eines Tarifvertrages oder durch eine Betriebsvereinbarung geregelt, so werden sie Inhalt des Arbeitsverhältnisses zwischen dem neuen Inhaber und dem Arbeitnehmer und dürfen nicht vor Ablauf eines Jahres nach dem Zeitpunkt des Übergangs zum Nachteil des Arbeitnehmers geändert werden (§ 613a BGB). 1003

Betriebsrat

Die Veräußerung eines Betriebs oder eines Betriebsteils hat grundsätzlich keine Auswirkungen auf den Betriebsrat als Organ oder die Mitgliedschaft eines Arbeitnehmers im Betriebsrat. 1004

Wird ein Betriebsteil auf einen anderen Inhaber übertragen und von diesem als selbständiger Betrieb fortgeführt, so endet damit die Zuständigkeit des Betriebsrats des abgebenden Betriebes für den abgetrennten Betriebsteil und die in ihm beschäftigten Arbeitnehmer. Es besteht insoweit auch kein Restmandat des Betriebsrats des abgebenden Betriebes zur Wahrnehmung von Betriebsratsaufgaben gegenüber dem neuen Inhaber des früheren Betriebsteils für eine Übergangszeit bis zur Wahl eines eigenen Betriebsrats durch die Belegschaft des abgetrennten Betriebsteils[3].

Wettbewerbsverbote

(1) Der Erwerber erhält auch die Rechte aus Wettbewerbsverboten, die der Veräußerer mit Arbeitnehmern für die Zeit nach deren Ausscheiden aus dem Arbeitsverhältnis vereinbart hatte. 1005

(2) Hatte der Veräußerer mit Arbeitnehmern Wettbewerbsverbote vereinbart und waren diese Arbeitnehmer beim Betriebsübergang bereits aus dem Unternehmen ausgeschieden, gehen die Vereinbarungen nicht auf den Erwerber über, es sei denn, der Übergang auf einen etwaigen Erwerber des Unternehmens war bereits in der Wettbewerbsabrede vorgesehen oder der Veräußerer erreicht die Zustimmung des ehemaligen Arbeitnehmers zur Übertragung seiner Rechte auf den Erwerber oder der Veräußerer geht die Verpflichtung ein, für den Fortbestand der Wettbewerbsabrede zu sorgen. 1006

Führungskräfte des Unternehmens

Bedacht werden müssen auch die Auswirkungen des Inhaberwechsels auf die Führungskräfte des Unternehmens (Geschäftsführer, Leitende Angestellte). Ihre Zukunft hängt von der Einschätzung ihrer Qualitäten durch den Erwerber ab. 1007

---

1 BAG-Urteil vom 22. April 1993 2 AZR 313/92, BB 1994, 1861.
2 Vgl. BAG-Urteil vom 30. Oktober 1986 3 AZR 101/85, BB 1987, 970, und vom 7. April 1993 2 AZR 449/91 (B), DB 1993, 1877.
3 BAG-Urteil vom 23. November 1988 7 AZR 121/88, DB 1989, 1054.

Haftung des Erwerbers und des Übertragenden

1008 (1) Der Erwerber haftet neben dem bisherigen Inhaber für rückständige Ansprüche der Arbeitnehmer, soweit sie vor dem Zeitpunkt des Übergangs entstanden sind und vor Ablauf von einem Jahr nach diesem Zeitpunkt fällig werden, und zwar als Gesamtschuldner (§ 613a Abs. 2 Satz 1 BGB).

1009 (2) Dem Erwerber stehen auch arbeitsvertragliche Schadensersatz- und Bereicherungsansprüche des alten Arbeitgebers zu. Der erwerbende Inhaber muss die bisherige Vergütung – auch übertarifliche Zulagen – fortzahlen und muss die gesetzlichen sowie vertraglichen Ansprüche auf Lohn- oder Gehaltsfortzahlungen erfüllen, ebenso die Urlaubsansprüche, Ansprüche auf soziale Leistungen und sonstige Nebenansprüche aus dem Arbeitsverhältnis. Er tritt in die Versorgungsanwartschaften übernommener Arbeitnehmer ein.

1010 (3) Der Erwerber haftet den Gläubigern des bisherigen Inhabers, wenn sich die Übernahme des Betriebs oder Betriebsteils als Vermögensübernahme i. S. v. § 419 BGB darstellt; das gilt demgemäß auch gegenüber Rentnern und Inhabern von unverfallbaren Anwartschaften.

1011 (4) Der bisherige Inhaber haftet neben dem neuen Inhaber als Gesamtschuldner für Verpflichtungen, die vor dem Zeitpunkt des Übergangs entstanden sind und vor Ablauf von einem Jahr nach diesem Zeitpunkt fällig werden (§ 613a Abs. 2 Satz 1 BGB – gesetzlicher Schuldbeitritt).

Es tritt also insoweit eine Doppelhaftung durch Veräußerer und Erwerber ein. Die Vertragspartner müssen regeln, wer im Innenverhältnis die Ansprüche zu tragen hat.

1012 (5) Für Verbindlichkeiten, die erst nach Übergang des Betriebs oder Betriebsteils fällig werden, haftet der bisherige Inhaber nur zeitanteilig (§ 613a Abs. 2 Satz 2 BGB).

Ruhestandsverhältnisse

1013 Ruhestandsverhältnisse gehen nach herrschender Meinung nicht nach § 613a BGB auf den Erwerber über. Die Parteien des Unternehmensverkaufs können entgegen §§ 414 ff. BGB selbst mit dem Einverständnis der Ruheständler nicht vereinbaren, dass der Verkäufer aus seiner Verpflichtung entlassen wird und der Erwerber an seine Stelle tritt. Der Unternehmensveräußerer bleibt so lange an sein ehemaliges Unternehmen gekettet, bis auch der letzte Anspruch auf Ruhegehalt oder Hinterbliebenenversorgung erloschen ist, und zwar selbst dann, wenn der Erwerber diese Verbindlichkeiten übernehmen und sie aus den laufenden Erträgen des übernommenen Unternehmens begleichen will.

Vertraglich ist es nur möglich, intern die Erfüllungsübernahme zu vereinbaren (§ 329 BGB), denn selbst die Vereinbarung der kumulativen Schuldübernahme ist unwirksam. Will der Veräußerer sichergehen, dass auf ihn später keine Ansprüche zukommen – namentlich bei Insolvenz des neuen Inhabers –, kann er wirtschaftlich der Haftung nur entgehen, wenn der Käufer eine Bankbürgschaft stellt.

Der neue Inhaber ist also nach § 613a BGB nicht verpflichtet, Versorgungsansprüche der Arbeitnehmer zu erfüllen, wenn die Arbeitnehmer schon vor dem Übergang des Betriebs oder Betriebsteils aus dem aktiven Dienst ausgeschieden und in den Ruhestand getreten sind. Entsprechendes gilt für verfallbare und unverfallbare Versorgungsanwartschaften von Arbeitnehmern, die zu Zeiten des übertragenden Inhabers ausgeschieden sind; diese Anwartschaften stammen nicht aus bestehenden, sondern aus zum Zeitpunkt des Übergangs beendeten Arbeitsverhältnissen und berühren deshalb nicht den erwerbenden Inhaber. Er haftet aber für diese Ansprüche, wenn er auch die Firma übernimmt, unter der der Betrieb bisher am Rechtsverkehr teilnahm (§ 25 HGB).

(unbesetzt) 1014–1015

Insolvenz

Schrifttum: *Frotscher,* Besteuerung bei Insolvenz, 5. Aufl., Heidelberg 2000.

(1) Das Verwaltungs- und Verfügungsrecht über die Insolvenzmasse geht mit der Eröffnung des Insolvenzverfahrens vom Schuldner auf den Insolvenzverwalter über (§ 80 Abs. 1 InsO). 1016

(2) Der Insolvenzverwalter nimmt das zur Insolvenzmasse gehörende Vermögen in Besitz. Er hat dafür zu sorgen, dass zu der von ihm vorgefundenen „Ist-Masse" alles hinzugezogen wird, was in nichtiger oder anfechtbarer Weise aus ihr ausgeschieden ist. Er hat herauszugeben, was nicht zur Masse gehört, also z. B. Wirtschaftsgüter auszusondern, für die ein Eigentumsvorbehalt besteht (§ 47 InsO).

(3) Der Insolvenzschuldner verliert das Recht, sein zur Insolvenzmasse gehörendes Vermögen zu verwalten und darüber zu verfügen.

Der Neuerwerb des Insolvenzschuldners fällt nach Eröffnung des Insolvenzverfahrens in die Insolvenzmasse (§ 35 InsO), also z. B. die Einkünfte des Schuldners aus einem nach der Verfahrenseröffnung begründeten Dienstverhältnis, und zwar auch dann, wenn der Schuldner vor Verfahrenseröffnung über sie durch Abtretung oder Verpfändung verfügt hat oder Gläubiger im Wege der Zwangsvollstreckung darauf zugegriffen haben.

(4) Die dinglich gesicherten Gläubiger sind mit den Verfahrenskosten einschließlich der USt-Zahllast belastet.

(5) § 419 BGB ist aufgehoben und damit auch der Haftungstatbestand.

(6) § 613a BGB gilt auch beim Betriebsübergang im Insolvenzverfahren, d. h. der Erwerber eines Unternehmens (oder eines Betriebsteils) tritt in die Rechte und Pflichten aus den im Zeitpunkt des Übergangs bestehenden Arbeitsverhältnissen ein.

(7) Wird ein Betrieb im Rahmen eines Insolvenzverfahrens veräußert, ist § 613a BGB insoweit nicht anwendbar, als diese Vorschrift die Haftung des Betriebserwerbers für schon entstandene Ansprüche vorsieht. Insoweit haben die Verteilungsgrundsätze des Insolvenzverfahrens Vorrang. Das bedeutet für die betriebliche Altersversorgung, dass der Erwerber zwar in die Versorgungsanwartschaften der begünstigten Arbeitnehmer eintritt, dass er aber im Versorgungsfall nur die bei ihm erdiente Versorgungsleistung schuldet; für die beim Veräußerer bis zum Insolvenzfall erdienten unverfallbaren Anwartschaften haftet der Träger der gesetzlichen Insolvenzversicherung.

(8) Die Haftungsbeschränkung des Betriebserwerbers in der Insolvenz tritt jedoch nur dann ein, wenn der Übernehmer den Betrieb **nach** Eröffnung des Insolvenzverfahrens erworben hat[1]. 1017

(9) Maßgeblich für den Betriebsübergang ist der Zeitpunkt, in dem der Erwerber die Leitungsmacht im Betrieb im Einvernehmen mit dem Betriebsveräußerer ausüben kann. Es ist unerheblich, ob der Erwerber die Leitungsmacht erst später ausüben will[2]. 1018

---
1 BAG-Urteil vom 16. Februar 1993 3 AZR 347/92, NJW 1993, 2260, DB 1993, 1374.
2 BAG-Urteil vom 23. Juli 1991 3 AZR 366/90, NJW 1992, 708.

1019 (10) Gehen Betriebsmittel in einzelnen Schritten auf den Erwerber über, so ist der Betriebsübergang jedenfalls in dem Zeitpunkt erfolgt, in dem die wesentlichen zur Fortführung des Betriebs erforderlichen Betriebsmittel übergegangen sind und die Entscheidung über den Betriebsübergang nicht mehr rückgängig gemacht werden kann[1].

1020 (11) § 613a Abs. 1 Satz 1 BGB ist auch dann anzuwenden, wenn die Arbeitnehmer eines Not leidenden Betriebes die Arbeit mit dem Übernehmer zunächst fortsetzen, erst später den Antrag auf Insolvenzausfallgeld stellen und die Eröffnung des Insolvenzverfahrens nach dem Betriebsübergang beantragt und mangels Masse abgelehnt wird. Lohnverzichte aus Anlass eines Betriebsübergangs sind nur zulässig, wenn hierfür sachliche Gründe vorliegen[2].

1021 (12) Führt ein **Insolvenzverwalter** den Betrieb fort und nimmt er eine angebotene Arbeitsleistung eines Arbeitnehmers nicht an, so haftet der **Erwerber,** der den Betrieb vom Insolvenzverwalter übernimmt, nach § 613a Abs. 1 BGB auch für die bis zum Betriebsübergang entstandenen Ansprüche des Arbeitnehmers nach § 613a BGB, § 59 Abs. 1 Nr. 2 KO. Allein die Möglichkeit einer Benachteiligung anderer Massegläubiger rechtfertigt es nicht, § 613a BGB generell haftungsrechtlich auch hinsichtlich der Masseschulden einschränkend auszulegen[3].

1022 (13) Wird ein Betriebsteil eines Produktionsunternehmens vor Eröffnung des Insolvenzverfahrens auf einen Betriebsnachfolger übertragen, so muss dieser in die Versorgungszusagen eintreten. Dies gilt für die Zusagen aus einer Direktversorgung ebenso wie für Zusagen einer Versorgung über eine Unterstützungskasse und durch eine Lebensversicherung.

1023 (14) Bei einer Betriebsveräußerung vor Insolvenzeröffnung haftet nur der Erwerber, nicht aber der Pensions-Sicherungs-Verein für die Ansprüche der Arbeitnehmer aus betrieblicher Altersversorgung.

Ein Betrieb ist vor Insolvenzeröffnung veräußert, wenn der Erwerber die betriebliche Leistungs- und Organisationsgewalt bereits tatsächlich übernommen hat. Rechtlich unerheblich ist es, wenn die Übernahmeverträge, insbesondere die Kaufverträge, über das Anlage- und Umlaufvermögen erst nach Insolvenzeröffnung abgeschlossen werden[4].

1024 (15) Ein Betriebsnachfolger haftet nicht für Forderungen der Arbeitnehmer, die bis zur Eröffnung des Insolvenzverfahrens über das Vermögen des Betriebsvorgängers entstanden sind. Diese Forderungen sind im Insolvenzverfahren geltend zu machen.

Über die Eröffnung des Insolvenzverfahrens oder seine Einstellung ist ausschließlich vom Insolvenzgericht oder einem im Instanzenzug übergeordneten Gericht zu entscheiden. Die Gerichte für Arbeitssachen sind an deren Entscheidungen gebunden. Ist das Insolvenzverfahren eröffnet, kommt eine entsprechende Anwendung der Haftungsgrundsätze bei Massearmut nicht in Betracht; in diesem Fall muss der Betriebsnachfolger nach § 613a BGB auch in die Altschäden eintreten[5].

---

1 BAG-Urteil vom 16. Februar 1993 3 AZR 347/92, NJW 1993, 2260, DB 1993, 1374.
2 BAG-Urteil vom 27. April 1988 5 AZR 358/87, DB 1988, 1653.
3 BAG-Urteil vom 4. Dezember 1986 2 AZR 246/86, WM 1987, 414, NJW 1987, 1966.
4 LAG Köln, Urteil vom 13. Juni 1989 4 Sa 157/89, rkr., ZIP 1989, 1139.
5 *Schaub,* BAG EWiR § 613a BGB 2/89, 464.

Einige rechtliche Grundbegriffe

Ansprüche auf Gratifikationen, Urlaubsgeld und Urlaubsabgeltung sind Masseforderungen, wenn sie im letzten Halbjahr vor Insolvenzeröffnung entstanden sind; darauf, wann die Gratifikationsforderung oder die Gehaltsforderung fällig geworden ist, kommt es nicht an[1].

(16) Lehnt der Betriebsinhaber oder der Betriebsübernehmer die Übernahme der Leitungsmacht für die Zeit vor Insolvenzeröffnung ab, so findet ein vorinsolvenzlicher Betriebsübergang gem. § 613a Abs. 1 BGB **nicht** statt. Das gilt auch dann, wenn die objektive Möglichkeit der Betriebsübernahme vor Insolvenzeröffnung gegeben ist. Ein solches Verfahren der Beteiligten verstößt nicht gegen den Sinn des § 613a Abs. 1 BGB und ist damit kein Umgehungsversuch. Die Beteiligten warten lediglich in zulässiger Weise einen neuen Tatbestand ab[2]. 1025

Ein solches Verhalten der Beteiligten hat zur Folge, dass der Sicherungsfall gem. § 7 Abs. 2 des Gesetzes zur Verbesserung der betrieblichen Altersversorgung (BetrAVG) bereits mit Insolvenzeröffnung eingetreten ist, der Tatbestand der Betriebsübernahme aber erst nach der Insolvenzeröffnung liegt. Der Pensions-Sicherungs-Verein ist in diesem Fall als Träger der Insolvenzsicherung, wenn die weiteren Voraussetzungen des BetrAVG vorliegen, eintrittspflichtig, und die Bundesanstalt für Arbeit kann nicht auf den nachinsolvenzlichen Betriebsübernehmer zurückgreifen. Das entspricht dem Gedanken, dass die Leitungs- und Organisationsmacht dann nicht fortgeführt wird, wenn sie von den Beteiligten ausdrücklich nicht beabsichtigt ist[3].

(unbesetzt) 1026–1040

§ 613a BGB bei Miet- und Pachtfällen

(1) Betreibt ein Mieter der Betriebsräume eines bisherigen Einzelhandelsgeschäfts in diesen Räumlichkeiten ebenfalls ein Einzelhandelsgeschäft, dann scheidet ein Betriebsübergang nach § 613a Abs. 1 BGB aus, wenn der Mieter ein anderes Warensortiment führt. Auch die Wahl einer anderen Betriebsform kann einem Betriebsübergang entgegenstehen[4]. 1041

(2) Ein Pächter, der den Betrieb im Anschluss an die beendete Pacht eines früheren Pächters pachtet, tritt nach § 613a Abs. 1 BGB in die Rechte und Pflichten der mit dem ersten Pächter bestehenden Arbeitsverhältnisse ein. 1042

(3) Wird der Betrieb vom Pächter stillgelegt, setzt dies den ernstlichen und endgültigen Entschluss des Unternehmers voraus, die Betriebs- und Produktionsgemeinschaft zwischen Arbeitgeber und Arbeitnehmer für eine seiner Dauer nach unbestimmten, wirtschaftlich nicht unerheblichen Zeitraum aufzugeben. Für die Annahme einer Betriebsstillegung durch den Pächter reicht aus, dass der Pächter den Betrieb schließt und eindeutig kundgibt, er beabsichtige, den Betrieb geschlossen zu lassen, dass er die Betriebsmittel, über die er verfügen kann, veräußert, den Pachtvertrag zum nächstmöglichen Termin auflöst und allen Arbeitnehmern kündigt[5]. 1043

(unbesetzt) 1044–1050

---

1 BAG-Urteil vom 11. Januar 1989 5 AZR 42/88, EWiR § 613a BGB 2/89, 463.
2 LAG Köln, Urteil vom 29. Juni 1990 2 Sa 35/90, nrkr., ZIP 1990, 128.
3 BAG-Urteil vom 4. Juli 1989 3 AZR 756/87, ZIP 1989, 1422.
4 BAG-Urteil vom 30. Oktober 1986 2 AZR 696/85, BB 1987, 970.
5 BAG-Urteil vom 26. Februar 1987 2 AZR 768/85, BB 1987, 972.

Nachhaftung von Gesellschaftern

1051 (1) Nach § 128 HGB haften die Gesellschafter einer offenen Handelsgesellschaft für die Verbindlichkeiten der Gesellschaft. Das Gleiche gilt nach § 161 Abs. 2 HGB für die Komplementäre einer Kommanditgesellschaft. Die gesetzliche Gesellschafterhaftung endet auch nicht mit dem Ausscheiden eines Gesellschafters. Das Gesetz sieht zum Schutze der ausgeschiedenen Gesellschafter lediglich in § 159 HGB eine fünfjährige Verjährungsfrist vor. Diese ändert aber nichts daran, dass die Haftung grundsätzlich weiter besteht und sich bei Dauerschuldverhältnissen, die schon vor dem Ausscheiden des Gesellschafters begründet wurden, auf alle Ansprüche erstreckt, die erst nach dem Ausscheiden fällig werden. Für Arbeitsverhältnisse folgt daraus, dass sich die Arbeitnehmer einer Personengesellschaft wegen ihrer Vergütungsansprüche an alle persönlich haftenden Gesellschafter halten können, die der Gesellschaft vor der Beendigung des Arbeitsverhältnisses angehörten. Gesellschaftsrechtliche Änderungen schmälern die Haftungsmasse nicht zum Nachteil der Arbeitnehmer[1].

1052 (2) Das BAG ließ in der Folgezeit offen, ob es die Rechtsprechung zur Nachhaftung ausgeschiedener OHG-Gesellschafter oder Komplementäre uneingeschränkt aufrechterhalten werde. Eine zeitliche Beschränkung der Nachhaftung komme jedenfalls dann nicht in Betracht, wenn eine OHG in eine GmbH & Co. KG umgestaltet werde und der früher persönlich haftende Gesellschafter mithilfe der Komplementär-GmbH die Geschicke des Unternehmens weiterhin bestimme[2].

§ 613a BGB enthält keine gesetzgeberische Wertung, aus der sich eine Begrenzung der Gesellschafter-Nachhaftung ableiten ließe.

1053 § 613a BGB verfolgt drei Ziele mit einem in sich geschlossenen Regelungsgefüge:

Es sollen

- die bestehenden Arbeitsplätze geschützt,

- die Kontinuität des amtierenden Betriebsrats gewährleistet und

- die Haftung des alten und des neuen Arbeitgebers aufeinander abgestimmt werden.

Der Gesetzgeber wollte den übernommenen Arbeitnehmern einen zusätzlichen Schuldner verschaffen, also die Haftungsmasse erweitern. Da die Arbeitnehmer einen neuen Arbeitgeber und einen zusätzlichen Schuldner erhielten, erschien die Enthaftung des Betriebsveräußerers nach einem Jahr sinnvoll. Anders stellt sich die Interessenlage beim Ausscheiden eines Gesellschafter aus einer Personen-Handelsgesellschaft dar. Hier ist der Arbeitsplatz des Arbeitnehmers nicht unmittelbar gefährdet, eine betriebsbedingte Kündigung wäre nicht möglich. Die Haftungsmasse wird auch nicht zu Gunsten des Arbeitnehmers erweitert, sodass sich eine Korrektur in Form einer teilweisen Enthaftung erübrigt. Ein allgemeines Rechtsprinzip, dass der Verlust von Einflussmöglichkeiten auf das Betriebsgeschehen mit einer Haftungsbegrenzung verbunden sein müsse, ist § 613a BGB nicht zu entnehmen.

1054 (3) Stellt eine Kommanditgesellschaft ihre Geschäftstätigkeit vollständig ein und beschäftigt sich nur noch in geringem Umfang mit der Vermietung und Verpachtung von Grundbesitz, so wandelt sie sich in eine Gesellschaft bürgerlichen Rechts. Tritt ein Gesellschafter in eine Gesellschaft ein, die noch als Kommanditgesellschaft im Handelsregister einge-

---

1 BAG-Urteil vom 21. Juli 1977 3 AZR 189/76, BB 1978, 156; vgl. Fn 2 zu Rn 1055 (4).
2 BAG-Urteil vom 3. Mai 1983 3 AZR 1263/79, BB 1983, 1539.

tragen ist, aber ihre Erwerbstätigkeit eingestellt hat, so haftet der eintretende Gesellschafter nicht für früher erwachsene Verbindlichkeiten persönlich und solidarisch[1].

(4) Der in die Stellung des Kommanditisten gewechselte ehemalige Komplementär einer Kommanditgesellschaft haftet nicht persönlich für Ansprüche der Arbeitnehmer aus einem Sozialplan, der nach der Veränderung seiner Gesellschafterstellung abgeschlossen worden ist[2].   1055

(5) Sagt eine Kommanditgesellschaft Leistungen der betrieblichen Altersversorgung über eine Unterstützungskasse zu, so muss sie für deren Leistungsfähigkeit einstehen und die Leistungen selbst erbringen, wenn die Unterstützungskasse zahlungsunfähig wird.   1056

Tritt eine GmbH als persönlich haftende Gesellschafterin in die Kommanditgesellschaft ein und wird der ehemalige persönlich haftende Gesellschafter Kommanditist, so haftet die Kommanditgesellschaft für die Zahlungsfähigkeit ihrer Unterstützungskasse weiter.

Ein vormals persönlich haftender Gesellschafter wird auch fünf Jahre nach seinem Ausscheiden als persönlich haftender Gesellschafter nicht von der (Nach-)Haftung frei, wenn er weiterhin auf die Kommanditgesellschaft über die GmbH einen beherrschenden Einfluss hatte[3].

(unbesetzt)   1057–1065

Aufhebungsverträge zwischen Erwerber und Belegschaft

Aufhebungsverträge zwischen dem Betriebserwerber und der Belegschaft sowie Arbeitnehmerkündigungen aus Anlass eines Betriebsübergangs verstoßen nicht gegen den Schutzzweck des § 613a BGB.   1066

Entsprechendes gilt für einvernehmliche Änderungen bestehender Arbeitsbedingungen; denn § 613a BGB stellt nur eine wertneutrale Überleitungsvorschrift hinsichtlich der Arbeitsverhältnisse in ihrer jeweiligen Ausgestaltung dar und enthält keine Veränderungssperre.

(1) Beim „Lemgoer Modell"[4] kündigen die Arbeitnehmer das bestehende Arbeitsverhältnis, und der Betriebserwerber sagt gleichzeitig eine Neueinstellung unter veränderten Bedingungen zu; das Modell stellt grundsätzlich keine unzulässige Umgehung des § 613a BGB dar. Im Regelfall wird aber der Ausschluss des § 613a BGB ein Mittel darstellen, zwingende arbeitsrechtliche Vorschriften, die den inhaltlichen Schutz des Arbeitsverhältnisses betreffen (vgl. § 4 Abs. 3 TVG; § 77 Abs. 4 BetrVG; §§ 3, 4 BetrAVG), zu umgehen.   1067

(2) Vereinbarungen mit der Belegschaft anlässlich eines Betriebsinhaberwechsels sind in engen Grenzen zulässig, beispielsweise in Bezug auf freiwillige betriebliche Sozialleistungen oder nichttarifliche Löhne. Es gelten jedoch insoweit die Schranken der Vorschriften der §§ 138, 123 BGB. Derartige Vereinbarungen unterliegen aber analog zu § 2 KSchG einer gerichtlichen Inhalts- und Billigkeitskontrolle. Die Vereinbarungen sind aber   1068

---

1 BAG-Urteil vom 17. Februar 1987 3 AZR 197/85, DB 1988, 125.
2 BAG-Urteil vom 24. März 1993 9 AZR 387/90, AP § 161 HGB Nr. 11.
3 BAG-Urteil vom 28. November 1989 3 AZR 818/87, BAGE 63, 260, AP § 161 HGB Nr. 10; im Anschluss an BAGE 42, 312 = AP Nr. 4 zu § 128 HGB und BGH, Urteil vom 19. Mai 1983 II ZR 49/82, AP Nr. 6 zu § 128 HGB; zur Haftung des Alleingesellschafters einer GmbH & Co KG vgl. BAG-Urteil vom 15. Januar 1991 1 AZR 94/90, NJW 1991, 2923.
4 *Pietzko*, Rechtsgeschäftliche Gestaltungsmöglichkeiten der Arbeitnehmer beim Betriebsübergang, ZIP 1990, 1105.

dann wirksam, wenn sie eindeutig, nicht willkürlich und für die Arbeitnehmer zumutbar sind.

1069 (3) Wird bereits bei Abschluss eines Arbeitsvertrags vereinbart, dass im Fall des Betriebsinhaberwechsels das Arbeitsverhältnis endet, oder ist vorgesehen, dass die Ausübung des Widerspruchsrechts ausgeschlossen sein soll, stellen solche Vereinbarungen eine unzulässige Umgehung des § 613a BGB dar und sind unwirksam[1].

1070–1080 *(unbesetzt)*

6. Auslandsberührung

1081 **Schrifttum:** *Czerwenka,* Rechtsanwendungsprobleme im internationalen Kaufrecht, Berlin 1989; *Ebenroth/Eyles,* Die Beteiligung ausländischer Gesellschafter an einer inländischen Kommanditgesellschaft, DB 1988 Beilage Nr. 2/88, S. 15 f.; *Geimer/Schütze,* Internationale Urteilsanerkennung, München 1983; *Reithmann/Martiny/Dieken,* Internationales Vertragsrecht: Das internationale Privatrecht der Schuldverträge, 4. Aufl., Köln 1988; *Sandrock,* „Versteinerungsklauseln", in Rechtswahlvereinbarungen für internationale Handelsverträge, in Festschrift für Riesenfeld, hrsg. von Jayme, Kegel, Lutter, Heidelberg 1983, S. 211.

1082 Bei Kaufverträgen mit Auslandsberührung – sei es, dass ein Unternehmen im Ausland gekauft, sei es, dass ein im Inland gelegenes Unternehmen an einen Ausländer verkauft werden soll – knüpft das Deutsche Internationale Privatrecht (IPR) an den Vertragswillen der Parteien an, welchem Recht sie das Rechtsgeschäft unterwerfen wollen (Grundsatz der Privatautonomie). Eine vertragliche Rechtsverweigerung vermag schwierige Rechtsfragen zu verhindern; ein solcher „Verweisungsvertrag" unterliegt nach deutscher Rechtspraxis keinem Formerfordernis; es empfiehlt sich jedoch, die Form einzuhalten, die auch nach dem in Frage kommenden ausländischen Recht wirksam ist[2].

Verkauft ein deutscher Unternehmer sein Unternehmen an eine schweizerische AG, erhebt sich die Frage, ob der Vertrag deutschem, schweizerischem oder einem anderen Kaufrecht unterworfen werden soll.

Kann die Vereinbarung der Geltung deutschen Rechts nicht erreicht werden, liegt es nahe, dass die Beteiligten den Vertrag dem Recht eines dritten Staates unterwerfen.

1083 Es kann vereinbart werden, dass das zum Zeitpunkt des Abschlusses des Vertrages geltende ausländische Recht Anwendung finden soll und dass spätere Änderungen dieses Rechts nicht berücksichtigt werden (Versteinerungsklausel).

Die Versteinerungsklausel bewirkt, dass trotz Änderung des ausländischen Rechts für den Inhalt und die Auslegung des Vertrages die Fassung des Gesetzes zum Zeitpunkt des Abschlusses des Kaufvertrags gilt[3].

1084 Fehlt es an einer Vereinbarung oder an Indizien für einen schlüssig erklärten Parteiwillen, wird nach dem in der Bundesrepublik geltenden IPR an den hypothetischen Parteiwillen angeknüpft; dabei wird eine Interessenabwägung auf objektiver Grundlage vorgenommen.

---

1 *Pietzko,* Rechtsgeschäftliche Gestaltungsmöglichkeiten der Arbeitnehmer beim Betriebsübergang, ZIP 1990, 1105.
2 *Kegel,* Internationales Privatrecht, 2. Aufl., 1976. 256; *Erman/Arndt,* vor Abschn. 12 EGBGB, Bd. 1.
3 Vgl. dazu *Sandrock,* „Versteinerungsklauseln" in Rechtswahlvereinbarungen für internationale Handelsverträge, in Festschrift für Riesenfeld, Heidelberg 1983, herausgegeben von Jayme, Kegel und Lutter, Heidelberg 1983, S. 211 ff.

Vielfach wird der Erfüllungsort maßgeblicher Anknüpfungsmoment sein, selbst wenn 1085
dadurch ein einheitliches Schuldstatut entfällt. Bei einem Unternehmenskauf sollte allerdings regelmäßig ein Anknüpfungsmoment das Übergewicht vor anderen Merkmalen haben.

(unbesetzt) 1086–1090

Das europäische Übereinkommen betreffend Auskünfte über ausländisches Recht vom 1091
7. Juni 1968 (BGBl II 1974, 937; Zusatzprotokoll vom 15. März 1987, BGBl II 1987, 60 und 593) und das Ausführungsgesetz vom 5. Juli 1974 (BGBl I 1974, 1433; geändert mit Gesetz vom 21. Januar 1987, BGBl II 1987, 58) sollen in gerichtlichen Verfahren bei der Ermittlung ausländischen Rechts helfen. Auskunftsersuchen werden über die Deutschen Übermittlungsstellen beim Bundesminister der Justiz oder bei den Landesjustizverwaltungen an die ausländische Empfangsstelle geleitet[1].

(unbesetzt) 1092–1095

7. Vorrang bürgerlichen Rechts

Das angestrebte bürgerlich-rechtliche Ziel hat Vorrang vor der steuerrechtlichen Gestaltung. 1096

Bei der Beratung gilt es, die aus der Sicht des Auftraggebers vorrangigen außerjuristischen Gestaltungsziele in die rechtliche Form zu gießen, die mit den von den Rechtsnormen vorgegebenen Notwendigkeiten in Einklang steht. Es sollte so viel rechtliche Sicherheit gegeben werden, wie möglich ist. Die Fantasie des Beraters sollte die Veränderungen, die in den Lebensumständen der Beteiligten zu erwarten oder zu befürchten sind (z. B. Eheschließung, Scheidung, Krankheit, Tod) einbeziehen; es sollten aber auch die menschlichen Schwächen und die von ihnen ausgehenden Wirkungen (z. B. Generationsprobleme, Antipathien der Beteiligten untereinander usw.) nicht unberücksichtigt bleiben. Die vertragliche Gestaltung sollte auch im ungünstigsten Fall (z. B. völlige Veränderung der wirtschaftlichen Verhältnisse) zu nicht uneinsehbaren Ergebnissen führen, auch wenn der Grat zwischen der Klarheit vorhersehbarer Folgen und elastischer (anpassbarer) Regeln schmal ist.

(unbesetzt) 1097–1100

8. Unternehmensübertragungen im Wege des buy-out

Schrifttum: v. *Falkenhausen,* „Das Teakover-Game", Unternehmenskäufe in den USA, in Festschrift 1101
für Stiefel, München 1988, S. 163; *Geilinger,* Planung und Durchführung eines Management Buyout, Managementzeitschrift io, Zürich 1990 (59. Jg.), S. 75; *Houlden,* Buy-Outs and beyond: motivations, strategies and ownership changes, Oxford 1990, 73; *Zwecker/Abshoff,* Die anwaltliche Beratung beim Management Buy-Out, AnwBl 2000, 553.

Buy-outs sind Unternehmensübertragungen mit einer speziellen Finanzierungsform. Regelmäßig vollzieht sich der Erwerb durch einen hohen Fremdkapitaleinsatz (debt) und eine geringe Eigenkapitalquote (equity). Vielfach geschieht der Erwerb durch Bildung eines „Fonds". 1102

Der für das Ausscheiden von Gesellschaftern aus dem Unternehmen vereinbarte Preis wird durch Kredit finanziert. Der Kaufpreis bemisst sich dabei nach dem Ertragspotenzial des Unternehmens, also den diskontierten Gewinnerwartungen. Für die Banken ist bei der Beurteilung des Kredits entscheidend, welche Zukunftsaussichten das Unternehmen hat.

---

1 Vgl. *Palandt,* BGB, aaO, Einl. v. EGBGB 3 (IPR) Rn 37 EGBGB; *Otto* in Festschrift für Firschung, 1985, S. 220; *Wollny,* Auskünfte über ausländisches Recht, DRiZ 1984, 479.

1103 Wird das Unternehmen von dem Management des betroffenen Unternehmens erworben, spricht man von einem Management Buy-Out (MBO). Es kommt auch vor, dass die ganze Belegschaft das Unternehmen übernimmt. Der Kauf eines fremden Unternehmens durch eine Management-Gruppe (Team) wird als Management Buy-In (MBI) bezeichnet.

Für buy-outs kommen Familienunternehmen in Betracht, die die Inhaber verkaufen wollen, weil sie zu alt sind und weil die Erben Bargeld erhalten wollen, oder Tochter-Firmen von Unternehmen, die nicht in die Konzern-Strategie passen u. dgl. mehr.

Die Unternehmenserwerber bringen aus eigenen Mitteln nur relativ geringe Summen auf. Der größte Teil des Kaufpreises wird von Spezialfonds oder Banken zur Verfügung gestellt.

Der Kredit setzt sich häufig aus einem langfristigen Tilgungskredit, der der Finanzierung des Unternehmenserwerbs dient, und einem Betriebsmittelkredit zur laufenden Finanzierung zusammen. Die Sicherheiten werden bei einem solchen Modell im Regelfall aus dem zu erwerbenden Unternehmen gestellt.

1104 Wird bei einem Unternehmenskauf das Vermögen des aufgekauften Unternehmens zur Sicherung der Übernahmefinanzierung eingesetzt und dadurch eine erhöhte Fremdfinanzierung ermöglicht, spricht man von „Leveraged Buy-Out" (LBO) und, wenn sich außer der Management-Gruppe noch Dritte beteiligen, von einem „Mixed Management Buy-Out".

In Deutschland ist der Erwerb des Werkes Hausach der Thyssen Industrie AG durch die „Umformtechnik Hausach GmbH" ein Beispiel für Management-buy-out. In diesem Fall bestand das Finanzierungsvolumen aus dem Eigenkapitalanteil zuzüglich der bisher von der Thyssen Industrie AG dem Werk Hausach zur Verfügung gestellten Fremdmittel. Bei der Herauslösung des Werks wurde die Fremdfinanzierung durch Banken sichergestellt.

Jeder Unternehmenserwerb im Wege des buy-out wird eine maßgeschneiderte Finanzierungslösung erfordern; für die Unternehmensübertragung selbst gelten die allgemeinen Regeln.

Als Sicherheit für das Fremdkapital werden – soweit möglich – die Vermögensgegenstände des erworbenen Unternehmens eingesetzt. Auf die Übernahmemethoden „White Knight" und „Auction" soll hier nicht eingegangen werden[1].

1105 Bei der Planung eines Management-Buy-Out sollten genügend Reserven eingeplant werden, damit unvorhergesehene Ereignisse wie eine Konjunkturschwäche oder ein Zinsanstieg verkraftet werden können.

1106–1115 *(unbesetzt)*

---

[1] *Jander/McDermott* beschreiben diese Methoden wie folgt: In einer **White Knight-Konstellation** unterbreitet ein möglicher Käufer ein Angebot über den Kauf von Aktien einer börsennotierten Zielgesellschaft (im Allgemeinen in der Form eines „Tender Offer", welches an alle Aktionäre der Zielgesellschaft gerichtet ist). Nach Auffassung des Board of Directors der Zielgesellschaft spiegelt dieses Angebot jedoch nicht den vollen Wert der Zielgesellschaft wider. Ein zweiter potenzieller Übernehmer, der White Knight, legt daraufhin ein höheres Angebot vor und „rettet" somit die Aktionäre der Zielgesellschaft vor dem Druck oder dem Zwang (falls auf das erste Tender Offer ein mittels anschließender Fusion ermöglichtes „Auskaufen" der im Rahmen des Tender Offer nicht gekauften Aktien erfolgen sollte), dass ein zu geringes Angebot für ihre Aktien angenommen werden muss. Typischerweise wird der White Knight von den Investmentbanken oder dem Zielunternehmen selbst ausgesucht. Gelegentlich fällt die Wahl des Managements hierbei auf einen früheren Übernahmeinteressenten, dessen auf traditionelle Übernahme gerichteten Bemühungen jedoch erfolglos geblieben sind. In einer **Auction-Transaktion** bietet eine Gesellschaft im Allgemeinen eines oder mehrere ihrer Betriebsunternehmen möglichen Käufern auf der Basis kaum verhandelbarer Bedingungen an. Die offerierende Gesellschaft nimmt das Angebot desjenigen Bieters an, dessen Bedingungen einschließlich des Kaufpreises ihr am günstigsten erscheinen.

9. Missbrauch von Gestaltungsmöglichkeiten

Schrifttum: *Teichmann,* Die Gesetzesumgehung, Göttingen 1962.

Das Steuerrecht knüpft grundsätzlich an die gewählte bürgerlich-rechtliche Gestaltung an; es geht davon aus, dass die bürgerlich-rechtliche Gestaltung der wirtschaftlich erstrebten Gestaltung entspricht[1].

Verträge unter nahen Angehörigen sind allerdings wegen der grundsätzlich gleichgerichteten Interessen nach der ständigen Rechtsprechung des Bundesfinanzhofs[2] steuerlich nur anzuerkennen, wenn zu Beginn der Vertragsbeziehung eine bürgerlich-rechtlich wirksame, klare und eindeutige Vereinbarung abgeschlossen wird, die inhaltlich wie unter Fremden ausgestaltet ist und auch tatsächlich so vollzogen wird. Bei Betriebsübertragungen zwischen Familienangehörigen wird vermutet, dass die beiderseitigen Leistungen nicht kaufmännisch gegeneinander abgewogen sind. Die Beteiligten können aber auch durch eindeutige und klare Vereinbarungen zum Ausdruck bringen, dass tatsächlich ein auf äquivalenten Leistungen beruhendes Geschäft abgeschlossen wurde[3]. Das aus Art. 6 Abs. 1 GG abzuleitende Diskriminierungsverbot wird durch die von der Verwaltung und Rechtsprechung vorgenommene typisierende und generalisierende Sachverhaltswürdigung nicht verletzt[4].

So kann eine GmbH & Co. KG als nahe Angehörige einer GmbH zu beurteilen sein[5], wenn der oder die Gesellschafter-Geschäftsführer personenidentisch sind.

Ist die bürgerlich-rechtliche Vereinbarung nicht das angemessene Mittel der erstrebten wirtschaftlichen Gestaltung, stellt sie sich als Gesetzesumgehung dar, und zwar als „Missbrauch von Gestaltungsmöglichkeiten des Rechts"; der Steueranspruch entsteht so, wie er bei einer den wirtschaftlichen Vorgängen angemessenen rechtlichen Gestaltung entsteht (§ 42 AO)[6].

Zur Beurteilung der Frage, ob ein Sachverhalt i. S. v. § 42 AO vorliegt, ist es erforderlich, zu ermitteln, welche bürgerlich-rechtlichen Interessen die Vertragspartner mit ihren Vereinbarungen regeln wollten, welche Gestaltung dieser Zielsetzung angemessen ist, ob die gewählte Gestaltung mit den Zielsetzungen übereinstimmt. Missbräuchlich i. S. v. § 42 AO ist eine bürgerlich-rechtliche Gestaltung, wenn sie allein durch die steuerliche Zielsetzung bestimmt ist.

(unbesetzt)

---

[1] Zur Umgehung vgl. z. B. LG Berlin, Urteil vom 3. Januar 1956 65 S 327/55, JR 1956, 304.
[2] Vgl. BFH-Urteile vom 25. Januar 1979 IV R 34/76, BFHE 127, 364, BStBl II 1979, 434; vom 13. Februar 1980 II R 18/75, BFHE 130, 188, BStBl II 1980, 364; vom 13. Dezember 1983 VIII R 64/83, BFHE 140, 437, BStBl II 1984, 426; vom 29. Oktober 1985 IX R 107/82, BFHE 146, 351, BStBl II 1986, 217; vom 29. November 1984 V R 38/78, BFHE 142, 519, BStBl II 1985, 269; vom 19. Juni 1985 I R 115/82, BFHE 144, 264, BStBl II 1985, 680; vom 6. März 1985 II R 240/83, BFHE 143, 393, BStBl II 1985, 494.
[3] BFH-Urteil vom 11. September 1991 II R 32, 33/89, BFH/NV 1992, 168.
[4] BVerfG-Beschluss vom 7. August 1985 I BvR 707/85, nv.
[5] Vgl. OLG Hamm, Urteil vom 12. Juni 1990 27 U 227/89, rkr., ZIP 1990, 1355.
[6] Zu den Einzelheiten und der Literatur vgl. *Tipke/Kruse,* Abgabenordnung-Finanzgerichtsordnung, 11. Aufl., AO § 42, sowie die anderen Kommentare zur AO.

III. Ausdrucksvielfalt beim „Unternehmens"-Begriff

1126 Der entgeltliche Wechsel des Inhabers eines Unternehmens wird im Wirtschaftsleben als „Betriebsveräußerung", „Geschäftsveräußerung", „Unternehmensverkauf", „Veräußerung der Firma" usw. bezeichnet; inhaltliche Unterschiede werden mit diesen unterschiedlichen Ausdrücken vielfach nicht verbunden.

Für die Ausdrücke **„Betrieb"**, **„Geschäft"**, **„Unternehmen"** und **„Unternehmung"** gibt es in der Rechtsordnung keine verbindlichen Begriffsbestimmungen. In §§ 112 und 1822 Nr. 3 BGB wird der Begriff **„Erwerbsgeschäft"** verwendet. Es werden im bürgerlichen Recht ferner die Ausdrücke **„Handelsgeschäft"**, **„Handelsgewerbe"**, **„Gewerbebetrieb"** usw. zur Bezeichnung eines Unternehmens gebraucht.

1. Betrieb

1127 Unter **Betrieb** wird im betriebswirtschaftlichen Sinne die „planmäßige örtliche, technische und organisatorische Zusammenfassung von menschlicher Arbeitsleistung, Betriebsmitteln und Werkstoffen zu dem Zweck" verstanden, „Sachgüter (Rohstoffe, Halb- oder Fertigerzeugnisse) herzustellen oder Güter immaterieller Art (Dienstleistungen) zu erbringen".

1128 Als Betrieb i. S. d. Betriebsverfassungsgesetzes ist zu verstehen „die organisatorische Einheit, innerhalb derer ein Arbeitgeber allein oder mit seinen Arbeitnehmern mithilfe von technischen und immateriellen Mitteln bestimmte arbeitstechnische Zwecke fortgesetzt verfolgt, die sich nicht in der Befriedigung von Eigenbedarf erschöpfen"[1].

1129 Als „Betriebskauf" wird auch die Übertragung eines zusammenhängenden Teils eines Unternehmens mit dem ihm zugeordneten Produktionsapparat und der Überleitung der in ihm beschäftigten Belegschaft bezeichnet[2].

1130 Als „Betrieb" werden im Steuerrecht bezeichnet der

- Betrieb der Land- und Forstwirtschaft,

- Gewerbebetrieb und

- Betrieb gewerblicher Art von juristischen Personen.

2. Erwerbsgeschäft

1131 „Erwerbsgeschäft" i. S. v. §§ 112, 1822 Nr. 3 BGB[3] ist jede berufsmäßig ausgeübte, auf selbständigen Erwerb gerichtete Tätigkeit[3], gleichgültig ob es sich um Handel, Fabrikationsbetrieb, Handwerk, Landwirtschaft, wissenschaftliche, künstlerische oder sonstige freiberufliche Erwerbstätigkeit handelt.

---

1 Vgl. *Fitting/Auffahrth/Kaiser*, Betriebsverfassungsgesetz nebst Wahlordnung, Kommentar, 17. Aufl., München 1992, Rz 1 zu § 1.
2 *Hommelhoff*, Der in Unternehmenskauf als Gegenstand der Rechtsgestaltung (Rezensionsabhandlung), ZRH 150 (1986), 254; vgl. auch BGH-Urteil vom 25. Oktober 1979 III ZR 182/77, WM 1980, 10, betreffend Teilunternehmenskauf.
3 RG-Urteil vom 12. Mai 1931 II 294/39, RGZ 133, 11.

3. Unternehmen

Schrifttum: *Albach,* Zur Theorie der Unternehmung, Berlin u. a. 1989; *Schmidt, Karsten,* Handelsrecht, 4. Aufl., Köln/Berlin/Bonn/München 1994, 63 f., und die dort in der Fn zitierte Literatur; Bericht über die Verhandlungen der Unternehmensrechtskommission, 1980.

1132

Eine allgemeine Bestimmung des Begriffs **„Unternehmen"** fehlt in unserer Rechtsordnung, wie bereits gesagt. Auf sie ist auch bei der Einführung des Bilanzrichtliniengesetzes verzichtet worden[1].

1133

Umfassend wird der Ausdruck **Unternehmen** gebraucht und wie folgt umschrieben:

Unternehmen ist die durch Tätigkeit geschaffene Wirtschaftseinheit, bestehend aus dem in der Geschäftsorganisation und in den -chancen beruhendem objektiven Niederschlag dieser Tätigkeit (Tätigkeitsbereich) mit den ihm – regelmäßig – ein- und angegliederten Sachen und Rechten einschließlich der zu ihm gehörenden Schulden[2].

1134

Hüffer[3] bezeichnet das Unternehmen „als betriebsfähige Wirtschaftseinheit, die dem Unternehmer das Auftreten am Markt ermöglicht". Diese Kennzeichnung schließt ein Mindestmaß an Mittelausstattung, an Organisation und an Außenwirkung ein.

1135

In der Rechtsprechung wird das Unternehmen als eine „Organisation" gesehen, „durch welche körperliche Sachen und Rechte, aber auch Umstände, die weder körperliche Sachen noch Rechte sind, z. B. Lage, Beruf, Kenntnis der Bezugsquellen usw., einem wirtschaftlichen Zweck dienstbar gemacht werden"[4], wobei der Begriff je nach dem Rechtsgebiet, in dem er verwendet wird, einen unterschiedlichen Inhalt hat[5].

1136

Unternehmer im Sinne des Handelsrechts ist nach *Raisch*[6], wer selbständig mittels einer auf Dauer angelegten organisierten Wirtschaftseinheit anderen Marktteilnehmern wirtschaftlich werthafte Leistung anbietet.

Ein **Unternehmen** setzt demgemäß voraus, dass die zum Betrieb gehörenden Sachen, Rechte und anderen Werte nicht beziehungslos nebeneinander stehen, sondern eine organisatorische Einheit bilden. Ihre Bedeutung gewinnen die Gegenstände durch die Zusammenfassung und ihre gegenseitige Wechselwirkung.

1137

Das **Unternehmen** ist eine Gesamtheit von Sachen und Rechten, tatsächlichen Beziehungen und Erfahrungen sowie unternehmerischen Handlungen; es ist aber keine Sachgesamtheit, da es sich aus Sachen, Rechten und sonstigen Gütern des Rechtsverkehrs zusammensetzt. Das Unternehmen kann als „Gegenstand" bezeichnet werden[7]. Der Ausdruck „Unternehmen" ist also umfassender als der Begriff „Gewerbe" oder „Gewerbebetrieb"; auch die Praxis eines Freiberuflers und seine Tätigkeit können demgemäß als Unternehmen bezeichnet werden.

1138

Eine Gesamtbehandlung des Unternehmens besteht jedoch nur in Ansätzen. Anschauung und Bedürfnis des Verkehrs gehen darüber hinaus.

1139

---

1 Vgl. auch *Zilias,* Zum Unternehmensbegriff im neuen Bilanzrecht, DB 1986, 1110.
2 *J. v. Gierke,* Firmenuntergang und Firmenverlegung, ZHR 111 (1948), 1 f.
3 *Staub,* Rn 6 vor § 22 HGB.
4 RG-Urteil vom 16. Juni 1943 VII, VIII 139/42, RGZ 170, 292, 298.
5 BGH-Urteil vom 13. Oktober 1977 II ZR 123/76, BGHZ 69, 334, 336.
6 *Raisch,* Geschichtliche Voraussetzungen, dogmatische Grundlagen und Sinnwandlung des Handelsrechts, 1965, S. 193.
7 RG-Urteil vom 2. Juni 1921 VI 112/21, RGZ 102, 223, das den Bestand des eingerichteten und ausgeübten Gewerbebetriebs zu sonstigen Rechten i. S. d. § 823 Abs. 1 BGB rechnet.

1140 Die Rechtsordnung behandelt das kaufmännische Unternehmen in bestimmten Beziehungen als einen vom übrigen Lebensbereich des Kaufmanns gesonderten Bereich.

Das Unternehmen ist nicht rechtsfähig.

1141–1145 *(unbesetzt)*

4. Handelsgeschäft

1146 In § 22 HGB wird vorausgesetzt, dass das **Handelsgeschäft** als eine besondere Art des Unternehmens veräußert oder vererbt werden kann; es kann mit einem Nießbrauch belastet oder verpachtet werden (§ 22 Abs. 2 HGB; § 1822 Nr. 3 und 4 BGB).

Die Rechtsordnung geht also davon aus, dass ein Handelsgeschäft Gegenstand des Rechtsverkehrs und somit auch Objekt eines Kauf-, Pacht- oder sonstigen Vertrages sein kann (vgl. §§ 112, 1822 Nr. 4 BGB; InsO).

1147 Neben dem Wohnsitz des Kaufmanns gibt es eine geschäftliche Niederlassung (§ 29 HGB; § 269 Abs. 1 BGB; § 21 ZPO; § 2 InsO).

1148 Neben seinem Namen tritt der Kaufmann unter dem mit dem Handelsgeschäft verbundenen Firmennamen im Handelsverkehr auf; dieser Firmenname ist nur mit dem Handelsgeschäft veräußerbar[1].

1149 Seine Waren kann der Kaufmann unter einem Warenzeichen vertreiben.

1150 Der Kaufmann ist der Träger der Rechte und Pflichten aus dem Handelsgeschäft. Den Gesellschaftsgläubigern steht kein Sondervermögen gegenüber, das ihrem ausschließlichen Zugriff zur Verfügung stünde. Geschäftsgläubiger und Privatgläubiger können sich sowohl an das Geschäftsvermögen wie an das Privatvermögen halten. Die Insolvenz des Einzelkaufmanns ergreift sein Gesamtvermögen.

1151 **Handelsgeschäft** ist dasjenige Unternehmen, das einem Handelsgewerbe seines Inhabers dient. Die Merkmale, die die Kaufmannseigenschaft begründen, kennzeichnen auch das Handelsgeschäft und grenzen diesen Begriff gegenüber dem anderer Unternehmen ab. Notwendig ist für das Handelsgeschäft, dass das Unternehmen einer gewerblichen Tätigkeit dient, die entweder nach ihrer Art Handelsgewerbe ist (§ 1 HGB) oder diese Eigenschaft durch Registereintragung erworben hat (§§ 2 und 3 HGB).

1152 Das RG bezeichnet als Handelsgeschäft einen eingerichteten und ausgeübten Gewerbebetrieb.

1153 Objekte des Kaufs eines Handelsgeschäfts oder sonstiger Rechtsgeschäfte sind die zum Unternehmen gehörenden Sachen (z. B. Grundstücke, Inventar, Fuhrpark, Warenlager), Forderungen, Namens-, Firmen- und sonstige Kennzeichenrechte, gewerbliche Schutz- und Nutzungsrechte, aber auch die unkörperlichen Vermögenswerte, die vielfach erst den Wert des Unternehmens ausmachen. Dazu gehören z. B. die betriebliche Organisation (Aufgabenverteilung im Betrieb), die Arbeitsmethoden, die kaufmännischen, betriebswirtschaftlichen und technischen Kenntnisse (Geschäfts- und Fabrikationsgeheimnisse), Bezugsquellen und Absatzmöglichkeiten, Kunden- und Lieferantenlisten, der Ruf des Unternehmens bei den Geschäftspartnern und Kreditgebern (Goodwill).

1154 Die Ausdrücke „**Geschäft**" und „**Handelsgeschäft**" werden aber nicht nur im Sprachgebrauch mit unterschiedlichem Inhalt verwendet. Der Gesetzgeber spricht von „Handels-

---

1 Vgl. Rn 2211 ff., 2241.

geschäften" und meint einmal damit das „Unternehmen des Kaufmanns" (§§ 22 ff. HGB), zum anderen in § 343 HGB alle Geschäftsvorfälle eines Kaufmanns, die zum Betrieb seines Handelsgewerbes gehören.

Nicht jeder **Gewerbebetrieb** ist ein Handelsgeschäft im Sinne der §§ 22 ff. HGB. Die Handelsgeschäfte bilden nur eine Gruppe, allerdings die wichtigste Gruppe der gewerblichen Betriebe. 1155

Zum „Handelsgeschäft" gehört regelmäßig ein diesem Unternehmen dienendes Vermögen. Dieses **Handels- und Geschäftsvermögen** bildet die finanzielle Grundlage für den Betrieb. Leben gewinnt das „Handelsgeschäft" durch die Tätigkeit des Unternehmers. Zum Handelsvermögen muss die kaufmännische und technische unternehmerische Leistung hinzukommen. So gehören zu den Werten des Unternehmens die Kundschaft, der Personalstamm, die Geschäftslage und die Aussichten der künftigen Entwicklung. 1156

Das Ergebnis der Arbeit des Unternehmers kann ein umsatzfähiges Gut geworden sein, Geldwert besitzen. Dieser Wert ist oft sehr erheblich, bisweilen bedeutender als alles übrige, gelegentlich sogar der einzige ernstliche Wert. Der Wert des bestehenden Geschäfts als lebender Organismus des Wirtschaftslebens mit Aussicht auf Gewinnerzielung wird bezeichnet als **Firmenwert, Geschäftswert, Goodwill** usw. Rechtlich gesehen sind die den Firmenwert bildenden Unternehmensbestandteile – im Gegensatz zum Handelsvermögen – weder Sachen noch Rechte, sondern rein tatsächliche Verhältnisse. Sie lassen sich mit dem Begriff Gegenstand bezeichnen, der außer Sachen und Rechten auch andere vermögenswerte Güter umfasst, so auch die den Firmenwert ausmachenden tatsächlichen Gegebenheiten. 1157

Das „Handelsgeschäft" im Sinne von „Unternehmen" ist ein Gegenstand. Der Begriff „Gegenstände" umfasst außer den Sachen des BGB technisch beherrschbare Energien, Immaterialgüterrechte und sonstige Vermögensrechte, nicht aber Persönlichkeits-, Familien- und unselbständige Gestaltungsrechte. In schuldrechtlichen Bestimmungen (z. B. §§ 256, 260, 273, 292, 504, 581, 2374 BGB) umfasst der Begriff alles, was Vermögensbestandteil sein kann (z. B. Geschäft, Unternehmen, Praxis, Zeitungstitel, Geschäftsgeheimnis usw.)[1]. Solche Vermögensstellungen, aber auch das „Unternehmen als ganzes" können Gegenstand schuldrechtlicher Verträge sein. Die Vorschriften des Schuldrechts sind nicht nur auf einzelne Gegenstände, sondern auch auf Rechtsgesamtheit anwendbar. Demzufolge kann über das Handelsgeschäft als ganzes sowohl ein Kaufvertrag als auch ein Pachtvertrag abgeschlossen werden[2]. 1158

Ein Kaufmann kann Inhaber mehrerer selbständiger Geschäfte sein. 1159

Beispiel: 1160
Ein Bankier ist gleichzeitig Landwirt und betreibt ein eingetragenes landwirtschaftliches Nebengewerbe. Beide Unternehmungen sind hinsichtlich der Niederlassung, der Firmenführung, der Eintragung im Handelsregister, Prokuraerteilung usw. selbständig.

(unbesetzt) 1161–1170

---

[1] Vgl. *Palandt*, BGB, Überblick vor § 90 BGB Rn 2.
[2] Vgl. RG-Urteile vom 26. Januar 1909 VII 124/08, RGZ 70, 220, 224, und vom 3. Juli 1921 III 299/20, RGZ 102, 225; RGRK, aaO, § 433, Anm. 6 c.

5. Gewerbebetrieb

1171 Unter einem **Gewerbe** versteht man eine selbständig planmäßige wirtschaftliche Betätigung, die in der Absicht, Gewinn zu erzielen, ausgeübt wird (vgl. Gewerbeordnung). Nicht zum Gewerbe zählen die Urproduktion (insbesondere Land- und Forstwirtschaft), die freien Berufe, öffentliche Dienste, unselbständige Tätigkeiten, hauswirtschaftliche Betätigung, die nicht gewerbsmäßige Vermietung und Verpachtung, Unterricht oder Kindererziehung gegen Entgelt (§ 6 Gewerbeordnung).

1172 Ein **stehender Gewerbebetrieb** ist ein solcher mit einer gewerblichen Niederlassung. Er ist anzeigepflichtig, und zwar bei der Gemeindebehörde, die darüber eine Empfangsbescheinigung erteilt.

1173 Für das **Reisegewerbe**, d. h. für das persönliche Anbieten von Waren oder Leistungen außerhalb einer gewerblichen Niederlassung bedarf es einer Reisegewerbekarte (§ 55 Gewerbeordnung).

1174 Alle Gewerbebetriebe unterliegen der Gewerbeaufsicht.

1175 Besondere Vorschriften gelten z. B. für Immobilien-, Darlehens- und Investmentmakler sowie die gewerbsmäßigen Bauträger und Baubetreuer (vgl. § 34c Gewerbeordnung).

1176 Die Betätigung mit einem Gewerbebetrieb ist maßgebend für die Rechtsfolgen in § 269 BGB.

1177 Als „**sonstiges Recht**" i. S. v. § 823 Abs. 1 BGB ist von der Rechtsprechung der „eingerichtete und ausgeübte Gewerbebetrieb" anerkannt[1].

Wegen der vom Inhaber des Gewerbebetriebs schon getroffenen „Betriebsveranstaltungen" soll die Fortsetzung seiner bisherigen Tätigkeit gesichert werden[2], und zwar gegen Beeinträchtigungen durch Außenstehende.

1178 Was im Einzelnen unter einem eingerichteten und ausgeübten Gewerbebetrieb zu verstehen ist, wird nicht näher umschrieben, sondern als gedanklich bekannt vorausgesetzt.

1179 Die Rechtsprechung behandelt unter dem Gesichtspunkt der Enteignung oder des enteignungsgleichen Eingriffs auch obrigkeitliche Maßnahmen, die einen unmittelbaren betriebsbezogenen Eingriff in den Bereich eines ausgeübten Gewerbebetriebs enthalten, wozu der gesamte Tätigkeitskreis gehört[3], also nicht nur die Wirtschaftsgüter des Betriebsvermögens, sondern alles, was den wirtschaftlichen Wert des Betriebs ausmacht[4].

1180 **Gewerbebetrieb** im Sinne des Einkommensteuer- und Gewerbesteuerrechts ist eine selbständige nachhaltige Betätigung, die mit Gewinnabsicht unternommen wird und sich als Beteiligung am allgemeinen wirtschaftlichen Verkehr darstellt, wenn die Betätigung weder als Ausübung von Land- und Forstwirtschaft noch als Ausübung eines freien Berufs noch als eine andere selbständige Arbeit im Sinne des Einkommensteuerrechts anzusehen ist (§ 1 Abs. 1 Satz 1 GewStDV). Eine durch die Betätigung verursachte Minderung der Steuern vom Einkommen ist kein Gewinn im Sinne des Satzes 1 (vgl. § 15 Abs. 2 Satz 2

---

1 *Fikentscher,* Das Recht am Gewerbebetrieb (Unternehmen) als „sonstiges Recht" i. S. d. § 823 Abs. 1 BGB in der Rechtsprechung des Reichsgerichts und des Bundesfinanzhofs, in Festschrift für Kronstein 1967, S. 261.
2 BGH-Urteil vom 19. März 1969 VI ZR 204/67, NJW 1969, 1207.
3 BGH-Urteil vom 9. Dezember 1958 VI ZR 199/57, BFHZ 29, 69.
4 BGH-Urteile vom 29. Januar 1957 III ZR 141/55, BGHZ 23, 157, 162, und vom 31. Januar 1966 III ZR 127/64, BGHZ 45, 83, 87.

EStG). Ein Gewerbebetrieb liegt, wenn seine Voraussetzungen im Übrigen gegeben sind, auch dann vor, wenn die Gewinnerzielungsabsicht nur ein Nebenzweck ist.

(unbesetzt) 1181–1185

6. Zweigniederlassung

Das HGB verlangt, dass jeder Kaufmann eine „Niederlassung" hat (vgl. §§ 13 ff., § 29 HGB). Für Handelsgesellschaften verlangt das HGB einen „Sitz" (§ 105 HGB). 1186

Hat ein Kaufmann mehrere Handelsgeschäfte, kann er auch mehrere Hauptniederlassungen haben (z. B. für eine Bank und eine Fabrik). Jedes Handelsgeschäft wird dann im Firmen- und Registerrecht gesondert behandelt. 1187

Unter Zweigniederlassung ist die Niederlassung eines Kaufmanns oder einer Handelsgesellschaft zu verstehen, an der er, seine Mitglieder oder Arbeitnehmer teils abhängig von der Hauptniederlassung, teils unabhängig von ihr wirken. 1188

Die Merkmale der Zweigniederlassung sind 1189

- ihre räumliche Selbständigkeit; die Zweigniederlassung kann sich zwar in der Gemeinde der Hauptniederlassung befinden, aber nicht in denselben Räumen;
- die Erledigung der sachlich selben, nicht jedoch notwendig gleichartigen Geschäfte wie in der Hauptniederlassung, also insbesondere nicht bloße Hilfs- oder Ausführungsgeschäfte;
- der auf gewisse Dauer angelegte Geschäftsbetrieb;
- ihre äußere Einrichtung ähnlich der einer Hauptniederlassung – es bestehen z. B. ein Geschäftslokal, Bankkonto, eine gesonderte Kasse, weitgehend gesonderte Buchführung –;
- die Befugnis ihres Leiters zu selbständigem Handeln in nicht ganz unwesentlichen Angelegenheiten.

Der Begriff der Zweigniederlassung ist also enger als der im Steuerrecht bedeutsame Begriff der Betriebsstätte; er stimmt auch nicht mit dem des **„Teilbetriebs"** überein. 1190

Die Errichtung einer Zweigniederlassung ist beim Gericht der Hauptniederlassung – die von einer Handelsgesellschaft beim Gericht des Sitzes der Gesellschaft – zur Eintragung in das Handelsregister des Gerichts der Zweigniederlassung anzumelden (§ 13 Abs. 1 Satz 1 HGB). Das Handelsregister bei der Hauptniederlassung offenbart alles, was über das Unternehmen zu offenbaren ist, auch das, was nur eine Zweigniederlassung betrifft; das Handelsregister bei einer Zweigniederlassung offenbart, was das ganze Unternehmen, nicht aber was nur die Hauptniederlassung oder eine andere Zweigniederlassung betrifft. 1191

Wird die Hauptniederlassung oder der Sitz einer Handelsgesellschaft im Inland verlegt, so ist die Verlegung beim Gericht der bisherigen Hauptniederlassung oder des bisherigen Sitzes anzumelden (§ 13h Abs. 1 HGB). 1192

Zweifelhaft ist, ob eine Zweigniederlassung nur aufgehoben und anderswo neu errichtet, also nicht verlegt, werden kann oder ob auch die Verlegung einer Zweigniederlassung möglich ist. 1193

Eine Zweigniederlassung ist also eine von der Hauptniederlassung zwar abhängige und ihr dienende, aber mit einer solchen Selbständigkeit eingerichtete Niederlassung, dass sie bei 1194

Wegfall der Hauptniederlassung selbst Hauptniederlassung werden könnte. Die Zweigniederlassung ist ein Unterfall der Betriebstätte i. S. v. § 12 AO.

1195 Fehlt einer Niederlassung ein zu weitgehend selbständigem Handeln auf Grund eigener Entschließung befugter Leiter ganz oder darf ein solcher Leiter nur weisungsgebunden handeln, führt er keine selbständigen Geschäftsbücher und dergleichen, so liegt keine Zweigniederlassung vor, sondern nur eine Geschäftsstelle, Zweigstelle oder Unterabteilung des Unternehmens. Keine Zweigniederlassungen sind danach z. B. Empfangs- und Aushändigungsstellen, Warenlager oder Speicher, Kassen, Ingenieurbüros, Versicherungsagenturen. Letztere können allerdings, wenn die Leiter Angestellte und zum selbständigen Abschluss befugt sind, auch Zweigniederlassungen sein.

1196 Ein Kaufmann kann auch in der Gemeinde der Hauptniederlassung eine Zweigniederlassung unterhalten. Die Zweigniederlassung muss jedoch von der Hauptniederlassung räumlich getrennt sein.

1197 **Beispiel:**
Ein Lebensmitteleinzelhändler hat sein Hauptgeschäft in Ludwigshafen. Er kann selbständige Zweigniederlassungen in Mannheim, aber auch in den Vororten von Ludwigshafen unterhalten.

Der Lebensmittelhändler kann, wenn eine Zweigniederlassung (Filiale) die erforderliche Selbständigkeit besitzt, diese veräußern.

1198–1205 *(unbesetzt)*

7. Betriebstätte

1206 Betriebstätte ist jede feste Geschäftseinrichtung oder Anlage, die der Tätigkeit eines Unternehmens dient (§ 12 Satz 1 AO). Eine Zweigniederlassung ist Betriebstätte in diesem Sinne (§ 12 Satz 2 Nr. 2 AO).

1207 Steuerlich werden als Betriebstätten insbesondere angesehen:

die Stätte der Geschäftsleitung, Geschäftsstellen, Fabrikations- oder Werkstätten, Warenlager, Ein- oder Verkaufsstellen, Bergwerke, Steinbrüche oder andere stehende, örtlich fortschreitende oder schwimmende Stätten der Gewinnung von Bodenschätzen, Bauausführungen oder Montagen, auch örtlich fortschreitende oder schwimmende, wenn die einzelne Bauausführung oder Montage oder eine von mehreren zeitlich nebeneinander bestehenden Ausführungen oder Montagen oder mehrere ohne Unterbrechung aufeinander folgende Bauausführungen oder Montagen länger als sechs Monate dauern.

Auch Gerüstbauarbeiten können als Bauausführungen eine Betriebstätte bilden[1].

1208 Eine ausländische Betriebstätte wird nicht allein dadurch begründet, dass die Monteure eines inländischen Lieferanten über sechs Monate lang an einem Ort im Ausland mit der Aufstellung einer Maschine beschäftigt sind[2].

1209 Ist die Zweigniederlassung (§ 13 HGB) einer ausländischen Kapitalgesellschaft im Handelsregister eingetragen, so spricht eine – widerlegbare – Vermutung dafür, dass das ausländische Unternehmen im Inland eine Betriebstätte unterhält[3].

---

1 BFH-Urteil vom 22. September 1977 IV R 51/72, BFHE 123, 356, BStBl II 1978, 140.
2 BFH-Urteil vom 7. März 1979 I R 145/76, BFHE 127, 517, BStBl II 1979, 527.
3 BFH-Urteil vom 30. Januar 1981 III R 116/79, BFHE 133, 217, BStBl II 1981, 560.

Eine Betriebstätte kann auch durch Einbau von Türen und Fenstern in einem Neubau begründet werden[1]. 1210

Unentgeltlich überlassene Räume zur Wartung von Datenverarbeitungsanlagen können Betriebstätte eines Vermieters sein[2]. 1211

(unbesetzt) 1212–1220

8. Teilbetrieb

Teilbetrieb i. S. d. Einkommensteuerrechts (vgl. § 16 Abs. 1 Nr. 1 EStG) ist ein mit einer gewissen Selbständigkeit ausgestatteter, organisch geschlossener Teil des Gesamtbetriebs, der für sich allein lebensfähig ist[3]. 1221

Kein Teilbetrieb, sondern ein unselbständiger Betriebsteil liegt vor, wenn ein Unternehmen, das unterschiedliche Leistungen erbringt, nur organisatorisch nach örtlichen und fachlichen Gesichtspunkten aufgeteilt ist[4]. 1222

Bedeutsam wird der Begriff wegen der steuerlichen Vergünstigungen im Falle der Veräußerung. Entscheidend sind die Verhältnisse im Zeitpunkt vor der Veräußerung. 1223

Hat ein Einzelunternehmer mehrere Betriebe, die zueinander in keinerlei sachlicher und wirtschaftlicher Verbindung stehen, so sind diese keine **Teilbetriebe.** 1224

Lebensfähig ist ein Teil des Gesamtbetriebs, wenn von ihm seiner Struktur nach eigenständig betriebliche Tätigkeit ausgeübt werden kann[5]. Notwendig ist in der Regel ein eigener Kundenkreis[6]. Gesamtbetrieb und Teilbetrieb müssen nicht in einem bestimmten Wertverhältnis zueinander stehen[7]. 1225

Ob ein Betriebsteil als „wesentlicher Betriebsteil" zu bezeichnen ist, kann arbeitsrechtlich von Bedeutung sein[8]; ein wesentlicher Betriebsteil ist jedoch kein Teilbetrieb im steuerrechtlichen Sinne. 1226

(unbesetzt) 1227–1235

9. Andere Unternehmen

Kaufmann ist, wer ein Handelsgewerbe betreibt, und zwar jedes Gewerbe, es sei denn, dass das Unternehmen nach Art oder Umfang einen in kaufmännischer Weise eingerichteten Geschäftsbetrieb nicht erfordert. 1236

(unbesetzt) 1237–1240

---

1 BFH-Urteil vom 21. Oktober 1981 I R 21/78, BFHE 134, 562, BStBl II 1982, 241.
2 BFH-Urteil vom 17. März 1982 I R 189/79, BFHE 136, 120, BStBl II 1982, 624.
3 Zum Begriff „Teilbetrieb" vgl. auch Rn 4036–4043.
4 BFH-Urteil vom 21. Februar 1973 IV R 168/69, BFHE 108, 233, BStBl II 1973, 361.
5 BFH-Urteile vom 4. Juli 1973 I R 154/71, BFHE 110, 245, 247, BStBl II 1973, 838, und vom 19. Februar 1976 IV R 179/72, BFHE 118, 323, BStBl II 1976, 415.
6 BFH-Urteil vom 26. Juni 1975 VIII R 39/74, BFHE 116, 391, 393, BStBl II 1975, 832.
7 BFH-Urteil vom 5. Oktober 1976 VIII R 87/72, BFHE 120, 263, BStBl II 1977, 45.
8 dazu BAG-Urteil vom 7. August 1990 1 AZR 445/89, ZIP 1990, 1426.

10. Begriffsverwendung

1241 Im Rahmen der Darstellung ist es zweckmäßig, jeweils vom Unternehmen zu sprechen und insbesondere die Ausdrücke „Handelsgesellschaft", „Teilbetrieb" usw. zu verwenden, wenn das „Unternehmen" in diesem engeren Sinne verstanden werden soll. Gesetzliche Regelungen und Rechtsprechung liegen insbesondere für die Übertragung des Handelsgeschäfts vor. Die Wiedergabe der dabei geltenden Rechtsgrundsätze macht es unvermeidlich, vom „Handelsgeschäft" zu sprechen, auch wenn die Rechtsfolgen im Rahmen der Übertragung von Unternehmen ebenso gelten.

1242–1245 *(unbesetzt)*

11. Entstehen eines veräußerbaren „Geschäfts"

a) Allgemeines

1246 Von Geschäftsveräußerung wird gesprochen, wenn ein bestehendes Unternehmen (Praxis) veräußert wird. Das Unternehmen muss als organisatorische Einheit, der Sachen, Rechte und sonstige Gegenstände dienen, vorhanden sein.

1247 Das Unternehmen entsteht, wenn der Unternehmer beginnt, aus Sachen und Rechten und sonstigen Gegenständen eine betriebsfähige Wirtschaftseinheit zu organisieren, die das Auftreten am Markt als Anbieter von Leistungen ermöglichen soll; in einer solchen Wirtschaftseinheit sind regelmäßig auch Arbeitnehmer beschäftigt, mit denen Arbeitsverträge bestehen.

1248 Das Vorhandensein von Vermögen allein reicht nicht aus, um das Bestehen eines veräußerbaren „Geschäfts" anzunehmen. Die geschäftliche Betätigung braucht jedoch noch nicht begonnen zu haben. Vorbereitungsgeschäfte sind z. B. die Anmietung der Geschäftsräume, die Beschaffung von Fabrik- oder Büroinventar, die Anstellung von Handlungsgehilfen und dergleichen mehr. Durch solche Handlungen wird mit dem Aufbau einer Organisation begonnen. Ob und ggf welche Vorbereitungshandlungen ein „Geschäft" (Unternehmen, Praxis) entstehen lassen, ist Tatfrage.

Eine unternehmerische Tätigkeit kann schon beginnen, wer nach der Aufforderung eines späteren Auftraggebers ein Angebot für eine Lieferung oder eine sonstige Leistung gegen Entgelt abgibt. Deshalb kann die Erarbeitung einer Aufgabenstellung für ein Forschungsprojekt eine unternehmerische Tätigkeit sein, wenn sie durch die über den Forschungsauftrag entscheidende Behörde veranlasst wird und die Grundlage für die folgende Forschungstätigkeit gegen Entgelt ist[1].

1249 Auch ein im Aufbau begriffenes Geschäft kann veräußert werden[2].

1250 Das Vorhandensein eines veräußerbaren Geschäfts geht dem Beginn der Gewerbesteuerpflicht voraus.

1251 Wird durch vorbereitende Handlungen, ein Unternehmen aufzubauen, ein Wert geschaffen, kann dieser Wert eines in der Gründung befindlichen Geschäfts Gegenstand des Rechtsverkehrs sein und selbständigen Schutz genießen.

---

1 BFH-Urteil vom 18. November 1999 V R 22/99, BFHE 190, 255, BStBl II 2000, 241, HFR 2000, 292; BFH-Beschluss vom 12. Juni 2001 VIII B 33/01, BFH/NV 2001, 1398.
2 Vgl. auch Rn 3954–3956.

Beim Erwerb eines Mitunternehmeranteils an einer noch im Aufbau befindlichen Personengesellschaft, die ihren Betrieb noch nicht eröffnet hat, kann kein Anteil an einem Geschäfts- oder Firmenwert erworben werden. 1252

Erstattet der Erwerber dem Veräußerer des Mitunternehmeranteils die anteilig vom Veräußerer getragenen Finanzierungskosten, die auf den Erwerb oder die Herstellung von Wirtschaftsgütern entfallen, so liegen insoweit Anschaffungskosten des Erwerbers vor, die in der Ergänzungsbilanz zu aktivieren sind[1].

Beispiel: 1253
K beabsichtigt, für die Belegschaften von Betrieben Mittagessen zu kochen und in Wärmebehältern auszuliefern.

K hat damit die Voraussetzungen für den Betrieb eines Gewerbebetriebs geschaffen. Der Gewerbebetrieb wird jedoch erst ausgeübt, wenn K mit dem Absatz des Essens begonnen hat. Durch die unternehmerische Leistung – dem Plan für den Aufbau eines Geschäfts – und die Beschaffung von Wirtschaftsgütern hat K möglicherweise bereits einen Wert geschaffen, der mehr ist als die Summe der vorhandenen Wirtschaftsgüter. Die Gesamtheit der Gegenstände kann schuldrechtlich von ihm verkauft werden, ggf samt einem etwa bereits vorhandenen Firmennamen.

(unbesetzt) 1254–1260

b) Bestehen eines Geschäfts

Ein „Handelsgeschäft" liegt allerdings erst vor, wenn der Gewerbebetrieb nicht nur eingerichtet ist, sondern auch ausgeübt wird. 1261

Ein Unternehmen besteht rechtlich auch dann, wenn es verboten ist oder wenn zu seinem Betrieb eine gewerberechtliche Erlaubnis erforderlich ist, die nicht erteilt wurde. Fehlt die Erlaubnis zum Betreiben eines Unternehmens – sei es vorläufig, sei es, wie bei einem verbotenen Unternehmen, auf Dauer –, ist zu prüfen, ob sich aus einem solchen Mangel Einwendungen gegen die Wirksamkeit des Kaufvertrages ableiten lassen. Grundsätzlich ist das Rechtsgeschäft, das die Übertragung eines Geschäfts zum Inhalt hat, bürgerlich-rechtlich auch ohne eine vorgeschriebene gewerbepolizeiliche Genehmigung wirksam; gleiches gilt, wenn zur Fortführung eines Handwerksbetriebs die Genehmigung fehlt. 1262

Nichtig können z. B. Rechtsgeschäfte sein, durch die gesetzliche Bestimmungen umgangen werden sollen. 1263

Bezweckt ein Vertrag z. B. die Übertragung oder Verpachtung einer Gastwirtschaft und wird er in die Form eines Anstellungsvertrags gekleidet, so ist der Vertrag nach § 134 BGB nichtig[2]. 1264

Wird der Verkauf einer Metzgereich bezweckt, der Vertrag aber in die Form eines Anstellungsvertrags gekleidet, weil der Erwerber nicht Meister ist, so ist ein solches Rechtsgeschäft ebenfalls nichtig[3]. 1265

Für die Besteuerung ist es dagegen unerheblich, ob ein Verhalten, das den Tatbestand eines Steuergesetzes ganz oder zum Teil erfüllt, gegen ein gesetzliches Gebot oder Verbot oder gegen die guten Sitten verstößt (§ 40 AO). Ist ein Rechtsgeschäft unwirksam oder wird es unwirksam, so ist dies für die Besteuerung unerheblich, soweit und solange die 1266

---

1 BFH-Urteil vom 18. Februar 1993 IV R 40/92, BFHE 171, 422, BStBl II 1993, 446, FR 1992, 839.
2 BAG-Urteil vom 1. Oktober 1963 5 AZR 24/63, BAGE 15, 11.
3 Vgl. Landgericht Berlin in JR 1956, 304. Zu den Problemen der Umgehungsgeschäfte vgl. *Teichmann*, Die Gesetzesumgehung, 1962.

Beteiligten das wirtschaftliche Ergebnis des Rechtsgeschäfts gleichwohl eintreten und bestehen lassen (§ 41 Abs. 1 Satz 1 AO).

1267–1270 (unbesetzt)

12. Ende eines veräußerbaren „Geschäfts"

1271 **Schrifttum:** *Holzapfel/Raupach/Schwarze/Strobl,* Die Beendigung des Unternehmens (außer Konkurs), JbFStR 1990/91, 275.

1272 Ein Unternehmen kann nicht mehr veräußert werden, wenn es aufgehört hat zu bestehen. Ein Geschäft hört aber oft nicht unmittelbar mit der Einstellung des Betriebs auf zu bestehen, jedenfalls so lange nicht, wie die zu seiner Fortführung geeigneten Wirtschaftsgüter und Beziehungen noch vorhanden sind, und zwar selbst dann, wenn die Betriebstätigkeit bereits einige Zeit zuvor eingestellt worden ist. Erst wenn sich die Auswirkungen der Tätigkeit verloren haben und die Grundlagen des Geschäfts – sein Aufbau nach innen und seine Wirkungen nach außen – zerstört sind, besteht ein Geschäft nicht mehr.

1273 Sind die für das Unternehmen bestimmten Gegenstände und Einrichtungen sowie die Geschäftsbeziehungen (Außen- und Innenbeziehungen) nicht mehr vorhanden, so erlischt das Unternehmen[1].

1274 Ruht die Tätigkeit, kann gleichwohl von einem Unternehmen gesprochen werden, solange der Kern der Beziehungen des Unternehmens erhalten bleibt, es also möglich ist, das Unternehmen fortzuführen. Der Wille zur Fortführung des Geschäfts ist nur insofern für den Fortbestand von Bedeutung, als bei seinem Fehlen die Beziehungen allmählich erlöschen.

Das vorübergehende Nichtfortsetzenwollen löst daher ein Unternehmen noch nicht auf. Ob Beziehungen fortbestehen, ist Tatfrage.

1275 Der **Tod des Unternehmers** kann das Unternehmen beenden, wenn es nicht in angemessener Zeit von einem Rechtsnachfolger fortgeführt wird.

1276 Bei **Liquidation** hört das Geschäft nicht sofort auf zu bestehen, ebenso nicht bei Abwicklung.

Ein Unternehmen kann demzufolge während der Abwicklung – z. B. samt Firmennamen – veräußert werden.

1277 Die **Insolvenz** beendet das Unternehmen nicht. Darüber, ob ein solches Unternehmen fortgeführt wird, beschließt vorläufig der Insolvenzverwalter.

1278 Ein Handelsgeschäft besteht nicht mehr fort, wenn seine Wiederbelebung nach der Eröffnung des Insolvenzverfahrens nicht mehr möglich ist, z. B. weil die Gesellschaft durch Ablehnung der Eröffnung der Insolvenz mangels Masse aufgelöst worden ist[2].

1279 Der Insolvenzverwalter kann das Geschäft des Gemeinschuldners mit dem Recht, die Firma fortzuführen, nur dann ohne Zustimmung des Gemeinschuldners veräußern, wenn die Firma nicht dessen Namen trägt.

1280 Das Unternehmen wurde auch nicht durch die Eröffnung eines Vergleichsverfahrens beendet.

1281 Die Verlegung des Geschäfts hat keinen Einfluss auf seinen Bestand.

---

1 BayObLG, Beschluss vom 27. Oktober 1983 B Reg 3 Z 92/83, BB 1984, 92.
2 Vgl. LG Hamburg, Beschluss vom 14. November 1951 26 T 32/51 und 37/51, DB 1952, 469.

Wird ein Geschäft auf Grund gewerbepolizeilicher Anordnung geschlossen, hängt es vom Inhalt und Zweck der Anordnung ab, ob noch von einem Geschäft gesprochen werden kann.   1282

Die Veräußerung des Geschäfts im Ganzen ist regelmäßig der letzte Akt der geschäftlichen Tätigkeit. Das gilt jedoch dann nicht, wenn das Geschäft erst einige Zeit nach Vertragsschluss zu übertragen ist und bis dahin fortgeführt wird.   1283

(unbesetzt)   1284–1290

IV. Aufgabe des Beraters

1. Umstände des Einzelfalls

1291 Was im Einzelnen an Regelungen für die Zukunft erforderlich ist, hängt von den jeweils unterschiedlichen Verhältnissen des Einzelfalls ab. Die Ausführungen zum bürgerlichen Recht und zum Steuerrecht beschränken sich auf die Darstellung der Grundfälle

- Unternehmensveräußerung (Geschäftsveräußerung im Ganzen; vgl. Rn 1336 ff.),
- Unternehmensübertragung (Rn 2211 ff., 4522 ff., 4682 ff.),
- Betriebsaufgabe (Rn 5074 ff.),
- Teilbetriebsveräußerung (Rn 4021 ff.),
- Praxisübertragung (Rn 4021 ff., 5281 ff.),
- Praxisaufgabe (Rn 3649) und
- Eintritt in eine Sozietät und Ausscheiden aus einer Sozietät (Rn 3436 ff., 3528 ff., 5281 ff.).

2. Überlegungen des Beraters

1292 (1) Die entscheidende Aufgabe des Beraters ist es, den Mandanten dazu zu bringen, dass er sich

- über seine Zielvorstellungen klar wird,
- die zu berücksichtigenden Gesichtspunkte überlegt und entscheidet, welche und in welcher Reihenfolge sie maßgebend sein oder berücksichtigt werden sollen.
- Danach muss der Berater dem Mandanten die Möglichkeiten aufweisen, die ergriffen werden können.

1293 (2) Nach Abschluss dieser Überlegungen beginnen die Vorarbeiten des Beraters (s. unter 3.) und die Planung des Ablaufs des Verkaufs- oder Erwerbsvorganges (s. Rn 1311 ff.).

1294 (3) Beim Unternehmenserwerb wird z. B. zu unterscheiden sein zwischen den Überlegungen

- zur Problemanalyse,
- der Suche nach verschiedenen (anderen) Lösungen und denen,
- die die Bewertung dieser verschiedenen Lösungen im konkreten Fall betreffen und dabei wiederum auch die Beurteilung, inwieweit die verschiedenen Möglichkeiten verwirklicht werden können und welche Vorteile und welche Nachteile mit ihnen verbunden sind.

Es ist ein Zeitplan für die Erarbeitung der vorerwähnten Lösungen der Fragen und für die Durchführung des Handlungsablaufs zu entwickeln.

Schließlich muss ein für die Durchführung erforderliches Kontrollsystem erarbeitet werden.

3. Vorarbeiten des Beraters

1295 **Schrifttum:** *Häger/Kieborz,* Checkbuch Unternehmensverkauf, Köln 2000.

Der Berater muss zur umfassenden Prüfung des Vertragsgegenstands die bestehenden Daten (Umstände im weitesten Sinne) zusammentragen. 1296

a) Tatsächliche Umstände

Tatsächliche Umstände sind z. B. 1297

(1) Grundbuchstand, getrennt nach Gesellschaftern und Gesellschaften einschließlich der Grundpfandrechte,

(2) Gesellschaftsverträge (Gründungsverträge),

(3) Handelsregisterauszüge,

(4) bestehende Verträge mit Arbeitnehmern (schriftlich/mündlich), Ehegattenverträge (schriftlich/mündlich),

(5) Verpflichtungen gegenüber der Sozialversicherung (freiwillig/gesetzlich),

(6) Verpflichtungen gegenüber Angehörigen,

(7) wichtige Geschäftsverbindungen (Banken, Versicherungen, Großkunden usw.)

(8) Bestehen Eigentumsvorbehalte, Sicherungsübereignungen, Sicherungsabtretungen?

(9) Sind Prozesse anhängig?

b) Rechtliche Umstände

Der Berater muss sich über folgende **rechtliche** Fragen Klarheit verschaffen: 1298

(1) Welche Verträge werden erforderlich?

- Gesellschaftsvertrag,
- Miet- und Pachtverträge,
- Anstellungs-/Geschäftsführungsverträge,
- Darlehensverträge,
- Ehevertrag,
- Erbvertrag,
- Verträge mit Arbeitnehmern usw.

(2) Müssen bei der Gestaltung der Einzelverträge Besonderheiten berücksichtigt werden?

(3) Ist es erforderlich, die Zustimmung einzuholen von

- Mitgesellschaftern,
- Familienangehörigen,
- Behörden,

weil

- öffentlich-rechtliche Beschränkungen,
- familienrechtliche Beschränkungen,
- erbrechtliche Beschränkungen,

- gesellschaftsrechtliche Beschränkungen,
- sachenrechtliche Beschränkungen

bestehen?

(4) Sind Fristen einzuhalten?
- Welche?
- Von wann bis wann laufen die Fristen?

(5) Ist die Beratung oder Mitwirkung erforderlich von
- Notar,
- Anwalt,
- Bank,
- Steuerberater,
- Vormund, Pfleger,
- Gericht usw.?

c) Weitere klärungsbedürftige Umstände/Alternativen

1299 Sind weitere tatsächliche und rechtliche Fragen klärungsbedürftig?
- Welche Wahlmöglichkeiten bestehen (rechtlich/steuerlich)?
- Muss das Ziel der Beteiligten abgeändert und woran muss es angepasst werden?
- Aus der Beantwortung dieser Fragen können sich weitere Fragen ergeben, die mit dem Mandanten zu klären sind.

d) Auflistung gegensätzlicher Interessen

1300 Im Falle der Veräußerung des Unternehmens sind die gegensätzlichen Interessen von Verkäufer und Käufer aufzulisten und gegenüber zu stellen.

Dieser Zusammenstellung wird eine Beschreibung des zu übertragenden Unternehmens vorauszugehen haben (vgl. Rn 1651 ff., 1677 ff.).

1301 Die Fragen der Gewährleistung (vgl. Rn 1921 ff.) sind bei der Ausarbeitung des Vertrages aufzugreifen.

e) Due-Diligence-Untersuchungen

1302 **Schrifttum:** *Barthel,* Unternehmenswert-Ermittlung vs. Due-Diligence-Untersuchung, DStZ 1999, (Teil 1:) 73, (Teil II:) 136; *Berens/Brauner/Strauch (Hrsg.),* Due Diligence bei Unternehmensakquisitionen, 3. Aufl., Stuttgart 2002 (S. 587 – 620 Checklisten); *Fleischer/Körber,* Due Diligence und Gewährleistung beim Unternehmenskauf, BB 2001, 841; *Koch/Wegmann,* Praktiker-Handbuch Due Diligence: Chancen-/Risiken-Analyse mittelständischer Unternehmen, 2. Stuttgart 2002; *Koch/Wegmann,* Due Diligence-Unternehmensanalyse durch externe Gutachter, DStR 2000, 1027; *Krüger/Kalbfleisch,* Due Diligence bei Kauf und Verkauf von Unternehmen, DStR 1999, 174; *Ziegler,* „Due Diligence" im Spannungsfeld zur Geheimhaltungspflicht von Geschäftsführern und Gesellschaftern, DStR 2000, 249.

1303 (1) Aufträge zu Due-Diligence-Untersuchungen werden aus unterschiedlichen Anlässen erteilt (z. B. zur Prüfung von Prospekten über Angebote von Kapitalgesellschaften).

Aufgabe des Beraters

Die Worte „Due Diligence" selbst drücken nur aus: „sorgsame Erfüllung der im Verkehr erforderlichen Sorgfalt". Das Untersuchungsziel erst drückt aus, welcher Aufgabe die Sorgfalt zu gelten hat.

(2) Bei einem Unternehmenskauf (Unternehmensverkauf) wird unter einer Due-Diligence Untersuchung die vor Abschluss des Kaufvertrags diesen vorbereitende Prüfung des Kaufobjekts oder einzelner bestimmter dabei zu berücksichtigender Gesichtspunkte verstanden.

(3) Vom Prüfer wird erwartet, dass er mit **gebührender** Sorgfalt das Objekt prüft und insbesondere die verborgenen Risiken, aber auch die verborgenen Chancen aufdeckt und quantifiziert. Es werden die Umsicht, Aufklärungstätigkeit und Gründlichkeit eines verständigen und vorsichtigen Beurteilers unter vergleichbaren Umständen erwartet, die er ausübt, ohne einem bestimmten Standard unterworfen zu sein, eines Prüfers also, der seine Tätigkeiten an den Besonderheiten des Falls ausrichtet.

(4) Eine Due-Diligence-Untersuchung bedeutet in diesem Zusammenhang also sowohl den Sorgfaltsmaßstab, mit dem die Prüfung durchzuführen ist, nämlich „die erforderliche Sorgfalt" bei der Ausführung des Auftrags, wie auch den Auftragsinhalt, nämlich die Informationsbeschaffung, die Informationsaufbereitung und die Beurteilung der vom Prüfer ermittelten Tatsachen, die dem Auftraggeber (Entscheidungsträger) Entscheidungen ermöglichen und erleichtern sollen.

(5) Der Prüfungsauftrag kann sich z. B. beziehen auf

– das gesamte Vertragswerk,

– die Bestimmung und ggf Regelung des Umfangs des Vertragsobjekts,

– den Preis (oder die Grenzpreise),

– die Zahlungsbedingungen (muss z. B. der Käufer einen Finanzierungsnachweis erbringen?),

– die Festlegung des Übergabezeitraums,

– die Regelung von Wettbewerbsabreden

– usw.

(1) Der Auftrag zu einer Due-Diligence-Untersuchung kann wie gesagt umfassend sein. **1304**

Die durchschnittlichen Kosten für eigenes Personal, Berater und Gutachter werden in Untersuchungen mit 215 000 € beziffert; 38,3 % der beabsichtigten Käufe sollen nach einer Due-Diligence-Prüfung nicht zustande kommen. Für mittelständische Unternehmen werden umfassende Untersuchungs-Aufträge schon wegen der Kosten kaum in Betracht kommen.

Eine umfassende Prüfung wird wirtschaftlich sinnvoll sein, wenn das zu prüfende Objekt einen Wert von 30 Millionen € hat und die Kosten dafür auf 120 000 € belaufen.

(2) Sinnvoll können Aufträge zu Due-Diligence-Untersuchungen sein, die Teilgebiete betreffen.

(3) Sie können sich beziehen auf

– die wirtschaftliche Seite der Geschäftstätigkeit des zu untersuchenden Unternehmens (Commercial Due Diligence, also Prüfung der Marktposition, der Produkte, der Vertriebswege, der Entwicklungsmöglichkeiten des Unternehmens),

- die Rechnungslegung (also das Rechenwerk und sein Zustandekommen samt seiner Plausibilität; Financial Due Diligence; Prüfung der Risiken im Rechenwerk; Besonderheiten des Bestands der Wirtschaftsgüter und ihrer Bewertung, der Abschreibungsmethoden); eine Prüfung der Kostenrechnung zeigt, bis zu welcher Untergliederung Informationen gewonnen werden über Produktbereiche, Produktlinien oder einzelne Produkte; sie lässt erkennen, ob die Unternehmensführung aus dem Rechenwerk ersehen kann, in welchen Bereichen sie verdient oder nur Verluste produziert;
- das Berichtswesen (aus der internen Berichterstattung kann erkannt werden, welche Gründe für Abweichungen von den Planungen maßgebend waren),
- die rechtlichen und steuerlichen Verhältnisse (Legal and Tax Due Diligence[1]),
- das Immobilienvermögen (Environmental Due Diligence; Versuch der Entdeckung und Quantifizierung von Risiken durch die Produktion für das Betriebsgelände und die Umwelt usw.),
- die Organisation des Unternehmens (sinnvolle Rationalisierung).

(4) Die Ermittlung von Grenzpreisen (i. d. R. durch Diskontierung künftiger Entnahmeerwartungen nach Ertragswert- oder Discounted-Cash-Flow-Verfahren) wird für Verkäufer wie Käufer ein, wenn nicht das zentrale, Problem der beiderseitigen Überlegungen sein.

(5) Der Verkauf/Kauf eines Unternehmens durchläuft von der ersten Überlegung bis zum Vertragsabschluss einen Zeitraum innerhalb dessen zwischen den Verhandlungspartnern immer mehr Informationen ausgetauscht und erste – noch unverbindliche – Einigungen erzielt werden. Die Beschaffung und Verifizierung der Informationen, ihre Aufbereitung und Analyse begleiten den gesamten Verhandlungsprozess. Je nach dem Stand der Verfahrenslage ergeben sich Fragen (u. U. neu auftauchende), die zu prüfen sind. Es gilt zu vermeiden, dass Fehleinschätzungen entstehen, die später Gewährleistungsverpflichtungen oder Gewährleistungsansprüche auslösen könnten. Je weniger Informationen der Verkäufer dem Käufer zur Verfügung stellt, um so umfangreicher wird der Käufer Garantien beanspruchen. Verlangt der Erwerber statt einer Prüfung bestimmter Daten vor Vertragsabschluss, dass sie erst nach Unternehmensübergang geprüft werden sollen, muss geregelt werden, wie Abweichungen von den angenommenen Daten sich auf den Kaufpreis auswirken sollen.

Die Parteien sollten einen Rücktritt vom Vertrag ausschließen.

f) Anmeldepflicht/Anzeigepflicht von Unternehmenszusammenschlüssen

1305 Ist das Vorhaben der Vertragspartner ein Zusammenschluss zwischen Unternehmen i. S. d. Gesetzes gegen Wettbewerbsbeschränkungen (BGBl I 1998, 2546) oder ein Erwerb in diesem Sinne, muss geprüft werden, ob infolgedessen bestehen

- eine Anmeldepflicht (§ 39 GWB),
- eine Anzeigepflicht (§§ 39 Abs. 6 GWB)
- und kann der Zusammenschluss ggf untersagt werden, oder
- greift ggf die Toleranzklausel gem. § 35 Abs. 2 GWB ein.

Die Vorschriften über die Zusammenschlusskontrolle sind anzuwenden, wenn im letzten Geschäftsjahr vor dem Zusammenschluss die beteiligten Unternehmen insgesamt weltweit Umsatzerlöse von mehr als 500 Mio. € und mindestens ein beteiligtes Unternehmen im

---

[1] *Löffler*, Tax Due Diligence beim Unternehmenskauf, Wpg 2004, 576 (Teil 1), 625 (Teil 2).

Inland Umsatzerlöse von mehr als 25 Mio. € erzielt haben. Der Erwerb eines Unternehmens oder der Zusammenschluss von Unternehmen ist nach dem GWB[1] gem. § 39 Abs. 3 Nr. 4 anmeldepflichtig, wenn durch den Erwerb oder den Zusammenschluss die Marktanteile für die beteiligten Unternehmen mindestens 20 v. H. erreichen. Die Vorschriften über die Zusammenschlusskontrolle gelten nicht, soweit die Toleranzklausel (§ 35 Abs. 2 GWB) eingreift.

Die beteiligten Unternehmen haben dem Bundeskartellamt den Vollzug des Zusammenschlusses unverzüglich anzuzeigen (§ 39 Abs. 6 GWB).

Die Vorschriften des GWB gelten außer beim Zusammenschluss von Unternehmen oder ihrem Erwerb auch beim Anteilserwerb.

Die europäischen Vorschriften haben im Übrigen Vorrang (vgl. Fusionskontrollverordnung).

(unbesetzt) 1307–1310

4. Beratung

Was erforderlich ist, damit die Berater eine zutreffende Vorstellung von dem Unternehmen und seinen rechtlichen, wirtschaftlichen und sonstigen Möglichkeiten erhalten, hängt – wie bereits gesagt – von den Umständen des Einzelfalls ab. Die Aufgaben werden unterschiedlich sein, je nachdem, ob sie sich auf die Vorbereitungsphase (z. B. Geheimhaltungsvereinbarung), die Verhandlungsphase (z. B. Nachweis der Finanzierbarkeit durch den oder die Erwerber) oder die Umsetzungsphase (z. B. Einführung des Nachfolgers) beziehen. 1311

Jede Änderung, die in einem wechselbezüglichen Gefüge vorgesehen wird, erfordert die Prüfung, ob auch die Änderungen anderer Bestimmungen notwendig werden. 1312

Bedacht werden muss auch, ob und ggf welche Maßnahmen für die Leistung des Unternehmens bis zum Abschluss des Unternehmenskaufvertrags erforderlich sind. 1313

Der Einzelunternehmer hat i. d. R. die Leitung des Unternehmens auf sich ausgerichtet. 1314
Er wird, wenn er Verkaufsabsichten hegt, vielfach den Führungsstil ändern müssen, was ihm allerdings wiederum schwer fallen wird. Ihm muss bewusst gemacht werden, dass ein Unternehmen, dessen Führungskräfte selbständig zu arbeiten in der Lage sind, das also auch ohne den Unternehmer – jedenfalls zeitweilig – funktionstüchtig ist, regelmäßig einen höheren Preis erbringen wird als ein allein auf den Einzelunternehmer ausgerichtetes Unternehmen, u. a. schon deshalb, weil die Verkaufssituation nicht unter dem Zeitdruck steht, dem zwangsläufig ein Unternehmer ausgesetzt ist, der schnelle Ergebnisse herbeiführen will und wegen seines Führungsstils auch schnell herbeiführen muss.

Wird die Entscheidung über den Verkauf hinausgezögert, verkürzt sich regelmäßig die Zeit der Verkaufsvorbereitung.

Zur Verkaufsvorbereitung gehört es auch, den Preis mindernde Umstände zu berichten. 1315

Der Einzelunternehmer war regelmäßig bestrebt, die Last der Besteuerung zu mindern. Das führte regelmäßig dazu, dass das Unternehmen vorsichtig bewertet war. Im Verkaufs-

---

1 Zu den wettbewerbsrechtlichen Problemen des Unternehmenskaufs vgl. *Frankfurter Kommentar* zum Kartellrecht, Köln.

stadium verkehrt sich diese Interessenlage. Das Rechnungswesen sollte dies dem interessierten Käufer einsichtig machen können.

1316 Privatbereich und Unternehmensbereich sollten rechtzeitig – ungeachtet der steuerlichen Möglichkeiten und ihrer Ausnutzung – getrennt sein. Verdeckte Privatentnahmen drücken den Kaufpreis.

Der Unternehmer wird möglicherweise selbst erst in diesem Stadium erfahren, wie hoch sein Unternehmerlohn zu veranschlagen war und ist.

Der zum Verkauf entschlossene Unternehmer wird vielfach selbst nach einem geeigneten Käufer suchen.

1317–1320 *(unbesetzt)*

1321 Ein Unternehmensverkauf setzt voraus, dass der Verkäufer den Markt kennt.

Da der Unternehmensverkauf für den mittelständischen Unternehmer vielfach ein einmaliger Geschäftsvorfall ist, fehlen ihm meist die für den Verkauf erforderlichen Kenntnisse.

Ein Einzelunternehmer, der beispielsweise sein Unternehmen an ein Großunternehmen verkaufen will, steht einem Stab von Mitarbeitern des Käufers gegenüber, die den Kauf von Unternehmen, Unternehmensteilen oder dergl. mehr strategisch und taktisch beherrschen, denen Rechts- und Steuerabteilungen zur Verfügung stehen und für die der Kaufvorgang ein emotionsloser Geschäftsvorfall ist.

1322 Unternehmensmakler[1] können den Verkäufer bei der Planung des Verkaufs, dem Suchen von Käufern und bei der Durchführung des Verkaufs beraten. Die Einschaltung eines Maklers ermöglicht es, insbesondere die Verkaufsbereitschaft und den Verkaufsschluss eine Zeit lang geheim zu halten, ohne dass bereits allein durch das Bekanntwerden der Verkaufsabsicht der Wert und damit der Preis für das Unternehmen beeinflusst wird.

Der Makler kann Kontakte herstellen und erste Informationen zwischen Verkäufer und Käufer übermitteln. Er kann die Ernsthaftigkeit der Kaufabsicht erforschen und ggf durch Kontakt mit mehreren Interessenten erste Einsichten über die Aussichten von Angebot und Nachfrage verschaffen. Der Makler ist zu redlichem Verhalten verpflichtet und ist bei – zumindest fahrlässiger – Verletzung seiner Pflichten für etwaige Vermögensschäden schadensersatzpflichtig[2].

1323 Mit dem Beginn von Vertragsverhandlungen, die rechtlich noch unverbindlich sind[3], können für die Beteiligten gleichwohl Ansprüche aus Verschulden bei Vertragsverhandlungen entstehen[4].

1324 Hat der Vertragspartner nicht die Absicht, einen Vertrag zu schließen, oder hatte er zwar diese Absicht, hat er seinen Plan später geändert, ohne seinem Partner sofort seine Absichtsänderung mitzuteilen, hat der abbrechende Verhandlungspartner dem anderen Partner das negative Interesse zu ersetzen (nutzlose Aufwendungen, andere nachteilige

---

[1] Vgl. auch Rn 1576.
[2] Vgl. dazu *Ballerstedt,* Zur Haftung für culpa in contrahendo bei Geschäftsabschluss durch Stellvertreter, AcP 151 (1950/51), 501 ff.; BGH-Urteile vom 5. April 1971 VII ZR 163/69, BGHZ 56, 81, betreffend Sachwalterhaftung eines Finanz- und Grundstücksmaklers, und vom 10. Juli 1970 V ZR 159/67, NJW 1970, 1840, betreffend zeitliche Bindung an die Bereitschaft zum Abschluss eines Vertrages; vgl. dort ferner dazu die weiteren Fundstellen in der Anmerkung der Schriftleitung.
[3] Vgl. Rn 1571–1597.
[4] *Reinicke/Tiedtke,* Schadensersatzverpflichtung nach Abbruch von Vertragsverhandlungen ohne triftigen Grund, ZIP 1989, 1093.

Aufgabe des Beraters 201

Vermögensverfügungen; bei Sinnesänderung hat er den Partner so zu stellen, wie wenn dieser die Sinnesänderung rechtzeitig erfahren hätte).

(unbesetzt) 1325–1330

5. Arbeitsplan

Die Durchführung des Verkaufs oder Erwerbs wird vielfach die Zusammenarbeit mehrerer fachkundiger Berater erfordern.   1331

- Der Ablauf des Verkaufs bzw. Erwerbs wird in einzelne Schritte aufzugliedern sein.
- Es ist zu entscheiden,
  - was für Berater herangezogen werden sollen,
  - wie ihre Aufgaben und Verantwortungsbereiche abgegrenzt werden sollen und
  - wer jeweils wofür gewonnen werden soll.
- Es ist ein Zeitplan für den Gesamtablauf aufzustellen.
- Es empfiehlt sich vorzusehen, ob und ggf welche Zwischenergebnisse vertraglich oder vorvertraglich dokumentiert werden sollen.
- Es sind die Auswirkungen auf etwaige unternehmerische Mitbestimmungserfordernisse, auf die der betrieblichen Mitbestimmung und die der Altersversorgung der Arbeitnehmer zu bedenken.

(unbesetzt) 1332–1335

B. Unternehmensveräußerung, Unternehmensübertragung

I. Zum Begriff „Veräußerung"

1. Allgemeines

Schrifttum: *Schiffers,* Behalte- und Nachversteuerungsfristen beim Unternehmenskauf, GmbH-StB 2003, 71.

1336

Der Begriff der Veräußerung ist gesetzlich nicht definiert.

1337

Zivilrechtlich wird damit die Übertragung des rechtlichen Eigentums bezeichnet, und zwar die entgeltliche wie die unentgeltliche Rechtsübertragung.

Einkommensteuerrechtlich wird unter Veräußerung grundsätzlich nur eine entgeltliche Übertragung, und zwar sowohl des rechtlichen als auch des wirtschaftlichen Eigentums an einem Gegenstand von einem Rechtssubjekt auf ein anderes Rechtssubjekt verstanden[1].

1338

Es ist zwischen dem schuldrechtlichen Geschäft (z. B. Kaufvertrag), der die Verpflichtung zur Veräußerung begründet, und der Erfüllung selbst (der tatsächlichen Durchführung der Veräußerung) zu unterscheiden.

1339

Unter Geschäftsveräußerung wird dementsprechend die Veräußerung eines bestehenden Unternehmens oder die Übertragung einer Praxis verstanden.

Wird im Rahmen einer Betriebsveräußerung ein Betrieb räumlich nicht unerheblich verlegt, die alte Betriebsgemeinschaft tatsächlich und rechtsbeständig aufgelöst und der Betrieb an dem neuen Ort mit einer im Wesentlichen neuen Belegschaft fortgeführt, so liegt arbeitsrechtlich eine Betriebsstillegung und deshalb kein Betriebsübergang nach § 613a Abs. 2 BGB vor[2].

Schuldrechtlich ist der Kauf eines Unternehmens oder einer Praxis „Kaufvertrag" i. S. d. § 433 BGB.

1340

Der Kaufvertrag wird über das Unternehmen als Ganzes abgeschlossen. Das Unternehmen kann jedoch nicht durch einen einheitlichen Akt übertragen werden; es gibt auch keine Gesamtrechtsnachfolge. Die zum Unternehmen gehörenden Einzelgegenstände (Sachen, Rechte und andere Vermögensgegenstände) müssen nach den für sie geltenden Vorschriften gesondert übertragen werden (also z. B. den Vorschriften des Sachenrechts). Die Einheitlichkeit des Verpflichtungsgeschäfts (Veräußerung des Geschäfts im Ganzen) wird bei den Erfüllungsgeschäften aufgelöst. Es gibt auch keine Gläubigeranfechtung der Geschäftsveräußerung im Ganzen, sondern nur die Anfechtung der Einzelübertragungen.

Sachenrechtlich gibt es kein einheitliches Eigentum an dem Handelsgeschäft.

1341

Der Geschäftsinhaber wird zwar in der Regel Eigentümer der einzelnen Sachen, z. B. der Maschinen, der Waren usw. sein. Einzelne Sachen, die dem Unternehmen dienen, können aber beispielsweise gepachtet, zur Sicherheit von Verbindlichkeiten an und andere über-

1342

---

1 BFH-Urteil vom 21. Oktober 1976 IV R 210/72, BFHE 120, 239, BStBl II 1977, 145.
2 BAG-Urteil vom 12. Februar 1987 2 AZR 247/86, DB 1988, 126; vgl. Rn 986.

eignet oder unter Eigentumsvorbehalt erworben sein. Es gibt kein Eigentum am Unternehmen und kein Eigentum an den den Firmenwert bildenden Unternehmensbestandteilen.

1343 Alle Geschäfte, die der Kaufmann beim Betriebe seines Handelsgewerbes tätigt, werden in § 343 HGB als „Handelsgeschäft" bezeichnet[1], auch der Erwerb und die Veräußerung des Handelsgeschäfts. Dabei handelt es sich aufseiten des Veräußerers regelmäßig um den letzten Akt seiner gewerblichen Tätigkeit, aufseiten des Erwerbes um den ersten Akt, der die nachfolgende Führung des Handelsbetriebs ermöglichen soll, sozusagen das Vorbereitungsgeschäft dazu.

1344–1345   *(unbesetzt)*

2. Veräußerung eines Geschäfts im Ganzen

1346 Bei einer Veräußerung der Wirtschaftsgüter eines Unternehmens muss unterschieden werden, ob das **Geschäft als Ganzes** veräußert wird oder ob einzelne Gegenstände veräußert werden, die zu einem Unternehmen gehören oder die zu einem Unternehmen gehört haben, das bereits erloschen ist. Die Unterscheidung hat bürgerlich-rechtlich Bedeutung hinsichtlich der Übertragung des Rechts zur Fortführung der Firma[2], der Haftung[3] und anderer Fragen. Sie wird auch bedeutsam hinsichtlich der Versteuerung des bei der Veräußerung erzielten Gewinns[4].

1347 Ob es sich um eine „Veräußerung des Geschäfts im Ganzen" eines noch bestehenden Unternehmens oder um die **Veräußerung einzelner Gegenstände** handelt, hängt nicht davon ab, wie der Kaufgegenstand im Vertrag bezeichnet worden ist. Maßgeblich ist, was nach dem Willen der Vertragschließenden Gegenstand der Veräußerung sein soll.

1348 Wird ein Geschäft veräußert, so wird in der Regel unter „Geschäft" „das Geschäft im Ganzen" gemeint sein. Entscheidend ist aber, ob der Veräußerer den Kern des Unternehmens veräußern und der Erwerber ihn erwerben wollte, ob also der Tätigkeitsbereich und der Organismus insgesamt Gegenstand des Rechtsgeschäfts waren[5]. Es brauchen nicht alle Gegenstände, alle Aktiva und Passiva des Geschäfts, übertragen zu werden; es können einzelne Gegenstände von der Übertragung ausgenommen werden, z. B. ausstehende Forderungen, Warenvorräte, auch die Passiva, der Grundbesitz, Hypotheken oder auch ein untergeordneter Geschäftszweig.

1349 Die Veräußerung des Geschäfts im Ganzen setzt also nicht die Veräußerung der Gesamtheit aller Gegenstände voraus; es müssen aber „im großen und ganzen" **alle** Gegenstände des Geschäftsvermögens übergehen,

- die die Fortführung des Betriebs ermöglichen, **und**

- die den Schluss rechtfertigen, dass die mit der Kennzeichnung verbundene Geschäftstradition vom Erwerber fortgesetzt wird[6].

Das alte Geschäft muss nach der Verkehrsauffassung mit seinen dem Gewerbe dienenden Gegenständen und Beziehungen, seinem Ruf und seinen Chancen auf den neuen Inhaber

---

[1] RG-Urteil vom 14. Januar 1910 II ZR 277/09, RGZ 72, 434, 436.
[2] Rn 2211 ff.
[3] Rn 2286 ff., 2326 ff.
[4] Rn 3902 ff., 4491 – 4515.
[5] RG-Urteil vom 26. März 1935 II 277/34, RGZ 147, 332, 338.
[6] BGH-Urteil vom 26. Mai 1972 I ZR 44/71, BB 1973, 210.

übergehen. Die Ausschließung einiger Gegenstände oder die begrenzte Aufzählung der übernommenen Gegenstände hindern die Annahme des Verkaufs eines Geschäfts im Ganzen dann nicht, wenn mindestens der Geschäftswert (die Geschäftsbeziehungen) zu den übernommenen Gegenständen gehört. Die Tatsache, dass unbedeutende Teile nicht veräußert werden, ist ohne Bedeutung. Der Veräußerer muss jedoch **alle für die Identität des Geschäfts wesentlichen Gegenstände** übertragen. Es muss gerechtfertigt sein, dass der Übernehmer das Geschäft als identisch mit dem vom Veräußerer betriebenen Geschäft vorstellen kann. Je nach Art des Unternehmens ist es unterschiedlich, welche Gegenstände übertragen worden sein müssen, damit von einer Geschäftsveräußerung gesprochen werden kann.

Bei einem **Fabrikationsunternehmen** wird die technische Ausstattung samt Schutzrechten, Betriebsvorschriften und Personal sowie dem „Know-how" zum erforderlichen Inhalt einer Geschäftsveräußerung im ganzen gehören. 1350

Bei einem **ortsgebundenen Unternehmen** (z. B. Hotel, Gastwirtschaft, Kino) wird die Übernahme der Räume, in denen das Unternehmen betrieben wird, zum notwendigen Inhalt des Rechtsgeschäfts gehören. 1351

Welche Bestandteile eines Betriebs dessen Fortführung ermöglichen, ist nach der Verkehrsauffassung zu entscheiden[1]. 1352

Während – wie bereits ausgeführt – bei einem Fabrikunternehmen die der Fabrikation dienenden Wirtschaftsgüter notwendigerweise zur Fortführung des Unternehmens gehören, braucht bei dem Erwerb eines Handelsgeschäfts beispielsweise das Warenlager kein Bestandteil zu sein, dessen Übertragung zwingend erforderlich ist. 1353

Keine Geschäftsveräußerung im ganzen liegt vor, wenn nur einzelne von mehreren Geschäftszweigen oder Geschäftsabteilungen oder Verkaufsstellen überlassen werden, es sei denn, dass der übertragene Geschäftszweig den Hauptzweig des Unternehmens darstellt.

Beispiele:
1. Ein Tabakwareneinzelhändler mit einer Toto- und Lottoannahmestelle veräußert sein Geschäft. Es werden alle Tabakwaren und Einrichtungsgegenstände des Tabakwarengeschäfts veräußert und die Rechte aus dem Pachtvertrag über den Laden mit dem Grundeigentümer übertragen. Die Toto- und Lottoannahmestelle will der Veräußerer weiterbetreiben. Er zieht damit in einen kleineren Laden in der Nähe seines bisherigen Geschäfts um. Der Veräußerer hat sich verpflichtet, keine Tabakwaren zu verkaufen; der Erwerber kann die Firma des Veräußerers fortführen. 1354
2. Ein Lebensmittelhändler hat zwei Geschäfte, eines in Neustadt, ein anderes in Altstadt. Er verkauft das Geschäft in Neustadt mit allen dort lagernden Waren und Einrichtungsgegenständen. Der Erwerber übernimmt das im Betrieb Neustadt beschäftigte Personal und tritt in die Rechte und Pflichten aus dem Pachtvertrag über den Laden ein. 1355
3. Schmidt hat einen Bierverlag und betreibt daneben die Herstellung von Limonade. Er verkauft alle Warenvorräte, Einrichtungsgegenstände, Lieferwagen usw., die dem Bierverlag dienen. 1356

Im Beispiel Rn 1354 liegt eine Geschäftsveräußerung im Ganzen vor. Der veräußerte Geschäftszweig, der Tabakwareneinzelhandel ist der Hauptzweig des Unternehmens gewesen. Die Toto- und Lottoannahmestelle war im Rahmen des bestehenden Unternehmens nur von untergeordneter Bedeutung.

Im Beispiel Rn 1355 und Beispiel Rn 1356 liegen keine Geschäftsveräußerungen im ganzen vor. Es kann jedoch jeweils ein Teilbetrieb übertragen worden sein.

---
1 RG-Urteil vom 25. April 1906 I 507/05, RGZ 63, 226.

1357 Die Überlassung der Chancen, der Möglichkeit zur Fortsetzung des Geschäfts, kann von entscheidender Bedeutung sein, während die zum Geschäft gehörenden Wirtschaftsgüter nebensächlich sind. Bei reinen Handelsunternehmen kann daher die Übernahme der bloßen Geschäftsbeziehungen für die Annahme einer Geschäftsveräußerung im Ganzen genügen. Eine Vereinbarung, dass das Geschäft mit der Firma übergehen soll, ohne dass die Aktiva und Passiva übertragen werden, ist grundsätzlich keine Geschäftsveräußerung im Ganzen, denn die Firma kann nicht ohne das Handelsgeschäft übertragen werden (§ 23 HGB). Anders kann es dagegen sein, wenn außer dem Firmennamen so viele Geschäftsbestandteile übertragen werden, dass dies mit dem Begriff des Geschäftsübergangs verträglich ist. Eine Geschäftsveräußerung im Ganzen ohne Übertragung der Aktiva und Passiva kann dann denkbar sein, wenn der Tätigkeitsbereich, der den Kern des Unternehmens ausmacht, übertragen wurde[1].

1358 **Beispiel:**

Ein Handelsvertreter veräußert seine Vertretung an einen Erwerber, der in die Verträge mit den vertretenen Firmen eintritt. Der Erwerber übernimmt die Kundschaft des Handelsvertreters, der dem Erwerber die Kartei über die Kunden zur Verfügung stellt und ihn bei den Kunden einführt. Das Geschäftsvermögen des Handelsvertreters besteht aus den Buchführungsunterlagen, einer Büroeinrichtung (Schreibtisch, Bücherschrank, Schreibtischsessel usw.), zwei Schreibmaschinen und einem Pkw. Der Erwerber übernimmt nur die Buchführungsunterlagen, die für die künftigen und die noch nicht abgeschlossenen Geschäfte Bedeutung haben und die Musterkollektion. Die Büroeinrichtung (Herrenzimmer), die Schreibmaschinen und der Pkw werden in das Privatvermögen des Handelsvertreters überführt.

In diesem Beispiel ist das Geschäft als Ganzes veräußert worden. Die vom Handelsvertreter nicht veräußerten Gegenstände machen zwar fast vollständig die gesamten dem Geschäft dienenden Sachen aus. Gleichwohl sind die anderen übertragenen Gegenstände der Kern des Unternehmens. Wesentlich für den Bestand des Geschäfts sind die Verträge mit den vertretenen Firmen und Geschäftsbeziehungen zur Kundschaft.

1359 Im Einzelfall kann ein „Handelsgeschäft" als Erwerbsgeschäft auch dann Gegenstand des Kaufs sein, wenn Geschäftsaußenstände und die Passiva nicht auf den Erwerber übergehen. Auch der Firmenname braucht nicht übertragen zu werden, denn die Firma kann zwar nicht ohne Handelsgeschäft, wohl aber kann das Handelsgeschäft ohne die Firma veräußert werden (§§ 22, 23 HGB). Entscheidend ist allein, ob die zur Fortführung des Geschäfts wesentlichen Bestandteile und zugleich das Handelsgeschäft als einheitliches Ganzes mit seinen Aussichten auf Fortsetzung des Betriebs und seinen Geschäftsbeziehungen übergehen sollen. Bei der Ermittlung eines dahin gehenden Willens ist bedeutsam, ob die Betriebseinrichtungen, die Handelsbücher, die vorhandenen Rohstoffe (nicht nur die fertigen Waren), die Patente, Warenzeichen und dergleichen Gegenstand des Kaufes waren, ob die alten Geschäftsräume übernommen, die Verträge mit den Angestellten fortgesetzt werden sollten, ein Gesamtpreis vereinbart und die übertragenen Gegenstände insgesamt gekauft waren. Jedes dieser einzelnen Merkmale kann auf eine Geschäftsveräußerung im Ganzen hinweisen. War der Wille der Vertragspartner auf die Vereinbarung einer Geschäftsveräußerung im Ganzen gerichtet, so ist in der Regel die Annahme gerechtfertigt, dass alles, was zur Fortsetzung des Geschäftsbetriebs an Wirtschaftsgütern erforderlich ist, verkauft sein sollte, und dass insbesondere die Kundschaft übertragen werden sollte, selbst wenn sie nicht besonders erwähnt worden ist. Im Zweifel wird sich

---

1 *Würdinger* in HGB, § 22 Anm. 8.

also die Veräußerung auf alles erstrecken, was nicht ausdrücklich als ausgenommen erklärt worden ist[1].

Bei der Veräußerung eines Unternehmens ist ggf durch Auslegung zu ermitteln, welche Gegenstände nach dem Willen der Parteien die Gesamtheit der übertragenen Wirtschaftsgüter bilden sollte. Wird z. B. ein Handelsgeschäft auf einem Grundstück betrieben, das für diesen Betrieb eingerichtet ist, und werden dann das Grundstück und das Handelsgeschäft verkauft, so bilden nach der Verkehrsauffassung beide den nicht trennbaren Kaufgegenstand, insbesondere dann, wenn für alles ein einheitlicher Preis festgesetzt ist. Kann wegen Mängeln des Grundstücks die Wandlung des Kaufvertrages verlangt werden, erstreckt diese sich in einem solchen Fall auch auf das Handelsgeschäft (§ 469 Satz 2, § 470 BGB). 1360

Erwerber kann auch ein Treuhänder sein. In diesem Fall wird der Treuhänder Inhaber des Handelsgeschäfts und der „Firma"[2]. 1361

Aus steuerlichen Gründen muss beachtet werden, dass manche Steuervergünstigungen die Einhaltung von Behalte und/oder Nachversteuerungsfristen erfordern[3]. 1362

(unbesetzt) 1363–1365

3. Veräußerung eines Teilbetriebs

Außer dem Geschäft im Ganzen können auch Teile eines Unternehmens veräußert werden, z. B. eine Filiale, ein Betrieb, die Kundschaft[4], das bloße Betriebsvermögen (Grundstücke, Kapital, Inventar, Warenvorräte), und zwar gleichgültig, ob es sich dabei um wesentliche Teile oder nichtwesentliche Teile des Geschäftsvermögens handelt. Von einer **„Teilbetriebsveräußerung"** wird aber nur dann gesprochen, wenn Teile eines Geschäfts veräußert werden, die einen veräußerbaren Betrieb bilden, und wenn die nichtveräußerten Gegenstände ihrerseits ebenfalls einen veräußerbaren Betrieb bilden. 1366

Beispiel: 1367
Adam ist Inhaber eines Hotels und einer Gastwirtschaft, die er im eigenen Betriebsgebäude betreibt. Adam gerät in Zahlungsschwierigkeiten. Er verkauft das Grundstück an Bayer und schließt mit diesem einen Pachtvertrag über das Hotel und die Gastwirtschaft ab.
Im Beispielsfall veräußert Adam einen Teil des Betriebsvermögens. Da er diesen jedoch wieder pachtet, führt er praktisch sein Handelsgewerbe nach außen unverändert weiter. Er ist lediglich nicht mehr der Eigentümer eines Gegenstandes des Betriebsvermögens.

Wird eine Vielzahl von Gegenständen des Betriebsvermögens veräußert, die durch eine betriebliche Zweckbestimmung zusammengefasst sind und eine Untereinheit bilden, kann es sich dabei um einen Geschäftszweig oder eine Geschäftsabteilung handeln. Zivilrechtlich handelt es sich in einem solchen Falle um einen unselbstständigen Zweig des Handelsgeschäfts. Steuerrechtlich kann aber auch in einem solchen Falle eine Teilbetriebsveräußerung vorliegen[5]. 1368

---

1 *Staub,* HGB, 4. Aufl., Vorb. 373, Anm. 3b; *Würdinger,* HGB, § 22, Anm. 13.
2 RG-Urteil vom 15. Juni 1920 II 4/20, RGZ 99, 158, 159. Zu den Besonderheiten bei der Firmenfortführung vgl. Rn 2280 ff.; vgl. ferner *Eden,* Treuhandschaft an Unternehmen und Unternehmensanteilen: Recht, Steuer, Betriebswirtschaft, 2. Aufl., Bielefeld 1989 (Dissertation Hamburg 1981).
3 Vgl. *Schiffers,* Behalte- und Nachversteuerungsfristen beim Unternehmensverkauf, GmbH-StB 2003, 71.
4 RG-Urteile vom 13. März 1906 II 344/05, RGZ 63, 57, und vom 25. Februar 1919 II 348/18, RGZ 95, 36.
5 Rn 4021 ff.

1369 **Beispiel:**
Dehmel betreibt ein Fuhrunternehmen mit Baustoffgroßhandel. Er veräußert den Teil des Vermögens einschließlich der Kundschaft, der dem Baustoffgroßhandel dient.

1370 Wird von einem Unternehmen nur ein unselbstständiger Bestandteil, etwa ein Geschäftszweig oder eine Geschäftsabteilung oder eine Verkaufsstelle veräußert, so sind die Voraussetzungen für die Fortführung der Firma nicht erfüllt. Nur wenn das Geschäft im Ganzen übergeht, kann die Firma weitergeführt werden (§ 23 HGB)[1].

1371 **Beispiel:**
Betreibt z. B. eine Buchhandlung Verlags- und Sortimentsgeschäfte, kann nicht die Verlagsabteilung mit der Firma und dem Zusatz „Verlag" erworben werden[2].

1372–1375 *(unbesetzt)*

4. Veräußerung einer Zweigniederlassung

1376 Auch eine Zweigniederlassung kann veräußert werden. Für eine solche Veräußerung gelten die gleichen Grundsätze, die auch bei der Veräußerung eines Geschäfts im Ganzen zu berücksichtigen sind[3].

5. Veräußerung anderer Unternehmen

1377 Die Ausführungen über Handelsgeschäfte gelten sinngemäß auch für andere Unternehmen. Ein Unternehmen als Gegenstand einer Veräußerung braucht nicht ein Handelsgeschäft, das begrifflich nur einem Kaufmann gehören kann, zu sein. Auch gewerbliche Unternehmen, die nicht von Kaufleuten betrieben werden, vor allem kleinere Handwerksbetriebe, sind keine Handelsgeschäfte. Aber auch sie können Bestandteil des Vermögens ihres Inhabers und Gegenstand eines Rechtsgeschäfts sein. In der Rechtsprechung des RG, der sich der BGH angeschlossen hat, ist stets bejaht worden, dass alle gewerblichen Unternehmungen, also auch die Nichthandelsgeschäfte, verkauft oder verpachtet werden können[4].

1378 **Beispiel:**
Der Inhaber eines kleineren Kinos, der nicht Kaufmann i. S. d. § 1 HGB und auch nicht ins Handelsregister eingetragen ist (§ 2 HGB), hat kein Handelsgeschäft. Er kann jedoch sein Unternehmen als Ganzes veräußern.

1379 Auch freiberuflich Tätige können die Vermögensgegenstände, die der Ausübung ihrer Tätigkeit dienen, veräußern. Für derartige vertragliche Vereinbarungen gelten die gleichen Grundsätze wie für die Veräußerung von Handelsgeschäften, denn Voraussetzung für das Vorhandensein und die Veräußerung eines Unternehmens ist nicht die Ausübung einer gewerblichen Tätigkeit. Es genügt vielmehr jede dauernde, auf Gewinn gerichtete Tätigkeit, auch wenn sie, wie z. B. die Ausübung des freien Berufs, kein Gewerbe ist. Unternehmen in diesem Sinne sind die Praxis eines Arztes, die Kanzlei eines Rechtsanwalts, eines Steuerberaters usw.

---

[1] Rn 2252.
[2] *Würdinger*, HGB, § 22 Anm. 7.
[3] Rn 2299, 2302.
[4] BGH-Urteil vom 22. Januar 1951 IV ZR 172/50, NJW 1951, 229.

Beispiel: 1380
Betreibt ein Arzt seine ärztliche Praxis – die Ausübung der Heilkunst – in einer Kur- und Heilanstalt oder in einem Sanatorium und wird diese Anstalt veräußert, so ist die Anstalt Gegenstand der Veräußerung; u. U. ist sie ein Gewerbebetrieb.

Beim Verkauf einer Praxis stehen dagegen andere Werte im Vordergrund, nämlich die Beziehungen zu den Patienten. Materielle Wirtschaftsgüter können in diesen Fällen zurücktreten, die persönliche Tätigkeit des Arztes das Wesentliche sein.

Beispiel: 1381
Ein Rechtsanwalt veräußert die Einrichtung seines Büros und seine Fachbücherei an einen Kollegen. Dieser übernimmt die Angestellten und tritt in den Pachtvertrag über die Büroräume ein. Er verpflichtet sich, die laufenden Prozesse ohne Erhebung einer neuen Prozessgebühr weiterzuführen. Es kann eine Praxisveräußerung vorliegen.

(unbesetzt) 1382–1385

II. Schuldrechtliche Rechtsgeschäfte und Übertragungsakte

1386 **Schrifttum:** *Buchwald*, Bilanz und Beteiligungserwerb, NJW 1994, 153; *Günther*, Unternehmenskauf in Münchener Vertragshandbuch, Bd. 2 Handels- und Wirtschaftsrecht, München, 4. Aufl., 1997, S. 153 ff., 176 ff.; siehe Rn 1651 und Rn 1921; *Seibt/Reiche*, Unternehmens- und Beteiligungskauf nach der Schuldrechtsreform, DStR 2002, (I) 1135, (II) 1181.

1. Schuldrechtliche Rechtsgeschäfte

1387 Die Verpflichtung zur Übertragung eines Unternehmens kann auf Verträgen unterschiedlicher Art beruhen, z. B. Kauf (§ 433 BGB), Tausch (§ 515 BGB) oder einem sonstigen Rechtsgeschäft.

a) Kauf

1388 **Schrifttum:** *Amann/Brambring/Hertel*, Vertragspraxis nach neuem Schuldrecht, 2. Aufl. München 2803; *Büdenbender*, Das Kaufrecht nach dem Schuldrechtsreformgesetz, DStR 2002, (Teil I) 312; (Teil II) 361; *Delcker*, Risiken beim Unternehmenskauf – Absicherung durch Besserungsoption, DB 1992, 2453; *Gaul*, Schuldrechtsmodernisierung und Unternehmenskauf, ZHR 166 (2002), 35; *Häger/Reschke*, Checkbuch Unternehmenskauf, 2. Aufl. Köln 2002; *Hötzel*, Unternehmenskauf und Steuern, Düsseldorf 1997; *Jansen*, Mergers & Acquisitions, 4. Aufl. Wiesbaden 2001; *Knott/Mielke/Weidlich*, Unternehmenskauf, Köln 2001; *Lange* (Hrsg. Ernst & Young), Mergers & Acquisitions in der Praxis, Frankfurt am Main 2001; *Niewiarra*, Unternehmenskauf Baden Baden 2002; *Picot*, Unternehmenskauf, 2. Aufl. Stuttgart 2002; Seiler, Unternehmenskauf, Landsberg/Lech 2000; *Wilmowsky*, Pflichtverletzungen im Schuldverhältnis, JuS Beilage zu Heft 1/2002; *Wolf*, Die Mängelhaftung beim Unternehmenskauf nach neuem Recht, DB 2002, 411.

1389 (1) Verträge über die Veräußerung eines Unternehmens, eines Handelsgeschäfts oder einer freiberuflichen Praxis lassen sich regelmäßig mit den Kategorien eines Sach- und Rechtskaufs nicht erfassen. Nach dem Parteiwillen sollen umfangreichere Pflichten entstehen als die bloße Übertragung einzelner Sachen und Rechte. So wird etwa die Mitteilung des „Know-how", von Geschäftsgeheimnissen, die Empfehlung bei den Geschäftspartnern, die Einweisung in die Unternehmensorganisation, die Unterlassung eigenen Wettbewerbs usw. vereinbart sein. Übertragbare Mitgliedschaftsrechte können gekauft werden, ebenso übertragbare gewerbliche Konzessionen und Gerechtigkeiten. Geprüft werden muss aber auch, ob nicht die Erteilung einer Konzession an den Erwerber erforderlich ist und ob sie von ihm auch beansprucht werden kann.

(2) Bei Verhandlungen über den Kauf eines Untenrehmens oder von GmbH-Anteilen trifft den Verkäufer im Hinblick auf die wirtschaftliche Tragweite des Geschäfts und die regelmäßig erschwerte Bewertung des Kaufobjekts durch den Kaufinteressenten diesem gegenüber eine gesteigerte Aufklärungs- und Sorgfaltspflicht[1].

1390 Der Inhaber eines Unternehmens kann seinen Tätigkeitsbereich auf verschiedenen Wegen auf einen anderen übertragen. Er kann die im Geschäft zusammengefassten Sachen und Rechte einzeln oder sämtlich – also das Unternehmen insgesamt – verkaufen (asset deal).

Beim **Verkauf des Unternehmens** insgesamt kann ein Preis (Zuschlag) für die unkörperlichen Werte – den good will – vereinbart werden.

Der Firmenname kann nicht für sich allein veräußert werden (§ 23 HGB). Denn nach der Verkehrsanschauung kann „das Unternehmen" mit allen körperlichen und unkörperlichen Werten nur geschlossen auf einen anderen Inhaber übertragen werden.

---

1 BGH-Urteil vom 4. April 2001 VIII ZR 32/00, DStR 2001, 1578.

Nach der Verkehrsanschauung machen die körperlichen Werte zwar regelmäßig die Eigenart des unternehmerischen Tätigkeitsbereichs aus. Es kann aber auch bereits der Kauf der Kundschaft den Kauf des Unternehmens bedeuten oder die bloße zu einem Sachkauf hinzutretende Vereinbarung eines Wettbewerbsverbots des Verkäufers[1].

Die entgeltliche Überlassung einer **freiberuflichen Praxis** umfasst außer der Übertragung der vorhandenen Sachen die Möglichkeit, tatsächliche Gegebenheiten wie räumliche Lage und Art sowie Spezialisierungsgrad der am Ort vorhandenen Konkurrenz, mit geringerem Gewicht auch den Ruf bei einer Klientel auszunutzen[2]. 1391

Ist der Träger des Unternehmens eine Gesellschaft, kann das von ihr betriebene Unternehmen auch durch den **Kauf der Beteiligungsrechte (Anteile)** erworben werden (share deal); das Unternehmen geht sozusagen mittelbar über. 1392

Werden Beteiligungsrechte veräußert, wird die sonst notwendige Übertragung der einzelnen Wirtschaftsgüter vermieden. Eine solche Übertragung ist wesentlich einfacher und billiger als eine Einzelübertragung. Gleichwohl kann es auch hier erforderlich werden, Einigung hinsichtlich der Überleitung der immateriellen Wirtschaftsgüter zu erzielen.

Der Unternehmenskauf wird als **Sachkauf,** der Erwerb von Anteilen dagegen als **Rechtskauf** beurteilt[3]. 1393

Die Vorschriften über den Sachkauf sind seit dem Gesetz zur Modernisierung des Schuldrechts auch auf den Kauf von Rechten und sonstigen Gegenständen anzuwenden. Dazu gehören Anteile an Unternehmen (§ 453 Abs. 1 BGB).

Die rechtliche Bedeutung der Differenzierung zwischen Sach- und Rechtskauf ist somit weitgehend entfallen und deshalb auch die Frage, ab welcher Beteiligungsquote ein Anteilskauf als Sachkauf zu behandeln ist.

(1) Wegen der Bedeutung der vor dem 1. 1. 2002 erforderlichen Unterscheidung zwischen Sach- und Rechtskauf wird der vormalige Rechtszustand in den Rn 1394 (2) bis 1408 wiedergegeben: 1394

(2) Ausnahmsweise kann der Anteilserwerb als Sachkauf zu beurteilen sein, dann nämlich, wenn sich bei der gebotenen wirtschaftlichen Betrachtungsweise Gesellschaft und die sie tragenden Gesellschafter decken. Es erscheint in diesem Fall als gerechtfertigt, wie bei der Durchgriffshaftung die Zwischenhaltung der Gesellschaft unberücksichtigt zu lassen. Dem die Gesellschaftsanteile insgesamt erwerbenden Käufer wird – gleichsam in einer Art „Durchgriff" – der Zugang zur Sachmängelhaftung eröffnet.

Ein solcher Ausnahmefall liegt vor,

- wenn der Erwerber alle[4] oder fast alle Anteile an einer Kapitalgesellschaft erwirbt,
- der Wille der Vertragschließenden auf den Erwerb des Unternehmens insgesamt gerichtet ist,
- der Kaufpreis sich nicht an den Anteilen, sondern an dem Unternehmen insgesamt orientiert und
- der Erwerber nach Durchführung des Vertrages die Stellung eines Trägers des Unternehmens einnimmt.

---

1 RG-Urteil vom 16. Oktober 1941 II 71/41, DR 1942, 465; zur Abgrenzung von Inventarkaufvertrag und Unternehmenskaufvertrag vgl. BGH-Urteil vom 2. März 1988 VIII ZR 63/87, WM 1988, 711.
2 Vgl. *Münchener Kommentar* zum BGB, Bd. III, § 433 RdNr. 12.
3 BGH-Urteil vom 12. November 1975 VIII ZR 142/74, BGHZ 65, 246, 250; vgl. OLG Naumburg, Urteil vom 28. Februar 1995 7 U 38/94, BB 1995, 1816 (Sachmängelhaftung beim Anteilskauf).
4 BGH-Urteil vom 12. November 1975 VIII ZR 142/74, BGHZ 65, 245, 250, ferner OLG Koblenz, Urteil vom 22. Oktober 1991, 3 U 1859/90, rkr., WM 1991, 2076.

1395 Entscheidend für die Abgrenzung, ob der Verkauf eines Unternehmens oder der seiner Anteile vorliegt, ist m. a. W., ob die Parteien die Herrschaft über das Unternehmen als den Vertragsgegenstand angesehen haben oder nicht.

1396 Die Verkäuferhaftung für Sachmängel greift nur ein, wenn Vertragsinhalt die Veräußerung des Unternehmens vom bisherigen Inhaber an den Erwerber (Käufer) ist. Ein solcher Sachverhalt liegt z. B. nicht vor, wenn ein einzelner Verkäufer nur den letzten wirtschaftlich zum Unternehmenserwerb fehlenden Anteil überträgt.

Wird ein Veräußerungs- bzw. Erwerbsvorgang von diesen Umständen geprägt, liegt ein Kauf bereits dann vor, wenn der Käufer alle Anteile bis auf einen unbedeutenden Rest vom Verkäufer erhält.

1397 Nicht als Unternehmenskauf wurde vom BGH die Übertragung von 49 vH der Anteile an einer GmbH und die Vereinbarung der Sicherung gegen Majorisierung beurteilt; die Rechtsprechung will den Käufer bei Vorliegen der entsprechenden Voraussetzungen aber durch Anfechtung nach § 119 Abs. 2 BGB oder durch die Anwendung der Regeln über die culpa in contrahendo schützen, soweit kein selbstständiger Garantievertrag geschlossen ist.

Entschieden worden ist die Frage, was ein unbedeutender Rest ist, nur insofern, als ein nichtverkaufter Anteil von etwa 0,25 vH der Annahme eines Kaufs nicht entgegenstehe. Fraglich ist, ob die Obergrenze einer Beteiligung, die einen unbedeutenden Rest darstellt, bei weniger als 10 oder weniger als 25 vH Beteiligung[1] liegt.

Bei der Auslegung des Begriffs „Erwerb fast aller Anteile" wird unterschieden werden müssen, um was für Anteile es sich handelt; die Antwort wird je nach Gesellschaftsform verschieden sein[2].

1398 Die Grenzen werden dort zu finden sein, wo die Einwirkungsmöglichkeit von Sperrminoritäten endet. Nach deutschem Recht müssen bei einer Eingliederung einer Aktiengesellschaft in eine andere Aktiengesellschaft wenigstens 95 vH der Aktien der einzugliedernden Gesellschaft in der Hand der künftigen Hauptgesellschaft gehören (§ 320 AktG). Erst ein Erwerb von mehr als 95 vH des Aktienkapitals dürfte dazu führen, dass ein Unternehmenskauf angenommen werden kann.

1399 Bei der GmbH liegt die Grenze bei 10 vH des Stammkapitals beispielsweise für das Recht, die Gesellschafterversammlung einzuberufen, der Auflösungsklage oder der Geltendmachung des Rechts zu Bestellung von Liquidatoren.

1400 Bei einem nicht erworbenen Rest von 5 vH des Aktienkapitals oder von 10 vH der GmbH-Geschäftsanteile wird also m. E. noch kein Unternehmenskauf angenommen werden können.

1401 Der Zuerwerb von Mitgliedschaftsrechten nach und nach[3], wenn auch schließlich bis zur Beherrschung der Gesellschaft in vollem Umfang, ändert nichts an der Einordnung als Rechtskauf und damit an der Maßgeblichkeit lediglich der Rechtsmängelhaftung (§§ 437 ff. BGB).

1402 Verkaufen die Teilhaber einer Kapitalgesellschaft gemeinsam und unter Vereinbarung gesamtschuldnerischer Haftung alle Anteile, ist das Rechtsgeschäft als Kauf zu beurteilen.

1403 Die Abgrenzung von Sach- und Rechtskauf, Unternehmenskauf und Anteilserwerb hat u. a. folgende Bedeutung[4]:

- Der Verkäufer eines Unternehmens haftet für dessen Mängel innerhalb der kurzen Verjährungsfrist des § 477 BGB, und zwar ohne Verschulden. Auf das Verschulden bei Vertragsschluss kommt es nur für solche Umstände an, die keine Merkmale des Unternehmens sind.

- Der Verkäufer einer gesellschaftsrechtlichen Beteiligung (eines Anteils) hat für den **Bestand** des **Rechts,** nicht aber für Mängel des den Gegenstand der Gesellschaft bildenden Unternehmens oder

---

[1] *Hölters,* Handbuch des Unternehmens- und Beteiligungskaufs, 3. Aufl., Köln 1992, I Rz 4.
[2] *Hiddemann,* Leistungsstörungen beim Unternehmenskauf aus der Sicht der Rechtsprechung, ZGR 1982, 435 ff., 441. Vgl. dazu OLG Naumburg, Urteil vom 28. Februar 1995 – 7 U 38/94, BB 1996, 1816.
[3] Vgl. BGH-Urteil vom 23. November 1979 I ZR 161/77, DB 1980, 679, WM IV 1980, 284, LM Nr. 56 zu § 123 BGB, und Bespr. in BB 1980, 1393.
[4] Vgl. dazu *Hommelhoff,* Zur Abgrenzung von Unternehmenskauf und Anteilserwerb, ZGR 1982, 366; ferner OLG Koblenz, Urteil vom 22. Oktober 1991 3 U 1859/90, rkr., WM 1991, 2075.

seiner Bestandteile einzustehen[1]. Er leistet also für den Zustand des Unternehmens keinerlei Sachgewähr. Er haftet jedoch 30 Jahre lang, wenn er dem Anteilskäufer schuldhaft falsche Unternehmensdaten mitgeteilt hat, auf die es dem Käufer für den Vertragsabschluss oder auch nur für die Kaufpreisbildung angekommen ist.

M. a. W.: Der Anteilserwerber kann über die Gewährleistung für das Mitgliedschaftsrecht keinen Ausgleich für ein etwa enttäuschtes Vertrauen erlangen, das er in das Unternehmen selbst gesetzt hat.

Werden Beteiligungen veräußert, ohne dass ein Unternehmenskauf vorliegt, beschränkt sich die Gewährleistungshaftung des Verkäufers also auf den rechtlichen Bestand des Beteiligungsrechts (§ 347 Abs. 1 BGB). Deshalb kommt es vor, dass der Verkäufer zunächst die zu veräußernden Teile seines Unternehmens gegen Gewährung von Beteiligungsrechten in eine von ihm gegründete Gesellschaft einbringt – also Teile des Unternehmens ausgliedert – und dann die Beteiligungsrechte veräußert. 1404

Diese Regeln gelten auch, wenn **Anteile an einer Personengesellschaft** verkauft werden, wenn der Gesellschaftsvertrag die uneingeschränkte Übertragbarkeit vorsah. 1405

Auch in diesem Fall kann die Übertragung eines größeren Teils der Anteile unternehmerischen Zielen dienen und als Kauf des Unternehmens zu beurteilen sein, wenn der Erwerber mit dem Erwerb die Leitungsmacht des von der Gesellschaft betriebenen Unternehmens bezweckt. Der Verkauf einer beherrschenden Gesellschafterstellung würde einem enttäuschten Erwerber die Gewährleistungsansprüche des Unternehmenskaufs eröffnen. 1406

Insgesamt sind für die Entscheidung derartiger Fragen die Einzelheiten des jeweiligen Sachverhalts maßgebend. Es kommt also auf die Vertragsauslegung an, welchen Regeln die Haftung des Veräußerers unterstellt wird. 1407

Diesem auf einem subjektiven Fehlerbegriff beruhenden Verständnis liefe es zuwider, eine Haftung des Veräußerers nach den §§ 459 ff. BGB nur dann anzunehmen, wenn nach den gesetzlichen und vertraglichen Umständen die übertragene Beteiligung die Befugnis zur Bestimmung der Geschäftsführung, der Eigenkapitalbasis und/oder zur Satzungsänderung verleiht.

Auch wenn ein Anteilskauf und kein Unternehmenskauf vorliegt und daher die Vorschriften über die Sachmängelgewährleistung unanwendbar sind, kann der Veräußerer aus dem Gesichtspunkt der culpa in contrahendo auf Schadensersatz haften, wenn er bei der Veräußerung gegen Offenbarungspflichten verstoßen hat, z. B. weil er die Bilanz als ausgeglichen bezeichnet hat, obwohl erhebliche Schulden bestanden[2]. 1408

(unbesetzt) 1409–1410

Die rechtliche Zulässigkeit des sog. **Mantelkaufs,** bei dem GmbH-Anteile ohne ein von der Gesellschaft betriebenes Unternehmen gekauft werden, bestimmt sich nach Gesellschaftsrecht. 1411

Der **Unternehmenskauf** unterscheidet sich vom Einzelwirtschaftsgutverkauf u. a. dadurch, dass zur betriebsfähigen Wirtschaftseinheit die nicht gegenständlichen Vermögenswerte gehören und dass der Erwerber in die Lage versetzt werden muss, die unternehmerische Tätigkeit seines Vorgängers auszuüben. 1412

Die Einordnung des Unternehmenskaufs unter den „Kaufvertrag" besagt jedoch nur, dass auf diesen Vertrag die §§ 433 ff. BGB einschließlich der zugehörigen Normen des Allgemeinen Schuldrechts anzuwenden sind, soweit Besonderheiten dieses Vertrages keine Abweichung erfordern.

Der Unternehmenskauf kann beiderseitiges Handelsgeschäft im Sinne der §§ 343 ff. HGB sein. 1413

---

1 Vgl. *Münchener Kommentar* zum BGB, aaO, Bd. III, § 433 RdNr. 14.
2 BGH-Urteil vom 2. Juni 1980 VIII ZR 64/79, BB 1980, 1392.

1414 Für den Veräußerer ist der Unternehmenskauf ein Handelsgeschäft, wenn seine in dem Unternehmen entfaltete Tätigkeit handelsgewerblicher Natur ist. Die Veräußerung stellt dann den letzten Akt dieser Tätigkeit dar.

1415 Beim Erwerber ist der Unternehmenskauf Handelsgeschäft, soweit der Unternehmensgegenstand ein Handelsgewerbe ist (§ 1 HGB), weil er dann zu den Vorbereitungsmaßnahmen gehört, die die Kaufmannseigenschaft begründet.

1416 Der Unternehmenskauf ist **kein Handelskauf** (§§ 373 ff. HGB), und zwar auch dann nicht, wenn er sich für eine oder beide Seiten als Handelsgeschäft darstellt[1] (§§ 343, 345 HGB). Denn der Handelskauf betrifft Waren oder Wertpapiere (§§ 373, 381 Abs. 1 HGB); das Unternehmen ist jedoch weder das eine noch das andere.

1417 Vom **Kauf einer Kundschaft** kann nicht gesprochen werden, weil es an einem beherrschbaren und somit übertragbaren Gegenstand fehlt. Der bloße Verkauf einer Kundenkartei – sofern er nach den Regelungen über Datenschutz zulässig ist – kann sich als Sachkauf darstellen. Von diesem Sachkauf zu unterscheiden ist ein Vertrag über die Einräumung des Zugangs zu den Anschriften möglicher Kunden oder Interessenten; in diesem Fall wird regelmäßig keine Verpflichtung zur Veräußerung begründet.

1418 Im Versandhandel, bei dem verschiedenartige Bezugsbindungen bestehen, werden im Fall der **Übertragung** meist schuldrechtliche Belieferungsrechte auf Dauer oder vorübergehend zur Nutzung abgetreten.

b) Tausch

1419 Für den Tausch (§ 515 BGB) gelten keine Besonderheiten.

c) Schenkung

1420 Ein Handelsgeschäft kann auch auf Grund eines – notariell zu beurkundenden – Schenkungsversprechens (§§ 516, 518 BGB) zu übertragen sein[2].

d) Sonstige Verträge

1421 Rechtsgrund für die Übertragung eines Unternehmens können Auseinandersetzungsverträge unter Miterben sein (§§ 2042 ff. BGB).

Die Pflicht, ein Unternehmen zu übertragen, kann sich aus einem Gesellschaftsvertrag ergeben; das Unternehmen kann Gegenstand einer Sacheinlage sein[3].

1422–1425 *(unbesetzt)*

2. Übertragungsakte

1426 Wird ein Kaufvertrag über die Veräußerung eines Geschäfts im Ganzen abgeschlossen[4], ist bei seiner Durchführung zwischen dem schuldrechtlichen Verpflichtungsgeschäft zur

---

1 Vgl. Rn 1343, 1666.
2 Vgl. RAG-Urteil vom 10. Mai 1933 48/33, RAGE (Bensheimer'sche Sammlung) Bd. 18 S. 21 Nr. 3, mit Anm. Hueck, S. 24.
3 Vgl. dazu Rn 1709.
4 Vgl. Rn 1346 ff.

Schuldrechtliche Rechtsgeschäfte 215

Übertragung des Eigentums an den Sachen und dessen Erfüllung durch die dinglichen Rechtsgeschäfte zu unterscheiden[1].

Entsprechendes gilt für die sonstigen schuldrechtlichen Rechtsgeschäfte; z. B. die Verpflichtung zur Forderungsübertragung und die Abtretung der Forderung. 1427

Bei der Geschäftsveräußerung besteht die Besonderheit, dass zwar das Geschäft im Ganzen Gegenstand eines schuldrechtlichen Rechtsgeschäfts sein kann, also z. B. als Ganzes verkauft werden kann, dass aber ein einheitliches dingliches Recht an ihm nicht besteht[2]. Daher gibt es auch keinen einheitlichen Übertragungsakt für das Geschäft als Ganzes, vielmehr besteht die Übertragung je nach der Beschaffenheit der einzelnen Bestandteile, die das Geschäft bilden, in den einzelnen Übertragungsakten für diese Bestandteile. 1428

Beispiel: 1429
Veräußert Adam sein Geschäft, zu dem ein Betriebsgrundstück, Einrichtungsgegenstände, Geld, Waren und Forderungen gehören, an Bosse, so wird Bosse Eigentümer des Grundstücks, sobald er im Grundbuch eingetragen ist, Eigentümer des Warenlagers und des Geldes, wenn ihm die Waren und das Geld übergeben worden sind, und Gläubiger der Forderungen, wenn sie ihm im Einzelnen abgetreten worden sind.

Da die verschiedenen Gegenstände nur gesondert übertragen werden können, wird die Einheitlichkeit des Verpflichtungsgeschäfts (Veräußerung des Geschäfts im Ganzen) bei den Erfüllungsgeschäften aufgelöst. 1430

Der Erwerber kann nur Einzelrechtsnachfolger werden. Es gibt keine Gesamtrechtsnachfolge in das Geschäft als Ganzes. 1431

(unbesetzt) 1432–1435

3. Die einzelnen Übertragungsformen

a) Unterschiedliche Übertragungsformen

Nach welchen Vorschriften ein Wirtschaftsgut übertragen werden muss, ergibt sich aus dem bürgerlichen Recht, und zwar je nachdem wie der Gegenstand des Geschäftsvermögens bürgerlich-rechtlich einzuordnen ist. Die steuerrechtliche Zuordnung des Gegenstandes, die von der bürgerlich-rechtlichen abweichen kann, ist unbeachtlich. 1436

Werden Beteiligungsrechte veräußert, wird die sonst notwendige Übertragung der einzelnen Wirtschaftsgüter vermieden. 1437

b) Bewegliche Sachen

Sachen sind nur körperliche Gegenstände (§ 90 BGB). Zu den beweglichen Sachen gehören alle Sachen, die weder Grundstücke noch Bestandteile eines Grundstücks sind[3]. Sind 1438

---

1 Ein Unternehmen kann auch nach österreichischem Recht nicht Gegenstand eines einheitlichen Verfügungsgeschäfts sein (vgl. *Rummel*, Kommentar zum Allgemeinen bürgerlichen Gesetzbuch, Wien 1984). „Vielmehr ist je nach Sachkategorie der entsprechende Modus einzuhalten." Bei beweglichen Unternehmensbestandteilen genügt allerdings eine einheitliche symbolische Übergabe im Sinne des § 427 ABGB. Nach dem Parteiwillen kann in symbolischer Übergabe (z. B. der Geschäftsbücher) auch die Abtretung der zum Unternehmen gehörigen Forderungen gesehen werden. Das ist z. B. bei der Übergabe von Urkunden der Fall.
2 RG-Urteil vom 26. Januar 1909 VII 146/08, RGZ 70, 226, 231; *Staub*, HGB, aaO, § 22 Anm. 21; *Palandt*, aaO, Überblick vor § 90 Anm. 3e, § 433 Anm. 1; RGRK, BGB, aaO, § 90 Anm. 1, 3, § 433 Anm. VI.
3 RG-Urteil vom 14. November 1938 V 37/38, RGZ 158, 362, 368; *Palandt*, aaO, Überblick vor § 90 Anm. 3.

einzelne bewegliche Sachen Zubehör eines Grundstücks, wird das Eigentum an ihnen zusammen mit dem Eigentum am Grundstück übertragen[1].

aa) Grundfälle

1439 Zur Übertragung des Eigentums an einer beweglichen Sache (§ 929 BGB) ist erforderlich, dass sich der Eigentümer und der Erwerber darüber einig sind, dass das Eigentum auf den Erwerber übergehen soll (Einigung) und der Eigentümer dem Erwerber die Sache übergibt (Übergabe).

1440 Einigung ist ein unmittelbar auf Übertragung des Eigentums gerichteter Vertrag. Der Vertrag ist abstrakt und von dem ihm zu Grunde liegenden Verpflichtungsgeschäft, mit dem die Einigung vielfach zusammenfällt, rechtlich zu sondern. Abstrakt nennt man die Einigung deshalb, weil sie unabhängig von dem Verpflichtungsgeschäft wirksam ist und von Mängeln des ihr zu Grunde liegenden Rechtsgeschäfts nicht berührt wird. Bei Nichtigkeit des Verpflichtungsgeschäfts ist z. B. die aus Anlass dieses Geschäfts vollzogene Übereignung nicht ebenfalls nichtig.

Die Einigung unterliegt als Vertrag den allgemeinen Vorschriften über Rechtsgeschäfte. Sie ist formlos gültig. Sie kann auch bedingt oder befristet erklärt werden und ist anfechtbar.

1441 Die **Übergabe** der Sache besteht in der Verschaffung des unmittelbaren Besitzes, der tatsächlichen Gewalt über die Sache (§ 854 BGB).

1442 Einer Übergabe bedarf es nicht, wenn der Erwerber bereits im Besitz der Sache ist (§ 929 Satz 2 BGB).

1443 Die Übergabe kann durch Abtretung des Herausgabeanspruchs ersetzt werden, wenn sich die Sache im Besitz eines Dritten befindet (§ 931 BGB).

1444 Ist der Eigentümer im Besitz der Sache, so kann die Übergabe dadurch ersetzt werden, dass zwischen dem Eigentümer und dem Erwerber ein Rechtsverhältnis vereinbart wird, durch das der Erwerber den unmittelbaren Besitz der Sache erlangt (§ 930 BGB).

1445 **Beispiel:**
A veräußert sein Geschäft an B. Beide sind sich darüber einig, dass das Eigentum aller beweglichen Gegenstände auf B übergehen soll (Einigung). Das Warenlager wird dem B von A übergeben (Rn 1439, 1441). Bei einer sich in Reparatur befindlichen Maschine tritt A den Herausgabeanspruch an B ab (Rn 1443). Ein betrieblicher Pkw soll dem A noch drei Monate leihweise zur Verfügung stehen (Rn 1444). Ein Sortiment von Warenmustern hatte B schon vor Abschluss des Kaufvertrages im Verlauf der Kaufverhandlungen erhalten (Rn 1442).

bb) Besonderheiten

1446 Besonders zu beachten sind Eigentumsvorbehalte oder verlängerte Eigentumsvorbehalte der Lieferanten des Veräußerers[2].

cc) Gutgläubiger Erwerb

1447 Bei beweglichen Sachen wird das Eigentum durch Einigung und Übergabe übertragen. Der Erwerber wird auch dann Eigentümer, wenn die Sache nicht dem Veräußerer gehört,

---

[1] Vgl. Rn 1476.
[2] Vgl. dazu *Serick*, Eigentumsvorbehalt und Sicherungsübereignung, 6 Bände, Heidelberg 1963/1986; *Serick*, Deutsche Mobilarsicherheiten, Aufriss und Grundgedanken, Heidelberg, 1988.

es sei denn, dass er zum Zeitpunkt, zu dem er nach diesen Vorschriften das Eigentum erwerben würde, **nicht in gutem Glauben** ist (§ 932 Abs. 1 BGB). Der Erwerber ist **nicht** im guten Glauben, wenn ihm bekannt oder infolge grober Fahrlässigkeit unbekannt ist, dass die Sache nicht dem Veräußerer gehört. Wird eine Sache durch Abtretung des Herausgabeanspruchs übereignet, so wird der Erwerber, wenn die Sache nicht dem Veräußerer gehört, mit der Abtretung des Herausgabeanspruchs Eigentümer, wenn der Veräußerer mittelbarer Besitzer der Sache war. Andernfalls wird der Erwerber erst dann Eigentümer der Sache, wenn er den Besitz der Sache von einem Dritten erhält. Voraussetzung ist jedoch, dass er z. Z. der Abtretung oder z. Z. des Besitzerwerbs in gutem Glauben war (§ 934 BGB).

Bei beweglichen Sachen, die Zubehör eines Grundstücks sind und mit diesem übereignet werden, ist ein Eigentumserwerb an Sachen, die dem Veräußerer nicht gehören, nur möglich, wenn der Erwerber den Besitz der Sachen erlangt. Die Ausführungen über den Eigentumserwerb vom Nichteigentümer gelten gem. § 926 Abs. 2 BGB entsprechend für den Erwerb von Zubehör.   1448

Ist die Sache dem Eigentümer gestohlen worden, verloren gegangen oder sonst abhanden gekommen, so ist ein **gutgläubiger Erwerb** ausgeschlossen, es sei denn, es handelt sich um Geld, Inhaberpapiere oder Sachen, die im Wege der öffentlichen Versteigerung veräußert werden (§ 935 BGB).   1449

Veräußert ein Kaufmann im Betrieb seines Handelsgewerbes eine ihm nicht gehörende bewegliche Sache, so finden die Vorschriften des BGB über den gutgläubigen Erwerb zu Gunsten derjenigen, welche Rechte von einem Nichtberechtigten herleiten, auch dann Anwendung, wenn der gute Glaube des Erwerbers die Befugnis des Veräußerers, über die Sache für den Eigentümer zu verfügen, betrifft (§ 366 HGB).   1450

Beispiel: 1451
Verkauft ein Geschäftsinhaber Kommissionsware, so gehört ihm die Ware nicht. Weiß das ein Kunde, glaubt er jedoch, dass der Kaufmann berechtigt ist, die Ware zu verkaufen, so erwirbt der Kunde gleichwohl das Eigentum an der Sache.

Der Kunde eines Kaufmanns kann davon ausgehen, dass der Kaufmann, der Waren, die ihm nicht gehören, in seinem Handelsgewerbe verkauft, dazu berechtigt ist. Diese Vorschrift entbindet ihn im Interesse der Verkehrssicherheit im Geschäftsleben von der Verpflichtung, die Verfügungsbefugnis nachzuprüfen.

Die Veräußerung des Geschäfts im Ganzen ist Handelsgeschäft im Sinne von §§ 343 ff. HGB. Auch für Kaufleute kraft Eintragung gilt § 366 HGB[1]. Die Verfügung im Rahmen einer Geschäftsveräußerung im Ganzen ist keine Verfügung außerhalb des ordnungsgemäßen Geschäftsbetriebs.   1452

Ein Erwerber, der den ganzen Betrieb erwirbt, kommt allerdings dann nicht in den Genuss des Schutzes von § 366 HGB, wenn er Anlass zu Misstrauen hatte. Steht der Veräußerer vor dem wirtschaftlichen Zusammenbruch, trifft den Erwerber eine erhöhte Prüfungspflicht. Weil er Einblick in die Vermögensverhältnisse des Veräußerers hat, wird er in einem solchen Fall häufig bösgläubig sein, wenn er eine erforderliche Prüfung unterlässt[2]. Weiß der Erwerber, dass bewegliche Sachen des Betriebsvermögens nicht dem Geschäftsinhaber gehören, muss er sich über die Befugnis des Geschäftsinhabers, das Eigentum an   1453

---
1 Streitig beim Scheinkaufmann; vgl. ablehnend *Schlegelberger*, HGB, aaO, § 366 Anm. 26.
2 Vgl. *Canaris* in Staub, HGB, aaO, 3. Aufl., § 366 Anm. 49.

diesen Gegenständen übertragen zu dürfen, auch im Rahmen einer Geschäftsveräußerung informieren.

1454 Die Vorschriften über den **gutgläubigen Erwerb** verlieren **bei einer Geschäftsveräußerung** insoweit an Bedeutung, als der Erwerber für die Verbindlichkeit des früheren Inhabers in vielen Fällen haftet. Der Erwerber ist dann ebenso wie der frühere Geschäftsinhaber verpflichtet, das Eigentum zurückzuübertragen.

1455–1460 *(unbesetzt)*

c) Grundstücke

1461 **Grundstücke** sind abgegrenzte Teile der Erdoberfläche, die im Grundbuch als selbständige Grundstücke eingetragen sind[1]. Erbbaurechte werden wie Grundstücke behandelt. Zu den Grundstücken und Erbbaurechten gehören deren wesentlichen Bestandteile.

1462 Zu den **wesentlichen Bestandteilen** eines Grundstücks gehören die mit dem Grund und Boden fest verbundenen Sachen, insbesondere Gebäude, sowie die Erzeugnisse des Grundstücks, solange sie mit dem Boden zusammenhängen. Zu den wesentlichen Bestandteilen eines Gebäudes und damit auch zu den wesentlichen Bestandteilen des Grundstücks gehören die zur Herstellung des Gebäudes eingefügten Sachen (§ 94 Abs. 2 BGB).

1463 Bei einer Geschäftsveräußerung gewinnt die Vorschrift des § 95 BGB Bedeutung. Sie lässt Ausnahmen von dem Grundsatz zu, dass alle mit dem Grund und Boden und dem Gebäude verbundenen Sachen wesentliche Bestandteile des Grundstücks sind. Sachen, die nur zu einem vorübergehenden Zwecke mit dem Grund und Boden verbunden sind, sind Scheinbestandteile (§ 95 Abs. 1 Satz 1 BGB). Scheinbestandteile sind auch Gebäude oder andere Werke, die in Ausübung eines Rechtes an einem fremden Grundstück von den Berechtigten mit dem Grundstück verbunden worden sind. Sachen, die nur zu einem vorübergehenden Zweck in ein Gebäude eingefügt sind, gehören nicht zu den Bestandteilen des Gebäudes (§ 95 Abs. 2 BGB).

1464 **Beispiele:**
1. Bauer hat auf fremdem Grund und Boden eine Baracke errichtet. Die Baracke ist eine bewegliche Sache.
1465 2. Auf dem Grundstück des Meyer hat das städtische E-Werk auf Grund einer Grunddienstbarkeit ein Transformatorenhaus errichtet. Das Transformatorenhäuschen ist Eigentum des E-Werkes.

1466 Zur Übertragung des Eigentums an einem Grundstück ist die Einigung des Eigentümers und des Erwerbers über den Eintritt der Rechtsänderung in das Grundbuch erforderlich (§ 873 Abs. 1 BGB). Die Einigung des Veräußerers und Erwerbers über die Übertragung des Eigentums an einem Grundstück (Auflassung) muss bei gleichzeitiger Anwesenheit des Veräußerers und Erwerbers vor dem Grundbuchamt, vor einem Notar oder in einem gerichtlichen Vergleich erklärt werden (§ 925 BGB). Wird diese Form nicht eingehalten, so ist die Auflassung unwirksam. Die Auflassung soll nur entgegengenommen werden, wenn die gemäß § 311b BGB erforderliche Urkunde über das Verpflichtungsgeschäft, z. B. Kauf, vorgelegt oder gleichzeitig errichtet wird.

1467 (1) Wie die Einigung beim Erwerb von beweglichen Sachen ist die Auflassung ein abstrakter dinglicher Vertrag und von dem ihr zu Grunde liegenden schuldrechtlichen Geschäft zu unterscheiden. Sie ist ebenso wie die Einigung von diesem unabhängig. Der Erwerber wird daher auf Grund der der Auflassung nachfolgenden Eintragung im Grund-

---

1 *Palandt*, BGB, aaO, Überblick vor § 90 Rn 3.

buch auch dann Eigentümer des Grundstücks, wenn das zu Grunde liegende schuldrechtliche Geschäft unwirksam ist.

(2) Veräußern allerdings Gesellschafter bürgerlichen Rechts, die fälschlich als Eigentümer im Grundbuch eingetragen sind, ihre Gesellschaftsanteile an einen Dritten, so kann dieser das Eigentum an dem Grundstück nicht auf Grund des öffentlichen Glaubens des Grundbuchs erwerben[1].

Die Auflassung kann nicht unter einer Bedingung oder Zeitbestimmung erklärt werden. 1468

Der Eigentumsübergang wird im Grundbuch eingetragen, wenn die Auflassung nachgewiesen ist und die Eintragung bewilligt und beantragt ist. Außerdem muss vor der Eintragung die **steuerliche Unbedenklichkeitsbescheinigung** des zuständigen Finanzamts, die grundsätzlich erst nach der Zahlung der Grunderwerbsteuer erteilt wird, beigebracht werden. In bestimmten Fällen ist auch eine behördliche Genehmigung nachzuweisen (vgl. z. B. nach dem Grundstückverkehrsgesetz). Mit der Eintragung im Grundbuch ist der Eigentumsübergang vollzogen. 1469

Mit dem Eigentum am Grundstück geht auch das Eigentum an dessen wesentlichen Bestandteilen auf den Erwerber über. 1470

Grundstücke sind in aller Regel dinglich belastet (z. B. mit Hypotheken, Grundschulden, Rentenschulden, Grunddienstbarkeiten, persönlichen Dienstbarkeiten, Vorkaufsrecht, Reallasten). Bei einer Übereignung des Grundstücks ist die Interessenlage für Übertragenden und Erwerber, welche Regelungen hinsichtlich der dinglichen Belastungen getroffen werden sollen, unterschiedlich, und eine Regelung kann meist nicht allein vom Übertragenden und Erwerber getroffen werden. 1471

- Sollen die Grundpfandrechte vom Erwerber übernommen werden oder soll der Übertragende verpflichtet sein, für ihr Erlöschen zu sorgen?
- Wer soll gegebenenfalls schuldrechtlich gegenüber Dritten die Verpflichtungen erfüllen müssen?
- Wie sollen gegebenenfalls Regressansprüche geregelt werden?

Mit der Übertragung der Forderung geht z. B. die Hypothek auf den neuen Gläubiger über (§ 1153 BGB); die Abtretung der Forderung regelt § 1154 BGB. Zur **Aufhebung** der Hypothek durch Rechtsgeschäft ist die formbedürftige Zustimmung des Eigentümers erforderlich (§§ 1183, 875 BGB). 1472

Die Regeln des rechtsgeschäftlichen Erwerbs gelten nicht im Erbfall[2]. 1473

(unbesetzt) 1474–1475

d) Grundstückszubehör

Soll sich nach dem Willen des Veräußerers und des Erwerbers die Veräußerung auch auf das **Zubehör des Grundstücks** erstrecken, so erlangt der Erwerber mit dem Eigentum am Grundstück auch das Eigentum an den zurzeit des Erwerbs vorhandenen Zubehörstücken, soweit sie dem Veräußerer gehören. 1476

Zubehör sind bewegliche Sachen, die, ohne Bestandteil der Hauptsache zu sein, dem wirtschaftlichen Zweck der Hauptsache zu dienen bestimmt sind und zu ihr in einem 1477

---

1 BGH-Urteil vom 22. November 1996 V ZR 234/95, WM 1997, 480.
2 Vgl. Rn 341.

dieser Bestimmung entsprechenden räumlichen Verhältnis stehen. Eine Sache, die im Verkehr nicht als Zubehör angesehen wird, kann auch nicht Zubehör sein (§ 97 Abs. 1 BGB).

1478 **Beispiele:**
1. Die Einrichtung einer Gastwirtschaft ist Zubehör des Hauses. Das Gleiche gilt für Kähne auf dem Teich der Gastwirtschaft. Sie sind Zubehör des Grundstücks[1].

1479 2. Material und Fertigwaren sind dagegen nicht Zubehör eines Fabrikgrundstücks[2].

1480 § 98 BGB erläutert u. a. den Begriff „gewerbliches Inventar". Danach sind Zubehör, weil sie dem wirtschaftlichen Zwecke der Hauptsache zu dienen bestimmt sind:

1. bei einem Gebäude, das für einen gewerblichen Betrieb dauernd eingerichtet ist, insbesondere bei einer Mühle, einer Schmiede, einem Brauhaus, einer Fabrik, die zu dem Betrieb bestimmten Maschinen und sonstigen Gerätschaften;

2. bei einem Landwirt, das zum Wirtschaftsbetrieb bestimmte Gerät und Vieh, die landwirtschaftlichen Erzeugnisse, soweit sie zur Fortführung der Wirtschaft bis zu der Zeit erforderlich sind, zu welcher gleiche oder ähnliche Erzeugnisse voraussichtlich gewonnen werden, sowie der vorhandene, auf dem Gute gewonnene Dünger.

Bei den gewerblichen Betriebsgrundstücken ist danach nur das zu dem Betrieb gehörende Anlagevermögen Zubehör.

1481 Die Zubehöreigenschaft hat bei einer Veräußerung des ganzen Geschäfts auch insoweit Bedeutung, als sich danach entscheidet, ob eine bewegliche Sache als solche oder zusammen mit dem Grundstück übereignet wird. Nach § 926 Abs. 1 letzter Satz BGB ist im Zweifelsfalle anzunehmen, dass sich die Veräußerung auf das Zubehör erstrecken soll. Deshalb geht das Eigentum an Zubehör mit der Eintragung des Eigentums im Grundbuch über.

1482–1485 *(unbesetzt)*

e) Rechte

aa) Forderungen

1486 **Forderungen** werden durch Vertrag vom Gläubiger auf einen anderen übertragen (Abtretung; § 398 BGB). Die Abtretung ist eine Verfügung über die Forderung, die dadurch auf den neuen Gläubiger übergeht. Die Abtretung erfüllt bei den Forderungen den gleichen Zweck, den bei der Veräußerung von Sachen die Einigung und Übergabe oder die Auflassung und Eintragung im Grundbuch haben. Als abstraktes Geschäft ist die Abtretung von dem ihr zu Grunde liegenden Rechtsgeschäft zu unterscheiden, das die Verpflichtung zur Forderungsübertragung begründet. Grundgeschäft ist z. B. der Kauf des Geschäfts im Ganzen. Mit der Abtretung geht die Forderung oder das Recht auf den neuen Gläubiger über.

1487 Die **Abtretung** ist formlos wirksam. Nur bei bestimmten Forderungen bedarf sie einer Form. Zur Abtretung einer Buchhypothekenforderung ist Eintragung in das Grundbuch erforderlich, bei einer Briefhypothek ist schriftliche Abtretungserklärung und Übergabe des Hypothekenbriefs erforderlich (§ 1154 BGB). Zur Abtretung der Forderung aus einem Wertpapier ist außer dem Abtretungsvertrag grundsätzlich die Übergabe des Wertpapiers

---

1 RG-Urteil vom 26. Januar 1901 V 353/00, RGZ 47, 197.
2 RG-Urteil vom 5. Oktober 1907 V 67/07, RGZ 66, 356.

nötig. Wechsel und andere Orderpapiere werden durch Indossament übertragen (vgl. §§ 11 ff. WG)[1].

Der bisherige Gläubiger ist verpflichtet, dem neuen Gläubiger die zur Geltendmachung der Forderung nötige Auskunft zu erteilen und die zum Beweis der Forderung dienende Urkunde auszuhändigen (§ 402 BGB). Auf Verlangen ist dem neuen Gläubiger eine öffentlich beglaubigte Urkunde über die Abtretung auszustellen (§ 403 BGB). Der bisherige Gläubiger muss alles unterlassen, was den neuen Gläubiger schädigen könnte, insbesondere hat er die Einziehung der Forderung zu unterlassen. Bei schuldhafter Verletzung seiner Pflichten ist er schadensersatzpflichtig. 1488

Mit der Abtretung geht die Forderung von dem bisherigen Gläubiger auf den neuen Gläubiger in dem Zustand über, wie sie der bisherige Gläubiger innehatte. Einerseits erwirbt der neue Gläubiger mit der Forderung auch die Nebenrechte, z. B. Pfandrecht, Bürgschaft und die Vorzugsrechte, z. B. im Konkurs (§ 401 BGB), andererseits geht die Forderung aber auch mit allen Mängeln über. Der Schuldner kann daher alle Einwendungen geltend machen, die zurzeit der Abtretung der Forderung gegen den bisherigen Gläubiger begründet waren. 1489

Beispiele: 1490
1. Der Schuldner kann geltend machen, dass ihm der bisherige Gläubiger die Schuld erlassen oder gestundet hat.
Er kann einwenden, dass eine Forderung nicht entstanden ist, weil das Verpflichtungsgeschäft wegen Sittenwidrigkeit nichtig war.
Der Schuldner kann die Einwendungen geltend machen, wenn sie bereits z. Z. der Abtretung bestanden haben. Der Schuldner kann aber auch einwenden, dass eine Forderung deshalb nicht bestehe, weil das Rechtsgeschäft auf dem sie beruhe wegen Täuschung anfechtbar sei und er die Anfechtung erklären wolle. Es genügt hier, dass das Gestaltungsrecht der Anfechtung seinem Rechtsgrunde nach bereits z. Z. der Abtretung bestand[2].
2. Hat ein Unternehmer im Rahmen eines Handelskaufs Waren erworben und bezahlt, muss er dem Lieferanten etwaige Mängel anzeigen. Die Mängelanzeige nach § 377 HGB ist empfangsbedürftig. Die Gefahr des Verlustes der Anzeige trägt der kaufende Unternehmer; lediglich das Verzögerungsrisiko ist ihm bei rechtzeitiger Absendung gemäß § 377 Abs. 4 HGB abgenommen; ihn trifft auch die Beweislast für den Zugang der Mängelanzeige. Der Erwerber des Unternehmens erwirbt die Forderungen des Unternehmers aus diesem Handelskauf in dem Zustand, der beim veräußernden Unternehmer bestand; gegebenenfalls muss er selbst für eine zeitlich noch mögliche Mängelanzeige sorgen[3]. 1491

(unbesetzt) 1492

Hat der Schuldner eine Urkunde über die Schuld ausgestellt, so kann er sich, wenn die Forderung unter Vorlegung der Urkunde abgetreten wird, dem neuen Gläubiger gegenüber nicht darauf berufen, dass die Eingehung oder Anerkennung des Schuldverhältnisses nur zum Schein erfolgt und dass die Abtretung durch Vereinbarung mit dem ursprünglichen Gläubiger ausgeschlossen sei (§ 405 BGB). Der Gesetzgeber hat diese beiden Einwendungen – aber auch nur diese – im Interesse der Rechtssicherheit ausgeschlossen. Alle anderen Einwendungen, z. B. Nichtigkeit des Verpflichtungsgeschäfts, Anspruch auf Wandlung oder Minderung sind weiterhin zulässig. Kannte der neue Gläubiger bei der 1493

---

1 Zu den Besonderheiten bei Fortführung der Firma vgl. Rn 2366 ff.
2 RG-Urteil vom 26. November 1909 VII 46/09, RGZ 72, 213; *Palandt*, BGB, aaO, § 404 Anm. 2b.
3 Vgl. BGH-Urteil vom 13. Mai 1987 VIII ZR 137/86, BB 1987, 1418.

Abtretung jedoch den Sachverhalt oder musste er ihn kennen, so gilt die Einschränkung des § 405 BGB nicht. Der neue Gläubiger braucht dann nicht geschützt zu werden.

Da der Schuldner dem neuen Gläubiger alle Einwendungen, die ihm gegen den alten Gläubiger zustanden, entgegenhalten kann, hat der Gesetzgeber auf eine Mitwirkung des Schuldners oder dessen Zustimmung zur Abtretung verzichtet.

1494 Die Abtretung braucht dem Schuldner auch nicht angezeigt zu werden. Es ist eine **stille** Abtretung möglich. Wird eine vor dem Schuldner zu verheimlichende Abtretung nicht bezweckt, empfiehlt es sich, die Abtretung dem Schuldner anzuzeigen. Eine derartige Anzeige liegt im Interesse des neuen Gläubigers. Zahlt nämlich der Schuldner in Unkenntnis der Abtretung an den alten Gläubiger, so muss der neue Gläubiger dies ebenso wie jedes andere Rechtsgeschäft, das vom Schuldner mit dem bisherigen Gläubiger in Ansehung der Forderung vorgenommen wird (z. B. Vergleich, Stundung, Erlass), gegen sich gelten lassen (§ 407 BGB). Der neue Gläubiger muss auch ein rechtskräftiges Urteil aus einem anhängenden Rechtsstreit gegen sich gelten lassen. Der Schuldner ist ferner auch bei mehrfacher Abtretung (§ 408 BGB) und in seiner Aufrechnungsmöglichkeit (§ 406 BGB) geschützt.

1495 **Beispiel:**
A verkauft sein Geschäft an B. Er tritt u. a. alle Außenstände an B ab. Der Schuldner C hat eine Forderung gegen A.

C kann nach § 406 BGB mit der ihm gegen A zustehenden Forderung auch dem neuen Gläubiger B gegenüber aufrechnen. Das gilt nur dann nicht, wenn C bei dem Erwerb der Forderung von der Abtretung Kenntnis hatte oder wenn die Forderung erst nach der Erlangung der Kenntnis und später als die abgetretene Forderung des C fällig geworden ist.

1496 Auch bedingte und künftige Forderungen können abgetreten werden, wenn sie genügend bestimmbar sind. Der Schuldner ist zur Leistung an den neuen Gläubiger nur verpflichtet, wenn der bisherige Gläubiger ihm die Abtretung schriftlich anzeigt oder wenn ihm die Abtretungsurkunde ausgehändigt wird (§ 410 BGB). Bis zum Nachweis der Berechtigung des neuen Gläubigers hat er somit ein Leistungsverweigerungsrecht.

1497 Ist die Abtretung einer Forderung ausgeschlossen, so ist eine trotzdem erfolgte Abtretung unwirksam (vgl. §§ 399, 400 BGB). Ist die Abtretung vertraglich ausgeschlossen worden, so kann dies der Schuldner dem neuen Gläubiger entgegenhalten (§ 399 BGB).

1498 Ist die Abtretung einer Geldforderung durch Vereinbarung mit dem Schuldner gemäß § 399 BGB ausgeschlossen und ist das Rechtsgeschäft, das diese Forderung begründet hat, für beide Teile ein Handelsgeschäft, oder ist der Schuldner eine juristische Person des öffentlichen Rechts oder ein öffentlich-rechtliches Sondervermögen, so ist die Abtretung gleichwohl wirksam. Der Schuldner kann jedoch mit befreiender Wirkung an den bisherigen Gläubiger leisten. Abweichende Vereinbarungen sind unwirksam (§ 354a HGB).

bb) Sonstige Rechte

1499 **Schrifttum:** *Berlit,* Das neue Markenrecht, 4. Aufl., München 2000; *Martinek,* Moderne Vertragstypen, Bd. II: Franchising, Know-how-Verträge und Computerverträge sowie weitere moderne Vertragstypen, München 1992; *Schricker* (Hrsg.), Urheberrecht (Kommentar), 2. Aufl., München 1999.

1500 Die Vorschriften über die Übertragung von Forderungen[1] finden auf die Übertragung anderer Rechte entsprechende Anwendung, soweit nicht das Gesetz etwas anderes vor-

---

1 Vgl. Rn 1486–1497.

schreibt (§ 413 BGB). Übertragbar wie Forderungen sind danach z. B. Patentrechte, Mitgliedschaftsrechte an Kapitalgesellschaften u. a. m.

In welcher Weise Rechte zu übertragen sind, ist je nach dem Gegenstand des zu übertragenden Rechts verschieden. Vielfach reicht dafür ein formloser Vertrag (§ 9 PatG, § 13 GebrMG, § 8 WZG).

Entsprechend der Übertragung von Forderungen wird sich meistens der Eintritt in den Rack-Jobber-Vertrag[1], den Franchise-Vertrag[2] oder den Factoring-Vertrag[3] vollziehen.

(1) Lizenzvertrag

Schrifttum: *Gitter,* Gebrauchsüberlassungsverträge, Tübingen 1988, dort S. 373 f.; *Grützmacher/ Schmidt-Cotta/Laier,* Der Internationale Lizenzverkehr, 8. Aufl., Heidelberg 1997; *Pfaff,* Lizenzverträge, München 1999; *Stumpf/Groß,* Der Lizenzvertrag, 6. Aufl., Heidelberg 1993. 1501

Gegenstand von **Lizenzverträgen** können sowohl ungeschützte als auch geschützte Erfindungen, Urheberrechte, Warenzeichen, Gebrauchs- und Geschmacksmuster sein. Je nachdem, was Gegenstand des Lizenzvertrages ist, sind die Lizenzverträge unterschiedlich ausgestaltet. 1502

Von Lizenzvertrag (im engeren Sinne) wird gesprochen, wenn jemand formalisierte Rechte (z. B. Patent, Urheberrecht) vertraglich einem anderen zur Nutzung zur Verfügung stellt; das Entgelt wird als Lizenzgebühr – oder ähnlich – bezeichnet.

Der Lizenzvertrag wird als Vertrag eigener Art angesehen, der im Einzelfall Bestandteile des Kauf-, Miet-, Pacht- und Gesellschaftsvertrages aufweisen kann.

Das Patent hat z. B. die Wirkung, dass allein der Patentinhaber befugt ist, gewerbsmäßig den Gegenstand der Erfindung herzustellen, in Verkehr zu bringen, feilzuhalten oder zu gebrauchen. Ist das Patent für ein Verfahren erteilt, so erstreckt sich die Wirkung auch auf die durch das Verfahren unmittelbar hergestellten Erzeugnisse (§ 6 PatG). 1503

Das Recht auf das Patent, der Anspruch auf Erteilung des Patents und das Recht aus dem Patent gehen auf die Erben über. Sie können beschränkt oder unbeschränkt auf andere übertragen werden (§ 9 PatG). 1504

Der Patentlizenzvertrag ist Kaufvertrag im Sinne der §§ 433 ff. BGB, wenn im Vertrag dem Lizenznehmer unwiderruflich und zeitlich nicht beschränkte Rechte eingeräumt werden, er also die Entäußerung des Patentrechts im Ganzen durch den bisherigen Patentinhaber betrifft. Begibt sich der Lizenzgeber nur eines Teiles seines Rechtes, entsteht ein Dauerschuldverhältnis. Der Gläubigerwechsel vollzieht sich wie bei Forderungen. 1505

Der Verkauf von Patenten und Gebrauchsmustern ist auch ohne Umschreibung des Inhabers in die Rolle des Patentamtes wirksam; regelmäßig wird aber eine Umschreibung vorgenommen werden, denn sie verschafft dem Erwerber die Legitimation und ist Voraussetzung dafür, dass der Erwerber seine Rechte gerichtlich geltend machen kann. 1506

Ein Warenzeichen kann nur mit dem Geschäftsbetrieb oder dem Teilbetrieb desselben, zu dem es gehört, übertragen werden (§ 8 Abs. 1 Satz 2 WZG).

---

1 Rn 1511.
2 Rn 1514.
3 Rn 3069 ff.

1507 Das Recht zur Führung einer Firma kann nur mit dem Geschäft übertragen werden[1] (§ 23 HGB).

1508 Bei Urheberrechten richtet sich die Begründung von Nutzungsrechten nach §§ 413, 398 BGB (vgl. §§ 31 ff. UrhRG).

1509–1510 *(unbesetzt)*

(2) Rack-Jobber-Vertrag

1511 Der **Rack-Jobber-Vertrag** ist dadurch gekennzeichnet, dass Handelsunternehmen, meist größere Einzelhändler, Warenhäuser, eine bestimmte Verkaufsfläche dem Rack-Jobber mit entsprechender Einrichtung (z. B. Regalen und Verkaufstischen) mietweise zur Verfügung stellen, während der Rack-Jobber seinerseits verpflichtet ist, die vereinharten Waren im erforderlichen Umfang und mit dem vereinbarten Sortiment in angemessener, verkaufswirksamer Weise aufzustellen und zu vertreiben.

Für den Hersteller bietet sich auf diese Weise die Möglichkeit, an Kunden heranzutreten, ohne durch entsprechende Einzelhandelsgeschäfte einen eigenen Vertriebsweg aufzubauen. Der Einzelhändler, der einem solchen Rack-Jobber die erforderliche Verkaufsfläche zur Verfügung stellt, beteiligt sich am Umsatz dieses Verkaufs entweder durch vereinbarte Rabatte oder durch einen festen, auf den Quadratmeter der hereitgestellten Verkaufsfläche bezogenen Mietzins, ohne dass er ein eigenes Verkaufsrisiko durch Waren- und Dienstleistungseinsatz tragen muss[2].

1512 *(unbesetzt)*

(3) Franchise-Vertrag

1513 **Schrifttum:** *Martinek,* Moderne Vertragstypen, Bd. II, Franchising, Know-how-Verträge, Management- und Consultingverträge, München 1992; *Skaupy,* Franchising, 2. Aufl., München 1995.

1514 Franchising ist ein vertikal-kooperativ organisiertes Absatzsystem rechtlich selbständiger Unternehmen auf der Basis eines vertraglichen Dauerschuldverhältnisses. Dieses System tritt am Markt einheitlich auf und wird geprägt durch das arbeitsteilige Leistungsprogramm der Systempartner, sowie durch ein Weisungs- und Kontrollsystem eines systemkonformen Verhaltens.

Das Leistungsprogramm des Franchisegebers ist das Franchise-Paket. Es besteht aus einem Beschaffungs-, Absatz- und Organisationskonzept, dem Nutzungsrecht an Schutzrechten, der Ausbildung des Franchisenehmers und der Verpflichtung des Franchisegebers, den Franchisenehmer aktiv und laufend zu unterstützen und das Konzept ständig weiterzuentwickeln.

Der Franchisenehmer ist im eigenen Namen und für eigene Rechnung tätig; er hat das Recht und die Pflicht, das Franchise-Paket gegen Entgelt zu nutzen. Als Leistungsbeitrag liefert er Arbeit, Kapital und Information[3].

1515 Die Begriffsbestimmung wird regelmäßig durch einen Merkmalskatalog ergänzt[4].

---

1 Vgl. Rn 2211 ff.
2 Vgl. dazu *Gaul,* Handelsrecht, 1978, S. 78 ff.
3 Deutscher Franchise-Verband e. V., Informationsschrift, S. 2.
4 *Skaupy,* Franchising, 2. Aufl., München 1995, S. 6 ff.

(1) Der **Franchise-Vertrag** umfasst also ein Leistungs- und Lieferprogramm des Franchise-Gebers. Der Vertrag eröffnet dem Franchise-Geber die Möglichkeit, sein Vertriebs- und/oder Lieferprogramm zu verwirklichen, ohne selbst die ortsbezogenen sachlichen und personellen Vertriebsrisiken tragen zu müssen (vgl. die Wienerwald- und Wimpy-Lokale, Tankstellenketten). Der Franchise-Geber hat den Vorteil des Großeinkaufs und der festen Absatzwege, die Franchise-Nehmer haben die Vorteile der Gesamtwerbung und der gleich bleibenden sachlichen und immateriellen Leistungen des Gebers[1].

(2) Franchise-Verträge können rechtliche Bindungen enthalten, die den Franchise-Nehmer derart von dem Franchise-Geber persönlich abhängig machen, dass der Franchise-Nehmer als Arbeitnehmer i. S. d. § 5 Abs. 1 BetrVG und nicht als selbstständiger Unternehmer anzusehen ist[2].

1516

(3) Bei den Franchise-Verträgen werden weder der Betrieb noch ein Teilbetrieb veräußert oder verpachtet. Es handelt sich vielmehr um Rechtsgeschäfte, die beim Betrieb eines Unternehmens abgeschlossen werden. Die Ansprüche aus diesen Verträgen sind nach den Grundsätzen ordnungsmäßiger Buchführung zu bilanzieren und bei einer Unternehmensübertragung entsprechend dem wirtschaftlichen Wert am Übertragungsstichtag zu bewerten.

1517

(unbesetzt)

1518

(4) Know-how

Schrifttum: *Martinek,* Moderne Vertragstypen, Bd. II: Franchising, Know-how-Verträge, Management- und Consultingverträge, München 1992; *Stumpf/v. Zumbach,* Der Know-How-Vertrag, 4. Aufl., Heidelberg 1991.

1519

Unter Know-how versteht man zumeist technische, aber auch kaufmännische oder betriebliche Kenntnisse und Erfahrungen, die nicht offenkundig sind und werden sollen. In § 17 UWG wird von Geschäfts- und Betriebsgeheimnissen, in § 21 GWB von Erfinderleistungen, Fabrikationsverfahren, Konstruktionen und sonstigen die Technik bereichernden Leistungen gesprochen.

1520

Die Überlassung eines Know-how ist nur dann Kauf- oder kaufähnlicher Vertrag, wenn es dem Know-how-Nehmer auf Dauer zur Verfügung stehen soll, wenn also keine Rückforderungsansprüche des Know-how-Gebers bestehen. Meist wird der Know-how-Vertrag ein Lizenzvertrag sein.

1521

Nutzungsentgelte für die Überlassung des Know-how (also z. B. Erfahrungen über bestimmte Produktionsvorgänge) fallen nicht unter den Begriff der „Lizenzgebühren". Die Unterscheidung gewinnt Bedeutung in Doppelbesteuerungsabkommen.

Die Übertragung wird vielfach außer in der Übereignung von Unterlagen (bewegliche Sachen) in der Information bestehen, die werk- und dienstvertragliche Elemente enthält.

1522

Technisches Spezialwissen (Know-how) kann nach denselben Grundsätzen wie der Geschäftswert durch Zahlung Dritter als geldwerte Realität in Erscheinung treten und damit zum immateriellen Wirtschaftsgut werden. Zahlt der Vertragspartner eines „Liefer- und Lizenzvertrages" für die Lieferung unfertiger Erzeugnisse und für die Ausbildung seines Personals in der Verarbeitung dieser Erzeugnisse „Lizenzen", so wird durch das auf die

1523

---

1 Vgl. dazu *Gaul,* aaO, S. 84 f.; *Palandt,* BGB, aaO, Einf. von § 591 Anm. 1.
2 LAG Düsseldorf, Beschluss vom 20. Oktober 1987 16 TaBV 83/87, nrkr., NJW 1988, 725.

Ausbildung entfallende Entgelt nicht technisches Spezialwissen als immaterielles Wirtschaftsgut konkretisiert[1].

1524 Zahlungen, die im Rahmen eines Know-how-Vertrages nicht für die Vermittlung technischen Spezialwissens, sondern für Dienstleistung entrichtet werden, führen nicht zur Konkretisierung einer Komponente des Geschäftswerts als immaterielles Wirtschaftsgut.

cc) Sonstige Vermögensgegenstände

1525 Nach einer Geschäftsveräußerung können auch **sonstige Vermögensgegenstände,** die weder bewegliche Sachen, noch Grundstücke, noch Rechte sind, veräußert werden. Bei diesen Gegenständen, z. B. immateriellen Werten, dem Geschäftswert, ist eine rechtsgeschäftliche Übertragung nicht möglich. Die Verpflichtung zur Übertragung dieser Werte wird im Regelfall durch **tatsächliches Verhalten** des Veräußerers erfüllt. Soweit es dabei erforderlich ist, bewegliche Sachen oder Rechte zu übertragen, gelten hierfür die entsprechenden Bestimmungen. Der Veräußerer kann zu Leistungen verpflichtet sein, die er während längerer Zeit zu erbringen hat.

1526 **Beispiel:**
Ein Fabrikant hat seine Fabrik veräußert. Er hat dabei auch den Kundenstamm, die Produktionserfahrung (Produktionsverfahren) und anderes mehr veräußert.
Der Fabrikant ist verpflichtet, dem Erwerber alle Aufzeichnungen über die Produktion, die Kundenkartei usw. zu übereignen. Er ist ferner verpflichtet, den Erwerber zu beraten, wenn bei der Produktion Schwierigkeiten auftauchen. Er muss Kunden und Lieferanten gegenüber dem Erwerber empfehlen. Aus dem Sinn des Vertrages kann sich ergeben, dass er verpflichtet ist, sich bei Differenzen mit einem Kunden vermittelnd einzuschalten. Er muss Aufzeichnungen über die Bonität der Kunden dem Erwerber übergeben oder auf Verlangen Auskunft darüber erteilen. Er muss schließlich auch dem Erwerber seine Erfahrungen mit den Lieferanten mitteilen und anderes mehr.

1527–1530 *(unbesetzt)*

f) Übernahme der Schulden

1531 Bei einer Geschäftsveräußerung will in der Regel der bisherige Geschäftsinhaber von den **Geschäftsschulden** befreit werden. Die Bezahlung soll durch den neuen Inhaber erfolgen. Will der Erwerber eines Geschäfts die Verbindlichkeiten des bisherigen Geschäftsinhabers übernehmen, so kann das vertraglich durch

- befreiende Schuldübernahme,
- kumulative Schuldübernahme oder
- bloße Erfüllungsübernahme geschehen.

aa) Befreiende Schuldübernahme

1532 Nach § 414 BGB kann eine Schuld von einem Dritten durch Vertrag mit dem Gläubiger in der Weise übernommen werden, dass der Dritte an die Stelle des bisherigen Schuldners tritt. Bei einer Geschäftsveräußerung wird im Regelfall das abstrakte Rechtsgeschäft, die Übernahme der Schuld, durch einen Vertrag zwischen dem bisherigen Geschäftsinhaber (dem Schuldner) und dem Erwerber vereinbart. Die Wirksamkeit der Schuldübernahme hängt von der Genehmigung des Gläubigers ab. Die Schuldübernahme kann erst genehmigt werden, wenn der Schuldner oder der Dritte dem Gläubiger die Schuldübernahme

---

1 BFH-Urteil vom 13. Juli 1987 II R 249/83, BFHE 150, 564, BStBl II 1987, 809, Anm. HFR 1988, 8.

mitgeteilt hat (§ 415 Abs. 1 Satz 2 BGB). Bis zur Genehmigung können die Parteien den Vertrag ändern oder aufheben.

Beispiel: 1533
B erwirbt von A dessen Möbeleinzelhandelsgeschäft. Er verpflichtet sich durch Vertrag mit A, dessen Geschäftsschulden zu übernehmen.
Erfährt der Lieferant C, der Gläubiger des A ist, von diesem Vertrag durch Dritte, so kann er nicht genehmigen. Er muss von dem Abschluss des Vertrages entweder von B oder von A unterrichtet worden sein. Diese „Mitteilung" von der Schuldübernahme ist eine rechtsgeschäftliche Handlung. Sie setzt den Willen zur Mitteilung voraus, kann aber auch durch konkludente Handlung, z. B. durch Zinszahlung, erfolgen[1]. Erst nach einer solchen Mitteilung, kann C die Schuldübernahme genehmigen. Seine Genehmigung ist eine empfangsbedürftige Willenserklärung, die auch durch schlüssige Handlung erfolgen kann. Wird die Genehmigung erteilt, so tritt der Erwerber an die Stelle des bisherigen Geschäftsinhabers, des Schuldners; dieser wird von seiner Leistungspflicht entbunden.

Der Übernehmer kann gegenüber dem Gläubiger alle die Einwendungen geltend machen, 1534 welche sich aus dem Rechtsverhältnis zwischen dem Gläubiger und dem bisherigen Schuldner ergeben. Aus dem der Schuldübernahme zu Grunde liegenden Rechtsverhältnis zwischen dem bisherigen Schuldner und dem Übernehmer kann dieser dem Gläubiger gegenüber keine Einwendungen herleiten.

Beispiel: 1535
Der Erwerber eines Handelsgeschäfts, der mit Genehmigung der Lieferanten die Schulden übernommen hat, kann einem Lieferanten als Gläubiger entgegenhalten, dass die gelieferte Ware Mängel hatte. Er kann dagegen nicht dem Lieferanten gegenüber geltend machen, dass er vom früheren Geschäftsinhaber beim Verkauf des Geschäfts über dessen Wert getäuscht worden sei.

Wird die Genehmigung verweigert, so gilt die Schuldübernahme als nicht erfolgt (§ 415 Abs. 2 1536 Satz 1 BGB). Fordert der Schuldner oder der Dritte den Gläubiger unter Bestimmung einer Frist zur Erklärung über die Genehmigung auf, so kann die Genehmigung nur bis zum Ablauf der Frist erklärt werden. Wird sie nicht erklärt, so gilt sie als verweigert (§ 415 Abs. 2 Satz 2 BGB).

bb) Kumulative Schuldübernahme

Bei der kumulativen Schuldübernahme tritt der neue Schuldner neben den alten, der wei- 1537 terhin dem Gläubiger gegenüber zur Leistung verpflichtet ist. Der neue und der alte Schuldner haften dem Gläubiger als Gesamtschuldner (§ 421 BGB).

Kumulative Schuldübernahme kann vertraglich vereinbart werden. Die Schuldmitüber- 1538 nahme ist im Gesetz als Rechtsgeschäft nicht ausdrücklich geregelt. Wollen die Vertragschließenden, dass der Gläubiger die Leistung nicht nur vom Schuldner sondern auch von dem Übernehmer verlangen kann, so liegt eine Schuldmitübernahme vor. Der Gläubiger braucht einen solchen Vertrag nicht zu genehmigen.

Wer ein unter Lebenden erworbenes Handelsgeschäft unter der bisherigen Firma mit oder 1539 ohne Beifügung eines das Nachfolgeverhältnis andeutenden Zusatzes fortführt, haftet für alle im Betrieb des Geschäfts entstandenen Verbindlichkeiten des Inhabers.

Übernimmt jemand durch Vertrag das Vermögen eines anderen, so können dessen Gläu- 1540 biger, unbeschadet der Fortdauer der Haftung des bisherigen Schuldners, von dem Abschluss des Vertrages an ihre zu dieser Zeit bestehenden Ansprüche auch gegen den Über-

---

[1] RG-Urteil vom 2. Mai 1929 VI 452/28, RGZ 125, 100.

nehmer geltend machen (§ 419 BGB). Auch diese Haftung kann bei der Geschäftsübertragung eintreten[1].

1541–1542   *(unbesetzt)*

cc) Erfüllungsübernahme

1543   Bei Verträgen über die Erfüllung einer Schuld durch einen anderen muss jeweils geprüft werden, ob die Beteiligten eine Schuldmitübernahme, bei der der Gläubiger auch gegenüber dem Übernehmenden Rechte erwirbt, oder eine bloße Erfüllungsübernahme gewollt haben. Bei einer Erfüllungsübernahme ist der Übernehmende lediglich dem Schuldner gegenüber verpflichtet, rechtzeitig die Leistung an den Gläubiger zu erbringen. Der Gläubiger kann von dem Übernehmer keine Leistung verlangen, er muss sich an den Schuldner halten.

1544   Eine bloße Erfüllungsübernahme wird im Zweifel vermutet, wenn der Gläubiger bei einer Schuldübernahme die Genehmigung noch nicht erteilt hat (§ 415 Abs. 2 BGB). Das Gleiche gilt dann, wenn der Gläubiger die Genehmigung verweigert. In all diesen Fällen ist, wenn nicht ausdrücklich etwas anderes vereinbart worden ist, davon auszugehen, dass sich der Übernehmer dem Schuldner gegenüber vertraglich verpflichtet hat, den Gläubiger rechtzeitig zu befriedigen.

1545–1546   *(unbesetzt)*

dd) Sonderregelung gemäß §§ 25 ff. HGB

1547   Wechselt der Inhaber eines Handelsgeschäfts, ergibt sich aus den §§ 25 ff. HGB jeweils die Antwort auf die Fragen[2]:
- An wen können sich die Gläubiger eines Kaufmanns halten, wenn dieser sein Geschäft veräußert?
- An wen können die Schuldner schuldbefreiend leisten, wenn der Inhaber des Handelsgeschäfts gewechselt hat?
- Wann verjähren die Ansprüche?
- Bestehen zusätzliche Möglichkeiten der Haftungsbeschränkung beim Erwerb eines Handelsgeschäfts von Todes wegen?
- Wie sind die Haftungsverhältnisse, wenn jemand das Geschäft nicht erwirbt, sondern in ein bestehendes Handelsgeschäft eintritt?

g) Eintritt in Vertragsverhältnisse

1548   Zum Unternehmensvermögen gehören auch die Rechte und Pflichten aus Vertragsverhältnissen. Es muss geregelt werden, ob der Erwerber in diese Vertragsverhältnisse eintritt.

Der Eintritt in ein bestehendes Vertragsverhältnis ist im Gesetz nicht geregelt. Aus den bestehenden Verträgen ist der bisherige Geschäftsinhaber Gläubiger und Schuldner.

1549   Soweit er die Forderungen – auch die künftigen – abtreten kann, ist es möglich, dass er alle Ansprüche aus einem Vertrag auf den Erwerber überträgt. Der Erwerber kann auch die Verbindlichkeiten des Geschäftsinhabers aus den Verträgen übernehmen. Dazu ist jedoch

---

1 Vgl. Rn 2329.
2 Vgl. dazu die Ausführungen zu Rn 2286 ff.

die Genehmigung des jeweiligen Gläubigers erforderlich, wenn der bisherige Inhaber durch die Schuldübernahme befreit werden soll. Kann der Geschäftsinhaber seine Ansprüche nicht übertragen, so muss versucht werden, durch eine neue vertragliche Vereinbarung zwischen dem Vertragspartner des veräußernden Geschäftsinhabers und dem Erwerber diesem die Rechtsstellung des bisherigen Inhabers zu verschaffen.

Soll ein Vertragsverhältnis in seiner Gesamtheit inhaltlich unverändert zwischen dem Unternehmensübernehmer und dem Gläubiger fortgesetzt werden – die eine Vertragspartei also ausgewechselt werden –, kann dies in der Form eines dreiseitigen Vertrages oder durch einen Vertrag zwischen Verkäufer und Käufer unter Zustimmung des Gläubigers geschehen; der bisherige Schuldner scheidet dabei völlig aus dem bisherigen Vertragsverhältnis aus. Die Vertragsübernahme ist der Übertragung isolierter Rechte und Pflichten vorzuziehen.

Beispiele: 1550
1. Textor veräußert im Sommer 1986 sein Textilwaren-Einzelhandelsgeschäft. Er hat bereits bei einigen Kleiderfabriken Konfektionswaren der Winterkollektion bestellt. Der Erwerber tritt in den Kaufvertrag ein.
2. Textor betrieb sein Geschäft in gepachteten Räumen. Der Erwerber tritt in den Pachtvertrag ein. 1551
3. Ein Handelsvertreter, der mehrere Firmen vertritt, veräußert sein Geschäft. Der Erwerber tritt in 1552
die Verträge des Handelsvertreters mit den vertretenen Firmen ein.

Die Beispiele zeigen, dass über den Eintritt des Erwerbers in die bestehenden Schuldverhältnisse des Veräußerers Vereinbarungen getroffen werden müssen.

In den Beispielen (Rn 1550–1552) kann, wenn nicht ausdrücklich etwas anderes vereinbart worden 1553
ist, nur im Beispiel Rn 1550 der bisherige Inhaber seine Forderungen ohne Genehmigung der Vertragspartner (Schuldner) an den Erwerber abtreten. Zu einer befreienden Schuldübernahme braucht er die Genehmigung seiner Vertragspartner. Die Ansprüche aus dem Pachtvertrag und aus dem Vertrag mit den vertretenen Firmen (Beispiel Rn 1551 und 1552) sind im Zweifel nicht abtretbar. Der bisherige Geschäftsinhaber kann also dem Erwerber seine Rechtsstellung als Gläubiger von Forderungen nicht übertragen. Er kann nur zusagen, sich bei seinen jeweiligen Vertragspartnern für einen Vertragsabschluss mit dem Erwerber einzusetzen. Gelingt ihm das nicht oder werden dem Erwerber ungünstigere Bedingungen eingeräumt, so ist das veräußerte Unternehmen weniger wert.

(unbesetzt) 1554–1555

aa) Mietverträge

Schrifttum: *Bub/Treier,* Handbuch der Geschäfts- und Wohnraummiete, 3. Aufl. München 1999; 1556
Gernhuber, Handbuch des Schuldrechts, Bd. 7: Gebrauchsüberlassungsverträge, Tübingen 1988; vgl. auch Rn 31.

(1) Wird das vermietete Grundstück nach der Überlassung an den Mieter vom Vermieter 1557
an einen Dritten veräußert, so tritt der Erwerber an Stelle des Vermieters in die sich während der Dauer seines Eigentums aus dem Mietverhältnis ergebenden Rechte und Pflichten ein (§ 571 BGB). Kauf bricht nicht Miete.

Ein Vermieter, der im Wege einer Vertragsübernahme in einen bestehenden Mietvertrag eintritt, erlangt beispielsweise die Rechte aus einer dem bisherigen Vermieter gegebenen Mietbürgschaft[1].

(2) Die Abtretung der Rechte des Mieters gemäß § 389 BGB – also insbesondere des 1558
Anspruchs auf Gebrauchsüberlassung – ist nur mit Zustimmung (Erlaubnis) des Vermie-

---

1 BGH-Urteil vom 20. Juni 1985 IX ZR 173/84, NJW 1985, 2528, WM 1985, 1172.

ters zulässig. Verweigert der Vermieter seine Zustimmung, kann dies ein Kündigungsgrund gemäß § 549 Abs. 1 Satz 2 BGB sein.

1559 Der Eintritt eines neuen Mieters in den alten Mietvertrag an Stelle des alten Mieters erfordert einen Vertrag zwischen Vermieter und Mietern oder einen Vertrag zwischen den Mietern und der Zustimmung (§ 182 BGB) des Vermieters oder eines Vertrages des Vermieters mit dem neuen Mieter und der Zustimmung des alten Mieters.

Es handelt sich dabei um einen dreiseitigen Vertrag eigener Art[1]. In einem solchen Fall ist der neue Mieter Rechtsnachfolger des alten Mieters, und es gelten die Bestimmungen des alten Vertrages auch für und gegen den neuen Mieter.

1560 *(unbesetzt)*

bb) Versicherungsverträge

1561 Wenn nichts anderes vereinbart ist, tritt der Erwerber gemäß den Vorschriften des VVG in die Rechte und Pflichten aus den für das Unternehmen bestehenden Versicherungsverträgen über Sachversicherung und Haftpflichtversicherung ein.

1562 *(unbesetzt)*

cc) Arbeitsverträge

1563 Vgl. dazu Rn 966–1069.

dd) Sonstige Dauerschuldverhältnisse

1564 Sofern keine besonderen gesetzlichen Bestimmungen oder vertragliche Abmachungen eingreifen, gelten die obigen Ausführungen (Rn 1548 ff.).

Bestehen beispielsweise bei Energielieferungs- und Wasserlieferungsverträgen Sonderabnehmerverträge, kann der Übernehmer regelmäßig mit Zustimmung des Versorgungsunternehmens in die laufenden Sonderabnehmerverträge eintreten.

ee) Sicherungsrechte

1565 **Schrifttum:** *Meyer, Oliver,* Sicherungsübereignung und Sicherungsabtretung, INF 1996, 242; *Pallas,* Die Rechtsstellung des Sicherungsgebers bei der Verwertung des Sicherungseigentums, Köln 2003.

1566 In wohl jedem Unternehmen wird der Unternehmensträger als Kreditnehmer und dementsprechend als Sicherungsgeber zu Gunsten von Gläubigern und umgekehrt als Kreditgeber und dementsprechend als Sicherungsnehmer aufgetreten sein.

(1) Grundstücke, auf denen das Unternehmen betrieben wird, sind oft zur Sicherung langfristiger Finanzierung mit Hypotheken oder Grundschulden belastet. Vorhandene Maschinen oder weiter zu verarbeitende Rohstoffe können unter Eigentumsvorbehalt geliefert worden sein. Fertigprodukte oder Vorräte im Lager können einem Kreditgeber zur Sicherung übereignet sein. Der Unternehmer kann gegenwärtige und künftige Forderungen aus der Veräußerung von Waren auf Grund verlängerten Eigentumsvorbehaltes oder auf Grund einer Globalzession sicherungshalber abgetreten haben.

(2) Fertigprodukte des Unternehmens können unter Eigentumsvorbehalt an Abnehmer geliefert worden sein; bei einem verlängerten Eigentumsvorbehalt zu Gunsten des Unternehmens kann die Sicherungsabtretung der künftigen Kaufpreisforderung aus der Weiter-

---

1 BGH-Urteil vom 28. November 1969 V ZR 20/66, WM 1970, 195.

veräußerung hinzugekommen sein. Der Verkäufer ist gesetzlich verpflichtet, dem Käufer den verkauften Gegenstand frei von Rechten zu verschaffen, die von Dritten gegen den Käufer geltend gemacht werden können (§ 434 BGB). Eine Hypothek, eine Grundschuld, eine Rentenschuld... oder ein Pfandrecht hat der Verkäufer zu beseitigen, auch wenn der Käufer die Belastung kennt. Das Gleiche gilt von einer Vormerkung zur Sicherung des Anspruchs auf Bestellung eines dieser Rechte (§ 439 Abs. 2 BGB).

(3) Grundsätzlich muss der Unternehmensverkäufer dem Käufer die Rechtsstellung eines unbelasteten Eigentümers der Substanzstücke und des Unternehmens insgesamt verschaffen. Das ist in der Praxis weder durchführbar noch erstrebenswert. Der Wechsel des Unternehmensträgers erfordert bei Fortführung des Unternehmens nicht, die bestehenden Finanzierungs- und Kreditverhältnisse zu lösen.

(1) Der sinnvolle Fortbestand von Kreditverhältnissen und dementsprechend von Sicherheiten erfordert allerdings Absprachen mit dem Käufer des Unternehmens über Inhalt und Umfang der Rechtsverschaffungspflicht des Verkäufers. Unerwartete Sicherungsrechte Dritter sind ein Rechtsmangel des verkauften Unternehmens. Dieser Rechtsmangel lässt regelmäßig ein Interesse des Käufers an der „Teilerfüllung" des Unternehmenskaufs unberührt; der Unternehmenskäufer kann daher nur Schadensersatz wegen Nichterfüllung in Höhe der Nachteile verlangen, die ihm aus der Sicherheit des Dritten entstehen[1]. 1567

(2) Der bloße Anteilserwerb, ein Schuldbeitritt des Unternehmenskäufers statt einer Schuldübernahme oder die Tatbestände einer Gesamtnachfolge sind hinsichtlich der bestehenden Sicherheiten in der Regel unproblematisch.

Bestehen für Verbindlichkeiten Sicherungsrechte an Wirtschaftsgütern[2], muss der Käufer berücksichtigen, dass ihm diese Wirtschaftsgüter nicht als Kreditunterlage für die Aufnahme neuer Kredite zur Verfügung stehen. 1568

(unbesetzt) 1569–1570

---

1 Vgl. auch Rn 1980, 3060 (2), 3223, 3248.
2 *Serick,* Eigentumsvorhehalt und Sicherungsübereignung, Heidelberg Bd. I (1963) bis Bd. VI (1986).

III. Das vorvertragliche Stadium

1571 **Schrifttum:** Siehe Rn 1302.

1. Problemfolge

1572 Ein Unternehmensverkauf sollte langfristig geplant werden. Denn die sorgfältige Vorbereitung ist entscheidend für den Erfolg.

Der veräußerungswillige Unternehmer muss nacheinander eine Reihe von Problemen lösen.

Zu den langfristig vorbereitenden Maßnahmen gehört es,

- nicht betriebsnotwendige Vermögensteile zu verkaufen oder abzuspalten,
- keine stille Reserven zu legen,
- ein günstiges Verhältnis von Eigen- und Fremdkapital herbeizuführen (EK 20/25 vH, ausreichend langfristige Darlehen),
- einem im Verkaufszeitraum innen und außen optisch ansprechenden Zustand des Unternehmens herbeizuführen,
- den Bekanntheitsgrad des Unternehmens zu erhöhen (z. B. durch Pressekonferenz zum Jahresabschluss, günstige Meldungen über Aufträge, personelle Veränderungen usw.).

Grundsätzlich besteht ein natürliches Spannungsverhältnis zwischen den Interessen von Käufer und Verkäufer, und zwar nicht nur in Bezug auf den Preis.

1573 Wer einen Berater beauftragt, Kaufinteressenten zu ermitteln, kann dadurch vermeiden, dass die Verkaufsabsicht vorzeitig bekannt wird. Denn das Bekanntwerden der Veräußerungsabsicht kann bereits Wirkungen auf die Entwicklung des Unternehmens auslösen[1].

Der Berater kann die Ernsthaftigkeit der Absichten des Kaufkandidaten, seine Kreditwürdigkeit[2] usw. prüfen, wobei der Berater allerdings ein Mindestmaß an Informationen an die Hand gegeben werden muss, dass er ohne Nennung des Auftraggebers und ohne dass aus ihnen der Auftraggeber erkennbar wird oder auf ihn geschlossen werden kann, weiterzugeben in der Lage ist.

1574 Die Geheimhaltung der Veräußerungsabsicht und später die der wesentlichen Daten des Veräußerungsobjekts gehören zu den wesentlichen Anliegen des Veräußerers. Ein Berater sollte schon in einem sehr frühen Stadium herangezogen werden. Die Kosten der Beratung „können nicht so hoch sein, als dass sie durch das dadurch erzielte bessere Verhandlungsergebnis oder durch die dadurch vermiedenen Klippen wieder wettgemacht werden"[3].

1575 Ist ein Kaufinteressent gefunden, entsteht die zwiespältige Situation,

- einerseits die wesentlichen Daten des Veräußerungsobjekts geheim zu halten, um einen Konkurrenten ohne ernsthafte Erwerbsabsicht nicht Einblicke in das Unternehmen zu gewähren, die dem Unternehmen künftig schaden,

---

[1] Vgl. dazu auch Rn 3871–3873.
[2] Vgl. *Kley/Everling*, Anerkennung von Ratingagenturen im Rahmen Basel II, FB 2002, 137; *Wambach/Kirchner*, Unternehmensrating: Weitreichende Konsequenzen für mittelständische Unternehmen und Wirtschaftsprüfer, BB 2002, 400.
[3] *Hölters*, aaO, I Rz 109.

Das vorvertragliche Stadium

- andererseits den Interessenten so umfassend zu informieren, dass ihm die Informationen eine Entscheidung zum Abschluss eines Kaufvertrages ermöglichen.

Hilfe können Unternehmensmakler[1], soweit es welche gibt, vielfach auch Wirtschaftsanwälte oder Fachleute der entsprechenden Abteilungen von Banken leisten. 1576

Die Einschaltung der Hausbank gestaltet die Finanzierung leichter, bringt aber auch die Gefahr von Indiskretionen mit sich. Die Kunst der Verhandlung ist eine Mischung aus Talent und Erfahrung. 1577

Wer verkaufen will, wird bemüht sein müssen, eine vertrauensvolle Atmosphäre zu schaffen. 1578

Druck, verkaufen zu müssen oder möglichst bald Geld anlegen zu wollen, das Bestehen von Alternativen zu Kauf oder Verkauf und dgl. mehr Umstände können die Verhandlungspositionen stärken oder schwächen. Die Kenntnisse solcher Umstände erhöht den Verhandlungserfolg dessen, der diese Kenntnisse über derartige Umstände des Vertragspartners besitzt. 1579

Der Erwerber wird z. B. interessiert sein an Informationen über die Altersstruktur der Mitarbeiter, über Lieferantenbeziehungen, die Schuldenabhängigkeit des Unternehmens (Abhängigkeit von der Kundenzahlungsweise, über Verbindlichkeiten mit hohem Risiko), Zinsaufwand, Personalkosten, Kapazitätsauslastung, die betriebswirtschaftliche Durchsichtigkeit (Informationszugriffe über die Daten im Unternehmen) usw.[2]. 1580

Es muss geplant werden, 1581

- Welche Informationen müssen von wem für wen und bis wann beschafft werden?
- Wer soll von jeder Seite an den Verhandlungen teilnehmen?
- Wer soll ein die Verhandlungsergebnisse festhaltendes Protokoll führen und bis wann ist es jeweils zur Verfügung zu stellen, und zwar um frühzeitig etwaige Missverständnisse zu erkennen?

Der Eintritt in die Verhandlungen über den Kauf eines Unternehmens – also der Zeitraum vor Abschluss eines Vertrages – begründet für die Beteiligten Verpflichtungen, deren Verletzung Schadensersatzansprüche aus dem Gesichtspunkt des Verschuldens bei Vertragsanbahnung entstehen lassen und zwar unabhängig davon, ob es zu einem Vertragsabschluss kommt, und zusätzlich zu etwaigen vertraglichen Ansprüchen. Der Rechtsgrund dieser Haftung ist das enttäuschte Vertrauen des Verhandlungspartners[3]. Die Verhandlungspartner haften auch für das Verschulden ihrer Vertreter bei den Vertragsverhandlungen[4]. 1582

Eine Haftung kommt danach beispielsweise in Betracht bei unrichtigen, die Vermögensdispositionen nachhaltig beeinflussenden Angaben oder dem Verschweigen von Tatsachen, deren Kenntnis den Vertragspartner veranlasst hätte, sich von einem Folgelastenvertrag früher als geschehen zu lösen u. dgl. m.[5]. 1583

---

1 Vgl. Rn 1322.
2 *Wilcke*, Wie sichert man die Existenz eines Unternehmens?, Stuttgart/Bad Wörishofen 1987.
3 Siehe Rn 1942.
4 BGH-Urteil vom 10. März 1986 II ZR 107/85, GmbHR 1986, 301.
5 BGH-Urteil vom 8. Juni 1978 III ZR 48/76, BGHZ 71, 386.

1584 Beim grundlosen Abbruch von Vertragsverhandlungen kann z. B. der vom Abbruch Betroffene Anspruch auf Aufwendungsersatz haben, unter Umständen sogar einen Anspruch auf Ersatz des Vertrauensschadens[1].

Bereits im Vorfeld sind z. B. regelungsbedürftig, wer die Kosten von Gutachten zu tragen hat (z. B. für Bauvoranfragen, Bewertung von Anlagen usw.), für die Prüfung von Unterlagen u. dgl. m., also Vereinbarungen über den Aufwendungsersatz.

2. Offenbarungspflichten, Aufklärungspflichten, Hinweispflichten

1585 Von keiner Partei wird verlangt, dass sie die andere Partei vollständig über alle für die Beurteilung des Geschäfts möglichen Gesichtspunkte unterrichtet. Eine Offenbarungspflicht besteht aber insoweit, als das Verschweigen von Tatsachen gegen Treu und Glauben verstoßen würde; dies ist bezüglich solcher Umstände der Fall, die den Vertragszweck gefährden oder die für die Entschließung des anderen Teils von wesentlicher Bedeutung sein können. Haftungsansprüche können auch für fahrlässig unrichtige Angaben bei Vertragsverhandlungen entstehen.

3. Geheimhaltungspflichten (Verschwiegenheitspflichten)

1586 Wer ein Unternehmen verkaufen will, ist daran interessiert, dass seine Verkaufsabsicht nicht über einen möglichst eng begrenzten Personenkreis hinaus bekannt wird. Aus der Anbahnung von Verhandlungen entsteht für beide Seiten die Verpflichtung, die Kaufverhandlungen vertraulich zu behandeln. Vertraulichkeit bedeutet in diesem Zusammenhang, dass Dritte nicht ohne sachlich gerechtfertigten Grund von den Kaufverhandlungen unterrichtet werden.

4. Sonstige Verhaltenspflichten

1587 Aus dem Eintritt in die Kaufverhandlungen ergeben sich insbesondere Schutzpflichten, sich so zu verhalten, dass Person, Eigentum und sonstige Rechtsgüter des Partners der Vertragsanbahnung nicht verletzt werden.

1588 Durch den Beginn von Vertragsverhandlungen wird keine Partei verpflichtet, einen Vertrag abzuschließen. Sie sind aber zu redlicher Verhandlungsführung verpflichtet.

5. Schadensersatzanspruch bei Verstoß gegen vorvertragliche Pflichten

1589 Ein schuldhafter oder dem Verkäufer jedenfalls zurechenbarer Verstoß gegen vorvertragliche Offenbarungspflichten begründet Schadensersatzansprüche des Kaufinteressenten (Ansprüche auf Ersatz des negativen Interesses). Sie können im Anspruch auf Rückgängigmachung des Vertrages, Herabsetzung der Gegenleistung oder auf Ersatz des durch das pflichtwidrige Verhalten entstandenen Schadens bestehen.

1590 Wer gegenüber dem Partner im Laufe der Verhandlungen den späteren Vertragsabschluss ausdrücklich oder durch schlüssiges Verhalten als sicher hinstellt, haftet auf Verschulden

---

1 Die abbrechende Partei kann schadensersatzpflichtig sein. Das negative Interesse umfasst u. U. auch nutzlose Aufwendungen oder solche nachteiligen Aufwendungen, die in Erwartung eines Vertragsabschlusses getätigt worden sind.

bei Vertragshandlungen grundsätzlich auch dann, wenn er das berechtigte Vertrauen des anderen Falls nicht schuldhaft herbeigeführt hat[1].

(unbesetzt) 1591–1595

6. Option, Vorkaufsrecht, Vorvertrag, Rahmenvertrag

Schrifttum: *Lutter,* Der Letter of Intent, Zur rechtlichen Bedeutung von Absichtserklärungen: Der Gebrauch von Absichtserklärungen in den USA, in Großbritannien, Frankreich und Belgien, 2. Aufl., Köln/Berlin/Bonn/München 1983.

Abgesehen vom Niederlegen von Zwischenergebnissen, das keine vertraglichen Bindungen auslöst, und dem „letter of intent", der bezweckt, Vertrauen des Vertragspartners zu bekräftigen, kommen als vorbereitende Vereinbarungen die Option oder das Vorkaufsrecht, ein Vorvertrag oder ein Rahmenvertrag in Betracht, sowie Vereinbarungen über Geheimhaltung und Nichtverhandlung mit Dritten.

Vertragsverhandlungen erstrecken sich regelmäßig über einen längeren Zeitraum. Es empfiehlt sich, einzelne Punkte, über die abschließend verhandelt worden ist, schriftlich festzulegen, um sie später in den Vertrag aufzunehmen (**Punktation**). Auch wenn der Inhalt solcher Absprachen keine Bindungen auslöst, können Ansprüche auf Ersatz des Vertrauensinteresses entstehen, wenn die Vertragsverhandlungen willkürlich abgebrochen werden und der andere Teil im Hinblick auf die Einigung Vermögensdispositionen getroffen hat.

1596

1597

1598

7. Rechte Dritter

a) Ehegattenzustimmung

Der Verkauf eines Unternehmens kann der Zustimmung des Ehegatten bedürfen, wenn das zu veräußernde Unternehmen das gesamte Vermögen des Veräußerers darstellt und falls der Veräußerer im gesetzlichen Güterstand lebt (§ 1365 Abs. 1 BGB). Das gilt z. B. auch für die Einbringung eines Unternehmens in eine Kapitalgesellschaft.

Die Zustimmung des Ehegatten kann unter den Voraussetzungen des § 1365 Abs. 2 BGB durch das Vormundschaftsgericht ersetzt werden.

1599

b) Vormundschaftsgerichtliche Zustimmung

Zur Wahrung der Interessen eines Mündels kann die Zustimmung des Vormundschaftsgerichts zum Vertrag erforderlich sein[2].

1600

c) Öffentlich-rechtliche Beschränkungen

Geprüft werden muss, ob öffentlich-rechtliche Beschränkungen oder Zustimmungserfordernisse bestehen.

1601

d) Sonstige Rechte Dritter

Ermittelt werden muss, ob Beschränkungen oder Zustimmungserfordernisse auf Grund Sachenrechts, Erbrechts oder Gesellschaftsrechts bestehen. Müssen Testamentsvollstrecker, Nacherben, Insolvenzverwalter, dinglich Nießbrauchsberechtigte oder andere Personen mitwirken?

1602

---

1 BGH-Urteil vom 22. Februar 1989 VIII ZR 4/88, WM 1989, 685; *Kapp,* Der geplatzte Unternehmenskauf: Schadensersatz aus culpa in contrahendo bei formbedürftigen Verträgen (§ 15 Abs. 4 GmbHG)?, DB 1989, 1224.
2 BGH-Urteil vom 20. November 1967 III ZR 130/65, VersR 1968, 172.

Fragen dieser Art sind im vorvertraglichen Stadium zu klären.

1603–1605 *(unbesetzt)*

8. Interessengegensätze

1606 Veräußerer und Erwerber haben gegensätzliche Interessen. Alle Gesichtspunkte, bei denen erkennbar wird, dass gegensätzliche Interessen bestehen, müssen geregelt werden. Die Hoffnung, es werde schon gut gehen, ist kein Vereinbarungsersatz.

Es ist der Wille der Beteiligten zu erforschen und der Sachverhalt zu klären. Die Beteiligten müssen über die rechtliche Tragweite des Geschäfts belehrt und ihre Erklärungen müssen klar und unzweideutig niedergelegt werden. Dabei ist darauf zu achten, dass Irrtümer und Zweifel vermieden sowie unerfahrene und ungewandte Beteiligte nicht benachteiligt werden[1].

9. Kaufpreis

1607 Der schwierigste Teil bei der Veräußerung des Unternehmens (Übertragung der Praxis) ist die Festlegung des Kaufpreises.

1608 Der Kauf eines Unternehmens vollzieht sich hinsichtlich der Preisgestaltung wie der Kauf jeder anderen Ware nach Angebot und Nachfrage[2], in der Praxis allerdings mangels ausreichenden Angebots und entsprechender Nachfrage in schwer erklärlicher Weise. Die Preisvorstellungen sollten plausibel (einsehbar) sein.

1609 Einer Einigung darüber ist es förderlich, wenn sich die Vertragspartner über die Methoden einigen, nach denen zur Ermittlung des Wertes des Objekts vorgegangen werden soll. Die Bewertungsmethoden, die zur Bemessung des Kaufpreises führen, sind von grundlegender Bedeutung[3].

1610 Jeder Bewertungsfall muss individuell behandelt werden. Die Interessenlage verkehrt sich jeweils bei der Bewertung der Aktiva und Passiva.

1611 In der Verkaufssituation ist derjenige stärker, der das geringere Interesse an dem Zustandekommen der Vereinbarung hat.

10. Sonstige klärungsbedürftige Fragen

Klärungsbedürftige Interessengegensätze zwischen Verkäufer und Käufer bestehen beispielsweise hinsichtlich

1612 • der Haftung; der Verkäufer will überhaupt nicht haften, der Käufer will sich das Vorhandensein bestimmter Tatbestände möglichst umfangreich garantieren lassen;

1613 • der Haftung des Käufers, insbesondere für Tatbestände der Vergangenheit; das gilt auch für nach der Übertragung festgesetzte Steuern;

1614 • der Fristen innerhalb derer der Verkäufer dem Käufer zu haften hat; der Verkäufer ist an der Vereinbarung möglichst kurzer Fristen interessiert, während der Käufer den Verkäufer möglichst innerhalb der längsten – der 30jährigen Frist – in Anspruch nehmen können möchte;

---

1 Vgl. § 17 BeurkG.
2 Vgl. *Hölters*, aaO, I Rz 60.
3 Vgl. Rn 1766 ff.

- der Wettbewerbsverbote, die der Verkäufer mit dem Käufer vereinbaren soll; der Verkäufer wird häufig interessiert sein, von solchen Verpflichtungen freizubleiben; 1615
- der Aufstellung eines Sozialplanes, und zwar, wer ihn aufzustellen hat, wenn der Verkauf zu Umstrukturierungen unter Freisetzung eines Teils der Arbeitnehmer führt. 1616

(unbesetzt) 1617–1620

11. Vertragsinhalt

Außer der Bestimmung des Kaufgegenstandes in allen Einzelheiten ist es erforderlich, auch die Rahmenbedingungen möglichst genau zu vereinbaren. 1621

Festzulegen sind beispielsweise

- der Zeitpunkt der Übertragung des oder der Kaufgegenstände,
- die Fälligkeit des Kaufpreise, ggf die Fälligkeit der einzelnen Raten bei Ratenzahlung; dabei empfiehlt es sich, auch den maßgeblichen Zeitpunkt der Leistung von Geldschulden zu bestimmen, ob also z. B. der Zeitpunkt der Abgabe des Überweisungsauftrags durch den Schuldner beim Bankinstitut genügt (der Gläubiger trägt die Gefahr des rechtzeitigen Eingangs des Geldes, vgl. §§ 269, 270 BGB) oder ob zur Rechtzeitigkeit der Leistung der Empfang durch den Gläubiger gehört (das muss vereinbart werden); 1622
- die Folgen des Zahlungsverzugs des Schuldners (die gesetzlichen Folgen werden i. d. R. nicht den Interessen der Vertragspartner entsprechen), 1623
- die Stellung von Sicherheiten, 1624
- Aufrechnungsrechte, Zurückbehaltungsrechte oder ggf der Ausschluss solcher Rechte, 1625
- die Rechtsfolgen der Nichterfüllung von Zusicherungen oder des Nichteintritts bestimmter Umstände, 1626
- die Verjährungs-[1] und Ausschlussfristen hinsichtlich bestimmter Ansprüche, 1627
- Regeln für die Geschäftsführung in der Zeit zwischen Vertragsabschluss und Übergabetag, 1628
- von wem etwaige Prozesse und außergerichtliche Auseinandersetzungen zu Ende zu führen sind und wer an ihnen mitzuwirken hat, 1629
- die Beteiligung an Außenprüfungen des FA, die die Zeit bis zum Übergabetag betreffen, 1630
- Regelungen über die Kostentragungslast für 1631
    - die Kosten des Vertrags selbst,
    - für die durch den Kaufvertrag anfallenden Verkehrsteuern (z. B. Umsatzsteuer, Grunderwerbsteuer),
    - ein etwaiges Schiedsverfahren, die Kosten für Schiedsgutachter oder sonstige Aufwendungen, die auf Grund einer Schiedsklausel entstehen,
- der Gerichtsstand, 1632
- der Erfüllungs- und Leistungsort, ggf unterschiedliche Leistungsorte für unterschiedliche Leistungen. 1633

---

1 Vgl. Rn 2031–2035.

1634 Es gibt keine „wasserdichten" Verträge. Bei den Verhandlungen unter Ausformulierung des Unternehmenskaufvertrages können nur die Punkte bedacht und geregelt werden, die zu diesem Zeitpunkt bereits gesehen werden.

1635 Vom Vertragsschluss sind Betriebsrat und leitende Mitarbeiter in Abstimmung mit dem Übernehmer zu unterrichten, gegebenenfalls ist eine Betriebsversammlung abzuhalten; es sind die Zulieferer, Kunden und sonstige dem Unternehmen nahe stehende Personen zu informieren und gegebenenfalls der Vertragsabschluss der Presse mitzuteilen.

1636–1650   *(unbesetzt)*

IV. Kaufvertrag

Schrifttum: *Ballof u. a.,* Praxishandbuch Gesellschaftsrecht, Lizenzausgabe für die DATEV Nürnberg 2001 (Freiburg i. Br. 2001); *Beisel/Klumpp,* Der Unternehmenskauf, 4. Aufl. 2003; *Büdenbender,* Das Kaufrecht nach dem Schuldrechtsreformgesetz, DStR 2002, (Teil I) 312, (Teil II) 361; *Gaul,* Schuldrechtsmodernisierung und Unternehmenskauf, ZHR 2002 (= 166. Bd.), 35; *Haas/Medicus/ Rolland/Schäfer/Wendtland,* Das neue Schuldrecht, München 2002; *Häger/Reschke,* Checkbuch Unternehmenskauf, 2. Aufl. Köln 2002; *Hartung,* Wissenszurechnung beim Unternehmenskauf, NZG 1999, 524; *Hölters (Hrsg.),* Handbuch des Unternehmens- und Beteiligungskaufs, 4. Aufl. Köln 1996; *Hoeren/Martinek,* Systematischer Kommentar zum Kaufrecht, 2002; *Holzapfel/Pöllath,* Unternehmenskauf in Recht und Praxis, 11. Aufl. Köln 2003; *Jaques,* Haftung des Verkäufers für arglistiges Verhalten beim Unternehmenskauf – zugleich eine Stellungnahme zu § 444 BGB aF, BB 2002, 417; *Kaiser/Gradel,* Betriebliche Altersversorgung bei Unternehmenskäufen, DB 1996, 1621; *Lehmann,* Die Haftung für Werbeangaben nach neuem Schuldrecht, DB 2002, 1090; *Picot,* Der internationale Unternehmenskauf, DB 1998, 1605; *Ring,* Änderungen im Kaufrecht infolge der Schuldrechtsreform, BuW 2002, 646; *Wagner,* Informationspflichten des Verkäufers bei M+A-Transaktionen und Vertragsgestaltung unter Berücksichtigung von altem und neuem Schuldrecht, DStR 2002, 1400; *Wallstein,* Auswirkungen des Schuldrechtsmodernisierungsgesetzes auf das Arbeitsrecht, DStR 2002, 1490; *Weiler,* Haftung für Werbeangaben nach neuem Kaufrecht, WM 2002, 1784; *Weitnauer,* Der Unternehmenskauf nach neuem Kaufrecht, NJW 2002, 2511; *Wilmowsky,* Pflichtverletzungen im Schuldverhältnis, Beilage zu Heft 1/2002, JuS 2002; *Witt,* Schuldrechtsmodernisierung 2001/2002, JuS 2002, 105; *Wolf/Kaiser,* Die Mängelhaftung beim Unternehmenskauf nach neuem Recht, DB 2002, 411.

1. Verkauf des Unternehmens oder der freiberuflichen Praxis

a) Allgemeines (Aufbewahrungs- und Buchführungspflichten)

Schrifttum: AWV – Arbeitsgemeinschaft für wirtschaftliche Verwaltung e. V. Schrift Nr. 153: Aufbewahrungspflichten und -fristen nach Handels- und Steuerrecht, 8. Aufl., Berlin 2002; *Bolten/Pulte,* Aufbewahrungsnormen und -fristen im Personalbereich, 3. Aufl., Köln 1992, S. 223 Übersicht nach Aufbewahrungsfristen; *Franz,* Aufbewahrungspflichten in Betrieb und Verwaltung, 7. Aufl., Hannover 1995; *Trappmann,* Handelsrechtliche und steuerrechtliche Aufbewahrungspflichten – Der Wechsel des Handelsbetriebs, DB 1990, 2437.

Hat sich ein Unternehmer zur Veräußerung seines Unternehmens oder ein Freiberufler zur Veräußerung seiner Praxis entschlossen, wird er mit dem Erwerber einen Kaufvertrag abschließen.

Der Unternehmenskauf wird als **Sachkauf,** der Erwerb von Anteilen dagegen als **Rechtskauf** bezeichnet[1].

Die Unterschiede zwischen Sach- und Rechtskauf sind zwar weitgehend dadurch eingeebnet, dass § 453 Abs. 1 BGB die entsprechende Anwendung der Regeln für den Sachkauf auch auf den Rechtskauf vorschreibt. Sie sind dadurch aber nicht völlig beseitigt. Wichtig ist, dass die Sach- und Rechtsmängelhaftung – also das Gewährleistungsrecht – weitgehend vereinheitlicht ist. M. E. gilt das Recht der Mängelhaftung auch für die Mängel beim Kauf sonstiger Gegenstände.

Zu den Einzelheiten der Verkäuferpflichten vgl. unter 7. Gewährleistung Rn 1921 ff.

---

1 Vgl. dazu Rn 1392 ff.

1654 Kein Kauf ist der Abschluss eines Gesellschaftsvertrages, der die Verpflichtung zur Unternehmensübertragung auf die Gesellschaft beinhaltet, bei dem also das Unternehmen Einlagegegenstand ist[1].

1655 Auf die Unternehmens- oder Praxisveräußerung sind grundsätzlich die Regeln über den Kauf (§§ 433 ff. BGB) mit den aus der Natur der Sache sich ergebenden Abweichungen anwendbar. Regelmäßig enthält der Vertrag über den Verkauf eines Unternehmens auch **Verpflichtungen anderer Vertragsarten.**

1656 **Beispiel:**
Der Inhaber einer Metallwarenfabrik veräußert den Betrieb als Ganzes. Er verpflichtet sich, dem Erwerber die Produktionsgeheimnisse zu überlassen und ihn bei der Kundschaft und den Lieferanten einzuführen.

Es handelt sich bei der Vereinbarung zwar nicht um einen reinen Kaufvertrag, sondern um einen gemischten Vertrag. Die Verpflichtungen des Veräußerers aus anderen Vertragsarten – hier die aus einem Werkvertrag – haben aber nur die Bedeutung von **Nebenleistungen.** In solchen Fällen unterliegt der Vertrag ganz den Regeln des Kaufvertragsrechts. Es sind jedoch Verkäufe denkbar, bei denen die vertraglichen Bestimmungen über den Verkauf der dem Unternehmen dienenden Wirtschaftsgüter nicht eine solche Bedeutung haben, dass der Kaufvertrag als Hauptvertrag angesehen werden muss. Bei dem Verkauf einer **Handelsvertretung** haben z. B. die **werkvertragsähnlichen Vereinbarungen** über die Vermittlung der Verträge mit den vertretenen Firmen und die Verpflichtung zur Einführung des Erwerbers bei der Kundschaft eine wesentlich größere Bedeutung als die Vereinbarung über den Verkauf der Wirtschaftsgüter des Betriebsvermögens.

1657 Der Umfang der Verpflichtungen des Verkäufers eines Unternehmens ergibt sich aus dem mit dem Käufer geschlossenen Vertrag[2]. Dieser Vertrag ist nach den allgemeinen Grundsätzen der § 157 BGB und § 346 HGB auszulegen.

Aus der Interessenabwägung für beide Seiten und der Verkehrssitte, insbesondere dem Handelsbrauch, ergeben sich folgende Regeln, wenn nichts Abweichendes vereinbart ist:

1658 Der Verkäufer hat dem Käufer das Unternehmen so zu verschaffen, dass dieser in der Lage ist, die von dem bisherigen Inhaber entfaltete unternehmerische Tätigkeit fortzuführen.

1659 Die Pflicht zur Einweisung in das Unternehmen, zur Aufklärung über seine wesentlichen Verhältnisse und zur Herausgabe der insoweit bestehenden Unterlagen bildet eine Hauptpflicht, die den Unternehmenskauf als Vertragstyp prägt und vom bloßen Kauf von Rechts- oder Sachgesamtheiten unterscheidet.

1660 Zur Einweisungspflicht gehört, dass der Veräußerer den Erwerber über Bezugsquellen, Produktionsverfahren, Absatzwege, Kundenstamm, Personalverhältnisse und andere für das Unternehmen wesentliche Umstände aufklären und insoweit bestehende Unterlagen herausgeben muss, wie z. B. Konstruktionszeichnungen, Organisationspläne, Programme für Datenverarbeitungsanlagen, Kundenkartei, Betriebs- oder Geschäftsgeheimnisse usw.

1661 Die **Buchführungs-** oder **Aufzeichnungspflichten** des Unternehmers oder Freiberuflers enden mit seinem Tode oder der Übertragung des Unternehmens auf einen Dritten[3].

Übertragender (Veräußerer) und Übernehmer (Erwerber) erfüllen je eigene Buchführungs- oder Aufzeichnungspflichten. Jeder ist für die von ihm gefertigten Unterlagen verantwortlich.

---

1 Vgl. dazu *Hüffer* in Staub, HGB, aaO, Rdnr. 60 vor § 22 HGB.
2 Zum Eintritt in Vertragsverhältnisse vgl. Rn 1548 ff.
3 BFH-Urteil vom 22. Februar 1978 I R 137/74, BFHE 125, 42, BStBl II 1978, 430.

Von den Buchführungs- oder Aufzeichnungspflichten, die auf den Erwerber übergehen (vgl. § 141 Abs. 3 AO), sind die **Aufbewahrungspflichten** für die Buchführungsunterlagen und für die sonstigen aufbewahrungspflichtigen Unterlagen[1] zu unterscheiden. Die Aufbewahrungspflichten (vgl. z. B. § 257 HGB) sind öffentlich-rechtlicher Natur. So wie für Übertragenden und Übernehmer eigene Buchführungs- und Aufzeichnungspflichten bestehen, haben sie auch jeder die Verpflichtung ihre eigenen Unterlagen aufzubewahren[2]. 1662

Stirbt der Buchführungs- oder Aufzeichnungspflichtige, hat der Erbe die in der Person des Erblassers begründete Aufbewahrungspflicht als Gesamtrechtsnachfolger zu erfüllen. 1663

Der Veräußerer des Unternehmens muss Handelsbücher, Korrespondenz, Inventare und Bilanzen insoweit übergeben und übereignen, als der Erwerber sie zur Fortführung des Unternehmens benötigt. 1664

Der Erwerber übernimmt in der Regel mit der Übergabe der Unterlagen im Innenverhältnis die Verpflichtung zur Aufbewahrung der Unterlagen. Das entspricht zwar den Bedürfnissen des Erwerbers, entbindet den Veräußerer aber nicht von seinen Aufbewahrungspflichten; denn die Aufbewahrungspflichten des Veräußerers sind nicht abwälzbar, und zwar unabhängig davon, ob das Unternehmen oder die freiberufliche Praxis entgeltlich oder unentgeltlich übertragen wurde. Regelungsbedürftig ist daher, wie den Bedürfnissen des Erwerbers und des Veräußerers entsprochen werden soll, also z. B., ob von den aufbewahrungspflichtigen Unterlagen Duplikate hergestellt werden oder nicht, wer die Originale aufbewahrt und unter welchen Voraussetzungen er sie dem Vertragspartner auszuhändigen oder zur Verfügung zu stellen hat, welche Ersatzansprüche der Veräußerer gegenüber dem Erwerber bei einem Verstoß gegen übernommene Aufbewahrungspflichten geltend machen kann und dgl. mehr.

Die Annahme eines Unternehmenskaufs wird nicht dadurch ausgeschlossen, dass der Erwerber das Unternehmen nach dem Willen beider Vertragspartner nicht fortführen, sondern dass es der Erwerber in seinem Unternehmen aufgehen lassen oder stilllegen will. 1665

Der Verkauf eines Handelsgeschäfts ist ein **beiderseitiges Handelsgeschäft** i. S. d. § 343 HGB[3], aber kein Handelskauf i. S. d. §§ 373 ff. HGB[4]. Für den Verkäufer ist es regelmäßig der letzte Akt seiner gewerblichen Tätigkeit, wenn er nicht ein anderes Handelsgeschäft weiterführt oder gründet. Auch bei dem Erwerber liegt ein Handelsgeschäft vor, denn selbst vorbereitende Geschäfte sind Handelsgeschäfte[5]. 1666

b) Unternehmensveräußerung durch eine Personengesellschaft

Eine Personengesellschaft kann das von ihr betriebene Unternehmen an einen Dritten verkaufen; Dritter kann auch eine andere Personengesellschaft sein. Die Personengesellschaft kann zu dem Zweck, das Unternehmen zu erwerben, gegründet werden. Verkauft die Personengesellschaft ihren Geschäftsbetrieb, so treten die gleichen Rechtsfolgen ein, wie beim Verkauf eines Geschäfts durch einen Einzelkaufmann. 1667

---

1 Z. B. Jugendarbeitsunterlagen (§ 41 JArhSchG); Lohn- und Beitragsabrechnungsunterlagen betreffend die Kranken-, Renten- und Arbeitslosenversicherung; Unterlagen nach dem Mutterschutzgesetz; Schlechtwettergeld-Unterlagen; Schwerbehinderten-Verzeichnis; Gesundheitskartei nach der ArbStoffV usw.
2 Schrifttum zu Aufbewahrungspflichten vgl. Rn 1652.
3 Vgl. Rn 1343.
4 Vgl. Rn 1416.
5 Vgl. Rn 1413 ff.; *Baumbach/Hopt,* aaO, § 344 Anm. 3.

1668 **Beispiele:**
1. Die Firma Schulze und Meyer OHG verkauft das von ihr betriebene Textilwarengeschäft an Felix Gutmann.

1669 2. Die Firma Schulze KG verkauft ihre Lebensmittelgroßhandlung an drei ihrer leitenden Angestellten, die zur Übernahme der Großhandlung die OHG Müller, Kunze & Co. gegründet haben.

1670 Der Gesellschaftsanteil einer Personengesellschaft kann nicht ohne weiteres auf einen anderen übertragen werden. Es kann jedoch bereits im Gesellschaftsvertrag vereinbart werden, unter welchen Voraussetzungen Dritte als Gesellschafter in die Gesellschaft eintreten können oder unter welchen Voraussetzungen ein Dritter für einen Gesellschafter in die Gesellschaft eintreten kann.

1671 Lässt es der Gesellschaftsvertrag zu, kann ein Gesellschafter austreten und gleichzeitig ein anderer als Gesellschafter eintreten, oder es kann zu einer gleichzeitigen Auswechslung aller Gesellschafter kommen[1].

Wird ein Gesellschaftsanteil auf einen Mitgesellschafter übertragen, vereinbaren die Parteien i. d. R. stillschweigend, dass der ausscheidende Gesellschafter aus seiner internen Mithaftung für eine von den Gesellschaftern zu Gunsten der Gesellschaft eingegangenen Bürgschaftsverbindlichkeit entlassen wird[2].

Ist im Gesellschaftsvertrag vereinbart, dass im Falle der Ehescheidung die Ehefrau aus der Gesellschaft ausgeschlossen werden könne und ihr Gesellschaftsanteil auf den Ehemann übergehe, wird der Gesellschaftsanteil dem Ehemann als wirtschaftliches Eigentum zugerechnet. Der Ausscheidensklausel im Scheidungsfall wird entscheidende Bedeutung beigemessen[3].

1672 Die wirksame Übertragung der Mitgliedschaft erfordert

- eine Ermächtigung im Gesellschaftsvertrag und

- einen Abtretungsvertrag zwischen dem ausscheidenden und dem neu eintretenden Gesellschafter.

Eine uneingeschränkte Ermächtigung zur Übertragung von Anteilen ist in Gesellschaftsverträgen selten, denn keinem Gesellschafter ist gleichgültig, wer künftig mit ihm gemeinsam als Gesellschafter das Unternehmen betreibt.

1673 Enthält der Gesellschaftsvertrag keine Ermächtigung zur Übertragung der Mitgliedschaft in der Gesellschaft, so kann diese durch einen Aufnahmevertrag ersetzt werden. Der Aufnahmevertrag ist ein Vertrag zwischen dem oder den eintretenden Gesellschaftern und den bisherigen Gesellschaftern. An dem Vertrag müssen alle Gesellschafter mitwirken[4]. Die Einwilligung zu einer Übertragung der Mitgliedsrechte muss nicht gleichzeitig durch alle Gesellschafter erklärt werden. Sowohl die vorherige Zustimmung wie auch die spätere Genehmigung genügen.

---

1 Vgl. BGH-Urteil vom 8. November 1965 II ZR 223/64, BGHZ 44, 229.
2 BGH-Urteil vom 19. Dezember 1988 II ZR 101/88, NJW-RR 1989, 685.
3 BFH-Urteil vom 26. Juni 1990 VIII R 81/85, BFHE 161, 472, BStBl II 1994, 645; gegen das Ergebnis wird eingewendet, die Vereinbarung werde aus dem Gesichtspunkt des Ausnahmefalls – der Ehescheidung – gesehen, nicht dagegen aus dem des Normalfalls – nämlich dem der funktionierenden Ehe –, während der die Ehefrau die Gesellschafterrechte uneingeschränkt wahrnehmen könne.
4 RG-Urteil vom 4. März 1930 II 207/29, RGZ 129, 172, 176.

Bei einem Gesellschafterwechsel[1] gehen alle Rechte und Pflichten des ausscheidenden Gesellschafters auf den neuen Gesellschafter über. Eine Auseinandersetzung mit den verbleibenden Gesellschaftern entfällt. Der ausscheidende Gesellschafter und der eintretende Gesellschafter vereinbaren, wie der ausscheidende Gesellschafter abgefunden wird; die rechtlichen Beziehungen zu den anderen Gesellschaftern werden dadurch nicht berührt. Das gilt jedoch nicht für Rechte und Pflichten aus dem Gesellschaftsverhältnis, die mit der Person des ausscheidenden Gesellschafters verbunden waren.

1674

Beispiel:
Will eine aus Schulze und Meyer bestehende OHG den von ihr betriebenen Großhandel mit dem Recht zur Fortführung der alten Firma auf Müller und Schmidt übertragen, haben die Beteiligten die Wahl, dass die OHG Schulze und Meyer ihr Handelsgewerbe an eine zwischen Müller und Schmidt gegründete Gesellschaft verkauft oder dass Müller die Gesellschaftsrechte von Schulze und Schmidt die Gesellschaftsrechte von Meyer erwirbt.

1675

c) Gegenstand des Unternehmenskaufs

Schrifttum: *Völker*, Das geistige Eigentum beim Unternehmenskauf, BB 1999, 2413.

1676

Durch den Kaufvertrag bestimmen die Vertragspartner, welche Wirtschaftsgüter und Lasten auf den Erwerber übergehen sollen. Das Erfüllungsgeschäft bewirkt alsdann den Übergang.

1677

aa) Unternehmenskauf

Nehmen die Beteiligten bei einem Unternehmenskauf zur Bezeichnung der zu übertragenden Sachen und Rechte auf die Bilanz nebst Inventarverzeichnis Bezug, bleiben Zweifelsfragen offen. Denn Vermögenswerte, deren Übergang auf den Käufer in der Regel gewünscht wird, brauchen nicht bilanziert zu sein oder sind möglicherweise nicht bilanzierbar (z. B. sofort abgeschriebene geringwertige Wirtschaftsgüter des Anlagevermögens, § 6 Abs. 2 EStG; voll abgeschriebene Wirtschaftsgüter; selbst geschaffene Schutzrechte, § 153 Abs. 3 AktG). Ansprüche brauchen noch nicht bekannt zu sein; in der Bilanz aufgeführte Wirtschaftsgüter können zum Sonderbetriebsvermögen eines Gesellschafters gehören und nicht Gegenstand des Kaufvertrages sein. Die bloße wertmäßige Bestimmung des zu übertragenden Vermögensteils (z. B. „85 vH des Vorratsvermögens") ist sachenrechtlich nicht bestimmt genug und kann zur Unwirksamkeit des dinglichen Vollzugsgeschäftes führen[2]. Forderungen Dritter können beispielsweise deshalb unbekannt sein, weil sie vom Dritten noch nicht geltend gemacht worden sind. Das ist z. B. dann der Fall, wenn ein Unternehmen eine Gefahrenlage geschaffen hat, aus der sich Haftpflichtansprüche entwickeln können.

1678

Bei Personengesellschaften können neben dem Kapitalkonto des Gesellschafters, das die Beteiligung am Vermögen, am Gewinn und an der Willensbildung der Gesellschaft verkörpert, weitere Gesellschafterkonten bestehen. Es muss Einigung darüber erzielt werden, ob die aus solchen Konten herrührenden Rechte und Pflichten übertragen werden sollen oder nicht. Das gilt z. B. für das Kapitalkonto II, Darlehenskonten usw.

1679

Werden Beteiligungsrechte an einer Gesellschaft übertragen, so bedarf es keiner Einzelübertragung der dieser Gesellschaft gehörenden Wirtschaftsgüter. Eine solche Übertra-

1680

---

1 *Carlé*, Gesellschafterwechsel bei Personengesellschaften im Zivil- und Steuerrecht, KÖSDI 1992, 8868; *Märkle*, Gesellschafterwechsel, Harzburger Steuerprotokoll 1993, 277.
2 Vgl. *Quack* in Münchener Kommentar, § 929 Anm. 82; BGH-Urteil vom 25. März 1978 VIII ZR 180/76, BGHZ 71, 75 ff., betreffend die genügende Bestimmbarkeit der abgetretenen Forderungen bei einer Globalzession.

gung ist wesentlich einfacher und billiger als eine Einzelübertragung. Gleichwohl kann es auch hier erforderlich werden, Einigung hinsichtlich der Überleitung der immateriellen Wirtschaftsgüter zu erzielen.

Im Zweifel gehen sämtliche mit dem Gesellschaftsverhältnis verbundenen Rechte und Pflichten über, die im Zeitpunkt des Vertragsschlusses aus dem Rechenwerk der Personengesellschaft ersichtlich sind[1].

1681 Der Verkäufer muss dem Käufer das gesamte Unternehmensvermögen vollständig verschaffen, soweit im Vertrag nicht ausdrücklich etwas anderes vereinbart ist – z. B. dass einzelne Teile von der Übertragung ausdrücklich ausgenommen sind – oder besondere Umstände eine andere Auslegung nahe legen. Was zum Unternehmensvermögen gehört, hängt von den Umständen des Einzelfalles ab, insbesondere davon, welchem Zweck das Unternehmen gewidmet ist.

1682 Im Zweifel ist alles zu übertragen, was als Unternehmensvermögen bilanziert worden ist, und zwar zu dem Zeitpunkt, zu dem das Unternehmen verkauft worden ist. Entscheidend ist auf die Bilanz abzustellen, die die Vertragspartner bei ihrem Vertragsabschluss zu Grunde gelegt haben. Ist eine solche Bilanz nicht aufgestellt worden, muss von der Maßgeblichkeit des letzten Jahresabschlusses ausgegangen werden.

1683 Es sind aber – wie gesagt – nicht nur die aktivierten Vermögenswerte zu übertragen, die bilanzmäßig ausgewiesen sind, sondern auch die nicht aktivierbaren sowie die nicht aktivierungspflichtigen Wirtschaftsgüter.

Das können z. B. im Unternehmen erarbeitete Schutzrechte und dergleichen mehr sein. Es können vertragliche Ansprüche auf Wettbewerbsenthaltung dazugehören.

1684 Ist ein Unternehmen übertragen worden, für das nicht die Vorschriften über die Firma gelten (§§ 22, 23 HGB), kann sich gleichwohl ergeben, dass der Veräußerer zur Übertragung der Geschäftsbezeichnung oder verwandter Kennzeichnungen verpflichtet ist. Sind Patent-, Muster- und Zeichenrechte unter der Firma des Unternehmens angemeldet und eingetragen worden, sind sie im Zweifel – ebenso wie die Firma – mit dem Unternehmen übertragen worden, weil davon auszugehen ist, dass der Erwerber auch insoweit die Nachfolge des Veräußerers antreten soll.

Sind die Patent-, Muster- und Zeichenrechte dagegen unter dem bürgerlichen Namen des Inhabers angemeldet und eingetragen worden, spricht dies zunächst gegen deren Zugehörigkeit zum Unternehmen. Gleichwohl muss nach den Umständen des Einzelfalles entschieden werden, ob auch diese Rechte übertragen worden sind.

1685 Im Zweifel entspricht es dem Willen der Parteien, dass Rechte – insbesondere Forderungen –, die nach dem von ihnen für die Veräußerung zu Grunde gelegten Bilanzstichtag und vor Übergabe des Unternehmens, aber in dessen Betrieb entstanden sind, auf den Erwerber übergehen. Denn diesen Erwerben entspricht regelmäßig eine Minderung des Unternehmensvermögens an anderer Stelle, sei es durch Leistung, durch Leistungsverpflichtung, durch Aufwendungen oder durch unmittelbaren Verlust (Zerstörung, Beschädigung) eines Gegenstandes[2].

---

1 BGH-Urteil vom 25. April 1966 II ZR 120/64, BGHZ 45, 221.
2 Vgl. *Hüffer* in Staub, HGB, Rdnr. 21 von § 22 HGB.

Kaufvertrag

Ob und in welchem Umfang der Erwerber es übernommen hat, die Verbindlichkeiten des Veräußerers zu erfüllen, ist ebenfalls eine Frage der Vertragsauslegung. Wiederum gelten § 157 BGB und § 346 HGB. 1686

Als Nachfolger des Veräußerers im Unternehmen übernimmt der Erwerber im Zweifel auch die Geschäftsverbindlichkeiten.

Zur Vermeidung von Streitigkeiten, was Kaufgegenstand ist, sollte das zu übertragende und zu übernehmende Vermögen – so umfassend wie möglich – beschrieben werden. 1687

Wird eine „Extrazahlung" für „good will" vereinbart, spricht dieser Umstand dafür, dass ein Unternehmenskauf und nicht ein Inventarkauf vereinbart wurde[1]. 1688

Verkäufer und Käufer müssen hinsichtlich der Verbindlichkeiten des Veräußerers das Außenverhältnis und das Innenverhältnis regeln. 1689

Im Verhältnis zu den Gläubigern – also im Außenverhältnis – müssen sich die Verhandlungspartner darüber schlüssig werden, ob der Käufer für die Altverbindlichkeiten kumulativ (durch Schuldbeitritt) oder durch bloße Erfüllungsübernahme haften soll, wenn und soweit die Kaufvertragsparteien diese Haftung überhaupt steuern können (§ 25 HGB, § 613a BGB, § 75 AO). 1690

Im Innenverhältnis müssen die Vertragsparteien festlegen, wem welche Altverbindlichkeiten zugerechnet werden sollen. Diese Zurechnung ist auch beim Kauf durch Anteilserwerb notwendig. 1691

Unabhängig davon, wer im Außenverhältnis zu den Gläubigern diesen haftet, muss zwischen Verkäufer und Käufer geregelt werden, wie die wirtschaftlichen Folgen von Unternehmensverbindlichkeiten verteilt werden sollen. 1692

Das erfordert die Regelung folgender Fragen:

- Welcher Vertragspartei sollen welche bekannten Verbindlichkeiten angelastet werden?
- Welcher Vertragspartei sollen welche – sei es dem Grunde, dem Zeitpunkt oder der Höhe nach – ungewissen Verbindlichkeiten zugeteilt werden?
- Zu wessen Nachteil sollen unentdeckte Verbindlichkeiten gehen?
- Welche Folgen sollen eintreten, wenn
  - sich später herausstellt, dass eine zugeteilte Verbindlichkeit nicht oder nicht in dem angenommenen Umfang besteht,
  - die zunächst bestehende Ungewissheit im Nachhinein wegfällt und die Verbindlichkeit exakt feststeht,
  - wenn nachträglich verdeckte Verbindlichkeiten offenbar werden?

(unbesetzt) 1693–1700

bb) Anteilskauf

Beim Anteilskauf geht die Beteiligung insgesamt vom Veräußerer auf den Erwerber über, u. a. also auch die Forderungen und Verbindlichkeiten[2]. 1701

---

1 BGH-Urteil vom 2. März 1988 VIII ZR 63/87, WM 1988, 711, ZIP 1988, 654.
2 Vgl. Rn 1392.

Will der Erwerber ein dem Haftungsausschluss für Verbindlichkeiten vergleichbares wirtschaftliches Ergebnis erreichen, müssten die Verbindlichkeiten durch den Veräußerer getilgt oder die Freistellung des Erwerbers durch den Veräußerer vereinbart werden.

Bei einem Anteilserwerb bleiben regelmäßig die sonstigen Rechtsverhältnisse des veräußernden Gesellschafters zur Gesellschaft außer Betracht. So gehören beispielsweise die **Darlehenskonten des ehemaligen Gesellschafters** nicht zum Anteil[1]. Soll auch das Darlehenskonto des veräußernden Gesellschafters auf den Erwerber übergehen, muss dies ausdrücklich vereinbart werden. Anders ist die Sachlage bei Verlustvortragskonten.

1702 Vielfach liegen dem Anteilsverkauf die Steuerbilanzen zu Grunde. Ist in den Steuerbilanzen das Gesellschaftsvermögen und das Gesellschaftervermögen nicht gesondert ausgewiesen, muss der Kaufgegenstand wie bei einer Teilveräußerung beschrieben, insbesondere die Eigentumslage der Sonderbetriebsvermögen geklärt werden[2].

1703 Steht bei einer Gesellschaft der Gewinnfeststellungsbeschluss noch aus, sollte vereinbart werden, dass Gewinnanteile dem Erwerber zugewiesen werden oder in welcher Weise die Zuweisung in der Kaufpreisbemessung berücksichtigt werden soll.

1704 Besondere Vereinbarungen sind hinsichtlich der **nichtbilanzierten selbstgeschaffenen immateriellen Wirtschaftsgüter** (§ 266 HGB), wie z. B. Erfindungen, erforderlich. Verwertet eine KG eine Gesellschaftererfindung, ohne dass vertragliche Vereinbarungen – z. B. Lizenzzahlungen – vorliegen, umfasst ein Anteilserwerb nicht die Nutzungsbefugnis über diese Erfindung, es sei denn, dass die Erfindung zuvor auf die Gesellschaft übertragen oder das Nutzungsrecht geregelt worden ist.

Der Erwerber wird sich zusichern lassen[3],

1705 • dass die Anteile bestehen,

1706 • dass sie voll eingezahlt und frei von Rechten und Ansprüchen Dritter sind,

1707 • dass der Verkäufer über seine Anteile verfügen kann, die Zustimmung Dritter zu seiner Verfügung über die Anteile nicht erforderlich sei oder vorliegen oder dass der Veräußerer ihre Beibringung garantiere und

1708 • dass keine Vor- und Ankaufsrechte Dritter bestehen, gegebenenfalls dass der Verkäufer für deren Nichtgeltendmachung einsteht.

1709 (1) Wird eine GmbH durch einen in notarieller Form zu beurkundenden Gesellschaftsvertrag errichtet, muss der Gesellschaftsvertrag nach § 3 GmbHG mindestens enthalten:

• Die Firma und den Sitz der Gesellschaft,

• den Gegenstand des Unternehmens,

• den Betrag des Stammkapitals,

• den Betrag, der von jedem Gesellschafter auf das Stammkapital zu leistenden Einlage (Stammeinlage).

(2) Die Einlagen können Bareinlagen oder Sacheinlagen sein.

---

1 *Huber*, Vermögensanteil, Kapitalanteil und Gesellschaftsanteil an Personengesellschaften des Handelsrechts 1970, S. 236 ff.
2 Vgl. hierzu *Rellermayer*, ZGR 1982, 472 unter 2.
3 Vgl. dazu *Wessing*, Vertragsklauseln beim Unternehmenskauf, ZGR 1982, 460; ferner *Stahl*, Käufe und Verkäufe von Unternehmen. KÖSDI 4/84, S. 5435 ff.

(3) Bringt ein Unternehmer das ganze Unternehmen als Sacheinlage ein oder lässt er –
wenn er Geschäftsführer der GmbH ist – sein Geschäftsführergehalt stehen, und verrechnet er die Ansprüche aus den Sacheinlagen oder dem Gehaltsanspruch mit dem Anspruch
der Gesellschaft auf die Einlage, liegt keine Bareinlage vor.

(4) Nach § 5 Abs. 4 Satz 1 GmbH müssen Sacheinlagen nach Gegenstand und Betrag im
Gesellschaftsvertrag festgesetzt werden. Die Gesellschafter müssen in einem Sachgründungsbericht die für die Angemessenheit der Leistungen wesentlichen Umstände darlegen. Handelt es sich bei der Sacheinlage um ein Unternehmen, so müssen die Jahresergebnisse der beiden letzten Geschäftsjahre angegeben werden. Fehlt es an der Beurkundung im Gesellschaftsvertrag, so kann sich der Gesellschafter von seiner Einlageschuld
nur durch Barzahlung befreien. Der Gesellschafter wird also von seiner Verpflichtung nur
befreit, soweit diese Verpflichtung in Ausführung einer nach § 5 Abs. 4 Satz 1 GmbHG
getroffenen Bestimmung erfolgt (§ 19 Abs. 5 GmbHG). Ist dies nicht der Fall, ist der
Erwerbsvorgang nichtig und die Bareinlage noch offen[1].

Maßgebend für diese harte Rechtsfolge ist der nahe sachliche und zeitliche Zusammenhang der Verrechnung mit dem Gründungsvorgang, sozusagen die Austauschbarkeit der
Vorgänge.

Die Vorschriften des GmbHG dienen dazu, in formal geregelter Weise die Kapitalaufbringung zu sichern.

Ob also der Gesellschafter Waren zu einem angemessenen Preis liefert, und seine Forderung aus der Warenlieferung mit seiner Verpflichtung zur Bareinlage verrechnet, oder ob
ein Gesellschafter, der gleichzeitig Geschäftsführer der GmbH ist, sein angemessenes
Gehalt stehen lässt und es mit der restlichen Einlageschuld verrechnet, spielt keine Rolle.
In allen diesen Fällen bleibt der Gesellschafter zur Zahlung verpflichtet. Das gilt auch für
einen Nachfolger, der den Anteil dieses Gesellschafters erwirbt. Der Gesellschafter muss
ggf erneut leisten, während er selbst nur einen konkursgefährdeten Bereicherungsanspruch
hat.

Wird in eine bestehende GmbH & Co. KG ein weiterer Kommanditist gegen eine Bareinlage aufgenommen, so muss die KG in der Handelsbilanz nach dem Grundsatz der Bilanzidentität die Buchwerte fortführen. 1710

Werden aus Anlass des Eintritts eines neuen Kommanditisten in eine bestehende
GmbH & Co. KG die Kommanditeinlagen erhöht, so kann die Erhöhung der Einlage nicht
dadurch bewirkt werden, dass vorhandene stille Reserven „aufgelöst" und buchmäßig mit
den Einlageforderungen verrechnet werden[2].

cc) Unternehmenskauf/Anteilskauf

– durch **natürliche Personen:**

Grob gesagt: Der **Erwerber** wird den Unternehmenskauf anstreben, um steuerlich den
Kaufpreis auf abschreibbare Wirtschaftsgüter zu verteilen, also um Abschreibungsmasse
zu gewinnen, und um etwaige Finanzierungskosten abziehen zu können. 1711

Der **Veräußerer** wird zivilrechtlich eine Anteilsübertragung anstreben. Die Übertragung
ist einfacher durchzuführen. Die Haftung kann leichter begrenzt werden.

---

[1] Gegen die strengen Auffassungen in Rechtsprechung und Lehre: *Bergmann,* Die verschleierte Sacheinlage bei AG und GmbH, AG 1987, 57.
[2] BFH-Urteil vom 14. März 1989 I R 214/84, BFHE 156, 264, BStBl II 1989, 570.

Er wird allerdings in erster Linie an einer steuerorientierten Gestaltung interessiert sein, die ihn in den Genuss der Tarifermäßigung gem. § 34 EStG kommen lässt.

– durch **Kapitalgesellschaften:**

1712 Für die erwerbende Gesellschaft entspricht beim Unternehmenskauf die Interessenlage der der natürlichen Person.

Das Steuerrecht sieht für die Veräußerung von Unternehmen durch Kapitalgesellschaften keine Vergünstigungen vor.

Dagegen sind die Gewinne aus der Veräußerung von Anteilen an inländischen Kapitalgesellschaften steuerfrei.

d) Zeitpunkt der Rechtsverschaffung

1713 Vereinbart werden muss, wann das Eigentum oder die Anwartschaft auf seinen Erwerb an den veräußerten Wirtschaftsgütern auf den Erwerber übergehen soll. Soll das Eigentum erst mit vollständiger Zahlung des gesamten Kaufpreises, mindestens aber der des auf die Wirtschaftsgüter entfallenden Teiles übergehen, sollte im Falle von Teilzahlungen oder bei Verrentung des Kaufpreises vereinbart werden, dass Zahlungen zuerst auf den Geschäftswert (Praxiswert) und erst danach auf die übertragenen Wirtschaftsgüter angerechnet werden.

1714–1715 *(unbesetzt)*

2. Form des Vertrages

1716 **Schrifttum:** *Wiesbrock,* Formerfordernisse beim Unternehmenskauf, DB 2002, 2311.

a) Grundsatz

1717 Für das Verpflichtungsgeschäft, ein Unternehmen zu veräußern, besteht keine besondere Formvorschrift[1]. Der Vertrag kann deshalb grundsätzlich formfrei geschlossen werden.

Die Formbedürftigkeit des Vertrages kann sich jedoch aus anderen Vorschriften ergeben.

Wird ein Unternehmen insgesamt veräußert, bedarf der Vertrag der notariellen Beurkundung,

- wenn Grundstücke oder Erbbaurechte zum verkauften Unternehmen gehören (§ 311b BGB, § 11 ErbbRVO) oder
- wenn der Verkauf die Verpflichtung zur Übertragung des gesamten Vermögens beinhaltet (§ 311 BGB).

1718 Stellt das zu veräußernde Unternehmen das gesamte Vermögen des Veräußerers dar, bedarf der Verkauf des Unternehmens der Zustimmung

- des Ehegatten, wenn der Veräußerer im gesetzlichen Güterstand lebt (§ 1365 Abs. 1 BGB),
- des Vormundschaftsgerichts, wenn ein Minderjähriger oder jemand beteiligt ist, der unter Vormundschaft oder Pflegschaft steht (§§ 1643 Abs. 1, 1821–1823 BGB).

1719 Für die übertragende Umwandlung eines einzelkaufmännischen Unternehmens enthalten die §§ 50 ff., 56a ff. UmwG eine besondere Regelung. Bei der Veräußerung des Unter-

---

1 Vgl. dazu *Sigle/Maurer,* Umfang des Formzwangs beim Unternehmenskauf, NJW 1984, 2657 ff.

Kaufvertrag

nehmens einer OHG oder KG im Wege der übertragenden Umwandlung verdrängen die §§ 40 ff., 46 ff. UmwG den § 311 BGB.

Gesellschaftsrechtliche Sonderregelungen enthalten z. B. die §§ 339 ff., 361 AktG, §§ 19 ff. KapErhG, §§ 1–39 UmwG. 1720

Zur Gültigkeit eines Vertrags, durch den eine Leistung schenkweise versprochen wird, ist die notarielle Beurkundung des Versprechens erforderlich (§ 518 Abs. 1 Satz 1 BGB). 1721

Der notariellen Beurkundung bedarf auch ein Vertrag, durch den sich der eine Teil verpflichtet, das Eigentum an einem Grundstück zu übertragen oder zu erwerben (§ 311b BGB). 1722

Entsprechendes ergibt sich aus § 15 Abs. 3 GmbHG, wenn Geschäftsanteile an einer GmbH zum Unternehmensvermögen gehören. 1723

Wenn das Gesetz auch keine Form für den Verkauf eines Unternehmens vorschreibt und formlos abgeschlossene Kaufverträge rechtswirksam sind, so sollten die Beteiligten im eigenen Interesse den Vertrag **schriftlich** abschließen. In der Praxis geschieht das auch regelmäßig. 1724

Wird das Unternehmen eines Verstorbenen veräußert, muss sich der Erwerber den Erbschein und Vollmachten der sich aus dem Erbschein ergebenden Miterben vorlegen lassen. Die Befugnis zur Veräußerung steht nur allen Erben gemeinsam zu. Ist noch kein Erbschein ausgestellt, wird sich der Erwerber von demjenigen, der als Veräußerer auftritt, die Befugnis zur Vertretung durch Vollmachten der Angehörigen der Erbengemeinschaft nachweisen lassen, ggf wird er verlangen, dass die als Vertreter der Erben auftretende Person Gewähr dafür leistet, von allen Miterben wirksam bevollmächtigt zu sein. Die Wirkungen eines etwaigen Vertragsabschlusses sollten bis zum Vorliegen des Erbscheins und der Beibringung aller hiernach erforderlichen Vollmachten aller Miterben hinausgeschoben werden; die Wirksamkeit des ganzen Vertrages sollte von dem Nachweis der Verfügungsberechtigung abhängig gemacht werden, insbesondere sollte der Kaufpreis usw. erst nach diesem Nachweis fällig sein. 1725

b) Vermögensübertragung

Ein Vertrag, durch den sich der eine Teil verpflichtet, sein gegenwärtiges Vermögen oder einen Bruchteil seines gegenwärtigen Vermögens zu übertragen, bedarf der notariellen Beurkundung (§ 311 BGB). 1726

Grundsätzlich bedarf ein Vertrag über die **Veräußerung eines Betriebsvermögens,** also eines Sondervermögens, nicht der Form des § 311 BGB. Denn es handelt sich dabei nicht um die Veräußerung eines Bruchteils des gegenwärtigen Vermögens, sondern um die Veräußerung von einzelnen Vermögensgegenständen, die auf Grund ihrer Zweckbestimmung zu einem Sondervermögen zusammengefasst sind. 1727

Der Vertrag eines Einzelkaufmanns über sein Handelsgeschäft kann jedoch der notariellen Beurkundung bedürfen (§ 311 BGB), wenn das Handelsvermögen **das ganze Vermögen** des Einzelkaufmanns ausmacht. Das wird nur in Ausnahmefällen zutreffen. Wollen die Beteiligten sich nur dazu verpflichten, einzelne Vermögensstücke zu übertragen, so greift 1728 die Formvorschrift des § 311 BGB auch dann nicht ein, wenn die Vermögensgegenstände tatsächlich das ganze Vermögen ausmachen[1].

Bei der Übertragung von Sondervermögen wird der auf die Vermögensübertragung im ganzen gerichtete Wille nicht dadurch ausgeschlossen, dass Gegenstände von untergeordneter Bedeutung von der Übertragung ausgenommen werden[2]. Es ist also im Einzelfall möglich, dass bei dem Verkauf eines Handelsgeschäfts oder eines anderen Sondervermögens durch einen Einzelkaufmann der Kaufvertrag der Beurkundung bedarf (§ 311 BGB).

Der Unternehmenskäufer kann sich z. B. vom Verkäufer eine Liste der Gläubiger aushändigen lassen und diese darüber informieren, dass er für die Altverbindlichkeiten nicht haften wolle und davon ausgehe, auch nicht gesetzlich haften zu müssen.

1729 Die Gläubiger sollten über den Stichtag des Unternehmenserwerbs (Closing) informiert werden, damit der Erwerber sichergehen kann, bis zu dem für die Haftung entscheidenden Augenblick des dinglichen Vermögenserwerbs informiert zu werden. Eine solche Mitteilung führt zwar nicht zur Enthaftung des Unternehmenserwerbers, gibt diesem jedoch eine gewisse Berechtigung, demjenigen Gläubiger arglistiges Verhalten entgegenzuhalten (§ 242 BGB), der zunächst geschwiegen hatte und dann nach dem Unternehmenserwerb den Käufer in Anspruch nehmen will.

1730 Die **Veräußerung eines Handelsgeschäfts** durch eine **Personengesellschaft** unterliegt nicht der Formvorschrift des § 311 BGB. Das Vermögen ist nicht Eigentum der Personengesellschaft, sondern gehört den einzelnen Gesellschaftern zur **gesamten Hand**. Veräußerer sind deshalb auch die einzelnen Gesellschafter und nicht die Personengesellschaft.

1731 Das Beurkundungserfordernis kann jedoch auch dann eingreifen, wenn sich eine **juristische Person** zur Übertragung ihres Vermögens verpflichtet[3]. Wird eine Kapitalgesellschaft in eine Personengesellschaft umgewandelt und wird dieser das Handelsgeschäft als gesamtes Vermögen der Kapitalgesellschaft übertragen, so bedarf der Vertrag der Beurkundung; regelmäßig gelten § 311 BGB vorgehende Sonderschriften (vgl. §§ 341, 367 AktG; § 44a VAG; §§ 93c, 63e GenG; Umwandlungsgesetz).

c) Grundstücksveräußerung

1732 Ein Vertrag, durch den sich ein Vertragsteil verpflichtet, das Eigentum an einem Grundstück zu übertragen, bedarf der notariellen Beurkundung (§ 311b BGB). Gehört zum Betriebsvermögen eines Handelsgeschäfts ein Grundstück und wird das Handelsgeschäft veräußert, so bedarf der Vertrag zumindest insoweit der Beurkundung.

d) Rechtsfolgen von Formverstößen

1733 Ein Rechtsgeschäft, das nicht in der durch Gesetz vorgeschriebenen Form abgeschlossen ist, ist nach § 125 BGB nichtig.

1734 Ein Kaufvertrag über ein Grundstück, der nicht in der vorgeschriebenen Form der notariellen Beurkundung abgeschlossen worden ist, wird seinem ganzen Inhalt nach wirksam, wenn die Auflassung und die Eintragung im Grundbuch erfolgen.

---

1 RG-Urteil vom 12. November 1908 VI 633/07, RGZ 69, 416, 420; BGH-Urteil vom 19. Juni 1957 IV RZ 214/56, BGHZ 25, 1, 4.
2 RG-Urteil vom 9. Juli 1932 VI 205/32, RGZ 137, 324, 348.
3 Vgl. RG-Urteil vom 9. Juli 1932 VI 205/32, RGZ 137, 324, 348.

Bei den Verträgen, durch die sich ein Vertragsschließender zur Übertragung seines Vermögens verpflichtet[1], wird der Formmangel nicht durch Vollzug des Vertrages[2] geheilt.

Ist der Vertrag wegen Nichtbeachtung einer gesetzlichen Formvorschrift nichtig, so erstreckt sich die Nichtigkeit grundsätzlich auf den ganzen Vertrag (§ 139 BGB). Das gilt nur dann nicht, wenn davon ausgegangen werden kann, dass der übrige Teil des Geschäfts auch ohne den nichtigen Teil vorgenommen worden wäre. Bei einer Geschäftsveräußerung, durch die auch das Eigentum an Betriebsgrundstücken veräußert werden soll, ist, wenn der Verkauf des Betriebsgrundstücks wegen Formmangel nichtig ist, im Regelfall die gesamte Geschäftsveräußerung nichtig. 1735

(unbesetzt) 1736–1740

3. Mängel beim Vertragsabschluss

Schrifttum: *Merkt,* Due Diligence und Gewährleistung beim Unternehmenskauf, BB 1995, 1041; *Stoll,* Haftungsfolgen fehlerhafter Erklärungen beim Vertragsabschluss, in Festschrift für Riesenfeld, herausgegeben von Jayme/Kegel/Lutter, Heidelberg 1983, S. 233. Siehe auch Rn 1921. 1741

a) Mögliche Mängel

Die Wirksamkeit eines Vertragsabschlusses setzt übereinstimmende, ausreichend bestimmte Willenserklärungen voraus. 1742

Ein Vertrag kommt nicht zu Stande, bevor sich die Parteien über alle Punkte ausdrücklich oder stillschweigend geeinigt haben, über die eine Vereinbarung nach der Erklärung einer der Parteien getroffen werden sollte (§ 154 BGB). 1743

Die beiderseitigen Erklärungen müssen alle die Punkte umfassen, welche von den Parteien oder auch nur von einer Partei, als für sie wesentlich erachtet werden.

Die Erklärung einer Partei, sie wolle eine Frage geregelt wissen, ist Teil ihrer Gesamterklärung. Solange über sie keine Einigung erzielt worden ist oder ihre Regelung fallen gelassen wurde, ist ein Vertrag nicht zu Stande gekommen. Es kommt dabei nicht darauf an, ob dieser Punkt objektiv wesentlich ist. 1744

Es ist deshalb z. B. noch zu keinem Vertragsabschluss gekommen, wenn die Parteien sich „im Prinzip" einig sind, aber eine Einigung über wesentliche Punkte, auf welche die Parteien Wert legen, noch aussteht (beispielsweise über Preis und Zahlungsmodus). Bis zur Einigung über einen, wenn auch nur von einer Partei als wesentlich erachteten Umstand, ist im Zweifel kein Vertrag zu Stande gekommen. Eine Einigung der Parteien und die Zulässigkeit der ergänzenden Auslegung offener Punkte nach den gesetzlichen Auslegungsregeln ist jedoch zu bejahen, wenn die Parteien in Kenntnis der fehlenden Regelung eine Bindung gewählt und vereinbart haben. 1745

> **Beispiel:** 1746
> A will seine Eisenwarengroßhandlung verkaufen. Die Warenbestände sollen zu den Teilwerten verkauft werden. Es ist aber noch keine Einigung darüber erfolgt, wie die Bestände aufgenommen werden sollen und wer die Bewertung durchführt.
> Legen A und der mögliche Erwerber oder einer der beiden Wert darauf, dass dieser Punkt vertraglich geregelt wird, so ist noch kein Kaufvertrag zu Stande gekommen, solange die Vertrags-

---

[1] Vgl. Rn 1717, 1726.
[2] Vgl. *Münchener Kommentar,* BGB, § 311 RdNr. 4.

partner sich noch nicht geeinigt haben, auch wenn über alle anderen Punkte Einigung erzielt worden ist. Wollen die Beteiligten bereits eine Bindung eingehen, obwohl noch einige Punkte ungeregelt sind, so können sie im Beispielsfall die Fragen der Bestandsaufnahme offen lassen. Sie müssen dann später eine Vereinbarung darüber treffen. Kann darüber keine vertragliche Regelung erzielt werden, so müssen die noch offenen Fragen nach den gesetzlichen Auslegungsregeln entschieden werden[1].

1747 Ein Kaufvertrag über ein Unternehmen kann auch unter einer Bedingung abgeschlossen werden. Es kann z. B. vereinbart werden, dass der Kauf eines in gemieteten Räumen betriebenen Geschäfts nicht wirksam werden soll, wenn der Käufer nicht auch das Grundstück selbst erwerben könne. Vor Auflassung und Eintragung des Erwerbers im Grundbuch ist dann der Kauf nicht zu Stande gekommen. Es ist auch möglich, dass sich ein Vertragsteil oder beide Vertragsteile den Rücktritt vom Vertrag vorbehalten.

1748 Die im bürgerlichen Recht bestehende Vertragsfreiheit gestattet es, dass jede beliebige Bedingung in den Vertrag über die Geschäftsveräußerung aufgenommen werden kann. Ob ein bedingter Kaufvertrag abgeschlossen worden ist oder ob noch kein Vertrag zu Stande gekommen ist, weil über einen wesentlichen Punkt noch keine Einigung erzielt worden ist, muss nach den gesamten Umständen des Falles entschieden werden. Will z. B. ein Erwerber einen selbstständigen Filialbetrieb eines Textilwarengeschäfts nur dann erwerben, wenn ihm auch ein ausreichender Warenbestand übertragen wird, so kann er den Betrieb unter der Bedingung erwerben, dass ihm ein ausreichender Warenbestand verkauft wird.

1749 Glauben die Vertragsschließenden, sich über alle Punkte einig zu sein, während das in Wirklichkeit nicht zutrifft, so gilt das Vereinbarte, sofern anzunehmen ist, dass der Vertrag auch ohne eine Einigung über diesen Punkt abgeschlossen worden wäre (§ 155 BGB). Voraussetzung ist jedoch, dass es sich nicht um einen wesentlichen Punkt handelt. Der Vertrag muss dann, wie in allen anderen Fällen unvollständiger vertraglicher Regelung, ergänzt werden[2], ggf nach den Grundsätzen von Treu und Glauben, wenn gesetzliche Auslegungsregeln fehlen. Betrifft die mangelnde Einigung den Hauptpunkt oder einen objektiv wesentlichen Punkt, der nicht ergänzt werden kann, so ist ein Vertrag nicht zu Stande gekommen[3]. Wer sich auf die Wirksamkeit eines Vertrages beruft, muss sein Zustandegekommensein beweisen. Ist über einige Punkte keine Einigung erzielt worden, so muss er beweisen, dass es sich dabei nicht um einen Umstand handelt, der als wesentlich angesehen wurde[4]. Er muss die dafür maßgeblichen Umstände vortragen und beweisen. Ob beide Parteien oder nur eine Partei einen objektiv nicht wesentlichen Punkt als so wesentlich angesehen hat, dass sie den Vertrag ohne ihn nicht abgeschlossen hätte, ist unter Berücksichtigung aller Umstände zu entscheiden.

1750 Bei einem Missverständnis liegt ein versteckter Dissens i. S. v. § 155 BGB nur dann vor, wenn sich die Erklärungen in ihrem Inhalt nicht decken; dabei kommt es nicht auf den Wortlaut der Erklärungen an[5]. Erklären zwei Personen dasselbe, so können die anscheinend übereinstimmenden Erklärungen gleichwohl einen unterschiedlichen Sinn haben; daraus kann folgen, dass der formelle Gleichlaut der Erklärungen nicht allein maßgebend ist. Es muss für jede Erklärung ihr objektiver Sinn festgestellt werden; dann erst ist zu

---

1 *Palandt*, BGB, aaO, § 154 Rn 2.
2 RG-Urteil vom 27. Juni 1916 II 174/16, RGZ 88, 377 ff.
3 RG-Urteil vom 19. September 1918 IV 157/18, RGZ 93, 297, 299.
4 *Palandt*, BGB, aaO, § 155 Rn 5.
5 RG-Urteil vom 8. Mai 1907 V 340/06, RGZ 66, 122, 125.

prüfen, ob sich die Erklärungen decken. Liegt keine Übereinstimmung der Erklärungen vor, so ist ein Vertrag nicht zu Stande gekommen. Es bedarf in diesem Fall keiner Anfechtung.

Anders wäre es, wenn die Erklärungen objektiv nur in einem Sinne zu verstehen sind, also inhaltlich übereinstimmen. In diesem Falle ist der Vertrag abgeschlossen worden, und es bleibt dem, der sich subjektiv geirrt hat, nur die Anfechtung wegen Irrtums (§ 119 BGB)[1]. 1751

Ein Vertrag kommt auch dann zu Stande, wenn die Parteien von unrichtigen Vorstellungen ausgegangen sind. Wer z. B. ein Warenlager en bloc übernimmt und dann weniger Waren oder Waren von geringerem Wert erhält, als er annahm, kann sich nicht auf mangelnde Übereinstimmung des Willens berufen. In solchen Fällen verfehlter Spekulation ist auch eine Anfechtung wegen Irrtums ausgeschlossen, weil es sich um einen unbeachtlichen Irrtum im Beweggrund (Motivirrtum) handelt[2]. Zu prüfen ist in einem solchen Falle nur, ob Gewährleistungsgrundsätze eingreifen können[3], ob eine Garantie zugesagt wurde oder ob der Erwerber arglistig getäuscht wurde. 1752

(unbesetzt) 1753–1755

b) Gesetzliche Verbote

Ein Rechtsgeschäft, das gegen ein gesetzliches Verbot verstößt, ist nichtig, wenn sich nicht aus dem Gesetz etwas anderes ergibt (§ 134 BGB). Wird ein Gewerbebetrieb übertragen und ist die Ausübung des Gewerbes von einer behördlichen Genehmigung abhängig, so ist im Regelfall die Übertragung auch dann wirksam, wenn sie gegen ein gesetzliches Verbot verstößt. Ist die Übertragung des Unternehmens oder einzelner Vermögensgegenstände von einer behördlichen Genehmigung abhängig, so ist das Rechtsgeschäft zunächst schwebend unwirksam. Seine Wirksamkeit hängt davon ab, ob die behördliche Genehmigung erteilt wird. Wird die Genehmigung nicht erteilt, so ist das Rechtsgeschäft unwirksam. Die Unwirksamkeit erstreckt sich im Zweifel auf das gesamte Rechtsgeschäft. 1756

(unbesetzt) 1757

c) Sittenwidrige Geschäfte

Außer Rechtsgeschäften, die gegen ein gesetzliches Verbot verstoßen, können im Rahmen einer Geschäftsveräußerung auch Wucher und wucherähnliche Geschäfte vorkommen. 1758

Nach § 302a StGB macht sich des Wucher schuldig, wer die Zwangslage, die Unerfahrenheit, den Mangel an Urteilsvermögen oder die erhebliche Willensschwäche eines anderen dadurch ausbeutet, dass er sich oder einem Dritten nach Nr. 2 für die Gewährung eines Kredits und nach Nr. 3 für eine sonstige Leistung oder Nr. 4 für die Vermittlung einer der vorbezeichneten Leistungen Vermögensvorteile versprechen oder gewähren lässt, die in einem auffälligen Missverhältnis zu der Leistung oder deren Vermittlung stehen. Diesem Wucherbegriff ist die Vorschrift des § 138 Abs. 2 BGB angepasst. Danach ist nichtig insbesondere ein Rechtsgeschäft, durch das jemand unter Ausbeutung der Zwangslage, der Unerfahrenheit, des Mangels in Urteilsvermögen oder der erheblichen Willensschwächen eines anderen sich oder einem Dritten für eine Leistung Vermögensvorteile verspricht oder gewähren lässt, die in einem auffälligen Missverhältnis zu der Leistung stehen.

---

1 Vgl. Rn 2142.
2 Vgl. Rn 1779.
3 Vgl. Rn 1922 ff., 2103 ff.

1759 Ist bei einer Geschäftsveräußerung ein überhöhter Kaufpreis vereinbart worden, so liegt darin im Regelfall noch kein Sittenverstoß oder eine unerlaubte Handlung in Form des Wuchers. Ein Geschäftserwerber wird in den seltensten Fällen so unerfahren sein oder einen so starken Mangel an Urteilsvermögen haben, dass die Vereinbarung eines überhöhten Kaufpreises als Wucher angesehen werden kann.

1760 Sittenwidrig kann bei einer Geschäftsveräußerung in Verbindung mit der Ausnutzung einer Machtstellung durch Knebelung des Käufers vorkommen z. B. bei einem Bezugsvertrag. Auch hier ist wie bei einem Wettbewerbsverbot[1] die Beschränkung der wirtschaftlichen Freiheit nicht ohne weiteres sittenwidrig.

1761–1765 *(unbesetzt)*

4. Rechte des Veräußerers

1766 **Schrifttum:** *Hadding,* Sicherungsrechte beim Unternehmenskauf, ZGR 1982, 476.

Die Rechte des Veräußerers des Unternehmens bestehen in den Ansprüchen auf den Kaufpreis und auf Abnahme des Unternehmens.

a) Anspruch auf den Kaufpreis

1767 Das wirksame Zustandekommen eines Kaufvertrages über ein Unternehmen erfordert die Einigung der Vertragspartner über den Kaufpreis[2]. Solange sich die Beteiligten über ihn noch nicht geeinigt haben, ist noch kein Vertrag zu Stande gekommen. Es genügt, wenn der Kaufpreis betraglich nicht festgelegt wird, dass er jedenfalls bestimmbar ist. Der Preis ist bestimmbar in diesem Sinne, wenn die Parteien sich über die Bestandteile der Preisfestsetzung derart geeinigt haben, dass die Festsetzung des Preises der Willkür einer Partei entrückt ist und ohne weitere Zustimmungserklärung der Parteien objektiv erfolgen kann. Die Leistung muss nach Gegenstand, Art, Zeit und Ort aus objektiv gegebenen Umständen bestimmbar sein.

Dem Erfordernis der Bestimmbarkeit des Preises (§ 315 BGB)[3] ist genügt, wenn

1768 • auf objektive Berechnungsgrößen Bezug genommen ist,

1769 • bei offen gebliebener Preisbestimmung eine Bindung gewollt ist, sodass die Auslegungsregel des § 316 BGB eingreift (Preisbestimmung durch den Verkäufer), die Preisbestimmung dem Käufer (z. B. § 315 BGB) oder einem Dritten (§ 317 BGB) vorbehalten ist,

1770 • eine Preisänderungsklausel eingreift (§ 3 WährG und §§ 9, 11 Nr. 1 AGB sind zu beachten).

1771 Ein Dritter hat im Zweifel die Bestimmung nach billigem Ermessen[4] zu treffen (§ 317 BGB). Als Dritte kommen in Betracht Gutachter, Schiedsmänner, Taxatoren, Sachverständige, Buchsachverständige. Sie sind im Zweifel im gemeinsamen Zusammenwirken der Parteien zu ernennen. Es ist zwar nicht unzulässig, aber nicht empfehlenswert, nur

---

1 Vgl. Rn 1892 ff.
2 Vgl. Rn 1607 ff., 2702 ff.; auch im Anwendungsbereich des EKG ist ein Kaufvertrag unwirksam, wenn es sowohl an einer Kaufpreisvereinbarung als auch an einem „gewöhnlich geforderten Preis" (Art. 57 EKG) fehlt; vgl. BGH-Urteil vom 27. Juli 1990 VIII ZR 122/89, NJW 1990, 3077.
3 Vgl. *Köhler* in Staudinger, BGB, aaO, § 433 Rz 31/35; *Westermann* in Müchener Kommentar, BGB, aaO, § 433 RdNr. 20–24.
4 Vgl. *Söllner* in Münchener Kommentar, BGB, § 315 RdNr. 16, 17.

einem Vertragsteil die Ernennung der Schiedsmänner vertraglich einzuräumen. Die Beteiligten brauchen auch die Gutachter nicht selbst zu benennen; sie können vereinbaren, dass beispielsweise die Industrie- und Handelskammer den Gutachter benennt.

Die Bezifferung des Kaufpreises kann zurückgestellt werden, bis die Werte bestimmter Vermögensbestandteile ermittelt sind. Die Ermittlung dieser Werte kann von vornherein einem Dritten überlassen werden (§ 317 BGB). 1772

Die endgültige Festsetzung des Preises kann der auf den Übergangsstichtag aufzustellenden Abrechnungsbilanz vorbehalten sein. Die Bilanzierungsgrundsätze bezüglich dieser Abrechnungsbilanz müssen allerdings vertraglich festgelegt werden. Wird die Anwendung aktienrechtlicher Bilanzierungsgrundsätze vereinbart, ist auch festzulegen, in welchem Sinn Bilanzierungs- und Bewertungswahlrechte auszuüben sind. Es kann vereinbart werden, dass es bei der ordnungsmäßig erstellten Abrechnungsbilanz sein Bewenden haben soll, oder aber, dass die Abrechnungsbilanz späteren Entwicklungen oder Erkenntnissen anzupassen ist, wobei sowohl eine einmalige als auch eine mehrmalige Anpassung vorgesehen werden kann. Die zuletzt genannten Abmachungen ermöglichen es, Änderungen, die zwischen den beim Vertragsabschluss bestehenden Verhältnissen und dem Übergangsstichtag eingetreten sind, zu berücksichtigen, die bei den Vertragsverhandlungen zugrunde gelegten Wertvorstellungen zu überprüfen und zu korrigieren und dadurch Fragen zu lösen, die sonst zu Gewährleistungsstreitigkeiten führen. 1773

Bei ergebnisabhängigen Preisvereinbarungen in Unternehmenskaufverträgen („earn-outs")[1] wird der endgültig zu zahlende Kaufpreis von der Entwicklung des verkauften Unternehmens in der Zeit nach Abschluss des Kaufvertrages – z. B. der Entwicklung in den zwei oder drei nach der Veräußerung liegenden Jahren – abhängig gemacht. Der Verkäufer erhält z. B. zusätzlich zu dem im Kaufvertrag festgelegten festen Kaufpreis eine weitere Zahlung, falls – anders als bei der Kalkulation des festgelegten Kaufpreisteiles zu Grunde gelegt worden ist – in der Folgezeit höhere Ergebnisse (Gewinne oder Umsätze) erreicht oder überschritten werden. 1774

Gefährlich ist es, die endgültige Festlegung des Ansatzes der einzelnen Bilanzposten dem Ergebnis der Prüfung dieser Posten durch den Wirtschaftsprüfer des Käufers oder zweier von Käufer und Verkäufer zu bestimmenden Wirtschaftsprüfern vorzubehalten. Der Verkäufer ist in ersterem Fall dem „Hinunterprüfen" dieses („Partei"-)Sachverständigen ausgesetzt. Das ist er letztlich auch in letzterem Fall, wenn sich die beiden Prüfer nicht einigen. 1775

Werden solche Vereinbarungen nicht getroffen, so wird eine Anpassung des Kaufpreises nur noch nach den Grundsätzen über das Fehlen oder den Wegfall der Geschäftsgrundlage möglich sein[2]. 1776

Erklären die Beteiligten nach Verhandlungen über den Verkauf des Unternehmens, dass man sich über den Preis einigen werde, so liegt noch keine Einigung vor. Es wird durch eine solche Erklärung nur die Hoffnung ausgedrückt, es werde eine Einigung über den Kaufpreis erzielt werden und damit ein rechtsverbindlicher Kaufvertrag zu Stande kommen. 1777

Ist keine ausdrückliche Vereinbarung über den Preis getroffen worden, kann sich in Ausnahmefällen aus den Umständen ergeben, dass die Beteiligten einen rechtsverbindlichen 1778

---

1 *Baums*, Ergebnisabhängige Preisvereinbarungen in Unternehmenskaufverträgen („earn-outs"), DB 1993, 1273.
2 *Semler* in Hölters, aaO, VI Rz 51 ff.

Vertrag abschließen wollten. Der Preis wäre dann nach § 316 BGB vom Verkäufer zu bestimmen. Ein derartiger Fall ist denkbar, wenn der bisherige Inhaber das Unternehmen auf Grund einer solchen Vereinbarung bereits übergeben hat.

1779 Sind den Beteiligten bei der Berechnung des Preises für das Unternehmen **Fehler** unterlaufen, so sind diese in der Regel unbeachtlich. Es handelt sich dabei um Irrtümer im Motiv, die auch nicht zur Anfechtung des Vertrages berechtigen. Das gilt vor allem bei Irrtümern, die die Preisberechnung, den Wert der Kaufsache, die Angemessenheit des Kaufpreises, die Ausführbarkeit der zu erbringenden Leistungen oder die erhofften Vorteile betreffen. Nur unter besonderen Umständen kann der Vertrag angefochten werden, z. B. wenn der Verkäufer absichtlich eine falsche Berechnung aufgestellt und der Käufer sich auf sie verlassen hat.

1780 Haben die Beteiligten keinen festen Betrag, sondern nur einen bestimmbaren Preis vereinbart und kommen bei der Berechnung des ziffernmäßigen Betrags Fehler vor, so sind diese zu berichtigen.

1781 **Beispiel:**

Als Preis für das Unternehmen ist vereinbart, für die Rohstoffe die Tagespreise an einem bestimmten Datum zu zahlen.

Hat man sich bei der Ausrechnung der Preise für die Rohstoffe über den Preis einer Ware getäuscht oder eine falsche Menge eingesetzt, so ist der Fehler zu berichtigen. Der ausgerechnete Preis entspricht dann nicht dem vereinbarten.

1782 Zur Berechnung des Wertes des Unternehmens vgl. Rn 2701 ff.

1783 Der Kaufpreis umfasst auch die Umsatzsteuer. Eine Abrede darüber ist zur Klarstellung ratsam.

1784 Ist der Kaufpreis negativ, z. B. weil das Unternehmen mit hohen Verbindlichkeiten belastet ist oder erst unter erheblichem Sanierungsaufwand rentabel gemacht werden kann (z. B. Betriebsstilllegungen, Sozialpläne gemäß § 112 BetrVG, Ablösung ungünstiger Dauerschuldverhältnisse), wird die Gegenleistung, die der Verkäufer erhält, üblicherweise in der Freistellung von den Unternehmensverbindlichkeiten oder darin liegen, dass das Entstehen solcher Verbindlichkeiten beim Verkäufer vermieden wird.

1785 Regelungen müssen auch für eventuelle Steuernachzahlungsverpflichtungen auf Grund der Ergebnisse von Betriebsprüfungen vereinbart werden. Gewinnabhängige Vergütungen (z. B. Tantieme) sind in die Berechnung einzubeziehen.

1786 Der Veräußerer hat ferner das Interesse, den Eingang des Kaufpreises zu sichern und bei längerfristigen Raten- oder Rentenzahlungen den Wert des Kaufpreises gegenüber dem Kaufkraftschwund zu erhalten.

1787 Ist für den Unternehmenskauf ein einheitlicher Kaufpreis vereinbart worden, verjährt der Kaufpreisanspruch in 30 Jahren. Die 30jährige Verjährungsfrist gilt auch beim Unternehmenskauf durch Beteiligungserwerb[1].

1788 Gegen das Ausfallrisiko kann sich der Verkäufer durch die Anforderung einer Bankbürgschaft schützen, insbesondere, wenn die Bankbürgschaft selbstschuldnerisch, d. h. unter Verzicht auf die Einrede der Vorausklage (§ 771 BGB) gegeben worden ist. Dadurch werden für den in Anspruch genommenen Bürgen alle Einwände aus dem Grundverhältnis

---

1 Rn 1392 ff.

zwischen Verkäufer und Käufer ausgeschlossen, es sei denn, sie ergeben sich aus rechtsmissbräuchlichem Verhalten des Verkäufers.

Der Rechtsgehalt von so genannten „Patronatserklärungen" ist nach der Ausgestaltung im Einzelfall unterschiedlich[1].   1789

Die Vereinbarung eines Aufrechnungsverbotes oder des Ausschlusses des Zurückbehaltungsrechts dienen ebenfalls der Sicherung des Eingangs des Kaufpreises.   1790

Zum Schutz gegenüber dem Kaufkraftschwund werden bei längerfristigen Raten- oder Rentenzahlungen Wertsicherungsklauseln vereinbart.   1791

Die Verjährungsfrist für den Kaufpreis, die vertraglich gekürzt werden kann, beträgt 30 Jahre (§ 195 BGB).

b) Beteiligung des Veräußerers an schwebenden Geschäften

Vereinbaren Gesellschafter, dass der ausscheidende Gesellschafter an bestimmten schwebenden Geschäften beteiligt bleibt, sollte auch geregelt werden, zu welchem Zeitpunkt die Zahlungen aus dieser Beteiligung fällig sein sollen[2].   1792

Beispiel: 1793
Eine Anlage wird erstellt und vom Besteller werden entsprechend dem Herstellungsfortschritt Zahlungen geleistet. Der Besteller zahlt im Jahr 1: 1 000 000 DM, im Jahr 2: 3 000 000 DM, im Jahr 3: den Rest von 2 000 000 DM. Es liegt nahe, die Fälligkeit des Beteiligungsanteils mit dem Zahlungseingang zu vereinbaren und sie nicht bis zur Endabrechnung aufzuschieben. Unterbleibt eine solche Vereinbarung, wird der Veräußerer im Regelfall auf die Endabrechnung warten müssen. In Fällen dieser Art führt das Unterbleiben einer vertraglichen Regelung leicht zu Streitigkeiten.

(unbesetzt)   1794–1800

c) Abnahme des Unternehmens durch den Erwerber

Dem Recht auf Abnahme des Unternehmens durch den Erwerber entspricht die Pflicht des Veräußerers, dem Erwerber das Unternehmen zu übergeben und ihm die Stellung des Eigentümers an den Sachen sowie des Anspruchsberechtigten bei den sonstigen Wirtschaftsgütern zu verschaffen[3].   1801

Die Nichterfüllung der Abnahmepflicht durch Unterlassen oder Verweigerung führt unter den Voraussetzungen der §§ 284 und 295 BGB zum Schuldnerverzug und zum Schadensersatz (§ 268 BGB).

(unbesetzt)   1802–1810

5. Euro-Einführung und Preisklauseln (Wertsicherungsklauseln)

Schrifttum: *Völker,* Preisangabenrecht – Recht der Preisangaben und Preiswerbung, München, 2. Aufl. 2002.   1811

---

1 Vgl. *Mosch,* Patronatserklärungen Deutscher Konzernmuttergesellschaften und ihre Bedeutung für die Rechnungslegung, 1978.
2 Zur Rechenschaftslegung über schwebende Geschäfte vgl. BGH-Urteil vom 9. Juli 1959 II ZR 252/58, BB 1959, 827.
3 Rn 1881 ff.

a) Allgemeines

1812 Die Gegenleistung für die Übertragung eines Unternehmens wird meist eine Geldschuld sein. Der Käufer eines Unternehmens wird in der Regel eine hohe Zahlungsverpflichtung eingehen müssen. Sie zu erfüllen, kann eine längere Zeitspanne erfordern.

Auch in Zeiten niedriger Inflationsraten lässt sich nicht mit Sicherheit voraussagen, ob die vereinbarte Geldschuld auch über einen längeren Zeitraum ihren Wert behält.

Für den Veräußerer stellt sich daher die Frage, ob die dem Erwerber obliegende Leistung durch eine Wertsicherungsklausel (im Folgenden auch „Preisanpassungsklausel" oder „Preisklausel") „wertbeständig gemacht" werden soll.

1813 Es empfiehlt sich, in den Veräußerungsvertrag eine Wertsicherungsklausel aufzunehmen, zumal die Rechtsprechung nur ausnahmsweise Geldschulden an veränderte Währungsverhältnisse anpasst[1].

1814 Im Währungsgesetz hat der Gesetzgeber nach Einführung der DM 1948 den im bürgerlichen Recht geltenden Grundsatz der Vertragsfreiheit eingeschränkt. Wertsicherungsklauseln konnten nur im Rahmen von § 3 WährG[2] wirksam vereinbart werden. Grund für die Vorschriften des WährG war, dass Geld seine Funktion als Wertmesser nur erfüllen könne, wenn an der Stabilität der Währung festgehalten wird. Es galt, die neu geschaffene deutsche Währung, die Deutsche Mark, abzusichern nach dem Grundsatz „Mark gleich Mark".

Im Wesentlichen waren nach § 3 WährG Indexierungsklauseln verboten, die automatisch wirken. Klauseln, die eine Verpflichtung zur Vertragsanpassung oder eine einseitige Anpassungsbefugnis vorsahen, unterfielen nicht dem Verbot, wenn ein Rest von Ermessensspielraum verblieb. Damit verhinderte die Rechtspraxis keine Wertsicherung mehr, sondern zwang lediglich zur Entwicklung genehmigungsfreier Ausgestaltungsformen[3].

1815 Das WährG ist seit Einführung des Euro gegenstandslos und wurde folgerichtig aufgehoben[4]. Der in den übrigen Staaten der europäischen Währungsunion unbekannte Regelungsinhalt des § 3 WährG wurde nicht in europäisches Recht überführt.

1816 Dessen ungeachtet hat sich der deutsche Gesetzgeber nicht dazu durchringen können, § 3 Satz 2 WährG wie ursprünglich geplant[5], ersatzlos zu streichen. Die Nachfolgeregelungen des bisher zu Gunsten der DM bestehenden Indexierungsverbots des § 3 Satz 2 WährG sind in das Preisrecht aufgenommen worden[6].

b) Einführung des Euro

1817 Am 1. Januar 1999 hat der Euro die DM abgelöst. Ein Euro war vom 1. Januar 1999 bis zum 31. Dezember 2001 nicht nur in die Untereinheit Cent aufgeteilt, sondern auch in die bisherigen nationalen Währungen und ihre Untereinheiten. Alleinige Währung war der Euro; die nationalen Währungseinheiten waren lediglich nichtdezimale Einheiten für den Euro[7].

---

1 Vgl. *Palandt/Heinrichs*, aaO, § 245 Rn 27 m. w. N.
2 § 3 WährG vom 20. Juni 1948 (WiGBl Beilage Nr. 5 S. 1).
3 Zur bisherigen Rechtslage vgl. ausführlich Vorauflage Rn 821 ff., *Schmidt-Räntsch*, Wertsicherungsklauseln nach dem Euro-Einführungsgesetz, NJW 1998, 3166 m. w. N.; *Palandt/Heinrichs*, aaO, § 245 Rn 27 m. w. N.
4 Art. 9 § 1 Gesetz zur Einführung des Euro (EuroEG), BGBl I 1998, 1242, 1253.
5 BR-Drs 725/97, S. 11 (Nr. 16).
6 Art. 9 EuroEG.
7 *Dierdorf*, Neugestaltung der Währungsverfassung, NJW 1998, 3145, 3146; 1 Euro = 1,95583 DM.

Bis zum 31. Dezember 2001 stand es den Vertragspartnern frei, ob sie den Euro benutzten (Grundsatz: keine Behinderung, kein Zwang)[1]. Im bargeldlosen Zahlungsverkehr konnte der Schuldner jedoch bereits seit dem 1. Januar 1999 bestimmen, ob er seine Leistung in der nationalen Währung oder in Euro erbringen wollte, unabhängig davon, welche Währungseinheit ursprünglich vereinbart war[2].

Die Unterteilung des Euro in nationale Währungseinheiten endete am 31. Dezember 2001. Ab 1. Januar 2002 ist das gesetzliche Zahlungsmittel Euro nur noch in Cent unterteilt. Die auf eine nationale Währungseinheit lautenden Geldscheine und Münzen behielten ihre Eigenschaft als gesetzliches Zahlungsmittel in ihrem jeweiligen Gültigkeitsgebiet für längstens 6 Monate. Entsprechend den bisherigen Gepflogenheiten tauscht die Bundesbank die auf DM lautenden Banknoten auch nach Ablauf der Übergangsregelung noch in Euro um. 1818

Vertragsverhältnisse werden von der Einführung des Euro nicht berührt[3]. Die Umrechnungskurse werden als ein Euro ausgedrückt in der nationalen Währung mit sechs signifikanten Stellen ausgedrückt. Der Umrechnungskurs für die DM lautet: 1 Euro = DM 1,95583. Bei Umrechnungen darf weder gerundet, noch um eine oder mehr Stellen gekürzt werden, wenn sich hierdurch das Endergebnis verändern würde. Gleiches gilt für die Verwendung inverser Rechenkurse. Nachdem keine bilateralen Umrechnungskurse festgelegt wurden, erfolgt die Umrechnung von einer nationalen Währung in eine andere in der Weise, dass sie zunächst in einen auf Euro lautenden Betrag umgerechnet werden, der auf nicht weniger als 3 Dezimalstellen gerundet werden darf und erst dann in die andere nationale Währungseinheit umgerechnet wird. 1819

c) Preisklauseln (Wertsicherungsklauseln) nach Einführung des Euro

Eine Preisklausel (früher unter dem Begriff Wertsicherungsklausel zusammengefasst) im Rahmen einer Unternehmens- oder Praxisübertragung muss den Anforderungen des Preisangaben- und Preisklauselgesetz (PaPkG) genügen. Das neue – in § 2 PaPkG geregelte – Indexierungsverbot[4] dient naturgemäß nicht mehr dem Schutz der Währung, sondern dem Schutz der nationalen Wirtschaft und ihrer Stabilität. Daneben fließen auch Aspekte des Verbraucherschutzes ein[5]. Mit Blick auf die zunehmende Globalisierung des Wirtschaftsverkehrs, der die Einführung des Euro Rechnung trägt, ist die Regelung verfehlt. 1820

Verträge von gebietsansässigen Kaufleuten mit Gebietsfremden bleiben vom Indexierungsverbot ausgenommen[6]. Die Anwendung des Verbots auf Verträge zwischen gebietsansässigen Kaufleuten ist vor diesem Hintergrund nicht sachgerecht.

aa) Grundsatz

Eine Preisklausel darf nicht *unmittelbar* und *selbsttätig* an den Preis oder Wert von anderen Gütern oder Leistungen anknüpfen, die mit den vereinbarten Gütern oder Leistungen 1821

---

1 *Dierdorf,* aaO, 3146.
2 Gesetz zur Einführung des Euro (EuroEG), BGBl I 1998, 1242 (dazu *Dittrich,* NJW 1998, 1269).
3 Vgl. hierzu ausführlicher *Clausius,* Vertragskontinuität und Anpassungsbedarf, NJW 1998, 3148.
4 Der Betrag von Geldschulden darf nicht unmittelbar und selbsttätig durch den Preis oder Wert von anderen Gütern oder Leistungen bestimmt werden, die mit den vereinbarten Gütern oder Leistungen nicht vergleichbar sind. (§ 2 Abs. 1 Satz 1 PaPkG); § 2 PaPkG ist z. B. abgedruckt in *Palandt/Heinrichs,* aaO, § 245 Rn 24; der Text ist im Internet unter der Adresse des zuständigen Bundesamts für Wirtschaft verfügbar: http://www.bawi.de.
5 Vgl. den Hinweis auf Verbraucherkreditverträge in § 6 PrKV; BR-Drs 725/97, S. 11 (Nr. 16).
6 § 2 Abs. 1 Satz 4 PaPkG.

nicht vergleichbar sind[1], Ausnahmen sind gemäß § 2 Abs. 2 Satz 1 PaPkG in der Preisklauselverordnung vom 23. September 1998 (PrKV)[2] geregelt; sie bedürfen der Genehmigung durch das Bundesamt für Wirtschaft in Eschborn[3].

In Abkehr von den bisherigen kasuistischen Regelungen bemüht sich der Gesetzgeber um die einfachere Unterscheidung zwischen „automatischen" und „nicht automatischen" Klauseln[4]. Automatische Klauseln bedürfen der Genehmigung und sind unwirksam, wenn diese nicht erteilt wird.

1822 Zu unterscheiden sind damit

- Genehmigungsfreie Klauseln

- Genehmigungspflichtige Klauseln, die als genehmigt gelten

- Genehmigungspflichtige Klauseln,
  - die genehmigungsfähig sind
  - die nicht genehmigungsfähig sind

- Nicht genehmigungsfähige Klauseln

bb) Genehmigungsfreie Preisklauseln

1823 Folgende Klauseln können frei vereinbart werden und bedürfen keiner Genehmigung:

- Nicht automatische Klauseln, also Klauseln, die nicht unmittelbar und selbsttätig an den Preis oder Wert von anderen Gütern oder Leistungen anknüpfen; bei derartigen Klauseln muss ein Ermessensspielraum bestehen, der es ermöglicht, die neue Höhe der Geldschuld nach Billigkeitsgrundsätzen zu bestimmen (Leistungsvorbehaltsklauseln)[5]

- Klauseln, die an den Preis oder Wert von anderen Gütern oder Leistungen anknüpfen, die mit den vereinbarten Gütern oder Leistungen vergleichbar sind, auch wenn die Anpassung automatisch erfolgt (Spannungsklauseln)[6]

- Klauseln, nach denen der geschuldete Betrag insoweit von der Entwicklung der Preise oder Werte für Güter oder Leistungen abhängig gemacht wird, als diese Selbstkosten des Gläubigers bei der Erbringung der Gegenleistung unmittelbar beeinflussen (Kostenelementeklauseln)[7]

- Unter bestimmten Voraussetzungen Klauseln bei Erbbaurechtsbestellungsverträgen und Erbbauzinsreallasten mit einer Laufzeit von mindestens 30 Jahren[8]

- Verträge von gebietsansässigen Kaufleuten mit Gebietsfremden[9]

---

1 § 2 Abs. 1 Satz 1 PaPkG.
2 Preisklauselverordnung vom 23. September 1998 – BGBl I 3043, 3044 (PrKV); der Text ist im Internet unter der Adresse des zuständigen Bundesamts für Wirtschaft verfügbar: http:///www.bawi.de.
3 § 2 Abs. 1 Satz 1 PaPkG i. V. m. § 7 Preisklauselverordnung vom 23. September 1998 – BGBl I 3043, 3044 (PrKV).
4 *Schmidt-Räntsch*, Wertsicherungsklauseln nach dem Euro-Einführungsgesetz, NJW 1998, 3166, 3167.
5 § 1 Nr. 1 PrKV vom 23. September 1998.
6 § 1 Nr. 2 PrKV vom 23. September 1998.
7 § 1 Nr. 3 PrKV vom 23. September 1998.
8 § 1 Nr. 4 PrKV vom 23. September 1998.
9 § 2 Abs. 1 Satz 4 PaPkG.

cc) Genehmigungspflichtige Preisklauseln, die als genehmigt gelten (Vertragsspezifische Klauseln)

Nach § 4 Abs. 1 PrKV gelten Preisklauseln in Miet- und Pachtverträgen über Gebäude oder Räume – soweit es sich nicht um Mietverträge über Wohnraum handelt – als genehmigt, wenn

1824

1. die Entwicklung des Miet- und Pachtzinses

a) durch die Änderung eines von dem Statistischen Bundesamt oder einem Statistischen Landesamt ermittelten Preisindexes für die Gesamtlebenshaltung oder eines vom Statistischen Amt der Europäischen Gemeinschaft ermittelten Verbraucherpreisindexes,

b) durch die Änderung der künftigen Einzel- oder Durchschnittsentwicklung der Preise oder Werte für Güter oder Leistungen, die der Schuldner in seinem Betrieb erzeugt, veräußert oder erbringt oder

c) durch die künftige Einzel- oder Durchschnittsentwicklung des Preises oder des Wertes von Grundstücken, wenn sich das Schuldverhältnis auf die land- und forstwirtschaftliche Nutzung beschränkt,

bestimmt werden soll und

2. der Vermieter oder Verpächter für die Dauer von mindestens zehn Jahren auf das Recht zur ordentlichen Kündigung verzichtet oder der Mieter oder Pächter das Recht hat, die Vertragsdauer auf mindestens zehn Jahre zu verlängern.

dd) Genehmigungspflichtige Preisklauseln

Allgemein sind (automatische) Klauseln gemäß § 2 PrKV genehmigungsfähig, wenn die Klausel hinreichend bestimmt ist und nicht eine Vertragspartei unangemessen benachteiligt; letzteres ist der Fall, wenn nur einseitige Preisentwicklungen berücksichtigt werden oder sich der geschuldete Betrag gegenüber der Bezugsgröße überproportional ändern kann.

1825

Preisklauseln können genehmigt werden, wenn Zahlungen langfristig zu erbringen sind. Dies ist nach § 3 Abs. 1 PrKV insbesondere dann der Fall, wenn die zu erbringende Geldleistung von der Entwicklung des Preisindexes für die Gesamtlebenshaltung in der Bundesrepublik Deutschland oder einem vom Statistischen Amt der Europäischen Gemeinschaften ermittelten Verbraucherpreisindex abhängt, wenn

1826

1. es sich um bestimmte wiederkehrende Zahlungen handelt (§ 2 Abs. 1 Nr. 1a bis 1e PrKV)

2. es sich um Zahlungen handelt, die

a) auf Grund einer Verbindlichkeit aus der Auseinandersetzung zwischen Miterben, Ehegatten, Eltern und Kindern, auf Grund einer letztwilligen Verfügung oder

b) von dem Übernehmer eines Betriebes oder eines sonstigen Sachvermögens zur Abfindung eines Dritten zu entrichten sind,

sofern zwischen der Begründung der Verbindlichkeit und der Endfälligkeit ein Zeitraum von mindestens zehn Jahren liegt oder die Zahlungen nach dem Tode eines Beteiligten zu erbringen sind.

1827 Nach § 3 Abs. 2 PrKV können unter bestimmten Umständen auch Preisklauseln genehmigt werden, wenn der geschuldete Betrag von der Entwicklung von Gehältern oder vergleichbaren Größen abhängig ist.

1828 Nach § 3 Abs. 3 PrKV ist dies bei wiederkehrenden Leistungen über grundsätzlich mindestens zehn Jahre der Fall, wenn der geschuldete Betrag von der künftigen Einzel- oder Durchschnittsentwicklung der Preise oder Werte für Güter oder Leistungen abhängig gemacht wird, die der Schuldner in seinem Betrieb erzeugt, veräußert oder erbringt.

1829 Bei wiederkehrenden Zahlungen, die ein auf land- und forstwirtschaftliche Nutzung beschränktes Schuldverhältnis betreffen, können nach § 3 Abs. 4 PrKV unter bestimmten Umständen auch Preisklauseln genehmigt werden, wenn der geschuldete Betrag von der Entwicklung von Grundstückspreisen abhängig ist.

1830 Daneben können Preisklauseln genehmigt werden, wenn besondere Gründe des nationalen oder internationalen Wettbewerbs sie rechtfertigen (§ 5 PrKV).

Dies wird sicherlich zumindest immer dann der Fall sein, wenn ein gebietsansässiger Kaufmann bei einer Verhandlung über eine Unternehmensübertragung im Wettbewerb steht mit einem Gebietsfremden, der ein attraktiveres Angebot deshalb machen kann, weil für ihn das Indexierungsverbot des § 2 PaPkG gemäß § 2 Abs. 1 Satz 4 PaPkG nicht gilt.

Problematisch ist daran allerdings, dass dann die Genehmigungsfähigkeit davon abhängen würde, ob zufällig ein Gebietsfremder ein Angebot abgibt, für das gebietsansässige Kaufleute keine Genehmigung erhalten würden. Vor diesem Hintergrund sollten Genehmigungen immer dann erteilt werden, wenn sie von gebietsansässigen Kaufleuten beantragt werden und wenn potenzielle Wettbewerbsnachteile gegenüber Gebietsfremden denkbar sind. Preisklauseln, die zu offensichtlich ungeeigneten Ergebnissen führen – etwa im Sinne von § 2 PrKV – können auch mit den Mitteln des Zivilrechts korrigiert werden[1]. Eines eigenen Verwaltungsverfahrens bedarf es zumindest zum Schutz von Kaufleuten nicht.

1831 Genehmigungen für genehmigungspflichtige Preisklauseln erteilt gemäß § 7 PrKV das Bundesamt für Wirtschaft in Eschborn[2]. Bei Verträgen, die beurkundet werden, ist der beurkundende Notar verpflichtet, die Vertragsparteien auf eine eventuelle Genehmigungspflicht der Klausel oder auf diesbezügliche Bedenken hinzuweisen[3]. Die Parteien haben nach Treu und Glauben darauf hinzuwirken, dass die Klausel genehmigt wird[4].

1832–1880 *(unbesetzt)*

6. Pflichten des Verkäufers

a) Allgemeines

1881 Durch den Kaufvertrag verpflichtet sich der Veräußerer, das Unternehmen dem Erwerber zu übergeben und ihm das Eigentum an den zum Handelsvermögen gehörenden Sachen und Rechten zu verschaffen (§ 433 Abs. 1 BGB). Die Verpflichtung des Verkäufers erstreckt sich auf alle dem Unternehmen dienenden Wirtschaftsgüter, deren Übertragung nicht ausdrücklich von der Verpflichtung ausgenommen worden ist.

---

1 Dies ist bislang jedoch die Ausnahme, vgl oben Rn 1813.
2 § 2 Abs. 1 Satz 1 PaPkG i. V. m. § 7 Preisklauselverordnung vom 23. September 1998 – BGBl I 3043, 3044 (PrKV); die Anschrift und Antragsformulare sind im Internet verfügbar: http://www.bawi.de.
3 Vgl. *Dürkes,* aaO, D 345, H 2, 33 ff.
4 *Dürkes,* aaO, C 262, H 34 ff.

Der Verkäufer muss dem Käufer das Unternehmen als **lebenden Organismus** verschaffen, und zwar so, dass der Erwerber in die Lage versetzt ist, das Unternehmen in gleicher Weise fortzuführen, wie es bisher der Veräußerer betrieben hat[1]. Zur sachgerechten Übertragung des Unternehmens gehört auch, dass der Verkäufer den Käufer in das Unternehmen einweist.

1882

b) Übergabe

Der Verkäufer ist verpflichtet, alle zum Unternehmen gehörenden Vermögensgegenstände, die verkauft worden sind, zu übergeben. Diese Verpflichtung wird dadurch erfüllt, dass der Geschäftsinhaber dem Käufer zur richtigen Zeit am richtigen Ort und in gehöriger Art die tatsächliche Gewalt über die Vermögensgegenstände verschafft, also z. B. die körperlichen Gegenstände übergibt.

1883

Da die Pflicht des Veräußerers zur Aufbewahrung[2] von Unterlagen im Sinne von § 257 HGB (z. B. Handelsbücher, Inventar, Eröffnungsbilanzen, Jahresabschlüsse usw.) nicht mit der Veräußerung – Aufgabe oder Beendigung – des Unternehmens endet, sondern erst dann, wenn im Anschluss an das Ende der geschäftlichen Tätigkeit die gesetzlichen Aufbewahrungsfristen abgelaufen sind, muss der Veräußerer für ihre weitere Aufbewahrung sorgen. Die Verpflichtung ist öffentlich-rechtlicher Natur; sie kann daher auch nicht vertraglich auf den Erwerber – den Veräußerer entlastend – übertragen werden. Übernimmt der Erwerber die Aufbewahrungspflicht vertraglich, so muss der Veräußerer gleichwohl die Folgen der Verletzung der Aufbewahrungspflicht tragen, und zwar unbeschadet etwaiger Ersatzansprüche gegen den Erwerber.

1884

Die Aufbewahrungspflicht geht auf die Erben[3] des Kaufmanns über, und zwar auch dann, wenn sie das Geschäft nicht fortführen.

1885

Die Bücher dürfen nur mit dem Geschäft im Ganzen und nur insoweit veräußert werden, als sie zur Fortführung des Geschäftsbetriebs unentbehrlich sind. Auch wenn die Buchführungspflicht des Erwerbers grundsätzlich erst mit der Übernahme des Unternehmens beginnt, wird er – mindestens Teile – der Buchführungsunterlagen des Veräußerers bedürfen (z. B. die Wiedergaben der abgesandten Handelsbriefe § 257 Abs. 1 Nr. 3 HGB zur Abwicklung der laufenden Geschäfte).

1886

Die Übertragung der Buchführungsunterlagen und die Regelung der Aufbewahrungspflicht durch den Erwerber wird – ungeachtet der Tatsache, dass der Veräußerer verpflichtet bleibt – unumgänglich. Ebenso die Regelung der Ansprüche des Veräußerers gegen den Erwerber bei Verletzung der Aufbewahrungspflicht.

c) Übereignung

Der Veräußerer hat dem Erwerber das Eigentum an den Vermögensgegenständen des Unternehmens zu verschaffen. Diese Verpflichtung wird durch die Übereignung, also die dinglichen Übertragungsgeschäfte für die einzelnen körperlichen Gegenstände erfüllt[4].

1887

Der Veräußerer muss Gewähr dafür leisten, dass er Alleineigentümer der zu übertragenden Gegenstände ist, dass sie frei von Rechten Dritter sind und dass er unbeschränkt verfügungsberechtigt ist. Sind einzelne Wirtschaftsgüter sicherungsübereignet oder unter Ei-

---

1 *Hüffer* in Staub, HGB, Großkommentar, 4. Aufl., 1983, Vor § 22 Rn 15.
2 Vgl. Rn 1652 (Schrifttum zu den Aufbewahrungspflichten).
3 *Brüggemann* in HGB, Großkommentar. 3. Aufl., Berlin 1967, § 44 Anm. 1.
4 Vgl. Rn 1438–1481.

gentumsvorbehalt erworben, müssen diese gesondert erfasst und es muss klargestellt werden, wer den Eigentumsübergang auf den Veräußerer oder den Erwerber herbeizuführen hat. Wirtschaftsgüter, die der Veräußerer unter Eigentumsvorbehalt erworben hat, können unter Beteiligung des Lieferanten unter befreiender Schuldübernahme durch den Erwerber hinsichtlich der noch offenen Zahlungspflichten unter Anrechnung auf den Kaufpreis übertragen werden.

1888 Der Verkäufer muss alle Handlungen vornehmen, die zur Eigentumsverschaffung notwendig sind; er muss also alle Erklärungen abgeben und Handlungen vornehmen, die nach dem Gesetz zur Eigentumsübertragung erforderlich sind, z. B. bei Grundstücken die Auflassung erklären, dazu beitragen, dass etwaige Beanstandungen beseitigt werden und dgl. mehr. Er hat dafür einzustehen, dass der Käufer das Eigentum erlangt.

d) Nebenpflichten

1889 Der Verkäufer ist verpflichtet, alle Handlungen vorzunehmen, die erforderlich sind, damit der Käufer die Sachen in Besitz nehmen kann und zu behalten vermag. Als Nebenpflichten kommen in Betracht z. B. die Mitwirkung zur Feststellung der Bestände und des Rechnungswertes des Warenlagers, die Mitwirkung bei Feststellung der Waren nach Maß, Zahl oder Gewicht, das Ergreifen der Maßnahmen, die erforderlich sind, damit der Käufer des Erwerbsgeschäfts die etwa nötige Zulassung erhält. Beim Verkauf eines Ladengeschäfts in gemieteten Räumen ist der Verkäufer regelmäßig verpflichtet, den Vermieter zu veranlassen, dass er der Übernahme des Mietvertrages durch den Käufer zustimmt.

1890 Zu der Mitwirkungspflicht tritt die Auskunftspflicht über die rechtlichen Verhältnisse des Kaufgegenstandes (§ 444 BGB), insbesondere die Pflicht, dem Erwerber die zur Geltendmachung seiner Rechte nötige Auskunft zu erteilen und ihm die zum Beweis seiner Rechtsstellung dienenden Urkunden auszuliefern (§ 402 BGB).

e) Wettbewerbsverbote

1891 **Schrifttum:** *Gaul,* Die Wettbewerbsbeschränkung des Geschäftsführers der GmbH innerhalb und im Anschluss an den stillschweigend verlängerten Vertrag, GmbHR 1991, 144.

1892 Der Veräußerer des Unternehmens hat dem Erwerber das Unternehmen als betriebsfähige Wirtschaftseinheit zu verschaffen, sodass der Erwerber als Nachfolger des Veräußerers am Markt auftreten kann; daraus kann sich für den Veräußerer die Verpflichtung ergeben, Wettbewerb zu unterlassen, und zwar auch ohne ausdrückliche Abrede im Kaufvertrag (§ 242 BGB).

Regelmäßig werden Wettbewerbsverbote vereinbart. Denn ein gesetzliches Wettbewerbsverbot besteht nur für den OHG-Gesellschafter (§ 112 HGB) und für den Komplementär einer KG (§ 161 Abs. 2 HGB), und zwar für die Dauer der Mitgliedschaft in der Gesellschaft. Dieses (abdingbare) Wettbewerbsverbot ist Ausfluss der gesellschaftsrechtlichen Treuepflicht; es kann während der Dauer der Mitgliedschaft jeden Gesellschafter treffen, also auch Kommanditisten, stille Gesellschafter und BGB-Gesellschafter. Nach dem Ausscheiden eines Gesellschafters aus der Gesellschaft entfällt das typische Risiko einer Interessenkollision und damit auch das gesetzliche Wettbewerbsverbot. Ein Wettbewerbsverbot entsteht nur noch auf Grund vertraglicher Vereinbarung.

1893 Bei der Vereinbarung eines Wettbewerbsverbots dürfen die Schranken der Sittenwidrigkeit (§ 138 BGB: Art. 12 GG) und des Verbots der Vereinbarung von Wettbewerbsbeschränkungen (Kartellverbot; Gesetz gegen Wettbewerbsbeschränkungen) nicht verletzt werden.

Es unterliegen aber beispielsweise Wettbewerbsklauseln zwischen einer GmbH und ihrem Geschäftsführer, die diesen für die Zeit nach Beendigung des Anstellungsverhältnisses in der beruflichen Tätigkeit beschränken, nicht den für Handlungsgehilfen geltenden Beschränkungen des § 74 Abs. 2 HGB[1].

Für den Veräußerer eines Unternehmens sind Wettbewerbsbeschränkungen unzulässig, durch die der Vertragszweck vereitelt oder in unzumutbarer Weise gefährdet würde. Der Veräußerer des Unternehmens darf dem Erwerber durch seine Konkurrenztätigkeit nicht die Beziehungen zu den Kunden entziehen oder wesentlich beeinträchtigen. In diesem Fall ist die Wettbewerbsklausel Teil des Austauschverhältnisses. 1894

Beispiel: 1895
A verkauft B ein Textilwareneinzelhandelsgeschäft in Neustadt. A verpflichtet sich, in Neustadt kein neues Textilwarengeschäft zu eröffnen oder sich an einem Textilwarengeschäft in Neustadt zu beteiligen.

Die Vereinbarung eines Wettbewerbsverbots ist nicht formgebunden; Schriftform ist aber üblich. 1896

Es empfiehlt sich, die Beschränkungen, zu denen sich der Veräußerer verpflichtet, im Einzelnen zu beschreiben, um zu vermeiden, dass der Umfang der Verpflichtungen durch Vertragsauslegung ermittelt werden muss. 1897

Das Wettbewerbsverbot darf **keine unzulässige Beschränkung** der wirtschaftlichen Freiheit des Veräußerers mit sich bringen. Es muss sich in angemessenen Grenzen halten und darf die Betätigungsfreiheit des Verpflichteten nicht ungebührlich einschränken, und zwar weder örtlich, zeitlich noch gegenständlich. Es sind alle Umstände zu würdigen und die besonderen Verhältnisse des einzelnen Falles zu berücksichtigen. Nur unter Würdigung der gesamten Umstände lässt sich feststellen, ob das Wettbewerbsverbot mit dem Grundsatz der Gewerbefreiheit und mit den guten Sitten vereinbar ist oder nicht. 1898

Die Wettbewerbsbeschränkungen des Veräußerers dürfen mit anderen Worten die Grenzen des sachlich notwendigen nicht überschreiten. Wettbewerbsverbote sind an der verfassungsrechtlichen Grundentscheidung für die Freiheit des Berufes, die auch im Privatrecht hinreichend beachtet werden muss, zu messen.

Wettbewerbsverbote sind unsittlich und daher nichtig (§ 138 BGB), wenn sie die Grenzen der Zulässigkeit überschreiten. 1899

Erlaubt sind Klauseln, die es für einen angemessenen Zeitraum verbieten, die Erfolge des vom Wettbewerbsverbot betroffenen in einem angemessenen Zeitraum illoyal zu verwerten. Unzulässig sind dagegen Branchenschutzklauseln, also Klauseln, die für die Dauer des Wettbewerbsverbots verbieten, selbstständig oder unselbstständig auf Gebieten tätig zu werden, die zum aufgegebenen Aufgabenbereich gehören.

Eine unsauber formulierte Wettbewerbsklausel kann zur vollständigen Nichtigkeit führen. 1900

Beispiel:
Ein Textilwareneinzelhändler in Saarbrücken hat sein Geschäft verkauft. Es ist im Kaufvertrag ein Wettbewerbsverbot vereinbart worden, wonach sich der Textilwarenhändler verpflichtet, kein Einzelhandelsgeschäft mehr zu betreiben oder sich in irgendeiner Form an einem anderen Einzelhandelsgeschäft zu beteiligen.

---

1 BGH-Urteil vom 26. März 1984 II ZR 229/83, NJW 1984, 2366, BB 1984, 1381, DB 1984, 1717.

Ein solches Wettbewerbsverbot geht zu weit. Es besteht kein schutzwürdiges Interesse, dem Verkäufer jede Beteiligung an einem Einzelhandelsgeschäft zu untersagen und ein Wettbewerbsverbot für Orte gelten zu lassen, in denen kein Wettbewerb zu dem Ort des veräußerten Geschäfts besteht.

1901 Die Nichtigkeit der Bestimmungen eines Vertrages, die den Wettbewerb betreffen, hat grundsätzlich die Nichtigkeit des gesamten Kaufvertrages zur Folge (§ 139 BGB). Nur, wenn anzunehmen ist, dass der Verkauf auch ohne das nichtige Wettbewerbsverbot abgeschlossen worden wäre, sind die übrigen Vertragsbestimmungen wirksam. Haben die Beteiligten ein Wettbewerbsverbot vereinbart, das die Rechte des Veräußerers so stark einschränkt, dass es wegen seines Umfangs nichtig ist, wird in der Regel nicht anzunehmen sein, dass der Erwerber den Kaufvertrag ohne das Wettbewerbsverbot abgeschlossen haben würde. Die besonders ausgeprägte Einschränkung wird regelmäßig darauf schließen lassen, dass der Käufer auf das Wettbewerbsverbot besonderen Wert gelegt hat.

1902 Die **Nichtigkeit des Wettbewerbsverbots** führt – wie gesagt – dazu, dass der ganze Vertrag nichtig ist[1].

(1) Grundsätzlich ist in Fällen des § 138 BGB eine Umdeutung der Vertragsbestimmungen i. S. von § 140 BGB nicht möglich. Denn § 138 BGB würde seine „abschreckende" Wirkung verlieren, wenn der Betroffene schlimmstenfalls nur damit rechnen müsste, dass die sittenwidrige Vereinbarung auf das gerade noch zulässige Maß zurückgeführt würde[2]. Nur wenn der Teil des Vertrages, der ihn allein zum sittenwidrigen macht, genau bestimmt werden kann, ist eine Begrenzung des Wettbewerbsverbots in zulässiger Weise möglich und der nicht sittenwidrige Vertrag kann im Übrigen bestehen bleiben[3].

(2) Ein zeitlich eingegrenztes oder übermäßig langes Wettbewerbsverbot kann jedoch dann mit einer angemessenen Dauer aufrechterhalten werden, wenn die dem Verbot zugrunde liegende vertragliche Vereinbarung der Parteien für den Fall der Unwirksamkeit einer ihrer Bestimmungen vorsieht, dass an deren Stelle eine angemessene (und zulässige) anderweitige Regelung gelten soll[4].

1903 *(unbesetzt)*

1904 Das Wettbewerbsverbot sollte mit der Vereinbarung einer Vertragsstrafe im Falle seiner Verletzung verbunden sein. Auch die Vertragsstrafe kann aus selbstständigen Gründen nichtig sein, z. B. weil sie wegen ihrer übergroßen Höhe gegen die guten Sitten verstößt.

1905 Ist in den Vertrag über die Veräußerung eines Handelsgeschäfts nicht ausdrücklich für den bisherigen Geschäftsinhaber ein Wettbewerbsverbot aufgenommen worden, kann der Veräußerer gleichwohl zur Einschränkung der künftigen geschäftlichen Betätigung verpflichtet sein. Es ist z. B. möglich, dass die Auslegung der vertraglichen Vereinbarungen ergibt, **dass stillschweigend** ein Wettbewerbsverbot vereinbart worden ist. Aus § 157 BGB (Auslegung von Verträgen nach Treu und Glauben mit Rücksicht auf die Verkehrssitte) kann

---
1 BGH-Urteil vom 28. April 1986 II ZR 254/85, BB 1986, 2082, ZIP 1986, 1056, WM 1986, 1251.
2 BGH-Urteile vom 21. März 1977 II ZR 96/75, BGHZ 68, 204, 206, und vom 15. März 1989 VIII ZR 62/88, NJW-RR 1989, 800.
3 Vgl. dazu *Ulmer,* Die kartellrechtliche Beurteilung von Wettbewerbsverboten bei Unternehmensveräußerung, NJW 1982, 1975, zugleich Besprechung von BGH-Urteil vom 3. November 1981 KZR 33/80, NJW 1982, 2000; vgl. ferner BGH-Urteile vom 20. März 1984 KZR 11/83, BB 1984, 1826, und Anmerkung Schwarz, hierzu BB 1984, 1828; vom 15. März 1989 VIII ZR 62/68, NJW-RR 1989, 800, sowie die BGH-Urteile vom 13. März 1979 KZR 23/77, NJW 1979, 1605 (Transportbeton; sittenwidriges Wettbewerbsverbot über 10 Jahre), und vom 28. April 1986 II ZR 254/53, NJW 1986, 2944, betreffend ein örtlich und zeitlich unbegrenztes Wettbewerbsverbot, das wegen Verstoßes gegen Art. 12 Abs. 1 GG i. V. m. § 138 BGB sittenwidrig war.
4 Vgl. *Wernicke,* Die Rückführung überlanger Wettbewerbsverbote in der BGH-Rechtsprechung, BB 1990, 2209.

Kaufvertrag 267

nämlich bei Geschäftsveräußerungen ein Wettbewerbsverbot hervorgehen, auch wenn im Vertrag hierüber nichts ausdrücklich vereinbart ist[1]. Ein stillschweigendes Verbot wird dann als zustandegekommen zu gelten haben, wenn aus den Umständen zu folgern ist, dass der Veräußerer dem Erwerber keinen Wettbewerb machen darf, z. B. wenn ein siebzigjähriger Prinzipal sich zur Ruhe setzen will und deshalb sein Geschäft seinem bisherigen Angestellten verkauft oder wenn zur Rechtfertigung des Kaufpreises auf das Fehlen eines gleichartigen Geschäfts im Kundenbereich hingewiesen ist. Fast immer wird es gegen Treu und Glauben verstoßen, wenn der Veräußerer nochmals eine Firma annimmt, die der übertragenen Firma ähnlich ist, auch wenn dies nicht ausdrücklich verboten ist. Nicht jede Geschäftsveräußerung beinhaltet, wie sich daraus ergibt, die stillschweigende Vereinbarung eines Wettbewerbsverbotes. Ein allgemeines Konkurrenzverbot kann nicht ohne weiteres dem Kaufvertrag entnommen werden, auch wenn in ihm ausgedrückt ist, dass der Verkäufer in seinem bisherigen, nun dem Käufer überlassenen Tätigkeitsbereich nicht eingreifen darf.

Auch ohne Vereinbarung eines Wettbewerbsverbots darf der Verkäufer eines Geschäfts dem Käufer nicht die Kunden abspenstig machen. Ein solches Verhalten kann eine positive Vertragsverletzung sein, die zum Schadensersatz wegen Nichterfüllung verpflichtet oder den Geschäftspartner zum Rücktritt berechtigen könnte. 1906

Beispiel:[2] 1907

Ein Unternehmer verkauft sein in S betriebenes Sportgeschäft. Er verpflichtet sich bei Meidung einer Vertragsstrafe, in den nächsten 10 Jahren im Umkreis von 10 km ein Konkurrenzgeschäft weder zu betreiben noch sich daran zu beteiligen noch in seinem Dienst tätig zu werden. Ein halbes Jahr später eröffnet die Ehefrau des Unternehmers in S ein Sportgeschäft. Der Käufer, der auf den Kaufpreis einen Teil geleistet hatte, verweigert die weitere Zahlung, da ihm erheblich höhere Schadensersatzansprüche zustünden, mit denen er aufrechne. Der Käufer macht dem Verkäufer zum Vorwurf, die Verdrängung aus der Belieferung mit der Markenware gehe auf sein Verhalten zurück. Er habe den beiden Lieferfirmen Ende des Jahres mitgeteilt, er werde ein halbes Jahr später ein neues Sportgeschäft eröffnen. Außerdem habe er die schon bestellten Frühjahrskollektionen an seine Privatanschrift umgeleitet. Damit habe er bewirkt, dass in der Folgezeit nur das Geschäft seiner Ehefrau, nicht aber der Käufer von diesen Firmen beliefert werden soll.

Trifft zu, dass der Verkäufer bereits im September im üblichen Umfang für das Frühjahr des folgenden Jahres Ware geordert hat und die von ihm bestellten Waren an seine Privatanschrift umleiten ließ, wo sie bis zur Eröffnung des Geschäfts seiner Ehefrau in einer Garage gelagert worden seien, oder hat er die Lieferanten dazu bewegt, die Frühjahrsware zurückzuhalten und nach Eröffnung des Geschäfts seiner Ehefrau dorthin auszuliefern, so hat er eine positive Vertragsverletzung begangen.

Zwar muss das Gericht von jeder Schätzung des Schadens absehen, wenn er mangels greifbarer Anhaltspunkte völlig in der Luft hängen würde[3]. Steht indessen fest, dass ein Schaden in einem der Höhe nach nicht bestimmbaren, aber jedenfalls erheblichen Ausmaß entstanden ist, dann wird sich aus den Umständen, die die Annahme eines erheblichen Schadens begründen, eine ausreichende Grundlage für die Ermittlung eines gewissen (Mindest-)Schadens gewinnen lassen.

Der Unternehmer war allerdings nicht verpflichtet, dem Käufer bei den Kaufvertragsverhandlungen zu offenbaren, dass seine Ehefrau alsbald ein Konkurrenzgeschäft eröffnen werde. Zwar gilt auch bei Verhandlungen über den Abschluss eines Kaufvertrags generell die Verpflichtung, den Verhandlungspartner über Tatsachen und Umstände aufzuklären, die seinen Vertragszweck verei-

---

1 OLG Stuttgart, NJW 1949, 27; RG-Urteil vom 31. Mai 1927 II 517/26, RGZ 117, 176, 179; *Palandt*, BGB, aaO, § 157 Rn 15.
2 BGH-Urteil vom 26. November 1986 VIII ZR 260/85, BB 1987, 639; vgl. auch § 1356 BGB.
3 BGH-Urteil vom 16. Dezember 1963 III ZR 47/63, NJW 1964, 589 unter IV. 3.

teln können und daher für seinen Entschluss von wesentlicher Bedeutung sind, sofern er nach der Verkehrsauffassung Aufklärung erwarten dürfe.

Eine von der Ehefrau des Unternehmers geplante und verwirklichte Geschäftseröffnung kann nicht anders beurteilt werden als die jederzeit mögliche Geschäftseröffnung durch einen beliebigen Dritten, die mit all ihren Folgen – auch hinsichtlich der Verdrängung beim Bezug von Markenware – in den Risikokreis des Käufers fällt. Die Annahme einer insoweit gesteuerten Aufklärungspflicht des Verkäufers über die Absichten seiner Ehefrau stünden nicht im Einklang mit dem Grundsatz der Eigenständigkeit der Ehegatten im Erwerbsleben.

1908 Als übliche Dauer des Wettbewerbsverbots wurden im gewerblichen Bereich fünf Jahre angesehen.

Ein über zwei Jahre hinausgehendes nachvertragliches Wettbewerbsverbot für einen aus einer Freiberuflersozietät ausgeschiedenen Gesellschafter verstößt in zeitlicher Hinsicht gegen § 138 BGB, weil sich nach einem Zeitraum von zwei Jahren die während der Zugehörigkeit zur Gesellschaft geknüpften Mandantenverbindungen typischerweise so gelöst haben, dass der ausgeschiedene Partner wie jeder andere Wettbewerber behandelt werden kann[1].

Ein zeitlich unbegrenztes Wettbewerbsverbot ist bisher dann ausnahmsweise als zulässig angesehen worden, wenn der betagte Übergeber einer Steuerberaterpraxis (Kaufpreis: 285 000 €), der zugleich Rechtsbeistand ist, sich vorbehält

- eine Reihe namentlich aufgeführter Klienten weiterzubetreuen und

- im übergebenen Bezirk die allgemeine Rechtsberatung und die steuerliche Rechtsberatung fortzuführen und er ferner in einem anderen nicht übergebenen Bezirk eine weitere Steuerberaterpraxis besitzt.

f) Weitere Pflichten

1909 Der Veräußerer ist gegenüber Dritten zur Geheimhaltung der ihm bekannten betrieblichen Vorgänge verpflichtet.

1910 Der Veräußerer darf die vom Erwerber übernommenen Mitarbeiter nicht abwerben.

1911–1920 *(unbesetzt)*

7. Gewährleistung

1921 **Schrifttum:** Siehe auch Rn 1651; *Arnold/Dötsch,* Ersatz von „Mangelfolgeaufwendungen", BB 2003, 2250; *BdJ,* Die Garantie nach § 444 BGB, AnwBl 2003, 536; *Budewig/Gehrlein,* Das Haftpflichtrecht nach der Reform, München 2003; *Büdenbender,* Das Kaufrecht nach dem Schuldrechtsreformgesetz, DStR 2002, (Teil I) 312, (Teil II) 361; FS für Canaris zm 65. Geburtstag, dort insbesondere *Hey, Koller* und *Singer; Dauner-Lieb,* Das Neue Schuldrecht, Bonn 2002; *Dauner-Lieb/Ring/Heidel,* Anwaltkommentar BGB, Bonn 2003; *Gaul,* Schuldrechtsmodernisierung und Unternehmenskauf, ZHR 166 (2002), 35 ff.; *von Gierke/Paschen,* Mängelgewährleistung beim Unternehmenskauf, GmbHR 2002, 457; *Haas/Medicus/Rolland/Schäfer/Wendtland,* Das neue Schuldrecht, München 2002; *Henssler/Westphalen,* Praxis der Schuldrechtsreform, ZAP Verlag 2001; *Hey,* Die Kodifizierung der Grundsätze über die Geschäftsgrundlage durch das Schuldrechtsmodernisierungsgesetz, in FS für Canaris zum 65. Geburtstag, S. 21; *Jaques,* Haftung des Verkäufers für arglistiges Verhalten beim Unternehmenskauf und zugleich eine Stellungnahme zu § 444 BGB aF, BB 2002, 417; *Koch,* Auswirkungen der Schuldrechtsreform auf die Gestaltung Allgemeiner Geschäftsbedingungen, WM 2002, 2173 und 2217; *Koller,* Der Importeur als Haftungsadressat des Produkthaftungsgesetzes, in FS für Canaris zum 65. Geburtstag, S. 47; *Lehmann,* Die Haftung für Werbeangaben nach

---

1 BGH-Urteil vom 29. September 2003 II ZR 59/02, BB 2003, 2643.

neuem Schuldrecht, DB 2002, 1090; *Mankowski,* Ein Zulieferer ist kein Lieferant, DB 2002, 2419; *Marx,* Handlingkosten im Unternehmerrückgriff, BB 2002, 2566; *Picot/Duggal,* Unternehmenskauf: Schutz vor wesentlich nachteiligen Veränderungen der Grundlagen der Transaktion durch MAC-Klauseln, DB 2002, 2635; *Ring,* Änderungen im Kaufrecht infolge der Schuldrechtsreform, BuW 2002, 646; *Schmidt-Räntsch,* Die Haftung des Verkäufers nach der Schuldrechtsreform am Beispiel des Unternehmenskaufs, AnwBl 2003, 529; *Singer,* Vertrauenshaftung beim Abbruch von Vertragsverhandlungen, in FS für Canaris zum 65. Geburtstag, S. 135; *Weitnauer,* Der Unternehmenskauf nach neuem Kaufrecht, NJW 2002, 2511; *Wilhelm,* Auswirkungen der Schuldrechtsreform auf die Allgemeinen Geschäftsbedingungen, StuB 2003, 573; *Wilmowsky,* Pflichtverletzungen im Schuldverhältnis, JuS 2002, Beilage zu Heft 1/2002; *Witt,* Schuldrechtsmodernisierung 2001/2002 – Das neue Verjährungsrecht, JuS 2002, 105; *Wolf/Kaiser,* Die Mangelhaftung beim Unternehmenskauf nach neuem Recht, DB 2002, 411.

a) Gesetzliche Regelung

aa) Sach- oder Rechtsmängel

(1) Das Gesetz zur Änderung des Schuldrechts hat u. a. auch das Recht der Leistungsstörungen auf eine neue Grundlage gestellt. 1922

(2) Durch den Kaufvertrag wird der Verkäufer (Lieferang, Hersteller) einer Sache verpflichtet, dem Käufer die Sache zu übergeben und das Eigentum an der Sache zu verschaffen. Der Verkäufer hat dem Käufer die Sache frei von Sach- und Rechtsmängeln zu verschaffen. 1923

Im Falle einer mangelhaften Lieferung verletzt der Verkäufer seine Leistungspflicht, und aufgrund dieser seiner **Pflichtverletzung** greift das allgemeine Leistungsstörungsrecht ein, also sowohl die Vorschriften des Allgemeinen Schuldrechts wie auch die Gewährleistungsrechte im Einzelnen (§§ 434 bis 453 BGB)[1].

Verletzt der Verkäufer, der insoweit Schuldner ist, eine Pflicht aus dem Schuldverhältnis, kann der Gläubiger Ersatz des hierdurch entstandenen Schadens verlangen. Er hat zugleich ein Rücktrittsrecht. Pflichtverletzung ist auch das Verhalten des Schuldners, das die Leistung unmöglich macht, und seine verspätete Leistung.

(3) Zum Schadensersatz ist der Schuldner (Verkäufer) verpflichtet, wenn er die Pflichtverletzung zu vertreten hat. 1924

Schadensersatz **statt** der Leistung kann der Gläubiger nur unter den zusätzlichen Voraussetzungen des §§ 281 bis 283 BGB verlangen. Schadensersatz wegen **Verzögerung** der Leistung kann der Gläubiger das ist insoweit der Käufer – nur unter den zusätzlichen Voraussetzungen der §§ 286, 287 BGB verlangen.

Fast alle Schadensersatzansprüche setzen eine Pflichtverletzung voraus. Das gilt auch für den Rücktritt.

(4) Der Schuldner haftet bei Vorsatz und Fahrlässigkeit. Maßstab ist die **erforderliche Sorgfalt.** 1925

§ 276 BGB stellt ausdrücklich klar, dass ein anderer Haftungsmaßstab auch aus dem Inhalt des Schuldverhältnisses, insbesondere aus der Übernahme einer Garantie oder eines Beschaffungsrisikos entnommen werden kann.

---

1 Vgl. auch *Koch,* Auswirkungen der Schuldrechtsreform auf die Gestaltung Allgemeiner Geschäftsbedingungen, WM 2002, 2173 und 2217.

Kennt der Käufer den Mangel, ist er ihm grob fahrlässig unbekannt oder ist ein **Haftungsausschluss** vereinbart, entfallen seine Gewährleistungsrechte.

(5) Für den Käufer eines mangelhaften Unternehmens kommen folgende Ansprüche in Betracht, und zwar die auf

– Nacherfüllung (§ 437 Nr. 1, § 439 BGB),

– Rücktritt (§ 437 Nr. 2, § 440, § 323, § 326 Abs. 5, §§ 346 ff. BGB),

– Minderung (§ 437 Nr. 2, § 441 BGB) und

– Schadensersatz bzw. auf Ersatz vergeblicher Aufwendungen (§ 437 Nr. 3, §§ 280 ff. BGB).

– die Rechte bei Abgabe einer Garantie (§ 443 BGB).

(1) Die Vertragsparteien sollten vertraglich die Voraussestzungen und die Folgen der Haftung vereinbaren.

(2) Die gesetzlichen Gewährleistungsansprüche sollten ausgeschlossen werden, soweit sie nicht erwünscht sind, vor allem das Recht zum Rücktritt. Bei vertraglichen Gewährleistungen und Garantien müssen die Rechtsfolgen bedacht und geregelt werden.

Umfang und Begrenzung von Zusicherungen müssen eindeutig und widerspruchsfrei sein. Missverständliche Begriffe müssen vermieden werden.

(3) Ist Nachbesserung nicht möglich, nicht erfolgreich oder nicht fristgerecht durchführbar, wird die Minderung des Kaufpreises i. d. R. die sachgerechte Lösung sein. Die Minderung des Kaufpreises hat für den Käufer den Vorteil, dass sich seine Anschaffungskosten mindern, während Schadensersatz in Geld bei ihm zu Ertrag führt.

Beschaffenheit, Sachmängel, Rechtsmängel

(1) Eine Sache ist frei von **Sachmängeln,** wenn sie im Zeitpunkt des Gefahrübergangs die vereinbarte **Beschaffenheit** hat.

Ist keine Beschaffenheit vereinbart, ist die Sache frei von Mängeln, wenn sie sich für die nach dem Vertrag vorausgesetzte Verwendung eignet, sonst wenn sie sich für die gewöhnliche Verwendung eignet und eine Beschaffenheit aufweist, die bei Sachen der gleichen Art üblich ist und die der Käufer nach der Art der Sache erwarten kann.

Ob ein Sachmangel vorliegt, muss im Einzelfall nach der Art des Mangels gewürdigt werden. Die Beschaffenheit der Sache ist mit ihrem tatsächlichen Zustand gleichzusetzen. Er umfasst die der Sache anhaftenden Eigenschaften (z. B. Größe, Gewicht, Alter, Herstellungsmaterial, neu oder gebraucht, Energieverbrauch usw.).

Für den Begriff der Beschaffenheit kann auf die bisherige Rechtsprechung zum Eigenschaftsbegriff zurückgegriffen werden.

Beim Unternehmenskauf sind Organisationsmängel des Unternehmens ein Sachmangel.

(2) Zur Beschaffenheit gehören auch Eigenschaften, die der Käufer nach den öffentlichen Äußerungen des Verkäufers, des Lieferers, des Herstellers, des Importeurs oder deren jeweiliger Gehilfe insbesondere in der Werbung oder bei der Kennzeichnung über bestimmte Eigenschaften erwarten kann (z. B. Prospekte). Zu verstehen sind darunter konkrete Eigenschaften. Die Hersteller dürfen also nicht mit Eigenschaften eines Produkts werben, die dieses Produkt nicht aufweist, weil sie dadurch ein Haftungsrisiko auslösen.

Anpreisungen und Übertreibungen ohne sachlichen Inhalt werden durch die Haftungsvorschriften nicht zu Beschaffenheiten.

Ein Zulieferer ist kein Lieferant in diesem Sinne[1].

Verwendet z. B. ein Bauunternehmer abweichend vom Vertrag einen nicht erprobten Baustoff, so handelt er arglistig, wenn er den Auftraggeber treuwidrig hierauf und auf das mit der Verwendung dieses Baustoffs verbundene Risiko nicht hinweist[2].

(3) Dem Warenhersteller obliegt z. B. eine Produktbeobachtungspflicht auf noch unbekannte gefährliche Eigenschaften.

(4) Ein Sachmangel ist auch gegeben, wenn die vereinbarte Montage durch den Verkäufer oder dessen Erfüllungsgehilfen unsachgemäß durchgeführt worden ist (§ 434 Abs. 2 BGB).

Eine mangelhafte Montageanleitung löst einen Gewährleistungsanspruch aus.

(5) Auch die Verletzung von Nebenpflichten und die Lieferung einer mangelhaften Sache, wenn daraus ein Folgeschaden erwächst, lösen die Ansprüche aus dem Gewährleistungsrecht aus.

(6) Einem Sachmangel steht auch die Falschlieferung oder die Lieferung einer zu geringen Menge gleich (§ 434 Abs. 3 BGB).

(7) Eine **Beschaffenheitsgarantie** kann sich auf einzelne Beschaffenheitsmerkmale oder die volle Mängelfreiheit beziehen.

Eine **Haltbarkeitsgarantie** bezieht sich auf die Beschaffenheit innerhalb eines bestimmten Zeitraums.

(8) Eine Sache ist frei von **Rechtsmängeln,** wenn Dritte in Bezug auf die Sache keine oder nur die im Kaufvertrag übernommenen Rechte gegen den Käufer geltend machen können.

(9) In den Fällen des ungerechtfertigten Abbruchs von Vertragsverhandlungen und bei Verstößen gegen Geheimhaltungs- und Aufklärungspflichten greifen die zur Pflichtverletzung i. S. v. § 280 ff. BGB entwickelten Grundsätze zur culpa in contrahendo ein (vgl. auch § 311 Abs. 2 BGB), nicht jedoch die zur Verjährung.

Wer das Zustandekommen eines Vertrages als sicher in Aussicht stellt und später die Verhandlungen ohne triftigen Grund abbricht, haftet dem enttäuschten Verhandlungspartner für den entstandenen Vertrauensschaden.

Auf ein Verschulden bei der Begründung des Vertrauenstatbestandes kommt es nicht an.

Hinsichtlich des Begriffs des Mangels beim Unternehmenskauf stellen wie schon bisher Mängel an einzelnen Vermögensgegenständen nur dann einen Mangel des Unternehmens dar, wenn infolge des Fehlers das Unternehmen als Ganzes nicht i. S. des Kaufvertrags tauglich und damit seine wirtschaftliche Grundlage insgesamt erschüttert ist.

M. a. W.: Beim Unternehmenskauf sind Mängel des Unternehmens nach wie vor nach den Grundsätzen der culpa in contrahendo zu beurteilen[3].

---

1 *Mankowski,* Ein Zulieferer ist kein Lieferant, DB 2002, 2419.
2 BGH Urteil vom 23. Mai 2002 VII ZR 219/01, WM 2002, 2254.
3 Ebenso *Kindl,* Unternehmenskauf und Schuldrechtsmodernisierung, WM 2003, 415.

1943 Verlangt der Käufer **Nacherfüllung,** muss der Verkäufer den Mangel beseitigen (Nachbesserung) oder eine mangelfreie Sache liefern (Ersatzlieferung). Der Verkäufer hat die dazu erforderlichen Aufwendungen tragen, wie z. B. Transport-, Wege-, Artbeits- und Materialkosten zu tragen.

1944 Die Voraussetzungen für den **Rücktritt vom Vertrag** ergeben sich aus § 440 BGB. Der Rücktritt ersetzt den früheren Anspruch auf Wandlung. Der Käufer kann wählen zwischen Nacherfüllung, Minderung und Schadensersatz. Erklärt der Käufer den Rücktritt, wird der Kaufvertrag in das Abwicklungsverhältnis der §§ 346–348 BGB umgewandelt. Mit wirksamem Rücktritt entfällt das Wahlrecht auf Minderung. Der Anspruch auf Schadensersatz wird dadurch jedoch nicht ausgeschlossen.

1945 Statt zurückzutreten kann der Käufer den Kaufpreis durch Erklärung gegenüber dem Verkäufer mindern (**Kaufpreisminderung** § 441 BGB).

1946 Dieselben Voraussetzungen wie für den Rücktritt gelten auch für das Verlangen des Käufers auf Schadensersatz (§ 440 BGB).

Verjährung

1947 **Schrifttum:** *Heerstraßen/Reinhardt,* Die Verjährung von Rechtsmängelvorschriften beim Beteiligungskauf nach der Schuldrechtsreform, BB 2002, 1429; *Ring,* Neue Verjährungsregeln nach der Schuldrechtsreform, BuW 2002, 470; *Witt,* Schuldrechtsmodernisierung 2001/2002 – Das neue Verjährungsrecht, JuS 2002, 105.

1948 (1) Ansprüche wegen Pflichtverletzung im vorvertraglichen Bereich verjähren in 3 Jahren. Die Verjährung beginnt in diesen Fällen mit dem Schluss des Jahres, in dem der Gläubiger von den Umständen, die den Anspruch begründen, und der Person des Schuldners Kenntnis erlangt hat oder ohne grobe Fahrlässigkeit hätte erlangen müssen (§ 194 Abs. 1, § 195 BGB).

1949 (2) Ansprüche aus dem Kaufvertrag verjähren in 2 Jahren (§ 438 Abs. 1 Nr. 3 BGB), es sei denn, es handelt sich um die in § 434 Abs. 1 Nr. 1 und 2 BGB genannten Sachverhalte.

1950 (3) Hat der Verkäufer einen Mangel arglistig verschwiegen, verjährt der Anspruch in 3 Jahren (§ 438 Abs. 3, § 195 BGB).

1951–1953 *(unbesetzt)*

bb) Beschaffenheitsangabe und Garantie

1954 Zwischen den Merkmalen für eine Beschaffenheitsangabe (§ 434 BGB) und denen für eine Garantie (§ 443 BGB) soll nach Meinungen im Schrifttum kein Unterschied bestehen. Ich halte Garantieversprechen schon deshalb für sinnvoll, um klarzustellen, dass die Haftung des Verkäufers verschuldensunabhängig gewollt ist. Die Rechtsfolgen eines Garantieverstoßes sollten eigenständig geregelt werden.

cc) Sachmangel

1955 (1) Die in § 459 BGB aF aufgeführten Begriffe „Fehler" und „Fehlen zugesicherter Eigenschaften" sind durch den Begriff des Sachmangels ersetzt worden.

1956 (2) Der Begriff des Sachmangels umfasst Määngel der
  – vereinbarten Beschaffenheit,
  – Eignung zur vorausgesetzten Verwendung der Sache,
  – Eignung zur gewöhnlichen Verwendung der Sache,

- unsachgemäßen Montage,
- mangelhafte Montageanleitung,
- Lieferung einer anderen Sache,
- Liefermenge (aufgrund der Lieferung einer Mindermenge).

(3) Der Verkäufer einer Sache haftet dem Käufer dafür, dass diese zu der Zeit, zu der die Gefahr auf den Käufer übergeht, nicht mit Sachmängeln behaftet ist (§ 433 Satz 2 BGB). 1957

Ob ein Sachmangel vorliegt, muss im Einzelfall je nach der Art des Sachmangels gewürdigt werden. 1958

Gegen die Annahme eines Sachmangels kann der geringe Kaufpreis sprechen.

(unbesetzt) 1959

Die unternehmensspezifischen Kennzahlen wie Umsatz, Gewinn oder Ertragsfähigkeit sind für den Unternehmenskauf entscheidende wertbildende Faktoren; sie gehören damit zur Beschaffenheit des Unternehmens. Sie können also Gegenstand einer Beschaffenheitsgarantie sein. 1960

Ein Sachmangel ist es, wenn die auf den Zeitpunkt des Gefahrübergangs bezogenen Angaben nicht den Tatsachen entsprechen.

Zu den Daten dieser Art gehören 1961

- Ertragskennzahlen (z. B. zum Cash-Flow),
- Kennziffern zur Vermögens- und Kapitalstruktur,
- Zahl der Mitarbeiter und Personalaufwand je Kopf,
- Marktanteil bestimmter Produkte usw.

M. E. sind dagegen i. d. R. Erklärungen zu Prognose abhängigen Erwartungen (also zu Erwartungen der Entwicklung künftiger Umsätze und Gewinne) keine sachlichen oder rechtlichen Tatsachen. Der Verkäufer wird künftige Entwicklungen, auf die er keinen Einfluss hat, nicht garantieren wollen. 1962

Sieht sich der Erwerber überraschenden Verbindlichkeiten gegenüber, für die er einstehen muss, ist dies ein Sachmangel. 1963

Hat der Verkäufer unzutreffende Angaben gemacht, die zu einem Irrtum des Käufers über wesentliche Eigenschaften des Unternehmens geführt haben, kommt auch die Anfechtung nach § 119 Abs. 2 BGB – abgesehen der von § 123 BGB – in Betracht. 1964

(unbesetzt) 1965

Beispiele für Sachmängel des Unternehmens, die nach früherem Recht als Fehler galten sind 1966

- Die verkaufte Pension ist ein der Unzucht dienendes Absteigequartier[1].
- Die Lage der Küche im Kellergeschoss des verkauften Speiserestaurants ist bauordnungswidrig[2].
- Ein Hotel ist verwanzt oder vom Schwamm durchsetzt.

---

1 RG-Urteil vom 15. November 1907 II 383/07, RGZ 67, 86.
2 RG-Urteil vom 22. November 1932 II 148/32, RGZ 138, 354.

- Es bestehen Schadensersatzansprüche von Nachbarn wegen geräuschvollen Betriebs.
- Die Fortführung des Geschäfts kann von einem Dritten auf Grund eines Patents untersagt werden.
- Ein Laden ist kündbar.
- Das Fabrikgelände hat keinen Gleisanschluss.
- Das verkaufte Gerüstbauunternehmen hat einen die Kapazität beeinträchtigenden Fehlbestand an Gerüsten[1].

1967 Kein Sachmangel des Unternehmens liegt bei einem Produktionsunternehmen vor, weil

- die von dem Unternehmen produzierten Laderaupen nach den Feststellungen des Berufungsgerichts nicht die vom Erwerber behaupteten schwerwiegenden technischen Mängel haben, dass dadurch die wirtschaftliche Grundlage erschüttert worden ist[2].

1968 Beschaffenheit i. S. v. § 434 BGB ist grundsätzlich jedes der Kaufsache für eine gewisse Dauer anhaftende Merkmal, das für deren Wert, Gebrauch oder aus sonstigen Gründen für den Käufer erheblich ist. Das Fehlen objektgebundener Versagungsgründe als Voraussetzung für die Erteilung einer Gaststättenerlaubnis (§ 4 Abs. 1 Nr. 2 und 3 GaststättenG) ist z. B. eine zusicherbare Sacheigenschaft. Keine Beschaffenheit der Kaufsache ist ihr Wert. Es können jedoch wertbildende Faktoren Beschaffenheit i. S. v. § 434 BGB sein.

1969 Bei der Geschäftsveräußerung kann als Beschaffenheit auch der in der Vergangenheit im Durchschnitt mehrerer Jahre erzielte Umsatz, Ertrag oder Gewinn zugesichert werden[3]. Aus dem Umsatz und Gewinn nur eines Jahres lassen sich keine sicheren Schlüsse ziehen; das Ergebnis kann zufällig sein. Anders ist die Sachlage, wenn es sich um einen Durchschnittswert mehrerer Jahre handelt. Die Rechtsprechung ist zwiespältig. Die Zusicherbarkeit wurde bejaht, bei der Ertragsfähigkeit eines Unternehmens[4] dagegen verneint bei der Ertragsangabe des verkauften Unternehmens aus dem letzten Geschäftsjahr[5].

Entsprechendes gilt für den Umsatz eines Jahres.

1970 Nicht nur der Ertrag kann zugesichert werden, sondern alle Tatsachen und Rechtsverhältnisse[6], die **unmittelbare Beziehungen auf den Geschäftsbetrieb** haben. Hierzu gehören: Höhe der Geschäftsschulden, Zahl der gefertigten Rezepte einer Apotheke, Patientenzahl einer Heilanstalt, Konkurrenzlosigkeit des Geschäfts, gute Geschäftslage, bestimmte Leistungsfähigkeit, sichere Geschäftsverbindungen, durchschnittlicher Auftragseingang.

1971 Zugesichert ist eine Beschaffenheit nur dann, wenn der Verkäufer – ausdrücklich oder stillschweigend – dem Käufer zu erkennen gibt, dass er für den Bestand der betreffenden Eigenschaft einstehen wolle.

---

1 BGH-Urteil vom 14. Juli 1978 I ZR 154/76, NJW 1979, 33.
2 BGH-Urteil vom 27. Februar 1970 I ZR 103/68, WM 1970, 819, 821.
3 RG-Urteil vom 13. März 1906 II 344/05, RGZ 63, 57; Rn 743; vgl. ferner BGH-Urteile vom 12. November 1969 I ZR 93/67, NJW 1970, 653 ff.; vom 5. Oktober 1973 I ZR 43/72, DB 1974, 231; vom 18. März 1977 I ZR 132/75, NJW 1977, 1538; vom 25. Mai 1977 VIII ZR 186/75, NJW 1977, 1536; *Müller*, Umsätze und Erträge – Eigenschaften der Kaufsache?, ZHR 1983, 501.
4 Vgl. RG-Urteil vom 5. Februar 1935 II 203/34, JW 1935, 1558.
5 RG-Urteil vom 9. Juli 1915 II 166/15, JW 1915, 1117.
6 Vgl. dazu BGH-Urteil vom 16. Januar 1991 VIII ZR 335/89, BB 1991, 496.

Kaufvertrag

Die **Zusicherung** bedarf der für den Vertrag vorgeschriebenen Form. Ein etwaiger Formmangel der Zusicherung wird durch den Vollzug des Geschäfts geheilt (§ 313 Satz 2 BGB, § 15 Abs. 4 GmbHG usw.). 1972

Ist der Vertrag nicht formbedürftig, kann die Beschaffenheit auch stillschweigend zugesichert werden.

Für die Zusicherung einer Beschaffenheit genügt im Allgemeinen keine einseitige Erklärung, auch wenn sie ernstlich abgegeben wird. Es ist vielmehr erforderlich, dass die Erklärung vom Käufer **vertragsmäßig** verlangt und vom Verkäufer entsprechend dem Verlangen gegeben wird. 1973

Eine Zusicherung liegt nur vor, wenn für ihre Abgabe Willensübereinstimmung bestand; sie bedarf aber keiner ausdrücklichen Bestätigung. Deshalb kann eine Zusicherung vorliegen, wenn der Käufer die Beschaffenheiten festlegt und der Verkäufer zustimmt. Es ist weder für die Zusicherung der Beschaffenheit durch den Verkäufer noch für die Annahme der Zusicherung durch den Käufer eine ausdrückliche Willenserklärung erforderlich. **Stillschweigende Zusicherungen** sind zwar rechtlich zulässig. Sie werden in der Praxis jedoch selten sein. Eine Zusage wird der Schriftform bedürfen, denn nicht jede bei Gelegenheit von Kaufverhandlungen abgegebene Erklärung über den Kaufgegenstand ist als Zusicherung einer Beschaffenheit zu werten. Die Zusicherung muss möglichst klar und eindeutig sein. 1974

Ist in einer Zusicherung ein Spielraum vorgesehen, z. B. es wird ein Umsatz von 30 000 bis 40 000 € im Jahr zugesichert, so ist im Zweifel ein Umsatz von mindestens 30 000 €, nicht etwa ein durchschnittlicher Umsatz von 35 000 € zugesichert. Der Eigenverbrauch darf in den Umsatz nicht einbezogen werden, weil er keinen Nutzen bringt. Keine Zusicherung ist eine bloße Umsatz- oder Ertragsschätzung. Ein subjektives Urteil über den künftigen Geschäftsgang ist keine Zusicherung. 1975

Eine Zusicherung kann sich nur auf Beschaffenheiten beziehen, die beim Gefahrübergang – als dem maßgeblichen Zeitpunkt – bestehen und bereits bei Kaufabschluss bestanden haben. 1976

Für das Bestehenbleiben von Beschaffenheiten nach dem Gefahrenübergang haftet der Verkäufer nicht. Eine Haftung für Erfolge und Eigenschaften nach Gefahrenübergang kann der Verkäufer nur durch einen besonderen Garantievertrag übernehmen. Je nach Lage des Falles bedeutet die **Garantieverpflichtung** des Verkäufers, dass er innerhalb der Garantiefrist auftretende Mängel unentgeltlich beseitigen will, oder dass er nach Ablauf der Verjährungsfrist des § 477 BGB für alle während der Garantiefrist entdeckten Fehler entsprechend dem Gewährleistungsrecht haften will. 1977

Der Verkäufer kann garantieren, dass beim Abschluss des Vertrages sowie in der Zeit bis zum Übergangsstichtag nachfolgend bezeichnete Rechte und Verträge unverändert bestehen, wie z. B. 1978

- Anstellungsverträge, insbesondere, dass diese Verträge am Übergangsstichtag unverändert und ungekündigt bestehen und dass seit einem zu benennenden Datum keine Vertragsänderungen vorgenommen worden sind,

- die in Anlagen angeführten Lizenzverträge, Lieferverträge mit Großkunden, Miet-, Pacht- und Leasingverträge, bestimmte Aufträge und ARGE-Beteiligungen, Großaufträge von Kunden, bestimmt bezeichnete Grunddienstbarkeiten und beschränkt persönliche Dienstbarkeiten auf fremden Grundstücken zu Gunsten des Unternehmers oder seines Grundbesitzes, bestimmte in Anlagen aufgeführte Patente, Gebrauchs- und Geschmacksmuster, Warenzeichen sowie sonstige gewerbliche Schutzrechte einschließlich angeführter Anmeldungen bestehen und dass an solchen Rechten keine Rechte Dritter oder Nutzungsbefugnisse bestehen, dass Angriffe Dritter gegen bestimmte Schutzrechte weder erfolgt noch zu erwarten sind und auch aus sonstigen Gründen keine Gefahr der Löschung oder Nichtigkeitserklärung dieser Rechte besteht, dass durch diese Schutzrechte Dritte verletzt werden, dass fällige Gebühren sowie alle sonst zur Aufrechterhaltung der gewerblichen Schutzrechte erforderlichen Maßnahmen vollständig und rechtzeitig gezahlt oder ergriffen worden sind,

- dass bestimmte öffentlich-rechtliche Konzessionen, Errichtungs- und Betriebsgenehmigungen bestehen und dass bis zum Übergangsstichtag keine Umstände vorliegen, die einen Widerruf oder eine Einschränkung dieser Konzessionen und Genehmigungen oder die Erteilung von Auflagen rechtfertigen können.

1979 Der Verkäufer kann garantieren, dass bei Abschluss des Vertrages und am Übergangsstichtag bestimmte Rechtsverhältnisse mit bestimmten finanziellen Auswirkungen **nicht** bestehen, wie z. B.

- Anstellungs- oder Arbeitsverträge mit der Zusage von Tantiemen, Alters- oder Hinterbliebenenversorgung oder längeren Kündigungsfristen als dem eines bestimmten Zeitraumes,

- Beraterverträge, die bestimmte Vergütungen überschreiten,

- Verträge mit Handelsvertretern oder ähnliche Vertragsverhältnisse, die im Falle der Beendigung zu Ausgleichsansprüchen nach § 89b HGB führen.

1980 Der Verkäufer kann auch garantieren, dass keine Bürgschaften, Garantieverpflichtungen oder Sicherheitsleistungen aller Art sowie Verpflichtungen gegenüber Dritten bestehen, dass keine Verpflichtungen zur Gewährung oder Inanspruchnahme von Krediten abgeschlossen sind, dass bestimmte Miet-, Pacht- oder Leasingverträge nicht bestehen usw.

1981 Garantiert werden sollte, dass bestimmte wettbewerbsbeschränkende Absprachen bestehen oder nicht bestehen, dass Verträge über gewerbliche Schutzrechte oder Know-how- oder Lizenzvereinbarungen bestehen oder nicht bestehen.

1982 Für die Erstellung und Überprüfung der Abrechnungsbilanz gelten die aktienrechtlichen Bilanzierungsgrundsätze, im Übrigen die folgenden Grundsätze:

Anlagevermögen

1983 Bebaute und unbebaute Grundstücke, Maschinen und maschinelle Anlagen, Betriebs- und Geschäftsausstattung, gewerbliche Schutzrechte sind mit den Teilwerten angesetzt unter Berücksichtigung etwaiger Abgänge oder Wertminderungen zum Übergangsstichtag.

Treten bei Gegenständen des Anlagevermögens nachträgliche Sach- oder Rechtsmängel auf, die bereits am Übergangsstichtag vorhanden waren, aber bei der Erstellung der Abrechnungsbilanz nicht erkannt oder nicht hinreichend berücksichtigt worden sind, ist der bilanzierte Wert durch einen angemessenen Abschlag zu berichtigen.

Forderungen

1984 (1) Forderungsausfälle, die durch die in der Abrechnungsbilanz vorgenommenen Einzel- und Pauschalwertberichtigungen nicht gedeckt sind, sind in der Weise zu berücksichtigen, dass der Bilanzposten Forderungen der Abrechnungsbilanz entsprechend nachträglich gekürzt wird.

(2) Bei einem Kaufvertrag über einen GmbH-Anteil kann der Verkäufer z. B. die Haftung dafür übernehmen, dass für sämtliche Risiken „angemessene Rückstellungen" gebildet worden sind[1]. Es muss geregelt werden, welche Folgen eintreten sollen, wenn überdotierte Rückstellungen oder Rückstellungen für Steuernachforderungen aufgelöst werden und welche in Fällen unterlassener Rückstellungen. Vgl. auch Rn 1994.

Vorräte

Sach- oder Rechtsmängel an Gegenständen des Vorratsvermögens (Roh-, Hilfs- und Betriebsstoffe, unfertige und fertige Erzeugnisse eigener und fremder Herstellung), die bereits am Übergangsstichtag bestanden haben, jedoch nicht erkannt und bei der ersten Erstellung der Abrechnungsbilanz nicht berücksichtigt wurden, sind im Zuge der Überprüfung der Abrechnungsbilanz durch angemessene Abschläge auf den jeweiligen Bilanzansatz zu berücksichtigen. 1985

(unbesetzt) 1986–1988

Später bekannt werdende Steueransprüche

Schrifttum: *Streck/Mack,* Unternehmenskauf und Steuerklauseln, BB 1992, 1398. 1989

Findet eine steuerliche Außenprüfung für Veranlagungszeiträume bis zum Übergangsstichtag nach dem Stichtag der letzten Überprüfung der Abrechnungsbilanz statt, so sollte vereinbart werden, dass ein nachträglich sich ergebender steuerlicher Mehraufwand vom Verkäufer an den Käufer zu erstatten ist und ein etwaiger Rückzahlungsanspruch dem Verkäufer zusteht. 1990

Der Verkäufer eines Unternehmens oder eines in der Gliederung des Unternehmens gesondert geführten Betriebs hat den Käufer auf rückständige Umsatzsteuerschulden hinzuweisen, wenn der Käufer Gefahr läuft, gem. § 75 AO für diese Umsatzsteuerschulden in Anspruch genommen zu werden, und wenn sich aus dem Kaufvertrag ergibt, dass der Käufer Wert darauf legt, das Unternehmen oder den Betrieb schuldenfrei zu erwerben. Handelt es sich bei dem Verkäufer um eine GmbH und kennt der Geschäftsführer der GmbH die Umstände, welche die Gefahr der Inanspruchnahme des Käufers gem. § 75 AO begründen, liegt – verstößt der Geschäftsführer gegen die ihn treffende Hinweispflicht und ist er der einzige Ansprechpartner des Käufers – eine persönliche Haftung des Geschäftsführers gem. § 826 BGB nahe[2]. 1991

Der Käufer sollte befugt werden, an der Schlussbesprechung, soweit sie das Unternehmen betrifft, teilzunehmen. Insoweit sollte der Verkäufer das Finanzamt vom Steuergeheimnis entbinden und dafür Sorge zu tragen haben, dass der Käufer die Teile des Betriebsprüfungsberichts erhält, die das Unternehmen betreffen. 1992

(unbesetzt) 1993

Rückstellungen

In der Abrechnungsbilanz, die nach dem Vertrag vorgesehen ist, sind alle nach aktienrechtlichen Grundsätzen zulässigen und erforderlichen Rückstellungen in angemessenem 1994

---

1 BGH-Urteil vom 10. September 2003 VIII ZR 4/03, NZG 2003, 1165.
2 OLG Köln, Urteil vom 18. März 1994 GU 211/93, NJW-RR 1994, 1064.

Umfang zu bilden: es sollte vertraglich ausbedungen werden, ob und welche Rückstellungen ausgenommen werden.

1995 Der Verkäufer sichert bei allen Rechten, vertraglichen und sonstigen Rechtsverhältnissen den inhaltlich unveränderten Bestand am Übergangsstichtag zu, ferner, dass Vertragsverhältnisse am Übergangsstichtag ungekündigt bestehen, dass bei sonstigen Rechten und Rechtsverhältnissen dem Verkäufer keine Umstände bekannt sind, die den Bestand über den Übergangsstichtag hinaus in Frage stellen könnten.

1996 Der Verkäufer verpflichtet sich, bestimmte Verträge oder Verpflichtungen bis zum Übergangsstichtag nur mit Zustimmung des Verkäufers einzugehen.

1997–2000 *(unbesetzt)*

b) Vertragliche Gestaltung

aa) Allgemeines

2001 Die Schwierigkeiten, die sich aus der gesetzlichen Regelung der Fälle der Leistungsstörungen beim Unternehmenskauf ergeben, sollten die Vertragspartner veranlassen, das gesetzliche Gewährleistungsrecht insgesamt durch ein möglichst geschlossenes System vertraglicher Garantie- und Gewährleistungsvereinbarungen – eine vollständige und abschließende Regelung – zu ersetzen. Im Vertrag sollte der Gegenstand der Zusagen des Verkäufers (der Garantiebestand) festgelegt und die Rechtsfolgen geregelt werden, die sich jeweils ergeben sollen, wenn eine Zusage nicht eingehalten wird, also insbesondere die Rechtsfolge der Nichterfüllung von Zusicherungen oder des Nichteintritts bestimmter Umstände.

2002 Wird der Rücktritt vom gesamten Kaufvertrag zugelassen – die Rückabwicklung ist praktisch schwierig durchzuführen, deshalb sollte die Zulässigkeit des Rücktritts möglichst **nicht** vereinbart werden –, empfiehlt es sich zumindest zu regeln, wie der Rücktritt im Einzelnen durchgeführt werden soll.

2003–2005 *(unbesetzt)*

bb) Abrechnungsbilanz

2006 Das vertragliche System der Garantie- und Gewährleistungshaftung wird wesentlich entlastet, wenn die Vertragspartner eine gemeinsam zu erstellende Abrechnungsbilanz vereinbaren, gegebenenfalls ergänzt durch eine Substanzwertgarantie, und zugleich die Rechtsfolgen festlegen. Ein erheblicher Teil der typischerweise auftretenden Gewährleistungsfälle wird durch die Umsetzung in bilanzielle Wertungen und die sich danach ergebenden Korrekturen des Kaufpreises gelöst.

2007 Eine von Verkäufer und Käufer gemeinsam erstellte Abrechnungsbilanz hat den Zweck, dass das auf den Käufer übergehende bilanzierte Vermögen den in dieser Bilanz ausgewiesenen Wert hat, der bei Vertragsabschluss aufgenommen wird und vom Verkäufer zum Übergangsstichtag nachgewiesen wird.

2008 Sind am Übergangsstichtag latente Wertminderungen der Wirtschaftsgüter vorhanden, deren Ursachen in der Zeit vor dem Übergangsstichtag liegen, deren Auswirkungen aber erst nach dem Übergangsstichtag eintreten, liefert die Abrechnungsbilanz das geeignete Instrument zur Erfassung und Abgrenzung der vermögensmindernden Auswirkungen und Risiken. Es kann vereinbart werden, dass diese Abrechnungsbilanz nach vorher festgelegten Grundsätzen fortentwickelt wird. Ist eine fortlaufende Berichtigung der Abrechnungsbilanz vorgesehen, muss auch vereinbart werden, innerhalb welcher vertraglich festzulegenden Frist sie aufzustellen ist und welche Wertminderungen oder Wertverbesserungen in welcher Weise zu berücksichtigen sind.

Hommelhoff[1] erläutert die „Eigenkapital-garantierende Abrechnungsbilanz" wie folgt: „Wenn die Parteien über den Kaufpreis für das Unternehmen verhandeln, dann orientiert sich zumindest der Erwerber regelmäßig und in erster Linie an den Einzelangaben, die in den vom Unternehmensinhaber vorgelegten Bilanzen sowie in den Gewinn- und Verlustrechnungen enthalten sind. Freilich müssen diese Rechenwerke als Grundlage der Kaufpreisfindung modifiziert und bereinigt werden; denn im Jahresabschluss hat der Unternehmensinhaber Ziele verfolgt, an denen er jetzt bei der Kaufpreisfindung nicht mehr oder nicht mehr in dieser Weise festhalten will: Gewinne wurden in den Jahresabschlüssen möglichst weit nach hinten verschoben; das will der Unternehmensinhaber nun rückgängig machen. Insbesondere sollen die Abschlussmaßnahmen, die – wie hohe Abschreibungen und Rückstellungen – der Risikovorsorge dienten, nicht dem Erwerber über einen zu niedrigen Kaufpreis zugutekommen; schließlich übernimmt er das normale Unternehmerrisiko. Deshalb müssen eine Vielzahl von Abschlusspositionen überprüft und bereinigt werden. Zu bereinigen ist die Bilanz, aber auch um die unechten Passiva (bei einer veräußernden GmbH also: Stammeinlagen, Rücklagen und Rücklageanteil in Sonderposten).

Saldiert man nach diesen Modifikationen die verbliebenen Aktiva und Passiva, so erhält man den (behelfsmäßigen) Nettowert des Unternehmens. Er entspricht zwar in aller Regel nicht dem Kaufpreis, weil dieser Nettowert nicht (oder nur teilweise - arg. § 153 Abs. 3, 4 AktG aF/§ 248 Abs. 2 HGB) den Wert der unkörperlichen Geschäftswerte umfasst, auf die es dem Erwerber besonders ankommt und die deshalb den Kaufpreisumfang beträchtlich beeinflussen. Aber dennoch besteht zwischen dem so ermittelten Unternehmenswert und dem vereinbarten Kaufpreis eine Beziehung, weil sich beide Parteien bei der Kaufpreisfindung u. a. an diesem Wert orientieren: Für die Vereinbarung des Kaufpreises ist dieser Nettowert ein ganz wesentlicher Faktor.

Falls sich nun dieser Faktor nachträglich verändert, wirkt sich das zwangsläufig auf die Kaufpreisrechnung aus. Im Unternehmenskaufvertrag jedoch ist der Preis verbindlich festgeschrieben. Deshalb müssen die Parteien, um möglichen Veränderungen des Unternehmenswertes Rechnung zu tragen, schon im Kaufvertrag bestimmen, dass bei Wertänderungen der ursprünglich vereinbarte Kaufpreis durch einen anderen nunmehr verbindlich ersetzt wird. – Innerhalb des Unternehmenskaufvertrages ist diese Ersetzungsbestimmung in die Figur der Eigenkapital-garantierenden Abrechnungsbilanz gehüllt; strukturell gleicht sie in manchem der Minderung (§§ 462, 472 BGB): Bei der Veränderung der wertbildenden Faktoren bleibt der Vertrag zwar aufrecht erhalten, der geschuldete Kaufpreis wird jedoch entsprechend herabgeschleust.

Die Wirkung der Eigenkapital-garantierenden Abrechnungsbilanz sei am Beispiel einer verdeckten und nachträglich aufgedeckten Verbindlichkeit zu demonstrieren: Angenommen, der garantierte Nettowert eines für 1 Mio. € verkauften Unternehmens betrage 0,6 Mio. €, die verdeckte Verbindlichkeit 0,1 Mio. €. Die Lösung: Da die Verbindlichkeiten des Unternehmens um 0,1 Mio. € höher als angenommen sind, beläuft sich der Unternehmenswert bloß auf 0,5 Mio. €; dementsprechend senkt sich der Kaufpreis auf nunmehr 0,9 Mio. €.

2009

---

1 *Hommelhoff*, Unternehmenskauf und Rechtsgestaltung, ZHR 150 (1986), dort S. 270.

2010 (1) Regelmäßig wird die Abrechnungsbilanz also verfeinert, und zwar in der Weise, dass stille Reserven aufgedeckt, Bilanzierungsgrundsätze vereinbart werden, die für die Abrechnungsbilanz gelten sollen, und welche Werte verschiedenen immateriellen Wirtschaftsgütern (z. B. Know-how, Organisationswert usw.) beigemessen werden.

2011 (2) Der in die Abrechnungsbilanz eingesetzte Firmenwert ist seinerseits auf einer Vorrechnung beruhend errechnet. Die Vorrechnung wird in der Regel eine eigenständige Ertragsrechnung sein.

2012 (3) Wird der Firmenwert – in die Abrechnungsbilanz eingestellt – werden also Abrechnungsbilanz und Ertragsrechnung kombiniert -, muss zusätzlich bestimmt werden, „mit welcher Gewichtung das in der Abrechnungsbilanz ausgewiesene Eigenkapital einerseits und der aus der Ertragsrechnung entwickelte Firmenwert andererseits in den vereinbarten Kaufpreis eingehen".

2013 (4) Gelegentlich wird bei der Bestimmung des offenen Kaufpreises nach der Formel verfahren:

Gesamtkaufpreis = P ± EK.

Dabei wird der Kaufpreisteil P unter Ertragswertgesichtspunkten betragsmäßig festgelegt, und zwar vorbehaltlich der vom Verkäufer zu garantierenden Richtigkeit der Bewertungsgrundlagen.

Der auf die Vermögenssubstanz entfallende Kaufpreisanteil (EK) bleibt zunächst offen; dafür ist der Betrag des aus der Abrechnungsbilanz festzustellenden Eigenkapitals einzusetzen.

Ein solches Verfahren empfiehlt sich nach Günther, wenn bei Vertragsabschluss das vom Verkäufer nachzuweisende Eigenkapital noch nicht hinreichend bestimmt werden kann. Das ist vor allem bei zwei Fallgruppen häufig:

- Aus einem Unternehmen wird ein Teilbetrieb veräußert, der bisher nicht selbstständig bilanziert hat; dazu ist der üblicherweise aus der letzten Jahresbilanz zu entnehmende Richtwert für das nachzuweisende Eigenkapital nicht vorhanden.

- Bei der Ermittlung des Eigenkapitals der Abrechnungsbilanz soll wesentlich von den bisherigen Bilanzierungsgrundsätzen der Jahresbilanz abgewichen werden; das kommt insbesondere vor, wenn bestimmte Wirtschaftsgüter des Unternehmens durch Aufdeckung stiller Reserven abweichend von den Buchwerten bewertet werden; in diesem Fall ist das Eigenkapital ebenfalls noch nicht bekannt.

2014–2020 *(unbesetzt)*

cc) Zusagen

2021 Es wird zugesagt, dass an dem zu bestimmenden Stichtag ein bestimmt bezeichneter Mindestbestand vorhanden ist an

- Roh-, Hilfs- und Betriebsstoffen, insbesondere, soweit eine kurzfristige Ersatzbeschaffung nicht möglich ist,

- Vorräten (Waren oder Fertigerzeugnissen) oder Halbfabrikaten, insbesondere, soweit sie zur Abwicklung laufender Lieferverpflichtungen nach dem Stichtag erforderlich sind, oder

- dass sich alle maschinellen Anlagen in einem betriebsfähigen Zustand befinden.

Der Käufer wird eine eigenständige Garantieübernahme des Verkäufers für die Richtigkeit der Bilanzangaben erstreben. Unter Richtigkeit dieser Angaben ist zu verstehen, dass sie den Grundsätzen ordnungsmäßiger Buchführung entsprechen müssen. Dabei müssen allerdings Bilanzierungs- und Bewertungswahlrechte gesondert behandelt werden. 2022

Semler[1] weist auf Folgendes hin: „Wird das Unternehmen auf der Grundlage von Jahresabschlüssen mehrerer Geschäftsjahre beurteilt, ist darauf zu achten und durch eine Garantie des Verkäufers abzusichern, dass der Grundsatz der Bilanzkontinuität eingehalten worden ist." 2023

Beispiel: 2024
Ein Lebensmittelgroßhändler beliefert mehrere Großabnehmer. Bei dem Verkauf des Geschäfts sichert der Geschäftsinhaber dem Erwerber zu, dass die Großabnehmer auch Kunden des Erwerbers werden.
Hier sollte vereinbart werden, welche Rechtsfolgen eintreten sollen, wenn einer der Großkunden zu einem anderen Lieferanten übergeht. Es kann z. B. in diesen Fällen eine Minderung des Kaufpreises für den Geschäftswert vereinbart werden.

(unbesetzt) 2025–2030

dd) Vereinbarungen über Verjährungsfristen

Schrifttum: *Witt,* Schuldrechtsmodernisierung 2001/2002, JuS 2002, 105. 2031

Die Verjährung für kaufrechtliche Mängelansprüche beträgt grundsätzlich 2 Jahre, die regelmäßige Verjährungsfrist 3 Jahre. Vgl. auch Rn 1948 ff. 2032

Für die Ansprüche des Käufers sollte eine nach den Verhältnissen des Einzelfalls **einheitliche** Verjährungsfrist vereinbart werden, und zwar schon im Interesse einer einfachen Abwicklung des Vertrages. 2033

Für die im Zusammenhang mit einer Außenprüfung entstehenden steuerlichen Folgen – also die daraus entstehenden Ansprüche – sollte eine besondere Verjährungsfrist in den Vertrag aufgenommen werden (z. B. vier bis sechs Jahre).

Als Beginn des Laufs der Verjährungsfrist eignet sich der Übergangsstichtag[2]. 2034

Die Unterbrechung oder Hemmung der Verjährung sollte ferner für den Fall vereinbart werden, dass ein nach dem Vertrag vorgesehenes schiedsgutachterliches Verfahren eingeleitet wird, von dessen Ergebnis die Begründung des Anspruchs abhängt. Dies gilt insbesondere hinsichtlich der schiedsgutachterlichen Verfahren, die im Zusammenhang mit der Feststellung der Abrechnungsbilanz vorgesehen sind, da sich daraus Auswirkungen für die Bemessung des Kaufpreises, möglicherweise aber auch der Minderungs- oder Schadensersatzansprüche ergeben können. 2035

(unbesetzt) 2036–2045

ee) Ausschluss der Gewährleistungsansprüche

Die Haftung für Sachmängel der verkauften Gegenstände kann vertraglich ausgeschlossen werden. Der vertragliche Ausschluss der Gewährleistungen bedarf der für den Kaufvertrag vorgeschriebenen Form. 2046

---

1 *Semler* in Hölters, aaO, VI Rz 127.
2 Zum Verjährungsbeginn s. auch *Hommelhoff/Schwab,* Leistungsstörungen beim Unternehmenskauf systematische Folgerichtigkeit contra interessengerechte Ergebnisse? in FS für Zimmerer, Hrsg. Claussen/Hahn/Kraus, München/Wien 1997, S. 280, dort insbes. zum Verjährungsbeginn nach Einweisung.

Wird mit dem Unternehmen ein Grundstück veräußert, bedarf der Ausschluss der Gewährleistung der notariellen Beurkundung; aber auch insoweit wird ein Formmangel durch Auflassung und Eintragung geheilt.

2047 Eine Vereinbarung, durch welche die Verpflichtung des Verkäufers zu Gewährleistung wegen Sachmängeln erlassen oder beschränkt wird, ist nichtig, wenn der Verkäufer den Mangel arglistig verschweigt (§ 444 BGB). Außerdem ist dem vertraglichen Ausschluss der Haftung durch § 138 BGB (Nichtigkeit wegen Verstoßes gegen die guten Sitten) eine Grenze gesetzt.

2048 Der Verkäufer hat einen Sachmangel dann nicht zu vertreten, wenn ihn der Käufer beim Abschluss des Kaufvertrages kennt. Ein Käufer, der weiß, dass er eine fehlerhafte Sache erwirbt, kann nicht die Gewährleistungsansprüche geltend machen. Das gilt für alle Sachmängel und zugesicherten Eigenschaften und sogar dann, wenn die Fehler vom Verkäufer arglistig verschwiegen worden sind[1].

2049 Der Käufer muss jedoch von dem Sachmangel positive Kenntnis gehabt haben. Dazu reicht nicht aus, dass der Käufer den dringenden Verdacht hatte, dass der Mangel vorlag[2]. Auch wenn der Käufer von einem äußerlich erkennbaren Sachmangel Kenntnis hatte, ohne die tatsächliche Wertminderung oder Minderung der Brauchbarkeit zu erkennen, ist die Geltendmachung der Gewährleistungsansprüche nicht in jedem Fall ausgeschlossen.

2050–2060 (unbesetzt)

ff) Grenzen der Vereinbarungen

2061 Ein vollständiger Haftungsausschluss wie eine unbegrenzte Haftung des Verkäufers sollten gleichermaßen vermieden werden. In allen Fällen sollte die Garantie- und Gewährleistungshaftung des Verkäufers im Vertrag vollständig und abschließend geregelt werden. Dementsprechend sollte vereinbart werden, dass der Verkäufer über den Rahmen der vertraglichen Regelung hinaus keine Gewährleistung oder Garantie übernimmt.

2062 Der Verkäufer sollte insbesondere keine Garantie oder Gewährleistung hinsichtlich solcher Risiken oder ergebnismindernder Vorgänge übernehmen, deren Ursachen erst nach dem Übergangsstichtag entstehen oder deren Verlauf maßgeblich vom Käufer beherrscht wird[3].

2063 Für die Regelung etwaiger Streitigkeiten sollte eine Schiedsgerichtsvereinbarung getroffen werden.

„Das Klagepetitum bei Klagen vor dem Schiedsgericht beinhaltet selten eine Rückgängigmachung des Kaufvertrages. ... In der Vielzahl der Fälle wird eine Minderung auf Grund der Nichteinhaltung von Zusicherungen begehrt. ... Weiterhin kommen Klagen auf Schadensersatz wegen Nichterfüllung oder auf Einhaltung einer bestimmten Garantiezusage in Betracht[4]."

2064–2070 (unbesetzt)

---

1 RG-Urteil vom 26. Juni 1903 II 4/03, RGZ 55, 210, 214.
2 Vgl. *Palandt,* BGB, aaO, § 460 Rn 6.
3 Vgl. Rn 1976.
4 Vgl. *Hölters,* aaO, I Rz 137.

Kaufvertrag

gg) Untersuchungs- und Rügepflichten

§ 377 HGB ist nicht auf den Kauf eines Handelsgeschäfts oder eines Unternehmens anwendbar[1]. Denn § 377 HGB bezieht sich auf die laufenden Umsatzgeschäfte, die sich im Rahmen eines kaufmännischen Unternehmens vollziehen, wie sich daraus ergibt, dass die Untersuchungs- und Rügepflicht besteht, „soweit dies nach ordnungsmäßigem Geschäftsgang tunlich ist". Die Veräußerung des Handelsgeschäfts im Ganzen liegt notwendig außerhalb dieses Rahmens[2].

2071

Gleichwohl hat der Käufer die Waren, die er vom bisherigen Geschäftsinhaber übernimmt, unverzüglich zu untersuchen, und wenn sich ein Mangel zeigt, ihn dem Verkäufer unverzüglich anzuzeigen.

2072

Bei der Mängelrüge darf der Käufer, der davon abgesehen hat, kleinere Fehler, die er festgestellt hat, anzuzeigen, dann noch rügen, wenn er später größere Mängel feststellt und rügt und in diese Rüge die früher festgestellten kleineren Mängel einbezieht.

2073

Der Käufer verliert seine Gewährleistungsansprüche, wenn er eine mangelbehaftete Sache annimmt, obwohl er den Mangel kennt, ohne sich die Geltendmachung des Anspruchs vorzubehalten. Eine bloße Anzeige der Mängel genügt nicht als Vorbehalt der Rechte[3].

2074

Die Verletzung der Rügeobliegenheit gemäß § 377 Abs. 1 HGB hat nicht den Verlust deliktischer Ansprüche wegen einer durch die Schlechtlieferung verursachten Verletzung eines der in § 823 Abs. 1 BGB genannten Rechtsgüter des Käufers zur Folge[4].

Der Käufer muss sich zwar nicht ausdrücklich die Rechte aus dem Mangel vorbehalten oder zum Ausdruck bringen, dass er die Ware als Erfüllung ablehne, er muss aber erkennen lassen, dass er von den aus dem Mangel für ihn hervorgehenden Rechten Gebrauch machen will[5]. Der Käufer braucht jedoch noch nicht sofort zu erklären, welche Folgen er daraus ziehen will.

2075

(unbesetzt) 2076–2080

hh) Rücktritt

Der Rücktritt ist der weitgehendste Gewährleistungsanspruch. Der Verkäufer hat deshalb ein berechtigtes Interesse daran, möglichst bald zu wissen, ob der Käufer den Mangel der Sache zum Anlass nimmt, von dem Rechtsgeschäft zurückzutreten.

2081

Der Rücktritt ist eine einseitige empfangsbedürftige Erklärung des Käufers, durch die er den Kaufvertrag rückgängig macht und in ein Abwicklungsverhältnis umgestaltet. Schuldunabhängig setzt der Rücktritt voraus, dass der Kaufgegenstand nicht unerheblich mangelhaft und die Frist zur Nacherfüllung erfolglos abgelaufen ist (§ 323 Abs. 1 BGB).

2082

Die Frist kann entbehrlich sein (vgl. §§ 323 Abs. 2, 440 BGB).

(unbesetzt) 2083

---

1 *Brüggemann* in Staub, Großkommentar HGB, 4. Aufl., 1983, § 377, Rdn. 11.
2 Vgl. Rn 1416.
3 RG-Urteil vom 21. Februar 1922 II 358/21, RGZ 104, 95, 96.
4 BGH-Urteil vom 16. September 1987 VIII ZR 334/86, DB 1987, 2351.
5 BGH-Urteil vom 12. Dezember 1958 VIII ZR 175/57; *Lindenmaier/Möhring*, HGB, § 377 Nr. 4.

ii) Schadensbegrenzung

2084 Zu regeln ist, ob der Verkäufer für einen etwaigen Schaden des Käufers unbegrenzt oder begrenzt haften soll und ob die Haftung für bestimmte Schadensfolgen ausgeschlossen werden soll.

2085 Wenn möglich, sollten Grundsätze für die Schadensberechnung festgelegt werden.

2086 *(unbesetzt)*

jj) Ansprüche, die durch das Verhalten von Mitarbeitern des Unternehmens verursacht werden

2087 Der Veräußerer hat ein Verschulden seines gesetzlichen Vertreters und der Personen, deren er sich zur Erfüllung seiner Verbindlichkeiten bedient – das kann das Management des Unternehmens oder können andere Mitarbeiter des Unternehmers sein –, in gleichem Umfang zu vertreten wie eigenes Verschulden (§ 278 BGB).

2088–2090 *(unbesetzt)*

kk) Produzentenhaftung

2091 **Schrifttum:** *Däubler,* Haftung für gefährliche Technologien, Heidelberg 1988; *Graf von Westphalen,* Produkthaftungshandbuch, München 1989 und 1991; *Hill-Arning,* Produkthaftung in Europa, Heidelberg 1995; *Wandt,* Internationale Produkthaftung, Heidelberg 1995.

2092 Mit Produzentenhaftung, die zunehmend an Bedeutung gewinnt, wird ein Sachverhalt bezeichnet, bei dem zwischen Hersteller und Verbraucher keine vertraglichen Beziehungen bestehen, der Hersteller aber für fehlerhafte Produkte in Anspruch genommen werden kann. Bei der vertraglichen Haftung kommt die Gewährleistungshaftung, die Garantiehaftung und die Haftung für Folgeschäden in Betracht.

Der Hersteller haftet für bestimmte Folgeschäden aus der Benutzung seiner Produkte nach Regeln deliktischer Haftung mit Anleihen aus der Gefährdungshaftung, die neben den Ansprüchen aus § 823 BGB oder den Rechten aus positiver Forderungsverletzung zugebilligt werden, und zwar außerhalb der Fehlerhaftigkeit des Produkts selbst für Schäden, die der bestimmungsgemäße Verbraucher oder sonstige Personen infolge eines Fehlers des Erzeugnisses erleiden (Verkehrssicherungspflicht – häufig auch kurz nur ungenau „Verkehrspflicht" – genannt). Dabei kommen dem geschädigten Endabnehmer Beweiserleichterungen zugute[1]. Es muss geregelt werden, welche Folgen für Ansprüche aus der Vergangenheit eintreten sollen, in welchem Verhältnis sie ggf von Verkäufer und Käufer zu tragen sind.

---

1 Zum Anscheinsbeweis bei Schaden aus Produktfehlern vgl. BGH-Urteile vom 16. Dezember 1953 VI ZR 12/53 – Trinkmilch, VersR 1954, 100; vom 12. Februar 1957 VI ZR 303/56, VersR 1957, 252; vom 27. September 1957 VI ZR 139/56, VersR 1958, 107, betreffend fehlerhafte Herstellung von Betondecken; vom 25. November 1958 VI ZR 226/57, VersR 1959, 365; vom 26. November 1968 VI ZR 212/66 – Hühnerpest, VersR 1969, 155, 158; vom 24. November 1976 VIII ZR 137/75, BGHZ 67, 359, BB 1977, 162; vom 11. Dezember 1979 VI ZR 141/78, BB 1980, 443, betreffend Klapprad-Konstruktionsfehler; vom 17. März 1981 VI ZR 191/79, BB 1981, 1045, betreffend Instruktionsfehler; vom 5. Mai 1981 VI ZR 280/79, BB 1981, 1239, betreffend Haftung der Vertriebsgesellschaft eines Plattenherstellers; vom 18. Januar 1983 VI ZR 310/79, NJW 1983, 810 – Gaszug-Fall; vom 14. Mai 1985 VI ZR 168/83, NJW 1985, 2420, betreffend fehlerhafte Kompressionen; vom 2. Dezember 1985 VI ZR 252/85, BB 1987, 295 – Putenfutter; vom 7. Juni 1988 VI ZR 91/87, BB 1988, 1624, NJW 1988, 2611, betreffend Beweislastumkehr auf Grund Befundsicherungspflicht (Wiederverwertung von Mehrweg-Limonadenflaschen).

Aus der Produzentenhaftung ergeben sich für den Unternehmer die Pflichten zur Produkt- 2093
beobachtung und gegebenenfalls zum Produktrückruf. Der Käufer des Unternehmens wird
sich über die möglichen Produktgefahren – soweit sie für den sorgfältigen Hersteller
erkennbar sind – und darüber informieren lassen, welche innerbetrieblichen organisatorischen Maßnahmen für diesen Ernstfall vorgesehen und vorbereitet sind[1].

Von besonderem Interesse ist bei einem Gesamthersteller, welche Maßnahmen getroffen 2094
worden sind, die die Haftungsverteilung zwischen ihm und seinen Zulieferern regeln. Ist
der Zulieferer in das Qualitätssicherungssystem des Gesamtherstellers einbezogen und
welche Überwachungsmaßnahmen sind vorhanden.

(unbesetzt) 2095–2100

8. Rechte des Käufers

a) Allgemeines

Die Rechte des Käufers ergeben sich aus dem Kaufvertrag. Sie sind im Übrigen das Spie- 2101
gelbild der Pflichten des Verkäufers, wie dessen Rechte das Spiegelbild der Pflichten des
Käufers sind.

Der Käufer hat das Recht, vom Verkäufer das Unternehmen übergeben, das Eigentum an
den Sachen verschafft und die nichtkörperlichen Wirtschaftsgüter übertragen zu erhalten.

b) Ansprüche bei Mängeln

Schrifttum: *Mischke,* Die Garantie im Kaufrecht, BB 1995, 1093. 2102

Der Käufer kann bei Mängeln des Kaufgegenstandes die Gewährleistungsansprüche[2] gel- 2103
tend machen, also die Rechte auf

- Nacherfüllung (§ 437 Nr. 1, § 439 BGB),
- Rücktritt (§ 437 Nr. 2, § 440 BGB),
- Minderung (§ 437 Nr. 2, § 441 BGB),
- Schadensersatz (§ 437 Nr. 3 BGB),
- Leistung aus der vom Veräußerer gegebenen Garantie (§ 443 BGB).

Er hat die vertraglichen Ansprüche, die vereinbart wurden (z. B. aus Garantiezusagen und
den dabei vereinbarten Rechtsfolgen).

aa) Nacherfüllung

Vgl. Rn 1944. 2104

bb) Rücktritt

Vgl. Rn 1945. 2105

Wegen eines Mangels, den der Verkäufer zu vertreten hat, kann der Käufer Rückgängigmachung des Kaufs verlangen. Der Verkäufer ist verpflichtet, den Kaufpreis (einschließlich Zinsen) zurückzuzahlen; der Käufer hat den verkauften Gegenstand zurückzugeben. Der Verkäufer hat dem Käufer die Vertragskosten zu ersetzen.

---

1 Vgl. dazu auch Rn 3184 ff.
2 Rn 1921 ff.

2106 Die Rückübertragung des verkauften Unternehmens bereitet jedoch deshalb praktische Schwierigkeiten, weil sich das Unternehmen fortlaufend ändert und häufig schon nach verhältnismäßig kurzer Zeit in der Hand des Erwerbers weitgehend umgestaltet ist. Im Zeitpunkt der Wandlung ist ein Teil der erworbenen Wirtschaftsgüter nicht mehr vorhanden (Umlaufvermögen ist veräußert, Forderungen sind eingezogen), neue Vermögensgegenstände sind erworben; Verpflichtungen, die das Unternehmen betreffen und vom Erwerber übernommen wurden, sind erfüllt, neue Verpflichtungen sind eingegangen, Investitionen und organisatorische Veränderungen vorgenommen worden. Das alles hindert zwar den Rücktritt nicht, kompliziert jedoch die Rückabwicklung[1].

2107 Zu unterscheiden sind die Fälle des Rücktritts vom Vertrag, bevor beide Vertragsparteien mit ihren Leistungen begonnen haben, nachdem beide Parteien ihre Leistungen erbracht haben und die Zeit dazwischen. Gewährt eine Vertragsklausel z. B. dem Käufer ein Rücktrittsrecht, wenn vor dem Vollzug des Vertrages für den Käufer nachteilige Ereignisse oder Entwicklungen eintreten, die so gewichtig sind, dass er den Vertrag nicht oder nicht zu den vereinbarten Bedingungen abgeschlossen hätte, ist gegen eine solche Vereinbarung grundsätzlich nichts einzuwenden.

Die Klausel darf keine Bedingungen enthalten, die es demjenigen, der sich auf sie berufen kann, ermöglicht, selbst die Voraussetzungen dafür herbeizuführen. Denkbar ist eine Rücktrittsvereinbarung z. B. für den Fall, dass Kreditgeber in Aussicht gestellte Kredite nicht gewähren.

2108 Der Verkäufer haftet von Anfang an, der Käufer erst ab Erlangung der Kenntnis vom Rücktrittsgrund nach den Vorschriften, die für das Verhältnis zwischen dem Eigentümer und dem Besitzer nach Eintritt der Rechtshängigkeit des Eigentumsanspruchs gelten. Bis dahin haftet der Käufer nur nach den Grundsätzen der ungerechtfertigten Bereicherung.

2109 Der Käufer muss die Nutzungen, die er aus dem Unternehmen gezogen hat, herausgeben; dies gilt jedenfalls insoweit, als es sich dabei nicht um das Ergebnis persönlicher Leistungen und Fähigkeiten des Betriebsinhabers handelt, dessen Anteil ggf gemäß § 287 ZPO zu schätzen ist[2].

2110 Der Verkäufer hat dem Käufer dessen Verwendungen auf das Unternehmen zu erstatten.

Der Käufer muss Verschlechterungen, die das Unternehmen durch sein Verschulden nach Eintritt der Kenntnis vom Rücktrittsgrund erfahren hat, ersetzen.

2111 Bei einer Geschäftsveräußerung wird eine Vielzahl von Wirtschaftsgütern übertragen. Dabei kann ein vom Verkäufer zu vertretender Mangel an nur einer Sache zum Rücktritt vom Kaufvertrag insgesamt führen. Denn jeder Vertragspartner kann verlangen, dass der Rücktritt auf alle Sachen erstreckt wird, wenn die mangelhaften Sachen nicht ohne Nachteile für ihn von den übrigen getrennt werden können (vgl. § 469 Satz 2 BGB). Der Rücktritt kann sowohl vom Käufer wie auch vom Verkäufer verlangt werden.

2112 **Beispiele:**
(1) Beim Verkauf einer Textilwarengroßhandlung weisen einzelne Waren Mängel auf.
(2) Beim Verkauf des Geschäfts einer chemischen Reinigung ist eine der Maschinen schadhaft.

---

1 Rn 2002.
2 BGH-Urteil vom 12. Mai 1978 V ZR 67/77, NJW 1978, 1578, betreffend Tankstellenbetrieb; vgl. auch allgemein *Ballerstedt*, Das Unternehmen als Gegenstand eines Bereicherungsanspruchs, in Festschrift für Schilling, Berlin, New York 1973, S. 289.

Kaufvertrag

Begehrt der Käufer Rücktritt, muss der Verkäufer im Beispiel (1) den Kaufpreis auf die mangelhaften Waren zurückzahlen und die mangelhaften Waren zurücknehmen. Er kann nicht verlangen, dass sich der Rücktritt auf den Verkauf des ganzen Warenlagers oder auf den Verkauf des gesamten Geschäfts erstrecken soll. Der Verkäufer hat nicht etwa dadurch einen Nachteil, der befugt, dass der Käufer die guten Waren behält und nur die schlechten zurückgibt. Das gilt selbst dann, wenn die mangelhaften Waren allein unverkäuflich, zusammen mit den übrigen Waren oder dem Geschäft jedoch noch verkäuflich sind[1].

Im Beispiel (2) der schadhaften Maschine kann der Käufer verlangen, dass sich der Rücktritt auf das ganze Geschäft erstreckt, auch wenn die Maschine trotz ihres Mangels im Rahmen des Geschäfts noch einen Wert hat, denn er kann, wenn ihm die Trennung der mangelhaften Sachen von den übrigen nachteilig sein würde, Rücktritt bezüglich aller Sachen verlangen. Ebenso kann aber auch der Verkäufer, wenn ihm die Trennung nachteilig wäre, den Rücktritt bezüglich der einzelnen Sachen ablehnen, sodass der Verkäufer entweder den Rücktritt auf alle Sachen erstrecken oder sich auf seine sonstigen Ansprüche beschränken muss.

(3) Der Inhaber einer Lebensmittelgroßhandlung kauft ein Unternehmen, das Gebrauchtwagenhandel betreibt, auf, um es stillzulegen und das Grundstück für sein Unternehmen zur Lagerung von Waren zu nutzen. Das Gebrauchtwagenunternehmen besteht im Wesentlichen aus einem Grundstück mit unbebautem Gelände und einer aufstehenden Lagerhalle. Nach Übergabe des Grundstücks stellt sich heraus, dass die Lagerhalle durch jahrelange Lagerung von Kfz-Reifen für die Lagerung von Lebensmitteln ungeeignet geworden ist. 2113

Von Bedeutung ist, ob Gegenstand des Kaufvertrages das Unternehmen oder nur das Grundstück war und ob Vereinbarungen über die Verjährungsfrist gegenüber Gewährleistungsansprüchen getroffen wurden.

cc) Minderung

Die Minderung ist eine Herabsetzung des Kaufpreises wegen des Mangels. Der Kaufpreis ist in dem Verhältnis herabzusetzen, in welchem z. Z. des Verkaufs der Wert der Sache in mangelfreiem Zustand zu dem wirklichen Wert gestanden haben würde (§ 441 BGB). Der Minderungsanspruch ist kein Schadensersatzanspruch. Er ist deshalb nicht nach subjektiven, sondern nach objektiven Maßstäben zu bemessen. 2114

Beispiele: 2115
(1) Eine verkaufte Maschine ist schadhaft.
(2) Beim Verkauf einer Textilwarenfabrik ist eine für den Produktionsablauf wichtige Maschine mangelhaft.

Im Beispiel (1) ist die Minderung nur im Verhältnis des Wertes einer unbeschädigten Maschine zu der beschädigten zu berechnen. Es spielt keine Rolle, dass die Maschine nicht arbeiten kann und dadurch eine Störung bei der Produktion eintritt.

Im Beispiel (2) liegen die Verhältnisse anders. Verkauft ist der Betrieb. Der Mangel der Maschine wirkt sich hier auf die Ertragslage des Unternehmens als eines Vermögensgegenstandes aus, der Gegenstand des Verkaufs war. Hat der Betrieb durch die schadhafte Maschine Ertragsausfälle, so sind diese bei der Berechnung der Minderung zu berücksichtigen.

Der Berechnung der Minderung ist eine Verhältnisrechnung zu Grunde zu legen. 2116

Beträgt bei einem Verkauf mehrerer Sachen der Gesamtpreis 900 € und beläuft sich der Gesamtwert der Sachen, wenn sie mangelfrei wären auf 1 000 € gegenüber ihrem Gesamtwert in dem wirklichen mangelhaften Zustand von 800 €, so beträgt die Minderung (X zu 900 € = 800 € zu 1 000 €; X = 800 € x 900 € : 1 000 € =) 720 €.

---

1 RG-Urteil vom 13. Mai 1907 II 26/07, RGZ 66, 154, 156.

2117 Kaufpreisänderungen, die sich auf Grund der Abrechnungsbilanz und der damit verbundenen Garantie des buchmäßig ausgewiesenen Substanzwertes ergeben, ersetzen weitgehend die gewährleistungsrechtliche Minderung. Für Wertminderungen des Unternehmens, die durch Nichteinhaltung von Garantie- und Gewährleistungszusagen des Verkäufers verursacht sind, kommt bei solchen Vereinbarungen in besonderer Anspruch des Käufers auf Kaufpreisminderung nur insoweit in Betracht, als die Wertminderungen in der Abrechnungsbilanz nicht erfasst werden.

2118 Im Vertrag sollte klargestellt werden, dass Wertminderungen außer Betracht bleiben, die bereits in der Abrechnungsbilanz oder deren nachträglicher Berichtigung berücksichtigt sind oder werden.

2119–2120 *(unbesetzt)*

dd) Schadensersatz

2121 Der Käufer kann an Stelle von Rücktritt oder Minderung Schadensersatz wegen Nichterfüllung verlangen, wenn der verkauften Sache z. Z. des Kaufs eine zugesicherte Eigenschaft gefehlt hat oder wenn der Verkäufer einen Mangel arglistig verschwiegen hat (§ 437 BGB). Bei dem Verkauf eines Handelsgeschäfts ist Kaufgegenstand das Geschäft als solches. Fehlt dem Geschäft eine zugesicherte Eigenschaft, oder ist ein Mangel des Geschäfts arglistig verschwiegen worden, so kann der Käufer Schadensersatz verlangen.

2122 Der Käufer kann das Geschäft behalten und verlangen, so gestellt zu werden, wie er bei gehöriger Erfüllung stehen würde (positives Interesse). Der Schaden ist in Geld zu ersetzen.

Die Berechnung des Schadens ist auf zwei Arten zur Wahl des Käufers möglich:

2123 Der Käufer kann die Sache behalten und verlangen, so gestellt zu werden, als ob gehörig erfüllt worden wäre, also Ersatz des Wertunterschieds zwischen mangelfreier und mangelhafter Sache verlangen; der Schadensersatz kann nach der Höhe der Kosten bemessen werden, die erforderlich sind, um z. B. das verkaufte Haus wieder in einen mangelfreien Zustand zu versetzen[1].

2124 Der Käufer kann stattdessen die Annahme der Sache gänzlich ablehnen oder die angenommene Sache zur Verfügung stellen und den durch Nichterfüllung des ganzen Vertrags entstandenen Schaden verlangen[2].

2125 Als Schadensersatz sind der Kaufpreis und Vertragskosten zu erstatten, ggf auch die Kosten eines Rechtsstreits, die infolge der Nichterfüllung vergeblich gebliebenen Aufwendungen und der entgangene Gewinn.

2126–2130 *(unbesetzt)*

ee) Wahlrecht

2131 Der Käufer hat die Wahl, Wandlung, Minderung oder Schadensersatz zu verlangen[3]. Die Ansprüche können im Prozess nur im Eventualverhältnis geltend gemacht werden. Das Wahlrecht erlischt erst mit der Rechtskraft eines Urteils, das auf einen der drei Ansprüche gerichtet ist, mit dem Vollzug von Wandlung oder Minderung durch Einverständnis des

---

1 BGH-Urteil vom 9. Oktober 1964 V ZR 109/62, NJW 1965, 34, betreffend Verkauf eines Hauses, dessen Dachgebälk von Hausbockkäfern befallen ist.
2 BGH-Urteil vom 8. Januar 1959 VIII ZR 174/57, BGHZ 29, 148.
3 BGH-Urteil vom 8. Januar 1959 VIII ZR 174/57, BGHZ 29, 148, 151.

Kaufvertrag

Verkäufers (§ 441 BGB) oder durch Einverständnis des Verkäufers mit dem Schadensersatzanspruch.

(unbesetzt) 2132

ff) Vertragliche Regelung des Gewährleistungsrechts

Ist das Gewährleistungsrecht vertraglich geregelt, kommen für einen Schadensersatzanspruch des Käufers wegen Nichterfüllung z. B. noch in Betracht 2133

- der Aufwand des Verkäufers zur Herstellung des vertragsgemäßen Zustandes,
- der Aufwand, der dem Verkäufer entsteht, wenn der vertragsgemäße Zustand des Unternehmens nicht herstellbar ist. Das kann z. B. der Aufwand für Kosten der vollständigen oder teilweisen Betriebsstillegung sein, weil das Unternehmen aus vor dem Übergangsstichtag verursachten Gründen, für die der Verkäufer einzustehen hat, nicht oder teilweise nicht weiterbetrieben werden kann.

(unbesetzt) 2134

c) Geltendmachung der Gewährleistungsansprüche

aa) Allgemeines

Die Vorschriften über die Gewährleistung wegen Mängel der Sache (§§ 434 ff. BGB) stellen eine Sonderregelung dar, die für ihren Anwendungsbereich alle allgemeinen Vorschriften ausschließt[1]. Da die Regelungen des Gewährleistungsrechts größtenteils abdingbar sind (vgl. z. B. als nicht abdingbare Ausnahme § 444 BGB), werden in der Regel die vertraglichen Abmachungen maßgebend sein. 2135

Ansprüche neben denen aus den §§ 434 ff. BGB können bestehen auf Grund der Rechtsinstitute der

- positiven Vertragsverletzung oder des 2136
- Verschuldens bei Vertragsabschluss (culpa in contrahendo), 2137
- auf Grund von Anfechtung wegen Täuschung (§ 123 BGB) oder wegen Irrtums i. S. v. § 119 Abs. 1 BGB (die Anfechtungsmöglichkeit gem. § 119 Abs. 2 BGB ist durch das Gewährleistungsrecht verdrängt), 2138
- aus unerlaubter Handlung (§§ 823, 826 BGB) oder 2139
- wegen Wegfalls der Geschäftsgrundlage, es sei denn, sie betreffen Fehler oder Eigenschaften des Kaufgegenstandes. 2140

Die Gewährleistung beginnt in aller Regel mit dem Gefahrenübergang auf den Käufer. Der Käufer kann Leistung einer zu dieser Zeit mangelfreien Sache verlangen. Er kann die Annahme einer fehlerhaften Sache ablehnen, da der Verkäufer durch das Angebot einer solchen Sache seine Leistungspflicht nicht ordnungsgemäß erfüllt. Der Käufer kann nach der Rechtsprechung Gewährleistungsansprüche geltend machen oder, wenn er über Eigenschaften der verkauften Sache im Irrtum war, den Vertrag wegen Irrtums anfechten (§ 119 BGB), der dadurch rückwirkend vernichtet wird und nach Bereicherungsrecht rückabzuwickeln ist. 2141

---

1 Vgl. *Palandt*, BGB, aaO, Vorbem. v. § 459 Rn 2.

2142 Die Anfechtung wegen Irrtums des Käufers über verkehrswesentliche Eigenschaften nach § 119 Abs. 2 BGB ist ausgeschlossen, soweit aus dem gleichen Grunde Gewährleistung geltend gemacht werden kann[1]. Dagegen ist die Anfechtung wegen arglistiger Täuschung jederzeit neben dem Gewährleistungsanspruch zulässig.

2143 Zuerst ist zu prüfen, ob die Mängel einzelner zum Unternehmen gehöriger Wirtschaftsgüter Mängel des Unternehmens ergeben. Ist das der Fall, werden auf den auf des ganzen Unternehmens die Sachmängelvorschriften unmittelbar auf das mangelhafte Objekt angewendet.

2144–2145 *(unbesetzt)*

bb) Wirksamer Kaufvertrag

2146 Die Gewährleistungsansprüche setzen einen gültigen Kaufvertrag voraus, entstehen also dann nicht, wenn der Kaufvertrag wegen Formmangels nichtig ist oder wirksam angefochten worden ist. Fehlt ein wirksamer Kaufvertrag, müssen die gegenseitigen Leistungen nach den Regeln über die ungerechtfertigte Bereicherung rückabgewickelt werden. Wird nach Geltendmachung eines Gewährleistungsanspruchs der Vertrag rechtswirksam angefochten, so entfällt der Gewährleistungsanspruch.

cc) Beschaffenheitsmangel

2147 Die Gewährleistungsansprüche entstehen, wenn ein Beschaffenheitsmangel vorliegt.

dd) Verjährungsfristen

2148 **Schrifttum:** *Witt,* Schuldrechtsmodernisierung 2001/2002 – Das neue Verjährungsrecht, JuS 2002, 105.

2149 Der Käufer muss dem Verkäufer den Mangel der Sache anzeigen und klar erklären, welche Rechte er aus dem Mangel geltend macht. Er muss also entscheiden, ob er Rücktritt vom Vertrag, Minderung oder Schadensersatz fordern will. Den Anspruch muss er innerhalb der Verjährungsfrist geltend machen. Die Verjährungsfristen sind in § 438 BGB geregelt.

2150 *(unbesetzt)*

ee) Unterbrechung und Hemmung der Verjährung

2151 Die Verjährung der Gewährleistungsansprüche kann unterbrochen werden oder gehemmt sein. Die Verjährung der Gewährleistungsansprüche ist **gehemmt,** solange der Käufer durch Stillstand der Rechtspflege oder sonst wie durch höhere Gewalt innerhalb der letzten sechs Monate der Verjährungsfrist an der Rechtsverfolgung verhindert ist. Die Verjährung ist ferner gehemmt für Ansprüche zwischen Ehegatten, solange die Ehe besteht, für Ansprüche zwischen Eltern und Kindern, solange die Kinder minderjährig sind und zwischen Vormund und Mündel während der Dauer der Vormundschaft. Der Zeitraum der Hemmung wird gemäß § 205 BGB in die Verjährungsfrist nicht eingerechnet.

Die Verjährung wird **unterbrochen,** wenn der Verpflichtete dem Berechtigten gegenüber den Anspruch anerkennt (§ 212 BGB) oder wenn der Berechtigte wegen des Anspruchs gegen den Verpflichteten Klage erhebt (§ 209, 210 BGB). Wird die Verjährung unterbrochen, verkürzt die bis zur Unterbrechung verstrichene Zeit nicht den Verjährungszeitraum; eine neue Verjährung kann erst nach Beendigung der Unterbrechung beginnen.

---

1 RG-Urteil vom 22. November 1932 II 148/32, RGZ 138, 354; *Palandt,* BGB, aaO, Vorbem. § 459 Rn 2.

ff) Erhaltung des Anspruchs

Hat der Käufer den Mangel dem Verkäufer angezeigt oder die Anzeige an ihn abgesandt, bevor der Anspruch auf Wandlung oder Minderung verjährt war, so kann er auch nach Vollendung der Verjährung die Zahlung des Kaufpreises insoweit verweigern, als er auf Grund der Wandlung oder Minderung dazu berechtigt sein würde. Das Gleiche gilt, wenn der Käufer vor der Vollendung der Verjährung gerichtliche Beweisaufnahme beantragt oder in einem Rechtsstreit dem Verkäufer den Streit verkündet hat (§ 438 BGB). 2152

(unbesetzt) 2153–2160

9. Pflichten des Käufers

a) Allgemeines

Nach § 433 Abs. 2 BGB ist der Käufer verpflichtet, den vereinbarten Kaufpreis zu zahlen und die gekaufte Sache abzunehmen. Aus dem Kaufvertrag ergeben sich somit zwei selbstständige Verpflichtungen des Käufers. Es muss die Gegenleistung, den Kaufpreis zahlen; er muss das verkaufte Geschäft, also alle verkauften Gegenstände abnehmen. 2161

b) Zahlung des Kaufpreises

Die Hauptverpflichtung des Käufers ist die Zahlung des vereinbarten Kaufpreises. Der Kaufpreis muss in Geld bestehen, sonst liegt Tausch vor. 2162

Ist der zu zahlende Kaufpreis hoch, werden Vereinbarungen über die Fälligkeit oder die Art und Weise der Zahlung getroffen werden. 2163

Gehören zu dem Betriebsvermögen des veräußerten Betriebs Grundstücke, so werden regelmäßig die auf dem Grundbesitz ruhenden Hypotheken und Grundschulden in Anrechnung auf den Kaufpreis übernommen. 2164

Bei Hypotheken gilt die Genehmigung zur Schuldübernahme als erteilt, wenn der Veräußerer die Schuldübernahme dem Gläubiger mitgeteilt und der Gläubiger sechs Monate nach Erhalt der Mitteilung nicht die Genehmigung verweigert hat. Die Mitteilung des Veräußerers kann jedoch erst dann erfolgen, wenn der Erwerber als Eigentümer im Grundbuch eingetragen worden ist. Sie muss schriftlich erfolgen und den Hinweis enthalten, dass der Übernehmer an die Stelle des bisherigen Schuldners tritt, wenn nicht der Gläubiger die Verweigerung innerhalb von sechs Monaten mitteilt.

Oft werden in diesem Zusammenhang Schuldübernahme oder Erfüllungsübernahme vereinbart[1]. 2165

Die Übernahme von Schulden ist meist keine Leistung an Erfüllungs statt. Werden Schulden übernommen, so ist der Kaufpreis nur eine Rechnungsgröße. In Höhe der übernommenen Schulden entsteht durch den Kaufvertrag regelmäßig kein Zahlungsanspruch. Der Verkäufer kann deshalb, soweit eine übernommene Schuld nicht entstanden war oder sich ermäßigt, keine Zahlung an sich verlangen[2].

Beispiel: 2166
Der Erwerber einer Großhandlung hat alle Schulden übernommen und an den Veräußerer 80 000 € in vier Raten zu zahlen.

---
1 Rn 1531–1547.
2 BGH-Urteil vom 25. Januar 1961 V ZR 141/59, WM 1961, 505 f.

Eine Schuld von 5 000 € ist wegen Sittenwidrigkeit des Verpflichtungsgeschäfts nicht entstanden. Eine andere Schuld ermäßigt sich von 4 000 € auf 3 000 €.

Der Verkäufer kann nicht die Zahlung von 86 000 € an sich verlangen, weil der Erwerber 6 000 € weniger zur Abdeckung der übernommenen Schulden aufzuwenden braucht. Er hat durch den Kaufvertrag nur einen Anspruch von 80 000 € erworben. Wie sich dieser Anspruch berechnet, ist eine Rechnungsgröße. Ein Irrtum bei der Berechnung rechtfertigt als Irrtum über das Motiv möglicherweise auch keine Anfechtung des Vertrages.

2167 Die Beteiligten können jedoch auch vereinbaren, dass die Übernahme von Schulden nur als Leistung an Erfüllungs statt gilt. Ist das gewollt, so darf nicht der Betrag als Kaufpreis vereinbart werden, den der Käufer an den Verkäufer zu zahlen hat, nachdem die Schulden abgesetzt sind. Es muss der Kaufpreis für das Aktivvermögen vereinbart werden, der sich ermäßigt, wenn und soweit der Erwerber Schulden des Veräußerers begleicht. „Als Kaufpreis werden 100 000 € vereinbart. Auf diesen Preis werden die Beträge angerechnet, die der Käufer in der Erfüllung seiner Verpflichtung zur Zahlung der Schulden des Verkäufers gezahlt hat. Das gilt nicht für Zinsen und andere durch nicht fristgerechte Zahlung entstandenen Zuschläge, die nach dem Verkauf entstanden sind."

2168 Nach dem Gesetz hat die Zahlung des Kaufpreises in bar zu erfolgen. In der Praxis wird dagegen fast ausnahmslos bargeldlos gezahlt. Die Bekanntgabe des Bank- oder Postgirokontos an den Käufer enthält die Einwilligung des Verkäufers zur Überweisung auf das Konto. Die vertragsgemäße Hingabe von Schecks kann bereits Kaufpreiszahlung sein. Regelmäßig werden jedoch Schecks und Wechsel nur zahlungshalber gegeben (§ 364 Abs. 2 BGB). Bei der Hingabe von Wechseln unterwirft sich der Käufer den strengen Rechtsfolgen des Wechselrechts, vorausgesetzt der Verkäufer sorgt für rechtzeitige Vorlegung und ggf Protest. Die Kaufpreisforderung erlischt erst mit der Einlösung des Papiers.

2169 Wann, wo und wie zu zahlen ist, wird in der Regel im Vertrag bestimmt. Fehlen Vereinbarungen, gelten die gesetzlichen Vorschriften der §§ 269 ff. BGB. Nach dem Gesetz hat die Zahlung bei Übergabe des Geschäfts Zug um Zug zu erfolgen (§ 320 BGB). Ist eine Frist nicht vereinbart, so muss sofort erfüllt werden; unter „sofort" versteht man eine angemessene kurze Frist. In der Praxis werden aber bei Geschäftsveräußerungen in der Regel längere Zahlungsziele eingeräumt.

2170 Ist ein Ort für die Zahlung nicht bestimmt, so hat sie an dem Ort zu erfolgen, an welchem der Schuldner zurzeit der Entstehung des Schuldverhältnisses seinen Wohnsitz hat (§ 269 Abs. 1 BGB). Geld hat der Schuldner im Zweifel auf seine Gefahr und seine Kosten dem Gläubiger an dessen Wohnsitz zu übermitteln (§ 270 Abs. 1 BGB). Bei Überweisungen trägt der Schuldner das Überweisungsrisiko, der Gläubiger aber das Risiko der Dauer der Übermittlung[1]. Es empfiehlt sich deshalb für den Veräußerer, den Zeitpunkt festzulegen, an dem das Geld auf seinem Konto eingegangen sein muss.

2171 **Beispiel:**
Bei bargeldloser Zahlung wird als Ort der Zahlung der Wohnsitz des Gläubigers und als Zeitpunkt der Zahlung die Gutschrift auf dem Konto des Gläubigers vereinbart.

Werden nur der Ort sowie der Zeitpunkt der Zahlung bestimmt (z. B. Wohnsitz des Gläubigers und 31. Dezember), und gibt der Schuldner am 31. Dezember den Überweisungsauftrag bei seiner

---

[1] Vgl. BFH-Urteil vom 14. Januar 1986 IX R 51/80, BFHE 146, 48, BStBl II 1986, 453.

Bank ab, dann kann der Gläubiger keine Ansprüche geltend machen, wenn ihm der Betrag erst später (z. B. am 5. Januar) gutgeschrieben wird.

(unbesetzt) 2172–2175

Zahlt der Käufer den Kaufpreis nicht rechtzeitig, so kommt er in Verzug, wenn er auch auf eine Mahnung des Gläubigers, die nach Eintritt der Fälligkeit erfolgt ist, nicht zahlt (§ 286 BGB). Ist für die Leistung eine Zeit nach dem Kalender bestimmt, so kommt der Schuldner ohne Mahnung in Verzug, wenn er nicht zu der bestimmten Zeit leistet. 2176

Hat der Käufer an einem bestimmten Tag oder auch bis zu einem bestimmten Tag die Zahlung zu leisten, so kommt er auch ohne Mahnung in Verzug, wenn er nach Ablauf dieses Tages seine Leistung nicht erbracht hat. Der Käufer hat dem Verkäufer den **durch den Verzug entstandenen Schaden** zu ersetzen (§ 280 BGB). Auch ohne Nachweis eines Schadens sind Verzugszinsen zu zahlen, und zwar auch dann, wenn die Leistung bisher unverzinslich war. 2177

Der Verkäufer kann ferner dem sich in Zahlungsverzug befindlichen Käufer eine angemessene Nachfrist setzen mit der ausdrücklichen Androhung, dass er nach fruchtlosem Fristablauf die Leistung seitens des Schuldners ablehne. Nach Ablauf der Frist ist der Verkäufer dann berechtigt, Schadensersatz wegen Nichterfüllung zu verlangen oder vom Vertrag zurückzutreten. Bei der Forderung auf Zahlung des Kaufpreises hat diese Vorschrift nur geringe Bedeutung. Der Schadensersatz besteht in einer Geldzahlung, kommt also der Geltendmachung des Verzugsschadens gleich. Nur in Ausnahmefällen, wenn der Käufer den Kaufpreis durch Wertpapiere oder Bestellung einer Hypothek entrichten kann, hat die Vorschrift praktische Bedeutung. Der Verkäufer braucht dann die vereinbarte Gegenleistung nicht mehr anzunehmen, sondern kann Schadensersatz, also eine Geldzahlung verlangen. 2178

Das Recht des Verkäufers, vom Vertrage zurückzutreten, ist bei den Verträgen über den Verkauf von Handelsgeschäften von geringer Bedeutung. Dem Verkäufer steht kein Rücktrittsrecht zu, wenn er den Vertrag bereits erfüllt und den Kaufpreis gestundet hatte. 2179

(unbesetzt) 2180

c) Raten und wiederkehrende Leistungen als Kaufpreis

Die Leistung des Kaufpreises in Raten kann im Interesse des Erwerbers liegen, um eine hohe Verpflichtung leichter aufbringen zu können; eine Verrentung des Kaufpreises oder eines Teils davon, kann im Interesse des Verkäufers liegen, weil er den künftigen Lebensunterhalt für sich und seine Familie sichern will. 2181

Vgl. dazu auch Rn 4286–4359.

aa) Raten

Ein Kaufpreis in Raten ist ein ziffernmäßig bestimmter Kaufpreis, der gestundet ist und in Teilbeträgen gezahlt wird. Die einzelnen Zahlungen sind wirtschaftlich Kapitalrückzahlung aus einem darlehensähnlichen Geschäft. Zu vereinbaren ist, ob eine Verzinsung oder die Unverzinslichkeit vorgesehen werden soll. Bei der Vereinbarung von Ratenzahlungen ist vom Verkäufer die steuerliche Behandlung der Raten zu berücksichtigen. 2182

bb) Leibrente als Kaufpreis

Schrifttum: *Kiethe,* Die Verrentung des Kaufpreises beim Unternehmenskauf, MDR 1993, 1034, 1155. 2183

2184 Bei der Vereinbarung des Kaufpreises in Gestalt wiederkehrender Leistungen kommt am häufigsten der Abschluss eines Leibrentenvertrages vor (§ 761 BGB).

Der Leibrentenvertrag ist ein Vertrag, durch den jemand einem anderen gegenüber die selbstständige Verpflichtung übernimmt, für dessen oder einer anderen Person Lebensdauer regelmäßig wiederkehrende, fest begrenzte, gleichmäßige Leistungen in Geld oder anderen vertretbaren Sachen zu gewähren. Durch den Vertrag wird dem Berechtigten ein einheitlich nutzbares Stammrecht zugewendet.

2185 Die Leibrente kann durch Vertrag, durch eine letztwillige Verfügung (z. B. Vermächtnis) oder einen anderen Rechtsgrund begründet werden. Da die Lebenszeit einer Person unbestimmt ist, sind Leibrenten stets mit einem Wagnis verbunden. Die Laufzeit einer Leibrente kann außer von der Lebenszeit eines Menschen auch noch von weiteren Bedingungen abhängig sein, z. B. von einer Mindestlaufzeit verlängerte Leibrente; Mindestlaufzeitrente). Unter abgekürzter Leibrente versteht man eine Leibrente, deren Laufzeit außer von der Lebenszeit eines Menschen auch noch von einer Höchstlaufzeit abhängt. Die Laufzeit einer Rente kann auch von einer Mindestlaufzeit und einer Höchstlaufzeit nebeneinander abhängig sein. Aufgeschobene Leibrenten sind Leibrenten, die nicht sofort zu laufen beginnen, sondern erst ab einem späteren Zeitpunkt.

2186 Der Vertrag, durch den eine Leibrente vereinbart wird, ist unwirksam, wenn nicht mindestens das Versprechen schriftlich erteilt worden ist (§ 761 BGB).

2187 **Beispiele:**
1. Adam verpflichtet sich, als Kaufpreis für ein Geschäft dem Bäcker bis zu dessen Lebensende eine monatliche Rente von 1 000 € zu zahlen.
2. Adam verpflichtet sich, bis zum Tode des Bäcker monatlich 1 000 €, nach dessen Tode an die Ehefrau des Bäcker bis zu deren Tode 800 € zu zahlen.
3. Adam verpflichtet sich, bis zum Tode des Bäckers, höchstens jedoch für die Dauer von 12 Jahren, diesem 1 000 € zu zahlen (abgekürzte Leibrente).
4. Adam verpflichtet sich, dem Bäcker, nach dessen Tode dessen Erben auf die Dauer von 12 Jahren monatlich 1 000 € zu zahlen.

2188 Einen Leibrentenvertrag nur von der Lebensdauer des Verkäufers abhängig zu machen, ist risikoreich und wird den Interessen beider Vertragspartner selten gerecht. Stirbt der Veräußerer bald nach Vertragsabschluss ist der Gewinn des Erwerbers unverdient hoch. Wird der Verkäufer sehr alt, muss der Erwerber möglicherweise erheblich mehr leisten als das Unternehmen im Zeitpunkt des Erwerbs wert war.

2189 Die Risiken können z. B. dadurch gemindert werden, dass nur ein Teil des Kaufpreises als Leibrente zu leisten, der andere Teil sofort bar zu zahlen ist.

Es kann vereinbart werden, dass im Falle des Todes des Verkäufers die Rente noch eine bestimmte Zeit lang an die Erben des Verkäufers weiter zu entrichten ist, ggf verbunden mit einem Ablösungsrecht des Erwerbers, oder dass der Erwerber an die Erben eine einmalige mit der Dauer der Rentenzahlung sinkende (zahlenmäßig bestimmte oder bestimmbare) Zahlung zu leisten hat.

Es kann vorgesehen werden, dass sich die Rente halbiert (oder auf bestimmte andere Vomhundertsätze mindert), wenn der Veräußerer ein bestimmtes Lebensalter erreicht hat oder einer der Berechtigten stirbt.

2190 Die Rente kann gestaffelt werden, sodass sie in den ersten Jahren höher als in späteren Jahren zu leisten ist.

cc) Sonstige wiederkehrende Leistungen als Kaufpreis

Als sonstige wiederkehrende Leistungen werden solche wiederkehrend gedachten Leistungen bezeichnet, die weder Raten noch Leibrenten sind, insbesondere also Renten. Wiederkehrende Leistungen können gewinn- oder umsatzabhängig gestaltet oder nach den Bedürfnissen des Empfängers oder der Leistungsfähigkeit des Verpflichteten zu bemessen sein. Der Gestaltungsvielfalt sind kaum Grenzen gesetzt. 2191

(unbesetzt) 2192–2200

d) Abnahme

Der Käufer ist verpflichtet, den gekauften Gegenstand abzunehmen. Die Abnahme im Sinne des § 433 Abs. 2 BGB besteht darin, dass das Geschäft übernommen wird, also in der Entgegennahme des Kaufgegenstandes; sie bedeutet nicht, dass der Erwerber damit die vertragsgemäße Erfüllung des Vertrages anerkennt. Die Abnahme soll den Verkäufer von der Pflicht, für das Geschäft zu sorgen, befreien. Von der Übernahme an trägt der Käufer die Gefahr eines zufälligen Untergangs und auffälliger Schäden. Der Käufer hat von diesem Zeitpunkt ab auch für die Lasten des Geschäfts, z. B. Gewerbesteuer, Hypothekenzinsen, aufzukommen. Andererseits gebühren ihm von der Übergabe ab die Nutzungen (§ 446 Abs. 1 BGB). 2201

Der Käufer ist aber nur dann zur **Abnahme** verpflichtet, wenn der Verkäufer ihm die Sache in vertragsgemäßem Zustand anbietet. Er kann ein Leistungsangebot, das nicht den vertraglichen Vereinbarungen entspricht ablehnen, ohne dadurch eine Abnahmepflicht zu verletzen. 2202

Nimmt der Käufer das ordnungsgemäß angebotene Geschäft als die vertragliche Leistung des Verkäufers aus dem Kaufvertrag nicht ab, so gerät er, weil er als Gläubiger die erforderliche Mitwirkung bei der Erfüllung der Leistung des Verkäufers unterlässt, in Gläubigerverzug. Er gerät ferner, da er zur Abnahme verpflichtet ist, auch in Schuldnerverzug. 2203

Die Rechtsfolgen des **Gläubigerverzugs** bieten dem Verkäufer wenig Schutz. Der Verkäufer hat während des Gläubigerverzuges des Käufers als Schuldner nur Vorsatz und grobe Fahrlässigkeit zu vertreten (§ 300 BGB). Er kann einzelne Gegenstände, die zum veräußerten Geschäftsvermögen gehören, ggf im Selbsthilfeverkauf veräußern. 2204

Da der Käufer sich durch die **Nichtabnahme** aber auch im **Schuldnerverzug** befindet, stehen dem Verkäufer daneben die Rechte gegen den sich in Verzug befindlichen Schuldner zu. Der Verkäufer kann deshalb gemäß § 286 BGB Schadensersatz wegen der Verzögerung verlangen. Darüber hinaus stehen ihm bei Säumigkeit seines Vertragspartners auch die Rechte aus § 326 BGB zu, denn bei Geschäftsveräußerungen stellt nach der Natur der Sache die Pflicht zur rechtzeitigen Abnahme des Geschäfts eine Hauptpflicht dar. Der Verkäufer kann daher dem Käufer eine Nachfrist für die Abnahme setzen und nach deren fruchtlosem Ablauf Schadensersatz wegen Nichterfüllung verlangen oder vom Verkauf zurücktreten. Eine Nachfrist braucht nicht gesetzt zu werden, wenn der Veräußerer wegen des Verzugs kein Interesse mehr an der Geschäftsveräußerung hat. Auf diese Weise kann er von seinem unzuverlässigen Vertragspartner wieder loskommen. 2205

e) Nebenpflichten

Der Käufer muss den Kaufpreis von dem Zeitpunkt an verzinsen, von dem an dem Käufer die Nutzungen der Sache gebühren (§ 452 BGB). Die gesetzlichen Zinsen betragen 4 vH (§ 246 BGB), bei beiderseitigen Handelsgeschäften 5 vH (§ 352 HGB). Im Vertrag kann 2206 die Verzinsung abweichend, insbesondere unabhängig vom Nutzungsübergang geregelt werden. Zinspflicht besteht nicht, wenn der Kaufpreis gestundet ist. Stundung ist gewährt, wenn der Käufer erst nach Leistung des Verkäufers zahlen soll, die bloße Nachsicht des Verkäufers oder Gewährung einer unbestimmten Frist zur Geldbeschaffung enthält keine Stundung.

2207–2210   *(unbesetzt)*

10. Wirkung der Unternehmensübertragung

a) Fortführung der Firma bei Handelsgeschäften

2211 **Schrifttum:** *Frey,* Verwendung einer schutzfähigen Geschäftsbezeichnung als unberechtigter Firmenmissbrauch!, DB 1993, 2169; *Gößner,* Lexikon des Firmenrechts, München 1988 (Loseblatt-Ausgabe); *Merkt/Dünckel,* Anknüpfung der Haftung aus Vermögensübernahme bzw. Firmenfortführung beim Unternehmenskauf, RJW 1996, 533; *Pöpel,* Die unwahrgewordene Firma – Irreführungsverbot versus Bestandsschutz, Berlin 1995; *Rohnke,* Firma und Kennzeichen bei der Veräußerung von Unternehmensteilen, WM 1991, 1405; *Schmidt, Karsten,* Unterbilanzhaftung – Vorbelastungshaftung – Gesellschafterhaftung, ZHR 1992 (156. Bd.), 93.

aa) Allgemeines zu handelsrechtlichen Grundbegriffen sowie zur Firma und Geschäftsbezeichnung

(1) Kaufmannseigenschaft

2212 Die Kaufmannseigenschaft (§ 1 Abs. 1 HGB) beginnt mit dem Betreiben des Handelsgewerbes (§ 1 Abs. 2 HGB; s. aber auch §§ 2 und 3 HGB). Kaufmann ist (seit der Reform durch das HRefG) ohne Rücksicht auf die Branche grundsätzlich jeder Gewerbetreibende außer den Kleingewerbetreibenden. Kleingewerbetreibende können sich in das Handelsregister eintragen lassen und damit freiwillig Kaufmann werden (§ 2 HGB; vgl. auch § 3 HGB betreffend Land- und Forstwirte). Das Recht für Kaufleute gilt auch für Handelsgesellschaften (§ 6 HGB).

2213 Kein Gewerbe i. S. v. § 1 HGB betreiben Freiberufler gem. § 1 Abs. 2 PartGG. Sie sind damit auch nicht in das Handelsregister eintragbar. Dies erscheint insofern problematisch, als Freiberufler immer häufiger Tätigkeiten ausüben, die in den Augen der Kunden näher beim klassischen Berufsbild des Gewerbetreibenden liegen, als bei dem des Freiberuflers.

Dem beginnt neuerdings die obergerichtliche Rechtsprechung in Ansätzen Rechnung zu tragen und so die strenge Differenzierung zwischen Gewerbebetrieb und Freiberufler aufzuweichen. So hat das BayObLG die Eintragung eines Ingenieursunternehmens für Softwareentwicklung und -vertrieb in das Handelsregister zugelassen. Zum einen sei nach dem historisch gewachsenen Berufsbild in Verbindung mit der Verkehrsanschauung der Kreis der freien Berufe eher eng zu ziehen; zum anderen sei inhaltlich entscheidend, dass hier im Unterschied zu klassischen freien Berufen wie insbesondere Rechtsanwälten oder Ärzten ein marktnahes und wettbewerbsorientiertes Verhalten bestehe[1].

Es steht also zu erwarten, dass sich die Abgrenzung zwischen Kaufmann und Freiberufler in Zukunft eher kasuistisch an der Frage des Gesamterscheinungsbildes und der Verkehrsauffassung orientieren wird.

---

1 *Siems,* Fünf Jahre neuer Kaufmannsbegriff – Eine Bestandsaufnahme der Rechtsprechung, NJW 2003, 1296; BayObLG, Beschluss vom 21. März 2002 3Z BR 57/02, NZG 2002, 71.

An der Gewinnerzielungsabsicht als Voraussetzung für die Kaufmannseigenschaft hält dagegen auch die neuere Rechtsprechung strikt fest[1]. 2214

(2) Handelsgeschäft 2215

Der Ausdruck „Handelsgeschäft" hat im Handelsrecht verschiedene Bedeutungen. Als „Handelsgeschäft" wird zum einen das Unternehmen des Kaufmanns bezeichnet. „Handelsgeschäfte" sind zum anderen die einzelnen Rechtsgeschäfte des Kaufmanns, die von ihm getätigt werden und die die Anwendung des Handelsrechts nach sich ziehen (§ 343 HGB).

Das Betreiben eines Handelsgewerbes beginnt mit den nach außen wirkenden Vorbereitungsgeschäften oder einer entsprechenden Mitteilung an Dritte, dass das Handelsgewerbe bestehe. Der Zeitpunkt der Eintragung im Handelsregister ist nicht maßgeblich.

Die Kaufmannseigenschaft endet, wenn die Firma im Handelsregister eingetragen ist, mit dem Ende der Gewerbetätigkeit oder in den Fällen der §§ 2 und 3 HGB mit deren Löschung.

Das Handelsgeschäft erlischt, wenn der Kaufmann nicht im Handelsregister eingetragen ist, durch Betriebsaufgabe oder durch Umstellung auf eine Tätigkeit, die kein Gewerbe ist (z. B. freiberufliche Tätigkeit oder Vermögensverwaltung).

(3) Firma 2216

Die Firma (Fa) eines Kaufmanns ist der Name, unter dem er seine Geschäfte betreibt und die Unterschrift abgibt. Der Kaufmann kann unter seiner Firma klagen und verklagt werden (§ 17 HGB).

Der Firmenname muss Unterscheidungskraft und Kennzeichnungswirkung besitzen. Gesellschaftsverhältnisse müssen ersichtlich sein und die Haftungsverhältnisse offen legen.

Die Firma ist Persönlichkeitsrecht aber auch Vermögensrecht.

Der Kaufmann kann mehrere verschiedene Firmen führen.

Die „Marke" kennzeichnet dagegen das Produkt des Unternehmens. Der „Markenschutz" entsteht durch Eintragung der Marke in das vom Patentamt geführte Register, durch Benutzung im Geschäftsverkehr, soweit das Zeichen als Marke Verkehrsgeltung erlangt hat.

Die Übertragung der Firma ist zwar nur zusammen mit dem Handelsgeschäft möglich (§ 23 HGB); eingeräumt werden kann allerdings eine bloße Benutzungserlaubnis. Die Firma gehört im Insolvenzverfahren zur Insolvenzmasse.

Wer ein bestehendes Handelsgeschäft unter Lebenden oder von Todes wegen erwirbt, darf für das Geschäft die bisherige Firma mit oder ohne Beifügung eines das Nachfolgeverhältnis andeutenden Zusatzes fortführen, wenn der bisherige Geschäftsinhaber oder dessen Erben in die Fortführung der Firma ausdrücklich einwilligen (§ 22 HGB).

Im Insolvenzverfahren ist die Firma (samt dem Unternehmen) **nur** mit Zustimmung des Namensträgers, dessen Namen sie enthält, übertragbar (§ 22 HGB); es ist also keine Zustimmung erforderlich, wenn die Firma nicht den Namen des Gemeinschuldners enthält (aA K. Schmidt, § 12 I 3 c).

---

1 *Siems*, aaO, 1297 m. w. N.

Richtet der Unternehmer eine Website ein, muss das Impressum folgende Angaben enthalten:

- Name des Unternehmens, bei Kapitalgesellschaften zusätzlich deren Vertreter, bei einer GmbH die der Gesellschafter und der Geschäftsführer,
- Anschrift (samt E-Mail-Anschrift) und Telefonnummer,
- Angaben zu den Registern, in denen das Unternehmen eingetragen ist (Handelsregister, Handwerksrolle) samt Registernummer,
- Angabe der zuständigen Kammer, der der Unternehmer angehört,
- Umsatzsteuer-Identifikationsnummer,
- Angaben gem. Presserecht, soweit einschlägige Vorschriften eingreifen.

2217 (4) Fortführung der Firma

Die Fortführung der Firma beim Erwerb eines bestehenden Handelsgeschäfts (§ 22 HGB), erfordert demgemäß das Bestehen eines Handelsgeschäfts, das veräußert oder von Todes wegen erworben wird. Der Veräußerer oder die Erben, die veräußern, müssen in die Fortführung der Firma ausdrücklich einwilligen (§ 22 HGB). Unter diesen Voraussetzungen **darf** der Erwerber die Firma fortführen, und zwar unverändert oder mit einem Nachfolgevermerk. Letzterer ist erforderlich, wenn ohne Zusatz die Gefahr der Irreführung besteht.

2218 (5) Haftung des Erwerbers bei Fortführung der Firma

- Wer ein unter Lebenden erworbenes Handelsgeschäft unter der bisherigen Firma mit oder ohne Beifügung eines das Nachfolgeverhältnis andeutenden Zusatzes fortführt, haftet für alle im Betrieb des Geschäfts begründeten Verbindlichkeiten des früheren Inhabers. Die in dem Betrieb des Geschäfts begründeten Forderungen gelten den Schuldnern gegenüber als auf den Erwerber übergegangen, falls der bisherige Inhaber oder seine Erben in die Fortführung eingewilligt haben (§ 25 HGB). Eine abweichende Vereinbarung ist einem Dritten gegenüber nur wirksam, wenn sie in das Handelsregister eingetragen und bekannt gemacht oder von dem Erwerber oder dem Veräußerer dem Dritten mitgeteilt worden ist (§ 25 Abs. 2 HGB).
- Ist der Erwerber des Handelsgeschäfts auf Grund der Fortführung der Firma oder auf Grund der in § 25 Abs. 3 HGB bezeichneten Kundmachung für die früheren Geschäftsverbindlichkeiten haftbar, so haftet der frühere Geschäftsinhaber für diese Verbindlichkeiten nur, wenn sie vor Ablauf von fünf Jahren fällig und Ansprüche daraus gegen ihn gem. § 197 Abs. 1 Nr. 3–5 BGB festgestellt sind oder eine gerichtliche oder behördliche Vollstreckungshandlung vorgenommen oder beantragt wird[1] (§§ 26, 159, 160 HGB).

  Das gilt auch für Pensionsansprüche.

- Das Ausscheiden eines Gesellschafters aus einer Gesellschaft beseitigt nicht seine Haftung. Das gilt auch, wenn nach seinem Ausscheiden die Gesellschaft aufgelöst wird und ein Gesellschafter das Handelsgeschäft übernimmt. Die Haftung ist auf Altschulden beschränkt; der Ausgeschiedene haftet nicht für Neuschulden.

---

1 §§ 26 und 160 HGB geändert durch SchuModG vom 26. November 2001, BGBl I 2001, 3138.

(6) Handelsregister

2219

Das Handelsregister (HR) dient der Offenbarung der Zugehörigkeit oder Nichtzugehörigkeit gewerblicher Unternehmen zum Handelsstand und der Bekanntgabe der wichtigsten Rechtsverhältnisse der Unternehmen. Es ist ein Mittel der Publizität (§ 15 HGB) und des Verkehrsschutzes. Es genießt öffentlichen Glauben, aber ohne die Vermutung der Richtigkeit der Eintragungen. Dritte müssen richtige eingetragene und bekannt gemachte Tatsachen gegen sich gelten lassen (§ 15 HGB). Jeder Kaufmann ist verpflichtet, seine Firma und den Ort seiner Handelsniederlassung bei dem Gericht, in dessen Bezirk sich die Niederlassung befindet, zur Eintragung in das Handelsregister anzumelden (§ 29 HGB). Jede neue Firma muss sich von allen an demselben Ort oder in derselben Gemeinde bereits bestehenden und eingetragenen Firmen deutlich unterscheiden (§ 30 HGB).

Wird über das Vermögen eines Kaufmanns das Insolvenzverfahren eröffnet, so ist dies von Amts wegen in das Handelsregister einzutragen (§ 32 HGB).

(7) Pflicht zur Führung des Firmennamens

2220

Jeder Kaufmann ist verpflichtet, eine Firma anzunehmen und diese gemäß § 29 HGB zur Eintragung in das Handelsregister anzumelden; er darf keine andere Bezeichnung firmenmäßig verwenden. Er hat an seiner Firma ein absolutes subjektives Recht, das wohl den Charakter eines Persönlichkeitsrechts als auch den eines Immaterialgüterrechts hat. Vermögensrechtliche Interessen können diesbezüglich ideelle im Einzelfall völlig verdrängen[1].

Bei der Auslegung von Streitfragen im Firmenrecht sind die Grundsätze zu beachten, nach denen die Firma gebildet werden muss und Bestand haben kann. Man unterscheidet die Grundsätze der Firmenwahrheit, Firmenunterscheidbarkeit (-ausschließlichkeit), Firmenbeständigkeit, Firmeneinheit und Firmenöffentlichkeit[2].

2221

Mit der Firma dürfen nicht die sog. **Geschäfts-** oder **Etablissementsbezeichnungen**[3] verwechselt werden. Sie bezeichnen ein Lokal oder eine selbstständige Sacheinrichtung[4]. Die Firma weist grundsätzlich auf den Kaufmann hin; die Geschäftsbezeichnung kennzeichnet das Unternehmen oder das Geschäft[5] – sie ist objektbezogen. Jeder Kaufmann kann sie neben der Firma führen. Sie ist nach § 15 MarkenG als ausschließliches Recht geschützt.

2222

Auch Nichtkaufleute können eine Geschäftsbezeichnung benützen. Ein Verbot firmenähnlicher Geschäftsbezeichnungen gibt es seit 1998 nicht mehr, da § 19 HGB nunmehr eine eindeutige Unterscheidung zulässt[6]. Nach § 19 HGB muss der Einzelkaufmann, der jetzt auch Sach- und Fantasienamen führen darf, stets den Zusatz „eingetragener Kaufmann" anfügen. Handelsgesellschaften müssen in jedem Fall ihre Rechtsform angeben, nur andeutende Hinweise auf eine Gesellschaft reichen nicht mehr aus. Seit dem 31. 3. 2003 (Art. 38 EGHGB) darf keine Firma mehr ohne diese Zusätze geführt werden[7]. Etwas anderes gilt nur für Kleingewerbetreibende, die gem. § 2 HGB ihre Kaufmannseigenschaft

2223

---

1 BGH-Urteil vom 27. September 1982 II ZR 51/82, WM 1983, 149 (150).
2 Vgl. z. B. *Hüffer* in Großkommentar HGB, § 17 Rn 10 ff.; *Capelle/Canaris*, aaO, § 11 jeweils m. w. N.
3 Vgl. zum Ganzen *Bokelmann*, aaO, Rn 2 ff.; zur „Sozietätsbezeichnung" vgl. unten Rn 3451.
4 Vgl. *Baumbach/Duden/Hopt*, HGB, aaO, § 17 Rn 10 ff.
5 OLG Karlsruhe, Beschluss vom 23. Dezember 1966 5 W 76/66, BB 1968, 308; str., vgl. *Bokelmann*, Rn 4 Fn 14.
6 *Baumbach/Hopt*, HGB, aaO, § 17 Rn 15.
7 *Ruß*, HK-HGB Heschelberg 2002, § 17 Rz 3.

erst durch freiwilligen Eintrag ins Handelsregister erlangen. Sie müssen den Zusatz gemäß § 19 Abs. 1 nicht führen[1].

2224 Wird neben einer Firma eine Geschäftbezeichnung geführt, so erstreckt sich das Firmenrecht grundsätzlich nur auf die Firma. Dies gilt nicht, wenn die Bezeichnung Bestandteil der Firma geworden ist[2].

2225 Typische Geschäftsbezeichnungen sind z. B. „Bratwurstglöcklein" für eine Gaststätte oder die Etablissementsbezeichnung „Schillertheater". Trotz der fehlenden gesetzlichen Regelung ihres Gebrauchs, können Geschäftsbezeichnungen durch § 12 BGB und § 5 Abs. 1 MarkenG geschützt sein, wenn sie nicht nur eine Gattung bezeichnen wie z. B. „Balkanrestaurant", „Zigeunerkeller", sondern auch Namensfunktion haben[3].

2226 Eine Geschäftsbezeichnung ist in der Form einer Gebrauchserlaubnis übertragbar[4].

Wird ein Unternehmen veräußert, so wird regelmäßig auch seine Geschäftsbezeichnung mitübertragen werden. Gleiches muss auch gelten, wenn Unternehmensteile veräußert werden, für die es eine eigene Bezeichnung gibt[5].

2227 Es wird als zulässig angesehen, wenn der Erwerber die übernomme Geschäftsbezeichnung mit einem Inhaberzusatz – z. B. Bratwurstglöcklein, Inh. H. Ecker – versieht:

2228 Anders als die Firma kann eine Geschäftsbezeichnung auch ohne das dazugehörige Geschäft veräußert werden. § 23 HGB kann für Geschäftsbezeichnungen nicht analog angewendet werden, da er nur eingetragene Rechte betrifft, die einen individualisierenden Charakter haben. Geschäftsbezeichnungen heben in sehr unterschiedlicher Weise das Besondere eines Geschäfts hervor (z. B. „Schuhhandlung", „China-Restaurant" oder „Schwanenapotheke"[6]. Auf sie sind die § 23 HGB zugrunde liegenden Gedanken nicht übertragbar, auch wenn sie im konkreten Fall weniger eine Gattung bezeichnen, sondern mehr Namensfunktion haben. Dies gilt nicht, wenn die Bezeichnung Bestandteil einer Firma geworden ist.

2229–2235   *(unbesetzt)*

bb) Voraussetzungen der Fortführung einer Firma

(1) Allgemeines

2236 Bei der Veräußerung eines Handelsgeschäfts kann der neue Unternehmer seine Firma vom bisherigen Inhaber übernehmen. § 22 HGB bestimmt: „Wer ein bestehendes Handelsgeschäft ... erwirbt, darf für das Geschäft die bisherige Firma mit oder ohne Beifügung eines das Nachfolgeverhältnis andeutenden Zusatzes fortführen, wenn der bisherige Geschäftsinhaber ... in die Fortführung der Firma ausdrücklich einwilligt". Man spricht in diesem Zusammenhang von der abgeleiteten Firma[7].

2237 Von der Firmenfortführung des § 22 HGB ist die Firmenfortführung nach einer Namensänderung gemäß § 21 HGB, nach einer Änderung im Gesellschafterbestand gemäß § 24

---

[1] *Roth*, Koller/Roth/Morck, HGB, München 2003, Rdnr. 1 zu § 19 HGB.
[2] *Bokelmann*, aaO, Rn 29 m. w. N.
[3] *Bokelmann*, aaO, Rn 31; vgl. z. B. KG-Urteil vom 10. November 1987 5 U 5388, NJW 1988, 2892, JuS 1989, 229 („Hotel Esplanade").
[4] *Bokelmann*, aaO, Rn 40.
[5] *Baumbach/Duden/Hopt*, HGB, aaO, § 17 Rn 57.
[6] Beispiele nach *Bokelmann*, aaO, Rn 4 ff.
[7] Vgl. dazu ausführlich *Wessel*, aaO, Rn 476 ff.

Kaufvertrag 301

HGB und die Abweichung vom Grundsatz der Firmenwahrheit nach dem Umwandlungsgesetz[1] zu unterscheiden.

Nur ein eingetragener Kaufmann kann dem Erwerber gestatten, dass Unternehmen unter der alten Firma – dem bisherigen Handelsnamen – fortzuführen. Gleichzeitig kann auch nur ein eingetragener Kaufmann das Recht erwerben, Geschäfte unter einem anderen als seinem bürgerlichen Namen abzuschließen. 2238

Die Firma des Veräußerers muss nicht in allen Fällen vor der Übertragung des Unternehmens bereits im Handelsregister eingetragen sein: nur wenn die Eintragung deklaratorisch ist (§ 2 und 3 HGB), ist die Eintragung auch Voraussetzung für die Firmenfortführung.

Nach dem Grundsatz der Firmenwahrheit (§§ 18, 19 HGB) müsste bei einem Wechsel des Geschäftsinhabers auch die Firma geändert werden; dies würde zur Zerschlagung der Vermögenswerte führen, die die Firma darstellt. Die §§ 21 ff. HGB lassen daher eine Durchbrechung des Grundsatzes der Firmenwahrheit zu Gunsten des Prinzips der *Firmenbeständigkeit* zu. 2239

Das HGB trägt damit dem Umstand Rechnung, dass die Firma von der Verkehrsauffassung dem Unternehmen zugerechnet wird, obwohl die Firma der Name des Kaufmanns ist (§ 17 HGB).

Neben der Möglichkeit, die Firma gemäß § 22 HGB fortzuführen, steht es dem Kaufmann frei, für das erworbene Handelsgeschäft eine neue Firma nach Maßgabe des § 18 HGB zu bilden. Wenn eine Firma fortgeführt werden soll, muss sie zu Recht bestehen und tatsächlich geführt worden sein, wobei der Veräußerer Vollkaufmann sein muss. Von Bedeutung ist dies vor allem für den Umfang der Haftung für die Geschäftsschulden des übernommenen Geschäfts[2]. 2240

(2) Keine Leerübertragung einer Firma

Anders als die Geschäftsbezeichnung kann die Firma nicht isoliert übertragen werden (§ 23 HGB); beim sog. GmbH-Mantelkauf (Rn 1411) kann die Firma dann praktisch allein übertragen werden, wenn die GmbH zwar eine Firma aber sonst kein Vermögen mehr hat[3]. Zweck des § 23 HGB ist es, das Auseinanderfallen vom Unternehmen und seiner Kennzeichnung zu vermeiden. Allerdings ist es zulässig, wenn der Erwerber dem Veräußerer (schuldrechtlich) die Erlaubnis erteilt, die Firma im Zuge seiner beschlossenen Liquidation (begrenzt) für verbleibende Produktlinien weiter zu verwenden[4]. 2241

Die Firma kann nur für das erworbene Unternehmen weitergeführt werden: So kann beispielsweise ein Augsburger Brauereibesitzer die Firma einer in München erworbenen Brauerei nicht auf seinen Augsburger Stammbetrieb übertragen.

Der Erwerber kann das Handelsgeschäft erweitern, auf andere Gegenstände erstrecken oder es allmählich wesentlich umgestalten, unter der Voraussetzung, dass die Kontinuität des Betriebes gewahrt bleibt[5]. Der Erwerber kann die Firma im Zweifel weiterveräußern, in eine Gesellschaft einbringen oder Zweigniederlassungen unter der mit dem Geschäft

---

1 Siehe dazu unten Rn 2576.
2 Vgl. unten Rn 2280 ff.
3 Vgl. dazu *Bommert*, GmbHR 1983, 209; einschränkend OLG Hamburg, Urteil vom 15. April 1983 11 U 43/83, GmbHR 1983, 219.
4 BGH-Urteil vom 22. November 1990 I ZR 14/89, DB 1991, 590, WM 1991, 364; vgl. hierzu auch OLG Hamburg, Urteil vom 22. Dezember 1988 3 U 5/88, DB 1989, 1178.
5 RG-Urteil vom 20. Juni 1900 Rep. I 120/00, RGZ 46, 150 (152).

erworbenen Firma gründen[1]. Das Recht zur Firmenfortführung erlischt hingegen bei identitätsaufhebender Veränderung oder Änderung des Handelsgeschäfts im Kern[2].

(3) Unveränderte Firmenfortführung

2242 Nach § 22 HGB steht es dem Erwerber grundsätzlich frei, die Firma unverändert oder mit einem Nachfolgezusatz fortzuführen[3]. Die Fortführung ist grundsätzlich unzulässig, wenn die Firma schon vor Übertragung des Handelsgeschäfts unzulässig war, es sei denn, sie wird durch die Übertragung zulässig.

Will der Erwerber die Firma unverändert fortführen, so darf er sie grundsätzlich nicht ändern. Bisher nicht geführte Zusätze dürfen bei unveränderter Firmenfortführung regelmäßig nicht in die Firma aufgenommen werden[4]; vorhandene Zusätze können i. d. R. nicht weggelassen werden[5].

In der Firmenfortführung liegt eine Durchbrechung des Grundsatzes der Firmenwahrheit, die im Interesse der Erhaltung des Firmenwerts geboten ist[6]. Da die Firmenbeständigkeit die Ausnahme ist, kann von dem Grundsatz der Firmenwahrheit nur so weit abgewichen werden, wie es i. S. d. § 22 HGB erforderlich ist.

(4) Zulässige Änderungen der fortgeführten Firma

2243 Unwesentliche Änderungen der Firma können im Einzelfall zulässig sein[7].

Sie können sogar zwingend geboten sein, wenn die Fortführung der Firma nach dem Grundsatz der Firmenwahrheit nicht erlaubt ist, weil das den Verkehr irreführen würde; i. d. R. wird ein Nachfolgezusatz möglich oder erforderlich sein[8].

Die Änderung einer Ortsangabe in der Firma ist z. B. erforderlich, wenn das Geschäft verlegt wird[9].

Zu ändern ist die übernommene Firma auch, wenn sie Hinweise auf den gegenwärtigen Inhaber enthält, die nach der Veräußerung nicht mehr zutreffen:

Die Zusätze „Inhaber", „Nachfolger" etc. in einer Firma weisen z. B. immer auf den gegenwärtigen Inhaber des Unternehmens hin.

2244 Eine Änderung der fortgeführten Firma ist zwingend geboten, wenn Zusätze der Firma auf Gesellschaftsformen hinweisen, die auf den Übernehmer nicht mehr zutreffen. Zusätze wie „KG" oder „& Co." müssen daher in einer fortgeführten Firma gestrichen werden, wenn nicht durch einen geeigneten Nachfolgezusatz klargestellt wird, dass die Zusätze für die derzeitige Firma nicht mehr zutreffen.

---

1 Zur Firma der Zweigniederlassung allgemein vgl. *Hüffer* in Großkommentar HGB, aaO, § 77 Rn 30 ff.
2 *Baumbach/Hopt*, aaO, § 22 Rn 21, vgl. auch § 17 Rn 23.
3 Eine ausführliche Darstellung mit anschaulichen Beispielsfällen zur unveränderten Firmenfortführung bzw. der Verwendung von Nachfolgezusätzen findet sich bei *Wessel*, aaO, Rn 487 ff. und 514 ff.
4 *Baumbach/Duden/Hopt*, HGB, aaO, § 22 Rn 15.
5 Zu den Besonderheiten bei bereits vorhandenen Nachfolgezusätzen vgl. unten Rn 2243, 2248.
6 BGH-Urteil vom 20. April 1972 II ZR 17/70, BGHZ 58, 322 (324).
7 *Hüffer* in Großkommentar HGB, aaO, § 22 Rn 48 ff.
8 Vgl. unten Rn 2248.
9 *Baumbach/Hopt*, HGB, aaO, § 22 Rn 15.

Beispiel[1]:

Eine unter der Firma HM & Sohn betriebene OHG kann von dem Sohn beispielsweise nicht unter der gleichen Firma weiterbetrieben werden, auch wenn der Sohn genauso wie der Vater heißt. Selbst die Streichung des Zusatzes „& Sohn" genügt nach Ansicht des BGH nicht, da es sich dabei nicht um einen farblosen Gesellschaftszusatz wie etwa „KG" oder „& Co." handle.

In diesem Fall ist die Aufnahme eines Nachfolgezusatzes nach Ansicht des BGH zumutbar, selbst wenn die Firma HM & Sohn bereits mehr als 10 Jahre lang unbeanstandet ohne Nachfolgezusatz geführt worden ist.

Auch Wortbestandteile können auf ein Gesellschaftsverhältnis hinweisen. Nach feststehender Rechtsprechung deutet eine Firma mit der Endung „...ag" auf das Vorhandensein einer Aktiengesellschaft hin[2]; nur eine Aktiengesellschaft kann eine Firma mit einer solchen Endung unverändert weiterführen, unabhängig davon, ob er Veräußerer die Firma so führen durfte oder nicht.

Eine unzulässige Täuschung des Rechtsverkehrs ruft eine Firma hervor, die zu falschen Vorstellungen über die Qualifikation des Firmenerwerbers führt.

Dies wird regelmäßig der Fall sein, wenn die Verkehrsauffassung mit Rücksicht auf die Art des Geschäftsbetriebs die Vorstellung verbindet, der Firmeninhaber sei in einer bestimmten Fakultät promoviert. So wurde z. B. dem selbst nicht promovierten Erwerber eines Maklergeschäfts die unveränderte Fortführung einer Firma untersagt, die einen Doktor-Titel enthielt[3].

(5) Firmenfortführung mit Nachfolgevermerk

Neben der grundsätzlich unveränderten Firmenfortführung räumt § 22 HGB auch die Möglichkeit ein, einen Nachfolgevermerk als Zusatz in die Firma aufzunehmen. Üblicherweise werden dabei Zusätze verwendet wie „Nachf.", „Inh." oder „vormals".

Nach einer erneuten Veräußerung ist dieser Nachfolgevermerk auf jeden Fall zu ändern oder zu streichen, wenn er irreführend auf einen nicht mehr vorhandenen gegenwärtigen Inhaber hinweist[4].

(6) Firmenfortführung, wenn der Erwerber bereits eine Firma führt

Da Einzelkaufleute und juristische Personen mehrere organisatorisch getrennte Handelsgeschäfte mit verschiedenen Firmen führen dürfen, können sie die Firma eines weiteren übernommenen Handelsgeschäfts beibehalten. Dies gilt nach dem Grundsatz der Firmeneinheit nicht in ein und demselben Handelsgeschäft.

Handelsgesellschaften können stets nur eine Firma führen. Sie können daher die Firma eines übernommenen Geschäfts nicht beibehalten. Sie dürfen die Firma des erworbenen Unternehmens mit ihrer zu einer Firma vereinigen oder als Abteilungsbezeichnung weiterführen.

Die Firma des erworbenen Unternehmens kann als Bezeichnung einer Abteilung des neuen Gesamtunternehmens weitergeführt werden, wobei deutlich zu machen ist, dass es

---

1 BGH-Beschluss vom 12. November 1984 II ZB 2/84, NJW 1985, 736.
2 *Swoboda*, aaO, S. 11 (Firmenrechtlicher Leitsatz des DIHT Nr. 1).
3 BGH-Urteil vom 10. November 1969 II ZR 273/67, BGHZ 53, 65; *Wessel*, aaO, Rn 497 m. w. N.
4 OLG Hamm, Beschluss vom 9. Juni 1985 15 W 211/85, DB 1985, 2555.

sich um eine Abteilung und keine Firma handelt. Dieser Abteilungsname wird wie eine Geschäftsbezeichnung zu behandeln sein[1].

2251 Vereinigen sich das Unternehmen eines Einzelkaufmanns und eine KG mit einer von einem Einzelkaufmann abgeleiteten Firma, so können die beiden Firmen unverändert zu einer neuen Firma zusammengefügt werden und im Falle der Trennung der beiden Unternehmen auch wieder getrennt werden[2].

(7) Bestehendes Handelsgeschäft

2252 Die Fortführung der Firma setzt ein bestehendes Handelsgeschäft[3] voraus. Es genügt, wenn mit der Firma im Großen und Ganzen diejenigen Werte übertragen werden, die nach wirtschaftlichen Gesichtspunkten den Schluss rechtfertigen, die mit der Firma verbundene Geschäftstradition werde vom Erwerber fortgesetzt[4]. Haupt- und Zweigniederlassung können unter Umständen mit der bisherigen Firma an verschiedene Erwerber weiterveräußert werden; dann tritt eine Vervielfältigung der Firma ein[5]. Nach Ansicht des OLG Hamburg wird mit der Veräußerung einer gesonderten Betriebsabteilung ein neues „wirtschaftliches Subjekt" geschaffen, das sich Dritten gegenüber nicht auf eine vom Veräußerer abgeleitete Priorität des Warenzeichens oder der Firma berufen kann[6].

Die Firma muss nicht in allen Fällen vor der Übertragung des Unternehmens bereits im Handelsregister eingetragen sein: Nur wenn die Eintragung deklaratorisch ist (§§ 2 und 3 HGB), ist die Eintragung auch Voraussetzung für die Firmenfortführung[7].

2253 Das Recht des Veräußerers, eine Geschäftsbezeichnung zu führen, verleiht dem Erwerber nicht die Befugnis, diese als eine eigene (von der Geschäftsbezeichnung abgeleitete) Firma anzumelden, selbst wenn er alle Voraussetzungen erfüllt, die ihn berechtigen, sich unter einer Firma ins Handelsregister eintragen zu lassen. Der Erwerber muss in diesem Fall eine ursprüngliche statt einer abgeleiteten Firma wählen[8], da es sich um eine Neugründung handelt.

(8) Erwerb unter Lebenden oder von Todes wegen

2254 Nach § 22 HGB wird in der Rechtsfolge nicht unterschieden, ob das Handelsgeschäft unter Lebenden oder von Todes wegen veräußert wird.

Von Todes wegen erwerben nur die Erben das Geschäft[9]. Dabei kann eine Erbengemeinschaft als solche das zum Nachlass gehörende Handelsgeschäft auch dann noch unter der bisherigen Firma fortführen, wenn ein Erbe ausgeschieden ist oder eine Teil-Nachlassteilung durchgeführt worden ist[10].

---

1 RG-Urteil vom 29. September 1916 Rep. II 104/16, RGZ 88, 421 (423 f.).
2 OLG Frankfurt, Beschluss vom 13. Februar 1970 6 W 521/69, MDR 1970, 513.
3 Vgl. Rn 1261, 1272 ff., 1346 ff.
4 BGH-Urteil vom 22. November 1990 I ZR 14/89, DB 1991, 590, 591, m. w. N. in Fn 2.
5 OLG Frankfurt, Urteil vom 16. Mai 1978 U 65/78, DB 1980, 250; einschränkend BGH-Urteil vom 13. Oktober 1980 II ZR 116/79, BB 1980, 1658, NJW 1981, 343; *Bokelmann,* Zur Veräußerung einer Zweigniederlassung mit abgeleiteter Firma, GmbHR 1982, 153.
6 OLG Hamburg, Urteil vom 9. März 1989 3 U 106/87, BB 1989, 1145 („Schildkröt").
7 *Bokelmann,* aaO, Rn 62; *Baumbach/Hopt,* HGB, aaO, § 22 Rn 7 m. w. N.; *Bokelmann,* GmbHR 1987, 177 (183).
8 *Bokelmann,* aaO, Rn 42 und 656.
9 Vgl. *Hüffer* in Großkommentar HGB, aaO, vor § 22 Rn 68 ff.
10 *Baumbach/Hopt,* HGB, aaO, § 22 Rn 2.

Ein Erwerb unter Lebenden liegt in allen übrigen Fällen vor. So erwirbt beispielsweise ein Vermächtnisnehmer das Handelsgeschäft vom Erben unter Lebenden. Wollen die Erben das Handelsgeschäft auch nach der Nachlassteilung unter der bisherigen Firma fortführen, so müssen sie eine Gesellschaft gründen, in die sie das Geschäft einbringen, was auch stillschweigend geschehen kann[1]. 2255

Von Bedeutung ist die Unterscheidung des Erwerbs unter Lebenden und von Todes wegen bei der Frage, nach welcher Vorschrift der Erwerber für Geschäftsverbindlichkeiten haftet[2]. 2256

(9) Einwilligung

Zur Fortführung der Firma bedarf es immer der **Einwilligung** des bisherigen Inhabers oder seiner Erben. Die Einwilligung muss **ausdrücklich** und gleichzeitig mit der Übertragung des Unternehmens erfolgen. Sie ist dem Registergericht nach Maßgabe des § 12 Abs. 2 HGB nachzuweisen. Die Übertragung des Handelsgeschäfts allein befugt noch nicht zur Firmenfortführung[3]. Nur bei Fortführung durch alle Erben entfällt das Zustimmungserfordernis[4]. 2257

Die Einwilligung kann an eine Bedingung geknüpft oder auch befristet gegeben werden. So kann die Firmenfortführung auf die Person des Erwerbers oder auf eine bestimmte Dauer beschränkt werden oder es kann der Widerruf vorbehalten werden[5].

cc) Rechtsfolgen der Fortführung der Firma

Grundsätzlich ist der Erwerber nach § 22 HGB lediglich berechtigt, und nicht verpflichtet, die Firma fortzuführen. Nur in seltenen Ausnahmefällen wird eine Verpflichtung des Erwerbers, die Firma fortzuführen, ausdrücklich vereinbart sein. 2258

Die einschneidenste Folge der Firmenfortführung ist die Haftung des Erwerbers für die Geschäftsverbindlichkeiten des Veräußerers nach § 25 Abs. 1 Satz 1 HGB[6].

Das fortführende Unternehmen haftet gemäß § 25 Abs. 1 Satz 1 HGB für Altverbindlichkeiten auch dann, wenn es gegenüber dem früheren Unternehmen erheblich geschrumpft ist und nur mit einem wesentlich kleineren Betrieb weiterarbeitet[7].

Der Veräußerer verliert mit der Veräußerung des Geschäfts und mit der Einwilligung zur Fortführung der Firma sein Verfügungsrecht über die Firma. Er darf sie nicht löschen lassen. 2259

Soweit kein Konkurrenzverbot vereinbart ist, ist er nach der Veräußerung nicht gehindert, ein neues Unternehmen unter seinem Namen zu gründen[8]. Die so gebildete neue Firma

---

1 Vgl. z. B. BGH-Urteil vom 8. Oktober 1984 II ZR 223/83, BGHZ 92, 259, NJW 1985, 136 (137).
2 Vgl. unten Rn 571 ff. und Rn 2381 ff.
3 BGH-Urteil vom 27. April 1994 VIII ZR 34/93, WiB 1994, 734 m. Anm. Eckhardt = NJW 1994, 2025 = WM 1994, 1209, 1211.
4 *Roth*, Koller/Roth/Morck, HGB, München 2003, Rdnr. 4 zu § 22.
5 RG-Urteil vom 11. Mai 1911 Rep. II 668/10, RGZ 76, 263.
6 Vgl. dazu unten Rn 2288 ff.
7 OLG Bremen, Urteil vom 3. August 1988 3 U 111/87, rkr., ZIP 1988, 1396.
8 Vgl. OLG Frankfurt/M., Urteil vom 29. Oktober 1987 6 U 228/86, ZIP 1988, 589, 602 (Benner); siehe auch BGH-Urteil vom 14. Dezember 1989 I ZR 17/88, NJW 1990, 1605, ZIP 1990, 388, EWIR § 8 WZG 1/88, 825 (Schricker).

muss sich allerdings gemäß § 30 HGB von der veräußerten deutlich unterscheiden; ein entsprechender Zusatz kann erforderlich sein[1].

Das Recht des Erwerbers hat sachlich und förmlich denselben Inhalt wie das des Veräußerers. Dem Erwerber kann firmenrechtlich nur das entgegengehalten werden, was dem Veräußerer auch hatte entgegengehalten werden können.

2260 Soweit der Erwerber nicht zur Fortführung der Firma verpflichtet ist, kann er jederzeit nach dem Erwerb des Unternehmens die Firma ändern. In diesem Fall muss die neue Firma den allgemeinen Rechtsgrundsätzen für ursprüngliche Firmen nach §§ 18 ff. HGB, insbesondere dem Grundsatz der Firmenwahrheit entsprechen[2].

2261–2265 *(unbesetzt)*

dd) Firmenfortführung bei Änderungen im Gesellschafterbestand (§ 24 HGB)

2266 Nach § 24 HGB kann eine Firma beibehalten werden, wenn jemand in ein Handelsgeschäft eintritt oder aus einer Handelsgesellschaft ausscheidet. Die abgeleitete Firma muss nicht unbedingt wort- und buchstabengetreu weitergeführt werden; ein die Verkehrsauffassung außer Acht lassender Formalismus ist zu vermeiden[3].

Eine auf diese Weise neu errichtete OHG kann die bisherige Firma des Einzelkaufmanns ohne einen auf das Gesellschaftsverhältnis hinweisenden Zusatz fortführen[4].

2267 Nach § 24 Abs. 2 HGB hängt das Recht zur Firmenfortführung von der Einwilligung des Ausscheidenden oder seiner Erben ab, wenn sein Name in der Firma enthalten war. Damit räumt er dem verbleibenden Geschäftsinhaber jedoch nicht das Recht ein, über seinen Namen uneingeschränkt als den eigenen zu verfügen und ihn nach Belieben weiter zu übertragen[5]. Zulässig ist jedoch, den Namen eines ausgeschiedenen Gesellschafters zu einem späteren Zeitpunkt in eine neu gegründete Partnerschaft mit einzubringen[6].

Eine Einwilligung nach § 24 Abs. 2 HGB ist nicht erforderlich, wenn der Kommanditist aus einer GmbH & Co. KG ausscheidet, dessen Name in der Firma der Komplementär-GmbH enthalten ist[7]. In diesem Fall leitet sich die Firma der GmbH & Co. KG in erster Linie von der korrekt geführten Firma der GmbH ab, sodass das Namensrecht des ausscheidenden Gesellschafters zurücktritt.

Auch wenn ein Erbe des Firmengründers, der dessen Namen trägt, aus der Firma ausscheidet, kommt es auf seine Einwilligung in die Firmenfortführung aus eigenem Namensrecht grundsätzlich nicht an[8].

Nur ausnahmsweise, wenn dieser Erbe eine von ihm zuvor zulässigerweise geführte abgeleitete Firma, die seinen Familiennamen enthält, in eine neue Gesellschaft eingebracht hat, bedarf es gemäß § 24 Abs. 2 HGB seiner ausdrücklichen Einwilligung zur Firmenfort-

---

[1] *Baumbach/Hopt*, HGB, aaO, § 22 Rn 22; OLG Hamm, Beschluss vom 25. Juli 1983 15 W 195/83, Rpfl 1984, 21.
[2] LG Göttingen, Beschluss vom 5. April 1956 1 T 7/56, BB 1956, 976.
[3] LG München I, Beschluss vom 5. Juli 1990 17 HKT 11396/90, DB 1990, 1659.
[4] BGH-Beschluss vom 4. Juli 1953 II ZB 9/53, LM HGB § 24 Nr. 1.
[5] OLG Hamm, Urteil vom 25. Juni 1981 4 U 46/81, NJW 1982, 586, BB 1980, 2434.
[6] OLG München, Urteil vom 16. September 1999 6 U 6228/98, NZG 2000, 367.
[7] LG Hamburg, Urteil vom 28. August 1987 66 O 78/87, DB 1987, 2090.
[8] BGH-Urteil vom 16. Februar 1987 II ZR 285/86, BB 1987, 1129, NJW 1987, 2081; vgl. BGH-Urteil vom 9. Januar 1989 II ZR 142/88, BB 1989, 514, WM 1989, 339, NJW 1989, 1798.

führung, wenn er aus der neuen Gesellschaft, die auch seinen eigenen Namen enthält, ausscheidet[1].

Im Übrigen gelten die zu § 22 HGB dargelegten Grundsätze auch bei § 24 HGB entsprechend.

ee) Anbringung von Namen und Firma am Geschäftslokal

Unabhängig von dem Recht der Fortführung der Firma ist bei Ladengeschäften, Gast- und Schankwirtschaften der Name des Firmeninhabers anzubringen (§ 15a Gewerbeordnung). 2268

ff) Anmeldung und Eintragung der Firma

Nach § 31 HGB ist jede Änderung der Firma oder ihres Inhabers zur Eintragung in das Handelsregister anzumelden. Anmeldepflichtig ist der Firmeninhaber. Den Geschäftsübergang haben Veräußerer und Erwerber gemeinsam anzumelden. Der Käufer kann dies allein veranlassen, wenn er seine Rechtsnachfolge und die Berechtigung zur Firmenfortführung durch öffentliche Urkunden nachweist. 2269

Die Firma geht grundsätzlich nicht unter, wenn der alte Firmeninhaber die Firma nach der Veräußerung löschen lässt. Der Erwerber kann trotzdem die Firma führen und deren Wiedereintragung verlangen und die Mitwirkung des Veräußerers verlangen, sofern dieser kein Kaufmann kraft Eintragung ist (§ 5 HGB)[2].

Soll die Firma nicht übergehen, so hat sie der Veräußerer gemäß § 31 Abs. 2 Satz 1 HGB löschen zu lassen.

(unbesetzt) 2270–2279

b) Allgemeines zu den Rechtsfolgen der Firmen- und Unternehmensfortführung (§§ 25–28 HGB)

Schrifttum: *Adel,* Kommanditistenwechsel und Haftung, DStR 1994, 1580; „*Arbeitskreis Unternehmensnachfolge"* des Instituts der Wirtschaftsprüfer, Erbfolge und Erbauseinandersetzungen bei Unternehmen, 2. Aufl., Düsseldorf 1995; *Baumgärtel,* Probleme der Rechtskraft und Vollstreckbarkeitserstreckung im Falle einer Firmenübertragung während eines schwebenden Zivilprozesses, DB 1990, 1905; *Beuthin,* Zu zwei Missdeutungen des § 25 HGB, NJW 1993, 1737; *Börner,* Vertragsübertragung kraft Gesetzes, Festschrift für Möhring, München 1975, S. 37; *Commandeur,* Betriebs-, Firmen- und Vermögensübernahme, München 1990; *Fezer,* Markenrecht, München 1997; *Huber, U.,* Die Schuldenhaftung beim Unternehmenserwerb und das Prinzip der Privatautonomie, in FS für Raisch 1995, 84; *Mayer,* Die Haftung des Personengesellschafters nach seinem Ausscheiden aus der Gesellschaft und bei Unternehmensstrukturierungen, DNotZ 90, 3; *Reichold,* Das neue Nachhaftungsbegrenzungsgesetz, NJW 1994, 1617; *Schmidt, Karsten,* § 25 Abs. 1 Satz 2 (§ 28 Abs. 1 Satz 2) HGB zwischen relativem Schuldnerschutz und Legalzession, AcP 198 (1998), 516; *Schmidt, Karsten,* Übergang von Vertragsverhältnissen nach §§ 25, 28 HGB, in FS für Medicus, Köln/Berlin/Bonn/München 1999, 555; *Seibert,* Nachhaftungsbegrenzungsgesetz – Haftungsklarheit für den Mittelstand, DB 1994, 461; *Spiegelberger,* Vermögensnachfolge, München 1994; *Stock,* Haftungsprobleme beim Kommanditistenwechsel, DStR 1991, 385, 418. 2280

aa) Allgemeines

Von den Rechtsfolgen, die der Gesetzgeber an das Recht, die Firma fortzuführen, geknüpft hat, sind besonders die in §§ 25 ff. HGB geregelten Haftungsfragen hervorzuheben. 2281

---

1 BGH-Urteil vom 9. Juli 1984 II ZR 231/83, BGHZ 92, 79, NJW 1985, 59; *Hüffer,* aaO, ZGR 1986, 137 ff.
2 RG-Urteil vom 12. Dezember 1906 Rep. I 216/06, RGZ 65, 14.

In erster Linie regeln die §§ 25 ff. HGB die Haftung für Geschäftsverbindlichkeiten, die vor der Übertragung des Geschäfts unter Lebenden oder von Todes wegen entstanden sind; außerdem geht es um den Übergang der vor der Übertragung entstandenen Forderungen.

2282 Im Einzelnen ist der Gesetzgeber in den §§ 25 ff. HGB auf folgende Fragen eingegangen:

- § 25 Abs. 1 Satz 1 HGB knüpft die Haftung des Erwerbers für die im Geschäftsbetrieb des Veräußerers eingegangenen Verbindlichkeiten an die Fortführung der Firma durch den Erwerber an[1].
- Diese Haftung kann nach Maßgabe des § 25 Abs. 2 HGB eingeschränkt werden[2].
- Den Zeitraum der Haftung des Veräußerers gegenüber Dritten regelt § 26 HGB[3].
- Ein besonderer Verpflichtungsgrund i. S. d. § 25 Abs. 3 HGB kann ebenfalls zur Haftung des Erwerbers für die Geschäftsverbindlichkeiten des Veräußerers führen[4].
- Die im Betrieb des Veräußerers entstandenen Forderungen gelten nach § 25 Abs. 1 Satz 2 HGB als auf den Erwerber übergegangen[5].
- § 27 HGB regelt den Fall, dass ein Geschäft, das in einen Nachlass fällt, von den Erben fortgeführt wird: Durch eine Verweisung auf § 25 HGB modifiziert § 27 HGB die Haftung des Erben nach den Vorschriften des BGB[6].
- In § 28 HGB wird auf den Sonderfall eingegangen, dass durch den Eintritt einer weiteren Person in das Geschäft eines Einzelkaufmanns eine Gesellschaft entsteht: Diese haftet unabhängig von der Fortführung der Firma grundsätzlich für die Verbindlichkeiten des früheren Geschäftsinhabers[7].

Die Haftung für Steuerschulden ist in § 75 AO geregelt[8]. Keine Haftung entsteht bei Erwerben im Insolvenzverfahren[9]; zu beachten bleiben etwaige Rechtsfolgen aus § 613a BGB[10].

Eng verwandt mit den Fragen, die in den §§ 25 ff. HGB geregelt sind, sind die Vorschriften, die den Wechsel der Gesellschafter einer OHG oder KG regeln:

- Nach § 130 HGB haftet ein neu in eine OHG eintretender Gesellschafter grundsätzlich auch für die davor entstandenen Verbindlichkeiten persönlich. Dies gilt auch für einen persönlich haftenden Gesellschafter einer KG (§ 161 Abs. 2 HGB) sowie für die Einlage des Kommanditisten (vgl. § 173 HGB).
- Ausgeschiedene Gesellschafter haften weiter für Verbindlichkeiten einer OHG. § 160 HGB begrenzt diese Nachhaftung auf einen Zeitraum von 5 Jahren und die Feststellung der Ansprüche gem. § 197 Abs. 1 Nr. 3 bis 5 BGB oder die Vornahme einer gericht-

---

1 Rn 2288 ff.
2 Rn 2303 ff.
3 Rn 2352 ff.
4 Rn 2326 ff.
5 Rn 2366 ff.
6 Rn 2381 ff.
7 Rn 2406 ff.
8 Rn 5866 ff.
9 Rn 5887.
10 Oben Rn 966 ff.

Kaufvertrag

lichen oder behördlichen Vollstreckungshandlung innerhalb dieser Frist[1]. Dies gilt auch für ausscheidende persönlich haftende Gesellschafter einer KG und entsprechend auch für ausscheidende Kommanditisten, die in Höhe der zurückbezahlten Einlage für die Verbindlichkeiten der KG haften (§ 172 Abs. 4 Satz 1 HGB).

bb) Beratungspflichten des Anwalts

Auf Grund der Firmenfortführung können auf den jeweiligen Firmeninhaber weitgehende Verpflichtungen zukommen. Ein beratender Anwalt wird daher besondere Sorgfalt gerade bei haftungsrechtlichen Fragen walten lassen müssen. Er ist verpflichtet, den Gesellschaftern den sichersten und gefahrlosesten Weg aufzuzeigen, wie eine Haftung für Altschulden vermieden werden kann. Er hat die Pflicht, umfassend und möglichst erschöpfend zu beraten[2], wobei er die Auftraggeber vor möglichen Schädigungen bewahren muss: ein Hinweis auf das allgemeine Risiko einer Firmenfortführung, die Warnung davor zusammen mit der Empfehlung, den Anschein einer Geschäftsfortführung zu vermeiden, reichen nach der Ansicht des BGH nicht aus[3], wenn dem beratenden Anwalt bekannt ist, dass die neue Gesellschaft eine Haftung für Schulden des alten Unternehmens vermeiden will. In einem solchen Fall muss der Anwalt mit aller Deutlichkeit auf den bestehenden Haftungstatbestand hinweisen; er muss nach Ansicht des BGH auf der Eintragung einer neuen Firma (die die Folgen des § 25 Abs. 1 Satz 1 HGB nicht auslöst) bestehen oder gegebenenfalls den Haftungsausschluss nach § 25 Abs. 2 HGB samt Voraussetzungen eingehend darlegen und empfehlen[4]. 2283

Ist der Anwalt diesen Pflichten nicht nachgekommen und berät er den Auftraggeber weiterhin, dann muss er diesen bei gegebenem Anlass auf seine eigene Verpflichtung hinweisen, den entstandenen Schaden zu ersetzen[5]. Andernfalls kann der Mandant einen so genannten Sekundäranspruch darauf haben, dass der Anwalt auf die Einrede der Verjährung gemäß § 51 BRAO verzichtet, wenn die Verjährung auf der verletzten Hinweispflicht beruht[6]. 2284

(unbesetzt) 2285

c) Die Haftung nach einem Erwerb unter Lebenden

aa) Allgemeines

Nach § 25 Abs. 1 Satz 1 HGB[7] haftet der Erwerber für alle im Geschäftsbetrieb des bisherigen Inhabers begründeten Verbindlichkeiten, wenn er die Firma fortführt; es handelt sich dabei um den Fall eines gesetzlichen Schuldbeitritts[8]. 2286

Sinn und Zweck der §§ 25 ff. HGB sind umstritten: Teilweise wird vertreten, die Fortführung der Firma stelle eine Erklärung des Erwerbers dar, für die Geschäftsverbindlichkeiten gemäß § 25 Abs. 1 Satz 1 HGB haften zu wollen, wenn der Erwerber nicht seinem 2287

---

1 § 160 Abs. 1 Satz 1 und 3 BGB geändert durch Art. 5 Abs. 16 SchuModG v. 26. November 2001, BGBl I 2001, 3138.
2 BGH-Urteil vom 8. Dezember 1983 I ZR 183/81, BGHZ 89, 178.
3 BGH-Urteil vom 10. Oktober 1985 IX ZR 153/84, NJW 1986, 581.
4 BGH-Urteil vom 10. Oktober 1985 IX ZR 153/84, NJW 1986, 581, 582.
5 BGH, aaO, NJW 1986, 581, 583.
6 BGH-Urteil vom 26. Februar 1985 VI ZR 144/83, NJW 1985, 1151.
7 Zur umstrittenen dogmatischen Stellung der §§ 25 ff. HGB vgl. *Schmidt*, ZHR 145 (1981), 2 (8 ff.); *Capelle/Canaris*, aaO, § 7 (S. 90 ff.); *Hüffer* in Großkommentar HGB, aaO, 25 Anm. 3 ff.
8 Vgl. allgemein dazu oben Rn 1537 ff.

entgegengesetzten Willen Ausdruck gibt (**Erklärungstheorie**); nach einer anderen Theorie wird die Haftung nach § 25 Abs. 1 Satz 1 HGB auf den Gedanken zurückgeführt, dass – ähnlich wie bisher bei § 419 BGB – das Vermögen des Schuldners als Objekt des Vollstreckungszugriffs den Gläubigern erhalten bleiben muss (**Haftungstheorie**); eine weitere Meinung vertritt die Ansicht, dass sich aus der Firmenfortführung ein haftungsbegründender Vertrauenstatbestand ergäbe, wonach ein Gläubiger sich auf den Anschein verlassen dürfen soll, ein Inhaberwechsel habe nicht stattgefunden (**Rechtsscheintheorie**). Bei der Frage, wann eine Firma im Kern fortgeführt wird, hat der BGH in letzter Zeit auch den Rechtsgedanken der Kontinuität des Unternehmens aufgegriffen[1]. Neuerdings verknüpft der BGH ausdrücklich die Haftung des Nachfolgers mit der Kontinuität des Unternehmens. Entscheidend ist allein, dass die unter dem bisherigen Geschäftsinhaber tatsächlich geführte und von dem Erwerber weitergeführte Firma eine derart prägende Kraft besitzt, dass der Verkehr sie mit dem Unternehmen gleichsetzt und in dem Verhalten des Erwerbers eine Fortführung der bisherigen Firma sieht[2].

Eine große Zahl weiterer Theorien zu §§ 25 ff. HGB korrespondiert mit einer Ratlosigkeit von Literatur und Rechtsprechung über den Norminhalt und -zweck der §§ 25, 28 HGB[3].

Bedeutung hat dieser Theorienstreit für die Auslegung der §§ 25 ff. HGB. Die Rechtsprechung verknüpft meist die Elemente verschiedener Theorien miteinander, wenn es darum geht, die §§ 25 ff. HGB auszulegen.

In Zweifelsfällen wird auf die oben genannte Literatur weiterverwiesen.

bb) Voraussetzungen des § 25 Abs. 1 Satz 1 HGB

2288   Die Haftung des Erwerbers als Firmenfortführung gem. § 25 Abs. 1 Satz 1 HGB für alle im Betrieb des Geschäfts begründeten Verbindlichkeiten des früheren Inhabers setzt voraus, dass

- ein Handelsgeschäft unter Lebenden erworben worden ist,
- es vom Erwerber
- unter der bisherigen im wesentlichen unveränderten Firma fortgeführt wird und
- die Haftung nicht gem. § 25 Abs. 2 HGB ausgeschlossen worden ist.

(1) Erwerb eines Handelsgeschäfts unter Lebenden

2289   Grundsätzlich setzt § 25 Abs. 1 Satz 1 HGB voraus, dass ein Handelsgeschäft – also ein vollkaufmännisches Unternehmen[4] – besteht, dessen Firma fortgeführt wurde. Der Erwerber haftet nicht entsprechend § 25 Abs. 1 Satz 1 HGB, wenn kein Handelsgewerbe vorliegt[5].

Um den Erwerb eines Handelsgeschäfts unter Lebenden i. S. d. § 25 Abs. 1 Satz 1 HGB handelt es sich bei jedem Rechtsgeschäft, das den Wechsel des Unternehmensträgers

---

1 BGH-Urteil vom 10. Oktober 1985 IX ZR 153/84, NJW 1986, 581; vom 29. März 1982 II ZR 166/81, NJW 1982, 1647.
2 BGH-Urteil vom 12. Februar 2001 II ZR 148/99, NJW 2001, 1352 f., m. w. N.
3 Vgl. *Schmidt*, ZHR 145, 2 (8); *Beuthien*, NJW 1993, 1737.
4 Rn 1146 ff.
5 Vgl. OLG Koblenz, Urteil vom 7. April 1988 5 U 10/88, DB 1988, 2506; aA *Hüffer* in Großkommentar HGB, aaO, § 25 Rn 83 ff.

bewirkt, ohne unter die Vorschrift des § 28 HGB[1] zu fallen. Dabei spielt es keine Rolle, ob der Wechsel endgültig – wie z. B. beim Kauf – oder vorübergehend – etwa durch Pacht – erfolgt.

Der Erwerber haftet nach § 25 Abs. 1 Satz 1 HGB nur, wenn das Unternehmen im Zeitpunkt des Erwerbs besteht. Die Haftung tritt aber auch ein, wenn der Veräußerer seine Tätigkeit vor der Unternehmensübertragung zwar eingestellt hat, es aber auf Grund der fortdauernden Betriebsfähigkeit objektiv möglich erscheint, dass das Unternehmen wieder tätig wird; auch der Eintritt der Gesellschaft in das Liquidationsstadium berührt die Haftung nach § 25 Abs. 1 Satz 1 HGB nicht[2].

§ 25 HGB setzt nicht voraus, dass das Handelsgeschäft vollständig, also in seinen sämtlichen Teilen und mit dem ganzen oder nahezu dem gesamten Firmenvermögen übertragen wird. Vielmehr greift die Bestimmung auch dann ein, wenn einzelne Vermögensbestandteile oder Produktlinien von der Übernahme ausgenommen werden, solange nur für den Rechtsverkehr nach außen in Erscheinung tritt, dass der den Schwerpunkt des Unternehmens bildende wesentliche Kern übernommen wird[3].

Die Wirksamkeit oder Unwirksamkeit des Übernahmevertrages ist ohne Bedeutung, da es auf die tatsächliche Weiterführung des Handelsgeschäfts ankommt[4], denn § 25 Abs. 1 Satz 1 HGB knüpft an Tatsachen an, die im Rechtsverkehr nach außen in Erscheinung treten[5]. 2290

(2) Fortführung der Firma

Die Firma muss im Wesentlichen unverändert fortgeführt werden, wobei geringfügige Änderungen neben dem ohnehin zulässigen Nachfolgezusatz nicht schaden, wenn nach der Auffassung des Verkehrs trotz der vorgenommenen Änderung noch eine Fortführung der Firma gegeben ist[6]. Die Firma muss zumindest im Kern[7], in ihrem prägenden Teil[8] unverändert übernommen werden. Grundsätzlich stehen Änderungen, die nach § 22 HGB zulässig sind[9], einer Anwendung von § 25 HGB nicht entgegen. Firmenänderungen, die nach § 22 HGB unzulässig sind, schließen die Haftung des Erwerbers nach § 25 Abs. 1 Satz 1 HGB nicht unbedingt aus. § 25 HGB erfordert insoweit eine eigenständige Auslegung[10]. 2291

Wenn sich nach Erwerb die Rechtsform des Unternehmens ändert und dies durch die Aufnahme eines Zusatzes wie „GmbH" oder „OHG" in die Firmenbezeichnung dokumentiert wird, ändert dies nichts an der Fortführung der Firma, wenn der Verkehr die alte und die neue Firma mit ihren prägenden Bestandteilen und Zusätzen als Fortführung der Firma in einer anderen Gesellschaftsform ansieht[11].

---

1 Vgl. dazu unten Rn 2406 ff.
2 *Hüffer* in Großkommentar HGB, aaO, § 25 Rn 35.
3 OLG Celle, Urteil vom 31. Januar 2001 2 U 124/00 in http://www.lexisnexis.de/updaterecht/.
4 BGH-Urteil vom 10. Oktober 1985 IX ZR 153/84, NJW 1986, 581 (582).
5 BGH-Urteil vom 16. Januar 1984 II ZR 114/83, NJW 1984, 1186.
6 BGH-Urteil vom 4. November 1953 VI ZR 112/52, BB 1953, 1025; vgl. BGH-Urteil vom 4. November 1991 II ZR 85/91 WM 1992, 55, NJW 1992, 911.
7 *Roth*, Koller/Roth/Morck, HGB, München 2003, Rdnr. 6 zu § 25 HGB.
8 BGH-Urteil vom 17. Februar 2001 II ZR 148/99, NJW 2001, 1352.
9 Vgl. Rn 2242.
10 *Hüffer* in Großkommentar HGB, aaO, § 25 Rn 47 ff. mit zahlreichen weiteren Beispielen in Rn 48 ff.
11 OLG Köln, Urteil vom 11. Dezember 2001, 22 U 140/01; http//www.lexisnexis.de/updaterecht/.

2292 Ohne Bedeutung für die Anwendung des § 25 HGB (anders als bei § 22 HGB) ist es auch, ob der bisherige Inhaber zur Führung der Firma berechtigt war[1]. Es reicht für den Tatbestand des § 25 Abs. 1 Satz 1 HGB aber aus, wenn die Möglichkeit bestand, dass jemand die Firmenbezeichnung als Firma führen konnte.

Der Erwerber haftet auch dann, wenn er eine nach Firmen-, Namens- oder Wettbewerbsrecht unzulässige Firma fortführt, deren Benutzung im Rechtsverkehr grundsätzlich als möglich erscheint[2]. Ob Firmenfortführung anzunehmen ist, muss aus der Sicht des maßgeblichen Verkehrs beurteilt werden. Für dessen Sicht aber kommt es nicht auf die firmenrechtliche Zulässigkeit oder Unzulässigkeit der alten oder der neuen oder beider Firmen an. Entscheidend ist allein, dass die unter dem bisherigen Geschäftsinhaber tatsächlich geführte und von dem Erwerber weitergeführte Firma eine derart prägende Kraft besitzt, dass der Verkehr sie mit dem Unternehmen gleichsetzt und in dem Verhalten des Erwerbers eine Fortführung der bisherigen Firma sieht[3].

2293 Auf die fehlende Eintragung der Firma durch den bisherigen Inhaber kommt es – außer in den Fällen des § 5 HGB – nicht an[4].

2294 Der Erwerber haftet hingegen nicht auf Grund § 25 HGB, wenn er eine Firma fortführt, die auch für Dritte erkennbar unzulässig ist. Dies schließt jedoch nicht aus, dass der Erwerber für die Betriebsschulden auf Grund einer vertraglichen Vereinbarung haftet. Er kann gegenüber Gläubigern des übernommenen Unternehmens auf Grund einer vertraglich vereinbarten Schuldübernahme haften.

2295 Die Weiterführung einer Geschäftsbezeichnung kann keine Haftung des Erwerbers gemäß § 25 Abs. 1 Satz 1 HGB begründen[5]. Die Rechtsprechung ist bisher nicht Forderungen in der Literatur gefolgt, in diesem Fall § 25 Abs. 1 Satz 1 HGB analog anzuwenden[6].

2296 Die Haftung des Erwerbers für die Verbindlichkeiten des früheren Inhabers tritt unabhängig davon ein, ob der Erwerber die Zustimmung des bisherigen Inhabers zur Fortführung der Firma besitzt. Auf die Einwilligung des bisherigen Firmeninhabers in die Fortführung kommt es bei § 25 Abs. 1 Satz 1 HGB – anders als bei § 22 HGB – nicht an. Der Erwerber haftet auch dann, wenn er die Firma gegen den Willen des bisherigen Geschäftsinhabers fortführt, da § 25 Abs. 1 HGB an Tatsachen anknüpft, die im Rechtsverkehr nach außen in Erscheinung treten[7].

2297 Dies gilt selbst dann, wenn der frühere Inhaber aus diesem Grund gegen den neuen Inhaber vorgeht, um ihm die Fortführung der Firma zu untersagen.

2298 Fortgeführt wird eine Firma, wenn der Erwerber unter dieser Firma geschäftlich tätig wird und am Markt als Firmeninhaber auftritt. Es kommt nicht auf etwaige anders lautende Erklärungen gegenüber dem Registergericht an. Die Verkehrsauffassung muss der Bezeichnung, die der Erwerber für sein Auftreten am Markt gewählt hat, entnehmen, es handle sich um die von ihm gewählte Firma; die Belassung eines Firmenschildes und eine

---

1 *Hüffer* in Großkommentar HGB, aaO, § 25 Rn 37 m. w. N.
2 Vgl. BGH-Urteil vom 29. November 1956 II ZR 32/56, BGHZ 22, 234; Anm. Dellbrück in LM, HGB § 17 Nr. 1; BGH-Urteil vom 12. Februar 2001 II ZR 148/99, NJW 2001, 1352.
3 BGH-Urteil vom 12. Februar 2001 II ZR 148/99, NJW 2001, 1352.
4 *Hüffer* in Großkommentar HGB, § 25 Rn 36.
5 BGH-Urteil vom 29. April 1964 VIII ZR 2/63, DB 1964, 1297; OLG Köln, Urteil vom 8. Dezember 1992 3 U 118/92, MDR 1994, 133, 134 m. ablehnender Anm. Schmidt, K.
6 *Hüffer* in Großkommentar HGB, § 25 Rn 83 ff. m. w. N.
7 BGH-Urteil vom 10. Oktober 1985 IX ZR 153/84, NJW 1986, 581 (582).

Zeitungsanzeige reichen nicht aus, um darzutun, dass der Erwerber die übernommene Bezeichnung firmenmäßig verwendet. Wenn der Unternehmer eine Bezeichnung so verwendet, dass sie vom Verkehr nicht für eine Firma gehalten wird, dann kommt es nicht zur Anwendung von § 25 Abs. 1 Satz 1 HGB.[1]

Die Firma muss tatsächlich zumindest kurzfristig geführt werden[2].

Eine sofortige Veräußerung oder Verpachtung des Unternehmens ist keine Fortführung der Firma[3].

§ 25 Abs. 1 Satz 1 HGB wird auch angewendet, wenn eine Niederlassung[4] veräußert wird, für die auch die Firma fortgeführt wird. Auch wenn der Veräußerer mehrere Unternehmen mit eigenen Hauptniederlassungen betreibt, hängt die Anwendbarkeit von § 25 Abs. 1 Satz 1 HGB von der Fortführung der zu den jeweiligen Niederlassungen gehörigen Firma ab, unabhängig davon, ob und welche Firmen der Veräußerer fortführt[5]. 2299

(3) Fortführung des bisherigen Handelsgeschäfts

Neben der Firma muss der Erwerber auch das Handelsgeschäft[6] fortführen, d. h. tatsächlich weiterbetreiben, wobei es auch auf entgegenstehende Vereinbarungen zwischen dem alten und dem neuen Inhaber nicht ankommt[7]. 2300

Eine Fortführung des Geschäfts liegt vor, wenn der Kern des Unternehmens übergegangen ist. Ohne Einfluss auf die Haftung ist es, wenn ein ganz untergeordneter Geschäftszweig zurückbleibt, selbst wenn der Wert der Wirtschaftsgüter nicht nur unerheblich ist.

Um einen Wertungswiderspruch zwischen der Gestattung der Firmenfortführung und der Verneinung der Haftungsfolge zu vermeiden, wird man es allerdings gemäß den in der Rechtsprechung zu § 22 HGB entwickelten Grundsätzen[8] genügen lassen müssen, dass der Erwerber in der Lage ist, die geschäftliche Tradition seines Vorgängers fortzusetzen. Lässt sich die Anwendung des § 25 HGB auch unter diesem Gesichtspunkt nicht begründen, so kann der Erwerber namentlich bei (dann unzulässiger) Fortführung der Firma unter den Gesichtspunkt der Vertrauenshaftung verpflichtet sein, für die Verbindlichkeiten des Veräußerers einzustehen. 2301

Auf die Voraussetzung der Fortführung des Handelsgeschäfts kann es besonders auch ankommen, wenn eine Zweigniederlassung[9] mit der alten Firma fortgeführt wird, da § 25 Abs. 1 HGB grundsätzlich auch bei Übernahme und Fortführung einer Zweigniederlassung anwendbar ist. 2302

---

1 BGH-Urteil vom 1. Dezember 1986 II ZR 303/85, NJW 1987, 1633, m. Anm. Schmidt, K.
2 *Roth,* Koller/Roth/Morck, HGB, München 2003, Rdnr. 6 zu § 25 HGB.
3 RG-Urteil vom 13. Februar 1934 II 254/33, RGZ 143, 371.
4 Rn 1186 ff.
5 Zu den Einzelheiten vgl. *Hüffer* in Großkommentar HGB, aaO, § 25 Rn 41 ff.
6 Zum Begriff vgl. Rn 1146 ff.
7 BGH-Urteil vom 13. Oktober 1955 II ZR 44/54, BGHZ 18, 248 (250); BGH-Urteil vom 10. Oktober 1985 IX ZR 153/84, NJW 1986, 581; *Nickel,* NJW 1981, 102; aA OLG Frankfurt, Urteil vom 20. November 1979 5 U 36/79, NJW 1980, 1397.
8 BGH-Urteil vom 26. Mai 1972 I ZR 44/71, NJW 1972, 2123; vgl. *Hüffer* in Großkommentar HGB, aaO, § 22 Rn 8.
9 Vgl. oben Rn 1186–1197, 1376 und 2252, 2299.

Dann haftet der Erwerber nur für diejenigen Forderungen des früheren Inhabers, die in dem Betrieb der übernommenen Niederlassung begründet worden sind[1]. Voraussetzung ist, dass die Zweigniederlassung als ein eigenes Handelsgeschäft i. S. d. § 25 Abs. 1 HGB anzusehen ist; dies ist der Fall, wenn sie „trotz der selbstverständlichen Abhängigkeit vom Hauptgeschäft nach dem gesamten Erscheinungsbild einem selbstständigen Handelsgeschäft sehr nahe" kommt[2].

Wenn diese Niederlassung jedoch rechtlich und tatsächlich von der Hauptniederlassung des Veräußerers abhing, ist sie kein Handelsgeschäft i. S. d. § 25 Abs. 1 Satz 1 HGB. Führt der Erwerber eine solche Zweigniederlassung, die keine eigene Buch-, Kassen- oder Kontenführung hatte, als selbstständiges Geschäft weiter, so haftet er ausnahmsweise nicht für die dort entstandenen Forderungen nach § 25 Abs. 1 Satz 1 HGB, selbst wenn er die Firma dieser Niederlassung beibehält[3].

(4) Haftungsausschluss nach § 25 Abs. 2 HGB

2303 Bei dem Abschluss des Vertrages über die Übertragung eines Handelsgeschäfts kann von den Vertragschließenden vereinbart werden, dass der Erwerber die Betriebsschulden nicht übernehmen soll; eine solche Vereinbarung kann sich auf alle oder nur auf einzelne Verbindlichkeiten beschränken. Derartige Vereinbarungen behalten ihre Wirkung zwischen Erwerber und Veräußerer auch dann, wenn sie Dritten gegenüber unwirksam sind.

Eine Vereinbarung zwischen dem Erwerber und dem Veräußerer, die einen Haftungsausschluss nach § 25 Abs. 2 HGB auch Dritten gegenüber bewirken soll, muss entweder im Handelsregister eingetragen und bekannt gemacht worden sein oder dem Dritten von einer Vertragspartei mitgeteilt worden sein.

2304 Die Mitteilung i. S. d. § 25 Abs. 2 HGB vom Veräußerer oder Erwerber an den Dritten (Gläubiger) ist eine empfangsbedürftige Willenserklärung, die erst mit Zugang wirksam wird (§ 130 Abs. 1 Satz 1 BGB) und wie die Eintragung im Handelsregister unverzüglich erfolgen muss.

2305 Sie kann formlos erfolgen. Bei widersprechenden Mitteilungen über die Haftungsbeschränkung von Erwerber und Veräußerer tritt die Haftungsbeschränkung ein, wenn eine von beiden Mitteilungen die Vereinbarung richtig wiedergibt[4]. Der Gläubiger wird also nicht geschützt. Ihm gegenüber wirkt dann unabhängig von den Mitteilungen die von den Beteiligten vereinbarte Haftungsbeschränkung.

Hat er auf andere Weise von einer vereinbarten Haftungsbeschränkung erfahren, so kann er gleichwohl vom Erwerber Zahlung der Geschäftsschulden verlangen.

2306 Der zwischen Verkäufer und Erwerber vereinbarte Haftungsausschluss wirkt Dritten gegenüber aber auch, wenn er – statt einer direkten Mitteilung an die Gläubiger – im Handelsregister eingetragen und bekannt gemacht wurde.

---

1 RG-Urteil vom 11. Mai 1942 II 13/42, RGZ 169, 133.
2 BGH-Urteil vom 5. Februar 1979 II ZR 117/78, NJW 1979, 2245.
3 BGH-Urteil vom 8. Mai 1972 II ZR 155/69, NJW 1972, 1859.
4 *Hüffer* in Großkommentar HGB, aaO, § 25 Rn 99.

Der Haftungsausschluss ist nach § 25 Abs. 2 HGB Dritten gegenüber nur wirksam, wenn die Eintragung der Vereinbarung im Handelsregister und ihre Bekanntmachung mit der Übernahme des Unternehmens zusammenfallen oder jedenfalls unverzüglich danach erfolgen[1].

Das Gleiche gilt für die unmittelbare Mitteilung der Haftungsbeschränkung durch den Veräußerer oder Erwerber an die Gläubiger.

Es ist ratsam, Anträge auf Eintragung und Bekanntmachung eines Haftungsausschlusses bei den Registergerichten bereits vor Übernahme des Geschäfts oder gleichzeitig zu stellen. Dies ist aber nicht zwingend erforderlich; es genügt, wenn die Eintragung in das Handelsregister in einem „angemessenen Zeitabstand" nach der „unverzüglichen" Anmeldung erfolgt[2], wobei sogar vereinbart werden kann, dass Inhaberwechsel und Haftungsausschluss i. S. d. § 25 Abs. 2 HGB erst mit der Eintragung wirksam werden sollen[3].

2307

Die Eintragung des Haftungsausschlusses nach § 25 Abs. 2 HGB nebst Bekanntmachung oder Mitteilung muss mit der Geschäftsübernahme grundsätzlich zusammenfallen. Es reicht allerdings, wenn die Anmeldung unverzüglich nach Geschäftsübernahme erfolgt und wenn die Eintragung und Bekanntmachung sodann in (kurzem) angemessenem Zeitabstand folgen[4]. Anderenfalls ist der Haftungsausschluss grundsätzlich auch bei unverschuldeter Verzögerung unwirksam.

2308

Welche Fristen in diesem Zusammenhang noch zu tolerieren sind, wird allerdings unterschiedlich beurteilt; es existiert eine nicht unbeträchtliche Kasuistik. So wird der Erwerber jedenfalls nicht von seiner Haftung nach § 25 Abs. 1 Satz 1 HGB befreit, wenn er die Eintragung des Haftungsausschlusses erst nach fünf oder nach neun Monaten beantragt. Auf der anderen Seite sollen drei Monate ein Zeitraum sein, der zwar nicht unerheblich ist, andererseits aber auch nicht so gravierend, dass ein nach außen wirksamer Haftungsausschluss durch Eintragung im Handelsregister offensichtlich nicht mehr hätte herbeigeführt werden können[5].

Um Risiken beim Haftungsausschluss vorzubeugen, empfiehlt es sich für den Übernehmer des Handelsgeschäfts also auf jeden Fall, den Eintragungsantrag sofort zu stellen; denn er trägt das Risiko, wenn sich die Eintragung der Haftungsbefreiung verzögert; auf sein Verschulden kommt es dabei in der Regel nicht an.

Sollte im Einzelfall eine rechtzeitige Veröffentlichung nicht möglich sein, so wird die Benachrichtigung sämtlicher Gläubiger durch Privatrundschreiben genügen, um einen Haftungsausschluss i. S. d. § 25 Abs. 2 HGB zu bewirken.

Nach Eintritt der Voraussetzungen des § 25 Abs. 1 Satz 1 HGB hebt die Bekanntgabe einer Haftungsbeschränkung des § 25 Abs. 2 HGB die Haftung nach § 25 Abs. 1 Satz 1 HGB nicht mehr auf; nur, wenn eine Mitteilung i. S. d. § 25 Abs. 2 HGB praktisch nicht möglich war, kann eine nachträgliche Haftungsbeschränkung wirksam sein.

---

1 OLG Frankfurt, Beschluss vom 1. Juni 1977 20 W 231/77, NJW 1977, 2270.
2 BGH-Urteil vom 1. Dezember 1958 II ZR 238/57, BGHZ 29, 1.
3 LG Frankfurt, Beschluss vom 15. Mai 1974 3/11 T 29/74, DNotZ 1975, 235.
4 RG 131, 14; Hamm NJW-RR 94, 1121, DB 98, 2591, str.; BGH 29, 6, WM 92, 736, vgl. *Baumbach/Hopt*, § 25 Rn 15 m. w. N.; BayObLG-Beschluss vom 15. Januar 2003 3Z BR 225/02, ZIP 2003, 527.
5 BayObLG-Beschluss vom 15. Januar 2003 3Z BR 225/02, ZIP 2003, 527, im Ergebnis offen gelassen.

2309 Ein Kaufmann ist verpflichtet, die Mitteilung des Registergerichts über die Vornahme einer von ihm beantragten Eintragung in das Handelsregister auf ihre Richtigkeit und Vollständigkeit nachzuprüfen[1].

2310 Die Eintragung der vertraglichen Haftungsbeschränkung im Handelsregister und ihre Mitteilung müssen klar und eindeutig sein. Der Dritte, der Gläubiger, muss zweifelsfrei erkennen können, ob seine Forderung übergegangen ist. Deshalb führt die Vereinbarung eines Haftungsausschlusses über eine bestimmte Summe hinaus oder über einen bestimmten Bruchteil der Verbindlichkeiten hinaus nicht zur Haftungsbeschränkung. Der Dritte muss vielmehr erkennen können, welche Schulden nicht übernommen werden sollen[2].

2311 Ist vereinbart, dass der Erwerber nur bestimmte in ein Verzeichnis aufgenommene Verbindlichkeiten übernimmt, tritt seine Haftung gleichwohl für alle Schulden ein, wenn den Gläubigern das Verzeichnis nicht zugänglich ist. Derartige Haftungsbeschränkungen geben keinem Gläubiger Klarheit, ob der Erwerber die Haftung für seine Forderung übernommen hat. Sie genügen deshalb gegenüber keinem Gläubiger.

2312 Allgemeine Erklärungen, wie „die Passiven sind nicht übernommen" oder „übernommen werden nur Vertragsverbindlichkeiten" sind demgegenüber so klar gefasst, dass sie die Haftungsbeschränkung bewirken können.

2313 *(unbesetzt)*

cc) Rechtsfolgen des § 25 Abs. 1 Satz 1 HGB

2314 Führt der Erwerber das Handelsgeschäft unter der alten Firma fort, ohne seine Haftung für die Geschäftsverbindlichkeiten gemäß § 25 Abs. 2 HGB auszuschließen, so haftet er nach § 25 Abs. 1 Satz 1 HGB.

(1) Allgemeines

2315 § 25 Abs. 1 Satz 1 HGB ist ein Fall des gesetzlichen Schuldbeitritts. Der Erwerber haftet neben dem bisherigen Inhaber für dessen Geschäftsverbindlichkeiten, unabhängig von dem zugrunde liegenden Rechtsgrund. Man spricht von einer kraft Gesetz eintretenden kumulativen Schuldübernahme[3].

Daneben haftet der Veräußerer grundsätzlich für die von ihm eingegangenen Verbindlichkeiten weiter[4].

Der Erwerber haftet nach § 25 Abs. 1 Satz 1 HGB mit seinem gesamten Vermögen.

(2) Haftung des Erwerbers für Geschäftsverbindlichkeiten

2316 Die Verbindlichkeiten, für die der Erwerber haftet, müssen also Geschäftsverbindlichkeiten sein, die zum Zeitpunkt des Inhaberwechsels bereits bestanden.

2317 Die Haftung umfasst alle Verpflichtungen, die mit dem Geschäftsbetrieb in so enger innerer Verbindung stehen, dass sie als dessen Folge erscheinen[5] (Geschäftsverbindlichkeiten). Private Schulden gehören nicht zum Geschäftsvermögen. Zu Gunsten des Gläubigers des

---

1 RG-Urteil vom 25. November 1930 III 38/30, RGZ 131, 12.
2 Vgl. RG-Urteil vom 21. Juli 1936 II ZR 63/36, RGZ 152, 75.
3 *Hüffer* in Großkommentar HGB, aaO, § 25 Rn 50; vgl. oben Rn 1537 ff.
4 Vgl. unten Rn 2326 ff.
5 RG-Urteil vom 27. Februar 1904 I 452/03, RGZ 58, 21.

bisherigen Geschäftsinhabers gilt jedoch die Vermutung des § 344 HGB[1]. Danach gelten die vom Veräußerer als Kaufmann vorgenommenen Rechtsgeschäfte im Zweifel als zum Betrieb des Handelsgewerbe gehörig. Gleichartige Geschäfte, die der Veräußerer in einem anderen Handelsgeschäft, das er vor Gründung des veräußerten aufgegeben hat, können jedoch nicht zu den Geschäftsverbindlichkeiten gerechnet werden[2]. Die vom Veräußerer gekennzeichneten Schuldscheine gelten als im Betrieb seines Handelsgeschäfts gekennzeichnet, sofern sich nicht aus der Urkunde das Gegenteil ergibt. Belanglos ist, ob die Schuld auf Rechtsgeschäft, unerlaubter Handlung oder einem anderen Rechtsgrund beruht. Auf die Kenntnis des Erwerbers von den Schulden oder auf deren Eintragung in die Bücher kommt es nicht an.

Die Haftung besteht z. B. für Vergütungsansprüche aus Dienstverhältnissen, für Ansprüche aus Wettbewerbsklauseln, für Unterlassungspflichten des Unternehmens, insbesondere auch für Steuerschulden (§ 57 AO).

Soweit § 4 BetrAVG die Übernahme von Versorgungsschulden beschränkt, ist Gesetzeszweck nicht die Erhaltung des Insolvenzschutzes, sondern die Sicherung der Haftungsmasse. Die Regelung dient dem Schutze des Pensions-Sicherungs-Vereins vor unerwünschten Haftungsrisiken.

Während der versorgungsberechtigte Arbeitnehmer eine private Schuldübernahme nur in den Grenzen des § 4 BetrAVG genehmigen kann, ist der Pensions-Sicherungs-Verein insoweit nicht beschränkt. Seine Genehmigung ist möglich, aber auch erforderlich, wenn eine Schuldübernahme abweichend von § 4 BetrAVG Wirksamkeit erlangen soll.

Der Erwerber haftet nach § 25 Abs. 1 Satz 1 HGB auch für fällige Betriebsrenten[3]. Wird in einem Betriebsübernahmevertrag vereinbart, dass der Betriebserwerber den bereits fälligen Versorgungsschulden beitritt und danach die Betriebsrentner veranlassen muss, den Betriebsveräußerer von der Haftung freizustellen, so handelt es sich um eine Umgehung des § 4 BetrAVG. Die vorgesehenen Erlassverträge zu Gunsten des Betriebsveräußerers sind nur wirksam, wenn der Pensions-Sicherungs-Verein zustimmt[4].

Prozesskosten gehen als Schulden auch dann über, wenn das Urteil erst nach dem Erwerb rechtskräftig geworden ist[5]. Obwohl ein gegen den Veräußerer ergangenes Urteil keine Rechtskraftwirkung gegen den Erwerber entfaltet, kann es gemäß § 729 Abs. 2 ZPO gegen ihn vollstreckbar ausgefertigt werden[6]. Auch für Rückstände an Versicherungsprämien wird gehaftet. 2318

Vertragsverhältnisse als solche (z. B. Arbeitsverträge, Mietverträge. Leasingverträge) werden von § 25 Abs. 1 Satz 1 HGB nicht erfasst; dies gilt auch für Lizenzansprüche, die erst nach Geschäftsübergang durch Handlungen des Geschäftsübernehmers ausgelöst werden[7]. Für den Übergang derartiger Verträge auf den Erwerber bedarf es daher entweder einer 2319

---

1 BGH-Urteil vom 29. Januar 1979 II ZR 123/78, BB 1979, 1117.
2 BGH-Urteil vom 29. Januar 1979 II ZR 123/78, BB 1979, 1117.
3 BAG-Urteil vom 24. März 1987 3 AZR 384/85, DB 1988, 123, BB 1987, 2235, ZIP 1987, 1474, EWIR § 26 HGB 1/88 (Rühle).
4 BAG-Urteil vom 17. März 1987 3 AZR 605/85, DB 1988, 122.
5 RG-Urteil vom 12. Januar 1934 II 231/33, RGZ 143, 154.
6 *Hüffer* in Großkommentar HGB, § 25 Rn 59; *Thomas/Putzo,* ZPO, aaO, § 729 Anm. 1 und 3; vgl. aber BGH-Urteil vom 28. Januar 1987 VIII ZR 46/86, DB 1987, 1532.
7 BGH-Urteil vom 15. Mai 1990 X ZR 82/88, NJW-RR 1990, 1251.

Vertragsübernahme oder einer speziellen gesetzlichen Regelung wie z. B. §§ 571, 613a BGB[1], 151 Abs. 2 VVG, 34 Abs. 3 UrhG.

2320 Zum Zeitpunkt des Inhaberwechsels ist eine Verbindlichkeit begründet, wenn der Rechtsgrund bereits gelegt war.

2321 Für Verbindlichkeiten, die nach Veräußerung, aber vor Eintragung des Inhaberwechsels begründet wurden, haftet grundsätzlich der Erwerber, der diese Verbindlichkeiten auch eingegangen ist. Der Veräußerer haftet daneben, solange er sich gemäß §§ 15 Abs. 1, 31 Abs. 1 HGB nicht auf den Inhaberwechsel berufen kann[2].

2322–2325 *(unbesetzt)*

dd) Besonderer Verpflichtungsgrund

Allgemeines zu § 25 Abs. 3 HGB

2326 Nach § 25 Abs. 3 HGB haftet der Erwerber für bestehende Verbindlichkeiten, wenn ein sog. besonderer Verpflichtungsgrund vorliegt; dabei kommt es nicht auf die Fortführung der Firma an.

2327 Die Wirkung eines Schuldbeitritts nach § 25 Abs. 3 HGB kann der Erwerber einseitig durch eine handelsübliche Bekanntmachung erzielen. Dabei handelt es sich um eine einseitige, nicht empfangsbedürftige Erklärung an die Öffentlichkeit (z. B. durch Zeitungsanzeigen), die in der Praxis allerdings nur von geringer Bedeutung ist[3].

2328 Von größerer praktischer Bedeutung sind jedoch die Fälle, in denen vom Gesetz die Haftung des Erwerbers, unabhängig von der Firmenfortführung angeordnet wird. Auf sie weist § 25 Abs. 3 HGB hin. Ein besonderer Verpflichtungsgrund i. S. d. § 25 Abs. 3 HGB kann die Haftung des Betriebsinhabers nach § 613a BGB[4], die befreiende Schuldübernahme nach §§ 414, 415 BGB[5] oder ein vertraglicher Schuldbeitritt nach § 328 BGB[6] sein (wohingegen die Eröffnungsübernahme nach § 329 BGB keinen solchen Verpflichtungsgrund darstellt)[7], im Steuerrecht vor allem § 75 AO[8].

2329 § 419 BGB regelte den Fall, dass jemand (im folgenden **Erwerber** genannt) durch einen Vertrag das Vermögen eines anderen (im folgenden **Veräußerer** genannt) übernahm. In diesem Fall haftete der Erwerber für Ansprüche, die Dritte zum Zeitpunkt des Vertragsabschlusses gegen den Veräußerer hatten.

§ 419 BGB trat im Zuge der Insolvenzrechtsreform mit Ablauf des 31. Dezember 1998 **außer Kraft** (EGInsO 33 Nr. 16). Soweit keine Sondervorschriften eingreifen (wie etwa § 25 HGB), verbleibt dem Gläubiger der Weg der Anfechtung. § 419 BGB bleibt allerdings auch nach seinem Außerkrafttreten für Vermögensübernahmen aus der Zeit vor dem 1. Januar 1999 wirksam[9].

2330–2345 *(unbesetzt)*

---

1 Vgl. dazu Rn 966 ff.
2 *Hüffer* in Großkommentar HGB, § 25 Rn 63.
3 *Steckhan* in Schlegelberger-Hildebrandt, HGB, § 25 Rn 21.
4 Vgl. oben Rn 966 ff.
5 Vgl. oben Rn 1532 ff.
6 Vgl. oben Rn 1543 ff.
7 *Palandt/Heinrichs*, BGB, aaO, Rdnr. 1 zu § 329.
8 Vgl. unten Rn 5851 ff.
9 Vgl. hierzu ausführlich Vorauflagen m. w. N.

Kaufvertrag

ee) Haftung des Veräußerers

(1) Allgemeines

Neben dem Erwerber haftet der Veräußerer gesamtschuldnerisch weiter. Seine Stellung entspricht weitgehend der eines ausgeschiedenen OHG-Gesellschafters[1]. 2346

Ein Gläubiger kann gemäß § 421 BGB die Erfüllung seiner Forderung sowohl vom Erwerber als auch vom Veräußerer verlangen; er kann wählen gegen wen er in welcher Höhe vorgeht. Veränderungen der Verbindlichkeiten eines Schuldners wirken nach § 425 BGB grundsätzlich nicht auf die Schuld des anderen, soweit sie nach der Begründung des Gesamtschuldverhältnisses eintreten[2]. 2347

Bei Dauerschuldverhältnissen haftet der Veräußerer nur für den Teil der Gegenleistung, für den er auch einen Anspruch auf die Erfüllung der Hauptleistung hat. 2348

Grundsätzlich haftet der Veräußerer nicht für Verbindlichkeiten, die der Erwerber nach dem Inhaberwechsel eingegangen ist. Er kann sich aber darauf nicht berufen, solange der Inhaberwechsel gemäß § 15 Abs. 1, § 31 Abs. 1 HGB nicht im Handelsregister eingetragen und bekannt gemacht ist[3]. 2349

Im Innenverhältnis zwischen Veräußerer und Erwerber kommt es auf den zwischen ihnen vereinbarten Vertrag an, wer einen Anspruch auf Freistellung von Verbindlichkeiten oder Ausgleich von Leistungen an Dritte auf Grund der Gesamtschuldnerschaft hat. 2350

(unbesetzt) 2351

(2) Begrenzung der Ansprüche gegen den Veräußerer gem. § 26 HGB

Die Haftung des Veräußerers für die vor der Geschäftsveräußerung entstandenen Verbindlichkeiten wird zeitlich durch § 26 HGB auf fünf Jahre begrenzt (Ausschlussfrist)[4], sofern Ansprüche nicht zuvor gerichtlich geltend gemacht oder vom bisherigen Geschäftsinhaber schriftlich anerkannt wurden. 2352

Gegenstand der Regelung des § 26 HGB sind die Ansprüche, die Dritte gegen den Veräußerer haben. Regelmäßig ist dies bei Ansprüchen der Fall, die vor dem Inhaberwechsel begründet worden sind, sofern der Veräußerer nicht gemäß § 414 BGB oder § 415 BGB von der Haftung befreit wurde.

Folge der Haftungsbegrenzung gem. § 26 HGB ist, dass der ehemalige Inhaber des Handelsgeschäfts nur für die Verbindlichkeiten haftet, die innerhalb von fünf Jahren fällig sind und gegen ihn geltend gemacht werden. Die Parteien sollen die im Normalfall angestrebte schuldbefreiende Übernahme aller (Aktiven und) Passiven wenigstens zeitversetzt verwirklichen können. 2353

Die Ansprüche des ehemaligen Geschäftsinhabers gegen den Erwerber im Innenverhältnis bleiben von der Haftungsbegrenzung grundsätzlich unberührt. Nur, wenn er die Ausübung eines Leistungsverweigerungsrechts oder die Nutzung einer Aufrechnungslage durch den 2354

---

1 Vgl. unten Rn 2417.
2 Zu den Einzelheiten vgl. *Hüffer* in Großkommentar HGB, § 25 Rn 52; *Palandt/Heinrichs*, BGB, aaO, § 425.
3 *Hüffer* in Großkommentar HGB, aaO, § 25 Rn 63.
4 Gesetz zur zeitlichen Begrenzung der Nachhaftung von Gesellschaftern – NachhBG vom 18. März 1994, BGBl I 1994, 560; zum Übergangsrecht beachte Art. 37 Abs. 1 EGHGB.

Erwerber vereitelt hat, kann die Forderung nach Erstattung der Leistung rechtsmissbräuchlich sein[1].

2355 § 26 HGB findet Anwendung, wenn der neue Inhaber einem Dritten gegenüber auf Grund § 25 Abs. 1 Satz 1 HGB oder § 25 Abs. 3 HGB haftet. § 26 HGB greift aber auch ein, wenn der Erwerber nicht nur nach § 25 Abs. 1 Satz 1 HGB, sondern auf Grund eines Schuldbeitritts haftet[2]. Da der Erwerber den Veräußerer ohne Mitwirkung der Gläubiger nicht unmittelbar von seinen Schulden befreien kann, hat der Gesetzgeber die Haftungsbegrenzung gewählt, um den Veräußerer vor der Geltendmachung von Altschulden zu schützen.

Wenn der neue Inhaber nicht auf Grund der Vorschriften des § 25 HGB haftet, dann schützt § 26 HGB den Veräußerer nicht.

2356 Bei Haftung des Erwerbers nach § 25 Abs. 1 Satz 1 HGB beginnt die Frist des § 26 HGB der Ansprüche gegen den Veräußerer grundsätzlich mit Ablauf des Tages, an dem der neue Inhaber in das Handelsregister des Gerichts der Hauptniederlassung eingetragen worden ist, auch wenn der maßgebliche Anspruch gegen eine Zweigniederlassung gerichtet war[3].

Führt der Erwerber jedoch nur eine Zweigniederlassung[4] des Veräußerers fort, so kommt es für den Verjährungsbeginn auf die Eintragung im bisherigen Zweitregister an[5].

Haftet der Erwerber nur nach § 25 Abs. 3 HGB, dann beginnt die Frist gem. § 26 Abs. 1 Satz 2 HGB grundsätzlich mit Ablauf des Tages, an dem er die Übernahme der Verbindlichkeiten bekannt gemacht hat.

2357 Nach der seit dem 26. März 1994 geltenden Rechtslage haftet der Veräußerer im Außenverhältnis nur noch bis zu 5 Jahre für Verbindlichkeiten des veräußerten Betriebes. Dies gilt nach Art. 37 Abs. 1 EGHGB jedoch nicht für Verbindlichkeiten, die vor diesem Datum entstanden sind und mehr als vier Jahre nach Firmenübergang fällig werden. In diesen Fällen kann sich der Veräußerer erst ein Jahr nach Fälligkeit auf die Einrede der Verjährung berufen. Bei Dauerschuldverhältnissen wird sich der Veräußerer erst ein Jahr nach der ersten Kündigungsmöglichkeit, die auf sein Ausscheiden folgt, auf die Einrede der Verjährung berufen können, da die Rechtsprechung die Kündigungsmöglichkeit der Fälligkeit eines Anspruchs insofern weitgehend gleichsetzt.

2358–2365 *(unbesetzt)*

d) Übergang der Forderungen bei Firmenfortführung

aa) Allgemeines

2366 Grundsätzlich steht es den Vertragspartnern frei, zu vereinbaren, was mit betrieblichen Forderungen geschehen soll, die zum Zeitpunkt des Übergangs des Unternehmens dem Veräußerer zustanden[6].

2367 Wenn der Erwerber aber die Firma fortführt, so gelten die im Betrieb begründeten und formfrei übertragbaren Forderungen nach § 25 Abs. 1 Satz 2 HGB den Schuldnern gegen-

---

1 *Hüffer* in Großkommentar HGB, aaO, § 26 Rn 19.
2 BGH-Urteil vom 26. November 1964 VII ZR 75/63, BGHZ 42, 381.
3 *Hüffer* in Großkommentar HGB, aaO, § 26 Rn 8.
4 Vgl. auch Rn 2302.
5 *Hüffer* in Großkommentar HGB, aaO, § 26 Rn 8.
6 Siehe oben Rn 1486 ff.

über als auf den Erwerber übergegangen, falls der bisherige Inhaber in die Fortführung der Firma eingewilligt hat. Hypothekenforderungen oder Forderungen, die nur mit der Zustimmung Dritter oder überhaupt nicht übertragen werden können, fallen nicht unter § 25 Abs. 1 Satz 2 HGB[1].

§ 25 Abs. 1 Satz 2 HGB stellt die Fiktion auf, die in dem Unternehmen begründeten Forderungen seien an den Erwerber abgetreten worden[2]. Die Schuldner können dann ihre Leistung grundsätzlich an den Erwerber bewirken. 2368

Sofern – entgegen der Fiktion des § 25 Abs. 1 Satz 2 HGB – bestimmte unternehmensbezogene Forderungen beim Veräußerer bleiben, so ist es im Interesse des Veräußerers geboten, die jeweiligen Schuldner sofort zu benachrichtigen, wenn verhindert werden soll, dass mit schuldbefreiender Wirkung an den Veräußerer geleistet wird. Vorsorglich kann im Unternehmenskaufvertrag eine Rückerstattungspflicht des Erwerbers für den Fall vereinbart werden, dass Schuldner an den Erwerber leisten, obwohl ihre Verbindlichkeiten nicht auf ihn übergegangen sein sollen[3]. Ohne diese vertraglich vereinbarte Rückerstattungspflicht kann der Veräußerer nach § 816 Abs. 2 BGB gegen den Erwerber einen Anspruch auf Herausgabe der Schuldnerleistung haben. 2369

bb) Voraussetzungen

Grundsätzlich müssen nach § 25 Abs. 1 Satz 2 HGB die gleichen Voraussetzungen, wie für § 25 Abs. 1 Satz 1 HGB erfüllt sein. 2370

Daneben muss der bisherige Inhaber – anders als im Fall des § 25 Abs. 1 Satz 1 HGB – auch in die Fortführung der Firma eingewilligt haben.

Anders als im Fall des § 22 HGB muss diese Einwilligung nicht ausdrücklich erfolgen; für den Eintritt der Rechtsfolge des § 25 Abs. 1 Satz 1 HGB genügt es, wenn der bisherige Inhaber in die Firmenfortführung stillschweigend einwilligt oder sie auch nur duldet. 2371

Die Eintragung des Erwerbers in das Handelsregister unter Beibehaltung der bisherigen Firma ist im Gegensatz zur tatsächlichen Firmenfortführung für den Schuldner ein ausreichender Nachweis für die Einwilligung des bisherigen Firmeninhabers in die Firmenfortführung[4] und somit auch für das Vorliegen der Voraussetzungen des § 25 Abs. 1 Satz 2 HGB. 2372

Wie bei der Mitübernahme der Schulden ist auch bei der Übertragung der Forderungen eine abweichende Vereinbarung der Vertragsschließenden Dritten gegenüber nur bei Vorliegen bestimmter Voraussetzungen gültig. Die abweichende Vereinbarung muss, wenn sie Dritten gegenüber verbindlich sein soll, entweder in das Handelsregister eingetragen und bekannt gemacht worden sein oder von dem Erwerber oder Veräußerer dem Dritten mitgeteilt worden sein (§ 25 Abs. 2 HGB). Befindet sich der Schuldner auf Grund sich widersprechender Mitteilungen in Ungewissheit über die Person des Gläubigers, so kann er nach § 372 BGB seine Leistung hinterlegen[5]. Die Ausführungen oben[6] gelten entsprechend. 2373

---

1 *Baumbach/Hopt,* HGB, aaO, § 25 Rn 23.
2 *Hüffer* in Großkommentar HGB, aaO, § 25 Rn 69.
3 Vgl. *Günther,* Unternehmenskauf, Anm. 34 in Münchener Vertragshandbuch, aaO, S. 193.
4 RG-Urteil vom 30. Oktober 1907 Rep I 604/06, RGZ 66, 415 (417).
5 *Hüffer* in Großkommentar HGB, aaO, § 25 Rn 99.
6 Vgl. Rn 2303 ff.

cc) Rechtsfolgen

2374 Die Vorschrift des § 25 Abs. 1 Satz 2 HGB regelt nur das Verhältnis zwischen den Geschäftsschuldnern und dem Erwerber. Die Fiktion des Forderungsübergangs gilt nur den Schuldnern gegenüber.

2375 Für sie ist der Erwerber der neue Gläubiger. Sie müssen an ihn zahlen und dürfen es ohne Gefahr. Durch Leistung an ihn werden sie selbst dann von ihrer Schuld befreit, wenn sie (bei Vorliegen der Voraussetzungen des § 25 Abs. 1 Satz 2 HGB) wissen, dass die betreffende Forderung im Innenverhältnis dem Veräußerer zusteht[1]. Die Schuldner können, wenn sie vom Erwerber des Geschäfts gemäß § 25 Abs. 1 Satz 1 HGB in Anspruch genommen werden, ihre Leistung nicht verweigern, auch wenn ihnen keine Abtretungsurkunde vorgelegt wird (§ 410 BGB).

2376 Der Veräußerer gilt den Schuldnern gegenüber nicht mehr als der richtige Gläubiger[2]. Die Vorschriften der §§ 401, 404, 406–408 BGB sind grundsätzlich anwendbar.

Im Verhältnis zwischen Veräußerer und Erwerber bleiben die Forderungen nach § 25 Abs. 1 Satz 2 HGB solche des Veräußerers, wenn sie nichts anderes vereinbart haben, was jedoch i. d. R. der Fall sein wird[3]. Die Forderungen sind daher für die Gläubiger des Veräußerers pfändbar.

2377 Wenn der Inhaberwechsel und die Fortführung der Firma im Handelsregister eingetragen sind, wird sich der Schuldner bei Vorliegen der Voraussetzungen des § 15 Abs. 2 HGB nicht mehr nach § 407 BGB darauf berufen können, er habe die Geschäfts- und Firmenfortführung (an Stelle der Abtretung) nicht gekannt[4]. Aus § 15 Abs. 2 HGB folgt, dass der Veräußerer auch nach einer unwirksamen Veräußerung gegen sich geltend lassen muss, dass der Erwerber Inhaber der Firma sei, weil ihm selbst die von ihm mitveranlasste Eintragung bekannt war[5].

2378 Für den Fall, dass der Erwerber eines Handelsgeschäfts dieses ohne die bisherige Firma weiterführt, gelten die allgemeinen Regeln bezüglich des Übergangs der Forderungen[6].

2379–2380 *(unbesetzt)*

e) Haftung bei Erwerb von Todes wegen

2381 **Schrifttum:** *Arbeitskreis „Unternehmensnachfolge" des Instituts der Wirtschaftsprüfer,* Erbfolge und Erbauseinandersetzungen bei Unternehmen, 2. Aufl., Düsseldorf 1995; *Haegele/Winkler,* Der Testamentsvollstrecker, 12. Aufl., Berlin/Bonn/Regensburg 1993; *Hueck,* Schuldenhaftung bei Vererbung eines Handelsgeschäfts, ZHR 108 (1941) 1; *Hüffer,* Testamentsvollstreckung an Personengesellschaftsanteilen, Baden-Baden 1990; *Schmidt, K.,* Handelsrechtliche Erbenhaftung als Bestandteil des Unternehmensrechts, ZHR 157 (1993) 600.

aa) Allgemeines

2382 Die Haftung der Erben nach §§ 27, 25 Abs. 1 Satz 1 HGB ist von der Haftung der Erben nach §§ 1967, 1922 BGB zu unterscheiden.

---

1 *Hüffer* in Großkommentar HGB, aaO, § 25.
2 *Hüffer* in Großkommentar HGB, aaO, § 25 Rn 69; vgl. BGH-Urteil vom 20. Januar 1992 II ZR 115/91, DB 1992, 989.
3 Siehe oben Rn 1486 ff.
4 Vgl. *Hüffer* in Großkommentar HGB, aaO, § 25 Rn 71.
5 RG-Urteil vom 30. Oktober 1907 Rep I 604/06, RGZ 66, 415 (417).
6 Vgl. oben Rn 1486 ff.

Kaufvertrag 323

Gemäß § 1967 BGB haftet der Erbe unbeschränkt; er kann diese Haftung jedoch gemäß § 1975 ff. BGB auf den Nachlass beschränken (vgl. Rn 476).

Die Erbenhaftung nach §§ 27, 25 Abs. 1 Satz 1 HGB ist dagegen unbeschränkt und auch nicht beschränkbar.

Der Geschäftsverkehr vertraut darauf, dass die unveränderte Fortführung des Handelsgeschäfts zur vollen Haftung des jeweiligen Inhabers gemäß § 25 Abs. 1 HGB führt. Aus diesem Grund weitet § 27 HGB die Erbenhaftung des BGB aus: Der Erbe haftet aus Gründen des Verkehrsschutzes grundsätzlich genauso wie jemand, der das Geschäft unter Lebenden übernimmt und fortführt. Er soll grundsätzlich für alle im Unternehmen begründeten Verbindlichkeiten einstehen müssen[1].

Um andererseits den Nachlass nicht unbillig zu belasten, tritt die Folge des § 27 Abs. 1 HGB nicht ein, wenn die Fortführung des Geschäfts innerhalb von drei Monaten eingestellt wird (§ 27 Abs. 2 HGB).

bb) Voraussetzungen des § 27 Abs. 1 HGB

Nach § 27 Abs. 1 HGB finden die Haftungsvorschriften des § 25 HGB entsprechende Anwendung, wenn ein Handelsgeschäft, das zu einem Nachlass gehört, von den Erben fortgeführt wird. 2383

Der neue Geschäftsinhaber muss das Handelsgeschäft von Todes wegen erworben haben (§§ 1922, 1937, 1941 BGB). 2384

Dabei kommt es nicht darauf an, ob der Erbe eine natürliche oder juristische Person (§ 2101 Abs. 2 BGB) ist.

Ein Vermächtnis fällt nicht unter § 27 HGB, da der Vermächtnisnehmer das Unternehmen vom Erben, also unter Lebenden erwirbt[2].

Wie bei § 25 Abs. 1 Satz 1 HGB, auf den § 27 Abs. 1 HGB verweist, muss der Erbe das Handelsgeschäft unter der bisherigen Firma fortführen, also weiterbetreiben[3]. Dies gilt auch für eine Erbengemeinschaft[4] (§§ 2032 ff. BGB), die das Handelsgeschäft fortführt (und zeitlich unbegrenzt fortführen kann). Die Rechtsfolgen des § 27 Abs. 1 HGB treffen dann alle Erben, wenn das Handelsgeschäft durch die Erben gemeinschaftlich unter der bisherigen Firma fortgeführt wird, sei es als OHG, sei es als Erbengemeinschaft[5]. Die Fortführung als OHG setzt den Abschluss eines Gesellschaftsvertrags und die Überführung des Unternehmens voraus[6]. Auch bei der Eingehung einer stillen Gesellschaft durch die Erbengemeinschaft müssen alle Miterben mitwirken[7]. 2385

Wegen der rechtlichen Unwägbarkeiten, die mit der Fortführung der Firma durch die Erbengemeinschaft verbunden sind, ist die Fortführung des Unternehmens in Erbengemeinschaft nicht zu empfehlen. In der Beratungspraxis sollten die Beteiligten auch auf das 2386

---

1 BGH-Urteil vom 10. Dezember 1990 II ZR 256/89, NJW 1991, 884, 855.
2 *Hüffer* in Großkommentar HGB, aaO, § 27 Rn 42.
3 Vgl. oben Rn 2300.
4 Siehe dazu *K. Schmidt,* NJW 1985, 2785.
5 Vgl. zum Ganzen BGH-Urteil vom 8. Oktober 1984 II ZR 223/83, BGHZ 92, 259, NJW 1985, 136, mit Anm. K. Schmidt und Anm. von John, JZ 1985, 246; das Urteil fasst die Grundsätze des BGH zur Haftung der Erbengemeinschaft in erster Linie mit Blick auf den minderjährigen Erben zusammen; vgl. dazu auch Rn 571.
6 BFH-Urteil vom 9. Juli 1987 IV R 95/85, BFHE 150, 539, BStBl II 1988 245.
7 BFH-Urteil vom 9. Juli 1987 IV R 95/85, BFHE 150, 539, BStBl II 1988 245.

Risiko hingewiesen werden, dass die Fortführung im Einzelfall als Abschluss eines Gesellschaftsvertrags ausgelegt werden kann[1].

2387 Wenn nur ein Miterbe das Handelsgeschäft fortführt, so haften die übrigen Miterben nur, wenn sie ihn ausdrücklich oder stillschweigend bevollmächtigt haben[2]. Eine solche Bevollmächtigung kann jedenfalls nicht angenommen werden, wenn der fortführende Miterbe fälschlich für den Alleinerben gehalten wurde. Auch wenn ein Miterbe seine Tätigkeit als Prokurist des Erblassers fortsetzt, werden die restlichen Miterben i. d. R. nicht nach § 27 Abs. 1 HGB haften. Grundsätzlich erlischt die Prokura des Miterben entgegen § 52 Abs. 3 HGB[3].

2388 Wenn ein Erbe im Wege der Erbauseinandersetzung aus der Firma ausscheidet, so ist sein Ausscheiden selbst dann im Handelsregister einzutragen, wenn die beim Erbfall eingetretene und nach §§ 31, 27, 25 HGB eintragungspflichtige Änderung der Inhaberschaft der Firma im Handelsregister nicht eingetragen wurde. Andernfalls gilt der öffentliche Glaube des Handelsregisters i. S. v. § 15 HGB selbst in diesem Fall zulasten des ausgeschiedenen Miterben[4].

2389 Im Falle der **Nacherbschaft** haftet der Nacherbe für die vom Vorerben begründeten Verbindlichkeiten auch dann, wenn sie sich nicht im Rahmen einer ordnungsgemäßen Nachlassverwaltung halten[5].

2390 Der Erblasser kann einem **Testamentsvollstrecker** zur Aufgabe machen, das im Nachlass befindliche Unternehmen fortzuführen[6]. Problematisch ist dabei, dass der Testamentsvollstrecker zwar Verbindlichkeiten für den Nachlass eingehen kann (§§ 2206 ff. BGB). Er kann aber nicht kraft seines Amtes den Erben mit seinem Privatvermögen verpflichten.

Da die Fortführung des Unternehmens unter gleichzeitiger Beschränkung auf den Nachlass unzulässig ist, darf die Testamentsvollstreckung nicht zur Beschränkung der handelsrechtlichen Schuldenhaftung führen[7].

Für die Fortführung des Unternehmens kommen zwei Möglichkeiten in Betracht, nämlich die sog. **Vollmachtlösung** und die sog. **Treuhandlösung**[8], zwischen denen der Erblasser wählen kann.

2391 Nach der Vollmachtlösung bleiben die Erben Träger des Unternehmens. Sie bevollmächtigen den Testamentsvollstrecker über die ihm nach § 2205 BGB zustehende Verpflichtungsmacht hinaus, das Unternehmen in ihrem Namen zu führen. Die Erben sind in das Handelsregister einzutragen. Sie haften persönlich und unbeschränkt ohne die Möglichkeit der Haftungsbeschränkung auf den Nachlass.

---

1 *Hüffer* in Großkommentar HGB, vor § 22 Rn 72 f.; vgl. oben Rn 365, 493; *Strothmann*, ZIP 1984, 1469.
2 BGH-Urteil vom 24. September 1959 II ZR 46/59, BGHZ 30, 391.
3 BGH-Urteil vom 24. September 1959 II ZR 46/59, BGHZ 30, 391, NJW 1959, 2114; aA *Beuthien* in Festschrift für Fischer 1979, S. 1; *K. Schmidt*, aaO, § 16 III 5 a.
4 BGH-Urteil vom 24. Juni 1965 III ZR 219/63, BB 1965, 968; vgl. auch OLG Oldenburg, Beschluss vom 20. März 1987 5 W 9/87, EWiR § 162 HGB 1/87, 797, mit Anm. Wessel.
5 BGH-Urteil vom 10. Februar 1960 V ZR 39/58, BGHZ 32, 60, NJW 1960, 959.
6 *Hüffer* in Großkommentar HGB, aaO, § 22 Rn 74; Arbeitskreis „Unternehmensnachfolge", aaO, Rn 275 ff.; vgl. oben Rn 366.
7 RG-Urteil vom 26. März 1931 II B 5/31, RGZ 132, 138; BGH-Urteil vom 27. März 1961 II ZR 294/59, BGHZ 35, 13, NJW 1961, 1304.
8 BGH-Urteil vom 18. Januar 1954 IV ZR 130/53, BGHZ 12, 100, NJW 1954, 636; *Hüffer* in Großkommentar HGB, § 27 Rn 74; *Brandner* in Münchener Kommentar, § 2205 RdNr. 11 ff.; *Palandt/Edenhofer*, BGB, aaO, § 2205; vgl. ferner *Hüffer*, Testamentsvollstreckung, aaO.

Nach der Treuhandlösung betreibt der Testamentsvollstrecker das Unternehmen im eigenen Namen und deshalb unter seiner persönlichen Haftung, ohne Inhaber des Unternehmens zu sein[1]. Es ist umstritten, ob er dabei seine Haftung nach § 25 Abs. 2 HGB ausschließen kann[2]. Streitig ist auch, ob die Erben ihre Verpflichtung, Ersatz zu leisten, auf den Nachlass beschränken können[3].

2392

Sind die Erben zu einer über den Nachlass hinausgehenden Haftung in diesem Falle nicht bereit, so kann der Testamentsvollstrecker die Übertragung des Unternehmens auf ihn als Treuhänder verlangen, da die Anordnung der Testamentsvollstreckung als entsprechende Auflage des Erblassers gewertet wird[4].

2393

cc) Haftungsausschluss

Die Haftung nach §§ 25, 27 HGB wird von den erbrechtlichen Möglichkeiten, die Haftung zu beschränken, nicht berührt[5].

2394

Wenn der Erbe die Erbschaft nicht ausschlägt, kann er vermeiden, unbeschränkbar zu haften, wenn er

- die Firma nicht fortführt,
- das Handelsgeschäft gemäß § 27 Abs. 2 HGB einstellt oder
- den Ausschluss der Haftung im Handelsregister eintragen und bekannt machen lässt.

(1) Schlägt der Erbe die Erbschaft binnen sechs Wochen gemäß § 1944, 1945 BGB aus, so gilt die Erbschaft gemäß § 1953 Abs. 1 BGB als nicht angefallen; folglich haftet er auch nicht für eventuelle Verbindlichkeiten.

2395

In der einstweiligen Geschäftsführung ist keine stillschweigende, einer Ausschlagung entgegenstehende Annahme der Erbschaft nach § 1943 BGB zu sehen, da § 27 Abs. 2 Satz 3 HGB ausdrücklich vorsieht, dass die Möglichkeit der Ausschlagung der Erbschaft bestehen bleiben kann, wenn der Erbe das Geschäft einstweilen fortführt. Selbst die Fortführung des Geschäfts unter einer neuen Firma muss nicht unbedingt als Annahme der Erbschaft auszulegen sein[6].

Wenn die Frist nach §§ 1943, 1944 BGB abgelaufen ist, kann bei Fehlen der Annahmeabsicht die Annahmewirkung angefochten werden[7].

(2) Führt der Erbe das Handelsgeschäft von Anfang an unter einer neuen Firma, haftet er für den Nachlass nicht nach § 27 HGB. Die erbrechtliche Haftung des Erben nach den Vorschriften des BGB bleibt unberührt. Nach diesen Vorschriften kann der Erbe unter Umständen auch unbeschränkt haften[8]. Firmiert er das Handelsgeschäft erst nachträglich um, so ändert das nichts an seiner Haftung nach § 27 Abs. 1 HGB[9].

2396

---

1 BGH-Urteil vom 16. Oktober 1974 IV ZR 3/73, NJW 1975, 54.
2 Vgl. unten Rn 2401.
3 *Haegele/Winkler,* aaO, Rn 308.
4 BGH-Urteil vom 18. Januar 1954 IV ZR 130/53 BGHZ 12, 100, NJW 1954, 636.
5 Rn 495.
6 OLG Köln, Beschluss vom 20. Februar 1980 2 W 7/80, MDR 1980, 493.
7 RG-Urteil vom 19. Februar 1934 IV 394/33, RGZ 143, 419.
8 Vgl. *Harder/Müller-Freienfels,* Grundzüge der Erbenhaftung, JuS 1980, 876.
9 Rn 2400.

2397 (3) Stellt der Erbe das Geschäft gemäß § 27 Abs. 2 HGB binnen drei Monaten ein, so haftet er für die Verbindlichkeiten des Erblassers nicht mehr nach § 27 Abs. 1 HGB, sondern nur nach den allgemeinen Regeln des Erbrechts.

Während dieser Dreimonatsfrist steht dem Erben die Dreimonatseinrede gemäß § 2014 BGB zu, die allerdings erst in der Zwangsvollstreckung Bedeutung erlangt[1].

Erforderlich ist nach 27 Abs. 2 HGB die vollständige Geschäftseinstellung.

2398 Eine Geschäftseinstellung in diesem Sinne ist nicht gegeben, wenn die Erben eine neue Handelsgesellschaft (OHG oder KG) als neuen Unternehmensträger bilden, in die sie das Geschäft mit der Firma einbringen, das sie zunächst als Erbengemeinschaft fortgeführt haben[2].

Als OHG-Gesellschafter haften sie dann gemäß § 25 Abs. 1 Satz 1 HGB i. V. m. § 128 HGB, weil die Übertragung des Unternehmens von der Erbengemeinschaft auf die OHG eine Geschäftsfortführung i. S. d. § 25 HGB ist.

2399 Eine Geschäftsaufgabe i. S. d. § 27 Abs. 2 Satz 1 HGB liegt selbst dann nicht vor, wenn das Geschäft weiterveräußert wird, nachdem es der Erbe oder die Erbengemeinschaft zunächst nach § 27 Abs. 1 HGB mit der Firma weitergeführt haben[3].

Nach umstrittener Ansicht soll dies auch bei nachträglicher Veräußerung ohne Firma gelten[4].

2400 Eine Einstellung des Geschäfts i. S. d. § 27 Abs. 2 Satz 1 HGB liegt auch dann nicht vor, wenn die Firma nachträglich geändert wird[5].

2401 (4) Ob auch der Erbe die Haftung entsprechend § 25 Abs. 2 HGB[6] ausschließen kann, ist streitig, je nachdem, ob man § 27 HGB als Gesamtverweisung ansieht oder nicht.

Für eine Anwendung von § 25 Abs. 2 HGB spricht, dass der Erbe nicht schlechter stehen soll, als der rechtsgeschäftliche Erwerber des Handelsgeschäfts[7]. Die Gegenmeinung argumentiert, dass die Anwendung von § 25 Abs. 2 HGB dazu führen würde, dass die Vorschrift des § 27 HGB leerliefe, da jeder Erbe ohne weiteres durch routinemäßigen einseitigen Antrag zum Handelsregister seine Haftung beschränken könnte[8], ohne dass die Gläubiger die Möglichkeit hätten, sich an einen unbegrenzt haftenden Veräußerer zu halten. Dem ist allerdings entgegenzuhalten, dass die Gläubiger sich an den restlichen Nachlass halten können, für den der Erbe haftet (§ 1967 BGB). Unabhängig von einer Firmenfortführung kann diese Haftung ohnehin auf den Nachlass beschränkt werden (§§ 1975 ff. BGB)[9].

2402 In der Praxis sollte wegen des Streits um die Anwendbarkeit des § 25 Abs. 2 HGB i. V. m. § 27 Abs. 1 HGB auch auf die erbrechtliche Haftungsbeschränkung verwiesen werden.

---

1 Vgl. §§ 305, 780 ZPO, § 1958 BGB; zum Ganzen: *Harder/Müller-Freienfels,* JuS 1980, 876.
2 Str. zum Ganzen vgl. *Hüffer* in Großkommentar HGB, § 27 Rn 28 m. w. N.
3 *Hüffer* in Großkommentar HGB, aaO, § 27 Rn 29 und 22.
4 *Hüffer* in Großkommentar HGB, aaO, § 27 Rn 29.
5 *Baumbach/Duden/Hopt,* HGB, § 27 Rn 5.
6 Vgl. Rn 2303 ff.
7 Vgl. *Hüffer* in Großkommentar HGB, § 27 Rn 22; *Baumbach/Duden/Hopt,* HGB, § 27 Rn 5.
8 *K. Schmidt,* Handelsrecht, 3. Aufl. Köln/Berlin/Bonn/München 1987, § 8 IV 3 b.
9 Vgl. hierzu auch *Palandt/Edenhofer,* aaO, vor § 1967 Rn 4.

dd) Rechtsfolgen des § 27 Abs. 1 HGB

Die Rechtsfolgen des § 27 Abs. 1 HGB entsprechen denen des § 25 Abs. 1 Satz 1 HGB[1]. 2403
Darüber hinaus besteht auch die Möglichkeit, dass der Erbe seine Haftung nach § 25 Abs. 3 HGB i. V. m. § 27 Abs. 1 HGB durch einen besonderen Verpflichtungsgrund begründet.

(unbesetzt) 2404–2405

f) Haftung einer nach § 28 HGB entstandenen Gesellschaft für die Verbindlichkeiten des Einzelkaufmanns

aa) Allgemeines

§ 28 HGB regelt ausschließlich die Frage, ob die durch den Eintritt eines Gesellschafters 2406
in das Geschäft eines Einzelkaufmanns neu entstandene Gesellschaft für die Geschäftsverbindlichkeiten des früheren Geschäftsinhabers, also für die Altschulden haftet.
Mit der Umwandlung eines Einzelunternehmens in eine Personengesellschaft hätten die Gläubiger des früheren Einzelunternehmers keinen unmittelbaren Zugriff zu seinem in die Gesellschaft eingegangenen Vermögen mehr, sondern nur noch indirekt über den Gesellschaftsanteil. Diese Schwächung der Gläubigerposition verhindert § 28 HGB.

Die Vorschrift des § 28 Abs. 1 Satz 1 HGB ist von dem Fall des Eintritts in eine bereits 2407
bestehende Gesellschaft abzugrenzen (§§ 130, 173, 176 Abs. 2 HGB), da in letzterem Fall der Unternehmensträger nicht wechselt.
Auch die Haftung der Gesellschafter der neuen Gesellschaft ist nicht in § 28 HGB geregelt, sondern bereits eine Frage des Gesellschaftsrechts (vgl. §§ 128, 161 Abs. 2, 171 HGB).

bb) Voraussetzungen des § 28 HGB

Wie die §§ 25 und 27 HGB setzt § 28 HGB den Wechsel des Unternehmensträgers voraus. 2408
Statt eines Einzelkaufmanns ist nach dem Eintritt einer weiteren Person in das Geschäft eine Gesamthand (vgl. § 124 Abs. 1 HGB), an der der bisherige Inhaber teilhat, neuer Träger des Geschäfts[2].

Anders als die §§ 25 und 27 HGB setzt § 28 HGB **nicht** die Fortführung der Firma voraus, obwohl sich § 28 HGB in dem Abschnitt über die Handelsfirma im HGB befindet. Dies ist unter anderem ein Grund für den Streit um die Bedeutung und den Inhalt der §§ 25–28 HGB.

Einzige Tatbestandsvoraussetzung des § 28 HGB ist der Eintritt in das Geschäft eines 2409
Einzelkaufmanns. Das Unternehmen braucht nach der Rechtsprechung nicht von vornherein ein vollkaufmännisches gewesen zu sein, da auch der Minderkaufmann ein Einzelkaufmann i. S. d. § 28 HGB ist[3]. Hingegen kommt die Anwendung des § 28 HGB bei Eintritt in eine AG oder GmbH nicht in Betracht. Das Gleiche gilt für eine Vor-GmbH. Die analoge Anwendung des § 28 HGB ist ausgeschlossen[4].

---

1 Vgl. oben Rn 2314 ff.
2 *Hüffer* in Großkommentar HGB, aaO, § 28 Rn 7.
3 BGH-Urteil vom 6. Juli 1966 VII ZR 92/64, NJW 1966, 1917 (1918).
4 BGH-Urteil vom 18. Januar 2000 XI ZR 71/99, NJW 2000, 1193.

2410 Nach Eintritt des neuen Gesellschafters muss ein Handelsgeschäft, also ein vollkaufmännisches Gewerbe, entstehen[1]. Der frühere Geschäftsinhaber muss zum Zeitpunkt des Eintritts Kaufmann gewesen sein, wobei es auf eine fehlende (deklaratorische) Eintragung nicht ankommt[2]. § 28 HGB gilt nicht, wenn die als KG gebildete Gesellschaft nicht die Voraussetzungen des HGB erfüllt und daher nur eine GbR wird[3]. Tritt eine so entstandene Gesellschaft als Handelsgesellschaft auf, müssen sich die Gesellschafter, die dem zugestimmt haben, gegenüber einem auf den Rechtsschein vertrauenden Geschäftspartner jedoch so behandeln lassen, wie wenn sie Gesellschafter einer Handelsgesellschaft wären[4].

2411 Auf die Vergesellschaftung eines nichteingetragenen Unternehmens (§ 2 HGB) findet § 28 HGB nach hM[5] keine Anwendung. Dies gilt, da die Vorschrift schon vom Wortlaut her die unmittelbare Entstehung einer KG oder OHG voraussetzt, selbst dann, wenn alsbald nach Vergesellschaftung mit Eintragung im Handelsregister die zunächst bestehende BGB-Gesellschaft zur OHG oder KG wird.

2412 Wenn die Gesellschaft werbend tätig und damit in Vollzug gesetzt worden ist (faktische Gesellschaft), findet § 28 HGB auch dann Anwendung, wenn der Gesellschaftsvertrag wegen arglistiger Täuschung angefochten worden ist[6].

cc) Rechtsfolgen des § 28 HGB

2413 Die Rechtsfolgen des § 28 HGB entsprechen denen des § 25 HGB[7]. Die Gesellschaft haftet insbesondere nur für die Geschäftsverbindlichkeiten und nicht für die privaten Schulden des früheren Alleininhabers des Geschäfts[8]. Wenn er Kommanditist wird (§ 28 Abs. 3 HGB), haftet er bis zu 5 Jahren für Altverbindlichkeiten, sofern die Gesellschaft für die in seinem Geschäftsbetrieb entstandenen Verbindlichkeiten haftet. Diese zeitliche Beschränkung folgt aus dem Verweis auf § 26 HGB und gilt tatsächlich nur für den Eintritt als Kommanditist. Für jede andere Rechtsstellung ist § 28 Abs. 3 HGB weder unmittelbar noch analog anwendbar, mit der Folge, dass der Veräußerer für die Altverbindlichkeiten genauso weiterhaftet, wie die Gesellschaft[9]. § 28 Abs. 3 HGB stellt entgegen der bisherigen Rechtsprechung klar, dass sich die Haftung des ehemaligen Einzelkaufmanns in diesen Fällen nur noch auf seinen Kommanditanteil beschränkt. Art. 37 EGHGB schränkt dies ein. § 28 Abs. 3 HGB gilt demnach nicht für vor dem 26. März 1994 entstandene Verbindlichkeiten, die – mit Ausnahme bestimmter arbeitsrechtlicher Ansprüche[10] – später als vier Jahre nach der Eintragung fällig werden.

---

1 *Baumbach/Hopt*, HGB, aaO, § 28 Rn 2.
2 BGH-Urteil vom 18. Januar 2000 XI ZR 71/99, BGHZ 31, 400, WM 2000, 526.
3 BGH-Urteil vom 30. April 1979 II ZR 137/78, BGHZ 74, 240.
4 BGH-Urteil vom 25. Juni 1973 II ZR 133/70, MDR 1973, 893.
5 BGH-Urteil vom 7. Januar 1960 II ZR 228/59, BGHZ 31, 397 (400 f.); *Hüffer* in Großkommentar HGB, § 28.
6 BGH-Urteil vom 22. November 1971 II ZR 166/69, NJW 1972, 1466; aA *Honsell/Harrer*, ZIP 83, 259.
7 Vgl. oben Rn 2314 ff.
8 § 344 HGB; vgl. dazu oben Rn 2316.
9 LAG Köln, Urteil vom 6. August 1993 13 Sa 327/93 in http://www.lexisnexis.de/updaterecht/.
10 Vgl. hierzu auch *Baumbach/Hopt*, aaO, § 59 Rn 22 m. w. N. und § 128 Rn 32 m. w. N.

dd) Forderungen

Die im Betrieb des eingebrachten Handelsgeschäfts begründeten Forderungen gelten den Schuldnern gegenüber gemäß § 28 Abs. 1 Satz 2 HGB als auf die Gesellschaft übergegangen.

2414

ee) Haftungsausschluss

Nach § 28 Abs. 2 HGB besteht die Möglichkeit, genauso wie im Falle des § 25 Abs. 2 HGB[1], die Haftung durch Mitteilung an die Gläubiger oder Handelsregistereintrag auszuschließen.

2415

Eine abweichende Vereinbarung i. S. d. § 28 Abs. 2 HGB kann auch darin liegen, dass nicht die Haftung der Gesellschaft, sondern die eines Gesellschafters gem. §§ 128, 171 HGB ausgeschlossen wird[2].

g) Haftung des in eine Personenhandelsgesellschaft neu eintretenden Gesellschafters

Der in eine Personenhandelsgesellschaft eintretende Gesellschafter haftet für die Schulden der Gesellschaft wie der Erwerber eines Handelsgeschäftes, der die Firma fortführt (vgl. oben Rn 2286 ff.), ohne dass ihm jedoch die Möglichkeit zusteht, die Haftung auszuschließen. Dies gilt auch für einen Kommanditisten, dessen Haftung sich allerdings auf seine Einlage beschränkt.

2416

h) Haftung des aus einer Personenhandelsgesellschaft ausscheidenden Gesellschafters

Ein Gesellschafter, der aus einer Personenhandelsgesellschaft ausscheidet, haftet zunächst weiter für die im Geschäftsbetrieb der Gesellschaft begründeten Verbindlichkeiten. Ähnlich wie für den Veräußerer eines Handelsunternehmens sieht das HGB eine zeitliche Begrenzung der Haftung vor, wobei zu unterscheiden ist, ob die Gesellschaft aufgelöst wird oder fortbesteht. Grund für die Unterscheidung ist, dass im zweiten Fall im Gegensatz zum ersten dem Gläubiger ein Schuldner gegenübersteht.

2417

Im Fall der Auflösung der Gesellschaft verjähren Ansprüche gegen einen Gesellschafter aus Verbindlichkeiten der Gesellschaft gemäß § 159 HGB 5 Jahre nach Auflösung der Gesellschaft. Wird der Anspruch des Gläubigers erst nach Eintragung der Auflösung der Gesellschaft im Handelsregister fällig, so beginnt die Verjährung mit dem Zeitpunkt der Fälligkeit (§ 159 Abs. 3 HGB). Bei Dauerschuldverhältnissen ist dies nach Ablauf des ersten Kündigungstermins der Fall.

Der Neubeginn der Verjährung und ihre Hemmung nach § 204 BGB gegenüber der aufgelösten Gesellschaft wirken auch ggnüber den Gesellschaftern, die der Gesellschaft zurzeit der Auflösung angehört haben[3].

In den übrigen Fällen begrenzt § 160 HGB die Nachhaftung des ausgeschiedenen Gesellschafters ähnlich wie für den Veräußerer eines Handelsgeschäfts in § 26 HGB (vgl. oben Rn 2352 ff.). Nach Art. 35 f. EGHGB gilt diese neue Rechtslage **nicht** für **vor** dem

---

1 Vgl. oben Rn 2303 ff.
2 OLG Celle, Beschluss vom 8. Mai 1980 1 W x 1/80, Rpfl 1980, 387.
3 § 159 Abs. 4 HGB neu gefasst durch Art. 5 Abs. 16 SchuModG v. 26. November 2001, BGBl I 2001, 3138.

26. März 1994 entstandene Verbindlichkeiten, die – mit Ausnahme bestimmter arbeitsrechtlicher Ansprüche (Art. 36 EGHGB) – später als vier Jahre nach der Eintragung fällig werden[1].

2418 Für den Kommanditisten gilt das oben Gesagte entsprechend mit der Einschränkung, dass seine persönliche Haftung jeweils auf seine Einlage beschränkt ist. Soweit diese geleistet ist, können gegen den Kommanditisten keine Ansprüche geltend gemacht werden. Bei Rückzahlung der Einlage lebt insoweit die persönliche Haftung des Kommanditisten wieder auf. Umstritten ist, ob nach einem Kommanditistenwechsel die Haftung des ausgeschiedenen Kommanditisten wieder auflebt, wenn der neue Kommanditist die Einlage ganz oder teilweise entnimmt[2].

i) Haftung bei der Übernahme von GmbH-Anteilen

2419 Der Erwerber eines Geschäftsanteils einer GmbH haftet neben dem Veräußerer für sämtliche rückständigen Leistungen auf die Stammeinlage, also für Kapitaleinzahlungen ebenso wie sonstige Ansprüche, die aus der Mitgliedschaft fließen (§ 16 Abs. 3 GmbHG). Rückständig ist eine Leistung in diesem Sinne, wenn sie im Zeitpunkt der Anmeldung des Übergangs bei der Gesellschaft schon fällig war, aber noch nicht bewirkt wurde. Es genügt, dass die Leistung verlangt werden kann.

Veräußerer und Erwerber haften als Gesamtschuldner. Regelmäßig richtet sich die Anforderung der Einlage an den Erwerber.

2420 *(unbesetzt)*

---

1 *Adel*, Kommanditistenwechsel und Haftung, DStR 1994, 1580, 1584 m. w. N.
2 Vgl. hierzu *Reichold*, NJW 1994, 1617, 1621.

V. Sonstige Fälle der Unternehmensübertragung

Unternehmen können bei der Erfüllung eines Schenkungsversprechens übertragen werden; sie können als Folge des Todes des Unternehmers auf den Erben übergehen; sie können schließlich durch das Ausscheiden von Gesellschaftern neue Inhaber erhalten. 2421

1. Schenkung

Der Hauptfall der Schenkung eines Unternehmens dürfte der der Übertragung des Unternehmens auf Nachkommen sein[1]. Schuldrechtlich sind die Vorschriften über die Schenkung maßgebend (§§ 516–534 BGB). 2422

Die Vorschriften über die Haftung für Rechtsmängel (§ 523 BGB) und die für Sachmängel (§ 524 BGB) haben keine nennenswerte Bedeutung erlangt.

Auf den Unterschied zwischen gemischter Schenkung und Schenkung unter Auflage (§§ 525–527 BGB) kann hier nur hingewiesen werden, ebenso auf die Fälle der Notbedarfseinrede (§ 519 BGB), des Rückforderungsanspruchs wegen Verarmung (§ 528 BGB) und des Widerrufs der Schenkung (§ 530 BGB).

Die Übertragung eines Unternehmens im Wege der Schenkung erfordert dieselben Übertragungsakte wie die Veräußerung[2].

2. Erbschaft

Auf den Übergang des Unternehmens im Falle des Todes des Unternehmers ist bereits hingewiesen worden[3]. Anders als bei der rechtsgeschäftlichen Unternehmensübertragung bedarf es hier keiner besonderen Übertragungsakte[4]. 2423

3. Ausscheiden eines Gesellschafters aus einer Gesellschaft

Schrifttum: *Ulmer/Timmann,* Die Enthaftung ausgeschiedener Gesellschafter, ZIP 1992, 1. 2424

a) Das Ausscheiden eines Gesellschafters aus einer Gesellschaft hat keine Unternehmensübertragung zur Folge; es kommt möglicherweise zu einer Anteilsübertragung[5]. 2425

Das Ausscheiden eines Gesellschafters hat aber regelmäßig dessen Abfindung zur Folge. Gesellschaftsverträge sehen vielfach dafür besondere Regelungen (Abfindungsklauseln[6]) vor.

b) Überträgt ein Gesellschafter seinen Kapitalanteil ganz oder teilweise gegen ein über dessen Buchwert liegendes Entgelt auf eine andere Person, so kann der Unterschiedsbetrag nicht in der Bilanz der Gesellschaft aktiviert werden, weil es sich bei diesem Unterschiedsbetrag nicht um Anschaffungskosten der Gesamtheit der Gesellschafter für das Gesellschaftsvermögen handelt. 2426

c) Scheidet dagegen ein Gesellschafter gegen Abfindung durch die Gesamtheit der verbleibenden Gesellschafter aus und übersteigt sein Abfindungsanspruch den Buchwert seines Kapitalanteils, so kann der Unterschiedsbetrag in der Bilanz der Gesellschaft zum 2427

---

1 Vgl. auch Rn 301 ff.
2 Vgl. Rn 1426–1568.
3 Vgl. Rn 491–571.
4 Vgl. hinsichtlich einzelner Besonderheiten Rn 468, 473–475, 2254 ff., 2381 ff.
5 Vgl. Rn 1670, 1680, 1701–1712.
6 Vgl. dazu Rn 2431 ff.

Zeitpunkt des Ausscheidens bei denjenigen Vermögensposten anteilig aktiviert werden, deren Wertansätze unter den Zeitwerten liegen. Auch die Aktivierung eines bei der Abfindung berücksichtigten anteiligen Geschäftswerts ist zulässig. Denn es handelt sich dabei um nachträgliche Anschaffungskosten, die mit dem gesetzlichen Übergang der dinglichen Mitberechtigung des ausscheidenden Gesellschafters an den einzelnen Gegenständen des Gesellschaftsvermögens auf die verbleibenden Gesellschafter im Zusammenhang stehen. Trotz des rechtlichen Fortbestandes der Personenhandelsgesellschaft ist der Sachverhalt wirtschaftlich vergleichbar mit dem Fall des Ausscheidens des Gesellschafters aus einer zweigliedrigen Personenhandelsgesellschaft, bei dem ein derartiger Differenzbetrag ebenfalls von dem anderen – dem übernehmenden – Gesellschafter aktiviert werden kann.

2428 Der ausscheidende Gesellschafter haftet den Gläubigern der Gesellschaft für die Gesellschaftsschulden, auch wenn die verbleibenden Gesellschafter ihn im Innenverhältnis von den Schulden freistellen. Die Ansprüche gegen ihn unterliegen der Verjährung (§§ 128, 171 HGB).

Die Nachhaftung ausscheidender Gesellschafter ist durch das Nachhaftungsbegrenzungsgesetz (NachhBG) zeitlich begrenzt worden.

2429 Das Ausscheiden eines Gesellschafters aus einer Personengesellschaft wirkt auch auf die Gewinnverteilungsabmachungen ein.

2430 *(unbesetzt)*

VI. Abfindungsklauseln

Schrifttum: *Carlé,* Sinnvolle Abfindungsklauseln in Gesellschaftsverträgen, KÖSDI 1994, 9696; *Dauner-Lieb,* Abfindungsklauseln bei Personengesellschaften, ZHR 158 (1994), 271; *Dörfler/Gahler/Unterstraßer/Wirichs,* Probleme bei der Wertermittlung von Abfindungsangeboten, BB 1994, 156; *Ebenroth/Müller,* Die Abfindungsklausel im Recht der Personengesellschaften und der GmbH – Grenzen privatautonomer Gestaltung –, BB 1993, 1153; *Fleischer,* Die Barabfindung außenstehender Aktionäre nach den §§ 305 und 320b AktG: Stand-alone-Prinzip oder Verbundberücksichtigungsprinzip?, ZGR 1997, 369; *Geck,* Die Wertsicherung von Abfindungsverpflichtungen gegenüber ausgeschiedenen Gesellschaftern, DStR 1993, 1371; *Geuting,* Ausgleichs- und Abfindungsansprüche der Minderheitsgesellschafter im qualifizierten faktischen GmbH-Konzern, BB 1994, 365; *Göllert/Ringling,* Die Eignung des Stuttgarter Verfahrens für die Unternehmens- bzw. Anteilsbewertung im Abfindungsfall, DB 1999, 516; *Haase,* Das Recht des aktienrechtlichen Abfindungsergänzungsanspruchs als notwendiger Bestandteil der §§ 305, 306 AktG, AG 1995, 7; *Hommel,* Zum Abfindungsbeschluss des Bundesverfassungsgerichts, (betr. Börsenkurs) INF 2000, 49; *Hülsmann,* Abfindungsklauseln: Kontrollkriterien der Rechtsprechung, NJW 2002, 1673; *Kellermann,* Höchstrichterliche Rechtsprechung zur Abfindung ausscheidender Gesellschafter einer Personengesellschaft – Buchwertklauseln, in Freundesgabe Haas, Steuerrecht und Gesellschaftsrecht als Gestaltungsaufgabe, Herne/Berlin, 1996, S. 187; *Küffner,* GmbH-Problemfeld: Abfindungsklausel, DStR 1992, 1796; *Lutter/Drygala,* Wie fest ist der feste Ausgleich nach § 304 Abs. 2 Satz 1 AktG?, AG 1995, 49; *Mecklenbrauck,* Abfindungsbeschränkungen in Gesellschaftsverträgen, BB 2000, 2001; *Piltz,* Rechtspraktische Überlegungen zu Abfindungsklauseln in Gesellschaftsverträgen, BB 1994, 1021; *Rasner,* Abfindungsklauseln bei Personengesellschaften, ZHR 158 (1994), 292; *Schmidt, Karsten,* Gesellschaltsrecht, 3. Aufl., Köln/Berlin/Bonn, München, 1997, S. 1214 ff.; *Sigle,* Gedanken zur Wirksamkeit von Abfindungsklauseln in Gesellschaftsverträgen, ZGR 1999, 659; *Steinhauer,* Der Börsenpreis als Berechnungsgrundlage für den Abfindungsanspruch von Aktionären, AG 1999, 299; *Wangler,* Abfindungsregelungen in Gesellschaftsverträgen (eine ökonomische Analyse), Hamburg 1994; *Winkler,* Reduzierung der Ansprüche der bei der Gesellschafter-Nachfolge übergangenen Pflichtteilsberechtigten durch gesellschaftsvertragliche Abfindungsklauseln?, BB 1997, 1697; *Wollny,* Rechtsprechung zum „Streit um den Wert von Unternehmen", BB 1991, Beilage 17 zu Heft 25/1991.

1. Allgemeines

a) Gesetzliche Abfindungsregelung

Ein Gesellschafter kann aus einer Gesellschaft ausscheiden, weil er

- eine befristete Mitgliedschaft eingegangen war,
- kündigt, wenn die Kündigung im Gesellschaftsvertrag vorgesehen ist (Austrittserklärung),
- mit den verbleibenden Gesellschaftern seinen Austritt vereinbart,
- ausgeschlossen wird (§ 737 BGB, § 140 HGB).

Ein Ausschluss ohne wichtigen Grund (§ 140 HGB) setzt außergewöhnliche Umstände voraus, die die Kündigung rechtfertigen.

Der Schutz des Gesellschafters vor einer Hinauskündigung und die hinreichende Abfindung des Ausscheidenden zeigen Grenzen der Vertragsfreiheit im Gesellschaftsrecht auf.

(1) Nach der gefestigten Rechtsprechung des BGH geht eine gesellschaftsvertragliche Regelung, durch die der Gesellschaftermehrheit, einer bestimmten Gesellschaftergruppe oder einem einzelnen Gesellschafter das Recht eingeräumt wird, einen Mitgesellschafter ohne Vorliegen eines sachlichen Grundes aus der Personengesellschaft auszuschließen, grundsätzlich über den Rahmen des rechtlich und sittlich Erlaubten (§ 138 Abs. 1 BGB) hinaus.

(2) Sieht die gesellschaftsvertragliche Bestimmung ausdrücklich vor oder ist ihr im Wege der Vertragsauslegung (§ 157 BGB) zu entnehmen, dass die Hinauskündigung des Erben binnen kurzer Frist nach seinem Eintritt in die Gesellschaft durchgeführt werden muss, so knüpft das Ausschließungsrecht an ein **festes Tatbestandsmerkmal** an. Gegen eine solche Vertragsgestaltung bestehen nicht die gegenüber einer Kündigungsregelung nach freiem Ermessen bestehenden Bedenken.

(3) Eine andere Beurteilung ergibt sich, wenn die Kündigungsklausel ein **zeitlich unbefristetes Ausschließungsrecht** gegenüber dem Erben enthält. Unter diesen Umständen liegt nicht ein an feste Tatbestandsmerkmale anknüpfendes Ausschlussrecht vor; vielmehr handelt es sich um ein Kündigungsrecht nach freiem Ermessen, weil es in das Belieben der ausschlussberechtigten Gesellschafter gestellt ist, ob überhaupt und auf Grund welcher Überlegungen es zum Ausschluss kommt. Der Erbe muss daher stets mit einer grundlosen Hinauskündigung rechnen. Seine Gesellschafterstellung ist demzufolge mit den Ungewissheiten verbunden, die die Kündigungsregelung grundsätzlich als sittenwidrig erscheinen lässt.

(4) Das vertraglich vereinbarte unbefristete Kündigungsrecht ist aber in entsprechender Anwendung des § 139 BGB **als zeitlich begrenztes Ausschließungsrecht aufrechtzuerhalten**[1].

2434 Scheidet ein Gesellschafter aus einer Gesellschaft aus, sieht das Gesetz vor (§ 738 Abs. 1 Satz 2 BGB), dass ihn die verbleibenden Gesellschafter so stellen, als wäre die Gesellschaft aufgelöst und ihr Vermögen liquidiert worden. Der Abfindungsanspruch bemisst sich nach der Höhe des dem ausscheidenden Gesellschafter im Falle der Liquidation zustehenden Auseinandersetzungsguthabens. Zu seiner Berechnung kann der ausscheidende Gesellschafter von den übrigen Gesellschaftern die Aufstellung einer **Abfindungsbilanz** auf den Stichtag des Ausscheidens verlangen. Ist ein Gesellschafter durch Klage aus der Gesellschaft ausgeschlossen worden, so ist für die Auseinandersetzung die Vermögenslage im Zeitpunkt der Klageerhebung maßgebend (§ 140 Abs. 2 HGB), auch wenn für die Ausschließung die Rechtskraft des Ausschließungsurteils erforderlich ist. Die Abfindungsbilanz ist eine Vermögensbilanz. Der Bewertung sind die Werte zu Grunde zu legen, die bei Fortführung des Unternehmens maßgebend sind[2]. Der Wert des Gesellschaftsvermögens ist, soweit erforderlich, im Wege der Schätzung zu ermitteln (§ 738 Abs. 2 BGB[3]). Der Ausscheidende ist von den Gesellschaftsschulden – das sind die Altverbindlichkeiten – zu befreien, auch wenn er im Außenverhältnis weiter haftet.

2435 Um das Auseinandersetzungsguthaben (Abfindungsguthaben) festzustellen, muss regelmäßig eine Auseinandersetzungsbilanz (Abfindungsbilanz, Abschichtungsbilanz) erstellt werden. Die Schwierigkeit, das Abfindungsguthaben zu beziffern, liegt in der Unternehmensbewertung[4] und der Teilhabe am Ergebnis der schwebenden Geschäfte (vgl. § 740

---

1 BGH-Urteil vom 19. September 1988 II ZR 329/87, GmbHR 1989, 117.
2 BGH-Urteil vom 20. September 1971 II ZR 157/68, WM 1971, 1450; vgl. dazu Rn 1654–1658; die ersparte Gewerbeertragsteuer ist z. B. zu berücksichtigen, vgl. BGH vom 14. Dezember 1972 II ZR 92/70, WM 1973, 286. Zur Zugewinnberechnung vgl. OLG Bremen, Urteil vom 25. April 1978 1 U 18/78 b, FamRZ 1979, 434, wonach die Beteiligung einschließlich stiller Reserven berechnet wird, auch wenn eine Abfindungsklausel dies beim Ausscheiden eines Gesellschafters ausschließt. Ist ein Vermögensgegenstand wirtschaftlich entwertet, ist dies zu berücksichtigen, vgl. BGH-Urteil vom 8. Dezember 1960 II ZR 234/59, BB 1961, 348.
3 Zum Einsichtsrecht zur Berechnung des Abfindungsguthabens, vgl. BGH-Urteil vom 16. Februar 1959 II ZR 194/57, DB 1959, 428. Steuerliche Gesichtspunkte sind nicht zu berücksichtigen, vgl. BGH-Urteil vom 11. Juni 1959 II ZR 101/58, BB 1959, 719, dort auch Ausführungen zur Fälligkeit des Anspruchs.
4 Vgl. Rn 2701 ff.; ferner BGH-Urteil vom 12. Februar 1979 II ZR 106/78, WM 1979, 432.

BGB, § 105 Abs. 2 HGB)[1]. Der Wert einer Beteiligung ergibt sich nicht aus der Addition von Buchwert und der auf die Beteiligung entfallenden stillen Reserven; der Beteiligungswert, zu dessen Ermittlung regelmäßig ein Sachverständigengutachten erforderlich sein wird, ist vielmehr im Allgemeinen aus dem Preis zu errechnen, der bei einem Verkauf des Unternehmens als Einheit erzielt würde[2].

Ist für die Verteilung des Liquidationsgewinns der Gewinnverteilungsschlüssel maßgebend, kommt es, wenn dieser sich während des Bestehens der Gesellschaft geändert hat, auf den Gewinnverteilungsschlüssel im Zeitpunkt des Ausscheidens an (vgl. § 734 BGB)[3], sofern keine entgegenstehenden Vereinbarungen getroffen worden sind. 2436

Tritt jemand als Gesellschafter in eine Gesellschaft ein, hat er – wenn nichts anderes vereinbart wird – beim Ausscheiden auch Teil an den zuvor entstandenen stillen Reserven. 2437

Der Abfindungsanspruch richtet sich gegen die verbleibenden Gesellschafter. 2438

Die vom Substanzwert[4] ausgehenden Methoden der Unternehmensbewertung, die der Ertragskraft durch Ansatz eines Firmenwertes Rechnung trugen, sind im Wesentlichen überholt[5]. Maßgeblich sind nach der Rechtsprechung Ertragswertmethode und Stichtagsprinzip; Verbundeffekte sind nicht zu berücksichtigen[6]. Unvereinbar mit Art. 14 Abs. 1 GG ist es, wie das BVerfG angesprochen hat, bei der Bestimmung der Abfindung oder des Ausgleichs für außenstehende oder ausgeschiedene Aktionäre nach §§ 304, 305, 320b AktG den Börsenkurs der Aktien außer Betracht zu lassen[7]. Außenstehende Aktionäre einer beherrschten Aktiengesellschaft sind grundsätzlich unter Berücksichtigung des an der Börse gebildeten Verkehrswertes der Aktie zu entschädigen. Dieser Verkehrswert ist unter Ausschluss außergewöhnlicher Tagesausschläge oder kurzfristiger sich nicht verfestigender sprunghafter Entwicklungen als Mittel der Börsenkurse der letzten drei Monate vor dem Stichtag zu bilden[8]. Allerdings zeigen die Aussagen, der Abfindungsanspruch ergebe sich aus der Abschichtungsbilanz, die auf den Stichtag des Ausscheidens aufzustellen sei (§§ 738–740 BGB)[9], und Ausgangspunkt der Bewertung könne auch das Stuttgarter Verfahren sein[10], dass die Fragen nach der methodischen Ermittlung des Abfindungsanspruchs noch nicht für alle Sachverhalte als abgeschlossen angesehen werden können. 2439

---

1 Beim Ausscheiden eines Gesellschafters sind die schwebenden Geschäfte bei der Aufstellung der Abfindungsbilanz nicht zu berücksichtigen. Über diese Geschäfte ist vielmehr selbstständig und gesondert abzurechnen; insoweit besteht kein Einsichtsrecht des ausgeschiedenen Gesellschafters; vgl. BGH-Urteil vom 9. Juli 1959 II ZR 252/58, NJW 1959, 1963, BB 1959, 827, DB 1959, 911.
2 BGH-Urteil vom 24. September 1984 II ZR 256/83, NJW 1985, 192, WM 1984, 150, JuS 1985, 235. Vgl. dazu auch OLG Zweibrücken, Beschluss vom 9. März 1995 – III W 133 u. 145/92, AG 1995, 421 und BayObLG, Beschluss vom 31. Mai 1995 – 3 Z BR 67/89, AG 1995, 509.
3 Vgl. dazu auch *Ulmer,* Kommentar zum HGB, § 138 Anm. 62; *Huber, Ulrich,* Vermögensanteil, Kapitalanteil und Gesellschaftsanteil an Personengesellschaften des Handelsrechts, Heidelberg 1970, S. 321 Fn 15.
4 Rn 2818 ff., 2971 ff., 3364.
5 *Kellermann,* Die Buchwertklausel zur Abfindung ausscheidender Gesellschafter, StBJb 1986/87, 407; s. ausführlich Rn 2972 ff.; *Ulmer,* Die Gesellschaft bürgerlichen Rechts, 2. Aufl., München 1986, § 738 Rn 25; einschränkend *Rid,* Nochmals: Unternehmensbewertung beim Zugewinnausgleich nach Scheidung, NJW 1986, 1317.
6 OLG Celle, Beschluss vom 31. Juli 1998 – 9 W 128/97, AG 1999, 36.
7 BVerfG, Beschluss vom 27. April 1999 – 1 BvR 1613/94, JZ 1999, 942.
8 BGH-Beschluss vom 12. März 2001 II ZB 15/00, BGHZ 147, 108, DB 2001, 969.
9 *Kellermann,* Die Buchwertklausel zur Abfindung ausscheidender Gesellschafter, StBJb 1986/87, 406.
10 BGH-Urteil vom 14. Juli 1986 II ZR 249/85, GmbHR 1986, 425; zum Stuttgarter Verfahren s. Rn 3009–3014; zum BGH-Urteil vgl. *Moxter,* Das Stuttgarter Verfahren im Zivilrecht, in Der Integrationsgedanke in der Betriebswirtschaftslehre, in Festschrift für Koch, Wiesbaden 1989, S. 295.

Der durchschnittliche Kurs der letzten 3 Monate ist bei der gem. §§ 304–306 AktG vorgeschriebenen angemessenen Barabfindung die Untergrenze der Abfindung. Liegt der aufgrund anerkannter betriebswirtschaftlicher Methode ermittelte Schätzwert des Unternehmens über dem Börsenwert, so steht dem Aktionär der höhere Betrag des quotal auf die Aktie bezogenen Schätzwerts zu.

2440 Sind bei einer Gesellschaft die Ertragsaussichten auf Dauer negativ, bildet der Liquidationswert regelmäßig die Untergrenze der Bewertung zur Bemessung der Barabfindung.[1]

2441 (1) Eine gesellschaftsvertragliche Abfindungsregelung, die den ausscheidenden Gesellschafter auf fünf Jahre an den künftig erzielten Gewinnen der Gesellschaft beteiligt, obwohl ein gemeinsamer Praxiswert nach den Vorstellungen der Beteiligten noch nicht geschaffen ist, ist zwar ungewöhnlich, begegnet aber keinen rechtlichen Bedenken.

(2) Bedarf der ausgeschiedene Gesellschafter zur Bezifferung seines Abfindungsanspruchs der Erteilung von Auskünften der Gesellschaft, dann ist die entsprechende Verurteilung eines inzwischen ebenfalls ausgeschiedenen Mitgesellschafters davon abhängig, dass er die entsprechende Auskunft ggf nach Durchsetzung eines eigenen Auskunftsanspruchs erteilen kann[2].

2442–2451 *(unbesetzt)*

b) Abfindungsklauseln

2452 In Gesellschaftsverträgen finden sich häufig Regelungen, die die Abfindung betreffen.

Die Gesellschafter verfolgen mit derartigen Bestimmungen im Gesellschaftsvertrag (Abfindungsklauseln) verschiedene Zwecke, wie z. B. die,

- dass die Lebensfähigkeit des Unternehmens gesichert werden soll, die Gesellschaft nicht durch Belastung mit hohen Abfindungsforderungen illiquide wird, dass also das Kapital der Gesellschaft gesichert und ein nachteiliger Kapitalabfluss vermieden wird,

- dass gerichtliche Streitigkeiten und aufwändige Gutachten zur Feststellung des Unternehmenswertes vermieden werden sollen und dgl. Überlegungen mehr,

- dass der Wert oder ein Teil des Wertes der Beteiligung an der Gesellschaft dem ausscheidenden Gesellschafter vorenthalten oder an seinen Erben vorbeigesteuert werden sollen, um diesen Wert dem Unternehmen voll zu erhalten.

Vielfach ist in Gesellschaftsverträgen vereinbart, dass die Abfindung auf den Buchwert beschränkt ist oder dass sie – beispielsweise im Falle des Todes des Gesellschafters – ausgeschlossen sein soll.

2453 Abfindungsklauseln sind als Ausfluss der Privatautonomie grundsätzlich zulässig. Abfindungsbeschränkungen können unwirksam sein. Nach dem Regel-Ausnahmeverhältnis bedarf die Unwirksamkeit der Abfindungsbeschränkung der Begründung. Das schließt nicht aus, dass sich Abfindungsklauseln als unwirksam erweisen[3].

2454 Die Zielsetzungen von Abfindungsklauseln (vgl. Rn 2452) rechtfertigen keine Vereinbarungen, durch die im Ergebnis ein Abfindungsausschluss eintritt. Die höchstrichterliche Rechtsprechung hat der grundsätzlich auch für den Abschluss von Gesellschaftsverträgen

---

1 BayObLG, Beschluss vom 31. Mai 1995 – 3 Z BR 67/89, DStR 1995, 1479.
2 BGH-Urteil vom 8. Mai 2000 II ZR 302/98, DStR 2000, 1273.
3 *Schmidt, Karsten*, Gesellschaftsvertrag, 2. Aufl., Köln/Berlin/Bonn/München, 1991, S. 1223.

geltenden Vertragsfreiheit Grenzen gesetzt. Abfindungsklauseln unterliegen einer Kontrolle darüber, ob ihre Ausübung wesentliche Grundwerte unserer Rechtsordnung verletzt. Denn die Vereinbarung eines Gesellschaftsverhältnisses verpflichtet die Gesellschafter zur Erreichung eines gemeinsamen Zwecks gedeihlich zusammenzuwirken. Die Errichtung einer solchen Haftungs- und Arbeitsgemeinschaft schafft besondere Rechte und Pflichten[1], insbesondere Treue- und Mitwirkungspflichten.

Über Abfindungsausschluss oder Abfindungsbeschränkung muss auch entschieden werden, wenn der Ausschluss vom ausgeschlossenen Gesellschafter – unabhängig von der Zulässigkeit der Abfindungsklausel – hingenommen wird und nur noch über die Höhe der Abfindung gestritten wird.

Die Schranken zulässiger Abfindungsklauseln, die von der gesetzlichen Regelung der vollen Abfindung abweichen, sind auf Grund der Rechtsprechung des BGH hoch: der Spielraum wirksamer Vereinbarungen ist klein[2]. 2455

Für zulässig erachtet wird der Ausschluss der Abfindung oder eine Abfindung nach einer Abfindungsklausel für den Fall des Todes eines Gesellschafters[3]. 2456

Ist gesellschaftsvertraglich bestimmt, dass nicht nachfolgeberechtigte Erben entschädigungslos aus der Gesellschaft ausscheiden, ist dieser Ausschluss von einer Abfindung, der den nicht nachfolgeberechtigten Erben betrifft, zulässig. 2457

Bei einer Zwei-Familienstamm-GmbH waren 50 vH der Geschäftsanteile auf die nachfolgeberechtigte Ehefrau übergegangen, die kinderlos starb. Erben waren deren eigene Verwandte, die mit dem Gründergesellschafter nicht verwandt waren. Die Gesellschafter des anderen Stammes haben die Geschäftsanteile der Verstorbenen eingezogen. Der BGH hat das für zulässig erachtet[4]. Dem Interesse nach der ungeschmälerten Erhaltung des Familienunternehmens wurde also der Vorrang vor der Interessenlage des Erben auf Grund Erbrechts zugebilligt. 2458

Keine Abfindungsklausel ist eine Vereinbarung, wonach ein bestimmter Gesellschafter nicht am Liquidationserlös beteiligt ist. In diesem Fall ist der Ausschluss der Beteiligung am Liquidationserlös vermögensmäßiger Teil seiner Mitgliedschaft. Sachverhalte dieser Art sind denkbar, wenn ein Gesellschafter sich nicht mit einer Vermögenseinlage beteiligt hat oder seine Beteiligung von vornherein befristet ist und dgl. mehr. Ist eine solche Vereinbarung für alle Gesellschafter vorgesehen, erweist sich die Abrede inhaltlich als Abfindungsklausel. 2459

Die gesellschaftsvertragliche Einziehung ohne Abfindung führt zur Schenkungsteuerpflicht der infolge der Klausel Begünstigten (§ 7 Abs. 7 ErbStG). 2460

Statt eines – zulässigen – entschädigungslosen Ausscheidens kann eine Entschädigung unter dem Buchwert oder zum Buchwert vorgesehen werden. 2461

---

1 *Kellermann,* aaO, S. 405.
2 Vgl. *Ulmer,* Wirksamkeitsschranken gesellschaftsvertraglicher Abfindungsklauseln, NJW 1979, 81, 86; *Fischer,* Neue Wege im Recht der Personengesellschaften?, Eine Besprechung des Buches „Die Personengesellschaft" von Werner Flume, ZGR 1979, 251 ff., 264; vgl. BGH-Urteil vom 29. Mai 1978 II ZR 52/77, BB 1978, 1333, betreffend „Nichtige Abfindungsklausel im Gesellschaftsvertrag wegen geringer Buchwertabfindung bei Kündigung ohne wichtigen Grund", in diesem Fall hatten die beiden persönlich haftenden Gesellschafter der Kommanditistin gekündigt; aA wohl *Kellermann,* aaO, S. 409.
3 Vgl. Text Rn 2433 (2) und (3).
4 BGH-Urteil vom 20. Dezember 1976 II ZR 115/75, GmbHR 1977, 81.

2462 Unbehagen bereitet den Verpflichteten der Umstand, dass ein ausscheidender Gesellschafter bisher immobile Beteiligungen in liquide Geldmittel umwechselt. Die verbleibenden Gesellschafter sind gezwungen, den immobilen Anteil zu erwerben; der ausscheidende Gesellschafter bekommt bares Geld.

2463 Wird einem ausscheidenden Gesellschafter eine Abfindung nach dem „gemeinen Wert seines Anteils" versprochen und steht diese Zusage im Zusammenhang mit steuerlichen Erwägungen und einem Hinweis auf das von der Finanzverwaltung bei der Anteilsbewertung einzuhaltende Verfahren, dann ist der für die Abfindung maßgebende Anteilswert nicht nach dem Verkehrswert, sondern nach den Regeln des „Stuttgarter Verfahrens" zu ermitteln[1].

2464 Zulässig ist die Regelung in einer GmbH-Satzung, dass für Fälle der Kündigung eines Gesellschafters und der Pfändung seines Geschäftsanteils eine Abfindung nach Buchwerten vorgesehen ist.

Mangels gegenteiliger Anhaltspunkte ist eine solche Regelung auch auf ein Gestaltungsurteil anzuwenden[2].

c) Grenzen vertraglicher Abfindungsklauseln

2465 aa) Abfindungsklauseln, die den Abfindungsanspruch ausschließen oder weitgehend beschränken, können unwirksam sein, und zwar

2466 • wegen Sittenwidrigkeit (§ 138 BGB),

2467 • weil sie die Entschließungsfreiheit des Gesellschafters, von seiner Kündigungsbefugnis Gebrauch zu machen, wirtschaftlich einschränken (§ 723 Abs. 3, § 138 BGB),

2468 • den Gläubiger des Gesellschafters benachteiligen (§ 3 Abs. 1 Nr. 1 AnfG, § 138 BGB)[3],

2469 • wegen Rechtsmissbrauchs,

2470 • wegen Wegfalls oder Änderung der Geschäftsgrundlage gegenüber den im Zeitpunkt ihrer Vereinbarung bestehenden Verhältnissen,

2471 • wegen Verstoßes gegen eine sachgerechte Interessenabwägung bei Gesellschaftern mit „Beteiligungen minderen Rechts".

2472 *(unbesetzt)*

2473 bb) Die gesetzlichen Ansprüche auf Zugewinnausgleich und Pflichtteil haben Vorrang vor Abfindungsklauseln, die eine Abfindung nach dem Verkehrswert ausschließen.

2474 Der Ausschluss eines Gesellschafters aus einer GmbH ist nicht abhängig von einer Abfindungszahlung[4].

2475 *(unbesetzt)*

2476 cc) Sittenwidrigkeit wird bei einer Abfindungsklausel in den seltensten Fällen vorliegen, denn der Sittenverstoß muss im Zeitpunkt der Vereinbarung der Klausel liegen, nicht im Zeitpunkt des Ausscheidens des Gesellschafters. Der Handelnde braucht sich der Sitten-

---

1 BGH-Beschluss vom 16. Mai 1994 II ZR 173/93, DStR 1994, 1623.
2 BGH-Urteil vom 17. Dezember 2001 II ZR 348/99, GmbHR 2002, 265.
3 Vgl. BGH-Urteil vom 16. Dezember 1991 II ZR 58/91, BB 1992, 484, betreffend Abfindung bei Zwangseinziehung eines GmbH-Anteils.
4 BGH-Urteil vom 20. Juni 1983 II ZR 237/82, NJW 1983, 2880.

widrigkeit seines Tuns nicht bewusst zu sein: es reicht vielmehr aus, wenn er die tragenden Tatsachen, die eine Sittenwidrigkeit begründen, kennt. Als bekannt gelten diese Tatsachen auch dann, wenn er sich der Kenntnis einer wesentlichen Tatsache bewusst oder grob fahrlässig verschließt.

Sittenwidrig könnte eine Buchwertklausel sein, wenn bereits im Zeitpunkt ihrer Vereinbarung zwischen der gesetzlichen und der vertraglichen Abfindung ein erheblicher Unterschied besteht oder es in diesem Zeitpunkt vorhersehbar ist, dass ein solcher Unterschied wegen des künftigen Anstiegs der stillen Reserven oder des Firmenwerts entstehen wird, und der Gesellschaftsvertrag mit seiner Abfindungsvereinbarung darauf zielt, dass Abfindungsansprüche wesentlich unter dem wirklichen Wert der übernommenen Beteiligung bleiben.

Eine vertraglich vereinbarte Kürzung des Abfindungsanspruchs auf die Hälfte des buchmäßigen Kapitalanteils stellt grundsätzlich eine sittenwidrige Benachteiligung des ausscheidenden Gesellschafters dar.

Der Umstand, dass dem ausscheidenden Gesellschafter die Kommanditeinlage vom „herrschenden" Gesellschafter geschenkt worden ist, rechtfertigt eine derartige Abfindungsbeschränkung nicht.

Eine solche Abfindungsbeschränkung ist auch nicht im Hinblick auf die Ausschließung aus wichtigem Grund hinzunehmen.

Eine gesellschaftsvertragliche Regelung, die eine Auszahlung des Abfindungsguthabens in 15 gleiche Jahresraten vorsieht, ist unwirksam[1]. 2477

Sittenwidrig kann z. B. eine grob einseitige Einlagenbewertung durch einen Mitgesellschafter sein, der als Rechtsberater und Generalbevollmächtigter des Sacheinlegers mit der Ausgestaltung des Gesellschaftsvertrages betraut ist[2]. 2478

(unbesetzt) 2479

dd) Das Verbot, die Kündigung entgegen § 732 Abs. 1 und 2 BGB zu beschränken, wirkt sich dann aus, wenn der kündigungswillige Gesellschafter wegen der wirtschaftlich nachteiligen Folgen einer Kündigung zum Verzicht auf seine Kündigungserklärung veranlasst, also in seiner Handlungsfähigkeit beeinträchtigt wird. Dabei kommt es weder auf eine Umgehungsabsicht der Mitgesellschafter an noch auf die Vermögenslage oder sonstige besondere Umstände des Kündigungswilligen[3]. 2480

Entscheidend ist, dass die Entschließungsfreiheit des Gesellschafters im Zeitpunkt der beabsichtigten Kündigung unvertretbar eingeengt wird.

Die Festsetzung des Abfindungsguthabens darf erstens keinen Strafcharakter gegenüber dem kündigenden Gesellschafter besitzen; sie darf zweitens das Abfindungsguthaben nicht in einer willkürlichen, offenbar unbilligen, sachlich nicht zu rechtfertigenden Weise herabsetzen. 2481

(unbesetzt) 2482

---

1 BGH-Urteil vom 9. Januar 1989 II ZR 83/88, BB 1989, 1073, DB 1989, 1400, WM 1989, 783.
2 Vgl. BGH-Urteil vom 5. Dezember 1974 II ZR 24/73, WM 1975, 325.
3 *Ulmer*, Die Gesellschaft bürgerlichen Rechts, 2. Aufl., München 1986, § 738 RdNr. 33, S. 420; es handelt sich um eine analoge Anwendung von § 723 Abs. 3 BGB nach Umgehungsgrundsätzen.

2483 ee) **Abfindungsklauseln**, durch die Dritte beeinträchtigt werden, durch die z. B. der Zugriff von Gläubigern des Gesellschafters im Falle der Gläubigerkündigung, des konkursbedingten Ausscheidens oder eines vergleichbaren Falles des Ausscheidens vereitelt wird, sind unwirksam, also nicht vom Prinzip der Vertragsfreiheit gedeckt.

Sie sind nach den Anfechtungsvorschriften der Konkursordnung und des Anfechtungsgesetzes sowie auf Grund gesellschaftsrechtlicher Gläubigerschutzvorschriften oder nach § 138 BGB unwirksam. Die Gläubiger eines Gesellschafters, die auf dessen Gesellschaftsanteil zugreifen, können allerdings nur die Rechte beanspruchen, die dem einzelnen Gesellschafter nach der jeweiligen gesellschaftsvertraglichen Gestaltung zustehen: denn sie müssen den Gesellschaftsvertrag mit dem von den Gesellschaftern vereinbarten Inhalt hinnehmen[1].

2484 *(unbesetzt)*

2485 ff) Abfindungsklauseln können wegen Änderung der Geschäftsgrundlage oder Rechtsmissbrauchs unwirksam sein. Das kann z. B. der Fall sein, wenn unvorhersehbare Wertveränderungen eingetreten sind. Ob ein solcher Fall vorliegt, hängt von den Umständen des Einzelfalles ab.

2486 Sind seit Vereinbarung der Abfindungsklausel **erhebliche,** zumal unvorhersehbare **Wertveränderungen** eingetreten, greift die Schranke der §§ 723 Abs. 3 BGB, 133 Abs. 3 HGB wegen des nicht kündigungsbedingten Ausscheidens nicht ein. Bleibt „der Buchwert des Anteils um ein Mehrfaches hinter dessen realem Wert zurück", so kann bei Ausübung eines vertraglichen Ausschluss- oder Übernahmerechts den Mitgesellschaftern die Berufung auf die Buchwertklausel wegen Änderung der Geschäftsgrundlage oder wegen Rechtsmissbrauchs verwehrt sein.

2487 Eine schematische Grenze, deren Unterschreiten zum Eingreifen des Einwands aus § 242 BGB führen würde, lässt sich freilich nicht aufstellen. Vielmehr bedarf es insoweit jeweils einer Würdigung der Umstände des Einzelfalls. Dabei sind einerseits die Art und Herkunft der Gesellschafterstellung des Ausgeschiedenen sowie die ihn durch die Abfindungsklausel betreffenden Vermögensnachteile zu berücksichtigen. Andererseits ist zu prüfen, ob den Mitgesellschaftern eine Anpassung der Abfindungsklausel an die geänderten Umstände im Hinblick auf die Änderung der Wertrelationen zugemutet werden kann[2]. Rechtsgrundlage dieser Schranke ist § 242 BGB.

2488 Ob Rechtsmissbrauch oder Wegfall der Geschäftsgrundlage der rechtfertigende Grund im Einzelfall ist, wird vielfach kaum unterscheidbar sein.

2489 gg) (1) Eine gesellschaftsvertragliche Abfindungsklausel, die eine unter dem wirklichen Anteilswert liegende Abfindung vorsieht, wird nicht deswegen unwirksam, weil sie in Folge eines im Laufe der Zeit eingetretenen groben Missverhältnisses zwischen dem Betrag, der sich auf Grund der vertraglichen Vereinbarung ergibt, und dem wirklichen Anteilswert geeignet ist, das Kündigungsrecht des Gesellschafters in tatsächlicher Hinsicht zu beeinträchtigen.

(2) Der Inhalt der vertraglichen Abfindungsregelung ist jedoch auch in einem solchen Fall durch ergänzende Vertragsauslegung nach den Grundsätzen von Treu und Glauben unter angemessener Abwägung der Interessen der Gesellschaft und des ausscheidenden Gesell-

---

1 Zu Buchwertklauseln vgl. Rn 2519 ff.
2 *Ulmer,* Wirksamkeitsschranken gesellschaftsvertraglicher Abfindungsklauseln, NJW 1979, 81, 83.

schafters unter Berücksichtigung aller Umstände des konkreten Falles entsprechend den veränderten Verhältnissen neu zu ermitteln[1].

(unbesetzt) 2490

hh) Ein Verstoß gegen eine sachgerechte Interessenabwägung bei Gesellschaftern mit Beteiligung minderen Rechts ist beispielsweise denkbar, wenn der Abfindungsausschluss nicht zuvor durch einen Anspruch auf einen erhöhten Gewinnanteil ausgeglichen worden ist. 2491

ii) Bei der Kündigung des Gesellschafters aus wichtigem Grund können sich die verbleibenden Gesellschafter gegenüber der Kündigung nicht auf die Beschränkung der Abfindung berufen, wenn sie einen wichtigen Grund gesetzt haben. Denn das Recht zur Kündigung aus wichtigem Grunde wäre um seine Substanz gebracht, wenn bei Fortsetzung der Gesellschaft die Abfindung nicht zum vollen Werte erfolgen müsste[2]. 2492

jj) Gesellschaftsvertragliche Klauseln, die den persönlich haftenden Gesellschafter oder der Mehrheit der Gesellschafter das Recht einräumen, einen Gesellschafter nach freiem Ermessen auszuschließen, sind grundsätzlich nichtig. Sie sind nur insoweit zulässig, als sie wegen außergewöhnlicher Umstände sachlich zu rechtfertigen sind[3]. Ist eine Hinauskündigung ausnahmsweise zulässig, ist eine die Abfindung beschränkende Buchwertklausel im Allgemeinen unwirksam. Der Ausscheidende wird sich im Einzelfalle regelmäßig auf unzulässige Rechtsausübung berufen können. 2493

(unbesetzt) 2494

kk) Gesellschaftsvertragliche Regelungen verstoßen z. B. dann nicht gegen § 138 Abs. 1 BGB, wenn sie bestimmen 2495

- dass alle Einnahmen der Gesellschafter aus bestimmten Tätigkeiten als Einnahmen der Gesellschaft gelten oder
- dass den ausscheidenden Gesellschafter eine Zahlungspflicht trifft, weil er der Gesellschaft Beträge schuldet, die die Summe seiner Einlage und sonstigen Ansprüche übersteigt,

sofern die Regelungen nicht einseitig nur einen Gesellschafter, sondern alle Gesellschafter gleichermaßen treffen.

Das gilt auch für den Ausschluss eines Anspruchs am Geschäftswert einer Sozietät.

(unbesetzt) 2496

2. Abfindungsausschluss

Der Ausschluss des Abfindungsanspruchs ist grundsätzlich unzulässig. 2497

Ausgenommen von der Unzulässigkeit ist der Abfindungsausschluss 2498

- auf den Tod eines Gesellschafters[4], 2499

---

1 BGH-Urteil vom 20. September 1993 II ZR 104/92, BGHZ 123, 281, BB 1993, 2265, DB 1993, 2225, WiB 1994, 21. Fortführung des BGH-Urteils vom 24. Mai 1993 II ZR 36/92, BB 1992, 1381, WM 1993, 1412.
2 *Flume*, Die Personengesellschaft 1977, S. 186.
3 BGH-Urteile vom 20. Januar 1977 II ZR 217/75, BGHZ 68, 212; vom 13. Juli 1981 II ZR 56/80, BGHZ 81, 263; vom 3. Mai 1982 II ZR 78/81, BGHZ 84, 11; vom 25. März 1985 II ZR 240/84, WM 1985, 772; vgl. hierzu auch Rn 3534.
4 Vgl. Rn 2457–2461.

2500 • bei Gesellschaften mit ideellem Zweck[1],

2501 • gegenüber bestimmten Gesellschaftern mit Beteiligungen minderen Rechts, sofern nicht die allgemeinen Grenzen vertraglicher Abfindungsklauseln eingreifen.

2502 Der Ausschluss eines ausscheidenden Sozius vom Praxiswert ist dann unbedenklich, wenn der ausscheidende Sozius in beachtlichem Umfang „Mandate" mitnehmen kann und mitnimmt[2].

2503–2504 *(unbesetzt)*

3. Abfindungsklauseln im Einzelnen

a) Klauseln betreffend die Auszahlung des Abfindungsanspruchs

2505 Vereinbarungen über die Auszahlung des Abfindungsanspruchs können sich beziehen

2506 • auf die Fälligkeit des Anspruchs,

2507 • auf die Verzinsung des Anspruchs,

2508 • auf die Modalitäten der Zahlung – Zahlung in Raten statt Zahlung eines Einmalbetrages –,

2509 • auf die Sicherheiten für die weitere Belassung des Abfindungsbetrages oder Teile von ihm in der Gesellschaft.

2510 Der Abfindungsanspruch wird durch derartige Abreden nicht beschnitten; es wird nur die Auszahlung verzögert.

2511 Zahlungsfristen bis zu 5 Jahren werden in der Regel für zulässig erachtet – u. U. so bis zu 10 Jahren –, wenn sie mit einer angemessenen Verzinsung – also einer Verzinsung, die auf dem Markt für Anlagevermögen gezahlt wird – gekoppelt sind[3].

Aber auch für derartige Klauseln gelten die allgemeinen Grenzen bei der Ausübung vertraglicher Abfindungsklauseln[4].

Schließlich kann auch die Geltendmachung von Ratenzahlungen selbst bei zureichender Verzinsung im Einzelfall rechtsmissbräuchlich im Sinne von § 242 BGB sein, beispielsweise dann, wenn der Gesellschaftsanteil die einzige wirtschaftliche Lebensgrundlage des ausscheidenden Gesellschafters ist.

2512 *(unbesetzt)*

b) Schwebende Geschäfte

2513 Schwebende Geschäfte sind nicht in die Abschichtungsbilanz einzustellen, sondern besonders abzurechnen (§ 740 BGB).

Dauerschuldverhältnisse, die zurzeit des Ausscheidens noch andauern, sind grundsätzlich keine schwebenden Geschäfte, an deren Ergebnis der ausgeschiedene Gesellschafter noch

---

1 Vgl. Vgl. dazu *Nitschke*, Die körperschaftlich strukturierte Personengesellschaft, 1970, S. 347.
2 *Kellermann*, aaO, S. 412. Zur Berechnung des Werts der Mandanten bei der Berechnung eines etwaigen Abfindungsanspruchs vgl. BGH-Urteil vom 6. März 1995 II ZR 97/94, INF 1995, 413.
3 Vgl. *Ulmer*, Wirksamkeitsschranken gesellschaftsvertraglicher Abfindungsklauseln, NJW 1979, 81, 85 unter III 3, sowie das Schrifttum in Fußnote 54 und Rn 2474.
4 Rn 2465 ff.

zu beteiligen wäre[1]. Solche Geschäfte bleiben allerdings nicht unberücksichtigt, wenn das in Zukunft zu nutzende Recht am Bilanzstichtag einen Verkehrswert hat; ist das der Fall, muss es in die Abschichtungsbilanz eingestellt werden.

Unproblematisch ist in der Regel eine Vereinbarung, dass die Teilnahme am Gewinn und Verlust der schwebenden Geschäfte ausgeschlossen wird[2]. 2514

c) Kündigungsfristen

Kündigungsfristen können die Auskehrung des Abfindungsanspruchs erleichtern. Sie sind keine Abfindungsklauseln, unterliegen aber ebenfalls den Schranken von Treu und Glauben (§ 242 BGB). 2515

Möglich ist beispielsweise auch die Vereinbarung von Kündigungsfristen bei Nachfolge durch Vorerben. Kündigungsfristen von 10 Jahren sollen nach Felix[3] unbedenklich sein. 2516

(unbesetzt) 2517–2518

d) Buchwertklauseln

aa) Allgemeines

Vielfach sind in Gesellschaftsverträgen Klauseln zu finden, dass der Abfindungsanspruch eines ausscheidenden Gesellschafters auf den Buchwert seines Kapitalanteils beschränkt ist. 2519

Unter Buchwert in diesem Sinne ist im Zweifel der nominelle Kapitalanteil unter Ausschluss der stillen Reserven und des Firmenwertes zu verstehen. Dem nominellen Kapitalanteil des Gesellschafters sind seine stehen gebliebenen Gewinne und sein Anteil an den offenen Rücklagen sowie allen in der Bilanz ausgewiesenen Posten mit Rücklagencharakter hinzuzurechnen. 2520

Eine Buchwertklausel bezweckt zwar nicht selten, eine besondere Unternehmensbewertung entbehrlich werden zu lassen, weil die stillen Reserven und der Firmenwert unberücksichtigt bleiben; sie kann aber eben deshalb dazu führen, dass der Abfindungsanspruch erheblich von dem Vorstellungsbild des Gesetzgebers, was im Falle einer Auflösung der Gesellschafter vermögensrechtlich geschehen soll, abweicht. 2521

Buchwertklauseln sind also zwar dem Grundsatz nach zulässig; sie greifen aber dann nicht, wenn ihre Ausübung im Einzelfall zu einem erheblichen Missverhältnis zwischen Buchwert und wirklichem Wert führt und wenn nicht besondere sachliche Gründe ihre Anwendung rechtfertigen[4]. 2522

Sie sind wirksam, soweit ein Abfindungsausschluss zulässig ist; denn in diesem Fall geben sie dem ausscheidenden Gesellschafter mehr, als die Rechtsordnung verlangt. 2523

Obwohl der BGH „eine Abfindung nach dem Buchwert" grundsätzlich für zulässig erklärt, verkehrt er diesen Grundsatz praktisch in sein Gegenteil, weil der Grundsatz dann nicht gilt, „wenn die Buchwertklausel, insbesondere wegen eines erheblichen Missverhältnisses 2524

---

1 BGH-Urteile vom 16. Dezember 1985 II ZR 38/85, ZIP 1986, 301, und vom 9. Juni 1986 II ZR 229/85, WM 1986, 967; in diesen Fällen handelte es sich um Kiesausbeutungsverträge und um Miet- oder Leasingverträge, das Tatbestandsmerkmal „schwebende Verträge" ist danach eng auszulegen.
2 Vgl. dazu auch Rn 1792, 1793.
3 Steuerberatung der Familie, Grundsätze, Gestaltung, Grenzen, Kölner Steuer-Arbeitsunterlagen, 32. Kölner Trainingstagung 1986 Heft 32 S. 70 unter II. Abs. 33.
4 *Hirte,* Der Abfindungsanspruch des ausscheidenden Kommanditisten, JuS 1986, 504.

zwischen Buchwert und wirklichem Wert, die Freiheit des Gesellschafters, sich zu einer Kündigung zu entschließen, unvertretbar einengt"[1].

2525 Knobbe-Keuk[2] kritisierte das BGH-Urteil vom 24. September 1984[3] wie folgt:

„Die Entscheidung ruft geradezu zu Streitereien auf. Jeder Gesellschafter, der gekündigt hat, wird nunmehr versuchen, mehr als die vertraglich vereinbarte Abfindung herauszuschlagen. Für die Klärung, ob die Buchwertklausel im Einzelfall in Ordnung ist, bedarf es nach dem BGH zunächst der Feststellung eines erheblichen Missverhältnisses zwischen Buchwert und wirklichem Wert. Der wirkliche Beteiligungswert ergibt sich aus dem Preis, der bei einem – hypothetischen – Verkauf des Unternehmens erzielt wird; entscheidend ist der Ertragswert. Der BGH verweist auf Sachverständigen-Gutachten. Hat man den so genannten wirklichen Wert, so bedarf es noch der Feststellung eines erheblichen Missverhältnisses zum Buchwert. Liegt ein solches vor, so führt das Verdikt über die Buchwertklausel dann freilich nicht dazu, dass der so mühselig ermittelte wirkliche Wert die Abfindung bestimmt, sondern es soll im Wege der Vertragsergänzung eine angemessene Abfindung zu ermitteln sein, was immer man darunter auch verstehen mag.

Der BGH hat im Streitfall die Sache zurückverwiesen. Der letzte Satz der Entscheidungsgründe lautet: Beim gegenwärtigen Prozessstand muss die Frage nach der Höhe des Abfindungsbetrages als völlig offen erachtet werden. In der Tat: Die Höhe der Abfindung ist bei Vereinbarung der Buchwertabfindungsklausel völlig offen. Ebenso offen ist, wie die um den Fortbestand des Unternehmens und die Vermeidung von Abfindungsstreitigkeiten und der damit verbundenen Kosten bemühten gesellschaftsvertragliche Praxis dieser offenen Lage soll Rechnung tragen können."

2526 Buchwertabfindungsklauseln oder Klauseln, die sich ihnen im Ergebnis nähern[4], bedürfen kritischer Prüfung[5] und ihrer Ergänzung.

2527 Der BGH hat der Kritik an seiner Rechtsprechung zugestanden, dass eine Abfindungsvereinbarung nicht je nach der Entwicklung der Verhältnisse zwischen Buch- und tatsächlichem Wert zu verschiedenen Zeitpunkten wirksam oder unwirksam sein könne[6].

Eine ursprünglich wirksame, zunächst weder nach § 138 BGB zu beanstandende noch das Kündigungsrecht der Gesellschafter entgegen § 723 Abs. 3 BGB faktisch beeinträchtigende Abfindungsklausel wird nicht dadurch nichtig, dass sich – insbesondere bei wirtschaftlich erfolgreichen Unternehmen – Abfindungsanspruch und tatsächlicher Anteilswert im Laufe der Jahre immer weiter voneinander entfernen. Die vertragliche Regelung bleibt vielmehr als solche wirksam. Die Frage ist nur, welchen Inhalt sie unter Berücksichtigung der Grundsätze von Treu und Glauben hat und ob sie gegebenenfalls im Hinblick auf die geänderten Verhältnisse zu ergänzen ist.

Letztlich geht es um eine die beiderseitigen Interessen im Hinblick auf die Änderung der tatsächlichen Verhältnisse berücksichtigende Ermittlung dessen, was die Parteien vereinbart hätten, wenn sie die Entwicklung vorausgesehen hätten; notfalls ist der Vertragsinhalt unter Berücksichtigung dieser Entwicklung zu ergänzen.

Lücken in Gesellschaftsverträgen sind im Wege der ergänzenden Vertragsauslegung in der Weise auszufüllen, dass die Grundzüge des konkreten Vertrages „zu Ende gedacht" wer-

---

[1] Vgl. BGH-Urteil vom 24. September 1984 II ZR 256/83, NJW 1985, 192, WM 1984, 1506.
[2] Aktuelle Rechts- und Steuerprobleme der mittelständischen Unternehmen, StbJb 1985, 86, 157 ff., 159 ff.
[3] BGH-Urteil vom 24. September 1984 II ZR 256/83, NJW 1985, 192, WM 1984, 1506.
[4] BGH-Urteil vom 24. Mai 1993 II ZR 36/92, BB 1993, 1391, DB 1993, 1614, NJW 1993, 2101, WM 1993, 1412.
[5] Zur Problematik vgl. *Flume*, Allgemeiner Teil des Bürgerlichen Rechts, Bd. I/1, Die Personengesellschaft, 1977 § 12 IV mit Nachweisen; BGH-Urteil vom 24. Mai 1993 II ZR 36/92, Voraussetzungen für die Unanwendbarkeit einer Abfindungsklausel, BB 1993, 1391; ferner BGH-Urteil vom 16. Dezember 1991 II ZR 58/91, JZ 1993, 40, m. Anm. Schulze-Osterloh.
[6] BGH-Urteil vom 20. September 1993 II ZR 104/92, NJW 1993, 3193, DB 1993, 2275, BB 1993, 2275.

den, und zwar nach Maßgabe des hypothetischen Parteiwillens unter Einbeziehung einer objektiven Abwägung der beiderseitigen Interessen.

Eine in einem Gesellschaftsvertrag enthaltene Buchwertklausel trägt dem Interesse der Gesellschaft Rechnung, Liquidität und Fortbestand des Unternehmens nicht durch unerträglich hohe Abfindungen zu gefährden. Die Verwirklichung dieses Anliegens, dass sich die einzelnen Gesellschafter bei Abschluss des Vertrages oder bei ihrem späteren Beitritt zur Gesellschaft zu Eigen gemacht haben, findet jedoch dort ihre Grenze, wo es nach den Maßstäben von Treu und Glauben dem ausscheidenden Gesellschafter nicht mehr zuzumuten ist, sich mit der Abfindung entsprechend der vertraglichen Regelung zufrieden zu geben. 2528

Ob die Voraussetzungen hierfür gegeben sind, hängt nicht allein vom Ausmaß des im Laufe der Zeit entstandenen Missverhältnisses zwischen dem Abfindungs- und dem tatsächlichen Anteilswert, sondern von den gesamten sonstigen Umständen des konkreten Falles ab. Zu ihnen gehören insbesondere die Dauer der Mitgliedschaft des Ausgeschiedenen in der Gesellschaft, sein Anteil am Aufbau und Erfolg des Unternehmens und der Anlass des Ausscheidens.

(1) Bei einem über 80 Jahre alten Kommanditisten, der der Gesellschafter über 53 Jahre lang angehört hat, erfordern Treu und Glauben (bei Anwendung der §§ 157 und 242 BGB) eine angemessene Abfindung. Die Vereinbarung einer Abfindung nach dem Buchwert lässt zwar auf die Absicht der Vertragspartner schließen, dass die Abfindungsleistungen der Gesellschaft im Interesse des Fortbestands des Unternehmens zu begrenzen sind. Sie führt aber auch dazu, dass bei angemessener Berücksichtigung der beiderseitigen Belange, als Abfindung ein zwischen dem Buch- und dem Verkehrswert liegender Betrag zu Grunde gelegt wird. 2529

(2) Der Kern der Kritik von *Knobbe-Keuk*[1] ist durch die neue Rechtsprechung des BGH nicht entfallen.

(a) Eine Satzungsbestimmung, die bei Pfändung eines Geschäftsanteils dessen Einziehung gegen ein Entgelt zulässt, das nach den wahren Vermögenswerten der Gesellschaft, aber ohne Ansatz eines Firmenwertes berechnet werden soll, ist wirksam, wenn dieselbe Entschädigungsregelung auch für den vergleichbaren Fall der Ausschließung eines Gesellschafters aus wichtigem Grund gilt. 2530

(b) Eine Satzungsbestimmung darf allerdings nicht eigens darauf angelegt sein, das Pfändungsrecht eines Vollstreckungsgläubigers zu vereiteln, wobei jedoch (entgegen RGZ 142, 373, 376 ff.) nicht die Zulässigkeit, sondern die Unzulässigkeit der Bestimmung besonderer Begründung bedarf. 2531

Daraus geht hervor, dass die Berufung der Gesellschaft auf die Buchwertklausel in den Regelfällen des Ausschlusses eines Gesellschafters ohne wichtigen Grund – d. h. wenn nicht besondere Umstände für ihre Anerkennung sprechen – unzulässig ist[2].

(c) Beim Austritt eines Gesellschafters aus wichtigem Grund hält Gessler die Berufung der Gesellschaft auf die Buchwertklausel für vermutlich unzulässig, wenn der Gesell- 2532

---

1 Vgl. Rn 2525.
2 Vgl. dazu auch *Ulmer*, Wirksamkeitsschranken gesellschaftsvertraglicher Abfindungsklauseln, NJW 1979, 81; BGH-Urteile v. 29. Mai 1978 II ZR 52/77, NJW 1979, 104, und vom 12. Juni 1978 II ZR 141/77, WM 1978, 1152; sowie OLG Frankfurt, Urteil vom 9. September 1977 20 W 702/76, NJW 1978, 328.

schafter wegen unzumutbaren Verhaltens anderer Gesellschafter austritt[1], nicht dagegen in allen übrigen Fällen. Das heißt, auch beim Austritt wegen persönlicher Umstände würde die Buchwertklausel eingreifen, nicht dagegen, wenn der Gesellschafter wegen der schlechten Lage der Gesellschaft – also aus wichtigem Grund – austritt.

2533 (d) Trete der Gesellschafter dagegen wegen seiner eigenen schlechten wirtschaftlichen Lage aus wichtigem Grund aus, um sich mithilfe seiner Abfindung zu „sanieren", greife die Buchwertklausel zu seinen Lasten ein.

2534 Die derzeitige Beurteilung der Buchwertabfindung ist kritisierbar[2,3].

Die Buchwertklausel soll den Gläubiger nicht benachteiligen. Sie wird im Fall der Pfändung, des Konkurses bzw. der Insolvenz usw. für zulässig erachtet, wenn sie auch für die Fälle der Ausschließung eines Gesellschafters aus wichtigem Grunde gilt. Im Ergebnis wird der Gläubiger zu Gunsten der Mitgesellschafter des Schuldners benachteiligt.

Kündigt der Gesellschafter, kann die Buchwertklausel unwirksam sein, wenn sie seine Entschließungsfreiheit, von der Kündigungsbefugnis Gebrauch zu machen, wirtschaftlich einschränkt.

Kündigt der Gesellschafter, um seine Gläubiger zu befriedigen, kann er ihnen in diesem Falle zu einer höheren Quote verhelfen, als wenn er es darauf ankommen lässt, dass der Anteil gepfändet wird. Selbst als lästiger Gesellschafter wird der Gesellschafter, dessen Gesellschaftsanteil gepfändet wird, eine höhere Abfindung als die Buchwertabfindung von seinen Mitgesellschaftern erreichen. Soll der Gesellschafter sich wie ein lästiger Gesellschafter verhalten müssen, um Verpflichtungen gegenüber Dritten nachkommen zu können?

2535 *(unbesetzt)*

bb) Einzelheiten bei zulässigen Buchwertklauseln

2536 Buchwertklauseln sind regelmäßig dahin auszulegen, dass sie einen Anspruch auf Rückzahlung noch nicht verbrauchter Einlagen, einbehaltener Gewinne sowie sonstiger anteiliger Rücklagen[4] und Rückstellungen mit Eigenkapitalcharakter nach Maßgabe der letzten auf den Stichtag der Abfindung fortzuschreibenden Handelsbilanz gewähren. Ein nicht aufgelöster Verlustvortrag ist anteilig zu berücksichtigen. Steuerrechtlich bedingte Sonderabschreibungen sind grundsätzlich nicht aufzulösen[5].

2537 Ein ausscheidender Gesellschafter ist nach § 740 BGB auch an schwebenden Geschäften beteiligt, deren Wert seine Abfindung erhöht, es sei denn, nach dem Gesellschaftsvertrag werden diese schwebenden Verträge bei der Abfindung nicht berücksichtigt.

2538 Eine zulässige Mindestklausel ist z. B.:

---

1 So *Gessler*, Kommentar zum HGB, S. 32.
2 Vgl. dazu BGH-Urteil vom 23. Oktober 1972 II ZR 31/70, LM HGB § 119 Nr. 9.
3 Vgl. dazu *Ermann*, Einige Fragen zur gesellschaftsvertraglichen Beschränkung der Abfindung des willentlich aus einer Personengesellschaft ausscheidenden Gesellschafters, in Festschrift für Westermann, Karlsruhe 1974, S. 75, 78; *Heyn*, Grenzen der Buchwertabfindung ausscheidender Gesellschafter von Personenhandelsgesellschaften, in Festschrift für Schiedermair, München 1976, S. 271, 285.
4 BGH-Urteil vom 29. Mai 1978 II ZR 52/77, BB 1978, 1333.
5 *Ulmer*, aaO, § 738 RdNr. 43; vgl. ferner *Huber*, Vermögensanteil, Kapitalanteil und Gesellschaftsanteil von Personengesellschaften des Handelsrechts, 1970, S. 339; BGH-Urteile vom 29. Mai 1978 II ZR 52/77, BB 1978, 1333; Die Buchwertklausel bezieht sich auch auf die anteilige offene Rücklage.

„Die Abfindung beträgt mindestens die Summe der auf die Beteiligung entfallenden Ergebnisanteile der letzten vollen fünf Geschäftsjahre vor dem Ausscheiden des Gesellschafters."

(unbesetzt) 2539

cc) Ersatz für Buchwertklauseln

Weniger risikobehaftet als Buchwertklauseln sind Abreden, die das Bewertungsverfahren betreffen[1] oder bei denen die Abfindung in einer Weise über dem Buchwert liegend festgelegt wird, dass sie entweder dem Verkehrswert nahe kommt oder jedenfalls so hoch ist, dass die allgemeinen Grenzen vertraglicher Abfindungsklauseln nicht eingreifen[2]. 2540

Einen Schutz vor der Auskehrung des Abfindungsanspruchs bei den gesetzlichen Ansprüchen auf Zugewinnausgleich und Pflichtteil[3] gibt es dagegen nicht. 2541

(unbesetzt) 2542

e) Klauseln zum Bewertungsverfahren

aa) Klauseln, die das Bewertungsverfahrens betreffen, sind insoweit zulässig, als sie die Einzelheiten des Bewertungsverfahrens festlegen, vergleichbar den vom ABG-Gesetz erlaubten Schadenspauschalierungsklauseln[4]. 2543

bb) Da der BGH die volle Abfindung auf Grund der Ertragsbewertung ermittelt wissen will, wird sich in der Regel gesellschaftsvertraglich eine Festlegung des Kapitalisierungszinsfußes anbieten[5]. 2544

cc) Das Aufstellen einer Abschichtungsbilanz kann durch die Vereinbarung vermieden werden, dass stattdessen die letzte vorangegangene oder die nächstfolgende Jahresbilanz maßgebend ist. Klargestellt werden sollte, ob es sich dabei um eine geprüfte Bilanz handeln muss. 2545

dd) Zulässig ist es, Verfahren der Wertermittlung zu vereinbaren, die die Abrechnung vereinfachen und beschleunigen, oder Verfahren, die eine Offenlegung von Geschäftsgeheimnissen beim Streit um die Höhe der Abfindung vermeiden. In der Handels- wie in der Steuerbilanz sind allerdings die stillen Reserven und der Firmenwert nicht berücksichtigt. Ist die nächstfolgende Jahresbilanz als maßgeblich vereinbart, sind die schwebenden Geschäfte nicht vollständig erfasst. Ihre Berücksichtigung kann ausgeschlossen werden. Das Substanzwertverfahren führt allerdings nicht zum gleichen Ergebnis wie das vom BGH grundsätzlich geforderte Ertragswertverfahren. Wer sich vor einem Streit um den Ertragswert schützen will, kann vereinbaren, dass der Unterschied durch einen pauschalen Aufschlag in n-Vom-Hundert des Substanzwertes ausgeglichen wird. 2546

ee) Eine Vereinbarung, die Unternehmensbewertung nach dem sog. Stuttgarter Verfahren[6] vorzunehmen, sollte zulässig sein. Allerdings kann dieses Verfahren einen dem wirklichen 2547

---

1 Rn 2543 ff.; zur Schätzung BGH-Urteil vom 21. April 1955 II ZR 227/53, BGHZ 17, 130.
2 Rn 2505 ff.
3 Rn 2473.
4 *Schilling*, Zur Abfindung bei der Ausschließung ohne wichtigen Grund aus einer Personengesellschaft, ZGR 1979, 419–429.
5 Vgl. dazu *Siepe*, Die Bemessung des Kapitalisierungszinsfußes bei der Unternehmensbewertung in Zeiten fortschreitender Geldentwertung, (I) DB 1984, 1689 ff., (II) DB 1984, 1737 ff.
6 Vgl. hierzu R 96 ff. ErbStR 2003 sowie Rn 3008 f.; zur Kritik an den Ergebnissen des Stuttgarter Verfahrens s. Vorlagebeschluss des BFH vom 22. Mai 2002 II R 61/99, BStBl II 2002, 598.

Wert nahe kommenden Wert nur abbilden, wenn insbesondere das bei der Ermittlung des Vermögenswerts zugrunde gelegte Betriebsvermögen entsprechend korrigiert wird und beispielsweise die dem Betrieb dienenden Wirtschaftsgüter mit dem Teilwert[1] und die Betriebsgrundstücke mit ihrem Verkehrswert angesetzt werden. Nur so dürfte den Anforderungen der Rechtsprechung an eine im Wesentlichen vollständige Abfindung genügt werden. Ob dies der Fall ist, könnte im Zweifel nur eine betriebswirtschaftliche Analyse erweisen.

2548 ff) Es kann vorgesehen werden, dass die Abfindungsverpflichtung von den Gesellschaftern persönlich getragen wird, denen der Gesellschaftsanteil des ausscheidenden Gesellschafters im Wege der Anwachsung zugute kommt.

2549 gg) Zulässig dürfte eine Klausel sein, die zwar den Ansatz des Eigenkapitals (Reinvermögenssaldo) grundsätzlich zu Bilanzwerten (Handels- oder Steuerbilanz) vorsieht, jedoch mit folgenden Berichtigungen:

- Grundstücke zum x-fachen des Einheitswertes nach § 19 BewG bzw. des Bedarfswerts nach §§ 138 ff. BewG,
- bewegliches Anlagevermögen zu modifizierten Buchwerten (nur nach Abzug linearer Normal-Abschreibung ohne Sonderabschreibungen aller Art, ohne Übertragung stiller Reserven aus ersetzten Wirtschaftsgütern, Anhaltewert, ggf auch preisindexbedingte Korrekturen historischer Anschaffungskosten),
- unfertige und fertige Erzeugnisse absatzorientiert bewertet,
- Auflösung erkennbarer stiller Reserven in sonstigen Aktiva und Passiva (Wertberichtigungen, Rückstellungen usw.),
- Zerlegung von Sonderposten mit Rücklageanteil in Eigenkapital- und Fremdkapitalbestandteile,
- Ansatz latenter Ertragsteuer.

Eine solche Vereinbarung vermeidet, dass sich die vorsichtige Bilanzierung in den vergangenen Jahren auf die Höhe des Auseinandersetzungsguthabens auswirkt.

2550 hh) Zulässig dürfte auch eine Klausel sein, die im Interesse einer konfliktfreien Ermittlungstechnik den Ansatz des Eigenkapitals (Reinvermögenssaldo) zu Bilanzwerten vorsieht zuzüglich einer einige Jahre nachlaufenden Gewinnbeteiligung in voller oder abgesenkter (fallender) Höhe ohne Beteiligung an Verlusten bei Zusicherung einer insoweit beibehaltenen Bilanzkontinuität verbunden mit dem Recht auf Bucheinsicht nach § 166 HGB.

Eine solche Vereinbarung wird i. d. R. auch bei Kleinbetrieben mit besonderer Personenbezogenheit, bei Praxen freier Berufe (Ärzte, Architekten, Handelsvertreter usw.) praktikabel sein.

2551 ii) Knüpfen die vertraglichen Abmachungen über die Abfindung an steuerliche Werte an (z. B. Stuttgarter Verfahren und Berücksichtigung von Korrekturen bestimmter Werte), muss bedacht werden, dass die gesetzlichen Bestimmungen des Steuerrechts immer wieder Änderungen unterliegen, die ggf Anpassungen der Vertragsbestimmungen an die geänderte Rechtslage erfordern.

2552 *(unbesetzt)*

---

1 Zum Teilwert s. Rn 2828 f.

4. Weitere Einzelheiten

a) Die für den Fall der Insolvenz des Gesellschafters vorgesehene Abfindungsklausel sollte auch für den Fall gelten, dass die Eröffnung des Insolvenzverfahrens mangels Masse abgelehnt wird.   2553

b) Die Buchwertabfindung des ausscheidenden Gesellschafters kann Schenkungsteuer bei den verbleibenden Gesellschaftern auslösen, denen die stillen Reserven zuwachsen (§ 7 Abs. 7 ErbStG)[1].   2554

c) Ist eine Abfindungsregelung nichtig, treten an ihre Stelle die gesetzlichen Vorschriften (§ 738 BGB).   2555

Die „besondere Bedeutung der Vertragsfreiheit für das Verhältnis der Gesellschafter untereinander macht es erforderlich, der auf den objektivierten mutmaßlichen Willen der Vertragschließenden abstellenden richterlichen Vertragsergänzung den Vorrang vor dem dispositiven Gesetzesrecht einzuräumen"[2].

Die Teilnichtigkeit führt – wie auch sonst bei Gesellschaftsverträgen – nicht zur Gesamtnichtigkeit[3]. Einer Gesamtnichtigkeit steht das gemeinsame Interesse der Vertragschließenden am Bestand der Gesellschaft entgegen. Soll der Bestand der Gesellschaft nach den gemeinsamen Vorstellungen der Gesellschafter von der Abfindungsregelung abhängen, so greifen die Grundsätze über die fehlerhafte Gesellschaft ein. Der Gesellschaftsvertrag ist wirksam, aber für die Zukunft vernichtbar[4].

An die Stelle der beanstandeten Abfindungsvereinbarung tritt die ergänzende Vertragsauslegung entsprechend dem hypothetischen Parteiwillen[5]. Die unwirksame Abfindungsklausel wird durch die „angemessene Abfindung" ersetzt.

Ein aus der Gesellschaft ausgeschiedener Kommanditist, der nach dem Gesellschaftsvertrag zum Buchwert oder mit einem anderen nicht nach dem wirklichen Wert seiner Beteiligung berechneten Betrag abzufinden ist, hat, wenn konkrete Anhaltspunkte dafür vorhanden sind, dass der Abfindungsbetrag erheblich unter dem Beteiligungswert liegen könnte, Anspruch auf Einsicht in die Unterlagen der Gesellschaft, die erforderlich sind, um diesen letzten Wert zu ermitteln[6].

Die gem. §§ 304–306 AktG bei Vorliegen eines Gewinnabführungsvertrags vorgeschriebene angemessene Barabfindung muss die Verhältnisse der beherrschten Gesellschaft im Zeitpunkt der Beschlussfassung ihrer Hauptversammlung über den Beherrschungs- oder Gewinnabführungsvertrag berücksichtigen. Sie ist nur dann angemessen, wenn dem außenstehenden Aktionär eine volle Entschädigung gewährt wird. Dabei stellt der Verkehrswert der Aktie, das ist regelmäßig ihr Kurswert, die untere Grenze der wirtschaftlich vollen Entschädigung dar. Liegt jedoch der aufgrund anerkannter betriebswirtschaftlicher   2556

---

1 Rn 2460.
2 BGH-Urteil vom 23. November 1978 II ZR 20/78 WM 1979, 327.
3 BGH-Urteil vom 29. Januar 1962 II ZR 172/60, WM 1962, 462.
4 *Kellermann*, aaO, S. 417.
5 Vgl. dazu auch *Wiesner*, Die Lehre von der fehlerhaften Gesellschaft, Heidelberg 1980, Abhandlungen zum Arbeits- und Wirtschaftsrecht, Bd. 34.
6 BGH-Urteil vom 17. April 1989 II ZR 258/88, BB 1989, 1146, ZIP 1989, 768.

Methode ermittelte Schätzwert des Unternehmens über dem Börsenwert, so steht dem Aktionär der höhere Betrag des quotal auf die Aktie bezogenen Schätzwerts zu[1].

2557–2560 *(unbesetzt)*

---

[1] OLG Frankfurt am Main, Beschluss vom 9. Januar 2003 20 W 434/93 und 20 W 425/93, AG 2003, 581.

VII. Übertragung unter besonderen Umständen

Schrifttum: *Braun/Uhlenbruck,* Unternehmensinsolvenz, Düsseldorf 2000; *Bringewat/Waza/Grawe,* Insolvenzen und Steuern, 5. Aufl., Herne/Berlin 2000; *Eickmann/Flessner/Irschlinger/Kirchhof/ Kreft/Landfermann/Matschke/Stephan,* Heidelberger Kommentar zur Insolvenzordnung, 3. Aufl. Heidelberg 2003; *Frotscher,* Besteuerung bei Insolvenz, Heidelberg, 5. Aufl. 1999; *Günther/Hüble/Niepel,* Insolvenzprognose anhand unterjähriger Unternehmensdaten, DStR 2000, 346; *Haarmeyer/Wutzke/Förster,* Handbuch zur Insolvenzordnung, 2. Aufl. 1998; *Häger,* Checkbuch Überschuldung und Sanierung, Köln 2000; *Hess/Boochs/Weis,* Steuerrecht in der Insolvenz, Berlin 1996; *Huber,* Das neue Recht der Gläubiger-Anfechtung außerhalb des Insolvenzverfahrens, ZIP 1988, 897; *Kühsel,* Nachsteuer gem. § 13a Abs. 5 ErbStG und Insolvenz, DB 2002, 2458; *Maus,* Steuerrechtliche Probleme im Insolvenzverfahren, 2. Aufl. 1995; *Maus,* Umsatzsteuerrechtliche Folgen der Sicherheitenverwertung in der Insolvenz, ZIP 2000, 339; Münchener Kommentar zur Insolvenzordnung, Bd. 2 München 2002; *Nehrlich/Römermann,* Insolvenzordnung, München (Loseblatt); *Oetker/Friese,* Der Sozialplan in der Insolvenz, DZWiR 2001, 265; *Pelka/Niemann,* Praxis der Rechnungslegung im Insolvenzverfahren, 4. Aufl. 1997; *Pink,* Insolvenzrechnungslegung, Düsseldorf 1995; *Schlichting/Graser,* Die Befugnisse des Insolvenzverwalters gegenüber dem besitzenden Pfandrechtsgläubigern, NZI 2000, 206; *Schmidt, Karsten/Uhlenbrock,* Die GmbH in Krise, Sanierung und Insolvenz, Köln 1997; *Smid,* Kreditsicherung in der Insolvenz des Sicherungsgebers, Stuttgart 2004; *Staudinger,* Großkommentar zum bürgerlichen Recht, dort, Unternehmenskauf im Insolvenzverfahren; *Uhlenbrock,* Insolvenzordnung, 12. Aufl. München 2003; *Vallender,* Aktuelle Tendenzen zum Unternehmensinsolvenzrecht, DStR 1999, 2034; *Weitenbruch,* Die Haftung von Gesellschaften und Gesellschaftsanteilen in der Zwangsvollstreckung, Köln 2000; *Widmann,* Insolvenz und Umsatzsteuer, Stbg 1998, 537; Die GmbH in Krise, Sanierung und Insolvenz, Bielefeld, 2. Aufl., 1999; *Uhlenbruck/Schmidt, K., Wimmer,* Frankfurter Kommentar zur Insolvenzordnung, 2. Aufl. 1999; BMF-Schreiben vom 10. 12. 1998, ZIP 1999, 258 Außergerichtliche Schuldenregulierung, und vom 17. 12. 1998, IV A 4/S – 0550 – 2898 Behandlung von Ansprüchen aus dem Steuerschuldverhältnis im Insolvenzverfahren, ZIP 1999, 775; „darmstädter vordruck", Antragsformular für das Verbraucherinsolvenzverfahren, NZI Beilage zu Heft 2/1999.

1. Insolvenzrecht und Steuerrecht haben unterschiedliche Regelungsbereiche. Gleichwohl muss sich der Berater im Insolvenzverfahren zuerst die Regeln des Insolvenzrechts klar machen, und zwar unabhängig davon, ob er den Insolvenzschuldner gegenüber dem Finanzamt vertritt oder gegenüber Gläubigern oder einen Gläubiger gegenüber dem Schuldner oder als Insolvenzverwalter tätig ist.

2. Das Insolvenzverfahren dient

- der Verwirklichung der Haftung durch Verwertung des Schuldnervermögens, – also eine gemeinschaftliche Befriedigung der Gläubiger, indem das Vermögen des Schuldners verwertet und der Erlös verteilt wird –,
- oder der Erstellung eines Insolvenzplanes, dessen Ziel insbesondere der Erhalt des Unternehmens ist, – die also eine von der Versilberung abweichende Regelung vorsehen wird –,
- und der Restschuldbefreiung, die dem redlichen Schuldner Gelegenheit gibt, sich von seinen restlichen Verbindlichkeiten zu befreien.

3. Das Insolvenzverfahren wird durch den Insolvenzantrag ausgelöst, der ein Eigenantrag oder ein Fremdantrag sein kann.

(1) Eröffnungsgrund sind Zahlungsunfähigkeit (§ 17 InsO), drohende Zahlungsunfähigkeit bei Antrag des Schuldners (§ 18 InsO) und die Überschuldung einer juristischen Person (§ 19 InsO).

(2) Das Insolvenzgericht wird vorläufige Maßnahmen treffen, nämlich einen Gutachter bestellen, u. U. Sicherungsmaßnahmen anordnen (§ 21 InsO), u. U. einen vorläufigen Ver-

walter bestellen (§ 21 Abs. 2 Nr. 1, § 22 InsO), den Antrag auf Eröffnung des Insolvenzverfahrens mangels Masse abweisen oder das Insolvenzverfahren eröffnen (§§ 27 ff.).

(3) Eröffnet das Insolvenzgericht das Insolvenzverfahren, bestellt es einen Insolvenzverwalter – es sei denn, es liegt ein Antrag auf Eigenverwaltung vor –, fordert die Gläubiger auf, innerhalb einer bestimmten Frist ihre Forderungen beim Insolvenzverwalter anzumelden, – als Insolvenzforderung können im Regelfall Zinsen nur bis auf den Tag vor der Insolvenzeröffnung geltend gemacht werden –, die Forderungen müssen berechnet und nachgewiesen werden, die Sicherungsrechte mitzuteilen, bestimmt den Berichtstermin und den Prüfungstermin.

(4) Nach § 80 Abs. 1 InsO verliert der Schuldner mit der Eröffnung des Insolvenzverfahrens die Befugnis, sein zur Insolvenzmasse gehöriges Vermögen zu verwalten und hierüber zu verfügen. Auf die Möglichkeit der Eigenverwaltung soll hier nicht eingegangen werden. Zur Insolvenzmasse gehört auch der Massezuerwerb (§ 35 InsO).

(5) Ist auf Grund der Sachlage eine Fortführung des Unternehmens aussichtsreich, muss der Berater den Insolvenzschuldner darauf und die damit zusammenhängenden Möglichkeiten hinweisen. Mit der Eröffnung des Insolvenzverfahrens und der Bestellung des Insolvenzverwalters gehen auf den Insolvenzverwalter über

– das Verwaltungsrecht an der Insolvenzmasse (§ 80 Abs. 1 InsO),

– die Buchführungs- und Aufzeichnungspflichten (§ 155 Abs. 1 Satz 2 InsO). Das gilt auch für Geschäftsvorfälle aus der Zeit vor der Insolvenzeröffnung, soweit diese noch nicht in den Büchern erfasst sind.

– Sicherungen auf Grund von Vollstreckungen des letzten Monats vor Antragstellung werden unwirksam.

– Es tritt ein Vollstreckungsverbot und ein Aufrechnungsverbot sowie eine Kündigungssperre bei Miet- und Pachtverhältnissen ein. Der Insolvenzverwalter hat ein Wahlrecht zur Erfüllung von Rechtsgeschäften. Aufträge, Geschäftsbesorgungsverträge und Vollmachten erlöschen. Die Rechtshandlungen des Insolvenzverwalters berechtigen und verpflichten den Schuldner persönlich, und zwar auch für die Zeit nach Beendigung des Insolvenzverfahrens.

– Der Insolvenzverwalter darf im Besitz des Insolvenzschuldners befindliche bewegliche Gegenstände mit Absonderungsrechten veräußern – dabei hat er eine Informationspflicht gegenüber dem Sicherungsnehmer (1 Woche vor Veräußerung) –, abgetretene Forderungen einziehen und von absonderungsberechtigten Gläubigern bei der Verwertung beweglicher Gegenstände und Forderungen Kostenbeiträge verlangen, also z. B. für Umsatzsteuer, soweit die Insolvenzmasse hierdurch belastet wird. Unter Eigentumsvorbehalt gelieferte unbezahlte Ware kann der Gläubiger vor Eröffnung des Insolvenzverfahrens zurückholen, also auch noch im „vorläufigen" Insolvenzverfahren.

– Da der Insolvenzverwalter für den steuerpflichtigen Insolvenzschuldner handelt, hat er auch alle steuerlichen Pflichten des Schuldners zu erfüllen, soweit sie sich auf die Insolvenzmasse beziehen (§ 34 AO).

(6) Mit der Eröffnung des Insolvenzverfahrens beginnt ein neues Geschäftsjahr (§ 155 Abs. 2 InsO i. V. m. § 318 HGB). Nach dem Regierungsentwurf soll die Zustimmung des FA in steuerlicher Hinsicht erforderlich bleiben.

Die Insolvenzordnung unterscheidet

- Insolvenzgläubiger (§ 38 InsO),
- nachrangige Insolvenzgläubiger (§ 39 InsO),
- Aussonderungsberechtigte (§ 47 InsO),
- Absonderungsberechtigte (§ 49 InsO) und
- Massegläubiger (§ 53 InsO).

4. Die Aufstellung eines Insolvenzplans hat zum Ziel, die Gläubigerpositionen in einer die Unternehmensexistenz bedrohenden Krise oder Insolvenz durch ein geordnetes Verfahren zu verbessern, und zwar in einer für Mehrheitsentscheidungen zugänglichen offenen Gestaltung für das Schuldnerunternehmen. 2565

5. Besondere Arten des Insolvenzverfahrens sind 2566

- die Nachlassinsolvenz (§§ 315–339 InsO),
- das Insolvenzverfahren über das Gesamtgut einer fortgesetzten Gütergemeinschaft (§ 232 InsO),
- das Insolvenzverfahren über das gemeinschaftlich verwaltete Gesamtgut einer Gütergemeinschaft (§§ 33, 334 InsO).

6. Der Insolvenzschuldner kann spätestens im Berichtstermin das Verfahren der Restschuldbefreiung beantragen (§ 287 InsO). Das pfändbare Einkommen ist auf 7 Jahre an einen Treuhänder abzutreten. Der Insolvenzschudner hat Abtretungen und Verpfändungen, die bestehen, anzugeben; diese werden rd. 3 Jahre nach Verfahrenseröffnung unwirksam (§ 114 Abs. 1 InsO). 2567

7. Eine Aufgabe des Beraters ist es auch den Mandanten mit den Risiken aus der Insolvenz von Geschäftspartnern für das Unternehmen vertraut zu machen und wie solche Risiken frühzeitig erkannt und ihnen entgegengewirkt werden kann. 2568

8. Ein GmbH-Geschäftsführer, der es verschleppt, den Insolvenzantrag zu stellen, macht sich strafbar. 2569

Schuldner-Unternehmen haben häufig Sachen zum Zweck der Absicherung von Forderungen an einen Dritten (Sicherungsnehmer) übereignet, die sich im Zeitpunkt der Eröffnung des Insolvenzverfahrens noch im Besitz des Unternehmens befinden. § 51 Nr. 1 InsO stellt die Gläubiger, denen der Schuldner zur Sicherung eines Anspruchs eine bewegliche Sache übereignet oder ein Recht übertragen hat, den Pfandgläubigern nach § 50 InsO (Abgesonderte Befriedigung der Pfandgläubiger) gleich. 2570

Im Hinblick auf die Verwertung der sicherungsübereigneten Sachen im Rahmen des Insolvenzverfahrens können die folgenden drei Möglichkeiten unterschieden werden:

a) Verwertung durch den Sicherungsnehmer (Verwertung durch den Gläubiger nach § 173 InsO)

b) Verwertung durch den Insolvenzverwalter selbst, was unter der KO die Ausnahme war – nunmehr eher der Regelfall –

c) Überlassung der Verwertung an den Sicherungsnehmer.

Verwertet der Sicherungsnehmer die Gegenstände/Sachen, liegen umsatzsteuerrechtlich zwei Lieferungen (Umsätze) vor, der Sicherungsgeber liefert an den Sicherungsnehmer

(1. Lieferung) und der Sicherungsnehmer führt seinerseits eine weitere Lieferung an den Dritten/Kunden aus (2. Lieferung). Die Umsatzsteuer auf Grund der Verwertung einer aus dem Vermögen des Schuldners (Sicherungsgeber) an den Sicherungsnehmer übergebenen Sache gehört zu den sonstigen Masseverbindlichkeiten gem. § 55 InsO („Verbindlichkeiten, die durch Handlungen des Insolvenzverwalters oder in anderer Weise durch die Verwaltung, Verwertung und Verteilung der Insolvenzmasse begründet werden, ohne zu den Kosten des Insolvenzverfahrens zu gehören"). Die Umsatzsteuer aus dieser 1. Lieferung kann der Sicherungsnehmer nach § 15 UStG als Vorsteuer geltend machen wenn dessen Voraussetzungen im Übrigen gegeben sind.

Überlässt der Insolvenzverwalter die Verwertung der Sachen/Gegenstände, zu deren Verwertung er nach § 166 InsO berechtigt ist, dem Gläubiger (Sicherungsnehmer), so hat dieser einen Betrag in Höhe der Kosten der Feststellung sowie des Umsatzsteuerbetrages (§ 171 Abs. 2 Satz 3 InsO) vorweg an die Masse abzuführen.

Erklärt der Insolvenzverwalter die Freigabe der sicherungsübereigneten Sachen aus der Insolvenzmasse an den Schuldner (bzw. an den Sicherungsgeber), sodass dieser über die Gegenstände verfügen kann, wird damit kein steuerbarer Umsatz bewirkt, da es sich weder um einen steuerlich relevanten Leistungsaustausch noch um eine Verwertung durch den Insolvenzverwalter handelt.[1]

Sofern der Insolvenzverwalter die Sachen selbst verwertet, liegt nur eine Lieferung vor (direkte Lieferung des Schuldners an den Dritten/Kunden).

2571–2575 *(unbesetzt)*

---

[1] *Sölch/Ringleb*, Umsatzsteuer, § 3 Rz 52.

C. Umwandlung der Rechtsform

Schrifttum: Zum Schrifttum vor 2000 vgl. die Schrifttumsverzeichnisse der Vorauflagen; *Ballof u. a.*, Gesellschaftsrecht, Nürnberg 2001, Nr. 5250 ff.; *Buyer*, Änderung der Unternehmensreform, 8. Aufl. Herne/Berlin 2003; *Funke*, Checkbuch Umwandlungen, Köln; *Haritz/Benkert*, Umwandlungssteuergesetz, 2. Aufl. München 2000; *Kallmeyer*, Umwandlungsgesetz, 2. Aufl. Köln 2001; *Kessler/Schiffers/Teufel*, Rechtsformwahl-Rechtformoptimierung, München 2002; *König/Sureth*, Besteuerung und Rechtsformwahl, 3. Aufl. Herne/Berlin 2003; *Krüger*, Zweckmäßige Wahl der Rechtsform, 7. Aufl. Bonn/Berlin 2002; *Limmer*, Handbuch der Unternehmensumwandlung, Recklinghausen 2002; *Lutter (Hrsg.)*, Umwandlungsgesetz, 2. Aufl. Köln 2000; *Sagasser*, Umwandlungen: Verschmelzung – Spaltung – Formwechsel-Vermögensübertragung; Zivil-, Handels- und Steuerrecht, 3. Aufl. München 2002; *Schwedhelm*, Die Unternehmensumwandlung, 4. Aufl. Köln 2002; *Semler/Stengel (Hrsg.)*, Umwandlungsgesetz, München 2003; *Widmann/Mayer*, Umwandlungsrecht, Bonn Loseblatt. 2576

Verwaltungserlasse: Niedersächsischer Finanzminister v. 2. August. 1995 – S 4520 – 15 – 34 2, BB 1995, 1993, betr. Übergang von Grundstücken bei Umwandlungen, Einbringungen und Liquidationen; BMF-Schreiben v. 9. Februar 1998 – S 1909 – 5/98, GmbHR 1998, 296, betr. Anwendung des Tauschgutachtens des BFH v. 16. Dezember 1958. 2577

I. Allgemeines

Ein Unternehmen kann nach der Rechtsordnung in verschiedenen Rechtsformen betrieben werden, nämlich von einer Einzelperson, einer Personengesellschaft oder einer Kapitalgesellschaft. Änderungen der wirtschaftlichen Lage oder der Verhältnisse (z. B. Kapitalbedarf; Erhöhung der Zahl der Gesellschafter; Ausweitung der geschäftlichen Betätigung oder deren Schrumpfen) können die Wahl einer anderen Rechtsform als zweckmäßig erweisen. 2578

Eine Erbschaftsteuerplanung wird darauf bedacht sein, bei ertragsstarken Unternehmen die Rechtsform der Personenhandelsgesellschaft, bei ertragslosen Unternehmen die der Kapitalgesellschaft zu wählen. Der Wechsel der Rechtsform ist auf verschiedene Weise möglich. Die Beteiligten können ein neues Unternehmen mit der von ihnen gewünschten Rechtsform gründen, das in der bisherigen Form geführte Unternehmen beenden und das Betriebsvermögen durch Einzelakte übertragen. Dieser Weg ist umständlich und kostspielig.

Den im Umwandlungsrecht genannten Arten der Umwandlung ist gemeinsam, dass die einzelnen Vermögensgegenstände und die einzelnen Verbindlichkeiten des oder der übertragenden Rechtsträger nicht durch Einzelübertragung an die übernehmenden und neuen Rechtsträger übertragen werden, sondern dass eine Gesamtrechtsnachfolge oder eine entsprechende Sonderrechtsnachfolge stattfindet. 2579

In steuerlicher Hinsicht ist die Interessenlage beim Unternehmenskauf regelmäßig einerseits beim Käufer und andererseits beim Verkäufer unterschiedlich zu beurteilen: 2580

– Während der Verkäufer i. d. R. an der einfacheren Veräußerung von Anteilen (z. B. an einer GmbH) interessiert ist (sog. *Share Deal*);

– möchte der Käufer regelmäßig abschreibungsfähige Wirtschaftsgüter erwerben (sog. *Asset Deal*).

2581 In Fällen der Betriebsaufspaltung hat das Gesetz besondere Gläubigerschutzbestimmungen getroffen.

2582 Es gibt Anbieter für Vorrats-Kapitalgesellschaften.

2583–2585 *(unbesetzt)*

II. Verschiedene Sachverhalte der Umwandlung

Handelsrecht

2586 Unter Umwandlung werden i. S. d. Umwandlungsgesetzes verstanden

1. die Verschmelzung von Unternehmen
(§ 1 Abs. 1 Nr. 1, §§ 2 bis 122 UmwG);

2. die Spaltung von Unternehmen
(§ 1 Abs. 1 Nr. 2, §§ 123 bis 173 UmwG; mit den Spaltungsformen Aufspaltung, Abspaltung, Ausgliederung);

3. die Vermögensübertragung
(§ 1 Abs. 1 Nr. 3, §§ 174 bis 189 UmwG);

4. der Formwechsel
(§ 1 Abs. 1 Nr. 4, §§ 190 bis 304 UmwG).

2587 Das Umwandlungsgesetz (UmwG) hat den Begriff des Unternehmens aufgegeben und durch den des Rechtsträgers ersetzt.

2588 Die Rechtsform kann grundsätzlich ohne Aufdeckung der stillen Reserven gewechselt werden.

Die steuerlichen Folgen des Rechtsformwechsels können – von der Grunderwerbsteuer und der Gewerbesteuer abgesehen – unberücksichtigt bleiben.

2589 Eine Aussage, welche Rechtsform den geringsten Steueranfall auslöst, ist allgemeingültig nicht möglich. Eine Vielzahl von Gesichtspunkten wie z. B. die Höhe der Gewinne, Ausschüttungserfordernisse usw. spielt schon bei der laufenden Besteuerung eine Rolle; das gilt umso mehr beim Anfall außerordentlicher Erträge.

Ausschlaggebend sind vielfach außersteuerliche Gesichtspunkte wie z. B. die Haftung, Ansprüche von Familienangehörigen oder für deren Sicherung, die Regelung der Unternehmernachfolge.

2590 Bei Verschlechterung der Rechtsposition von Beteiligten müssen deren etwaige Zustimmungserfordernisse berücksichtigt werden.

2591 Ein Wechsel der Rechtsform kann bei Personengesellschaften ohne Zutun der Gesellschafter eintreten, also kraft Gesetzes oder aufgrund einer Vereinbarung der Gesellschafter, also als gewillkürter Wechsel der Rechtsform.

2592 Die Umwandlung ohne Vermögensübertragung ist regelmäßig ein reiner Formwechsel.

§ 190 UmwG bestimmt, dass ein Rechtsträger durch Formwechsel (formwechselnder Rechtsträger) eine andere Rechtsform (Rechtsträger der neuen Rechtsform) erhalten kann.

Tatbestände, die den Formwechsel außerhalb des UmwG betreffen, bleiben unberührt.

§ 191 UmwG bestimmt, welche Rechtsträger einen Formwechsel vornehmen können, und in welche Rechtsform das möglich ist.

(unbesetzt) 2593

1. Verschmelzung

Schrifttum: *Beisel/Klumpp,* Der Unternehmenskauf, 4. Aufl. München 2003, Kapitel 6 II. 2594

Als Verschmelzung wird die Vereinigung von bisher zwei oder mehr Gesellschaften zu 2595
einer Gesellschaft unter Ausschluss der Abwicklung bezeichnet, bei der die Betriebsvermögen der übertragenden Gesellschaften im Wege der Gesamtrechtsnachfolge auf die übernehmende Gesellschaft übergehen und die Gesellschafter der übertragenden Gesellschaften Gesellschafter der übernehmenden Gesellschaft werden.

Die Verschmelzung kann sowohl der Aufnahme in eine bereits bestehende Gesellschaft dienen als auch der Neugründung einer Gesellschaft.

2. Spaltung

Schrifttum: *Wirth,* Spaltungen einer eingetragenen Genossenschaft, Stuttgart 1998. 2596

Für die Spaltung eines Rechtsträgers sieht das Gesetz 3 Formen vor: Aufspaltung, Abspal- 2597
tung und Ausgliederung. In allen diesen Fällen liegt keine Einzelrechtsnachfolge vor, sondern Gesamtrechtsnachfolge. Die Grundstücke werden z. B. demzufolge nicht veräußert mit der Folge, dass das Grundbuch nur berichtigt wird.

Bei der **Aufspaltung** wird das Vermögen des Rechtsträgers zerlegt und ohne Abwicklung 2598
auf mindestens zwei Rechtsträger übertragen. Insoweit werden die neu entstehenden Rechtsträger Sonderrechtsnachfolger.

Die Anteilseigner des aufgespaltenen Rechtsträgers erhalten Anteile an den das Vermögen empfangenden Rechtsträgern: Sie werden mithin Gesellschafter der neuen Rechtsträger. Das Vermögen des aufgespaltenen Rechtsträgers kann – von den Verbindlichkeiten abgesehen – ohne Schwierigkeiten nahezu beliebig verteilt werden.

Bei der **Abspaltung** bleibt der Rechtsträger, von dem Vermögen abgespalten wird, beste- 2599
hen. Ein oder mehrere Teile des Vermögens werden auf einen oder mehrere Rechtsträger übertragen, an denen die Anteilseigner des gespaltenen Rechtsträgers beteiligt sind. Es entstehen Schwestergesellschaften, Die Abspaltung ermöglicht insbesondere den Teilerwerb von Unternehmen. Der abgespaltene Rechtsträger kann anschließend an neue Anteilseigner veräußert werden.

Die **Ausgliederung** ist insofern eine Abart der Abspaltung, als sie grundsätzlich mit ihr 2600
identisch ist, nur dass die Anteile an dem aufnehmenden Rechtsträger der abgebende Rechtsträger erhält und nicht dessen Gesellschafter. Der Rechtsträger des ausgegliederten Vermögens wird also in diesem Fall Tochtergesellschaft des ausgliedernden Rechtsträgers. Soll aus dem Vermögen eines Einzelkaufmanns das Betriebsvermögen ausgegliedert werden, weil es z. B. in eine GmbH eingebracht werden soll, wird der Tatbestand der Ausgliederung bedeutsam.

Weitere Überlegungen

Bei Unternehmen, die ihre Gewinne ausschütten, wird steuerlich regelmäßig die Perso- 2601
nengesellschaft zu bevorzugen sein. Das gilt auch für die GmbH & Co KG. Bei Unternehmen, die ihre Gewinne größtenteils thesaurieren, wird steuerlich die Rechtsform der Kapitalgesellschaft vorteilhaft sein. Das ist insbesondere dann der Fall, wenn die Summe der zu zahlenden Steuern durch Verträge zwischen der Gesellschaft und den Gesellschaftern gemindert werden.

2602 In den Fällen von Schenkungen und im Erbfall – einschließlich der vorweggenommenen Erbfolge – ist die steuerliche Belastung durch den Übergang des Unternehmens auf die nachfolgende Generation bei ertragstarken Einzelunternehmern und Personengesellschaften erheblich geringer als bei Kapitalgesellschaften.

3. Übertragende Umwandlung

2603 (1) Bei der „**übertragenden Umwandlung**" tritt an die Stelle des bisherigen Rechtsträgers ein neuer Rechtsträger, auf den das Betriebsvermögen des umgewandelten Unternehmens im Wege der **Gesamtrechtsnachfolge** übergeht. Das bisherige Unternehmen wird nicht liquidiert. Es wird zwischen der „**errichtenden Umwandlung**" (bei ihr wird der neue Rechtsträger geschaffen und das bisherige Unternehmen eingebracht) und der „**verschmelzenden Umwandlung**" (bei ihr besteht der neue Rechtsträger bereits) unterschieden.

(2) Die Vermögensübertragung ist als Vollübertragung und als Teilübertragung möglich.

4. Formwechsel

2604 **Schrifttum:** *Priester,* Kapitalgrundlage beim Formwechsel – Zwang zur Buchwertfortführung, DB 1995, 912.

2605 Beim Formwechsel ändert sich nur die Rechtsform des Unternehmens, während der Rechtsträger unverändert bleibt. Es findet keine Vermögensübertragung statt. Hinsichtlich der Haftung für die Schulden ändert sich nichts. Die Fälle der formwechselnden Umwandlung sind tabellarisch zusammengestellt bei Widmann/Mayer, Umwandlungsrecht, Bd. 1, Einführung UmwG Rz 7.

Steuerrecht

2606 Die im Umwandlungsgesetz und im Umwandlungssteuergesetz vorkommenden Begriffe können handelsrechtlich und steuerrechtlich voneinander abweichen, da das UmwG die bisherige Begriffsbestimmung beibehalten hat, soweit das Gesetz nicht eine neue Inhaltsbestimmung eingeführt hat.

Während z. B. i. S. d. UmwG die „Verschmelzung" den Zusammenschluss verschiedener Rechtsträger jeglicher Rechtsform umfasst, ist steuerrechtlich darunter nur der Zusammenschluss von Kapitalgesellschaften zu verstehen.

Steuerrechtliche Auswirkungen

2607 Das UmwStG regelt die steuerrechtlichen Auswirkungen

1. der Vermögensübertragung auf eine Personengesellschaft oder auf eine natürliche Person (§§ 3 bis 10 UmwStG),

2. der Verschmelzung oder Vermögensübertragung (Vollübertragung) auf eine andere Körperschaft (§§ 11 bis 13 UmwStG),

3. des Formwechsels einer Kapitalgesellschaft und einer Genossenschaft in eine Personengesellschaft (§ 14 UmwStG),

4. der Aufspaltung, Abspaltung und Vermögensübertragung (Teilübertragung; §§ 15 und 16 UmwStG),

5. der Einbringung eines Betriebs, Teilbetriebs oder Mitunternehmeranteils in eine Kapitalgesellschaft gegen Gewährung von Gesellschaftsanteilen (§ 20 bis 23 UmwStG),

Verschiedene Einzelheiten 359

6. der Einbringung eines Betriebs, Teilbetriebs oder Mitunternehmeranteils in eine Personengesellschaft (§ 24 UmwStG),

7. des Formwechsels einer Personengesellschaft in eine Kapitalgesellschaft (§ 25 UmwStG).

III. Verschiedene Einzelheiten

1. Umwandlung einer Kapitalgesellschaft in eine Personengesellschaft

(1) Die Umwandlung einer Kapitalgesellschaft in eine Personengesellschaft kann u. a. deshalb von Interesse sein, weil für die gewerblichen Einkünfte ein besonderer Tarif eingeführt worden ist. Der Spitzensteuersatz ist in diesen Fällen niedriger als bei Einkünften, die durch die Kapitalgesellschaft vermittelt werden.

2608

(2) § 3 UmwStG lässt beim Vermögensübergang von einer Körperschaft auf eine Personengesellschaft oder eine natürliche Person im Wege der Gesamtrechtsnachfolge die Fortführung der Buchwerte in der Steuerbilanz der übertragenden Körperschaft zu. Voraussetzung ist, dass die Besteuerung der stillen Reserven bei den Gesellschaftern der übernehmenden Personengesellschaft bzw. der übernehmenden natürlichen Personen sichergestellt ist. M. a. W., das Vermögen der übertragenden Körperschaft muss Betriebsvermögen der übernehmenden Personengesellschaft oder der übernehmenden natürlichen Person werden. Ist die Besteuerung der stillen Reserven nicht sichergestellt, weil das Vermögen der übertragenden Körperschaft nicht zum Betriebsvermögen der übernehmenden Personengesellschaft oder der übernehmenden natürlichen Person wird (z. B. bei Verschmelzung einer Grundstücksverwaltungs-GmbH, die keine gewerbliche Tätigkeit ausübt), so sind die Wirtschaftsgüter in der steuerlichen Schlussbilanz der übertragenden Körperschaft mit den gemeinen Werten anzusetzen (§ 16 Abs. 3 Satz 3 EStG).

Bei der Kapitalgesellschaft unterliegt ein etwaiger Übertragungsgewinn der Gewerbesteuer.

(3) Beispiel GmbH: Überträgt eine GmbH ihr Vermögen auf den Alleingesellschafter, so kann sie in ihrer steuerlichen Schlussbilanz das Vermögen mit den Buchwerten ansetzen. Die stillen Reserven müssen also bei der GmbH nicht aufgedeckt werden.

Die GmbH kann aber auch die Teilwerte oder Zwischenwerte ansetzen.

Der bisherige Alleingesellschafter hat die auf ihn übergegangenen Wirtschaftsgüter mit den Werten zu übernehmen, die die GmbH in ihrer Schlussbilanz ausgewiesen hatte. Wurden die Buchwerte angesetzt, hat der ehemalige Alleingesellschafter die Abschreibungen der GmbH fortzuführen. Er tritt sowohl hinsichtlich erhöhter Absetzungen, wie auch der Sonderabschreibungen und anderer Regelungen in die Rechtsstellung der GmbH. Soweit die Dauer der Zugehörigkeit eines Wirtschaftsguts zum Betriebsvermögen von Bedeutung ist, wird der Zeitraum, in dem das Wirtschaftsgut zur GmbH gehörte, dem Alleingesellschafter zugerechnet.

Bei einem Alleingesellschafter, der die GmbH-Anteile im Betriebsvermögen gehalten hat, errechnet sich aus der Übernahme ein Gewinn oder ein Verlust, und zwar als Unterschiedsbetrag zwischen dem Buchwert der GmbH-Anteile vor der Übernahme und dem Buchwert der übertragenen Wirtschaftsgüter. Damit verwirklicht der Alleingesellschafter die offenen Reserven, die seit der Gründung der GmbH oder dem Erwerb der Anteile erzielt wurden.

In der Regel tritt der Übernehmer in die Rechtsstellung der übertragenden Gesellschaft ein.

Hielt der Alleingesellschafter die Anteile im Privatvermögen, fingiert das Gesetz, dass die Anteile am Umwandlungsstichtag mit den Anschaffungskosten in das Betriebsvermögen des Einzelunternehmens eingelegt werden. Es wird also kein Gewinn i. S. d. § 17 EStG ausgewiesen. Die stillen Reserven bleiben unbesteuert, die offenen Reserven und die anzurechnende Körperschaftsteuer werden als Übernahmegewinn erfasst.

Diese Regelung gilt für alle Gesellschafter einer GmbH, die wesentlich i. S. d. § 17 EStG beteiligt sind und ihre Anteile im Privatvermögen halten.

2. Spaltung einer Kapitalgesellschaft

2609 **Schrifttum:** *Herzig/Momen,* Die Spaltung von Kapitalgesellschaften im neuen Umwandlungssteuergesetz, DB 1994, (Teil I:) 2157, (Teil II:) 2210; *Wassermeyer,* Spaltung von Kapitalgesellschaften als steuerliches Gestaltungsinstrument bei der Unternehmensnachfolge, DStR 1993, 589.

2610 (1) Die Spaltung einer Kapitalgesellschaft kann im Regelfall ohne Aufdeckung der stillen Reserven durchgeführt werden, und zwar unter der Voraussetzung, dass auf die Übernehmerin ein Teilbetrieb, ein Mitunternehmeranteil oder eine vollständige Beteiligung an einer anderen Kapitalgesellschaft übertragen wird. Die Übertragung einzelner Wirtschaftsgüter des Betriebsvermögens ist dagegen nicht begünstigt.

(2) Um Missbräuchen entgegenzuwirken sind für bestimmte Sachverhalte Sperrfristen von 5 Jahren vor bzw. nach der Spaltung vorgesehen.

(3) Ein Verlustabzugsbetrag kann auf eine andere Gesellschaft übertragen werden, und zwar regelmäßig anteilig im Verhältnis der gemeinen Werte der übergehenden Vermögensteile.

(4) Es können auch Teilbetriebe von der Kapitalgesellschaft auf eine Personengesellschaft abgespalten werden.

3. Einbringung eines Betriebs, Teilbetriebs oder Mitunternehmeranteils in eine Kapitalgesellschaft gegen Gewährung von Gesellschaftsanteilen

2611 (1) Ein Einzelkaufmann kann ein von ihm betriebenes Unternehmen auf eine Kapitalgesellschaft umwandeln. Die Umwandlung ist ausgeschlossen, wenn die Verbindlichkeiten des Übertragenden sein Aktivvermögen übersteigen. Das Unternehmen wird auf die neu entstehende Kapitalgesellschaft – ohne Einzelübertragung – überführt.

(2) Wird eine Einzelfirma in eine Kapitalgesellschaft umgewandelt, so geht z. B. deren Mitgliedschaft in einer Genossenschaft im Wege der Gesamtrechtsnachfolge auf die Kapitalgesellschaft über.

Aus der Satzung der Genossenschaft kann sich aber i. V. m. §§ 77, 77a GenG ergeben, dass die Mitgliedschaft im Falle der Umwandlung mit Schluss des laufenden Geschäftsjahres endet. Setzt die Genossenschaft die Geschäftsbeziehung mit einem ausgeschiedenen Genossen im bisherigen Umfang fort, dann entsteht hierdurch jedoch keine „faktische Mitgliedschaft", insbesondere dann nicht, wenn die Genossenschaft zu einer Vielzahl von Nicht-Mitgliedern ähnliche Beziehungen unterhält.

Die Beziehung zwischen der Genossenschaft und den Nicht-Mitgliedern, die sie wirtschaftlich wie ihre Genossen behandelt, ist ein Dauerschuldverhältnis, das aus wichtigem Grund fristlos gekündigt werden kann.

4. Einbringung eines Betriebs, Teilbetriebs oder Mitunternehmeranteils in eine Personengesellschaft

(1) Bei der Einbringung eines Betriebs, Teilbetriebs oder Mitunternehmeranteils in eine Personengesellschaft sieht § 24 UmwStG vor – sofern der Einbringende Mitunternehmer wird –, dass die Personengesellschaft das eingebrachte Betriebsvermögen mit seinem Buchwert oder mit einem höheren Wert, höchstens dem Teilwert, ansetzen darf, dass der Wert, mit dem das eingebrachte Betriebsvermögen in der Bilanz der Personengesellschaft einschließlich der Gesellschafter angesetzt wird, für den Einbringenden als Veräußerungspreis gilt und dass ein hierdurch entstehender Einbringungsgewinn gemäß § 16 Abs. 4 und § 34 Abs. 1 EStG begünstigt ist, wenn das eingebrachte Betriebsvermögen mit dem Teilwert angesetzt wird. Das gilt auch für die Einbringung eines freiberuflichen Betriebs und damit auch eines freiberuflichen Teilbetriebs oder Mitunternehmeranteils. Die Vorschrift wird auch auf die Aufnahme weiterer Gesellschafter in eine bereits bestehende Personengesellschaft angewendet.

2612

Es wird ferner die Auffassung vertreten, wenn ein atypisch stiller Gesellschafter aufgenommen werde, seien die gleichen Erwägungen maßgebend.

(2) War eine GmbH ausschließlich als Vermögensverwalterin tätig und werden ihre Wirtschaftsgüter bei dem Gesellschafter Privatvermögen, muss die GmbH in ihrer Schlussbilanz die Teilwerte ansetzen.

Die stillen Reserven müssen also gewinnverwirklichend aufgedeckt werden. Bei den Gesellschaftern können Einkünfte gem. § 17 EStG zu erfassen sein. Für diese Einkünfte kann der Gesellschafter weder den Freibetrag gem. § 17 Abs. 3 EStG noch den ermäßigten Steuersatz in Anspruch nehmen. Die Einkünfte erhöhen sich um die anzurechnende Körperschaftsteuer. Diese wird so ermittelt, als ob die GmbH-Anteile zum Betriebsvermögen gehörten und das Vermögen der GmbH Betriebsvermögen bliebe. Auch die Bestimmungen über den Ausschluss der Anrechnung gelten unverändert.

Für übernommene Gebäude hat der Gesellschafter im Regelfall die bisherigen Abschreibungen fortzusetzen. Die aufgedeckten stillen Reserven führen also lediglich zu einer Verlängerung der Abschreibungsdauer. Etwas anderes gilt in den Fällen des § 7 Abs. 4 Satz 2 EStG, wenn die Abschreibungen nach der Restnutzungsdauer des Gebäudes bemessen werden. Bei beweglichen Wirtschaftsgütern ist der um die stillen Reserven erhöhte Buchwert auf die Restnutzungsdauer zu verteilen.

(3) Die Ausführungen unter (2) gelten in gleicher Weise, wenn das Vermögen der GmbH auf eine Personengesellschaft übertragen wird. Dabei ist für den einzelnen Gesellschafter zu unterscheiden, ob er die Anteile im Betriebsvermögen oder im Privatvermögen gehalten hat, im letzteren Fall zusätzlich, ob er wesentlich beteiligt war oder nicht.

Die Gesellschafter, die nicht wesentlich beteiligt waren und ihre Anteile im Privatvermögen gehalten hatten, müssen die auf sie entfallenden, bisher nicht ausgeschütteten Gewinne der GmbH als Einnahmen aus Kapitalvermögen versteuern. Zu diesen Einnahmen gehört auch die anzurechnende Körperschaftsteuer.

(4) Wird der Betrieb der übernehmenden Personengesellschaft oder des Einzelunternehmens innerhalb von 5 Jahren nach der Umwandlung aufgegeben oder veräußert, unterliegt der entstandene Aufgabe- oder Veräußerungsgewinn der Gewerbesteuer. Dabei werden dann auch die stillen Reserven mit Gewerbesteuer belastet, die erst nach der Umwandlung entstanden sind. Der durch die Umwandlung entstehende Übernahmegewinn bleibt für die Gewerbesteuer außer Ansatz. Gehen Rentenverpflichtungen von der GmbH auf die Per-

sonengesellschaft bzw. das Einzelunternehmen über, bleibt es bei der bisherigen gewerbesteuerlichen Behandlung.

5. Formwechsel einer Personengesellschaft in eine Kapitalgesellschaft

2613 (1) Der Formwechsel ist ertragsteuerrechtlich erfolgsneutral, und zwar grundsätzlich auch bei den Anteilseignern. Ein steuerpflichtiger Veräußerungsgewinn kann allerdings entstehen, wenn die Anteilseigner im Zuge der formwechselnden Umwandlung ihre Anteile an die Gesellschaft abtreten und der Veräußerungsgewinn hinsichtlich der Anteile steuerpflichtig ist.

Der Formwechsel löst auch grundsätzlich keine Verkehrsteuern aus.

2614 (2) Wird eine Personengesellschaft in eine Kapitalgesellschaft umgewandelt und bleiben die bisher dem Sonderbetriebsvermögen eines Gesellschafters zuzurechnenden Wirtschaftsgüter bei diesem Betriebsvermögen, so hat dieser Vorgang keine Gewinnauswirkung. Das gilt auch, wenn gewerbliches Sonderbetriebsvermögen zu freiberuflichem Betriebsvermögen wird.

(3) Werden dagegen Mitunternehmeranteile gegen Gewährung von Gesellschaftsrechten in eine Kapitalgesellschaft eingebracht, so behält bisheriges Sonderbetriebsvermögen des Gesellschafters die Eigenschaft als Betriebsvermögen nicht deshalb, weil die von ihm erlangten Kapitalanteile einbringungsgeborene Anteile sind. Geht in diesem Zusammenhang Sonderbetriebsvermögen in das Privatvermögen des Gesellschafters über, ist entsprechend § 16 Abs. 3 Satz 3 EStG der gemeine Wert anzusetzen. Der Übergang in das Privatvermögen vollzieht sich mit der Einbringung der Mitunternehmeranteile am Umwandlungsstichtag.

2615–2700 *(unbesetzt)*

D. Der Wert eines Unternehmens

Schrifttum: Zum Schrifttum vor 2000 vgl. die Schrifttumsverzeichnisse der Vorauflagen; *Arbeitskreis DVFA/Schmalenbachgesellschaft e. V.*, Empfehlungen zur Ermittlung prognosefähiger Ergebnisse, DB 2003, 1913; *Adler/Düring/Schmaltz,* Rechnungslegung und Prüfung der Unternehmen, 5. Aufl., Stuttgart 1987 ff., 6. Aufl., 1995 ff.; *Adolf/Cramer/Ollmann,* Die Bewertung von Kreditinstituten, Die Bank 1989, 485; *Aha,* Aktuelle Aspekte der Unternehmensbewertung im Spruchstellenverfahren. Zugleich Anmerkungen zu der Paulaner-Entscheidung des BayObLG, AG 1997, 26; *Aigner/Holzer,* Die Subjektivität der Unternehmensbewertung, DB 1990, 2229;

2701

Backhaus u. a., Multivariate Analysemethoden, 6. Aufl., Berlin u. a. 1990; *Baetge,* Bilanzen, 6. Aufl., Düsseldorf 2002; *Baetge* (Hrsg.), Akquisition und Unternehmensbewertung, Düsseldorf 1991; *Baetge/Kirsch/Thiele,* Bilanzrecht, Bonn/Berlin 2002; *Baetge/Niehaus,* Prognosefähigkeit von Vermögens-, Finanz- und Ertragskennzahlen im empirischen Test, in Coenenberg (Hrsg.), Bilanzanalyse nach neuem Recht, Landsberg/Lech 1989; *Baier, Manfred,* Der Auftragsbestand als Kalkulationsfaktor im Rahmen des Unternehmenserwerbs, DStR 1991, 1199; *Ballwieser,* Aktuelle Aspekte der Unternehmensbesteuerung, Wpg 1995, 119; *Ballwieser,* Adolf Moxter und der Shareholder Value-Ansatz, in Festschrift für Moxter, Hrsg. Ballwieser/Böcking/Drukarczyk/Schmidt, Düsseldorf 1994, S. 1377; *Ballwieser,* Der Kalkulationszinsfuß in der Unternehmensbewertung: Komponenten und Ermittlungsprobleme, Wpg 2002, 736; *Ballwieser,* Unternehmensbewertung aus der Sicht der Betriebswirtschaftslehre, in Unternehmensbewertung im Wandel, Düsseldorf 2001, S. 1; *Ballwieser,* Unternehmensbewertung und Komplexitätsreduktion, 3. Aufl., Wiesbaden 1990; *Ballwieser,* Unternehmensbewertung mit Discounted Cash-Flow-Verfahren, Wpg 1998, 81; *Ballwieser,* Unternehmensbewertung mithilfe von Multiplikatoren, in Rückle (Hrsg.), Aktuelle Fragen der Finanzwirtschaft und der Unternehmensbesteuerung, in Festschrift für Erich Loitslberger zum 70. Geburtstag, Wien 1991; *Ballwieser/Coenenberg/Wysocky,* Handwörterbuch der Rechnungslegung und Prüfung, 3. Aufl. Stuttgart 2002; *Ballwieser/Koch/König/Krag/Matschke,* Meinungen zum Thema: Unternehmensbewertung, BFuP 2000, 493; *Bamberger,* Unternehmensbewertung in Deutschland: Die zehn häufigsten Bewertungsfehler, BFuP 1999, 653; *Barthel,* Handbuch der Unternehmensbewertung, Karlsfeld 1998; *Barthel,* Die einzelwirtschaftsgüterorientierten Bewertungsverfahren, DStR 1995, 1684; *Barthel,* Unternehmenswert: Der Markt bestimmt die Bewertungsmethode, DB 1990, 1145, 1152; *Barthel,* Unternehmenswert: Die Grundkonzeption des Kölner Verfahrens, DStR 1993, 1492; *Barthel,* Unternehmenswert: Die nutzungsorientierten Bewertungsverfahren, – Zur Fragwürdigkeit des so genannten „Alleingültigkeitsanspruchs des Ertragswertverfahrens", DStR 1995, 343; *Barthel,* Unternehmenswert: Die einzelwirtschaftsgüterorientierten Bewertungsverfahren, DStR 1995, 1684; *Barthel,* Unternehmenswert: Die vergleichsorientierten Bewertungsverfahren, DB 1996, 149; *Barthel,* Unternehmenswert: Die zuschlagsorientierten Bewertungsverfahren, DB 1996, 1349; *Barthel,* Unternehmenswert: Theoretische Fundierung des Umsatzverfahrens, DStR 1996, 1701; *Barthel,* Unternehmenswert: Zur entscheidungstheoretischen Fundierung des Kölner Verfahrens, DStR 1993, 1603; *Barthel,* Unternehmenswert: Grundlagen und Varianten des Umsatzverfahrens, DStR 1996, 1458; *Bartram,* Die Umsatz-Rentabilität – zentrale Kennzahl zur Unternehmensbeurteilung, Wpg 1996, 393; *Beck,* Unternehmensbewertung bei Akquisitionen, Wiesbaden 1996; *Behringer,* Unternehmensbewertung der Mittel- und Kleinbetriebe, Beck u. a. 1999; *Berens/Brauner* (Hrsg.), Due Diligence bei Unternehmensakquisitionen, 2. Aufl., Stuttgart 1999; *Biener,* Rückstellungen wegen der Anschaffung nicht werthaltiger Vermögensgegenstände, in Festschrift für Moxter, Hrsg. Ballwieser/Böcking/Drukarczyk/Schmidt, Düsseldorf 1994, S. 127; *Bierle,* Unternehmensbewertung in Handwörterbuch des Steuerrechts (HwStR), 2. Aufl., München/Bonn 1981, 1467/1472; *Bierle,* Geschäftswert, HwStR, 2. Aufl., München/Berlin 1981, 615/617; *Bierle,* Substanzwert, HwStR, 2. Aufl., München/Bonn 1981, 1388/1389; *Bierle/Steinberg,* Ertragswert, HwStR, 2. Aufl., München/Bonn 1981, 440/442; *Born,* Überleitung von der Discounted Cash-flow-Methode (DCF-Methode) zur Ertragswertmethode bei der Unternehmensbewertung, DB 1996, 1885; *Born,* Unternehmensanalyse und Bewertung, Stuttgart 1995; *Bossard,* Erfahrungen mit der Ertragsmethode bei der Unternehmensbewertung, Der Schweizer Treuhänder 1986, 41; *Bossert,* Externe Cash-flow-Analysen auf der Basis des Gesamtkostenverfahrens, im Jahrbuch für Fach- und Führungskräfte des Rechnungswesens 1992, 244; *Breidenbach,* Steuerliche Unternehmens- und Anteilsbewertung – Abschied vom Stuttgarter Verfahren?, StbJb 1998/99, S. 245; *Braunhofer,* Unternehmens- und Anteilsbewertung zur Bemessung von familien- und erbrechtlichen Ausgleichsansprüchen, Köln 1995; *Buhr,* Messung von Betriebsrisiken – ein methodischer Ansatz, Die Bank 2000, 202; *Burkhardt,* Grundsätze ordnungsmäßiger Bilanzierung für Fremdwährungsgeschäfte, Düsseldorf 1988;

Castan u. a., Beck'sches Handbuch der Rechnungslegung, München (Loseblatt); *Cirio,* Grundsätze ordnungsmäßiger Wertaufhellung, Düsseldorf 1995;

Drukarczyk, DCF-Methoden und Ertragswertmethode – einige klärende Anmerkungen, Wpg 1995, 329; *Drukarczyk,* Unternehmensbewertung, 2. Aufl., München 1998;

Eidel, Moderne Verfahren der Unternehmensbewertung – Performance – Messung (Kombinierte Analysemethoden auf der Basis von US-GAAP-, IAS- und HGB-Abschlüssen, 2. Aufl. Herne/Berlin 2000, *Ernst/Schneider/Thiele,* Unternehmensbewertungen erstellen und verstehen, München 2003; *Englehrt,* Die Bewertung von freiberuflichen Praxen mithilfe branchentypischer Wertfindungsmethoden, BB 1997, 142;

Fleischer, Die Barabfindung außenstehender Aktionäre nach den §§ 305 und 320b AktG: Stand-alone-Prinzip oder Verbundberücksichtigungsprinzip?, ZGR 1997, 368; *Funk,* Aspekte der Unternehmensbewertung in der Praxis, zfbf 1995 (47. Jg.), 491;

Grob/Langenkämper/Wieding, Unternehmensbewertung mit VOFZ, zfbf 1999, 454; *Groh,* Zum Verhältnis der Rechtsprechung zur Unternehmensbewertung, in Ballwieser u. a. (Hrsg.), Bilanzwert und Kapitalmarkt, Düsseldorf 1994; *Großfeld,* Börsenkurs und Unternehmenswert, BB 2000, 261; *Großfeld,* Internationale Standards der Rechnungslegung, NZG 1999, 1143; *Großfeld,* Internationale Standards und internationales Kollisionsrecht, Wpg 1998, 297; *Großfeld,* Internationale Unternehmensbewertung, BB 2001, 1836; *Großfeld,* Unternehmensbewertung und Rechtskultur, in Liber Amicorum Richard Buxbaum, 2000, 205; *Großfeld,* Unternehmens- und Anteilsbewertung im Gesellschaftsrecht, 4. Aufl., Köln 2002; *Großfeld,* Vergleichendes Bilanzrecht, AG 1995, 112; *Günther,* Unternehmensbewertung: Steuerparadoxe Ertragswerte bei Risiko und Wachstum?, DB 1999, 2425;

Hartung, Rechnungsbegrenzungsposten und richtlinienkonforme Auslegung, in Festschrift für Moxter, Hrsg. Ballwieser/Böcking/Drukarczyk/Schmidt, Düsseldorf 1994, S. 213; *Hauschildt,* Erfolgs-, Finanz- und Bilanzanalyse, 3. Aufl., Köln 1996; *Hauschildt/Leher,* Krisendiagnose durch Bilanzanalyse, Köln 2000; *Heid,* Die Bewertung gemischter Sozietäten, DStR 1998, 1565; *Hering,* Konzeptionen der Unternehmensbewertung und ihre Eignung für mittelständische Unternehmen, BFuP 2000, 433; *Hering,* Finanzwirtschaftliche Unternehmensbewertung, ZfB 2000, 382; *Herzig,* Übernahme der Steuerbilanzwerte in die Vermögensaufstellung, DStR 1994, Beihefter zu Heft 12; *Heurung,* Berücksichtigung von Ertragsteuerwirkungen in Unternehmensbewertungsmodellen im Rahmen von Verschmelzungstatbeständen, DB 1999, 1225; *Heuser/Theile,* IAS Handbuch für den Einzel- und Konzernabschluss, Köln 2003; *Hölters,* Handbuch des Unternehmens- und Beteiligungskaufs, 5. Aufl., Köln 2002; *Holfeldt/Jacob,* Theorie und Praxis in der Unternehmensbewertung, in Festschrift für Otte; *Hommel/Braun/Schmotz,* Neue Wege in der Unternehmensbewertung?, DB 2001, 341; *Horschütz/Groß/Schnur,* Bewertungsrecht, Grundsteuer, Erbschaft- und Schenkungsteuer, 15. Aufl. Stuttgart 2001; *Hüttemann,* Neuere Entwicklungen bei der Unternehmensbewertung im Gesellschaftsrecht, in StBJb 2000/2001, Köln 2001, S. 385;

Ibbotson Associates, Stocks, Bonds, Bills and Inflation Data, Chicago 1995; *IDW,* International Financial Reporting Standards, Düsseldorf 2003;

Jacob, Unternehmensbewertung im Wandel, Aktuelle Entwicklungen in der Unternehmensbewertung, in StJb 2000/2001, Köln 2001, S. 25; *Jonas,* Steuern in der Unternehmensbewertung unter besonderer Berücksichtigung der Unternehmenssteuerreform, in StJb 2000/2001, Köln 2001, S. 409;

Kaden/Wagner/Weber/Wensel, Kritische Überlegungen zur Discounted-Cash-Flow-Methode bei der Unternehmensbewertung, ZfB 1997, 499; *Kämpfer,* Zum Ansatz von Aufwandsrückstellungen nach § 249 Abs. 2 HGB, in Festschrift für Moxter, Hrsg. Ballwieser/Böcking/Drukarczyk/Schmidt, Düsseldorf 1994, S. 257; *Kaiser/Gradel,* Betriebliche Altersversorgung bei Unternehmenskäufen, DB 1996, 1621; *Kasperzak,* Unternehmensbewertung, Kapitalmarktgleichgewichtstheorie und

Komplexitätsreduktion, BFuP 2000, 466; *Keuper,* Möglichkeiten und Grenzen unscharfer Verfahren zur Unternehmensbewertung, in FS für Strobel, Die deutsche Rechnungslegung und Wirtschaftsprüfung im Umbruch, Hrsg. Freidank, München 2001, 489; *Klein,* Die Erfassung des Goodwill in unterschiedlichen Rechnungslegungssystemen unter Berücksichtigung grenzüberschreitender Fusionen, DStR 2000, 788; *Krag/Kasperzak,* Grundzüge der Unternehmensbewertung, München 2000; *Kraus-Grünewald,* Unternehmensbewertung und Verkäuferposition bei Akquisitionen, in Ballwieser u. a. (Hrsg.), Bilanzrecht und Kapitalmarkt, Düsseldorf 1994; *Kraus-Grünewald,* Gibt es einen objektiven Unternehmenswert?, BB 1995, 1839; *Krolle/Knollmann,* Überlegungen zum relevanten Einkommensteuersatz bei der Ermittlung des Unternehmenswerts, FB 2000, 77; *Kruschwitz,* Investitionsrechnung, 6. Aufl., Berlin/New York 1995; *Kruschwitz/Lähn/Jahn,* Unternehmenswerte – vermischt und verschätzt, FB 2000, 145; *Kruschwitz/Löffler,* Unendliche Probleme bei der Unternehmensbewertung, DB 1998, 1041; *Küting,* Der Geschäfts- oder Firmenwert – ein Spielball der Bilanzpolitik in deutschen Konzernen, AG 2000, 97; *Küting,* Stille Reserven, BuW 2000, (I:) 389, (II:) 433; *Küting/Weber,* Handbuch der Rechnungslegung, 4. Aufl., Stuttgart 1995; *Kupke/Nestler,* Steuerliche Verlustvorträge bei der Ermittlung von objektivierten Unternehmenswerten – Plädoyer für eine differenzierte Behandlung, BB 2003, 2279; *Kußmaul,* Das Barwertkonzept, Fundamentalanalyse und Ermittlung des inneren Wertes einer Aktie, StB 1999, 104;

Löhr, Die Grenzen des Ertragswertverfahrens – Kritik und Perspektiven –, Europäische Hochschulschriften, Reihe V Volks- und Betriebswirtschaft, Frankfurt am Main/Berlin/Bern/New York/Paris/Wien, 1993; *Löhr, D.,* Unternehmensbewertung: Ausschüttungspolitik und Vollausschüttungshypothese, Wpg 1992, 525; *Löhr/Rams,* Unternehmensbewertung mit Realoptionen – Berücksichtigung strategisch-dynamischer Flexibilität, BB 2000, 1983; *Lürth,* Rechnungslegung nach Handels- und Steuerrecht, Bonn 1996; *Lutter/Drygala,* Wie fest ist der feste Ausgleich nach § 304 Abs. 2 S. 1 AktG, AG 1995, 49;

Management Enzyklopädie, 2. Aufl., Landberg 1984; *Marten/Köhler,* Einfluss der Marktstruktur auf die Bewertung von Vermögensgegenständen, BB 2001, 2520; *Martens,* Nationale Besonderheiten bei der Wertfindung von Unternehmen in Frankreich, in Götzke/Sieben, Unternehmensaquisition, 1981, 93; *Martens,* Die Unternehmensbewertung nach dem Grundsatz der Methodengleichheit oder dem Grundsatz der Meistbegünstigung, AktG 2003, 593; *Marx,* Zur Grenzpreisbildung beim Mantelkauf, GmbHR 1988, 113; *Matschke,* Der Argumentationswert der Unternehmung – Unternehmensbewertung als Instrument der Beeinflussung in der Verhandlung, BFuP 1976, 517; *Maul,* Offene Probleme der Bewertung von Unternehmen durch Wirtschaftsprüfer, DB 1992, 1253; *Mellerowicz,* Der Wert des Unternehmens als Ganzes, Essen 1952; *Mellerowicz,* Festgabe zum 90. Geburtstag von Konrad Mellerowicz, Entwicklungstendenzen der Rechnungslegung und -prüfung in der EG, Herne/Berlin 1981; *Mellwig/Moxter/Ordelheide* (Hrsg.), Einzelabschluss und Konzernabschluss, Wiesbaden 1988; *Menger,* Der Wert des Unternehmens: Praxis-Handbuch für die Unternehmensbewertung, Loseblatt; *Mertens/Borkowski/Ges,* Betriebliche Expertensystem-Anwendung, Berlin/Heidelberg 1988; *Meyer,* Bilanzierung nach Handels- und Steuerrecht, 4. Aufl., Herne/Berlin 1984; *Meyer, Claus,* In Bilanzen lesen können wie in offenen Büchern?, Betriebswirtschaftliche Blätter 1993 (42. Jg., Heft 2), 42; *Möller,* Bilanzkennzahlen und Ertragsrisiken des Kapitalmarktes, Stuttgart 1986; *Moser/Doleczik/Granget/Marmann,* Unternehmensbewertung auf der Grundlage von IAS/IFRS, BB 2003, 1664; *Moxter,* Anmerkung JZ 1996, 856 zu BGH-Urteil vom 29. März 1996 II ZR 263/94; *Moxter,* Bilanzlehre, Wiesbaden, Band I, 3. Aufl., 1984, Band II: Einführung in das neue Bilanzrecht, 3. Aufl., 1986; *Moxter,* Bilanzrechtliche Probleme beim Geschäfts- oder Firmenwert, in FS Semler, Hrsg. Biesich/Hommelhoff/Kropff, Unternehmen und Unternehmensführung im Recht, Berlin 1993, 853; *Moxter,* Bilanzrechtsprechung, 5. Aufl., Tübingen 1999; *Moxter,* Das „Stuttgarter Verfahren" und die Grundsätze ordnungsmäßiger Unternehmensbewertung, DB 1976, 1585; *Moxter,* Das Stuttgarter Verfahren im Zivilrecht zur Integration betriebswirtschaftlicher Erkenntnisse bei der Rechtsfindung, in Festschrift für Koch, Der Integrationsgedanke in der Betriebswirtschaftslehre, Wiesbaden 1989; *Moxter,* Die Bedeutung der Grundsätze ordnungsmäßiger Unternehmensbewertung, zfbf 1980 (32. Jg.), 454; *Moxter,* Die Bedeutung der Grundsätze ordnungsmäßiger Unternehmensbewertung, in Busse von Colbe/Coenenberg (Hrsg.), Unternehmensakquisition und Unternehmensbewertung, Stuttgart 1992; *Moxter,* Die sieben Todsünden des Unternehmensbewerters, in Goetzke/Sieben: Moderne Unternehmensbewertung, S. 253; *Moxter,* Fehlentwicklungen im Rechnungslegungsrecht, in Festschrift für

Kropff, S. 50 f.; *Moxter,* Grundsätze ordnungsmäßiger Unternehmensbewertung, 2. Aufl., Wiesbaden 1991; *Moxter,* Grundsätze ordnungsgemäßer Rechnungslegung, Düsseldorf 2003; *Moxter,* Grundsätze ordnungsmäßiger Unternehmensbewertung – Bedeutung und Quellen, BB 1976, 989; *Moxter,* Grundsätze ordnungsmäßiger Unternehmensbewertung, in Werte und Wertermittlung im Steuerrecht, hrsg. im Auftrag der Deutschen Steuerjuristischen Gesellschaft e. V., von Raupach/Arndt, Köln 1984, 387; *Moxter,* Grundwertungen in Bilanzrechtsordnungen – ein Vergleich von überkommenem deutschen Bilanzrecht und Jahresabschlussrichtlinie in Festschrift für Beisse, Hrsg. *Budde/Moxter/Offerhaus,* Handelsbilanzen und Steuerbilanzen, Düsseldorf 1997, S. 347; *Moxter,* Multi-Ertragswert-Methode. Ein Beitrag zur Wiederannäherung von Theorie und Praxis der Unternehmensbewertung. Die Unternehmung 1976 (30. Jg.), 189; *Moxter,* Rückstellungen nach JAS, Abweichungen vom geltenden deutschen Bilanzrecht, BB 1999, 519; *Moxter,* Rechnungslegungsmythen, BB 2000, 2143; *Moxter,* Unternehmens- und Praxisübertragungen, BB 1995, 1518; *Moxter,* Valuation of a going Concern, in Handbook of German Business Management, Stuttgart 1990, Sp. 2433; *Moxter,* Neue Ansatzkriterien für Verbindlichkeitsrückstellungen?, DStR 2004, (Teil I:) 1057, (II:) 1098; *Moxter,* Zur Bedeutung betriebswirtschaftlicher Zusammenhänge im Bilanzrecht, StuW 1995, 378; *Müller, Gerd,* Die Buchwertklausel – ein Dauerthema, ZIP 1995, 1561;

Neumann, Verfahren und Probleme der Unternehmensbewertung, BuW 2000, (I:) 257, (II:) 345; *Niemann,* Jahresabschlusserstellung, München 2003; *Niemann,* Jahresabschlussprüfung, München 2002; *Nippel,* Zirkulationsprobleme in der Unternehmensbewertung, BFuP 1999, 333; *Nonnenmacher,* Anteilsbewertung bei Personengesellschaften, Königstein 1981; *NWB,* Praxishandbuch der Unternehmensbewertung, Herne/Berlin 2000;

Olbrich, Zur Bedeutung des Börsenkurses für die Bewertung von Unternehmungen und Unternehmungsanteilen, BFuP 2000, 454;

Pabsch, Leitfaden für die Ermittlung des Ertragswertes landwirtschaftlicher Betriebe, Agrarrecht 1994, Beiträge 5 ff.; *Pack,* Rationalprinzip, Gewinnprinzip und Rentabilitätsprinzip, ZfB 1965 (35. Jg.), 525; *Peemöller,* Handbuch Unternehmensbewertung nach Branchen, Landsberg 1984 (Loseblatt); *Peemöller,* (Hrsg.), Praxishandbuch der Unternehmensbewertung, 2. Aufl. Herne/Berlin 2002; *Peemöller,* Grundsätze der Unternehmensbewertung – Anmerkungen zum Standard IDW S 1, DStR 2001, 1401; *Peemöller/Bömelburg,* Unternehmensbewertung ertragsschwacher Unternehmen, DStR 1993, 1036; *Peemöller/Bömelburg/Denkmann,* Unternehmensbewertung in Deutschland, Wpg 1994, 741; *Peemöller/Hüttche,* Unternehmensbewertung und funktionale Bilanzanalyse, DStR 1993, (Teil I:) 1307, (Teil II:) 1344; *Peemöller/Keller/Rödl,* Verfahren strategischer Unternehmensbewertung, DStR 1996, 74; *Peemöller/Meyer-Pries,* Unternehmensbewertung in Deutschland, DStR 1995, 1202; *Peemöller/Popp,* Unternehmensbewertung bei ertragsteuerlichen Verlustvorträgen, BB 1997, 303; *Pellens* Internationale Rechnungslegung, 4. Aufl. Stuttgart 2001; *Piltz,* Die Unternehmensbewertung in der Rechtsprechung, 3. Aufl., Düsseldorf 1994;

Reuter, Unternehmensbewertung bei Sacheinlagen: Der neue IdW-Standard S 1 auf dem Prüfstand des Kapitalaufbringungsrechts, BB 2000, 2298; *Rodloff,* Börsenkurs statt Unternehmensbewertung – zur Ermittlung der Abfindung im Spruchstellenverfahren, DB 1999, 1149; *Rückle,* Die Bilanzierung des Skontos – Ein Anwendungsfall der Grundsätze für verdeckte Zinsen, in Festschrift für Moxter, Hrsg. Ballwieser/Böcking/Drukarczyk/Schmidt, Düsseldorf 1994, S. 353;

Schildbach, Der Verkäufer des Unternehmens, wie es steht und liegt, zfbf 1995, 620; *Schindler,* Unternehmensbewertung bei Cross-Border-Akquisitionen, in Krystek, Internationalisierung: Eine Herausforderung für die Unternehmensführung, Heidelberg 1997, S. 119; *Schmalenbach,* Die Werte von Anlagen und Unternehmungen in der Schätzungstechnik, ZfhF 1918 S. 1 ff.; *Schmalenbach,* Finanzierungen, 4. Aufl., Leipzig 1928; *Schmalenbach,* Dynamische Bilanz, Köln-Oplanden 1953; *Schmalenbach/Bauer,* Die Beteiligungsfinanzierung, 8. Aufl., Köln-Oplanden 1954; *Schmidt, Andre,* Ganzheitliche Unternehmensbewertung, 2002; *Schmidt, J. G.,* Die Discounted Cash-flow-Methode – nur eine kleine Abwandlung der Ertragswertmethode?, ZBFuP 1995, 1088; *Schmidt, Matthias,* Unternehmensbewertung in der Akquisitionspraxis, in Unternehmensbewertung im Wandel, Düsseldorf 2001, S. 91; *Schneider, Dieter,* Investitionen, Finanzierung und Besteuerung, Wiesbaden, 7. Aufl. 1992, 265; *Schultze,* Methoden der Unternehmensbewertung, 2. Aufl. Düsseldorf 2003; *Schwetzler,* Zinsänderungen und Unternehmensbewertung: Zum Problem der angemessenen Barabfindung nach

§ 305 AktG, DB 1996, 1961; *Schwetzler,* Stochastische Verknüpfung und implizite bzw. maximal zulässige Risikozuschläge bei der Unternehmensbewertung, BFuP 2000, 478; *Seetzen,* Spruchverfahren und Unternehmensbewertung im Wandel, Wpg 1999, 565; *Seiler,* Unternehmensbewertung, Berlin/Heidelberg/New York 2003; *Seppelfricke,* Handbuch Aktien- und Unternehmensbewertung, Stuttgart 2003; *Sieben,* Unternehmensbewertung: Discounted Cash-Flow-Verfahren und Ertragswertverfahren – zwei völlig unterschiedliche Ansätze?, FS Havermann, Hrsg. Lanfermann, Internationale Wirtschaftsprüfung, Düsseldorf 1995, 713; *Siegel,* Der steuerliche Einfluss von stillen Reserven und Firmenwert auf die Unternehmensbewertung und auf die Bemessung von Abfindungen, in Festschrift für Moxter, Hrsg. Ballwieser/Böcking/Drukarczyk/Schmidt, Düsseldorf 1994, S. 1483; *Siegel,* Grundlagen der Unternehmensbewertung, WiSt – Wirtschaftswissenschaftliches Studium 1991, 231; *Siegel,* Methoden der Unsicherheitsberücksichtigung in der Unternehmensbewertung, WiSt – Wirtschaftswissenschaftliches Studium 1992, 21; *Siegel,* Stille Reserven beim Unternehmen, Anteilsverkauf, Geschäftswert und Teilrecht, DStR 1991, 1477; *Siener,* Der Cash-Flow als Instrument der Bilanzanalyse: Praktische Bedeutung für die Bewertung von Einzel- und Konzernabschluss, Stuttgart 1991; *Siepe,* Die Berücksichtigung von Ertragsteuern bei der Unternehmensbewertung, Wpg 1997, 1 und 37; *Siepe,* Die Unternehmensbewertung in WP-Handbuch 1998, 11. Aufl. Düsseldorf, Bd. II, S. 1; *Tichy,* Unternehmensbewertung in Theorie und Praxis, Wien 1994; *Tischer,* Der Einfluss der Rechtsform auf die Anteilsbewertung erworbener Unternehmen, DStR 1995, 1562;

Valcárcel, Ermittlung und Beurteilung des „strategischen Zuschlags" als Brücke zwischen Unternehmenswert und Marktpreis, DB 1992, 589; *Vollmuth,* Bilanzen, richtig lesen, besser verstehen, optimal gestalten, 6. Aufl. Freiburg 2003;

Wagner/Rümmele, Ertragsteuern in der Unternehmensbewertung: Zum Einfluss von Steuerrechtsordnungen, Wpg 1995, 433; *Weber, Bruno,* Unternehmensbewertung heißt heute Wertsteigerungsanalyse, in Management Ztschr. (59. Jg.) 1990, 31; *Weber, Eberhard,* Berücksichtigung von Synergieeffekten bei der Unternehmensbewertung, in Baetge (Hrsg.), Akquisition und Unternehmensbewertung, Düsseldorf 1991; *Weiland,* Überlegungen zur Unternehmensbewertung nach dem Ertragswertverfahren, INF 1996, 251; *Westerfelhaus,* IDW-Unternehmensbewertung verkennt Anforderungen der Praxis, NZG 2001, 673; *Winnefeld,* Bilanz Handbuch, 3. Aufl. München 2002; Wirtschaftsprüfer-Handbuch 1996, Düsseldorf, 1998, Bd. II: Die Unternehmensbewertung, S. 1 ff.; *Woerner,* Zeitpunkt der Passivierung von Schulden und Verbindlichkeitsrückstellungen – Problematik der „wirtschaftlichen Verursachung", in Festschrift für Moxter, Hrsg. Ballwieser/Böcking/Drukarczyk/Schmidt, Düsseldorf 1994, S. 483; *Wollny,* Rechtsprechung zum „Streit um den Wert von Unternehmen", BB Beilage 17 zu Heft 25/1991; *Wysocki,* Zur Vereinheitlichung von Cash-Flow-Ziffern, in Festschrift für Otte; *Wysocki/Schulze-Osterloh,* Handbuch des Jahresabschlusses in Einzeldarstellungen (HdJ), Köln 1993;

Zdrowomyslaw/Dürig/Schünemann/Hill, Theorie und Praxis betriebswirtschaftlicher Vergleiche, BuW 2002, (I:) 573, (II) 617, (III); *Zimmer, Alf,* Warum müssen Wissenschaftler über Risiko reden? Und welches Risiko gehen sie damit ein?; Blick in die Wissenschaft, Forschungsmagazin der Universität Regensburg, 1994 (3. Jg.), Heft 5, S. 4; *Zimmerer, Carl,* Beratung bei Unternehmensakquisitionen, in Baetge (Hrsg.), Akquisition und Unternehmensbewertung, Düsseldorf 1991; *Zimmermann/Prokop,* Rechnungswesenorientierte Unternehmensbewertung und Clean Surplus Accounting, KoR 2003, 134.

I. Allgemeines

Bei der Veräußerung eines Unternehmens (einer Praxis) sind die Unternehmensbewertung (Praxisbewertung) und die Festlegung des Kaufpreises die wichtigsten und zugleich am schwierigsten zu lösenden Aufgaben. 2702

Durch die Bewertung wird dem Unternehmen ein Wert zugemessen. 2703

(1) Mit der Bezeichnung „Unternehmenswert" wird etwas anderes ausgedrückt als der nach den Wertmaßstäben des Handelsrechts oder Steuerrechts in der Handelsbilanz ausgewiesene Buchwert. 2704

Die Grundsätze ordnungsmäßiger Bilanzierung sind die Regeln, nach denen zu verfahren ist, um zu einer dem gesetzlichen Zweck entsprechenden Bilanz zu gelangen. Es sind Rechtsregeln, die der Ermittlung des entziehbaren Gewinns dienen. Sie führen jedoch auch bei ordnungsgemäßer Anwendung nicht dazu, dass das Kapitalkonto den Marktwert des Unternehmens ausweist.

(2) Unter „Wert des Unternehmens" wird der in Währungseinheiten ausgedrückte Gegenwert für das Unternehmen verstanden, der auf den Bewertungsstichtag bezogen ist und bei dem alle in diesem Zeitpunkt vorhandenen Erkenntnisse, die die Bewertung beeinflussen, berücksichtigt sind.

2705 (1) Die Bewertung ist zwar objektbezogen aber von subjektiven Vorstellungen beherrscht.

Jede Bewertung hängt von dem mit ihr verfolgten Zweck ab. Sie fällt unterschiedlich aus, je nachdem, ob die Handelsbilanz oder die Steuerbilanz aufgestellt wird, ob die Vermögensaufstellung für die Kostenrechnung verwendet werden soll oder für die Vorlage bei einer Bank aus Gründen der Kreditaufnahme dient. Aber auch bei der Aufstellung der Handelsbilanz können unterschiedliche Zwecke verfolgt werden. Der Unternehmer wird sein Unternehmen unter entgegengesetzten Gesichtspunkten bewerten, je nachdem, ob der Wert des Unternehmens festgestellt werden soll, weil es verkauft oder weil die Bemessungsgrundlage für den Zugewinnausgleich anlässlich der Scheidung unter Ehegatten ermittelt werden soll.

2706 (2) Die Fundamentalgrundsätze des überkommen Bilanzsystems relativieren sich wechselseitig. So widerstreiten Gläubigerschutz und Anlegerschutz, Unternehmensschutz und Informationsvermittlung, Vermögensermittlungs- und Gewinnermittlungsgrundsätze und beide mit Objektivierungsprinzipien.

2707 (3) Der Zweck, der mit der Bewertung verfolgt wird, bestimmt die Art und Weise der Bewertung.

Die Bewertung kann der Beratung, der Vermittlung, der Argumentation, der Steuerbemessung, der Information oder der Bemessung eines Anspruchs dienen.

2708 (4) Bei der Beratung (in der Regel für Käufer und Verkäufer) werden vom Bewerter Grenzpreise ermittelt, also Werte, die der Käufer höchstens anbieten darf oder die der Verkäufer mindestens verlangen muss, jeweils um durch den Erwerb oder die Veräußerung des Unternehmens keinen Nachteil zu erleiden **(Entscheidungswerte)**.

2709 (5) Als Vermittler ermittelt der Bewerter einen Unternehmenswert, der die gegenläufigen Interessen mehrerer Beteiligter ausgleicht. Der ermittelte Wert ist ein **Schiedswert.**

Der Schiedswert ist mit anderen Worten ein Kompromiss-Wert zwischen den subjektiven Vorstellungen der an der Wertermittlung unmittelbar interessierten Personen (Käufer/Verkäufer; Verpflichteter/Berechtigter) vom Wert des Unternehmens.

2710 (6) Die Berechnungsmethode sollte der möglichen Messgenauigkeit angepasst sein.

2711 Die zukunftsbezogenen Vorstellungen der Beteiligten, welchen Wert das Unternehmen insgesamt hat, sind letztlich maßgebend dafür, zu welchem Preis der Veräußerer bereit ist zu verkaufen und der Käufer zu kaufen (Prinzipien der Bewertungseinheit und der Zukunftsbezogenheit).

2712 Mit „Kapital" wird die Summe (Differenz) der in Zahlen ausgedrückten Vermögenswerte (Aktiva und Passiva) eines Unternehmens ausgedrückt.

Allgemeines

In Deutschland gibt es zurzeit keinen organisierten Markt für Unternehmen und Beteiligungen. 2713

Der **Preis** für ein Unternehmen liegt im Einigungsbereich, der von den Vorstellungen des Verkäufers von der Preisuntergrenze und von den Vorstellungen des Käufers von der Preisobergrenze bestimmt wird; er wird beeinflusst von dem, was der Markt hergibt. 2714

Dem Käufer eines bestehenden Unternehmens eröffnet sich die Möglichkeit, ohne Anlaufzeit Gewinne zu erzielen. 2715

Mit dem Ausscheiden des veräußernden Inhabers können allerdings auch Verbindungen abreißen, die ein Erwerber nicht oder nur unter erschwerten Bedingungen wiederherstellen kann.

Der Erwerber muss damit rechnen, dass Aufträge unter ungünstigeren Bedingungen erteilt werden. Das fortwirkende Element der „Gewohnheit" entfällt und veranlasst Geschäftspartner zur Überprüfung der bisherigen Gepflogenheiten.

Der Preis darf jedoch nicht so hoch sein, dass es für den Kaufinteressenten wirtschaftlich günstiger wäre, ein Unternehmen neu aufzubauen und in der ersten Zeit auf einen Ertrag zu verzichten. 2716

Der Käufer wird regelmäßig nicht erwarten können, dass der Verkäufer zur Vereinbarung eines geringeren Preises bereit sein wird, als der Verkäufer bei Zerschlagung des Unternehmens und Einzelveräußerung der Wirtschaftsgüter erzielen kann (Liquidationswert). 2717

Bei der Ermittlung des Unternehmenswertes spielen der Ertragswert[1], der Substanzwert[2] und der Geschäftswert[3] eine Rolle. 2718

Absolute Werte gibt es nicht. 2719

Den Objekten werden von dem, der bewertet, Währungseinheiten beigemessen, die die größtmögliche Zustimmung finden könnten[4]. 2720

Steuerlich kann der Aufbau eines Unternehmens vorteilhafter sein. Die Aufwendungen in den ersten Jahren für die Werbung, für die Entwicklung von Mustern, für das Ansammeln von Produktionserfahrungen usw. sind steuerlich Betriebsausgaben. Durch sie wird ein **originärer** Firmenwert geschaffen, der aber weder aktivierungspflichtig noch aktivierbar ist. 2721

Der Erwerber eines Unternehmens, der ein Entgelt für den Geschäftswert zahlt, muss dagegen den Geschäftswert aktivieren. Er muss die Aufwendungen für den Geschäftswert handelsrechtlich seit dem Bilanzrichtlinien-Gesetz[5] in jedem der Übernahme folgenden Geschäftsjahr zu mindestens ¼ durch Abschreibung tilgen; es ist aber auch eine sofortige Abschreibung zulässig. Steuerrechtlich gilt eine gesetzlich festgelegte Nutzungsdauer von 15 Jahren[6]; diese gesetzlich festgelegte Nutzungsdauer darf weder unter- noch überschritten werden. 2722

Die Ermittlung des Unternehmenswertes ist für den Erwerber schwieriger als für den Veräußerer, der seinen Betrieb kennt. „Vor Eintritt in die Vertragsverhandungen wird jede 2723

---

1 Rn 2812 ff.
2 Rn 2818 ff.
3 Rn 2831 ff.
4 *Viel/Bredt/Renard,* aaO, S. 22.
5 Bilanzrichtlinien-Gesetz vom 19. Dezember 1985, BGBl I 1985, 2355, BStBl I 1986, 2355, § 255 Abs. 4 HGB.
6 § 255 Abs. 4 Satz 3 HGB i. V. m. § 7 Abs. 1 Satz 3 EStG.

Seite zunächst eine interne Bewertung vornehmen"[1]. Der Käufer muss sich die Unterlagen vom Verkäufer geben lassen, die ihm eine zutreffende Wertermittlung ermöglichen. Er muss die Offenlegung aller Verhältnisse verlangen und in die Geschäftsbücher und sonstigen Unterlagen einsehen. Aufschluss geben u. a. die Handels- und Steuerbilanzen, die Einkommen- und Umsatzsteuerbescheide, die dem Erwerber als Nachweis der in den letzten Jahren erzielten Umsätze und Gewinne dienen können, Betriebsprüfungsberichte usw.

2724 Beide Vertragspartner müssen ein Interesse daran haben, dass Fehler der Wertermittlung unterbleiben; der Verkäufer wird ab einem bestimmten Verhandlungsstadium geneigt sein, Einblick in die Geschäftsunterlagen zu gewähren, damit der Kaufvertrag nicht nach §§ 138, 826, 119 ff. BGB dem Risiko der Anfechtung ausgesetzt ist[2].

2725 Bei den an der Kaufvertragsabfassung beteiligten Beratern (Rechtsanwälte, Steuerberater, usw.) können solche Fehler u. U. Regressansprüche nach sich ziehen.

2726 Der Abschluss eines Vorvertrages, in welchem der Kaufinteressent seine Kaufabsicht erklärt und die vertrauliche Behandlung der ihm gegebenen Daten garantiert, kommt nach Hölters[3] in der Praxis selten vor[4].

2727 Nach Abschluss eines solchen Vorvertrages wird der Verkäufer umfassende Informationen erteilen und auch Einblick in die Planungsunterlagen einschließlich der den Annahmen über künftige Entwicklungen zu Grunde liegenden Daten gewähren.

2728 Statt einen Vorvertrag abzuschließen, tauschen die Beteiligten nach dem ersten Stadium der Verhandlungen häufiger einen **letter of intent** aus, mit dem sie beiderseitig ihre Absicht erklären, die Veräußerung und den Erwerb durchzuführen; er führt in der Regel keine vertraglichen Bindungen herbei.

2729 Die Parteien können sich auf einen Basiskaufpreis vertraglich einigen, die Feststellung des Gesamtkaufpreises jedoch einer Bewertung näher zu definierender Vermögensbestandteile nach Abschluss des Kaufvertrages vorbehalten.

2730 Wie schwer es ist, ein Unternehmen objektiv zu bewerten, zeigt sich für jedermann im Insolvenzfall. Bei der Aufstellung des Vermögens eines Unternehmens im Zustand der Zahlungsunfähigkeit schmelzen die in der letzten Jahresbilanz enthaltenen Werte der Aktiva auf einen Bruchteil ihres Ausweises, während die Verbindlichkeiten auf ein Mehrfaches anwachsen[5].

In einem Nischenmarkt tätige Unternehmen sind erfahrungsgemäß unvorhergesehenen Ereignissen stärker ausgesetzt und ihr Wert demgemäß schwieriger zu prognostizieren. Eine allgemeine Nachfrageschwäche kann sich für das Nischenunternehmen stärker oder schwächer auswirken als die allgemeine Nachfrage.

2731 Ein anderes Beispiel ist, dass bei einer Gesellschaft zwischen dem Wert des Unternehmens und dem Preis, der für die Summe seiner Geschäftsanteile erzielt werden kann, Unterschiede bestehen können.

---

1 *Hölters,* aaO, I Rz 124.
2 Vgl. Rn 1742 ff., 1752, 1922 ff., 2101 f., 2142.
3 *Hölters,* aaO, I Rz 127.
4 Vgl. dazu Rn 1571 ff.
5 Vgl. dazu *Arians,* Sonderbilanzen, 2. Aufl., 1985; *Fischer,* Die Überschuldungsbilanz, 1980; *Lütkemeyer,* Die Überschuldung der GmbH – Ein Beitrag zum Recht der Unternehmensbewertung, 1983; *Menger,* Die Überschuldung des Unternehmens, GmbHR 1972, 221; *Schlüchter,* Zur Bewertung der Aktiva für die Frage der Überschuldung, wistra 1984, 42.

Allgemeines

Die (täglichen) Schwankungen des Kurses der Aktien eines Unternehmens sind ein weiteres Beispiel.

Als drittes Beispiel für die Schwierigkeit, einen objektiven Wert festzustellen, sei die Bewertung eines Fabrikationsgebäudes eines Unternehmens genannt. Das Gebäude kann für seine derzeitige Aufgabe optimal ausgestaltet aber anders schwer nutzbar sein; es kann bereits jetzt Rationalisierungen behindern oder an Veränderungen nicht anpaßbar sein; das Gebäude kann kurzfristig für viele andere Zwecke nutzbar sein. Dementsprechend werden Veräußerer und Erwerber ein- und denselben Bau verschieden bewerten. 2732

Bei der Entscheidung, welchen Preis ein Erwerber bereit ist für ein Unternehmen zu zahlen, spielen vielfältige Gesichtspunkte eine Rolle. Die Vielschichtigkeit der Erwägungen kann nur angedeutet werden. So können Überlegungen eine Rolle spielen, die u. U. nur mittelbar mit dem Wert eines Unternehmens etwas zu tun haben. Nur beispielhaft sei genannt, dass der Erwerber seine Bedürfnisse, vorhandenes Kapital anzulegen, den künftigen Kapitalbedarf nach dem Erwerb des Unternehmens usw. bedenken wird, dass er von anderen Überlegungen geleitet werden wird, wenn er das zu erwerbende Unternehmen stilllegen will. 2733

Beim Erwerb eines Unternehmens, das der Erwerber als „Investition"[1] ansieht, wird die subjektive Auffassung der Zukunftserwartungen des Erwerbers entscheidende Bedeutung bekommen. 2734

Theoretisch ist der Unternehmenswert der Betrag, der aus der Sicht des Investors aus der Kapitalisierung der Entnahmeerwartungen zu einem risikofreien Zinssatz errechnet wird.

Der Erwerber kann den Marktwert des Unternehmens als unabhängig von seiner Kapitalstruktur ansehen[2], sodass über Investition und Finanzierung getrennt entschieden werden kann. Er kann aber auch den Marktwert des Unternehmens als von einem optimalen Verschuldungsgrad abhängig sehen.

Der Erwerber wird auch prüfen, ob der Kaufpreis durch Innenfinanzierung ganz oder teilweise aufgebracht werden kann oder ob dies nur durch Außenfinanzierung möglich ist.

Der Erwerber wird die Rentabilität des Eigenkapitals, des Gesamtkapitals und die Umsatzrentabilität errechnen.

Es gibt keine Wert- oder Preisbestimmung isoliert vom allgemeinen Marktgeschehen, damit auch nicht isoliert von dessen Prognostizierbarkeit. 2735

1. Bilanzanalyse

Schrifttum: *Baetge/Kirch/Thiele (Hrsg.),* Bilanzrecht (Loseblatt), Bonn; *Born,* Bilanzanalyse International, 2. Aufl. Stuttgart 2001; *Dangel/Hofstätter/Otto,* Analyse von Jahresabschlüssen nach US-GAAP und IAS, 2001; *Endriss (Hrsg.),* Bilanzbuchhalter-Handbuch, Köln 2001; *Haeseler/Kirchberger,* Bilanzanalyse, Wien 2003; *Küting,* Die Bilanzanalyse, 6. Aufl. Stuttgart. 2736

(1) Eine Bilanz wird unter unterschiedlichen Gesichtspunkten analysiert[3]. Als Bilanzanalyse werden Verfahren bezeichnet, die der Gewinnung von Informationen über die 2737

---

1 Vgl. dazu auch allgemein: *Wöhe/Bilstein,* Grundzüge der Unternehmensfinanzierung, 6. Aufl., München 1991.
2 Vgl. Modegliani-Miller-Theorem: Der Marktwert der Unternehmung ist gleich dem Barwert der erwarteten Bruttogewinne, berechnet mit einem Kalkulationszinsfuß, der der Risikoklasse der betreffenden Unternehmung zugeordnet ist. Vgl. dazu *Perridon/Steiner,* Die Finanzwirtschaft der Unternehmung, 5. Aufl., München 1988.
3 Vgl. auch *Burgard,* Bilanzanalyse aus Sicht der Kreditinstitute, DStR 1991, (Teil 1:) 291, (Teil 2:) 324.

Finanz- und Ertragslage eines Unternehmens aus den Daten des Jahresabschlusses, der Gewinn- und Verlustrechnung und dem Lagebericht – sofern einer vorliegt – gewonnen werden.

Sie können z. B. dazu dienen,

- Kreditgebern Aufschluss über die gegenwärtige Liquidität sowie über die Vermögens- und Kapitalstruktur zu geben,

- Anteilseignern Kenntnisse über die Ertragskraft und Rentabilität des Unternehmens zu verschaffen,

- Geschäftspartnern Einblick in die Zahlungsfähigkeit, die Kreditwürdigkeit und die Solidität des Unternehmens zu ermöglichen.

2738 (2) Regelmäßig wird die Beurteilung auf Grund von Kennzahlenrechnungen vorgenommen[1].

Die Kennzahlen beziehen sich z. B. auf

- die Finanzstruktur, Finanzierungsdauer und sonstige Schwerpunkte der Kapitalseite. Reicht das Eigenkapital aus, um betriebsnotwendiges Anlagevermögen zu finanzieren? Sollte das nicht möglich sein, erhebt sich die Frage, ob das betriebsnotwendige Anlagevermögen aus langfristigen Krediten finanziert werden kann?
Die flüssigen Mittel müssen immer ausreichen, um die fälligen Schulden und Aufwendungen zu begleichen.

- die Liquidität, und zwar unter kurz- und langfristigen Gesichtspunkten;

- die Ertragskraft;

- die Rentabilität;

- die Investitionspolitik.

2739 (3) Den Unternehmenserwerber interessieren

2740 - der Grad der finanziellen Abhängigkeit (Verhältnis von Eigenkapital zu Gesamtkapital),

2741 - der Grad der Verschuldung (Verhältnis von Fremdkapital zu Gesamtkapital),

2742 - die finanzielle Beweglichkeit (Verhältnis von kurzfristigen Fremdmitteln zu Gesamtkapital),

2743 - der Anteil des Eigenkapitals an der langfristigen Finanzierung (Verhältnis von Eigenkapital zu Eigenkapital zuzüglich Dauerschulden),

2744 - der Anteil der Dauerschulden an der gesamten Fremdfinanzierung (Verhältnis von langfristigem Fremdkapital zu gesamtem Fremdkapital),

2745 - die Abschreibungsquote des Unternehmens (Verhältnis von Anlageabschreibungen zu Anschaffungskosten),

2746 - der Kapitalumschlag (Verhältnis der Umsatzerlöse zum Eigenkapital),

2747 - die Arbeitsintensität (Verhältnis von Umsatzerlösen zu Löhnen und Gehältern),

---

1 Siehe z. B. *Coenenberg*, Jahresabschluss und Jahresabschlussanalyse, 16. Aufl., Landsberg/Lech, 1997, S. 587 ff.

Allgemeines

- die Materialintensität (Verhältnis der Umsatzerlöse zu den eingesetzten Roh-, Hilfs- und Betriebsstoffen sowie der Fremdleistungen und bezogenen Waren), 2748
- die Ertragskraft (Verhältnis von Umsatzerlösen zu Betriebsergebnis), 2749
- die Kapitalverzinsung über etwa fünf Jahre (Verhältnis von Nettogewinn nach Steuern zu Gesamtvermögen am Jahresende), 2750
- die Entwicklung der Kennziffern von 2751
  - Umlaufvermögen zu kurzfristigen Verbindlichkeiten,
  - flüssigen Mitteln (Kassenbestand, Bankguthaben, börsengängigen Wertpapieren und Forderungen) zu kurzfristigen Verbindlichkeiten,
- die Entwicklung der Kapitalstruktur. 2752

$$\text{Kurs-Gewinn-Verhältnis} = \frac{\text{Aktueller Aktienkurs}}{\text{Gewinn je Aktie}}$$

Die Kennziffern sollten mit denen der betreffenden Branche – soweit es Angaben darüber gibt – verglichen werden. 2753

Die Prüfberichte interner und externer Kontrollen der Rechnungslegung sind durchzusehen. 2754

Ist eine Umsatzausweitung nur durch Minderung des Gewinnanteils möglich und bestimmt der Gewinn im Wesentlichen den Wert des Unternehmens, dann muss dieser Umstand in Zahlen umgesetzt werden.

Hat das Unternehmen eine schlechtere wirtschaftliche Lage als vergleichbare Gesellschaften, so muss auch dies berücksichtigt werden.

Zu fragen ist ferner, ob aus langfristigen Verträgen Verluste zu erwarten sind und ob die Aktiva beliehen sind?

(unbesetzt) 2755–2760

2. Unternehmerlohn

Bei kleinen und Mittelbetrieben muss die **leistungsgerechte Vergütung** für die Tätigkeit (Arbeitsleistung) des Unternehmers (geschäftsführenden Gesellschafters) von dem Teil des Gewinns, der als kapitalisierbarer Ertrag des Unternehmens anzusehen ist, **abgezogen** werden; denn diesem ertragswirksamen Merkmal, das nicht übertragen wird, kommt eine überdurchschnittlich große Bedeutung zu. Wird die Vergütung zu gering angesetzt, ergibt sich für das Unternehmen ein höherer Preis, als gerechtfertigt ist. 2761

Wirtschaftlich bewertbar ist nur eine von der Person des Inhabers unabhängige lebensfähige Einheit; bei Mittelbetrieben, Kleinbetrieben und Praxen schwindet mit abnehmender Größe dieses Merkmal.

(unbesetzt) 2762–2763

3. Cash-flow

Schrifttum: *Aha*, Aktuelle Aspekte der Unternehmensbewertung im Spruchstellenverfahren. Zugleich Anmerkungen zu der Paulaner-Entscheidung des BayObLG, AG 1997, 26; *Behringer*, Cash-flow und Unternehmensbewertung, Berlin 7. Aufl. 2001; *Bender/Lorson*, Verfahren der Unternehmensbewertung (IV): Discounted Cash-flow-Verfahren und Anmerkungen zu Shareholder-Value Konzepten, BuW 1997, 1; *Bieg/Hossfeld*, Der Cash-Flow nach DVFA/SG, DB 1996, 1429; *Born*, 2764

Überleitung von der Discounted Cash-flow-Methode (DCF-Methode) zur Ertragswertmethode bei der Unternehmensbewertung, DB 1996, 1885; *Bossert,* Externe Cash-flow-Analysen auf der Basis des Gesamtkostenverfahrens und Umsatzkostenverfahrens: ein kritischer Verfahrensvergleich, in Jahrbuch für Fach- und Führungskräfte des Rechnungswesen 1992 (37. Jg.) Stuttgart 1992, 242; *Coenenberg/Schultze,* Unternehmensbewertung anhand von Entnahme- oder Einzahlungsüberschüssen: Die Discounted Cash-Flow-Methode, in Matschke/Schildbach, Unternehmensberatung und Wirtschaftsprüfung, Stuttgart 1998, S. 269; *Großfeld/Egert,* Cash-Flow in der Unternehmensbewertung, in FS Ludewig, Rechnungslegung und Beratung, Düsseldorf, 1996, S. 365; *Kirsch/Krause,* Kritische Überlegungen zur Discounted Cash-Flow-Methode, ZfB 1996, 793; *Schildbach,* Ist die Kölner Funktionenlehre durch die Discounted Cash-Flow-Verfahren überholt? in Matschke/Schildbach, Unternehmensberatung und Wirtschaftsprüfung, Stuttgart 1998, S. 301.

a) Überschussrechnung

2765 Unter Cash-flow wird der Überschuss der regelmäßigen Betriebseinnahmen über die regelmäßigen laufenden Betriebsausgaben verstanden (Überschuss an liquiden Mitteln eines Unternehmens; die Differenz zwischen finanzwirksamen Aufwendungen und Erträgen).

Mit dieser häufig verwendeten Kennziffer soll der in einem Beobachtungszeitraum (Wirtschaftsjahr, Kalenderjahr) aus eigener Kraft erwirtschaftete Überschuss der Einnahmen über die Ausgaben ausgedrückt werden.

Üblicherweise wird folgendes Rechenschema benutzt:

Jahresüberschuss (Jahresfehlbetrag) entsprechend GuV

+ Abschreibungen auf Anlagevermögen
− Zuschreibungen auf Anlagevermögen
+ Bildung oder Erhöhungen des Sonderpostens mit Rücklagenanteil
− Minderung oder Auflösung des Sonderpostens mit Rücklagenanteil
+ Bildung oder Erhöhungen der Rückstellungen
− Minderungen der Rückstellungen
+ aperiodische Aufwendungen
− periodische Erträge.

Jahres-Cash-flow

+ ungewöhnliche zahlungswirksame Aufwendungen
− Erträge von wesentlicher, aber ungewöhnlicher Bedeutung

Cash-flow[1]

Durch diese Berechnung werden die bilanzpolitischen Einflüsse auf das Jahresergebnis herausgefiltert.

Für Prognosezwecke wird der Cash-flow wie folgt berechnet:

Zahlungswirksame regelmäßige Ertragsteile
+ erfolgsunwirksame regelmäßige Einnahmen
− zahlungswirksame regelmäßige und laufende Aufwandsteile
− erfolgsunwirksame regelmäßige und laufende Ausgaben.

Als relativer Cash-flow wird bezeichnet, wenn der Cash-flow mit 100 multipliziert und durch das Gesamtkapital dividiert wird.

---
1 Vgl. Cash-flow nach DVFA/SG in Wpg 1993, 599.

Allgemeines

Die so definierten Wachstumsaussichten sind umso besser, je höher diese Kennzahl über dem Branchendurchschnitt liegt.

Bei der Bewertungsmethode der Anteilseigner (auch „Shareholder Value Analysis" bezeichnet) müssen die erwarteten Cash-flows und die Kosten des Kapitals (vH-Satz, mit dem die Cash-flows diskontiert werden) ermittelt werden[1]. 2766

(unbesetzt) 2767

b) Wertsteigerungsanalyse

Schrifttum: *Bender/Lorson,* Verfahren der Unternehmensbewertung (IV): Discounted-Cash-flow Verfahren und Anmerkungen zu Shareholder-Value-Konzepten, BuW 1997, 1; *Schwetzler/Darijtschuk,* Unternehmensbewertung mithilfe der DCF-Methode – eine Anmerkung zum „Zirkularitätsproblem", ZfB 1999 (69. Jg.), 295. 2768

Das „Discounted Cash Flow" (DCF)-Verfahren ist eine Methode, die insbesondere auf die Wirtschaftlichkeitsbeurteilung einer Investition abstellt. Als Einzelmerkmale des DCF-Verfahrens werden die diskontierten künftigen Einnahmen und Ausgaben eines Unternehmens gekennzeichnet. Die Analyse betrachtet den künftigen freien Cash-flow, der durch eine bestimmte, in die Analyse einzubeziehende Unternehmensstrategie verursacht ist[2]. 2769

Bei den Discounted Cash-Flow-Verfahren[3] wird die Aufwands- und Ertragsrechnung um eine Finanzbedarfsrechnung ergänzt. Der Wert eines Unternehmens ergibt sich dann als Barwert des künftigen Entnahmepotenzials (Equity-Cash-Flow). *Lutter*[4] schlägt eine Abzinsung von 15 vH vor.

Bei der Gesamtkapitalmethode (Bruttoverfahren, Operating-Cash-Flow) ergibt sich der Wert des Eigenkapitals als Differenz aus berechnetem Barwert und vorhandenem Fremdkapital. Der Zinssatz muss aus dem Gesamtkapitalkostenansatz abgeleitet werden.

c) Unterschiede der Ertragswertmethode von der Discounted-Cash-flow-Methode

Bei der Ertragswertmethode werden die zukünftigen Erträge nach Zinsen und Ertragsteuern zuzüglich der Körperschaftsteuer für ausgeschüttete Gewinne abgezinst. Konkrete Finanzierungsannahmen unterbleiben meist. 2770

Bei der DCF-Methode werden die zukünftigen Betriebsergebnisse vor Zinsen und nach Ertragsteuern ./. Investitionen + Abschreibungen +/– Veränderungen des Nettoumlaufvermögens ./. Gewerbeertragsteuer ./. Körperschaftsteuer auf einbehaltene Gewinne mit den gewichteten Kapitalkosten (entsprechend dem jeweiligen Marktwert des Eigenkapitals und des Fremdkapitals korrigiert um den „Steuerschild" des Fremdkapitals) abgezinst. Die vorhandenen verzinslichen Verbindlichkeiten sind von diesem Gesamtwert abzuziehen.

Der wichtigste Unterschied zwischen beiden Methoden liegt in den auf verschiedene Art und Weise festgelegten Kosten der Eigenkapital- und Fremdkapitalfinanzierung.

---

1 *Jung,* Praxis des Unternehmenskaufs, 2. Aufl., Stuttgart 1993, S. 314.
2 *Weber, Bruno,* Unternehmensbewertung heißt heute Wertsteigerungsanalyse, in Management Ztschr. (59. Jg.) 1990, 31.
3 *Bender/Lorson,* Discounted-Cash-flow-Verfahren und Anmerkungen zu Shareholder-Value-Konzepten, BuW 1997, 1. Zur Kritik und zu Fehlerquellen vgl. *Kaden/Wagner/Weber/Wensel,* Kritische Überlegungen zur Discounted-Cash-Flow-Methode, ZfB 1997, 499, die Anmerkungen dazu von Born, ZfB 1997, 509 und Albrecht, ZfB 1997, 511 sowie die Anmerkungen zu den Anmerkungen von Kirsch/Krause, ZfB 1997, 517.
4 *Lutter,* Steuern in der Investitionsrechnung, JbFStR 1993/94, 15.

d) Strategisch-dynamische Wertelemente

2771 Bei der Bewertung von strategischen Wertelementen wird versucht, Handlungsspielräume (insbes. Gewinnpotenziale) in Zahlen umzusetzen und dadurch Bandbreiten der Erfolge oder Misserfolge künftiger Entwicklungen darzustellen.

2772–2775 *(unbesetzt)*

4. Weitere Überlegungen

2776 (1) Vermögensaufstellungen – gleichgültig, welchen Zielen sie dienen – sind zeitpunktbezogene Momentaufnahmen; das gilt auch für die dazugehörigen Verlust- und Gewinnrechnungen. Die Aufstellungen sind vergangenheitsbezogen, die Zukunft ist weitgehend ungewiss.

Das gilt nicht nur für die am Stichtag bestehenden unerfüllten Verträge und die zu diesem Zeitpunkt bestehenden Erwartungen.

2777 (2) Erfolg und Misserfolg in der Zukunft können von langfristigen Bindungen abhängen – man denke an langfristige Bezugs- und Lieferverträge, Pacht- und Mietverträge usw. –, die aus den Vermögensaufstellungen nicht hervorgehen. Deshalb bedürfen die Vermögensaufstellungen der Ergänzungen durch weitere Informationen, und zwar nicht nur solcher über die Vermögenswerte (Wirtschaftsgüter).

2778 (3) Die Marktsituation, das Unternehmenskonzept, der Ausbildungs- und Befähigungsstand der Mitarbeiter und insbesondere die Qualität der Führungskräfte, die Abhängigkeit von Außeneinflüssen und dergleichen mehr sind Merkmale, die zu berücksichtigen, vielfach aber schwer bezifferbar sind.

2779 (4) Für den Erwerber nicht erkennbar ist die Unfähigkeit der zweiten Managementebene oder eine ungünstige Arbeitsmoral der gesamten Belegschaft.

2780 (5) Die Ertragskraft eines Unternehmens hängt in manchen Fällen vom Können und der Zusammenarbeit eines Führungsteams ab. Außergewöhnliche Unternehmenserfolge sind nicht selten das Ergebnis außergewöhnlicher Qualifikationen in der Führungsebene[1]. Solche Umstände sind schematischen Bewertungsverfahren nicht zugänglich; es erscheint mir nicht gerechtfertigt, für einen solchen personenbezogenen Wert eine Rechengröße anzusetzen.

(6) Für ein Kreditinstitut ist beispielsweise die Einschätzung des Unternehmers oder des Managements von besonderer Bedeutung, weil die meisten Insolvenzen ihre Ursache letztlich in Managementfehlern haben.

2781 (7) Die subjektiven Vorstellungen, welcher Ertragswert dem Unternehmen innewohnt, dürften den Haupteinfluss auf den erzielbaren Preis haben.

2782 (8) Sinnvolle subjektive Vorstellungen können nur entwickelt werden, wenn sie auf objektiven Ermittlungen beruhen. Die Bewertungskriterien müssen möglichst genau definiert werden.

---

[1] Vgl. auch *Domsch*, Zur Messung des personalen Unternehmenserfolges, in Festschrift für Busse von Colbe (Hrsg.), Domsch/Eisenführ/Ordelheide/Perlitz, Wiesbaden 1988, S. 107; *Hoffmann*, Kritische Erfolgsfaktoren – Erfahrungen in großen und mittelständischen Unternehmen, zfbf 1986, 831.

Allgemeines

Zu bedenken ist dabei aber auch, dass für die Unternehmensbewertung als komplexen Informationsverarbeitungsprozess in der Regel nur eine knappe Zeitspanne zur Verfügung steht, innerhalb derer eine Fülle relevanter Informationen zu beschaffen und zu prüfen sind.

(9) Werden in die Unternehmensbewertung alle entscheidungserheblichen Umstände einbezogen, für alle messbaren Wirtschaftsgüter intersubjektiv geltende Bewertungsmaßstäbe erarbeitet, dann lässt sich annäherungsweise bestimmen, welchen Wert der Verkäufer aufgibt; das ist meist die Preisuntergrenze. Die Erwartungen, die der Käufer an den Erwerb knüpft, geben die Preisobergrenze ab. Zwischen diesen beiden Grenzen ist die Preiseinigung zu erwarten. 2783

Alle prognoseabhängigen Unternehmensbewertungen sind Hilfsverfahren und regelmäßig anfechtbare Hilfsverfahren, methodisch Schätzungen. Das gilt auch, wenn der Bewerter die Strategien des Veräußerers hinsichtlich der Liquiditätssicherung, Entschuldung von Kapazitätsabbau, Organisations-Straffung oder deren jeweiligem Unterbleiben erkannt hat und zutreffend berücksichtigte[1]. Die Wahl des Bewerters entscheidet den Wert des Unternehmens. 2784

(unbesetzt) 2785

5. Verschiedene Bewertungszwecke

Die Bestimmung des Unternehmenswertes ist aber nicht nur beim Verkauf des Unternehmens bedeutsam, sondern auch, wenn es gilt, den Zugewinnausgleich bei Scheidung der Ehe zu beziffern[2] oder den Nachlasswert für die Erbauseinandersetzung, die Höhe von Pflichtteilsansprüchen[3], die Ansprüche eines ausscheidenden Gesellschafters usw. festzustellen. 2786

Bei der Kreditaufnahme bezweckt die Bewertung u. a. auch die Feststellung der Tragbarkeit der Lasten aus Verzinsung und Tilgung und nicht nur die Feststellung des Unternehmenswertes oder des Wertes eines Sicherungsgutes. 2787

Die Bewertung kann die Ermittlung des angemessenen Ausgleichs gemäß § 304 AktG oder die Abfindungen gemäß §§ 305, 320 AktG und 15 UmwG sowie von Barabfindungen gemäß §§ 305, 320, 375, 388 AktG und § 12 und 15 UmwG bezwecken. 2788

Die Bezeichnung „Unternehmenswert" kann – wie gesagt – je nach dem mit ihm verfolgten Zweck unterschiedlich zu bestimmen sein[4]. Der Ausdruck „Unternehmensbewertung" ist in diesem Zusammenhang als Kürzel für die auf das Bewertungsobjekt „Unternehmen" angewandten „Verfahren" der Bewertung zu verstehen.

(1) Die Bewertungsvorgaben des Rechts folgen aus den Zwecken, die das Gesetz mit seiner Anordnung einer angemessenen Abfindung, einer Abfindung zum vollen Wert oder einer anders beschriebenen Abfindung erreichen will.

(2) Wird eine Gesellschaft durch Mehrheitsbeschluss einer Hauptgesellschaft eingegliedert und sind deshalb außenstehende Aktionäre abzufinden, muss sich die Bewertung frei-

---

1 Siehe dazu auch Rn 2884.
2 Vgl. dazu *Schmidt-Raquet,* Unternehmensbewertung bei Zugewinnausgleich – Ein Stichtagsproblem, DB 1986, 1484.
3 Vgl. dazu *Frank* in Münchener Kommentar, Bd. 6, § 2311 RdNr. 15 ff.; *Murat/Cieslar* in Staudinger, Kommentar zum Bürgerlichen Gesetzbuch, 12. Aufl., 1983, § 2311 BGB.
4 *Wollny,* Rechtsprechung zum „Streit um den Wert von Unternehmen", BB Beilage 17 zu Heft 25/1991.

er Aktien bei der Eingliederung zuerst am Interesse der Hauptgesellschaft orientieren, die andere Gesellschaft eingliedern zu können.

(3) Werden bestimmte Unternehmensverträge abgeschlossen und müssen deshalb außenstehende Aktionäre abgefunden werden, muss das Abfindungsangebot jeden außenstehenden Aktionär in die Lage versetzen, frei von der Furcht vor wirtschaftlicher Einbuße diese Entscheidung über seinen Verbleib zu fällen. Diesen Wert darf das Angebot nicht unterschreiten; es braucht aber auch nicht darüber hinaus zu gehen[1].

(4) Beim angemessenen Ausgleich gemäß § 304 Aktiengesetz ist die Ausgleichszahlung zu errechnen. Dabei ist von der Annahme einer Vollausschüttung der Gewinne nach Maßgabe der bisherigen Ertragslage und der künftigen Ertragsaussichten unter Berücksichtigung angemessener Abschreibungen und Wertberichtigungen, jedoch ohne Bildung freier Rücklagen, auszugehen.

Nach § 305 Abs. 3 AktG muss die angemessene Barabfindung die Vermögens- und Ertragslage der Gesellschaft berücksichtigen. In diesem Gesetzestext kommt der damalige Erkenntnisstand des historischen Gesetzgebers zum Ausdruck[2]. Die Formel fordert nach heutiger Auffassung dazu auf, die Gesellschaft und ihr Unternehmen nach wissenschaftlich gefestigten Methoden zu bewerten. Aus betriebswirtschaftlicher Sicht ist das das prognoseorientierte Ertragswertverfahren. „Dem Substanzwert und damit den in der bilanziellen Buchwerten stehenden stillen Reserven kommt insoweit, sofern kein Ausnahmefall gegeben ist, nur mittelbare Bedeutung zu[3]."

(5) Bei der Scheidung dürfen für die Bestimmung des Zugewinnanspruchs nicht die Zukunftserwartungen berücksichtigt werden, an denen der geschiedene Ehegatte nicht mehr teilhat, sondern es kommt auf den Gegenwartswert des Unternehmens an; denn der abfindungsberechtigte Partner hat keinen Anspruch, an Werten beteiligt zu werden, die erst in Zukunft verwirklicht werden. Der Gegenwartswert des Unternehmens umfasst allerdings die unternehmerisch zusammengefasste Sachsubstanz einschließlich ihres Organisationswertes, einschließlich der Geschäftsbeziehungen usw., mit anderen Worten einschließlich des gegenwärtigen Geschäftswertes; es ist nicht der Liquidationswert anzusetzen[4]. Die prognoseorientierte Ertragswertmethode ist demgemäß hier nicht anzuwenden.

(6) Ist bei der Bestimmung des Pflichtteilsanspruchs der Liquidationswert höher als der Ertragswert, bleibt gleichwohl letzterer für die Bestimmung der Höhe des Pflichtteilsanspruchs maßgebend, weil es dem Pflichtteilsberechtigten nicht zusteht, die Liquidation des Unternehmens zu verlangen[5].

(7) Anders ist wiederum die Rechtslage für den Miterben, der aus der Erbengemeinschaft ausscheiden und seinen Anteil abgefunden erhalten haben will.

(8) M. a. W.: Unter dem Ausdruck „Unternehmenswert" verbergen sich – sprachlich nicht geschieden – Begriffe mit unterschiedlichen Inhalten.

2789–2790 (unbesetzt)

---

1 Klocke, Unternehmensbewertung, JbFStR 1987/88, Herne/Berlin 1988, S. 184, 185.
2 Klocke, aaO, S. 179, 186.
3 BGH-Urteil vom 24. September 1984 II ZR 256/83, NJW 1985, 192, 193.
4 BGH-Urteil vom 9. März 1977 IV R 166/75, BGHZ 68, 163.
5 BGH-Urteil vom 17. Januar 1973 IV ZR 142/70, NJW 1973, 509.

Allgemeines

6. Bewertungsstichtag

Der Bewertungsstichtag ist in vielfacher Hinsicht bedeutsam. 2791

Der Bewertungsstichtag, der Zeitraum, in dem die Bewertung durchgeführt wird, und der Zeitpunkt, an dem das Unternehmen vom Veräußerer auf den Erwerber übergeht, können voneinander abweichen[1].

Die Einigung kann auf einem Wert beruhen, der im Zeitpunkt des Unternehmensübergangs überholt ist. In all diesen Fällen muss Einigkeit darüber hergestellt werden, wie die Veränderungen auf den als maßgebend vereinbarten Stichtag, der von den vorhergenannten Stichtagen abweichen kann, zu berücksichtigen sind. Das gilt auch für Gewinne und Verluste aus schwebenden – evtl. inzwischen abgewickelten – Geschäften, für Preissteigerungen oder Preisrückgänge, z. B. bei Vorräten und anderem mehr. 2792

Vereinbart werden muss auch, wie zwischenzeitlich gewonnene neue Erkenntnisse – gleichgültig, ob wertmindernd oder werterhöhend – zu berücksichtigen sind. 2793

In nahezu allen Unternehmenskaufverträgen, bei denen das Objekt über die Größe des Kleinbetriebs hinausgeht, wird eine Kaufpreiskorrektur vorgesehen für Veränderungen von Vermögenswerten, die zwischen dem Datum des Vertragsabschlusses und dem Übergabestichtag stattfinden.[2] 2794

Im Rahmen einer erneuten Bewertung werden bestimmte Ausgleichsdaten ermittelt, anhand derer sich die wirtschaftliche Entwicklung des Unternehmens nach Vertragsabschluss ablesen lässt[3]. 2795

Ist ein Produktionsunternehmen zu bewerten, sind drei Phasen zu unterscheiden: 2796

- die Investitionsphase, die mit hohen Investitionsaufwendungen entsprechend hohem Finanzbedarf und mit hohen Zinsbelastungen verbunden ist; 2797
- die Abschreibungsphase in der die aus den Erlösen zufließenden Abschreibungen zum Teil für die Tilgung von Krediten, zum Teil für Ersatzinvestitionen oder für die Ansammlung von Reserven verwendet werden; der Zinsaufwand fällt, die Instandhaltungs- und Reparaturkosten steigen allmählich; 2798
- die Auslaufphase, in der die Anlagen zwar noch arbeiten, aber bereits abgeschrieben sind. Das Ergebnis wird demzufolge von Abschreibungen und Zinsen nicht belastet; es fallen jedoch höhere Instandhaltungs- und Reparaturkosten an; es werden – wie daraus folgt – Gewinne ausgewiesen, die an sich Erträge aus der Auflösung von Substanz sind. 2799

Es muss also berücksichtigt werden, in welcher Phase sich das Unternehmen befindet; dementsprechend unterschiedlich werden die Zukunftserwartungen zu bemessen sein.

(unbesetzt) 2800

7. Allgemeine Überlegungen zu Methoden der Wert- und Preisbestimmung

Wissenschaft und Praxis haben eine Vielzahl von Methoden zur Bestimmung des Wertes eines Unternehmens entwickelt. 2801

---

1 Vgl. dazu *Moxter,* Grundsätze ordnungsmäßiger Unternehmensberatung, 2. Aufl., Wiesbaden 1983, S. 168.
2 Vgl. dazu auch *von Braunschweig,* Variable Kaufpreisklauseln in Unternehmenskaufverträgen, DB 2002, 1815.
3 Vgl. Rn 1773.

2802 (1) Folgt man Vertretern die Betriebswirtschaftslehre im Raum der Bundesrepublik Deutschland[1], kann der Wert eines Unternehmens **allein** durch Methoden der Ertragswertbestimmung ermittelt werden. Der Ermittlung des Substanzwertes komme allenfalls die Bedeutung einer Kontrollrechnung zu[2].

(2) Bei der Diskussion, wie der Wert eines Unternehmens zu bemessen sei, müssen die Begriffe „Wert des Unternehmens" und „Preis für das Unternehmen" auseinander gehalten werden. Ob im Zeitpunkt des Übergangs eines Unternehmens Aktiva und Passiva (ohne Eigenkapital) einander entsprechen (plus minus null), die Bilanz nur aus einer sofort fälligen, sicheren Forderung von 100 000 € oder nur aus einer tilgbaren Schuld von 100 000 € besteht, braucht keinen Einfluss auf den „Wert des Unternehmens" zu haben, beeinflusst aber in jedem Fall den „Preis des Unternehmens".

(3) Es mag Märkte für Bäckereien, Fleischereien, Zahnarztpraxen und dergleichen mehr geben. Der Preis für eine Bäckerei in eigenen Räumen, bei der auch Backräume vorhanden sind, wird sich von dem einer Bäckerei gleicher Umsatzgröße in gemieteten Räumen ohne Backräume unterscheiden.

(4) Ein in der Stadt gelegenes, in gemieteten Räumen betriebenes Unternehmen, das seinen Gewinn in erster Linie durch Ausnutzung der Skonti seiner Lieferanten erzielt, unterscheidet sich von einem ebenfalls in der Stadt gelegenen, in eigenen Räumen betriebenen Unternehmen, das ebenfalls seinen Gewinn in erster Linie durch Ausnutzung der Skonti seiner Lieferanten erzielt.

(5) Der „Wert" eines Fachverlages, der Loseblattausgaben vertreibt, wird aus der Zahl der Abonnenten und dem Umsatz abzuleiten sein; der „Preis" für das Unternehmen wird aber auch durch den Wert der Grundstücke, auf denen das Unternehmen betrieben wird, durch die Forderungen und Schulden usw. bestimmt werden.

(6) Wenn gesagt wird, der „Wert der Unternehmung" sei der Ertragswert[3] und auf den Substanzwert komme es bei der Unternehmensbewertung nicht an, so enthält diese Aussage in dieser Formulierung entgegen den Ausführungen von Schult[4] insoweit eine der Wirklichkeit nicht entsprechende überschießende Tendenz, als bei gleichen Ertragserwartungen Unterschiede der Substanzwerte unberücksichtigt bleiben müssten. Es entsteht der Eindruck, auf die Werte der Substanz komme es überhaupt nicht an, obwohl diese bestimmend auf die Rechengrößen der Ertragswerterrechnung einwirken. Die vorhandene Substanz hat für den Unternehmenswert auf jeden Fall insoweit Bedeutung, als ihre Existenz, ihr Zustand und ihre Erneuerungsbedürftigkeit die Ertragsprognose beeinflussen.

---

1 Nach *Helbling*, Unternehmensbewertung und Steuer, 5. Aufl., Düsseldorf 1989, S. 146, wird in der Schweiz die Formel bevorzugt: (zweimal Ertragswert plus einmal Substanzwert geteilt durch drei). *Lechner* berichtet (in Egger/Jud/Lechner/Wünsch, S. 25 f.), dass Anfang der achtziger Jahre in Österreich trotz Fachgutachtens des Berufsverbandes die Praxis Substanzwertermittlungen bevorzugte. Vgl. auch *Vichy*, Unternehmensbewertung in Theorie und Praxis, Wien 1994.
Bressmer/Moser/Sertl, aaO, S. 154, sprechen vom Preis als dem Ergebnis marktorientierter Bewertung. Gerling (Unternehmensbewertung in den USA, Reihe: Steuer, Wirtschaft, Recht, Bergisch Gladbach 1985) fasst die in den USA gebräuchlichen Unternehmensbewertungsverfahren zu Verfahren mit drei unterschiedlichen Ausgangspunkten zusammen, und zwar zu Verfahren mit Substanzwertansatz, Martkwertansatz und Investitionswertansatz.

2 Vgl. aber auch BGH-Urteil vom 16. Dezember 1991 II ZR 58/91, BB 1992, 448, betreffend Abfindung bei Zwangseinziehung eines GmbH-Anteils.

3 Zur mangelnden Eignung des Ertragswertes bei der Bewertung unrentabler Unternehmen im Rahmen der zweckadäquaten Ableitung des Unternehmenswertes, vgl. *Havermann*, in „Aktuelle Grundsatzfragen aus der Praxis der Unternehmensbewertung", in Baetge, Rechnungslegung und Prüfung nach neuem Recht, Düsseldorf 1987, S. 75 ff., 86 ff.

4 *Schult* in Gnam, Handbuch der Bilanzierung, Freiburg i. Br., dort Unternehmenswertanalyse, 134 d S. 1.

Allgemeines

(7) Der objektive Unternehmenswert ist der Wert, den das Unternehmen für einen gedachten „objektiven normalen Dritten" hat, der das Unternehmen an Stelle des Inhabers fortführen würde. Er entspricht dem Preis, der für das Unternehmen im gewöhnlichen Geschäftsverkehr bezahlt werden würde (Verkehrswert).

(8) Ein Käufer, der ein Unternehmen wegen der mit der Eingliederung in sein Unternehmen erwarteten Verbundeffekte erwirbt, zahlt einen höheren Preis als der gedachte objektive normale Dritte; die Preisdifferenz dieses Gesichtspunkts darf in den „objektiven" Unternehmenswert nicht einfließen.

(9) Eine subjektiv unterschiedliche Beurteilung des Unternehmenswertes werden beispielsweise ausscheidende Aktionäre haben. Es macht einen Unterschied, ob die Aktie im Privat- oder Betriebsvermögen gehalten wird, welcher Steuerbelastung die Dividenden oder Abfindungen unterliegen und dgl. mehr.

(10) Die Auffassung, wenn das Bewertungsziel der objektive Wert sei, dann spiele es kein Rolle, mit welcher Bewertungsmethode dies erreicht werde, ist übrigens ein Zirkelschluss. Der Denkvorgang verläuft umgekehrt: Erst die Anwendung der sachlich gebotenen Methode bietet die Gewähr für das Erreichen des gesetzlich angeordneten Bewertungsziels.

(11) In der Praxis wird der Wert kleinerer und mittlerer Unternehmen häufig in der Weise ermittelt, dass der Jahresgewinn oder der Jahresumsatz (oder eine andere vom Gewinn oder Umsatz abgeleitete Größe) multipliziert wird (Multiplikatoren, die z. B. Branchen-Erfahrungen ausdrücken)[1].

Beruht diese Vorgehensweise auf der Kenntnis des Marktes (Marktübersichten), kommt darin zum Ausdruck, dass sich ein Markt gebildet hat und auf ihm eine besondere Art der Ermittlung von Verkehrswerten ausgebildet worden ist[2].

Auf die Feststellung des Substanzwertes des Unternehmens und seines Geschäftswertes kann allerdings aus verschiedenen Gründen nicht verzichtet werden. Die Anschaffungskosten der Wirtschaftsgüter müssen zur Aufstellung der Steuerbilanz bestimmt werden. Eine Abweichung des Wertansatzes von dem in früheren Bilanzen muss erklärt werden. Die Grundlagen für die Ertragswertberechnung (AfA, Zinsen) sind vom Substanzwert abhängig. Seine Kenntnis ist erforderlich für die Bestimmung des Finanzbedarfs und die Bestimmung des Zeitwerts des eingesetzten Kapitals. 2803

Kenntnisse über die Werte verschiedener Wirtschaftsgüter sind unerlässlich. 2804

Der Käufer muss die Schulden kennen, die er zu begleichen hat, und wissen, wann sie fällig sind.

Die Unternehmensbewertung erfordert auch Entscheidungen darüber 2805

– in welcher Zeit das Bewertungsergebnis

– und welche Genauigkeit von dem Bewertungsergebnis verlangt wird.

(unbesetzt) 2806–2810

---

1 Hierbei wird vielfach der Zusammenhang mit dem Kapitalzins vernachlässigt. Vgl. dazu *Moxter*, Grundsätze ordnungsmäßiger Unternehmensbewertung, 2. Aufl., Wiesbaden, S. 154.
2 Vgl. Rn 3321.

II. Begriffe

2811 Vorweg empfiehlt es sich, die bei der nachfolgenden Darstellung vorkommenden Ausdrücke inhaltlich zu bestimmen.

Dabei darf nicht verkannt werden, dass außer zwischen den verschiedenen Ausdrücken für den Wert (Ertragswert usw.) auch zwischen ihnen und den Methoden zu ihrer Bestimmung zu unterscheiden ist. Ziel jeder Bewertung, die den „Verkehrswert" ermitteln will, ist es, den „Marktpreis" zu bestimmen. Gibt es keinen „Markt" für das zu bewertende Objekt (Unternehmen) – und zwar auch keine Anhaltspunkte über tatsächlich für vergleichbare Objekte zu Stande gekommene Preise[1] –, muss der „vermutliche" Marktpreis gesucht und bestimmt werden. Die verschiedenen Wertfindungsmethoden sind in diesem Sinne also immer nur **Hilfs**methoden zur Bestimmung des „Marktpreises".

1. Ertragswert des Unternehmens

2812 „Der Wert eines Gutes als Ausdruck einer Subjekt-Objekt-Beziehung lässt sich durch den Nutzen ausdrücken, den sich ein Individuum von dem Gut verspricht[2]."

2813 Für diesen Wert muss eine Rechengröße ermittelt werden.

2814 **Ertragswert** des Unternehmens ist der Barwert aller **zukünftigen** Erfolge. Es ist m. a. W. der Saldo aller auf den Bewertungsstichtag abgezinsten zukünftigen Ertragsüberschüsse.

2815 Das in den Sachwerten gebundene Kapital wird von einem Erwerber unter dem Gesichtspunkt gesehen, welchen Nutzen es ihm in Zukunft in der im Unternehmen gebundenen Form erbringen wird.

2816 Höhe und Dauer der Zukunftserfolge sowie der Kapitalisierungszinsfuß sind die für seine Berechnung erforderlichen Rechengrößen. Die Ermittlung dieser Rechengrößen ist das Problem des Ertragswertes.

2817 Der Bestimmung des Ertragswerts liegt die Überlegung zu Grunde:

Welche Erträge wird das zu bewertende Unternehmen (geschätzt) voraussichtlich erbringen? Welcher Preis wird für Erträge dieser Art – das schließt das Risiko der Erträge und ihrer Bestimmung ein – am Markt erzielt?

Der Ertragswert wird in der Rechtsprechung meist mit dem Verkehrswert gleichgesetzt[3]; es finden sich auch die Begriffsbestimmungen, der Verkehrswert sei der Ertragswert zuzüglich des Liquidationswertes für das nicht betriebsnotwendige Vermögen[4].

In der Ermittlung der zu gewichtenden Prognosewerte für die zu erwartenden Zahlungsströme und die angemessenen Zinsfüße liegt die Hauptschwierigkeit der Errechnung des

---

1 Vgl. Rn 2869.
2 *Münstermann*, Wert und Bewertung der Unternehmung, Wiesbaden 1966, S. 11.
3 Der BGH sprach im Urteil vom 12. Januar 1972 IV ZR 124/70, LM – BGB § 2312 Nr. 2 (MDR 1972, 496) aus, der Verkehrswert sei im Verhältnis zum Ertragswert erheblich gestiegen.
4 OLG München, Urteil vom 15. Dezember 1964 AllgRev 11/38 – 40/60, DB 1965, 179; OLG Frankfurt, Urteil vom 6. Juli 1976 14 U 103/75, AG 1976, 298; OLG Celle, Urteil vom 4. April 1979 9 Wx 2/77, DB 1979, 1031; OLG Düsseldorf, Urteil vom 17. Februar 1984 19 W 1/81, DB 1984, 817; OLG Düsseldorf, Urteil vom 11. April 1988 19 W 32/86, DB 1988, 1109, WM 1988, 1052; OLG Frankfurt, Urteil vom 24. Januar 1989 20 W 177/86, DB 1989, 469.

Begriffe

Unternehmenswertes. Das Finden der Prognosewerte setzt die Analyse der Geschäftspläne und der wirtschaftlichen Rahmendaten voraus und erfordert eine Prüfung auf ihre Plausibilität.

2. Substanzwert des Unternehmens

Substanzwert ist der Wert der Summe aller einem Unternehmen dienenden Vermögensgegenstände, die auf einem bestimmten Zeitpunkt bewertet werden. Die Vermögensgegenstände können wiederum unter verschiedenen Gesichtspunkten bewertet werden, und zwar z. B. nach ihrem Wiederbeschaffungswert, Liquidationswert oder Funktionswert. 2818

Umstritten ist im Schrifttum, ob als Substanzwert die Summe der Einzelwerte der am Bewertungsstichtag vorhandenen Aktiva zu verstehen ist (Bruttomethode) oder die Summe der Einzelwerte abzüglich der Verbindlichkeiten (Nettomethode). Dem Wortsinn nach ist der Substanzwert ein Bruttowert, nämlich der Wiederbeschaffungswert der vorhandenen betriebsnotwendigen Wirtschaftsgüter. Wie diese finanziert worden sind oder werden, hat mit ihrem Wert nichts zu tun. 2819

Werden von der Summe der Wiederbeschaffungswerte die Schulden abgezogen, ist die Differenz der Nettowert der Substanz des Unternehmens. 2820

Der Streit kann auf sich beruhen. Entscheidend ist, dass bei Berechnungen, die auf dem Substanzwert aufbauen, jeweils konsequent weitergerechnet wird. Rechnerische Unterschiede können dann entstehen, wenn bei Berechnungen für das Fremd- und das Eigenkapital unterschiedliche Zinsfüße zu Grunde gelegt werden. Brutto- und Nettoverfahren führen jedoch dann zum gleichen Ergebnis, wenn der Kapitalisierungszinsfuß dem gewogenen Durchschnitt der Fremd- und Eigenkapitalzinsen entspricht. 2821

(unbesetzt) 2822

3. Wiederbeschaffungswert

Wiederbeschaffungswert (auch Reproduktionswert genannt) ist die Summe der Aufwendungen, die dem Erwerber des Unternehmens erspart bleibt, wenn er das Unternehmen erwirbt, statt ein gleichartiges Unternehmen aufzubauen[1]. 2823

4. Liquidationswert

Schrifttum: *Förster,* Die Liquidationsbilanz, 3. Aufl., Köln 1992. 2824

Der **Liquidationswert**[2] des Unternehmens ist die Summe der Einzelveräußerungspreise der Wirtschaftsgüter des Unternehmens abzüglich der Veräußerungskosten. 2825

Mit der Liquidation fallen vielfach zusätzliche Aufwendungen an, wie z. B. Ausgleichsansprüche eines Handelsvertreters, Aufwendungen für Sozialpläne und sonstige Abfindungen, Rekultivierungs- oder Abbruchkosten. So weit diese Aufwendungen nicht bereits zurückgestellt worden sind und damit bei der Bewertung berücksichtigt wurden, sind sie zu ermitteln und anzusetzen.

Erfahrungen haben gezeigt, „dass Liquidationswerte nicht selten unter den Buchwerten liegen".

---

1 Vgl. *Sieben,* Der Substanzwert der Unternehmung, Wiesbaden 1963, S. 80.
2 Vgl. dazu auch OLG Karlsruhe, Urteil vom 16. Dezember 1983 15 U 99/82, WM 1984, 656. Vgl. ferner BayObLG-Beschluss vom 31. Mai 1995 III Z BR 67/89, DStR 1995, 1473 (zur Frage des Nullausgleichs).

2826 Der Liquidationswert ist regelmäßig die Untergrenze der Bewertung, wenn die Ertragsaussichten auf Dauer negativ sind[1].

Zu unterscheiden ist zwischen Liquidationswerten, die erzielbar sind
- bei sofortiger Veräußerung,
- bei Veräußerung innerhalb von 3 oder 6 Monaten und
- bei Veräußerung innerhalb von 9 Monaten.

5. Funktionswert

2827 Als **Funktionswert** wird ein Substanzwert bezeichnet, bei dem die Summe der Werte der Vermögensgegenstände im Rahmen eines lebenden Unternehmens nach wiederum anderen Gesichtspunkten bewertet werden.

6. Teilwert

2828 **Schrifttum:** *Beiser,* Der Teilwert im Wechsel zwischen Substanz- und Ertragswert, ÖStZ 2002, 506, DStR 2002, 1777; *Kallweit/Sisterhenn,* Gedanken zur Findung des Teilwertabschlages bei der Warenbewertung im Einzelhandel, DB 1985, 2209; *Koch,* Zur Problematik des Teilwertes, zfbf 1960, 319; *Moxter,* Zur Klärung der Teilwertkonzeption, in Festschrift für Franz Klein, Hrsg. Kirchhof/Offerhaus/Schöberle, Steuerrecht, Verfassungsrecht, Finanzpolitik, Köln 1994, S. 827.

2829 **Teilwert** ist der Betrag, den der Erwerber des ganzen Betriebs im Rahmen des Gesamtkaufpreises für das einzelne Wirtschaftsgut ansetzen würde, wenn er den Betrieb fortführt. Die Summe der Teilwerte (einschließlich des Teilwerts für den Geschäftswert) ist der Gesamtwert des Unternehmens.

Der Teilwert ist ein objektiver Wert, der nicht auf der persönlichen Auffassung des einzelnen Kaufmannes über die zukünftige wirtschaftliche Entwicklung, sondern auf einer allgemeinen Werteinschätzung beruht, wie sie in der Marktlage am Bilanzstichtag ihren Ausdruck findet.

Für jedes Wirtschaftsgut ist das in ihm enthaltene Nutzungspotential für den Betrieb zu bemessen. Für die Bemessung des **Teilwerts** von Wirtschaftsgütern ist unerheblich, ob deren Zusammensetzung und Nutzbarkeit von besonderen Kenntnissen und Fertigkeiten des Betriebsinhabers abhängen[2]. Er entspricht nicht dem Zerschlagungswert. Ein Erwerber wird fragen: Was sind die Anschaffungs- oder Herstellungskosten des Wirtschaftsguts (Substanzwert) und was ist der durch ihn zu erzielende Nutzen (Ertragswert)? Im Regelfall wird dieser mit dem Tageswert in der Handelsbilanz übereinstimmende Wert über den Anschaffungs-, Herstellungs- oder Wiederbeschaffungskosten liegen. Denn anderenfalls wird nicht angeschafft, hergestellt oder wiederbeschafft.

Sollte der Ertragswert geringer als der Substanzwert sein, ist Teilwert der niedrigere Ertragswert.

Für die Bestimmung des Teilwertes einer Beteiligung hat die Rechtsprechung einige Vermutungssätze entwickelt. Der objektive Wert einer Beteiligung richtet sich grundsätzlich nach den Wiederbeschaffungskosten. Die Wiederbeschaffungskosten entsprechen nur dann dem Börsenkurswert zum Bilanzstichtag, wenn die Beteiligung zum Verkauf an der Börse bestimmt ist oder wenn der Erwerb einer gleich hohen Beteiligung an der Börse zu

---
1 Vgl. BayObLG zu Rn 2825.
2 BFH-Urteil vom 31. Januar 1991 IV R 31/90, BFHE 164, 232, BStBl II 1991, 627.

Begriffe 385

den Kurswerten möglich erscheint[1]. Der dem Steuerrecht entstammende Begriff des Teilwerts kann vorerst außer Betracht bleiben.

(unbesetzt) 2830

7. Geschäftswert

Schrifttum: *Klein,* Die Erfassung des Goodwill in unterschiedlichen Rechnungslegungssystemen unter Berücksichtigung grenzüberschreitender Fusionen, DStR 2000, 788; *Küting,* Der Geschäfts- oder Firmenwert – ein Spielball in deutschen Konzernen, AG 2000, 97; *Ordelheide,* Kapitalmarktorientierte Bilanzierungsregeln für den Geschäftswert – HGB, IAS und US-GAP, in FS für Kropff, Hrsg. Forster/Grunewald/Lutter/Semler, Aktien- und Bilanzrecht, Düsseldorf, 1997, 571; *Sellhorn,* Ansätze zur bilanziellen Behandlung des Goodwill im Rahmen einer kapitalmarktorientierten Rechnungslegung, DB 2000, 885; *Wollny,* Überlegungen im Zusammenhang mit dem Minderwert eines Unternehmens, dem sog. negativen Geschäfts- oder Firmenwert, in FS für Offerhaus, Hrsg. Kirchhof/Jakob/Beermann, Steuerrechtsprechung, Steuergesetz, Steuerreform, Köln 1999, S. 647. 2831

(1) Das Unternehmen ist begrifflich die vom Inhaber losgelöste Wirtschaftseinheit, die die Leistungsfähigkeit des sachlichen Substrats verkörpert. 2832

(2) Als **Geschäftswert** (oder synonym Firmenwert, Goodwill) wird der Mehrwert bezeichnet, der einem gewerblichen Unternehmen über den Substanzwert der einzelnen materiellen und immateriellen Wirtschaftsgüter abzüglich Schulden hinaus innewohnt.[2] 2833

Von der Rechtsprechung wird dabei als Mehrwert des Unternehmens im Ganzen häufig der Betrag bezeichnet, der über die Summe der Teilwerte der dem Betrieb dienenden aktiven abzüglich der passiven Wirtschaftsgüter hinausgeht.[3]

(3) Der Geschäftswert wird durch die Gewinnaussichten bestimmt, die losgelöst von der Person des Unternehmers, auf Grund besonderer dem Unternehmen eigener Vorteile bestehen (z. B. Ruf des Unternehmens, Kundenkreis, rationelle Organisation insbesondere des Absatzes, Leistungsfähigkeit des Unternehmens, Steuerbarkeit der Arbeitsabläufe den Erfordernissen des Absatzes usw.) und die höher oder zumindest gesicherter erscheinen als bei einem anderen Unternehmen mit sonst vergleichbaren Wirtschaftsgütern, bei dem diese Vorteile fehlen.[4] 2834

(4) Die Anwaltskanzlei z. B. ist durch die Beziehungen des Rechtsanwalts zu seinen Mandanten und dem darauf beruhenden Vertrauen geprägt. 2835

Der Wert der Anwaltskanzlei (**Kanzleiwert**) liegt demzufolge in den über die Kanzleieinrichtung hinausgehenden Möglichkeiten und Chancen auf Grund der Beziehungen des Rechtsanwalts zu seiner Mandantschaft, die Erträge der Vergangenheit, wenn nichts Unvorhergesehenes geschieht, zu wiederholen.

Bei der Veräußerung einer Kanzlei hängt der Übergang des Kanzleiwertes davon ab, ob es dem Erwerber gelingt, die Vertrauensbeziehung, die zwischen dem veräußernden Rechtsanwalt und dem Mandanten entstanden war, nunmehr für sich zu erwerben und durch die eigene persönliche Leistung fortzusetzen, den Mandanten also an sich zu binden.

---

1 BFH-Urteil vom 7. November 1990 I R 116/86, BFHE 162, 552, BStBl II 1991, 342.
2 BFH-Urteil vom 29. Juli 1982 IV R 49/78, BFHE 136, 270, BStBl II 1982, 650.
3 *Moxter,* Die Geschäftswertbilanzierung in der Rechtsprechung des Bundesfinanzhofs und nach EG-Bilanzrecht, BB 1979, 741.
4 BFH-Urteile vom 18. Januar 1967 I 77/64, BFHE 88, 198, BStBl III 1967, 334; vom 25. November 1981 I R 54/77, BFHE 134, 434, BStBl II 1982, 189 und vom 12. August 1982 IV R 43/79, BFHE 136, 274, BStBl II 1982, 652.

2836 (5) Es lässt sich daher sagen,

der Geschäftswert ist weitgehend **unternehmensbezogen**,

der Kanzleiwert nahezu ausschließlich **personenbezogen**.

(6) Gemeinsam ist Geschäftswert und Kanzleiwert, dass sie für sich allein nicht übertragbar sind.

2837–2840 *(unbesetzt)*

8. Fortführungswert, Going-Concern-Wert

2841 Die Ausdrücke Fortführungswert und Going-Concern-Wert haben keinen begrifflich beschreibbaren Inhalt.

Sie werden verwendet, wenn es dem Käufer darum geht, mit dem zu erwerbenden – lebensfähigen – Unternehmen (oder Unternehmensteilen) Substanzen oder Einflüsse (Kundschaft, Know-how und dergleichen mehr) zu erlangen, die die beim Käufer vorhandenen Substanzen und Einflüsse (über eine bloße Addition hinaus) fördern (Synergie-Effekte) oder störende Energien, die von dem zu erwerbenden Unternehmen ausgehen, auszuschalten und dadurch dem eigenen Unternehmen Energien zuzuführen.

Die Gedanken der Fortführung des zu erwerbenden Unternehmens (Going-Concern) – oder bestimmter betriebsnotwendiger Wirtschaftsgüter – und die der Folgen der Übernahme treten hier für die Bewertung in den Vordergrund.

2842 **Beispiele:**

Ein Unternehmer erwirbt ein Konkurrenzunternehmen, weil er damit seinen Kundenkreis ausweiten, die Produktion rationalisieren und seine eigene Produktpalette vervollständigen kann.

Ein Unternehmer, der langfristige Lieferverpflichtungen eingegangen ist, erwirbt das Unternehmen des in Konkurs bzw. in die Insolvenz gegangenen Vorlieferanten, um Schadensersatzansprüche gegen sich selbst zu vermeiden, weil andere Lieferanten nicht vorhanden sind oder nicht einspringen können.

In beiden Fällen sind die Folgen der Übernahme für die Preisbestimmung entscheidend, nicht der Wert des zu übernehmenden Unternehmens.

2843 (1) Wieder andere Gesichtspunkte sind maßgebend, wenn ein Unternehmen in von einander abgrenzbare Teile (Tochtergesellschaften, Produktlinien, Zweigbetriebe, Abteilungen usw.) zerlegt und einzelne davon verkauft werden sollen **(Spin-Off)**.

2844 (2) Ein Unternehmen kann aufgesplittert mehr wert sein; der Mehrwert wird als **break-up value** bezeichnet.

2845 (3) Ein Unternehmen, das auf sein Kerngeschäft beschränkt werden soll, erwartet, dass der ausgegliederte Unternehmensteil als selbstständige Einheit bedeutsamer, flexibler und marktorientierter handeln wird, als das unter dem Schutzschirm der Muttergesellschaft geschehen würde.

Für die Muttergesellschaft ergeben sich bei einer Veräußerung im Wege des Management Buy-Out Vorteile, die z. B. auch eine diskrete Abwicklung dieses Ausgliederungsvorgangs ohne Offenbarung von Geschäftsgeheimnissen an die Konkurrenz ermöglichen.

Den Vorteilen für das ausgegliederte Unternehmen – gesteigertes Kostenbewusstsein, Effizienz, motiviertere Mitarbeiter, größere Markt- und Kundennähe, schnellere Entscheidungen, erhöhte Flexibilität – stehen die Vorteile für die ausgliedernde Gesellschaft gegenüber – nämlich kein Verkauf an die Konkurrenz und damit keine Offenlegung von

Geschäftsgeheimnissen, eine nahtlose, diskrete Ablösung, Einwirkungsmöglichkeiten auf den Erhalt von Arbeitsplätzen.

(4) Wird ein Unternehmen von Anfang an nicht unter Fortführungsgesichtspunkten übernommen, sondern um durch Zerschlagung und vollständigen Verkauf der einzelnen Vermögenswerte einen Mehrerlös gegenüber dem Kaufpreis zu erzielen, wird von **asset stripping** gesprochen. Zu solchen Übernahmen kann es bei überkapitalisierten Unternehmen kommen, wenn der Verkäufer den Ertragswert für das Unternehmen insgesamt ermittelt und der Käufer erkennt, dass durch Abstoßen von Unternehmensteilen das Restunternehmen mit kaum geschmälertem Ertrag weiterveräußert werden kann.

9. Börsenkurs

(1) Bei börsennotierten Unternehmen kann der „Verkehrswert" nicht ohne Rücksicht auf den Börsenwert festgesetzt werden[1]. Denn zum Börsenkurs können die Anteile regelmäßig veräußert werden. Die Bestimmung der Abfindung oder des Ausgleichs für außenstehende, ausscheidende oder ausgeschiedene Aktionäre muss also den Börsenkurs berücksichtigen, um z. B. die berechtigten Interessen zum Ausscheiden gezwungener Minderheitsaktionäre zu wahren.

(2) Beim Börsenkurs muss allerdings auch bedacht werden, dass der aktuelle Wert vielfach durch die Kurspflege der Banken gegenüber sonst eintretenden Schwankungen verschleiert wird.

(3) Das statistische Maß für die relative Schwankungsbreite und somit für das Kursrisiko eines Wertpapiers in einem bestimmten Zeitraum wird als Volatilität bezeichnet. Die Standardabweichung errechnet sich aus der Quadratwurzel der Varianz; diese ergibt sich aus den absoluten Abweichungen im Verhältnis zum Mittelwert eines Kursverlaufs. Je weiter der Kurs vom Mittelwert entfernt ist, desto höher ist die Volatilität, die in einem Vom-Hundert-Satz angegeben wird.

Die historische Volatilität gibt an, wie stark die Schwankung einer Aktie oder eines Index in der Vergangenheit war. Die in Zukunft erwartete Schwankungsbreite wird „implizite Volatilität" genannt. Grundlage für ihre Berechnung ist die erwartete Schwankungsbreite der Preise von Optionen und Optionsscheinen. Für die erwartete Schwankungsbreite des Dax gibt es ein eigenes Barometer, den VDax. Er gibt die erwartete Schwankungsbreite von Dax-Optionen an, die eine Restlaufzeit von 45 Tagen haben.

(4) Allen stochastischen Rechenarten und Volatilitätsberechnungen zum Trotz lassen sich z. B. nicht die Dauer von Baisse- und Hausse-Zyklen der Börsenkurse voraussagen – also auch nicht der Anfang oder das Ende eines Aufschwungs oder Abschwungs –. Das gilt z. B. auch für die Voraussetzungen, die die künftige Zinssituation betreffen.

(5) Unklar ist z. B. auch, was es bedeutet, wenn man im Wirtschaftsteil einer Zeitung liest, eine Aktie oder ein Index sei neutral zu gewichten.

Mit anderen Worten:

(6) Langfristige Wirtschaftsprognosen kann man auch heute noch nicht stellen.

Der Prognostizist kann nur Aussagen über Erwartungen treffen.

---

1 BVerfG-Beschluss vom 27. April 1999 – 1 BvR 1613/94, JZ 1999, 942.

10. Wert des Unternehmens

2849 Als Wert des Unternehmens wird bei den prognoseorientierten Ertragswertverfahren der Ertragswert bezeichnet also der Wert, künftig Erträge zu erwirtschaften[1].

Bei Wertermittlungen, die von einer Substanzwertrechnung ausgehen, wird als Wert des Unternehmens die Summe von Substanzwert und Geschäftswert bezeichnet.

Bei einem florierenden Unternehmen setzt sich der Unternehmenswert in der Regel aus dem Ertragswert und dem Wert des nicht betriebsnotwendigen Vermögens zusammen[2].

2850 *(unbesetzt)*

---

[1] Gegen die Anwendung der Wirtschaftsprüfermethode (prognoseorientiertes Ertragswertverfahren) wird eingewendet, das Verfahren führe in der Praxis häufig zu so weit voneinander abweichenden Bewertungsergebnissen, dass die Treffsicherheit und Schlüssigkeit des Verfahrens als in nicht ausreichendem Maße gegeben angesehen werden müsse. Vgl. *Bellinger,* Die Betriebswirtschaftslehre der neueren Zeit, Darmstadt 1988, S. 150.

[2] BayObLG, Beschluss vom 19. Oktober 1995 3 Z BR 17/90, AG 1995, 127.

III. Verfahren zur Ermittlung des Ertragswertes

Schrifttum: *Bierle/Steinberg,* Ertragswert, HwStR, 2. Aufl., S. 440–442; *Bossard,* Erfahrungen mit der Ertragswertmethode bei der Unternehmensbewertung, in Der Schweizer Treuhänder, 1986 (60. Jg.), 41; *Heigl,* Der Ertragswert der Unternehmung bei Geldwertänderung Wpg 1967, 34; *Heubes,* Eine Anmerkung zu Bemerkung des Kapitalisierungszinssatzes im Rahmen des Ertragswertverfahrens zur Unternehmensbewertung, DB 1984, 729; *Hölters,* Handbuch des Unternehmens- und Beteiligungskaufs, 3. Aufl., Köln 1992, dort Fischer II S. 112 Rz 171 ff.; *Lacher/Poppe,* Unternehmenskauf nach der Methode des „realisierten" Ertragswertes, DB 1988, 1761; *Lehmann,* Theorie der Ertragswert-Ermittlung im Rahmen der Unternehmensbewertung, ZfB 1954, 465; *Peemöller/Popp,* Unternehmensbewertung bei ertragsteuerlichen Verlustvorträgen, BB 1997, 303 (dagegen Ballwieser, Wpg 1995, 119 (128), Großfeld, Unternehmens- und Anteilsbewertung, Köln 1994); *Pfleger,* Unternehmensbewertung nach dem Ertragswertverfahren, INF 1996, 630 ff., 662 ff.; *Rosenbaum,* Alternative Bewertungsansätze zur Ermittlung von Ertragswerten, DB 1993, 1988; *Ruhnke,* Unternehmensbewertung: Ermittlung der Preisobergrenze bei strategisch motivierten Akquisitionen, DB 1991, 1889; *Sieben,* Der Unternehmenserfolg als Determinante des Unternehmenswerts – Berechnung auf der Basis künftiger Entnahme – oder künftiger Ertragsüberschüsse?, in Unternehmenserfolg (Planung – Ermittlung – Kontrolle), (Hrsg.) Domsch/Eisenführ/Ordelheide/Perlitz, in Festschrift für Walther Busse von Colbe, Wiesbaden, 361; *Siepe,* Das allgemeine Unternehmerrisiko bei der Unternehmensbewertung (Ertragswertermittlung), DB 1986, 705; *Siepe,* Die Unternehmensbewertung, in WP-Handbuch 1998, 11. Aufl., Bd. II, S. 1–142; *Tichy,* Der Ertrag als Bestimmungsgröße des Unternehmenswertes, in Loitlsberger/Egger/Lechner (Hrsg.), Rechnungslegung und Gewinnermittlung, Gedenkschrift für Karl Lechner, S. 439; *Weiland,* Überlegungen zur Unternehmensbewertung nach dem Ertragswertverfahren, INF 1996, 247 ff.; *Winnefeld,* Zukunftsbezogene Wertfaktoren bei der Ermittlung der Barabfindung nach § 305 AktG, DB 1975, 457.

2851

1. Allgemeines

In den Wirtschaftswissenschaften wurde anfänglich aus den Ergebnissen der Vergangenheit und Gegenwart ein durchschnittlicher Ertrag ermittelt und dieser unter Zuhilfenahme eines ebenfalls zu bestimmenden Zinssatzes zum „Ertragswert" einer Unternehmung umgerechnet. Dieser Wert war als Zukunftsgröße naturgemäß mit erheblichen Risiken belastet. Der Substanzwert als Gegenwartsgröße wäre – meinte man – wesentlich sicherer zu erfassen. Deshalb versuchte man den Unternehmenswert durch Kombination dieser beiden Werte zu ermitteln.

2852

In der Betriebswirtschaft setzte sich der Ertragswert als der maßgebliche Wert des Unternehmens[1] durch.

2853

Da die Ertragswertmethoden auf der Überlegung beruhen, dass sich der Wert eines Unternehmens in erster Linie danach bestimmt, welche Erträge es in Zukunft erwirtschaften kann, werden diese prognostiziert, auf den Bewertungsstichtag abgezinst und dadurch zum Ertragswert kapitalisiert[2].

„Allgemeine Grundsätze zur Durchführung von Unternehmensbewertungen" sind vom Arbeitskreis der Wirtschaftsprüfer formuliert worden.

2854

Die finanzielle Verfügbarkeit der Erfolgsüberschüsse (Entnahmemöglichkeiten) wird als wesentlicher Bewertungsfaktor für den Ertragswert angesehen.

2855

Ertragswert ist der Zukunftserfolg eines Unternehmens. Begrifflich gilt als Zukunftserfolg die Summe sämtlicher an den Investor fließenden Nettoausschüttungen aus dem Unter-

---
1 Rn 2802.
2 Vgl. BayObLG Beschluss vom 18. Dezember 2002 – 3 Z BR 116/00, AG 2003, 569.

nehmen. Dazu zählen u. a. Gewinnanteile, Dividenden, verdeckte Gewinnausschüttungen, Veräußerungsgewinne und Liquidationsausschüttungen.

2856 Siepe[1] definiert: Der Ertragswert eines Unternehmens ergibt sich als Summe der diskontierten Zukunftserfolge aus dem Betriebsvermögen (vermindert um die persönlichen Ertragsteuern der Unternehmenseigner) und des Barwerts des nicht notwendigen Vermögens.

Bei der Ertragswertermittlung gelten folgende Grundsätze:

2857 (1) Grundsatz der Substanzerhaltung

Als Erfolg wird der „Überschuss" bezeichnet, der im Unternehmen ständig erwirtschaftet wird. Die Quelle des Erfolgs, die Substanz, darf sich also in ihrem Wert nicht vermindern; daher gilt Grundsatz der Substanzerhaltung. Aus diesem Grundsatz folgt u. a., dass die gestiegenen Wiederbeschaffungskosten zu berücksichtigen sind, die Geldentwertung allgemein, die die Substanz belastenden Steuern, die Ertragsteuern, die auf den zur Substanzerhaltung notwendigen Rücklagen lasten.

2858 (2) Grundsatz der Vollausschüttung

Der Erwerber eines Unternehmens will die künftigen Erträge erlangen. Das sind nur die Erträge, die ihm tatsächlich zufließen können. Wieder angelegte Erträge mehren die Substanz und erzeugen weitere Erträge. Diesen zusätzlichen künftigen Erfolg will der Erwerber **allein** erlangen; er ist **nicht** mehr dem **Verkäufer** zu vergüten. Bei der Ertragswertermittlung ist also von der These der Vollausschüttung auszugehen, um nicht den zusätzlichen Erfolg wiederangelegter Erfolge dem Veräußerer zuzurechnen, und zwar der Vollausschüttung des reservenfreien Erfolges[2], auch wenn in Wirklichkeit Gewinnthesaurierung vorgenommen werden sollten[3].

2859 (3) Grundsatz der Berücksichtigung der Risiken

Risiken können durch einen pauschalen Abschlag vom Zukunftserfolg oder durch Einzelabschläge berücksichtigt werden. Es kann der Kapitalisierungszinsfuß erhöht angesetzt werden. Es kann vom Unternehmensgesamtwert ein Abschlag vorgenommen werden.

2860 (4) Gesichtspunkt der Vorsicht

Das bilanzrechtliche Vorsichtsprinzip (§ 252 Abs. 1 Nr. 4 HGB) gilt **nicht** bei der Ertragswertermittlung. Verluste, die erwartet werden, sind ebenso wie Gewinne als wahrscheinlich oder sicher einzuordnen und bei der Ertragswertermittlung zu erfassen.

2861 (5) Grundsatz, einen Unternehmerlohn anzusetzen

Insbesondere bei Einzelunternehmen und Personengesellschaften muss ein kalkulierter Unternehmerlohn in Höhe des angemessenen Aufwandes für einen Fremdgeschäftsführer abgezogen werden.

2862 (6) Berücksichtigung der Fremdkapitalzinsen

Die Zinsen für Fremdkapital fließen nicht dem Unternehmenseigentümer zu, sondern dessen Gläubigern; sie müssen daher vom Zukunftserfolg abgesetzt werden (Nettomethode).

---

1 *Siepe*, Die Unternehmensbewertung, in WP-Handbuch 1998, 11. Aufl., Bd. II, S. 1–142.
2 *Moxter*, Grundsätze ordnungsmäßiger Unternehmensbewertung, 2. Aufl., Wiesbaden 1983, S. 85 ff.
3 *Helbling*, Unternehmensbewertung und Steuern, 6. Aufl., Düsseldorf 1991, S. 259 ff.

Werden die Zinsen auf Fremdkapital bei der Ermittlung des Zukunftserfolges nicht abgesetzt, muss von dem auf dieser Grundlage errechneten Unternehmenswert der Nominalbetrag des Fremdkapitals abgezogen werden.

(7) Berücksichtigung der Steuern 2863

Die Betriebssteuern müssen vom Zukunftsertrag in der voraussichtlichen Höhe abgezogen werden.

(8) Bewertung des Managements 2864

Die Ertragskraft eines Unternehmens ist u. a. auch von der inneren Organisation abhängig. Insoweit gilt es, die personell unabhängig wirkenden Faktoren herauszuschälen und als Gewinngröße zu erfassen.

(9) Grundsatz der Verwendung verlässlicher und vollständiger Bewertungsunterlagen 2865

Die Unternehmensbewertung erfordert, dass der Bewerter umfassend informiert ist, insbesondere dass ihm alle Unterlagen vollständig zur Verfügung stehen und auch die Informationen, die eine selbstständige Beurteilung der übergebenen Zahlengrundlagen ermöglichen.

(10) Berücksichtigung sonstiger Einflüsse 2866

Wird ein Unternehmen mit einem anderen verbunden, tritt ein Synergieeffekt ein. Er wird allerdings **nur** die Preisvorstellungen des Käufers beeinflussen.

Die auf Grund der vorstehenden Grundsätze gewonnenen Prognosedaten gehen in die Bewertung der übertragbaren Ertragskraft ein.

Geht man von den Einnahmen-Überschüssen eines bestimmten Abwicklungskonzepts des Unternehmens aus, wird vielfach – zu Unrecht – auch ein so ermittelter Liquidationswert als „Ertragswert" bezeichnet. 2867

Die Aussage, **nur** der Ertragswert sei mit dem Unternehmenswert identisch, begegnet in der Praxis vielfach Vorbehalten. 2868

Je nach der Art eines Unternehmens (z. B. Herstellungsunternehmen oder Handelsunternehmen), seiner Größe (z. B. Fabrikationsunternehmen, Handwerksbetrieb; Handelsunternehmen, Ladengeschäft, Handelsvertreter) und gegebenenfalls weiterer Gesichtspunkte (z. B. Standort – Ladengeschäft im Zentrum einer Großstadt oder in einer Vorstadt oder auf dem Lande –; Bedeutung des Arbeitseinsatzes und/oder des Könnens des jeweiligen Inhabers, z. B. bei Praxen der Freiberufler, bei denen der Substanzwert völlig zurücktreten kann; Zielvorstellungen des Erwerbers für den Weiterbetrieb des Unternehmens) werden unterschiedliche Methoden zur Ermittlung des Unternehmenswertes erforderlich sein. Gegebenenfalls wird der Substanzwert nicht nur eine Kontrollgröße für den Ertragswert abgeben, sondern selbst Eigenwert besitzen.

Bei bestimmten Unternehmen (Praxen) können durch die Häufigkeit des Inhaberwechsels einem Markt ähnliche Verhältnisse entstehen. Erfahrungswerte aus diesem Umstand und Methoden zur Bewertung solcher Unternehmen (Praxen), die in der Praxis entwickelt worden sind, werden bei einem Kauf/Verkauf an die Stelle der sonst üblichen Bewertungsmethoden treten. Allerdings ist zu berücksichtigen, dass der Erfahrungswert von „Märkten" dieser Art durch Fehlerquellen (insb. Fehleinschätzungen der Beteiligten) beeinflusst sein können. 2869

2870 Es kann aber auch Unternehmen (Praxen) geben, deren Bewertung mit den gängigen Methoden nicht zu angemessenen Ergebnissen führt, für deren Unternehmen mit anderen Worten von dem Bewerber eine einzelfallbezogene Bewertung entwickelt werden muss.

Fehlt es an Sachverständigen, redlichen Bewertern oder erfordern Vereinfachungs- oder Objektivierungsgesichtspunkte eine grobe Ermittlung, werden – zwangsläufig – an die Stelle der Ertragswertermittlungsmethoden andere Methoden – also auch solche der Ermittlung des Substanz- und Geschäftswertes – treten müssen.

Nach Überzeugung der Betriebswirtschaftslehre wird dabei in Kauf genommen, dass man sich im Allgemeinen von dem Preis, der für das betreffende Objekt am Markt zu Stande käme, entfernt.

2871 In der Praxis sind viele Verfahren zur Ermittlung des Unternehmenswertes gebräuchlich.

2872 Im Folgenden werden beispielhaft einige Verfahren der Unternehmensbewertung vorgestellt[1], dabei muss betont werden, dass jegliche Vereinfachung zu einer unvertretbaren Vernachlässigung von im Einzelfall zu berücksichtigenden Wertfaktoren und damit zu einem abwegigen Ergebnis führen kann. Der **Bewertungszweck** bestimmt die Wahl der Verfahrenstechnik der Bewertung und damit auch die Grenzen zulässiger Vereinfachung sowie möglicher Objektivierung.

2873 Bei jeder durch einen Inhaberwechsel (Eigentumswechsel) veranlassten Unternehmensbewertung sind die Grenzpreise zu ermitteln. Das ist zum einen der Preis, den der mögliche Käufer zu leisten bereit sein wird (Höchstpreis) und zum anderen der Preis, unter dem der Verkäufer nicht veräußern wird (Mindestpreis). Sie markieren die Verhandlungsgrenzen.

2874 Nach hM in der Betriebswirtschaftslehre sind die Grenzpreise „nur" durch Ertragsbewertung zu ermitteln. Zu berücksichtigen ist, dass die aus einem Unternehmen zu erwartenden Erträge vom jeweiligen Unternehmenseigentümer abhängen. Unterschiedliche Unternehmenseigner werden unterschiedliche Erträge erwirtschaften. Fähigkeiten, Ehrgeiz, Risikobereitschaft beeinflussen die Ertragsmöglichkeiten.

2875 Die stichtagsbezogene, prognoseorientierte Ertragswertmethode erfordert nach den Grundsätzen ordnungsmäßiger Unternehmensbewertung

- die Analyse und Darstellung der Ertragsentwicklung (Vergangenheit, Gegenwart, Zukunft),
- die Feststellung etwa veränderter Voraussetzungen für die Ertragserwartungen,
- die Kapitalisierung zum Ertragswert (= Unternehmenswert) – Zinssatz über Multiplikator –,
- die Prüfung der betriebsnotwendigen Substanz und des
- neutralen – gesondert zu bewertenden – Vermögens.

Bei der Analyse und Darstellung der Ertragsentwicklung müssen die Ursachen oder die Gründe für die gute oder schlechte Umsatz- und Ertragsentwicklung in den letzten Jahren erkannt und es muss anschließend gefragt werden, welche Veränderungen zu erwarten sind.

---

1 Vgl. dazu *Moxter,* Grundsätze ordnungsmäßiger Unternehmensbewertung, 2. Aufl., 1983, S. 1 ff.

Die möglicherweise veränderten Voraussetzungen für die Ertragserwartungen sind das nächste Untersuchungsfeld. Es ist nach internen und externen Einflüssen zu fragen.

(1) Seit 1996 herrscht unter Wirtschaftsprüfern wohl die Meinung vor, die Einkommensteuerbelastung des Unternehmens-Eigners sei in die Unternehmensbewertung einzubeziehen[1]. 2876

Dem vermag ich nicht zuzustimmen. Die Einkommensteuerbelastung ist nicht ein Element des „Wertes" eines Unternehmens. Der „Wert" ein und desselben Unternehmens wäre danach bei verschiedenen Eignern je nach ihrer einkommensteuerlichen Belastung unterschiedlich hoch. Das widerspricht dem Bemühen, den „Wert" des Unternehmens zu objektivieren. Richtig ist, dass die Einkommensteuerbelastung ein Element bei der Ermittlung des „Grenzpreises" für das Unternehmen sein kann.

(2) Methodisch erscheinen mir die nachstehenden Ausgangspunkte der Bewertung von Unternehmen nicht unproblematisch. 2877

- Bei der Bewertung eines Unternehmens sei von dessen ewiger Lebensdauer auszugehen.

- Bei der Bewertung eines Unternehmens müssten für dessen ewige Lebensdauer prognostiziert werden
    - die Wirtschaftsentwicklung,
    - die Zinsentwicklung (also einschließlich künftiger Inflationen und Deflationen),
    - die Entwicklung künftiger steuerlicher Belastungen

    usw.

Mathematisch lassen sich – diese Voraussetzungen als gegeben angenommen – überzeugende Berechnungen entwickeln und die dabei auftretenden Unsicherheiten eingrenzen[2]. Fraglich bleibt aber m. E. gleichwohl, ob die vorgenannten Ausgangspunkte eine zutreffende Bewertungsgrundlage abgeben[3].

(unbesetzt) 2878–2880

2. Der künftig erwartete Ertrag

Schrifttum: *Beyerlein/Kunert,* Zukunftsorientierte kennzahlenunterstützte Unternehmensanalyse, Betriebswirtschaftliche Blätter 1990 (39. Jg.), 388; *Bretzke,* Zusammenfassung der Diskussionsergebnisse der Arbeitsgruppe: Die Nutzung von Prognoseverfahren und die Berücksichtigung des Risikos in der Praxis der Unternehmensbewertung, in: Goetzke/Sieben, Moderne Unternehmensbewertung, 221; *Drury, D. H.,* Issnes in Forecasting Management, Management International Review (mir) 1990 (30 Jg.), 317; *Hansmann,* Prognose und Prognoseverfahren, BFuP 1995, 269; *Madjlessi/Schlag,* Bewertungstechniken bei Zinsunsicherheit, ZfB 1996, 167. 2881

Der Ertragswert wird durch die Kapitalisierung der künftig erwarteten Jahreserträge mit dem Kapitalisierungszinsfuß gefunden. Seine Höhe hängt entscheidend davon ab, mit welchem Betrag die Jahreserträge angesetzt und welcher Zinsfuß der Kapitalisierung zu Grunde gelegt wird. 2882

In die Prognose muss auch der künftig erwartete Geschäftsumfang einbezogen werden. 2883

---

1 Vgl. *Siepe,* WP-Handbuch 1998, S. 1 ff.
2 Vgl. dazu die Untersuchungen von *Ballwieser* und die von ihm entwickelten Modelle und Formeln.
3 Siehe dazu auch Rn 2970.

a) Jahresertrag

2884 Grundlage für die Bestimmung des Ertragswertes sind die künftigen Jahreserträge oder der kapitalisierte nachhaltig erzielbare künftige Jahresertrag.

Der langfristig zu erwartende Zukunftserfolg ist nicht prognostizierbar. Die Prognose der künftigen monetären Erfolge des zu bewertenden Unternehmens ist das Kernproblem der Ermittlung des Ertragswertes, das zuerst gelöst werden muss. Zwischen dem in der Vergangenheit eingesetzten Eigenkapital und den Gewinnen und den künftigen Gewinnen kann kein Kausalzusammenhang festgestellt werden; deshalb sind entsprechende Aussagen für die Zukunft nicht möglich.

Man braucht nicht an den Gegensatz von Prognose- und Chaos-Theorien zu denken, um gegenüber Voraussagen Skepsis anzumelden.

Wie unsicher Voraussagen sind, zeigen z. B. auch die vom Finanzminister jeweils dem Haushaltsausschuss vorgelegten mittel- und langfristigen Haushalts- und Finanzprognosen. Sie sind – anders als die Voraussagen zu den Steuereinnahmen nahezu immer an der Wirklichkeit gescheitert. Vorhersagen der Zukunft begegnen der Skepsis, die gegenüber jeder Art von Wahrsagerei besteht. Bei betriebswirtschaftlichen Prognosen muss man sich von der Vorstellung frei machen, sie wollten Wahrheiten vermitteln. Ihre Aufgabe ist es vielmehr, aus den gegenwärtig bekannten Tatsachen einleuchtende Erwartungen abzuleiten. Ihre Richtigkeit kann immer nur der Zeitablauf erweisen. Wer sich dieses begrenzten Erwartungshorizonts bewusst ist, hat die gegenüber den Prognosen vertretbare Einstellung. Bedacht werden muss auch: Je längerfristig eine Prognose ist, desto unsicherer ist sie, oft auch unseriöser.

Prognosen sind als statistische Voraussagen zu verstehen, bei denen mit einer mehr oder minder hohen Wahrscheinlichkeit davon ausgegangen wird, dass sie eintreten.

Der Ertragswert wird stichtagsbezogen ermittelt. Er drückt also **nur die Ertragskraft, die am Bewertungsstichtag** besteht, als künftig gegeben aus; die bewertbare Ertragskraft umfasst alle künftigen Erfolgschancen, soweit diese bereits eingeleitet und nachweisbar sind (z. B. auch Neubauplanungen). Gedanken, was geschehen soll oder geschehen kann, sind dagegen nicht bewertbar[1].

Da die Zukunft ungewiss ist, bietet es sich an, verschiedene Möglichkeiten des Zukunftserfolges anzunehmen und daraus eine gewisse Bandbreite abzuleiten. Es muss demgemäß die Wahrscheinlichkeit des Eintritts der einen oder anderen Möglichkeit bestimmt werden (Mehrwertigkeitsprinzip[2]).

Forschungs- und Entwicklungskosten können z. B. die Vergangenheit belastet haben, die Zukunft kann aber gerade deswegen positiv ausfallen.

Ein Produkt kann jahrelang gut verkauft worden sein, ist jetzt aber veraltet. Die Vergangenheit war also gut, die Zukunft wird schlecht sein[3].

2885 Der Käufer eines Geschäfts wird den zu erwartenden Gewinn aus dem Unternehmen mit dem Nutzen vergleichen, den er erzielen kann, wenn er das zum Ankauf des Unternehmens notwendige Kapital anderweitig anlegen würde.

---

[1] WP-Handbuch 1992, A 49.
[2] *Moxter*, Grundsätze ordnungsmäßiger Unternehmensbewertung, 2. Aufl., Wiesbaden 1983, S. 116.
[3] *Piltz*, Die Unternehmensbewertung in der Rechtsprechung, 3. Aufl., Düsseldorf 1994, S. 19.

Verfahren zur Ermittlung des Ertragswertes

Der Verkäufer wird sich überlegen, welche Gewinne sein Unternehmen künftig erzielen kann. Dabei wird er aber regelmäßig davon ausgehen müssen, dass er das Unternehmen nicht mehr selbst leiten wird. 2886

Auf die Gewinne, die das Unternehmen in der Vergangenheit erzielt hat, kommt es dabei nicht an. Der Käufer ist daran interessiert, was das Unternehmen ihm erbringen wird; dem Verkäufer geht nicht das verloren, was das Unternehmen in der Vergangenheit geleistet hat, sondern das, was es ihm in Zukunft noch leisten würde. 2887

Es wird als falsch angesehen, den künftigen Ertrag aus den Verhältnissen der Vergangenheit zu errechnen. Das ist zwar richtig, denn es geht um die Schätzung der Zukunftserfolge. Regelmäßig wird aber aus den Ergebnissen der Vergangenheit auf die der Zukunft geschlossen werden müssen. 2888

Die Berechnung des Ertragswertes nach dem Ertrag eines Jahres führt zu einem falschen Ergebnis, wenn dieser Ertrag kein Durchschnittsergebnis ist. 2889

Der künftig erwartete Ertrag wird in der Bewertungspraxis aus dem Durchschnitt der Gewinne der Vorjahre abgeleitet. Dabei müssen die außergewöhnlichen Einflüsse der Vergangenheit ausgeschaltet und die in die Zukunft wirkenden Entwicklungstendenzen berücksichtigt werden[1]. 2890

Die vorhandene Substanz hat für den Unternehmenswert insoweit Bedeutung, als ihre Existenz, ihr Zustand und ihre Erneuerungsbedürftigkeit die Ertragsprognose beeinflussen[2]. 2891

Die Zukunftsbezogenheit einer Bewertung setzt methodisch voraus, dass bei dem zu bewertenden Unternehmen Planungsrechnungen vorhanden sind.

Ist dies nicht der Fall, wie bei kleineren und mittleren Unternehmen zu erwarten ist, müssen derartige Planungsrechnungen für die Zukunft in Zusammenarbeit mit dem Unternehmen entwickelt werden; ggf müssen die Daten der Vergangenheit darauf untersucht werden, inwieweit sie sich in Zukunft ändern werden und diese Veränderungen in Daten umgesetzt werden. Es müssen alle Verhältnisse darauf untersucht werden, ob sie auch in Zukunft wirksam sein werden. 2892

Das Management gehört in den Katalog der Voraussetzungen für die Ertragserwartungen. In einer juristischen Person, bei einer großen Publikumsgesellschaft muss zunächst davon ausgegangen werden, dass das Management leistungsgerecht entlohnt wird. Dann ist die Tätigkeitsvergütung für diese Manager Aufwand und nur das, was nach Abzug dieses Aufwandes bleibt, ist der kapitalisierungsfähige Ertrag. Der gleiche Grundgedanke muss folglich auch bei kleineren Unternehmen zu Grunde gelegt werden. Bei Familiengesellschaften, bei denen die Gesellschafter zugleich Geschäftsführer sind, liegt ein Problem der Unternehmensbewertung darin, für die tätigen Gesellschafter die richtige Entlohnung zu berechnen und die so ermittelte Tätigkeitsvergütung abzuziehen, damit nur der kapitalisierbare Ertrag übrig bleibt.

(unbesetzt) 2893

---
1 *Aha*, Aspekte der Unternehmensbewertung im Spruchstellenverfahren, AG 1997, 26.
2 Vgl. Rn 2802.

b) Normalisierter Gewinn

2894 Die Gewinne der Vorjahre sind zu normalisieren. Es gilt, die Ergebnisse der jährlichen gewöhnlichen Geschäftstätigkeit zu errechnen, also aperiodische und außergewöhnliche Erfolgskomponenten auszuschalten.

2895 Auszuschalten sind die Einflüsse auf den Gewinn, die

- aus außerordentlichen einmaligen Aufwendungen und Erträgen herrühren (z. B. der Verkauf eines Betriebsgrundstücks gegen einen hohen Buchgewinn, der Verlust eines Lkw durch Unfall).

- auf Aufwendungen und Erträgen beruhen, die mit der an der Leistung des Unternehmens nicht beteiligten (außerbetrieblichen) Substanz zusammenhängen, oder

- mit Aufwendungen und Erträgen auf neu erstellte Anlagen zusammenhängen, die sich im Vergleichszeitraum nicht voll ausgewirkt haben.

2896 Es müssen die nicht periodengerechten Erfolgsausweise oder die Einflüsse durch die Ausübung von Bilanzierungs- oder Bewertungswahlrechten bereinigt werden.

Für die Analyse der Bilanzen der vorausgegangenen Jahre gilt:

Die Bildung stiller Reserven führt zur Unterschätzung der Ertragskraft; die Auflösung stiller Reserven führt zur Überschätzung der Ertragskraft.

2897 Das **nicht betriebsnotwendige Vermögen** und die nicht betriebsbedingten Passivposten müssen gesondert bewertet werden.

Die nicht betriebsnotwendigen Vermögensteile sind außerhalb der Unternehmensbewertung gesondert zu bewerten und mit ihren Einzelveräußerungspreisen dem vorher ermittelten Ertragswert als Barwerte künftiger Überschusserwartungen hinzuzurechnen. Aus der Ertragsrechnung aber müssen Aufwendungen und Erträge des neutralen Vermögens eliminiert werden.

2898 Die **betriebsnotwendige Substanz** ist eine von mehreren Voraussetzungen für die Ertragserwartungen. Die Substanz ist auf Vollständigkeit und Beschaffenheit zu untersuchen. Bei schwach rentierlichen Unternehmen, die jahrelang mit Verlusten gearbeitet haben, gilt es, Investitions- oder Reparaturrückstände aufzuspüren. Der Gegenwert solcher Rückstände muss entweder im absoluten Betrag vom Ertragswert gekürzt oder es müssen die Finanzierungskosten als zusätzliche Ausgabe in die Ertragsrechnung aufgenommen werden.

2899 Es kann im Einzelfall zweifelhaft sein, welche Vermögensteile **neutrales Vermögen** sind. Gut rentierliche Unternehmen sammeln nicht selten nicht betriebsnotwendige Vermögensteile gewissermaßen als Sparkasse. Nichtgenutzte Grundstücke sind in manchen Fällen notwendige Reservegrundstücke, in anderen eine Form von Geldanlage. Wertpapierpakete, Überbestände auf Bankkonten oder in den Vorräten können nicht betriebsnotwendig sein; in anderen Fällen sind gleiche Vermögensteile eine betriebsnotwendige Voraussetzung für den Fortbestand des Unternehmens mit Anpassungszwängen in wirtschaftlich wechselnden Situationen.

2900 Es müssen ferner

2901 - nicht erfasste Herstellungs- und Verwaltungskosten auf selbst erstellte Anlagen aktiviert,

2902 - Sonderabschreibungen durch kalkulatorische Abschreibungen auf der Basis der Anschaffungs- und Herstellungskosten ersetzt werden,

Verfahren zur Ermittlung des Ertragswertes 397

- Gewinnanteile, die auf die Arbeitsleistung des Unternehmers und seiner Angehörigen entfallen, die ohne Entgelt im Betrieb mitarbeiten, ausgeschieden werden; es müssen z. B. der Unternehmerlohn und die Arbeitsentgelte angemessen von dem Jahresertrag abgezogen werden, und zwar unter Ansatz von vergleichbaren Entgelten. 2903

Hat der Unternehmer in den Jahren, die für die Schätzung der Gewinnaussichten herangezogen werden, in erheblichem Umfang stille Reserven gebildet, so war dieser Gewinn zu gering ausgewiesen. Der tatsächlich erzielte Gewinn wäre höher, wenn der Unternehmer nicht die erhöhten Abschreibungen vorgenommen hätte. 2904

In solchen Fällen hat der Verkäufer ein Interesse daran, dass für die Schätzung der künftig erzielbaren Gewinne auch von den Gewinnen ausgegangen wird, die er tatsächlich hätte erzielen können, wenn er auf die Bildung hoher stiller Reserven verzichtet hätte. Da der bisherige Unternehmer die bestehenden Verhältnisse kennt, liegt es an ihm, dem Käufer den Nachweis zu erbringen, dass die Gewinne der letzten Jahre hätten höher sein können, wenn er nicht zu hohe stille Reserven angesammelt hätte. Es ist dann für die Schätzung der künftigen Gewinne von den Gewinnen auszugehen, die der Unternehmer als ordentlicher Kaufmann hätte ausweisen können.

Eine Erhöhung der in der Vergangenheit erzielten Gewinne kommt auch dann in Betracht, wenn der Unternehmer in diesen Jahren Aufwendungen gemacht hat, die außergewöhnlich hoch sind und dadurch einen originären Geschäftswert geschaffen hat. Tätigte z. B. ein Zeitungsvertrieb in den letzten drei Jahren erhebliche Aufwendungen für Werbefeldzüge zur Gewinnung von Abonnenten, so hat er dadurch den Geschäftswert gesteigert. Die Aufwendungen haben die bisherigen Gewinne gemindert, sie führen regelmäßig zu künftigen Gewinnen. Deshalb wäre es unzutreffend, wenn in diesen Fällen die künftigen Gewinne nach den durch diese Aufwendungen zu niedrig gehaltenen Gewinnen der Vergangenheit geschätzt würden. Auch in diesem Fall müssen die für die Schätzung der Gewinnaussichten ausgewiesenen Gewinne korrigiert werden. 2905

Sind die vom Betrieb ausgewiesenen Gewinne überhöht, müssen sie für die Schätzung der künftigen Gewinne ebenfalls berichtigt werden. Ein solcher Fall liegt vor, wenn sich die Preise für das abnutzbare Anlagevermögen seit seiner Anschaffung wesentlich erhöht haben. In diesen Fällen ist die Abschreibung nach den tatsächlichen Anschaffungskosten berechnet worden. Der in der Vergangenheit bei der Gewinnermittlung berücksichtigte Abschreibungsaufwand deckte dann nicht den Wertverschleiß, wenn die angenommene Nutzungsdauer zutreffend geschätzt worden war. Die Gewinne müssen in diesen Fällen den Beträgen angepasst werden, die als Gewinn erzielt worden wären, wenn die Abschreibung nach den jeweiligen Wiederbeschaffungskosten berechnet worden wären. 2906

In einem solchen Fall ist der Käufer des Geschäfts daran interessiert, die bisher erzielten Gewinne zu berichtigen. Für ihn ist es schwierig, die Umstände zu erkennen, die eine Korrektur der Gewinne erforderlich machen. Er muss darauf achten, dass bei der Ermittlung des Wiederbeschaffungswertes, der das Anlagevermögen betrifft, nicht höhere Anschaffungskosten angesetzt werden, als zurzeit der Betriebsveräußerung gerechtfertigt sind.

Eine Korrektur der einzelnen Jahreserträge ist auch insoweit erforderlich, als der ziffernmäßige Jahresertrag aus den Vorjahren wegen der laufenden Geldentwertung nicht dem betragsmäßig gleichen Gewinn im Jahre der Veräußerung gleichgestellt werden kann. In 2907 diesem Fall müssen die Gewinne der Vorjahre entsprechend dem Lebenshaltungskostenindex der einzelnen Jahre umgerechnet werden.

2908–2910   *(unbesetzt)*

c) Durchschnittlicher Gewinn

2911 Da man um eine Betriebsanalyse nicht herumkommt, wird es sich empfehlen, einen Vergleichsgewinn-Ermittlungsbogen zu erstellen, mit etwa folgendem Inhalt:

20. . 20. . 20. . usw.

Umsatz (nach Abzug der Erlösschmälerungen)
± Zu- oder Abnahme des Warenlagers
– Zugang an Roh- und Hilfsstoffen
– Fertigungslöhne
– Bruttogewinn
– Betriebskosten, und zwar
   1. Fertigungsgemeinkosten (einschl. Abschreibungen)
   2. Verwaltungsgemeinkosten (einschl. Steuern, Zinsen)
   3. Vertriebsgemeinkosten
= Ordentlicher Betriebsgewinn
± Laufender neutraler Ertrag und Aufwand
± Durchschnittliche Zufallsgewinne und Zufallsverluste
= Korrigiertes Gesamtergebnis
+ Verbuchter Fremdkapitalzins
+ Verbuchter kalkulatorischer Eigenkapitalzins
+ Reservezuweisungen einschl. stiller Reserven
– Beträge aus der Auflösung stiller Reserven
+ Substanzabschreibungen bei Substanzabbaubetrieben
– Abziehbare Gewinnbelastungen:
   1. Tantieme
   2. Gewinnabführungsverpflichtungen
   3. Körperschaftsteuer
   4. Gewerbeertragsteuer
= Vergleichsgewinn der einzelnen Jahre.

2912 Ob von dem Durchschnitt der Erträge der drei Jahre vor dem Kauf/Verkauf, dem der fünf Vorjahre oder dem der Jahre eines Konjunkturzyklus ausgegangen wird, hängt von den Umständen des Einzelfalles ab.

2913 Eine Verfeinerung des durchschnittlichen Ergebnisses kann durch Berechnung des gewogenen arithmetischen Mittels erreicht werden. Es werden z. B. bei Berücksichtigung von drei Vorjahresgewinnen das dritte Jahr vor dem Verkauf einfach, das Zweite doppelt und das Letzte dreifach gewichtet. Dies geschieht aus der Überlegung heraus, dass den Vergangenheitsergebnissen einer sich allgemeinen wandelnden Konjunkturlage ein um so größeres Gewicht beizumessen ist, je näher sie bei der Gegenwart liegen[1].

2914 Schmalenbach hat durch Reihensummenrechnung die jährlichen Schwankungen versucht einzuebnen. Viel/Bredt/Renard[2] geben dazu folgende Zahlenbeispiele:

---

1 *Viel/Bredt/Renard,* aaO, S. 105.
2 *Viel/Bredt/Renard,* aaO, S. 105.

Verfahren zur Ermittlung des Ertragswertes

Vergleichs-jahr	Absolute Werte	Teilsumme aus je 3 Gliedern		Gleitendes Dreijahresmittel	Ausgeglichene Schwankungen
		Jahre	Summe		
1.	20 000				19 000
2.	19 000				20 000
3.	21 000	1. – 3.	60 000	20 000	20 000
4.	23 000	2. – 4.	63 000	21 000	21 000
5.	16 000	3. – 5.	60 000	20 000	22 000
6.	18 000	4. – 6.	57 000	19 000	23 000
7.	32 000	5. – 7.	66 000	22 000	24 000
8.	25 000	6. – 8.	75 000	25 000	25 000
	174 000				174 000

Das gleitende Dreijahresmittel lässt zwar eine ansteigende Tendenz der Gewinne erkennen; der Verlauf ist jedoch, wie besonders die erste Ertragsspalte zeigt, nicht kontinuierlich. Das ist erst beim Schwankungsausgleich in der letzten Spalte der Fall.

Die Methode der gleitenden Mittelwerte kann weiter verfeinert werden, wenn z. B. jeweils fünf Jahre zusammengefasst werden. Viel/Bredt/Renard geben folgendes Zahlenbeispiel:

Vergleichs-jahr	Absolute Werte	1.–5. Jahr	2.–6. Jahr	3.–7. Jahr	4.–8. Jahr
1.	20 000	20 000	–	–	–
2.	19 000	19 000	19 000	–	–
3.	21 000	21 000	21 000	21 000	–
4.	23 000	–	–	23 000	23 000
5.	16 000	–	–	–	–
6.	18 000	–	18 000	18 000	18 000
7.	32 000	–	–	–	–
8.	25 000	–	–	–	25 000
Summe		60 000	58 000	62 000	66 000
Mittel		20 000	19 333	20 666	22 000

Die sich daraus ergebenden Durchschnittsgewinne lauten:

1. einfaches arithmetisches Mittel von 3 Vorjahren   75 000 : 3 = 25 000
2. einfaches arithmetisches Mittel von 5 Vorjahren   114 000 : 5 = 22 800
3. einfaches arithmetisches Mittel von 8 Vorjahren   174 000 : 8 = 21 700
4. gewogenes arithmetisches Mittel von 3 Vorjahren   157 000 : 6 = 26 100
5. gewogenes arithmetische Mittel von 5 Vorjahren   362 000 : 15 = 24 100
6. gleitendes Dreijahresmittel von 3 Vorjahren   75 000 : 3 = 25 000
7. Mittelwert unter Ausschaltung der Extremwerte   66 000 : 3 = 22 000

Erkennbar wird, dass eine Auswahl nach objektiven Gesichtspunkten nicht möglich ist. Ein Bewerter, der das gewogene Mittel der drei Vorjahre von 26 100 wählt, trägt der Entwicklungstendenz der Gewinn Rechnung und mildert den Extremwert des zweiten Vorjahres von 32 000.

d) Verfahrenshinweise zur Prognose der künftigen Gewinne

2916 In der Praxis sind zur Bestimmung der künftig zu erwartenden Erträge verschiedene Verfahrensweisen üblich, und zwar insbesondere pauschal bestimmte, analytisch angelegte und kombinierte Methoden.

(1) Die Anwender von **Pauschalmethoden** meinen im Gesamtergebnis eines Unternehmens mischten sich die vielfältigen Risiken und Chancen; deshalb werden die künftigen Erträge anhand der in der Vergangenheit erzielten Ergebnisse, die von außergewöhnlichen und periodenfremden Einflüssen bereinigt sind, ermittelt.

(2) Die Anwender von **analytischen Methoden** zur Bestimmung der künftigen Ertragswerte gehen von Erfolgsanalysen der einzelnen Produkte und Produktbereiche sowie einer Analyse der Entwicklungstendenzen der Aufwendungen und Erträge aus.

(3) Bewerter, die **beide Methoden kombinieren,** versuchen infolgedessen aus Vergangenheitserkenntnissen und zukunftsgerichteten Daten den Ertragswert zu bestimmen.

(4) Allgemein herrscht die Meinung vor, dass in den Fällen, in denen auf eine ausführliche und zuverlässige Planzahlenrechnung zurückgegriffen werden kann, regelmäßig dem analytischen oder kombinierten Verfahren der Vorzug zu geben sei. Bei Unternehmen, bei denen dies nicht möglich ist, seien pauschale Verfahren anzuwenden.

(5) Bei der vielfach von Unternehmensberatern und Investmentbanken bevorzugten Discounted-Cash-Flow-Methode werden nicht die erwarteten Nettoausschüttungen an die Eigentümer, sondern der erwartete Cash-Flow in Form des Zahlungsstromes, der in einer Periode sowohl an die Eigentümer als auch an die Fremdanleger als Saldo erwartungsgemäß fließt, kapitalisiert. Bei der Ermittlung des Unternehmenswertes werden also nicht nur die erwarteten Dividenden, sondern auch die Zinsen und Zahlungen aus Kreditaufnahmen und Kredittilgungen berücksichtigt (Brutto-Cash-Flow genannt). Nach Kapitalisierung dieses Wertes und Abzug des Marktwertes des Fremdkapitals erhält man den Unternehmenswert[1].

(6) Unternehmensberater und Wirtschaftsprüfer äußern auffällig häufig, der analytischen Methode komme in der Praxis nicht die Bedeutung zu, die man nach der betriebswirtschaftlichen Literatur erwarten müsste.

2917–2920 *(unbesetzt)*

3. Kapitalisierungszinsfuß

2921 **Schrifttum:** *Aha,* Aktuelle Aspekte der Unternehmensbewertung im Spruchstellenverfahren, zugleich Anmerkungen zu der Paulaner-Entscheidung des BayObLG, AG 1997, 26; *Diez,* Der Kapitalisierungsfaktor als Bestandteil der Ertragswertberechnung bei der Gesamtbewertung von Unternehmen und Unternehmungsanteilen, Wpg 1955, 2 ff.; *Prietze/Walker,* Der Kapitalisierungszinsfuß im Rahmen der Unternehmensbewertung, Die Betriebswirtschaft 1995, 199; *Schwelzler,* Zinsänderungsrisiko auf Unternehmensbewertung: Das Basiszinsfuß-Problem bei der Ertragswertermittlung, ZfB 1996, 1081.

2922 (1) Der am Bewertungsstichtag anzuwendende Kapitalisierungszinsfuß wird dadurch gefunden, dass alternative Möglichkeiten der Kapitalanlage verglichen werden; dabei ist von dem durchschnittlich auf Dauer erzielbaren Zins auszugehen.

---

1 Zu den Bedenken dagegen vgl. *Ballwieser,* Aktuelle Aspekte der Unternehmensbesteuerung, Wpg 1995, 119.

(2) „Dem potenziellen Unternehmensveräußerer eröffnen sich durch die Unternehmensveräußerung in Höhe des Nettoveräußerungspreises andere Mittelverwendungsmöglichkeiten; er wird aus diesen die für ihn günstigste auswählen. Sie ist, vereinfacht ausgedrückt (nicht denknotwendig), gekennzeichnet durch einen uniformen, einer bestimmten Risikoklasse angehörenden Reinertragsstrom einerseits und einen hierfür zu entrichtenden Preis; aus dem Verhältnis des so definierten Reinertragsstroms (dem Zähler) und dem erwähnten Preis (dem Nenner) ergibt sich der ‚Zinsfuß'. Für den potenziellen Unternehmenserwerber gilt, dass der Unternehmenserwerb eine andere (die jeweils günstigste) Mittelverwendung verdrängt; sein Kapitalisierungssatz wird mithin durch die Rendite dieser Mittelverwendung bestimmt."[1]

Ausgehend von diesem gedanklichen Ansatz muss der Kapitalisierungszinssatz im Einzelfall ermittelt werden. Es ergeben sich – wie es Moxter ausdrückt – „im allgemeinen Homogenisierungsprobleme, insbesondere hinsichtlich des Risikos und der Inflationsabhängigkeit der zu vergleichenden Ertragsströme."[2] „Schwierigkeiten bestehen allein darin, im konkreten Fall für eine bestimmte Mittelverwendung (Kapitalanlage) deren Risikostruktur bzw. deren (genaue) Inflationsabhängigkeit vorauszusagen. Hier können dem Unternehmensbewerter selbstverständlich Irrtümer unterlaufen, auch dem sehr sachverständigen Unternehmensbewerter; das ist bei Prognosen nun einmal nicht anders."

Als Basiszins wird in der Praxis vielfach vom Zins für risikofreie festverzinsliche Wertpapiere ausgegangen. Dieser Zins ist identisch mit der durchschnittlichen Obligationenrendite, vornehmlich derjenigen von Staatsanleihen[3]. 2923

Lag bei Unternehmensbewertungen der Zinsfuß zwischen 10 und 15 vH, und zwar je nach Risikolage, ergab sich ein Unternehmenswert zwischen dem 10- bis 6,6fachen des Jahresertrages. 2924

Der Unternehmenswert errechnet sich, wenn ein Rechnungszinssatz (Zinsfuß) von 12 vH zu Grunde gelegt wird, mit dem 8,3fachen des zugrundegelegten nachhaltigen Jahresertrages. 2925

Wird von einer Verzinsung von 12 vH ausgegangen, errechnet sich daraus als Faustregel ein risikofreier Zinssatz unter Berücksichtigung von Steuern von (12 vH ./. 40 vH Steuern =) 7,2 vH[4]. 2926

Bedenkt man, dass der Geldwert im Verhältnis zu dem anderer Währungsgebiete steten Veränderungen unterliegt, ergibt sich allein schon daraus, dass es keinen geldwertneutralen Zins gibt. 2927

Kapitalisierungszinssatz und kapitalisierter Ertragswert stehen in umgekehrt proportionalem Verhältnis zueinander. 2928

---

1 *Moxter,* Unternehmens- und Praxisübertragungen, BB 1995, 1518, dort S. 1519 r. Sp.
2 Vgl. dazu *Ballwieser* (Hrsg.), Bilanzrecht und Kapitalmarkt, 1994, S. 1379 ff.; *Ballwieser* in Handwörterbuch des Bank- und Finanzwesens, (hrsg. von Gerke u. a.), 2. Aufl. 1995, Sp. 1867 ff.
3 Vgl. *Viel/Bredt/Renard,* aaO, S. 131.
4 Zur Berechnung des Kapitalisierungszinssatzes sei beispielhaft auf drei Beschlüsse hingewiesen: LG München I, Beschluss vom 25. Januar 1990 17 HK O 17002/82, AG 1990, 404, LG Frankfurt/Main, Beschluss vom 31. Januar 1990 34 Akt E 1/86, AG 1990, 403, und Beschluss des BayObLG vom 19. Oktober 1995 3 Z BR 17/90, AG 1996, 127; von dem Basiszinssatz wird ein Geldentwertungsabschlag abgezogen und ein Risikozuschlag hinzugerechnet und so, der Kapitalisierungszinssatz gefunden.

Umstritten ist u. a., ob je nach Inflationsanfälligkeit des Unternehmens ein Inflationsabschlag berücksichtigt oder auf ihn verzichtet werden sollte[1].

2929 Eine Alternative zur herkömmlichen Ermittlung des Kapitalisierungszinsfußes ist im „Capital Asset Pricing Modell" (CAPM) aufgekommen. Zum Zinsfuß einer risikolosen öffentlichen Anleihe wird der Risikozuschlag des jeweiligen Unternehmens addiert. Die vom Gesamtaktienmarkt abgeleitete allgemeine Mehrrendite wird mit einem Beta-Faktor des Unternehmens multipliziert. Anhand eines Indexes (z. B. des DAX) wird untersucht, ob sich die Rendite des Unternehmens schwankungsfreudiger entwickelt hat als bei anderen Unternehmen. Ein Beta von 1 bedeutet, dass sich die Rendite des Unternehmens im Durchschnitt wie die des durch den Index repräsentierten Marktes entwickelt hat. Ein Beta über 1 zeigt größere Schwankungen gegenüber dem Markt, ein Beta kleiner als 1 geringere Schwankungen auf. Das Ergebnis der Multiplikation von allgemeiner Mehrrendite und Betafaktor ergibt die spezielle Mehrrendite; dieses wird als Risikozuschlag zum Zinssatz der risikolosen Anteile hinzugerechnet.[2]

2930–2935 *(unbesetzt)*

4. Formeln für die Ertragswertberechnung

2936 Unter Ertragswert wird – wie bereits gesagt – der Barwert aller zukünftigen Erfolge verstanden.

Höhe und Dauer der Zukunftserfolge sowie der Kapitalisierungszinsfuß sind die für seine Berechnung erforderlichen Rechengrößen.

2937 Bei der rechnerischen Ermittlung des Ertragswertes werden folgende Fälle unterschieden:

(1) Endliche Lebensdauer der Unternehmung

a) wechselnde Erfolgshöhe

aa) ohne Liquidationserlös,

bb) mit Liquidationserlös,

b) gleich bleibende Erfolgshöhe

aa) ohne Liquidationserlös,

bb) mit Liquidationserlös,

(2) Unendliche Lebensdauer der Unternehmung.

In den folgenden Formeln zur Berechnung des Ertragswertes bedeuten:

EW = Ertragswert
E = Zukunftserfolg
$E_1 \cdot E_2, \ldots, E_n$ = Zukunftserfolg des 1., 2., ... n-ten Jahres
L = Liquidationserlös
P = Kapitalisierungszinsfuß in Prozent
$i = \frac{P}{100}$ = Kapitalisierungszinsfuß in Dezimalschreibweise

---

[1] Vgl. *Ulmer*, in Festschrift für Quack, aaO, S. 495.
[2] Zu den Einwendungen gegen das CAPM vgl. *Aha*, die bei aaO, S. 35 unter Fn 107 aufgeführte Literatur.

Verfahren zur Ermittlung des Ertragswertes

$q = 1 + \frac{P}{100} = 1 + i$ = Aufzinsungsfaktor

$\frac{1}{q}$ = Abzinsungsfaktor

a) Ertragswert bei zeitlich begrenzten und in wechselnder Höhe anfallenden Reinerträgen ohne Liquidationserlös:

$$EW = \frac{E_1}{q} + \frac{E_2}{q^2} + \frac{E_3}{q^3} + \ldots + \frac{E_n}{q^n}$$

b) Ertragswert bei zeitlich begrenzten und in welchselnder Höhe anfallenden Reinerträgen mit Liquidationserlös:

$$EW = \frac{E_1}{q} + \frac{E_2}{q^2} + \frac{E_3}{q^3} + \ldots + \frac{E_n}{q^n} + \frac{L}{q^n}$$

c) Ertragswert bei zeitlich begrenzten und in gleich bleibender Höhe anfallenden Reinerträgen ohne Liquidationserlös. Die Jahresreinerträge bilden eine geometrische Reihe, deren kleinste Glied der erste Jahresertrag ist:

$$EW = \frac{E}{q^n} + \frac{E}{q^{n-1}} + \ldots + \frac{E}{q^3} + \frac{E}{q^2} + \frac{E}{q}$$

Die Summe dieser Reihe ist die aus der Zinseszins- bzw. Rentenrechnung bekannte endliche nachschüssige Barwertformel (Rentenbarwertformel):

$$EW = \frac{E}{q^n} \cdot \frac{q^n - 1}{q - 1}$$

d) Ertragswert bei zeitlich begrenzten und in gleich bleibender Höhe anfallenden Reinerträgen mit Liquidationserlös:

$$EW = \frac{E}{q^n} \cdot \frac{q^n - 1}{q - 1} + \frac{L}{q^n}$$

e) Ertragswert bei unendlicher Lebensdauer der Unternehmung:

Die Formel unter d) wird vereinfacht zu der sog. kaufmännischen Kapitalisierungsformel:

d. h. der Ertragswert ist der Buchwert einer ewigen Rente.

$$EW = \frac{E}{i}$$

(unbesetzt) 2943–2945

5. Vorgehensweise bei der Ermittlung des Unternehmenswertes nach dessen Ertragskraft

Schrifttum: IDW, Erhebungsbogen zur Unternehmensbewertung; *Kruschwitz/Löffler,* Unendliche Probleme bei der Unternehmensbewertung, DB 1998, 1041; *Pechtl,* Die Prognosekraft des Prognoseberichts, zfbf 2000, 141; *Pfleger,* Unternehmensbewertung nach dem Ertragswertverfahren, INF 1996, (I) 630, (II) 662; *Siepe,* Die Unternehmensbewertung, WP-Handbuch 1998, 11. Aufl., 2 Bd'e.

Das IDW schlägt zur Bewertung eines Unternehmens vor, wie folgt, vorzugehen. Vorab ist die Bewertungsaufgabe darzustellen (also Auftraggeber, Auftrag und Auftragsunternehmen) und danach das Bewertungsobjekt zu beschreiben (also seine rechtlichen und wirtschaftlichen Grundlagen, die steuerlichen Gegebenheiten und die Vermögens- und Finanzlage).

Die Erhebungen zur Wertermittlung gliedert sich in das Zusammenstellen der Daten zum
- Ertragswert,
- dem nicht betriebsnotwendigen Vermögen und
- dem Liquidationswert.

Zum Ertragswert sind die Ertragserwartungen zu ermitteln, der Kapitalisierungszinssatz und die Ertragswertberechnung darzustellen.

2948 Die Umsatz- und Ergebnisentwicklung der letzten Jahre und in der übersehbaren Zukunft ist nach den Ergebnisrechnungen zu analysieren (z. B. Gewinn- und Verlustrechnungen als Bestandteil des Jahresabschlusses, Gesamtkosten- oder Umsatzkostenverfahren, Fabrikate-Erfolgsrechnungen, Sparten-Ergebnisrechnungen, Rechnungsunterlagen der Ertragserwartungen und der Planungsrechnungen).

Durch Analyse der Ertragskraft in der jüngsten Vergangenheit sind die Ursachen für die Umsatz- und Ertragsentwicklung festzustellen. Werden diese Ursachen auch in der Zukunft wirken? Die Analyse der Planungen im Unternehmen gilt den Chancen und Risiken.

2949 Die Ermittlung der Ertragserwartungen wird – ausgehend von einer Analyse der Vor- und Nachteile des Produktprogramms und des Absatzmarktes, um die Gesamtleistung zu beurteilen – Daten zusammentragen, kritisch würdigen und in Berechnungszahlen umsetzen, die den Aufwand betreffen für

- den Materialeinsatz,
- das Personal,
- den Vertrieb,
- die Verwaltung,
- die betrieblichen Steuern,
- den übrigen betrieblichen Aufwand,
- Re-Investitionsraten,
- Instandhaltung,
- die Alterversorgung,
- die Finanzierung und
- die Ertragsteuern.

2950 Nach den Überlegungen zum Kapitalisierungszinssatz wird zusammenfassend die Ertragswertberechnung erstellt.

Der Bewerter wird kapitalisieren

- die nachhaltigen Zukunftsertragsgrößen
- mehrere Ergebnisse für Einzelplanungsperioden und für die Zukunft sowie die
- mehrwertigen Ergebniserwartungen für Einzelplanungsperioden und die Zukunft (Ertragswertbandbreiten und Ertragswertalternativen).

6. Weitere Ertragswertmethoden

2951 **Schrifttum:** *Biergans,* Investitionsrechnung. Moderne Verfahren und ihre Anwendung in der Praxis, Nürnberg 1973; *Bitz,* Investition, in Vahlens Kompendium der Betriebswirtschaftslehre, Bd. 1, München 1984, S. 423.

a) Investitionsformeln

Für die Berechnung des Ertragswertes kann u. a. auch auf die für Investitionsentscheidungen üblichen Rechenformeln verwiesen werden. Die Unsicherheiten der Prognosebestimmung – man denke nur an den Kapitalisierungszinsfuß – lassen sich nicht ausschalten, wohl aber für Berechnungszwecke eingrenzen. 2952

Hinsichtlich dieser Formeln muss auf die Speziallliteratur verwiesen werden.

b) Ertragsüberschussrechnung

Bei der Ertragsüberschussrechnung wird der Barwert aller zukünftigen Einnahmenüberschüsse als Wert des Unternehmens bezeichnet. „Diese Einnahmen-Überschüsse stammen entweder aus Gewinnen oder, wenn auf diese Weise höhere Überschüsse erzielt werden können, aus den möglichen Einnahmeüberschüssen bei einer Liquidation der Unternehmenssubstanz." 2953

Bei der Ertragsüberschussrechnung werden Aufwendungen dem Zeitraum der Verursachung zugerechnet, unabhängig davon, ob die Ausgaben in diesem Zeitraum oder später anfallen. Entsprechendes gilt bei Einnahmen und Erträgen. Die Aufwands- und Ertragsrechnung enthält also Aufwendungen ohne Ausgaben und Erträge ohne Einnahmen.

Die Ertragsüberschussrechnung ist unvollkommen. Das wird am Beispiel eines Unternehmens anschaulich, bei dem auf eine Investitionsphase eine Abschreibungsphase und eine Auslaufphase folgen.

Keine dieser Phasen allein lässt eine den Wert des Unternehmens zutreffende Ertragsüberschussrechnung zu.

c) Ertragswertermittlung bei Abfindungsansprüchen

Schrifttum: *Seetzen,* Unternehmensbewertung im Spruchstellenverfahren, Wpg 1991, 166. OLG Stuttgart Beschl. vom 4. Februar 2000 – 4 W 15/98, NZG 2000, 744 (Unternehmensbewertung i. R. D. §§ 304, 305 AktG). 2954

Bei der Bewertung eines Unternehmens können die Gedanken, die bei der Bewertung von Kapitalgesellschaften im Zusammenhang mit Abfindungsansprüchen geäußert werden, nicht unbesehen übernommen werden. 2955

Wird von einer Aktiengesellschaft (AG) ein Gewinnabführungs- oder Beherrschungsvertrag abgeschlossen, können die außenstehenden Aktionäre eine Abfindung in Aktien der beherrschenden Aktiengesellschaft verlangen (§ 305 AktG). Entsprechendes gilt bei Eingliederung der Aktiengesellschaft durch Mehrheitsbeschluss gemäß § 320 AktG oder bei Umwandlung durch Übertragung des Vermögens auf einen Gesellschafter (§ 15 UmwG).

Im Zusammenhang mit diesen Abfindungsansprüchen für die außenstehenden Aktionäre sagt Gansweid[1]: Es könne heute nicht mehr davon ausgegangen werden, „dass nach überwiegender Meinung in der betriebswirtschaftlichen Literatur eine Kombination von Ertrags- und Substanzwert angemessen sei. Im Gegenteil müssen die Gerichte zur Kenntnis nehmen, dass der Ertragswert nicht nur der theoretisch richtige Wert ist, sondern dass auch seine Korrektur in Richtung auf den Substanzwert nicht überzeugend begründet werden kann".

---

1 *Gansweid,* Zur gerichtlichen Überprüfung der angemessenen Barabfindung nach § 305 AktG, AG 1977, 334.

Die Vermögenslage findet im Ertragswert stets ihren Niederschlag[1].

2956 Mit dem Abfindungsangebot unzufriedene Aktionäre werden im Spruchstellenverfahren (§ 306 AktG) eine angemessene Abfindung beantragen, die regelmäßig eine Verbesserung des Angebots mit sich bringt[2].

Prognoseabhängige Schätzungen ergeben keine unanfechtbaren Ergebnisse, sondern nur Bandbreiten möglicher Ergebnisse.

2957 Der Anteilseigner – insbesondere der Aktionär – denkt bei der Bewertung seines Anteiles in erster Linie an die Erträge seiner Beteiligung. Das Unternehmen wird als sozusagen „ewig bestehend" angesehen.

2958 Wie bereits gesagt, ist zwischen dem Wert des Unternehmens und dem Preis der Summe der Gesellschaftsanteile zu unterscheiden[3]. Die Literatur zur Abfindung der außenstehenden Aktionäre berücksichtigt mE stärker die Interessenlage dessen, der die Beherrschung anstrebt, als dessen, der weichen soll.

2959 Für den Fall des Ausscheidens eines Gesellschafters aus einer Personengesellschaft werden regelmäßig vertragliche Vereinbarungen über die Bewertung der Ansprüche bestehen. Vielfach ist in Fällen dieser Art der Ertragswertgesichtspunkt zu wenig berücksichtigt.

2960–2965 *(unbesetzt)*

7. Abhängigkeiten der Ertragswert-Ermittlungsmethoden

a) Abhängigkeit vom geschätzten künftigen Ertrag

2966 Die Ermittlung des Zukunftserfolges erfordert eine Prognose. Unter dem Einfluss investitionstheoretischer Überlegungen wird als Zukunftserfolg der Überschuss der künftigen Einnahmen über die künftigen Ausgaben angesehen. Die dafür erforderliche Einnahme-Überschuss-Rechnung kann aus der Aufwand-Ertrags-Rechnung entwickelt werden.

Bei größeren Unternehmen wird mit analytischen Methoden die Zukunft in Phasen gegliedert und für jede Phase der Zukunftserfolg prognostiziert[4].

Die Zukunft ist ungewiss; deshalb ist es angebracht die am Bewertungsstichtag bestehende Ertragskraft auch als künftige Ertragskraft anzunehmen[5].

b) Zinsfußabhängigkeit der Ertragswert-Ermittlungsmethoden

2967 Im Handwörterbuch des Steuerrechts zeigt Bierle[6] in nachstehender Tabelle die Veränderung der Ertragswerte eines Unternehmens bei einem konstanten zukünftigen Reinertrag von 100 000 € und verschiedenen Kapitalisierungszinsfüßen und Erfolgsjahren auf:

---

1 Wirtschaftsprüfer-Handbuch 1992, Bd. 11 Rn 28.
2 *Seetzen*, Unternehmensbewertung im Spruchstellenverfahren, Wpg 1991, 166.
3 Rn 2731; vgl. dazu auch OLG Düsseldorf, Beschluss vom 11. April 1988 19 W 32/86, rkr., WM 1988, 1052.
4 Vgl. dazu *Bretzke*, Das Prognoseproblem bei der Unternehmensbewertung, 1975; Wirtschaftsprüfer-Handbuch 1981, 1294 f.
5 Vgl. dazu auch *Piltz*, Die Unternehmensbewertung in der Rechtsprechung, 2. Aufl., Düsseldorf 1989, 18 ff.
6 HwStR, 2. Aufl., München 1981; *Bierle*, S. 441.

	Erfolgsjahre				
P	10	30	50	100	∞
4	811 090	1 729 203	2 148 218	2 450 500	2 500 000
8	671 008	1 125 778	1 223 348	1 249 432	1 250 000
10	614 457	942 691	991 481	999 927	1 000 000
12	565 022	805 518	830 450	833 323	833 330

Daraus ergibt sich, wie Bierle zutreffend ausführt, dass in den meisten Fällen zur Ermittlung des Ertragswertes die kaufmännische Kapitalisierungsformel genügt. Bedenkt man, dass sowohl der künftige Erfolg (E) wie auch der Kapitalisierungszinsfuß auf Schätzungen beruhen, werden die Formeln[1] regelmäßig kein Ergebnis mit höherer Wahrscheinlichkeit abgeben.

Vielfach wird in den Formeln ein branchenüblicher Zinssatz statt des landesüblichen Zinssatzes eingesetzt. 2968

Es gibt Unternehmensbewerter, die den Zinsfuß um einen Risikofaktor verändern[2]. 2969

c) Weitere Abhängigkeiten

Prognosen werden, wie beobachtet werden kann, immer wieder „neuen" Erwartungen angepasst. Insbesondere sind die Einflüsse der menschlichen Natur nur begrenzt voraussehbar. Die Entwicklung der Konjunktur wird beeinflusst durch politische Ereignisse (Krieg usw., Ölpreise, Wechselkurse), Seuchen und sonstigen Einwirkungen (Kursänderungen an der Börse, Stimmungslage gegenüber der wirtschaftlichen Entwicklung). Mit jeder Änderung dieser Faktoren ändert sich auch notgedrungen die Prognose. 2970

---

1 Rn 2938–2942.
2 Gegen zu hohe Risikozuschläge vgl. *Ballwieser*, Unternehmensbewertung Stuttgart 2004.

IV. Methoden der Ermittlung des Substanzwertes

2971 **Schrifttum:** *Baier,* Der Auftragsbestand als Kalkulationsfaktor im Rahmen des Unternehmenserwerbs, DB 1991, 1189; *Bierle,* Substanzwert, HwStR S. 1388.

1. Allgemeines

2972 a) Der Ausdruck Substanzwert ist vielfältiger Kritik ausgesetzt.

2973 Gegen den Ausdruck Substanzwert wird eingewendet, er werde für unterschiedliche Inhalt gebraucht, so im Sinne von

- Vollreproduktionswert,
- Teilreproduktionswert,
- Liquidationswert,
- Vermögen,
- Kapital,
- einer Art Normalertragskraft und
- der Substanz schlechthin.

2974 b) Der Substanzwert kann[1] als das Maß an Ausgaben gedeutet werden, das dem Erwerber des Unternehmens erspart bleibt, wenn er das Unternehmen erwirbt, statt ein gleichartiges Unternehmen aufzubauen. Substanzwert sei die Differenz, die sich nach der Neubewertung des vorhandenen Vermögens und aller vorhandenen Schulden ergibt oder das Kapital, welches erforderlich wäre, eine vergleichbare Unternehmensleistung zu erbringen.

2975 Bei der Ermittlung des Substanzwerts (Reproduktionswertes) des Unternehmens werden die Einzelobjekte grundsätzlich mit ihren Wiederbeschaffungspreisen, überzählige Objekte mit ihren Veräußerungspreisen angesetzt.

2976 c) Gemeinsam ist der Unternehmensbewertung nach dem Substanzwert:

2977 aa) Nicht betriebsnotwendiges Vermögen darf nicht in die Gesamtbewertung einbezogen werden, sondern ist selbstständig zum Liquidationswert zu bewerten.

2978 bb) Der Liquidationswert ist der niedrigste Unternehmenswert.

2979 Eine Unternehmensbewertung ohne Ermittlung des Wertes der Substanz ist nicht vorstellbar. Der Wert der Substanz hat nicht nur unentbehrliche (Hilfs-)funktionen zur Bestimmung des Unternehmenswertes, ihm ist letztlich auch die Finanzkraft des Unternehmens zu entnehmen. Vom Wert der Substanz hängen die Fremdfinanzierungsmöglichkeiten ab. Ihm wird entnommen werden können, ob ein Unternehmen in der Lage ist, Krisenzeiten durchzustehen. Es ist nicht vorstellbar, dass ein Unternehmenskäufer nicht wissen will, mit welcher Substanz der Ertrag erzielt wird. Der Wert der Substanz liefert auch die rechnerischen Grundlagen für die Ertragswertrechnung, soweit sie, wie z. B. bei Abschreibungen, vom Substanzwert abhängt. Der Wert der Substanz ist auch ein Rentabilitätsmaßstab für den Ertragswert. Ohne Feststellung der dem Unternehmen dienenden Substanz können auch nicht die betriebsnotwendigen von den nicht betriebsnotwendigen Wirtschaftsgütern getrennt werden.

---

1 Wirtschaftsprüfer-Handbuch, Bd. II 12. Aufl. A 397 ff.

Methoden der Ermittlung des Substanzwertes

d) Substanzwert ist der „Gegenwartswert des betriebstätigen, aus Gütern und Berechtigungen bestehenden Vermögens einer Unternehmung"[1]; er umfasst **nicht** den Geschäftswert (Goodwill; Mehrwert der Substanz). Die Ermittlung des Substanzwertes bedarf keiner Rechenformel. Denn der Substanzwert ist die Summe der den Vermögensgegenständen des Unternehmens zugemessenen Werte oder anders ausgedrückt, Substanzwert ist die Summe aus der Addition der Zeitwerte der einzelbewertbaren Vermögensgegenstände abzüglich der Zeitwerte der einzelbewertbaren Schulden[2]. Geschäftswert ist der Unterschiedsbetrag zwischen dem (höheren) Ertragswert und dem Substanzwert des Unternehmens. 2980

Ausgangspunkt für die Ermittlung des Substanzwertes ist in der Praxis in der Regel die Jahresbilanz. Die Bewertung in der Bilanz ist die Zuordnung einer Geldgröße als Recheneinheit zu einer Bilanzposition[3]. Es ist daher die Einzelbewertung der einzelnen Bilanzposten erforderlich, und zwar die Erfassung aller Wirtschaftsgüter. Die in der Bilanz mit den Anschaffungs- oder Herstellungskosten vermindert um die Abschreibungen ausgewiesenen Werte müssen durch die jeweiligen Wiederbeschaffungswerte ersetzt werden. 2981

Bei der Substanzwertermittlung wird davon ausgegangen, dass das Unternehmen fortgeführt werden soll (Going-Concern-Prinzip). Diese Voraussetzung ist nicht nur für die Bewertung abnutzbarer Wirtschaftsgüter, sondern auch für die Barwertberechnung und für die Bewertung der stillen Reserven von entscheidender Bedeutung, denn dadurch unterscheidet sich der Substanzwert vom Liquidationswert, bei dem von der Auflösung des Unternehmens und der Veräußerung seiner Wirtschaftsgüter sowie einer sofortigen Fälligkeit der Schulden ausgegangen wird. 2982

Bei den Verfahren zur Ermittlung des Substanzwertes wird also im Gegensatz zu den Verfahren der Ermittlung des Ertragswertes nicht der künftige Erfolg des Unternehmens gesucht, sondern es werden die Aufwendungen ermittelt, die nötig wären, um ein gleiches Unternehmen zu errichten. Der Gesamtwert des Unternehmens ist demgemäß die Summe der Wiederbeschaffungskosten für sämtliche Vermögensgegenstände des Unternehmens ohne Geschäftswert. 2983

Der Wert des Unternehmens ist bei dieser Betrachtung die Summe von Substanzwert und Geschäftswert. 2984

(unbesetzt) 2985

Berücksichtigt werden müssen die immateriellen Anlagewerte und sonstige Umstände. 2986

Zu den immateriellen Anlagewerten gehören Konzessionen (z. B. Güterfernverkehrskonzessionen), gewerbliche Schutzrechte (z. B. Gebrauchsmuster, Lizenzen[4]), Markenrechte, Patente, Urheberrechte, Verlagsrechte), sonstige Rechte (z. B. Abonnementsverträge, Bauberechtigungen, Belegungsrechte, Belieferungsrechte, Braurechte, Brennrechte, Filmrechte, Kaufrechte, Kontingente, Mineralgewinnungsrechte, Nießbrauchsrechte, Nutzungsrechte, Optionsrechte, Syndikatsrechte, Wasserrechte, Wettbewerbsverbote, Wohnrechte)[5]. 2987

---

1 *Viel/Bredt/Renard*, aaO, S. 31.
2 Vgl. *Ballwieser*, B 134 Aktivierungs- und Passivierungswahlrechte, in Beck'sches Handbuch der Rechnungslegung, München 1987, Rz 2.
3 *Siegel*, B 161 Allgemeine Bewertungsgrundsätze, in Beck'sches Handbuch der Rechnungslegung, Rz 1.
4 Rn 1502 ff.
5 Zu sonstigen Rechten vgl. Rn 1500 ff.

Sonstige immaterielle Anlagewerte sind z. B. eigene Erfindungen, Fabrikationsverfahren, Know-how[1], Rezepte, selbstentwickelte Software[2].

Bei der Unternehmensbewertung im Zusammenhang mit einem Unternehmenskauf müssen sowohl für die derivativen wie auch für die originären immateriellen Anlagegegenstände Werte ermittelt werden.

2988   Zu berücksichtigen ist auch, dass bei einem laufenden Betrieb Aufwendungen angefallen sind, deren Nutzung noch nicht in voller Höhe zu Erlösen geführt hat. Hierzu gehören z. B. Aufwendungen für die Erweiterung der Produktion, Werbemaßnahmen, Ausbildungs- und Entwicklungskosten, Mietereinbauten und Mieterumbauten und dergleichen mehr.

Das Know-how ist keine Geschäftswertkomponente[3].

2989   Schwebende Verträge, die den Einkauf oder Verkauf betreffen, müssen gegebenenfalls mit den Gewinn- oder Verlusterwartungen erfasst werden. Preisverfall, Preissteigerungen oder Wechselkursveränderungen, aber auch Kalkulationsfehler können in dem Zeitraum bis zum Übernahmestichtag anfallen und dann dem Veräußerer zugerechnet werden müssen, oder erst danach und dann den Erwerber treffen.

2990   Verkäufer und Käufer werden sich zweckmäßigerweise über die Bewertung der Rechte und Pflichten aus Leasing-Verträgen einigen.

2991   Latente Lasten müssen erfasst und abgegrenzt werden.

2992–2995   *(unbesetzt)*

2. Zu verschiedenen Verfahren der Ermittlung des Substanzwertes

a) Grundfall

2996   Der Substanzwert des Unternehmens ist die Summe der Wiederbeschaffungskosten für die Vermögensgegenstände des Unternehmens ohne den Geschäftswert, wobei überzählige Objekte mit ihren Veräußerungspreisen angesetzt werden.

Vgl. die Formel

$W = S$

W = Wert des Unternehmens ohne Geschäftswert

S = Wiederbeschaffungskosten sämtlicher Vermögensgegenstände ohne Geschäftswert

b) Mittelwert-Methode (auch „Berliner Verfahren" genannt)

2997   Ein Unternehmen, das hohe Erträge mit einer im Verhältnis dazu geringen Substanz erzielt, ist einer erheblichen Konkurrenzgefahr ausgesetzt, denn daraus entsteht ein Anreiz zur Errichtung von Konkurrenzunternehmen. Deswegen wird vielfach ein über dem Sub-

---

[1] Vgl. Rn 1519 ff.; vgl. ferner *Zahn*, Handlexikon zu Futures, Optionen und innovativen Finanzinstrumenten, 2. Aufl., Frankfurt a. M. 1991.
[2] Rn 3226 ff.
[3] BFH-Urteil vom 13. Februar 1970 III R 43/68, BFHE 98, 292, BStBl II 1970, 373.

stanzwert liegender Ertragswert um einen Risikofaktor gemindert. Nach dem Mittelwertverfahren ist der Unternehmenswert das Mittel zwischen Substanz- und Ertragswert[1].

$$W = \frac{S + E}{2}$$

E = Ertragswert
Werden dem Substanzwert und dem Ertragswert nicht das gleiche Gewicht zugemessen, sondern ein gewichtetes Mittel gewählt, etwa 2:1 zu Gunsten des Ertragswerts, lautet die Formel:

$$W = \frac{S + 2E}{3}$$

2998

Liegt der Ertragswert unter dem Substanzwert, so ist er allein maßgebend, also nicht das Mittel aus Substanz- und Ertragswert.

2999

Die Formel

3000

$$W = \frac{S + E}{2}$$

bleibt unverändert, auch wenn von einem Substanzwert auf Grund anderer Berechnung (z. B. Funktionswerte[2]) ausgegangen wird.

Die Zinslast und ihre Veränderungen beeinflussen den Wert der Sachanlagen bis zu deren Erneuerung[3].

3001

(unbesetzt)

3002

c) Verfahren der unbefristeten Übergewinnkapitalisierung

Bei der Berechnung des Unternehmenswertes durch das Verfahren der Übergewinnkapitalisierung (auch: Gewinnschichtungsmethode) wird wiederum vom Substanzwert ausgegangen und wiederum wird der Zukunftserfolg des Unternehmens berücksichtigt. Rentiert sich der Substanzwert mit dem Normalzins (Normalgewinn), so ist der Unternehmenswert gleich dem Substanzwert. Ist die Rendite höher als der Normalzins, so wird der überschießende Teil (Übergewinn) kapitalisiert und dem Substanzwert hinzugerechnet. Die Summe ist der Wert des Unternehmens. „Der gesamte Unternehmenswert ist mit anderen Worten die Summe aus Substanzwert und Barwert des zukünftigen (kapitalisiertem) Übergewinns. Dabei ist noch nicht berücksichtigt, dass Übergewinne in höherem Maße gefährdet sind als der Normalgewinn. Der Übergewinn wird deshalb mit einem über dem Normalzinssatz liegenden Übergewinnzinssatz abgezinst.

3003

Die Formel lautet:

$$W = S + \frac{E - iS}{r}$$

r ist in diesem Zusammenhang der Kapitalisierungsfaktor für Übergewinne

$$(= \frac{\text{Übergewinn} - \text{Kapitalisierungszinsfuß}}{100})$$

d) Methode der Übergewinnabgeltung (Übergewinnverrentung)

– UEC-Formel – (Die Methode wird auch Verfahren der verkürzten Goodwill-Rentendauer oder Verfahren der Zeitlichen-temporären-Übergewinnkapitalisierung genannt.)

3004

---

[1] Vgl. dazu auch BGH-Urteile 30. September 1981 IV a ZR 127/80, BB 1982, 70, und vom 17. März 1982 IV a ZR 27/81, NJW 1982, 2477; zuvor OLG Hamburg, Urteil vom 12. November 1965 1090/65, MDR 1966, 237, unter Hinweis auf *Lukes*, DB 1954, 1014.

[2] Vgl. Rn 2827.

[3] Vgl. *Bodarwé*, Die schwankende Zinslast und ihre Bewertung, DB 1974, 1921; *ders.*, Unternehmensbewertung, S. 48 ff.

Bei diesen heute weithin gebräuchlichen Verfahren werden nur die Übergewinne einer begrenzten Zahl von Jahren abgegolten, weil die Übergewinne nicht ewig erzielt werden.

Die Zahl der Jahre wird verschieden angesetzt, häufig mit 5 oder 8 Jahren.

3005 Bei der Formel

$$W = S + a_n (E \times S)$$

bedeuten

W = Unternehmenswert im Ganzen
S – Substanzwert
E = nachhaltiger Zukunftsertrag
i = auf 1 bezogener Kapitalisierungszinsfuß
a_n = Rentenbarwertfaktor

3006 Diese Methode geht davon aus, dass der Erwerber eines Unternehmens dem Verkäufer neben der Substanz noch den „Goodwill" zu entgelten habe. Zur Ermittlung des Goodwill wird vom zukünftigen Ertrag ausgegangen. Von diesem wird sodann die angemessene Verzinsung des im Substanzwert investierten Kapitals abgezogen und der verbleibende Restbetrag nochmals auf den Bewertungszeitpunkt abdiskontiert, da es sich bei dem Ertrag um Zukunftsgewinne handelt, die erst in späteren Perioden anfallen.

3007 Diese Methode wird vom Institut der Wirtschaftsprüfer nicht befürwortet.

e) Stuttgarter Verfahren

3008 **Schrifttum:** *Moxter,* Das „Stuttgarter Verfahren" und die Grundsätze ordnungsmäßiger Unternehmensbewertung, DB 1976, 1585.

3009 Das Stuttgarter Verfahren ist die im Steuerrecht angewandte Methode zur Bewertung nichtnotierter Aktien und Anteile, wenn der gemeine Wert nicht aus Verkäufen abgeleitet werden kann (§ 11 Abs. 2 Satz 2 BewG). Dabei ist der gemeine Wert unter Berücksichtigung des Vermögens und der Ertragsaussichten zu schätzen. Das von der Finanzverwaltung entwickelte Schätzungsverfahren war früher in den Vermögensteuer-Richtlinien (VStR)[1] geregelt und ist nunmehr in den Erbschaftsteuer-Richtlinien (ErbStR) enthalten[2].

3010 Das Stuttgarter Verfahren beruht auf der Übergewinnmethode, die neben dem Substanzwert die (undiskontierten) Erträge der nächsten fünf Jahre berücksichtigt. Die Übergewinnmethode versteht den Unternehmenswert als Summe des Teilreproduktionswerts (Vermögenswerts) und des Mehrwerts, der darauf beruht, dass das Unternehmen Gewinne über den Normalgewinn hinaus (sog. Übergewinne) erwirtschaftet[3]. Bei Annahme eines Kapitalisierungssatzes von beispielsweise 10 vH wird der Substanzwert mit ⅔ und der Ertragswert mit ⅓ erfasst[4]. Der BFH hat zwar in ständiger Rechtsprechung das Stuttgarter Verfahren als ein geeignetes Schätzungsverfahren anerkannt[5], in seinem Vorlagebeschluss vom 22. Mai 2002 II R 61/99[6] hat er jedoch gegen die Wertfindung wegen der nicht mehr realitätsgerechten Wertansätze bei der Ermittlung des Vermögenswerts verfassungsrechtliche Bedenken erhoben. Die Entscheidung des Bundesverfassungsgerichts bleibt abzuwarten.

---

1 Zuletzt VStR 1995, Abschn. 4 – 16.
2 Seit 1. Januar 1999 R 96 – 108 ErbStR 1999, ab 1. Januar 2003 R 96 – 108 ErbStR 2003.
3 *Gürsching/Stenger,* a a O § 11 BewG Anm. 165.
4 *Gürsching/Stenger,* a a O § 11 BewG Anm. 166.
5 Vgl. Urteile vom 30. März 1994 II R 101/90, BStBl II 1994, 503 und vom 15. Februar 1995 II R 8/92, BStBl II 1995, 505 m. w. N.
6 BStBl II 2002, 598.

Da die Anteilsbewertung i. d. R. nur noch bei Bedarf im Rahmen einer Erbschaftsteuerveranlagung durchgeführt wird, ist das Vermögen der Kapitalgesellschaft mit dem Wert im Besteuerungszeitpunkt (§§ 9, 11 ErbStG) zugrunde zu legen, der sich nach § 12 Abs. 2, 5 und 6 ErbStG ergibt. Der Geschäfts- oder Firmenwert sowie die Werte von firmenwertähnlichen Wirtschaftsgütern sind nicht einzubeziehen[1]. Danach gelten für die Ermittlung des Vermögenswerts zunächst die allgemeinen Regeln zur Bewertung des Betriebsvermögens, da § 12 Abs. 2 Satz 2 über § 12 Abs. 5 ErbStG auf die entsprechenden Vorschriften des BewG verweist. Für die zum Gesellschaftsvermögen gehörenden Wirtschaftsgüter gilt deshalb grundsätzlich der Steuerbilanzwert. Grundbesitz der Gesellschaft ist allerdings mit dem nach den §§ 138 f. BewG ermittelten Bedarfswert anzusetzen. Das so ermittelte und ggf durch Zu- und Abrechnungen korrigierte Vermögen[2] ist mit dem Nennkapital zu vergleichen. Der sich hieraus ergebende Prozentsatz stellt den Vermögenswert der Kapitalgesellschaft dar und ist den weiteren Berechnungen zugrunde zu legen[3].

3011

Für die Ermittlung des Ertragshundertsatzes kommt es auf den voraussichtlichen künftigen Jahresertrag an, für den der bisherige tatsächlich erzielte Durchschnittsertrag eine wichtige Schätzungsgrundlage bildet. Der bisherige Durchschnittsertrag ist möglichst aus den Betriebsergebnissen der letzten drei vor dem Besteuerungszeitpunkt abgelaufenen Wirtschaftsjahre herzuleiten. Dabei ist als Schätzungsgrundlage vom jeweiligen zu versteuernden Einkommen nach §§ 7 und 8 KStG auszugehen[4]. Die „Ertragsaussichten" i. S. des § 12 Abs. 2 Satz 2 BewG beziehen sich auf den Teil der künftigen Gewinne, der für eine Ausschüttung an die Gesellschafter zur Verfügung steht. Sodann wird unterstellt, dass dieser Ertrag voraussichtlich für die nächsten fünf Jahre nach dem Stichtag in gleicher Höhe erzielt werden kann[5]. Das körperschaftsteuerliche Einkommen ist aber noch um Einnahmen und Ausgaben zu korrigieren, die nach dem KStG außer Ansatz bleiben, aber für die Frage, was die Kapitalgesellschaft tatsächlich erwirtschaftet hat und künftig voraussichtlich erwirtschaften und ausschütten kann, von Interesse sind. So werden z. B. Sonderabschreibungen oder einmalige Veräußerungsverluste zugerechnet und dementsprechend einmalige Veräußerungsgewinne abgerechnet[6]. Abzuziehen sind ferner die nicht abziehbaren Ausgaben einschließlich der Körperschaftsteuer von 25 v H[7]. Der Jahresertrag ist sodann mit dem Nennkapital der Gesellschaft zu vergleichen; der sich ergebende Hundertsatz stellt den Ertragshundertsatz der Kapitalgesellschaft dar und ist den weiteren Berechnungen zugrunde zu legen.

Da das Stuttgarter Verfahren von der Käuferfiktion ausgeht, wird als gemeiner Wert der Betrag angesetzt, den ein Käufer für den Erwerb eines Anteils aufwenden würde. Der Käufer würde bei der Bemessung des Kaufpreises i. d. R. neben dem Vermögenswert auch die Ertragsaussichten berücksichtigen, die er nach der Rendite des zum Erwerb des Anteils aufzuwendenden Kapitals beurteilen wird. Er wird deshalb die auf den Anteil entfallenden Erträge mit den Zinsen vergleichen, die das von ihm aufzuwendende Kapital, falls er es in anderer Weise anlegt, erbringen würde. Es kommt deshalb darauf an, mit welcher Verzinsung man nach den wirtschaftlichen Verhältnissen vom Stichtag rechnen kann. In den

3012

---

1 R 98 Abs. 1 ErbStR 2003.
2 R 98 Abs. 3 ErbStR 2003.
3 R 98 Abs. 4 ErbStR 2003.
4 R 99 Abs. 1 ErbStR 2003.
5 R 100 Abs. 2 ErbStR 2003.
6 R 99 Abs. 1 ErbStR 2003.
7 R 99 Abs. 1 Nr. 2 ErbStR 2003.

ErbStR 2003 wird von einem Zinssatz von 9 vH ausgegangen[1]. Als noch übersehbar für die Zinserwartung wird ein Zeitraum von fünf Jahren angenommen. Aus dieser Fiktion ergibt sich die in den ErbStR 2003 dargestellte Gleichung, deren Auflösung folgende Formel für den gesuchten gemeinen Wert x ergibt:

x = 68 vH der Summe aus Vermögenswert und fünffachem Ertragshundertsatz.

Soweit besondere Umstände vorliegen, können Zu- und Abschläge berücksichtigt werden, so z. B. ein Abschlag wegen nachhaltig geringer Erträge[2].

3013 Das Stuttgarter Verfahren zeigt unbefriedigende Ergebnisse bei solchen Unternehmen, deren Wert weniger in der Substanz als vielmehr in der Ertragskraft begründet ist. Das sind vor allem die Unternehmen des Dienstleistungssektors (Werbeagenturen, Wirtschaftsprüfungsgesellschaften, Modebranche, Anwaltssozietäten usw.). In diesen Fällen ist offenbar, dass die Substanzwerte (Möbel, Schreibmaschinen, Bankkonten usw.) unmöglich $2/3$ des Unternehmenswertes ausmachen können. Der wesentliche Wertfaktor ist hier der nachhaltige Ertrag.

3014 Das Stuttgarter Verfahren mit all seinen Unzulänglichkeiten hat immerhin die wesentlichen Vorteile,

- dass es einigermaßen praktikabel ist,

- und dass der Ertragswert zu wenigstens $1/3$ in die Bewertung eingeht – und zwar auf eine begrenzte Zeit ermittelt.

3015–3019 *(unbesetzt)*

f) Verfahren der Minderabschreibung (Verfahren Schnettler)

3020 Bei Unternehmen, bei denen der Ertragswert unter dem Substanzwert liegt (ertragsschwache Unternehmen) wird das Verfahren der Minderabschreibung angewendet. In diesem Fall werden die Abschreibungen nicht von dem Substanzwert, sondern von dem niedrigeren Wert vorgenommen. Die eingesparten Abschreibungen erhöhen entsprechend die künftigen Gewinne. Der Minderwert der Unternehmung (Differenz zwischen Substanz- und Ertragswert) wird damit im Ergebnis mit dem Minderwert der abzuschreibenden Anlagen gleichgesetzt und die auf diesen Minderwert anfallende (fiktive) Abschreibung wird dem zukünftigen Gewinn hinzugerechnet. Der sich ergebende Gewinn wird kapitalisiert.

g) Verfahren, Leistungswerte zu vergleichen

3021 Es wird von den Werten eines bekannten Unternehmens ausgegangen und aus ihnen auf den Wert eines anderen Unternehmens der gleichen Branche geschlossen.

Beispiel:
Eine Autoreifenfabrik, die jährlich 200 000 Reifen produziert, ist 20 000 000 € wert. Dann ist eine Autoreifenfabrik, die 400 000 Reifen jährlich produziert, 40 000 000 € wert. Dieses Verfahren ist sehr grob. Ein Problem liegt in der Frage, wie der Wert des Vergleichsunternehmens bestimmt wird. Das Verfahren kann nur als überschlägige Einschätzung in Betracht kommen.

h) Umsatzverfahren

3022 In manchen Branchen oder bei Freiberuflern wird der Unternehmenswert nicht selten in einem Vom-Hundert-Satz des durchschnittlichen Jahresumsatzes ausgedrückt (z. B. des

---

1 R 100 Abs. 1 ErbStR 2003.
2 R 100 Abs. 2 ErbStR 2003.

Jahres-Warenumsatzes oder bei Gaststätten nach dem Bierumsatz)[1]. Bei diesen Verfahren wird davon ausgegangen, es bestehe ein gleich bleibendes Umsatz-Kostenverhältnis, das einen Schluss vom Umsatz auf den Gewinn erlaube. Einen solchen Erfahrungssatz gibt es nicht. Schätzungsverfahren dieser Art werden in aller Regel ungeeignet sein, um den Unternehmenswert zu bestimmen; ihnen kann allenfalls eine Art Kontrollfunktion zukommen.

i) Kölner Verfahren

Barthel[2] führt zu dem von ihm entwickelten Kölner Verfahren u. a. aus, bei kleineren und mittleren Unternehmen reiche regelmäßig die Anwendung von zwei Methoden (z. B. eines – zeitpunktbezogenen – Einzelwirtschaftsgüter-Bewertungsverfahrens und eines – zeitraumbezogenen – überschussorientierten Gesamtbewertungsverfahrens) zur Abbildung von marktkonformen Unternehmenswerten aus. 3023

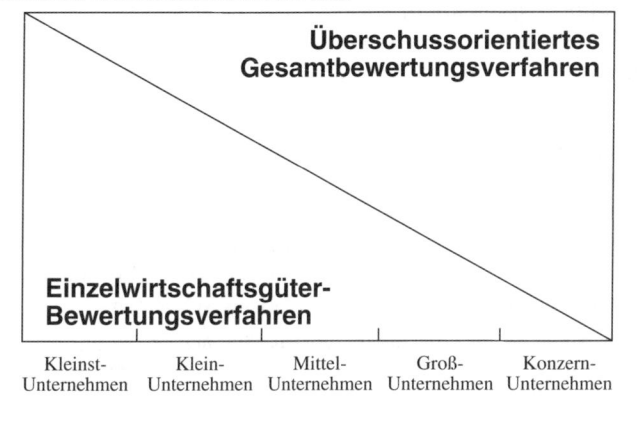

```
                    Überschussorientiertes
                  Gesamtbewertungsverfahren


    Einzelwirtschaftsgüter-
    Bewertungsverfahren

    Kleinst-    Klein-     Mittel-    Groß-    Konzern-
  Unternehmen Unternehmen Unternehmen Unternehmen Unternehmen
```

(unbesetzt) 3024–3025

3. Methodische Bemerkungen und einzelne Bilanzposten

Schrifttum: *Rossmanith/Funk,* Ergebniswirksame Unterschiede internationaler Rechnungsvorschriften, DB 2002, 1225. 3026

a) Allgemeines

Hinsichtlich der Einzelheiten bei der Ermittlung des Substanzwertes, insbesondere des von Grundstücken und Gebäuden, Maschinen und sonstigem Anlagevermögen, immateriellen Gütern (Konzessionen, Patenten usw.), Beteiligungen, eigenen Anteilen, nicht eingezahltem Kapital, von Anteilen an herrschenden Gesellschaften, Vorräten, Forderungen, flüssigen Mitteln, Wertpapieren, aktiven Rechnungsabgrenzungen, Rücklagen, Wertberichtigungen, Rückstellungen, Verbindlichkeiten, Bilanz-Gewinn und -Verlust, der Auf- und Abzinsung, von Treuhandverhältnissen usw. muss auf die Spezialliteratur verwiesen werden[3]. 3027

---

1 Vgl. dazu BFH-Urteil vom 19. Februar 1965 III 342/61 U, BFHE 82, 1, BStBl III 1965, 248.
2 *Barthel,* Unternehmenswert: Die Grundkonzeption des Kölner Verfahrens, DStR 1993, 1492, Unternehmenswert: Zur entscheidungs-theoretischen Fundierung des Kölner Verfahrens, DStR 1993, 1603. Ablehnend: *Ballwieser,* Eine neue Lehre der Unternehmensbewertung?, DB 1997, 185.
3 Vgl. Rn 2701, 2971.

3028 Die Bilanz kann, auch wenn sie unter Beachtung der Grundsätze ordnungsmäßiger Buchführung erstellt wurde, ein von den tatsächlichen Verhältnissen abweichendes Bild vermitteln. Deshalb sollte den Pflichtangaben des Anhangs zur Bilanz besonderes Augenmerk gewidmet werden. Das gilt nicht nur für die zusätzlichen Angaben gemäß § 264 Abs. 2 Satz 2 HGB, sondern auch für die Abweichungen in der Form der Darstellung und Gliederung in Bilanz oder Gewinn- und Verlust-Rechnung im Vergleich zum Vorjahr (§ 265 Abs. 1 Satz 2 HGB), für nichtvergleichbare Vorjahreszahlen (§ 265 Abs. 2 Satz 2 HGB), die Veränderungen bei Wirtschaftsgütern, die erst nach dem Abschlussstichtag eingetreten sind (§ 268 Abs. 4 und 5 HGB), der periodenfremden Erträge und Aufwendungen (§ 277 Abs. 4 Satz 3 HGB), die Angaben zu den Bilanzierungs- und Bewertungsmethoden, die den Posten der Bilanz und Gewinn- und Verlust-Rechnung zu Grunde liegen (§ 284 Abs. 2 Nr. 1 HGB), den Gesamtbetrag der Verbindlichkeiten mit einer Restlaufzeit von mehr als fünf Jahren und der gesicherten Verbindlichkeiten (§ 285 Nr. 1 HGB) usw.

3029 (1) Für die Ermittlung des Substanzwertes liegt es nahe, so vorzugehen, als ob eine Vermögensaufstellung für die Zwecke der Erbschaftsteuer gem. § 12 Abs. 5 ErbStG mit den erforderlichen Korrekturen zu erstellen wäre[1].

3030 (2) Das Beispiel der Rechnungsabgrenzungsposten verdeutlicht das.

3031 (3) **Schrifttum zu Abgrenzungsposten u. a.:** *Küting/Weber,* Handbuch der Rechnungslegung, 4. Aufl. 1995, Bd. Ia, § 250.

3032 (4) Als Rechnungsabgrenzungsposten werden auf der Passivseite solche Einnahmen – regelmäßig aus gegenseitigen Verträgen, bei denen Leistung und Gegenleistung zeitlich auseinander fallen – vor dem Abschlussstichtag angesetzt, die Erträge für eine bestimmte Zeit nach diesem Stichtag darstellen[2].

3033 Rechnungsabgrenzungsposten, die für im Voraus zugeflossene Einnahmen gebildet wurden, sind wie Schulden zu behandeln, wenn sie bewertungsrechtlich als Schulden anzuerkennen sind.

3034 Bei den antizipativen Passiven handelt es sich um Aufwendungen für das abgelaufene Wirtschaftsjahr, die erst im neuen Wirtschaftsjahr fällig werden. Dazu zählen insbesondere Aufwendungen für Mieten, Pachten, Löhne, Gehälter. Es handelt sich um Schulden, die im Zeitpunkt der Vermögensaufstellung bereits entstanden, aber in diesem Zeitpunkt noch nicht fällig sind.

3035 Ein passiver Rechnungsabgrenzungsposten muss darauf untersucht werden, ob der Sachverhalt, der zu seiner Bildung geführt hat, zur Anerkennung einer Schuld führt.

3036 Der Höhe nach ist der Wert der Vorleistung maßgebend.

3037 Sind für Einnahmen, die in der Zeit vor der Vermögensaufstellung zugegangen sind, aber Leistungen für die nachfolgende Zeit betreffen (im Vorhinein vereinnahmte Mieten, Pachten, Zinsen, wiederkehrende Leistungen aus Dienst- und Werkverträgen) Rechnungsabgrenzungsposten gebildet worden, werden ihnen entsprechende Posten für Verbindlichkeiten gegenüberstehen.

3038 Zur Ermittlung des richtigen Jahresgewinnes müssen bei der Bilanzierung zwar bereits gezahlte Aufwendungen, die auf das nächste Jahr entfallen, abgegrenzt werden. Jährlich etwa in gleicher Höhe wiederkehrende Aufwendungen müssen in der Bilanz jedoch dann

---

1 S. hierzu R 39 ErbStR 2003 und H 39 ErbStH.
2 BFH-Urteil vom 13. Juni 1986 III R 178/82, BFHE 147, 241, BStBl II 1986, 841.

nicht aktiv abgegrenzt werden, wenn sie sich auf den Gewinn und das Bilanzbild nur in unbedeutendem Umfang auswirken. Eine feste Grenze, bis zu welcher Höhe Rechnungsabgrenzungsposten wegen Geringfügigkeit außer Ansatz bleiben können, gibt es nicht. Ein Betrag von 3 000 DM im Jahr dürfte in der Regel jedoch noch als geringfügig anzusehen sein[1]. Ein solcher Posten ist jedoch für die Bewertung des Unternehmens im Umfang seines tatsächlichen Wertes zu berücksichtigen.

(unbesetzt) 3039–3040

b) Abnutzbares bewegliches Anlagevermögen (Substanzwert)

Schrifttum: WP-Handbuch 1992, E 268 ff.; *Liebscher/Zitzmann/Spanke,* AfA-Lexikon mit AfA-Tabellen, Bonn 1996. 3041

Bewegliches Anlagevermögen, das der Abnutzung unterliegt, ist mit dem Wert anzusetzen, den es entsprechend den Wiederbeschaffungskosten und dem Grad der Abnutzung zurzeit des Verkaufs besitzt. 3042

Verkäufer wie Käufer sind sich bewusst, dass die zu übereignende Anlage einerseits eine Wertminderung durch den Gebrauch erlitten hat und andererseits bei ständigen Preiserhöhungen nur zu höheren Preisen als den seinerzeitigen Beschaffungskosten wiederbeschafft werden kann.

Der Wert wird in der Regel anhand der Anschaffungs-(Herstellungs-)[2] oder Wiederbeschaffungskosten unter Berücksichtigung des Alters, des Zustands und des Preisindex bestimmt. Anhaltspunkte für die Schätzung sind die Anschaffungskosten, das Anschaffungsjahr, die Gesamtnutzungsdauer, die Erstnutzungsdauer, der Preisindex und die Wiederbeschaffungskosten. Zur Berechnung vgl. die Ausführungen unter dem Stichwort „Maschinen" (Rn 3119 ff.). 3043

(unbesetzt) 3044

c) Auf- und Abzinsungen

Schrifttum: *Clemm,* Abzinsung von umweltschutzbezogenen Rückstellungen?, BB 1993, 687; *Clemm,* Der Einfluss der Verzinslichkeit auf die Bewertung der Aktiva und Passiva, in Raupach (Hrsg.), Werte und Wertermittlung im Steuerrecht (Deutsche Steuerjuristische Gesellschaft), Köln 1984, 219 ff.; *Clemm,* Keine Abzinsung unverzinslicher Verbindlichkeitsrückstellungen, BB 1991, 2115; *Haarmann,* Unverzinsliche oder niedrig verzinsliche langfristige Darlehensforderungen, BB 1990, 1450; *Häuselmann,* Bilanzierung und Besteuerung von Zinsbegrenzungsverträgen – Caps, Floors und Collars –, BB 1990, 2149; *Hartung,* Abzinsung von Verbindlichkeitsrückstellungen?, BB 1990, 313; *Heußner,* Die bilanzielle Behandlung von Zinsrückstellungen, BB 1988, 2417; *Kaiser/Müller,* Abzinsung von Rückstellungen am Beispiel der Erstattungspflicht nach § 128 AFG, BB 1996, 1877; *Kussmann,* Die Abzinsung von Drohverlustrückstellungen, bei Mietverhältnissen, DB 1997, 1525; *Marx/Recktenwald,* Periodengerechtes Bilanzieren von unterverzinslichen Ausleihungen, BB 1992, 1526: *Moxter,* Saldierungs- und Abzinsungsprobleme bei Drohverlustrückstellungen, BB 1993, 2481; *Oestreicher,* Die Berücksichtigung von Marktzinsänderungen bei Finanzierungsverträgen in der Handels- und Steuerbilanz, BB 1993, Beilage 12 zu Heft 18/1993; *Schroeder,* Abzinsung von Rückstellungen und Verbindlichkeiten in der Steuerbilanz, Bergisch Gladbach/Köln 1990 (Reihe: Steuer, Wirtschaft und Recht, Bd. 66); *Sondermann/Sandmann,* Zur Bewertung von Caps und Floors, ZfB 1990, 1205; vgl. auch Rn 3223. 3045

---

[1] Niedersächsisches FG, Urteil vom 2. Februar 1981 IX 244/79, EFG 1981, 552.
[2] Vgl. u. a. dazu *Hauser/Hagenau,* Einbeziehung der Aufwendungen nach dem Lohnfortzahlungsgesetz in die Herstellungskosten, DB 1990, 440.

3046 Tragen im Rahmen der Substanzwertermittlung Diskontierungsrechnungen der späteren Fälligkeit von Geldbeträgen Rechnung, muss bei allen Auf- und Abzinsungsrechnungen ein **einheitlicher Zinssatz** angewendet werden.

3047 Der einheitliche Zinssatz ist aus dem Kapitalisierungszinssatz (in der Regel also dem Landeszinssatz) abzuleiten. Als landesüblicher Zinsfuß gilt die Rendite von Wertpapieren, von denen angenommen wird, dass hinsichtlich der Fähigkeit des Schuldners, Zins- und Tilgungsleistungen vertragsgemäß zu entrichten, kein Risiko besteht[1].

3048 Es ist zu berücksichtigen, dass in der Steuerbilanz die Anschaffungskosten von Warenvorräten weder zum Anschaffungszeitpunkt noch zum nachfolgenden Bilanzstichtag um den möglichen Skontoabzug gemindert werden, wenn der Steuerpflichtige nicht bis zum Bilanzstichtag von der Möglichkeit des Skontoabzugs Gebrauch gemacht hat[2].

3049–3050 *(unbesetzt)*

d) Fertigwaren und teilfertige Waren

3051 **Schrifttum:** *Döll,* Bilanzierung langfristiger Fertigung, Frankfurt a. M./Bern/New York 1984.

3052 Bei Fabrikationsbetrieben werden bei einer Veräußerung des Unternehmens auch fertige und teilfertige Erzeugnisse veräußert. Der Substanzwert dieser Erzeugnisse sind die Aufwendungen, die der Betrieb zurzeit des Verkaufs für die Herstellung aufwenden müsste. Dazu gehören auch die anteiligen Verwaltungskosten. Bei bereits verkauften Waren gehören auch die Kosten des Vertriebs, die auf den Vertrieb entfallenden Verwaltungskosten und ein Gewinnanteil aus der bereits abgeschlossenen und zum Teil bewirkten Vertragsleistung zu diesem Wert.

3053 *(unbesetzt)*

e) Firmenwertähnliche Wirtschaftsgüter

3054 **Schrifttum:** *Donle,* Gewerbliche Schätzwerte im Unternehmenskauf, DB 1997, 74.

3055 Bei firmenwertähnlichen Wirtschaftsgütern ist zu unterscheiden, ob sich die Unzulässigkeit von Absetzungen für Abnutzung daraus ergibt, dass der tatsächliche Abnutzungsverlauf dem des entgeltlich erworbenen Geschäfts- oder Firmenwerts vergleichbar ist mit der Folge, dass das bisherige Abschreibungsverbot entfällt[3], oder auf tatsächlicher Nichtnutzbarkeit beruht[4].

3056 *(unbesetzt)*

f) Forderungen

3057 **Schrifttum:** *Hölzel,* Die Bilanzierung von Devisengeschäften, Frankfurt am Main 1980; *Sarx/Pankow* in Beck'scher Bilanzkommentar, § 247 Rz 80; vgl. auch Rn 3216.

aa) Forderungserwerb

3058 Übernimmt der Erwerber des Unternehmens die Forderungen, sind die Kundenforderungen grundsätzlich mit dem Nennbetrag anzusetzen.

---

1 Vgl. *Coenenberg,* Lexikon der Betriebswirtschaft, S. 579.
2 BFH-Urteil vom 27. Februar 1991 I R 176/84, BFHE 163, 566, BStBl II 1991, 456.
3 BFH-Urteil vom 5. August 1970 I R 180/66, BFHE 100, 89, BStBl II 1970, 804, betreffend Verlagswert.
4 Vgl. dazu BMF vom 20. November 1986 IV B 2 – S 2172 – 13/86, BStBl I 1986, 532 unter III.

(1) Der Erwerber wird sich in der Regel bereit erklären, für die übernommenen Forderungen auch dann den Nennbetrag zu zahlen, wenn die Forderungen noch nicht fällig sind. Das gilt in der Regel selbst für Forderungen gegen Kunden des Unternehmens, die ihren Zahlungsverpflichtungen nicht rechtzeitig nachkommen und häufiger das Zahlungsziel erheblich überschreiten; denn der Erwerber wird berücksichtigen, dass durch derartige Kredite der Kunde an das Unternehmen gebunden wird.

3059

(2) Bei zweifelhaften Forderungen ist dagegen ein Bewertungsabschlag erforderlich, der dem Risiko eines möglichen Ausfalls der Forderung Rechnung trägt und die Verwaltungskosten berücksichtigt, die durch die Einziehung derartiger Forderungen entstehen.

3060

Hat der Schuldner für Forderungen Sicherungsrechte eingeräumt (Eigentumsvorbehalt bei Liefergegenständen; Sicherungsübereignung von Wirtschaftsgütern), kommt ein Bewertungsabschlag jedenfalls insoweit nicht in Betracht, als der Wert der Sicherung den Nennwert der Forderung deckt.

Steuerrechtlich können bestrittene Forderungen auf Grund einer Vertragsverletzung, einer unerlaubten Handlung oder einer ungerechtfertigten Bereicherung erst am Schluss des Wirtschaftsjahres angesetzt werden, in welchem über den Anspruch rechtskräftig entschieden wird bzw. in welchem eine Einigung mit dem Schuldner zu Stande kommt. Bei solchen Forderungen erscheint es unter Umständen geboten, zunächst nicht bestrittene Forderungen erst anzusetzen, wenn sie anerkannt sind bzw. über sie rechtskräftig entschieden ist[1].

Verkäufer und Käufer werden über solche Forderungen und ihre Bewertung besondere Vereinbarungen treffen müssen.

(3) Pauschalwertberichtigungen sind nur dann vorzunehmen, wenn neben der bereits berücksichtigten Einzelwertberichtigung Anlass dazu besteht.

3061

(4) Bei anderen Forderungen ist festzustellen, ob sie für den Betrieb den Nennbetrag wert sind. So können z. B. selbst unverzinsliche Forderungen von dem Erwerber des Betriebs mit dem Nennbetrag bewertet werden, wenn er aus den gleichen Erwägungen, die den bisherigen Inhaber veranlasst haben, ein unverzinsliches oder niedrig verzinsliches Darlehen zu gewähren, zurzeit des Erwerbs die gleiche Maßnahme treffen würde.

3062

Beispiel:

3063

Der frühere Inhaber hat einem leitenden Angestellten ein unverzinsliches Darlehen von 10 000 € auf die Dauer von 10 Jahren gewährt.

Auch der Erwerber wird in der Regel bereit sein, dem Angestellten ein Darlehen zu gewähren, wenn es sich um eine für den Betrieb unersetzliche oder schwer ersetzbare Arbeitskraft handelt. Er wird deshalb dem früheren Inhaber auch für das Darlehen den Nennbetrag zahlen.

(5) Bei Ansprüchen auf Grund von Scheck oder Wechsel gelten die allgemeinen Grundsätze.

3064

(6) Forderungen und Anzahlungen müssen aufgelistet werden, wenn der Veräußerer den Gewinn durch Einnahmen-Ausgaben-Überschussrechnung ermittelte.

3065

---

1 BFH-Urteil vom 26. April 1989 I R 147/84, BFHE 157, 121, BStBl II 1991, 213.

bb) Forderungen gegen Gesellschafter

3066 Eine bürgerlich-rechtliche Forderungen der Personengesellschaft gegen den Gesellschafter ist Forderung und mindert nicht das Kapitalkonto des Gesellschafters; ebenso erhöht das Darlehen des Gesellschafters an die Personengesellschaft nicht sein Kapitalkonto.

3067 *(unbesetzt)*

cc) Factoring-Vertrag

3068 **Schrifttum:** *Diehl-Leistner,* Internationals Factoring, München 1992; *Forgách,* Die Nichtsteuerbarkeit des „echten" Factoring – Eine Fortentwicklung des Umsatzsteuerrechts?, DB 1988, 2377; *Hagemüller/Sommer (Hrsg.),* Factoring-Handbuch: national-international, 2. Aufl., Frankfurt am Main 1987; *Kissner/Feinen/Bittmann,* Forfaitiering, Leasing und Factoring im Auslandsgeschäft, Frankfurt am Main 1982 (Bd. 6 des International Finance Management); *Martinek,* Moderne Vertragstypen, Bd. I, Leasing und Factoring, München 1991.

3069 Beim Factoring-Vertrag überträgt der Unternehmer (Factoring-Geber, im Sprachgebrauch der Factoring-Institute „Anschlusskunde" genannt) seine Forderungen durch Global- oder Mantelzession auf den Factor (Factoring-Nehmer), der ihm den Gegenwert (vermindert um die Provision, die sich aus Gebühren und Zinsen zusammensetzt) vorschussweise zur Verfügung stellt.

Die Verträge (ob sie Kauf- oder Darlehensverträge sind, ist strittig) sind unterschiedlich ausgestaltet.

Insbesondere werden zwei Arten unterschieden, nämlich

3070 • Verträge, bei denen der Factoring-Nehmer das Risiko des Forderungsausfalls übernimmt (echtes Factoring) und

3071 • Verträge, bei denen der Factoring-Geber das Risiko des Forderungsausfalls behält (unechtes Factoring).

3072 Regelmäßig erbringt der Factor noch weitere Dienstleistungen, wie z. B. die Erstellung von Unterlagen für die Buchhaltung oder Statistik des Factoring-Gebers, das Inkasso, die Durchführung des Mahn- und Vollstreckungsverfahrens.

3073 Bestehen Factoring-Vereinbarungen, ist also von Bedeutung, ob der Factor oder der Factoring-Geber das Risiko des Forderungsausfalles trägt. Dementsprechend muss bei der Bewertung der Forderungen dieser Umstand berücksichtigt werden. Es sollte darauf geachtet werden, ob das Factoringgeschäft umsatzsteuerrechtlich richtig behandelt worden ist, also mit dem Nennwert der Umsatzsteuer unterworfen wurde[1], weil sonst Umsatzsteuernachforderungen drohen.

3074–3075 *(unbesetzt)*

dd) Forfaitiering

3076 Eine Sonderform ist der – besonders im Auslandsgeschäft (Exportgeschäft) anzutreffende – **Forfaitierungsvertrag.**

Regelmäßig handelt es sich um den **Kauf** (mittel- oder längerfristiger) einzelner Forderungen unter Ausschluss jeden Rücktritts des Käufers gegen den Forderungsverkäufer.

3077 Der „Forfaitist" trägt das Risiko

---

1 BFH-Urteil vom 27. Mai 1987 X R 2/81, BFHE 150, 375, BStBl II 1987, 739.

- für den rechtlichen Bestand der Forderungen im Zeitpunkt des Abschlusses des Forfaitierungsvertrages und

- bei forfaitierten Wechselforderungen für die Formgültigkeit des Wechsels, die Echtheit der Unterschriften, die Einredefreiheit usw.

Der Forfaiteur übernimmt die Risiken 3078

- der wirtschaftlichen Durchsetzbarkeit der Forderung (Bonität) und

- der „politischen" Durchsetzbarkeit der Forderung, also der Konvertierbarkeit der gekauften Forderung, ihrer Transferierbarkeit, des Nichtbestehens von Moratorien oder Zahlungsverboten des Schuldnerlandes.

(unbesetzt) 3079–3080

ee) Confirming-credit

Bei Importgeschäften kommt der **confirming-credit** vor; hier ist der Importeur Auftraggeber und Vertragspartner einer Bank. Der Schuldner nimmt den Kredit für das Geschäft bei der Bank auf, diese leistet unmittelbar an den exportierenden Lieferanten[1]. 3081

Die Ansprüche aus Forfaitierungsverträgen und aus confirming-credit sind entsprechend ihrem wirtschaftlichen Wert nach den allgemeinen Grundsätzen zu bewerten. 3082

(unbesetzt) 3083

g) Gesamtpreis

Die Aufteilung eines Gesamtpreises ist insbesondere aus steuerlichen Gründen bedeutsam. 3084

Steuerlich sind die Wertvorstellungen des Erwerbers beim **Veräußerer** nicht zu berücksichtigen, sondern es ist auf objektive Merkmale abzustellen[2]. 3085

Auch beim **Erwerber** sind steuerlich die Wertvorstellungen des Veräußerers für die Behandlung des Gesamtpreises nicht maßgebend, sondern seine eigenen Wertvorstellungen. 3086

Lässt sich die Aufteilung nicht auf die Wertvorstellungen der Parteien stützen, so muss sie durch Schätzung erfolgen, und zwar entsprechend den Teilwerten (bei Betriebsgrundstücken) oder den gemeinen Werten (bei Privatgrundstücken) von Boden und Gebäude. 3087

Maßgebend ist im Zweifel eine objektivierende Betrachtung[3]. 3088

Weichen die Parteien bei der Bildung des Gesamtpreises von der Summe der ihnen als Ausgangswerte dienenden Einzelwerte ab, so ist der Unterschiedsbetrag entsprechend dem Verhältnis der Einzelwerte zueinander aufzuteilen, falls nicht festzustellen ist, welchen Wirtschaftsgütern – gegebenenfalls einem Geschäftswert der Betrag nach den Vorstellungen der Parteien zuzurechnen ist. 3089

---

1 *Gaul,* Handelsrecht, 1978, S. 86 f.
2 BFH-Urteil vom 21. Januar 1971 IV 123/65, BFHE 102, 464, BStBl II 1971, 682.
3 BFH-Urteile vom 28. März 1966 VI 320/64, BFHE 95, 433, BStBl III 1966, 456; vom 21. Januar 1971 IV 123/65, BFHE 102, 464, BStBl II 1971, 682; vom 19. Dezember 1972 VIII R 124/69, BFHE 108, 168, BStBl II 1973, 295; zur Aufteilung beim Erwerb mehrerer einzelner Wirtschaftsgüter aus dem Privatvermögen im Verhältnis der gemeinen Werte zum Gesamtpreis vgl. BFH-Urteil vom 15. Januar 1985 IX R 81/83, BFHE 143, 61, BStBl II 1985, 252.

3090 Herrmann/Heuer/Raupach[1] bilden folgendes Beispiel:

„In einem Gutachten über den Wert eines Betriebs wird der Substanzwert auf 2 Mio. DM und der Wert des ganzen Unternehmens unter Berücksichtigung des Ertragswerts auf 3 Mio. DM geschätzt. Die Parteien anerkennen diese Bewertung als angemessen und einigen sich auf einen Preis von 3 Mio. DM. Dann betragen die Anschaffungskosten der Substanzwerte 2 Mio. DM und die Anschaffungskosten des Geschäftswerts 1 Mio. DM. Der Erwerber kann uE nicht höhere Anschaffungskosten der Substanzwerte zulasten des Geschäftswerts geltend machen, auch wenn die gemeinen Werte oder Teilwerte seines Erachtens höher sind"[2].

h) Grundstücke und Gebäude

3091 **Schrifttum:** *Faatz/Seiffe,* Die Altlastenschätzung als Instrument bei der Bilanzierung kontaminierter Grundstücke, BB 1993, 2485; *Gerardy/Möckel,* Praxis der Grundstücksbewertung, Landsberg/Lech; *Gottschalk,* Handbuch der Immobilienwertermittlung, München 1999; *Grube,* Außenanlagen beim Wohngebäude und Einkommensteuer, DStZ 1991, 97; *Kleiber/Simon/Weyers,* Verkehrswertermittlung von Grundstücken: Kommentar und Handbuch zur Ermittlung von Verkehrs-, Beileihungs-, Versicherungs- und Unternehmenswerten unter Berücksichtigung von WertV und BauGB, 4. Aufl., Köln 2002; *Klocke,* WertV-Wertermittlungsverordnung-Praxis, Wiesbaden 1990; *Plein,* Sachgerechte Bewertung von Immobilienvermögen bei der Unternehmensbewertung, BB 1999, 463; *Rath/Rath,* Wertermittlungspraxis, 2. Aufl., 1992; *Rössler/Langner/Simon/Kleiber,* Schätzung und Ermittlung von Grundstückswerten, 6. Aufl., Neuwied, 1990; *Simon/Cors/Troll,* Handbuch der Grundstückswertermittlung, 3. Aufl., München 1993; *Spitz,* Grundstücks- und Gebäudewerte in der Bilanz- und Steuerpraxis, Herne/Berlin 1996; *Stannigel/Kremer/Weyers,* Beleihungsgrundsätze für Sparkassen, Stuttgart 1984; *Zimmermann/Heller,* Der Verkehrswert von Grundstücken, 2. Aufl., München 1999; vgl. auch Wertermittlungs-Verordnung – WertV – vom 6. Dezember 1988, BGBl I 1988, 2209; Bekanntmachung der Neufassung der Richtlinien für die Ermittlung der Verkehrswerte (Marktwerte) von Grundstücken (Wertermittlungsrichtlinien 2002 – WertR 2002) vom 19. Juli 2002, BAnZ 2002 Nr. 238a.

3092 Bei **Grundstücken** wird zur Substanzwert-Ermittlung auf sachverständige Schätzungen, Vergleichspreise, Kaufpreissammlungen und Unterlagen von Gutachterausschüssen zurückgegriffen werden.

Die bilanzielle Darstellung von Kontaminationen im Boden eines Grundstücks ist umstritten.

3093 Der Substanzwert des Grundvermögens wird in den meisten Fällen von einem Sachverständigen ermittelt werden müssen, denn nur ein Architekt oder Bausachverständiger wird den baulichen Zustand beurteilen können. Dabei wird der Käufer unterscheiden, ob der Grundbesitz für das Handelsgeschäft erforderlich ist oder nicht. Grundstücke, die für den Betrieb entbehrlich sind, kann der Erwerber nur mit dem Preis ansetzen, den er bei einer Veräußerung erzielen würde. Für Grundvermögen, das im Betrieb noch weiter verwendet werden kann, wird er dagegen bereit sein, den Preis zu zahlen, den er aufwenden würde, um das Grundstück in dem betreffenden Zustand zu erwerben.

3094 Bei bebauten Grundstücken werden Boden und darauf befindliche Gebäude regelmäßig gemeinsam und zu einem Gesamtpreis veräußert. Ein Sachverständiger wird Boden und Gebäude im Sachwertverfahren getrennt bewerten. Legen die Parteien das Gutachten ihrer Preisbemessung zu Grunde, so ist das Verhältnis der Einzelwerte des Gutachtens zueinander für die Aufteilung des Gesamtpreises maßgebend.

---

1 *Herrmann/Heuer/Raupach,* aaO, § 6 EStG Anm. 308.
2 Zur steuerlichen Aufteilung der Anschaffungskosten vgl. auch *Glanegger* in Schmidt, EStG, aaO, § 6 Anm. 31.

Lässt sich steuerlich die Aufteilung nicht auf die Wertvorstellungen der Parteien stützen, so muss sie durch Schätzung erfolgen, und zwar entsprechend den Teilwerten[1]. 3095

Für die **Gebäudebewertung** kann von dem umbauten Raum, von Nutzflächen oder von Feuerversicherungstaxen ausgegangen werden. Häufig liegen Sachverständigenschätzungen für Beleihungen vor. Empfehlenswert ist eine Kontrollrechnung nach den amtlichen Texten zur Wertermittlung von Grundstücken[2]. 3096

Bei einem Gebäude wird davon auszugehen sein, welche Baukosten zurzeit des Erwerbs des Geschäfts aufgewendet werden müssten, um das Gebäude zu errichten (Wiederbeschaffungswert) und wie viel davon durch die Nutzung in der Vergangenheit verbraucht sind. Ausgangspunkt für die Festlegung des Substanzwertes des Gebäudes ist also der noch für eine künftige Nutzung zur Verfügung stehende, in der Vergangenheit noch nicht verbrauchte Teil der fiktiven Kosten für den Bau nach dem Baukostenindex zurzeit der Geschäftsveräußerung. Es kommt nicht darauf an, wie alt das Gebäude ist, sondern wie lange es nach seinem Zustand noch für den Betrieb genutzt werden kann. 3097

(unbesetzt) 3098–3100

i) Joint Ventures (filiale commune)

Schrifttum: *Früh/Klar,* Jointventures – Bilanzielle Behandlung und Berichterstattung, Wpg 1993, 493; *Ley/Schulte,* Joint-Venture-Gesellschaften, Köln RWS Skript 332.1. 3101

Joint-Ventures sind regelmäßig Arbeitsgemeinschaften (ARGE), also keine unternehmerischen Zusammenschlüsse, sondern Gesellschaften bürgerlichen Rechts, die eine sachlich und zeitlich beschränkte Zusammenarbeit betreiben. Jeder der Beteiligten verspricht Geld-, Gedankenaustausch und eigene Anstrengung, bis der gemeinsame Zweck erreicht oder verfehlt ist. Eine dauerhafte und auf unbestimmte Zeit verselbstständigte Organisation wird nicht geschaffen. Die Berücksichtigung von Gewinnen und Verlusten – auch drohenden Verlusten – unterliegt den allgemeinen Regeln. Daraus ergibt sich der zu berücksichtigende Wert. 3102

(unbesetzt) 3103

j) Leasing

Schrifttum: *Feinen,* Das Leasinggeschäft, 3. Aufl., Frankfurt/M, 1990; *Martinek,* Moderne Vertragstypen, Bd. I: Leasing und Factoring, München 1991; *Wagner, Thomas,* Berücksichtigung von Leasingverträgen bei der Bewertung des Unternehmens des Leasingnehmers, in Festschrift für Hans Luik, Hrsg. Schitag, Ernst & Young Gruppe, Stuttgart 1991, S. 303. 3104

Von einem Leasing-Vertrag wird gesprochen, wenn der Leasing-Geber eine Sache oder eine Sachgesamtheit dem Leasing-Nehmer gegen ein in Raten gezahltes Entgelt zum Gebrauch überlässt, wobei die Gefahr und Haftung für Instandhaltung, Sachmängel, Untergang und Beschädigung der Sache allein den Leasing-Nehmer trifft, während der Leasing-Geber seine Ansprüche hieraus gegen Dritte – insbesondere Lieferanten – dem Leasing-Nehmer überträgt. 3105

Beim Finanzierungs-Leasing werden 3106

- Vollamortisationsverträge und 3107

---

[1] Zur Ermittlung des Bodenwerts bei einem bebauten Grundstück im Außenbezirk, insbesondere zur Aufteilung in Bauland unterschiedlicher Wertzonen vgl. BGH-Urteil vom 27. September 1990 III ZR 97/89, WM 1991, 155.
[2] Vgl. Amtliche Texte zur Wertermittlung von Grundstücken, Beilage zum Bundesanzeiger Nr. 218 vom 17. November 1984.

3108 • Teilamortisationsverträge unterschieden.

3109 Die häufigste Art des Finanzierungs-Leasing enthält die Vereinbarung einer längeren, festen (Grund-)mietzeit (meist drei bis sieben Jahre), oft mit Verlängerungsoption oder Kaufoption, innerhalb deren der Leasing-Nehmer durch die Ratenzahlung den Kaufpreis zuzüglich aller Kosten, Zinsen, Kreditrisiko und Gewinn vergütet.

3110 Beim Operating-Leasing ist die Vertragsdauer unbestimmt oder die Grundmietzeit sehr kurz. Die Kündigung ist erleichtert oder jederzeit möglich. Das Operating-Leasing kommt vor allem bei solchen Sachen vor, bei denen für den Leasing-Nehmer ungewiss ist, wie lange er sie braucht und ob er sie erwerben will. Beim Operating-Leasing ist zweifelhaft, ob der Leasing-Geber seine Vermietergewährleistung für Sachmängel wirksam ausschließen kann.

3111 Zweck der Leasing-Verträge ist es, dem Lieferanten (Hersteller oder Händler) den den Absatz seiner Erzeugnisse, dem Leasing-Nehmer die Finanzierung zu erleichtern und dem Leasing-Geber zu einer günstigen Kapitalnutzung zu verhelfen.

3112 Es kommen noch vor, das

3113 • Immobilien-Leasing,

3114 • Hersteller-Leasing und

3115 • Spezial-Leasing; bei letzterem handelt es sich um Verträge über Leasing-Gegenstände, die speziell auf die Verhältnisse des Leasing-Nehmers zugeschnitten und nach Ablauf der Grundmietzeit regelmäßig nur noch beim Leasing-Nehmer wirtschaftlich sinnvoll verwendbar sind.

3116 Bei all diesen Verträgen ist zu prüfen, ob die Werte von Leistung und Gegenleistung ausgeglichen oder unausgeglichen sind und in letzterem Fall eine Rückstellung erfordern, wie dies auch bei der Unausgeglichenheit von Mietverträgen der Fall ist.

3117–3118 *(unbesetzt)*

k) Maschinen

3119 Maschinen und maschinelle Anlagen und sonstige Gegenstände des Anlagevermögens können unmittelbar objektweise nach VDI-Richtlinien für die Bewertung gebrauchter Maschinen, nach WIBAU-Listen für Baumaschinen oder nach DAT-Schätzlisten für Fahrzeuge, **mittelbar** anhand von Preislisten der Herstellerfirmen oder durch Ermittlung der Preise ähnlicher oder anderer Hersteller bewertet werden.

Der Substanzwert bei Wiederbeschaffung von Maschinen ist gleich deren Anschaffungskosten oder Herstellungskosten multipliziert mit dem Quotienten aus dem Preisindex des Wirtschaftsguts im Wiederbeschaffungszeitpunkt und dem Preisindex des Wirtschaftsguts im Anschaffungs- oder Herstellungszeitpunkt, also:

$$W = A \times \frac{M_1}{M_2}$$

W = Wiederbeschaffungskosten

A = Anschaffungs- oder Herstellungskosten

M = Multiplikator

M_1 = Preisindex des Wirtschaftsgutes im Wiederbeschaffungszeitpunkt

M_2 = Preisindex des Wirtschaftsgutes im Anschaffungs- oder Herstellungszeitpunkt

Menger (Der Wert des Unternehmens, Teil 6/1.3.7) errechnet den **Wiederbeschaffungswert für neue Anlagen** wie folgt: 3120

$$W = \frac{Ab \times (En \times Ln \times B)}{Aa \times Ea \times Ld}$$

W = Wiederbeschaffungswert

Ab = Berichtigte Jahresabschreibung für eine nachhaltige Ertragsrechnung

Aa = Jahresabschreibung auf die vorhandene Anlage

Ea = Jahreserzeugung der vorhandenen Anlage

Ld = Lebensdauer der vorhandenen Anlage

En = Jahreserzeugung einer neuen Anlage

Ln = Lebensdauer einer neuen Anlage

B = Bruttoanschaffungswert der vorhandenen Anlagen

Viel/Bredt/Renard[1] empfehlen zur Wertberechnung von Mobilien, Maschinen, maschinellen Anlagen und den übrigen beweglichen Wirtschaftsgütern einschließlich der Leasinggegenstände die Formeln 3121

$$P = A \cdot \frac{g}{L} \text{ und}$$

$$R = A \cdot (1 + \frac{t'}{100} \cdot \frac{g}{L})$$

Es bedeuten dabei

P = Produktionskostenwert (Anschaffungs- oder Herstellungskosten unter Berücksichtigung des Minderwertes, der auf Grund des Alters, des Zustands und der mutmaßlich noch verbleibenden Lebensdauer der Schätzungsgegenstände zu veranschlagen ist

R = Wiederbeschaffungswert

A = seinerzeitige Anschaffungs- oder Herstellungskosten

g = geschätzte Restlebensdauer (Restnutzungsdauer)

L = gesamte Lebensdauer (Nutzungsdauer)

t' = Teuerungsfaktor vom Anschaffungsjahr bis zum Bewertungsjahr (in vH).

Die Autoren bilden folgendes Beispiel für eine Maschine, die 5 Jahre vor dem vor dem Bewertungsstichtag zum Preis von 50 000 angeschafft wurde, am Bewertungsstichtag um 30 vH teurer zu stehen käme und deren Gesamtlebensdauer auf 15 Jahre geschätzt wird (Restlebensdauer, Restnutzungsdauer somit 10 Jahre): 3122

$$P = 50\,000 \times \frac{10}{15} = \text{rund } 33\,000$$

$$R = 50\,000 \times (1 + \frac{30}{100}) \times \frac{10}{15} = 50\,000 \times 1{,}3 \times 0{,}66 = \text{rund } 43\,000$$

(unbesetzt) 3123

l) Pensionsrückstellungen

Schrifttum: *Ahrend/Förster/Rössler,* Steuerrecht der betrieblichen Altersversorgung, 4. Aufl., Köln 1995; *Höfer* (Hrsg.), Neue Chancen für Betriebsrenten – Die Novellierung des Betriebsrentengesetzes, Stuttgart 1998; *Höfer,* Die Besteuerung der betrieblichen Altersversorgung von Kapitalge- 3124

---

1 Die Bewertung von Unternehmungen und Unternehmensanteilen, 5. Aufl., Stuttgart 1975, S. 82.

sellschaften – beherrschende Gesellschafter-Geschäftsführer, Sozialversicherung und Insolvenzsicherung, 2. Aufl., München 2000.

3125 Pensionsrückstellungen werden für Verpflichtungen gebildet, durch die der Pensionsberechtigte einen Anspruch auf einmalige oder laufende Pensionsleistungen hat (Pensionszusage des Arbeitgebers; Pensionsanwartschaft, Pensionszahlungsanspruch des Arbeitnehmers oder sonstigen Berechtigten).

3126 Für Pensionsverpflichtungen besteht Passivierungspflicht, denn sie gehören zu den ungewissen Verbindlichkeiten (§ 249 Abs. 1 Satz 1 HGB), allerdings erst für die vom Jahr 1987 an begründeten Pensionsverpflichtungen. Hinsichtlich des Wahlrechts für vor dem Jahr 1987 entstandene Pensionsverpflichtungen besteht, wenn keine Pensionsrückstellungen gebildet werden, ein Nachholverbot. Bei Bildung der Pensionsrückstellungen wie bei ihrer Auflösung gilt der Grundsatz der Einzelbewertung.

3127 Als Teilwert einer Pensionsverpflichtung (§ 6a Abs. 3 EStG) gilt vor Beendigung des Dienstverhältnisses des Pensionsberechtigten der Barwert der künftigen Pensionsleistungen am Schluss des Wirtschaftsjahres abzüglich des sich auf denselben Zeitpunkt ergebenden Barwerts betragsmäßig gleich bleibender Jahresbeträge. Der Rechnungszinsfuß beträgt 6 vH, obwohl von einem geringeren Zinsfuß auszugehen wäre. Das ist bei der Unternehmensbewertung zu berücksichtigen. Bei Bildung der Pensionsrückstellungen sind die anerkannten Regeln der Versicherungsmathematik anzuwenden.

3128 Für künftige Beiträge an den Pensionssicherungsverein darf keine Rückstellung gebildet werden[1].

m) Preissteigerungsrücklage

3129 Die Rücklage für Preissteigerungen ist im Bereich der Vorräte zulässig, soweit es sich bei diesen um vertretbare Wirtschaftsgüter i. S. d. § 91 GBG handelt. Die Wirtschaftsgüter müssen in der Steuerbilanz mit ihren Anschaffungs- oder Herstellungskosten, im Falle einer Teilwertabschreibung mindesten mit dem Börsen- oder Marktpreis am Schluss des Wirtschaftsjahres bewertet sein. Der Börsen- oder Marktpreis muss gegenüber dem Preis am Schluss des vorangegangenen Wirtschaftsjahres um mindestens 10 vH gestiegen sein.

3130 Die Preissteigerungsrücklage ist ein Beispiel für eine passive Steuerabgrenzung. Gemäß § 273 Satz 1 HGB besteht eine Rückstellungspflicht für passiv latente Steuern im Falle der Nichtpassivierung der Preissteigerungsrücklage in der Handelsbilanz.

3131 *(unbesetzt)*

n) Rücklagen

3132 Rücklagen sind Reserven. Verbindlichkeiten sind soweit noch nicht entstanden.

Rücklagen sind in der Regel Passivposten mit Eigenkapitalcharakter. Man unterscheidet Kapital- und Gewinnrücklagen.

Kapitalrücklagen entstehen aus offenen oder verdeckten Einlagen; die Einlagen erhöhen nicht den Gewinn, Gewinnrücklagen entstehen als Maßnahmen der Gewinnverwendung, nicht der Gewinnermittlung.

---

1 BFH-Urteile vom 13. November 1991 I R 102/88, BFHE 166, 222, BStBl II 1992, 336 und vom 6. Dezember 1995 I R 14/95, BFHE 180, 258, BStBl II 1996, 406.

Unter steuerfreien Rücklagen sind Rücklagen zu verstehen, die den Steuerbilanz-Gewinn gemindert haben und erst bei ihrer Auflösung der Besteuerung unterworfen werden. Dementsprechend unterschiedlich sind die Rücklagen-Posten bei der Unternehmens- oder Praxisveräußerung zu bewerten. Insbesondere ist bei den steuerfreien Rücklagen zu berücksichtigen, dass diese Posten noch der Besteuerung unterliegen und in Höhe der auf sie entfallenden Steuern (latente Steuern) weniger wert sind, als ihr Nennbetrag in einer Bilanz ausweist.

aa) Offene Rücklagen

Das Eigenkapital umfasst außer dem gezeichneten Kapital (Kapital I) die Kapitalrücklage (Kapital II) und die Gewinnrücklage (Kapital III). Die Kapitalrücklagen sind ihrem Kern nach Kapitalzuführungen von außen durch die Gesellschafter, während die Gewinnrücklagen Kapitalzuführungen – von innen – sind, die aus dem Ergebnis der Gesellschaft stammen. 3133

bb) Sonderposten mit Rücklageanteil

Es gibt Rücklagen, die dazu bestimmt sind, später auf neu angeschaffte Gegenstände des Sach- oder Finanzanlagevermögens übertragen zu werden. 3134

cc) Andere Rücklagen

Eine andere Gruppe bilden die zu einem späteren Zeitpunkt zur Auflösung bestimmten Rücklagen. 3135

Sie sind jeweils zu einem festen Zeitpunkt entweder in einem Betrag, verteilt über mehrere Zeitabschnitte in Teilbeträgen oder bei Eintritt bestimmter Bedingungen aufzulösen.

dd) Rücklagen und Einkommensteuer, steuerfreie Rücklagen

Schrifttum: *Kaiser/Müller,* Abzinsung von Rückstellungen am Beispiel der Erstattungspflicht nach § 128 AFG, BB 1996, 1877; *Küting,* Stille Rücklagen, ein betriebswirtschaftliches Phänomen, BB 1995 Beilage 15 zu Heft 38/95; *Lück,* Die Bewertung von Rückstellungen für drohende Verluste aus schwebenden Geschäften bei langfristiger Fertigung, DB 1996, (I:) 1685, (II:) 1737. 3136

Einkommensteuerrechtlich ist bei Rücklagen zu beachten, dass ihre „Veräußerung" den begünstigten Veräußerungs- oder Aufgabegewinn erhöht. Die Verwirklichung von aktivisch oder passivisch gebildeten stillen Reserven durch eine Betriebsveräußerung oder Betriebsaufgabe erhöht also nicht den laufenden Gewinn des letzten Wirtschaftsjahres, sondern den Veräußerungs- oder Aufgabegewinn. 3137

Müssen Wirtschaftsgüter infolge einer durch die Betriebsaufgabe bedingten Beendigung eines Mietvertrages entschädigungslos dem Vermieter übertragen werden, so mindert der dadurch entstehende Verlust den Betriebsaufgabegewinn[1].

o) Rücknahmeverpflichtung

Hat der Abnehmer bei Lieferungen ein Rückgaberecht, darf der Lieferer den Gewinn erst dann verwirklichen, wenn der Schwebezustand durch Zeitablauf oder Erklärung des Abnehmers beendet ist. Regelmäßig ist dem Schwebezustand bei der Bewertung der For- 3138

---

1 BFH-Urteil vom 19. Mai 1971 I R 46/70, BFHE 102, 380, BStBl II 1971, 688.

derungen Rechnung zu tragen. Ob statt der entsprechenden Bewertung der Forderung die Bildung einer Rückstellung zulässig ist, ist umstritten[1].

3139 Rücknahmeverpflichtungen sind – ebenso wie Rückzahlungs- und Rückgabeverpflichtungen – ihrer Art nach grundsätzlich vergangenheitsbezogen und in der Vergangenheit verursacht, es sei denn, dass die Verpflichtung an neue Ereignisse anknüpft. Anders ist die Sachlage bei Nachbetreuungsleistungen. Sie sind als laufende Kundendienstleistungen nicht rückstellbar[2].

3140 *(unbesetzt)*

p) Rückstellungen

3141 **Schrifttum:** *Ballwieser,* Zur Bedeutung von Aufwandsrückstellungen gemäß § 249 Abs. 2 HGB für Kapitalgesellschaften, in Festschrift für Beusch, Beisse/Lutter/Närger (Hrsg.), Berlin/New York, S. 63; *Happe,* Rückstellungen im internationalen Vergleich: HGB-US-GAAP-IAS, DStZ 2002, 360, (mit tabellarischer Übersicht) S. 367; *Heinen,* ABC der Rückstellungen, 5. Aufl. Offenbarg 2002; *Knobbe-Keuk,* Bilanz- und Unternehmenssteuerrecht, 9. Aufl., Köln 1993, S. 114 ff.; *Moxter,* Rückstellungen für ungewisse Verbindlichkeiten und Höchstwertprinzip, BB 1989, 945; *Moxter,* Neue Ansatzkriterien für Verbindlichkeitsrückstellungen, DStR 2004, (1) 1057, (Zusammenfassung Teil II) 1098; *Zimmermann,* Zur Bewertung von Rückstellungen aus risikotheoretischer Sicht, zfbf 1991, 759.

aa) Allgemeines

3142 Rückstellungen gemäß § 249 sind zu bilden für

- ungewisse Verbindlichkeiten (§ 249 Abs. 1 Satz 1 HBG)[3],

- drohende Verluste aus schwebenden Geschäften (§ 249 Abs. 1 Satz 1 HGB),

- unterlassene Aufwendungen für Instandhaltung (§ 249 Abs. 1 Satz 2 Nr. 1 Satz 3 HBG),

- unterlassene Abraumbeseitigung (§ 249 Abs. 1 Satz 2 Nr. 1),

- Gewährleistungen ohne rechtliche Verpflichtung (§ 249 Abs. 1 Satz 2 Nr. 2 HBG) und

- als Aufwandsrückstellungen im Sinne von § 249 Abs. 2 HBG.

Rückstellungen, die einen nicht unerheblichen Umfang haben, sind im Anhang zu erläutern (§ 285 Nr. 12 HGB), es ein denn, es handelt sich um kleine Kapitalgesellschaften (§ 288 Satz 1 HGB).

Rückstellungen sind Passivposten, die die Aufgabe haben, Aufwendungen, die erst in einem späteren Rechnungszeitraum zu einer in ihrer Höhe und ihrem Fälligkeitstermin am Bilanzstichtag noch nicht feststehenden Aufwand führen, dem Rechnungszeitraum ihrer Verursachung zuzurechnen.

3143 Verpflichtungen, die erst aus künftigen Einnahmen oder Gewinnen zu erfüllen sind, führen nicht zu Rückstellungen[4].

---

[1] *Hild,* Wpg 1972, 117; *Piltz,* Die Gewinnrealisierung bei Kaufverträgen mit Rückgaberecht des Käufers, BB 1985, 1368; vgl. Kommentierung zu § 277 Abs. 1 HGB.
[2] Vgl. BFH-Urteil vom 10. Dezember 1992 XI R 34/91, BFHE 170, 149, BStBl II 1994, 158.
[3] Zur Frage, unter welchen Voraussetzungen eine Rückstellung zu bilden ist, wenn eine Leistungsverpflichtung besteht, der sich der Kaufmann zwar rechtlich, nicht aber wirtschaftlich entziehen kann, vgl. BGH-Urteil vom 28. Januar 1991 II ZR 20/90, AG 1991, 174.
[4] Vgl. auch *Weber-Grellet* in Schmidt, Kommentar zum EStG, 18. Aufl. 1999, § 5 EStG Rz 383, 386 f.

Soll das Vermögen und das Kapital eines Stichtages festgestellt werden, bezweckt die Bildung der Rückstellung, die Schulden des Unternehmers richtig und vollständig darzustellen, indem auch diejenigen Verbindlichkeiten erfasst werden, die wegen der Ungewissheit ihres Bestehens oder ihrer Höhe noch nicht endgültig als Verbindlichkeit gebucht worden sind. 3144

Voraussetzung für die Rückstellungsbildung ist, dass eine Ungewissheit über den Grund und/oder die Höhe einer Verpflichtung des Kaufmanns besteht. Handelt es sich um eine Ungewissheit hinsichtlich des Grundes der Verpflichtung, so hat der Kaufmann eine Rückstellung in seiner Bilanz zu bilden, wenn die ungewisse Verpflichtung wirtschaftlich im abgelaufenen Geschäftsjahr verursacht wurde und wenn die Inanspruchnahme hinsichtlich dieser Verpflichtung wahrscheinlich ist. Wirtschaftlich verursacht ist eine ungewisse Verbindlichkeit, wenn die wirtschaftlich wesentlichen Tatbestandsmerkmale erfüllt sind oder wenn zu bereits verwirklichten Erträgen erkennbar künftige Ausgaben konkret zugehörig sein werden.

Nach dem Maßgeblichkeitsgrundsatz des § 5 Abs. 1 EStG gilt die Verpflichtung zur Rückstellungsbildung ebenso für die Steuerbilanz.

Es wird ferner zwischen Einzel- und Pauschalrückstellungen unterschieden. 3145

Für die Bildung der Rückstellungen kommen in Betracht

- der Einzelausweis jeden Risikos (Einzelbewertung),
- der Pauschalausweis einer Anzahl gleichartiger Risiken (Pauschalbewertung) und
- die Mischung zwischen Einzel- und Pauschalausweis innerhalb gleichartiger Risiken (gemischtes Verfahren)[1].

Sind z. B. in der Handelsbilanz Pensionsrückstellungen nicht oder nicht mit einem abweichenden Zinssatz gebildet worden, müssen sie für die Substanzwertermittlung nach betriebswirtschaftlichen Grundsätzen ergänzt werden. Ausgehend von dem Stand der Pensionszusagen muss der Aufwand ermittelt werden, der das Unternehmen belastet, ggf unter Berücksichtigung der Pensionszusagen, die voraussichtlich künftig noch gewährt werden, und zwar in dem zu erwartenden Umfang. 3146

Rückstellungen sind für den Anfall von Ertragsteuern auf die durch eine Neubewertung des Betriebsvermögens aufgedeckten stillen Reserven zu bilden. 3147

Es kann erforderlich sein, dass in der Bilanz eine Rückstellung für Buchführungsaufwand gebildet werden muss[2]. 3148

(1) Künftige Prozesskosten für ein am Bilanzstichtag noch nicht anhängiges Berufungs- oder Revisionsverfahren – einschließlich der dafür entstehen könnenden Prozesszinsen – können grundsätzlich nicht zurückgestellt werden.

(2) Für künftige Beiträge an den Pensionssicherungsverein darf keine Rückstellung gebildet werden[3].

(unbesetzt) 3149–3150

---

1 Vgl. *Nieland* in Littmann, Das Einkommensteuerrecht, 15. Aufl., 1993, §§ 4, 5, Rn 909 ff.
2 BFH-Urteil vom 25. März 1992 I R 69/91, BFHE 168, 527, BStBl II 1992, 1010.
3 BFH-Urteil vom 6. Dezember 1995 I R 14/95, BFHE 180, 258, BStBl II 1996, 406.

bb) Rückstellung für Ausgleichsansprüche der Handelsvertreter

3151 Der Handelsvertreter hat einen Anspruch von dem Unternehmer nach Beendigung des Vertragsverhältnisses einen angemessenen Ausgleich für die während der Dauer des Vertragsverhältnisses geschaffenen Kundenbeziehungen zu erhalten. Dieser Tatbestand wird bereits vor Beendigung des Vertreterverhältnisses verwirklicht[1]. Zweck des Anspruchs ist es, dem Handelsvertreter die durch die laufenden Provisionen noch nicht voll abgegoltene Schaffung eines Kundenstammes zu vergüten. Nach den Grundsätzen zur wirtschaftlichen Verursachung ungewisser Verbindlichkeiten besteht eine Rückstellungspflicht für diesen Ausgleichsanspruch.

3152 Demgegenüber vertritt der BFH in ständiger Rechtsprechung den Standpunkt, die Ausgleichsverpflichtung gelte aus der Sicht des Unternehmers den mit hoher Wahrscheinlichkeit zu erwartenden Vorteil aus künftigen Geschäftsabschlüssen ab. Dementsprechend wird eine Rückstellung für künftige Ausgleichsanspruch in der Steuerbilanz nicht für zulässig erachtet[2].

3153–3154 *(unbesetzt)*

cc) Rückstellung wegen Erneuerungsverpflichtung

3155 Ist der Mieter oder Pächter verpflichtet, unbrauchbar werdende Anlagen auf eigene Kosten durch Neuanlagen zu ersetzen (Substanzerhaltungspflicht, Erneuerungsverpflichtung), muss eine Rückstellung gebildet werden. Die Zuführungen zur Rückstellung können in jährlich gleich bleibenden Teilbeträgen vorgenommen werden. Bis zum Bilanzstichtag eingetretene Preissteigerungen sind durch Einmalzuführungen zu berücksichtigen.

dd) Rückstellung wegen Gewährleistungsverpflichtung

3156 **Schrifttum:** *Osterle/Gauß,* Verlustrückstellung und pauschalierter Garantieaufwand, BB 1993, 618; *Schedlbauer,* Rückstellungen für Gewährleistungsverpflichtungen, BBK Nr. 5 v. 4. 3. 1994 (= Fach 12 S. 1851).

3157 Ist der Lieferer zu kostenlosen Nacharbeiten, Ersatzlieferungen, Minderungen oder Schadensersatzleistungen wegen Nichterfüllung verpflichtet, muss eine Rückstellung für Gewährleistung gebildet werden[3]. Die Gewährleistungsverpflichtung kann auf §§ 459 ff., 633 ff., § 651 BGB, einer Eigenschaftsgarantie oder einer selbstständigen Gewährleistungszusage beruhen; sie muss objektivierbar sein. Es müssen Einzelrückstellungen für alle bis zur Bilanzaufstellung bekannt gewordenen Gewährleistungsfälle gebildet werden. Diese sind durch eine Pauschalrückstellung zu ergänzen, wenn auf Grund der Erfahrungen in der Vergangenheit mit einer gewissen Wahrscheinlichkeit mit Gewährleistungsinanspruchnahmen gerechnet werden muss oder wenn sich die Wahrscheinlichkeit aus der branchenmäßigen Erfahrung und der individuellen Gestaltung des Betriebs ergibt. Die Rückstellung ist mit dem Betrag der Aufwendungen zu bilden, der zur Erfüllung der Gewährleistungspflicht erforderlich ist. Die Verpflichtung zur mangelfreien Nachlieferung ist in Höhe der Anschaffungs- oder Herstellungskosten zuzüglich Nebenkosten zu bilden,

---

1 BGH-Urteil vom 11. Juli 1966 II ZR 134/65 (KG), NJW 1966, 2055 m. w. N.
2 Vgl. zustimmend *Moxter,* Bilanzrechtsprechung, S. 53.
3 BFH-Urteil vom 30. Juni 1983 IV R 41/81, BFHE 140, 30, BStBl II 1984, 263.

aber ohne Gewinnaufschlag[1]. Die Möglichkeit eines Rückgriffs gegen Dritte kann betragsmindernd zu berücksichtigen sein[2].

Die Verpflichtung zur Rücknahme einer mangelhaften Lieferung bei Wandelung ist mit dem zurückzuzahlenden Entgelt abzüglich des Zeitwertes der mangelhaften Ware zu passivieren. 3158

Pauschalrückstellungen sind auf der Basis der Erfahrungen in der Vergangenheit zu schätzen. 3159

Muss ein Hersteller die mit seinen Vertragshändlern vereinbarte Gewährleistungsverpflichtung nicht durch Naturalersatz, sondern durch Erteilung einer Gutschrift für das verwendete Ersatzteil erfüllen, sind die Rückstellungen unter Zugrundelegung der Händler-Nettopreise zu bilden[3]. 3160

Bedeutung gewinnt die verschuldensunabhängige Produkthaftung[4]. Eine Rückstellung ist auch in diesem Zusammenhang davon abhängig, dass sich eine Gewährleistungsverpflichtung konkretisiert hat. 3161

(unbesetzt) 3162–3164

ee) Rückstellung wegen Haftpflichtansprüchen

Schrifttum: *Fey,* Grundsätze ordnungsmäßiger Bilanzierung für Haftungsverhältnisse, Düsseldorf 1989 (Dissertation). 3165

Rückstellungen wegen Haftpflicht sind nach den Grundsätzen zu bilden, die für Gewährleistungsverpflichtungen gelten. Haftpflichtverbindlichkeiten können auf positiver Vertragsverletzung, unerlaubter Handlung oder gesetzlichen Vorschriften über die Gefährdungshaftung beruhen. 3166

Rückstellungen wegen Haftpflicht gegenüber Dritten sind erst zulässig, sobald ein Schadensersatzanspruch – spätestens bis zur Bilanzaufstellung – gegenüber dem Verpflichteten geltend gemacht ist oder die den Anspruch begründenden Tatsachen im Einzelnen bekannt geworden sind[5]. Für eine Haftpflicht gegenüber Dritten darf keine Pauschalrückstellung gebildet werden. 3167

(unbesetzt) 3168–3170

ff) Rückstellung wegen Jubiläumsverpflichtungen

Steuerlich entfallen inzwischen Rückstellungen für Dienstjubiläen. 3171

(unbesetzt) 3172–3176

gg) Rückstellung wegen Unausgeglichenheit von Mietverträgen

Schrifttum: *Kußmann,* Die Abzinsung von Drohverlustrückstellungen bei Mietverhältnissen, DB 1997, 1525. 3177

---

1 BFH-Urteil vom 13. Dezember 1972 I R 7–8/70, BFHE 107, 521, BStBl II 1973, 217.
2 BFH-Urteil vom 17. Februar 1993 X R 60/89, BFHE 170, 397, BStBl II 1993, 437.
3 BFH-Urteil vom 13. November 1991 I R 129/90, BFHE 167, 16, BStBl II 1992, 519.
4 Vgl. Produkthaftungsgesetz.
5 Vgl. BFH-Urteil vom 17. Januar 1963 IV 165/59, BFHE 76, 651, BStBl III 1963, 237.

3178 Sind Mietverträge während der unkündbaren Vertragslaufzeit nachhaltig unausgeglichen, kann sowohl beim Mieter als auch beim Vermieter eine Verlustrückstellung gerechtfertigt sein.

3179 Der Mieter hat eine Rückstellung zu bilden, wenn er die Mietsache nicht mehr oder nur noch in vermindertem Umfange nützen kann. Die Verlustrückstellung ist in Höhe der Differenz zu der noch gerechtfertigten Miete zu bilden.

3180 Der Vermieter hat die Verlustrückstellung zu bilden, soweit der Anspruch auf den Mietzins den Wert der Verpflichtung zur Überlassung und Erhaltung der vermieteten Sache übersteigt. Der Verpflichtungsüberschuss ist abzuzinsen.

3181 *(unbesetzt)*

hh) Rückstellung wegen Patentverletzung

3182 Rückstellungen wegen Patentverletzung sind zu bilden, wenn Anhaltspunkte dafür vorliegen, dass fremde Patentrechte oder ähnliche Schutzrechte verletzt worden und mit einer Inanspruchnahme wegen der Rechtsverletzung ernsthaft zu rechnen ist. Das gilt auch dann, wenn der Verletzte noch keinen Anspruch geltend gemacht hat. Die Rückstellung ist bis zur Inanspruchnahme, längstens bis zur Verjährung der Ersatzansprüche beizubehalten.

3183 *(unbesetzt)*

ii) Rückstellung wegen Produzentenhaftung

3184 Schrifttum: *Bauer/Hirsch*, Produkthaftung, Heidelberg u. a. 1993; *Beier/Grimme*, Pauschalrückstellungen wegen Produkthaftung, BB 1995, 1687; *Hill-Arning/Hoffmann*, Produkthaftung in Europa, Heidelberg 1995; *Kullmann*, Die Rechtsprechung des BGH zum Produkthaftpflichtrecht in den Jahren 1991/92, NJW 1992, 2669; *Medicus*, Bürgerliches Recht, Berlin und andere 16. Aufl., 1993, Rdnr. 650–659; *Sterkler*, Das Produkthaftungsrisiko im Rahmen von Just-in-time-Lieferbeziehungen, BB 1993, 1225; *Tiedtke*, Zur Haftung des Herstellers eines fehlerhaften Produktes bei Schäden an der gelieferten Sache, ZIP 1992, 1446; *v. Westphalen*, Produkthaftungshandbuch, München 1989/1991; Zum österreichischen Recht: Das neue Produkthaftungsgesetz und seine Auswirkungen, Versicherungswirtschaft 1988, 924.

Vgl. ferner Schrifttum zu Rückstellungen.

3185 Bei der Produzentenhaftung haftet der Hersteller für bestimmte Folgeschäden aus der Benutzung seiner Produkte, und zwar außerhalb der Fehlerhaftigkeit des Produkts selbst für Schäden, die der bestimmungsgemäße Verbraucher oder sonstige Personen infolge eines Fehlers des Erzeugnisses erleiden (Verkehrssicherungspflicht – häufig auch kurz nur ungenau „Verkehrspflicht" – genannt)[1]. Dabei kommen dem geschädigten Endabnehmer Beweiserleichterungen zugute[2].

3186 Es sind Einzelrückstellungen zu bilden, wenn ein Schadensersatzanspruch – und zwar spätestens bis zur Bilanzaufstellung – geltend gemacht wurde oder wenn die den Anspruch begründenden Tatsachen im Einzelnen bekannt geworden sind.

3187 Anhaltspunkte für die Bemessung der Rückstellung können aus den Erfahrungen im Unternehmen, der Branche oder von Versicherungen abgeleitet werden.

---

1 Vgl. zum Zusammenwirken mit Substitutionsprodukten anderer Hersteller BGH-Urteil vom 11. Januar 1994 V ZR 41/93, ZIP 1994, 374.
2 Vgl. Rn 2092.

Methoden der Ermittlung des Substanzwertes

Zu den Rechtstatsachen, die bei der Frage der Rückstellungsbildung für Produkthaftung in die Überlegungen einzubeziehen sind, zählt für exportierende Unternehmen auch die rechtliche Situation im Exportland. Bei Rückstellungen für Produkthaftung in den USA muss nicht nur die materielle Voraussetzung der Produkthaftung berücksichtigt werden, sondern auch die Möglichkeit des Schadensersatzes mit Strafcharakter, die risikoerhöhend eingestuft werden muss.   3188

Ein Kfz-Händler, der sich bei der Veräußerung von Fahrzeugen an Leasinggesellschaften verpflichtet, die Fahrzeuge am Ende der Leasingzeit zu einem bestimmten, verbindlich festgelegten Preis zurückzukaufen, kann bei drohenden Verlusten aus einzelnen Geschäften Rückstellungen bilden.[1]   3189

(unbesetzt)   3190

jj) Rückstellung wegen Schadensersatzverpflichtungen

Rückstellungen wegen gesetzlicher oder vertraglicher Schadensersatzverpflichtungen müssen gebildet werden, wenn nach den bis zur Bilanzaufstellung bekannt gewordenen Verhältnissen am Bilanzstichtag die Verbindlichkeit besteht und die Inanspruchnahme wahrscheinlich ist.   3191

kk) Rückstellung für Sozialplan

Ist ein Sozialplan aufgestellt worden (§§ 111, 112 BetrVG), müssen Rückstellungen für die Leistungen auf Grund des Sozialplanes gebildet werden, und zwar wenn der Unternehmer den Betriebsrat vor dem Bilanzstichtag über die geplante Betriebsänderung unterrichtet hat (§ 111 Satz 1 BetrVG) oder die Unterrichtung des Betriebsrats zwischen Bilanzstichtag und Aufstellung oder Feststellung des Jahresabschlusses geschieht und vor dem Bilanzstichtag ein entsprechender Entschluss gefasst wurde oder wirtschaftlich unabwendbar war.   3192

(unbesetzt)   3193

ll) Rückstellung für latente Steuern

Schrifttum: *Baetge,* Latente Steuern im deutschen handelsrechtlichen Jahresabschluss, in Festschrift für Loitlsberger, Aktuelle Fragen der Finanzwirtschaft und der Unternehmensbesteuerung, Wien 1991, S. 27; *Beilage,* Einzelveräußerungsstatik und Bilanzierung latenter Steuern, Hamburg 1993; *Karrenbrock,* Latente Steuern in Bilanz und Anhang, Düsseldorf 1991; *Langermeier,* Latente Steuern in Verlustsituationen, DStR 1992, 764; *Löhr,* Ansatz von latenten Steuern bei abweichender Bilanzierung und Bewertung in der Handelsbilanz II, DB 1995, 1921; *Loitz/Rössel,* Die Diskontierung von latenten Steuern, DB 2002, 645; *Pellens,* Internationale Rechnungslegung, 4. Aufl. Stuttgart 2001, S. 254 ff.; *Streck,* Probleme beim Kauf steuer-kontaminierter Unternehmen, BB 1992, 1539; *Wagner/Rümmele,* Ertragsteuern in der Unternehmensbewertung zum Einfluss von Steuerrechtsänderungen, Wpg 1995, 433.   3194

Bei der Veräußerung von Wirtschaftsgütern, die stille Reserven enthalten, muss der Veräußerer sie versteuern. Der Erwerber hat Anschaffungskosten in Höhe des Kaufpreises. Infolgedessen übernimmt er keine latente Steuerlast, und der Substanzwert ist folglich nicht um den Barwert einer latenten Steuerlast zu mindern.   3195

Sind die Wirtschaftsgüter im Kaufpreis zum Buchwert enthalten, werden die stillen Reserven fortgeführt. Der Erwerber übernimmt eine latente Steuerlast, soweit die stillen Reser-   3196

---

[1] BFH-Urteil vom 25. Juli 2000 VIII R 35/97, BStBl II 2001, 698.

ven in der Zukunft verwirklicht werden. Bei den Wirtschaftsgütern mit stillen Reserven, für die eine Verwirklichung der latenten Steuerlast in Betracht kommt, ist der Substanzwert um den Barwert der latenten Steuerlast zu mindern.

3197 Die Rückstellung ist in Höhe der voraussichtlichen Steuerbelastung in den nachfolgenden Geschäftsjahren zu bilden.

3198 Für die Berechnung der Steuerbelastung oder Steuerentlastung kommen als Steuersätze in Betracht

3199 • bei der Gewerbeertragsteuer die nach dem Hebesatz unter Berücksichtigung als Betriebsausgabe anfallende Gewerbeertragsteuer,

3200 • bei der Körperschaftsteuer die Tarifbelastung oder die Ausschüttungsbelastung.

Es sind die voraussichtlichen künftigen Steuerbeträge zu Grunde zu legen.

3201 Der **Barwert** der latenten Ertragsteuerschuld errechnet sich nach Mengen (Der Wert des Unternehmens, Teil 6/1.3.7) wie folgt:

3202 (1) Gegenstände, die veräußert werden und nicht der Abnutzung unterliegen:

$$A = e \cdot v^n \cdot R$$

3203 (2) Gegenstände, die der Abnutzung unterliegen:

$$A = e \cdot a_n \cdot \frac{R}{n}$$

Dabei bedeuten:

A = Barwert der Steuerschuld

e = Ertragsteuersatz bei Gewinnthesaurierung
(bei Kapitalgesellschaften ist eine Thesaurierung nur nach Abzug der KSt möglich, sodass nur der restliche Vom-Hundert-Satz (100 vH – vH-Satz der Tarifbelastung) der aufgedeckten stillen Reserven Eigenkapital darstellt und der Vomhundertsatz der Tarifbelastung als Steuerschuld in den Substanzwert eingeht)

V = Abzinsungsfaktor $\frac{1}{1+i}$

i = Zinssatz

R = Substanzwert ./. steuerlicher Buchwert

n = Restnutzungsdauer (Zinsperioden)

v^n = Kapitalbarwertfaktor (Tabelle „Spitzer II")

a_n = Nachschüssiger Rentenbarwertfaktor (Tabelle „Spitzer IV").

3204 Der Beck'sche Bilanz-Kommentar (München 1986, S. 947) sieht für die Steuerabgrenzung folgende Berechnung vor:

Handelsbilanzergebnis des abgelaufenen Jahres vor Steuern
+ steuerlich nichtabziehbare Aufwendungen
− steuerliche Erträge
+/− Aufwendungen (+) und Erträge (−), die zu permanenten Abweichungen der Handels- von der Steuerbilanz führen
= Bereinigtes Handelsbilanzergebnis

Fiktiver Steueraufwand hierauf
− tatsächlicher Steueraufwand

= Abgrenzungsbedarf des abgelaufenen Jahres
+/– kumulierte Steuerabgrenzung der früheren Geschäftsjahre
= rechnerische Steuerabgrenzung (vorläufiger Betrag)
+/– Folgen der prognostischen Beurteilung
= Steuerabgrenzung des Geschäftsjahres

Der Steuerabgrenzungsbedarf bei der **Gewerbeertragsteuer** kann eine Sonderrechnung nur für die Gewerbeertragsteuer erforderlich machen, um Abweichungen des Gewerbeertrages vom ertragsteuerlichen Gewinn (soweit es sich bei diesen Abweichungen nicht wiederum um zu eliminierende, permanente Abweichungen handelt) zu berücksichtigen.

An die reine Berechnung hat sich noch eine **Prognose** anzuschließen, ob die errechnete Steuerabgrenzung unter Berücksichtigung der erwarteten Entwicklung in den nachfolgenden Geschäftsjahren zutreffend ist. Es ist demnach zwischen der rechnerischen Ermittlung des Abgrenzungsbedarfs und der schließlich vorzunehmenden Steuerabgrenzung zu trennen. Im Rahmen dieser Prognose sind ggf auch die unterschiedlichen **Verlustvortrags- und Verlustrücktragsmöglichkeiten** bei den Ertragsteuern zu beachten.

(unbesetzt) 3205

mm) Rückstellung für Ansprüche aus Umweltschäden

Schrifttum: *Bäcker,* Kontaminationen des Betriebsgrundstücks im Steuer- und Bilanzrecht, DStZ 1991, 31; *Bartels,* Rückstellungen für öffentlich-rechtliche Umweltschutzverpflichtungen bei Altlastfällen, BB 1992, 1095; *Bordewin,* Umweltschutzrückstellungen – Einzelfragen zur Konkretisierung und wirtschaftlichen Verursachung bei Sanierungs- und Anpassungsverpflichtungen, DB 1992, 1097; *Crezelius,* Zur Bildung von Rückstellungen für Umweltschutzmaßnahmen, DB 1992, 1353; *Eilers,* Rückstellungen für Altlasten und Umweltschutzverpflichtungen, München 1993; *Eilers,* Rückstellungen für Umweltschutzverpflichtungen, Harzburger Steuerprotokoll 1993, 337; *Elscher,* Rückstellungen bei Umweltschutzmaßnahmen als Maßnahmen gegen den Umweltschutz?, DB 1993, 1079; *Fey,* Rückstellungen für ungewisse Verbindlichkeiten auf Grund der Verordnungen zur Abfallbewältigung, DB 1992, 2353; *Fluck,* Rückstellungsbildung für Altlasten und Emissionsschutzrechte, BB 1991, 176; *Förschle/Scheffels,* Die Bilanzierung von Umweltschutzmaßnahmen aus bilanztheoretischer Sicht, DB 1993, 1979; *Gail/Günkel,* Umweltschutz in Steuerbilanz und Vermögensaufstellung, Köln 1991; *Groh,* Altlastenrückstellungen: Trügerische Hoffnungen, DB 1993, 1833; *Gschwendtner,* Rückstellungen für Altlasten, DStZ 1994, 257; *Herzig,* Umweltschutz in Steuerbilanz und Vermögensaufstellung, Köln 1993; *Keidel,* Die Prüfung von Umweltrisiken in der Kreditwürdigkeitsprüfung, Bonn 1993; *Klein,* Der Einfluss von Umweltschutzmaßnahmen auf die Bildung von Rückstellungen in der Steuerbilanz, DStR 1992, (Teil I:) 1737, (Teil II:) 1773; *Kühnberger/Faatz,* Zur Bilanzierung von Altlasten, BB 1993, 98; *Moxter,* Zum Passivierungszeitpunkt von Umweltschutzrückstellungen, in Festschrift für Forster, Rechnungslegung, Entwicklungen bei der Bilanzierung und Prüfung von Kapitalgesellschaften, Düsseldorf 1992; *Nieland,* Bilanzielle Behandlung von Aufwendungen zur Sanierung von Altlasten, StBp 1992, 269; *Nieland,* Bilanz- und umweltrechtliche Instrumentarien zur Berücksichtigung von Altlasten, BB 1994, 247; *Pape,* Die Bewältigung von Altlasten in der Praxis, NJW 1992, 2661; *Rautenberg,* Die bilanzielle Behandlung von Altlasten – Rückstellung oder Teilwertabschreibung? –, Wpg 1993, 265; *Roeder,* Rückstellungen für Umweltschutzmaßnahmen auf Grund öffentlich-rechtlicher Anpassungsverpflichtungen, DB 1993, 1933; *Rürup,* Rückstellungen für Verpflichtungen aus Umwelthaftung, in Festschrift für Forster, Rechnungslegung, Entwicklungen bei der Bilanzierung und Prüfung von Kapitalgesellschaften, Düsseldorf 1992; *Sarrazin,* Zweifelsfragen zu Rückstellungsbildung – dargestellt am Beispiel der Rückstellungen wegen Schadstoffbelastung –, Wpg 1993, 1; *Schmidt-Salzer,* Kommentar zum Wirtschaftsrecht, Heidelberg 1992; *Stoll,* Altlasten im Konkurs – Zur dogmatischen Einordnung der Gefahrenbeseitigungsansprüche –, ZIP 1992, 1437; *Stoll,* Rückstellungen für Aufwendungen zur Errichtung von Umweltschutzanlagen, in Rechnungslegung und Gewinnermittlung, Gedenkschrift für Lechner, herausgegeben von Loitlsberger/Egger/Lechner, Wien 1987, S. 371; *Stuhr/Borck,* Steuerrechtliche

3206

Behandlung öffentlich-rechtlich bedingter Umweltschutzverpflichtungen, DStR 1995, 1134; *Winter,* Das umweltbewusste Unternehmen, 4. Aufl., München 1990; Bilanzielle Fragen im Zusammenhang mit der Sanierung schadstoffverunreinigter Wirtschaftsgüter, DB 1993, 1529.

3207 (1) Rückstellungen sind geboten, wenn im Bereich des Umweltschutzes an die Verletzung öffentlich-rechtlicher Verpflichtungen Sanktionen geknüpft sind. Muss innerhalb eines bestimmten Zeitraumes (also keines kalendermäßig feststehenden Zeitpunktes) gehandelt werden, ist die Handlung, zu der eine Verpflichtung besteht, ausreichend bestimmt; eine solche Rückstellung ist nicht nur handelsrechtlich, sondern auch steuerrechtlich zulässig und erforderlich[1].

(2) Die öffentlich-rechtliche Verpflichtung ist ausreichend bestimmt, wenn

- eine Verfügung oder Auflage der zuständigen Behörde vorliegt oder

- das Gesetz inhaltlich ein bestimmtes Handeln vorschreibt (sachliche Voraussetzung)[2], und zwar innerhalb eines bestimmten Zeitraums (zeitliche Voraussetzung), und bei Verletzung der Verpflichtung Sanktionen anordnet.

3208 Übersteigen die künftigen Sanierungsaufwendungen die erforderlichen Abschreibungen, stellen diese für das Unternehmen einen künftigen Aufwandsüberschuss und somit eine zu passivierende Verpflichtung dar[3].

nn) Rückstellung für Urlaubsverpflichtung

3209 Rückständige Urlaubsverpflichtungen sind als Erfüllungsrückstand nach Maßgabe des Urlaubsentgelts zu bemessen. Die Höhe der Rückstellung bestimmt sich nach dem Urlaubsentgelt, das der Arbeitgeber hätte aufwenden müssen, wenn er seine Zahlungsverpflichtung bereits am Bilanzstichtag erfüllt hätte. Einzubeziehen sind das Bruttoarbeitsentgelt, die Arbeitgeberanteile zur Sozialversicherung, das Urlaubsgeld sowie weitere lohnabhängige Nebenkosten. Im Falle einer Durchschnittsberechnung ist der maßgebliche Lohnaufwand durch die Zahl der regulären Arbeitstage zu dividieren und mit der Zahl der offenen Urlaubstage zu vervielfachen[4].

Ausgleichsansprüche gegen Urlaubskassen sind zu berücksichtigen[5].

3210 *(unbesetzt)*

oo) Rückstellung für Vorruhestandsgeld

3211 Die Verpflichtung zur Zahlung von Vorruhestandsgeld im Rahmen des VRG[6] ist passivierungspflichtig.

3212 Sie kann durch Einzelvereinbarung zwischen Arbeitgeber und Arbeitnehmer sowie durch Kollektivvereinbarung (Tarifvertrag, Betriebsvereinbarung) zu Stande kommen. Es kann aber auch eine Verpflichtung gegenüber Ausgleichskassen bestehen, ihrerseits Vorruhestandsgelder an ausgeschiedene Arbeitnehmer zu leisten haben.

---

1 Auffüllung von Kiesgruben; Gruben und Schachtversatz; Räumung von Erdölfeldern und Bohrlöchern.
2 Z. B. Entsorgung nach dem neuesten Stand der Technik, vgl. auch *Böllerer,* DStR 1987, 67; Fälle von Abfallbeseitigung und Altlastensanierung.
3 *Förschle/Scheffels,* Die Bilanzierung von Umweltschutzmaßnahmen aus bilanztheoretischer Sicht, DB 1993, 1197, 1203.
4 BFH-Urteile vom 8. Juli 1992 XI R 50/89, BFHE 168, 329, BStBl II 1992, 910, vom 10. März 1993 I R 70/91, BFHE 170, 433, BStBl II 1993, 446 und vom 6. Dezember 1995 I R 14/95, BFHE 180, 258, BStBl II 1996, 406.
5 BFH-Urteil vom 8. Februar 1995 I R 72/94, BFHE 176, 575, BStBl II 1995, 412.
6 BGBl I 1984, 601.

Eine Passivierungspflicht besteht nur insoweit nicht, als der Arbeitgeber auf Grund einer 3213
Vorbehaltsklausel in der Kollektivvereinbarung das Vorruhestandsbegehren von Arbeitnehmern ablehnen kann.

Vorruhestandsverpflichtungen sind mit dem Erfüllungsbetrag, als Rentenverpflichtungen 3214
mit dem Barwert anzusetzen (§ 253 Abs. 1 Satz 2 HGB). In der Regel wird eine Leibrente
zugesagt sein, die nach versicherungsmathematischen Grundsätzen zu bewerten ist.

pp) Rückstellung wegen Wegfall negativen Kapitalkontos

Für die Ermittlung des Aufgabegewinns bei Wegfall des negativen Kapitalkontos hat der 3215
Kommanditist in seiner Sonderbilanz eine Rückstellung zu bilden, soweit er mit einer
Haftungsinanspruchnahme rechnen muss[1].

q) Schwebende Geschäfte[2]

Schrifttum: *Göttgens/Prahl,* Bilanzierung und Prüfung von Financial Futures und Forward Rate 3216
Agreements, Wpg 1993, 503; *Jutz,* Bilanzierung und Bewertung von Financial Futures, BB 1990,
1515; *Jutz,* Swaps und Financial Futures und ihre Abbildung im Jahresabschluss, Stuttgart 1989
(Schriften zur Bilanz- und Steuerlehre, Bd. 5); *Knobbe-Keuk,* Bilanz- und Unternehmenssteuerrecht,
9. Aufl., Köln 1993, S. 141 ff.

Schwebende Geschäfte sind zweiseitig verpflichtende Rechtsgeschäfte, die auf einen Leis- 3217
tungsaustausch gerichtet und bei denen weder die Leistungen noch die Gegenleistungen
erbracht worden sind[3]. Zu den schwebenden Geschäften werden auch die Geschäfte
gerechnet, bei denen lediglich die Hauptleistung noch nicht erbracht ist. Grundsätzlich
sind schwebende Geschäfte nicht zu bilanzieren. Ist jedoch zu befürchten, dass aus dem
schwebenden Geschäft ein Verlust droht, weil die erwartete Gegenleistung gegenüber der
eigenen Leistung von geringerem Wert ist, muss dieser Verlust passiviert werden (Passivierungspflicht)[4].

Bei schwebenden Anschaffungsgeschäften ist ein Verlust erkennbar, wenn der der erhal- 3218
tenen Leistung beizulegende Wert niedriger ist als die Kaufpreisschuld.

Bei schwebenden Absatzgeschäften wird als drohender Verlust der Unterschiedsbetrag 3219
zwischen dem Wert der eigenen Leistung (Selbstkosten) und dem Wert der Gegenleistung
angesehen. Solche Verluste entstehen beispielsweise durch unerwartete Preissteigerung.

Hat der Unternehmer ein bindendes Angebot abgegeben, ist dessen Annahme mit Sicher- 3220
heit – nicht nur mit Wahrscheinlichkeit – zu erwarten und droht aus dessen Abwicklung
ein Verlust, muss eine Rückstellung gebildet werden[5].

---

1 BFH-Urteil vom 9. Februar 1993 VIII R 29/91, BFHE 171, 419, BStBl II 1993, 747.
2 Vgl. Rn 1792, 1793.
3 Zur Bilanzierung und Bewertung von „Swaps" und „Financial Futures" vgl. *Jutz,* Swaps und Financial Futures und ihre Abbildung im Jahresabschluss, Stuttgart 1989 (Schriften zur Bilanzierung und Steuerlehre, Bd. 5), insbesondere S. 152, 159 und 178.
4 BGH-Urteil vom 1. März 1982 II ZR 23/81, BGHZ 83, 341.
5 Vgl. BGH-Urteil vom 1. März 1982 II ZR 23/81, BGHZ 83, 341: Ein Jahresabschluss ist nichtig, wenn Rückstellungen für drohende Verluste aus schwebenden Geschäften nicht gebildet worden sind. Vgl. zur Berechnung u. a. auch *Nies,* Rückstellungen für drohende Verluste bei schwebenden Dauerschuldverhältnissen unter besonderer Berücksichtigung des Versicherungsgeschäfts, StBp 1984, 130.

Dauerschuldverhältnisse, die zurzeit des Ausscheidens eines Gesellschafters noch andauern, sind regelmäßig keine schwebenden Geschäfte, an deren Ergebnis der Ausgeschiedene noch zu beteiligen wäre[1].

Dementsprechend sind Verträge, durch die der Eigentümer eines Grundstücks einer Personengesellschaft die Ausbeute der Bodenbestandteile einem Dritten überlässt, keine schwebenden Geschäfte, an deren Gewinn oder Verlust ein ausgeschiedener Gesellschafter zu beteiligen wäre; ihr Wert ist bei der Höhe der Abfindung zu berücksichtigen[2].

3221 Teilleistungen aus schwebenden Geschäften, die vor dem Ausscheiden eines Gesellschafters bereits erbracht worden sind, dürfen nicht in die Abfindungsbilanz genommen werden, wenn das Gesamtwerk zu diesem Zeitpunkt noch nicht fertig gestellt worden ist. Die Teilleistungen sind in die Gewinn- und Verlustrechnung nach § 740 Abs. 1 BGB einzubringen, die zu erstellen ist, wenn das schwebende Geschäft voll erfüllt worden ist[3].

3222 Für künftige Verpflichtungen zur Entgeltfortzahlung im Falle der Arbeitsunfähigkeit wegen Krankheit (§ 3 EntGFG) sind regelmäßig keine Rückstellungen wegen drohender Verluste aus schwebenden Geschäften zu bilden[4].

3223 Höchstrichterlich ist noch nicht die Frage entschieden, ob eine Rückstellung wegen drohender Verluste aus schwebenden Geschäften abzuzinsen ist[5].

r) Sicherungsrechte

3224 Sicherungsrechte bleiben unregelmäßig bei der Ermittlung des Substanzwerts außer Betracht[6].

3225 *(unbesetzt)*

s) Software

3226 **Schrifttum: Stapperfend,** Die steuer- und bilanzrechtliche Behandlung von Software, Köln 1991 (Heft 71 der Schriftenreihe „Der Rechts- und Steuerdienst").

Es verden bezeichnet als

3227 • **Hardware** die Gesamtheit der Geräte einer EDV-Anlage; das sind die physikalischen Einrichtungen, aus denen der Computer zusammengesetzt ist (Betriebssystem und Anwendungsprogramm, letzteres also das Arbeitsprogramm, das den Betrieb der Anlage regelt; kurz und vereinfacht handelt es sich um die Maschinenausrüstung – wie Terminal, Fernsehgerät, Drucker usw. – samt Steuerprogrammen);

3228 • **Software** (Programmausrüstung; Arbeitsanweisung für Computer; und dgl. Ausdrücke mehr) im Sinne jedes vom Anwender zur Bearbeitung seiner spezifischen Zielsetzungen eingesetzte EDV-Programm; also das spezielle Arbeitsprogramm.

Bei der Software wird zwischen

3229 Systemsoftware (z. B. Betriebssystem, Sprachübersetzer) und

---

1 BGH-Urteil vom 9. Juni 1986 II ZR 229/85, BB 1986, 1547.
2 BGH-Urteil vom 16. Dezember 1985 II ZR 38/85, WM 1986, 709.
3 BGH-Urteil vom 7. Dezember 1992 II ZR 248/91, BB 1993, 401.
4 BFH-Urteil vom 7. Juni 1988 VIII R 296/82, BFHE 153, 407, BStBl II 1988, 886.
5 Vgl. dazu *Moxter,* Saldierungs- und Abzinsungsprobleme bei Drohverlustrückstellungen, BB 1993, 2481.
6 Vgl. Rn 1566, 1980, 3060 (2), 3248.

Anwendungssoftware (für die Benutzung durch den Anwender geschriebene Programme) unterschieden.

3230

Die Zuordnung von Programmen innerhalb der Gesamtheit der für eine Datenverarbeitungsanlage verfügbaren nicht apparativen Funktionsbestandteile zu den vorgenannten Ausdrücken ist im technischen (beschreibenden) und kaufmännischen (absetzenden) Bereich (Schrifttum und Sprachgebrauch) uneinheitlich (fließend).

Als maßgebendes Kriterium der Einordnung von **Software** als materielles oder immaterielles selbstständig bewertbares Wirtschaftsgut werden die zivilrechtlichen Beziehungen zwischen den Vertragsparteien angesehen, wobei bestimmten Vereinbarungen eine Indizwirkung für die Materialisierung von Software zukommt. Dies hat Auswirkungen auf die Frage, ob für Software Investitionszulagen bzw. Sonderabschreibungen in Anspruch genommen werden können[1].

3231

Unabhängig davon, ob für die betreffende Software Rechtsschutz nach dem UrhG besteht, bemühen sich die Hersteller, den Schutz ihrer Software mit dem jeweiligen Anwender vertraglich in Form von Allgemeinen Geschäftsbedingungen zu vereinbaren.

3232

Die rechtliche Einordnung eines Software-Überlassungsvertrages, die für die Inhaltsbestimmung der einzelnen vertraglichen Rechte und Pflichten wie auch für die Voraussetzungen einer vorzeitigen Vertragsbeendigung von Bedeutung sein kann, ist in der Literatur umstritten. Weitgehende Einigkeit besteht nur insofern, als in der Überlassung auch von Standardsoftware ein Nutzungsvertrag im Wesentlichen über ein geistiges Werk gesehen wird, der häufig als Lizenzvertrag oder als Know-how-Vertrag bezeichnet wird. Streit besteht jedoch darüber, ob eine solche Vereinbarung einem gesetzlich geregelten Vertragstyp (vor allem dem Kauf-, Miet- oder Pachtrecht) zuzuordnen bzw. anzunähern oder als Vertrag eigener Art zu behandeln ist[2].

3233

Bezieht sich der Hard- und Softwarevertrag in ein und derselben Vertragsurkunde auf den Kauf eines handelsüblichen Computers und auf die Überlassung von Standard-Software, so wird im Falle positiver Vertragsverletzung des Softwarevertrages der Hardwarevertrag davon nicht berührt.

Wird eine vorgefertigte Standard-Software dem Erwerber gegen einmaliges Entgelt auf Dauer zu freier Verfügung überlasen, so sind bei Mängeln der Software die Vorschriften der §§ 459 ff. BGB zumindest entsprechend anwendbar.

Die Wandlung wegen mangelhafter Bestandteile einer einheitlichen Kaufsache erstreckt sich auf den gesamten Kaufvertrag, ohne dass § 469 BGB Anwendung findet. Ob ein einheitlicher Kaufgegenstand oder mehrere „als zusammengehörend" verkaufte Sachen vorliegen, ist nicht nach dem Parteiwillen, sondern nach der Verkehrsanschauung zu beurteilen.

Für die rechtliche Einordnung von Software-Leistung kommt es also einerseits darauf an, ob es sich um die (werkvertragliche) Herstellung spezieller Individual-Software oder um die Überlassung vorgefertigter Standard-Software handelt, andererseits darauf, ob die Überlassung im Rahmen eines Dauerschuldverhältnisses oder im Wege eines einmaligen Erwerbsaktes gegen einmaliges Entgelt erfolgt. Handelt es sich um den Erwerb vorgefer-

---

[1] BFH-Urteil vom 3. Juli 1987 III R 7/86, BFHE 150, 259, BStBl II 1987, 728, Anm. HFR 1988, 25, und Beschluss vom 3. Juli 1987 III R 147/86, BFHE 150, 490, BStBl II 1987, 787.
[2] Die Einordnung konnte im Fall des BGH-Urteils vom 25. März 1987 VIII ZR 43/86, BB 1987, 1277, DB 1987, 1290, NJW 1987, 2007 dahingestellt bleiben.

tigter, wenn auch „komplexer" Standard-Software gegen einmaliges Entgelt zu freier Verfügung, so liegt die Annahme eines Kaufvertrages zumindest nahe. Insofern liegt hier – bürgerlich-rechtlich – kein wesentlicher Unterschied gegenüber dem Verkauf von Büchern oder Schallplatten vor[1].

3234 Für Anwender-Software, speziell für Standard-Software, sind überwiegend Nutzungsüberlassungsverträge anzutreffen, seltener „Kaufverträge", die jedoch dem Inhalt nach wiederum weitgehend Nutzungsüberlassungsvereinbarungen darstellen. Standard-Software ist z. Z. noch im Wesentlichen auf den Mikrocomputerbereich, insbesondere Personal-Computer (PC) beschränkt.

3235 Anwender-Software in der Form der Standard-Software, die für den Bereich der Mikro-Computer angeboten wird, kann bilanziell mit Büchern oder Schallplatten verglichen werden, weil für diesen Computer-Bereich Standard-Software zu einer handelbaren Ware geworden ist. Sollte daher Standard-Software in diesem Bereich als materielles Wirtschaftsgut zu behandeln sein, ist gleichwohl Individual-Software demgegenüber ein immaterielles Wirtschaftsgut, denn bei ihr steht – wie auch regelmäßig die zivilrechtlichen Rechtsbeziehungen zeigen – die geistige Leistung im Vordergrund.

3236 Individual-Software als immaterielles Wirtschaftsgut[2] unterliegt dem Aktivierungsverbot der §§ 248 Abs. 2 HGB, 5 Abs. 2 EStG. Für Individual-Software – als immaterielles Wirtschaftsgut – können im Rahmen der Forschungszulage nach § 4 Abs. 2 Nr. 3 InvZulG Zulagen in Betracht kommen.

3237 Unabhängig von der rechtlichen Einordnung und Bilanzierung gilt es für das jeweilige Wirtschaftsgut einen marktgängigen Preis zu finden. Für den Erwerber wird bei der Bewertung auch die Frage eine Rolle spielen, ob er die Hardware im gleichen Umfang wie der Veräußerer warten und die Software im bisherigen Umfang pflegen kann und will. Die bestehenden Wartungs- und Pflegeverträge sind zu berücksichtigen.

3238 *(unbesetzt)*

t) Verbindlichkeiten

3239 **Schrifttum:** *Christiansen,* Drohende Verluste aus Beschaffungsdauerschuldverhältnissen, DStR 1993, 1242; *Christiansen,* Rückstellungen für ungewisse Verbindlichkeiten in ausländischer Währung, StBp 1992, 245; *Gassner,* Bilanzierung von Verbindlichkeiten nach bedingtem Verzicht oder nach Rangrücktritt, in Freundesgabe Haas, Herne/Berlin, S. 121; *Gebhardt/Breker,* Bilanzierung von Fremdwährungs-Transaktionen im handelsrechtlichen Einzelabschluss – unter Berücksichtigung von § 340a HGB, DB 1991, 1529; *Häuselmann,* Bilanzierung und Besteuerung von Zinsbegrenzungsverträgen, Caps, Floors und Collars –, BB 1990, 2149; *Kretschmer,* Zinsmanagement – Wesen, Beurteilung und Absicherungsmöglichkeiten, JbF Betriebswirte 1990, Stuttgart/Wien/Zürich 1990, S. 253; *Moxter,* Zur Abgrenzung von Verbindlichkeitsrückstellungen und (künftig grundsätzlich unzulässigen) Verlustrückstellungen, DB 1997, 1477; *Ordelheide,* Zur Schuldenkonsolidierung von Fremdwährungsforderungen und -verbindlichkeiten, BB 1993, 1558; *Scharpf/Luz,* Risikomanagement, Bilanzierung und Aufsicht von Finanzderivaten, 2. Aufl., Stuttgart 2000; *Weiler,* Währungsrisiko – Management, Jbf Betriebswirte 1990, Stuttgart/Wien/Zürich 1990, S. 247.

3240 Auch für Verbindlichkeiten ist regelmäßig vom Nennwert auszugehen.

3241 Unverzinsliche langfristige Verbindlichkeiten sind abzuzinsen.

---

1 BGH-Urteil vom 4. November 1987 VIII ZR 314/86, NJW 1988, 406, BB 1988, 20.
2 Das Spezialprogramm für die Steuerung der Produktion von Backwaren ist z. B. ein immaterielles Wirtschaftsgut, vgl. BFH-Urteil vom 10. August 1988 III R 95/86, BFH/NV 1990, 62.

Es wird allerdings auch die Auffassung vertreten, dass Verbindlichkeiten statt zum Nennwert zu ihrem auf den Bewertungsstichtag abgezinsten Zeitwert in Rechnung gestellt werden sollen. Dabei sei von den Verhältnissen auf dem Kreditmarkt zurzeit der Geschäftsveräußerung auszugehen. 3242

Das bedeutet:

Haben sich die Verhältnisse am Kreditmarkt für den Kreditnehmer günstiger entwickelt, als sie bei Aufnahme des Kredits waren, ist also ein Kredit zu ungünstigeren Bedingungen aufgenommen worden, als er einem Kreditnehmer am Tage der Geschäftsveräußerung gewährt würde, so sei das bei der Bewertung der Verbindlichkeiten zu berücksichtigen. Der Erwerber des Unternehmens werde die ungünstigen Kreditbedingungen beim Kaufpreis durch einen Abschlag berücksichtigen, wenn er die Verbindlichkeiten des Verkäufers übernehmen soll. Es soll der Wert des Anspruchs auf Überlassung des Kredits bis zum vertraglichen Rückzahlungszeitpunkt ermittelt werden[1]. Das sei der Barwert der Summe der Zahlungen, die aufzuwenden wäre, wenn der Kredit zu den am Berwertungsstichtag (Tag der Veräußerung) gültigen Konditionen aufgenommen worden wäre. Dabei sei von allen Aufwendungen auszugehen, die für den Kredit entstanden wären. Es sei neben den laufenden Zinszahlungen auch ein Damnum zu berücksichtigen. Barwert sei der abgezinste Betrag der künftigen Zahlungen. 3243

Als Verbindlichkeit sei der Barwert der vertraglich vereinbarten Leistungen anzusetzen. In Höhe der Differenz sei ein Abschlag vom Kaufpreis vorzunehmen.

Bei der Veräußerung eines Geschäfts könne sich aber auch ein Gewinn ergeben, wenn der Veräußerer einen Kredit zu Bedingungen aufgenommen hat, die am Bewertungsstichtag, dem Tag der Veräußerung nicht zu erlangen wären. Auch in diesem Fall sei der Wert des Anspruchs auf Überlassung des Kredits und der Barwert der vertraglichen Leistung einander gegenüberzustellen. 3244

Wie zu entscheiden ist, muss aus den tatsächlichen Verhältnissen im Einzelfall abgeleitet werden. 3245

Sind Pensionsverpflichtungen nicht bilanziert worden, müssen deren Werte in die Berechnung einbezogen werden[2]. 3246

Valutaschulden sind mit dem Tageswert am Bewertungsstichtag anzusetzen. 3247

Bestehen für Verbindlichkeiten Sicherungsrechte an Wirtschaftsgütern, muss der Käufer berücksichtigen, dass ihm diese Wirtschaftsgüter nicht als Kreditunterlagen für die Aufnahme neuer Kredite zur Verfügung stehen. 3248

Eine ungewisse Verbindlichkeit bleibt Bestandteil des Betriebsvermögens/Sonderbetriebsvermögens, auch wenn das Einzelunternehmen, in dem sie entstanden ist, in eine Personengesellschaft eingebracht und später mit der Personengesellschaft real geteilt wird[3]. 3249

u) Verpflichtungen

(1) § 5 Abs. 4a EStG untersagt die Bildung von Verlustrückstellungen in der Steuerbilanz. 3250

---

1 Vgl. *Mittelbach*, Ausweis von Verlusten bei Nutzungsverträgen, insbesondere bei Kapitalnutzungsverträgen, BlStSozArbR 1971, 19 f.
2 Vgl. Rn 3124 ff.
3 BFH-Urteil vom 28. Januar 1993 IV R 131/92, BFHE 170, 534, BStBl II 1993, 509.

(2) Zulässig aber sind Erfüllungsrückstände. Solche entstehen, wenn der Sach- oder Dienstleistungsverpflichtete seine Hauptleistung erbracht hat, die Gegenleistung aber ganz oder teilweise aussteht.

Das sind z. B. Abbruch-, Pachterneuerungs-, Rekultivierungs-, Sparprämienzahlungs- oder Urlaubsverpflichtungen.

(3) Entsprechend dem Grundsatz, dass bei Beendigung des schwebenden Geschäfts die Verpflichtung jeweils entsprechend ihrem wirtschaftlichen Gehalt zu berücksichtigen ist, sind Verpflichtungen zum Abbruch von Gebäuden, zur Auffüllung von Kiesgruben usw., zur Beseitigung von Bergschäden, aus Bürgschaften, aus Garantiezusagen oder zur Gewährleistung, betreffend den Heimfall von Gebäuden usw., aus Rabattmarken, zum Schadensersatz, zu Steuernachforderungen, zur Leistung bestrittener Schulden, zu Tantiemen und Gratifikationen, zu Vertragsstrafen, aus Sozialplänen usw. zu beurteilen. Denn entscheidend ist der Rückstand nach Beendigung des Schwebezustands.

Bei der Bemessung von Rückstellungen wegen ungewisser Verbindlichkeiten kann die Möglichkeit eines Rückgriffs gegen Dritte betragsmindernd zu berücksichtigen sein[1].

3251–3255 *(unbesetzt)*

v) Waren, Rohstoffe, Hilfsstoffe

3256 **Schrifttum:** *Groh,* Wertabschläge im Warenlager, DB 1985, 1245.

3257 Waren, Rohstoffe und Hilfsstoffe sind zu den Preisen anzusetzen, die bei einem Einkauf zurzeit der Veräußerung dafür zu zahlen wären. Zu diesen Aufwendungen gehören auch die Transportkosten.

3258 Bei der mengenmäßigen Erfassung der Waren usw. ist auch zu beachten, dass geprüft werden muss, ob sich die Gegenstände in einwandfreiem Zustand befinden oder ob sie irgendwelche Mängel aufweisen, die zu Wertminderungen führen.

3259 **Beispiel:**
Bei der Bestandsaufnahme anlässlich des Verkaufs einer Textilgroßhandlung muss festgestellt werden, welche Waren z. B. durch Anschmutzung oder Beschädigung nicht mehr vollwertig sind. Ferner muss festgestellt werden, welche Waren unmodisch geworden und deshalb in ihrem Verkaufswert gesunken sind.

3260 Bei den nicht mehr vollwertigen Waren und Rohstoffen ist der Substanzwert in diesem Fall nicht der Wiederbeschaffungswert – also der Preis, der im üblichen Geschäftsgang erzielt werden kann –, sondern der Preis, den ein anderes Unternehmen der gleichen Branche bezahlen würde. Von dem im üblichen Geschäftsbetrieb erzielbaren Veräußerungspreis ist also ein Abschlag in Höhe des üblichen Rohgewinns, der bei diesen Waren erzielt wird, vorzunehmen. Bei mangelhaften Waren und Rohstoffen ist der Preis anzusetzen, den der Unternehmer für beschädigte Gegenstände zahlen würde[2,3].

3261 *(unbesetzt)*

w) Warenzeichen

3262 **Schrifttum:** *Rohnke,* Bewertung von Warenzeichen beim Unternehmenskauf, DB 1992, 1941.

---

1 BFH-Urteil vom 17. Februar 1993 X R 60/89, BFHE 170, 397, BStBl II 1993, 437.
2 BGH-Urteil vom 22. Oktober 1973 II ZR 37/72, NJW 1974, 312, BB 1974, 151.
3 BFH-Urteil vom 29. November 1960 I 137/59 U, BFHE 72, 416, BStBl III 1961, 154, betreffend Teilwertabschreibung nach dem Verkaufswertverfahren.

Warenzeichen sind Vermögensgegenstände i. S. v. § 246 Abs. 1 Satz 1 HGB (vgl. auch § 266 Abs. 2 A I 1 HGB). 3263

Ihre Veräußerbarkeit ist zwar i. d. R. beschränkt; das beeinträchtigt jedoch nicht ihre Qualität als Vermögensgegenstände.

Die beschränkte Verwertbarkeit muss bei der Einzelbewertung berücksichtigt werden.

(unbesetzt) 3264

x) Wertberichtigungen

Schrifttum: *Fumi*, Steuerrechtliche Rückstellungen für Dauerschuldverhältnisse, 1991. 3265

Wertberichtigungen dienen der Berichtigung von zu hoch ausgewiesenen Vermögenswerten bei Sachanlagen, Beteiligungen, Wertpapieren des Anlagevermögens und Forderungen. Nach den handelsrechtlichen Grundsätzen ordnungsmäßiger Buchführung können sie entweder unmittelbar von den Vermögenswerten abgesetzt oder unter einer besonderen Position „Wertberichtigung" auf der Passivseite eingesetzt werden. Sie kommen z. B. vor als Berichtigungsposten für Forderungen. Bei den Forderungen werden Einzelwertberichtigungen, die bestimmte zweifelhaft gewordene Forderungen berichtigen, und Sammelwertberichtigungen, die einen Pauschalwert- oder eine Globalwertberichtigung des Postens Forderungen darstellen, unterschieden. 3266

Sind bei **Dauerschuldverhältnissen** die Werte von Leistung und Gegenleistung unausgeglichen, kann eine Rückstellung erforderlich sein, wie dies auch bei der Unausgeglichenheit von Mietverträgen der Fall ist[1]. 3267

Für **Wechselverbindlichkeiten** gelten die allgemeinen Grundsätze. 3268

(unbesetzt) 3269

y) Bewertung von Anteilen oder Beteiligungen

Schrifttum: *Reimann*, Die Bewertung von GmbH-Anteilen im Zivilrecht, DStR 1991, 910. 3270

Für Anteile oder Beteiligungen ist deren Ertragswert anzusetzen. 3271

(unbesetzt) 3272

z_1) Zinsbegrenzungsverträge (Caps, Floors, Collars)

Schrifttum: *Häuselmann*, Bilanzierung und Besteuerung von Zinsbegrenzungsverträgen – Caps, Floors und Collars –, BB 1990, 2149; *Sondermann/Sandmann*, Zur Bewertung von Caps und Floors, ZfB 1990, 1205. 3273

(1) Als Cap wird die auf einen bestimmten Kapitalbetrag bezogene vertragliche Vereinbarung einer Zinsobergrenze bezeichnet. Der Verkäufer eines Zinscap verpflichtet sich, am Ende der vereinbarten Zinsperiode (Roll-over-Termin) dem Capkäufer die Differenz zwischen der festgelegten Zinsobergrenze (strike rate) und dem vereinbarten variablen Referenzzinssatz (z. B. FIBOR = Frankfurt Interbank Offered Rate; oder LIBOR = London Interbank Offered Rate) zu zahlen. Liegt der Marktzins unterhalb der Obergrenze, 3274

---

1 Vgl. Rn 3178 ff.

werden keine Zahlungen fällig. Als Gegenleistung für seine Leistungsverpflichtung erhält der Capverkäufer eine i. d. R. einmalige Vergütung[1].

3275 (2) Unter einer Floor wird die vertragliche Vereinbarung einer Zinsuntergrenze verstanden. Unterschreitet der Referenzzinssatz die vertraglich festgelegte Zinsuntergrenze, so zahlt der Verkäufer (Stillhalter) dem Käufer des Floor die Differenz zur Zinsuntergrenze. Liegt z. B. an einem vereinbarten Roll-over-Termin der aktuelle LIBOR unter der vereinbarten Zinsuntergrenze, dann muss der Stillhalter in Höhe der Differenz zwischen Zinsuntergrenze und LIBOR Ausgleich leisten; bleiben die Marktzinsen über Floor-Niveau, kommt es zu keiner Zahlung.

3276 (3) Der gleichzeitige Kauf eines „Cap" und Verkauf eines „Floor" wird „Collar" genannt.

Der Collar-Verkäufer willigt ein, den variablen Zinssatz einer Verbindlichkeit des Käufers durch eine Unter- und Obergrenze festlegende Bandbreite zu begrenzen. Der Schuldner wählt den Referenzzinssatz, den Absicherungszeitraum und eine Zinsbandbreite. Der Verkäufer des Collars garantiert gegen die Zahlung einer Prämie, dass die Zinszahlungen die festgelegte Obergrenze nicht übersteigen werden, hat aber Zinsvorteile, wenn die Marktzinsen unter die festgelegte Untergrenze fallen. Liegt der Marktzins zwischen Unter- und Obergrenze, dann zahlt der Schuldner Marktzinsen. Liegen die Zinssätze außerhalb der vereinbarten Bandbreite, so leistet der Verkäufer Zinszahlungen (wenn der Marktzins über der Obergrenze liegt) oder erhält solche (wenn der Marktzins unterhalb der Untergrenze liegt).

3277 (4) Als Höchstzins- und Mindestzins-Vereinbarungen gehören die Zinssatzoptionen Caps, Floors und Collars zu den Interest Rate Guarantees (IRG), auch Interest Capping Agreements genannt.

Caps, Floors und Collars sind – für sich genommen – schwebende Geschäfte[2]; sie begrenzen die etwa vorzunehmende Auf- oder Abzinsung[3].

z_2) **Zur Zurechnung und Bewertung von verschiedenen Vermögensgegenständen**

3278 Schrifttum: ADS, HGB § 246 Tz 151 ff., 165 ff.

Welche Vermögensgegenstände und Schulden dem Unternehmer zuzurechnen sind, bestimmt sich danach, ob ihm dauerhaft – d. h. für die wirtschaftliche Nutzungsdauer – Besitz, Gefahr, Nutzungen und Lasten zuzurechnen sind, ob er also in den Genuss von Wertsteigerungen kommt und das Risiko der Wertminderungen oder des Verlustes trägt (§ 246 HGB).

Hinsichtlich der Bilanzierung und Bewertung von Bonds, Options-, Pensions- und Termingeschäften, von Treuhandverhältnissen sowie der Wertpapierleihe wird auf das sie betreffende Spezialschrifttum verwiesen.

3279–3280 *(unbesetzt)*

---

[1] *Häuselmann,* aaO, zitiert als Belege Coopers & Lybrand (New York; Hrsg.). Guide to Financial Instruments, 2. Aufl., New York 1990, S. 104 ff.; Coopers & Lybrand (London; Hrsg.), The Financial Jungle, London 1987, S. 114 ff.; Dresdner Bank (Hrsg.), Zinsmanagement, Frankfurt/Main 1989, S. 34; *Zahn,* Financial Innovations, Frankfurt/Main 1986, S. 17; *Zugehör,* DM-Zinscaps als Instrument der Finanzabteilung, Die Bank 1987, S. 558 ff.
[2] Vgl. Rn 3216 ff.
[3] Vgl. Rn 3045.

V. Ermittlung des Geschäftswertes

Schrifttum: *Bierle*, Geschäftswert, HwStR, S. 615; *Diederichsen*, Die Erfassung des „good will" bei der Bewertung wirtschaftlicher Unternehmungen in der familiengerichtlichen Praxis des Zugewinnausgleichs, in FS für Großfeld, Hrsg. Hübner und Ebke, Heidelberg, S. 143; *Herrmann/Heuer/Raupach*, Einkommensteuer- und Körperschaftsteuergesetz, Kommentar 19. Aufl., § 6 EStG, Anm. 840 E 416–419 Literaturverzeichnis; *Küting/Weber/Wirth*, Goodwill und immaterielle Vermögenswerte im Übergang auf die Anwendung des SFAS 142; *Moxter*, Grundsätze ordnungsmäßiger Unternehmensbewertung, 2. Aufl., Wiesbaden 1983; *Pfeil/Vater*, „Die kleine Unternehmensbewertung" oder die neuen Vorschriften zur Goodwill- und Intangible-Bilanzierung nach SFAS No. 141 und SFAS No. 142, KoR 2002, 66; *Piltz*, Die Unternehmensbewertung in der Rechtsprechung, 3. Aufl., Düsseldorf 1994.

3281

1. Allgemeines zum Geschäftswert

Der Geschäftswert ist der Mehrwert, der einem Unternehmen über die Werte der sonstigen aktivierten Wirtschaftsgüter (abzüglich der Schulden) hinaus innewohnt und dessen Bedeutung darin liegt, dass er auf Grund der im Unternehmen enthaltenen Vorteile (Ruf des Unternehmens, Kundenkreis, Absatzorganisation usw.) die Erträgnisse des Unternehmens höher oder zumindest gesicherter erscheinen lässt als bei einem anderen Unternehmen mit sonst gleichen Wirtschaftsgütern, bei dem jene Vorteile fehlen[1].

3282

Anders ausgedrückt: Bestimmte ertragsfördernde immaterielle Faktoren bewirken einen die Normalverzinsung des Substanzwertes übersteigenden Mehrwert; dieser Mehrwert wird als „Geschäftswert" oder „Goodwill" bezeichnet.

Alle Methoden ermitteln den Geschäftswert – auch Firmenwert und dgl. mehr genannt – auf der Grundlage des Ertragswertes.

3283

Erreicht der Ertragswert nicht den Substanzwert, müssen die Gründe für den Minderwert des Unternehmens ermittelt werden[2].

3284

§ 255 Abs. 4 HGB schreibt nunmehr vor, dass als Geschäfts- oder Firmenwert der Unterschiedsbetrag angesetzt werden darf, um den die für die Übernahme eines Unternehmens bewirkte Gegenleistung den Wert der Summe der einzelnen Vermögensgegenstände des Unternehmens abzüglich der Schulden im Zeitpunkt der Übernahme übersteigt. Der Betrag ist anders als im Steuerrecht (vgl. § 7 Abs. 1 Satz 3 EStG) in jedem folgenden Geschäftsjahr zu mindestens ¼ durch Abschreibungen zu tilgen. Die Abschreibung des Geschäfts- oder Firmenwerts kann aber auch planmäßig auf die Geschäftsjahre verteilt werden, in denen er voraussichtlich genutzt wird. Die Vorschrift wird im Regelfall das Entstehen stiller Reserven bewirken. Steuerlich werden folgende Erwägungen angestellt, die auch bei Unternehmensübertragungen bedacht werden sollten:

3285

Der Mehrwert ist ein einheitliches Wirtschaftsgut, das nicht zerlegt werden kann, auch wenn die Umstände, auf denen es beruht, im Laufe der Zeit wechseln. Aufwendungen für die Abgeltung stiller Reserven gehören nicht zum Geschäftswert[3]. Stille Reserven entste-

3286

---

1 BFH-Urteile vom 15. April 1958 I 61/57 U, BFHE 67, 151, BStBl III 1958, 330, und vom 18. Januar 1967 I 77/64, BFHE 88, 198, BStBl III 1967, 334.
2 *Wollny*, Überlegungen im Zusammenhang mit dem Minderwert eines Unternehmens, dem sog. negativen Geschäfts- oder Firmenwert, in FS für Offerhaus, Hrsg. Kirchhof/Jakob/Beermann, Steuer-Rechtsprechung, Steuergesetz, Steuerreform, Köln 1999, S. 647 ff.
3 BFH-Urteile vom 10. November 1960 IV 62/60 U, BFHE 72, 251, BStBl III 1961, 95, und vom 20. November 1962 I 266/61 U, BFHE 76, 164, BStBl III 1963, 59.

hen beispielsweise, wenn die Abschreibungen höher sind, als der tatsächliche Wertverzehr des Wirtschaftsguts sie bedingt.

3287 Der Geschäftswert ist ein **immaterielles** Wirtschaftsgut.

3288 Immaterielle Wirtschaftsgüter sind regelmäßig Einzelwirtschaftsgüter. Löst z. B. ein Handelsvertreter durch Vereinbarung mit dem Geschäftsherrn den Ausgleichsanspruch (§ 89b HGB) seines Vorgängers in einer bestimmten Höhe ab, erwirbt er damit entgeltlich ein immaterielles Wirtschaftsgut „Vertreterrecht". Das Wirtschaftsgut Vertreterrecht ist auch dann zu aktivieren, wenn das Entgelt hierfür durch Verrechnung mit einem prozentualen Anteil an den erzielten Provisionen entrichtet wird[1].

Der Geschäftswert ist ein von den immateriellen Einzelwirtschaftsgütern zu unterscheidendes immaterielles Gesamtwirtschaftsgut, die Summe jener, ihn bestimmenden, im Einzelnen jedoch nicht messbaren Imponderabilien.

3289 Der Geschäftswert ist also von den stillen Reserven und den immateriellen Einzelwirtschaftsgütern abzugrenzen.

Technisches Spezialwissen (Know-how) ist z. B. ebenso wie Erfindungen ein gegenüber dem Geschäftswert abgrenzbarer immaterieller Wert, der nach der Verkehrsanschauung ein immaterielles Wirtschaftsgut des Betriebsvermögens ist[2]. Das Know-how wird wie Diensterfindungen als Wirtschaftsgut des Betriebsvermögens nur angesetzt, wenn es in Lizenz vergeben oder in sonstiger Weise gegen Entgelt einem Dritten zur Ausnützung überlassen wird.

3290 Der Geschäftswert wurde als ein einheitliches Wirtschaftsgut verstanden, dessen Wert für das Unternehmen sich, sobald er einmal in der Bilanz erfasst war, nicht mit einer gewissen Regelmäßigkeit innerhalb einer ungefähr bestimmbaren Zeit erschöpft. Aus diesem Grunde wurde vor Ergehen des Bilanzrichtlinien-Gesetzes die Möglichkeit einer regelmäßigen Absetzung für Abnutzung (AfA) auf den Geschäftswert versagt und auch seine Abschreibung auf den niedrigeren Teilwert begegnete in der Regel erheblichen praktischen Schwierigkeiten.

3291 Eine Abschreibung des aktivierten Aufwands für einen Geschäftswert konnte und kann praktisch indes erfolgen, wenn sich die Annahme eines Geschäftswerts bereits bis zum Ende desjenigen Geschäftsjahres, in dem die Zahlung dafür geleistet wurde, als eine Fehlmaßnahme erwiesen hat.

3292 Bei der Ermittlung des Geschäftswerts muss für den Unternehmer oder bei einer Personengesellschaft für den geschäftsführenden Gesellschafter vom Ertragswert ein Betrag für den Unternehmerlohn abgesetzt werden[3].

3293 Neben dem Unternehmerlohn ist bei der Übergewinnmethode auch ein Zinsbetrag auf das im Unternehmen investierte Eigenkapital abzusetzen, für dessen Höhe der betriebliche Einheitswert einen Anhaltspunkt geben kann. Bei der Wahl des Zinssatzes ist vom landesüblichen Zins für sichere langfristige Kapitalanlagen auszugehen, den der Unternehmer bei anderweitiger Anlage seiner Mittel erzielen könnte. Dieser Zinssatz ist auch für die Kapitalisierung des Mehrertrages zum Geschäftswert bedeutsam. Inwieweit der Zinssatz durch Zuschläge für die ungesicherte Kapitalanlage im eigenen Unternehmen und

---

1 BFH-Urteil vom 18. Januar 1989 X R 10/86, BFHE 156, 110, BStBl II 1989, 549.
2 BFH-Urteil vom 23. November 1988 II R 209/82, BFHE 155, 132, BStBl II 1989, 82.
3 BGH-Urteil vom 2. Dezember 1959 IV ZR 152/59, LM-BEG 1956, § 56 Nr. 17; BFH-Urteil vom 25. Januar 1979 IV R 56/75, BFHE 127, 32, BStBl II 1979, 302.

Ermittlung des Geschäftswertes 447

wegen der Ungewissheit des erwarteten Gewinns erhöht werden muss, kann nicht allgemein gesagt werden, sondern hängt von den Umständen des Einzelfalls ab.

Der mit Hilfe der direkten oder einer anderen Berechnungsmethode für das Gesamtunternehmen oder einen Teilbetrieb zu ermittelnde Geschäftswert ist in einem weiten Rahmen ungewiss. Die Berechnungsmethoden können daher nur einen Anhaltspunkt für die Schätzung ergeben. Die Schätzung hat sich an der eingetretenen und vorauszusehenden wirtschaftlichen Entwicklung des Unternehmens zu orientieren[1]. 3294

Geschäftswert ist also der Ausdruck derjenigen Gewinnaussichten eines Unternehmens, die nicht in einzelnen Wirtschaftsgütern verkörpert sind. 3295

Da die neuere Betriebswirtschaftslehre die Unternehmensbewertung allein auf den Ertrag stützt und den Substanzwert allenfalls als Kontrollgröße anerkennt, lehnt sie auch die Ableitung des Geschäftswerts aus einem Vergleich mit einer normalen Rendite des Substanzwertes ab. 3296

Zur Ermittlung des Geschäftswertes sind bei der Unternehmensbewertung zahlreiche Schätzungsmethoden entwickelt worden. 3297

Nach der Rechtsprechung des BFH können die indirekte Methode, die Mittelwert-Methode und die direkte Methode Faustregeln abgeben, die brauchbare Kontrollrechnungen ermöglichen.

Der Substanzwert ist bei der indirekten Methode und der Mittelwert-Methode anhand des Teilwertes der dem Betriebsvermögen dienenden Wirtschaftsgüter zu ermitteln. 3298

Eine umstrittene Größe ist die Wahl eines angemessenen Zinssatzes für die Kapitalisierung des künftig voraussichtlich erzielbaren Gewinns. Je höher der Zinssatz ist, desto niedriger wird der Geschäftswert. Im Allgemeinen wird im Steuerrecht von der Rechtsprechung ein Zinssatz von 10 vH nicht beanstandet. 3299

Die Art der Finanzierung und die für das Fremdkapital zu zahlenden Zinsen haben Auswirkungen auf die Höhe des Geschäftswertes. 3300

Liegt der Zinssatz für Fremdkapital über dem Zinssatz für das Eigenkapital, so hat das zur Folge, dass der Geschäftswert umso stärker sinkt, je höher sich der Anteil des Fremdkapitals am Gesamtkapital des Unternehmens beläuft. Maassen[2] schlägt vor, den Kapitalisierungsfaktor (K) für das Eigenkapital und den für das Fremdkapital zunächst getrennt zu ermitteln und dann bei der Ermittlung des Kapitalisierungsfaktors für den Ertragswert das Verhältnis des Fremdkapitals zum Eigenkapital zu berücksichtigen. 3301

Geht man davon aus, dass der landesübliche Zinssatz z. B. 8 vH beträgt und die Zinsen und Kosten für Fremdkapital (p) 14 vH betragen und unterstellt man, dass der Betrieb mit 30 vH Fremdkapital arbeitet, so wird der Ertragswert nach folgenden Formeln ermittelt: 3302

$$K = \frac{100}{\text{Zinsfuß}}$$

$x = 8$ vH

$p = 14$ vH

Kx = Kapitalisierungsfaktor Eigenkapital

---

1 BFH-Urteil vom 24. April 1980 IV R 61/77, BFHE 131, 220, BStBl II 1980, 690.
2 *Maassen*, Neue Tendenzen in der Lehre vom steuerlichen Geschäftswert, FR 1976, 315 f.

Kp = Kapitalisierungsfaktor Fremdkapital

Ky = Kapitalisierungsfaktor zur Ermittlung des Ertragswertes

$$Kx = \frac{100}{8} = 12,5$$

$$Kp = \frac{100}{14} = 7,1428$$

$$Ky = \frac{Kx \times 70}{100} + \frac{Kp \times 30}{100}$$

$$Ky = \frac{12,5 \times 70}{100} + \frac{7,1428 \times 30}{100}$$

Ky = 10,8928

Ist der Betrieb dagegen mit einem Fremdkapital von 70 vH und einem Eigenkapital von 30 vH finanziert worden, so errechnet sich Ky wie folgt:

$$Ky = \frac{Kx \times 30}{100} + \frac{Kp \times 70}{100}$$

Ky = 8,7499

Hat das Unternehmen einen nachhaltigen Ertrag von 150 000 erwirtschaftet, so beträgt der Ertragswert im Beispiel 1 (Ky = 10,8928) 1 633 920, im Beispiel 2 (Ky = 8,7499) 1 312 485.

3303 Der mittlere künftige Fremdkapitalbedarf kann nach Kolbe[1] ermittelt werden, in dem die bilanzmäßigen, verzinslichen Fremdkredite zwecks Errechnung des durchschnittlichen künftigen Finanzbedarfs auf einen Wert korrigiert werden, der vom halben Wiederbeschaffungswert des abnutzbaren und daher erneuerungsbedürftigen Anlagevermögens ausgeht. Ergibt sich als Unterschied zwischen den abgeschriebenen Wiederbeschaffungswerten, die aus der Substanzwertermittlung zu entnehmen sind, zur Hälfte der Wiederbeschaffungswerte eine positive Differenz, so ist diese von den bilanzmäßigen verzinslichen Verbindlichkeiten abzusetzen. Ergibt sich eine negative Differenz, ist diese den Verbindlichkeiten hinzuzurechnen[2].

Dazu schreibt Kolbe: „Selbst bei völlig gleich bleibenden Verhältnissen ändern sich immer die in die Berechnung einbezogenen absoluten Zinsen, und zwar durch die Minderung des betriebsnotwendigen Kapitals als Folge der Kapitalfreisetzung aus den erwirtschafteten Abschreibungen. Der Übergewinn steigt von Jahr zu Jahr durch die ersparten Zinsen. Am deutlichsten wird das, wenn mit den frei gewordenen Abschreibungsmitteln Fremdkapital getilgt wird."

Eine solche Berechnungsweise setzt die Annahme einer unveränderten Größe des Eigenkapitals voraus.

Kolbe benutzt einen mittleren Investitionswert des abnutzbaren Anlagevermögens zur Abgrenzung des Normalgewinns vom Übergewinn. Das am Bewertungsstichtag vorhandene, aus der Bilanz abgeleitete betriebsnotwendige Vermögen korrigiert er über das ver-

---

[1] *Kolbe*, Theorie und Praxis des Gesamtwertes und des Geschäftswertes der Unternehmung, Düsseldorf 1967.
[2] Vgl. *Bodarwé*, Unternehmensbewertung, Mönchengladbach 1984, S. 33.

Ermittlung des Geschäftswertes 449

zinsliche Fremdkapital, dessen Höhe er mit den früheren oder späteren Erneuerungsinvestitionen übereinstimmen lässt.

(unbesetzt) 3304–3305

2. Methoden der Ermittlung des Geschäftswertes

a) Indirekte Methode

Bei der indirekten Methode zur Bestimmung des Geschäftswertes wird vom kapitalisierten Ertragswert der Buchwert des Betriebsvermögens abgezogen. Die Differenz ist der innere Wert des Unternehmens. Wird dieser um einen Risikoabschlag gemindert, erhält man den Geschäftswert. Bei einem Risikoabschlag von 50 vH gelangt man zum gleichen Ergebnis wie bei der Mittelwertmethode. 3306

Die indirekte Methode der Geschäftswertbestimmung wird einkommensteuerrechtlich als geeignete Kontrollrechnung angesehen, wenn ein entgeltlich erworbener Geschäftswert auf den niedrigeren Teilwert abgeschrieben werden soll, weil die Rentabilität nachhaltig gesunken ist. Der Substanzwert setzt sich[1] aus den Teilwerten der einzelnen Wirtschaftsgüter zusammen[2]. Es wird der für den betreffenden Betrieb nach den Verhältnissen am Bewertungsstichtag branchenübliche Zinsfuß zu Grunde gelegt. In der Praxis wird regelmäßig von einem Zinsfuß von 10 vH ausgegangen. Es wird aber auch eine Normalverzinsung von 11 vH, der ein Kapitalisierungsfaktor von 9,1 entspricht, für zulässig erachtet, wenn die Beteiligten einvernehmlich von ihm – statt von einem Zinssatz von 10 vH – ausgehen und dies den tatsächlichen Verhältnissen nahe kommt. 3307

Gegen die indirekte Methode wird eingewandt 3308

- sie entspreche nicht mehr der Übung im Wirtschaftsleben,
- statt des Buchwertes des Betriebsvermögens müsse sein Teilwert vom Ertragswert abgesetzt werden,
- nicht betriebsnotwendige Wirtschaftsgüter seien bei der Zusammenfassung von Substanzwert und Ertragswert auszuscheiden und gesondert mit ihrem gemeinen Wert anzusetzen,
- bei Personenunternehmen sei der Unternehmerlohn (rechnerische Vergütung für die Arbeitsleistung des Steuerpflichtigen im Betrieb) stets vom Ertrag abzusetzen,
- Unsicherheitsfaktoren seien durch einen Risikoabschlag zu berücksichtigen[3].

(unbesetzt) 3309

b) Mittelwertmethode

Bei der Mittelwertmethode wird der Gesamtwert des Unternehmens dadurch bestimmt, dass Substanzwert und Ertragswert zusammengerechnet werden und die Summe halbiert wird. Wird von Quotienten der Substanzwert abgezogen, ergibt sich der Geschäftswert. 3310

---

1 BFH-Urteil vom 13. April 1983 I R 63/79, BFHE 138, 541, BStBl II 1983, 667.
2 Vgl. auch BFH-Urteil vom 8. Dezember 1976 I R 215/73, BFHE 121, 402, BStBl II 1977, 409.
3 Vgl. dazu *Herrmann/Heuer/Raupach*, Einkommensteuer- und Körperschaftsteuergesetz, Kommentar, 19. Aufl., § 6 Anm. 885 – Dezember 1985.

3311   **Beispiel[1]:**

$$\frac{\text{Ertragswert} + \text{Substanzwert}}{2} = \text{Unternehmenswert}$$

Unternehmenswert ./. Substanzwert = Geschäftswert

$$\frac{1\,100\,000\,€ + 900\,000\,€}{2} = 1\,000\,000\,€$$

1 000 000 € ./. 900 000 € = 100 000 €.

3312   Schmalenbach[2] führt für die Halbierung bei der Ermittlung des Geschäftswertes drei mögliche Gründe an:

Jeder Geschäftswert ist in besonders hohem Grade wertabhängig von der Konkurrenz. Der Kampf um einen Marktanteil erfordert unternehmerische Initiative, die nach einer Geschäftsveräußerung der neue Unternehmer aufbringen muss.

Die hohe Gefährdung des Spitzenertrages verlangt, dass man einen entsprechend hohen Kapitalisierungszinsfuß anwendet. Bei einer starken Abzinsung kommt dem Mehrertrag in weiter Zukunft kaum noch eine weitere Bedeutung zu.

Der neue Unternehmer hat einen höheren Aufwand als sein Vorgänger, weil er die Abschreibung auf den erworbenen Geschäftswert zusätzlich aufbringen muss.

3313   *(unbesetzt)*

c) Direkte Methode

3314   Bei der direkten Methode wird der Geschäftswert dadurch ermittelt, dass der über eine normale Verzinsung des im Betrieb eingesetzten Eigenkapitals und über den Unternehmerlohn hinausgehende nachhaltig künftig erzielbare Gewinnbetrag (sog. Übergewinn) kapitalisiert wird. Geschäftswert ist – anders ausgedrückt – der Effektivertrag abzüglich des Normalertrages multipliziert mit dem Kapitalisierungsfaktor für die ewige Rente.

3315   Während die Brauchbarkeit der direkten Methode von der Betriebswirtschaftslehre abgelehnt wird, wird sie in der steuerlichen Rechtsprechung grundsätzlich anerkannt. Sie komme den tatsächlichen Verhältnissen bei Betrieben mit einem verhältnismäßig hohen Einfluss der Unternehmerleistung auf den Geschäftswert näher als die anderen Methoden[3].

3316   **Beispiel[4]**

	€
Nachhaltig erzielbarer Bruttogewinn	150 000
./. angemessene Verzinsung des Eigenkapitals von 900 000 €	90 000
./. Unternehmerlohn	40 000
Übergewinn	20 000
Kapitalisierung 20000 x 10 = 200 000	200 000

3317   *(unbesetzt)*

---

1 *Glanegger* in Schmidt, EStG, aaO, § 6 Anm. 60.
2 *Schmalenbach/Bauer*, Die Beteiligungsfinanzierung, Köln 1954, S. 71 ff.
3 Vgl. dazu und zum Zinsfuß auch BFH-Urteil vom 24. April 1980 IV R 61/77, BFHE 131, 220, BStBl II 1980, 690.
4 *Schmidt*, EStG, aaO, § 6 Anm. 60; vgl. dazu BFH-Urteil vom 28. Oktober 1976 IV R 76/72, BFHE 120, 245, BStBl II 1977, 73.

3. Bemessung des Entwertungsfaktors für den Geschäftswert

Die Verfahren, den Geschäftswert zu ermitteln, unterscheiden sich jeweils dadurch, dass der Entwertungsfaktor des Geschäftswerts auf Grund anderer Überlegungen ermittelt und damit in unterschiedlicher Höhe bestimmt wird.

Geht man von der Grundformel für den Gesamtwert des Unternehmens aus, lässt sich diese abwandeln, indem jeweils der Entwertungsfaktor a durch eine andere Formel ersetzt wird.

Jacob[1] hat über die Auswirkungen der verschiedenen Methoden auf den Unternehmenswert und die Goodwill-Abschreibung eine vergleichende Übersicht ausgearbeitet unter der Annahme eines Zukunftsgewinns von 50 000 € und eines Substanzwertes von 300 000 €, wobei sich folgende Werte ergeben:

	Wert für a	Unternehmenswert
Mittelwertmethode	0,50	400 000
Methode der laufenden Geschäftswertabschreibung	0,44	388 000
Verfahren Gref (befristete Geschäftswertabschreibung)	0,60	420 000
Ertragswertmethode	1,00	500 000
Methode der Übergewinnkapitalisierung	0,67	434 000
Einfache Methode der Übergewinnabgeltung	0,40	380 000
Verfeinerte Methode der Übergewinnabgeltung (Verrentung)	0,38	376 000
Stuttgarter Verfahren	0,23	346 000

Vergleicht man nun den Unternehmenswert mit dem Ertragswert von 500 000, so kann daraus errechnet werden, um wie viel und binnen welcher Frist der Goodwill abgeschrieben worden ist. Jacob bemerkt dazu: „Abgesehen von dem in Zukunft erwarteten durchschnittlichen Jahresgewinn, dem Reproduktionswert und dem Kapitalisierungszinsfuß, sind es vier weitere Größen, die – je nachdem, welches Verfahren angewandt wird – die Höhe des Unternehmenswertes beeinflussen können: die Abschreibungsdauer des Geschäftswertes (n), die Anzahl der Jahre, für die der Übergewinn abzugelten ist (N), der Kapitalisierungszinssatz für die Übergewinne (r) und der Multiplikator (m). Im konkreten Fall sind diesen Größen Zahlen zuzuordnen; von diesen Zahlen hängt es ab, wie groß der Faktor a wird. Man kann also, sofern in der Formel für a eine der genannten Größen vorkommt, a innerhalb gewisser Grenzen beliebige Werte annehmen lassen, indem man diese Größe in geeigneter Weise variiert." Gerade hierin kommt das bei jeder Unternehmungsbewertung waltende subjektive Ermessen zum Ausdruck.

---

[1] Wiedergegeben in *Viel/Bredt/Renard*, Die Bewertung von Unternehmungen und Unternehmensanteil, 5. Aufl., 1975, S. 67.

4. Ermittlung des Geschäftswertes auf Grund von Erfahrungssätzen

3321 Barthel[1] gibt folgende Erfahrungssätze zur Ermittlung des originären Geschäftswertes an[2].

	Erfahrungssätze in % vom Umsatz für den Goodwill Beruf/Branche	Mindest-satz	Mittel-satz	Höchst-satz	Markt-trend
1.	**Arztpraxen**				
a	Allgemeinmedizin	20 %	35 %	44 %	AN
b	Augenarzt	19 %	30 %	42 %	AA
c	Chirurg	20 %	32 %	45 %	NN
d	Frauenarzt	20 %	35 %	40 %	NN
e	HNO-Arzt	18 %	26 %	41 %	AA
f	Dermatologie	9 %	21 %	33 %	AAA
g	Heilpraktiker	20 %	32 %	50 %	AN
h	Innere Medizin	22 %	35 %	46 %	NN
i	Kinderarzt	14 %	30 %	38 %	AN
j	Labormedizin	20 %	25 %	50 %	AN
k	Lungenheilkunde	16 %	29 %	35 %	AN
l	Neurochirurgie	15 %	30 %	40 %	A
m	Neurologie	25 %	27 %	30 %	A
n	Nuklearmedizin	20 %	33 %	55 %	AN
o	Orthopädie	25 %	34 %	58 %	A
p	Praktischer Arzt	10 %	33 %	50 %	AN
q	Radiologie	12 %	20 %	25 %	AA
r	Urologie	17 %	25 %	30 %	A
s	Tierarzt	12 %	33 %	50 %	AN
t	Zahnarzt	18 %	25 %	40 %	AA
2.	**Sonstige freiberufliche Praxen**				
a	Architekturbüros	21 %	52 %	65 %	AN
b	Ingenieurbüros	20 %	36 %	55 %	A
c	Patentanwalts-Praxen	40 %	65 %	75 %	AA
d	Rechtsanwalts-Landpraxen[3]	50 %	60 %	70 %	–
d[4]	Rechtsanwalts-Landpraxen	12 %	15 %	25 %	–
e	Rechtsanwalts-Stadtpraxen[3]	60 %	70 %	80 %	–

---

1 *Barthel*, Unternehmenswert: Der Markt bestimmt die Bewertungsmethode, DB 1990, 1145, 1152. Die Zahlen dürften nach dem 31. 1. 1991 erheblich gesunken sein. Neuere abweichende Zahlen der umsatzbezogenen Erfahrungssätze zur Ermittlung des Goodwill gibt *Barthel* in DB 1996, 149 ff. (S. 159 bis 163) wieder.

2 A = Angebotsüberhang; N = Nachfrageüberhang; AAA = großer Angebotsüberhang; NNN = großer Nachfrageüberhang; AN = Angebot und Nachfrage ausgeglichen.

3 Die Zahlen entsprechen Erfahrungen in den alten Bundesländern im Jahr 1993. Vgl. *Barthel*, aaO, DStR 1993, 1603, 1607, ferner *Barthel*, DB 1996, 161.

4 Die Zahlen geben Erfahrungen in den neuen Bundesländern wieder. Vgl. *Barthel*, aaO, DStR 1993, 1603, 1607.

5 Die Wirtschaftsprüfer beziffern die Kaufpreise mit 100 bis 130 % des nachhaltigen Jahresumsatzes.

6 Den Goodwill beziffert *Barthel* (aaO, DStR 1993, 1607 Fn 50) mit 30–50 DM/hl des vertraglich gesicherten Bierabsatzes.

Ermittlung des Geschäftswertes

	Erfahrungssätze in % vom Umsatz für den Goodwill Beruf/Branche	Mindest-satz	Mittel-satz	Höchst-satz	Markt-trend
e[4]	Rechtsanwalts-Stadtpraxen	20 %	25 %	30 %	–
f	Steuerberatungspraxen[3]	90 %	110 %	120 %	–
f[4]	Steuerberatungspraxen	50 %	55 %	60 %	–
g	Wirtschaftsprüferpraxen[5]	120 %	135 %	155 %	NNN
3.	**Sonstige Dienstleistung**				
a	Handelsvertretungen	15 %	48 %	70 %	N
b	Sonnenstudios	10 %	18 %	35 %	AA
c	Reinigungen	5 %	12 %	25 %	AAA
d	Diskotheken	25 %	38 %	65 %	N
e	Gaststätten	10 %	18 %	35 %	AA
f	Hotels	15 %	22 %	40 %	A
g	Rohrreinigungen	17 %	28 %	55 %	A
h	Reisebüros	15 %	24 %	35 %	N
i	Spedition	8 %	12 %	24 %	A
j	Handwerksbetriebe	10 %	35 %	65 %	N
k	Versicherungsagenturen	25 %	45 %	60 %	AN
l	Zeitarbeits-Unternehmen	35 %	52 %	65 %	NNN
m	Versicherungs-Makler	12 %	38 %	68 %	N
4.	**Handelsbetriebe**				
a	Antiquitätenhandlungen	5 %	10 %	20 %	AA
b	Apotheken	20 %	25 %	50 %	A
c	Buchhandlungen	15 %	35 %	55 %	N
d	Bekleidung	5 %	12 %	45 %	AN
e	Computerhandel	5 %	20 %	30 %	N
f	Kfz-Handel	7 %	16 %	22 %	AN
g	Kiosk	6 %	20 %	28 %	AAA
h	Möbelhandlungen	15 %	33 %	48 %	AN
i	Optiker	12 %	22 %	36 %	AA
j	Tabakwarengroßvertrieb	6 %	9 %	12 %	NN
k	Verlage	14 %	33 %	42 %	NNN
l	Zeitungen	10 %	15 %	25 %	N
5.	**Produktionsbetriebe**				
a	Brauereibetriebe[6]	25 %	45 %	70 %	N
b	Bauindustrie	15 %	21 %	35 %	N
c	Bäckereien	8 %	16 %	25 %	AN
d	Bierverlage[6]	29 %	38 %	55 %	NN
e	Chemische Industrie	32 %	45 %	65 %	NN
f	Computerhersteller	5 %	12 %	20 %	AN
g	Elektrotechnik	15 %	28 %	45 %	NN
h	Metallverarbeitung	11 %	24 %	41 %	N

	Erfahrungssätze in % vom Umsatz für den Goodwill Beruf/Branche	Mindestsatz	Mittelsatz	Höchstsatz	Markttrend
i	Feinkeramikindustrie	12 %	23 %	40 %	N
j	Glasindustrie	10 %	18 %	28 %	AN
k	Getränkeindustrie	11 %	19 %	29 %	NNN
l	Gentechnik	65 %	75 %	110 %	NNN
m	Landwirtschaft	0 %	0 %	0 %	AN
n	Forstwirtschaft	0 %	0 %	0 %	AN
o	Lederverarbeitung	10 %	14 %	22 %	A
p	Maschinenbau	20 %	33 %	43 %	NN
q	Möbelindustrie	12 %	26 %	41 %	AN
r	Nahrungsmittel	10 %	22 %	35 %	N
s	Pharmaindustrie	35 %	45 %	70 %	NNN
t	Papierverarbeitung	25 %	32 %	55 %	NN
u	Boots- und Schiffsbau	0 %	15 %	25 %	AA
v	Schmuckindustrie	17 %	26 %	41 %	N
w	Spielwarenindustrie	11 %	24 %	35 %	N
x	Sportgerätehersteller	9 %	21 %	28 %	A
y	Textilindustrie	6 %	14 %	26 %	A

VI. Der Wert des Unternehmens

Der Wert des Unternehmens ist der Ertragswert (vgl. Rn 2812 ff.) oder die Summe von Substanz- und Geschäftswert (vgl. Rn 2818 ff., 2832 ff.). 3322

Die verschiedenen Verfahren führen natürlich zu verschiedenen Ergebnissen.

1. Bierle

Bierle[1] gibt folgende Übersicht über Verfahren der Unternehmensbewertung, wobei die Abkürzungen folgendes bedeuten: 3323

U = Unternehmenswert

S = Substanzwert

E = Ertrag (Zukunftserfolg/Jahr)

n = Anzahl der Jahre

p = Normalrendite = Jahreszinsfuß = Kapitalisierungszinsfuß in Prozent

$i = \frac{p}{100}$ = Kapitalisierungszinsfuß in Dezimalschreibweise

$q = 1 + \frac{p}{100} = 1 + i$ = Aufzinsungsfaktor

$v = \frac{1}{q} = \frac{1}{1+i}$ = Abzinsungsfaktor

$a_n = \frac{1}{q^n} \cdot \frac{q^n - 1}{q - 1} = \frac{q^n - 1}{i \cdot q^n} = \frac{1 - v^n}{i}$ = Nachschüssiger Rentenbarwertfaktor

r = Erhöhter Kapitalisierungsfaktor

j = Auf den Geschäftswert anzuwendender Abschreibungsfaktor

t = Durschschnittlicher Abschreibungsfaktor des Anlagevermögens

a = Methodenabhängiger unbestimmter Faktor

Zahlenbeispiel:

Daten: S = 1 000 000 €
E = 200 000 €/Jahr
n = 5 Jahre
i = 0,10 ≙ 10 %
r = 0,15 ≙ 15 %
j = 0,20 ≙ 20 %
t = 0,10 ≙ 10 %

---

1 *Bierle*, Handwörterbuch des Steuerrechts, 2. Aufl., München und Bonn 1981, 2. Band, S. 1470, unter dem Stichwort Unternehmensbewertung.

Verfahren	Formel	Normalgleichung	Faktor a
A. Unmittelbare Methoden			
1. Ertragswertverfahren	$U = \dfrac{E}{i}$	$U = S + 1\left(\dfrac{E}{i} - S\right)$	1,0
2. Mittelwertverfahren	$U = \dfrac{S + \dfrac{E}{i}}{2}$	$U = S + 0{,}5\left(\dfrac{E}{i} - S\right)$	0,5
3. Methoden der Geschäftswertabschreibung			
a) Laufende Geschäftswertabschreibung	$U = \dfrac{E - j(U - S)}{i}$; $U = \dfrac{E + S_j}{i + j}$	$U = S + \dfrac{i}{i+j}\left(\dfrac{E}{i} - S\right)$	$\dfrac{i}{i+j}$
b) Befristete Geschäftswertabschreibung	$U = [E - j(U - S)]a_n + \dfrac{E}{i}v^a$; $U = \dfrac{(E + Sj)a_n + \dfrac{E}{i}v^a}{1 + ja_n}$	$U = S + \dfrac{i}{i + \dfrac{1 - v^a}{n}}\left(\dfrac{E}{i} - S\right)$	$\dfrac{i}{i - \dfrac{1 - v^a}{n}}$
4. Methode Schnettler	$U = \dfrac{E + t(S - U)}{i}$; $U = \dfrac{E + S_t}{i + t}$	$U = S + \dfrac{i}{i + t}\left(\dfrac{E}{i} - S\right)$	$\dfrac{i}{i + t}$
B. Mittelbare Methoden			
5. Übergwinnkapitalisierung	$U = S + \dfrac{E - Si}{r}$	$U = S + \dfrac{i}{r}\left(\dfrac{E}{i} - S\right)$	$\dfrac{i}{r}$
6. Methoden der verkürzten Goodwillrentendauer			
a) Einfache Methode der verkürzten Goodwillrentendauer	$U = S + n(E - Si)$	$U = S + ni\left(\dfrac{E}{i} - S\right)$	ni
b) Stuttgarter Verfahren (Sonderform von a)	$U = S + n(E - Ui)$; $U = \dfrac{S + nE}{1 + ni}$	$U = S + \dfrac{ni}{1 + ni}\left(\dfrac{E}{i} - S\right)$	$\dfrac{ni}{1 + ni}$
c) Methode der verkürzten Goodwillrentendauer mit Zinseszinsen	$U = S + a_n t(E - Si)$	$U = S + a_n t\left(\dfrac{E}{i} - S\right)$	$a_n t$

Wird für n = 5 und für i = 0,10 eingesetzt, zeigt die nachstehende Tabelle auf, zu welchem Unternehmenswert die verschiedenen Verfahren bei unterschiedlichem Ansatz von Faktor a führen, und zwar, in der obigen Reihenfolge der Methoden:

Verfahren	Wert für a	Unternehmenswert
A 1	1,000 000	2 000 000
A 2	0,500 000	1 500 000
A 3 a	0,333 333	1 333 333
A 3 b	0,568 777	1 568 777
B 4	0,500 000	1 500 000
B 5	0,666 667	1 666 667
B 6 a	0,500 000	1 500 000
B 6 b	0,333 333	1 333 333
B 6 c	0,379 079	1 379 079

2. Piltz

Im Anschluss an Jacob[1] beschreibt Piltz[2] die Ergebnisse der Formel $W = S + a(E - S)$ mit folgendem Zahlenbeispiel, wobei er von folgenden Daten ausgeht:

E = 50 000 (Jahresgewinn)

i = 0,1 (Kapitalisierungszinsfuß = 10 %)

S = 300 000

j = (0,125 (Goodwill-Abschreibungsdauer = 8 Jahre)

m = 4 (Übergewinn für Vierjahre)

r = 0,15 (Kapitalisierungszinsfuß für Übergewinn = 15 %)

Damit ergeben sich folgende Unternehmenswerte:

Nr.	Verfahren	Wert für a	Unternehmenswert
(1)	Ertragswertverfahren	1,0	500 000
(2)	Substanzwertverfahren	0	300 000
(3)	Mittelwertverfahren	0,5	400 000
(4)	Übergewinnkapitalisierung	0,67	434 000
(5)	Übergewinnverrentung	0,4	380 000
(6)	Stuttgarter Verfahren	0,33	366 000
(7)	Geschäftswertabschreibung		
	a) laufend	0,44	388 000
	b) befristet	0,60	420 000

Der auf der Grundlage des Ertragswerts ermittelte Unternehmenswert ist danach der höchste Wert. Beträgt der Zukunftsertrag im Beispiel nur 250 000 statt 50 000, so läge der nach der Ertragswertmethode ermittelte Unternehmenswert mit 250 000 unter dem Substanzwert. Dann wäre – muss man hinzufügen – nach seiner Auffassung der Ertragswert maßgebend.

3. Zusammenfassung

Eine allgemein verbindliche Methode zur Feststellung des gemeinen Wertes (Verkehrswertes) des Unternehmens oder auch nur als üblich allgemein anerkannte Maßstäbe für seine Ermittlung gibt es nicht.

Die Rechtsordnung hat mit allgemeiner Geltung weder den Substanzwert noch den Ertragswert als Maßstab des Wertes eines Unternehmens normiert.

Für land- und forstwirtschaftliche Betriebe bestimmt § 1376 Abs. 4 BGB – abweichend von § 1376 Abs. 1 und 2 BGB –, dass **sowohl** bei der Berechnung des Anfangs- **als auch** des Endvermögens der Ertragswert des land- oder forstwirtschaftlichen Betriebs anzusetzen ist (vgl. ebenso § 2312 BGB). Der Grund ist einleuchtend: die Erhaltung des Betriebs oder seine Übernahme soll erleichtert werden. Ist der Grundstückswert auf Grund einer Stadtnähe erheblich gestiegen, wird dadurch der Substanzwert, aber nicht der Ertragswert

---

1 *Jacob*, Die Methoden zur Ermittlung des Gesamtwertes einer Unternehmung, ZfB 1960, 134 f.
2 *Piltz*, Die Unternehmensbewertung in der Rechtsprechung, 2. Aufl., Düsseldorf 1989, 42.

des land- und forstwirtschaftlichen Betriebs erhöht. Der Verkehrswert ist aber von dieser Sonderregelung abweichend maßgebend, wenn feststeht, dass der Betrieb in Zukunft nicht mehr weitergeführt wird[1].

3327 Im **Enteignungsrecht** ist regelmäßig der Verkehrswert des enteigneten Vermögensgegenstands oder des enteignungsrechtlich betroffenen Rechts zu ersetzen, wenn eine gesetzliche Regelung fehlt. Zu seiner Ermittlung ist das Verfahren zu wählen (Ertrags-, Sach- oder Vergleichswertverfahren), das im Einzelfall dem Gegenwert des enteigneten Gegenstands am ehesten nahe kommt[2].

Durch die Enteignungsentschädigung soll nur der Substanzwert ausgeglichen werden[3]. Es wird also nicht der Ertragswert ersetzt, sondern der Gegenwartswert (Verkehrswert) der dem Enteigneten im Zeitpunkt der Enteignung entzogenen Substanz.

Bei zeitlich begrenzten Eingriffen (z. B. vorübergehende Bausperre) ist der Betrag zu zahlen, den ein Bauwilliger gezahlt hätte, wenn ihm gestattet worden wäre, auf dem Grundstück zu bauen (sog. Bodenrente) abzüglich des Wertes der Nutzungen, die von der Bausperre nicht beeinträchtigt sind[4].

Hier zeigt sich, dass beim Eingriff ohne Substanzverlust, das Nutzungsentgelt Bewertungsfaktor wird.

3328 Die Unternehmensbewertung wird auch in der Rechtsprechung unter **widerstreitenden Gesichtspunkten** gesehen[5], je nachdem, ob es gesellschaftsrechtlich um die Abfindung des ausscheidenden Gesellschafters geht (Ertragswert) oder ob z. B. der Zugewinnausgleich zu ermitteln ist (regelmäßig werden in letzterem Fall Substanzwerte unter Berücksichtigung der Ertragskraft verglichen, also ertrags- und substanzorientierte Elemente kombiniert). Bei *Freiberufler-Praxen* wird darauf geachtet, dass der Ansatz eines den Substanzwert übersteigenden Geschäftswertes nur dann in Betracht kommt, wenn auch ein fremder Übernehmer einen entsprechenden Betrag zu zahlen bereit ist[6].

3329 Übersteigt der Substanzwert den Ertragswert und wird sich ein Preis nur erzielen lassen, der dem Käufer eine angemessene Verzinsung des eingesetzten Kapitals sichert, wird der gemeine Wert unter dem Substanzwert, aber über dem bloßen Liquidationswert liegen[7].

3330 Entsprechendes gilt für die Bewertung von Unternehmensbeteiligungen.

---

1 BGH-Urteile vom 20. Juni 1956 IV ZR 16/56, LM-BGB § 2311 Nr. 4; vom 21. März 1973 IV ZR 157/71, NJW 1973, 995, WM 1973, 976; vom 15. Dezember 1976 IV ZR 27/75, WM 1977, 202, ergangen zu § 2312 Abs. 1 BGB; vom 13. Juli 1987 II ZR 274/86, DB 1987, 2303; vom 22. Oktober 1986 IVa ZR 143/85, NJW 1987, 1260; BVerfG-Beschluss vom 6. Juni 1989 1 BvR 803, 1065/86, FamRZ 1989, 939, NJW 1989, 3211.

2 Vgl. BGH-Urteil vom 1. Februar 1982 III ZR 93/80, BGHZ 83, 61, 64, betreffend die zwangsweise Belastung eines Grundstücks mit einer Dienstbarkeit.

3 BGH-Urteile vom 15. Juni 1962 VI ZR 268/61, BB 1962, 1139; vom 20. Dezember 1971 III ZR 79/69, BGHZ 57, 359; vom 10. Januar 1972 III ZR 139/70, DB 1972, 673, WM 1972, 371; vom 26. Juni 1972 III ZR 203/68, NJW 1972, 1574, LM-GG Art. 14 Ea Nr. 62; vom 14. Juli 1975 III ZR 141/82, NJW 1975, 1966; vom 11. März 1976 III ZR 154/73, NJW 1976, 1312; vom 28. Februar 1980 III ZR 131/77, NJW 1980, 2457; vom 28. Oktober 1982 III ZR 71/81, DB 1983, 1425.

4 Vgl. dazu §§ 39-44 BauGB.

5 *Wollny*, Rechtsprechung zum „Streit um den Wert von Unternehmen", BB 1991, Beilage 17 zu Heft 25/1991.

6 Vgl. BGH-Urteile vom 9. März 1977 IV ZR 166/75, FamRZ 1977, 386, und vom 23. November 1977 IV ZR 131/76, BGHZ 70, 224, betreffend den Goodwill eines kleinen Handwerksbetriebs. *Meyer*, Unternehmensbewertung im Zugewinnausgleich bei freiberuflicher Praxis, Berlin 1996 (Reihe: Schriften zur wirtschaftswissenschaftlichen Analyse des Rechts, Bd 26).

7 Vgl. dazu OLG Koblenz, Urteil vom 29. November 1982 13 UF 282/82, FamRZ 1983, 166.

Der Wert des Unternehmens

Ist eine Beteiligung für Zwecke des **Zugewinnausgleichs** zu bewerten, bei der dem Ausscheidenden nach dem Gesellschaftsvertrag für den Fall seines Ausscheidens eine beschränkte Abfindung zusteht, ist die Beteiligung so anzusetzen, als ob der beteiligte Ehegatte nie ausscheiden würde; das Risiko der geringeren Abfindung ist wertmindernd zu berücksichtigen[1]. 3331

Die Rechtsprechung hat noch nicht ausgesprochen, in welcher Höhe dieser Umstand der Minderabfindung zu bemessen ist.

Es besteht keine einhellig gebilligte Bewertungsmethode, und es gibt keine Bewertungsformel, mit der der Unternehmenswert zuverlässig bestimmt werden könnte[2]. 3332

Das wird auch von der Betriebswirtschaftslehre anerkannt[3].

Rechtlich ist eine solche nicht vorgeschrieben[4].

Hinsichtlich des Zinsfußes bieten weder das Gesetz, noch die Rechtsprechung, noch die Betriebswirtschaftslehre eine Lösung an, die sich denkgesetzlich als zwingend erweist. Die Notwendigkeit der sorgfältigen und wissenschaftlich durchdachten Unternehmensbewertung kann also schon deshalb nicht mit „absoluter Richtigkeit" dargetan werden.

(1) Sachverständige wenden daher meist nicht eine einzige, sondern **mehrere Methoden** an oder kontrollieren zumindest die Ergebnisse, die sie nach einer Methode erlangt haben, anhand der Ergebnisse anderer Methoden. 3333

(2) Wenn in der Praxis in weiten Bereichen nicht entsprechend verfahren wird, nur den Ertragswert als Bemessungsgrundlage für den Unternehmenswert zu wählen, drängt sich die Frage nach den Ursachen für das Verhalten der Praxis auf. 3334

Listet man die Gründe auf, ohne sie zu gewichten, dann werden genannt:

a) Kaum jemanden interessiere der Wert eines Unternehmens.

aa) Wer nach dem Wert eines Unternehmens frage, wolle den Preis wissen, der für das Unternehmen erzielbar sei, oder wirklichkeitsnäher die Bandbreite der Preise, innerhalb deren das Unternehmen seinen Eigentümer wechseln könnte.

bb) Die Überlegung, der Veräußerer wolle die künftigen Erträge bezahlt erhalten, und der Käufer wolle die künftigen Erträge bezahlen, sei unzutreffend.

cc) Für Veräußerer und Käufer hätten die auf Schätzungen beruhenden Zukunftserwartungen keine ausschlaggebende Bedeutung, stattdessen komme es auf eine Ausgeglichenheit der auszutauschenden Wirtschaftsgüter (Vermögensgegenstände) unter **gegenwärtigen** Verhältnissen an.

dd) Im Übrigen seien alle Rechendaten wirtschaftsgutbezogen (auf materielle wie immaterielle Wirtschaftsgüter).

b) Der Ertragswert werde, auf Grund zweier Rechengrößen ermittelt 3335

---

1 BGH-Urteil vom 10. Oktober 1979 IV ZR 79/78, BGHZ 75, 195, 199, betreffend die Beteiligung an einem zahntechnischen Labor.
2 Vgl. dazu auch *Ulmer*, Kommentar zum HGB, 138 Zit. vor Anm. 78 und Anm. 78 ff.; *Flume*, Die Personengesellschaft, § 12 II, S. 175.
3 Vgl. dazu Wirtschaftsprüfer-Handbuch 1985/86, S. 1054–1056; *Jacob*, Die Methoden zur Ermittlung des Gesamtwertes einer Unternehmung, ZfB 1960, 131; *Randenborgh*, Abfindungs-Klauseln in Gesellschaftsverträgen, BB 1986, 75.
4 Vgl. BGH-Urteile vom 17. Januar 1973 IV ZR 142/70, NJW 1973, 509, und vom 13. März 1978 II ZR 142/76, BGHZ 71, 40.

aa) dem künftig erwarteten Ertrag und

bb) dem der Kapitalisierung zu Grunde liegenden Zinsfuß.

Mit zwei Unbekannten oder richtig mit zwei geschätzten Größen, ließen sich nur Vermutungen (Erwartungen) belegen. Die Schätzung des künftigen Ertrags könne nur von gegenwärtigen Verhältnissen ausgehen.

Veränderte Produktionsmethoden, verändertes Nachfrageverhalten, Veränderungen des wirtschaftlichen Umfeldes (Wirtschaftskrisen, politische Zusammenbrüche, unvorhersehbare Machtkonzentrationen usw.) entzögen sich der Umsetzung in rechnerisch verwertbare Daten.

3336 c) In der Regel scheitere das Ermitteln der für die Berechnung maßgeblichen Daten

aa) an der Kürze der Zeit, innerhalb deren ein Gutachten benötigt werde,

bb) und daran, dass innerhalb bestimmter Größenverhältnisse die Ermittlung der Daten zu kostenaufwendig sei; das gelte insbesondere dann, wenn auf annehmbare Hilfsgrößen ausgewichen werden könne.

3337 d) Zu den Schwierigkeitskomplexen des Ertragswertverfahrens, die nicht beseitigt werden könnten, gehörten:

- die technischen Grenzen, aus dem Rechnungswesen der Unternehmen eine vollständige und dennoch praktisch durchführbare Einnahmeüberschussrechnung abzuleiten,

- das Prognoseproblem, bei unsicheren Erwartungen über die Einnahmen- und Ausgabenströme Daten festzulegen,

- die Bemessung des Kapitalisierungszinssatzes im Rahmen der Barwertermittlung und

- die Unterschiedlichkeit der Unternehmenswerte, die sich aus den verschiedenen möglichen Zielsetzungen ergeben.

3338 (3) Demgegenüber bleibt festzuhalten, es wird bei dieser Art von Argumentation nicht zwischen dem Wert eines Unternehmens und dem gegenwärtig erzielbaren Preis für das Unternehmen hinreichend unterschieden.

Was aber ist, um mit dem Einwand der Kritik zu schließen, der Wert des Unternehmens anderes als der in Währungseinheiten ausgedrückte, gegenwartsbezogene Preis für das Unternehmen?

3339 Auch wenn der Ertragswert der maßgebliche Wert des Unternehmens ist, wird z. B. die **direkte Methode** als brauchbares Hilfsmittel zur Schätzung des Geschäftswertes besonders bei kleinen Betrieben anerkannt, bei denen die Ertragskraft des Betriebs im Wesentlichen auf der Arbeitsleistung des Steuerpflichtigen beruht und daher ein über dem Unternehmerlohn und eine angemessene Verzinsung des Betriebsvermögens hinausgehender Ertrag kaum erwirtschaftet wird[1].

3340 Die **indirekte Methode** der Geschäftswertermittlung wird hei größeren Betrieben mit entsprechend größerer Bedeutung des Kapitaleinsatzes als anwendbar beurteilt; auch hier wird der Unternehmerlohn abgezogen[2].

---

[1] BFH-Urteile vom 28. Oktober 1976 IV R 76/72, BFHE 120, 245, BStBl II 1977, 73, und vom 9. Februar 1977 I R 130/74, BFHE 121, 436, BStBl II 1977, 412, sowie vom 17. März 1977 IV R 218/72, BFHE 122, 70, BStBl II 1977, 595.

[2] BFH-Urteil vom 8. Dezember 1976 I R 215/73, BFHE 121, 402, BStBl II 1977, 409.

Der Wert des Unternehmens

Welche Methode zur Ermittlung des Unternehmenswertes insgesamt angemessen ist, hängt von den Umständen des Einzelfalles ab. 3341

Es wird sich in der Regel empfehlen, mit der Bewertung einen Fachmann zu beauftragen. 3342

Die Methode wird auf jeden Fall unterschiedlich sein, je nachdem, ob ein Fabrikationsbetrieb, ein Handelsunternehmen oder die Praxis eines Freiberuflers zu bewerten ist; sie wird vielfach branchenspezifische Umstände zu berücksichtigen haben. Soweit möglich, wird der Berater die für den externen Betriebsvergleich maßgeblichen Daten den durchschnittlichen Daten der Branche gegenüberstellen und die Abweichungen werten[1]. 3343

Der Geschäftswert einer AG ist z. B. im Spruchstellenverfahren durch Multiplikation der Aktien außenstehender Aktionäre und der erstrebten Erhöhung des Abfindungsbetrages zu berechnen[2].

Dabei gilt es auch bei der Erstellung eines Bewertungsgutachtens, die goldene Mitte zwischen unwirtschaftlicher Genauigkeit und wirtschaftlicher Ungenauigkeit zu treffen. 3344

Es sind sowohl der Ertragswert wie auch der Substanzwert festzustellen und einander gegenüberzustellen. Substanzwert und Geschäftswert des Unternehmens sowie sein Ertragswert sind zusammenhängende Größen des Unternehmenswertes. Zwischen ihnen bestehen enge Zusammenhänge. „Substanz ist Vorrat an Ertrag. Ertrag ist strömende Substanz[3]. 3345

Beispiel: 3346

Der Inhaber eines Unternehmens hat bei einem kurz zurückliegenden Erwerb den Kaufpreis im Einvernehmen mit dem damaligen Veräußerer auf die Wirtschaftsgüter des Unternehmens und den Geschäftswert verteilt. Kommt bei einem Verkauf der Unternehmer – nunmehr als Veräußerer – mit dem Erwerber einvernehmlich rechnerisch zu einem Ertragswert, der nur erklärt werden kann, wenn der beim ursprünglichen Kauf ermittelte Geschäftswert korrigiert wird (die Unterschiede der Wirtschaftsgüteransätze infolge der Fortentwicklung des Unternehmens seien eliminiert), dann kann die Unterschiedlichkeit des nunmehr ermittelten Geschäftswertes z. B. auf veränderter Einschätzung von Risikofaktoren beruhen, ohne dass diese selbst sich zwischenzeitlich verändert hätten. Je stärker in Fällen dieser Art die Summen der Substanzwerte zuzüglich des Geschäftswertes – also die Ertragswerte – voneinander abweichen, desto mehr muss damit gerechnet werden, dass der höhere Wert umso risikobehafteter ist.

Berechnungen, denen gewichtete Mittelwert-Methoden (vgl. Rn 2874 ff.), das Stuttgarter Verfahren (Rn 3009 ff.) oder fallbezogene Anpassungen der Formeln des Stuttgarter Verfahrens zu Grunde liegen, werden im Regelfall die Annäherungswerte erbringen, die Käufer und Verkäufer als Ausgangsdaten für ihre Entscheidungen erwarten und benötigen. 3347

Der Substanzwert wird regelmäßig den Mindestwert darstellen (vgl. Rn 2818 ff.). 3348

Die Wertobergrenze dürfte in der Regel der **Ertragswert** sein (vgl. Rn 2812 ff.). 3349

Ist der künftige Ertragswert niedriger als der Substanz-(Wiederbeschaffungs-)Wert, so ist er der entscheidende Wert; in diesem Fall dürfte der Liquidationswert (Rn 2825 f.) die Untergrenze bilden. 3350

---

1 Vgl. z. B. *Linden,* Steuerdienst für den Arzt, Mainz, 8. Aufl., zur Kostenstruktur, dort Gruppe 7, S. 123 ff.
2 BGH-Beschluss vom 9. April 2002 II ZB 5/01, AG 2002, 559.
3 Vgl. *Käfer,* Substanz und Ertrag bei der Unternehmensbewertung, in Festschrift für Münstermann, herausgegeben von Busse von Colbe und Sieben, Betriebswirtschaftliche Information, Entscheidung und Kontrolle, Wiesbaden, 1968, S. 346.

3351 Ist dagegen der **Wiederbeschaffungswert** niedriger als der künftige Ertragswert, muss untersucht werden, worauf der Unterschied beruht[1].

3352 Auf die Feststellung des **Substanzwertes** (Wiederbeschaffungswertes) kann nicht verzichtet werden. Denn maßgebliche Daten hängen von den Werten der Substanz ab. Der Substanzwert ist die Grundlage für die Finanzbedarfsberechnung und für alle Ertragspositionen, die mit der Substanz verbunden sind. Die in Sachwerten gebundenen Kapitalbeträge sind letztlich die notwendigen Voraussetzungen für die zukünftigen Überschüsse (vgl. Rn 2833).

3353 Der Substanzwert kann entsprechend der Auffassung der Betriebswirtschaftslehre völlig zurücktreten, wie z. B. bei einem Handelsunternehmen (Handelsvertreter).

3354 Der Wert der Praxis eines **Arztes** kann allein durch den Ertrag bestimmt sein, sodass der Substanzwert vernachlässigt werden kann; er kann aber auch infolge teurer Geräte (Röntgenapparate, Computer-Tomographen usw.) durch den Wert der Substanz geprägt sein (z. B. Verkauf einer erst kurze Zeit betriebenen Praxis).

3355 In Zeiten **hoher Inflationsraten** wird der Nutzen vielfach nicht allein im Ertrag gesehen. Entweder wird der Kapitalanleger Anlagen im Ausland suchen (Kapitalflucht) oder er versucht sein Kapital in Unternehmen mit hohem Sachwertcharakter anzulegen. Die Rendite erwartet er – insbesondere wenn sich inflationäre Entwicklungen weltweit abspielen – nicht allein im Ertrag, sondern er wird auch den Wertzuwachs berücksichtigen.

3356 Die Rendite ist – vom Erwerber her gesehen – auch unter dem Gesichtspunkt der **Sachkapitalrentabilität**[2] zu untersuchen.

Rentabilität ist das Verhältnis von Gewinn zu eingesetztem Kapital. Es werden unterschieden die

Eigenkapitalrentabilität, die nach der Formel

$$\frac{\text{Gewinn}}{\text{Eigenkapital}} \times 100$$ errechnet wird, und die

Gesamtkapitalrentabilität, die nach der Formel

$$\frac{\text{Gewinn + Fremdkapitalzinsen}}{\text{Eigen- und Fremdkapital}} \times 100$$ gewonnen wird.

Dabei wird vielfach vom Gewinn der kalkulatorische Unternehmerlohn abgezogen. Bei seiner Bemessung ist davon auszugehen, dass das Einkommen der selbstständigen und mithelfenden Familienangehörigen im Durchschnitt dem Einkommen eines abhängigen Beschäftigten entspricht.

Die Rendite einer Investition ist von der Art ihrer Finanzierung abhängig. Für einen Renditevergleich ist es jedoch unerheblich, ob eine Sachanlage mit Eigenkapital oder mit Fremdkapital finanziert ist. Eine voll fremdfinanzierte Investition, die nur den Zinsaufwand abwirft, rentiert sich danach nicht mit Null, sondern zu dem in Rechnung gestellten Zinssatz; bei voller Eigenkapitalfinanzierung fiele in Höhe des Zinsaufwandes Gewinn an. Dem Unternehmergewinn sind infolgedessen die gezahlten Fremdkapitalzinsen hinzuzurechnen.

---

1 Vgl. *Schmalenbach*, Die Beteiligungsfinanzierung, Köln 1949, S. 39.
2 Der Ausdruck findet sich vorwiegend in der wirtschaftspolitischen Betrachtung, vor allem bei Beurteilung der gesamtwirtschaftlichen Politik, kaum in der Betriebsbeurteilung.

Der Wert des Unternehmens

Der erwerbende Unternehmer muss entscheiden, ob ein Vorsprung der Sachkapitalrentabilität vor dem jeweiligen Kapitalmarktzins ein ausreichendes Äquivalent für das einer Sachinvestition innewohnende höhere Risiko darstellt. **3357**

Wie hoch der Risiko-Zuschlag dafür angesetzt werden sollte, lässt sich allgemein gültig nicht sagen. Zu Beginn der 80er Jahre war die Geldanlage „ertragreicher" als die Sachinvestition. Rückläufige Zinsen im Verein mit gesteigerter Ertragskraft der Wirtschaft haben die Renditestruktur in der Folgezeit zu Gunsten der Sachkapitalbildung verändert[1].

Der Wert eines Einzelunternehmens kann letztlich nicht abgesondert von der Gesamtwirtschaft beurteilt werden.

All dies dient letztlich der Ermittlung des objektivierten Unternehmenswertes. **3358**

„Der objektivierte Unternehmenswert drückt den Wert des im Rahmen des vorhandenen Unternehmenskonzeptes fortgeführten Unternehmens, bezogen auf die Alternativinvestition am Kapitalmarkt aus."

Gedankliche Differenzen bestehen letztlich nur darin, ob der Substanzwert in diesen Erwägungen eine Rolle spielt[2].

Der Berater des Erwerbers wird also **3359**

- den Substanzwert und

- den Ertragswert ermitteln.

- Danach wird er prüfen, ob Anhaltspunkte erkennbar werden, die es erfordern, einen der beiden oder beide Werte zu berichtigen.

- Er wird den für die Anschaffung erforderlichen Finanzbedarf errechnen und sich vom Erwerber informieren lassen, wie er gedeckt wird.

- Eine Investitionsrechnung, wie sie bei der Anschaffung einer größeren Anlage in einem Konzern vorgenommen wird, und eine Berechnung der Sachkapitalrentabilität sollten die Vor- und Nachteile der Anschaffung aufzeigen.

Mit diesem Zahlenmaterial hat der Erwerber die rechnerischen Grundlagen für eine unternehmerische Entscheidung. **3360**

Bewertungsgrundsätze der Unternehmensbewertung sind der Grundsatz

a) der Bewertung der wirtschaftlichen Unternehmenseinheit,

b) der Bewertung nachhaltig entziehbarer, verfügbarer Einnahmeüberschüsse,

c) der Bewertung der vorhandenen Ertragskraft,

d) der Bewertung des Eigenkapitals,

e) der gesonderten Bewertung des nicht betriebsnotwendigen Vermögens,

f) des Stichtagsprinzips,

g) der Vergangenheitsanalyse,

h) der Zukunftsbezogenheit der Bewertung,

---

1 Eine integrierte Erfolgs- und Vermögensrechnung, um die Rentabilität des eingesetzten Kapitals zu erfassen, wird vom Statistischen Bundesamt nicht durchgeführt, vgl. *Görzig,* DIW Vierteljahreshefte 1981, 321, 325.
2 HFA 2/1983, WPG 1983, 468, 472 linke Spalte.

i) der erfolgsorientierten Substanzerhaltung,

j) der Substanzbezogenheit des Erfolges,

k) eindeutiger Bewertungsansätze,

l) der Berücksichtigung von Synergie-Effekten,

m) der Bewertung des Management-Faktors,

n) der Unbeachtlichkeit des Vorsichtsprinzips,

o) der Verwendung abgesicherter Bewertungsunterlagen.

Bewertungsobjekt ist der reservenfreie Erfolg, wobei grundsätzlich davon ausgegangen werden muss, dass der reservenfreie Erfolg in voller Höhe an die Anteilseigner ausgeschüttet wird, auch wenn in Wirklichkeit Gewinnthesaurierungen vorgenommen werden sollten. Diese Gewinnthesaurierungen sind bereits eine Entscheidung, die erst vom zukünftigen Anteilseigner getroffen werden kann.

3361 Bei der Darlegung der Vor- und Nachteile des Erwerbs werden zum Zins folgende Überlegungen anzustellen sein:

Als **niedrigster Zinssatz** für eine Geldanlage kommt ein Zinssatz in Betracht, der

- von einer gesicherten Kapitalerhaltung ausgeht (absolute Bonität und Sicherheit),
- bei dem die Kapitaleinlage jederzeit in Liquidität umgetauscht werden kann (kurzfristige Realisierbarkeit, Fungibilität),
- die Geldentwertungsrate gedeckt ist und
- der seiner Höhe nach über die Geldentwertung hinausgeht und gerade noch einen Anreiz dafür bietet, auf Konsum zu verzichten und zu sparen.

3362 Betragen an dem Stichtag, zu dem das Unternehmen zu bewerten ist, der Zinssatz für börsengängige Staatspapiere 8 vH und die Inflationsrate 5 vH, beläuft sich der Marktpreis für den Anreiz auf Konsumverzicht auf 3 vH. Das ist dann auch der Realzins, d. h. der um die Inflationsrate bereinigte Zinsertrag.

3363 Je kleiner ein Unternehmen ist oder je weniger Faktoren zu berücksichtigen sind, umso weniger Berechnungen werden für den Berater erforderlich sein.

VII. Berechnungsbeispiel

1. Berechnung des Substanzwertes

Bilanzansatz	Schlussbilanz zum 31. 12. 2003	Aufgelöste stille Reserve – anteiliger Veräußerungsgewinn	Veräußerungsbilanz zum 31. 12. 2003
	€	€	€
Grundstücke	100 000	100 000	200 000
Gebäude	150 000	150 000	300 000
Einrichtung	10 500	20 000	30 500
Geringwertige Wirtschaftsgüter	0	20 000	20 000
Kraftwagen	800	4 000	4 800
Kasse	2 000	–	2 000
Postgiro	5 500	–	5 500
Aktivvermögen	453 800		762 800
./. Schulden	230 800		230 800
Substanzwert			532 000
Kapitalkonto	223 000		223 000
Veräußerungsgewinn/aufgelöste stille Reserven		309 000	309 000

2. Berechnung des Ertragswertes

Haben beispielsweise im Betrieb der Betriebsinhaber und seine Ehefrau mitgearbeitet und ist mit der Ehefrau kein Arbeitsvertrag abgeschlossen worden, so ist der Bilanzgewinn um den Wert der Arbeitsleistung zu kürzen. Der Unternehmerlohn ist auch steuerrechtlich abzuziehen[1]. Ein Verlust des Pkw durch einen Unfall ist dagegen als außerordentlicher Aufwand dem Bilanzgewinn hinzuzurechnen.

Hat z. B. der Bilanzgewinn 1991 normalisiert 200 000 € betragen, so ergibt sich folgende Berichtigung des Gewinns:

	€	€
Bilanzgewinn		200 000
Wert der Arbeitsleistung		
./. vergleichbares Gehalt für Arbeitsleistung	55 000	
des Betriebsinhabers		
der Ehefrau	15 000	70 000
./. ersparter Arbeitgeberanteil für Sozialleistungen	14 000	14 000
Zwischensumme		116 000
+ Verlust des Pkw		8 600
Jahresertrag		124 600

---

[1] BFH-Urteil vom 8. Dezember 1976 I R 215/73, BFHE 121, 402, BStBl II 1977, 409.

3367 Aus den einzelnen Jahreserträgen wird ein durchschnittlicher Jahresertrag ermittelt. Beträgt dieser – wie angenommen werden soll – 110 000 €, kann der Ertragswert berechnet werden. Bei einem Kapitalisierungszinsfuß von 11 vH ist der Ertragswert

$$\frac{110\,000 \times 100}{11} = 1\,000\,000\,€.$$

Beim Kauf des Unternehmens ist es für den Erwerber unerheblich, ob und in welchem Umfang der bisherige Inhaber oder in welchem Umfange die bisherigen Gesellschafter im Betrieb mitgearbeitet haben. Wird der Betrieb veräußert, entfällt die Mitarbeit des oder der bisherigen Inhaber.

3. Berechnung des Gesamtwertes

3368 Für den Zukunftserfolg wird es unterschiedliche Voraussagen geben.

	€
Betragen die Zukunftserwartungen bei optimistischer Prognose (O)	1 000 000
Prognose der größten Wahrscheinlichkeit (W)	760 000
pessimistischer Prognose (P)	550 000

dann bietet sich folgende Unternehmensbewertung an:

$$W = \frac{O + 4 \times W + P}{6} = \frac{1\,000\,000 + (4 \times 760\,000) + 550\,000}{6}$$

W = 765 000

4. Berechnung des Geschäftswertes

3369

	€
Gesamtwert	765 000
Substanzwert	532 000
Geschäftswert	233 000

5. Aufstellung der Eröffnungsbilanz

3370 Die Eröffnungsbilanz des Erwerbers ergibt sich aus der Bilanzierung des Substanzwertes durch Zuaktivierung des Geschäftswertes.

Aktiva	Eröffnungsbilanz zum 1. 1. 2004		Passiva
Grundstück	200 000 €	Schulden	230 800 €
Gebäude	300 000 €	Kapitalkonto	765 000 €
Einrichtung	30 500 €		
geringwertige Wirtschaftsgüter	2 000 €		
Kraftwagen	4 800 €		
Waren	200 000 €		
Kasse	20 000 €		
Postscheck	5 500 €		
Geschäftswert	233 000 €		
	995 800 €		995 800 €

3371–3400 *(unbesetzt)*

E. Übertragung einer freiberuflichen Praxis

Schrifttum: *Arens/Spieker,* Die Maßgeblichkeit steuerlicher Unterlagen und steuerlicher Ansätze für familienrechtliche Ansprüche, FamRZ 1985, 131; *Ballof,* Muster Anwalts-GmbH, GmbH – Steuerpraxis 2003, 160 (zuvor; GmbH – Steuerpraxis 2003, 124); *Heidel,* Der Unternehmenskauf, in Steuerrecht in der anwaltlichen Praxis, S. 330; *Kamps,* Die Fortführung der Praxis eines verstorbenen Arztes durch den Praxisverweser, NJW 1995, 2384; *Korts,* Die Rechtsanwalts-GmbH, Heidelberg 1995; *Krabbe,* Abgrenzung der Besteuerungsrechte bei international tätigen Sozietäten, FR 1995, 692; *Rieger,* Verträge zwischen Ärzten in freier Praxis, 5. Aufl., Heidelberg 1994, Heidelberger Musterverträge Heft 41.

3401

I. Unterschiedlichkeit von Unternehmens- und Praxisübertragung

1. Allgemeines

3402 Die Gesichtspunkte, eine Praxis zu übertragen oder aufzugeben, sind die gleichen, die den Gewerbetreibenden zur Übertragung oder Aufgabe seines Unternehmens veranlassen[1].

Entsprechendes gilt für die dabei zu berücksichtigenden familien- und erbrechtlichen Gesichtspunkte und die weiteren erforderlichen Überlegungen[2].

3403 Wiederum sind die möglichen Grundfälle zu unterscheiden:

- Übertragung einer Einzelpraxis;
  entgeltliche und unentgeltliche Übertragung;

- Errichtung einer (Partnerschaftsgesellschaft) Sozietät durch Aufnahme eines Partners in eine bestehende Einzelpraxis;

- Erweiterung einer bestehenden (Partnerschaftgesellschaft) Sozietät durch Aufnahme eines weiteren Partners;

- Einbringung einer Einzelpraxis oder einer Sozietät in eine Kapitalgesellschaft

sowie

- Ausscheiden eines Partners aus einer Sozietät (Partnerschaftsgesellschaft);
- Auflösung einer Sozietät (Partnerschaftsgesellschaft);
- Ausscheiden aus der Kapitalgesellschaft (Übertragen der Anteile) und
- Auflösung der Kapitalgesellschaft.

2. Begriff der Praxis (Kanzlei)

3404 Als „Praxis" werden bezeichnet

3405 • der ausgeübte **Beruf** eines freiberuflichen Tätigen,

3406 • die **Gesamtheit** der Klienten, Mandanten oder Patienten und auch

3407 • der **örtliche Mittelpunkt** der selbständigen Arbeit.

3408 Die **freiberufliche** Praxis ist die Summe von Beziehungen, Aussichten und Möglichkeiten, die in weitem Umfang auf dem Vertrauen der Auftraggeber zu dem Berufsangehörigen beruhen und deshalb in ihrem Fortbestand eng mit der Person des bisherigen Praxisinhabers verknüpft sind[3].

3. Unterscheidung der Praxis vom Gewerbebetrieb

a) Standesrichtlinien

3409 Die Tätigkeit der freien Berufe ist kein Gewerbe.

---

1 Vgl. Rn 1–201.
2 Vgl. Rn 211–897.
3 RG-Urteil vom 24. November 1936 II 131/36, RGZ 153, 284; BGH-Urteil vom 12. Dezember 1956 IV ZR 230/55, BB 1957, 167.

Die Angehörigen eines freien Berufs üben zwar ihre berufliche Tätigkeit ebenso wie die Gewerbetreibenden mit Erwerbs-(Gewinnerzielungs-, Einkünfteerzielungs-)Absicht aus; sie erbringen aber Dienstleistungen auf der Grundlage wissenschaftlicher oder sittlicher Kenntnisse, die sie nach der Verkehrsauffassung von denen gewerblich Tätiger unterscheidet. 3410

Als Beleg sei Nr. 17 Abs. 1 der Internationalen Grundsätze des Standesrechts der Rechtsanwälte in der Fassung vom 18. August 1978 angeführt: 3411

„Rechtsanwälte sollen niemals vergessen, dass sie in erster Linie nicht ihr Recht auf Verfügung für ihre Dienste berücksichtigen sollten, sondern die Interessen ihrer Mandanten und die Erfordernisse der Rechtspflege."

So ist die Verpachtung einer Praxis bei Rechtsanwälten, Wirtschaftsprüfern und Steuerberatern standesrechtlich nicht zulässig. 3412

Die Verpachtung eines Mandantenstamms durch einen Rechtsanwalt, der wegen Ausübung eines öffentlichen Amtes gehindert ist, seine Tätigkeit als Rechtsanwalt auszuüben, widerspricht dem Standesrecht selbst dann, wenn die Rechtsanwaltskammer gegen eine solche vertragliche Bestimmung nicht eingeschritten ist[1]. Es ist fraglich, ob die „Verpachtung eines Mandantenstamms" (was ist darunter zu verstehen?) überhaupt standesrechtlich zulässig ist[2]. Gegenüber einem Kanzleiverkauf ist die Verpachtung zwar eine geringere Rechtsveränderung. Im Verhältnis zur Außenwelt bedeutet sie aber einen umfangreicheren Eingriff in die Unabhängigkeit der Beteiligten. Wie soll eine Rückübertragung tatsächlich durchgeführt werden? Werden die Veränderungen in der Zusammensetzung der Mandanten und die dadurch bedingten Umsatz- und Gewinnveränderungen bei der Rückübertragung berücksichtigt, verschwimmen die Grenzen zum Gewerbebetrieb?

Sind politische Mandatsträger oder Inhaber öffentlicher Ämter an den Rechtsgeschäften beteiligt, lässt sich der in der Öffentlichkeit aufkommende Verdacht des Missbrauchs der amtlichen Stellung durch keine Gestaltung verhindern. Dem Standesrecht wie dem Vertrauen an einem interessenfreien Dienst an der Öffentlichkeit wird gleichermaßen geschadet.

Beispielsweise sind nach den Vorschriften in den ärztlichen Berufsordnungen Verträge über eine ärztliche Tätigkeit vor ihrem Abschluss der zuständigen Ärztekammer vorzulegen, damit geprüft werden kann, ob die beruflichen Belange gewahrt sind. Hierunter fallen auch Praxisübernahmeverträge. Etwaige Beanstandungen der Ärztekammer sind allerdings auf die Rechtswirksamkeit des Vertrages ohne Einfluss. 3413

b) Übertragbarkeit von Praxen (Kanzleien)

Ursprünglich ist die Veräußerung einer freiberuflichen Praxis als standes- und sittenwidrig angesehen worden. Derartige Verträge waren gemäß § 138 BGB rechtsunwirksam. 3414

Die Entwicklung der wirtschaftlichen Verhältnisse seit dem 1. und 2. Weltkrieg hat zu einem Wandel der standesrechtlichen Anschauungen geführt. Dazu haben beigetragen:

Der Verlust des Vermögens, die Entwertung der Lebensversicherungen, Ausbombung usw., durch die die Grundlagen der Versorgung bei Berufsunfähigkeit, im Alter oder nach Todesfällen zunichte gemacht worden sind. Eine ausreichende Alters- und Hinterbliebe-

---

1 Vgl. dazu auch *Zuck,* Herrn Gauweilers Gewerbe, NJW 1993, 3118.
2 Nach Zeitungsberichten angeblich aA *Domke* im Gutachten an die Bayerische Staatsregierung.

nenversorgung fehlte häufig. Die später entstandenen Möglichkeiten der freiwilligen Versicherung und der Pflichtversicherung auf Antrag boten keinen ausreichenden Ersatz. Unter diesen Umständen waren rechtliche Bedenken nicht angebracht, wenn der Berufsträger, der durch Alter oder Krankheit arbeitsunfähig geworden ist, oder seine Hinterbliebenen gezwungen waren, ihren Lebensunterhalt durch Verkauf der Praxis sicherzustellen. Berufsunfähigkeit, Alters- und Hinterbliebenenversorgung rechtfertigten es, einen Praxisverkauf als zulässig anzusehen. Dabei handelte es sich um sittlich zu billigende Gründe, die den Praxisverkauf rechtfertigten; durch sie wurde aber auch die Grenze der Zulässigkeit des Praxisverkaufs bestimmt.

Seither stehen standesrechtliche Erwägungen der Zulässigkeit des Praxisverkaufs nicht entgegen, wenn der freiberuflich Tätige, der sich zur Ruhe setzen will, seine Praxis veräußert, oder wenn beim Tode eines Angehörigen eines freien Berufs die Erben die Praxis verkaufen.

3415 § 89 Abs. 1 der Grundsätze des anwaltlichen Standesrechts[1] sagt ausdrücklich:

„Entgeltliche Übernahme einer Praxis ist zulässig."

Die Bedingungen für den Praxiserwerb müssen **angemessen** sein (§ 80 Abs. 2 RichtlRA). Vor dem Abschluss ist der Vertrag dem Vorstand der Rechtsanwaltskammer in dem Bezirk, in dem sich die Praxis befindet, zur Prüfung vorzulegen, ob standesrechtliche Bedenken bestehen (§ 80 Abs. 3 RichtlRA).

3416 Eine Anwaltspraxis darf zu Bedingungen veräußert werden, die es dem Übernehmer gestatten, sie als unabhängiges Organ der Rechtspflege weiterzuführen, und ihn nicht nötigen, unter Verletzung seiner Standespflichten die Praxis vorwiegend unter dem Gesichtspunkt des Geldverdienens auszuüben. Auch und vor allem unter diesem Gesichtspunkt ist das Erfordernis des § 71 Abs. 2 der Grundsätze des anwaltlichen Standesrechts zu sehen, dass „die Bedingungen für den Praxiserwerb angemessen sein müssen"[2].

3417 **Sittenwidrig** ist ein Praxiskaufvertrag regelmäßig erst dann, wenn bei der Existenzgründung und Praxisausübung des Übernehmers wirtschaftliche Sachzwänge die sittlichen und fachlichen Grundsätze der Berufsausübung überlagern[3].

Entsprechendes gilt für den Steuerberater[4].

c) Fachliche Qualifikation des Erwerbers

3418 Die Veräußerung einer Praxis ist nicht mit der Veräußerung eines gewerblichen Unternehmens gleichzusetzen. Nicht jeder, der das Geld für den Erwerb einer Praxis aufbringen kann oder wer am meisten für sie bietet, kann die Praxis erwerben. Eine Voraussetzung ist, dass der Erwerber der Praxis die Voraussetzungen für die Ausübung der freiberuflichen Tätigkeit selbst erfüllt.

---

1 Richtlinien gemäß 177 Abs. 2 Nr. 2 BRAO-RichtlRA.
2 Vgl. BGH-Urteil vom 20. Januar 1965 VIII ZR 53/63, BGHZ 43, 46, 50; DB 1965, 285, MDR 1965, 375, NJW 1965, 580.
3 RG-Urteil vom 23. März 1934 I 214/33, RGZ 144, 1.
4 Vgl. Richtlinien für die Berufsausübung der Steuerberater und Steuerbevollmächtigten (RichtlStB) i. d. F. vom 17./18. Oktober 1983 Nr. 41 Abs. 1 Satz 1; vgl. auch *Engelhardt*, Standesrichtlinien und Grundgesetz, StB 1988, 73.

Er muss also als Arzt, Rechtsanwalt, Steuerberater, Wirtschaftsprüfer usw. zugelassen sein oder die persönlichen Voraussetzungen für eine solche Zulassung erfüllen. Das gilt auch für Ingenieure.

4. Praxisveräußerung

a) Praxis als Kaufgegenstand

Unter Praxisveräußerung wird im Allgemeinen verstanden die Übertragung 3419
- des der selbständigen Arbeit dienenden Vermögens,
- des Mandanten-, Klienten- oder Patientenstamms sowie
- der Summe von Möglichkeiten, Beziehungen und Chancen, die Tätigkeit des früheren Inhabers in der bisherigen Form erfolgreich fortsetzen zu können,

soweit eine Übertragung rechtlich möglich ist.

Die Praxis des Freiberuflers wird weitgehend von persönlichen Umständen bestimmt. Der 3420 Erfolg ist von dem fachlichen Können des bisherigen Praxisinhabers und dem Vertrauen seiner Mandanten, Klienten und Patienten abhängig, das aufgrund langdauernder Tätigkeit erworben wurde.

Gegenstand des Kaufes ist – vom Betriebsvermögen abgesehen – wegen der höchstpersönlichen Natur der freiberuflichen Tätigkeit nicht das fortzuführende „Erwerbsgeschäft", sondern die Möglichkeit, unter Ausnutzung der vom Vorgänger geschaffenen Verhältnisse eine eigene Praxis aufzubauen[1].

(1) Beim Arzt ist **Gegenstand des Praxisübernahmevertrages** die Praxiseinrichtung ein- 3421 schließlich Patientenkartei[2] und Krankenunterlagen als Sachgesamtheit aller der ärztlichen Berufsausübung dienenden Gegenstände sowie der ideelle Praxiswert als der wirtschaftliche Wert der dem Übernehmer gewährten Chance, die Patienten des Veräußerers für sich zu gewinnen und den vorhandenen Bestand als Grundlage für den weiteren Ausbau der Praxis zu verwenden[3], sowie ggf der Wert der Kassenzulassung.

(2) Die Handakten des Rechtsanwalts, die auf herkömmliche Art hergestellt wurden, unterliegen nicht dem Datenschutz[4], wohl aber die Mandantenkartei. Die Weitergabe der Mandantenkartei an den Praxisnachfolger ist daher nur insoweit zulässig, als die Mandanten zustimmen[5]. Der Zustimmung bedarf auch die Übergabe der Handakten, wenn der Veräußerer die Gefahr der Verletzung des Berufsgeheimnisses vermeiden will[6]; einer solchen Zustimmung bedarf es allerdings dann nicht, wenn der Auftraggeber der Mandatsfortführung durch den Erwerber zustimmt, da darin die schlüssige Erklärung der Zustimmung zur Information des Nachfolgers liegt.

---

1 RG-Urteil vom 23. März 1934 I 214/33, RGZ 144, 1.
2 Vgl. dazu Rn 3810, 3811; BGH-Urteil vom 11. Dezember 1991 VIII ZR 4/91, BGHZ 116, 268, NJW 1992, 737.
3 Vgl. BGH-Urteil vom 26. Oktober 1972 VII ZR 232/71, NJW 1973, 100, betreffend Bewertung des „Goodwill" einer Rechtsanwaltspraxis; *Narr,* Zur Beurteilung des ideellen Wertes beim Verkauf einer Arztpraxis, Medizinrecht 1984 S. 121 f.; *Uhlenbruck,* Rechtsfragen bei Praxisübernahmeverträgen, recht-Zeitschrift für Rechts- und Vermögensfragen, 1974, 100 f.; *Uhlenbruck,* Der „Goodwill-Wert" einer ärztlichen Praxis, recht-Zeitschrift für Rechts- und Vermögensfragen, 1978, 231 f.
4 LG Frankfurt, Beschluss vom 11. März 1985 2/9 T 1247/84, AnwBl 1985, 258.
5 *Roßnagel,* Datenschutz bei Praxisübergabe, NJW 1989, 2303. Vgl. Rn 3805, 3806.
6 Siehe aber BGH-Urteil vom 7. November 1973 VIII ZR 228/72, DB 1973, 2446, JZ 1974, 28, MDR 1974, 221, NJW 1974, 602, WM 1974, 21.

(3) Stimmt der Auftraggeber der Übergabe seiner Unterlagen an den Erwerber nicht zu, muss der Veräußerer oder müssen dessen Erben die Unterlagen vor unbefugter Einsicht sicher verwahren.

3422 Der Kanzlei- oder Praxisübernahmevertrag unterliegt den Kaufvertragsvorschriften des BGB (§§ 433 ff. BGB). Er bedarf keiner Form, es sei denn, dass mit der Praxis ein Grundstück veräußert wird.

3423 Die Kanzlei oder Praxis kann nach dem Tode des Praxisinhabers von dessen Witwe oder den sonstigen Erben veräußert werden.

3424 Erwerber können grundsätzlich nur Personen sein, die die fachliche Qualifikation zur Praxisausübung besitzen[1].

3425 (1) Für die Kanzlei- oder Praxisveräußerung gilt, was für die Unternehmensveräußerung ausgeführt wurde[2].

(2) Aus den Besonderheiten der freiberuflichen Tätigkeit können sich Abweichungen ergeben[3]. So kann z. B. der Honoraranspruch im Rahmen eines Arztvertrages im Hinblick auf die gesetzlich normierte ärztliche Schweigepflicht nicht ohne weiteres wie ein beliebiger anderer Zahlungsanspruch abgetreten werden. Vielmehr bedarf es zur Zulässigkeit und Wirksamkeit einer solchen Abtretung der ausdrücklichen oder zumindest konkludenten Zustimmung der Patienten[4].

(3) Für den Erwerber einer Anwaltskanzlei ist es z. B. ratsam, die Wirksamkeit des Vertrages von seiner Zulassung als Rechtsanwalt abhängig zu machen.

(4) Betreibt der veräußernde Rechtsanwalt eine weitere Kanzlei – z. B. in den neuen Bundesländern oder in einem anderen Staat (§ 29a BRAO) –, müssen die Vereinbarungen ergeben, ob auch diese weitere Kanzlei oder Praxis Gegenstand der Veräußerung ist.

(5) Waren dem veräußernden Rechtsanwalt Zweigstellen oder auswärtige Sprechtage gestattet worden (§ 28 BRAO), geht diese Erlaubnis nicht auf den Erwerber über; sie muss vielmehr von ihm neu beantragt werden.

(6) War der veräußernde Rechtsanwalt zugleich Anwaltsnotar, sollte klargestellt werden, dass der Gegenstand der Veräußerung nicht auch das Notariat ist.

b) Praxis als Erwerbsgeschäft

3426 Die Praxis des Arztes ist ein Erwerbsgeschäft[5] im Sinne von § 1822 Nr. 3 BGB, „jedoch mit der Besonderheit, dass es – soweit es sich nicht um Sanatorien oder Privatkliniken handelt – mit dem Tode des Inhabers endet. Daher fällt der sogenannte Verkauf einer ärztlichen oder zahnärztlichen Praxis durch die Erben nicht unter § 1822 Nr. 3 BGB"[6].

---

1 Rn 3418.
2 Rn 1336 f., 1651 f.
3 Vgl. z. B. „Muster eines Vertrages über den Kauf einer Anwaltspraxis", in *Kaiser/Wollny*, Kauf und Bewertung einer Anwaltspraxis, Herne/Berlin 1992, S. 127.
4 BGH-Urteil vom 10. Juli 1991 VIII ZR 296/90, NJW 1991, 2955.
5 Rn 1131.
6 *Damrau* in Soergel, BGB, 11. Aufl., § 1822 Rz 12.

c) Wesentliche Grundlagen der Praxis

Als Kanzlei- oder Praxisverkauf wird eine Veräußerung bezeichnet, bei der die wesentlichen Grundlagen zur Praxisfortführung übertragen werden. Das heißt, es müssen, wenn von Praxisveräußerung gesprochen werden soll, nicht alle Vermögensgegenstände (Wirtschaftsgüter) übertragen werden. 3427

Das Sachvermögen wird vielfach gegenüber den immateriellen Werten (Beziehungen zur Mandantschaft, zu den Patienten, zur Klientel; das durch den Praxisnamen bestimmte Wirkungsfeld des Praxisinhabers) von untergeordneter Bedeutung sein. Eine Veräußerung des gesamten der Tätigkeit dienenden Vermögens liegt jedenfalls nur vor, wenn auch die Beziehungen zur Mandantschaft, zu den Patienten usw.[1] übertragen werden. Die wesentlichen Grundlagen sind nicht übertragbar, wenn der Wert der veräußerten Wirtschaftsgüter nicht größer ist als der Wert der zurückbehaltenen Wirtschaftsgüter[2]. 3428

Regelmäßig werden die Kanzlei- oder Praxiseinrichtungen und eine etwaige Fachbücherei zu den wesentlichen Grundlagen gehören, nicht dagegen Barmittel, Ansprüche aus Leistungen der Vergangenheit, Grundstücke und Grundstücksteile. 3429

(1) Gehören zu den veräußerten Wirtschaftsgütern Geräte zur elektronischen Datenverarbeitung, muss geklärt und ggf Vorsorge getroffen werden, dass die dazugehörigen Programme vom Erwerber weiter benutzt werden können und dürfen. 3430

(2) Hat der Veräußerer seine Kanzlei oder Praxis in fremden Räumen aufgrund eines Mietvertrages betrieben, muss ggf sichergestellt werden, dass der Vermieter entweder seine Einwilligung mit einem Eintritt des Erwerbers in das bisherige Mietverhältnis erteilt oder dass der Erwerber mit ihm einen neuen Mietvertrag abschließt. Wird das bisherige Mietverhältnis fortgesetzt, muss klargestellt werden, dass alle Pflichten aus diesem Verhältnis bis zum Übergabestichtag den Veräußerer und danach den Erwerber treffen.

Bestehen aus der zurückliegenden Zeit unerfüllte Renovierungspflichten, so muss die Haftung für deren Erfüllung sowohl im Übergabevertrag als auch mit dem Vermieter geregelt werden.

d) Veräußerung einer Teilpraxis

Kann oder will ein freiberuflich Tätiger (z. B. wegen seines Alters oder aus gesundheitlichen Gründen) nicht mehr alle Mandanten oder Patienten betreuen, kommt es vor, dass Teile der Praxis veräußert werden. 3431

Die Veräußerung einer **Teilpraxis** ist von der Veräußerung von **Teilen der Praxis** zu unterscheiden. Die Unterscheidung gewinnt einkommensteuerrechtlich Bedeutung, denn nur der bei der Abgabe einer Teilpraxis entstehende Veräußerungsgewinn unterliegt dem ermäßigten Steuersatz.

Eine **Teilpraxis** liegt nur vor bei einem wesensmäßig verschiedenen, von den anderen Teilen trennbaren Tätigkeitsbereich der freiberuflichen Tätigkeit (z. B. wenn ein Rechtsanwalt eine Anwaltskanzlei und ein Repetitorium betreibt) oder wenn der Veräußerer zwar eine einheitliche, gleichartige Tätigkeit ausübt, die Gesamttätigkeit jedoch in mehrere örtlich abgegrenzte Tätigkeitsbereiche mit unterschiedlichen Kundenkreisen, eigenen Büros und zugehörigem Personal sowie Ausstattung aufgeteilt ist (z. B. wenn ein Steuerbe-

---

1 Vgl. dazu Rn 3791.
2 Vgl. *Brandt* in Herrmann/Heuer/Raupach, Einkommensteuer- und Körperschaftsteuergesetz, Kommentar, 20. Aufl., § 18 EStG Anm. 320.

rater an verschiedenen Orten Filialpraxen in jeweils eigenen Räumen mit eigener Einrichtung, eigenem Personal und unterschiedlichen Mandanten betreibt). Eine nur sachliche und/oder organisatorische Trennung und Ausgliederung von Aufgabenbereichen (z. B. Laborbereich und Praxisbereich beim Arzt, landwirtschaftliche Buchstelle und Beratungspraxis für Gewerbetreibende eines Steuerberaters), die in einem einheitlichen örtlichen Wirkungsbereich liegen, erfüllen nicht die Voraussetzungen einer Teilpraxis.

3432 Betreibt ein Facharzt bei einheitlichem Patientenkreis Praxis und Klinik nebeneinander, so liegt in der Veräußerung der Klinik nicht die Aufgabe einer selbständigen Tätigkeit[1].

3433 Die vielfältigen Sachverhalte, die bei der Veräußerung von Praxen (Kanzleien), Teilpraxen und Teilen der Praxis denkbar sind, lassen sich jeweils nur durch Zurückgreifen auf die Grundprinzipien lösen[2].

e) Arbeitsverhältnisse

3434 „Freie Mitarbeiter" können im arbeitsrechtlichen Sinne Arbeitnehmer sein, auch wenn der bisherige Kanzlei- oder Praxisinhaber für sie keine Lohnsteuer und keine Sozialversicherungsbeiträge abgeführt hat. Es muss mit den Betroffenen klargestellt werden, ob das Beschäftigungsverhältnis mit dem Erwerber fortgesetzt werden soll.

f) Klienten, Mandanten, Patienten

3435 Der Erwerber wird ein Interesse daran haben, dass der Veräußerer ihn bei seinen Klienten, Mandanten oder Patienten einführt.

Ist eine persönliche Einführung nicht möglich, sollten Klienten, Mandanten oder Patienten jedenfalls umgehend von der bevorstehenden Praxisübertragung verständigt werden, um zu verhindern, dass sich die Klientel, Mandantschaft oder der Patientenstamm in der Zwischenzeit zerstreut und damit die Kanzlei oder Praxis an Wert verliert.

5. Gründung und Auflösung einer Sozietät; Partnerschaftsgesellschaft

3436 **Schrifttum:** *Borgmann/Haug,* Anwaltshaftung, Frankfurt a. M. 1996; *Creutz,* Anwaltswerbung, 1998; *Feddersen/Meyer-Landrut,* Partnerschaftsgesellschaftsgesetz, Neuwied 1995; *Hartstang,* Anwaltsrecht, Köln/Berlin/Bonn/München 1991; *Jungk,* Die Rechtsanwaltssozietät als Haftungsgemeinschaft, AnwBl 1996, 297; *Lörcher,* EG-Niederlassungsrichtlinie für Rechtsanwälte endlich verabschiedet, BRAK-Mitt. 1998, 9; *Meilicke/Graf von Westphalen/Hoffmann/Lenz,* Partnerschaftsgesetz, München 1995; *Seidel,* Planungs- und Organisationshandbuch für die Steuerberaterpraxis, 6. Aufl., Ludwigshafen 1990; *Trinkner,* Sozietätsverträge, 4. Aufl. 1994; *Westerwelle,* Rechtsanwaltssozietäten und das Verbot der Vertretung widerstreitender Interessen, 1997; *Wollny,* Der Sozietätsvertrag, in Marketing-Handbuch für Rechtsanwälte, München 1999; *Zilles,* Zum Sozietätsvertrag, AnwBl 1992, 179.

a) Allgemeines

3437 (1) Die Motive für die Gründung einer Sozietät sind vielfältig. Sie können darin bestehen, einen langjährigen Mitarbeiter an die Praxis zu binden, einen Junior-Sozius zu gewinnen, durch Spezialisierung die Klientel besser zu bedienen, für wechselseitige Vertretung bei Urlaub und Krankheit zu sorgen und dgl. mehr. Spielt Kapazitätserweiterung oder Vergrößerung des Dienstleistungsangebots keine Rolle, werden vielmehr Rationalisierung und Kostensenkung angestrebt, kann die Vereinbarung einer Bürogemeinschaft genügen.

---

1 FG Hamburg, Urteil vom 16. Dezember 1974 III 87/73, rkr. EFG 1975, 256, Nr. 269.
2 Vgl. dazu auch Rn 5318.

Eine Sozietät kann auch für einen befristeten Zeitraum eingegangen werden, um die Praxis möglichst problemlos auf den neuen Sozius zu übertragen. Dementsprechend unterschiedlich sind auch die regelungsbedürftigen Rechtsprobleme.

(2) Zu Partnerschaftgesellschaften vgl. Rn 3602.

Freiberufler, die bisher am Rechtsleben unter dem Namen ... und Partner" aufgetreten sind und diese Bezeichnung weiter führen wollen, müssen nach Ablauf des 30. Juni 1997 die Rechtsform der Partnerschaftsgesellschaft wählen, da die vorgenannte Namensbezeichnung ohne weiteren Zusatz der Rechtsform der Partnerschaftsgesellschaft vorbehalten ist.

Das österreichische Recht kennt die Offene Erwerbsgesellschaft (OEG) und die Kommanditerwerbsgesellschaft (KEG).

(3) Nach § 48 der Grundsätze des anwaltlichen Standesrechts ist i. d. R. eine Haftpflicht-Versicherung abzuschließen.

Die langfristige Bindung eines Mitarbeiters an die Kanzlei oder Praxis kann bereits durch Beteiligung am laufenden Gewinn und die Einräumung bestimmter Mitspracherechte erreicht werden. 3438

Die Aufnahme eines Junior-Sozius wird die Vereinbarung einer zeitlich begrenzten Probezeit und eines einseitigen Kündigungsrechts des bisherigen Kanzlei- oder Praxisinhabers sowie die Regelungen eines Wettbewerbsverbots im Falle der Kündigung erfordern. 3439

Bei der Gründung einer Sozietät durch zwei Praxisinhaber werden sich vielfach die beiderseitig eingebrachten Praxwerte entsprechen; ein Spitzenausgleich oder eine unterschiedliche Beteiligung am Gesamthandsvermögen werden etwaige Unterschiede beseitigen können. 3440

Dient die Sozietätsgründung der späteren Praxisübertragung, wird der spätere Kaufpreis davon abhängig, inwieweit es gelingt, den Mandantenstamm oder den Patientenstamm auf den eintretenden Sozius zu übertragen; der später austretende Sozius wird eine Sicherung des ihm zustehenden Kaufpreises erstreben. 3441

Außer Beachtung der Standesrichtlinien, insbesondere wenn sich Angehörige verschiedener Berufsgruppen (z. B. Rechtsanwälte, Steuerberater und Wirtschaftsprüfer) zusammenschließen, dürfen die steuerrechtlichen Folgen nicht außer Acht gelassen werden. Schließen sich z. B. ein Steuerberater und eine Person, die mangels Prüfung zum Steuerberater nicht behördlich bestellt ist, zum gemeinsamen Betrieb einer Steuerberaterpraxis in Form einer Gesellschaft bürgerlichen Rechts (auch wenn sie eine Innengesellschaft ist) zusammen, so erzielen die Gesellschafter als Mitunternehmer Einkünfte aus Gewerbebetrieb[1]. 3442

Die Standesrichtlinien stehen z. B. einer Sozietät oder Bürogemeinschaft mit Inkasso-Unternehmen, vereidigten Versteigerern, Unternehmensberatern und sonstigen Gewerbetreibenden entgegen. 3443

Sind an einer Gesellschaft bürgerlichen Rechts, die eine Rechtsanwalts- und Steuerberatungskanzlei betreibt, nicht nur Angehörige freier Berufe, sondern auch berufsfremde Personen als Mitunternehmer beteiligt, so erzielt die Gesellschaft Einkünfte aus Gewerbebetrieb. 3444

---

1 BFH-Urteil vom 9. Oktober 1986 IV R 235/84, BFHE 148, 42, BStBl II 1987, 124.

Eine berufsfremde Person ist als Mitunternehmer anzusehen, wenn sie am laufenden Gewinn und Verlust, im Falle ihres Ausscheidens an den stillen Reserven der vorhandenen Wirtschaftsgüter und für den Fall ihres Todes oder der Liquidation der Gesellschaft am Praxiswert beteiligt ist (Mitunternehmerrisiko) und wenn sie Informations- und Kontrollrechte nach Art des § 716 BGB eingeräumt erhalten hat (Mitunternehmerinitiative).

Eine Zusammenfassung der Rechtsanwalts- und Steuerberatertätigkeit lässt sich dadurch vermeiden, dass für beide Betätigungen getrennte Gesellschaften gegründet werden. Die Annahme getrennter Gesellschaften ist davon abhängig, dass die Gesellschaften unterschiedliche Bezeichnungen führen, getrennte Gesellschaftsvermögen haben und deswegen auch eine getrennte Gewinnermittlung vornehmen[1].

3445 Tritt ein Rechtsanwalt in die Kanzlei eines anderen Rechtsanwalts oder in eine Sozietät als Angestellter oder freier Mitarbeiter ein, ohne Sozius zu werden, und erscheint er gleichwohl auf dem Praxisschild und/oder auf den Geschäftspapieren der Kanzlei, haftet er als **Außensozius** nach den Grundsätzen der Anscheinsvollmacht für alle in der Kanzlei begründeten Ansprüche Dritter[2].

Gestattet ein namengebender Seniorpartner seinen Sozien, seinen Namen auch nach seinem Ausscheiden weiterzuführen, verstößt das nicht gegen ein gesetzliches Verbot, auch wenn es in der Folge zu Verwechslungen kommt, weil der Seniorpartner nach seinem Ausscheiden entgegen der ursprünglichen Absicht seine anwaltliche Tätigkeit in eigener Kanzlei fortsetzt. Einer Irreführungsgefahr kann dadurch begegnet werden, dass in der Namensliste auf das Ausscheiden des Namensgebers und auf den Umstand hingewiesen wird, dass dieser inzwischen in einer anderen Kanzlei tätig sei.

b) Gründung einer Sozietät in der Rechtsform der Gesellschaft bürgerlichen Rechts

3446 Der Zusammenschluss von Freiberuflern zu gemeinsamer Berufsausübung geschieht im Regelfall in der Rechtsform der GbR (§§ 705 ff. BGB). Daneben sind die einschlägigen Bestimmungen des öffentlich-rechtlichen Berufsrechts und die Standesrichtlinien zu beachten (vgl. StBerG, Bundesrechtsanwaltsordnung, Bundesnotarordnung, Bundesärzteordnung, Wirtschaftsprüferordnung, Standesrichtlinien für Rechtsanwälte, Steuerberater, Wirtschaftsprüfer usw.).

3447 Die Regelungen des BGB für die Gesellschaft bürgerlichen Rechts (GbR) entsprechen regelmäßig nicht den Interessen der Mitglieder einer freiberuflichen Sozietät. Deshalb ist es regelmäßig unumgänglich, im Sozietätsvertrag vom Gesetz abweichende Regelungen zu treffen. Solche Verträge bedürfen zwar keiner Form, um wirksam werden zu können; aus Gründen der Klarheit bei etwaigen Streitigkeiten liegt die Schriftform in beiderseitigem Interesse.

3448 Mit der eigenverantwortlichen Berufsausübung des Freiberuflers werden Gesamtgeschäftsführung und Gesamtvertretung unvereinbar sein.

Die Gesellschafter werden i. d. R. ihre Berufstätigkeit unabhängig voneinander, in eigener Verantwortung, mit getrennter Klientel, eigenem Briefpapier, eigenen Praxisschildern, im eigenen Namen und für eigene Rechnung ausüben, soweit nicht der Vertrag Ausnahmen vorsieht (z. B. Vertretung bei Urlaub, Krankheit usw.).

---

1 BFH-Urteil vom 5. Oktober 1989 IV R 120/87, BFH/NV 1991, 319.
2 BGH-Urteil vom 24. Januar 1991 IX ZR 121/90, NJW 1991, 1225. S. dazu auch Rn 3796.

Steuerberatern und Wirtschaftsprüfern stehen außer der GbR und der Partnerschaftsgesellschaft (vgl. Rn 3602) darüber hinaus die handelsrechtlichen Formen der offenen Handelsgesellschaft, der Kommanditgesellschaft, der Gesellschaft mit beschränkter Haftung, der Aktiengesellschaft und die GmbH & Co. KG zur Verfügung, die Rechtsanwälten verschlossen sind.

3449

c) Sozietätsbezeichnung

Anders als das Handelsrecht bei der Regelung der Rechtsverhältnisse des Kaufmanns, der OHG und KG kennt das BGB bei der GbR keinen Firmennamen. Eine GbR muss im Geschäftsverkehr die Namen aller Gesellschafter aufführen. Bei größeren Sozietäten haben sich jedoch Kurzbezeichnungen eingebürgert wie z. B. „A, B und Partner", „A, B, C-Ingenieurbüro" und dgl. mehr; das ist zulässig[1]. Regelmäßig werden auf den Briefbögen sämtliche Sozien mit Namen und Berufsbezeichnung in einer Rand- oder Fußspalte angegeben. Die Fortführung oder Nichtfortführung des Namens ausgeschiedener Partner sollte geregelt werden[2]. Eine Steuerberatungsgesellschaft muss und darf nur die Bezeichnung „Steuerberatungsgesellschaft" in der Firma führen[3], darf also beispielsweise auch keinen Zusatz geografischer Art tragen.

3450

Im Sozietätsvertrag sollte bereits geregelt werden, ob im Falle des Ausscheidens eines Sozius dessen Name fortgeführt werden darf. Für die zivilrechtliche Gültigkeit der Namensfortführung bedarf es im Hinblick auf § 12 BGB einer entsprechenden Zulassung im Gesellschaftsvertrag[4].

d) Zustellungen bei überörtlichen Sozietäten

Bei überörtlichen Sozietäten sind, sofern nicht besondere Umstände eine abweichende Annahme rechtfertigen, nur die am Ort des Prozessgerichts kanzleiansässigen Rechtsanwälte im Sinne von § 176 ZPO zu Prozessbevollmächtigten bestellt. Allein dem Umstand, dass in den verwendeten Briefbögen neben diesen Anwälten noch Anwälte aufgeführt sind, die auswärtigen Kanzleien angehören, kann grundsätzlich keine Bestellung auch der auswärtigen Anwälte zu Prozessbevollmächtigten entnommen werden. Der Grundsatz, dass in einer Anwaltssozietät jeder ihr angehörende Rechtsanwalt als bevollmächtigt anzusehen ist, für einen Sozius Zustellungen entgegenzunehmen, gilt nicht, soweit Anwälte lediglich in überörtlicher Sozietät verbunden sind[5].

3451

e) Sozietätsvertrag

Im Sozietätsvertrag sollten alle Fragen geregelt werden, die für die Sozietät von ihrer Gründung bis zu ihrer Beendigung bedeutsam werden können.

3452

Die aus dem Familien- und Erbrecht zu erwartenden Fragen müssen für jeden Sozius entsprechend dessen Interessenlage vorab geklärt werden, um ggf im Gesellschaftsvertrag geregelt zu werden.

Zu regeln ist die jedem Angehörigen der Sozietät zustehende Urlaubsdauer. Der jeweilige Urlaub sollte zwischen den Gesellschaftern abgesprochen werden müssen, um insbeson-

---

1 Vgl. OLG Karlsruhe, Urteil vom 10. April 1985 6 U 188/84, BB 1985, 2196.
2 Vgl. z. B. § 71 RichtlRA – 1987.
3 BFH-Urteil vom 13. Mai 1987 VII R 37/84, BFHE 150, 108, BStBl II 1987, 606.
4 *Marsch/Barner,* Münchener Handbuch, Bd. I, Gesellschaftsrecht, 3. Aufl., 1992, S. 55.
5 KG-Beschluss vom 13. Mai 1994 1 W 1913/93, MDR 1994, 833.

dere das Zusammentreffen von urlaubsbedingten und nicht urlaubsbedingten Abwesenheiten mehrerer Gesellschafter zu vermeiden.

Im Folgenden sollen beginnend mit der „Verfassung" der Sozietät einige der häufig auftretenden Problemfelder angesprochen werden, die je nach Größe der Sozietät (Zweipersonensozietät; hochspezialisierte Sozietät mit mehr als fünf Gesellschaftern) einen unterschiedlichen Regelungsbedarf auslösen.

f) Gesellschafterversammlung und Gesellschafterstimmrecht

3453 Die Gesellschafter regeln Fragen der Gesellschaft durch Gesellschafterbeschlüsse.

3454 Es sollten folgende Regelungen vorgesehen werden:

Gesellschafterversammlungen werden von dem mit dieser Aufgabe betrauten (hauptgeschäftsführenden) Gesellschafter einberufen, der auch den Vorsitz in der Gesellschafterversammlung führt. An seine Stelle tritt bei seiner Verhinderung der an Jahren älteste Gesellschafter. Jeder Gesellschafter ist zur Einberufung einer Gesellschafterversammlung befugt, und zwar schriftlich mit einer Frist von zwei Wochen unter Angabe der Tagesordnung.

3455 Die Gesellschafterversammlung sollte beschlussfähig sein, sofern eine bestimmte Anzahl von Gesellschaftern vertreten ist. Fehlt es an dieser Voraussetzung, so sollte innerhalb von zwei Wochen mit einer Frist von wiederum zwei Wochen eine neue Gesellschafterversammlung mit gleicher Tagesordnung einzuberufen sein, die unabhängig von der Zahl der Anwesenden beschlussfähig ist.

3456 Eine ordentliche Gesellschafterversammlung sollte mindestens einmal monatlich einberufen werden.

3457 Gesellschafterbeschlüsse werden formlos gefasst, sofern alle Gesellschafter mit diesem Verfahren einverstanden sind.

3458 Die Unwirksamkeit eines Gesellschafterbeschlusses sollte nur innerhalb bestimmter Fristen geltend gemacht werden können[1].

3459 Erforderlich ist eine Regelung, ob ein etwa verhinderter Gesellschafter sich durch einen anderen Gesellschafter vertreten lassen kann, ob es zur Vertretung durch Dritte der einstimmigen Zustimmung aller übrigen Gesellschafter bedarf und unter welchen Voraussetzungen ein Gesellschafter einen Beistand hinzuziehen darf.

3460 Sollte ein Gesellschafter erkranken, bedarf es der Regelung, ob und welche Folgen sich für die Gesellschafterversammlung und das Stimmrecht ergeben.

3461 Das Stimmrecht ist rechtsformabhängig.

3462 So ist bei Personengesellschaften zu Beschlüssen gesetzlich die Zustimmung aller Gesellschafter vorgesehen (vgl. § 709 BGB, § 119 Abs. 1 HGB, § 161 Abs. 2 HGB).

Ein Gesellschaftsvertrag, der bestimmt, dass die Mehrheit der Stimmen zur Beschlussfassung ausreicht, bedeutet, dass nach Köpfen abgestimmt wird (§ 709 Abs. 2 BGB, § 119 Abs. 2 HGB, § 161 Abs. 2 HGB). Ist eine Abstimmung nach der Mehrheit der Kapitalanteile erstrebt, muss das vereinbart werden; es muss bestimmt werden, in welcher Höhe Kapitalanteile jeweils eine Stimme ergeben und dass die Mehrheit der Stimmen zur Beschlussfassung ausreicht.

---

1 Vgl. dazu BGH-Urteil vom 20. Januar 1977 II ZR 217/75, BGHZ 68, 212.

Bei der GmbH gewähren jede 50 € eines Gesellschaftsanteils eine Stimme (§ 47 Abs. 2 GmbH-Gesetz). 3463

Wird an der Einstimmigkeit festgehalten oder bleiben die Folgen bei Stimmengleichheit ungeregelt, kann dies zur Entscheidungsunfähigkeit der Gesellschaft führen. 3464

Jeder Gesellschafter sollte eine Stimme haben. Nicht abgegebene Stimmen sollten bei der Auszählung unberücksichtigt bleiben. Dasselbe sollte für Stimmenthaltungen gelten. Bei Stimmengleichheit sollte vorgesehen werden, dass die Stimme des hauptgeschäftsführenden Gesellschafters den Ausschlag gibt. 3465

Die Gesellschafterversammlung sollte i. d. R. mit einfacher Mehrheit beschließen können. 3466

Der Zustimmung sämtlicher Gesellschafter sollte die Änderung des Gesellschaftsvertrages bedürfen. Einstimmig sollte auch ein solcher Beschluss zu fassen sein, der für die Sozietät von existenzieller Bedeutung ist.

Der Vertrag kann in der Weise flexibel gestaltet werden, dass bei bestimmten näher umrissenen Sachverhalten mit – unter Umständen unterschiedlichen – qualifizierten Mehrheiten zu entscheiden ist.

Es sollte ferner vorgesehen werden, dass Gesellschafterbeschlüsse ab einem bestimmten Zeitpunkt nach Beschlussfassung wirksam werden, wenn die Beschlussfassung keine andere Regelung enthält.

Über jede Gesellschafterversammlung sollte ein Protokoll geführt werden. Seine Führung kann einem bestimmten Gesellschafter oder jährlich wechselnd einem Gesellschafter übertragen werden. 3467

(unbesetzt) 3468–3470

g) Einbringung von Wirtschaftsgütern in eine Sozietät (Praxis) oder Nutzungsüberlassung

Mit dem Zusammenschluss zu einer GbR wird regelmäßig Gemeinschaftsvermögen gebildet, z. B. dadurch, dass einer der Gesellschafter oder jeder von ihnen seine Praxis einbringt, dass ein oder mehrere Gesellschafter Einlagen erbringen. 3471

Das der Sozietät (Praxis) dienende Vermögen kann zu seinem Verkehrswert, zum Buchwert oder zu Zwischenwerten eingebracht werden. Nicht nur über die künftigen unterschiedlichen bürgerlich-rechtlichen und steuerrechtlichen Folgen werden sich die künftigen Gesellschafter beraten lassen müssen, sondern auch über die gegenwärtigen steuerlichen Auswirkungen für den Einbringenden. 3472

Die Beteiligung am Gesamthandsvermögen richtet sich in der Praxis vielfach nach den steuerlichen Buchwerten. Vorzuziehen ist eine vertragliche Gestaltung, die das Gesamthandsvermögen bezeichnet und bestimmt, mit welchen Anteilen die einzelnen Gesellschafter an den stillen Reserven und dem Praxiswert beteiligt sind. 3473

Bei Einbringung einer Kanzlei oder Praxis kann vereinbart werden, dass die Einrichtungsgegenstände, statt Gesamthandsvermögen zu werden, nur zur Nutzung überlassen werden sollen. Eine solche Lösung kann sich bei kapitalintensiven Gemeinschaftspraxen (z. B. Röntgenpraxis und dgl. mehr) empfehlen. Wird die Kanzlei oder Praxis später aufgelöst, nehmen die zur Nutzung eingebrachten Wirtschaftsgüter nicht an der Auseinandersetzung teil. 3474

3475 Die Bildung von Gesamthandsvermögen ist dagegen empfehlenswert, wenn an den Tod oder das Ausscheiden eines Seniors gedacht wird, weil es den verbleibenden Gesellschafter hinsichtlich der Auszahlung eines Abfindungsguthabens entlastet.

3476 Ob vereinbart werden soll, dass bei einer Kündigung dem verbleibenden Partner das Gesamthandsvermögen anwachsen soll, hängt von den Umständen des Einzelfalls ab.

3477 Bei der Einbringung einer Kanzlei oder Praxis kann auch vereinbart werden, dass die Forderungen Gesamthandsvermögen werden.

3478 Bestehen z. B. Mandanten darauf, weiterhin nur mit dem Einbringenden in Rechtsbeziehungen zu stehen, und wollen die Mitglieder der Sozietät gleichwohl gemeinschaftlich in den Genuss der aus diesen Rechtsbeziehungen erwachsenen Erträge und Verluste kommen, müssen die Freiberufler vereinbaren, dass diese Rechtsbeziehungen im Innenverhältnis so behandelt werden, als ob die entsprechenden Mandanten solche der Sozietät wären.

3479 Häufig soll der die Kanzlei oder Praxis einbringende Partner Gläubiger der Althonorare bleiben und allein für etwaige Regressansprüche aus der Zeit vor Gründung der Sozietät haften[1].

Der Vertrag sollte klarstellende Bestimmungen darüber enthalten.

3480 Der Ansatz der gemeinen Werte führt beim Einbringenden zur Gewinnverwirklichung der stillen Reserven.

3481 Die Fortführung der Buchwerte löst mangels Gewinnverwirklichung keine gegenwärtigen einkommensteuerrechtlichen Folgen aus.

3482 Der Ansatz von Zwischenwerten führt in Höhe der Aufdeckung der stillen Reserven zu steuerpflichtigem, einkommensteuerrechtlich nicht begünstigtem Gewinn.

3483 Bei der Einbringung einer kleinen Kanzlei oder Praxis in eine Sozietät müssen eine Schlussbilanz und eine Einbringungsbilanz erstellt werden.

Bei Buchwertfortführung entfallen die Abschreibungsmöglichkeiten auf die aufgedeckten Beträge in den Folgejahren.

3484 § 24 UmwStG ist auf die Einbringung von Betriebsvermögen in eine Personengesellschaft anzuwenden – also auch auf die Einbringung einer Praxis oder einer Kanzlei in eine Sozietät oder eine Partnerschaftsgesellschaft. Die Regelung in § 24 UmwStG nF stimmt unverändert mit der in § 24 UmwStG 1977 überein.

3485 *(unbesetzt)*

h) Feststellung des Jahresabschlusses

3486 Die Bilanz sollte spätestens innerhalb von drei Monaten nach dem Bilanzstichtag zu erstellen sein. Sie ist formell in einer Gesellschafterversammlung zu beschließen. Sie ist von dem mit dieser Aufgabe betrauten Gesellschafter aufzustellen, der ihren Entwurf den übrigen Gesellschaftern zu übermitteln und der Gesellschaftsversammlung zu unterbreiten hat. Einwendungen gegen den Bilanzentwurf sollten spätestens drei Tage vor der Gesellschaftsversammlung, die die Bilanz formell beschließen wird, den übrigen Gesellschaftern schriftlich mitgeteilt werden müssen.

---

1 Vgl. BGH-Urteil vom 27. September 1971 II ZR 106/68, NJW 1972, 101, betreffend Althonorare, und BGH-Urteil vom 30. April 1979 II ZR 137/78, BGHZ 74, 240, betreffend Regressansprüche.

i) Gewinnverteilung

Schrifttum: *Zilles,* Zum Sozietätsvertrag – Vertragsgestaltung, Substanz- und Gewinnverteilung bei Partnerschaftsverträgen – „Reifeprüfung" mit einem 300-Punkte-Schlüssel?, AnwBl 1992, 179. 3487

Jegliche Tätigkeit eines Gesellschafters im Zusammenhang mit seiner Berufsausübung sollte für die Gesellschaft erbracht werden. Geschieht dies nicht, entwickelt sich die Sozietät hin zur Bürogemeinschaft. 3488

Ausnahmen werden für Einnahmen aus Publikationen und Vorträgen sowie Ausgaben für die eigene Ausbildung in Betracht kommen.

Hat ein Sozius persönliche Ämter (Testamentsvollstrecker, Beiratsmitglied, Konkursverwalter usw.) wahrzunehmen oder zu betreuen, muss geregelt sein, ob diese Betätigungsfelder als auf Rechnung der Sozietät geführt gelten mit der Folge, dass auch Schadensersatzansprüche aus Fehlleistungen die Sozietät treffen. Die Testamentsvollstreckung kann beispielsweise nicht durch eine Personengesellschaft wahrgenommen werden. Die Testamentsvollstreckertätigkeit ist keine berufstypische freiberufliche Tätigkeit eines Rechtsanwalts[1]. 3489

Alle mit der Berufstätigkeit zusammenhängenden Einnahmen sollten der Sozietät zufließen; denn der Sozius wendet hierfür Arbeitszeit auf – oft in erheblichem Umfang – und nimmt die Einrichtungen des Büros in Anspruch.

Es sollte bestimmt werden, wie die Einnahmen aus Publikation und Vorträgen (einschließlich etwaiger Lehrtätigkeit) und die Aufwendungen für die eigene Fortbildung (Besuch von Tagungen usw.) zu behandeln sind.

Werden die Aufwendungen sozialisiert, die Gewinne aber gesellschafterbezogen verteilt, entsteht die Gefahr der Entwicklung der Sozietät hin zur Bürogemeinschaft.

Der Gewinn einer Sozietät kann entsprechend den Regelungen bei den Handelsgesellschaften verteilt werden; es kann eine Ergebnisverteilung nach Leistung vereinbart werden oder eine solche nach einem gemischten System. 3490

Als Anknüpfungspunkte kommen z. B. in Betracht:

- bestimmte Umsatzgrößen einzelner Sozien,

- die Leistung, Mandanten zu gewinnen,

- die Belastung einzelner Sozien für oder durch Organisation für die Sozietät.

Das handelsrechtliche Modell hat den Vorteil, dass die Gewinnbeteiligung eines jeden Sozius i. d. R. für einen längeren Zeitraum festlegt und daher in gewissem Umfang kalkulierbar ist; nachteilig ist, dass das Ergebnis der persönlichen Leistung und Tüchtigkeit des jeweiligen Partners unberücksichtigt bleibt.

Bei einer an der Leistung orientierten Ergebnisverteilung kann dies durch die Bestimmung von „Gewinneinheiten" geschehen (meist Punktsystem); bei einem derartigen System werden die vorgenannten und weitere Ansatzpunkte mit einer gewissen Punktzahl versehen, die jeweils einem bestimmten Vomhundertsatz des im jeweiligen Jahr zu verteilenden Gewinns entspricht. Der Nachteil einer Ergebnisbeteiligung allein nach der Leistung 3491

---

[1] Die Einnahmen daraus unterlagen z. B. nicht dem ermäßigten Steuersatz gem. § 12 Abs. 2 Nr. 5 UStG 1967/1973; vgl. BFH-Urteil vom 13. März 1987 V R 33/79, BFHE 149, 313, BStBl 1987 II, 524.

besteht darin, dass es schwierig ist, die Leistungen der Sozien gegeneinander richtig abzuwägen und objektiv zu bewerten[1].

3492 (1) Eine Sozietät kann mit den Mandanten vereinbaren, dass die Beratung nach dem Zeitaufwand (Zeitgebühren) abgerechnet wird. In einem solchen Fall zeichnen die Partner ihren Zeitaufwand auf. Dadurch steht die Gesamtstundenzahl aller Sozietätspartner nach abgerechneten Honoraren als Verteilungsgröße für den Gewinnverteilungsschlüssel fest.

Die Sozietät wird in die Berechnung der Zeitgebühren z. B. die gesamten allgemeinen Kosten der Sozietät einbeziehen; die allgemeinen Kosten werden auch die Belastung einzelner Sozietätspartner für Leistungen umfassen, die diese zur Erledigung von Organisationsaufgaben für die Sozietät erbringen; der Gewinnverteilungsschlüssel kann auf diese Weise von den allgemeinen Unkosten entlastet werden.

(2) Erhalten die Gründer einer Sozietät einen Vomhundertsatz des Gewinns voraus, ist der verbleibende Betrag der zu verteilende Ertrag.

(3) Bei einer rein zeitanteiligen Gewinnverteilung bleibt allerdings unberücksichtigt, ob und wieviel Mandanten ein Sozius neu hinzugewonnen hat.

(4) Der Schlüssel für den zu verteilenden Gewinn kann aus der Summierung einzelner Rechengrößen gebildet werden.

Es kann z. B. angesetzt werden

- ein Vomhundertsatz oder eine Schlüsselzahl vorab für den oder die Gründer und ein weiterer Anteil für die Dauer der Zugehörigkeit zur Sozietät,
- ein Vomhundertsatz oder eine Schlüsselzahl, die durch die Umsätze der einzelnen Partner bestimmt ist, und
- ein Vomhundertsatz oder eine Schlüsselzahl für die Leistung, Mandanten gewonnen zu haben.

Dadurch lässt sich eine gewisse Elastizität gegenüber der laufenden Veränderung der Verhältnisse erreichen und der Gefahr vorbeugen, dass von Zeit zu Zeit Verteilungskämpfe entstehen oder das Bestreben auftaucht, den Schlüssel grundlegend zu ändern.

3493 Ein bestimmter Anteil oder Betrag sollte zurückgestellt werden, um ausscheidende Partner störungsfrei abfinden zu können.

3494 Außer der Gewinnverteilung sollte auch der Schlüssel der Verlustverteilung festgelegt werden.

3495 Entwickeln sich hohe Beteiligungsunterschiede (der höchstverdienende Partner erhält den 5- bis 10-fachen Gewinnanteil des geringstverdienenden), führt das zwangsläufig zu Spannungen unter den Partnern. Für solche Fälle sollte vorgesehen werden, dass die Quoten in bestimmten Zeitabständen (z. B. alle 3 Jahre) neu ausgehandelt werden müssen.

3496 (1) Mit einem einfachen Punktekatalog kann eine Mischung von persönlichen Kriterien (z. B. Grundbeteiligung und persönliche Verhältnisse berücksichtigende Faktoren wie Alter und Zugehörigkeit zur Sozietät) und sachlichen Kriterien (z. B. Fachanwaltsbefähigung, Zuständigkeit für Organisationsfragen usw.) für eine Differenzierung der Gewinnanteile sorgen. Eine Differenzierung sollte bei dem am besten verdienenden Sozius zu nicht mehr als dem dreifachen Gewinnanteil des geringst verdienenden führen. Wird die-

---

1 Vgl. dazu *Altheim*, Arbeitskreis IV, 2. Referat, StbKongrRep 1985, 297.

ses Verhältnis überschritten[1], muss befürchtet werden, dass die Streitanfälligkeit einer solchen Regelung wächst; das gilt um so mehr, je größer das Verhältnis auseinanderklafft[2].

(2) Eine einfache Aufteilung des Gewinns kann z. B. in der Weise vorgenommen werden, dass 50 vH des Gewinns nach Köpfen, 50 vH des Gewinns nach Umsätzen verteilt werden.

Gewinnt ein Sozius neue Mandanten, kann dem Akquirierenden z. B. für 2 bis 3 Jahre ein Anteil von 20 vH des Umsatzes, den der betreuende Berater mit dem geworbenen Mandanten erzielt, zugeteilt werden.

j) Entnahmen

Der Gesellschaftsvertrag sollte die Befugnis zu Entnahmen regeln, und zwar   3497

- über einen monatlich der Höhe nach bestimmten Betrag,
- die Zulässigkeit der Entnahme für anfallende private Steuern und
- hinsichtlich bestimmter besonderer Ausgaben.

Jeder Gesellschafter sollte verpflichtet sein, in der Gesellschaft ein positives Kapitalkonto   3498
in Höhe von einem bestimmten Betrag zu unterhalten und beizuhalten.

Durch ein Mindestguthaben sollte die Sozietät in die Lage versetzt sein, die monatlich anfallenden Betriebsausgaben einige Monate lang unabhängig vom schwankenden Eingang der Betriebseinnahmen zu tragen.

Soweit das Kapitalkonto den Mindestbetrag übersteigt, sollte die Entnahmebefugnis   3499
gleichwohl auf einen monatlichen Höchstbetrag begrenzt sein.

In Fällen der Erkrankung sollte eine besondere Entnahmeregelung bestehen.   3500

Gesetzliche Entnahmeregelungen enthalten §§ 122 und 169 HGB; bei der OHG sind es   3501
4 vH des für das letzte Geschäftsjahr festgestellten Kapitalanteils und, soweit es nicht zum offenbaren Schaden der Gesellschaft gereicht, die Auszahlung des den bezeichneten Betrag übersteigenden Anteils des Gesellschafters am Gewinn des letzten Jahres. Bei der KG kann der Kommanditist nur die Auszahlung des ihm zukommenden Gewinns beanspruchen.

Es sollte auch das Zusammentreffen des Entnahmerechts mit der Verlustverteilung bedacht werden.   3502

(unbesetzt)   3503–3504

k) Mandatsbearbeitung

Schrifttum: *Hartung/Römermann,* Marketing und Management, Handbuch für Rechtsanwälte, München 1999; *Küting,* (Hrsg.), Saarbrücker Handbuch der betriebswirtschaftlichen Beratung, Herne/Berlin 1998; *Quiring,* Die rechtliche Absicherung bei Unternehmensberatung, 1. Aufl., Köln 1993.   3505

Die Aufteilung der Mandatsbearbeitung kann sachbezogen geregelt werden, wenn nicht   3506
der Mandant nur einen bestimmten Partner beauftragt.

Aufträge in Straf- und Bußgeldverfahren sollten nur von dem jeweils beauftragten einzelnen Partner übernommen werden; zu überlegen ist, ob auch bei Auftragserteilung an

---

1 Vgl. Rn 3495.
2 *Zilles,* Zum Sozietätsvertrag – Vertragsgestaltung, Substanz- und Gewinnverteilung bei Partnerschaftsverträgen – „Reifeprüfung" mit einem 300-Punkte-Schlüssel?, AnwBl 1992, 179.

nur einen Partner der beauftragte Anwalt dem Mandanten für den Krankheits- oder Urlaubsfall vorsorglich die Erteilung einer Vollmacht auf einen der Partner nahelegt oder sich die Befugnis zur Erteilung einer Untervollmacht einräumen lässt (vgl. Rn 3508).

3507 Die Mandaten können auch auf andere Weise verteilt werden; zu verhindern ist, dass ein Partner nur arbeitsintensive, aber honorarmäßig uninteressante Mandate zugeteilt bekommt.

3508 Bei der Mandatsaufteilung sollte von Anfang an sichergestellt sein, dass der Partner für die Mandanten des anderen Partners – soweit dies rechtlich zulässig ist – in Krankheitsfällen, im Urlaub, bei berufsbedingter Abwesenheit und sonstigen von den Partnern vereinbarten Gründen den anderen Partner vertreten kann.

3509 Eine Weisungsgebundenheit des einzelnen Gesellschafters bei der Beratung des Mandanten ist mit dem Standesrecht unvereinbar.

3510 Bei der Gründung einer Anwaltssozietät erstrecken sich die bereits vorher den einzelnen Anwälten erteilten Einzelmandate nicht automatisch auf die übrigen Mitglieder der Sozietät. Dazu bedarf es vielmehr einer zumindest stillschweigenden Einbeziehung der Sozien in das bisherige Einzelmandat[1].

Das einer Anwaltssozietät erteilte Mandat erstreckt sich im Zweifel auch auf später eintretende Sozietätsmitglieder[2].

l) Honorarabrechnung

3511 Bei einer Sozietät ist es erforderlich, dass gemeinsame Richtlinien festgelegt werden, nach denen die Honorare abgerechnet werden.

m) Vertretungs- und Abwesenheitsregelungen

3512 Die Dauer des Urlaubs, die Häufigkeit der Teilnahme an Fortbildungsveranstaltungen, die Behandlung der Abwesenheit z. B. wegen Lehrtätigkeit (wobei diese dem Ansehen der Sozietät i. d. R. zugute kommt) sollten – gegebenenfalls durch Punktesysteme – geregelt werden.

Die Vertretung der Partner bedarf der Regelung, insbesondere für den Fall, dass ein Partner für längere Zeit krankheitsbedingt ausfällt.

Haben die Gesellschafter für eine bestimmte Dauer von Erkrankungen und dgl. mehr (z. B. 15 Arbeitstage, 3 Wochen, 1 Monat) eine gegenseitige unentgeltliche Vertretung vereinbart, sollte auch der Betrag bestimmt werden, den der Erkrankte (oder derjenige, dessen Arbeitsleistung ausfällt) bei Ausfällen über diesen Zeitraum hinaus der Gesellschaft je Kalendertag zur Verfügung zu stellen hat, damit ein Vertreter bezahlt werden kann.

Insbesondere bedarf es der Regelung, ob sich die Gewinnbeteiligung nach Ablauf einer bestimmten Frist um einen bestimmten Vomhundertsatz verringert oder wie die Lasten für eine Ersatzkraft des Erkrankten bei der Gewinnbeteiligung berücksichtigt werden.

3513 Sehen die Gesellschafter bei Erkrankung eines Sozius davon ab, einen Vertreter zu bestellen, kann vorgesehen werden, dass die Aufwendungen, die für einen Vertreter erforderlich

---

1 BGH-Urteil vom 4. Februar 1988 IX ZR 20/87, WM 1988, 457; es erscheint fraglich, ob stillschweigende Zustimmung genügt.
2 BGH-Urteil vom 5. November 1993 V ZR 1/93, WM 1994, 355.

gewesen wären, ab einem bestimmten Monat als angefallen fingiert werden und zu Lasten der Tätigkeitsvergütung des erkrankten Gesellschafters gehen.

Wird ein Gesellschafterer erwerbsunfähig oder berufsunfähig, muss geregelt sein, ob er aus der Gesellschaft ausscheidet und aufgrund welcher Umstände die dauernde Berufsunfähigkeit oder Erwerbsunfähigkeit als festgestellt gilt (z. B. wenn der Betroffene eine diesbezügliche Rente bezieht). 3514

Geregelt werden sollte, welchen Betrag eine Gesellschafterin, die schwanger wird, während der Dauer der gesetzlichen Schutzfristen (6 Wochen vor der Entbindung, 8 Wochen nach der Entbindung und 12 Wochen bei Mehrlingsgeburten) der Gesellschaft je Kalendertag zur Verfügung zu stellen hat und ob der zeitliche Ausfall im Falle einer Schwangerschaft auf die Dauer von Erkrankungen und die dafür vorgesehenen Regelungen anzurechnen ist. 3515

n) Zuständigkeitsregelungen (Büro-Organisation usw.), Fremdgelder, Berufshaftpflicht

Schrifttum: *Gail/Overlack,* Anwaltsgesellschaften, 2. Aufl., Köln 1996; *Zuck,* Vertragsgestaltung bei Anwaltskooperationen, Köln 1995. 3516

Geregelt werden muss, wer für die Büroorganisation zuständig ist. Entsprechendes gilt für die Buchführung, für die Zuständigkeit zur Einstellung von Personal und die Anschaffung von Wirtschaftsgütern. 3517

Die Organisation sollte flexibel handhabbar sein und daher Einzelbeschlüssen entsprechend einem Organisationsplan unterworfen werden.

Um Streitpunkte bei der Art der eigenen Büroausstattung zu vermeiden, sollte dafür nur der finanzielle Rahmen der Befugnisse abgesteckt werden. Entsprechendes gilt für die Ausstattung der gemeinsamen Bibliothek und der Handbibliothek jedes einzelnen Partners. 3518

Regelungsbedürftig sind auch die Aufwendungen für den Pkw oder die mehreren Personenkraftwagen, insbesondere, wer mit dem Kaufpreis und den Unterhaltungskosten im Innenverhältnis belastet wird oder wie unterschiedliche Aufwendungen ausgeglichen werden. 3519

Erwirbt ein Partner einen Pkw, der sein Eigentum bleibt, verschafft er der Sozietät keinen Vorsteuerabzug. Sind die Gesellschafter einer als Gesellschaft des bürgerlichen Rechts verfassten Anwaltssozietät gemeinsam Halter eines Kraftfahrzeugs, so ist das Fahrzeug auf Antrag auch auf alle Gesellschafter zuzulassen[1].

Bei Anwaltssozietäten ist zu regeln, wie Fremdgelder, die über den einzelnen Anwalt der Partnerschaft anvertraut werden, unverzüglich auf gekennzeichnete Anderkonten übertragen werden. 3520

Die Partnerschaft sollte für jeden Partner und Mitarbeiter eine Berufs-Haftpflichtversicherung in gleicher Höhe abschließen. Es sollte ausdrücklich vereinbart werden, ob der oder die Partner, die einen Schaden zu vertreten haben, im Innenverhältnis haften, soweit der Schaden nicht durch die Versicherungssumme gedeckt ist. 3521

---

1 BVerwG, Urteil vom 20. Februar 1987 7 C 14/84, NJW 1987, 3020.

o) Sozietätsfremde Geschäfte

3522 Sozietätsfremde Geschäfte können zu Einkünften aus Gewerbebetrieb führen.

3523 Tätigkeiten, die zu gewerblichen Einkünften führen, haben zur Folge, dass die GbR oder die Partnerschaft mit ihren gesamten Einkünften der Gewerbesteuer unterliegt. Betätigungen dieser Art können z. B. die Vermittlung von Kapitalanlagen an Mandanten gegen entsprechende Provision sein.

3524 Im Gesellschaftsvertrag sollte vereinbart werden, dass es den Gesellschaftern verwehrt ist, im steuerrechtlichen Sinne gewerbliche Tätigkeiten für Rechnung der Sozietät auszuführen und dass sie unter kostenanteiliger Belastung von vornherein als für Rechnung des ausführenden Gesellschafters vorgenommen gelten.

Sind sozietätsfremde Geschäfte vertraglich ausgeschlossen, sollten für den Fall eines Verstoßes Schadensersatzpflichten vereinbart werden.

3525 Im Sozietätsvertrag kann auch klargestellt werden, dass berufsrechtlich gegen einen Sozius verhängte Geldstrafen von diesem persönlich zu tragen sind[1].

3526 (1) Gewerbliche Tätigkeiten müssen auf getrennte Gesellschaften ausgegliedert werden, und zwar auf Gesellschaften, die auch nach außen auftreten.

Der dadurch entstehende Aufwand kann über Kostenumlagen für Bürobenutzung und für Personalleistungen der Sozietät aufgefangen werden.

(2) Gefährdung und Freiberuflichkeit und damit das Entstehen von gewerblichen Einkünften können entstehen durch Scheinsozien, die z. B. nicht eigenverantwortlich tätig oder nicht Mitunternehmer sind, durch mitarbeitende Sachverständige, die aber berufsfremd sind und nicht zu den in § 18 EStG genannten Berufen gehören, durch Miterben usw.

(3) Probleme, umsatzsteuerrechtlich den Vorsteuerabzug zu verlieren, können entstehen, wenn der einzelne Sozius Lieferungen oder sonstige Leistungen empfängt, die der Sozietät dienen, oder Dritten gegenüber erbringt (z. B. bei Beiratstätigkeit, Strafverteidigung, Gutachtertätigkeit, Tätigkeiten für einen Verband usw.).

p) Alters- und Witwenversorgung

3527 Die Alters- und Witwenversorgung sollte außerhalb des Gesellschaftsverhältnisses gesichert werden.

q) Ausscheiden eines Partners aus der Sozietät

3528 aa) Im Sozietätsvertrag kann bestimmt werden, dass, wenn ein Sozius kündigt oder stirbt oder wenn der Konkurs über sein Vermögen eröffnet wird, die Gesellschaft unter den übrigen Teilhabern fortbestehen soll (vgl. § 736 BGB). Die Rechtsfolgen des Ausscheidens bestimmen sich, wenn keine Vereinbarungen getroffen sind, nach §§ 738–740 BGB.

Die nachvertraglichen Risiken müssen berücksichtigt werden. Die Prüfungen durch das Finanzamt oder den Sozialversicherungsträger finden oft erst Jahre nach dem Ausscheiden statt und werden dementsprechend erst lange nach dem Ausscheiden abgeschlossen. Ähnliches gilt für die Haftungsrisiken gegenüber dem Mandanten. Es sollte vereinbart werden, wie der Goodwill beim Ausscheiden berechnet werden soll.

---

1 Vgl. zu den steuerlichen Gefahren durch gewerbliche Tätigkeit für Beratungssozietäten: *Korn*, Arbeitskreis IV. 3. Referat, StbKongrRep 1985, 305 ff.

bb) Die Teilhaber der Sozietät können auch andere Ausscheidungsgründe als Kündigung und Tod vorsehen, z. B. das Erreichen einer bestimmten Altersgrenze, den Verlust der Berufsausübungsbefugnis, das Einsetzen der Berufs- oder Erwerbsunfähigkeit u. dgl. mehr. 3529

cc) Für neu eintretende Sozien sollte während eines Zeitraums von zwei bis drei Jahren eine erleichterte Kündigungsmöglichkeit für beide Seiten vereinbart werden. 3530

dd) Der Anteil des ausscheidenden Gesellschafters sollte den übrigen Gesellschaftern zuwachsen (§ 738 BGB). 3531

ee) Der aus einer Sozietät ausgeschiedene Rechtsanwalt haftet neuen Mandanten nach den Grundsätzen der Anscheinsvollmacht, wenn sein Name weiterhin auf dem Praxisschild und Briefbögen der Kanzlei erscheint und er nicht alle ihm zumutbaren Maßnahmen zur Beseitigung des Rechtsscheins ergriffen hat[1]. Die Haftung muss insbesondere dann bedacht werden, wenn die Vertragspartner sich hinsichtlich der Namensfortführung an die Standesrichtlinien halten.

r) Ausschließung eines Gesellschafters
Schrifttum: *Sprau* in Palandt, BGB, zu § 737 BGB. 3532

Die Befugnis der Gesellschafter, einen von ihnen auszuschließen, sollte an konkrete sachliche Voraussetzungen geknüpft werden. Als Kündigungsgrund (Ausschlussgrund) sollte der Entzug der Zulassung als Steuerberater, Rechtsanwalt oder Wirtschaftsprüfer vereinbart werden. Schwerwiegende Verstöße gegen Pflichten aus dem Sozietätsvertrag, länger andauernde Erwerbsunfähigkeit können ebenfalls als Kündigungsgrund vorgesehen werden. 3533

Ausschließungsklauseln ohne Vorliegen wichtiger Gründe sind unzulässig[2]. 3534

Dabei ist allerdings zwischen dem nichtigen Kündigungsrecht nach freiem Ermessen und einem Kündigungsrecht zu unterscheiden, das an ein festes Tatbestandsmerkmal anknüpft[3].

So knüpft beispielsweise die Hinauskündigung des Erben binnen kurzer Frist nach seinem Eintritt in die Gesellschaft an ein festes Tatbestandsmerkmal an. Gegen eine solche Vertragsgestaltung bestehen daher nicht die gegenüber einer Kündigungsregelung nach freiem Ermessen bestehenden Bedenken. Eine andere Beurteilung ergibt sich hingegen, wenn die Kündigungsklausel ein zeitlich befristetes Ausschließungsrecht gegenüber dem Erben enthält.

Das gilt entsprechend, wenn das Ausschließungsrecht Gesellschafter betrifft, die bei seiner Festlegung bereits der Gesellschaft angehörten, wenn die Kündigungsvereinbarung vorschreibt, dass die Ausschließung nur in unmittelbarem Anschluss an den Tod des Erblassers durchgeführt werden kann. Hieran würde sich selbst dann nichts ändern, wenn der Gesellschaftsvertrag für diesen Fall keine angemessene Abfindung vorsehen sollte.

Ein vertraglich vereinbartes unbefristetes Kündigungsrecht ist aber in entsprechender Anwendung des § 139 BGB als zeitlich begrenztes Ausschließungsrecht aufrechtzuerhalten.

---

1 BGH-Urteil vom 24. Januar 1991 IX ZR 121/90, NJW 1991, 1225.
2 Vgl. Rn 2493–2495.
3 BGH-Urteil vom 19. September 1988 II ZR 329/81, GmbHR 1989, 117.

3535 Ausschlussklauseln, die dem ausgeschlossenen Gesellschafter keinen vollwertigen Abfindungsanspruch zugestehen, sind sittenwidrig[1].

3536 Es sollte vorgesehen werden, dass ein Gesellschafter durch Beschluss der übrigen Gesellschafter aus der Gesellschaft ausgeschlossen werden kann, wenn ein wichtiger Grund vorliegt, der von dem Gesellschafter zu vertreten ist.

3537 Als solche Gründe sollten insbesondere vorgesehen werden

- die Pfändung des Gesellschaftsanteils eines Gesellschafters,

- die Eröffnung des Insolvenzverfahrens über das Vermögen des Gesellschafters,

- die Zwangsvollstreckung in das Vermögen des Gesellschafters, wenn sie nicht innerhalb von ... Monaten abgewendet wird.

3538 Wiederum sollte vorgesehen werden, dass der Anteil des ausscheidenden Gesellschafters den übrigen Gesellschaftern zuwächst[2].

3539–3540 *(unbesetzt)*

s) Auflösung der Sozietät

3541 aa) Ist die GbR auf unbestimmte Zeit abgeschlossen, so besteht gemäß § 723 BGB ein jederzeit fristloses Kündigungsrecht jedes Sozius. Diese Möglichkeit sollte vertraglich ausgeschlossen werden.

3542 bb) Kündigung, Tod oder Eröffnung des Insolvenzverfahrens über das Vermögen eines Sozius führen nach dem BGB zur sofortigen Auflösung der GbR. Vereinbart werden kann, dass die GbR mit den übrigen Gesellschaftern fortgesetzt wird oder – im Falle einer Zweipersonen-Sozietät – dass das Gesellschaftsvermögen dem verbleibenden Sozius anwächst.

3543 cc) Wird die Sozietät aufgelöst, muss bestimmt sein, wie das der Gesellschaft dienende Vermögen auf die Gesellschafter zu verteilen ist (Realteilung, Veräußerung der Wirtschaftsgüter).

3544 dd) Kündigungsklauseln müssen am Vertragszweck (Gesellschaftszweck; den Vorstellungen der Gesellschafter über die Geschäftsgrundlage für das Eingehen einer GbR) ausgerichtet werden.

3545 ee) Eine kurz bemessene Kündigungsmöglichkeit (z. B. jeweils zum Jahresende) birgt die Gefahr der Überraschung in sich. Sind Vertragslaufzeiten vorgesehen, muss überlegt werden, ob sie – z. B. nach dem Ablauf der halben vorgesehenen Zeit – wieder auf den vollen Zeitraum verlängert werden sollen.

3546 ff) Soll die Sozietät eine lebenslange Versorgungsgemeinschaft bilden, ist der Verzicht auf Kündigung zu prüfen mit der Gefahr, dass bei mangelndem Wohlverhalten eines Gesellschafters die Sanktionsmöglichkeiten nahezu entfallen.

3547 gg) Klare Formulierungen sind erstrebenswert.

3548 Kann oder muss ein Gesellschafter bei Erreichen einer Altersgrenze ausscheiden, und zwar mit Beginn oder Ende des maßgeblichen Monats oder Jahres?

---

1 Zum Abfindungsausschluss im Kündigungsfall vgl. § 723 Abs. 3 BGB und das in § 138 Abs. 1 BGB gründende Knebelungsverbot.
2 Vgl. Rn 3531.

Ist bei Ausschluss der Kündigung innerhalb eines Zeitraums maßgebender Ausscheidenszeitpunkt der Ablauf der Ausschlussfrist oder der Ablauf der danach für eine Kündigung vorgesehenen Kündigungsfrist? 3549

Befugt die Wahl z. B. zum Abgeordneten die übrigen Gesellschafter zur Kündigung? 3550

hh) Bei Auflösung einer Sozietät, an der Rechtsanwälte beteiligt sind, haben die Sozien mangels anderer vertraglicher Regelung jeden Mandanten darüber zu befragen, welcher Rechtsanwalt künftig seine laufenden Sachen bearbeiten soll[1]. 3551

(unbesetzt) 3552–3595

t) Anteilsübertragung

Ein Gesellschaftsanteil sollte nur mit Zustimmung aller Gesellschafter übertragbar sein, denn eine Sozietät ist mitgliedschaftsrechtlich geprägt. 3596

Bei einer GmbH & Co. KG sollte der Zustimmungsvorbehalt für die GmbH und die Kommanditanteile gelten. 3597

u) Tod eines Gesellschafters

Es sollte klargestellt werden, dass im Falle des Todes eines Gesellschafters dessen Erben kein Eintrittsrecht in die Sozietät haben, dass die Gesellschaft von den verbleibenden Gesellschaftern fortgesetzt wird und in welcher Höhe, aufgrund welcher Bemessungsmaßstäbe die Erben einen Abfindungsanspruch haben; dieser Anspruch sollte dem Anspruch entsprechen, der dem Gesellschafter bei seinem Ausscheiden auf Grund von Kündigung zustehen würde. 3598

v) Abfindungsklauseln

Zu Abfindungsklauseln vgl. die Ausführungen unter Rn 2431 ff. 3599

In der Regel werden in einer Sozietät wiederholt neue Sozien aufgenommen und scheiden alte Sozien aus. Es lässt sich unter diesen Umständen nicht ermessen, welchen Anteil an der Steigerung des Kanzlei- oder Praxiswerts der einzelne Sozius während seiner Mitgliedschaft in der Sozietät beigetragen hat, welche Veränderungen des Wertes also seiner Tätigkeit zuzuschreiben sind. Es empfiehlt sich daher, bereits im Eintrittsvertrag festzulegen, ob und mit welcher Quote der Eintretende am Praxiswert beteiligt wird und wie im Falle seines Ausscheidens die Auseinandersetzung durchzuführen ist.

w) Schiedsgericht

Für Streitigkeiten der Partner untereinander oder zwischen einem Partner und der Sozietät sollte der ordentliche Rechtsweg durch ein Schiedsverfahren ersetzt werden. 3600

Eine solche Bestimmung im Sozietätsvertrag erfordert, dass die Zusammensetzung des Schiedsgerichts geregelt wird und insbesondere, wie seine Mitglieder berufen werden.

Die Gestaltung des Schiedsvertrags, der zwischen den späteren Parteien des Verfahrens und dem Schiedsgericht abzuschließen ist, hängt von den Umständen des zu entscheidenden Sachverhalts ab; das Schiedsgericht sollte für sein Verfahren in der Regel **nicht** auf die Vorschriften der ZPO verwiesen werden.

---

1 Vgl. § 29 Richtlinien zum anwaltlichen Standesrecht.

x) Partnerschaftsgesellschaft

3601 **Schrifttum:** *Feddersen/Meyer-Landrut,* Partnerschaftsgesellschaftsgesetz, Neuwied 1995; *Jawansky,* Haftung und Vertrauensschutz bei Berufsausübung in der Partnerschaftsgesellschaft, BB 2001, 2281; *Knoll/Schüppen,* Die Partnerschaftsgesellschaft – Handlungszwang, Handlungsalternative oder Schubladenmodell?, DStR 1995 (I) 608, (II) 646; *Michalski/Römermann,* PartGG – Kommentar, Köln 1995; *Seibert,* Die Partnerschaft für die Freien Berufe, DB 1994, 2381; *Sommer,* Anwalts-GmbH oder Anwalts-Partnerschaft?, GmbHR 1995, 249.

3602 (1) Die Partnerschaftsgesellschaft ist ein Zusammenschluss von Angehörigen freier Berufe. An der Partnerschaftsgesellschaft können sich nur **natürliche** Personen beteiligen, die Angehörige freier Berufe sind (vgl. dazu § 18 EStG). Eine BGB-Gesellschaft kann demgemäß nicht Partnerin einer Partnerschaftsgesellschaft sein.

Die Bestimmungen des Partnerschaftsgesellschafts-Gesetzes werden ergänzt durch die Vorschriften des HGB (vgl. § 6 Abs. 3 PartGG) und des BGB über die Gesellschaft bürgerlichen Rechts (§§ 705 ff. BGB; vgl. § 1 Abs. 4 PartGG).

(2) Die Partnerschaft ist eine Gesamthandsgemeinschaft.

(3) Die Partnerschaftsgesellschaft ist verfahrensrechtlich parteifähig. Sie kann also auch Partei in eimem Rechtsstreit mit einem einzelnen Partner sein.

(4) Der Vertrag mit Auftraggebern kommt mit der Partnerschaftsgesellschaft zustande; die Partnerschaftsgesellschaft ist zur Vertragserfüllung verpflichtet.

(5) Die Partnerschaftsgesellschaft ist namensfähig. Sie kann ihren Namen auch dann unverändert fortführen, wenn ein oder mehrere Partner ausscheiden. Der Name der Partnerschaftsgesellschaft kann also beibehalten werden,

- wenn der Name des namensgebenden Partners sich durch Eheschließung ändert,
- wenn der namensgebende Partner als Altersgründen, wegen Verlustes der Berufszulassung oder durch Tod ausscheidet und der Partner selbst oder dessen Erben in die Namensfortführung einwilligen.

Die Partnerschaftsgesellschaft von Ärzten unterliegt namensrechtlich nach der Musterberufsordnung für Ärzte Sondervorschriften. Die Fortführung des Namens eines nicht mehr berufstätigen oder verstorbenen Partners ist danach nicht zulässig.

Ist eine BGB-Gesellschaft bisher unter dem Namen eines oder mehrerer Gesellschafter mit dem Zusatz „und Partner" aufgetreten, muss sie ab 1. Juli 1997 auf ihre Rechtsform hinweisen, also z. B. „GbR" der bisherigen Bezeichnung hinzufügen.

(6) Die Partnerschaftsgesellschaft kann in das Grundbuch eingetragen werden.

Bei einem Wechsel der Partner der Gesellschaft ist demgemäß keine Berichtigung des Grundbuchs erforderlich.

(7) Für die Verbindlichkeiten der Partnerschaft haften den Gläubigern außer dem Vermögen der Partnerschaft auch die Partner als Gesamtschuldner. Zu Haftungsausschluss und Haftungsbegrenzung siehe unter (11).

(8) In das Gesellschaftsvermögen kann vollstreckt werden.

(9) Der Partnerschaftsgesellschaftsvertrag bedarf der Schriftform. Er muss enthalten Angaben über

- den Namen der Partnerschaft,
- deren Sitz,

- den Namen und Vornamen jedes Partners,
- den in der Partnerschaft ausgeübten Beruf und
- den Wohnort jedes Partners sowie
- den Gegenstand der Partnerschaft.

Für die Partnerschaften werden bei den Registergerichten Partnerschaftsregister geschaffen. Zuständig für die Führung des Registers und die Eintragungen ist das Gericht, in dessen Bezirk die Partnerschaft ihren Sitz hat. Alle Partner müssen die Anmeldung unterschreiben. Ihre Unterschrift wird bei dem Registergericht aufbewahrt. Änderungen innerhalb der Partnerschaft – wie z. B. durch Eintritt oder Ausscheiden eines Partners –, Änderungen des Mindestinhalts und der Vertretungsregelung müssen dem Gericht mitgeteilt werden. Ein Nachweis, dass die einzelnen Partner die berufsrechtlichen Voraussetzungen erfüllen, braucht gegenüber dem Registergericht nicht geführt zu werden. 3603

Im Verhältnis zu Dritten wird die Partnerschaft – im Gegensatz zum HGB – erst mit der Eintragung im Register wirksam.

Die Partnerschaft ist nicht im Handelsregister eingetragen. Deshalb kann sie auch den Gewinn nicht nach einem vom Kalenderjahr abweichenden Wirtschaftsjahr ermitteln[1].

Ein automatischer Übergang von der Gesellschaft bürgerlichen Rechts zur Partnerschaft, wie er sich von der Gesellschaft bürgerlichen Rechts zur OHG vollzieht, ist nach dem Partnerschaftsgesetz nicht vorgesehen. Die Registereintragung ist bei der Partnerschaft konstitutiv. 3604

Soll eine GmbH in eine Partnerschaft umgewandelt werden, wird es sich anbieten, die GmbH formwechselnd in eine Gesellschaft bürgerlichen Rechts umzuwandeln (§§ 226 ff. UmwG) und danach diese durch Eintragung in das Partnerschaftsregister in eine Partnerschaft umzufunktionieren.

(10) Die Partner können die Partnerschaft jeweils einzeln nach außen wirksam vertreten, soweit der Partnerschaftsgesellschaftsvertrag keine abweichende Regelung getroffen hat. Beschränkungen der Vertretungsbefugnis müssen im Partnerschaftsregister eingetragen werden. Die Vertretungsmacht erstreckt sich auf sämtliche gerichtliche und außergerichtliche Geschäfte. 3605

(11) Grundsätzlich haften alle Partner mit ihrem Privatvermögen als Gesamtschuldner neben dem Partnerschaftsvermögen (§ 8 Abs. 1 Satz 1 PartGG). Auch ein nach einem Schadensereignis eintretender Partner haftet für die in der Vergangenheit entstehende Verbindlichkeit. 3606

Waren nur einzelne Partner mit der Bearbeitung eines Auftrags befasst, so haften nur sie gemäß § 8 Abs. 1 PartnG für berufliche Fehler neben der Partnerschaft, ausgenommen in Bearbeitungsbeiträgen von untergeordneter Bedeutung. 3607

Durch Gesetz kann für einzelne Berufe eine Beschränkung der Haftung für Ansprüche aus Schäden wegen fehlerhafter Berufsausübung auf einen bestimmten Höchstbetrag zugelassen werden, wenn zugleich eine Pflicht zum Abschluss einer Berufshaftpflichtversicherung der Partner oder der Partnerschaft begründet wird.

Die Haftungsbeschränkung gilt nur wegen der rein beruflichen Tätigkeit der Partner, nicht wegen sonstiger Geschäfte mit Dritten. Soweit die Partner untereinander weitere Haf-

---

1 BMF-Schreiben vom 21. Dezember 1994 IV B 2 - S 2115 - 6/94, FR 1995, 121,

tungsbeschränkungen vereinbaren, dürfen diese unter Verwendung vorformulierter Vertragsbedingungen getroffen werden. Die Schutzbestimmungen des Gesetzes über Allgemeine Geschäftsbedingungen gelten; sie schützen z. B. Mandanten davor, dass Haftungsregelungen im Mandatsvertrag an versteckter Stelle stehen.

3608 Die Partner können untereinander ihre Haftung auf einzelne Partner konzentrieren.

Der oder die haftenden Partner sind dem Auftraggeber namentlich zu benennen; die berufliche Leistung muss auch durch diesen Partner erbracht werden.

Bei einer wirksamen Haftungskonzentration haftet also zwar die Partnerschaft mit ihrem Vermögen und darüber hinaus der als haftend bestimmte Partner mit seinem Privatvermögen, dem Haftungsgläubiger ist aber der Durchgriff auf das Privatvermögen der übrigen Partner verwehrt.

3609 Es kann z. B. beim Abschluss eines Mandantenvertrags in den Allgemeinen Geschäftsbedingungen vereinbart werden, dass nur ein bestimmter Partner der Partnerschaft haftet. Der persönlich haftende Partner darf allerdings nicht sachwidrig ausgewählt werden; es muss vielmehr ein Partner benannt werden, der das Mandat entweder selbst bearbeitet oder die verantwortliche Leistung und Überwachung der Bearbeitung des Mandats übernimmt.

Lassen es die einzelnen Berufsordnungen zu, kann die Haftung für fehlerhafte Berufsausübung auch der Höhe nach begrenzt werden.

Befasst sich kein Partner mit einem Auftrag, etwa weil dieser angenommen, aber nicht zur Kenntnis genommen wird, sind die tatbestandsmäßigen Voraussetzungen der Haftungskonzentration nicht erfüllt; es haften alle Partner.

Ein Bearbeitungsbeitrag, der den Fehler selbst „mitgesetzt" hat, ist übrigens niemals von untergeordneter Bedeutung.

3610 (12) Die Geschäftsbücher müssen bis zum Ablauf der üblichen Aufbewahrungsfristen durch einen der Partner aufbewahrt werden.

3611 (13) Scheidet ein Partner aus oder wird die Partnerschaft aufgelöst, bleibt die Haftung nach handelsrechtlichen Grundsätzen erhalten (§ 10 Abs. 2 PartGG i. V. m. §§ 159, 160 HGB). Regelmäßig verjähren Ansprüche 5 Jahre nach dem Ausscheiden des Partners oder der Auflösung der Partnerschaft. Die Verjährungsfrist beginnt mit dem Tag, an dem die Auflösung der Partnerschaft im Partnerschaftsregister eingetragen wird.

(14) Eine Beteiligung an der Partnerschaft als reine Kapitalanlage oder im Sinne einer stillen Beteiligung ist ausgeschlossen, denn das Gesetz geht davon aus, dass jeder Partner selbst berufliche Leistungen erbringt.

3612 (15) Die Partnerschaftsgesellschaft eignet sich auch für interprofessionelle Zusammenschlüsse.

3613 (16) Die Partnerschaftsgesellschaft ist Unternehmer im Sinne des Umsatzsteuerrechts.

3614 (17) Für die Partnerschaftsgesellschaft gelten im Übrigen die Ausführungen zur Sozietät (Rn 3436 ff.) entsprechend.

3615 *(unbesetzt)*

6. Freiberufler und Kapitalgesellschaften

Schrifttum: *Bilsdorfer,* Die Angemessenheit der Bezüge von Geschäftsführern einer Steuerberatungsgesellschaft, INF 1999, 298; *Korn,* Freiberufler-Personengesellschaften und -Kapitalgesellschaften, 1998; *Korn,* Steuerrelevante Regelungen im GmbH-Gesellschafter-Geschäftsführervertrag, KÖSDI 1996, 10815; *Meyer/Kreft,* Die Arzt-GmbH auf dem Prüfstand – Vor- und Nachteile beim Einsatz einer GmbH für eine Arztpraxis, GmbHR 1997, 193; *Pluskat,* Ausgestaltung der Anwalts-AG, AnwBl 2003, 131.

3616

a) Allgemeines

(1) Voraussetzung für alle Kapitalgesellschaften, die als Freiberufler-Kapitalgesellschaften gelten sollen, ist, dass

3617

- eine Kapitalbindung in der Weise besteht, dass die **Gesellschafter Berufsträger** sein müssen,
- die Geschäftsführer verantwortlich und die Verantwortung mehrheitlich in den Händen von Berufsträgern liegt sowie dass
- ein treuhänderisches Halten von Beteiligungen für Nichtberufsträger unzulässig ist.

(2) Für Architekten, Ingenieure, Unternehmensberater und andere den Freiberuflern zuzuordnende Berufsgruppen gibt es keine berufsrechtlichen Schranken, in welcher Rechtsform sie ihren Beruf ausüben dürfen.

(3) Für Rechtsanwälte ist die Rechtsanwalts-GmbH eingeführt worden (§§ 59c ff. BRAO).

Die Rechtsanwalts-GmbH muss berufsrechtlich haftpflichtversichert sein.

(4) Für Zahnärzte hat der BGH – entgegen den standesrechtlichen Vorgaben – die GmbH als Rechtsform für die Berufsausübung zugelassen[1].

(5) Der Zusammenschluss von Wirtschaftsprüfern oder Steuerberatern in Kapitalgesellschaften hat inzwischen in der Praxis Bedeutung erlangt. Der Bestellung zum Steuerberater und Wirtschaftsprüfer entspricht bei den Kapitalgesellschaften die amtliche „Anerkennung".

In diesen Fällen kann jede natürliche und juristische Person Anteilsrechte halten. Es gibt also für die kapitalmäßige Beteiligung weder bei der Steuerberatungsgesellschaft noch bei der Wirtschaftsprüfungsgesellschaft die unter (1) erwähnten Beschränkungen.

Die Vertretung der Steuerberatungsgesellschaft ist auch nicht ausschließlich Steuerberatern vorbehalten. Nach § 32 Abs. 3 StBerG muss jedoch die Geschäftsführungsregelung so gestaltet sein, dass die verantwortliche Führung des Unternehmens durch Steuerberater gesichert ist.

Die Kapitalgesellschaft wird von dem gesellschaftsrechtlich berufenen Organ vertreten. Sie tritt im Rechtsverkehr unter ihrer Firma auf (vgl. § 17 HGB), und zwar als Sachfirma (§ 279 Abs. 1 GmbHG).

(6) Die **Vorteile** der Freiberufler-Kapitalgesellschaft liegen in der Risikobegrenzung, der leichteren Übertragung der Praxis auf Nachfolger und Partner, der Trennung von gewerbegefährdeten Tätigkeiten, der Beteiligung berufsfremder Angehöriger, soweit dies berufsrechtlich zulässig ist, der leichteren Schaffung und Sicherung betrieblicher Altersver-

---

[1] BGH-Urteil vom 25. November 1993 I ZR 281/91, BGHZ 124, 234, NJW 1994, 786.

sorgung und der Möglichkeit zu vermeiden, dass Immobilien dem steuerlichen Betriebsvermögen zugeordnet werden müssen, soweit nicht der Tatbestand der Betriebsaufspaltung verwirklicht wird.

Zu den **Nachteilen** der Freiberufler-Kapitalgesellschaft gehören die i. d. R. höheren Aufwendungen für Berufshaftpflichtversicherungen, für die Rechnungslegung, die Sollbesteuerung bei der Umsatzsteuer (durch zeitlich früheren Anfall der Zahllast) und die Gewerbesteuerpflicht sowie eine etwaige Publizitätspflicht und die regelmäßig höhere Belastung mit Erbschaftsteuer.

b) Einbringung einer Praxis (Kanzlei, Sozietät) in eine Kapitalgesellschaft

3618 (1) Soll eine Freiberuflerpraxis als Kapitalgesellschaft weitergeführt werden, sind die zum Betriebsvermögen der Praxis gehörenden Wirtschaftsgüter einzeln auf die neu gegründete GmbH zu übertragen. Besteht bereits eine GmbH, kann deren Kapital gegen Einbringung einer Sacheinlage erhöht werden.

Eine Einbringung durch Umwandlung nach dem Umwandlungsgesetz ist nicht möglich.

Die Freiberufler können jedoch zusammen mit einer – von ihnen errichteten – Kapitalgesellschaft eine GbR gründen. Anschließend scheiden die Freiberufler gegen die Gewährung von Gesellschaftsrechten (GmbH-Anteilen) aus der GbR aus, so dass die Anteile bei der GmbH anwachsen (§ 738 BGB).

3619 (2) Sollen bei der Neugründung einer GmbH die Wirtschaftsgüter der Freiberuflerpraxis eingebracht werden, sind beim Sachübernahmevertrag zwei Vorgänge zu unterscheiden:

Die Freiberufler verkaufen die Sachwerte an die GmbH.

Die durch den Verkauf entstehende Kaufpreisforderung der Freiberufler wird mit der Stammeinlagenforderung der GmbH aufgerechnet. Das ist gem. § 5 Abs. 3 GmbHG entgegen dem Verbot in § 19 Abs. 2 GmbHG zulässig. Steuerrechtlich wird das als ein unter das Umwandlungssteuergesetz fallender Vorgang behandelt.

3620 (3) Streitig ist, ob die bürgerlich-rechtlich nichtige verschleierte Sachgründung steuerrechtlich die Anwendung von § 20 UmwStG erlaubt. Die „Einbringung" wird vielfach so abgewickelt, dass zunächst die GmbH mittels Bareinlage gegründet wird. Die Beteiligten gehen jedoch von vornherein davon aus, dass die Praxis (Betrieb, Teilbetrieb, Mitunternehmeranteil, 100 %ige Beteiligung usw.) eingebracht wird, und zwar in der Weise, dass die Kapitalgesellschaft die Bareinlage zurückzahlt und die Forderung auf Einzahlung des Stammkapitals mit dem Wert des eingebrachten Betriebsvermögens verrechnet. Dadurch werden die Vorschriften über die Sachgründung umgangen (§ 5 Abs. 4 GmbHG); der Vorgang ist im Verhältnis Gesellschaft zu Gesellschaftern nichtig, im Verhältnis zu den Gesellschaftsgläubigern tritt eine Geldeinlagepflicht in Höhe der eingegangenen Einlageverpflichtung[1]. Im Fall der Insolvenz der Kapitalgesellschaft muss der Einbringende ein zweites Mal zahlen. Die Sachgründung ist deshalb vorzuziehen.

3621 (4) Die Übertragung von Wirtschaftsgütern einer Einzelpraxis oder Sozietät auf eine GmbH wird regelmäßig **unter steuerrechtlichen Gesichtspunkten gestaltet.** Dabei wird unterschieden zwischen der

- Übertragung einzelner Wirtschaftsgüter einer Praxis, ohne dass die Voraussetzungen des § 20 UmwStG oder § 16 EStG vorliegen,

---

[1] Vgl. BGH-Urteil vom 10. November 1958 II ZR 3/57, BGHZ 28, 314.

- Einbringung einer Praxis in eine GmbH unter Gewährung von Gesellschaftsrechten (Anwendungsfall des § 20 UmwStG),
- Einbringung einer Praxis gegen Gesellschaftsrechte, wobei Wirtschaftsgüter zurückbehalten werden, die jedoch keine wesentliche Betriebsgrundlage darstellen,
- Übertragung einer Praxis auf die GmbH, ohne dass Gesellschaftsrechte gewährt werden,
- Übertragung von Wirtschaftsgütern auf eine Kapitalgesellschaft in der Weise, dass die Praxis aufgespalten wird, so dass die Grundsätze der Betriebsaufspaltung anwendbar sind.

(5) Die Vorschriften des Umwandlungssteuergesetzes haben Vorrang.

(6) Steuerlich begünstigt werden nur die Gewinne, die aus der Veräußerung einer Kanzlei, Teilkanzlei oder eines Anteils an einer Kanzlei (Sozietätsanteil) erzielt werden. Überführt ein Rechtsanwalt im zeitlichen Zusammenhang mit der Veräußerung der Kanzlei Wirtschaftsgüter in das Privatvermögen, ist zu unterscheiden,

- ob die Entnahme noch dem Zeitraum des Betreibens der Kanzlei oder
- ob sie wirtschaftlich dem einheitlichen Vorgang der Veräußerung zuzuordnen ist.

Im ersteren Fall ist die Entnahme mit dem Teilwert anzusetzen (§ 6 Abs. 1 Nr. 4 EStG), im letzteren Falle in entsprechender Anwendung von § 16 Abs. 3 Satz 3 EStG mit dem gemeinen Wert; denn eine Entnahme und damit ein Teilwertansatz setzt voraus, dass die Kanzlei fortgeführt wird.

Welche der Gestaltungsmöglichkeiten gewählt wird, hängt davon ab, ob die Freiberufler die Buchwertfortführung, Aufstockung der Wirtschaftsgüter auf den Teilwert oder für die Wirtschaftsgüter einen Zwischenwertansatz zwischen Buchwerten und Teilwerten anstreben. Bei der Buchwertfortführung steht dem Vorteil, dass die stillen Reserven oder ein Veräußerungsgewinn nicht besteuert werden, der Nachteil eines niedrigeren Abschreibungsvolumens bei der GmbH gegenüber. 3622

Die Aufstockung der Wirtschaftsgüter zum Teilwert hat bei der GmbH den Vorteil, dass diese ein höheres Abschreibungsvolumen erlangt und dadurch ihren laufenden Gewinn mindern kann. Die einbringenden Freiberufler brauchen nur den Veräußerungsgewinn zu versteuern, ohne dass Gewerbesteuer anfällt. 3623

Bei einem Ansatz von Zwischenwerten für die Wirtschaftsgüter gewinnt die GmbH nur einen Teil des höchstmöglichen Abschreibungsvolumens. 3624

(1) Erteilt die Freiberufler-GmbH Pensionszusagen als Teil der Entlohnung, gilt – zusätzlich zum Angemessenheitserfordernis für die Gesamtvergütung – u. a.: 3625

Es darf keine Überversorgung eintreten.

Bei Aufnahme der Tätigkeit ist bis zur Anspruchsentstehung eine Wartezeit erforderlich.

Es muss im Zeitpunkt der Pensionszusage eine ausreichend lange Restdienstzeit bestehen.

Die Pensionszusage darf wegen Nichtfinanzierbarkeit insgesamt keine verdeckte Gewinnausschüttung sein.

(2) Es ist möglich, dass die Kapitalgesellschaft bei der Einbringung einer Praxis neben der Gewährung der Gesellschaftsrechte noch andere Gegenleistungen gewährt (z. B. Darlehensforderungen, Pensionszusagen, stille Beteiligungen u. dgl. m.). Die GmbH muss, 3626

wenn das Umwandlungssteuergesetz anwendbar sein soll, das eingebrachte Betriebsvermögen nach § 20 Abs. 2 UmwStG mindestens mit dem gemeinenWert der anderen Gegenleistungen ansetzen. Beim Gesellschafter verringern sich entsprechend die Anschaffungskosten für seine Anteile an der Kapitalgesellschaft (§ 20 Abs. 4 Satz 2 UmStG).

3627 (3) Ist vereinbart, dass die Kapitalgesellschaft eine Rückdeckungsversicherung abschließen muss, und verpfändet sie die Ansprüche daraus dem Berechtigten zur Sicherheit, fließt der Anspruch dem Berechtigten dadurch nicht zu. Die Versicherungsbeiträge sind Betriebsausgaben. Die Ansprüche sind zu aktivieren, wenn es sich um eine Kapitalversicherung handelt[1].

3628 *(unbesetzt)*

c) Freiberufler-GmbH oder Freiberufler-AG

3629 **Schrifttum:** *wk,* Praxiswert der Freiberufler-GmbH, GmbHR 8/1988, R 61.

3630 Der Zusammenschluss von Wirtschaftsprüfern oder Steuerberatern in Kapitalgesellschaften hat inzwischen in der Praxis Bedeutung erlangt. Der Bestellung zum Steuerberater und Wirtschaftsprüfer entspricht bei den Kapitalgesellschaften die amtliche „Anerkennung".

3631 Jede natürliche und juristische Person kann Anteilsrechte halten. Es gibt also für die kapitalmäßige Beteiligung weder bei der Steuerberatungsgesellschaft noch bei der Wirtschaftsprüfergesellschaft Beschränkungen.

3632 Die Vertretung der Steuerberatungsgesellschaft ist nicht ausschließlich Steuerberatern vorbehalten. Nach § 32 Abs. 3 StBerG muss jedoch die Geschäftsführungsregelung so gestaltet sein, dass die verantwortliche Führung des Unternehmens durch Steuerberater gesichert ist.

3633 Die Kapitalgesellschaft wird von dem gesellschaftsrechtlich berufenen Organ vertreten.

3634 Die Kapitalgesellschaft tritt im Rechtsverkehr unter ihrer Firma auf (vgl. § 17 HGB), und zwar als Sachfirma (§ 279 Abs. 1 AktG, § 4 GmbHG).

3635–3640 *(unbesetzt)*

7. Begründung einer Büro- oder Praxisgemeinschaft

3641 **Schrifttum:** *Zuck,* Vertragsgestaltung bei Anwaltskooperationen, Köln 1995.

3642 Von der Sozietät unterscheidet sich die Büro- oder Praxisgemeinschaft dadurch,

- dass jeder an der Büro- oder Praxisgemeinschaft Beteiligte weiter sein Büro oder seine Praxis selbständig und auf eigene Rechnung betreibt und

- dass sich die Gemeinschaft auf die gemeinsame Nutzung der Räume und Einrichtungen sowie die Beschäftigung gemeinsamen Personals beschränkt.

3643 Die Gemeinschaft wird regelmäßig die Rechtsform der GbR haben.

3644 Aus haftungsrechtlichen Gründen sollte vermieden werden, mit der Bezeichnung Büro- oder Praxisgemeinschaft in einer Weise aufzutreten (z. B. mit Drucksachen, Stempeln, Praxisschildern), dass der Rechtsschein entstehen kann, es läge eine Sozietät vor. Entsprechendes gilt für nicht nach außen auftretende Apparategemeinschaften.

---

1 *Korn,* Spezifische Steuerfragen bei Freiberufler-Kapitalgesellschaften KÖSDI 1999, 12101.

Eindeutige Absprachen zwischen den Mitgliedern der Gemeinschaft sind für das Auftreten nach außen insbesondere deshalb erforderlich, damit auch für Dritte (Vermieter, Arbeitnehmer) klar ist, wer Mieter, Arbeitgeber oder dgl. mehr ist. 3645

Beschränkt sich die Büro- oder Praxisgemeinschaft auf 3646

- die gemeinsame Nutzung der Räume,
- die Beschäftigung gemeinsamen Personals, z. B. beim Betrieb einer Telefonzentrale, einer Zentrale zur Bearbeitung von Posteingang und Postausgang und dgl. mehr,
- die Anschaffung und Nutzung gemeinsamer Einrichtungen wie z. B. Kopiergerät, Bibliothek und dgl. mehr,

wird die Innengesellschaft i. d. R. nicht auf die Erzielung von Einkünften, sondern auf die gemeinschaftliche Tragung von Kosten gerichtet sein. Der Anteil des einzelnen Freiberuflers an den gemeinschaftlichen Kosten führt bei ihm zu Betriebsausgaben; es wird insoweit für die Innengesellschaft eine einheitliche und gesonderte Feststellung der Besteuerungsgrundlagen in Betracht kommen (§ 180 AO).

Von der Innengesellschaft zu unterscheiden sind die Fälle, 3647

- in denen ein Unternehmer den Freiberuflern oder
- in denen ein Freiberufler einem oder mehreren anderen Kollegen Dienstleistungen der vorgenannten Art erbringt.

Im ersteren Fall erbringt ein Gewerbetreibender (Inhaber des Dienstleistungsunternehmens) den Freiberuflern Leistungen, die bei diesen Betriebsausgaben sind.

Im letzteren Fall wird der Freiberufler mit den Leistungen, die er an den oder die Kollegen erbringt, nicht freiberuflich tätig. Unabhängig von der Zulässigkeit oder Unzulässigkeit der Betätigung aufgrund der Standesrichtlinien werden die Betriebseinnahmen zu Einkünften aus Gewerbebetrieb führen, sofern nicht im Einzelfall Einkünfte aus Vermietung und Verpachtung (z. B. bei der Vermietung von Praxisräumen) oder sonstige Einkünfte (§ 22 Nr. 3 EStG, z. B. bei der Vermietung beweglicher Wirtschaftsgüter) anfallen.

Die Beendigung solcher Gemeinschaftsverhältnisse wird regelmäßig keine Betriebsveräußerung, sondern die schlichte Beendigung eines Vertragsverhältnisses sein.

Die Verschwiegenheitspflicht des Rechtsanwalts erstreckt sich beispielsweise auf alles, 3648 was dem Rechtsanwalt in Ausübung seines Berufs anvertraut worden oder ihm anlässlich seiner Berufsausübung bekannt geworden ist. Diese Verschwiegenheitspflicht besteht auch im Verhältnis des Rechtsanwalts gegenüber anderen Rechtsanwälten, insbesondere also auch gegenüber Anwälten, mit denen eine Bürogemeinschaft besteht. Die Bürogemeinschafter müssen daher darauf achten, ihre Akten und vertraulichen Unterlagen stets sorgfältig gesondert zu führen und aufzubewahren.

Sollten die Bürogemeinschafter einen Rechner gemeinsam benutzen, so müssen sie dafür sorgen, dass der Zugang zu den Dateien des jeweils anderen gesperrt ist.

Diese Grundsätze gelten auch für Steuerberater und Wirtschaftsprüfer.

8. Praxisaufgabe

Die schlichte Einstellung der Tätigkeit des Freiberuflers erfordert zwar die Abwicklung 3649 der bestehenden Rechtsverhältnisse, weist aber darüber hinaus keine Besonderheiten auf.

(unbesetzt) 3650–3660

II. Veräußerungspreis

1. Kaufpreis für die Praxiseinrichtung

a) Allgemeines

3661 Bei dem Verkauf einer Kanzlei oder Praxis entspricht das Entgelt, das für die Praxiseinrichtung gezahlt wird, dem Entgelt, das bei einer Veräußerung eines Geschäfts für die übernommenen Wirtschaftsgüter gezahlt wird (Substanzwert). Bei der Bemessung des angemessenen Entgelts für das Inventar kann von den gleichen Erwägungen ausgegangen werden, nach denen bei einem kaufmännischen Unternehmen der Kaufpreis für die übernommenen Wirtschaftsgüter bemessen wird.

3662 Bei einer Praxisveräußerung sind für die einzelnen Inventargegenstände die Preise anzusetzen, die bei der Fortführung der Praxis gezahlt werden. Diese werden höher sein als die Preise, die bei einer Liquidation gezahlt werden. Unzulässig ist es, für die einzelnen Inventargegenstände überhöhte Preise zu vereinbaren, um dadurch den Wert, der für die Praxis gezahlt wird, niedriger zu halten.

3663 Die Beträge, die für die einzelnen Gegenstände der Praxiseinrichtung angesetzt werden, sollten in einer Aufstellung zusammengefasst werden.

3664 Sind Einrichtungsgegenstände lediglich gemietet, müssen entsprechende, die Miete regelnde Bestimmungen in dem Praxisübergabevertrag getroffen werden.

3665 *(unbesetzt)*

b) Art des Veräußerungsentgelts

3666 Wie bei den Gewerbetreibenden kann auch bei Freiberuflern das Veräußerungsentgelt für die Praxisübertragung bestehen in

- einem festen Kaufpreis,
- Kaufpreisraten,
- einer betrieblichen Veräußerungsleibrente,
- einer betrieblichen Veräußerungszeitrente,
- anderen laufenden Bezügen oder
- Mischformen der vorausgenannten Veräußerungsentgelte[1].

3667 (1) Wird bei einer Veräußerung statt der Zahlung eines bestimmten Kaufpreises als Preis eine Umsatzbeteiligung vereinbart, müssen die Bezugsgrößen (z. B. nur eingegangene Gebühren oder vereinbarte Honorare) festgelegt werden und bestimmt werden, wann abzurechnen ist (monatlich, vierteljährlich, halbjährlich oder am Jahresende) und wann die Zahlungen (z. B. monatliche Abschlagszahlungen; vor- oder nachschüssige Zahlungsweise) zu leisten sind. Sollen bestimmte Umsätze unberücksichtigt bleiben, sind diese zu benennen.

(2) Wird statt eines festen Kaufpreises bei einer Veräußerung eine Beteiligung des Veräußerers am Gewinn des Erwerbers vereinbart, muss bestimmt werden, wie abzurechnen ist. Es kann z. B. eine Abschlagszahlung aufgrund eines vorläufigen Jahresabschlusses

---

1 Vgl. Rn 1766–1791, 2162–2191.

(z. B. zum 31. März) vorgesehen werden, dem dann eine Schlussabrechnung (z. B. auf der Grundlage des Einkommensteuerbescheids) folgt, sobald der Steuerbescheid erteilt ist.

(3) Wird bei einer Veräußerung der Kaufpreis verrentet, muss bestimmt werden, in welchen Zeitabständen (monatlich, vierteljährlich, halbjährlich, ganzjährig) die Renten zu leisten, ob sie vor- oder nachschüssig und wie lange zu zahlen sind sowie welcher Zinsfuß ggf zugrunde zu legen ist.

Wird der Kaufpreis gestundet, ist er in Raten zu zahlen oder ist er verrentet worden, bedarf der Veräußerer der Sicherheit für den Fall, dass der Praxiserwerber während der Laufzeit der vereinbarten Leistung stirbt oder die Praxis weiterveräußert. 3668

Eine solche Sicherheit kann z. B. durch Abschluss einer Todesfallrisikoversicherung erreicht werden, wenn der Erwerber dem Veräußrer die Police übergibt, die Versicherungsprämien stets pünktlich zahlt und seinen künftigen Anspruch auf Auszahlung der Versicherungssumme bereits jetzt an den Veräußerer sicherungshalber abtritt. Der Veräußerer wird verlangen müssen, dass ihm der Erwerber auf Verlangen jeweils die ordnungsgemäße Zahlung der Versicherungsprämien nachweist. 3669

Für den Fall der Weiterveräußerung wird der Verkäufer darauf bestehen müssen, dass der Erwerber die Kanzlei oder Praxis nur mit Zustimmung des Veräußerers weiterveräußert und dass Erwerber und Dritterwerber verpflichtet werden, die Verpflichtung gegenüber dem Veräußerer vorrangig zu erfüllen und beide die gesamtschuldnerische Haftung übernehmen. 3670

c) Makler

Verträge mit Maklern sollten schriftlich abgefasst werden. 3671

„Alleinaufträge" und Aufträge, die den Maklerlohn unabhängig davon anfallen lassen, ob der Praxiskaufvertrag durch die Tätigkeit des Maklers zustande gekommen ist, machen den Veräußerer vom Makler abhängig, ohne dass dessen Interesse, Käufer zu suchen und zu finden, angeregt wird.

Zuweilen werden Aufträge zur Wertermittlung von Praxen mit Verkaufsangeboten verbunden. Das Entgelt wird in manchen Fällen in der Verpflichtung zur Aufwandserstattung verborgen. Fallen Gebühren für die Inanspruchnahme der Vermittlungsleistung nur an, wenn ein Kaufvertrag abgeschlossen wird, tritt tatsächlich eine Bindung des Auftraggebers (Verkäufers) ein.

Da die Gebühren (zwischen 3 und 6 vH des Kaufpreises zuzüglich Umsatzsteuer) das Objekt spürbar verteuern, können jüngere Erwerbsinteressenten durch den insgesamt entstehenden Kaufpreis abgeschreckt werden.

Zu bachten ist auch, ob der Verkäufer, der Käufer oder beide Beteiligte zu Zahlungen der Vermittlungsentgelte verpflichtet werden.

(unbesetzt) 3672

2. Praxiswert

Schrifttum – Allgemeines: Vgl. auch Rn 3321; *Arens/Spieker,* Die Maßgeblichkeit steuerlicher Unterlagen und steuerlicher Ansätze für familiengerechte Ansprüche, FamRZ 1985, 121–132; *Barthel,* Unternehmenswert: Der Markt bestimmt die Bewertungsmethode, DB 1990, 1152; *Deutsches Steuerberaterinstitut* e. V. Bonn, Abschreibung des Praxiswerts bei weiterer Mitarbeit des Veräußerers, Verlautbarungen zum Handels- und Steu- 3673 errecht, Bonn 1993; *Englert,* Die Bewertung von freiberuflichen Praxen mit Hilfe branchentypischer Wertfindungsmethoden, BB 1997, 142; *George,* Aktivierung und Abschreibung von Praxiswerten, DB 1995, 896; *Kaiser/Wollny,* Kauf und Bewertung einer Anwaltspraxis, 2. Aufl., Herne/Berlin 1996; *Meyer, Friedrich W.*, Unternehmensbewertung im Zugewinnausgleich bei freiberuflicher Praxis, Berlin 1996.

3674 **Rechtsprechung, die für die Bewertung von Praxen bedeutsam ist:**

BGH-Urteil vom 12. Dezember 1956 IV ZR 230/55, NJW RzW 1957, 83, betreffend Praxis eines **Rechtsanwalts;**
BGH-Urteil vom 28. Februar 1962 IV ZR 239/61, LM, BEG § 56 Nr. 35, wonach beim Gewerbe eines selbständigen **Handelsvertreters** kein Geschäftswert vorhanden sei;
BGH-Urteil vom 26. Oktober 1972 VII ZR 232/71, NJW 1973, 98, betreffend eine **Rechtsanwaltspraxis;**
BGH-Urteil vom 13. Oktober 1976 IV ZR 104/74, FamRZ 1977, 38, betreffend **Vermessungsingenieur;**
BGH-Urteil vom 9. März 1977 IV ZR 166/75, BGHZ 68, 163, FamRZ 1977, 386, betreffend einen Handel mit **Baubedarfsartikeln;**
BGH-Urteil vom 23. November 1977 IV ZR 131/76, BGHZ 70, 224, betreffend den **Goodwill** einer **Bäckerei;**
BGH-Urteil vom 10. Oktober 1979 IV ZR 79/78, BGHZ 75, 195, 199, NJW 1980, 229, betreffend die **Beteiligung an einem zahntechnischen Labor;**
BGH-Beschluss vom 18. September 1985 IVa ZR 26/85, NJW-RR 1986, 163, betreffend Goodwill einer langfristig verpachteten **Apotheke;**
BGH-Beschluss vom 28. November 1985 III ZR 158/85, BRAK-Mitt 1986, 109, betreffend Wert einer **Rechtsanwaltspraxis** und Verpflichtung zur Rentenzahlung bei Auflösung einer Sozietät;
BGH-Urteil vom 1. Oktober 1986 IVb ZR 69/85, NJW 1987, 321, betreffend Zugewinnausgleich beim **GmbH-Anteil;**
BGH-Urteil vom 15. Januar 1990 II ZR 14/89, BRAK-Mitt 1990, 254, und 1999, 111, BB 1990, 597, betreffend Behandlung des Geschäftswerts bei Ausscheiden eines **Sozietätspartners;**
BGH-Urteil vom 24. Oktober 1990 XII ZR 101/89, BB 1991, 311, FamRZ 1991, 43, betreffend Richtlinien zur Bewertung von **Arztpraxen;**
OLG Celle, Urteil vom 24. November 1976 3 U 4/76, AnwBl 1977, 216, wonach bei einer erst seit gut zwei Jahren betriebenen **Großstadt- und Anwaltspraxis** mit einem Jahresumsatz von 100 000 DM kein beim Zugewinnausgleich zu berücksichtigender innerer Wert (Goodwill) vorhanden ist;
OLG Koblenz, Urteil vom 14. Dezember 1981 13 UF 584/81, FamRZ 1982, 280, 281, betreffend **Zahnarztpraxis,** wonach der Praxiswert in 5–10 vH des durchschnittlichen Jahresumsatzes der letzten drei Jahre bestehe;
OLG Hamm, Urteil vom 2. Februar 1983 6 UF 524/82, NJW 1983, 1914, betreffend **Auskunftsanspruch über einen Sozietätsanteil;**
OLG Hamburg, Urteil vom 28. April 1983 16 UF 2/83, FamRZ 1984, 61, das zwar Unterhalt betrifft, aber auch für ihn ausspricht, dass von einem **Drei-Jahres-Zeitraum** auszugehen ist;
OLG Düsseldorf, Urteil vom 27. Januar 1984 3 UF 50/83, FamRZ 1984, 699, betreffend die **Bewertung einer Druckerei;**
OLG München, Urteil vom 13. März 1984 4 UF 195/83, FamRZ 1984, 1096, in welchem verneint wird, dass ein **Architekturbüro** in der Regel einen **Goodwill** habe, denn dieser

setze voraus, dass die unternehmerische Tätigkeit nicht ganz von den individuellen Fähigkeiten abhänge;
OLG Saarbrücken, Urteil vom 28. Juni 1984 6 UF 181/82, GÜR, FamRZ 1984, 794, betreffend Maßgeblichkeit des **Sozietätsvertrages** für das Vorliegen eines **Goodwill** im Rahmen des **Zugewinnausgleichs**;
OLG Frankfurt, Urteil vom 18. November 1986 4 UF 296/85, NJW-RR 1987, 327, betreffend Berechnung des Goodwill einer **Rechtsanwaltspraxis,** und zuvor in dieser Sache Amtsgericht Weilburg, Urteil vom 18. September 1985 2 F 384/81, nrkr., NJW-RR 1986, 229;
OLG München, Beschluss vom 5. März 1987 4 WF 11/87, BB 1987, 1142, wonach bei einer **Zwei-Personen-Anwaltskanzlei** ein Goodwill von 1½-Jahresgewinnen als angemessen erscheine;
OLG Koblenz, Urteil vom 11. Januar 1988 13 UF 1492/86, FamRZ 1988, 950, betreffend Goodwill der Praxis eines **Arztes für Allgemeinmedizin.**
EGMR – Entscheidung vom 2. November 1999 Nr. 37595/97 Mandantenstamm stellt ein Vermögensrecht dar, AnwBl 2000, 747.

Schrifttum zum Praxiswert einzelner Berufe[1]

(1) Anwaltskanzlei

Schrifttum: *Eich,* Die Bewertung von Anwaltspraxen, Köln 1995; *Fenrich,* BRAO 1987, § 27 Anm. 32; *Römermann/Schröder,* Die Bewertung von Anwaltskanzleien, NJW 2003, 2709; *Zimmermann,* Zum Sozietätsvertrag, AnwBl 1992, 179.

3675

(2) Arztpraxis

Schrifttum: *Kamps,* Der Verkauf der Patientenkartei und die ärztliche Schweigepflicht, NJW 1992, 1545; *Körner-Dammann,* Datenschutz beim Praxiskauf, NJW 1992, 1543.

3676

(3) Steuerberatungspraxis/Wirtschaftsprüferpraxis

Schrifttum: *v. Borstel/Schoor,* Kauf und Bewertung einer Steuerberatungspraxis, 3. Aufl. Herne/Berlin 2003; *Breidenbach,* Überlegungen zur Ermittlung des Wertes einer Steuerberaterpraxis, DStR 1991, 47; *Englert,* Die Bewertung von WP- und StB-Praxen, Düsseldorf 1996; *Platz,* Bewertung einer Steuerberater-Praxis, INF 2000, 310, dazu Wehmeier, INF 2000, 598, und „Nochmals" Platz, INF 2000, 601; *Wehmeier,* Praxisübertragung in wirtschaftsprüfenden und steuerberatenden Berufen, 3. Aufl., Bonn 1996.

3677

(4) Wirtschaftsprüfer

Schrifttum: *Institut der Wirtschaftsprüfer,* Steuerliche Probleme bei Praxisübertragungen von Angehörigen der wirtschaftsprüfenden und steuerberatenden Berufe, herausgegeben vom gleichnamigen Arbeitskreis im Institut der Wirtschaftsprüfer (IdW), 3. Aufl., Düsseldorf 1995.

3678

(5) Apotheker

Schrifttum: *Berberich/Hauser/Hentschel/Kahlich,* Was ist eine Apotheke wert?, 3. Aufl., 1987.

3679

---

1 Vgl. Rn 3321.

a) Allgemeines

3680 (1) Die Praxis eines Angehörigen eines freien Berufs soll kein Handelsobjekt sein.

(2) Ihr Wert liegt im Wesentlichen in der **persönlichen Beziehung** und in dem langjährigen Betreuungsverhältnis zwischen dem Berufsangehörigen und dem Auftraggeber. Er ist ein unbeständiger Vermögenswert, der sich schnell verflüchtigt, wenn die Tätigkeit nicht ohne größere Unterbrechung laufend ausgeübt wird. Der ideelle Wert wird während der Praxisausübung erworben und ist eine Art geistiges Kapital.

3681 (3) Als unbedenklich wird es aber auch bei der Praxisübertragung angesehen, das Entgelt für den Praxiswert auf der Grundlage der vom Veräußerer oder Praxisvorgänger erzielten Umsätze zu berechnen; dabei wird dieser Wert von den Beteiligten methodisch teils nach den Netto-, teils nach den Bruttoumsätzen berechnet.

(4) Betriebswirtschaftlich betrachtet kann als Wert der Praxis des Freiberuflers wie beim Wert des Unternehmens nur deren Ertragswert bezeichnet werden[1].

Die nachfolgende Darstellung gibt die in der Praxis maßgebenden Überlegungen und Bemessungsmethoden wieder, die eigenständig entwickelt wurden oder sich durchgesetzt haben, und zwar unabhängig von den Einwendungen, die von der Betriebswirtschaftslehre erhoben werden.

3682 Eine Bezahlung durch fortdauernde Umsatzbeteiligung des Verkäufers an den Umsätzen des Käufers ist dann zulässig, wenn ihre zeitliche Dauer der Tatsache Rechnung trägt, dass mit der Zeit der „Goodwill" des Übertragenden zum eigenen des Übernehmers wird[2].

3683 Die **Bemessung des Entgelts** für den Praxiswert ist schwierig, vor allem, da dabei nicht wirtschaftliche Erwägungen allein maßgeblich sind. Das Entgelt muss auch nach standesrechtlichen Grundsätzen als angemessen anerkannt werden können. Vor der Vereinbarung des Entgelts ist deshalb bei der zuständigen Standesorganisation anzufragen, ob Richtlinien[3] für die Bemessung des Praxiswertes bestehen.

3684 Bei der freiberuflichen Praxis wird der Praxiswert durch die Leistung des Praxisinhabers ständig **neu** erworben. Es wird davon ausgegangen, dass er im Fünf-Jahres-Rhythmus neu geschaffen wird.

3685 Tritt ein Sozius ein, ohne dass der Praxiswert ermittelt und abgegolten wurde, weil beispielsweise erst nach einer Übergangszeit über das Bestehenbleiben der Sozietät entschieden werden soll, muss berücksichtigt werden, dass der neu aufgenommene Sozius durch seine Mitarbeit den Praxiswert erhalten bzw. geschaffen hat. Das Entgelt des eintretenden Sozius für den Praxiswert muss um so niedriger sein, je länger die Übergangszeit bemessen wird.

3686 Tritt ein **Sozius** ein und ist ein Praxiswert ermittelt worden, muss vereinbart werden, wie er abgegolten werden soll. Das kann durch Barzahlung, Ratenzahlung, die Vereinbarung wiederkehrender Bezüge, Vereinbarungen über die Gewinnverteilung oder die Kombination dieser Möglichkeiten geschehen.

---

1 Rn 2701 ff.
2 BGH-Urteil vom 26. Oktober 1972 VII ZR 232/71, NJW 1973, 98, 100.
3 Vgl. BGH-Urteil vom 24. Oktober 1990 XII ZR 101/89, FamRZ 1991, 43, BB 1991, 331. Sollten aber z. B. die „Richtlinien zur Bewertung von Arztpraxen" die tatsächlichen Veräußerungspreise verzerrt wiedergeben, ist ihre Anwendung ohne Anpassung an die Verhältnisse des Einzelfalls fragwürdig. Ob der Unternehmerlohn entsprechend der BAT-Vergütung angesetzt werden kann oder eine nicht unbedenkliche – möglicherweise zu grobe – Vereinfachung darstellt, muss im Einzelfall entschieden werden.

Veräußerungspreis

Bei der Bewertung des Praxiswertes hat sich vielfach eingebürgert, auf den Umsatz abzustellen. Es wird das Verhältnis von Ertrag zu Umsatz ermittelt und in einem Vomhundertsatz ausgedrückt. 3687

Die Preisgestaltung, insbesondere soweit sie den Praxiswert betrifft, wird durch eine abschließend nicht darstellbare Zahl von Faktoren beeinflusst. 3688

Ein solcher Faktor ist beispielsweise die **Art** der Zusammensetzung der Vertragspartner eines Freiberuflers. 3689

Rechtsanwälte haben vielfach Laufkundschaft, Steuerberater und Wirtschaftsprüfer meist Dauermandanten. Dieser Umstand beeinflusst die Art der Ermittlung und der Bewertung des Praxiswertes.

Entsprechendes gilt für Ärzte, je nach dem, ob sie ihre Tätigkeit mit einer Allgemeinpraxis oder einer Facharztpraxis ausüben.

Will ein älterer Steuerberater seine Praxis übertragen, ist es für den Übernehmer von Interesse, ob auch die Mandantschaft sich aus älteren Unternehmern zusammensetzt, bei denen zu befürchten ist, dass ihre Nachfolger einen anderen Berater wählen werden. Denn Mandanten, die in den nächsten zwei bis vier Jahren ausscheiden, mindern den in Zukunft nachhaltig zu erwartenden Umsatz.

Es werden vielfach bei der Bewertung des Geschäftswerts grobe Umsatz- und/oder Ertragswertmethoden praktiziert. 3690

Umsatzmethode: Es wird ein Durchschnittsumsatz aus Bruttohonorareinnahmen der letzten drei bis fünf Jahre errechnet. Der Geschäftswert wird pauschal (z. B. 25 vH dieses Betrages) bemessen. 3691

Ertragswertmethode: Es wird ein durchschnittlicher Jahresumsatz abzüglich bestimmter Aufwendungen (z. B. für Unternehmerlohn, Ansatz für mitarbeitende, aber nicht entlohnte Ehefrau und außerordentliche Erlöse) errechnet (Jahresbetrag). Auf diesen „Jahresbetrag" wird ein Kapitalisierungszinsfuß von n-vH angewendet und von dem so ermittelten Betrag der Substanzwert abgezogen. 3692

Die so gefundenen Geschäftswerte aufgrund der Umsatzmethode oder der Ertragswertmethode sind i. d. R. überhöht[1].

Der Verkäufer einer Arztpraxis muss ggf z. B. den Käufer über die außergewöhnliche Höhe der auf einzelne Patienten entfallenden Honorarbeträge unterrichten, wenn beim Verkauf der Arztpraxis der Verkäufer seine Honorareinnahmen mit einem jährlichen Gesamtbetrag angibt und diese Angabe dadurch Vertragsgrundlage wird[2]. 3693

Soll der für eine Praxis zu entrichtende Preis erheblich über dem nach durchschnittlichen Erfahrungen ermittelten Entgelt liegen (beispielsweise 100 vH des Jahresumsatzes statt 50 vH des Jahresumsatzes), sollten Veräußerer und Erwerber das darin liegende Risiko aufteilen. Das ist z. B. in der Weise möglich, dass der über den halben Kaufpreis hinausgehende Kaufpreisanteil umsatzabhängig bemessen wird. Gelingt es dem Erwerber, den Umsatz zu steigern, kann sich daraus für den Veräußerer ein zusätzlicher Kaufpreisanteil ergeben. Kann der Erwerber den Umsatz des Vorgängers, der der Preisgestaltung zugrunde liegt, nicht erreichen, teilt der Veräußerer das Risiko dieser Entwicklung durch Minderung des risikobehafteten Kaufpreisteiles. 3694

---

1 *Rabaa/Vogel/Ruck,* Freiberufler und Unternehmer in der Ehescheidung, München/Münster 1987, S. 83.
2 BGH-Urteil vom 13. Juli 1988 VIII ZR 224/87, NJW 1989, 763.

Eine solche Regelung berücksichtigt das Risiko des abweichend hohen Preises, die Leistungsfähigkeit des Erwerbers aufgrund der Umsatzentwicklung und ist ein Gebot des Anstands unter Freiberuflern.

Das Verlangen nach sofortiger Barzahlung eines ungewöhnlich hohen Preises sollte den Erwerber vor dem Erwerb warnen.

b) Einzelne Berufe

(1) Arzt

3695 **Schrifttum:** *Küntzel,* Bewertung von Arztpraxen, DStR 2000, 1103.

3696 Der wirtschaftliche Wert der dem Erwerber einer Arztpraxis[1] gewährten Möglichkeit, die Patienten des veräußernden Arztes für sich zu gewinnen und den vorhandenen Patientenstamm weiter aufzubauen, hängt davon ab, in welchem Umfang Patienten das dem veräußernden Arzt entgegengebrachte Vertrauen unter den gegebenen Umständen auf den erwerbenden Arzt übertragen werden. Betriebswirtschaftliche Gesichtspunkte sollen nach Ansicht des Ausschusses „Berufsordnung" der Bundesärztekammer bei der Bewertung des Praxiswertes auch unter Berücksichtigung der Änderung des Charakters einzelner Praxen, die gewerblich ausgerichtet sind, wie z. B. ein Labor oder eine Röntgenpraxis, ausscheiden.

Je stärker persönlichkeitsgebunden eine Praxis ausgestattet ist, desto höher müssen die Abschläge vom Regelbetrag sein.

Je mehr einer Praxis die Spezialisierung fehlt, desto weniger sind Abschläge gerechtfertigt. Das gilt insbesondere für Labor- oder Röntgenpraxen, die im Wesentlichen auf die Überweisung von Patienten durch andere Ärzte angewiesen sind.

Unterschiede bestehen insbesondere zwischen einer reinen Privatpraxis, der reinen Kassenpraxis und der gemischten Praxis. Für die Kassenpraxis sind die Kassenzulassung und ihre Übertragbarkeit das entscheidende Merkmal, das den Wert bestimmt.

3697 Bei einer **Arztpraxis** setzt sich deren materieller Wert zusammen aus der Summe der **Veräußerungspreise** für die

- Einrichtungsgegenstände der Praxis (Mobiliar, Fachbücher),
- medizinische Geräte (ihr Wert sollte ggf von einer Fachfirma für die Lieferung solcher Geräte geschätzt werden),
- Vorräte an Praxisverbrauchsartikeln,
- Außenstände, falls die übertragen werden, abzüglich der
- Verbindlichkeiten, die übernommen werden.

3698 Faktoren, die den **Wert einer Arztpraxis** beeinflussen, sind

- starke oder geringe Arztdichte,
- geringe oder hohe Anzahl niedergelassener Ärzte gleicher Fachrichtung in unmittelbarer Umgebung der Praxis, U. U. im selben Gebäude,

---

1 BGH-Urteil vom 6. Dezember 1961 IV ZR 116/61, BB 1962, 155, LM-BEG 1956, § 56 Nr. 33; OLG Karlsruhe, Urteil vom 24. Mai 1989 1 U 311/88, DB 1989, 1401, WM 1989, 1229: Bemessung des „Goodwill" einer allgemeinärztlichen Praxis auf ein Drittel des durchschnittlichen Jahresumsatzes abzüglich des entsprechenden kalkulatorischen Arztlohnes für den Praxisinhaber; vgl. auch Rn 3321.

Veräußerungspreis

- verkehrsgünstige Lage, Nähe zu Haltestellen öffentlicher Verkehrsmittel, Parkplatzmöglichkeiten, Nähe von Einkaufsmöglichkeiten,
- Veränderungen, die durch städtebauliche Maßnahmen zu erwarten sind,
- Größe und Ausstattung der Praxis (ausreichende Praxisgröße, mehrere Untersuchungs- und Behandlungszimmer, Anzahl der Toiletten, Sozialraum für Personal, Aus- und Umbaumöglichkeiten, Lärmempfindlichkeit der Praxisräume),
- Übereinstimmung der fachlichen Praxisausübung vom übertragenden und übernehmenden Arzt,
- ausreichendes und gut eingearbeitetes Personal,
- Höhe der Vergütung des Personals,
- Patientenstruktur (Privatpatienten, Kassenpatienten, Rentneranteil, Häufigkeit der Fallzahlen),
- Nähe eines Krankenhauses bei belegärztlicher Tätigkeit,
- ausreichende Vertretungsregelung durch Nachbarkollegen (insbesondere bei Landpraxen).

Zur **Ermittlung des Wertes einer Arztpraxis** werden folgende Methoden genannt:

- In der „Richtlinie zur Bewertung von Arztpraxen"[1] hat die Ständige Konferenz der Rechtsberater der Landesärztekammern empfohlen, den Substanzwert und den ideellen Wert (Goodwill) gesondert festzustellen, und zwar letzteren grundsätzlich nach einer Quote des um einen kakulatorischen Arztlohn bereinigten Bruttoumsatzes, wobei noch eine Reihe von Gesichtspunkten berücksichtigt wird, die eine objektivierte, von der Person des derzeitigen Inhabers abgelöste Beurteilung sicherstellen sollen[2].   3699

- Von dem für die Praxis ermittelten durchschnittlichen Jahresumsatz wird ein kalkulatorischer Arztlohn für den Praxisinhaber abgesetzt.   3700

    Ausgangspunkt ist das Jahresgehalt eines Oberarztes nach 1 b BAT (brutto), der verheiratet ist, zwei Kinder hat und in die Endstufe eingereiht ist (ohne Mehrarbeitsvergütung).

    Es werden gemessen an den nachfolgenden Umsatzgrößen (50 000/100 000/200 000/ 300 000 DM[3]) jeweils die nachfolgenden Vom-Hundert-Sätze des zu Grunde gelegten Gehalts abgezogen (25/50/75/100 vH).

- Zur Bestimmung des Fortführungs- wie des Übergabewertes werden im Einzelfall wertsenkende oder werterhöhende Umstände berücksichtigt[4].   3701

- Für die Ermittlung des Beteiligungswertes werden Fallgruppen unterschieden, nämlich   3702

    die Beteiligung an einer bestehenden Gemeinschaftspraxis,

    der Eintritt in eine Gemeinschaftspraxis oder deren Gründung,

    das Auflösen einer Gemeinschaftspraxis oder das Ausscheiden aus ihr.

---

1 Deutsches Ärzteblatt 1984 (Heft 14), A–926.
2 Der BGH hat diese Vorgehensweise gebilligt, vgl. BGH-Urteil vom 24. Oktober 1990 XII ZR 101/89, BB 1991, 311, FamRZ 1991, 43.
3 Die DM-Beträge waren bei Manuskripterstellung noch nicht umgestellt.
4 Vgl. Deutsches Ärzteblatt 1984 (Heft 14), A–928 und 929.

3703 • Schade[1] geht davon aus, dass sich der Gesamtübernahmepreis an den Neugründungskosten ohne Anlaufverluste orientieren müsse. Bei der Übernahme trete zumindest ein Patientenschwund von rd. 10 bis 15 vH auf, der aber sofort fallwertmäßig ausgeglichen werde; damit blieben nach seiner Auffassung betriebswirtschaftlich Umsatz und Gewinn stabil. Umsatz und Gewinn sowie Patientenzahl seien bei einer Gemeinschaftspraxis und auch bei einer Nachfolgegemeinschaft regelmäßig steigend und verliefen damit betriebswirtschaftlich entgegengesetzt; die Theorie, beim Kauf eines gefährdeten Wirtschaftsgutes wie dem ideellen Praxiswert sei ein Abschlag vorzunehmen, berücksichtige nicht, dass ein solcher Wertverlust tatsächlich nicht eintrete.

3704 • Lang/Bauer[2] berechnen den Praxiswert mit 25 vH des durchschnittlichen bereinigten Jahresumsatzes der Kassenvereinigungshonorare der (mindestens) letzten drei bis fünf Jahre, wenn eine kontinuierliche Entwicklung der Praxis vorliege. Bei rückläufigen Fallzahlen sollten nur die Umsätze des letzten Jahres vor Abgabe oder des letzten Quartals vor Abgabe zugrunde gelegt werden.

Der Praxiswert könne 25 vH übersteigen, wenn mit erhöhter Nachfrage nach der Praxisübernahme gerechnet werden könne.

3705 Für die Wertbestimmung von Arzt- und Zahnarztpraxen empfiehlt Frielingsdorf[3] eine indexierte Basis-, Teilwertmethode (IBT-Methode). Zur Berechnung des Goodwill wird zunächst ein Basisbetrag gebildet. Dieser besteht in seinen Grundelementen aus einer fachspezifisch unterschiedlich hohen Quote vom Jahresumsatz der letzten fünf Jahre und einer um außergewöhnliche Einflüsse bereinigten Quote vom Durchschnittsgewinn des gleichen Zeitraums. Das arithmetische Mittel dieser beiden Werte soll erste Aufschlüsse über Abweichungen gegenüber Praxen der gleichen Fachrichtung erlauben, wenn diesen entsprechende – auf die gleiche Weise ermittelte und auf den konkreten Umsatz bezogene – Vergleichswerte gegenübergestellt werden. Dabei wird auch der Sättigungsgrad – die Belegung des Praxiseinzugsgebiets mit Ärzten der gleichen Fachrichtung (Arztdichte) – berücksichtigt und ein Korrekturposten für die Nachfrage nach Praxen dieser Fachrichtung.

Das Basiswert wird in Teilwerte zerlegt. Die Teilwerte umfassen Rechengrößen für die Ertragskraft der Praxis, die Mitbewerbersituation, die Lage und das Umfeld der Praxis, die Praxisorganisation und die Funktionalität des Sachvermögens. Schließlich werden in die Berechnung Rechengrößen für die Praxisräume sowie das Sachvermögen einbezogen.

Bei dem Ansatz Ertragskraft der Praxis sind beispielsweise Berechnungsmerkmale: die Abrechnungsstruktur, das Kassenschein-Zahlenaufkommen, die Fallwerte (Leistungsspektrum), der Patientenstamm (Kartei), der Umsatz (also die Bruttoeinnahme), die Aufwendungen (Ausgaben), der Gewinn und sonstige Einflussgrößen.

Beobachtungen zeigen, dass Praxen, für die 1989 als Kaufpreis 50 vH des Jahresumsatzes oder mehr gefordert wurden, unverkäuflich geblieben sind[4].

---

1 Vgl. zur Wertermittlung bei einer Praxisübergabe, Arzt und Wirtschaft, 1984, S. 11/14.
2 Vgl. „Was ist meine Praxis wert?" Wertermittlung und Steuerrecht bei Kauf und Verkauf von Arztpraxen, Verlag Kirchheim, Mainz 1984, Heft 7, S. 15.
3 *Frielingsdorf*, Praxiswert. Der Wert zur richtigen Wertbestimmung in Arzt- und Zahnarztpraxen, Neuwied/Frankfurt 1989.
4 Vgl. auch OLG Karlsruhe, Urteil vom 24. Mai 1989 1 U 311/88, WM 1989, 1229: In dem Urteil wurde der „Goodwill" in Höhe von einem Drittel des durchschnittlichen Jahresumsatzes abzüglich des entsprechenden kalkulatorischen Arztlohnes für den Praxisinhaber bemessen.
Im Raum Oberbayern werden verschiedentlich unrealistische Zahlen für Praxiswerte genannt.

Veräußerungspreis 507

Der Wert von Arztpraxen hat infolge der Beschränkung der Niederlassungsfreiheit der Ärzte seit 31. 1. 1991 erheblich geschwankt.

Beruft sich der Veräußerer auf eine sich ständig erhöhende Umsatzentwicklung, wird der Erwerber aus der Zahl der behandelten Patienten zu ermitteln versuchen, welcher Zeitaufwand sich daraus für den einzelnen Patienten ergibt. Ist dieser Zeitaufwand so gering, dass eine angemessene Untersuchung und Behandlung der Patienten kaum mehr zu verantworten ist, muss die Umsatzentwicklung entsprechend skeptisch eingeschätzt werden. 3706

Die Zahl der Krankenkassenscheine und das Ansteigen dieser Zahl – insbesondere bei erst vor wenigen Jahren aufgebauten Praxen – können also kein alleiniges Bewertungsmerkmal für den Wert der Praxis abgeben.

Von besonderer Bedeutung sind beim Erwerb einer Praxis die Bedingungen für die Miete der Praxisräume. 3707

Kann der Erwerber in einen unveränderten Mietvertrag eintreten oder welche Änderungen werden durch die Veräußerung ausgelöst?

Wie lange ist die Laufzeit des Mietvertrages vom Zeitpunkt des Erwerbs der Praxis an gerechnet?

Ist der Mietzins indexiert?

Ist der Erwerber befugt, die Räume unterzuvermieten und bestehen ggf Bindungen, welcher Fachrichtung der Arzt angehören muss, dem der Erwerber die Praxisräume untervermieten darf?

Dieser Punkt ist insbesondere bei langfristigen Mietbindungen bedeutsam. Der Erwerber kann z. B. krankheitsbedingt an der Ausübung seiner Berufstätigkeit gehindert oder durch sie in der Weise beeinträchtigt sein, dass er seine Tätigkeit einschränken muss. In diesen Fällen werden die Bestimmungen hinsichtlich der Befugnis, unterzuvermieten, bedeutsam.

(2) Ingenieur

Bei Ingenieuren kommt die Veräußerung von Ingenieur-Büros im Sinne einer Unternehmensveräußerung seltener vor, als man erwarten sollte. Das hat verschiedene Gründe: 3708

Die Veräußerung der Einrichtung – also des der freiberuflichen Tätigkeit dienenden Vermögens – wird abgewickelt, wie sich auch sonst der Verkauf von Wirtschaftsgütern vollzieht. 3709

Einen Geschäftswert zu übertragen, erweist sich jedoch als hindernisreich. Der Standort eines Ingenieur-Büros (Architekten-, Statiker-, Maschinenbau-Entwurfs-Büros usw.) ist im Gegensatz zu dem der Anwalts- oder Arztpraxis, der Steuerberatungs- oder Wirtschaftsprüferpraxis regelmäßig ohne Belang. 3710

Der Name kann anders als die Firma nicht übertragen werden. Das ist zwar bei den freien Berufen der Ärzte und Anwälte auch nicht möglich. Dauerbeziehungen (bei Ärzten beispielsweise zu den Patienten) dürften stärker ausgeprägt sein als beispielsweise die mehr auf einmalige Beziehung ausgerichtete Tätigkeit eines Architekten. 3711

Der Geschäftswert wird sozusagen durch den gleichzeitigen Wechsel von Inhaber und Namen des Ingenieur-Unternehmens im Bewusstsein des Wirtschaftsverkehrs aufgelöst.

3712 Hinzu kommt, dass die Angehörigen der Ingenieur-Berufe der späteren Übertragung ihres „Unternehmens" unter diesem Gesichtspunkt nicht das vorausschauende Augenmerk zuwenden.

3713 Bei der Aufnahme eines Sozius, der später das Büro übernimmt, kommt es regelmäßig ebenfalls nicht zur Abgeltung eines Geschäftswertes, weil der Sozius durch die Auflösung der Gemeinschaft wirtschaftlich kaum anders gestellt wird, als wenn er sich unter Ausscheiden aus der Gemeinschaft selbständig machen würde.

3714 Möglich würde die Verwertung des durch die Tätigkeit entstandenen „Büro-Wertes" (Goodwill; Geschäftswertes), wenn das „Unternehmen" rechtzeitig in eine GmbH & Co. KG eingebracht wird. Die GmbH kann Trägerin eines Sachnamens sein. Dieser Name kann im Wirtschaftsverkehr einen selbständigen Wert gewinnen, der sich später verwerten lässt.

(3) Rechtsanwalt

3715 Der Wert einer Anwaltskanzlei[1] ist die Summe aus dem Substanzwert und dem Kanzleiwert. In der Praxis haben sich zusätzlich die Begriffe Fortführungs-, Übergabe- und Beteiligungswert eingebürgert.

ME wird es nützlich sein, die Gesichtspunkte zur Bewertung einer Wirtschaftsprüferpraxis[2] heranzuziehen.

(a) Substanzwert

3716 Der Substanzwert einer Kanzlei, der sich aus der Büroeinrichtung (also gebrauchten Möbeln, Schreibmaschinen, Fotokopiergeräte usw., der Bibliothek, Zeitschriftensammlung usw.) zusammensetzt, wird vielfach nicht erheblich sein. Eine Bewertung entsprechend den steuerlichen Vorschriften (§ 10 BewG – Teilwert: Abschn. 51 f. VStR) kann einen Anhalt geben.

(b) Kanzleiwert

3717 Als der am besten geeignete Faktor für die Bestimmung des Wertes einer Anwaltskanzlei wird der Umsatz angesehen. Der Umsatz ist am leichtesten und sichersten festzustellen. Die Wertberechnung nach dem Umsatz entspricht auch der tatsächlichen Handhabung in der Praxis. Der Gewinn des einzelnen Rechtsanwalts hänge weitgehend von den Unkosten ab; deshalb sei – so wird argumentiert – der Umsatz eher geeignet, Anwaltskanzleien miteinander zu vergleichen.

Bei der **Bewertung einer Anwaltskanzlei** ist deren Entwicklung zu berücksichtigen. Es wird deshalb vom Umsatz (Umsatz ohne Mehrwertsteuer) der letzten drei vollendeten Kalenderjahre ausgegangen. Vom Bruttoumsatz wird also jeweils die Umsatzsteuer abgezogen. Der Umsatz jeden Jahres wird von den außerordentlichen Einnahmen bereinigt. Das heißt, es werden außerordentliche personenbezogene Einnahmen abgezogen; das sind z. B. Einnahmen aus politischer Tätigkeit, aus den Tätigkeiten als Mitglied von Aufsichtsräten oder Beiräten, als Organ von Verbänden, Vereinen oder sonstigen Organisationen, als Schriftsteller oder aus einer Lehrtätigkeit.

---

1 Zu neuen Entwicklungen der Bewertung von Anwaltspraxen vgl. BRAK-Mitteilungen 5/2004, S. 222, 227.
2 Vgl. Rn 3737 ff.

Außerordentliche **anwaltsbezogene Vergütungen** werden ausgeschieden, wenn nicht mit ihrer Wiederkehr gerechnet werden kann; das sind z. B. Vergütungen für die Tätigkeiten als Testamentsvollstrecker, Insolvenzverwalter, Zwangsverwalter, Vormund, Pfleger, Vermögensverwalter, Treuhänder, Mitglied eines Schiedsgerichtes oder einer Schiedsstelle sowie als Sachverständiger, Honorare für auslaufende oder gekündigte Mandate, einmalige Gutachten u. dgl. mehr. Die Umsätze der letzten drei vollendeten Kalenderjahre werden zusammengezählt; dieser Summe wird der Umsatz des letzten vollendeten Kalenderjahres nochmals hinzugerechnet, um das letzte Kalenderjahr doppelt zu gewichten, weil sich in ihm die Entwicklung der jüngsten Zeit ausdrückt; diese Zwischensumme wird durch vier geteilt (Bemessungsgrundlage 1).

Die so gewonnene Bemessungsgrundlage (Bemessungsgrundlage 1) wird mit einem von den Umständen des Einzelfalls abhängigen Berechnungsfaktor vervielfacht. Dieser Vervielfältiger liegt erfahrungsgemäß zwischen 0,5 und 1,0; er kann in Ausnahmefällen bei 1,5 liegen. Der Rahmen ist aus den besonderen beruflichen Verhältnissen der Anwaltschaft und einer daraus abgeleiteten jahrelangen Übung entwickelt worden.

Von dem so gewonnenen Zwischenwert (Bemessungsgrundlage 2) wird ein fiktiv ermittelter kalkulatorischer „Anwaltslohn" eines Jahres abgezogen, Zur Feststellung dieses kalkulatorischen Anwaltslohns wird vergleichsweise die Richterbesoldung herangezogen, weil es kaum vergleichbare angestellte Rechtsanwälte mit bestimmt ermittelbarem Einkommen gibt.

Bisher wurde bei Anwälten unter 45 Jahren und einem Umsatz unter 250 000 DM wird von der Stufe R 1 und der entsprechenden Altersstufe zuzüglich Ortszuschlag ausgegangen, bei Anwälten über 45 Jahren und einem Umsatz unter 250 000 DM von Stufe R 2, bei Anwälten mit einem Jahresumsatz von mehr als 250 000 DM – ohne Altersgrenze – von Stufe R 3 zuzüglich Ortszuschlag ausgegangen; die BRAK hat bis Redaktionsschluss noch keine Anpassung in € vorgenommen. Der Vergleichsbetrag der Richterbesoldung wird um einen Zuschlag von etwa 40 vH zum Ausgleich der Altersversorgung und der Beihilfen eines Richters erhöht. Die Erhöhung soll den Aufwendungen entsprechen, die der freiberuflich tätige Rechtsanwalt als Vorsorge für Krankheit, Invalidität und Alter machen muss.

Dabei werden bei Übernahme einer Kanzlei oder Eintritt in eine Sozietät das Alter, der Familienstand und die Kinderzahl des Übernehmers oder Eintretenden als maßgeblich erachtet. Die Berücksichtigung dieser persönlichen Umstände erscheint für die Ermittlung des Wertes nicht einleuchtend.

Abgesetzt werden beim Zugewinnausgleichsfall die Ertragsteuern, die bei einer gedachten Kanzlei- oder Praxisveräußerung anfallen würden. Die latente Steuerlast wird also wertmindernd berücksichtigt. Diese Steuerlast auf den Kanzlei- oder Praxiswert wird mit der Hälfte des durchschnittlichen Steuersatzes geschätzt[1].

Bei der Veräußerung der Kanzlei eines erkrankten oder eines verstorbenen Rechtsanwalts wird ferner ein Abschlag dafür vorgenommen, dass sich die Klientel vom Erkrankungszeitpunkt oder Todeszeitpunkt ab verläuft.

---

1 BGH-Urteil vom 26. April 1972 IV ZR 114/70, NJW 1972, 1269, BB 1972, 826, MDR 1972, 683.

Die Schätzung kann dazu führen, dass die zu bewertende Rechtsanwaltskanzlei oder Rechtsanwaltspraxis keinen inneren Wert hat, wenn z. B. die zu berücksichtigenden Umsätze nicht höher als die vergleichbare Richterbesoldung sind[1].

Die Differenz von Bemessungsgrundlage 2 abzüglich „Anwaltslohn" ist der **Kanzleiwert.**

(c) Fortführungswert

3718 Der Fortführungswert dient z. B. als Berechnungsgrundlage für den Zugewinn.

Als Fortführungswert wird ein Wert bezeichnet, bei dem vom Praxiswert die Ertragsteuern abgezogen werden, die anfallen würden, wenn die Praxis gegen einen Kaufpreis veräußert würde.

Für die Einzelbestimmung des Berechnungsfaktors von 0,5 bis 1,5 werden werterhöhende und wertmindernde Merkmale berücksichtigt, und zwar unterschiedlich je nachdem, ob der Fortführungswert oder der Übergabewert (vgl. nachstehend unter d) ermittelt wird.

Beim Fortführungswert werden als wertsenkende Merkmale berücksichtigt:

- Bestehen der Praxis seit weniger als 10 Jahren,
- Alter des Praxisinhabers über 60 Jahre,
- schlechte Gesundheit des Praxisinhabers,
- Einkünfte von wenigen Großklienten,
- überdurchschnittliche praxisbedingte Kosten,
- Kosten angestellter Rechtsanwälte

und als werterhöhende Merkmale:

- Bestehen der Praxis länger als 10 Jahre,
- breitgestreuter Klientenkreis,
- unterdurchschnittliche praxisbedingte niedrige Kosten.

(d) Übergabewert

3719 Bie Bewertungsgrundlage bei Praxisveräußerungen und für die Ermittlung von Erb- und Pflichtteilsansprüchen wird auch als Übergabewert bezeichnet. Wiederum wird die Bemessungsgrundlage 1 mit dem Berechnungsfaktor zwischen 0,5 und 1,5 vervielfacht; von dem Produkt wird der halbe Anwaltslohn abgezogen. Der Abzug nur des halben Arbeitslohnes wird deshalb für gerechtfertigt erachtet, weil der Übergeber seine Praxisleistung dem Übernehmer überlässt und damit auch die Chance der beruflichen Entwicklung ohne Anlaufzeit ermöglicht, die der Übernehmer aus eigener Kraft nicht hätte. Der Übernehmer hätte mit anderen Worten zu diesem Zeitpunkt ohne die Übergabe nicht die Möglichkeit, einen Anwaltslohn in der Höhe zu verdienen, wie er bei der Berechnung des Praxiswertes als kalkulatorischer Anwaltslohn fiktiv zugrunde gelegt wird.

Bei der Bestimmung des Berechnungsfaktors werden als wertsenkende Merkmale berücksichtigt:

- Alter des Übergebers über 65 Jahre,

---

[1] BGH-Urteil vom 2. Februar 1959 IV ZR 152/59, LM-BEG 1956, Nr. 17; vom 13. Januar 1960 IV ZR 235/59, NJW 1960, 312/459, BB 1960, 381, MDR 1960, 387; OLG Frankfurt, Urteil vom 18. November 1986 4 UF 298/83, AnwBl 1987, 192, FamRZ 1987, 485, NJW-RR 1987, 327.

- Bestehen der Praxis weniger als 10 Jahre,
- besondere Spezialkenntnisse des Übergebers ohne entsprechende Spezialkenntnisse des Übernehmers,
- Einkünfte von wenigen Großklienten,
- auslaufende Tätigkeitsarten der Praxis (Wiedergutmachung, Vertreibungsschäden),
- Übergang der Praxis nach Unterbrechung,
- Kosten angestellter Anwälte

und als werterhöhende Merkmale:

- Alter des Übergebers unter 60 Jahre,
- Bestehen der Praxis über 10 Jahre,
- Allgemeinpraxis,
- Spezialkenntnisse des Übernehmers auf dem Spezialgebiet des Übergebers,
- breitgestreuter Klientenkreis,
- Einführung des Erwerbers in die Klientel oder weitere Übergangstätigkeit des Übergebers,
- besonderer Ruf der Praxis,
- günstige Geschäfts- und Konkurrenzlage der Praxis,
- günstiger Mietvertrag der Praxis,
- moderne Ausstattung der Praxis.

(e) Beteiligungswert

Der Beteiligungswert erlangt Bedeutung bei der Begründung einer Sozietät, dem Eintritt eines Sozius in eine Sozietät, der Auflösung einer Sozietät, dem Ausscheiden aus einer Sozietät und wenn der Praxiswert der Sozietät zu bestimmen ist. 3720

(aa) Beteiligungswert bei bestehender Sozietät

Ber Beteiligungswert entspricht dem Fortführungswert (einschließlich Abzug der fiktiven Ertragsteuern) mit der Maßgabe, dass für jeden Sozius ein kalkulatorischer Anwaltslohn angesetzt wird. 3721

Der Beteiligungswert ergibt sich aus dem entsprechenden Vomhundertsatz, mit dem der Sozius einer Sozietät beteiligt ist. Dabei müssen Pflichten, die der Sozius im Sozietätsvertrag übernommen hat (z. B. Altersversorgung anderer Sozien), entsprechend bewertet und vom Beteiligungswert abgesetzt werden. Entsprechendes gilt mit umgekehrter Wirkung für besondere Rechte. Sind Pflichten und Rechte gleichwertig, beeinflussen sie den Beteiligungswert nicht.

(bb) Begründung einer Sozietät oder Eintritt in eine Sozietät

Bringt der Eintretende seine Praxis ein, so ist sein bisheriger Praxiswert nach den Grundsätzen zum Übergabewert zu bestimmen. Der Wert der Praxis ist dem der aufnehmenden Sozietät hinzuzurechnen und der sich so ergebende Wert der Gesamtpraxis auf die Sozien entsprechend ihren Anteilen zu verteilen. Von dem sich so ergebenden Sozietätsanteil des neuen Sozius am Gesamtpraxiswert ist der Praxiswert, den der neue Sozius einbringt, 3722 abzusetzen; die Differenz ist der Ausgleichsbetrag, den der neue Sozius zu erbringen hat oder der ihm zusteht.

Tritt ein Anwalt in eine bestehende Praxis oder in eine Sozietät ein, muss der bisherige bereinigte Umsatz der Praxis oder Sozietät nach den Grundsätzen der Ermittlung des Übergabewerts festgestellt und danach der Praxiswert – nach den Grundsätzen zum Übergabewert – bestimmt werden. Der Vomhundertsatz des Sozietätsanteils des neuen Sozius ist dessen Beteiligungswert.

(cc) Auflösen einer Sozietät, Ausscheiden aus einer Sozietät

3723   Entsprechend ist bei **Auflösung** einer Sozietät oder dem **Ausscheiden** eines Anwalts aus einer Sozietät der Beteiligungswert zu ermitteln.

3724–3725   *(unbesetzt)*

(4) Steuerberater

3726   **Schrifttum:** *Breidenbach,* Überlegungen zur Ermittlung des Wertes einer Steuerberaterpraxis, DStR 1991, 47; *Englert,* in Peemöller (Hrsg.) Praxishandbuch der Unternehmensbewertung, 2. Aufl. 2002; *Hennerkes/Schiffer/Fröhlich,* DSWR 1996, 134; *Schoor,* Kauf und Bewertung einer Steuerberaterpraxis, 3. Aufl. Herne/Berlin 2003; *Wehmeier,* Praxisübertragung in wirtschaftsprüfenden und steuerberatenden Berufen, 3. Aufl., Bonn 1996.

Vgl. auch BFH-Urteil vom 25. November 1998 XII ZR 84/97 (OLG Düsseldorf), FamRZ 1999, 361.

3727   Der Kauf einer ausbaubaren Kanzlei ist gegenüber dem Kauf einer Kanzlei, bei der die Kapazität voll ausgenutzt ist, vorzuziehen.

Nach den Erfahrungen einer Steuerberaterkammer bemaß sich der Preis für eine Praxis Anfang der achtziger Jahre nach dem durchschnittlichen Jahresumsatz (im Allgemeinen der Jahresumsatz der letzten drei Jahre; bereinigter Umsatz ohne Umsatzsteuer) zuzüglich Substanzwert des Inventars, und zwar zwischen 100 und 120 vH des durchschnittlichen Jahresumsatzes, wobei der Wert i. d. R. vom Verhältnis der Umsätze der Buchhaltungsmandanten zu denen der reinen Beratungsmandanten bestimmt wird. Es wurde auch ein Spielraum von 80 bis 150 vH genannt. Die Umsätze aus Buchführung und Beratung werden mit unterschiedlichen Vomhundertsätzen multipliziert. Der Durchschnittswert von 100 vH bezieht sich auf eine eingeführte Praxis von mindestens 5-jähriger Tätigkeitsdauer.

In der Praxis wird nach wie vor der Preis für eine Kanzlei traditionell durch ein kombiniertes Verfahren bestimmt, bei dem der Praxiswert (Goodwill) und der Substanzwert getrennt ermittelt werden. Entscheidend für eine erfolgreiche Übernahme ist wie bei allen Kanzlei- und Praxisübertragungen, ob es gelingt, die Mandantenbeziehungen und deren Vertrauen auf den Erwerber zu übertragen.

Bei der Ermittlung des Geschäftswerts wird regelmäßig auf eine pauschale Multiplikatormethode zurückgegriffen (Vielfaches des Umsatzes, Branchenfaktor). Dabei wird zwischen Stadt- und Landpraxen unterschieden. Bei Stadtpraxen betragen z. B. die Mindest-, Mittel- und Höchstsätze 100 %, 125 % und 140 %, bei Landpraxen 100 %, 115 % und 125 %[1]. Dem Erwerber muss klar sein, dass nur der künftige Ertrag preisbestimmend sein darf.

---

1 Zur Planung der Kanzleinachfolge vgl. auch *Wehmeier,* DSWR 2003, 2, zur steuerlichen Gestaltung der Kanzleiübertragung, *Schoor,* DSWR 2003, 8 und zum Verkauf auf Rentenbasis *Niggemann,* DSWR 2003, 11.

Es muss der nachhaltige Umsatz ermittelt und es müssen Abschläge vorgenommen werden für geringen Ertrag, einen etwaig schlechten Organisationszustand, schlechten Standort und erhebliche Konkurrenz. Bei der Bewertung des Substanzwerts hat sich für höherwertige Wirtschaftsgüter empfohlen, einen Bewertungsbogen anzulegen, in den das Anschaffungsdatum, die Anschaffungskosten, die Absetzungen für Abnutzung, etwaige Belastungen und sonstige Sonderfaktoren eingetragen werden. Wichtig ist der Standort und seine Zugänglichkeit.

Nach den Feststellungen der Bundessteuerberaterkammer erscheint es angemessen, als Jahresumsatz die nach Listen und Einzelermittlungen festgestellte auftragsbezogene Jahresleistung (regelmäßig wiederkehrende Leistungen ohne Umsatzsteuer) zugrunde zu legen. Dieser Umstand ist um persönlichkeitsbezogene Umsätze (z. B. Honorare aus Testamentsvollstreckungen und Konkursverwaltungen) zu kürzen. 3728

Regelmäßig in mehr als einjährigen Zeitabschnitten anfallende Umsätze sind zeitanteilig abzurechnen. Einmalige Leistungen (z. B. Erbschaftsteuererklärungen) sollten im Durchschnitt der letzten drei Jahre berechnet werden. 3729

Das Umsatzverfahren beschreibt Breidenbach[1] wie folgt: 3730

„Es wird der Umsatz – ohne Umsatzsteuer – nach den Daten der letzten 12 Monate vor dem Bewertungsstichtag ermittelt. Dieser ergibt sich üblicherweise aus den Einzelumsätzen der vorhandenen Mandatsverhältnisse; die Einzelumsätze werden nach dem Umfang des Autrages (z. B. 12 × monatliche Buchführungspauschale, 1 × Abschlussgebühr, je eine Gebühr für die verschiedenen Erklärungen) ermittelt.

Der so berechnete mögliche Jahresumsatz bedarf noch einiger Korrekturen:
– Regelmäßig in mehr als einjährigen Intervallen anfallende Umsätze (z. B. Honorare für die Fertigstellung von Vermögensaufstellungen und Vermögenserklärungen) sind zeitanteilig zu berücksichtigen.
– Entgelte für nicht regelmäßig wiederkehrende und einmalige Leistungen sollten mit dem Durchschnitt der Umsatzanteile der letzten drei Jahre Berücksichtigung finden.
– Entgelte aus personengebundenen Leistungen (z. B. Testamentsvollstreckervergütung) gehören nicht zum Jahresumsatz und sind daher auszusondern.

Um weitere außergewöhnliche und unübliche Schwankungen auszugleichen, kann ggf auf den Durchschnitt der Nettoumsätze der letzten drei Jahre abgestellt werden[2]. Das wird notwendig sein, wenn regelmäßig wiederkehrende Leistungen (z. B. Aufstellen eines Jahresabschlusses) nicht zeitgerecht und damit nicht periodengleichmäßig erbracht werden.

Bestehen Anhaltspunkte, dass die so ermittelte Umsatzgrundlage nicht dem zukünftig nachhaltig zu erzielenden Umsatz entspricht, so sind weitere Modifikationen vorzunehmen. Beispielsweise können noch vom Veräußerer vereinbarte Auftragserweiterungen bei bestehenden Mandatsverhältnissen zu einem Zuschlag auf den Umsatz führen, zu erwartende Umsatzminderungen durch gekündigte oder aus anderen Gründen demnächst geänderte Vertragsverhältnisse hingegen zu einem entsprechenden Abschlag.

---

1 *Breidenbach*, Überlegungen zur Ermittlung des Wertes einer Steuerberaterpraxis, DStR 1991, 47, 49. Zur Planung der Kanzleinachfolge vgl. auch *Wehmeier*, DSWR 2003, 2, zur steuerlichen Gestaltung der Kanzleiübertragung, *Schoor*, DSWR 2003, 8, zum Verkauf auf Rentenbasis *Niggemann*, DSWR 2003, 11.
2 Vgl. Rn 2912, 2913.

Im Falle von Praxisübernahmen wird es sinnvoll sein, dass sich die Vertragspartner auch über die Risikoverteilung bei Beendigung von Mandatsverhältnissen innerhalb einer gewissen Zeit nach der Praxisübernahme einigen. Das ist im Falle bloßer Begutachtung des Praxiswertes nicht möglich. Hier wird der Gutachter selbst Schätzungen über den Grad des Risikos machen müssen, dass Mandanten abwandern."

3731–3735 *(unbesetzt)*

(5) Wirtschaftsprüfer[1]

3736 **Schrifttum:** Siehe vor Rn 3727.

3737 Bei der Veräußerung einer Wirtschaftsprüfer-Praxis haben sich für die Praxisverwertung folgende Erkenntnisse ergeben:

3738 (a) Für die Bewertung einer Praxis sind die **Umsätze der (3 oder 4) letzten Jahre** heranzuziehen, um hieraus denjenigen Umsatzanteil zu entwickeln, der von dem Übernehmer der Praxis weitergeführt werden kann. Auszuscheiden sind Aufträge einmaliger Art, soweit in Zukunft keinerlei Aufgaben ähnlichen Umfangs zu erwarten sind, Auftragsschwankungen aus besonderen Umständen, z. B. Krankheit, und sonstige außergewöhnliche Merkmale. Auch Änderungen in der Gebührenhöhe verlangen eine Wertung. Je nach Sachlage kann bei dem so ermittelten bereinigten Jahresumsatz ein Zu- oder Abschlag für besondere Aussichten oder Risiken berücksichtigt werden.

3739 (b) Dem bereinigten Jahresumsatz werden die einem solchen Praxisumfang entsprechenden **Büroaufwendungen,** ggf einschließlich Reisekosten und Spesen sowie die Gehälter der erforderlichen Mitarbeiter gegenübergestellt. Als Saldo bleibt ein Brutto-Überschuss.

3740 (c) Von dem Brutto-Überschuss ist zugunsten des Praxisübernehmers eine **angemessene Vergütung für seinen mit der Betreuung der Praxis verbundenen Arbeitseinsatz** abzuzweigen. Diese Vergütung dient der Entschädigung für die zeitliche Inanspruchnahme und soll keinerlei Gewinnanteile einschließen. Vergleichsweise können hierfür Gehälter angesetzt werden, wie sie üblicherweise für Berufsangehörige im Anstellungsverhältnis gezahlt werden. Die Höhe dieses Gehalts ist vom Umfang der Praxis und von der übernommenen Verantwortung abhängig. Füllt die übernommene Praxis den Übernehmer nur teilweise aus, so ist ein anteiliges Gehalt anzusetzen.

3741 (d) Nach Abzug der Zeitentschädigung für den Praxisübernehmer vom Brutto-Überschuss verbleibt ein **Netto-Überschuss,** der für eine angemessene Zeitdauer dem bisherigen Praxisinhaber oder seinen Hinterbliebenen verbleiben soll und mithin Grundlage für die Berechnung des Veräußerungswertes ist.

Für den Aufbau einer mittleren Praxis wird erfahrungsgemäß ein Zeitraum von fünf Jahren benötigt. Würde mithin der Übernehmer aus eigener Kraft und ohne Übernahme eines Kundenstammes von Seiten eines Dritten eine Berufstätigkeit aufnehmen, so kann davon ausgegangen werden, dass er im Mittel fünf Jahre braucht, um eine wirtschaftlich tragfähige Praxis zu erarbeiten. Hiervon ausgehend kann es als angemessen angesehen werden, wenn bei der Übernahme einer mittleren Praxis der zuvor dargelegte Netto-Überschuss auf die Dauer von fünf Jahren dem bisherigen Praxisinhaber oder seinen Hinterbliebenen verbleibt. Der Übernahmepreis ergibt sich alsdann als der durch Abzinsung festgestellte Barwert dieses auf die Dauer von fünf Jahren anfallenden Netto-Überschus-

---

1 Vgl. auch Rn 3321.

Veräußerungspreis

ses. Handelt es sich um eine kleinere oder um eine größere Praxis, so kann es notwendig sein, den Kapitalisierungszeitraum zu verringern oder zu verlängern.

(e) Für den so festgestellten Praxiswert können **verschiedene Wege der Zahlung** vereinbart werden (Barzahlung, Tilgung in festen Jahresleistungen unter Berücksichtigung von Zinsen, Rentenzusagen nach Maßgabe versicherungsmathematischer Berechnungen). Erstreckt sich die Tilgung oder Rentenleistung auf einen über drei Jahre hinausgehenden Zeitraum, so ist es geboten, eine Vereinbarung über Kaufkraftänderungen zu treffen. 3742

(f) Bezüglich der Voraussetzungen und der Berechnung einer **Entschädigung für Einzelmandate** erscheint es als angemessen, von einer Abgeltung von 20 vH der jährlichen Honorareinnahmen aus einem übernommenen Mandat für die Dauer von fünf Jahren auszugehen. Der Übernehmer sollte berechtigt sein, die Entschädigung in höchstens zehn Jahresraten zu entrichten. 3743

Im Wirtschaftsprüfer-Handbuch 1992 wird u. a. unter B 32 ausgeführt: 3744

„Die Höhe des Kaufpreises bewegt sich im Regelfall innerhalb einer Bandbreite von 100 bis 130 % des nachhaltigen Umsatzes. Für die Zuordnung innerhalb dieser Bandbreite ist die **Praxisstruktur** maßgebend, u. a. die Rendite = Rohüberschuss, die Streuung der Klientel, die Ausweitungsmöglichkeiten der Aufträge, die Steigerungsfähigkeit des Honorars etc. Ist die Rendite überdurchschnittlich hoch, so kann der Kaufpreis auch bis zu 140 % des nachhaltigen Umsatzes betragen.

Die Praxiseinrichtung (Mobiliar, Maschinen, Fachbibliothek etc.) wird, falls sie übernommen werden soll, stets gesondert bewertet, also nicht bei der Ermittlung des so genannten Praxiswertes berücksichtigt."

Die Aufgabe der Beratung durch eine Wirtschaftsprüfungspraxis ist keine Veräußerung eines Teilbetriebs und daher nicht steuerbegünstigt. 3745

(unbesetzt) 3746–3750

3. Verschiedene weitere Einzelheiten

a) Arbeitsrückstände, Mangel einer Belegarztpraxis

Stehen in einer verkauften freiberuflichen Praxis erheblichen unaufgearbeiteten Rückständen keine Vergütungsansprüche mehr gegenüber, die der Erwerber übernehmen könnte, so liegt kein Mangel, sondern lediglich eine unerwartete Schuld vor[1]. 3751

Einen Mangel hat dagegen die „Belegarztpraxis", die unter unzulänglichen Operationsbedingungen zu leiden hat[2].

b) Praxisgebäude

Wird mit der Praxis ein Praxisgebäude veräußert, fällt beim Veräußerer in Höhe der Differenz zwischen dem anteiligen Veräußerungspreis und den Buchwerten von Grund und Boden sowie Gebäuden ein Veräußerungsgewinn an. Für den Erwerber sind die Aufwendungen anteilig nicht absetzbare Anschaffungskosten auf den Grund und Boden und Anschaffungskosten für das Gebäude, die Absetzungen für Abnutzungen erlauben. 3752

---

1 AA OLG Karlsruhe, Urteil vom 8. November 1974 10 U 231/73, BB 1974, 1604: Ist eine verkaufte Steuerberaterpraxis im Zeitpunkt der Übergabe nicht aufgearbeitet, so stellt das einen zur Gewährleistung verpflichtenden Sachmangel dar. Dieser Mangel ist innerhalb der Sechsmonatsfrist des § 477 BGB anzuzeigen.
2 BGH-Urteil vom 9. Juni 1959 VIII ZR 107/58, NJW 1959, 1585.

3753 Der Erwerber sollte die Folgeprobleme schon vor dem Kauf oder einem etwaigen Neubau klären.

c) Zahlungsart und Zahlungsweise

3754 Das Entgelt für die Übertragung der Praxis kann durch Zahlung eines festen Kaufpreises (in einem Betrag oder in Raten) oder auch in der Form einer Rente entrichtet werden. Manche Standesorganisationen legen in ihren Richtlinien Wert darauf, dass als Entgelt für den Praxiswert eine Rente vereinbart wird.

3755 Die Steuerberaterkammer München rät dringend von der Vereinbarung einer Leibrente ab.

3756 Die Vereinbarung eines festen Kaufpreises ist am einfachsten, entspricht aber den Bedürfnissen der Praxis am wenigsten.

3757 Einerseits wird es dem Übernehmer, besonders einem Anfänger, nicht möglich sein, den Kaufpreis auf einmal zu entrichten, weil er i. d. R. nicht über größere Geldmittel verfügt. Andererseits ist aber auch dem Veräußerer meist nicht an einer einmaligen Abfindungssumme gelegen, vielmehr wird, besonders wenn die Witwe die Praxis veräußert, eine Versorgung für die Zukunft angestrebt.

3758 Einen festen Kaufpreis in mehrere Raten aufzuteilen und so die Zahlung auf einen längeren Zeitraum zu verteilen, reicht vielfach nicht aus, um die besonderen Verhältnisse bei der Praxisveräußerung ausreichend zu berücksichtigen. Bei einer Praxisveräußerung werden deshalb oft anstelle eines festen Kaufpreises – oder auch neben einem solchen – laufende Bezüge vereinbart.

3759 Es kann eine Leibrente oder eine Zeitrente vereinbart werden, bei der die Bezüge der Dauer und der Höhe nach bestimmt sind. Es kann z. B. vereinbart werden, dass der Erwerber dem Veräußerer eine Rente von monatlich 770 € und nach dessen Ableben der Witwe bis zu deren Lebensende eine Rente von 410 € zu zahlen hat.

3760 Es kann vereinbart werden, dass die laufenden Bezüge vom Umsatz oder Gewinn des Erwerbers abhängig und in bestimmten Prozentsätzen von diesem zu entrichten sind, also von dem zukünftigen Erfolg bemessen werden.

3761 Renten, die bis zum Lebensende des Veräußerers oder seiner Witwe zu zahlen sind, werden bei einer Praxisveräußerung selten vereinbart. Häufiger sind Rentenvereinbarungen für eine bestimmte Anzahl von Jahren (Zeitrenten) oder abgekürzte Leibrenten. Bei der Bemessung der Rente ist zu berücksichtigen, dass einerseits der Wert der übernommenen Praxis sich in verhältnismäßig kurzer Zeit verflüchtigt, andererseits der Erwerber in seiner Person sich einen eigenen Wert selbst neu schafft. Außerdem soll auch der Übernehmer einer Praxis das Risiko der künftigen Entwicklung nicht allein tragen, sondern den Ausscheidenden oder dessen Rechtsnachfolger daran beteiligen.

3762 Bei einer vom Gewinn oder Umsatz abhängigen Rente wird deshalb für die ersten Jahre meist ein höherer Prozentsatz (z. B. 30 bis 20 vH), für die späteren Jahre ein niedrigerer Satz (z. B. 15 bis 10 vH) vereinbart.

3763 Es kann die Beteiligung auf die übernommenen Mandanten beschränkt werden, oder es können die Mandanten, die vom Erwerber eingebracht und nicht auf die Person des Vorgängers zurückzuführen sind, von der Quotierung ausgenommen werden.

Veräußerungspreis

Bei längerer Laufzeit der Zahlungen ist an die Vereinbarung einer Preisklausel (Wertsicherungsklausel) zu denken[1]. 3764

Fehlen Vereinbarungen über den Zeitpunkt und Ort sowie die Art und Weise der Zahlung, gelten die gesetzlichen Bestimmungen[2]. 3765

Das Entgelt für die Praxis oder den Praxiswert kann auch dadurch abgegolten werden, dass eine entsprechende Gewinnbeteiligung oder Gewinnverrechnung vereinbart wird. 3766

Es wird im Einzelfall abzuwägen sein, welche Gestaltung für die Vertragspartner bürgerlich-rechtlich wie steuerrechtlich die geringsten Nachteile mit sich bringt. 3767

Beispiel: 3768

Beim Eintritt eines Freiberuflers in eine bestehende Einzelpraxis betrage deren Wert 500 000 €. Der im Zeitpunkt der Sozietätsgründung erwartete gemeinsame jährliche Gewinn wird einvernehmlich auf 200 000 € geschätzt. Der Wert der Einrichtung und Abzinsungsfragen sollen außer Betracht bleiben. Die Parteien können vereinbaren,

a) dass die Gewinne fünf Jahre lang im Verhältnis 75:25 vH und am dem 6. Jahr nach Köpfen verteilt werden
oder

b) dass die Gewinne nach Köpfen verteilt und jährlich 50 vH des Gewinns des aufgenommenen Partners mit dem halben Praxiswert-Anteil verrechnet werden.

Eine Gestaltung, wie sie unter a) dargestellt ist, scheitert regelmäßig aus steuerlichen Gründen. Bei der Gestaltung, wie sie unter b) dargestellt ist, erweist sich regelmäßig, dass sich die Gewinne anders als erwartet entwickeln. Ohne Vereinbarung einer Vertragsanpassung beim Abweichen der tatsächlichen von den erwarteten Gewinnen werden die Interessen des benachteiligten Partners zu Konflikten in der Sozietät führen.

(unbesetzt) 3769–3770

d) Regelungen für bestehende Vertragsverhältnisse

Geregelt werden muss das Schicksal von bestehenden Mietverträgen, Versicherungen, etwaigen Leasingverträgen für Einrichtungen, Anstellungsverträgen mit nicht ärztlichem Personal (vgl. Arbeitsverhältnisse), Bankverträge betreffend Abbuchungen und Daueraufträge, Verträge, die den Bezug von Gas, Heizung, Strom, Wasser usw. oder die Benutzung des Telefons betreffen. 3771

Regelungsbedürftig ist auch, 3772

- ob der Nachfolger die Beteiligung an einer Labor- oder Apparategemeinschaft übernimmt,
- wem ausstehende Honorare oder sonstige Forderungen zustehen,
- wer ein etwaiges Zurückbehaltungsrecht an z. B. Mandantenunterlagen und in welcher Weise abzuwickeln hat[3].

Für den Erwerber gelten diese Überlegungen spiegelbildlich. 3773

---

1 Rn 1820 ff.
2 Vgl. Rn 2169, 2170.
3 *Weyand,* Zum Zurückbehaltungsrecht des Steuerberaters an Mandantenunterlagen, DStR 1988, 503, und *Gehre,* Anmerkung zu vorstehendem Aufsatz, DStR 1988, 507.

e) Abschreibung des Praxiswertes

3774 Der derivativ erworbene Praxiswert stellt ein abnutzbares immaterielles Wirtschaftsgut dar. Seine Nutzungsdauer wird mit 3 bis 5 Jahren angenommen[1].

Die betriebsgewöhnliche Nutzungsdauer eines derivativ erworbenen „Sozietätspraxiswertes" hat der IV. Senat des BFH typisierend als doppelt so lang angenommen, als die Nutzungsdauer des Wertes einer Einzelpraxis anzusetzen sei[2], also mit 6 bis 10 Jahren.

3775 Wird eine Einzelpraxis in eine GmbH eingebracht und wird der frühere Praxisinhaber Alleingesellschafter der GmbH oder ändert eine freiberufliche Gemeinschaftspraxis unter Beibehaltung des bisherigen persönlichen Einflusses aller Beteiligten nur ihre Rechtsform, muss die zu erwartende betriebsgewöhnliche Nutzungsdauer ebenfalls geschätzt werden. Mangels anderer Anhaltspunkte wird sie an der Obergrenze des Zeitraums von 10 Jahren liegen.

Hat die neugegründete Sozietät den Praxiswert zum vollen Teilwert erworben, räumt sie damit auch dem bisherigen Praxisinhaber als Gesellschafter der Sozietät die Möglichkeit ein, ein gemeinsames neues Vertrauensverhältnis aufzubauen. Der in voller Höhe realisierte Praxiswert unterliegt einheitlich der Verflüchtigung, die sich allerdings durch die Mitarbeit des bisherigen Praxisinhabers verzögert[3].

f) Umsatzsteuer

3776 Veräußerer und Erwerber sollten vertraglich regeln, wer später anfallende Verkehrsteuern zu tragen und wer ggf die Kosten eines Rechtsstreits über damit zusammenhängende Fragen zu übernehmen hat. Eine steuerliche Beratung wird insbesondere wegen der Kleinunternehmerregelung erforderlich sein; denn Gesamtumsatz ist die Summe der steuerbaren Umsätze abzüglich bestimmter steuerfreier Umsätze (§ 19 Abs. 4 UStG; bei Ärzten z. B. u. a. die nach § 4 Nr. 14 und Nr. 28 UStG steuerfreien Umsätze).

3777–3780 *(unbesetzt)*

g) Vermittlung von Praxen

3781 Kostenlos helfen bei der Suche nach einem Nachfolger die zuständigen kassenärztlichen Vereinigungen.

3782 Praxisbörsen ermöglichen es einem Arzt, der seine Praxis veräußern will, den Verkauf selbst anzubieten und mit möglichen Interessenten Verbindung aufzunehmen[4].

---

1 RFH-Urteil vom 30. Januar 1929 VI A 369/28, RStBl 1929, 326, und vom 28. Juli 1938 IV 5/38, RFHE 44, 286, RStBl 1938, 955.

2 BFH-Urteil vom 24. Februar 1994 IV R 33/93, BFHE 174, 230, BStBl II 1994, 590; vgl. auch BFH-Urteil vom 30. März 1994 I R 52/93, BFHE 175, 33, BStBl II 1994, 903; ferner BMF-Schreiben vom 15. Januar 1995 IV B 2 - S 2172 - 15/94, BStBl I 1995, 14.

3 BFH-Urteil vom 24. Februar 1994 IV R 33/93, BFHE 174, 230, BStBl II 1994, 590; vgl. auch BFH-Urteil vom 30. März 1994 I R 52/93, BFHE 175, 33, BStBl II 1994, 903; ferner BMF-Schreiben vom 15. Januar 1995 IV B 2 - S 2172 - 15/94, BStBl I 1995, 14.

4 Zusammenstellungen von Praxisermittlern und Praxisgutachtern enthält *Lang/Bauer*, aaO, S. 20, 21. Die Tabelle enthält auch einen Überblick über die anfallenden Kosten und darüber, in welchen Regionen diese Vermittler tätig sind.

h) Schiedsvereinbarung

Veräußerer und Erwerber sollten sich vertraglich verpflichten, bei Auftreten von Streitigkeiten zunächst den Vorstand der zuständigen Rechtsanwaltskammer oder eine andere Vertrauensperson um eine Vermittlung zu bitten, sich dem Einigungsvorschlag der Rechtsanwaltskammer zu beugen oder einen Schiedsvertrag abzuschließen. 3783

(unbesetzt) 3784–3785

III. Verpflichtungen des Übertragenden aus der Kanzlei- oder Praxisveräußerung

3786 **Schrifttum:** *Kaiser/Wollny,* Kauf und Bewertung einer Anwaltspraxis, 2. Aufl., Herne/Berlin 1996; *Michalski/Römermann,* Verkauf einer Anwaltskanzlei, NJW 1996, 1305.

1. Allgemeines

3787 Die Übertragung der Wirtschaftsgüter geschieht nach denselben Regeln wie bei der Unternehmensübertragung[1].

3788 Wie der Veräußerer dem Erwerber die Kontakte zur Klientel, zu Mandanten oder Patienten, zu Kollegen und sonstigen Partnern verschafft, hängt von den Umständen des Einzelfalls ab, insbesondere ob eine persönliche Einführung des Erwerbers durch den Übertragenden möglich ist. Dabei sind die jeweiligen Standesgrundsätze zu beachten.

Veräußerer und Erwerber können z. B. in einem gemeinsamen Rundschreiben und in Zeitungsanzeigen die Übernahme der Praxis bekanntgeben[2].

3789 Die Veräußerung und Übernahme einer Kanzlei oder Praxis müssen mitgeteilt werden

- der Rechtsanwaltskammer, der der bisherige Praxisinhaber angehört hat,

- dem örtlichen Anwaltsverein, auch wenn der veräußernde und/oder der erwerbende Anwalt dort nicht Mitglied sind, wegen der Aufnahme in die örtliche Anwaltsliste,

- dem Präsidenten des Landesgerichts und den Verwaltungen aller örtlichen Gerichte wegen der Verteilung der Gerichtspost,

- den örtlichen Kollegen,

- den auswärtigen Kollegen, mit denen der bisherige Kanzlei- oder Praxisinhaber ständig zusammengearbeitet hat.

3790 Geregelt werden muss, in welche laufenden Verträge der Erwerber eintritt, und zwar nicht nur über solche der Belieferung mit Gas, Wasser, Elektrizität, Fernwärme usw., sondern auch

- über den Bezug periodisch erscheinender Zeitungen und Zeitschriften, Loseblattsammlungen und sonstiger Fachliteratur,

- über eine Haftpflichtversicherung der Kanzlei oder Praxis,

- über Fernbuchhaltung und Steuerberatung,

- über Fernsprech-, Telefax- und andere Kommunikationsanschlüsse,

- über die Miete übernommener Geräte,

- über die Nutzung von EDV-Programmen,

- über vermögenswirksame Leistungen und über Altersversorgung zugunsten der Mitarbeiter der übertragenen Kanzlei oder Praxis (vgl. dazu auch § 613a BGB).

---

1 Vgl. Rn 1386–1564.
2 Vgl. dazu und zu den nachfolgenden Aussagen: *Deutsches Steuerberatungsinstitut e. V.,* Praxisveräußerung und Verschwiegenheitspflicht, Bonn 1993.

Gemeinsames zu Handakten, Patientenkartei und Verschwiegenheitspflicht

Schrifttum: *Kamps,* Der Verkauf der Patientenkartei und die ärztliche Schweigepflicht, NJW 1992, 1545; *Körner-Dammann,* Datenschutz beim Praxiskauf, NJW 1992, 1543.

(1) Die Kanzlei- oder Praxisveräußerung hat regelmäßig zur Folge, dass 3791

- Mandanten- oder Patientenkarteien (Mandantenlisten), Patientenunterlagen (Röntgenaufnahmen usw.),
- Informationen über Mandanten, die möglicherweise elektronisch gespeichert sind,
- Handakten des Arztes oder des Beraters,
- Besteuerungsunterlagen und Steuerakten,
- sonstige Patienten- oder Mandantenunterlagen (z. B. Verträge, Testamente, Urkunden usw.)

übergeben werden.

Bei Übergabe all dieser Unterlagen muss daran gedacht werden, dass der Übergebende zur Verschwiegenheit verpflichtet ist und diese Verschwiegenheitspflicht strafbewehrt ist.

Stirbt der Arzt, Berater oder dgl., sind auch Dritte (z. B. Erben und dgl. m.) verpflichtet, die Verschwiegenheit zu wahren.

Wird beabsichtigt, eine Kanzlei oder Praxis zu veräußern, muss z. B. die Liste der Patienten oder Mandanten so gestaltet sein, dass die Patienten oder Mandanten nicht identifiziert werden können.

Unbeachtlich für die tatbestandlichen Voraussetzungen des § 203 StGB ist, dass die Weitergabe an eine Person erfolgt, die gleichfalls einer gesetzlichen Schweigepflicht unterliegt.

(2) Die Weitergabe von Kenntnissen, die der Verschwiegenheitspflicht unterliegen, erfordert die Einwilligung der Betroffenen, also der Patienten oder Mandanten. 3792

Die Einwilligung muss **ausdrücklich** gegeben werden. Eine schlüssige Einwilligung kann in Betracht kommen, wenn beispielsweise der Patient in der Sprechstunde des Praxisübernehmers erscheint und dem Nachfolger den Eindruck vermittelt, dass der Patient von der Erwartung ausgeht, der Erwerber werde in die vom Vorgänger erstellten Behandlungsunterlagen Einblick nehmen, wenn er eine solche Kenntnisnahme geradezu erwartet, die zur zwecksprechenden Behandlung i. d. R. notwendig sein wird.

(3) Juristische Personen und sonstige Personengemeinschaften sind i. d. R. datenschutzrechtlich vom Gesetz nicht geschützt. Sie können allerdings Ansprüche aus dem auch für sie geltenden allgemeinen Persönlichkeitsrecht ableiten. Einzelne Mitglieder der juristischen Personen oder hinter der juristischen Person stehende natürliche Personen sind jedoch geschützt, wenn die Angaben über die Personengemeinschaft sich auch auf sie beziehen, d. h. auf sie „durchschlagen". 3793

(4) Alle diese Überlegungen gelten auch beim Tod des Kanzlei- oder Praxisinhabers gegenüber denjenigen, auf den der Nachlass übergeht. 3794

Nach § 70 Steuerberatungsgesetz kann nach dem Tod eines Steuerberaters ein Praxisabwickler bestellt werden. Durch die gesetzliche Regelung in § 70 StBerG ist es dem Praxisabwickler gestattet, von den Mandatssachen Kenntnis zu nehmen.

3795 (5) Wer eine Steuerberatungs-GmbH beauftragt, beauftragt diese GmbH mit den jeweils bestellten Organen. Er weiß, dass die Geschäftsführer bei fortbestehendem Mandat wechseln können. Folglich umfasst das Mandat zu einer Steuerberatungs-GmbH notwendig die Einwilligung, dass die Mandatssachen an weitere oder nachfolgende Geschäftsführer weitergegeben werden.

3796 (6) Wer eine Sozietät mit einem Anwalts- oder Steuerberatungsmandat beauftragt, beauftragt alle Sozien. Das Rechtsverhältnis des Mandats besteht nicht nur zu einem Partner, sondern zu allen Partnern. Nur wenn besondere Anhaltspunkte vorliegen, sind Ausnahmen denkbar. Wer eine Sozietät beauftragt, rechnet auch damit, dass die Partner wechseln.

3797 (7) Gründet ein Rechtsanwalt oder Steuerberater, der bisher seine Praxis als Einzelpraxis geführt hat, eine Sozietät durch Aufnahme eines Partners oder bringt ein Steuerberater seine Einzelpraxis in eine Sozietät ein, so gibt es keine Vermutung, dass die Mandanten der Einzelpraxis mit einer Ausdehnung des Mandats auf eine Sozietät einverstanden sind.

Hier wird allerdings die Auffassung vertreten, dass anders zu entscheiden ist, wenn der neue Sozius zuvor Angestellter des Anwalts oder Steuerberaters war. Denn als Angestellter konnte er berechtigt von den Mandatssachen Kenntnis nehmen[1]. Dem kann nicht zugestimmt werden, denn daraus ergibt sich nicht, ob der Mandant mit dessen Einblick rechnen kann, von welchem Umfang der Kenntnis er ausgehen muss und erst recht nicht, ob er mit einer Ausweitung einer etwaigen Kenntnis einverstanden ist.

Der Vertrag über den Verkauf einer Rechtsanwaltskanzlei, nach welchem der Erwerber in die bisher bestehende (Außen-)Sozietät eintritt, während der Veräußerer als freier Mitarbeiter für eine Übergangszeit weiterhin tätig sein soll, wird von der Rechtsprechung nicht wegen Verstoßes gegen § 203 Abs. 1 Nr. 3 StGB i. V. m. § 134 BGB als nichtig beurteilt[2]. Danach ist m. E. auch in solchen Fällen denkbar, dass die Überlegungen in Absatz 1 greifen.

3798 (8) So wünschenswert eine Einsichtnahme in die Handakten des Verkäufers aus der Sicht des Käufers auch sein mag, so eindeutig ist, dass dies unter keinen Umständen ohne Einwilligung der Betroffenen zulässig ist.

Vertragsverhandlungen des Veräußerers mit einem Käufer sind also der Unsicherheit ausgesetzt, wie sich die Betroffenen (Patienten oder Mandanten) entscheiden werden, ob sie der Aufhebung der Verschwiegenheitspflicht zustimmen oder nicht.

Der Veräußerer ist also in der wenig glücklichen Lage:

Er muss seine Veräußerungsabsicht dem Patienten oder Mandanten offenbaren,

sich von der Verschwiegenheitspflicht durch den Patienten oder Mandanten entbinden lassen und

dann den möglichen Nachfolger dem Patienten oder Mandanten vorstellen in der Hoffnung, dass dieser beim Kennenlernen das Vertrauen zu dem Erwerber gewinnt.

3799 (9) Nach der mündlichen oder schriftlichen Zustimmung des Patienten oder Mandanten steht – bei entsprechender vertraglicher Regelung – dem Kanzlei- oder Praxisnachfolger ein sofortiger Herausgabeanspruch auf die Patienten- oder Mandantenunterlagen zu. Das Käuferverhalten kann aber Anlass sein, dass der Kanzlei- oder Praxisverkäufer durch eine

---

1 Die Abtretung von Honorarforderungen ist in einem solchen Fall nicht unwirksam, vgl. BGH-Urteil vom 10. August 1995 IX ZR 220/94, DStR 1995, 1559.
2 BGH-Urteil vom 13. Juni 2001 VIII ZR 176/00, BB 2001, 1919.

verzögerte Herausgabe der Unterlagen den Käufer zur pünktlichen Zahlung „motiviert", wenn sich dieser mit der Zahlung des Kaufpreises oder der Kaufpreisraten im Rückstand befindet. Das kommt auch in Fällen vor, in denen noch dem Kanzlei- oder Praxisträger zustehende Honorare für angefangene Arbeiten ausstehen, die dieser selbst geltend machen möchte.

Die Herausgabe der Patienten- oder Mandantenunterlagen ist dann für den Praxisverkäufer der letzte Schritt in der Vertragsabwicklung. Für den Kanzlei- oder Praxisnachfolger stellt die Zahlung des Kaufpreises die letzte Handlung aufgrund der Übernahme dar. Herausgabe der Patienten- oder Mandantenunterlagen und Zahlung des Kaufpreises sollten deshalb miteinander gekoppelt werden, um nachträglich auftauchende Streitquellen zu vermeiden.

(10) Es empfiehlt sich, bereits bei Abschluss des Patienten- und Mandatsvertrags die Einwilligung in die Aufhebung der Verschwiegenheitspflicht aufzunehmen[1]. 3800

(11) Die Kassenärztliche Bundesvereinigung hat dem Deutschen Steuerberaterverband auf Anfrage mitgeteilt, dass für das behandelte Problem bei den Ärzten inzwischen folgende Lösungen favorisiert werden: 3801

a) Die Patientenkartei wird unter die Obhut einer Praxishelferin gestellt, die vom neuen Praxisinhaber als Mitarbeiterin übernommen wird. Da sie bereits beim Veräußerer der Praxis tätig war, hat sie – so das Urteil der Kassenärztlichen Bundesvereinigung – als ärztliche Hilfsperson das anvertraute Geheimnis der Patienten erfahren dürfen, da sie einer eigenen Schweigepflicht unterliegt. Diese Angestellte wird darauf verpflichtet, dass sie die übergebenen Praxisunterlagen in dem Umfang dem Praxiserwerber eröffnet, in dem nachgewiesenermaßen der betroffene Patient die Entbindung von der Schweigepflicht erklärt; das wird als konkludente Handlung dann der Fall sein, wenn er beim Praxiserwerber zur Weiterbehandlung erscheint.

b) Der Praxisveräußerer schließt mit dem Praxiserwerber einen Verwahrungsvertrag dahin gehend, dass sich der Praxiserwerber – ggf bei Unterwerfung unter eine Vertragsstrafe – dazu verpflichtet, von der übergebenen Kartei nur in dem Umfang Gebrauch zu machen, wie dies vorstehend bei der verwahrenden Angestellten beschrieben ist.

c) Beide Modelle können eine praktische Hilfe für eine Übergangszeit darstellen, in der sich Veräußerer und Erwerber um die Zustimmung bemühen, dass die Patientenunterlagen übergeben werden dürfen; ein verpflichteter Angestellter des Veräußerers kann die Verwaltung übernehmen.

Verpflichtet sich der Erwerber, bestimmte Akten und Daten verschlossen aufzubewahren, muss geregelt werden, wann diese Verwaltung endet und was mit den Unterlagen solcher Patienten oder Mandanten zu geschehen hat, bei denen eine Einwilligung nicht zu erhalten ist.

(12) Es erscheint mir fraglich, ob es richtig ist, den Kanzlei- oder Praxiswert in Karteien oder Handakten verkörpert zu sehen. M. E. ist das Interesse der Mandanten oder Patienten an der Übergabe der Unterlagen an den Erwerber höher zu veranschlagen als das des Erwerbers, sie zu erhalten. Der Kanzlei- oder Praxiswert reicht über den Wert der Unterlagen hinaus. 3802

(unbesetzt) 3803

---

1 Vgl. Rn 3811 f.

2. Übergabe der Handakten durch Angehörige der beratenden Berufe

3804 Bei der Veräußerung einer Rechtsanwaltskanzlei oder der Praxis eines Angehörigen der steuerberatenden Berufe kann der Erwerber die Mandanten in Zukunft nur dann sachgemäß vertreten oder beraten, wenn ihm die Handakten übergeben worden sind. Die Handakten gehören nicht zu den Einrichtungsgegenständen der Kanzlei; sie verkörpern aber vielfach den Praxiswert.

3805 Die Handakten dürfen nur mit ausdrücklicher Zustimmung des Mandanten übergeben werden. Der Mandant wird seine Zustimmung regelmäßig nur erteilen, wenn er auch künftig von dem Erwerber der Praxis vertreten und beraten werden will.

3806 Eine Übergabe der Handakten ohne die Zustimmung des Mandanten ist ein Verstoß gegen die Berufsgrundsätze und außerdem die Verletzung des Berufsgeheimnisses (vgl. § 203 StGB). Ist der Auftraggeber einverstanden, dass der Erwerber das Mandat fortführt, liegt darin zugleich die Zustimmung zur Übergabe der Handakten und sonstigen Informationen durch den Veräußerer.

3807 Weigert sich der Mandanten, sein Mandat durch den Erwerber fortführen zu lassen, müssen der Veräußerer oder ggf dessen Erben die Akten vor unbefugter Einsicht sicher verwahren und dürfen sie jedenfalls nicht dem Erwerber übergeben.

3808 (1) Eine Bestimmung in einem Kanzleiübernahmevertrag, die den Veräußerer auch ohne Einwilligung der betroffenen Mandanten verpflichtet, seine Akten dem Erwerber zu überlassen, ist nichtig[1].

(2) Der Nichtigkeit einer solchen Bestimmung sowie der Nichtigkeit der in einem Kanzleiübernahmevertrag ohne Zustimmung der jeweiligen Mandanten getroffenen Vereinbarung über den Verkauf der anwaltlichen Honorarforderungen an den Erwerber steht nicht entgegen, dass dieser nach Übernahme der Kanzlei vorübergehend amtlich bestellter Vertreter des Veräußerers ist[2].

3809 *(unbesetzt)*

3. Übergabe der Patientenkartei

3810 Die Grundsätze für die Übergabe der Handakten gelten entsprechend für die Übergabe der Patientenkartei. Die Namen und Daten von Patienten sind datenschutzrechtlich geschützt[3].

3811 Der Geheimhaltungsanspruch des Patienten als höchstpersönliches Recht unterliegt nicht der freien Disposition des übertragenden und übernehmenden Arztes[4]. Für die Annahme einer stillschweigenden Einwilligung des Patienten zur Weitergabe der Abrechnungsunterlagen an eine gewerbliche Verrechnungsstelle zum Zwecke der Rechnungserstellung und Forderungseinziehung genügt es beispielsweise nicht, dass der Patient die ärztliche

---

1 BGH-Urteil vom 22. Mai 1996 VIII ZR 194/95, DStR 1996, 1576, NJW 1996, 2087, WM 1996, 1815, DB 1996. 1513.
2 BGH-Urteil vom 17. Mai 1995 VIII ZR 94/94, DB 1995, 1853, WM 1995, 1357. Vgl. auch BGH-Urteil vom 10. August 1995 IX ZR 220/94, DStR 1995, 1559.
3 §§ 1, 11, 24 BDSG, § 203 Abs. 1 StGB; vgl. OLG Stuttgart, Urteil vom 17. Oktober 1986 2 U 144/86, NJW 1987, 1490; LG Frankfurt, Urteil vom 2. November 1984 2/10 0 215/83, NJW 1985, 2767.
4 BGH-Urteile vom 10. Juli 1991 VIII ZR 296/90, NJW 1991, 2955, und vom 11. Dezember 1991 VIII ZR 4/91, NJW 1992, 737, WM 1992, 350.

Behandlung in Anspruch genommen und schon früher Rechnungen des Arztes durch diese Verrechnungsstelle erhalten und bezahlt hat[1].

Der Geheimhaltungsanspruch des Patienten gilt nicht gegenüber dem Praxisvertreter und auch nicht gegenüber einem Praxisverweser[2].

Die Einwilligung des Mandanten oder Patienten[3] könnte etwa lauten: 3812

Ich willige ein, dass ein Vertreter (z. B. § 69 StBerG), Kanzlei- oder Praxisabwickler (§ 70 StBerG), Kanzlei- oder Praxistreuhänder (z. B. § 71 StBerG im Falle einer Krankheit, Kur, Urlaub oder beim Tode des Kanzlei- oder Praxisinhabers (Geschäftsführers) Einsicht in mandantenbezogene oder patientenbezogene Unterlagen nehmen kann. Die Einwilligung wird auch für freie Mitarbeiter der Kanzlei oder Praxis erteilt. Außerdem willige ich ein, dass zur Einstellung oder Bearbeitung der

- Finanzbuchhaltung,
- der Löhne,
- der Steuererklärung und des Jahresabschlusses

die erforderlichen Daten an _____ oder ein anderes Datenverarbeitungsunternehmen weitergeleitet werden können.

Des Weiteren gebe ich die Einwilligung, dass im Falle einer Kanzlei- oder Praxisübergabe, Kanzlei- oder Praxisveräußerung, Aufnahme eines Sozius oder Einbringung der Kanzlei oder der Praxis in eine Partnerschaftsgesellschaft, GmbH oder Sozietät patienten- oder mandantenbezogene Daten sowie die Handakten an den Nachfolger (Einzelpraxis, Partnergesellschaft, Sozietät oder GmbH) übergeben werden können. Die Einwilligung gilt bis zu ihrem schriftlichen Widerruf.

_____   _____
        Ort/Datum   Unterschrift

(unbesetzt)   3813–3815

4. Übergabe der Handakten durch Angehörige der Ingenieurberufe

Die Probleme der Übergabe der Handakten durch Angehörige der beratenden Berufe bestehen bei Angehörigen der Ingenieurberufe regelmäßig nicht. 3816

Somit bleiben die Entwürfe von Architekten grundsätzlich deren geistiges Eigentum. Probleme können entstehen, wenn der Ingenieur Urheberrechte übertragen hat und er verpflichtet ist, sie nicht Dritten zugänglich zu machen. 3817

(unbesetzt)   3818–3820

---

1 BGH-Urteil vom 20. Mai 1992 VIII ZR 240/91, NJW 1992, 2348.
2 *Kamps*, Der Verkauf der Patientenkartei und die ärztliche Schweigepflicht, NJW 1992, 1545; *Körner-Dammann*, Datenschutzprobleme beim Praxisverkauf, NJW 1992, 1543.
3 Vgl. zu den Bedenken gegen eine formularmäßige Einwilligung *Kamps*, Der Verkauf der Patientenkartei und die ärztliche Schweigepflicht, NJW 1992, 1545, 1547; *Hülsmann/Maser*, Ärztliche Schweigepflicht und Praxisübergabe, MDR 1997, 111.

5. Mandatsschutz

3821 Das Standesrecht der steuer- und wirtschaftsberatenden Berufe bekennt sich zum kollegialen Auftragsschutz. Die Schutzbedürftigkeit wird besonders offenbar, wenn ein Berufsangehöriger stirbt oder erkennbar wird, dass er seine Praxis wegen Krankheit oder wegen seines Alters aufgeben muss.

3822 Umstritten ist, ob es als standeswidrig anzusehen ist, Mandanten eines verstorbenen Kollegen zu übernehmen, ohne sich mit den Hinterbliebenen wegen einer Entschädigung in Verbindung zu setzen.

3823 Aufträge von Mandanten arbeitsunfähig gewordener oder verstorbener Berufsangehöriger sollten nur gegen eine entsprechende Entschädigung übertragen werden.

3824 Dem Angehörigen eines steuerberatenden Berufs, der von einem verstorbenen oder arbeitsunfähigen Berufskollegen oder unmittelbar nach der Veräußerung dessen Praxis von dessen Nachfolger einen Mandanten übernimmt, kann jedenfalls dann kein berufswidriges Verhalten vorgeworfen werden, wenn er sich um das Mandat nicht beworben hat.

3825 Nicht jeder Verstoß gegen die Pflichten des Berufsstandes macht zudem ein Rechtsgeschäft nach § 138 BGB nichtig[1].

3826–3830 *(unbesetzt)*

6. Wettbewerbsbeschränkungen

3831 **Schrifttum:** *Richter,* Wettbewerbsklausel bei Betriebs- oder Praxisveräußerung, DStR 1997, 1318.

3832 (1) Klauseln, die anlässlich einer Betriebs- oder Praxisveräußerung vereinbart werden und Wettbewerbsbeschränkungen des Veräußerers betreffen, sind zulässig.

(2) Grundsätzlich kann auch zwischen Ärzten oder zwischen Rechtsanwälten eine Wettbewerbsbeschränkung rechtswirksam vereinbart werden[2].

(3) Wettbewerbsverbote müssen nach Zeit, Ort und Gegenstand so begrenzt sein, dass sie nicht zu einer übermäßigen Beschränkung der Bewegungsfreiheit, insbesondere nicht zu einer wirtschaftlichen Vernichtung des Verpflichteten führen. Allerdings ist nicht in jedem Fall eine Begrenzung des Wettbewerbsverbots nach allen drei Richtungen erforderlich, so dass im Einzelfall auch ein örtlich oder zeitlich unbeschränktes Verbot gegenständlich derart begrenzt sein kann, dass die Beschränkung der Bewegungsfreiheit nicht unbillig erscheint[3].

3833 Da die Praxisveräußerung grundsätzlich als zulässig anerkannt wird, besteht für den Erwerber ein Schutzbedürfnis, das zeitliche und örtliche Berufsbeschränkungen des Veräußerers rechtfertigen kann, wobei allerdings das Interesse der Öffentlichkeit z. B. an einer ausreichenden ärztlichen Betreuung nicht verletzt werden darf.

---

[1] Vgl. BGH-Urteil vom 14. Dezember 1956 I ZR 105/55, BGHZ 22, 347, 357; BGH-Urteil vom 7. Dezember 1972 VII ZR 235/71, NJW 1973, 315.

[2] Vgl. BGH-Urteil vom 18. Dezember 1954 II ZR 76/54, BGHZ 16, 71, NJW 1955, 337; zum Ausscheiden aus Freiberuflersozietät mit Mandantenschutzklausel vgl. BGH-Urteil vom 8. Mai 2000 II ZR 308/98, NJW 2000, 2584.

[3] OLG Koblenz, Urteil vom 29. Juni 1989 5 U 1818/88, BB 1990, 2067.

Zeitlich beschränkte Rückkehrverbote und sonstige Wettbewerbsbeschränkungen sind nicht uneingeschränkt wirksam; denn Freiberufler sind vom GWB nicht schlechthin ausgenommen[1]. **3834**

Unter den heutigen Verhältnissen kann jedenfalls keine Standeswidrigkeit und darum auch kein Verstoß gegen die guten Sitten darin gefunden werden, dass zwei ihren Beruf voll ausübende Ärzte sich anlässlich eines von den zuständigen Zulassungsausschüssen genehmigten Praxistausches eine gegenseitige Rückkehrbeschränkung auferlegen. Die Vereinbarung eines Rückkehrverbots verstößt bei maßvoller örtlicher und zeitlicher Begrenzung auch nicht gegen Art. 12 GG, da es sich nicht um eine Berufsbeschränkung handelt, durch die das Grundrecht der freien Berufswahl und freien Berufsausübung entgegen Art. 19 Abs. 2 GG in seinem Wesensgehalt angetastet wird. **3835**

Eine zwischen einer Wirtschaftsprüfungsgesellschaft und ihrem geschäftsführenden Wirtschaftsprüfer vereinbarte Wettbewerbsklausel, die diesen für mehrere Jahre nach Beendigung seines Anstellungsverhältnisses als Konkurrenten der Gesellschaft ausschalten soll, ist nichtig. Eine Mandatsschutzklausel, die für eine gewisse Zeit den Abzug von Mandanten der Gesellschaft verhindern soll, kann zulässig sein[2]. **3836**

Ist während des Bestehens eines Arbeitsverhältnisses ein Wettbewerbsverbot vereinbart worden, wonach für eine bestimmte Anzahl von Jahren nach dem Ausscheiden aus dem Arbeitsverhältnis z. B. die steuerliche Beratung von Mandanten des selbständigen Steuerberaters ausgeschlossen ist, ist das Wettbewerbsverbot nur dann verbindlich, wenn sich der Arbeitgeber verpflichtet, für die Dauer des Verbots eine Entschädigung zu zahlen[3]. **3837**

Wird eine Praxis übertragen, kann der Arbeitgeber gemäß § 75a HGB vor Beendigung des Arbeitsverhältnisses durch schriftliche Erklärung auf das Wettbewerbsverbot verzichten. Das hat die Wirkung, dass er von der Verpflichtung zur Zahlung der Entschädigung mit Ablauf des Jahres frei wird, das der Erklärung folgt[4].

Bei Konkurrenzklauseln mit angestellten Rechtsanwälten sind zusätzlich die entsprechend geltenden Regeln in §§ 74 ff. HGB zu beachten[5].

(unbesetzt) **3838–3840**

---

1 Vgl. BGH-Urteil vom 1. Juli 1977 KZR 3/76, BGHZ 69, 59, BB 1977, 1166; zur Sittenwidrigkeit und Nichtigkeit örtlich und zeitlich unbegrenzter Wettbewerbsverbote vgl. BGH-Urteile vom 28. April 1986 II ZR 254/85, BB 1986, 2082, DB 1986, 1915, MDR 1987, 30, NJW 1986, 2944, WM 1986, 1251, AnwBl 1986, 399, und vom 26. März 1984 II ZR 229/83, BB 1984, 1381, DB 1984, 1717.
2 Vgl. Rn 1908.
3 *Bihr*, Vereinbarungen von Mandantenschutzklauseln mit Mitarbeitern, INF 1991, 93; *Popp*, Zum Kündigungsschutz beim Übergang von Kleinbetrieben, DB 1986, 2284.
4 BAG-Urteile vom 25. September 1980 3 AZR 638/78, StB 1982, 15, und vom 10. September 1985 3 AZR 490/83, Stbg 1986, 171.
5 BAG-Urteil vom 13. September 1969 3 AZR 138/68, BB 1970, 178, DB 1970, 396, NJW 1970, 626.

IV. Verpflichtung des Erwerbers

3841 Geregelt werden muss auch, inwieweit der Erwerber bei der Außenprüfung, die die Verhältnisse des Veräußerers betrifft, mitwirken muss oder darf.

V. Ausscheiden eines Sozius aus einer fortbestehenden Sozietät

3842 **Schrifttum:** *IdW* (Arbeitskreis), Steuerliche Probleme bei Praxisübertragungen von Angehörigen der wirtschaftsprüfenden und steuerberatenden Berufe, 3. Aufl., Düsseldorf 1995.

1. Auseinandersetzung und Abfindung

3843 Regelungsbedürftig ist, wie bei Ausscheiden eines Sozius aus einer fortbestehenden Sozietät die Auseinandersetzung vorgenommen werden soll und welche Abfindungen in welcher Höhe gegebenenfalls zu leisten sind.

3844 a) Die Abfindung kann sich beispielsweise aufgrund einer Auseinandersetzungsbilanz errechnen. Dafür kann vorgesehen werden, dass bei einem Ausscheiden des Gesellschafters vor dem 30. Juni eines Jahres aus der Gesellschaft die Bilanz zum 31. Dezember des Vorjahres maßgebend ist, wobei die bis zum Ausscheidungszeitpunkt geleisteten Entnahmen und Einlagen, die in der Vorjahresbilanz nicht erfasst sind, zu berücksichtigen sind.

3845 b) Bei der Berechnung des Abfindungsanspruchs kann vom Buchwert ausgegangen werden, zu dem beispielsweise eine weitere Zahlung in Höhe von „n" vH des durchschnittlichen auf den Gesellschafter entsprechend seiner Beteiligung entfallenden Umsatzes der letzten drei Jahre hinzutritt. Die Regelung sollte die Abfindung sämtlicher stiller Reserven, eines etwaigen Geschäftswerts sowie sämtlicher schwebender Geschäfte umfassen; im Vertragstext sollte dieser Regelungszweck zum Ausdruck kommen.

3846 c) Es kann vorgesehen werden, dass das Auseinandersetzungsguthaben in fünf gleichbleibenden Jahresraten, die erste Rate nach Feststellung der Auseinandersetzungsbilanz, die weiteren Raten jeweils im Abstand von je einem Jahr ausgezahlt werden sollen. Für das jeweilige Restguthaben des ausscheidenden Gesellschafters sollte eine Verzinsung von „y" vH vorgesehen werden.

3847 d) Es kann ferner vorgesehen werden, dass nachträgliche Bilanzänderungen oder Bilanzberichtigungen – auch solche aufgrund von Betriebsprüfungen oder aus anderen Gründen – auf die Höhe des Abfindungsanspruchs keinen Einfluss haben sollen.

3848 e) Die Ermittlung des Praxiswerts kann zu Streitigkeiten führen. Es empfiehlt sich, Maßstäbe für die Wertermittlung im Sozietätsvertrag festzulegen oder die verbindliche Ermittlung einem neutralen Sachverständigen zu übertragen. Stattdessen kann der Praxiswert auch pauschaliert in der Weise abgegolten werden, dass der ausgeschiedene Partner für einen festgelegten Zeitraum einen Bruchteil seines bisherigen Gewinnanteils erhält.

3849 f) Scheidet ein Sozius aus einer freiberuflichen Sozietät aus, ist er an den „halbfertigen Arbeiten" – das sind z. B. laufende Beratungen und Prozesse und dgl. m. – anteilig beteiligt, es sei denn, der Sozietätsvertrag enthält eine andere Regelung (§ 740 BGB)[1].

---

1 BGH-Urteil vom 29. April 1985 II ZR 167/84, WM 1985, 1166, betreffend Auseinandersetzung beim Ausscheiden eines Gesellschafters aus einer GbR zweier Architekten.

g) Vorgesehen werden kann auch eine Realteilung. Jeder Partner übernimmt seinen Man- 3850
dantenstamm. Können Mandanten einem der Partner nicht zugeordnet werden, sollte Einverständnis für ihre Zuordnung erzielt oder von den Mandanten erfragt werden. Im Zweifel ist nämlich der Anwaltsvertrag zwischen der Sozietät und dem Mandanten zustande gekommen, so dass das Mandatsverhältnis beim Ausscheiden eines Partners zu dem verbleibenden Partner aufrecht erhalten bleibt. Das gilt ggf auch für gemischte Sozietäten.

h) (1) Wird ein bis zu seinem Ausscheiden am Gewinn beteiligter Sozius einer Anwalts- 3851
sozietät durch das Recht, anteilig Mandate mitzunehmen und dadurch die Grundlage für seine weitere Existenz als Anwalt zu erhalten, abgefunden, ist dies angemessen[1].

(2) Entsprechendes gilt, wenn eine in Form einer BGB-Gesellschaft geführte Arztpraxis real geteilt wird[2].

(3) In diesen Fällen haben die Parteien durch die Form der Auseinandersetzung den berufstypischen Gegebenheiten bei der Auflösung einer partnerschaftlich betriebenen Praxis Rechnung getragen.

2. Wettbewerbsbeschränkungen und Mandatsschutz

a) Scheidet ein Partner aus einer Sozietät aus und besteht die Sozietät fort, sollte im Sozie- 3852
tätsvertrag vorgesehen sein, dass der Ausscheidende keine Mandate mitnehmen darf, es sei denn, der ausscheidende Partner sollte durch „Mitnahme" bestimmter Mandate einvernehmlich abgefunden werden. Ein Wettbewerbsverbot ist jedoch dann sittenwidrig und nichtig, wenn es für einen unangemessen langen Zeitraum gelten soll[3].

Es ist zulässig, einem Gesellschafter ohne jegliche Entschädigung zu versagen, auf die Dauer von zwei Jahren nach Beendigung des Dienstverhältnisses Mandate von solchen Auftraggebern zu übernehmen, die während der letzten drei Jahre vor seinem Ausscheiden zur Klientel der Gesellschafter gehört haben.

b) Für den Fall des Verstoßes gegen die Mandatsschutzvereinbarung sollte eine Vertrags- 3853
strafe vereinbart werden, deren Höhe sich an der der Sozietät entgehenden Gebühren bemessen sollte.

(unbesetzt) 3854–3855

---

1 BGH-Urteile vom 28. Mai 1979 II ZR 217/78, WM 1979, 1064, und vom 15. Januar 1990 II ZR 14/89, ZIP 1990, 1200, und vom 6. März 1995 II ZR 97/94, INF 1995, 413.
2 BGH-Urteil vom 6. Dezember 1993 II ZR 242/92, DB 1994, 469, ZIP 1994, 378.
3 Vgl. dazu auch Rn 1892–1908, 3832–3836.

VI. Tod des Freiberuflers

3856 (1) Jeder Berufsangehörige sollte schon zu seinen Lebzeiten die Unterlagen vorbereiten, die im Falle seines Todes eine Grundlage für die Praxisverwertung bilden können, z. B. Aufstellungen über Umsätze und Klienten, Inventarverzeichnis, Verträge usw. Angaben solcher Art und eine etwaige Spezialisierung sind nicht nur notwendig zur Bestimmung der Sachwerte sowie des immateriellen Wertes der Praxis, sondern auch zur Beurteilung, welche Fähigkeiten der Übernehmer besitzen sollte.

3857 (2) Stirbt ein Praxisinhaber, werden die Erben vor dem Abschluss der Übergabeverhandlungen mit einem Übernehmer der Praxis zweckmäßigerweise unverzüglich die Auftraggeber des Verstorbenen von dessen Tod und darüber unterrichten, dass die Praxis in die Hände eines geeigneten Kollegen überführt wird, damit sich die Klientel nicht verliert.

3858 (3) Der Praxisinhaber sollte Listen erstellen über

- Banken und Kreditinstitute samt Kontonummern, Dauer- und Abbuchungsaufträge (Bausparkassen usw.);

- Schulden (Gläubiger, Anschrift, Schuldhöhe, Zins- und Tilgungssatz, etwaige Änderungen im Todesfall);

- Wertpapiere (Depotnummern usw.);

- Versicherungen, Versicherungsnummern (z. B. Rentenversicherung, Haftpflicht-, Kranken-, Lebens-, Unfallversicherung; etwaige Sterbegeldansprüche; Praxisversicherungen).

3859 (4) Darüber hinaus sollte der Praxisinhaber Listen der Institutionen (mit deren Anschriften) aufstellen, zu denen er Verbindung hat. Das können z. B. sein

- die ärztlichen Institutionen samt Anschriften (z. B. Ärzteversorgungswerk, Berufsverband, Fachgesellschaften, Gemeinschaftshilfe Ärzte, Kassenärztliche Vereinigungen, Vereine und sonstige Organisationen, Verwaltungsbezirk der Ärztekammer),

- die Institutionen der Rechtsanwälte samt Anschriften,

- die Institutionen der Steuerberater bzw. Wirtschaftsprüfer samt Anschriften,

- die Institutionen der Ingenieure oder sonstigen Freiberufler samt Anschriften.

3860 (5) Amtlich beglaubigte Todesbescheinigungen und Ausfertigungen des Erbscheines sollten in ausreichender Anzahl beantragt werden.

3861–3870 *(unbesetzt)*

VII. Verschiedene Einzelheiten

1. Geheimhaltung der Kanzlei- oder Praxisveräußerung

Die Geheimhaltung einer Praxisveräußerung wie die Information über sie bedarf sorgfältiger Planung.   3871

a) Handelt es sich z. B. um eine Arztpraxis auf dem Lande – also mit einerseits ständig wechselnden, andererseits wie beim Zahnarzt auch immer wiederkehrenden Patienten –, **kann** es wichtig sein, das Personal in die bevorstehende Praxisübertragung erst einmal einzuweihen, wenn es gilt, die arbeitsrechtlichen Folgen der Praxisübertragung zu klären und das Personal zugleich zur Geheimhaltung zu verpflichten, damit nicht Patienten[1] bis zur Übernahme der Praxis durch den Erwerber abwandern.   3872

b) Wird eine Beratungspraxis mit Dauermandanten übertragen, ist es notwendig, den Dauermandanten den Praxisübergang anzuzeigen, und es kann geboten sein, den Nachfolger bereits zeitlich vor dem Übergang bei diesen Mandanten einzuführen.   3873

(unbesetzt)   3874–3876

2. Organisation der Steuerberatungspraxis

Schrifttum: *Römermann,* Entwicklungen und Tendenzen bei Anwaltsgesellschaften 1995.   3877

Der Aufbau einer Steuerberatungspraxis und der Arbeitsablauf in ihr beeinflussen den Wert der Kanzlei.   3878

Dabei wird wiederum zwischen den verschiedenen Tätigkeiten unterschieden (z. B. Buchhaltung, Abschlussarbeiten, Aufstellung und Abgabe der Steuererklärungen, Unternehmensberatung und dgl. m.).

Die Beschreibung der Aufgaben im schriftlichen Steuerberatungsvertrag entscheidet über die Haftung des Beraters, seine strafrechtliche Verantwortung und seinen Honoraranspruch, über die Kündigungsfristen, die Haftungsbegrenzung für etwaige Fahrlässigkeiten und z. B. die Frage, ob eine Zustellungsvollmacht besteht oder nicht.

Schlüsse auf die Organisation können z. B. aus der EDV-Ausstattung gezogen werden.

(unbesetzt)   3879–3900

---

1 Vgl. auch auch Rn 3791 ff.

ZWEITER TEIL:

Steuerrecht

Verschiedene Steuerarten übergreifendes Schrifttum:

App, Feststellungen zur Betriebsveräußerung und zur Betriebsaufgabe im Rahmen der Außenprüfung, StBp 1990, 241; *Bauch/Oestreicher;* Handels- und Steuerbilanzen, 5. Aufl., Heidelberg 1993; *Beck-'sches Steuerberater-Handbuch 1998/99,* München 1998; *Beermann,* Steuerliches Verfahrensrecht, Bonn 1995 (Loseblatt); *Birk,* Allgemeines Steuerrecht, 2. Aufl., München 1994; *Blaurock,* Die GmbH & Still im Steuerrecht, BB 1992, 1969; *Bogenschütz/Hierl,* Steueroptimierter Unternehmenskauf: Veräußerung von Einzelunternehmen und Personengesellschaften (Teil I), DStR 2003, 1097; *Brönner/Bareis,* Die Besteuerung der Gesellschaften, 17. Aufl., Stuttgart 1999; *Carlé/Baunhatz,* Erwerb mittelständischer Unternehmen in Zivil- und Steuerrecht, KÖSDI 2003, 13 803 (dort 13 808 – 13 810); *Deutsches Steuerberaterinstitut e. V.,* Verlautbarungen zum Handels- und Steuerrecht, Bonn 1992; *Deutsches wissenschaftliches Steuerinstitut,* Handwörterbuch des Steuerrechts und der Steuerwissenschaften, 2. Aufl., München und Bonn 1981; *Dörner,* Die Steuern der GmbH und ihrer Anteilseigner, 2. Aufl., Freiburg i. Br. 1993; *Dötsch/Eversberg/Jost/Witt,* Die Körperschaftsteuer, (Loseblatt), Stuttgart 2001; *Erle/Sauter,* Körperschaftsteuergesetz, Heidelberg 2003; *Flick/Gocke/Schaumburg* (Hrsg.)/*Hötzel,* Unternehmenskauf und Steuern, 2. Aufl., Düsseldorf 1997; *Grass/Litfin,* Die Prüfung der steuerberatenden Berufe, 21. Aufl., Ludwigshafen 2003; *Haas/Bacher,* Formeln für die Steuer- und Wirtschaftspraxis, Berlin/New York/München 1993 (Loseblatt); *Halaczinsky/Obermeier/Teß,* Neuregelung der Grundstücksbewertung, Erbschaft- und Schenkungsteuer, Herne/Berlin 1998; *Hörger/Stephan/Pohl,* Unternehmens- und Vermögensnachfolge – Steuerorientierte Gestaltung, 2. Aufl. Düsseldorf 2003; *Heidel/Pauly,* Steuerrecht in der anwaltlichen Praxis, 3. Aufl. Bonn 2002; *Hörger/Stephan,* Die Vermögensnachfolge im Erbschaft- und Ertragsteuerrecht, Stuttgart 1998; *Hötzel,* Unternehmenskauf und Steuern, Düsseldorf 1997; *Hübschmann/Hepp/Spitaler,* Kommentar zur Abgabenordnung und Finanzgerichtsordnung, 9. Aufl., Köln (Loseblatt); *IdW,* Handbuch der Unternehmensbesteuerung, 3. Aufl., Düsseldorf 2001; *Jacobs/Spengel/Hermann/Stetter,* Steueroptimale Rechtsformwahl, StuW 2003, 325; *Knief,* Steuerbarater- und Wirtschaftsprüfer-Jahrbuch 2003; 21. Aufl. Stuttgart 2002, Deutscher Sparkassenverlag; *Koch/Scholtz,* Abgabenordnung, 5. Aufl., Köln/Berlin/Bonn/München 1996; *Köster,* Gestaltungsfragen beim Unternehmenskauf: Zeitkongruente Aktivierung von Dividendenansprüchen und ausschüttungsbedingte Teilwertabschreibung, DB 1993, 696; *Korn,* Freiberufler-Personengesellschaften – Freiberufler-Kapitalgesellschaften. Schwerpunkte und Gestaltungshinweise, Köln 1998; *Kroschewski,* Veräußerungssperre – Konsequenzen für die Praxis des Unternehmenskaufs, GmbHR 2001, 1089; *Kürten,* Die Besteuerung von Unternehmensbeteiligungsgesellschaften, DB 1991, 623; *Lange/Grützner/Kussmann/Moench/Reiß,* Personengesellschaften im Steuerrecht, 5. Aufl., Herne/Berlin 1998; *Lange/Werkmüller/Böhm,* Der Erbfall in der Bankpraxis, München 2002; *Lommer,* Die Unternehmensnachfolge in eine Familien-Kapitalgesellschaft nach Gesellschafts-, Zivil- und Steuerrecht, BB 2003, 1909; *Maiterth/Müller,* Anmerkungen zu den Auswirkungen des neuen Steuerrechts auf Unternehmenskaufmodelle aus steuersystematischer Sicht, BB 2002 598; *Marx, F. J.,* Steuervermeidung mit zivilrechtlichen Vermögensänderungen, Heidelberg 1990; *Meyer/Ball,* Steueroptimale Schuldengestaltung im Vorfeld der Veräußerung, Aufgabe oder Schenkung eines Betriebs, INF 1998, (I) 525, (II) 557; *Niehus/Wilke,* Die Besteuerung der Personengesellschaften, 2. Aufl. Stuttgart; *Pickert,* Steuerbelastungsvergleich zwischen einer Kommanditgesellschaft und einer Gesellschaft mit beschränkter Haftung unter Berücksichtigung des FKPG und des StandO, DStR 1994, (Teil I:) 473, (Teil II:) Heft 14; *Rabe,* Steuerrecht für Vertragsjuristen und Notare, Bonn 1996; *Rogall,* Die Besteuerung des Kaufs und des Zusammenschlusses von Kapitalgesellschaften, Wiesbaden 2003; *Rückle,* (Hrsg.), Aktuelle Fragen der Finanzwirtschaft und der Unternehmensbesteuerung, Festschrift für Erich Loitlsberger zum 70. Geburtstag, Wien 1991; *Schaumburg,* Unternehmenskauf im Steuerrecht, 2. Aufl., Stuttgart 2000; *Schiffers,* Behalte- und Nachversteuerungsfristen beim Unternehmenskauf, GmbH-StB 2003, 71; *Schulze zur Wiesche,* Betriebsveräußerung, Gesellschafterwechsel und Betriebsaufgabe im Steuerrecht, 8. Aufl., Heidelberg 2002; *Stephan,* Versorgungsleistungen auf Grund vorweggenommener Erbregelung, Erbvertrags oder testamentarischer Anordnung, DB 1996, 2149; *Straub,* Besteuerung der Einmann-GmbH und Still bei gleichzeitiger Beteiligung der GmbH an einer zweiten GmbH, DB 1990, 1302; *Tipke/Kruse,* Abgabenordnung/Finanzgerichtsordnung, 15. Aufl., Köln; *Tipke/Lang,* Steuerrecht, 17. Aufl., Köln 2002; *Tischbein,* Kreditsicherung durch Lebensversicherungsansprüche; (Hrsg. Bundesverband der Deutschen Volksbanken und Raiffeisenbanken, Wiesbaden 2000); *Wilhelm,* Bi-

3901

lanz, Vermögen, Kapital, Gewinn bei Einzelkaufmann, Personengesesellschaften und Kapitalgesellschaften, ZHR 159 (1995) 454; *Wirtschaftsprüfer* Handbuch 1996 (Bd. II: 1998), 10. Aufl. (2 Bände), Düsseldorf 1992; *Wollny,* Bemerkungen zu den Beschlüssen des BVerfG, in Mayer (Hrsg.), Unternehmensbesteuerung in Theorie und Praxis, Stuttgart u. a. 1997; *Zimmermann/Reyher/Hottmann,* Die Personengesellschaft im Steuerrecht, 5. Aufl., Achim 1995.

F. Einkommensteuer beim Übertragenden (Veräußerer des Unternehmens) und beim Erwerber

Schrifttum: Amtliches Einkommensteuer-Handbuch (und jeweilige Jahreszahl); *Aretz,* Veräußerungsgewinn, Aufgabegewinn und nachträgliche Betriebsausgaben – ihre Abgrenzung in der neueren Rechtsprechung, BB 1993, 1335; *Beck'sches Steuerberater-Handbuch 2000/2001,* München 2000; *Blümich,* EStG · KStG · GewStG, Kommentar, 13. Aufl., München (Loseblattausgabe); *Bordewin/Brandt,* Kommentar zum Einkommensteuergesetz, Heidelberg (Loseblatt); *Fischer,* Wiederkehrende Bezüge und Leistungen, München 1994; *Frotscher,* Kommentar zum Einkommensteuergesetz, Freiburg (Loseblattausgabe); *Hartmann u. a.,* Kommentar zum Einkommensteuergesetz, Wiesbaden (Loseblattausgabe); *Herrmann/Heuer/Raupach,* Einkommensteuer- und Körperschaftsteuergesetz mit Nebengesetzen, Kommentar, 21. Aufl., Köln (Loseblattausgabe); *Hipler,* Vermögensübergabe gegen private Vermögensleistungen im Einkommensteuerrecht, Köln 2002; *Holzapfel/Pöllath,* Recht und Praxis des Unternehmenskaufs, 11. Aufl., Köln 2003; *Kirchhof/Söhn,* Einkommensteuergesetz, Kommentar, Köln 1986 (Loseblatt); *Kirchhof* (Hrsg.), Einkommensteuergesetz KompaktKommentar, 4. Aufl. Heidelberg 2004; *Knobbe-Keuk,* Bilanz- und Unternehmenssteuerrecht, 9. Aufl., Köln 1993; *Korn,* Einkommensteuergesetz, Kommentar, Bonn 2001; *Korn,* Gelöste und ungelöste Einkommensteuerprobleme der Praxisveräußerung, -einbringung und Verpachtung, DStR 1995, 961; *Korn,* Einkommensteuergesetz Kommentar (Loseblatt), Bonn/Berlin 2000; *Lademann/Söffing/Brockhoff,* Kommentar zum Einkommensteuergesetz, 4. Aufl., Stuttgart 1997 (Loseblatt); *Littmann,* Das Einkommensteuerrecht, 15. Aufl., Stuttgart 2000 (Loseblatt); *Ritznow,* Änderung der Gewinnverteilung bei Personengesellschaften, StBp 1999, 29; *Schlütter,* Steuerprobleme des Unternehmenskaufs, NJW 1993, 2023; *Schmidt, Ludwig,* Einkommensteuergesetz, 23. Aufl., München 2004; *Schneider,* Steuerliche Folgen der vorweggenommenen Erbfolge, DStZ 2000, 707; *Völker,* Bilanzsteuerrechtliche Gestaltung der Unternehmensnachfolge, INF 1995 (Teil I:) 43, (Teil II:) 76; *Widmann,* Die Besteuerung der Veräußerungsgewinne – eine Crux des deutschen Steuerrechts, in Festschrift für Franz Klein, Hrsg. Kirchhof/Offerhaus/Schöberle, Steuerrecht, Verfassungsrecht, Finanzpolitik, Köln 1994, S. 865; *Zimmermann/Reyher/Hottmann,* Die Personengesellschaft im Steuerrecht, 4. Aufl., Achim 1994.

3902

I. Veräußerungsgewinn (Veräußerungsverlust)

1. Allgemeines

3903 Das Einkommensteuergesetz enthält besondere, die Besteuerung mildernde Bestimmungen für den Fall, dass die unternehmerische Betätigung beendet wird.

3904 Gewinne, die bei der Veräußerung des ganzen Gewerbebetriebs, eines Teilbetriebs oder der Beteiligung an einer Kapitalgesellschaft, die das gesamte Nennkapital der Gesellschaft umfasst, erzielt werden, gehören zu den Einkünften aus Gewerbebetrieb (§ 16 Abs. 1 Nr. 1 EStG), ebenso Gewinne aus der Veräußerung des Anteils eines Gesellschafters, der als Unternehmer (Mitunternehmer) des Betriebs anzusehen ist (§ 2 Abs. 1 Nr. 2 i. V. m. § 15 Abs. 1 Nr. 2 EStG).

3905 Gewinne, die bei der Veräußerung des Vermögens oder eines selbstständigen Teils des Vermögens oder eines Anteils am Vermögen, das der selbstständigen Arbeit dient, erzielt werden, gehören zu den Einkünften aus selbstständiger Arbeit (§ 18 Abs. 3 Satz 1 EStG).

3906 Als Veräußerung gilt auch die Aufgabe des Gewerbebetriebs (§ 16 Abs. 3 Satz 1 EStG) und die Aufgabe einer freiberuflichen Praxis (§ 18 Abs. 3 Satz 2 EStG).

3907 Gewinne werden im Allgemeinen besteuert, wenn sie verwirklicht werden.

Die Bewertungsvorschriften bewirken jedoch regelmäßig, dass die Wirtschaftsgüter in den Bilanzen mit Werten ausgewiesen werden, die niedriger sind als die Preise, die bei einem Verkauf dafür erzielt werden können. Dadurch entstehen stille Reserven. Stille Reserven entstehen weiter durch Bewertungswahlrechte und Sonderabschreibungen. Bei einer Veräußerung werden die stillen Reserven aufgedeckt.

3908 Die einkommensteuerrechtlichen Vorschriften über die Veräußerungsgewinne bezwecken, den Veräußerungs- oder Aufgabegewinn (im Folgenden kurz Veräußerungsgewinn) vom laufenden Gewinn abzugrenzen. Für den Veräußerungsgewinn sind steuerliche Begünstigungen vorgesehen, und zwar eine sachliche Steuerbefreiung (§ 16 Abs. 4 EStG) und im Rahmen bestimmter betraglicher Grenzen die Bemessung der Steuer mit einem ermäßigten Steuersatz (§ 34 EStG). Der Steuerfreibetrag hat den Zweck, aus sozialen Gründen Gewinne aus der Veräußerung kleinerer Betriebe steuerlich zu entlasten, insbesondere die Altersversorgung des ausscheidenden Betriebsinhabers zu erleichtern[1]. Zweck der Tarifbegünstigung ist es, Härten zu vermeiden, die entstehen würden, wenn durch die Aufdeckung aller stillen Reserven eines Betriebs jahrelang aufgestaute Gewinne in einem Zuge nach dem progressiven Einkommensteuertarif versteuert werden müssten. Dabei unterscheidet das Einkommensteuergesetz nicht wann und aus welchem Grunde sich stille Reserven angesammelt haben[2].

Zweifelsfragen entstehen hauptsächlich dadurch, dass der die Begünstigungsvorschrift ausschließlich rechtfertigende Grund – Milderung der Besteuerung beim Zutagetreten aller stillen Reserven durch den einmaligen Vorgang der Veräußerung des gesamten Unternehmens oder der diesem gleichgestellten Veräußerungsvorgänge – bei den Einzelfragen außer Acht gelassen wird[3].

---

[1] BR-Drs 303/83, S. 25.
[2] BFH-Urteil vom 13. Dezember 1979 IV R 69/74, BFHE 129, 380, dort S. 384, BStBl II 1980, 239.
[3] Vgl. Rn 4106 – die gegenteilige Auffassung beim Beispiel unter b) übersieht diesen tragenden Gesichtspunkt – und Rn 4109.

Veräußerungsgewinn

Da Betriebsveräußerung und Betriebsaufgabe hinsichtlich der einkommensteuerlichen Begünstigung gesetzlich gleichgestellt sind, kann sich im Einzelfalle eine begriffliche Unterscheidung erübrigen; eine Wahlfeststellung zwischen Betriebsveräußerung und Betriebsaufgabe ist zulässig[1]. Betriebsveräußerung und Betriebsaufgabe können auch zusammentreffen[2]; dieser Vorgang ist steuerlich nicht anders zu würdigen als die in einem Akt erfolgende Einstellung des Betriebs und der Veräußerung einzelner Wirtschaftsgüter[3]. 3909

Bedeutung hat § 16 EStG für die Gewerbesteuer. Die Gewerbesteuer erfasst bei natürlichen Personen und Personengesellschaften anders als bei Kapitalgesellschaften nur den laufenden Gewinn und Verlust, nicht aber Gewinne oder Verluste aus der Veräußerung oder Aufgabe des ganzen Gewerbebetriebs, eines Teilbetriebs oder eines Mitunternehmeranteils. 3910

Gewerbesteuerlich werden also auch nicht Entschädigungen erfasst, die im Rahmen einer Betriebsaufgabe gezahlt werden[4]. 3911

Dementsprechend dürfen Veräußerungs- oder Aufgabeverluste auch den gewerbesteuerlich maßgebenden Gewinn nicht mindern. 3912

Bei unbeschränkt Steuerpflichtigen erfasst § 16 EStG auch die Veräußerungsgewinne ausländischer Betriebe, Teilbetriebe oder Mitunternehmeranteile, es sei denn, das Besteuerungsrecht ist durch ein Doppelbesteuerungsabkommen ausgeschlossen. 3913

§ 16 EStG gilt auch bei beschränkt Steuerpflichtigen unter den in § 49 Abs. 1 Nr. 2 und 3 sowie § 50 Abs. 1 Sätze 4 und 5 EStG (– also nicht § 16 Abs. 4 EStG –) genannten Voraussetzungen[5]. 3914

Die Vorschriften des Umwandlungssteuergesetzes, z. B. bei Einbringung eines Betriebs, eines Teilbetriebs oder eines Mitunternehmeranteils in eine Kapitalgesellschaft gegen Gewährung von Gesellschaftsanteilen und über die Einbringung eines Betriebs, Teilbetriebs oder eines Mitunternehmeranteils in eine Personengesellschaft haben Vorrang. 3915

Veräußerungsgewinn im Sinne von § 16 Abs. 1 EStG ist der Betrag, um den der Veräußerungspreis nach Abzug der Veräußerungskosten den Wert des Betriebsvermögens (§ 16 Abs. 1 Nr. 1 EStG) oder den Wert des Anteils am Betriebsvermögen (§ 16 Abs. 1 Nr. 2 und 3 EStG) übersteigt. Der Wert des Betriebsvermögens oder des Anteils ist für den Zeitpunkt der Veräußerung durch Bestandsvergleich (§ 4 Abs. 1 oder § 5 EStG) zu ermitteln (§ 16 Abs. 2 Satz 2 EStG). 3916

Zum Veräußerungsgewinn bei einer Betriebsveräußerung gehört auch die Übernahme eines negativen Kapitalkontos[6].

Werden Wirtschaftsgüter in das Privatvermögen überführt, muss die Differenz zwischen Buchwert und gemeinem Wert dieser Wirtschaftsgüter dem Veräußerungsgewinn hinzu- 3917

---

1 *Schmidt*, aaO, § 16 Anm. 3, 290, 294. Wirtschaftsgüter, die in Privatvermögen überführt werden, sind bei der Betriebsveräußerung mit dem Teilwert (§ 6 Abs. 1 Nr. 4 EStG), bei der Betriebsaufgabe mit dem gemeinen Wert anzusetzen (§ 16 Abs. 3 Satz 3 EStG).
2 *Herrmann/Heuer/Raupach*, Einkommensteuergesetz und Körperschaftsteuergesetz, Kommentar, 19. Aufl., § 16 Rz 13.
3 BFH-Urteil vom 6. Februar 1962 I 197/61 S, BFHE 74, 506, BStBl III 1962, 190.
4 BFH-Urteil vom 17. Dezember 1975 I R 29/74, BFHE 117/483, BStBl II 1976, 224.
5 Vgl. auch BFH-Urteil vom 21. Februar 1991 IV R 93/89, BFHE 163, 554, BStBl II 1991, 455.
6 BFH-Urteil vom 11. März 1992 XI R 6/91, BFH/NV 1992, 593.

gerechnet werden. Wirtschaftsgüter, die zurückbehalten werden und im Betriebsvermögen verbleiben, werden nicht berücksichtigt.

3918 Vom Veräußerungsgewinn ist der laufende Gewinn abzugrenzen.

3919 Bei der Abgrenzung des Veräußerungsgewinns vom laufenden Gewinn sind die unterschiedlichen Auswirkungen, die durch unterschiedliche Gewinnermittlungsarten entstehen, zu beachten.

3920 **Beispiel:**

Veräußerungspreis	100	
– Veräußerungskosten	2	
= Netto-Erlös	98	
– Buchwert des Betriebsvermögens im Zeitpunkt der Veräußerung	80	80
= Veräußerungsgewinn	18	
– Buchwert des Betriebsvermögens am Anfang des Wirtschaftsjahres		70
= laufender Gewinn		10

3921–3925 *(unbesetzt)*

2. Veräußerung

3926 Der Begriff der Veräußerung wird im Einkommensteuerrecht (§§ 6b, 14, 14a, 16, 17, 23, 51 Abs. 1 Nr. 2 Buchst. w EStG) weder in Übereinstimmung mit dem bürgerlich-rechtlichen Begriff der Veräußerung (vgl. §§ 135–137, 929, 932 BGB) noch innerhalb des Einkommensteuerrechts einheitlich ausgelegt.

3927 Als Veräußerung z. B. im Sinne der § 6b und 17 EStG wird im Allgemeinen die Übertragung des bürgerlich-rechtlichen oder zumindest wirtschaftlichen Eigentums an einem Wirtschaftsgut gegen Entgelt verstanden, also die tatsächliche Übertragung des Unternehmens in Erfüllung des Verpflichtungsgeschäfts, nicht schon der zur Veräußerung verpflichtende schuldrechtliche Vertrag[1]. Demgegenüber wird bei Anwendung des § 23 EStG nicht auf den dinglichen Übertragungsakt, sondern grundsätzlich auf den schuldrechtlichen Vertrag abgestellt, ebenso bei der Fristberechnung nach § 7b Abs. 1 Satz 4 Nr. 2 EStG.

3928 Unter Veräußerung im Sinne von § 16 EStG ist jede entgeltliche Übertragung des bürgerlich-rechtlichen oder wirtschaftlichen Eigentums an Wirtschaftsgütern auf eine andere natürliche oder juristische Person zu verstehen, und zwar unabhängig davon, ob ein Gewinn oder Verlust verwirklicht wird. Die unentgeltliche Übertragung eines Betriebs, Teilbetriebs oder eines Mitunternehmeranteils stellt demzufolge keine Veräußerung im Sinne des § 16 EStG dar. § 7 EStDV bestimmt für diesen Fall, dass der Erwerber die Buchwerte fortzuführen hat.

3929 Der einkommensteuerrechtliche Begriff der Veräußerung unterscheidet sich vom zivilrechtlichen dadurch, dass dieser nur die Übertragung des rechtlichen Eigentums umfasst, gleichgültig, ob es sich um eine entgeltliche oder unentgeltliche Rechtsübertragung handelt, während der einkommensteuerrechtliche Begriff der Veräußerung grundsätzlich nur die entgeltliche Übertragung umfasst, und zwar sowohl die des bürgerlich-rechtlichen wie auch die des wirtschaftlichen Eigentums[2].

---

1 BFH-Urteil vom 16. Oktober 1984 VIII R 299/81, nv.
2 BFH-Urteil vom 21. Oktober 1976 IV R 210/72, BFHE 120, 239, BStBl II 1977, 145.

Veräußerungsgewinn

Veräußerung in diesem letzteren Sinne ist nicht das schuldrechtliche Verpflichtungsgeschäft, sondern das dingliche Erfüllungsgeschäft. Die Veräußerung ist mit der Rechts- oder Sachübertragung vollendet. 3930

Die Veräußerung eines Unternehmens liegt demgemäß nicht schon dann vor, wenn der zur Veräußerung verpflichtende schuldrechtliche Vertrag geschlossen worden ist, sondern erst dann, wenn das Unternehmen (Betrieb oder Teilbetrieb, Praxis) in Erfüllung des Verpflichtungsgeschäfts tatsächlich übertragen wird. Dieser Zeitpunkt ist auch der Beginn der Unternehmens(Betriebs)veräußerung. 3931

Die Veräußerung kann auf einen Verkauf, Tausch, der Auseinandersetzung oder Teilung zwischen Miteigentümern und dergleichen mehr beruhen. Die **Einbringung** eines Betriebs in eine Personengesellschaft[1] oder in eine Kapitalgesellschaft[2] gegen Gewährung von Gesellschaftsrechten stellt ebenfalls eine Veräußerung dar. 3932

Einbringungsfälle sind in den §§ 20–24 UmwStG geregelt[3]. 3933

Die entgeltlich Aufnahme eines Teilhabers durch einen bisherigen Einzelunternehmer oder in eine schon bestehende OHG, KG oder sonstige Unternehmergemeinschaft kann als Betriebsveräußerung gestaltet sein. Auch das Ausscheiden eines Gesellschafters aus einer Personengesellschaft, die Überlassung eines Bruchteils vom Gesellschafteranteil an die Mitgesellschafter oder die Realteilung kann Veräußerung in diesem Sinne sein. 3934

Eine Betriebsveräußerung liegt auch vor, wenn ein Betrieb im Rahmen eines Insolvenzverfahrens auf einen Erwerber übertragen wird. 3935

Keine Veräußerung soll vorliegen, wenn ein Betrieb, Teilbetrieb oder Mitunternehmeranteil zur Erfüllung einer privaten Verbindlichkeit übertragen wird; in diesem Fall soll eine Entnahme vorliegen[4]. 3936

Keine Veräußerung sind die 3937

- unentgeltliche Übertragung eines Unternehmens (Betrieb, Teilbetrieb oder Anteil an einem Betrieb),

- Erwerbe im Wege der Erbfolge oder Erbauseinandersetzung oder bei Begründung oder Beendigung eines Güterstandes,

- Erwerbe durch Schenkung,

- Erwerbe in vorweggenommener Erfolge und

- Erwerbe auf Grund des als Schenkung geltenden Erbverzichts oder den Verzicht auf den Pflichtteil[5],

- Erwerbe auf Grund von Auflagen, Vermächtnissen und Pflichtteilen.

---

1 BFH-Urteil vom 29. Juni 1981 I R 2/78, BFHE 134, 270, BStBl II 1982, 62.
2 BFH-Urteil vom 30. April 1975 I R 41/73, BFHE 116, 118, BStBl II 1975, 706.
3 BFH-Urteil vom 23. Juni 1981 VIII R 138/80, BFHE 135, 551, BStBl II 1982, 622.
4 BFH-Urteil vom 23. Juni 1981 VIII R 41/79, BFHE 134, 104, BStBl II 1982, 18; die Auffassung ist nicht überzeugend. *Schmidt*, EStG, § 16 Anm. 21 zitiert die Entscheidung als Beleg für eine entgeltliche Übertragung, wenn eine private Geldschuld ganz oder teilweise in Höhe des Werts des Betriebs an Erfüllung statt getilgt wird.
5 BGH-Urteil vom 28. Februar 1991 IX ZR 74/90, WM 1991, 1053, DB 1992, 85. Der Rechtsprechung des BGH lässt sich nicht entnehmen, dass jedes beliebige Interesse ausreicht, die Werthaltigkeit einer Zuwendung zu bejahen. Das Vermögen des Schuldners, in das Gläubiger hätten vollstrecken können, ist nur vermindert worden, ohne dass der Pflichtteilverzicht eine Zugriffsmöglichkeit eröffnete. Der Verzicht auf den Pflichtteil ist also in aller Regel keine Gegenleistung, die die Verfügung des Schuldners zu einer entgeltlichen macht.

a) Einkommensteuerliche Folgen bei gemischter Schenkung beim Schenker

3938 Bei der teils unentgeltlichen, teils entgeltlichen Übertragung eines Betriebs- oder Mitunternehmeranteils werden verschiedene Sachverhalte unterschieden.

3939 Die Übertragung eines Betriebs- oder Mitunternehmeranteils auf Angehörige gegen wiederkehrende Leistungen an den bisherigen Inhaber oder gegen Ausgleichsleistungen an andere Angehörige ist insgesamt als unentgeltlicher Vorgang zu behandeln, wenn Leistung und Gegenleistung nicht nach kaufmännischen Gesichtspunkten abgewogen wurden und bürgerlich-rechtlich eine Schenkung unter Auflage anzunehmen ist[1].

3940 Bei betrieblichen Leistungen an Angehörige, denen aus verwandtschaftlichen Gründen ein zu hohes oder zu geringes Entgelt gegenübersteht, wird ein teilentgeltliches, d. h. mit einer unentgeltlichen Leistung gemischtes Geschäft angenommen[2].

3941 Das gilt auch bei der Übertragung von Gegenständen des Privatvermögens gegen zu geringes Entgelt[3].

3942 Scheidet ein Gesellschafter aus einer Personengesellschaft aus und begnügt er sich bei der Übertragung seiner Beteiligung aus persönlichen Gründen mit einer unter dem Buchwert liegenden Abfindung, liegt ein teilentgeltliches (gemischtes) Geschäft vor[4].

3943 Auch die Übertragung eines Mitunternehmeranteils gegen ein aus privaten Gründen zu gering bemessenes Entgelt ist ein teilentgeltliches (gemischtes) Geschäft[5].

3944 Im Falle der gemischten Schenkung von Anteilen aus einer wesentlichen Beteiligung wird die Übertragung nach dem Verhältnis der tatsächlichen Gegenleistung zum Verkehrswert der übertragenen Anteile in eine vollentgeltliche und eine voll unentgeltliche Anteilsübertragung aufgeteilt[6].

3945 Die Übertragung eines Betriebs- oder eines Mitunternehmeranteils gegen ein aus privaten Gründen zu gering bemessenes Entgelt beinhaltet für den Veräußerer wie auch für den Erwerber sowohl eine entgeltliche als auch eine unentgeltliche Betriebs- oder Anteilsübertragung.

Sie wird vom BFH jedoch nicht in einen voll entgeltlichen und einen voll unentgeltlichen Vorgang aufgespalten[7].

3946 Ein Veräußerungsgewinn entsteht in diesem Falle insoweit, als das erhaltene Entgelt (Gegenleistung) das Kapitalkonto des Veräußerers (Buchwert) übersteigt.

3947 Die Begünstigung des Veräußerungsgewinns ist von der Rechtsprechung davon abhängig gemacht worden, dass **alle** stillen Reserven des Betriebs in einem einheitlichen wirtschaft-

---

1 BFH-Urteile vom 21. August 1962 I 82/60 U, BFHE 76, 482, BStBl III 1963, 178; vom 23. Januar 1964 IV 8/62 U, BFHE 79, 516, BStBl III 1964, 422; vom 25. August 1966 IV 299/62, BFHE 86, 797, BStBl III 1966, 675; vom 30. November 1967 IV 1/65, BFHE 91, 81, BStBl II 1968, 263; vom 6. März 1975 IV R 191/71, BFHE 115, 443, BStBl II 1975, 600.
2 BFH-Urteil vom 28. Juli 1983 IV R 103/82, BFHE 139, 376, BStBl II 1984, 60.
3 BFH-Urteile vom 17. Juli 15/76, BFHE 131, 329, BStBl II 1981, 11; vom 18. März 1980 VIII R 148/78, BFHE 133, 359, BStBl II 1981, 794.
4 BFH-Urteile vom 11. Juli 1973 I R 126/71, BFHE 110, 402, BStBl II 1974, 50; vom 30. Januar 1974 IV R 109/73, BFHE 111, 483, BStBl II 1974, 352; vom 27. Mai 1981 I R 123/77, BFHE 133, 412, BStBl II 1982, 211, 215.
5 BFH-Urteil vom 10. Juli 1986 IV R 12/81, BFHE 147, 63, BStBl II 1986, 811, dort unter 3. b letzter Absatz.
6 BFH-Urteil vom 17. Juli 1980 IV R 15/76, BFHE 131, 329, BStBl II 1981, 11.
7 BFH-Urteil vom 10. Juli 1986 IV R 12/81, BFHE 147, 63, BStBl II 1986, 811, dort unter 3. b vorletzter Absatz und letzter Absatz.

lichen Vorgang aufgelöst werden; das Ziel der Begünstigung wird in der Minderung der Steuerbelastung für eine derart zusammengeballte Gewinnentstehung gesehen[1]. Die Zusammenballung wird vermieden, wenn dem Veräußerer noch stille Reserven verbleiben, die in späteren Veranlagungszeiträumen zur Versteuerung gelangen werden. Entäußert sich jemand jedoch des gesamten Betriebsvermögens einschließlich noch vorhandener stiller Reserven, so kann es bei ihm nicht mehr zur Besteuerung dieser Reserven in einem späteren Zeitraum kommen[2]. Ein in einem solchen Fall anfallender Veräußerungsgewinn nimmt daher an der Steuerbegünstigung (§ 34 EStG) teil[3].

Diese Beurteilung steht mit der Rechtsprechung nicht in Widerspruch, wenn der BFH bei der Einbringung eines Betriebs in eine Personengesellschaft gegen Ausgleichszahlungen der Mitgesellschafter den entstandenen Einbringungsgewinn nicht als steuerbegünstigt angesehen hat, weil nicht alle stillen Reserven aufgelöst worden seien; denn auch in diesen Fällen verbleiben die stillen Reserven dem einbringenden Gesellschafter zur späteren Versteuerung[4].

b) Einkommensteuerliche Folgen bei gemischter Schenkung beim Beschenkten

Der Erwerber kann die stillen Reserven seines Vorgängers fortführen (§ 6 Abs. 3–6 EStG), soweit sie nicht durch die gewährte Gegenleistung aufgelöst worden sind.   3948

Wird ein Unternehmen im Wege einer gemischten Schenkung übertragen, hat der Erwerber insoweit Anschaffungskosten, als er entgeltliche Leistungen zu erbringen hat.

Die gemischte Schenkung und die Schenkung unter einer Auflage, die auf geldwerte Leistungen an den Schenker oder eine diesem nahe stehende Person gerichtet ist, haben im Anwendungsbereich des § 16 EStG (§ 6 Abs. 3–6 EStG) ein unterschiedliches Schicksal. Denn die Schenkung unter Auflage wird nach hL einkommensteuerrechtlich wie eine reine Schenkung behandelt.

3. Veräußerung des ganzen Unternehmens (Gewerbebetriebs)

a) Merkmale im Überblick

Das ganze Unternehmen (der ganze Gewerbebetrieb, die gesamten der freiberuflichen Tätigkeit dienenden Wirtschaftsgüter) ist Gegenstand der Veräußerung, wenn   3949

- alle wesentlichen Betriebsgrundlagen,
- unter Aufrechterhaltung des geschäftlichen Organismus,
- in einem einheitlichen Vorgang,
- auf einen Erwerber übertragen werden,
- und zwar in der Weise, dass der Betrieb als lebender Organismus des Wirtschaftslebens von dem Übernehmer fortgeführt werden kann und

---

[1] BFH-Urteile vom 26. September 1968 IV 22/64, BFHE 94, 10, BStBl II 1969, 69; vom 11. August 1971 VIII 13/65, BFHE 104, 48, BStBl II 1972, 270; vom 19. Februar 1981 IV R 116/77, BFHE 133, 176, BStBl II 1981, 566.
[2] BFH-Urteil vom 10. Juli 1986 IV R 12/81, BFHE 147, 63, BStBl II 1986, 811, 814, dort unter 3. c Abs. 2 Mitte.
[3] Vgl. dazu § 16 Abs. 3 Sätze 1 und 3 EStG sowie BFH-Urteil vom 24. März 1987 I R 202/83, BFHE 149, 542, BStBl II 1987, 705.
[4] BFH-Urteile vom 25. November 1980 VIII R 32/77, BFHE 132, 425, BStBl II 1981, 419; vom 26. Februar 1981 IV R 98/79, BFHE 133, 186, BStBl II 1981, 568.

- dadurch die bisherige unternehmerische (gewerbliche oder freiberufliche) Betätigung des Veräußerers endet.[1]

3950 Wenn ein Unternehmer mehrere gewerbliche Unternehmen betreibt, muss vorab entschieden werden, ob der Unternehmer mehrere Betriebe unterhält, oder ob die verschiedenen Organismen insgesamt einen Betrieb bilden.

Beispiel:

Ein Unternehmer betreibt ein Sägewerk, einen Steinbruch und einen Verarbeitungsbetrieb. Den Steinbruch veräußert der Unternehmer am 1. Januar.

Den Verarbeitungsbetrieb bringt der Unternehmer – ebenfalls mit Wirkung zum 1. Januar – in eine neu gegründete GmbH & Co. KG ein.

Den Verarbeitungsbetrieb führt der Unternehmer als Einzelunternehmer weiter.

Die erste Frage ist, ob der Unternehmer drei Betriebe unterhält oder ob diese Organismen insgesamt einen Betrieb bilden.

Nach den ertragsteuerlichen Grundsätzen können bei verschiedener gewerblicher Betätigung einer natürlichen Person[2] unterschiedliche Beurteilungsergebnisse gerechtfertigt sein[3].

(1) Findet die Betätigung statt, ohne dass zwischen den Betrieben wirtschaftliche Beziehungen bestehen, so sind die Gewerbebetriebe ertragsteuerrechtlich getrennt zu beurteilen.

(2) Bestehen zwischen den Betrieben wirtschaftliche Verbindungen, ist gleichwohl eine getrennte ertragsteuerrechtliche Beurteilung geboten, wenn die Verbindung zwischen den Betrieben nur zufällig, vorübergehend und ohne Nachteile für das Gesamtunternehmen lösbar ist.

(3) Geht die wirtschaftliche Verbindung zwischen den Betrieben über dieses Maß hinaus und ist sie planmäßig im Interesse eines Hauptbetriebes oder des gesamten Unternehmens gewollt, sodass jeweils die eine Art der Betätigung der anderen Betätigung oder den anderen Beteiligungen zu dienen bestimmt ist, und erscheint die Betätigung insgesamt auch nach der Verkehrsauffassung als eine Einheit, so liegt ein einheitlicher Betrieb vor.

Im Beispielsfall unterhält der Unternehmer drei Betriebe.

b) Allgemeines

3951 Das Unternehmen muss ein selbstständiger Organismus des Wirtschaftslebens sein. Es muss im Zeitpunkt der Übertragung noch bestehen, auf den Erwerber übertragen werden und vom Erwerber fortgeführt werden können. Unerheblich ist, ob der Erwerber den Betrieb tatsächlich fortführt oder stilllegt.

3952 Ob ein ganzes Unternehmen (ganzer Gewerbebetrieb, freiberufliche Praxis) veräußert wird, bestimmt sich nach den Verhältnissen beim Veräußerer im Zeitpunkt der Veräußerung.

Eine Betriebsveräußerung liegt auch vor, wenn eine Partenreederei das in ihr wirtschaftliches Eigentum übergegangene betriebsbereite Schiff noch vor Aufnahme des zunächst geplanten Schifffahrtsbetriebs veräußert[4].

3953 Die Veräußerung des ganzen Gewerbebetriebs durch den Insolvenzverwalter steht der durch den Betriebsinhaber selbst gleich. Möglicherweise ist aber bereits die Betriebsein-

---

[1] Vgl. Amtliches Einkommensteuer-Handbuch (Jg), § 16 EStG R 139 (1), H 139 (1), R 139 (3), H 139 (3).
[2] RFH-Urteil vom 6. Januar 1943 VI 319/42, RStBl 1943, 201.
[3] BFH-Urteile vom 12. Januar 1989 V R 129/84, BFHE 156, 281, BStBl II 1989, 432, und vom 9. August 1989 X R 130/87, BFHE 158, 80, BStBl II 1989, 901.
[4] BFH-Urteil vom 7. November 1991 IV R 50/90, BFHE 166, 448, BStBl II 1992, 380.

Veräußerungsgewinn 545

stellung bei Insolvenzeröffnung eine Betriebsaufgabe[1]. Aufgabe liegt vor, wenn der Insolvenzverwalter nur noch die vorhandenen Wirtschaftsgüter verwaltet.

Veräußert werden kann auch ein Unternehmen, das sich noch im Aufbau befindet, wenn es bereits einen gewerblichen Organismus bildet. Einkommensteuerrechtlich beginnt beim Gewerbetreibenden die auf die Erzielung von Einkünften aus Gewerbebetrieb gerichtete Tätigkeit bereits mit der ersten auf die Eröffnung des Gewerbebetriebs gerichteten Tätigkeit[2]. Aufwendungen, die der Errichtung und Eröffnung eines Betriebs dienen, den Betrieb also erst vorbereiten, sind bereits Betriebsausgaben. Sie führen unter Umständen zu Verlusten aus Gewerbebetrieb im einkommensteuerrechtlichen Sinne, mindern aber nicht den Gewerbeertrag im gewerbesteuerrechtlichen Sinne[3]; denn die Gewerbesteuerpflicht beginnt erst, nachdem ein Gewerbebetrieb errichtet worden ist. Die vorbereitenden Maßnahmen des Unternehmers lösen noch keine Gewerbesteuerpflicht aus. Gewerbliche Einkünfte im Sinne des Einkommensteuerrechts fallen mit anderen Worten bereits vor Beginn der Gewerbesteuerpflicht und auch noch nach deren Ende an. Die Unterscheidung kann sich auch bei der Ermittlung eines Veräußerungsgewinnes steuerlich auswirken.

3954

Eine Betriebsveräußerung ist bei einem im Aufbau befindlichen Unternehmen möglich, wenn die vorbereitenden Maßnahmen des Unternehmers bereits einen Organismus geschaffen haben, nicht, wenn der Aufbauvorgang abgebrochen und nur eine Vielzahl von Wirtschaftsgütern übertragen wird.

3955

Ein im Aufbau befindlicher Teilbetrieb weist naturgemäß nicht alle Voraussetzungen eines Betriebs oder Teilbetriebs auf. Insbesondere wird er in der Regel noch nicht lebensfähig sein, weil dem Wesen der Aufbauphase entsprechend bestimmte zur Lebensfähigkeit erforderliche Elemente (z. B. Personalbestand) noch fehlen.

Die Bestimmung des Begriffs „im Aufbau befindlicher Teilbetrieb" muss sich an der Definition des im Aufbau befindlichen Betriebs orientieren. Von einem solchen kann nur gesprochen werden, wenn die wesentlichen Betriebsgrundlagen bereits vorhanden und bei zielgerechter Weiterverfolgung des Aufbauplans ein selbstständig lebensfähiger Organismus zu erwarten ist. Wann dieses Stadium erreicht ist, muss nach Lage des Einzelfalles, insbesondere der Betriebsart, entschieden werden. Bei einem Teilbetrieb muss hinzutreten, dass sich die künftige Selbstständigkeit gegenüber dem Gesamtunternehmen insbesondere nach Lage und/oder Funktion zweifelsfrei erkennen lässt[4].

Beispiel:

3956

A will eine Drogerie eröffnen. Er mietet Geschäftsräume an, richtet die Ladeneinrichtung ein, nimmt die Waren entgegen und stattet mit ihnen Laden und Lager aus. Am Tag vor der Geschäftseröffnung stirbt A. Die Witwe, die Alleinerbin ist, veräußert den gewerbesteuerrechtlich noch nicht begonnenen, als gewerbliches Unternehmen im Sinne von § 15 EStG aber bereits bestehenden Gewerbebetrieb. Sie erzielt einen Veräußerungsgewinn im Sinne von § 16 Abs. 1 Nr. 1 EStG.

---

1 Vgl. RFH-Urteil vom 20. November 1940 IV 330/40, RStBl 1941, 225; vgl. auch *Knobbe-Keuk,* Bilanz- und Unternehmenssteuerrecht, 9. Aufl., Köln 1993, § 22 IV 1a, S. 791; vgl. Rn 5132.
2 BFH-Urteil vom 28. Januar 1954 IV 255/53 U, BFHE 58, 516, BStBl III 1954, 109.
3 BFH-Urteil vom 9. Dezember 1960 IV 262/60, HFR 1961, 52 Nr. 53.
4 BFH-Urteil vom 1. Februar 1989 VIII R 33/85, BFHE 156, 158, BStBl II 1989, 458.

c) Wesentliche Betriebsgrundlagen

aa) Allgemeines

3957 Veräußert werden müssen alle wesentlichen Betriebsgrundlagen, also nicht alle Wirtschaftsgüter des Betriebsvermögens.

3958 Wird ein Wirtschaftsgut, das zu den wesentlichen Grundlagen gehört, nicht veräußert, kann das dazu führen, dass weder eine begünstigte Unternehmensveräußerung noch eine begünstigte Betriebsaufgabe vorliegt, sondern eine der Regelbesteuerung unterliegende Unternehmens-(Betriebs-)Abwicklung[1].

3959 Was zu den wesentlichen Betriebsgrundlagen gehört, ergibt sich

- aus der Art des Betriebs (Fabrikation, Handel, Dienstleistung),
- den Funktionen der einzelnen Wirtschaftsgüter im Rahmen des Betriebs[2],
- der Höhe der im Buchwert eines Wirtschaftsguts enthaltenen stillen Reserven[3],
- und dergleichen mehr Umständen, die auf tatsächlichem Gebiet liegen.

3960 Zu den wesentlichen Betriebsgrundlagen gehören funktional in der Regel die Wirtschaftsgüter des Anlagevermögens, insbesondere

- Betriebsgrundstücke,
- Maschinen und Betriebsvorrichtungen,
- die Betriebsorganisation,
- Geschäftswert und die den Geschäftswert bestimmenden Faktoren (z. B. örtliches und sachliches Wirkungsfeld, Kundschaft).

3961 Nicht zu den wesentlichen Betriebsgrundlagen gehören Wirtschaftsgüter, die in ihrer jeweiligen Zusammensetzung wieder kurzfristig beschaffbar sind, sofern das benötigte Kapital zur Verfügung steht, also z. B. der Warenbestand in einem Lebensmitteleinzelhandelsgeschäft. Keine wesentlichen Betriebsgrundlagen sind regelmäßig Kassenbestände, Bankguthaben und Kundenforderungen.

3962 Veräußert ein Steuerpflichtiger einen von mehreren von ihm im gleichen Gebäude unterhaltenen Gewerbebetrieb, belässt er jedoch das allen Betrieben als allgemeine Grundlage dienende Grundstück in vollem Umfange im Betriebsvermögen, so liegt keine steuerlich begünstigte Betriebsveräußerung oder Teilbetriebsveräußerung vor[4]; denn es wird ein Wirtschaftsgut, das zu den wesentlichen Grundlagen des Betriebsvermögens gehört, **nicht** veräußert, und es werden nicht **alle** stillen Reserven aufgedeckt.

3963 Ist ein Wirtschaftsgut aus funktionaler Sicht unwesentlich, kann es zu den wesentlichen Betriebsgrundlagen gehören, wenn es erhebliche stille Reserven beinhaltet und damit nach der quantitativen Betrachtungsweise als wesentlich anzusehen ist[5].

3964 Grundstücke im Betriebsvermögen werden daher grundsätzlich zu den wesentlichen Betriebsgrundlagen zählen.

---

1 BFH-Urteil vom 27. Oktober 1983 IV R 217/81, BFHE 139, 530, BStBl II 1984, 364.
2 BFH-Urteil vom 19. Januar 1983 I R 57/79, BFHE 137, 487, BStBl II 1983, 312, betreffend Maschinenbestand einer von einer KG betriebenen Fabrik.
3 BFH-Urteil vom 26. April 1979 IV R 119/76, BFHE 128, 54, BStBl II 1979, 557.
4 BFH-Urteil vom 30. Oktober 1974 I R 40/72, BFHE 114, 85, BStBl II 1975, 232.
5 RFH-Urteil vom 26. April 1979 IV R 119/76, BFHE 128, 54, BStBl II 1979, 557.

Grundstücke – wie auch andere Wirtschaftsgüter – gehören selbst dann zu den wesentlichen Betriebsgrundlagen, wenn sie zwar austauschbar sind, ihre Nutzung oder Verwendung im Betrieb aber auf Grund ihrer Art nach Auffassung des Unternehmers notwendig oder zumindest zweckmäßig war[1].

Das gilt jedenfalls dann, wenn sie ein besonderes wirtschaftliches Gewicht für die Betriebsführung haben.

Die jederzeitige Austauschbarkeit steht der Zuordnung eines Wirtschaftsguts zu den wesentlichen Betriebsgrundlagen nicht entgegen[2].

Wird ein Betriebsgrundstück, das zu den wesentlichen Betriebsgrundlagen gehört, nicht veräußert, verhindert dieser Umstand, dass eine einkommensteuerlich begünstigte Betriebsveräußerung oder Betriebsaufgabe vorliegen kann.

Die Beendigung der unternehmerischen Tätigkeit ist in diesem Fall als Betriebsabwicklung zu behandeln und steuerlich nicht begünstigt[3].

bb) Verschiedene Einzelheiten

(1) Konzertdirektion 3965

Wird eine Konzertdirektion mitsamt der Abonnentenkartei und den laufenden und schwebenden Verträgen in einem einheitlichen Vorgang gegen Entgelt übertragen und bleibt der Betrieb als selbstständiger Organismus bestehen, so handelt es sich um eine Betriebsveräußerung und nicht etwa um eine Betriebsaufgabe; denn wesentliche Betriebsgrundlage einer Konzertdirektion ist die Abonnentenkartei[4].

(2) Betriebsverlegung 3966

Veräußert der Inhaber einer Bäckerei sein betrieblich genutztes Grundvermögen im Zuge eines Brückenneubaues und führt er seinen Gewerbebetrieb nach der Grundstücksveräußerung in gemieteten Räumen fort, so handelt es sich um die Veräußerung von Einzelwirtschaftsgütern und nicht um eine Betriebsveräußerung[5].

(3) Veräußerung des ganzen Gewerbebetriebs einer Personengesellschaft 3967

Die gleichen Erwägungen, die für die Veräußerung des ganzen Gewerbebetriebs durch den Einzelunternehmer gelten, sind auch für die Veräußerung des Gewerbebetriebs einer Personengesellschaft maßgebend.

Der Veräußerung des ganzen Gewerbebetriebs steht nicht entgegen, dass die Personengesellschaft nicht gleichzeitig aufgelöst und abgewickelt wird, sondern als GbR fortbesteht[6].

Deshalb kann auch eine Personengesellschaft unter Wahrung ihrer zivilrechtlichen Identität einen neuen Gewerbebetrieb eröffnen; dieser Vorgang ist der steuerlichen Begünsti-

---

1 BFH-Urteil vom 20. Juni 1989 VIII R 396/83, BFH/NV 1989, 634.
2 BFH-Urteil vom 20. Juni 1989 VIII R 396/83, BFH/NV 1989, 634.
3 BFH-Urteil vom 27. Oktober 1983 IV R 217/81, BFHE 139, 530, BStBl II 1984, 364, betreffend Einstellung eines landwirtschaftlichen Betriebs.
4 BFH-Urteil vom 29. September 1981 VIII R 80/77, nv.
5 BFH-Urteil vom 3. Oktober 1984 I R 116/81, BFHE 142, 381, BStBl II 1985, 131.
6 BGH-Urteil vom 19. Mai 1960 II ZR 72/59, BGHZ 32, 307; BFH-Urteil vom 4. Februar 1982 IV R 150/78, BFHE 135, 202, BStBl II 1982, 348, betreffend Rücklage nach § 6b EStG.

gung der Veräußerung des ganzen Gewerbebetriebs dann nicht schädlich, wenn der neue Betrieb dem bisherigen Betrieb nicht entspricht.

3968 **(4) Übertragung einer Handelsvertretung**

Trotz Fehlens von Betriebsvermögen liegt eine Betriebsveräußerung vor, wenn ein Handelsvertreter die von ihm vertretenen Firmen veranlasst, ihre Vertretung auf den Dritten zu übertragen und der Handelsvertreter seine Vertretungen an diesen Dritten abtritt. Er verschafft damit dem Erwerber die wesentliche Grundlage seines Gewerbebetriebs[1].

Eine Betriebsveräußerung wird in diesem Fall regelmäßig auch dann anzunehmen sein, wenn der Handelsvertreter die sonstigen zum Betriebsvermögen gehörenden Wirtschaftsgüter (z. B. Pkw, Schreibmaschine, Büromaterial usw.) zurückbehält.

3969 **(5) Veräußerung einer Buchhandlung**

Die Veräußerung eines Gewerbebetriebs im Ganzen kann beispielsweise bereits dann vorliegen, wenn die Lagervorräte und das Inventar einer Buchhandlung zu deren Weiterbetrieb unter der bisherigen Firma übereignet werden, der bisherige Eigentümer das Geschäftshaus zurückbehält, jedoch mit dem Erwerber einen Mietvertrag abschließt[2].

3970 **(6) Beginn und Ende eines Unternehmens**

(aa) Partenreederei

3971 Bei einer Partenreederei ist der Erwerb oder die Herstellung des Schiffes einkommensteuerrechtlich als Gründung oder Erwerb des gewerblichen Betriebs der Partenreederei zu werten, sowie umgekehrt eine Veräußerung des ganzen Gewerbebetriebs vorliegt, wenn eine Partenreederei ihr einziges Schiff veräußert und sich danach auflöst[3].

(bb) Schiffsveräußerungen

3972 Veräußert eine Partenreederei ihr einziges Schiff und löst sie sich danach auf (§ 506 Abs. 1 Satz 2 HGB), so liegt eine Veräußerung des ganzen Gewerbebetriebs vor. Der Veräußerungsgewinn unterliegt dem ermäßigten Steuersatz auch insoweit, als er auf Mitreeder entfällt, die anderweitig im Reedereiwesen tätig sind[4]. Denn die Partenreederei kann sich stets nur auf ein Schiff erstrecken (§ 489 Abs. 1 HGB). Schiff und Zubehör sind Kernbestandteil des Reedereivermögens, während das übrige Reedereivermögen nicht charakteristische Wirtschaftsgüter umfasst, wie z. B. Kassenbestände, Bankguthaben, Forderungen.

(cc) Veräußerung des einzigen Fahrzeugs eines Schifffahrtsunternehmens

3973 Die Veräußerung des einzigen Fahrzeugs eines Küstenschifffahrtsunternehmens ist eine steuerbegünstigte Betriebsveräußerung, wenn der Unternehmer damit die Küstenschifffahrt aufgibt[5].

---

1 RFH-Urteil vom 24. Juni 1936 VI A 132/36, RStBl 1936, 966.
2 RFH-Urteil vom 19. Mai 1932 VI A 321/32, RStBl 1932, 1021.
3 BFH-Urteile vom 24. Januar 1973 I R 156/71, BFHE 108, 111, BStBl II 1973, 219 und vom 19. Januar 1984 IV R 26/81, BFHE 140, 281, BStBl II 1984, 376.
4 BFH-Urteil vom 24. Januar 1973 I R 156/71, BFHE 108, 111, BStBl II 1973, 219.
5 BFH-Urteil vom 13. Januar 1966 IV 76/63, BFHE 84, 461, BStBl II 1966, 168.

Veräußerungsgewinn 549

(dd) Weiterer Fall einer Partenreederei

Verkauf des Schiffes einer Partenreederei stellt selbst dann die Veräußerung des ganzen Gewerbebetriebs dar, wenn an der Käuferin – einer Personenhandelsgesellschaft – einer der Partenreeder beteiligt ist[1]. 3974

(7) Mängelbehafteter Betrieb

Wird ein mit Mängeln behafteter Betrieb übertragen, der trotz der Mängel an sich funktionsfähig geblieben ist, liegt eine Betriebsveräußerung vor. Dies gilt auch dann, wenn behördliche – z. B. gesundheitsbehördliche – Vorschriften eine umfangreiche Verbesserung der Betriebseinrichtungen erfordern[2]. 3975

(unbesetzt) 3976–3980

d) Übertragung des Unternehmens unter Aufrechterhaltung des geschäftlichen Organismus

Eine Betriebsveräußerung im Ganzen liegt nur dann vor, wenn der Betrieb mit seinen wesentlichen Grundlagen und **unter Aufrechterhaltung des geschäftlichen Organismus** auf den Erwerber übergeht[3]. 3981

Wird nicht der Betriebsorganismus, sondern nur ein wichtiges Betriebsmittel übertragen, während der Steuerpflichtige das Unternehmen in derselben oder in einer veränderten Form fortführt, liegt keine Betriebsveräußerung vor. 3982

Die wesentlichen Betriebsgrundlagen müssen unter Aufrechterhaltung des geschäftlichen Organismus übertragen werden[4]. Dies ist nicht möglich, wenn die Betriebsanlagen bei einem Brand total oder nahezu total zerstört werden. 3983

e) Übertragung des Unternehmens in einem einheitlichen Vorgang

Das Gesetz begünstigt die massiert anfallenden außerordentlichen Gewinne; das sind solche Gewinne, die eine Folge der in einem Akt vorgenommenen Veräußerungen des gesamten Betriebsvermögens sind[5]. 3984

Eine in mehrere, zeitlich aufeinander folgende Einzelakte aufgespaltene Gesamtübertragung kann nur dann als einheitlicher Übertragungsakt angesehen werden, wenn sie auf einem einheitlichen Willensentschluss beruht und zwischen den einzelnen Übertragungsvorgängen ein zeitlicher und sachlicher Zusammenhang besteht[6].

f) Übertragung des Unternehmens auf einen Erwerber

Eine Betriebsveräußerung im Sinne von § 16 Abs. 1 EStG liegt nur vor, wenn ein Betrieb mit seinen wesentlichen Grundlagen und unter Aufrechterhaltung des geschäftlichen Organismus **auf einen Erwerber** übergeht[7]. 3985

---

1 Vgl. BFH-Urteil vom 5. November 1985 VIII R 257/80, BFHE 145, 58, BStBl II 1986, 53.
2 Vgl. hierzu *Schubert/Pokorny/Schuch/Quantschnigg*, Einkommensteuer-Handbuch, Wien 1985, § 24 Tz 14 EStG 1972, unter Hinweis auf VwGH vom 27. April 1983, 82/13/0091.
3 Vgl. BFH-Urteile vom 13. Januar 1966 IV 76/63, BFHE 84, 461, BStBl III 1966, 168, und vom 3. Oktober 1984 I R 116/81, BFHE 142, 381, BStBl II 1985, 131.
4 BFH-Urteil vom 3. Oktober 1984 I R 116/81, BFHE 142, 381, BStBl II 1985, 131.
5 Vgl. BFH-Urteil vom 13. Dezember 1979 IV R 69/74, BFHE 129, 380, BStBl II 1980, 239.
6 BFH-Urteil vom 12. April 1989 I R 105/85, BFHE 157, 93, BStBl II 1989, 653.
7 Vgl. BFH-Urteil vom 3. Oktober 1984 I R 116/81, BFHE 142, 381, BStBl II 1985, 131.

Nicht entscheidend ist, ob der Erwerber den Betrieb tatsächlich fortführt, sondern vielmehr, ob ihm die erworbenen Wirtschaftsgüter objektiv die Fortführung des Betriebes ermöglichen. Werden die wesentlichen Betriebsgrundlagen in einem einheitlichen Erwerbsvorgang erworben, kommt daher den Umständen, dass der Erwerber branchenfremd ist oder dass er den Betrieb stilllegen will, keine ausschlaggebende Bedeutung zu.

3986 Geht ein Betrieb nicht auf eine andere Person über, ist diese Voraussetzung nicht erfüllt.

Veräußert beispielsweise ein Steuerpflichtiger sein betrieblich genutztes Grundvermögen im Zuge eines Brückenneubaues[1], so wird lediglich das Grundstück nebst aufstehendem Gebäude als Einzelwirtschaftsgut veräußert; denn der Erwerber erwirbt nicht den Gewerbebetrieb. Einen solchen Erwerb wird er schon aus Haftungsgründen nicht erstreben.

3987 Wird ein Teil der wesentlichen Betriebsgrundlagen verkauft, ein anderer Teil der wesentlichen Betriebsgrundlagen dem Erwerber aber nur zur Nutzung überlassen (z. B. vermietet oder verpachtet), liegt keine Veräußerung des ganzen Gewerbebetriebs im Sinne der §§ 16, 34 EStG vor.

3988 Werden zwar **alle** wesentlichen Betriebsgrundlagen übertragen, aber auf verschiedene, nicht miteinander gesellschaftlich verbundene Personen, liegt keine Betriebsveräußerung vor, denn in diesem Fall wird notwendig das Unternehmen (der Betrieb) als selbständiger Organismus des Wirtschaftslebens durch die Übertragung **zerstört.** In diesem Fall kann eine Betriebsaufgabe im Sinne von § 16 Abs. 3 EStG oder eine nichtbegünstigte allmähliche Abwicklung vorliegen.

3989 Wird ein Teil der wesentlichen Grundlagen des Unternehmens (Betriebsgrundlagen) auf einen oder verschiedene Erwerber übertragen und der andere Teil in das Privatvermögen überführt, liegt ebenfalls keine Veräußerung des ganzen Unternehmens (Gewerbebetriebs) vor, sondern allenfalls eine Unternehmensaufgabe (Betriebsaufgabe) oder eine nichtbegünstigte allmähliche Abwicklung.

3990 Wird ein Teil der wesentlichen Betriebsgrundlagen veräußert, ein anderer Teil aber z. B. in einen anderen bereits bisher bestehenden oder neu eröffneten Betrieb des Veräußerers überführt, handelt es sich um die nichtbegünstigte Veräußerung einzelner Wirtschaftsgüter.

g) Aufgabe oder Einstellung einer bestimmten bisherigen gewerblichen Tätigkeit

3991 (1) Voraussetzung einer tarifbegünstigten Praxisveräußerung im Sinne der §§ 18 Abs. 3, 34 EStG ist, dass der Steuerpflichtige nicht nur alle wesentlichen vermögensmäßigen Grundlagen der freiberuflichen Tätigkeit einschließlich des Patientenstammes/Mandantenstammes überträgt, sondern auch seine mit dem veräußerten Praxisvermögen verbundene Tätigkeit beendet, zumindest aber in dem bisher örtlich begrenzten Wirkungskreis für eine gewisse Zeit einstellt. Die vorübergehende Einstellung der freiberuflichen Tätigkeit für einen Zeitraum von fünf Monaten erfüllt diese Anforderungen nicht[2]. S. dazu aber auch die systemdurchbrechende Billigkeitsrechtsprechung (Rn 5287; vom BMF inzwischen hingenommen).

3992 (2) Nicht erforderlich ist, dass der Veräußerer seine gewerbliche Tätigkeit schlechthin beendet.

---

1 Vgl. Rn 3966.
2 BFH-Urteil vom 10. Juni 1999 IV R 11/99, BFH/NV 1999, 1594.

Veräußerungsgewinn

Der Veräußerung des ganzen Gewerbebetriebs steht nicht entgegen, dass der Veräußerer nach der Veräußerung anderweitig gewerblich tätig ist. Das kann der Fall sein, 3993

- wenn er neben dem veräußerten ganzen Gewerbebetrieb einen weiteren ganzen Gewerbebetrieb unterhielt und diesen fortführt,
- wenn er Mitunternehmer des Gewerbebetriebs einer Personengesellschaft war und bleibt,
- wenn er einen neuen Gewerbebetrieb eröffnet und dieser und der veräußerte Betrieb nicht wirtschaftlich identisch sind.

Auch die Annahme einer Teilbetriebsveräußerung scheitert nicht daran, dass die gewerbliche Betätigung nicht insgesamt aufgegeben wird[1]. Es ist ausreichend, wenn der Veräußerer die gewerbliche Tätigkeit aufgibt, die sich auf die veräußerten wesentlichen Betriebsgrundlagen bezieht. 3994

Beispiele: 3995

Veräußert ein Schneidermeister seine Schneiderwerkstatt und eröffnet er ein Textilwareneinzelhandelsgeschäft, so ist die Veräußerung der Schneiderwerkstatt begünstigt.

Entsprechendes gilt, wenn ein Gastwirt seine Gastwirtschaft veräußert und ein anderes Lokal erwirbt.

Veräußert ein Großhändler seinen Betrieb an einen anderen Unternehmer und tritt er künftig als dessen Vertreter auf, so kann darin eine Betriebsveräußerung liegen. Es ist nicht erforderlich, dass der Veräußerer aufhört, Gewerbetreibender zu sein und nicht mehr im gleichen Gewerbezweig tätig ist[2].

Betreibt jemand eine Markentankstelle auf Provisionsbasis und in eigener Regie eine freie Tankstelle in zwei Nachbarorten jeweils mit unterschiedlichem Personal und getrennter Buchführung und veräußert er die Markentankstelle, steht das „Weiterbetreiben" der freien Tankstelle einer steuerlich begünstigten Teilbetriebsveräußerung nicht entgegen[3].

Setzt der Steuerpflichtige sein Gewerbe nach der Veräußerung seines Geschäfts fort, indem er das veräußerte Geschäft als Pachtbetrieb fortführt, liegt keine begünstigte Veräußerung vor[4]. 3996

Wird ein Betrieb mit örtlich beschränktem Wirkungskreis (z. B. ein Ladengeschäft) veräußert und ein neues Geschäft an einem anderen Ort – auch unter derselben Firma – aufgebaut, so kann darin eine Betriebsveräußerung (Betriebsaufgabe) im Sinne des § 16 Abs. 1 und 3 EStG vorliegen. 3997

Handelt es sich jedoch um ein Unternehmen mit örtlich nicht gebundenem Wirkungskreis, so genügt für die Annahme einer Betriebsveräußerung (Betriebsaufgabe) nicht, dass nur der bisherige Wirkungskreis (das Betätigungsfeld und die Kundschaft) verändert wird. Das Unternehmen muss seinen bisherigen Charakter ändern, wenn der Vorgang einkommensteuerrechtlich begünstigt sein soll. Eine Betriebsveräußerung setzt deshalb in diesen Fällen voraus, dass der Unternehmer die Betätigung in dem bisherigen Geschäftszweig aufgibt[5]. 3998

Zur Betriebsverlegung vgl. Rn 3966. 3999

---

1 BFH-Urteil vom 9. August 1989 X R 62/87, BFHE 158, 48, BStBl II 1989, 973.
2 RFH-Urteil vom 22. Juli 1942 VI 123/42, RStBl 1942, 915.
3 BFH-Urteil vom 9. August 1989 X R 62/87, BFHE 158, 48, BStBl II 1989, 973.
4 BFH-Urteil vom 25. März 1980 VIII R 19/78, nv.
5 BFH-Urteil vom 13. Januar 1966 IV 76/63, BFHE 84, 461, BStBl III 1966, 168.

4000 *(unbesetzt)*

h) Veräußerung einzelner Wirtschaftsgüter

4001 Die Veräußerung einzelner Wirtschaftsgüter ist außer unter den in den §§ 6b, 6c und 6d EStG genannten Voraussetzungen einkommensteuerlich nicht begünstigt, und zwar auch dann nicht, wenn diese Wirtschaftsgüter von erheblichem Wert sind oder wenn sie den größten Teil des gewerblichen Betriebsvermögens ausgemacht haben.

i) Zurückbehaltung von Wirtschaftsgütern

4002 (1) Werden die wesentlichen Grundlagen des ganzen Gewerbebetriebs übertragen, steht der Steuerbegünstigung nicht entgegen, dass einzelne Wirtschaftsgüter, die nicht zu den wesentlichen Betriebsgrundlagen gehören, zurückbehalten werden. Daraus kann sich ergeben, dass die in diesen Wirtschaftsgütern enthaltenen stillen Reserven nicht zugleich mit der Betriebsveräußerung aufgedeckt werden.

4003 (2) Zurückbehaltene Wirtschaftsgüter werden ungeachtet eines entgegenstehenden Willens des Steuerpflichtigen mit der Betriebsveräußerung Privatvermögen, wenn mit einer betrieblichen Verwertung oder mit einer – eindeutig erklärten – Übernahme in das Privatvermögen in absehbarer Zeit nicht zu rechnen ist[1].

4004 (3) Es steht nicht im Belieben des Steuerpflichtigen, „ewiges" Betriebsvermögen vorzuhalten. Daher endet die Eigenschaft als Betriebsvermögen auch dann, wenn der Steuerpflichtige seine werbende Tätigkeit (endgültig) einstellt, aber nicht die Absicht hat, das Betriebsvermögen „allmählich" zu veräußern.

4005 (4) Das „Wahlrecht" zwischen sofortiger bzw. kurzfristiger tarifbegünstigter Betriebsaufgabe und allmählicher nicht tarifbegünstigter Betriebsabwicklung hat der Steuerpflichtige nur dann, wenn er beabsichtigt, das bisherige Betriebsvermögen noch in zeitlichem Zusammenhang mit der Beendigung der werbenden Tätigkeit alsbald zu veräußern oder es demnächst in einem anderen Gewerbebetrieb zu verwenden[2].

4006 Die Zurückbehaltung von **Grundstücken** wird allerdings regelmäßig zur Versagung der Steuerbegünstigung führen, da Grundstücke, wenn sie nicht zu den wesentlichen Grundlagen eines Betriebs gehören, in ihnen jedoch erhebliche stille Reserven enthalten sein werden (vgl. Rn 3964).

4007 Für die einkommensteuerrechtliche Behandlung der zurückbehaltenen Wirtschaftsgüter gilt Folgendes:

4008 aa) Wirtschaftsgüter, die ihrer Art nach nur **betrieblich genutzt** werden können, kann der Unternehmer nicht zugleich mit der Betriebsveräußerung entnehmen. Diese Wirtschaftsgüter bleiben Betriebsvermögen; ihre spätere Veräußerung führt zu nachträglichen gewerblichen Einkünften (§ 24 Nr. 2 EStG). Die daraus entstehenden späteren positiven gewerblichen Einkünfte sind steuerlich nicht begünstigt, ihr etwaiger Untergang aber führt zu nachträglichen gewerblichen Verlusten.

4009 bb) Wirtschaftsgüter, die **auch privat genutzt werden können,** kann der Unternehmer gleichzeitig mit der Veräußerung der wesentlichen Grundlagen mit dem gemeinen Wert in sein Privatvermögen überführen und der dabei entstehende Gewinn ist ein Teil des laufenden Gewinns (§ 16 Abs. 3 Satz 3 EStG). Der Unternehmer kann die Wirtschaftsgüter

---

[1] BFH-Urteil vom 25. Juli 1972 VIII R 3/66, BFHE 106, 528, BStBl II 1972, 936.
[2] BFH-Urteil vom 17. April 1996 X R 128/94, BFH/NV 1996, 877.

Veräußerungsgewinn

aber auch in einen Betrieb überführen oder als Betriebsvermögen fortführen. In diesem Fall gilt das, was zu aa) gesagt worden ist.

cc) Werden **Forderungen** (z. B. aus Darlehen oder Warenlieferungen) nicht an den Betriebserwerber abgetreten, kann sie der Unternehmer im Zeitpunkt der Betriebsveräußerung durch Entnahme in sein Privatvermögen überführen. Ein späterer Forderungsausfall führt dann nicht zu nachträglich gewerblichen Verlusten, sondern ist ein einkommensteuerrechtlich unbeachtlicher privater Vermögensverlust[1]. Wird eine wertberichtigte Forderung in einem solchen Fall unerwartet voll erfüllt, liegt ein nicht einkommensteuerpflichtiger Vermögenszugang vor. 4010

Ob der Unternehmer betriebliche Forderungen als Betriebsvermögen fortführen kann, wenn noch mit einer betrieblichen Verwertung zu rechnen ist, wird als umstritten angesehen[2].

dd) Werden **Verbindlichkeiten** vom Erwerber nicht übernommen, bleiben sie Betriebsvermögen. Verbindlichkeiten, die aus dem Veräußerungserlös oder durch Verwertung zurückbehaltener Wirtschaftsgüter hätten getilgt werden können, werden notwendig Privatvermögen[3]. Dem Grunde und/oder der Höhe nach ungewisse Verbindlichkeiten, für die beim Betriebsvermögensvergleich im Sinne von § 16 Abs. 2 Satz 2 EStG Rückstellungen ausgewiesen sind, bleiben Betriebsvermögen. 4011

Schuldzinsen für betrieblich begründete und bei der Betriebsveräußerung nach § 16 Abs. 1 Nr. 1 EStG zurückbehaltene Verbindlichkeiten können nachträgliche Betriebsausgaben sein, soweit sie nicht auf Verbindlichkeiten entfallen, die durch den Veräußerungspreis und die Verwertung von zurückgehaltenen Wirtschaftsgütern hätten getilgt werden können[4].

Auch bei der Veräußerung eines Mitunternehmeranteils sind Schuldzinsen für betrieblich begründete zurückbehaltene Verbindlichkeiten nachträgliche Betriebsausgaben, soweit der Veräußerungserlös und der Verwertungserlös aus zurückbehaltenen Aktivwerten nicht zur Schuldentilgung ausreichen. 4012

Die Schuldzinsen sind – darüber hinausgehend – auch noch dann und so lange nachträgliche Betriebsausgaben, als der Schuldentilgung Auszahlungshindernisse hinsichtlich des Veräußerungserlöses, Verwertungshindernisse hinsichtlich der zurückbehaltenen Aktivwerte oder Rückzahlungshindernisse hinsichtlich der früheren Betriebsschulden entgegenstehen[5]. 4013

ee) Wird für den Gewinn aus der Veräußerung eines Gewerbebetriebs eine **Rücklage nach § 6b EStG** gebildet, so führt die spätere Auflösung der Rücklage zu nachträglichen, nicht tarifbegünstigten Einkünften aus Gewerbebetrieb[6]. 4014

Wird ein Betrieb veräußert und wird dabei eine Rücklage nach § 6b EStG nicht aufgelöst, so liegt keine steuerbegünstigte Betriebsveräußerung vor, wenn die Rücklage auch stille Reserven enthält, die bei der Veräußerung einer wesentlichen Grundlage des Betriebs 4015

---

1 BFH-Urteil vom 25. Juli 1972 VIII R 3/66, BFHE 106, 528, BStBl II 1972, 936.
2 Vgl. Rn 4241; gegen diese Möglichkeit vgl. BFH-Urteile vom 19. Januar 1978 IV R 61/73, BFHE 124, 327, BStBl II 1978, 295; vom 28. Januar 1981 I R 234/78, BFHE 133, 30, 32, BStBl II 1981, 464; vom 26. Juni 1985 IV R 22/83, BFH/NV 1987, 24, 25.
3 BFH-Urteil vom 19. Januar 1982 VIII R 150/79, BFHE 135, 193, BStBl II 1983, 321.
4 BFH-Urteil vom 19. Januar 1982 VIII R 150/79, BFHE 135, 193, BStBl II 1983, 321.
5 BFH-Urteil vom 27. November 1984 VIII R 2/81, BFHE 143, 120, BStBl II 1985, 323.
6 BFH-Urteil vom 4. Februar 1982 IV R 150/78, BFHE 135, 202, BStBl II 1982, 348.

aufgedeckt worden sind. Anders ist die Sachlage, wenn die Rücklage stille Reserven enthält, die bei der Veräußerung eines nicht zu den wesentlichen Grundlagen des Betriebs gehörenden Wirtschaftsguts aufgedeckt worden sind; die Fortführung einer solchen Rücklage steht der Annahme einer Betriebsveräußerung nach Auffassung der Verwaltung nicht entgegen[1].

4016–4020   *(unbesetzt)*

4. Veräußerung eines Teilbetriebs

4021   Der Gewinn, den der Unternehmer bei der Veräußerung eines Teilbetriebs erzielt, ist einkommensteuerrechtlich ebenso begünstigt wie der Gewinn bei der Veräußerung eines ganzen Gewerbebetriebs.

a) Merkmale im Überblick

4022   Die Veräußerung eines Teilbetriebs erfordert, dass

- alle wesentlichen Betriebsgrundlagen des Teilbetriebs,
- in einem einheitlichen Vorgang,
- an **einen** Erwerber veräußert,
- dadurch die gesamten in dem veräußerten Teilbetrieb gebildeten stillen Reserven aufgedeckt werden und
- der Gewerbetreibende eine bestimmte gewerbliche Tätigkeit aufgibt.

b) Allgemeines

4023   Eine Teilbetriebsveräußerung[2] im Sinne des § 16 Abs. 1 Nr. 1 EStG liegt vor, wenn ein organisch geschlossener, mit einer gewissen Selbstständigkeit ausgestatteter Teil eines Gesamtbetriebs, der für sich allein lebensfähig ist, entgeltlich auf einen Erwerber übertragen wird. Es müssen die veräußerten Wirtschaftsgüter eine Untereinheit nach Art eines selbstständigen Zweigbetriebs in dem Sinne bilden, dass sie als eigenes Unternehmen fortgeführt werden können. Voraussetzung einer Teilbetriebsveräußerung (oder Teilbetriebsaufgabe) ist, dass der Gewerbetreibende eine bestimmte gewerbliche Tätigkeit aufgibt[3].

4024   Die Veräußerung selbst der wesentlichen Betriebsgrundlagen hat nicht zwangsläufig die Aufgabe der gewerblichen Tätigkeit zur Folge. Begrifflich ist die Übertragung von Wirtschaftsgütern losgelöst von der Aufgabe der gewerblichen Tätigkeit zu sehen[4].

4025   Wird nur ein Teil der wesentlichen Betriebsgrundlagen veräußert und werden die anderen wesentlichen Betriebsgrundlagen in das Privatvermögen überführt, ist der Teilbetrieb aufgegeben.

---

1 Vgl. *Söffing,* Einzelfragen bei der Betriebsveräußerung, FR 1972, 52.
2 Anm. HFR 1990, 85 zu BFH-Urteil vom 9. August 1989, X R 62/87, BFHE 158, 48, BStBl II 1989, 973, tritt dem BFH-Urteil vom 3. Oktober 1984 I R 119/81, BFHE 142, 433, BStBl II 1985, 245 – Leitsätze 2 und 3 – entgegen, wonach die Begriffe „Gewerbebetrieb" und „Teilbetrieb" tätigkeitsbezogen auszulegen seien; denn die Begünstigungsvorschriften seien **objekt**bezogen. Das Merkmal „Beendigung der gewerblichen oder freiberuflichen Tätigkeit des Veräußerers, die sich auf die veräußerten Betriebsgrundlagen bezieht, sei möglicherweise nur als Indiz für das Merkmal Übertragung aller wesentlichen Grundlagen des Betriebs oder Teilbetriebs zu werten."
3 Vgl. dazu Anm. HFR 1980, 85 (s. vorstehende Fn 1).
4 BFH-Urteil vom 3. Oktober 1984 I R 119/81, BFHE 142, 433, BStBl II 1985, 245.

Veräußerungsgewinn

Aufgegeben ist ein Teilbetrieb, wenn der Unternehmer seine gewerbliche Tätigkeit insoweit eingestellt und die dem Teilbetrieb gewidmeten Wirtschaftsgüter – zumindest alle wesentlichen Betriebsgrundlagen des Teilbetriebs – innerhalb eines kurzen Zeitraums entweder veräußert oder in das Privatvermögen überführt und dadurch die stillen Reserven in einem Zuge aufgedeckt hat. Bleiben wesentliche Betriebsrundlagen eines Teilbetriebs trotz dessen Stilllegung Betriebsvermögen, so liegt eine Betriebseinstellung in Verbindung mit der nichtbegünstigten Veräußerung oder Entnahme einzelner Wirtschaftsgüter vor[1]. 4026

Werden Wirtschaftsgüter, die zu den wesentlichen Betriebsgrundlagen des Teilbetriebs gehören, in einen anderen Teilbetrieb desselben Unternehmers überführt, liegt weder eine Teilbetriebsveräußerung noch eine Teilbetriebsaufgabe, sondern eine nicht begünstigte Abwicklung eines Teilbetriebs vor, die hinsichtlich der veräußerten Wirtschaftsgüter zu einem nicht begünstigten laufenden Gewinn führt. 4027

Der Geschäftswert eines Betriebs führt kein Eigenleben; er ist bei der Verlagerung eines Betriebsteils an den fortbestehenden Betrieb gebunden und kann nicht für sich allein genutzt, veräußert und auch nicht wie andere Einzelwirtschaftsgüter entnommen und in eine andere Betriebsstätte überführt werden[2]. 4028

Behält ein Steuerpflichtiger ein dem Teilbetrieb dienendes Wirtschaftsgut mit erheblichen stillen Reserven zurück und führt er es im Betriebsvermögen fort, wird ein solches Wirtschaftsgut als zu den wesentlichen Betriebsgrundlagen gehörig angesehen[3] mit der Folge, dass der Vorgang keine Teilbetriebsveräußerung ist[4]. 4029

Zu den wesentlichen Betriebsgrundlagen wird aber z. B. der Maschinenbestand einer Fabrik auch dann gehören, wenn in ihm keine stillen Reserven enthalten sind[5]. 4030

(unbesetzt) 4031–4035

c) Begriff des Teilbetriebs

Teilbetrieb ist ein mit einer gewissen Selbstständigkeit ausgestatteter, organisch geschlossener Teil des Gesamtbetriebs, der für sich allein lebensfähig ist[6]. 4036

Der Teilbetrieb muss hiernach eine Untereinheit des Gesamtbetriebes sein, ein selbständiger Zweigbetrieb im Rahmen des Gesamtunternehmens. Ob ein Betriebsteil die für die Annahme eines Teilbetriebs erforderliche Selbstständigkeit besitzt, ist nach dem Gesamtbild der Verhältnisse zu entscheiden. Ein unselbstständiger Betriebsteil liegt vor, wenn ein Unternehmen, das unterschiedliche Leistungen erbringt, nur organisatorisch nach örtlichen und fachlichen Gesichtspunkten aufgeteilt ist[7].

Maßgebend ist das Gesamtbild der beim Veräußerer bestehenden Verhältnisse, und zwar im Zeitpunkt vor der Veräußerung[8]. 4037

Ob der Erwerber den Teilbetrieb fortführt, ist unerheblich. 4038

---

1 BFH-Urteil vom 21. April 1983 IV R 78/80, nv.
2 BFH-Urteil vom 24. November 1982 I R 123/78, BFHE 137, 59, BStBl II 1983, 113.
3 Vgl. Rn 3962.
4 BFH-Urteil vom 19. Juli 1984 IV R 143/83, nv.
5 BFH-Urteil vom 19. Januar 1983 I R 57/79, BFHE 137, 487, BStBl II 1983, 312.
6 BFH-Urteil vom 15. März 1984 IV R 189/81, BFHE 140, 563, BStBl II 1984, 486.
7 BFH-Urteil vom 21. Februar 1973 IV R 168/69, BFHE 108, 233, BStBl II 1973, 361.
8 BFH-Urteil vom 16. Juli 1970 IV R 227/68, BFHE 99, 535, BStBl II 1970, 783.

4039 Lebensfähig ist ein Teil des Gesamtbetriebs im Sinne eines Teilbetriebs, wenn von ihm seiner Struktur nach eigenständig eine betriebliche Tätigkeit ausgeübt werden kann[1] und er einen eigenen Kundenkreis besitzt[2].

Das Wertverhältnis des Teilbetriebs zum Gesamtbetrieb ist nicht entscheidend[3].

4040 Die Selbstständigkeit des Teilbetriebs erfordert, dass sich die Betätigung in ihm von der übrigen gewerblichen Tätigkeit unterscheidet[4].

4041 Ein Teilbetrieb kann auch dann vorliegen, wenn der Unternehmensbereich (statt von einem Angestellten) von einem selbstständigen Handelsvertreter geleitet wird[5].

4042 Indizien der **Selbständigkeit (des Teilbetriebs) sind**

- selbstständiges Auftreten des Betriebsteils in der Art eines Zweigbetriebs[6],
- örtliche Trennung,
- Einsatz verschiedenen Personals,
- Vorhandensein von eigenem Inventar,
- gesonderte Buchführung,
- getrennte Kostenrechnung,
- Möglichkeit eigener Preisgestaltung,
- eigenständiger Einkauf,
- eigenständiger Verkauf und
- eigener Kundenstamm.

4043 Nicht erforderlich ist, dass sämtliche Merkmale erfüllt sind. Denn der Teilbetrieb ist nicht ein selbstständiger Betrieb neben einem anderen selbstständigen Betrieb sondern unselbständiger Teil des Gesamtbetriebs[7].

Betreibt z. B. ein am Stadtrand gelegener Gartenbaubetrieb im Stadtzentrum ein Blumengeschäft und in einer Großstadt einen Großmarktstand, so kann das Blumengeschäft als selbstständiger Gewerbebetrieb anzusehen sein, wenn die dort erzielten Umsätze zu mehr als 60 vH auf Fremderzeugnissen beruhen[8].

d) Zu den weiteren Merkmalen

4044 Die Ausführungen zur Veräußerung des ganzen Unternehmens gelten bei der Veräußerung des Teilbetriebs entsprechend. Vgl. daher zur

4045 • Übertragung aller wesentlichen Betriebsgrundlagen des Teilbetriebs Rn 3957 ff.,

---

1 BFH-Urteil vom 4. Juli 1973 I R 154/71, BFHE 110, 245, BStBl II 1973, 838.
2 BFH-Urteil vom 26. Juni 1975 VIII R 39/74, BFHE 116, 391, BStBl II 1975, 832.
3 BFH-Urteil vom 5. Oktober 1976 VIII R 87/72, BFHE 120, 263, BStBl II 1977, 45.
4 BFH-Urteil vom 27. Juni 1978 VIII R 26/76, BFHE 125, 538, BStBl II 1978, 672.
5 BFH-Urteil vom 2. August 1978 I R 78/76, BFHE 126, 24, BStBl II 1979, 15.
6 BFH-Urteil vom 15. März 1984 IV R 189/81, BFHE 140, 563, BStBl II 1984, 486.
7 Vgl. auch *Tiedtke*, Die Veräußerung eines Teilbetriebs im Sinne der §§ 16 Abs. 1 Nr. 1 und 34 Abs. 2 Nr. 1 EStG, DStR 1979, 543; *ders.*, Die Tankstelle als Teilbetrieb, FR 1981, 445.
8 FG Rheinland-Pfalz, Urteil vom 17. März 1992 2 K 1095/89, rkr., EFG 1992, 737, Nr. 735.

- Übertragung des Teilbetriebs unter Aufrechterhaltung des geschäftlichen Organismus Rn 3981, 4046
- Übertragung des Teilbetriebs in einem einheitlichen Vorgang Rn 3984. 4047

Örtlich getrennt betriebene Hotels können Teilbetriebe sein, wenn sie über eigene wesentliche Betriebsgrundlagen verfügen und eine gewisse eigenständige betriebliche Tätigkeit entfalten[1].

e) Übertragung des Teilbetriebs auf einen Erwerber

Die Wirtschaftsgüter, die bei dem Veräußerer einen selbstständigen Teilbetrieb gebildet haben, müssen an **einen** Erwerber veräußert werden. Denn werden die Wirtschaftsgüter an mehrere Erwerber veräußert, wird der Teilbetrieb vom Veräußerer zerschlagen und nicht als selbstständiger Organismus übertragen. 4048

Werden nicht alle Wirtschaftsgüter, die den Teilbetrieb bilden, veräußert, wird regelmäßig kein Teilbetrieb veräußert. Nur wenn geringfügige Reste, die eine untergeordnete Bedeutung haben, nicht veräußert werden, wird eine Teilbetriebsveräußerung vorliegen können[2]. 4049

f) Aufdeckung der stillen Reserven des Teilbetriebs

Schrifttum: S. dazu auch *Kirchhoff/Söhn*, EStG, § 16 Rz E 37; *Lademann*, EStG, § 16 Anm. 66; *Littmann*, EStG, § 16 Rn 109; *Schmidt*, EStG, § 16 Rz 153 ff. 4050

Die steuerbegünstigte Veräußerung eines Teilbetriebes setzt voraus, dass alle wesentlichen Betriebsgrundlagen veräußert und **dadurch** die in dem veräußerten Teilbetrieb gebildeten **stillen Reserven** von Bedeutung durch den einheitlichen Veräußerungsvorgang grundsätzlich **aufgelöst werden**[3]. Veräußert der Steuerpflichtige einen von mehreren von ihm im gleichen Gebäude unterhaltenen Gewerbebetrieben, belässt er jedoch das allen Betrieben als gemeinsame Grundlage dienende Grundstück in vollem Umfange im Betriebsvermögen, so liegt keine steuerlich begünstigte Betriebsveräußerung (Teilbetriebsveräußerung) vor[4]. 4051

g) Aufgabe einer bestimmten gewerblichen oder freiberuflichen Tätigkeit

„Gewerbebetrieb" ist der Oberbegriff, der auch den Begriff des „Teilbetriebs" umfasst. Voraussetzung einer Teilbetriebsveräußerung oder Teilbetriebsaufgabe ist[5], dass der Gewerbetreibende eine bestimmte gewerbliche Tätigkeit aufgibt[6]. 4052

h) Beispiele für Teilbetriebe

Druckerei und **Zeitungsverlag** eines Unternehmers können Teilbetriebe sein. 4053

---

[1] Niedersächsiches FG, Urteil vom 29. Oktober 1987 II 614/83, rkr., EFG 1987, 364.
[2] RFH-Urteil vom 9. Dezember 1931 VI A 2239/30, RStBl 1932, 625; BFH-Urteil vom 3. März 1964 I 340/62, HFR 1964, 239.
[3] BFH-Urteil vom 30. Oktober 1974 I R 40/72, BFHE 114, 85, BStBl II 1975, 232; vom 26. April 1979 IV R 119/76, BFHE 128, 54, BStBl II 1979, 557, und vom 29. Juli 1981 I R 2/78, BFHE 134, 270, BStBl II 1982, 62.
[4] BFH-Urteil vom 30. Oktober 1974 I R 40/72, BFHE 114, 85, BStBl II 1975, 232.
[5] Anm. HFR 1990, 85 zu BFH-Urteil vom 9. August 1989 X R 62/87, BFHE 158, 48, BStBl II 1989, 973, tritt dem BFH-Urteil vom 3. Oktober 1984 I R 119/81, BFHE 142, 433, BStBl II 1985, 245, Leitsätze 2 und 3 entgegen.
[6] Vgl. Rn 3992 ff.; BFH-Urteile vom 3. Oktober 1984 I R 119/81, BFHE 142, 433, BStBl II 1985, 245; vom 9. August 1989 X R 62/87, BFHE 158, 48, BStBl II 1989, 973, sowie vom 24. August 1989 IV R 120/88, BFHE 158, 257, BStBl II 1990, 55.

Filialbetriebe

aa) Einzelhandelsfilialen:

4054 (1) Eine Filiale ist nur dann ein Teilbetrieb, wenn sie nicht nur den Warenverkauf, sondern auch den Wareneinkauf selbstständig tätigt. Obliegt der Einkauf einer zentralen Organisation des Gesamtbetriebs, muss das bei der Filiale beschäftigte leitende Personal die Verkaufspreise selbstständig gestalten können, sonst liegt eine unselbstständige Verkaufsstelle vor[1].

4055 (2) Einzelhandelsgeschäft und Automatenvertrieb:

Vertreibt ein Einzelhändler Zigaretten im Ladengeschäft und über in der Nähe aufgestellte Automaten, so stellen diese unterschiedlichen Vertriebsformen in der Regel auch dann keine Teilbetriebe im Sinne des § 16 Abs. 1 Nr. 1 EStG dar, wenn im Laden auch noch andere Warengruppen wie Zeitschriften, Süßigkeiten und ähnliches angeboten und Lottoscheine entgegengenommen werden[2].

Vertreibt ein Unternehmen Tabakwaren im Großhandel, in Einzelhandelsgeschäften und über Automaten, so kann der Automatenbereich nur Teilbetrieb sein, wenn er organisatorisch und personell von den anderen Vertriebswegen getrennt ist[3].

4056 (3) Ein Lebensmittelhändler hat in Dortmund sein Hauptgeschäft und unterhält in Lünen eine Filiale. Die Filiale in Lünen befindet sich in einem Gebäude, das dem Lebensmittelhändler gehört und als Betriebsvermögen behandelt wird. Verkauft der Lebensmittelhändler das Grundstück in Lünen zusammen mit der Einrichtung und den Waren der Filiale an einen Erwerber, so liegt die Veräußerung eines Teilbetriebs vor. Der durch den Verkauf des Grundstücks erzielte Gewinn ist Teil des Veräußerungsgewinns.

4057 (4) Verkauft der Lebensmittelhändler in Dortmund nur das Grundstück an den Erwerber Müller und eröffnet Müller in dem Gebäude ein Textilwarengeschäft, so liegt keine Teilbetriebsveräußerung vor.

4058 (5) Veräußert der Lebensmittelhändler im zeitlichen Zusammenhang mit der Grundstücksveräußerung die Einrichtung und die Waren des Lebensmittelgeschäfts in Lünen an Dritte, so kann eine Aufgabe eines Teilbetriebs vorliegen, die steuerlich wie eine Teilbetriebsveräußerung behandelt wird.

4059 (6) Veräußert der Lebensmittelhändler ausschließlich das Grundstück, während das übrige Anlagevermögen und die Waren des Filialbetriebs in Lünen in den Hauptbetrieb übernommen werden, so liegt weder eine Veräußerung noch die Aufgabe eines Teilbetriebs vor[4]. Der in diesem Fall durch den Verkauf des Grundstücks anfallende außerordentliche Ertrag ist Teil des laufenden Gewinns. Der Steuerpflichtige kann in solchen Fällen allenfalls die stillen Reserven auf andere Wirtschaftsgüter übertragen.

---

1 BFH-Urteile vom 24. April 1980 IV R 61/77, BFHE 131, 220, BStBl II 1980, 690; vom 12. Februar 1992 XI R 21/90, BFH/NV 1992, 516.
2 FG Hamburg, Urteil vom 12. Oktober 1984 I 211/81, rkr., EFG 1985, 292.
3 BFH-Urteil vom 14. März 1989 I R 75/85, BFH/NV 1991, 291.
4 BFH-Urteil vom 10. März 1960 IV 298/58, HFR 1961, 28.

bb) Andere Filialbetriebe, Niederlassungen usw.

Bei der Veräußerung einer Niederlassung einer Fahrschule kann es sich um die Veräußerung eines Teilbetriebs handeln[1]. 4060

Druckerei: 4061

Betreibt ein Unternehmer – nebeneinander – auf einem gepachteten Grundstück eine Offset-Druckerei und auf einem etwa 150 m entfernt liegenden Grundstück einen Kupfertiefdruck-Betrieb, kommt für die Veräußerung der Offset-Druckerei selbst dann keine Begünstigung in Betracht, wenn der Kupfertiefdruck-Betrieb erst im Jahr vor der Veräußerung errichtet worden ist und mit diesem Betriebsteil vom Erwerber 12 von 42 Arbeitnehmern übernommen worden sind[2]. Denn in einem solchen Fall werden nur Produktionsanlagen im Rahmen eines am gleichen Ort fortbestehenden Betriebs ausgetauscht; es liegt demgemäß auch keine begünstigte Veräußerung einer Zweigniederlassung vor.

Anders ist es, wenn die mit einer gewissen Selbstständigkeit ausgestattete Niederlassung veräußert und die Tätigkeit in dem **anderen örtlichen Wirkungskreis** fortgesetzt wird[3].

Fertigungsbetrieb:

(1) Bei Fertigungsbetrieben, die in verschiedenen Abteilungen unterschiedliche Erzeugnisse herstellen, können diese Abteilungen dann keine Teilbetriebe sein, wenn bestimmte für die Produktion wesentliche Maschinen nur für alle Produktionsabteilungen gemeinsam zur Verfügung stehen. Jede der einzelnen Produktionsabteilungen ist in einem solchen Fall ohne diese Maschinen nicht selbstständig lebensfähig[4]. 4062

(2) Textilwarenhersteller: Stellt ein Gewerbebetrieb Textilwaren für eine staatliche Einrichtung her und daneben auf besonderen Maschinen und aus besonderem Material Textilwaren für den Handel, kann in der Einstellung dieses Betriebszweigs keine Aufgabe eines Teilbetriebs gesehen werden, wenn keine organisatorische Trennung (eigene Mitarbeiter, gesonderte Buchführung) gegeben war, die Textilwaren in ein und demselben Gebäude hergestellt wurden und die Auflösung der im Grundstück enthaltenen stillen Reserven wegen des weiteren Verbleibens im Betriebsvermögen nicht gewährleistet ist[5]. 4063

(3) Produktionsabteilung eines Großhandelsunternehmens: Die Produktionsabteilung, die von einem Großhandelsunternehmen betrieben wird, kann ein selbstständiger Teilbetrieb sein, selbst wenn die Produkte vom Unternehmen im Großhandel vertrieben werden[6]. 4064

(4) Kein Teilbetrieb liegt vor, wenn die Herstellung und der Verkauf von Waren nicht organisatorisch verselbstständigt sind[7]. 4065

---

1 BFH-Urteil vom 24. August 1989 IV R 120/88, BFHE 158, 257, BStBl II 1990, 55. Zum Verkauf einer Fahrschulniederlassung als steuerbegünstigte Teilbetriebsveräußerung vgl. auch BFH-Urteil vom 5. Juni 2003 IV R 18/02, BFH/NV 2003, 1631.
2 BFH-Urteil vom 3. Oktober 1984 I R 119/81, BFHE 142, 433, BStBl II 1985, 245.
3 BFH-Urteil vom 24. August 1989 IV R 120/88, BFHE 158, 257, BStBl II 1990, 55, und Anmerkung HFR 1990, 86.
4 BFH-Urteil vom 8. September 1971 I R 66/68, BFHE 103, 173, BStBl II 1972, 118.
5 BFH-Urteile vom 8. September 1971 I R 66/68, BFHE 103, 173, BStBl II 1972, 119; vom 26. April 1979 IV R 119/76, BFHE 128, 54, BStBl II 1979, 557, und vom 28. Juli 1983 IV R 228/80, nv.
6 FG Rheinland-Pfalz, Urteil vom 1. Februar 1962, rkr., EFG 1962, 406: Die für die Stilllegung der Produktion gewährte Entschädigung kann einen Veräußerungserlös darstellen, der nicht der Gewerbesteuer unterliegt.
7 BFH-Beschluss vom 30. März 1983 I S 24/82, nv.

4066 **Gaststätte:** Eine Gaststätte, die einer Brauerei gehört und von dieser betrieben wird, ist ein selbstständiger Teilbetrieb[1].

4067 **Heizkraftwerk:** Veräußert ein Grundstücksverwalter bebaute Grundstücke und behält er Heizwerke zurück, die der Beheizung dieser Grundstücke dienen, können die Heizwerke Teilbetriebe werden. Im Falle der Unrentabilität der Heizwerke könnte eine Abschreibung der maschinellen Anlagen der Heizwerke auf den niedrigeren Teilwert der Teilbetriebe in Betracht kommen[2].

4068 **Kino:** Räumlich getrennte Kinobetriebe sind Teilbetriebe.

4069 **Schiff:** Betreibt ein Unternehmer mehrere Schiffe, ist das einzelne Schiff kein Teilbetrieb.

4070 **Substanzgewinnungsunternehmen:** Stellt eine KG auf der Grundlage eigener Sandgewinnung und Kiesgewinnung Betonzuschlagstoffe, Transportbeton und Baustoffe her und verkauft sie von ihr geförderten Landkies und Seekies als Rohprodukte, so erfüllt ein zur Baggerung von Seekies eingesetztes Schiff, das mit einer Kiesgewinnungsanlage und Kiesaufbereitungsanlage ausgestattet ist, nicht die für einen Teilbetrieb vorausgesetzte Selbstständigkeit, wenn das Schiff weder über einen eigenen Geschäftsbetrieb noch (wegen der einheitlichen Verkaufsorganisation) über einen eigenen Kundenstamm verfügt. Die Führung getrennter Aufwandskonten und Betriebsrechnungen für das Schiff sowie die schiffahrtsrechtliche Verantwortlichkeit des Kapitäns sind unbeachtlich[3].

4071 **Tankstelle:** Eine Tankstelle ist grundsätzlich kein Teilbetrieb, sondern nur eine unselbstständige Verkaufsstelle.

4072 Bei einem Unternehmen, das den Kraftstoffhandel mit einem eigenen Netz von Tankstellen betreibt, bildet die einzelne Tankstelle keinen organisatorischen selbstständigen Teilbetrieb, sondern nur eine unselbstständige Verkaufsstelle. Der Betrieb besteht in dem gesamten, in bestimmter Weise organisierten Kraftstoffverkauf. In diesem Zusammenhang hat im Rahmen des Absatzunternehmens die einzelne Tankstelle nur die Funktionen eines austauschbaren Betriebsmittels[4].

4073 Die einzelnen Tankstellen eines Kraftstoff-Großhandelsunternehmens bilden selbst dann nicht Teilbetriebe, wenn sie von Pächtern bewirtschaftet werden[5].

4074 Die Rechtsprechung zur Teilbetriebseigenschaft von Brauereigaststätten[6] ist auf Tankstellen nicht übertragen worden[7].

4075 Für die Frage, ob eine Tankstelle und eine Kfz-Reparaturwerkstatt einen einheitlichen Gewerbebetrieb oder jeweils selbstständige Teilbetriebe darstellen, kommt es u. a. wesentlich auf den jeweils eigenen Einkauf der verkauften oder verarbeiteten Produkte und da-

---

1 BFH-Urteil vom 3. August 1966 IV 380/62, BFHE 86, 628, BStBl III 1967, 47.
2 BFH-Urteil vom 19. Juli 1983 VIII R 160/79, BFHE 139, 244, BStBl II 1984, 26, soweit in der Entscheidung von einem negativen Geschäftswert der Teilbetriebe, der nicht passiviert werden dürfe, gesprochen wird, ist der Entscheidung nicht zuzustimmen.
3 BFH-Urteil vom 15. März 1984 IV R 72-73/82, nv.
4 BFH-Urteil vom 5. April 1968 IV R 75/67, BFHE 92, 219, BStBl II 1968, 523, HFR 1968, 391.
5 BFH-Urteil vom 5. April 1968 IV R 75/67, BFHE 92, 219. BStBl II 1968, 523, HFR 1968, 391, Nr. 421 m. Anm.
6 BFH-Urteil vom 3. August 1966 IV 380/62, BFHE 86, 628, BStBl III 1967, 47.
7 BFH-Urteil vom 13. Februar 1980 I R 14/77, BFHE 130, 384, BStBl II 1980, 498.

rauf an, ob vom äußeren Eindruck her sich der Gesamtbetrieb als Tankstelle mit angegliederter Reparaturwerkstatt oder mehr als Kfz-Werkstatt darstellt[1].

Eine Markentankstelle und eine Freie Tankstelle, die an verschiedenen Orten betrieben werden, können zwei Teilbetriebe darstellen[2]. 4076

Taxi: Bei einem Taxiunternehmen ist das einzelne von mehreren Taxis kein Teilbetrieb. 4077

Gegen die Annahme, dass ein Taxiunternehmen einen selbständigen Zweigbetriebrahmen des Gesamtunternehmens bildet, kann entscheidend sprechen, dass für eines der im Betrieb vorhandenen Fahrzeuge eine Doppelkonzession für Taxi- und zugleich für Mietwagenbetrieb besteht[3].

Transportunternehmen: Bei einem Transportunternehmen, das mit zwei Lastzügen auf Grund von zwei Konzessionen Güternahverkehr und Güterfernverkehr betreibt und welches die Güterfernverkehrskonzession zusammen mit dem dabei eingesetzten Lastzug veräußert, reicht es für die Annahme einer Teilbetriebsveräußerung nicht aus, dass die veräußerten Wirtschaftsgüter in der Hand des Erwerbers eine ausreichende Grundlage für den Betrieb des anderen Unternehmens bilden können. Zur Anerkennung als Teilbetrieb bedarf es u. a. einer Trennung hinsichtlich der Kostenrechnung, vor allem bezüglich des Aufwandes für AfA, Löhne, Kraftstoffe, Reparaturen und der übrigen Betriebsausgaben bei den beiden Transportzweigen[4]. Werden beide Transportzweige von einem Standort aus eingesetzt und wird die Abwicklung der Aufträge in denselben von demselben Personal durchgeführt, handelt es sich auf Grund dieser Merkmale um einen organisch einheitlichen Betrieb mit zwei Betriebszweigen, die weder nach innen noch nach außen als organisch eigenständige Teile deutlich getrennt sind[5]. 4078

Bei einem Güterfernverkehrsunternehmen wird der örtliche Wirkungsbereich wesentlich von dem Standort des Unternehmens bestimmt. Daher ist eine Niederlassung, wenn sie ausreichend mit Personal und Fahrzeugen ausgestattet ist und sie einen ausreichend abgegrenzten Kundenkreis hat, als Teilbetrieb anzuerkennen. Die zur Teilbetriebseigenschaft einer Einzelhandelsfiliale aufgestellten Grundsätze sind nicht anzuwenden[6]. 4079

Verkauft ein Spediteur, der auch mit eigenen Fernlastzügen das Frachtgeschäft betreibt (sog. Kraftwagen-Spediteur), seine Fernlastzüge an verschiedene Erwerber und betreut er in der Folgezeit seine bisherigen Kunden über die Spedition unter Einschaltung fremder Frachtführer weiter, so liegt weder eine Teilbetriebsveräußerung noch eine Teilbetriebsaufgabe vor[7]. 4080

Verlag: Veräußert ein Verlag, der mehrere Fachgebiete verlegerisch betreut, eines der Fachgebiete an einen anderen Verlag, so liegt eine Teilbetriebsveräußerung vor, wenn die verlegerische Betreuung dieses Fachgebiets innerhalb des Verlages als ein mit einer gewissen Selbstständigkeit ausgestatteter, organisch geschlossener Teil des Gesamtbetriebs in Erscheinung trat, der für sich allein lebensfähig war[8]. 4081

---

1 BFH-Urteil vom 19. Juni 1980 IV R 70/77, nv, betreffend Gewerbesteuerpflicht der Einnahmen aus der Verpachtung der Reparaturwerkstatt an die Ehefrau und Einflussnahme des Verpächters.
2 BFH-Urteil vom 9. August 1989 X R 62/87, BFHE 158, 48, BStBl II 1989, 973, s. Rn 3995.
3 FG Nürnberg, Urteil vom 26. März 1992 VI 236/85, rkr., EFG 1992, 600 Nr. 605.
4 BFH-Urteil vom 20. Februar 1974 I R 127/71, BFHE 111, 499, BStBl II 1974, 357.
5 BFH-Urteil vom 24. April 1980 IV R 66/76, nv.
6 BFH-Urteil vom 29. April 1993 IV R 88/92, BFH/NV 1994, 694.
7 BFH-Urteil vom 22. November 1988 VIII R 323/84, BFHE 155, 318, BStBl II 1989, 357.
8 BFH-Urteil vom 15. März 1984 IV R 189/91, BFHE 140, 563, BStBl II 1984, 486.

4082 **Vermögensverwaltungsunternehmen:** Bei einem Dienstleistungsunternehmen (Vermögensverwaltung) ist eine ausgegliederte Vermögensverwaltung nicht als Teilbetrieb anzusehen, wenn sie keinen eigenen Kundenkreis hat und ihr Wirkungskreis von demjenigen des Hauptbetriebs nicht örtlich abgrenzbar ist. Ein Unternehmen befasst sich mit dem Erwerb von Grundstücken und Erbbaurechten zur Bebauung oder Weiterveräußerung, der Betreuung von Bauvorhaben und der Verwaltung von Bauobjekten. Es hat die Verwaltung einer Wohnsiedlung übernommen und dafür eine mit eigenem Personal besetzte Verwaltung mit eigener Mitbuchhaltung eingerichtet. Die besondere Verwaltung ist kein Teilbetrieb[1].

4083 Eine Grundstücksverwaltung kann im Rahmen eines Gewerbebetriebs nur dann einen Teilbetrieb darstellen, wenn sie auch außerhalb des Gewerbebetriebs gewerblichen Charakter hätte[2] und wenn die Vermietung und Verpachtung des Grundbesitzes einen organisatorisch selbstständigen Teil des Gesamtbetriebes darstellt.

4084 **Beispiel:**

Ein Textilwarenfabrikant baut ein Geschäftshaus, das er als gewillkürtes Betriebsvermögen seiner Fabrik behandelt. In dem Haus befinden sich mehrere vermietete Geschäfte und Büroräume, die an Dauermieter vermietet sind. Das Gleiche gilt für vier Wohnungen. Der Vermieter hat als Nebenleistungen für die Heizung und Reinigung der von allen Mietern genutzten Nebenräume zu sorgen. Für diese Arbeiten werden ein Heizer und drei Putzfrauen beschäftigt.

Die Einnahmen des Fabrikanten aus der Vermietung und Verpachtung gehören zum Gewinn aus Gewerbebetrieb; denn das Geschäftshaus ist Teil des Betriebsvermögens.

Verkauft der Fabrikant das Grundstück, veräußert er keinen selbstständigen gewerblichen Teilbetrieb. Denn, gehörte das Geschäftshaus nicht zum Betriebsvermögen, läge keine gewerbliche Betätigung vor, sondern der Fabrikant erzielte insoweit Einkünfte aus Vermietung und Verpachtung. Selbst wenn die Vermietung und Verpachtung des Grundbesitzes einen organisatorisch selbständigen Teil des Gesamtbetriebes darstellte, könnte begrifflich keine Teilbetriebsveräußerung vorliegen, unabhängig von der Frage, ob die durch die Vermietung und Verpachtung anfallenden Arbeiten als geringfügig anzusehen wären.

4085 Wird ein Grundstück verkauft, das teilweise eigenbetrieblich genutzt, teils vermietet ist, aber als Ganzes als Betriebsgrundstück behandelt worden ist, so entsteht mit seinem Verkauf dann ein begünstigter Veräußerungsgewinn, wenn außer dem Grundstück auch der Gewerbebetrieb oder der Teilbetrieb, dem das Grundstück diente, veräußert oder aufgegeben wird.

Die Vermietung von Grundstücksteilen ist jedenfalls kein gewerblicher Teilbetrieb, durch deren Veräußerung ein Veräußerungsgewinn entstehen könnte.

4086 **Beispiel:**

Der Inhaber eines Kinos hat ein Haus gebaut, in dessen Erdgeschoss sich das Kino befindet. Das erste und zweite Stockwerk sind als Büroräume vermietet, das dritte und vierte Stockwerk als Wohnungen. Das Haus ist als Betriebsvermögen des Kinobetriebs bilanziert. Für den vermieteten Teil des Hauses werden zwei Putzfrauen beschäftigt, die das Treppenhaus und die Flure reinigen. Ein Hausmeister ist für das ganze Haus tätig; er bedient die Heizung und führt auch kleinere Reparaturen im Kino aus. Der Kinobesitzer verkauft das Haus, betreibt aber das Kino in den nunmehr vom neuen Eigentümer gemieteten Räumen weiter.

---

1 BFH-Urteil vom 26. Juni 1975 VIII R 39/74, BFHE 116, 391, BStBl II 1975, 832.
2 Vgl. dazu BFH-Urteile vom 1. Juni 1967 IV R 47/66, BFHE 89, 534, BStBl III 1967, 730; vom 24. April 1969 IV R 202/68, BFHE 95, 323, BStBl II 1969, 397, und vom 13. Oktober 1972 I R 213/69, BFHE 107, 418, BStBl II 1973, 209; ablehnend u. a. *Littmann*, FR 1970, 410.

Das Erdgeschoss des Hauses, das das Kino enthält, war notwendiges Betriebsvermögen des Kinobesitzers. Durch den Verkauf des Hauses wird der Gewerbebetrieb weder veräußert noch aufgegeben. Der Kinobesitzer erzielt bei dem Verkauf des Hauses, soweit dies eigenbetrieblich genutzt worden ist, und deshalb zum notwendigen Betriebsvermögen gehörte, keinen Veräußerungsgewinn. Der Gewinn ist Teil des laufenden gewerblichen Gewinns.

Die Gebäudeteile, die die Büroräume und Wohnungen enthalten, waren gewillkürtes Betriebsvermögen. Der Steuerpflichtige hätte diese Gebäudeteile nicht in sein Betriebsvermögen aufnehmen müssen. Durch die Aufnahme als gewillkürtes Betriebsvermögen führten auch die Einnahmen aus der Vermietung zu Teilen des gewerblichen Gewinns. Ein Teilbetrieb liegt jedoch insoweit nicht vor.

(unbesetzt) 4087–4090

Zahnlabor: Ein selbstständiger Teil des einer freiberuflichen Tätigkeit dienenden Vermögens (§ 18 Abs. 3 EStG) muss dieselben Voraussetzungen erfüllen wie ein Teilbetrieb i. S. des § 16 Abs. 1 Nr. 1 EStG. 4091

Ein nur für die Patienten der eigenen Zahnarztpraxis tätiges Zahnlabor ist kein selbständiger Teil des freiberuflichen Vermögens eines Zahnarztes[1].

(unbesetzt) 4092–4100

5. Veräußerung eines Mitunternehmeranteils

Schrifttum: *Leberfinger,* Die doppelstöckige Mitunternehmerschaft nach dem Steueränderungsgesetz 1992, DStR 1992, 386; *Tismer/Ossenkopp,* Veräußerung von Kommanditanteilen bei Vorliegen von Sonderbetriebsvermögen, FR 1992, 39; *Zimmermann/Reyher/Hottmann,* Die Personengesellschaft im Steuerrecht, 4. Aufl., Achim 1994. 4101

Zu den Einkünften aus Gewerbebetrieb gehören auch Gewinne, die bei der Veräußerung des Anteils eines Gesellschafters, der als Mitunternehmer i. S. v. § 15 Abs. 1 Nr. 2 EStG anzusehen ist, erzielt werden. Gewinne, die bei der Veräußerung des Mitunternehmeranteils erzielt werden, sind gemäß § 16 Abs. 1 Nr. 2 EStG begünstigt. Der Mitunternehmer wird insoweit einkommensteuerlich wie der Einzelunternehmer, der seinen Betrieb oder seinen Teilbetrieb veräußert, behandelt. Mitunternehmeranteil i. S. v. § 16 Abs. 1 Nr. 2 EStG ist bei einer Personengesellschaft die Beteiligung des Gesellschafters, also seine Mitgliedschaft mit den auf ihr beruhenden Rechten und Pflichten[2]. 4102

Mitunternehmeranteile in diesem Sinne sind 4103

- Gesellschaftsanteile von Personengesellschaften mit Gesamthandsvermögen (OHG, KG, GbR) oder mit Bruchteilseigentum der Gesellschafter (wie z. B. die Partenreederei) oder ohne Geamthandsvermögen (wie z. B. die atypische stille Gesellschaft oder die atypische stille Unterbeteiligung), soweit jeweils die Gesellschafter Mitunternehmer sind,

- Anteile an bestimmten Gemeinschaften mit Gesamthandsvermögen (wie z. B. Erbengemeinschaft, Gütergemeinschaft), soweit die Gemeinschafter Mitunternehmer sind, und

- alle sonstigen Rechtsverhältnisse, soweit sie als Mitunternehmerschaft zu beurteilen sind.

---

1 BFH-Beschluss vom 25. Juli 1994 I B 2/94, BFH/NV 1995, 497.
2 Zur Besteuerung aufseiten der Gesellschaft und des ausscheidenden Mitunternehmers vgl. Rn 4523 ff. und 4555 ff.

4104 Veräußerung eines Mitunternehmeranteils i. S. v. § 16 Abs. 1 Nr. 2 EStG ist demgemäß das Ausscheiden eines Gesellschafters

- aus einer zwei- oder mehrgliedrigen Personengesellschaft durch Übertragung des Gesellschaftsanteils auf einen neu eintretenden Gesellschafter,
- aus einer mehrgliedrigen Personengesellschaft durch Übertragung des Gesellschaftsanteils auf einen der bisherigen Mitgesellschafter,
- aus einer mehrgliedrigen Personengesellschaft unter Fortbestand der Gesellschaft unter den bisherigen Mitgesellschaftern mit anteiliger Anwachsung des Mitunternehmeranteils bei den verbleibenden Gesellschaftern,
- aus einer zweigliedrigen Gesellschaft unter Fortführung des Unternehmens als Einzelunternehmen durch den anderen Gesellschafter.

4105 Umfasst der Gesellschaftsanteil auch Wirtschaftsgüter des Sonderbetriebsvermögens, liegt eine begünstigte Veräußerung nur vor, wenn auch ein entsprechender Bruchteil des Sonderbetriebsvermögens veräußert wird[1].

4106 Werden die Wirtschaftsgüter des Sonderbetriebsvermögens zurückbehalten und gewinnverwirklichend ins Privatvermögen überführt, liegt die begünstigte Aufgabe des Mitunternehmeranteils vor.

4107 *(unbesetzt)*

4108 **Beispiel:**
A und B sind Gesellschafter einer OHG je zur Hälfte.
a) Das Betriebsgrundstück G gehört A und B zur Hälfte. A und B übertragen von ihren Gesellschaftsanteilen je ⅙-Anteil auf C unter Zurückbehaltung des Grundstücks, das fortan zum Sonderbetriebsvermögen von A und B gehört.
Nach der Übertragung des Anteils sind also A, B und C bürgerlich-rechtlich zu ⅓ an der OHG (ohne Grundstück) beteiligt.
Die Übertragung des Anteils des Mitunternehmeranteils ist begünstigt. Denn der Mitunternehmeranteil umfasst bürgerlich-rechtlich nach dem Sachverhalt nicht das Betriebsgrundstück (strittig).
b) Das Betriebsgrundstück G gehört der OHG.
A und B übertragen das Betriebsgrundstück von der OHG auf sich je zur Hälfte und anschließend von ihren Gesellschaftsanteilen je ⅙-Anteil auf C.
Die Übertragung der Mitunternehmeranteile ist einkommensteuerrechtlich nicht begünstigt, denn es werden im Zuge der Anteilsübertragung nicht alle stillen Reserven aufgedeckt (strittig).

4109 Werden die Wirtschaftsgüter des Sonderbetriebsvermögens von wesentlicher Bedeutung dagegen zurückbehalten und in ein anderes Betriebsvermögen ohne Gewinnverwirklichung überführt, liegt keine begünstigte Veräußerung oder Aufgabe eines Mitunternehmeranteils vor.

4110 Die Veräußerung eines Teils (Bruchteils) eines Mitunternehmeranteils ist seit dem Veranlagungszeitraum 2002 keine tarifbegünstigte Veräußerung eines Mitunternehmeranteils i. S. v. § 16 Abs. 1 Nr. 2 und § 18 Abs. 3 Satz 2 EStG.

4111 (1) Die Veräußerung eines Teils eines Mitunternehmeranteils liegt vor, wenn bei einer Personengesellschaft ein weiterer Gesellschafter in die Gesellschaft eintritt, ohne dass einer der bisherigen Gesellschafter gegen Leistung eines Entgelts an einen oder alle Gesellschafter ausscheidet. Auch die entgeltliche Änderung der Beteiligungsverhältnisse,

---

[1] BFH-Urteil vom 12. April 2000 XI R 35/99, BFH/NV 2001, 91, BStBl II 2001, 26.

ohne dass einer der bisherigen Gesellschafter ausscheidet und ohne dass ein neuer Gesellschafter eintritt, ist Veräußerung eines Mitunternehmeranteils.

(2) Der Gesellschafter einer Personengesellschaft hält gemäß § 718 Abs. 1 BGB gesellschaftsrechtlich gesehen immer nur einen Anteil am Gesellschaftsvermögen[1]. Dieser eine Anteil wird zwar nicht übertragen, wenn die Gesellschafter einer Personengesellschaft ihre künftige Beteiligung am Vermögen, am Gewinn und an den stillen Reserven der Personengesellschaft abweichend von dem bisher geltenden Gesellschaftsvertrag regeln. Vielmehr treten die mit der Neuregelung verbundenen Vermögensmehrungen und -minderungen bei den Gesellschaftern nach den Grundsätzen der An- und Abwachsung ein. Steuerrechtlich sind jedoch die durch Anwachsungen eintretenden Vermögensmehrungen wie eine Anteilsübertragung zu behandeln, weil die Anwachsung wirtschaftlich gesehen der Anteilsübertragung entspricht. Dies gilt unbeschadet der Tatsache, dass § 15 Abs. 1 Nr. 2 EStG auf Mitunternehmeranteile abstellt. Nach § 15 Abs. 1 Nr. 2 EStG hat auch jeder Mitunternehmer nur einen Mitunternehmeranteil. Der Mitunternehmer, der in die Abwachsung seiner Beteiligung einwilligt, verliert in der Regel Teile seiner bisherigen Vermögensposition. Dieser Vorgang ist steuerrechtlich wie eine Veräußerung zu behandeln, wenn er zu einer Vermögensanwachsung bei einem anderen Gesellschafter führt und dieser dafür ein Entgelt zahlt.

4112

Kein Mitunternehmeranteil in diesem Sinne ist ein Gesellschaftsanteil an einer nicht gewerblich tätigen Personengesellschaft, also z. B. einer vermögensverwaltenden Personengesellschaft, oder einer Personengesellschaft, die nicht den Tatbestand einer gewerblich geprägten Personengesellschaft erfüllt, und zwar selbst dann, wenn der Gesellschaftsanteil beim Gesellschafter Betriebsvermögen ist.

4113

Bei schenkweiser Einräumung einer Unterbeteiligung an einem OHG- oder KG-Anteil erlangt der Unterbeteiligte im Verhältnis zum Hauptbeteiligten die Rechtsstellung eines Mitunternehmers, wenn der Vertrag zivilrechtlich wirksam ist, tatsächlich vollzogen wird und inhaltlich den Unterbeteiligten im Innenverhältnis mindestens mit den Rechten und Pflichten ausstattet, die nach dem Regelstatut des HGB einem Kommanditisten zustehen und obliegen[2].

4114

Die gleichen Wirkungen können auch bei einem Treuhandvertrag eintreten.

4115

Ein Treuhandverhältnis, dessen Gegenstand ein Gesellschaftsanteil ist, kann grundsätzlich auch dadurch begründet werden, dass ein Gesellschafter mit einem Treugeber vereinbart, er werde seine Gesellschaftsbeteiligung nunmehr lediglich als Treuhänder für den Treugeber halten (Vereinbarungstreuhand)[3].

In vermögensrechtlicher Hinsicht ist eine Vereinbarungstreuhand, deren Gegenstand ein Personengesellschaftsanteil ist, als rechtswirksam anzusehen.

4116

Ist in einem Gesellschaftsvertrag vereinbart, dass die Ehefrau im Scheidungsfall aus der Gesellschaft ausgeschlossen werden kann und der Ehemann an ihre Stelle tritt, dann ist

4117

---

1 BFH-Urteile vom 24. August 1988 I R 216/84, BFHE 155, 146, BStBl II 1989, 48 und vom 9. August 1989 I R 88/85, BFHE 158, 456, BStBl II 1990, 224.
2 BFH-Urteile vom 8. August 1979 I R 82/76, BFHE 128, 457, BStBl II 1979, 768, und vom 11. Oktober 1984 IV R 179/82, BFHE 142, 437, BStBl II 1985, 247; s. dazu auch Rn 4203.
3 Vgl. *Blaurock,* Unterbeteiligung und Treuhand an Gesellschaftsanteilen, S. 151; *Coing,* Die Treuhand kraft privaten Rechtsgeschäfts, S. 112; BGH-Urteil vom 6. Juli 1961 II ZR 219/58, BGHZ 35, 272; *Eden,* Treuhandschaft an Unternehmen und Unternehmensanteilen: Recht, Steuer, Betriebswirtschaft, 2. Aufl., Bielefeld 1989 (Dissertation Hamburg 1981).

der Kommanditanteil der Ehefrau dem Ehemann zuzurechnen (§ 39 Abs. 2 Nr. 1 Satz 1 AO 1977)[1].

4118 Die Veräußerung eines Mitunternehmeranteils liegt auch vor, wenn ein Freiberufler seinen Anteil an einer Sozietät einem Dritten überträgt[2].

4119 Veräußert ein Freiberufler einen Teil seines Mitunternehmeranteils an einer Praxis, Kanzlei oder Sozietät, liegt ebenfalls eine Anteilsveräußerung vor, die nicht tarifbegünstigt ist, und zwar auch nicht gem. §§ 20 und 24 UmwStG und auch nicht bei Teilwertansatz. Offen ist, ob ein Teilanteil zu Buchwerten in eine Kapitalgesellschaft eingebracht werden kann.

4120–4125 *(unbesetzt)*

6. Abgrenzung der Veräußerung von anderen Sachverhalten

a) Einbringung von Unternehmen, Teilbetrieben und Mitunternehmeranteilen

4126 *Schrifttum: Schoor,* Veränderungen im Gesellschafterbestand von Personengesellschaften, StBp 1995, 154; *Schwedhelm,* Zum Wertausgleich bei Aufnahme eines Gesellschafters in ein Einzelunternehmen, FR 1993, 423.

4127 Die Einbringung von Unternehmen, Teilbetrieben und Mitunternehmeranteilen in ein anderes Unternehmen (Personengesellschaft oder Kapitalgesellschaft) kann Veräußerung sein.

4128 **aa) Gründung einer Personengesellschaft und Einbringung einer wesentlichen Beteiligung**

Bringt der Gesellschafter einer Personengesellschaft bei deren Gründung ein Wirtschaftsgut seines Privatvermögens (hier: eine wesentliche Beteiligung i. S. von § 17 EStG) in die Personengesellschaft gegen die Gewährung eines Mitunternehmeranteils ein, so handelt es sich um einen tauschähnlichen Vorgang. Die empfangene Personengesellschaft hat als „Anschaffungskosten" für das eingebrachte Wirtschaftsgut dessen gemeinen Wert zu aktivieren. Entsprechende Grundsätze gelten auch dann, wenn die Einbringung des betreffenden Wirtschaftsguts gegen Gewährung von Personengesellschaftsrechten und ein weiteres Entgelt (z. B. Gutschrift auf einem Forderungskonto des einbringenden Gesellschafters bei der Personengesellschaft) erfolgt[3].

4129 **bb) Bestehen einer Personengesellschaft und Einbringung einer wesentlichen Beteiligung**

Wird ein Einbringender an einer aufnehmenden Gesellschaft wesentlich beteiligt und führt die aufnehmende Gesellschaft die Buchwerte fort, so wird der Vorgang einkommensteuerrechtlich **nicht** als Betriebsveräußerung behandelt.

4130 Sind in einem in die Personengesellschaft einzubringenden Einzelunternehmen stille Reserven vorhanden, werden die Beteiligten einen Ausgleich dafür vereinbaren.

---

1 BFH-Urteil vom 26. Juli 1990 VIII R 81/85, BFHE 161, 472, BStBl II 1994, 645.
2 BFH-Urteil vom 23. Januar 1997 IV R 36/95, BFHE 182, 533, BStBl II 1997, 498, DStR 1997, 610 mit Anm. MK.
3 BFH-Urteil vom 19. Oktober 1998 VIII R 69/95, BFHE 187, 434, BStBl II 2000, 230; vgl. hierzu BMF-Schreiben vom 29. März 2000 – IV C 2 – S 2178 – 4/00, BStBl I 2000. 462.

Veräußerungsgewinn 567

cc) Einbringung eines Unternehmens in eine Personengesellschaft 4131

Wird ein Unternehmen (Betrieb, Teilbetrieb oder Mitunternehmeranteil) in eine Personengesellschaft eingebracht und wird dem Einbringenden als Gegenleistung für die Sacheinlage eine Mitunternehmerstellung eingeräumt, besteht ein Wahlrecht zwischen Buchwertfortführung und dem Ansatz der Teilwerte oder von Zwischenwerten, sofern der Gegenwert dem steuerlichen Kapitalkonto des Einbringenden gutgeschrieben wird. 4132

Leisten die aufnehmenden Gesellschafter an den einbringenden Gesellschafter Zahlungen außerhalb des gesellschaftlichen Einbringungsvorgangs, muss der Gewinn der Einbringung verwirklicht werden. 4133

Werden bei der Einbringung stille Reserven aufgedeckt, damit der Einbringende am Kapital der übernehmenden Gesellschaft in der errechneten Höhe beteiligt werden kann, ist der so in Erscheinung tretende Gewinn **nicht** steuerbegünstigt, es sei denn, es sind **alle** stillen Reserven einschließlich des Firmenwerts aufgedeckt worden[1]. 4134

Die Aufdeckung lediglich des Teils der stillen Reserven, der dem Anteil der Mitgesellschafter am Vermögen der Personengesellschaft entspricht, reicht also nicht aus, um in den Genuss der Steuervergünstigungen zu kommen[2]. 4135

dd) Einbringung eines Unternehmens in eine Kapitalgesellschaft 4136

(1) Veräußert ein Einzelunternehmer sein Unternehmen an eine von ihm gegründete GmbH gegen Übernahme der Schulden und Zahlung eines Kaufpreises in Höhe der Differenz zwischen Aktiva und Passiva, so liegt grundsätzlich ein (teil-)entgeltlicher Betriebserwerb vor. Die GmbH hat jedoch gleichwohl die erworbenen Wirtschaftsgüter nicht mit den Anschaffungskosten, sondern mit den Teilwerten anzusetzen.

(2) Ein übergegangener Geschäftswert ist auch dann bei der GmbH anzusetzen, wenn ein solcher bei Ermittlung des Betriebsveräußerungsgewinns beim Einzelunternehmen nicht berücksichtigt wurde. Dem Ansatz bzw. der Berücksichtigung der AfA auf den Geschäftswert kann aber im Einzelfall der Grundsatz von Treu und Glauben entgegenstehen[3]. 4137

(3) Bei der Einbringung eines Betriebs in eine Kapitalgesellschaft ist der Ansatz bei der Gesellschaft für die Berechnung des Einbringungsgewinns auch dann maßgebend, wenn der Einbringende damit rechnen muss, für die von der Kapitalgesellschaft übernommenen Schulden des Betriebs in Anspruch genommen zu werden; an Gläubiger geleistete Zahlungen können dann jedoch nachträglich Anschaffungskosten auf die erlangte Kapitalbeteiligung darstellen[4]. 4138

Die Versteuerung der stillen Reserven wird vermieden, 4139

- wenn neutralisierende negative steuerliche Ergänzungsbilanzen aufgestellt werden, die ein Spiegelbild der Aufstockung sind und deren Ergebnisse in die einheitliche Gewinnfeststellung eingehen[5] oder
- wenn vorübergehend eine erhöhte Gewinnbeteiligung vereinbart wird.

---

1 BFH-Urteil vom 4. April 1968 IV R 122/66, BFHE 92, 330, BStBl II 1968, 580. Vgl. nunmehr § 16 Abs. 2 Satz 3 EStG.
2 BFH-Urteil vom 25. November 1980 VIII R 32/77, BFHE 132, 425, BStBl II 1981, 419.
3 BFH-Urteil vom 24. Juli 1996 I R 113/95, BFH/NV 1997, 214.
4 BFH-Urteil vom 23. Januar 1986 IV R 335/84, BFHE 146, 236, BStBl II 1986, 623.
5 Vgl. dazu *Korn* in KÖSDI 3/82, 4540 f.

4140 Wird eine höhere Gewinnbeteiligung als Ausgleich für die Einbringung der stillen Reserven gewährt, stellt diese kein Veräußerungsentgelt dar, selbst wenn die stillen Reserven der Höhe nach zuvor ermittelt werden und die Gewährung von Vorabgewinnen endet, sobald deren Summe die der stillen Reserven erreicht hat.

4141 In der Einbringung eines Einzelunternehmens in eine neu gegründete Personengesellschaft kann nicht die Veräußerung eines Mitunternehmeranteils durch den Einlegenden an die übrigen Gesellschafter gesehen werden. Der Vorgang ist nicht dem der steuerlichen Behandlung der Abfindung eines ausscheidenden Gesellschafters vergleichbar[1].

4142 Dementsprechend ist zu verfahren, wenn die aufnehmende Gesellschaft eine GmbH & Co. KG ist, und zwar auch dann, wenn es sich um eine Einmann-GmbH & Co. KG handelt, deren Komplementär-GmbH Mitunternehmerin ist.

4143 Die Einbringung einer 100%igen privaten Beteiligung an einer Kapitalgesellschaft ist Veräußerung, nicht etwa Einlage; deshalb gelten auch die Obergrenzen des § 6 Abs. 1 Nr. 5 EStG nicht.

4144 *(unbesetzt)*

4145 Werden Wirtschaftsgüter eines Einzelunternehmens ohne Gewährung neuer Gesellschaftsrechte in eine Kapitalgesellschaft eingebracht, besteht nicht die Möglichkeit, die Wirtschaftsgüter steuerneutral einzubringen, um den Gewinn später zu verwirklichen[2].

4146 Bringt ein Steuerpflichtiger seinen bisher als Einzelunternehmen geführten, bilanziell überschuldeten Betrieb im Wege einer verdeckten Einlage in eine von ihm zuvor bar gegründete GmbH ein, muss er die übergehenden stillen Reserven und den übergehenden Geschäftswert nach § 16 Abs. 3 Satz 1 EStG versteuern[3].

4147 Die Übertragung eines wertlosen GmbH-Anteils ohne Gegenleistung ist in der Regel als Veräußerung im Sinne von § 17 Abs. 1 EStG zu beurteilen.[4]

4148 *(unbesetzt)*

b) Unentgeltliche Überführung von Wirtschaftsgütern aus dem Gesellschaftsvermögen in das Betriebsvermögen eines Gesellschafters

4149 Wird ein Wirtschaftsgut unentgeltlich aus dem Gesellschaftsvermögen einer Personengesellschaft in ein Betriebsvermögen eines Gesellschafters überführt, hat der begünstigte Gesellschafter den Buchwert des Wirtschaftsguts fortzuführen. Das gilt hinsichtlich seines eigenen Anteils an den stillen Reserven, wenn die übrigen Gesellschafter auf ihren Anteil an den stillen Reserven unentgeltlich verzichten; im Umfang des Verzichts liegt eine Entnahme der zuwendenden Gesellschafter vor[5].

4150 *(unbesetzt)*

c) Umwandlung

4151 **Schrifttum:** *Rauenbusch,* Der Umwandlungszeitpunkt als Instrument der Steuerplanung, DB 1988, 1073.

---

1 BFH-Urteil vom 26. Februar 1981 IV R 98/79, BFHE 133, 186, BStBl II 1981, 568.
2 BFH-Gutachten vom 16. Dezember 1958 I D 1/57 S, BFHE 68, 78, BStBl III 1959, 30, unter Abschn. A IV; BFH-Urteil vom 26. Oktober 1977 VIII R 146/74, BFHE 123, 483, BStBl II 1978, 144.
3 BFH-Urteil vom 18. Dezember 1990 VIII R 17/85, BFHE 163, 352, BStBl II 1991, 512.
4 BFH-Urteil vom 1. August 1996 VIII R 4/92, BFH/NV 1997, 215.
5 BFH-Urteil vom 25. Juli 2000 VIII R 46/99, BB 2000, 2292.

Die formwechselnde Umwandlung einer Personengesellschaft unter Wahrung ihrer bür- 4152
gerlich-rechtlichen Identität und ohne Änderung der Gesellschafter- und Beteiligungsverhältnisse ist weder Veräußerung noch Aufgabe eines Mitunternehmeranteils; dies ist z. B.
der Fall bei der Umwandlung einer OHG in eine GbR oder KG und umgekehrt.

Erfüllt die Übertragung im Einzelfall zugleich den Tatbestand des § 24 UmwStG (Ein- 4153
bringung eines Mitunternehmeranteils in eine Personengesellschaft), ist diese Vorschrift
vorrangig.

Ein solcher Tatbestand liegt vor, wenn der Gesellschaftsanteil auf eine andere Personen- 4154
gesellschaft übergeht und die Gegenleistung in einem Anteil an dieser Personengesellschaft besteht, z. B. wenn eine KG in der Weise in eine OHG eintritt, dass ein Gesellschafter der OHG ausscheidet, an seine Stelle die KG tritt und der Ausscheidende als
Entgelt einen Anteil an der KG erhält.

Die einkommensteuerlichen Folgen von Umwandlungssachverhalten sind im UmwStG 4155
geregelt.

Die Einbringung eines Betriebs in eine Personengesellschaft gegen Ausgleichszahlung des 4156
aufgenommenen Gesellschafters in das Privatvermögen des Einbringenden ist ein von der
Einbringung gem. § 24 UmwStG **getrennt** zu beurteilender Veräußerungsvorgang[1]. Die
Zuzahlung, die der bisherige Einzelunternehmer von dem aufgenommenen Gesellschafter
erhält, ist ein Veräußerungsgewinn, der nach allgemeinen Grundsätzen im Zeitpunkt seiner Verwirklichung zu versteuern ist. Dem Aufnehmenden steht **nicht** das in § 24 Abs. 2
Satz 1, Abs. 3 Satz 1 UmwStG vorgesehene Wahlrecht der gewinnneutralen Einbringung
unter Fortführung der Buchwerte zu[2].

Ein im Zusammenhang mit der Einbringung eines Betriebs, selbständigen Teilbetriebs 4157
oder Mitunternehmeranteils in eine Personengesellschaft entstehender Gewinn ist gem.
§§ 16, 34 EStG nur dann steuerbegünstigt, wenn alle stillen Reserven aufgelöst werden,
wenn also das eingebrachte Betriebsvermögen mit dem Teilwert angesetzt worden ist
(§ 24 Abs. 3 Satz 2 UmwStG).

Erhält der bisherige Einzelunternehmer im Zusammenhang mit der Einbringung des 4158
Betriebs von dem neu aufgenommenen Gesellschafter und Mitunternehmer eine Zuzahlung in sein Privatvermögen, liegt zwar ein Veräußerungsvorgang vor, mit dem in Höhe
der Differenz zwischen der Zuzahlung und den Buchwerten der anteilig übertragenen
Wirtschaftsgüter des Betriebsvermögens ein zu versteuernder Gewinn entsteht.

Bei der entgeltlichen Aufnahme eines Gesellschafters in ein Einzelunternehmen ist aber
die Verwirklichung sämtlicher stiller Reserven der bisher in der Hand des Veräußerers
vorhandenen betrieblichen Organisationseinheit nicht gewährleistet und daher eine steuerliche Begünstigung nicht gerechtfertigt.

Die in der entgeltlichen Aufnahme des eintretenden Gesellschafters liegende Veräußerung
führt aber schon deshalb zu keinem steuerbegünstigten Veräußerungsgewinn, weil kein
ganzer Betrieb oder selbständiger Teilbetrieb veräußert worden ist und ein veräußerbarer
Mitunternehmeranteil vor der Einbringung und Gründung der Personengesellschaft nicht
bestanden hat.

---

1 BFH-Beschluss vom 18. Oktober 1999 GrS 2/98, BFHE 189, 465, BStBl II 2000, 123.
2 BFH-Urteil vom 8. Dezember 1994 IV R 82/92, BFHE 176, 392, BStBl II 1995, 599.

4159 Obwohl in § 16 EStG eine Steuervergünstigung für die Veräußerung eines Teils eines Mitunternehmeranteils nicht genannt ist, hat die Rechtsprechung des BFH und ihr folgend die Finanzverwaltung sowie überwiegend das Schrifttum angenommen, dass die Aufnahme eines Gesellschafters in eine bereits bestehende Personengesellschaft sowie die Änderung der Beteiligungsverhältnisse zwischen den Gesellschaftern (Mitunternehmern) zur Steuerbegünstigung gem. § 16 EStG führen[1].

Der Große Senat des BFH hat es abgelehnt – trotz nicht auszuräumender steuersystematischer Bedenken – die Rechtsprechung zu berichtigen, und zwar aus Gründen der Rechtssicherheit. Er hat es aber auch abgelehnt, die Begünstigung analog auf die erstmalige Einräumung einer Beteiligung an einem bisherigen Einzelunternehmen gegen Ausgleichszahlung auszudehnen.

4160 § 24 UmwStG gilt auch für den Fall, dass mehrere Einzelunternehmen zu einer Personengesellschaft vereinigt werden.

4161 Die Wahl zwischen Buchwertfortführung und Ansatz des Teilwertes oder eines Zwischenwertes kann nur für alle Wirtschaftsgüter übereinstimmend ausgeübt werden; wird ein Zwischenwert gewählt, muss für alle Wirtschaftsgüter ein einheitlicher Vomhundertsatz bei der Aufstockung gewählt werden.

4162–4170 (unbesetzt)

4171 Die Umwandlung einer Kapitalgesellschaft in eine solche andere Rechtsform bewirkt stets das Erlöschen der Steuerpflicht der bisherigen Kapitalgesellschaft und das Entstehen der Steuerpflicht der Kapitalgesellschaft neuer Rechtsform, und zwar auch dann, wenn nach Handelsrecht die Rechtspersönlichkeit der bisherigen Kapitalgesellschaft in der veränderten Rechtsform weiter besteht.

Wird eine Kapitalgesellschaft, an der eine hundertprozentige Beteiligung besteht, in der Weise aufgelöst und beendet, dass ihr Vermögen auf den Alleingesellschafter übertragen wird, so ist der hieraus beim Gesellschafter entstandene Gewinn tarifbegünstigt[2].

4172 Kann der Zeitpunkt des tatsächlichen Vermögensübergangs nicht festgestellt werden, hat der Tag des Umwandlungsbeschlusses als Stichtag der Umwandlung zu gelten. Liegt eine auf diesen Tag aufgestellte Bilanz nicht vor, wohl aber eine auf den Tag der Eintragung der Umwandlung in das Handelsregister aufgestellte Bilanz, dann darf bei geringem Zeitunterschied zwischen den beiden Tagen die letztgenannte Bilanz der Veranlagung zu Grunde gelegt werden[3].

d) Eintritt eines Gesellschafters in eine bereits bestehende Personengesellschaft ohne Ausscheiden eines der bisherigen Gesellschafter

4173 Tritt ein Einzelunternehmer gegen Bareinlage in eine fortbestehende Personengesellschaft ein, ohne dass einer der bisherigen Gesellschafter ausscheidet, und erwirbt die erweiterte Personengesellschaft den Betrieb des Einzelunternehmers, liegt kein Tatbestand des § 24 Abs. 1 UmwStG vor. Der Sachverhalt unterliegt den allgemeinen Regeln des Eintritts von

---

1 BFH-Urteile vom 24. August 1989 IV 67/86, BFHE 158, 329, BStBl II 1990, 132, vom 14. September 1994 I R 12/94, BFHE 176, 520, BStBl II 1995, 407, und vom 8. Dezember 1994 IV R 82/92, BFHE 176, 392, BStBl II 1995, 599.
2 BFH-Urteil vom 15. September 1988 IV R 75/87, BFHE 155, 511.
3 RFH-Urteil vom 13. Februar 1940 I 177/39, RStBl 1940, 722.

Veräußerungsgewinn 571

Personen in eine Personengesellschaft und denen der Einbringung von Unternehmen, Teilbetrieben und Mitunternehmeranteilen[1].

Der einbringende Einzelunternehmer muss eine handelsrechtliche und steuerrechtliche Schlussbilanz sowie eine Einbringungsbilanz für sein Einzelunternehmen erstellen. 4174

Die Personengesellschaft muss eine handelsrechtliche und steuerrechtliche Eröffnungsbilanz erstellen, falls sie durch die Einbringung gegründet wird; besteht die Personengesellschaft bereits, ist die Einbringung des Einzelunternehmens durch den neuen Gesellschafter ein Geschäftsvorfall. 4175

(unbesetzt) 4176–4180

e) Ausscheiden von Mitunternehmern aus einer Mitunternehmerschaft

Scheiden aus einer Mitunternehmerschaft, die bürgerlich-rechtlich eine Gesamthandsgemeinschaft ist, Gesellschafter bis auf einen aus, geht das Vermögen der Gesellschaft im Wege der Anwachsung – also im Wege der Gesamtrechtsnachfolge – auf den verbleibenden Gesellschafter über (§ 738 BGB). 4181

Die Zahlungen, die der übernehmende Gesellschafter an die ausscheidenden Gesellschafter zu leisten hat, sind die Gegenleistung des übernehmenden Gesellschafters für die Aufgabe der Beteiligung durch die ausscheidenden Gesellschafter. Die Anwachsung der Anteile der ausscheidenden Gesellschafter am Gesellschaftsvermögen ist einkommensteuerrechtlich beim übernehmenden Gesellschafter als Anschaffung zu behandeln. 4182

Es gelten die allgemeinen Grundsätze (vgl. Veräußerung eines Mitunternehmeranteils). 4183

Das Ausscheiden eines Gesellschafters aus einer zweigliedrigen Personengesellschaft während eines laufenden Wirtschaftsjahres und die Fortführung des Unternehmens durch den verbleibenden Gesellschafter als Einzelunternehmen führen zur Entstehung von Rumpfwirtschaftsjahren[2].

Steht einem Gesellschafter bei seinem Ausscheiden aus der Gesellschaft ein Abfindungsanspruch zu und vollzieht sich das Ausscheiden durch seinen Tod so ist der durch diesen Vorgang entstehende Veräußerungsgewinn noch dem Erblasser zuzurechnen[3]. 4184

Wird ein Wirtschaftsgut unentgeltlich aus dem Gesellschaftsvermögen einer Personengesellschaft in ein Betriebsvermögen eines Gesellschafters überführt, hat der begünstigte Gesellschafter den Buchwert des Wirtschaftsguts fortzuführen. Das gilt aber nur hinsichtlich seines eigenen Anteils an den stillen Reserven, wenn die übrigen Gesellschafter auf ihren Anteil an den stillen Reserven unentgeltlich verzichten; im Umfang des Verzichts liegt eine Entnahme der zuwendenden Gesellschafter vor[4]. 4185

(unbesetzt) 4186–4190

f) Realteilung einer Mitunternehmerschaft

Vgl. Rn 4611 ff. 4191

---

1 Vgl. Rn 4126 ff.
2 BFH-Urteil vom 10. Februar 1989 III R 11/86, BFHE 156, 315, BStBl II 1989, 519.
3 BFH-Urteil vom 15. April 1993 IV R 66/92, BStBl II 1994, 227.
4 BFH-Urteil vom 25. Juli 2000 VIII R 46/99, BB 2000, 2292.

g) Abgrenzung vom unentgeltlichen Erwerb in besonderen Fällen

4192 **Verwaltungsanweisungen:** Zur Übertragung von Grundstücken auf nahe stehende Personen außerhalb von Erbauseinandersetzungen vgl. Verfügung der OFD'en Freiburg, Karlsruhe und Stuttgart vom 8. April 1986, DStZ/E 1986, 322.

4193 Übereignen Eltern ihren Kindern im Zusammenhang mit der unentgeltlichen Übertragung eines Gewerbebetriebs schenkweise unter Vorbehalt des Nießbrauchs ein betrieblich genutztes Grundstück und vermieten sie in Ausübung des vorbehaltenen Nießbrauchs das Grundstück zum Zwecke der betrieblichen Nutzung an die Kinder, so kann der vorbehaltene Nießbrauch und das Mietverhältnis unter bestimmten Voraussetzungen einkommensteuerrechtlich anzuerkennen sein[1]. Die Kinder, die den Betrieb fortführen oder die Personengesellschaft, zu der sich die Kinder zur Fortführung des Betriebs zusammengeschlossen haben, nutzen das Grundstück in diesem Fall nicht als Grundstückseigentümer, sondern als Mieter; demgemäß sind die Mietzinsen als Betriebsausgaben abziehbar. Auch die von den Kindern getragenen Grundstücksaufwendungen sind als Betriebsausgaben abziehbar, wenn diese Aufwendungen im Mietverhältnis der Mieterin neben dem Mietzins als zusätzliche Gegenleistung für die Überlassung der Grundstücksteile zur Nutzung überbürdet sind und die Gesamtaufwendungen (Mietzinsen und zusätzlich übernommene Grundstücksaufwendungen) den Rahmen des angemessenen nicht übersteigen. Ausgenommen ist jedoch die AfA, weil diese bei schenkweiser Grundstücksübertragung und der Nießbrauchsvorbehalt beim bisherigen Grundstückseigentümer nach Maßgabe der von diesen getragenen Grundstücksaufwendungen verbleibt.

4194 (1) Die Begriffe Betrieb und Teilbetrieb in § 6 Abs. 3 EStG sind gegenstands-, zugleich aber auch tätigkeitsbezogen zu verstehen. Voraussetzung der unentgeltlichen Übertragung eines Betriebes (Teilbetriebs) ist deshalb, dass der Gewerbetreibende seine bisherige gewerbliche Tätigkeit aufgibt.

(2) Die unentgeltliche Übertragung eines Betriebes (Teilbetriebes) setzt überdies voraus, dass die wesentlichen Betriebsgrundlagen durch einheitlichen Übertragungsakt auf einen Erwerber überführt werden[2].

4195–4200 *(unbesetzt)*

h) Einräumung einer Unterbeteiligung

4201 **Schrifttum:** *Zapp,* Unterbeteiligung am mittelständischen Unternehmen, Stuttgart 1990.

4202 Die Unterbeteiligung an Gesellschaftsanteilen ist sowohl ein Mittel zur Beschaffung von Mitteln durch fremde Dritte als auch zur Gestaltung einer sich nach und nach vollziehenden Unternehmensnachfolge oder zur Vorbereitung einer liquidationsschonenden Erbauseinandersetzung. Unterbeteiligungen kommen vor z. B. als typische stille Unterbeteiligung, atypische stille Unterbeteiligung, als durch einen Treuhänder vermittelte Unterbeteiligung, die in Wirklichkeit eine Hauptbeteiligung ist (vgl. § 39 Abs. 2 AO), und das partiarische Darlehen, das ebenfalls keine „Beteiligung" ist. Bei untereinander nahe stehenden Personen muss die Unterbeteiligung einem Fremdvergleich entsprechen, um steuerlich anerkannt zu werden. Die Gewinnbeteiligung muss der Angemessenheitsprüfung standhalten. Eine Unterbeteiligung kann ebenso wie eine Mitunternehmerstellung durch eine sog. Vereinbarungstreuhand übertragen werden[3].

---

1 BFH-Urteil vom 5. Juli 1984 IV R 57/82, BFHE 146, 370, BStBl II 1986, 322.
2 BFH-Urteil vom 2. September 1992 XI R 26/91, BFH/NV 1993, 161.
3 BFH-Urteil vom 11. Oktober 1984 IV R 179/82, BFHE 142, 437, BStBl II 1985, 247.

Eine mitunternehmerisch ausgestaltete Unterbeteiligung des minderjährigen Kindes am 4203
Kommanditanteil des Vaters ist steuerrechtlich auch dann anzuerkennen, wenn die Unterbeteiligung dem Kind vom Vater geschenkt wurde.

Eine Rückfallklausel, nach der die Unterbeteiligung ersatzlos an den Vater zurückfällt,
wenn das Kind **vor** dem Vater stirbt und keine leiblichen ehelichen Abkömmlinge hinterlässt, steht der steuerrechtlichen Anerkennung der Unterbeteiligung nicht entgegen[1].

(unbesetzt) 4204–4210

7. Zeitpunkt der Veräußerung

Schrifttum: *Kraft*, Die handels- und steuerrechtliche Bedeutung des Bilanzstichtags bei gesell- 4211
schaftsrechtlichen Vermögensübertragungen durch Gesamtrechtsnachfolge, DB 1993, 693.

a) Allgemeines

Der Zeitpunkt der Veräußerung des ganzen Gewerbebetriebs, Teilbetriebs oder Mitunter- 4212
nehmeranteils ist bestimmend

- für den Zeitpunkt der Gewinnverwirklichung – also der Entstehung des Steueran-
  spruchs,

- für die Bewertung des Veräußerungsentgelts und

- für die Ermittlung des Buchwertes des Betriebsvermögens.

Nicht entscheidend ist, wann der Vertrag über die Veräußerung abgeschlossen wurde und 4213
rechtswirksam wird.

Zeitpunkt der Veräußerung ist der Zeitpunkt der Übertragung mindestens des wirtschaft- 4214
lichen Eigentums an den veräußerten wesentlichen Betriebsgrundlagen auf den Erwerber.
Es ist der Zeitpunkt, an dem sich die wirtschaftliche Vermögenszugehörigkeit des Unternehmens (der Wirtschaftsgüter) ändert, von dem ab der Betrieb nach dem Willen der
Vertragsparteien auf Rechnung und Gefahr des Erwerber geführt wird. Das ist mit anderen
Worten der Zeitpunkt, in dem Besitz, Gefahr, Lasten und Nutzung tatsächlich übergehen.
Dieser Zeitpunkt des Übergangs des wirtschaftlichen Eigentums an den veräußerten Wirt-
schaftsgütern ist auch dafür maßgebend, ob eine Geschäftsveräußerung im Ganzen oder
eine Teilbetriebsveräußerung im Sinne von § 16 Abs. 1 Nr. 1 EStG vorliegt[2].

Bei der Betriebsveräußerung wird meist der Zeitpunkt, in welchem das Unternehmen oder 4215
der Teilbetrieb in Erfüllung des Verpflichtungsgeschäfts tatsächlich übertragen wird,
zugleich auch der Zeitpunkt der Betriebsveräußerung sein.

Der Gewinn aus der Veräußerung des ganzen Gewerbebetriebs oder eines Teilbetriebs ist 4216
in dem Veranlagungszeitraum zu versteuern, in den dieser Zeitpunkt fällt, und zwar unabhängig davon, ob der Veräußerungspreis sofort fällig oder ganz oder teilweise langfristig
gestundet ist und wann der Veräußerungspreis dem Veräußerer tatsächlich zufließt[3].

---

1 BFH-Urteil vom 27. Januar 1994 IV R 114/91, BFHE 174, 219, BStBl II 1994, 635.
2 BFH-Urteil vom 3. Oktober 1984 I R 119/81, BFHE 142, 433, BStBl II 1985, 245; im österreichischen Recht
  wird vom Erlangen der Betriebsführungsgewalt gesprochen.
3 BFH-Urteil vom 26. Juli 1984 IV R 137/82, BFHE 141, 525, BStBl II 1984, 829.

b) Rückwirkung von Vereinbarungen

4217 Die bürgerlich-rechtliche Vereinbarung, dass sich die Vertragsparteien schuldrechtlich so stellen wollen, als ob das wirtschaftliche Eigentum bereits zu einem vor dem Vertragsabschluss liegenden Zeitpunkt auf den Erwerber übergegangen wäre, führt nicht dazu, dass der Betrieb einkommensteuerrechtlich als bereits zu diesem Zeitpunkt veräußert angesehen wird, und zwar weder für den Zeitpunkt der Entstehung des Veräußerungsgewinns noch für die Höhe des Veräußerungsgewinns noch für die Abgrenzung und Zurechnung des laufenden Gewinns.

4218 Eine Vereinbarung, nach der sich die Vertragsparteien schuldrechtlich so stellen wollen, als ob das wirtschaftliche Eigentum bereits zu einem vor Vertragsabschluss liegenden Zeitpunkt auf den Erwerber übergegangen wäre, kann jedoch einkommensteuerrechtlich dann beachtlich sein,

- wenn sie in einem gerichtlichen oder außergerichtlichen Vergleich zur Regelung eines streitigen Rechtsverhältnisses enthalten ist und

- nicht einen klaren Sachverhalt ändert, sondern einen unklaren Sachverhalt durch gegenseitiges oder einseitiges Nachgeben in einer Weise klarstellt, wie dies auch durch ein Urteil hätte geschehen können[1],

- oder wenn die Rückbeziehung nur eine kurze Zeitspanne umfasst – wobei unter kurzer Zeitspanne ein Zeitraum bis allenfalls drei Monaten zu verstehen ist – und

- nur der technischen Vereinfachung der Besteuerung dient[2].

4219 Scheidet ein Gesellschafter auf Grund eines Urteils aus einer Personengesellschaft aus, das auf eine Ausschlussklage ergangen ist (vgl. § 140 HGB), wirkt der mit der Rechtskraft des Urteils wirksam werdende Ausschluss gesellschaftsrechtlich insoweit auf den Zeitpunkt der Klageerhebung zurück, als dieser Zeitpunkt bestimmend für die Höhe des Abfindungsguthabens ist (§ 140 Abs. 2 HGB). Entsprechendes gilt für das Wirksamwerden eines Schiedsspruchs (§ 1040 ZPO).

4220 Enthält bereits der Gesellschaftsvertrag eine Vereinbarung, dass ein Gesellschafter beim Ausscheiden während des Wirtschaftsjahres nur ein Abfindungsguthaben erhält, das nach dem Stand des Gesellschaftsvermögens zum Schluss des letzten vorangegangenen Wirtschaftsjahres errechnet ist, dann ist der Veräußerungsgewinn war erst im Zeitpunkt des Ausscheidens verwirklicht, dem Gesellschafter ist aber kein Anteil am Gewinn des laufenden Jahres zuzurechnen, weil er an ihm weder direkt noch indirekt über das Abfindungsguthaben teilhat.

4221 Eine Rückwirkung kommt schließlich vor, wenn ein Vertrag zivilrechtlich schwebend unwirksam war, weil er der vormundschaftsgerichtlichen Genehmigung bedarf. Eine später erteilte Genehmigung wirkt nicht nur zivilrechtlich, sondern auch einkommensteuer-

---

1 BFH-Urteil vom 26. Juli 1984 IV R 10/83, BFHE 141, 488, BStBl II 1984, 786.
2 BFH-Urteile vom 18. September 1984 VIII R 119/81, BFHE 142, 130, BStBl II 1985, 55, und vom 9. April 1981 I R 157/77, BFHE 134, 404, BStBl II 1982, 362.

rechtlich auf den Zeitpunkt des Vertragsabschlusses zurück, sofern sie unverzüglich beantragt worden ist[1].

c) Übergang zum Jahreswechsel

Wird bei einer Geschäftsveräußerung vereinbart, dass das Geschäft zum Jahreswechsel auf den Erwerber übergehen soll, hat diese Vereinbarung den Sinn, dass der Gewinn des alten Jahres dem bisherigen Inhaber zustehen soll, während das Unternehmen vom Beginn des neuen Jahres ab im Namen und für Rechnung des Erwerbers betrieben werden soll[2]. 4222

Wird im ablaufenden Jahr vereinbart, die Übertragung solle mit Wirkung des 1. Januar des Folgejahres eintreten, so wird regelmäßig der Sinn und Zweck einer solchen Vereinbarung sein, dass der Übergang als am 31. Dezember erfolgt anzusehen ist. 4223

Ist der Jahreswechsel als Schnittpunkt der Zurechnung von Ereignissen vereinbart, muss gleichwohl im Einzelfall unter Beachtung aller Umstände beurteilt werden, welchem Zeitraum ein Schnittpunktereignis zuzurechnen ist[3]. 4224

Beispiel: 4225

A verkauft B durch Vertrag vom 15. Dezember 2002 sein Unternehmen. In dem Vertrag ist vereinbart, dass das Eigentum an dem verkauften Betriebsvermögen am 1. Januar 2003 auf B übergehen soll, der von diesem Tag ab das Unternehmen auf seine Rechnung betreibt.

Das Geschäft ist danach nicht am 15. Dezember 2002 durch Abschluss des Vertrags veräußert, sondern erst durch die Übertragung des wirtschaftlichen Eigentums an dem Betriebsvermögen. Das wirtschaftliche und das bürgerlich-rechtliche Eigentum gehen über, wenn die Gefahr des zufälligen Untergangs der Wirtschaftsgüter auf den Erwerber übergeht. Das ist nach den Vereinbarungen im Beispielsfall der Beginn des ersten Tages des neuen Kalenderjahrs, also der 1. Januar 2003.

Das hat zur Folge, dass der Veräußerer den Veräußerungsgewinn erst als Einkommen des neuen Wirtschaftsjahres zu versteuern hat. A hat also 2002 nur den laufenden Gewinn aus dem Unternehmen zu versteuern. Der Veräußerungsgewinn wird erst 2003 erfasst.

(unbesetzt) 4226

d) Weitere Einzelheiten

aa) Wird ein Einzelunternehmen in eine Personengesellschaft eingebracht, ist maßgebender Zeitpunkt der Einbringung der Übergang des bürgerlich-rechtlichen oder wirtschaftlichen Eigentums an den eingebrachten Wirtschaftsgütern des Einzelunternehmens. Das ist – wie auch sonst – der tatsächliche Übergang von Besitz, Gefahr, Lasten und Nutzung. 4227

Fällt der Einbringungszeitpunkt bei den verschiedenen Wirtschaftsgütern auseinander, entsteht ein Einbringungszeitraum. 4228

---

1 BFH-Urteile vom 1. Februar 1973 IV R 49/68, BFHE 108, 197, BStBl II 1973, 307, und vom 8. November 1972 I R 227/70, BFHE 108, 299, BStBl II 1973, 287, sowie vom 23. April 1975 I R 234/74, BFHE 115, 488, BStBl II 1975, 603 (betreffend einheitliche und gesonderte Gewinnfeststellungen); vom 1. Juli 1982 IV R 152/79, BFHE 136, 244, BStBl II 1982, 646, und vom 18. September 1984 VIII R 119/81, BFHE 142, 130, BStBl II 1985, 55, die, soweit sie die Rückwirkungsfrage betreffen, nicht durch den BFH-Beschluss vom 5. Juli 1990 GrS 2/89, BFHE 161, 332, BStBl II 1990, 837 (vgl. dort unter C. II. 4. Abs. 2) überholt sind. Vgl. ferner Rn 4386 ff.

2 Grundstücksübergang betreffend vgl. BFH-Urteil vom 7. November 1991 IV R 43/90, BFHE 166, 329, BStBl II 1992, 398.

3 Vgl. dazu BFH-Urteil vom 2. Mai 1974 IV R 47/73, BFHE 113, 195, BStBl II 1974, 707; Leitsätze des BFH-Urteils vom 24. April 1990 VIII R 424/83, BFH/NV 1991, 804 Nr. 819; BFH-Urteil vom 23. Januar 1992 IV R 88/90, BFHE 166, 329, BStBl II 1992, 525.

4229 Eine Rückwirkung auf die Zeit vor dem tatsächlichen Vollzug ist auch hier grundsätzlich nicht möglich. **Söffing** hält gleichwohl eine Vereinbarung für steuerlich beachtlich, wenn die Rückwirkung sich auf einen Zeitraum bis zu einem Monat vor dem tatsächlichen Vollzug erstreckt[1].

4230 Werden bei der Einbringung eines Einzelunternehmens in eine Personengesellschaft, die nach der Vereinbarung der Beteiligten im Jahreswechsel wirksam werden soll, von dem Einbringenden einzelne Wirtschaftsgüter zurückbehalten, dann ist unter Würdigung aller Umstände zu entscheiden, ob in der Zurückbehaltung der Wirtschaftsgüter eine dem ablaufenden Jahr zuzurechnende Entnahme liegt[2]. Denn nicht in jedem Fall des Zurückbehaltens einzelner Wirtschaftsgüter beim Einbringungsvorgang kann ein Ausscheiden dieser Wirtschaftsgüter aus dem Betriebsvermögen und damit eine Entnahme auf den Zeitpunkt vor der Einbringung angenommen werden.

4231 bb) Stellt ein Steuerpflichtiger seine gewerbliche Tätigkeit ein, so kann er wählen, ob er sein bisheriges Betriebsvermögen veräußern oder in sein Privatvermögen überführen will. Diese Wahl muss er eindeutig und klar zum Ausdruck bringen. Geschieht das nicht, so ist auch nach der Einstellung der gewerblichen Tätigkeit das bisherige Betriebsvermögen solange als Betriebsvermögen anzusehen, als das rechtlich noch möglich ist, nämlich bis zum Zeitpunkt der Verwertung oder der eindeutigen Übernahme in das Privatvermögen. Etwas anderes gilt nur dann, wenn mit einer betrieblichen Verwertung oder einer Übernahme in das Privatvermögen nicht mehr zu rechnen ist; dann ist die Absicht des Steuerpflichtigen, Wirtschaftsgüter weiter als Betriebsvermögen zu behandeln, unbeachtlich. Entsprechendes gilt, wenn beim Einbringen eines Einzelunternehmens in eine Personengesellschaft einzelne Wirtschaftsgüter zurückbehalten werden.

4232 cc) Bei der Anteilsübereignung ist bürgerlich-rechtlich Zeitpunkt der Veräußerung grundsätzlich der Zeitpunkt des Abschlusses des Verfügungsvertrags über den Mitunternehmeranteil; das schließt nicht die Abmachung aus, dass der Verfügungsvertrag erst zu einem späteren Zeitpunkt wirksam werden soll. Maßgeblich für die Ermittlung des Veräußerungsgewinns ist der Zeitpunkt, zu dem der Mitunternehmeranteil auf den Erwerber übergeht.

Scheidet ein Gesellschafter aus und geht ein Gesellschaftsanteil infolgedessen unter, ist Zeitpunkt der Veräußerung der Zeitpunkt des Abschlusses des entsprechenden Vertrags zwischen den Gesellschaftern oder der Zeitpunkt, zu dem die Kündigung wirksam wird, die nach dem Gesellschaftsvertrag zum Verlust der Mitgliedschaft des Kündigenden oder desjenigen, dem gekündigt wird, führt.

4233 dd) Wird der Gesellschaftsanteil einer Personengesellschaft übertragen und soll die Übertragung nach den Vereinbarungen der Beteiligten „im Jahreswechsel", das heißt im Schnittpunkt der Kalenderjahre, wirksam werden, so ist auch in diesem Fall unter Würdigung aller Umstände zu entscheiden, welchem Feststellungszeitraum der Veräußerungsvorgang zuzurechnen ist[3].

4234 ee) Für die Entstehung des Veräußerungsgewinns ist der Zeitpunkt maßgebend, zu dem die Veräußerung vollzogen ist, also der Tag, an dem die Beteiligung auf den Erwerber übergegangen, an dem der Anteil des Veräußerers am Gesellschaftsvermögen den übrigen

---

1 Vgl. *Söffing* in Lademann/Söffing/Brockhoff, § 24 UmwStG 1977 Rz 6.
2 BFH-Urteil vom 25. Februar 1975 VIII R 84/69, BFHE 115, 429, BStBl II 1975, 571.
3 BFH-Urteile vom 2. Mai 1974 IV R 47/73, BFHE 113, 195, BStBl II 1974, 707, und vom 23. Januar 1992 IV R 88/90, BFHE 166, 329, BStBl II 1992, 525.

Gesellschaftern nach §§ 161 Abs. 2, 105 Abs. 2 HGB i. V. m. § 738 Abs. 1 Satz 1 BGB zugewachsen ist[1]. Es kommt auf den wirtschaftlichen Gehalt der gesamten zwischen den Beteiligten getroffenen Vereinbarungen an.

Wird die Kaufpreisforderung ganz oder teilweise gestundet, so ist bei der Gewinnermittlung die Kaufpreisforderung mit ihrem gemeinen Wert im Zeitpunkt der Veräußerung anzusetzen[2].

Ist im Zeitpunkt der Veräußerung „ernstlich zweifelhaft, ob der Käufer die gestundete Kaufpreisforderung bei Fälligkeit voll erfüllen wird, so rechtfertigt dies einen geschätzten Abschlag vom Nennwert. Bei der Schätzung des Werts der Kaufpreisforderung kann die tatsächliche Entwicklung der Verhältnisse nach der Übergabe des Betriebs insofern von Bedeutung sein, als sie die Verhältnisse im maßgeblichen Zeitpunkt der Veräußerung – dem Zeitpunkt des Übergangs des wirtschaftlichen Eigentums – aufhellt[3]. Vgl. nunmehr Rn 4263 ff.

Nicht zugestimmt werden kann daher der Auffassung, dass ein in eine Personenhandelsgesellschaft einzubringendes Einzelunternehmen immer als in dem Zeitpunkt veräußert zu beurteilen sei, von dem an es für Rechnung der Gesellschaft weitergeführt werde[4]. **4235**

ff) Die frühere Rechtsprechung des Umsatzsteuersenats zur Geschäftsveräußerung im Ganzen und dem Zeitpunkt ihrer Wirkungen kann insoweit **nicht** übertragen werden, als bei ihr die Beendigung der **Unternehmereigenschaft** oder ihr Beginn maßgebend waren. **4236**

Der Veräußerungsgewinn oder Veräußerungsverlust, der bei Auflösung einer Kapitalgesellschaft entsteht und § 17 Abs. 4 EStG unterliegt, ist in dem Jahr zu erfassen, in welchem das auf die wesentliche Beteiligung entfallende Vermögen der Gesellschaft verteilt wurde[5]. Ein Verlust kann bereits in dem Jahr erfasst werden, in dem mit einer Änderung des bereits feststehenden Verlustes nicht mehr zu rechnen ist. Letztmöglicher Zeitpunkt der Erfassung des Auflösungsgewinns oder Auflösungsverlustes ist der förmliche Abschluss der Abwicklung der Kapitalgesellschaft. **4237**

Wird im Zusammenhang mit der Veräußerung einer wesentlichen Beteiligung an einer Kapitalgesellschaft ein Wettbewerbsverbot mit eigener wirtschaftlicher Bedeutung vereinbart, gehört die Entschädigung für das Wettbewerbsverbot nicht zu dem Veräußerungsentgelt im Sinne von § 17 EStG. **4238**

Anders als das Entgelt für ein Wettbewerbsverbot, das gelegentlich einer Betriebsveräußerung oder Betriebsaufgabe (§ 16 EStG) vereinbart wird und das zum Veräußerungsgewinn gehört[6], ist zwischen der Veräußerung der Anteile im Sinne von § 17 EStG und den gleichzeitig übernommenen persönlichen Leistungen zu unterscheiden[7].

---

1 BFH-Urteil vom 11. Dezember 1990 VIII R 37/88, BFH/NV 1991, 516.
2 BFH-Urteil vom 19. Januar 1978 IV R 61/73, BFHE 124, 327, BStBl II 1978, 295.
3 BFH-Urteile vom 24. November 1965 VI 325/63 U, BFHE 84, 388, BStBl III 1966, 141, und vom 11. Dezember 1980 VIII R 37/88, BFH/NV 1991, 516.
4 FG Düsseldorf, Urteil vom 13. Dezember 1973 IX 72/73 E, rkr., EFG 1974, 151.
5 BFH-Urteil vom 2. Oktober 1984 VIII R 20/84, BFHE 143, 304, BStBl II 1985, 428; vgl. dazu auch BFH-Urteile vom 21. September 1982 VIII R 140/79, BFHE 137, 407, BStBl II 1983, 289, und vom 30. Juni 1983 IV R 113/81, BFHE 138, 569, BStBl II 1983, 640; vom 19. Oktober 1978 VIII R 182/77, nv; ferner zuvor RFH-Urteile vom 13. November 1930 VI A 1286/30, RStBl 1931, 134, und vom 17. Februar 1937 VI A 485/36, RStBl 1937, 963.
6 RFH-Urteile vom 3. Februar 1932 VI A 1355/31, RStBl 1932, 681, StuW II 1932 Nr. 453, und vom 26. Juni 1935 VI A 104/35, RStBl 1935, 1446.
7 RFH-Urteil vom 9. März 1938 VI 114/38, StuW II 1938, Nr. 240.

Eine Zusammenfassung der Entgelte für die Anteile und das Wettbewerbsverbot kommt dann in Betracht, wenn die persönlichen Leistungen auf Grund des Wettbewerbsverbots kein eigenes wirtschaftliches Gewicht haben[1].

4239 Ein Gewinn aus der Veräußerung von Anteilen an einer Kapitalgesellschaft bei wesentlicher Beteiligung entsteht nicht bereits mit Abschluss des entgeltlichen schuldrechtlichen Verpflichtungsgeschäfts, sondern erst zu dem Zeitpunkt, zu dem das rechtliche oder zumindest das wirtschaftliche Eigentum an den Anteilen vom Veräußerer auf den Erwerber übergeht[2].

4240 Entsteht durch den Erwerb weiterer GmbH-Anteile eine wesentliche Beteiligung, so kann diese nicht dadurch beseitigt werden, dass die erworbenen Anteile rückwirkend verschenkt werden[3].

4241 gg) Ein Forderungsausfall war vor dem Ergehen des Beschlusses des Großen Senats vom 19. Juli 1993 GrS 2/92[4] i. d. R. kein rückwirkendes Ereignis. Die Forderung aus der Veräußerung eines Betriebs oder eines Mitunternehmeranteils ging mit der Veräußerung unmittelbar in das Privatvermögen über; ein späterer, im Veräußerungszeitpunkt nicht zu erwartender Ausfall der Kaufpreisforderung berührte daher früher nicht mehr den Veräußerungsgewinn[5]. Vgl. jetzt Rn 4263 ff.

4242–4245 *(unbesetzt)*

8. Veräußerungspreis

4246 **Schrifttum:** *Köster,* Gestaltungsfragen beim Unternehmenskauf: Zeitkongruente Aktivierung von Dividendenansprüchen und ausschüttungsbedingte Teilwertabschreibung, DB 1993, 696.

a) Begriff des Veräußerungspreises

4247 aa) Veräußerungspreis ist die Gegenleistung, die der Veräußerer vom Erwerber für das veräußerte Unternehmen erhält. Das ist in der Regel der Anspruch auf den Kaufpreis oder das Tauschobjekt. Teil des Veräußerungspreises sind auch Verpflichtungen zur Freistellung von einer privaten nichtbilanzierten Schuld des Veräußerers gegenüber einem Dritten, die Freistellung von Schulden und dergleichen mehr.

---

1 BFH-Urteil vom 21. September 1982 VIII R 140/79, BFHE 137, 407, BStBl II 1983, 289.
2 BFH-Urteil vom 30. Juni 1983 IV R 113/81, BFHE 138, 569, BStBl II 1983, 640; unentschieden blieb, ob auch bei der Ermittlung der Fünfjahresfristen des § 17 Abs. 1 Satz 1 und 4 EStG von dem Zeitpunkt auszugehen ist, von dem der Veräußerungsgewinn nach § 17 EStG verwirklicht ist, oder ob insoweit im Hinblick auf die Zwecksetzung der Fristen bereits der Abschluss des entgeltlichen schuldrechtlichen Verpflichtungsgeschäftes maßgeblich ist. Diese Auslegung wird daraus gefolgert, dass Tatbestandselement des § 17 EStG ein aus einer Veräußerung herrührender gewerblicher Gewinn ist, § 17 EStG eine Gewinnermittlungsvorschrift – wenn auch eigener Art – darstellt und es daher systemgerecht ist, einen Veräußerungsgewinn nach § 17 EStG jedenfalls nicht früher, nämlich bereits bei Abschluss des entgeltlichen schuldrechtlichen Verpflichtungsgeschäfts, zu erfassen, als einen entsprechenden Gewinn aus der Veräußerung eines Wirtschaftsguts des Betriebsvermögens bei einer Gewinnermittlung durch Betriebsvermögensvergleich. Ein Gewinn aus der Veräußerung eines Wirtschaftsguts des Betriebsvermögens aber ist regelmäßig erst zu dem Zeitpunkt verwirklicht, zu dem auf Grund eines entgeltlichen schuldrechtlichen Verpflichtungsgeschäfts das rechtliche oder zumindest das wirtschaftliche **Eigentum** an dem veräußerten Wirtschaftsgut vom Veräußerer auf den Erwerber **übergeht.**
3 BFH-Urteil vom 18. September 1984 VIII R 119/81, BFHE 142, 130, BStBl II 1985, 55.
4 BFH-Beschluss vom 19. Juli 1993 GrS 2/93, BFHE 172, 66, BStBl II 1993, 897.
5 BFH-Urteile vom 19. Januar 1978 IV R 61/73, BFHE 124, 327, BStBl II 1978, 295; vom 28. Januar 1981 I R 234/78, BFHE 133, 30, 32, BStBl II 1981, 464; vom 26. Juni 1985 IV R 22/83, BFH/NV 1987, 24, 25.

Zum Veräußerungspreis zählt alles, was der Veräußerer im Zusammenhang mit der Veräußerung oder Aufgabe des Betriebes erhält[1]. Dazu gehören z. B. Entschädigungen für wegfallende Gewinnaussichten[2], Zuschüsse für die Stilllegung oder Aufgabe von Molkereibetrieben oder -teilbetrieben[3], die Abstandssumme für die Überlassung eines Ladens im Zusammenhang mit einer Geschäftsaufgabe[4], der Betrag, den eine Brauerei dem Veräußerer einer Gastwirtschaft dafür bezahlt, dass dieser den Betrieb an einen bestimmten Dritten veräußert[5], die Entschädigung für den Verzicht auf das noch bestehende Mietrecht an den Geschäftsräumen[6]. 4248

bb) Zum Veräußerungspreis gehören auch Leistungen, die der Veräußerer im unmittelbaren wirtschaftlichen Zusammenhang mit der Veräußerung vom Erwerber oder einem Dritten erhält (z. B. bestimmte staatliche Prämien und dergleichen mehr). 4249

cc) Der Verkäufer strebt einen Veräußerungspreis an, der ihn in möglichst großem Umfang in den Genuss des halben Steuersatzes gemäß §§ 16, 34 EStG kommen lässt. 4250

Der Käufer will ein möglichst hohes Abschreibungsvolumen gewinnen und strebt daher einen möglichst geringen Geschäftswert an.

Kaufpreis über ein Unternehmen in einer Summe, bei denen die einzelnen Wirtschaftsgüter also nicht mit Einzelpreisen ausgewiesen sind, werden vom FA nach der objektiven Methode auf die einzelnen Wirtschaftsgüter aufgeteilt. Legen Verkäufer und Käufer die Einzelpreise fest – auch wenn bei etwaigen Streitigkeiten über Einzelpositionen die Summe der Einzelpreise nach dem Vertrag unantastbar bleiben soll – spricht zunächst die Vermutung der Richtigkeit für die Vereinbarung der Aufteilung des Kaufpreises auf die Wirtschaftsgüter, soweit diese nicht durch gleichgerichtete Interessen gegenüber dem Finanzamt beeinflusst ist. Zu beachten ist, dass selbstständige Zahlungen für ein Wettbewerbsverbot beim Verkäufer dem vollen Steuersatz unterliegen[7], ebenso Zahlungen auf die Abgeltung von Ruhegeldansprüchen.

dd) Wird ein Gewerbebetrieb zusammen mit Wirtschaftsgütern des Privatvermögens zu einem Gesamtkaufpreis veräußert (z. B. Veräußerung eines Betriebs mit einem Grundstück, das nur teilweise zum Betriebsvermögen gehört), ist der Gesamtkaufpreis im Verhältnis der Verkehrswerte des Betriebs und der veräußerten Wirtschaftsgüter des Privatvermögens zueinander aufzuteilen[8]. 4251

ee) Behält der Veräußerer einzelne Wirtschaftsgüter zurück, die nicht zu den wesentlichen Betriebsgrundlagen gehörten, und überführt er diese ins Privatvermögen, sofern dies einkommensteuerrechtlich möglich ist, müssen die gemeinen Werte dieser Wirtschaftsgüter dem Veräußerungspreis hinzugerechnet werden. 4252

ff) Entsteht zwischen Veräußerer und Erwerber Streit über die Höhe eines ziffernmäßig nicht festgelegten Veräußerungspreises und vergleichen sich die Parteien über den Veräußerungspreis, bestimmt der Vergleich **rückwirkend** die Höhe des Veräußerungsprei- 4253

---

1 BFH-Urteil vom 17. Dezember 1975 I R 29/74, BFHE 117, 483, BStBl II 1976, 224.
2 RFH-Urteil vom 23. März 1933 VI A 933/31, RStBl 1933, 635.
3 RFH-Urteil vom 14. September 1938 VI 572/38, RStBl 1939, 87.
4 RFH-Urteil vom 19. Februar 1930 VI A 1618/29, RStBl 1930, 619.
5 BFH-Urteil vom 16. Juli 1964 IV 310/63, HFR 1965, 39.
6 BFH-Urteil vom 29. Oktober 1970 IV R 141/67, BFHE 100, 390, BStBl II 1971, 92.
7 BFH-Urteil vom 21. September 1982 VIII R 140/79, BFHE 137, 407, BStBl II 1983, 289.
8 BFH-Urteil vom 16. Dezember 1981 I R 131/78, BFHE 135, 185, BStBl II 1982, 320.

ses[1]. Eine sich nach dem Vergleich ergebende Erlösminderung kann nicht als laufender Verlust des Jahres, in dem der Vergleich geschlossen wurde, berücksichtigt werden.

4254 gg) Scheidet ein Gesellschafter aus einer Personengesellschaft aus und erhält er eine über den Buchwert seines Kapitalkontos und seines Anteils an den stillen Reserven liegende Abfindung deshalb, weil die zurückbleibenden Gesellschafter früher als nach dem Gesellschaftsvertrag vorgesehen die auf die Beteiligung des Ausscheidenden entfallenden Gewinne beziehen, muss geprüft werden, ob diese Abfindung den Anteil des Ausgeschiedenen am Geschäftswert des Unternehmens vergütet – hierfür spricht eine Vermutung – oder ob der Wegfall der Gewinnbeteiligung abgegolten werden soll[2].

4255 hh) Geht der **Mitunternehmeranteil** bürgerlich-rechtlich auf einen neuen Gesellschafter oder einen der bisherigen Mitgesellschafter über, ist Veräußerungspreis das vereinbarte Entgelt.

4256 Erlischt der Gesellschaftsanteil bürgerlich-rechtlich, ist Veräußerungspreis der gegen die Gesellschafter oder den Übernehmer gerichtete Abfindungsanspruch; seine Höhe richtet sich nach den entsprechenden Bestimmungen des HGB oder BGB oder abweichenden Bestimmungen im Gesellschaftsvertrag oder in der Austrittsvereinbarung.

4257 Gehörten dem Ausgeschiedenen Wirtschaftsgüter, die Sonderbetriebsvermögen bildeten, und werden diese zusammen mit dem Mitunternehmeranteil (Gesellschaftsanteil) veräußert, gehört auch der für diese Wirtschaftsgüter vereinbarte Kaufpreis zum Veräußerungspreis[3].

Werden gleichzeitig mit der Veräußerung des Mitunternehmeranteils Wirtschaftsgüter des Sonderbetriebsvermögens zum Buchwert in einen anderen Betrieb des Mitunternehmers überführt, ist der Sachverhalt nicht nach §§ 16, 34 EStG begünstigt[4].

4258 Werden die Wirtschaftsgüter des Sonderbetriebsvermögens nicht zusammen mit dem Gesellschaftsanteil veräußert und auch nicht in ein anderes Betriebsvermögen überführt, werden sie notwendiges Privatvermögen, auch wenn sie weiterhin der Gesellschaft zur Nutzung überlassen werden. Zum Veräußerungs- oder Aufgabepreis gehört dann auch der gemeine Wert dieser Wirtschaftsgüter.

4259 ii) Wird ein Mitunternehmeranteil entgeltlich veräußert, gehört zum Veräußerungspreis im Sinne von § 16 Abs. 2 EStG des Veräußerers und damit zu den Anschaffungskosten des Erwerbers auch eine Verpflichtung des Erwerbers, den Veräußerer von einer privaten Schuld gegenüber einem Dritten, die auf Zahlung wiederkehrender Bezüge gerichtet ist, freizustellen. Gleiches gilt für die Verpflichtung zur Freistellung von einer dinglichen Last, die ihrem Rechtsinhalt nach einer rein schuldrechtlichen Verpflichtung gleichwertig ist[5].

4260 jj) Übertragen Gesellschafter einer Personengesellschaft, bei der das Festkapitalkonto jedes Gesellschafters dessen Beteiligung an den Sachwerten und den darin enthaltenen stillen Reserven ausdrückt, einen Bruchteil ihres Festkapitalkontos an einen neu eintretenden Gesellschafter, ist in die Berechnung des Veräußerungsgewinns nur der Buchwert

---

1 BFH-Urteil vom 7. September 1972 IV 311/65, BFHE 107, 211, BStBl II 1973, 11.
2 Vgl. dazu BFH-Urteil vom 21. Mai 1970 IV R 131/68, BFHE 99, 526, BStBl II 1970, 740.
3 Ebenso *Schmidt,* EStG, § 16 Anm. 414; aber BFH-Urteil vom 5. Juli 1972 I R 230/70, BFHE 107, 108, BStBl II 1972, 928.
4 BFH-Urteil vom 19. März 1991 VIII R 76/87, BFHE 164, 260, BStBl II 1991, 635.
5 BFH-Urteil vom 12. Januar 1983 IV R 180/80, BFHE 137, 481, BStBl II 1983, 595.

des abgegebenen Bruchteils des Festkapitalkontos und nicht ein entsprechender Bruchteil der neben dem Festkapitalkonto noch bestehenden Sonderkonten (Kapitalkonto II, Privatkonto, Darlehenskonto des Gesellschafters usw.) einzubeziehen. Dies gilt nicht, wenn von den Sonderkonten ebenfalls ein Bruchteil veräußert worden ist[1].

kk) Ein Veräußerungsverlust entsteht nicht, wenn die Abfindung für einen Mitunternehmeranteil aus privaten Gründen geringer ist als dessen Buchwert; in diesem Fall liegt eine teilweise unentgeltliche Anteilsübertragung vor und der Erwerber hat die Buchwerte fortzuführen[2].

ll) Auch bei der Veräußerung eines Mitunternehmeranteils sind Schuldzinsen für betrieblich begründete zurückbehaltene Verbindlichkeiten nachträgliche Betriebsausgaben, soweit der Veräußerungserlös und der Verwertungserlös aus zurückbehaltenen Aktivwerten nicht zur Schuldentilgung ausreicht. Die Schuldzinsen sind darüber hinausgehend – auch noch dann und solange nachträgliche Betriebsausgaben, als der Schuldentilgung Auszahlungshindernisse hinsichtlich des Veräußerungserlöses, Verwertungshindernisse hinsichtlich der zurückbehaltenen Aktivwerte oder Rückzahlungshindernisse hinsichtlich der früheren Betriebsschulden entgegenstehen[3].

mm) Nachträgliche Änderungen des Preises für die Veräußerung eines Gewerbebetriebs wirken steuerrechtlich auf den Zeitpunkt der Veräußerung zurück[4].

Zahlt z. B. der Erwerber des Gewerbebetriebes den vereinbarten Veräußerungspreis nicht oder nicht im vollem Umfang, so ist der auf Grund der vertraglichen Vereinbarung ermittelte Veräußerungsgewinn rückwirkend auf den Veräußerungszeitpunkt entsprechend zu mindern.

Dieselbe Rechtsfolge tritt ferner dann ein, wenn der Erwerber eines Betriebes eine Zusage, den Veräußerer von der Haftung für alle vom Erwerber übernommenen Betriebsschulden freizustellen, nicht einhält und der Veräußerer deshalb in einem späteren Veranlagungszeitraum aus einer als Sicherheit für diese Betriebsschuld bestellten Grundschuld in Anspruch genommen wird[5].

Mit der Eröffnung des Insolvenzverfahrens über das Vermögen einer KG fällt das negative Kapitalkonto des Kommanditisten weg, wenn dessen Ausgleich mit künftigen Gewinnanteilen nicht mehr in Betracht kommt.

Der mit der Auflösung des negativen Kapitalkontos entstandene Aufgabegewinn ist auch dann gewinnerhöhend aufzulösen, wenn sich der Kommanditist für Verbindlichkeiten der KG verbürgt hat.

Wird der Kommanditist drei Jahre nach Eröffnung des Insolvenzverfahrens über das Vermögen der KG aus der Bürgschaft in Anspruch genommen, so führt der Ausfall der Rückgriffsforderung gegenüber der KG bei ihm zu einem Sonderbetriebsaufwand, der rückwirkend bei Ermittlung des Aufgabegewinns mindernd zu berücksichtigen ist, wenn der

4261

4262

4263

4264

4265

---

1 BFH-Urteil vom 27. Mai 1981 I R 123/77, BFHE 133, 412, BStBl II 1982, 211.
2 BFH-Urteil vom 12. April 1984 IV R 222/81, nv.
3 BFH-Urteil vom 27. November 1984 VIII R 2/81, BFHE 143, 120, BStBl II 1985, 323.
4 BFH-Beschluss vom 19. Juli 1993 GrS 2/92, BFHE 172, 66, BStBl II 1993, 897, DStR 1993, 1735; *Groh,* Nachträgliche Änderungen des Veräußerungsgewinns, DB 1995, 2235. Vgl. dazu auch *Theisen,* Unternehmensveräußerung und steuerrechtliche Rückwirkung, DStR 1994 (Teil I:) 1560, (Teil II:) 1599; *Theisen,* Die Planung der Unternehmensveräußerung unter Berücksichtigung steuerlicher Rückwirkungen, Wpg 1996, 142.
5 BFH-Beschluss vom 19. Juli 1993 GrS 1/92, BFHE 172, 80, BStBl II 1993, 894, DStR 1993, 1735.

Rückgriffsanspruch weder gegenüber der Gesellschaft noch gegenüber den Mitgesellschaftern durchgesetzt werden kann[1].

4266 Ein für den Veranlagungszeitraum der Veräußerung bereits ergangener und bestandskräftiger Steuerbescheid ist entsprechend zu ändern.

4267 Der Große Senat des BFH hat die bisherige Rechtsprechung geändert und dies damit begründet, dass die Veräußerung des ganzen Gewerbebetriebs oder eines Teilbetriebs ein punktuelles Ereignis sei. Knüpfe ein Steuertatbestand an ein einmaliges Ereignis an (z. B. § 29 Abs. 1 ErbStG), führe eine Änderung des rechtserheblichen Sachverhalts zu einer rückwirkenden Änderung – ggf Wegfall – der steuerlichen Rechtsfolgen.

Der Große Senat ging davon aus, dass den Begünstigungsvorschriften bei der Unternehmensveräußerung die unausgesprochene Annahme zu Grunde liege, dass das Veräußerungsgeschäft ohne Störungen abgewickelt werde, und zwar so, wie es vertraglich vereinbart ist.

Daraus folgerte der Große Senat, dass später eintretende Veränderungen beim ursprünglich vereinbarten Veräußerungspreis solange und soweit materiell-rechtlich zurückzubeziehen seien, als der Erwerber seine Verpflichtung zur Zahlung des Kaufpreises noch nicht erfüllt hat. Dabei ist es unerheblich, welche Gründe für die Minderung oder Erhöhung des Erlöses maßgebend waren.

Bei dieser Auslegung sei sichergestellt, dass Änderungen des Veräußerungspreises nur die Höhe des begünstigten Gewinns beeinflussen können.

Wird z. B. der gestundete Kaufpreis für die Veräußerung einer wesentlichen Beteiligung wegen einer in einem späteren Veranlagungszeitraum geschlossenen Rücktrittsvereinbarung nicht mehr entrichtet, so ist dies ein Ereignis mit steuerlicher Rückwirkung auf den Zeitpunkt der Veräußerung[2].

4268 Offen bleibt, ob ein Forderungsausfall berücksichtigt werden kann, wenn die Betriebsveräußerung oder Betriebsaufgabe nicht steuerbegünstigt ist[3].

b) Zeitpunkt der Bemessung des Veräußerungspreises

4269 Zeitpunkt der Bemessung des Veräußerungspreises ist der Zeitpunkt der Veräußerung[4].

4270 *(unbesetzt)*

c) Bemessung des Veräußerungspreises

4271 aa) Wertmaßstab für die Gegenleistung bei der Veräußerung ist der **gemeine Wert**.

4272 bb) Besteht die Gegenleistung in Bargeld (oder Buchgeld), das Zug um Zug gegen Übertrag des Betriebs gezahlt wird, ist der Wert der Gegenleistung gleich dem **Nennwert des Geldes**.

4273 cc) Besteht die Gegenleistung in anderen materiellen oder immateriellen Wirtschaftsgütern, die Zug um Zug übertragen werden, ist der Wert der Gegenleistung gleich dem **gemeinen Wert** der erhaltenen **Wirtschaftsgüter**.

---

[1] BFH-Urteil vom 1. August 1996 VIII R 36/95, HFR 1997, 221, BFH/NV 1997, 216.
[2] BFH-Urteil vom 21. Dezember 1993 VIII R 69/88, BFHE 174, 324, BStBl II 1994, 648, HFR 1994, 601 mit Anm. S. 602.
[3] *Groh*, Nachträgliche Änderungen des Veräußerungsgewinns, DB 1995, 2235, 2241.
[4] Vgl. Rn 4211 ff.

dd) Besteht die Gegenleistung in einer **gestundeten Forderung,** ist der gemeine Wert dieser Forderung im Zeitpunkt der Veräußerung anzusetzen. Bei Geldforderungen ist dies der Nennwert, soweit nicht besondere Umstände einen höheren oder geringeren Wert begründen. 4274

Ist im Zeitpunkt der Veräußerung ernstlich zweifelhaft, ob der Erwerber bei Fälligkeit die gestundete Forderung in vollem Umfange entrichten wird, so ist die Kaufpreisforderung mit einem niedrigeren Betrag als dem Nennwert zu bewerten[1].

ee) Muss für eine gestundete Forderung ein den Verhältnissen am Kapitalmarkt entsprechender **Zins** gezahlt werden, gehört dieser nicht zum Veräußerungspreis. Er ist, sofern die Kaufpreisforderung zum Privatvermögen gehört, als Einnahme aus Kapitalvermögen zu versteuern. 4275

ff) Bei zinsloser oder niedrig verzinslicher Stundung ist Veräußerungspreis der **abgezinste Wert**[2]; das gilt nur dann nicht, wenn die Vertragsparteien den Zeitpunkt der Kaufpreiszahlung weitgehend offen gelassen haben[3]. 4276

gg) Ist vereinbart, dass der Kaufpreis in **Kaufpreisraten** zu entrichten ist, hat der Veräußerer den kapitalisierten Barwert als Veräußerungserlös sofort in voller Höhe zu versteuern. Zur Ermittlung des (abgezinsten) Barwerts ist regelmäßig von einem Zinssatz von 5,5 vH auszugehen[4]. Der Veräußerungserlös unterliegt dem begünstigten Steuersatz, die Raten selbst stellen vermögensumschichtende Kapitalrückzahlungen dar[5]. Die in den Raten enthaltenen Zinsen führen beim Veräußerer zu Einkünften aus Kapitalvermögen. In Ausnahmefällen können Raten nachträgliche Einnahmen aus Gewerbebetrieb sein[6]. 4277

Zahlt der Betriebserwerber den vereinbarten Kaufpreis vor Übergabe des Betriebs mit befreiender Wirkung an eine vom Veräußerer bevollmächtigte Person, so sind bei der Ermittlung des Veräußerungsgewinns die Vermögensverhältnisse des Bevollmächtigten zu berücksichtigen[7]. Denn zur Gewinnverwirklichung kommt es erst mit der Übergabe des Betriebs an den Erwerber, da erst zu diesem Zeitpunkt die Kaufpreisforderung entsteht und die Rückzahlungspflicht aus einer passivierten Vorauszahlung entfällt. Die Forderung gegen einen Makler darf demgegenüber nicht mit dem Nennwert, sondern nur mit dem gemeinen Wert, der ihr zu diesem Zeitpunkt beizulegen ist, aufgenommen werden[8]. 4278

Zum Veräußerungspreis gehört auch der Wert privater Verbindlichkeiten, von denen der erwerbende den ausscheidenden Gesellschafter freistellt.[9] 4279

(unbesetzt) 4280–4285

---

1 BFH-Urteil vom 11. Dezember 1990 VIII R 37/88, BFH/NV 1991, 516.
2 Sind bei Ratenzahlungen keine Zinsen vereinbart, muss der Barwert des Kaufpreises unter Ansetzung eines angemessenen – des banküblichen – Sollzinsfußes und unter Berücksichtigung von Zinseszinsen errechnet werden, vgl. RFH-Urteile vom 19. Februar 1936 VI A 806/34, RStBl 1936, 766, und vom 20. Oktober 1937 VI 500/37, RStBl 1938, 92.
3 BFH-Urteil vom 14. Februar 1984 VIII R 41/82, BFHE 141, 121, BStBl II 1984, 550.
4 BFH-Urteil vom 26. Juli 1984 IV R 137/82, BFHE 141, 525, BStBl II 1984, 829, der Zinssatz ergibt sich dort aus dem Sachverhalt Abs. 6.
5 Zur Rechtslage in Österreich s. auch *Wanke*, Betriebsveräußerung gegen Raten, StZ 1990, 74.
6 Vgl. BFH-Urteil vom 16. Juli 1964 IV 377/62 U, BFHE 80, 410, BStBl III 1964, 622.
7 BFH-Urteil vom 16. März 1989 IV R 153/86, BFHE 156, 195, BStBl II 1989, 557.
8 BFH-Urteil vom 19. Januar 1978 IV R 61/73, BFHE 124, 327, 329, BStBl II 1978, 295.
9 BFH-Urteil vom 10. November 1988 IV R 70/86, BFH/NV 1990, 31.

d) Wiederkehrende Bezüge

4286 **Schrifttum**: *Brandenberg*, Entgeltliche Vermögensübertragung gegen wiederkehrende Leistungen NWB F. 3, 12555; *ders.*, Übertragung von Privat- oder Betriebsvermögen gegen Versorgungsleistungen, NWB F. 3 12527; *Fischer*, Wiederkehrende Bezüge und Leistungen, 1994; *ders.*, Abschied von der Vermögensübergabe gegen Versorgungsleistungen?, FR 2001, 397; *ders.*, Private Versorgungsrente – Schlusssteine einer Dogmatik der dauernden Last, NWB F. 3, 12655; *Franz/Seitz*, Die Vermögensübergabe gegen Versorgungsleistungen im Umbruch, DStR 2002, 1745; *Geck*, Die Beschlüsse des Großen Senats des BFH zur Vermögensübergabe gegen Versorgungsleistungen – Folgerungen für die Beratungspraxis, ZEV 2003, 441; *Hipler*, Die Vermögensübergabe gegen Versorgungsleistungen nach den aktuellen Entscheidungen des Großen Senats, FR 2003, 1162; *ders.*, Der neue Rentenerlass im Überblick, Stbg 2002, 510; *Hörger/Stephan*, Die Vermögensnachfolge im Erbschaft- und Ertragsteuerrecht, 2. Aufl. 2002; *Hörger/Stephan/Pohl*, Unternehmens- und Vermögensnachfolge, 2002; *Jansen/Wrede*, Renten, Raten, Dauernde Lasten, 12. Aufl. 1998; *Kempermann*, Versorgungsleistungen bei Vermögensübergabe zur Vorwegnahme der Erbfolge: Sonderausgaben nur bei voraussichtlich ausreichenden Nettoerträgen, DStR 2003, 1736; *Martin*, Renten und andere wiederkehrende Leistungen bei Vermögensübertragungen, BB 1993, 1773; *Meyer/Ball*, Vermögensübertragungen gegen Versorgungsleistungen – Steuerrisiken bei späterer Vermögensumschichtung, FR 2003, 377; *Risthaus*, Vermögensübergabe gegen Versorgungsleistungen – Verschärfte Rechtslage bei nachträglicher Umschichtung des übertragenen Vermögens, DB 2003, 462; *dies.*, Vermögensübergabe gegen Versorgungsleistungen – Anmerkungen zu den BFH-Beschlüssen vom 12. 5. 2003 GrS 1/00 und GrS 2/00, DB 2003, 2190; *Schoor*, Vermögensübertragung gegen Versorgungsleistungen – Hinweise und Empfehlungen zu den Beschlüssen des Großen Senats vom 12. 5. 2003, INF 2003, 825; *Stephan*, Raten, Raten und dauernde Lasten im Ertragsteuerrecht, StKongRep 1998, 155; *Stuhrmann*, Die einkommensteuerliche Behandlung von Vermögensübergaben gegen Versorgungsleistungen, ZEV 2002, 181; *Wacker*, Einkommensteuerliche Behandlung wiederkehrender Leistungen bei Übertragung von Betriebs- und Privatvermögen, NWB F. 3, 9933; *M. Wendt*, Vermögensübertragung gegen Versorgungsleistungen – Steuergünstige Ertragsverteilung zwischen Generationen, EStB 2000, 22.

aa) Allgemeines

(1) Grundlegende Unterscheidung („Renten-Trias")

4287 Es ist zu unterscheiden zwischen

4288 – **wiederkehrenden Bezügen und Leistungen im Austausch mit einer Gegenleistung** (Kauf oder kaufähnliche Geschäfte und die zeitliche gestreckte Aus- bzw. Rückzahlung eines Vermögensanspruchs; früher: „kauf- oder darlehensähnliches Geschäft"; im Folgenden: **Gegenleistungs-** oder **Veräußerungsrente**, Rn 4298 ff.). Hierzu gehören grundsätzlich auch die abgekürzte und die verlängerte Leibrente im Austausch mit einer Gegenleistung;

4289 – dem „Sonderrecht der privaten Vermögensübergabe gegen Versorgungsleistungen" (**private Versorgungsrente**; Rn 4316 ff.). Diese Vermögensübergabe ist wegen der Zuweisung der Versorgungsleistungen zur dauernden Last unentgeltlich. Soweit eine betriebliche Einheit übertragen wird, handelt es sich um eine Übertragung i. S. v. § 6 Abs. 3 EStG;

4290 – der nichtabziehbaren und nicht steuerbaren privaten **Unterhaltsrente** (Rn 4354 ff.).

Gegenleistungsrente und private Versorgungsrente folgen jeweils ihren eigenen Prinzipien.

Veräußerungsgewinn 585

(2) Weitere wiederkehrende Bezüge: Betriebliche Versorgungsrenten

Renten, die im Zusammenhang mit der Übertragung eines Einzelunternehmens[1] oder eines Mitunternehmeranteils[2] vereinbart werden, sind nur ausnahmsweise betriebliche Versorgungsrenten. Für diese Rente ist kennzeichnend, dass ihre Begründung und Bemessung überwiegend durch das Bestreben bestimmt wird, den Rentenberechtigten angemessen zu versorgen, ihn insbesondere vor materieller Not zu schützen. Dabei kann die betriebliche Veranlassung für solche Fürsorgeleistungen sowohl in früher geleisteten Diensten (so z. B. beim Ausscheiden eines tätigen Gesellschafters aus einer Personengesellschaft) als ausnahmsweise auch in anderen Umständen (z. B. Rücksichtnahme auf das geschäftliche Ansehen des Betriebsübernehmers usw.) zu finden sein[3]. Renten, die im Zusammenhang mit der Übertragung eines Einzelunternehmens vereinbart werden, sind nur ausnahmsweise als betriebliche Versorgungsrenten zu qualifizieren. Auch bei Renten, die im Zusammenhang mit der Übertragung eines Mitunternehmeranteils vereinbart werden, spricht eine aus der Lebenserfahrung gewonnene tatsächliche Vermutung dafür, dass sich der Erwerber eines Betriebes nur insoweit zu Leistungen bereit findet, als er einen Gegenwert erlangt; dann aber stellen die wiederkehrenden Leistungen eine Gegenleistung dar.

4291

(unbesetzt) 4292–4294

(3) Keine Abziehbarkeit / Steuerbarkeit „nach der äußeren Form der Wiederkehr"

Die frühere Dogmatik des Rechts der wiederkehrenden Leistungen und Bezüge war geprägt durch die These von der Abziehbarkeit / Steuerbarkeit „nach der äußeren Form der Wiederkehr". Diesen Grundsatz hat die neuere Rechtsprechung aufgegeben. Stets ist die folgende **Kontrollüberlegung** entscheidungsleitend: Ist eine **Einmalzahlung** nicht steuerbar oder abziehbar, so ist im Fall der wiederkehrenden Zahlung allenfalls ein Zinsanteil, der aus der zeitlichen Streckung herrührt, steuerlich relevant[4]. Ein in den einzelnen Leistungen etwa enthaltener Zinsanteil ist seiner materiell-rechtlichen Rechtsnatur entsprechend zu behandeln[5].

4295

Auch im Falle der **Verrentung von Ansprüchen** – etwa Abfindungen, Abstandszahlungen, Gleichstellungsgeldern, Erb- und Pflichtteilsansprüchen – ist im vorgenannten Sinne an die Rechtslage bei Einmalzahlung anzuknüpfen[6]. Die Ablösung von wiederkehrenden Bezügen und Leistungen ist beim Bezieher ein nichtsteuerbarer Kapitalanfall und beim Leistenden eine nicht abziehbare Tilgung einer Schuld. Anderes gilt nur für das Sonderrecht der Vermögensübergabe gegen Versorgungsleistungen: Hier gehört die Wiederkehr der Leistungen – im Regelfall auf die Lebenszeit des Versorgungsberechtigten – zur Rechtsnatur des Versorgungsvertrages.

4296

---

1 BFH-Urteile vom 26. Januar 1978 VIII R 62/77, BFHE 124, 338, BStBl II 1978, 301; vom 7. Juli 1992 VIII R 36/90, BFHE 169, 53, BStBl II 1993, 26; BFH-Beschluss vom 13. Juni 1993 X B 182/93, BFH/NV 1995, 105.
2 BFH-Urteil vom 12. November 1985 VIII R 286/81, BFHE 145, 62, BStBl II 1986, 55.
3 Z. B. BFH-Urteile vom 7. Dezember 1977 I R 75/77, BFHE 124, 178, 180, BStBl II 1978, 269; vom 25. Oktober 1984 IV R 165/82, IV R 165/82, BFHE 142, 283, BStBl II 1985, 212.
4 BFH-Urteil vom 31. Juli 2002 X R 39/01, BFH/NV 2002, 1575.
5 BFH-Urteile vom 14. Dezember 1994 X R 1-2/90, BFHE 177, 36, BStBl II 1996, 680 – Berichtigung von Vermächtnisschulden; vom 10. Dezember 1999 X R 46/97, BFHE 189, 497, BStBl II 2000, 188.
6 Z. B. BFH-Urteil vom 27. 11. 1996 X R 85/94, BFHE 182, 110, BStBl II 1997, 284, betr. die Ablösung von „Pflichtteilsrechten und sonstigen erbrechtlichen Ansprüchen"; s. unten Rn 4353.

(4) Verwaltungsanweisungen: BMF-Schreiben vom 26. 8. 2002

4297 Das grundlegende **BMF-Schreiben vom 16. 9. 2004**[1] zur „Einkommensteuerrechtlichen Behandlung von wiederkehrenden Leistungen im Zusammenhang mit der Übertragung von Privat- oder Betriebsvermögen" fasst die vom Großen Senat des BFH in seinen Beschlüssen vom 12. Mai 2003[2] entwickelten neuen Grundsätze zusammen.

bb) Gegenleistungsrenten

(1) Allgemeines

4298 Wiederkehrende Leistungen im Austausch mit einer **Gegenleistung** enthalten bis zur Grenze der Angemessenheit eine nichtsteuerbare oder steuerbare Vermögensumschichtung in Höhe ihres Barwerts (Tilgungsanteil) und einen Zinsanteil. Wiederkehrende Leistungen werden **teilentgeltlich** erbracht, wenn der Wert des übertragenen Vermögens höher ist als der Barwert der wiederkehrenden Leistungen. Ist der Barwert der wiederkehrenden Leistungen höher als der Wert des übertragenen Vermögens, ist Entgeltlichkeit in Höhe des angemessenen Kaufpreises anzunehmen; der übersteigende Betrag ist eine Zuwendung i. S. d. § 12 Nr. 2 EStG[3].

4299 Bei den Gegenleistungsrenten ist zu unterscheiden zwischen **betrieblichen** und **privaten wiederkehrenden Leistungen und Bezügen**. Zum betrieblichen Bereich gehören die Renten im Zusammenhang mit der Veräußerung von Wirtschaftsgütern des Betriebsvermögens – insbes. von betrieblichen Einheiten – (im Folgenden: betriebliche **Veräußerungsrente**) – bzw. der Anschaffung von solchen Wirtschaftsgütern in ein Betriebsvermögen (**Erwerbsrente**). Eine korrespondierende steuerrechtliche Behandlung beim Erwerber und Veräußerer gibt es nicht, da bei diesen je nach Sachlage jeweils individuelle ein betrieblicher/privater Vorgang vorliegen kann. Es ist mithin jeweils gesondert danach zu unterscheiden, ob Privatvermögen (private Veräußerungs-/Erwerbsrente) oder Betriebsvermögen (betriebliche Veräußerungs-/Erwerbsrente) gegen wiederkehrende Leistungen erworben bzw. veräußert wird. Gegenleistungsrenten werden nach den – für Kaufpreisraten ohnehin schon immer geltenden – steuerrechtlichen Grundsätzen behandelt, wobei Besonderheiten bei bilanzierenden Steuerpflichtigen zu berücksichtigen sind.

4300 **Private und betriebliche Gegenleistungen** gehören auch dann nicht zum Anwendungsbereich der in vollem Umfang steuerbaren und abziehbaren Bezüge und Leistungen („dauernde Last"), wenn sie nicht gleichbleibend, sondern abänderbar geschuldet werden. Dies gilt auch dann, wenn die Vertragsparteien einen „Vorbehalt der Rechte aus § 323 ZPO" vereinbart haben[4]. Für einen Käufer ist es grundsätzlich nicht von Interesse, ob das Entgelt die Versorgung des Veräußerers sicherstellt[5]. Es ist folglich unerheblich, dass eine zeitlich gestreckte Gegenleistung der **Versorgung des Bezugsberechtigten** dient[6]. Für den Erwerber ist es grundsätzlich nicht von Interesse, welche Motive der Veräußerer hat. Auch lang-

---

1 BMF-Schreiben vom 16. September 2004 (BStBl I 2004, 922).
2 BFH-Beschlüsse vom 12. Mai 2003 GrS 1/00, BFHE 202, 464, DStR 2003, 1696, und GrS 2/00, BFHE 202, 477, DStR 2003, 1700.
3 BMF-Schreiben vom 26. August 2002 (BStBl I 2002, 893), Tz. 42.
4 BFH-Urteil vom 17. Dezember 1991 VIII R 80/97, BFHE 167, 344, BStBl II 1993, 15; vom 27. August 1997 X R 54/94, BFHE 184, 337, BStBl II 1997, 813.
5 BFH-Urteil vom 15. März 1994 IX R 45/91, BFHE 175, 19, BStBl II 1994, 840.
6 BFH-Urteil vom 31. August 1994 X R 44/93, BFHE 176, 19, BStBl II 1996, 676, mwN.

fristige Kaufpreisraten können der Versorgung des Veräußerers dienen; dies wird in der Rechtsprechung zum Veräußererwahlrecht (Rn 4308) vorausgesetzt.

Der früher oft verwendete Begriff der **Zeitrente** ist dogmatisch und rechtspraktisch gegenstandslos, weil sie in der Kategorie der Gegenleistungsrente aufgeht. Gegen Hingabe eines Vermögensgegenstandes erworbene „Zeitrenten" sind nach Art von Kaufpreisraten zu behandeln; dies auch dann, wenn sie als abänderbar vereinbart werden[1]. Der Begriff „Zeitrente" ist erheblich allenfalls im Zusammenhang mit der für das sog. Veräußererwahlrecht relevanten Definition der „wagnisbehafteten Bezüge"[2]. Auf „Kaufpreiszeitrenten" findet weder § 22 Nr. 1 Satz 1 EStG noch § 10 Abs. 1 Nr. 1a EStG Anwendung[3]. Auch die ohnehin nicht trennscharfe,[4] jedenfalls aber uneinheitliche **Unterscheidung zwischen** (entgeltlich erworbenen) **Renten und Raten** hat keine entscheidungsleitende Bedeutung. „Raten im Rechtssinne" liegen vor, „wenn das Entgelt für die Veräußerung eines Wirtschaftsguts oder aus einem veräußerungsähnlichen Vorgang gestundet und in Teilbeträgen entrichtet wird oder wenn ein Kapitalbetrag – etwa wie ein Darlehen – in Tilgungsbeträgen zurückgezahlt wird"[5]. Wesentlich ist hiernach, dass ein nach Höhe und Dauer der zeitlichen Streckung fest bestimmter Kapitalbetrag abgetragen wird[6]. Diese Beschränkung des Rechtsbegriffs „Rate" ist historisch bedingt. „Renten" sind alle anderen wiederkehrend zu zahlenden Leistungen. Da Gegenleistungsrenten und Raten sowohl im betrieblichen wie auch im privaten Bereich nach einheitlichen Rechtsgrundsätzen – insbesondere: Trennung von Vermögensumschichtungs- und Zinsanteil über die gesamte Laufzeit hinweg – behandelt werden, hat die Unterscheidung keine rechtliche Bedeutung. Die rechtlich erhebliche Trennlinie verläuft zwischen den Raten/Gegenleistungsrenten und der im Zusammenhang mit einer (im Steuerrechtssinne unentgeltlichen) Vermögensübergabe vereinbarten Versorgungsrente. 4301

Übertragen Eltern einem Kind einen Vermögensgegenstand gegen auf fest bestimmte Zeit zu zahlende wiederkehrende Leistungen (sog. **Mindestzeitrente** oder **verlängerte Leibrente**), handelt es sich nicht um eine Vermögensübergabe gegen Versorgungsleistungen mit den Rechtsfolgen der Abziehbarkeit von Sonderausgaben und der Steuerbarkeit von Einkünften aus wiederkehrenden Leistungen, sondern um ein entgeltliches Veräußerungs-/Anschaffungsgeschäft gegen Ratenzahlungen[7]. Dies gilt auch dann, wenn die Mindestlaufzeit der wiederkehrenden Leistungen kürzer ist als die voraussichtliche durchschnittliche Lebenserwartung der bezugsberechtigten Person[8]. Ist es nämlich übereinstimmender Wille der Vertragschließenden, dass die Zahlungen auch – sodann an die Erben – zu erbringen sind, wenn der Berechtigte alsbald nach Eintritt in den Bezug stirbt, handelt es

---

1 S. bereits BFH-Urteil vom 24. April 1970 VI R 212/69, BFHE 99, 38, 40, BStBl II 1970, 541; ausführlich *Fischer* in Kirchhof/Söhn/Mellinghoff, § 22 Rdnr. B 88 ff.
2 Vgl. H 139 Abs. 11 EStH 2001 – „Zeitrente".
3 BFH-Urteil vom 19. Mai 1992 VIII R 37/90, BFH/NV 1993, 87, unter I. 3. b; vgl. ferner Urteil vom 7. April 1992 VIII R 59/89, BFHE 167, 515, 517, BStBl II 1992, 809; vom 26. November 1992 X R 187/87, BFHE 170, 98, 102 f., BStBl II 1993, 298, unter II. 3. b; vom 23. Februar 1994 X R 123/92, BFHE 174, 73, BStBl II 1994, 690, unter 4. b.
4 In historischer Sicht *Fischer* in Kirchhof/Söhn/Mellinghoff, § 22 Rdnr. 206 ff.
5 So bereits RFH vom 7. Mai 1930 VI A 827/27, RStBl 1930, 578, 579 unter 5.; vom 27. Januar 1944 IV 157/43, RStBl 1944, 363.
6 BFH-Urteile vom 30. Juli 1965 VI 288/63 U, BFHE 83, 311, BStBl III 1965, 613; vom 12. November 1985 IX R 2/82, BFHE 145, 368, BStBl II 1986, 261; ausführlich *Fischer* in Kirchhof/Söhn/Mellinghoff, § 22 Rdnr. B 81 ff.
7 BFH-Urteil vom 31. August 1994 X R 44/93, BFHE 176, 19, BStBl II 1996, 676; vom 31. August 1994 X R 58/92, BFHE 176, 333, BStBl II 1996, 672.
8 BFH-Urteil vom 21. Oktober 1999 X R 75/97, BFHE 190, 197, BStBl II 2002, 650.

sich zivilrechtlich und wirtschaftlich um einen wertmäßigen Ausgleich für eine empfangene Leistung. Ein solcher Vertrag wird geprägt durch seine Funktion, eine Gleichstellung von (künftigen) Miterben zu gewährleisten. Dies wird deutlich in dem gedachten Fall, dass der Erbfall unmittelbar nach Vertragsschluss eintritt und dann die wiederkehrenden Leistungen an die (Mit-)Erben als Ausgleich für das vorweg übernommene Vermögen zu erbringen sind. Damit liegt in rechtlicher wie wirtschaftlicher Hinsicht der Vergleich mit anlässlich einer vorweggenommenen Erbfolgeregelung vereinbarten Gleichstellungsgeldern ebenso nahe wie mit im Rahmen einer Erbauseinandersetzung übernommenen Ausgleichszahlungen. Gleichstellungsgelder führen aber zu Anschaffungskosten. **Verbindungsrenten**[1] sind Renten, die von vornherein zugleich so lange mehreren Rentenberechtigten gemeinsam zustehen oder von mehreren Personen gemeinsam zugesagt werden, als alle diese Personen, eine bestimmte Mindestzahl von ihnen oder mindestens bestimmte Personen am Leben sind.

Renten, die auf eine bestimmte Zeit beschränkt sind oder zu einem früheren Zeitpunkt mit dem Tod des Versicherten enden, sind **abgekürzte Leibrenten** (§ 22 Nr. 1 Satz 3 Buchst. a Satz 4 EStG i. V. m. § 55 Abs. 2 EStDV). Auch solche Renten sind, sofern sie entgeltlich begründet worden sind, grundsätzlich den Gegenleistungsrenten zuzurechnen. Denn das Rechtsinstitut der Vermögensübergabe gegen als dauernde Last abziehbare Versorgungsleistungen setzt grundsätzlich voraus, dass diese Leistungen auf die Lebenszeit des Berechtigten gezahlt werden[2]. Abgekürzte Leibrenten sind insbesondere im Recht der Renten aus den gesetzlichen Sozialversicherungen steuerrechtlich erheblich.

4302 Zur **Anschaffung** eines **Wirtschaftsguts des Privatvermögens** (Mietwohngrundstück) gegen abänderbare wiederkehrende Leistungen auf die Lebenszeit des Veräußerers („dauernde Last") wird auf das Grundsatz-Urteil des BFH vom 18. Oktober 1994[3] sowie auf das BMF-Schreiben vom 26. August 2002 verwiesen[4]. Der Zinsanteil einer Veräußerungsleibrente ist nach der Ertragsanteilstabelle des § 22 Nr. 1 Satz 3 Buchst. a EStG i. V. m. § 55 Abs. 1 EStDV zu ermitteln,[5] der Zinsanteil einer dauernden Last in entsprechender Anwendung der Ertragsanteilstabelle des § 22 Nr. 1 Satz 3 Buchst. a EStG i. V. m. § 55 EStDV[6]. Der Gesetzgeber hat den bei der Ertragsanteilsbesteuerung maßgebenden Rechnungszinsfuß für die Veranlagungszeiträume ab 2005 auf 3 vH abgesenkt. Dies begründet der Regierungsentwurf eines Alterseinkünftegesetzes[7] mit dem Hinweis darauf, dass der Diskontierungsfaktor für die Berechnung der Ertragsanteile in Reaktion auf die zu niedrige Besteuerung von Sozialversicherungsrenten in der Vergangenheit mehrfach erhöht worden sei. Dies ist indes unzutreffend, weil der bisherige Rechnungszinsfuß „entsprechend §§ 12 bis 15 BewG" festgelegt worden war, und zwar ausdrücklich „unabhängig von den Folgerungen, die aus dem Beschluss des BVerfG[8] zu ziehen sind"[9]. – Dies führt zu einer unter dem Aspekt der Kohärenz der Rechtsordnung misslichen positivrechtlichen Vielfalt der Zinsfüße.

---

1 Vgl. BFH-Urteil vom 11. Oktober 1963 VI 162/61 S, BFHE 78, 20, BStBl III 1964, 8; *Fischer* in Kirchhof/Söhn, Einkommensteuergesetz, § 22 RdNr. B 136.
2 BFH-Urteil vom 31. August 1994 X R 44/93, BFHE 176, 19, BStBl II 1996, 676.
3 BFH v. 18. Oktober 1994 IX R 46/88, BFHE 175, 572, BStBl II 1995, 169.
4 BMF-Schreiben vom 26. August 2002 (BStBl I 2002, 893), dort Tz. 42 ff.
5 BFH-Urteil vom 25. 11. 1992 X R 91/89, BFHE 170, 82, BStBl 1996 II S. 666.
6 BFH-Urteil vom 9. Februar 1994 IX R 110/90, BFHE 175, 212, BStBl 1995 II S. 47.
7 BT-Drs 15/2150, S. 26 f., 42.
8 Gemeint ist: BVerfG-Beschluss vom 26. März 1980 1 BvR 121/76, BvR 122/76, BVerfGE 54, 22.
9 BT-Drs 9/842, S 67.

Die rechtlich nicht zu beanstandende Verwaltungsauffassung zur ertragsteuerlichen Behandlung der Veräußerung von Wirtschaftsgütern des Betriebsvermögens gegen Leibrenten, Veräußerungsrenten oder Kaufpreisraten im Fall der **Gewinnermittlung nach § 4 Abs. 3 EStG** ergibt sich aus R 16 Abs. 4 und 5 EStR 2001. 4303
Zur Abgrenzung der Gegenleistungsrente von der privaten Versorgungsrente s. Rn 4349.

(2) „Gegenleistungsrenten" beim Erwerb in ein Betriebsvermögen (betriebliche Erwerbsrente)

Erwirbt ein Steuerpflichtiger z. B. einen Betrieb gegen abänderbare oder gleichbleibende (Leibrente) wiederkehrende Leistungen, sind die angeschafften Wirtschaftsgüter mit dem kapitalisierten Barwert der Rentenverpflichtung als Anschaffungskosten zu bewerten. „Barwert" ist die auf den jeweiligen Bilanzstichtag abgezinste Summe der künftigen Erfüllungsbeiträge. Zugleich ist der Barwert der Rentenverpflichtung zu passivieren[1]. Diese Verbindlichkeit ist für jeden Bilanzstichtag erneut anhand des jeweiligen – sich ständig verringernden – Barwerts nach der verbleibenden Lebenserwartung des Veräußerers zu ermitteln. Der definitionsgemäß um die Zinsanteile bereinigte Barwert der wiederkehrenden Leistungen ist beim Erwerb eines der Einkünfteerzielung dienenden abnutzbaren Wirtschaftsguts Bemessungsgrundlage für die AfA[2]. Der in den dauernden Lasten enthaltene Tilgungsanteil kann nicht abgezogen werden. 4304

Die **Höhe des Barwerts** der Verpflichtung zu wiederkehrenden Leistungen hängt rechnerisch von der Lebenserwartung der jeweiligen Bezugsperson und vom Zinsfuß ab, mit dem die künftigen Rentenleistungen auf den jeweiligen Bilanzstichtag abgezinst werden. Die jährlichen Barwertminderungen werden als Ertrag behandelt, die Rentenzahlungen als Betriebsausgaben abgezogen. **Als materiell-rechtlicher Zinsanteil gewinnwirksam** ist die Differenz zwischen den tatsächlichen Rentenzahlungen und der Barwertminderung als dem in den Rentenzahlungen enthaltenen Tilgungsanteil[3]. Der Zinsanteil wird grundsätzlich finanzmathematisch[4], aus Vereinfachungsgründen auch in Anlehnung an die Ertragswerttabelle[5] von der steuerrechtlich nicht relevanten Vermögensumschichtung getrennt und entsprechend seiner steuerrechtlichen Rechtsnatur behandelt. Für die Wahl des Zinssatzes gelten die Grundsätze zu Kaufpreisraten entsprechend[6]; ab 1. Januar 1999 ist § 6 Abs. 1 Nr. 3 EStG zu beachten. Es ist grundsätzlich von einem Zinsfuß von 5,5 vH auszugehen, sofern die Vertragspartner nicht einen höheren Rechnungszinsfuß vereinbart haben[7]. Der BFH hat in mehreren Entscheidungen einen mittleren Zinssatz von 5,5 vH als 4305

---

1 Vgl. § 253 Abs. 1 Satz 2 HGB; BFH-Urteil vom 23. Februar 1984 IV R 128/81, BFHE 140, 548, BStBl II 1984, 516.
2 BFH-Urteil vom 9. 2. 1994 IX R 110/90, BFHE 175, 212, BStBl II 1995, 47; BMF-Schreiben vom 26. August 2002 (BStBl I 2002, 893) Tz. 44.
3 BFH-Urteil vom 5. Juni 2002 X R 1/00, BFH/NV 2002, 1438, mwN.
4 BFH-Urteil vom 2. Mai 2001 VIII R 64/93, BFH/NV 2002, 10, mwN ; dort auch zu einer verlängerten Leibrente. S. ferner *Fischer* in Kirchhof, EStG-Kompaktkommentar 4. Aufl. 2004, § 6 Rz 149. Das BMF-Schreiben vom 26. August 2002 (BStBl I 2002, 893, Tz. 43) gibt ein Wahlrecht: „Der nach §§ 12 ff. BewG (bei lebenslänglichen Leistungen kann nach § 14 Abs. 1 BewG i. V. m. Anlage 9) oder nach versicherungsmathematischen Grundsätzen berechnet werden"; vgl. R 32a Satz 1 EStR.
5 BFH-Urteil vom 14. Dezember 1994 X R 1-2/90, BFHE 177, 36, BStBl II 1996, 680; s. aber BFH-Urteil vom 18. Oktober 1994 IX R 46/88, BFHE 175, 572, BStBl II 1995, 169.
6 BFH-Urteile vom 20. November 1969 IV R 22/68, BFHE 98, 28, BStBl II 70, 309; vom 31. Januar 1980 IV R 126/76, BFHE 130, 372, BStBl II 80, 491.
7 BFH-Urteile vom 20. November 1969 IV R 22/68, BFHE 98, 28, BStBl II 1970, 309; vom 19. Mai 1992 VIII R 37/90, BFH/NV 1993, 87; vom 2. Mai 2001 VIII R 64/93, BFH/NV 2002, 10; vgl. R 139 Abs. 11 Satz 9 EStR 2001.

angemessen bezeichnet[1]. Zu dem der Ertragsanteilsbesteuerung zugrunde liegenden Zinssatz von 3 vH s. Rn 4302. Ein höherer ist jedenfalls dann nicht mehr angemessen, wenn die Rente mit einer Wertsicherungsklausel ausgestattet worden ist[2]. Die voraussichtliche Laufzeit kann nach den Durchschnittswerten der Allgemeinen Deutschen Sterbetafel bemessen werden. Eine Steigerung der Rentenleistungen aufgrund einer Wertsicherungsklausel erhöht den Teilwert und ist in die Barwertermittlungen einzubeziehen[3], indes ohne Rückwirkung auf etwaige Anschaffungskosten[4]. Wertgesicherte Verbindlichkeiten dürfen künftig mögliche/wahrscheinliche Leistungserhöhungen vor Eintritt des Wertsicherungsfalls nicht berücksichtigen[5]. Infolge einer Aktualisierung einer Wertsicherungsklausel erhöht sich der zu passivierende Barwert der Schuld[6]. Barwerterhöhungen aufgrund einer Wertsicherungsklausel berühren nicht die Anschaffungskosten, sondern sind Früchte der Kapitalnutzung[7].

4306 Bei der Berechnung des Barwerts ungleichmäßig wiederkehrender Leistungen (dauernde Lasten) ist als Jahreswert der Betrag zu Grunde zu legen, der aus der Sicht des Anschaffungszeitpunkts in Zukunft im Durchschnitt der Jahre voraussichtlich erzielt wird[8].

Werden **der Höhe nach ungewisse wiederkehrende Leistungen** vereinbart – insbesondere eine Gewinn-/Umsatzbeteiligung – hängt die steuerliche Behandlung davon ab, ob die Gegenleistung zumindest geschätzt werden kann. Hat der Veräußerer die Höhe der Gegenleistung in jedem Jahr neu zu bestimmen, kann diese gleichfalls nicht im Wege der Schätzung ermittelt werden. Hieraus resultierende Gewinne können bei wirtschaftlicher Beurteilung nicht schon als im Zeitpunkt der Betriebsanteilsveräußerung realisiert angesehen werden; sie stellen notwendigerweise nachträgliche laufende Einnahmen aus Gewerbebetrieb (§§ 15, 24 Nr. 2 EStG) desjenigen Veranlagungszeitraums dar, in dem sie dem Berechtigten auf Grund der Ausübung seines Wahlrechts tatsächlich zufließen. Die Tarifvergünstigung des § 34 Abs. 1 EStG findet auf sie keine Anwendung[9].

4307 **Entfällt** die betrieblich bedingte **Rentenverpflichtung** mit dem **Tode des Rentenberechtigten**, ist die hierdurch bewirkte Erhöhung des Betriebsvermögens als laufender Gewinn und Gewerbeertrag zu erfassen[10].

cc) Betriebliche Veräußerungsrente; Veräußerungswahlrecht

(1) Allgemeines

4308 Veräußert ein Steuerpflichtiger seinen Gewerbebetrieb – auch: einen Teilbetrieb oder einen Mitunternehmeranteil – gegen „wagnisbehaftete" wiederkehrende Bezüge, so hat er ein Wahlrecht (sog. **Veräußererwahlrecht**) zwischen der Sofortbesteuerung und der Zuflussbesteuerung. R 139 Abs. 11 EStR 2001 spricht nur den Fall der Leibrente an; der

---

1 BFH-Urteil vom 2. Mai 2001 VIII R 64/93, BFH/NV 2002, 10, mwN; *Fischer* in Kirchhof, Kompakt-Kommentar EStG, § 6 Rz 149.
2 BFH-Urteil vom 19. Mai 1992 VIII R 37/90, BFH/NV 1993, 87.
3 BFH-Urteil vom 27. Januar 1998 VIII R 64/96, BFHE 186, 12, BStBl II 1998, 537.
4 BFH-Urteil vom 29. November 1983 VIII R 231/80, BFHE 139, 403, BStBl II 1984, 109.
5 BFH-Urteil vom 13. November 1975 IV R 170/73, BFHE 117, 367, BStBl II 1976, 142.
6 BFH-Urteil vom 29. November 1983 VIII R 231/80, BFHE 139, 403, BStBl II 1984, 109.
7 BFH-Urteil vom 24. Januar 1990 I R 157/85, BFHE 159, 494, BStBl II 1990, 639.
8 BFH-Urteil vom 18. 10. 1994 IX R 46/88, BFHE 175, 572, BStBl 1995 II 169; BMF-Schreiben vom 26. August 2002 (BStBl I 2002, 893), Tz. 43 Satz 2.
9 BFH-Urteil vom 16. Juli 1964 IV 377/62 U, BFHE 80, 410, BStBl III 1964, 622.
10 BFH-Urteil vom 24. Oktober 1990 X R 64/89, BFHE 163, 42, BStBl II 1991, 358; vom 26. Juni 1996 XI R 41/95, BFHE 180, 572, BStBl II 1996, 601.

Sache nach gilt aber auch Gleiches bei Vereinbarung abänderbarer Leistungen. Nach der Rechtsprechung des BFH kommt das Wahlrecht in Betracht, wenn langfristige wiederkehrende Bezüge vereinbart werden und diese entweder mit einem Wagnis behaftet sind oder hauptsächlich im Interesse des Veräußerers – insbesondere um dessen Versorgung zu sichern – festgelegt werden[1]. Dieses Wahlrecht findet seine Rechtsgrundlage „in einer teleologischen Reduktion des (zwingenden) Anwendungsbereichs der §§ 16, 34 EStG im Verhältnis zu § 24 Nr. 2 EStG" und „im Grundsatz der Verhältnismäßigkeit der Besteuerung"[2]. Die von der Rechtsprechung entwickelten Grundsätze sind zusammengefasst in **R 139 Abs. 11 EStR 2001**. Das Wahlrecht muss bis zur Bestandskraft der Veranlagung ausgeübt werden.

(2) Wahlrecht bei festem Entgelt und wiederkehrenden Leistungen; Ausübung des Wahlrechts

Besteht der Veräußerungspreis in wiederkehrenden Bezügen und einem festen Entgelt, so gibt es das Wahlrecht nur hinsichtlich der wiederkehrenden Bezüge[3]. Auf das feste Entgelt ist, soweit es den Buchwert des Kapitalkontos und die Veräußerungskosten übersteigt, der ermäßigte Steuersatz des § 34 Abs. 1 EStG anzuwenden[4].

Wie der Veräußerer sein Wahlrecht ausübt, hängt von den **Umständen des Einzelfalles** ab, insbesondere von der Lebenserwartung des/der Rentenberechtigten, von der Höhe der übrigen Einkünfte des Veräußerers im Jahr der Veräußerung sowie in den späteren Jahren und von dem Verhältnis des Veräußerungsgewinns zum Freibetrag.

4309

(3) Sofortversteuerung

Der Steuerpflichtige kann die sofortige Versteuerung eines begünstigten Veräußerungsgewinns unter **Kapitalisierung der Bezüge** auf den Zeitpunkt der Veräußerung nach versicherungsmathematischen Grundsätzen (§§ 16, 34 EStG) wählen. Veräußerungsgewinn ist der Unterschiedsbetrag zwischen dem nach den Vorschriften des BewG ermittelten Barwert der Rente, vermindert um etwaige Veräußerungskosten des Steuerpflichtigen, und dem Buchwert des steuerlichen Kapitalkontos im Zeitpunkt der Veräußerung des Betriebs. Die in den nachfolgenden Rentenzahlungen enthaltenen Ertragsanteile sind sonstige Einkünfte, die im Zeitpunkt ihres Zuflusses auf der Rechtsgrundlage des § 22 Nr. 1 Satz 3 Buchstabe a EStG – in diesem Sinne (was freilich streitig ist) „privatisiert"[5] – als wiederkehrende Leistungen steuerbar sind.

4310

(4) Feststellung eines Veräußerungsgewinns

Der Veräußerungsgewinn ist im Rahmen der einheitlichen und gesonderten Gewinnfeststellung festzustellen. Besteht der Veräußerungspreis in wiederkehrenden Bezügen und

4311

---

1 Vgl. BFH-Urteile vom 20. Januar 1959 I 200/58 U, BFHE 68, 500, BStBl III 1959, 192; vom 12. Juni 1968 IV 254/62, BFHE 92, 561, BStBl II 1968, 653; vom 26. Juli 1984 IV R 137/82, BFHE 141, 525, BStBl II 1984, 829; vom 20. Dezember 1988 VIII R 110/82, BFH/NV 1989, 630, mwN.
2 BFH-Urteil vom 26. Juli 1984 IV R 137/82, BFHE 141, 525, BStBl II 1984, 829, unter Bezugnahme auf die BFH-Urteile vom 30. Januar 1984 IV R 80/70, BFHE 111, 477, 481, BStBl II 1974, 452; vom 29. Oktober 1974 VIII R 131/70, BFHE 114, 79, 82, BStBl II 1975, 173.
3 RFH-Urteil vom 14. Mai 1930 VI A 705/28, RStBl 1930, 580; BFH-Urteile vom 23. Januar 1964 IV 85/62 U, BFHE 79, 16, 19, BStBl III 1964, 239; vom 10. Juli 1991 X R 79/90, BFHE 165, 75, DB 1991, 2368, BB 1991, 2353, StRK EStG 1975 § 16 Abs. 2 R. 23, mwN.
4 BFH-Urteil vom 28. September 1967 IV 288/62, BFHE 90, 324, 327, BStBl II 1968, 76.
5 Offen gelassen durch BFH-Urteil vom 19. Mai 1992 VIII R 37/90, BFH/NV 1993, 87; für eine weitere Zuordnung zum Betriebsvermögen BFH-Beschluss 26. März 1991 VIII R 55/86, BFHE 166, 21, mwN (umfassend zum Streitstand).

einem festen Entgelt, kann das Wahlrecht nur hinsichtlich der wiederkehrenden Bezüge ausgeübt werden. Auf das feste Entgelt ist, soweit es den Buchwert des Kapitalkontos und die Veräußerungskosten übersteigt, der ermäßigte Steuersatz gemäß § 34 Abs. 1 EStG anzuwenden[1].

4312 Wird die gestundete/verrentete **Kaufpreisforderung** für die Veräußerung eines Gewerbebetriebs in einem späteren Veranlagungszeitraum **ganz oder teilweise uneinbringlich**, so stellt dies ein Ereignis mit steuerlicher Rückwirkung auf den Zeitpunkt der Veräußerung dar[2].

(5) Zuflussbesteuerung

4313 Statt der Sofortbesteuerung kann der Steuerpflichtige die Rentenzahlungen ohne Berücksichtigung eines Zinsanteils als nachträgliche Betriebseinnahmen i. S. d. § 15 Abs. 1 i. V. m. § 24 Nr. 2 EStG behandeln. In diesem Fall entsteht ein Gewinn, wenn die Rentenzahlungen das steuerliche Kapitalkonto des Veräußerers zuzüglich etwaiger Veräußerungskosten des Veräußerers übersteigen. Entscheidet sich der Steuerpflichtige für die Zuflussversteuerung, wird der Freibetrag des § 16 Abs. 4 EStG nicht gewährt[3].

(6) Ablösung der Rente

4314 Wird eine **betriebliche Veräußerungsrente** aufgrund nachträglicher Vereinbarung **durch eine Einmalzahlung abgelöst**, ist diese keine nach § 24 Nr: 1 Buchst. a EStG tarifbegünstigte Entschädigung. Die Ablösung führt aber zu einem Veräußerungsgewinn, sofern im Veräußerungsjahr keine tarifbegünstigte Versteuerung eines Einmalbetrages stattgefunden hatte. Die Tarifbegünstigung wird nicht gewährt für den Teil des Ablösebetrages, welcher dem Gesamtvolumen des mit den wiederkehrenden Bezügen verrechneten Buchwertes entspricht[4].

4315 *(unbesetzt)*

dd) Vermögensübergabe gegen Versorgungsleistungen

(1) Allgemeines

4316 Von den Gegenleistungsrenten abzugrenzen ist die Vermögensübergabe gegen **Versorgungsleistungen** (private Versorgungsrente). Sie ist von der Rechtsprechung am Modell der Hof- und Geschäftsübergabe typologisch ausgeformt. Im Kernbereich der Vermögensübergabe gegen Versorgungsleistungen steht die „klassische" Hof- und Betriebsübergabe. Diese ist gekennzeichnet durch die Übertragung von Vermögen kraft einzelvertraglicher Regelung unter Lebenden mit Rücksicht auf die künftige Erbfolge, wobei sich der Vermögensübergeber typischerweise die Erträge seines Vermögens in Gestalt der Versorgungsleistungen vorbehält, die nunmehr vom Vermögensübernehmer erwirtschaftet werden[5]. Der steuerlich-rechtstechnische Transfer auf den Übergeber wird bewirkt durch den Abzug der Versorgungsleistungen als dauernde Last (§ 10 Abs. 1 Nr. 1a EStG) sowie –

---

1 BFH-Urteil vom 28. September 1967 IV 288/63, BFHE 90, 324, BStBl II 1968, 76.
2 BFH-Beschluss vom 19. 7. 1993 – GrS 2/92, BFHE 172, 66, BStBl II 1993, 897.
3 BFH-Beschluss vom 21. Dezember 1988 III B 15/88, BFHE 155, 386, BStBl II 1989, 409, mwN; BFH-Urteil vom 10. 7. 1991 X R 79/90, BFHE 165, 75, DB 1991, 2368; zuletzt BFH-Urteil vom 20. Dezember 1988 VIII R 110/82, BFH/NV 1989, 630.
4 BFH-Urteile vom 10. Juli 1991 X R 79/90, BFHE 165, 75; vom 21. September 1993 III R 53/89, BFHE 172, 349, StRK EStG 1975 § 16 Abs. 2 R. 38, HFR 1994, 209.
5 Grundlegend Beschlüsse des Großen Senats des BFH vom 5. Juli 1990 GrS 4-6/89, BFHE 161, 317, BStBl II 1990, 847; vom 15. Juli 1991 GrS 1/90, BFHE 165, 225, BStBl II 1992, 78.

materiell-rechtlich korrespondierend[1] – durch ihre Steuerbarkeit nach § 22 Nr. 1 EStG. Die solchermaßen privilegierte Vermögensübergabe ist – wegen der Zuweisung der Versorgungsleistungen zur dauernden Last (§ 10 Abs. 1 Nr. 1a EStG) – in einem spezifisch steuerrechtlichen Sinne unentgeltlich; die Versorgungsleistungen sind weder Veräußerungsentgelt des Übergebers noch Anschaffungskosten des Übernehmers[2] mit der Rechtsfolge, dass beim Übergeber keine Gewinnrealisierung stattfindet und der Übernehmer die Buchwerte eines übernommenen Betriebsvermögens fortzuführen hat (§ 6 Abs. 3 EStG). Mit dieser Ausformung bildet die Rechtsprechung den zivilrechtlichen Altenteilsgedanken steuerrechtlich ab.

(2) Vergleich mit dem Vorbehaltsnießbrauch

Der rechtliche Aspekt des „Vorbehalts der Vermögenserträge" und die Vergleichbarkeit mit den mittels Vorbehaltsnießbrauchs bewirkten steuerlichen Rechtsfolgen – Überleitung des Nettoertrags eines übertragenen Vermögens – ist dogmatisch grundlegend und verfassungsrechtlich legitimierend. Durch die Abziehbarkeit der wiederkehrenden Leistungen (§ 10 Nr. 1a EStG) und die Steuerbarkeit der wiederkehrenden Bezüge (§ 22 Nr. 1 EStG) werden in rechtstechnischer Hinsicht die vom Verpflichteten erzielten (§ 2 Abs. 1 EStG) und ihm daher nach allgemeinem Steuerschuldrecht zuzurechnenden Einkünfte auf den Bezieher transferiert[3]. Dies ist durch die Beschlüsse des Großen Senats des BFH v. 12. Mai 2003[4] klargestellt worden. Um der folgerichtigen Umsetzung des Rechtsprinzips der vorbehaltenen Vermögenserträge willen hat der Große Senat den „Typus 2" abgeschafft. Dieser hatte es aufgrund eines Vergleichs des Barwerts der wiederkehrenden Leistungen und des Wert des übergebenen Vermögens („50-v.H.-Grenze") ermöglicht, Vermögen in steuerlich abziehbare Unterhaltszahlungen umzuwandeln.

4317

(3) Bemessung der Versorgungsleistungen

Dies vorausgesetzt werden die Versorgungsleistungen typischerweise nicht nach dem Wert des übergebenen Vermögens, sondern nach dem Versorgungsbedürfnis des Übergebers und der wirtschaftlichen Leistungsfähigkeit des Übernehmers unter maßgeblicher Berücksichtigung des Nettoertrags des übergebenen Vermögens bemessen (ausführlich zur Abgrenzung gegenüber der entgeltlichen Veräußerungs-/Erwerbsrente Rn 4349)[5]. Im **Generationennachfolge-Verbund** (Rn 4325) gilt die **Vermutung**, dass das übergebene Vermögen nicht veräußert, sondern unentgeltlich gegen Versorgungsleistungen – im Regelfall an die nächste Generation – übergeben wird. Auf die Frage, ob der Übergeber auf diese Existenzgrundlage angewiesen war und auf die Versorgungsleistungen angewiesen ist, kommt es nicht an[6].

4318

(unbesetzt)

4319

---

1 Ständige Rechtsprechung, zuletzt BFH-Urteil v. 14. November 2002 X R 39/98, BFHE 197, 179, BStBl II 2002, 246.
2 BFH-Urteil vom 27. August 1997 X R 54/94, BFHE 184, 337, BStBl II 1997, 813.
3 BFH-Urteile vom 14. Juli 1993 X R 53/91, BFHE 172, 324, BStBl II 1994, 19; vom 26. Juli 1995 X R 91/92, BFHE 178, 339, BStBl II 1995, 836.
4 BFH-Beschlüsse vom 12. Mai 2003 GrS 1/00 (BFHE 202, 464, DStR 2003, 1696) und GrS 2/00 (BFHE 202, 447, DStR 2003, 1700).
5 BFH-Beschluss vom 15. Juli 1991 GrS 1/90, BFHE 165, 225, BStBl II 1992, 78; BFH-Urteil vom 14. Februar 1996 X R 106/91, BFHE 180, 87, BStBl II 1996, 687.
6 BFH-Urteil vom 23. Januar 1992 XI R 6/89, BFHE 167, 86, BStBl 1992 II 526.

ee) Einzelelemente des Typus „Vermögensübergabe gegen Versorgungsleistungen"

(1) Gegenstand der Vermögensübergabe

4320 Bereits nach der bisherigen Rechtsprechung des BFH sind Gegenstand der Vermögensübergabe – „idealtypisch", weil dem Kernbereich des Altenteilsrechts zuzuordnen – gewerbliche und freiberufliche Betriebe, Mitunternehmeranteile, ertragbringende Immobilien, auch Ein- und Zweifamilienhäuser, Eigentumswohnungen und ertragbringende unbebaute Grundstücke[1]. Nach Wegfall des Typus 2 konnte der Große Senat des BFH in seinem Beschluss vom 12. Mai 2003[2] den Anwendungsbereich der privaten Versorgungsrente ausdehnen auf anderes ertragbringendes Vermögen, insbesondere Wertpapiervermögen sowie – unter bestimmten Voraussetzungen – Geld. Nach Auffassung des BMF muss die Umschichtung in eine bestimmte, ihrer Art nach ertragbringende Wirtschaftseinheit innerhalb von 3 Jahren erfolgen; anderenfalls gilt die Übertragung als entgeltlich. Letzteres soll auch bei Umschichtung in eine ihrer Art nach bestimmte nicht ausreichend ertragbringende Vermögensanlage gelten, die innerhalb von 3 Jahren nach Abschluss der Übergabe erfolgt. Übergeben werden kann schließlich – abweichend von der bisherigen Rechtsprechung – eine vom Übernehmer eigengenutzte Immobilie, deren Nutzungsvorteil in Höhe der ersparten Nettomiete insoweit als (Transfer-)Einkommen angesehen wird. Nicht zu den Erträgen des übergebenen Vermögens gehört der Nutzungswert der Wohnung, die der Übergeber aufgrund vorbehaltenen Nutzungsrechts bewohnt. Nach Auffassung des Großen Senats des BFH kann ferner Geldvermögen übergeben werden, das vereinbarungsgemäß zur Tilgung von Schulden verwendet werden soll[3]; das BMF wendet diese Aussage des GrS des BFH nicht an[4]. Ohnehin wäre hier allenfalls an den Fall zu denken, dass langfristige Schulden abgelöst werden, mit denen der Erwerb existenzsichernden Familienvermögens finanziert worden war; es ist kaum vorstellbar, dass die Ablösung etwa privater Spielschulden einschlägig sein könnte. Es gilt nach Tz 76 des BMF-Schreibens vom 16. September 2004 eine Übergangsregelung.

4321 Keine für die Vermögensübergabe geeigneten Objekte sind „ihrer Art nach" ertraglose Vermögensgegenstände wie Kunstgegenstände und Sammlungen und Sammlerobjekte sowie – häufig – unbebaute Grundstücke. Indes kann der Übergeber solche Objekte veräußern und mit dem Erlös ertragbringendes Vermögens erwerben, das er sodann dem Übernehmer unter Vorbehalt der nunmehr erzielten Erträge überlässt. Hierfür wird vorausgesetzt, dass sich der Übernehmer **im Übergabevertrag verpflichtet**, das übertragene ertraglose Objekt zu veräußern und vom Erlös **eine ihrer Art nach bestimmte ertragbringende Vermögensanlage zu erwerben**. Dahinter steht die Vorstellung, dass es der Übergeber in der Hand haben muss, durch welche Art von Erträgen er künftig versorgt wird. Die engeren Tatbestandsvoraussetzungen der mittelbaren (Grundstücks-)Schenkung sind hier nicht anwendbar. Zur Frage der existenzsichernden Wirtschaftseinheit wird auf die ausführlichen Anweisungen im BMF-Schreiben vom 16. September 2004 hingewiesen[5].

4322 Ein Vertrag, in dem sich der Übergeber den Nießbrauch an dem übergebenen Vermögen in vollem Umfang vorbehalten hat (sog. **Totalnießbrauch**), kann grundsätzlich nicht

---

[1] Zusammenfassend BMF-Schreiben vom 16. September 2004 (BStBl I 2004, 922, Tz 3 ff.).
[2] BFH-Beschluss vom 12. Mai 2003 GrS 1/00 (BFHE 202, 464, DStR 2003, 1696).
[3] BFH-Beschluss vom 12. Mai 2003 GrS 1/00, BFHE 202, 464, BStBl II 2004, 95.
[4] Hierzu *Schwenke* DStR 2004, 1679 (1684).
[5] BMF-Schreiben vom 16. September 2004 (BStBl I 2004, 922, Tz 9 ff.).

dadurch geprägt sein, dass der Übernehmer den scheidenden Übergeber versorgt;[1] eine dauernde Last kann nicht zusätzlich vereinbart werden.

Einen sog. **Unterhaltskauf,** wie er immer wieder zur Entscheidung der Finanzgerichte gestellt worden ist – Übergabe von Geld gegen wiederkehrende Leistungen mit einem Barwert bis zum Doppelten der übergebenen Summe – hat die Rechtsprechung nie anerkannt[2]; ihn wird es auch in Zukunft nicht geben.

4323

(2) „Gleitende Vermögensübergabe" (Ablösung von Nutzungsrechten)

„Gleitende Vermögensübergabe"[3] bedeutet: Eine Vermögensübergabe gegen Vorbehalt eines Nutzungsrechts an der existenzsichernden Wirtschaftseinheit wird später durch Vereinbarung einer Versorgungsrente – als „schuldrechtliche Variante" des Vorbehalts der Erträge – abgelöst. Das Nutzungsrecht kann von vornherein befristet, die Ablösung mithin geplant sein[4]. Es kann aber auch aufgrund eines später gefassten Entschlusses abgelöst werden[5]; dann liegt entweder ein entgeltliches Geschäft vor oder eine Vermögensübergabe gegen Versorgungsleistungen[6]. Letzterenfalls ist das Nutzungsrecht selbst Gegenstand einer Vermögensübergabe; dies jedenfalls unter der Voraussetzung, dass der Nießbrauch für den Berechtigten eine existenzsichernde Wirtschaftseinheit ist und der Verzicht einer Hof- und Betriebsübergabe oder einer ähnlichen Vermögensübergabe wirtschaftlich gleichzustellen ist. Dies gilt vorbehaltlich des § 42 AO auch, wenn das abgelöste Nutzungsrecht unentgeltlich zugewendet worden war[7]. Die Ablösung darf nicht dem Zweck eines lastenfreien Verkaufs dienen[8]. Handelt es sich um ein entgeltliches Veräußerungsgeschäft oder zumindest um einen „veräußerungsähnlichen Vorgang", führt die Ablösung durch eine Einmalzahlung oder durch eine Veräußerungsrente grundsätzlich zu Anschaffungskosten.

4324

(3) Beteiligte der Vermögensübergabe

Eine Vermögensübergabe gegen Versorgungsleistungen findet typischerweise unter Angehörigen statt, sie ist aber auch unter Fremden nicht ausgeschlossen. Der Steuerpflichtige ist weder zivilrechtlich noch steuerrechtlich gehindert, sein Vermögen gegen die Zusage lebenslänglicher Versorgung einem Fremden (Nichtverwandten) zu übertragen[9]. Eine Vermögensübergabe ist daher nicht nur möglich von Eltern auf Kinder, sondern auch zwi-

4325

---

1 BFH-Urteil vom 25. März 1992 X R 100/91, BFHE 168, 243, BStBl II 1992, 803.
2 BFH-Urteil vom 27. Februar 1992 X R 40/89 und X R 55/89, 5/89, BFH/NV 1992, 647.
3 BFH-Urteile vom 3. Juni 1992 X R 14/89, BFHE 169, 25, BStBl II 1993, 23; vom 27. August 1996 IX R 86/93, BFHE 181, 175, BStBl II 1997, 47; zustimmend BMF-Schreiben vom 16. September 2004 (BStBl I 2004, 922, Tz 11, 18).
4 BFH-Urteil vom 3. Juni 1992 X R 14/89, BFHE 169, 25, BStBl II 1993, 23.
5 BFH-Urteil vom 3. Juni 1992 X R 147/88, BFHE 169, 127, BStBl II 1993, 98; BMF-Schreiben vom 16. September 2004 (BStBl I 2004, 922, Tz 18).
6 BFH-Urteile vom 21. Juli 1992 IX R 72/90, BFHE 169, 317, BStBl II 1993, 486 – Ablösung gegen Einmalzahlung; vom 25. November 1992 X R 34/89, BFHE 170, 76, BStBl II 1996, 663; vom 27. November 1996 X R 85/94, BFHE 182, 110, BStBl II 1997, 284, mwN – Ablösung eines Vermächtnisnießbrauchs; BMF-Schreiben vom 16. September 2004 (BStBl I 2004, 922, Tz 50 ff.); *Spindler*, Anmerkung u. a. zum BFH-Urteil vom 21. Juli 1992, DB 1993, 297.
7 BFH-Urteile vom 21. Juli 1992 IX R 14/89, BFHE 169, 313, BStBl II 1993, 484; vom 21. Juli 1992 IX R 72/90, BFHE 169, 317, BStBl II 1993, 486; BFH/NV 1993, 586.
8 BFH-Urteil vom 14. Februar 1996 X R 106/91, BFHE 180, 87, BStBl II 1996, 687.
9 BFH-Urteil vom 16. Dezember 1997 IX R 11/94, BFHE 185, 208, BStBl II 1998, 718; Vorlagebeschluss vom 10. November 1999 X R 46/97, BFHE 189, 497, BStBl II 2000, 188; *Fischer* in Kirchhof, Einkommensteuergesetz, § 22 Rz 12; *Wacker* in Schmidt, Einkommensteuergesetz, 22. Aufl., § 16 Rz 53, mwN.

schen Tante und Neffe[1], ja sogar zwischen Nichtverwandten[2]. Beispielsweise kann der anhanglose Unternehmer sein Unternehmen auf den tüchtigen Betriebsleiter übertragen und sich von diesem aus den von diesem erwirtschafteten Erträgen versorgen lassen. Im Rahmen der Vermögensübergabe kann eine Generation „übersprungen" werden[3]. Auch dies entspricht – unter Berücksichtigung des Grundsatzes der Testierfreiheit – noch dem Typus des Altenteilsrechts und dem diesen steuerlich abbildenden Rechtsgedanken der vorbehaltenen Vermögenserträge.

(4) Empfänger der Versorgungsleistungen

4326 Von der Frage, wer Empfänger des Vermögens sein kann, ist das Problem zu unterscheiden, ob als Sonderausgaben abziehbare wiederkehrende Versorgungsleistungen an solche Personen gezahlt werden können, die selbst kein Vermögen übertragen haben (Beispiel: der Erblasser setzt seiner Schwester eine Vermächtnisrente aus; s. Rn 4328). Letzteres ist zu verneinen, weil in diesen Fällen der Rechtsgedanke der vorbehaltenen Vermögenserträge von vornherein nicht einschlägig ist. Rechtliche Leitlinie ist das „Prinzip der vorbehaltenen Erträge": Der Übergeber will sich (und seinen Ehegatten) zu Lebzeiten versorgen[4], unter bestimmten Voraussetzungen auch die Personen, die gegenüber dem Übergeber Anspruch auf Versorgungsleistungen aus dem übergebenen Vermögen haben[5], die auf dem Hof lebende Tante, auf dem Hof lebende unverheiratete Geschwister[6] („**Generationennachfolge-Verbund**")[7]. **Geschwister** sollen und wollen nur in seltenen Ausnahmefällen „versorgt" werden, sie wollen – ggf mittels verrenteten Gleichstellungsgeldes – am Familienvermögen teilhaben[8]. Werden die diesbezüglichen Ansprüche verrentet, gelten die allgemeinen Grundsätze über Gleichstellung, vorweggenommene Erbfolge bzw. Erbauseinandersetzung, Erfüllung eines Vermächtnisses[9] mit der Maßgabe, dass die Kontrollfrage nach der Behandlung einer (gedachten) Einmalzahlung zu stellen ist (Rn 4295).
Die **Übernahme von Versorgungsverpflichtungen** im Nachfolgeverbund ist anzuerkennen[10]. Wiederkehrende Leistungen, die Stiefgeschwistern im Wege vorweggenommener Erbfolge oder testamentarisch zugewendet werden, sind nicht als dauernde Last abziehbar[11]. Zum „Verbund" gehören nur Personen, denen Pflichtteilsansprüche oder ähnliche Rechte – z. B. auf Zugewinnausgleich – gegen den Erben bzw. letztwillig bedachte Vermögensübernehmer zustehen[12]. Empfänger von Versorgungsleistungen kann auch sein,

---

1 BFH-Urteil vom 23. Januar 1992 XI R 6/87, BFHE 167, 86, BStBl II 1992, 526.
2 BFH-Urteil vom 16. Dezember 1997 IX R 11/94, BFHE 185, 208 BStBl II 1998, 718.
3 BFH-Urteil vom 17. April 1996 X R 160/94, BFHE 180, 566, BStBl II 1997, 32.
4 BFH-Urteil vom 26. Januar 1994 X R 53/92, BFHE 173, 360, BStBl II 1994, 633.
5 BFH-Urteil vom 23. Januar 1997 IV R 45/96, BFHE 182, 539, BStBl II 1997, 458 – Versorgungsleistungen an Großeltern; zustimmend BMF-Schreiben vom 16. September 2004 (BStBl I 2004, 922), Tz 36.
6 BFH-Urteil vom 28. Juli 1983 IV R 174/80, BFHE 139, 367, BStBl II 1984, 97.
7 Vgl. BFH-Urteile vom 27. Februar 1992 X R 139/88, BFHE 167, 381, BStBl II 1992, 612; vom 16. Dezember 1993 X R 67/92, BFHE 173, 152, BStBl II 1996, 669; vom 14. Dezember 1994 X R 1-2/90, BFHE 177, 36, BStBl II 1996, 680; vom 17. April 1996 X R 160/94, BFHE 180, 56, BStBl II 1997, 32.
8 BFH-Beschluss vom 28. April 1994 X B 162/94, BFH/NV 1995, 18, mwN; BFH-Urteil vom 20. Oktober 1999 X R 86/96, BFHE 190, 365, BStBl II 2000, 602 – diese Vermutung ist nur in Ausnahmefällen widerlegt; BMF-Schreiben vom 16. September 2004 (BStBl I 2004, 922), Tz 35.
9 *Fischer* in Kirchhof, Kompaktkommentar zum EStG, § 22 Rdnr. 13; *Reiß*, ebenda, § 16 Rdnr 138 f, 256 ff.
10 BFH-Urteil vom 23. Januar 1997 IV R 45/96, BFHE 182, 539, BStBl II 1997, 458 – Übernahme einer den übertragenden Eltern ihrerseits bestehenden Versorgungsverpflichtung gegenüber Großeltern; BMF-Schreiben vom 16. September 2004 (BStBl I 2004, 922), Tz 36.
11 BFH-Urteil vom 27. März 2001 X R 106/98, BFH/NV 2001, 1242.
12 BFH-Urteile vom 26. November 2003 X R 11/01, BFH/NV 2004, 572; vom 17. Dezember 2003 X R 2/01, BFH/NV 2004, 632.

wer gegenüber dem Übergeber Anspruch auf Versorgungsleistungen aus dem übernommenen Vermögen hat[1].

(5) Sachverhalte mit erbrechtlichem Bezug

Den Fällen der vorweggenommenen Erbfolge hat der BFH den Fall gleichgestellt, dass – unter weiteren Voraussetzungen – Versorgungsleistungen ihren Entstehungsgrund in einer letztwilligen Verfügung (Erbeinsetzung oder Vermächtnis) haben, die Versorgung des Erben bezwecken und es sich bei den Zahlungen nicht um eine Verrechnung des Erbteils handelt[2]. Nur wenn der Erblasser einer an sich erbberechtigten Person die Erträge existenzsichernder Wirtschaftseinheiten einräumt, die dem Berechtigten an sich kraft Erbrechts zustehen würden, liegt danach eine Versorgungsleistung vor. Dem liegt die Erwägung zugrunde, dass vor allem der überlebende Ehegatte, der nicht das ihm an sich nach Erbrecht zustehende existenzsichernde Vermögen erhält, vom Erwerber des Vermögens – in der Regel einem Angehörigen der „nächsten Generation" – aus den Erträgen dieses Vermögens versorgt werden soll. Bei dieser sog. **erbrechtlichen Variante der Vermögensübergabe** erhält eine an sich zum Erbe berufene Person, insbesondere der überlebende **Ehegatte,** statt seines gesetzlichen – ggf verrenteten[3] – Erbteils lediglich Versorgungsleistungen aus diesem an sich ihm zustehenden Vermögen[4]. Verpflichteter kann auch ein Vermächtnisnehmer sein, der existenzsicherndes Vermögen erhalten hat[5]. Erhält der überlebende Ehegatte neben der Vermächtnisrente noch existenzsicherndes Vermögen, scheidet eine dauernde Last aus[6].

4327

Personen außerhalb des Generationennachfolgeverbunds[7] können nicht Empfänger einer privaten Versorgungsrente sein. Beispiele: der Erblasser setzt seiner Schwester[8], den – nicht erbberechtigten – Stiefkindern[9] oder der Haushälterin[10] eine **Vermächtnisrente**[11] aus; in diesen Fällen ist der Rechtsgedanke der vorbehaltenen Vermögenserträge nicht einschlägig[12]. Dies gilt ungeachtet dessen, dass eine Vermögensübergabe auch an Familienfremde möglich ist (Rn 4325). Auch diese Grundsätze erschließen sich aufgrund der Erwägung, dass eine Einmalzahlung an diese Personen nicht abziehbar/steuerbar wäre. Ist die Auszahlung in einer Einmalzahlung steuerneutral[13], gilt nichts anderes, wenn statt

4328

---

1 BFH-Urteil vom 23. Januar 1997 IV R 45/96, BFHE 182, 535, BStBl II 1997, 458.
2 BFH-Urteil vom 26. Januar 1994 X R 54/92, BFHE 173, 360, BStBl II 1994, 633.
3 BFH-Urteile vom 26. Januar 1994 X R 54/92, BFHE 173, 360, BStBl II 94, 634 – Erbansprüche; vom 2. März 1995 IV R 62/93, BFHE 177, 113, BStBl II 95, 413 – Pflichtteilsansprüche.
4 BFH-Urteil vom 27. Februar 192 X R 139/88, BFHE 167, 381, BStBl II 92, 612; vom 26. Januar 1994 X R 54/92, BFHE 173, 360, BStBl II 94, 633; vom 17. April 1996 X R 160/94, BFHE 180, 566, BStBl II 1997, 32; BMF-Schreiben vom 26. August 2002 (BStBl I 2002, 893), Tz 28 f.
5 BFH-Urteil vom 17. April 1996 X R 160/94, BFHE 180, 566, BStBl II 1997, 32.
6 BFH-Urteil vom 26. Januar 1994 X R 54/92, BFHE 173, 360, BStBl II 1994, 633. Das BMF-Schreiben vom 16. September 2004 (BStBl I 2004, 922) hat diese Einschränkung nicht übernommen.
7 Zusammenfassend BFH-Urteil vom 31. Juli 2002 X R 39/01, BFH/NV 2002, 1575.
8 BFH-Urteil vom 27. Februar 1992 X R 139/88, BFHE 167, 381, BStBl II 1992, 612; für eine Ausnahme im Bereich der Land- und Forstwirtschaft BFH-Urteil vom 23. Januar 1997 IV R 45/96, BFHE 182, 539, BStBl II 1997, 458.
9 BFH-Urteil vom 27. März 2001 X R 106/98, BFH/NV 2001, 1242.
10 BFH-Urteil vom 14. Dezember 1994 X R 1/90, BFHE 177, 36, BStBl II 1996, 680 – Rente an Lebensgefährtin des Vaters sind Anschaffungskosten.
11 BFH-Urteile vom 4. April 1989 X R 14/85, BFHE 157, 88, BStBl II 1989, 779; vom 27. Februar 1991 X R 139/88, BFHE 167, 381, BStBl II 1992, 612; vom 27. März 2001 X R 106/98, BFH/NV 2001, 1242.
12 BFH-Beschluss vom 15. Juli 1999 X B 16/99, BFH/NV 2000, 29.
13 BFH-Urteil vom 26. Januar 1994 X R 54/92, BFHE 173, 360, BStBl II 1994, 633.

eines Einmalbetrages eine Vermächtnisrente zugewendet wird[1]. Der Rechtsgedanke der vorbehaltenen Erträge greift hier nicht. Hier entfällt aber auch die Aufteilung in einen Zins- und einen Kapital-(Rückzahlungs-)Anteil, weil private Schuldzinsen ohnehin nicht abziehbar sind.

4329 Altenteiler-Ehegatten beziehen beide Einkünfte, jeder kann § 9a Satz 1 Nr. 3, § 24a EStG in Anspruch nehmen[2]. Der Empfänger muss nicht unbeschränkt steuerpflichtig sein (Argument aus § 10 Abs. 1 Nr. 1 EStG). Die Versorgungsbedürftigkeit des Empfängers ist nicht zu prüfen[3].

(6) Versorgungsleistungen auf Lebenszeit

4330 Die Versorgungsleistungen müssen grundsätzlich auf die Lebenszeit des/der Bezugsberechtigten erbracht werden. Bei Leistungen auf Zeit liegt eine Gegenleistungsrente vor. Dies gilt vor allem sowohl für die abgekürzte Leibrente[4], die lebenslänglich, jedoch höchstens bis zu einem bestimmten Zeitpunkt zu zahlen ist, und die verlängerte Leibrente, die lebenslänglich, jedoch mindestens auf eine bestimmte Zeit entrichtet wird[5]. Der diese Rechtsnatur prägende wirtschaftliche Grund für eine „Verlängerung" der Leibrente ist zumeist darin zu sehen, dass die Vertragsparteien aus Gründen einer gerechten Verteilung des „Familienvermögens" unter Geschwistern das Risiko eines vorzeitigen Ablebens des übergebenden Elternteils verkleinern wollen.

(7) Abänderbarkeit nach der „Rechtsnatur des Versorgungsvertrages"

4331 Infolge der Ausrichtung des „typischen" Versorgungsvertrages am zivilrechtlichen „Urbild (Typus) des Altenteils" der privaten Versorgungsrente ist eine Abänderbarkeit „nach der Rechtsnatur des Versorgungsvertrages" immanent. Für das nach Art. 96 EGBGB fortgeltende Landesrecht, das den Altenteilsvertrag regelt und das als zivilrechtliches „Urbild" für die private Versorgungsrente „Modell gestanden" hat, ist diese aus der „besonderen Verknüpfung der beiderseitigen Lebensverhältnisse"[6] infolge der Übertragung von existenzsicherndem Vermögen ohnehin immanent. Ein Versorgungsvertrag ist „nach seiner Rechtsnatur" abänderbar, wenn zivilrechtlich ein Leibgedings-/Altenteilsvertrag vorliegt oder er dem zivilrechtlichen Typus des „Versorgungsvertrages"/„Altenteilsvertrages" im Wesentlichen vergleichbar ist[7]. Als Änderungsklausel genügt der „Vorbehalt der Rechte aus § 323 ZPO", „weil dies so zu verstehen ist, dass der Vertrag nach Maßgabe des materiellen Rechts, auf das diese Vorschrift Bezug nimmt, abänderbar sein soll"[8]. Die Bezugnahme auf § 323 ZPO darf aber nicht lediglich die Bedeutung einer Wertsicherungsklausel haben[9]. Gleichbleibende Leistungen verlieren nicht durch Hinzufügung einer

---

1 BFH-Urteil vom 27. Februar 1992 X R 139/88, BFHE 167, 381, BStBl II 1992, 612.
2 BFH-Urteil vom 22. September 1993 X R 48/92, BFHE 172, 366, BStBl II 1994, 107.
3 BFH-Urteil vom 23. Januar 1992 XI R 6/87, BFHE 167, 86, BStBl II 1992, 526.
4 BFH-Urteil vom 21. Oktober 1999 X R 75/97, BFHE 190, 197, BStBl II 2002, 650.
5 BFH-Urteil vom 31. August 1996 X R 58/92, .BFHE 176, 333, BStBl II 1996, 672.
6 BFH-Urteil vom 11. März 1992 X R 141/88, BFHE 166, 564, BStBl II 1992, 499; vom 13. Oktober 1993 X R 86/89, BFHE 174, 45, BStBl II 1994, 451; seither ständige Rechtsprechung, zuletzt BFH-Urteil vom 28. Juni 2000 X R 48/98, BFH/NV 2000, 1468.
7 BFH-Urteil vom 16. Dezember 1993 X R 67/92, BFHE 173, 152, BStBl II 1996, 669.
8 BFH-Beschluss vom 15. Juli 1991 GrS 1/90, BFHE 165, 225, BStBl II 1992, 78.
9 BFH-Urteil vom 27. August 1997 X R 54/94, BFHE 184, 337, BFH BStBl II 1997, 813; vgl. auch BFH-Urteil vom 9. Februar 1994 IX R 110/90, BFHE 175, 212, BStBl II 1995, 47.

Wertsicherungsklausel ihre Rechtsnatur als Leibrente[1]. Die Parteien einer Vermögensübergabe zur Vorwegnahme der Erbfolge, die im Rahmen eines Altenteilsvertrages i. S. der landesrechtlichen Ausführungsgesetze zum BGB oder eines diesem vergleichbaren Versorgungsvertrages zunächst die Nichtabänderbarkeit der Leistungen und damit eine Leibrente vereinbart haben, können im Nachhinein mit Wirkung für die Zukunft die Abänderbarkeit der Leistungen vereinbaren und damit die Leibrente in eine dauernde Last umwandeln[2].

Abänderbare Versorgungsleistungen (**dauernde Last**) sind mit ihrem vollen Betrag, gleichbleibende (**Leibrente**) nur mit ihrem Ertragsanteil steuerbar/abziehbar[3]. 4332

Für die **Vertragspraxis** ist zu empfehlen, dass die Bedürfnisse des Berechtigten und die Belastung des Verpflichteten situationsgerecht, ggf auch durch Substituierung von Leistungen[4] im Rahmen eines eindeutigen Versorgungskonzepts ausgeglichen werden. 4333

(8) Einzelne Versorgungsleistungen

Als Versorgungsleistungen abziehbar/steuerbar sind Zuwendungen zur Existenzsicherung, durch welche Grundbedürfnisse des Bezugsberechtigten (Wohnen und Ernährung, sonstiger Lebensbedarf) abgedeckt werden[5]. Hierzu gehören die Übernahme der Krankenversicherung, laufender Ertragsteuern oder sonstiger Aufwendungen für den Lebensunterhalt, freie Kost, Strom, Wasser, Heizung und Beleuchtung (Bewertung nach der SachBezVO), nicht aber Schuldzinsen und AfA[6], öffentliche Grundstückslasten, Hausversicherung, Grundsteuer, Feuerversicherung[7]. Behält sich der Übergeber die Nutzung einer Wohnung vor, ist das übernommene Vermögen um das Nutzungsrecht gemindert; dieser Vorbehalt ist keine Gegenleistung[8]; eine dauernde Last kommt grundsätzlich nicht in Betracht. Abziehbar sind vereinbarte altenteilsübliche Schönheitsreparaturen[9], soweit sie das Versorgungsbedürfnis des Berechtigten berühren[10], auch Reparaturen[11] an der nut- 4334

---

1 BFH-Urteil vom 30. Oktober 1984 IX R 2/84, BFHE 143, 317, BStBl II 1985, 610.
2 BFH-Urteil vom 3. März 2004 X R 135/98, BFH/NV 2004, 1168.
3 BFH-Beschluss vom 15. Juli 1991 GrS 1/90, BFHE 165, 225, BStBl II 1992, 78.
4 BFH-Urteil vom 27. August 1996 IX R 86/93, BFHE 181, 175, BStBl II 1997, 47 – Verzicht auf vorbehaltenes Wohnungsrecht, nunmehr Zubereitung v. Speisen; FG Baden-Württemberg Urteil vom 17. Juli 2000 14 K 173/97, EFG 2000, 1066.
5 BFH-Urteil vom 23. Juni 1977 IV R 43/73, BFHE 122, 500, BStBl II 1977, 719; vom 28. Februar 1993 IV R 106/92, BFHE 170, 553, BStBl II 1993, 546; vom 24. September 1998 IV R 1/98, BFHE 187, 42, BStBl II 1999, 55; vom 15. März 1992 X R 196/87, BFHE 167, 408, BStBl II 1992, 1012.
6 BFH-Urteil vom 26. Juli 1995 X R 91/92, BFHE 178, 339, BStBl II 1995, 836.
7 *Fischer* in Kirchhof, EStG Kompaktkommentar, § 22 Rdnr. 16 mwN.
8 BFH-Urteil vom 26. Juli 1995 X R 91/92, BFHE 178, 339, BStBl II 1995, 832.
9 BFH-Urteile vom 30. Oktober 1984 IX R 2/84, BFHE 143, 317, BStBl II 1985, 610, 613; vom 25. März 1992 X R 196/87, BFHE 167, 408, BStBl II 1992, 1012; BFH-Beschlüsse vom 1. April 1998 X B 198/97, BFH/NV 1998, 1467; vom 13. Dezember 2000 X B 81/00, BFH/NV 2001, 600 mwN; H 87 EStH; BMF-Schreiben vom 16. September 2004 (BStBl I 2004, 922), Tz 45; ausführlich OFD München, Verfügung vom 1. Oktober 2004 S 2221–123 St 42.
10 FG Baden-Württemberg Urteil vom 30. Mai 2001 2 K 106/99, EFG 2001, 1120 – nicht bei Erneuerung einer Hofbefestigung (Gemeinschaftsanlage). S. auch BFH-Urteil vom 31. März 2004 X R 32/02 (BFH/NV 2004, 1248): Hat der Vermögensübernehmer einen ins Erdreich eingelassenen Öltank wegen dessen mangelnder Betriebssicherheit in Erfüllung seiner Pflicht, die Räume in einem bewohn- und beheizbaren Zustand zu halten, durch ein neues Tanklager ersetzt, ist er hiermit seiner bürgerlich-rechtlich wirksamen Pflicht zur Instandhaltung nachgekommen. Die ihm für die Erneuerung des Tanklagers entstandenen Aufwendungen können, soweit sie auf die Altenteilerwohnung entfallen, als dauernde Last abgezogen werden.
11 BFH-Urteil vom 25. März 1992 X R 196/87, BFHE 167, 408, BStBl II 1992, 1012, mit Abgrenzung zum BFH-Urteil vom 7. Dezember 1982 VIII R 166/80, BFHE 139, 23, BStBl II 1983, 660, wo kein Altenteilsvertrag vereinbart war; zur Altenteilerwohnung OFD München, Verfügung vom 1. Oktober 2004 S 2221–123 St 42.

zungsrechtsbelasteten Wohnung. Vertraglich geschuldete Erhaltungsaufwendungen können eine – übliche – Modernisierung bewirken; außergewöhnliche Instandhaltungen – insbesondere solche im Interesse des Vermögensübernehmers an der Werterhöhung und Werterhaltung – sind nicht als Sonderausgaben abziehbar, wenn sie den im Zeitpunkt der Übergabe vertragsgemäßen Zustand wesentlich verbessern und deswegen nicht mehr den Charakter von Versorgungsleistungen haben[1]. Versorgungsleistungen an Mitglieder des Generationennachfolge-Verbunds sind auch die durch Dritte entgeltlich – nicht in eigener Person des Vermögensübernehmers (da keine „Aufwendung") – erbrachten Pflegeleistungen[2]. Ferner sind abziehbar Grabpflegekosten. Zusammenfassend nunmehr BFH-Urteil vom 31. März 2004, betr. Aufwendungen für den Einbau eines Tanklagers als dauernde Last[3]: Der Vermögensübernehmer muss hierzu aufgrund einer klaren und eindeutigen Bestimmung im Übergabevertrag oder den gesetzlichen Regelungen zum Altenteilsvertrag, wie sie sich aus den zu Art. 96 EGBGB ergangenen landesrechtlichen Ausführungsgesetzen ergeben, verpflichtet sein.

(9) Vorbehalt der Vermögenserträge

4335 Der **erzielbare Nettoertrag** ist nicht notwendigerweise identisch mit den steuerlichen Einkünften. Zwar liegt es auf der Hand, dass die Bruttoerträge die zugesagten Versorgungszahlungen nicht abdecken können, wenn sie durch hohe laufende Aufwendungen gemindert werden. In Übereinstimmung mit der Auffassung des BMF geht der Große Senat des BFH[4] davon aus, dass den nach steuerlichen Regeln ermittelten Einkünften **Absetzungen für Abnutzung**, erhöhte Absetzungen, Sonderabschreiben sowie außerordentliche Aufwendungen dem Nettoertrag **hinzuzurechnen** sind. Zinsen erhöhen den Nettoertrag nur in Ausnahmefällen. Ein Unternehmerlohn ist nicht abzusetzen. Im Einzelnen ergibt sich aus der Rechtsprechung des Großen Senats:

– Ertrag im vorgenannten Sinne ist auch der Nutzungsvorteil aus der **Eigennutzung einer übergebenen Wohnung**. Dies gilt ungeachtet dessen, dass unter der Geltung der Konsumgutlösung das Wohnen im eigenen Haus nicht steuerbar ist. Der Nutzungswert ist – hierauf hebt der Große Senat ab – finanzwissenschaftliches Transfereinkommen. Die ersparte Nettomiete darf nicht niedriger sein als die versprochenen Leistungen.

– Ähnliches gilt, wenn der Übernehmer vereinbarungsgemäß **Geldvermögen zur Tilgung von Schulden verwendet** und dadurch Zinsaufwendungen erspart, die nicht geringer sind als die zugesagten Versorgungsleistungen.

– Hinsichtlich der **Ertragsprognose** in Gestalt einer „überschlägigen" Berechnung ist in Übereinstimmung mit der Auffassung des BMF[5] auf die **Verhältnisse bei Vertragsschluss** abzustellen. Die Rechtsprechung will damit dem ungewollten Aufdecken von stillen Reserven vorbeugen. In der Vergangenheit – im Jahr der Übergabe und in den

---

1 Weitergehend wohl BFH-Urteil vom 28. Februar 2002 IV R 20/00, BFH/NV 2002, 856 mit Anm. *von Schönberg*; restriktiv zum Wirtschaftsüberlassungsvertrag BMF-Schreiben vom 21. 7. 2003, DStR 2003, 1440 = DB 2003, 1655.
2 BFH-Urteil vom 23. Januar 1992 IV R 95/90, BFHE 167, 81, BStBl II 1992, 553.
3 BFH-Urteil vom 31. März 2004 X R 32/02, nv; Fortführung der BFH-Urteil vom 25. März 1992 X R 196/87, BStBl II 1992, 1012; vom 25. August 1999 X R 38/95, BStBl II 2000, 21; vom 15. März 2000, X R 50/98, BFH/NV 2000, 1089.
4 BFH-Beschlüsse vom 12. Mai 2003 GrS 1/00 (BFHE 202, 464, DStR 2003, 1696) und GrS 2/00 (BFHE 202, 477, DStR 2003, 1700).
5 BMF-Schreiben vom 16. September 2004 (BStBl I 2004, 922) Tz 25.

beiden vorangegangenen Jahren[1] – erwirtschaftete ausreichende Einkünfte bieten hier für einen gewichtigen Anhaltspunkt. Wenn sich die im Zeitpunkt der Übergabe vorhandenen, nach objektiven Kriterien zu beurteilenden – sinngemäß ist hinzuzufügen: realistischen – Gewinnerwartungen nicht erfüllt haben, darf das nicht dazu führen, dass nachträglich von einem entgeltlichen Geschäft ausgegangen wird; es bleibt dann bei der Einordnung als Versorgungsleistungen. Denkbar ist, dass das übergebene Vermögen beim Übergeber nur geringe Erträge abwarf, beim Übernehmer jedoch ausreichende Erträge erwarten lässt. Dann obliegt es demjenigen, der sich darauf beruft, nachzuweisen, dass im Zeitpunkt der Vermögensübergabe ausreichend hohe **Nettoerträge zu erwarten** waren. *Kempermann*[2] wertet die einschlägigen Passagen der Beschlussbegründung zu Recht als „Appell, nicht kleinlich zu verfahren". Der Sonderausgabenabzug soll nicht daran scheitern, dass die erzielbaren Nettoerträge die Summe der vorbehaltenen Vermögenserträge geringfügig unterschreiten. Gleichwohl wird sich hieraus eine spürbare Einschränkung bei der Übergabe von Mietwohnbesitz ergeben. „Ballooning"-Modelle – d. h. das Auflaufenlassen von Instandhaltungsaufwendungen in späteren Jahren – dürften dem Zweck des steuerlichen Rechtsinstituts zuwiderlaufen. Wohnungswirtschaftlich vorgegeben ist die Belastung der laufenden Erträge mit einer Instandhaltungsrücklage, Grundsteuer, laufenden Betriebskosten, die üblicherweise auf den Mieter abgewälzt werden.

– Bei der Ermittlung der laufenden Nettoerträge ist ein **Unternehmerlohn** nicht abzuziehen. Dieser spielt eine Rolle nur im Zusammenhang mit der Frage, ob überhaupt existenzsicherndes Vermögen übertragen wird (unten Rn 4348).

(unbesetzt) 4336

(10) Beweiserleichterungen bei Unternehmensübertragungen

Im Bereich der **Vermietung und Verpachtung** dürfte die Prognose der zu erwartenden Nettoerträge keine Schwierigkeiten aufwerfen, die über das hinausgehen, was auch in anderem Zusammenhang von Finanzbehörden und Steuerpflichtigen verlangt wird (z. B. Feststellung der ortsüblichen Miete i. S. d. § 21 Abs. 2 EStG oder der Jahresrohmiete i. S. d. § 79 BewG). Bei der hier in Rede stehenden **Übertragung eines gewerblichen Unternehmens** besteht „eine nur in seltenen Ausnahmefällen widerlegliche" Vermutung dafür, dass die Beteiligten im Zeitpunkt der Übertragung angenommen haben, der Betrieb werde auf die Dauer ausreichende Gewinne erwirtschaften, um die wiederkehrenden Leistungen abzudecken. Gleiches gilt für die Übertragung von Unternehmen, mit denen Einkünfte aus selbständiger Tätigkeit erzielt werden, sowie für die Übertragung landwirtschaftlicher Betriebe. Bei Letzteren ist es unerheblich, ob der Gewinn nach § 13a EStG oder nach allgemeinen Grundsätzen ermittelt wird. Auch bei der Übertragung von GmbH-Anteilen kann in gleicher Weise verfahren werden, wenn sowohl Übergeber als auch Übernehmer als Geschäftsführer tätig waren bzw. sind. Die Beweiserleichterung findet ihre Rechtfertigung darin, dass es ohnehin allgemein Voraussetzung für die vorweggenommene Erfolge ist, dass das übertragene Vermögen – hier also der Betrieb – der Familie erhalten werden soll. In diesem Sinne ist die Bemerkung des Großen Senats zu verstehen: „Das gilt jedenfalls dann, wenn der Betrieb tatsächlich vom Erwerber fortgeführt wird." 4337

Keine dauernde Last ist abziehbar mangels „Vermögens" bei Übergabe eines – auch gepachteten – Betriebs, wenn dieser weder über einen positiven Substanzwert noch – nach

---

1 Vgl. auch R 39 ErbStR.
2 DStR 2003, 1736, 1741.

Kürzung um einen Unternehmerlohn – über einen positiven Ertragswert verfügt[1]. Der Unternehmerlohn[2] ist von Bedeutung im Zusammenhang mit der Frage, ob überhaupt Vermögen übertragen worden ist[3]. Verbleibt auch unter Berücksichtigung eines Unternehmerlohns ein Unternehmenswert, sind die wiederkehrenden Leistungen abziehbar, wenn sie teilweise aus dem Unternehmerlohn herrühren. Die Finanzverwaltung wendet den Beschluss des Großen Senats des BFH insoweit nicht an. Dies bedeutet, dass Versorgungsleistungen, die aus den laufenden Nettoerträgen des übergebenen Betriebs erbracht werden können, auch dann weiterhin Sonderausgaben sind, wenn der Betrieb über keinen Unternehmenswert verfügt[4].

4338 Man sollte freilich nicht folgern, dass nunmehr auch „verlustreiche Betriebe" uneingeschränkt gegen private Versorgungsrente übertragen werden können. Die Übergabe eines objektiv insolvenzreifen Betriebs ist nicht tatbestandsmäßig.

(11) Vereinbarung und Durchführung der Vermögensübergabe gegen Versorgungsleistungen

4339 Die steuerrechtliche Anerkennung einer Vermögensübergabe gegen Versorgungsleistungen setzt voraus, dass insbesondere der Umfang des übertragenen Vermögens, die Höhe der Versorgungsleistungen und die Art und Weise der Zahlung möglichst klar und eindeutig vereinbart sind. Die Versorgungsleistungen müssen wie vereinbart erbracht werden, und zwar in der Weise, dass der Gläubiger über die zugeflossenen Einnahmen auch tatsächlich verfügen kann. An der vorausgesetzten Durchführung fehlt es, wenn der Schuldner den Gläubiger „nach dessen aktuellem Bedarf" versorgt[5]. Es muss ein Mindestbestand an bürgerlich-rechtlichen Rechtsfolgen vereinbart sein, der eine zivil- und steuerrechtliche Qualifikation als Versorgungsvertrag erlaubt. Die klaren und ernsthaft gewollten Vereinbarungen müssen zu Beginn des maßgeblichen Rechtsverhältnisses oder bei Änderung des Verhältnisses für die Zukunft getroffen werden; rückwirkende Vereinbarungen sind steuerrechtlich nicht anzuerkennen[6]. Werden die auf der Grundlage eines Vermögensübergabevertrags geschuldeten Versorgungsleistungen ohne Änderung der Verhältnisse, also willkürlich nicht mehr erbracht, sind sie steuerrechtlich nicht anzuerkennen, auch wenn die vereinbarten Zahlungen später wieder aufgenommen werden[7]. Fraglich ist, ob bei mehreren Vertragselementen hinsichtlich der Durchführung differenziert werden kann[8]. Der Berechtigte muss über die ihm gezahlte Rente verfügen können[9]. Anpassungen der Bezüge müssen durch ein i. d. R. langfristig verändertes Versorgungsbedürfnis oder die veränderte wirtschaftliche Leistungsfähigkeit des Berechtigten veranlasst sein[10]. Ggf muss

---

1 BFH-Beschluss vom 12. Mai 2003 GrS 2/00, BFHE 202, 477, BStBl II 2004, 100, mit näheren Einzelheiten.
2 Zur Rolle des Unternehmerlohns *Kempermann*, Versorgungsleistungen zur Vorwegnahme der Erbfolge, DStR 2003, 1736, 1740 f.
3 BFH-Beschluss vom 12. Mai 2003 GrS 1/00, BFHE 202, 464, BStBl II 2003, 100; *Kempermann*, Versorgungsleistungen zur Vorwegnahme der Erbfolge, DStR 2004, 1736, 1741.
4 BMF-Schreiben vom 16. September 2004 (BStBl I 2004, 922), Tz 24 Satz 2.
5 BFH-Urteil vom 21. Juli 1992 IX R 72/90, BFHE 169, 317, BStBl II 1993, 486.
6 BFH-Urteil vom 15. Juli 1992 X R 165/90, BFHE 168, 561, BStBl II 1992, 1020.
7 BMF-Schreiben vom 16. September 2004 (BStBl I 2004, 922), Tz 39.
8 FG Münster, Urteil vom 20. März 2002 7 K 1725/00 E, EFG 2003, 930 (Revision eingelegt, Az des BFH X R 9/03).
9 BFH-Urteile vom 15. Juli 1992 X R 142/88, BFH/NV 1992, 816; vom 24. März 1993 X R 4/92, BFH/NV 1993, 717, dort auch zum „Stehenlassen" der vertraglich geschuldeten Beträge; BFH-Urteil 31. August 1994 X R 115/92, BFH/NV 1995, 498.
10 BMF-Schreiben vom 16. September 2004 (BStBl I 2004, 922), Tz 38.

die Vereinbarung an geänderte Verhältnisse angepasst werden[1]; die Nichtumsetzung einer Wertsicherungsklausel allein ist i. d. R. nicht schädlich[2]; anderes gilt nur dann, wenn die Nichtbeachtung auf einen fehlenden Rechtsbindungswillen schließen lässt; maßgebend ist insoweit eine Gesamtwürdigung. Werden die Versorgungsleistungen willkürlich nicht erbracht, sind sie auch nach späterer Wiederaufnahme der Zahlungen nicht anzuerkennen[3].

(12) Beendigung der privaten Versorgungsrente, insbesondere durch Ablösung
Der sachliche Zusammenhang der wiederkehrenden Leistungen mit der Vermögensübergabe endet grundsätzlich, wenn der Übernehmer das Vermögen – ohne gleichzeitige oder zeitnahe Anschaffung eines Ersatzwirtschaftsgutes („Surrogat") – auf einen Dritten überträgt oder ihm das Vermögen steuerrechtlich aus anderen Gründen nicht mehr zuzurechnen ist[4], ferner dann, wenn das Vermögen verbraucht ist oder untergeht[5]. Dies folgt aus der Leitidee der vorbehaltenen Vermögenserträge und der Vergleichbarkeit mit dem Vorbehaltsnießbrauch. Ab diesem Zeitpunkt ist die zivilrechtlich fortzuzahlende Versorgungsrente nach § 12 Nr. 2 EStG nicht abziehbar und nach § 22 Nr. 1 EStG nicht steuerbar[6]. Die Ablösung der Versorgungsrente ist ihr „letzter Akt", der sich im Rahmen eines als steuerrechtliche Gestaltung unentgeltlich fortbestehenden Rechtsverhältnisses ereignet. Damit hat der BFH die Vorstellung aufgegeben, bei Beendigung des Sonderrechts lebe der an sich entgeltliche Charakter der Vermögensübergabe wieder auf. Der Ablösebetrag ist nicht als dauernde Last abziehbar und beim Empfänger nicht steuerbar[7], er führt, wenn der Übernehmer das Vermögen weiterveräußert, auch nicht zu Veräußerungskosten oder nachträglichen Anschaffungskosten[8]. Der Übernehmer kann das Vermögen seinerseits im Generationenverbund durch vorweggenommene Erbfolge (weiter)übertragen[9]; die wiederkehrenden Leistungen sind auch dann weiterhin als Versorgungsleistungen zu behandeln, wenn daneben noch Leistungen vereinbart werden, die zu Anschaffungskosten oder zu einem Veräußerungsgewinn gehören[10]. Werden nur Teile des übernommenen Vermögens auf Dritte übertragen, kommt es darauf an, ob das Restvermögen nach den allgemeinen Grundsätzen über die Ertragsprognose noch ausreichend ertragbringend ist[11]. Im Grundsatzurteil zur Ablösung der privaten Versorgungsrente[12] hat der X. Senat des BFH angedeutet, dass er auch eine Surrogation des übergebenen Vermögens anerkennen würde. Dem ist zuzustimmen, weil – dies ein zentraler dogmatischer Bezugspunkt – auch das nießbrauchsbelastete Objekt im Einvernehmen der Beteiligten „ausgetauscht" werden kann. Die Finanzverwaltung ist dieser Auffassung gefolgt. Die Versorgungsrente ist nach

---

1 BFH-Urteil vom 31. August 1994 X R 79/92, BFH/NV 1995, 382.
2 Grundlegend BFH-Urteil vom 3. März 2004 X R 14/01, BStBl II 2004, 826; zustimmend BMF-Schreiben vom 16. September 2004 (BStBl I 2004, 922), Tz 37.
3 BMF-Schreiben vom 16. September 2004 (BStBl I 2004, 922), Tz 40.
4 BMF-Schreiben vom 16. September 2004 (BStBl I 2004, 922), Tz 28.
5 So Tendenz in BFH-Urteil vom 31. März 2004 X R 66/98, BStBl II 2004, 830.
6 BFH-Urteil vom 31. März 2004 X R 66/98, BStBl II 2004, 830; BMF-Schreiben vom 16. September 2004 (BStBl I 2004, 922), Tz 28.
7 BFH-Urteil vom 31. März 2004 X R 66/98, BStBl II 2004, 830; Bestätigung der bisherigen Rechtsprechung; H 87 EStH „Ablösung".
8 BFH-Urteil vom 31. März 2004 X R 66/98, BStBl II 2004, 830.
9 BMF-Schreiben vom 16. September 2004 (BStBl I 2004, 922), Tz 29.
10 BMF-Schreiben vom 16. September 2004 (BStBl I 2004, 922), Tz 29.
11 BMF-Schreiben vom 16. September 2004 (BStBl I 2004, 922), Tz 30.
12 BFH-Urteil vom 31. März 2004 X R 66/98, BStBl II 2004, 830; hierzu *Fischer*, ZERB 2004, 219; *Schönfelder*, HFR 2004, 624.

wie vor anzuerkennen[1]. Im Zeitpunkt der nachträglichen Umschichtung ist eine erneute Ertragsprognose durchzuführen. Der Abzug der Sonderausgaben währt fort bei der Einbringung des übernommenen Vermögens in eine Kapitalgesellschaft[2] oder „eigene" Personengesellschaft[3] i. S. d. §§ 20, 24 UmwStG sowie bei formwechselnder Umwandlung, Verschmelzung oder Realteilung von Personengesellschaften; eine Umschichtung soll nach BMF dann vorliegen, wenn die dabei erworbenen Anteile oder Wirtschaftsgüter veräußert werden[4].

4341 Freilich kann wie bereits dargelegt der Übernehmer das Vermögen seinerseits im Generationenverbund durch vorweggenommene Erbfolge (weiter-)übertragen[5]. Es können Teile des Vermögens veräußert werden, wenn der zurückbehaltene Teil des übergebenen Vermögens weiterhin eine existenzsichernde Wirtschaftseinheit ist. Unschädlich ist wegen unveränderter „Zurechenbarkeit" das Einbringen (§ 24 UmwStG) etwa eines Betriebs in eine „eigene" Personengesellschaft[6], aber wohl nicht in eine Kapitalgesellschaft[7]. Die Rechtsprechung ist in diesem Punkte sehr restriktiv; die Ergebnisse sind nicht immer praktikabel.

(13) Offene Fragen
Aufteilung einer einheitlichen Leistung?

4342 M.E. liegt es in der Konsequenz der hier erörterten Beschlüsse, dass über das **„Alles-oder-nichts"-Prinzip** – jede betragsmäßig unangemessene Versorgung schlägt um in eine Gegenleistungsrente – nachgedacht werden sollte. Denkbar ist es, die Abziehbarkeit der dauernden Last insoweit zu kappen, als sie – nach Maßgabe der vom Großen Senat vorgegebenen Maßstäbe – nicht mehr aus den Erträgen des übergebenen Vermögens erwirtschaftet werden kann. Der Beschluss GrS 2/00 gibt hierzu interpretationsbedürftige Hinweise. Diese Lösung könnte vor allem dann in Betracht kommen, wenn die Beteiligten des Übergabevertrages den Abschluss einer Versorgungsrente – jedenfalls keine Ausgewogenheit der beiderseitigen Leistungen – zwar anstreben, aber infolge etwa einer Verkennung der tatsächlichen Verhältnisse mehr als den durchschnittlich erzielbaren Nettoertrag als dauernde Last vereinbaren.

Bedeutung von Wertsicherungsklauseln

4343 Eine private Versorgungsrente ist nicht als Sonderausgabe (dauernde Last bzw. Leibrente gemäß § 10 Abs. 1 Nr. 1a EStG) abziehbar, wenn Abweichungen vom Vereinbarten bei der tatsächlichen Durchführung des Übergabevertrags auf ein Fehlen des erforderlichen

---

1 BMF-Schreiben vom 16. September 2004 (BStBl I 2004, 922), Tz 31 ff., mit weiteren Regelungsdetails, u. a. zur Übergabe von Wertpapieren oder vergleichbaren Kapitalforderungen mit Endfälligkeit (Tz 33).
2 *Brandenberg*, Übertragung von Privat- oder Betriebsvermögen gegen Versorgungsleistungen, NWB F. 3, 12527, 12541.
3 *Franz/Seitz*, Die Vermögensübergabe gegen Versorgungsleistungen im Umbruch, DStR 2002, 1745; *Meyer/Ball*, Vermögensübertragungen gegen Versorgungsleistungen, FR 2003, 380; ausführlich *Brandenberg*, Übertragung von Privat- oder Betriebsvermögen gegen Versorgungsleistungen, NWB F. 3, 12527, 12538, auch zu den Folgen einer Umschichtung.
4 BMF-Schreiben vom 16. September 2004 (BStBl I 2004, 922), Tz 32.
5 Zutreffend BMF-Schreiben vom 26. August 2002 (BStBl I 2002, 893), Tz. 20 S 3 iVm Tz 24 Satz 2.
6 *Franz/Seitz*, Die Vermögensübergabe gegen Versorgungsleistungen im Umbruch, DStR 2002, 1745; *Meyer/Ball*, Vermögensübertragungen gegen Versorgungsleistungen, FR 2003, 377, 380; ausführlich *Brandenberg*, Übertragung von Privat- oder Betriebsvermögen gegen Versorgungsleistungen, NWB F. 3, 12527, 12538, auch zu den Folgen einer Umschichtung.
7 A.A. *Brandenberg*, Übertragung von Privat- oder Betriebsvermögen gegen Versorgungsleistungen, NWB F. 3, 12527, 12541.

Rechtsbindungswillens schließen lassen. Machen die Parteien eines Versorgungsvertrags von einer vereinbarten Wertsicherungsklausel keinen Gebrauch, lässt dies für sich allein noch keinen zwingenden Schluss auf das Fehlen des Rechtsbindungswillens zu; die Abweichung vom Vereinbarten kann aber im Rahmen der gebotenen Gesamtwürdigung von Bedeutung sein[1]. Vor allem dann, wenn die Ertragskraft des übertragenen Vermögens nach der Übergabe stagniert, kann das Unterbleiben der ursprünglich vereinbarten Erhöhungen der Versorgungsleistungen mit dem Rechtscharakter des Versorgungsvertrags in Einklang stehen[2].

Vermögensübergabe und Rückvermietung

Umstritten ist, ob bei einer Hofübergabe gegen dauernde Last die gleichzeitige Rückvermietung von Wohnraum ein Gestaltungsmissbrauch ist. Die Übertragung eines Wohnhauses und die gleichzeitige Rückanmietung durch die Übergeber („Stuttgarter Modell") hat der IX. Senat des BFH u. a. unter der Voraussetzung einer Trennung von Miet- und Versorgungsvertrag – andernfalls ist Steuerumgehung (§ 42 AO) zu prüfen[3] – anerkannt[4]. Zu prüfen ist freilich, ob der Übernehmer – in entsprechender Anwendung der früheren Regeln über die Nutzungswertbesteuerung (d. h. nach Abzug von AfA, Reparaturen, Grundsteuer usw.) – einen transferierbaren Ertrag erwirtschaftet[5]. Vorrangig sollten die Vertragspartner sorgfältig prüfen, ob dieser Vertrag in zivilrechtlicher Hinsicht ihrer Interessenlage entspricht[6].

4344

Wirtschaftsüberlassungsvertrag

Beim Wirtschaftsüberlassungsvertrag übernimmt der den Hof tatsächlich Bewirtschaftende (Kind oder einer anderer Angehöriger) gegen Übernahme der Versorgung der Eltern oder der ursprünglichen Betriebsinhaber den Betrieb unentgeltlich. Unternehmerrisiko und alleiniges Nutzungsrecht am land- und forstwirtschaftlichen Vermögen gehen dabei auf den Nutzungsberechtigten über. Die aufgrund einer solchen Vereinbarung erbrachten **altenteilsähnlichen Leistungen** – Unterhaltsleistungen sowie vertragsgemäß übernommene weitere Leistungen, die beim Hofeigentümer Betriebsausgaben sind, und etwaige Tilgungsleistungen – unterliegen beim Nutzungsberechtigten, weil nicht durch den Betrieb veranlasst, dem Sonderausgabenabzug als dauernde Lasten nach § 10 Abs. 1 Nr. 1a EStG und sind einschließlich der vom Nutzungsverpflichteten übernommenen betrieblichen Aufwendungen und Tilgungsleistungen – beim Hofeigentümer als sonstige Einkünfte nach § 22 Nr. 1 EStG zu erfassen[7]. Die Leistungen unterliegen beim Verpflichteten dem Abzugsverbot des § 12 Nr. 2, wenn es sich um Unterhaltsleistungen handelt; hierfür

4345

---

1 BFH-Urteile vom 3. März 2004 X R 14/01, BFH/NV 2004, 877; vom 3. März 2004 X R 3/02, BFH/NV 2004, 1098.
2 BFH-Urteil vom 3. März 2004 X R 43/01, BFH/NV 2004, 1097.
3 BFH-Urteil vom 17. Dezember 2003 IX R 56/03, BFH/NV 2004, 684; hierzu *Hipler*, Stuttgarter Modell nach Auffassung des BFH grundsätzlich kein Gestaltungsmissbrauch, ZEV 2004, 194; *Fischer*, Anmerkung zum Urteil, FR 2004, 720.
4 BFH-Urteil vom 10. Dezember 2003 IX R 12/01, BFH/NV 2004, 680; vom 17. Dezember 2003 IX R 60/98; hierzu *Hipler*, Aktuelle Entwicklungen zum Stuttgarter Modell, Stbg 2004, 109; *Spindler*, ZfIR 2004, 393; *Spiegelberger*, Renaissance der vorweggenommenen Erbfolge, DStR 2004, 1105; kritisch *Fischer*, Anmerkung zum Urteil, FR 2004, 716.
5 S. hierzu *Fischer*, Anmerkung zum BFH-Urteil vom 10. Dezember 2003, FR 2004, 716.
6 *Fischer*, FR 2004, Anmerkung zum BFH-Urteil vom 10. Dezember 2003, 716.
7 BFH-Urteil vom 23. Juni 1977 IV R 43/73, BFHE 122, 500, BStBl II 1977, 719; vom 28. Februar 1993 IV R 106/92, BFHE 170, 553, BStBl II 1993, 546; vom 24. September 1998 IV R 1/98, BFHE 187, 42, BStBl II 1999, 55.

greift der IV. Senat auf die seiner Ansicht nach vom Großen Senat bestätigte 50 vH-Grenze zurück. Diese Grenzziehung steht nicht in Übereinstimmung mit dem vom Großen Senat vorausgesetzten Typus der Vermögensübergabe.

4346 Es handelt sich **der Sache nach** um ein **Pachtverhältnis**, wobei der Nutzungsberechtigte lediglich zu sog Altenteilsleistungen oder einem nicht angemessenen Entgelt verpflichtet ist[1]. Der IV. Senat des BFH hat bisher diese Leistungen den als Sonderausgaben abziehbaren Versorgungsleistungen zugerechnet. Um diese als steuerliche abziehbar zu erhalten, hat die bisherige Rechtsprechung des BFH auf die 50 vH-Grenze zurückgegriffen. Es dürfte nunmehr fraglich sein, ob diese Rechtsprechung in Zukunft Bestand haben wird. *Kempermann*[2] ist darin zuzustimmen, dass die Behandlung als Pachtvertrag zu steuersystematisch zutreffenden und auch zu angemessenen Ergebnissen führt. Dies gilt auch dann, wenn die wiederkehrenden Leistungen unter einem fremdüblichen Pachtzins bleiben. Denn auch im Verhältnis zwischen nahen Angehörigen kann in einem solchen Fall ein Rechtsbindungswille nicht verneint werden. Ein überhöhtes Pachtentgelt wäre nach den allgemeinen Grundsätzen des Fremdvergleichs zu korrigieren.

(14) Erbrechtliche Variante der Versorgungsrente

4347 Als dauernde Last abziehbare Versorgungsleistungen (private Versorgungsrente) können ihren Entstehungsgrund auch in einer letztwilligen Verfügung haben[3]. Soll z. B. beim Tode des Betriebsinhabers das Unternehmen auf die nächste Generation übergehen, können Eheleute bereits durch letztwillige Verfügung dafür Sorge tragen, dass der dem überlebenden Ehegatten aufgrund Erbrechts zustehende Vermögensteil auf die nächste Generation übergeht und dass die „weichende Generation" aus den Erträgen des ihr an sich zustehenden Vermögens versorgt wird[4]. Hier finden wir die klassische Interessenlage der Vermögensübergabe wieder: Die „Weitergabe" des (künftig anfallenden) Vermögens hat ebenfalls den Charakter einer Vermögensübergabe zur Vorwegnahme der Erbfolge. Dass in diesem sachlichen Zusammenhang eine dauernde Last vereinbart werden kann, ist seit jeher anerkannt.

Der vorstehend beschriebene Fall ist abzugrenzen gegen die zeitlich gestreckte – ggf auf Lebenszeit „verrentete" – Auszahlung eines Erbteils (oben Rn 4296). Hier wird man die widerlegbare Vermutung aufstellen können: Der überlebende Ehegatte will versorgt werden, während Geschwister mit einer zeitlich gestreckten Auszahlung ihres Erbteils gleichstellt werden und lediglich in eng begrenzten Ausnahmefällen „nur versorgt" werden wollen.

(15) Gestaltungshinweise

4348 Folgende Hinweise sollten beherzigt werden, um kautelarjuristisch „auf der sicheren Seite" zu sein:

– Das Vermögen ist an bestimmte begünstigte Empfänger zu übertragen.

– Versorgungsleistungen können nur innerhalb eines „Generationen-Nachfolgeverbundes" geleistet werden.

---

1 Zuletzt BFH-Urteil vom 28. Februar 2002 IV R 20/00, BFHE 198, 446, BFH/NV 2002, 856; ausführlich *Jachmann* in Kirchhof, Kompaktkommentar, 3. Aufl. 2002, § 13 Rdnr. 39.
2 DStR 2003, 1741. *Kempermann* ist Mitglied des IV. Senats.
3 Vgl. BFH-Urteil vom 27. Februar 1992 X R 139/88, BFHE 167, 381, BStBl II 1992, 612; BFH-Beschluss vom 28. April 1994 X B 162/94, BFH/NV 1995, 18.
4 BFH-Urteil vom 27. November 1996 X R 85/94, BFHE 182, 110, BStBl II 1997, 284.

– Die dauernde Last setzt abänderbare Leistungen voraus. Die Abänderbarkeit sollte im Rahmen eines Versorgungskonzepts in jedem Falle ausdrücklich und konkret vereinbart werden. „Konkret" bedeutet: Die Anlässe für Abänderungen und deren jeweilige betragsmäßigen Folgerungen sollten soweit wie möglich benannt werden. Gegebenenfalls ist auch zu berücksichtigen, wer das Pflegefallrisiko tragen soll.

– Auf die korrekte Durchführung des Versorgungsvertrages ist zu achten.

– Dort, wo die private Versorgungsrente als die „die schuldrechtliche Variante" des Transfers von Einkünften nicht mit steuerrechtlicher Wirkung vereinbart werden kann, sollte an eine Nießbrauchsgestaltung gedacht werden. Beispielsweise kann der Erblasser seiner überlebenden Haushälterin zwar keine steuerlich privilegierte Versorgungsrente, aber zivil- und steuerrechtlich wirksam einen (Zuwendungs-) Nießbrauch mit der rechtlichen und wirtschaftlichen Folge eines Transfers von Einkünften (hier: durch Übertragung einer Einkunftsquelle) vermachen.

(16) Abgrenzung zur Gegenleistungsrente

Die Unterscheidung zwischen der Gegenleistungsrente und der Vermögensübergabe gegen Versorgungsleistungen wird grundsätzlich danach getroffen, ob die Vertragsparteien das Entgelt für die Übergabe von Vermögen nach kaufmännischen Grundsätzen bemessen haben oder ob die wiederkehrenden Leistungen nach dem Versorgungsbedürfnis des Berechtigten und nach der wirtschaftlichen Leistungsfähigkeit des Verpflichteten bemessen worden sind[1]. Solches wird bei Verträgen zwischen einander Fremden – freilich widerlegbar – vermutet[2]. Entscheidend sind dabei die Vorstellungen des Erwerbers; ein Versorgungsmotiv des Empfängers der wiederkehrenden Bezüge hindert die Annahme eines entgeltlichen Leistungsaustausches nicht[3].

4349

Übertragen Eltern ihr ertragbringendes und existenzsicherndes Vermögen gegen Rente auf ihre Kinder, wird widerlegbar vermutet, dass Leistung und Gegenleistung nicht wie unter Fremden kaufmännisch abgewogen werden, sondern dass die Rente – unabhängig vom Wert des übertragenen Vermögens – nach dem Versorgungsbedürfnis der Eltern und der Ertragskraft des übertragenen Vermögens bemessen ist[4]. Diese Vermutung beruht auf der Erwägung, dass Eltern Betrieb, Hof und andere existenzsichernde Wirtschaftseinheiten des Familienvermögens – „das Familiensilber" – den Kindern nicht verkaufen, sondern unentgeltlich übergeben; ein Gegenbeweis ist möglich. Gleiches gilt auch bei der von Todes wegen vereinbarten Versorgungsrente für den überlebenden Ehegatten. Demgegenüber will ein Geschwisterteil im Regelfall nicht lediglich aus den Erträgen des vom Erblasser auf einen Bruder/eine Schwester übergehenden Vermögens versorgt, sondern er will vermögensrechtlich gleichgestellt werden; mit einer lebenslänglichen Rente wird im

4350

---

1 BFH-Beschluss vom 15. Juli 1991 GrS 1/90, BFHE 165, 225, BStBl II 1992, 78; vom 29. Januar 1992 X R 193/87, BFHE 167, 95, BStBl II 1992, 465; vom 16. Dezember 1993 X R 67/92, BFHE 173, 152, BStBl II 1996, 669; vom 27. August 1997 X R 54/94, BFHE 184, 337, BStBl II 1997, 813; ausführlich mwN auch BFH-Urteil vom 2. Mai 2001 VIII R 64/93, BFH/NV 2002, 10.
2 BFH-Urteile vom 2. Mai 2001 VIII R 64/93, BFH/NV 2002, 10, mwN; vom 16. Dezember 1997 IX R 11/94, BFHE 185, 208, BStBl II 1998, 718.
3 BFH-Urteile vom 9. Februar 1994 IX R 110/90, BFHE 175, 212, BStBl II 1995, 47; vom 16. Dezember 1997 IX R 11/95, BFHE 185, 208, BStBl II 1998, 718; vom 2. Mai 2001 VIII R 64/93, BFH/NV 2002, 10.
4 Ständige Rechtsprechung, vgl. BFH-Beschluss vom 5. Juli 1990 GrS 4-6/89, BFHE 161, 317, BStBl II 1990, 847 unter C. I.; Urteile vom 23. Januar 1992 XI R 6/87, BFHE 167, 86, BStBl II 1992, 526; X R 193/87, BFHE 167, 95, BStBl II 1992, 465; vom 2. Mai 2001 VIII R 64/93, BFH/NV 2002, 10.

Zweifel ein Gleichstellungsanspruch verrentet[1]. Insoweit sollte der Übergabevertrag freilich eindeutig sein.

4351 Ein Anhaltspunkt für eine unentgeltliche Vermögensübertragung liegt vor, wenn der Übernehmer aufgrund besonderer persönlicher (insbesondere familienähnlicher) Beziehungen zum Übergeber ein persönliches Interesse an der lebenslangen angemessenen Versorgung des Übergebers hat[2]. Fehlen solche „besonderen persönlichen Beziehungen", können sich Beweisanzeichen für oder gegen ein entgeltliches Rechtsgeschäft aus einem Vergleich des Werts des übergebenen Vermögens mit dem Barwert der zugesagten wiederkehrenden Leistungen ergeben[3]. Die unter Fremden geltende Vermutung der Entgeltlichkeit ist umso eher zu widerlegen, je mehr der tatsächliche Wert des übertragenen Vermögens vom Barwert der vereinbarten Rente abweicht[4]. Allerdings ist eine betriebliche Veräußerungsrente nicht schon deshalb ausgeschlossen, weil der Wert des übertragenen Vermögens den Barwert der zugesagten Rentenleistungen übersteigt. Es genügt, dass die Beteiligten subjektiv von der Gleichwertigkeit der beiderseitigen Leistungen ausgegangen sind, sofern die Annahme der Ausgewogenheit der beiderseitigen Leistungen unter Berücksichtigung der tatsächlichen und rechtlichen Umstände im Zeitpunkt des Vertragsabschlusses vertretbar erscheint[5]. Fehlt es an substantiierten Darlegungen der Vertragsbeteiligten, welche Vorstellungen sie bei Vertragsabschluss hinsichtlich des Werts des übertragenen Vermögensgegenstandes hatten[6], zwingt dies – jedenfalls bei einer Vermögensübertragung unter Fremden – nicht zur Annahme einer unentgeltlichen Vermögensübertragung. Die Zuordnung zu einem steuerrechtlich entgeltlichen Geschäft ist nicht abhängig davon, ob die Vertragsparteien einen „marktgerechten" Preis vereinbart haben; sie können auch ein **teilentgeltliches Geschäft** (Veräußerung zum „Freundschaftspreis") abgeschlossen haben[7].

4352 Freilich wird man bedenken müssen, dass die Vertragspartner aus verschiedenen Gründen nicht ein „kaufmännisch angemessenes" Entgelt vereinbaren, sei es, dass ein Freundschaftspreis gewollt ist oder der Verkäufer aus anderen Gründen ein angemessenes Entgelt nicht durchsetzen kann. Überträgt etwa der Gesellschafter einer Personengesellschaft ein zu seinem Sonderbetriebsvermögen gehörendes Grundstück gegen Vereinbarung einer Leibrente auf einen Mitgesellschafter und liegt der Rentenbarwert erheblich unter dem Verkehrswert des Grundstücks, ist eine betriebliche Veräußerungsrente anzunehmen, wenn Anhaltspunkte dafür fehlen, dass die Höhe der Rentenverpflichtung nach dem Versorgungsbedürfnis des Veräußerers und der wirtschaftlichen Leistungsfähigkeit des Erwerbers bemessen wurde[8].

(17) Zeitlich gestreckte Auszahlung von erbrechtlichen Ansprüchen

4353 Die Berichtigung von Erbfall- und Erblasserschulden, also auch die Auszahlung von erbrechtlichen Vermögensrechten wie Erbteil, Pflichtteil, Pflichtteilsergänzungsanspruch usw. ist weder abziehbar noch steuerbar. Die Erbauseinandersetzung kann zu Veräußerungs-

---

1 BFH-Urteil vom 20. Oktober 1999 X R 86/96, BFHE 190, 365, BStBl II 2000, 602.
2 BFH-Urteile vom 16. Dezember 1997 IX R 11/94, BFHE 185, 208, BStBl II 1998, 718; vom 2. Mai 2001 VIII R 64/93, BFH/NV 2002, 10.
3 BFH-Urteil vom 2. Mai 2001 VIII R 64/93, BFH/NV 2002, 10.
4 BFH-Urteil vom 2. Mai 2001 VIII R 64/93, BFH/NV 2002, 10.
5 BFH-Urteil vom 2. Mai 2001 VIII R 64/93, BFH/NV 2002, 10.
6 BFH-Urteil vom 22. September 1982 IV R 154/79, BFHE 136, 527, BStBl II 1983, 99.
7 BFH-Urteil vom 31. August 1994 X R 58/92, BFHE 176, 333, 338, BStBl II 1996, 672; *Fischer* in Kirchhof/Söhn/Mellinghoff, Einkommensteuergesetz, § 22 Rdnr. B 73 und B 231; *ders.* in Kirchhof, EStG Kompaktkommentar, § 22 Rz 22.
8 BFH-Urteil vom 2. Mai 2001 VIII R 64/93, BFH/NV 2002, 10.

und Anschaffungsvorgängen führen. Werden auf einer solchen Rechtsgrundlage wiederkehrende Leistungen vereinbart, kann es nur darum gehen, die zeitliche Streckung – Stundung, Verrentung – als Kreditierungsvorgang zu begreifen. Steuerrechtlich relevant ist nur der sich aus einem Kreditierungsvorgang ergebende Zinsanteil, im Falle der Leibrente – also bei gleichbleibenden Leistungen auf Lebenszeit – in der Form des gesetzlich pauschalierten Ertragsanteils. Die zeitliche Streckung eines erbrechtlichen Ausgleichsanspruchs enthält auch dann einen Zinsanteil, wenn Zinslosigkeit vom Erblasser verfügt worden ist[1]. Liegt nach den Grundsätzen des Großen Senats des BFH über die Erbauseinandersetzung[2] ein **entgeltliches** Rechtsgeschäft vor, so sind bei der Anschaffung von Ertrag bringendem Vermögen die bei langfristiger Streckung – einschließlich einer Verrentung auf Lebenszeit – stets relevanten Zinsanteile steuerrechtlich korrekt zu erfassen. Der Barwert der wiederkehrenden Leistungen kann AfA-Bemessungsgrundlage und Veräußerungsentgelt sein. Soweit mit der Rente Pflichtteilsrechte und sonstige erbrechtliche Ansprüche abgelöst werden, sind die Voraussetzungen für einen Sonderausgabenabzug schon dem Grunde nach nicht erfüllt. Es könnte allenfalls ein in den einzelnen Zahlungen enthaltener Zinsanteil abziehbar sein. Da indes die Tilgung solcher Erbfallschulden nicht zu Anschaffungskosten führt, ist auch der aus einer langfristigen Kreditierung herrührende Zinsanteil privater Natur und daher nicht abziehbar[3]. Der Sonderausgabenabzug setzt eine wirtschaftliche Belastung des Verpflichteten voraus. Hieran fehlt es im Allgemeinen, wenn einem Erben oder Vermächtnisnehmer aufgrund letztwilliger Verfügung Aufwendungen auferlegt werden, die nicht den Wert des erhaltenen Nachlasses bzw. Vermächtnisses übersteigen[4]. Hiervon sind Leistungen auszunehmen, die anlässlich einer Betriebs- oder Vermögensübergabe im Wege vorweggenommener Erbfolge vorbehalten worden sind, wie etwa Altenteils- und ihnen gleichstehende Versorgungsleistungen.

(18) Abgrenzung der privaten Versorgungsrente von der nicht abziehbaren Unterhaltsrente

Die Rechtstechnik der Überleitung von erwirtschafteten Erträgen auf den Altenteiler bringt es zwingend mit sich, dass die Abzugsverbote des § 12 Nr. 1 und 2 EStG spezialgesetzlich ausgeschlossen sind. Außerhalb dieses Sonderrechts der Vermögensübergabe gegen Versorgungsleistungen gelten die allgemeinen Grundsätze: Nach § 12 Nr. 2, § 22 Nr. 1 Satz 2 EStG nichtabziehbar und nichtsteuerbar ist die private Unterhaltsrente, die ihre rechtlichen Konturen aus der Negation der privaten Versorgungsrente erhält. 4354

Ist die Zuordnung einer Vertragsgestaltung zur privaten Versorgungsrente nicht möglich, können die wiederkehrenden Leistungen beim Erwerb von Ertrag bringendem Vermögen Anschaffungs- und Finanzierungskosten sein. Scheitert auch diese Zuordnung, bleibt es bei der in § 12 EStG angeordneten Nichtabziehbarkeit. Die Vertragspartner können auch ein Entgelt unter dem Marktwert vereinbaren. 4355

Der Große Senat des BFH hat mit Beschluss vom 12. Mai 2003[5] entschieden: Im Zusammenhang mit einer Vermögensübergabe zur Vorwegnahme der Erbfolge vereinbarte wiederkehrende Leistungen, die nicht aus den **erzielbaren Nettoerträgen des übernommenen Vermögens** gezahlt werden können, sind nicht als dauernde Last abziehbar. Sie sind „in der Regel" Entgelt für das übernommene Vermögen. Versorgungsleistungen stellen 4356

---

1 BFH-Urteil vom 26. Juni 1996 VIII R 67/95, BFH/NV 1997, 175.
2 BFH-Beschluss vom 5. Juli 1990 GrS 2/89, BFHE 161, 332, BStBl II 1990, 837.
3 BFH-Urteil vom 27. November 1996 X R 85/94, BFHE 182, 110, BStBl II 1997, 284.
4 BFH-Urteil vom 26. Januar 1994 X R 54/92, BFHE 173, 360, BStBl II 1994, 633.
5 BFH-Beschluss vom 12. Mai 2003 GrS 1/00 (BFHE 202, 464, DStR 2003, 1696).

jedoch nur dann kein Entgelt für das im Gegenzug überlassene Vermögen dar, wenn die **erzielbaren Nettoerträge** des überlassenen Wirtschaftsguts bzw. der betrieblichen Einheit im konkreten Fall – soweit bei überschlägiger Berechnung vorhersehbar – **ausreichen, um die Versorgungsleistungen abzudecken**. Der auf den „Vorbehalt der Erträge" abhebende Rechtfertigungsgrund trägt nur in solchen Fällen, in denen er nicht nur „typischerweise", sondern tatsächlich vorliegt. Ein Wertvergleich, wie er der „50 vH-Grenze" zugrunde liegt, kann nichts darüber aussagen, ob eine wiederkehrende Leistung als Entgelt oder als unentgeltliche Versorgungsleistung anzusehen ist. Hiernach beruht der „**Typus 2**", der auf die Relation zwischen dem Barwert der wiederkehrenden Leistungen und dem Wert des übergebenen Vermögens abhob (sog. 50 vH-Grenze), nicht auf einer zutreffenden Auslegung des geltenden Rechts.

4357 Nach dem Beschluss des Großen Senats des BFH vom 12. Mai 2003 GrS 2/00[1] sind Versorgungsleistungen auch dann nicht als Sonderausgabe (§ 10 Abs. 1 Nr. 1a EStG) abziehbar, wenn sie zwar aus den erzielbaren laufenden Nettoerträgen des übergebenen Betriebs gezahlt werden können, das Unternehmen jedoch weder über einen positiven Substanzwert noch über einen positiven Ertragswert verfügt. Dieses Ergebnis folgt – ohne dass es insoweit auf die Bedeutung der „50 vH-Grenze" ankäme – daraus, dass ein **Betrieb ohne Substanz- oder Ertragswert kein „Vermögen"** darstellt, das an die nachfolgende Generation übertragen werden könnte. Selbst dann, wenn ein übergebenes Unternehmen ausreichend Nettoerträge abwirft, um die im Zusammenhang mit der Übergabe versprochenen Versorgungsleistungen zu erbringen, hat es möglicherweise keinen oder sogar einen negativen Ertragswert. Die zur Ermittlung des Ertragswertes eines Unternehmens zugrunde gelegten Gewinne sind nämlich um einen **Unternehmerlohn** zu kürzen, der sich unabhängig davon auswirkt, welcher Bewertungsmethode (etwa der sog. Mittelwertmethode) man folgt. Ist nach Abzug des Unternehmerlohns ein Unternehmenswert nicht mehr vorhanden, können – abgesehen davon, dass der übergebene Betrieb kein Vermögen darstellt – die Leistungen, die der Übergeber vom Übernehmer zu seiner Versorgung erhält, nicht mehr als vorbehaltene Erträge des übergebenen Unternehmens verstanden werden. Sie werden vielmehr ausschließlich durch die Arbeitsleistung des Übernehmers finanziert.

4358 Freilich ist auch bei der **Ermittlung des Ertragswertes** des Unternehmens nicht notwendigerweise auf die Gewinne der Vergangenheit abzustellen. „Wenn der Betrieb ausreichende Erträge für zwei Generationen abwirft, wird im Regelfall auch nach Abzug des Unternehmerlohns ein Geschäftswert verbleiben." In einem solchen Falle stellt das Unternehmen einen Vermögenswert dar und für die Abziehbarkeit der dauernden Last ist es unerheblich, dass diese teilweise aus dem Unternehmerlohn herrührt. Für den vorgelegten Streitfall weist der Große Senat darauf hin, dass die Tatsacheninstanz bei der Beurteilung des Unternehmenswertes auch die **weitere Gewinnentwicklung des übergebenen Gewerbebetriebes** (im Streitfall: einer gepachteten Gaststätte) in die Betrachtung einbeziehen muss.

4359 Nach Auffassung des Großen Senats wird die **Bedeutung der „50 vH-Grenze" „in Zukunft auf Ausnahmefälle beschränkt** sein". Ein Anwendungsfall ist jedenfalls dann nicht gegeben, solange der nach Abzug des Unternehmerlohns verbleibende Unternehmenswert mindestens 50 vH des Kapitalwerts der wiederkehrenden Leistungen ausmacht. Insoweit stellt diese Grenzziehung nach wie vor ein Beweisanzeichen für die Abgrenzung zwischen steuerlich wirksamen Versorgungsleistungen und steuerlich unbeachtlichen Un-

---

1 BFH-Beschluss vom 12. Mai 2003 GrS 2/00 (BFHE 202, 477, DStR 2003, 1700).

terhaltsleistungen dar. Da es sich nur um ein Beweisanzeichen handelt, gilt der Umkehrschluss zu der vorstehenden Aussage nicht.

(unbesetzt) 4360–4365

e) Weitere Einzelheiten zum Veräußerungspreis

aa) Übernahme von Schulden

Übernimmt ein Erwerber ein buchmäßig überschuldetes Unternehmen und in diesem Zusammenhang die bilanzierten betrieblichen Verbindlichkeiten, ist der Veräußerungsgewinn gleich der Höhe der buchmäßigen Überschuldung abzüglich der Veräußerungskosten. 4366

bb) Entnahme von Wirtschaftsgütern

Steuerlich begünstigt werden nur die Gewinne, die aus der Veräußerung eines Betriebs, Teilbetriebs oder Mitunternehmeranteils erzielt werden. Werden im zeitlichen Zusammenhang mit der Veräußerung Wirtschaftsgüter in das Privatvermögen überführt, ist zu unterscheiden, 4367

- ob die Entnahme noch dem Zeitraum des Betreibens des Betriebs oder
- ob sie wirtschaftlich dem einheitlichen Vorgang der Veräußerung zuzuordnen ist[1].

Im ersteren Falle ist die Entnahme mit dem Teilwert anzusetzen (§ 6 Abs. 1 Nr. 4 EStG). Im letzteren Fall mit dem gemeinen Wert; denn eine Entnahme und damit ein Teilwertansatz setzt voraus, dass der Betrieb fortgeführt wird; die Begünstigung des Veräußerungsgewinns ist dagegen dadurch gerechtfertigt, dass die stillen Reserven massiert aufgedeckt werden.

Der zeitliche Zusammenhang mit der Betriebsveräußerung lässt z. B. die Überführung eines wirtschaftlich nicht dem Betrieb dienenden Grundstücksteils in das Privatvermögen nicht zum Teil des Veräußerungsvorgangs werden[2]. 4368

Behält ein Veräußerer unwesentliche Teile zurück – in der Regel wird es sich dabei um Umlaufvermögen handeln – und veräußert er diese an einen Kreis, mit dem er auch bisher seine der Gewinnerzielung dienenden Geschäfte abschloss, so setzt er damit seine normale gewerbliche Tätigkeit fort und erzielt daraus neben dem tarifbegünstigten Veräußerungsgewinn einen nicht begünstigten laufenden oder nachträglichen gewerblichen Gewinn[3]. 4369

Veräußert ein Gewerbetreibender während des Betriebsaufgabevorgangs den Restbestand der selbsterzeugten Waren, so können die Gewinne aus dieser Veräußerung jedoch dann zum begünstigten Aufgabegewinn gehören, wenn es sich – abweichend vom normalen Geschäftsgang – um Lieferungen an Handelsvertreter handelt, die bisher den Verkauf der Erzeugnisse an Einzelhändler nur vermittelt hatten[4]. 4370

cc) Leistungen Dritter als Veräußerungspreis

Auch Leistungen Dritter könnten zum Veräußerungspreis gehören. 4371

---

1 BFH-Urteile vom 16. September 1966 VI 118, 119/65, BFHE 87, 134, BStBl III 1967, 70, und vom 19. Mai 1971 I R 46/70, BFHE 102, 380, BStBl II 1971, 688, beide allerdings den Aufgabevorgang betreffend.
2 BFH-Urteil vom 18. April 1973 I R 57/71, BFHE 109, 505, BStBl II 1973, 700.
3 Vgl. dazu BFH-Urteile vom 16. September 1966 VI 118, 119/65, BFHE 87, 134, BStBl III 1967, 70, und vom 25. Juni 1970 IV 350/64, BFHE 99, 479, BStBl II 1970, 719; vgl. dazu aber auch Urteil vom 2. Juli 1981 IV R 136/79, BFHE 134, 23, BStBl II 1981, 798.
4 BFH-Urteile vom 2. Juli 1981 IV R 136/89, BFHE 134, 23, BStBl II 1981, 798, und vom 1. Dezember 1988 IV R 140/86, BFHE 151, 341, BStBl II 1989, 368.

4372 Hat der Verkäufer eines Gewerbebetriebs seine Zustimmung zum Rücktritt des Käufers vom Kaufvertrag von einer anderweitigen Veräußerung des Betriebs und die Höhe der wegen des Rücktritts zu zahlenden Entschädigung von dem beim zweiten Verkauf erzielten Veräußerungspreis abhängig gemacht, so ist § 16 EStG auch auf den wegen des Rücktritts gezahlten Entschädigungsbetrag (nach Abzug der Ausgaben) anzuwenden[1].

Die Entschädigungszahlung des zurücktretenden Käufers steht in einem unmittelbaren wirtschaftlichen Zusammenhang mit der endgültigen Veräußerung des Betriebs, sodass sie als selbstständiger Teilbetrag des durch die Veräußerung des Betriebs erzielten und daher nach § 16 EStG zu versteuernden Gesamtveräußerungsgewinns anzusehen ist.

4373 Zahlt eine Brauerei dem Veräußerer einer Gastwirtschaft dafür einen Geldbetrag, dass die Gastwirtschaft an einem von der Brauerei bezeichneten Kunden veräußert wird, so ist dieser Geldbetrag bei der Ermittlung des tarifbegünstigten Veräußerungsgewinns zu berücksichtigen[2].

4374 Zum Veräußerungspreis gehören alle Vorteile, die der Veräußerer im Zusammenhang mit der Veräußerung vom Erwerber erhält[3]. Das kann auch der Anspruch eines Gesellschafters auf Erstattung eines Teils der Personensteuern, die anlässlich seines Ausscheidens aus seiner Personengesellschaft entstehen, gegen die verbleibenden Gesellschafter sein.

4375 *(unbesetzt)*

dd) Weiterbestehende Beteiligung an schwebenden Geschäften

4376 Haben Veräußerer und Erwerber vereinbart, dass der Veräußerer an schwebenden Geschäften erfolgsmäßig beteiligt bleibt, kann in den Veräußerungsgewinn nur der Betrag einbezogen werden, den die Beteiligten innerhalb des gesamten Kaufpreises dem betreffenden Wirtschaftsgut zugemessen haben. Wird später ein Gewinn oder Verlust verwirklicht, zählt dieser zu den nachträglichen Einkünften aus Gewerbebetrieb.

ee) Unbestimmbarer Wert

4377 Ist der Wert des Veräußerungspreises im Zeitpunkt der Veräußerung nicht annähernd bestimmbar, z. B. weil der Veräußerer das Recht hat, jährlich statt eines bestimmten Geldbetrags die Lieferung von Waren mit ungewisser Preisentwicklung zu verlangen oder weil die wiederkehrenden Bezüge umsatz- oder gewinnabhängig sind, wird der Gewinn nicht im Zeitpunkt der Veräußerung verwirklicht[4].

Eine sofortige tarifbegünstigte Versteuerung ist nicht möglich.

4378 *(unbesetzt)*

ff) Beteiligung an nach der Veräußerung aufgedeckten stillen Reserven

4379 Ist ein Gesellschafter aus einer Personengesellschaft gegen eine Pauschalabfindung ausgeschieden, so sind ihm später festgestellte sog. steuerliche Mehrgewinne für die Jahre seiner Zugehörigkeit zur Gesellschaft – unabhängig davon, ob die Handelsbilanzen den Steuerbilanzen angepasst werden – nach Maßgabe des für die Mehrgewinnjahre gültigen

---

1 BFH-Urteil vom 26. Oktober 1961 IV 360/60 U, BFHE 74, 594, BStBl III 1962, 220.
2 BFH-Urteil vom 16. Juli 1964 IV 310/63, HFR 1965, 39 Nr. 34.
3 BFH-Urteil vom 29. Oktober 1970 IV R 141/67, BFHE 100, 390, BStBl II 1971, 92.
4 Vgl. *Schmidt*, EStG, § 16 Anm. 229, unter Zitierung von BFH-Urteil vom 16. Juli 1964 IV 377/62 U, BFHE 80, 410, BStBl III 1964, 622, der aber meint, es könne dem Stpfl. eine Sofortversteuerung nicht verwehrt werden.

Gewinnverteilungsschlüssels zuzurechnen, soweit die Mehrgewinne nicht höher sind als der das Kapitalkonto in der Handelsbilanz übersteigende Teil der Pauschalabfindung[1].

Steuerliche Mehrgewinne müssen im Wege der Schätzung den Gesellschaftern zugeteilt werden, denen sie voraussichtlich in der Zukunft zufallen werden, denn erst die Zukunft entscheidet darüber, wer diese versteuerten stillen Reserven der Handelsbilanz handelsrechtlich erhält. Auf diese zukünftige Auskehrung der stillen Reserven in der Handelsbilanz an die Gesellschafter kommt es steuerrechtlich an, weil grundsätzlich kein Steuerpflichtiger ein Einkommen zu versteuern braucht, das tatsächlich nicht ihm, sondern einem anderen zugeflossen ist. Einen Anhalt für diese schätzungsweise Beurteilung der künftigen Entwicklung gibt der Gewinnverteilungsschlüssel des Gesellschaftsvertrages und die tatsächliche Handhabung. Soweit es sich um stille Reserven handelt, die voraussichtlich erst bei der Auflösung der Gesellschaft handelsbilanzmäßig zu Tage treten, sind die Bestimmungen des HGB und des Gesellschaftsvertrages über die Verteilung des Vermögens der Gesellschaft zu berücksichtigen[2]. 4380

Ist ein Gesellschafter gegen eine Abfindung ausgeschieden, die den in der letzten handelsrechtlichen Jahresbilanz ausgewiesenen Buchwert seines Kapitalkontos übersteigt, muss entschieden werden, welchen Einfluss die Zahlung einer Abfindung über den in der Handelsbilanz ausgewiesenen Buchwert des Kapitalkontos hinaus auf die gebotene Vorausschätzung hat, wem also die steuerlichen Mehrgewinne (= versteuerten stillen Reserven in der Handelsbilanz) „voraussichtlich in der Zukunft zufallen". 4381

Wenn die Gesellschaft für den Zeitpunkt des Ausscheidens eines Gesellschafters eine Abschichtungsbilanz erstellt, in der alle stillen Reserven in den Wertansätzen der handelsrechtlichen Jahresbilanz (und zusätzlich ein eventueller originärer Geschäftswert) in wertmäßiger Übereinstimmung mit der steuerlichen Bewertung aufgelöst sind und der sich hieraus ergebende „Abschichtungsgewinn" zur Berechnung des Abfindungsguthabens des ausscheidenden Gesellschafters nach Maßgabe des für die Mehrgewinnjahre gültigen vertraglichen Gewinnverteilungsschlüssels auf die Gesellschafter verteilt wird, so gilt: Alle vorhandenen stillen Reserven werden nach Maßgabe des Gewinnverteilungsschlüssels aufgeteilt und dem ausgeschieden Gesellschafter gutgeschrieben. 4382

Ist beim Ausscheiden eines Gesellschafters keine Abschichtungsbilanz erstellt worden, sondern eine pauschale Abfindung für die Beteiligung an den stillen Reserven und an einem etwaigen Geschäftswert gezahlt worden und ist dies bei der Entscheidung über die steuerliche Zurechnung der Mehrgewinne erkennbar gewesen, so ist der ausscheidende Gesellschafter entsprechend seinem Anteil an den stillen Reserven abgefunden worden. Die Zurechnung der steuerlichen Mehrgewinne führt gleichzeitig zu einer entsprechenden Erhöhung des steuerlichen Wertes des Betriebsvermögensanteils i. S. v. § 16 Abs. 2 EStG und damit einer Verminderung des Veräußerungsgewinns, und es bleibt das Volumen der dem ausscheidenden Gesellschafter zuzurechnenden Besteuerungsgrundlagen insgesamt unverändert[3]. Es verringert sich der tarifbegünstigte Teil dieser Besteuerungsgrundlagen (Veräußerungsgewinn) zu Gunsten der tarifbesteuerten Teile (laufender Gewinn). 4383

gg) Verlagerung des Kaufpreises

Der Kaufpreis unterliegt den Einflüssen beider Vertragspartner. So kann eine Abfindung für die Aufgabe der Geschäftsführertätigkeit zu „Preisnachlässen" bei anderen Wirt- 4384

---

1 BFH-Urteil vom 31. Oktober 1974 IV R 141/70, BFHE 113, 511, BStBl II 1975, 73.
2 Vgl. BFH-Urteil vom 27. November 1956 I 260/56 U, BFHE 64, 89, BStBl III 1957, 35.
3 BFH-Urteil vom 31. Oktober 1974 IV R 141/70, BFHE 113, 511, BStBl II 1975, 73.

schaftsgütern führen, ohne dass schon ein Gleichlauf der Interessen gegenüber dem Finanzamt vorliegen muss.

Für die Veräußerer könnte die Abfindung mit steuerlichen Vorteilen (§§ 3 Nr. 9, 24, 34 EStG) verbunden sein, für den Erwerber damit, dass der Aufwand als sofort abziehbare Betriebsausgabe abziehbar ist.

4385 *(unbesetzt)*

hh) Nachträgliche Änderung des Veräußerungspreises

(1) Nachträgliche Erhöhung des Veräußerungspreises

4386 Wird der Veräußerungspreis nachträglich erhöht – z. B. weil sich der Kaufpreis als unangemessen niedrig erwiesen hat und der Käufer auf Verlangen des Verkäufers eine Nachzahlung leistet –, erhöht sie den Veräußerungsgewinn. Dieser in einem späteren Jahr verwirklichte Teil des Veräußerungsgewinns kann nach § 34 Abs. 2 Nr. 1 EStG tarifbegünstigt sein[1].

(2) Nachträgliche Minderung des Kaufpreises

4387 Wird der Veräußerungspreis nachträglich gemindert, – z. B. weil sich der Kaufpreis als unangemessen hoch erwiesen hat und der Verkäufer auf Verlangen des Käufers mit der Minderung des Kaufpreises einverstanden ist, mindert sich der Veräußerungsgewinn.

Die Herabsetzung des Kaufpreises für einen Betrieb auf Grund von Einwendungen des Käufers gegen die Rechtswirksamkeit des Kaufvertrags ist ein rückwirkendes Ereignis, das zur Änderung des Steuerbescheids führt, dem der nach dem ursprünglich vereinbarten Kaufpreis ermittelte Veräußerungsgewinn zu Grunde liegt[2].

(3) Veränderungen des Kaufpreises auf Grund nachträglich eingetretener Umstände

4388 (1) Eine Veränderung des Veräußerungspreises auf Grund nachträglich eingetretener Umstände hat keinen Einfluss auf die Höhe des Veräußerungsgewinns, und zwar, soweit der Erwerber seine Verpflichtung zur Zahlung des Kaufpreises noch nicht erfüllt hat[3].

(4) Andere nachträgliche Änderungen

4389 Rücktritt und Minderung sind verfahrensrechtlich zu berücksichtigen[4].

4390 Gewinne und Verluste aus schwebenden Geschäften, die nach der Veräußerung anfallen, führen zu nachträglichen, nicht tarifbegünstigten Einkünften aus Gewerbebetrieb, und zwar im Jahr des Zu- oder Abflusses. Eine bei der Veräußerung gesondert vereinbarte Abfindung für solche Gewinne bildet einen Teil des Veräußerungspreises. War ursprünglich eine Beteiligung an den schwebenden Geschäften vereinbart, und wird später stattdessen auf Grund einer neuen Vereinbarung eine Abfindung gezahlt, gehört diese zu den nachträglichen Einkünften aus Gewerbebetrieb. Auch Gewinne und Verluste aus schwebenden Geschäften bei der Veräußerung von Mitunternehmeranteilen führen beim ausge-

---

1 BFH-Urteil vom 9. Mai 1957 IV 186/56 U, BFHE 65, 32, BStBl III 1957, 246.
2 BFH-Urteil vom 23. Juni 1988 IV R 84/86, BFHE 154, 85, BStBl II 1989, 41; zuvor RFH-Urteil vom 30. Oktober 1935 VI A 768/35, StuW 1936, II Nr. 215, und BFH-Urteile vom 9. März 1962 I 133/61, HFR 1962, 153 aE; vom 7. September 1972 IV 311/65, BFHE 107, 211, BStBl II 1973, 11, und vom 26. Juli 1984 IV R 10/83, BFHE 141, 488, BStBl II 1984, 786.
3 Vgl. Rn 4263 ff.
4 Vgl. § 175 Nr. 2 AO.

schiedenen Gesellschafter zu nachträglichen, nicht tarifbegünstigten Einkünften aus Gewerbebetrieb.

Nach der neuen Rechtsprechung wirken nachträgliche Änderungen des Veräußerungspreises – Ausfälle oder Minderungen der Kaufpreisforderung des Veräußerers – einkommensteuerrechtlich auf den Zeitpunkt der Veräußerung zurück[1]. 4391

(1) Scheidet z. B. ein Kommanditist aus der KG aus und bleibt sein bisheriges Gesellschafterdarlehen bestehen, so ist, wenn diese Forderung später wertlos wird, sein Veräußerungs- bzw. Aufgabegewinn mit steuerlicher Wirkung für die Vergangenheit gemindert[2]. 4392

(2) Scheidet ein Kommanditist mit negativem Kapitalkonto ohne Ausgleichsverpflichtung aus der KG aus, so erzielt er in dessen Höhe einen Veräußerungsgewinn, soweit er nicht mit einer Inanspruchnahme für Verbindlichkeiten der KG rechnen muss.

Bestanden daneben zum Sonderbetriebsvermögen gehörende verzinsliche (oder unverzinsliche) Darlehensforderungen des Kommanditisten gegen die KG, sind diese mit dem gemeinen Wert abzüglich deren Buchwerte in die Ermittlung des Veräußerungsgewinns einzubeziehen.

Fällt die Forderung später wegen Vermögenslosigkeit der KG aus, wird der Veräußerungsgewinn rückwirkend gemindert[3].

(unbesetzt) 4393–4395

ii) Spätere Eingänge auf den Veräußerungspreis

Die im Veräußerungsjahr zufließenden Rentenbeträge sind bereits nachträgliche – also einkommensteuerlich nicht begünstigte – Einnahmen aus Gewerbebetrieb[4]. 4396

Bei der Ermittlung des nach § 16 Abs. 4 EStG steuerfreien Teils des Veräußerungsgewinns muss das kapitalisierte Rentenstammrecht in die Berechnung als Teil des Veräußerungserlöses (Veräußerungspreises) einbezogen werden.[5] 4397

(unbesetzt) 4398–4400

jj) Unangemessener Preis

Schrifttum: *Wollny,* Prüfung der Angemessenheit von Werbungskosten – besonders am Beispiel des Bauherrenmodells –, DStR 1983, 371. 4401

Für die Besteuerung ist grundsätzlich der von den Steuerpflichtigen gestaltete bürgerlich-rechtliche Sachverhalt maßgebend. Das gilt auch für die Vereinbarung über die Höhe des Veräußerungspreises. Ausnahmen von diesem Grundsatz bestehen dann, wenn ein unangemessener Preis vereinbart ist und die Vereinbarung auf einem fehlenden Interessengegensatz oder einem Interessengleichlauf beruhen. 4402

Der unangemessene Preis kann beispielsweise darauf beruhen, dass der Steuerpflichtige den Erwerber in Höhe des Unterschieds zum angemessenen Preis unentgeltlich bereichern will. Maßgebend ist in einem solchen Fall der Preis, der bei einer dem wirtschaftlichen Vorgang angemessenen rechtlichen Gestaltung geleistet worden wäre. 4403

---

1 Vgl. Rn 4263–4267. Vgl. dazu auch BFH-Urteil vom 28. März 2000 VIII R 43/99, BFH/NV 2000, 1330, betreffend rückwirkende Erhöhung des Gewinns bei Veräußerung eines Mitunternehmeranteils durch Erlass einer Sonderbetriebsvermögen gebliebenen Verbindlichkeit. S. auch *Verse/Wurmnest,* Rückforderungen EG-rechtswidriger Beihilfen und Unternehmenskauf, ZHR 167 (2003), 403.
2 BFH-Urteil vom 14. Dezember 1994 X R 128/92, BFHE 176, 515, BStBl II 1995, 465.
3 BFH-Urteil vom 28. Juli 1994 IV R 53/91, BFHE 175, 353, BStBl II 1995, 112.
4 BFH-Urteil vom 28. September 1967 IV 288/62, BFHE 90, 324, BStBl II 1968, 76.
5 Vgl. auch Rn 4987, 4988; BFH-Urteil vom 17. August 1967 IV R 81/67, BFHE 90, 287, 289, BStBl II 1968, 75.

kk) Unterschlagung des Kaufpreises

4404 Zahlt der Betriebserwerber den vereinbarten Kaufpreis vor Übergabe des Betriebs mit befreiender Wirkung an eine vom Veräußerer bevollmächtigte Person, so sind bei der Ermittlung des Veräußerungsgewinns die Vermögensverhältnisse des Bevollmächtigten zu berücksichtigen. Die Zahlung an den ungetreuen Makler ist bilanzrechtlich erfolgsneutrale Vorauszahlung, obwohl bürgerlich-rechtlich die Kaufpreisforderung mit dieser Zahlung erlischt[1].

Zahlt der Erwerber den Kaufpreis nach der Übergabe des Betriebs an den unredlichen Makler, wird davon auszugehen sein, dass die zur Tilgung der Forderung an den unredlichen Makler bewirkte Zahlung Betriebsvermögen des Betriebsveräußerers bleibt, bis dieser den Kaufpreis an den Veräußerer weitergeleitet hat.

4405–4410 *(unbesetzt)*

9. Buchwert des Betriebsvermögens im Zeitpunkt der Veräußerung

a) Allgemeines

aa) Betriebsvermögensvergleich

4411 Der Wert des Betriebsvermögens ist für den Zeitpunkt der Veräußerung oder Aufgabe zu ermitteln, und zwar nach § 4 Abs. 1 oder § 5 EStG. Das heißt, es ist das Betriebsvermögen auf den Zeitpunkt der Veräußerung oder Aufgabe festzustellen. Diese Feststellung dient der Abgrenzung des laufenden vom begünstigten Veräußerungs- oder Aufgabegewinn. Der Buchwert bestimmt die Höhe des laufenden Gewinns in der Zeit vom Schluss des vorangegangenen Wirtschaftsjahres bis zum Zeitpunkt der Veräußerung und die Höhe des Veräußerungs- oder Aufgabegewinns, der gemäß § 16 Abs. 2 Nr. 1 EStG vom Veräußerungs- oder Aufgabepreis abzuziehen ist.

Die allgemeinen Bilanzierungs- und Bewertungsvorschriften des Einkommensteuerrechts sind zu beachten (vgl. § 5 Abs. 2 und 3, §§ 6 und 7 EStG).

bb) Überschussrechnung

4412 Ermittelte der Unternehmer seinen Gewinn bisher nach § 4 Abs. 3 EStG, muss er für die Ermittlung des laufenden Gewinns des letzten Wirtschaftsjahres (Rumpfwirtschaftsjahr) und des Veräußerungs- oder Aufgabegewinns fiktiv zur Gewinnermittlung nach § 4 Abs. 1 EStG übergehen.

Dadurch wird ein anderer Gewinnverwirklichungszeitpunkt maßgebend; daher müssen – wie auch sonst beim Wechsel der Gewinnermittlungsart – die entsprechenden Zu- und Abrechnungen vorgenommen werden.

cc) Abgrenzung des Betriebsvermögens vom Privatvermögen

4413 Sind Wirtschaftsgüter des notwendigen Privatvermögens zu Unrecht als Betriebsvermögen bilanziert worden, müssen sie mit dem Buchwert ausgebucht werden. Aufwendungen und Erträge, die im Zusammenhang mit diesem Wirtschaftsgut stehen, dürfen den Gewinn des Jahres der Ausbuchung nicht beeinflussen[2].

---

1 BFH-Urteil vom 16. März 1989 IV R 153/86, BFHE 156, 195, BStBl II 1989, 557 und DStR 1989, 424 mit Anmerkung LS.
2 BFH-Urteil vom 21. Juni 1972 I R 189/69, BFHE 106, 422, BStBl II 1972, 874.

dd) Buchwert des veräußerten Mitunternehmeranteils

Der Buchwert des veräußerten Mitunternehmeranteils ist nach allgemeinen bilanzsteuerrechtlichen Grundsätzen auf den Zeitpunkt der Veräußerung zu ermitteln. Das heißt, bei Veräußerung während des Wirtschaftsjahres muss eine Zwischenbilanz aufgestellt werden. Handelsrechtlich entsteht beim Ausscheiden aus einer mehrgliedrigen Personengesellschaft kein Rumpfwirtschaftsjahr. Zur Ermittlung der Höhe des Abfindungsanspruchs ist aber eine Abschichtungsbilanz aufzustellen, sofern die Gesellschafter nichts Abweichendes vereinbart haben. 4414

b) Abgrenzung des Veräußerungsgewinns (Veräußerungsverlustes) vom laufenden Gewinn

Die Begünstigung des Veräußerungsgewinns (§§ 16, 34 EStG) erfordert, den Veräußerungsgewinn vom laufenden nicht begünstigten Gewinn abzugrenzen. Veräußerungsgewinn ist der Gewinn aus den Geschäftsvorfällen, die in wirtschaftlichem Zusammenhang mit dem Vorgang der Veräußerung des Betriebs, Teilbetriebs oder des Mitunternehmeranteils stehen[1]. Bei der Veräußerung eines Mitunternehmeranteils ist eine Abgrenzung des Veräußerungsgewinns vom laufenden Gewinnanteil vorzunehmen. 4415

Zum laufenden Gewinn gehört bei einem Unternehmer, der den Gewinn durch Überschussrechnung nach § 4 Abs. 3 EStG ermittelt, auch der Übergangsgewinn.

(1) Bei einer Betriebsveräußerung hat der Veräußerer, wenn er einzelne Wirtschaftsgüter besitzt, die der Erwerber des Betriebs nicht erwirbt, die Gestaltungsfreiheit, die Wirtschaftsgüter im zeitlichen Zusammenhang mit der Veräußerung zu verkaufen, und zwar so, dass die Gegenleistung in die Ermittlung des Veräußerungsgewinns einzubeziehen ist. Er kann aber auch dafür sorgen, dass die Wirtschaftsgüter tatsächlich früher aus dem Betriebsvermögen ausscheiden und damit bei der Ermittlung des laufenden Gewinns zu erfassen sind. 4416

(2) Soweit auf der Seite des Veräußerers und auf der Seite des Erwerbers dieselben Personen Unternehmer oder Mitunternehmer sind, gilt der Gewinn insoweit als laufender Gewinn (vgl. § 16 Abs. 2 Satz 3 EStG sowie § 16 Abs. 3 Sätze 1, 2, 3 und 4 bis 6 EStG). 4417

Absetzungen für Abnutzung sind vom Schluss des letzten Wirtschaftsjahres bis zum Veräußerungszeitpunkt vorzunehmen; sie mindern den laufenden Gewinn und erhöhen den Veräußerungsgewinn. 4418

Überführt der Veräußerer im zeitlichen Zusammenhang mit einer Betriebsveräußerung einen wirtschaftlich nicht dem Betrieb dienenden Grundstücksteil in das Privatvermögen, so handelt es sich um eine Entnahme, die nicht begünstigt ist[2]. Bisher betrieblich genutzte und seitdem ungenutzte (freie) Grundstücksflächen, deren spätere betriebliche Nutzung möglich bleibt, verbleiben ohne eine von einem Entnahmewillen getragene Entnahmehandlung im Betriebsvermögen[3]. Gewinnverwirklichende Veräußerungsgeschäfte, die der Unternehmer zwar mit Rücksicht auf die Betriebsveräußerung oder Betriebsaufgabe vornimmt, die aber nicht zur Veräußerung oder Aufgabe gehören, sind dem laufenden Gewinn zuzurechnen. 4419

Findet der Unternehmer Arbeitnehmer ab, die ausscheiden, weil der Erwerber nicht in die Arbeitsverhältnisse eintreten will, mindern die Abfindungen den laufenden Gewinn. 4420

---

1 BFH-Urteil vom 16. September 1966 VI 118, 119/65, BFHE 87, 134, BStBl III 1967, 70.
2 BFH-Urteil vom 18. April 1973 I R 57/71, BFHE 109, 505, BStBl II 1973, 700.
3 BFH-Urteil vom 6. November 1991 XI R 27/90, BFHE 170, 18, BFH/NV 1992, 454.

4421 Soll ein Wettbewerbsverbot[1], das der Unternehmer eingeht, lediglich den Erfolg der Unternehmensübertragung sicherstellen, hat die Vereinbarung keine selbstständige Bedeutung und das, erlangte Entgelt stellt eine Gegenleistung für das veräußerte Unternehmen dar, gehört also zum Veräußerungsgewinn[2].

Dagegen gehören Ausgleichszahlungen an einen Kommissionsagenten in entsprechender Anwendung des § 89b HGB zum laufenden Gewinn und damit zum Gewerbeertrag, und zwar auch dann, wenn der Betrieb des Kommissionsagenten nach Beendigung des Vertragsverhältnisses nur in erheblich verringertem Umfang fortgeführt wird[3].

4422 Aufwendungen werden im zeitlichen Zusammenhang mit einer (Teil-)Betriebsveräußerung zur Beendigung von Schuldverhältnissen gemacht, die dem laufenden Betrieb des Unternehmens dienten, sind keine den Veräußerungsgewinn belastenden Betriebsausgaben; diese Aufwendungen mindern vielmehr den laufenden Gewinn. Das gilt insbesondere für eine Abfindung an einen Pächter, die geleistet wird, um den Pächter zu einer vorzeitigen Aufgabe seines Pachtrechts an einem Betriebsgrundstück zu bewegen[4].

4423 Erlöse aus dem Ausverkauf eines Warenlagers sind stets dem laufenden Gewinn zuzuordnen, wenn der Ausverkauf im Wesentlichen an den bisherigen Kundenkreis erfolgt. Das gilt auch dann, wenn der Ausverkauf im Rahmen einer Betriebsaufgabe vorgenommen wird[5]. Die gegenteilige Auffassung[6], maßgeblich müsse sein, ob der Warenbestand mit dem Zwecke der Aufgabe der gewerblichen Betätigung veräußert werde oder nicht, insbesondere wenn Aufgabeabsicht und Aufgabehandlung zusammenfielen, ist von der Rechtsprechung nicht gebilligt worden[7].

Anders ist die Sachlage, wenn ein Produzent bisher selbst erzeugte Waren von Handelsvertretern an Einzelhändler vermitteln ließ und im Zuge der Geschäftsaufgabe nunmehr – abweichend vom normalen Geschäftsgang – die selbst erzeugten Waren an die Handelsvertreter veräußerte, weil dadurch die bisherige geschäftliche Tätigkeit insoweit nicht fortgesetzt wurde[8].

c) **Verschiedene Einzelheiten**

aa) **Abfindungsbilanz/Abschichtungsbilanz**

4424 Eine Abfindungsbilanz hat entsprechend ihrem Zweck, die wahre Vermögenslage der Gesellschaft am Abfindungstage darzustellen, auch die vermögenswerten Rechte zu enthalten, die in der jährlichen Erfolgsbilanz nicht aufgeführt sind.

Werden in einem Gesellschaftsvertrag von der Abfindung nur der Firmenwert und sonstige immaterielle Werte ausgenommen, so zählen z. B. Abbaurechte nicht dazu. Zwar sind

---

1 *Bauer*, Geschäftswert, Kundenstamm und Wettbewerbsverbot im Steuerrecht, DB 1989, 1051.
2 BFH-Urteil vom 24. März 1983 IV R 138/80, BFHE 139, 361, BStBl II 1984, 233.
3 BFH-Urteil vom 19. Februar 1987 IV R 72/83, BFHE 149, 188 BStBl II 1987, 570, im Anschluss an das Urteil vom 24. November 1982 I R 60/79, BFHE 137, 360, BStBl II 1983, 243.
4 BFH-Urteil vom 6. Mai 1982 IV R 56/79, BFHE 136, 209, BStBl II 1982, 691.
5 BFH-Urteil vom 25. Juni 1970 IV 350/64, BFHE 99, 479, BStBl II 1970, 719.
6 *Herzig*, Ausgewählte Steuerfragen zur Beendigung einer unternehmerischen Tätigkeit, BB 1985, 741; gleicher Ansicht *Biergans*, Einkommensteuer und Steuerbilanz, 5. Aufl., S. 688; *Trzaskalik*, DB 1983, 194.
7 BFH-Urteil vom 29. November 1988 VIII R 316/82, BFHE 156, 408, BStBl II 1989, 602, und Anmerkung HFR 1989, 488, wonach das auch gilt, wenn zu Ausverkaufspreisen veräußert wird; *Blümich/Falk*, § 16 Anm. 227; vgl. auch Rn 5131, anders Rn 5237.
8 BFH-Urteil vom 1. Dezember 1988 IV R 140/86, BFHE 155, 341, BStBl II 1989, 368, HFR 1989, 365, im Anschluss an das Urteil vom 2. Juli 1981 IV R 136/79, BFHE 134, 23, BStBl II 1981, 798, HFR 1981, 568; vgl. Rn 4370, 5131, 5237.

„immateriell" alle nicht körperlichen Vermögensgegenstände und somit auch alle Rechte. Der vertragliche Ausschluss der immateriellen Werte ist aber, falls die Gesellschafter nichts anderes vereinbart haben, grundsätzlich einschränkend auszulegen. Einmal fallen regelmäßig nicht die Forderungen des Umlaufvermögens darunter. Der Anwendungsbereich einer solchen Bestimmung ist also auf die Rechte des Anlagevermögens beschränkt und erfasst aber auch von diesen Rechten regelmäßig nur die, die – ähnlich wie der Firmenwert – den Markt noch nicht durchlaufen, mithin keinen Marktpreis haben, die deshalb nur mit allen Risiken einer Fehleinschätzung bewertet werden können und aus diesem Grunde auch in der Erfolgsbilanz nicht aktiviert werden dürfen. Die Gesellschafter wollen im Zweifel, wenn sie den Ausschluss dieser Rechte vereinbaren, die angesichts der Bewertungsschwierigkeiten drohenden Meinungsverschiedenheiten über die Höhe des Wertansatzes und das Risiko einer Fehleinschätzung von vornherein ausschließen. Für die Rechte, die entgeltlich erworben worden sind oder auf dem Markt gehandelt werden, also einen leicht zu ermittelnden Verkehrswert haben, gilt aber etwas anderes. An ihnen ist der ausgeschiedene Gesellschafter im Zweifel beteiligt, es sei denn, die Gesellschafter hätten einverständlich etwas anderes gewollt.

Wollen die Gesellschafter eine solche umfassende Regelung, dass nämlich die Ausschlussklausel in einem umfassenden, auch die mit einem bestimmten Wert auf dem Markt gehandelten Posten des Anlagevermögens eingeschlossen sein sollen, muss dies von ihnen zum Ausdruck gebracht werden. **4425**

Verträge, durch die der Eigentümer eines Grundstücks einer Personengesellschaft die Ausbeute der Bodenbestandteile überlässt, sind keine schwebenden Geschäfte, an deren Gewinn oder Verlust ein ausgeschiedener Gesellschafter zu beteiligen wäre; ihr Wert ist bei der Höhe der Abfindung zu berücksichtigen[1]. **4426**

bb) Ausscheiden eines Gesellschafters aus einer OHG oder KG

Scheidet ein Gesellschafter aus einer OHG oder KG aus, haftet er gleichwohl im Außenverhältnis für die Verbindlichkeiten der Personengesellschaft (vgl. § 159 HGB). Bei einem Kommanditisten ist die Haftung nach Leistung der Einlage ausgeschlossen und lebt nur unter bestimmten Umständen wieder auf (vgl. § 172 HGB). Der Ausgeschiedene erwirbt aber in der Regel im Innenverhältnis einen Freistellungsanspruch gegen den Erwerber seines Gesellschaftsanteils oder gegen die Gesellschaft selbst. Bei der Ermittlung des Buchwerts des veräußerten Mitunternehmeranteils mindern infolgedessen die Verbindlichkeiten der Gesellschaft den Buchwert; sie erhöhen den Veräußerungsgewinn. Muss der ausscheidende Gesellschafter allerdings wegen der schlechten wirtschaftlichen Lage der Gesellschaft mit einer Inanspruchnahme durch die Gesellschaftsgläubiger rechnen, mindern die Verbindlichkeiten, hinsichtlich derer mit der Inanspruchnahme zu rechnen ist, den Veräußerungsgewinn; sie sind infolgedessen dem Buchwert hinzuzurechnen, als ob der Ausscheidende aus der Gesellschaft nicht ausgeschieden wäre. Wird dieser Gesellschafter in Anspruch genommen, wirkt sich seine Leistung in Höhe des bereits bei der Ermittlung des Veräußerungsgewinns berücksichtigten Betrags nicht mehr aus. Wird er darüber hinaus in Anspruch genommen, entsteht nachträglich ein Verlust aus Gewerbebetrieb. Wird der Gesellschafter nicht in Anspruch genommen, obwohl ein Betrag für die voraussichtliche Inanspruchnahme berücksichtigt worden ist, führt der Betrag, der den Veräußerungsgewinn gemindert hat, zu nachträglichen, nicht begünstigten gewerblichen Einkünften. Ist das Risiko der Inanspruchnahme bei der Ermittlung des Veräußerungsgewinns **4427**

---

1 BGH-Urteil vom 16. Dezember 1985 II ZR 38/85, BB 1986, 635; vgl. auch Rn 4428.

nicht berücksichtigt worden, führen Leistungen an die Gläubiger der Gesellschaft zu nachträglichen negativen gewerblichen Einkünften, soweit nicht eine Ausgleichsforderung gegen die Gesellschaft oder die anderen Gesellschafter entsteht oder eine solche Ausgleichsforderung uneinbringlich ist.

cc) Schwebende Geschäfte

4428 Schwebende Geschäfte i. S. d. § 740 BGB sind solche, an die im Zeitpunkt des Ausscheidens des Gesellschafters die Gesellschaft schon gebunden war, die aber beide Vertragspartner bis dahin noch nicht voll erfüllt hatten[1]. Der Gesetzgeber hat nur Geschäfte als schwebend angesehen, die ihrer Art nach bereits am Abfindungstag Zug um Zug hätten abgewickelt sein können und nur nach konkreter Lage der Dinge noch nicht abgewickelt waren; Dauerrechtsverhältnisse, die ihrer Natur nach schweben, rechnen im Allgemeinen nicht dazu[2]. Folgerichtig ist § 740 BGB vom Reichsgericht nicht auf Rahmenverträge[3] und ist der ähnlich lautende § 340 Abs. 2 HGB vom II. Senat des BGH nicht auf einen Vertrag angewandt worden, der die Vermietung von Wirtschaftsgütern zum Gegenstand hatte[4]. Für Verträge, die eine Gesellschaft berechtigen, über viele Jahre ihren Bedarf an Sand aus bestimmten Sandvorkommen zu decken, gilt nichts anderes. Dabei ist es unerheblich, ob es sich bei derartigen Abbauverträgen – was regelmäßig der Fall sein dürfte – um Pachtverträge handelt[5] oder ob im Einzelfall nicht die Grundstücksnutzung, sondern der sich über Jahre hinziehende Abbau einer fest bestimmten Menge oder Höchstmenge im Vordergrund steht und der Vertrag sich somit dem Charakter eines Kaufvertrages nähert. Geschäfte dieser Art sind keine schwebenden im Sinne des § 740 BGB und deshalb mit dem Wert, den sie am Bilanzstichtag hatten, in einer Abfindungsbilanz einzusetzen.

d) Abschlussvermögen in anderen Fällen und Buchwert

aa) Einkommensteuerliche Behandlung beim Verkäufer

4429 (1) Ermittelt ein Steuerpflichtiger seinen Gewinn gemäß § 4 Abs. 3 EStG (Überschuss der Betriebseinnahmen über die Betriebsausgaben), sind sämtliche am Stichtag vorhandenen Wirtschaftsgüter des Betriebsvermögens nach den sich aus § 5 EStG ergebenden Grundsätzen aufzunehmen und zu bewerten. Dieses „Abschlussvermögen" ist vom Veräußerungspreis abzuziehen. Der Übergangsgewinn gehört zum laufenden Gewinn.

4430 (2) Hat ein Gewerbetreibender – gleichgültig aus welchem Grund – keine ordnungsmäßige Buchführung, so muss ebenfalls auf den Veräußerungsstichtag eine Vermögensaufstellung erstellt werden. Sämtliche am Stichtag vorhandenen Wirtschaftsgüter des Betriebsvermögens müssen nach den Grundsätzen, die sich aus § 5 EStG ergeben, bewertet werden. Dieses „Abschlussvermögen" muss vom Veräußerungspreis abgezogen werden.

4431 (3) Muss bei einem Steuerpflichtigen der Gewinn wegen Mängel der Buchführung geschätzt werden, ist entsprechend den Ausführungen zu (2) zu verfahren.

4432 (4) Wird bei einem Steuerpflichtigen der Gewinn nach Durchschnittssätzen zu Grunde gelegt, sind wiederum die Grundsätze zu (2) anzuwenden.

---

1 BGH-Urteil vom 29. April 1985 II ZR 167/84, WM 1985, 1166.
2 Vgl. auch *Meyer-Scharenberg*, Zweifelsfragen bei der Bilanzierung transitorischer Rechnungsabgrenzungsposten, DStR 1991, 754.
3 RG-Urteil vom 7. Juni 1943 II 34/43, RGZ 171, 129, 133 ff.
4 BGH-Urteil vom 14. Juli 1960 II ZR 188/58, WM 1960, 1121, 1122.
5 BGH-Urteile vom 27. September 1951 I ZR 85/50, LM BGB § 581, Nr. 2; vom 7. Februar 1973 VIII ZR 205/71, LM BB § 581 Nr. 35, und vom 7. März 1983 VII ZR 333/81, WM 1983, 531.

bb) Einkommensteuerliche Behandlung beim Käufer

(1) Gewinnermittlung durch Betriebsvermögensvergleich

Der Erwerber des Unternehmens hat auf den Zeitpunkt der Übertragung des Unternehmens eine Anfangsbilanz aufzustellen (§ 6 Abs. 1 EStDV). 4433

Der Gesamtkaufpreis ist auf die einzelnen Wirtschaftsgüter aufzuteilen. Beim entgeltlichen Erwerb sind die Wirtschaftsgüter mit dem Teilwert, höchstens jedoch mit den Anschaffungs- oder Herstellungskosten anzusetzen. 4434

Ist der Kaufpreis in Raten zu erbringen und sind Zinsen nicht vereinbart, muss die Summe der Raten abgezinst werden[1]. Der abgezinste Betrag ist dann die Rechengröße, die auf die einzelnen Wirtschaftsgüter entsprechend ihrem Teilwert verteilt werden muss. Die Zahlungsverpflichtung – also die Summe der noch zu zahlenden Kaufpreisraten – muss passiviert werden; sie mindert sich entsprechend den einzelnen Ratenzahlungen, die sich infolgedessen nicht auf den Gewinn auswirken. 4435

Die Differenz zwischen dem Nennwert und dem Barwert der Zahlungsverpflichtung ist auf der Aktivseite als Rechnungsabgrenzungsposten zu aktivieren und während der Laufzeit der Ratenzahlungen zeitanteilig aufzulösen. 4436

Ist als Gegenleistung eine Leibrente vereinbart, gehört deren versicherungsmathematischer Barwert zu den Anschaffungskosten des Betriebs. Wiederum haben spätere Änderungen der Rentenzahlungen auf Grund einer Wertsicherungsklausel keinen Einfluss auf die ursprünglich ermittelten Anschaffungskosten. Der Barwert der Rente ist als Verbindlichkeit zu passivieren. Ändert sich die Rentenverpflichtung auf Grund einer Wertsicherungsklausel, ist dies vom Zeitpunkt der Änderung ab bei der Bewertung zu berücksichtigen. Die Rentenzahlungen wirken sich als Betriebsausgaben aus, allerdings gewinnmindernd nur insoweit, als sie die jährliche Minderung des passivierten Barwerts der Rentenverpflichtung übersteigen. 4437

Stirbt der Rentenberechtigte, ist der Passivposten Rentenverpflichtung gewinnerhöhend aufzulösen. 4438

(2) Gewinnermittlung durch Einnahme-Überschussrechnung

Auch in diesem Fall muss der Kaufpreis auf die einzelnen erworbenen Wirtschaftsgüter wie bei einem bilanzierenden Käufer verteilt werden. Der Erwerber muss zwar keine Eröffnungsbilanz aufstellen; ohne die Aufteilung können aber die zu berücksichtigenden Absetzungen für Abnutzung nicht errechnet werden. 4439

Im Übrigen gelten die gleichen Grundsätze wie beim entgeltlichen Erwerb bei der Gewinnermittlung durch Betriebsvermögensvergleich. 4440

(unbesetzt) 4441–4450

e) Umfang des Betriebsvermögens

aa) Betriebsvermögen bei der Betriebsveräußerung i. S. v. § 16 Abs. 1 Nr. 1 EStG

Zum Betriebsvermögen, das dem Veräußerungserlös gegenüberzustellen ist, gehören die Buchwerte der veräußerten und der in das Privatvermögen überführten Wirtschaftsgüter; außer Betracht bleiben diejenigen Wirtschaftsgüter, die beim Veräußerer weiterhin Betriebsvermögen bleiben. 4451

---

1 Vgl. Rn 4276.

4452 Bleiben Wirtschaftsgüter beim Veräußerer Betriebsvermögen, wird die Veräußerung regelmäßig beim Veräußerer nicht steuerlich begünstigt sein.

4453 Wirtschaftsgüter, die künftig nicht mehr betrieblichen Zwecken dienen, werden Privatvermögen.

4454 Wirtschaftsgüter, die nur betrieblich genutzt werden können, bleiben Betriebsvermögen und können vom Veräußerer nicht als Privatvermögen behandelt werden.

4455 Bei Wirtschaftsgütern, die betrieblich oder privat genutzt werden können, hängt es vom Willen des Steuerpflichtigen und der tatsächlichen Nutzung der Wirtschaftsgüter ab, ob sie Betriebsvermögen bleiben oder Privatvermögen werden.

Dies gilt gleichermaßen für Aktiva wie Passiva.

4456 Für die Aufteilung des durch die Veräußerung des Geschäftsgrundstücks entstandenen betrieblichen Veräußerungsgewinns in einen privaten und einen betrieblichen Anteil ist das Nutzungsverhältnis des Objektes aufseiten des Veräußerers bis zur Veräußerung maßgebend und nicht die spätere Verwendung durch den Erwerber[1].

4457 Veräußert ein Steuerpflichtiger seinen Gewerbebetrieb und erfasst das FA bei der Ermittlung des Veräußerungsgewinns auch die stillen Reserven von zwei Grundstücken mit der Begründung, sie hätten im Zeitpunkt der Betriebsveräußerung noch zum Betriebsvermögen gehört, so trägt der Steuerpflichtige die objektive Beweislast (Feststellungslast) für seine Behauptung, er habe die Grundstücke schon zwei Jahre vor der Betriebsveräußerung aus dem Betriebsvermögen entnommen[2].

4458–4460 *(unbesetzt)*

bb) Betriebsvermögen bei Anteilsveräußerung i. S. v. § 16 Abs. 1 Nr. 2 EStG

4461 **Schrifttum:** *Dreissig,* Ausgewählte Probleme bei Ergänzungsbilanzen, BB 1990, 958; *Gschwendtner,* Ergänzungsbilanz und Sonderbilanz II in der Rechtsprechung des Bundesgerichtshofs, DStR 1993, 817; *Schoor,* Veränderungen im Gesellschafterbestand von Personengesellschaften, StBp 1995, 154; *Schulze zur Wiesche,* Übertragung von Wirtschaftsgütern einer Personengesellschaft an den Gesellschafter gegen Minderung seiner Beteiligung, FR 1995, 689.

4462 Bei einem Mitunternehmeranteil ist „Betriebsvermögen" der Nennbetrag der Konten des Mitunternehmers (also die Summe von Kapitalkonto, Darlehenskonto, negativem Privatkonto usw.).

4463 Zum Betriebsvermögen (§ 4 Abs. 1, § 5 EStG) einer gewerblich tätigen Personengesellschaft gehören nicht nur die im Gesamthandseigentum der Mitunternehmer stehenden Wirtschaftsgüter. Es zählen hierzu auch Wirtschaftsgüter, die einem Mitunternehmer gehören, die jedoch geeignet und bestimmt sind, dem Betrieb der Personengesellschaft (Sonderbetriebsvermögen I) oder der Beteiligung des Mitunternehmers (Sonderbetriebsvermögen II) zu dienen[3].

4464 Als Wirtschaftsgut, das der Beteiligung des Mitunternehmers dient, kann auch die Beteiligung an einer Kapitalgesellschaft in Betracht kommen. Die Eigenschaft als notwendiges Sonderbetriebsvermögen II kann sich zum Beispiel aus den Geschäftsbeziehungen zwischen der Personengesellschaft und der Kapitalgesellschaft ergeben. So ist die Beteiligung des Gesellschafters an einer GmbH, an die die Personengesellschaft ihr Anlagevermögen

---

[1] BFH-Urteil vom 24. Juni 1981 I R 45/78, nv.
[2] BFH-Urteil vom 20. März 1987 III R 172/82, BFHE 149, 536, BStBl II 1987, 679.
[3] BFH-Urteile vom 6. Juli 1989 IV R 62/86, BFHE 157, 551, BStBl II 1989, 890, vom 31. Oktober 1989 VIII R 374/83, BFHE 159, 434, BStBl II 1990, 677.

Veräußerungsgewinn

vermietet oder verpachtet hat, ebenso als Sonderbetriebsvermögen anzusehen[1] wie die Beteiligung des Gesellschafters an einer Kapitalgesellschaft, die den Vertrieb für die Personengesellschaft übernommen hat, und die Beteiligung des Gesellschafters an einer Produktions-GmbH für die die Personengesellschaft den Vertrieb übernommen hat[2].

Der Geschäftsanteil des Gesellschafters einer GmbH kann beispielsweise notwendiges Sonderbetriebsvermögen II dieses Gesellschafters bei einer Kommanditgesellschaft auch dann sein, wenn beide Gesellschaften trotz verschiedenen Geschäftsbereichs nach einem einheitlichen wirtschaftlichen Gesamtkonzept geführt werden. Es reicht jedoch nicht aus, wenn die verschiedenen Beziehungen zwischen den beiden Gesellschaften dem Unternehmen der Personengesellschaft nur mittelbar über die wirtschaftlichen Interessen des beide Gesellschaften umfassenden Familien(gesamt-)Unternehmens dienen[3].   4465

Die Veräußerung eines Mitunternehmeranteils ist aufseiten des Veräußerers eine Handlung, die zur Auflösung seines mit der Beteiligung an der Personengesellschaft zusammenhängenden Sonderbetriebsvermögens und damit zur Besteuerung der in den Wirtschaftsgütern des Sonderbetriebsvermögens ruhenden stillen Reserven führt[4].   4466

Eine Veräußerung eines Mitunternehmeranteils, die nicht das Sonderbetriebsvermögen umfasst, ist nicht tarifbegünstigt. Denn zu einer zusammengeballten Realisierung stiller Reserven kommt es nur dann, wenn **alle** wesentlichen stillen Reserven des Betriebs (Teilbetriebs, Mitunternehmeranteils) in einem einheitlichen wirtschaftlichen Vorgang aufgedeckt werden. Das ist dann nicht der Fall, wenn ein Mitunternehmeranteil veräußert wird, die stillen Reserven des dem veräußernden Mitunternehmer zuzurechnenden Sonderbetriebsvermögens aber nicht aufgedeckt werden; denn das Sonderbetriebsvermögen eines Mitunternehmers gehört zu seiner gewerblichen Tätigkeit, gehört zu seinem Mitunternehmeranteil[5].   4467

Eine Entnahme, die zur Auflösung des Sonderbetriebsvermögens führt, ist gegeben, wenn ein Wirtschaftsgut aus dem betrieblichen in den privaten Bereich übergeht oder wenn es innerhalb des betrieblichen Bereichs von einem Betrieb oder Betriebsteil in einen anderen übergeht und dabei eine spätere steuerliche Erfassung der im Buchansatz für dieses Wirtschaftsgut enthaltenen stillen Reserven nicht gewährleistet ist. Zweck der Entnahmevorschrift ist es vor allem, die Besteuerung der stillen Reserven sicherzustellen. Eine Entnahme setzt voraus, dass eine Entnahmehandlung vorliegt; dazu reicht ein schlüssiges Verhalten des Steuerpflichtigen aus, durch das die Verknüpfung des Wirtschaftsguts mit dem Betriebsvermögen gelöst wird. In besonders gelagerten Fällen kann auch ein Rechtsvorgang genügen, der das Wirtschaftsgut aus dem Betriebsvermögen ausscheiden lässt[6].   4468

Die Buchführungspflicht für Sonderbetriebsvermögen obliegt nicht dem einzelnen Gesellschafter, sondern der Personengesellschaft[7]. Ein Veräußerungsgewinn wird nicht für die

---

[1] BFH-Urteil vom 14. August 1975 IV R 30/71, BFHE 117, 44, BStBl II 1976, 88; zur Betriebsaufspaltung BFH-Urteil vom 29. Oktober 1986 II R 226/82, BFHE 148, 72, BStBl II 1987, 99.
[2] BFH-Uneile vom 6. Juli 1989 IV R 62/86, BFHE 157, 551, BStBl II 1989, 890, vom 31. Oktober 1989 VIII R 374/83, BFHE 159, 434, BStBl II 1990, 677.
[3] BFH-Urteil vom 7. Juli 1992 VIII R 2/87, BFHE 168, 322, BStBl II 1993, 328.
[4] BFH-Urteil vom 24. April 1975 IV R 115/73, BFHE 115, 495, BStBl II 1975, 580, und vom 18. Mai 1983 I R 5/82, BFHE 138, 548, BStBl II 1983, 771.
[5] BFH-Urteile vom 19. März 1991 VIII R 76/87, BFHE 164, 260, BStBl II 1991, 635 und vom 6. September 2000 IV R 18/99, BStBl II 2001, 229.
[6] Vgl. BFH-Beschluss vom 7. Oktober 1974 GrS 1/73, BFHE 114, 189, BStBl II 1975, 168.
[7] BFH-Urteil vom 23. Oktober 1990 VIII R 142/85, BFHE 162, 99, BStBl II 1991, 401.

Personengesellschaft als solche, sondern für einen oder mehrere ihrer Gesellschafter festgestellt[1].

4469 Überführt der Gesellschafter bei der Anteilsveräußerung das Wirtschaftsgut des Sonderbetriebsvermögens in einen anderen Gewerbebetrieb, so kann der Buchwert fortgeführt werden[2].

4470 Geht bei der Anteilsveräußerung ein Wirtschaftsgut des Sonderbetriebsvermögens des ausscheidenden Gesellschafters in sein Privatvermögen über, so gehört der Unterschied zwischen dem Buchwert und dem gemeinen Wert des Wirtschaftsguts zum Veräußerungsgewinn.

4471 **Beispiel**[3]:

A, B und C sind Gesellschafter einer OHG. Zum Sonderbetriebsvermögen von A und B gehört zu je ½ ein Grundstück, auf dem ein der Fertigung angepasstes Gebäude steht.

A, B und C kommen überein, den kapitalkräftigen D gegen Barzahlung durch Übertragung je eines $1/12$-Anteils zu beteiligen. Der Kaufpreis wird unter Aufdeckung der stillen Reserven bemessen. Zusätzlich überträgt B seinen Grundstücksanteil an seinem zum Sonderbetriebsvermögen gehörigen Grundstück zum gemeinen Wert auf D.

Die Begünstigung der Veräußerungen von A, B und C an D gemäß § 16, 34 EStG stellt sich wie folgt dar:

1. Übertragung von C an D

   Die Übertragung des $1/12$-Anteils von C an D ist unproblematisch. Denn C überträgt einen Bruchteil seines Anteils an D. Der Bruchteil ist ein Anteil im Sinne von § 16 EStG, wie es der gesamte Anteil ist und demgemäß ebenso zu behandeln.

2. Übertragung von B auf D

   Die Übertragung des $1/12$-Anteils von B auf D ist ebenfalls einkommensteuerrechtlich begünstigt im Sinne der §§ 16, 34 EStG.

   Denn B überträgt außer dem Bruchteil seines Anteils auch sein Sonderbetriebsvermögen auf D und verwirklicht demgemäß in vollem Umfange den Gewinn aus den stillen Reserven seiner Beteiligung an der OHG. Dadurch, dass B nach dem Sachverhalt seinen zum Sonderbetriebsvermögen gehörigen Hälfteanteil am Grundstück auf D überträgt, verwirklicht er die im Sonderbetriebsvermögen enthaltenen stillen Reserven in vollem Umfang, und zwar in höheren Maße als dem übertragenen $1/12$-Anteil entspricht.

3. Übertragung A auf D

   Die Übertragung des $1/12$-Anteils von A auf D ist zwar ebenfalls die Übertragung eines Anteils an seiner Beteiligung der OHG. Da A jedoch sein Sonderbetriebsvermögen, nämlich das Grundstück, das zu den wesentlichen Betriebsgrundlagen gehört, nicht veräußert hat, fehlt es bei ihm an einer Aufdeckung aller stillen Reserven seiner Beteiligung an der OHG, und zwar insoweit, als der Veräußerungsvorgang seine Beteiligung an seiner Grundstückshälfte betrifft.

   Um die Begünstigung zu erreichen, hätte A einen $1/8$-Anteil am Betriebsgrundstück (also ¼ von seinem ½-Anteil) übertragen und die darin enthaltenen stillen Reserven aufdecken müssen.

---

[1] BFH-Urteile vom 15. Mai 1986 IV R 146/84, BFH/NV 1988, 84, vom 7. August 1990 VIII R 257/84, BFH/NV 1991, 507 Nr. 529 unter 4., und vom 21. Februar 1991 IV R 93/89, BFHE 163, 554, BStBl II 1991, 455 unter 2. der Gründe.

[2] Vgl. BFH-Urteil vom 29. September 1971 I R 161/68, BFHE 103, 177, BStBl II 1972, 118.

[3] Vgl. *Wollny*, Begünstigung des Veräußerungsgewinns bei Anteilsveräußerung, wenn ein Grundstück zum Sonderbetriebsvermögen gehört, FR 1989, 713; ebenso *Althaus*, Sonderbetriebsvermögen im Zusammenhang mit einer Änderung der Beteiligungsverhältnisse, BB 1990, 1060, 1063; das Ergebnis wie hier wird bestätigt durch BFH-Urteil vom 19. März 1991 VIII R 76/87, BFHE 164, 260, BStBl II 1991, 63.

cc) Teilanteilsübertragung

Bei der Teilanteilsübertragung bleibt das Betriebsvermögen unverändert. Es ändert sich nur die Höhe der Beteiligung von mindestens zwei Gesellschaftern. Vgl. dazu Rn 4111. 4472

Bei unentgeltlicher Teilanteilsübertragung ist die Buchwertfortführung an eine 5-jährige Behaltefrist gebunden, die auch für einen Rechtsnachfolger gilt (vgl. § 6 Abs. 3 Satz 2 EStG).

(unbesetzt) 4473

dd) Einbringung einer Personengesellschaft in eine Kapitalgesellschaft

Die Einbringung einer Personengesellschaft in eine Kapitalgesellschaft i. S. v. § 20 UmwStG 1977 setzt voraus, dass auch die bisher dem Sonderbetriebsvermögen eines Gesellschafters (Mitunternehmers) zuzurechnenden Wirtschaftsgüter zivilrechtlich auf die aufnehmende Gesellschaft übergehen. 4474

Werden solche Wirtschaftsgüter bei der Einbringung vom Gesellschafter (Mitunternehmer) zurückbehalten und bleiben sie bei diesem im Rahmen einer Betriebsaufspaltung weiterhin Betriebsvermögen, so hat dieser Vorgang keine Gewinnauswirkung. Dem Gesellschafter bleibt nicht die Wahl, stattdessen die in den zurückbehaltenen Wirtschaftsgütern ruhenden stillen Reserven aufzudecken und zu versteuern[1].

(unbesetzt) 4475

f) Negatives Kapitalkonto

Ist für das Betriebsvermögen eines Einzelunternehmers ein negativer Wert auszuweisen, ist dieser Betrag dem Veräußerungspreis hinzuzurechnen[2]. 4476

Übernimmt ein Erwerber ein buchmäßig überschuldetes Unternehmen unter Übernahme der bilanzierten betrieblichen Verbindlichkeiten, ohne weitere Zuzahlungen, ist der Veräußerungsgewinn demgemäß gleich der Höhe der buchmäßigen Überschuldung abzüglich der Veräußerungskosten. 4477

Ist die Differenz zwischen dem um die Veräußerungskosten gekürzten Veräußerungspreis und dem Buchwert des Betriebsvermögens, das auf den Erwerber übergeht, ein negativer Wert, also ein Veräußerungsverlust, so ist dieser Verlust beim Veräußerer vom laufenden Gewinn des Veranlagungszeitraums abzusetzen und, wenn er diesen übersteigt, mit anderen Einkünften des Steuerpflichtigen im gleichen Veranlagungszeitraum auszugleichen (§ 2 Abs. 3 EStG). 4478

(unbesetzt) 4479

Ein Veräußerungsgewinn entfällt nicht schon dann, wenn sich z. B. ein ausscheidender Kommanditist für bestimmte Verbindlichkeiten der KG verbürgt oder wenn er andere Sicherheiten gestellt hat, die auch nach seinem Ausscheiden fortbestehen. 4480

Etwas anderes gilt nur dann, wenn er wegen der schlechten wirtschaftlichen Lage der Gesellschaft und der verbleibenden Gesellschafter nach wie vor mit seiner Inanspruchnahme durch die Gesellschaftsgläubiger rechnen muss[3]. 4481

---

1 BFH-Urteil vom 16. Februar 1996 I R 183/94, BFHE 180, 97, BStBl II 1996, 342.
2 BFH-Urteile vom 24. Juli 1962 I 180/61 U, BFHE 75, 414, BStBl III 1962, 418, und vom 26. Mai 1981 IV R 47/78, BFHE 134, 15, 19, BStBl II 1981, 795.
3 BFH-Urteile vom 26. Mai 1981 IV R 47/78, BFHE 134, 15, 20, BStBl II 1981, 795, vom 24. November 1965 VI 325/63 U, BFHE 84, 388, BStBl III 1966, 141, vom 30. November 1977 I R 27/75, BFHE 124, 56, 59, BStBl II 1978, 149, und vom 11. Dezember 1990 VIII R 37/88, BFH/NV 1991, 516.

4482 Ist die Gesundung eines veräußerten Betriebes von vornherein zweifelhaft, tritt, wenn der Erwerber den ausscheidenden Gesellschafter von Betriebsschulden freistellt, noch keine Gewinnverwirklichung ein[1].

Liegt also die Ursache für die spätere Inanspruchnahme – z. B. aus Grundschulden – schon im Zeitpunkt der Anteilsveräußerung vor, ist der Veräußerungsgewinn entsprechend zu mindern.

4483 Nicht entschieden ist, wie die Rechtslage zu beurteilen ist, wenn mit der späteren Inanspruchnahme aus der gewährten Sicherheit im Zeitpunkt der Veräußerung nicht zu rechnen gewesen ist; insbesondere ist unentschieden, ob in diesem Fall die Aufwendungen des Klägers als nachträgliche Einkünfte aus Gewerbebetrieb (§ 24 EStG) berücksichtigt werden müssten oder ob die spätere Inanspruchnahme als ein auf die Ermittlung des Veräußerungsgewinns rückwirkendes Ereignis anzusehen wäre[2].

4484 Die Aufwendungen im Zusammenhang mit der Inanspruchnahme – z. B. aus Grundschulden – berühren den privaten Vermögensbereich, wenn sich der Veräußerer für die Kaufpreisforderung des Erwerbers verbürgt[3].

Denn nur Verbindlichkeiten der Gesellschaft mindern den Buchwert des veräußerten Gesellschaftsanteils und beeinflussen deshalb die Höhe des Veräußerungsgewinns; dagegen hat das Bürgschaftsrisiko, das der Veräußerer eines Betriebs oder Mitunternehmeranteils zu Gunsten der den Kaufpreis finanzierenden Bank angeht, keinen Einfluss auf die Höhe des Veräußerungsgewinns.

4485 Wird ein Mitunternehmeranteil unter Buchwert erworben, ist kein Minderwert des Unternehmens[4] (auch als „negativer Geschäftswert" bezeichnet) zu bilanzieren[5].

g) Veräußerungsgewinn bei Betrieben, deren Gewinn geschätzt worden ist

4486 Sind die Gewinne eines Steuerpflichtigen nach dem Bestandsvergleich geschätzt worden und veräußert er den Betrieb, müssen die Buchwerte auf den Zeitpunkt der Veräußerung ausgehend von der geschätzten Anfangsbilanz im Schätzungswege fortentwickelt und nach dem größten Wahrscheinlichkeitsgehalt geschätzt werden. Im Übrigen gelten die allgemeinen Grundsätze.

Den Steuerpflichtigen trifft in diesem Fall eine erhöhte Darlegungslast.

4487–4490 *(unbesetzt)*

10. Veräußerungsgewinn

4491 **Schrifttum:** *Strotz,* Kommentar zum Einkommensteuergesetz vom 10. August 1925, Bd. II 1929, § 32 Anm. 1 ff.; Amtliches Einkommensteuer-Handbuch 2003, zu § 16 EStG H 139 (7).

---

[1] BFH-Urteil vom 24. November 1965 VI 325/63 U, BFHE 84, 388, BStBl III 1966, 141.
[2] Vgl. hierzu *L. Schmidt,* EStG, § 16 Anm. 434, und die BFH-Urteile vom 30. November 1977 I R 27/75, BFHE 124, 56. BStBl II 1978, 149, und vom 23. Januar 1986 IV R 335/84, BFHE 146, 236, BStBl II 1986, 623.
[3] FG Köln, Urteil vom 14. März 1985 IX K 139/83, EFG 1985, 448.
[4] Vgl. *Wollny,* Überlegungen im Zusammenhang mit dem Minderwert eines Unternehmens, dem sog. negativen Geschäfts- oder Firmenwert, in FS für Offerhaus (Hrsg. Kirchhof/Jakob/Beermann), Steuerrechtsprechung, Steuergesetz, Steuerreform, Köln 1999, S. 647; zum anderen Sprachgebrauch *Clemm,* Zum Streit über die Bilanzierung des „derivativen negativen Geschäfts- oder Firmenwerts", FS für Clausen, Köln/Berlin/Bonn/München 2000, S. 605.
[5] BFH-Urteil vom 19. Februar 1981 IV R 41/78, BFHE 133, 510, BStBl II 1981, 730.

a) Allgemeines

Veräußerungsgewinn im Sinne von § 16 Abs. 1 EStG ist der Betrag, um den der Veräußerungspreis nach Abzug der Veräußerungskosten den Wert des Betriebsvermögens (§ 16 Abs. 1 Nr. 1 EStG) oder den Wert des Anteils am Betriebsvermögen (§ 16 Abs. 1 Nr. 2 und 3 EStG) übersteigt. Der Wert des Betriebsvermögens oder des Anteils ist für den Zeitpunkt der Veräußerung durch Bestandsvergleich (§ 4 Abs. 1 oder 5 EStG) zu ermitteln (§ 16 Abs. 2 Satz 2 EStG). 4492

Werden Wirtschaftsgüter in das Privatvermögen überführt, muss die Differenz zwischen Buchwert und gemeinem Wert dieser Wirtschaftsgüter dem Veräußerungsgewinn hinzugerechnet werden. Wirtschaftsgüter, die zurückbehalten werden und im Betriebsvermögen verbleiben, werden nicht berücksichtigt.

Vom Veräußerungsgewinn ist der laufende Gewinn abzugrenzen[1].

Beispiel: 4493

Veräußerungspreis	100	
− Veräußerungskosten	2	
= Netto-Erlös	98	
− Buchwert des Betriebsvermögens im Zeitpunkt der Veräußerung	80	80
= Veräußerungsgewinn		18
− Buchwert des Betriebsvermögens am Anfang des Wirtschaftsjahres		70
= laufender Gewinn		10

Nicht zum Veräußerungsgewinn gehören die nachträglichen Einkünfte, z. B. aus zurückbehaltenem Betriebsvermögen. 4494

Ist für das Betriebsvermögen ein negativer Wert auszuweisen, ist dieser Betrag dem Veräußerungspreis hinzuzurechnen[2]. 4495

Ist die Differenz zwischen dem um die Veräußerungskosten gekürzten Veräußerungspreis und dem Buchwert des Betriebsvermögens, das auf den Erwerber übergeht, ein negativer Wert, also ein Veräußerungsverlust, so ist der vom laufenden Gewinn des Veranlagungszeitraums abzusetzen und, wenn er diesen übersteigt, mit anderen Einkünften des Steuerpflichtigen im gleichen Veranlagungszeitraum auszugleichen (§ 2 Abs. 3 EStG). 4496

(unbesetzt) 4497–4500

b) Veräußerungskosten

Schrifttum: *Böddinghaus/Klevermann,* Der Begriff der Veräußerungskosten gemäß § 16 Abs. 2 EStG, DB 1987, 120; *Felix,* Fehlgeschlagene Veräußerungskosten (§ 16 Abs. 2 Satz 1 EStG) als laufende Betriebsausgabe, DStZ 1991, 373. 4501

Die Differenz von Veräußerungspreis und Buchwert ist um die Veräußerungskosten zu mindern. Erst das so ermittelte Ergebnis ist der Veräußerungsgewinn. 4502

Veräußerungskosten sind solche Aufwendungen, die in unmittelbarer sachlicher Beziehung zu dem Veräußerungsgeschäft stehen[3], wie z. B. Notariatskosten, Grundbuchgebühren, Vermittlungsprovision, Kosten für Inserate und dergleichen mehr. Es gehören dazu auch die Kosten eines Rechtsstreits mit dem Erwerber, die der Abwehr von Gewährleistungsansprüchen des Erwerbers dienen. 4503

---

1 Rn 4415 ff.
2 BFH-Urteil vom 24. Juli 1962 I 280/61 U, BFHE 75, 414, BStBl III 1962, 418.
3 BFH-Urteil vom 26. März 1987 IV R 20/84, BFHE 149, 557, BStBl II 1987, 561.

4504 Veräußerungskosten sind auch dann bei der Ermittlung des nach § 34, 16 EStG begünstigten Veräußerungsgewinns abzuziehen, wenn sie bereits im Veranlagungszeitraum vor dem Entstehen des Veräußerungsgewinns angefallen sind[1].

4505 *(unbesetzt)*

c) Wahlrechte

4506 **Schrifttum:** *Littmann*, EStG, §§ 4, 5 Rn 1525 ff.; vgl. Abschn. 139 Abs. 12 EStR; zur Berechnung der Wirtschaftlichkeit der Wahlalternativen: *Dirrigl*, DB 1988, 453 und *Johne/Wittmann*, DB 1980, 704.

4507 Die ständige Rechtsprechung des BFH hat dem Steuerpflichtigen in bestimmten Fällen ein Wahlrecht zugestanden, zwischen einer tarifbegünstigten Besteuerung eines Veräußerungsgewinns im Zeitpunkt der Betriebs- oder Teilbetriebsveräußerung nach Maßgabe der §§ 16, 34 EStG und einer nicht tarifbegünstigten Besteuerung nachträglicher Einkünfte aus Gewerbebetrieb im jeweiligen Jahr des Zuflusses des Veräußerungserlöses nach Maßgabe des § 24 Nr. 2 i. V. m. § 15 Abs. 1 EStG zu wählen[2].

4508 Ein derartiges Wahlrecht ist insbesondere gegeben, wenn der Veräußerungspreis besteht

- in langfristigen wiederkehrenden Bezügen, die wagnisbehaftet sind, oder
- in langfristig wiederkehrenden Bezügen, die hauptsächlich im Interesse des Veräußerers, um dessen Versorgung zu sichern, und nicht im Interesse des Erwerbers vereinbart wurden[3].

4509 Als langfristige wiederkehrende Bezüge, die wagnisbehaftet sind, und demgemäß ein Wahlrecht begründen, wertet die Rechtsprechung Umsatz- und Gewinnbeteiligungsrenten, Leibrenten und Zeitrenten (d. h. für eine kalendermäßig festbestimmte Zeit eingeräumte Renten, falls sie für einen ungewöhnlich langen, nicht mehr übersehbaren Zeitraum bedungen sind). Wagnisbehaftete wiederkehrende Bezüge liegen nicht vor bei Kaufpreisraten über einen Zeitraum von nur 10 Jahren und bei gewinnabhängigen Bezügen, wenn ein Anspruch auf Mindestbezüge besteht. Die Gefahr einer künftigen Geldentwertung ist kein Wagnis in diesem Sinne.

4510 Die Unterscheidung von Veräußerungszeitrenten und Kaufpreisraten ist allein bedeutsam für das Wahlrecht zwischen Sofort- und Zuflussversteuerung[4].

4511 Der Steuerpflichtige muss das Wahlrecht im Veranlagungszeitraum der Veräußerung, spätestens mit Abgabe der Einkommensteuererklärung für diesen Veranlagungszeitraum ausüben (mE kann das Wahlrecht bis zur Bestandskraft der Veranlagung ausgeübt werden).

4512 Hat der Unternehmer sein Unternehmen gegen eine Leibrente für sich und seine Ehefrau veräußert und stirbt er vor Ausübung des Wahlrechts, steht das Wahlrecht dem Erben zu, auch wenn die Ehefrau, die bei entsprechender Ausübung des Wahlrechts die laufenden Bezüge zu versteuern hat, nicht zu den Erben gehört[5].

4513 Bei der Veräußerung eines Teilbetriebs gegen wiederkehrende Bezüge besteht ebenso wie bei der Veräußerung des ganzen Gewerbebetriebs ein Wahlrecht zwischen tarifbegünstigter Besteuerung des Gewinns im Zeitpunkt der Teilbetriebsveräußerung und nicht tarif-

---

[1] BFH-Urteil vom 6. Oktober 1993 I R 97/92, BStBl II 1994, 287, HFR 1994, 265.
[2] Vgl. BFH-Urteil vom 26. Juli 1984 IV R 137/82, BFHE 141, 525, BStBl II 1984, 829; ferner die Urteile vom 30. Januar 1974 IV R 80/70, BFHE 111, 477. 481, BStBl II 1974, 452, und vom 29. Oktober 1974 VIII R 131/70, BFHE 114, 79, 82, BStBl II 1975, 173.
[3] BFH-Urteil vom 12. Juni 1968 IV 254/62, BFHE 92, 561, 563–564, BStBl II 1968, 653.
[4] BFH-Urteil vom 7. 4. 1992 VIII R 59/89, BFHE 167, 515, BStBl II 1992, 809.
[5] *Schmidt*, EStG, § 16 Anm. 227 (str.).

begünstigter Besteuerung der nachträglichen Einkünfte bei ihrem Zufluss. Die Bilanzierung des Anspruchs auf die wiederkehrenden Bezüge ist Ausübung des Wahlrechts im Sinne einer Sofortversteuerung.

Ob die Sofortversteuerung oder die Besteuerung der später anfallenden wiederkehrenden Bezüge günstiger ist, hängt von den Umständen des Einzelfalles ab[1]. 4514

Zur späteren Ablösung wiederkehrender Zahlungen vgl. Rn 4975. 4515

(unbesetzt) 4516–4520

11. Sonderfälle

Schrifttum: *Grossfeld/Güthoff,* Abfindungsanspruch und Einkommensteuer bei Personengesellschaften, in Festschrift für Stiefel, herausgegeben von Lutter/Oppenhoff/Sandrock/Winkhaus, S. 247 ff.; *Schoor,* Veränderungen im Gesellschafterbestand von Personengesellschaften, StBp 1995, 154. 4521

a) Veräußerung eines Mitunternehmeranteils

Die steuerlichen Wirkungen der Abfindung eines Gesellschafters, der aus einer Personengesellschaft ausscheidet, sind für die Gesellschaft und den Gesellschafter gesondert zu betrachten. 4522

aa) Wirkungen aufseiten der Gesellschaft (Mitunternehmerschaft)

Einkommensteuerrechtlich macht es keinen Unterschied, ob der Gesellschafter aus einer zwei- oder mehrgliedrigen Gesellschaft ausscheidet, wenn die Firma fortgeführt wird, sei es als Gesellschaft oder als Einzelfirma. Ob die Firma fortgeführt oder aufgelöst wird, ist nach handelsrechtlichen Gesichtspunkten zu beurteilen. 4523

Der ausscheidende Gesellschafter erwirbt einen Abfindungsanspruch. Der Höhe nach entspricht dieser Abfindungsanspruch dem Betrag, den der Ausscheidende entsprechend seinem Gesellschaftsanteil zu beanspruchen hätte, wenn das gesamte Unternehmen zur selben Zeit veräußert werden würde. Das ist der Teilwert seines Gesellschaftsanteils. Zur Berechnung dieses Abfindungsanspruchs müssen die Teilwerte sämtlicher Wirtschaftsgüter des Unternehmens einschließlich eines Firmenwertes ermittelt werden. Von den im Betriebsvermögen enthaltenen stillen Reserven steht dem ausscheidenden Gesellschafter entsprechend seiner Beteiligung ein Anteil an den stillen Reserven sämtlicher Wirtschaftsgüter des Betriebsvermögens zu. 4524

Für den oder die Gesellschafter, die den Betrieb fortführen, ist das Abfindungsguthaben des oder der ausscheidenden Gesellschafter eine Betriebsschuld gegenüber dem ausscheidenden Gesellschafter, die sich nicht von anderen Betriebsschulden unterscheidet. Der Abfindungsvorgang ist ein Veräußerungsgeschäft[2], das sich in der Form eines Leistungsaustauschs i. S. v. § 738 BGB vollzieht. 4525

Im Rahmen dieses Leistungsaustausches stellt der Abfindungsbetrag für die verbleibenden Gesellschafter den Anschaffungspreis für den Erwerb des Gesellschaftsanteils des ausscheidenden Gesellschafters dar und damit auch für den Erwerb seines Eigentumsanteils an den Aktiva des Betriebsvermögens. In der Steuerbilanz des Unternehmens. ggf in den Ergänzungsbilanzen der übernehmenden Gesellschafter, muss der Mehrbetrag, mit dem der ausscheidende Gesellschafter für seinen Anteil an den stillen Reserven des Unternehmens abgefunden worden ist, aktiviert werden. 4526

Eine Abfindung unter dem Buchwert kann auf unterschiedlichem Sachverhalt beruhen. 4527

---

1 Vgl. hierzu Rn 4308.
2 BFH-Urteil vom 24. Mai 1973 IV R 64/70, BFHE 109, 438, BStBl II 1973, 655.

4528 Entspricht die Abfindung unter dem Buchwert den tatsächlichen Verhältnissen, führt sie zur Herabsetzung der Buchwerte der Wirtschaftsgüter. Der Unterschiedsbetrag ist ausgleichbarer Verlust des ausscheidenden Gesellschafters.

4529 Ist die Abfindung geringer als der Wert der Beteiligung des ausscheidenden Gesellschafters, erwerben die verbleibenden Gesellschafter die Beteiligung des Ausscheidenden insoweit unentgeltlich. In diesem Fall müssen die verbleibenden Gesellschafter die Buchwerte fortführen[1]. In Höhe des Unterschiedsbetrags zwischen der Abfindung und dem Buchwert der Beteiligung entsteht ein zu versteuernder Gewinn.

4530 Beruht die Vereinbarung über die Unentgeltlichkeit auf außerbetrieblichen Gründen, ist der Unterschiedsbetrag als Einlage der verbleibenden Gesellschafter zu behandeln[2].

(1) Barabfindung

4531 Wird der ausscheidende Gesellschafter mit den Buchwerten seines einkommensteuerlichen Kapitalkontos einschließlich seines letzten Gewinnanteils abgefunden, ist die Umschichtung in der Bilanz erfolgsneutral.

Das gilt auch dann, wenn stille Reserven vorhanden sind, die den Verbleibenden kraft Handelsrecht zuwachsen[3].

4532 Wird der ausscheidende Gesellschafter mit einem sein steuerliches Kapitalkonto übersteigenden Betrag abgefunden, ist der Mehrbetrag aufzuteilen.

4533 Soweit der Mehrbetrag den Anteil des ausscheidenden Gesellschafters an den stillen Reserven abgilt, muss der Betrag anteilsmäßig auf die Bilanzposten verteilt werden, die stille Reserven enthalten. Das sind die Bilanzposten, bei denen der Buchwert unter ihrem Teilwert liegt.

4534 Die Buchwerte dürfen nur insoweit aufgestockt werden, als stille Reserven realisiert werden, die auf den Anteil des ausscheidenden Gesellschafters entfallen. Die Teilwertaufstockung ist also beschränkt durch die Höhe des Anteils des ausscheidenden Gesellschafters.

Betrug z. B. der Gesamtanteil eines ausscheidenden Gesellschafters 25 vH, so können bei jedem Wirtschaftsgut nur 25 vH der bestehenden stillen Reserven aufgelöst werden[4].

4535 Bei den verbleibenden Gesellschaftern führt der Abfindungsvorgang mit der damit verbundenen teilweisen Auflösung der stillen Reserven des ausscheidenden Gesellschafters nicht zu einer Gewinnverwirklichung. Denn die Wertansätze der einzelnen Wirtschaftsgüter werden nur um den Betrag aufgestockt, um den das Abfindungsguthaben des ausscheidenden Gesellschafters sein Kapitalkonto übersteigt. Den Gewinn verwirklicht der ausscheidende Gesellschafter; sein Veräußerungsgewinn besteht in der Höhe des Unterschiedsbetrags zwischen seinem Abfindungsanspruch als Veräußerungspreis abzüglich des Buchwertes seines Kapitalkontos und abzüglich etwaiger Veräußerungskosten.

---

[1] BFH-Urteil vom 11. Juli 1973 I R 126/71, BFHE 110, 402, BStBl II 1974, 50.
[2] RFH-Urteil vom 8. Januar 1936 VI A 908/35, RStBl 1936, 416, und BFH-Urteil vom 12. März 1970 IV R 39/69, BFHE 99, 27, BStBl II 1970, 518; vgl. dazu auch *Schmidt*, DStZ/A 1974, 371 ff.
[3] Vgl. aber zur Schenkungsteuer RFH-Urteil vom 28. August 1935 VI A 377/34, RStBl 1935, 1512; § 7 Abs. 7 ErbStG.
[4] Vgl. BFH-Urteile vom 11. Oktober 1960 I 229/59, BFHE 71, 695, BStBl III 1960, 509; vom 22. Juni 1965 I 405/61 U, BFHE 82, 651, BStBl III 1965, 482.

Soweit der Abfindungsbetrag den Anteil an den stillen Reserven übersteigt, muss der Anteil des Ausscheidenden am Firmenwert aktiviert werden; insoweit liegt aufseiten der Gesellschaft ein entgeltlich erworbener Firmenwert vor. 4536

Soweit der Mehrbetrag den Anteil an den stillen Reserven und am Firmenwert übersteigen sollte und er gewährt wird, um den Ausscheidenden zu versorgen oder als lästigen Gesellschafter zum Ausscheiden zu bewegen, ist er als Betriebsausgabe absetzbar. 4537

Wird ein Wirtschaftsgut des Sonderbetriebsvermögens des Ausscheidenden in das Gesellschaftsvermögen der Personengesellschaft übertragen, liegt ein entgeltliches Veräußerungsgeschäft vor. Die Anschaffungskosten sind zu aktivieren. 4538

Wird der ausscheidende Gesellschafter mit einem unter seinem einkommensteuerlichen Kapitalkonto liegenden Betrag abgefunden, müssen die Wirtschaftsgüter, die in der Bilanz zu hoch ausgewiesen sind, anteilsmäßig abgeschrieben werden. Für die verbleibenden Gesellschafter ergibt sich kein Gewinn, da der Verminderung der Aktiva eine gleich hohe Verminderung der Passiva gegenübersteht. 4539

Erhält ein Gesellschafter mit einkommensteuerlich negativem Kapitalkonto eine Abfindung, ist nicht nur die Abfindungssumme, sondern auch der negative Kapitalbetrag als Anschaffungspreis für den Gesellschafteranteil zu aktivieren[1]. 4540

Wird der Abfindungsbetrag in Raten gezahlt, gelten die gleichen Überlegungen, die für Kaufpreisraten beim Erwerb eines Unternehmens gelten[2]. 4541

Sind Ratenbeträge zu verzinsen, ist die gesamte Abfindungssumme zum Nennwert zu bilanzieren. Erhöhungen von Kaufpreisraten auf Grund einer Wertsicherungsklausel sind ebenso wie die Zinszahlungen als Betriebsausgaben abziehbar. 4542

Sind die Kaufpreisraten nicht zu verzinsen und beträgt die Kaufpreisstundung mehr als ein Jahr, so ist der Barwert der Zahlungen im Zeitpunkt des Ausscheidens zu passivieren. Dieser Passivposten ist dann der Anschaffungspreis für den Gesellschafteranteil des Ausscheidenden. Die Differenz zu der Summe der Raten wirkt sich wie abziehbare Zinsleistungen aus. 4543

Wird als Abfindung eine betriebliche Veräußerungsrente vereinbart – sind also Leistung und Gegenleistung nach kaufmännischen Gesichtspunkten wie unter Fremden ausgewogen –, ist die Rentenverpflichtung mit ihrem Rentenbarwert (Kapitalwert) zu passivieren, und zwar nach versicherungsmathematischen Grundsätzen[3]. 4544

Ist eine Wertsicherungsklausel vereinbart, so bleibt diese für den Verpflichteten bei der Berechnung des Rentenbarwerts außer Betracht; denn es ist ungewiss, ob und in welcher Höhe eine Rentenerhöhung eintreten wird. 4545

Für jeden Bilanzstichtag ist der Kapitalwert der Rentenverpflichtung neu zu berechnen. Die Minderung des Kapitalwerts wirkt sich als Ertrag aus, die laufenden Rentenzahlungen als Betriebsausgaben. 4546

Im Übrigen ist die bilanzmäßige Behandlung des Ausscheidenden bei der Gesellschaft genauso vorzunehmen wie bei einer festen Abfindungssumme.

---

1 BFH-Urteil vom 26. Mai 1981 IV R 47/78, BFHE 134, 15, BStBl II 1981, 795.
2 Vgl. Rn 4277.
3 BFH-Urteile vom 5. Februar 1969 I R 21/66, BFHE 95, 151, BStBl II 1969, 334, vom 30. Januar 1974 IV R 80/70, BFHE 111, 477, BStBl II 1974, 452, und vom 31. Januar 1980 IV R 126/76, BFHE 130, 372, BStBl II 1980, 491.

4547 Wird als Abfindung eine Gewinn- oder Umsatzbeteiligung vereinbart, muss die Belastung wie eine Rentenlast passiviert werden. Die künftigen Zahlungen müssen, da sie unbekannt sind, geschätzt werden.

4548–4550 *(unbesetzt)*

(2) Sachwertabfindung

4551 Wird der ausscheidende Gesellschafter ganz oder teilweise mit Sachwerten abgefunden, und übernimmt der ausscheidende Gesellschafter die Sachwerte in sein Privatvermögen, so liegt bei der Gesellschaft oder bei dem das Unternehmen fortführenden Gesellschafter ein Veräußerungs- und Anschaffungsgeschäft vor, bei dem er in Höhe seines Anteils an den stillen Reserven des Abfindungsgutes einen laufenden Gewinn erzielt[1].

4552 Bei Übernahme des Sachwertes in das Betriebsvermögen des Ausscheidenden gilt entsprechendes.

4553 Nur im Falle der Realteilung können die Buchwerte der übertragenen Wirtschaftsgüter fortgeführt werden; es entsteht in diesem Fall bei keinem der bisherigen Gesellschafter ein Veräußerungsgewinn.

4554 *(unbesetzt)*

bb) Wirkungen aufseiten des ausscheidenden Mitunternehmers (Gesellschafters)

4555 Scheidet ein Gesellschafter aus einer Personengesellschaft aus, ist die Veräußerung seines Kapitalanteils gegen eine Abfindung die entgeltliche Veräußerung seines Mitunternehmeranteils. Entfällt eine Abfindung[2], kann der ausscheidende Gesellschafter einen ausgleichbaren Verlust erlitten haben.

(1) Barabfindung

4556 Entspricht die Abfindung dem letzten einkommensteuerlichen Kapitalkonto, ist dieser Vorgang einkommensteuerrechtlich erfolgsneutral.

4557 Übersteigt die Abfindung das letzte einkommensteuerliche Kapitalkonto, ist der Abfindungsmehrbetrag für stille Reserven und anteiligen Geschäftswert ein steuerbegünstigter Veräußerungsgewinn. Erhält der ausscheidende Gesellschafter als lästiger Gesellschafter einen darüber hinausgehenden Abfindungsbetrag, gehört dieser nicht zum steuerbegünstigten Veräußerungsgewinn, sondern muss dem laufenden Gewinn hinzugerechnet werden.

4558 Wird als Abfindung eine feste Kaufpreissumme vereinbart, ist der Veräußerungsgewinn im Zeitpunkt der Veräußerung zu versteuern. Das Gleiche gilt, wenn der Kaufpreis gestundet wird oder in Raten zu zahlen ist, und zwar auch dann, wenn sich die Raten über mehrere Jahre erstrecken.

4559 Beträgt die Laufzeit der Kaufpreisraten mehr als 10 Jahre, hat der ausscheidende Gesellschafter das Wahlrecnt, statt der sofortigen Versteuerung die Zahlungen als laufende Bezüge bei ihrem Zufließen zum normalen Tarif zu versteuern[3].

4560 Ist eine Mindestzeitrente vereinbart worden und liegt die vereinbarte Laufzeit erheblich über dem Durchschnitt der Lebenserwartung, sind die Leistungen wie Kaufpreisraten zu behandeln[4].

---

1 BFH-Urteil vom 24. Mai 1973 IV R 64/70, BFHE 109, 438, BStBl II 1973, 655.
2 Vgl. Rn 4526.
3 BFH-Urteil vom 20. Januar 1959 I 200/58, BFHE 68, 500, BStBl III 1959, 192.
4 BFH-Urteil vom 29. Oktober 1974 VIII R 131/70, BFHE 114, 79, BStBl II 1975, 173.

Werden Gesellschaftsschulden bei der Veräußerung eines Gesellschaftsanteils vom übertragenden Gesellschafter mit befreiender Wirkung gegenüber der Gesellschaft – und einem etwa eintretenden Gesellschafter – übernommen, so verlieren sie ihren betrieblichen Charakter[1]. Vom ausscheidenden Gesellschafter auf diese Schulden gezahlte Zinsen sind keine nachträglichen Betriebsausgaben[2]. 4561

Kann der Steuerpflichtige die Mittel zur Steuerzahlung auf den Veräußerungsgewinn nicht sofort aufbringen, weil Ratenzahlungen vereinbart sind, so kann er Stundung beantragen (§ 222 AO). 4562

Der Unterschiedsbetrag zwischen der Summe der Raten und deren Barwert sind steuerpflichtige Zinsen[3]. Die jährlichen Raten müssen in einen Anteil, der vermögensumschichtende Tilgung ist, und in steuerpflichtige Zinsen, die zu Einkünften aus Kapitalvermögen führen[4], aufgeteilt werden. 4563

Die Vereinbarung, die Ratenzahlungen sollen unverzinslich sein, ist einkommensteuerrechtlich unbeachtlich. 4564

Werden die Raten später uneinbringlich, kann sie der ausgeschiedene Gesellschafter als Verlust geltend machen[5]. 4565

Führt eine Wertsicherungsklausel zu Mehrbeträgen, so sind diese nachträgliche, nicht tarifbegünstigte Einkünfte aus Gewerbebetrieb[6]. 4566

Sind als Abfindung wiederkehrende Bezüge (Renten, Umsatz- und Gewinnbeteiligung) vereinbart, sind also die Zahlungen der Dauer nach unbestimmt oder enthalten sie zumindest ein Wagnis, und beabsichtigt der Berechtigte, durch die Vereinbarung der monatlich über eine Zeitraum von mindestens 10 Jahren zu leistenden Zahlungen seine Versorgung sicherzustellen, gelten die laufenden Zahlungen erst mit der Vereinnahmung als zugeflossen. Die Bezüge werden erst in dem Zeitpunkt steuerpflichtig, in welchem ihre Summe das letzte einkommensteuerliche Kapitalkonto des ausgeschiedenen Gesellschafters übersteigt[7]. Für laufende wiederkehrende Zahlungen gibt es weder die Vergünstigung des Freibetrags noch die Tarifvergünstigung des § 34 EStG. 4567

Sind als Abfindung ein fester Kaufpreis und eine Rente oder sonstige wiederkehrende Bezüge vereinbart, so muss für die Ermittlung des nach § 16 Abs. 4 EStG steuerfreien Teils des Veräußerungsgewinns der anzusetzende Veräußerungspreis auch das kapitalisierte Rentenrecht umfassen. Die Tarifvergünstigung des § 34 EStG erstreckt sich auf den Teil des Veräußerungsgewinns, der sich aus der Gegenüberstellung des festen Kaufpreisteils und des entsprechenden Gewinnanteils zuzüglich Veräußerungskosten ergibt. 4568

Will ein Steuerpflichtiger in diesem Fall die Vergünstigung der §§ 16 und 34 EStG ausschöpfen, so kann er den Veräußerungsgewinn im Jahr der Veräußerung versteuern. Dabei ist als Veräußerungspreis die Summe aus festem Kaufpreis und Rentenbarwert anzusetzen. 4569

---

1 BFH-Urteil vom 24. September 1976 I R 41/75, BFHE 120, 212, 216, BStBl II 1977, 127.
2 BFH-Urteil vom 28. Januar 1981 I R 234/78, BFHE 133, 30, BStBl II 1981, 464.
3 RFH-Urteil vom 10. Februar 1932 VI A 1323/30. RStBl 1932, 628.
4 RFH-Urteil vom 20. Oktober 1937 VI A 500/37, RStBl 1938, 92.
5 RFH-Urteil vom 29. April 1936 VI A 424/35, RStBl 1936, 678.
6 RFH-Urteil vom 23. Mai 1933 VI A 907/32, RStBl 1933, 663.
7 RFH-Urteil vom 14. Mai 1930 VI A 706/28, RStBl 1930, 580; BFH-Urteil vom 23. Januar 1964 IV 85/62, BFHE 79, 16, BStBl III 1964, 239.

4570 Bestehen die wiederkehrenden Bezüge in einer Leibrente, ist der Ertragsanteil der laufenden Rentenzahlungen gemäß § 22 Nr. 1a EStG steuerpflichtig[1].

(2) Sachabfindung

4571 Wird der ausscheidende Gesellschafter mit Wirtschaftsgütern des Betriebsvermögens abgefunden und werden diese Wirtschaftsgüter in das Privatvermögen des ausscheidenden Gesellschafters überführt, sind sie mit dem Teilwert zu bewerten; denn die Wirtschaftsgüter werden aus dem Betriebsvermögen entnommen.

4572–4573 *(unbesetzt)*

cc) Beispiele:

4574 (1) Vier Gesellschafter (A, B, C, D) sind zu gleichen Teilen an einer Personengesellschaft beteiligt. D scheidet aus der Mitunternehmerschaft aus.

Die stillen Reserven betragen bei den Anlagegütern 20, beim Grundstück 40, insgesamt 60.

	Buchwert	Teilwert		Buchwert	Teilwert
Kasse, Bank, Forderungen	30	30	Schulden	10	10
Anlagegüter	60	80	Kapital A	25	40
Grundstück	20	60	Kapital B	25	40
			Kapital C	25	40
			Kapital D	25	40
	110	170		110	170

Der Veräußerungsgewinn des D beläuft sich demgemäß auf 15.

Wird D bar abgefunden, sind die Bilanzposten Anlagegüter und Grundstück im Verhältnis der in ihnen enthaltenen stillen Reserven um den zu Tage getreten Veräußerungsgewinn aufzustocken. (Anlagegüter verhalten sich zum Grundstück wie 20 : 40; die stillen Reserven sind dementsprechend in Höhe von ⅓ von 15 zu ⅔ von 15 zu verteilen, also in Höhe von 5 und 10).

Auseinandersetzungsbilanz

Kasse, Bank, Forderungen	30	Schulden	10
Anlagegüter	65	Anspruch D	40
Grundstück	30	Kapital A	25
		Kapital B	25
		Kapital C	25
	125		125

Wird D das Grundstück gegen Verrechnung mit seinem Anteil und Zuzahlung von 20 übertragen, führt dies bei der Gesellschaft zu voller Gewinnverwirklichung beim Grundstück und zur Aufstockung bei den Anlagegütern in Höhe von 5.

---

1 Vgl. dazu *Schmidt*, EStG, § 16 Anm. 248.

	Schluss-bilanz	Eröff-nungs-bilanz		Schluss-bilanz	Eröff-nungs-bilanz
Kasse, Bank, Forderungen	30	30	Schulden	10	10
Forderung an D	–	20	Anspruch D	40	–
Anlagegüter	60	65	Kapital A	20	35
Grundstück	20	–	Kapital B	20	35
			Kapital C	20	35
	110	115		110	115

(2) A, B, C und D sind zu je 25 vH Mitgesellschafter. A Scheidet aus der Gesellschaft aus. Es ist für die Ermittlung des Abfindungsanspruchs eine Auseinandersetzungsbilanz aufzustellen. Dabei sind die Anteile des A an den stillen Reserven aufzulösen.

4575

Wirtschaftsgut	Buchwert	Teilwert	Wertansatz für die Auseinandersetzungsbilanz
	€	€	€
Gebäude	60 000	100 000	70 000
Gebäude	100 000	140 000	110 000
Maschinen usw.	30 000	50 000	35 000
Andere Aktiva usw.	2 510 000	2 810 000	2 585 000
Summe	2 700 000	3 100 000	2 800 000

Bei den verbleibenden Gesellschaftern führt der Abfindungsvorgang mit der damit verbundenen teilweisen Auflösung der stillen Reserven des ausscheidenden Gesellschafters nicht zu einer Gewinnverwirklichung; denn die Wertansätze der einzelnen Wirtschaftsgüter werden nur um den Betrag aufgestockt, um den das Abfindungsguthaben des ausscheidenden Gesellschafters sein Kapitalkonto übersteigt.

Wird der Abfindungsanspruch des Gesellschafters A im Beispiel durch eine Geldleistung getilgt, so führt dieser Vorgang, bei den das Unternehmen fortführenden Gesellschaftern zu keiner Gewinnverwirklichung. Die Auszahlung des Abfindungsanspruchs als Veräußerungspreis für die Beteiligung ist erfolgsneutral.

Wird der ausscheidende Gesellschafter A im Beispiel nicht mit Geld abgefunden, sondern mit Sachwerten des Betriebsvermögens, die er in sein Privatvermögen übernimmt, tilgen die verbleibenden Gesellschafter eine Betriebsschuld durch die Übertragung von Sachwerten. Durch das Ausscheiden der Wirtschaftsgüter aus dem Betriebsvermögen tritt eine Gewinnverwirklichung nach den allgemeinen Grundsätzen der Gewinnermittlung ein. Die verbleibenden Gesellschafter verwirklichen in Höhe des Betrages, den sie durch die Hingabe der Wirtschaftsgüter von der Abfindungsschuld tilgen, abzüglich des Buchwertes des Wirtschaftsgutes einen Gewinn. Denn durch diesen Vorgang werden die stillen Reserven verwirklicht, die auf die verbleibenden Gesellschafter entfallen. Es entsteht also durch die Veräußerung ein Gewinn.

Wird der Auseinandersetzungsanspruch des Gesellschafters A im vorstehenden Beispiel durch die Zahlung eines Betrages von 460 000 € und durch Übereignung des Betriebsgrundstücks mit aufstehenden Gebäuden getilgt, so wird durch die Übereignung des Grundstücks eine Schuld in Höhe von 240 000 € erfüllt. Da das Grundstück mit Gebäude nach dem Ausscheiden des ehemaligen Gesellschafters A nur mit 180 000 € bewertet worden ist, werden durch die Erfüllung des Auseinandersetzungsguthabens durch die Übereignung des Grundstücks 60 000 € stille Reserven aufgelöst, die als außerordentlicher Ertrag von den verbleibenden Gesellschaftern zum normalen Steuersatz zu versteuern sind.

b) Gemischte Schenkung

4576 Wird ein Betrieb im Wege der gemischten Schenkung übertragen, hat der Erwerber in Höhe der Gegenleistung Anschaffungskosten[1].

Das Entgelt ist auf die einzelnen Wirtschaftsgüter entsprechend deren Teilwert aufzuteilen, wobei auf jedes Wirtschaftsgut der Bruchteil entfällt, der dem Verhältnis des vereinbarten Preises zum Verkehrswert des Betriebes entspricht.

4577 **Beispiel:**
Der Verkehrswert eines Betriebs beträgt 100.
Der Betrieb wird im Wege einer gemischten Schenkung gegen Zahlung von 40 auf A übertragen.

Liegt das Entgelt unter dem Buchwert des Kapitalkontos, so ist der Erwerb für beide Teile insgesamt als unentgeltlich zu behandeln; der Erwerber führt also die Buchwerte fort.

Entsprechendes gilt, wenn das Entgelt mit dem Buchwert des Kapitalkontos übereinstimmt.

Beziffert sich im Beispielsfall das Kapitalkonto auf 30, kann jedes erworbene Wirtschaftsgut bis zu $^4/_{10}$ seines Teilwertes aufgestockt werden.

c) Weitere Sonderfälle

4578 aa) Überträgt der Vater auf den Sohn unentgeltlich seinen Anteil am Betrieb der bisher mit dem Sohn gebildeten Personengesellschaft und behält er ein Betriebsgrundstück zurück, das ihm wirtschaftlich und bürgerlich-rechtlich gehört, so kann eine unentgeltliche Übertragung des Betriebs mit einem tarifbegünstigten Aufgabegewinn in Höhe der im Betriebsgrundstück steckenden aufgelösten stillen Reserven zusammenfallen[2].

4579 bb) Bei der teilentgeltlichen Veräußerung eines Mitunternehmeranteils ist der Vorgang nicht in ein vollentgeltliches oder vollunentgeltliches Geschäft zu zerlegen. Der Veräußerungsgewinn ist vielmehr durch Gegenüberstellung des Entgelts und des Kapitalkontos des Gesellschafters zu ermitteln.

Dieser Veräußerungsgewinn ist tarifbegünstigt, auch wenn nicht alle stillen Reserven aufgelöst werden.

4580 Liegt der „Kaufpreis" für einen Kommanditanteil unter dem Buchwert des Anteils, so entsteht beim Erwerber jedenfalls dann kein Übernahmegewinn in Höhe der Differenz zwischen dem fortzuführenden Buchwert und dem fehlenden oder niedrigeren Erwerbspreis, wenn von einem unentgeltlichen oder teilentgeltlichen Erwerb aus privaten Gründen auszugehen ist[3].

4581–4585 *(unbesetzt)*

---

1 BFH-Urteile vom 18. März 1980 VIII R 148/78, BFHE 133, 359, BStBl II 1981, 794, und vom 10. Juli 1986 IV R 12/81, BFHE 147, 63, BStBl II 1986, 811.
2 BFH-Urteil vom 6. Februar 1962 I 197/61 S, BFHE 74, 506, BStBl III 1962, 190.
3 BFH-Urteil vom 7. Februar 1995 VIII R 36/93, BFHE 178, 110, BStBl II 1995, 770.

d) Lästiger Gesellschafter

Schrifttum: *Bise,* Schwierigkeiten mit dem „lästigen Gesellschafter", StbJb 1986/87, 109 ff. m. w. N.   4586

Von der Beurteilung der Abfindung für den ausscheidenden und den ausgeschlossenen Gesellschafter ist die Abfindung des lästigen Gesellschafters zu unterscheiden.   4587

„Lästig" ist ein Gesellschafter, wenn er durch sein Verhalten den Bestand der Gesellschaft oder deren Gedeihen ernsthaft gefährdet und daher sein Ausschluss im betrieblichen Interesse liegt[1]. Es ist nicht Voraussetzung, dass eine Schädigung bereits eingetreten ist.   4588

Es genügt beispielsweise, dass der lästige Gesellschafter sich beharrlich jeder Neuerung oder der Übernahme von Wagnissen widersetzt[2]. Der Gesellschafter muss bei objektiver Betrachtung durch Dritte „lästig" sein; es genügt nicht, dass er ein unbequemer Gesellschafter ist. Wird ein Gesellschafter durch Urteil ausgeschlossen (§ 140 HGB), so rechtfertigt dies steuerrechtliche die Annahme, der Ausgeschlossene sei ein lästiger Gesellschafter.   4589

Der Abfindungsbetrag für den lästigen Gesellschafter liegt in seiner Höhe vielfach über dem Buchwert des Kapitalkontos zuzüglich seines Anteils an den stillen Reserven und am Geschäftswert. Der Mehrbetrag, den der „lästige Gesellschafter" bei seinem Ausscheiden von den Erwerbern seiner Beteiligung erhält, ist die Differenz zwischen subjektivem Entscheidungswert und objektiviertem Unternehmenswert. Der Mehrbetrag ist bei den verbleibenden Gesellschaftern Betriebsausgabe und nicht aktivierungspflichtig[3].   4590

Beim lästigen Gesellschafter liegen Einkünfte aus Gewerbebetrieb vor.   4591

(unbesetzt)   4592–4595

e) Negatives Kapitalkonto

aa) Allgemeines

Entsteht für einen unbeschränkt haftenden Gesellschafter einer OHG, den Komplementär einer KG oder einen entsprechend haftenden Mitunternehmer durch Entnahmen oder Verlustzuweisungen ein negatives Kapitalkonto, kommt darin gesellschaftsrechtlich in der Regel der Betrag zum Ausdruck, bis zu welchem der Gesellschafter seinen Mitgesellschaftern gegenüber ausgleichspflichtig oder nachschusspflichtig wäre, wenn die Gesellschaft in diesem Zeitpunkt aufgelöst würde, soweit das negative Kapitalkonto nicht durch den Anteil am Abwicklungsgewinn ausgeglichen wird.   4596

bb) Ausscheiden eines Gesellschafters mit negativem Kapitalkonto

(1) Leistet der Gesellschafter in Höhe des negativen Kapitalkontos einen Ausgleich, entsteht weder Gewinn noch Verlust, denn die Ausgleichszahlung ist die erfolgsneutrale Tilgung einer betrieblichen Schuld.   4597

---

1 Vgl. *Bise,* aaO; ferner RFH-Urteile vom 27. April 1938 VI 208/38, RStBl 1938, 662, und vom 18. Juni 1942 III 146/41, RStBl 1942, 884.
2 Vgl. dazu RFH-Urteile vom 11. September 1934 I A 26/34, RStBl 1934, 1443, vom 15. Juli 1942 IV 362, 363/41, RStBl 1942, 900; BGH-Urteil vom 25. März 1985 II ZR 240/84, DB 1985, 1736, BB 1985, 1558, NJW 1985, 2421.
3 BFH-Urteile vom 11. Oktober 1960 I 229/59 U, BFHE 71, 695, BStBl III 1960, 509; vom 9. Februar 1977 I R 130/74, BFHE 121, 436, BStBl II 1977, 412, vom 7. Juni 1984 IV R 79/82, BFHE 141, 148, BStBl II 1984, 584; ebenso im österreichischen Einkommensteuerrecht.

4598 (2) Scheidet der Gesellschafter aus, ohne dass er eine Ausgleichszahlung leisten muss, kann dies darauf beruhen, dass sein Anteil an den stillen Reserven höher oder gleich dem negativen Kapitalkonto war. Der Betrag, den das negative Kapitalkonto ausdrückt, muss daher bei der Ermittlung des Gewinns aus der Veräußerung des Mitunternehmeranteils dem Veräußerungspreis hinzugerechnet werden.

Für den aus einer Personengesellschaft ausscheidenden Gesellschafter mit negativem Kapitalkonto entsteht ein Veräußerungsgewinn in Höhe seines negativen Kapitalkontos aber auch dann, wenn die verbleibenden Gesellschafter entweder auf einen Ausgleichsanspruch gegen ihn verzichten oder sie einen solchen Anspruch nicht durchsetzen können[1].

Scheidet ein unbeschränkt haftender Gesellschafter mit negativem Kapitalkonto aus einer Personengesellschaft aus und erhält er nichts ausgezahlt, verzichten aber die verbleibenden Gesellschafter auf den Ausgleich des negativen Kapitalkontos und stellen sie den Ausscheidenden von jeder Haftung gegenüber den Gesellschaftsgläubigern frei, so entspricht also sein Veräußerungsgewinn dem Betrag des negativen Kapitalkontos.

4599 (3) Gleicht sein Anteil an den stillen Reserven das negative Kapitalkonto nur teilweise aus, muss der Gesellschafter also eine Ausgleichszahlung an seine Mitgesellschafter leisten, ist dem Veräußerungspreis der um die Ausgleichszahlung verminderte Teil des negativen Kapitalkontos hinzuzurechnen[2].

4600 (4) Erhält der ausscheidende Gesellschafter eine Abfindung und wird er von den verbleibenden Gesellschaftern von jeder Haftung gegenüber den Gesellschaftern freigestellt, so entspricht der Veräußerungsgewinn der Summe aus negativem Kapitalkonto und Abfindung.

4601 (5) Leistet der ausscheidende Gesellschafter eine geringere Zahlung als seinem negativen Kapitalkonto entspricht, mindert sich also sein Veräußerungsgewinn entsprechend.

4602 (6) Wird dem Ausgeschiedenen eine geschuldete Ausgleichszahlung aus betrieblichen Gründen erlassen (§ 397 BGB), gehört dieser Schulderlass zum Veräußerungspreis und damit zum Veräußerungsgewinn, und zwar selbst dann, wenn die Ausgleichsschuld uneinbringlich war.

4603 (7) Bei einem Schulderlass aus privaten Gründen soll in der Regel eine unentgeltliche Übertragung eines Mitunternehmeranteils vorliegen, die zu keinem Veräußerungsgewinn führe[3].

4604 Diese Überlegungen gelten entsprechend, wenn das Kapitalkonto eines beschränkt haftenden Gesellschafters negativ geworden ist und das negative Kapitalkonto gesellschaftsrechtlich seine Ausgleichspflicht verkörpert.

4605 Soweit das negative Kapitalkonto gesellschaftsrechtlich nur eine Verlusthaftung mit künftigen Gewinnanteilen zum Ausdruck bringt, ist sein Wegfall beim Veräußerer des Mitunternehmeranteils ebenfalls Teil des Veräußerungspreises und damit einkommensteuerpflichtig, es sei denn, bei Aufstellung der Bilanz steht nach den Verhältnissen am Bilanz-

---

1 BFH-Urteil vom 8. März 1973 IV R 77/72, BFHE 108, 540, BStBl II 1973, 398.
2 BFH-Urteil vom 30. November 1977 I R 27/75, BFHE 124, 56, BStBl II 1978, 149.
3 Vgl. *Stuhrmann* in Blümich, EStG, 14. Aufl., § 16 Rz 102 unter Hinweis auf das BFH-Urteil vom 28. Januar 1971 IV 127/64, BFHE 102, 362, BStBl II 1971, 662; vgl. ferner BFH-Urteile vom 24. August 1972 VIII R 36/66, BFHE 107, 365, BStBl II 1973, 111 und vom 14. November 1979 I R 143/76, BFHE 129, 146, BStBl II 1980, 96.

stichtag fest, dass ein Ausgleich des negativen Kapitalkontos mit künftigen Gewinnanteilen des Kommanditisten nicht mehr in Betracht kommt[1].

Scheidet ein **Kommanditist** oder anderer **Mitunternehmer, der entsprechend haftet,** aus einer Gesellschaft aus und war sein Kapitalkonto auf Grund von ausgleichs- oder abziehbaren Verlusten negativ geworden, so gilt der Betrag, den der Ausscheidende nicht ausgleichen muss, als Veräußerungsgewinn i. S. v. § 16 EStG, der nach § 34 EStG tarifbegünstigt zu versteuern ist. Bei den verbleibenden Gesellschaftern wächst sein Anteil an. In Höhe der dem Kommanditisten als Gewinn zuzurechnenden Beträge sind bei den anderen Mitunternehmern unter Berücksichtigung der für die Zurechnung geltenden Grundsätze ggf Verlustanteile anzusetzen. 4606

Übernimmt der persönlich haftende Gesellschafter das negative Kapitalkonto eines ausscheidenden Kommanditisten und Ausgleichszahlung des Kommanditisten, so erzielt der Kommanditist schon deshalb einen steuerpflichtigen Veräußerungsgewinn in Höhe des negativen Kapitalkontos, weil ihm dem Gesellschaftsvertrag und den Steuererklärungen der KG entsprechend in den früheren einheitlichen Gewinnfeststellungen die zum negativen Kapitalkonto führenden Verlustanteile zugerechnet wurden[2]. 4607

Scheidet ein Gesellschafter aus und ist der Veräußerungspreis oder der Abfindungsanspruch nach Abzug der Veräußerungskosten niedriger als der Buchwert des Mitunternehmeranteils im Zeitpunkt der Veräußerung, liegt ein Veräußerungsverlust vor. 4608

(unbesetzt) 4609–4610

f) Realteilung einer Personengesellschaft (Mitunternehmerschaft)

Schrifttum: *Blämers/Beinert/Witt,* Realteilung von Personengesellschaften, BB 1999, 1786; *Hörger/Hertel/Schulz,* Ausgewählte Fragen zum StEntlG 1999/2000/2002: Unternehmensumstrukturierungen, DStR 1999, 565; *Reiss,* Die einkommensteuerliche Behandlung der Realteilung gewerblich tätiger Personengesellschaften, StuW 1995, 199; *Schoor,* Realteilung von Mitunternehmerschaften nach der Neuregelung durch das StEntlG 1999/2000/2002, INF 1999, 269, 303; *Schulze zur Wiesche,* Realteilung einer Personengesellschaft und Sachwertabfindung an ausscheidende Gesellschafter nach dem StEntlG 1999/2000/2002, DStZ 1999, 425; *Schulze zur Wiesche,* Vorweggenommene Erbfolge und Erbauseinandersetzung nach dem StEntlG 1999 ff., BB 1999, 2223; *Strahl,* Gewinnrealisierungszwänge auf Grund des „StEntlG 1999/2000/2002," bei Personengesellschaften, FR 1999, 628; *Warker,* Die Realteilung von Personengesellschaften nach dem StEntlG 1999/2000/2002, BB Beilage 5/99; *Wendt,* Änderungen bei betrieblichen und privaten Veräußerungsgeschäften, FR 1999, 333; *Wuttke,* Die Barabfindung bei Gesellschafteraustritt und Realteilung der Personengesellschaft, DStR 1992, 377. 4611

aa) Allgemeines

Durch die Realteilung der Personengesellschaft wird deren Betrieb aufgegeben. Bei der Personengesellschaft entsteht ein den Gesellschaftern in Höhe des Unterschieds zwischen dem Buchwert und dem gemeinen Wert der Wirtschaftsgüter des Betriebsvermögens zuzurechnender Aufgabegewinn. Die Gesellschafter haben die Wirtschaftsgüter, wenn sie sie in einen bestehenden oder neu eröffneten Betrieb einlegen, mit dem Teilwert anzusetzen. Ein Geschäftswert wird bei der Ermittlung des Aufgabegewinns nicht berücksichtigt[3]. 4612

---

1 BFH-Beschluss vom 10. November 1980 GrS 1/79, BFHE 132, 244, BStBl II 1981, 164.
2 BFH-Urteile vom 13. März 1964 VI 343/61 S, BFHE 79, 351, BStBl III 1964, 359, und vom 25. August 1966 IV 307/65, BFHE 87, 130, BStBl III 1967, 69.
3 BFH-Urteil vom 19. Januar 1982 VIII R 21/77, BFHE 135, 282, BStBl II 1982, 456.

4613 Unter bestimmten Voraussetzungen wird auf die Gewinnverwirklichung verzichtet[1].

4614 Eine Personengesellschaft kann erfolgsneutral geteilt werden, wenn

- die wesentlichen Wirtschaftsgüter in bestehende oder zu gründende Betriebe eingebracht werden; dem steht eine Einbringung in bestehende oder zu gründende Mitunternehmerschaften gleich;

- die Buchwerte der Wirtschaftsgüter fortgeführt werden; die Gesellschafter haben die Wahl, ob die Buchwerte fortgeführt werden oder der Aufgabegewinn versteuert werden soll; diese Wahl ist in der Schlussbilanz der aufgelösten Personengesellschaft zu treffen, denn das Wahlrecht kann nur einheitlich ausgeübt werden, um sicherzustellen, dass alle Reserven von den Gesellschaftern versteuert werden;

- die Besteuerung der auf die Gesellschafter verteilten Wirtschaftsgüter enthaltenen stillen Reserven sichergestellt sind[2];

- die Voraussetzungen des § 42 AO nicht vorliegen.

4615 Unschädlich ist es, wenn ein Gesellschafter nach der Realteilung seinen Betrieb aufgibt.

4616 (1) Der bei einer Realteilung gezahlte Spitzenausgleich führt nicht zu einem nach §§ 16, 34 EStG begünstigten Aufgabegewinn. Die Fortführungsbilanzen der Gesellschaften müssen an die zu Buchwerten erstellte steuerrechtliche Schlussbilanz anknüpfen[3].

4617 (2) Ist die Entstehung des Auseinandersetzungsanspruchs die Folge der Liquidation oder einer anderweitigen Beendigung der Personengesellschaft – also des Rechtsträgers – und gehört die Realteilung als besondere Form der Auseinandersetzung des Gesellschaftsvermögens zum Bereich der Erfüllung dieses Anspruchs, so ist die Abfindungsvereinbarung als Veräußerungsgeschäft zwischen den Miterben bzw. Gesellschaftern anzusehen.

Es ist sowohl handelsrechtlich als auch steuerrechtlich unzulässig, die Auseinandersetzung einer Personenhandelsgesellschaft in die Nachfolgeunternehmen der Gesellschafter zu verlagern.

Rechtsgrund für die Gewinnverwirklichung bei einer Realteilung mit Spitzenausgleich ist ein Veräußerungsgeschäft zwischen den Gesellschaftern, das in der **entgeltlichen Abtretung** eines Teils des Auseinandersetzungsanspruchs – der ein Geldleistungsanspruch ist – an den oder diejenigen Gesellschafter, die ein Mehr an Vermögen übernehmen. Das erzielte Entgelt ist ein einem Veräußerungserlös gleichkommendes Entgelt. Die Abtretung führt zu einer Erhöhung des Auseinandersetzungsanspruchs beim Abtretungsempfänger. Die Erfüllung dieses veränderten Auseinandersetzungsanspruchs – vereinbarungsgemäß durch Übertragung von Gesellschaftsvermögen an Erfüllungs statt – durch die Gesellschaft ist für die steuerrechtliche Beurteilung der Realteilung nicht mehr von Bedeutung, auch wenn die Gesamthandsbindung erst mit der Übertragung der Wirtschaftsgüter aufgelöst und die Gesellschaft erst in diesem Zeitpunkt voll beendet ist. Ebenso wenig von Bedeutung ist, ob die Abtretungsvereinbarung im Rahmen der Vereinbarung über die Art der Auseinandersetzung (durch Realteilung) oder zeitlich später erfolgt.

4618 (3) In die Realteilung sind nicht nur die positiven, sondern auch die negativen Wirtschaftsgüter der real geteilten Personengesellschaft mit einzubeziehen.

---

1 Vgl. auch Rn 4624.
2 BFH-Urteil vom 21. Dezember 1977 I R 247/74, BFHE 124, 199, BStBl II 1978, 305.
3 BFH-Urteil vom 17. Februar 1994 VIII R 12/93, BFH/NV 1995, 98.

Veräußerungsgewinn

(4) Zur steuerrechtlichen Beurteilung der Realteilung sind sowohl die steuerrechtliche als auch die handelsrechtliche Realteilungsbilanz heranzuziehen.

4619

(5) Entsprechen die Summen der Buchwerte der übernommenen Wirtschaftsgüter nicht der bisherigen Höhe der Kapitalkonten, sind die Kapitalkonten den Summen der Buchwerte der übernommenen Wirtschaftsgüter anzupassen[1].

4620

(6) Setzt sich eine Gesamthandsgemeinschaft über ein Grundstück durch Realteilung mit Spitzenausgleich auseinander, so liegt ein entgeltliches Rechtsgeschäft für den über die Gesamthandsbeteiligung des Erwerbers hinausgehenden Anteil vor[2].

4621

Setzen sich die Gesellschafter einer KG in der Weise auseinander, dass einer der Gesellschafter den einen, die anderen Gesellschafter den Zweiten der beiden vorhandenen Teilbetriebe übernehmen, und werden in beiden Teilbetrieben die Wirtschaftsgüter des Betriebsvermögens mit den bisherigen Buchwerten fortgeschrieben, so tritt keine Gewinnrealisierung ein. Wenn dabei die Summen der Buchwerte der übernommenen Wirtschaftsgüter nicht der bisherigen Höhe der Kapitalkonten entsprechen, sollen die Kapitalkonten den Summen der übernommenen Buchwerte erfolgsneutral anzupassen sein[3]. Die Gesellschafter haben nach Auflösung der KG ein Wahlrecht, entweder einen Aufgabegewinn der Gesellschaft zu versteuern und dann in ihren Bilanzen den Teilwert der ihnen zugeteilten Wirtschaftsgüter anzusetzen oder – wenn die Besteuerung der stillen Reserven sichergestellt ist – den Buchwert dieser Wirtschaftsgüter fortzuführen[4].

4622

bb) Verschiedene Einzelheiten und Beispiele

Übernimmt bei Auflösung und Beendigung einer Personengesellschaft jeder der Gesellschafter einen Teil des Gesellschaftsvermögens und eröffnet er mit diesem ein Einzelunternehmen oder führt ihn – z. B. einen Teilbetrieb – als Einzelunternehmen fort, liegt eine Realteilung vor. Das Gleiche gilt, wenn ein oder mehrere Gesellschafter aus einer mehrgliedrigen, unter den verbliebenen Gesellschaftern fortbestehenden Personengesellschaft ausscheiden und als Abfindung Teile des Gesellschaftsvermögens zur weiteren eigenbetrieblichen Nutzung übernehmen.

4623

Wird eine Personengesellschaft, zu deren Gesellschaftsvermögen mehrere Teilbetriebe gehören, in der Weise aufgelöst und beendet, dass jeder der Gesellschafter einen Teilbetrieb übernimmt, ohne dass ein Wertausgleich stattfindet, weil die übernommenen Teilbetriebe den jeweiligen Werten der untergehenden Gesellschaftsanteile entsprechen, dann

4624

---

1 BFH-Urteil vom 10. Dezember 1991 VIII R 69/86, BFHE 166, 476, BStBl II 1992, 385, Anm. HFR 1992, 326. Vgl. ferner BFH-Urteil vom 1. Dezember 1992 VIII R 57/90, BFHE 170, 320, BStBl II 1994, 607; sowie BMF-Schreiben vom 11. August 1994 IV B 2 – S 2242 – 32/94, BStBl I 1994, 601.
2 BFH-Urteil vom 22. September 1987 IX R 15/84, BFHE 151, 143, BStBl II 1988, 250.
3 Vgl. BFH-Urteil vom 10. Februar 1972 IV 317/65, BFHE 104, 543, BStBl II 1972, 419. Zu den Bedenken gegen die Kapitalausgleichskontenmethode vgl. Anm. in HFR 1992, 326. Die Kapitalausgleichskontenmethode verstößt sowohl gegen das Prinzip der Tatbestandsmäßigkeit der Besteuerung als auch gegen das Realisationsprinzip. Beide Prinzipien fordern, dass die Besteuerung an einen vom Stpfl. selbst verwirklichten Tatbestand anknüpft. Der Gesellschafter, der Wirtschaftsgüter mit geringeren stillen Reserven übernommen und deshalb einen passiven Ausgleichsposten zu bilden hat, verwirklicht keinen Realisationstatbestand; er muss den passiven Ausgleichsposten ausschließlich deshalb gewinnerhöhend auflösen, weil der andere Gesellschafter den Tatbestand erfüllt, an den das Gesetz die Leistungspflicht knüpft (vgl. § 3 Abs. 1 und § 38 AO 1977). Soweit der Ausgleichsposten auch umgekehrte Korrekturen erfassen soll, wird ihm nicht der volle Abschreibungsaufwand, sondern nur ein Teil zugerechnet. Insoweit erfüllt er zwar den Besteuerungstatbestand selbst; es kommen ihm jedoch nur teilweise die damit verbundenen Rechtsfolgen zugute.
4 BFH-Urteil vom 19. Januar 1982 VIII R 21/77, BFHE 135, 282, BStBl II 1982, 45.

tritt weder bei der Personengesellschaft noch bei den einzelnen Gesellschaftern eine Gewinnverwirklichung ein. Die Gesellschafter müssen die Buchwerte fortführen.

4625 Wird eine Personengesellschaft in der Weise aufgelöst und beendet, dass jeder der Gesellschafter einen Teilbetrieb oder einzelne Wirtschaftsgüter des Gesellschaftsvermögens in sein eigenes Betriebsvermögen unter Fortführung der Buchwerte übernimmt und wird unter den Gesellschaftern ein Wertausgleich vereinbart und geleistet, weil die Verkehrswerte der übernommenen Teilbetriebe oder der einzelnen Wirtschaftsgüter höher oder niedriger sind als die Verkehrswerte der untergegangenen Anteile, tritt in Höhe der Ausgleichszahlung eine Gewinnverwirklichung ein. Umstritten ist, ob die Gewinnverwirklichung steuerbegünstigt ist. Haben die Gesellschafter über die Ausübung des Wahlrechts nichts vereinbart, kann keiner vom anderen eine bestimmte Ausübung des Wahlrechts verlangen[1].

4626 Befinden sich wesentliche Betriebsgrundlagen der Personengesellschaft im Sonderbetriebsvermögen der Gesellschafter und bleiben Gesellschafts- und Sonderbetriebsvermögen Betriebsvermögen der Gesellschafter, steht auch die anschließende Verpachtung der wesentlichen Betriebsgrundlagen an den ehemaligen Mitgesellschafter einer Realteilung zu Buchwerten nicht entgegen, wenn die Voraussetzungen einer Betriebsverpachtung erfüllt sind und der Verpächter bei Nutzungsüberlassung nicht die Betriebsaufgabe erklärt[2].

4627 Die Selbstständigkeit der Personenhandelsgesellschaft zeigt sich darin, dass die Gewinnanteile der Gesellschafter (§ 15 Abs. 1 Nr. 2 EStG) als Anteile am Gewinn der Gesellschaft durch einen Vermögensvergleich der Gesellschaft und nicht durch Vermögensvergleiche der einzelnen Gesellschafter zu ermitteln sind[3].

4628 Gleiches gilt nach Auflösung der Gesellschaft für die Ermittlung der Veräußerungs- oder Aufgabegewinnanteile der Gesellschafter. Sie sind Anteile vom Veräußerungs- oder Aufgabegewinn der Gesellschaft, der durch eine steuerrechtliche Schlussbilanz der Gesellschaft zu ermitteln ist[4].

4629 Der Veräußerungsgewinn ergibt sich als Unterschied zwischen dem Buchwert der Wirtschaftsgüter des Betriebsvermögens der Gesellschaft und dem Veräußerungspreis nach Abzug der Veräußerungskosten, der Aufgabegewinn als Unterschied zwischen dem Buchwert der Wirtschaftsgüter des Betriebsvermögens und dem anzusetzenden gemeinen Wert dieser Wirtschaftsgüter nach Abzug der Aufgabekosten.

4630 Der Veräußerungsgewinn ist handelsrechtlich, wenn nichts anderes vereinbart ist, nach dem Schlüssel für die Verteilung des Jahresgewinns auf die Gesellschafter zu verteilen[5], steuerrechtlich den Gesellschaftern nach diesem Schlüssel zuzurechnen[6].

4631 Die Verteilung des Aufgabegewinns der Gesellschaft auf die Gesellschafter bestimmt sich im Falle der Realteilung nach dem Wert der Wirtschaftsgüter, die auf den einzelnen

---

1 BGH-Beschluss vom 18. Oktober 1993 II ZR 41/93, DStR 1993, 1675.
2 BFH-Urteil vom 23. März 1995 IV R 93/93, BFHE 177, 404, BStBl II 1995, 199, DB 1995, 1994.
3 BFH-Beschluss vom 10. November 1980 GrS 1/79, BFHE 132, 244, BStBl II 1981, 164; zur Veräußerung von Wirtschaftsgütern zwischen der Gesellschaft und ihren Gesellschaftern und für gesellschaftsrechtliche Sacheinlagen vgl. BFH-Urteil vom 25. November 1980 VIII R 32/77, BFHE 132, 425, BStBl II 1981, 419.
4 Vgl. BFH-Urteil vom 17. April 1980 IV R 58/78, BFHE 131, 34, BStBl II 1980, 721, für die Anteile am Veräußerungsgewinn der Gesellschaft.
5 BGH-Urteil vom 17. November 1955 II ZR 42/54, JZ 1956, 219.
6 BFH-Beschluss vom 10. November 1980 GrS 1/79, BFHE 132, 244, BStBl II 1981, 164.

Gesellschafter übertragen werden. Es wird also bei jedem Beteiligten der gemeinsame Wert der Wirtschaftsgüter angesetzt, die er bei der Auseinandersetzung erhält. Aufgabegewinnanteil des Gesellschafters ist danach der Unterschied zwischen dem gemeinen Wert der ihm zugeteilten Wirtschaftsgüter und dem Buchwert seines Kapitalkontos (§ 16 Abs. 2 EStG).

Soweit das Verhältnis der gemeinen Werte nicht dem zustehenden Aufgabegewinn entspricht und deshalb der Gesellschafter, der zu viel erhalten hat, dem Gesellschafter, der zu wenig erhalten hat, einen Ausgleich in Geld zahlt, erhöht dieser Ausgleich den Aufgabegewinnanteil des empfangenden Gesellschafters und vermindert den Aufgabegewinnanteil des leistenden Gesellschafters. Denn der Ausgleich ist Bestandteil der Vereinbarung über die Auseinandersetzung. 4632

Gehen bei der Auseinandersetzung einer Personengesellschaft im Wege einer Realteilung Teilbetriebe der Gesellschaft auf die einzelnen Gesellschafter über, ist dies kein Tatbestand i. S. des vormaligen § 7 Abs. 1 EStDV[1], also der unentgeltlichen Betriebsübertragung (jetzt § 6 Abs. 3 EStG) oder der unentgeltlichen Wirtschaftsgutübertragung (jetzt § 6 Abs. 4 EStG). 4633

Setzen sich die Gesellschafter durch Realteilung auseinander, so haben sie ein Wahlrecht, entweder einen Aufgabegewinn der Gesellschaft zu versteuern und dann in ihren Bilanzen den Teilwert der ihnen zugeteilten Wirtschaftsgüter anzusetzen oder – wenn die Besteuerung der stillen Reserven sichergestellt ist – den Buchwert dieser Wirtschaftsgüter fortzuführen[2]. 4634

Eine die Gewinnrealisierung vermeidende Realteilung des Betriebsvermögens kann – vorbehaltlich weiterer Voraussetzungen – nur dann angenommen werden, wenn die Wirtschaftsgüter des Betriebsvermögens nach ihrer Zuteilung an die Gesellschafter in der Weise betrieblich genutzt werden, dass die spätere steuerliche Erfassung der in ihnen ruhenden stillen Reserven gewährleistet bleibt[3]. 4635

Beispiel[4]: 4636
Wird eine aus A und B (Kapitalkonten je 150) bestehende OHG real geteilt, übernimmt A den Teilbetrieb 1 (Buchwert 100, Teilwert 400), B den Teilbetrieb 2 (Buchwert 200, Teilwert 400) und wählt A die Gewinnrealisierung, B die Buchwertfortführung, so gilt – vorausgesetzt, die unterschiedliche Wahlrechtsausübung sei zulässig – Folgendes:
A erzielt einen Aufgabegewinn in Höhe von (400 ./. 100 =) 300.
Bei B muss sichergestellt werden, dass die spätere Auflösung der stillen Reserven des von ihm übernommenen Teilbetriebs (= 200) nur zu einem Gewinn von 200 führt. Nur so wird erreicht, dass insgesamt nicht mehr stille Reserven versteuert werden als bei der Auflösung der OHG vorhanden waren. B muss deshalb in der Schlussbilanz der OHG sein Kapitalkonto erfolgsneutral um 30 auf 200 aufstocken. Die Fortführung dieses Kapitalkontos im Einzelunternehmen des B führte dann dazu, dass aus der Auflösung der stillen Reserven nur ein Gewinn von (400 ./. 200 =) 200 entsteht, sodass A und B zusammen (300 + 200 =) 500 versteuern.

cc) Realteilung bei Teilbetrieben und Einzelwirtschaftsgütern

Die Grundsätze der Realteilung von Personengesellschaften gelten auch bei der Realteilung von Teilbetrieben und Einzelwirtschaftsgütern. In die Realteilung sind auch die nega- 4637

---

1 BFH-Urteil vom 19. Januar 1982 VIII R 21/77, BFHE 135, 282, BStBl II 1982, 456 (S. 458 unter I. 1. d).
2 BFH-Urteil vom 19. Januar 1982 VIII R 21/77, BFHE 135, 282, BStBl II 1982, 456.
3 BFH-Urteil vom 21. Dezember 1977 I R 247/74, BFHE 124, 199, BStBl II 1978, 305.
4 BFH-Beschluss vom 31. Januar 1991 IV B 144/89, BFH/NV 1991, 536, dort S. 537.

tiven Wirtschaftsgüter einzubeziehen. Bei der steuerrechtlichen Beurteilung der Realteilung sind sowohl die steuerrechtliche als auch die handelsrechtliche Realteilungsbilanz heranzuziehen.

Entsprechen die Summen der Buchwerte der übernommenen Wirtschaftsgüter nicht der bisherigen Höhe der Kapitalkonten, sind die Kapitalkonten den Summen der Buchwerte der übernommenen Wirtschaftsgüter anzupassen[1].

4638–4640 *(unbesetzt)*

g) Tausch

4641 Die Überlegung zur Veräußerung von Mitunternehmeranteilen und der Realteilung einer Personengesellschaft gelten entsprechend für den Tausch von Mitunternehmeranteilen.

h) Einbringung eines Betriebs, Teilbetriebs oder eines Mitunternehmeranteils in eine Personengesellschaft nach dem Umwandlungssteuergesetz

4642 **Schrifttum:** *Widmann/Mayer,* Umwandlungsrecht, 3. Aufl., Bonn 1995: Einbringung eines Einzelunternehmens in eine GmbH.

4643 Für die Einbringung eines Betriebs, Teilbetriebs oder Mitunternehmeranteils in eine Personengesellschaft ist § 24 UmwStG dann maßgebend, wenn der Einbringende Mitunternehmer wird.

4644 Tritt jemand in eine fortbestehende Personengesellschaft ein, ohne dass einer der bisherigen Gesellschafter ausscheidet, und leistet der neue Gesellschafter eine Einlage in das Gesellschaftsvermögen, ist ebenfalls der Tatbestand des § 24 UmwStG erfüllt. Nach wirtschaftlicher Betrachtungsweise bringen die bisherigen Gesellschafter ihre Mitunternehmeranteile in eine neue erweiterte Mitunternehmerschaft ein. Die bisherigen Gesellschafter können ihre Buchwertanteile fortführen.

4645 Leistet der eintretende Gesellschafter an die bisherigen Gesellschafter eine Zahlung liegt eine Veräußerung und der Erwerb des Bruchteils eines Mitunternehmeranteils vor. Für die bisherigen Gesellschafter tritt eine Gewinnrealisierung ein.

4646 Die Personengesellschaft darf, wenn ein Tatbestand gem. § 24 UmwStG vorliegt, das eingebrachte Betriebsvermögen in ihrer Bilanz einschließlich der Ergänzungsbilanzen für ihre Gesellschafter mit seinem Buchwert oder mit einem höheren Wert ansetzen, wobei allerdings die Teilwerte der einzelnen Wirtschaftsgüter nicht überschritten werden dürfen (§ 24 UmwStG).

4647 Der Wert, mit dem das eingebrachte Betriebsvermögen in der Bilanz der Personengesellschaft einschließlich der Ergänzungsbilanzen für ihre Gesellschafter angesetzt wird, gilt für den Einbringenden als Veräußerungspreis (§ 24 UmwStG).

4648 Die Begünstigungen gemäß § 16 Abs. 4 und § 34 Abs. 1 EStG kommen nur in Betracht, wenn das eingebrachte Betriebsvermögen mit seinem Teilwert angesetzt wird (§ 24 UmwStG); § 16 Abs. 4 Satz 3 EStG ist zu beachten.

4649 Die Einbringung eines Betriebs liegt auch dann vor, wenn ein Wirtschaftsgut, das eine wesentliche Grundlage des eingebrachten Betriebs darstellt, nicht auf die Personengesell-

---

1 BFH-Urteile vom 10. Februar 1972 IX 317/75, BFHE 104, 543, BStBl II 1972, 419 und vom 10. Dezember 1991 VIII R 69/86, BFHE 166, 476, BStBl II 1992, 385.

schaft bürgerlich-rechtlich übertragen wird, sondern lediglich der Personengesellschaft zur Verfügung gestellt – z. B. verpachtet - wird[1].

Die Umwandlung einer Mitunternehmergemeinschaft in eine andere Rechtsform ist einkommensteuerrechtlich ein erfolgsneutraler Vorgang, wenn alle Beteiligten Mitunternehmer bleiben und die Beteiligungsverhältnisse sich nicht ändern. Deshalb führt zum Beispiel die Umwandlung einer Erbengemeinschaft in eine Gesellschaft bürgerlichen Rechts oder eine OHG unter Beibehaltung der Buchwerte weder zu einer Betriebsveräußerung noch zur Aufdeckung stiller Reserven[2]. 4650

Wird ein Einzelunternehmen unter Aufdeckung der stillen Reserven in eine OHG eingebracht, ist der Sachverhalt auch dann begünstigt, wenn die Einlage zum Teil für Rechnung des Einbringenden und zum Teil für Rechnung eines Mitgesellschafters bewirkt wird, der dem Einlegenden zum Ausgleich dafür einen Betrag in Geld zahlt[3]. 4651

(unbesetzt) 4652–4655

i) Verkauf eines Einzelunternehmens oder einer wesentlichen Betriebsgrundlage eines solchen Unternehmens an eine GmbH zu Buchwerten

Verkauft ein Unternehmer ein Einzelunternehmen oder eine wesentliche Beteiligung eines solchen Unternehmens an eine bereits bestehende GmbH, an der er beteiligt ist, zu Buchwerten, beurteilt die Rechtsprechung diesen Vorgang als Veräußerung i. S. v. § 16 Abs. 1 EStG verbunden mit einer verdeckten Einlage[4], die jedoch nicht von § 17 Abs. 1 EStG erfasst wird[5]. 4656

Der Gewinn aus einer zeitlich und wirtschaftlich mit der Einbringung eines Betriebs, Teilbetriebs oder Mitunternehmeranteils in eine Kapitalgesellschaft zusammenhängenden Entnahme ist tarifbegünstigt, wenn die Kapitalgesellschaft das eingebrachte Betriebsvermögen mit dem Buchwert ansetzt[6].

Beispiel: 4657

A errichtet durch Bargründung die A-GmbH mit einem Stammkapital von 50 000 €. Er verkauft kurze Zeit danach das bisher von ihm als Einzelkaufmann geführte Unternehmen an diese A-GmbH. Es wird ein Kaufpreis von 250 000 € vereinbart, der den Buchwerten des Einzelunternehmens entspricht. Die GmbH führt die Buchwerte fort. Der gemeine Wert des Betriebsvermögens beträgt 350 000 €; ein Firmenwert ist nicht vorhanden.

Eine Einbringung i. S. des Umwandlungssteuerrechts liegt nicht vor, denn für die Übertragung wurden keine neuen Gesellschaftsrechte gewährt.

Soweit A der A-GmbH Betriebsvermögen überträgt, ohne dafür eine angemessene Gegenleistung zu erhalten, leistet er eine verdeckte Einlage.

---

1 Vgl. Rn 4626.
2 BFH-Entscheidung vom 12. August 1981 I R 65/77, nv.
3 BFH-Urteil vom 23. Juni 1981 VIII R 138/80, BFHE 135, 551, BStBl II 1982, 622.
4 Vgl. BFH-Urteil vom 12. Februar 1980 VIII R 114/77, BFHE 130, 378, BStBl II 1980, 494; vgl. zu dem Thema auch *Korn*, Ausgleich für stille Reserven bei Gesellschafteraufnahme und Fusion ohne steuerliche Gewinnrealisierung, KÖSDI 1987, 6841.
5 BFH-Urteil vom 27. Juli 1988 I R 147/83, BFHE 155, 52, BStBl II 1989, 271.
6 BFH-Urteil vom 25. September 1991 I R 184/87, BFHE 166, 132, BStBl II 1992, 406.

Folgt man dieser Auffassung, wäre bei der GmbH (erfolgsneutral) zu buchen:

Aktiva	350 000 €	Rücklage	100 000 €
		Kaufpreis-Verbindlichkeit	250 000 €

A hat die Veräußerung gemäß § 16 EStG zu versteuern. Der Veräußerungspreis umfasst neben dem Barpreis auch die Wertsteigerung seiner Anteile auf Grund der verdeckten Einlage.

Der Veräußerungspreis ist aufzuteilen in

	€
Bar	250 000
Bareinlage	100 000
	350 000
abzüglich Buchwert	250 000
Der Veräußerungsgewinn beträgt	100 000

Meines Erachtens liegt eine Einbringung i. S. v. § 16 EStG vor. Aber bei der GmbH betragen die Aktiva 250 000 €; eine Rücklage ist mE nicht zu buchen.

Beim veräußernden Unternehmer liegt eine entgeltliche Veräußerung (Veräußerungspreis 250 000 €) vor verbunden mit einer Entnahme (Wert 100 000 €), denn die Besteuerung der stillen Reserven ist in Zukunft nicht mehr möglich, weil die Beteiligung zum Privatvermögen gehört und die Veräußerung der Anteile – von § 23 EStG abgesehen – steuerlich nicht erfasst wird. Das entspricht dem alten Grundsatz: „hinein in die Kapitalgesellschaft ja, heraus nein"[1].

4658 Die Übertragung einer wesentlichen Beteiligung auf eine Kapitalgesellschaft, an der die Beteiligung besteht, führt nur nach Maßgabe der Gegenleistung zu einem Veräußerungsgewinn, wenn der Wert der Beteiligung zwar erheblich höher als die Gegenleistung ist, die Kapitalgesellschaft die Beteiligung jedoch nur mit ihren tatsächlichen Anschaffungskosten einbucht[2]. Die Veräußerung führt nur nach Maßgabe des erzielten Barpreises zu einem Veräußerungsgewinn. Nach Auffassung der Rechtsprechung ist jede Übertragung einer wesentlichen Beteiligung im Wege einer verdeckten Einlage als eine Veräußerung i. S. v. § 17 Abs. 1 EStG anzusehen[3].

4659 *(unbesetzt)*

4660 **Beispiel** bei Korn[4]:

A bringt seinen Betrieb in eine neue Gesellschaft Z ein, in die B als Gesellschafter aufgenommen werden soll. Beide sollen zu je 50 vH beteiligt werden. B hat keinen Betrieb und muss seinen Gesellschafterbeitrag anderweitig leisten. A möchte die Buchwerte seines Einzelunternehmens fortführen, welches stille Reserven aufweist.

---

1 Vgl. dazu auch *Wollny*, DStR 1967, 6 ff.
2 BFH-Urteil vom 25. November 1965 IV 216/64 S, BFHE 84, 303, BStBl III 1966, 110.
3 BFH-Urteil vom 27. Juli 1988 I R 147/83, BFHE 155, 52, BStBl II 1989, 271, durch das vom BFH-Urteil vom 12. Februar 1980 VIII R 114/77, BFHE 130, 378, BStBl II 1980, 494 abgewichen wurde.
4 *Korn*, Ausgleich für stille Reserven bei Gesellschafteraufnahme und Fusion ohne steuerliche Gewinnrealisierung, KÖSDI 7/1987, 6841. Da Zitat sind die Daten in DM beibehalten.

	Buchwert €	Teilwert €
Grundstück	300 000	500 000
Gebäude	2 000 000	3 000 000
übriges Anlagevermögen	1 500 000	2 000 000
Geschäftswert	–	1 000 000
Umlaufvermögen	5 000 000	5 500 000
	8 800 000	12 000 000
Kapital	1 500 000	4 700 000
Verbindlichkeiten	7 300 000	7 300 000
	8 800 000	12 000 000

1. Bei Einbringung (Umwandlung) eines Unternehmens in eine GmbH können die stillen Reserven wie folgt ausgeglichen werden:
Die Z-GmbH wird mit 3 Mio. € Stammkapital ausgestattet. B zahlt 4 700 000 € in die GmbH ein, und zwar 1 500 000 € auf das Kapital und 3 200 000 € Zuzahlung als Aufgeld in die Rücklage. Der Betrieb wird mit 1 500 000 € als Sachlage unter Buchwertfortführung eingebracht. Das ergibt folgende Eröffnungsbilanz der Z-GmbH:

Eröffnungsbilanz der Z-GmbH

	€		€
diverse Aktivposten		Stammkapital	
(wie Einzelunternehmen)	8 800 000	A	1 500 000
Bareinlage B	4 700 000	B	1 500 000
		Rücklagen	3 200 000
		Verbindlichkeiten	7 300 000
	13 500 000		13 500 000

A erzielt keinen Gewinn, weil die GmbH das eingebrachte Betriebsvermögen mit dem Buchwert übernimmt (§ 20 Abs. 4 Satz 1 UmwStG). Über den von B in die Rücklage als Aufgeld geleisteten Betrag verfügt A nicht, deshalb handelt es sich auch nicht um ein Entgelt, das A versteuern müsste. Bei der Z-GmbH ist die Zuzahlung (das Aufgeld) eine Einlage, die das Einkommen nicht erhöht. Das als Einlage zu wertende Aufgeld geht in das EK 04 (Teilbetrag des verwendbaren Eigenkapitals nach § 30 Abs. 2 Nr. 4 KStG) ein.

Bei B stellt das Aufgeld Anschaffungsaufwand für die Beteiligung an der Z-GmbH dar. Sein Anschaffungsaufwand beträgt insgesamt also 4 700 000 €.

Wird später Gewinn aus dem EK 04 ausgeschüttet (etwa durch Auflösung der bei Einbringung durch das Aufgeld entstandenen Rücklage), so ist dieser bei den Gesellschaftern im Privatvermögen nach § 20 Abs. 1 Nr. 1 Satz 2 KStG keine Kapitaleinkunft und daher steuerfrei. Die GmbH muss keine Ausschüttungsbelastung nach § 40 Nr. 1 KStG herstellen.

2. Bei Einbringung (Umwandlung) eines Unternehmens in eine GmbH sind auch Ausgleichsleistungen unmittelbar zwischen den Gesellschaftern möglich: B zahlt dem A einen Ausgleich für die stillen Reserven von 1 600 000 €.

Bei B entstehen also zusätzliche Anschaffungskosten, während sich die Anschaffungskosten von A bis zur Höhe des Buchwertes des eingebrachten Betriebsvermögens – also bis null € – verringern und ein Veräußerungsgewinn entsteht, soweit der Wert der Abfindung das Buchkapital übersteigt.

j) Erzielung des Veräußerungsgewinns/Aufgabegewinns in mehreren Veranlagungszeiträumen

4661 Der Umstand, dass sich die Veräußerung oder Aufgabe des Betriebs, Teilbetriebs oder Mitunternehmeranteils auf mehrere Veranlagungszeiträume erstreckt, steht der Annahme eines begünstigten Veräußerungsgewinns oder Aufgabegewinns nicht entgegen[1].

4662 Erhält der aus einer Personengesellschaft ausscheidende Gesellschafter sein Auseinandersetzungsguthaben erst im Laufe mehrerer Jahre in Raten und hat er das Recht, die Bemessung jeder Rate im Jahr der Fälligkeit nach dem jeweiligen Preis eines Sachwertes zu verlangen, so stellen die Unterschiede zwischen den bei Ausscheiden festgesetzten Nennbeträgen der Ratenzahlungen und den durch die Ausübung des Rechts erhöhten Auszahlungsbeträgen laufende gewerbliche Einnahmen dar[2].

4663–4665 *(unbesetzt)*

k) Erzielung des Veräußerungsgewinns bei Verpachtung

4666 **Schrifttum:** *Mathiak,* Der Umfang des Betriebsvermögens bei (betriebsfortführender) Unternehmensverpachtung, FR 1984, 129.

4667 Wird ein Unternehmen verpachtet, ist vor einer eindeutigen Erklärung des Unternehmers nicht erkennbar, ob der Betrieb nur zeitweilig oder für immer nicht mehr werbend fortbestehen soll. Wählt der Unternehmer die Betriebsfortführung, ist das Betriebsvermögen weiterhin als Betriebsvermögen auszuweisen.

4668 Notwendiges Betriebsvermögen sind die wesentlichen Betriebsgrundlagen, unabhängig davon, ob sie verpachtet sind oder außerhalb der Verpachtung in Reserve gehalten werden[3]. „Notwendiges Betriebsvermögen ist weiterhin das gesamte verpachtete Vermögen, gleichviel, ob es vor der Verpachtung notwendiges oder gewillkürtes Betriebsvermögen oder Privatvermögen war." Denn notwendiges Betriebsvermögen kann auch außerhalb der Verpachtung bestehen, z. B. die in Reserve gehaltenen wesentlichen Betriebsgrundlagen, die zur Verwaltung eingesetzten Wirtschaftsgüter.

4669 „Der bilanzierende Steuerpflichtige kann außerhalb der Verpachtung bisher bilanziertes Betriebsvermögen regelmäßig als gewillkürtes Betriebsvermögen fortführen oder gewillkürtes Betriebsvermögen neu bilden." Geht der Unternehmer zur Gewinnermittlung nach § 4 Abs. 3 EStG über, ist der Übergang keine Erklärung der Entnahme oder ein Vorgang, der als Zwangsentnahme zu beurteilen wäre[4].

4670 Wechselt der Inhaber, sei es weil der ursprüngliche Unternehmer das Unternehmen veräußert, sei es, weil er es im Wege der Schenkung überträgt oder weil das Unternehmen auf Grund eines Vermächtnisses übergeht, wird das Pachtverhältnis nicht beendet (§§ 581 Abs. 2, 571, 1922 BGB).

4671 Einkommensteuerlich kommt es nicht zur Aufgabe des verpachteten Betriebes[5].

---

[1] BFH-Urteil vom 16. September 1966 VI 118, 119/65, BFHE 87, 134, BStBl III 1967, 70; vgl. auch *Schulze zur Wiesche,* Betriebsaufgabe über mehrere Veranlagungszeiträume, FR 1986, 25–29.
[2] BFH-Urteil vom 16. Juli 1964 IV 377/62 U, BFHE 80, 410, BStBl III 1964, 622, es handelt sich insoweit um zwangsläufig nachträgliche Einnahmen aus Gewerbebetrieb, die als laufende Bezüge des Veranlagungszeitraums zu behandeln sind, in dem sie dem Berechtigten auf Grund der Ausübung seines Wahlrechts tatsächlich zufließen.
[3] Vgl. *Mathiak,* aaO, FR 1984, 135.
[4] Vgl. *Mathiak,* aaO, FR 1984, 135.
[5] Vgl. dazu aber *L. Schmidt,* DStR 1979, 671, 677.

Bezog der Veräußerer Gewinneinkünfte, weil er weder im Zeitpunkt der Verpachtung noch 4672
später die Betriebsaufgabe erklärt hatte[1], so geht das Wahlrecht des Verpächters im Falle
der entgeltlichen Übertragung des verpachteten Betriebs mit der Aufdeckung der stillen
Reserven unter. Der Erwerber bezieht Einkünfte aus Vermietung und Verpachtung. Das
Gleiche gilt, wenn der Erwerber eines Betriebs diesen alsbald verpachtet, ohne selbst
unternehmerisch tätig geworden zu sein[2].

Bei unentgeltlichem Erwerb eines verpachteten Betriebs geht das Wahlrecht auf den 4673
Erwerber über (s. dazu Amtliches Einkommensteuer-Handbuch 2003, zu § 16 EStG R 139
(5) und H 139 (5) dort Rechtsnachfolger).

Der unentgeltliche Erwerber erzielt zwar ebenso wie der entgeltliche Erwerber eines ver- 4674
pachteten Betriebs Einkünfte aus Vermietung und Verpachtung. Die unentgeltliche Betriebsübertragung ist in der Person des Übereignenden keine Betriebsveräußerung i. S. d.
§ 16 EStG und mangels einer darauf gerichteten Willenserklärung auch keine Entnahme
oder Betriebsaufgabe. Der Rechtsnachfolger erwirbt die verpachteten Wirtschaftsgüter
„mit der Eigenschaft als Betriebsvermögen behaftet"[3].

Umstritten ist, ob der Erwerber die Vermögensverwaltung ebenso fortführt wie der Ver- 4675
äußerer oder ob der Rechtsnachfolger die bei der Betriebsübertragung vorhandenen stillen
Reserven festzuhalten hat, um sie bei einem später gewinnverwirklichenden Vorgang zu
versteuern[4].

l) Gewinn bei Unternehmensveräußerung mit Rückwirkung

Die bürgerlich-rechtliche Vereinbarung, dass sich die Vertragsparteien schuldrechtlich so 4676
stellen wollen, dass die Wirkungen des Vertrages bereits zu einem früheren Zeitpunkt
eintreten sollen, löst steuerlich keine Wirkungen für die Vergangenheit aus. Das folgt
daraus, dass die Steuerschuld nach Maßgabe des konkret verwirklichten Steuertatbestan-
des entsteht (§ 38 AO) und dass es ihnen auf Grund dessen verwehrt ist, diesen Sachverhalt nachträglich mit steuerlicher Wirkung für die Vergangenheit ganz oder teilweise wieder aufzuheben[5].

Eine Änderung des Gewinnverteilungsschlüssels und Verlustverteilungsschlüssels einer
KG während eines Wirtschaftsjahres mit Rückbeziehung auf ein vorangegangenes Wirtschaftsjahr oder ab dem Beginn des Wirtschaftsjahres ist steuerrechtlich grundsätzlich
nicht anzuerkennen.

Das gilt auch für den Eintritt eines Gesellschafters in eine Personengesellschaft während
eines Wirtschaftsjahres; es ist dann nicht zulässig, den bis zum Eintrittszeitpunkt entstandenen Gewinn oder Verlust durch eine schuldrechtliche Rückbeziehung der Eintrittsver-
einbarung als laufenden Gewinn oder Verlust einkommensteuerrechtlich von den bishe-

---

1 Vgl. dazu BFH-Beschluss vom 13. November 1963 GrS 1/63 S, BFHE 78, 315, BStBl III 1964, 124.
2 Vgl. *Kanzler,* aaO, S. 286 unter II 2.
3 Anderer Ansicht *Kanzler,* aaO, FR 1983, (vgl. Rn 4666) 287 unter III 2.
4 Vgl. Rn 4666 *Kanzler,* FR 1983, 287 ff.; ferner *Felsmann,* INF 1982, 517, 520.
5 BFH-Urteile vom 12. Juni 1980 IV R 40/77, BFHE 131, 224, BStBl II 1980, 723; vom 13. Oktober 1982 I R 153/
   79, nv, und vom 7. Juli 1983 IV R 209/80, BFHE 139, 60, BStBl II 1984, 53.

rigen Gesellschaftern ganz oder teilweise auf den neu eingetretenen Gesellschafter zu verlagern[1].

4677–4680 *(unbesetzt)*

12. Erbfall, Erbauseinandersetzung, vorweggenommene Erbauseinandersetzung, sonstige Fälle der unentgeltlichen Übertragung des Unternehmens

4681 **Schrifttum** zur Rechtslage vor den Beschlüssen des Großen Senats siehe 2. Aufl. Rn 3200; Zur Auffassung der Verwaltung s. BMF-Schreiben vom 11. Januar 1993 IV B 2 – S 2242 – 86/92, BStBl I 1993, 62;

Brandenburg, Erbauseinandersetzung durch Realteilung Aufgabegewinn auch bei Übernahme des gesamten Betriebs?, DB 1991, 405; *Fischer*, Wiederkehrende Bezüge und Leistungen, München 1994; *Flick*, Richtige und rechtzeitige Erbfolgeplanung, 4. Aufl., Frankfurt am Main 1992; *Groh*, Behandlung der qualifizierten Gesellschafternachfolge durch das Steuerrecht, DStR 1994, 413; *Groh*, Betriebsschulden aus Privatvorgängen, DB 1992, 444; *Märkle*, Die Fremdfinanzierung von Ausgleichs- und Abstandsverpflichtung, DStR 1993, 1173; *Märkle*, Die teilentgeltliche Betriebsübertragung im Rahmen der vorweggenommenen Erbfolge, DStR 1993, 1005; *Meyer, Axel*, Die Realteilung als Modell zur Ertragsteueroptimierung bei Erbauseinandersetzungen, DStR 1994, 153; *Obermeier*, Vorweggenommene Erbfolge und Erbauseinandersetzungen, 2. Aufl., Herne/Berlin 1995; *Ott*, Einkommensteuerliche Behandlung der Erbauseinandersetzung bei GmbH-Anteilen, GmbHR 1993, 471; *Spross*, Aktuelle Gestaltungen zur vorweggenommenen Erbfolge, DStZ 1994, 13; *Stephan*, Erbauseinandersetzung sowie vorweggenommene Erbregelung und große Übergangsregelung im Betriebsvermögen (§ 52 Abs. 15 und 21 EStG), DB 1994, 397; *Thürmer*, Vermögensübertragung zur vorweggenommenen Erbfolgeregelung DB 1989, (Teil I:) 1838, DB 1989, (Teil II:) 1895; *Wacker/Franz*, Zur ertragsteuerrechtlichen Behandlung der Erbengemeinschaft und ihrer Auseinandersetzung, Beilage V zu Heft VIII/1993 des BB.

BMF-Schreiben vom 11. Januar 1993 – IV B II – S 2242 – 86/92, BStBl I 1993, 62 und vom 13. Januar 1993 – IV B 3 – S 2190 – 37/92, BStBl I 1993, 80.

a) Allgemeines

4682 Im Einkommensteuerrecht wird davon ausgegangen, dass Erbfall und Erbauseinandersetzung zwei selbstständige Rechtsvorgänge sind, also die Erbauseinandersetzung dem Erbfall als selbstständiger Rechtsvorgang nachfolgt und mit diesem keine rechtliche Einheit bildet[2].

Das gilt sowohl für die Einkünfteerzielung ab Todeszeitpunkt wie auch die Beurteilung der einkommensteuerrechtlichen Folgen der Auseinandersetzung. Der Anfall der Erbschaft beim Erben ist unentgeltlicher Erwerb von Todes wegen.

Wird der Erblasser von mehreren Erben beerbt, schließt sich an den unentgeltlichen Erwerb von Todes wegen die Erbauseinandersetzung der Miterben an. Bei ihr werden die Nachlassgegenstände der Erbmasse durch Rechtsgeschäft unter Lebenden von der Erbengemeinschaft auf die einzelnen Miterben verteilt (Erbauseinandersetzung). Abfindungszahlungen eines Erben an die übrigen Miterben, weil der Wert der dem einen Erben zugeteilten Nachlassgegenstände seinen Erbanteil übersteigt, und Aufwendungen für den Er-

---

[1] BFH-Urteil vom 17. März 1987 VIII R 293/82, BFHE 149, 454, BStBl II 1987, 558, zuvor Urteile vom 28. Januar 1986 VIII R 283/81, BFH/NV 1986, 524, und vom 9. Oktober 1986 IV R 259/84, BFH/NV 1987, 567.

[2] Zur Rechtslage vor den Beschlüssen des Großen Senats vom 5. Juli 1990 GrS 2/89, BStBl II 1990, 837, und GrS 4–6/89, BStBl II 1990, 847, zu Erbfall und Erbauseinandersetzung vgl. Darstellung in der zweiten Auflage (Rn 3201 ff.).

werb des Erbteils eines Miterben sind entgeltliche Erwerbe. Sie führen beim Leistenden grundsätzlich zu Anschaffungskosten; in gleicher Höhe erzielt der weichende Miterbe einen Veräußerungserlös; bei Abfindungszahlungen für Nachlassgegenstände des Betriebsvermögens gegen Abfindungszahlungen verwirklicht der weichende Erbe also einen Veräußerungsgewinn. Keinen Einfluss auf die Beurteilung hat es, ob die Leistungen aus dem erlangten Nachlassvermögen erbracht werden[1].

Lässt sich ein Nachlass ohne Zuzahlungen real teilen, so ist die Realteilung ein Vorgang ohne Gegenleistung, der z. B. dem ein Grundstück übernehmenden Erwerber kein höheres AfA-Volumen verschafft, als es der Erblasser oder die Erbengemeinschaft hatte[2].

Im Bereich des Betriebsvermögens wird die Erbauseinandersetzung der gewerblich tätigen Erbengemeinschaft wie die Auseinandersetzung über eine gewerblich tätige Personengesellschaft behandelt[3].

b) Erbfall und Einkünfte

aa) Steuerliche Folgen beim Erblasser

(1) Zurechnung des laufenden Gewinns

Beim Erbfall ist der bis zum Todestag entstandene laufende Gewinn dem Erblasser zuzurechnen[4]. 4683

Der Übergang eines Unternehmens vom Erblasser auf den Erben oder die Miterbengemeinschaft ist – anders als bei vorweggenommener Erbfolge – weder eine Betriebsveräußerung noch eine Betriebsaufgabe des Erblassers.

(2) Ermittlung des laufenden Gewinns auf den Todestag

Beim Erblasser sind zur Ermittlung des seine Person betreffenden laufenden Gewinns in der auf den Zeitpunkt des Todes bezogenen Bilanz (Zwischenbilanz) die Werte anzusetzen, die sich nach den Vorschriften über die Gewinnermittlung (§§ 4–7 EStG) ergeben[5]. Die stillen Reserven werden also nicht aufgedeckt. Die Zwischenbilanz ersetzt in diesem Fall die Jahresabschlussbilanz. 4684

(3) Schätzung des Gewinns

Kann der laufende Gewinn nicht auf diese Weise[6] ermittelt werden, ist er gegebenenfalls zu schätzen. 4685

bb) Steuerliche Folgen beim Erben

Schrifttum: *Groh,* Der erwerbende Veräußerer (Teilbegünstigung des Veräußerungsgewinns nach § 16 II, III), DB 1996, 2356. 4686

---

1 BFH-Beschluss vom 5. Juli 1990 GrS 2/89, BFHE 161, 332, BStBl II 1990, 837.
2 Der Große Senat (BFHE 161, 322, BStBl II 1990, 837) verweist auf das Urteil des BFH vom 22. September 1987 IX R 15/84, BFHE 151, 143, BStBl II 1988, 250 und auf die dortige Berechnungsweise.
3 Vgl. *Groh,* Die Erbauseinandersetzung im Einkommensteuerrecht, DB 1990, 2135, dort unter 4a.
4 BFH-Urteil vom 28. März 1973 I R 100/71, BFHE 109, 123, BStBl II 1973, 544.
5 BFH-Urteil vom 28. März 1973 I R 100/71, BFHE 109, 123, BStBl II 1973, 544.
6 Rn 4684.

(1) Folgen des Erbfalls allgemein

4687 (1) Stirbt ein Einzelunternehmer, so treten der Alleinerbe oder die Erben sowohl bürgerlich-rechtlich wie auch einkommensteuerrechtlich in die Rechtsstellung des Erblassers ein[1].

4688 (2) Die Erbengemeinschaft wird bis zu ihrer Auseinandersetzung bei den Einnahme-Werbungskosten-Überschusseinkünften wie eine Bruchteilsgemeinschaft (§ 39 Abs. 2 Nr. 2 AO) und bei den Gewinneinkünften als Mitunternehmerschaft behandelt, sofern Sonderregeln (z. B. Höfeordnungen, gesellschaftsrechtliche Nachfolgeklauseln) nicht etwas anderes bestimmen. Die Erben verwirklichen also selbst den Einkünftetatbestand.

4689 (3) Die Einkunftserzielung durch die Erbengemeinschaft und die Zurechnung der laufenden Einkünfte an die Miterben endet, sobald und soweit sich die Miterben hinsichtlich des gemeinsamen Vermögens auseinandersetzen.

4690 (4) Da die Erbengemeinschaft eine auf Teilung angelegte Zufallsgemeinschaft ist, lässt es die Verwaltung zu, dass in der Regelung der Auseinandersetzung auch eine rückwirkende Zurechnung der laufenden Einkünfte vereinbart wird, wenn die mit dem Erbfall beginnende Rückwirkungsfrist allenfalls 6 Monate beträgt.

Die laufenden Einkünfte können also in einem solchen Fall ohne Zwischenzurechnung ab dem Erbfall ungeschmälert dem die Einkunftsquelle übernehmenden Miterben zugerechnet werden[2].

4691 (5) Der Übergang des Gewerbebetriebs vom Erblasser auf den Erben ist keine Eröffnung eines Betriebs i. S. v. § 6 Abs. 1 Nr. 6 EStG durch den Erben, sondern ein unentgeltlicher Übergang, und zwar eine unentgeltliche „Übertragung" eines Betriebs (§ 6 Abs. 3 EStG).

4692 Wird ein Pflichtteilsanspruch auf Grund Vereinbarung mit dem Erben eines Betriebs verzinslich gestundet, sind die Schuldzinsen mangels Vorliegen einer Betriebsschuld nicht als Betriebsausgaben abziehbar. Entsprechendes gilt für den in eine KG eingetretenen Erben eines Kommanditanteils hinsichtlich des Abzugs von Sonderbetriebsausgaben[3].

Zahlungen zur Abgeltung von Pflichtteilsansprüchen sind steuerlich auch dann nicht absetzbar, wenn sie vereinbarungsgemäß aus laufenden Betriebseinnahmen geleistet werden[4].

Ein vom Erblasser mangels positiver Einkünfte nicht ausgeglichener Verlust ist aber bei der Veranlagung des Erben für das Jahr des Erbfalls zu berücksichtigen[5].

(2) Buchwertfortführung und allgemeine Grundsätze

4693 Der Erbe hat die sich nach den Vorschriften über die laufende Gewinnermittlung zum Todestag ergebenden Buchwerte fortzuführen[6].

---

1 Vgl. z. B. BFH-Urteil vom 21. März 1969 VI R 208/67, BFHE 96, 19, BStBl II 1969, 520.
2 BMF-Schreiben vom 11. Januar 1993 IV B 2 – S 2242 – 86/92, BStBl I 1993, 62, Rn 8.
3 BFH-Urteil vom 2. März 1993 VIII R 47/90, BFHE 170, 566, BStBl II 1994, 619. Vgl. dazu ferner BMF-Schreiben vom 11. August 1994 4 B 2 – S 242 – 33/94, BStBl I 1994, 603.
4 BFH-Urteil vom 2. März 1995 IV R 62/93, BFHE 177, 113, BStBl II 1995, 413.
5 BFH-Urteil vom 16. Mai 2001 I R 76/99, BFH/NV 2001, 1327, FR 2001, 1051.
6 BFH-Urteile vom 7. Februar 1980 IV R 178/76, BFHE 130, 42, BStBl II 1980, 383, und vom 26. März 1981 IV R 130/77, BFHE 133, 271, BStBl II 1981, 614.

Auflagen, Vermächtnisse, Pflichtteilsansprüche und Wertausgleichszahlungen sind sämtlich Erbfallschulden und mindern das Erbe. 4694

Der Erbe darf die Buchwerte eines zum Nachlass gehörigen Gewerbebetriebs nicht anteilig um den Nennwert der Erbfallschulden aufstocken[1]. 4695

Der Anfall von Vermächtnis- und Pflichtteilsansprüchen ist nicht einkommensteuerpflichtig. 4696

Diese Grundsätze gelten auch dann, wenn ein Erblasser von einer Mehrheit von Erben (Erbengemeinschaft) beerbt wird, der Betrieb jedoch nur von einem Miterben fortgeführt wird. Dabei ist es unerheblich, ob die Betriebsfortführung nur durch einen Miterben auf einer entsprechenden testamentarischen Anordnung des Erblassers oder aber auf einer Vereinbarung aller Erben untereinander beruht. In beiden Fällen kann ausnahmsweise wiederum davon auszugehen sein, dass der Betrieb unentgeltlich vom Erblasser unmittelbar auf den fortführenden Miterben übergegangen ist (vgl. Rn 4683). Der Übergang ist in diesem Fall weder beim Erblasser noch bei den übrigen Miterben eine Betriebsveräußerung oder Betriebsaufgabe. Der den Betrieb fortführende Miterbe hat die Buchwerte des Erblassers fortzuführen[2]. 4697

Entsprechendes gilt schließlich auch dann, wenn der Betrieb auf einen Vermächtnisnehmer übergeht. Der den Betrieb fortführende Vermächtnisnehmer tritt einkommensteuerrechtlich abweichend von der bürgerlich-rechtlichen Beurteilung unmittelbar in die Rechtsstellung nach dem Erblasser ein. Die Übertragung des Betriebs auf den Vermächtnisnehmer ist weder beim Erblasser noch bei dem oder den Erben Betriebsveräußerung oder Betriebsaufgabe. 4698

Erbfallschulden führen bei den den Betrieb fortführenden Erben, Miterben oder Vermächtnisnehmern – steuerrechtlich gesehen – nicht zu Anschaffungskosten für das durch den Erbfall erworbene Unternehmen. 4699

Ist ein Unternehmen auf Grund eines Sachvermächtnisses an einer der Miterben oder einen Dritten (Vermächtnisnehmer) herauszugeben, so sind die nach dem Erbfall bis zur Erfüllung des Vermächtnisses erzielten Einkünfte den Miterben als Mitunternehmern zuzurechnen, es sei denn, dass dieser schon vor der Erfüllung des Vermächtnisses als Inhaber des Unternehmens anzusehen ist[3]. 4700

(unbesetzt) 4701–4710

(3) Fortführung des Unternehmens durch den oder die Erben

Ab dem Tod des Erblassers entsteht eine Mitunternehmerschaft, der sämtliche Miterben als Mitunternehmer angehören. Die gewerbliche Betätigung der Miterben beschränkt sich auf den zum Nachlass gehörenden Betrieb. Die Fortführung des Unternehmens als OHG setzt den Abschluss eines Gesellschaftsvertrages und die Überführung des Unternehmens voraus[4]. Dabei kann es sich auch um ein schon in der Hand des Erblassers begründete Besitzunternehmen im Rahmen einer Betriebsaufspaltung handeln; zum Betriebsvermö- 4711

---

1 Vgl. z. B. BFH-Urteile vom 20. Januar 1966 IV 377/61, BFHE 85, 279, BStBl III 1966, 312; vom 12. Februar 1960 IV 184/58 U, BFHE 70, 459, BStBl III 1960, 172.
2 Vgl. dazu auch BFH-Urteil vom 2. Dezember 1976 IV R 115/75, BFHE 121, 39, BStBl II 1977, 209. Vgl. § 6 Abs. 3 EStG.
3 BMF-Schreiben vom 11. Januar 1993 IV B 2 – S 2242 – 86/92, BStBl I 1993, 62, dort Rn 68; BFH-Urteil vom 24. September 1991 VIII R 349/83, BFHE 166, 124, BStBl II 1992, 330.
4 BFH-Urteil vom 9. Juli 1987 IV R 95/85, BFHE 150, 539, BStBl II 1988, 245.

gen des Besitzunternehmers kann auch der der Fremdvermietung gewidmete Grundbesitz gehören[1].

4712 Scheidet ein Miterbe später aus der Miterbengemeinschaft gegen Entgelt aus, liegt eine Veräußerung eines Mitunternehmeranteils i. S. v. § 16 Abs. 1 Nr. 2 EStG vor.

4713 Die Auseinandersetzung vollzieht sich im betrieblichen Bereich und führt zur Entstehung eines Veräußerungsgewinns nach § 16 Abs. 1 Nr. 2 EStG.

4714 (1) Besteht ein Nachlass u. a. aus einer OHG-Beteiligung mit Grundstücken des Erblassers im Sonderbetriebsvermögen und ist von zwei Erben zu gleichen Teilen nur einer berechtigt, die Gesellschafterstellung fortzuführen, kommt es bei dem nicht fortsetzungsberechtigten Erben zwingend zur Entnahme der Hälfte des Grundvermögens.

4715 (2) Eine Beteiligung kann durch den Erwerb eines weiteren Anteils im Erbwege zu einer wesentlichen Beteiligung i. S. d. § 17 EStG wachsen.

Selbst wenn die ererbte Beteiligung auf einen Vermächtnisnehmer zu übertragen wäre, blieben die vor dem Erberwerb nicht wesentlichen Beteiligungen nunmehr bei dem Erwerber fünf Jahre lang steuerverhaftet.

4716 *(unbesetzt)*

(4) Fortführung des Unternehmens durch nur einen Erben

4717 Führt nur ein Miterbe (oder einige von mehreren) den zum Nachlass gehörigen Gewerbebetrieb fort und findet die übrigen Erben ab, werden einkommensteuerrechtlich Erbfall und Erbauseinandersetzung genauso behandelt, wie auch sonst die Auseinandersetzung einer Mitunternehmerschaft[2].

4718 *(unbesetzt)*

4719 Erlangt ein Miterbe ein Wirtschaftsgut, das zum Betriebsvermögen eines im Rahmen der Erbauseinandersetzung von einem anderen oder mehreren anderen Miterben übernommenen gewerblichen Unternehmens (Mitunternehmeranteils) des Erblassers gehörte, und wird das Wirtschaftsgut beim übernehmenden Miterben **nicht** in ein Betriebsvermögen überführt, so kann darin eine Veräußerung durch die das Unternehmen fortführenden Miterben verbunden mit einer Gewinnverwirklichung vorliegen, und zwar insoweit, als der Ausgleichsanspruch des übernehmenden Miterben den Buchwert des Wirtschaftsguts übersteigt[3].

Gelangt das Wirtschaftsgut beim übernehmenden Miterben in sein Betriebsvermögen, können die Miterben die Buchwerte der Erbengemeinschaft fortführen[4].

4720 War der Erblasser Mitunternehmer des gewerblichen Unternehmens einer Personengesellschaft und das Wirtschaftsgut Sonderbetriebsvermögen, so ist der Entnahmegewinn des nicht in die Mitunternehmerstellung des Erblassers eingetretenen Miterben, der das Wirtschaftsgut erlangt, nicht im Rahmen der Gewinnfeststellung, für die Mitunternehmer-

---

[1] BFH-Urteil vom 23. Oktober 1986 IV R 214/84, BFHE 148, 65, BStBl II 1987, 120.

[2] Vgl. vor dem Beschluss des Großen Senats GrS 2/89 vom 5. Juli 1990 die BFH-Urteile vom 9. Juli 1985 IX R 49/83, BFHE 144, 366, BStBl II 1985, 722, vom 28. Januar 1987 I R 85/80, BFHE 150, 120, BStBl II 1987, 616, vom 29. Mai 1969 IV R 238/66, BFHE 96, 182, BStBl II 1969, 614, vom 21. Mai 1970 IV 344/64, BFHE 99, 469, BStBl II 1970, 747. Vgl. dazu *G. Söffing* in Lademann/Söffing, EStG, § 16 Anm. 250 ff.

[3] BMF-Schreiben vom 11. Januar 1993 IV B 2 – S 2242 – 86/92 unter D 4. Beispiel 20, BStBl I 1993, 62.

[4] BFH-Beschluss vom 5. Juli 1990 GrS 2/89, BFHE 161, 332, BStBl II 1990, 837, dort unter C II 1b am Ende.

schaft, sondern bei der Einkommensteuerveranlagung des Miterben zu erfassen, der das Wirtschaftsgut erlangt[1].

Nimmt kraft Gesellschaftsvertrag ein verstorbener Gesellschafter nicht mehr am laufenden Gewinn oder Verlust im Todesjahr teil oder ist ein weichender Miterbe kraft Testament des Erblassers entsprechend den Verhältnissen am letzten Bilanzstichtag abzufinden, handelt es sich insoweit um im Vorhinein getroffene Vereinbarungen, die nicht dem steuerlichen Rückwirkungsverbot unterliegen[2]. 4721

(unbesetzt) 4722–4725

(5) Veräußerungsgewinn bei Veräußerung des Unternehmens durch die Erben an Dritte

Veräußern die Erben den ererbten Betrieb an einen Dritten, entsteht ein Veräußerungsgewinn, der allen Erben anteilig zuzurechnen ist, und zwar unabhängig davon, ob die Erben den Betrieb befristet fortgeführt haben oder selbst – z. B. weil sie vom Erbfall nichts wussten – zu keiner Zeit unternehmerisch tätig waren. Der Veräußerungsgewinn ist selbst dann bei den Erben zu erfassen, wenn die Veräußerung auf einer Anordnung des Erblassers beruht[3]. 4726

(unbesetzt) 4727–4730

cc) Aufgabegewinn

Für den Aufgabegewinn gilt Entsprechendes wie für den Veräußerungsgewinn bei Veräußerung an Dritte[4]. 4731

dd) Fortführung des vom Erblasser verpachteten Unternehmens durch die Erben

Hatte ein Erblasser seinen Gewerbebetrieb verpachtet, ohne erklärt zu haben, dass er den Betrieb aufgibt, und führen seine Erben die Verpachtung fort, so ist die erste nach Jahren vollzogene Übernahme des Betriebs durch einen der Miterben unter Abfindung der übrigen Erben ein betrieblicher Vorgang[5]. 4732

ee) Ruhender Betrieb

Hat der Erbe des Miteigentumsanteils an einem ruhenden Gewerbebetrieb vor seinem Ausscheiden aus der Gesellschaft oder Gemeinschaft zusammen mit den anderen Gesellschaftern (Gemeinschaftern) das die wesentliche Betriebsgrundlage darstellende unbewegliche Anlagevermögen veräußert, ist ihm dieses Rechtsgeschäft anteilig zuzurechnen, ohne dass es darauf ankommt, ob er Unternehmerinitiative entfaltet und sich als Mitunternehmer betätigt hat[6]. 4733

(unbesetzt) 4734–4735

---

1 Nach BMF-Schreiben vom 11. Januar 1993 IV B 2 – S 2242 – 86/92, BStBl I 1993, 62, soll der Entnahmegewinn dem Erblasser zuzurechnen sein, da der nichtqualifizierte Miterbe nicht Mitunternehmer geworden ist (vgl. dort unter II 2, Rn 85).
2 Vgl. Rn 4676.
3 BFH-Entscheidung vom 27. November 1984 VIII R 304/82, nv.
4 Vgl. Rn 4726.
5 BFH-Urteil vom 10. Dezember 1975 I R 133/73, BFHE 118, 304, BStBl II 1976, 368.
6 BFH-Urteil vom 12. August 1981 I R 65/77, nv.

ff) Mitunternehmeranteil und Erbfall

4736 Die Rechtsgrundsätze, die für den Alleinerben maßgebend sind, der das Unternehmen des Erblassers fortführt, gelten sinngemäß, wenn der Gesellschafter einer gewerblich tätigen Personengesellschaft stirbt und sein Gesellschaftsanteil (Mitunternehmeranteil) auf einen Alleinerben oder eine Erbengemeinschaft übergeht.

4737 Ist im Gesellschaftsvertrag bestimmt, dass beim Tode eines Gesellschafters die Gesellschaft nur unter den bisherigen übrigen Gesellschaftern fortgesetzt wird (sog. Fortsetzungsklausel) scheidet bürgerlich-rechtlich der verstorbene Gesellschafter mit seinem Tode in der Weise aus der Gesellschaft aus, dass seine Beteiligung den übrigen Gesellschaftern anteilig anwächst und seine Erben nur einen zum Nachlass gehörenden schuldrechtlichen Abfindungsanspruch gegen die Gesellschaft erwerben. Einkommensteuerrechtlich liegt in diesem Fall eine entgeltliche Veräußerung des Mitunternehmeranteils des verstorbenen Gesellschafters an die übrigen Gesellschafter auf den Todesfall vor, die zu einem dem Erblasser zuzurechnenden Veräußerungsgewinn (§ 16 EStG) und zu entsprechenden Anschaffungskosten der übrigen bisherigen Gesellschafter führt, soweit der Abfindungsanspruch der Erben gegen die Gesellschaft höher ist als der Buchwert des Gesellschaftsanteils des Erblassers[1].

4738 Ist im Gesellschaftsvertrag einer Personengesellschaft bestimmt, dass beim Tode eines Gesellschafters die Gesellschaft mit dem Erben, bei mehreren Miterben jedoch nur mit einem bestimmten der Miterben, aber unverändert und in vollem Umfange fortgeführt wird (sog. qualifizierte Nachfolgeklausel), so geht bürgerlich-rechtlich der Gesellschaftsanteil des verstorbenen Gesellschafters unmittelbar, in vollem Umfange und unverändert auf die qualifizierten Miterben (Nachfolger-Miterben) über. Die anderen Miterben werden nicht Gesellschafter, sie erlangen auch keinen gesellschaftsrechtlichen Abfindungsanspruch gegen die Gesellschaft, sondern einen auf Erbrecht beruhenden schuldrechtlichen Wertausgleichsanspruch gegen die Nachfolger-Miterben[2].

4739 Für die einkommensteuerrechtliche Beurteilung folgt hieraus, dass der Nachfolger-Miterbe – in gleicher Weise wie ein Alleinerbe – unmittelbar und in vollem Umfange in die Mitunternehmerstelle des verstorbenen Gesellschafters eintritt. Die dem Nachfolger-Miterben auferlegte erbrechtliche Wertausgleichsschuld gegenüber den anderen Miterben entspricht ihrem rechtlichen und wirtschaftlichen Gehalt einer Vermächtnis- oder Pflichtteilsschuld; auf sie sind die bei der Erbauseinandersetzung geltenden Regeln anzuwenden.

Die von den qualifizierten Miterben geleisteten Abfindungen führen weder zu einem Veräußerungsgewinn noch zu Anschaffungskosten. Die ihm für diese privaten Wertausgleichsverbindlichkeiten entstandenen Schuldzinsen sind keine Sonderbetriebsausgaben[3].

Mit dem Erbfall kommt zu einer anteiligen Entnahme etwaigen Sonderbetriebsvermögens, soweit das Sonderbetriebsvermögen auf nichtqualifizierte Miterben entfällt.

---

1 BFH-Urteile vom 24. April 1975 IV R 115/73, BFHE 115, 495, BStBl II 1975, 580, und vom 26. März 1981 IV R 130/77, BFHE 133, 271, BStBl II 1981, 614, 617 sowie vom 15. April 1993 IV R 66/92, BFHE 171, 440, BStBl II 1994, 227. Vgl. dazu auch *Groh*, Bedrohung der qualifizierten Gesellschafternachfolge durch das Steuerrecht, DStR 1994, 413.
2 BGH-Urteil vom 10. Februar 1977 II ZR 120/75, BGHZ 68, 225.
3 BFH-Urteil vom 27. Juli 1993 VIII R 72/90, BFHE 173, 515, BStBl II 1994, 625. Vgl. hierzu auch BMF-Schreiben vom 11. August 1994 4 B 2 – S 242 – 33/94, BStBl I 1994, 603.

Der Entnahmegewinn, der auf das Sonderbetriebsvermögen entfällt, ist dem Erblasser zuzurechnen, da der nichtqualifizierte Miterbe nicht Mitunternehmer geworden ist[1].

Dies gilt auch, wenn der Gesellschaftsvertrag eine qualifizierte **Eintrittsklausel** enthält. Das ist eine Bestimmung, derzufolge nur einer von mehreren Miterben berechtigt ist, in die Gesellschaft einzutreten, und zwar in der Weise, dass er in vollem Umfange die Rechtsstellung des verstorbenen Gesellschafters übernimmt und die übrigen Miterben keinen gesellschaftsrechtlichen Abfindungsanspruch gegen die Gesellschaft, sondern einen auf Erbrecht beruhenden Wertausgleichsanspruch gegen den oder die eintrittsberechtigten Miterben erlangen. 4740

Enthält der Gesellschaftsvertrag eine **Teilnachfolgeklausel** – also eine Bestimmung, nach der beim Tode eines Gesellschafters einige der Miterben mit dem ihrer Erbquote entsprechenden Bruchteil des Gesellschaftsanteils des verstorbenen Gesellschafters in die Gesellschaft eintreten, während die anderen Miterben mit dem ihrer Erbquote entsprechenden Bruchteil von der Gesellschaft als solche abzufinden sind –, spaltet sich der Gesellschaftsanteil des verstorbenen Gesellschafters. Demgemäß ist auch in der einkommensteuerrechtlichen Beurteilung aufzuteilen: Zum einen liegt ein unentgeltlicher Übergang eines Bruchteils eines Mitunternehmeranteils des verstorbenen Gesellschafters auf die zu Gesellschaftern berufenen Miterben vor (§ 7 Abs. 1 EStDV); zum anderen entsteht für den ausgeschlossenen Miterben ein Anspruch auf Wertausgleich. 4741

Mitunternehmeranteile, die vom Erblasser gesondert auf die Miterben übergegangen sind, können in die Erbauseinandersetzung einbezogen und abweichend aufgeteilt werden. Ausgleichszahlungen an die weichenden Miterben führen auch in diesem Fall zu Anschaffungskosten[2]. 4742

Der von den Miterben zu leistende Wertausgleich führt weder zu einem Veräußerungsgewinn noch zu Anschaffungskosten[3].

Scheidet der Erblasser mit dem Tode aus einer Personengesellschaft aus und tritt **keiner** seiner Erben in die Mitunternehmerstellung ein, hat der Verstorbene aber Wirtschaftsgüter der Personengesellschaft pachtweise überlassen, die in den Steuerbilanzen der Personengesellschaft als Sonderbetriebsvermögen geführt wurden, so verlieren diese Wirtschaftsgüter ihre Eigenschaft als Sonderbetriebsvermögen[4]. Dieser Vorgang ist wie eine Entnahme durch den verstorbenen Gesellschafter zu beurteilen[5]. 4743

Sind sich die beiden Erben eines Anteils an einer zweigliedrigen Personengesellschaft von vornherein darin einig, dass der Gewerbebetrieb der Personengesellschaft allein von dem bereits an der Personengesellschaft beteiligten Miterben fortgeführt wird und damit der Gesellschaftsanteil des Erblassers im Rahmen der Erbauseinandersetzung auch nur von diesem übernommen wird, so erwirbt der den Betrieb der Personengesellschaft nunmehr als Einzelunternehmer fortführende Miterbe den erbanteiligen Teil des ausscheidenden Miterben nach den Grundsätzen über die Auseinandersetzung einer Mitunternehmerschaft. 4744

---

1 BMF-Schreiben vom 11. Januar 1993 IV B 2 – S 2242 – 86/92, BStBl I 1993, 62, dort Rn 85.
2 BMF-Schreiben vom 11. Januar 1993 IV B 2 – S 2242 – 86/92 BStBl I 1993, 62.
3 BFH-Urteil vom 13. Dezember 1990 IV R 107/89, BFHE 163, 186, BStBl II 1992, 510.
4 BFH-Urteil vom 24. April 1975 IV R 115/73, BFHE 115, 495, BStBl II 1975, 580.
5 Bestr. Es wird auch die Ansicht vertreten, dass der Vorgang als Entnahme durch den verstorbenen Gesellschafter zu beurteilen sei.

4745 Stirbt ein Mitunternehmer, zu dessen Vermögen außer seinem Mitunternehmeranteil Sonderbetriebsvermögen an diesem Unternehmen gehört, besteht die Gefahr, dass die Rechtsnachfolge in den Mitunternehmeranteil und die in das Sonderbetriebsvermögen auseinander fallen.

4746 Scheiden Wirtschaftsgüter des Sonderbetriebsvermögens aus dem Betriebsvermögen aus und werden sie Privatvermögen, liegt darin eine Entnahme im Sinne von § 4 Abs. 1 Satz 2 EStG mit der Folge, dass außer der Gewinnverwirklichung durch die Entnahme, die beim Erblasser Einkommensteuer mit dem vollen Steuersatz auslöst, insoweit auch Gewerbesteuer anfällt.

4747 Sieht z. B. der Gesellschaftsvertrag die Nachfolge eines Erben als Gesellschafter vor, hinterlässt der verstorbene Gesellschafter aber mehrere Erben, so erwirbt zwar der gesellschaftsrechtlich vorgesehene Erbe den Gesellschaftsanteil im Ganzen kraft Sondererbfolge. Diese Sondererbfolge erstreckt sich aber nicht auf das Sonderbetriebsvermögen des Erblassers. Das Sonderbetriebsvermögen des Erblassers ist nicht gesamthänderisch gebunden; es geht deshalb auf die Miterbengemeinschaft nach den allgemeinen erbrechtlichen Vorschriften über. Dem Sondernachfolger wird zwar ein seiner Erbquote entsprechender Bruchteil des Sonderbetriebsvermögens zugerechnet (§ 39 Abs. 2 Nr. 2 AO), damit bleibt aber die Sonderbetriebsvermögens-Eigenschaft nur in diesem Umfange erhalten. Sollen die daraus entstehenden steuerlichen Nachteile vermieden werden, muss jeder Gesellschafter mit Sonderbetriebsvermögen in seiner Verfügung von Todes wegen dafür Sorge tragen, dass Mitunternehmeranteil und Sonderbetriebsvermögen auf den dafür vorgesehenen Nachfolger, zumindest aber auf andere Mitunternehmer der Gesellschaft, übergehen.

4748 Hat jemand an eine Mitunternehmerschaft ein Grundstück verpachtet, das bei ihm zum Privatvermögen gehört, und wird er Miterbe eines Mitunternehmeranteils dieser Mitunternehmerschaft, besteht die Gefahr, dass das zu seinem Privatvermögen gehörende Grundstück nunmehr Sonderbetriebsvermögen wird. In diesem Fall muss der erbrechtliche Erwerb des Mitunternehmeranteils vermieden werden.

gg) Erwerb auf Grund von Auflagen, Vermächtnissen, Pflichtteilen, Erbteilungsanordnungen

4749 Zwischen dem Erwerb auf Grund von Auflagen, Vermächtnissen oder Pflichtteilen und dem Erwerb als Erbe besteht wirtschaftlich kein Unterschied. Diese Überlegung liegt der steuerrechtlichen Behandlung durch die Rechtsprechung zu Grunde.

4750 Gehen bei einem Vorausvermächtnis Vermögensgegenstände in das Betriebsvermögen des Vermächtnisnehmers über, gilt für den Vorausvermächtnisnehmer der Grundsatz der Buchwertfortführung[1]; gehen die Vermögensgegenstände in das Privatvermögen des Vorausvermächtnisnehmers über, entsteht ein Entnahmegewinn.

4751 Wird ein Pflichtteilsberechtigter vom Erben statt mit Geld mit einem Wirtschaftsgut des Betriebsvermögens abgefunden, tritt eine etwaige Gewinnverwirklichung bei dem das Unternehmen fortführenden Erben ein[2].

---

1 Nach dem BMF-Schreiben vom 11. Januar 1993 IV B 2 – S 2242 – 86/92, BStBl I 1993, 62, dort Rn 74, entsteht ein Entnahmegewinn bei allen Miterben; es bestehe aber das Wahlrecht zur – gewinnneutralen – Buchwertfortführung.
2 BFH-Urteil vom 23. Juli 1980 I R 43/77, BFHE 131, 351, BStBl II 1981, 19.

Wird ein Pflichtteilsanspruch mithilfe eines Darlehens abgelöst, so bilden die Schuldzinsen beim Erben insoweit Betriebsausgaben, als der Pflichtteilsanspruch aus übergegangenem Betriebsvermögen herrührt. Insoweit ist das Darlehen auch als betriebliche Verbindlichkeit einzubuchen[1] (zweifelhaft).

Wird ein Pflichtteilsberechtigter mit Betriebsvermögen abgefunden, unterbleibt regelmäßig eine vertragliche Regelung, wen die Umsatzsteuerlast trifft. Hat der übergebende Erbe Umsatzsteuer zu zahlen, müsste der Übernehmer die darauf entfallende Vorsteuer an den unentgeltlichen Übergeber übertragen, um ein rechnerisch zutreffendes Ergebnis zu erzielen (dazu § 2325 BGB, § 3 Abs. 2 Nr. 4 ErbStG).

Erwirbt ein Miterbe von der Erbengemeinschaft auf Grund testamentarischer Anordnung einen Nachlassgegenstand gegen Zahlung eines im Testament festgelegten Betrages, so liegt ein (ggf teilweiser) entgeltlicher Erwerb vor, der Anschaffungskosten des erwerbenden Miterben auslöst. Finanziert der erwerbende Miterbe die von ihm an die übrigen Miterben (Erbengemeinschaft) zu entrichtende Ausgleichszahlung durch Kreditaufnahme, so sind die Darlehenszinsen Aufwendungen, die durch die Anschaffung des Nachlassgegenstandes veranlasst sind. Legt der Miterbe den angeschafften Nachlassgegenstand in sein Betriebsvermögen ein, so ist der aufgenommene Kredit eine betriebliche Verbindlichkeit; die Zinsen sind Betriebsausgaben[2].

4752

Übt der Bedachte eines Vermächtnisses ein ihm zustehendes Wahlrecht aus, ist es mit dem Wert des Gegenstands, für den er sich entschieden hat, anzusetzen[3].

Tritt der Gesellschafter einer KG ihm gegen die Gesellschaft zustehende Darlehensansprüche oder andere Geldforderungen an einen Dritten zur Ablösung einer Pflichtteilsverbindlichkeit ab und belässt dieser die Beträge der KG weiterhin als Darlehen, bilden die entrichteten Zinsen für die KG Betriebsausgaben[4].

4753

hh) Exkurs

(1) Zum Privatvermögen gehörender Nachlass

Soweit Privatvermögen zum Nachlass gehört, hat der Erbe gemäß § 11d EStDV die Absetzung für Abnutzungen (AfA) nach den Anschaffungs- oder Herstellungskosten des Erblassers zu ermitteln.

4754

(2) Zum Privatvermögen des Erblassers gehörendes Grundstück

Setzen sich Miterben eines zum Privatvermögen des Erblassers gehörenden Grundstücks dahingehend auseinander, dass ein Miterbe gegen Zahlung von Abfindungen an die übrigen Miterben das Grundstück übernimmt, so liegt ein entgeltlicher Erwerb insoweit vor, als der übernehmende Miterbe Zahlungen leistet.

4755

Bürgerlich-rechtlich stellt sich der Erwerb der Erbanteile wie auch der Anteile an einzelnen Nachlassgegenständen gegen Zahlung von Abfindungen an die übrigen Miterben als **entgeltliches** Geschäft dar.

4756

---

1 BFH-Urteil vom 2. April 1987 IV R 92/85, BFHE 149, 567, BStBl II 1987, 621.
2 BFH-Urteil vom 28. Januar 1987 I R 85/80, BFHE 150, 120, BStBl II 1987, 616.
3 BFH-Urteil vom 6. Juni 2001 II R 14/00, BStBl II 2001, 725.
4 BFH-Urteile vom 21. Mai 1987 IV R 39/85, BFHE 150, 38, BStBl II 1987, 628, und vom 15. Dezember 1988 IV R 29/86, BFHE 155, 543, BStBl II 1989, 500.

4757 Ein Grundstück ist dann keine wesentliche Betriebsgrundlage als Voraussetzung der sachlichen Verflechtung bei der Betriebsaufspaltung, wenn es für die Betriebsgesellschaft von geringerer wirtschaftlicher Bedeutung ist[1].

Die Vermietung und Verpachtung eines bebauten Grundstücks erfüllt für sich genommen regelmäßig nicht die Voraussetzungen eines Gewerbebetriebs.

Die Vermietung und Verpachtung eines bisher betrieblich genutzten Grundstücks führt zu keiner Entnahme, solange der Steuerpflichtige das Grundstück weiterhin in seiner Bilanz ausweist und objektive Merkmale fehlen, die darauf schließen lassen, dass eine spätere Verwendung zu betrieblichen Zwecken ausgeschlossen erscheint.

Ist allerdings die Absicht, das vermietete Grundstück in Zukunft betrieblich zu nutzen, nicht mehr zu verwirklichen, oder erweist sich diese Absicht nachträglich als nicht ernsthaft, so muss der Steuerpflichtige sich die Vermietung als eine Entnahme zu dem Zeitpunkt zurechnen lassen, in dem erstmals erkennbar wird, dass die Voraussetzungen für die Annahme von Betriebsvermögen fehlen[2].

4758–4760 *(unbesetzt)*

c) Erbauseinandersetzung

4761 **Schrifttum** zur Rechtslage vor den Beschlüssen des Großen Senats siehe 2. Aufl., Rn 3271; *Groh,* Die steuerlichen Folgen der Erbauseinandersetzung, JBDStJb 1987, 135 ff.; *Groh,* Betriebsschulden aus Privatvorgängen, DB 1992, 444; *Märkle,* Die Fremdfinanzierung von Ausgleichs- und Abstandsverpflichtungen, DStR 1993, 1173.

aa) Allgemeines

4762 Unterschiedliche Rechtsfolgen ergeben sich, wenn die Erbengemeinschaft nur über Betriebsvermögen, nur über Privatvermögen oder aber über einen Mischnachlass verfügt, der sich aus beiden Vermögensarten zusammensetzt.

bb) Auseinandersetzung über aus Betriebsvermögen bestehendem Nachlass

4763 **Schrifttum:** *App,* Bilanzierungswahlrecht bei der Realteilung einer Personengesellschaft durch Übertragung von Teilbetrieben – Kurzüberblick, INF 1992, 52.

4764 Bei der Auseinandersetzung einer Erbengemeinschaft über Betriebsvermögen entstehen Anschaffungskosten für den Erwerbenden in demselben Umfang wie in anderen Fällen, in denen sich Mitunternehmer über gemeinschaftliches Vermögen auseinandersetzen.

4765 Die Übertragung des Erbanteils an einer gewerblich tätigen Erbengemeinschaft ist die Veräußerung eines Mitunternehmeranteils i. S. v. § 16 Abs. 1 Nr. 2 EStG, und zwar auch dann, wenn der Erwerber ein Miterbe ist. Sie ist in gleicher Weise zu beurteilen wie die Veräußerung eines Mitunternehmeranteils. Anschaffungskosten und Veräußerungsgewinn errechnen sich wie bei der Übertragung eines Gesellschaftsanteils[3].

4766 Scheidet ein Miterbe gegen eine Barabfindung aus der Erbengemeinschaft aus, wächst sein Anteil am Gemeinschaftsvermögen den verbliebenen Miterben zu. Wie beim Aus-

---

1 BFH-Urteil vom 12. November 1985 VIII R 342/82, BFHE 145, 396, BStBl II 1986, 299, FR 1986, 591, mit Anmerkung Paus, S. 593.
2 BFH-Urteil vom 1. Oktober 1986 I R 96/83, BFHE 148, 32, BStBl II 1987, 113.
3 BFH-Urteile vom 10. Juli 1980 IV R 136/77, BFHE 131, 313, 317, BStBl II 1981, 84, 86, und vom 5. November 1985 VIII R 257/80, BFHE 145, 58, 60, BStBl II 1986, 53, 54.

scheiden eines Gesellschafters können hieraus für den Ausscheidenden ein Veräußerungsgewinn und für die verbliebenen Miterben Anschaffungskosten entstehen.

Wird die Abfindung nicht in Geld, sondern in Sachwerten geleistet, kann sich auch für die verbliebenen Miterben im Hinblick auf ihren Anteil an den stillen Reserven der hingegebenen Wirtschaftsgüter ein Gewinn ergeben[1]. 4767

Gelangt die Sachwertabfindung aus dem Betriebsvermögen einer Gesellschaft beim abgefundenen Gesellschafter in ein Betriebsvermögen, können die Buchwerte der Gesellschaft fortgeführt werden; Gleiches muss für Miterben gelten[2]. 4768

Setzt sich eine Erbengemeinschaft auseinander, müssen zunächst die Nachlassverbindlichkeiten berichtigt werden (§ 2046 Abs. 1 BGB), zu denen als Erbfallschulden insbesondere Verbindlichkeiten aus Pflichtteilen, Vermächtnissen und Auflagen gehören. 4769

Wird ein Sachvermächtnis aus dem Betriebsvermögen der Erbengemeinschaft erfüllt, tätigen die Miterben gesamthänderisch eine Entnahme. 4770

Muss die Erbengemeinschaft zur Berichtigung von Geldschulden Vermögen versilbern, ist ein hierbei entstehender Gewinn von allen Miterben zu versteuern. Das danach verbleibende Vermögen wird nach dem Verhältnis der Erbteile aufgeteilt (§ 2047 Abs. 1 BGB)[3]. 4771

Eine Naturalteilung ist hinsichtlich eines Gewerbebetriebes durchweg nicht möglich. Nach der gesetzlichen Regelung muss deswegen das gemeinschaftliche Vermögen veräußert und der Gewinn geteilt werden. Bei dem hieraus entstehenden Gewinn der Erbengemeinschaft kann es sich um einen Aufgabegewinn i. S. v. § 16 Abs. 3 EStG oder einen Veräußerungsgewinn i. S. v. § 16 Abs. 2 EStG handeln, wenn der Betrieb im Ganzen übertragen wird[4]. 4772

Vereinbaren Miterben, dass der Betrieb aufgelöst und das vorhandene Betriebsvermögen in bestimmter Weise unter sie verteilt werden soll, entsprechen die steuerrechtlichen Folgen denjenigen der Liquidation einer Personengesellschaft. Aus der Verteilung des Vermögens entsteht ein Aufgabegewinn, sofern es nicht zur Buchwertfortführung durch die Miterben kommt; hierbei kommt der von der Erbengemeinschaft für ihren Betrieb aufzustellenden Schlussbilanz dieselbe Bedeutung zu wie der Schlussbilanz einer Personengesellschaft anlässlich der Realteilung ihres Vermögens[5]. 4773

Erlangt ein Miterbe in der Auseinandersetzung mehr an Vermögen, als ihm nach seinem Erbteil zusteht, wird er regelmäßig eine Ausgleichsleistung für den Mehrempfang erbringen müssen, die der benachteiligte Miterbe als Abfindung für den Vermögensverzicht erhält. Für den übernehmenden Miterben stellen die Leistungen Anschaffungskosten für den Mehrempfang, für den weichenden Erben ein einem Veräußerungserlös gleichkommendes Entgelt für aufgegebenes Vermögen dar. Die Vereinbarung ist bei der Berechnung des Anteils der Miterben am Aufgabegewinn zu berücksichtigen[6]. 4774

Vollzieht sich die Auseinandersetzung der Erbschaft in der Weise, dass die Erbengemeinschaft den Betrieb auf einen Erben überträgt und dieser die übrigen Miterben abfindet, führt eine solche Vereinbarung steuerrechtlich zu demselben Ergebnis wie der Erwerb der 4775

---

1 BFH-Urteil vom 24. Mai 1973 IV R 64/70, BFHE 109, 438, BStBl II 1973, 655.
2 Vgl. BMF-Schreiben vom 20. Dezember 1977, BStBl I 1978, 8, Tz 77, 57–65.
3 BFH-Beschluss vom 5. Juli 1990 GrS 2/89, BFHE 161, 332, BStBl II 1990, 837, unter C II 1c Abs. 3.
4 BFH-Beschluss vom 5. Juli 1990 GrS 2/89, BFHE 161, 332, BStBl II 1990, 837, unter C II 1c Abs. 3 Satz 3.
5 Vgl. BFH-Urteil vom 19. Januar 1982 VIII R 21/77, BFHE 135, 282, BStBl II 1982, 456.
6 Vgl. BFH-Urteil vom 19. Januar 1982 VIII R 21/77, BFHE 135, 282, BStBl II 1982, 456.

Erbanteile der Miterben oder ihr Ausscheiden aus der Erbengemeinschaft gegen Gewährung einer Abfindung. Für den verbleibenden Erben stellt die Abfindung Anschaffungskosten dar, während sich für die abgefundenen Miterben ein Veräußerungsentgelt ergibt[1].

4776 Eine Erbengemeinschaft kann auch in Abschnitten durch Teilauseinandersetzung hinsichtlich einzelner Vermögensbestandteile aufgelöst werden.

Soweit hierbei ein Wirtschaftsgut einem Miterben zulasten seiner Beteiligung am Restnachlass zugewiesen wird, das er in sein Privatvermögen übernimmt, entsteht ein Entnahmegewinn[2].

Soweit der entnehmende Miterbe Ausgleichszahlungen an die Erbengemeinschaft oder die übrigen Miterben leistet, handelt es sich um einen Veräußerungs- und Anschaffungsvorgang. Dieser gegenständlichen Teilauseinandersetzung lässt sich als persönliche Teilauseinandersetzung die Übertragung eines Erbteils auf die Miterben oder das Ausscheiden eines Erben aus der Erbengemeinschaft gegenüberstellen[3].

cc) Auflösung des Betriebs durch die Erbengemeinschaft

4777 Lösen die Miterben den Betrieb auf, entsteht ein Aufgabegewinn[4].

Es gelten die allgemeinen Regeln für die Aufgabe eines Gewerbebetriebs (§ 16 Abs. 3 EStG) oder eines freiberuflichen Unternehmens (§ 18 Abs. 3 Satz 2 EStG).

4778 (1) Gehört zum Nachlass Betriebsvermögen, sind die Erben vom Erbfall an gemeinsam unentgeltlich Rechtsnachfolger des Erblassers und folglich zur Buchwertfortführung verpflichtet. Der Aufgabegewinn ist nach den allgemeinen Regeln zu ermitteln.

4779 (2) Eine Erbanteilsveräußerung (§§ 2033, 2371 BGB) ist anteilig Veräußerung eines Mitunternehmeranteils (§ 16 Abs. 1 Nr. 2 EStG).

4780 (3) Wird der Nachlass real geteilt, ist die Auseinandersetzung einkommensteuerrechtlich nach den für die Realteilung maßgebenden Grundsätzen zu behandeln. Die Erben haben ein Wahlrecht zwischen Betriebsaufgabe und Buchwertfortführung, soweit die Wirtschaftsgüter beim übernehmenden Miterben Betriebsvermögen werden[5]. Das Wahlrecht zur Buchwertfortführung muss einheitlich in der Schlussbilanz der Miterbengemeinschaft ausgeübt werden[6].

4781 (4) Leistet bei einer Auseinandersetzung ein Miterbe Ausgleichszahlungen an die anderen Miterben, liegen bei ihm insoweit Anschaffungskosten vor; die abgefundenen Erben erzielen einen Veräußerungserlös mit der Folge eines begünstigten Gewinns aus der Veräußerung des Bruchteiles eines Mitunternehmeranteiles, soweit die Ausgleichszahlung auf Betriebsvermögen entfällt.

---

1 BFH-Beschluss vom 5. Juli 1990 GrS 2/89, BFHE 161, 332, BStBl II 1990, 837, unter II 1 d.
2 BFH-Urteil vom 6. August 1985 VIII R 280/81, BFHE 144, 386, BStBl II 1986, 17; es ist in der Entscheidung des Großen Senats offen geblieben, ob dieser Entnahmegewinn allen Miterben oder allein dem entnehmenden Miterben zugerechnet wird (vgl. dort unter II 1 e).
3 BFH-Beschluss vom 5. Juli 1990 GrS 2/89, BFHE 161, 332, BStBl II 1990, 837, jeweils unter II 1 e.
4 Vgl. Rn 4731.
5 Vgl. BMF-Schreiben vom 11. Januar 1993 IV B 2 – S 2242 – 86/92, BStBl I 1993, 62, dort Tz 10–39.
6 BMF-Schreiben vom 11. Januar 1993 IV B 2 – S 2242 – 86/92, BStBl I 1993, 62, dort S. 65 Tz 12.

Setzt sich eine Gesamthandsgemeinschaft durch Realteilung mit Spitzenausgleich[1] auseinander, so liegt ein entgeltliches Rechtsgeschäft für den über die Gesamthandsbeteiligung des Erwerbers hinausgehenden Anteil vor.

(unbesetzt) 4782–4790

dd) Auseinandersetzung über aus Privatvermögen bestehendem Nachlass

Erwirbt ein Miterbe die Erbanteile aller übrigen Miterben, und zwar einer Erbschaft, die nur über Privatvermögen verfügt, entstehen ihm Anschaffungskosten für die hinzuerworbenen Anteile am Gemeinschaftsvermögen. Die weichenden Miterben erzielen ggf einen Veräußerungsgewinn, der jedoch nur steuerbar ist, soweit er auf eine im Nachlass vorhandene wesentliche Beteiligung (§ 17 EStG) oder auf einbringungsgeborene Anteile i. S. v. § 23 EStG entfällt[2]. 4791

Wird das Gemeinschaftsvermögen im Wege der Auseinandersetzung unter die Miterben verteilt, so liegt in der Erfüllung des erbrechtlichen Auseinandersetzungsanspruchs kein Anschaffungs- und Veräußerungsgeschäft. Der übernehmende Miterbe ist vielmehr bei einer derartigen Realteilung entsprechend § 11d Abs. 1 Satz 1 EStDV auf die Fortführung der von der Erbengemeinschaft anzusetzenden Anschaffungskosten oder Herstellungskosten verwiesen. Für ihn besteht dieselbe Situation wie für einen Steuerpflichtigen, der ein Wirtschaftsgut des Privatvermögens geschenkt erhält und mangels eigener Anschaffungskosten in die Anschaffungs- oder Herstellungskosten seines Rechtsvorgängers eintritt[3]. 4792

(unbesetzt) 4793–4795

ee) Auseinandersetzung über Mischnachlass

Gehören zu einem Nachlass sowohl Betriebsvermögen als auch Privatvermögen, erzielt die Erbengemeinschaft nebeneinander Gewinn- und Überschusseinkünfte. 4796

Erwirbt ein Erbe den Erbanteil eines Miterben an einer derartigen Erbengemeinschaft, ist der Veräußerungsvorgang beim Veräußerer und beim Erwerber deshalb beiden Bereichen zuzuteilen. Bei einer Vermögensverteilung zur Auseinandersetzung der Erbengemeinschaft kommt es in beiden Bereichen **nicht** zu Anschaffungs- und Veräußerungsgeschäften. Die Erbquote des Miterben kann sowohl mit Betriebsvermögen als auch mit Privatvermögen ausgefüllt werden. Der Miterbe führt grundsätzlich die Buchwerte im erhaltenen Gewerbebetrieb und die Steuerwerte im erhaltenen Privatvermögen entsprechend § 7 Abs. 1, § 11d Abs. 1 EStDV fort. Bei der Überführung von Betriebs- in Privatvermögen kann es zu einer Entnahme kommen[4]. 4797

Abfindungen führen also nunmehr, soweit es sich um Betriebsvermögen handelt, beim Empfänger zu Veräußerungsgewinnen[5]. 4798

Bei Naturalteilung oder Realteilung des Nachlasses ohne Abfindungszahlungen liegt kein entgeltliches Geschäft vor, und es wird demgemäß eine Gewinnverwirklichung vermieden. 4799

---

1 Vgl. dazu auch *Reiß*, Zweifelsfragen zur Realteilung mit Spitzenausgleich, DStR 1993, 1129.
2 BFH-Beschluss vom 5. Juli 1990 GrS 2/89, BFHE 161, 332, BStBl II 1990, 837, dort unter II 2 a.
3 Vgl. BFH-Urteil vom 5. Juni 1973 VIII R 118/70, BFHE 109, 513, BStBl II 1973, 702.
4 BFH-Beschluss vom 5. Juli 1990 GrS 2/89, BFHE 161, 332, BStBl II 1990, 837, dort unter II 3.
5 BFH-Beschluss vom 5. Juli 1990 GrS 2/89, BFHE 161, 332, BStBl II 1990, 837, dort unter III 2.

4800 Gezielte und abgestimmte Übernahme von Verbindlichkeiten erlaubt es, die Nachlass-Teilung ohne Gewinnverwirklichung vorzunehmen.

4801 Bei Sachabfindungen aus dem Betriebsvermögen an weichende Erben können allerdings gewinnverwirklichende Entnahmen vorliegen.

4802–4810 *(unbesetzt)*

ff) Beispiele

4811 **Beispiel I:**
Der Erblasser wird von A, B und C zu je ⅓ beerbt. Die Erbschaft besteht aus einem Einzelunternehmen, dessen Verkehrswert 3 000 000 € beträgt und das ein Kapitalkonto des Erblassers von 300 000 € ausweist.

(1) Veräußert C seinen Erbteil an A oder einen Dritten für 1 000 000 €, so entsteht für ihn ein tarifbegünstigter Veräußerungsgewinn von 900 000 €. Der Erwerber hat Anschaffungskosten in Höhe von 1 000 000 €, die er in Höhe von 900 000 € in einer Ergänzungsbilanz ausweisen muss.

(2) Veräußern B und C ihre Erbanteile an A für jeweils 1 000 000 €, so erwirbt A zwei Mitunternehmeranteile. B und C müssen je 900 000 € Veräußerungsgewinn tarifbegünstigt versteuern. A hat insoweit 2 000 000 € Anschaffungskosten, um die er das Betriebsvermögen aufstocken muss. Da das Unternehmen zum Einzelunternehmen geworden ist, ist der Vorgang nicht in einer Ergänzungsbilanz aufzufangen.

(3) Scheidet C gegen Abfindungszahlungen von A und B in Höhe von insgesamt 1 000 000 € aus der Erbengemeinschaft aus, wächst sein Anteil am Betriebsvermögen den verbleibenden Miterben A und B an. C hat einen Veräußerungsgewinn von 900 000 € tarifbegünstigt zu versteuern. A und B haben Anschaffungskosten von je 500 000 €; das Betriebsvermögen muss um insgesamt 900 000 € aufgestockt werden, während die Kapitalkonten der Miterben A und B um je 50 000 € erhöht werden.

(4) Erhält C zur Erfüllung seines Abfindungsanspruchs Sachwerte des Betriebsvermögens, entstehen für A und B Entnahmegewinne in Höhe von je 450 000 € und für C ein tarifbegünstigter Veräußerungsgewinn von 900 000 €.

(5) Sollte C die ihm übereigneten Wirtschaftsgüter zum Buchwert in ein anderes ihm gehörendes Betriebsvermögen einbringen, kann er deren Buchwerte fortführen; für A und B entstehen keine Entnahmegewinne, sie haben auch keine Anschaffungskosten[1].

4812 **Beispiel II[2]:**
S und T sind Miterben zu je ½. Zum Nachlass gehören zwei gewerbliche Betriebe. Betriebsvermögen 1 hat einen Wert von 2 000 000 € und einen Buchwert von 200 000 €. Betriebsvermögen 2 hat einen Wert von 1 600 000 € und einen Buchwert von 160 000 €. Im Wege der Erbauseinandersetzung erhält S das Betriebsvermögen 1 und T das Betriebsvermögen 2. Außerdem zahlt S an T eine Abfindung von 200 000 €.

S stehen wertmäßig am Nachlass 1 800 000 €. Da er aber 2 000 000 € erhält, also 200 000 € mehr, zahlt er diesen Betrag für ¹⁄₁₀ des Betriebsvermögens 1, das er mehr erhält. S erwirbt also ⁹⁄₁₀ des Betriebsvermögens 1 unentgeltlich und ¹⁄₁₀ entgeltlich. Auf diese ¹⁄₁₀ entfällt ein Buchwert von 20 000 €, sodass S die Aktivwerte um 180 000 € aufstocken muss und T einen Veräußerungsgewinn von 180 000 € (200 000 € ./. 20 000 €) zu versteuern hat. Ein Wahlrecht, die Realteilung als Betriebsaufgabe zu behandeln, besteht für S und T nicht. Denn eine Betriebsaufgabe ist zu verneinen, da jeder der beiden Betriebe nach der Realteilung der Erbengemeinschaft von dem jeweiligen Miterben fortgeführt wird.

---

1 So *Söffing*, Die Ertragsteuerrechtliche Beurteilung der Erbauseinandersetzung im unternehmerischen Bereich, DStR 1991, 201, dort S. 202 unter 3.2.3. Abs. (3).
2 Beispiel aus BMF-Schreiben vom 11. Januar 1993 IV B 2 – S 2242 – 86/92, BStBl I 1993, 62, dort S. 66 Beispiel 3.

Beispiel III[1]:
A ist vom Erblasser als Alleinerbe eingesetzt worden. Zum Nachlass gehört ein Betrieb. Der Erblasser hat außerdem vermächtnisweise dem B ein Betriebsgrundstück (Buchwert 200 000 €, Teilwert 500 000 €) vermacht.
Als Alleinerbe führt A die Buchwerte des Erblassers fort.
Bei der Übertragung des Grundstücks auf B erzielt er einen laufenden Entnahmegewinn in Höhe von (500 000 € ./. 200 000 € =) 300 000 €.
Die Erfüllung des Vermächtnisses führt bei A nicht zu Anschaffungskosten.

4813

Eine Erbengemeinschaft kann in der Weise auseinandergesetzt werden, dass der eine Miterbe den Betrieb, der andere das private Vermögen erhält.

4814

Die Verwendung beim Miterben bestimmt darüber, welcher Vermögensart die in der Auseinandersetzung erlangten Wirtschaftsgüter nunmehr zuzurechnen sind. Betriebsvermögen, das beim Erben Privatvermögen wird, ist noch bei der Erbengemeinschaft entnommen. Der Miterbe kann das durch die Erbschaft erlangte Privatvermögen in ein Betriebsvermögen einlegen.

Da die Übernahme von Verbindlichkeiten der Erbengemeinschaft keine Gegenleistung beinhaltet, sondern den den Erben zugeteilten Vermögensumfang bestimmt, entscheidet der Sachzusammenhang bei Miterben darüber, ob es sich um eine Betriebsschuld handelt.

Erhält der Erbe Betriebsvermögen und übernimmt er zur Wertangleichung Privatschulden der Erbengemeinschaft, bleiben diese auch beim Erben Privatschulden; anders ist dies, wenn ein Grundstück des Privatvermögens samt den zugehörigen Verbindlichkeiten übernommen und anschließend für betriebliche Zwecke verwendet wird. Eine Abfindung wird auch hier für den Fremdanteil am zugeteilten Vermögen geleistet; ob sie auf Betriebs- oder Privatvermögen der Erbengemeinschaft entfällt, richtet sich nach dem Anteil der Vermögensarten am zugeteilten (aktiven) Vermögen[2].

Beispiel IV[3]:
Zum Nachlass, an dem die Miterben A und B je zur Hälfte beteiligt sind, gehören ein Gewerbebetrieb mit einem Verkehrswert von 500 000 € (Buchwert: 250 000 €) und Grundstücke im Privatvermögen, deren Verkehrswert ebenfalls 500 000 € beträgt und die der Erblasser zum Preis von 200 000 € angeschafft hatte. Bei der Erbauseinandersetzung übernimmt A den Betrieb, B die Grundstücke. Die Teilung löst keinen Veräußerungsgewinn aus. A und B erwerben unentgeltlich; A hat die Buchwerte der Erbengemeinschaft fortzuführen. Da im Beispielsfall die Realteilung nicht mit einer Betriebsaufgabe zusammentrifft, hat A nicht die Möglichkeit, die Gewinnrealisierung nach § 16 Abs. 3 EStG zu wählen. Auch B hat die Wertansätze der Erbengemeinschaft fortzuführen.

4815

Bei einem Mischnachlass sind regelmäßig die Verkehrswerte von Betriebsvermögen Privatvermögen unterschiedlich hoch.

4816

Beispiel V:
Gehören zum Vermögen der Erbengemeinschaft ein Gewerbebetrieb im Verkehrswert von 600 000 € (Buchwert 200 000 €) und Wertpapiere des Privatvermögens (Verkehrswert 300 000 €), sind an der Erbengemeinschaft die Erben A, B und C zu gleichen Teilen beteiligt und wird der Nachlass in der Weise real geteilt, dass C die Wertpapiere erhält, A und B das Betriebsvermögen

4817

---

1 Vgl. *Märkle/Franz*, Die Erbauseinandersetzung über Betriebsvermögen und die vorweggenommene Erbfolge, BB, Beilage zu Heft 5/1991, dort S. 10 Beispiel 23.
2 *Groh*, Die Erbauseinandersetzung im Einkommensteuerrecht, DB 1990, 2135, dort S. 2139 unter 4. c.
3 *Ruban*, Erbauseinandersetzung über Betriebsvermögen nach dem Beschluss des Großen Senats vom 5. Juli 1990, DStR 1991, 65, 68, Beispiel 1 unter 4.

je zur Hälfte übernehmen und in eigenen Gewerbebetrieben fortführen, so haben A, B und C keine Anschaffungskosten. C hat die Wertansätze der Erbengemeinschaft fortzuführen. A und B können zwischen der Fortführung der Buchwerte und der Realisierung eines Aufgabegewinns wählen, da die Erbauseinandersetzung mit einer Betriebsaufgabe zusammenfällt.

4818 **Beispiel VI:**

Sachverhalt wie in Rn 4817. A und B beschließen jedoch, das Handelsgeschäft in der Rechtsform einer OHG fortzuführen, an der beide zu gleichen Teilen beteiligt sind. In diesem Fall hat sich nur die Rechtsform des Unternehmens geändert. Der ererbte Betrieb ist nicht zerschlagen, sondern im Ganzen von zwei Miterben fortgeführt worden. Diese haben die Buchwerte der Erbengemeinschaft fortzuführen.

4819 **Beispiel VII:**

A und B sind zu gleichen Teilen an einer Erbengemeinschaft beteiligt, zu deren Vermögen ein Gewerbebetrieb (Teilwert: 400 000 €; Buchwert 300 000 €) und privater Grundbesitz (Verkehrswert: 600 000 €) gehören. A kauft den Erbteil des B zum Preis von 500 000 €. B erzielt einen steuerpflichtigen Gewinn aus der Veräußerung seines Mitunternehmeranteils von 50 000 €. A hat in gleicher Höhe Anschaffungskosten für die erworbenen Anteile des B an den stillen Reserven der bilanzierten Wirtschaftsgüter zu aktivieren[1].

4820 Eine die Gewinnverwirklichung vermeidende Realteilung lässt sich vielfach in der Weise erreichen, dass die Miterben vor der Erbauseinandersetzung aus dem der Erbengemeinschaft gehörenden Unternehmen Barentnahmen in einer Höhe tätigen, dass der Gesamtnachlass real geteilt werden kann, ohne dass einer der Miterben an die anderen Ausgleichszahlungen zu entrichten hat[2].

4821 **Beispiel VIII:**

Der Erblasser E mit einem Kapitalkonto seines Einzelunternehmens von 300 000 € wird von A, B und C zu gleichen Teilen beerbt.
C will aus der Erbengemeinschaft ausscheiden.
C will und soll bar abgefunden werden.

	€		€
Sachwerte	300 000	A	100 000
		B	100 000
		C	100 000
	300 000		300 000

Die stillen Reserven der Sachwerte betragen 1 500 000 €, der Geschäftswert 1 200 000 €.
Zur Abfindung des C sind 1 000 000 € bar erforderlich.
Die Erbengemeinschaft nimmt einen betrieblichen Bankkredit in Höhe von 1 000 000 € auf.

	€		€
Sachwerte	300 000	Schulden	1 000 000
Kasse	1 000 000	A	100 000
		B	100 000
		C	100 000
	1 300 000		1 300 000

---

[1] Rn 4817, 4818 und 4819: Die Beispiele V bis VII sind entnommen aus *Ruban,* Erbauseinandersetzung über Betriebsvermögen nach dem Beschluss des Großen Senats vom 5. Juli 1990, DStR 1991, 65, 68/69, Beispiele 2–4.
[2] *Felix,* 25 Fall-Beispiele zur Einführung in die neue Einkommensbesteuerung der Erbauseinandersetzung, KÖSDI 1990, 8279, dort S. 8281 (Söffing-Modell); s. aber nachstehend Beispiel VIII.

C scheidet gegen Barzahlung aus.
Sähe man in den Vereinbarungen das Auscheiden von C unter gleichzeitigem Anwachsen seines Anteils bei den Anteilen von A und B, erzielte C zwar einen tarifbegünstigten Veräußerungsgewinn von 900 000 €[1].
A und B hätten aber ihre Buchwerte fortzuführen und keine Anschaffungskosten.

	€		€
Sachwerte	300 000	Schulden	1 000 000
A	350 000		
B	350 000		
	1 000 000		1 000 000

Sieht man in den Vereinbarungen den Erwerb des Betriebsanteils von C durch A und B, erzielt C einen tarifbegünstigten Veräußerungsgewinn von 900 000 €.
A und B hätten unter Fortführung der sie betreffenden Buchwerte Anschaffungskosten von 900 000 €.
In der Erbauseindersetzung, wie sie A, B und C vorgenommen haben, wird man eine Privatentnahme von A und B in Höhe von je 450 000 € zu sehen haben, mit der der private Erbauseinandersetzungsanspruch des C abgegolten wurde.

Ergänzungsbilanz A

	€		€
Anteil Sachwerte	250 000	A	450 000
Anteil Geschäftswert	200 000		
	450 000		450 000

Ergänzungsbilanz B

	€		€
Anteil Sachwerte	250 000	B	450 000
Anteil Geschäftswert	200 000		
	450 000		450 000

Zusammengefasste Ergänzungsbilanz

	€		€
Anteil Sachwerte	500 000	A	450 000
Anteil Geschäftswert	400 000	B	450 000
	900 000		900 000

Beispiel IX:
A ist an der Z-GmbH zu 10 vH beteiligt. Sein Sohn B ist ebenfalls an der Z-GmbH zu 10 vH beteiligt. Sohn C besitzt keine Beteiligung.
Soll im Falle des Todes des Vaters A keine wesentliche Beteiligung i. S. v. § 17 EStG entstehen, muss A seinen Sohn C zum Alleinerben einsetzen und, sofern A weiteres Privatvermögen besitzt, das dem Wert der GmbH-Beteiligung entspricht, dem Sohn B dieses sonstige Privatvermögen vermachen.
Ließe A die gesetzlich Erbfolge eintreten oder würde er testamentarisch beide Söhne als Erben einsetzen und im Wege der Teilungsordnung dem Sohn B das private Vermögen und dem Sohn C

---

1 Der Auffassung von *Söffing*, Die ertragssteuerrechtliche Beurteilung der Erbauseinandersetzung im unternehmerischen Bereich, DStR 1991, 201, 204, unter 3.2.6, ist m. E. bei dieser Sachlage nicht zu folgen; BFH-Urteil vom 15. November 1990 IV R 63/88, BFHE 162, 562, BStBl II 1991, 238.

den Geschäftsanteil zuweisen, wäre der Sohn B zu 10 vH an der Z-GmbH auf Grund seines eigenen Anteils beteiligt und zu 6,25 vH als Miterbe nach seinem Vater. Der in die Erbengemeinschaft fallende Geschäftsanteil würde ihm nach § 39 Abs. 2 Nr. 2 AO zur Hälfte zugerechnet werden, wodurch seine eigene Beteiligung i. S. v. § 17 EStG steuerverstrickt werden würde[1].

gg) Erbteilsübertragung

4823 Wird ein Erbteil verschenkt, ist dies **kein** entgeltliches Rechtsgeschäft. Weder entsteht beim Schenker ein Veräußerungsgewinn noch hat der Beschenkte Anschaffungskosten.

Bei entgeltlicher Erbteilsübertragung gelten die allgemeinen Regeln der entgeltlichen Veräußerung bzw. des entgeltlichen Erwerbs.

4824 *(unbesetzt)*

hh) Weitere Einzelheiten

4825 Die Erbauseinandersetzung kann in der Form vollzogen werden, dass allen, einigen oder nur einem Miterben vorab bestimmte Nachlassgegenstände zugewiesen werden. Der Auseinandersetzungsanspruch der Miterben wird hierbei ganz oder teilweise erfüllt. Die Folgen entsprechen grundsätzlich denjenigen einer Gesamtauseinandersetzung.

Ein Entnahmegewinn in Gestalt der aufgelösten stillen Reserven ist – auch bei der gegenständlichen Teilauseinandersetzung – grundsätzlich auf die Miterben nach ihren Erbquoten zu verteilen, zusätzlich ist das Kapitalkonto des entnehmenden Miterben um den Teilwert des entnommenen Vermögens zu verringern[2].

4826 *(unbesetzt)*

4827 Besteht die Gefahr, dass durch das Zusammenspiel von Erbfall und qualifizierter Nachfolgeklausel bisheriges Sonderbetriebsvermögen Privatvermögen wird und dadurch ein laufender Entnahmegewinn entsteht, kann dieses Ergebnis dadurch vermieden werden, dass dem qualifizierten Nachfolger testamentarisch das Sonderbetriebsvermögen als (anrechnungspflichtiges oder auch nicht anrechnungspflichtiges) Vorausvermächtnis zugewiesen wird[3].

4828 *(unbesetzt)*

4829 In den Beschlüssen des Großen Senats ist nicht die Frage angesprochen worden, wie eine Erbauseinandersetzung zu beurteilen ist, die der Erblasser durch Teilungsanordnung geregelt hat.

Alle Nachlassgegenstände gehen zunächst auf die Erbengemeinschaft über. Durch eine Teilungsanordnung (§ 2048 BGB) konnte der Erblasser nur die Art und Weise der Erbauseinandersetzung festlegen.

Das gilt auch bei Anordnung einer Testamentsvollstreckung.

---

1 *Felix,* Steuergefahren durch „steuerfalsche" Testamentsgestaltung bei nichtwesentlicher GmbH-Beteiligung, DStZ 1991, 144.
2 Vgl. dazu *Groh,* Die Erbauseinandersetzung im Einkommensteuerrecht, DB 1990, 2135, dort S. 2139 unter 5a.
3 *Felix,* 25 Fall-Beispiele zur Einführung in die neue Einkommensbesteuerung der Erbauseinandersetzung, KÖSDI 1990, 8279, dort S. 8283.

Wird die Erbauseinandersetzung entsprechend der Teilungsanordnung vollzogen, ist sie nach den allgemeinen steuerlichen Grundsätzen zur Erbauseinandersetzung zu behandeln[1].

Setzen sich die Miterben einverständlich über die Teilungsanordnung hinweg, ist für die steuerliche Beurteilung die tatsächliche Auseinandersetzung maßgebend.

(unbesetzt) 4830–4835

d) Unternehmensübertragung bei vorweggenommener Erbfolge

Schrifttum: BMF Schreiben vom 13. Januar 1993 IV B 3 – S 2190 – 37/92, BStBl I 1993, 80; *Groh,* Die vorweggenommene Erbfolge – ein Veräußerungsgeschäft – Zum Beschluss des Großen Senats vom 5. Juli 1990 GrS 4–6/89, SB 1990, S. 2196 (BFHE 161, 317, BStBl II 1990, 847) –, DB 1990, 2187; *Märkle,* Die teilentgeltliche Betriebsübertragung im Rahmen der vorweggenommenen Erbfolge, DStR 1993, 1005; *Mundt,* Die vorweggenommene Erbfolge im Einkommensteuerrecht, DStR 1991, 698; *Pape,* Auswirkungen der Teilentgeltlichkeit bei Betriebsübertragungen im Wege der vorweggenommenen Erbfolge, INF 1991 (I) 221, (II) 245.

4836

aa) Allgemeines

Schrifttum: *Schneider,* Steuerliche Folgen der vorweggenommenen Erbfolge, DStZ 2000, 707.

4837

(1) Unternehmensübertragung von Eltern auf Kinder

Während Erben kraft Gesamtrechtsnachfolge die geerbten Gegenstände unter Gesamthandberechtigung und Gesamthandsbindung erwerben (§ 1922, § 2032, § 2033 Abs. 2, §§ 2038 ff., § 2040, § 2042 BGB), handelt es sich bei Zuwendungen in Vorwegnahme eines Erbfalls um Einzelrechtsnachfolgen in die überlassenen Gegenstände[2].

4838

Der unentgeltliche Erwerbsvorgang ist mit dem Übergang des oder der zugewendeten Gegenstände abgeschlossen; also beispielsweise mit dem Übergang der einzelnen ideellen Miteigentumsanteile an einem Grundstück auf die bedachten Miteigentümer.

4839

Bei Vermögensübertragungen von Eltern auf Kinder besteht die Vermutung, dass die Veräußerung auf familiären oder erbrechtlichen Erwägungen beruht und daher einen unentgeltlichen Vorgang darstellt[3].

4840

(2) Entgeltliche oder unentgeltliche Übertragung

Ob im Einzelfall ein entgeltlicher oder unentgeltlicher Vorgang vorliegt, richtet sich nach dem Verhältnis der Leistungen der Beteiligten. Auch bei Vermögensübertragungen im Rahmen einer vorweggenommenen Erbfolge können Leistungen und Gegenleistungen wie unter Fremden nach kaufmännischen Gesichtspunkten abgewogen worden sein. Ist das Leistungsverhältnis bei einer Vermögensübertragung wie unter Fremden nach kauf-

4841

---

[1] Vgl. hierzu *Flume,* Die Nachfolge von Todes wegen in ein Vermögen mit Betriebsvermögen und die Einkommensteuer bei der Übernahme von Ausgleichsverpflichtungen durch den Nachfolger in ein Einzelunternehmen oder die Beteiligung an einer Personengesellschaft, DB 1990, 2390, dort S. 2393 unter 5.; *Märkle/Franz,* (Die Erbauseinandersetzung über Betriebsvermögen und die vorweggenommene Erbfolge, BB, Beilage 5 zu Heft 1991) treten der Auffassung *Flumes* entgegen und bezeichnen sie als einen Rückfall in die Einheitstheorie. Kritisch dazu *Mitschke,* Ertragsteuerliche Behandlung der Erbengemeinschaft und ihre Auseinandersetzung, FR 1993, 149 (dort S. 150/151).
Vgl. auch BMF-Schreiben vom 11. Januar 1993 IV B 2 – S 2242 – 86/92, BStBl I 1993, 62, dort S. 76 Tz 76.

[2] RG-Urteil vom 7. März 1905 VII 336/04, RGZ 60, 238; BFH-Urteil vom 21. August 1962 1 82/60 U, BFHE 76, 482, BStBl III 1963, 178.

[3] BFH-Urteil vom 31. Mai 1972 I R 49/69, BFHE 106, 71, BStBl II 1972, 696.

männischen Gesichtspunkten gegeneinander angemessen abgewogen worden, so liegt ein entgeltlicher Vorgang vor[1].

Ist die Übertragung als entgeltlicher Vorgang zu beurteilen, kann es beim **Übergeber** zu einem Veräußerungsgewinn kommen. Dadurch kommt es zu einer Vorverlagerung der Steuerpflicht.

Die Anschaffungskosten des **Übernehmers** führen bei ihm zu höheren Absetzungen für Abnutzung, als beim Übergeber zu berücksichtigen waren.

Die Steuerbelastung beim Übergeber wird trotz Tarifbegünstigung des Veräußerungsgewinns regelmäßig einen zusätzlichen Liquiditätsbedarf hervorrufen[2].

4842 Beim Übergeber eines Unternehmens entsteht bei der vorweggenommenen Erbfolge ein Veräußerungsgewinn, sobald die Ausgleichs- und Abstandszahlungen sein Kapitalkonto übersteigen[3].

4843 (1) Vermögensübertragungen gegen Versorgungsleistungen werden als unentgeltliche Vorgänge in der Privatsphäre beurteilt[4]. Versorgungsleistungen sind demzufolge weder Veräußerungsentgelt noch Anschaffungskosten.

4844 (2) Sagt der Vermögensübernehmer im Hinblick auf die Vermögensübergabe so genannte Gleichstellungsgelder an Angehörige zu, führt dies zu einem Veräußerungsentgelt des Übergebers und zu Anschaffungskosten des Übernehmers.

4845 (3) Die Übernahme der persönlichen Schuld für auf dem geschenkten Vermögen ruhende Verbindlichkeiten (z. B. Grundstücksschulden) ist in der steuerrechtlichen Beurteilung Entgelt und Gegenleistung für die Vermögensübergabe und führt beim Erwerber grundsätzlich zu Anschaffungskosten[5].

4846 (4) Versorgungsleistungen des Vermögensübernehmers bei der vorweggenommenen Erbfolge sind dauernde Lasten und als solche abziehbar[6], wenn sich ihre Abänderbarkeit entweder aus einer ausdrücklichen Bezugnahme auf § 323 ZPO oder in anderer Weise aus dem Vertrag ergibt[7].

4847 (5) Es ist ausreichend, dass der Wert des übertragenen Vermögens zumindest die Hälfte des Kapitalwerts der Versorgungsleistungen ausmacht[8]. Insoweit ist es nicht erheblich, ob und in welchem Umfang das übertragene Vermögen Erträge abwirft.

4848 Trotz **objektiver** Ungleichheit von Leistung und Gegenleistung kann eine Veräußerungs-/Erwerbsrente vorliegen, wenn

– die Beteiligten **subjektiv** von der Gleichwertigkeit ausgegangen sind und

---

1 BFH-Urteil vom 24. Oktober 1978 VIII R 172/75, BFHE 126, 282, BStBl II 1979, 135; ebenso BFH-Urteil vom 16. Juli 1974 VIII R 32/71, nv. Vgl. dazu BB 1980, 309 linke Spalte.
2 Vgl. *Herzig/Müller*, Wirtschaftliche Konsequenzen des Wandels der Rechtsprechung zur Erbauseinandersetzung und vorweggenommenen Erbfolge, DStR 1990, 359, 364.
3 *Groh*, Die vorweggenommene Erbfolge – ein Veräußerungsgeschäft?, DB 1990, 2187, 2191, dort unter 4. Abs. 4.
4 BFH-Beschluss vom 5. Juli 1990 GrS 4-6/89, BFHE 161, 317, BStBl II 1990, 847, dort II 1 c; zuvor BFH-Urteil vom 25. August 1966 IV 299/62, BFHE 86, 797, BStBl III 1966, 675.
5 BFH-Beschluss vom 5. Juli 1990 GrS 4-6/89, BFHE 161, 317, BStBl II 1990, 847, dort unter II 3 b.
6 BFH-Beschluss vom 15. Juli 1991 GrS 1/90, BFHE 165, 225, BStBl II 1992, 78; zuvor BFH-Urteil vom 16. September 1965 IV 67/61 S, BFHE 83, 568, BStBl III 1965, 706.
7 Vgl. BFH-Urteile vom 28. November 1990 X R 109/89, BFHE 163, 264, BStBl II 1991, 327 und vom 21. Oktober 1992 X R 99/88, BFHE 170, 41 BStBl II 1993, 289. S. auch Rn 4302, 4331, 4332, 4356.
8 BFH-Beschluss vom 15. Juli 1991 GrS 1/90, BFHE 165, 225, BStBl II 1992, 78, dort unter C. II 3 c.

– die Annahme der Ausgewogenheit der beiderseitigen Leistungen bei Berücksichtigung der tatsächlichen und rechtlichen Umstände im Zeitpunkt des Vertragsabschlusses **vertretbar** erscheint[1].

(7) Rechnen nur Zahlungen des Übernehmers zum Veräußerungsentgelt, nicht aber Sachleistungen aus dem übernommenen Vermögen[2], so ist offen, wie zu verfahren ist, wenn der Berechtigte zwischen einer Sach- und Geldleistung wählen kann, und was geschieht, wenn eine Geldleistungspflicht durch eine Sachleistungspflicht abgelöst oder diese durch einen Geldbetrag ersetzt wird. 4849

(8) Muss auf Grund eines Hofübergabevertrages der Übernehmer beim Verkauf von Bauland den oder die Ausgleichsberechtigten am Erlös beteiligen, ist offen, ob die Wahrscheinlichkeit des Bedingungseintritts und die Höhe des künftigen Veräußerungserlöses geschätzt werden müssen[3]. 4850

(9) Wird ein Wirtschaftsgut des Betriebsvermögens gegen ein Teilentgelt veräußert, liegt insoweit ein betrieblicher Vorgang, im Übrigen aber eine Entnahme vor. 4851

(10) Wird ein Gegenstand des Betriebsvermögens gegen Ausgleichsleistungen, im Übrigen aber schenkweise übertragen, ist davon auszugehen, dass die Ausgleichsforderung beim Übergeber zunächst als betriebliches Entgelt entstanden und dann von ihm entgegengenommen und dem Ausgleichsberechtigten zugewendet worden ist[4]. 4852

(3) Übertragung von Privatvermögen

Überträgt ein Vermögensinhaber der Einkünfteerzielung dienendes Privatvermögen im Wege der vorweggenommenen Erbfolge, so stellen vom Vermögensübernehmer zugesagte Versorgungsleistungen weder Veräußerungsentgelt für den Übergeber noch Anschaffungskosten für den Übernehmer dar[5]. Das gilt z. B. für die Verpflichtung des Übernehmers, den Übergeber in alten und kranken Tagen zu pflegen[6]. 4853

Sagt der Vermögensübernehmer im Hinblick auf die Vermögensübergabe sog. Gleichstellungsgelder an Angehörige zu, führt dies zu einem Veräußerungsentgelt des Übergebers und zu Anschaffungskosten des Übernehmers[7]. 4854

Zum Veräußerungsentgelt und zu den Anschaffungskosten gehören auch die Übernahme von Verbindlichkeiten und die Zusage einer Abstandszahlung. 4855

(unbesetzt) 4856

(4) Anforderungen an die Anerkennung von Verträgen

An die steuerliche Anerkennung ernstlich gewollter und bürgerlich-rechtlich einwandfrei zu Stande gekommener Vereinbarungen einander nahe stehender Personen dürfen keine strengeren Anforderungen gestellt werden als an die Anerkennung entsprechender Verträge unter einander fremden Personen. 4857

---

1 BFH-Urteil vom 16. Dezember 1993 X R 67/92, BFHE 173, 152, BStBl II 1996, 669.
2 *Groh*, Die vorweggenommene Erbfolge – ein Veräußerungsgeschäft?, DB 1990, 2187, 2189, unter c, cc.
3 Vgl. *Groh*, Die vorweggenommene Erbfolge – ein Veräußerungsgeschäft?, DB 1990, 2187, 2190, unter c, dd.
4 Vgl. *Groh*, Die vorweggenommene Erbfolge – ein Veräußerungsgeschäft?, DB 1990, 2187, 2189, dort unter 3c, dd, der auf das BFH-Urteil vom 23. Juni 1981 VIII R 41/79 BFHE 134, 104, BStBl II 1982, 18 verweist.
5 BFH-Beschluss vom 5. Juli 1990 GrS 4-6/89, BFHE 161, 317, BStBl II 1990, 847.
6 BFH-Urteil vom 24. April 1991 XI R 9/84, BFHE 164, 354, BStBl II 1991, 794.
7 BFH-Beschluss vom 5. Juli 1990 GrS 4-6/89, BFHE 161, 317, BStBl II 1990, 847.

(5) Übertragung auf alle Kinder

4858 Die vorweggenommene Erbfolge kann in der Weise gestaltet werden, dass das Unternehmen im Wege der vorweggenommenen Erbfolge auf alle Kinder übertragen wird. Die Auseinandersetzung der Erwerber wird in einem solchen Fall zu einem Veräußerungsvorgang mit Gewinnverwirklichung, es sei denn, die Auseinandersetzung wird als Realteilung vorgenommen.

(6) Übertragung auf ein Kind

4859 Wird ein Unternehmen im Wege der vorweggenommenen Erbfolge von einem Elternteil auf **eines** der Kinder mit der Verpflichtung übertragen, den Geschwistern ein nach dem gemeinen Wert des Unternehmens bezeichnetes Gleichstellungsgeld[1] zu zahlen, so ist dieser Vorgang zwar Schenkung unter Auflage. Er wird aber insoweit als entgeltlicher Vorgang behandelt.

Das Kind erwirbt in einem solchen Fall das Unternehmen teils unentgeltlich vom Elternteil und muss dessen Buchwerte fortführen und teils entgeltlich mit der Befugnis zur Buchwertaufstockung.

Die abzufindenden Geschwister werden nicht Mitunternehmer.

(7) Abfindung für oder bei Erbverzicht

4860 Auf das gesetzliche Erbrecht und den Pflichtteilsanspruch kann verzichtet werden (§ 2346 BGB; notarielle Beurkundung erforderlich: § 2348 BGB). Für den Erbverzicht kann eine Abfindung vereinbart werden. Die Abfindung unterliegt der Schenkungsteuer (§ 7 Abs. 1 Nr. 5 ErbStG).

Der Erbverzicht kann die Regelung der vorweggenommenen Erbfolge bezwecken. Sein Sinn kann darin bestehen, ein Unternehmen unbelastet von Erbansprüchen auf einen bestimmten Erben zu übertragen.

4861 Der Erblasser kann allerdings auch das Unternehmen gegen Erbverzicht und weiteres Entgelt übertragen und durch den Erbverzichtsvertrag bewirken, dass der Verzichtende an dem später vorhandenen übrigen Erbe nicht mehr beteiligt ist. Eine Veräußerung liegt in dem Fall nur insoweit vor, als der Betrieb entgeltlich übertragen worden ist, im Übrigen liegt eine Schenkung vor[2].

4862 *(unbesetzt)*

4863 Wie schon im Fall des Gleichstellungsgeldes (Rn 4859) weicht auch im Fall der Abfindung für oder bei Erbverzicht die Ausdrucksweise des bürgerlichen Rechts von der des Steuerrechts ab.

Bürgerlich-rechtlich ist eine Zuwendung **unentgeltlich,** wenn sie nach dem Inhalt des Rechtsgeschäfts nicht mit einer Gegenleistung verknüpft und auch sonst nicht zur Tilgung einer Verbindlichkeit bestimmt ist. Es muss demgemäß subjektiv Einigkeit über die Unentgeltlichkeit vorliegen. Eine solche Einigkeit fehlt schon dann, wenn auch nur eine

---

1 BFH-Beschluss vom 5. Juli 1990 GrS 4-6/89, BFHE 161, 317, BStBl II 1990, 847.
2 RFH-Urteil vom 11. August 1937 VI A 427/37, StuW 1937, Teil II Sp. 895 Nr. 467.

Partei – sei es auch nur irrtümlich – die Zuwendung als Abgeltung einer Gegenleistung oder als Erfüllung einer Verbindlichkeit ansieht[1].

(unbesetzt) 4864

bb) Behandlung beim Übertragenden

Beim Übertragenden bewirkt der unentgeltliche Übergang des Unternehmens keine Gewinnverwirklichung. Er muss seinen Gewinn bis zum Übergang nach den allgemeinen Gewinnermittlungsvorschriften als laufenden Gewinn versteuern. 4865

(1) Zurückbehaltung von Wirtschaftsgütern

Werden Wirtschaftsgüter zurückbehalten, die eine wesentliche Grundlage des Betriebes bilden und werden diese gleichzeitig in das Privatvermögen überführt, liegt keine Betriebsübertragung, sondern eine Betriebsaufgabe vor[2]. Der Veräußerungsgewinn besteht in einem solchen Fall im Unterschied zwischen den gemeinen Werten der übertragenen und der zurückbehaltenen Wirtschaftsgüter und deren letztem Buchwert (§ 16 Abs. 3 EStG). 4866

Bilden die zurückbehaltenen Wirtschaftsgüter keine wesentliche Grundlage des Betriebs, dann liegen nebeneinander eine gewinnverwirklichende Entnahme der Wirtschaftsgüter und eine erfolgsneutrale Unternehmensübertragung vor[3]. 4867

(2) Gemischte Schenkung

Die gemischte Schenkung eines Unternehmens ist grundsätzlich eine teilentgeltliche Veräußerung[4] i. S. v. § 16 Abs. 1 Nr. 1 EStG[5]. Übersteigt die Gegenleistung den Netto-Buchwert, entsteht ein Veräußerungsgewinn des Schenkers, der tarifbegünstigt ist und für den auch der Freibetrag nach § 16 Abs. 4 EStG in Betracht kommt. Ist die Gegenleistung niedriger als der Buchwert, muss dieser fortgeführt werden. 4868

(unbesetzt) 4869–4870

cc) Behandlung (Folgen) beim Erwerber

(1) Allgemeines

Wird ein Unternehmen (oder Teilbetrieb) zwecks Vorwegnahme der Erbfolge unentgeltlich übertragen, muss der Erwerber die Buchwerte des übernommenen Unternehmens (oder Teilbetriebs) fortführen, und zwar auch die Buchwerte der beim Rechtsvorgänger aktivierten immateriellen Wirtschaftsgüter; der Erwerber darf also die Buchwerte nicht aufstocken. Der Erwerber setzt auch die AfA des Rechtsvorgängers fort, sofern er den Gewinn durch Betriebsvermögensvergleich ermittelt. Er kann die AfA unter Zugrundelegung der letzten Buchwerte des Rechtsvorgängers als Anschaffungskosten bemessen, wenn er seinen Gewinn gemäß § 4 Abs. 3 EStG als Überschuss der Betriebseinnahmen über die Betriebsausgaben ermittelt. 4871

---

1 *Kollhosser* in Münchener Kommentar zum Bürgerlichen Gesetzbuch, Bd. 3 Schuldrecht (Besonderer Teil), Erster Halbband, § 516 RdNr. 13 ff.
2 BFH-Urteil vom 9. Juli 1981 IV R 101/77, BFHE 134, 110, BStBl II 1982, 20.
3 BFH-Urteil vom 19. Februar 1981 IV R 116/77, BFHE 133, 176, BStBl II 1981, 566, und zwar im Gegensatz zum BFH-Urteil vom 6. Februar 1962 I 197/61 S, BFHE 74, 506, BStBl III 1962, 190.
4 BFH-Urteil vom 10. Juli 1986 IV R 12/81, BFHE 147, 63, BStBl II 1986, 811.
5 *Knobbe-Keuk*, Bilanz- und Unternehmenssteuerrecht, 9. Aufl., Köln 1993, § 22 III, 3 S. 786 ff.; s. auch BFH-Urteil vom 18. März 1980 VIII R 69/78, BFHE 130, 446, BStBl II 1980, 501.

(2) Vorwegnahme der Erbfolge ohne oder mit Spitzenausgleich

4872 Das Erbe kann **ohne** Spitzenausgleich geteilt werden.

4873 Hinterlässt beispielsweise der Erblasser zwei Gewerbebetriebe und wird er von zwei Kindern beerbt und kann davon ausgegangen werden, dass die künftigen Erben beide Betriebe für gleichwertig halten werden und übernimmt A den einen, B den anderen Betrieb, so führt dies zu keiner Gewinnverwirklichung.

4874 Gleiches gilt, wenn das Erbe aus einem Gewerbebetrieb und Privatvermögen besteht und der eine Erbe den Gewerbebetrieb, der andere das Privatvermögen übernimmt.

4875 Wird das künftige Erbe **mit** Vereinbarung eines Spitzenausgleichs aufgeteilt, ohne dass die Erben hinsichtlich des Unternehmens Mitunternehmer werden, muss der das Unternehmen übernehmende Erbe die Buchwerte des Erblassers fortführen und darf sie nur in Höhe des Spitzenausgleichs aufstocken. Der abgefundene Erbe erzielt in Höhe der Hälfte des Unterschiedes zwischen dem der Berechnung des Ausgleichs zu Grunde gelegten Werte und dem Buchwert einen Veräußerungsgewinn oder Veräußerungsverlust. Sind mehrere künftige Erben vorhanden, ist der Gewinn oder Verlust ihnen im Verhältnis ihrer künftigen (also fiktiven) Erbteile zuzurechnen.

4876–4880 *(unbesetzt)*

e) Sonstige Fälle der unentgeltlichen Übertragung des Unternehmens

aa) Schenkung

4881 Die Schenkung eines Betriebes, Teilbetriebes oder Mitunternehmeranteils ist weder Veräußerung noch Aufgabe des Unternehmens. Es tritt daher keine Gewinnverwirklichung ein; der Erwerber hat die Buchwerte des Schenkenden fortzuführen.

4882 Dasselbe gilt bei einer Schenkung unter Auflage. Sowohl der Beschenkte als auch der durch die Auflage Begünstigte erwerben unmittelbar unentgeltlich vom Schenker.

4883 *(unbesetzt)*

bb) Erbverzicht[1]

4884 Ein nach dem Gesetz Erbberechtigter kann vor dem Erbfall durch Vertrag mit dem Erblasser auf sein gesetzliches Erbrecht verzichten (§§ 2346 ff. BGB). Wird hierfür ein Entgelt gezahlt, so gilt dies als Schenkung (§ 7 Abs. 1 Nr. 5 ErbStG).

4885 Überträgt ein Unternehmer seinen Betrieb gegen Erbverzicht und weiteres Entgelt, so liegt insoweit, als der Betrieb entgeltlich übertragen wird, eine Veräußerung, im Übrigen eine Schenkung vor[2].

4886–4890 *(unbesetzt)*

cc) Teilentgeltliche Rechtsgeschäfte

4891 **Schrifttum:** *Groh,* Die vorweggenommene Erbfolge – ein Veräußerungsgeschäft?, DB 1990, 2187; *Obermüller,* Teilentgeltliche Veräußerung von Betrieben, Teilbetrieben und Mitunternehmeranteilen unter Buchwert, INF 1991, 409.

---

1 Vgl. Rn 4860, 4861.
2 Vgl. dazu RFH-Urteil vom 11. August 1937 VI A 427/37, StuW 1937, Sp. 895, Nr. 467.

Wird ein Wirtschaftsgut des Betriebsvermögens vom Unternehmer aus privaten Gründen unentgeltlich übertragen, scheidet es also aus dem Betriebsvermögen aus, liegt eine Entnahme vor. Wird ein Wirtschaftsgut des Betriebsvermögens teils entgeltlich, teils unentgeltlich übertragen, liegt hinsichtlich des entgeltlichen Teils eine Veräußerung, hinsichtlich des unentgeltlichen Teils eine Entnahme vor. 4892

Der **Erwerber** hat das Wirtschaftsgut, wenn er es aus außerbetrieblichen Gründen zu einem unangemessen niedrigen Preis erworben hat und ins Betriebsvermögen einbringt, Anschaffungskosten, soweit das Wirtschaftsgut entgeltlich erworben wurde; er legt es ohne Anschaffungskosten in das Betriebsvermögen ein, soweit er es unentgeltlich erworben hat. 4893

Ein solcher Fall liegt beispielsweise vor, wenn ein Elternteil gebrauchte Wirtschaftsgüter des Unternehmens auf ein Kind zu einem Preis überträgt, der deutlich unter dem Teilwert liegt. Soweit ein Kaufpreis zu erbringen ist, liegt ein Veräußerungsgeschäft vor, hinsichtlich der Differenz zum Teilwert dagegen eine Entnahme. 4894

Wird ein Einzelunternehmen unter dem Verkehrswert veräußert und wendet der Veräußerer dem Erwerber einen Teil unentgeltlich zu, liegt eine gemischte Schenkung vor. Die Übertragung ist einheitlich zu beurteilen. 4895

Unabhängig von der Qualifikation als Auflagen- oder gemischte Schenkung ist bei einer teilentgeltlichen Veräußerung der Veräußerungsgewinn nach § 16 Abs. 2 EStG zu ermitteln[1]. Das gilt auch dann, wenn das Kapitalkonto negativ ist.

Der Teil des Veräußerungspreises, der den Buchwert übersteigt, ist Veräußerungsgewinn des Veräußerers.

Wird das Einzelunternehmen unter dem Buchwert übertragen, ist von einem in vollem Umfang unentgeltlichen Geschäft mit der Folge auszugehen, dass ein Veräußerungsverlust nicht ausgewiesen werden darf[2].

Abstandszahlungen und Gleichstellungsgelder führen bei einer Unternehmensübertragung im Rahmen der vorweggenommenen Erbfolge demgemäß zu einem Veräußerungsgewinn.

Die unentgeltliche Unternehmensübertragung hat demgegenüber keinen Veräußerungsgewinn und mithin den Zwang zur Buchwertfortführung zur Folge. Werden in diesem Zusammenhang Rentenzahlungen als Versorgungsleistungen vereinbart, sind sie kein Entgelt; das gilt auch für die Freistellung von Verbindlichkeiten[3]. 4896

Wird ein Betrieb in eine Personengesellschaft eingebracht, ist unerheblich, ob eine gemischte Schenkung vorliegt, denn der Einbringende hat, wenn die Voraussetzungen des § 24 des UmwStG gegeben sind, die Möglichkeit, den Betrieb mit dem Buchwert, dem Teilwert oder einem Zwischenwert einzubringen. Werden Teilgewinne verwirklicht, können sie durch positive oder negative Ergänzungsbilanzen neutralisiert werden. Tarifbegünstigt ist ein solcher Vorgang allerdings nur, wenn alle stillen Reserven aufgedeckt werden[4]. 4897

---

1 BFH-Urteil vom 16. Dezember 1992 XI R 34/92, BFHE 170, 183, BStBl II 1993, 436.
2 *Schmidt*, EStG, § 16 Anm. 40.
3 BFH-Beschluss vom 5. Juli 1990 GrS 4-6/89, BFHE 161, 317, BStBl II 1990, 847, unter C II; BFH-Urteil vom 24. April 1991 XI R 9/84, BFHE 164, 354, BStBl II 1991, 794.
4 BFH-Urteil vom 29. Juli 1981 I R 2/78, BFHE 134, 270, BStBl II 1982, 62.

4898 Ist Gegenstand einer gemischten Schenkung ein Gesellschaftsanteil oder ein Bruchteil eines Gesellschaftsanteils, ist der Vorgang ebenso zu behandeln wie die Veräußerung des Einzelunternehmens[1]. Der Erwerber hat die Buchwerte des Rechtsvorgängers fortzuführen, soweit der Anteil unentgeltlich übertragen wurde. Hinsichtlich des entgeltlichen Teiles hat der Erwerber seine Anschaffungskosten anzusetzen. In einer Ergänzungsbilanz ist die Abweichung festzuhalten[2].

f) Weitere Einzelheiten

4899 Schuldzinsen für einen Kredit, der im Rahmen einer vorweggenommenen Erbfolgeregelung zur Abfindung (Gleichstellung) der anderen Mitberechtigten für die Überlassung eines Grundstückes aufgenommen wird, sind als Werbungskosten bei den Einkünften aus Vermietung und Verpachtung abziehbar[3].

4900 Ist der Übertragende an einer AG oder GmbH wesentlich beteiligt und werden Aktien oder GmbH-Anteile übertragen, führt die Übertragung nicht zur Gewinnverwirklichung. Dem Erwerber ist aber fünf Jahre lang die wesentliche Beteiligung des Schenkers zuzurechnen (§ 17 Abs. 1 Satz 2 EStG).

Werden einbringungsgeborene Anteile i. S. d. § 21 UmwStG unentgeltlich übertragen, behalten sie ihre Eigenschaft; der Erwerber muss also später beim Verkauf oder einem anderen Ereignis, das zur Aufdeckung der stillen Reserven führt, die stillen Reserven versteuern.

Überträgt ein wesentlich Beteiligter seine Anteile auf mehrere Abkömmlinge und ist keiner dieser Abkömmlinge infolge der Aufteilung wesentlich beteiligt, entfällt die steuerliche Verhaftung der Anteile nach Ablauf der fünfjährigen Sperrfrist. Die stillen Reserven können in diesem Fall ohne steuerliche Auswirkung verwirklicht werden.

4901 Kann ein Unternehmen in mehrere Betriebe aufgeteilt werden, und gründet der Unternehmer für jeden dieser Betriebe eine Personengesellschaft, an der der jeweils künftige Nachfolger beteiligt wird, könnte dadurch bei der laufenden Besteuerung erreicht werden, dass Sonderabschreibungen gemäß § 7g EStG zulässig werden und dass ferner erreicht wird, dass die gewerbesteuerlichen Vorteile mehrfach genutzt werden können.

Scheidet später der Unternehmer aus den Gesellschaften aus und verlangt er als Kaufpreis nur den Betrag seines Kapitalkontos, entsteht kein Veräußerungsgewinn.

4902–4910 *(unbesetzt)*

13. Vergünstigungen

4911 **Schrifttum:** *Hild,* Steuerorientierter Unternehmenskauf trotz der Regelung des § 50c Abs. 11 EStG – Das Düsseldorfer Modell –, DB 1998, 153; *Wendt,* StSenkG/StSenkErgG: Neuregelung der Betriebsaufgabe/Veräußerung wegen Alters- oder Berufsunfähigkeit, FR 2000, 1199.

a) Allgemeine Bedeutung von § 16 EStG

4912 (1) § 16 Abs. 1 und 3 EStG sprechen aus, dass Veräußerungsgewinne und Veräußerungsverluste sowie Aufgabegewinne und Verluste, die erzielt werden bei der

---

1 Rn 4885.
2 *Schulze zur Wiesche,* Betriebsveräußerung, Gesellschafterwechsel, S. 36 Rz 134; BFH-Urteil vom 26. Mai 1981 IV R 47/78, BFHE 134, 15, BStBl II 1981, 795.
3 BFH-Urteil vom 23. April 1985 IX R 39/81, BFHE 144, 362, BStBl II 1985, 720.

- Veräußerung oder Aufgabe eines ganzen Gewerbebetriebs,
- Veräußerung oder Aufgabe eines Teilbetriebs,
- Veräußerung oder Aufgabe des gesamten Anteils eines Mitunternehmers,
- Veräußerung von zum Privatvermögen gehörenden Beteiligungen an Kapitalgesellschaften, wenn der Anteil mindestens 1 vH beträgt,
- und der Veräußerung des gesamten Anteils eines persönlich haftenden Gesellschafters einer KG auf Aktien,

zu den Einkünften aus Gewerbebetrieb gehören.

Gewinne sind einkommensteuerpflichtig, Verluste ausgleich- und abziehbar.

(2) Nicht begünstigt ist der Gewinn aus der Veräußerung einer **ausländischen** Betriebsstätte. 4913

(3) Begünstigt ist der Gewinn nur, wenn auch die stillen Reserven des **Sonderbetriebsvermögens** aufgedeckt werden. 4914

(4) § 16 Abs. 2 EStG bestimmt, was unter einem **Veräußerungsgewinn** zu verstehen und wie er zu ermitteln ist. 4915

(5) § 16 Abs. 3 EStG gibt die Begriffsbestimmung für die **Aufgabe eines Gewerbebetriebs** und ihr gleichgestellter Sachverhalte. Es fällt danach darunter auch die Aufgabe der in § 16 Abs. 1 Nr. 2 oder Nr. 3 EStG genannten Anteile. 4916

§ 16 Abs. 3 EStG bestimmt in den Sätzen 2 bis 4, dass die Zuteilung einzelner Wirtschaftsgüter bei der Realteilung steuerneutral möglich ist, sofern in der Zukunft die Besteuerung der stillen Reserven gesichert ist; geht ein Wirtschaftsgut an einen anderen Mitunternehmer über, ist dieser an die maßgeblichen Übertragungswerte gebunden.

(6) Soweit **einzelne** dem Betrieb gewidmete **Wirtschaftsgüter** im Rahmen der Aufgabe des Betriebs veräußert werden und soweit auf der Seite des Veräußerers und auf der Seite des Erwerbers dieselben Personen Unternehmer oder Mitunternehmer sind, gilt der Gewinn aus der Aufgabe des Gewerbebetriebs als laufender Gewinn. 4917

Werden die einzelnen dem Betrieb gewidmeten Wirtschaftsgüter im Rahmen der Aufgabe des Betriebs veräußert, so sind die Veräußerungspreise anzusetzen. Werden die Wirtschaftsgüter nicht veräußert, so ist der gemeine Wert im Zeitpunkt der Aufgabe anzusetzen.

(7) Bei Aufgabe eines **Gewerbebetriebs, an dem mehrere Personen beteiligt** waren, ist für jeden einzelnen Beteiligten der gemeine Wert der Wirtschaftsgüter anzusetzen, die er bei der Auseinandersetzung erhalten hat. 4918

(8) Die Gewinne unterliegen als außerordentliche Einkünfte in den Grenzen des § 34 Abs. 1 Satz 2 EStG dem ermäßigten Steuersatz. 4919

(9) Die Gewinne sind bis zu der in § 16 Abs. 4 EStG genannten Grenze (45 000 Euro) unter den dort genannten weiteren Voraussetzungen **auf Antrag** steuerfrei (vgl. dazu Rn 4982–4990). 4920

Der Freibetrag wird dem Steuerpflichtigen nur einmal gewährt. Der Freibetrag ermäßigt sich um den Betrag, um den der Veräußerungsgewinn 136 000 Euro übersteigt.

4921 (10) Die Vergünstigungen im Sinne von §§ 16, 34 EStG greifen nicht ein, soweit auf der Seite des **Veräußerers und** auf der Seite **des Erwerbers dieselben Personen** Unternehmer oder Mitunternehmer sind.

4922 (11) Die Vorschrift des § 16 EStG hat **klarstellende** Funktion, denn die Rechtsfolgen ergeben sich bereits aus den allgemeinen Gewinnermittlungsvorschriften. Die rechtsbegründende Wirkung der Vorschrift besteht darin, dass bestimmte Teile des Gewinns von der Steuer befreit (§ 16 Abs. 4 EStG) oder tarifbegünstigt (§ 34 EStG) sind.

4923 (12) § 16 EStG bestimmt, dass für die vorgenannten Gewinne (Rn 4912) unter weiteren Voraussetzungen ein Freibetrag gewährt wird, und zwar als sachliche Steuerbefreiung (§ 16 Abs. 4 EStG; vgl. Rn 4920).

4924–4929 *(unbesetzt)*

4930 Die vor dem VZ 1999 geltende Fassung des § 35 EStG regelte das Verhältnis von Einkommensteuer und Erbschaftsteuer zueinander. Durch die Abschaffung der Steuerermäßigung bei Belastung mit Erbschaftsteuer bleibt die Doppelbelastung bestimmter Zuflüsse beim Erben mit Einkommen- und Erbschaftsteuer bestehen (z. B. der Eingang ererbter Honorarforderungen, rückständiger Mieten, rückständigem Gehalt oder rückständiger Tantiemen, die Einkommensteuer auslösende Veräußerung eines geerbten Vermögensgegenstandes usw.).

b) Veräußerungssachverhalte

aa) Veräußerung des ganzen Gewerbebetriebes oder eines Teilbetriebes (§ 16 Abs. 1 Nr. 1 EStG)

4931 Die entgeltliche Übertragung des Eigentums oder des wirtschaftlichen Eigentums an einem ganzen Betrieb oder einem Teilbetrieb ist Veräußerung i. S. v. § 16 Abs. 1 EStG. Das Tatbestandselement „Veräußerung" ist zweigliedrig; es erfasst sowohl das entgeltliche Kausalgeschäft als auch das Erfüllungsgeschäft. Die Veräußerung ist regelmäßig erst mit der Erfüllung vollendet.

4932 Keine Veräußerung i. S. v. § 16 Abs. 1 EStG ist die Schenkung i. S. v. § 516 BGB; vom Erwerber her gesehen sind auch die Erwerbe von Todes wegen keine Erwerbssachverhalte auf Grund einer Veräußerung. Die Schenkung unter Auflage (§ 525 BGB) ist wie die Schenkung zu behandeln; infolgedessen ist die Erfüllung aus der Auflage keine „Gegenleistung" des Beschenkten, ebenso wie Erbfallschulden beim Erwerb durch Erbfall keine Gegenleistung des Erben sind. Die Auflage ist allerdings eine Einschränkung der Schenkung, d. h. sie mindert den Wert des übertragenen Betriebs oder Teilbetriebs. Die Auflage ist eine private Schuld.

4933 Bei der gemischten Schenkung entsteht ein Veräußerungsgewinn insoweit, als die Gegenleistung den Buchwert übersteigt. Im Übrigen sind die Buchwerte fortzuführen.

4934 Der BFH hat sich also weder der Aufspaltungstheorie noch der Meinung, es liege eine Betriebsaufgabe vor, angeschlossen[1].

---
1 BFH-Urteil vom 10. Juli 1986 IV R 12/81, BFHE 147, 63, BStBl II 1986, 811.

Der ganze Gewerbebetrieb ist Gegenstand einer Veräußerung, wenn alle wesentlichen Grundlagen[1] in einem einheitlichen Vorgang, auf einen Erwerber übertragen werden[2] und damit die bisherige gewerbliche Betätigung des Veräußerers endet. 4935

Veräußert ein Steuerpflichtiger einen von mehreren auf demselben Betriebsgrundstück unterhaltenen Teilbetrieben, belässt er jedoch das allen Teilbetrieben dienende Betriebsgrundstück in vollem Umfang in seinem Betriebsvermögen, so liegt keine steuerbegünstigte Teilbetriebsveräußerung vor, wenn das Betriebsgrundstück zu den wesentlichen Betriebsgrundlagen des veräußerten Teilbetriebs gehört. Das gilt auch dann, wenn das zurückbehaltene Betriebsgrundstück überwiegend von dem Restbetrieb genutzt wird[3]. 4936

(unbesetzt) 4937–4940

bb) Veräußerung und Aufgabe eines Mitunternehmeranteils (§ 16 Abs. 1 Nr. 2 EStG)

Ist jemand Mitunternehmer i. S. v. § 15 Abs. 1 Satz 1 Nr. 2 EStG und veräußert er seinen gesamten Anteil, sind die Gewinne und Verluste als Veräußerung des ganzen Gewerbebetriebs oder eines Teilbetriebs zu beurteilen. 4941

Kein Mitunternehmeranteil i. S. v. § 16 Abs. 1 Nr. 2 EStG ist der Gesellschaftsanteil einer Personengesellschaft, die weder gewerblich tätig ist – z. B. weil sie nur Vermögen verwaltet – noch den Tatbestand einer gewerblich geprägten Personengesellschaft i. S. v. § 15 Abs. 3 Nr. 2 EStG erfüllt, in letzterem Fall selbst dann, wenn der Gesellschaftsanteil beim Gesellschafter Betriebsvermögen ist[4]. 4942

Veräußerung eines Mitunternehmeranteils i. S. v. § 16 Abs. 1 Nr. 2 EStG sind folgende gesellschaftsrechtlich entgeltliche Rechtsvorgänge unter Lebenden: 4943

- Das Ausscheiden eines Gesellschafters aus einer zweigliedrigen oder mehrgliedrigen Personengesellschaft durch Übertragung des Gesellschaftsanteils auf einen neu eintretenden Gesellschafter, 4944

- das Ausscheiden eines Gesellschafters aus einer zwei- oder mehrgliedrigen Personengesellschaft durch Übertragung des Gesellschafteranteils auf einen der bisherigen Mitgesellschafter, 4945

- das Ausscheiden eines Gesellschafters aus einer mehrgliedrigen Personengesellschaft unter Fortbestand der Gesellschaft unter den bisherigen Mitgesellschaftern mit anteiliger Anwachsung bei diesen ehemaligen Mitgesellschaftern, 4946

- das Ausscheiden eines Gesellschafters aus einer zweigliedrigen Gesellschaft, wobei das Unternehmen von dem anderen Gesellschafter als Einzelunternehmen fortgeführt wird. 4947

Werden Beteiligungen im Privatvermögen gehalten, 4948

- muss bei Veräußerung darauf geachtet werden, dass dies außerhalb der 5-Jahresfrist geschieht,

- muss die Beteiligungshöhe langfristig (fünf Jahre) unter 1 vH abgesenkt werden, damit die Besteuerung gemäß § 17 EStG vermieden wird,

---

[1] Vgl. Rn 3959–3964.
[2] BFH-Urteil vom 24. Juni 1976 IV R 199/72, BFHE 119, 425, BStBl II 1976, 670.
[3] BFH-Urteil vom 13. Februar 1996 VIII R 39/92, BFHE 180, 278, BStBl II 1996, 409.
[4] Vgl. dazu *Groh*, Nach der Aufgabe der Gepärgetheorie, DB 1984, 2373.

- muss bei einem erwarteten Veräußerungsverlust die Beteiligung auf über 1 vH angehoben werden, damit der Verlust steuerlich geltend gemacht werden kann,

- müssen bei Beteiligungen im Betriebsvermögen Anteile zugekauft werden, bis eine einhundertprozentige Beteiligung erreicht ist, um die Begünstigung des Veräußerungsgewinns zu erreichen.

4949 Veräußert der Gesellschafter einer Personengesellschaft seinen Mitunternehmeranteil an einen Mitgesellschafter und entnimmt er im Einverständnis mit dem Erwerber und den Mitgesellschaftern vor der Übertragung des Gesellschaftsanteils bestimmte Wirtschaftsgüter des Gesellschaftsvermögens, gehört der daraus entstehende Entnahmegewinn zum begünstigten Veräußerungsgewinn (zweifelhaft)[1].

4950 *(unbesetzt)*

cc) Sonderbetriebsvermögen[2]

4951 Gehören zum veräußerten Gesellschaftsanteil Wirtschaftsgüter des Sonderbetriebsvermögens, liegt eine entgeltliche Veräußerung eines Mitunternehmeranteils vor, wenn diese Wirtschaftsgüter auf den Erwerber des Gesellschaftsanteils entgeltlich übertragen werden. Werden die Wirtschaftsgüter des Sonderbetriebsvermögens zurückbehalten und gewinnverwirklichend ins Privatvermögen überführt, liegt eine begünstigte Aufgabe des Mitunternehmeranteils vor[3]. Entsprechendes gilt, wenn die Wirtschaftsgüter im zeitlichen Zusammenhang mit der Übertragung des Mitunternehmeranteils an einen Dritten, der nicht Erwerber des Gesellschaftsanteils ist, entgeltlich veräußert werden.

4952 Werden Wirtschaftsgüter des Sonderbetriebsvermögens, die von wesentlicher Bedeutung sind, zurückbehalten und vom ehemaligen Mitunternehmer in ein anderes Betriebsvermögen ohne Gewinnverwirklichung überführt, liegt weder eine begünstigte Veräußerung noch eine begünstigte Aufgabe eines Mitunternehmeranteils vor[4].

4953 Werden nur die Wirtschaftsgüter des Sonderbetriebsvermögens ohne den Gesellschaftsanteil veräußert, liegt darin nicht eine entgeltliche Veräußerung eines Bruchteils eines Mitunternehmeranteils oder eines Teilbetriebes vor[5].

4954 Werden bei einer formwechselnden Umwandlung einer Personengesellschaft deren zivilrechtliche Identität gewahrt und die Gesellschafter- und Beteiligungsverhältnisse nicht geändert, liegt weder eine Veräußerung noch eine Aufgabe der Mitunternehmeranteile noch die Veräußerung eines ganzen Gewerbebetriebes vor.

4955 Die Tarifvergünstigung der §§ 16, 34 EStG findet bei der Veräußerung eines Mitunternehmeranteils keine Anwendung, wenn gleichzeitig Wirtschaftsgüter des Sonderbetriebsvermögens zum Buchwert in einen anderen Betrieb des Mitunternehmers überführt werden. Dabei bedeutet „gleichzeitig", dass zwischen der Veräußerung und der Überführung ein zeitlicher und wirtschaftlicher Zusammenhang besteht[6].

4956–4960 *(unbesetzt)*

---

1 BFH-Urteil vom 24. August 1989 IV R 67/86, BFHE 158, 329, BStBl II 1990, 132.
2 Vgl. dazu Beispiele Rn 4108, 4471.
3 BFH-Urteil vom 18. Mai 1983 I R 5/82, BFHE 138, 548, BStBl II 1983, 771.
4 Vgl. dazu BFH-Urteil vom 19. März 1991 VIII R 76/87, BFHE 164, 260, BStBl II 1991, 635.
5 BFH-Urteil vom 5. April 1979 IV R 48/77, BFHE 128, 49, BStBl II 1979, 554.
6 BFH-Urteile vom 25. November 1980 VIII R 32/77, BFHE 132, 425, BStBl II 1981, 419, und vom 26. Februar 1981 IV R 98/79, BFHE 133, 186, BStBl II 1981, 568.

dd) Einbringen von Unternehmen und Praxen

Bei der Einbringung von Einzelunternehmen und Praxen in Personengesellschaften kommt die Tarifermäßigung nur in Betracht, wenn die Wirtschaftsgüter zum Teilwert angesetzt werden.

4961

Werden einem hinzutretenden Gesellschafter die stillen Reserven der Gesellschaft „verkauft", entfällt die Tarifermäßigung[1].

4962

Werden anlässlich einer Einbringung steuerfreie Rücklagen aufgelöst, so gehören diese zum begünstigten Veräußerungsgewinn.

4963

Verkauft ein Steuerpflichtiger sein Einzelunternehmen an eine zuvor von ihm bar gegründete GmbH und bemisst sich der Kaufpreis nur nach den von dem Einzelunternehmen bilanzierten Aktiva und Passiva, so kann der übergehende Geschäftswert Gegenstand einer verdeckten Einlage sein.

4964

Die Begünstigung gem. § 16 Abs. 4 und § 34 EStG sind in den Fällen des § 24 UmwStG ausgeschlossen, sofern und soweit aufseiten des Einbringenden und des Erwerbers dieselben Personen Unternehmer oder Mitunternehmer sind.

4965

ee) Wahlrechte und Besteuerung

(1) Hat der Veräußerer das Unternehmen gegen wiederkehrende Bezüge veräußert, ist bei der Ermittlung des Veräußerungsgewinns als Kaufpreis der versicherungsmathematische Barwert der Rente anzusetzen. Dieser Barwert ist nicht nach §§ 13 f. BewG zu ermitteln, sondern auf der Grundlage eines den jeweiligen Kapitalmarktverhältnissen entsprechenden Zinsfußes. Künftige Änderungen der Rentenzahlungen auf Grund einer Wertsicherungsklausel haben keinen Einfluss auf die Höhe des Veräußerungsgewinns. Der Veräußerer kommt in den Genuss des Freibetrages nach § 16 EStG und der Tarifvergünstigung nach § 34 Abs. 1 und 2 EStG. Die laufenden Rentenzahlungen sind mit ihrem Ertragsanteil als sonstige Einkünfte nach § 22 Nr. 1 Buchst. a EStG zu versteuern.

4966

(2) Der Veräußerer kann auch – ohne den Veräußerungsgewinn zunächst zu versteuern – die jährlichen Rentenzahlungen in voller Höhe als nachträgliche Einkünfte aus Gewerbebetrieb im Sinne des § 24 Nr. 2 EStG behandeln. In diesem Fall sind die Rentenzahlungen erst ab dem Zeitpunkt zu versteuern, in welchem ihre Summe den Buchwert des veräußerten Betriebs übersteigt. Der Veräußerer kommt nicht in den Genuss des Freibetrages nach § 16 Abs. 4 EStG oder des begünstigten Tarifs nach § 34 Abs. 1 und 2 EStG.

4967

Beispiel:

4968

Veräußert A – 65 Jahre alt – sein Unternehmen, dessen Buchwert des Kapitals mit 100 000 € ausgewiesen ist, gegen eine Leibrente von monatlich 3 000 €, beträgt der versicherungsmathematische Barwert der Rente 300 000 € und sind Veräußerungskosten nicht entstanden, kann der Veräußerer wählen:

Er versteuert den Veräußerungsgewinn sofort. Der Veräußerungsgewinn beträgt (Rentenbarwert 300 000 € ./. Buchwert des Kapitals 100 000 € =) 200 000 €. Davon ist der Freibetrag von 100 000 € abzuziehen; es bleibt ein Veräußerungsgewinn, der der Besteuerung unterliegt, von 100 000 €. Auf ihn ist der Tarif gemäß § 34 Abs. 1 und 2 EStG anzuwenden.

4969

Der Veräußerer kann aber auch den Veräußerungsgewinn versteuern, sobald die Rentenzahlungen von monatlich 3 000 € den Buchwert des Kapitals von 100 000 € übersteigen; das ist nach zwei

4970

---

[1] BFH-Urteil vom 19. März 1991 VIII R 76/87, BFHE 164, 260, BStBl II 1991, 635.

Jahren und neun ⅓ Monaten der Fall. Von diesem Zeitpunkt ab hat der Veräußerer die Rentenzahlungen in voller Höhe als nachträgliche Einkünfte aus Gewerbebetrieb zu versteuern.

4971 (3) Das Wahlrecht muss der Veräußerer bis zur Bestandskraft der Veranlagung ausüben; bei den nachfolgenden Veranlagungen ist er an diese Wahl gebunden.

4972 (4) Veräußert der Unternehmer sein Unternehmen gegen einen festen Barpreis und eine Leibrente, ist entsprechend zu verfahren.

4973 (5) Wählt der Veräußerer die Sofortversteuerung, ist dem Barpreis der versicherungsmathematische Barwert der Rente hinzuzurechnen. Ihr Wert ist auch in die Berechnung einzubeziehen, ob der Freibetrag nach § 16 Abs. 4 EStG wegen Überschreitens der Grenze von 136 000 € entfällt oder zu kürzen ist. Der Freibetrag kann höchstens in Höhe des durch den festen Kaufpreis verwirklichten Veräußerungsgewinns in Anspruch genommen werden.

4974 *(unbesetzt)*

4975 (7) Wird eine betriebliche Veräußerungsrente auf Grund nachträglicher Vereinbarung durch eine Einmalzahlung abgelöst, kann die Ablösung zu einem tarifbegünstigten Veräußerungsgewinn führen, sofern die sonstigen Voraussetzungen der Tarifbegünstigung vorliegen. Die Tarifbegünstigung wird nicht gewährt für den Teil des Ablösebetrages, welcher dem Gesamtvolumen des mit den wiederkehrenden Bezügen verrechneten Buchwertes entspricht[1].

4976 (8) Eine betrieblich veranlasste Rentenverpflichtung ist nach Betriebsaufgabe weiterhin als Betriebsschuld zu behandeln, wenn sie zwar durch die bei der Aufgabe erzielten Erlöse hätte abgelöst werden können, der Rentenberechtigte der Ablösung aber nicht zugestimmt hat[2].

ff) Übergang zur oder von der Liebhaberei

4977 Beim Übergang unternehmerischer Betätigung zur Liebhaberei brauchen die stillen Reserven nicht aufgedeckt und versteuert zu werden, solange ungewiss ist, ob sich der Unternehmer endgültig aus dem Erwerbsleben zurückziehen wird und sein bisheriges Betriebsvermögen nur noch als Privatvermögen nutzen wird.

Zu einer Betriebsaufgabe durch Entnahme kommt es, wenn der Unternehmer die entsprechende Aufgabeerklärung abgibt oder das Betriebsvermögen veräußert[3].

4978–4980 *(unbesetzt)*

c) Freibetrag nach § 16 Abs. 4 EStG

4981 **Schrifttum:** *Streck/Schwedhelm,* Einschränkung von Steuervergünstigungen im Fall der Einbringung in eine Personengesellschaft durch das Missbrauchsbekämpfungsgesetz, BB 1993, 2420.

---

1 BFH-Urteile vom 10. Juni 1991 X R 79/90, BFHE 165, 75, und vom 21. September 1993 III R 3/89, BFHE 172, 349, DStR 1994, 132, FR 1994, 85.
2 BFH-Urteil vom 22. September 1999 XI R 46/98, BFHE 190, 323, BStBl II 2000, 120.
3 BFH-Urteil vom 29. Oktober 1981 IV R 138/78, BFHE 134, 339, BStBl II 1982, 381; vgl. dazu *Schröder/Fuchs,* Probleme beim Übergang von der Liebhaberei zum Gewerbebetrieb oder Betrieb der Land- und Forstwirtschaft, StBp 1990, 261.

aa) Allgemeines zur alters- oder gesundheitsbedingten Betriebsveräußerung oder Betriebsaufgabe

(1) Der Steuerpflichtige muss, um den Freibetrag zu erhalten, das 55. Lebensjahr im Zeitpunkt der Betriebsveräußerung (dem Zeitpunkt des wirtschaftlichen Übergangs des Betriebs) vollendet haben.

4982

(2) Der Begriff der Berufsunfähigkeit im sozialversicherungsrechtlichen Sinn ergibt sich aus § 43 Abs. 2 SGB VI.

4983

Berufsunfähig ist danach derjenige, dessen Erwerbsfähigkeit wegen Krankheit oder Behinderung auf weniger als die Hälfte derjenigen von körperlich, geistig und seelisch gesunden Personen mit ähnlicher Ausbildung und gleichwertigen Kenntnissen und Fähigkeiten gesunken ist.

Ist die Gesundheitsstörung behandelbar, führt sie zwar zu einer zeitweisen, nicht aber zu der erforderlichen dauerhaften Berufsunfähigkeit.

(3) Unterliegt der Betriebsinhaber der Sozialversicherung, sind die Feststellungen des Versicherungsträgers über das Vorliegen oder Nichtvorliegen einer Berufsunfähigkeit ein Grundlagenbescheid i. S. v. § 171 Abs. 10 AO.

4984

bb) Weiteres zum Freibetrag nach § 16 Abs. 4 EStG

(1) Der nach § 16 Abs. 4 EStG steuerfreie Teil eines Veräußerungsgewinns zehrt Verluste aus anderen Einkunftsquellen nicht auf; solche Verluste bleiben in voller Höhe nach § 2 Abs. 3 EStG ausgleichbar und nach § 10d EStG abziehbar[1].

4985

(2) Der Freibetrag steht auch einem Steuerpflichtigen, der mehrere selbständige Gewerbebetriebe führt, in voller Höhe für die Veräußerung oder Aufgabe **nur einmal** zu.

4986

(3) Veräußert ein Unternehmer seinen Betrieb gegen festen Barpreis und eine Leibrente und entscheidet er sich für die Behandlung der Rente als nachträgliche Einkünfte (§ 24 Nr. 2 EStG), sind die Rentenzahlungen zu versteuern, sobald sie zusammen mit dem Barpreis das Kapital des veräußerten Betriebs übersteigen. Für die Ermittlung des Freibetrages nach § 16 Abs. 4 EStG ist nicht allein auf den durch den festen Barpreis verwirklichten Veräußerungsgewinn abzustellen, sondern auch der Kapitalwert der Rente als Teil des Veräußerungspreises zu berücksichtigen. Der Freibetrag wird höchstens in Höhe des durch den festen Kaufpreis verwirklichten Veräußerungsgewinns gewährt.

4987

(4) Der Freibetrag des § 16 Abs. 4 EStG wird nicht gewährt, wenn bei der Veräußerung eines Betriebs (Mitunternehmeranteils) gegen wiederkehrende Bezüge die Rentenzahlungen beim Veräußerer als laufende nachträgliche Einkünfte aus Gewerbebetrieb behandelt werden.

4988

(5) Eine Betriebsveräußerung wegen dauernder Berufsunfähigkeit kann auch dann vorliegen, wenn ein Betriebsinhaber seinen Betrieb wegen seines die berufliche Tätigkeit ausschließenden Gesundheitszustandes zunächst befristet verpachtet und nach Erlangen der Gewissheit, dass er dauernd unfähig bleiben werde, den Betrieb wieder selbst zu übernehmen, veräußert[2].

4989

---

[1] BFH-Urteil vom 16. Dezember 1975 VIII R 147/71, BFHE 117, 557, BStBl II 1976, 360.
[2] BFH-Urteil vom 13. März 1986 IV R 176/84 BFHE 146/399, BStBl II 1986, 601.

4990 (6) Wird eine freiberufliche Praxis wegen des Todes des Praxisinhabers nach dessen Tod veräußert, so ist dies keine Veräußerung „wegen dauernder Berufsunfähigkeit" i. S. v. § 18 Abs. 3 Satz 2 i. V. m. § 16 Abs. 4 EStG[1].

4991–4995 *(unbesetzt)*

d) Begünstigung gemäß § 34 EStG

4996 **Schrifttum:** *Henning/Hundsdoerfer/Schult,* Die Progressionsglättung für außerordentliche Einkünfte nach § 34 Abs. 1 EStG-Entwurf: Steuersätze bis zu 265 %, DStR 1999, 131; *Herzig/Förster,* Steuerentlastungsgesetz: Änderungen von § 17 und § 34 EStG, DB 1999, 711; *Juchum,* Zur Reform des § 34 Abs. 1 EStG, DB 2000, 343; *Schmidt,* Wiedereinführung des halben durchschnittlichen Steuersatzes für Veräußerungsgewinne, DB 2000, 2401; *Wendt,* StSenkG/StSenkErgG: Neuregelung der Betriebsaufgabe/Veräußerung wegen Alters- oder Berufsunfähigkeit, FR 2000, 1199.

aa) Allgemeines

4997 (1) Veräußerungsgewinne im Sinne der §§ 16 und 18 Abs. 3 EStG sind außerordentliche Einkünfte.

4998 (2) Das sind also Gewinne aus

- der Veräußerung von Betrieben, Teilbetrieben, Mitunternehmeranteilen und von zum Privatvermögen gehörenden Beteiligungen an Kapitalgesellschaften (§ 17 EStG), wenn der Anteil mindestens 1 vH beträgt,

- aus der Aufgabe von Betrieben und Teilbetrieben,

- aus der Entnahme einer 100%igen Beteiligung an einer Kapitalgesellschaft oder deren Liquidation.

4999 (3) Nicht begünstigt ist der Veräußerungsgewinn aus der Veräußerung einer ausländischen Betriebsstätte.

5000 (4) Begünstigt ist der Veräußerungsgewinn u. a. nur, wenn auch die stillen Reserven des Sonderbetriebsvermögens aufgedeckt werden.

5001 (5) Überträgt ein Handelsvertreter im Einvernehmen mit den vertretenen Firmen Werksvertretungen auf einen Nachfolger gegen laufende Zahlungen, so gehören diese grundsätzlich auch dann zum laufenden Gewinn, wenn laut Übergabevertrag Ausgleichsansprüche nach § 89b HGB „nicht entstehen" oder der Nachfolger die vertretenen Firmen von solchen Ausgleichsansprüchen freistellt[2]; es liegt keine Ausgleichsleistung i. S. v. § 24 Nr. 1c EStG vor.

5002 (6) Die Einkommensteuer, die auf die in dem Einkommen enthaltenen außerordentlichen Einkünfte entfällt, wird unter den nachstehenden weiteren Voraussetzungen auf Antrag nach dem halben Steuersatz bemessen.

5003 (7) Auf das verbleibende zu versteuernde Einkommen ist die Einkommensteuertabelle anzuwenden.

5004–5005 *(unbesetzt)*

---

1 BFH-Urteil vom 29. April 1982 IV R 116/79, BFHE 142, 429, BStBl II 1985, 204.
2 BFH-Urteil vom 25. Juli 1990 X R 111/88, BFHE 162, 38, BStBl II 1991, 218.

Veräußerungsgewinn 685

bb) Einzelne Voraussetzungen für die Steuerbegünstigung gemäß § 34 EStG

Es sind die Begünstigungen gem. § 34 Abs. 1 und gem. § 34 Abs. 3 EStG voneinander zu unterscheiden. 5006

Progressionsglättung gem. § 34 Abs. 1 EStG: 5007

Die unter § 34 Abs. 1 Satz 1 EStG fallenden Sachverhalte unterliegen dem Steuersatz gem. § 34 Abs. 1 Satz 2 EStG. Die für die außerordentlichen Einkünfte anzusetzende Einkommensteuer beträgt das Fünffache des Unterschiedsbetrages zwischen der Einkommensteuer für das um die außerordentlichen Einkünfte verminderte zu versteuernde Einkommen (verbleibendes zu versteuerndes Einkommen) und der Einkommensteuer für das verbleibende zu versteuernde Einkommen zuzüglich eines Fünftels dieser Einkünfte.

Die Steuerberechnung erfordert folgendes Vorgehen: 5008

Zuerst wird die Einkommensteuer für das zu versteuernde Einkommen unter Berücksichtigung eines etwaigen Progressionsvorbehalts nach § 32b EStG errechnet, wobei die in dem Einkommen enthaltenen außerordentlichen Einkünfte nicht einbezogen werden (verbleibendes zu versteuerndes Einkommen). In einem zweiten Schritt wird in einer Vergleichsrechnung die Einkommensteuer ermittelt, die sich unter Einbeziehung eines Fünftels der außerordentlichen Einkünfte ergibt.

Danach wird die Differenz zwischen beiden Steuerbeträgen verfünffacht. Schließlich wird der verfünffachte Betrag der eingangs errechneten Einkommensteuer hinzugerechnet.

Die Fünftelregelung führt zu einer Ermäßigung im Vergleich zum allgemeinen Tarif, wenn das verbleibende zu versteuernde Einkommen unterhalb der oberen Proportionalzone liegt.

Entschädigungen i. S. d. § 24 Nr. 1 EStG werden durch die Progressionsglättung gem. § 34 Abs. 1 EStG ermäßigt. 5009

Begünstigung der Gewinne i. S. v. § 34 Abs. 2 Nr. 1 EStG (also der Gewinne gem. §§ 14, 14a Abs. 1, 16 und 18 Abs. 3 EStG) **gem. § 34 Abs. 3 EStG** 5010

(1) Die Begünstigung gem. § 34 Abs. 3 EStG ist antragsgebunden. 5011

Das Antragsrecht bewirkt, dass der Steuerpflichtige nicht schon beim ersten Veräußerungsfall die Vergünstigung in Anspruch nehmen muss.

Entstehen in einem Veranlagungszeitraum mehrere unter § 34 Abs. 2 Nr. 1 EStG fallende Gewinne, kann die Begünstigung – nach Wahl des Steuerpflichtigen – **nur** für **einen** Gewinn beansprucht werden.

(2) Die Begünstigung ist auf den Teil der außerordentlichen Einkünfte begrenzt, der den Betrag von 5 Mio. € **nicht** übersteigt. 5012

(3) Die Begünstigung setzt außerdem voraus, dass der Steuerpflichtige 5013

– das **55. Lebensjahr** vollendet hat **oder**
– dass er im sozialversicherungsrechtlichen Sinne **dauernd berufsunfähig** ist.

(4) Der Steuerpflichtige kann die Begünstigung nur **einmal im Leben** in Anspruch nehmen, und zwar gerechnet ab dem VZ 2001. 5014

Er kann sie nur für einen Veräußerungs- oder Aufgabegewinn in Anspruch nehmen, auch wenn in einem Veranlagungszeitraum mehr als ein Veräußerungs- oder Aufgabegewinn erzielt werden.

Ist von einem Steuerpflichtigen die Begünstigung des halben Steuersatzes beantragt worden, kommt er aber nicht in deren Genuss, weil z. B. kein Sachverhalt einer begünstigten Veräußerung vorliegt, wird die im Leben nur einmal zu beanspruchende Vergünstigung nicht verbraucht.

5015 (5) Zur Ermittlung des halben Steuersatzes wird zunächst die tarifliche Einkommensteuer auf das gesamte zu versteuernde Einkommen (also einschließlich des Veräußerungsgewinns sowie aller dem Progressionsvorbehalt unterliegenden Einkünfte) ermittelt. Der Quotient aus dieser Steuer und dem gesamten zu versteuernden Einkommen ergibt den durchschnittlichen Steuersatz. Dieser wird halbiert.

5016 (6) Unterschreitet der halbe durchschnittliche Steuersatz den im Veranlagungszeitraum geltenden Eingangssteuersatz, tritt der **Eingangssteuersatz** an die Stelle des halben Steuersatzes.

5017 (7) Jeder Ehegatte kann die Vergünstigung einmal in Anspruch nehmen. Hat ein Ehegatte keinen Gewerbebetrieb, der andere Ehegatte aber mehrere Betriebe oder einen Betrieb, der sich aufspalten lässt, muss rechtzeitig für die Übertragung eines Betriebs oder die Spaltung des Betriebs und die Übertragung des abgespaltenen Betriebs auf den anderen Ehegatten gesorgt werden.

5018 (8) Ab dem VZ 2002 ist an die Stelle der Grenze von 10 Mio. DM die von 5 Mio. Euro getreten.

5019 (9) Die Höhe des Steuersatzes ist nach der Hälfte des durchschnittlichen Steuersatzes zu bestimmen, der sich ergäbe, wenn die tarifliche Einkommensteuer zuzüglich der dem Progressionsvorbehalt unterliegenden Einkünfte zu bemessen wäre.

Der Mindeststeuersatz entspricht dem jeweiligen Eingangssteuersatz.

Nur beim Zusammentreffen von geringen Veräußerungsgewinnen mit geringen anderen Einkünften ist die Fünftelregelung vorteilhafter als die Halbsteuersatzregelung.

5020 (10) Gewinne aus Beteiligungsveräußerungen sind gem. § 3 Nr. 40 EStG nur zur Hälfte steuerpflichtig. Sie werden daher von § 34 Abs. 3 EStG **nicht** begünstigt.

5021 (11) Entschädigungen gem. § 24 Nr. 1 EStG fallen ebenfalls nicht unter § 34 Abs. 3 EStG. Sie werden nach § 34 Abs. 1 EStG begünstigt (⅕-Regelung).

5022 Zu beachten ist die Steuerermäßigung bei Einkünften aus Gewerbebetrieb gem. § 35 EStG.

5023 *(unbesetzt)*

5024 **Zusammentreffen der Begünstigungen gem. § 34 Abs. 1 Abs. 3 EStG.**

5025 Auf das nicht mit dem halben Steuersatz begünstigte zu versteuernde Einkommen sind die allgemeinen Tarifvorschriften vorbehaltlich des Abs. 1 anzuwenden.

Das erfordert folgende Vorgehensweise bei der Steuerberechnung:

1. Steuerberechnung nach § 34 Abs. 1 EStG
1.1 Ermittlung des Steuerbetrags ohne nach § 34 Abs. 1 EStG begünstigte Einkünfte
1.2 Ermittlung des Steuerbetrags mit ⅕ der nach § 34 Abs. 1 EStG begünstigten Einkünfte
1.3 Ermittlung der Steuer auf die Einkünfte i. S. d. § 34 Abs. 1 EStG
2. Steuerberechnung nach § 34 Abs. 3 EStG
3. Berechnung der gesamten Einkommensteuer

(unbesetzt)   5026

Ein Gewinn i. S. d. § 34 Abs. 2 Nr. 1 EStG ist immer auch nach § 34 Abs. 1 EStG begünstigt. Deshalb kann der Steuerpflichtige in einem solchen Fall zwischen 3 Steuersätzen wählen, nämlich   5027

- dem Regel-Steuersatz,
- der Progressionsmilderung und
- dem halben Steuersatz.

Da die Tarifermäßigung des § 34 Abs. 3 EStG nur einmal im Leben und nur für einen Veräußerungs- oder Aufgabegewinn in Anspruch genommen werden kann, muss im Einzelfall berechnet werden, welche Begünstigungs-Alternative sich am günstigsten auswirkt.

Die Aufteilung eines einheitlichen Gewinns kommt nicht in Betracht, wohl aber die Begünstigung hinsichtlich des die 5 Mio.-Höchstgrenze überschreitenden Gewinns. Für den die 5 Mio.-Höchstgrenze überschreitenden Betrag kann aber der Steuersatz nach Abs. 1 in Anspruch genommen werden.   5028

Bei Rücklagenbildung kommt die Begünstigung **nicht** in Betracht.   5029

Für die Berechnung der Einkommensteuer beim Zusammentreffen der verschiedenen Begünstigungsmöglichkeiten sei auf das Beispiel bei Wendt, FR 2000, 1203/1204 verwiesen.

Der Antrag auf Gewährung des halben Steuersatzes ist **unabhängig** vom Antrag nach § 16 Abs. 4 EStG.   5030

Die Begünstigung nach § 16 Abs. 4 EStG und nach § 34 Abs. 3 Satz 4 EStG können für denselben Gewinn aber auch für unterschiedliche Gewinne gestellt werden.

Die Begünstigung der ermäßigten Steuersätze für außerordentliche Einkünfte gilt auch für Freiberufler (§ 18 Abs. 3 EStG).   5031

Wird eine Einzelpraxis in eine Sozietät eingebracht, haben die Beteiligten die Wahl (§ 24 UmwStG),

- die Buchwerte fortzuführen,
- die Teilwerte anzusetzen und sämtliche stillen Reserven aufzudecken mit der Folge der Steuervergünstigungen gem. §§ 18, 16, 34 EStG,
- Zwischenwerte anzusetzen, ohne die steuerlichen Begünstigungen in Anspruch nehmen zu können und
- die Buchwerte unter Ergänzung mit einer negativen steuerlichen Ergänzungsbilanz aufzustocken.

Wird die Klientel in die Sozietät eingebracht, kann selbst dann von der Einbringung der gesamten Praxis ausgegangen werden, wenn einzelne Wirtschaftsgüter, die der freiberuflichen Praxis des bisherigen Inhabers in Einzelpraxis gedient haben, zurückbehalten werden.

Eine Ausgleichszahlung, die ein Rechtsanwalt anlässlich der Einbringung seiner Praxis in eine Sozietät von einem Mitgesellschafter erhält, ist jedoch dann nicht gem. §§ 16, Abs. 4, 34 Abs. 1 EStG steuerbegünstigt, wenn nicht alle stillen Reserven der Praxis aufgedeckt werden[1].

§ 24 Abs. 3 Satz 3 UmwStG begrenzt durch die Verweisung auf § 16 Abs. 2 Satz 3 EStG die steuerbegünstigte Einbringung der Einzelpraxis in eine Gemeinschaftspraxis. Ein durch Teilwertansatz entstandener Einbringungsgewinn gilt in soweit als laufender Gewinn, als der Einbringende selbst an der Personengesellschaft beteiligt ist[2].

5032–5033 *(unbesetzt)*

e) Nachträgliche Änderungen des Kaufpreises

5034 Zu den Wirkungen nachträglicher Änderungen des Verkaufspreises auf den Veräußerungsgewinn vgl. Rn 4263 ff. und 4386 ff.

5035 *(unbesetzt)*

f) Ermäßigung der Einkommensteuer um die Gewerbesteuer

5036 (1) Alle Unternehmen, die Einkünfte aus Gewerbebetrieb erzielen und der Gewerbesteuer unterliegen, sollen durch Ermäßigung der ESt um die Gewerbesteuer entlastet werden. Die ESt des Unternehmers/Mitunternehmers wird durch eine pauschalierte Anrechnung der Gewerbesteuer gemindert. Die Gewerbesteuer bleibt weiterhin als Betriebsausgabe abziehbar. **Die ESt-Ermäßigung wird i. H. d. zweifachen Gewerbesteuer-Meßbetrages gewährt** (§ 35 Abs. 1 EStG). Dies bewirkt, dass – z. B. bei einem Hebesatz von 400 vH – der Unternehmer im Ergebnis durch die Ermäßigung der ESt und den Betriebsausgabenabzug wirtschaftlich nicht mit GewSt belastet ist.

5037 (2) Es gilt die Faustregel: Je niedriger der Hebesatz, desto größer die Entlastung. Bei Hebesätzen über 435 vH gleicht die Entlastung die Belastung mit Gewerbesteuer nicht mehr in voller Höhe aus.

(3) Bei Mitunternehmerschaften wird der Gewerbesteuer-Meßbetrag im Verhältnis der zuzurechnenden Gewinnanteile einschließlich der Sondervergütungen auf die Mitunternehmer verteilt.

5038–5040 *(unbesetzt)*

14. Rückgängigmachung der Veräußerung

5041 **Schrifttum:** *Schön,* Steuern im Bereicherungsausgleich, ZHR 155 (1991), 247.

5042 Hat sich in einem Vertrag ein Vertragspartner den Rücktritt vorbehalten, so sind die Parteien nach § 356 BGB verpflichtet, einander die empfangenen Leistungen zurückzugewähren, wenn der Rücktritt durchgeführt wird. Durch den Rücktritt entsteht ein Abwicklungsverhältnis, bei dem nach der neueren Lehre das ursprüngliche Vertragsverhältnis durch die Parteien umgestaltet wird. Das ist auch eine sachgerechte Lösung im Rahmen des § 16 EStG[3].

---

1 BFH-Urteile vom 26. Februar 1981 IV R 98/79, BFHE 133, 186, BStBl II 1981, 568, und vom 5. April 1984 IV R 88/80, BFHE 141, 27, BStBl II 1984, 518.
2 Vgl. dazu *Pfalzgraf/Meyer,* Steuerbegünstigte Einbringung der Einzelpraxis in eine Gemeinschaftspraxis, DStR 1994, 1130, dort unter S. 1333 f.
3 BFH-Urteil vom 14. Dezember 1982 VIII R 54/81, BFHE 137, 456, BStBl II 1983, 315.

Wird die Veräußerung auf Grund eines vertraglich vorbehaltenen Rücktrittsrechts oder aber auch auf Grund eines Anspruchs auf Wandlung oder wegen Anfechtung nach dem § 119, § 123 BGB oder wegen Nichtigkeit des Kaufvertrages rückgängig gemacht, entfällt rückwirkend die ursprüngliche Veräußerung und damit die Gewinnverwirklichung[1]. Der laufende Gewinn in der Zeit von der Veräußerung bis zum Vollzug der Rückgängigmachung ist vom Erwerber zu versteuern, sofern dieser Gewinn ihm verbleibt.

(unbesetzt) 5044–5045

15. Nachträgliche Gewinne oder Verluste
Schrifttum: *Groh*, Nachträgliche Änderungen des Veräußerungsgewinns, DB 1995, 2235.

Nachträgliche Gewinne oder Verluste aus der früheren Tätigkeit können auf verschiedene Weise entstehen.

Fallen nach einer Betriebsveräußerung oder Betriebsaufgabe noch Aufwendungen an (z. B. aus nicht vorhersehbaren Gewährleistungsansprüchen), die also nicht schon bei der Ermittlung des für den Veräußerungsgewinn maßgeblichen Betriebsvermögens als Passivposten berücksichtigt worden sind, so stellen diese Aufwendungen nachträgliche Betriebsausgaben dar, die im Wege eines Verlustausgleichs berücksichtigt werden können.

Aufwendungen, die für bereits in das Privatvermögen überführte Wirtschaftsgüter erwachsen (Transportkosten, Versicherungsprämien) gehören zu den nichtabziehbaren Aufwendungen in der Privatsphäre.

a) Ermittelt ein Steuerpflichtiger seinen Gewinn bis zum Zeitpunkt der Betriebseinstellung nach § 5 EStG durch Betriebsvermögensvergleich, und geht er im Jahre nach der Veräußerung zur Gewinnermittlung nach § 4 Abs. 3 EStG über, so sind im Rahmen der Einnahmen-Überschussrechnung grundsätzlich auch Tilgungsleistungen für solche Verbindlichkeiten Betriebsausgaben, die nach den handelsrechtlichen Grundsätzen ordnungsmäßiger Buchführung schon im Vorjahr im Rahmen des Vermögensausgleichs nach § 5 EStG durch den Ansatz entsprechender Passivposten gewinnmindernd zu berücksichtigen gewesen wäre, aber nicht berücksichtigt worden sind. Das gilt allerdings dann nicht, wenn der Steuerpflichtige bei der Gewinnermittlung nach § 5 EStG unter **bewusster** Außerachtlassung der Grundsätze ordnungsgemäßer Buchführung von dem Ansatz entsprechender Passivposten abgesehen hat, um auf diese Weise ungerechtfertigte steuerliche Vorteile zu erlangen[2]. Die Rechtsprechung begründet das damit, dass der Grundsatz einer periodengerechten Gewinnermittlung im Allgemeinen hinter der Richtigkeit der Besteuerung des einzelnen Geschäftsvorfalles zurücktreten müsse[3].

b) Zinszahlungen auf Betriebsschulden sind dann abziehbar, wenn der Erlös bei der Betriebsveräußerung (oder bei der Betriebsaufgabe) nicht zur Tilgung der Verbindlichkeiten ausgereicht hat. Ein Abzug der Zinszahlungen auf Betriebsschulden kommt auch dann nicht in Betracht, wenn der Betrieb überschuldet war und dies offensichtlich auf Entnahmen vor Betriebsveräußerung oder Betriebsaufgabe beruht, die ihrer Höhe nach einen angemessenen Unternehmerlohn übersteigen; in diesem Falle sind die Schulden in Wahrheit von vornherein notwendige Privatschulden[4]. Der Erlass von zurückgebliebenen

---
1 BFH-Urteil vom 23. Juni 1988 IV R 84/86, BFHE 154, 85, BStBl II 1989, 41.
2 BFH-Urteil vom 4. August 1977 IV R 119/73, BFHE 123, 154, BStBl II 1977, 866; vom 13. Mai 1980 VIII R 84/79, BFHE 131, 206, BStBl II 1980, 692.
3 BFH-Beschluss vom 29. November 1965 GrS 1/65 S, BFHE 84, 392, BStBl III 1966, 142.
4 Str.

Verbindlichkeiten führt zu nachträglich nicht begünstigten Einkünften aus Gewerbebetrieb, die Tilgung zu nachträglichen Verlusten aus Gewerbebetrieb. Ein Erlass aus privaten Gründen führt nicht zu Einkünften aus Gewerbebetrieb[1].

5050 c) Die Erwägungen zu b gelten auch, wenn Rückstellungen für dem Grund und/oder der Höhe nach ungewisse Verbindlichkeiten ausgewiesen sind, die bei der Betriebsveräußerung nicht auf den Erwerber übergehen, wenn der Grund zur Bildung der Rückstellung später entfällt[2]. Ungewisse Verbindlichkeiten können auch durch Erklärungen gegenüber dem FA nicht in das Privatvermögen überführt werden.

5051 d) Tilgungsleistungen auf betriebliche Forderungen, die bei der Buchwertermittlung im Sinne von § 16 Abs. 2 Nr. 2 wertberichtigt oder nicht ausgewiesen waren, führen zu nachträglichen, steuerlich nicht begünstigten Einkünften aus Gewerbebetrieb. Auch diese ungewissen Forderungen können nicht ins Privatvermögen überführt werden.

5052 e) Fallen bei der Gewinnermittlung durch Betriebsvermögensvergleich zum Nennwert ausgewiesene betriebliche Forderungen, die nicht veräußert wurden, ganz oder teilweise aus, ist umstritten, ob und inwieweit ein solcher Sachverhalt zu nachträglichen Verlusten aus Gewerbebetrieb führt[3].

5053 f) Zu nachträglichen Einkünften aus Gewerbebetrieb führt die Auflösung einer Rücklage gemäß § 6b EStG wegen Fristablaufs gemäß § 6b Abs. 3 Nr. 5 EStG, wenn der Veräußerer auf den Gewinn aus der Betriebsveräußerung oder Betriebsaufgabe teilweise durch Bildung einer solchen Rücklage oder eine in früheren Wirtschaftsjahren gebildete Rücklage nach § 6b EStG bei der Betriebsveräußerung oder Betriebsaufgabe fortgeführt hat.

5054 g) Sind Wirtschaftsgüter, insbesondere des Umlaufvermögens, im Rahmen einer Betriebsaufgabe als ins Privatvermögen überführt behandelt worden, sollten sie aber bei sich bietender Gelegenheit veräußert werden und werden sie dann tatsächlich veräußert, ist der Gewinn je nach Zeitablauf noch Teil der Betriebsaufgabe, oder er führt zu nichtbegünstigten nachträglichen Einkünften.

5055 h) Vor der Betriebsveräußerung oder Betriebsaufgabe zu Stande gekommene schwebende Geschäfte führen zu Einkünften aus Gewerbebetrieb, wenn sie in der Zeit vor der Betriebsveräußerung oder Betriebsaufgabe verursacht worden sind, und zwar unabhängig davon, ob sie zu Gewinnen oder Verlusten führen.

5056 i) Wird bei einer Praxis- (Kanzlei-) oder Betriebsveräußerung die Kaufpreisforderung insgesamt gestundet, werden Ratenzahlungen gewährt, wird eine Kaufpreiszeitrente oder Kaufpreisleibrente begründet und das Wahlrecht im Sinne einer Sofortversteuerung ausgeübt, führt ein späterer Ausfall der Kaufpreisforderung dazu, dass der tatsächlich erzielte Erlös geringer als vereinbart ist. Der Ausfall wird als rückwirkendes Ereignis i. S. v. § 175 Abs. 1 Satz 1 Nr. 2 AO beurteilt[4]. Die darauf beruhenden Steuerbescheide sind zu ändern.

5057 j) Wird der Veräußerungspreis nachträglich einvernehmlich oder auf Grund einer Nachforderungsklausel erhöht, entsteht im Jahre der Erhöhung ein zusätzlich begünstigter Veräußerungsgewinn[5].

---

1 Str.
2 BFH-Urteil vom 24. Oktober 1979 VIII R 49/77, BFHE 129, 334, BStBl II 1980, 186.
3 Vgl. Rn 4010 und 4241 sowie die in der Fn zu Rn 4241 zitierte Rechtsprechung.
4 Vgl. BFH-Beschluss vom 19. Juli 1993 GrS 2/92, BFHE 172, 66, BStBl II 1993, 897.
5 BFH-Urteil vom 26. April 1966, I 216/63, BFHE 85, 460, BStBl III 1966, 465.

Die Herabsetzung des Kaufpreises für einen Betrieb auf Grund von Einwendungen des Käufers gegen die Rechtswirksamkeit des Kaufvertrages ist ein rückwirkendes Ereignis, das zur Änderung des Steuerbescheids führt, dem der nach dem ursprünglich vereinbarten Kaufpreis ermittelte Veräußerungsgewinn zu Grunde gelegen hat[1].

Entsprechendes gilt, wenn ein Veräußerungsgewinn aus der Übertragung eines Mitunternehmeranteils der Höhe nach strittig ist und später vergleichsweise der Abfindungsanspruch geändert wird[2].

Wird als Gegenleistung für anwaltliche Beratungs- und Betreuungstätigkeit eine bis zum Tode des Rechtsanwalts und seiner Ehefrau zu zahlende Leibrente vereinbart, so gehören die Einnahmen aus dieser Rentenvereinbarung zu den Einkünften aus selbstständiger Arbeit[3]. 5058

(unbesetzt) 5059–5060

16. Anschaffungskosten des Erwerbers

Der steuerrechtlichen Bedeutung des Veräußerungspreises für den Veräußerer entspricht beim Erwerber die für die Bemessung seiner Anschaffungskosten. 5061

Anschaffungskosten des Erwerbers sind die Aufwendungen, die geleistet werden, um einen Vermögensgegenstand zu erwerben und ihn in einen betriebsbereiten Zustand zu versetzen, soweit die Aufwendungen dem Vermögensgegenstand einzeln zugeordnet werden können (§ 255 Abs. 1 Satz 1 HGB). „Erwerben" bedeutet dabei das Erlangen der wirtschaftlichen Verfügungsmacht, also das Überführen von der fremden in die eigene Verfügungsmacht.

Zu den Anschaffungskosten gehören auch die Anschaffungsnebenkosten.

Spätere Minderungen oder Erhöhungen des Veräußerungspreises verändern die Anschaffungskosten entsprechend.

Angeschafft ist ein Wirtschaftsgut in dem Zeitpunkt, in dem der Erwerber die wirtschaftliche Verfügungsmacht erlangt.

Die Grundsätze, die für den Erwerb eines einzelnen Wirtschaftsguts maßgebend sind, gelten auch für den Erwerb eines ganzen Unternehmens.

Der Gesamtpreis für ein Unternehmen ist auf die einzelnen erworbenen Wirtschaftsgüter entsprechend deren Teilwerten aufzuteilen.

Als Geschäfts- oder Firmenwert (Praxis- oder Kanzleiwert) darf der Unterschiedsbetrag angesetzt werden, um den die für die Übernahme eines Unternehmens bewirkte Gegenleistung den Wert der einzelnen Vermögensgegenstände des Unternehmens abzüglich der Schulden im Zeitpunkt der Übernahme übersteigt. Der Betrag ist in jedem folgenden Geschäftsjahr zu mindestens einem Viertel durch Abschreibungen zu tilgen. Die Abschreibung des Geschäfts- oder Firmenwerts kann aber auch planmäßig auf die Geschäftsjahre verteilt werden, in denen er voraussichtlich genutzt wird (§ 255 Abs. 4 HGB). Einkommensteuerrechtlich bestimmt § 7 Abs. 1 Satz 3 EStG davon abweichend die betriebsge-

---
1 BFH-Urteil vom 23. Juni 1988 IV R 84/86, BFHE 154, 85, BStBl II 1989, 41.
2 BFH-Urteil vom 26. Juli 1984 IV R 10/83, BFHE 141, 488, 490, BStBl II 1984, 786.
3 BFH-Urteil vom 26. März 1987 IV R 61/85, BFHE 149, 563, BStBl II 1987, 597.

wöhnliche Nutzungsdauer des Geschäfts- oder Firmenwerts eines Gewerbetriebs mit einem Zeitraum von 15 Jahren[1].

17. Eröffnungsbilanz des Erwerbers

5062 (1) Für die Bewertung der Wirtschaftsgüter sind grundsätzlich deren Ansschaffungs- oder Herstellungskosten maßgebend. Wurde der Übernahmepreis für das Unternehmen durch Einzelbewertung aller Wirtschaftsgüter ermittelt, entsprechen die jeweiligen Anschaffungskosten den Veräußerungspreisansätzen. Ist dagegen ein Gesamtkaufpreis ohne Einzelwertermittlung vereinbart worden, müssen die Anschaffungskosten der einzelnen Wirtschaftsgüter geschätzt werden.

5063 (2) Bei der Schätzung der Anschaffungskosten der einzelnen Wirtschaftsgüter hat der Erwerber ein Interesse daran,

- die Wirtschaftsgüter des Umlaufvermögens – diese mindern über die Rohgewinnermittlung unmittelbar das Betriebsergebnis – möglichst hoch zu bewerten;
- bei den Wirtschaftsgütern des Anlagevermögens den Kaufpreis am steuergünstigsten den geringwertigen Wirtschaftsgütern – der Erwerber kann die Bewertungsfreiheit des § 6 Abs. 2 EStG in Anspruch nehmen – sowie
- den Wirtschaftsgütern mit den jeweils höchsten Raten der Absetzung für Abnutzung zuzuordnen.

Steuerungünstig ist die Zuordnung von Kaufpreisanteilen auf den Grund und Boden, weil eine solche Zuordnung mit keiner ertragsmindernden Auswirkung verbunden ist.

Ungünstig ist auch die Zuordnung zum Geschäftswert.

5064 (3) In Zweifelsfällen ist der Erwerbspreis nach dem Verhältnis der Teilwerte der einzelnen Wirtschaftsgüter aufzuteilen. Den Nachweis der unrichtigen Bewertung der Wirtschaftsgüter in der Eröffnungsbilanz hat grundsätzlich die Finanzverwaltung zu führen, wenn der Erwerber die schätzungsweise Aufteilung des Geamtkaufpreises schlüssig dargetan hat[2].

5065 (4) Besteht das Entgelt in einer Umsatz- und/oder Gewinnbeteiligung, muss die Zahlungsverpflichtung des Erwerbers passiviert werden. Da sich erst in der Zukunft herausstellen wird, welche Beträge vom Erwerber aufzubringen sind, wird als Hilfswert die Summe der Teilwerte der erworbenen Wirtschaftsgüter als Anhaltspunkt für die Passivierung der Zahlungsverpflichtung des Erwerbers herangezogen[3].

5066 *(unbesetzt)*

18. Erklärungspflicht bei Unternehmensveräußerung

5067 Macht ein Steuerpflichtiger in seiner Einkommensteuererklärung oder den dieser beigefügten Unterlagen keine Angaben über die Veräußerung seines Unternehmens, so liegt darin eine erhebliche Verletzung seiner Erklärungspflicht. Wird das Veräußerungsgeschäft nachträglich bekannt, steht Treu und Glauben wegen der Schwere der Erklärungspflicht-

---

1 *Zeitler,* Der Firmenwert und verwandte immaterielle Wirtschaftsgüter in der Bilanz, DStR 1988, 303; *Breidenbach,* Unternehmenswert und steuerliche Geschäftswertabschreibung, DB 1989, 136.
2 BFH-Urteil vom 31. Januar 1973 I R 197/70, BFHE 108, 509, BStBl II 1973, 391.
3 RFH-Urteile vom 2. Dezember 1931 VI A 1516/29, RFHE 31, 1, und vom 1. Februar 1933 VI A 945/37, RStBl 1933, 479.

verletzung der Änderung des Steuerbescheids auch dann nicht entgegen, wenn das FA den Veräußerungsvorgang hätte ermitteln können[1].

(unbesetzt) 5068–5070

II. Aufgabegewinn

Schrifttum: Siehe dazu u. a. *Frotscher,* EStG, § 16 Rz 187 ff. 5071

1. Allgemeines

Die Aufgabe des Gewerbebetriebs und die Aufgabe der freiberuflichen Praxis gelten als Veräußerung (§§ 16 Abs. 3 Satz 1 und 18 Abs. 3 Satz 2 EStG). Die Aufgabe des Gewerbebetriebs wird seiner Veräußerung gleichgestellt. Die einkommensteuerrechtlichen Vorschriften über die Aufgabegewinne bezwecken, den Aufgabegewinn vom laufenden Gewinn abzugrenzen; für ihn ist eine begünstigte Besteuerung aus den gleichen Erwägungen wie bei der Veräußerung des Gewerbebetriebs vorgesehen[2]. Besteht ein Interesse, dass keine Gewinnverwirklichung eintritt, muss der Tatbestand der Betriebsaufgabe vermieden werden (z. B. durch Betriebsverpachtung, Betriebsaufspaltung usw.). 5072

Als Betriebsaufgabe wird die Auflösung des Unternehmens durch den Unternehmer und die dadurch bedingte Beendigung der Existenz des Unternehmens als ein selbstständiger Organismus des Wirtschaftslebens bezeichnet.

Wird das Unternehmen unentgeltlich übertragen, kann die Übertragung nicht als Betriebsaufgabe des den Betrieb Übertragenden beurteilt werden[3]. 5073

Eine Betriebsverpachtung und nicht eine Betriebsaufgabe ist gegeben, wenn bei einer Maschinenfabrik nur ein Teil der Produktionsanlagen unter Stilllegung des Restes verpachtet wird, sofern der verpachtete Teil weiterhin die Fertigung von Maschinen ermöglicht[4].

2. Unternehmensaufgabe/Betriebsaufgabe

a) Merkmale im Überblick

Die Aufgabe des ganzen Gewerbebetriebs liegt vor[5], wenn auf Grund eines Entschlusses des Unternehmers, den Betrieb aufzugeben, 5074

- die gewerbliche Tätigkeit eingestellt wird,
- alle wesentlichen Betriebsgrundlagen
- in einem einheitlichen Vorgang, d. h. innerhalb kurzer Zeit,
- unter Aufdeckung der stillen Reserven

---

1 BFH-Urteil vom 11. November 1987 I R 108/85, BFHE 151, 333, BStBl II 1988, 115.
2 Rn 3908 ff.
3 BFH-Urteile vom 19. Februar 1981 IV R 116/77, BFHE 133, 176, BStBl II 1981, 566, und vom 24. Juni 1981 I R 45/78, nv.
4 FG Hamburg, Urteil vom 15. Dezember 1987 V 144/84, EFG 1988, 305. Revision hiergegen als unbegründet zurückgewiesen gemäß Art. 1 Nr. 7 BFHEntlG (IV R 24/88).
5 Vgl. z. B. BFH-Urteil vom 29. Oktober 1981 IV R 138/78, BFHE 134, 339, 343, BStBl II 1982, 381, dort unter 2. b.

- entweder insgesamt äußerlich erkennbar in das Privatvermögen überführt oder insgesamt einzeln an verschiedene Erwerber veräußert oder teilweise veräußert und teilweise in das Privatvermögen und

- dadurch der Betrieb als selbstständiger Organismus des Wirtschaftslebens zu bestehen aufhört.

b) Abgrenzung der Betriebsaufgabe von anderen Vorgängen

Die Betriebsaufgabe unterscheidet sich

5075 - von der **Betriebsveräußerung** dadurch, dass bei der Betriebsveräußerung alle wesentlichen Betriebsgrundlagen in einem Akt an einen einzigen Erwerber in der Weise veräußert werden, dass dieser in die Lage versetzt wird, den Betrieb fortzuführen,

5076 - von der **allmählichen** – nicht begünstigten – **Abwicklung** dadurch, dass die wesentlichen Betriebsgrundlagen in einem **einheitlichen Vorgang** veräußert oder ins Privatvermögen überführt werden,

5077 - von einer **Betriebsverlegung** oder einem **Strukturwandel des Betriebs** dadurch, dass bei diesen Vorgängen der Betrieb als selbstständiger Organismus des Wirtschaftslebens in der Hand desselben Unternehmers bestehen bleibt[1],

5078 - von der **Betriebsunterbrechung** (vorübergehenden Betriebseinstellung) dadurch, dass bei der Einstellung der werbenden Tätigkeit die Absicht vorhanden und die Verwirklichung der Absicht nach den äußerlich erkennbaren Umständen wahrscheinlich ist, dass der Betrieb innerhalb eines überschaubaren Zeitraums in gleichartiger oder ähnlicher Weise wieder aufgenommen werden wird, sodass der stillgelegte und der eröffnete Betrieb als identisch anzusehen sind[2]. Das gilt auch, wenn die Person, die das Unternehmen betreibt, zwar zeitweilig wechselt, der Unternehmer aber beabsichtigt, das Unternehmen in Zukunft wieder zu übernehmen.

c) Folgen der Aufgabe des ganzen Unternehmens (Gewerbebetriebs), Teilbetriebs oder Mitunternehmeranteils

5079 aa) Die Aufgabe des Gewerbebetriebs gilt als Veräußerung (§ 16 Abs. 3 Satz 1 EStG).

5080 bb) Der BFH wertet die Betriebsaufgabe als eine besondere Form der Entnahme (Totalentnahme)[3].

5081 Steuerlich begünstigt werden nur die Gewinne, die aus der Aufgabe eines Betriebs, Teilbetriebs oder Mitunternehmeranteils erzielt werden. Da die massierte Aufdeckung der stillen Reserven steuerlich gemildert werden soll, sind bei der Aufgabe eines Betriebs, Teilbetriebs oder Mitunternehmeranteils Wirtschaftsgüter, die in das Privatvermögen überführt werden, mit dem gemeinen Wert (§ 16 Abs. 3 Satz 3 EStG) – nicht mit dem Teilwert – anzusetzen.

Bleiben Wirtschaftsgüter Betriebsvermögen, können ihre Buchwerte fortgeführt werden.

---

1 Vgl. dazu, dass der Strukturwandel keine Betriebsaufgabe ist, BFH-Beschluss vom 7. Oktober 1974 GrS 1/73, BFHE 114, 189, BStBl II 1975, 168.
2 BFH-Urteil vom 17. Oktober 1991 IV R 97/89, BFHE 166, 149, BStBl II 1992, 392.
3 BFH-Urteil vom 13. Dezember 1983 VIII R 90/81, BFHE 140, 526, BStBl II 1984, 474.

In den Aufgabegewinn dürfen zurückbehaltene Wirtschaftsgüter nur einbezogen werden, wenn sie nicht nur deshalb zurückbehalten wurden, um sie sobald als möglich zu veräußern; denn dann liegen nachträgliche, steuerlich nicht begünstigte Einnahmen vor¹. 5082

Die Einbeziehung der zurückbehaltenen Wirtschaftsgüter in den Aufgabegewinn erfordert, dass die Überführung in das Privatvermögen im wirtschaftlichen Zusammenhang mit der Aufgabe steht. 5083

cc) Stellt ein Steuerpflichtiger seine gewerbliche Tätigkeit ein, kann er wählen, ob er sein bisheriges Betriebsvermögen veräußern oder in sein Privatvermögen überführen will (Wahlrecht). 5084

Bringt er seine Wahl nicht eindeutig und klar zum Ausdruck, ist in der Regel auch nach Einstellung der gewerblichen Tätigkeit das bisherige Betriebsvermögen so lange als Betriebsvermögen anzusehen, wie das rechtlich möglich ist². 5085

d) Verschiedene Einzelheiten

aa) Betriebsunterbrechung

Stellt ein Steuerpflichtiger seine gewerbliche Tätigkeit ein und verpachtet er die Wirtschaftsgüter des Betriebsvermögens insgesamt, so liegt eine bloße Betriebsunterbrechung und keine Betriebsaufgabe i. S. des § 16 Abs. 3 EStG vor, wenn der Steuerpflichtige beabsichtigt, seine gewerbliche Tätigkeit wieder aufzunehmen und fortzuführen³. 5086

bb) Betriebsverlegung ins Ausland

Eine Betriebsaufgabe i. S. v. § 16 Abs. 3 EStG liegt jedoch auch dann vor, wenn ein Steuerpflichtiger seinen Gewerbebetrieb aus dem Inland in das Ausland verlegt und der Gewinn aus dem in das Ausland verlegten Gewerbebetrieb – z. B. auf Grund eines Doppelbesteuerungsabkommens – nicht der inländischen Besteuerung unterliegt⁴. 5087

Veräußert ein selbstständiger Erfinder sein Patent gegen Gewährung einer Leibrente und verlegt er dann anschließend seinen Wohnsitz in die Schweiz, können die laufenden Rentenzahlungen als nachträglich erzielte Einkünfte aus selbstständiger Arbeit in der Bundesrepublik Deutschland steuerpflichtig sein⁵. 5088

Hätte der Erfinder seine Erfindertätigkeit mit dem Wohnsitzwechsel in die Schweiz nicht aufgegeben, läge in der Verlegung der bisher im Inland ausgeübten Tätigkeit in das Ausland eine Betriebsaufgabe gemäß § 16 Abs. 3 i. V. m. § 16 Abs. 3 EStG vor, da das Besteuerungsrecht der Bundesrepublik gemäß DBA-Schweiz entfallen würde⁶. Für den Zeitpunkt der Aufgabe wäre das Betriebsvermögen nach § 5 EStG zu ermitteln (§§ 18 Abs. 3, 16 Abs. 2 Satz 2 EStG). 5089

Hat ein Steuerpflichtiger eine Betriebsstätte in einem Land, mit dem kein DBA bestand, so führen der Abschluss und die Anwendbarkeit eines DBA, das die Besteuerung der 5090

---

1 BFH-Urteil vom 6. Februar 1962 I 197/61, BFHE 74, 506, BStBl III 1962, 190.
2 BFH-Urteil vom 24. Oktober 1979 VIII R 49/77, BFHE 129, 334, BStBl II 1980, 186.
3 Vgl. Rn 5078.
4 BFH-Urteile vom 28. April 1971 I R 55/66, BFHE 102, 374, BStBl II 1971, 630, und vom 24. November 1982 I R 123/78, BFHE 137, 59, BStBl II 1983, 113.
5 BFH-Urteil vom 28. März 1984 I R 191/79, BFHE 141, 244, BStBl II 1984, 664.
6 BFH-Urteile vom 28. April 1971 I R 55/66, BFHE 102, 374, BStBl II 1971, 630, und vom 13. Oktober 1976 I R 261/70, BFHE 120, 225, BStBl II 1977, 76.

Gewinne aus dieser Betriebsstätte dem ausländischen Staat zuweist, allein nicht zu einer Verwirklichung der in den Wirtschaftsgütern dieser Betriebsstätte enthaltenen stillen Reserven[1].

5091–5095 *(unbesetzt)*

cc) Veräußerung eines einzelnen Wirtschaftsguts

5096 **Schrifttum:** *Richter,* Veräußerung einzelner Wirtschaftsgüter gegen Leibrente im Rahmen einer Betriebsaufgabe, StBp 1985, 66.

5097 Bei der Veräußerung eines einzelnen Wirtschaftsguts durch einen bilanzierenden Steuerpflichtigen gegen Gewährung einer Leibrente ist das Leibrentenstammrecht mit seinem versicherungsmathematisch errechneten Wert zu aktivieren; eine Versteuerung der laufenden Rentenzahlungen wie im Falle der Veräußerung eines ganzen Betriebs oder Teilbetriebs ist nicht möglich[2].

dd) Keine Betriebsaufgabe bei teilweiser Verpachtung und teilweiser Stilllegung

5098 Wird im Zusammenhang mit der Einstellung der werbenden Tätigkeit eines Gewerbetreibenden ein Teil der Wirtschaftsgüter veräußert, ein anderer Teil zurückbehalten und der weitere Teil der Wirtschaftsgüter verpachtet, ist von einer Fortführung des Betriebs auszugehen, wenn der Betrieb im Ganzen verpachtet wird und der Verpächter keine Betriebsaufgabe erklärt. Eine Betriebsverpachtung in diesem Sinne setzt nicht voraus, dass der Betrieb als geschlossener Organismus verpachtet wird, wohl aber, dass alle wesentlichen Grundlagen des Betriebes verpachtet werden. Ausnahmsweise kann dieses Erfordernis auch dann erfüllt sein, wenn nur das Betriebsgrundstück verpachtet wird[3].

5099 Verpachtet beispielsweise eine Personengesellschaft, die eine Maschinenfabrik betreibt, einen Teil der Produktionsanlagen und legt sie den restlichen Teil still, liegt keine Betriebsaufgabe vor, wenn sie selbst den Vorgang nicht als Betriebsaufgabe dem Finanzamt mitteilt, sondern stattdessen ihre Einkünfte weiterhin als Einkünfte aus Gewerbebetrieb erklärt. Verkauft die Gesellschaft die Maschine nach Beendigung des Pachtvertrages, ist der Betrieb im Zeitpunkt des Verkaufs aufgegeben[4].

5100 *(unbesetzt)*

3. Aufgabe des ganzen Unternehmens

5101 **Schrifttum:** *Streck,* Gestaltungen zur Vermeidung der Betriebsaufgabe, „Auffang"-GmbH & Co. KG und GmbH-GbR als gewerblich geprägte Personengesellschaften, Protokoll des Zehnten Deutschen Steuerberatertages 1987 in München, S. 137.

a) Entschluss zur Aufgabe

5102 Der Entschluss des Unternehmers, sein Unternehmen aufzugeben, löst noch keine steuerlichen Wirkungen aus[5].

---

1 BFH-Urteil vom 16. Dezember 1975 VIII R 3/74, BFHE 117, 563, BStBl II 1976, 246.
2 BFH-Urteil vom 20. Januar 1971 I R 147/69, BFHE 101, 218, BStBl II 1971, 302; der Gedanke des Urteils des RFH vom 14. Mai 1930 VI A 706/28 (RStBl 1930, 580) ist bei der Veräußerung eines einzelnen Wirtschaftsguts bei fortbestehendem Betrieb nicht anwendbar.
3 BFH-Urteil vom 29. Oktober 1992 III R 5/92, BFH/NV 1993, 233.
4 Vgl. FG Hamburg, Urteil vom 15. Dezember 1987 V 144/84, EFG 1988, 305.
5 BFH-Urteil vom 5. Juli 1984 IV R 36/81, BFHE 141, 325, BStBl II 1984, 711.

b) Einstellung werbender Tätigkeit

Die Einstellung der werbenden Tätigkeit auf Grund des Entschlusses, das Unternehmen aufzugeben, ist eine objektiv auf die Auflösung des Betriebs als selbstständigen Organismus des Wirtschaftslebens gerichtete Handlung.

5103

Mit ihr allein ist allerdings noch nicht entschieden, ob die unternehmerische Tätigkeit durch eine Geschäftsveräußerung im Ganzen oder durch Betriebsaufgabe beendet werden wird.

Die steuerliche begünstigte Betriebsaufgabe setzt voraus, dass der Unternehmer seine bisherige unternehmerische Betätigung, wie sie im jeweiligen gewerblichen Unternehmen sichtbar geworden ist, beendet. Ihr steht nicht entgegen, dass er später eine (andere) gewerbliche Tätigkeit aufnimmt[1].

5104

Die Einstellung des Zukaufs von Waren ist nicht der Beginn der Aufgabe des Unternehmens. Erst der Verkauf von Wirtschaftsgütern des Anlagevermögens leitet regelmäßig die Betriebsaufgabe ein, da dadurch regelmäßig begonnen wird, den wirtschaftlichen Organismus des Betriebs aufzulösen.

5105

Beendet ein Handelsvertreter seine bisherige Vertretung, um anschließend eine andere Vertretung zu übernehmen, liegt keine Betriebsaufgabe vor, und zwar auch dann nicht, wenn erstmalig eine Generalvertretung übernommen wird[2].

5106

Gibt dagegen ein Handelsvertreter seine Tätigkeit auf, um anschließend beim gleichen Auftraggeber als Berater und Kundenbetreuer tätig zu sein, hat er seinen bisherigen Gewerbebetrieb eingestellt und einen neuen, andersartigen eröffnet[3]:

5107

Beispiel:

5108

Betreibt ein Textilwareneinzelhändler sein Geschäft in gemieteten Räumen, kündigt er den Mietvertrag und führt er einen Räumungsverkauf durch, bei dem 60 vH der vorhandenen Waren verkauft werden, überführt er formell den restlichen Warenbestand in sein Privatvermögen und verkauft er ihn je nach Gelegenheit, so liegt keine Betriebsaufgabe im Sinne von § 16 Abs. 3 EStG vor. Die gewerbliche Tätigkeit wird bis zur völligen Liquidation des Betriebsvermögens fortgeführt.

Ein Belegarzt gibt seine selbstständige Tätigkeit durch Einstellung der ärztlichen Praxis auf[4].

5109

(unbesetzt)

5110–5115

c) Ausscheiden der wesentlichen Grundlagen aus dem Betriebsvermögen

Die wesentlichen Grundlagen des Unternehmens müssen aus dem Betriebsvermögen ausscheiden.

5116

Der Begriff der wesentlichen Grundlagen des Unternehmens ist identisch mit dem bei der Betriebsveräußerung[5].

5117

---

1 Vgl. dazu BFH-Urteile vom 24. Juni 1976 IV R 200/72, BFHE 119, 430, BStBl II 1976, 672, und vom 23. November 1965 I 145/63, HFR 1966, 207 einerseits, und vom 3. Oktober 1984 I R 116/81, BFHE 142, 381, BStBl II 1985, 131, sowie vom 27. Februar 1985 I R 235/80, BFHE 143, 436, BStBl II 1985, 456 andererseits.
2 BFH-Urteil vom 19. April 1966 I 221/63, BFHE 85, 445, BStBl III 1966, 459.
3 BFH-Urteil vom 16. Dezember 1982 IV R 96/80, nv.
4 FG Rheinland-Pfalz, Urteil vom 1. Juni 1987 5 K 120/86, EFG 1987, 558.
5 Rn 3959.

5118 Werden die wesentlichen Grundlagen an einen Erwerber veräußert, liegt eine Betriebsveräußerung vor[1].

5119 Werden die wesentlichen Grundlagen an mehrere Erwerber veräußert, führt das notwendig zur Zerschlagung des Betriebs als eines selbstständigen Organismus des Wirtschaftslebens. Statt einer Betriebsveräußerung kann in diesem Fall eine Betriebsaufgabe vorliegen.

5120 Verbleibt im Zuge der Betriebsaufgabe nach der Verwertung des sonstigen Betriebsvermögens dem Steuerpflichtigen lediglich eine wesentliche Betriebsgrundlage – zum Beispiel ein Grundstück –, wird dies auch ohne ausdrücklich dahingehende Erklärung notwendiges Privatvermögen[2]. Die Betriebsaufgabe ist in diesem Zeitpunkt beendet.

5121 *(unbesetzt)*

d) Einheitlicher Vorgang

5122 **Schrifttum:** *Roemer,* Zur Bestimmung des für eine Betriebsaufgabe maßgebenden Zeitpunkts, INF 12/1988, S. III/IV; *Schulze zur Wiesche,* Betriebsaufgabe über mehrere Veranlagungszeiträume, FR 1986, 25.

5123 Eine Aufgabe im Sinne von § 16 Abs. 3 EStG liegt nur vor, wenn die Wirtschaftsgüter in einem **einheitlichen Vorgang** auf Dritte übertragen oder in das Privatvermögen überführt werden, denn nur dann wird der Zweck der Vorschrift erfüllt, die zusammengeballte Aufdeckung stiller Reserven wegen der Progression des Einkommensteuertarifs ermäßigt zu versteuern[3].

5124 Ein einheitlicher Vorgang liegt nicht vor, wenn die Wirtschaftsgüter nach und nach im Wege der Liquidation an Dritte veräußert oder in das Privatvermögen überführt werden[4].

5125 aa) Ein Indiz für die Annahme eines einheitlichen Vorgangs ist die Abwicklung in einem **kurzen** Zeitraum.

5126 Die **Aufgabe** eines Unternehmens vollzieht sich allerdings – anders als die Geschäftsveräußerung im Ganzen – nicht in einem Zeitpunkt, sondern innerhalb einer gewissen Zeit. Der Zeitraum muss zwar kurz sein. Die Frist darf andererseits nicht zu kurz angesetzt werden; sie ist **nach den Umständen des Einzelfalles** zu bemessen. Die Aufgabehandlungen müssen wirtschaftlich jedenfalls noch einen einheitlichen Vorgang bilden.

5127 bb) Die Aussagen des BFH, die Betriebsaufgabe müsse sich in einem einheitlichen Vorgang – d. h. innerhalb eines kurzen Zeitraums – vollziehen und die Betriebsaufgabe sei zeitpunktbezogen[5], sind widersprüchlich.

---

1 Rn 3985 ff.
2 BFH-Urteile vom 26. März 1991 VIII R 73/87, BFH/NV 1992, 227; vom 21. Mai 1992 X R 77–78/90, BFH/NV 1992, 659 und vom 22. Oktober 1992 III R 7/91, BFH/NV 1993, 358.
3 RFH-Urteile vom 26. November 1931 VI A 1978/31, RStBl 1932, 624, vom 11. Oktober 1934 VI A 1331/32, RStBl 1935, 613, vom 24. Januar 1940 VI 10/40, RStBl 1940, 505; BFH-Urteile vom 16. September 1966 VI 118, 119/65, BFHE 87, 134, BStBl III 1967, 70, vom 25. Juni 1970 IV 350/64, BFHE 99, 479, BStBl II 1970, 719, vom 8. September 1976 I R 99/75, BFHE 120, 187, BStBl II 1977, 66; Abschn. 139 Abs. 2 EStR 1984; vgl. auch Rn 3938 ff.
4 BFH-Urteile vom 10. September 1957 I 294/56 U, BFHE 65, 468, BStBl III 1957, 414, vom 6. Februar 1962 I 197/61 S, BFHE 74, 506, BStBl III 1962, 190, vom 7. November 1963 IV 210/62 S, BFHE 78, 172, BStBl III 1964, 70, vom 28. Oktober 1964 IV 102/64 U, BFHE 81, 240, BStBl III 1965, 88.
5 BFH-Urteil vom 27. Februar 1985 I R 235/80, BFHE 143, 436, BStBl II 1985, 456.

Von einer Zeitpunktbezogenheit der Betriebsaufgabe wird dann zu sprechen sein, wenn ein Unternehmen vom Unternehmer insgesamt verpachtet wird und der Unternehmer dem FA erklärt, den Betrieb aufgeben zu wollen.

cc) Die einkommensteuerrechtlich begünstigte Betriebsaufgabe **beginnt** nicht bereits damit, dass der Unternehmer innerlich den Entschluss fasst, seinen Gewerbebetrieb demnächst aufzugeben oder zu liquidieren, und auch nicht damit, dass er einen solchen Entschluss kundgibt. Die Betriebsaufgabe beginnt vielmehr erst im Zeitpunkt, in dem der Unternehmer erstmalig Handlungen vornimmt, die objektiv auf die Auflösung des Betriebs als eines selbstständigen Organismus des Wirtschaftslebens gerichtet sind[1], wie z. B. die Einstellung der werbenden Tätigkeit oder die Veräußerung bestimmter für die Fortführung des Betriebs unerlässlicher Wirtschaftsgüter des Betriebsvermögens. 5128

Vorbereitungshandlungen, die der Aufgabe selbst vorausgehen, diese erleichtern oder die Bedingungen hierfür schaffen sollen, zählen nicht zum Beginn der Aufgabe. Das gilt nicht nur für den Aufgabe- oder Auflösungsbeschluss, den Antrag auf Löschung im Handelsregister, vertragliche Abmachungen, den Betrieb aufzulösen, sondern auch für Maßnahmen, die der Einschränkung eines noch weiter werbend tätigen Betriebs dienen, wie z. B. die Lösung einzelner Arbeitsverhältnisse oder sonstiger Schuldverhältnisse wie Miete, Lieferverträge und dergleichen mehr. 5129

Daraus folgt, dass erst die Veräußerung der wesentlichen Betriebsgrundlagen oder ihre Überführung ins Privatvermögen als Aufgabe**beginn** zu werten sind.

Wird unwesentliches Anlagevermögen bereits vorher veräußert, so liegt seine Veräußerung außerhalb der Aufgabe des Betriebs, und ein Gewinn ist dem laufenden Gewinn zuzurechnen. 5130

Auch ein Räumungsverkauf ist noch nicht der Beginn einer Betriebsaufgabe in dem Sinne, dass die „Veräußerungsgewinne" oder „Veräußerungsverluste" zum Aufgabegewinn gehörten[2], und zwar auch dann, wenn zu Ausverkaufspreisen veräußert wird. 5131

Wird ein Unternehmen anlässlich der Insolvenzeröffnung eingestellt und verwertet der Insolvenzverwalter nur die Bestände, so ist der Betrieb mit der Insolvenzeröffnung aufgegeben[3]. Die Insolvenzeröffnung selbst stellt noch keine Betriebsaufgabe dar; Entsprechendes gilt für eine behördliche Betriebsschließung. 5132

dd) Ein Unternehmen ist aufgegeben, wenn das werbende Unternehmen aufgehört hat zu bestehen. Das ist der Zeitpunkt, in welchem die wesentlichen Grundlagen des Betriebsvermögens ins Privatvermögen überführt oder veräußert sind. Mit anderen Worten: Die Betriebsaufgabe **endet** mit der Veräußerung oder Entnahme des letzten Wirtschaftsguts, das zu den wesentlichen Betriebsgrundlagen gehört. 5133

Der Beendigung der Betriebsaufgabe steht nicht die Abwicklung noch schwebender Geschäfte – insbesondere der Einzug von Außenständen – oder die Zurückbehaltung von Wirtschaftsgütern, die nicht zu den wesentlichen Betriebsgrundlagen gehören, entgegen. Der Steuerpflichtige setzt insoweit allerdings seine normale gewerbliche Tätigkeit fort und erzielt nachträgliche – nicht tarifbegünstigte – gewerbliche Gewinne; diese stehen aber der Tarifvergünstigung für den Betriebsaufgabevorgang selbst nicht entgegen. 5134

---

1 BFH-Urteil vom 25. Juni 1970 IV 350/64, BFHE 99, 479, BStBl II 1970, 719.
2 BFH-Urteil vom 29. November 1988 VIII R 316/82, BFHE 156, 408, BStBl II 1989, 602; vgl. dazu auch Rn 5235–5237, sowie BFH-Urteil vom 1. Dezember 1988 IV R 140/86, BFHE 155, 341, BStBl II 1989, 368.
3 RFH-Urteil vom 20. November 1940 IV 330/40, RStBl 1941, 225.

5135 Der Zeitraum der Abwicklung kann nicht dadurch verkürzt werden, dass Wirtschaftsgüter formell in das Privatvermögen übernommen werden, um sie anschließend privat zu veräußern; das gilt insbesondere für Waren[1].

5136 (1) „Die Frist von höchstens einem halben Jahr" hat der BFH als „guten Anhalt" bezeichnet[2].

5137 So wird bei der Veräußerung der wesentlichen Grundlagen eines Produktionsunternehmens (z. B. der Maschinen und des Betriebsgrundstücks) innerhalb von sechs Monaten der für die Annahme einer Betriebsaufgabe erforderliche zeitliche Zusammenhang als gewahrt angesehen.

5138 Der Zeitraum von einem halben Jahr darf aber nicht schematisiert werden. Der BFH hat es als „nicht im Sinne des Gesetzgebers" liegend angesehen, „die Steuerpflichtigen zu zwingen, schwer verkäufliche Wirtschaftsgüter unter Zeitdruck unter Umständen weit unter ihrem Wert loszuschlagen, nur um die Steuervergünstigung aus §§ 16 und 34 EStG nicht zu verlieren"[4]; die Annahme eines Zeitraums von rund 14 Monaten beim Verkauf von Weinbergen eines Weinbaubetriebs schließt die Annahme einer Betriebsaufgabe nicht schlechthin aus.

5139 (2) Die Aufgabe des Betriebs ist vollzogen, wenn die wesentlichen Grundlagen des Betriebsvermögens ins Privatvermögen überführt oder veräußert sind. Dem steht nicht entgegen, dass der Steuerpflichtige unwesentliche Teile des Betriebsvermögens zurückbehalten hat. Eine etwaige nachfolgende Abwicklung schwebender Geschäfte berührt ebenfalls nicht eine bereits vollzogene Betriebsaufgabe[3].

5140 Setzt der Steuerpflichtige die unwesentlichen Teile des Betriebsvermögens an Abnehmer ab, mit denen er bisher seine Geschäfte tätigte, so setzt er insoweit seine normale gewerbliche Tätigkeit fort und erzielt nachträgliche – nicht tarifbegünstigte – gewerbliche Gewinne; diese stehen der Tarifvergünstigung für die Betriebsaufgabe selbst nicht entgegen[4].

5141 (3) Ein Steuerpflichtiger kann also den Zeitraum der betrieblichen Abwicklung nicht dadurch verkürzen, dass er Wirtschaftsgüter, die er bei Aufgabe seines Betriebs nicht veräußern konnte oder wollte, formell ins Privatvermögen überführt, um sie anschließend „privat" zu veräußern[5]. In solchen Fällen ist unter Umständen anzunehmen, dass der Steuerpflichtige mit den „privaten" Verkäufen in Wirklichkeit seine gewerbliche Tätigkeit fortsetzt, seinen Betrieb also gar nicht aufgegeben hatte[6]. Das gilt in erster Linie für das Umlaufvermögen, das seiner Natur nach zur Veräußerung bestimmt ist; der spätere Verkauf unterscheidet sich dann nicht wesentlich von den täglichen Geschäftsvorfällen eines bestehenden Betriebs. Diese Überlegung kann jedoch auch auf Wirtschaftsgüter des Anlagevermögens jedenfalls dann anzuwenden sein, wenn diese Güter mit der Absicht der

---

1 Vgl. *Grieger*, Betriebsaufgabe im Laufe mehrerer Jahre und Tarifvergünstigung, Anm. zum BFH-Urteil vom 16. September 1966 VI 118, 119/65, BFHE 87, 134, BStBl II 1967, 70, BB 1967, 106.
2 BFH-Urteil vom 16. September 1966 VI 118, 119/65, BFHE 87, 134, BStBl III 1967, 70.
3 BFH-Urteile vom 23. November 1965 I 145/63, StRK, EStG, § 16 R. 98, und vom 25. Juni 1970 IV 350/64, BFHE 99, 479, 481, BStBl II 1970, 719.
4 BFH-Urteil vom 25. Juni 1970 IV 350/64, BFHE 99, 479, BStBl II 1970, 719.
5 Vgl. Rn 5135.
6 BFH-Urteile vom 7. März 1957 IV 368/55 U, BFHE 64, 556, BStBl III 1957, 209, und vom 6. Februar 1962 I 197/61 S, BFHE 74, 506, BStBl III 1962, 190.

Veräußerung ins Privatvermögen überführt und alsbald veräußert werden, also zwischen der „Entnahme" und der Veräußerung ein enger zeitlicher und sachlicher Zusammenhang besteht[1].

(4) Erstrecken sich Betriebsveräußerung oder Betriebsaufgabe über einen Zeitraum, ist maßgebender Zeitpunkt für die Erfassung des Veräußerungs- oder Aufgabegewinns der Zeitpunkt der letzten Übertragung, also der Zeitpunkt, in welchem der einheitliche Vorgang der Betriebsaufgabe beendet wird[2].   5142

Sieht man die Begriffe „Gewerbebetrieb" und „Teilbetrieb" tätigkeitsbezogen, ist Voraussetzung einer Teilbetriebsveräußerung wie auch einer Teilbetriebsaufgabe in diesem Sinne, dass der Inhaber des Gewerbebetriebs oder Teilbetriebs zugleich mit der Veräußerung oder Aufgabe eine bestimmte gewerbliche Tätigkeit aufgibt[3]; das gilt allerdings auch bei einer nicht tätigkeitsbezogenen Auslegungsweise.

ee) Erstreckt sich die Aufgabe des Betriebs über zwei Veranlagungszeiträume, ist für die steuerliche Begünstigung der Zeitpunkt der **letzten** Maßnahme, durch die der einheitliche Vorgang der Betriebsaufgabe beendet wird, maßgebend, also der letzte Veranlagungszeitraum[4].   5143

e) **Aufdeckung aller stillen Reserven**

Alle wesentlichen Betriebsgrundlagen müssen unter **Aufdeckung der stillen Reserven** aus dem Betriebsvermögen ausscheiden. Rechtfertigender Grund der steuerlichen Begünstigung von Betriebsveräußerung und Betriebsaufgabe ist – wie gesagt – der massierte Anfall von Gewinn wegen des Aufdeckens der stillen Reserven. Das Merkmal, dass **alle** stillen Reserven aufgedeckt werden müssen, ist bedingt durch den Gesetzeszweck, den Begünstigungszweck. Auf sein Vorliegen wird daher nicht verzichtet.   5144

f) **Arten des Ausscheidens der Wirtschaftsgüter aus dem Betriebsvermögen**

Die Wirtschaftsgüter des Gewerbebetriebs müssen

- insgesamt äußerlich erkennbar in das Privatvermögen überführt oder   5145
- insgesamt einzeln an verschiedene Erwerber veräußert oder   5146
- teilweise veräußert und teilweise in das Privatvermögen überführt werden,   5147

wobei die stillen Reserven aufgedeckt werden müssen.

Überträgt ein Unternehmer auf ein Kind unentgeltlich seinen Anteil am Betrieb der bisher mit dem Kind gebildeten Personengesellschaft und behält der Unternehmer ein Betriebsgrundstück zurück, das ihm wirtschaftlich und bürgerlich-rechtlich gehört, so kann eine unentgeltliche Übertragung des Unternehmens mit einem tarifbegünstigten Aufgabege-   5148

---

[1] BFH-Urteil vom 29. November 1963 VI 170/62 U, BFHE 78, 110, BStBl III 1964, 45, und BFH-Urteil vom 16. September 1966 VI 118, 119/65, BFHE 87, 134, BStBl III 1967, 70, einen solchen engen Zusammenhang hat der BFH im Fall des Urteils für nahe liegend erachtet, ohne jedoch selbst in der Sache entscheiden zu können.
[2] Vgl. dazu auch *Schmidt*, EStG, § 16 Anm. 195, 196; vgl. dazu auch BFH-Urteil vom 26. September 1961 I 5/61 U, BFHE 73, 689, BStBl III 1961, 517.
[3] Vgl. Rn 4052.
[4] Vgl. dazu auch *Schmidt*, EStG, § 16 Anm. 195, 196; ferner BFH-Urteil vom 26. September 1961 I 5/61 U, BFHE 73, 689, BStBl III 1961, 517, und vom 17. Februar 1971 I R 170/69, BFHE 102, 44, BStBl II 1971, 484.

winn in Höhe der im Betriebsgrundstück steckenden aufgelösten stillen Reserven zusammentreffen[1].

5149 Für die Begünstigung schädlich ist allerdings, wenn gewillkürtes Betriebsvermögen – wie Vorratsgelände oder Wertpapiere – in welchem erhebliche stille Reserven enthalten sind, zurückbehalten und nicht unter Aufdeckung der stillen Reserven ins Privatvermögen überführt wird.

g) Ende des Unternehmens

5150 Der Betrieb muss als **selbstständiger Organismus des Wirtschaftslebens** zu bestehen aufhören[2].

5151 (1) Es gibt in der Regel keinen „Zeitpunkt" der Betriebsaufgabe, weil die Veräußerung der einzelnen zum bisherigen Betriebsvermögen gehörenden Wirtschaftsgüter regelmäßig nicht in einem Zeitpunkt, sondern während eines Zeitraums erfolgt[3].

(2) Daraus folgt, dass die Betriebsaufgabe grundsätzlich mit der Einstellung der werbenden Tätigkeit beginnt und z. B. mit der Veräußerung des letzten, zu den wesentlichen Betriebsgrundlagen gehörenden Wirtschaftsguts beendet wird. Für Wirtschaftsgüter, die nicht zur Veräußerung bestimmt sind, entsteht der Aufgabegewinn in dem Zeitpunkt, in dem sie während des Zeitraums der Betriebsaufgabe ausdrücklich ins Privatvermögen überführt werden oder – falls dies nicht geschieht – in dem Zeitpunkt, in dem nach Einstellung der werbenden Tätigkeit alle anderen wesentlichen Betriebsgrundlagen veräußert oder entnommen worden sind[4].

(3) Soweit Wirtschaftsgüter im Rahmen einer Betriebsaufgabe veräußert werden, entsteht der Aufgabegewinn mit Übertragung des wirtschaftlichen Eigentums an den Wirtschaftsgütern. Ist der schuldrechtliche Kaufvertrag bereits im Vorjahr abgeschlossen worden, kann dies zur Auflösung einer früher gebildeten Rücklage für Ersatzbeschaffung bereits im Jahr des Abschlusses des Kaufvertrages führen; die Auflösung der Rücklage kann auch in diesem Falle zu einem tarifbegünstigten Aufgabegewinn führen[5].

(4) Bleibt nach Verwertungsverhandlungen im Zuge einer Betriebsaufgabe lediglich eine wesentliche Betriebsgrundlage – z. B. ein Betriebsgrundstück – zurück, die sich nicht veräußern lässt, wird diese notwendiges Privatvermögen, unabgängig davon, ob eine Überführungserklärung abgegeben wird oder nicht. In diesem Zeitpunkt ist die Betriebsaufgabe beendet[6].

(5) Der Zeitraum für die Betriebsaufgabe endet mit der Veräußerung der letzten wesentlichen Betriebsgrundlage bzw. mit deren Überführung in das Privatvermögen.

Es ist nicht auf den Zeitpunkt abzustellen, in dem die stillen Reserven des Betriebs im Wesentlichen oder nahezu vollständig aufgedeckt worden sind[7].

---

1 BFH-Urteil vom 6. Februar 1962 I 197/61 S, BFHE 74, 506, BStBl III 1962, 190.
2 Vgl. dazu BFH-Urteil vom 5. Juli 1984 IV R 36/81, BFHE 141, 325, BStBl II 1984, 711.
3 BFH-Urteil vom 27. Februar 1985 I R 235/80, BFHE 143, 436, BStBl II 1985, 456.
4 BFH-Urteil vom 26. März 1991 VIII R 73/87, BFH/NV 1992, 227.
5 BFH-Urteil vom 17. Oktober 1991 IV R 97/89, BFHE 166, 149, BStBl II 1992, 392.
6 BFH-Urteile vom 26. März 1991 VIII R 73/87, BFH/NV 1992, 227 und vom 21. Mai 1992 X R 77–78/90, BFH/NV 1992, 659.
7 BFH-Urteil vom 26. Mai 1993 X R 101/90, BFHE 171, 468, BStBl II 1993, 710.

h) Verschiedene Einzelheiten

aa) Betriebsverlegung/Betriebsunterbrechung/Betriebsverpachtung

Betriebsverlegung und vorübergehende Betriebseinstellung (Betriebsunterbrechung) sind keine Aufgabe des Betriebs; gleiches gilt für den Strukturwandel. 5152

Beispiel: 5153
Wird das Ladengeschäft einer Bäckerei am bisherigen Standort geschlossen und nach kurzer Umzugsdauer an einem neuen 200 bis 300 m entfernt liegenden Standort wieder eröffnet (vgl. Sachverhalt in Rn 3966), so sprechen die fortlaufend und artgleich ausgeübte gewerbliche Tätigkeit, die geringe Entfernung zwischen den beiden Standorten und gegebenenfalls die sich fortsetzende Umsatzentwicklung für die Annahme einer bloßen Betriebsverlegung und gegen eine Betriebsaufgabe mit anschließender Neueröffnung.

Entscheidend ist, ob sich nach dem Gesamtbild der Verhältnisse der alte und der neue Betrieb bei wirtschaftlicher Betrachtung unter der Berücksichtigung der Verkehrsauffassung als wirtschaftlich identisch darstellen.

Die Erklärung von Einkünften aus Vermietung und Verpachtung unter fachkundiger Beratung durch einen Steuerberater spricht gegen die Annahme einer frühzeitigen Betriebsaufgabe, wenn dabei keine stillen Reserven aufgedeckt worden sind[1]. 5154

(unbesetzt) 5155

bb) Grundstücke

Schrifttum: *Simon/Cors/Troll*, Handbuch der Grundstückswertermittlung, 4. Aufl., 1997. 5156

Grundstücke sind regelmäßig wesentliche Grundlagen eines Unternehmens. 5157

Beispiele:
(1) Ein Unternehmer betreibt sein Unternehmen auf einem Teil eines ihm gehörenden Grundstücks. Nur diesen Teil des Grundstücks hat er bilanziert, der andere Teil gehört zum Privatvermögen. Der Unternehmer veräußert sein Unternehmen unter Zurückbehaltung des Grundstücks, das er dem Erwerber verpachtet. 5158

Gehört das Grundstück – wie es der Regelfall ist – zu den wesentlichen Betriebsgrundlagen, liegt keine Veräußerung des Betriebs im Ganzen vor[2].

Überführt der Unternehmer den betrieblich genutzten Teil des Grundstücks unter Aufdeckung der stillen Reserven ins Privatvermögen, liegt insgesamt eine Betriebsaufgabe vor.

Führt der Unternehmer den bisher betrieblich genutzten Teil des Grundstücks weiter als Betriebsvermögen – es ist fraglich, ob das möglich ist –, sind nicht alle stillen Reserven anlässlich der Beendigung der unternehmerischen Tätigkeit aufgedeckt, und es liegt keine steuerbegünstigte Betriebsaufgabe vor[3].

(2) Ein Steuerpflichtiger, der nach Einstellung seiner werbenden Tätigkeit das Umlaufvermögen sowie das gesamte bewegliche Anlagevermögen veräußert oder entnimmt und nur noch das Betriebsgrundstück verpachtet, ist zur Aufdeckung der im bisherigen Betriebsgrundstück enthaltenen 5159

---

1 BFH-Beschluss vom 1. Februar 1995 IV B 65/94, BFH/NV 1995, 676; vgl. auch Rn 6302 ff.
2 BFH-Urteil vom 30. Oktober 1974 I R 40/72, BFHE 114, 85, BStBl II 1975, 232.
3 Das RFH-Urteil vom 19. Mai 1932 VI A 321/32, RStBl 1932, 1021 wird als überholt angesehen werden müssen. In diesem Fall sind die Lagervorräte und Inventar einer Buchhandlung zu deren Weiterbetrieb unter der bisherigen Firma, jedoch ohne Aktiven und Passiven und ohne das Wohn- und Geschäftshaus des Betriebs, veräußert worden; es ist in diesem Fall die Veräußerung eines Betriebs i. S. d. § 30 Abs. 1 Nr. 1 EStG angenommen worden. Für die Buchhandlung sind die an den Erwerber des Betriebs überlassenen gewerblichen Räume zum Betrieb notwendig gewesen.

stillen Reserven gezwungen, sofern nicht ausnahmsweise das Grundstück die alleinige wesentliche Betriebsgrundlage ist.

5160 (3) Die gleiche Rechtsfolge tritt ein, wenn ein Gesellschafter aus einer Personengesellschaft ausscheidet, aber weiterhin ein ihm gehöriges, bisher im Sonderbetriebsvermögen befindliches Grundstück der Gesellschaft zur Nutzung überlässt[1].

5161 (4) Stellt der Inhaber eines Hotelbetriebs seine Tätigkeit ein, verkauft er sein Hotelgrundstück, behält er das Inventar zurück, um es teils für Privatzwecke zu verwenden, teils um es gelegentlich und allmählich zu versilbern, so ist die wesentliche Grundlage des Betriebs veräußert. Das Unternehmen kann nicht mehr betrieben werden[2].

5162 (5) Keine Aufgabe der gewerblichen Tätigkeit im Sinne einer Betriebsaufgabe liegt vor, wenn ein Grundstücksmakler seine Tätigkeit einstellt und die bisher zu seinem Betriebsvermögen gehörenden Grundstücke in sein Privatvermögen überführt, sie vermietet und sie dann bei sich bietender günstiger Gelegenheit veräußert. In diesem Falle setzt der Makler in der Regel seine unternehmerische Tätigkeit fort[3].

Gewinne, die während und nach der Aufgabe durch normale Geschäfte und die Abwicklung des Betriebs anfallen, sind nicht tarifbegünstigt[4].

5163 (6) Auch durch die Aufgabe eines gewerblichen Unternehmens, das sich im Aufbau befindet, oder durch dessen Veräußerung kann einkommensteuerrechtlich ein begünstigter Gewinn entstehen.

Hatte ein privater Grundeigentümer geplant, seinen Grundbesitz Bauland werden zu lassen, ggf zu bebauen und die Grundstücke nach der Bebauung zu veräußern, hätte die Durchführung dieser Planungen zu Einkünften aus Gewerbebetrieb geführt. Die Veräußerung des Grundbesitzes vor der Durchführung der geplanten Erschließung oder Bebauung ist keine Betriebsveräußerung und die Aufgabe des Plans ist auch keine Betriebsaufgabe, denn die gedankliche Planung ist noch nicht der Beginn des Aufbaus eines Gewerbebetriebs. Die Grenze zwischen der Verwaltung und Verwertung von Privatvermögen zur gewerblichen Tätigkeit ist noch nicht überschritten. Anders ist die Sachlage, wenn der Grundeigentümer die Umgestaltung zu Bauland bewirkt hat. Hier ist die gewerbliche Tätigkeit begonnen und die Veräußerung des Grundbesitzes ein normaler Geschäftsvorfall, und zwar auch dann, wenn die ursprüngliche Planung, die Grundstücke zu bebauen, nicht mehr durchgeführt wird.

Scheitert der Grundeigentümer mit seinen Plänen, z. B. weil der von ihm aufgestellte Bebauungsplan endgültig abgelehnt wird, so sind ihm vergebliche Aufwendungen erwachsen. Hätten seine Planungen Erfolg gehabt, wären die Aufwendungen betrieblich veranlasst gewesen. Die dem Grundeigentümer erwachsenen Aufwendungen gehören zu den sofort abziehbaren Betriebsausgaben.

Ist der Zweck des Grundeigentümers auf die Veräußerung bestimmter Grundstücke gerichtet (gewerblicher Grundstückshandel) und ist dieser Zweck durch die Veräußerung sämtlicher zum Umlaufvermögen des Gewerbebetriebs zählender Grundstücke verwirklicht worden, so ist der Gewinn aus den Grundstücksveräußerungen nicht gemäß § 16, § 34 EStG tarifbegünstigt[5].

cc) Übertragung des Betriebs unter Zurückbehaltung von Wirtschaftsgütern

5164 Umstritten ist die steuerliche Behandlung der Betriebsübertragung unter Zurückbehaltung von Wirtschaftsgütern.

Behält der Veräußerer ein Wirtschaftsgut, das zu den wesentlichen Betriebsgrundlagen gehört, zurück – sei es, dass er es privat nutzt, sei es, dass er es an einen anderen veräußert oder veräußern möchte –, liegt keine Veräußerung des Betriebs im Ganzen vor.

---

1 BFH-Urteil vom 13. Dezember 1983 VIII R 90/81, BFHE 140, 526, BStBl II 1984, 474.
2 Vgl. dazu RFH-Urteil vom 13. Dezember 1933 VI A 1634/32, StuW 1934, Sp. 199, Nr. 87.
3 BFH-Urteil vom 16. September 1966 VI 118, 119/65, BFHE 87, 134, BStBl III 1967, 70.
4 BFH-Urteil vom 25. Juni 1970 IV 350/64, BFHE 99, 479, BStBl II 1970, 719.
5 BFH Urteil vom 23. Juni 1983 IV R 208/80, nv.

Beispiel 1:

Unternehmer U veräußert seinen Handwerksbetrieb mit allen Maschinen, Einrichtungsgegenständen Kraftfahrzeugen, Forderungen und Verbindlichkeiten mit einem Kapital von 100 000 € (ohne Grundstück) für 180 000 €. Das mit 30 000 € zu Buche stehende Betriebsgrundstück mit einem Verkehrswert von 120 000 € behält und entnimmt er und vermietet es an den Erwerber des Betriebs. Das Grundstück gehört zu den wesentlichen Betriebsgrundlagen, sodass U seinen Betrieb nicht im Ganzen veräußerte.

Es liegt eine Betriebsaufgabe vor, für die U die Steuervergünstigungen gem. §§ 16, 34 EStG erhält[1].

5165

Beispiel 2:

Unternehmer A veräußert seinen Betrieb, den auf auf einem Teil seines Grundstücks ausübte. Nur dieser Teil des Grundstücks ist bilanziert, der andere Teil gehört zum Privatvermögen. Der betriebliche Teil wird, da er selbst nicht übertragbar ist, nicht mitveräußert, sondern verpachtet. Es liegt keine Veräußerung eines Betriebs im Ganzen vor[2].

Überführt A den bilanzierten Grundstücksteil ins Privatvermögen, ist wiederum der gesamte Vorgang als Betriebsaufgabe steuerbegünstigt.

5166

Beispiel 3:

Unternehmer U veräußert seinen Handwerksbetrieb mit Grundstück, Maschinen, Einrichtung und Lkw. Den von ihm gefahrenen Betriebs-Pkw, eine Schreibmaschine sowie die Forderungen und Verbindlichkeiten behält er zurück. Diese zurückbehaltenen Gegenstände gehören nicht zu den wesentlichen Betriebsgrundlagen, auch nicht der Pkw, der ohne weiteres ersetzbar ist.

Wiederum liegt eine Kombination von Betriebsveräußerung und Betriebsaufgabe vor[3].

5167

Umstritten ist auch, ob die nicht auf den Betriebserwerber übertragenen Forderungen und Verbindlichkeiten Betriebsvermögen beim Veräußerer bleiben oder notwendiges Privatvermögen werden. Von Bedeutung ist die Entscheidung, wenn später Forderungen oder Verbindlichkeiten ausfallen oder wegfallen.

5168

Soweit es ein Steuerpflichtiger bei Aufgabe eines Gewerbebetriebs unterlässt, vorhandene aktive Wirtschaftsgüter zur Berichtigung der Betriebsschulden einzusetzen, sind die verbleibenden Schulden in Höhe des unterlassenen Ausgleichs nicht mehr durch die frühere gewerbliche Tätigkeit veranlasst. Auf diese Verbindlichkeit gezahlte Schuldzinsen werden nicht als nachträgliche (gewerbliche) Betriebsausgaben anerkannt[4].

5169

(unbesetzt)

5170

dd) Aufgabe des ganzen Gewerbebetriebs einer Personengesellschaft

Ebenso wie ein Einzelunternehmer sein Unternehmen aufgeben kann, kann dies auch eine Personengesellschaft tun. Die Überlegungen zur Betriebsaufgabe durch einen Einzelunternehmer gelten in diesem Fall entsprechend für die Betriebsaufgabe durch eine Personengesellschaft (Mitunternehmerschaft).

5171

Der Gewerbebetrieb einer Personengesellschaft kann allmählich abgewickelt werden.

5172

---

1 Vgl. Rn 5158.
2 BFH-Urteil vom 30. Oktober 1974 I R 40/72, BFHE 114, 85, BStBl II 1975, 232.
3 *Frotscher,* EStG, § 16 Anm. 52, S. 12–17; ablehnend BFH-Urteil vom 6. Februar 1962 I 197/61 S, BFHE 74, 506, BStBl III 1962, 190; im Fall des BFH-Urteils vom 30. Oktober 1974 I R 40/72, BFHE 114, 85 BStBl II 1975, 232, blieb das Grundstück in vollem Umfang im Betriebsvermögen, daher konnte keine steuerbegünstigte Teilbetriebsveräußerung und auch keine begünstigte Kombination von Veräußerung und Aufgabe vorliegen.
4 BFH-Urteil vom 11. Dezember 1980 I R 174/78, BFHE 133, 29, BStBl II 1981, 463.

5173 Das Gesellschaftsvermögen der Personengesellschaft kann aber auch durch Naturalteilung den Gesellschaftern zugewiesen werden. Der letztere Fall ist der der Aufgabe des ganzen Gewerbebetriebs der Personengesellschaft[1].

Wird der Gewerbebetrieb der Personengesellschaft aufgegeben, ist der Aufgabegewinn bei jedem Gesellschafter gemäß § 16 Abs. 3 EStG zu ermitteln. Aufgabegewinn ist jeweils die Summe der gemeinen Werte der vom Gesellschafter übernommenen Wirtschaftsgüter im Zeitpunkt der Aufgabe.

5174 Setzen sich die Gesellschafter einer KG nach Auflösung der Gesellschaft durch Realteilung auseinander und überführen sie die zugeteilten Wirtschaftsgüter in anderes ihnen gehöriges Betriebsvermögen, so haben sie ein Wahlrecht,

- entweder einen Aufgabegewinn der Gesellschaft zu versteuern und dann in ihren Bilanzen den Teilwert der ihnen zugeteilten Wirtschaftsgüter anzusetzen
- oder – wenn die Besteuerung der stillen Reserven sichergestellt ist – den Buchwert dieser Wirtschaftsgüter fortzuführen[2].

5175 Die Mitunternehmerschaft besteht bis zur Beendigung der Liquidation, also bis zu dem Zeitpunkt, in dem das Gesellschaftsvermögen an die Gesellschafter ausgekehrt ist und die Gesellschaft selbst kein Vermögen mehr besitzt. Auf die Eintragung der Beendigung der Liquidation im Handelsregister kommt es nicht an.

ee) Betriebsaufgabe bei Wegfall der Voraussetzungen einer Betriebsaufspaltung

5176 Ändern sich die sachlichen oder personellen Voraussetzungen einer Betriebsaufspaltung – z. B. durch Veräußerung der Anteile an der Betriebs-GmbH, durch Erbfall, Eintritt der Volljährigkeit –, kann dies zum Wegfall des Tatbestands der Betriebsaufspaltung führen. Der Wegfall des Tatbestands der Betriebsaufspaltung wird – bei handlungsbedingtem Wegfall – als Betriebsaufgabe des Besitzunternehmens beurteilt mit der Folge, dass die im Betriebsvermögen des früheren Besitzunternehmens enthaltenen stillen Reserven aufzulösen sind[3].

ff) Mischfälle

5177 Für Mischfälle – wie z. B. teilweise Veräußerung von Betriebsvermögen und teilweiser Überführung des Betriebsvermögens in das Privatvermögen der Gesellschafter – gelten die gleichen Überlegungen wie bei den Mischfällen der Behandlung des Betriebsvermögens durch den Einzelunternehmer.

gg) Entnahme von Sonderbetriebsvermögen

5178 Wird ein einzelnes Wirtschaftsgut des Sonderbetriebsvermögens eines Gesellschafters einer Personengesellschaft durch Nutzungsänderung entnommen, so ist der infolge der Entnahme entstehende Gewinn in Höhe der Differenz zwischen dem Teilwert und dem Buchwert des Wirtschaftsgutes regelmäßig kein tarif- und freibetragsbegünstigter Be-

---

1 Vgl. BFH-Urteil vom 19. Januar 1982 VIII R 21/77, BFHE 135, 282, BStBl II 1982, 456; vgl. auch FG Münster, Urteil vom 11. Juni 1991 6 K 7101/88 F, rkr., EFG 1992, 74.
2 BFH-Urteil vom 19. Januar 1982 VIII R 21/77, BFHE 135, 282, BStBl II 1982, 456; ferner dazu auch *Kleineidam/Kottmann*, Optimale Wahlrechtsausübung bei der Realteilung von Personengesellschaften, DB 1986, 1785.
3 BFH-Urteil vom 13. Dezember 1983 VIII R 90/81, BFHE 140, 526, BStBl II 1984, 474; vgl. dazu aber auch die Auffassung von *Schmidt*, EStG, aaO. § 15 Anm. 148.

triebsaufgabegewinn i. S. v. §§ 16, 34 EStG, und zwar auch dann nicht, wenn das Sonderbetriebsvermögen des Gesellschafters nur aus diesem Wirtschaftsgut bestand[1].

hh) Fortführung einer Rückstellung nach Betriebseinstellung

Grundsätzlich entscheidet der Steuerpflichtige selbst, ob er im Fall der Praxisaufgabe sein (restliches) Betriebsvermögen ins Privatvermögen übernimmt oder fortführt. Das gilt auch für eine Rückstellung, über deren Auflösung er ebenfalls selbst entscheidet. Der Auflösungsgewinn ist nicht nach § 34 EStG begünstigt[2]. 5179

ii) Betriebseinstellung ohne Betriebsaufgabeerklärung

Ist eine betriebliche Verwertung oder Übernahme von Wirtschaftsgütern in das Privatvermögen in absehbarer Zeit nicht ersichtlich – und gibt der Steuerpflichtige offenbar die Fortführung von dem Betriebsvermögen nur vor, um die steuerlichen Folgen einer Betriebsaufgabe zu vermeiden –, dann ist der erklärte Wille des Steuerpflichtigen, die Wirtschaftsgüter weiter als Betriebsvermögen behandeln zu wollen, unbeachtlich; die Wirtschaftsgüter gelten dann mit der Betriebseinstellung als in das Privatvermögen überführt[3]. 5180

jj) Auflösung steuerfreier Rücklagen, Importwarenabschlag

Gewinne aus der Auflösung steuerfreier Rücklagen infolge der Aufgabe oder Veräußerung eines Betriebs erhöhen den Veräußerungs- oder Aufgabegewinn[4]. 5181

kk) Ruhender Betrieb und spätere Betriebsübertragung

Überträgt ein Vater seinen auf seinem Grundstück betriebenen Lebensmitteleinzelhandel auf den Sohn, hält er das Betriebsgrundstück zurück und besteht infolge dessen der Betrieb des Vaters als ruhender Betrieb weiter, so führt die spätere unentgeltliche Übertragung der wesentlichen Grundlage „Betriebsgrundstück" auf den Sohn dazu, dass der Sohn das Grundstück mit dem Wert fortzuführen hat, mit dem es bei seinem Vater zu Buche stand[5]. 5182

ll) Verpachtung einer Freiberuflerpraxis durch den Vermächtnisnehmer

Mit dem Tode eines Freiberuflers wird dessen freiberufliches Betriebsvermögen zu Betriebsvermögen des Erben oder der Miterben. Geht die freiberufliche Praxis auf Grund eines Vermächtnisses auf den Vermächtnisnehmer über, so wird das Praxisvermögen Betriebsvermögen des Vermächtnisnehmers. 5183

---

1 BFH-Urteil vom 5. April 1979 IV R 48/77, BFHE 128, 49, BStBl II 1979, 554.
2 FG Rheinland-Pfalz, Urteil vom 1. Juni 1987 5 K 120/86, EFG 1987, 558, gegen das Urteil wurde erfolglos Nichtzulassungsbeschwerde eingelegt BFH-Az IV B 98/87. Ein Belegarzt hatte nach Vollendung seines 65sten Lebensjahres zum 31. Dezember 1976 seine Praxis aufgegeben und die Praxisaufgabe dem FA angezeigt. Sein Praxisvermögen hat er auch nach Praxisaufgabe bilanziert und entsprechende Abschreibungen vorgenommen. Darunter fiel auch eine 1974 gebildete Rückstellung für einen Schadensersatzanspruch, den ein Patient wegen eines Kunstfehlers erhoben hatte. Die Rückstellung hatte er nach Rücknahme der Schadensersatzklage gewinnerhöhend aufgelöst. Das FA hatte es abgelehnt, den entstandenen Gewinn als Betriebsaufgabegewinn ermäßigt zu besteuern.
3 BFH-Urteile vom 25. Juli 1972 VIII R 3/66, BFHE 106, 528, BStBl II 1972, 936 und vom 27. Oktober 1983 IV R 217/81, BFHE 139, 530, BStBl II 1984, 364, 366 m. w. N., das eine allmähliche Betriebsabwicklung betraf.
4 BFH-Urteile vom 4. Juni 1973 IV R 133/71, BFHE 110, 330, BStBl II 1974, 27, zur Preissteigerungsrücklage, und vom 12. Juli 1973 IV R 183/70, BFHE 110, 257, BStBl II 1974, 3, zur Ausfuhrförderungsrücklage, sowie vom 25. Juni 1975 I R 201/73, BFHE 116, 532, BStBl II 1975, 848, zur Rücklage für Ersatzbeschaffung.
5 BFH-Urteil vom 29. Oktober 1992 III R 5/92, BFH/NV 1993, 233.

Die vorübergehende Verpachtung einer freiberuflichen Praxis durch den oder die Erben des verstorbenen Freiberuflers oder desjenigen, der die Praxis im Vermächtnisfall erworben hat, führt mangels Betriebsaufgabeerklärung nicht zur Betriebsaufgabe, wenn der Rechtsnachfolger im Begriff ist, die für die beabsichtigte Praxisfortführung erforderliche freiberufliche Qualifikation zu erlangen[1].

mm) Ablösung einer betrieblich veranlassten Rentenverpflichtung nach Betriebsaufgabe

5184 Vgl. hierzu Rn 4975.

5185–5190 *(unbesetzt)*

4. Aufgabe eines Teilbetriebs

5191 **Schrifttum:** Siehe dazu auch *Schmidt*, EStG, § 16 Rz 205, 206.

a) Allgemeines

5192 Die Aufgabe eines Betriebs ist in § 16 Abs. 3 EStG seiner Veräußerung gleichgestellt; deshalb muss auch die Aufgabe eines Teilbetriebs wie die Veräußerung eines Teilbetriebs behandelt werden[2].

5193 Die Ausführungen zur Betriebsaufgabe des ganzen Unternehmens gelten entsprechend[3].

5194 Steuerbegünstigt aufgegeben wird ein Teilbetrieb dann, wenn der Unternehmer

- seine gewerbliche Tätigkeit für diesen Bereich einstellt und
- die dem Teilbetrieb gewidmeten Wirtschaftsgüter – zumindest aber seine wesentlichen Betriebsgrundlagen –
- in einem einheitlichen Vorgang, also innerhalb eines kurzen Zeitraums,
- entweder veräußert oder in das Privatvermögen überführt und
- dadurch die stillen Reserven in einem Zug aufdeckt[4].

b) Einstellung und Wiederaufnahme der Tätigkeit

5195 Wird ein Teilbetrieb stillgelegt und in zeitlichem Zusammenhang damit an anderer Stelle ein Teilbetrieb eröffnet[5], so scheitert die Annahme einer Teilbetriebsaufgabe hinsichtlich des bisherigen Teilbetriebs nicht schon daran, dass im Zeitpunkt der Stilllegung dieses Teilbetriebs feststeht, dass der Inhaber sich auch weiterhin in bestimmter Weise gewerblich betätigen werde[6]. Ob eine Teilbetriebsaufgabe und eine Neueröffnung eines anderen Teilbetriebs oder lediglich eine Teilbetriebsverlegung gegeben ist, richtet sich danach, ob nach dem Gesamtbild der Verhältnisse der bisherige und der neue Teilbetrieb bei wirtschaftlicher Betrachtung und nach der Verkehrsauffassung wirtschaftlich identisch sind. Dabei wird diese Identität entsprechend der Zwecksetzung des § 16 EStG, die geballte

---

1 BFH-Urteil vom 12. März 1992 IV R 29/91, BFHE 168, 405, BStBl II 1993, 36, HFR 1992, 703 Nr. 565.
2 BFH-Urteile vom 28. Oktober 1964 IV 102/64, BFHE 81, 240, BStBl III 1965, 88 und vom 8. September 1976 I R 99/75 BFHE 120, 187, BStBl II 1977, 66.
3 Vgl. Rn 5102 ff.
4 BFH-Urteil vom 19. Juli 1984 IV R 142/83, BFH/NV 1986, 147 Nr. 130.
5 Vgl. Rn 5152, 5153, 3966.
6 BFH-Urteil vom 24. Juni 1976 IV R 200/72, BFHE 119, 430, BStBl II 1976, 672.

Realisierung möglichst aller stillen Reserven steuerlich zu begünstigen, regelmäßig dann zu bejahen, demgemäß eine Teilbetriebsaufgabe zu verneinen sein, wenn wesentliche Betriebsgrundlagen, insbesondere Wirtschaftsgüter mit erheblichen stillen Reserven, ohne Realisierung dieser Reserven in den neuen Teilbetrieb überführt werden und deshalb der auf diese Weise ermittelte Teilbetriebsaufgabegewinn wesentlich niedriger ist als ein Gewinn, der bei der Veräußerung des ganzen Teilbetriebs einschließlich der in den neuen Teilbetrieb überführten Wirtschaftsgüter entstanden wäre[1].

c) Wesentliche Grundlagen des Teilbetriebs

Wesentliche Betriebsgrundlagen eines Teilbetriebs sind die ihm dienenden Wirtschaftsgüter, die zur Erreichung des Betriebszwecks erforderlich und von besonderem Gewicht für die Geschäftsführung sind oder in denen erhebliche stille Reserven ruhen.   5196

Zu den wesentlichen Betriebsgrundlagen können Wirtschaftsgüter auch dann gehören, wenn sie keine erheblichen stillen Reserven enthalten, wie z. B. der Maschinenbestand einer Fabrik[2].   5197

Bleiben wesentliche Betriebsgrundlagen eines Teilbetriebs trotz dessen Stillegung Betriebsvermögen, so liegt eine Betriebseinstellung in Verbindung mit der nichtbegünstigten Veräußerung oder Entnahme einzelner Wirtschaftsgüter vor[3].   5198

Wird ein einzelnes dem Teilbetrieb dienendes Wirtschaftsgut – z. B. die Teilfläche eines Grundstücks – mit erheblichen stillen Reserven zurückbehalten und im Betriebsvermögen fortgeführt, liegt ebenfalls keine steuerbegünstigte Teilbetriebsveräußerung oder Teilbetriebsaufgabe vor.   5199

d) Entscheidungsgrundsätze bei den weiteren Merkmalen

Ob die Teilbetriebsaufgabe sich in einem einheitlichen Vorgang vollzogen hat,   5200

ob die Wirtschaftsgüter des Teilbetriebs an verschiedene Erwerber veräußert oder in das Privatvermögen überführt worden sind,

ob die stillen Reserven aufgedeckt wurden und

ob der Unternehmer seine gewerbliche Tätigkeit für den Bereich des Teilbetriebs eingestellt hat,

ist nach den gleichen Grundsätzen zu entscheiden wie bei der Aufgabe des ganzen Betriebs.

Werden die einzelnen Filialen eines Filialennetzes von Lebensmitteleinzelhandelsgeschäften innerhalb eines Zeitraums von fünf Jahren an verschiedene Erwerber veräußert, handelt es sich bei der Aufgabe des „Betriebszweigs Lebensmitteleinzelhandel" nicht um einen einheitlichen wirtschaftlichen Vorgang im Sinne einer Teilbetriebsaufgabe[4].   5201

(unbesetzt)   5202

---

[1] BFH-Urteil vom 11. März 1982 IV R 25/79, BFHE 136, 204, BStBl II 1982, 707.
[2] BFH-Urteil vom 19. Januar 1983 I R 57/79, BFHE 137, 487, BStBl II 1983, 312.
[3] BFH-Urteil vom 21. April 1983 IV R 78/80. nv.
[4] BFH-Urteil vom 8. September 1976 I R 99/75, BFHE 120, 187, BStBl II 1977, 66.

e) Verschiedene Einzelheiten

5203 aa) Führt ein Unternehmer einen Gewerbebetrieb mit mehreren Teilbetrieben und wird er veranlasst, einen Teilbetrieb gegen Entschädigung stillzulegen, so kann insoweit die steuerbegünstigte Aufgabe eines Teilbetriebs vorliegen[1].

5204 bb) Stellt eine Personengesellschaft die gewerbliche Tätigkeit in einem Teilbetrieb ein, liegt keine Teilbetriebsaufgabe vor, wenn ein Teil der wesentlichen Betriebsgrundlagen des stillgelegten Teilbetriebs Gesamthandsvermögen bleiben und die Personengesellschaft weiterhin gewerblich tätig bleibt. Das gilt auch dann, wenn ein zurückbehaltenes Wirtschaftsgut durch Fremdvermietung genutzt wird.

5205 cc) Es ist für die Tarifbegünstigung unerheblich[2], ob der Teilbetrieb wegen Arbeitskräftemangel geschlossen worden ist.

5206 dd) Die Entnahme einer 100%igen Beteiligung einer Kapitalgesellschaft ist nach § 16 Abs. 1 Nr. 1 i. V. m. Abs. 3 Satz 1 EStG als Aufgabe eines Teilbetriebs anzusehen; das gilt auch für die Entnahme aus dem Gesellschaftsvermögen einer Personenhandelsgesellschaft[3].

5207 *(unbesetzt)*

5. Aufgabe eines Mitunternehmeranteils

5208 **Schrifttum:** *Schön,* Die „Betriebsaufgabe" des Gesellschaftsanteils – ein steuerrechtliches Phantom, BB 1988, 1866.

5209 Zu den Einkünften aus Gewerbebetrieb gehören auch Gewinne, die bei der Veräußerung des Anteils eines Gesellschafters, der Mitunternehmer im Sinne von § 15 Abs. 1 Nr. 2 EStG ist, erzielt werden. Der Mitunternehmer wird insoweit einkommensteuerrechtlich wie der einzelne Unternehmer, der seinen Betrieb oder seinen Teilbetrieb veräußert, behandelt. Gleiches gilt für die Aufgabe eines Mitunternehmeranteils[4].

5210 Auch die Veräußerung eines Teils (Bruchteils) eines Mitunternehmeranteils ist Veräußerung eines Mitunternehmeranteils im Sinne von § 16 Abs. 1 Nr. 2 EStG; Entsprechendes gilt für die Aufgabe eines Teils (Bruchteils) eines Mitunternehmeranteils.

5211 Überträgt der Vater auf den Sohn unentgeltlich seinen Anteil am Betrieb der bisher mit dem Sohn gebildeten Personengesellschaft und behält er ein Betriebsgrundstück zurück, das ihm wirtschaftlich und bürgerlich-rechtlich gehört, so kann eine unentgeltliche Übertragung des Betriebs mit einem tarifbegünstigten Aufgabegewinn in Höhe der im Betriebsgrundstück steckenden aufgelösten stillen Reserven zusammenfallen[5].

5212 Überträgt ein Vater einen Kommanditanteil unentgeltlich auf seine Kinder und wird der Anteil alsbald von den Kindern an Dritte veräußert, kann in der Person des Vaters ein Aufgabegewinn gemäß § 16 Abs. 1 Nr. 2, Abs. 3 EStG entstehen[6].

5213 *(unbesetzt)*

---

1 RFH-Urteil vom 14. September 1938 VI 572 und 574/38, RStBl 1939, 87, betr. Stilllegung eines Molkereibetriebs.
2 BFH-Urteil vom 19. Januar 1983 I R 57/79, BFHE 137, 487, BStBl II 1983, 312.
3 BFH-Urteil vom 24. Juni 1982 IV R 151/79, BFHE 136, 375, BStBl II 1982, 751.
4 Vgl. dazu BFH-Urteil vom 18. Mai 1983 I R 5/82, BFHE 138, 548, BStBl II 1983, 771; *Knobbe-Keuk,* aaO, § 23 I 1 (S. 897) meint einen Steuertatbestand „Aufgabe" des Gesellschaftsanteils gebe es nicht.
5 BFH-Urteil vom 6. Februar 1962 I 197/61 S, BFHE 74, 506, BStBl III 1962, 190.
6 BFH-Urteil vom 15. Juli 1986 VIII R 154/85, BFHE 147, 334, BStBl II 1986, 896.

6. Betriebsaufgabeerklärung

Der Unternehmer kann seine unternehmerische Tätigkeit dadurch beenden, dass er das Unternehmen allmählich abwickelt oder sein Unternehmen aufgibt. Er hat es in der Hand, die Wirtschaftsgüter des Betriebsvermögens zu veräußern oder in das Privatvermögen zu überführen. Will der Unternehmer in den Genuss der Steuervergünstigungen für den Aufgabegewinn gelangen, muss er die Aufgabe eindeutig erklären. Tut er das nicht, kann das FA das Betriebsvermögen auch nach Einstellung der werbenden Tätigkeit so lange als Betriebsvermögen behandeln, als das rechtlich möglich ist, also solange, wie es der Unternehmer noch nicht veräußert oder durch eine eindeutig auf Überführung in das Privatvermögen gerichtete Handlung vom Betriebsvermögen in das Privatvermögen überführt hat[1].

5214

Die Erklärung, einen Betrieb aufgeben zu wollen, ist nicht nur bedeutsam, wenn ein Grenzfall zwischen der nicht steuerbegünstigten Abwicklung eines Betriebs und der begünstigten Betriebsaufgabe vorliegt, sondern auch in den Fällen, in denen berechnet werden muss, ob ein Unternehmen in einem einheitlichen Vorgang – also innerhalb angemessener Frist – aufgegeben worden ist.

5215

Der Wille, das Unternehmen aufzugeben, muss gegenüber dem FA erklärt werden.

5216

Teilt ein Steuerpflichtiger dem Finanzamt mit, er habe seinen Betrieb zu einem früheren Zeitpunkt als dem, in dem seine Mitteilung dem Finanzamt zugeht, aufgegeben, so ist im Wege der Auslegung zu ermitteln, ob sich der Steuerpflichtige auf die Äußerung einer Rechtsansicht beschränken, oder ob er zugleich eine rechtsgestaltende Erklärung für den Fall abgeben wollte, dass sich das Finanzamt seiner Rechtsansicht nicht anschließt[2].

Unterbleibt eine ausdrückliche Erklärung, das Unternehmen aufgeben zu wollen, führt dies allerdings nicht dazu, dass ein Vorgang, der tatsächlich Betriebsaufgabe ist, einkommensteuerlich etwa nicht als solche behandelt werden kann. Der Unternehmer hätte es sonst in der Hand, eine Verwirklichung der stillen Reserven auf Dauer zu verhindern[3].

5217

Erklärt ein Unternehmer, seinen Betrieb aufzugeben, werden alle Wirtschaftsgüter des bisherigen Betriebsvermögens im Zeitpunkt der Betriebsaufgabe-Erklärung zu Privatvermögen[4].

5218

Ein häufiger Fall der Betriebsaufgabe liegt vor, wenn der Unternehmer das Unternehmen verpachtet, ohne die Absicht zu haben, es eines Tages wieder selbst zu führen.

5219

Geht ein verpachteter Betrieb unter Fortbestand des Pachtvertrags im Wege der Erbfolge auf einen Dritten über, so tritt dieser hinsichtlich des Wahlrechts, die Betriebsaufgabe zu erklären, in die Rechtsstellung des bisherigen Verpächters ein[5].

---

1 BFH-Urteile vom 12. März 1964 IV 107/63 U, BFHE 79, 476, BStBl III 1964, 406; vom 25. Juni 1972 VIII R 3/66, BFHE 106, 528, BStBl II 1972, 936, und vom 24. Oktober 1979 VIII R 49/77, BFHE 129, 334, BStBl II 1980, 186.
2 BFH-Beschluss vom 13. September 1990 IV R 60/90, BFH/NV 1991, 297.
3 Ebenso *Herrmann/Heuer/Raupach*, Einkommensteuer- und Körperschaftsteuergesetz, 19. Aufl., § 16 EStG Rz 427.
4 BFH-Urteil vom 27. Februar 1985 I 235/80, BFHE 143, 436, BStBl II 1985, 456.
5 BFH-Urteile vom 15. Oktober 1987 IV R 66/86, BFHE 152, 62, BStBl II 1988, 260, und vom 17. Oktober 1991 IV R 97/89, BFHE 166, 149, BStBl II 1992, 392. Siehe dazu BMF in BStBl I 1994, 771.

5220 Mit dem Wirksamwerden der Betriebsaufgabe-Erklärung beginnt und endet die Betriebsaufgabe[1].

5221 Erklärt der Steuerpflichtige während der Verpachtung, die vorher eingestellte gewerbliche Tätigkeit nicht wieder aufnehmen zu wollen, so wirkt der Zugang der Erklärung bei der Finanzbehörde als Betriebsaufgabe im Sinne von § 16 Abs. 3 EStG.

5222 Veräußert der Steuerpflichtige nach Abgabe der Betriebsaufgabeerklärung Wirtschaftsgüter seines früheren Betriebsvermögens, so ist die Veräußerung kein betrieblicher Geschäftsvorfall mehr. Der bei der Veräußerung erzielte Kaufpreis kann jedoch den gemeinen Wert der Wirtschaftsgüter zum Zeitpunkt der Betriebsaufgabe beeinflussen, wenn der Steuerpflichtige schon damals die Erwartungen haben konnte, die Wirtschaftsgüter zu diesem Preis zu verkaufen[2].

5223 *(unbesetzt)*

7. Aufgabewert

5224 Der Aufgabewert entspricht dem Veräußerungspreis

5225 Der „**Aufgabewert**" des ganzen Gewerbebetriebs oder eines Teilbetriebs setzt sich zusammen aus der Summe

- der Veräußerungspreise für die im Rahmen der Aufgabe veräußerten einzelnen Wirtschaftsgüter,
- des gemeinen Wertes der nichtveräußerten, ins Privatvermögen überführten einzelnen Wirtschaftsgüter im Zeitpunkt der Aufgabe und
- der in wirtschaftlichem Zusammenhang mit der Aufgabe erzielten sonstigen Erträge.

5226 Bei der Ermittlung des Gewinns aus der Aufgabe eines buchmäßig überschuldeten Betriebs mindert der Überschuldungsbetrag nicht den Aufgabegewinn[3].

5227 Ist der Betriebsaufgabegewinn auf den Zeitpunkt des Zugangs der Betriebsaufgabeerklärung beim FA zu ermitteln, dann lässt die Finanzverwaltung zu, bei der Bewertung der Wirtschaftsgüter Werte zu übertragen, die innerhalb der letzten drei Monate festgestellt worden sind[4]. Der Verwaltungsanweisung liegt der Erfahrungssatz zu Grunde, dass sich die Werte in einem Zeitraum von drei Monaten regelmäßig kaum verändern; die Weisung dient demnach der Vereinfachung.

5228–5229 *(unbesetzt)*

8. Buchwert bei Aufgabe

5230 Für die Ermittlung des Buchwertes bei der Aufgabe gelten die Überlegungen, die für den Buchwert bei der Veräußerung anzustellen sind.

---

1 *Blümich/Stuhrmann*, EStG, München, 14. Aufl., § 16 Rz 232.
2 BFH-Urteil vom 27. Februar 1985 I R 235/80, BFHE 143, 436, BStBl II 1985, 456.
3 BFH-Urteil vom 7. März 1996 IV R 52/93, BFHE 180, 302, BStBl II 1996, 415.
4 Vgl. Erlass des Finanzministeriums Nordrhein-Westfalen vom 28. Dezember 1964, BStBl II 1965, 5.

9. Aufgabegewinn

a) Begriff des Aufgabegewinns

Von der Summe aus 5231

- den Veräußerungspreisen für die im Rahmen der Aufgabe veräußerten einzelnen Wirtschaftsgüter,
- den gemeinen Wert der nichtveräußerten, ins Privatvermögen überführten Wirtschaftsgüter im Zeitpunkt der Aufgabe und
- der aus den in wirtschaftlichem Zusammenhang mit der Aufgabe erzielten sonstigen Erträge oder Verluste

sind

- die Aufgabekosten und
- der Buchwert des Betriebsvermögens im Zeitpunkt der Aufgabe abzuziehen.

Die Differenz ist der Aufgabegewinn (Aufgabeverlust), § 16 Abs. 3 Satz 2–4 EStG.

b) Zeitpunkt, Zeiträume

Der Aufgabegewinn wird im Gegensatz zum Veräußerungsgewinn in einem Zeitraum verwirklicht, denn die Betriebsaufgabe setzt sich regelmäßig aus mehreren Einzelhandlungen zusammen. Grundsätzlich ist für die Bewertung der Zeitpunkt maßgebend, zu dem die einzelnen Wirtschaftsgüter veräußert oder ins Privatvermögen überführt werden. Wirtschaftsgüter, die zu den wesentlichen Betriebsgrundlagen gehören, aber nicht zur Veräußerung bestimmt sind, sind in dem Zeitpunkt zu bewerten, in dem die werbende Tätigkeit eingestellt ist und alle anderen wesentlichen Betriebsgrundlagen veräußert oder entnommen sind; es kommt also auf die tatsächlichen Umstände des Zeitpunkts der Betriebsaufgabe an[1]. 5232

c) Aufgabekosten

Aufgabekosten sind solche Aufwendungen, die in unmittelbarer sachlicher Beziehung zur Veräußerung einzelner Wirtschaftsgüter oder ihrer Überführung ins Privatvermögen im Rahmen der Aufgabe stehen; der Begriff entspricht dem der Veräußerungskosten. 5233

d) Ermittlungsschema

Das Schema der Ermittlung des Aufgabegewinns entspricht dem Schema der Ermittlung des Veräußerungsgewinns. 5234

e) Abgrenzung des Aufgabegewinns vom laufenden Gewinn

Die Überlegungen zur Abgrenzung des Veräußerungsgewinns (Veräußerungsverlustes) vom laufenden Gewinn gelten auch für die Abgrenzung des begünstigten Betriebsaufgabegewinns vom laufenden Gewinn. 5235

Gewinne, die während und nach der Aufgabe eines Betriebs aus normalen Geschäften und ihrer Abwicklung anfallen, gehören nicht zu dem begünstigten Aufgabegewinn[2]. 5236

---

1 BFH-Urteil vom 17. Februar 1971 I R 170/69, BFHE 102, 44, BStBl II 1971, 484.
2 BFH-Urteil vom 25. Juni 1970 IV 350/64, BFHE 99, 479, 481, BStBl II 1970, 719.

5237 Gewinne aus der Veräußerung von Umlaufvermögen gehören jedoch dann zum Aufgabegewinn, wenn die Veräußerung nicht den Charakter einer normalen gewerblichen Betätigung hat, sondern Teil des Aufgabevorgangs ist, wie z. B. dann, wenn die Waren an frühere Lieferanten veräußert werden[1].

Der Erlass einer Verbindlichkeit in sachlichem und zeitlichem Zusammenhang mit der Aufgabe des Betriebs erhöht den Betriebsaufgabegewinn; das ist z. B. der Fall, wenn das FA in engem wirtschaftlichem Zusammenhang mit der Betriebsaufgabe Säumniszuschläge erlässt[2].

5238 Der Ausgleichsanspruch des selbstständigen Handelsvertreters nach § 89b HGB gehört zum laufenden Gewinn, und zwar auch dann, wenn er durch den Tod des Handelsvertreters entstanden ist und der Erbe den Betrieb aufgibt[3].

f) Wahlrechte

5239 Der Unternehmer kann wählen, ob er seine unternehmerische Tätigkeit dadurch beendet, dass er das Unternehmen allmählich abwickelt, wobei dieser Vorgang steuerlich nicht begünstigt ist, oder ob er sein Unternehmen in einem einheitlichen Vorgang aufgibt, und dadurch in den Genuss der steuerlichen Begünstigungen kommt.

g) Verschiedene Einzelheiten

5240 aa) Bei der Ermittlung des Betriebsaufgabegewinns ist ein originärer Geschäftswert nicht anzusetzen[4].

5241 Das gilt auch dann, wenn beispielsweise der Pächter befugt ist, den Firmennamen zu gebrauchen, ihm also der Geschäftswert zur Nutzung überlassen ist und selbst dann, wenn der Pächter für die Nutzung des Geschäftswerts ein Entgelt zu entrichten hat.

Der Aufgabegewinn ist auch in diesem Fall gemäß § 16 Abs. 4 und § 34 Abs. 1 EStG begünstigt[5]. Der Geschäftswert bleibt auch nach der Erklärung des Unternehmers, den Betrieb aufgeben zu wollen, Betriebsvermögen. Der Geschäftswert – gleichgültig, ob originär geschaffen oder derivativ erworben[6] – ist nicht privatisierbar und bleibt Restbetriebsvermögen.

Der Verpächter kann z. B. einen entgeltlich erworbenen Geschäftswert unter den dafür erforderlichen Voraussetzungen auf den niedrigeren Teilwert abschreiben und Absetzungen für Abnutzung vornehmen[7]. Der Teil der Pachtzinsen, der auf den mit dem Betrieb verpachteten Geschäftswert entfällt, ist Betriebseinnahme bei den Einkünften aus Gewerbebetrieb und nicht – wie der übrige Teil der Pachtzinsen – Teil der Einkünfte aus Vermietung und Verpachtung.

---

1 BFH-Urteile vom 2. Juli 1981 IV R 136/79, BFHE 134, 23, BStBl II 1981, 789, und vom 1. Dezember 1988 IV R 140/86, BFHE 155, 341, BStBl II 1989, 368.
2 BFH-Urteil vom 26. Januar 1989 IV R 86/87, BFHE 156, 141, BStBl II 1989, 456.
3 BFH-Urteil vom 9. Februar 1983 I R 94/74, BFHE 137, 355, BStBl II 1983, 271.
4 BFH-Urteil vom 19. Januar 1982 VIII R 21/77, BFHE 135, 282, BStBl II 1982, 456; vgl. auch BMF in BStBl I 1984, 461.
5 BFH-Urteile vom 14. Februar 1978 VIII R 158/73, BFHE 124, 447, BStBl II 1979, 79, und vom 19. Januar 1982 VIII R 21/77, BFHE 135, 282, BStBl II 1982, 456.
6 BFH-Urteil vom 4. April 1989 X R 49/87, BFHE 156, 214, BStBl II 1989, 606.
7 Anm. *L. Schmidt*, FR 1989, 371, zu BFH-Urteil vom 4. April 1989 X R 49/87.

Gewerbesteuerrechtliche Belastungen erwachsen daraus mangels Gewerbebetrieb (Betriebsvermögen ohne Betrieb) nicht.

Bei einer späteren entgeltlichen Veräußerung des verpachteten und durch Erklärung aufgegebenen ehemaligen Gewerbebetriebs einschließlich Geschäftswert ist der auf den originären oder derivativen Geschäftswert entfallende Teil des Veräußerungspreises einkommensteuerpflichtig, und zwar in gleicher Weise wie andere nachträgliche gewerbliche Einkünfte ohne Tarifbegünstigung.

Die Rechtsprechung ist insoweit inkonsequent, als sie die Begünstigung gemäß §§ 16 und 34 EStG bejaht, ohne dass das Erfordernis der vollständigen Aufdeckung aller stillen Reserven erfüllt ist.

bb) Werden Betriebsanlagen bei einem Brand total oder nahezu total zerstört und entschließt sich der Unternehmer in engem zeitlichen Zusammenhang mit dem Schadensereignis wegen der Betriebszerstörung zur Betriebsaufgabe, ist der Gewinn aus der Verwirklichung der in den Anlagegütern enthaltenen stillen Reserven, der dadurch entsteht, dass die auf die Anlagegüter entfallenden Versicherungsleistungen die Buchwerte übersteigen, dem steuerbegünstigten Aufgabegewinn zuzuordnen[1]. 5242

(unbesetzt) 5243–5245

cc) Für die Ermittlung des Aufgabegewinns bei Wegfall des negativen Kapitalkontos hat der Kommanditist in seiner Sonderbilanz eine Rückstellung zu bilden, soweit er mit einer Haftungsinanspruchnahme rechnen muss. 5246

Der bei Aufgabe des Betriebs einer KG entstandene Aufgabegewinn aus der Auflösung des negativen Kapitalkontos eines Kommanditisten ist um die Zahlung auf eine Bürgschaftsverpflichtung zu mindern, wenn der Rückgriffsanspruch weder gegenüber der Gesellschaft noch gegenüber den Mitgesellschaftern durchgesetzt werden kann. Dies gilt auch dann, wenn im Zeitpunkt der Betriebsaufgabe mit einer Inanspruchnahme aus der Bürgschaft noch nicht zu rechnen war[2]. 5247

Verbindlichkeiten können nicht allein deshalb gewinnerhöhend ausgebucht werden, weil der Schuldner bei Fälligkeit nicht in der Lage ist, sie zu erfüllen[3]. 5248

dd) Ist ein noch aktiviertes Ausgabeaufgeld aus der Aufnahme eines Darlehens mit der Betriebsaufgabe ergebniswirksam aufzulösen, mindert das entfallende Ausgabeaufgeld den laufenden Gewinn; denn bei dem Ausgabeaufgeld handelt es sich um Zinsnebenkosten, die gedanklich der Laufzeit des Darlehens und damit der laufenden Geschäftstätigkeit zuzuordnen sind[4]. Das zeitliche Zusammentreffen der Auflösung des Ausgabeaufgeldes und der Betriebsaufgabe ist ohne Bedeutung. Maßgebend ist die sachliche Zuordnung des wirtschaftlichen Vorgangs. 5249

ee) Steht ein Schuldenerlass mit der Betriebsaufgabe in unmittelbarem Zusammenhang, ist er sozusagen mit dieser wirtschaftlich verknüpft, gehört der dadurch entstehende Gewinn zum Aufgabegewinn und nicht zum laufenden Gewinn[5]. 5250

---

1 BFH-Urteil vom 11. März 1982 IV R 25/79, BFHE 136, 204, BStBl II 1982, 707.
2 BFH-Urteil vom 1. August 1996 VIII R 36/95, BFH/NV 1997, 216.
3 BFH-Urteil vom 9. Februar 1993 VIII R 29/91 BFHE 171, 419, BStBl II 1993, 747.
4 BFH-Urteil vom 12. Juli 1984 IV R 76/82, BFHE 141, 522, BStBl II 1984, 713.
5 Vgl. – aal –, Schuldenerlass bei Betriebsaufgabe, DB 1984, 217.

5251 ff) Steuerlich begünstigt werden nur die Gewinne, die aus der Veräußerung eines Betriebs, Teilbetriebs oder Mitunternehmeranteils erzielt werden. Da die massierte Aufdeckung der stillen Reserven steuerlich gemildert werden soll, sind bei der Aufgabe eines Betriebs, Teilbetriebs oder Mitunternehmeranteils Wirtschaftsgüter, die in das Privatvermögen überführt werden, mit dem gemeinen Wert (§ 16 Abs. 3 Satz 3 EStG) – nicht mit dem Teilwert – anzusetzen.

Bleiben Wirtschaftsgüter Betriebsvermögen, können ihre Buchwerte fortgeführt werden.

In den Aufgabegewinn dürfen zurückbehaltene Wirtschaftsgüter nur einbezogen werden, wenn sie nicht nur deshalb zurückbehalten wurden, um sie sobald als möglich zu veräußern; denn dann liegen nachträgliche, steuerlich nicht begünstigte Einnahmen vor[1]. Die Einbeziehung der zurückbehaltenen Wirtschaftsgüter in den Aufgabegewinn erfordert, dass die Überführung in das Privatvermögen im wirtschaftlichen Zusammenhang mit der Aufgabe steht.

Werden Wirtschaftsgüter im Rahmen einer Betriebsaufgabe veräußert, entsteht der Aufgabegewinn mit der Übertragung des wirtschaftlichen Eigentums an den Wirtschaftsgütern. Ist der schuldrechtliche Kaufvertrag bereits im Vorjahr abgeschlossen worden, kann dies zur Auflösung einer früher gebildeten Rücklage für Ersatzbeschaffung bereits im Jahr des Abschlusses des Kaufvertrags führen; die Auflösung der Rücklage kann auch in diesem Falle zu einem tarifbegünstigten Aufgabegewinn führen.

5252 gg) Ist der Betriebsaufgabegewinn auf den Zeitpunkt des Zugangs der Betriebsaufgabeerklärung beim FA zu ermitteln, dann lässt die Finanzverwaltung zu, bei der Bewertung der Wirtschaftsgüter Werte zu übertragen, die innerhalb der letzten drei Monate festgestellt worden sind[2].

5253 hh) Werden im zeitlichen Zusammenhang mit einer Teilbetriebsveräußerung Aufwendungen zur Beendigung von Schuldverhältnissen gemacht, die dem laufenden Betrieb des Unternehmens dienten, so handelt es sich hierbei um keine den Veräußerungsgewinn belastenden Betriebsausgaben; diese Aufwendungen mindern vielmehr den laufenden Gewinn. Das gilt z. B. für eine Abfindung an einen Pächter, die geleistet wird, um den Pächter zu einer vorzeitigen Aufgabe seines Pachtrechts an einem Betriebsgrundstück zu bewegen[3].

5254 ii) Setzen sich die Mitunternehmer eines aufgegebenen Betriebs in der Weise auseinander, dass alle oder einzelne Wirtschaftsgüter auf die Mitunternehmer übertragen werden, so sind die Wirtschaftsgüter nach § 16 Abs. 3 Satz 4 EStG mit den gemeinen Werten anzusetzen und unmittelbar dem jeweiligen Mitunternehmer zuzurechnen.

5255 Übernehmen einzelne Mitunternehmer keine Wirtschaftsgüter des Betriebsvermögens, so richten sich ihre Anteile am Aufgabegewinn nach der handelsrechtlich oder vertraglich vereinbarten Aufteilung, der die steuerrechtliche Zurechnung folgt.

5256 Entspricht das Verhältnis der gemeinen Werte der den Gesellschaftern zugeteilten Wirtschaftsgüter nicht dem handelsrechtlichen Schlüssel für die Verteilung des Abwicklungsgewinns und zahlt deshalb der Gesellschafter, der zu viel erhalten hat, einen Ausgleich in Geld, so erhöht diese Ausgleichszahlung den Aufgabegewinnanteil des empfangenden

---

1 BFH-Urteil vom 6. Februar 1962 I 197/61 S, BFHE 74, 506, BStBl III 1962, 190.
2 Vgl. Erlass des Finanzministeriums Nordrhein-Westfalen vom 28. Dezember 1964, BStBl II 1965, 5; vgl. auch Rn 5227.
3 BFH-Urteil vom 6. Mai 1982 IV R 56/79, BFHE 136, 209, BStBl II 1982, 691.

Gesellschafters und vermindert den Aufgabegewinnanteil des leistenden Gesellschafters, denn der Ausgleich erweist sich als Bestandteil der Vereinbarung über die Auseinandersetzung.

Verkauft ein Unternehmer sein Einzelunternehmen an eine zuvor von ihm bar gegründete GmbH, ohne dass diese ein Entgelt für den Geschäftswert entrichtet, so kann der übergehende Geschäftswert Gegenstand einer verdeckten Einlage sein[1], die von dem Gesellschafter gemäß § 16 Abs. 3 Satz 1–3 EStG begünstigt zu versteuern ist[2]. 5257

Im Falle der Betriebsverpachtung ist nach der Erklärung der Betriebsaufgabe bei der Ermittlung des Aufgabegewinns sowohl ein originärer wie ein derivativer Geschäftswert nicht anzusetzen[3], weil ein Geschäftswert nicht in das Privatvermögen überführt werden kann. Ein Geschäftswert ist nur im Rahmen eines gewerblichen Betriebs denkbar. Er bleibt Betriebsvermögen bis zu einer späteren entgeltlichen Veräußerung. Im Falle einer späteren Veräußerung des verpachteten Betriebs führen die im Geschäfts- oder Firmenwert enthaltenen stillen Reserven zu nachträglichen Einkünften (§ 24 Nr. 2 EStG). 5258

Der Verbleib des Geschäfts- oder Firmenwerts im Betriebsvermögen steht – nach Auffassung der Finanzverwaltung – einer steuerbegünstigten Betriebsaufgabe nicht entgegen, da seine Eigenschaft als Betriebsvermögen nicht auf einer Willensentscheidung des Steuerpflichtigen beruht. Eine Tarifermäßigung nach § 34 EStG komme bei der späteren Veräußerung allerdings nicht mehr in Betracht[4].

10. Steuerliche Begünstigungen

Die Ausführungen zur Betriebsveräußerung gelten entsprechend[5]. 5259

Die Aufgabe eines Betriebs ist in § 16 Abs. 3 EStG seiner Veräußerung gleichgestellt; deshalb muss auch die Aufgabe eines Teilbetriebs wie die Veräußerung eines Teilbetriebs behandelt werden. Die Ausführungen zur Betriebsaufgabe gelten entsprechend[6]. 5260

Bei der Veräußerung eines Teilbetriebs gegen wiederkehrende Bezüge mit einer Laufzeit von 25 Jahren kann ein Wahlrecht zwischen einer tarifbegünstigten Besteuerung eines Veräußerungsgewinns und einer nicht tarifbegünstigten Besteuerung nachträglicher Einkünfte aus Gewerbebetrieb bestehen[7]. 5261

(unbesetzt) 5262–5265

11. Sonderfälle

a) Aufgabe eines Mitunternehmeranteils

Die Überlegungen zur Veräußerung eines Mitunternehmeranteils[8] gelten entsprechend für die „Aufgabe eins Mitunternehmeranteils"[9]. 5266

---

1 Vgl. Rn 4964.
2 Vgl. auch Anm. *kk*, KÖSDI 1987, 6900.
3 BFH-Urteile vom 14. Februar 1978 VIII R 158/73, BFHE 124, 447, BStBl II 1979, 99, und vom 4. April 1989 X R 49/87, BFHE 156, 214, BStBl II 1989, 606.
4 OFD Düsseldorf, Verfügung vom 23. April 1991 S 2242 A – St 11 H, DB 1991, 1238.
5 Rn 4298 ff.
6 Rn 5079 ff.
7 BFH-Urteil vom 26. Juli 1984 IV R 137/82, BFHE 141, 525, BStBl II 1984, 829.
8 Rn 4522 ff.
9 *Schön*, Die „Betriebsaufgabe" des Gesellschaftsanteils – ein steuerliches Phantom, BB 1988, 1866.

Wird eine Personengesellschaft, die verschiedene Teilbetriebe betreibt, dergestalt geteilt, dass jeder Gesellschafter einen Teilbetrieb übernimmt, und gibt einer der Gesellschafter den ihm zustehenden Teilbetrieb auf, sind die Überlegungen zur Realteilung einer Personengesellschaft[1] und die Überlegungen zur Aufgabe eines Unternehmens[2] entsprechend anwendbar.

b) Verpachtung eines Unternehmens

5267   Der Verpächter eines Gewerbebetriebs kann wählen[3],

- ob er den Vorgang der Verpachtung als Betriebsaufgabe (§ 16 Abs. 3 EStG) behandeln oder

- ob er das Betriebsvermögen während der Verpachtung fortführen will mit der Folge, dass die im verpachteten Betrieb vorhandenen stillen Reserven vorerst nicht aufgedeckt werden.

Diese Möglichkeit entfällt aber, wenn anlässlich der Verpachtung die wesentlichen Betriebsgrundlagen so umgestaltet werden, dass sie nicht mehr in der bisherigen Form genutzt werden können. In diesem Fall stellt der Verpächter die werbende Tätigkeit endgültig ein. Der Pächter setzt den übernommenen Betrieb nicht fort, sondern er eröffnet einen anderen (neuen) Betrieb.

5268   Das ist beispielsweise der Fall, wenn die bisher als Laden, Kontor, Küche und Gastwirtschaft genutzten Räume zu einer Diskothek umgestaltet werden.

5269   Der Steuerpflichtige hat zwar die Möglichkeit, durch eine allmähliche Veräußerung oder sonstige Verwertung des Betriebsvermögens die Besteuerung der stillen Reserven im Jahr der Betriebseinstellung zu vermeiden und die Besteuerung auf den Zeitpunkt der tatsächlichen Verwertung oder der eindeutigen Entnahme zu verlegen[4].

5270   Dieses Wahlrecht steht ihm aber nur zu, wenn er die Absicht hat, das bisherige Betriebsvermögen – zumindest die wesentlichen Grundlagen – demnächst in einem anderen, ihm gehörenden Gewerbebetrieb zu verwenden oder es noch im zeitlichen Rahmen der Aufgabe des bisherigen Betriebs alsbald zu veräußern oder in das Privatvermögen zu überführen. Fehlt diese Absicht, werden die wesentlichen Betriebsgrundlagen mit der Einstellung des Betriebs Privatvermögen. Die Einstellung hat dann zur Folge, dass zwangsläufig eine – begünstigte – Gewinnrealisierung eintritt, ohne dass es einer entsprechenden Betriebsaufgabeerklärung bedarf. Anderenfalls hätte es der Steuerpflichtige durch die Nichtabgabe der Erklärung in der Hand, die Versteuerung der in dem Betriebsvermögen enthaltenen stillen Reserven auf unbestimmte Zeit zu verschieben.

5271   Die Pachtzinsen führen zu Einkünften aus Vermietung und Verpachtung; das gilt auch für den Teil der Pachtzinsen, der auf den verpachteten Geschäftswert entfällt[5].

---

1 Rn 4611 – 4637.
2 Rn 5074 und 5214 ff.
3 BFH-Urteil des Großen Senats vom 13. November 1963 GrS 1/63 S, BFHE 78, 315, BStBl III 1964, 124.
4 BFH-Urteile vom 12. März 1964 IV 107/63 U, BFHE 79, 476, BStBl III 1964, 406; vom 25. Juli 1972 VIII R 3/66, BFHE 106, 528, BStBl II 1972, 936; vom 24. Oktober 1979 VIII R 49/77, BFHE 129, 334, BStBl II 1980, 186.
5 Vgl. aber BFH-Urteil vom 12. November 1985 VIII R 364/83, BFHE 145, 408, BStBl II 1986, 311, dort unter III, 3 b Abs. 2.

Wird der verpachtete und durch die Betriebsaufgabeerklärung aufgegebene ehemalige 5272
Gewerbebetrieb mitsamt seinem Geschäftswert veräußert, entsteht ein einkommensteuerpflichtiger Gewinn, soweit der Veräußerungserlös auf den Geschäftswert entfällt[1]. Dieser einkommensteuerpflichtige Gewinn aus Gewerbebetrieb ist nicht tarifbegünstigt, für ihn kommt also auch nicht der Freibetrag nach § 16 Abs. 4 EStG in Betracht.

c) Einkünfte aus Gewerbebetrieb nach Betriebsaufgabe

Wird ein Unternehmen veräußert oder aufgegeben, können noch Einkünfte aus Gewer- 5273
bebetrieb aus dem ehemaligen Unternehmen anfallen (§ 24 Nr. 2 EStG). Es können Zinsen für ehemalige Betriebsschulden, nachträglich zu zahlende Betriebssteuern, nachträglich bekannt werdende ungewisse Schulden anfallen.

Zweifelhaft ist, ob der Gewinn nach Aufgabe des Betriebs durch Betriebsvermögensver- 5274
gleich nach §§ 4 Abs. 1, 5 EStG oder nach § 4 Abs. 3 EStG zu ermitteln ist[2].

d) Erzielung des Aufgabegewinns in mehreren Veranlagungszeiträumen

Der Umstand, dass sich Veräußerung oder Aufgabe des Betriebs, Teilbetriebs oder Mit- 5275
unternehmeranteils auf mehrere Veranlagungszeiträume erstreckt, steht der Annahme eines begünstigten Veräußerungsgewinns oder Aufgabegewinns nicht entgegen[3].

e) Aufgabegewinn bei Betriebsaufgabe durch Erben

Ein Aufgabegewinn, den der Erbe durch Aufgabe des geerbten Betriebs gewerblicher oder 5276
freiberuflicher Art erzielt, ist bei diesem und nicht beim Erblasser zu erfassen. Dies gilt unabhängig davon, ob der Erbe den Betrieb noch für eine gewisse Zeit weiterführt oder ihn alsbald nach dem Erbfall veräußert oder aufgibt, und zwar selbst dann, wenn die Veräußerung oder Aufgabe auf einer Anordnung des Erblassers beruht. Es ist unerheblich ob der Erbe nach dem Erbfall noch weitere eigene unternehmerische Initiativen entfaltet hat oder nicht[4].

(unbesetzt) 5277–5278

12. Verfahrensrecht

Hat der Steuerpflichtige vor Durchführung der Veranlagung sein Einzelunternehmen auf- 5279
gegeben, ist das ehemalige Betriebs-FA weder für die Einkommensteuerveranlagung gemäß § 19 Abs. 3 AO noch für die gesonderte Gewinnfeststellung nach § 180 Abs. 1 Nr. 2 Buchst. b AO zuständig[5].

(unbesetzt) 5280

---

[1] BFH-Urteil vom 14. Februar 1978 VIII R 158/73 BFHE 124, 447, BStBl II 1979, 99; vgl. auch BMF vom 15. August 1984 IV B 2 – S 2242 – 10/83, BStBl I 1984, 461.
[2] BFH-Urteil vom 24. Oktober 1979 VIII R 49/77, BFHE 129, 334, BStBl II 1980, 186.
[3] BFH-Urteile vom 16. September 1966 VI 118, 119/65, BFHE 87, 134, BStBl III 1967, 70, und vom 8. September 1976 I R 99/75, BFHE 120, 187, BStBl II 1977, 66.
[4] BFH-Urteil vom 27. November 1984 VIII R 304/82, nv.
[5] BFH-Urteile vom 15. April 1986 VIII R 325/84, BFHE 147, 101, BStBl II 1987, 195, und vom 11. Dezember 1987 III R 228/84, BFHE 152, 27, BStBl II 1988, 230.

III. Besonderheiten bei der Praxisübertragung

5281 **Schrifttum:** *Institut, der Wirtschaftsprüfer,* Steuerliche Probleme bei Praxisübertragungen von Angehörigen der wirtschaftsprüfenden und steuerberatenden Berufe, 3. Aufl., Düsseldorf 1995; *Kaiser/Wollny,* Kauf und Bewertung einer Anwaltspraxis, 2. Aufl., Herne/Berlin 1996; *Klaas,* Steuerliche Gestaltungsmöglichkeiten bei der Abfassung von Sozietätsverträgen, Düsseldorf 1993; *Korn,* Allgemeine Besteuerungsprobleme im Freien Beruf, Berufsspezifische Besteuerungsprobleme in den Freien Berufen, StBKR 1995, 143; *Korn,* Gelöste und ungelöste Einkommensteuerprobleme der Praxisveräußerung, -einbringung und -verpachtung, DStR 1995, 961; *Korn,* Freiberufler-Personengesellschaften – Freiberufler-Kapitalgesellschaften, Schwerpunkte und Gestaltungshinweise, Köln 1998; *Korn,* Gelöste und ungelöste Einkommensteuerprobleme bei Praxisveräußerungen, -einbringung und -verpachtung, DStR 1995, 961; *Lang/Burhoff,* Besteuerung der Ärzte, Zahnärzte und sonstiger Heilberufe, 2. Aufl., Herne/Berlin 1993; *Linden,* Steuerdienst für den Arzt, Mainz, 8. Aufl., (Loseblatt-Ausgabe); *Möckershoff* (Hrsg.), Handbuch freier Berufe im Steuerrecht, 1999; *Wehmeier,* Praxisübertragung in wirtschaftsprüfenden und steuerberatenden Berufen, 3. Aufl., Bonn 1996.

1. Veräußerung, Einbringung in eine Sozietät

a) Allgemeines

5282 aa) Die Ausführungen zur Unternehmensübertragung gelten auch für die Kanzlei- oder Praxisübertragung[1]. Das gilt insbesondere auch für den die Begünstigungsvorschriften rechtfertigenden Grund[2].

Es müssen bei der Veräußerung der Kanzlei oder Praxis also alle wesentlichen Praxisgrundlagen[3] unter Aufrechterhaltung des Organismus der Kanzlei oder Praxis[4] in einem einheitlichen Vorgang[5] auf einen Erwerber übertragen werden[6], und zwar in der Weise, dass die Praxis als lebendiger Organismus von dem Übernehmer fortgeführt werden kann und dadurch die bisherige Praxistätigkeit des Veräußerers endet[7].

5283 bb) Einkommensteuerrechtlich setzt die begünstigte Kanzlei- oder Praxisveräußerung eine weitgehende Beendigung der beruflichen Tätigkeit voraus.

5284 Eine solche Beendigung liegt beispielsweise eindeutig vor, wenn der Berufsträger anlässlich der Praxisübertragung seine Bestellung zurückgibt.

5285 Der Kanzlei- oder Praxisinhaber muss jedoch nicht jede Tätigkeit aufgeben, die auch bisher mit dem Beruf vereinbar war; ein Rechtsanwalt, Steuerberater oder Wirtschaftsprüfer kann auch nach der Praxisübertragung als Testamentsvollstrecker, Vermögensverwalter, Aufsichtsrat oder Schriftsteller tätig werden.

5286 Überträgt ein Wirtschaftsprüfer oder Steuerberater seine Praxis an eine Wirtschaftsprüfungs- oder Steuerberatungs-Gesellschaft, ohne daran Gesellschaftsanrechte zu erwerben, kann eine begünstigte Praxisübertragung auch dann vorliegen, wenn er bei der Gesellschaft noch als Angestellter tätig ist.

---

1 Vgl. Rn 3903 ff., 3949.
2 Vgl. Rn 3908 Abs. 2.
3 Vgl. Rn 3957 ff.
4 Vgl. Rn 3981 ff.
5 Vgl. Rn 3984.
6 Vgl. Rn 3985.
7 Vgl. Rn 3992 ff.

Besonderheiten bei der Praxisübertragung 721

(1) Eine Veräußerung i. S. v. § 18 Abs. 3 EStG liegt vor, wenn die für die Ausübung 5287 wesentlichen Betriebsgrundlagen – insbesondere Mandantenstamm und Praxiswert – entgeltlich auf einen anderen übertragen werden.

(2) Die Zurückbehaltung einzelner Mandate ist für die Annahme einer steuerlich begünstigten Kanzlei- oder Praxisveräußerung schädlich. In der Literatur wird verschiedentlich[1] die Auffassung vertreten, das Zurückbehalten einzelner personenbezogener Mandate führe nicht zum Verlust der Tarifbegünstigung gemäß §§ 16, 18, 34 EStG. Dem Gesetz und der Rechtsprechung lassen sich für diese Ansicht keine Gesichtspunkte entnehmen. Auch für die Auffassung, dass eine sechs Monate währende Überleitungsphase unschädlich sein könnte[2], werden keine überzeugenden Gründe vorgebracht.

Die freiberufliche Tätigkeit muss in den bisherigen, örtlich begrenzten Wirkungskreis wenigstens für eine gewisse Zeit eingestellt werden[3]. Es muss dadurch gesichert sein, dass die immateriellen Wirtschaftsgüter und die Beziehungen des Kanzlei- oder Praxisinhabers zu seinen bisherigen Mandanten und das durch den Kanzlei- oder Praxisnamen bestimmte Wirkungsfeld im engen zeitlichen Zusammenhang mit der Veräußerung voll auf den oder die Kanzlei- oder Praxiserwerber übergehen.

Unschädlich ist die Fortführung einer freiberuflichen Tätigkeit in geringem Umfang, wenn die darauf entfallenden Umsätze in den letzten 3 Jahren weniger als 10 vH der gesamten Einnahmen ausmachten. Die Entwicklung der zurückbehaltenen Beziehungen nach der Veräußerung soll unerheblich sein[4] Die Hinzugewinnung neuer Mandate/Patienten innerhalb einer „gewissen Wartefrist" nach der Betriebsaufgabe ist – auch ohne Überschreiten der 10 vH-Grenze in jedem Fall schädlich, denn dann hat eine Betriebsaufgabe tatsächlich nicht stattgefunden[5]. Die Finanzverwaltung nimmt also die systemdurchbrechende Billigkeitsrechtsprechung des BFH hin.

Die „gewisse Wartefrist" ist nicht mit der Nutzungsdauer des Kanzlei- oder Praxiswertes gleichzusetzen.

Welche Anforderungen an die Mindestdauer der erforderlichen Wartefrist bis zu einer etwaigen Wiederaufnahme einer Tätigkeit zu stellen sind, hängt von den Umständen des Einzelfalls ab. Von Bedeutung kann dafür beispielsweise sein, ob der Veräußerer im Zentrum des bisherigen örtlichen Wirkungskreises oder am Rande dieses Wirkungskreises (z. B. Innenstadt/Vorort) tätig wird oder ob der Wert der übertragenen Vermögensgegenstände mehr personen- oder mehr kapitalbezogen ist[6]. Diese Indizien bei der Beurteilung gewerblicher Veräußerung können bei der Beurteilung von Kanzlei- oder Praxisveräußerungen nur insoweit Beurteilungskriterien abgeben, als nicht die Besonderheiten der freiberuflichen Betätigung andere Schlussfolgerungen erfordern.

---

1 Vgl. *Herrmann/Heuer/Raupach,* Einkommensteuer- und Körperschaftsteuergesetz, Kommentar, 20. Aufl., § 18 Anm. 324.
2 *Busse,* Steuerliche Möglichkeiten und Grenzen beruflicher Betätigung nach Praxisveräußerung, BB 1989, 1951; *Ivon,* Freiberufliche Mitarbeit nach Veräußerung einer Praxis, DStZ 1990, 23.
3 BFH-Urteile vom 7. November 1985 IV R 44/83, BFHE 145, 522, BStBl II 1986, 335, und vom 7. November 1991 IV R 14/90, BFHE 166, 527, BStBl II 1992, 457.
4 BFH-Beschluss vom 7. November 2001 XI B 5/00, BFH/NV 2001, 1561.
5 BMF-Schreiben vom 28. Juli 2003 IV A 6 – S 2242 – 4/03, INF 2003, 726.
6 Vgl. Vfg. OFD Köln vom 28. September 1988 S 4290 – 20 – St 113, DStR 1988, 690.

Im Schrifttum wird zur Dauer der Wartefrist, gemäß den Einzelumständen zu beurteilen ist, vorgebracht, sechs Monate seien eine ausreichende Wartefrist[1]. Dem kann nicht zugestimmt werden. Der Gesichtspunkt des im bürgerlichen Recht angenommenen Konkurrenzverbots nach einem Kanzlei- oder Praxisverkauf von zwei bis drei Jahren[2] wird auch im Steuerrecht als **ein** Gesichtspunkt zu würdigen sein.

5288 (3) Unschädlich ist eine spätere Betätigung für die Tarifbegünstigung, wenn der Veräußerer als Angestellter des Erwerbers und damit unselbstständig tätig ist[3].

5289 (4) Berät der Veräußerer einer freiberuflichen Praxis nach der Veräußerung frühere Mandanten auf Rechnung und im Namen des Erwerbers, so steht das der Anwendung der §§ 18 Abs. 3, 34 EStG auf den Veräußerungsvorgang ebenfalls nicht entgegen[4].

5290 *(unbesetzt)*

5291 cc) Auch Personenvereinigungen, die Leistungen im Sinne von § 18 Abs. 1 Nr. 1 EStG erbringen und keine Kapitalgesellschaften sind, können Einkünfte aus selbstständiger Arbeit erzielen (vgl. § 18 Abs. 5 EStG). Die Mithilfe fachlich vorgebildeter Arbeitskräfte ist dann unschädlich, wenn der Berufsträger „leitend und eigenverantwortlich tätig wird". Es dürfen also keine berufsfremden Mitunternehmer beteiligt sein und sämtliche Mitunternehmer müssen im Rahmen des ihnen innerhalb der Gesellschaft zugewiesenen Aufgabenkreises auf Grund eigener Fachkenntnisse leitend und eigenverantwortlich in einer in § 18 Abs. 1 Nr. 1 EStG genannten Weise freiberuflich tätig sein[5]. Jede – auch nur geringfügige – gewerbliche Tätigkeit einer Sozietät verwandelt diese insgesamt in einen Gewerbebetrieb[6].

5292 Unschädlich ist, dass sich Angehörige von den in § 18 Abs. 1 Nr. 1 EStG genannten Berufen, deren Tätigkeiten einander ergänzen und bei denen jeder für seinen Fachbetrieb leitend und eigenverantwortlich tätig ist, zu einer Personenvereinigung zusammenschließen.

5293 Besteht die Gefahr, dass ein Zusammenschluss zur Einordnung der gesamten Einkünfte zu solchen aus Gewerbebetrieb führen könnte, muss sich die Zusammenarbeit auf eine Bürogemeinschaft beschränken.

5294 Beiträge zu einer Kranken-Tagegeldversicherung können auch dann nicht als Betriebsausgaben der Sozietät abgezogen werden, wenn sich die Inhaber einer freiberuflichen Praxis im Gesellschaftsvertrag gegenseitig zum Abschluss einer Krankentagegeldversi-

---

1 *Ehlers,* Praxisveräußerung und Sozietätsgründungen in ertragsteuerlicher Sicht, NWB Fach 3, S. 7455, S. 7460, unter 3. Abs. 2; auch den dort gebildeten Beispielen 9–11 kann m. E. nicht gefolgt werden.
2 BGH-Urteil vom 18. Dezember 1954 II ZR 76/54, NJW 1955, 337.
3 Die Auffassung von *Ehlers,* Praxisveräußerung und Sozietätsgründung in ertragsteuerlicher Sicht, NWB Fach 3, S. 7455, dort S. 7457, verkennt, dass bei selbständiger Tätigkeit, die ehemalige Tätigkeit **nicht** aufgegeben wird, wie es für die Gewährung der Begünstigung erforderlich ist. Ehlers legt die Gegengründe im weiteren Verlauf seiner Ausführungen unter 1. c, cc (= S. 7458) selbst dar.
4 BFH-Urteil vom 18. Mai 1994 I R 109/93, BFHE 175, 249, BStBl II 1994, 925.
5 BFH-Urteil vom 17. Januar 1980 IV R 115/76, BFHE 130, 58, BStBl II 1980, 336.
6 BFH-Urteil vom 1. Februar 1979 IV R 113/76, BFHE 128, 67, BStBl II 1979, 574.

cherung verpflichten und vereinbaren, dass anfallende Versicherungsleistungen den Betriebseinnahmen zugerechnet werden[1].

Eine im Rahmen einer Praxisfinanzierung abgeschlossene sog. Praxisunterbrechungsversicherung ist der privaten Lebensführung zuzurechnen; die Versicherungsprämien sind keine Betriebsausgaben[2].

Ebenso gehört eine von einem Rechtsanwalt als Versicherungsnehmer auf sein Leben und das Leben seines Sozius abgeschlossene Lebensversicherung, bei der Versicherungsempfänger im Erlebensfalle der Versicherungsnehmer und im Falle des Todes eines der Versicherten der Überlebende versichert ist, weder zum notwendigen Betriebsvermögen der Sozietät noch zum notwendigen Sonderbetriebsvermögen des Versicherungsnehmers[3].

Tritt eine Bürogemeinschaft nach außen nicht in Erscheinung, wird sie regelmäßig keine eigene auf Einkünfteerzielung gerichtete Tätigkeit entfalten und deshalb keine Einkünfte erzielen. 5295

Sollte die Bürogemeinschaft nach außen auftreten, weil sie z. B. Geräte kauft, Räume anmietet, Mitarbeiter beschäftigt, so wird in der Regel eine Gesellschaft bürgerlichen Rechts vorliegen. Regelmäßig wird dieser Teil der „Praxisorganisation" gegen Kostenersatz durch die Angehörigen der Bürogemeinschaft unterhalten werden. Ein eigenständiges einkünfteerzielendes Besteuerungssubjekt dürfte nicht vorhanden sein, wenn diese Gesellschaft bürgerlichen Rechts weder Gewinne noch Verluste erzielt. Die Unkostenbeiträge jedes Angehörigen dieser Gesellschaft bürgerlichen Rechts sind bei ihm Betriebsausgaben. 5296

Schwierigkeiten kann bei Bürogemeinschaften die umsatzsteuerrechtliche Behandlung bereiten[4]. 5297

Wird eine Einzelpraxis in eine Sozietät oder wird ein Berufsangehöriger in eine Sozietät aufgenommen, haben die Beteiligten, weil auf diesen Vorgang § 24 UmwStG anwendbar ist, die Wahl, 5298

- die Buchwerte fortzuführen,

- die Teilwerte anzusetzen und sämtliche stille Reserven aufzudecken mit der Folge der Steuerbegünstigungen gemäß § 18, 16, 34 EStG[5].

- Zwischenwerte anzusetzen, ohne die steuerlichen Begünstigungen in Anspruch nehmen zu können und

- die Buchwerte unter Ergänzung mit einer negativen steuerlichen Ergänzungsbilanz aufzustocken.

Wird die Klientel, also der Praxiswert, in eine Sozietät eingebracht, kann selbst dann von der Einbringung einer Praxis ausgegangen werden, wenn einzelne Wirtschaftsgüter, die 5299

---

1 BFH-Urteile vom 22. Mai 1969 IV R 144/68, BFHE 95, 447, BStBl II 1969, 489, vom 7. Oktober 1982 IV R 32/80, BFHE 137, 19, BStBl II 1983, 101, und vom 10. April 1990 VIII R 63/88, BFHE 161, 440, BStBl II 1990, 1017.
2 Vgl. OFD Düsseldorf vom 15. Februar 1982 S 2144 A.
3 BFH-Urteil vom 21. Mai 1987 IV R 80/85, BFHE 150, 342, BStBl II 1987, 710.
4 Vgl. Rn 5541.
5 BFH-Urteile vom 26. Februar 1981 IV R 98/79, BFHE 133, 186, BStBl II 1981, 568, und vom 5. April 1984 IV R 88/80, BFHE 141, 27, BStBl II 1984, 518; FG Saarland Urteil vom 24. Februar 1993 1 K 269/92, rkr., EFG 1993, 585 Nr. 551.

der freiberuflichen Praxis des bisherigen Inhabers der Einzelpraxis gedient haben, zurückbehalten werden.

5300 Eine Ausgleichszahlung, die ein Rechtsanwalt anlässlich der Einbringung seiner Praxis in eine Sozietät von einem Mitgesellschafter erhält, ist dann nicht gemäß §§ 16 Abs. 4, 34 Abs. 1 EStG steuerbegünstigt, wenn nicht alle stillen Reserven der Praxis aufgedeckt werden[1].

5301–5305 *(unbesetzt)*

b) Veräußerungspreis

5306 Wie bei Gewerbetreibenden kann auch bei Freiberuflern das Veräußerungsentgelt für die Praxisübertragung bestehen in

- einem festen Kaufpreis,
- Kaufpreisraten,
- einer betrieblichen Veräußerungsleibrente,
- einer betrieblichen Veräußerungszeitrente,
- anderen laufenden Bezügen oder
- Mischformen der vorausgenannten Veräußerungsentgelte.

c) Buchwert, Veräußerungskosten und Veräußerungsgewinn

5307 Es gelten die Darlegungen zu Buchwert und Veräußerungskosten bei der Unternehmensveräußerung, ebenso die für die Ermittlung des Veräußerungsgewinns.

5308 Hat der Freiberufler seinen Gewinn als Überschuss der Betriebseinnahmen über die Betriebsausgaben ermittelt, wird die Veräußerung des dem freien Beruf dienenden Vermögens so behandelt, als sei er im Zeitpunkt der Veräußerung zunächst zum Vermögensvergleich übergegangen. Die Zu- und Abrechnungen müssen beim laufenden Gewinn berücksichtigt werden[2]. Dabei wird davon ausgegangen, dass von bloßen Aktivierungsrechten kein Gebrauch gemacht wurde[3].

d) Freibeträge

5309 Die erhöhten Freibeträge gemäß § 18 Abs. 3 Satz 2 i. V. m. § 16 EStG sowie die Begünstigung gemäß § 34 EStG werden bei Praxisveräußerungen unter den gleichen Voraussetzungen wie bei Unternehmensveräußerungen gewährt[4].

e) Einzelheiten

5310 **Schrifttum:** *Felix,* Tarifbegünstigte Teilanteilsveräußerung bei Sozietäten, KÖSDI 1991, 8387.

5311 aa) Das Vorliegen einer Praxis wird in der Regel keine Probleme aufwerfen.

---

1 BFH-Urteil vom 26. Februar 1981 IV R 98/79, BFHE 133, 186, BStBl II 1981, 568.
2 BFH-Urteil vom 23. November 1961 IV 98/60 S, BFHE 74, 535, BStBl III 1962, 199.
3 BFH-Urteil vom 3. Juni 1965 IV 180/61 U, BFHE 83, 213, BStBl III 1965, 579.
4 Vgl. Rn 5283 ff.

Besonderheiten bei der Praxisübertragung

Ein Arzt der nicht auf ärztliche Spezialgeräte angewiesen ist, veräußert die wesentliche Grundlage seiner Praxis, wenn er die Patientenkartei überträgt und dem Nachfolger die Nutzung der Praxisräume einräumt[1].   5312

bb) Dem Teilbetrieb entspricht die Teilpraxis.   5313

Eine begünstigte Veräußerung der Teilpraxis eines Arztes liegt mangels örtlich abgesetzter Tätigkeitsbereiche nicht vor, wenn die übertragene Kassenpraxis nur etwa 5 km von der beibehaltenen Privatpraxis – im benachbarten Stadtteil einer Großstadt – entfernt lag, die ärztliche Tätigkeit als solche gleichartig war und sich der Einzugsbereich der Privatpraxis mit dem der Kassenpraxis teilweise überschnitt[2].   5314

Veräußert ein Tierarzt seine „Großtierpraxis" unter Zurückbehaltung der „Kleintierpraxis", so handelt es sich nicht um eine Teilbetriebsveräußerung[3].

cc) Die tarifbegünstigte Veräußerung eines **Praxisanteils** (§ 18 Abs. 3, 34 Abs. 2 EStG) setzt die Übertragung aller wesentlichen vermögensmäßigen Grundlagen der freiberuflichen Tätigkeit auf den Erwerber voraus; dazu gehört auch, dass die freiberufliche Tätigkeit in dem bisherigen örtlich begrenzten Wirkungskreis wenigstens für eine gewisse Zeit eingestellt wird[4].   5315

Der Verpflichtung, sämtliche immaterielle Wirtschaftsgüter auf den Praxiserwerber übertragen zu haben, ist der Veräußerer schon dann nachgekommen, wenn er seinen Mandantenstamm auf den Praxiserwerber übertragen hat und künftig nur noch in dessen Namen und für dessen Rechnung tätig wird[5].

dd) Das einem einzelnen Angehörigen der Sozietät allein zuzurechnende besondere Vermögen, das der freiberuflichen Praxis dient, ist einkommensteuerrechtlich in gleicher Weise zu behandeln, wie das Sonderbetriebsvermögen.   5316

ee) Werden vom Erwerber dem Veräußerer Sachwerte als Gegenleistungen gegeben, so ist beim Veräußerer deren Verkehrswert anzusetzen.   5317

ff) Sonderfälle und Beispiele   5318

(1) Erlangt die Witwe eines „Anwalts" gegen die Partner einer Anwaltsgemeinschaft einen „Witwengeldanspruch", führt dies bei der Witwe zum Anfall von Einkommensteuer jeweils im Zeitpunkt des Zuflusses der Bezüge und von Erbschaftsteuer in Höhe des Kapitalwerts des Witwengeldes auf den Zeitpunkt des Erbfalls[6].   5319

(2) Der Freiberufler A ist Rechtsanwalt, Fachanwalt für Steuerrecht und Wirtschaftsprüfer. Er hat die Rechts- und Steuerberatung betrieben, aber keine Pflichtprüfungen als Abschlussprüfer (i. S. d. § 319 HGB) getätigt – was er hätte tun können – und keine Bestätigungsvermerke (i. S. d. § 322 HGB) erteilt. Er veräußert seine Kanzlei an den Rechtsanwalt, Steuerberater und Wirtschaftsprüfer B, der in seiner bisherigen Kanzlei u. a. auch Pflichtprüfungen vorgenommen hat.   5320

---

1 FG Baden-Württemberg, Urteil vom 20. Dezember 1966 I 614/66, rkr., EFG 1967, 285.
2 BFH-Urteil vom 29. Juli 1982 IV R 7/80, nv.
3 BFH-Urteil vom 29. Oktober 1992 IV R 16/91, BFHE 169, 352, BStBl II 1993, 182.
4 BFH-Urteile vom 7. November 1985 IV R 44/83, BFHE 145, 522, BStBl II 1986, 335 und vom 23. Januar 1997 IV R 36/95, BFHE 182, 533, BStBl II 1997, 498.
5 Vgl. auch BFH-Beschluss vom 15. November 1994 I B 83/94, BFH/NV 1995, 592.
6 BFH-Urteile vom 29. Oktober 1992 IV R 16/91, BFHE 169, 352, BStBl II 1993, 182 und vom 8. Juni 2000 IV R 63/99, BFH/NV 2000, 1341; vgl. auch *Wollny*, BB 1993, 1641.

A gründet die C-Wirtschaftsprüfungs-GmbH, in der er als Angestellter tätig ist, und zwar als alleiniger Gesellschafter-Geschäftsführer.

B, der nicht zu befürchten braucht, dass die C-Wirtschaftsprüfungs-GmbH seine Mandanten auch rechtlich oder steuerlich beraten und ihm abwerben wird, lässt künftig seine der Pflichtprüfung unterliegenden Mandanten von der C-Wirtschaftsprüfungs-GmbH prüfen.

Der Gewinn, den A aus der Veräußerung seiner Kanzlei erzielt, ist Veräußerungsgewinn i. S. v. § 18 Abs. 3 EStG. Denn A veräußert die wesentlichen Grundlagen der Kanzlei. Ebenso wie beim Gewerbebetrieb ist nicht erforderlich, dass der Veräußerer jede Tätigkeit aufgibt, die auch bisher mit seinem Beruf vereinbar war[1].

Die Prüfungstätigkeit des bei einer GmbH angestellten Wirtschaftsprüfers steht der Begünstigung seiner Praxisveräußerung nicht entgegen[2].

5321 (3) Umstritten ist, ob die Aufnahme einer in der Vergangenheit **nicht** ausgeübten Gutachtertätigkeit durch einer Freiberufler (z. B. durch einen praktizierenden Arzt, beratenden Rechtsanwalt) für die Begünstigung des Veräußerungsgewinns schädlich ist, weil die Annahme der begünstigten Veräußerung einer Praxis (Kanzlei) i. S. v. § 18 Abs. 3 EStG erfordert, dass die berufliche Tätigkeit weitgehend beendet werden muss. Beim Rechtsanwalt gehört z. B. die rechtliche Begutachtung von Sachverhalten und Rechtsfragen typischer Weise zum Berufsbild.

5322 (4) Der Berufsträger muss die geschäftlichen Beziehungen zu seinen Patienten (Klienten, Mandanten) dadurch beenden, dass er – zumindest für eine gewisse Zeit – seine selbstständige Tätigkeit in dem bisherigen örtlich begrenzten Wirkungskreis einstellt, und die Beendigung der Tätigkeit auch nach außen in Erscheinung tritt[3].

Entscheidend ist, dass wegen der Nähe zum bisherigen Kundenkreis (Mandantenstamm usw.) die Tätigkeit in der neuen Praxis (Kanzlei usw.) mit dem im Wesentlichen identischen Abnehmerkreis fortgesetzt wird. Fraglich könnte sein, ob diese Überlegungen auch dann gelten, wenn Auftraggeber nicht die bisherigen Mandanten (Patienten usw.) sind, sondern die Aufträge von den bisherigen Kollegen erteilt werden. Das musste in der Vergangenheit von der Rechtsprechung noch nicht entschieden werden. Das Merkmal „Beendigung der bisherigen Tätigkeit" hat in erster Linie die Aufgabe, die Veräußerung der wesentlichen Grundlagen einer Praxis (Kanzlei) in tatsächlicher Hinsicht von der Veräußerung einzelner Wirtschaftsgüter abzugrenzen[4]. Es gewinnt an Gewicht bei der Abgrenzung der begünstigten Praxisaufgabe von der nichtbegünstigten Arbeitsverlagerung. Die Aufnahme einer in der Vergangenheit **nicht** ausgeübten Tätigkeit steht m. E. unter den vorgenannten Umständen der Begünstigung nicht entgegen[5].

---

1 Vgl. Rn 3992 ff.
2 Vgl. Rn 5285–5287.
3 BFH-Urteile vom 14. März 1975 IV R 78/71, BFHE 116, 8, BStBl II 1975, 661, vom 27. April 1978 IV R 102/74, BFHE 125, 249, BStBl II 1978, 562 und vom 23. Januar 1997 IV R 36/95, BFHE 182, 533, BStBl II 1997, 498, DStR 1997, 610 mit Anm. MK.
4 Vgl. die Beispiele unter Rn 3995.
5 Vgl. Rn 5287 (3).

(5) Der Verwaltungsauffassung, wonach die Veräußerung von Anteilen an Sozietäten nicht tarifbegünstigt sei[1], ist nicht zu folgen.

(unbesetzt)

5323

5324–5325

2. Einkommensteuerliche Folgen der Veräußerung beim Erwerber

a) Fester Kaufpreis

aa) Gewinnermittlung nach § 4 Abs. 1 EStG

Der Erwerber der Praxis hat eine Eröffnungsbilanz zu erstellen. Es sind nicht die Wertsätze des Veräußerers maßgebend. Vielmehr bildet der Kaufpreis zuzüglich etwa übernommener Schulden die Anschaffungskosten für die übernommenen Wirtschaftsgüter. Die Anschaffungskosten für jedes einzelne Wirtschaftsgut dürfen den Teilwert im Sinne von § 6 Abs. 1 Nr. 2 Satz 2 EStG nicht übersteigen. Übersteigt der Kaufpreis einschließlich der übernommenen Schulden die Summe der Teilwerte der übernommenen materiellen Wirtschaftsgüter, so ist die Differenz der Praxiswert, der zu aktivieren ist. Der Praxiswert kann in einem Zeitraum von 3–5 Jahren abgeschrieben werden.

5326

bb) Gewinnermittlung nach § 4 Abs. 3 EStG

Der Erwerber einer freiberuflichen Praxis kann seinen Gewinn nach § 4 Abs. 3 EStG ermitteln, und zwar unabhängig davon, wie der Veräußerer den Gewinn ermittelt hat.

5327

Der Erwerber muss allerdings eine Vermögensübersicht erstellen, in der die erworbenen Wirtschaftsgüter mit dem Teilwert anzusetzen sind; denn diese Vermögensübersicht benötigt er für die Feststellung der Bemessungsgrundlage für die Berechnung der künftigen Absetzungen für Abnutzung oder Abschreibungen und eine etwaige erforderliche Aufteilung der übernommenen Verpflichtungen in abziehbare und nichtabziehbare Aufwendungen.

Die Anschaffungskosten der übernommenen Wirtschaftsgüter sind der Kaufpreis einschließlich der übernommenen Schulden.

5328

Wiederum kann der Praxiswert – wie bei der Gewinnermittlung nach § 4 Abs. 1 EStG – in 3–5 Jahren abgeschrieben werden.

5329

cc) Sozietätsgründung und Partneraufnahme

(1) Unterschiede zwischen gewerblicher und freiberuflicher Tätigkeit zeigen sich u. a. auch bei der Begünstigung der Veräußerung des gewerblichen Mitunternehmeranteils (§ 16 Abs. 1 Nr. 2 EStG) von der Veräußerung des Anteils am Vermögen, das der selbständigen Arbeit dient (§ 18 Abs. 3 EStG 3. Alternative).

5330

(2) Die entgeltliche Aufnahme eines Sozius in eine Einzelpraxis ist nicht als steuerbegünstigte Veräußerung zu beurteilen.[2] Die Gründung einer Sozietät ist deshalb keine Anteilsveräußerung, weil **vor** der Veräußerung kein veräußerbarer Anteil bestanden hat.

5331

(3) Räumt ein bisheriger Einzelunternehmer in einem ersten Schritt dem aufzunehmenden Gesellschafter eine Minimalbeteiligung gegen eine geringe Ausgleichszahlung ein, und veräußert er danach in einem zweiten Schritt einen Bruchteil des Mitunternehmeranteils

5332

---

1 OFD Köln, Verfügung vom 15. Juni 1989, StEK EStG § 18 Nr. 156 unter Hinweis auf BFH-Urteil vom 7. November 1985 IV R 44/83, BFHE 134, 522, BStBl II 1986, 335.
2 BFH-Beschluss vom 18. Oktober 1999 GrS 2/98, BFHE 189, 465, BStBl II 2000, 123.

nunmehr gegen eine entsprechend höhere Ausgleichszahlung, so soll die zweite Veräußerung tarifbegünstigt sein. Der Große Senat meint, ein solches steuerlich unerwünschtes Ergebnis einer „zweistufigen Gesellschaftsgründung" werde unter dem Gesichtspunkt des Gestaltungsmissbrauchs ausgeschlossen werden können.

5333 (4) Sollen bei der Einbringung in eine Sozietät die stillen Reserven angeglichen werden, führt ihre Aufdeckung einschließlich des Praxiswertes zu einer einkommensteuerlich geringeren Belastung als die in der Vergangenheit vielfach anzutreffende Wahl, dass die bisherigen Inhaber zeitlich begrenzt vorab einen Gewinnanteil zugewiesen erhielten[1]. Nach § 24 UmwStG kann die Sozietät das eingebrachte Betriebsvermögen in ihrer Bilanz einschließlich der Ergänzungsbilanzen für ihre Gesellschafter mit den bisherigen Buchwerten, mit Teilwerten oder mit Zwischenwerten ansetzen. Wirtschaftsgüter, die zwar nicht Gesamthandsvermögen sind, aber der Sozietät zur Nutzung überlassen werden und deshalb notwendiges Betriebsvermögen des Einbringenden sind – z. B. Bürogebäude –, gelten ebenfalls als eingebracht. Durch eine negative Ergänzungsbilanz des Aufnehmenden können die in der Bilanz der Sozietät aufgedeckten stillen Reserven steuerlich ohne Gewinnverwirklichung behandelt werden[2].

5334 (5) Werden im vorliegenden Fall (4) in der Sozietät die Buchwerte der Wirtschaftsgüter fortgeführt und wird der von dem eintretenden Partner zu zahlende Ausgleich für die stillen Reserven anteilig dem Kapitalkonto des Aufnehmenden gutgeschrieben oder wird die gesamte Zahlung des Eintretenden einer gesamthänderischen gebundenen Rücklage zugeführt, so erzielt der aufnehmende Gesellschafter einen steuerlich begünstigten Veräußerungsgewinn.

5335 (6) Erhalten die Aufnehmenden außerhalb des Gesellschaftsvermögens von dem eintretenden Gesellschafter Ausgleichszahlungen, gehören diese Zahlungen zum laufenden Gewinn. Gleiches gilt, wenn die Sozietät das übernommene Praxisvermögen mit einem Zwischenwert ansetzt; das ist z. B. der Fall, wenn zwar die Teilwerte für die Substanz, aber kein Praxiswert angesetzt werden.

5336 (7) Der aufnehmende Sozius kam vor Inkrafttreten des StMBG in den Genuss der Tarifbegünstigung auch dann, wenn die Zahlungen des aufkommenden Gesellschafters teils in die Sozietät eingebracht werden, teils in das Privatvermögen des aufnehmenden Gesellschafters flossen[3].

Veräußert ein Freiberufler einen „Teil" seines Mitunternehmeranteils an einer freiberuflich tätigen Personengesellschaft, liegt eine Anteilsveräußerung i. S. v. § 18 Abs. 3 EStG vor.

Geht das Betriebsvermögen durch Anwachsung auf die anderen Mitunternehmer über, ist der Sachverhalt wie eine Anteilsübertragung zu behandeln.

In den vorgenannten Fällen ist – im Gegensatz zur Veräußerung nur eines Teils des Praxisanteils – die Einstellung der freiberuflichen Tätigkeit in dem bisherigen Wirkungskreis wenigstens für eine gewisse Zeit keine Voraussetzung für die Anwendung des § 18 Abs. 3 EStG[4].

---

1 Vgl. Rn 4140.
2 Vgl. BMF-Schreiben vom 16. Juni 1978, BStBl I 1978, 235, Tz 78–79.
3 BFH-Urteil vom 23. Juni 1981 VIII R 138/80, BFHE 135, 551, BStBl II 1982, 622; vgl. auch *Hild*, Eintritt eines weiteren Mitunternehmers in eine bestehende Mitunternehmerschaft, DB 1990, 703; vgl. dazu Rn 4965, 5031.
4 BFH-Urteile vom 14. September 1994 I R 12/94, BFHE 176, 520, BStBl II 1995, 407, FR 1995, 382 m. Anm. *Kempermann* und vom 23. Januar 1997 IV R 36/95, BFHE 182, 533, BStBl II 1997, 498.

(8) Die Gründung einer Sozietät durch Aufnahme eines Kollegen in eine Einzelpraxis ist keine begünstigte Anteilsveräußerung. Denn die Rechtsprechung setzt voraus, dass der veräußerte Anteil bereits **vor** der Veräußerung bestanden haben muss[1]. Wird in eine Einzelpraxis ein Sozius aufgenommen, so ist der Vorgang bei einer Einbringung zu Teilwerten gem. § 24 Abs. 3 Satz 2 UmwStG i. V. m. § 18 Abs. 3 EStG und § 34 Abs. 1 EStG tarifbegünstigt, und zwar unabhängig davon, ob die Zuzahlung in das Betriebs- oder in das Privatvermögen des Einbringenden erfolgt. Ein bei der Einbringung zu Teilwerten entstehender Gewinn im Sonderbetriebsvermögen ist allerdings nach § 24 Abs. 3 Satz 3 UmwStG nicht tarifbegünstigt[2].

5337

(9) Ein entgeltlich erworbener Praxiswert ist grundsätzlich abnutzbar und auf die Nutzungsdauer von drei bis fünf Jahren zu verteilen.

5338

Der anlässlich der Gründung einer Sozietät aufgedeckte Praxiswert stellt ebenso wie der Wert einer erworbenen Einzelpraxis ein abnutzbares immaterielles Wirtschaftsgut dar. § 7 Abs. 1 Satz 3 EStG ist jedoch auf die Bemessung der AfA für den (Einzel- oder Sozietäts-) Praxiswert nicht anzuwenden. Wegen der Bestellung und der weiteren Mitwirkung des bisherigen Praxisinhabers (Sozius) ist vielmehr davon auszugehen, dass die betriebsgewöhnliche Nutzungsdauer des anlässlich der Gründung einer Sozietät aufgedeckten Praxiswerts doppelt so lang ist wie die Nutzungsdauer des Werts einer erworbenen Einzelpraxis. Die betriebsgewöhnliche Nutzungsdauer ist nach den Umständen des einzelnen Falles sachgerecht zu schätzen. Dabei ist es nicht zu beanstanden, wenn für den anlässlich der Gründung einer Sozietät aufgedeckten Praxiswert eine betriebsgewöhnliche Nutzungsdauer von sechs bis zehn Jahren und für den Wert einer erworbenen Einzelpraxis eine betriebsgewöhnliche Nutzungsdauer von drei bis fünf Jahren angenommen wird.

Die Grundsätze des BMF-Schreibens[3] gelten entsprechend für den Erwerb eines Praxiswerts durch eine Wirtschaftsprüfer- oder Steuerberater-GmbH. Sie sind in noch offenen Fällen ab dem Veranlagungszeitraum 1993, auf Antrag auch ab einem früheren Veranlagungszeitraum, anzuwenden; eine ggf aufgestellte Bilanz ist zu berichtigen. Auf Grund der Änderung der höchstrichterlichen Rechtsprechung können die Anschaffungskosten des Praxiswerts, vermindert um die bisher abgezogene AfA, d. h. der Restbuchwert, auf die restliche Nutzungsdauer verteilt werden. Wird der Gewinn nach den §§ 4, 5 EStG ermittelt, kann der Restbuchwert auch auf den niedrigeren Teilwert abgeschrieben werden und dieser auf die restliche Nutzungsdauer verteilt werden.

Bringt der aufzunehmende Sozius seine eigene Einzelpraxis ein, so werden wirtschaftlich zwei Einzelpraxen verschmolzen zu einer Sozietät; ein solcher Sachverhalt fällt unter § 24 UmwStG. Neuerdings strittig.

5339

b) Kaufpreisraten

aa) Gewinnermittlung nach § 4 Abs. 1 EStG

Dem festen Kaufpreis entspricht bei der Vereinbarung von Kaufpreisraten die Summe dieser Raten. Der Kaufpreis ist sozusagen in Teilbeträgen gestundet. Für die Summe der Kaufpreisraten ist deren Barwert zu ermitteln, wobei der vereinbarte Zinssatz zu berücksichtigen ist. Sind Zinsen nicht vereinbart, muss der Buch führende Erwerber die Kauf-

5340

---

[1] BFH-Beschluss vom 18. Oktober 1999 GrS 2/98, BFHE 189, 465, BStBl II 2000, 123. S. Rn 5331.
[2] BFH-Urteil vom 21. September 2000 IV R 54/99, BFH/NV 2001, 251.
[3] BMF-Schreiben vom 15. Januar 1995 – IV B 2 – S 2172 – 15/94, BStBl I 1995, 14, WiB 1995, 272.

preisschuld neben den sonstigen übernommenen Schulden nach der Hilfstafel 1 zum BewG passivieren[1].

5341 Die Ratenzahlungen sind Betriebsausgaben, die Minderung der Ratenverpflichtung ist Ertrag. Der Tilgungsanteil wird also ergebnisneutral behandelt, während sich der Zinsanteil als Betriebsausgabe auswirkt. Verändern sich die Raten infolge einer Wertsicherungsklausel, ist der Mehrbetrag aus der Erhöhung der Rate und des Rentenbarwertes als Betriebsausgabe sofort abziehbar, ein etwaiger Minderbetrag Betriebseinnahme.

bb) Gewinnermittlung nach § 4 Abs. 3 EStG

5342 Wiederum hat der Erwerber eine Vermögensübersicht nach den Grundsätzen von § 4 Abs. 1 EStG zu erstellen. Die übernommenen Wirtschaftsgüter einschließlich des Praxiswertes sind mit dem Teilwert zu aktivieren, der Barwert der Raten als Kaufpreis zu passivieren. Erforderlich ist die Aufstellung dieser Vermögensübersicht wegen der Absetzungen für Abnutzung auf das Anlagevermögen und etwaige mögliche Abschreibungen des Praxiswertes.

5343 Forderungen – insbesondere nicht abgerechneten Leistungen – führen bei ihrem Eingang zu Betriebseinnahmen und damit einer Gewinnerhöhung. Da erst die laufenden Ratenzahlungen Betriebsausgaben sind, tritt beim Erwerber eine Gewinnerhöhung vor der Gewinnminderung durch die Raten ein. Wird für die Übernahme der Forderungen ein fester Kaufpreis vereinbart, tritt eine Gewinnverwirklichung erst ein, wenn die eingehenden Forderungen die Summe des dafür ausgewiesenen Kaufpreisanteils übersteigen.

cc) Weitere Einzelheiten

(1) Wiederkehrende Leistungen über mehr als 10 Jahre

5344 Wird der Kaufpreis in wiederkehrenden Zahlungen über mehr als 10 Jahre geleistet und ist die Vereinbarung nicht auf die Versorgung des Veräußerers abgestellt, sind die Zahlungen Kaufpreisraten und nicht etwa Leistungen auf eine Zeitrente.

(2) Verzinsung/Zinslosigkeit

5345 Ist der Kaufpreis zu verzinsen, so ist der Nominalwert des Betrages das Veräußerungsentgelt.

Ist keine Verzinsung des Kaufpreises vereinbart, so ist **Veräußerungsentgelt** der nach finanzmathematischen Grundsätzen ermittelte Barwert der Raten. Der Abzinsungssatz muss aus den vertraglichen Vereinbarungen abgeleitet werden; ist das nicht möglich, ist von einem Zinssatz von 5,5 vH auszugehen.

5346 *(unbesetzt)*

c) „Betriebliche" Veräußerungsleibrenten

aa) Gewinnermittlung nach § 4 Abs. 1 EStG

5347 Kaufpreis ist der nach versicherungsmathematischen Grundsätzen ermittelte Rentenbarwert, wobei ein Zinssatz von 5,5 vH zu Grunde gelegt wird, soweit nicht ein höherer

---

1 Vgl. hierzu auch Rn 4276.

Zinssatz vertraglich vereinbart wurde oder wegen des Vorliegens besonderer Umstände in Betracht kommt[1].

Die Rentenzahlungen sind in voller Höhe Betriebsausgaben, die Barwertminderung ist Ertrag. 5348

Erhöht sich der versicherungsmathematische Rentenbarwert in Folge einer Wertsicherungsklausel, wird dadurch der Gewinn gemindert, und die Erhöhung der laufenden Zahlungen stellt eine zusätzliche Betriebsausgabe dar. 5349

Beim Tod des Rentenberechtigten ist die Rentenverpflichtung erfolgswirksam aufzulösen; der Tod wirkt sich also nicht auf die Anschaffungskosten des Erwerbers aus. 5350

(unbesetzt) 5351

bb) Gewinnermittlung nach § 4 Abs. 3 EStG

Der in den Rentenzahlungen enthaltene auf das Anlagevermögen entfallende Zinsanteil ist im Zeitpunkt der Zahlung Betriebsausgabe. Zinsanteil ist der Saldo der Rentenzahlungen und der Differenz zwischen dem Rentenbarwert zu Beginn und zum Ende des Kalenderjahres. Aus Vereinfachungsgründen beanstandet die Finanzverwaltung nicht, wenn statt einer Aufteilung in Zins- und Tilgungsanteil die Rentenzahlungen in voller Höhe mit dem versicherungsmathematischen Barwert der ursprünglichen Rentenverpflichtung verrechnet werden; abziehbare Betriebsausgaben entstehen dann erst, wenn die Zahlungen den Barwert überschreiten. 5352

Stirbt der Rentenberechtigte, so ist der im Zeitpunkt des Todes noch bestehende Rentenbarwert als Betriebseinnahme erfolgswirksam aufzulösen, soweit er dem Anlagevermögen zuzurechnen ist[2]. 5353

(unbesetzt) 5354

d) Betriebliche Veräußerungszeitrenten

(1) Betriebliche Veräußerungszeitrenten werden wie Kaufpreisraten behandelt. Die Schuld in Höhe des finanzmathematischen Barwertes muss nach den Tabellen des BewG angesetzt werden. Es besteht zwischen den Gewinnermittlungsarten nach § 4 Abs. 1 EStG und § 4 Abs. 3 EStG kein Unterschied. 5355

(2) Ein Steuerpflichtiger, der seinen Gewinn nach § 4 Abs. 3 EStG ermittelt, muss den Barwert der Verpflichtung aus einer wertgesicherten Veräußerungsrente bei Eintritt des Wertsteigerungsfalls nicht gewinnmindernd erhöhen[3].

Als Veräußerungszeitrenten werden auch „Ratenzahlungen" behandelt, die länger als 10 Jahre zu leisten sind und nach den vertraglichen Vereinbarungen eindeutig Versorgungscharakter haben. 5356

---

1 BFH-Urteile vom 11. August 1967 VI R 80/66, BFHE 89, 443, BStBl III 1967, 699, und vom 20. November 1969 IV R 20/68, BFHE 98, 28, BStBl II 1970, 309: „Bei der Berechnung des Kapitalwerts einer betrieblichen Kaufpreisleibrente ist die Berücksichtigung eines höheren Rechnungszinsfußes als 5,5 vH besonders dann nicht gerechtfertigt, wenn eine Wertsicherungsklausel vereinbart wird".
2 BFH-Urteil vom 31. August 1972 IV R 93/67, BFHE 107, 205, BStBl II 1973, 51. Vgl. dazu auch BFH-Urteil vom 23. Mai 1991 IV R 48/90, BFHE 164, 532, BStBl II 1991, 796.
3 Vgl. BFH-Urteil vom 23. Mai 1991 IV R 48/90, BFHE 164, 532, BStBl II 1991, 796; s. auch HFR 1991, 698, Anm. dort S. 699.

e) Andere laufende Bezüge

5357 Ist als Kaufpreis eine Umsatz- oder Gewinnbeteiligung vereinbart worden, hat der Veräußerer die Zahlungen ab dem Zeitpunkt als nachträgliche Einkünfte (§ 24 Nr. 2 EStG) zu versteuern, ab dem sie das steuerliche Kapitalkonto überschreiten.

5358 Lässt sich der Wert der laufenden Bezüge hinreichend genau ermitteln[1], kann der Veräußerer die sofortige Besteuerung des Veräußerungserlöses wählen. Begünstigter Veräußerungsgewinn (§§ 18 Abs. 3, 34 EStG) ist der Barwert der geschätzten Bezüge. Aus den laufenden Einnahmen ist dann jedes Jahr ein Ertragsanteil herauszurechnen, der zu Einkünften aus Kapitalvermögen gemäß § 20 Abs. 1 Nr. 7 EStG führt.

f) Mischformen

5359 Ist bei der Veräußerung einer Praxis neben einem festen Kaufpreis die Zahlung wiederkehrender Bezüge vereinbart, kommt eine Begünstigung gemäß § 16 Abs. 4 in Verbindung mit § 34 EStG dann in Betracht, wenn fester Kaufpreis und Barwert der Rente in einer Summe der Besteuerung unterworfen werden.

g) Abschreibung des Praxiswerts

5360 **Schrifttum:** *Roemer,* Nochmals: Abschreibungen auf den Praxiswert INF 4/1989, III; *Roemer,* Abschreibungen auf von GmbH erworbenen Praxiswert, INF 7/1990, III.

5361 Der Praxiswert ist dem Geschäftswert artverwandt und daher ein abnutzbares Wirtschaftsgut[2].

5362 Treten Freiberufler in eine bestehende Sozietät in der Weise ein, dass die bisherigen Gesellschafter diesen entgeltlich Teilanteile an der GbR abtreten, können die eintretenden Sozien in ihren Ergänzungsbilanzen den jeweils aktivierten Praxiswert abschreiben.

Scheidet ein Sozius gegen Abfindung über den Buchwert aus, wird ein Teil des Praxiswertes verwirklicht, der wiederum nach der zu schätzenden Nutzungsdauer abschreibbar ist.

Überträgt eine Steuerberatungs-GmbH ihren Mandantenstamm endgültig auf ihre bisherigen Gesellschafter-Geschäftsführer und erwirbt jeder der bisherigen Gesellschafter einen Teil des Praxiswerts, muss dessen Nutzungsdauer nach den Verhältnissen des Einzelfalles geschätzt werden.

5363–5365 *(unbesetzt)*

3. Unentgeltliche Übertragung einer Einzelpraxis

a) Allgemeines

5366 Wird eine Praxis unentgeltlich übertragen, z. B. beim Übergang durch Erbfolge, vorweggenommene Erbfolge oder Schenkung, muss der **Erwerber** die Buchwerte fortführen.

5367 Beim **Veräußerer** tritt ein Veräußerungsgewinn nicht zu Tage.

5368 Zu allen Einzelheiten wird auf die Ausführungen zu den wiederkehrenden Bezügen verwiesen (Rn 4286 ff.).

---

1 BFH-Urteil vom 12. Oktober 1978 I R 69/75, BFHE 126, 209, BStBl II 1979, 64.
2 BFH-Urteil vom 24. Februar 1994 IV R 33/93, BFHE 174, 230, BStBl II 1994, 590 und BMF-Schreiben vom 15. Januar 1995 IV B 2 – S 2172 – 15/94, BStBl I 1995, 14. Vgl. Rn 5330 (8).

Besonderheiten bei der Praxisübertragung 733

b) Betriebliche Versorgungsrenten

Betriebliche Versorgungsrenten sind wiederkehrende Bezüge, die anlässlich der Betriebs- 5369
übertragung vom Verpflichteten zur Versorgung des Berechtigten oder seiner Witwe aus
betrieblichen Überlegungen heraus zugesagt wurde[1].

Wird eine betriebliche Versorgungsrente eingeräumt, ist die Praxis nicht unentgeltlich 5370
übertragen. Die betriebliche Versorgungsrente ist vom **Veräußerer** in Höhe der jeweiligen
Zahlungen als nachträgliche freiberufliche Einkünfte in voller Höhe zu versteuern.

Sie kann vom **Erwerber** in voller Höhe als Betriebsausgabe abgezogen werden. 5371

c) Private Versorgungsrenten

Werden im Zusammenhang mit einer Erbschaft oder einem Vermächtnis oder bei einer 5372
Betriebsübertragung im Rahmen einer vorweggenommenen Erbfolge Rentenzahlungen
geleistet, so handelt es sich um private Versorgungsrenten. Vereinbarungen einander unterhaltsberechtigter Personen, werden regelmäßig privaten Charakter haben.

Der **Veräußerer** hat bei Leibrenten den Ertragsanteil gemäß § 22 Nr. 1 Buchst. a EStG zu 5373
versteuern[2], anderenfalls den vollen Betrag der wiederkehrenden Bezüge.

Die Leistung der wiederkehrenden Bezüge führt beim verpflichteten Erwerber zu Son- 5374
derausgaben, bei Leibrenten beschränkt auf den Ertragsanteil (§ 10 Abs. 1 Nr. 1a EStG),
bei Zeitrenten in voller Höhe.

(unbesetzt) 5375

d) Unterhaltsrenten

S. dazu Rn 4286 ff. und 4846. 5376

Der **Erwerber** kann die wiederkehrenden Bezüge nicht abziehen (§ 12 Nr. 2 EStG).

e) Andere laufende Bezüge

Bei der unentgeltlichen Übertragung einer Einzelpraxis können zur Versorgung oder zum 5377
Unterhalt auch Umsatz- und/oder Gewinnbeteiligungen oder sonstige wiederkehrende
Bezüge, die nicht nach dem Wert des übertragenen Praxisvermögens bemessen sind, vereinbart werden. Für derartige Zahlungen gelten die Überlegungen zu den betrieblichen
oder privaten Versorgungsrenten und Unterhaltsrenten.

(unbesetzt) 5378–5380

4. Schenkung notwendigen Betriebsvermögens

Sind Eheleute Miteigentümer eines bebauten Grundstücks, in welchem der Ehemann eine 5381
freiberufliche Praxis unterhält und dessen übrige Räume privat genutzt werden, so stellt
die dem Ehemann zustehende ideelle Grundstückshälfte in dem Umfang notwendiges
Betriebsvermögen dar, der dem Anteil der betrieblich genutzten Räume am gesamten
Gebäude entspricht; maßgebend ist das Verhältnis der betrieblich genutzten zur reinen
Wohnfläche; dabei sind Nebenräume entsprechend diesem Nutzungsverhältnis aufzutei-

---

1 S. dazu Rn 4291 und Rn 4316 ff.
2 S. dazu Rn 4316 ff.

len. Der Ehemann entnimmt seinen Grundstücksanteil in diesem Umfang, wenn er mit seiner Ehefrau einen formgültigen Schenkungsvertrag abschließt[1].

5382 *(unbesetzt)*

5. Übertragung einer Teilkanzlei oder einer Teilpraxis

5383 **Schrifttum:** *Kaiser/Wollny,* Kauf und Bewertung einer Anwaltspraxis, 2. Aufl., Herne/Berlin 1996.

a) Allgemeines

5384 Für die Übertragung einer Teilkanzlei oder einer Teilpraxis gelten die gleichen Überlegungen wie im gewerblichen Bereich bei der Übertragung eines Teilbetriebs.

b) Übertragung der Teilkanzlei eines Rechtsanwalts

5385 Bei einem Rechtsanwalt, der als Einzelanwalt seine Kanzlei betreibt, kommt anders als bei anderen Freiberuflern, wie Ärzten, Steuerberatern und Wirtschaftsprüfern, die Begünstigung für eine „Teilbetriebsveräußerung" nicht in Betracht, weil Teile der Kanzlei des Rechtsanwalts begrifflich nicht eine Teilkanzlei sind.

Zu einer Teilbetriebsveräußerung entsprechenden Begünstigung könnte es kommen, wenn ein Rechtsanwalt aus irgendwelchen Gründen eine gesondert geführte Steuerberatungspraxis oder eine kombinierte Steuerberatungs-Wirtschaftsprüfungsberatungspraxis zu veräußern in die Lage kommen sollte.

Von praktischer Bedeutung ist z. Z. für Rechtsanwälte daher regelmäßig nur die Übertragung eines Sozietätsanteils.

6. Übertragung eines Praxis- oder Sozietätsanteils

5386 **Schrifttum:** *Kaiser/Wollny,* Kauf und Bewertung einer Anwaltspraxis, 2. Aufl., Herne/Berlin 1996.

5387 Für die Übertragung eines Praxis- oder Sozietätsanteils gelten die gleichen Überlegungen wie im gewerblichen Bereich bei der Übertragung eines Mitunternehmeranteils.

Ein Rechtsanwalt kann mit einem oder mehreren Rechtsanwälten eine Sozietät eingehen. Es ist mit dem Standesrecht auch vereinbar, dass ein Rechtsanwalt mit einem oder mehreren Steuerberatern oder Wirtschaftsprüfern eine Sozietät gründet und unterhält.

Inzwischen ist davon auszugehen, dass es in der Rechtsprechung für zulässig angesehen wird, wenn Rechtsanwälte sich zu einer überörtlichen Sozietät zusammenschließen.

5388 Die überörtliche Anwaltssozietät ist der Zusammenschluss von Rechtsanwälten, die an verschiedenen Orten ihre Kanzlei haben, oder von Sozietäten, die an verschiedenen Orten ihre Kanzleien betreiben. Jedes Mitglied der überörtlichen Sozietät ist nur bei einem Gericht zugelassen, hat nur dort seine Kanzlei und ist auch dort wohnhaft, bildet aber mit einem oder mehreren an einem anderen oder mehreren anderen Orten in derselben Weise nur bei einem Gericht zugelassenen, dort wohnenden und nur dort über eine eigene Kanzlei verfügenden Anwalt oder Anwälten eine Sozietät. Im Falle einer überörtlichen Sozietät können Veräußerungen den Sozietätsanteil betreffen, wenn ein Sozius ausscheidet.

Die Veräußerung kann aber auch die gesamte Kanzlei an einem der Orte betreffen, an welchem die überörtliche Sozietät besteht.

---

1 BFH-Urteil vom 2. Oktober 1986 IV R 281/84, BFH/NV 1987, 417, Nr. 383.

Beispiel:
Die A-Sozietät wird in Berlin, Frankfurt/Main, Hamburg, Köln und München betrieben.
Es ist denkbar, dass die B-Sozietät, die in Berlin, Düsseldorf und Stuttgart betrieben wird, die in Frankfurt/Main betriebene Teilkanzlei erwirbt.
Das Anwaltsrecht schließt – wie bereits gesagt – den Zusammenschluss mit bestimmten anderen freien Berufen zu einer Gemeinschaft nicht aus; insoweit kann es zu einer berufsübergreifenden überörtlichen Sozietät kommen.

Neben der überörtlichen Sozietät kommt die grenzüberschreitende Sozietät vor. Von grenzüberschreitender Sozietät wird gesprochen, wenn eine Sozietät mit einem Partner (Rechtsanwalt, Steuerberater, Wirtschaftsprüfer) im Ausland besteht. 5389

Besteht eine überörtliche oder grenzüberschreitende Sozietät, bilden die einzelnen örtlich voneinander getrennten Teile der Sozietät „Teilkanzleien" i. S. d. EStG.

Der Gewinn, den die Sozietät bei der Veräußerung einer „Teilkanzlei" erzielt, ist einkommensteuerrechtlich ebenso begünstigt wie der Gewinn bei der Veräußerung einer ganzen Kanzlei.

(unbesetzt) 5390

7. Praxisaufgabe, Kanzleiaufgabe, Aufgabe des Praxis- oder des Sozietätsanteils

Schrifttum: *Kaiser/Wollny,* Kauf und Bewertung einer Anwaltspraxis, 2. Aufl., Herne/Berlin 1996. 5391

Praxisaufgabe

Für die Praxisaufgabe und die Kanzleiaufgabe, den Aufgabegewinn und seine Ermittlung gelten die gleichen Überlegungen wie im gewerblichen Bereich[1]. 5392

Der Tod eines Freiberuflers führt nicht notwendigerweise zu einer Betriebsaufgabe und damit zum Übergang zum Bestandsvergleich. Es ist möglich, dass die Erben nach dem Tod zufließende Praxiseinkünfte zu versteuern haben[2]. 5393

Aufgabe des Praxis- oder Sozietätsanteils

Wiederum gelten die gleichen Überlegungen wie im unternehmerischen Bereich. 5394

(unbesetzt) 5395–5400

---

[1] Vgl. insbesondere Rn 5231 ff.
[2] BFH-Beschluss vom 23. August 1991 IV B 69/90, BFH/NV 1992, 512.

G. Umsatzsteuer

Schrifttum: *Birkenfeld,* Das große Umsatzsteuer-Handbuch, 3. Aufl., Köln 1997; *Birkenfeld/Forst,* Umsatzbesteuerung im Binnenmarkt, 3. Aufl., Berlin/Bielefeld/München 1997; *Dziadkowski/Walden,* Umsatzsteuer, 4. Aufl., 1996; Handbuch zur Umsatzsteuer, München 1999; *Geist,* UStG, 7. Aufl. München 2003; *Hartmann/Metzenmacher,* Umsatzsteuergesetz, 7. Aufl., Berlin; *Rau/Dürrwächter/Flick/Geist,* UStG, 8. Aufl., Köln (Loseblatt); *Offerhaus/Söhn/Lange,* Kommentar zur Umsatzsteuer (Loseblatt); *Peter/Burhoff/Stöcker,* Umsatzsteuerkommentar, Herne/Berlin (Loseblatt); *Sikorski,* Umsatzsteuer im Binnenmarkt, 4. Aufl., Herne/Berlin 2004; *Sölch/Ringleb,* Umsatzsteuer, Kommentar, München (Loseblatt); *Umsatzsteuer*-Kartei, Berlin.

5401

I. Allgemeines

Die Geschäfts**veräußerung** im Ganzen unterliegt seit 1. 1. 1994 nicht mehr der Umsatzsteuer, wenn der Erwerber Unternehmer ist und das Unternehmen fortführt (§ 1 Abs. 1a UStG).

5402

Gleichgültig ist, ob das Unternehmen entgeltlich oder unentgeltlich übertragen oder in eine Gesellschaft eingebracht wird.

Entsprechendes gilt für gesondert geführte Betriebe.

Der Annahme einer Geschäftsveräußerung steht nicht entgegen, wenn einzelne Wirtschaftsgüter nicht übertragen werden.

Eine Geschäftsveräußerung kann auf mehreren zeitlich versetzten Kausalgeschäften beruhen, wenn diese in einem engen sachlichen und zeitlichen Zusammenhang stehen und die Übertragung des ganzen Vermögens auf einen Erwerber zur Beendigung der bisherigen gewerblichen Tätigkeit offensichtlich ist[1].

In allen **anderen** Fällen ist die „Geschäftsveräußerung" ein umsatzsteuerbarer Vorgang (§ 1 Abs. 1 Nr. 1 UStG). Gegenstand des „Umsatzes" ist nicht das Unternehmen; die Geschäftsveräußerung besteht vielmehr umsatzsteuerrechtlich aus einer Vielzahl von Einzelumständen. Jede Leistung des Veräußerers (z. B. Übertragung des einzelnen Wirtschaftsguts, Abtretung der Forderungen) ist nach den Regeln des UStG zu behandeln.

Der Kaufpreis der Summe der Einzelumsätze ist grundsätzlich der Bruttopreis (also einschließlich Umsatzsteuer).

5403

Die **Aufgabe** des Betriebs ist keine Geschäftsveräußerung oder ein ihr gleichzusetzender Vorgang[2].

5404

Die unentgeltliche Unternehmensübertragung ist – wenn der Erwerber kein Unternehmer ist oder das Unternehmen nicht fortführt – wie in Österreich nicht steuerbar.

5405

Die unentgeltliche Übertragung eines Bauunternehmens durch den Bauunternehmer an seinen Sohn kann auch dann als nicht steuerbare Teilgeschäftsveräußerung beurteilt wer-

5406

---

1 BFH-Urteil vom 1. August 2002 V R 17/01, BB 2003, 244.
2 Vgl. Rn 5331 ff.

den, wenn dem Sohn das Betriebsgrundstück für 10 Jahre mit Verlängerungsoption zur Fortführung des Bauunternehmens vermietet wird[1].

5407–5500   *(unbesetzt)*

---

1 BFH-Urteil vom 28. November 2002 V R 3/01, BB 2003, 343.

II. Erbe, Erbengemeinschaft, Vorweggenommene Erbfolge

Schrifttum: *Probst*, Umsatzsteuerrecht und Erbgang, UR 1988, 273. 5501

1. Erbe

Der Erbe ist bürgerlich-rechtlich Gesamtrechtsnachfolger des Erblassers (§ 1967 BGB). Die Forderungen und Schulden aus dem Steuerschuldverhältnis gehen auf ihn über (§ 45 Abs. 1 Satz 1 AO). Umsatzsteuerrechtlich ist der Erbe infolgedessen Schuldner der Umsatzsteuern des Erblassers oder Gläubiger etwaiger Erstattungsansprüche sowie von Ansprüchen aus Vorsteuer-Überschüssen (§ 18 Abs. 4 UStG). 5502

Der Erbe tritt, auch wenn er nicht selbst Unternehmer wird, in die umsatzsteuerrechtlichen Verhältnisse seines Rechtsvorgängers ein. Der Erbe wird also nicht nur Gesamtrechtsnachfolger i. S. v. § 1967 BGB und damit Schuldner der Umsatzsteuerbeträge, die zu Lebzeiten des Erblassers entstanden waren, sondern er wird auch Schuldner der Lieferungen und sonstigen Leistungen des Erblassers, die erst nach dessen Tod Umsatzsteuer auslösen. Gehen z. B. bei der Ist-Versteuerung für vom Erblasser erbrachte Lieferungen oder sonstige Leistungen Entgelte ein, so ist vom Erben die Umsatzsteuer zu entrichten. Stellt bei Sollversteuerung der Erbe die Leistungen des Erblassers den Leistungsempfängern in Rechnung, so muss der Erbe die Umsatzsteuer entrichten. 5503

Der Übergang von Forderungen und Schulden aus dem Unternehmen des Erblassers bedeutet aber nicht, dass der Erbe Unternehmer wird. Die Unternehmereigenschaft geht nicht im Wege der Erbfolge über. Der Erbe muss vielmehr, um Unternehmer zu werden, selbst nachhaltig gewerblich oder beruflich tätig sein. Eine kurzfristige einstweilige Fortführung des Unternehmens genügt allerdings hierfür. Das gilt z. B. auch bei der Fortsetzung eines Unterlassens oder Duldens, z. B. wenn ein Lizenzgeber beerbt wird. 5504

Das Eintreten in die umsatzsteuerlichen Verhältnisse des Erblassers bedeutet z. B., dass auch bezüglich der Anwendung der Besteuerung für Kleinunternehmer (§ 19 UStG) die Verhältnisse des Erblassers maßgebend sind oder bleiben. Der von dem Rechtsvorgänger (Erblasser) im Vorjahr erzielte Gesamtumsatz ist beispielsweise der für den Erbe maßgebliche Vorjahresumsatz (§ 19 Abs. 1 Satz 1 UStG)[1]. 5505

Dem Gesamtrechtsnachfolger kommen etwaige Erleichterungen des Buchnachweises, die das FA dem Rechtsvorgänger bewilligt hat, zugute. 5506

In dem auf das Todesjahr folgenden Jahr sind folgende Sachverhalte zu unterscheiden: 5507

Wurde der Erbe erst durch den Erbfall Unternehmer und schließt sich seine gewerbliche oder berufliche Tätigkeit an die des Erblassers an, setzt sich in diesem Fall der Vorjahresumsatz (also der Umsatz des Todesjahres) zusammen aus den Umsätzen des Erblassers bis zum Todestag und den Umsätzen des Erbe bis zum Ende des Veranlagungszeitraums. Für die Berechnung des Gesamtumsatzes sind die Umsätze vom Erblasser und Erben zusammenzurechnen. 5508

Hatte der Erbe bereits ein Unternehmen und erbte er ein Unternehmen, das er weiterbetreibt, wird die Besteuerung der Umsätze des Unternehmens des Erblassers bis zu dessen Tod unabhängig davon durchgeführt, welche Umstände beim Erben vorliegen. Für den Erben kann also unter Umständen nebeneinander eine normale Besteuerung von Umsätzen und eine solche als Kleinunternehmer (§ 19 UStG) vorzunehmen sein, wobei gleich- 5509

---

[1] RFH-Urteil vom 8. Januar 1937 V A 565/36, RStBl 1937, 327.

gültig ist, ob die Verhältnisse gem. § 19 UStG nur bei dem Erblasser oder nur bei dem Erben vorlagen. In dem auf das Todesjahr folgenden Jahr sind zur Feststellung des Gesamtumsatzes des Vorjahres wiederum die Umsätze des Erblassers bis zum Todestag und die gesamten Umsätze des Erben im Todesjahr aus seinem eigenen Unternehmen zusammenzurechnen.

5510 Anders ist die Sachlage, wenn ein Unternehmer zu seinem Unternehmen das Unternehmen eines anderen Unternehmers hinzuerwirbt. In diesem Fall bleibt beispielsweise der in dem hinzuerworbenen Unternehmen „vorangegangenen Steuerabschnitt" erzielte Umsatz bei der Ermittlung des Gesamtumsatzes außer Betracht[1].

5511–5515 *(unbesetzt)*

2. Erbengemeinschaft

5516 Wird ein Unternehmen von einer Erbengemeinschaft geerbt, gelten die Ausführungen zur Besteuerung des Erben entsprechend.

5517 Aus den Umständen kann sich allerdings ergeben, dass nicht die Erbengemeinschaft ein Unternehmen weiterführt, sondern dass nur ein Miterbe nachhaltig gewerblich oder beruflich tätig und damit Unternehmer wird.

5518 Führt die Erbengemeinschaft das Unternehmen weiter, ist für die Frage, ob eine Besteuerung als Kleinunternehmer in Betracht kommt (§ 19 UStG), wie auch sonst gleichgültig, ob ein Miterbe der Erbengemeinschaft selbst Unternehmer ist. Denn die Erbengemeinschaft einerseits und dieser Miterbe andererseits sind zwei unterschiedliche Unternehmer.

5519–5530 *(unbesetzt)*

III. Betriebsaufgabe

5531 Die Betriebsaufgabe ist kein Fall der Betriebsveräußerung.

5532 Soweit Wirtschaftsgüter entnommen, d. h. in das Privatvermögen überführt werden, gelten die dafür vorgesehenen Vorschriften.

5533 Soweit Wirtschaftsgüter veräußert werden, gelten die allgemeinen Grundsätze.

5534 Entsprechendes gilt für Mischfälle.

5535 Die Finanzverwaltung geht von einem Leistungsaustausch aus, wenn auch Schulden übernommen wurden; dabei ist das Entgelt gem. § 10 Abs. 5 UStG auf die Mindestbemessungsgrundlage aufzustocken[2].

5536–5540 *(unbesetzt)*

IV. Büro- oder Praxisgemeinschaft

5541 Besteht eine Büro- oder Praxisgemeinschaft nur insoweit, als die Gemeinschafter Miteigentum an Geräten haben, die sie gemeinsam oder jeder Partner unmittelbar von den Lieferanten erworben haben, so ist die Gemeinschaft einkommensteuerrechtlich ohne Bedeutung; die Beteiligten berücksichtigen ihre Aufwendungen jeweils in ihren Gewinn-

---

[1] RFH-Urteil vom 8. Januar 1937 V A 565/36, RStBl 1937, 327.
[2] Vgl. dazu Abschn. 158 UStR 2000.

ermittlungen. Umsatzsteuerrechtlich setzen die Gemeinschafter die auf sie entfallenden Vorsteuern ab, soweit sie ganz oder anteilig Leistungsempfänger geworden sind.

(unbesetzt)   **5542–5600**

H. Grunderwerbsteuer

Schrifttum: *Boruttau//Sigloch,* Grunderwerbsteuer, 14. Aufl., München 1997. 5601

I. Allgemeines

Die Grunderwerbsteuer will den „Grundstückswechsel" besteuern. Grundstückswechsel 5602
in diesem Sinne ist nicht nur der Eigentumsübergang an einem Grundstück (oder an einem
ihm gleichgestellten Recht, z. B. Erbbaurecht), sondern auch die Übertragung der als
„Verwertungsmöglichkeit" bezeichneten Herrschaftsmacht über ein Grundstück.

Die Besteuerung der Rechtsvorgänge über ein Grundstück durch die Grunderwerbsteuer 5603
ist die Ursache für die Befreiung desselben Tatbestands durch die Umsatzsteuer (§ 4
Nr. 9a UStG). Dafür genügt, dass der Vorgang grunderwerbsteuerbar ist.

(unbesetzt) 5604–5610

II. Die Besteuerung nach dem Grunderwerbsteuergesetz

1. Besteuerungstatbestände

Ein Kaufvertrag, der den Anspruch auf Übereignung eines inländischen Grundstücks 5611
begründet, unterliegt der Grunderwerbsteuer (§ 1 Abs. 1 Nr. 1 GrEStG). Entsprechendes
gilt für andere Vorgänge, die den Anspruch auf Übereignung begründen (die Auflassung
§ 1 Abs. 1 Nr. 2 GrEStG) oder die Übereignung herbeiführen oder herbeigeführt haben
(§ 1 Abs. 1 Nr. 3 GrEStG), ferner die anderen Ersatztatbestände (§ 1 Abs. 1 Nr. 4 bis 7
GrEStG) sowie Rechtsvorgänge, die die Verwertungsbefugnis über ein Grundstück betreffen (§ 1 Abs. 2 GrEStG), und fingierte Grundstückserwerbe bei der Vereinigung oder
Übertragung von Anteilen oder Beteiligungen an Gesellschaften (§ 1 Abs. 3 GrEStG).

2. Ausnahmen von der Besteuerung

a) Von der Besteuerung ausgenommen sind insbesondere

- der Grundstückserwerb von Todes wegen und Grundstücksschenkungen unter Lebenden im Sinne des Erbschaftsteuer- und Schenkungsteuergesetzes (§ 3 Nr. 2 GrEStG). 5612
  Schenkungen unter einer Auflage sind nur insoweit von der Besteuerung ausgenommen, als der Wert des Grundstücks (§ 10 GrEStG) den Wert der Auflage übersteigt;

- der Erwerb eines zum Nachlass gehörigen Grundstücks durch Miterben zur Teilung des 5613
  Nachlasses (§ 3 Nr. 3 GrEStG);

- der Grundstückserwerb durch den Ehegatten des Veräußerers (§ 3 Nr. 4 GrEStG); 5614

- der Grundstückserwerb durch den früheren Ehegatten des Veräußerers im Rahmen der 5615
  Vermögensauseinandersetzung nach der Scheidung (§ 3 Nr. 5 GrEStG);

- die Übertragung von Grundstücken an Abkömmlinge, Stiefkinder sowie deren jeweilige Ehegatten (§ 3 Nr. 6 GrEStG); dabei ist es gleichgültig, ob ein Grundstück entgeltlich oder unentgeltlich übertragen wird und ob es sich um eine gemischte Schenkung oder eine Schenkung unter Auflage handelt; 5616

5617 • der Rückerwerb eines Grundstücks durch den Treugeber bei Auflösung des Treuhandverhältnisses (§ 3 Nr. 8 GrEStG).

5618 b) Der Übergang eines Grundstücks von mehreren Miteigentümern auf eine Gesamthand und von einer Gesamthand in das Miteigentum mehrerer an der Gesamthand beteiligter Personen unterliegt zwar der Grunderwerbsteuer, die Steuer wird aber nicht erhoben, soweit der Anteil des einzelnen am Vermögen der Gesamthand Beteiligten seinem Bruchteil am Grundstück entspricht (vgl. §§ 5 und 6 GrEStG).

5619 c) Die Grunderwerbsteuer wird auch nicht erhoben, soweit gemeinschaftliches Eigentum in Flächeneigentum umgewandelt wird (§ 7 GrEStG).

5620–5625 *(unbesetzt)*

3. Bemessungsgrundlage

5626 a) Bemessungsgrundlage der Grunderwerbsteuer ist der Wert der Gegenleistung (§ 8 Abs. 1 GrEStG). Die Steuer wird nach dem Wert des Grundstücks bemessen, wenn eine Gegenleistung nicht vorhanden oder nicht zu ermitteln ist oder in den Fällen des § 1 Abs. 3 GrEStG.

5627 b) Als Gegenleistung gelten bei einem Kauf der Kaufpreis einschließlich der vom Käufer übernommenen sonstigen Leistungen und der dem Verkäufer vorbehaltenen Nutzungen (§ 9 Abs. 1 Nr. 1 GrEStG).

5628 § 9 GrEStG benennt auch die jeweilige Gegenleistung bei den übrigen Tatbeständen der Besteuerung.

5629 c) Wird ein Grundstück zusammen mit anderen Wirtschaftsgütern, die nicht als Teile des Grundstücks anzusehen sind, einheitlich zu einem Gesamtpreis erworben, so wird die Grunderwerbsteuer nur von dem Teil der Gesamtgegenleistung erhoben, der auf das Grundstück entfällt. Die Gegenleistung ist nach dem Verhältnis zu verteilen, in dem der Wert des Grundstücks zum Wert der sonstigen Gegenstände steht. Die Formel lautet:

$$\frac{\text{Gesamtpreis} \times \text{gemeiner Wert des Grundstücks}}{\text{gemeiner Wert der sonstigen Gegenstände} + \text{gemeiner Wert des Grundstücks}}$$

5630 Maßgebend sind jeweils die objektiven Werte.

5631 Soll das Unternehmen fortgeführt werden, so sind die Teilwerte (vgl. § 10 Satz 3 BewG), anderenfalls die gemeinen Werte maßgebend (vgl. § 9 Abs. 2 Satz 1 BewG).

5632 Wird ein Unternehmen, zu dem ein Grundstück gehört, in ein anderes Unternehmen eingebracht – z. B. in eine Personengesellschaft –, so setzt sich die Gegenleistung zusammen

- aus dem Wert der empfangenden Gesellschaftsrechte,
- aus etwaigen sonstigen zusätzlichen Leistungen,
- aus den übernommenen Hypotheken und
  aus den übernommenen Schulden.

5633 Entsprechendes gilt für Umwandlungs- und Verschmelzungsfälle.

5634 Der Wert einer vom Käufer bewilligten dringlichen Wettbewerbsbeschränkung (Grunddienstbarkeit) ist als sonstige Leistung der Gegenleistung hinzuzurechnen.

Auch der Wert der Bierbezugsverpflichtung kann zur Gegenleistung gehören, nämlich, wenn der Bierlieferungsvertrag zwischen dem Verkäufer und Käufer mit Rücksicht auf den Grundstückskaufvertrag abgeschlossen wurde. 5635

(unbesetzt) 5636–5640

4. Steuersatz

Die Steuer beträgt 3,5 vH (§ 11 GrEStG). 5641

5. Steuerschuldner

a) Steuerschuldner

Steuerschuldner sind die an einem Erwerbsvorgang beteiligten Personen (§ 13 GrEStG). 5642

b) Entstehung der Steuer

Die Steuer entsteht mit der Verwirklichung des Tatbestands gem. § 1 GrEStG. 5643

Sie entsteht davon abweichend (§ 14 GrEStG), wenn die Wirksamkeit eines Erwerbsvorgangs von dem Eintritt der Bedingung abhängig ist – dann ist der Eintritt der Bedingung maßgebend –, 5644

oder wenn ein Erwerbsvorgang einer Genehmigung bedarf – dann ist die Genehmigung maßgebend –.

c) Fälligkeit

Die Steuer wird einen Monat nach der Bekanntgabe des Steuerbescheids fällig. Das FA darf eine längere Zahlungsfrist setzen (§ 15 GrEStG). 5645

(unbesetzt) 5646–5650

III. Verschiedene Einzelheiten

1. Gesamthand

Bürgerlich-rechtlich verhalten sich Gesamthandseigentum und Bruchteilseigentum derselben Person zueinander so, wie wenn die Miteigentümer zur gesamten Hand und die Miteigentümer nach Buchteilen verschiedene Personen wären[1]. Zur Übertragung des Eigentums in die Gesamthand oder aus ihr ist die Auflassung des Grundstücks erforderlich. Die Miteigentümer zur gesamten Hand dagegen bilden als Inhaber des Eigentums eine Einheit, da keiner von ihnen über seinen Anteil an dem Eigentum am Grundstück verfügen kann. Um die daraus folgende Besteuerung zu vermeiden, berichtigen § 5 und § 6 GrEStG die Besteuerung dadurch, dass sie aussprechen, dass die Steuer in bestimmtem Umfang nicht erhoben wird. 5651

---

1 Vgl. *Boruttau/Egly/Sigloch,* Grunderwerbsteuergesetz, 12. Aufl., 1986, Vorbemerkung Rn 254.

2. Erbengemeinschaft, Erbteil

5652 Bei Erbengemeinschaften tritt für den Erwerb eines zum Nachlass gehörigen Grundstücks durch einen oder mehrere Miterben oder Erbes-Erben zur Teilung des Nachlasses die Grunderwerbsteuerbefreiung gem. § 3 Nr. 3 Satz 1 GrEStG ein.

5653–5655 *(unbesetzt)*

3. Personengesellschaften

5656 a) Der Wechsel im Personenstand einer Gesellschaft – durch Eintritt oder Austritt eines Gesellschafters bei Fortbestehen der Gesellschaft – unterliegt auch dann nicht der Steuer, wenn sich im Gesellschaftsvermögen ein Grundstück befindet.

5657 b) Die Einbringung eines Grundstücks in eine Personengesellschaft ist grunderwerbsteuerfrei, soweit der Einbringende selbst am Vermögen der Personengesellschaft beteiligt ist (§ 5 Nr. 2 GrEStG).

5658 Sind an der Personengesellschaft Abkömmlinge beteiligt, gilt die Befreiungsvorschrift gem. § 3 Nr. 6 GrEStG. Die gesamthänderische Beteiligung von Abkömmlingen wird dem Bruchteils- oder Einzeleigentum gleichgestellt[1].

5659 c) Scheidet aus einer zweigliedrigen Personengesellschaft ein Gesellschafter aus und führt der verbleibende Gesellschafter das Unternehmen weiter und gehört zum Vermögen der Gesellschaft ein inländisches Grundstück, so tritt nach § 1 Abs. 1 Nr. 3 GrEStG Steuerpflicht ein. Tritt an Stelle des ausscheidenden Gesellschafters gleichzeitig ein neuer Gesellschafter ein, so wird der Vorgang als Wechsel im Personenstand beurteilt, bei dem keine Grunderwerbsteuerpflicht ausgelöst wird[2].

5660 Tritt in eine zweigliedrige Personenhandelsgesellschaft ein neuer Gesellschafter ein und übertragen die bisherigen beiden Gesellschafter „sodann" ihre Gesellschaftsanteile auf einen weiteren neuen Gesellschafter, so besteht die Personenhandelsgesellschaft fort. In diesem Fall entsteht – vorbehaltlich der Verwirklichung des Tatbestands gem. § 42 AO – auf Grund der Auswechslung der Gesellschafter keine Grunderwerbsteuer[3].

5661 d) Unterwirft sich ein Unternehmen durch einen Beherrschungsvertrag einem anderen Unternehmen (§ 219 Abs. 1 Satz 1 AktG) und wird der Beherrschungsvertrag mit einem Gewinnabführungsvertrag verbunden, wird dadurch bewirkt, dass dem beherrschenden Unternehmen kraft der weitergehenden Weisungsbefugnisse aus dem Beherrschungsvertrag rechtlich und wirtschaftlich ermöglicht wird, über die Grundstücke der beherrschten Gesellschaft zwar nicht im eigenen Namen, aber durch die weisungsgebundenen Organe der beherrschten Gesellschaft zu verfügen, und dass diese Verwertung auf seine Rechnung gehen kann[4]. Damit greift für Grundstücke des Umlaufvermögens § 1 Abs. 2 GrEStG ein (Eingliederung eines Unternehmens durch Unternehmensverträge).

5662 Die Steuerpflicht aus § 1 Abs. 3 GrEStG tritt ein, wenn

- Anteile einer Gesellschaft vereinigt oder nach der Vereinigung weiterübertragen werden,

---

[1] BFH-Urteil vom 21. November 1979 II R 96/76, BFHE 129, 400, BStBl II 1980, 217.
[2] BFH-Urteil vom 30. August 1978 II R 28/73, BFHE 126, 232, BStBl II 1979, 81.
[3] BFH-Urteil vom 7. Juni 1978 II R 112/71, BFHE 125, 395, BStBl II 1978, 605, und vom 30. Oktober 1979 II R 70/75, BFHE 129, 88, BStBl II 1980, 28.
[4] Vgl. *Boruttau/Egly/Sigloch,* aaO, § 1 Rn 675.

- alle Anteile der Gesellschaften vereinigt oder alle vereinigten Anteile auf einen anderen Erwerber übertragen werden,
- die Anteile in einer Hand oder in der Hand mehrerer im Gesetz genannter Inhaber vereinigt oder aus dieser einen Hand weiterübertragen werden und
- dem Vermögen der Gesellschaft ein Grundstück zuzurechnen ist.

Die Anteilsvereinigung im Sinne von § 1 Abs. 3 GrEStG erzeugt so viele Grunderwerbsteuer-Fälle, wie die Gesellschaft Grundstücke hat[1]. Ein Grundstück gehört in diesem Sinne zum Vermögen der Gesellschaft, wenn es ihr im Zeitpunkt der Entstehung der Steuerschuld auf Grund eines unter § 1 Abs. 1–3 GrEStG fallenden Erwerbsvorgangs zuzurechnen ist.

5663

(unbesetzt)   5664–5700

---

1 BFH-Urteil vom 28. Juni 1972 II 77/64, BFHE 106, 138, BStBl II 1972, 719.

Steuerrecht: Gewerbesteuer

Anmerkung:
Hinsichtlich der Gewerbesteuer und der Einheitsbewertung ist mit Neuregelungen der Materie zu rechnen. Der bisherige Rechtszustand wird daher – nur nachrichtlich – wiedergegeben.

I. Gewerbesteuer

Schrifttum: *Bittner,* Gewerbesteuer, Neuwied (Loseblatt); *Glanegger/Güroff,* Gewerbesteuergesetz, 5. Aufl., München 2002; *Korezkij,* Steuerermäßigung für gewerbliche Einkünfte nach § 35 EStG, Stuttgart/München 2003; *Lenski/Steinberg,* Gewerbesteuergesetz, Kommentar, 9. Aufl., Köln (Loseblatt). 5701

1. Allgemeines

Mit der Veräußerung des ganzen Betriebs gilt gewerbesteuerrechtlich der Gewerbebetrieb als vom Veräußerer eingestellt und als vom Erwerber neu gegründet. Im Zeitpunkt der Übertragung des Gewerbebetriebs **erlischt** also die Gewerbesteuerpflicht des Veräußerers und beginnt die des Erwerbers (§§ 2 Abs. 5 und 5 Abs. 2 GewStG). 5702

Eine natürliche Person kann – im Gegensatz zu Personengesellschaften und Kapitalgesellschaften – mehrere Gewerbebetriebe unterhalten[1].

Mehrere Gewerbebetriebe sind anzunehmen, wenn die gewerblichen Bestätigungen nicht wirtschaftlich, finanziell oder organisatorisch zusammenhängen. Anhaltspunkte für die Beurteilung dieser Frage können die Gleichartigkeit/Ungleichartigkeit der Betätigungen und die Nähe/Entfernung sein, in der sie ausgeübt wurden.

Nicht jede Verselbstständigung gewerblicher Betätigungen eines Einzelunternehmers begründet einen selbstständigen Gewerbebetrieb. Denn auch Teilbetriebe sind mit einer gewissen Selbstständigkeit ausgestattet und dennoch Teile eines Gesamtbetriebs. Die Verbindung darf im Wesentlichen nur in der Person des Steuerpflichtigen bestehen. Er muss die Betriebe nebeneinander am Wirtschaftsleben teilnehmen lassen. Sobald er die Aktivitäten bündelt, um eine größere Marktwirksamkeit zu erreichen, ist eine Wirtschaftseinheit gegeben[2].

Die bei Neueröffnung eines Handwerks-, Handels- oder sonstigen Gewerbebetriebs vorgesehene Gewerbesteuerbefreiung nach § 9 Abs. 1 DBStÄndG i. V. m. § 58 Abs. 3 EStG setzt voraus, dass die Betriebe oder der Betrieb hauptberuflich geführt werden (BMF-Schreiben vom 22. Juli 1991, BStBl I 1991, 737). Der zeitliche Umfang der Tätigkeit ist das maßgebliche Kriterium dafür, ob die Tätigkeit hauptberuflich ausgeübt wird. Die Steuervergünstigung steht bei Neueröffnung eines Handwerks-, Handels- oder sonstigen Gewerbebetriebs dem Steuerpflichtigen also dann nicht zu, wenn die entsprechende Tätigkeit nur nebenberuflich ausgeübt wird[3]. 5703

Auf die Steuerermäßigung nach § 35 EStG ist hier nicht einzugehen.

(unbesetzt) 5704–5705

2. Veräußerungsgewinn kein Gewerbeertrag

Bei der Veräußerung des gesamten Betriebs i. S. v. § 16 Abs. 1 Nr. 1 EStG gehört Veräußerungsgewinn nicht zum Gewerbeertrag[4]; ein Veräußerungsverlust mindert demgemäß auch nicht den Gewerbeertrag. Zum Veräußerungsgewinn gehört auch der Gewinn, der durch die Entnahme von Wirt- 5706

---

1 BFH-Urteil vom 9. August 1989 X R 130/87, BFHE 158, 80, BStBl II 1989, 901.
2 BFH-Urteil vom 23. November 1988 X R 1/86, BFHE 155, 521, BStBl II 1989, 376.
3 BFH-Urteil vom 13. November 1996 X R 104/95, BFHE 182, 69, BStBl II 1997, 281; OFD Cottbus, Verfügung vom 1. April 1997 – S 2259c – 2 – St 111, BuB 1997, 499.
4 BFH-Urteil vom 29. Oktober 1987 IV R 93/85, BFHE 151, 181, BStBl II 1988, 374.

schaftsgütern, die nicht zu den wesentlichen Grundlagen des Betriebs gehören und vom Veräußerer zurückbehalten werden, entsteht. Ein bei Einbringung eines Betriebs zu Buchwerten in eine Personengesellschaft entstehender Gewinn aus der Überführung eines nicht zu den wesentlichen Betriebsgrundlagen gehörenden Wirtschaftsguts in das Privatvermögen unterliegt auch dann nicht der Gewerbeertragsteuer, wenn dieser Gewinn bei der Einkommensbesteuerung nach dem Tarif zu versteuern ist. Der Gewerbeertragsteuer unterliegt also nur der **laufende Ertrag** bis zum Zeitpunkt der Veräußerung. Weicht der Zeitpunkt der Veräußerung vom Ende eines Wirtschaftsjahres ab, gelten die allgemeinen Umrechnungsgrundsätze (§ 10 Abs. 3 GewStG).

Eine Schuld hängt wirtschaftlich mit dem Erwerb eines Betriebs (Teilbetriebs) zusammen, wenn ihre Entstehung durch den Erwerbsvorgang veranlasst ist; sie ist in diesem Fall i. d. R. ohne Rücksicht auf ihre Laufzeit Dauerschuld.

Eine Verbindlichkeit des laufenden Geschäftsverkehrs eines Betriebs (Teilbetriebs) wird allerdings nicht allein dadurch zur Dauerschuld, dass der Betrieb (Teilbetrieb) veräußert und die Verbindlichkeit vom Erwerber in Anrechnung auf den Kaufpreis übernommen wird[1].

5707 Beratungskosten, die nach § 16 Abs. 2 EStG zu den Veräußerungskosten rechnen, dürfen den Gewerbeertrag nicht mindern. Wie der Veräußerungsgewinn so bleibt auch der Veräußerungsverlust beim Gewerbeertrag unberücksichtigt[2].

Überträgt beispielsweise ein Handelsvertreter im Einernehmen mit den vertretenen Firmen Werksvertretungen auf einen Nachfolger gegen laufende Zahlungen, so gehören diese grundsätzlich auch dann zum laufenden Gewinn, wenn laut Übergabevertrag Ausgleichsansprüche nach § 89b HGB „nicht entstehen" oder der Nachfolger die vertretenen Firmen von solchen Ausgleichsansprüchen freistellt[3].

5708 Die Zahlung eines Spitzenausgleichs bei der Realteilung des Betriebsvermögens einer Personengesellschaft gehört also ebenfalls nicht zum Gewerbeertrag[4], weil die Realteilung als Betriebsaufgabe und somit als ein betriebsbeendender Vorgang zu beurteilen ist.

5709 Der gewerbesteuerliche Steuermessbetrag wird wie folgt ermittelt:
Gewerbeertrag nach EStG/KStG
+ Hinzurechnungen (§ 8 GewStG)
./. Kürzungen (§ 9 GewStG)
= Zwischenergebnis
./. Abrundung (§ 11 Abs. 1 GewStG)
./. Freibetrag bei natürlichen Personen und Personengesellschaften (§ 11 Abs. 1 Nr. 1 GewStG) in Höhe von 24 500 €
Auf die Steuermesszahl ist der Staffeltarif gem. § 11 Abs. 2 GewStG anzuwenden.

3. Teilbetriebsveräußerung

5710 Der Gewinn und der Verlust aus der Veräußerung eines Teilbetriebs i. S. d. § 16 Abs. 1 Nr. 1 EStG gehören ebenfalls **nicht** zum Gewerbeertrag[5].

4. Nachträgliche Einnahmen

5711 Da ein Veräußerungsgewinn (Veräußerungsverlust) gewerbesteuerrechtlich nicht erfasst wird, wirken sich **Kaufpreisstundungen, Ratenzahlungen und Renten** nicht aus. Auch wenn sich der Veräußerer zur Besteuerung im Zeitpunkt des Zuflusses entscheidet und die wiederkehrenden Bezüge einkommensteuerrechtlich also als nachträgliche Betriebseinnahmen zu behandeln sind (§ 24 Nr. 2 EStG),

---

1 BFH-Urteil vom 22. August 1990 I R 178/86, BFHE 162, 361, BStBl II 1991, 469.
2 BFH-Urteil vom 2. Mai 1990 VIII R 204/85, BFH/NV 1990, 801.
3 BFH-Urteil vom 25. Juli 1990 X R 111/88, BFHE 162, 38, BStBl II 1991, 218.
4 BFH-Urteil vom 17. Februar 1994 VIII R 13/94, BFHE 174, 550, BStBl II 1994, 809.
5 Vgl. auch Fn zu Rn 4064.

unterliegen diese nicht der Gewerbeertragsteuer. Auch bei einer gemischten Schenkung entsteht keine Gewerbeertragsteuer.

5. Einbringung eines Einzelunternehmens in eine Personengesellschaft

Im Zeitpunkt der Einbringung eines Einzelunternehmens in eine Personengesellschaft endet die persönliche Gewerbesteuerpflicht des Einzelunternehmers auch dann, wenn er an der aufnehmenden Personengesellschaft beteiligt ist. 5712

Findet der Rechtsformwechsel während des Erhebungszeitraums (Kalenderjahres) statt, so ist der für den gesamten Erhebungszeitraum ermittelte Steuermessbetrag nach dem Gewerbeertrag selbst für den Fall dem jeweiligen Steuerschuldner zeitanteilig zuzurechnen und getrennt festzusetzen, dass die sachliche Steuerpflicht unverändert fortbesteht[1].

Für den gewerbesteuerrechtlich wirksamen Verlustvortrag ist erforderlich, dass der Unternehmer und das Unternehmen, das den Verlust erlitten hat, und der Unternehmer und das Unternehmen, bei dem der Fehlbetrag zu einer Kürzung des maßgebenden Gewerbeertrags führen soll, identisch sind. 5713

Wer gleichzeitig mehrere Gewerbebetriebe unterhält, kann den Gewerbeertrag des einen Betriebs nicht um die Verluste des anderen Betriebs kürzen. 5714

Bringt ein Einzelunternehmer seinen Gewerbebetrieb in eine Personengesellschaft ein, bleibt er im Sinne von § 10a GewStG insoweit Unternehmer des Gewerbebetriebs, als er an der Personengesellschaft beteiligt ist. 5715

Scheidet ein Gesellschafter ohne Hinzutreten eines neuen Gesellschafters aus einer Personengesellschaft aus, so geht sein Anteil an seinerzeitigem Gewerbeverlust unter; die verbleibenden Gesellschafter können den Verlust der Gesellschaft also nur insoweit berücksichtigen, als sie selbst im Jahr seiner Entstehung an der Personengesellschaft beteiligt waren. Unerheblich ist, ob die verbleibenden Gesellschafter bürgerlich-rechtlich zur Übernahme des Verlustes des ausgeschiedenen Gesellschafters verpflichtet sind. Das gilt auch beim Tod eines Gesellschafters und auch dann, wenn die verbleibenden Gesellschafter dessen Erben sind. 5716

Scheidet ein Gesellschafter aus einer Personengesellschaft aus und tritt ein neuer Gesellschafter in die Personengesellschaft ein, so können die übrigen Gesellschafter nur ihren Anteil am Verlust berücksichtigen, und zwar bis zu dem Betrag, der vom Gewerbeertrag des Anrechnungsjahres auf sie entfällt. Der Verlustabzug gem. § 10a GewStG entfällt also, soweit der Fehlbetrag anteilig auf die ausgeschiedenen Gesellschaft entfällt[2]. 5717

Wird ein Gesellschafter zusätzlich aufgenommen, so ist der Verlust in voller Höhe, und zwar bis zur Höhe des anteiligen Gewerbeertrags des Anrechnungsjahres zu berücksichtigen; Gleiches gilt auch, wenn mehrere Gesellschafter zusätzlich in die Personengesellschaft eintreten. 5718

Scheidet aus einer zweigliedrigen Personengesellschaft ein Gesellschafter aus und führt der andere Gesellschafter den Gewerbebetrieb als Einzelfirma weiter, liegt insofern kein Unternehmerwechsel vor, als der übernehmende Gesellschafter Einzelgewerbetreibender wird. Der Einzelgewerbetreibende darf den Gewerbeverlust der Gesellschaft mit dem Anteil abziehen, mit dem er an der Personengesellschaft beteiligt war. 5719

Bei der Gewerbesteuer hat also die Betriebsübertragung im Ganzen die Auswirkung, dass der Erwerber einen evtl. Verlustvortrag des Veräußerers nicht in Anspruch nehmen kann (§ 10a Satz 3 GewStG). 5720

Der Gewinn aus der Veräußerung eines zum Gesellschaftsvermögen einer Personengesellschaft gehörenden Wirtschaftsguts, das dem notwendigen Privatvermögen der Gesellschaft – der Gesellschaft in ihrer gesamthänderischen Verbundenheit – zuzurechnen ist, ist auch bei der Gewerbesteuer nicht zu berücksichtigen[3]. 5721

---

1 BFH-Urteil vom 17. Februar 1989 III R 36/85, BFHE 156, 502, BStBl II 1989, 664.
2 BFH-Beschluss vom 3. Mai 1993 GrS 3/92, BFHE 171, 246, BStBl II 1993, 616.
3 BFH-Urteil vom 3. Oktober 1989 VIII R 184/85, BFHE 158, 385, BStBl II 1990, 319.

5722 Der Gewerbeertrag eines Einzelunternehmens, das im Wege der Realteilung aus dem Gewerbebetrieb einer OHG hervorgegangen ist, kann gem. § 10a GewStG um Verluste der Gesellschaft allenfalls dann (teilweise) gekürzt werden, wenn das Einzelunternehmen im Rahmen der OHG als Teilbetrieb geführt wurde und es auf Grund der Buchführung ohne weiteres möglich ist, diesem Teilbetrieb einen bestimmten Verlust(anteil) **sachlich** zuzuordnen[1].

5723–5725   *(unbesetzt)*

6. Veräußerung von Baugrundstücken

5726 Die Veräußerung von **privatem Grundbesitz** kann gewerbliche Tätigkeit sein, wenn der Eigentümer z. B. bewirkt hat, dass sein Grundbesitz zu Bauland wurde, er ihn baureif machte oder bebaute, um diesen so veränderten Grundbesitz zu verkaufen. Die Veräußerung des privaten Grundbesitzes kann nur dann als Betriebsveräußerung beurteilt werden, wenn der Eigentümer durch seine Tätigkeit die Grenze der privaten Vermögensverwaltung und Vermögensverwertung zur gewerblichen Tätigkeit überschritten hat und den Grundbesitz an einen Erwerber veräußert.

5727 Beim **Verkauf von Wohnungen** ist eine private Vermögensverwaltung zu bejahen, solange sich die zu beurteilende Tätigkeit noch als Nutzung von Grundbesitz durch Fruchtentziehung aus zu erhaltender Substanz darstellt und die Ausnutzung substanzieller Vermögenswerte nicht entscheidend in den Vordergrund tritt[2].

5728 Ausnutzung substanzieller Vermögenswerte bedeutet, dass eine Vermögensumschichtung in erster Linie bezweckt, vorhandenes Vermögen durch Ausnutzung von Substanzwertsteigerungen zu vermehren. Bezweckt eine Vermögensumschichtung, den Wert des vorhandenen Vermögens besser zu nutzen, also höhere Erträge zu erzielen, liegt Vermögensverwaltung vor, wenn die Vermögensnutzung durch Fruchtziehung aus zu erhaltenden Substanzwerten im Vordergrund steht[3].

Eine gewerbliche Tätigkeit liegt selbst dann vor, wenn sechs Eigentumswohnungen alsbald nach ihrer Errichtung von einer Erbengemeinschaft veräußert werden und der Veräußerungserlös der Finanzierung je einer Eigentumswohnung eines jeden Miterben in demselben Objekt dient[4].

Zwei Miteigentümer einer Bauparzelle erstellen auf ihr ein Wohngebäude mit 6 Wohnungen. In der Folgezeit gaben sie für die Wohnungen Teilungserklärungen ab und übernahmen im Wege der Realteilung jeweils eine Wohnung, während sie die übrigen 4 Wohnungen veräußerten. In einem solchen Fall liegt zwar eine Betriebsaufgabe vor, die Veräußerung der Wohnungen vollzog sich auch gleichzeitig mit der Betriebsaufgabe, jedoch nicht in deren Rahmen[5].

---

1 BFH-Urteil vom 5. September 1990 X R 20/89, BFHE 162, 135, BStBl II 1991, 25.

2 BFH-Urteile vom 17. Januar 1973 I R 191/72, BFHE 108, 190, BStBl II 1973, 260; vom 8. August 1979 I R 186/78, BFHE 129, 177, BStBl II 1980, 106, und vom 9. Dezember 1986 VIII R 317/82, BFHE 148, 480 BStBl II 1988, 244.

3 BFH-Urteile vom 9. Dezember 1986 VIII R 317/82, BFHE 148, 480, BStBl II 1988, 244; vom 18. Januar 1989 X R 108/88, BFHE 156, 115, BStBl II 1990, 1051; vom 14. März 1989 VIII R 373/83, BFHE 158, 214, BStBl II 1990, 1053; BFH/NV 1990, 38; vom 29. November 1989 X R 100/88, BFHE 159, 161, BStBl II 1990, 1060, jeweils nur Leitsatz; vom 1. Dezember 1989 III R 56/85, BFHE 159, 167, BStBl II 1990, 1054; vom 22. März 1990 IV R 23/88, BFHE 160, 249, BStBl II 1990, 637; vom 6. April 1990 III R 28/87, BFHE 160, 494; vom 5. September 1990 X R 107–109/89, BFHE 161, 543, BStBl II 1990, 1060; vgl. auch BStBl II 1990, 1057; BMF-Schreiben vom 20. Dezember 1990 IV B 2/S 2240-61/90, BStBl II 1990, 884.

4 BFH-Urteil vom 22. März 1990 IV R 23/88, BFHE 160, 249, BStBl II 1990, 637; im entschiedenen Fall war auf dem geerbten Grundstück ein Fremdenheim betrieben worden, im Anschluss an dessen Aufgabe das Grundstück in das Privatvermögen überführt, die aufstehenden Gebäude mit Ausnahme eines Gebäudeteils abgebrochen und mit dem Bau eines Hauses mit 12 Wohnungen und 14 Tiefgaragenplätzen begonnen worden. Der nicht abgebrochene Gebäudeteil, in dem sich eine weitere Wohnung befunden hatte, war in den Neubau einbezogen worden. Das Grundstück ist danach in Wohnungs- und Teileigentum aufgeteilt worden. Bereits während der Errichtung des Neubaus wurden sechs Eigentumswohnungen und fünf Tiefgaragenstellplätze verkauft, die restlichen Wohnungen und Stellplätze im Zuge der Erbauseinandersetzung, teilweise mit Zuzahlungen, unter den Erben aufgeteilt, die sie mit Ausnahme einer Erbin zu eigenen Wohnzwecken nutzten. S. auch Anm. HFR 1990, 493.

5 BFH-Urteil vom 18. August 1992 VIII R 22/91, BFH/NV 1993, 225.

7. Partiarisches Darlehen

Gibt der bei seinem Vater angestellte Sohn dem Unternehmen ein **partiarisches Darlehen,** ist die daraus folgende Gewinnbeteiligung bei der Gewerbesteuer nicht hinzurechnungspflichtig (§ 8 Nr. 1 GewStG; es werden nicht nur „Zinsen" erfasst, sondern seit der Neufassung des Gesetzes durch das Steuerreformgesetz alle „Entgelte"). Das partiarische Darlehen wirkt sich demgemäß gewerbesteuerrechtlich nicht mehr günstiger als die typisch stille Beteiligung aus.   5729

(unbesetzt)   5730

8. Freiberufler

Schließen sich ein **Steuerberater** und eine Person, die mangels Prüfung zum Steuerberater nicht behördlich bestellt ist, zum gemeinsamen Betrieb einer Steuerberatungspraxis in Form einer Gesellschaft des bürgerlichen Rechts (Innengesellschaft) zusammen, so erzielen sie als Mitunternehmer Einkünfte aus Gewerbebetrieb[1].   5731

Geht die Ausgestaltung der Mitarbeit über das reine Arbeitsverhältnis hinaus, wird also eine mitunternehmerische Position eingeräumt, tritt die Gewerbesteuerpflicht ein. Soll dies vermieden werden, dürfen keine Verträge abgeschlossen werden, die eine mitunternehmerische Position im Sinne einer Gesellschaft des bürgerlichen Rechts (§§ 795 ff. BGB) einräumen. Ist der Steuerberater auf die Mitwirkung eines kapitalkräftigen Mitarbeiters angewiesen, wäre die Ausgestaltung der Mitarbeit als reines Arbeitsverhältnis unter Umständen gegen Gewährung einer angemessenen Tantieme möglich. Der Kapitalbeitrag zum Erwerb der Praxis könnte unschädlich in Form eines partiarischen Darlehens gewährt werden, wobei wiederum auf eine „angemessene" Beteiligung am Praxisgewinn zu achten wäre. Ein solches Vertragsbündel wäre nicht als Gesellschaftsverhältnis oder ein diesem vergleichbares Gemeinschaftsverhältnis zu beurteilen[2].   5732

(1) Die Erbin eines verstorbenen Kunstmalers erzielt dagegen durch die Veräußerung der zum Nachlass gehörenden Bilder nachträgliche Einkünfte aus künstlerischer Tätigkeit[3].   5733

(2) Betreibt die **Witwe eines Freiberuflers** die Praxis (Architekturbüro oder ähnl.) weiter, liegt ein Gewerbebetrieb vor unabhängig davon, ob sie die Praxis durch einen angestellten oder selbstständigen Freiberufler des betreffenden Fachs fortführt; das gilt auch dann, wenn die Praxis für ein sich noch in der Berufsausbildung befindliches Kind aufrechterhalten wird, das die Praxis übernehmen soll.   5734

(3) Die Fortführung eines freiberuflichen Ingenieurbüros durch eine teilweise aus Berufsfremden bestehende Erbengemeinschaft führt zur Umqualifikation in einen Gewerbebetrieb.   5735

Die Verpachtung dieses Gewerbebetriebs ohne ausdrückliche Aufgabeerklärung rechtfertigt auch dann nicht die Annahme einer Betriebsaufgabe, wenn Pächter eine von einem freiberuflichen Miterben beherrschte GmbH ist und die Miterben die Überlassung des Praxiswertes an diesen vereinbaren[4].

(4) Fallen bei einem Freiberufler Tätigkeiten an, die nicht Ausfluss eines freien Berufs sind, führen sie zu einer Umqualifizierung der gesamten Betätigung und damit zu Einkünften aus Gewerbebetrieb[5].   5736

---

1 BFH-Urteil vom 9. Oktober 1986 IV R 235/84, BFHE 148, 42, BStBl II 1987, 124, Anmerkung HFR 1987, 68 zu Nr. 62, S. 67.
2 BFH-Urteil vom 31. Januar 1985 IV R 104/82, BFH/NV 1986, 17.
3 BFH-Urteil vom 29. April 1993 IV R 16/92, BFHE 171, 385, BStBl II 1993, 716.
4 BFH-Urteil vom 14. Dezember 1993 VIII R 13/93, BFHE 174, 503, BStBl II 1994, 922.
5 Nach dem BFH-Urteil vom 11. August 1999 XI R 12/98, BFHE 189, 419, BStBl II 2000, 229, greift die umqualifizierende Wirkung nicht ein, wenn z. B. Warenverkäufe einer Krankengymnastikpraxis nur 1,25 vH der Gesamtumsätze ausmachen.

9. Schuldner der Gewerbesteuer

5737 Steuerschuldner ist der Unternehmer. Im Falle einer stillen Gesellschaft, bei der der stille Gesellschafter als Mitunternehmer anzusehen ist (atypische stille Gesellschaft), ist Schuldner der Gewerbesteuer nach § 5 Abs. 1 GewStG der Inhaber des Handelsgeschäfts. Das sind weder die atypische stille Gesellschaft selbst noch die an ihr beteiligten Personen in ihrer gesellschaftsrechtlichen Verbundenheit noch der stille Gesellschafter[1].

10. Umwandlungs-Steuerrecht

5738 Wird eine freiberufliche Praxis in eine Kapitalgesellschaft eingebracht (§ 20 UmwStG), sind Rentenzahlungen durch die Kapitalgesellschaft auch dann nicht deren Gewerbeertrag gem. § 8 Nr. 2 GewStG hinzuzurechnen, wenn die Zahlungen auf Rentenverpflichtungen beruhen, die im Zuge der Einbringung auf die Kapitalgesellschaft übergingen und vor der Einbringung zu einer Hinzurechnung geführt hätten, wenn Gewerbesteuerpflicht gegeben gewesen wäre[2].

5739–5800 *(unbesetzt)*

---

[1] BMF-Schreiben vom 26. November 1987 IV B 2 – S 2241 – 61/87, GmbHR 1988, 125.
[2] BFH-Urteil vom 8. Juni 1988 I R 101/84, BFHE 154, 131, BStBl II 1988, 974.

J. Bewertung des Betriebsvermögens

Das Bundesverfassungsgericht hat mit Beschluss vom 22. Juni 1995 2 BvL 37/91[1] entschieden, dass die bisherige Vermögensbesteuerung wegen der unterschiedlichen Bemessungsgrundlagen für einheitswertgebundenes und nicht einheitswertgebundenes Vermögen gegen den Gleichheitssatz des Art. 3 Abs. 1 GG verstößt und deshalb das bisher geltende Vermögensteuerrecht nur noch bis 31. Dezember 1996 angewandt werden darf. Aufgrund dieser Entscheidung wird seither für Veranlagungszeiträume ab 1. Januar 1997 keine Vermögensteuer mehr erhoben. 5801

Die Gewerbekapitalsteuer ist nach Art. 4 Nr. 8 des Gesetzes zur Fortführung der Unternehmenssteuerreform vom 29. Oktober 1997[2] mit Wirkung ab 1. Januar 1998 entfallen. 5802

Mit dem Wegfall der beiden turnusgemäß veranlagten Steuern (Vermögensteuer und Gewerbekapitalsteuer) ist auch die Notwendigkeit einer regelmäßigen Ermittlung und Feststellung des Einheitswerts des Betriebsvermögens entfallen. 5803

Soweit für Zwecke der Erbschaft- und Schenkungsteuer der Wert des Betriebsvermögens benötigt wird, erfolgt im Bedarfsfall gem. § 12 Abs. 5 ErbStG i. V. m. §§ 95 f. BewG die Ermittlung des Betriebsvermögens auf den jeweiligen Stichtag[3].

(unbesetzt) 5804–5850

---

[1] BStBl II 1995, 655.
[2] BGBl I 1997, 2590.
[3] S. Rn 5961 und 6086.

Steuerrecht: Haftung 757

K. Haftung

Schrifttum: *App,* Die Dürftigkeitseinrede des Erben bei Steuerschulden, DStR 1985, 31; *Commandeur,* Betriebs-, Firmen- und Vermögensübernahme, Eine Gesamtdarstellung der haftungsrechtlichen Probleme bei Einzelrechtsnachfolge, München 1990; *Frotscher,* Besteuerung bei Insolvenz, 5. Aufl., Heidelberg 2000; *Gruber,* Die Haftung nach HGB und BGB nach Übertragung eines Unternehmens, DStR 1991, (Teil I:) 777, (Teil II:) 818; *Grummert,* Die persönliche Haftung der BGB-Gesellschafter für Steuerschulden der Gesellschaft, WiB 1995, 185; *Heifs,* Haftung des Erben als Nachfolger eines Kommanditisten, DB 1991, 1713; *Hübschmann/Hepp/Spitaler,* Kommentar zur Abgabenordnung und Finanzgerichtsordnung, Köln, 9. Aufl.; *Kanzler,* Der Einwand finanzbehördlichen Mitverschuldens gegenüber Haftungsansprüchen aus dem Steuerschuldverhältnis, DStR 1985, 339; *Koch/Scholtz,* AO Abgabenordnung, Kommentar, 5. Aufl., Köln 1996; *Stirnberg,* Die Wirkung der Vermögensübernahme – ein Ansatz zur Reduzierung des Haftungsrisikos bei Inanspruchnahme durch den Steuergläubiger, BB 1991, 1535; *Stock,* Haftungsprobleme beim Kommanditistenwechsel, DStR 1991 (Teil I:) 385, (Teil II:) 418.

5851

I. Allgemeines

Haftung bedeutet Einstehenmüssen für fremde Schuld, sei es persönlich mit der Folge, dass der Haftende wegen einer fremden Schuld in Anspruch genommen werden kann, sei es dinglich mit der Folge, dass Sachen ohne Rücksicht auf entgegenstehende Rechte Dritter als Sicherheit für die auf ihnen ruhenden Steuern dienen.

5852

Dem Umfang nach kann die Haftung unbeschränkt sein, sich also auf das gesamte Vermögen des Haftenden erstrecken, oder beschränkt sein, sich also auf bestimmte Vermögensteile begrenzen.

5853

Die Haftung kann sich aus dem Gesetz ergeben oder auf Vertrag beruhen.

5854

Für Steuerschulden kann jemand u. a. haften als Vertreter (§ 69 AO), Vertretener (§ 70 AO), Eigentümer von Gegenständen, die einem Unternehmen dienen (§ 74 AO), Täter oder Teilnehmer einer Steuerhinterziehung oder Steuerhehlerei (§ 71 AO), wegen Verletzung der Pflicht zur Kontenwahrheit (§ 72 AO), als Organtochter (§ 73 AO) usw.

5855

Für den Erwerber eines Unternehmens kann sich die Haftung aus § 75 AO, § 25 HGB, für den Erwerber im Wege des Erbschaftskaufs aus § 2371 BGB ergeben.

5856

Eine Sachhaftung kann bestehen für verbrauchsteuerpflichtige Erzeugnisse oder zollpflichtige Waren (§ 76 AO).

5857

Wer kraft Gesetzes verpflichtet ist, eine Steuer aus Mitteln, die seiner Verwaltung unterliegen, zu entrichten, ist insoweit verpflichtet, die Vollstreckung in dieses Vermögen zu dulden (§ 77 AO).

5858

Es können haften der oder die Gesellschafter einer Gesellschaft bürgerlichen Rechts (§§ 705 ff. BGB), die Mitglieder eines nicht rechtsfähigen Vereins (§ 54 BGB), die Aktiengesellschaft oder diejenigen Personen, die vor der Eintragung der Gesellschaft in ihrem Namen handelten (§ 41 Abs. 1, § 1 des AktG), die GmbH (§ 13 Abs. 2 GmbHG)[1] oder

5859

---

[1] Vgl. zur Haftung im qualifizierten faktischen Einmann-GmbH-Konzern BGH-Urteil vom 23. September 1991 II ZR 135/90 („Video-Urteil"), NJW 1991, 3142.

diejenigen Personen, die vor der Eintragung im Namen der Gesellschaft gehandelt haben (§ 11 Abs. 2 GmbHG), der rechtsfähige Verein, die Gesellschaft usw.

5860 Die Haftung ist grundsätzlich akzessorisch, d. h., der Haftungsanspruch setzt das Bestehen eines Hauptanspruchs, für den gehaftet wird, voraus. Sie erfasst auch die steuerlichen Nebenleistungen wie z. B. Säumniszuschläge (§ 3 Abs. 3 AO), und zwar auch im Fall der Gesellschafterhaftung nach § 128 HGB[1].

5861 Vertraglich zu regeln ist beim Unternehmenskauf, welche Folgen die Inanspruchnahme durch das Finanzamt im Verhältnis von Veräußerer zu Erwerber nach sich ziehen soll.

5862 Steuerliche Haftungstatbestände finden sich nicht nur in der AO, sondern auch in den Einzelsteuergesetzen, z. B. die Haftung des Arbeitgebers für die Lohnsteuer (§ 42d EStG) und die Haftung bei Arbeitnehmerüberlassung, die Haftung für die Kapitalertragsteuer (§ 44 Abs. 5 EStG), die Haftung für den Steuerabzug bei Einkünften beschränkt Steuerpflichtiger (§ 50a EStG), nach dem Erbschaftsteuergesetz (§ 20 Abs. 3 und 6 ErbStG), nach § 11 GrEStG, § 7 VersStG, § 9 Abs. 2 WStG usw.

5863–5865 *(unbesetzt)*

---

1 BFH-Urteil vom 24. Februar 1987 VII R 4/84, BFHE 149, 125, BStBl II 1987, 363.

II. Haftung gem. § 75 AO

1. Rechtfertigender Grund für die Haftung

§ 75 AO soll verhindern, dass die in dem Unternehmen liegende Sicherung für die sich auf seinen Betrieb gründenden Steuerschulden durch den Übergang des Unternehmens auf einen anderen verloren geht. Der Erwerber erlangt durch die Übernahme des Unternehmens die damit verbundenen Vorteile, insbesondere selbst Gewinne zu erwirtschaften oder andere Vorteile zu erzielen; das rechtfertigt es, ihn in bestimmtem Umfang als Haftenden in Anspruch zu nehmen.

5866

2. Erwerberhaftung

(1) Nach § 75 AO haftet der Erwerber eines Unternehmens oder eines in der Gliederung eines Unternehmens gesondert geführten Betriebs für Steuern, bei denen sich die Steuerpflicht auf den Betrieb des Unternehmens gründet (Betriebsteuer: z. B. Gewerbesteuern, Umsatzsteuer, Zölle, Verbrauchsteuern), und für Steuerabzugsbeträge (Lohnsteuer, Kapitalertragsteuer), soweit sie seit dem Beginn des letzten vor der Übereignung liegenden Kalenderjahres entstanden sind und bis zum Ablauf von einem Jahr nach Anmeldung des Betriebs durch den Erwerber festgesetzt oder angemeldet werden. Unerheblich ist, ob die Ansprüche fällig sind.

5867

(2) Der Zeitpunkt des Abschlusses des Kaufvertrags ist insoweit nicht maßgebend.

(3) Die Haftung der Gesellschafter einer GbR für Steuerschulden der Gesellschaft kann nicht durch Vereinbarungen der Gesellschafter auf das Gesellschaftsvermögen beschränkt werden[1].

3. Beschränktheit der Haftung

Die Haftung beschränkt sich auf das übernommene Betriebsvermögen (§ 75 Abs. 1 Satz 2 AO). Der Erwerber haftet also nicht mit seinem sonstigen Vermögen.

5868

Eine Haftung tritt nicht ein, wenn das Unternehmen aus einer Insolvenzmasse oder im Vollstreckungsverfahren erworben wird (vgl. § 75 Abs. 2 AO).

5869

Die Haftung ist also persönlich. Sie ist nicht dinglich; sie ist sachbezogen und begrenzt auf den Bestand des übernommenen Vermögens. Demzufolge kann die Haftung der Gesellschafter einer GbR für Steuerschulden der Gesellschaft auch nicht durch Vereinbarungen der Gesellschafter auf das Gesellschaftsvermögen beschränkt werden[2].

5870

(unbesetzt)

5871–5873

4. Voraussetzungen der Haftung

Die in der Vorschrift enthaltenen Begriff „Unternehmen" und „Betrieb" stehen für eine wirtschaftliche, mindestens aber eine in sich abgeschlossene technische Einheit sächlicher und persönlicher Mittel (Betrieb), die bei Herauslösung aus der ihr bisher übergeordneten wirtschaftlichen Einheit (Unternehmen) als organisatorisch selbstständiges Unternehmen weitergeführt werden kann[3].

5874

---

1 BFH-Urteil vom 27. März 1990 VII R 26/89, BFHE 161, 390, BStBl II 1990, 939.
2 BFH-Urteil vom 27. März 1990 VII R 26/89, BFHE 161, 390, BStBl II 1990, 939, und Anm. HFR 1991, 2.
3 BFH-Urteil vom 27. November 1979 VII R 12/79, BFHE 129, 293, BStBl II 1980, 258.

5875   Die Übereignung eines Unternehmens im Ganzen bedeutet danach den Übergang des gesamten lebenden Unternehmens, d. h., der durch das Unternehmen repräsentierten organischen Zusammenfassung von Einrichtungen und dauernden Maßnahmen, die dem Unternehmen dienen oder mindestens seine wesentlichen Grundlagen ausmachen, sodass der Übernehmer das Unternehmen ohne nennenswerte finanzielle Aufwendungen fortführen kann[1].

5876   Das Gesetz gebraucht den Ausdruck „übereignet" in einer gegenüber dem bürgerlichen Recht abweichenden Bedeutung. Die für eine Übertragung auf einen Erwerber in Betracht kommenden grundlegenden Bestandteile des Unternehmens oder Betriebs können auch Wirtschaftsgüter umfassen, die nicht im bürgerlich-rechtlichen Sinne übereignet werden können (z. B. Erfahrungen und Geheimnisse, Beziehungen zu Kunden, Lieferern und Mitarbeitern).

Erforderlich ist, dass die wesentlichen Grundlagen des Unternehmens oder des Betriebs im wirtschaftlichen Sinne, also in einem eigentümerähnlichen Herrschaftsverhältnis, auf einen Erwerber übergehen[2].

5877   Für die Haftung reicht es aus, wenn die wesentlichen Grundlagen des Unternehmens im wirtschaftlichen Sinne übereignet werden, also ein eigentümerähnliches Herrschaftsverhältnis an den sachlichen Grundlagen des Unternehmens auf einen Erwerber übergeht. Auch wenn der übertragene Maschinenpark im Sicherungseigentum des Lieferanten steht, bleibt das wirtschaftliche Eigentum in der Hand des Besitzers[3].

5878   (1) Erwerber in diesem Sinne ist, wem die für das Unternehmen oder den Betrieb wesentlichen Wirtschaftsgüter i. S. v. § 39 AO zuzurechnen sind.

(2) Ein Unternehmen ist nicht i. S. d. § 75 Abs. 1 AO übereignet, wenn die wesentlichen Grundlagen lediglich verpachtet wurden. Wird ein Unternehmen in gepachteten Räumen betrieben, so setzt eine Haftung nach § 75 Abs. 1 AO außer einer Mitwirkung des früheren Unternehmers an der Neuverpachtung voraus, dass die beweglichen Gegenstände, die zu den wesentlichen Betriebsgrundlagen gehören, im Sinne des bürgerlichen Rechts vom früheren Eigentümer auf den Erwerber übereignet wurden[4].

5879   Die Haftung setzt nicht voraus, dass der Unternehmer den Betrieb selbst weiterführt. Erwirbt jemand die wesentlichen Grundlagen eines Hotelbetriebs (Hotelgrundstück mit vollständigem Inventar), so haftet er für die Betriebsteuern auch dann, wenn er das Eigentum an dem Unternehmen im Ganzen erworben hat, um es zu verpachten, statt es selbst fortzuführen[5]. Es genügt, dass der Erwerber auf Grund der ihm übereigneten Gegenstände in der Lage wäre oder die Möglichkeit hätte, den erworbenen „lebenden" Betrieb selbst fortzuführen. Denn der Haftung liegt die Überlegung des Gesetzgebers zu Grunde, dass in dem Unternehmen als solchem eine Sicherung für die sich auf den Betrieb gründenden

---

1 BFH-Urteil vom 28. November 1973 I R 129/71, BFHE 111, 17, BStBl II 1974, 145, und vom 4. Februar 1974 IV R 172/70, BFHE 112, 110, BStBl II 1974, 434.
2 Vgl. dazu auch BFH-Urteile vom 20. Juni 1967 V 240/64, BFHE 89, 466, BStBl III 1967, 684; vom 26. März 1985 VII R 147/81, BFH/NV 1986, 64 Nr. 62; vom 9. Juli 1985 VII R 126/80, BFH/NV 1986, 65 Nr. 64; vom 7. November 2002 VII R 11/01, BB 2003, 345.
3 BFH-Urteil vom 26. März 1985 VII R 147/81, BFH/NV 1986, 64 Nr. 62; ferner BFH-Urteil vom 9. Juli 1985 VII R 126/80, BFH/NV 1986, 65 Nr. 64.
4 VGH München, Beschluss vom 6. Oktober 1990 4 CS 90.2484, KStZ 1991, 78.
5 BFH-Urteil vom 4. Februar 1974 IV R 172/70, BFHE 112, 110, BStBl II 1974, 434.

Haftung gem. § 75 AO 761

Steuerschulden gegeben ist, die durch den Übergang des Unternehmens in andere Hände nicht verloren gehen soll[1].

Der Erwerber haftet auch für solche Steuerschulden des Veräußerers, die erst durch eine Betriebsprüfung aufgedeckt werden, die nach dem Übergang stattfindet. 5880

Der Tatbestand einer Betriebsübertragung im Ganzen im Sinne der Haftungsvorschrift des § 75 AO wird nicht dadurch ausgeschlossen, dass der Übernehmer den Betrieb nur dann in der bisherigen Weise fortführen kann, wenn er an der Stelle des Veräußerers in das Vertragsnetz eines anderen Unternehmens eintritt (z. B.: Kundendienstverträge des Inhabers eines Kfz-Werkstattbetriebs mit Automobilfirmen)[2]. 5881

Auch wenn der bei einer Unternehmensübereignung übertragene Maschinenpark im Sicherungseigentum des Lieferanten steht, bleibt das wirtschaftliche Eigentum in der Hand des Besitzers[3]. 5882

Zu den wesentlichen Grundlagen eines Unternehmens gehört bei einem Einzelhandelsgeschäft i. d. R. der Warenbestand. Eine Ausnahme kommt dann in Betracht, wenn eine Lagerhaltung wegen der Art der Waren nicht möglich oder nicht üblich ist[4]. 5883

Wird bei der Übereignung eines Unternehmens im Ganzen von dem früheren Betriebsinhaber eine wesentliche Betriebsgrundlage – gleichgültig aus welchen Gründen – zurückbehalten und erst später an den Betriebsübernehmer übereignet, so kommt eine Haftung nach § 75 AO nicht in Betracht[5]. 5884

Die Umwandlung der auf Privatrecht beruhenden Haftung in eine öffentlich-rechtliche Haftung ergibt sich stillschweigend aus § 191 Abs. 1 i. V. mit Abs. 4 AO[6]. Der öffentlich-rechtliche Haftungsanspruch kann seine tatbestandlichen Wurzeln sowohl in Steuergesetzen als auch in außersteuerlichen Gesetzesvorschriften haben. Sie stehen häufig nebeneinander. Die Haftungsvorschriften sind sich ergänzend nebeneinander anwendbar. Der Gläubiger kann die für ihn günstige Haftungsfolge nach seiner Wahl – m. a. W.: das Finanzamt kann in Ausübung pflichtgemäßen Ermessens (§ 5 AO) – aus dem jeweils weitestgehenden gesetzlichen Tatbestand herleiten[7]. 5885

(unbesetzt) 5886

5. Ausschluss der Haftung

Die Haftung ist ausgeschlossen bei Erwerben aus einer Insolvenz und bei Erwerben im Vollstreckungsverfahren (vgl. § 75 Abs. 2 AO). Dadurch sollen Beeinträchtigungen der zwangsweisen Vermögensverwertung verhindert werden. 5887

---

1 RFH-Entscheidung vom 26. September 1933 V A 107/33, RStBl 1933, 1157.
2 Vgl. dazu BFH-Urteil vom 27. Mai 1986 VII R 183/83, BFHE 146, 505, BStBl II 1986, 654.
3 BFH-Urteil vom 26. März 1985 VII R 147/81, BFH/NV 1986, 64 Nr. 62.
4 BFH-Urteil vom 9. Juli 1985 VII R 126/80, BFH/NV 1986, 65 Nr. 64.
5 BFH-Urteil vom 6. August 1985 VII R 189/82, HFR 1986, 1 Nr. 1, mit Anmerkung S. 2.
6 *Tipke/Kruse*, aaO, vor §§ 69/77, Tz 1.
7 Vgl. dazu auch BVerwG-Urteil vom 7. Juli 1989 8 C 85/87, HFR 1991, 48.

6. Umfang der Haftung

a) Sachliche Beschränkung der Haftung

5888　Der Erwerber haftet für Steuern, die durch den Betrieb des veräußerten Unternehmens in dem Sinne verursacht worden sind, dass die zum Entstehungstatbestand der Steuer gehörenden Merkmale selbst an den Betrieb gebunden sind. Betriebsteuern in diesem Sinne sind die Gewerbesteuer, Umsatzsteuer, die Verbrauchsteuern (bei Herstellungsbetrieben z. B. Biersteuer, Tabaksteuer usw.), bei Versicherungsunternehmen die Versicherungsteuer, bei Totalisator- und Buchmacherunternehmen die Rennwettsteuer.

5889　Nicht zu den Steuern, die durch den Betrieb des veräußerten Unternehmens verursacht worden sind, gehören die Personensteuern, Einkommensteuer einschließlich Kirchensteuer und Ergänzungsabgabe, Körperschaftsteuer, Erbschaftsteuer usw.

5890　Die Haftung für die Grundsteuer ergibt sich aus § 11 Abs. 2 GrStG.

5891　Steuerabzugsbeträge sind insbesondere die Lohnsteuer, Kapitalertragsteuer, die im Abzugsverfahren zu erhebende Einkommensteuer der beschränkt Steuerpflichtigen und die gem. § 18 Abs. 8 UStG im Abzugsverfahren durch den Leistungsempfänger zu entrichtende Umsatzsteuer.

5892　Für andere Ansprüche aus dem Steuerschuldverhältnis (§ 37 AO), insbesondere für Ansprüche auf Nebenleistungen (§ 3 Abs. 3 AO), haftet der Erwerber nicht[1].

5893　*(unbesetzt)*

b) Zeitlicher Umfang der Haftung

5894　Die Steueransprüche müssen seit dem Beginn des letzten, vor der Übereignung liegenden Kalenderjahres entstanden sein. Es kommt auf die Entstehung der Steueransprüche an (§ 38 AO), nicht auf deren Fälligkeit.

5895　Für die zeitliche Beschränkung der Haftung ist nicht der Tag des Vertragsabschlusses, sondern der Tag der tatsächlichen Übergabe (Übereignung im wirtschaftlichen Sinne) maßgebend. Erstreckt sich die Übereignung über einen Zeitraum, ist Stichtag der Tag, an dem die für die Unternehmensfortführung wesentlichen Grundlagen übergegangen sind, mögen auch noch weitere Wirtschaftsgüter zu übertragen sein[2].

5896　Die Haftung erstreckt sich auf die Steuern, die seit Beginn des unmittelbar vor der Übereignung des Unternehmens liegenden Kalenderjahres entstanden sind. Die Haftung beginnt demgemäß am 1. Januar des vor der Übertragung liegenden Kalenderjahres und endet mit dem Zeitpunkt der Übertragung; sie kann infolgedessen höchstens zwei Jahre betragen, wenn das Unternehmen am 31. Dezember übertragen worden ist.

5897　Wird ein Unternehmen im Haftungszeitraum mehrfach veräußert, haftet der Letzterwerber **für die Betriebsteuerschulden** aller Vorunternehmer[3], **nicht** aber **für** deren **Haftungsschulden.**

5898　Die Haftung des Unternehmenserwerbers beschränkt sich auf Steuern, die spätestens innerhalb eines Jahres nach Betriebsanmeldung (§ 138 AO) durch ihn beim FA festgesetzt

---

[1] Vgl. dazu auch *App*, aaO, DStR 1985, 147.
[2] Zu den verschiedenen Auffassungen vgl. *Tipke/Kruse*, Abgabenordnung, § 75 Tz 14 letzter Absatz.
[3] BFH-Urteil vom 11. Juli 1963 V 208/60, HFR 1963, 413.

oder angemeldet werden. Maßgebend ist also nicht die Gewerbeanmeldung bei der Gemeinde, es sei denn, es handelt sich um eine Steuer, die die Gemeinde festsetzt.

(unbesetzt) 5899

c) Gegenständliche Beschränkung der Haftung

Der Erwerber haftet gegenständlich beschränkt mit dem übernommenen Unternehmen (§ 75 Abs. 1 Satz 2 AO). Für den Umfang der Haftung ist der Bestand des übernommenen Vermögens im Zeitpunkt der Inanspruchnahme maßgebend; an die Stelle inzwischen veräußerter Gegenstände treten die dafür erlangten Surrogate[1]. Das bedeutet, dass sich der Erwerber darauf beschränken kann, das übernommene Vermögen im Wege der Zwangsvollstreckung herauszugeben. Die gegenständlich beschränkte Haftung ist keine rechnerisch durch den Wert des Unternehmens beschränkte Haftung. 5900

d) Kenntnis des Erwerbers vom Bestehen von Steuerschulden

Der Unternehmenserwerber haftet auch für ihm unbekannte Betriebsteuerschulden des Rechtsvorgängers. 5901

Um etwaige rückständige Steuerschulden zu erfahren, muss der Erwerber den Veräußerer veranlassen, das FA von der Wahrung des Steuergeheimnisses (§ 30 AO) ihm gegenüber insoweit zu entbinden.

e) Akzessorietät der Haftung

Der Haftungsanspruch kann nur entstehen, wenn der Anspruch aus dem Steuerschuldverhältnis, für den gehaftet werden soll, entstanden ist. Das Entstehen des Haftungsanspruchs setzt also die Verwirklichung des Steuerschuldtatbestandes und des Haftungstatbestandes voraus. 5902

Erfüllung (Zahlung) und Aufrechnung der Hauptschuld lassen auch die Haftungsschuld erlöschen, nicht dagegen Verjährung oder Billigkeitserlass; Verjährung und Billigkeitserlass können jedoch dazu führen, dass ein Haftungsbescheid nicht mehr ergehen darf (§ 191 Abs. 5 AO). 5903

(unbesetzt) 5904

III. Haftung gem. § 25 HGB

Der Erwerber eines Handelsgeschäfts haftet gem. § 25 HGB, wenn er die Firma fortführt, zeitlich und sachlich unbeschränkt für alle Schulden des Veräußerers[2], demzufolge auch für die Steuerschulden. Vereinbaren Veräußerer und Erwerber den Haftungsausschluss und wird dieser im Handelsregister eingetragen oder den Gläubigern mitgeteilt, wirkt der Haftungsausschluss auch gegenüber dem FA[3]. 5905

Die Haftung des Erwerbers eines unter der bisherigen Firma fortgeführten Haftungsgeschäfts für Steuerschulden des früheren Inhabers nach § 25 Abs. 1 HGB wird durch einen Haftungsbescheid geltend gemacht[4]. Eine Fortführung des Haftungsgeschäfts „unter der bisherigen Firma" liegt auch dann vor, wenn an die Stelle des Firmenzusatzes „KG" die 5906

---

[1] Vgl. *Tipke/Kruse,* Abgabenordnung/Finanzgerichtsordnung, § 75 AO Tz 16 Abs. 2.
[2] Zur Haftung bei Firmen- und Unternehmensfortführung vgl. auch BGH-Urteil vom 15. März 2004 II ZR 324/01, DStR 2004, 1136.
[3] Vgl. Rn 2286 ff.
[4] BFH-Urteil vom 23. Oktober 1985 VII R 187/82, BFHE 145, 13, BStBl II 1986, 156.

Bezeichnung „GmbH" tritt und der bisher ausgeschriebene Vorname des Komplementärs auf den Anfangsbuchstaben gekürzt wird[1].

IV. Haftung gem. § 27 HGB

5907 Führen Erben ein Handelsgeschäft fort, haften sie gem. § 27 HGB. Es gelten die gleichen Erwägungen wie für die Haftung gem. § 25 HGB[2].

V. Haftung des Erbschaftskäufers

5908 Die Haftung des Erbschaftskäufers ergibt sich aus §§ 2371 ff. BGB.

VI. Haftungsbescheid

1. Haftungsbescheid, Duldungsbescheid

5909 Der Haftungsschuldner kann durch Haftungsbescheid in Anspruch genommen werden; wer kraft Gesetzes verpflichtet ist, die Vollstreckung zu dulden, kann durch Duldungsbescheid in Anspruch genommen werden. Die Bescheide sind schriftlich zu erteilen (vgl. § 191 Abs. 1 AO). Die Finanzverwaltung kann ihre Rechte als Gläubiger nach dem Anfechtungsgesetz durch Duldungsbescheid geltend machen.

Hat z. B. ein Ehegatte von dem anderen Ehegatten (Schuldner) einen Vermögensgegenstand anfechtbar durch unentgeltliche Verfügung erworben, so können die Eheleute nicht durch eine nachträgliche Vereinbarung die unentgeltliche Zuwendung in eine entgeltliche Verfügung umwandeln. Die Finanzverwaltung kann in diesem Fall einen Duldungsbescheid erlassen[3].

2. Festsetzungsfrist

5910 a) Für die Geltendmachung des Haftungsanspruchs gelten die Vorschriften über die Festsetzungsfristen für den Erlass des Steuerbescheids entsprechend (§ 191 Abs. 3 AO). Die Festsetzungsfrist beträgt vier Jahre, bei Steuerhinterziehung 10 Jahre und bei leichtfertiger Steuerverkürzung fünf Jahre. Die Festsetzungsfrist für den Haftungsbescheid beginnt mit dem Ablauf des Kalenderjahres, in dem der Tatbestand verwirklicht worden ist, an den das Gesetz die Haftungsfolge knüpft. Ist die Steuer, für die gehaftet wird, noch nicht festgesetzt worden, so endet die Festsetzungsfrist für den Haftungsbescheid nicht vor Ablauf der für die Steuerfestsetzung geltenden Festsetzungsfrist.

5911 b) Gründet sich die Haftung auf Rechtsnormen, die keine Steuergesetze sind, kann der Haftungsbescheid bis zur Verjährung des Haftungsanspruchs ergehen (§ 191 Abs. 4 AO).

3. Ermessen des Finanzamts

5912 Es steht im Ermessen des FA, ob es gegen den Haftungsschuldner einen Haftungsbescheid erlässt. Auf Zahlung darf das FA den Haftungsschuldner jedoch nur in Anspruch nehmen, soweit die Vollstreckung in das bewegliche Vermögen des Steuerschuldners ohne Erfolg

---

1 BFH-Urteil vom 21. Januar 1986 VII R 179/83, BFHE 146, 4, BStBl II 1986, 383.
2 Vgl. Rn 2381 ff.
3 BFH-Urteil vom 10. Februar 1987 VII R 122/84, BFHE 149, 204, BStBl II 1988, 313.

geblieben ist oder anzunehmen ist, dass die Vollstreckung aussichtslos sein würde (§ 219 Satz 1 AO).

Will das FA jemanden als Haftenden in Anspruch nehmen, so muss es ihn vorher hören. Das FA hat dabei die Gründe und die Höhe der Heranziehung mitzuteilen und bekannt zu geben, dass der in Anspruch Genommene sich dazu innerhalb einer angemessenen Frist äußern kann. Nach Ablauf der Frist entscheidet das FA, ob es einen Haftungsbescheid erteilt. 5913

4. Rechtsbehelfe

Gegen einen Haftungsbescheid stehen dem Haftenden die gleichen Rechtsbehelfe zu wie dem Steuerpflichtigen gegen den Steuerbescheid, also der Einspruch (§ 347 Abs. 1 Nr. 4 AO). Bleibt der Einspruch ohne Erfolg, kann der in Anspruch Genommene vor dem FG klagen. 5914

Wer als Haftungsschuldner in Anspruch genommen wird, kann Einwendungen erheben 5915

- gegen den Haftungsgrund, 5916
- gegen die Inanspruchnahme (der Haftungsschuldner kann geltend machen, das FA 5917 begehe einen Fehlgebrauch des Ermessens, wenn es ihn in Anspruch nehme),
- gegen die Steuerschuld (der Erwerber kann einwenden, z. B. eine Umsatzsteuer-Nach- 5918 forderung des FA bestehe nicht, weil die Umsätze steuerfrei seien).

Bestreitet der Haftungsschuldner die Verpflichtung zur Haftung oder macht er Einwendungen nach den §§ 781–784 und § 786 ZPO geltend, muss das FA diese Einwendungen prüfen. 5919

(unbesetzt) 5920

VII. Verfahrensfragen

(1) Bei Streit über Entstehung und Höhe des Veräußerungsgewinns eines ausscheidenden 5921 Gesellschafters ist der den Anteil übernehmende Gesellschafter notwendig beizuladen[1].

(2) Zum Veräußerungspreis gehört auch der Wert privater Verbindlichkeiten, von denen der erwerbende den ausscheidenden Gesellschafter freistellt.

(3) Kosten, die in einem Veranlagungszeitraum nach dem Veranlagungszeitraum der Betriebsveräußerung angefallen sind, sachlich aber in unmittelbarem Zusammenhang mit dem Veräußerungsvorgang stehen, sind als Veräußerungskosten zu behandeln, wenn die Ereignisse, die nachträglich und rückwirkend die Höhe des Veräußerungspreises bestimmt haben, bei der Ermittlung des Veräußerungsgewinns zu berücksichtigen sind. Denn dann sind auch die Kosten, die im Vorfeld dieser Vereinbarung angefallen sind, in demselben Jahr zu erfassen. Anderenfalls käme es zu einer nicht gerechtfertigten Begünstigung, da die Veräußerungskosten nicht den begünstigten Veräußerungsgewinn, sondern nicht begünstigte Einkünfte anderer Veranlagungszeiträume mindern würden.

(unbesetzt) 5922–5930

---

1 BFH-Urteil vom 10. November 1988 IV R 70/86, BFH/NV 1990, 31.

L. Erbschaft- und Schenkungsteuer

Schrifttum: *BMF (Hrsg.)*, Amtliches Erbschaftsteuer-Handbuch 2003, (mit den Erbschaftsteuer-Richtlinien 2003 – ErbStR – und den Hinweisen zu den ErbStR 2003 – ErbStH –); *Bonefeld*, Erbrecht und Steuerrecht: Arbeitshilfen im Erbrecht und Steuerrecht, Angelbachtal, 2000; *Bühler*, Erbschaftsteuerreform: Übersicht und Vorschläge zur Vermeidung der Steuernachteile beim Berliner Testament, BB 1997, 551; *Carlé*, Die Schenkung auf den Todesfall aus rechts- und steuerpraktischer Sicht, KÖSDI 1996, 10571; *Christoffel/Weinmann*, Erbschaft, Schenkung, Besteuerung, 2. Aufl., Freiburg i. Br. 1994; *Dänzer/Vanotti*, Unternehmensübertragung durch die aufschiebend auf den Tod bedingte Schenkung, JZ 1981, 432; *Deutsche Gesellschaft für Erbrechtskunde (Hrsg.)*, Deutscher Erbrechtskommentar, Köln 2003; *Dittmann/Reithmann/Bengel*, Testament und Erbvertrag, 4. Aufl., Neuwied 2003; *Flick*, Beim Vergleich der Rechtsformen auch die Erbschaftsteuer beachten!, DB 1997, 844; *Flick/Kappe*, Rechtzeitige Erbfolgeplanung, Frankfurt a. M. 1997; *Flick/Kappe*, Rechtzeitige Planung. Individuelle Konzeption. Nachfolgemanagement, Frankfurt a. M. 1997; *Flick/Piltz*, Der internationale Erbfall, München 1999; *Fromm*, Neues Erbschaftsteuerrecht: richtig schenken und vererben, 3. Aufl., München 1997; *Gebel*, Betriebsvermögensnachfolge, 2. Aufl. München 2002; *Gebel*, Gesellschafternachfolge im Schenkung- und Erbschaftsteuerrecht, 2. Aufl., Bielefeld 1997; *Gebel*, Schenkungsteuer bei Vermögensverschiebungen zwischen Eheleuten – steuerfreier Vermögensausgleich im Rahmen einer Ehegatteninnengesellschaft, BB 2000, 2017; *Gebel*, Wirkungszusammenhänge zwischen Einkommensteuer und Schenkungsteuer beim Übergang von Betriebsvermögen, BB 1996, 2069; *Gebel*, Die Bedeutung erbfallbezogener Klauseln in GmbH-Satzungen für die Erbschaftsteuer, DStR 1993 (Teil I:) 282, (Teil: II) 325; *Gebel*, Die Beteiligung der Gesamthand an einem der Erbschaftsteuer unterliegenden Erwerbsvorgang, BB 1993, 706; *Gebel*, Gesellschafternachfolge im Schenkung- und Erbschaftsteuerrecht, Berlin/Bielefeld/München 1993; *Götzenberger*, Optimale Vermögensübertragung, Erbschaft- und Schenkungsteuer, Herne/Berlin 2000; *Halaczinsky*, Lebensversicherungen im Erbschaftsteuerrecht, ZErbR 2003, 306; *Halaczinsky/Teß*, Die neuen Erbschaftsteuerregelungen, Köln 1997; *Heinle*, Zwanzig Jahre „unbenannte Zuwendung", FamRZ 1992, 1256; *Handzik*, Die neue Erbschaft- und Schenkungsteuer, Berlin/Bielefeld/München 1997; *Hendrik*, Die neue Erbschaft- und Schenkungsteuer, Berlin/Bielefeld/München 1997; *Hofmann, Ruth*, Erbschaft- und Schenkungsteuer, 4. Aufl., Stuttgart 1993; *IdW*, Gestaltungen zur Unternehmensfortführung, Erbfolge und Erbauseinandersetzung bei Unternehmen, 2. Aufl., Düsseldorf 1995; *Jülicher*, Der Freibetrag nach § 13a Abs. 1 ErbStG, ZEV 2001, 60; *Jülicher*, Nießbrauchsgestaltungen im Erbschaft- und Schenkungsteuerrecht, ZErbR 2003, 242; *Kapp/Ebeling*, Kommentar zum Erbschaftsteuer- und Schenkungsteuergesetz, Köln (Loseblatt); *Klumpp*, Teilanteilsveräußerungen unter Zurückbehaltung wesentlicher Betriebsgrundlagen, ZEV 2001, 60; *Kössmann*, Schenken, Erben, Steuern, 4. Aufl., Bonn 1997; *Krug*, Unternehmenserbrecht und Handelsregister ZEV 2001, 51; *Korezkij*, Nießbrauchs- oder Rentenlösung bei Grundstücksübertragungen auf Kinder? – Analyse der Entscheidungsgrundlagen aus schenkungsteuerlicher Sicht, DStR 2002, 2205; *Mattern/Strohner*, Die neue Erbschaft- und Schenkungsteuer, Stuttgart 1997; *Meincke*, Zugewinnausgleich und Erbschaftsteuerrecht, FamRZ 1983, 13; *Meincke*, Erbschaftsteuer- und Schenkungsteuergesetz, 13. Aufl., München 2002; *Meincke*, Freibeträge und Steuersätze im neuen Erbschaftsteuerrecht, ZEV 1997, 52; *Michel*, Erbschaftsteuerliche Behandlung von Erblasserauflagen für Bestattung, Grabdenkmal usw., DStR 1984, 296; *Moench*, Brennpunkte der neuen Erbschaftsteuerrichtlinien, DStR 1999, 301; *Moench/Höll*, Die neue Erbschaftsteuer, Neuwied 1997; *Moench*, Kapital- oder Personengesellschaft als Gestaltungsinstrument der Erbschaftsteuer in StbJb 1997/98, 363; *Moench*, Eheliche Güterstände und Erbschaftsteuer – steuerbare Erwerbe beim Ausstieg aus der Ehe, DStR 1989, 344; *Moench*, Erbschaft- und Schenkungsteuer, Kommentar, Frankfurt/Main (Loseblattausgabe); *Moench*, Noch einmal: Ersparte Schenkungsteuer durch „Rückerstattung" der vom Schenker getragenen Steuer?, DStR 1993, 1586 (zu Fromm, DStR 1993, 390, und zu Voss, DStR 1993, 1095); *Müller/Ohland/Brandmüller*, Gestaltung der Erb- und Unternehmensnachfolge in der Praxis, 2. Aufl., Herne/Berlin 1995; *Nickel/Klein*, Qualifizierte Nachfolge in Mitunternehmeranteile bei Vorhandensein von Sonderbetriebsvermögen, FR

5931

2003, 954; *Piltz,* Die neue Erbschaftsbesteuerung des unternehmerischen Vermögens, ZEV 1997, 61; *Piltz,* Erbschaftsteuernachteil eines Ehegatten durch Schenkungen des anderen, ZEV 1995, 139; *Preißer,* Die vier Stationen der Unternehmensnachfolge bei mehreren Miterben, DStZ 1991, 678; *Reiff,* Die Abgrenzung der Duldungs- und Leistungsauflage im Schenkungsteuerrecht, DStR 1990, 231; *Rödder,* Der Einfluss der Erbschaftsteuer auf die Rechtsformwahl mittelständischer Familienunternehmen, DB 1993, 2137; *Rux,* Steuergünstige Nutzung des Freibetrages für Betriebsvermögen bei der Erbschaft- und Schenkungsteuer, INF 1997, 204; *Schiffers,* Jahressteuergesetz 1997 – Beratungskonsequenzen für die GmbH, GmbH-StB 1997, 39; *Schwarz,* Der Zeitaspekt bei der Schenkung von Unternehmensvermögen, ZEV 2001, 57; *Schwedhelm/Olbing,* Schenkungsteuerzugriff auf Vermögensverschiebungen in der Ehe, BB 1995, 1717; *Stephan,* Vermögensleistungen auf Grund vorweggenommener Erbregelung, Erbvertrags oder testamentarischer Anordnung, DB 1996, 2149; *Streck/Schwedhelm/Olbing,* Problemfelder des Erbschaftsteuerrechts, DStR 1994, (Teil I:) 1441, (Teil II:) 1481; *Thiel,* Die neue Erbschaft- und Schenkungsteuer, DB 1997, 64; *Troll/Gebel/Jülicher,* ErbStG, Erbschaftsteuer- und Schenkungsteuergesetz, Kommentar, 26. Aufl., München 2003 (Loseblattausgabe); *Viskorf/Glier/Hübner/Knobel/Schuck,* Erbschaftsteuer- und Schenkungsteuergesetz, Bewertungsgesetz, Kommentar, 2. Aufl., Herne/Berlin 2004; *Wachenhausen,* Das neue Erbschaft- und Schenkungsteuerrecht in der Beratungspraxis, Bonn 1997; *Weinmann,* Das neue Erbschaftsteuerrecht 1997, München 1997; *Weirich,* Erben und Vererben, 5. Aufl., Herne/Berlin 2004; *Wilms* (Hrsg.), Erbschaft- und Schenkungsteuergesetz, Kommentar, Bonn/Berlin 2000; *Winnesberg,* Unternehmertestament und Erbfolgeregelung unter dem Einfluss der Erbschaftsteuer, in Festschrift für Hans Luik, Hrsg. Schitag, Ernst & Young Gruppe, Stuttgart 1991, S. 443; *Wittmann,* Neuregelung der Bewertung von Grundbesitz für die Erbschaftsteuer ab 1. Januar 1996, BB 1997, 548; *Wohlschlegel,* Gesellschafterwechsel bei Personengesellschaften und Schenkungsteuer, ZEV 1996, 254; *Zawar,* Das Vermächtnis in einer Kautelar-Jurisprudenz, Berlin 1983; siehe auch Schrifttum Rn 331.

Vgl. BMF-Schreiben vom 11. Januar 1993 IVE 2 – S 2242 – 86/92, BStBl 1993 I, 62, FR 1993, 96; vom 14./15. Oktober 1996, BStBl I 1996, 1508; Erlasse vom 10. September 1996, BStBl I 1996, 1173, und Erlasse vom 17. Juni 1997, BStBl I 1997, 673; BMF-Schreiben v. 22. Oktober 2003, IV C 2 – S 3804 – 3/03, Wertsteigerungen infolge des Kaufkraftschwunds bei der Berechnung der Zugewinnausgleichsforderung nach § 5 Abs. 1 ErbStG, DB 2003, 2626.

I. Allgemeines

Der Erbschaftsteuer unterliegen: 5932

- Der Erwerb von Todes wegen,
- die Schenkung unter Lebenden und
- die Zweckzuwendung.

II. Der Erwerb von Todes wegen

1. Der Erbfall

(1) Der Erbfall löst beim Erben Erbschaftsteuer aus. 5933

(2) Gehört zum Nachlass ein Einzelunternehmen, unterliegt der Übergang des Unternehmens auf den oder die Erben der Erbschaftsteuer (§ 1 Abs. 1 Nr. 1 i. V. m. § 3 Abs. 1 Nr. 1 ErbStG), und zwar jeweils entsprechend der Erbquote.

(3) Als Erwerb von Todes wegen gelten

- der Erwerb durch Erbanfall, auf Grund Erbersatzanspruchs, durch Vermächtnis oder auf Grund eines geltend gemachten Pflichtteilsanspruchs,
- der Erwerb durch Schenkung auf den Todesfall,
- die sonstigen Erwerbe auf Grund der Vorschriften des bürgerlichen Rechts für Vermächtnisse und
- jeder Vermögensvorteil, der auf Grund eines vom Erblasser geschlossenen Vertrags bei dessen Tod von einem Dritten unmittelbar erworben wird.

2. Der Nachlass

Der Nachlass wird den Miterben erbschaftsteuerrechtlich so zugerechnet, als seien sie entsprechend ihrer Erbquote in Bruchteilen am Nachlass beteiligt (§ 39 Abs. 2 Nr. 2 AO). 5934

Regeln Erben einen zweifelhaften Erbfall durch Vergleich, wird die in dem Vergleich vereinbarte Quotelung der Besteuerung zu Grunde gelegt[1]. 5935

(unbesetzt) 5936–5940

3. Die Erbschaft

(1) Die Erbschaftsteuer erfasst die wirtschaftliche Bereicherung des Erben, die ihm auf Grund des Erbfalls zufließt. 5941

Das ist der nach § 12 ErbStG zu ermittelnde Wert des gesamten Vermögensanfalls abzüglich der nach § 10 Abs. 5–9 ErbStG abzuziehenden Nachlassverbindlichkeiten.

Vom Wert des gesamten Vermögensanfalls werden demgemäß zunächst die allgemeinen Nachlassverbindlichkeiten abgezogen, vor allem die Erblasser- und Erbfallschulden, also auch Vermächtnisse, Auflagen, geltend gemachte Pflichtteilsansprüche und Steuern (§ 10 Abs. 5 Nr. 1 und 2 ErbStG).

---

[1] BFH-Urteil vom 15. Juni 1966 II 32/63, BFHE 86, 386, BStBl III 1966, 507, BFH-Beschluss vom 25. August 1998 II B 45/98, BFH/NV 1999, 313 und BFH-Urteil vom 6. Dezember 2000 II R 28/98, BFH/NV 2001, 601; s. auch *Kapp/Ebeling*, Kommentar zum Erbschaftsteuergesetz, 4. Aufl., Köln, § 2 Rz 49.

Erblasserschulden, die gegenüber dem Erben als Gläubiger bestanden, sind ebenfalls abziehbar, da sie trotz ihres Erlöschens als weiterbestehend gelten (§ 10 Abs. 3 ErbStG).

5942 (2) Der Erwerb des Erben auf Grund eines Anspruchs wegen beeinträchtigender Schenkung nach § 2287 BGB unterliegt ebenfalls der Erbschaftsteuer[1]. Die Herausgabe der Schenkung führt beim Beschenkten zum Erlöschen einer möglichen Schenkungsteuer (§ 29 Abs. 1 Nr. 1 ErbStG).

5943 (3) Bei einer Schenkung unter Auflage sind schenkungsteuerrechtlich die dem Bedachten auferlegten Aufwendungen von den ihm obliegenden Duldungspflichten zu unterscheiden[2]. Soweit dem Bedachten Aufwendungen auferlegt sind, die ihn zu Leistungen verpflichten, ist er insoweit – wie bei einer gemischten Schenkung – nicht i. S. des § 7 Abs. 1 Nr. 1 ErbStG auf Kosten des Zuwendenden bereichert.

Soweit dem Bedachten die Nutzungen des Schenkungsgegenstandes zeitlich befristet nicht gebühren, weil ein Nutzungsrecht besteht oder im Zuge der Schenkung zu bestellen ist, obliegt ihm lediglich eine zeitlich beschränkte Duldungspflicht, die durch Abzug der Last zu berücksichtigen ist, soweit § 25 ErbStG dies nicht ausschließt.

5944 (4) Abziehbar sind ferner die Kosten der Bestattung, eines angemessenen Grabdenkmals und üblicher Grabpflege sowie die Kosten, die dem Erwerber unmittelbar mit der Abwicklung, Regelung oder Verteilung des Nachlasses oder sonst mit der Erlangung des Erbes entstehen (z. B. die Kosten der Testamentseröffnung).

5945 (5) Nicht abziehbar sind die Kosten der Verwaltung des Nachlasses.

5946 Für abziehbare Kosten wird ein Pauschbetrag von 10 300 € ohne Nachweis abgezogen; ein Nachweis ist erforderlich, wenn die abzuziehende Summe 10 300 € überschreitet (§ 10 Abs. 5 Nr. 3 ErbStG).

5947 Die Schulden und Lasten müssen in wirtschaftlichem Zusammenhang mit nach dem ErbStG zu besteuernden Teilen des Nachlasses stehen.

5948 Beschränkt sich die Besteuerung auf einzelne Vermögensgegenstände (§ 2 Abs. 1 Nr. 3, § 19 Abs. 2 ErbStG), so sind nur die mit diesen Vermögensgegenständen im Zusammenhang stehenden Schulden und Lasten abziehbar (§ 10 Abs. 6 ErbStG).

Eine Schuldenkappung ergibt sich nach § 10 Abs. 6 Satz 5 i. V. m. § 13a Abs. 1 und 2 ErbStG.

5949 Nicht abgezogen werden können Schulden und Lasten, die mit einem zum Erwerb gehörenden gewerblichen Betrieb in wirtschaftlichem Zusammenhang stehen und bei der Wertermittlung nach § 12 ErbStG berücksichtigt worden sind (§ 10 Abs. 5 Nr. 1 ErbStG).

5950 Entstehen mit dem Todesfall Versorgungsansprüche Hinterbliebener kraft Gesetzes, unterliegt der Erwerb dieser Ansprüche nicht der Erbschaftsteuer. Insoweit liegt kein Erwerb durch einen Vertrag zu Gunsten Dritter vor (§ 3 Abs. 1 Nr. 4 ErbStG).

5951 Angesichts des Umstands, dass die gesetzlich geregelten Versorgungsbezüge des überlebenden Ehegatten von der Erbschaftsteuer nicht erfasst werden, hat der II. Senat des BFH unter Würdigung der historischen Entwicklung des Erbschaftsteuerrechts auch vertraglich

---

1 Die Einfügung von § 3 Abs. 2 Nr. 7 ErbStG hat das BFH-Urteil vom 6. März 1991 II R 69/87, BFHE 163, 394, BStBl II 1991, 412, überholt.
2 BFH-Urteil vom 12. April 1989 II R 37/87, BFHE 156, 244, BStBl II 1989, 524.

vereinbarte Bezüge des überlebenden Ehegatten eines Arbeitnehmers von der Erbschaftsteuer freigestellt.

Bei den Rentenbezügen der Witwe eines persönlich haftenden Gesellschafters einer Personenhandelsgesellschaft wird davon ausgegangen, dass sie dann nicht der Erbschaftsteuer unterliegen, wenn der persönlich haftende Gesellschafter im Innenverhältnis wie ein Angestellter gegenüber den die Gesellschaft beherrschenden anderen Gesellschaftern gebunden ist[1]. 5952

(1) Witwenbezüge, die ein Gesellschafter-Geschäftsführer einer Kapitalgesellschaft mit dieser in angemessener Höhe vereinbart hatte, sind nicht steuerbar. Die Freistellung der Hinterbliebenenbezüge ist davon abhängig, dass der Gesellschafter-Geschäftsführer wie ein Nichtgesellschafter als abhängiger Geschäftsführer anzusehen ist. Ist er dagegen ein beherrschender Geschäftsführer, unterliegen die Hinterbliebenenbezüge der Erbschaftsteuer[2]. 5953

(2) Nach den sozialversicherungsrechtlichen Grundsätzen genügt es für die Annahme einer beherrschenden Stellung des Geschäftsführers, wenn ihm ein so maßgeblicher Einfluss eingeräumt ist, dass die Organe der Kapitalgesellschaft Beschlüsse ohne seine Mitwirkung nicht fassen können.

(3) Für die Beurteilung sind die tatsächlichen Verhältnisse in der Kapitalgesellschaft und insbesondere in der Geschäftsführung in dem Zeitpunkt maßgebend, in dem die Hinterbliebenenversorgung vereinbart wurde.

(4) Ein beherrschender Gesellschafter-Geschäftsführer ist insbesondere anzunehmen, wenn folgende Voraussetzungen vorliegen:

- Kapitalanteil mindestens 50 vH oder Sperrminorität bei besonderer Vereinbarung im Gesellschaftsvertrag. Unmittelbare und mittelbare Beteiligungen sind zusammenzurechnen. Neben den Anteilen, die dem Steuerpflichtigen selbst gehören, sind auch die Anteile zu berücksichtigen, bei denen ihm die Ausübung der Gesellschaftsrechte ganz oder teilweise vorbehalten ist. Dazu rechnen auch von Mitgesellschaftern treuhänderisch für den Gesellschafter gehaltene Anteile. Nach H 8 ErbStH sind auch Anteile des Ehegatten oder von Kindern zu berücksichtigen.

- Kapitalanteil weniger als 50 vH, aber mehr als 10 vH, und der Gesellschafter-Geschäftsführer verfügt zusammen mit einem oder mehreren anderen Gesellschafter-Geschäftsführern über die Mehrheit, von den anderen aber keiner allein.

- Unabhängig von der Kapitalbeteiligung des Geschäftsführers ist eine faktische Beherrschung gegeben, z. B. weil das Selbstkontrahierungsverbot nach § 181 BGB abbedungen ist;

  der Geschäftsführer als Einziger über die notwendigen Branchenkenntnisse zur Führung des Betriebs verfügt;

  der Gesellschafter Großgläubiger der Gesellschaft ist.

Schließt eine Ehefrau eine Versicherung auf das Leben ihres Ehemannes ab, bringt sie die Prämien aus eigenen Mitteln auf, so ist sie die bezugsberechtigte Person – Versicherungsnehmerin – und im Falle des Todes ihres Ehegatten – des Erblassers – die versicherte 5954

---

1 BFH-Urteil vom 13. Dezember 1989 II R 31/89, BFHE 159, 223, BStBl II 1990, 325.
2 BFH-Urteil vom 13. Dezember 1989 II R 23/85, BFHE 159, 228, BStBl II 1990, 322; vgl. dazu R 8 ErbStR 2003 und H 8 ErbStH 2003.

Person. In diesem Fall ist sie wirtschaftlich nicht durch Aufwendungen aus dem Vermögen des Erblassers bereichert. Erbschaftsteuer fällt infolgedessen nicht an. Da die Versicherungssumme auch keinem anderen als dem Versicherungsnehmer ausgezahlt wird, besteht für das Versicherungsunternehmen auch keine Anzeigepflicht (§ 33 Abs. 3 ErbStG).

5955 Entsprechend dem Besteuerungsziel, alle Erwerber zur Erbschaftsteuer (Schenkungsteuer) heranzuziehen, und zwar mit dem Wert, der der tatsächlichen Bereicherung entspricht, müssten alle Vermögensgegenstände mit ihrem Verkehrswert angesetzt werden. § 12 ErbStG sieht jedoch unterschiedliche Wertansätze vor.

5956 (1) Ausgangspunkt der Besteuerung des Erwerbs von Todes wegen ist zwar dessen Bewertung mit dem Verkehrswert.

Für den Grundbesitz ist jedoch nach § 12 Abs. 3 ErbStG der Ansatz mit dem nach den §§ 138 f. BewG zu ermittelnden Bedarfswert vorgesehen. Bodenschätze sind mit ihren ertragsteuerlichen Werten anzusetzen (§ 12 Abs. 4 ErbStG). Beim Betriebsvermögen sind weitgehend die Steuerbilanzwerte anzusetzen (§ 12 Abs. 5 ErbStG).

Über zu niedrige Wertansätze sind der gesamte Grundbesitz und die Nutzungsrechte an diesen Gegenständen begünstigt. Das Betriebsvermögen ist über den Ansatz des Werts für die Betriebsgrundstücke begünstigt. Über die Begünstigung des Grundbesitzes kommt es auch zu einer weiteren Begünstigung und einer Begünstigung der Anteile an geschlossenen Immobilienfonds, die gem. § 39 Abs. 2 Nr. 2 AO den Anteilseignern zuzurechnen sind.

5957 **Schrifttum:** *Halaczinsky/Teß,* Grundbesitzbewertung für Erbfall und Schenkung, Tabellen zur Ermittlung des Grundstückswertes, Köln, Bundesanzeiger 1999.

5958 (2) Bei unbebauten Grundstücken (§ 145 BewG) wird deren Fläche mit dem um 20 vH ermäßigten Bodenrichtwert multipliziert; das Produkt ist der Wert des unbebauten Grundstücks. Weist der Steuerpflichtige nach, dass der gemeine Wert des unbebauten Grundstücks niedriger als der Wert des Produkts auf Grund der Multiplikation ist, wird der gemeine Wert festgestellt (§ 145 Abs. 3 BewG).

5959 (3) Der Wert eines bebauten Grundstücks (§ 146 BewG) ist das 12,5-fache der für diese im Durchschnitt der letzten drei Jahre vor dem Besteuerungszeitpunkt erzielten Jahresmiete, vermindert um die Wertminderung wegen Alters des Gebäudes. Jahresmiete ist das Gesamtentgelt, das die Mieter oder Pächter für die Nutzung des bebauten Grundstücks auf Grund vertraglicher Vereinbarungen für den Zeitraum von 12 Monaten zu zahlen haben. Fehlen Mietzahlungen – wie z. B. bei Selbstnutzung –, tritt an die Stelle der Jahresmiete die übliche Miete (§ 146 Abs. 3 Satz 2 BewG).

Die Wertminderung wegen des Alters des Gebäudes beträgt für jedes Jahr, das seit Bezugsfertigkeit des Gebäudes bis zum Besteuerungszeitpunkt vollendet worden ist, 0,5 vH des Ausgangswertes, höchstens jedoch 25 vH dieses Ausgangswertes. Enthält ein bebautes Grundstück, das ausschließlich Wohnzwecken dient, nicht mehr als zwei Wohnungen, ist der Ausgangswert um 20 vH zu erhöhen.

Die Grundstückswerte werden auf volle 500 € nach unten abgerundet (§ 139 BewG).

5960 (4) Lässt sich für bebaute Grundstücke die übliche Miete nicht ermitteln, bestimmt sich der Wert nach der Summe des Grund und Bodens und des Wertes der Gebäude (§ 147 BewG). Das Verfahren kommt insbesondere für Fabrikgebäude in Betracht. Für den Bodenwert wird der Wert eines unbebauten Grundstücks angesetzt, wobei der Bodenrichtwert jedoch um 30 vH statt um 20 vH ermäßigt wird. Damit sollen die Kosten für die

Beseitigung der aufstehenden Gebäude abgegolten werden. Das oder die Gebäude selbst werden in der Regel mit dem Steuerbilanzwert anzusetzen sein.

Das Betriebsvermögen umfasst gemäß § 12 Abs. 5 ErbStG i. V. m. § 95 BewG grundsätzlich alle Wirtschaftsgüter und sonstigen aktiven Ansätze sowie Schulden und sonstigen Abzüge, die bei der steuerlichen Gewinnermittlung zum Betriebsvermögen gehören, soweit das ErbStG i. V. m. dem BewG nicht ausdrücklich etwas anderes vorschreibt oder zulässt. Dem Gewerbebetrieb steht gemäß § 96 BewG die Ausübung eines freien Berufs i. S. des § 18 Abs. 1 Nr. 1 EStG gleich. Zum Besteuerungszeitpunkt hat der Erwerber von Betriebsvermögen eine besondere Vermögensaufstellung nach amtlichem Vordruck als Anlage zur Erbschaftsteuer- oder Schenkungsteuererklärung für Zwecke der Ermittlung des Werts des Betriebsvermögens zu fertigen[1].

5961

Einen groben Überblick über die Bewertung des Betriebsvermögens und den Ansatz der wichtigsten Wirtschaftsgüter gibt die nachsteuende Tabelle:

Erwerbsgegenstand	Erblasser/Schenker mit Gewinnermittlung nach § 4 Abs. 1, § 5 EStG	Nicht bilanzierender Erblasser/Schenker
Betriebsgrundstücke i. S. des § 99 Abs. 1 Nr. 1 BewG	Grundstückswert (Bedarfswert), § 12 Abs. 3 ErbStG, § 138 Abs. 3 BewG (R 122 Nr. 1, 123 Nr. 1, 158 ff. ErbStR 2003)	
Betriebsgrundstücke i. S. des § 99 Abs. 1 Nr. 2 BewG	Land- und forstwirtschaftlicher Grundbesitzwert (Bedarfswert), § 12 Abs. 3 ErbStG, § 138 Abs. 2 BewG (R 122 Nr. 2, 123 Nr. 2, 124 ff. ErbStR 2003)	
Andere Wirtschaftsgüter des abnutzbaren Anlagevermögens	Steuerbilanzwert, § 12 Abs. 5 ErbStG, § 109 Abs. 1 BewG (R 114, 122 Nr. 9 ErbStR 2003)	ertragsteuerlicher Wert, § 12 Abs. 5 ErbStG, § 109 Abs. 2 BewG (R 123 Nr. 3 ErbStR 2003)
Beteiligungen an Personengesellschaften	Anteil am Betriebsvermögen, § 12 Abs. 5 ErbStG, § 109 Abs. 1, § 97 Abs. 1a BewG (R 122 Nr. 4 ff. ErbStR 2003)	
Börsennotierte Wertpapiere und Zero-Bonds	Kurswert, § 12 Abs. 5 Satz 3 ErbStG, § 11 Abs. 1 BewG (R 122 Nr. 4 u. 5, 123 Nr. 5 u. 6 ErbStR 2003)	
Investmentzertifikate und Anteile an offenen Immobilienfonds	Rücknahmepreis, § 12 Abs. 5 Satz 3 ErbStG, § 11 Abs. 4 BewG (R 122 Nr. 6, 123 Nr. 7 ErbStR 2003)	
Nichtnotierte Anteile an Kapitalgesellschaften	Gemeiner Wert aufgrund stichtagsnaher Verkaufspreise oder nach Schätzung im Stuttgarter Verfahren, § 12 Abs. 2 u. 5 ErbStG, § 11 Abs. 2 BewG (R 96–108, 122 Nr. 7, 123 Nr. 8 ErbStR 2003)	
Erbbauzinsansprüche und -verpflichtungen	kein Wertansatz, § 148 Abs. 1 Satz 3 BewG (R 184 ErbStR 2003)	
Vorratsvermögen	Steuerbilanzwert, § 12 Abs. 5 ErbStG, § 109 Abs. 1 BewG (R 122 Nr. 9 ErbStR 2003)	Teilwert, § 12 Abs. 5 ErbStG, § 10 BewG (R 123 Nr. 9 ErbStR 2003)
Sonstige Kapitalforderungen und -schulden	Steuerbilanzwert, § 12 Abs. 5 ErbStG, § 109 Abs. 1 BewG (R 122 Nr. 9 ErbStR 2003)	Nennwert, § 12 Abs. 5 ErbStG, § 12 Abs. 1 BewG (R 123 Nr. 17 ErbStR 2003)
Ansprüche auf wiederkehrende Nutzungen und Leistungen	Steuerbilanzwert, § 12 Abs. 5 ErbStG, § 109 Abs. 1 BewG (R 122 Nr. 9 ErbStR 2003)	Kapitalwert, § 12 Abs. 5 ErbStG, §§ 13 ff. BewG (R 123 Nr. 12 ErbStR 2003)
Pensionsverpflichtungen	Steuerbilanzwert, § 12 Abs. 5 ErbStG, § 109 Abs. 1 BewG (R 122 Nr. 9 ErbStR 2003)	Vielfaches des Jahreswerts, § 12 Abs. 5 ErbStG, § 104 BewG (R 123 Nr. 13 ErbStR 2003)
Sachleistungsansprüche und -verpflichtungen	Steuerbilanzwert, § 12 Abs. 5 ErbStG, § 109 Abs. 1 BewG (R 122 Nr. 9 ErbStR 2003)	Teilwert, § 12 Abs. 5 ErbStG, § 109 Abs. 2 BewG (R 123 Nr. 14 ErbStR 2003)

---

1 Vgl. hierzu R 39 und 40 sowie R 114 – 123 ErbStR 2003.

Ausländische Zahlungsmittel	Steuerbilanzwert, § 12 Abs. 5 ErbStG, § 109 Abs. 1 BewG (R 122 Nr. 9 ErbStR 2003)	Umrechnungskurs vom Stichtag (R 123 Nr. 15 ErbStR 2003)
Ausländisches Sachvermögen	Gemeiner Wert § 12 Abs. 6 ErbStG, § 31 BewG (R 122 Nr. 6, 123 Nr. 16 ErbStR 2003)	
Alle anderen Wirtschaftsgüter und Schulden	Steuerbilanzwert, § 12 Abs. 5 ErbStG, § 109 Abs. 1 BewG (R 122 Nr. 9 ErbStR 2003)	Teilwert, § 12 Abs. 5 ErbStG, § 109 Abs. 2 BewG (R 123 Nr. 17 ErbStR 2003)

5962 Bei der Bewertung des Betriebsvermögens sowie des übrigen Vermögens bleiben schwebende Geschäfte aus Vereinfachungsgründen unberücksichtigt, solange noch von keiner Vertragspartei mit der Erfüllung begonnen worden ist[1].

Hat der Erblasser vor seinem Tod ein Grundstück veräußert, wird die Kaufpreisforderung bei der Erbschaftsteuerfestsetzung dann **nicht** angesetzt, wenn der gegenseitige Vertrag zwar abgeschlossen, mit seiner Erfüllung aber noch von keiner Seite begonnen worden ist. Denn der bloße Abschluss eines gegenseitigen Vertrages, ohne dass bereits einzelne Erfüllungshandlungen wirksam geworden sind, ist nicht geeignet, von dem Grundsatz der Gleichwertigkeit der beiderseitigen Leistungen wegen der unterschiedlichen steuerlichen Bewertung abzugehen[2].

5963 Hängt die Eigentumsumschreibung von dem Nachweis der Kaufpreiszahlung ab und setzt die Verpflichtung zur Leistung des Kaufpreises ihrerseits Genehmigungen, Verzichte Dritter auf Vorkaufsrechte u. dgl. m. voraus, befindet sich ein Vertrag selbst dann noch im Zustand eines schwebenden Geschäfts, wenn der Notar vom Veräußerer zur Beibringung dieser fehlenden Erklärungen beauftragt ist und der Erwerber den Kaufpreis auf das Notaranderkonto mit dem entsprechenden Auftrag überwiesen hat.

5964 Eine Grundstücksschenkung ist jedoch z. B. schon dann ausgeführt, wenn die Vertragspartner in gehöriger Form über den Eigentumsübergang einig sind und der Schenker die Eintragung der Rechtsänderung in das Grundbuch (also die Auflassung) bewilligt hat und der Beschenkte in der Lage ist, die Eintragung der Rechtsänderung herbeizuführen. Es ist nicht erforderlich, dass der Beschenkte den Antrag auf Eintragung der Rechtsänderung beim Grundbuchamt gestellt hat[3].

5965 War der Beschenkte im Verhältnis zum Schenker rechtlich verpflichtet, das Grundstück an einen bestimmten Dritten zu veräußern, oder konnte er sich der Veräußerung infolge einer tatsächlichen Zwangssituation nicht entziehen, so kann dies die Würdigung der Schenkungsabrede dahin gehend rechtfertigen, dass nicht das Grundstück, sondern der durch den Verkauf erzielte Erlös geschenkt sein sollte[4].

5966 Entsprechendes gilt, wenn Sachleistungsansprüche oder Sachleistungsverpflichtungen (z. B. bei der Erbbaurechtsbestellung) Teil eines gegenseitigen Vertrages sind, mit dessen Erfüllung noch von keiner Seite begonnen wurde.

5967 Der gemeine Wert nicht notierter Anteile an einer Kapitalgesellschaft ist für Zwecke der Erbschaft- und Schenkungsteuer nach dem sog. Stuttgarter Verfahren zu schätzen.

5968 (1) Wird der Güterstand der Zugewinngemeinschaft durch den Tod des Ehegatten beendet und der Zugewinn nicht nach § 1371 Abs. 2 BGB ausgeglichen, so gilt beim überlebenden

---

1 S. R 119 Abs. 5 ErbStR 2003.
2 BFH-Urteil vom 6. März 1990 II R 63/87, BFHE 159, 555, BStBl II 1990, 504.
3 BFH-Urteil vom 26. September 1990 II R 150/88, BFHE 163, 214, BStBl II 1990, 320.
4 BFH-Urteil vom 26. September 1990 II R 150/88, BFHE 163, 214, BStBl II 1991, 320.

Ehegatten nach § 5 Abs. 1 ErbStG der Betrag, den er im Falle des § 1371 Abs. 2 BGB als Ausgleichsforderung geltend machen könnte, nicht als Erwerb i. S. d. § 3 ErbStG. Obwohl in diesem Fall dem überlebenden Ehegatten zivilrechtlich gerade keine Ausgleichsforderung nach § 1378 BGB zusteht, wird eine solche für die ErbSt fiktiv errechnet und vom Erwerb abgezogen. Damit wird eine Angleichung der erbschaftsteuerrechtlichen Behandlung von erbrechtlicher und güterrechtlicher Lösung bei Beendigung der Zugewinngemeinschaft erreicht. Erfolgt der Ausgleich nach Beendigung der Zugewinngemeinschaft durch die güterrechtliche Lösung (§ 1371 Abs. 2, §§ 1372 ff. BGB), so unterliegt die Ausgleichsforderung eines Ehegatten ohnehin nicht der ErbSt bzw. SchenkSt, wie § 5 Abs. 2 ErbStG klar regelt. Die Regelung des § 5 Abs. 1 Satz 1 ErbStG bewirkt zumindest grundsätzlich und bei pauschaler Betrachtungsweise, dass der Erwerb des überlebenden Ehegatten einerseits zu dem Anteil nicht mit ErbSt belastet wird, der ihm (auch) bei einer güterrechtlichen Lösung zugestanden hätte, andererseits aber der diesen übersteigende Anteil der normalen Besteuerung unterworfen wird.

(2) Ist zur Berechnung der fiktiven Ausgleichsforderung (§ 5 Abs. 1 Satz 1 ErbStG) nach zivilrechtlichen Grundsätzen das zum Nachlass gehörende Endvermögen des Erblassers mit höheren Werten angesetzt als bei der nach steuerlichen Vorschriften erfolgenden Bewertung des Nachlasses, so ist zur Ermittlung des Abzugsbetrags die Ausgleichsforderung entsprechend dem Verhältnis des Steuerwerts des zum Nachlass gehörenden Endvermögens zu dessen höherem Wert zu kürzen. Gegenstände des Endvermögens, die von der Erbschaftsteuer befreit sind, sind dabei in die Berechnung mit einzubeziehen[1].   5969

Ist dem Steuerpflichtigen vom Erblasser ein Geldvermächtnis ausgesetzt worden und erwirbt der Steuerpflichtige von der Erbin ein zum Nachlass gehörendes Grundstück, wobei er einen Teilbetrag der Kaufpreisforderung durch Aufrechnung mit seiner Vermächtnisforderung tilgt, so ist Gegenstand des (Vermächtnis-)Erwerbs nicht der anteilige Wert des Kaufgrundstücks, sondern die durch das Vermächtnis begründete Geldforderung[2].   5970

(unbesetzt)   5971–5975

4. Steuerentstehung/Steuerschuldner/Haftung

Schrifttum: *Depping,* Steuerrisiken der beschränkten Erbenhaftung – beratungsrelevante Folgerungen aus dem Urteil des BFH vom 28. April 1992, VII R 33/91, DStR 1993, 1246.   5976

Die Erbschaftsteuer entsteht mit dem Eintritt der wirtschaftlichen Bereicherung, also dem Todestag des Erblassers (§ 9 Abs. 1 Nr. 1 bzw. Buchst. a–i ErbStG).   5977

Dieser Zeitpunkt ist auch für die Wertermittlung maßgebend (§ 11 ErbStG). Wertsteigerungen oder Wertminderungen, die zwischen dem Zeitpunkt des Entstehens der Steuer und ihrer Festsetzung eintreten, bleiben bei der erbschaftsteuerrechtlichen Wertermittlung außer Betracht.

Die Erbauseinandersetzung selbst hat keinen Einfluss auf die Höhe des der Erbschaftsteuer unterliegenden Erwerbs. Das gilt auch dann, wenn der Erwerb durch eine Teilungsanordnung einem einzelnen Miterben einen bestimmten Nachlassgegenstand (z. B. das Unternehmen) zugewiesen hat, es sei denn, dass auf Grund der Teilungsanordnung bei einem Miterben eine größere Bereicherung eintritt, als sie seiner Erbquote entspricht, und   5978

---
1 BFH-Urteil vom 10. März 1993 II R 87/91, BFHE 171, 321, BStBl II 1993, 510.
2 BFH-Urteil vom 21. Juni 1995 II R 62/93, BFHE 178, 212, BStBl II 1995, 783.

hinsichtlich des Mehrerwerbs erbrechtlich keine Ausgleichsverpflichtung besteht. Der über die Quote hinausgehende Mehrerwerb unterliegt der Erbschaftsteuer.

5979 Erhalten einzelne Miterben im Rahmen der Erbauseinandersetzung Nachlassgegenstände, deren Verkehrswerte nicht den Erbquoten entsprechen, so kann hinsichtlich des die jeweilige Erbquote übersteigenden Wertes eine schenkungsteuerpflichtige Bereicherung vorliegen[1].

5980–5981 *(unbesetzt)*

5982 Steuerschuldner ist der Erwerber,

- bei der Erbschaft i. d. R. der Erbe, Vermächtnisnehmer, Pflichtteilsberechtigte,
- bei einer Schenkung der Beschenkte, aber auch der Schenker (§ 20 Abs. 1 ErbStG).

5983 Bei Erbfällen ist die Haftung

sachlich auf den Nachlass und
zeitlich bis zur Auseinandersetzung (§ 2042 BGB) begrenzt. Die etwaige Inanspruchnahme geschieht durch Duldungsbescheid gegen die Miterben (§§ 77 Abs. 1, 191 Abs. 1 AO).

5984 Außer dem oder den Steuerschuldnern haften für die Erbschaftsteuer unter bestimmten Voraussetzungen (z. B. bei Auszahlung von Versicherungsleistungen oder Verbringung von Vermögen ins Ausland) gem. § 20 Abs. 6 ErbStG

- Versicherungen,
- Vermögensverwalter,
- Kreditinstitute,
- Gewahrsamsinhaber und
- gem. §§ 34, 35 AO Testamentsvollstrecker, Nachlassverwalter, Nachlasspfleger.

5985 Für Steuerschulden des Erblassers haften die Erben als Rechtsnachfolger (§ 45 Abs. 1 AO).

5986 *(unbesetzt)*

5. Pflichtteil

5987 Der Erbschaftsteuer unterliegt auch, was ein Pflichtteilsberechtigter auf Grund eines von ihm geltend gemachten Pflichtteilsanspruchs erhält (§ 1 Abs. 1 Nr. 1 i. V. m. § 3 Abs. 1 Nr. 1 ErbStG).

5988 Der Pflichtteilsanspruch ist eine Kapitalforderung, die mit dem Nennwert anzusetzen ist.

5989 Die Erbschaftsteuer entsteht mit Geltendmachung des Anspruchs (§ 9 Abs. 1 Nr. 1 Buchst. b ErbStG).

5990 Sollte der steuerpflichtige Wert des Pflichtteilsanspruchs höher sein als der steuerpflichtige Wert des Erwerbs, wenn der Pflichtteilsberechtigte als gesetzlicher Erbe berufen worden wäre, lässt sich ein für den Pflichtteilsberechtigten günstigeres steuerliches Ergebnis dadurch herbeiführen, dass der Pflichtteilsberechtigte auf die Geltendmachung seines Pflichtteilsanspruchs gegen eine Abfindung verzichtet und als Abfindung z. B. ein Grundstück erhält oder ihm ein Grundstück zur Befriedigung des Pflichtteilsanspruchs an Erfül-

---

1 BFH-Urteil vom 14. Juli 1982 II R 125/79, BFHE 136, 303, BStBl II 1982, 714.

lungs statt übertragen wird. In einem solchen Fall ist der Besteuerung der erbschaftsteuerliche Wert des Grundstücks zu Grunde zu legen.

Die gegen die Pflichtteilsberechtigten entstandene Erbschaftsteuer bleibt auch dann bestehen, wenn der Pflichtteilsberechtigte auf seinen Anspruch, nachdem er geltend gemacht worden war, verzichtet. Der Verzicht ist ein Forderungserlass, der seinerseits eine freigebige Zuwendung ist, wenn ihm keine Gegenleistung gegenübersteht. 5991

Ist sich der Pflichtteilsberechtigte nicht schlüssig, ob er seinen Anspruch geltend machen soll, muss er die Geltendmachung allein aus erbschaftsteuerlichen Gründen zurückstellen, bis er sich endgültig entschieden hat. Der Pflichtteilsanspruch verjährt in drei Jahren von dem Zeitpunkt an, in welchem der Pflichtteilsberechtigte von dem Eintritt des Erbfalls und von der ihn beeinträchtigenden Verfügung Kenntnis erlangt (§ 2332 BGB). Dem Pflichtteilsberechtigten steht also ein Drei-Jahres-Zeitraum zur Überlegung zur Verfügung. 5992

Wird zur Befriedigung eines geltend gemachten Pflichtteilsanspruchs ein Grundstück an Erfüllungs statt hingegeben und verpflichtet sich der Pflichtteilsberechtigte wegen des seinen Anspruch übersteigenden Werts des Grundstücks zu Leistungen, so ist der Wert des Grundstücks nur in dem Ausmaß der Besteuerung des Erwerbs von Todes wegen zu Grunde zu legen, in dem der Pflichtteilsberechtigte das Grundstück auf Grund seines Pflichtteilsanspruchs erworben hat[1]. 5993

Bei der Berechnung des Pflichtteilsergänzungsanspruchs ist vom Wert eines verschenkten Grundstücks der Wert eines vorbehaltenen lebenslangen Nießbrauchs abzuziehen[2]. 5994

(unbesetzt) 5995

6. Vorerbschaft, Nacherbschaft

Erbschaftsteuerlich sind Vor- und Nacherbschaft zwei gesonderte Erbfälle (§ 6 Abs. 1 ErbStG). Der Nacherbe beerbt den Vorerben, kann aber beantragen, dass die Besteuerung nach seinem Verhältnis zum Erblasser vorgenommen wird (§ 6 Abs. 2 ErbStG). 5996

Wird statt einer Vorerbschaft den Begünstigten ein Unternehmensnießbrauch eingeräumt, liegt nur ein einziger Erbfall vor, der sich auf den Unternehmensnießbraucher als Vermächtnisnehmer und den Erben verteilt. Der Vermächtnisnehmer muss den Kapitalwert des Nießbrauchs versteuern; der Erbe kann den Kapitalwert des Nießbrauchs als Schuldposten bei der Ermittlung seines steuerpflichtigen Erwerbs abziehen. Der Abzug der Nießbrauchslast ist jedoch gem. § 25 Abs. 1 ErbStG ausgeschlossen, wenn das Nießbrauchsvermächtnis zu Gunsten des überlebenden Ehegatten eingeräumt worden ist. Insoweit kann jedoch die Erbschaftsteuer, die auf die sonst abziehbare Nießbrauchsschuld entfallen würde, zinslos gestundet werden. 5997

(unbesetzt) 5998

7. Berücksichtigung früherer Erwerbe

Mehrere innerhalb von 10 Jahren von derselben Person anfallende Vermögensvorteile werden in der Weise zusammengerechnet, dass dem letzten Erwerb die früheren Erwerbe 5999

---

1 BFH-Urteil vom 21. Juni 1989 II R 135/85, BFHE 157, 223, BStBl II 1989, 731.
2 BGH-Urteil vom 30. Mai 1990 IV ZR 254/88, FamRZ 1991, 552. Vgl. auch Rn 4751 Abs. 3. Vgl. ferner *Meyding*, Schenkung unter Nießbrauchsvorbehalt und Pflichtteilsergänzungsanspruch, ZEW 1994, 202, sowie *Reiff*, Vorweggenommene Erbfolge und Pflichtteilsergänzung, NJW 1992, 2857.

nach ihrem früheren Wert zugerechnet werden und von der Steuer für den Gesamtbetrag die Steuer abgezogen wird, welche für die früheren Erwerbe zurzeit des letzten zu erheben gewesen wäre (§ 14 Abs. 1 Satz 1 ErbStG).

6000 Für die Berechnung des 10-Jahres-Zeitraums ist jeweils von dem Zeitpunkt auszugehen, zu dem die Steuer für den letzten Erwerb entstanden ist.

6001 Mit der Vorschrift wird Mehrfaches bezweckt.

Es wird sichergestellt, dass sich die Freibeträge, die das ErbStG zur Entlastung der Erwerber vorgibt, innerhalb des 10-Jahres-Zeitraums – des Zusammenrechnungszeitraums – **nur einmal** auswirken und sich der anzuwendende Steuersatz nach dem Gesamtbetrag der Erwerbe bestimmt, sodass der Progressionseffekt des nach Wertstufen gestaffelten Tarifs durch Aufteilung einer Zuwendung in mehrere Zuwendungen nicht umgangen werden kann.

Dem Sinn und Zweck der Zusammenrechnung, alle Zuwendungen innerhalb des 10-Jahres-Zeitraums als Einheit zu behandeln, entspricht es aber auch, dass der Steuerpflichtige durch die Zusammenrechnung im Allgemeinen nicht ungünstiger gestellt werden darf, als wenn hier eine einheitliche Zuwendung vorliegen würde.

Wenngleich i. d. R. der Wert eines bestandskräftigen Steuerbescheids zu übernehmen sein wird, erscheint es beim nachweislich falschen Wertansatz geboten, den früheren Erwerb mit seinem richtigen Wert anzusetzen, weil nur so für den letzten Erwerb die richtige Steuer festgesetzt werden kann[1].

Bei der Zusammenrechnung mehrerer innerhalb von zehn Jahren von derselben Person anfallender Vermögensvorteile mit dem letzten Erwerb sind die früheren Erwerbe mit den ihnen (damals) zukommenden richtigen Werten anzusetzen und nicht mit den (falschen) Werten, die den vorangegangenen Steuerfestsetzungen für diese Erwerbe zu Grunde gelegt worden waren[2].

6002 Bei einer Kette von Schenkungen, durch die zwei Zusammenrechnungszeiträume miteinander verbunden sind, ist der Freibetrag nach Ablauf eines Zusammenrechnungszeitraums jeweils neu zu gewähren, soweit er durch die Vorschenkung verbraucht ist.

8. Vermächtnis und Auflagen

6003 (1) Das **Vermächtnis** stellt eine vom Erblasser angeordnete Verbindlichkeit dar.

6004 (2) Erhält ein Erbe z. B. neben seinem Erbteil ein **Vorausvermächtnis,** so erhält er gegen die Erbengemeinschaft und damit, soweit er an der Erbengemeinschaft beteiligt ist, einen schuldrechtlichen Anspruch gegen sich selbst. Werden Wirtschaftsgüter zur Erfüllung des Vorausvermächtnisses aus dem Betriebsvermögen entnommen, ist auch ihm der Entnahmegewinn im Verhältnis zur Erbquote zuzurechnen. Da er jedoch Miterbe und Mitunternehmer geworden ist, liegt keine Entnahme vor, wenn er das Wirtschaftsgut einem anderen Betriebsvermögen mit dem Buchwert zuführt. Er hat in einem solchen Fall das Wahlrecht zwischen Übernahme zum Buchwert und Entnahme zum Teilwert.

6005 (3) Hat der Erblasser ein **Nießbrauchsvermächtnis** angeordnet, geht der Nachlass belastet mit diesem Vermächtnis auf den Erben über. Die Erben haben belastetes Eigentum

---

1 BFH-Beschluss vom 18. September 1985 II B 30/85, BFHE 144, 456, BStBl II 1985, 710.
2 BFH-Urteil vom 17. April 1991 II R 121/88, BFHE 164, 107, BStBl II 1991, 522.

erworben. Die Erfüllung des Nießbrauchsvermächtnisses ist insoweit als Erfüllung einer vom Erblasser begründeten Schuld zu behandeln.

(4) **Auflagen** verpflichten den Empfänger einer Zuwendung zu einer Leistung, die aus dem Zuwendungsgegenstand zu leisten ist. Bürgerlich-rechtlich ist das Rechtsgeschäft sofort voll wirksam. Die Verpflichtung des Beschenkten ist bei der Schenkung unter Auflage z. B. anders mit der Schenkerleistung verknüpft als die Verpflichtung zur Gegenleistung bei der gemischten Schenkung. Denn bei der gemischten Schenkung muss sich der Bedachte zu seiner Leistung verpflichten, damit das Rechtsgeschäft überhaupt zu Stande kommt. Deshalb verbietet sich die Aufspaltung der Auflagenschenkung in einen entgeltlichen und einen freigebigen Teil. Bei der Auslegung des Erbschaftsteuergesetzes wird zwischen der Schenkung unter Leistungsauflage, die wie eine gemischte Schenkung besteuert wird, und der Schenkung unter Nutzungs- oder Duldungsauflage unterschieden, wobei letztere als Vollschenkung des Zuwendungsobjekts mit ungekürztem Abzug der Auflagelast besteuert wird, soweit nicht § 25 Abs. 1 ErbStG einem Abzug entgegensteht[1]. 6006

(unbesetzt) 6007–6010

III. Steuerklassen

Die Steuerklassen sind nach den persönlichen Verhältnissen des Erwerbers zum Erblasser festgelegt (§ 15 ErbStG). Die Abstammungs- und Verwandtschaftsverhältnisse regeln sich nach dem BGB. 6011

Zur Steuerklasse I gehören: 6012

- der Ehegatte. Ständig getrennt Lebende gehören ebenfalls zum Personenkreis der Steuerklasse I; 6013

- die Kinder. Als solche gelten die ehelichen und nicht ehelichen Kinder, die Adoptivkinder und sonstige Personen, denen die rechtliche Stellung ehelicher Kinder zukommt, sowie die Stiefkinder; 6014

- die Kinder verstorbener Kinder. Kinder von Adoptivkindern gehören dazu, wenn sich die Wirkung der Adoption auf sie erstreckt (§§ 1755, 1770 BGB); 6015

- die Eltern und Voreltern bei Erwerben von Todes wegen. 6016

Zur Steuerklasse II gehören: 6017

- die Eltern und Voreltern, Adoptiveltern und Stiefeltern, soweit sie nicht bereits zur Steuerklasse I gehören; 6018

- die Geschwister sowie die Abkömmlinge ersten Grades von Geschwistern; 6019

- die Schwiegereltern und Schwiegerkinder sowie die Stiefeltern; 6020

- der geschiedene Ehegatte. 6021

Zur Steuerklasse III gehören alle übrigen Erwerber und die Zweckzuwendungen. 6022

Beim Berliner Testament entsteht nach dem Tod des zuerst versterbenden Ehegatten aus dessen Nachlass und dem Vermögen des überlebenden Ehegatten ein einheitliches Vermögen, das beim Tod des zuletzt versterbenden Ehegatten auf den Schlusserben übergeht. Für den Schlusserben ist außer der Tatsache, dass nur einmal ein Freibetrag für ihn anfällt, 6023

---

1 Vgl. hierzu R 17 ErbStR 2003 und H 17 ErbStH.

die Regelung dann besonders nachteilig, wenn nach seiner Verwandtschaft zu dem zuerst verstorbenen Ehegatten eine günstigere Steuerklasse gegolten hätte. Auf Antrag kann der Schlusserbe oder ein Vermächtnisnehmer gem. § 15 Abs. 3 ErbStG die Versteuerung nach dem günstigeren verwandtschaftlichen Verhältnis zu dem zuerst verstorbenen Ehegatten wählen. Das Erfordernis der Bindung des überlebenden Ehegatten an die letztwillige Verfügung des zuerst verstorbenen Ehegatten soll die abweichende Besteuerung auf Fälle beschränken, in denen der Schlusserbe seinen Erwerb der Anordnung des zuerst verstorbenen Ehegatten verdankt. Ändert bei einem Berliner Testament der überlebende Ehegatte die Erbeinsetzung, kann daher eine solche Änderung den Steuervorteil nach § 15 Abs. 3 ErbStG beseitigen[1].

6024–6030 *(unbesetzt)*

IV. Steuersätze

6031 Der Tarif des § 19 ErbStG ist ein Stufentarif. Der steuerpflichtige Erwerb (§ 10 ErbStG) unterliegt stets in vollem Umfang mit dem Steuersatz der Besteuerung, der für die Wertstufe gilt, in die er gemäß seiner Höhe fällt.

6032 Werden die Wertstufen nur in verhältnismäßig geringem Umfang überschritten, greift die Härtevorschrift des § 19 Abs. 3 ErbStG ein.

6033 Mit dem besonderen Freibetrag für den Erwerb von Betriebsvermögen sowie dem Bewertungsabschlag gem. § 13a ErbStG wurde ab 1. Januar 1996 auch die Tarifbegrenzung nach § 19a ErbStG eingeführt. Danach ist von der tariflichen Erbschaftsteuer ein Entlastungsbetrag abzuziehen, wenn in dem steuerpflichtigen Erwerb einer natürlichen Person der Steuerklasse II oder III Betriebsvermögen enthalten ist. Der Erwerb von Betriebsvermögen soll unabhängig vom Verwandtschaftsverhältnis in Anlehnung an die Steuerklasse I besteuert werden. Der Kreis der begünstigten Personen ist aber auf natürliche Personen beschränkt. Begünstigter Erwerb kann jeder Erwerb von Todes wegen oder durch Schenkung unter Lebenden sein.

Die Berechnung des Entlastungsbetrags erfolgt gem. § 19a Abs. 3 und 4 ErbStG nach einer Verhältnisrechnung, wenn nicht nur begünstigtes Vermögen (Betriebsvermögen) übergeht. Nach dem Verhältnis des Werts des begünstigten Vermögens (nach Abzug der Entlastungen gem. § 13a ErbStG) zum Wert des gesamten Vermögensanfalls wird die jeweilige tarifliche Steuer für die tatsächliche Steuerklasse des Erwerbers und der Steuerklasse I aufgeteilt. Der Entlastungsbetrag ist die Differenz zwischen der nach dem Steuerwert der Steuerklasse II oder III ermittelten Steuer und der nach Steuerklasse I ermittelten Steuer, soweit sie jeweils auf das begünstigte Vermögen entfällt. Ab 1. 1. 2004 ist nach der Neufassung des § 19a ErbStG durch das Haushaltsbegleitgesetz (BGBl I 2003, 3076) der Entlastungsbetrag nur noch in Höhe von 88 vH von der nach Steuerklasse II oder III ermittelten Steuer abzuziehen.

Beispiel für die Verhältnisrechnung nach H 79 (2) ErbStH:
Unternehmer U hat seinen Großneffen G (Steuerklasse III) zum Alleinerben eingesetzt. Zum Nachlass gehört ein KG-Anteil (Steuerwert 1 500 000 €) und weiteres Vermögen mit einem steuerpflichtigen Wert von 750 000 €.

---

1 BFH-Urteile vom 26. September 1990 II R 117/86, BFHE 162, 97, BStBl II 1990, 1067 und vom 16. Juni 1999 II R 57/96, BStBl II 1999, 789.

Betriebsvermögen (begünstigt)	1 5000 000 €	
Freibetrag	./. 225 000 €	
Verbleiben	1 275 000 €	
Bewertungsabschlag (35 vH)	./. 446 250 €	828 750 €
Übriges Vermögen		+ 750 000 €
Gesamter Vermögensanfall		1 578 750 €
Bestattungskosten usw. pauschal		./. 10 300 €
Persönlicher Freibetrag Stkl. III		./. 5 200 €
Steuerpflichtiger Erwerb (auf 100 € abgerundet)		1 563 200 €
Anteil des begünstigten Vermögens:		
828 750 € : 1 578 750 € =	52,49 vH	
Steuer nach Stkl. III (35 vH)		547 120 €
Auf begünstigtes Vermögen entfällt		
547 120 € × 52,49 vH	287 183 €	
Steuer nach Stkl. I (19 vH)		
= 297 008 €		
Auf begünstigtes Vermögen entfällt		
297 008 € × 52,49 vH	./. 155 899 €	
Differenz	131 284 €	
Entlastungsbetrag 88 vH =		115 530 €
Festzusetzende Steuer		431 590 €

(unbesetzt) 6034–6036

V. Steuervergünstigungen

1. Freibeträge

Das ErbStG sieht in § 16 Abs. 1 ErbStG für die Erbanfälle Freibeträge vor, und zwar für die einzelnen Steuerklassen in unterschiedlicher Höhe. Diese Freibeträge führen dazu, dass ein Erwerb bis zu ihrer Höchstgrenze steuerfrei bleibt. Übersteigt der Erwerb den Freibetrag, ist nur der übersteigende Betrag steuerpflichtig, und zwar mit dem Steuersatz, der für den übersteigenden Betrag gilt. 6037

- In der Steuerklasse I ist für den Ehegatten ein Freibetrag von 307 000 €, für Kinder i. S. d. Steuerklasse I Nr. 2 und Kinder verstorbener Kinder i. S. d. Steuerklasse I Nr. 2 von 205 000 € vorgesehen, für die übrigen Personen von 51 200 €; 6038

- für Steuerpflichtige, die in die Steuerklasse II fallen, beläuft sich der Freibetrag auf 10 300 €; 6039

- Personen der Steuerklasse III gewährt das Gesetz einen Freibetrag von 5 200 €. 6040

Zu den Freibeträgen treten die besonderen Versorgungsfreibeträge gem. § 17 ErbStG[1]. 6041

Diese Freibeträge gelten bei unbeschränkter Steuerpflicht. 6042

Bei beschränkter Steuerpflicht beträgt der Freibetrag 1 100 € (§ 16 Abs. 2 ErbStG). 6043

---

1 Vgl. dazu Rn 6053–6054.

6044 Die generationsüberspringende Erbfolge – also der Übergang von Vermögen der Großeltern auf die Enkelkinder – kann erhebliche Steuerersparnisse nach sich ziehen.

Beispiel:
Der Großvater G ist Eigentümer eines Mehrfamilienhauses, dessen Steuerwert (Bedarfswert) 505 000 € beträgt. Der Großvater ist 78 Jahre, der Vater 55 Jahre und dessen Sohn (Enkelkind) 30 Jahre alt.

Sachverhalt	€
1. Möglichkeit:	
Der Großvater schenkt das Haus dem Vater; nach dessen Tod geht das Haus auf den Enkel über	
Bereicherung des Vaters durch die Schenkung	505 000
abzgl. Freibetrag	205 000
Steuerpflichtiger Erwerb	300 000
Schenkungsteuer (15 vH)	45 000
Späterer Erwerb des Enkelkindes von Todes wegen	
Mehrfamilienhaus (Steuerwert)	505 000
Übriges Vermögen des Vaters	80 000
abzgl. Freibetrag	205 000
Steuerpflichtiger Erwerb	380 000
Erbschaftsteuer (15 vH)	57 000
Gesamtbelastung (45 000 € + 57 000 €) =	102 000
2. Möglichkeit:	
Der Großvater überträgt das Haus unmittelbar auf sein Enkelkind	
Bereicherung des Enkels durch Schenkung	505 000
abzgl. Freibetrag	51 200
Steuerpflichtiger Erwerb	453 800
Schenkungsteuer (15 vH)	68 070
Späterer Erwerb des Enkelkindes von Todes wegen	
Übriges Vermögen des Vaters	
80 000 € + 45 000 € (ersparte Erbschaftsteuer) =	125 000
abzgl. Freibetrag	205 000
Steuerpflichtiger Erwerb	0
Erbschaftsteuer	0
Gesamtsteuerbelastung (68 070 € + 0 €) =	68 070
3. Möglichkeit:	
Der Großvater überträgt das Haus unmitelbar auf sein Enkelkind und bestellt gleichzeitig einen Nießbrauch zu Gunsten des Vaters an zwei Wohnungen (Jahresmiete 12 000 €; Kapitalwert unter Anwendung des Vervielfältigers nach Anlage 9 zu § 14 BewG von 11 759 = 141 108 €); § 25 ErbStG greift nicht!	
Bereicherung des Enkelkindes durch Schenkung 505 000 € ./. 141 108 € =	363 892
abzgl. Freibetrag	51 200
Steuerpflichtiger Erwerb	312 692
Schenkungsteuer (15 vH)	46 903
Bereicherung des Vaters durch Schenkung	
Kapitalwert des Nießbrauchs	141 108
abzgl. Freibetrag	205 000
Steuerpflichtiger Erwerb	0
Schenkungsteuer	0
Gesamtsteuerbelastung	46 903

Betriebsvermögens-Freibetrag

Schrifttum: *Christoffel,* Gestaltungsmöglichkeiten im Bereich der Entnahmebegrenzungen nach den §§ 13a, 19a ErbStG, INF 1999, 588, 618; *Daragan/Zacher-Röder,* Qualifizierte Nachfolge und Sonderbetriebsvermögen, DStR 1999, 89; *Felix,* Betriebsvermögens-Freibetrag nach § 13 Abs. 2a ErbStG, BB 1994, 477; *Felix,* Praktizierung des erbstl Betriebsvermögens-Freibetrages, § 13 Abs. 2a ErbStG, KÖSDI 1994, 9878; *Gebel,* Die schenkungsteuerliche Freibetragsregelung für die Übergabe von Betriebsvermögen in vorweggenommener Erbfolge, UVR 1994, 172; *Hübner,* Der erschaft- und schenkungsteuerliche Freibetrag für die Übertragung von Betriebsvermögen, DStR 1995, 197; *Moench,* § 13 Abs. 2a ErbStG: Ein Steuergeschenk mit Haken und Ösen, ZEV 1995, 50; *Schauhoff,* Die Schenkung von Betriebsvermögen unter Ausnutzung des neuen ErbSt-Freibetrages von 500 000 DM, ZEV 1994, 154.

6045

Gleichlautende Ländererlasse der obersten Finanzbehörden der Länder vom 17. März 2003, BStBl I Sondernummer 1/2003, S. 91 = Hinweise zu den ErbStR 2003 (ErbStH).

(1) § 13a Abs. 1 ErbStG i. d. F. des Haushaltsbegleitgesetzes 2004 bestimmt, dass Betriebsvermögen i. S. v. § 12 Abs. 5 ErbStG insgesamt bis zu einem Wert von 225 000 € außer Ansatz bleibt, und zwar bei Erwerben durch Erbanfall oder Schenkung unter Lebenden. Beim Erwerb durch mehrere Erben oder bei mehreren Bedachten ist ein entsprechender Teilbetrag von 225 000 € maßgebend.

6046

Der Freibetrag ist nachlass- und schenkungsbezogen. Er mindert die Bemessungsgrundlage des Erwerbs des Erben oder des Beschenkten. Der Zuwendende kann bei Vorhandensein mehrerer Empfänger von Betriebsvermögen den Freibetrag nach seinem Belieben aufteilen. Das ist eine personenbezogene Komponente des Freibetrags. Der Freibetrag ist aber auch rechtsformabhängig. Denn es wird nur das Betriebsvermögen entlastet, das auf den Erben oder den Beschenkten übergeht. Andere Empfänger werden durch den Freibetrag nicht entlastet.

Die Steuerbefreiung fällt mit Wirkung für die Vergangenheit weg, soweit innerhalb von 5 Jahren nach dem Erwerb der Gewerbebetrieb bzw. das sonst begünstigte Betriebsvermögen veräußert wird (§ 13a Abs. 5 ErbStG).

Die Behaltensregel greift nicht im Fall der Vor- und Nacherbschaft ein, weil es sich um zwei Erbfälle handelt. Sie greift ferner nicht ein, wenn begünstigtes Betriebsvermögen[1]

a) im Wege der Schenkung weiterübertragen wird,

b) im Rahmen der Erbauseinandersetzung auf einen oder mehrere Miterben oder

auf Grund eines vom Erblasser angeordneten Sachvermächtnisses auf den Vermächtnisnehmer übertragen wird.

Eine freibetragsschädliche Verfügung liegt auch in der Aufgabe eines Betriebs (§ 13a Abs. 5 Nr. 1 Satz 1 ErbStG). Das gilt z. B. auch, wenn ein Insolvenzverfahren zur Aufgabe des Betriebs führt.

Der Freibetrag gilt unabhängig von der Steuerklasse, sodass die steuerliche Begünstigung umso höher ist, je ungünstiger die maßgebliche Steuerklasse ist.

(2) Der Betriebsvermögens-Freibetrag gilt gem. § 13a Abs. 4 Nr. 3 ErbStG entsprechend für Anteile an Kapitalgesellschaften, wenn

6047

- die Kapitalgesellschaft zurzeit der Entstehung der Steuer Sitz oder Geschäftsleitung im **Inland** hat

---

1 S. hierzu R 57, R 62 f. ErbStR 2003.

- und der Erblasse oder Schenker am Nennkapital dieser Gesellschaft mehr als zu einem Viertel unmittelbar beteiligt war.

6048 (3) Betriebsvermögen, das mit seinem Steuerwert den Freibetrag von 225 000 € übersteigt, wird nur mit 65 vH des den Freibetrag übersteigenden Betrags angesetzt (§ 13a Abs. 2 ErbStG).

Der Bewertungsabschlag von 35 vH gilt für jeden Erwerb im Wege der Schenkung unter Lebenden oder durch Erbanfall, und zwar unabhängig davon, ob der Freibetrag in Anspruch genommen wurde oder nicht.

6049 (4) Werden begünstigtes Betriebsvermögen und Kapitalanteile übertragen, fällt der Betriebsvermögens-Freibetrag insgesamt nur einmal an.

6050 (5) Der Freibetrag beim Übergang des Betriebsvermögens durch Erbanfall gilt für die Erben. Als weiterer begünstigter Erwerb kommt der Erwerb durch Vermächtnis (Vorausvermächtnis) in Betracht, wenn der Vermächtnisnehmer begünstigtes Vermögen durch Sachvermächtnis erhält[1]. Der Erwerb des Pflichtteilsanspruchs, der auf Geld gerichtet ist, ist nicht nach § 13a ErbStG begünstigt.

Die Freibetragsregelung hat Elemente eines sachlichen und eines persönlichen Freibetrags.

6051 (6) § 13a Abs. 5 Nr. 3 ErbStG enthält eine Nachversteuerungsregelung für den Fall einer Überentnahme innerhalb der Behaltenszeit.

6052 **Beispiele:**

(1) Wird der Unternehmer U von A zur Hälfte und von B und C zu ¼ beerbt, steht der Betriebsvermögensfreibetrag von 225 000 € – wenn der Erblasser keine anderen Aufteilung bestimmt hat – A in Höhe von 112 500 € und B sowie C zu je 56 250 € zu.

(2) Der Nachlass mit einem Steuerwert von insgesamt 400 000 € geht zu gleichen Teilen auf die beiden Erben A und B über. Zum Nachlass gehört ein Gewerbebetrieb mit einem Steuerwert von 200 000 €. Nach der vom Erblasser getroffenen Teilungsanordnung soll A den Gewerbebetrieb erhalten und den Betriebsvermögensfreibetrag allein beanspruchen können. Der Erbe B erhält den übrigen Nachlass.

Da A durch Erbanfall nur Betriebsvermögen mit einem Steuerwert von 200 000 € erhält, können von dem allein A zustehenden Freibetrag für Betriebsvermögen (225 000 €) auch nur 200 000 € außer Ansatz bleiben.

(3) Der Unternehmer U bestimmt in seinem Testament, dass seine Tochter T und sein Schwiegersohn S, die beide schon lange im Betrieb mitgearbeitet haben, als alleinige Erben den ausschließlich aus einem Gewerbebetrieb bestehenden Nachlass je zur Hälfte erhalten sollen. Der Steuerwert des Unternehmers (und damit des gesamten Nachlasses) beträgt 825 000 €.

a) Erbeinsetzung ohne abweichende Aufteilung des Freibetrags

Der Wert des Nachlasses (825 000 €) beträgt nach Abzug des Betriebsvermögensfreibetrags von (225 000 €) 600 000 €; Ansatz des Werts des Betriebsvermögens gem. § 13a Abs. 2 ErbStG mit 65 vH = 390 000 €.

	T	S
Anteil zu je ½	195 000 €	195 000 €
abzgl. persönl. Freibetrag (§ 16 Abs. 1 Nr. 1 bzw. Nr. 4 ErbStG)	205 000 €	10 300 €

---

1 S. R 55 ErbStR 2003.

Steuervergünstigungen

Steuerpfl. Erwerb	0 €	184 700 €
Erbschaftsteuer für S (Steuerklasse II)	0 €	31 399 €
abzüglich Entlastungsbetrag nach § 19a ErbStG (88 vH)		9 752 €
Erbschaftsteuer	0 €	21 647 €

b) Erbeinsetzung mit der Bestimmung, dass der Betriebsvermögensfreibetrag ausschließlich S zustehen soll (§ 13a Abs. 1 Nr. 1 ErbStG):

	T	S
Erwerb des Betriebsvermögens zu ½	412 500 €	412 500 €
abzügl. Betriebsvermögensfreibetrag	0 €	225 000 €
Ansatz des verbleibenden Betriebsvermögens mit 65 vH (§ 13a Abs. 1 ErbStG)	268 125 €	121 875 €
abzügl. persönl. Freibetrag (§ 16 Abs. 1 Nr. 1 bzw. Nr. 4 ErbStG)	205 000 €	10 300 €
Steuerpflichtiger Erwerb (abgerundet)	63 100 €	111 500 €
für T Steuerklasse I, für S Steuerklasse II		18 955 €
abzügl. Entlastungsbetrag nach § 19a ErbStG (88 vH) für S:		5 887 €
Erbschaftsteuer	6 941 €	13 068 €

(4) Verstoß gegen die Behaltensregelung
A und B sind zu gleichen Teilen Erben. Sie führen das Unternehmen des Erblassers gemeinsam fort und haben jeweils den Freibetrag zur Hälfte in Anspruch genommen. Nach drei Jahren veräußert der Erbe B sein Betriebsvermögen vollständig.
In diesem Fall ist die Erbschaftsteuerfestsetzung nur zu Lasten des veräußernden Miterben B zu ändern. Die Besteuerung wird ohne Ansatz seines Freibetragsanteils durchgeführt. Die Entlastung des Miterben A durch den Freibetragsanteil bleibt unberührt.

2. Versorgungsfreibeträge

a) Für den überlebenden Ehegatten beläuft sich der Versorgungsfreibetrag auf 225 000 € (§ 17 Abs. 1 ErbStG). 6053

b) Für Kinder des Erblassers im Sinne des § 15 Abs. 1 ErbStG betragen die Versorgungsfreibeträge für Erwerbe von Todes wegen – gestaffelt nach dem Alter dieser Kinder – zwischen 52 000 € und 10 300 €. 6054

3. Steuerbefreiung für besondere Gegenstände und Erwerbsarten (§ 13 ErbStG)

Steuerfrei sind z. B. die Erwerbe 6055

6056 a) von Hausrat einschließlich Wäsche und Kleidungsstücke beim Erwerb durch Personen der Steuerklasse I, soweit der Wert insgesamt 41 000 € nicht übersteigt (§ 13 Abs. 1 Nr. 1a ErbStG),

6057 b) anderer beweglicher körperlicher Gegenstände, ... soweit der Wert insgesamt 10 300 € nicht übersteigt (§ 13 Abs. 1 Nr. 1b ErbStG),

6058 c) von Grundbesitz oder Teilen von Grundbesitz, Kunstgegenständen, Bibliotheken, Archiven, Kunst- und wissenschaftlichen Sammlungen, soweit deren Erhaltung im öffentlichen Interesse liegt (§ 13 Abs. 1 Nr. 2 ErbStG), mit 60 vH ihres Wertes und

6059 d) auf Grund einer Reihe von weiteren Tatbeständen bis hin zu den üblichen Gelegenheitsgeschenken (§ 13 Abs. 1 Nr. 14 ErbStG),

6060 e) bei Identität eines zugewandten und von Todes wegen wieder zurückgefallenen Vermögensgegenstands (§ 13 Abs. 1 Nr. 10 ErbStG)[1].

6061 *(unbesetzt)*

6062 Tabelle der Freibeträge:

Steuerklasse	Verwandtschaftsgrad	Persönliche Freibeträge a) Allgemeiner Freibetrag b) Versorgungsfreibetrag	Sachliche Freibeträge a) Hausrat[2] b) Sonstiges[3]
I	Ehegatte	a) 307 000 € b) 225 000 €	a) 41 000 € b) 10 300 €
	Kinder, Stiefkinder, Enkel	a) 205 000 € b) 10 300 € bis zu 52 000 € gestaffelt	
	Eltern und Voreltern bei Erwerben von Todes wegen	a) 51 200 € b) –	
II	Eltern, Voreltern, Stief- und Schwiegereltern; Geschwister, Neffen, Nichten, Schwiegerkinder; geschiedener Ehegatte	a) 10 300 € b) –	a) + b) 10 300 €
III	alle übrigen Erwerber (auch die Lebensgefährten)	a) 5 200 € b) –	a) + b) 10 300 €
I/III	keiner (s. § 19a ErbStG)	Betriebsvermögens-Freibetrag[4] 225 000 €	

4. Mehrfacher Erwerb desselben Vermögens

6063 Fällt Personen der Steuerklasse I Vermögen von Todes wegen an, das in den letzten zehn Jahren vor dem Anfall bereits von Personen der gleichen Steuerklasse erworben worden ist und der Besteuerung nach dem ErbStG unterlegen hat, ermäßigt sich der auf dieses Vermögen entfallende Steuerbetrag (§ 27 Abs. 1 ErbStG) zwischen 10 und 50 vH, wenn zwischen den beiden Zeitpunkten der Entstehung der Steuer ein bis zehn Jahre liegen.

5. Stundung der Erbschaftsteuer

6064 Nach § 28 ErbStG ist die auf Betriebsvermögen entfallende Erbschaftsteuer auf Antrag bis zu 10 Jahren zu stunden.

---

1 BFH-Urteil vom 22. Juni 1994 II R 1/92, BFHE 174, 377, BStBl II 1994, 656.
2 Hausrat; § 13 Abs. 1 Nr. 1a ErbStG.
3 Andere bewegliche körperliche Gegenstände; § 13 Abs. 1 Nr. 1b ErbStG.
4 § 13a ErbStG.

Die gestundete Summe braucht bei Erwerben von Todes wegen nicht verzinst zu werden. Bei Schenkungen beträgt der jährliche Zinssatz 6 vH der gestundeten Steuer.

(unbesetzt) 6065–6070

6. Betriebsübertragungen unter Nießbrauchsvorbehalt

Überträgt ein Unternehmer seinem Sohn den Betrieb mit der Auflage, der behinderten Schwester durch Bestellung eines Nießbrauchsrechts bis zum Lebensende die Hälfte des Gewinns zu überlassen, liegt eine Schenkung unter einer Auflage vor. Diese ist durch den Abzug der kapitalisierten Nießbrauchslast vom Steuerwert des Gewerbebetriebs zu berücksichtigen[1]. 6071

Behält sich im Beispielsfall der Unternehmer für sich oder seine Ehefrau den Nießbrauch an der Hälfte des Gewinns vor, wird allerdings der Erwerb des Sohnes gem. § 25 Abs. 1 ErbStG ohne Berücksichtigung der Nießbrauchslast besteuert. Die Schenkungsteuer, die auf den Kapitalwert des Gewinnbezugsrechts entfällt, wird jedoch gem. § 25 Abs. 1 Satz 2 ErbStG bis zum Erlöschen der Last zinslos gestundet. Auf Antrag des Sohnes kann die gestundete Steuer gem. § 25 Abs. 1 Satz 3 ErbStG jederzeit mit ihrem Barwert abgelöst werden.

7. Verzicht auf künftigen Erb- und Pflichtteil

Verzichtet ein zur gesetzlichen Erbfolge Berufener auf seinen künftigen Erb- und Pflichtanteil und erhält er hierfür an Stelle eines Einmalbetrags der Höhe nach begrenzte wiederkehrende Zahlungen, sind diese bei ihm nicht als wiederkehrende Leistungen (§ 22 Nr. 1 Satz 1 EStG) steuerbar (Abweichung vom BFH-Urteil vom 7. April 1992 VIII R 59/89, BFHE 167, 515, BStBl II 1992, 809)[2]. 6072

Erbschaftsteuerrechtlich gilt gem. § 3 Abs. 2 Nr. 4 ErbStG als vom Erblasser zugewendet, was als Abfindung für einen Verzicht auf den entstandenen Pflichtteilsanspruch oder für die Ausschlagung einer Erbschaft oder eines Vermächtnisses gewährt wird. Verzichtet ein künftiger Erbe gegen Abfindung schon vor dem Erbfall durch Vertrag gegenüber dem Erblasser (§§ 2346, 2352 BGB), ist sein Erwerb nach § 7 Abs. 1 Nr. 5 ErbStG schenkungsteuerpflichtig. Lässt er sich als künftiger Pflichtteilsberechtigter von dem vorgesehenen Alleinerben eine Abfindung dafür zahlen, dass er auf den künftigen Pflichtteil (z. B. durch Vereinbarung unter Geschwistern) verzichten wird, folgt die Steuerpflicht aus § 7 Abs. 1 Nr. 1 ErbStG[3].

VI. Veranlagung und Erhebung

1. Anmelde- und Erklärungspflicht

Jeder der Erbschaftsteuer unterliegende Erwerb ist vom Erwerber, bei rechtsgeschäftlichem Erwerb unter Lebenden auch vom Veräußerer, dem zuständigen Finanzamt anzuzeigen (§ 30 Abs. 1 und 2 ErbStG). Einer Anzeige bedarf es nach § 30 Abs. 3 ErbStG allerdings nicht, wenn der Erwerb auf einer von einem deutschen Gericht, einem deut- 6073

---
[1] R 17 ErbStR 2003 und H 17 ErbStH.
[2] BFH-Urteil vom 20. Oktober 1999 X R 132/95, BFHE 190, 178, BStBl II 2000, 82.
[3] BFH-Urteil vom 25. Januar 2001 II R 22/98, BStBl II 2001, 456.

schen Notar oder einem deutschen Konsul eröffneten Verfügung von Todes wegen beruht und sich aus der Verfügung das Verhältnis des Erwerbers zum Erblasser unzweifelhaft ergibt.

6074 Die Standesämter, Gerichte, Notare und sonstige Behörden sind zur Erfassung mitteilungspflichtig, ebenso die geschäftsmäßigen Verwahrer oder Verwalter fremden Vermögens und die Versicherungsunternehmen (§§ 33, 34 ErbStG).

2. Steuerfestsetzung

6075 (1) Das FA setzt die Erbschaftsteuer fest.

6076 (2) Kann der Erwerber von Vermögen, dessen Nutzungen dem Schenker oder dem Ehegatten des Erblassers (Schenkers) zustehen oder das mit einer Verpflichtung zu wiederkehrenden Leistungen zugunsten dieser Personen belastet ist, diese Belastung bei der Ermittlung des steuerpflichtigen Erwerbs nicht abziehen (§ 25 Abs. 1 Satz 1 ErbStG), ist gem. § 25 Abs. 1 Satz 2 ErbStG die Steuer, die auf den Kapitalwert dieser Belastungen entfällt, bis zu deren Erlöschen zinslos zu stunden.

6077 (3) Ein Steuerbescheid, mit dem die Erbschaftsteuer gegen einen Erben (Miterben) festgesetzt wird, wird mit der Bekanntgabe an den Testamentsvollstrecker dem Erben gegenüber wirksam. Die Bekanntgabe des Erbschaftsteuerbescheids an den Testamentsvollstrecker gem. § 32 ErbStG setzt auch die Rechtsbehelfsfrist für die Anfechtung durch den Erben in Lauf. Dem Erben ist allerdings bei verspäteter Unterrichtung innerhalb der Jahresfrist des § 110 Abs. 3 AO Wiedereinsetzung in den vorigen Stand zu gewähren, wobei das Verhalten des Testamentsvollstreckers ihm nicht zuzurechnen ist[1].

6078 Ein Erbschaftsteuerbescheid, mit dem lediglich Erbschaftsteuer auf Grund Vermächtnisfalls und/oder auf Grund Erwerbs infolge Vertrags des Erblassers zu Gunsten des Erwerbers auf den Todesfall festgesetzt wird, kann allerdings dem Testamentsvollstrecker nicht mit Wirkung für und gegen den Steuerschuldner bekannt gegeben werden[2].

6079–6080 *(unbesetzt)*

3. Erstattung

6081 Gezahlte Steuer ist zu erstatten

6082 • soweit ein Geschenk wegen Rückforderungsrechts hat herausgegeben werden müssen (§ 29 Abs. 1 Nr. 1 ErbStG),

6083 • wenn die Herausgabe nach § 528 Abs. 1 Satz 2 BGB abgewendet worden ist (§ 29 Abs. 1 Nr. 2 ErbStG),

6084 • wenn die Erbschaftsteuer für Schenkungen entrichtet worden ist, die bei Beendigung der Zugewinngemeinschaft nach § 1380 Abs. 1 BGB auf die Ausgleichsforderung eines Ehegatten angerechnet wird (§ 29 Abs. 1 Nr. 3 ErbStG).

4. Doppelbelastung mit Erbschaftsteuer und Einkommensteuer

6085 Die vor dem Veranlagungszeitraum 1999 geltende Fassung des § 35 EStG regelte das Verhältnis von Einkommensteuer und Erbschaftsteuer zueinander. Durch die zu bedau-

---

1 BFH-Urteil vom 14. November 1990 II R 58/86, BFHE 162, 385, BStBl II 1991, 52.
2 BFH-Urteil vom 14. November 1990 II R 255/85, BFHE 162, 380, BStBl II 1991, 49.

ernde Abschaffung der „Steuerermäßigung bei Belastung mit Erbschaftsteuer" bleibt nunmehr die Doppelbelastung bestimmter Zuflüsse beim Erben mit Einkommen- und Erbschaftsteuer bestehen (z. B. der Eingang ererbter Honorarforderungen, rückständiger Mieten, rückständigen Gehalts oder rückständigen Tantiemen, die Einkommensteuer auslösende Veräußerung eines geerbten Vermögensgegenstandes usw.).

VII. Erwerb von Betriebsvermögen

Schrifttum: *Gebel,* Betriebsvermögen und Unternehmensnachfolge, Einkommensteuer und Erbschaft(Schenkung-)steuer beim Übergang von Betriebsvermögen auf Grund Erbfalls, Erbauseinandersetzung und vorweggenommener Erbfolge, München 1997; *Weinmann,* Steuerbefreiung für den Erwerb von Betriebsvermögen im ErbStG durch das Standortsicherungsgesetz, DStR 1993, 1237. 6086

Das Betriebsvermögen eines durch Erbfall oder Schenkung erworbenen Unternehmens ist mit HIlfe einer besonderen Vermögensaufstellung zum Stichtag (Todestag oder Tag der freigebigen Zuwendung) zu ermitteln[1]. Betriebsgrundstücke werden hierbei gem. § 12 Abs. 3 ErbStG i. V. m. § 99 BewG nach § 138 Abs. 3 BewG mit den Bedarfswerten angesetzt. Bei bilanzierenden Unternehmern sind die beweglichen Wirtschaftsgüter des Gewerbebetriebs sowie die betrieblichen Verbindlichkeiten i. d. R. mit den Werten aus der Steuerbilanz zum Stichtag zu übernehmen[2]. Die Finanzverwaltung hat es als Erleichterung für die Praxis jedoch zugelassen, dass der Wert des Betriebsvermögens aus einer auf den Schluss des letzten, vor dem Besteuerungszeitpunkt endenden Wirtschaftsjahres erstellten Bilanz abgeleitet wird[3]. 6087

Der Geschäfts- oder Firmenwert ist mit dem Wert anzusetzen, der sich nach den Grundsätzen über die steuerliche Gewinnermittlung ergibt. Für den selbst geschaffenen Firmenwert besteht nach Steuer- und Handelsbilanzrecht ein Ansatzverbot; infolgedessen werden nur entgeltlich erworbene Firmenwerte im Betriebsvermögen erfasst. 6088

Von dem Gesamterwerb sind die Nachlassverbindlichkeiten abzuziehen (§ 10 Abs. 5 ErbStG), soweit sie nicht bereits bei der Ermittlung des Werts des Betriebsvermögens berücksichtigt wurden (§ 10 Abs. 5 Nr. 1 ErbStG). 6089

Wird ein Pflichtteilsanspruch geltend gemacht, wird der Nachlass um den Nennwert des Anspruchs gekürzt. 6090

Die Erbschaftsteuer wird gestaffelt nach dem Wert des steuerpflichtigen Erwerbs und den für die betreffende Steuerklasse geltenden Vom-Hundert-Satz (§ 19 ErbStG) berechnet, und zwar unter Berücksichtigung von Freibeträgen und einem besonderen Versorgungsfreibetrag (§ 17 ErbStG). Für den Erwerb von Betriebsvermögen wird jedoch gem. § 19a ErbStG ein Entlastungsbetrag gewährt, der seit dem 1. 1. 2004 aufgrund der Änderung des Haushaltsbegleitgesetzes 2004 88 vH des Unterschieds zwischen der Steuer nach der tatsächlichen Steuerklasse des Erwerbers und der Steuer nach der Steuerklasse I beträgt. 6091

Hat der Erbe innerhalb der letzten 10 Jahre vor dem Erbfall vom Erblasser Vermögensgegenstände zugewandt erhalten, werden diese in der Weise zusammengerechnet, dass dem letzten Erwerb die früheren Erwerbe nach ihrem früheren Wert zugerechnet werden und von der Steuer für den Gesamtbetrag die Steuer abgezogen wird, welche für die früheren Erwerbe zurzeit des letzten zu erheben gewesen wäre (§ 14 ErbStG). 6092

---

1 S. R 114 ErbStR 2003.
2 S. hierzu im Einzelnen oben Rn 5961.
3 R 39 Abs. 2 ErbStR 2003.

Einen Überblick über die Bewertung nach § 12 Abs. 5 ErbStG zeigt die Tabelle zu Rn 5961.

6093–6095 *(unbesetzt)*

6096 Der Erbschaftsteuer unterliegt auch der Erwerb der Gesellschafterstellung des Erblassers von Todes wegen (§ 1 Abs. 1 Nr. 1 i. V. m. § 3 Abs. 1 Nr. 1 ErbStG). Es gelten die allgemeinen Regeln.

6097 Sieht ein Gesellschaftsvertrag für den Fall des Todes eines Gesellschafters die Fortsetzung der Gesellschaft ohne Abfindungsanspruch der Erben vor oder ist dieser Anspruch geringer als der gemäß § 738 Abs. 2 Satz 2 BGB vorgesehene Anspruch[1], führt ein solcher Sachverhalt aufseiten der dadurch begünstigten Gesellschafter zum Anfall von Schenkungsteuer (§ 7 Abs. 7 ErbStG).

6098 Familienfremde Gesellschafter fallen gem. § 15 Abs. 1 ErbStG in die Steuerklasse III.

6099–6100 *(unbesetzt)*

6101 Wird ein Geschäftsanteil einer GmbH vererbt, unterliegt der Erwerb der Erbschaftsteuer (§ 1 Abs. 1 Nr. 1 i. V. m. § 3 Abs. 1 Nr. 1 ErbStG).

Bürgerlich-rechtlich treten u. U. mehrere Erben als Gesamthandsgemeinschaft in die Gesellschafterstellung des Erblassers ein; steuerlich wird dagegen jedem der Miterben ein seiner Erbquote entsprechender Bruchteil an dem Geschäftsanteil zugeordnet (§ 39 Abs. 2 Nr. 2 AO).

6102 Der Geschäftsanteil wird nach § 12 Abs. 2 ErbStG bewertet. Es ist demgemäß der gemeine Wert des Anteils zu ermitteln. Lässt sich der gemeine Wert des Geschäftsanteils nicht aus Verkäufen ableiten, die weniger als ein Jahr vor dem Todestag des Erblassers liegen, so ist er zu schätzen, und zwar gem. § 12 Abs. 2 BewG. Anders als bei der Bewertung der Gesellschaftsanteile von Personengesellschaften wird also der Geschäftsanteil selbst bewertet.

6103–6110 *(unbesetzt)*

6111 Die Begünstigung für den Erwerb von Betriebsvermögen und wesentlichen Beteiligungen gegenüber dem von Privatvermögen ist auf Grund des besonderen Betriebsvermögensfreibetrags von 225 000 € gem. § 13a ErbstG und des Ansatzes des verbleibenden Werts mit nur 65 vH sowie wegen der Tarifvergünstigung nach § 19a ErbStG erheblich.

6112 Beträgt der Wert eines Mietwohngrundstücks gem. § 146 BewG 50 vH des Verkehrswerts, kann dieser Wert durch Einlage in das Betriebsvermögen einer Personengesellschaft auf (65 vH von 50 vH, also) 32,5 vH des Verkehrswerts herabgeschleust werden.

6113–6120 *(unbesetzt)*

VIII. Die vorweggenommene Erbfolge[2]

6121 **Schrifttum:** *Carlé,* „Aufnahme" von Angehörigen in Unternehmen und Praxen zur vorweggenommenen Erbfolge, KÖSDI 2002, 13311; *Obermeier,* Steuersparende Gestaltungen bei Einkommen-, Umsatz-, Erbschaft- und Grunderwerbsteuer, 2. Aufl., Herne/Berlin 1995; *Söffing/Völkers/Weinmann,* Erbschaft- und Schenkungsteuerrecht, München 1999.

---

1 Überblick nach *Moench/Höll,* Die neue Erbschaftsteuer, Neuwied 1997, S. 85.
2 Vgl. Rn 4836 f.

Die vorweggenommene Erbfolge¹ hat folgende erbschaftsteuerliche Vorteile: 6122

1. Die Erbschaftsteuer kann dadurch beeinflusst werden, dass der Testator zu Lebzeiten seinen Nachfolger nach und nach am Unternehmen beteiligt und dabei die Freibeträge (§§ 16, 17 ErbStG) ausnutzt. Mehrere innerhalb von 10 Jahren von derselben Person anfallende Vermögensvorteile werden allerdings zusammengerechnet (§ 14 ErbStG). 6123

Durch eine Übertragung des elterlichen Vermögens in mehreren Teilzuwendungen, die im Abstand von mehr als zehn Jahren folgen, können die Freibeträge mehrfach ausgenutzt und die Steuerprogression gemindert werden.

2. Soweit den Kindern aufgrund zugewandter Unternehmensbeteiligungen Gewinne zufließen und die stillen Reserven anwachsen, sind diese Vermögensteile einer späteren Schenkungs- oder Erbschaftsbesteuerung entzogen. 6124

3. Durch die Wahl eines geeigneten Zeitpunkts für die Übertragung, in dem sich ein günstiger – nicht zu hoher – Wert des Betriebsvermögens ergibt, kann die Steuer gemindert werden; außerdem ist das Risiko künftiger höherer Wertansätze für die Betriebsgrundstücke oder ungünstigerer Besteuerungsvorschriften ausgeschlossen. 6125

Die vorweggenommene Erbfolge bedeutet allerdings auch eine vorweggenommene Steuerzahlung mit entsprechendem Liquiditätsabfluss. 6126

§ 7 Abs. 5–7 ErbStG richtet sich nicht gegen die Möglichkeit, durch eine frühzeitige Beteiligung der Kinder am Geschäftsvermögen die künftige Erbschaftsteuer, die sonst in vollem Umfang erst beim Tod des Erblassers eintreten würde, zu mindern. Gegen solche Schenkungen ist nichts einzuwenden, solange die gesellschaftsvertraglichen Vereinbarungen eine korrekte Erfassung der wirklich geschenkten Beteiligung ermöglichen. Das trifft für die Fälle zu, in denen der Beschenkte entsprechend der ihm zugewendeten Kapitalbeteiligung vorbehaltlos an den offenen und stillen Reserven beteiligt und ihm eine Gewinnbeteiligung eingeräumt wird, die seinem Kapitalanteil, seiner Mitarbeit in der Gesellschaft und seinen sonstigen Gesellschafterpflichten entspricht. 6127

§ 7 Abs. 5–7 ErbStG kann allerdings manche dieser Gestaltungen in dem Bereich des Gesellschaftsrechts nicht verhindern, da das Gesellschaftsrecht in hohem Maße durch Gestaltungsfreiheit gekennzeichnet ist, die eine Umgehung der vorgenannten Vorschriften ermöglicht.

(unbesetzt) 6128–6130

Bei einer Gewinnübermaßschenkung ist ertragsteuerrechtlich der Teil, der einem Gesellschafter über eine unter fremden Dritten übliche Gewinnbeteiligung hinaus eingeräumt wird, nicht dem Gesellschafter zuzurechnen. Bürgerlich-rechtlich erfordert eine freigebige Zuwendung einen Bereicherungswillen, der dann nicht nachzuweisen ist, wenn ein Gesellschafter auf Grund des Gesellschaftsvertrags einen entsprechenden Gewinnbeteiligungsanspruch hat. § 7 Abs. 6 ErbStG bezweckt, dass ertragsteuerlich und erbschaftsteuerlich die Gewinnübermaßschenkung übereinstimmend behandelt wird. Wird eine Gewinnbeteiligung eingeräumt, die der Kapitalbeteiligung und der Arbeits- und sonstigen Leistung des Personengesellschafters nicht entspricht oder die einem fremden Dritten üblicherweise nicht eingeräumt werden würde, ist das Gewinnübermaß als mit dem Kapitalwert anzusetzende Schenkung zu behandeln. Die einkommensteuerrechtliche Beurteilung, dass 6131

---

1 Zur steueroptimalen Gestaltung einer vorweggenommenen Erbfolge bei gewerblichen Unternehmen (insbesondere unter ertragsteuerlichen Gesichtspunkten) vgl. *Kupsch/Hoch,* FR 1984, 514 f.

einem Familienangehörigen eine überhöhte Gewinnbeteiligung eingeräumt worden ist, und deren Berechnung werden für die erbschaftsteuerliche Berechnung nach § 7 Abs. 6 ErbStG übernommen.

6132 Zur Unternehmensübertragung unter Nießbrauchsvorbehalt vgl. Rn 7012–7014.

6133–6300 *(unbesetzt)*

Verschiedene andere Sachverhalte im Zusammenhang mit der Unternehmensnachfolge

Die Überlegungen zur Unternehmensnachfolge legen es nahe zu prüfen, 6301
- ob übergangsweise eine Unternehmensverpachtung in Betracht zu ziehen,
- ob eine Betriebsaufspaltung oder
- eine vorweggenommene Erbfolge mit Vorbehaltsnießbrauch oder
- eine andere Gestaltung zu erwägen ist.

Diesen Zwecken dienen die nachfolgenden Kurzhinweise. Der Blick über die Grenze will nur aufzeigen, mit welchen Unternehmensformen es ein Interessent zu tun bekommt.

M. Verpachtung von Unternehmen

Schrifttum: *Pape*, Ertragsteuerliche Folgen bei eiserner Pachtung von abnutzbaren Wirtschaftgütern des Anlagevermögens, INF 1991. 1; *Schimmele*, Nutzungsüberlassung versus Vermögensveräußerung, Frankfurt am Main/Berlin/Bern/New York/Paris/Wien 1997. 6302

I. Allgemeines

Der Pachtvertrag ist ein schuldrechtlicher gegenseitiger Vertrag. Der Verpächter verpflichtet sich, dem Pächter den Gebrauch des verpachteten Gegenstands und den Genuss der Früchte zu gewähren, soweit sie nach den Regeln einer ordnungsmäßigen Wirtschaft als Ertrag anzusehen sind; der Pächter verpflichtet sich, dem Verpächter den vereinbarten Pachtzins zu entrichten (§ 581 Abs. 1 BGB). Gegenstand des Pachtvertrags kann auch ein Unternehmen sein[1]. 6303

Der Verpächter hat den verpachteten Gegenstand dem Pächter in einem zu dem vertragsgemäßen Gebrauch geeigneten Zustand zu überlassen und ihn während der Pachtzeit in diesem Zustande zu erhalten (§ 581 Abs. 2 BGB i. V. m. § 536 BGB). 6304

Deshalb geht Erhaltungsaufwand, soweit nichts Entgegenstehendes vereinbart ist, grundsätzlich zu Lasten des, Verpächters. Der Pächter kann seine Aufwendungen für Reparaturen oder für die Erhaltung der Pachtgegenstände vom Verpächter ersetzt verlangen, soweit es sich um notwendige Verwendungen gehandelt hat (§ 581 Abs. 2 i. V. m. § 547 BGB). Zum Ersatz sonstiger Aufwendungen ist der Verpächter nur nach den Vorschriften über die Geschäftsführung ohne Auftrag verpflichtet. Die Aufwendungen müssen mit anderen Worten für den Verpächter gemacht worden sein und dessen Interesse und dessen wirklichem oder mutmaßlichem Willen entsprechen. 6305

Die auf der verpachteten Sache ruhenden Lasten hat der Verpächter zu tragen (§ 581 Abs. 2 i. V. m. § 546 BGB). Das gilt für öffentliche wie auch für private Lasten. Der Verpächter hat folglich die mit den Pachtgegenständen zusammenhängenden Steuern und Beiträge zu zahlen. 6306

Wird ein Grundstück samt Inventar verpachtet, so obliegt dem Pächter die Erhaltung der einzelnen Inventarstücke (§ 586 Abs. 1 BGB). Übernimmt der Pächter eines Grundstücks das Inventar zum Schätzungswert mit der Verpflichtung, es bei der Beendigung der Pacht zum Schätzungswerte zurückzugewähren, trägt er die Gefahr des zufälligen Untergangs und einer zufälligen Verschlechterung. Er kann über die einzelnen Stücke innerhalb der Grenzen einer ordnungsmäßigen Wirtschaft verfügen. Er muss das Inventar nach den Regeln einer ordnungsmäßigen Wirtschaft in dem Zustande erhalten, in welchem es ihm übergeben wurde. Die von ihm angeschafften Stücke werden mit der Einverleibung in das Inventar Eigentum des Verpächters. Der Pächter hat das bei der Beendigung der Pacht vorhandene Inventar dem Verpächter zurückzugewähren. Ist ein Gesamtschätzwert der übernommenen Stücke vereinbart und ist der Gesamtschätzwert der zurückzugewährenden Stücke höher oder niedriger als der Gesamtschätzwert der übernommenen Stücke, so ist zwischen Verpächter und Pächter ein Wertausgleich vorzunehmen. 6307

---

1 Vgl. § 22 Abs. 2 HGB, betreffend ein Handelsgeschäft; § 1822 Nr. 4 BGB, betreffend Erwerbsgeschäft; vgl. auch *Soergel/Siebert*, BGB-Kommentar, Bd. 3, 11. Aufl., 1980 § 581 Anm. 11.

6308 Wird ein Unternehmen in Räumen betrieben, die nicht dem Verpächter selber, sondern einem Dritten, dem Vermieter, gehören, muss sich der Pächter vom Vermieter eine Option zur Fortsetzung des Mietvertrages für den Fall beschaffen, dass der Vertrag zwischen dem Verpächter und dem Vermieter endet.

Denn beim Tod des Mieters können sowohl der Vermieter als auch die Erben des Mieters selbst einen langfristigen Vertrag außerordentlich mit gesetzlicher Kündigungsfrist zum ersten zulässigen Termin nach dem Todesfall kündigen.

Der Verpächter kann sich vorsorglich gegen ein Herausdrängen aus dem Mietvertrag durch den Pächter dadurch schützen, dass er den Mietvertrag vor Beginn der Verpachtung ausreichend verlängert oder sich eine Option auf Verlängerung nach Ablauf einräumen lässt. Ist vorauszusehen, dass die Ehefrau oder Kinder das Unternehmen übernehmen werden, wird eine entsprechende Nachfolgeklausel in den Vertrag aufzunehmen sein.

6309–6310 *(unbesetzt)*

II. Gegenstände des Pachtvertrags

6311 Wird ein Unternehmen verpachtet, müssen die mit ihm verpachteten Gegenstände vertraglich aufgelistet werden, um das Pachtprojekt möglichst genau zu beschreiben. Das gilt gleichermaßen für Grundstücke und beweglichen Sachen wie für sonstige Vermögensstände, wie z. B. Patente, Warenzeichen, Gebrauchs- und Geschmacksmuster, Betriebserfahrungen, Know-how, an denen dem Pächter Nutzungsrechte eingeräumt werden.

III. Einzelheiten

1. Warenlager

6312 Ein Warenlager wird meist nicht verpachtet, sondern verkauft; dadurch werden Probleme bei der Rückgewähr vermieden.

Wird das Warenlager dem Pächter verkauft, so wird in der Regel als Kaufpreis der Einzelkaufpreis des Verpächters vereinbart werden.

Der Pächter wird regelmäßig die Übernahme solcher Warenvorräte ablehnen, die seinen Vorstellungen nicht entsprechen, beispielsweise weil sie unverkäuflich oder veraltet sind und dgl. mehr.

6313 Übernimmt der Pächter ausnahmsweise das Warenlager, wird regelmäßig vereinbart, dass es der Pächter als Darlehen zum Schätzwert mit der Verpflichtung übernimmt, es bei Ablauf der Pacht zum Schätzwert zurückzugeben (Warenlager-Darlehen).

6314–6320 *(unbesetzt)*

2. Laufende Verträge

6321 Soll das gepachtete Unternehmen reibungslos weitergeführt werden, wird es notwendig sein, dass der Pächter mit Beginn des Pachtverhältnisses in alle laufenden, sich auf den Betrieb beziehenden Verträge eintritt. Solche Verträge sind z. B. Ein- und Verkaufsverträge, Verträge über den Bezug von Strom, Gas, Wasser, Anstellungs- und Arbeitsverträge. Arbeitsverhältnisse gehen bei einer rechtsgeschäftlichen Unternehmensübertragung kraft Gesetzes auf den Pächter über (§ 613a BGB). Das gilt auch für Versorgungsanwartschaften. Zur Zahlung laufender Pensionen bleibt der Verpächter verpflichtet.

Einzelheiten

Arbeitnehmer können den Übergang des Unternehmens widersprechen, sie setzen dann 6322
das Arbeitsverhältnis nicht fort.

Die handelsrechtlichen Vollmachten – wie z. B. Prokura – erlöschen und müssen daher 6323
vom Pächter neu erteilt werden.

Vor Abschluss des Pachtvertrages wird es erforderlich sein, dass Verpächter, Pächter und 6324
Handelsvertreter ihre künftigen Beziehungen regeln; es entstehen sonst Ausgleichsansprüche des Handelsvertreters nach § 89b HGB gegen den Verpächter. Zwischen Pächter und
Handelsvertreter besteht ohne Regelung kein Vertragsverhältnis, es sei denn, Verpächter,
Pächter und Handelsvertreter vereinbaren einen Übergang des Handelsvertretervertrags.

(unbesetzt) 6325–6330

3. Verkehrssicherungspflicht

Regelungsbedürftig ist u. a. auch die Verkehrssicherungspflicht hinsichtlich des Pachtobjekts. Denn grundsätzlich trifft den Inhaber des Betriebes die von dem Betrieb und den zu 6331
ihm gehörenden Gegenständen ausgehende Verkehrssicherungspflicht, also die Verpflichtung, Gefahren abzusichern und abzuwenden. Der Pächter, der über die Sache verfügen
kann, ist zwar der in erster Linie von der Verkehrssicherungspflicht Betroffene; den Verpächter trifft jedoch eine allgemeine Überwachungs- und Aufsichtspflicht. Das erfordert
regelmäßig, dass vereinbart wird, der Pächter habe den Verpächter von der Haftung freizustellen, und er sei verpflichtet, sich und den Verpächter gegen Haftungsfälle in ausreichender Höhe – und zwar in Abstimmung mit dem Verpächter – zu versichern.

4. Rückgabeverpflichtung

Der Pächter ist verpflichtet, das Pachtobjekt nach Ablauf des Pachtvertrages zurückzugeben, der Verpächter, es zurückzunehmen. 6332

5. Instandhaltung

Der Verpächter hat die Aufwendungen für die Erhaltung (z. B. etwaige Reparaturen) zu 6333
tragen, wenn nichts anderes vereinbart ist; abweichende Vereinbarungen sind die Regel.

6. Erneuerungsverpflichtung

Der Pächter wird in der Regel verpflichtet werden, Einrichtungsgegenstände zu erneuern, 6334
wenn sie im Laufe der Pachtzeit abgenutzt, technisch oder wirtschaftlich überholt werden
oder sonstige Gründe ihre Erneuerung erfordern.

Die Regelung der Instandhaltungs- und Erneuerungsverpflichtungen erfordern regelmäßig 6335
einen Befundbericht über die Pachtgegenstände zu Pachtbeginn.

Es ist zu unterscheiden zwischen der Erneuerungsverpflichtung, die lediglich darauf 6336
gerichtet ist, den Wertigkeitsgrad der Einrichtungsgegenstände zu erhalten und zum Naturalersatz. Bei einer Erneuerungsverpflichtung, bei der der Wertigkeitsgrad bestimmt ist, ist
es erforderlich, diesen Wertigkeitsgrad der Pachtgegenstände in einem gemeinsamen
Schriftstück festzuhalten, um Streit bei Pachtende vorzubeugen.

7. Kontrollrechte

6337 Kontrollrechte werden vereinbart, damit der Verpächter nicht durch nicht ordnungsgemäße Wirtschaftsführung geschädigt wird, und damit er andererseits seinen etwaigen Verpflichtungen, die Funktionsfähigkeit des verpachteten Betriebs aufrechtzuerhalten, nachkommen kann.

6338 Die Verpflichtungen des Pächters werden regelmäßig durch Sicherheitsleistungen (z. B. Kaution) gesichert.

8. Unterverpachtung

6339 Es ist zu regeln, ob dem Pächter die Befugnis zur Unterverpachtung zustehen soll.

9. Fortführung der Firma

6340 Die Beibehaltung des bisherigen Firmennamens kann bei einer Unternehmensverpachtung sowohl im Interesse des Verpächters wie auch in dem des Pächters liegen. Zu regeln ist, ob die Haftung für Verbindlichkeiten, die vor Pachtbeginn entstanden sind, ausgeschlossen werden soll. Der Haftungsausschluss muss in das Handelsregister eingetragen werden, weil sonst der Pächter haftet (§ 25 Abs. 1 HGB)[1]. Entsprechendes muss im Zeitpunkt der Beendigung des Pachtvertrages für den Verpächter vorgesehen werden.

6341–6345 *(unbesetzt)*

10. Lastentragung

6346 Die gesetzliche Regelung sieht vor, dass der Verpächter alle auf den verpachteten Gegenständen ruhenden Lasten zu tragen hat. Regelmäßig werden hiervon abweichende Vereinbarungen getroffen, die vorsahen, dass die für das Unternehmen zu entrichtenden Steuern, Abgaben und sonstigen Lasten vom Pächter zu tragen sind. Solche Lasten sind vor allem die Grundsteuer, Anliegerbeiträge, Kanalbenutzungsgebühren, Straßenreinigungs-, Müllabfuhr- und Schornsteinfegergebühren.

6347 Es sind ferner Vereinbarungen erforderlich wer die Hypothekenzinsen, Grundschuldzinsen usw. sowie Reallasten zu tragen hat.

6348 Entsprechendes gilt für Versicherungen, die die Pachtgegenstände betreffen, z. B. Feuerversicherung, Haftpflichtversicherung usw.

6349–6350 *(unbesetzt)*

11. Sonstiges

6351 Zu prüfen ist, ob es erforderlich ist, Vereinbarungen zu treffen über
- Wettbewerbsverbote,
- Änderungen der Leistungspflichten bei Änderung der Verhältnisse oder wegen wesentlicher Beeinträchtigung des vertragsgemäßen Gebrauchs des Pachtobjekts,
- Entzug von Konzessionen,

---

1 Vgl. dazu auch RG-Urteil vom 6. Oktober 1931 II 516/30, RGZ 133, 318.

- sonstige Leistungsstörungen.

(unbesetzt) 6352–6380

IV. Dauer des Pachtvertrages

Die Zeit der Dauer des Pachtvertrages ist zu regeln, die Modalitäten einer etwaigen Verlängerung des Pachtverhältnisses nach Ablauf der vereinbarten Pachtzeit und die Voraussetzungen für eine außerordentliche Kündigung. 6381

Als Gründe für eine außerordentliche Kündigung werden regelmäßig vereinbart 6382

- Zahlungsrückstand der Pachtzinsraten nach Zahlungsaufforderung,
- Verletzung vertraglicher Verpflichtungen,
- Verstoß gegen gesetzliche Vorschriften, die die Fortführung des Pachtbetriebes gefährden,
- Zwangsvollstreckungen in das Vermögen des Pächters,
- Eröffnung eines Vergleichsverfahrens oder Insolvenzverfahrens über das Vermögen des Pächters.

Pachtverträge, die für eine längere Zeit als 30 Jahre vereinbart werden, können nach Ablauf von 30 Jahren sowohl vom Verpächter als auch vom Pächter unter Einhaltung der regelmäßigen gesetzlichen Frist gekündigt werden (§§ 581 Abs. 2, 567 BGB). 6383

(unbesetzt) 6384–6390

V. Steuerliche Folgen der Unternehmensverpachtung

1. Verpächter

Die Verpachtung eines Unternehmens kann für den Inhaber beim Vorhandensein hoher stiller Reserven steuerlich vorteilhafter sein als ein, Verkauf des Unternehmens. 6391

Der Verpächter kann im Zeitpunkt des Beginns der Verpachtung eines Betriebs im Ganzen[1] wählen, 6392

- ob er die Verpachtung als Betriebsaufgabe im Sinne von § 16 Abs. 3 EStG behandeln und damit die Wirtschaftsgüter in sein Privatvermögen überführen will oder 6393
- ob er das Unternehmen nicht aufgeben will, sodass das bisherige Betriebsvermögen auch während der Verpachtung oder bis zu dem Zeitpunkt Betriebsvermögen bleibt, in welchem er die Aufgabe des Unternehmens erklärt. 6394

Die Betriebsaufgabe hat zur Folge, dass der Unternehmer die in den Buchwerten der verpachteten Wirtschaftsgüter enthaltenen stillen Reserven und die in dem nichtverpachteten in das Privatvermögen überführten Wirtschaftsgüter enthaltenen stillen Reserven der tarifbegünstigten sofortigen Versteuerung unterwerfen muss. 6395

Die dem Verpächter danach zufließenden Pachteinnahmen führen bei ihm zu Einkünften aus Vermietung und Verpachtung. 6396

---

1 Zweifelsfragen im Zusammenhang mit der Ausübung des Verpächterwahlrechts gemäß R 139 Abs. 5 EStR vgl. BMF v. 17. 10. 1994, BStBl I 1994, 771. Bei der Verpachtung müssen allerdings das Erscheinungsbild und die Gewerbeart des Betriebs beibehalten werden; vgl. BFH-Urteil vom 26. Juni 1975 IV R 122/71, BFHE 116, 540, BStBl II 1975, 885.

6397 Führt der Unternehmer die verpachteten Wirtschaftsgüter weiter als Betriebsvermögen, erzielt er insoweit Einkünfte aus Gewerbebetrieb, allerdings ohne dass insoweit Gewerbesteuer anfällt.

6398 Zu versteuern hat er den Entnahmegewinn der nichtverpachteten in das Privatvermögen überführten Wirtschaftsgüter ohne tarifliche Begünstigung.

6399 Der Verpächter kann sein Wahlrecht in dem Zeitpunkt ausüben, in welchem ihm eine Betriebsaufgabe und die dadurch ausgelöste Besteuerung der stillen Reserven besonders günstig erscheint. Ungewiss ist für den Verpächter die künftige Entwicklung des Preis- und Wertniveaus; insoweit ist nicht berechenbar, in welchem Zeitpunkt sich durch Ausüben des Wahlrechts die größten Steuervorteile erreichen lassen.

6400 Fortführung des Unternehmens wird dann gewählt werden, wenn die Verpachtung nur von vorübergehender Dauer sein soll, weil beispielsweise das Unternehmen nach Ablauf der Pachtzeit vom Verpächter weitergeführt oder auf ein Kind übertragen werden soll; denn in diesen Fällen kann das Entstehen eines Betriebsaufgabegewinns vermieden werden.

6401 Die Betriebsaufgabe wird sich insbesondere dann als günstig erweisen, wenn eine spätere Veräußerung geplant ist; denn bei der Betriebsaufgabe ist der selbstgeschaffene Firmenwert nicht zu versteuern, und beim Grundvermögen führt die Überführung ins Privatvermögen dazu, dass spätere Preissteigerungen nicht der Besteuerung unterliegen.

6402 Der Verpächter hat diese Wahl allerdings nur, wenn außer den Tatbestandsvoraussetzungen der Betriebsverpachtung nicht zugleich die Tatbestandsvoraussetzungen einer Betriebsaufspaltung oder einer Nutzungsüberlassung im Rahmen einer Mitunternehmerschaft vorliegen.

Eine Betriebsverpachtung liegt steuerrechtlich vor, wenn

- der Verpächter eine natürliche Person oder eine Personengesellschaft ist,

- der Betrieb im Ganzen oder ein Teilbetrieb verpachtet wird, den der Pächter im Wesentlichen im eigenen Namen und auf eigene Rechnung fortsetzt und

- der Betrieb also als geschlossener Organismus verpachtet wird.

Ist der Verpächter eine Kapitalgesellschaft, wird ein Betrieb oder Teilbetrieb im Rahmen eines gesamten Gewerbebetriebs des Verpächters verpachtet oder geht die Tätigkeit des Verpächters über die bloße Verpachtung des Betriebsvermögens (Vermögensverwaltung) hinaus, besteht keine Wahlmöglichkeit, die Verpachtung als Betriebsaufgabe oder die Verpachtung als Fortbestehen des Betriebes zu behandeln.

6403 Die Fortführung eines Betriebs im Wege der Verpachtung[1] ist grundsätzlich nicht möglich, wenn wesentliche Betriebsgegenstände dem Verpächter und Pächter gemeinsam (z. B. als Miterben) gehören[2].

6404 *(unbesetzt)*

6405 Wer einen Betrieb entgeltlich erwirbt, ihn aber nicht selbst bewirtschaftet, sondern in unmittelbarem Anschluss an den Erwerb verpachtet, kann als Verpächter die Einkünfte aus Vermietung und Verpachtung, nicht aber Einkünfte aus Land- und Forstwirtschaft oder

---

1 BFH-Urteil vom 14. Dezember 1978 IV R 106/75, BFHE 127, 21, BStBl II 1979, 300.
2 BFH-Urteil vom 22. Mai 1990, VIII R 120/86, BFHE 160, 558, BStBl II 1990, 780.

Gewerbebetrieb beziehen. Ein so genanntes Verpächterwahlrecht wie im Fall der Verpachtung eines bislang selbst bewirtschafteten Betriebes steht ihm nicht zu[1].

Das Wahlrecht des Steuerpflichtigen findet seine Rechtfertigung darin, dass die Einstellung der **eigenen** betrieblichen Tätigkeit im Falle der Verpachtung nicht endgültig sein muss, solange die Möglichkeit der Wiederaufnahme durch die Beendigung des Pachtverhältnisses besteht. Dadurch soll vermieden werden, dass bei der Betriebsverpachtung im Ganzen zwangsläufig durch die Annahme einer Betriebsaufgabe steuerpflichtige stille Reserven aufgelöst werden, ohne dass dem Steuerpflichtigen – wie z. B. bei einer Betriebsveräußerung – Mittel zufließen, mit denen er die auf den Aufgabegewinn entfallende Einkommensteuer bezahlen könnte[2].

Danach kann das Wahlrecht im Falle der Betriebsverpachtung nur einem Unternehmer zustehen, der den bisher von ihm betriebenen Betrieb verpachtet, nicht hingegen dem Erwerber eines Betriebes, der den Betrieb zu keinem Zeitpunkt selbst bewirtschaftet, sondern in unmittelbarem Anschluss an den entgeltlichen Erwerb verpachtet hat.

(unbesetzt) 6406–6420

Zur Ausübung des Verpächterwahlrechts ist eine ausdrückliche Betriebsaufgabeerklärung gegenüber dem FA zwar nicht erforderlich. Der Wille, wie verfahren werden soll, muss jedoch äußerlich erkennbar und von dem Bewusstsein getragen sein, dass es als Folge dieser Erklärung zur Versteuerung der stillen Reserven kommt[3]. 6421

Unterlässt es der Unternehmer, die Betriebsaufgabe zu erklären und führt er das bisherige Betriebsvermögen als Betriebsvermögen fort, führen alle Pachteinnahmen zu Einkünften aus Gewerbebetrieb.

Die Frage, ob die Erklärung der Betriebsaufgabe mit rückwirkender Kraft abgegeben werden kann, ist nicht von grundsätzlicher Bedeutung. Soweit die Finanzverwaltung (vgl. R 139 Abs. 5 Satz 13 EStR) die Ermittlung des Betriebsaufgabegewinns auf einen längstens drei Monate zurückliegenden Zeitpunkt zulässt, handelt es sich nicht um die steuerliche Anerkennung einer rückwirkend erklärten Betriebsaufgabe, sondern um eine Vereinfachungsregelung[4]. 6422

Bei Einstellung der betrieblichen Tätigkeit hat der Steuerpflichtige die Wahl zwischen einer steuerbegünstigten Betriebsaufgabe und einer schrittweisen Betriebsabwicklung. Zur Ausübung dieses Wahlrechts ist zwar eine ausdrückliche Aufgabe- oder Abwicklungserklärung nicht erforderlich, die Absicht des Steuerpflichtigen muss jedoch äußerlich erkennbar sein[5].

Regelmäßig entfällt für den Verpächter die Buchführungspflicht nach Handelsrecht. Eine Buchführungs- und Bilanzierungspflicht des Verpächters kann aus § 141 AO folgen; das ist der Fall, wenn der Verpächter einen Gesamtumsatz (Summe der Pachteinnahmen) von mehr als 260 000 € im Kalenderjahr erzielt oder der Gewinn aus dem Gewerbebetrieb des Verpächters 25 000 € im Wirtschaftsjahr überschreitet. 6423

---

1 BFH-Urteil vom 20. April 1989 IV R 95/87 BFHE 157, 365, BStBl II 1989, 863.
2 BFH-Urteil vom 13. März 1986 IV R 176/84 BFHE 146, 399, BStBl II 1986, 601.
3 BFH-Beschluss vom 10. September 1996 IV B 135/95, BFH/NV 1997, 218, und zuvor Urteil vom 23. November 1995 IV R 36/94, BFH/NV 1996, 398.
4 BFH-Beschluss vom 11. September 1996 IV B 16/96, BFH/NV 1997, 219, und zuvor Urteil vom 25. Januar 1996, IV R 19/94, BFH/NV 1996, 600.
5 BFH-Urteil vom 5. Dezember 1996 IV R 65/95, BFH/NV 1997, 225.

6424 Gehörte ein von der Verpachtung ausgenommenes Wirtschaftsgut im Verpachtungszeitpunkt zum gewillkürten Betriebsvermögen, hat der Unternehmer die Wahl, es im Betriebsvermögen zu belassen oder seine Entnahme auf den Verpachtungszeitpunkt zu erklären.

6425 Die Verpachtung selbst ist keine Entnahmehandlung. Entnahmehandlungen müssen eindeutig sein[1].

6426 Bei Gewinnermittlung durch Vermögensvergleich kann der Verpächter Wertschwankungen bei den einzelnen Wirtschaftsgütern des Anlagevermögens durch Teilwertabschreibungen gemäß § 6 EStG Rechnung tragen.

6427 Veräußert der Verpächter während der Pachtdauer einzelne Wirtschaftsgüter, unterliegen sie als Teil des laufenden Gewinns der nicht begünstigten Besteuerung. Werden einzelne Wirtschaftsgüter entnommen, sind sie mit dem Teilwert anzusetzen. Entnommen werden Wirtschaftsgüter aus dem verpachteten Betriebsvermögen nur dann, wenn der Verpächter das dem Pächter überlassene Wirtschaftsgut tatsächlich außerbetrieblichen Zwecken zuführt.

6428 Wird das Unternehmen später unentgeltlich auf einen Rechtsnachfolger übertragen (z. B. ein Kind), tritt keine Gewinnverwirklichung ein.

6429 Der Rechtsnachfolger ist an die Buchwerte des Rechtsvorgängers gebunden. Der Rechtsnachfolger tritt auch hinsichtlich des Wahlrechts in die Rechtsstellung des Rechtsvorgängers ein.

6430 Werden nur einzelne Wirtschaftsgüter unentgeltlich auf einen Rechtsnachfolger übertragen, führt dies zur Gewinnverwirklichung, und zwar aufgrund Entnahme des Übertragenden.

6431 Veräußert der Verpächter während der Pachtdauer das Unternehmen, führt dies zu einem Veräußerungs- oder Betriebsaufgabegewinn.

6432 Die Pachtverträge selbst bleiben regelmäßig in der Bilanz unberücksichtigt, weil sich die Werte der Rechte und Verpflichtungen im Allgemeinen gleichwertig gegenüberstehen.

6433 Aufwendungen des Pächters zur Erhaltung der Pachtgegenstände – also z. B. Instandhaltungs-, Erhaltungs-, Erneuerungsaufwendungen – sind kein Pachtentgelt und damit keine Einnahmen des Verpächters.

6434 Entschädigungen wegen nicht ordnungsmäßiger Instandhaltung der Pachtgegenstände gehören dagegen zu den steuerpflichtigen Einnahmen des Verpächters[2].

6435 Bei der Ermittlung des Aufgabegewinns nach erklärter Betriebsaufgabe im Falle der Betriebsverpachtung ist auch ein derivativer Geschäftswert nicht anzusetzen[3].

6436 Geht ein gepachteter Betrieb unter Fortbestand des Pachtvertrags im Wege der Erbfolge auf einen Dritten über, so tritt dieser hinsichtlich des Wahlrechts, die Betriebsaufgabe zu erklären, in die Rechtsstellung des bisherigen Verpächters ein.

6437–6450 *(unbesetzt)*

---

1 BFH-Urteil vom 9. August 1989 X R 20/86, BFHE 158, 316, BStBl II 1990, 128.
2 BFH-Urteil vom 29. November 1968 VI R 316/66, BFHE 94, 394, BStBl II 1969, 184.
3 BFH-Urteile vom 14. Februar 1978, VIII R 158/73, BFHE 124, 447, BStBl II 1979, 99, und vom 4. April 1989 X R 49/87, BFHE 156, 214, BStBl II 1989, 606.

2. Pächter

Pachtverträge bleiben auch beim Pächter regelmäßig in der Bilanz unberücksichtigt, weil sich die Werte der Rechte und Verpflichtungen im Allgemeinen gleichwertig gegenüberstehen. 6451

Ist ein Pächter verpflichtet, die gepachteten Gegenstände dem Verpächter nach Ablauf der Pachtzeit in neuwertigem Zustand zurückzugeben, kann eine Pachterneuerungsrückstellung zu bilden sein[1]. Denn auch die Nichterfüllung einer noch nicht fälligen Schuld stellt einen Erfüllungsrückstand dar. 6452

Erlässt der Verpächter dem Pächter diese Verbindlichkeit aus Schenkungsgründen, so ist die gebildete Pachterneuerungsrückstellung vom Pächter erfolgsneutral aufzulösen[2]. 6453

(unbesetzt) 6454–6470

3. Beendigung des Pachtverhältnisses

Nimmt der Verpächter nach Pachtende die Führung des Unternehmens wieder auf, schließt die Anfangsbilanz des wieder aufgenommenen Unternehmens unmittelbar an die Schlussbilanz des letzten Jahres der Verpachtung an. 6471

Wertberichtigungen, die bisher unberücksichtigt gebliebene Abnutzungen oder Wertigkeiten ausgleichen, führen zu entsprechendem Aufwand oder Ertrag. 6472

Hatte der Unternehmer die Betriebsaufgabe erklärt und übernimmt er das Unternehmen nach Pachtende, um es fortzuführen, eröffnet er einen Gewerbebetrieb und muss demgemäß eine Eröffnungsbilanz erstellen. 6473

(unbesetzt) 6474–6480

4. Haftung

Nach § 74 AO haftet der Pächter für alle Betriebssteuern mit den zur Nutzung überlassenen Wirtschaftsgütern, wenn das Besitzunternehmen oder die Gesellschafter an der Betriebs-GmbH zu mehr als 25 vH beteiligt sind. 6481

Bei Beendigung des Pachtverhältnisses kann der Verpächter die Versteuerung der stillen Reserven dadurch vermeiden, dass 6482

- die wesentlichen Grundlagen des Unternehmens an eine andere Gesellschaft verpachtet werden, 6483
- der Verpächter den eigenen Geschäftsbetrieb wieder aufnimmt, 6484
- die Gesellschaft durch Umgründung einen Gewerbebetrieb kraft Rechtsform erhält (Kapitalgesellschaft, GmbH & Co KG). 6485

Ist bei dem gepachteten Unternehmen ein originärer Geschäftswert gebildet worden, kann dessen Übertragung auf die Besitzgesellschaft ohne angemessenes Entgelt zu einer verdeckten Gewinnauschüttung führen[3]. 6486

---

1 Vgl. BFH-Urteil vom 3. Dezember 1991 VIII R 88/87, BFHE 167, 322, BStBl II 1993, 89.
2 BFH-Urteil vom 12. April 1989 I R 41/85, BFHE 156, 481, BStBl II 1989, 612.
3 BFH-Urteile vom 31. März 1971 I R 111/69, BFHE 102, 73, BStBl II 1971, 536, und vom 23. Oktober 1974 I R 13/73, BFHE 113, 553, BStBl II 1975, 204.

6487 Zur Haftung nach § 75 Abs. 1 AO siehe Rn 5900.

6488–6500 *(unbesetzt)*

N. Betriebsaufspaltung

Schrifttum: *Bärtels,* Gewinnverlagerungen in der Betriebsaufspaltung als Frage des zugrunde liegenden Besteuerungskonzepts, BB 1991, 1539; *Brandmüller,* Die Betriebsaufspaltung nach Handels- und Steuerrecht, 7. Aufl., Heidelberg 1997; *Brandmüller,* Betriebsaufspaltung, Freiburg i. Br. 1984 (Loseblatt-Ausgabe); *Carlé,* Die Betriebsaufspaltung, Köln 2003; *Diers,* Die Veräußerung von Betriebs- und Besitzgesellschaft im Rahmen einer Betriebsaufspaltung, DB 1991, 1299; *Döllerer/Thurmayer,* Beendigung der Betriebsaufspaltung – Konsequenzen für die Anteile an der Betriebskapitalgesellschaft, DStR 1993, 1465; *Ebenroth/Wilhen,* Kapitalersatz und Betriebsaufspaltung, BB 1993, 305; *Felix,* Betriebsaufspaltung und vorweggenommene Erbfolge in der Erbauseinandersetzung, GmbHR 1992, 517; *Felix,* Die Einmann-Betriebsaufspaltung sowie die Beteiligung an der Besitz-GmbH und Co. KG und der Betriebs-GmbH in der Erbauseinandersetzung, GmbHR 1990, 561; *Felix,* Mitunternehmerische Tochter-Betriebsaufspaltung „Nauheimer Modell", KÖSDI 1991, 8493; *Fichtelmann,* Betriebsaufspaltung im Steuerrecht, 9. Aufl., Köln 1996; *Fichtelmann,* Probleme der Gewinnrealisierung bei der Betriebsaufspaltung, GmbHR 1991, (I) 369, (II) 431; *Hesselmann/Höfner/Pinkwart,* Betriebsaufspaltung und Insolvenzrisiko, Stuttgart 1990; *Kaligin,* Die Betriebsaufspaltung – Ein Leitfaden für die Rechts-, Steuer- und Wirtschaftspraxis, 3. Aufl., Berlin 1995; *Kempermann,* Grundstücke als wesentliche Betriebsgrundlage in der neueren Rechtsprechung zur Betriebsaufspaltung, FR 1993, 593; *Korn,* Folgerungen aus der neueren Steuerrechtsprechung zur Betriebsaufspaltung für die Steuerpraxis, KÖSDI 1992, 9033; *Korn,* Steuerproblematik der Beendigung der Betriebsaufspaltung und optimale Beratung, KÖSDI 1992, 9082; *Schneeloch,* Betriebsaufspaltung – Voraussetzungen und Steuerfolgen, DStR 1991 (I:) 761, (II:) 804; *Schneeloch,* Steuerplanerische Überlegung zur Betriebsaufspaltung, DStR 1991 (Teil I:), 955, (Teil II:) 990; *Söffing,* Die Betriebsaufspaltung, 2. Aufl. Herne/Berlin 2001; *Stahl,* Hauptgefahren für den Betriebsaufspaltungsunternehmer, KÖSDI 1992, 9042; *Stahl,* Unerwünschte und erwünschte Betriebsaufspaltung, KÖSDI 1992, 9077.

6501

I. Begriff der Betriebsaufspaltung

Unter Betriebsaufspaltung wird die Aufteilung eines Unternehmens auf zwei oder mehrere rechtlich selbständige Unternehmen, an denen in der Regel dieselben Gesellschafter (unmittelbar oder mittelbar) beteiligt sind, verstanden[1].

6502

Eine Betriebsaufspaltung liegt **nicht** vor, wenn Besitzunternehmen und Betriebsunternehmen keinen gemeinsamen Gesellschafter (Unternehmer) haben (**Wiesbadener Modell**)[2]. Das gilt auch für Ehegatten, bei denen aufgrund besonderer Beweisanzeichen gleichgerichtete wirtschaftliche Interessen anzunehmen sind[3].

Ein Unternehmen kann beispielsweise die Verwaltung des Anlagevermögens, das andere (oder die anderen) Unternehmen Produktion und Vertrieb übernehmen; es kann das eine Unternehmen die Produktion, das andere den Vertrieb übernehmen usw.

6503

Bei der Aufspaltung eines Unternehmens in ein Besitz- und ein Betriebsunternehmen besteht regelmäßig zwischen dem Besitz- und dem Betriebsunternehmen ein Pachtvertrag.

6504

---

1 Vgl. zur Beendigung der Betriebsaufspaltung BFH-Urteil vom 30. Juli 1985 VIII R 263/81, BFHE 145, 129, BStBl II 1986, 359.
2 Vgl. Rn 119.
3 BFH-Urteil vom 30. Juli 1985 VIII R 263/81, BFHE 145, 129, BStBl II 1986, 359.

6505 Mit dem Institut der Betriebsaufspaltung wird versucht, die bürgerlich-rechtlichen und steuerrechtlichen Vorteile einer Personengesellschaft mit denen einer Kapitalgesellschaft in einer Weise zu vereinen, die durch andere Mischformen vielfach nicht erreichbar sind.

6506 Das Betriebsvermögen ist bei der Betriebsaufspaltung auf zwei Rechtsträger verteilt. Nur einer der Rechtsträger ist in der Regel veröffentlichungspflichtig. Durch die Aufspaltung wird also verhindert, dass Wettbewerber, Gläubiger und Arbeitnehmervertreter die wirtschaftliche Lage einschließlich der Wettbewerbsfähigkeit umfassend einschätzen können.

6507 Gläubigern – von Banken abgesehen – haftet nur das Vermögen der Kapitalgesellschaft. Die Gläubiger können nicht auf die hinter der Kapitalgesellschaft stehenden Gesellschafter und ihre Vermögenswerte durchgreifen; dieser Vermögensbereich unterliegt auch nicht der Mitbestimmung der Arbeitnehmer.

Die Haftung wird dadurch begrenzt, dass die Kapitalgesellschaft die Produktion oder den Vertrieb übernimmt.

Es wird Vermögen geschaffen, das nicht durch einen Sozialplan belastet ist.

Die Unternehmensnachfolge lässt sich leichter regeln.

Arbeitsverhältnisse mit Gesellschafter-Geschäftsführern sind steuerrechtlich möglich, ebenso die Bildung von Pensionsrückstellungen für die auf die Weise tätigen Gesellschafter.

Für die Arbeitnehmer-Gesellschafter werden auf diese Weise Pausch- und Freibeträge für Arbeitnehmer ausgeschöpft.

Nachteile der Betriebsaufspaltung sind

- die Offenlegungspflicht für den Jahresabschluss der GmbH und die etwaige Prüfungspflicht (§ 316 HGB),
- die höheren Kosten durch zwei Jahresabschlüsse, zwei Buchhaltungen, die entsprechenden Veröffentlichungen im Handelsregister usw.

6508 (1) Die Vermietung und Verpachtung von Grundstücken ist grundsätzlich Vermögensverwaltung. Sie führt steuerrechtlich zu Einkünften aus Vermietung und Verpachtung.

Eine Tätigkeit, die über die bloße Vermietung und Verpachtung hinausgeht und zur Annahme eines Gewerbebetriebs führt (Einkünfte aus Gewerbebetrieb) liegt steuerrechtlich bei der Betriebsaufspaltung vor, und zwar dann,

- wenn ein gewerblich tätiges,
- rechtlich selbständiges Unternehmen (Betriebsunternehmen)
- von einer natürlichen Person, einer Personenmehrheit in Form einer Bruchteilsgemeinschaft oder einer Gemeinschaft zur gesamten Hand oder einer Kapitalgesellschaft
- Wirtschaftsgüter zur gewerblichen Nutzung mietet, pachtet oder sonst zur Nutzung enthält,
- sofern die Wirtschaftsgüter für das Betriebsunternehmen eine wesentliche Grundlage des Betriebs darstellen (sachliche Voraussetzung der Betriebsaufspaltung)
- und wenn die hinter der Betriebsgesellschaft und die hinter dem Besitzunternehmen stehenden Personen einen einheitlichen geschäftlichen Betätigungswillen haben (personelle Voraussetzungen).

(2) M. a. W.: Bei einer Betriebsaufspaltung wird eine nach ihrem äußeren Erscheinungsbild nur vermögensverwaltende und damit nicht gewerbliche Tätigkeit – das Vermieten oder Verpachten von Wirtschaftsgütern – in gewerbliche Tätigkeit umqualifiziert, wenn der Mieter (oder jeweils der Pächter) ein Unternehmen betreibt (Besitzunternehmen) und zwischen diesem Unternehmen und dem Vermieter (oder jeweils Verpächter) eine enge wirtschaftliche Verflechtung besteht. Eine solche liegt vor, wenn das Besitzunternehmen und das Betriebsunternehmen personell und sachlich verflochten sind.

Eine **personelle Verflechtung** wird angenommen, wenn hinter dem Besitzunternehmen und dem Betriebsunternehmen eine Person oder Personengruppe steht, die bezüglich beider Unternehmen einen einheitlichen geschäftlichen Betätigungswillen hat und in der Lage ist, diesen in beiden Unternehmen durchzusetzen.

Auf der Seite des Betriebsunternehmens reicht eine **mittelbare Beherrschung** aus, wenn die das Besitzunternehmen beherrschende Person oder Personengruppe in dem zwischengeschalteten Unternehmen ihren einheitlichen geschäftlichen Betätigungswillen aufgrund ihrer Stimmrechtsmacht durchsetzen kann und das zwischengeschaltete Unternehmen in der Lage ist, diesen Betätigungswillen auch im Betriebsunternehmen zu verwirklichen (Beherrschungsidentität)[1]. Der einheitliche geschäftliche Betätigungswille ist z. B. auch dann vorhanden, wenn die einzigen Gesellschafter des Besitz- und Betriebsunternehmens an beiden Unternehmen in der Weise beteiligt sind, dass der eine Gesellschafter über die Mehrheit der Anteile am Besitzunternehmen verfügt, der andere dagegen über die Mehrheit der Anteile am Betriebsunternehmen[2].

Bei einer bewusst gewählten Doppelkonstruktion besteht tatsächlich ein Interessengleichklang und dieser rechtfertigt die Annahme, dass ein einheitlicher Betätigungswille vorliegt. Dabei ist gleichgültig, ob das Besitzunternehmen eine Bruchteilsgemeinschaft oder eine BGB-Gesellschaft ist[3].

Bei der Betriebsaufspaltung werden Verluste unmittelbar zugerechnet; die Erbschaftsteuer wird nach dem Substanzwertverfahren ermittelt. Die Vorteile des Personenunternehmens werden mit den steuerlichen Vorteilen der Kapitalgesellschaft kombiniert, nämlich der gewerbesteuerrechtlichen Abziehbarkeit der Gesellschafter-Geschäftsführervergütungen, der gewinnmindernden Bildung von Rückstellungen für Pensionszusagen an Gesellschafter-Geschäftsführer und dem Umstand, dass keine Kirchensteuer auf nicht ausgeschüttete Gewinne anfällt[4]. 6509

Als Betriebsteilung wird der Vorgang bezeichnet, durch den ein bisher einheitliches, gewerblich, freiberuflich oder landwirtschaftlich tätiges Unternehmen in den Dauerzustand der Betriebsaufspaltung umgewandelt wird. 6510

Im Sprachgebrauch wird zwischen echter und unechter Betriebsaufspaltung unterschieden. 6511

Von **echter** Betriebsaufspaltung wird gesprochen, wenn das ursprünglich einheitliche Unternehmen durch Betriebsteilung zur Betriebsaufspaltung umgewandelt worden ist.

---

1 Zur Beendigung einer Betriebsaufspaltung s. EStH 2002, H 139 (2).
2 BFH-Urteile vom 24. Februar 2000 IV R 62/68, BStBl II 2000, 417, vom 2. März 2000 IV B 34/99, BFH/NV 2000, 1084 und vom 25. August 2001 VIII R 34/00, EStB 2002, 42.
3 BFH-Urteile vom 24. Februar 2001 IV R 62/68, BStBl II 2000, 417 und vom 25. August 2001 VIII R 34/00, EStB 2002, 42 und Beschluss vom 2. März 2000 IV B 34/99, BFH/NV 2000, 1084.
4 Zum Steuerbelastungsvergleich s. *Frost* in Frotscher, Kommentar zum EStG, Anhang 4 zu § 15 Anm. 176–196.

Von **unechter** Betriebsaufspaltung wird gesprochen, wenn die Betriebsaufspaltung nicht durch einen bewussten (oder unbewussten) Ausgründungsvorgang entstanden ist.

Die Unterscheidung ist steuerrechtlich ohne Bedeutung.

6512 Besteht eine Betriebsaufspaltung, kann durch Erbgang ihre Beendigung eintreten.

Kraft Erbfolge kann auch erstmalig eine Betriebsaufspaltung entstehen[1].

Erben müssen beide Fallkonstellationen in ihre Überlegungen einbeziehen.

6513 (1) Von **mitunternehmerischer Betriebsaufspaltung** wird gesprochen, wenn das Betriebsunternehmen und das Besitzunternehmen Personengesellschaften sind.

Vermietet eine GbR (das gilt z. B. auch für eine vermögensverwaltende GmbH & Co. KG) Wirtschaftsgüter an eine andere Personengesellschaft, an der dieselben Gesellschafter beteiligt sind, so findet § 15 Abs. 1 Nr. 2 EStG Anwendung[2].

Bei einer mitunternehmerische Betriebsaufspaltung hat also die Qualifikation des Vermögens als Gesellschaftsvermögen der Besitzgesellschaft und der Einkünfte aus der Verpachtung dieses Vermögens als gewerbliche Einkünfte der Gesellschafter der Besitzgesellschaft Vorrang vor der Qualifikation des Vermögens als Sonderbetriebsvermögen und der Einkünfte aus der Verpachtung als Sonderbetriebseinkünfte der Gesellschafter bei der Betriebsgesellschaft[3].

6514 (2) M. a. W.: Die Rechtsfolgen einer mitunternehmerischen Betriebsaufspaltung werden verdrängt, wenn sich die Überlassung wesentlicher Betriebsgrundlagen bei einer Betriebsgesellschaft in der Rechtsform der Personengesellschaft im Anwendungsbereich des vorrangigen § 15 Abs. 1 Satz 1 Nr. 2 Halbsatz 2 EStG vollzieht, insbesondere der Besitzunternehmer Gesellschafter und Mitunternehmer der Betriebs-Personengesellschaft ist.

6515 Die kapitalistische Betriebsaufspaltung weist in ihrer Grundstruktur gleichzeitig eine Besitz-Kapitalgesellschaft und eine Betriebs-Kapitalgesellschaft auf. Eine Betriebsaufspaltung ist bei einer solchen Gestaltung nur dann anzunehmen, wenn die Besitz-Kapitalgesellschaft unmittelbar als Gesellschafter (oder mittelbar über andere Kapitalgesellschaften) beteiligt ist, hingegen nicht, wenn Besitz- und Betriebs-Kapitalgesellschaft Schwestergesellschaften sind, die lediglich von denselben Anteilseignern beherrscht werden.

6516 Als umgekehrte Betriebsaufspaltung wird eine Gestaltung bezeichnet, bei der die Besitzgesellschaft als Kapitalgesellschaft und das Betriebsunternehmen als Personengesellschaft oder Einzelunternehmen gestaltet ist[4].

6517–6530 *(unbesetzt)*

6531 (3) Die Betriebsaufspaltung entsteht vielfach in der Weise, dass das Betriebsvermögen eines bestehenden Unternehmens ohne die Betriebsgrundstücke und die aufstehenden Gebäude in eine neu gegründete Kapitalgesellschaft eingebracht wird und dass die Grundstücke und aufstehenden Gebäude der neu gegründeten Gesellschaft verpachtet werden; entsprechendes gilt für die nicht eingebrachten, dem ursprünglichen Unternehmen verbleibenden Wirtschaftsgüter.

---

1 Vgl. Rn 5176.
2 BFH-Urteil vom 25. April 1985 IV R 36/82, BFHE 144, 20, BStBl II 1985, 622.
3 BFH-Urteil vom 24. November 1998 VIII R 61/97, BFHE 187, 297, BStBl II 1999, 483.
4 Vgl. *Dehmer,* Die Betriebsaufspaltung, 2. Aufl., München 1987, Rn 21.

(4) Werden bei der Veräußerung eines Einzelunternehmens an eine Betriebs-GmbH betriebsnotwendige Grundstücksteile zurückbehalten und gleichzeitig an diese vermietet, schließt die entstehende Betriebsaufspaltung einen tarifbegünstigten Veräußerungsgewinn wegen Betriebsaufgabe aus. 6532

(5) Ein Grundstück kann der Betriebsgesellschaft auch auf Grund eines Erbbaurechts überlassen werden. Die Besitzgesellschaft erzielt die gewerblichen Einkünfte bereits mit dem tatsächlichen Beginn der Erbbauzeit. 6533

(unbesetzt) 6534

Die Betriebsgesellschaft kann eine GmbH oder eine Aktiengesellschaft sein. 6535

Die nicht verpachteten Wirtschaftsgüter werden von der Betriebskapitalgesellschaft gekauft, wobei der Kaufpreis gestundet werden kann oder in seiner Höhe ein Darlehen gewährt wird. Sie können gegen die Gewährung von Gesellschaftsrechten eingebracht werden, wobei diese Gesellschaftsrechte vielfach der Besitzgesellschaft und nicht deren einzelnen Gesellschaftern gehören. 6536

II. Einzelheiten zur Vornahme einer Betriebsaufspaltung

6537 Die Vorbereitung der Betriebsaufspaltung erfordert einen Zeitplan für die Durchführung der erforderlichen Einzelmaßnahmen (z. B. Beurkundungstermine usw.).

6538 Die bei einer Betriebsaufspaltung erforderlichen Verträge (Gesellschaftsverträge der Besitz- und der Betriebsgesellschaft, Pachtverträge, insbesondere die Vereinbarung der Höhe des Pachtzinses und die Regelungen der Verpflichtungen, die Instandhaltungs-, Erhaltungs- und und Erneuerungsaufwendungen zu tragen, Darlehensverträge, Regelung der Firmenbezeichnungen usw.) und die dabei entstehenden Beteiligungsverhältnisse müssen aufeinander abgestimmt sein; sie müssen nach Verhandlungen mit Banken, Großkunden und Großlieferanten das Erfordernis der Überleitung bestehender Verträge berücksichtigen.

6539–6550 *(unbesetzt)*

6551 Die Verpachtung eines Unternehmens durch eine KG erfordert die Zustimmung der Kommanditisten (§ 164 HGB; vgl. auch den Rechtsgrundsatz in § 292 Abs. 1 Nr. 3 AktG).

6552 Der Vertrag über die Verpachtung des ganzen Unternehmens bedarf keiner Information des Betriebsrats, also anders als bei der Teilbetriebsübertragung[1].

6553 Die Pacht gilt als Erwerb eines Handelsgeschäfts und gestattet, die Firma des gepachteten Unternehmens fortzuführen (§ 22 Abs. 2 HGB), soweit nicht eine der Rechtsform entsprechende Bezeichnung erforderlich ist (§ 4 GmbHG, §§ 4, 279 AktG).

6554 Übernimmt die Betriebsgesellschaft die Firma der Besitz-Gesellschaft, so kann die neu gegründete Gesellschaft zum Handelsregister nur angemeldet werden, wenn gleichzeitig die Änderung der Firma der Besitzgesellschaft angemeldet wird. Es empfiehlt sich daher, zunächst die Besitzgesellschaften mit einer neutralen Firmenbezeichnung zu gründen[2].

6555–6580 *(unbesetzt)*

6581 Betriebsaufspaltungen sind nicht allein steuerrechtlich interessant; eine geschickte Gestaltung soll es ermöglichen, Haftungsrisiken zu minimieren.

Eine Enthaftung gegenüber der abhängigen Betriebsgesellschaft tritt durch Betriebsaufspaltung nur ein, wenn das herrschende Besitzunternehmen – unter Umständen eine natürliche Person, die die Mehrheit der Anteile an der Betriebsgesellschaft hält – nachweist, dass Verluste bei der Betriebsgesellschaft auch bei ordnungsmäßiger Geschäftsführung eingetreten wären. Führt in diesem Sinne die Betriebsaufspaltung zur Bildung eines Unterordnungskonzerns, so ist sie also nicht geeignet, das volle Geschäftsrisiko auf die Betriebsgesellschaft abzuwälzen. Auch ohne Durchgriffshaftung ist eine solche Gestaltung wegen der möglichen Verlustausgleichspflicht als gefährlich einzustufen[3].

6582 So kann eine GmbH & Co. KG als nahe Angehörige einer GmbH zu beurteilen sein, wenn der oder die Gesellschafter-Geschäftsführer personenidentisch sind.

6583–6584 *(unbesetzt)*

---

1 BAG-Urteil vom 24. Juli 1979 1 A ZR 219/77, DB 1980, 164, mit Anm. Gutbrod.
2 *Aschenbrenner*, Unternehmenspachtvertrag in Münchener Vertragshandbuch Bd. 2, 2. Aufl., 1987, S. 484.
3 *Weimar*, Die typische Betriebsaufspaltung – ein Unterordnungskonzern?, ZIP 1988, 1525.

Die Begründung einer Betriebsaufspaltung mit Angehörigen

Errichtet ein Einzelunternehmer mit seiner Ehefrau durch Bargründung eine GmbH und wird anschließend zwischen der GmbH und dem Einzelunternehmen eine echte Betriebsaufspaltung begründet, so sind stille Reserven aus dem Einzelunternehmen jedenfalls nicht deshalb aufzudecken, weil die Ehefrau an dem Einzelunternehmen nicht beteiligt ist und sie ihre Geschäftsanteile an der GmbH in ihrem Privatvermögen hält[1].

6585

Anders ist zu entscheiden, wenn die GmbH-Anteile durch den Ehegatten nach Vornahme einer Kapitalerhöhung übernommen werden[2].

Die Aufdeckung der stillen Reserven wird vermieden, wenn das Besitzunternehmen die nahe stehende Person in sein Unternehmen aufnimmt, bevor die GmbH gegründet wird und ihr die GmbH-Anteile erst anschließend überträgt.

6586

(unbesetzt) 6587–6590

Wegfall der Betriebsaufspaltung

Entfällt infolge der Veräußerung der Anteile an der Betriebsgesellschaft die personelle Verflechtung zwischen dieser und dem Besitzunternehmen kommt es beim Besitzunternehmen zur Betriebsaufgabe und zur Versteuerung der stillen Reserven.

6591

Dem steht grundsätzlich nicht entgegen, dass das bisherige Besitzunternehmen nach Beendigung der Betriebsaufspaltung sein unbewegliches Betriebsvermögen an den Erwerber verpachtet und sein bewegliches Betriebsvermögen unter Vereinbarung einer Rückkaufsoption veräußert[3].

Noch nicht entschieden ist, ob bei Beendigung einer mitunternehmerischen Betriebsaufspaltung durch Einstellung des Betriebs der Betriebspersonengesellschaft die in den verpachteten Wirtschaftsgütern enthaltenen stillen Reserven stets aufzudecken sind, unter welchen Voraussetzungen eine Buchwertfortführung in Betracht kommt und ob und in welcher Höhe die realisierten Gewinne bei der gesonderten und einheitlichen Feststellung des Gewinns der Betriebsgesellschaft oder bei der gesonderten und einheitlichen Feststellung des Gewinns der Besitzgesellschaft zu erfassen sind[4].

6592

Die Eröffnung des Insolvenzverfahrens über das Vermögen der Betriebsgesellschaft führt regelmäßig zur Beendigung der personellen Verflechtung mit dem Besitzunternehmen und damit der Betriebsaufspaltung. In der Regel ist dies als Betriebsaufgabe des Besitzunternehmens zu beurteilen mit der Folge, dass die im Betriebsvermögen enthaltenen stillen Reserven aufzulösen sind[5].

6593

(unbesetzt) 6594–6700

---

1 Vgl. OLG Hamm, Urteil vom 12. Juni 1990 27 U 227/89, rkr., ZIP 1990, 1355.
2 BFH-Urteil vom 12. Mai 1993 XI R 58-59/92, BFHE 171, 282, HFR 1993, 565 Anm. S. 566.
3 BFH-Urteile vom 13. Dezember 1983 VIII R 90/81, BFHE 140, 526, BStBl II 1984, 474, vom 15. Dezember 1988 IV R 36/84, BFHE 155, 538, BStBl II 1989, 363, und vom 25. August 1993 XI R 6/93, BFHE 172, 91, BStBl II 1994, 23, BB 1993, 2356.
4 BFH-Beschluss vom 1. Februar 1995 VIII B 50/94 BFH/NV 1995, 676.
5 Vgl. BFH-Urteil vom 6. März 1997 XI R 2/96, BFHE 183, 85, BStBl II 1997, 460.

III. Steuerliche Einzelheiten

1. Allgemeines

6701 Steuerlich ist zu beachten, ob eine Betriebsaufspaltung erreicht oder vermieden werden soll[1].

6702 Die steuerlich anzuerkennende Betriebsaufspaltung erfordert die Überlassung der wesentlichen Betriebsgrundlagen durch das Besitzunternehmen an das Betriebsunternehmen (sachliche Verflechtung), und einen einheitlichen geschäftlichen Betätigungswillen (die personelle Verflechtung) der die Unternehmen beherrschenden Personen.

2. Sachliche Verflechtung

6703 Die sachliche Verflechtung einer Betriebsaufspaltung setzt voraus, dass Wirtschaftsgüter, die zu den wesentlichen Betriebsgrundlagen gehören, der Betriebsgesellschaft von der Besitzgesellschaft zur Nutzung überlassen werden. Das gilt auch, wenn die Betriebsaufspaltung eine Produktions- und eine Vertriebsgesellschaft betrifft.

6704 Eine Betriebsgrundlage ist dann wesentlich im Sinne der Betriebsaufspaltung, wenn sie für das Unternehmen wirtschaftlich von Gewicht ist. Das ist der Fall, wenn die überlassenen Wirtschaftsgüter

- für den Betrieb notwendig und

- auf die besonderen Bedürfnisse dieses Betriebs zugeschnitten sind.

6705 Eine sachliche Verflechtung im Rahmen einer Betriebsaufspaltung wird durch die Überlassung von Anlagegütern an die Betriebsgesellschaft begründet, die für diese nach ihrer Funktion eine wesentliche Betriebsgrundlage bilden; auch die leihweise Überlassung wesentlicher Betriebsgrundlagen an beherrschte Betriebskapitalgesellschaften kann eine Betriebsaufspaltung begründen.

6706 (1) Zu den wesentlichen Betriebsgrundlagen zählen bebaute und unbebaute Grundstücke, wenn sie von der Betriebsgesellschaft für ihre besonderen Bedürfnisse hergerichtet worden sind oder besonderes Gewicht für die Betriebsführung besitzen[2].

6707 (2) Ein Grundstück ist im Rahmen einer Betriebsaufspaltung eine wesentliche Betriebsgrundlage für das Betriebsunternehmen, wenn es nach dem Gesamtbild der Verhältnisse zur Erreichung des Betriebszwecks erforderlich ist und besonderes Gewicht für Betriebsführung besitzt wie eine für die Zwecke der Betriebs-GmbH besonders zugeschnittene Betriebshalle mit Büroanlagen[3].

6708 (3) Eine wesentliche Betriebsgrundlage und damit Element der sachlichen Verflechtung bei der Betriebsaufspaltung sind z. B. als Geschäftslokal eines alteingesessenen Reisebüros betrieblich genutzte Grundstücksteile mit Kunden- und Büroräumen.

6709 (4) Ein Gebäude, das nicht für die besonderen Zwecke eines Betriebsunternehmens hergerichtet ist, kann wesentliche Betriebsgrundlage sein, weil das Betriebsunternehmen

---

1 BFH-Urteil vom 24. April 1991 X R 84/88, BFHE 164, 385, BStBl II 1991, 713.
2 BFH-Urteile vom 24. August 1989 IV R 135/86, BFHE 158, 245, BStBl II 1989, 1014; vom 19. August 1992 III R 80/91, BFH/NV 1993 160; vom 17. November 1992 VIII R 36/91, BFHE 169, 389, BStBl II 1993, 233: und vom 22. Juni 1993 VIII R 29/92 BFH/NV 1994, 228.
3 BFH-Urteil vom 27. August 1998 III R 96/96, BFH/NV 1999, 758.

wegen seiner Lage, seines Zuschnitts oder aus anderen innerbetrieblichen Gründen auf das Grundstück angewiesen ist[1].

(5) Eine sachliche Verflechtung wird nicht dadurch ausgeschlossen, dass das Betriebsunternehmen jederzeit am Markt ein für seine Belange gleichwertiges Grundstück mieten oder kaufen kann. Ist dies nicht möglich, dann ist das Grundstück zur Fortführung des Betriebs des Betriebsunternehmens auf jeden Fall erforderlich und damit eine wesentliche Betriebsgrundlage. Nach den Erfahrungen des täglichen Lebens gilt das insbesondere, wenn das vermietete Grundstück für die Belange des Betriebsunternehmens besonders gestaltet worden oder nach seiner Lage für die Belange des Betriebsunternehmens besonders geeignet ist. 6710

(6) Die sachliche Verflechtung als Voraussetzung einer Betriebsaufspaltung ist auch dann zu bejahen, wenn erst das Betriebsunternehmen (mit Zustimmung des Besitzunternehmens) ein ihm überlassenes Gebäude für seine Zwecke baulich herrichtet. 6711

(7) Überlässt der Stpfl. sein Grundstück, das für betriebliche Zwecke weder hergerichtet noch gestaltet ist, für eine reine Verwaltungs- oder Bürotätigkeit an eine von ihm beherrschte GmbH, so führt dies nicht zur Annahme einer Betriebsaufspaltung. 6712

Denn die bloße Zurverfügungstellung eines Grundstücks erfüllt nicht in jedem Fall die Voraussetzungen einer sachlichen Verflechtung.

(8) Notwendiges Betriebsvermögen des Besitzunternehmens sind regelmäßig auch die dem Besitzunternehmen verpachteten Wirtschaftsgüter, die keine wesentlichen Betriebsgrundlagen sind[2]. 6713

(9) Die bei einer Betriebsaufspaltung vom Inhaber des Besitzunternehmens ausschließlich dem Betriebsunternehmen zur Nutzung überlassenen Erfindungen gehören zum gewerblichen Betriebsvermögen des Besitzunternehmens. Die aus der Überlassung bezogenen Vergütungen unterliegen der Gewerbesteuer[3]. 6714

(10) Lizenzeinnahmen aus der Überlassung von Patenten im Rahmen einer bestehenden Betriebsaufspaltung können auch dann zu gewerblichen Einkünften des Besitzunternehmens führen, wenn die Patente nicht wesentliche Betriebsgrundlagen der Betriebsgesellschaft bilden[4]. 6715

Obliegt einer KG der Alleinvertrieb für eine Produktions-GmbH, können die GmbH-Anteile Sonderbetriebsvermögen der Gesellschafter der KG sein[5]. 6716

Mit einer Betriebsaufspaltung ist nicht notwendigerweise eine Übertragung des Geschäftswerts auf das Betriebsunternehmen verbunden[6]. 6717

(unbesetzt) 6718–6720

---

1 BFH-Urteile vom 26. Mai 1993 X R 78/91, BFHE 171, 476, BStBl II 1993, 718; und vom 19. Juli 1994 VIII R 75/93, BFH/NV 1995, 597 betreffend Lagerhalle; vgl. ferner BFH-Urteil vom 13. Juli 1998 X B 70/98, BFH/NV 1999, 39.
2 BFH-Urteil vom 23. Januar 1991 X R 47/87, BFHE 163, 460, BStBl II 1991, 405, GmbHR 1991, 378.
3 BFH-Urteile vom 21. Oktober 1988 III R 258/84, BFH/NV 1989, 321, GmbHR 1989, 385; vom 23. Januar 1980 I R 33/77, BFHE 130, 173, BStBl II 1980, 356.
4 BFH-Urteil vom 23. September 1998 XI R 72/97, BFHE 187, 36, BStBl II 1999, 281.
5 BFH-Urteil vom 6. Juli 1989 IV R 62/86, BFHE 157, 551, BStBl II 1989, 890.
6 BFH-Urteil vom 28. Juni 1989 I R 25/88, BFHE 158, 97, BStBl II 1989, 982.

3. Personelle Verflechtung

6721 (1) Der einheitliche geschäftliche Betätigungswille (personelle Verflechtung[1]) erfordert, dass die Unternehmen von einer Person oder einer Gruppe von Personen (unmittelbar oder mittelbar) tatsächlich beherrscht wird. Eine von der Kapitalbeteiligung abweichende Stimmrechtsregelung kann ein Beherrschungsverhältnis herstellen oder zerstören. Die Stimmrechtsregelung bleibt für die Frage der Beherrschung auch dann maßgebend, wenn die Regelung der Gewinnverteilung von der Kapitalbeteiligung abweicht[2].

6722 (2) An der für eine Betriebsaufspaltung notwendigen Beherrschungsidentität fehlt es, wenn die Gesellschafter der Besitzgesellschaft (GbR nach § 709 Abs. 1 BGB zur Geschäftsführung nur gemeinschaftlich befugt sind aber nur einer der beiden Gesellschafter die Betriebsgesellschaft beherrscht.

Für die Frage der personellen Verflechtung kommt es vor allem darauf an, wie der geschäftliche Betätigungswille in beiden Unternehmen durchgesetzt wird. Ist nur einer der beiden Geschäftsführer einer Besitz-GbR an der Betriebs-GmbH beteiligt, liegt regelmäßig keine Betriebsaufspaltung vor[3].

6723 Die Beteiligung naher Angehöriger wirft besondere Probleme auf.

6724–6725 *(unbesetzt)*

6726 Die Anteile (Stimmrechte) von Ehegatten einer Kapitalgesellschaft können bei der Beurteilung einer beherrschenden Stellung nur dann zusammengerechnet werden, wenn konkrete Anhaltspunkte für gleichgerichtete Interessen der Eheleute bestehen[4].

6727 Ist z. B. der Ehemann allein Anteilseigner einer GmbH und hat die GmbH von einer Bruchteilsgemeinschaft, an der der Ehemann mit 75 vH und die Ehefrau mit 25 vH beteiligt ist, Grundbesitz gemietet oder gepachtet, so liegt keine personelle Verflechtung im Sinne der Betriebsaufspaltung vor, wenn die Ehegatten vereinbart haben, dass sie über die Nutzung des ihnen gemeinsam gehörenden Grundbesitzes nur einvernehmlich (einstimmig) entscheiden wollen[5].

6728 Ist ein Ehegatte nur am Besitzunternehmen und der andere Ehegatte nur an der Betriebs-Gesellschaft beteiligt (Wiesbadener Modell), dürfen die Anteile für die Frage nach einem einheitlichen geschäftlichen Betätigungswillen (Mehrheit) grundsätzlich nicht zusammengerechnet werden, auch wenn aufgrund besonderer Beweisanzeichen gleichgerichtete wirtschaftliche Interessen der Ehegatten anzunehmen sind, es sei denn, es liegt ein Missbrauchsfall im Sinne von § 42 AO vor. Das könnte z. B. der Fall sein, wenn die Ehefrau das vermietete Grundstück oder die Anteile an der Betriebs-GmbH schenkweise widerruflich übertragen erhalten hat[6].

---

1 Vgl. dazu *Märkle*, Die mittelbare Beteiligung an einer Personengesellschaft, WPg 1987, 68.
2 Zur Frage des Verhältnisses des Mitbestimmungsgesetzes zur Beherrschung vgl. *Seithel*, Neue Aspekte zur Betriebsaufspaltung durch das Mitbestimmungsgesetz, GmbHR 1979, 113; *Theisen,* Neue Aspekte zur Betriebsaufspaltung durch das Mitbestimmungsgesetz. Eine Replik zu *R. Seithel*, in GmbHR 1979, 113, GmbHR 1979, 186. Zur Bedeutung der Einstimmigkeitsabrede beim Besitzunternehmen für die personelle Verpflichtung im Rahmen einer Betriebsaufspaltung vgl. auch BdF vom 23. Januar 1989, BStBl 1989, 39.
3 BFH-Urteil vom 15. März 2000 VIII R 82/98, BFHE 191, 390, BFH/NV 2000, 1304.
4 BFH-Urteile vom 23. Oktober 1985 I R 230/82, BFH/NV 1986, 490, und vom 1. Februar 1989 I R 73/85, BFHE 156, 155, BStBl II 1989, 522.
5 BFH-Urteil vom 29. Oktober 1987 VIII R 5/87, BFHE 151, 457, BStBl II 1989, 96, FR 1988, 107.
6 Vgl. *Schmidt*, EStG, § 15 Anm. 848.

Steuerliche Einzelheiten

Für die Frage der personellen Verflechtung im Rahmen einer Betriebsaufspaltung ist nicht ausschlaggebend, ob der beherrschende Gesellschafter der Betriebskapitalgesellschaft bei Beschlüssen über Geschäften mit dem ihm zustehenden Besitzunternehmen vom Stimmrecht ausgeschlossen ist[1].   6729

Gehören sowohl das Betriebsgrundstück als auch die Mehrheit der Anteile an der Betriebs-GmbH zum Gesamtgut einer ehelichen Gütergemeinschaft, so sind die Voraussetzungen der personellen Verflechtung bei einer Betriebsaufspaltung erfüllt, und zwar selbst bei Stimmrechtsausschluss des Ehegatten in der Betriebs-GmbH[2].   6730

(unbesetzt)   6731

(1) Eine Betriebsaufspaltung aufgrund faktischer Beherrschung ist nur gegeben, wenn der gesellschaftsrechtliche Beteiligte nach den Umständen des Einzelfalls darauf angewiesen ist, sich dem Willen eines anderen so unterzuordnen, dass er keinen eigenen geschäftlichen Willen entfalten kann; m. a. W., wenn der Inhaber des Besitzunternehmens auch ohne gesellschaftsrechtliche Beteiligung an der Betriebsgesellschaft infolge einer besonderen tatsächlichen Machtstellung seinen Willen in der Betriebsgesellschaft durchsetzen kann[3].   6732

(2) Die faktische Beherrschung eines Nichtgesellschafters verdrängt die gesellschaftsrechtliche Beteiligung. Daher können der faktisch herrschende und der gesellschaftsrechtlich Beteiligte keine Personengruppe im Sinne der BFH-Rechtsprechung[4] bilden.   6733

(3) Eine Betriebsaufspaltung auf Grund faktischer Beherrschung der Betriebsgesellschaft (GmbH) durch die Gesellschafter des Besitzunternehmens liegt nicht bereits deshalb vor, weil die das Besitzunternehmen beherrschenden Ehemänner der an der GmbH beteiligten Gesellschafterinnen zugleich bei der GmbH angestellt sind, und der GmbH-Vertrag vorsieht, dass die Geschäftsanteile der Ehefrauen bei Beendigung des Arbeitsverhältnisses des jeweiligen Ehemanns eingezogen werden können[5].   6734

Verpachtet ein Steuerpflichtiger die wesentlichen Grundlagen seines Einzelunternehmens an eine GmbH, deren Anteile ausschließlich von der Ehefrau des Steuerpflichtigen gehalten werden, so rechtfertigt dies auch dann noch keine Annahme einer faktischen Betriebsaufspaltung, wenn der Steuerpflichtige als Geschäftsführer der GmbH angestellt wird und ihr aufgrund seiner beruflichen Ausbildung und Erfahrung das Gepräge gibt[6].   6735

Die Eröffnung des Insolvenzverfahrens über das Vermögen der Betriebsgesellschaft führt regelmäßig zur Beendigung der personellen Verflechtung mit dem Besitzunternehmen und damit einer bestehenden Betriebsaufspaltung.   6736

Dieser Vorgang ist – wenn nicht das laufende Insolvenzverfahren mit anschließender Fortsetzung der Betriebsgesellschaft aufgehoben oder eingestellt wird – in der Regel als

---

1 BFH-Urteil vom 26. Januar 1989 IV R 151/86, BFHE 156, 138, BStBl II 1989, 455.
2 BFH-Urteil vom 26. November 1992 IV R 15/91, BFHE 171, 490, BStBl II 1993, 876, DB 1993, 2354.
3 BFH-Urteil vom 1. Dezember 1989 III R 94/87, BFHE 159, 480, BStBl II 1990, 500; BFH-Urteil vom 15. März 2000 VIII R 82/98, BFHE 191, 390, BFH/NV 2000, 1304.
4 BFH-Urteil vom 23. November 1972 IV R 63/7I, BFHE 108, 44, BStBl II 1973, 247.
5 BFH-Urteil vom 15. Oktober 1998 IV R 20/78, BFHE 187, 26, BStBl II 1998, 445.
6 BFH-Urteil vom 26. Oktober 1988 I R 228/84, BFHE 155, 117, BStBl II 1989, 155.

Betriebsaufgabe des Besitzunternehmens zu beurteilen mit der Folge, dass die in seinem Betriebsvermögen enthaltenen stillen Reserven aufzulösen sind[1].

6737–6750 *(unbesetzt)*

4. Weitere Einzelheiten

6751 Eine sachliche Verflechtung ist im Falle einer echten Betriebsaufspaltung auch dann gegeben, wenn verpachtete wesentliche Betriebsgrundlagen nicht im Eigentum des Besitzunternehmers stehen[2].

6752 *(unbesetzt)*

6753 Entfällt die personelle Verflechtung zwischen den Besitzunternehmen und der Betriebskapitalgesellschaft, kommt es beim Besitzunternehmen zur Betriebsaufgabe und zur Versteuerung der stillen Reserven[3].

6754–6770 *(unbesetzt)*

6771 Bei einer Betriebsaufspaltung müssen Besitz- und Betriebsunternehmen nicht durchgängig korrespondierend bilanzieren[4].

6772 Die Besitzgesellschaft ist nicht zur phasengleichen Aktivierung von Gewinnansprüchen verpflichtet, wenn in der Satzung der Betriebsgesellschaft bei Stimmengleichheit Gewinnthesaurierung vorgesehen ist und der Jahresabschluss der ausschüttenden Betriebsgesellschaft nach dem der Besitzgesellschaft festgestellt worden ist[5].

6773 Ansprüche auf Gewinne (Dividenden) aus Beteiligungen an Kapitalgesellschaften sind im Allgemeinen erst dann zu aktivieren, wenn ein Gewinnverwendungsbeschluss der Kapitalgesellschaft vorliegt und hierdurch ein verfügbarer Rechtsanspruch auf einen Gewinnanteil in bestimmter Höhe endgültig begründet ist. Das hat zur Folge, dass der Inhaber der Beteiligung den Gewinnanspruch regelmäßig zeitversetzt erst in der Bilanz des Geschäftsjahres (Wirtschaftsjahres) zu aktivieren hat, das dem Geschäftsjahr (Wirtschaftsjahr) der Kapitalgesellschaft nachfolgt. Ist die Kapitalgesellschaft z. B. eine GmbH, ist die Bilanz als Grundlage der Gewinnberechnung gemäß § 41 Abs. 2 GmbHG in den ersten drei Monaten des folgenden Jahres, nach Maßgabe des § 41 Abs. 3 GmbHG auch später zu erstellen. Noch später stellen die Gesellschafter die Jahresbilanz fest und beschließen über die Verteilung des sich aus derselben ergebenden Reingewinns (§ 46 Nr. 1 GmbHG).

6774 Eine Konzern- oder Holding-Gesellschaft (AG) mit Mehrheit an einer anderen AG (Tochtergesellschaft) kann bei übereinstimmendem Geschäftsjahr allerdings den Gewinnausschüttungsanspruch zeitkongruent schon in dem Jahr ansetzen, für das ausgeschüttet wird. Der Jahresabschluss der Tochtergesellschaft muss jedoch noch vor Abschluss der Prüfung bei der Muttergesellschaft festgestellt werden und eine entsprechender Gewinnverwendungsbeschluss oder Gewinnverwendungsvorschlag gemäß § 170 Abs. 2, § 171 AktG 1965 vorliegen.

---

1 BFH-Urteil vom 6. März 1997 XI R 2/96, BFHE 183, 85, BStBl II 1997, 460.
2 BFH-Urteil vom 12. Oktober 1988 X R 5/86, BFHE 154, 566, BStBl II 1989, 152.
3 BFH-Urteile vom 13. Dezember 1983 VIII R 90/81, BFHE 140, 526, BStBl II 1984, 474, und vom 15. Dezember 1988 IV R 36/84 BFHE 155, 538 BStBl II 1989, 363.
4 BFH-Urteil vom 8. März 1989 X R 9/86, BFHE 156, 443, BStBl II 1989, 714, BB 1989, 1246.
5 BFH-Urteil vom 26. November 1998 IV R 52/96, BFHE 187, 492, BStBl II 1999, 547.

Der IV. Senat des BFH überträgt diese Grundsätze auf jeglich gewerbliche Mehrheitsbe- 6775
teiligung an einer Kapitalgesellschaft, gleichviel, ob Mehrheitsgesellschafter eine Kapitalgesellschaft, eine Personengesellschaft oder ein Einzelunternehmer ist.

(unbesetzt) 6776

§ 613a BGB gilt auch bei Betriebsaufspaltungen im Rahmen eines Konzerns. Veräußert 6777
die Besitzgesellschaft im Rahmen der Betriebsaufspaltung einen Produktionsbetrieb, muss sie weder eine Ausfallbürgschaft für die Versorgungsanwartschaften der Arbeitnehmer übernehmen, noch hat sie dafür grundsätzlich im Wege der Durchgriffshaftung einzutreten[1].

Ermöglicht bei einer Betriebsaufspaltung ein Gesellschafter des Besitzunternehmens es 6778
seinem Ehegatten, einen Teil des zu seinem Sonderbetriebsvermögen beim Besitzunternehmen gehörenden Anteils an der Betriebs-GmbH gegen Leistung einer Einlage zu übernehmen, die **niedriger** ist als der Wert des übernommenen Anteils, so liegt eine Entnahme in Höhe der Differenz zwischen dem Wert des übernommenen Anteils und der geleisteten Einlage vor[2].

(unbesetzt) 6779–6800

---

1 BAG-Urteil vom 19. Januar 1988 3 AZR 263/86, GmbHR 1988, 339.
2 BFH-Urteil vom 16. April 1991 VIII R 63/87, BFHE 164, 513, BStBl II 1991, 832.

O. Nießbrauch an Unternehmen und Unternehmensteilen

Schrifttum: *Dreßler,* Gewinn- und Vermögensverlagerungen in Niedrigsteuerländer und ihre steuerliche Überprüfung, 3. Aufl., Neuwied 2000; *Dreßler,* Gewinn- und Vermögensverlagerungen in Niedrigsteuerländer und kein Ende?, StBp 1999, 253; *Ehlers,* Nießbrauch, Sonderband 2 von Frotscher (Hrsg.), Kommentar zum EStG, 2. Aufl., Freiburg i. Br. 1995; *Erman,* Handkommentar zum BGB, 9. Aufl., Münster 1993; *Esch/Schulze zur Wiesche,* Handbuch der Vermögensnachfolge, 4. Aufl., Berlin 1992; *Jansen/Jansen,* Der Nießbrauch im Zivil- und Steuerrecht, 6. Aufl. Herne/Berlin 2001; *Lohr,* Der Nießbrauch an Unternehmen und Unternehmensanteilen, Düsseldorf 1989 (Dissertation Köln); *Schön,* Der Nießbrauch am Gesellschaftsanteil, ZHR 1994, 229; *Schöner,* Zur Abgrenzung von Dienstbarkeit und Nießbrauch, DNotZ 1982, 416.

6801

I. Allgemeines

Nießbrauch ist nach §§ 1030 ff. BGB das Recht, sämtliche Nutzungen des belastenden Gegenstands zu ziehen.

6802

Belastet werden können bewegliche und unbewegliche Sachen (§§ 1030 f. BGB), Rechte (§§ 1069 ff. BGB) und ein Vermögen (§§ 1085 ff. BGB).

6803

Der Nießbrauch ist ein höchstpersönliches Recht (§§ 1059, 1061 BGB; Ausnahme § 1059a BGB für juristische Personen); er ist also nicht übertragbar (§ 1059 Satz 1 BGB); er ist nicht vererblich (§ 1061 BGB).

6804

Die Ausübung des Nießbrauchs kann der Nießbrauchsberechtigte aber einem anderen überlassen (§ 1059 Satz 2 BGB); das Überlassungsrecht kann vertraglich ausgeschlossen werden.

6805

Der Nießbrauch kann nur an übertragbaren Nutzungsrechten bestellt werden (§ 1069 Abs. 2 BGB).

6806

Inhaltlich wird das schuldrechtliche Verpflichtungsgeschäft vom Willen der Parteien, beim Nießbrauchsvermächtnis vom Willen des Erblassers bestimmt.

6807

Wer seinen Betrieb aufgrund eines Vermächtnisnießbrauchs bewirtschaftet, ist nicht berechtigt AfA auf Anschaffungs- oder Herstellungskosten des Erblassers in Anspruch zu nehmen[1].

Das Verpflichtungsgeschäft bedarf derselben Form wie das Verpflichtungsgeschäft bei der Übertragung. Bei Grundstücken tritt an die Stelle der Auflassung die Einigung über die Nießbrauchsbestellung.

6808

(unbesetzt)

6809–6820

---

[1] BFH-Urteil vom 28. September 1995 IV R 7/94, BFHE 180, 255, BStBl II 1996, 440.

II. Unternehmensnießbrauch

6821 Es ist möglich, einen Unternehmensnießbrauch zu bestellen[1].

6822 Der Nießbrauch an einem Unternehmen, das einen Inbegriff von Sachen und Rechten darstellt, kann nicht durch einen einheitlichen Rechtsakt (Gesamtakt) bestellt werden. Ist die Nießbrauchsbestellung durch Belastung der einzelnen Gegenstände des Betriebsvermögens – entweder nach §§ 1030 ff. BGB oder nach § 1085 BGB, wenn das Unternehmen das gesamte Vermögen des Bestellers ausmacht – wirksam vollzogen, begründet dies für den Berechtigten ein umfassendes dingliches Recht am Handelsgeschäft.

6823 Das Anlagevermögen bleibt Eigentum des Nießbrauchbestellers und unterliegt dessen Verfügungsmacht. Aus den Umständen kann die Befugnis des Nießbrauchers zur Ersatzbeschaffung von Inventar (analog § 1048 BGB) mit der Wirkung dinglicher Surrogation ableitbar sein.

6824 An dem Umlaufvermögen, das aus verbrauchbaren Sachen besteht (§ 92 BGB; vgl. z. B. Warenlager) erlangt der Nießbraucher Eigentum (§ 1067 BGB). Er hat nach Beendigung des Nießbrauchs den Wert des Umlaufvermögens zu ersetzen, den die einzelnen Gegenstände bei der Bestellung hatten. Es kann vereinbart werden – und diese Vereinbarung kann aus den Umständen des Einzelfalles zu schließen sein –, dass statt Wertersatz die Gegenstände gleicher Art und Güte unter Ausgleichung etwaiger Mehr- oder Minderwerte rückzuerstatten sind.

6825 Der Besteller des Nießbrauchs an einem Unternehmen muss den Nießbraucher in den Tätigkeitsbereich des Unternehmens einweisen; er muss ihm die Geschäftsgeheimnisse offenbaren, die Bücher, Kundenlisten und dgl. mehr übergeben, ihm die Erfahrungen vermitteln usw., also nicht nur die dinglichen Belastungen an den einzelnen Gegenständen bestellen[2].

6826 Während der Dauer des Nießbrauchs ist der Nießbraucher Inhaber des Unternehmens. Bei der Übertragung eines Handelsgeschäfts ist der Nießbraucher Kaufmann. Er kann die Firma des Nießbrauchsbestellers fortführen (§ 22 Abs. 2 HGB), wenn der Nießbrauchsbesteller einwilligt (vgl. dazu auch § 1041 BGB). In diesem Fall haftet der Nießbraucher für die Schulden gemäß § 25 HGB. Für die Vollstreckung aus Altschulden in das Umlaufvermögen ist ein Titel gegen den Nießbraucher erforderlich, bei der Vollstreckung in das Anlagevermögen ein Titel gegen den Nießbrauchsbesteller und ein Duldungstitel gegen den Nießbraucher (§ 738 ZPO). Für Neuforderungen haftet der Nießbrauchsbesteller nicht, dagegen der Nießbraucher mit seinem gesamten Vermögen. Der Nießbrauchsbesteller kann jedoch nach Beendigung des Nießbrauchs, wenn er das Handelsgeschäft mit der Firma zurückerhält, gemäß § 25 HGB haften.

6827–6840 *(unbesetzt)*

6841 Der Nießbraucher eines Vermögens muss alle auf dem Vermögen im Ganzen ruhenden öffentlichen und privaten Lasten tragen, sofern sie bei ordnungsmäßiger Verwaltung aus

---

[1] Vgl. § 22 Abs. 2 HGB; BGH-Urteil vom 18. November 1974 VIII ZR 236/73, DB 1975, 146; *Palandt*, Bürgerliches Gesetzbuch, 59. Aufl., 2000, § 1085 Rn 4; *Stürmer* in Soergel/Siebert, Bürgerliches Gesetzbuch, 12. Aufl., Stuttgart/Berlin/Köln/Mainz, 1989, § 1085 Rz 6–8; *Promberger* in Staudinger, Kommentar zum Bürgerlichen Gesetzbuch, 12. Aufl., 1981, Vorbem. zu §§ 1085–1089 Rz 7; *Würdinger* in RGRK-HGB, 3. Aufl., Berlin 1967, § 22 Anm. 50 ff.; *Hüffer* in Staub, Großkommentar HGB, 4. Aufl., Berlin/New York 1983, § 22 Rn 80/81.

[2] Vgl. *Würdinger*, RGRK-HGB, aaO, § 1 Anm. 13.

den Vermögenseinkünften bestritten zu werden pflegen, und zwar auch insoweit, als diese Lasten den Wert der ihm gebührenden Nutzungen übersteigen[1].

(unbesetzt) 6842–6850

III. Die Nutzung des Nießbrauchers

Die Nutzung, die dem Nießbraucher gebührt, ist der Reingewinn[2]. 6851

Darunter wird der Überschuss verstanden, der nach Abzug aller zur Erhaltung des Unternehmens als Erwerbsquelle erforderlichen Aufwendungen verbleibt.

Der Unternehmensnießbrauch ist vom Ertragsnießbrauch zu unterscheiden. 6852

Beim **Unternehmensnießbrauch** führt der Nießbraucher das Unternehmen. Beim **Ertragsnießbrauch** leitet der Eigentümer das Unternehmen weiter; der Nießbraucher ist auf den Ertrag beschränkt, mag er auch dinglich Berechtigter sein und gewisse Kontrollrechte haben. 6853

(unbesetzt) 6854–6880

An einem Gesellschaftsanteil kann ein Nießbrauch bestellt werden, wenn dies der Gesellschaftsvertrag vorsieht oder die anderen Gesellschafter zustimmen. Zulässig ist aber die Bestellung eines Nießbrauchs am Gewinnanteil und am Auseinandersetzungsguthaben. 6881

Bürgerlich-rechtlich ist zu unterscheiden zwischen 6882

a) dem Nießbrauch am Gesellschaftsanteil einer Personengesellschaft, 6883

b) dem Nießbrauch an den aus dem Gesellschaftsanteil fließende Ansprüchen auf Auszahlung der Gewinnanteile während des Bestehens der Gesellschaft, des Auseinandersetzungsguthaben bei Auflösung der Gesellschaft und des Abfindungsguthabens beim Ausscheiden eines Gesellschafters und 6884

c) dem Nießbrauch am Gewinnstammrecht[3]. 6885

Der Berechtigte aus einem als Nießbrauch an einem Kommanditanteil bezeichneten Rechtsverhältnis ist jedenfalls, – unabhängig davon, ob das Rechtsverhältnis zivilrechtlich dinglicher oder obligatorischer Natur ist – dann Mitunternehmer des Gewerbebetriebes der KG, wenn er im Verhältnis der Beteiligten berechtigt ist, das Stimmrecht aus dem belasteten Kommanditanteil auszuüben, wenn seine Bezüge in gleicher Weise wie die eines Anteilseigners erfolgsabhängig sind[4]. 6886

Der Nießbrauch kommt insbesondere in den Formen vor 6887

- als Zuwendungsnießbrauch – z. B. als Sicherungsnießbrauch; häufiger aber als Vermächtnisnießbrauch und dabei mit dem Zweck, dass er der Versorgung des Berechtigten dient (ähnlich dem Institut der Vorerbschaft) –; 6888

---

1 RG-Urteil vom 30. Oktober 1936 IV 126/36, RGZ 122, 335, JW 1937, 462, mit Anm. von RA *Bösebeck,* S. 463.
2 RG-Urteil vom 23. Oktober 1909 V 569/08, RGZ 72, 101; *von Godin,* Nutzungsrecht an Unternehmen und Unternehmensbeteiligungen, Berlin 1949, S. 27 ff.; Reingewinn, der sich nach Abzug aller für die Erhaltung notwendigen Aufwendungen ergibt (in Erman, Handkommentar zum BGB, 4. Aufl., Münster 1967; aA *Bauer,* in JZ 1968, 79. Besprechung von Erman; Handkommentar zum BGB, 4. Aufl., Münster 1967, der als maßgebend den durch die Bilanz ausgewiesenen Gewinn ansieht; das Gleiche gelte für den den Nießbraucher treffenden Betriebsverlust.
3 Vgl. Rn 6962.
4 BFH-Urteil vom 11. April 1973 IV R 67/69, BFHE 109, 133, BStBl II 1973, 493.

6889 • und als Vorbehaltsnießbrauch – dabei wiederum häufig zur Regelung der vorweggenommenen Erbfolge –.

6890 Der Vermächtnisnießbraucher ist nicht berechtigt, AfA auf Anschaffungs- oder Herstellungskosten des Erblassers in Anspruch zu nehmen[1].

6891–6900 *(unbesetzt)*

IV. Nießbrauch und Einkünfteerzielung

1. Allgemeines

6901 Erfüllt der Nießbrauchsberechtigte den Tatbestand der Einkunftserzielung im Sinne des § 15 Nr. 1 EStG, sind ihm die gewerblichen Einkünfte nach der Nießbrauchsbestellung zuzurechnen[2].

6902 Die Nießbrauchsrechte, die wegen des Auseinanderfallens von Eigentum und Nutzungsrecht an dem Unternehmen neue selbständige Wirtschaftsgüter darstellen[3], gehören als wesentliche Grundlage des Gewerbebetriebs zu dessen notwendigem Betriebsvermögen. Dennoch ist in der Bilanz des Unternehmens ein Wert für das Nießbrauchsrecht nicht anzusetzen[4].

6903 Bestellt ein typisch stiller Gesellschafter unentgeltlich einen Nießbrauch an seiner typischen stillen Beteiligung, so sind die Einnahmen aus der Beteiligung an dem Handelsgewerbe einkommensteuerrechtlich weiterhin dem stillen Gesellschafter zuzurechnen; dieser „erzielt" die Einkünfte aus der stillen Beteiligung[5].

6904–6910 *(unbesetzt)*

2. Versteuerung

6911 Zur Versteuerung beim Nießbrauch werden verschiedene Auffassungen vertreten.

6912 Nach der einen Auffassung soll der Nießbraucher den ihm zustehenden Handelsbilanzgewinn zu versteuern haben, während der Eigentümer den Unterschied zwischen Handels- und Steuerbilanzgewinn der Einkommensteuer zu unterwerfen hat,

6913 oder der Nießbraucher habe den bei verantwortungsvoller Betriebsführung entnahmefähigen Gewinn zu versteuern und der Eigentümer den verbleibenden Gewinn.

6914 Nach einer anderen Auffassung unterliegt der Gewinn in voller Höhe beim Nießbraucher der Steuer. In letzterem Falle müsse – so wird verschiedentlich die Auffassung vertreten – ein steuerlicher Ausgleich bei Beendigung des Nießbrauchs vorgenommen werden.

6915 Eine weitere Auffassung unterstellt eine Mitunternehmerschaft zwischen Nießbraucher und Eigentümer mit der Folge, dass der Gewinn aufgeteilt werden müsse.

6916 *Walter*[6] ist der Auffassung, dass auf das Verhältnis von Nießbraucher und Eigentümer die Grundsätze der Betriebsverpachtung angewendet werden sollten. Der Nießbraucher müsse

---

1 BFH-Urteil vom 28. September 1995 IV R 7/94, BFHE 180, 255, BStBl II 1996, 440, HFR 1996, 1589 mit Anm.
2 BFH-Urteil vom 13. Mai 1980 VIII R 63/79, BFHE 131, 212.
3 BFH-Urteile vom 28. Februar 1974 IV R 60/69, BFHE 112, 257, BStBl II 1974, 481, und vom 22. Januar 1980 VIII R 74/77, BFHE 129, 485; BStBl II 1980, 244.
4 BFH-Urteil vom 4. November 1980 VIII R 55/77, BFHE 132, 414, BStBl II 1981, 396.
5 BFH-Urteil vom 22. August 1990 I R 69/89, BFHE 162, 263, BStBl II 1991, 38, HFR 1991, 148.
6 *Walter*, Unternehmensnießbrauch, BB 1983, 1151, dort 1154.

ebenso wie der Pächter eines Unternehmens eine Bilanz erstellen und den ermittelten Gewinn voll versteuern. Davon unabhängig müsse der Eigentümer des Unternehmens ebenfalls – wie ein Verpächter – eine eigene Bilanz aufstellen.

Dabei sollen Nießbraucher und Eigentümer des Einzelunternehmens folgende Bilanzierungsgrundsätze zu beachten haben: 6917

a) Der Nießbraucher dürfe nur die Wirtschaftsgüter bilanzieren, die in sein Eigentum übergegangen sind. Das Umlaufvermögen werde Eigentum des Nießbrauchers; Neuanschaffungen von Anlagegütern, die keine Ersatzstücke sind, fielen gleichfalls in das Eigentum des Nießbrauchers. Folglich sei insoweit ein Ausweis in der Bilanz erforderlich. 6918

b) Das Nießbrauchsrecht gehöre zwar zum notwendigen Betriebsvermögen, sei aber nicht zu bilanzieren, weil der Nießbrauch unentgeltlich erworben worden sei. 6919

c) Die dem Unternehmensnießbraucher obliegende Verpflichtung zur Substanzerhaltung sei in der Weise zu berücksichtigen, dass der Nießbraucher, ebenso wie der Pächter eines Gewerbebetriebes, eine Rückstellung bildet. Der Rückstellung seien zumindest die Beträge zuzuführen, die dem jährlichen Verschleiß der abnutzbaren Anlagegüter entsprächen. Ob darüber hinaus noch weitere Beträge eingestellt werden müssten, hänge davon ab, welche Art der Substanzerhaltung vereinbart worden sei. Wäre bereits während der Zeit des Nießbrauchs eine Ersatzbeschaffung vorgenommen, so sei die Rückstellung insoweit mit dem Anschaffungspreis des neuen Wirtschaftsgutes zu verrechnen. Der Eigentümer des Unternehmens dürfe keine diesbezügliche Forderung als Gegenstück zur Rückstellung bilanzieren; denn andernfalls würden nicht realisierte Gewinne ausgewiesen werden. 6920

d) Der Nießbraucher habe keine AfA-Befugnis; denn er trage dem Werteverzehr an den Nießbrauchsobjekten dadurch Rechnung, dass er eine Rückstellung für Ersatzbeschaffung und gegebenenfalls für Modernisierung bilde. Auch der Nießbrauchsbesteller, also der Eigentümer des Einzelunternehmens, dürfe die AfA nicht geltend machen, weil er das Unternehmen während der Zeit des Nießbrauchs nicht zur Einkunftserzielung verwenden könne. 6921

e) Die Finanzverwaltung geht davon aus, dass der Nießbraucher den Handelsbilanzgewinn, der Eigentümer den Unterschiedsbetrag zwischen Handelsbilanz- und Steuerbilanzgewinn zu versteuern habe (umstritten). 6922

(unbesetzt) 6923–6930

Die Aussage, Einkünfte können durch Nießbrauchsbestellung verlagert werden, ist unscharf. Es sind verschiedene Sachverhalte zu unterscheiden. 6931

Der Nießbrauch kann dinglich bestellt werden oder es kann ein schuldrechtlicher Nießbrauch vereinbart werden. 6932

Bei beiden Sachverhalten ist wiederum zu unterscheiden, ob sie entgeltlich oder unentgeltlich vereinbart wurden. 6933

Maßgebend für die Zurechnung von Einkünften ist aber in allen Fällen jeweils, wer den Tatbestand der Einkünfteerzielung im Sinne der Vorschriften des Einkommensteuergesetzes erfüllt. 6934

(unbesetzt) 6935–6950

Bei Bestellung eines Nießbrauchs an einem Kommanditanteil erzielt der Nießbraucher nur dann Einkünfte gemäß § 15 Abs. 2 Nr. 2 EStG, wenn er als Mitunternehmer anzusehen ist; er muss also Unternehmerrisiko tragen und Unternehmerinitiative entfalten. Ein schenk- 6951 weise eingeräumter befristeter Nießbrauch an einem Kommanditanteil begründet – unabhängig von dem Zeitraum der Befristung – jedenfalls dann keine Mitunternehmerschaft des Nießbrauchers und damit auch keine gewerblichen Einkünfte des Nießbrauchers im Sinne des § 15 Abs. 1 Nr. 2 EStG, wenn er keinen nennenswerten Einfluss auf die Unternehmensführung hat[1].

6952 Einkommensteuerrechtlich begründet ein schenkweise eingeräumter Nießbrauch am Gewinnstammrecht eines Anteils an einer Personengesellschaft – sollte dieser zivilrechtlich rechtswirksam begründbar sein – keine orginären Einkünfte des Nießbrauchers aus selbständiger Arbeit oder aus Gewerbebetrieb, also auch keinen Anteil des Nießbrauchers am Gewinn der Personengesellschaft.

6953 Die einkommensteuerrechtliche Rechtslage ist nicht anders, wenn jemand (z. B. der Vater) sich nicht darauf beschränkt, einem anderen (z. B. einem Kind) schenkweise wiederkehrende Leistungen zu versprechen, sondern darüber hinausgehend diesem schenkweise künftige Forderungen, z. B. künftige Lohn- oder Zinsforderungen oder künftige Gewinnansprüche aus der Beteiligung an einer Personengesellschaft, abtritt[2].

6954–6960   *(unbesetzt)*

6961 Ein **Quotennießbrauch,** den der Vater seinen minderjährigen Kindern schenkweise **am „Gewinnstammrecht"** eines Anteils an einer (freiberuflich oder gewerblich tätigen) Personengesellschaft einräumt, begründet einkommensteuerrechtlich keine originären Einkünfte der Kinder aus selbständiger Arbeit oder aus Gewerbebetrieb. Die den Kindern gutgeschriebenen Gewinnanteile sind auch keine Sonderbetriebsausgaben des Vaters.

6962 Zivilrechtlich ist umstritten, ob es bei einer Personengesellschaft ein von der Mitgliedschaft zu trennendes „Gewinnstammrecht" gibt, das selbständig mit einem Nießbrauch als dinglichem Recht, und zwar gegebenenfalls auch einem Quotennießbrauch, belastet werden kann.

6963–6970   *(unbesetzt)*

6971 Kosten eines Zivilprozesses den der Nießbraucher am Gewinnbezugsrecht eines OHG-Anteils gegen Gesellschafter der OHG führt, können als Sonderbetriebsausgaben des Nießbrauchers abziehbar sein[3].

6972–7000   *(unbesetzt)*

---

[1] BFH-Urteile vom 29. Januar 1976 IV R 89/75, BFHE 118, 311, BStBl II 1976, 374, 377; vom 11. April 1973 IV R 67/69, BFHE 109, 133, BStBl II 1973, 528; vom 28. März 1984 IV R 130/81, nv.
[2] BFH-Urteil vom 13. Mai 1976 IV R 83/75, BFHE 119, 63, BStBl II 1976, 592.
[3] BFH-Urteil vom 7. Februar 1973 I R 215/72, BFHE 108, 353, BStBl II 1973, 493.

V. Nießbrauchsvorbehalt

Die höhere Lebenserwartung lässt häufig altersbedingte Persönlichkeitsveränderungen beobachten. Das kann dazu führen, dass z. B. bei mehreren Abkömmlingen entweder ein Abkömmling der engeren Umgebung gegenüber den entfernter Lebenden bevorzugt wird, dass dieser Abkömmling Bevorzugungen bewirkt oder aber dass der Abkömmling der engeren Umgebung das Opfer der altersbedingten Persönlichkeitsveränderungen zu Gunsten der entfernt lebenden Abkömmlinge wird. 7001

Kein Ehegatte erwartet, dass dieses Schicksal beim überlebenden Ehegatten eintreten werde. Kein Ehegatte ist aber sicher, dass beim überlebenden Ehegatten diese altersbedingte Persönlichkeitsveränderung nicht eintreten wird. 7002

Künftigen Entwicklungen dieser Art kann nur begrenzt vorgebeugt werden. 7003

Eine Möglichkeit ist die vorzeitige Übertragung des Eigentums unter Nießbrauchsvorbehalt. Sie wird vielfach mit Rücktrittsrechten des übertragenden Eigentümers und Nießbrauchbestellers ausgestattet. 7004

Sind beide Ehegatten zu gleichen Teilen Eigentümer eines Mietwohngrundstücks oder Inhaber eines Unternehmens, ändert sich durch die Eigentumsübertragung oder Übertragung der Anteile unter Nießbrauchsvorbehalt wirtschaftlich und steuerrechtlich nichts. Die Übertragenden bleiben Bezieher der Einkünfte, der oder die Erwerber haben keine Einkünfte. Einschließlich der AfA-Befugnis bleibt somit alles beim Alten. 7005

Schwierigkeiten treten dann auf, wenn nur ein Ehegatte Eigentümer oder Unternehmensinhaber ist oder die Ehegatten nicht zu gleichen Teilen ihre Rechtsstellung innehaben. 7006

Solange der Ehegatte, der Rechtsinhaber war, lebt, tritt wirtschaftlich und steuerrechtlich bei der Eigentums- oder Inhaberübertragung wiederum keine Änderung ein. 7007

Denn ungeachtet des Wechsels im Eigentum der Inhaberschaft und ungeachtet der Einräumung des Nießbrauchs an den anderen Ehegatten bleibt wirtschaftlich und steuerrechtlich alles beim Alten[1]. 7008

Die Rechtsänderung hat wirtschaftlich und steuerrechtlich Folgen erst beim Tode des Ehegatten, der Rechtsinhaber war. Denn von nun an bezieht der überlebende Ehegatte die Einkünfte aufgrund des Zuwendungsnießbrauchs. Der überlebende Ehegatte hat unentgeltlich erworben, der mit dem Zuwendungsnießbrauch belastete Erbe erzielt keine Einkünfte; deshalb wird im Regelfall die AfA weder vom nießbrauchsberechtigten überlebenden Ehegatten noch vom nießbrauchsverpflichteten Eigentümer abgezogen. 7009

Behält sich der Eigentümer eines Betriebsgrundstücks bei einer Schenkung den Nießbrauch an dem Grundstück vor und nutzt er das nießbrauchsbelastete Grundstück wie bisher betrieblich, so kann er zwar nicht das Nießbrauchsrecht mit dem Teilwert in sein Betriebsvermögen einlegen, er kann jedoch seine eigenen Aufwendungen, die im Zusammenhang mit dem betrieblich genutzten Grundstück stehen, durch Absetzung einer entsprechenden Einlage gewinnmindernd berücksichtigen. 7010

---

1 Vgl. BFH-Urteil vom 24. September 1985 IX R 62/83, BFHE 144, 446, BStBl II 1986, 12; ebenso Urteil vom 14. Juli 1993 X R 54/91, BFHE 172, 324, BStBl II 1994, 19, HFR 1994, 133 m. Anm. S. 135.

Zu diesen Aufwendungen rechnen auch die abschreibbaren Anschaffungs- oder Herstellungskosten, die der Nießbrauch selbst getragen hat[1].

7011 Das Erlöschen des Nießbrauchsrechts durch den Tod des Nießbrauchers führt zu keiner erfolgswirksamen Ausbuchung eines etwaigen Restbuchwerts.

7012 Wird ein Unternehmen unter Nießbrauchsvorbehalt übertragen, bleibt einkommensteuerrechtlich alles beim Alten. Der Schenker hat die Gewinne zu versteuern, der Bedachte hat keine Einkünfte. Schenkungsteuerrechtlich gilt als Bereicherung, der gesamte Vermögensanfall; das Abzugsverbot des § 25 Abs. 1 Erbschaftsteuergesetz greift ein[2].

7013 Wird das Unternehmen dagegen gegen eine in gleichmäßigen Jahresbeträgen (Annuitäten) zu tilgende Kapitalforderung übertragen, liegt einkommensteuerrechtlich ein entgeltlicher Erwerb mit den entsprechenden Anschaffungskosten vor; der Erwerber hat die Gewinne, der Übertragende die in den Jahresbeträgen enthaltenen Zinsanteile als Einkünfte aus Kapitalvermögen zu versteuern. Schenkungsteuerrechtlich wird der Vorgang als gemischte Schenkung behandelt; d. h. als Bereicherung gilt der Unterschied zwischen dem Steuerwert des Unternehmens und dem der Gegenleistung. Der Steuerwert des Unternehmens wird zu dem Teil angesetzt, zu dem die Zuwendung freigebig ist; § 25 Abs. 1 Erbschaftsteuergesetz greift hinsichtlich der Gegenleistung nicht ein.

7014 Die in Jahresbeträge zu tilgende Kapitalforderung kann mit einer Rentenoption verbunden werden. Die Rente bleibt, wenn sie aufschiebend bedingt ist, unberücksichtigt und löst beim Bedingungseintritt keine Schenkungsteuer aus.

7015 (1) Die Ablösung eines Vorbehaltsnießbrauchs kann eine unentgeltliche Vermögensübergabe sein mit der Folge, dass in sachlichem Zusammenhang hiermit vereinbarte – auf die Lebenszeit des Berechtigten gezahlte – abänderbare Versorgungsleistungen als sonstige Bezüge aus wiederkehrenden Leistungen (§ 22 Nr. 1 Satz 1 EStG) steuerbar sind.

7016 (2) Sind ebensolche Leistungen – weil „nach kaufmännischen Grundsätzen bemessen" – Gegenleistung für den Verzicht auf den Nießbrauch, sind die wiederkehrenden Bezüge beim Berechtigten nur mit ihrem Zinsanteil steuerbar.

7017 (3) Der Zinsanteil ist grundsätzlich finanzmathematisch unter Verwendung eines Rechnungszinsfußes von 5,5 vH zu berechnen. Die voraussichtliche Laufzeit der wiederkehrenden Bezüge ist nach den biometrischen Durchschnittswerten der Allgemeine Deutschen Sterbetafel (VStR Anhang 3) anzusetzen.[3]

7018–7100 *(unbesetzt)*

---

[1] BFH-Urteil vom 16. Dezember 1988 III R 113/85, BFHE 155, 380, BStBl II 1989, 763, im Anschluss an den Beschluss des Großen Senats vom 26. Oktober 1987 GrS 2/86, BFHE 151, 573, BStBl II 1988, 380, und unter Abweichung vom BFH-Urteil vom 2. August 1983 VIII R 170/83, BFHE 139, 76, BStBl II 1983, 735.

[2] Vgl. dazu: *Moench*, Erbschaft- und Schenkungssteuer, § 25 Rz 23; *Petzoldt*, Schenkungssteuer bei Auflagenschenkung, NWB F. 10, 621; *Reiff*, Die Abgrenzung der Duldungs- von der Leistungsauflage im Schenkungssteuerrecht, DStR 1990, 231; *Rid*, Anmerkung zu BFH-Urteil vom 12. April 1989 II R 37/87, DStR 1989, 462.

[3] BFH-Urteil vom 25. November 1992 X R 34/89, BFHE 170, 76, BStBl II 1996, 663; BFH-Urteil vom 25. November 1992 X R 91/89, BFHE 170, 82, BStBl II 1996, 666; s. hierzu BMF-Schreiben vom 23. Dezember 1996, BStBl I 1996, 1508.

P. Blick über die Grenze

Schrifttum: Zum Schrifttum vor 2000 vgl. die Schrifttumsverzeichnisse der Vorauflagen. (Das gilt für sämtliche nachfolgenden Schrifttumsverzeichnisse aller Länder).

Zu I. Allgemeines:

1. Besteuerung von Auslandsbeziehungen einschließlich DBA

Bar, v., Europäisches Gemeinschaftsrecht und internationales Privatrecht, Köln/Berlin/Bonn/München 1991; *Baranowski,* Besteuerung von Auslandsbeziehungen, 2. Aufl., Herne/Berlin 1996; *Baranowski,* Praktiker Handbuch 1998 „Außensteuerrecht", Bd. I: Nationale Vorschriften, Bd. II: EU-Vorschriften; *Baumgärtel/Perlet,* Die Hinzurechnungsbesteuerung bei Auslandbeteiligungen, Neuwied 1996; *Baranowski,* Besteuerung von Auslandsbeziehungen, 2. Aufl., Herne/Berlin 1996; *Berger,* Unternehmensübernahme in Europa, ZIP 1991, 1644; *Bernstorff, v.,* Das Hypothekenrecht in den EU-Staaten, RIW 1997, 181; *Biener,* Internationalisierung des Bilanzsteuerrechts – was wird auf uns zukommen?, DStZ 1997, 345; *Born,* Bilanzanalyse international, Stuttgart 1994; *Brezing/Krabbe/Mössner/Runge,* Außensteuerrecht, Kommentar, Herne/Berlin 1991/1993; *Buchholz,* Internationale Rechnungslegung, 3. Aufl. Berlin 2003; *Bülow/Böckstiegel,* Der Internationale Rechtsverkehr in Zivil- und Handelssachen; *Bundesstelle für Außenhandelsinformation (Hrsg.),* Köln, Berlin, Rechtstips für *Exporteure,* (z. B. Griechenland, Österreich, Schweden, USA; *Castan/Geimer/Schütze,* Rechnungslegung in der Europäischen Gemeinschaft, München 1993; *Callies (Hrsg.),* Kommentar des Vertrages über die Europäische Union und des Vertrages zur Gründung der Europäischen Gemeinschaft EUV/EGV, 2. Aufl. Neuwied 2002; *Cardewener,* Europäische Grundfreiheiten und nationales Steuerrecht, Köln 2002; *Committee on Fiscal Affairs,* The personal income tax base, a comparative survey, Paris, OECD 1990; *Dahnke/Herzig/Müller-Dott/Piltz/Scheffler,* Bewertung von Auslandsbeteiligungen, Köln 1992; *Datev,* s. die Länderberichte unter dem jeweiligen Landesnamen; *Debatin,* Die grenzüberschreitende Sitzverlegung von Kapitalgesellschaften, GmbHR 1991, 164; *Debatin/Wassermeyer,* DBA (Loseblatt) München 2003; *Debatin,* Doppelbesteuerungsabkommen und innerstaatliches Recht, DStR 1992, 789; *Debatin,* Zur Behandlung von Beteiligungen an Personengesellschaften unter dem Doppelbesteuerungsabkommen im Lichte der neueren Rechtsprechung des Bundesfinanzhofs, BB 1992, 1181; *Deloitte & Touche (Hrsg.),* Unternehmenskauf im Ausland, Herne/Berlin 2002; *Dreßler,* Gewinn- und Vermögensverlagerungen in Niedrigsteuerländer und ihre steuerliche Überprüfung, Neuwied, 3. Aufl. 2000; *Dreßler, Deloitte & Touche (Hrsg.),* Unternehmenskauf im Ausland, Herne/Berlin 2002; *Ebling,* Der Teilwert von Beteiligungen an ausländischen Kapitalgesellschaften im Anlagevermögen, DStR 1990, 327; *Ferid/Firsching/Dörner/Hausmann,* Internationales Erbrecht (Loseblatt) München 2003; *FinMin NRW Erlass v. 4. 10. 1993,* Vergleichende Zusammenstellung aus- und inländischer Rechtsformen, RIW 1993, 825; *Firsching/v. Hoffmann,* Internationales Privatrecht, 1997; *Fischer (Hrsg.),* Internationaler Unternehmenskauf und -zusammenschluss im Steuerrecht, Köln 1992; *Fitzgerald,* The Acquisitions Business-Accounting, The Accountant's Magazine 1995, 24; *Flick/Piltz,* Der Internationale Erbfall, München 1999; *Flick/Wassermeyer/Baumhoff,* Kommentar zum Außensteuerrecht, 6. Aufl. Köln (Loseblatt); *Frotscher,* Internationales Steuerrecht, München 2001; *Geimer,* Internationales Zivilprozessrecht, 4. Aufl. Köln 2001; *Gräfer/Demming,* Internationale Rechnungslegung, Stuttgart 1994; *Grenfell,* Handbuch für den internationalen Unternehmenskauf, 2. Aufl., Berlin/Hamburg 1989; *Großfeld,* Internationales Umwandlungsrecht, AG 1996, 302; *Grotherr (Hrsg.),* Handbuch der internationalen Steuerplanung, Herne/Berlin 2000; *Groetzmacher/Laier/May,* Der internationale Lizenzverkehr, 8. Aufl., Heidelberg 1997; *Grünberger/Grünberger,* JAS/JFRS und US-GAAP 2004, 2. Aufl. Herne/Berlin 2004; *Haarmann,* Grenzen der Gestaltung im Internationalen Steuerrecht, Köln 1994; *Haarmann,* Die Zuordnung von Geschäftsführungs- und allgemeinen Verwaltungskosten zwischen Stammhaus und Betriebsstätte, IStR 2000, 504; *Haidinger,* Die „ausländische Kapitalgesellschaft & Co. KG", Frankfurt/Main 1990; Handbuch Wirtschaft und Recht in Osteuropa, 50. Aufl. München 2003; *Helmschrott,* Die Konsequenzen einer GoB-widrigen Anwendung internationaler Rechnungslegungsnormen aus der Perspektive des Handelsrechts und des Strafrechts, Wpg 1997, 10; *Herzig* (Hrsg.), Bewertung von Auslandsbeteiligungen, Köln 1992; *Herzig,* Hybride Finanzinstrumente im nationalen und internationalen Steuerrecht, IStR 2000, 482; *Herzig/Dautzenberg,* Der EWG-Vertrag und die Doppelbesteuerungsabkommen, München 1992; *Institut „Finanzen und Steuern", (Hrsg.),* Internationale Doppelbesteuerung – Ursachen und Lösungen, Bonn 2003; *IdW,* Rechnungslegung nach International Accounting Standards, Düsseldorf 1995; *Jacobs,* Internationale Unternehmensbesteuerung, 5. Aufl., München 2002; *Jayme,* Grundfragen des internationalen Erbrechts, ZRvgl 1983, 162; *Jayme,* Das neue IPR-Gesetz – Brennpunkt der Reform, IPRax 1991, 265; *Kluge,* Das deutsche Internationale Steuerrecht, 4. Aufl., München 1999; *Knobbe-Keuk,* „Qualifikationskonflikte" im internationalen Steuerrecht der Personengesellschaft, RIW 1991, 306; *Knobbe-Keuk,* Wegzug und Einbringung von Unternehmen zwischen Niederlassungsfreiheit, Fusionsrichtlinie und nationalem Steuerrecht, DB 1991, 298; *Kötz/Flessner,* Europäisches Vertragsrecht, Tübingen 1996; *Krabbe,* Abgrenzung der Besteuerungsrechte bei international tätigen Sozietäten, FR 1995, 692; *Kraft,* Steuerliche Gestaltungsoptimierung beim internationalen Unternehmenskauf, RIW 2003, 641; *Küting/Eidel,* Problematik der internationalen Bilanzanalyse, RIW 1996, 836; *Kumar/Haussmann* (Hrsg.), Handbuch der Internationalen Unternehmenstätigkeit, München 1992; *Langefeld-Wirth* (Hrsg.), Joint Ventures im internationalen Wirtschaftsverkehr, Köln 1990; *Maßbaum/Meyer-Scharenberg/Perlet,* Die deutsche Unternehmensbesteuerung im europäischen Binnenmarkt, Neuwied 1995; *Mennel,* Steuern in Europa, USA, Kanada und Japan, Herne/Berlin 2000; *Merkt,* Internationaler Unternehmenskauf, 2. Aufl. Köln 2003; *Meyer/Sparenberg,* International privatrechtliche Probleme bei Unternehmenskäufen, WiB 1995, 449; *Mössner,* u. a., Steuerrecht international tätiger Unternehmen: Handbuch der Besteuerung von Auslandsaktivitäten inländischer Unternehmen, Köln, 2. Aufl. 1998; *Nagel,* Gewährleistung und Produkthaftung im internationalen Produktionsverbund – Deutsches, Französisches, Englisches und US-amerikanisches Recht im Überblick –, DB 1995, 2521; *OECD,* Musterabkommen auf dem Gebiet der Steuern vom Einkommen und Vermögen, Herne/Berlin 1994; *Pellens,* Internationale Rechnungslegung, Stuttgart 1997; *Reineke,* Akkulturation von Auslandsakquisitionen, Wiesbaden 1989; *Reithmann/Martiny (Hrsg.),* Internationales Vertragsrecht, 6. Aufl. Köln 2004; *Richter,* Die Besteuerung internationaler Geschäftsbeziehungen, München 1993; *Roloff,* Direktinvestitionen und internationale Steuerkonkurrenz, Frankfurt/Main 1994; *Rosenbach/Rieke,* Steuerliche Aspekte des internationalen Unternehmenskaufs, RIW 1999, 502; *Rupp,* Auslandsbesteuerung, Anwendung von DBA, Köln 1999; *Schäfer,* Unentgeltliche Übertragung deutscher Anteile auf eine ausländische Kapitalgesellschaft, EWS 1991, 22; *Schaumburg/Piltz,* Holdinggesellschaften im internationalen Steuerrecht, Köln 2002; *Schaumburg,* Internationales Steuerrecht, 2. Aufl. 1998; *Staringer,* Umstrukturierung von Unternehmen und Internationales Steuerrecht, IStR 2000, 508; *Vogel/Lehner,* DBA Kommentar, 4. Aufl. 2003; *Wacker,* Lexikon der deutschen und internationalen Besteuerung, 3. Aufl., München 1994; *Wandt,* Internationale Produkthaftung, Heidelberg 1995; *Wassermeyer,* Missbräuchliche Inanspruchnahme von Doppelbesteuerungsabkommen, IStR 2000, 505; *Weber,* Die Bewertung von ausländischen Unternehmen, DStR 1993, 1270; *Weimar/Breuer,* International verwendete Strategien der Abwehr feindlicher Übernahmeversuche im Spiegel des deutschen Aktienrechts, BB 1991, 2309; *Weißmann/Riedel,* Handbuch der internationalen Zwangsvollstreckung, Kissing 1993; *Wilke,* Lehrbuch des internationalen Steuerrechts, 6. Aufl., Herne/Berlin 1997; *Zimmer,* Internationales Gesellschaftsrecht, Heidelberg 1996; *Zinser,* Unternehmensübernahmen in Europa und den USA, RIW 1999, 844.

2. Länderberichte s. unter II.

Internationaler Ausschuss für Rechnungslegung und Steuerrecht in Mittel- und Osteuropa, Prinzipien der Rechnungslegung in Österreich, Deutschland, Polen, Tschechien, Slowakei, Ungarn und Slowenien, SStR 1997, Beihefter zu Heft 5/97; *Müller, Klaus-Dieter,* Unternehmensbesteuerung in Staaten des arabischen Raums, IStR 1994, 117.

Zu II. Länderteil

1. Europa – EU

a) Länderübergreifendes Schrifttum

Birkenfeld, Mehrwertsteuer der EU, 5. Aufl. Bielefeld 2003; *European tax law,* Deventer, Boston 1993; *Hanau/Steinmeyer/Wank,* Handbuch des europäischen Arbeits- und Sozialrechts, München

2002; *Hill-Arning/Hoffmann,* Produkthaftung in Europa, München 1992; *Lahodny-Karner/Schuch/ Toifl/Urtz/Vetter,* Die neuen Verrechnungsrichtlinien der OECD, 1996; *Lang (Hrsg.),* Die Auslegung von Doppelbesteuerungsabkommen, 1998; *Lutter,* Europäisches Unternehmensrecht, 4. Aufl., Berlin/ New York 1996; *Michielse (ed.),* Tax treatment of financial instruments: a survey of France, Germany, The Netherlands and the United Kingdom, Kluwer 1996; *Möller, Doris,* Europäisches Firmenrecht im Vergleich, EWS 1993, 22; *Müller/Gugenberger/Schotthöfer,* Die EWIV in Europa, Texte und Erläuterungen aus rechtsvergleichender Sicht, München 1995; *Richter,* Einkommensteuerliche Rahmenbedingungen für private Finanzanleger in den neuen Mitgliedstaaten der Europäischen Union, IStR 1995, 161; *Salger (Hrsg.),* Handbuch der europäischen Rechts- und Wirtschaftspraxis, Herne/ Berlin 1996; *ders.,* Steuerberater Handbuch Europa, Köln 1997; *Schön,* WTO und Steuerrecht, RIW 2004, 50; *Süß/Haas,* Erbrecht in Europa, Angelbachtal/HD 2004; *Tomsett,* Strategies for Mergers and Acquisitions in Europe, Tax Planing International Review (TIP) 1995, 3; *ders.,* Value Added Taxation in Europe, (4 Ordner).

Unternehmer in der Eu brauchen nicht mehr nur inländische Rechtsformen für ihre Tätigkeit zu wählen.

Gründet jemand eine „Private company limited by shares" nach englischem Recht (kurz: „Limited"; Grundkapital 1,50 €; der Gesellschaftsvertrag muss beim HR eingereicht werden), so kann er z. B. diese als vollhaftenden Gesellschafter in einer Personengesellschaft einsetzen. Neben einem Director benötigt die Limited einen Company Secretary. Dieser führt das Register der Gesellschaft und steht für behördliche Anfragen zur Verfügung. Dienstleister vor Ort können diese Aufgabe übernehmen. Die Pflicht zur Veröffentlichung von Bilanz und GuV-Rechnung muss sorgfältig eingehalten werden; ein Unterlassen führt zur sofortigen Löschung der Gesellschaft im Register.

b) Einzelne Länder s. unter deren Namen

2. Westeuropa außerhalb der EU

Irland

Verkauft ein Steuerpflichtiger, der älter als 55 Jahre ist, seinen gesamten Gewerbebetrieb, beträgt z. Z. (1999) der Steuerfreibetrag 250 000 IRL. Das gilt entsprechend für den Verkauf bestimmter Anteile an Holding- und Familiengesellschaften. Daneben bestehen weitere Sonderregelungen.

Schweiz s. dort

Türkei

DATEV, Beratungspaket Türkei

3. Osteuropa

Aigner/Barisitz/Fink, Unternehmensbewertung in Osteuropa, Wiesbaden 1993; *Breidenbach,* Handbuch Wirtschaft und Recht in Osteuropa (Loseblatt) München 2003; *Brunner/Schmidt/Westen (Hrsg.),* WOS – Wirtschaftsrecht der osteuropäischen Staaten, Berlin (12 Ordner); *Gralla/Sonnenberger,* Handelsgesellschaften in Osteuropa, München 1993; *Grohe/Eßlinger,* Probleme bei Auslandsinvestitionen in der CSFR, Polen, Ungarn und Jugoslawien, WiRO 1992, 273; *Harnischfeger-Ksoll,* Rechtliche Rahmenbedingungen für Gemeinschaftsunternehmen in der UdSSR, Ungarn, Polen, Jugoslawien und der CSFR, DB 1991, 637; *Institut für Ostrecht München e. V./Koschier,* Wirtschaftshandbuch Ost – Investitionsführer für Unternehmer und Berater, Herne/Berlin 1994; Jahrbuch für Ostrecht (JOR), Bd. 43 (2002), dort Schwerpunkte der Rechtsentwicklung, S. 261–356; Supplementary Service to European Taxation, (17 Ordner); *Tichy,* Bewertungsprobleme bei Investitionen in Osteuropa, IStR 1993, 185; *Trommsdorf/Koppelt,* Joint Ventures in Osteuropa – Erfolgsfaktoren der Kooperation, WiRO 1995, 241.

a) Albanien

Voka, Die GmbH im albanischen Recht, WiRO 2003, 109.

b) Bosnien und Herzegowina

DATEV, Beratungspaket Bosnien; *Pürner,* Gesetz über die Politik direkter ausländischer Investitionen in Bosnien und Herzegowina, WiRO 1999, 25; *Pürner,* Gesetzliche Regelungen bezüglich der GmbH, WiRO 1999, 263.

c) Bulgarien

Dimitrova, Der Unternehmenskauf nach bulgarischem Recht im Überblick, WiRO 1998, 367.

d) Estland

Hensel, Die DBA mit den baltischen Staaten Estland, Lettland und Litauen, WiRO 1998, 220; *Koitel,* Bestimmungen über die Aktiengesellschaft im VII. Teil des HGB, WiRO 1996, (T. 1:) 424, (T 2:) 462; *Koitel,* Bestimmungen über die GmbH im VI. Teil des HGB, WiRO 1996, 184, 215.

e) Jugoslawien

f) Kasachstan, Kirgistan, Usbekistan

Meub, Kasachstan, Kirgistan, Usbekistan, Investitionsbedingungen in den zentralasiatischen Republiken, WiRO 1999, 99 (Tabelle Vergleichsübersicht S. 100/101).

g) Kroatien

Jaksch-Ratajczak, Ausgewählte Aspekte des kroatischen Liegenschaftsrechts, WiRO 1998, 401.

h) Lettland

Clausen, Gründung einer GmbH in Lettland, WiRO 1998, 11; *Hensel,* Die DBA mit den baltischen Staaten Estland, Lettland und Litauen, WiRO 1998, 220.

i) Litauen

Hensel, Die DBA mit den baltischen Staaten Estland, Lettland und Litauen, WiRO 1998, 220; *Heuer/Thürnagel,* Wirtschaftspartner Litauen, 1997; *Schulte in den Bäumen,* Besteuerung im Rahmen der Gründung und des Betriebs von Unternehmen in Lettland, WiRO 2003, 105.

j) Mazedonien

Böhme/Forster, Das mazedonische Mehrwertsteuergesetz, IStR 2002, 201; *Schrameyer,* Gesetz über das Eigentum und sonstige dingliche Rechte, WiRO 2001, 339; Mazedonisches Bodengesetz 2002, 242.

k) Moldau

Schneider, Rechtliche Rahmenbedingungen für ausländische Investitionen in der Republik Moldau, WiRO 1999, 47.

l) Polen

Bornkamm, Niederlassungen ausländischer Unternehmen in Polen, WiRO 2000, 81; *DATEV,* Beratungspaket Polen; *Brockhuis/Schnell,* Gesetzbuch der Handelsgesellschaften, WiRO 2001, (1) 17, (2) 110, (3) 176, (4) 240, (5) 302; AG WiRO 2002, 15; *Erhardt/Gralla,* Gesetz über Grundstückserwerb durch Ausländer, WiRO 1992, 42; *Dietrich/Kos,* Entstehung einer GmbH nach polnischem Recht, WiRO 2000, 41; *Fege,* Standortbedingungen für ausländische Investitionen in Polen, Düsseldorf 1992; *Franek/Gorzów,* Immobilienerwerb durch Ausländer in Polen, WiRO 1998, 321; *Franek/Gorzów,* Konzessionen und Genehmigungen für Wirtschaftstätigkeiten, WiRO 1998, 419; *Franek/v. Bassewitz,* Immobilienerwerb in Polen, RiW 2004, 105; *Fiszer,* Gesetz über die nationalen Investitionsfonds und über ihre Privatisierung, WiRO 1994, 174; Gesetz über das Recht der Wirtschaftstätgkeit v. 19. 11. 1999, WiRO 2000, 250 (Teil 1), 284 (Teil 2); Gesetzbuch der Handelsgesellschaften – Teil 1, WiRO 2001, 17; *Gieralka/Kolm,* Sonderwirtschaftszonen in Polen bleiben attraktiv für deutsche Investoren, RiW 2002, 124; *Gorzawski,* GmbH und nichts Neues in Polen, WiRO 2003, 143; AG WiRO 2002, 15; *Gralla,* Gesetz über das Recht der Wirtschaftstätigkeit, WiRO 2000, 250, 284; *Gralla,* Kauf und Eigentumsübertragung im polnischen Zivilgesetzbuch, WiRO 1995, 59; *IDW,* Das polnische Recht der Rechnungslegung und Prüfung, Düsseldorf 1997; *Jonca,* Steuerliche Würdigung von Umstrukturierungen in Polen, WiRO 1997, 366 (mit Verkauf des ganzen Geschäftsbetriebs); *Klapsa,* Das Rechtsinstitut der Umwandlung im polnischen Handelsrecht, WiRO 1999, 166; *Kos,* Die GmbH & Co KG nach polnischem Recht, WiRO 2000, 297; *Kubas/Kos,* Ausgewählte Probleme der Forderungssicherung nach polnischem Recht, WiRO 1999, 241; *Kudert,* Das polnische Bilanz- und

Steuerrecht, 2. Aufl. Köln 2001; *Kudert/Kolm/Gieralka,* Die Sonderwirtschaftszone in Küstrin-Slubice, IStR 1999, 153; *Lowitzsch/Neusel,* Der Vorvertrag im polnischen Zivilrecht, WiRO 2002, 129; *Mindach,* Aktienrecht, Bundesstelle für Außenhandelsinfomation, Köln/Berlin 1995; *Mindach,* Polen, Sonderwirtschaftszonen, Köln/Berlin Bundesstelle für Außenhandelsinformation 2000; *Modzelewski,* Erstattung der Umsatzsteuer an ausländische Unternehmer in Polen, WiRO 2002, 6; *Modzelewski/ Roßmayer/Puchalski,* Umsatz- und Ertragbesteuerung von polnischen Betriebsstätten deutscher Unternehmer, WiRO 1998, 131 und 166; Polnisches Verbraucherschutz- und Produkthaftungsgesetz, WiRO 2000, 349; Polnische Wirtschaftsgesetze, 5. Aufl. Warszawa, 2001; *Schikowsky/Beste,* Grundlagen des polnischen Steuersystems, WiRO 2001, (1) 65, (2); *Tigges,* Polnisches Grundstücksrecht, WiRO 1996, 1; *Wietersheim, v./Dudek,* Gesetz über den Erwerb von Grundstücken durch Ausländer, WiRO 1996, 343; *Zinse,* Übernahmerechte und Meldepflichten in Polen, WiRO 2003, 80.

m) Rumänien

Capatina, Dreptul concurentei comerciale. Concurenta ovesta, Bukarest 1992; Gesetz über die Handelsgesellschaften (Nr. 31) v. 5. 11. 1960, Monitorul Oficial Nr. 126–127 v. 17. 11. 1990 (deutscher Text: Jahrbuch für Ostrecht XXXII/1 (1991), 193; *Teves,* Die Neuregelung der Mobiliarsicherheiten im rumänischen Recht, WiRO 1999, 441.

n) Russische Föderation

Bergmann/Roggemann, Der zweite Teil des Zivilgesetzbuchs der Russischen Föderation, WiRO 2001, (2) 239; (zuvor 1) 1995, 445; *Brockstedt,* Auslandsinvestitionsgesetz (v. 14. 7. 1999), WiRO 1999, 455; *DATEV,* Beratungspaket Russland; Föderales Gesetz vom 8. 8. 01 Nr. 129 Über die Staatliche Registrierung Juristischer Personen, WiRO 2002, 49; *Heidemann/Thum,* Das deutsch-russische Doppelbesteuerungsabkommen, WiRO 1997, 121; *Heyer/Danilina,* Deutsch-russisches Wirtschaftsglossar, Hamburg 1994; *Hüper,* Unternehmenskauf in Russland, Berlin 1998; *Karasseva,* Tax Law in Russia, Kluwer Law Internat. 2001; *Knaul/Schulz,* Gesetz über die Lizenzierung einzelner Tätigkeiten WiRO 1999, 372; *Köbler,* Rechtsrussisch und Rechtswörterbuch für Jedermann; *Lanz,* Verordnung über Buchführung und Rechnungslegung, WiRO 1994, 267; *Lenga,* Das föderative Gesetz „Über Aktiengesellschaften", WiRO 1996, (T:1) 131, (T:2) 172; *Lenga,* Gesellschaftsrechtliche Bestimmungen im ersten Teil des ZGB (Art. 48–106), WiRO 1995, 221, (Art. 107–123), 270; *Marti,* Neue Entwicklungen im russischen Steuerrecht, WiRO 1995, 153; *Micheler,* Das neue russische Aktiengesetz im Überblick, WiRO 1996, 81; *Micheler,* Das neue russische GmbH-Gesetz im Überblick, WiRO 1998, 161; *Michels,* Russische Föderation: Gesetz „Über die Bewertungstätigkeit", WiRO 2003, 48; *Mindach,* Russische Föderation, Gewinnbesteuerung ausländischer Unternehmen, Köln/ Berlin 1996; *Mindach/Braun,* Russische Föderation, Registrierung von Unternehmen, Köln 2003; *Moguilevskaia/Reith,* Wirtschaftspartner Russland, 1998; *Oesterle,* Gestaltung der Führungsverfassung von Joint Ventures in Russland, WiRO 1995, 175; *Reinsch/Knaul,* Gesetz über lokale freie Wirtschaftszonen im Kaliningrader Gebiet, WiRO 1996, 308; *Rybalkin/Chebonnov,* Die Möglichkeiten der Finanzierung russischer Tochtergesellschaften im Hinblick auf russisches und deutsches Recht, WiRO 2000, 369; *Safronova/Zentner,* Neue Bestimmungen für die Ein- und Ausreise und den Aufenthalt ausländischer Bürger in Russland, WiRO 2003, 97; *Schmidt, Robert,* Gebietsgesetz über lokale freie Wirtschaftszonen im Kaliningrader Gebiet, WiRO 2000, 22; *Schwarz,* Investieren in Russland, Berlin 1996; *Schwarz/Balayan,* GmbH-Gesetz, WiRO 1998, 251; *Sevillano,* Das russische Auslandsinvestitionsgesetz – Eine erste Bilanz, WiRO 2000, 337; *Sevillano,* Das neue russische Verbraucherschutzgesetz und seine Implikationen für Investoren, WiRO 2000, 361; *Solotyck,* Wirtschaftsrecht der osteuropäischen Staaten, Verbrauchsteuern neben Mehrwertsteuer und Akzisen zwischen 1. 1. 02 und 31. 12. 03; Steuergesetzbuch, WiRO 2000, 57, 97, 144, 179; Steuergesetzbuch der RF, WiRO 1998, 431 (seit 1999), 2. Teil Abschnitt 1–4 (seit 1. 1. 2001, z. B. Mehrwertsteuer); *Thiel,* Joint Ventures in der Russländischen Föderation, Berlin 2. Aufl. 1999; *Zentner,* Rechte an Grund und Boden in der Russischen Föderation, WiRO 2000, 333; Zielke/Jastrobenko, Wirtschaftswörterbuch.

o) Slowakei

Carnogursky, Übertragung von Anteilen an Kapitalgesellschaften nach slowakischem Recht, WiRO 1996, 60; *DATEV,* Beratungspaket Slowakei; *Küssner,* Eingangsabgaben: Mehrwertsteuer,

Verbrauchsteuern, Importzuschlag, Bundesstelle für Außenhandelsinformation, Köln/Berlin 1995; Steuerbefreiung für neugegründete Unternehmen in der Slowakei, IStR 1993, Beihefter 10/93.

Für die Besteuerung der Gewinne und Einkünfte ist ein einheitlicher Steuersatz von 19 vH vorgesehen. Der Mehrwertsteuersatz beträgt ebenfalls 19 vH.

p) Slowenien

Brus, Zum Inkrafttreten des slowenischen Gesetzes über die Wirtschaftsgesellschaften, RIW 1993, 910; *Dimitrijevic,* Die Umsatzbesteuerung in Slowenien; *Filipovic/Gorenc/Slakoper,* Zakon o trogvaskim drustvima s komentarom, Zagreb 1995 (Gesetz über die Handelsgesellschaften mit Kommentar); *Jausz/Rausch,* Handbuch für Direktinvestitionen in Slowenien, Wien 1993; *Kocbek,* Ausländische Investitionen in der Republik Slowenien, WiRO 1996, 361; *Lunder,* Rechtliche, wirtschaftliche und politische Rahmenbedingungen für Investitionen in Slowenien, WiRO 1995, 201; *Rudolf/Strnad,* Kreditsicherung durch Hypothek in der Republik Slowenien, WiRO 1996, 296.

q) Tschechien

DATEV, Beratungspaket Tschechien; *Fritzsch/Giese,* Das neue Pfandrecht und die neuen Verwertungsmöglichkeiten für Pfandgegenstände in Tschechien, WiRO 2002, 270; *Bohnta,* Die Firma und das Handelsrecht nach der Novelle des Handelsgesetzbuches, WiRO 2001, 146; *Holler/Wesbuer,* Die tschechische GmbH nach neuem Handelsrecht, WiRO 2002, 202; *Horn,* Mehrwertsteuer und Verbrauchsteuern, Bundesstelle für Außenhandelsinformation Köln, Berlin; *Humlova-Ueltzhöffer/Korinkova,* Große Novelle des tschechischen Handelsgesetzbuches, WiRO 2001, 324; *Podlesaek,* Das neue tschechische Handelsvertreterrecht, WiRO 2001, 271; *Scheifele,* Praktische Erfahrungen beim Unternehmenserwerb in der CSFR, DB 1992, 669; *Schmidt, Gerhard,* Der Kauf von Unternehmen in der CSFR, IStR 1992, 31; *Schmidt, G./Scheifele,* Rechtliche und steuerrechtliche Rahmenbedingungen für Investitionen in der CSFR, WiRO 1992, 23; *Syrtarova,* Das neue tschechische Pfandrecht, WiRO 2001, 208.

r) Ukraine

Kiszcuk, Änderung bei der Besteuerung des Gewinns von Unternehmen in der Ukraine, Berlin 1994; *Kiszcuk,* Die ukrainische GmbH, WiRO 1997, (T 1:) 210 (T 2:) 249; *Kiszcuk,* Gesetz über das System der Besteuerung WiRO 1995, 105; *Kiszcuk,* Über das Regime ausländischer Investitionen, WiRO 1998, 25; *Solotych,* Gesellschaftsrecht der Ukraine, Berlin 1994.

s) Ungarn

DATEV, Beratungspaket Ungarn; *Janssen/Fest,* Unterschiede in der Rechtspraxis ungarischer Kft und deutscher GmbH, RIW 2002, 825; *Küpper,* Der Durchgriff des Gläubigers eines Gesellschafters auf das Gesellschaftsvermögen, WiRO 2002, 339; *Pajor-Bytonski,* Gesellschaftsrecht in Ungarn, WiRO 2001, 176; *Schmitz-Filvig,* Die rechtlichen Rahmenbedingungen für ausländische Investoren in Ungarn, WiRO 2002, 208.

t) Weißrussland

Mosgo, Das weißrussische Immobilienrecht im Überblick, WiRO 1999, 54; *Rietsch,* Besteuerung von Unternehmen mit ausländischer Kapitalbeteiligung und von natürlichen Personen in Weißrussland, WiRO 1995, 157; *Rietsch,* Gesetz zu den Aktiengesellschaften, Gesellschaften mit beschränkter Haftung und Gesellschaften mit zusätzlicher Haftung, WiRO 1994, 213.

4. Afrika

African Tax System, (6 Ordner)

a) Ägypten

b) Namibia

c) Südafrika

Brandis/Adelbert, Grundzüge des südafrikanischen Gesellschafts-, Devisen- und Steuerrechts, Regensburg; *Rönck,* Gesellschaftsrecht in Südafrika, München/Berlin 1996; Taxes and Investment in South Africa, (1 Ordner); Taxes and Investment in the Middle East, (3 Ordner).

d) Tunesien

e) andere Länder

5. Amerika

a) Kanada s. dort

b) USA s. dort

c) Mittelamerika

Mexiko

Taxes and Investment in Mexico, (1 Ordner)

Gewinne aus der Veräußerung betrieblicher Anlagegüter und aus Verschmelzung, Liquidation, Kapitalrückführung u. dgl. werden bei juristischen Personen im Betriebsergebnis erfasst. Bei natürlichen Personen bilden diese Gewinne zusammen mit den Gewinnen aus der Veräußerung von Gegenständen des Privatvermögens eine besondere Einkunftsart.

d) Südamerika

Taxes and Investment in Latin America, (4 Ordner)

6. Asien

a) China

DATEV, Beratungspaket China; *Drewes/Shao (Hrsg.)* Chinesisches Zivil- und Wirtschaftsrecht (ausgewählte Rechtsgebiete, dargestellt im Vergleich zum deutschen Recht, Institut für Asienkunde 2002; *Enci/Kilian,* Das neue Gesetz über Kapitalgesellschaften in der Volksrepublik China, AG 1994, 404; *Geißbauer,* Wirtschaftspartner China, 2. Aufl. 1998; *Küsell,* Die Beteiligung in China. Analyse, Planung und Beurteilung aus der Sicht deutscher Investoren unter besonderer Beachtung steuerlicher Aspekte, 1998; *Martyn/Beck,* Joint Ventures in China – Are they working?, Accountant's Magazine 1990 (No 1010), 20; *Pfau,* VR China: Steuerliche Behandlung von Technologietransfer und damit zusammenhängende Dienstleistungen, IStR 2003, 340; *RIW,* Beiträge zum Recht der Volksrepublik China, Beilage 2 zu Heft 6/1996; *Sricker,* Immobilienrecht, Köln/Berlin 1995; *Stucken,* Joint Ventures, Köln/Berlin 1995; *Stucken,* VR China, Unternehmensgründung, Köln/Berlin 1997; Taxes and Investment in Asia and the Pacific, (12 Ordner); Taxes and Investment in the People's Republic of China, (1 Ordner); *Xiushan/Ensthaler,* Neues Gesellschaftsrecht in der Volksrepublik China, RIW 1993, 825.

b) Indien

Deutsch-Indische Handelskammer (Hrsg.), Steuern in Indien

c) Indonesien

Huster, Umsatzsteuergesetz, Köln 1995

d) Iran

e) Japan s. dort

f) Jordanien

g) Libanon

h) Pakistan

i) Singapur

j) Taiwan

k) Thailand

Falder, Gesellschaftsrecht in Thailand, München/Berlin 1996

7. Australien/Ozeanien
a) **Australien**
b) **Neuseeland**
c) **Ozeanien**

I. Allgemeines

Grenzüberschreitende Unternehmensaufkäufe und Verschmelzungen sind in bisher unbekanntem Ausmaß zu beobachten.

Sie zeigen die zunehmende Internationalisierung der Märkte. Der Käufer erlangt den Zutritt zum fremden Markt zeitsparender, risikobegrenzter und häufig mit wirksamerem Zugang zum Endabnehmer oder angestrebten Vertragspartnern, als es ihm erfahrungsgemäß durch Unternehmensneugründung möglich wäre.

Einen weltweiten Überblick über

- die wichtigsten Rechtsformen für Unternehmer,
- die staatliche Überwachung von Fusionen und Anteilserwerben,
- den Schutz von Minderheitsgesellschaftern,
- arbeitsrechtliche Vorschriften und Verfahren (Arbeitnehmerpensionen; Personalabbau),
- kartellrechtliche Überwachung,
- Devisenbewirtschaftung,
- die Regelung und Beschränkung von Auslandsinvestitionen,
- das jeweilige Steuersystem

gibt

Grenzfell, Handbuch für den internationalen Unternehmenskauf, Berlin/Hamburg 1989.

Die nachstehenden Bemerkungen beschränken sich darauf, einen Überblick über die in einigen Staaten bestehenden Unternehmensformen zu geben und einige Bemerkungen zur Besteuerung anzufügen.

Beim Vergleich des deutschen mit ausländischem Steuerrecht muss immer auch die Relevanz der Sozialversicherung bedacht werden.

Die Doppelbesteuerungsabkommen (DBA) der Bundesrepublik Deutschland gehen in der Regel von Musterabkommen (MA) der OECD (Organisation for Economic-Co-operation) aus.

Regelmäßig werden die Gewinne aus der Veräußerung von Unternehmen auch im Ausland besteuert.

Gewinne aus der Veräußerung von Unternehmen werden i. d. R. von dem Staat der Besteuerung unterworfen, der vor der Veräußerung das veräußerte Objekt und die aus ihm fließenden Erträge besteuern durfte. Was unter Veräußerungsgewinn zu verstehen ist, ergibt sich aus dem innerstaatlichen Recht. In der Bundesrepublik Deutschland gehören dazu auch die Gewinne aus Spekulationsgeschäften (§ 23 EStG und der Veräußerung von Anteilen an Kapitalgesellschaften bei wesentlicher Beteiligung (§ 17 EStG).

Ob das Entgelt in einer Summe, in Raten oder in Renten gezahlt wird, ändert daran nichts; ebenso im österreichischen Recht; das gilt auch im Verhältnis zur Schweiz.

Soweit Einkünfte zwischen zwei Staaten zeitlich aufzuteilen sind, gilt dies regelmäßig nicht für Veräußerungsgewinne, die in dem Ermittlungszeitraum anzusetzen sind, in dem sie erzielt werden.

Verlustverrechnung, Verlustkappung, Mindestbesteuerung und vieles andere mehr sind in den verschiedenen Staaten unterschiedlich geregelt. Ein Verlustrücktrag ist selten vorgesehen. Dem Missbrauch wird sehr unterschiedlich entgegengewirkt.

Bei der Bewertung von Unternehmen und Anteilsrechten (insbesondere Aktien) muss beachtet werden, ob das zu beurteilende Unternehmen nach den Rechnungslegungsvorschriften des anglo-amerikanischen oder des deutschen (oder kontinentaleuropäischen) oder eines anderen Rechtskreises bewertet worden ist.

Vereinfacht ausgedrückt liegen die Unterschiede in Folgendem:

Die Rechnungslegungsvorschriften des anglo-amerikanischen Rechtskreises sichern die Interessen des Aktionärs (Anlegers) auf Vollausschüttung der Gewinne des Unternehmens. Die Rechnungslegungsvorschriften des deutschen Rechts (kontinentaleuropäischen Rechts) dienen dem Schutz der Gläubiger. Grob gesagt, der Erwerber eines Unternehmens des anglo-amerikanischen Rechtskreises wird keine stillen Reserven erwarten dürfen. Der Erwerber eines deutschen Unternehmens wird aus der Gleichmäßigkeit der Gewinne über längere Zeiträume keine voreiligen Schlüsse auf die Zukunftserwartungen ziehen dürfen.

Bilanzpolitik im anglo-amerikanischen Rechtsraum, die der Minderung des Jahresergebnisses dient, gilt als Täuschung der Aktionäre (Anleger). Bilanzpolitik im deutschen (kontinentaleuropäischen) Raum, die das Gleiche bezweckt und tut, wird als Ergebnisglättung im Interesse des Schutzes der Gläubiger beurteilt.

Im anglo-amerikanischen Rechtsraum unterliegen die Unternehmen dem systemimmanenten Druck, in möglichst kurzer Zeit steigende Gewinne auszuweisen, und das kann zu einer kurzfristig angelegten Unternehmenspolitik (Abschreibungsreduzierung) führen. Eine ungenügend zukunftsorientierte Unternehmenspolitik kann im deutschen (kontinentaleuropäischen) Raum durch die Stetigkeit ihrer Gewinne verschleiert sein.

Die Internationalisierung der Bilanzierungsvorschriften gleicht unter diesen Umständen nahezu der Lösung des Problems der Quadratur des Kreises. In der OECD ist z. B. die umgekehrte Maßgeblichkeit von Handels- und Steuerbilanz in 8 Staaten nicht vorgesehen.

Die rechtliche und steuerrechtliche Lage in den Staaten des ehemaligen Ostblocks ist bei unterschiedlichen Entwicklungsschüben zu unübersichtlich, um darzustellen, welche Vorschriften voraussichtlich bleibenden Charakter haben.

In der Russischen Föderation befindet sich ein Gesetz über Aktiengesellschaften im Gesetzgebungsverfahren.

Zu Beteiligungen über die Grenze an gewerblich tätigen Personengesellschaften ist eindringlich auf die international-privatrechtichen Qualifikationsprobleme hinzuweisen, weil die einzelnen Staaten diese Rechtsgestaltung steuerlich unterschiedlich behandeln. In den meisten Ländern werden Kapitalgesellschaften zwar zumeist ähnlich besteuert werden. Eine ausländische Gesellschaft aber, die nach deutschen Maßstäben als Personengesellschaft zu qualifizieren ist, kann im Ausland steuerrechtlich als Körperschaft behandelt werden, oder sie kann z. B. selbst für die Besteuerung als Kapitalgesellschaft optieren. Andererseits gibt es ausländische Kapitalgesellschaften, die nach deutscher Beurteilung als Kapitalgesellschaften behandelt werden, nach ausländischem Steuerrecht aber nicht als

Kapitalgesellschaften besteuert werden, weil ihre Einkünfte unmittelbar den Gesellschaftern zugerechnet werden.

Diese unterschiedliche steuerrechtliche Behandlung der Personengesellschaften führt dazu, dass bisher alle Bemühungen der OECD, einheitliche abkommensrechtliche Regelungen für grenzüberschreitende Beteiligungen an Personengesellschaften herbeizuführen, gescheitert sind. Personengesellschaften gelten zwar im Sinne des Musterabkommens als Personen; sie können aber z. B. als nicht ansässig angesehen werden, weil sie als Mitunternehmerschaften weder im Bereich der Einkommensteuer noch der Vermögensteuer einer selbständigen Steuerpflicht unterliegen. Ein Abkommensanwender kann bei der Lösung von Qualifikationskonflikten nicht von einem einheitlichen Lösungsmuster ausgehen. Er muss jede einzelne Frage anhand der Bestimmungen des jeweils maßgeblichen Abkommens gesondert beantworten.

Die EuGH-Rechtsprechung drängt im Anwendungsbereich aller Grundfreiheiten des EG-Vertrags dahin, jeder grenzüberschreitenden wirtschaftlichen Tätigkeit gemeinschaftsrechtlichen Schutz zu gewähren[1]. Mit den Argumenten des Gleichbehandlungsgebots, des Diskriminierungsverbots und der Überlegung, bei grenzüberschreitender Tätigkeit dürfe keine stärkere steuerliche Belastung auferlegt werden als gegenüber inländischer Tätigkeit, bildet für den EuGH das nationale Recht der direkten Steuern keine Sondermaterie gegenüber den gemeinschaftsrechtlichen Grundrechten und Grundfreiheiten des EG-Vertrags.

---

1 *Cordewener*, Europäische Grundfreiheiten und nationales Steuerrecht, Köln 2002, dort S. 975 ff.

II. Länderteil

Belgien

Schrifttum: *Luc de Broe,* Das belgische Steuerrecht, IWB Fach 5, Belgien, Gruppe 2 S. 139; *DATEV,* Beratungspaket Belgien; *Grote,* Die Besteuerung deutsch-belgischer Erb- und Schenkungsfälle, Köln 1999; *Hoffmann,* Das neue Recht der Handelsgesellschaften in Belgien, RIW 1985, 539; *Hoffmann, Elisabeth,* Die GmbH im belgischen Recht, GmbHR 1991, 515; *Hoffmann, Elisabeth,* Grundzüge des belgischen Handels-, Gesellschafts- und Wirtschaftsrechts, München 1996; *Peeters,* Gesellschaftsrecht in Belgien, München 1993; *Scholtissek,* Die Rechnungslegungsvorschriften in Belgien, RIW 1993, 582; *Schwanke/Rijswijck,* Die Einpersonengesellschaft nach belgischem Recht, IWB Fach 5, Belgien, Gruppe 3 S. 53; *Tiberghien,* Die belgischen Steuern, 4. Aufl., Köln 1990.

Unternehmensformen:

Kapitalgesellschaften

Société Anomyme (SA) oder Naamloze Vennootschap (NV) entspricht der AG,

Société de Personnes à Responsabilité Limitée (SPRL) oder Besloten Vennootschap met beperkte Aanspakelijheid (BVBA) entspricht der GmbH, Kommanditaktiengesellschaft und Genossenschaft

Personenhandelsgesellschaften

Société en Nom Collectif (SNC) oder Vennootschap oder Gemeen-Schappelijke Naam (VGN) Offene Handelsgesellschaft,

Société en Commandite Simple (ScS) oder Vennootschepbij wijze van Eenvondige Geldschieting (VEG) Kommanditgesellschaft

Besteuerung:

Steuerliche Begünstigungen sind bei Unternehmensübertragungen nicht vorgesehen.

Bei Wirtschaftsgütern, die mindestens 5 Jahre zum Betriebsvermögen gehört haben, wird ein Veräußerungsgewinn mit den Abschreibungen neuer Wirtschaftsgüter verrechnet, soweit der Erlös innerhalb von 3 Jahren in andere Sachanlagen reinvestiert und diese mindestens 3 Jahre lang nicht veräußert werden.

Für Gewinne aus der Veräußerung von unbebauten Grundstücken und bestimmten Grunddienstbarkeiten gelten Sonderregelungen.

Die Grundverkehrsteuer auf die Übertragung von Grundstücken und Gebäuden kann in der Regel vom steuerpflichtigen Einkommen abgesetzt werden.

Der Erwerber kann von dem auf die erworbenen Wirtschaftsgüter gezahlten Kaufpreis abschreiben.

Beim Erwerb von Anteilen kann der Käufer regelmäßig nicht das Vermögen der erworbenen Gesellschaft erhöhen, um Abschreibungsvolumen zu gewinnen.

Dänemark

Schrifttum: *Cornelius,* Die GmbH im dänischen Recht, GmbHR 1991, 188; *Denmark-Income Taxes,* London; Direct Taxation in Denmark, Copenhagen 1974; *Gomard,* Das dänische Gesetz über Aktiengesellschaften, 3. Aufl., Baden-Baden 1991.

Unternehmensformen:

Aktieselkab (AS)	AG
Andelsselskap (AmbA)	Genossenschaft
Anpartsselskab (ApS)	GmbH
Kommandit-Aktieselskab	etwa KGaA
Genossenschaftliche Vereine	
Interessentskab (I/S)	OHG
Kommanditselskab (K/S)	KG

Besteuerung:

Veräußerungsgewinne werden besteuert.

Der Veräußerungsgewinn ist der Unterschied zwischen dem Verkaufserlös und dem Rest-Buchwert des vorausgegangenen Jahres, weil im Jahr des Verkaufs keine Abschreibungen vorgenommen werden dürfen.

Finnland

Schrifttum: *Turunen,* Das Steuerrecht Finnlands, IWB Fach 5, Finnland, Gruppe 2, S. 29; *Scholtissek,* Rechnungslegung der Aktiengesellschaft in Finnland, IWB Fach 5, Finnland, Gruppe 3, S. 15.

Unternehmensformen:

Osakeyhtiö (Oy) entspricht der Aktiengesellschaft (das finnische Aktiengesetz mit den Änderungen, die den Anforderungen des EU-Rechts entsprechen, gilt ab 1. Januar 1996),

die Personengesellschaften entsprechen etwa der OHG, der KG und der stillen Gesellschaft. Das finnische Gesellschaftsrecht kennt keine GmbH.

Besteuerung:

Bei der Veräußerung bestehen besondere Bestimmungen, die die Veräußerung von Grundstücken und Gebäuden sowie die von Obligationen und Wertschriften betreffen.

Frankreich

Schrifttum: *Beltz,* Eine neue Gesellschaftsform in Frankreich: Die „Société par actions simplifée", RIW 1994, 548; *v. Boehmer (Hrsg.),* Deutsche Unternehmen in Frankreich, Stuttgart 1991; *Chaussede-Klein,* Gesellschaftsrecht in Frankreich, München 1993; *Ferid/Sonnenberger,* Das französische Zivilrecht, 2. Aufl., Heidelberg, 1986 ff., Bd. 4/1, Ergänzungen 1993; *Frankowski,* DBA Frankreich, 1995; *Fuchs,* Der französische Markt, Heidelberg 1996 (= BB Nr. 94); *Fuchs/Hinkelbein,* Leitfaden zur Gründung eines Unternehmens in Frankreich, Heidelberg 1992; *Gravenstein,* Französisches Gesellschaftsrecht, 3. Aufl., Baden-Baden; *Guyon, Yves,* Aktuelle Entwicklungen im französischen Gesellschaftsrecht, in FS für Marcus Lutter, (Hrsg.) Schneider/Hommelhoff/Karsten Schmidt/Timm/Grunewald/Drygala, Köln 2000; *Hellio/Thill,* Steuern in Frankreich, 2. Aufl. Köln 2002; *Hossfeld,* Der Vergleich ausgewählter Bilanzierungsgrundsätze in Deutschland und Frankreich, BB 1996, 1707; *Hurstel,* Juristische Probleme beim Unternehmens- und Beteiligungskauf in Frankreich, RIW 1991, 804; *Kaiser/Heinemann,* Vergleich des deutschen und französischen Einkommensteuerrechts, RIW 1990, 852; *Kandler/Seseke,* Die „Société par actions simplifée" (SAS) – Schaffung einer „vereinfachten" Aktiengesellschaft französischen Rechts, AG 1994, 447; *Klein,* Schutzwirkung des Eigentumsvorbehalts im französischen Insolvenzverfahren, RIW 1991, 809; *Klein,* Unternehmenskauf in Frankreich, RIW 2002, 348; *Klenk,* Berichte zur französischen USt in der Zeitschrift „UR"; *Knudsen,* Französisches Recht in deutscher Sprache (Auswahlbibliographie); *Lutz,* Erwerb eines fonds de commerce, in: Unternehmenserwerb in Frankreich, Heidelberg 1990; *Lutz/Kehl/App,* Unternehmensformen und Unternehmensbesteuerung in Frankreich, BB 1992, 248; *Maier, Arno,* Die GmbH im französischen Recht, GmbHR 1990, 379; *Meissner,* Das Institut des „Refus de Vente" im französischen Recht, RIW 1991, 13; *Micheler,* Spaltung und Teileinbringung von Gesellschaften nach französischem Recht, RIW 1993, 15; *Misera,* Arbeitsrechtliche Konsequenzen der Betriebsveräußerung, S. 187; *Niggemann,* Frankreich, Insolvenzrecht, Köln/Berlin 1995; *Nikolaus,* Unternehmenskauf über die Grenze, 1997; *OECD,* The personal income tax base, Paris 1990; *Perlewitz,* Rechnungslegung in Frankreich und Deutschland, 1995; *Rohlfing,* Lokales elsässisch-moselsches Recht, ZEuP 2000, 620; *Schlebusch,* Die französische Mehrwertsteuer (TVA) im Binnenmarkt, 1994; *Schlebusch,* Überblick über die französische Mehrwertsteuer (TVA), UVR 1991, 99; *Sonnenberger/Dammann,* Französisches Handels- und Wirtschaftsrecht, 2. Aufl., Heidelberg 1991; *Stawinoga,* Handbuch der französischen Körperschaftsteuer, Paris 1994; *Storp,* Rechtshinweise für das Frankreich-Geschäft, 6. Aufl. 1995; *Turq,* La fiscalité de l'Entreprise, Paris 3. Aufl.; *Viegener,* in Deutsch-Französisch Handelskammer (Paris; Hrsg.), Gründung und Führung einer Niederlassung in Frankreich; *Viegener,* Die französische Mehrwertsteuer und ihre Tendenzen im Hinblick auf die Harmonisierung der Umsatzsteuern in den EG-Mitgliedstaaten, UR 1990, 329; *Vogel, Louis,* Ein neues Risiko für den Vertrieb in Frankreich: Unlösbare Vertragsbeziehungen, RIW 1992, 795; *Warkten,* Änderungen der französischen Erbschaft- und Schenkungsteuer, ZErb 2003, 332.

Mack/Katzenstein/Mack-Twardy, Leitfaden für unternehmerische und private Aktivitäten (Monaco betreffend), Herne/Berlin 1992.

Unternehmensformen:

Société Capitaux	Kapitalgesellschaften
Société Anonyme (SA)	entsprechen der AG
Société par actions simplifiée (SAS)	
Société à Responsabilité Limitée (SARL)	entspricht der GmbH
Société en Commandite par Actions	entspricht der KGaA
Groupement d'Intérêt economique	Wirtschaftliche Interessengemeinschaft
Succursale	Zweigniederlassung
Exploitant Individuel	Einzelunternehmer
	Personengesellschaften
Société Civile	GbR
Société en Nom collectif	OHG
Société en commandite Simple	KG
Société en Participation	Stille Gesellschaft

Personengesellschaften spielen in Frankreich keine erwähnenswerte Rolle.

Das französische Recht kennt ebenso wenig wie das deutsche Recht den Erwerb eines Unternehmens im Ganzen.

Außer im Rahmen eines Sanierungsverfahrens können die Güter, die zu einem Unternehmen gehören, nur durch Einzelübertragung erworben werden. Das gilt auch für den „fonds de commerce".

Eine Gesellschaft kann entweder den „fonds de commerce" – eine clientèle oder ein Goodwill sprechen für das Vorhandensein eines fonds de commerce – und ihre Immobilien veräußern, oder es können die Gesellschafter ihre Anteile veräußern und auf diese Weise das Unternehmen übertragen.

Der fonds de commerce besteht aus

- unkörperlichen Elementen der Kundschaft,
- dem Handelsnamen und der Firmenbezeichnung

- dem Anspruch auf Verlängerung oder Erneuerung des Mietvertrages (der Mieter eines Geschäftslokals hat das Recht auf einen Mietvertrag von neun Jahren sowie auf die Erneuerung nach Ablauf des Vertrages; verweigert der Vermieter diese Erneuerung, hat der Inhaber des fonds de commerce einen Anspruch auf eine erhebliche Entschädigung),
- Patentrechte, Marken und Genehmigungen und
- körperlichen Elementen,
  zu denen das Material, Maschinen, Werkzeuge, Geschäftseinrichtungen und der Warenbestand gehören.

Bei Verträgen, mit denen ein Unternehmen übertragen werden soll, gehen regelmäßig weder die Schulden noch die Forderungen und die laufenden Verträge – Ausnahme der Mietvertrag – auf den Erwerber über. Der Schuldner kann sich ohne Zustimmung des Gläubigers nicht seinen Verpflichtungen entziehen.

Bei einen Kaufvertrag muss der Preis für

- die unkörperlichen Elemente,
- das Material und
- die Waren

getrennt angegeben werden.

Darüber hinaus muss der Verkäufer – in dem Vertrag, der der Schriftform bedarf und der zu veröffentlichen ist – eine Reihe von Angaben tätigen, damit ein solcher Vertrag wirksam wird.

Wird eine Beteiligung an einem Unternehmen erworben, geht es dem Erwerber regelmäßig darum, den „bloc de controle" zu erhalten.

Damit ist eine Beteiligung gemeint, die den gewünschten Einfluss auf das Unternehmen ermöglicht; das braucht also nicht die absolute Mehrheit zu sein, die zuweilen nicht genügt, andererseits zuweilen gar nicht nötig ist.

Ebenso wie nach deutschem Arbeitsrecht gehen auch nach französischem Arbeitsrecht die Arbeitsverträge auf den Unternehmenserwerber über. Der neue Arbeitgeber tritt in die bestehenden Arbeitsverträge ein.

Die Veräußerung unterliegt besonderen Form- und Publizitätsvorschriften, insbesondere unter dem Gesichtspunkt des Gläubigerschutzes.

Als Wert des Unternehmens werden die aus der Vergangenheit abgeleiteten Zukunftserträge (résultat corrigé) angesehen.

Besteuerung:

Veräußerungsgewinne (Plus-Values de cession de participations) werden unabhängig von der Behandlung bei der laufenden Gewinnermittlung der Besteuerung unterworfen. Der Besteuerung unterliegen auch Gewinne aus der Veräußerung von Privatvermögen.

Veräußerungsgewinne entstehen bei der Veräußerung von Wirtschaftsgütern des Anlagevermögens. Zum Betriebsvermögen in diesem Sinne gehören die in der Bilanz erfassten und diejenigen Wirtschaftsgüter, die – wie der Geschäftswert – mit dem Unternehmen verbunden sind.

Veräußerungsgewinn ist der Unterschied zwischen dem Veräußerungspreis nach Abzug der Veräußerungskosten und dem Buchwert.

Die Besteuerung umfasst jedes Geschäft und jede Maßnahme, die zum Ausscheiden des Wirtschaftsgutes aus dem Betriebsvermögen führt, also auch durch Einbringung in eine Gesellschaft, Entnahme usw.

Die Registersteuer erfasst auch die Veräußerung eines Kundenstammes oder die Mandantschaftsübernahmeverträge.

Aufgrund des Gesetzes vom 5. Jan. 1988 über die Entwicklung und Übertragung von Unternehmen werden kleinere Unternehmen steuerlich begünstigt (vgl. Art. 47).

Besondere Regelungen betreffen Unternehmen in Schwierigkeiten.

Bei der Besteuerung wird zwischen kurz- und langfristigen Veräußerungsgewinnen unterschieden.

Die langfristigen Veräußerungsgewinne unterliegen besonderen Steuersätzen.

Die Veräußerung eines Gewerbebetriebs (fonds de commerce) unterliegt grundsätzlich einer Registersteuer (die Registergebühr – eine Art Verkehrsteuer – hat Sätze von 16,6 vH, 14,2 vH, 11,4 vH und 4,8 vH), also ebenso wie die Veräußerung von Grundstücken (16,6 vH) und der Firmenwert. Ausgenommen sind

- Patente, die einer Pauschalsteuer unterliegen, und
- Warenvorräte, deren Veräußerung mehrwertsteuerpflichtig ist.

Die Übertragung anderer Geschäftsbestandteile unterliegt den allgemeinen für diese Teile jeweils geltenden Steuersätzen.

Die Übertragung von GmbH-Anteilen löst eine Registergebühr von 4,8 vH aus.

Für die SAS ist ein Gründungskapital von mindestens 37 000 € erforderlich, für die Sàrl nur von 7 500 €. Die Kosten der Firmenverwaltung können niedrig gehalten werden, weil die Wahl eines Aufsichtsrats oder die Einberufung einer Hauptversammlung ausgeschlossen werden kann.

Griechenland

Schrifttum: *Bundesstelle für Außenhandels-Information,* Das Recht der Kapitalgesellschaften in Griechenland, Köln 1990; *Karakritis,* Die ertrag- und vermögensteuerrechtliche Behandlung von Gewerbebetrieben mit Betriebstätten in Deutschland und Griechenland, 1996; *Papagiannis,* Die Aktiengesellschaft im griechischen Recht, AG 1996, 71.

Unternehmensformen:

Anonymi eteria (AE)	AG
Eteria periorismenis efthynis (EPE)	GmbH
Omorrythmos eteria	OHG
Eterorrythmos eteria	KG
Syneterismi	Genossenschaften

Besteuerung:
Der griechischen Körperschaftsteuer unterliegen die griechischen inländischen Aktiengesellschaften (anonymi eteria), die Genossenschaften (syneterismi), ausländische Gesellschaften unabhängig davon, ob sie Kapital- oder Personengesellschaften sind, sowie sonstige ausländische Vereinigungen ohne Rechtspersönlichkeit mit Gewinnerzielungsabsicht.

Demgemäß ist eine griechische GmbH (eteria periorismenis efthynis) nicht körperschaftsteuerpflichtig, wohl aber eine ausländische GmbH, OHG (omorrythmos eteria) oder KG (eterorrythmos eteria).

Für Personenhandelsgesellschaften, GmbH und Joint Ventures werden die Gewinne der Gesellschaft einheitlich festgestellt und der jeweilige Gewinnanteil beim Gesellschafter einkommensteuerrechtlich erfasst.

Die Gewinne aus der Veräußerung eines Unternehmens unterliegen der Besteuerung, und zwar im Wege des Quellenabzugs mit einem Steuersatz von 20 vH.

Eine gesonderte Feststellung und besondere Steuersätze von 30 vH gelten für

- die Veräußerung von Rechten (z. B. Miet- oder Pachtrechte, Patente) und

- die Veräußerung immaterieller Wirtschaftsgüter (wie Goodwill, Firma, Warenzeichen).

Veräußerungsgewinne dürfen nicht mit anderen Verlusten des Unternehmens ausgeglichen werden.

Großbritannien

(England, Schottland und Wales und Nordirland)

(= Vereinigtes Königreich) also ohne die Kanalinsel und die Insel Man

Schrifttum: *Behrens,* Zum Vorwurf des Gestaltungsmissbrauchs im englischen Steuerrecht, RIW 1997, 216; *Beitl,* Deutsch-englisches Glossar für das Steuerrecht, Wien 2000; *Bennet/Krebs (Hrsg.),* Local Business Taxes in Britain and Germany, Baden-Baden 1988; *Grotherr,* Besteuerung betrieblicher Veräußerungsgewinne in Großbritannien und Nordirland, IWB Fach 5, Großbritannien, Gruppe 2, S. 233; *Grotherr,* Steuerrechtsänderung in Großbritannien und Nordirland, IWB Fach 5 Großbritannien, Gruppe 2, S. 257; *Güthoff,* Gesellschaftsrecht in Großbritannien, München 1993; *Harvard Law School,* Taxation in the United Kingdom, Chicago; *Hopcroft,* Rechnungslegung und Grundsätze der Abschlussprüfung in Großbritannien und Deutschland – Ein Vergleich –, Düsseldorf 1995; *Kasper,* Grundzüge des Umsatzsteuerrechts und des Vorsteuervergütungsverfahrens in Großbritannien, IStR 1995, 172; *Kay,* The British Tax system, 5th ed., Oxford Univ. Pr., 1990; *Mohr/Möllering,* Steuerführer Großbritanniens, Herne/Berlin 1986; *Nathanson, Nabarro,* A Guide To The Companies Act, London 1989; *Schauweller/Lane,* Das Großbritannien-Geschäft, Wiesbaden 1987; *Shearman,* Die Gesellschaft mit beschränkter Haftung in England und Wales, GmbHR 1992, 149; *Simon,* Income Tax, Loose Leaf Service, London; *Sobich,* Neues Kaufrecht im Vereinigten Königreich, RIW 2003, 740; *Triebel,* Grundzüge des englischen Gesellschaftsrechts, 2. Aufl., Heidelberg, Großbritannien, Gruppe 3, S. 65; *Triebel, u. a.,* Englisches Handels- und Wirtschaftsrecht, 2. Aufl., Heidelberg, 1995.

Conrad-Hassel, Die Gesellschaft mit beschränkter Haftung im irischen Recht, GmbHR 1992, 438.

Unternehmensformen:

Sole Proprietorship	Einzelunternehmen
General Partnership	Personengesellschaft
Ordinary Partnership	OHG
Limited Partnership	KG
Limited Company	AG
Privat Company	Nicht zur Börse zugelassene AG mit höchstens 50 Aktionären
Public Company	AG
Branch	Zweigniederlassung

Besteuerung:

Im Jahr der Geschäftsaufgabe oder der Einstellung einer selbständigen Tätigkeit wird die Veräußerung auf der Basis des zwischen dem vorangegangenen und dem Aufgabedatum erzielten Gewinn durchgeführt.

Es werden auch Einnahmen nach der Geschäftsaufgabe erfasst. Dabei kann allerdings der Steuerpflichtige bestimmen, dass alle nachträglichen Einnahmen, die innerhalb von sechs Jahren nach der Geschäftsaufgabe anfallen, noch nachträglich zu den für das Aufgabedatum festgestellte Gewinn hinzugerechnet werden sollen.

Eine besondere Steuervergünstigung, durch welche die Besteuerung nachträglicher Einkünfte gemildert wird, gibt es für Steuerpflichtige, die ein bestimmtes Alter überschritten haben.

Siehe unter II 1a.

Italien

Schrifttum: *Auckenthaler,* Gesetzbuch des Landes Südtirol, Bozen; *Bauer, u. a.,* Italienisches Zivilgesetzbuch, 2. Aufl., 1992 Bozen; *Bauer, u. a.,* Nebengesetze zum italienischen Zivilgesetzbuch, Bozen; *Bauer, u. a.,* Italienisches Konkursrecht und andere Insolvenzverfahren, 2. Aufl., Bozen; *Bauer, u. a.,* Italienische Zivilprozessordnung, 2. Aufl., Bozen 1996; *Brenner-Knoll,* Einkommensteuer: Lokale Einkommensteuer, Körperschaftsteuer, Bozen 1991 (Übersetzung des vereinheitlichten Textes); *Ciola, Bruno, u. a.,* Terminologisches Wörterbuch zum Gesellschaftsrecht, Bozen 2001; *Ciola, Bruno, u. a.,* Terminologisches Wörterbuch zum Vertragsrecht, Bozen 2003; *Ciola, Bruno, u. a.,* Terminologisches Wörterbuch zum Schuldrecht, Bozen; *Djanani u. a.,* Einheitstext der Steuern auf das Einkommen (Zweisprachige Ausgabe), Bozen 1992; *Dubis, u. a.,* Der italienische Verwaltungsprozess, Bozen; *Kindler,* Italienisches Handels- und Wirtschaftsrecht, Heidelberg 2002; *Kindler,* Italienische Rechtsprechung zum Handels- und Wirtschaftsrecht, RIW 1990, 834, 1991, 247 (z. B. S. 249 zur Rückgängigmachung einer Vermögensabtretung, S. 250 „Zur rechtlichen Stellung der Kommanditgesellschaft im Passivprozess"); *Kleiser, Matthias,* Der Tod eines Gesellschafters im italienischen Recht. Ein Beitrag zur Gesellschafternachfolge von Todes wegen im italienischen Personen- und Kapitalgesellschaftsrecht, IPR und Steuerrecht, Frankfurt/M., Berlin, Bern, New York, Paris, Wien 1994 (Europäische Hochschulschriften: Reihe 2, Rechtswissenschaft Bd. 1613); *Mayr,* Die direkten Steuern in Italien, IWB Fach 5, Italien, Gruppe 2, S. 137; *Mayr,* Neuerungen und Änderungen im italienischen Steuerrecht, IWB Fach 5, Italien, Gruppe 2, S. 257; *Schömmer/Faßold/Bauer,* Internationales Erbrecht – Italien, München/Berlin 1997; *Winkler, Peter,* Die GmbH & Co. KG im italienischen Recht, GmbHR 1990, 329; Credito italiano, Le imposte dirette in Italia – Italian Income Taxation; Deutsch-italienische Handelskammer, Die italienische Einkommensteuergesetze, Mailand.

Unternehmensformen:

Società per Azioni (SpA)	Entspricht der AG
Società a responsabilità limitata (Srl)	GmbH
Società in accomandita per azioni (S.a.p.a.)	KGaA
Impresa individuale	Einzelunternehmen
Società in nome collettivo (S.n.c.)	OHG
Società in accomandita (S.a.s.)	KG
Associazione in partecipazione	Stille Gesellschaft
Sede secondaria	Niederlassung, Betriebsstätte

Besteuerung:

Während Erlöse als Entgelt für Warenverkäufe und Dienstleistungen Teil der geschäftlichen Tätigkeit sind, werden Gewinne aus dem Verkauf von Anlagegütern steuerlich anders behandelt als diese Geschäftserlöse. Zum Ertrag zählen auch Wertsteigerungen von Betrieben, einschließlich des Geschäftswertes, die bei Veräußerung gegen Entgelt einheitlich verwirklicht werden (Art. 54 Abs. 5 EStG). Wird gesonderte Besteuerung gemäß Art. 16 Abs. 2 beantragt, finden die Bestimmungen des Abs. 4 keine Anwendung, EStG Art. 54 Abs. 5 Satz 2.

Gewinne aus der Veräußerung von Betrieben (Besitzdauer: 3 Jahre) und von Beteiligungen an verbundenen Unternehmen (Einstufung als Finanzanlage laut den letzten drei Bilanzen) können wahlweise einer festen Ersatzsteuer von 27 % unterworfen werden. Diese kann in fünf gleich lautenden Jahresraten abgeführt werden.

Zu bedenken ist das Bestehen der Gemeindesteuer.

Wer eine nach dem Mehrwertsteuergesetz definierte Tätigkeit ausübt, muss an die Gemeinde, in der die Räumlichkeiten, die er für seine Tätigkeit nutzt, gelegen sind, eine Gemeindesteuer entrichten. Es gibt zehn verschiedene Tätigkeitsbereiche und acht nach Quadratmetern abgestufte Flächenklassen, für die jede Gemeinde innerhalb eines Mindest- und eines Höchstbetrages den Tarif festsetzt. Hat eine Gemeinde keinen Beschluss hierüber gefasst, ist der niedrigste Tarif anzuwenden.

Der Alleingesellschafter einer Aktiengesellschaft haftet bei deren Insolvenz für die Verbindlichkeiten wie in der Zeit, in der er alleiniger Gesellschafter war. Ein fremdgehaltender Zwerganteil (0,0357 vH des Stammkapitals) verhindert nicht die Haftung[1].

Japan

Schrifttum: *Baum,* Der Markt für Unternehmen und die Regelung von öffentlichen Übernahmeangeboten in Japan, AG 1996, 399; *Baum,* Harald, Marktzugang und Unternehmenserwerb in Japan, Recht und Realität am Beispiel des Erwerbs von Publikumsgesellschaften, Heidelberg 1995; *Baum/Drobnig,* (Hrsg.), Japanisches Handels- und Wirtschaftsrecht, Berlin/New York 1994; *Evard,* Rechnungslegung in Japan, Diss. Bochum 1999; *Henderson,* Security Markets in the United States and Japan: Distinctives Aspects Molded by Cultural, Social, Economic and Political Differences, Mitteilungen der Deutsch-Japanischen Juristenvereinigung Nr. 15/1995, S. 73; *Ishi, Hiromitsu,* The Japanese Tax System, 2. Aufl., Oxford 1993; *Ishikawa/Leetsch,* Das japanische BGB in deutscher Sprache, Köln 1985; *Ishikawa/Leetsch,* Das japanische Handelsrecht in deutscher Übersetzung, Köln 1988; *Jansen,* Festsetzung von Verrechnungspreisen und Steuerhoheit, Mitteilungen der Deutsch-Japanischen Juristenvereinigung Nr. 15/1995, S. 40; *Kawamoto,* Neue Entwicklungen im Bereich des Gesellschaftsrechts in Japan, in Coing u. a. (Hrsg., die Japanisierung des westlichen Rechts, Tübingen 1990, 213 f.); *Kitagawa,* Doing Business in Japan; *Kock,* Unternehmensgründungen und -kooperationen in Japan, WiB 1996, 976; *Küting/Weber,* Internationale Bilanzierung. Rechnungslegung in den USA, Japan und Europa, Herne 1994; *Marutschke,* Einführung in das japanische Recht, München 1999; Murai, Steuerrecht und Privatrecht (japanisch); *Nakamura,* Die japanische ZPO in deutscher Sprache, Köln 1978; *Oda,* Basic Japanese laws, Oxford 1997; *Otsuka,* Tax law in Japan, The Hague 2001; *Rahn,* Rechtsdenken und Rechtsauffassung in Japan – Dargestellt an der Entwicklung der modernen japanischen Zivilrechtsmethodik, München 1990; *Rodatz,* Zweckmäßige rechtliche Gestaltung von Direktinvestitionen in Japan, IStR 1995, 398; *Sonderhoff & Einsel* (Rechtsanwaltskanzlei, redigiert von Janssen), Informationen zur aktuellen Rechtsentwicklung in Japan . . ., in Mitteilungen der Deutsch-Japanischen Juristenvereinigung Nr. 19/1995, S. 103, zur ESt insbes. S. 103, zur Legal Rent (gesetzliche Mindestmiete) S. 105; *Tanijucki,* Grundzüge des japanischen Steuerrechts für den

---

1 Corte di Cassazione, Urteil vom 29. November 1983, Nr. 7152, Giur. ital. 1985, I, 1, 90, RIW 1985, 660.

ausländischen Investoren, IStR 1995, 209; *Wollny,* Einkommensbesteuerung in Japan, RIW 1985, 214; *Tax Bureau,* Ministry of Finance, An Outline of Japanese Taxes, Tokyo 1992.

Unternehmensformen:

Kabushiki Kaisha (KK)	AG
Yugen Kaisha (YK)	GmbH
Gomei-Kaisha	OHG
Goshi-Kaisha	KG

Besteuerung:

Die Erfahrung zeigt, dass sich Unternehmen am häufigsten auf folgenden Wegen an japanischen Gesellschaften beteiligen:

– durch Erwerb von Aktien,

– durch den Erwerb neu ausgegebener Aktien,

– dadurch, dass eine zu übertragende Gesellschaft mit einer dem Erwerber gehörigen Gesellschaft fusioniert,

– durch Übertragung des gesamten Geschäftsbetriebs auf den Erwerber,

– dadurch, dass ein Teilbetrieb des japanischen Unternehmens abgespalten und auf den Erwerber übertragen wird.

Der Anteilserwerb unterliegt der Wertpapierhandelsteuer; sie bleibt unerhoben, wenn die Anteilscheine physisch in Japan übertragen werden.

Die Übertragung bestimmter Wirtschaftsgüter unterliegt der Umsatzsteuer (ab 1. 4. 1997: 5 vH) oder Grundverkehrsabgaben. Veräußert nicht eine japanische Gesellschaft, sondern eine deutsche Aktiengesellschaft oder GmbH ihre Anteile an einem japanischen Unternehmen, so ist der Veräußerungsgewinn nach dem deutsch-japanischen Doppelbesteuerungsabkommen von der japanischen Besteuerung befreit; Deutschland macht vom Besteuerungsrecht keinen Gebrauch.

Die Ausgabe neuer Aktien und die Verschmelzung können ohne Aufdeckung stiller Reserven steuerfrei gestaltet werden. Verlustvorträge können regelmäßig im 5-Jahres-Zeitraum genutzt werden.

Zu den Einkünften aus unternehmerischer Tätigkeit gehören auch die Gewinne aus Unternehmensveräußerungen.

Der Steuerpflichtige kann dafür optieren, dass die Einkünfte aus unternehmerischer Tätigkeit der Körperschaftsteuer unterworfen werden.

Veräußerungsgewinn ist der Unterschied zwischen dem Verkaufserlös und dem Buchwert.

Es wird zwischen kurz- und langfristigen Veräußerungsgewinnen und zwischen solchen aus beweglichem und unbeweglichem Vermögen unterschieden.

Kanada

Schrifttum: *Hoyer,* Steuerfolgen der Rechtsformwahl bei Investitionen in Kanada, IWB Fach 8, Kanada, Gruppe 2, S. 121; *Marschdorf,* Umsatzsteuer in Kanada: Die Goods and Services Tax, RIW 1991, 48; *Müssener,* Das Steuerrecht Kanadas, IWB Fach 8, Kanada, Gruppe 2, S. 131; *Peters/Caron,* Das Gesellschaftsrechts Kanadas, IWB Fach 8, Kanada, Gruppe 3, S. 27; *Wilde,* Das kanadische Erbschaftsteuerrecht, Köln 1996.

Unternehmensformen:

Einzelunternehmen

OHG

KG

Corporation

Zweigniederlassung

Besteuerung:

Steuern werden auf Bundes-, Provinz- und Gemeindeebene erhoben.

Die Steuern auf das Einkommen von natürlichen und juristischen Personen umfassen auch Veräußerungsgewinne.

Drei Viertel aller von einem nicht ansässigen Steuerpflichtigen erzielten Gewinne aus der Veräußerung von steuerpflichtigen kanadischen Vermögenswerten unterliegen der Regelbesteuerung.

Zu den steuerpflichtigen kanadischen Vermögenswerten gehören beispielsweise neben dem in Kanada gelegenen Grundbesitz kanadische Vermögensgegenstände, die für betriebliche Zwecke Verwendung finden, Anteile an einer privaten Kooperation, Aktien einer kanadischen public cooperation, Beteiligungen an bestimmten kanadischen Personengesellschaften und Kapitalbeteiligungen an kanadischen Treuhandvermögen und bestimmten Investmentfonds.

Luxemburg

Schrifttum: *Borggreve,* Steuerrecht in Luxemburg, IWB Fach 5, Luxemburg, Gruppe 2, S. 45; *Marquard/Klus,* Grenzüberschreitende Kooperation von Unternehmen am Beispiel Deutschlands und Luxemburgs, DStR 1992, 1951; *Neuss,* Die GmbH im luxemburgischen Recht, GmbHR 1992, 83; *Steichen,* Die Besteuerung ausländischer Wirtschaftsaktivitäten im Großherzogtum Luxemburg, Hamburg 1990; *Urbin,* Handbuch 1990 der Luxemburger Steuern, Luxemburg 1990; *Winandy,* Kapitalanlagen in Luxemburg, IWB Fach 5, Luxemburg, Gruppe 2, S. 71.

Unternehmensformen:

Société en nom collectif	OHG
Société en Commandite simple	KG
Société civile	GbR
Société anonyme	AG
Société à responsabilité limitée (s.á.r.l.)	GmbH
Société en commandite par actions	KommanditG auf Aktien
Société Cooperative	Genossenschaft

Allgemeines

Im Zweifelsfall geht die französische Fassung eines Gesetzes der deutschen vor.

Gesellschaft bürgerlichen Rechts; Gelegenheitsgesellschaft (association momentanée), Vereinigung für gemeinschaftliche Rechnung (association en partcipation), Holding, Zweigniederlassung eines ausländischen Unternehmens.

Bei der Gründung einer Gesellschaft, der Erhöhung des Gesellschaftskapitals sowie der Gründung einer Zweigniederlassung wird eine Eintragungsgebühr in Höhe von 1 vH des investierten Kapitals erhoben. Für Familiengesellschaften beträgt die Höhe dieser Eintragungsgebühr 0,5 vH. Zweigniederlassungen von Muttergesellschaften, die innerhalb der EG ansässig sind, sind von einer Eintragungsgebühr freigestellt.

Das luxemburgische Gesellschaftsrecht enthält keine besonderen Bestimmungen darüber, dass einer oder mehrere der Gesellschaften die luxemburgische Staatsangehörigkeit besitzen müssen.

Während der Gründungsphase haften die an der Gründung mitwirkenden Personen persönlich und solidarisch in vollem Umfang, wenn die Gesellschaft die Vorbereitungsmaßnahmen zwei Monate nach Gründung der Gesellschaft nicht nachträglich billigt oder wenn die Gesellschaft nicht spätestens zwei Jahre nach Aufnahme der kaufmännischen Tätigkeit wirksam gegründet wird.

Besteuerung:

Zu den Einkünften aus Gewerbebetrieb gehören auch Gewinne, die erzielt werden bei der Veräußerung oder Aufgabe eines ganzen Betriebs oder eines Teilbetriebs und bei der Veräußerung eines Anteils an einer Mitunternehmerschaft oder an einer Personengesellschaft. Bei Betriebsveräußerungen wird ein Freibetrag gewährt (1997: 400 000 lfr.).

Bei den vorgenannten Veräußerungsgewinnen werden allerdings Wertsteigerungen von bebauten und unbebauten Grundstücken nur soweit erfasst, als sie nicht inflationsbedingt sind.

Die Einkünfte sind gewerbesteuerpflichtig.

Zusammenfassende Tabelle der 6 Handelsgesellschaftsformen in Luxemburg

	Offene Handelsgesellschaft (OHG)	Kommanditgesellschaft (KG)	Aktiengesellschaft (AG)	Kommanditgesellschaft auf Aktien (KGaA)	Gesellschaft mit beschränkter Haftung (GmbH)	Genossenschaft
Entsprechende Form im franz. Recht	Société en nom collectif	Société en commandite simple	Société anonyme (SA)	Société en commandite par actions	Société á responsabilité limiteé (s.á.r.l.)	Société cooperative
Entsprechende Form im anglo-amerik. Recht	Partnership	Limited Partnership	Public Company limited shares	–	Private Company limited shares	Cooperative Society
Gründungsurkunde	freie Wahl	freie Wahl	notarielle Form	notarielle Form	notarielle Form	freie Wahl
Veröffentlichung	in Auszügen	in Auszügen	ganz inhaltlich	ganz inhaltlich	ganz inhaltlich	ganz inhaltlich
Mindestanzahl der Gesellschafter	2	2	2	2	2	7
Mindestkapital	–	–	1 250 000 Flux	1 250 000 Flux	100 000 Flux	–
Haftung der Gesellschafter	unbeschränkt	unbeschränkt bzw. beschränkt (Kommanditisten)	beschränkt	unbeschränkt, Kommanditisten beschränkt	beschränkt	gemäß den Statuten

	Offene Handelsgesellschaft (OHG)	Kommanditgesellschaft (KG)	Aktiengesellschaft (AG)	Kommanditgesellschaft auf Aktien (KGaA)	Gesellschaft mit beschränkter Haftung (GmbH)	Genossenschaft
Übertragbarkeit der Gesellschaftsanteile	untersagt	untersagt	freie Wahl	untersagt oder freie Wahl	geregelt	untersagt
Steuerliche Behandlung	E*)	E*)	K**)	K**)	K**)	K**)

*) Einkommensteuer der natürlichen Person in Bezug auf die Gesellschafter

**) Körperschaftsteuer in Bezug auf die Gesellschaft

Veräußerungsgewinne können auf eine Ersatzbeschaffung übertragen werden, wenn die Veräußerung auf höherer Gewalt oder auf einen behördlichen Eingriff zurückgeht. Bei bebauten und unbebauten Grundstücken sowie wesentlichen Beteiligungen an Kapitalgesellschaften können Veräußerungsgewinne auch dann auf Ersatzanschaffungen übertragen werden, wenn die Veräußerung auf einer freien unternehmerischen Entscheidung beruht, sofern das Unternehmen über eine ordnungsgemäße Buchführung verfügt. Die Anschaffung muss innerhalb der Fristen des Art. 54 EStG nach der Verwirklichung des Veräußerungsgewinns vorgenommen werden.

Für die Ermittlung des steuerlichen Gewinns und des Betriebsvermögen gelten in Luxemburg weitgehend die gleichen Regeln wie in Deutschland.

Niederlande

Schrifttum: *DATEV,* Beratungspaket Niederlande; *Gotzen/Venemans,* Das Steuerrecht der Niederlande, IWB Fach 5, Niederlande, Gruppe 2, S. 173; *Herzig/Watrin/Heenen,* Grundzüge des niederländischen Erbschafts und Schenkungssteuerrecht, UVR 1996; *Holtermann,* Waardebepaling en waarderingsmethoden, Maandblad voor Accountancy en Bedrijfseconomie (MAB), 68. Jg., 1994, Heft 11, S. 603 ff.; *Hoog,* Das niederländische Erbschaft- und Schenkungssteuerrecht, Köln 1996; *Juch,* Steuervorteile und Steuerrisiken bei Finanzierungen über die Niederlande, IWB Fach 5, Niederlande, Gruppe 2, S. 169; *Mehring,* Die GmbH im niederländischen Recht, GmbHR 1991, 297.

Unternehmensformen:

Naamloze Vennootschap (NV) entspricht der AG;

die „Besloten Vennootschap met beperkte Aansprakelijheid (BV)" ist eine personenbezogene Kapitalgesellschaft; sie entspricht etwa der GmbH.

Das Mindestkapital der BV beträgt 18 000 €. Es muss bei der Gründung voll erbracht werden. Es fällt zudem einmalig eine Kapitalsteuer von 1 % der Einlage an. Vorgelegt werden muss bei der Gründung eine Unbedenklichkeitserklärung des Justizministeriums in Den Haag; das Ministerium prüft den in niederländisch vorzulegenden Gesellschaftsvertrag und die Bonität der Gesellschafter. Bei einem Sitz der Gesellschaft in den Niederlanden fällt Körperschaftsteuer an; in Deutschland ist ebenfalls Körperschaftsteuer zu zahlen. Sie bietet Firmen in Branchen mit Meisterschaftszwang Vorteile.

Personengesellschaften sind OHG, KG, Genossenschaft, Versicherungsverein auf Gegenseitigkeit, GbR.

Kapitalgesellschaften dürfen Gesellschafter von Personengesellschaften sein.

Besteuerung:

Grundätzlich werden Veräußerungsgewinne normal besteuert. Bei der Veräußerung wesentlicher Beteiligungen – darunter wird ein Familienbesitz von 33⅓ vH verstanden – wird eine Steuer von 20 vH erhoben. Bei der Veräußerung eines ganzen Betriebs wird ein vom Lebensalter des Unternehmers abhängiger Freibetrag abgesetzt.

Die Besteuerung kann durch Bildung einer Rückstellung für Wiederbeschaffung aufgehoben werden.

Bei Gewinnen aus Geschäftsliquidationen wird die Steuer mit einem proportionalen Satz (20–50 vH) erhoben.

Kapitalgesellschaften unterliegen mit ihren weltweiten Gewinnen der Körperschaftsteuer.

Nicht in den Niederlanden ansässige Kapitalgesellschaften unterliegen der Körperschaftsteuer mit den Einträgen aus bestimmten niederländischen Quellen.

Die Körperschaftsteuer wird auf das zu versteuernde steuerpflichtige Einkommen erhoben. Es wird nicht zwischen Handelserträgen und Veräußerungsgewinnen unterschieden. Beide Größen werden als steuerpflichtige Gewinne erfasst und unterliegen den normalen Körperschaftsteuersätzen.

Veräußerungsverluste sind in voller Höhe abziehbar. Die Grundlage für die Ermittlung eines Veräußerungsgewinns oder Veräußerungsverlust ist der Unterschied zwischen dem Buchwert des betreffenden Wirtschaftsguts, also seinen Anschaffungs- oder Herstellungskosten abzüglich Abschreibungen und dem Verkaufserlös.

Besteht die Absicht, ein materielles Wirtschaftsgut des Anlagevermögens durch ein technisch vergleichbares Wirtschaftsgut zu ersetzen, dann kann ein im Zuge des Verkaufs oder des Abgangs entstandener Gewinn steuerfrei den Rücklagen für Ersatzbeschaffung zugeführt werden.

Veräußerungsgewinne, die beim Verkauf einer dafür qualifizierenden Beteiligung entstehen, unterliegen nicht der Körperschaftsteuer, und Veräußerungsverluste auf Grund des Verkaufs einer derartigen Beteiligung sind nicht abziehbar.

Norwegen

Schrifttum: *Hauser,* Das Steuerrecht Norwegens, IWB Fach 5, Norwegen, Gruppe 2, S. 51.

Unternehmensformen:

Kapitalgesellschaften

Aksjeselskap (A/S) entspricht AG

KGaA, Versicherungsverein a. G., Einkaufs-, Verbrauchs- und Produktionsgenossenschaften,

Unter selbständig tätiger Geschäftsleitung stehende Personenvereinigungen und Vermögensmassen mit Sitz in Norwegen.

Die Personengesellschaften entsprechen in etwa der deutschen OHG und KG.

Besteuerung:

In Norwegen werden die Einkommensteuern vom Staat und von den Gemeinden erhoben. Der Tarif und der Rahmen für die kommunalen Steuersätze werden durch den Jahressteuerbeschluss festgesetzt, der durch die Beschlüsse der Gemeinden über den Steuersatz ergänzt wird. Die staatliche und die jeweilige gemeindliche Einkommensteuer werden im Trennsystem erhoben.

Der Steuererklärung liegt ein Einkommensbegriff – ohne Unterteilung in Einkünftegruppen – zu Grunde, der in etwa der Reinvermögenszugangstheorie entspricht.

Die Gewinne aus Unternehmensveräußerungen unterliegen demzufolge der Besteuerung.

Die Körperschaftsteuer setzt sich, ebenso wie die Einkommensteuer, aus einer staatlichen und einer kommunalen Körperschaftsteuer zusammen.

Österreich

Schrifttum: *Arnold,* Die GmbH und die GmbH & Co. KG im österreichischen Recht – ein Update, GmbHR 2004, 43; *Bauer/Quantschnigg,* Die Körperschaftsteuer (KStG 1988), 1997; *Bertl/Kofler/ Mandl,* Praxis der neuen Rechnungslegung, 4. Aufl. 1997; *Birkenfeld,* Umsatzbesteuerung in Österreich, der Schweiz und in Deutschland; *Bohnenblust/Menger/Zöchling,* Verlustrechnung im Ertragsteuerrecht – Rechtsvergleichung Deutschland – Österreich – Schweiz –, DStR 1991 (Teil I:) 433, (Teil II:) 497; *Bruckner/Schimpf,* Handbuch der Betriebsaufspaltung und Betriebsverpachtung, Wien 1986; *Buchta,* Bewertung von Renten- und Pensionsanwartschaften nach dem österreichischen und deutschen Bewertungsgesetz, Wien/New York 1991; *Bydlinski,* Österreichische Gesetze, Wien/München, (Loseblatt); *Doralt* (Hrsg.), Kodex Steuergesetze, 34. Aufl. Wien 2003; *Doralt,* Kodex Steuererlasse, 12. Aufl. 1998; *Doralt,* Kommentar zum Einkommensteuergesetz, 3. Aufl., Wien 1997; *Doralt/Ruppe,* Grundriss des österreichischen Steuerrechts, Wien, Band I, 3. Aufl., 1986, Band II 1981; *Egger, A.,* Der Jahresabschluss nach dem Rechnungslegungsgesetz: Erstellung und Analyse, 3. Aufl., Wien 1992; *Frick, W.,* Bilanzierung nach der Rechnungslegungsreform, 2. Aufl., Wien 1992; *Gassner/Lang/Lechner* (Hrsg.), Das neue Doppelbesteuerungsabkommen Österreich – USA, 1997; *Gassner/Lang/Lechner* (Hrsg.), Doppelbesteuerungsabkommen und EU-Recht, 1996; *Gassner/Lang/ Lechner,* Die Methoden zur Vermeidung der Doppelbesteuerung, Wien 1995; *Gassner/Lang/Lechner* (Hrsg.), Österreich – Der steuerrechtliche EU-Nachbar, München 1996; *Gellis,* Kommentar zum GmbH-Gesetz, 3. Aufl., Wien 1995; *Göth,* Financial Futures aus der Sicht des Bilanz- und Steuerrechts, Wien 1993; *Gröhs,* Die Gewinnbesteuerung der Personengesellschaften im internationalen Steuerrecht Österreichs, Wien 1986; *Haeseler/Kirchberger,* Bilanzanalyse, Wien 2003; *Haschek/ Braumann/Doralt/Czoklich,* Österreichisches Bank- und Börsenrecht, Wien 1994; *Helbich/Wiesner,* Umgründungen auf der Grundlage des Umgründungssteuergesetzes, 5. Aufl., Wien 1993; *Helml/Kirschner,* Betriebliche Investitionen über die Grenze Österreich/Deutschland, Wien 1995; *Hlavenke,* Der Eigenkapitalausweis bei Personenhandelsgesellschaften, Wien 1995; *Hofstätter/Reichel,* Die Einkommensteuer (EStG 1988), Wien (Loseblattausgabe, 3 Bände, Wien 2002/2003); *Hofstätter/Reichel/Zorn/Fellner/Fuchs,* Die Einkommensteuer (EStG 1988), 3 Bände, Wien; *Hügel,* Verschmelzung und Einbringung: Unternehmensübertragung auf verbandsrechtlicher Grundlage im österreichischen und deutschen Gesellschafts-, Bilanz- und Ertragsteuerrecht bei Kapitalgesellschaften, Köln und Wien 1993; *Kastner,* Das österreichische Gesellschaftsrecht, 2. Aufl., 1986; *Kolacy/Mayer,* UStG, Wien 1992; *Kolacny/Scheiner,* Geschäftsübertragung an Angehörige gegen Übernahme von Schulden und Gewährung einer Rente, ÖStZ 21, 261; *Koppensteiner,* GmbH-Gesetz, Wien 1994; *Kostner,* Die Aktiengesellschaft, Wien 1984; Die Gesellschaft mit beschränkter Haftung, 3. Aufl., Wien 1981; *Lampert,* Wirtschaftspartner Österreich, 3. Aufl., Wien 1995; *Lang,* Liquidationsgewinne nach dem Doppelbesteuerungsabkommen zwischen Deutschland und Österreich, SWI 1993, 51; *Lang/Schuch,* Doppelbesteuerungsabkommen Deutschland-Österreich, 1997; *Littich/Schellmann/Schwarzinger/ Trentini,* Holding, Wien 1993; *Lohaus,* Recht und Sprache in Österreich und Deutschland, Gießen 2000 (Diss. Innsbruck); *Mathiak,* Die einkommensteuerrechtliche Gewinnermittlung in Österreich aus deutscher Sicht, StVj 1991, 240; *Meyer,* Grundzüge und Besonderheiten des österreichischen Erbrechts, ZEV 1995, 8; *Quantschnigg/Schucht,* Einkommensteuerhandbuch, 3. Aufl., Wien 1993; *Reich-Rohrwig,* Das österreichische GmbH-Recht, 2. Aufl., Wien 1997; *Ritz,* (Bearbeiter), Steuergesetz, 20. Aufl., Wien: Linde, 1995; *Roessler,* Gefahren der abgabenrechtlichen Haftung bei Übernahme von Unternehmen für den Verkäufer, ÖStZ 1991, 118; *Rummel,* Kommentar zum allgemeinen bürgerlichen Gesetzbuch, Wien 1983/1984; *Ruppe,* Umsatzsteuergesetz 1994, Wien 1995; *Scheiner/*

Kolacny/Caganek/Zehetner, Umsatzsteuergesetz 1994, 2. Aufl., Wien 1995; *Schömmer/Faßold/Bauer,* Internationales Erbrecht – Österreich, München/Berlin 1997; *Schuchtner,* Das Ausscheiden eines Gesellschafters aus einer zweigliedrigen Personengesellschaft, ÖStZ 1992, 334; *Straube,* Kommentar zum Handelsgesetzbuch, 2. Aufl., Bd. I, Wien 1995; *Taucher,* Erbschaften und Ertragsteuern – Erblasserische Rechtspositionen, Ruhender Nachlass, Erbauseinandersetzungen –, Wien 1991; *Thunshirn,* Unternehmenskauf: Neue steuerliche Rahmenbedingungen und neue Strategien nach dem Strukturanpassungsgesetz 1996, ÖStZ 1997, 65; *Tichy,* Unternehmensbewertung in Theorie und Praxis, Wien 1994; *Wanke,* Betriebsveräußerungen gegen Raten, ÖStZ 1990, 74; *Weninger,* Die Bewertung von Anteilen an Kapitalgesellschaften: 100 Stichworte zum Wiener Verfahren, Wien 1990; *Wiesner,* Unternehmenswechsel im Spannungsfeld des § 5 EStG – Zum VwGH-E v. 7. September 1990, 89/14/ 0286, ÖStZ 1990, 268; Erlass des BMF (Österreich) vom 19. Februar 1991 – 140601/1 – IV/14/90 betreffend steuerliche Behandlung von Erwerbsgesellschaften, ÖStZ 1991, 78.

Unternehmensformen:

Die Unternehmensformen Österreichs entsprechen denen im deutschen Recht, also

- Aktiengesellschaft,
- GmbH,
- GmbH & Co KG,
- OHG,
- KG,[1]
- GbR

hinzu kommen die

- OEG offene Erwerbsgesellschaft und
- KEG Kommanditerwerbsgesellschaft,

die kein Haftkapital voraussetzen, mehrere Gesellschafter haben können und im Firmenbuch (früher Handelsregister) eingetragen werden müssen; sie stehen auch Freiberuflern zur Verfügung.

Anders als im deutschen und schweizerischen Recht kann ein Unternehmen insgesamt übertragen werden, ohne dass das einheitliche schuldrechtliche Verpflichtungsgeschäft (Veräußerung des Geschäfts im Ganzen oder eines Teilbetriebs) bei der Erfüllung in eine Unzahl von Erfüllungsgeschäften aufgelöst wird[2].

Besteuerung:

Die Gewinnbesteuerung ist von 34 % auf 25 % gesenkt worden. Interessant sind auch die Forschungsfreibeträge bei volkswirtschaftlich wertvollen Erfindungen (25 % – 35 %).

Die Gewinne, die bei der Veräußerung des ganzen Betriebs oder eines Teilbetriebs oder des Anteils eines Gesellschafters, der als Unternehmer (Mitunternehmer) des Betriebes anzusehen ist, erzielt werden (§ 24 Abs. 1 EStG), sind als Veräußerungsgewinne außerordentliche Einkünfte (§ 37 Abs. 2 Nr. 2 EStG); dazu gehören auch die Gewinne aus der Veräußerung wesentlicher Beteiligungen (§ 31 EStG).

---

1 Die Rechtslage entspricht dem Rechtszustand in Deutschland von der Handelsrechtsreform von 1988 (obwohl im Wortlaut der Rechtszustand der Regelungen wie im deutschen HGB vor der Handelsrechtsreform erhalten geblieben ist, gibt es in den Einzelheiten Unterschiede).
2 §§ 302, 1409 ABGB.

Die Veräußerungsgewinne (§ 24 Abs. 2, § 31 Abs. 3 EStG) werden auf Antrag nach einem ermäßigten Steuersatz bemessen (§ 37 Abs. 1 Satz 1 EStG), wenn seit dem entgeltlichen Erwerb des Unternehmens oder seit dessen Eröffnung volle sieben Jahre verstrichen sind; eine unentgeltliche Übertragung unterbricht diese Frist nicht.

Werden aus Haftungsgründen Teile des Veräußerungserlöses zurückbehalten, steht dem Veräußerer der halbe Steuersatz gleichwohl zu.

Die Begünstigung des Übergangsgewinns ist bei Betriebsübergabe an die 7-jährige Behaltedauer geknüpft (§ 37 EStG 1988). Für die Besteuerung stiller Reserven von Betriebsgebäuden ist eine besondere Regelung vorgesehen, wenn der Unternehmer bei Betriebsübergabe 55 Jahre alt ist.

Der ermäßigte Steuersatz beträgt die Hälfte des Prozentsatzes, der sich bei Anwendung des Einkommensteuertarifs (§ 33 EStG) auf das gesamte zu versteuernde Einkommen ergibt; auf das übrige Einkommen ist der Einkommensteuertarif anzuwenden (§ 37 Abs. 1 Satz 2 EStG).

Zu Fragen der umsatzsteuerlichen Wirkungen von Umgründungen und zum Vorsteuerabzug für Leistungen an eine geschäftsführende Komplementär-GmbH einer GmbH & Co KG hat der öBMF in Erlassen bekannt gegeben, wie vorzugehen ist[1].

Vermögen- und Gewerbesteuer sind inzwischen weggefallen.

Alle Entwürfe zu Steuergesetzen werden vorweg auf ihre Europatauglichkeit geprüft.

Portugal

Schrifttum: *Cremades,* Gesellschaftsrecht in Portugal, München 1993; Deutsch-Portugiesische Industrie- und Handelskammer, Das Steuersystem in Portugal, 1996; *Driesen,* Die GmbH im portugiesischen Recht, GmbHR 1991, 49; *Malpricht,* Das portugiesische Steuerrecht, IWB Fach 5, Portugal, Gruppe 2, S. 41; *Scholtissek,* Die Rechnungslegung in Portugal, IWB Fach 5, Portugal, Gr. 3, S. 39; *Stieb:* Die Gründung von Zweigniederlassungen und Tochtergesellschaften in Portugal, IWB Fach 5, Portugal, Gr. 3, S. 51.

Unternehmensformen:

Sociedade anónima de responsabilidade limitada (SARL)	entspricht AG
Sociedade por quotas de responsabilidada limitada (Lda)	entspricht GmbH
Sociedade em nome colectivo	etwa OHG
Sociedade em comandita	etwa KG
Agrupamento complementar de empresas (ACE)	etwa GbR
Sucursal	Niederlassung
Comerciante em nome individual	Einzelunternehmen
Sociedade cooperative des responsibilidade limitada	Genossenschaft

Besteuerung:

Die Steuer auf Veräußerungsgewinne (imposto de mais-valias) richtet sich nach verschiedenen proportionalen Tarifen, je nach dem, ob sie auf der Veräußerung von Baugrundstücken, Anlagegütern oder anderen Sachverhalten beruhen.

---

1 BMF-Erlasse vom 29. Oktober 1993, ÖStZ 1993, 338, und vom 5. November 1993, ÖStZ 1993, 339.

Rumänien

Schrifttum: *Menzer/Poenanu,* Die GmbH in Rumänien, GmbHR 2003, 285.

Für Kleinunternehmen ist ein vereinfachtes Besteuerungssystem eingeführt; die Gewinnsteuer von 25 % ist durch eine USt von 1,5 % ersetzt. Kleinunternehmen sind Gesellschaften, die am 31. 12. des Vorjahres folgende Voraussetzungen erfüllen:

– sie sind Produzenten, Dienstleister und/oder üben Handelstätigkeiten aus,

– sie haben höchtens 9 Angestellte,

– ihre Gewinne übersteigen nicht 100 000 € und

– ihr Stammkapital ist überwiegend privat.

Bei Erhöhung der Beschäftigtenzahl um mindestens 10 % gegenüber dem Vorjahr kann ein Kleinunternehmer eine weitere Steuerermäßigung von 20 % in Anspruch nehmen.

Russische Föderation

I. Allgemeines

(1) Zu beklagen sind häufig undurchsichtige und lange behördliche Entscheidungswege sowie Korruption.

(2) Die Privatisierung von Unternehmen ist vielfach unter Verfahrensmängeln vorgenommen worden. Eine rechtswidrige Privatisierung aber kann bis zu 10 Jahren nach ihrer Durchführung für ungültig erklärt werden. Geschieht dies, müssen alle Wirtschaftsgüter, die im Zuge der Privatisierung erworben wurden, an den Staat zurückgegeben werden. Jede Person, die ein Interesse geltend macht, kann die Privatisierung gerichtlich anfechten.

II. Verschiedene Einzelheiten

(1) Der Grundstückserwerb ist mehrwertsteuerpflichtig. Die Mehrwertsteuer beträgt seit dem Januar 2004 18 %. Es gibt keine Grunderwerbsteuer.

(2) Der Eigentümer eines Grundstücks muss Bodensteuer zahlen, die zweimal im Jahr erhoben wird.

(3) Grundstücke können auch gepachtet werden.

Schweden

Schrifttum: *Domann,* Grundzüge der geplanten Steuerreform in Schweden, RIW 1990, 309; *Foerster,* Die schwedische Aktiengesellschaft, RIW 1992, 803; *Kurtz,* Internationale Steuern – Schweden, Mohndorf/Rhein; *Strempel/Ohde,* Wirtschafts- und steuerrechtliche Gesichtspunkte der Unternehmensetablierung in Schweden, IStR 1996, 300; *Strömberg,* Unternehmensbesteuerung in Schweden, Gruppe 2, S. 139.

Unternehmensformen:

Aktiebolag (AB)	entspricht AG[1]
Filiat till utlandskt bolag	Niederlassung einer ausländischen Gesellschaft
Ekonomisk förening	Gesellschaft

---

1 Seit dem 1. Januar 1995 ist das schwedische Aktiengesetz an das europäische Recht angepasst worden.

Handelsbolag   OHG
Kommanditbolag   KG
Enskild firma   Einzelfirma

Besteuerung:

Veräußerungsgewinne sind laufendes Einkommen.

Schweiz

Schrifttum: *Agner/Stockar/Hochreutener/Locher,* Die Praxis der Bundessteuern; *Blumenstein,* System des schweizerischen Steuerrechts, 6. Aufl. Zürich 2002; *Böckli,* Schweizer Aktienrecht, 2. Aufl. 1996; *Böhi,* Der unterschiedliche Einkommensbegriff im Steuerrecht und im Sozialversicherungsrecht und seine Auswirkungen auf die Beitragserhebung, Beru 2001; *Bohnenblust/Menger/Zöchling,* Verlustverrechnung im Ertragsteuerrecht – Rechtsvergleichung Deutschland – Österreich – Schweiz –, DStR 1991 (Teil I:) 433, (Teil II:) 497; *Bopp,* Die Körperschaftsteuer in der Schweiz, AG 1992, 433; *Bucher,* Schweizerisches Obligationsrecht, 2. Aufl., Zürich 1988; *Bürgi,* Die Aktiengesellschaft, Züricher Kommentar, Bd. V/5b, Zürich 1957, 1963, 1979; *Ebke,* Revision und Revisionshaftung im neuen schweizerischen Aktienrecht, RIW 1992, 823; Eidgenössische Steuerverwaltung, Die Steuern der Schweiz, 1998; Eidgenössische Steuerverwaltung, Doppelbesteuerung, 1997; *Fabian,* Erstattung, Erlass und Nacherhebung von Einfuhr- und Ausfuhrabgaben der Europäischen Gemeinschaft, 1995; *Flick/Wassermeyer/Wingert/Kempermann,* Doppelbesteuerungsabkommen Deutschland/Schweiz, Kommentar, Köln; *Forstmoser/Meier-Hayoz/Nobel,* Schweizerisches Aktienrecht, Bern 1996; *Guhl,* Das Schweizerische Obligationenrecht: Mit Einschluss des Handels- und Wertpapierrechts, Zürich 1991; *Hangarten,* Wirtschaftliche und steuerliche Aspekte einer deutschen Investition in der Schweiz aus der Sicht der Praxis, IWB Fach 5, Schweiz, Gruppe 2, S. 313; *Hindersmann,* Die Erbschafts- und Schenkungssteuern der Schweizer Kantone, Köln 2003; *Höhn/Mäusli,* Interkantonales Steuerrecht, 4. Aufl. 2000; *Höhn/Waldburger,* Steuerrecht, 1998; *Känzig,* Die direkte Bundessteuer, Basel 1992; Kompetenzzentrum MWST der Treuhand-Kammer, Basel, Genf, München, 2000; *Kronke,* Schweizerische AG & Co. KG – Jüngste Variante der „ausländischen Kapitalgesellschaft & Co.", RIW 1990, 799; *Locher,* Einführung in das interkantonale Steuerrecht: unter Berücksichtigung des Steuerharmonisierungs- sowie des bernischen Steuergesetzes, 1999; *Locher,* System des schweizerischen Steuerrechts, 6. Aufl. Zürich 2002; *Locher/Meier/von Siebenthal/Kolb,* Doppelbesteurung Schweiz, (6 Ordner); *Margairaz/Märkli,* Die Besteuerung der Aktiengesellschaften in der Schweiz, 4. Aufl., Bern 1989/90; *Pestalozzi, Gmür & Partner* (Hrsg.), Die Eidgenössische Mehrwertsteuer, (4 Ordner); *Pestalozzi, Gmür & Partner* (Hrsg.), Rechtsbuch der schweizer Bundessteuer, (12 Bände); *Pfund/Zwahlen,* Kommentar zu eidgenössischen Verrechnungspreisen, Kommentar; *Schönenberger/Gauch,* Schweizerisches Zivilgesetzbuch mit Obligationenrecht, Zürich 1990; *v. Steiger,* Steuerstandort Schweiz, Bilanz- und Steuerrecht, 2. Aufl. Bielefeld 2001; *Vallender,* Schweiz. Steuer-Lexikon, Zürich 1989 (3 Bände), Bd. 2: 1999; *Wagner,* Berater-Handbuch Schweiz und Liechtenstein: Kapitalanlagen und geschäftliche Tätigkeiten, München 1996; *Wagner,* Gesellschaftsrecht in der Schweiz und Liechtenstein, 1995; *Zweifel/Athanas* (Hrsg.), Kommentar zum Schweizerischen Steuerrecht, 1997; Der Steuerentscheid, Sammlung aktueller steuerrechtlicher Entscheidungen, Basel; Eidg. Steuerverwaltung, Die Steuern der Schweiz, Basel (Loseblatt).

Liechtenstein:

Bauer, Carsten, Trust und Anstalt als Rechtsformen liechtensteinischen Rechts, Frankfurt am Main 1995; *Carl/Klos,* Standort Liechtenstein, Leitfaden für unternehmerische und private Aktivitäten, Herne/Berlin 1993; *Fuchs-Ospelt,* Die Mehrwertsteuer im schweizerisch-liechtensteinischen Wirtschaftsraum, 1995; *Fuchs-Ospelt,* Staat und Steuern im Fürstentum Liechtenstein, Vaduz 1993; *Hier,* Die Unternehmensstiftung in Liechtenstein, Vaduz 1996; *Jeeves,* Liechtenstein Company Law, 2. Aufl. 1998; *Marxer/Goop/Kieber,* Companies and Taxes in Liechtenstein; *Marxer/Goop/Kieber,* Gesellschaften und Steuern in Liechtenstein, 9. Aufl. 1996.

Unternehmensformen:

Das schweizerische Gesellschaftsrecht weist in vielfacher Hinsicht Ähnlichkeiten mit den oft gleichnamigen deutschen Institutionen auf.

Zu den Gesellschaftsformen gehören die einfache Gesellschaft, die Kollektivgesellschaft, die Kommanditgesellschaft, die stille Gesellschaft, die Aktiengesellschaft, die Gesellschaft mit beschränkter Haftung; der nichtwirtschaftliche Ziele verfolgende Verein; die privatrechtlichen Körperschaften des kantonalen Rechts; die Unternehmensstiftung und die Anlagefonds können hierbei außer Betracht bleiben.

Die einfache Gesellschaft ist zwar eine personenbezogene Rechtsgemeinschaft, die kein kaufmännisches Unternehmen betreiben aber wirtschaftlich oder nichtwirtschaftliche Zwecke verfolgen darf; sie ist aber „für den Gesamtbereich des Gesellschaftsrechts als Grund- und Subsidiärform ausgestaltet"[1].

Die Kollektivgesellschaft ist ein Zusammenschluss von natürlichen Personen zur Führung eines gemeinsamen kaufmännischen Unternehmens[2].

In groben Zügen entsprechen dem deutschen Recht[3]

- die Kommanditgesellschaft, die in der Praxis wenig vertreten ist,
- die stille Gesellschaft, deren Verbreitung sich kaum abschätzen lässt,
- die Aktiengesellschaft, die die am meisten verbreitete Gesellschaftsform ist,
- die Kommandit-Aktiengesellschaft,
- die Gesellschaft mit beschränkter Haftung, die weniger bedeutsam als die Aktiengesellschaft ist,
- die Genossenschaft, die nach der Aktiengesellschaft und der Kollektivgesellschaft die dritthäufigste Gesellschaftsform ist.

Ebenso wie im deutschen und also anders als im österreichischen Recht gibt es keine einheitliche Übertragung des Unternehmens als Ganzem.

Das obligatorisch einheitliche Rechtsgeschäft des Kaufs wird bei der Erfüllung in eine Summe von Einzelübertragungen aufgelöst (Singularsukzession).

Erwähnenswert ist z. B., dass

- der Erwerber, sobald er die Übernahme den Gläubigern bekannt gemacht hat, haftet (OR Art. 181),
- der Veräußerer nach der Übertragung dem Gläubigern noch zwei Jahre lang weiter haftet.

Besteuerung:

Nach dem Gesetz über die direkten Steuern gehören zu den Einkünften aus selbständiger Erwerbstätigkeit auch die Gewinne bei Veräußerung von Geschäftsvermögen (§ 19 Buchst. b).

---

1 *Meier-Hayoz,* aaO, § 8, S. 181 ff. und S. 200 N. 84 unter d.
2 *Meier-Hayoz,* aaO, § 9, S. 202 ff., S. 233.
3 *Meier-Hayoz,* aaO, § 11, S. 234 ff., S. 245 (stille Gesellschaft), § 12, S. 246 ff., 302 (AG), § 13, S. 306 ff., 312 (KGaA), § 14, S. 312 ff., 328 GmbH, § 15, 330 ff., 3511 Genossenschaft.

Die Schweiz ist inzwischen von der zweijährigen zur einjährigen Besteuerung übergegangen.

Der Handel mit leeren Mänteln wird besteuert, auch wenn diese Verträge bürgerlich-rechtlich nichtig sind[1].

Nach § 58 Abs. 1 i. V. m. § 32 Abs. 5 StG Zürich unterliegt der Liqudationsgewinn dem vollen Steuersatz.

Spanien

Schrifttum: *Belke/Pfaar,* Rechtsformwahl in Spanien nach der Reform des spanischen Handels- und Gesellschaftsrechts, RIW Beilage 21 zu Heft 11/1990 BB; *DATEV,* Beratungspaket Spanien; *Deutsche Handelskammer für Spanien (Hrsg.),* Unternehmerhandbuch Spanien, 3. Aufl. Madrid 2001; *Dumoulen,* Steuerrechtliche Hinweise für ausländische Immobilieneigentümer in Spanien, IWB Fach 5, Spanien, Gruppe 2, S. 163; *Fischer/Fischer,* Das neue Aktiengesetz in Spanien, RIW 1991, 18; *Fischer/Fischer,* Spanisches Handels- und Wirtschaftsrecht, 2. Aufl., Heidelberg 1995; *Freyer/Löber,* Unternehmenskauf und Joint Venture in Spanien, in aktuelles spanisches Handels- und Wirtschaftsrecht, Hrsg. Löber/Peuster, Frankfurt 1991; *Keil,* Die GmbH im spanischen Recht, GmbHR 1992, 489; *Leonhard/Leimbach/Keil,* Aktiengesellschaft und GmbH in Spanien, Frankfurt/Main 1990; *Müssener,* „Spanien" in Steuern in Europa, USA, Kanada und Japan, Herne/Berlin April 1993; *Prinz von Sachsen-Gessaphe,* Aspekte der Sicherung des Verkäufers und Drittfinanzierers beim Immobilienerwerb nach spanischem Recht, RIW 1991, 474; *Reckhorn-Hengemühle,* Die neue spanische GmbH, München 1993; *Reckhorn-Hengemühle,* Die spanische Aktiengesellschaft, München 1992; *Schiller/Löber,* Das Steuerrecht Spaniens, IWB Fach 5, Spanien, Gruppe 2, S. 111; *Schömmer/Gebel,* Internationales Erbrecht Spanien, 2003; *Selling,* Änderungen im spanischen Steuer-, Sozialversicherungs-, Bilanz- und Wirtschaftsrecht 1990/1991, RIW 1991, 479; *Selling,* Besteuerung von Sondervorgängen bei juristischen Personen in Spanien, IWB Fach 5, Spanien, Gruppe 2, S. 127; *Selling,* Das spanische Erbschaft- und Schenkungsteuergesetz, IWB Fach 5, Spanien, Gruppe 2, S. 155; *Sohst,* Das spanische Gesetz der Besteuerung der nicht in Spanien Ansässigen, Das spanische Erbschaft- und Schenkungsteuergesetz, Deutsch-Spanische Sammlung der vollständigen Gesetzestexte und Durchführungsverordnungen inkl. DBA, 2. Aufl. Berlin 2003; *Tiemann, Dr. W./Tiemann, N.,* Gesellschaftsrecht in Spanien, IWB Fach 5, Spanien, Gruppe 3, S. 107.

Unternehmensformen:

Sociedad Anónima (SA)	entspricht AG
Sociedad de Responsabilidad Limitada (SRL)	entspricht GmbH[2]
Sociedad Limitada Nueva Empresa (SLNE) entspricht etwa GmbH[3]	
Sociedad Regular Colectiva	etwa OHG
Sociedad Commanditaria	etwa KG
Sociedad de Empresas	Joint Ventures
Asociación de Personalidad Juridica	Interessengemeinschaft, Konsortium, Metagesellschaft

---

1 Vgl. RIW 1985, 166.
2 Zum neuen GmbH-Recht s. GmbHR 1995, 435.
3 Das in bar einzubringende Stammkapital muss zwischen 3 012 und 120 202 € liegen. Die Gesellschaft kann innerhalb von 48 Stunden eingetragen werden. Die Aufzeichnung von Ein- und Verkäufen ersetzt Buchhaltung und Bilanz. Die GuV-Rechnung muss veröffentlicht werden; wer seine Daten nicht beim Handelsregister einreicht, wird im Register gelöscht; die Firma ist damit ebenfalls gelöscht. Es fallen 30 % Steuer an.

Länderteil 857

Besteuerung:

Veräußerungsgewinne werden besteuert. Auf sie werden die Bestimmungen der Körperschaftsteuer angewendet.

Um teilweise Inflationsgewinne zu eliminieren, wurden die Anschaffungskosten von Wirtschaftsgütern, die 1989 veräußert wurden, durch Aufwertungskoeffizienten erhöht[1].

Tschechien

Schrifttum: *Baburkova,* Immobilienerwerb in der Tschechischen Republik, Köln 1995; *Bejček,* Die Vertragsstrafe im Geschäftsverkehr mit der CR, WiRO 1994, 111; *Bohata,* Gesellschaftsrecht in der Tschechischen Republik und der Slowakei, München 1993; *DATEV,* Beratungspaket Tschechien; *Dedic/Buckova,* Übernahmerecht und Meldepflicht in Tschechien, RIW 1999, 193; *Daubner,* Trennung, Abstraktion und guter Glaube im deutsch-tschechischen Vergleich, WiRO 1994, 417; *Faldyna,* Zur Stellung des Handelsgerichts in der Tschechischen Republik, WiRO 1994, 399; *Giese,* Kreditsicherheiten in der Tschechischen Republik, WiRO 1999, (1) 212, (2) 258; *Giese/Kusak/Vonřichová,* Juristische Person und Gesellschaft bürgerlichen Rechts im tschechischen BGB, WiRO 1995, 257; *Giese/Linsmeier/Neupert/Vonřichová,* Tschechische Republik: Kaufrechtsregelungen im tschechischen BGB (§§ 588–627), WiRO 1994, 393 und Werkvertragsrecht im tschechischen BGB (§§ 631–656), WiRO 1995, 66; *Hasch,* Beteiligungen in der Tschechischen Republik (ČR) und in der Slowakischen Republik (SR), Wien 1993; *Jankovskà/Wanke,* Unternehmer in der Tschechischen Republik, Wien 1994; *Jerman/Vaclov,* Unternehmenskauf in der Tschechischen Republik, WiRO 1994, 37; *Loges,* Die Haftung für Verbindlichkeiten beim „Asset Deal" nach tschechischem Recht, WiRO 1999, 14; *Lenczowski,* Gesellschaftsrechtliche Grundlage für Investitionen in der Tschechischen Republik (ČR) IStR 1993, 277; *Safarik,* Tschechische Besteuerung von Handelsvertretungen ausländischer Unternehmen, IStR 1994, 116; *Scheifele/Thaeter,* Unternehmenskauf, Joint Venture und Firmengründung in der Tschechischen Republik, 2. Aufl., Köln 1994 (RWS-Skript 255); *Sparfeld,* Tschechische Republik: Devisengesetz, WiRO 1996, 22; *Srámek/Bremme,* Gesetzgebungsnovelle zum Handels- und Gesellschaftsrecht in der Tschechischen Republik, IStR 1996, 595; *Thaeter,* Zur Novellierung des Tschechischen Arbeitsgesetzbuches von 1965, WiRO 1994, 401; *Thiel, Klaus G.,* Kündigung bei Betriebsübergang im tschechischen Recht, WiRO 1994, 313; *Vorličková,* „Fiktive Betriebsstätte" in der Tschechischen Republik, WiRO 1994, 402; Investieren in der Tschechischen Republik, Freiburg i. Br./Wien, es sind im Verlag BABTEXT (Prag) erschienen: Tschechisches Arbeitsrecht, Tschechisches Handelsrecht, Tschechisches Steuerrecht, Buchführungsverfahren für Unternehmer, Tschechisches Zollrecht (Auslieferung in Deutschland Haufe-Verlag Freiburg i. Br., in Österreich Linde Verlag Wien); GmbH-G, WIRO 1992, 90; *Vorličkova,* Wirtschaftsprüfungsgesetz, WiRO 1995, 20; *Vorličková,* Tschechische Republik: Steueränderungen ab 1. 1. 1996, IStR 11/1995, Beihefter S. 3; *Waldvogel/Weigl,* Novelle des tschechischen Rechts der Aktiengesellschaften, WiRO 1996, 367 ff., 408 ff.; *Weber,* Das Tschechische Bürgerliche Gesetzbuch, Köln 1995; *Weber,* Tschechisches Arbeitsrecht, 2. Aufl., Köln 1994; *Weber/Baburkova,* Tschechisches Steuerrecht 1996, 3. Aufl., Köln 1996; *Weber/Baburkova,* Zollrecht in der Tschechischen Republik, 3. Aufl., Köln 1996; *Weber/Baburkova/Geiling,* Tschechisches Handelsrecht, 6. Aufl., Köln 1996; *Wefing,* Allgemeine Geschäftsbedingungen in der Tschechischen Republik, WiRO 1995, 451; *Weigl,* Das tschechische Produkthaftungsgesetz, WiRO 1998, 211 und WiRO 1999, 380; *Weigl,* Der Teilunternehmenskauf nach tschechischem Recht, WiRO 1999, 254; *Zitek,* Gestaltungsfreiheit bei Gesellschaftsverträgen im tschechischen GmbH-Recht, WiRO 1995, 257.

Ausländer (natürliche und juristische Personen), die in der Tschechischen Republik unternehmerisch tätig werden wollen, müssen sich im Handelsregister eintragen lassen.

Das Unternehmen muss einen im HR eingetragenen Vertreter haben. Liegt der Wohnsitz des Vertreters im Ausland, muss er dem Handelsregister seine Aufenthaltserlaubnis nachweisen.

---

1 Vgl. RIW 1989, 283, 287, RIW 1990, 450.

Rechtsform	Abkürzung	Vergleichbare deutsche Rechtsform
Veřejná obchodní společnost	ver.obch.spol oder v.o.s.	OHG
Komodítní společnost	kom. spol oder k.s.	KG
Spoléčnost s ručením, omezením oder s rucením omezením	spol. s.r.o. s.r.o.	GmbH
Akciová spulečnost	a.s.	AG

Das tschechische Recht kennt die OHG, KG, GmbH und AG. Die Vorschriften stimmen vielfach mit dem deutschen oder österreichischen Recht überein. Ein Unterschied besteht darin, dass auch die Handelsgesellschaften OHG und KG als juristische Personen gelten.

Der Inhalt des Gesellschaftsvertrages hängt von den Vereinbarungen der Gesellschafter untereinander ab; es besteht im Großen und Ganzen Vertragsfreiheit.

Eine ausländische Gesellschaft kann ihren Sitz in die ČR verlegen. Für die gesellschaftsrechtlichen Vereinbarungen bleibt das jeweilige ausländische Recht maßgebend; nur der Haftungsumfang muss dem tschechischen Recht angepasst werden.

Die Handelsgesellschaften erlöschen mit ihrer Streichung im HR.

Türkei

Schrifttum: *Hirsch,* Das türkische Aktien- und GmbH-Recht, 2. Aufl., Baden-Baden 1993; *Huster,* Mehrwertsteuergesetz, Bundesstelle für Außenhandelsinformation, Köln/Berlin 1994; *Schömmer/ Faßold/Bauer,* Internationales Erbrecht – Türkei, München/Berlin 1997.

Ungarn

Schrifttum: *Bundesstelle für Außenhandelsinformation,* Ungarn, Steuerrecht, Köln 1994; *Coopers und Lybrand,* Ungarische Wirtschaftsgesetze, Düsseldorf 1992; *DATEV,* Beratungspaket Ungarn; *Deutsch-Ungarische Industrie- und Handelskammer,* Wirtschaftsrecht Ungarn, 4. Aufl. 1998; *Djanani/Brähler/Ulbrich,* Investitionen und Steuern in Ungarn, Herne/Berlin 2003; *Duvvuri/Gyenis/Kanz/Szakal,* Direktinvestitionen in Ungarn, 2. Aufl. 1995; *Fekete/Vatheuer,* Änderungen im ungarischen Wirtschaftsrecht, WiRO 1999, 1; *Felkai,* Die Reform des ungarischen Steuersystems, Wiesbaden 1996; Gesetz über die Wirtschaftsgesellschaften v. 16. 6. 1998; *Gobert,* Aktuelles Steuerrecht und Investitionsrahmenbedingungen in Ungarn, WiRO 1995, 290; *Hegedüs,* Immobilienerwerb durch Ausländer in Ungarn, WiRO 1997, 133; *Kozlik,* Steuern und Steuerbegünstigungen in Ungarn, RIW 1991, 38; *Mayer/König/Schöne,* Steuerlich zweckmäßige Gestaltung von Direktinvestitionen in Ungarn, RIW 1997, 45; *Miles,* Wirtschaftspartner Ungarn, 2. Aufl., Bonn 1995; *Mindach,* Grundstücksrecht, Köln/Berlin 1995; *Moecke,* Privatisierungsrecht, Köln/Berlin, 1995; *Pajor-Bytomski,* Gesellschaftsrecht in Ungarn, München 2001; *Stötzel,* Immobilienerwerb durch Ausländer zur Ausübung einer selbständigen Tätigkeit in Ungarn, WiRO 2000, 128; *Varga/Michalsky,* Vergleichender Überblick über das Recht der GmbH in Ungarn, IStR 1995, 192; *Vida,* Gründung einer GmbH in Ungarn, RIW 1992, 813.

Rechtsform	Abkürzung	Vergleichbare deutsche Rechtsform
1. Közkereseli Larsasag	Kkt	OHG
2. Beteti tarsasag Industriegenossenschaften	Bt	KG
3. Ikari Szeöwetkezet	keine Abkürzung	

4. Korlatolt felelözsegü tarsasag	Kft	GmbH
5. Reszvenytarsasag	Rt	AG

Das ungarische Recht unterscheidet zwischen juristischen Personen (GmbH, AG) und Personengesellschaften (OHG und KG).

Ausländer, die Gründer oder Mitglieder einer solchen Gesellschaft werden wollen, müssen über eine Firma verfügen und in ein Firmenregister eingetragen sein. Ein ausländischer Investor muss seine eigenen finanziellen Einlagen in konvertierbarer Währung leisten.

Im Wesentlichen stimmen die Vorschriften über die AG mit der des deutschen Rechts überein.

Bei der KSt sind für Ausländerbeteiligungen Steuervergünstigungen vorgesehen. Einmal erworbene Steuervergünstigungen dürfen nicht entzogen werden, wie das Verfassungsgericht entschieden hat.

USA

Schrifttum: *Andersen & Co GmbH (Hrsg.),* Die Besteuerung von Ausländern in den USA, 3. Aufl., Herne/Berlin 1994; *Andersen & Co GmbH (Hrsg.),* Doppelbesteuerungsabkommen Deutschland-USA, Köln 1990; *Assmann/Bungert,* Handbuch des US-amerikanischen Handels- und Gesellschafts- und Wirtschaftsrechts, München 2 Bände (Bd. I: 2001, Bd. II 2002); *Ballwieser* (Hrsg.), US-amerikanische Rechnungslegung, 4. Aufl., Stuttgart 2000; *Boles,* Gesellschafter im US-Einkommensteuerrecht, München 1993; *Born,* Rechnungslegung international: Konzernabschlüsse nach IAS, US-GAAP, HGB und EG-Richtlinien, Stuttgart, 1997; *Bungert,* Die GmbH im US-amerikanischen Recht – Close Corporation, Köln 1993; *Bungert,* Gründung und Verfassung der US-amerikanischen Limited Liability Company: Neues personen- und kapitalgesellschaftsrechtliches Hybrid, IStR 1993, 128; *Bungert,* Die Stellung der Limited Liability Company im US-amerikanischen Recht, IStR 1993, 174; *Debatin/Endres,* Das neue Doppelbesteuerungsabkommen USA–Bundesrepublik Deutschland, München 1990; *Deutsche Revision AG (Hrsg.),* Besteuerung deutscher Unternehmen in den USA, Herne/Berlin 1994; *Förschle,* Internationale Rechnungslegung: US-GAAP, HGB und IAS, 2. Aufl., Bonn 1996; *Gregoire/Roehm,* Das amerikanische Gesellschaftsrecht, IWB Fach 8, USA, Gruppe 3, S. 157; *Hauck/Michel,* Neue Vorschriften zur Bilanzierung latenter Steuern in den USA, Wpg 1992, 451; *Hey,* Gesellschafts- und steuerrechtliche Aspekte der Limited Liability Company, RIW 1992, 916; *Jacob,* Friedhelm, Handkommentar DBA USA, Herne/Berlin 1992; *Heidenberger/Wilburn,* Die Loyalitätspflicht des „Board of Directors" einer US Corporation gegenüber, RIW 1992, 850; *Heidinger,* Anglo-amerikanische Rechtssprache, Wien 1991; *Kadel,* Eine Einführung in die US-amerikanische Steuerrechtsliteratur, IStR 2000, 583; *KPMG* (Hrsg.), Rechnungslegung nach US-amerikanischen Grundsätzen, Düsseldorf 1997; *Kramer (Hrsg.),* Grundzüge des US-amerikanischen Steuerrechts, Stuttgart 1990; *Lewis,* Environmental Considerations in the Acquisition of U.S. Businesses, DAJV-NL 2/93, 17; *Merkt,* US-Amerikanisches Gesellschaftsrecht, Heidelberg 1991 (Schriftenreihe Recht der internationalen Wirtschaft, Band 37); *Paefgen,* Eine Morphologie des US-amerikanischen Rechts der Aktiengesellschaft, AG 1992, 133 und 169; *Reusch,* Das Bilanzsteuerrecht der Vereinigten Staaten von Amerika, Wiesbaden 2002; *Rose/Jülicher,* Aktuelle Gesetzesänderungen des deutsch-amerikanischen Nachlass-, Erbschaft- und Schenkungsteuer-Abkommens und das Steuergesetz von 2001: Erstaunliche Ergebnisse, ZEV 2003, 486; *Rudden, John T.,* Besteuerung deutscher Unternehmen in den USA, Herne/Berlin 1994; *Sanfleber-Decker,* Unternehmensbewertung in den USA, Wpg 1992, 597; *Siebert,* Grundlagen der US-amerikanischen Rechnungslegung, Köln 1996; *Sieker,* Der US-Trust, Baden-Baden 1991; *Sonnemann* (Hrsg.), Rechnungslegung, Prüfung, Wirtschaftsrecht und Steuern in den USA, 2. Aufl., Wiesbaden 1998; *Spires,* Doing Business in the United States; Tax Institute of America, Business Taxes in State and Local Governements, New Jersey; *Treumann/Peltzer/Kuehn,* US-Amerikanisches Wirtschaftsrecht – US-Business Law, 2. Aufl., Köln 1990; *Turcon/*

Zimmer, Grundlagen des US-amerikanischen Gesellschafts-, Wirtschafts-, Steuer- und Fremdenrechts, München 1994; *v. Uckermann,* Besteuerung von Basisgesellschaften in den USA und Deutschland, Köln 2003; *Vogel,* Aktuelle Themen im US-Deutschen Steuer- und Handelsrecht, in Festschrift für Walter, herausgegeben von Conston, S. 101; *Wassermeyer,* Das US-amerikanische Erbschaft- und Schenkungsteuerrecht, Köln 1996; *Wüstemann,* Generally Accepted Accounting Principles – zur Bedeutung der Rechnungslegung in den USA, Berlin 1999; *Zinser,* Unternehmensübernahmen in Europa und den USA, RIW 1999, 844; *Zschiegner,* Das Einkommensteuerrecht der USA, IWB Fach 8, USA, Gruppe 2, S. 357.

Vgl. Federal Tax Course, US 1990; Guidebook To State Taxes, US 1990 ff.

Unternehmensformen:

Corporation (Public Corporation)	entspricht AG
Closed small business corporation	Privatgesellschaften im Besitz weniger Aktionäre
General Partnership	entspricht in etwa OHG
Limited Partnership	entspricht in etwa KG
Sole Proprietorship	Einzelunternehmen

Besteuerung:

Obwohl es keine für die Vereinigten Staaten geltende Begriffsbestimmung des Einkommens gibt, lässt sich doch sagen, dass die Gewinne aus der Veräußerung von Unternehmen der Einkommensbesteuerung unterliegen.

Zu beachten ist, dass es außer der Schenkungs- und der Erbschaftsteuer noch die Generation-Skipping-Transfer-Tax gibt.

Osteuropa

In **Osteuropa** kommen als Rechtsformen unternehmerischer Tätigkeit z. B. in Betracht:

Rechtsform	Abkürzung	Vergleichbare deutsche Rechtsform
Bulgarien		
1. Zabiratelno drushestwo		OHG
2. Komanditno drushestwo	KD	KG
3. Drushestwo s orgranitschena otgowornost	ocD	GmbH
4. Aktionierno drushestwo	AD	AG
5. Komanditno drushestwo s akzii	KDA	KGaA
Kroatien[1]		
1. Obtschwestwo oder Organisazia za Organitschenom otgowornosti		GmbH
2. Akzonarskoje Obtschestwo		AG
Polen[2]		
1. Spólka prawa cywilnego (Spólka cywilna)	S.c.	GbR
2. Spólka handlowa jawna		OHG

---

1 Zum Mehrwertsteuerrecht, s. *Schmidt,* Bundesstelle für Außenhandelsinformation, Köln 1997 (Internationales und ausländisches Wirtschafts- und Steuerrecht), 862.
2 *Kudert (Hrsg.),* Das polnische Bilanz- und Steuerrecht, 2. Aufl. 2001.

3. Spółka komandytowa	S.K.	KG
4. Spółka z ograniczona odpowiedzialnoścìa	Sp. z.o.o.	GmbH
5. Spółka akcyjna	S. A.	AG
Rumänien		
1. societate in nume colectiv	S.N.C.	OHG
2. societate in comandita simpla	S.C.S.	KG
3. societate cu raspundere limitata	S.R.L.	GmbH
4. societate pe actiuni	S. A.	AG
5. societate in comandita pe actiuni	S.C.A.	KGaA
Slowenien[1]		
1. Delniska druzba	d.d.	AG
2. Druzba z omejeno odgovornostjo	d.o.o.	GmbH
3. Komanditna druzba	k.d.	KG
4. Komanditna delniska druzba	k.d.d.	KGaA
5. Tiha druzba	t.d.	Stille Gesellschaft
6. Gospodarsko interesno zdruzenje	g.i.z.	Entspricht der französischen wirtschaftlichen Interessenvereinigung
7. Druzba z neomejeno odgovornostjo	d.n.o.	OHG
8. Podjetnik	–	Entspricht dt. Gewerbetreibenden

---

[1] *Filipovic/Gorenc/Slakoper*, Zakon o trogvaskim drustvima s komentarom, Zagreb 1995 (Gesetz über die Handelsgesellschaft mit Kommentar). *Rijavec,* Slowenien: Sachenrechtsgesetzbuch, WiRO 2003, 148.

Entscheidungsregister

U/B/E	Datum	Aktenzeichen	Fundstellen	Rn
RAG				
U	10. 5. 33	48/33	RAGE 18, 21	1420
BAG				
U	1. 10. 63	5 AZR 24/63	BAGE 15, 11	1264
U	13. 9. 69	3 AZR 138/68	NJW 1970, 626	
			BB 1970, 178	
			DB 1970, 396	3837
U	21. 7. 77	3 AZR 189/76	BB 1978, 56	1051 (1)
U	24. 7. 79	1 AZR 219/77	DB 1980, 164	970 (2), 6552
U	25. 9. 80	3 AZR 638/78	StB 1982, 15	3837
U	3. 5. 83	3 AZR 1263/79	BB 1983, 1539	1051 (2)
U	22. 5. 85	5 AZR 30/84	NJW 1986, 451	970 (1)
U	22. 5. 85	5 AZR 173/84	NJW 1986, 448	970 (1)
U	25. 6. 85	3 AZR 254/83	NJW 1986, 450	970 (4)
U	10. 9. 85	3 AZR 490/83	StBg 1986, 171	3837
U	30. 10. 86	3 AZR 101/85	BB 1987, 970	999, 1041 (1)
U	30. 10. 86	2 AZR 696/85	BB 1987, 970	1041 (1)
U	12. 2. 87	2 AZR 247/86	DB 1988, 126	970 (3), 1339
U	17. 2. 87	3 AZR 197/85	DB 1988, 125	1051 (3)
U	17. 2. 87	2 AZR 247/86	DB 1988, 126	970 (3)
U	26. 2. 87	2 AZR 768/85	BB 1987, 972	1041 (3)
U	17. 3. 87	3 AZR 605/85	DB 1988, 122	2317
U	24. 3. 87	3 AZR 384/85	BB 1987, 2235	
			DB 1988, 123	
			ZIP 1987, 1474	2317
U	19. 1. 88	3 AZR 263/86	GmbHR 1988, 339	16, 859
U	29. 9. 88	2 AZR 107/88	DB 1989, 2176	970 (2)
U	8. 11. 88	3 AZR 85/87	ZIP 1989, 795	1066 (9)
U	23. 11. 88	7 AZR 121/88	DB 1989, 1054	1004
U	28. 11. 89	3 AZR 818/87	BAGE 63, 260	
			AP § 161 HGB Nr. 10	1051 (5)
U	7. 8. 90	1 AZR 445/89	ZIP 1990, 1426	
			DB 1991, 760	970 (2), 1226
U	15. 1. 91	1 AZR 94/90	NJW 1991, 2923	1051 (5)
U	23. 7. 91	3 AZR 366/90	NJW 1992, 708	1018
U	24. 3. 93	9 AZR 387/90	AP § 161 HGB Nr. 11	1051 (4)
U	7. 4. 93	2 AZR 449/91 (B)	DB 1993, 1877	999
U	13. 2. 03	8 AZR 654/01	DB 2003, 942	998
U	20. 3. 03	8 AZR 97/02	BB 2003, 2180	968
LAG				
D'dorf U	20. 10. 87	16 Ta BV 83/87 nrkr.	NJW 1988, 725	1514
RFH				
U	22. 12. 27	I A 276/27	RStBl 1928, 49	3774
U	19. 2. 30	VI A 1618/29	RStBl 1930, 619	4220

U/B/E	Datum	Aktenzeichen	Fundstellen	Rn
U	7. 5. 30	VI A 827/27	RStBl 1930, 578	4301
U	14. 5. 30	VI A 706/28	RStBl 1930, 580	4309
	13. 11. 31	VI A 1286/30	RStBl 1931, 134	4237
U	29. 7. 31	VI A 1265/29	RStBl 1931, 852	3774
U	26. 11. 31	VI A 1978/31	RStBl 1932, 624	5123
U	2. 12. 31	VI A 1516/29	RFHE 31, 1	5062
U	9. 12. 31	VI A 2239/30	RStBl 1932, 625	4049
U	3. 2. 32	VI A 1355/31	RStBl 1932, 681	4238
U	10. 2. 32	VI A 1323/30	RStBl 1932, 628	4563
U	19. 5. 32	VI A 321/32	RStBl 1932, 1021	3969
U	1. 2. 33	VI A 945/31	RStBl 1933, 479	5062
U	23. 3. 33	VI A 933/31	RStBl 1933, 635	4248
U	23. 5. 33	VI A 907/32	RStBl 1933, 663 RFHE 33, 290	4566
U	26. 9. 33	V A 107/33	RStBl 1933, 1157	5879
U	13. 12. 33	VI A 1634/32	StuW 1934, Sp. 199 Nr. 87	5161
U	11. 4. 34	I A 26/34	RStBl 1934, 1443	4589
U	11. 10. 34	VI A 1331/32	RStBl 1935, 613	5123
U	26. 6. 35	VI A 104/35	RStBl 1935, 1446	4238
U	28. 8. 35	VI A 377/34	RStBl 1935, 1512	4531
U	30. 10. 35	VI A 768/35	StuW 1936, Nr. 215	4387
U	8. 1. 36	VI A 908/35	RStBl 1936, 416	4526 (5)
E	29. 4. 36	VI A 424/35	RStBl 1936, 678	4565
U	8. 1. 37	V A 565/36	RStBl 1937, 327 RFHE 40, 306	5510
U	17. 2. 37	VI A 485/36	RStBl 1937, 963 RFHE 41, 174	4237
U	11. 8. 37	VI A 427/37	StuW 1937, Teil II Sp. 895 Nr. 467	4861, 4885
U	20. 10. 37	VI A 500/37	RStBl 1938, 92 RFHE 42, 241	4563
U	9. 3. 38	VI 114/38	StuW 1938, Nr. 24	4238
U	27. 4. 38	VI 208/38	RStBl 1938, 662	4588
U	14. 9. 38	VI 572/38	RStBl 1939, 87	4248, 5203
U	24. 1. 40	VI 10/40	RStBl 1940, 505	5123
U	13. 2. 40	I 177/39	RStBl 1940, 722	4172
U	20. 11. 40	IV 330/40	RStBl 1941, 225	3953, 5132
U	18. 6. 42	III 146/41	RStBl 1942, 884	4588
U	15. 7. 42	VI 362, 363/41	RStBl 1942, 900	4589
U	22. 7. 42	VI 123/42	RStBl 1942, 915	3995
U	27. 1. 44	IV 157/43	RStBl 1944, 363	4301
BFH				
U	28. 1. 54	IV 255/53 U	BFHE 58, 516 BStBl III 1954, 109	3954
U	27. 11. 56	I 260/56 U	BFHE 64, 89 BStBl III 1957, 35	4380
U	7. 3. 57	IV 368/55 U	BFHE 64, 556 BStBl III 1957, 209	5141
U	9. 5. 57	IV 186/56 U	BFHE 65, 32 BStBl III 1957, 246	4386
U	10. 9. 57	I 294/56 U	BFHE 65, 468 BStBl III 1957, 414	5124
U	15. 4. 58	I 61/57 U	BFHE 57, 151	

U/B/E	Datum	Aktenzeichen	Fundstellen	Rn
U	25. 11. 58	I 159/58 U	BStBl III 1958, 330 BFHE 68, 294	3282
G	16. 12. 58	ID 1/57 S	BStBl III 1959, 115 BFHE 68, 78	5713
U	20. 1. 59	I 200/58	BStBl III 1959, 30 BFHE 68, 500	4145
U	12. 2. 60	IV 184/58 U	BStBl III 1959, 192 BFHE 70, 459	4308
U	10. 3. 60	IV 298/58	BStBl III 1960, 172 HFR 1961, 28	4695 4056
U	11. 10. 60	I 229/59 U	BFHE 71, 695	
U	10. 11. 60	IV 62/60	BStBl III 1960, 509 BFHE 72, 251	4534, 4590
U	29. 11. 60	I 137/59 U	BStBl III 1961, 95 BFHE 72, 416	3286
U	9. 12. 60	IV 262/60	BStBl III 1961, 154 HFR 1961, 52	3260 3954
U	26. 9. 61	I 5/61 U	BFHE 73, 689	
U	23. 11. 61	IV 98/60 S	BStBl III 1961, 517 BFHE 74, 535	5142, 5143
U	6. 2. 62	I 197/61 S	BStBl III 1962, 199 BFHE 74, 506 BStBl 1962, 190	5308 3909, 4578, 4839, 5082, 5124, 5148, 5167, 5211, 5251
U	9. 3. 62	I 133/61	HFR 1962, 153	4387
U	24. 7. 62	I 280/61 U	BFHE 75, 414	
U	21. 8. 62	I 82/60 U	BStBl III 1962, 418 BFHE 76, 482	4476, 4495
	20. 11. 62	I 266/61 U	BStBl III 1963, 178 BFHE 76, 164	3939, 4823
U	17. 1. 63	IV 165/59	BStBl III 1963, 59 BFHE 76, 651	3286
U	11. 7. 63	V 208/60	BStBl III 1963, 237 HFR 1963, 413	3167 5897
U	11. 10. 63	VI 162/61 S	BFHE 78, 20	
U	7. 11. 63	IV 210/62 S	BStBl III 1964, 8 BFHE 78, 172	4301
B	13. 11. 63	GrS 1/63 S	BStBl III 1964, 70 BFHE 78, 315	5124
U	29. 11. 63	VI 170/62 U	BStBl III 1964, 124 BFHE 78, 110	4672, 5267
U	23. 1. 64	IV 8/62 U	BStBl III 1964, 45 BFHE 79, 516	5141
U	23. 1. 64	IV 85/62	BStBl III 1964, 422 BFHE 79, 16	3939
U	3. 3. 64	I 340/62	BStBl III 1964, 239 HFR 1964, 239	4309 4079
U	12. 3. 64	IV 107/63 U	BFHE 79, 476	
U	13. 3. 64	VI 343/61 S	BStBl III 1964, 406 BFHE 79, 351	5214, 5269
U	16. 7. 64	IV 377/62 U	BStBl III 1964, 359 BFHE 80, 410 BStBl III 1964, 622	4607 4306, 4662

U/B/E	Datum	Aktenzeichen	Fundstellen	Rn
U	16. 7. 64	IV 310/63	HFR 1965, 39	4248, 4373
U	28. 10. 64	IV 102/64 U	BFHE 81, 240	
			BStBl III 1965, 88	5124, 5192
U	19. 2. 65	III 342/61 U	BFHE 82, 1	
			BStBl III 1965, 248	3022
U	3. 6. 65	IV 180/61 U	BFHE 83, 213	
			BStBl III 1965, 579	5308
U	22. 6. 65	I 405/61 U	BFHE 82, 651	
			BStBl III 1965, 482	
U	30. 7. 65	VI 288/63	BFHE 83, 311	
			BStBl III 1965, 613	4301
U	16. 9. 65	IV 67/61 S	BFHE 83, 568	
			BStBl III 1965, 706	4646
U	23. 11. 65	I 145/63	HFR 1966, 207	5104, 5141
U	24. 11. 65	VI 325/63 U	BFHE 84, 388	
			BStBl III 1966, 141	4234, 4481, 4482
U	25. 11. 65	IV 216/64 S	BFHE 84, 303	
			BStBl III 1966, 110	4658
U	29. 11. 65	GrS 1/65 S	BFHE 84, 392	
			BStBl III 1966, 142	5048
U	13. 1. 66	IV 76/63	BFHE 84, 461	
			BStBl III 1966, 168	3998
U	20. 1. 66	IV 377/61	BFHE 85, 279	
			BStBl III 1966, 312	4695, 4765
U	28. 3. 66	VI 320/64	BFHE 85, 433	
			BStBl III 1966, 456	3088
U	19. 4. 66	I 221/63	BFHE 85, 445	
			BStBl III 1966, 459	5106
U	26. 4. 66	I 216/63	BFHE 85, 460	
			BStBl III 1966, 465	5057
U	15. 6. 66	II 32/63	BFHE 86, 386	
			BStBl III 1966, 507	5935
U	3. 8. 66	IV 380/62	BFHE 86, 628	
			BStBl III 1967, 47	4066, 4074
U	25. 8. 66	IV 299/62	BFHE 86, 797	
			BStBl III 1966, 675	4843
U	25. 8. 66	IV 307/65	BFHE 87, 130	
			BStBl III 1967, 69	4607
U	16. 9. 66	VI 118, 119/65	BFHE 87, 134	
			BStBl III 1967, 70	4367, 4369, 4415, 4661, 5123, 5135, 5136, 5141, 5162, 5275
U	18. 1. 67	I 77/64	BFHE 88, 198	
			BStBl III 1967, 334	2834, 3282
U	2. 2. 67	IV 246/64	BFHE 88, 237	
			BStBl III 1967, 366	4328
U	1. 6. 67	IV R 47/66	BFHE 89, 534	
			BStBl III 1967, 730	4083
U	20. 7. 67	V 240/64	BFHE 89, 466	
			BStBl III 1967, 684	5876
U	11. 8. 67	VI R 80/66	BFHE 89, 443	
			BStBl III 1967, 699	5347

U/B/E	Datum	Aktenzeichen	Fundstellen	Rn
U	17. 8. 67	IV R 81/67	BFHE 90, 287	
			BStBl II 1968, 75	4397
U	28. 9. 67	IV 288/62	BFHE 90, 324	
			BStBl II 1968, 76	4309, 4311
U	30. 11. 67	IV 1/65	BFHE 91, 81	
			BStBl II 1968, 263	3939
U	4. 4. 68	IV R 122/66	BFHE 92, 330	
			BStBl II 1968, 580	4134
U	5. 4. 68	IV R 75/67	BFHE 92, 219	
			BStBl II 1968, 523	
			HFR 1968, 391	4072, 4073
U	12. 6. 68	IV 254/62	BFHE 92, 561	
			BStBl II 1968, 653	4308
U	26. 9. 68	IV 22/64	BFHE 94, 10	
			BStBl II 1969, 69	3947
U	29. 11. 68	VI R 316/66	BFHE 94, 394	
			BStBl II 1969, 184	6434, 6452
U	5. 2. 69	I R 21/66	BFHE 95, 151	
			BStBl II 1969, 334	4544
U	21. 3. 69	VI R 208/67	BFHE 96, 19	
			BStBl II 1969, 520	4687
U	24. 4. 69	IV R 202/68	BFHE 95, 323	
			BStBl II 1969, 397	4083
U	22. 5. 69	IV R 144/68	BFHE 95, 447	
			BStBl II 1969, 489	5294
U	29. 5. 69	IV R 238/66	BFHE 96, 182	
			BStBl 1969, 614	4719, 4776
U	20. 11. 69	IV R 22/68	BFHE 98, 28	
			BStBl II 1970, 309	4305, 5347
U	13. 2. 70	III R 43/68	BFHE 98, 292	
			BStBl II 1970, 373	2988
U	12. 3. 70	IV R 39/69	BFHE 99, 27	
			BStBl II 1970, 518	4526 (5)
U	24. 4. 70	VI R 212/69	BFHE 99, 38	
			BStBl II 1970, 541	4301
U	21. 5. 70	IV 344/64	BFHE 99, 469	
			BStBl II 1970, 747	4719, 4772
U	21. 5. 70	IV R 131/68	BFHE 99, 526	
			BStBl II 1970, 740	4254
U	25. 6. 70	IV 350/64	BFHE 99, 479	
			BStBl II 1970, 719	4014, 5123, 5128, 5139, 5140, 5159, 5236
U	16. 7. 70	IV R 227/68	BFHE 99, 535	
			BStBl II 1970, 738	4037
U	5. 8. 70	I R 180/66	BFHE 100, 89	
			BStBl II 1970, 804	3055
	17. 9. 70	IV R 178/67	BFHE 100, 360	
			BStBl II 1971, 87	4775
U	29. 10. 70	IV R 141/67	BFHE 100, 390	
			BStBl II 1971, 92	4248, 4374
U	20. 1. 71	I R 147/69	BFHE 101, 213	
			BStBl II 1971, 302	5097

U/B/E	Datum	Aktenzeichen	Fundstellen	Rn
U	21. 1. 71	IV 123/65	BFHE 102, 464	
			BStBl II 1971, 682	3085, 3088
U	28. 1. 71	IV R 127/64	BFHE 102, 362	
			BStBl II 1971, 662	4603
U	17. 2. 71	I R 170/69	BFHE 102, 44	
			BStBl II 1971, 484	5143, 5232
U	31. 3. 71	I R 111/69	BFHE 102, 73	
			BStBl II 1971, 536	6486
U	28. 4. 71	I R 55/66	BFHE 102, 374	
			BStBl II 1971, 630	5087, 5089
U	19. 5. 71	I R 46/70	BFHE 102, 380	
			BStBl II 1971, 688	3137, 4367
U	11. 8. 71	VIII 13/65	BFHE 104, 48	
			BStBl II 1972, 270	3947
U	8. 9. 71	I R 66/68	BFHE 103, 173	
			BStBl II 1972, 118	4062, 4063
U	8. 9. 71	I R 191/69	BFHE 103, 175	
			BStBl II 1972, 12	4775
U	29. 9. 71	I R 161/68	BFHE 103, 177	
			BStBl II 1972, 118	4469
U	10. 2. 72	IV 317/65	BFHE 104, 543	
			BStBl II 1972, 419	4622, 4637
U	29. 5. 72	GrS 4/71	BFHE 106, 504	
			BStBl II 1973, 5	310, 866
U	31. 5. 72	I R 49/69	BFHE 106, 71	
			BStBl II 1972, 696	4825
U	21. 6. 72	I R 189/69	BFHE 106, 422	
			BStBl II 1972, 874	4413
U	25. 6. 72	VIII R 3/66	BFHE 106, 528	
			BStBl II 1972, 936	5214
U	28. 6. 72	II 77/64	BFHE 106, 138	
			BStBl II 1972, 719	5663
U	5. 7. 72	I R 230/70	BFHE 107, 108	
			BStBl II 1972, 928	4257
U	18. 7. 72	VIII R 17/68	BFHE 106, 436	
			BStBl II 1972, 876	4771, 4818
U	25. 7. 72	VIII R 3/66	BFHE 106, 528	
			BStBl II 1972, 936	4010, 5179, 5269
U	24. 8. 72	VIII R 36/66	BFHE 107, 365	
			BStBl II 1973, 111	4603
U	31. 8. 72	IV R 93/67	BFHE 107, 205	
			BStBl II 1973, 51	5353
U	7. 9. 72	IV 311/65	BFHE 107, 211	
			BStBl II 1973, 11	4253, 4387
U	13. 10. 72	I R 213/69	BFHE 107, 418	
			BStBl II 1973, 209	4083
U	8. 11. 72	I R 227/70	BFHE 108, 299	
			BStBl II 1973, 287	4221
U	23. 11. 72	IV R 63/71	BFHE 108, 44	
			BStBl II 1973, 247	6732
U	13. 12. 72	I R 78/70	BFHE 107, 521	
			BStBl II 1973, 217	3157
U	19. 12. 72	VIII R 124/69	BFHE 108, 168	
			BStBl II 1973, 295	3088

U/B/E	Datum	Aktenzeichen	Fundstellen	Rn
U	17. 1. 73	I R 191/72	BFHE 108, 190	
			BStBl II 1973, 260	5727
U	24. 1. 73	I R 156/71	BFHE 108, 111	
			BStBl II 1973, 219	3970, 3972
U	31. 1. 73	I R 197/70	BFHE 108, 509	
			BStBl II 1973, 391	5062
U	1. 2. 73	IV R 49/68	BFHE 108, 197	
			BStBl II 1973, 307	4221
U	7. 2. 73	I R 215/72	BFHE 108, 353	
			BStBl II 1973, 493	6971
U	21. 2. 73	IV R 168/69	BFHE 108, 233	
			BStBl II 1973, 361	1222, 4036
U	8. 3. 73	IV R 77/72	BFHE 108, 540	
			BStBl II 1973, 398	4597 (3)
U	28. 3. 73	I R 100/71	BFHE 109, 123	
			BStBl II 1973, 544	4683, 4684
U	29. 3. 73	IV R 158/68	BFHE 109, 47	
			BStBl II 1973, 489	866
U	11. 4. 73	IV R 67/69	BFHE 109, 133	
			BStBl II 1973, 493	6886, 6951
U	18. 4. 73	I R 57/71	BFHE 109, 505	
			BStBl II 1973, 700	4368, 4419
U	24. 5. 73	IV R 64/70	BFHE 109, 438	
			BStBl II 1973, 655	4525, 4551
U	4. 6. 73	IV R 133/71	BFHE 110, 330	
			BStBl II 1974, 27	5179
U	5. 6. 73	VIII R 118/70	BFHE 109, 513	
			BStBl II 1973, 702	4792
U	4. 7. 73	I R 154/71	BFHE 110, 245	
			BStBl II 1973, 838	1225, 4039
U	11. 7. 73	I R 126/71	BFHE 110, 402	
			BStBl II 1974, 50	3942, 4526
U	12. 7. 73	IV R 183/70	BFHE 110, 257	
			BStBl II 1974, 3	5179
U	28. 11. 73	I R 129/71	BFHE 111, 17	
			BStBl II 1974, 145	5875
U	30. 1. 74	IV R 80/70	BFHE 111, 470	
			BStBl II 1974, 452	4507, 4544
U	30. 1. 74	IV R 109/73	BFHE 111, 483	
			BStBl II 1974, 352	3942
U	4. 2. 74	IV R 172/70	BFHE 112, 110	
			BStBl II 1974, 434	5875, 5879
U	20. 2. 74	I R 127/71	BFHE 111, 499	
			BStBl II 1974, 357	4078
U	28. 2. 74	IV R 60/69	BFHE 112, 257	
			BStBl II 1974, 481	6902
U	2. 5. 74	IV R 47/73	BFHE 113, 195	
			BStBl II 1974, 707	4224, 4233
B	7. 10. 74	GrS 1/73	BFHE 114, 189	
			BStBl II 1975, 168	4468, 5077
U	23. 10. 74	I R 13/73	BFHE 113, 553	
			BStBl II 1975, 204	6486

U/B/E	Datum	Aktenzeichen	Fundstellen	Rn
U	29. 10. 74	VIII R 131/70	BFHE 114, 79	
			BStBl II 1975, 173	4308
U	30. 10. 74	I R 40/72	BFHE 114, 85	
			BStBl II 1975, 232	3962, 4051, 5158, 5166
U	31. 10. 74	IV R 141/70	BFHE 113, 511	
			BStBl II 1975, 73	4379, 4383
U	23. 1. 75	IV R 166/71	BFHE 115, 102	
			BStBl II 1975, 381	3775, 5361
U	25. 2. 75	VIII R 84/69	BFHE 115, 429	
			BStBl II 1975, 571	4230
U	6. 3. 75	IV R 191/71	BFHE 115, 443	
			BStBl II 1975, 600	3939
U	14. 3. 75	IV R 78/71	BFHE 116, 8	
			BStBl II 1975, 661	5318
U	23. 4. 75	I R 234/74	BFHE 115, 488	
			BStBl II 1975, 603	4221
U	24. 4. 75	IV R 115/73	BFHE 115, 495	
			BStBl II 1975, 580	4466, 4737, 4743
U	30. 4. 75	I R 41/73	BFHE 116, 118	
			BStBl II 1975, 706	3932
U	25. 6. 75	I R 201/73	BFHE 116, 532	
			BStBl II 1975, 848	5179
U	26. 6. 75	IV R 122/71	BFHE 116, 540	
			BStBl II 1975, 885	6392
U	26. 6. 75	VIII R 39/74	BFHE 116, 391	
			BStBl II 1975, 832	1225, 4039, 4082
U	14. 8. 75	IV R 30/71	BFHE 117, 44	
			BStBl II 1976, 88	4462
U	13. 11. 75	IV R 170/73	BFHE 117, 367	
			BStBl II 1976, 142	4305
U	10. 12. 75	I R 133/73	BFHE 118, 304	
			BStBl II 1976, 368	4732
U	16. 12. 75	VIII R 3/74	BFHE 117, 563	
			BStBl II 1976, 246	5090
U	17. 12. 75	I R 29/74	BFHE 117, 483	
			BStBl II 1976, 224	3911, 4248
U	29. 1. 76	IV R 89/75	BFHE 118, 311	
			BStBl II 1976, 374	6951
U	19. 2. 76	IV R 179/72	BFHE 118, 323	
			BStBl II 1976, 415	1130
U	13. 5. 76	IV R 83/75	BFHE 119, 63	
			BStBl II 1976, 592	6953
U	24. 6. 76	IV R 199/72	BFHE 119, 425	
			BStBl II 1976, 670	4935
U	24. 6. 76	IV R 200/72	BFHE 119, 430	
			BStBl II 1976, 672	5104, 5195
U	8. 9. 76	I R 99/75	BFHE 120, 187	
			BStBl II 1977, 66	5123, 5192, 5201, 5275
U	24. 9. 76	I R 41/75	BFHE 120, 212	
			BStBl II 1977, 127	4561
U	5. 10. 76	VIII R 87/72	BFHE 120, 263	
			BStBl II 1977, 45	1225, 4039 (2)

U/B/E	Datum	Aktenzeichen	Fundstellen	Rn
U	13. 10. 76	I R 261/71	BFHE 120, 225	
			BStBl II 1977, 76	5089
U	21. 10. 76	IV R 210/72	BFHE 120, 239	
			BStBl II 1977, 145	1338, 3929
U	28. 10. 76	IV R 76/72	BFHE 120, 245	
			BStBl II 1977, 73	3316, 3334
U	2. 12. 76	IV R 115/75	BFHE 121, 39	
			BStBl II 1977, 209	4697
U	8. 12. 76	I R 215/73	BFHE 121, 402	
			BStBl II 1977, 409	3307, 3340, 3365
U	22. 12. 76	II R 58/67	BFHE 121, 487	
			BStBl II 1977, 420	5318
U	9. 2. 77	I R 130/74	BFHE 121, 436	
			BStBl II 1977, 412	3334, 4590
U	17. 3. 77	IV R 218/72	BFHE 122, 70	
			BStBl II 1977, 595	3334
U	23. 6. 77	IV R 43/73	BFHE 122, 500	
			BStBl II 1977, 719	4334, 4345
U	4. 8. 77	IV R 119/73	BFHE 123, 154	5048
U	22. 9. 77	IV R 51/72	BFHE 123, 356	
			BStBl II 1978, 140	1207
U	26. 10. 77	VIII R 146/74	BFHE 123, 483	
			BStBl II 1978, 144	4145
U	30. 11. 77	I R 27/75	BFHE 124, 56	
			BStBl II 1978, 149	4597 (3)
U	7. 12. 77	VIII R 62/77	BFHE 124, 338	
			BStBl II 1978, 301	4291
U	21. 12. 77	I R 247/74	BFHE 124, 199	
			BStBl II 1978, 305	4614, 4635
U	12. 1. 78	IV R 5/75	BFHE 124, 436	
			BStBl II 1978, 333	4773
U	19. 1. 78	IV R 61/73	BFHE 124, 327	
			BStBl II 1978, 295	4010, 4234, 4241, 4278
U	14. 2. 78	VIII R 158/73	BFHE 124, 447	
			BStBl II 1979, 79	5241, 5272, 6435
U	14. 2. 78	VIII R 11/75	BFHE 125, 35	
			BStBl II 1978, 427	866
U	22. 2. 78	I R 137/74	BFHE 125, 42	
			BStBl II 1978, 430	1661
U	27. 4. 78	IV R 102/74	BFHE 125, 249	
			BStBl II 1978, 562	5318
U	7. 6. 78	II R 112/78	BFHE 125, 395	
			BStBl II 1978, 605	5660
U	27. 6. 78	VIII R 26/76	BFHE 125, 538	
			BStBl II 1978, 672	4040
U	2. 8. 78	I R 78/76	BFHE 126, 24	
			BStBl II 1979, 15	4041
U	30. 8. 78	II R 28/73	BFHE 126, 232	
			BStBl II 1979, 81	5659
U	12. 10. 78	I R 69/75	BFHE 126, 209	
			BStBl II 1979, 64	4237, 5358
U	19. 10. 78	VIII R 182/77	nv	4237

U/B/E	Datum	Aktenzeichen	Fundstellen	Rn
U	14. 12. 78	IV R 106/75	BFHE 127, 21	
			BStBl II 1979, 300	6403
U	25. 1. 79	IV R 56/75	BFHE 127, 32	
			BStBl II 1979, 302	3292
U	25. 1. 79	IV R 34/76	BFHE 127, 364	
			BStBl II 1979, 434	1118
U	1. 2. 79	IV R 113/76	BFHE 128, 67	
			BStBl II 1979, 574	5291
U	7. 3. 79	I R 145/76	BFHE 127, 517	
			BStBl II 1979, 527	1208
U	5. 4. 79	IV R 48/77	BFHE 128, 49	
			BStBl II 1979, 554	4953, 5178
U	26. 4. 79	IV R 119/76	BFHE 128, 54	
			BStBl II 1979, 557	3959, 3963, 4051, 4063
U	8. 8. 79	I R 82/76	BFHE 128, 457	
			BStBl II 1979, 768	4114
U	8. 8. 79	I R 186/76	BFHE 129, 177	
			BStBl II 1980, 106	5727
U	24. 10. 29	VIII R 49/77	BFHE 129, 334	
			BStBl II 1980, 186	5050, 5085, 5214, 5269, 5274
U	30. 10. 79	II R 70/75	BFHE 129, 88	
			BStBl II 1980, 28	5660
U	14. 11. 79	I R 143/76	BFHE 129, 146	
			BStBl II 1980, 96	4603
U	21. 11. 79	II R 96/76	BFHE 129, 400	
			BStBl II 1980, 217	5658
U	27. 11. 79	VII R 12/79	BFHE 129, 293	
			BStBl II 1980, 258	5874
U	13. 12. 79	IV R 69/74	BFHE 129, 380	
			BStBl II 1980, 239	3908, 3984
U	17. 1. 80	IV R 115/76	BFHE 130, 58	
			BStBl II 1980, 336	5291
U	22. 1. 80	VIII R 74/77	BFHE 129, 485	
			BStBl II 1980, 244	6902
U	23. 1. 80	I R 33/77	BFHE 130, 73	
			BStBl II 1980, 356	6714
U	31. 1. 80	IV R 126/76	BFHE 130, 372	
			BStBl II 1980, 491	
			HFR 1980, 367	4305
U	7. 2. 80	IV R 178/76	BFHE 130, 42	
			BStBl II 1980, 383	4693
U	12. 2. 80	VIII R 114/77	BFHE 130, 378	
			BStBl II 1980, 494	4656, 4658
U	13. 2. 80	II R 18/75	BFHE 130, 188	
			BStBl II 1980, 364	1118
U	13. 2. 80	I R 14/77	BFHE 130, 384	
			BStBl II 1980, 498	4023, 4074
U	18. 3. 80	VIII R 69/78	BFHE 130, 446	
			BStBl II 1980, 501	4868
U	18. 3. 80	VIII R 148/78	BFHE 133, 359	
			BStBl II 1981, 794	3941, 4576
U	25. 3. 80	VIII R 19/78	nv	3996

U/B/E	Datum	Aktenzeichen	Fundstellen	Rn
U	17. 4. 80	IV R 58/78	BFHE 131, 34	
			BStBl II 1980, 721	4628
U	24. 4. 80	IV R 66/76	nv	4078
U	24. 4. 80	IV R 61/77	BFHE 131, 220	
			BStBl II 1980, 690	3294, 3315, 4054
U	13. 5. 80	VIII R 63/79	BFHE 131, 212	6901
U	13. 5. 80	VIII R 84/79	BFHE 131, 206	
			BStBl II 1980, 692	5048
U	12. 6. 80	IV R 40/77	BFHE 131, 224	
			BStBl II 1980, 723	4676
U	19. 6. 80	IV R 70/77	nv	4075
U	10. 7. 80	IV R 136/77	BFHE 131, 313	
			BStBl II 1981, 84	4765
U	17. 7. 80	IV R 15/76	BFHE 131, 329	
			BStBl II 1981, 11	3941, 3944
U	23. 7. 80	I R 43/77	BFHE 131, 351	
			BStBl II 1981, 19	4751
U	31. 8. 80	IV R 126/76	BFHE 130, 372	
			BStBl II 1980, 491	4544
U	4. 11. 80	VIII R 55/77	BFHE 132, 414	
			BStBl II 1981, 396	6902
B	10. 11. 80	GrS 1/79	BFHE 132, 244	
			BStBl II 1981, 164	4605, 4627, 4630
U	25. 11. 80	VIII R 32/77	BFHE 132, 425	3947, 4135,
			BStBl II 1981, 419	4627, 4962
U	11. 12. 80	I R 174/78	BFHE 133, 29	
			BStBl II 1981, 463	5169
U	28. 1. 81	I R 234/78	BFHE 133, 30	
			BStBl II 1981, 464	4010, 4561, 5056
U	30. 1. 81	III R 116/79	BFHE 133, 217	
			BStBl II 1981, 560	1209
U	19. 2. 81	IV R 116/77	BFHE 133, 176	
			BStBl II 1981, 566	3947, 4839, 5073
U	19. 2. 81	IV R 41/78	BFHE 133, 510	
			BStBl II 1981, 730	4485
U	26. 2. 81	IV R 98/79	BFHE 133, 186	
			BStBl II 1981, 568	3947, 4141,
				4962, 5031,
				5298, 5300
U	26. 3. 81	IV R 130/77	BFHE 133, 271	
			BStBl II 1981, 614	4693, 4767
U	9. 4. 81	I R 157/77	BFHE 134, 404	
			BStBl II 1982, 362	4218
U	29. 4. 81	IV R 131/78	BFHE 133, 392	
			BStBl II 1981, 663	310
U	26. 5. 81	IV R 47/78	BFHE 134, 15	
			BStBl II 1981, 795	4540
U	27. 5. 81	I R 123/77	BFHE 133, 412	
			BStBl II 1982, 211	3942, 4111, 4260,
				4472
U	23. 6. 81	VIII R 41/79	BFHE 134, 104	
			BStBl II 1982, 18	3936
U	23. 6. 81	VIII R 138/80	BFHE 135, 551	
			BStBl II 1982, 622	3933, 4651, 5336

U/B/E	Datum	Aktenzeichen	Fundstellen	Rn
U	24. 6. 81	I R 45/78	nv	4456, 5073
U	29. 6. 81	I R 2/78	BFHE 134, 270 BStBl II 1982, 62	3932
U	2. 7. 81	IV R 136/79	BFHE 134, 23 BStBl II 1981, 798	4369, 4370, 5237
U	9. 7. 81	IV R 101/77	BFHE 134, 110 BStBl II 1982, 20	4838
U	29. 7. 81	I R 2/78	BFHE 134, 270 BStBl II 1982, 62	4051, 4886
U	12. 8. 81	I R 65/77	nv	4650, 4733
U	29. 9. 81	VIII R 18/77	nv	3965
U	15. 10. 81	IV R 52/79	BFHE 135, 179 BStBl II 1982, 342	310, 1210
U	21. 10. 81	I R 21/78	BFHE 134, 562 BStBl II 1982, 241	1210
U	29. 10. 81	IV R 138/78	BFHE 134, 339 BStBl II 1982, 381	5074
U	25. 11. 81	I R 54/77	BFHE 134, 434 BStBl II 1982, 189	2834
U	16. 12. 81	I R 131/78	BFHE 135, 185 BStBl II 1982, 320	4251
U	19. 1. 82	VIII R 21/77	BFHE 135, 282 BStBl II 1982, 456	4612, 4622, 4633, 4634, 4771, 4774, 5173, 5174, 5240, 5241
U	19. 1. 82	VIII R 150/79	BFHE 135, 193 BStBl II 1983, 321	4011
U	4. 2. 82	IV R 150/78	BFHE 135, 202 BStBl II 1982, 348	4014
U	11. 3. 82	IV R 25/79	BFHE 136, 204 BStBl II 1982, 707	5195, 5242
U	17. 3. 82	I R 189/79	BFHE 136, 120 BStBl II 1982, 624	1211
U	1. 4. 82	IV R 2–3/79	BFHE 136, 83 BStBl II 1982, 620	3775
U	6. 5. 82	IV R 56/79	BFHE 136, 209 BStBl II 1982, 691	4422, 5253
U	24. 6. 82	IV R 151/79	BFHE 136, 375 BStBl II 1982, 751	5206
U	1. 7. 82	IV R 152/79	BFHE 136, 244 BStBl II 1982, 646	4221
U	14. 7. 82	II R 125/79	BFHE 136, 303 BStBl II 1982, 714	5979
U	21. 7. 82	I R 177/77	BFHE 136, 381 BStBl II 1982, 758	3774
U	29. 7. 82	IV R 49/78	BFHE 136, 270 BStBl II 1982, 650	2833
U	29. 7. 82	IV R 7/80	nv	5314
U	12. 8. 82	IV R 43/79	BFHE 136, 274 BStBl II 1982, 652	2834, 3774
U	21. 9. 82	VIII R 140/79	BFHE 137, 407 BStBl II 1983, 289	4237, 4238, 4250

U/B/E	Datum	Aktenzeichen	Fundstellen	Rn
U	22. 9. 82	IV R 154/79	BFHE 136, 527	
			BStBl II 1983, 99	4351
U	7. 10. 82	IV R 32/80	BFHE 137, 19	
			BStBl II 1983, 101	5294
U	13. 10. 82	I R 153/79	nv	4676
U	24. 11. 82	I R 123/78	BFHE 137, 59	
			BStBl II 1983, 113	4028, 5087
U	24. 11. 82	I R 60/79	BFHE 137, 360	
			BStBl II 1983, 243	4421
U	14. 12. 82	VIII R 54/81	BFHE 137, 456	
			BStBl II 1983, 315	5042
U	16. 12. 82	IV R 96/80	nv	5107
U	12. 1. 83	IV R 180/80	BFHE 137, 481	
			BStBl II 1983, 595	4259
U	19. 1. 83	I R 57/79	BFHE 137, 487	
			BStBl II 1983, 312	3959, 4030, 5197, 5205
U	9. 2. 83	I R 94/74	BFHE 137, 355	
			BStBl II 1983, 271	5238
U	24. 3. 83	IV R 138/80	BFHE 139, 361	
			BStBl II 1984, 233	4421
B	30. 3. 83	I S 24/82	nv	4065
U	13. 4. 83	I R 63/79	BFHE 138, 541	
			BStBl II 1983, 667	3307
U	21. 4. 83	IV R 78/80	nv	4026, 5198
U	18. 5. 83	I R 5/82	BFHE 138, 548	
			BStBl II 1983, 771	4466, 4951, 5209
U	23. 6. 83	IV R 208/80	nv	5163
U	30. 6. 83	IV R 41/81	BFHE 140, 30	
			BStBl II 1984, 263	3157
U	30. 6. 83	IV R 113/81	BFHE 138, 569	
			BStBl II 1983, 640	4237, 4239
U	7. 7. 83	IV R 209/80	BFHE 139, 60	
			BStBl II 1984, 53	4676
U	19. 7. 83	VIII R 160/79	BFHE 139, 244	
			BStBl II 1984, 26	4067
U	28. 7. 83	IV R 174/80	BFHE 139, 367	
			BStBl II 1984, 97	4327
U	28. 7. 83	IV R 228/80	nv	4063
U	28. 7. 83	IV R 103/82	BFHE 139, 376	
			BStBl II 1984, 60	3940
U	27. 10. 83	IV R 217/81	BFHE 139, 530	
			BStBl II 1984, 364	3958, 3964, 5179
U	29. 11. 83	VIII R 231/80	BFHE 139, 403	
			BStBl II 1984, 109	4305
U	7. 12. 83	VIII R 166/80	BFHE 139, 23	
			BStBl II 1983, 660	4334
U	9. 12. 83	III R 6/76	BFHE 140, 299	
			BStBl II 1984, 190	5817
U	9. 12. 83	III R 40/79	BFHE 140, 306	
			BStBl II 1984, 193	5817
U	13. 12. 83	VIII R 90/81	BFHE 140, 526	
			BStBl II 1984, 474	5080, 5160, 5176, 6591, 6753

U/B/E	Datum	Aktenzeichen	Fundstellen	Rn
U	13. 12. 83	VIII R 64/83	BFHE 140, 437	
			BStBl II 1984, 426	1118
U	19. 1. 84	IV R 26/81	BFHE 140, 281	
			BStBl II 1984, 376	3970
U	30. 1. 84	IV R 80/70	BFHE 111, 477, 481	
			BStBl II 1984, 452	4308
U	14. 2. 84	VIII R 41/82	BFHE 141, 121	
			BStBl II 1984, 550	4276
U	23. 2. 84	IV R 128/81	BFHE 140, 548	
			BStBl II 1984, 516	4304
U	15. 3. 84	IV R 189/81	BFHE 140, 563	
			BStBl II 1984, 486	4023, 4036, 4042, 4081
U	15. 3. 84	IV R 72, 73/82	nv	4070
U	28. 3. 84	I R 191/79	BFHE 141, 244	
			BStBl II 1984, 664	5088
U	28. 3. 84	IV R 130/81	nv	6951
U	5. 4. 84	IV R 88/80	BFHE 141, 27	
			BStBl II 1984, 518	5031, 5298
U	12. 4. 84	IV R 222/81	nv	4261
U	7. 6. 84	IV R 79/82	BFHE 141, 148	
			BStBl II 1984, 584	4590
U	25. 6. 84	GrS 4/82	BFHE 141, 405	
			BStBl II 1984, 751	276, 310
U	26. 6. 84	IV R 132/82	BFHE 141, 525	
			BStBl II 1984, 829	4216
U	5. 7. 84	IV R 36/81	BFHE 141, 325	
			BStBl II 1984, 711	5102, 5150
U	5. 7. 84	IV R 57/82	BFHE 146, 370	
			BStBl II 1986, 322	4193
U	12. 7. 84	IV R 76/82	BFHE 141, 522	
			BStBl II 1984, 713	5249
U	19. 7. 84	IV R 143/83	nv	4029
U	26. 7. 84	IV R 137/82	BFHE 141, 525	
			BStBl II 1984, 829	4216, 4277, 4308, 4507, 5261
U	26. 7. 84	IV R 10/83	BFHE 141, 488	
			BStBl II 1984, 786	4218, 5057
U	18. 9. 84	VIII R 119/81	BFHE 142, 130	
			BStBl II 1985, 55	4218, 4240
U	26. 9. 84	IV R 10/83	BFHE 141, 488	
			BStBl II 1984, 786	4387
U	2. 10. 84	VIII R 20/84	BFHE 143, 304	
			BStBl II 1985, 428	4237
U	3. 10. 84	I R 116/81	BFHE 142, 381	
			BStBl II 1985, 131	3966, 3983, 3985, 5104, 5153
U	3. 10. 84	I R 119/81	BFHE 142, 433	
			BStBl II 1985, 245	4023, 4024, 4052, 4214
U	11. 10. 84	IV R 179/82	BFHE 142, 437	
			BStBl II 1985, 247	4202
U	16. 10. 84	VIII R 299/81	nv	3927

U/B/E	Datum	Aktenzeichen	Fundstellen	Rn
U	25. 10. 84	IV R 165/82	BFHE 142, 283	
			BStBl II 1985, 212	4291
U	30. 10. 84	IX R 2/84	BFHE 143, 317	
			BStBl II 1985, 610	4331, 4334
U	27. 11. 84	VIII R 2/81	BFHE 143, 120	
			BStBl II 1985, 323	4011, 4262
U	27. 11. 84	VIII R 304/82	nv	4717, 5276
U	29. 11. 84	V R 38/78	BFHE 142, 519	
			BStBl II 1985, 269	1118
U	15. 1. 85	IX R 81/83	BFHE 143, 61	
			BStBl II 1985, 252	3088
U	31. 1. 85	IV R 104/82	BFH/NV 1986, 17	5732
U	27. 2. 85	I R 235/80	BFHE 143, 436	
			BStBl II 1985, 456	5104, 5127, 5217, 5222
U	6. 3. 85	II R 240/83	BFHE 143, 393	
			BStBl II 1985, 494	1118
U	26. 3. 85	VIII R 147/81	BFH/NV 1986, 64 Nr. 62	5877, 5882
U	17. 4. 85	II R 147/82	BFH/NV 1986, 96 Nr. 87	5318
U	23. 4. 85	IX R 39/81	BFHE 144, 362	
			BStBl II 1985, 720	4894
U	25. 4. 85	IV R 36/82	BFHE 144, 20	
			BStBl II 1985, 622	6513
U	23. 5. 85	IV R 81/83	BFH/NV 1985, 31	3632
U	23. 5. 85	IV R 210/83	BFHE 144, 230	
			BStBl II 1985, 695	3774
U	19. 6. 85	I R 115/82	BFHE 144, 264	
			BStBl II 1985, 680	1118
U	26. 6. 85	IV R 22/83	BFH/NV 1985, 24	4010, 4241
U	9. 7. 85	VII R 126/80	BFH/NV 1986, 65 Nr. 64	5876, 5877, 5883
U	9. 7. 85	IX R 49/83	BFHE 144, 366	
			BStBl II 1985, 722	4717, 4755, 4819, 4895
U	30. 7. 85	VIII R 263/81	BFHE 145, 129	
			BStBl II 1986, 359	115, 119, 6502
U	6. 8. 85	VII R 189/82	BFHE 144, 204	
			BStBl II 1985, 651	
			HFR 1986, 1	5884
U	6. 8. 85	VIII R 280/81	BFHE 144, 386	
			BStBl II 1986, 17	4776
U	8. 9. 85	II B 30/85	BFHE 144, 456	
			BStBl II 1985, 710	6001
U	24. 9. 85	IX R 62/83	BFHE 144, 446	
			BStBl II 1986, 12	7008
U	23. 10. 85	I R 230/82	BFH/NV 1986, 490	6705
U	23. 10. 85	VII R 187/82	BFHE 145, 13	
			BStBl II 1986, 156	5906
U	29. 10. 85	IX R 107/82	BFHE 146, 351	
			BStBl II 1986, 217	1118
U	5. 11. 85	VIII R 275/81	BFH/NV 1986, 327	310
U	7. 11. 85	IV R 44/83	BFHE 145, 522	
			BStBl II 1986, 335	881, 5287, 5315
U	12. 11. 85	VIII R 286/81	BFHE 145, 62	
			BStBl II 1986, 55	4291

U/B/E	Datum	Aktenzeichen	Fundstellen	Rn
U	12. 11. 85	VIII R 342/82	BFHE 145, 396	
			BStBl II 1986, 299	4757
U	12. 11. 85	VIII R 364/83	BFHE 145, 408	
			BStBl II 1986, 311	5271
U	12. 11. 85	IX R 2/82	BFHE 145, 368	
			BStBl II 1986, 261	4301
U	27. 11. 85	I R 115/85	BFHE 145, 221	
			BStBl II 1986, 362	115
U	27. 11. 85	II R 148/82	BFHE 145, 443	
			BStBl II 1986, 265	452
U	14. 1. 86	IX R 51/80	BFHE 146, 48	
			BStBl II 1986, 453	2170
U	21. 1. 86	VII R 179/83	BFHE 146, 4	
			BStBl II 1986, 383	5906
U	23. 1. 86	IV R 335/84	BFHE 146, 236	
			BStBl II 1986, 623	4138, 4483
U	28. 1. 86	VIII R 283/81	BFH/NV 1986, 524	4676
U	13. 3. 86	IV R 176/84	BFHE 146, 399	
			BStBl II 1986, 601	6405
U	15. 4. 86	VIII R 325/84	BFHE 147, 101	
			BStBl II 1987, 195	5279
U	15. 5. 86	IV R 146/84	BFH/NV 1988, 84	4468
U	27. 5. 86	VII R 183/83	BFHE 146, 505	
			BStBl II 1986, 654	5881
U	13. 6. 85	III R 178/82	BFHE 147, 241	
			BStBl II 1986, 841	3029
U	10. 7. 86	IV R 12/81	BFHE 147, 63	
			BStBl II 1986, 811	3908, 3943,
				3945, 4576,
				4885, 4934
U	15. 7. 86	VIII R 154/85	BFHE 147, 334	
			BStBl II 1986, 896	4111, 4472, 5212
U	1. 10. 86	I R 96/83	BFHE 148, 32	
			BStBl II 1987, 113	4757 (4)
U	2. 10. 86	IV R 281/84	BFH/NV 1987, 417	
			Nr. 383	5381
U	9. 10. 86	IV R 235/84	BFHE 148, 42	
			BStBl II 1987, 124	3442, 5731
U	9. 10. 86	IV R 259/84	BFH/NV 1987, 567	4676
U	23. 10. 86	IV R 214/84	BFHE 148, 65	
			BStBl II 1987, 120	4711
U	29. 10. 86	I R 202/82	BFHE 148, 153	
			BStBl II 1987, 308	1411
U	29. 10. 86	I R 317, 318/83	BFHE 148, 158	
			BStBl II 1987, 310	1411
U	29. 10. 86	II R 226/82	BFHE 148, 72	
			BStBl II 1987, 99	4462
U	9. 12. 86	VIII R 317/82	BFHE 148, 480	
			BStBl II 1988, 244	5728
U	28. 1. 87	I R 85/80	BFHE 151, 169	
			BStBl II 1987, 616	4717, 4752
U	5. 2. 87	IV R 81/84	BFHE 149, 55	
			BStBl II 1987, 845	3172

U/B/E	Datum	Aktenzeichen	Fundstellen	Rn
U	10. 2. 87	VII R 122/84	BFHE 149, 204	
			BStBl II 1988, 313	5909
U	19. 2. 87	IV R 72/83	BFHE 149, 188	
			BStBl II 1987, 570	4421
U	24. 2. 87	VII R 4/84	BFHE 149, 125	
			BStBl II 1987, 363	5860
U	13. 3. 87	V R 33/79	BFHE 149, 313	
			BStBl II 1987, 524	3489
U	17. 3. 87	VIII R 293/82	BFHE 149, 454	
			BStBl II 1987, 558	4676
U	18. 3. 87	II R 133/84	BFH/NV 1988, 489	5955
U	20. 3. 87	III R 172/82	BFHE 149, 536	
			BStBl II 1987, 679	4457
U	24. 3. 87	I R 202/83	BFHE 149, 542	
			BStBl II 1987, 705	3947, 4357
U	26. 3. 87	IV R 20/84	BFHE 149, 557	
			BStBl II 1987, 561	4503
U	26. 3. 87	IV R 61/85	BFHE 149, 563	
			BStBl II 1987, 597	5058
U	2. 4. 87	IV R 92/85	BFHE 149, 567	
			BStBl II 1987, 621	4751
U	13. 5. 87	VII R 37/84	BFHE 150, 108	
			BStBl II 1987, 606	3451
U	21. 5. 87	IV R 39/85	BFHE 150, 38	
			BStBl II 1987, 628	4753
U	21. 5. 87	IV R 80/85	BFHE 150, 342	
			BStBl II 1987, 710	5294 (3)
U	27. 5. 87	X R 2/81	BFHE 150, 375	
			BStBl II 1987, 739	3073
U	3. 7. 87	III R 7/86	BFHE 150, 259	
			BStBl II 1987, 728	3231
U	3. 7. 87	III R 147/86	BFHE 150, 490	
			BStBl II 1987, 787	3231
U	9. 7. 87	IV R 95/85	BFHE 150, 539	
			BStBl II 1988, 245	2385
U	15. 7. 87	II R 249/83	BFHE 150, 564	
			BStBl II 1987, 809	
			HFR 1988, 8	1523
U	22. 9. 87	IX R 15/84	BFHE 151, 143	
			BStBl II 1988, 250	4616, 4781
U	23. 10. 87	III R 219/83	BFHE 152, 70	
			BStBl II 1988, 332	718
B	26. 10. 87	GrS 2/86	BFHE 151, 573	
			BStBl II 1988, 380	7010
U	29. 10. 87	IV R 93/85	BFHE 151, 181	
			BStBl II 1988, 374	5706
U	29. 10. 87	VIII R 5/87	BFHE 151, 457	
			BStBl II 1989, 96	6706
U	10. 11. 87	VIII R 166/84	BFHE 152, 325	
			BStBl II 1989, 758	276, 277
U	11. 11. 87	I R 108/75	BFHE 151, 333	
			BStBl II 1988, 115	5067
U	11. 12. 87	III R 228/84	BFHE 152, 27	
			BStBl II 1988, 230	5279

U/B/E	Datum	Aktenzeichen	Fundstellen	Rn
U	7. 6. 88	VIII R 296/82	BFHE 153, 407	
			BStBl II 1988, 886	3222
U	8. 6. 88	I R 101/84	BFHE 154, 131	
			BStBl II 1988, 974	5738
U	23. 6. 88	IV R 84/86	BFHE 154, 85	
			BStBl II 1989, 41	4387, 4687, 5057
U	27. 7. 88	I R 147/83	BFHE 155, 52	
			BStBl II 1989, 271	4656, 4658
U	10. 8. 88	III R 95/86	BFH/NV 1990, 62	3236
U	24. 8. 88	I R 216/84	BFHE 155, 146	
			BStBl II 1989, 48	4111, 4472
U	15. 9. 88	IV R 75/87	BFHE 155, 511	4171
U	11. 10. 88	VIII R 328/83	BFHE 155, 514	
			BStBl II 1989, 762	276, 318
U	12. 10. 88	X R 5/86	BFHE 154, 566	
			BStBl II 1989, 152	6751
U	21. 10. 88	III R 258/84	BFH/NV 1989, 321	
			GmbHR 1989, 385	6714
U	26. 10. 88	I R 228/84	BFHE 155, 117	
			BStBl II 1989, 155	6735
U	10. 11. 88	IV R 70/86	BFH/NV 1990, 31	4279, 5921
U	22. 11. 88	VIII R 323/84	BFHE 155, 318	
			BStBl II 1989, 357	4078
U	23. 11. 88	II R 209/82	BFHE 155, 132	
			BStBl II 1989, 82	3289
U	23. 11. 88	X R 1/86	BFHE 155, 521	
			BStBl II 1989, 376	5702
U	29. 11. 88	VIII R 316/82	BFHE 156, 408	
			BStBl II 1989, 602	
			BB 1989, 1322	5131
U	1. 12. 88	IV R 140/86	BFHE 155, 341	
			BStBl II 1989, 368	5131, 5237
U	15. 12. 88	IV R 29/86	BFHE 155, 543	
			BStBl II 1989, 500	4753
U	15. 12. 88	IV R 36/84	BFHE 155, 538	
			BStBl II 1989, 363	6591, 6753
U	16. 12. 88	III R 113/85	BFHE 155, 380	
			BStBl II 1989, 763	7010
U	20. 12. 88	VIII R 110/82	BFH/NV 1989, 630	4308, 4313
B	21. 12. 88	III B 15/88	BFHE 155, 386	
			BStBl II 1989, 409	4313
U	12. 1. 89	V R 129/84	BFHE 156, 281	
			BStBl II 1989, 432	3949
U	18. 1. 89	X R 10/86	BFHE 156, 110	
			BStBl II 1989, 549	3288
U	18. 1. 89	X R 108/88	BFHE 156, 115	
			BStBl II 1990, 1051	5728
U	26. 1. 89	IV R 151/86	BFHE 156, 138	
			BStBl II 1989, 455	6716
U	26. 1. 89	IV R 86/87	BFHE 156, 141	
			BStBl II 1989, 456	5237, 5250
U	1. 2. 89	I R 73/85	BFHE 156, 155	
			BStBl II 1989, 522	6726

U/B/E	Datum	Aktenzeichen	Fundstellen	Rn
U	1. 2. 89	VIII R 33/85	BFHE 156, 158	
			BStBl II 1989, 458	3955
U	10. 2. 89	III R 11/86	BFHE 156, 315	
			BStBl II 1989, 519	4183
U	17. 2. 89	III R 36/85	BFHE 156, 502	
			BStBl II 1989, 664	5712
U	8. 3. 89	X R 9/86	BFHE 156, 443	
			BStBl II 1989, 714	6771
U	14. 3. 89	I R 214/84	BFHE 156, 264	
			BStBl II 1989, 570	1710
U	14. 3. 89	VIII R 373/83	BFHE 158, 214	
			BStBl II 1990, 1053	5728
U	14. 3. 89	I R 75/85	BFH/NV 1991, 291	4055
U	16. 3. 89	IV R 153/86	BFHE 156, 195	
			BStBl II 1989, 557	4278, 4404
U	4. 4. 89	X R 14/85	BFHE 157, 88	
			BStBl II 1989, 779	4328
U	4. 4. 89	X R 49/87	BFHE 156, 214	
			BStBl II 1989, 606	5241, 6435
U	7. 4. 89	III R 9/87	BFHE 157, 355	
			BStBl II 1989, 874	5179
U	12. 4. 89	I R 41/85	BFHE 156, 481	
			BStBl II 1989, 612	6452
U	12. 4. 89	I R 105/85	BFHE 157, 93	
			BStBl II 1989, 653	3984
U	12. 4. 89	I R 37/87	BFHE 156, 244	
			BStBl II 1989, 524	5941
U	20. 4. 89	IV R 95/87	BFHE 157, 365	
			BStBl II 1989, 863	6405
U	26. 4. 89	I R 147/84	BFHE 157, 121	
			BStBl II 1991, 213	3060
U	16. 5. 89	VIII R 196/84	BFHE 157, 508	
			BStBl II 1989, 877	276
U	13. 6. 89	VIII R 47/85	BFHE 157, 192	
			BStBl II 1989, 720	318
U	20. 6. 89	VIII R 396/83	BFH/NV 1989, 634	3964
U	21. 6. 89	II R 135/85	BFHE 157, 223	
			BStBl II 1989, 731	5993
U	28. 6. 89	I R 25/88	BFHE 158, 97	
			BStBl II 1989, 982	6717
U	6. 7. 89	IV R 62/86	BFHE 157, 551	
			BStBl II 1989, 890	4462
U	9. 8. 89	I R 88/85	BFHE 158, 456	
			BStBl II 1990, 224	4111, 4472
U	9. 8. 89	X R 20/86	BFHE 158, 316	
			BStBl II 1990, 128	6425
U	9. 8. 89	X R 62/87	BFHE 158, 48	
			BStBl II 1989, 973	
			HFR 1990, 85	3993, 3995, 4023, 4052
U	9. 8. 89	X R 130/87	BFHE 158, 80	
			BStBl II 1989, 901	3949, 5702

U/B/E	Datum	Aktenzeichen	Fundstellen	Rn
U	24. 8. 89	IV R 67/86	BFHE 158, 329	
			BStBl II 1990, 132	3959, 4111, 4472, 6403
U	24. 8. 89	IV R 135/86	BFHE 158, 245	
			BStBl II 1989, 1014	6706
U	24. 8. 89	IV R 120/88	BFHE 158, 257	
			BStBl II 1990, 55	4052, 4060
U	13. 9. 89	II R 67/86	BFHE 157, 572	
			BStBl II 1989, 1034	306
U	3. 10. 89	VIII R 184/85	BFHE 158, 385	
			BStBl II 1990, 319	5721
U	5. 10. 89	IV R 120/87	BFH/NV 1991, 319	3445
U	18. 10. 89	I R 203/84	BFHE 158, 421	
			BStBl II 1990, 68	318 (3)
U	31. 10. 89	VIII R 374/83	BFHE 159, 434	
			BStBl II 1990, 677	4462
U	29. 11. 89	X R 100/88	BFHE 159, 161	
			BStBl II 1990, 1060	5728
U	1. 12. 89	III R 56/85	BFHE 159, 167	
			BStBl II 1990, 1054	5728
U	1. 12. 89	III R 94/87	BFHE 159, 480	
			BStBl II 1990, 500	6732
U	13. 12. 89	II R 23/85	BFHE 159, 228	
			BStBl II 1990, 322	5953
U	13. 12. 89	II R 31/89	BFHE 159, 223	
			BStBl II 1990, 325	4502, 5952
U	24. 1. 90	I R 157/85	BFHE 159, 494	
			BStBl II 1990, 639	4305
U	6. 3. 90	II R 63/87	BFHE 159, 555	
			BStBl II 1990, 504	5962
U	22. 3. 90	IV R 23/S8	BFHE 160, 249	
			BStBl II 1990, 637	5728, 5729
U	27. 3. 90	VII R 26/89	BFHE 161, 390	
			BStBl II 1990, 939	5867, 5870
U	6. 4. 90	III R 28/87	BFHE 160, 494	
			BStBl II 1990, 1057	5728
U	10. 4. 90	VIII R 63/88	BFHE 161, 440	
			BStBl II 1990, 1017	5294
U	24. 4. 90	VIII R 424/83	BFH/NV 1991, 804	4224
U	2. 5. 90	VIII R 204/85	BFH/NV 1990, 801	5706
U	22. 5. 90	VIII R 120/86	BFHE 160, 558	
			BStBl II 1990, 780	6403
U	26. 6. 90	VIII R 81/85	BFHE 161, 472	
			BStBl II 1994, 645	1671, 4117
B	5. 7. 90	GrS 2/89	BFHE 161, 332	
			BStBl II 1990, 837	4353, 4717, 4771, 4772, 4775, 4776, 4791, 4797, 4798, 4896
B	5. 7. 90	GrS 4–6/89	BFHE 161, 317	
			BStBl II 1990, 847	4316, 4350, 4843, 4845, 4853

U/B/E	Datum	Aktenzeichen	Fundstellen	Rn
U	25. 7. 90	X R 111/88	BFHE 162, 38	
			BStBl II 1991, 218	5706, 6124
U	7. 8. 90	VIII R 257/84	BFH/NV 1991, 507	4468
U	7. 8. 90	VIII R 110/87	BStBl II 1991, 336	
			BFH/NV 1991, 93	6706
U	22. 8. 90	I R 178/86	BFHE 162, 361	
			BStBl II 1991, 469	5706
U	22. 8. 90	I R 69/89	BFHE 162, 263	
			BStBl II 1991, 38	
			HFR 1991, 148	6903
U	5. 9. 90	X R 20/89	BFHE 169, 135	
			BStBl II 1991, 25	5722
U	5. 9. 90	X R 107–108/89	BFHE 161, 543	
			BStBl II 1990, 1060	5728
B	13. 9. 90	IV R 60/90	BFH/NV 1991, 297	5216
U	26. 9. 90	II R 117/86	BFHE 162, 97	
			BStBl II 1990, 1067	6023
U	26. 9. 90	II R 150/88	BFHE 163, 214	
			BStBl II 1991, 320	5964, 5965
U	23. 10. 90	VIII R 142/85	BFHE 162, 99	
			BStBl II 1991, 401	4468
U	24. 10. 90	X R 64/89	BFHE 163, 42	
			BStBl II 1991, 358	4307
U	7. 11. 90	I R 116/86	BFHE 162, 552	
			BStBl II 1991, 342	2829
U	14. 11. 90	II R 255/85	BFHE 162, 380	
			BStBl II 1991, 49	6075
U	14. 11. 90	II R 58/86	BFHE 162, 385	
			BStBl II 1991, 52	6075
U	15. 11. 90	IV R 63/88	BFHE 162, 562	
			BStBl II 1991, 238	4821
U	28. 11. 90	X R 109/89	BFHE 163, 264	
			BStBl II 1991, 327	4846
U	11. 12. 90	VIII R 122/86	BFHE 163, 346	58 (3)
U	11. 12. 90	VIII R 14/87	BFHE 164, 20	
			BStBl II 1991, 510	101
U	11. 12. 90	VIII R 37/88	BFH/NV 1991, 516	4234, 4274, 4480
U	13. 12. 90	IV R 107/89	BFHE 163, 186	
			BStBl II 1992, 510	4741
U	18. 12. 90	VIII R 17/85	BFHE 163, 352	
			BStBl II 1991, 512	4146
U	23. 1. 91	X R 47/87	BFHE 163, 460	
			BStBl II 1991, 405	6706
B	31. 1. 91	IV B 144/89	BFH/NV 1991, 536	4636
U	31. 1. 91	IV R 31/90	BFHE 164, 232	
			BStBl II 1991, 627	2829
U	21. 2. 91	IV R 35/89	BFHE 164, 238	
			BStBl II 1995, 449	318 (2), 318 (3)
U	21. 2. 91	IV R 93/89	BFHE 163, 554	
			BStBl II 1991, 455	3914, 4468
U	27. 2. 91	I R 176/84	BFHE 163, 566	
			BStBl II 1991, 456	3048
U	27. 2. 91	X R 139/88	BFHE 167, 381	4328

U/B/E	Datum	Aktenzeichen	Fundstellen	Rn
U	6. 3. 91	II R 69/87	BFHE 163, 394	
			BStBl II 1991, 412	5941
U	19. 3. 91	VIII R 76/87	BFHE 164, 260	
			BStBl II 1991, 635	4471, 4955
B	26. 3. 91	VIII R 55/86	BFHE 166, 21	4310
U	26. 3. 91	VIII R 73/87	BFH/NV 1992, 227	5120
U	10. 4. 91	II R 118/86	BFHE 164, 448	
			BStBl II 1991, 620	5815
U	16. 4. 91	VIII R 63/87	BFHE 164, 513	
			BStBl II 1991, 832	6778
U	17. 4. 91	II R 121/88	BFHE 164, 107	
			BStBl II 1991, 522	6001
U	24. 4. 91	X R 84/88	BFHE 164, 385	
			BStBl II 1991, 713	6705
U	24. 4. 91	XI R 9/84	BFHE 164, 354	
			BStBl II 1991, 794	4853, 4896
U	23. 5. 91	IV R 48/90	BFHE 164, 532	
			BStBl II 1991, 796	5353
U	10. 6. 91	X R 79/90	BFHE 165, 75	4975
U	10. 7. 91	X R 79/90	BFHE 165, 75	4309, 4313, 4314
B	15. 7. 91	GrS 1/90	BFHE 165, 225	
			BStBl II 1992, 78	323, 4316, 4318,
			BB 1991, 2333	4331, 4332,
				4340, 4349,
				4846, 4847
U	11. 9. 91	II ZR 32, 33/89	BFH/NV 1992, 168	1118
U	24. 9. 91	VIII R 349/83	BFHE 166, 124	
			BStBl II 1992, 330	4700
U	25. 9. 91	I R 184/87	BFHE 166, 132	
			BStBl II 1992, 406	4656
U	17. 10. 91	IV R 97/89	BFHE 166, 149	
			BStBl II 1992, 392	5078, 5151,
				5251, 6436
U	6. 11. 91	XI R 41/88	BFHE 166, 212	
			BStBl II 1992, 335	4111, 4472
U	6. 11. 91	XI R 27/91	BFHE 170, 18	
			BStBl II 1993, 391	
			BFH/NV 1992, 454	4419
U	7. 11. 91	IV R 14/90	BFHE 166, 527	
			BStBl II 1992, 457	5287 (3), 5318
U	7. 11. 91	IV R 43/90	BFHE 166, 329	
			BStBl II 1992, 395	4222
U	7. 11. 91	IV R 50/90	BFHE 166, 448	
			BStBl II 1992, 380	3952
U	13. 11. 91	I R 102/88	BFHE 166, 222	
			BStBl II 1992, 336	3328
U	13. 11. 91	I R 129/90	BFHE 167, 16	
			BStBl II 1992, 519	3160
U	3. 12. 91	VIII R 88/87	BFHE 167, 322	
			BStBl II 1993, 89	6452
U	10. 12. 91	VIII R 69/86	BFHE 166, 476	
			BStBl II 1992, 385	
			Anm. HFR 1992, 326	4616, 4637

U/B/E	Datum	Aktenzeichen	Fundstellen	Rn
U	17. 12. 91	VIII R 80/87	BFHE 167, 344	
			BStBl II 1993, 15	4300, 4318, 4325, 4329
U	23. 1. 92	XI R 6/87	BFHE 167, 86	
			BStBl II 1992, 526	4350
U	23. 1. 92	IV R 88/90	BFHE 166, 329	
			BStBl II 1992, 525	4224, 4233
U	23. 1. 92	IV R 95/90	BFHE 167, 81	
			BStBl II 1992, 553	4334
U	29. 1. 92	X R 193/87	BFHE 167, 95	
			BStBl II 1992, 465	4349
U	12. 2. 92	XI R 21/90	BFH/NV 1992, 516	4054
U	27. 2. 92	X R 40/89 und X R 55/89	BFH/NV 1992, 647	4323
U	11. 3. 92	X R 141/86	BFHE 166, 564	
			BStBl II 1992, 499	4331
U	11. 3. 92	XI R 6/91	BFH/NV 1992, 593	3916 (2)
U	12. 3. 92	IV R 29/91	BFHE 168, 405	
			BStBl II 1993, 36	
			Anm. HFR 1992, 703	5179 (11)
U	25. 3. 92	I R 69/91	BFHE 168, 527	
			BStBl II 1992, 1010	3148
U	25. 3. 92	X R 196/87	BFHE 167, 408	
			BStBl II 1992, 1012	4334
U	25. 3. 92	X R 100/91	BFHE 168, 243	
			BStBl II 1992, 803	4322
U	7. 4. 92	VIII R 59/89	BFHE 167, 515, 517	
			BStBl II 1992, 908	4301
U	19. 5. 92	VIII R 37/90	BFH/NV 1993, 87	4301, 4305, 4310
U	21. 5. 92	X R 77–78/90	BFH/NV 1992, 659	5120
U	3. 6. 92	X R 147/88	BFHE 169, 127	
			BStBl II 1993, 98	4324
U	3. 6. 92	X R 14/89	BFHE 169, 25	
			BStBl II 1993, 23	4324
U	7. 7. 92	VIII R 36/90	BFHE 169, 53	
			BStBl II 1993, 26	4291
U	7. 7. 92	VIII R 2/87	BFHE 168, 322	
			BStBl II 1993, 328	4462
U	8. 7. 92	XI R 50/89	BFHE 168, 329	
			BStBl II 1993, 910	3209
U	15. 7. 92	X R 165/90	BFHE 168, 561	
			BStBl II 1992, 1020	4339
U	15. 7. 92	X R 31/91	BFH/NV 1993, 18	4343
U	21. 7. 92	IX R 14/89	BFHE 169, 313	
			BStBl II 1993, 23	4324
U	21. 7. 92	IX R 72/90	BFHE 169, 317	
			BStBl II 1993, 486	4324, 4339
U	18. 8. 92	VIII R 22/91	BFH/NV 1993, 225	5728
U	19. 8. 92	III R 80/91	BFH/NV 1993, 160	6706
U	2. 9. 92	XI R 26/91	BFH/NV 1993, 161	4250
U	21. 10. 92	X R 99/88	BFHE 170, 41	
			BStBl II 1993, 289	4846
U	22. 10. 92	III R 7/91	BFH/NV 1993, 358	5120
U	29. 10. 92	III R 5/92	BFH/NV 1993, 233	5098, 5179 (kk)

U/B/E	Datum	Aktenzeichen	Fundstellen	Rn
U	29. 10. 92	IV R 16/91	BFHE 169, 352	
			BStBl II 1993, 182	5287, 5314, 5315
U	4. 11. 92	XI R 1/92	Anm. DStR 1993, 272	6730
U	17. 11. 92	VIII R 36/91	BFHE 169, 389	
			BStBl II 1993, 233	6706
U	25. 11. 92	X R 34/89	BFHE 170, 76	
			BStBl II 1996, 663	4302, 4324, 7017
U	25. 11. 92	X R 91/89	BFHE 170, 82	
			BStBl II 1996, 666	7017
U	26. 11. 92	X R 187/87	BFHE 170, 98	
			BStBl II 1993, 298	4301
U	26. 11. 92	IV R 15/91	BFHE 171, 490	
			BStBl II 1993, 876	6730
U	1. 12. 92	VIII R 57/90	BFHE 170, 320	
			BStBl II 1994, 607	4616
U	10. 12. 92	XI R 34/91	BFHE 170, 149	
			BStBl II 1994, 158	3339
U	16. 12. 92	XI R 34/92	BFHE 170, 183	
			BStBl II 1993, 436	5377
U	9. 2. 93	VIII R 29/91	BFHE 171, 419	
			BStBl II 1993, 747	3215, 5246
U	17. 2. 93	X R 60/89	BFHE 170, 397	
			BStBl II 1993, 437	3157, 3250
U	18. 2. 93	IV R 40/92	BFHE 171, 422	1251
U	28. 2. 93	IV R 106/92	BFHE 170, 553	
			BStBl II 1993, 546	4334, 4345
U	2. 3. 93	VIII R 47/90	BFHE 170, 566	
			BStBl II 1994, 619	4687 (4)
U	10. 3. 93	I R 70/91	BFHE 170, 433	
			BStBl II 1993, 466	3209
U	10. 3. 93	II R 87/91	BFHE 171, 321	
			BStBl II 1993, 510	5967
U	15. 4. 93	IV R 66/92	BFHE 171, 440	
			BStBl II 1994, 227	4184, 4737
U	29. 4. 93	IV R 16/92	BFHE 171, 385	
			BStBl II 1993, 716	5047, 5733
U	29. 4. 93	IV R 88/92	BFH/NV 1994, 694	4078
B	3. 5. 93	GrS 3/92	BFHE 171, 246	
			BStBl II 1993, 616	5715
U	12. 5. 93	XI R 58–59/92	BFHE 171, 282	
			HFR 1993, 565	6585, 6586
B	26. 5. 93	X R 72/90	BFHE 171, 455	
			BStBl II 1993, 855	3220
U	26. 5. 93	X R 101/90	BFHE 171, 468	
			BStBl II 1993, 710	5151
U	26. 5. 93	X R 78/91	BFHE 171, 476	
			BStBl II 1993, 718	6706
U	27. 5. 93	IV R 1/92	BFHE 171, 510	
			BStBl II 1994, 700	56
B	13. 6. 93	X B 182/93	BFH/NV 1995, 105	4291
U	22. 6. 93	VIII R 29/92	BFH/NV 1994, 228	6706
U	14. 7. 93	X R 53-54/91	BFHE 172, 324	
			BStBl II 1994, 19	
			HFR 1994, 133	4317, 7008

U/B/E	Datum	Aktenzeichen	Fundstellen	Rn
B	19. 7. 93	GrS 1/92	BFHE 172, 80	
			BStBl II 1993, 894	
			DStR 1993, 1735	4264
B	19. 7. 93	GrS 2/92	BFHE 172, 66	
			BStBl II 1993, 897	
			DStR 1993, 1735	4263, 4391, 5056
U	27. 7. 93	VIII R 72/90	BFHE 173, 515	
			BStBl II 1994, 625	4739
U	25. 8. 93	XI R 6/93	BFHE 172, 91	
			BB 1993, 2356	6591
U	21. 9. 93	III R 53/89	BFHE 172, 349	
			FR 1994, 85	4314, 4975
U	22. 9. 93	X R 48/92	BFHE 172, 366	
			BStBl II 1994, 107	4329
U	6. 10. 93	I R 97/92	BFHE 173, 47	
			BStBl II 1994, 287	
			HFR 1994, 265	4504
U	13. 10. 93	X R 86/89	BFHE 174, 45	
			BStBl II 1994, 451	4331
U	14. 12. 93	VIII R 13/93	BFHE 174, 503	
			BStBl II 1994, 922	5733 (3)
U	16. 12. 93	X R 67/92	BFHE 173, 152	
			BStBl II 1996, 669	4327, 4331,
				4349, 4848
U	21. 12. 93	VIII R 69/88	BFHE 174, 324	
			BStBl II 1994, 648	4267
U	26. 1. 94	X R 54/92	BFHE 173, 360	
			BStBl II 1994, 633	4326, 4327,
				4328, 4353
U	27. 1. 94	IV R 114/91	BFHE 174, 219	
			BStBl II 1994, 635	4114, 4203
U	9. 2. 94	IX R 110/90	BFHE 175, 212	
			BStBl II 1995, 47	4302, 4304,
				4331, 4334, 4349
U	17. 2. 94	VIII R 12/93	BFH/NV 1995, 98	4616
U	17. 2. 94	VIII R 13/94	BFHE 174, 550	
			BStBl II 1994, 809	5706
U	23. 2. 94	X R 123/92	BFHE 174, 73	
			BStBl II 1994, 690	4301
U	24. 2. 94	IV R 33/93	BFHE 174, 230	
			BStBl II 1994, 590	3774, 3775, 5330
				(8), 5361
U	15. 3. 94	IX R 45/91	BFHE 175, 19	
			BStBl II 1994, 840	4300
U	30. 3. 94	I R 52/93	BFHE 175, 33	
			BStBl II 1994, 903	3774, 3775
U	30. 3. 94	II R 101/90	BFHE 174, 94	
			BStBl II 1994, 503	3010
B	28. 4. 94	X B 162/94	BFH/NV 1995, 18	4326, 4346
U	18. 5. 94	I R 109/93	BFHE 175, 249	
			BStBl II 1994, 925	5287 (3)
U	22. 6. 94	II R 1/92	BFHE 174, 377	
			BStBl II 1994, 656	6060
U	19. 7. 94	VIII R 75/93	BFH/NV 1995, 597	6706

U/B/E	Datum	Aktenzeichen	Fundstellen	Rn
B	25. 7. 94	I B 2/94	BFH/NV 1995, 497	4091
U	28. 7. 94	IV R 53/91	BFHE 175, 353	
			BStBl II 1995, 112	4392
U	31. 8. 94	X R 58/92	BFHE 176, 333	
			BStBl II 1996, 672	4301, 4330, 4351
U	31. 8. 94	X R 44/93	BFHE 175, 19	
			BStBl II 1994, 840	4300, 4301
U	14. 9. 94	I R 12/94	BFHE 176, 520	
			BStBl II 1995, 407	4111, 4118, 4119, 4159, 4472, 5330
U	18. 10. 94	IX R 46/88	BFHE 175, 572	
			BStBl II 1995, 169	4302, 4305, 4306
B	15. 11. 94	I B 83/94	BFH/NV 1995, 592	5315
U	8. 12. 94	IV R 82/92	BFHE 176, 392	
			BStBl II 1995, 599	4156, 4159, 5331, 5338
U	14. 12. 94	X R 1-2/90	BFHE 177, 36	
			BStBl II 1996, 680	4295, 4305, 4326, 4328
U	14. 12. 94	X R 128/92	BFHE 176, 515	
			BStBl II 1995, 465	4391, 4392 (1)
B	1. 2. 95	IV B 65/94	BFH/NV 1995, 676	5154
B	1. 2. 95	VIII B 50/94	BFH/NV 1995, 676	6592
U	7. 2. 95	VIII R 36/93	BFHE 179, 110	
			BStBl II 1995, 770	4580
U	8. 2. 95	I R 72/94	BFHE 176, 575	
			BStBl II 1995, 412	3209
U	15. 2. 95	II R 8/92	BFHE 177, 128	
			BStBl II 1995, 505	3010
U	2. 3. 95	IV R 62/93	BFHE 177, 113	
			BStBl II 1995, 413	4327, 4687
U	23. 3. 95	IV R 93/93	BFHE 177, 404	
			BStBl II 1995, 700	
			DB 1995, 1994	4191, 4613, 4626
U	21. 6. 95	II R 62/93	BFHE 178, 212	
			BStBl II 1995, 783	5970
U	26. 7. 95	X R 91/92	BFHE 178, 339	
			BStBl II 1995, 836	4317, 4334
U	21. 9. 95	IV R 1/95	BFHE 178, 444	
			BStBl II 1995, 893	4997
U	23. 9. 95	IV R 36/94	HFR 1997, 218	6421
U	28. 9. 95	IV R 7/94	BFHE 180, 255	
			BStBl II 1996, 440	6807
U	6. 12. 95	I R 14/95	BFHE 180/258	
			BStBl II 1996, 406	3129, 3148, 3209
			BStBl II 1996, 440	7090
U	25. 1. 96	IV R 19/94	BFH/NV 1997, 219	6421
U	13. 2. 96	VIII R 39/92	BFHE 180, 278	
			BStBl II 1996, 409	4927
U	14. 2. 96	X R 106/91	BFHE 180, 87	
			BStBl II 1996, 687	4318, 4324, 4341
U	16. 2. 96	I R 183/94	BFHE 180, 97	
			BStBl II 1996, 342	4474

Entscheidungsregister

U/B/E	Datum	Aktenzeichen	Fundstellen	Rn
U	7. 3. 96	IV R 52/93	BFHE 180, 302	
			BStBl II 1996, 415	5226
U	17. 4. 96	X R 128/94	BFH/NV 1996, 877	4005
U	17. 4. 96	X R 160/94	BFHE 180, 566	
			BStBl II 1997, 32	4325, 4326, 4327
U	26. 6. 96	XI R 41/95	BFHE 180, 455	
			BStBl II 1996, 601	4307
U	27. 6. 96	VIII R 67/95	BFH/NV 1997, 175	4353
U	24. 7. 96	I R 113/95	BFH/NV 1997, 214	4137
U	24. 7. 96	X R 167/95	BFHE 181, 73	
			BStBl II 1997, 315	4341
U	1. 8. 96	VIII R 4/92	BFH/NV 1997, 215	4147
U	1. 8. 96	VIII R 36/95	BFH/NV 1997, 216	
			HFR 1997, 221	4265, 5247
U	27. 8. 96	IX R 86/93	BFHE 181, 175	
			BStBl II 1997, 47	4324, 4333
B	10. 9. 96	IV B 135/95	BFH/NV 1997, 218	6421
B	11. 9. 96	IV B 16/96	BFH/NV 1997, 219	6422
U	13. 11. 96	X R 104/95	BFHE 182, 69	
			BStBl II 1997, 281	5703
U	27. 11. 96	X R 85/94	BFHE 182, 110	
			BStBl II 1997, 284	4296, 4324, 4341, 4346, 4353
U	5. 12. 96	IV R 65/95	BFH/NV 1997, 225	6422
U	17. 12. 96	X R 160/94	BFHE 180, 566	
			BStBl II 1997, 32	837
U	23. 1. 97	IV R 36/95	BFHE 182, 533	
			BStBl II 1997, 498	4111, 4118, 4119, 4472, 5315, 5318
U	23. 1. 97	IV R 45/96	BFHE 182, 539	
			BStBl II 1997, 458	4326
U	6. 3. 97	XI R 2/96	BFHE 183, 85	
			BStBl II 1997, 460	6593, 6936
U	27. 8. 97	X R 54/94	BFHE 184, 337	
			BStBl II 1997, 813	4316, 4331, 4349
U	16. 12. 97	IX R 11/94	BFHE 185, 208	
			BStBl II 1998, 718	4325, 4349, 4351
U	27. 1. 98	VIII R 64/96	BFHE 186, 12	
			BStBl II 1998, 537	4305
B	1. 4. 98	X B 198/97	BFH/NV 1998, 1467	4334
U	17. 6. 98	X R 104/94	BFHE 186, 280	
			BStBl II 2002, 646	4341
U	17. 6. 98	X R 129/98	BFH/NV 1999, 294	4341
B	13. 7. 98	X B 70/98	BFH/NV 1999, 39	6708 (3)
B	25. 8. 98	II B 45/98	BFH/NV 1999, 313	5935
U	27. 8. 98	III R 96/96	BFH/NV 1999, 758	6406 (2)
U	23. 9. 98	XI R 72/97	BFHE 187, 36	
			BStBl II 1999, 281	6707 (2), 6715 (2)
U	24. 9. 98	IV R 1/98	BFHE 187, 42	
			BStBl II 1999, 55	4334, 4345
U	15. 10. 98	IV R 20/98	BFHE 187, 26	
			BStBl II 1999, 445	6634 (3)

U/B/E	Datum	Aktenzeichen	Fundstellen	Rn
U	19. 10. 98	VIII R 69/95	BFHE 187, 434	
			BStBl II 2000, 230	4128, 4468
U	24. 11. 98	VIII R 61/97	BFHE 187, 297	
			BStBl II 1999, 483	6413
U	26. 11. 98	IV R 52/96	BFHE 187, 492	
			BStBl II 1999, 547	6972
U	24. 2. 99	X R 51/97	BFH/NV 1999, 1203	4341
U	10. 6. 99	IV R 11/99	BFH/NV 1999, 1594	3991
U	16. 6. 99	II R 57/96	BStBl II 1999, 789	6023
B	15. 7. 99	X B 16/99	BFH/NV 2000, 29	4328
U	11. 8. 99	XI R 12/98	BFHE 189, 419	
			BStBl II 2000, 229	5736
U	22. 9. 99	XI R 46/98	BFHE 190, 323	
			BStBl II 2000, 120	4975
B	18. 10. 99	GrS 2/98	BFHE 189, 465	
			BStBl II 2000, 123	4158, 5331, 5337
U	20. 10. 99	X R 132/95	BFHE 190, 178	
			BStBl II 2000, 82	6072
U	21. 10. 99	X R 75/97	BFHE 190, 197	
			BStBl II 2002, 650	4301
B	10. 11. 99	X R 46/97	BFHE 189, 497	
			BStBl II 2000, 188	4325
U	20. 10. 99	X R 86/96	BFHE 190, 365	
			BStBl II 2000, 602	4326, 4350
U	10. 12. 99	X R 46/97	BFHE 189, 497	
			BStBl II 2000, 188	4295
U	24. 2. 00	IV R 62/98	BStBl II 2000, 417	6508
U	2. 3. 00	IV B 34/99	BFH/NV 2000, 1084	6508
U	15. 3. 00	VIII R 82/98	BFHE 191, 390	
			BFH/NV 2000, 1304	
			DB 2000, 1447	6421, 6422 (2), 6722, 6732
U	28. 3. 00	VIII R 43/99	BFH/NV 2000, 1330	4391, 4392
U	8. 6. 00	IV R 63/99	BFH/NV 2000, 1341	5319
U	28. 6. 00	X R 48/98	BFH/NV 2000, 1468	4331
U	25. 7. 00	VIII R 35/97	BB 2001, 408	3189
U	25. 7. 00	VIII R 46/99	BB 2000, 2292	4149, 4185
U	6. 9. 00	IV R 18/99	BStBl II 2001, 229	4467
U	21. 9. 00	IV R 54/99	BFH/NV 2001, 251	5337
U	28. 11. 00	V R 3/01	BB 2003, 343	5406
U	6. 12. 00	II R 28/98	BFH/NV 2001, 601	5935
B	13. 12. 00	X B 81/00	BFH/NV 2001, 600	4334
U	25. 1. 01	II R 22/98	BStBl II 2001, 456	6072
U	27. 3. 01	X R 106/98	BFH/NV 2001, 1242	4328
U	2. 5. 01	VIII R 64/93	BFH/NV 2002, 10	4305, 4349, 4350, 4351, 4352
U	6. 1. 01	II R 76/99	BFHE 195, 415	
			BStBl II 2001, 605	4752
U	6. 6. 01	II R 14/00	BFHE 195, 419	
			BStBl II 2001, 725	4752
U	16. 5. 01	I R 76/99	BFH/NV 2001, 1327	4692
B	12. 6. 01	VIII B 33/01	BFH/NV 2001, 1398	1248

U/B/E		Datum	Aktenzeichen	Fundstellen	Rn
B		6. 8. 01	XI B 5/00	BFH/NV 2001, 1561	5287
U		25. 8. 01	VIII R 34/00	BFH/NV 2002, 185	6508
U		28. 2. 02	IV R 20/00	BFHE 198, 446	
				BFH/NV 2002, 856	4334, 4345
U		16. 5. 02	III R 45/98	DB 2002, 2411	
B		22. 5. 02	II R 61/99	BStBl II 2002, 598	3010
U		5. 6. 02	X R 1/00	BFH/NV 2002, 1438	4305
U		31. 7. 02	X R 39/01	BFH/NV 2002, 1575	4295
U		1. 8. 02	V R 17/01	BB 2003, 244	5402, 5876
U		7. 11. 02	VII R 11/01	BB 2003, 345 Fn 2	5876
U		14. 11. 02	X R 39/98	BFHE 197, 179	
				BStBl II 2002, 246	4316
B		12. 5. 03	GrS 1/00	BFH/NV 03, 1480	4297, 4317,
					4320, 4335, 4356
B		12. 5. 03	GrS 2/00	BFH/NV 03, 1484	4297, 4312,
					4317, 4335, 4357
U		5. 6. 03	IV R 18/02	BFH/NV 03, 1631	4060
U		5. 6. 03	V R 25/02	BB 2003, 1882	487
FG					
Rh.-Pf.	U	1. 12. 62	II 37/61 rkr	EFG 1962, 406	4064
B-Würt.	U	20. 12. 66	I 614/66 rkr	EFG 1967, 285	5312
D'dorf	U	13. 12. 73	IX 72/73 E rkr	EFG 1974, 151	4235
Nds.	U	4. 7. 74	II 160/70	EFG 1975, 65	4658
Hamburg	U	16. 12. 74	III 87/73 rkr	EFG 1975, 256	3432
Nds.	U	2. 2. 81	IX 244/79	EFG 1981, 552	3038
Hamburg	U	12. 10. 84	I 211/81 rkr	EFG 1985, 292	4055
Köln	U	14. 3. 85	IX K 139/83	EFG 1985, 448	4484
D'dorf	U	12. 6. 85	VIII 162/80 F rkr	EFG 1986, 11	232
Rh.-Pf.	U	23. 3. 87	5 K 200/86	EFG 1987, 449	3774
Rh.-Pf.	U	1. 6. 87	5 K 120/86	EFG 1987, 558	5109
Münster	U	2. 6. 87	VI 2570/85 F	EFG 1987, 564	4952
Saarland	U	24. 6. 87	1 K 260/86	EFG 1987, 565	4052
Nds.	U	29. 10. 87	II 614/83 rkr	EFG 1987, 364	4047
Hamburg	U	15. 12. 87	V 144/84	EFG 1988, 305	5073, 5098
Münster	U	11. 6. 91	6 K 7101/88 rkr	EFG 1992, 74	5173
Hamburg	U	8. 11. 91	V 179/89 rkr	EFG 1992, 334	5287
Saarland	U	24. 2. 93	1 K 269/92 rkr	EFG 1993, 585	5298
Rh.-Pf.	U	17. 3. 92	2 K 1095/98	EFG 1992, 737	4043
Nürnberg	U	26. 3. 92	VI 236/85	EFG 1992, 605	4077
Nürnberg	U	6. 10. 93	V 27/91 rkr	EFG 1994, 233	3775
Nürnberg	U	24. 11. 99	V 854/97	EFG 2001, 562	
				Revision eing.	4326, 4328
München	U	13. 4. 00	15 K 3507/94	EFG 2000, 855	
				Revision eing.	4326
B.-Würt.	U	17. 7. 00	14 K 173	EFG 2000, 1066	4333
Münster	U	28. 12. 00	7 K 7481/99 E	EFG 2001, 489	4343
B.-Würt.	U	30. 5. 01	2 K 106/99	EFG 2001, 1120	4334
Münster	U	20. 11. 01	2 K 4166/00 E	EFG 2002, 672	4343
Münster	U	5. 2. 02	6 K 5902 E	EFG 2002, 671	4334
Münster	U	19. 4. 02	11 K 228/00 E	EFG 2003, 743	
				Revision eing.	4343, 4344

U/B/E	Datum	Aktenzeichen	Fundstellen	Rn
RG				
U	20. 6. 00	Rep I 120/00	RGZ 46, 150	2241
U	26. 1. 01	V 353/00	RGZ 47, 197	1478
U	26. 6. 03	II 4/03	RGZ 55, 210	2048
U	27. 2. 04	I 452/03	RGZ 58, 21	2317
U	7. 3. 05	Rep 336/04	RGZ 60, 238	4823
U	13. 3. 06	II 344/05	RGZ 63, 57	1366, 1926, 1927, 1951
U	25. 4. 06	I 507/05	RGZ 63, 226	1352
U	12. 12. 06	Rep I 216/06	RGZ 65, 14	2269 (2)
U	8. 5. 07	V 340/06	RGZ 66, 122	1750
U	13. 5. 07	II 26/07	RGZ 66, 154	2111
U	5. 10. 07	V 67/07	RGZ 66, 356	1479
U	30. 10. 07	Rep I 604/06	RGZ 66, 415	2372, 2377
U	15. 11. 07	II 383/07	RGZ 67, 86	1927, 1938, 1947
U	12. 11. 08	VI 663/07	RGZ 69, 416	1728
U	20. 11. 08	II 199/08	RGZ 69, 429	1927
U	26. 1. 09	VII 124/08	RGZ 70, 220	1158
U	26. 1. 09	VII 146/08	RGZ 70, 226	1428
U	23. 10. 09	V 569/08	RGZ 72, 101	6851
U	26. 11. 09	VII 46/09	RGZ 72, 213	1490
U	14. 1. 10	II ZR 227/09	RGZ 72, 434	1342
U	11. 5. 11	Rep II 668/10	RGZ 76, 263	2257 (2)
U	9. 7. 15	II 166/15	JW 1915, 1117	1951
U	27. 6. 16	II 174/16	RGZ 88, 377	1746
U	29. 9. 16	II 104/16	RGZ 88, 421	2250
U	19. 9. 18	IV 157/18	RGZ 93, 297	1749
U	25. 2. 19	II 348/18	RGZ 95, 36	1366
U	16. 3. 20	II 450/19	RGZ 98, 289	1927
U	15. 6. 20	II 4/20	RGZ 79, 158	1361
U	2. 11. 20	II 162/20	RGZ 100, 200	1927
U	2. 6. 21	VI 112/21	RGZ 102, 223	1138
U	3. 6. 21	III 299/20	RGZ 102, 225	1158
U	27. 2. 22	II 358/21	RGZ 104, 75	2074
U	31. 5. 27	II 517/26	RGZ 117, 176	1908
U	2. 5. 29	VI 452/28	RGZ 125, 100	1533
U	4. 3. 30	II 207/29	RGZ 129, 172	1673
U	25. 11. 30	III 38/30	RGZ 131, 12	2309
U	24. 2. 31	III 131/30	RGZ 132, 26	1582
U	26. 3. 31	II B 5/31	RGZ 132, 138	2390 (2)
U	12. 5. 31	II 294/30	RGZ 133, 11	1131
U	6. 10. 31	II 516/30	RGZ 133, 318	6340
U	9. 7. 32	VI 205/32	RGZ 137, 324	1728, 1731
U	22. 11. 32	II 148/32	RGZ 138, 354	1927, 1947, 2142, 2150
U	12. 1. 34	II 231/33	RGZ 143, 154	2318
U	19. 1. 34	VII 276/33	RGZ 143, 219	1582
U	13. 2. 34	II 254/33	RGZ 143, 371	2298 (2)
U	19. 2. 34	IV 394/33	RGZ 143, 419	2395 (3)
U	23. 3. 34	I 214/33	RGZ 144, 1	3417, 3420
U	5. 2. 35	II 203/34	JW 1935, 1558	1951
U	26. 3. 35	II 277/34	RGZ 147, 332	1348
U	21. 7. 36	II ZR 63/36	RGZ 152, 75	2310

U/B/E	Datum	Aktenzeichen	Fundstellen	Rn
U	30. 10. 36	IV 126/36	RGZ 153, 29	
			JW 1937, 462	6841
U	24. 11. 36	II 131/36	RGZ 153, 280	3408
U	14. 11. 38	V 37/38	RGZ 158, 362	1438
U	16. 10. 41	II 71/41	DR 1942, 465	1390 (2)
U	11. 5. 42	II 13/42	RGZ 169, 133	2302 (2)
U	7. 6. 43	I 34/43	RGZ 171, 129	4428
U	16. 6. 43	VII, VIII 139/42	RGZ 170, 292	1136
BGH				
U	22. 1. 51	IV ZR 172/50	NJW 1951, 229	1377
U	27. 9. 51	I ZR 85/50	LM-BGB § 581 Nr. 2	4428
B	4. 7. 53	II ZB 9/53	LM-BGB § 24 Nr. 1	2266
U	4. 11. 53	VI ZR 112/52	BB 1953, 1025	2291
U	16. 12. 53	VI ZR 12/53	VersR 1954, 100	2092, 3185
U	18. 1. 54	IV ZR 130/53	BGHZ 12, 100	
			NJW 1954, 636	2390, 2393
U	18. 12. 54	II ZR 76/54	BGHZ 16, 71	
			NJW 1955, 337	1943, 3832
U	21. 4. 55	II ZR 227/53	BGHZ 17, 130	
			NJW 1955, 1025	2540
U	13. 10. 55	II ZR 44/54	BGHZ 18, 248	2300
U	20. 6. 56	IV ZR 16/56	LM-BGB § 2311 Nr. 4	3325
U	29. 11. 56	II ZR 32/56	BGHZ 22, 234	2292
U	12. 12. 56	IV ZR 230/55	BB 1957, 167	
			RzW 1957, 83	3408, 3673
U	14. 12. 56	I ZR 105/55	BGHZ 22, 347	3825
U	29. 1. 57	III ZR 141/55	BGHZ 23, 157	1179
U	12. 2. 57	VI ZR 303/56	VersR 1957, 252	2092, 3185
U	19. 6. 57	IV ZR 214/56	BGHZ 25, 1	1728
U	27. 9. 57	VI ZR 139/56	VersR 1958, 107	2092, 3185
U	25. 3. 58	VIII ZR 48/57	NJW 1958, 866	1988
			BB 1958, 426	
U	10. 11. 58	II ZR 3/57	BGHZ 28, 314	3420
U	25. 11. 58	VI ZR 226/57	VersR 1959, 365	2092, 3185
U	9. 12. 58	VI ZR 199/57	BGHZ 29, 69	1179
U	12. 12. 58	VIII ZR 175/57	LM-BGB § 377 Nr. 4	2075
U	8. 1. 59	VIII ZR 174/57	BGHZ 29, 148	2124, 2131
U	2. 2. 59	IV ZR 152/59	LM-BEG 1956 Nr. 17	3715
U	16. 2. 59	II ZR 194/57	DB 1959, 428	2432
U	9. 6. 59	VIII ZR 107/58	NJW 1959, 1584	1943, 3751
U	11. 6. 59	II ZR 101/58	BB 1959, 719	
			DB 1959, 828	
			WM 1959, 719	2432
U	9. 7. 59	II ZR 252/58	NJW 1959, 1963	
			BB 1959, 827	
			DB 1959, 911	2433
U	24. 9. 59	II ZR 46/59	BGHZ 30, 391	
			NJW 1959, 2114	2387
U	2. 12. 59	IV ZR 152/59	LM-BEG 1956 § 56 Nr. 17	3292
U	2. 12. 59	IV ZR 174/59	LM-BEG 1956 § 56 Nr. 18	3292
U	7. 1. 60	II ZR 228/59	BGHZ 31, 397	2411

U/B/E	Datum	Aktenzeichen	Fundstellen	Rn
U	13. 1. 60	IV ZR 235/59	BB 1960, 381	
			LM-BEG 1956	
			§ 56 Nr. 19	3715
U	8. 2. 60	II ZR 136/58	BGHZ 32, 44	471
U	10. 2. 60	V ZR 39/58	BGHZ 32, 60	
			NJW 1960, 959	2389
U	19. 5. 60	II ZR 72/59	BGHZ 32, 307	3967
U	14. 7. 60	II ZR 188/58	WM 1960, 1121	3968
U	8. 12. 60	II ZR 234/59	BB 1961, 348	
			WM 1961, 323	2141, 2432
U	14. 12. 60	V ZR 40/60	BGHZ 34, 32	2141
U	25. 1. 61	V ZR 141/59	WM 1961, 505	2165
U	27. 3. 61	II ZR 294/59	BGHZ 35, 13	
			NJW 1961, 1304	2390
U	6. 7. 61	II ZR 219/58	BGHZ 45, 272	4115
U	6. 12. 61	IV ZR 116/61	BB 1962, 155	
			LM-BEG 1956	
			§ 56 Nr. 33	3696
U	29. 1. 62	II ZR 172/60	WM 1962, 462	2555
U	31. 1. 62	VIII ZR 120/60	NJW 1962, 1196	
			BB 1962, 610	1987
U	28. 2. 62	IV ZR 239/61	NJW 1962, 362	
			LM-BEG § 56 Nr. 35	3673
U	15. 6. 62	VI ZR 268/61	BB 1962, 1139	3325
U	16. 12. 63	III ZR 47/63	NJW 1964, 589	1906
U	29. 4. 64	VIII ZR 2/63	DB 1964, 1297	2295
U	4. 5. 64	III ZR 159/63	NJW 1964, 1414	641
U	9. 10. 64	V ZR 109/62	NJW 1965, 34	2123
U	26. 11. 64	VII ZR 75/63	BGHZ 42, 381	2355
U	21. 12. 64	III ZR 226/62	FamRZ 1965, 135	641
U	20. 1. 65	VIII ZR 53/63	BGHZ 43, 46	3416
U	24. 6. 65	II ZR 219/63	BB 1965, 968	2388
U	8. 11. 65	II ZR 223/64	BGHZ 44, 229	1671
U	31. 1. 66	III ZR 127/64	BGHZ 45, 83	1179
U	25. 4. 66	II ZR 120/64	BGHZ 45, 221	1680
U	6. 7. 66	VII ZR 92/64	NJW 1966, 1917	2409
U	11. 7. 66	II ZR 134/65	NJW 1966, 2055	3151
U	5. 4. 67	VIII ZR 32/65	BGHZ 47, 312	1996
U	20. 11. 67	III ZR 130/65	VersR 1968, 172	1599
U	9. 5. 68	II ZR 158/66	NJW 1968, 1717	
			BB 1968, 808	3836
U	26. 11. 68	VI ZR 212/66	BGHZ 51, 91	
			VersR 1969, 155	2092, 3185
U	19. 3. 69	VI ZR 204/67	NJW 1969, 1207	1177
U	10. 11. 69	II ZR 273/67	BGHZ 53, 65	2247
U	12. 11. 69	I ZR 93/67	NJW 1970, 653	1941, 1945, 1951
U	28. 11. 69	V ZR 20/66	WM 1970, 195	1558
U	27. 2. 70	I ZR 103/68	WM 1970, 819	1929, 1944, 1947
U	10. 7. 70	V ZR 159/67	NJW 1970, 1840	1322
U	5. 4. 71	VII ZR 163/69	BGHZ 56, 81	1322
U	20. 9. 71	II ZR 157/68	BB 1971, 1531	
			WM 1971, 1450	2432
U	27. 9. 71	II ZR 106/68	NJW 1972, 101	3479
U	22. 11. 71	II ZR 166/69	NJW 1972, 1466	2412

U/B/E	Datum	Aktenzeichen	Fundstellen	Rn
U	20. 12. 71	III ZR 79/69	BGHZ 57, 359	3325
U	10. 1. 72	III ZR 139/70	DB 1972, 673	
			WM 1972, 371	3325
U	12. 1. 72	IV ZR 124/70	LM-BGB § 2312 Nr. 2	2817
			MDR 1972, 496	
U	20. 4. 72	II ZR 17/70	BGHZ 58, 322	2242
U	26. 4. 72	II ZR 114/70	NJW 1972, 1269	
			DB 1972, 1229	
			WM 1972, 68	588, 3715
U	8. 5. 72	II ZR 155/69	NJW 1972, 1859	2302
U	26. 5. 72	I ZR 44/71	NJW 1972, 2113	
			BB 1973, 210	1349, 2301
U	26. 6. 72	III ZR 203/68	NJW 1972, 1574	
			DB 1972, 1917	
			LM-GG Art. 14 Ea	
			Nr. 62	3325
U	23. 10. 72	II ZR 31/70	NJW 1973, 651	
			LM-HGB § 119 Nr. 9	2534
U	26. 10. 72	VI ZR 232/71	NJW 1973, 98	
			DB 1973, 128	3421, 3673
U	7. 12. 72	VII ZR 235/71	NJW 1973, 315	3825
U	14. 12. 72	II ZR 92/70	WM 1973, 286	2432
U	17. 1. 73	IV ZR 142/70	NJW 1973, 509	
			DB 1973, 563	2788, 3332
U	7. 2. 73	VIII ZR 205/71	LM-BGB § 581 Nr. 35	4428
U	21. 3. 73	IV ZR 157/71	NJW 1973, 895	
			WM 1973, 976	3325
U	25. 6. 73	II ZR 133/70	BGHZ 61, 59	
			MDR 1973, 893	2410
U	5. 10. 73	I ZR 43/72	DB 1974, 231	1945, 1951, 1987, 1990
U	22. 10. 73	II ZR 37/72	NJW 1974, 312	
			BB 1974, 151	
			DB 1974, 329	
			WM 1974, 129	3257
U	7. 11. 73	VIII ZR 228/72	NJW 1974, 602	
			DB 1973, 2446	3421
U	14. 11. 73	IV ZR 147/72	BGHZ 61, 385	254, 255
U	16. 10. 74	IV ZR 3/73	NJW 1975, 54	2392
U	18. 10. 74	V ZR 17/73	NJW 1975, 43	1582
U	30. 10. 74	IV ZR 41/73	DB 1975, 201	585
U	18. 11. 74	VIII ZR 236/73	DB 1975, 146	6821
U	5. 12. 74	II ZR 24/73	WM 1975, 325	2477
U	10. 7. 75	II ZR 154/72	BB 1975, 1083	641
U	14. 7. 75	III ZR 141/72	NJW 1975, 1966	3325
U	12. 11. 75	VIII ZR 142/74	BGHZ 65, 246	1393, 1394
U	11. 3. 76	III ZR 154/73	NJW 1976, 1312	3325
U	12. 5. 76	VIII ZR 33/74	BB 1977, 61	
			DB 1976, 1475	
			WM 1976, 740	1987
U	13. 10. 76	IV ZR 104/74	NJW 1977, 328	
			FamRZ 1977, 38	3673
U	24. 11. 76	VIII ZR 137/75	BGHZ 67, 359	
			BB 1977, 162	2092, 3185

U/B/E	Datum	Aktenzeichen	Fundstellen	Rn
U	15. 12. 76	IV ZR 27/75	WM 1977, 202	3325
U	20. 12. 76	II ZR 115/75	GmbHR 1977, 81	2458
U	20. 1. 77	II ZR 217/75	BGHZ 68, 212	2493, 3458
U	10. 2. 77	II ZR 120/75	BGHZ 68, 225	4738
U	9. 3. 77	IV ZR 166/75	BGHZ 68, 163	
			BB 1977, 616	
			FamRZ 1977, 386	257, 2788, 3325, 3673
U	18. 3. 77	I ZR 132/75	NJW 1977, 1538	1945, 1951, 1987
U	21. 3. 77	II ZR 96/75	BGHZ 68, 204	1902
U	25. 5. 77	VIII ZR 186/75	BGHZ 69, 53	
			NJW 1977, 1536	1338, 1987
U	29. 6. 77	VIII ZR 309/75	BB 1977, 373	
			DB 1977, 1695	
			WM 1977, 1027, 1028	1987
U	1. 7. 77	K ZR 3/76	BGHZ 69, 59	
			BB 1977, 1166	3834
U	13. 10. 77	II ZR 123/76	BGHZ 69, 334	1136
U	23. 11. 77	IV ZR 131/76	BGHZ 70, 224	
			NJW 1978, 884	
			BB 1978, 531	
			DB 1978, 580	3325, 3673
U	13. 3. 78	II ZR 142/76	BGHZ 71, 40	
			BB 1978, 776	
			DB 1978, 974	3332
U	15. 3. 78	VIII ZR 180/76	BGHZ 71, 75	1678
U	12. 5. 78	V ZR 67/77	NJW 1978, 1578	2107
U	29. 5. 78	II ZR 52/77	NJW 1979, 104	
			BB 1978, 1333	2455, 2529, 2530, 2536
U	8. 6. 78	III ZR 48/76	BGHZ 71, 386	1582
U	12. 6. 78	II ZR 141/77	WM 1978, 1152	2529
U	14. 7. 78	I ZR 154/76	NJW 1979, 33	1941, 1947
U	23. 11. 78	II ZR 20/78	WM 1979, 327	2555
U	29. 1. 79	II ZR 123/78	BB 1979, 1117	2317
U	5. 2. 79	II ZR 117/78	NJW 1979, 2245	2302
U	12. 2. 79	II ZR 106/78	WM 1979, 432	2434
U	13. 3. 79	K ZR 23/77	NJW 1979, 1605	1902
U	30. 4. 79	II ZR 137/78	BGHZ 74, 240	2410, 3479
U	11. 5. 79	V ZR 75/78	NJW 1979, 1983	1574
U	28. 5. 79	II ZR 217/78	WM 1979, 1064	3851
U	10. 10. 79	IV ZR 79/78	BGHZ 75, 195	
			NJW 1980, 229	
			BB 1980, 63	
			DB 1979, 2477	257, 3325, 3673
U	25. 10. 79	III ZR 182/77	WM 1980, 10	1128 (2)
U	23. 11. 79	I ZR 161/77	DB 1980, 679	
			LM-BGB § 123 Nr. 56	1394
U	11. 12. 79	VI ZR 141/78	BB 1980, 443	2092, 3185
U	28. 2. 80	III ZR 131/77	NJW 1980, 2457	3325
U	2. 6. 80	VIII ZR 64/79	BB 1980, 1392	1412
U	22. 9. 80	II ZR 204/79	BGHZ 78, 114	2414

U/B/E	Datum	Aktenzeichen	Fundstellen	Rn
U	13. 10. 80	II ZR 116/79	NJW 1981, 343	
			BB 1980, 1658	2252
U	19. 12. 80	V ZR 185/69	BGHZ 79, 183	
			NJW 1981, 864	1952
U	17. 3. 81	VI ZR 191/79	BGHZ 80, 186	
			BB 1981, 1045	3185
U	17. 3. 81	VI ZR 310/79	NJW 1983, 810	2092
U	5. 5. 81	VI ZR 280/79	BB 1981, 1239	2092, 3185
U	13. 7. 81	II ZR 56/80	BGHZ 81, 263	2493
U	30. 9. 81	IV a ZR 127/80	BB 1982, 70	
			DB 1982, 106	2997
U	3. 11. 81	K ZR 33/80	NJW 1982, 2000	1902
U	23. 11. 81	VII ZR 190/80	WM 1982, 44	2413
U	1. 2. 82	III ZR 93/80	BGHZ 83, 61	3325
U	1. 3. 82	II ZR 23/81	BGHZ 83, 341	3117, 3220
U	17. 3. 82	IV a ZR 27/81	NJW 1982, 2477	
			BB 1982, 887	
			DB 1982, 1404	641, 2092, 2997
U	29. 3. 82	II ZR 166/81	NJW 1982, 1647	2287
U	3. 5. 82	II ZR 78/81	BGHZ 84, 11	2493
U	1. 7. 82	IX ZR 34/81	NJW 1982, 2441	2997
U	27. 9. 82	II ZR 51/82	BGHZ 85, 221	
			WM 1983, 149	2218
U	28. 10. 82	III ZR 71/81	DB 1983, 1425	3325
U	28. 10. 82	IX ZR 85/81	nv	257
U	15. 11. 82	II ZR 23/82	WM 1983, 170	2579
U	18. 1. 83	VI ZR 310/79	BGHZ 86, 256	
			NJW 1983, 810	2092, 3185
U	7. 3. 83	VII ZR 333/81	WM 1983, 531	4428
U	4. 5. 83	IV a ZR 229/81	NJW 1986, 2431	502
U	19. 5. 83	II ZR 49/82	AP Nr. 6 zu § 128 HGB	1051 (5)
U	20. 6. 83	II ZR 237/82	NJW 1983, 2880	2474, 2511
U	13. 7. 83	VIII ZR 112/82	BGHZ 88, 13	1987
U	13. 10. 83	IX ZR 106/82	NJW 1984, 434	255
U	8. 12. 83	I ZR 183/81	BGHZ 89, 178	
			NJW 1984, 791	2283
U	16. 1. 84	II ZR 114/83	NJW 1984, 1186	
			BB 1984, 806	2290, 2308
U	20. 3. 84	K ZR 11/83	BB 1984, 1826	1902
U	26. 3. 84	II ZR 229/83	NJW 1984, 2366	
			BB 1984, 1381	
			DB 1984, 1717	1892, 3834
U	6. 6. 84	VIII ZR 83/83	BB 1984, 1895	
			DB 1984, 2132	
			LM BGB § 477 Nr. 41	
			NJW 1984, 2938	
			WM 1984, 1092, 1094	1987
U	9. 7. 84	II ZR 231/83	BGHZ 92, 79	
			NJW 1985, 59	2267
U	20. 9. 84	III ZR 47/83	BGHZ 92, 175	1582

U/B/E	Datum	Aktenzeichen	Fundstellen	Rn
U	24. 9. 84	II ZR 256/83	NJW 1985, 192	
			BB 1984, 2082	
			WM 1984, 150	
			JuS 1985, 235	2433, 2524, 2525, 2788
U	8. 10. 84	II ZR 223/83	BGHZ 92, 259	
			NJW 1985, 136	
			BB 1984, 2144	
			ZIP 1984, 1469	365, 563, 2255, 2385
U	12. 11. 84	II ZB 2/84	NJW 1985, 736	2245
U	26. 2. 85	VI ZR 144/83	NJW 1985, 1151	2284
U	25. 3. 85	II ZR 240/84	NJW 1985, 2421	
			BB 1985, 1558	
			DB 1985, 1736	2493, 4589
U	29. 4. 85	II ZR 167/84	WM 1985, 1166	3849, 4428
U	14. 5. 85	VI ZR 168/83	NJW 1985, 2420	2092, 3185
U	20. 6. 85	IX ZR 173/84	NJW 1985, 2528	
			WM 1985, 1172	1557
U	8. 7. 85	II ZR 150/84	DB 1985, 2295	641
U	18. 9. 85	IV a ZR 26/85	NJW-RR 1986, 163	3673
U	10. 10. 85	IX ZR 153/84	NJW 1986, 581	2283, 2284, 2287, 2296, 2300
U	23. 10. 85	IV b ZR 62/84	BB 1986, 91	
			FamRZ 1986, 37	260
B	28. 11. 85	III ZR 158/85	BRAK-Mit 1986, 109	3673, 3715
U	2. 12. 85	VI ZR 252/85	BB 1987, 295	2092
U	16. 12. 85	II ZR 38/85	BB 1986, 635	
			WM 1986, 709	
			ZIP 1986, 301	2513, 3220, 4426
U	28. 4. 86	II ZR 254/85	BB 1986, 2082	
			WM 1986, 1251	
			ZIP 1986, 1056	1902, 3836
U	9. 6. 86	II ZR 229/85	DB 1986, 2224	3220
U	14. 7. 86	II ZR 249/85	GmbHR 1986, 425	2439, 2513, 3011
U	1. 10. 86	IV b ZR 69/85	NJW 1987, 321	
			BB 1986, 2168	
			DB 1986, 2427	
			GmbHR 1987, 19	257 (1), 3673
U	20. 10. 86	II ZR 86/85	NJW 1987, 952	519
U	22. 10. 86	IV a ZR 143/85	NJW 1987, 1260	3325
B	27. 10. 86	II ZR 148/86	NJW-RR 1987, 450	
			WM 1987, 27	563
U	26. 11. 86	VIII ZR 260/85	BB 1987, 639	1906
U	1. 12. 86	II ZR 287/85	DB 1987, 679	
			WM 1987, 174	
			ZIP 1987, 291	2298
U	28. 1. 87	VIII ZR 46/86	DB 1987, 1532	2318
U	16. 2. 87	II ZR 285/86	BB 1987, 1129	
			NJW 1987, 2081	2267
U	6. 3. 87	V ZR 200/85	BB 1987, 1425	1949

U/B/E	Datum	Aktenzeichen	Fundstellen	Rn
U	25. 3. 87	VIII ZR 43/86	BB 1987, 1277	
			DB 1987, 1290	
			NJW 1987, 2007	3233
U	26. 3. 87	IX ZR 69/87	NJW 1987, 2874	970 (5)
U	10. 7. 87	V ZR 236/85	NJW-RR 1988, 10	1987
U	13. 7. 87	II ZR 274/86	DB 1987, 2303	
			GmbHR 1987, 427	3325
U	16. 9. 87	VIII ZR 334/86	DB 1987, 2351	2171
U	30. 10. 87	V ZR 144/86	WM 1988, 48	1952
U	4. 11. 87	VIII ZR 314/86	BB 1988, 20	3233
U	4. 2. 88	IX ZR 20/87	WM 1988, 457	3510
U	2. 3. 88	VII ZR 63/82	WM 1988, 711	1390, 1686
U	7. 6. 88	VI ZR 91/87	NJW 1988, 2611	
			BB 1988, 1624	2092
U	13. 7. 88	VIII ZR 224/87	NJW 1989, 763	3688
U	19. 9. 88	II ZR 329/87	NJW 1989, 102	
			GmbHR 1989, 117	2433, 3534
U	5. 10. 88	VIII ZR 222/87	WM 1988, 1700	1987
U	8. 12. 88	VII ZR 83/88	WM 1989, 416	1987
U	19. 12. 88	II ZR 101/88	NJW-RR 1989, 685	1671
U	9. 1. 89	II ZR 83/88	BB 1989, 1073	
			DB 1989, 1400	
			WM 1989, 783	2477
U	9. 1. 89	II ZR 142/88	NJW 1989, 1798	
			BB 1989, 514	
			WM 1989, 339	2267
U	22. 2. 89	VIII ZR 4/88	WM 1989, 685	1589
U	15. 3. 89	VIII ZR 62/88	NJW-RR 1989, 800	1902
U	17. 4. 89	II ZR 258/88	BB 1989, 1146	
			DB 1989, 1399	
			WM 1989, 878	2555
U	19. 4. 89	IV a ZR 85/88	FamRZ 1989, 856	585
U	26. 4. 89	VIII ZR 312/87	BB 1989, 1436	1996
U	31. 5. 89	VIII ZR 140/88	BB 1989, 1432	1996
U	14. 12. 89	I ZR 17/88	BGHZ 109, 364	
			NJW 1990, 1605	2259
U	15. 1. 90	II ZR 14/89	BB 1990, 597	
			ZIP 1990, 1200	3673, 3851
U	15. 5. 90	X ZR 82/88	NJW 1990, 1251	2319
U	30. 5. 90	IV ZR 254/88	FamRZ 1991, 552	5994
U	6. 6. 90	IV ZR 88/89	NJW 1990, 2382	
			FamRZ 1990, 1109	
			JuS 1991, 78	393
U	27. 6. 90	IV ZR 104/89	WM 1990, 1760	805
U	27. 7. 90	VIII ZR 122/89	NJW 1990, 3077	1767
U	24. 9. 90	II ZR 167/89	BB 1991, 85	84 (7)
U	27. 9. 90	III ZR 97/89	WM 1991, 155	3095
U	24. 10. 90	XII ZR 101/89	BB 1991, 311	
			FamRZ 1991, 43	3683
U	22. 11. 90	I ZR 14/89	DB 1991, 590	
			WM 1991, 364	2241, 2252
U	10. 12. 90	II ZR 256/89	NJW 1991, 884, 885	2382
U	14. 1. 91	II ZR 112/90	DB 1991, 540	66 (2)
U	16. 1. 91	VIII ZR 335/89	BB 1991, 496	1949, 1952

U/B/E	Datum	Aktenzeichen	Fundstellen	Rn
U	24. 1. 91	IX ZR 121/90	NJW 1991, 1225	3445, 3531
U	28. 1. 91	II ZR 20/90	AG 1991, 174	3142
U	28. 2. 91	IX ZR 74/90	WM 1991, 1053	
			DB 1992, 85	3937
U	10. 7. 91	VIII ZR 296/90	BGHZ 115, 123	
			NJW 1991, 2955	3425
U	23. 9. 91	II ZR 135/90	NJW 1991, 3142	5859
U	4. 11. 91	II ZR 85/91	NJW 1992, 911	
			WM 1992, 55	2291
U	11. 12. 91	VIII ZR 4/91	BGHZ 116, 268	
			NJW 1992, 737	
			WM 1992, 350	3421, 3811
U	16. 12. 91	II ZR 58/91	BB 1992, 448	2467, 2526, 2802
U	20. 1. 92	II ZR 115/91	BB 1992, 804	
			DB 1992, 989	2376
U	13. 4. 92	II ZR 225/91	BB 1992, 1274	84
U	20. 5. 92	VIII ZR 240/91	NJW 1992, 2348	3811
U	28. 9. 92	II ZR 299/91	BB 1993, 1162	
			Anm. BB 1993, 1498	
			AG 1993, 84	84 (5)
U	7. 12. 92	II ZR 248/91	BB 1993, 401	3221
U	24. 5. 93	II ZR 36/92	NJW 1993, 2101	
			BB 1993, 1391	
			DB 1993, 1614	
			WM 1993, 1412	2526
U	20. 9. 93	II ZR 292/91	BB 1993, 2469	84 (4)
U	20. 9. 93	II ZR 104/92	BGHZ 123, 281	
			BB 1993, 2265	
			DB 1993, 2225	
			WiB 1994, 21	2489
B	18. 10. 93	II ZR 41/93	DStR 1993, 1675	4625
U	25. 11. 93	I ZR 281/91	NJW 1994, 786	
			BGHZ 124, 234	3417
U	6. 12. 93	II ZR 242/92	DB 1994, 469	
			ZIP 1994, 378	3851
U	16. 5. 94	II ZR 173/93	DStR 1994, 1623	2463, 2502
U	6. 3. 95	II ZR 97/94	INF 1995, 413	4625
U	17. 5. 95	VIII ZR 94/94	DB 1995, 1853	
			WM 1995, 1357	3806, 3808
U	13. 6. 95	IX ZR 121/94	DB 1995, 1854	332 (2)
U	10. 8. 95	IX ZR 220/94	DStR 1995, 1559	3791, 3806
U	29. 3. 96	V ZR 332/94	BB 1996, 1238	1987
U	22. 5. 96	VIII ZR 194/95	NJW 1996, 2087	
			DB 1996, 1513	
			DStR 1996, 1576	
			WM 1996, 1815	3807
U	22. 11. 96	V ZR 234/95	WM 1997, 480	1467
U	15. 7. 97	XI ZR 154/96	ZIP 1997, 1496	66 (1)
			WM IV 1997, 1666	66 (1)
U	18. 1. 00	XI ZR 71/99	WM 2000, 526	2410
U	8. 5. 00	II ZR 308/98	NJW 2000, 2584	
			JuS 2000, 1226	3832
U	8. 5. 00	II ZR 302/98	DStR 2000, 1273	2441
U	29. 1. 01	II ZR 331/00	DStR 2001, 310	67

U/B/E		Datum	Aktenzeichen	Fundstellen	Rn
B		12. 3. 01	II ZB 15/00	BGHZ 147, 108	2439
U		4. 4. 01	VIII ZR 32/00	DStR 2001, 1578	1389
U		13. 6. 01	VIII ZR 176/00	BB 2001, 1919	
U		17. 12. 01	II ZR 348/99	GmbHR 2002, 265 BB 2002, 216, DStR 2002, 461	1389
U		28. 2. 02	I ZR 195/99	AnwBl 2002, 598	
U		23. 3. 02	VII ZR 219/01	NJW 2002, 2776 WM 2002, 2254	
U		24. 6. 02	II ZR 300/00	DZWiR 2003, 72	
U		9. 12. 02	II ZB 12/02	GmbHR 2003, 227	
U		11. 12. 02	XII ZR 27/00	MDR 2003, 334 = FamRZ 2003, 432	56
U		29. 9. 03	II ZR 59/02	BB 2003, 2643	1908
U		15. 3. 04	II ZR 324/01	DStR 2004, 1136	5905

OLG, ByObLG, KG

		Datum	Aktenzeichen	Fundstellen	Rn
St'gart	U	29. 10. 45	Rev. 114/47	NJW 1949, 27	1905
München	U	15. 12. 64	AGRev 11/38–40/60	DB 1965, 179	2817
Hamburg	U	12. 11. 65	1 U 90/65	MDR 1966, 237	2997
K'ruhe	B	23. 12. 66	5 W 76/66	BB 1968, 308	2220, 2222
F'furt	B	13. 2. 70	6 W 521/69	MDR 1975, 513	2251
K'ruhe	U	8. 11. 74	10 U 231/73	BB 1974, 1604	3751
F'furt	U	6. 7. 76	14 U 103/75	AG 1976, 298	2817
D'dorf	U	29. 10. 76	19 W 6/73	DB 1977, 296	3011
Celle	U	24. 11. 76	3 U 4/76	AnwBl 1977, 216	3673
F'furt	B	1. 6. 77	20 W 231/77	NJW 1977, 2270	2306 (2), 2309
F'furt	U	9. 9. 77	20 W 702/76	NJW 1978, 328	2530
Bremen	U	25. 4. 78	1 U 18/78b	FamRZ 1979, 434	257 (1), 2432
F'furt	B	16. 5. 78	U 65/78	DB 1980, 250	2252
Celle	U	4. 4. 79	9 Wx 2/77	DB 1979, 1031	2817
F'furt	U	20. 11. 79	5 U 36/79	NJW 1980, 1397	2300
Köln	B	20. 2. 80	2 W 7/80	MDR 1980, 493	2395 (2)
Celle	B	8. 5. 80	1 Wx 1/80	RPfl 1980, 387	2416 (2)
Hamm	U	25. 6. 81	4 U 46/81 BB 1980, 2434	NJW 1982, 586 1177	
Koblenz	U	14. 12. 80	13 UF 584/81	FamRZ 1982, 280	3673
Hamm	U	28. 10. 82	1 UF 87/82	FamRZ 1983, 918	256
Koblenz	U	29. 11. 82	13 UF 282/82	FamRZ 1983, 166	3325
Hamm	U	2. 2. 83	6 UF 524/82 BB 1983, 860	NJW 1983, 1914 2261	
Hamburg	U	15. 4. 83	11 U 43/83	GmbHR 1983, 219	2241
Hamburg	U	28. 4. 83	16 UF 2/83	FamRZ 1984, 61	3673
Hamm	B	25. 7. 83	15 W 195/83	RPfl 1984, 21	2259 (2)
ByObLG	B	27. 10. 83	BReg 3 Z 92/83	BB 1984, 92	1273
K'ruhe	U	16. 12. 83	15 U 99/82	WM 1984, 656	2825
D'dorf	U	27. 1. 84	3 UF 50/83	FamRZ 1984, 699	3673
D'dorf	U	17. 2. 84	19 W 1/81	DB 1984, 817	2817
München	U	13. 3. 84	4 UF 195/83	FamRZ 1984, 1096	3673
ByObLG	B	19. 6. 84	BReg 3 Z 143/84	BB 1984, 1385	2308 (2)
Saarbr.	U	28. 6. 84	6 UF 181/82	FamRZ 1984, 794	262, 3673

U/B/E		Datum	Aktenzeichen	Fundstellen	Rn
St'gart	U	11. 10. 84	16 UF 451/83	nv	nn
K'ruhe	U	10. 4. 85	6 U 188/84	BB 1985, 2196	3451
Saarbr.	U	17. 5. 85	5 W 60/85	NJW-RR 1986, 464	2252
Hamm	B	9. 6. 85	15 W 211/85	DB 1985, 2555	2248
D'dorf.	U	27. 9. 85	7 UF 12/85	FamRZ 1986, 168	3325
St'gart	U	17. 10. 86	2 U 144/86	NJW 1987, 1490	3811
F'furt	U	18. 11. 86	4 UF 296/85	NJW-RR 1987, 327	3673
F'furt	U	18. 11. 86	4 UF 298/86	AnwBl 1987, 192	3715
München	B	5. 3. 87	4 WF 11/87	BB 1987, 1142	3673
F'furt	U	10. 3. 87	5 U 121/86	NJW 1987, 3206	1927
Ol'burg	B	20. 3. 87	5 W 9/87	EWiR § 162 HGB 1/87	2388
Hamburg	U	11. 9. 87	11 W 55/87	GmbHR 1988, 67	172
München	U	17. 9. 87	24 U 794/86	BB 1987, 2392 GmbHR 1988, 216	1706
F'furt	U	29. 10. 87	6 U 118/86	ZfP 1988, 589, 602	2259
KG	U	10. 11. 87	5 U 5388	NJW 1989, 2892 JuS 1989, 229	1135
Koblenz	U	11. 1. 88	13 UF 1492/86	FamRZ 1988, 950	3673, 3699 ff.
München	U	15. 1. 88	14 UF 572/87	BB 1988, 429	641
Koblenz	U	7. 4. 88	5 U 10/88	DB 1988, 2506	2289
D'dorf	U	11. 4. 88	19 W 32/86	DB 1988, 1109 WM 1988, 1052	2817, 2959
Bremen	U	3. 8. 88	3 U 111/87 rkr	ZIP 1988, 1396	2258
D'dorf	U	4. 11. 88	6 UF 27/88	DB 1989, 2019	247 (4)
Hamburg	U	22. 12. 88	3 U 5/88	DB 1989, 1178	2241
F'furt	U	24. 1. 89	20 W 477/86	DB 1989, 469	2817
St'gart	U	24. 2. 89	2 U 113/87	ZIP 1989, 774	2602
Hamburg	U	9. 3. 89	3 U 106/87	DB 1989, 1145	2252
K'ruhe	U	24. 5. 89	1 U 311/88	DB 1989, 1401 WM 1989, 1229	3696, 3705
Koblenz	U	29. 6. 89	5 U 1818/88	BB 1990, 2067	3832
Hamm	U	12. 6. 90	27 U 227/89	ZIP 1990, 1355	1118, 6582
D'dorf	B	9. 1. 91	3 Wx 340/90	BB 1991, 223	84 (4)
Koblenz	U	22. 10. 91	3 U 1859/90	WM 1991, 2075	1394, 1403
Köln	U	8. 12. 92	3 U 118/92	MDR 1994, 133, 134	2295
Köln	U	18. 3. 94	6 U 211/93	NJW-RR 1994, 1064	1969
KG	B	13. 5. 94	1 W 1913/93	MDR 1994, 833	3551
Naumburg	U	28. 2. 95	7 U 38/94	BB 1995, 1816	1394
Z'ücken	U	9. 3. 95	III W 133 u. 145/92	AG 1995, 421	2435, 2851
ByObLG	B	31. 5. 95	3 Z BR 67/89	DStR 1995, 1479 AG 1995, 509	2435, 2450, 2825, 2826
ByObLG	B	19. 10. 95	3 Z BR 17/90	AG 1995, 127	2847, 2926
Celle	B	31. 7. 98	9 W 128/97	AG 1999, 28	2439
München	U	16. 9. 99	6 U 6228/98	NZG 2000, 367	2267
Stuttgart	B	4. 2. 00	4 W 15/98	NZG 2000, 744	2955

LG'e

Hamburg	B	14. 11. 51	26 T 32/51	DB 1952, 469	1278
Berlin	U	3. 1. 56	65 S 327/55	JR 1956, 304	1117, 1265
Göttingen	B	5. 4. 56	1 T 7/56	BB 1956, 976	2260
F'furt	B	15. 5. 74	3/11 T 29/74	DNotz 1975, 235	2307
F'furt	U	2. 11. 84	2/10 O 215/83	NJW 1985, 2767	3811

U/B/E		Datum	Aktenzeichen	Fundstellen	Rn
F'furt	B	11. 3. 85	2/9 T 1247/84	AnwBl 1985, 258	3421
Hamburg	U	28. 8. 87	66 O 78/87	DB 1987, 2090	2267 (2)
M'heim	B	3. 3. 88	24 O 75/87	WM 1978, 775	2958
München	B	25. 1. 90	17 HK O 17002/82	AG 1990, 404	2958
F'furt	B	31. 1. 90	34 Akt E 1/86	AG 1990, 403	2958
München	B	5. 7. 90	17 HKT 11396/90	DB 1990, 1659	2266
ByObLG	B	18. 12. 02	3Z BR 116/00	AG 03, 569	2853
F'furt	B	9. 1. 03	20 W 434/93 und 425/93	AG 03, 581	2556
BSG					
U		1. 2. 96	2 RV 7/95	WiB 1997, 26	82, 90
BVerfG					
B		12. 3. 85	1 BvR 571/81 1 BvR 494/82 1 BvR 47/83	BVerfGE 69, 188	115
B		4. 6. 85	1 BvL 7/85	NJW 1987, 179	265
B		7. 8. 85	1 BvR 707/85	nv	1118
B		13. 5. 86	1 BvR 1542/84	BVerfGE 72, 155 NJW 1986, 1859 BB 1986, 1248	563
B		6. 6. 89	1 BvR 803, 1065/86	FamRZ 1989, 939 NJW 1989, 3211	3325
B		5. 5. 94	2 BvR 397/90	BStBl II 1994, 547	452
B		22. 6. 95	2 BvL 37/91	BStBl II 1995, 655	5628, 5801
B		22. 6. 95	2 BvR 552/91	BStBl II 1995, 671	5628, 5803
B		27. 4. 99	1 BvR 1613/94	JZ 1999, 942	2439
BVerwG					
U		26. 11. 84	5 C 17/84	BVerwG 436.0 § 122 BSHG Nr. 4	288
U		20. 2. 87	7 C 14/84	NJW 1987, 3020	3519 (2)
U		7. 7. 89	8 C 85/87	HFR 1991, 48	5885
VGH					
München	U	6. 10. 90	4 CS 90.2484	KStZ 1991, 78	5878

Stichwortverzeichnis

Die Ziffern verweisen auf die Randnummern. Die in Klammern gesetzten Ziffern verweisen auf Abschnitte/Unterabschnitte.

Abänderbarkeit von Vereinbarungen 266
Abänderbarkeit wiederkehrender Bezüge 4331, 4332
Abbruch von Verhandlungen 1582, 1940, 1942
Abfindung
– als außerbetrieblicher Vorgang 4818
– als Arbeitnehmer 4420
– an weichenden Erben 332, 359, 4682, 4775, 4855
– bei oder für Erbverzicht 602, 4860, 4861
– bei Nachlassteilung 440
– bei Praxiseinbringung 886
– bei vorzeitigem Ausscheiden eines Gesellschafters 4183
– gesetzliche Regelung 2432, 2788 (1)
– unter Buchwert 4526, 4555
Abfindungsanspruch 542, 2436, 2788, 2955, 2959, 3845, 4184, 4256
–, Ausschluss des – 826, 2465 ff., 2497 ff.
– des Arbeitnehmers bei Betriebsteilveräußerung 1066 (5)
– des Gesellschafter-Erben 6097
Abfindungsbetrag 2432
Abfindungsbilanz siehe Bilanz
Abfindungsguthaben 2432, 2477
Abfindungsklauseln 2431–2555
Abfindungsklauseln bei Abfindung eines Pflichtteilsberechtigten 620
– Ausscheiden eines Gesellschafters 457, 2459, 3534
– Ausscheiden eines Sozius 2502
– Insolvenz eines Gesellschafters 2553
– Tod eines Gesellschafters 2457, 2499
Abfindungsverfahren 583
Abfindungsvertrag 346 (5)
Abgrenzung des/der

– Aufgabegewinns vom laufenden Gewinn 5235, 5238
– Betriebsvermögens vom Privatvermögen 4454
– Veräußerungsgewinns vom laufenden Gewinn 3908, 3918, 3920, 4415
– Versorgungsleistungen von der Gegenleistungsrente 4349
– privater Versorgungsrente von Unterhaltsrente 4354 ff.
Ablösung wiederkehrender Bezüge durch Einmalzahlung 4313
Ablösung von Nutzungsrechten 4324
Abnahme des Kaufgegenstands 1801, 2201 ff.
Abnehmerstruktur 852
Abnutzbares bewegliches Anlagevermögen 3041
Abonnementsverträge 2987
Abrechnungsbilanz siehe Bilanz
Abreden über das Bewertungsverfahren bei Abfindung 2540, 2543 ff.
Absatzorganisation 3282
Absatzwege 1153, 1662
Abschichtungsanspruch 542
Abschichtungsbilanz siehe Bilanz
Abschluss
– der Abwicklung einer Kapitalgesellschaft 4237
– schuldrechtlicher Verpflichtung 4239
Abschlussstichtag 3028
Abschlussvermögen 4429
Abschreibung des Praxiswertes 3774, 3775
Abschreibungen gemäß § 7b EStG als zugesicherte Eigenschaft 1952
Abschreibungsgesellschaft, negatives Kapitalkonto und Zugewinnausgleich 260

Abschreibungsphase 2798
Abschreibungspolitik 2736
Abschreibungsquote 2736
Absetzung für Abnutzung 3290, 4418
Abspaltung 2597 (2)
Abstandszahlung 4895
Abstockung der Buchwerte 4526
Abtretung einer Forderung 1486 ff.
Abtretungsklausel im Gesellschaftsvertrag der GmbH 563
Abtretungsurkunde 1493 ff.
Abwachsung 4111 (2)
Abwerbung von Mitarbeitern 1910
Abwicklung 5058, 5076, 5134, 5135
– des Nachlasses 5941
– in kurzem Zeitraum 5125, 5144
Abwicklungsgemeinschaft 494
Abzinsung 2822, 3046, 3047, 3174, 4276, 4277
Abzugsbetrag 5967 (2)
Adoption 296, 395
Adoptivkind 6014
Änderung letztwilliger Verfügung beim Berliner Testament 6023
Aktie 360
Aktionär 2802 (9)
Akzessorietät der Haftung 5902, 5903
Alleinerbe 695, 816
– Vermächtnis belasteter – 440
Allianz 3 Plus Plan 845
Altenteiler 4329
Altersgrenze als
– Ausscheidungsgrund aus Sozietät 3529, 3548
– Kündigungsgrund 3529
Altersstruktur der Mitarbeiter 1582
Altersversorgung 3521
Altlasten 3206
Anfangsbilanz siehe Bilanz
Anfechtung
– wegen Irrtums 1751, 1943, 2138, 2141
– wegen Täuschung 1943, 2138, 2142
Angebot 954
Angehörige 1118
Angemessenheitsprüfung 87, 866
Angestellte, leitende 1007

Anlagebeteiligung (Vor) 53
–, immaterielle Anlagewerte 2986
Anlagevermögen 1965, 2736, 3041
– beim Nießbrauch 6832
Anlagewerte 2911, 2922
Anliegerbeiträge 6346
Anmeldepflicht 1296, 6073
–, im Handelsregister 1191
Anmeldung der Firma 2269
Annahme eines Angebots 954
Anrechnung auf Erbteil 628
Anrechnungsklausel im Testament 360
Anschaffungsjahr 3041
Anschaffungskosten 3090, 4682, 4752, 4764, 4774, 4781, 4791, 4845
–, Gesamtkaufpreisaufteilung 3084–3090
Anscheinshaftung 3445
Anscheinsvollmacht 3445
Anspruch
– aus Garantiezusage 1925, 1939, 1940, 1954
– aus ungerechtfertigter Bereicherung 2107
Ansprüche eines ausscheidenden Sozius auf Beteiligung an laufenden Beratungen (Prozessen und dergl. mehr) 3849
Anstellungsvertrag eines GmbH-Geschäftsführers 998
Anteilsbewertung 3271
Anteilseigner einer Kapitalgesellschaft 212
Anteilserwerb 1686, 1701–1708
– als Unternehmenskauf 1392 ff.
– an Kapitalgesellschaft 1394 ff.
– an Personengesellschaft 1405
– zum Entstehen einer beherrschenden Gesellschafterstellung 1406 ff.
Anteilskauf 1392, 1701
Anteilsübertragung 1670, 1672, 3596, 3597, 4111, 4118, 4119, 4261, 4462–4470
Anteilsveräußerung 4111 (2)
Anteilsverkauf siehe Anteilskauf und Erbanteilsverkauf

Anwachsung eines Gesellschaftsanteils 2460, 3531, 3538, 4111, 4118, 4119, 4472
Anwalt siehe Rechtsanwalt
Anwaltskanzlei siehe Rechtsanwaltskanzlei
Anwaltsnotar 3422, 3425
Anwaltssozietät siehe Rechtanwaltssozietät
Anwartschaft auf Versorgungsausgleich 222, 1004
Anzahlung bei Überschussrechnung 3065, 4412
Anzeige der Abtretung 1494
Anzeigepflicht 1296
Apotheke 1952
Apparategemeinschaft 3644
Arbeitgeberanteile zur Sozialversicherung 3209
– gem. GWB 1296
– Gewerbebetrieb 1172
Arbeitnehmer, Ansprüche der 1005
– Übernahme der – 1359, 3434
Arbeitsintensität 2736
Arbeitsrückstände 3751
Arbeitsverhältnis 474, 966 ff., 1004, 3434
Arbeitsvertrag 1296, 1563
– bei Verpachtung 6321 ff.
Architekt 866 ff.
– Architektenbüro 3708–3714
Arithmetisches Mittel 2913
Art der Besteuerung 436
Artfortschreibung 5805
Arzt 3695–3707
– Ärztliche Praxis 3413
– Ärztliche Praxis mit Kuranstalt, Heilanstalt oder Sanatorium 1380
Arztpraxis 1379, 3142, 3354, 3421, 3433, 3661–3664, 3666, 3676, 5312
– und Klinik 3433
–, Wert 3354
Asset deal 1390
Asset stripping 2843
Aufbewahrungsfrist 1662
Aufbewahrungspflicht 1662, 1883

Aufdeckung der stillen Reserven 3947, 3962, 4002, 4015, 4022, 4051, 4110, 5144
Auffanggesellschaft 857, 970 (4)
Aufgabe bestimmter Tätigkeit 3995–3999, 4052, 5283
Aufgabe des Betriebs 4777, 5079, 5404
– der freiberuflichen Tätigkeit/Praxis 3906
– des Gewerbebetriebs 3906, 5079
– des Mitunternehmeranteils 5079, 5209–5212
– des Teilbetriebs 5079, 5192, 5200–5201
– einer Personengesellschaft 5171–5175
Aufgabeabsicht 5074
Aufgabegewinn 4772, 4773, 4778, 4928, 5071 ff., 5081, 5231, 5246, 5251, 5254–5256
–, steuerliche Begünstigung des Aufgabegewinns 4923 ff.
–, Voraussetzungen der steuerlichen Begünstigung des Aufgabegewinns 5080, 5082, 5123 ff.
Aufgabehandlung 5074
Aufgabekosten 5233
Aufgabewert 5224–5227
Aufhebungsvertrag 1066
Aufklärungs- und Sorgfaltspflicht 1389 (2)
– gesteigerte 1389 (2)
Auflage bei Schenkung siehe Schenkung unter Auflage
Auflage im Testament 332, 346 (3), 360, 436, 623
Auflassung 332 (9), 1466, 1467
Auflösung
– des Betriebs durch Erbengemeinschaft 4777
– des Güterstandes der Gütergemeinschaft 271
– einer Kapitalgesellschaft 4237
– einer Praxis/Sozietät 3541–3550
– einer Rücklage für Ersatzbeschaffung 5251
Aufnahme
– des Kindes als Mitunternehmer 276

– eines Gesellschafters/Sozius 1673, 3436–3599, 4173–4175
– in eine Gesellschaft (betagte Aufnahme in eine Gesellschaft) 891
Aufnahmevertrag 1673
Aufrechnung, Einrede der – 1495
Aufrechnungsrecht 1625
Aufrechnungsverbot 1790
Aufrechterhaltung des geschäftlichen Organismus 3981–3983
Aufspaltung 970 (4), 2597 (1)
Aufstockung der Buchwerte 4139
Aufteilung einheitlicher Leistung 4342
Aufträge in Straf- und Bußgeldverfahren 3506
Auftragsverhältnis 468
Aufwendungen zur Beendigung von Schuldverhältnissen 5253
Aufwendungsersatz 1582
Aufzinsung 3046, 3047
Ausbildungsanspruch 837
Ausbildungskosten 2988
Auseinandersetzung 172
– bei Scheidung 273
– einer Erbengemeinschaft 368
– einer Gemeinschaft/Gesellschaft 2219–2427
Auseinandersetzungsanspruch 332, 4823
Auseinandersetzungsbilanz siehe Bilanz
Auseinandersetzungsguthaben 4662
Auseinandersetzungsrechnung 2432
Auseinandersetzungsvertrag 368
Ausfallrisiko 1788
Ausgleichsansprüche 652
Ausgleichsforderung 255, 5967
Ausgleichspflicht 246 ff.
– der Abkömmlinge untereinander 394
– entfallen der Ausgleichspflicht 254
Ausgleichszahlung 4130–4135, 4752, 4774, 4776, 4781, 5300
Ausgliederung 2597 (3)
Auskunftspflicht 1801
Auslandsberührung 1081 ff.
Ausländischer Ehegatte 222
Auslastung der Kapazität 852 (4)
Auslaufphase 2799
Ausscheiden eines

– Gesellschafters aus einer Gesellschaft 172, 1671, 2425, 2432 ff., 2786, 4104, 4427, 4522 ff., 4944–4947, 5656, 5659
– Gesellschafters aus einer Personengesellschaft 2425
– Mitunternehmers aus einer Mitunternehmerschaft 172, 4103, 4104, 4181–4183, 4427, 4522
– Sozius 172, 3528, 3843–3850
– s. auch Abfindung, Abfindungsklauseln
Ausscheidungszeitpunkt 3549
Ausschlagung der Erbschaft 332 (9), 837
Ausschließung eines Gesellschafters 3531–3537
Ausschließungsklausel 3533
Ausschluss
– der Aufrechnung 1493
– der Auseinandersetzung 3542
– der Erbauseinandersetzung 621
– der Gewährleistungsansprüche siehe Gewährleistung
– der Wandlung siehe Gewährleistung
– des Zurückbehaltungsrechts 1790
Außenprüfung 1630, 1785, 1969
–, Teilnahme an Außenprüfung 1969
Außensozius 3445, 3796
Außerbetriebliche Versorgungsrente siehe Renten
Außenprüfung 266, 2034
Ausstattung
Ausverkauf 2252, 4423, 5246
–, Fortführung des Handelsgeschäfts trotz – 2252
Auszahlung erbrechtlicher Ansprüche 4353
Automatenvertrieb 4055

Bäckerei 2802, 3966, 5153
Bank 1296
Bankbürgschaft 1788
Bankguthaben 470
Bankier 1160
Bankkonto 469, 470, 2168
Bankschließfach 237
Bar siehe Gastwirtschaft
Barabfindung 4531–4547, 4555–4570, 4766

Baracke 1464
Barentnahme 4820
Barwert der Verpflichtung zur Leistung wiederkehrender Bezüge 4305, 4306
Barzahlung 2168
Basiskaufpreis 2729
Basiszins 2923
Bauberechtigung 2987
Baubetreuer 1175
Baugrundstücke
–, Veräußerung 5726–5827
Bauland 5726
Baumaschinen 3119
Baustoffgroßhandel und Fuhrunternehmen 1369
Bauträger 1175
Bauvoranfrage 1582
Bebauungsplan 5726
Bedingung 5644
Beendigung des Pachtverhältnisses 4741 ff.
Befreiter Vorerbe 411
Befundbericht bei Pachtvertrag 6335
Beginn eines Unternehmens 1246–1266
Begünstigung
– gem. § 16 EStG 4711 ff., 4781 ff.
– gem. § 34 EStG 4781 ff., 4812
Beherrschung
– faktische 6732
– mittelbare 6508
Behördliche Genehmigung 5644
Beiratsmitglied 3489
Bekanntgabe des Erbschaftsteuerbescheids 6075
– bei Vermächtnisanfall 6075
Belegungsrecht 2987
Belieferungsrecht 2987
Bemessung des Veräußerungspreises 1609, 4271–4277
Bemessungsgrundlage der
– Grunderwerbsteuer 5626–5635
Beratung 3271
Bereicherung 5979
Bereicherungsrecht siehe ungerechtfertigte Bereicherung
Berliner Testament 360, 642, 695, 6023

Berliner Verfahren siehe Mittelwert-Methode
Berufsfremde bei freiberuflicher Praxis 5733 (3)
Berufshaftpflicht 3521
Beschaffenheit 1933 ff., 1954
Beschaffenheitsgarantie 1937, 1939, 1960
Beschaffenheitsvereinbarung 1933, 1954, 1956
Beschenkter 4882
Beseitigung von Bergschäden 3250
Besitz 236
Besitzgesellschaft 6514, 6515, 6554, 6706
Besitzmittlungsverhältnis
–, Vereinbarung eines – 1444
Besitzunternehmen 6504, 6506
Besitzunternehmer 6514, 6706
Bestandsgarantie 1953
Bestandskraft des Steuerbescheids 4291
Bestandsvergleich 4433, 5326, 5329, 5347
Bestattung 5941
Bestattungswagenunternehmen 4077
Besteuerung beim Nießbrauch 6911 ff.
Betagte Aufnahme in Gesellschafterstellung 277, 891
Beteiligung
– Entstehung einer wesentlichen 4240
– mit Ausschließungsrecht 277
– mittelbare 6703
– unmittelbare 6703
Beteiligung an nicht abgeschlossenen Geschäftsvorfällen 3849
Beteiligung minderen Rechts 2471, 2491, 2501
Beteiligung von Kindern an Unternehmen 276, 277, 310, 332
Beteiligungskauf, Rechtsmängelhaftung 1941
Beteiligungsrechte, Übertragungen von Beteiligungsrechten 1437, 1680
Beteiligungswert 3718 (5)
Betreuungsverfügung 390
Betrieb 970 (1), 1126, 1127 ff.

Betrieb ohne Substanz- oder Ertragswert 4357–4359
Betriebliche Veräußerungsrente siehe wiederkehrende Bezüge
Betriebliche Versorgungsrente siehe Rente
Betrieblich gebundenes Vermögen 332
Betriebsabwicklung 3964, 6421
Betriebsanalyse 2911
Betriebsaufgabe 4078, 4780, 5102–5108, 5706, 6393, 6395, 6401, 6421
–, Abgrenzung von der allmählichen Auflösung 5172
–, Beginn der Betriebsaufgabe 5128
– bei Betriebsaufspaltung 6592
– bei Verpachtung 5154
–, Einkommensteuer bei der Betriebsaufgabe 5071 ff.
–, steuerliche Begünstigungen siehe Aufgabegewinn
–, Umsatzsteuer bei der Betriebsaufgabe 5531–5535
–, Veräußerungsgewinn siehe Aufgabegewinn
–, Voraussetzungen der Betriebsaufgabe 5074 ff.
Betriebsaufgabe-Erklärung 5214–5222, 6421, 6473
Betriebsaufgabezeitraum 5142
Betriebsauflösung siehe Betriebsaufgabe
Betriebsaufspaltung 101, 173, 697, 5176, 6402, 6501 ff.
– Betriebsaufgabe bei – 6592
–, bürgerlich-rechtliche Gestaltung – 111
– Entstehen der – 6531
– kapitalistische – 6515
– mitunternehmerische – 6514
–, steuerliche Voraussetzungen und Folgen der – 113
– umgekehrte – 6516
Betriebsausgaben 4752, 4753
Betriebsbedingte Steuern siehe Haftung
Betriebseinbringung 4643
Betriebseinrichtung 1359
Betriebseinstellung 4026
–, vorübergehende Betriebseinstellung

– siehe Betriebsunterbrechung
Betriebserfahrung 6311
Betriebsfortführung 1349, 3949
Betriebsgeheimnisse 1520, 1660
Betriebs-GmbH 6481, 6512 ff.
Betriebsgesellschaft 6515, 6535, 6705, 6706
Betriebsgrundlagen
– Gemeinsame Betriebsgrundlagen und Fortführung eines Betriebs 6403
– wesentliche 3957–3972, 5144, 6702
Betriebsgrundstück(e) 3960
Betriebsinhaberwechsel 970 (3)
Betriebskapitalgesellschaft 6507
Betriebsnotwendiges Vermögen 2897
Betriebsprüfung siehe Außenprüfung
Betriebsprüfungsbericht 1969
Betriebsrat 1004, 1635, 3192, 6552
Betriebsschuld 4811
Betriebstätte 1194, 1206
–, ausländische 1208
–, inländische – ausländische Kapitalgesellschaft 181
Betriebssteuern siehe Haftung
Betriebsstilllegung 3949
– kein Betriebsübergang i. S. von § 613a Abs. 1 BGB 1066 (4)
Betriebsteil 970 (2), 1226, 4036
Betriebsübergang 970 (4)
Betriebsübernahmevertrag 2317, 2319
Betriebsunterbrechung 5078, 5086, 5152
Betriebsunternehmen 6504
Betriebsveräußerung 2317, 4078, 4138, 4716
Betriebsveräußerung oder -aufgabe
– altersbedingt 4766 ff., 4798
– gesundheitsbedingt 4766 ff.
Betriebsvereinbarung 1003
Betriebsvergleich, externer 3343
Betriebsverlegung 1339, 3966, 5077, 5152
Betriebsverlegung ins Ausland 5087–5090
Betriebsvermögen 273, 332, 879, 1366, 4451, 4682, 4764 ff., 4778, 4781, 4796, 4811, 6394, 6423, 6506

Stichwortverzeichnis 911

– Einlage eines Nachlassgegenstandes in das – 4752
– Erwerb von – 6087
–, Umfang – 4451–4456
Betriebsvermögensfortführung 6394, 6397
Betriebsvermögensvergleich 4411, 4433–4440
Betriebsverpachtung 31, 32
Betriebsvorrichtungen 1478–1480, 3960
Beurkundung siehe Formerfordernisse
Bewegliche Sachen siehe Sachen
Beweisanzeichen 863
Bewertung, Anwendung mehrerer Methoden 3333
Bewertung des Unternehmens 2701 ff.
Bewertung im Enteignungsrecht 3325
Bewertungsabschlag 3060 (2), 3696, 3715 ff.
Bewertungsfragen als Tatsachen 1946
Bewertungsmethode 2802 (10)
Bewertungsrecht und Nießbrauch 7051 ff.
Bewertungsstichtag 2791
Bewertungsvorgaben des Rechts 2788
Bewertung von Anteilen oder Beteiligungen 3271
Bezugsberechtigter 471
Bezugsberechtigter eines Versicherungsanspruchs 239
–, Pfändung des Versicherungsanspruchs 239
Bezugsbindungen 1418
Bezugsquellen 1153, 1660
Bierlieferungsvertrag (Bierbezugsverpflichtung) 5635
Bierverlag und Limonadenherstellung Bilanz 1356
Bilanz 2736
–, Abfindungsbilanz 2433, 4382, 4383, 4424
–, Abrechnungsbilanz 1773, 1981, 2006–2010, 2117, 2545
–, Abschichtungsbilanz 1773, 2545, 4382, 4383, 4414, 4424
– Analyse 2736
–, Anfangsbilanz 4871, 5326

–, Auseinandersetzungsbilanz 3846
–, Einbringungsbilanz 4174
–, Ergänzungsbilanz 4462, 4646, 4647
–, Eröffnungsbilanz 3370, 4175, 5326, 6473
–, Jahresbilanz 2826
–, Schlussbilanz 3364, 4174, 4773, 6471
–, Sonderbilanz 4462, 5246
Bilanzangaben, Garantie der 2006, 2022
Bilanzierungsgrundsätze
–, Vereinbarung von – 1773
Bilanzierung von Pachtverträgen 6453
Bilanzkontinuität 2023
Bilanzposten, einzelne 3027 ff.
Bilanzstichtag 2432, 2704, 2981, 3028, 3209
Bilanzunterlagen 1663
Blumengeschäft 4043
Bodensubstanzausbeute 3220
Börsenkurs 2439, 2447, 2448
Bonds 3278
Bonität 2736
Branchenkennziffern 2736
Brand 5242
Brauerei 4066, 4373
Brauereigaststätten 4074
Brauhaus 1480
Braurecht 2987
break-up value 2843
Brennrecht 2987
Briefhypothek(enforderung) 1487
Brückenneubau 3966
Buchführung 879
–, gesonderte – beim Teilbetrieb 4042
Buchführungsaufwand 3148
Buchführungspflicht 6423
– bei Sonderbetriebsvermögen 4468
Buchhandlung 1371, 3969
Buchhandlung und Verlag 1371
Buchhypothek(enforderung) 1487
Buchnachweis 5506
Buchwert
– des Betriebsvermögens 4411 ff., 5230
– der freiberuflichen Tätigkeit dienenden Vermögens 4411 ff., 5230, 5307
– Mitunternehmeranteils 4401 ff.

Buchwertfortführung 879, 886, 4128, 4526, 4774, 4780, 6429
Buchwertklauseln 2519–2538
Bürgerliches Recht (Vorrang) 1096
Bürgschaft als Nebenrecht einer Forderung 1489
Bürogemeinschaft 3443, 3642–3646, 5295–5297, 5541
Büroorganisation 3517
buy-out 1102

Canada siehe Kanada
Cap(s) 3274
Cash-flow 2736
Chemische Reinigung 2111
cic s. culpa in contrahendo
Closing 1621
collars(s) 3274
Computer-Tomograph 3354
confirming-credit 3081
Corporate Governance 157, 856
culpa in contrahendo 2137

Darlehen 332, 1296, 1572, 3081, 4753, 6313
–, partiarisches Darlehen 66, 5729
Darlehenskonten 1679
Darlehensmakler 1175
Darlehenszinsen 4752
Datenschutz 1417
Datenverarbeitung, Programme für Datenverarbeitung siehe Software
Dauer des Pachtvertrages 6381
Dauernde Last 323, 4302, 4327, 4328, 4332, 4356, 4846
Dauerpflege 865
Dauerschuldverhältnisse, sonstige – 1564
debt 1102
Deliktische Ansprüche 2074
Diebstahl 1439
Dienstbarkeiten 1471
Dienstleistungssektor 3013
Direkte Methode zur Geschäftswertermittlung 3297, 3314–3316
Doppelhaftung 1008 (4)
Doppelkonzession 4077
Dreijahresmittel 2914

Drittwiderspruchsklage 238
Drogerie 3956
Druckerei 4053
Due diligence 1302–1304
s. auch Machbarkeitsprüfung
Duldungsvollmacht 367
Durchgriff 86, 6507, 6581
Durchschnittswerte 2911–2914

Earn-out 1773
Eheähnliche Gemeinschaft 287, 288, 652
Ehefrau – mitarbeitende – 816
Ehegatte 6011, 6131
–, Beteiligung des – 6705, 6706
–, Drittwiderspruchsklage 238
–, Ehegatten-Erbvertrag 360
–, Ehegattenmitarbeit 222 (1)
–, Ehegatten-Testament 360
–, Ehegatten-Verträge 1296
–, Ehegattenvoraus 585
–, Eigentumsvermutung 236
– geschiedener – 6012
–, Zustimmung des Ehegatten 1599
Ehelicherklärung 368
Eheliches Güterrecht 222–236, 392, 393
Eheschließung 1096
Ehevertrag 222, 1296
–, betreffend Zugewinnausgleich 263
Eigenkapital 310, 2736, 3301
Eigenkapitalunterlegung 851
Eigennutzung übergebene Wohnung 4335
Eigenschaft, bestehende siehe Beschaffenheit
–, Form der Zusicherung einer Eigenschaft 1954
–, stillschweigende Zusicherung einer Eigenschaft 1954, 1956
–, wertbildende Faktoren als zugesicherte Eigenschaft 1960
–, Zusicherung einer Eigenschaft 1953
Eigentum 1342
–, Eigentumserwerb 1438 ff., 1461 ff.
–, Eigentumsvermutung 236–239
–, gutgläubiger Eigentumserwerb 1447 ff., 1450

Eigentumsübertragung 1466, 1711
Eigentumsvorbehalt 1296, 1446, 3060 (2)
Eigenverbrauch 5532
Einbringung
– einer 100-vH-Beteiligung in eine Kapitalgesellschaft 4143
– einer Praxis in eine Kapitalgesellschaft 3602–3634
– einer Praxis in eine Personengesellschaft 4126 ff., 4961 ff., 5298
– eines Betriebs in eine Kapitalgesellschaft 4126 ff., 4138
– eines Betriebs in eine Personengesellschaft 4126 ff., 4643–4651
– eines Grundstücks in eine Personengesellschaft 5657
– eines Mitunternehmeranteils in eine Personengesellschaft 4153, 4154
– eines Teilbetriebs in eine
– – Kapitalgesellschaft 4126 ff.
– – Personengesellschaft 101
– eines Unternehmens 4126 ff.
– – in eine Kapitalgesellschaft 4126 ff.
– – in eine Personengesellschaft 4126 ff.
Einbringung von Wirtschaftsgütern in eine Kapitalgesellschaft 4145
– Sozietät (Praxis) 3471–3483
– – unentgeltliche Überführung von Wirtschaftsgütern aus dem Gesellschaftsvermögen in das Betriebsvermögen eines Gesellschafters 4149
eingetragener Kaufmann siehe Kaufmann
Eingangssteuersatz 4801
Eingliederung ins Unternehmen 277
Eingliederung einer Gesellschaft 2788 (2)
Einheitlicher Vorgang 3984, 5123–5132
Einheitlicher Übertragungsakt
– kein – 1341
Einheitsbewertung 5802, 5803
– beim Erwerber 5810, 5825
– beim Veräußerer 5819–5823
– des Geschäftswerts 5817
Einheitswert 5628
Einigung 1439, 1470
–, fehlende 1743

Einigungsmangel 1742 ff.
–, offener 1749
–, versteckter 1750
Einkauf, eigenständiger 4042
Einkaufsvertrag bei Verpachtung 6321
Einkünfte aus Gewerbebetrieb 6397–6423
– Vermietung und Verpachtung 6396
Einkünfteverlagerung 6931 ff.
Einkünftezurechnung beim Nießbrauch 6901
Einlage 4132
Einmalzahlung s. wiederkehrende Bezüge
Einmann-GmbH 4, 41
Einnahmen-Ausgaben-Überschuss-Rechnung 3065
Einnahmenüberschuss 2736
Einstellung bestimmter Tätigkeit siehe auch Aufgabe des Betriebs 3992–3999, 5195
Einstellung der Betriebsgesellschaft 6592
Eintragung siehe auch Firmenfortführung und Handelsregister
–, im Grundbuch 1470
–, ins Handelsregister 2213, 2238, 2269
Eintritt eines Gesellschafters
– in eine Personengesellschaft 2435, 4173, 5656, 5659
– in eine Sozietät 3403, 5330 ff.
Eintritt in Vertragsverhältnisse 1548 ff., 3790
Eintrittsklausel 520, 4740
Einweisungspflichten 1662, 1927
Einzelhandelsfilialen 4054
Einzelkaufmann 1150
Einzelrechtsnachfolge 1431
Einzelunternehmen 491 ff., 5933, 6131
Einzelunternehmer 42 ff.
Einzelwertberichtigungen 3060
Einziehungsklausel im Gesellschaftsvertrag der GmbH 563
Ende eines veräußerbaren Geschäfts 1272–1273
– eines Unternehmens 5133–5135
Enkel, lästiger 673

Enteignung (enteignungsgleicher Eingriff) 3325
Enteignungsentschädigung 3325
Enterbung 439
Entnahme(n) 232, 3497–3502, 4419, 4656, 4797, 4800, 4823, 4866, 5206, 5251, 6424, 6425
–, anlässlich Erbschaft 4799–4801
Entnahmehandlung
– keine – 6393, 6425
Entnahme- und Veräußerungsgewinn 4419
Entnahme von Wirtschaftsgütern 4367–4369, 5178
Entschädigung 4794, 4806, 6452
Entstehung des Gewinns bei Veräußerung von Anteilen 4239
Entstehen eines Unternehmens 1246–1266
Entwertungsfaktoren für den Geschäftswert 3318–3320
Entwicklungskosten 2884
equity 1102
Erbanspruch 711
Erbanteil 4764 ff., 4796
Erbauseinandersetzung 621–623, 837, 4682, 4761 ff., 4797, 5978
–, mit Spitzenausgleich 4781
–, von Privatvermögen 4791
–, vorweggenommene 4836 ff.
Erbauseinandersetzungsvertrag 481
Erbausgleich 720, 4792
–, vorzeitiger 711
Erbbaurecht 1461
Erbe(n) 212, 332 (8), 4682, 4687, 4694, 4720, 4751, 5276, 5502–5510, 5933
Erben des Mieters 6308
Erbengemeinschaft 212, 364 f., 492 f., 2254, 2385 ff., 4682, 4687, 4764 ff., 4776, 4796, 5516–5518, 5652
–, an der Minderjährige beteiligt sind 563, 2385
–, Ausscheiden eines Miterben aus der Erbengemeinschaft 2388
Erbenhaftung 476, 495, 2381 f.
Erbersatzanspruch 711, 2473, 4749
Erbersatzsteuer 191

Erbeserbe 331
Erbfall 172, 279, 4682, 4762, 5933, 5935
–, fingierter 191
–, gesetzliche Erbfolge 346
Erbfallschulden 4699, 4769, 5941
Erbfolge 970 (4)
– vorweggenommene – 4895, 6122, 6889
Erbgang 6512
Erblasser 360, 4683–4685
Erblasserschulden 5941
Erbmasse 4797, 4823
Erbquote 5933–5935, 5978
Erbrecht 115, 331 f., 391 f., 1599
–, gesetzliches 391 f.
– und Gesellschaftsrecht 352
– und Versicherungsanspruch 471
Erbrechtliche Lösung des Zugewinnausgleichs 332 (9)
Erbschaft 4682, 5941
Erbschaftskauf 5856
Erbschaftsteuer 332, 359, 451 f., 837, 5931 ff.
– Erbschaftsteuererklärung 485
Erbschaftsteuerversicherung 455
Erbschein 382, 1725
Erbteil 394, 802, 3718 (4), 5652
Erbteilsverkauf 367, 370
Erbteilungsklage 368
Erbvertrag 222, 332 (11), 360, 652, 805, 1296
Erbverzicht 581, 583, 602–619, 671, 718, 2395, 4861, 4884–4886
Erfindung 1502, 1520, 1704, 2987
– eigene 2987
–, ungeschützte 1502
Erfüllungsgeschäft 1339, 1430
Erfüllungsort 1633
Erfüllungsübernahme 1543, 1544, 1686
Ergänzungsbilanz siehe Bilanz
Ergänzungspfleger 863, 865
Erhaltungsaufwand bei Verpachtung 6305, 6433, 6451
Erklärungspflicht, steuerliche 5067, 6073
Erlass 5250

Erledigungsklausel 266
Erneuerungsaufwand 6451
Erneuerungsverpflichtung 6334, 6433, 6452
Eröffnungsbilanz 6473
Errungenschaftsgemeinschaft 222
Ersatz notwendiger Auslagen 6305
Ersatz von Verwendungen 2108
Ersatzbeschaffung beim Nießbrauch 6823
Ersatzerbe 360
Ersatznacherbe 360
Ersatztestamentsvollstrecker 352 (12), 485
Ersterwerbermodell 1952
Erstnutzungsdauer 3041
Ertrag
– als Eigenschaft 1961, 1962
– künftig erwarteter Ertrag 2966
Ertragsaussichten 6097
Ertragskraft 2736
Ertragskraft am Stichtag 2884
Ertragsnießbrauch 6852, 6853
Ertragsüberschussrechnung 2953
Ertragswert 2544, 2812
–, durchschnittlicher 2889
–, Ermittlung 2851 f., 3363
–, Kapitalisierungszinsfuß beim 2816, 2883
–, Methoden der Ermittlung 2854
–, Prognose des künftigen – 2814, 2882 f., 2890
–, Verfahren 2788 (4), 2841
Erwerb
– eines Handelsgeschäfts 6553
– einzelner Gegenstände (§ 419 BGB) 2314
– entgeltlicher – 4752
– gutgläubiger 1447 f., 1453, 1454
– mehrfacher – desselben Vermögens 6057
– von Todes wegen 5932
Erwerber
– Anschaffungskosten des Erwerbers 5061
–, Aufteilung eines Gesamtpreises siehe Gesamtpreis

–, einziger 3985–3990
–, Eröffnungsbilanz siehe Bilanz
–, Firmenwert siehe Geschäftswert
–, Erwerbsgeschäft 1126, 1131, 1359, 1417, 3426
Erwerbsunfähigkeit
– als Ausschließungsgrund 3532
– als Kündigungsgrund 3529
Etablissementbezeichnung siehe Geschäftsausstattung
Euro-Einführung 1791

Fabrik 1480
Fabrikant 858
Fabrikationsunternehmen 1349, 1353, 2796 ff., 3052
Fabrikationsverfahren 1520, 2987
Fabrikgelände 1947
Fabrikgrundstück 1521, 2732
Factoring-Vertrag 3069 ff.
Fälligkeit
– des Anspruchs auf Abfindung 2506
– des Kaufpreises 1622
– der Steuer 5645
Faktoren (wertbildende Faktoren) 1949
Familiengesellschaft 694, 857 ff.
Familien-KG 859
Familienrecht 211–288
Familienstiftung 192
Fehler 1953
Fernlastzug 4078
Fertigungsbetrieb 4062
Fertigwaren 3052
Festes Entgelt und wiederkehrende Bezüge 4357–4361
Festkapitalkonto 4260
Feuerversicherung bei Pachtvertrag 6348
FIBOR 3274
Filiale 1366
Filmrecht 2987
Financial Futures 3217
Finanzbedarfsrechnung 3352
Finanzielle Abhängigkeit 2736
Finanzierung 2734, 2736, 3300
Finanzierungs-Leasing 3105, 3106
Finanzkraft 2939

Firma   1148, 1359, 2211 ff., 2216
–, abgeleitete   2236 ff.
–, Anmeldung von Anträgen   2269
–, Eintragung der – im Handelsregister   2269
–, Firmenfortführung   1370, 1675, 6340
–, Haftung des Erwerbers siehe Haftung
–, Haftungsbeschränkung siehe Haftung
–, unzulässige   2292
–, Vervielfältigung   2252
–, Zweigniederlassung   2252, 2299, 2302
Firmenähnliche Geschäftsbezeichnung   2220, 2225, 2226
Firmenbezeichnung   6554
Firmenfortführung   495, 2211 ff., 2236 ff., 2251 ff., 2258 ff., 2319, 2366, 6340, 6553, 6826
–, bei Eintritt in das Geschäft eines Einzelkaufmanns   2266 ff.
–, Beratungspflicht des beratenden Anwalts   2283 ff.
–, durch Erbengemeinschaft   2254 ff., 2385
–, Eintragung in das Handelsregister   2375
–, Einwilligung des bisherigen Inhabers   2257, 2372
–, Forderungsübergang   2366 ff.
–, Nachfolgezusatz   2242, 2245, 2248 ff., 2291
–, Rechtsfolgen   2258 ff.
–, Voraussetzungen   2236 ff.
Firmenname   1359, 1390, 1507
Firmenname beim Nießbrauch   6826
Firmenrecht   2219, 2220
Firmenwert siehe Geschäftswert   1157, 2721, 5061, 6401, 6486
Firmenwertähnliches (immaterielles) Wirtschaftsgut   3055
– floor(s)   3274
Floor   3274 (2)
Folgeschäden   1937
Forderung(en)   1486 ff., 1966, 2366 ff., 2415, 3045–3047, 3058, 4010
–, Abtretung –   1486 ff.

–, Bewertung von Verbindlichkeiten   3240
Forderungsübergang
– Fiktion des –   2374, 2414
Forfaitierung   3076
Form des Vertrages s. Formerfordernis
Formeln für
– Ertragswertberechnung   2936–2942, 2951, 2952
– Substanzwertermittlung   2996–3022
Formerfordernis   718, 863, 1709, 1716–1724, 1728, 1731, 1956
– bei Auslandsberührung   1081 ff., 1131
Formmangel   1733 ff.
– einer Zusicherung   1954
Formverstoß   276, 1733 ff.
Formwechselnde Umwandlung s. Umwandlung
Forschungskosten   2884
Fortführung der Firma siehe Firmenfortführung
Fortführung des Handelsgeschäfts   2300 ff., 2385 ff., 2396
Fortführung des Unternehmens   1663, 4711 ff., 4773 ff.
Fortführung eines Betriebs   6403
Fortführungswert s. auch Liquidationswert   2841, 3718
Fortgesetzte Gütergemeinschaft   222
Fortschreibung   5805, 5819–5823
Fortsetzung der Gesellschaft   6097
Forward Rate Agreements   3216
Frachtführer   4078
Frachtvertrag   4078
Franchise-Vertrag   1514
Freiberufler   4111, 4118, 4119, 5731
Freiberufler-AG, Freiberufler-GmbH   3630–3634
Freiberufliche Praxis   3409
–, Wert der Praxis   3325
Freibeträge   4929, 5309
– des Erbschaftsteuergesetzes   303, 6037 ff., 6123
– gem. § 16 Abs. 4 EStG   4766 ff.
Freier Beruf   3401–3858, 5281–5381
Freistellung von Verbindlichkeiten   4897
Fremdfinanzierung   2736

Fremdfinanzierungsmöglichkeit 474
Fremdgelder 3520
Fremdkapital 3300
Fremdkapitalanteil 2736
Fremdkapitalzinsen 2855
Fremdvergleich 276, 860, 866
Fristen 1296
Fruchtgenuss 6302
Führungskräfte 1007
Führungspersonal, Qualität des – 857
– 50-vH-Grenze des Wertes des übernommenen Vermögens 4357, 4359
Fuhrunternehmer mit Baustoffgroßhandel 1369
Funktionswert 2827
Futures 2987

Gang zur Börse 154
Garantie, Garantieerklärung durch Veräußerer 2022
–, Garantietatbestand 1939, 1940
–, Garantievertrag 1954, 2002
–, Garantiezusagen 1960–1962, 2022, 2063, 2103
–, Rechtsfolgen – 2061, 2103
Gartenbaubetrieb 4043
Gasbezugsvertrag 6321
Gaststättenerlaubnis 1949
Gastwirt 3995
Gastwirtschaft 1264, 1349, 1367, 1478, 3995, 4066, 4373
GbR 1467, 3446–3448
Gebäude 3096, 3097
Gebäudeabbruchverpflichtung 3250
Gebrauchsmuster 1502, 2987, 6311
Gebrauchsüberlassung 6302
Gebrauchtwagenhandel 2112
Gebühren bei Testamenten 696
Gefahrübergang 2141
Gegenleistungsrente s. wiederkehrende Bezüge
Gegenstände 1436
Gegenstände des Unternehmenskaufs 1655, 1677 ff.
Geheimhaltungspflicht 1586, 1909
Geld 2170
Geldentwertung 254, 431

Geldvermächtnis 431
Gemeindebehörde 1172
Gemeinschaftliches Testament 641
Gemeinschaftspraxis 3642
Gemischter Kaufpreis s. Kaufpreis
Generationswechsel 212
Geringfügigkeit bei RAP 3038
Gerichtsstand 1632
Gerüstbauunternehmen 1966
Gesamtakt 6822
Gesamtgut 232
Gesamthand 5651
Gesamthandsbeteiligung 4781
Gesamthandsgemeinschaft 4781
Gesamthandsvermögen 3471, 3473, 3475–3477
Gesamtkapital 2736, 3301
Gesamtkapitalrentabilität 852, 3356
Gesamtnutzungsdauer 3041
Gesamtpreis 3084–3090, 4251
Gesamtrechtsnachfolge 332 (7), 1340, 1431, 5502
Gesamtschuld 1007
Gesamtschuldner 1007
Gesamtumsatz 5510, 6423
Geschäft 1126, 1154, 1246 ff., 1272 ff., 1346 ff.
Geschäftsabteilung 1368, 1370
Geschäftsanteil(e) 2731
– an einer GmbH 1500
– bei Erbschaft 6102
Geschäftsbezeichnung siehe auch „firmenähnliche Geschäftsbezeichnung" 1684, 2222 ff., 2295
Geschäftsführung 172, 1628
Geschäftsführung ohne Auftrag 6305
Geschäftsgeheimnis 1389, 1660, 6825
Geschäftsgrundlage 1776, 1947
– Fehlen oder Wegfall der Geschäftsgrundlage 1776, 2485–2487
Geschäftslage als zugesicherte Eigenschaft 1970
Geschäftsräume 1359
Geschäftsschulden 1963, 2316, 2413
– als (zugesicherte) Eigenschaft 1953
Geschäftsstelle 1195
Geschäftsunterlagen 2724

Geschäftsveräußerung
- im Ganzen 1126, 1311, 5402
Geschäftsverbindlichkeiten siehe Geschäftsschulden, Schulden, Verbindlichkeiten
Geschäftsverbindungen 1359
- sichere Geschäftsverbindungen als zugesicherte Eigenschaft 1953
Geschäftsvorfälle siehe Handelsgeschäft
Geschäftswert siehe auch Praxiswert 1157, 1349, 1390, 1523, 2722, 2803, 2831 ff., 2980, 2984, 3282, 3369, 3960, 5240
-, Abgrenzung von geschäftswertähnlichen Wirtschaftsgütern 3289
-, Abschreibung des Geschäftswerts 5061, 5361
-, Beteiligung am – 310
-, Entgeltlicher Erwerb 5061
-, Ermittlung des Geschäftswerts 3281 ff.
-, Geschäftswertbestimmende Faktoren 1949, 2988, 3282
-, Methoden der Ermittlung des Geschäftswerts 3283, 3306–3320
-, Originärer Geschäftswert 2721, 6486
-, Sachmängelhaftung 1926
Geschäftszweig 1368, 1370
Geschiedener Ehegatte 286, 6013, 6022
Geschmacksmuster 1502, 6311
Geschwister 6020
Gesellschaft 36
Gesellschaft bürgerlichen Rechts (GbR) 51, 541 ff.
Gesellschaft mit ideellem Zweck und Abfindungsausschluss 2500
Gesellschafter
- Nachhaftung 1051, 2416, 2417
Gesellschafteranteil
- Ausschluss aus KG 4084
Gesellschafterbeschlüsse 3453, 3457
Gesellschafterkonten 1679
Gesellschafternachfolge 691
Gesellschafterstellung
- erbrechtlicher Erwerb 6096
Gesellschafterstimmrecht 3460–3465

Gesellschafterversammlung 3453 ff., 3467, 3486
Gesellschafterwechsel 1671, 1674
Gesellschaftsanteil 4103
-, Anwachsung 3537
-, Pfändung 3536
-, Übertragung 1670
Gesellschaftsform 131–171
Gesellschaftsgründung 956
Gesellschaftsgründungsklausel 366
Gesellschaftsrecht 962, 1599
Gesellschaftsvertrag 954, 1296, 1421, 1654, 1670
-, Abstimmung mit Erbrecht 502–518, 543
-, Unternehmensübertragung als Sacheinlage 2602
Gesetz über Wettbewerbsbeschränkungen 1296
Gesetzesumgehung 816, 1117
Gesetzliche Erbfolge 332 (10) 396
Gesetzliches Verbot 1756
Gestaltungsrechte, Vererblichkeit von Gestaltungsrechten 472
Gesundheitsbedingte Betriebsveräußerung oder -aufgabe 4766 ff.
Gewährleistung 1921 ff., 2002
-, Anzeige des Fehlers 2152
-, Ausschluss der Gerwährleistungsansprüche 2088
-, – der Rechtsfolgen aus § 464 BGB, § 377 HGB 2075
- – der Wandlung 2081–2082
-, Fehler 2147
-, Frist der Geltendmachung 2135 ff.
-, Geltendmachung der Gewährleistung 2135–2152
-, Gewährleistung beim Beteiligungskauf 1404 ff.
-, – beim Rechtskauf 1404 ff.
-, Gewährleistungsansprüche 1926 ff., 2103
-, Gewährleistungsrisiken 852
-, Gewinn als zugesicherte Beschaffenheit 1951
-, Gewährleistungsvereinbarung 1932
-, Schadensbegrenzung 2084–2085

–, Schiedsgerichtsvereinbarung 2063
–, Verjährung der Gewährleistungsansprüche 1948 ff.
–, Voraussetzung der Gewährleistung 1949 ff.
Gewerbebetrieb 1126, 1155, 1171 ff., 1180, 5702 ff., 5733
–, Abgrenzung vom freien Beruf 3409
–, – von der Vermögensverwaltung 5726–5728
–, Aufwendung vor Eröffnung 1250
–, Eingerichteter und ausgeübter Gewerbebetrieb 1177
–, Einstellung des Gewerbebetriebs 5702
–, Eröffnung des Gewerbebetriebs 1253
–, Gewerbesteuer und Gewerbebetrieb 5702–5733
–, Reisegewerbe 1173
–, stehender Gewerbebetrieb 1172
Gewerbeertrag 5706, 5710
Gewerbeordnung 1171, 1173, 1175
Gewerbesteuer 3910–3912, 5702 ff., 5827, 6397
Gewerbesteuerpflicht 5702
Gewinn
– als zugesicherte Eigenschaft 1951
– aus Gewerbebetrieb 6423
–, durchschnittlicher 2911–2915
–, laufender 4415 ff., 4662
–, normalisierter 2894–2907
Gewinnabhängige Bezüge 4327
Gewinnanteil 861, 879
Gewinnbeteiligung 4140
– bei Freiberuflerpraxen 3667, 5330
Gewinneinheiten 3491
Gewinnermittlung 172, 4429, 5327, 5342
Gewinnermittlungsart 4429, 4433
Gewinn nach Durchschnittssätzen 4432
Gewinnrücklage 3132
Gewinnübermaßschenkung 6131
Gewinn- und Verlustrechnung 3028
Gewinnverteilung 172, 866, 3488–3494
Gewinnverteilungsabrede und Ausscheiden eines Gesellschafters 2429
Gewinnverteilungsschlüssel 866, 2434

Gewinnverwirklichung 271, 4145, 6393, 6428
– beim Erben – 4751, 4800
– Vermeidung der – 6428
Gewinnvoraus 3492, 4140, 5339
Gläubigeranfechtung 239
Gläubigerbenachteiligung 2468, 2483
Gläubigerverzug 2203, 2204
Gleichstellungsgeld 4854, 4895
Gleisanschluss 1947
GmbH 41, 51, 173, 175, 188, 535, 562, 1051 (6)
–, Einmann-GmbH 4, 2601
GmbH-Anteil 257, 4240
– Haftung bei der Übernahme von – 2419
GmbH & Co KG 41, 51, 173–175, 879, 6506
GmbH & Co KG auf Aktien 171
Going-Concern-Prinzip 2982
Going-Concern-Wert s. Fortführungswert 2841
Going public siehe Gang zur Börse
Goodwill 1157, 1390
– siehe auch Geschäftswert, Praxiswert
Grabdenkmal 5941
Grabpflege 436, 4334, 5941
Gratifikation 3250
Grenzpreise 1304 (09), 2705, 2783
Grobe Fahrlässigkeit 1925
Großhandel 4064
Großhändler 3995
Grundbuch 1296
–, Eintragung im – 1467, 1469
Grunddienstbarkeit 1471, 5634
Grunderwerbsteuer 5602
–, Aufteilung der Gegenleistung 5629
–, Bemessungsgrundlage 5626
–, Bewertung der Gegenleistung 5627–5635
Grundpfandrechte 1296, 1471
Grundschuld 1471
Grundschuldzinsen bei Pachtvertrag 6347
Grundsteuer 6346

Grundstück 232, 431, 1360, 1366, 1429, 1461 ff., 2112, 3091–3097, 4006, 4051, 4056, 4811, 5156–5163, 6307
– Ausscheiden des Hälfteanteils aus dem Betriebsvermögen 273
– Betriebsgrundstück 804
– einer GbR 816
–, Erschließung 5726
– und Familienbesitz 313
–, Grundstücksstiftung 189
– samt Inventar 6306
–, Übertragung 1464 ff., 1466
Grundstückskauf, Form des Grundstückskaufvertrages 1466, 1732
Grundstücksverwaltung 4083
Grundstückszubehör 1476 ff.
Güterfernverkehr 4078
Güternahverkehr 4078
Güterrechtliche Lösung bei Erbfall 332 (9)
Güterstand 360
– der Gütergemeinschaft 222, 232, 271, 273
Gütertrennung 222, 232, 274, 6131
Gütertrennung und Erbschaft 396
Güterverkehrskonzession 2987
Gutachter 1771
Gutachterausschuss 3092
Gutachterkosten 1582
Gutgläubiger Erwerb an beweglichen Sachen 1447–1454
– an Grundstück 1467

Haftpflichtversicherung 3617
Haftpflichtversicherung bei Pachtvertrag 5068
Haftung 39, 1066, 1612, 5851 ff., 6507, 6581
– auf Grund Verkehrssicherungspflicht – 6321
–, Ausschluss der – 2303 ff., 2394 ff., 2416, 5887, 6340
– bei Betriebsaufspaltung – 6581
– beim Nießbrauch 6826
– beim Pachtvertrag 6331, 6340, 6481 ff.
–, Beschränkung der Haftung 5888 ff.
–, – in PartnG 3607

– nach bürgerlichem Recht 5908, 5909
– des Erben 476, 495, 2381 ff.
– des Erwerbers 1008, 2218, 2288 ff., 2316 ff., 5867 ff., 5880
– des Gesellschafters einer GbR, GmbH, GmbH & Co KG, OHG 5859
– des Gesellschafters bei Arbeitsverhältnissen – 1066 (1) (3)
– des Kommanditisten 2418
– Übertragender 1008
– des Unternehmenserwerbers 5856
– des Veräußerers 2346 ff.
– nach Handelsrecht (§§ 25 ff. HGB) 2280, 5856, 5905–5907
– nach Steuerrecht 5855, 5866 ff., 5880
– wegen Firmenfortführung 2286 ff.
– wegen Vermögensübernahme 2329 ff.
Haftungsausschluss 1925, 2303 ff., 2344 ff., 2415
Haftungsbescheid 2046 ff., 5909, 5914
Haftungsbeschränkung
– des Erben 2381 ff.
–, gegenständliche Beschränkungen der Haftung 5900
–, sachliche Haftung 5857
–, zeitliche 2352 ff., 2413
–, zeitliche Haftung 5894–5898
Haftungsfristen 5910, 5911
Haftungsnachfolge 691
Haftungsschuldner 5915–5919
Haftungsvereinbarungen 1932 ff.
Halber Steuersatz 4800
Halbeinkünfteverfahren 80
Haltbarkeitsgarantie 1938
Handakten, Übergabe – 3421, 3804–3806, 3816–3817
Handelsbücher 1662
Handelsgeschäft 472, 1126, 1146 ff., 1154, 1158, 1261, 1359, 1414, 1415, 1452, 2215, 2252
–, beiderseitiges – 1343, 1413, 1452 ff., 1666, 2206
Handelsgesellschaft 2249
Handelsgewerbe 1126
Handelskauf/Kein Handelskauf 1416
Handelsname siehe Firma

Handelsregister 1296, 2213, 2219, 2220, 2252, 2257, 6554
–, Anmeldung 1191
–, – bei Sitzverlegung 1192
–, – Eintragung 187, 1533, 2293, 2375, 6340
–, Eintragung des Ausscheidens des nicht eingetragenen Miterben 2388
–, Nachweis der Einwilligung zur Firmenfortführung 2257
–, öffentlicher Glaube zu Lasten des nicht eingetragenen Miterben 2388
Handelsvertreter 970 (5), 1358, 3995, 5106, 5107, 6324
Handelsvertretervertrag 6324
Handelsvertretung 3968
Handlungsvollmacht 42
Handwerksbetrieb 1236, 1377
Hauptfeststellung 5805
Hauptniederlassung 1192
Hausrat 6056
Heilanstalt 1380
Heilung von Formmängeln 863, 1734
Heimarbeiter 970 (5)
Heizkraftwerk 4067
Hemmung der Verjährung 2151
Herausgabeanspruch, Abtretung 1443
Herausgabevermächtnis 436
Hersteller-Leasing 3114
Herstellungskosten 3043
Herausgabe der Nutzungen 2107
Hilfsstoffe s. Waren, Rohstoffe
Höchstpreis 2873
Honorarabrechnung 3511
Hotel 1349, 1947, 5161, 5879
Hotel- und Gastwirtschaft 1367
HR siehe Handelsregister
Hrvatska s. Kroatien
Hypotheken 1471
Hypothekenzinsen bei Pachtvertrag 6347

Immaterielle Wirtschaftsgüter 3287, 3289
Immobilien-Leasing 3112
Immobilienmakler 1175

Indirekte Methode zur Geschäftswertermittlung 3297, 3306–3308
Indossament 1487
Inflationsrate 3355
Ingenieur 3708
Ingenieurbüro 3710, 3714, 5733
Inhaberpapiere 1449, 1487
Inkasso-Unternehmen 3443
Innengesellschaft 3646, 3647
Insassen-Unfallversicherung 471
Insolvenzmasse 1016, 2214
Insolvenzverfahren 1016 ff., 2217
Insolvenzverwalter 1021
Instandhaltung 6333, 6433
Interessenausgleich 954
Interessengleichlauf 1118
Interessenwiderstreit 1606
–, fehlender 1118
Interest Capping Agreements 3274 (4)
Interest Rate Guarantees (IRG) 3274 (4)
Internationales Privatrecht s. IPR
Inventar 1366, 1663, 6307
Inventarkauf 1686
Inventarverzeichnis 1678
Investition 2734, 2736
Investitionsformeln 2951–2952
Investitionsmakler 1175
Investitionsphase 2797
Investitionsrechnung 3359
Investitionswert 3303
IPR 1082
Irrtum im Motiv 1752, 1779
– über wesentliche Eigenschaften 2142
Ist-Versteuerung 5503

Jahresabschluss 3486
–, letzter 2730
Jahresergebnis 2736
Jahresertrag 2884 ff.
Jahreswechsel 4222 – 4225
–, Geschäftsübergang (Unternehmensübergang) zum – 4222–4225, 4230
Jointventure 3101, 3102

Kanalbenutzungsgebühren 6346
Kanzlei 3404 ff., 3414 ff., 3436 ff., 3715, 3718, 3787 ff., 3843 ff., 4111, 4118, 4119, 4923 ff., 5281 ff.

Kapital 1366, 2712, 2973
Kapitalanlage 2733
Kapitalanteil 2427
–, Übertragung 2426
Kapitalbedarf 2733
Kapitaldienstgrenze 2787
Kapitalflucht 3355
Kapitalisierungszinsfuß 2544, 2816, 2922–2927, 2967–2969, 3219, 3312
Kapitalgesellschaft 6508
Kapitalkonto 1678
– des Gesellschafters 1679
– negatives 4895
Kapitalrücklage 3132
Kapitalstruktur 2736
Kapitalumschlag 2736
Kapitalverzinsung 2736
Kapitalwert des Nießbrauchs 7053
Kauf 1386 ff.
Kaufgegenstand 1677–1708
Kaufmann, Kaufmannseigenschaft 472, 491, 1236, 1415, 2212, 2218
–, Begründung 1415
Kaufpreis 1607 ff., 1773, 2010, 2162 ff., 3688, 4384, 5326
–, Anspruch auf 1766, 1767
–, Basiskaufpreis 2729
–, Bestimmung durch Verkäufer 1778
–, einheitliches – (s. Gesamtpreis) 3084 ff.
–, Fälligkeit 1622
–, Festlegung 2010
– Gesamtkaufpreis 2729
–, Minderung 1946, 2024, 2117
–, – bei Gewährleistung 1833
–, negativer 1784
–, Sicherung des Kaufpreisanspruchs 1786 ff.
–, Umsatzsteuer 1783
Kaufpreiskorrektur 2794
Kaufpreisraten siehe wiederkehrende Bezüge
Kaufpreisrente siehe wiederkehrende Bezüge
Kaufpreissammlung 3092
Kaufpreisvereinbarung
– ergebnisabhängige 1773

Kaufpreisschuld, nachträgliche Änderung 4386
Kaufrecht 2987
Kaufvertrag 1340, 1386 f., 1651 ff.
–, Abschluss 1651 ff.
–, Form 1716
–, Gegenstand 1653, 1677
–, Grundstückskaufvertrag 1732
–, Mängel 1742–1760
–, Unternehmenskauf 1340, 1387
Kaution 6338
Kennziffern 2736
Kettenschenkung 305
KG 51, 232, 273, 306, 310, 532–535, 859, 1051, 4753, 6551
– Unterbeteiligungen – 4114, 4203
Kind
–, minderjähriges – 4203
Kino 1225, 1349, 1377, 1378, 4068, 4086
Kirchensteuer 6508
Kleinbetrieb 2736, 2802 (11), 2891
Kleingewerbetreibender 2212
Kleinunternehmer 5505, 5509, 5518
Klinikveräußerung 3432
Knebelungsvertrag 2467
Know-how 1389, 1519, 1523, 2987, 2990, 6311
Kommanditanteil 6951
– Unterbeteiligung an – 4114, 4203
Kommanditist 273, 533, 861, 4391, 5246, 6551
– Nachhaftung des -en 2418
Kommissionsware 1451
Komplementär 533
Konjunkturzyklus 2912
Konkurrenzlosigkeit des Geschäfts 1952
Konkurrenzverbot s. Wettbewerbsverbot
Konstruktionszeichnungen 1520, 1662
Kontingent 2987
Kontoführungsverhalten 852
Kontrollrechte 6337 ff.
– beim Pachtvertrag – 6337
Konzertdirektion 3965
Konzession 1389, 2987, 6351
Konzessionsentzug 6351
Korrespondenz 1664

Stichwortverzeichnis 923

Kosten s. Aufwendungen
–, Tragung der Kosten des Vertrags 1631
Kostenrechnung
–, getrennte – beim Teilbetrieb 4042
Kostenstruktur von Arztpraxen 3343
Kostentragung 1582, 1631
Kraftfahrzeug 3519
Kraftstoffgroßhandel 4072
Kraftwagenspediteur 4078
Krankenkassenscheine 3706
Kranken-Tagegeld-Versicherung 5294
Krankenunterlagen 3421
Krankheit 1096
Kredit 4752
Kreditaufnahme und Bewertung 2787
Kreditausfallrisiko 850
Kreditunterlage 3248
Kreditwürdigkeit 851, 1572
Kündigung 172, 3528, 3530, 3541
– des Pachtvertrages 6382
– einer Beteiligung 3530, 3544
Kündigungsbefugnis 3546, 3550
–, Kündigungsfrist 2515, 2516, 3545
–, Kündigungsgrund 3529
–, Kündigungsklauseln 3544
–, Verzicht – 3546
Kündigungsrecht des Gläubigers bei einem Versicherungsanspruch des Schuldners 239
Kundenbeziehungen Dauer der – 852
Kundenkartei 1417, 1526, 1662
Kundenkreis 1225
–, eigener – 1225
Kundenstamm 1526, 1662
Kundschaft 1359, 1366, 1390, 1417, 1635
Kunstgegenstände 6056
Kuranstalt 1380
Kurs-Gewinn-Verhältnis (KGV) 2755

Laborgemeinschaft 3646
Ladengeschäft 1947, 3997
Laderaupen 1947
Lästiger Gesellschafter 4586–4591
Lagergrundstück, Lagerhalle 2112
Lagerhaltung 852

Landeszinssatz 3046, 3047
Land- und forstwirtschaftliche Betriebe 1130, 3325
–, Bewertung des land- und forstwirtschaftlichen Betriebs 3325
Landwirt 1480
Lastentragung 201
– bei Nießbrauch 6841
– bei Pacht 6306, 6346 ff.
Latente Steuern 2991, 3194
Laufender Gewinn 4415 ff., 4662
Laufende Verträge 6321
Leasing 2990, 3104 ff.
Lebensmitteleinzelhändler 1355, 4056
Lebensmitteleinzelhandel 1355
Lebensmitteleinzelhandelsgeschäft 1355
Lebensmittelgroßhandelsgeschäft 2024, 2112
Lebensversicherung 239, 456, 471, 5294
– Anspruch auf – 239, 469
Leerübertragung einer Firma 2241
Leibrente 2183, 2190, 4437, 5347, 5350
–, – abgekürzte 4330
Leistungen Dritter 4371–4374
Leistungsfähigkeit als zugesicherte Eigenschaft 1952
Leistungsstörungen 1923, 2002
Leistungsvorbehalt 1672
Leitungsmacht 1018
Lemgoer Modell 1066
Letter of intent 1597, 2507
Leveraged Buy-Outs 1102
LIBOR 3274
Lichtspielbetrieb 1225, 1377
Lieferant 1934
Lieferantenbeziehungen 1576
Liquidation 1276, 4773, 5124, 5175
Liquidationserlös 332
Liquidationswert 2717, 2825, 2826, 2973
Liquiditätsabfluss 212, 359
Lizenz 1502 ff., 2987
Lizenzvertrag 1502
Lizenzzahlung 1502
Lohnsteuer 5862
Lohnverzicht 1020
Lokal siehe Gastwirtschaft

Machbarkeitsprüfung s. auch Due Diligence 1302–1304
Mängel
–, Mängelanzeige 2072, 2152
– des Unternehmens 1926, 1943
– beim Vertragsabschluss 1742
Mängelrüge 2072
Makler 1175, 5162
Management 852
Management Buy-Out 1102 (2)
Management-Fehler 2736
Mandantenschutz 2372 ff., 2389
Mandantschaft 879
Mandatsbearbeitung 3506–3509
Mandatsschutz 3821–3836, 3853
Mantelkauf 1411
Marke 2214
Markenrecht 2987
Maschinen 2115, 3119–3122, 3960
Maßgeblichkeitsgrundsatz 3144
Materialintensität 2736
Mehrwertigkeitsprinzip 2884
Methoden der Bewertung 3333
–, direkte Methode 3334
–, indirekte Methode 3340
Methoden der Wertermittlung 2802
Metzgerei 1265
Mieter 1041
Mietereinbauten 2988
Mieterumbau 2988
Mietvertrag 1296, 1557 ff., 3430, 6308
Mietwagenunternehmer 4077
Minderjährige
– Adoption 395
– als Erben 571, 2385
– Kinder 859, 4203
Minderkaufmann 2212
Minderung 1924, 2006, 2103, 2114–2117, 4389
–, Berechnung der – 1929, 1946
–, – des Kaufpreises 1929
Mindestguthaben 3498
Mindestkapitalanforderung 850
Mindestklausel siehe auch Abfindungsklausel 2538
Mindestpreis 2873, 3348
Mindestzeitrente 4312

Mineralgewinnungsrecht 2987
Mischnachlass 4796, 4816
Missbrauch von Gestaltungsmöglichkeiten des Rechts 1117 ff., 6706
Mitarbeitende Ehefrau 816
Miterbe 563, 4752, 4764 ff., 4781, 4791, 4796, 5978
Miterbenanspruch 2801 (7)
Miterbenanteil
– Anrechnung auf – 802
Miterbengemeinschaft 4683, 4744
Mitgliedschaft einer Personengesellschaft 502, 1672
Mitgliedschaftsrechte 472, 473
–, Übertragung von – 1389
Mittelbetrieb 2736, 2802 (11), 2891
Mittelwertmethode 2997–3001
– zur Geschäftswertermittlung 3297, 3310–3312, 3347
Mitunternehmer 232, 276, 279, 306, 318, 861, 4764
Mitunternehmeranteil 4102–4116, 4118, 4119, 4255–4262, 4414, 4522–4575, 4736, 4765, 4941–4947
Mitunternehmerschaft 76 ff., 4682, 4717
– Auseinandersetzung einer – 4717
Mitunternehmerstellung beim Nießbrauch 6951
Mixed Management Buy-Out 1102
Modebranche 1550
Modegliani-Miller-Theorem 2734
Montage 1936
Motivirrtum siehe Irrtum
Mühle 1480
Müllabfuhrgebühren 6346
Musterrecht 1684

Nachbesserung 1932
Nacherbe 352, 411, 623, 1599, 2389
Nacherbentestamentsvollstrecker 411
Nacherbschaft 332, 360, 411, 2387, 2389
–, Haftung des Nacherben bei Geschäfts- und Firmenfortführung 2389
Nacherfüllung 1936, 1942, 1944
Nachfeststellung 5805, 5810, 5825
Nachfolgeklausel 520, 4739, 4827, 6308
Nachfolgevermerk 2214, 2242, 2248

Nachfrist 2178
Nachhaftung
– des Gesellschafters 2417
– des Gesellschafters bei Arbeitsverhältnissen 1051
Nachhaftungsbegrenzungsgesetz 2352 ff., 2413
Nachhaltige Tätigkeit 1180
Nachkalkulation 852
Nachlass 212, 368, 411, 476, 802, 4682, 4791, 5933, 5934
–, Verkehrswert des – 212
–, zum Privatvermögen gehöriger – 4754–4757
Nachlassgegenstand 4752, 5978, 5979
– bestimmter – 805
Nachlassgericht 476
Nachlassverbindlichkeiten 476, 495, 4769, 5941, 6089
Nachlassverwaltung 476
Nachlasswert 2786
Nachträgliche Änderung des Veräußerungspreises 4386–4404
Nachträgliche Gewinne oder Verluste 5047–5057, 5273
Namensänderung 2237
Namensfortführung 619
Naturalteilung s. auch Realteilung
Nebenpflichten, Käufer 2206
–, Verkäufer 1889, 1890, 1936
Negatives Interesse 1589
Negativer Kaufpreis 1784, 4476 ff.
Negatives Kapitalkonto 260, 4476–4485, 4601, 5246
Nennbetrag, Nennwert 3060 (2)
Nicht betriebsnotwendiges Vermögen 2897
Nicht notwendiges Betriebsvermögen 2977
Nichteheliche Kinder 360, 395, 411, 692, 711 ff., 714, 837
Nichteheliche Lebensgemeinschaft siehe eheähnliche Gemeinschaft
Nichterfüllung, Rechtsfolgen – 1626, 2101 ff.
Nichtigkeit von Rechtsgeschäften 1742–1760

Niederlassung 1147, 1186, 4060
–, geschäftliche – 171
– Veräußerung einer – und Firmenfortführung 2299
Nießbrauch 16, 332, 6801 ff.
– am Gesellschaftsanteil 6881 ff.
– am Gewinnstammrecht 6881 ff., 6885
– an den Gewinnanteilen 6884
Nießbrauch und Bilanzierung 6902, 6917 ff.
Nießbrauch und Versteuerung 6911 ff., 6922
Nießbrauchsberechtigter 6805
Nießbrauchsbestellung 6822
Nießbrauchsrecht 1599, 2987
Nießbrauchsvermächtnis 431, 6807
Nießbrauchsvorbehalt 4317, 7001 ff.
Normalertragskraft 2973
Normalverzinsung 3282
Notar 1296
Notarielle Beurkundung 1466, 1726, 1732
Nutzung, Nachlassnutzung 360
Nutzungspotential 2829
Nutzungsrecht 2987, 6311
Nutzungsüberlassung 3474

Objektivierter Unternehmenswert 2802 (7)
Öffentlicher Glaube 2216
Öffentliche Versteigerung 1449
Österreichisches Recht 952, 4214, 4682
Örtliche Trennung 4042, 4045
Offenbarungspflicht 1585
Offene Handelsgesellschaft siehe OHG
Offener Einigungsmangel 1745
Offenlegung der Verhältnisse 1585
OHG 51, 4711
Operating-Leasing 3110
Option 1597, 6308
Optionsgeschäft 3278
Optionsrecht 2987
optischer Zustand 1572
Organisationsmängel 1933
Organisationspläne 1660
Organismus, lebender Organismus 1882
Ort der Zahlung 2170

Pachtdauer 6381
Pachteinnahmen 6396
Pachtende 6471
Pachtentgelt
- kein - 6433, 6434
Pacht-Erneuerungsverpflichtung 6334 ff., 6452
Pachtgegenstand 6304, 6311
Pachtverhältnis 31
Pachtvertrag 1296, 6302 ff., 6451
Pachtzeit 6304, 6381 ff.
Pachtzins 6303
Pächter 1041, 6303
- als Miterbe mit Verpächter 6405
Parteiwille 4298
Partenreederei 3970
Partiarisches Darlehen siehe Darlehen, partiarisches
Partnerschaftsgesellschaft 3602
Patent 1359, 2987, 6311
-, fremdes Patentrecht 1947
-, Patentrecht 1500, 1684, 2987
Patentlizenzvertrag 1505
Patientenkartei 3421, 3810, 3811
Patientenverfügung 389
Patientenzahl 1952
Patronatserklärung 1789
Pauschalrückstellungen 3159
Pauschalwertberichtigungen 3061
Pension als Absteige 1947
Pensionsgeschäfte 3278
Pensionsrückstellungen 3124–3127
Pensions-Sicherungs-Verein 2317, 2319
Persönlich haftender Gesellschafter
- Erbe als Nachfolger 518
Persönlichkeitsrechte 473
Personal
- eigenes - beim Teilbetrieb 4042
Personalverhältnisse 1662
Personengesellschaft
- Stilllegung eines Unternehmens 5204
-, Verkauf eines Unternehmens 1667
- zweigliedrige - 271
Pfändung eines Lebensversicherungsanspruchs 239
- als Nebenrecht einer Forderung 1489
Pfleger 352 (5), 1296, 3715

Pflichtteil 342 (9), 411, 581 ff., 642, 4687, 4749, 5987
- Ablösung einer Verbindlichkeit 4753
- Anrechnung des -sanspruchs 212, 304, 453, 582, 624, 641, 671, 695, 715, 816, 826, 2473, 3718 (4), 5987 ff., 6088
- Berechnung des - 585 ff.
- Berücksichtigung von Steuern 585
- großer Pflichtteil 396 (4)
- Höhe des - 714
- kleiner Pflichtteil 396 (2)
- Pflichtteilsberechtigter 190, 360, 583, 602, 671, 4751
- Pflichtteilsergänzungsanspruch 396 (3), 641, 5941, 5994
- Pflichtteilsrestanspruch 396 (3)
- Pflichtteilsverbindlichkeit 4753
- Wahlrecht 585
Pflichtteilsverzicht 222, 332, 346 (5), 360, 583, 602, 621 ff., 671
Pflichtverletzung 1923
Pkw 3519
Planungsrechnung(en) 2891, 3519
Positives Interesse 2122
Positive Vertragsverletzung 1906, 1996, 2092, 2136
Postgirokonto 2168
Praktikanten 970 (5)
Praxis des Freiberuflers 1379, 3401–3408, 3680–3687, 5311
- als Gegenstand des Kaufvertrags 1341
-, Wert der - 3325
Praxisanteil 4111, 4118, 4119, 5315
Praxisaufgabe 3649
Praxiseinbringung 886
Praxiseinrichtung 3429
Praxisfortführung durch Witwe 5733
Praxisgebäude 3752, 3753
Praxisgemeinschaft 3642–3646, 5541
Praxisname 3451
Praxisräume
- Mietvertrag über - 3707
Praxisveräußerung 1380, 1381, 1391, 3419 ff., 5282–5362

Praxiswert 879, 3421, 3673, 3680, 3774, 4201, 4220
–, Pauschalierung des – 3848
Preisgestaltung
– eigene – beim Teilbetrieb 4042
Preisindex 3041
Preisklauseln 1811 ff. (– 1880)
Preissteigerung 4066
Preissteigerungsrücklage 3129–3130
Private Schuld 4259
Privatklinik 3433
Privatvermögen 332, 4682, 4791, 4796, 4853
Produktbeobachtungspflicht 1934, 2093
Produktionsabteilung 4064
Produktionsgeheimnis 1153, 1656
Produktionsunternehmen 2796–2799
Produktionsverfahren 1526, 1660
Produktqualität 852
Produktrückrufpflicht 2093
Produzentenhaftung 2092 ff., 3184 ff.
Prognosen 2735, 2970, 3368
Prognosebestimmung 2966
Prognoseorientiertes Ertragswertverfahren 2788 (4), 2841
Programme für Datenverarbeitung 1660
Progressionsglättung 4792 ff.
Prokura 42, 6323
Prozessführung 1629
Prüfberichte 2736
Prüfung von Bilanzposten 1773
Prüfungsauftrag, Umfang 1303 (05)
Prüfungspflicht 6506
Publizität 39
Punktation 1598

Quotennießbrauch 324, 6961

Rabattmarken 3250
Rack-Jobber-Vertrag 1511
Räumungsverkauf 5131
Rahmenvertrag 1597
Raten 2181, 2182, 2510, 4277, 4435, 4541–4543, 4662, 5340–5341
Rating 849 ff.
Reallast 1471
Reallast bei Pachtvertrag 6347
Realteilung s. auch Naturalteilung

– einer Mitunternehmerschaft 4191, 4611 ff., 5706
– eines Nachlasses 4771, 4781
– eines geerbten Unternehmens 4791 ff.
einer Sozietät 3543, 3850
nach Auflösung einer Gesellschaft 5173, 5174, 5706
Rechnungsabgrenzung 4436
Rechnungsabgrenzungsposten 3033–3037
Rechnungslegung 93, 1304 (04)
Recht auf Minderung 1929, 1932, 2114–2117
Recht auf Schadensersatz wegen Nichterfüllung 1930, 1932, 1947, 2121–2125
Rechte 1486–1526
–, sonstige – 1500–1522
Rechtsanwalt 880, 1296, 1381, 3411 ff., 3418, 3715, 3718, 3804
Rechtsanwaltskanzlei 1379, 1381, 3673, 3675
Rechtsanwaltssozietät 3673, 3796
Rechtsform 36–191
–, Umwandlung der – siehe Umwandlung
Rechtskauf 1389, 1393 ff., 1653
–, Abgrenzung vom Sachkauf 1403
–, Erwerb von Anteilen 1393
Rechtsmangel 1933, 1941
Rechtsmissbrauch 2469, 2488
Rechtsträger 2587, 6501
Rechtsübertragung 1500 ff.
Regelbesteuerung 5402
Regeln einer ordnungsmäßigen Wirtschaft 6302
Reihensummenrechnung 2914
Reingewinn beim Nießbrauch 6851
Reisegewerbe 1173
Rendite 2736
Renditevergleich 3356
Renovierungspflichten bei Eintritt in Mietvertrag 3430
Rentabilität 2736, 3356
Rente(n) siehe wiederkehrende Bezüge
Reparaturaufwand bei Verpachtung 6305
Rezepte 1952
Risiko 1576

Risikoabschlag 2855, 3308
Risikofreier Zins 2928
Risikoklasse 2734
Risikomessung 851
Röntgenapparat 3354
Rohstoffe siehe Waren
Roll-over-Termin 3274
Rückabwicklung 1945, 2003, 2105
Rückfallklausel
– bei Unterbeteiligung 4203
Rückgabepflicht 264, 6332
Rückgängigmachung der Veräußerung 2105, 5042–5043
Rückgängigmachung des Kaufs (Wandlung) 2105
Rückgriff bei Gewährleistungsverpflichtung 3157, 3250
Rückholklausel 276
Rückkaufswert eines Versicherungsanspruchs 239
Rücklagen 3132–3135
–, keine Steuerbegünstigung 4813
–, offene – 2977
–, Sonderposten mit Rücklagenanteil 2978
Rücklage nach § 6b EStG 4014, 4015, 5053
Rücklagepolitik 2736
Rücknahmeverpflichtung 3138
Rückstellungen 1981
– für Ansprüche aus Umweltschäden 3206, 3207
– für Ausgleichsansprüche der Handelsvertreter 3151, 3152
– für Buchführungsaufwand 3148
– für latente Steuern 3194–3204
– für Sozialplan 3192
– für Urlaubsverpflichtung 3209
– für Vorruhestandsgeld 3211–3214
– wegen Erneuerungsverpflichtung 3155
– wegen Gewährleistung 3157–3159
– wegen Haftpflichtansprüchen 3166, 3167, 5246
– wegen Jubiläumsverpflichtungen 3172–3175
– wegen Patentverletzung 3182

– wegen Produzentenhaftung 3184–3188
– wegen Schadensersatzverpflichtungen 3191
– wegen Unausgeglichenheit von Mietverträgen 3178–3180
Rücktritt vom Vertrag 1304 (10), 1928, 1933, 1945, 1947, 2003, 2082 ff., 2105, 2179, 4389
–, Vorbehalt 5043
Rücktrittsvereinbarung beim Erbvertrag 652
Rückübertragung des verkauften Unternehmens 2104 ff.
Rückwirkung 4217–4221, 4263, 4267, 4386 ff., 4676
–, Rückbeziehung der schuldrechtlichen Vereinbarung 4217, 4253
Ruhender Betrieb 4733
Ruhestandsverhältnisse 1013

Sachabfindung 4551–4553, 4571, 4767 ff., 4800
Sacheigenschaft 1949
Sacheinlage 1421
Sachen
–, abhanden gekommene – 1449
–, bewegliche – 1438 ff.
–, Gegenstände siehe Gegenstände
–, gestohlene – 1449
–, Grundstück(e) siehe Grundstück(e)
–, sonstige Wirtschaftsgüter siehe Wirtschaftgüter
–, unbewegliche – siehe Grundstück(e)
–, verloren gegangene – 1449
Sachenrecht 1599
Sachkauf 1389, 1390, 1417, 1653
–, Abgrenzung vom Rechtskauf 1403
–, Unternehmenskauf als – 1389, 1393, 1394 ff., 1653
Sachmängelhaftung beim Unternehmenskauf als Sachkauf 1401
Sachmangel 1922, 1927, 1933
Sachvermächtnis 4770
Sachverständiger 3715
Sachwertabfindung 5317
Sammlungen 6056
Sanatorium 1380

Sandgewinnung 4070
Schadensbegrenzung 2084
Schadensberechnung 2085, 2123–2125
Schadensersatz 1923, 1924, 1930
– bei Verstoß gegen vorvertragliche Pflichten 1589
– bei Verzug 1792, 2177
– in Sozietät 3521
– wegen Nichterfüllung 1925, 2006, 2103, 2121, 2133
– wegen Verzug 1792
Schadensersatzanspruch aus unerlaubter Handlung 2139
Schadenspauschalierungsklausel 2543
Schätzung des Gewinns 4431, 4486, 4685
– des Wertes des Nachlasses 585
Scheck 2168
Scheidung 212, 253, 266, 393, 475, 692, 1096, 2788 (5)
Scheinbestandteil 1463
Schenkung 301–323, 602, 1420, 2421, 3928, 3942, 4881, 4932
– einer Einlage 863
–, Errichtung einer Stiftung – 190
–, gemischte – 3938–3942, 4576, 4868, 4895, 4933
– mit Nießbrauchsvorbehalt 277
– rückwirkende – 4240
– unter Auflage 3942, 4882, 4895, 4932
– unter Lebenden 5932
– von Anteilen und Beteiligungen 303
– von Grundbesitz 313–316
– von notwendigem Betriebsvermögen 5381
– von Wertpapieren – 306
Schenkungsteuer 6097
– bei Ausscheiden eines Gesellschafters ohne Abfindung 2460, 2554
Schenkungsversprechen 2421
Schiedsgericht 366, 3600
Schiedsgerichtsklausel 623
Schiedsgerichtsvereinbarung 2063, 3600
Schiedsgutachter 1631, 1771
Schiedsklausel 360
Schiedsrichter 3715
Schiedsvereinbarung 3783

Schiedsvertrag 1631, 3600
Schiedswert 2705
Schiff 4069
–, Veräußerung 3972
Schlussbesprechung, Teilnahme an Schlussbesprechung 1969
Schlussbilanz siehe Bilanz
Schmiede 1480
Schmuckstück 431
Schneidermeister 3995
Schneiderwerkstatt 3995
Schornsteinfegergebühren 6346
Schuldbeitritt, gesetzlicher 1007
Schulden 1576
–, befreiende Schuldübernahme 1532 ff., 1686
–, Erfüllungsübernahme 1543 ff., 1686
–, kumulative Schuldübernahme 1537 ff., 1686, 2315, 2329
–, Schuldübernahme 1531 ff., 1686
Schuldenerlass 5250
–, Einrede des Schuldenerlasses 1490
Schuldentilgung 2736, 4262
Schuldnerverzug 1801, 2205
Schuldübernahme 2315, 2317, 2329
Schuldzinsen 4262, 4687, 4899, 5049
Schutzrechte 3182
Schwebend unwirksamer Vertrag 1746
Schwebende Geschäfte 1792, 1793, 2433, 2513, 2514, 2537, 2989, 3216–3221, 4376, 4390, 4428, 5055, 5056
Schwerbehinderte 970 (5)
Schwiegereltern 6021
Schwiegerkind 6021
Scorewertermittlung, Scoringsystem 852
Selbständiger Organismus des Wirtschaftslebens 5150
Share deal 1392
Sicherheiten 1624
Sicherung der Kaufpreisforderung 1788, 1790
Sicherungsabtretung 1297
Sicherungseigentum 1446, 3060 (2), 5877
Sicherungsnießbrauch 6888

Sicherungsrechte 472, 1566, 3060 (2), 3224, 3248
Sicherungsübereignung 1296, 3060 (2)
Sittenwidrige Geschäfte 1758–1760
Sittenwidrigkeit 1760, 2466, 2476, 2477, 3417, 3835
Sitz 1186
Sofortversteuerung siehe Wahlrechte
Software 2987, 3226
–, selbstentwickelte – 2987
Sonderbetriebsausgaben 6971
Sonderbetriebsvermögen 273, 2602, 4468–4471, 4739, 4827, 5316
Sonderbetriebsvermögen eines Gesellschafters 4105–4109, 4257, 4258, 4462–4471, 4538, 4951–4953, 5178
– Buchführungspflicht für 4468
Sonderbilanz s. Bilanz
Sondererbfolge 481
Sondervermögen 1728
Sonstiges Vermögen 7051
Sorgfalt, erforderliche 1925
Sorgfaltspflicht 1389 (2)
–, – gesteigerte – 1389 (2)
Sozialauswahl 999
Sozialplan 1616
Sozialversicherung, Verpflichtung gegenüber der Sozialversicherung 1296
Sozietät 3443, 3498, 3718 (5)
– Anteils-(Teilanteils-)übertragung 4111, 4118, 4119
–, Errichtung – 3436–3449
–, Sozietätsbezeichnung 3451
– sozietätsfremde Geschäfte 3522–3525
–, Sozietätsgründung 3436–3599
–, Sozietätsname 3445
–, Sozietätsübertragung 3600 ff., 3796
–, Sozietätsvertrag 3452 ff.
Spaltung 2597, 2606–2610
Sparkonten 306
Spediteur 4078
Spedition 4078
Speditionsvertrag 4078
Speiserestaurant 1947
Spezial-Leasing 3115
Spin-off 2843
Spitzenausgleich 4781, 5706

Squeeze-out 157
Stammeinlage
– rückständige – 2418
Standardstückkosten für Kreditprozesse 854
Standesrichtlinien 3409–3413, 3442
Standort 3698
Steuerabzugsbeträge 5867
Steueransprüche 1969
Steuerbefreiung 6055 ff.
Steuerberater 1296, 3412, 3727–3729
Steuerberaterpraxis 1379, 3677
Steuerberatungsgesellschaft 3451
Steuererstattung 6081
Steuerfestsetzung
– der Erbschaftsteuer 6075
Steuerfreie Rücklage 3132
Steuergeheimnis, Entbindung vom Steuergeheimnis 1971
Steuerklassen bei der Erbschaftsteuer 6011
Steuern 2855
Steuern als Lasten bei Verpachtung 6305
Steuern, latente Steuern 2991
Steuernachzahlungsverpflichtung 1785
Steuersatz bei der
– Erbschaftsteuer 6031, 6037 ff., 6091
– Grunderwerbsteuer 5641
Steuerschuld 5642
Steuerschuldner 5642
Steuervorteil
– kein Sachmangel – 1952
Stiefkind 6014
Stiftung 182–200
– Begriff 184 ff.
– Besteuerung 193 (1), 195–198
– BGB-Stiftung 184 ff.
– Entstehung 185
– Gemeinnützige – 193 (1) ff.
– Selbständige – 183
– Spenden an – 193 (3)
– des öffentlichen Rechts 196
– des privaten Rechts 185
– Stiftungsaufsicht 185 (3)
– Stiftungsgesetze der Länder 185 (3)
– Unselbständige – 186

- Unternehmensträgerstiftung 183
Stille Beteiligung 816
Stille Gesellschaft 54–84, 306, 317–318, 516, 5737
Stille Reserven 1572, 3907, 4379–4383, 6124, 6391, 6399, 6482
–, erhebliche – 3963
Stilllegung eines Teilbetriebs 5203
Stilllegung des Unternehmens 1665
Stiller Gesellschafter 317, 5737
Stillhalteklausel 457
Stimmrecht 172
Straßenreinigungsgebühren 6346
Strombezugsvertrag 6321
Strukturwandel des Betriebs 5077
Stundung 2206, 5056
Stundung der Erbschaftsteuer 454
Stundung des Kaufpreises 1786, 3668
Stundung des Pflichtteilsanspruchs 716
Stuttgarter Modell (Vor) 53
Stuttgarter Verfahren 3009–3014, 3347, 6102, 6552
Substanz 2973
Substanzausbeuteverträge 4426
Substanzerhaltung 2855
Substanzgewinnungsunternehmen 4070
Substanzwert 2788 (4), 2803, 2818 ff., 2971 ff., 2984, 3715 (1)
Swap 3217
Syndikatsrecht 2987
Synergieeffekt 2727 (8), 2841, 2855 (8)

Tabakwaren-Einzelhandel mit einer Lotto- und Toto-Annahmestelle 1354
Tätigkeitspflichten 172
Tankstelle 861, 4050, 4071–4073, 4075
Tantiemen 3250
Tarifbegünstigung 4656, 4923–4926, 5315, 5318
Tarifvertrag 1003
Tausch 1387, 1419, 4641
Taxi 4077
Teil eines Mitunternehmeranteils 4110–4111, 4779, 4781
Teilamortisationsverträge 3108
Teilanteilsübertragung 4111, 4118, 4119
Teilanteilsveräußerung 4111 (2)

Teilauseinandersetzung 4776
Teilbetrieb 1190, 1221 ff., 1366, 4036–4041
Teilbetriebsübertragung 4048, 4049
Teilbetriebsveräußerung 1366, 4021–4086
Teilentgeltliches Rechtsgeschäft (Veräußerung) 4298, 4891 ff., 4895
Teilfertige Waren 3052
Teilhaberversicherung 458–461, 845
Teilleistungen aus schwebenden Geschäften 3221
Teilnachfolgeklausel 4741
Teilpraxis 3431–3433, 5313–5314
Teilreproduktionswert 2973
Teilübertragung 2591 (2)
Teilungsanordnung 352, 360, 802, 803, 4829, 5978
Teilungsplan 368
Teilungsverbot 360, 621
Teilwert 2829, 5631, 6427
Teilwertabschreibung 6426
Teilzahlungen 1711
Teilzeitbeschäftigte 970 (5)
Teilzuwendungen 6123
Termingeschäft 3278
Testament 332 ff., 360, 642
– amtliche Verwahrung 332 (2)
– gemeinschaftliches 805
Testamentarische Erbfolge 332 (10)
Testamentseröffnung 5941
Testamentsvollstrecker 342 (9), 366, 411, 1599, 2390, 3489, 3715, 6075
–, Haftung – bei Geschäfts- und Firmenfortführung 2390 ff.
Testamentsvollstreckung 360, 485, 622
Testamentsvollstreckernachfolger 485
Testator 6123
Teuerungsfaktor 3121
Textilwaren-Einzelhändler 5108
Textilwarenfabrik(ation) 2115
– Textilwaren-Großhandlung 2111, 3259
Textilwarenhersteller 4065, 4084
Tod des Freiberuflers 212, 466 ff., 1096, 1275, 3422–3426, 3528, 3529, 3598, 3856–3858

Tod des Mieters 6307
Tod des Rentenberechtigten 5353
Tod des Unternehmers 212, 466 ff.,
    1096, 1275
-, Ende des Unternehmens 1272-1283
Transformatorenhaus 1465
Transportunternehmen 4078
Treugut 186
Treuhänder 1361, 3715
- als Erwerber 1361
Treuhand 472
-, Treuhandrechte 472
-, Treuhandverhältnis 4115
Treuhandverhältnis 3278

Übereignung 1887, 1888
Übergabe 1439 ff., 1961
Übergabe
- von Büchern 6825
-, von Kundenlisten 6825
Übergabewert 3718 (4)
Übergang des wirtschaftlichen Eigentums
    4239
Übergangsgewinn 4415
Übergangsstichtag 1954, 2008, 2035
Übergewinnabgeltung 3004-3007
-, Methode der Übergewinnabgeltung
    3003
Übergewinnkapitalisierung (Verfahren der
    unbefristeten Übergewinnkapitalisie-
    rung) 3003
Übergewinnverrentung siehe Übergewinn-
    abgeltung 3004
Überörtliche Sozietät 3550
Überschuldung des Erben 411 (5)
Überschussrechnung 4412, 4439-4440
Übertragung der wesentlichen Grundlagen
    eines Unternehmens 5145-5149
Übertragung einer Einzelpraxis 5366 ff.
Übertragung stiller Reserven 5034
Übertragung von Grundstücken
    1461-1471, 4755 ff.
Übertragungsakte 1426 ff.
Übertragungsformen 1436 ff.
Überweisung
-, Risiko der Dauer - 1622, 2170
-, Überweisungsrisiko 2170

Umgehungsgeschäfte 1117-1120,
    1263-1266
-, bürgerlich-rechtliche 1264, 1265
Umgründung 6482
Umlaufvermögen 2736, 6824
- Anschaffungskosten des Umlaufvermö-
    gens in Form wiederkehrender Bezüge
    4430
- beim Nießbrauch 6824
Umsatz als Eigenschaft 1941, 1945,
    1951
Umsatz ohne Eigenverbrauch als Eigen-
    schaft 1957
Umsatzabhängige Bezüge
- Leistungen 1683
Umsatzausweitung 2736
Umsatzbeteiligung 323, 3667
Umsatzentwicklung 3706
Umsatzerlöse 2736
Umsatzrentabilität 2736
Umsatzsteuer 3776, 5297
Umwandlung 5633
- der Komplementärstellung in eine
    Kommanditbeteiligung 535
- der Rechtsform 2576 ff., 5401-5535
- einer KG in eine GbR 1051 (3)
-, Formwechsel 2600, 4152-4171, 4954
-, verschmelzende Umwandlung 2591,
    2593
Umwandlungsbilanz 84
Umwandlungssteuergesetz 3915,
    4155-4171, 4173
Umweltschäden 3206
Unangemessener Preis 4401-4403
Unbestimmter Wert 4377
Unbewegliche Sachen siehe Sachen,
    Grundstück(e)
Uneinbringlichkeit der Kaufpreisforde-
    rung 4312
Unentgeltliche Praxisübertragung 5366
Unentgeltliche Unternehmensübertragung
    2421, 2422
Unentgeltlicher Erwerb 4192, 4193
Unrichtige Angaben 1960
Unterabteilung eines Unternehmens
    1195

Unterbeteiligung an Mitunternehmerschaft 318, 4114, 4201–4203
Unterbrechung der Verjährung 2151
Unterhalt
–, Unterhaltsanspruch 473, 475
–, Unterhaltsberechtigte 286
–, Unterhaltskauf, Unterhaltsrente siehe wiederkehrende Bezüge
–, Unterhaltsvertrag 222
Unternehmen 1102, 1133 ff., 1246 ff.
Unternehmen als Gegenstand einer Sacheinlage 1421
Unternehmensberater 3443
Unternehmensbewertung 2547
Unternehmenskauf 952, 1126, 1389 ff., 1403, 1407, 1486, 1653 ff., 1678 ff.
– durch Anteilserwerb 1394
–, Gegenstand 1677 ff.
Unternehmensmakler 1576
Unternehmensnachfolge 212, 277, 837
– beim Tod des Unternehmers 691, 836–848
–, Erblasser als Einzelunternehmer 491–495
–, Gesellschafter einer GbR 541–543
–, – einer GmbH 562
–, – einer GmbH & Co. KG 532 ff.
–, – einer KG 562
–, – einer OHG 512–519
Unternehmensnießbrauch 816, 6821
Unternehmenspacht eines in gemieteten Räumen betriebenen Unternehmens 6307
Unternehmensstruktur 346 (1)
Unternehmensveräußerung durch Personengesellschaft 1667 ff.
Unternehmensveräußerung 6381
Unternehmensvermögen 4413
Unternehmensverträge 2788 (3)
Unternehmenswert siehe Wert des Unternehmens
– objektivierter 2802 (7)
Unternehmereigenschaft 5504
Unternehmerlohn 2736, 2855, 3292, 3293, 3308, 3340, 3356, 3365, 3715, 3740, 4335
Unterverpachtung 6339

Urheberrecht 1502
Urlaub 3452
– Urlaubsdauer 3452
– Urlaubsentgelt 3209

Venture Kapital 49
Veräußerung 1336 ff., 3926–3937
– der freiberuflichen Praxis 5282 ff.
– der freiberuflichen Teilpraxis 3431–3433, 5313, 5314
– des geerbten Unternehmens 3067, 4791 f.
– des Geschäfts im Ganzen 3946, 4931, 4935
– des Handelsgeschäfts 1728
– des Handelsgeschäfts durch eine Personengesellschaft 1730, 3967
– des Mitunternehmeranteils 4522–4575
– des Sondervermögens 1728
– des Teilbetriebs 4021, 4022, 4931
– des Unternehmens an eine Kapitalgesellschaft 4656–4658
– des Unternehmens durch die Erben 4726–4732
– des Unternehmens durch eine Kapitalgesellschaft 1731
–, einzelner Wirtschaftsgüter 4319, 5097–5098
– teilentgeltliche 4895
– von Anteilen i. S. v. § 17 EStG 4237
– von Baugrundstücken als Betriebsveräußerung 5726–5728
Veräußerungserlös 4781, 4855
Veräußerungsgewinn 3902, 3916–3917, 4237, 4238, 4491, 4493, 4765, 4772, 4798, 4842, 4923–4928
– Nachträgliche Änderung des – 4386–4390
Veräußerungsgewinn beim Erblasser 4184
Veräußerungskosten 4493, 4501–4503
Veräußerungspreis 3661, 4247, 4249, 4263, 4264, 4271–4277, 4391, 4392, 4493, 5306
–, nachträgliche Änderungen – 4386–4389, 4396, 5057
Veräußerungsrente siehe wiederkehrende Bezüge

Veräußerungsverlust 4237, 4261
Veranlagung zur Erbschaftsteuer 6073
Veranlagungszeiträume, mehrere – 4661, 4662, 5275
Verbindlichkeiten 1686, 3240–3248
– aufgrund von Auflagen 4769
– Aufschlüsselung der – 852
– aus Pflichtteilen 4769
– aus Vermächtnissen 4769
– betriebliche – 4752
Verbrauchsteuern 5867
Verbundeffekt 2802 (8), 2855
Vereinbarungen über Geheimhaltung 1597
– Nichtverhandlung 1597
Vereinbarungstreuhand 4115, 4116, 4202
Vereitelung des Vertragszwecks 1894
Vererblichkeit 472
–, Gestaltungsrechte 472
–, immaterielle Güterrechte 472
–, Mitgliedschaftsrecht 472
–, Vorkaufsrecht 472
Verfahren
– der zeitlichen (temporierten) Übergewinnkapitalisierung (siehe Übergewinnabgeltung) 3004
– Schnettler 3020
Verfügungsbefugnis 1887
Vergesellschaftung eines Einzelkaufmanns 2406 ff.
Verflechtung
– personelle – Betriebsaufspaltung 6702, 6705, 6706
– sachliche – bei Betriebsaufspaltung 6703, 6751
Vergleich 5935
Vergleichspreis 3092
Vergleichsverfahren 1280, 3537
Vergleichsverwalter 1599, 3715
Vergütung des Unternehmers 2736, 2855
Verhältnis Eigen- zu Fremdkapital 1572
Verhältnisrechnung bei Minderung des Kaufpreises 2116
Verhältnisse, betriebliche 852
Verhaltenspflichten 1587

Verhandlungsführung redliche – 1588
Verjährung 1786, 1791, 1949 ff., 2031 ff.
–, Unterbrechung – 2036, 2037
–, Vereinbarung einer Verjährungsfrist 2033–2037
–, Verjährungsfrist 1627, 2149–2151
–, – beim Garantievertrag 2001
Verkauf, eigenhändiger 4042
Verkaufsstelle 1367
–, unselbständige – 4054
Verkaufsvertrag bei Verpachtung 6321
Verkehrsauffassung 1349, 1352, 1390, 1936, 3410
Verkehrssicherungspflicht 6331
Verkehrswert 5631
Verkürzte Goodwill-Rentendauer siehe Übergewinnabgeltung
Verlag 1371, 4081
Verlagsrecht 4081
Verlegung 1281
– einer Hauptniederlassung 1192
– einer Zweigniederlassung 1193
Verlust 4555
Verlustabzug (§ 10a GewStG) 5713
Verlustausgleichspflicht 6581
Verluste aus langfristigen Verträgen 2736
Verlustvortragskonto 1701
Vermächtnis 332, 352, 360, 431, 583, 623, 2384, 4749
– Erbschaftsteuerbescheid 6075
– und Pflichtteil 588
Vermächtnisnehmer 332 (8), 970 (4)
Vermächtnisrente siehe wiederkehrende Bezüge
Vermächtnis von Praxen 3781, 3782
Vermögen 2973
Vermögen, das der freiberuflichen Tätigkeit dient 3419
Vermögensanfall 5941
Vermögensaufstellung 2776, 3029
Vermögensgegenstände 1525
– von Freiberuflern 1379
Vermögensnachfolge 802
Vermögensnießbrauch 6803

Vermögensteuer und Nießbrauch 7051 ff.
Vermögensübernahme 1004, 2329 ff.
Vermögensübertragung 1726 f., 2599, 2609
Vermögensverwalter 3715
Vermögensverwaltungsunternehmen 4082, 4109
Vermögenswert 5805
Vermutung bei Abgrenzung entgeltliche/unentgeltliche Vermögensübergabe 4337
Veröffentlichungspflicht 6506
Verpachtung 31, 32, 5267–5272
– des Unternehmens 5219, 6302 ff.
–, Veräußerungsgewinn 4666–4675
Verpächter
– als Miterbe mit Pächter 6405
Verpächterwahlrecht 5219
Verpflichtungen 3191, 3250
Verpflichtungsgeschäft 1339, 1430
–, Nichtigkeit 1493
Verrentung von Ansprüchen siehe wiederkehrende Bezüge
Versandhandel 1418
Verschmelzung 970 (4), 2591–2599, 5633
Verschulden 2087
Verschulden bei Vertragsverhandlungen 1587
– von Vertretern 2087
Versicherungen 5294, 6348
Versicherungsprämien für Erbschaftsteuerversicherung 455
Versicherungssumme als Betriebseinnahme 5242
Versicherungsverträge 239, 1561
Versorgung von Tieren 436
Versorgung weichender Erben 332
Versorgungsansprüche der Arbeitnehmer 1004, 1066
Versorgungsausgleich 222
–, Anwartschaften, die dem – unterliegen 252
–, Ausschluss – 222, 265
Versorgungsfreibetrag 6053 ff., 6091

Versorgungsleistungen 4326, 4328, 4843, 4853
Versorgungsrente siehe wiederkehrende Bezüge
Versteckter Einigungsmangel 1750
Versteigerer
– vereidigter – 3443
Versteinerungsklausel 1082
Versteuerung als nachträgliche Einkünfte siehe Wahlrechte
Versteuerung stiller Reserven, Vermeidung der Versteuerung stiller Reserven 4139
Verteilung des Nachlasses 5941
– von Geld durch Auflage 436
Verträge, laufende – 6321
Verträge zwischen einander nahe stehenden Personen 1118
Vertrag 954
–, gemischter – 1502
– zugunsten Dritter 520
Vertragsanbahnung 1571–1629
Vertragsfreiheit 954
Vertragsgestaltung 956
Vertragsinhalt 1621 f.
Vertragsstrafe 1904
Vertragsübernahme 952
Vertragsverletzung siehe positive Vertragsverletzung
Vertrauensschaden 1582
Vertretungsregelung 172, 3506, 3511–3514
Vertriebsstärke 852
Verwaltung des Nachlasses
– Aufwendungen für die – 5941
Verwaltungsbefugnis 332
Verwandtschaftsverhältnis 6011
Verweisungsvertrag 1082
Verwirkungsklausel 360
Verzicht auf Pflichtteil 5991
Verzinsung 2507
– des Kommanditanteils (Kinder) 310
Verzögerung der Leistung 1924
Verzug 1623, 2176
Volatilität 2848
Vollamortisationsverträge 3114
Vollausschüttung 2855

Volljähriger
- Adoption 395
Vollkaufmann 2218, 2238, 2410 f.
Vollmacht
- Allgemeine Vertretungsvollmacht 391
- auf den Tod 383–387
- Betreuungsverfügung 390
- Generalvollmacht 391
- Patientenverfügung 389
- über den Tod hinaus 383–387
- Vorsorgevollmacht 388
- zugunsten des Erblassers 468
Vollreproduktionswert 2973
Vollstreckung beim Nießbrauch 6826
Vollübertragung 2591 (2)
Vollzugsgeschäft 1426 ff.
Volontäre 970 (5)
Vorausvermächtnis 360, 802, 804, 805, 4827
Vorbehaltsnießbrauch 16, 6888, 7001
Vorempfang 394, 624
Vorerbe 411, 2516
Vorerbschaft 360, 411, 6888
Vorjahreszahlen 3028
Vorkaufsrecht 472, 1471, 1597
- beim Erbanteilsverkauf 370
Vormund 1296, 3715
Vormundschaftsgerichtliche Zustimmung 863
Vorräte 1967
Vorsichtsprinzip 2855
Vorvertrag 452, 2726–2728
Vorvertragliches Stadium 1571 f., 2723
Vorweggenommene Erbfolge 363, 4327, 4836
–, Behandlung beim Erwerber 4871
–, – beim Erwerber mit Spitzenausgleich 4875
–, – beim Erwerber ohne Spitzenausgleich 4872 ff.
–, – beim Übertragenden 4865

Wachstumsaussichten 2736
Wahlrechte 4291, 4308, 4506–4514, 4966–4973, 5084, 5174, 5239, 5261, 5358, 6392, 6436
–, Betriebsaufgabe zu erklären 6436

–, Sofortversteuerung 4310
–– zwischen Minderung, Wandlung und Schadensersatz 2131
Ware (Rohstoffe, Hilfsstoffe) 3256–3260
Warenlager 3256–3260, 6312
Warenvorrat 1366
Warenzeichen 1149, 1359, 1502, 1506, 3263, 6311
Wasserbezugsvertrag 6321
Wasserrecht 2987
Website 2214
Wechsel 2168
Wechsel der Gewinnermittlungsart 5048, 5308
Wegfall der Geschäftsgrundlage 2485
Wegfall der Rentenverpflichtung 4307
Werbemaßnahmen 2988
Wert des Unternehmens 2701 ff., 2841, 2984, 3364–3369
Wert einer
- Anwaltskanzlei 3673 f., 3715 ff.
- Arztpraxis 3673 f., 3696 ff.
- Praxis 2702
- Steuerberaterpraxis 3673 f., 3727 ff.
- Wirtschaftsprüferpraxis 3673 f., 3737 ff.
Wertansatz beim Zugewinnausgleich 246–265
Wertausgleich 4741
Wertberichtigung 3266, 6472
Wertbildende Faktoren als Eigenschaft 1949
Wertermittlung 2802
- bei Erbschaft 5949, 5977
Wertfortschreibung 5805
Wertpapierleihe 3278
Wertsicherungsklauseln 4343
  siehe auch Preisklauseln
Wesentliche Bestandteile eines Grundstücks 1462, 1470, 1476–1481
Wesentliche Beteiligung i. S. v. § 17 EStG 4237, 4238
- Entstehung einer – 4240
Wesentliche Betriebsgrundlagen siehe Betriebsgrundlagen
Wesentliche Grundlagen 5144, 6483, 6735

- eines Geschäfts 1349
- einer Praxis 3427
- eines Teilbetriebs 5196–5199
- eines Unternehmens 1349, 4252, 5116–5119

Wesentlicher Betriebsteil 1226

Wettbewerb, Umfang des Wettbewerbsverbots 1896
-, Wettbewerbsbeschränkung 172, 1892–1908, 3832–3837, 3852, 5634
-, Wettbewerbsunterlassung 1389
-, Wettbewerbsverbot 1005, 1615, 1892–1910, 2987, 4238, 4421, 6351

Wettbewerbsfähigkeit 6506

Widerruf der Vollmacht 386

Widerruf einer Beteiligungseinräumung 277

Widerruf in oder von Testamenten 360

Widerspruchsrecht 999

Wiederbeschaffungskosten 2983, 3041

Wiederbeschaffungswert 2823

Wiederkehrende Bezüge 4286–4359
- Abänderbarkeit der – 4331, 4332
- abgekürzte Leibrente 4330
- Abgrenzung der
-- Versorgungsleistungen von der Gegenleistungsrente 4349
-- privaten Versorgungsrente von der Unterhaltsrente 4354 ff.
- Ablösung durch Einmalzahlung 4313
- Ablösung von Nutzungsrechten 4324
- Ablösung von Pflichtteilsrechten und sonstigen erbrechtlichen Ansprüchen 4353
- Absetzungen für Abnutzung (AfA) 4334, 4335, 4353
- Altenteiler 4329
- altenteilsähnliche Leistungen 4346
- Anschaffung eines Wirtschaftsgutes des Privatvermögens 4302
- Aufteilung einheitlicher Leistung 4342
- Ausübung des Wahlrechts der Besteuerung 4309
- Auszahlung erbrechtlicher Ansprüche 4353

- Barwert der Verpflichtung zur Leistung wiederkehrender Bezüge 4305, 4306, 4353
-, – Erhöhung des – aufgrund von Wertsicherungsklauseln 4305, 4331
- Beendigung privater Versorgungsrente 4340
- Beleuchtung siehe Lebensunterhalt
- Beteiligte der Vermögensübergabe 4325
- Betrieb ohne Substanz- oder Ertragswert 4357–4359
- betriebliche Erwerbsrente 4304
- betriebliche Versorgungsrente 4291
- Betriebskosten, laufende 4334
- Beweiserleichterungen bei der Ertragsprognose 4337
siehe auch Vermutung bei der Abgrenzung der entgeltlichen von der unentgeltlichen Vermögensübergabe
- dauernde Last 4300, 4302, 4304, 4326, 4327, 4328, 4332, 4334, 4342, 4344, 4346, 4348, 4356
- Durchführung der Vermögensübergabe gegen Versorgungsleistungen 4339
- Eigennutzung übergebener Wohnung 4335
- Einmalzahlung 4295, 4314
- Empfänger von Versorgungsleistungen 4326 ff.
- Geschwister, Haushälterin, Schwester des Übergebenden, Stiefgeschwister, Stiefkinder, Tante 4328
- Erhaltungsaufwendungen 4334
- Ernährung siehe Kost, freie
- Ertragswert des übernommenen Vermögens 4358
-, – Ermittlung des – 4358
- Erwerbsrente 4299
- Feuerversicherung 4334
- Freundschaftspreis 4351
- 50 vH-Grenze des Wertes des übernommenen Vermögens 4356, 4357, 4359
- Gegenleistungsrenten 4298 ff.
- Geschwister als Empfänger von Versorgungsleistungen 4326
- Gestaltungshinweise 4348 ff.

- als Gewinnbeteiligung 4306
- Gewinnentwicklung 4358
- Gewinnermittlung nach § 4 Abs. 3 EStG 4303
- Gleichstellungsgelder 4301
- Gleichwertigkeit der Leistungen 4351
- Grabpflegekosten 4334
- Grundsteuer 4334
- Grundstückslasten 4334
- Haushälterin 4328, 4347, 4388
- Heizung siehe Lebensunterhalt
- Instandhaltungskosten 4334
- Kaufpreisraten 4301
- Kaufpreiszeitrenten 4301
- Kost, freie 4334
- Lebensunterhalt 4334
- Leibrente
-, – abgekürzte – 4288, 4301
-, – verlängerte – 4288, 4301, 4330
- Mindestzeitrente 4301
- Modernisierung 4334
- Neffe 4325
- Nettoerträge des übernommenen Vermögens 4356
- Nießbrauchsvorbehalt 4317, 4348
- Pachtverhältnis 4346
- Pflegeleistungen 4334
- Pflichtteilsanspruch 4353
- Pflichtteilsergänzungsanspruch 4353
- Private Unterhaltsrente 4354 ff.
- Raten 4301
- Reparaturaufwendungen 4334
- Rückübertragung von Wohnraum(nutzung) 4344
- Schönheitsreparaturen 4334
- Schuldzinsenabzug, fehlender 4328
- Schwester 4326
- Sofortversteuerung 4310
- Stiefgeschwister 4326
- Stromkosten siehe Lebensunterhalt
- Tante 4325
- Teilentgeltlichkeit 4298, 4351
- Tilgung von Schulden 4335
- Tilgungsanteil bei dauernder Last 4304, 4305
- Tilgung von Schulden 4335
- Totalnießbrauch 4322

- Typus 2 4317, 4320, 4356
- Übertragung von Betriebs- oder Privatvermögen 4297 ff.
- als Umsatzbeteiligung 4306
- Uneinbringlichkeit der Kaufpreisforderung 4312
- ungewisse wiederkehrende Leistungen 4306
- Unterhaltskauf 4323
- Unterhaltsrente 4290, 4354 ff.
- Unternehmerlohn 4335, 4357, 4359
- Veräußererwahlrecht 4308
- Veräußerungspreis bei festem Entgelt und wiederkehrende Bezüge 4309
- Veräußerungsrente 4288
-, – Vereinbarung der Vermögensübergabe gegen Versorgungsleistungen 4339
- Verbindungsrenten 4301
- Vermächtnisnehmer von Versorgungsleistungen 4327
- Vermächtnisrente 4326, 4328
- Vermögensübergabe gegen Versorgungsleistungen 4289, 4320 ff.
- Vermutung bei der Abgrenzung der entgeltlichen von der unentgeltlichen Vermögensübergabe 4318
- Vermutungen bei der Vertragsgestaltung 4349, 4350, 4351
- Verrentung von Ansprüchen 4296
- Versorgungsleistungen 4316 ff.
-, – einzelne 4334
- Versorgung des Bezugsberechtigten 4300
- Versorgungsrente(n)
-, – betriebliche – 4291
-, – Beendigung der – 4341
-, – private – 4289
- Versorgungsvertrag 4379
- Vorbehalt der Vermögenserträge 4317, 4335
- vorweggenommene Erbfolge 4327
- wagnisbehaftete wiederkehrende Bezüge 4308
- Wahlrecht siehe Veräußerungswahlrecht
- Wasser siehe Lebensunterhalt
- Wegfall der Rentenverpflichtung 4307
- Wertsicherungsklauseln 4305, 4343

– Wiederkehrende Bezüge bei
–, – Anschaffung eines Wirtschaftsguts des Privatvermögens 4302
–, – Gewinnermittlung nach § 4 Abs. 3 EStG 4303
– Wirtschaftseinheit, existenzsichernde 4348
– Wirtschaftsüberlassungsvertrag 4345
– Wohnen 4334
– Wohnung 4335
– Zeitrente 4301
– Zinsanteil bei Anschaffung eines Wirtschaftsguts des Privatvermögens 4302
– Zinsanteil bei einkommensteuerlich nicht zu berücksichtigenden Leistungen 4553
– Zinsanteil bei wiederkehrenden Bezügen 4305
– Zuflussversteuerung 4313
– Zuwendungsnießbrauch 4348
Wiederkehrende Leistungen 2181, 5344
Wiederverheiratung 222, 360
Wiesbadener Modell 119, 6706
Willenserklärung 954
Wirtschaftliches Eigentum 1338
Wirtschaftsprüfer 3412, 3678, 3737–3743
Wirtschaftsprüferpraxis 3677, 3737
Wirtschaftsüberlassungsvertrag 4345
Witwengeld 452, 5318
Witwengeldanspruch 5318
Witwenversorgung 3527
Wohnrecht 2987
Wohnsitz 1147
Wucher 1758

Zahlungsart 2168, 2508, 3754–3767
–, Zahlungsweise 2169, 2508, 3754–3767
Zahlungsfrist 2510
Zahnarzt 886, 3969 ff.
Zeichenrecht 1684
Zeitpunkt der/des
– Anteilsübertragung 4232, 4233
– Bemessung des Veräußerungspreises 4269
– Betriebsaufgabe 5120, 5252
– Betriebsübergangs 999, 1008

– Fälligkeit 1622, 5645
– Gewinnverwirklichung 4237, 4239
– Leistung 4214
– Rechtsverschaffung 1711, 1713
– Übertragung des Unternehmens 4214
– Umwandlung 4237
– Unternehmensaufgabe 5232
– Unternehmensveräußerung 3952, 4211
– Unternehmensveräußerung beim Übergang zum Jahreswechsel 4222 ff.
– tatsächlichen Vermögensübergangs 4238
– Vermögensübergangs 4227, 4234
Zeitrente 4301
Zeitungsverlag 4053
Zerstörung durch Brand 5242
Zinsbegrenzungsverträge 3273
Zinsen 2206, 5347
Zinsfuß 2967, 3307
Zinslosigkeit 5345
Zinssatz 3302
Zölle 5867
Zubehör 1491
Zugesicherte Eigenschaft siehe Eigenschaft
Zugewinn 212, 392
–, Ausschluss des Zugewinnausgleichs 222, 263
–, Berechnung 255
–, Bewertung des Zugewinnausgleichs 3325
–, Zugewinnausgleich 212, 246–265, 453, 2473, 2705, 3325, 3718 (3)
–, – bei negativem Kapitalkonto 260
–, – und Firmen- oder Praxiswert 261, 262
Zugewinngemeinschaft 236, 392
– modifizierte – 263
Zugewinngemeinschaft und Erbfall 332 (9), 396
Zukunftsbezogenheit der Unternehmensbewertung 2711, 2891, 2966
Zukunftserwartungen 2711
Zulieferer 1934
Zurechnungsfortschreibung 5805, 5811

Zurückbehaltung von Wirtschaftsgütern 4002–4015, 5164–5168
Zurückbehaltungsrecht 1625, 1790
Zusagen 2021–2024
Zusicherung von Tatsachen und Rechten 1626, 1982, 1983
Zuständigkeitsregelungen in der Gesellschaft 3517, 3519
Zustellung an überörtliche Sozietät 3551
Zustimmungserfordernisse 1599
Zuwendungen an Ehefrau zur Weiterübertragung an Kinder 305
Zuwendungsnießbrauch 4348, 6717

Zuwendungsverzicht 671
Zwangsverwalter 3715
Zwangsvollstreckung 238, 239, 3536, 6826
Zweck der Unternehmensbewertung 2705
Zweckzuwendungen 5932
Zweigniederlassung 1186, 1191, 1371, 2252, 2299, 2302
– als Betriebsstätte 1190
–, Merkmale der Zweigniederlassung 1189
Zweigstelle 1195

So arbeiten Steuerberater heute:

Die NWB Zeitschrift

✔ **Jede Woche das Wichtigste**
Eilnachrichten und topaktuelle Beiträge von der NWB-Redaktion für Sie aufbereitet.

✔ **Praxisorientierte Beiträge**
Beispiele, Gestaltungsempfehlungen, Praxistipps und Lösungen für Ihre tägliche Arbeit.

✔ **Modernes Layout**
Schnelle Informationsaufnahme durch übersichtliche Beiträge, Kernaussagen und Zusammenfassungen.

Die NWB online

✔ **Aktuelle Steuerinformationen**
Täglich aktuelle Nachrichten, z. B. BMF-Schreiben und BFH-Urteile im Volltext.

✔ **Umfassende Recherche**
Mindestens zwei Jahre Berichtsstoff der NWB, verlinkt mit allen benötigten Volltexten und elektronischen Arbeitshilfen.

✔ **Komfortable Oberfläche**
Durch einfache Bedienung schnell zur Lösung.

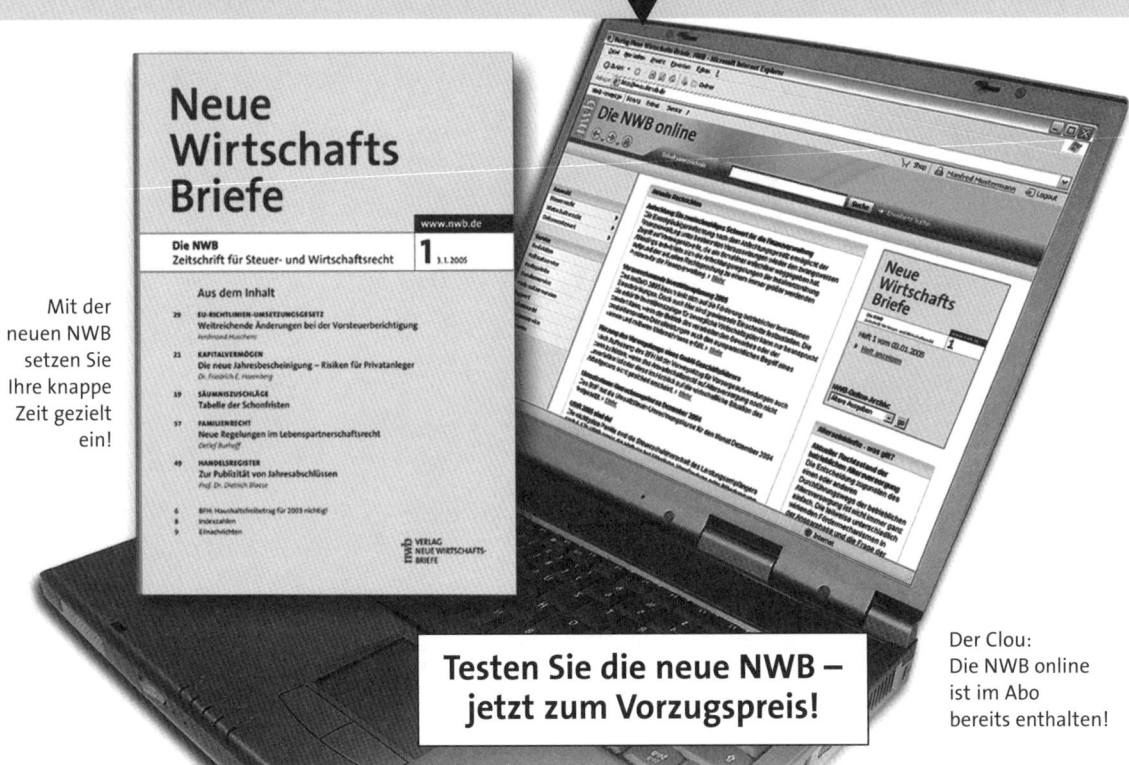

Mit der neuen NWB setzen Sie Ihre knappe Zeit gezielt ein!

Testen Sie die neue NWB – jetzt zum Vorzugspreis!

Der Clou: Die NWB online ist im Abo bereits enthalten!

8 Ausgaben der Zeitschrift + die NWB online für 2 Monate nur € 9,90 inkl. 7% MwSt./Versandkosten

Einfach bestellen und testen:
per kostenfreier Hotline: 0 800 - 141 0 800
per Mail: bestellung@nwb.de
per kostenfreier Faxline: 0 800 - 141 0 141
per Internet: www.nwb.de

nwb VERLAG NEUE WIRTSCHAFTS-BRIEFE

Die neue Produkt-Generation für Steuerprofis.

4 Wochen unverbindlich testen!

NWB steuerXpert

Die intelligente Steuerrechtsdatenbank für erfolgreiche Steuerprofis.

- inklusive wöchentlich aktualisierter Online-Version im Internet
- inklusive wöchentlichem E-Mail-Newsletter

Informieren Sie sich auch unter:
www.steuerxpert.de

Service-Fax:
(0 800) 141 0 141

Service-Hotline:
(0 800) 141 0 800

Internet:
www.nwb.de

E-Mail:
bestellung@nwb.de

VERLAG NEUE WIRTSCHAFTS-BRIEFE